SAÚDE COLETIVA
Teoria e Prática

SAÚDE COLETIVA
Teoria e Prática

Organizadores

Jairnilson Silva Paim

Professor Titular em Política de Saúde do
Instituto de Saúde Coletiva da Universidade Federal da Bahia.

Doutor em Saúde Pública pela Universidade Federal da Bahia.
Pesquisador 1-B do CNPq.

Naomar de Almeida-Filho

Professor Titular de Epidemiologia do Instituto de
Saúde Coletiva da Universidade Federal da Bahia.

PhD em Epidemiologia pela Universidade da Carolina do Norte em Chapel Hill.
Pesquisador 1-A do CNPq.

Medbook

SAÚDE COLETIVA – Teoria e Prática
Direitos exclusivos para a lingua portuguesa
Copyright © 2014 by
MEDBOOK – Editora Científica Ltda.

NOTA DA EDITORA: Os organizadores desta obra verificaram cuidadosamente os nomes genéricos e comerciais dos medicamentos mencionados; também conferiram os dados referentes à posologia, objetivando informações acuradas e em acordo com os padrões atualmente aceitos. Entretanto, em função do dinamismo da área da saúde, os leitores devem prestar atenção às informações fornecidas pelos fabricantes, a fim de se certificarem de que as doses preconizadas ou as contraindicações não sofreram modificações, principalmente em relação a substâncias novas ou prescritas com pouca frequência. Os organizadores e a Editora não podem ser responsabilizados pelo uso impróprio nem pela aplicação incorreta de produto apresentado nesta obra.

Apesar de terem envidado o máximo de esforço para localizar os detentores dos direitos autorais de qualquer material utilizado, os organizadores e a Editora desta obra estão dispostos a acertos posteriores caso, inadvertidamente, a identificação de algum deles tenha sido omitida.

Editoração Eletrônica: REDB – Produções Gráficas e Editorial Ltda.

CIP-BRASIL. CATALOGAÇÃO NA PUBLICAÇÃO.
SINDICATO NACIONAL DOS EDITORES DE LIVROS, RJ

S272
    Saúde coletiva : teoria e prática / organizadores Jairnilson Silva Paim, Naomar de Almeida-Filho. - 1. ed. - Rio de Janeiro : MedBook, 2014.
    720 p. : il. ; 28 cm.

    ISBN 978-85-99977-97-2

    1. Saúde pública - Aspectos sociais. I. Paim, Jairnilson Silva,1949- II. Almeida-Filho, Naomar de.

13-03426   CDD: 302
                                                                                                                             CDU: 316.6

30/07/2013   31/07/2013

Reservados todos os direitos. É proibida a duplicação ou reprodução deste volume, no todo ou em parte, sob quaisquer formas ou por quaisquer meios (eletrônico, mecânico, gravação, fotocópia, distribuição na Web, ou outros), sem permissão expressa da Editora.

Medbook
MEDBOOK – Editora Científica Ltda.
Avenida Treze de Maio 41/salas 803 e 804 – Cep 20.031-007 – Rio de Janeiro – RJ
Telefones: (21) 2502-4438 e 2569-2524 – www.medbookeditora.com.br
contato@medbookeditora.com.br – vendasrj@medbookeditora.com.br

Colaboradores

Ademar Arthur Chioro dos Reis
Professor da Faculdade de Medicina da Universidade Metropolitana de Santos e da Faculdade de Fisioterapia da Universidade Santa Cecília. Doutor em Saúde Coletiva pela Universidade Federal de São Paulo. Secretário de Saúde de São Bernardo do Campo (SP) e Presidente do Conselho de Secretários Municipais de Saúde do Estado de São Paulo.

Adroaldo de Jesus Belens
Professor de Cibercultura e Novas Tecnologias do Curso de Comunicação Social na FTC. Mestre em História Social pela Universidade Federal da Bahia. Graduado em Filosofia pela Universidade Católica do Salvador.

Alberto Pellegrini Filho
Diretor do Centro de Estudos, Políticas e Informação sobre Determinantes Sociais da Saúde da ENSP/Fiocruz, Pesquisador em Saúde Pública da Escola Nacional de Saúde Pública Sergio Arouca da Fiocruz, Médico pela USP e Doutor em Ciências pela Unicamp.

Alcione Brasileiro Oliveira Cunha
Professora Adjunta do Instituto de Saúde Coletiva da Universidade Federal da Bahia (ISC/UFBA) e Pesquisadora do Programa Integrado de Planificação, Gestão e Avaliação em Saúde do ISC/UFBA. Mestre em Saúde Comunitária e Doutora em Saúde Pública pela UFBA.

Álvaro Jorge Madeiro Leite
Professor Titular da Universidade Federal do Ceará. Medicina pela Universidade Federal de Alagoas. Mestre em Epidemiologia e Doutor em Pediatria pela Escola Paulista de Medicina da Universidade Federal de São Paulo.

Ana Cristina Souto
Professora Adjunta do Instituto de Saúde Coletiva da Universidade Federal da Bahia (ISC/UFBA). Doutora em Saúde Pública pela UFBA

Ana Luiza d'Ávila Viana
Professora do Departamento de Medicina Preventiva da Faculdade de Medicina da USP. Doutora em Economia pelo Instituto de Economia da Unicamp. Bolsista do Conselho Nacional de Desenvolvimento Científico e Tecnológico (CNPq).

Ana Luiza Queiroz Vilasbôas
Professora Adjunta, Instituto de Saúde Coletiva, Universidade Federal da Bahia. Mestre em Saúde Comunitária e Doutora em Saúde Pública (ISC/UFBA).

Antônio José Ledo Alves da Cunha
Professor Titular do Departamento de Pediatria da Faculdade de Medicina da Universidade Federal do Rio de Janeiro. PhD em Epidemiologia pela Universidade da Carolina do Norte em Chapel Hill, EUA. Pesquisador Nível 1-A do CNPq.

Antonio Nery Filho
Professor da Faculdade de Medicina da Bahia (UFBA). Professor da Faculdade Ruy Barbosa. Coordenador do Centro de Estudos e Terapia do Abuso de Drogas-CETAD (UFBA). Médico, Doutor em Sociologia e Ciências Sociais.

Bárbara Caldas
Médica, Instituto Nacional de Cardiologia (INC/MS).

Carlos Augusto Grabois Gadelha
Secretário de Ciência, Tecnologia e Insumos Estratégicos do Ministério da Saúde (SCTIE/MS), Coordenador do Mestrado Profissional em Política e Gestão da Ciência, Tecnologia e Inovação em Saúde da ENSP/Fiocruz e Coordenador acadêmico do Grupo de Pesquisa de Inovação em Saúde (GIS) da Fiocruz. Doutor em Economia pelo Instituto de Economia da Universidade Federal do Rio de Janeiro (UFRJ).

Carlos Botazzo
Pesquisador-científico do Instituto de Saúde da Secretaria de Estado da Saúde (SES-SP). Livre Docente pela Universidade de São Paulo. Doutor em Saúde Coletiva pela Unicamp.

Carmen Fontes Teixeira
Professora Associada do Instituto de Humanidades, Artes e Ciências Professor Milton Santos da Universidade Federal da Bahia. Professora Permanente do Programa de Pós-Graduação do Instituto de Saúde Coletiva da UFBA (ISC/UFBA). Doutora em Saúde Coletiva e Mestre em Saúde Comunitária pela Universidade Federal da Bahia (UFBA).

Claudia Marques Canabrava
Doutora em Saúde Pública pelo Instituto de Saúde Coletiva da Universidade Federal da Bahia.

Claudia Travassos
Pesquisadora Titular do Laboratório de Informações em Saúde do Instituto de Comunicação e Informação Científica e Tecnológica em Saúde da Fundação Oswaldo Cruz (ICICT/Fiocruz). Doutora em Administração Pública pela London School of Economics and Political Sciences (Londres) com pós-doutorado na Universidade de Michigan (EUA).

Cristiane Abdon Nunes
Professora do Programa de Residência em Medicina Social do Instituto de Saúde Coletiva da Universidade Federal da Bahia (ISC/UFBA). Doutora em Saúde Pública e Mestre em Saúde Comunitária pela Universidade Federal da Bahia.

###Ediná Alves Costa
Professora Associada do Instituto de Saúde Coletiva da Universidade Federal da Bahia (ISC/UFBA). Mestre em Saúde Comunitária pela UFBA e Doutora em Saúde Pública pela Universidade de São Paulo.

Eduardo Luiz Andrade Mota
Professor Associado do Instituto de Saúde Coletiva da Universidade Federal da Bahia. Mestre em Saúde Pública pela Universidade Harvard, Doutorado em Medicina pela Universidade Federal da Bahia, Pós-Doutorado em Epidemiologia na Universidade da Carolina do Norte em Chapel Hill, EUA.

Eleonor Minho Conill
Professora Adjunta aposentada, Departamento de Saúde Pública, Universidade Federal de Santa Catarina. Doutora em Políticas e Programação, Instituto de Estudos do Desenvolvimento Econômico e Social – IEDES, Universitá de Paris I, Sorbonne.

Elizabeth Costa Dias
Professora do Departamento de Medicina Preventiva e Social da Faculdade de Medicina da Universidade Federal de Minas Gerais. Médica Sanitarista e do Trabalho. Doutora em Saúde Coletiva pela Universidade Estadual de Campinas.

Erika Aragão
Pesquisadora do Instituto Nacional de Ciência, Inovação e Tecnologias em Saúde (ISC/UFBA). Gestora em C&T em Saúde no Centro de Pesquisas Gonçalo Moniz, Fiocruz-BA. Economista. Mestrado em Economia e Doutorado em Saúde Pública pela Universidade Federal da Bahia.

Francisco Antonio de Castro Lacaz
Professor Associado, Departamento de Medicina Preventiva da Escola Paulista de Medicina, Universidade Federal de São Paulo. Doutor em Medicina, área de Saúde Coletiva, pela Universidade Estadual de Campinas.

Francisco Eduardo de Campos
Professor Titular do Departamento de Medicina Preventiva e Social da Faculdade de Medicina da UFMG. Secretário Executivo da Universidade Aberta do SUS/Fiocruz/MS.

Gerluce Alves Pontes da Silva
Médica do Ministério da Saúde. Doutora em Saúde Pública pela Universidade Federal da Bahia.

Gerson Oliveira Penna
Diretor Geral da Fundação Oswaldo Cruz, da Diretoria Regional de Brasília–DF. Ex-Secretário de Vigilância em Saúde do Ministério da Saúde. Médico, Especialista em Dermatologia pela Sociedade Brasileira de Dermatologia/AMB, Especialista em Planejamento Estratégico, Doutor em Medicina Tropical. Núcleo de Medicina Tropical da Universidade de Brasília.

Guilherme de Sousa Ribeiro
Professor Adjunto do Instituto de Saúde Coletiva, Universidade Federal da Bahia. Pesquisador Colaborador do Centro de Pesquisas Gonçalo Moniz, Fundação Oswaldo Cruz. Professor Assistente Adjunto da Yale School of Public Health, EUA. Graduação em Medicina pela Universidade Federal da Bahia. Mestre em Epidemiologia pela Harvard School of Public Health. Doutor em Biotecnologia em Saúde e Medicina Investigativa pela Fundação Oswaldo Cruz.

Gulnar Azevedo e Silva
Professora Adjunta do Instituto de Medicina Social da Universidade Estadual do Rio de Janeiro (UERJ) e do Instituto de Estudos em Saúde Coletiva da Universidade Federal do Rio de Janeiro (IESC/UFRJ). Doutora em Medicina Preventiva pela Universidade de São Paulo (USP) e Mestre em Saúde Coletiva oelo Instituto de Medicina Social da UERJ.

Ilara Hämmerli Sozzi de Moraes
Pesquisadora Titular do Departamento de Ciências Sociais da Escola Nacional de Saúde Pública da Fundação Oswaldo Cruz. Doutora em Ciências pela ENSP/FIOCRUZ.

Ines Lessa
Professora Permanente do Programa de Pós-Graduação do Instituto de Saúde Coletiva da Universidade Federal da Bahia (ISC/UFBA). Doutora em Medicina e Mestre em Saúde Comunitária pela Universidade Federal da Bahia. Pesquisadora 1-D do CNPq.

Isabela Cardoso de Matos Pinto
Professora Adjunta e Diretora do Instituto de Saúde Coletiva da Universidade Federal da Bahia. Mestre em Saúde Comunitária em Saúde Coletiva e Doutorado em Administração pela Universidade Federal da Bahia.

Jacinta de Fátima Senna da Silva
Coordenação Geral de Apoio à Gestão Participativa da Secretaria de Gestão Estratégica e Participativa (SGEP) do Ministério da Saúde.

Jane Mary de Medeiros Guimarães
Mestre em Ciências da Educação pela Universidade Lusófona de Humanidades e Tecnologias, Portugal. Doutoranda em Saúde Pública do Instituto de Saúde Coletiva da Universidade Federal da Bahia.

Jairnilson Silva Paim
Professor Titular em Política de Saúde do Instituto de Saúde Coletiva da Universidade federal da Bahia. Doutor em Saúde Pública pela Universidade Federal da Bahia. Pesquisador 1-B do CNPq.

João Henrique G. Scatena
Professor Associado do Instituto de Saúde Coletiva da Universidade Federal de Mato Grosso. Doutor em Saúde Pública pela Faculdade de Saúde Pública da Universidade de São Paulo.

Jorge Alberto Bernstein Iriart
Professor Associado do Instituto de Saúde Coletiva da Universidade Federal da Bahia. Mestre em Saúde Comunitária (ISC/UFBA).Ph.D em Antropologia pela Universidade de Montreal, Canadá.

Jorge José Santos Pereira Solla
Secretário da Saúde do Estado da Bahia. Médico sanitarista do Instituto de Saúde Coletiva da Universidade Federal da Bahia (ISC/UFBA). Mestre em Saúde Comunitária (ISC/UFBA). Doutor pela Universidade Federal do Rio de Janeiro (UFRJ).

José Carvalho Noronha
Pesquisador do Laboratório de Informações em Saúde do Instituto de Comunicação e Informação Científica e Tecnológica em Saúde da Fundação Oswaldo Cruz (ICICT/Fiocruz). Doutor em Saúde Coletiva pelo Instituto de Medicina Social da Universidade do Estado do Rio de Janeiro (UERJ).

Jose Gomes Temporão
Coordenador Executivo do Instituto Sul-americano de Governo em Saude (Isags). Ex-Pesquisador titular da Ensp- Fiocruz, ex-Ministro da Saúde do Brasil. Médico, Doutor em Medicina Social pela Universidade do Estado do Rio de Janeiro.

José Manuel Santos de Varge Maldonado
Coordenador adjunto do Mestrado Profissional em Política e Gestão da Ciência, Tecnologia e Inovação em Saúde da ENSP/Fiocruz. Doutor em Engenharia da Produção pela Universidade Federal do Rio de Janeiro (UFRJ).

José Sestelo
Mestre em Saúde Comunitária (ISC/UFBA), doutorando em Saúde Coletiva (IESC/UFRJ).

Laís Silveira Costa
Coordenadora adjunta do Grupo de Pesquisa de Inovação em Saúde (GIS) da Fiocruz. Doutoranda em Saúde Pública pela Escola Nacional de Saúde Pública Sérgio Arouca (ENSP/FIOCRUZ) e Mestre em Development Studies pela London School of Economics and Political Science (LSE).

Lígia Bahia
Professora Associada do Instituto de Saúde Coletiva da Universidade Federal do Rio de Janeiro. Doutora em Saúde Pública pela Escola Nacional de Saúde Pública da Fiocruz.

Lígia Giovanella
Pesquisadora Titular e Coordenadora do Núcleo de Estudos Político-Sociais do Departamento de Administração e Planejamento em Saúde da Escola Nacional de Saúde Pública Sergio Arouca da Fundação Oswaldo Cruz (DAPS/ENSP/Fiocruz). Doutora em Saúde Pública pela Ensp/Fiocruz, com pós-doutorado no Institut für Medizinische Soziologie da Universidade de Frankfurt e no Fachbereich Pflege und Gesundheit da Hochschule, Alemanha.

Lígia Maria Vieira-da-Silva
Docente do Programa de Pós-Graduação do Instituto de Saúde Coletiva da Universidade Federal da Bahia. Graduação em Medicina pela Universidade Federal da Bahia, Mestrado em Saúde Coletiva pela Universidade Federal da Bahia e Doutorado em Medicina Preventiva pela Universidade de São Paulo. Bolsista de Produtividade em Pesquisa do CNPq – Nível 1C.

Lilia Blima Schraiber
Professora Associada do Departamento de Medicina Preventiva da Faculdade de Medicina da Universidade de São Paulo. Membro da Cátedra Unesco de Educação para a Paz, Direitos Humanos, Democracia e Tolerância da Universidade de São Paulo. Pesquisadora 1-B do CNPq.

Luis Eugenio Portela Fernandes de Souza
Professor Adjunto de Política de Saúde do Instituto de Saúde Coletiva da Universidade Federal da Bahia. Mestre em Saúde Comunitária (ISC/UFBA). Doutor em Saúde Pública pela Universidade de Montreal.

Luiza Maria Calvano
Professora Adjunta de Pediatria da Faculdade de Medicina da UFRJ. Médica-Pediatra. Mestrado em Saúde da Criança e do Adolescente pela Universidade Federal Fluminense e Doutorado em Clínica Médica pela UFRJ.

Marcelo Eduardo Pfeiffer Castellanos
Professor Adjunto do Instituto de Saúde Coletiva da Universidade Federal da Bahia. Graduação em Ciências Sociais, Mestrado e Doutorado em Saúde Coletiva pela Universidade Estadual de Campinas.

Marcelo Nunes Dourado Rocha
Professor Assistente da Escola Baiana de Medicina e Saúde Pública. Mestre em Saúde Comunitária pela Universidade Federal da Bahia. Doutorando no Instituto de Saúde Coletiva da Universidade Federal da Bahia.

Marcio Alazraqui
Docente investigador do Instituto de Salud Colectiva, Universidad Nacional de Lanús, Provincia de Buenos Aires, Argentina. Doutor em Saúde Pública pelo Instituto de Saúde Coletiva, Universidade Federal da Bahia.

Maria Andréa Loyola
Professora Emérita do Instituto de Medicina Social da Universidade Federal do Estado do Rio de Janeiro. Doutora em Sociologia pela Universidade de Paris X.

Maria da Conceição Nascimento Costa
Professora Associada IV do Instituto de Saúde Coletiva da Universidade Federal da Bahia. Doutora em Saúde Pública pela Universidade Federal da Bahia. Bolsista de Produtividade em Pesquisa do CNPq – Nível 2.

Maria da Glória Teixeira
Professora Associada de Epidemiologia do Instituto de Saúde Coletiva da Universidade Federal da Bahia. Mestre em Doenças Infecciosas e Parasitárias pela Universidade Federal do Rio de Janeiro, Doutora em Saúde Pública pela Universidade Federal da Bahia.

Maria Fátima Sousa
Professora Adjunta do Departamento de Saúde Coletiva da Universidade de Brasília.

Maria Fernanda Tourinho Peres
Professora Doutora do Departamento de Medicina Preventiva da Universidade de São Paulo. Mestre em Saúde Comunitária (ISC/UFBA). Doutora em Saúde Coletiva pela Universidade Federal da Bahia.

Maria Guadalupe Medina
Docente do Programa de Pós-Graduação em Saúde Coletiva do ISC/UFBA. Médica sanitarista, Mestre em Saúde Comunitária e Doutora em Saúde Pública pelo Instituto de Saúde Coletiva da Universidade Federal da Bahia (ISC/UFBA).

Maria Inês Baptistella Nemes
Professora Associada do Departamento de Medicina Preventiva da Faculdade de Medicina da Universidade de São Paulo. Graduada em Medicina pela UNESP com Mestrado, Doutorado e Livre Docência em Medicina Preventiva pela FMUSP. Professora Associada do Departamento de Medicina Preventiva da Faculdade de Medicina da Universidade de São Paulo. Produtividade em Pesquisa do CNPq – Nível 2.

Maria Lígia Rangel-S
Professora Associada do Instituto de Saúde Coletiva da Universidade Federal da Bahia (ISC/UFBA). Médica sanitarista, Mestre em Saúde Comunitária e Doutora em Saúde Pública pela UFBA.

Mariluce Karla Bomfim de Souza
Professora Adjunta do Instituto de Saúde Coletiva da Universidade Federal da Bahia. Doutora em Saúde Pública pela Universidade Federal da Bahia.

Maurício Barreto
Professor Titular de Epidemiologia do Instituto de Saúde Coletiva da Universidade Federal da Bahia. PhD em Epidemiologia pela Universidade de Londres, Pesquisador 1-A do CNPq. Membro Titular da Academia Brasileira de Ciências.

Mônica de Oliveira Nunes
Professora Associada II do Instituto de Saúde Coletiva da UFBA. Psiquiatra, Mestre em Saúde Comunitária pela UFBA e PhD em Antropologia Social pela Universidade de Montreal.

Mônica Martins
Pesquisadora Titular, Departamento de Administração e Planejamento em Saúde (DAPS/ENSP/Fiocruz).

Monique Azevedo Esperidião
Professora Adjunta do Instituto de Saúde Coletiva da Universidade Federal da Bahia (IC/UFBA). Psicóloga. Mestre em Saúde Comunitária e Doutora em Saúde Pública pelo ISC/UFBA.

Naomar de Almeida-Filho
Professor Titular de Epidemiologia do Instituto de Saúde Coletiva da Universidade Federal da Bahia. PhD em Epidemiologia pela Universidade da Carolina do Norte em Chapel Hill. Pesquisador 1-A do CNPq.

Paulo Marchiori Buss
Professor Titular da Escola Nacional de Saúde Pública, Fundação Oswaldo Cruz. Diretor do Centro de Relações Internacionais da Fiocruz; Membro Titular da Academia Nacional de Medicina do Brasil.

Patrícia Maia von Flach
Psicóloga. Assistente Social. Mestre em Saúde Comunitária pelo Instituto de Saúde Coletiva da Universidade Federal da Bahia. Coordenadora do Ponto de Encontro – Centro de Estudos e Terapia do Abuso de Drogas – CETAD/UFBA.

Reinaldo Guimarães
Médico. Doutor Honoris Causa pela Universidade Federal da Bahia; Comendador da Ordem Nacional do Mérito Científico; Grande Oficial da Ordem Nacional do Mérito Médico.

Roberto Medronho
Professor Titular da Universidade Federal do Rio de Janeiro (UFRJ). Diretor do Instituto de Estudos em Saúde Coletiva da UFRJ. Doutor em Saúde Pública e Mestre em Saúde Coletiva pela Escola Nacional de Saúde Pública (Ensp/Fiocruz).

Rosana Aquino
Médica epidemiologista e docente permanente do Programa de Pós-graduação do Instituto de Saúde Coletiva da Universidade Federal da Bahia. Doutora em Saúde Pública (Epidemiologia) pela Universidade Federal da Bahia.

Rosana Onocko-Campos
Médica. Professora Associada do Departamento de Saúde Coletiva da FCM/Unicamp. Coordenadora da Residência multiprofissional em saúde mental e coletiva. Coordenadora do grupo de pesquisa saúde coletiva e saúde mental: interfaces. Pesquisadora PQ2 do CNPq.

Sebastião Loureiro
Professor Emérito da Universidade Federal da Bahia (UFBA). Doutor em Epidemiologia pela Universidade do Texas. Médico. Professor do Programa de Pós-Graduação do Instituto de Saúde Coletiva da UFBA (ISC/UFBA).

Sheila Maria Alvim de Matos
Professora Adjunta do Instituto de Saúde Coletiva da Universidade Federal da Bahia ISC/UFBA). Nutricionista. Mestre em Saúde Comunitária e Doutora em Saúde Pública pelo ISC/UFBA.

Sônia Cristina Lima Chaves
Professora Associada do Departamento de Odontologia Social e Pediátrica da Faculdade de Odontologia da Universidade Federal da Bahia. Docente do Quadro Permanente do Programa de Pós-Graduação em Saúde Coletiva do Instituto de Saúde Coletiva da UFBA. Doutora em Saúde Pública pela Universidade Federal da Bahia.

Soraya Almeida Belisário
Professora Associada do Departamento de Medicina Preventiva e Social da Faculdade de Medicina da Universidade Federal de Minas Gerais, Doutora em Saúde Coletiva pela UNICAMP e Pesquisadora no Núcleo de Educação em Saúde Coletiva (NESCON/FM/UFMG).

Tânia Celeste Matos Nunes
Coordenadora da Secretaria Executiva da Rede de Escolas e Centros Formadores em Saúde Pública – ENSP/Fiocruz. Mestre em Saúde Comunitária pela Universidade Federal da Bahia e Doutora em Saúde Pública pela Escola Nacional de Saúde Pública (ENSP/Fiocruz).

Tatiana Vargas de Faria Baptista
Professora e Pesquisadora do Departamento de Administração e Planejamento em Saúde da Escola Nacional de Saúde Pública Sergio Arouca da Fundação Oswaldo Cruz (DAPS/ENSP/Fiocruz). Psicóloga. Doutora em Saúde Coletiva pelo Instituto de Medicina Social da UERJ.

Thereza Christina Bahia Coelho
Professora Titular do Departamento de Saúde da Universidade Estadual de Feira de Santana. Doutora em Saúde Pública pela Universidade Federal da Bahia.

Vilma Sousa Santana
Professora Associada do Instituto de Saúde Coletiva da Universidade Federal da Bahia. Adjunct Faculty Abroad na University of North Carolina. Graduação em Medicina e Mestrado em Saúde Comunitária pela Universidade Federal da Bahia. PhD em Epidemiologia pela Universidade da Carolina do Norte em Chapel Hill, EUA. Pós-Doutorado em Epidemiologia Ocupacional pela UNC-CH, EUA. Pesquisadora Nível 1-C do CNPq.

Washington Luiz Abreu de Jesus
Professor Adjunto do Departamento de Medicina Preventiva e Social da Universidade Federal da Bahia. Doutor em Saúde Pública pela Universidade Federal da Bahia.

Prefácio

Temos a satisfação de apresentar à comunidade acadêmica nacional e à rede de atores do sistema de saúde brasileiro esta coletânea de textos sobre múltiplos aspectos da Saúde Coletiva, focalizando princípios conceituais e metodológicos desse jovem campo de saberes e práticas sociais. O foco do livro está centrado *nas necessidades e problemas de saúde das populações e nas respostas sociais organizadas* para a atenção, intervenção e superação dessa problemática e seus desdobramentos, no contexto de práticas de saúde realizadas em sociedades com alto grau de desigualdades.

Estamos conscientes que os conjuntos disciplinares que conformam a área da saúde têm crescido tanto e com tal velocidade, alcançando inclusive certo grau de autonomia, que seria praticamente impossível contemplar todo o desenvolvimento teórico, metodológico e operativo atualmente alcançado pela Saúde Coletiva. Não obstante, parece-nos pertinente e oportuno um mapeamento geral e introdutório desse vasto conjunto de conhecimentos, estratégias e técnicas justamente pela amplitude e dinamismo que o têm caracterizado. Portanto, a ideia de um livro-texto sobre a Saúde Coletiva com essa finalidade faz sentido especialmente para aqueles que estão se introduzindo nesse campo científico e âmbito de práticas. Assim, este volume destina-se principalmente a alunos de graduação, de especialização, residentes, mestrandos profissionais nos primeiros módulos do curso e candidatos a processos seletivos da pós-graduação senso estrito.

Para cobrir os temas de interesse, recorremos a saberes disciplinares e interdisciplinares diversificados, conforme pode ser constatado na estrutura e desenvolvimento do volume. Os autores convidados são docentes e pesquisadores representativos dos principais centros de pesquisa e pós-graduação na área de Saúde Coletiva no Brasil. Considerando a relevância de fortalecer a parceria entre esses centros e de estimular um trabalho sinérgico entre autores engajados em múltiplas atividades, encorajamos ao máximo a produção de textos resultantes de um trabalho cooperativo.

Trata-se de um livro fundamentado em questões. Compõe-se de 45 capítulos que se organizam em sete seções, incluindo o Epílogo, apresentando os respectivos conteúdos em linguagem direta e objetiva, com exemplos e ilustrações pertinentes a situações e contextos da realidade sanitária nacional.

Na abertura do volume, trazemos um módulo de contextualização visando a indicar antecedentes históricos, emergência, problemáticas fundadoras, enfim, os eixos conceituais de desenvolvimento da Saúde Coletiva. As questões dessa parte são: O que é afinal Saúde Coletiva? Quais são os principais conceitos de Saúde? O que são necessidades e problemas de saúde? Será mesmo a Saúde Coletiva um campo de saberes e de práticas?

A seção II intitula-se Modos. Aqui, nossos autores detalham os componentes típicos de sistemas de saúde: da população-alvo à estrutura de organização, do financiamento à gestão e prestação de serviços. Apresenta-se o enfoque de ciclos de políticas públicas de saúde: da problematização à institucionalização, implementação e avaliação, passando pela formulação e formalização de planos, projetos e programas. Além disso, avaliam-se as possibilidades de integração entre ações individuais e coletivas no Sistema Único de Saúde mediante a programação e organização das práticas em saúde.

A seção III aborda os Contextos das práticas de saúde, com ênfase na conjuntura brasileira contemporânea. Inicialmente, discutem-se os problemas de saúde da população brasileira e seus determinantes. Em seguida, são apresentados e debatidos princípios e diretrizes do Sistema Único de Saúde (SUS), juntamente com um breve histórico e análise da sua situação atual. Isso permite uma visão comparada com os sistemas de saúde de outros países europeus e norte-americanos. Além disso, nessa parte discutem-se importantes aspectos complementares do setor saúde, como a relação entre o Estado e o Complexo Produtivo da Saúde, com especial destaque para a indústria farmacêutica e os sistemas de informação e regulação em Saúde.

A Reforma Sanitária Brasileira é posta em perspectiva por meio da análise de aspectos peculiares do sistema de saúde nacional aprofundados na seção IV do livro, num módulo sugestivamente intitulado Hemisfério SUS. Aqui, avalia-se tanto as tecnologias *hard* quanto as *soft*, da infraestrutura tecnológica do sistema, sua rede de equipamentos, seu nível de desenvolvimento científico-tecnológico e de inovação, às diferentes modalidades de financiamento, gestão e gerenciamento dos serviços e recursos públicos de saúde. Retoma-se enfim o conjunto de elementos distintivos da experiência brasileira de gestão do SUS com descentralização, regionalização e participação social mediante conselhos e conferências de saúde. Essa importante seção é concluída com uma análise das tendências de transformação, mudança ou conservação dos modelos de atenção à saúde no Brasil.

A seção V deste volume aborda as principais estratégias empregadas no campo da Saúde Coletiva para a realização dos objetivos e funções sociais do sistema de saúde. Em primeiro lugar, os fundamentos das estratégias e práticas da Promoção da Saúde e da Vigilância Sanitária (com foco na proteção da saúde) são introduzidos. Em segundo lugar, discutem-se as relações entre atenção básica, média e alta complexidade, destacando-se a estratégia da Saúde da Família como fundamental para a organização do cuidado à saúde no SUS. Em terceiro lugar, estratégias convencionais de prevenção e controle de doenças, agravos e riscos tais como campanhas, programas, vigilância epidemiológica e vigilância da saúde são apresentadas e analisadas. Em seguida, inclui-se uma série de capítulos sobre prevenção, atenção e controle de grupos de problemas de saúde (doenças transmissíveis, doenças crônicas não transmissíveis, problemas de saúde bucal, problemas de saúde mental, violências, consumo de substâncias psicoativas, problemas de saúde do trabalhador e saúde da criança e do adolescente). Finalmente, temas referentes ao papel das agências reguladoras, bem como à qualidade e segurança no cuidado de saúde, são analisados como complemento à análise das estratégias do campo.

Na seção VI, são apresentados capítulos com avaliação do "estado da arte" dos três conjuntos disciplinares do campo (Epidemiologia, Planificação & Gestão, Ciências Sociais em Saúde), bem como de certas áreas temáticas: saúde do trabalhador, saúde mental, vigilância sanitária, saúde bucal, sistema de informações, recursos humanos, ambiente e saúde, entre outras. Isso nos permite concluir este volume com uma recuperação dos elementos conceituais, históricos, políticos, metodológicos e tecnológicos aqui apresentados e discutidos, assinalando as principais tendências e obstáculos para o desenvolvimento do campo, visando ao delineamento de cenários futuros e perspectivas de construção histórica da Saúde Coletiva no Brasil.

Jairnilson Silva Paim
Naomar de Almeida-Filho

Sumário

SEÇÃO I – EIXOS, 1

1. **O que é Saúde Coletiva, 3**
   Lígia Maria Vieira-da-Silva
   Jairnilson Silva Paim
   Lilia Blima Schraiber

2. **Conceitos de Saúde: atualização do debate teórico-metodológico, 13**
   Naomar de Almeida-Filho
   Jairnilson Silva Paim

3. **Análise de situação de saúde: o que são necessidades e problemas de saúde?, 29**
   Jairnilson Silva Paim
   Naomar de Almeida-Filho

4. **Saúde Coletiva como campo de saberes e de práticas: abordagens e perspectivas, 41**
   Naomar de Almeida-Filho
   Jairnilson Silva Paim.

SEÇÃO II – MODOS, 47

5. **Componentes de um sistema de serviços de saúde: população, infra-estrutura, organização, prestação de serviços, financiamento e gestão, 49**
   Luis Eugenio Portela Fernandes de Souza
   Lígia Bahia

6. **Ciclo de uma política pública de saúde: problematização, construção da agenda, institucionalização, formulação, implementação e avaliação, 69**
   Isabela Cardoso de Matos Pinto
   Ligia Maria Vieira-da-Silva
   Tatiana Vargas de Faria Baptista

7. **Programação em saúde e organização das práticas: possibilidades de integração entre ações individuais e coletivas no Sistema Único de Saúde, 83**
   Lilia Blima Schraiber
   Ana Luiza Queiroz Vilasbôas
   Maria Ines Bapttistella Nemes.

SEÇÃO III – CONTEXTOS, 95

8. **Problemas de saúde da população brasileira e seus determinantes, 97**
   Guilherme de Sousa Ribeiro

9. **Sistema Único de Saúde (SUS): a difícil construção de um sistema universal na sociedade brasileira, 121**
   Carmen Fontes Teixeira
   Luis Eugenio Portela Fernandes de Souza
   Jairnilson Silva Paim

10. **Sistema de Assistência Médica Suplementar (SAMS): breve histórico e modalidades desenvolvidas no Brasil (seguro-saúde, medicina de grupo, cooperativas médicas, autogestão e outras), 139**
    José Sestelo
    Lígia Bahia

11. **Sistemas de saúde da Alemanha, do Canadá e dos Estados Unidos: uma visão comparada, 151**
    José Carvalho Noronha
    Lígia Giovanella
    Eleonor Minho Conill

12. **Complexo Produtivo da Saúde: inovação, desenvolvimento e Estado, 173**
    Carlos Augusto Grabois Gadelha
    José Manuel Santos de Varge Maldonado
    Laís Silveira Costa

13. **Trajetórias tecnológicas na indústria farmacêutica: desafios para a equidade no Brasil, 185**
    Erika Aragão
    Sebastião Loureiro
    Jose Gomes Temporão

14. **Informação em Saúde Coletiva, 195**
    Eduardo Luiz Andrade Mota
    Marcio Alazraqui

SEÇÃO IV – HEMISFÉRIO SUS, 201

15. **Reforma Sanitária Brasileira em perspectiva e o SUS, 203**
    Jairnilson Silva Paim
    Naomar de Almeida-Filho

16. **Infraestrutura tecnológica do SUS: rede de estabelecimentos, equipamentos, desenvolvimento científico-tecnológico e inovação, 211**
    Luis Eugenio Portela Fernandes de Souza
    Reinaldo Guimarães
    Claudia Travassos
    Claudia Marques Canabrava

17. **Organização do SUS e diferentes modalidades de gestão e gerenciamento dos serviços e recursos públicos de saúde, 231**
    Isabela Cardoso de Matos Pinto
    Carmen Fontes Teixeira
    Jorge José Santos Pereira Solla
    Ademar Arthur Chioro dos Reis

18. **Controle social do SUS: conselhos e conferências de saúde, 245**
    Monique Azevedo Esperidião

19. **Gestão do SUS: descentralização, regionalização e participação social, 261**
    Luis Eugenio Portela Fernandes de Souza
    Ana Luiza d'Ávila Viana

20. **Financiamento do SUS, 271**
    Thereza Christina Bahia Coelho
    João Henrique G. Scatena

21. **Modelos de atenção à saúde no SUS: transformação, mudança ou conservação?, 287**
    Carmen Fontes Teixeira
    Ana Luiza Queiroz Vilasbôas

SEÇÃO V – ESTRATÉGIAS, 303

22. **Promoção da Saúde e seus fundamentos: determinantes sociais de saúde, ação intersetorial e políticas públicas saudáveis, 305**
    Alberto Pelegrini Filho
    Paulo Marchiori Buss
    Monique Azevedo Esperidião

23. **Área temática de vigilância sanitária, 327**
    Edná Alves Costa
    Ana Cristina Souto

24. **Relações entre atenção básica, média e alta complexidade: desafios para a organização do cuidado no Sistema Único de Saúde, 343**
    Jorge José Santos Pereira Solla
    Jairnilson Silva Paim

25. **Estratégia saúde da família e reordenamento do sistema de serviços de saúde, 353**
    Rosana Aquino
    Maria Guadalupe Medina
    Cristiane Abdon Nunes
    Maria Fátima Sousa

26. **Qualidade e segurança no cuidado de saúde, 373**
    Claudia Travassos
    Mônica Martins
    Bárbara Caldas

27. **Regulação da saúde: as Agências Reguladoras Setoriais (Anvisa e ANS), 383**
    Lígia Bahia
    Luis Eugenio Portela Fernandes de Souza

28. **Estratégias de prevenção e controle de doenças, agravos e riscos: campanhas, programas, vigilância epidemiológica, vigilância em saúde e vigilância da saúde, 391**
    Gerluce Alves Pontes da Silva
    Maria Glória Teixeira
    Maria da Conceição Nascimento Costa

29. **Prevenção, atenção e controle de doenças transmissíveis, 401**
    Maria Glória Teixeira
    Maria da Conceição Nascimento Costa
    Gerson Oliveira Penna

30. **Prevenção, atenção e controle de doenças crônicas não transmissíveis, 423**
    Alcione Brasileiro Oliveira Cunha
    Sheila Maria Alvim de Matos
    Ines Lessa
    Gulnar Azevedo e Silva

31. **Prevenção, atenção e controle de violências e interpessoais comunitárias, 437**
    Maria Fernanda Tourinho Peres

32. **Prevenção, atenção e vigilância da saúde bucal, 465**
    Sônia Cristina Lima Chaves
    Carlos Botazzo

33. **Políticas de prevenção e cuidado ao usuário de substâncias psicoativas, 479**
    Maria Guadalupe Medina
    Antônio Nery Filho
    Patrícia Maia von Flach

34. **Prevenção, atenção e controle em saúde mental, 501**
    Mônica de Oliveira Nunes
    Rosana Onocko-Campos

35. **Atenção, prevenção e controle em saúde do trabalhador, 513**
    Vilma Sousa Santana
    Elizabeth Costa Dias
    Jacinta de Fátima Senna da Silva

36. **Prevenção, atenção e controle em saúde da criança e do adolescente, 541**
    Antônio José Ledo Alves da Cunha
    Luiza Maria Calvano
    Álvaro Jorge Madeiro Leite

SEÇÃO VI – ESTADOS DA ARTE, 555

37. **Estado da arte em epidemiologia no Brasil, 557**
    Naomar de Almeida-Filho
    Roberto Medronho
    Maurício Barreto

38. **Ciências sociais em saúde coletiva, 567**
    Marcelo Eduardo Pfeiffer Castellanos
    Maria Andréa Loyola
    Jorge Alberto Bernstein Iriart

39. **Produção científica sobre política, planejamento e gestão em saúde no campo da saúde coletiva: visão panorâmica, 585**
    Carmen Fontes Teixeira
    Washington Luiz Abreu de Jesus
    Mariluce Karla Bonfim de Souza
    Marcelo Nunes Dourado Rocha

40. **Diferentes formas de apreensão das relações trabalho e saúde/doença. O campo saúde do trabalhador: aspectos históricos e epistemológicos, 595**
    Francisco Antonio de Castro Lacaz

41. **De recursos humanos a trabalho e educação na saúde: o estado da arte no campo da saúde coletiva, 611**
    Isabela Cardoso de Matos Pinto
    Tânia Celeste Matos Nunes
    Soraya Almeida Belisário
    Francisco Eduardo de Campos

42. **Comunicação e Saúde: aproximação ao estado da arte da produção científica no campo da saúde, 625**
    Maria Lígia Rangel-S
    Jane Mary Medeiros Guimarães
    Adroaldo de Jesus Belens

43. **Saúde bucal coletiva: antecedentes e estados da arte, 639**
    Carlos Botazzo
    Sônia Cristina Lima Chaves

44. **Sistema de informações em saúde: patrimônio da sociedade brasileira, 649**
    Ilara Hämmerli Sozzi de Moraes

SEÇÃO VII – EPÍLOGO, 667

45. **Saúde coletiva: futuros provisórios, 669**
    Naomar de Almeida-Filho
    Jairnilson Silva Paim
    Lígia Maria Vieira-da-Silva

Índice remissivo, 687

SAÚDE COLETIVA
Teoria e Prática

I
EIXOS

O que é Saúde Coletiva?

Lígia Maria Vieira-da-Silva ◆ *Jairnilson Silva Paim* ◆ *Lilia Blima Schraiber*

INTRODUÇÃO

A *Saúde Coletiva* pode ser definida como um campo[1] de produção de conhecimentos voltados para a compreensão da *saúde* e a explicação de seus *determinantes sociais*, bem como o âmbito de práticas direcionadas prioritariamente para sua *promoção*, além de voltadas para a *prevenção* e o *cuidado* a agravos e doenças, tomando por objeto não apenas os indivíduos mas, sobretudo, os grupos sociais, portanto a *coletividade* (Paim, 1982; Donnangelo 1983).

Tratando-se de uma área nova, nem sempre há uma preocupação em distingui-la da Saúde Pública. Por outro lado, observa-se que diversas instituições e programas de pós-graduação e graduação pertencentes à área da Saúde Coletiva têm nomes diferentes, como Instituto de Medicina Social, Departamento de Medicina Preventiva, Escola Nacional de Saúde Pública, Mestrado em Saúde Comunitária ou Instituto de Saúde Coletiva.

Qual a razão para essa diversidade de designações? Como e por que ocorreu a criação desse novo espaço de saberes e práticas no Brasil, nos anos 1970, com a denominação de Saúde Coletiva? Qual sua relação com movimentos semelhantes no cenário internacional? Qual sua importância para a resolução dos problemas de saúde da população e para o atendimento das necessidades de saúde?

Embora a Saúde Coletiva historicamente tenha sido constituída, principalmente, por médicos, outros profissionais, como cientistas sociais, enfermeiros, odontólogos, farmacêuticos, e também agentes oriundos de outras áreas do conhecimento, como engenheiros, físicos e arquitetos, contribuíram para sua construção. Trata-se, portanto, de uma área multiprofissional e interdisciplinar. Para que a definição de Saúde Coletiva aqui apresentada seja mais bem compreendida em sua especificidade e amplitude, em termos de agentes e disciplinas, é necessário rever brevemente a história de seus antecedentes e seu nascimento.

ANTECEDENTES

Conhecimentos e intervenções sobre a saúde em uma perspectiva coletiva foram contemplados na história por diversas iniciativas políticas e movimentos de ideias resumidos a seguir.

Aritmética Política e Polícia Médica

Embora diversas intervenções voltadas à preservação da saúde e ao enfrentamento das doenças, no âmbito populacional, possam ser registradas desde a Antiguidade clássica, foi apenas no período mercantilista e com o desenvolvimento do Estado Moderno que surgiram, na Alemanha, a *Polícia Médica*, com Johann Peter Frank, e na Inglaterra, a *Aritmética Política*, com William Petty (Rosen, 1994 [1958]).

A Aritmética Política consistia na sistematização de informações populacionais sobre natalidade e mortalidade e na formulação de recomendações para uma ação nacional, bem como de instâncias organizativas na área da saúde. Petty, em 1687, propôs a criação de um Conselho de Saúde em Londres e de um hospital para o isolamento de pacientes com peste (Rosen, 1994 [1958]).

Já na Alemanha, a administração do Estado era denominada, desde o século XVII, Polícia. Em 1655, Veit Ludwig Seckendorf formulou o que deveria ser um programa de saúde do Governo voltado para o bem-estar da população. A expressão Polícia Médica foi usada por Wolfang Thomas Rau, em 1764, e posteriormente desen-

---

[1] Campo está sendo aqui empregado como os autores citados originalmente o utilizaram, ou seja, como conceito que designaria um espaço social mais amplo e complexo que uma simples área de conhecimento.

volvida por Peter Frank, entre 1779 e 1817, em uma volumosa obra que continha recomendações de ações voltadas para a supervisão da saúde das populações, o que correspondia a regulamentação da educação médica, supervisão de farmácias e hospitais, prevenção de epidemias, combate ao charlatanismo e esclarecimento ao público (Rosen, 1994 [1958]).

Higiene, Medicina Social e Saúde Pública

O termo *higiene* (*hygeinos* em grego) era um adjetivo que designava, na Grécia Antiga, aquilo que era "são". Até o século XVIII, os manuais que tratavam da saúde referiam-se a seu "cuidado" ou sua "conservação", mas a partir do século XIX passaram a denominar-se manuais de higiene (Vigarello, 1985). Sua transformação em disciplina médica e em um corpo de conhecimentos específicos ocorreu na Europa, entre o final do século XVIII e o início do século XIX (Vigarello, 1985). Na França em particular, em 1829, foi lançada a revista *Annales d'hygiène publique et de médecine légale*, que no *prospectus* de seu primeiro número apresentava a higiene pública como "...a arte de conservar a saúde nos homens reunidos em sociedade..." e como uma parte da medicina[2]. Nessa perspectiva, a medicina não teria somente por finalidade estudar e curar as doenças, mas teria relações íntimas com a organização social; às vezes ajudaria o legislador na elaboração de leis, esclarecendo frequentemente o magistrado em sua aplicação, e sempre velaria com a administração pela manutenção da saúde do público.

O movimento higienista foi caracterizado por alguns autores como sinônimo de medicina social, termo cunhado em 1948 por Jules Guerin, editor da Gazeta Médica de Paris. O historiador George Rosen considerava ter sido a medicina social francesa uma decorrência dos desdobramentos da Revolução de 1848 e do processo de industrialização. Assim, para esse autor, a Medicina Social Francesa apoiava-se em trabalhos sobre a situação de saúde dos operários realizados por Villermé (1840) e Benoiston de Châteauneuf, entre outros, e propugnava modificações sociais para a resolução de problemas de saúde. Também na Alemanha, ideias semelhantes foram desenvolvidas por Rudolf Virchow e Salomon Neumann, que consideravam a ciência médica essencialmente social (Rosen, 1983).

Já para o filósofo Michael Foucault, a medicina moderna é uma medicina social no sentido de que é uma prática social, ou seja, intervém sobre a sociedade e sofre as influências desta, mesmo quando atua sobre indivíduos. Analisando o corpo como uma realidade biopolítica, ou seja, em suas dimensões biológica e do poder, esse autor considera que o controle da sociedade sobre os indivíduos começa com o corpo. Nessa perspectiva, caracterizou o desenvolvimento da medicina moderna no período supramencionado (final do século XVIII e início do século XIX) em três configurações: a medicina de Estado, a medicina urbana e a medicina da força de trabalho (Foucault, 1979).

Já a denominação Saúde Pública surgiu na Inglaterra. A industrialização, que se acompanhou do aumento do número de trabalhadores assalariados, tem sido associada ao agravamento das condições sanitárias das populações urbanas (Engels, 2008 [1845]) e às respostas estatais a essa situação. Esse fenômeno foi observado particularmente na Inglaterra, no século XIX. Uma comissão governamental designada para rever a legislação voltada para os pobres e coordenada pelo advogado Edwin Chadwick elaborou, em 1842, um documento intitulado "*Relatório ou uma Investigação sobre as Condições Sanitárias da População Trabalhadora da Grã-Bretanha*", que continha, além de um diagnóstico sobre a situação sanitária, diversas proposições de intervenções relacionadas com o saneamento das cidades e a correspondente organização administrativa estatal (Rosen, 1994 [1958]). Seguiram-se ao Relatório Chadwick diversas iniciativas legislativas que culminaram com o primeiro *Ato de Saúde Pública*, editado em 1848, e com a criação de um Conselho Geral de Saúde (Rosen, 1994 [1958]). As escolas e faculdades de Saúde Pública só foram criadas na Inglaterra na passagem do século XIX para o XX (Paim, 2006).

Também nos EUA, a industrialização e as epidemias do final do século XIX levaram o Congresso Americano a criar um Departamento Nacional de Saúde, proposto por um movimento de reforma da saúde organizado em torno da Associação Americana de Saúde Pública, em 1879 (Fee, 1994). Embora com o advento da bacteriologia tenha sido conferida uma ênfase à dimensão técnica da Saúde Pública, concepções mais amplas foram explicitadas no início do século XX, como na clássica definição de Charles Edward A. Winslow, bacteriologista e fundador do departamento de Saúde Pública da Faculdade de Medicina da Universidade de Yale (Boxe 1.1).

No Brasil, ações de saúde e saneamento voltadas para o espaço urbano e o controle de epidemias acompanharam o desenvolvimento do Estado Nacional na primeira República (1889-1930) (Lima *et al.*, 2005). Essas ações, bem como as formas de organização estatal correspondentes, sofreram influência, em certa medida, dos modelos europeus anteriormente mencionados (Trindade, 2001). Esse período, marcado pela realização de campanhas sanitárias para o controle da febre amarela urbana, coordenadas por Oswaldo Cruz, ficou conhecido

---

[2]*Prospectus. Annales d'hygiène publique et de médecine légale*, 1829. (Série 1, n.01).

> **Boxe 1.1 — Uma definição de Saúde Pública**
>
> Em 1920, Charles Edward A. Winslow, então professor de Medicina Experimental da Universidade de Yale, foi procurado por dois estudantes da graduação que queriam uma orientação sobre as carreiras a seguir, estando particularmente interessados em saber o que era a Saúde Pública. Winslow, então, sentindo a necessidade de formular uma melhor definição que englobasse as tendências e possibilidades dessa área que para ele representava uma das mais estimulantes e atrativas aberturas para estudantes universitários naqueles dias, elaborou um artigo para a revista *Science*, onde formulou a seguinte definição para a Saúde Pública:
>
> "Saúde Pública é a ciência e a arte de prevenir a doença, prolongar a vida, promover a saúde física e a eficiência através dos esforços da comunidade organizada para o saneamento do meio ambiente, o controle das infecções comunitárias, a educação dos indivíduos nos princípios de higiene pessoal, a organização dos serviços médicos e de enfermagem para o diagnóstico precoce e o tratamento preventivo da doença e o desenvolvimento da máquina social que assegurará a cada indivíduo na comunidade um padrão de vida adequado para a manutenção da saúde." (Winslow, 1920:30 – tradução livre)

como "sanitarismo campanhista". O período seguinte, que vai de 1930 a 1964, correspondeu à progressiva institucionalização das campanhas sanitárias, inicialmente em um Departamento Nacional de Saúde do Ministério da Educação e posteriormente no Ministério da Saúde, criado em 1953 (Paim, 2003). Duas outras concepções de sanitarismo desenvolveram-se nesse período: o denominado "sanitarismo dependente", que correspondia ao modelo importado dos EUA, adotado pela Fundação Serviço Especial de Saúde Pública (FSESP), e o sanitarismo desenvolvimentista, cujo pressuposto era que o desenvolvimento econômico resultaria em melhoria do estado de saúde das populações.

Paralelamente ao desenvolvimento da higiene e da Saúde Pública surgiram diversas instituições voltadas para a assistência médica individual, inicialmente financiadas pelas caixas de aposentadoria e pensão dos sindicatos e posteriormente pelo Estado, por intermédio dos Institutos de Aposentadoria e Pensão (IAP), para diversas categorias de trabalhadores (marítimos, bancários, comerciários e servidores públicos, entre outros). Essa assistência médica dirigida aos trabalhadores registrados formalmente nas empresas foi posteriormente estendida a suas famílias com o apoio da Previdência Social, que também respondia pelas aposentadorias e demais benefícios trabalhistas. Por isso, foi denominada "medicina previdenciária".

Progressivamente, desenvolveu-se um setor privado que passou a ser financiado em parte pelo Estado e em parte pelo mercado, como é o caso dos planos de saúde privados, e que configurou um modelo assistencial predominantemente hospitalar, tecnificado e voltado para as ações curativas individuais (Paim, 2003).

Movimentos de reforma do ensino médico: a criação da Medicina Preventiva

Entre as raízes históricas da Saúde Coletiva estão dois movimentos de reforma da medicina que buscaram reorientar a prática médica por meio de mudanças da formação dos médicos nas escolas de medicina. São eles o movimento em prol de uma Medicina Integral, que resultou na criação de uma disciplina nova no currículo médico, a Medicina Preventiva, e o movimento pela Medicina Comunitária (Boxe 1.2).

> **Boxe 1.2 — O relatório Flexner**
>
> Considerando que a Medicina Integral e a Medicina Comunitária foram movimentos surgidos já no século XX, não podemos deixar de mencionar um grande reformador do ensino médico: Abraham Flexner, também situado no século XX. Como explicaremos a seguir, porém, a reforma Flexner teve um caráter distinto desses outros dois movimentos.
>
> Flexner, que viveu entre 1866 e 1959, foi um pesquisador e professor americano que realizou extensa investigação sobre as condições do ensino médico nos EUA e no Canadá, apresentando resultados e propostas de mudança curricular na publicação *Medical Education in United States and Canada. A report to the Carnegie Foundation for the Advancement of teaching* (Flexner, 1910). Sua preocupação central foi com o desnível de qualidade entre os profissionais formados nas diferentes escolas médicas. Atento à base científica da medicina, enquanto conhecimento e prática profissional, Flexner buscou apontar a necessidade da formação do aluno tanto nas ciências em geral, de maneira preparatória à medicina, como, em segundo estágio, nas ciências básicas que dão suporte direto à medicina, o que seria complementado com o aprendizado profissionalizante em práticas clínicas hospitalares conjugadas à investigação laboratorial. Em suas palavras: "(...) Pode-se descrever com justeza que a moderna medicina é caracterizada pelo manejo crítico da experiência. (...) No âmbito pedagógico, a medicina moderna, como todas as educações científicas, é caracterizada pela atividade. O aluno não mais apenas olha, ouve ou memoriza; ele faz. Sua própria atividade no laboratório e na clínica é o fator principal em sua instrução e no ensino. (...) O progresso da ciência e da prática científica e racional da medicina emprega exatamente a mesma técnica. (...) Investigação e prática são, então, um só em espírito, método e objeto. (...) O hospital é, ele próprio, em todos os sentidos um laboratório." (Extraído de Schraiber, 1989: 109-10).
>
> Com essas características podemos dizer que a reforma proposta por Flexner, e que foi amplamente acatada, sistematizou e formalizou as especificidades próprias à modernização da medicina e com isso impulsionou essa modernização, em contraste com as propostas da Medicina Integral e da Medicina Comunitária, que apresentaram reformulações para o modelo já moderno de ensino médico.
>
> Flexner, alguns anos depois do referido estudo, expandiu sua avaliação das escolas médicas também para alguns países da Europa, comparando-as com a situação americana, na publicação *La formation du médecin en Europe e aux États-Unis: étude comparative* (Flexner, 1927).
>
> Para uma melhor compreensão das especificidades modernizantes da medicina consulte Luz (1988) e Nogueira (2007).

Originados nos EUA, no período 1940/1960, esses movimentos constituíram importante base da crítica ao modo progressivamente especializado e segmentador com que a prática médica vinha sendo desenvolvida e ensinada. Isso porque esses movimentos pretendiam que os médicos, em sua prática cotidiana, não tratassem apenas da medicina curativa e, ainda mais, aquela centrada em ramos especializados, mas que fossem capazes de um cuidado global do paciente. Esse cuidado deveria buscar uma concepção ampla de saúde, como horizonte da assistência médica que ofereciam nos serviços, preocupando-se também com a prevenção e a reabilitação do doente para a retomada de suas atividades usuais na vida social (Schraiber, 1989).

Buscavam, assim, ampliar a visão do médico quanto a sua intervenção, acreditando com isso que os serviços teriam, por consequência, uma reorientação assistencial. E para alcançar essa nova visão, acreditavam ser necessário e suficiente uma boa reforma curricular. No caso da Medicina Integral, a proposta girava em torno da concepção de uma formação mais ampla e integrada ("integral"), com um conjunto de disciplinas no ensino médico que fosse capaz de rearticular o "todo biopsicossocial" a que correspondia o paciente. Já com certa crítica ao excesso de aprendizado hospitalar, afastando o aluno das condições de vida usuais do paciente e, assim, tornando difícil sua formação inserida em um cuidado global, a proposta da Medicina Integral viu na introdução de uma disciplina voltada para a Medicina Preventiva e imediatamente articulada com disciplinas das ciências da conduta e das ciências sociais, de que se tratará mais adiante também, o instrumento para a integração que postulava, entendendo que a própria Medicina Preventiva teceria a coordenação das disciplinas biológicas.

No caso da Medicina Comunitária, movimento que sucedeu ao da Medicina Integral, além de adotar também as referências anteriores, a crítica à formação do médico enfatizou o ensino exclusivamente centrado no hospital. Propiciando ao aluno apenas o aprendizado nas patologias mais raras e em situações apartadas da família e da comunidade, o ensino hospitalar o impedia de interagir com as patologias mais frequentes e aprender uma prática tecnologicamente mais simplificada. A importância desses últimos aspectos na proposta estava dada pelo momento histórico em que surgiu: nos anos 1960, a medicina americana já via dificuldades de cobertura assistencial de parte de sua população, sobretudo a mais carente e a de idosos, uma vez que tal cobertura estava, como ainda está até hoje, muito associada à condição empregatícia. Considerando os custos crescentes da assistência médica, que se relacionam com as tecnologias mais sofisticadas e a simplificação destas em práticas voltadas para as patologias mais comuns, a Medicina Comunitária surgia, naquele momento, como uma proposta de reforma capaz de satisfazer tanto a maior integração na atenção prestada, com ênfase nas práticas de prevenção, como a diminuição dos gastos com a assistência médica, o que propiciaria uma cobertura mais fácil de ser estendida a toda a população.

A reforma então sugerida foi a de acrescentar à formação médica a experiência do aluno em práticas assistenciais extramuros do hospital-escola, localizando-se diretamente nas comunidades e de preferência entre as populações mais carentes.

Desse modo, a Medicina Preventiva e a Comunitária propuseram uma certa rearticulação dos conhecimentos biomédicos na dimensão social e populacional do adoecimento, o que ampliaria, segundo os proponentes dessas reformas, a concepção acerca do processo saúde-doença e seus determinantes que a medicina clínica vinha construindo quando enfatizava uma abordagem individual e biomédica. Essa crítica seria retomada na Saúde Coletiva, que, no entanto, apontou para a necessidade de reformas não só educacionais, mas, sobretudo, do próprio sistema de saúde e da sociedade: das condições e mercado de trabalho dos profissionais, dos modelos de atenção à população, bem como das políticas econômicas e sociais.

Departamentos de Medicina Preventiva e a Medicina Social

A partir da proposta da Medicina Integral, da criação de departamentos de Medicina Preventiva nas escolas médicas americanas e dos seminários promovidos pela Organização Pan-Americana da Saúde (OPAS) para a difusão dessas ideias e a implantação dessas unidades acadêmicas (OPS, 1976) foram criados os primeiros departamentos no Brasil, na década de 1960. Contudo, sua institucionalização e expansão ocorreram, efetivamente, na década seguinte, após a Reforma Universitária de 1968.

Embora muitos estudos analisem essa experiência na América Latina e no Brasil, dois se destacam por sua abrangência e contribuições críticas. O primeiro, iniciado em 1967 (Garcia, 1972), visava à avaliação do ensino dos aspectos preventivos e sociais da medicina, mas foi ampliado para contemplar o processo de formação e suas relações com a prática médica e a estrutura social. Entre os tópicos analisados no ensino dos departamentos de Medicina Preventiva destacavam-se as medidas preventivas, a epidemiologia, a medicina quantitativa, a organização e administração de serviços de saúde, além das chamadas "ciências da conduta", incluindo a sociologia, a antropologia e a psicologia social. O segundo estudo (Arouca, 2003), concluído em 1975, partia do reconhecimento das dificuldades no ensino desses aspectos em sociedades que não produziram mudanças nos sistemas de saúde e atribuíam diferentes valores à vida humana em função de sua estrutura de classes sociais, situação que configurava o "dilema preventivista".

A penetração da questão do "coletivo" de maneira sistemática como também pertinente à assistência médica aparece como um dos efeitos da implantação desses departamentos. Originalmente tratava-se de uma certa redução do social limitada a suas manifestações no indivíduo (Donnangelo, 1983) e não como compreensão da estrutura social em suas relações com a saúde, seja como um setor produtivo, um estado da vida ou uma área do saber. Esse entendimento vai sendo construído, progressivamente, por meio de novos estudos, tempos depois.

Assim, as contradições e conflitos presentes na sociedade brasileira possibilitaram uma crítica ao preventivismo e uma aproximação às concepções da Medicina Social elaboradas na Europa no século XIX, a partir das lutas sociais ali desenvolvidas e, especialmente, das contribuições de Rudolf Virchow (Rosen, 1979; Paim, 2006). A produção de conhecimentos no Brasil diversifica temas, objetos e metodologias, com distintas conotações para a noção de "coletivo": como meio ambiente; como coleção de indivíduos; como conjunto de efeitos da vida social; como interação entre elementos; e "coletivo transformado em social como campo específico e estruturado de práticas" (Donnangelo, 1983: 27). Esta última acepção, ou seja, o "coletivo" que toma o social como objeto privilegiado na produção do saber e na intervenção, vai marcar o desenvolvimento da Medicina Social no Brasil, especialmente em programas de pós-graduação de determinados Departamentos de Medicina Preventiva e Social e de Escolas de Saúde Pública.

Quando o governo passou a apoiar algumas linhas de pesquisa em Medicina Social, por meio do Programa de Estudos Socioeconômicos em Saúde (PESES) da Fiocruz, com o auxílio da Financiadora de Estudos e Projetos – Finep (Escorel 1999), desenvolveu-se um trabalho teórico voltado para a Medicina Social entre alguns departamentos de Medicina Preventiva e Escolas de Saúde Pública. Esta aproximação à Medicina Social, no plano acadêmico, era alimentada por movimentos sociais que colocavam em debate a questão saúde e propostas de redefinição das políticas de saúde no Brasil que resultaram na Reforma Sanitária Brasileira e no Sistema Único de Saúde (SUS).

EMERGÊNCIA DA SAÚDE COLETIVA

A expressão saúde coletiva era utilizada desde a década de 1960 como referência a problemas de saúde no nível populacional (OPS, 1976) e em documentos oficiais que mencionavam uma dada matéria do currículo mínimo do curso médico, proposta pela Reforma Universitária de 1968. Essa matéria incluía a epidemiologia, a estatística, a organização e administração sanitária, as ciências sociais, entre outras. Portanto, a introdução desses conteúdos na graduação dos profissionais de saúde foi iniciativa dos departamentos de Medicina Preventiva, junto a seus equivalentes nas escolas de enfermagem, farmácia, veterinária, odontologia etc. Nos cursos de aperfeiçoamento e especialização, essas disciplinas eram ministradas pelas escolas de saúde pública que posteriormente passaram a contribuir para a constituição da área.

No final da década de 1970, a expressão saúde coletiva foi usada como título do primeiro encontro nacional de cursos de pós-graduação então existentes no Brasil, denominados Medicina Social, Medicina Preventiva, Saúde Comunitária e Saúde Pública. Nessa oportunidade, foi proposta a criação da Associação Brasileira de Pós-graduação em Saúde Coletiva (ABRASCO), cuja formalização passou a ser discutida em reuniões posteriores em Ribeirão Preto e no Rio de Janeiro e que foi fundada em setembro de 1979 em Brasília.

Com base no relatório final do I Encontro Nacional de Pós-graduação em Saúde Coletiva, realizado em 1978 na cidade de Salvador, um dos cursos participantes procurou explicitar o que se entendia por saúde coletiva (ver Boxe 1.3). Portanto, essa área do saber busca entender a saúde/doença como um processo que se relaciona com a estrutura da sociedade, o homem como ser social e histórico, e o exercício das ações de saúde como uma prática social permeada por uma prática técnica que é, simultaneamente, social, sofrendo influências econômicas, políticas e ideológicas (Paim, 1982).

Percebe-se, desse modo, a constituição de uma nova área de produção de conhecimentos científicos que se desloca de abordagens técnicas de temas específicos prevalentes na saúde pública tradicional (saúde materno-infantil, dermatologia sanitária, saneamento etc.) ou de enfoques convencionais de epidemiologia e da administração e planejamento de saúde para uma abordagem multidisciplinar. A incorporação das ciências sociais em sua constituição tornava possível o redimensionamento tanto da epidemiologia como da política, da gestão e do planejamento de saúde.

As primeiras publicações da ABRASCO tinham como denominação *Ensino da Saúde Pública, Medicina Preventiva e Social no Brasil* (ABRASCO, 1982). Nesse particular, a realização do *II Encontro Nacional de Mestrados e Doutorados da Área de Saúde Coletiva* em São Paulo (1982), os estudos sobre o ensino e a pesquisa em Saúde Coletiva no Brasil (Donnangelo, 1983; Magaldi & Cordeiro, 1983) e a realização do 1º Congresso Nacional da ABRASCO, realizado em parceria com a Associação Paulista de Saúde Pública em São Paulo, entre 17 e 21 de abril de 1983, parecem reforçar a denominação de Saúde Coletiva. Na segunda metade da década de 1980, o título da referida publicação da ABRASCO, sintoma-

| Boxe 1.3 | Saúde Coletiva: quadro teórico de referência |

a) A saúde, enquanto estado vital, setor de produção e campo de saber, está articulada à estrutura da sociedade através das suas instâncias econômicas e político-ideológicas, apresentando, portanto, uma historicidade.
b) As ações de saúde (promoção, proteção, recuperação, reabilitação) constituem uma prática social e trazem consigo as influências do relacionamento dos grupos sociais.
c) O objeto da Saúde Coletiva é construído nos limites do biológico e do social e compreende a investigação dos determinantes da produção social das doenças e da organização dos serviços de saúde e o estudo da historicidade do saber e das práticas sobre os determinantes. Nesse sentido, o caráter interdisciplinar desse objeto sugere uma integração no plano do conhecimento, e não no plano da estratégia, de reunir profissionais com múltiplas formações.
d) O ensino da Saúde Coletiva envolve a crítica permanente dos sucessivos projetos de redefinição das práticas de saúde surgidos nos países capitalistas, que têm influenciado a reorganização do conhecimento médico e a reformulação de modelos de prestação de serviços de saúde: Reforma Sanitária, Medicina Social, Medicina Integral, Medicina Preventiva e Medicina Comunitária.
e) O processo ensino-aprendizagem não é neutro. Representa um momento de apropriação do saber pelo educando e pode ser acionado como prática de mudança ou de manutenção.
f) O conhecimento não se dá pelo contato com a realidade, mas pela compreensão de suas leis e pelo comprometimento com as forças capazes de transformá-la.
g) A participação ativa e criativa do educando e do educador no processo ensino-aprendizagem pressupõe o privilegiamento de uma prática pedagógica fundamentalmente dialógica e antiautoritária, na qual o aluno não se limita a receber conteúdos emitidos pelo professor. Ou seja, tanto o aluno como o professor aproveitam-se do momento para problematizar a realidade, o modo de pensá-la e o próprio processo de produção-transmissão-apropriação do conhecimento.
h) O ensino da Saúde Coletiva remete a uma concepção ampla de prática. Nela se incluem a prática técnica, a prática teórica e a prática política, entendidas como dimensões da prática social. Nessa perspectiva, as práticas exercidas pelos alunos e professores tendem a se articular com os movimentos mais amplos das forças sociais.
i) O conceito de **inserção** no complexo de saúde admite a participação de docentes e discentes em distintos níveis político-administrativos, técnico-administrativos e técnico-operacionais. A análise das práticas de saúde desenvolvidas pode delinear como prática pedagógica a prática das mudanças no complexo de saúde.
j) O conceito de **participação em saúde** transcende o envolvimento dos grupos interessados no âmbito do planejamento, gestão e avaliação das ações de saúde. Esse conceito passa pela democratização da vida social, o que implica a ação organizada sobre o processo político (Paim, 1982: 18-9).

ticamente, foi substituído por *Estudos em Saúde Coletiva*. Embora a proposição do movimento que resultou na criação da ABRASCO fizesse uma crítica clara à Medicina Preventiva e à Saúde Pública institucionalizada, essas denominações e concepções persistem até hoje em algumas instituições.

A crise do setor saúde desde a década de 1970 vai propiciar tentativas de reatualização na formação de recursos humanos, diante das propostas de extensão de cobertura de serviços de saúde, conformando uma "tendência racionalizadora". Esta possibilita uma confluência de interesses com o preventivismo e com um projeto crítico de Medicina Social que se expressa, contraditoriamente, nos programas de residência em medicina preventiva e social, tratando-se de uma "tentativa de conciliar a Saúde Pública com a medicina social e com a medicina preventiva" (Fonseca, 2006: 34).

Já a formação dos sanitaristas, em um contexto em que o Estado, sob a influência do liberalismo, favorecia a medicina privada, mas buscava a contenção das doenças epidêmicas e endemias rurais, enfatizava o adestramento na especialização com instrumentos e técnicas, pois ocorria uma certa correspondência entre o saber produzido e os modos de intervenção. Para tal formação não existiam grandes contradições entre o campo de saber e o âmbito das práticas.

Todavia, o desenvolvimento do projeto crítico de Medicina Social nos programas de residência em medicina preventiva e social, bem como nos cursos de mestrado e doutorado, deflagrava tensões acadêmicas e, sobretudo, políticas em função das críticas realizadas à situação de saúde e às políticas de saúde implementadas pelos governos autoritários. Essas três tendências – *preventivista* (Medicina Integral), *racionalizadora* (Saúde Pública) e *teórico-crítica* (Medicina Social) – conviveram contraditoriamente nos programas de pós-graduação durante a década de 1980 e, possivelmente, se reproduziram na Reforma Sanitária Brasileira (RSB) enquanto correntes *liberal-sanitarista*, *racionalizadora* e *crítico-socialista*. Portanto, desde suas origens, a RSB carregava distintas concepções e projetos políticos para a saúde em suas dimensões setorial e societária (Paim, 2008).

Um dos estudos pioneiros para a fundamentação conceitual e teórica da Saúde Coletiva (Donnangelo, 1983) efetuou uma delimitação aproximada dessa área de conhecimento não por meio de definições formais, mas examinando um conjunto de práticas relacionadas com a questão saúde na sociedade brasileira, considerando-a um campo de saber e de prática.

Ao trazer para a reflexão a noção de "campo", alertava que essas tendências não afetavam a dominância da medicina individual e que o caráter político da Saúde Coletiva não podia ser ocultado, como geralmente ocorre na medicina quando apela para a cientificidade das ciências naturais. A Saúde Coletiva, ao contrário, ao lidar com uma multiplicidade de questões que atravessam as ciências naturais e sociais, implica a necessidade de construção do social como objeto de análise e como campo de intervenção (Donnangelo, 1983). Esse social é diverso e supõe, obviamente, diferentes interesses, posições e projetos daqueles que o compõem em distintas conjunturas.

Na década de 1980 foi realizada uma reunião sobre as Ciências Sociais em Saúde, promovida pela OPAS, quando a denominação Saúde Coletiva passou a ser difundida internacionalmente, agrupando pesquisas realizadas (Nunes, 1985: 757). É possível inferir, a partir daí, a influência dessas contribuições, quando alguns autores passam a usar na América Latina termos como Medicina Social ou Saúde Coletiva, em vez de expressões que designavam disciplinas ou grupos de disciplinas (Garcia, 1985). Os detalhes dessa "invenção" brasileira, sua sociogênese e as condições de possibilidade históricas têm sido objeto de estudos e pesquisas.

CONDIÇÕES DE POSSIBILIDADES HISTÓRICAS DO SURGIMENTO DA SAÚDE COLETIVA

Que fatos e processos históricos possibilitaram a criação da Saúde Coletiva brasileira? Pode-se afirmar que o financiamento das fundações americanas (Rockefeller, Kellog, Milbank, Ford), a ação político-institucional da OPAS, os auxílios da Finep, a conjuntura política e a situação do campo intelectual e do campo médico brasileiro nos anos 1960 e 1970 contribuíram nessa direção.

Modernização do ensino da medicina e as agências americanas (Kellog, Rockefeller e Milbank)

Embora existam controvérsias sobre a introdução da medicina experimental no Brasil, se no século XIX ou no início do século XX, a vinda da missão Rockefeller, em 1916, impulsionou o processo de modernização do ensino médico, na esteira do relatório Flexner (Boxe 1.2), e com o aporte de recursos consideráveis para a Faculdade de Medicina e Cirurgia de São Paulo tendo posteriormente viabilizado a criação do Instituto de Higiene de São Paulo, que, em 1945, viria a se transformar na Faculdade de Saúde Pública (Faria, 1999).

O objetivo da missão Rockefeller era substituir o modelo francês do ensino médico pelo americano com a prioridade dada ao regime de tempo integral e à pesquisa laboratorial, o que implicava a introdução de uma clínica experimental, ou seja, uma clínica apoiada na pesquisa básica. Ao lado disso, tinha também por objetivo fomentar o ensino da higiene e apoiar ações de saneamento, controle de endemias e educação para a saúde (Faria, 1999). Na Bahia e em outras universidades do sul, como foi o caso da Universidade do Estado do Rio de Janeiro (UERJ), esse processo ocorreu a partir da década de 1950. A introdução do ensino da Medicina Preventiva contou com a participação da OPAS e foi financiada pela Fundação Kellog, que concedeu bolsas de estudo a médicos recém-formados do Brasil e de outros países da América Latina que fizeram residência ou mestrado em áreas básicas. Além disso, a Fundação Kellog financiou a criação dos Mestrados em Medicina Social da Universidade do Estado do Rio de Janeiro (UERJ) e de Xochimilco, no México, em 1974, e diversos outros departamentos.

Organização Pan-Americana de Saúde (OPAS) e Juan Cesar Garcia

A OPAS foi a instituição que protagonizou a difusão do ensino da Medicina Preventiva na América Latina, tendo patrocinado a realização dos seminários de Viña del Mar (Chile) e Tehuacan (México), na década de 1950 (OPS, 1976). Posteriormente, apoiou e promoveu o desenvolvimento da denominada Medicina Social Latino-Americana, principalmente devido à atuação de Juan Cesar Garcia, médico e sociólogo argentino (Nunes, 1989).

Garcia não apenas formulou as linhas gerais de um programa de estudos e ação, mas também desempenhou o papel de liderança política, tendo mobilizado recursos institucionais para apoiar os programas emergentes de medicina preventiva e introduzir neles o ensino das ciências sociais em saúde de abordagem histórico-estrutural (Spinelli *et al.*, 2012). A OPAS contou com o financiamento da Fundação Milbank nessas atividades. Seus programas visavam à formação de lideranças, permitindo que intelectuais críticos imprimissem a direção ao processo, cujas iniciativas eram vistas como inovadoras (Garcia, 1985).

Contradições da conjuntura política nacional

No período analisado, particularmente nos anos 1960 e 1970, havia no mundo uma experiência socialista em curso, e grande parte da intelectualidade latino-americana era marxista. No Brasil, os partidos com essa orientação política tinham projetos de transformação socialista da sociedade, seja pela via da reforma, seja pela via da revolução. A Medicina Social, inspirada nos movimentos reformistas e revolucionários franceses do século XIX, conforme mencionado anteriormente, aparecia como um projeto alternativo.

A maioria dos fundadores da Saúde Coletiva teve participação atuante nas lutas pela democratização do país e contribuiu para a construção de um movimento com ampla participação de diversos grupos sociais – a Reforma Sanitária Brasileira (Paim, 2008; Escorel, 1999). As principais ideias acerca do que seria a Medicina Social latino-americana ocorreram nos anos 1960 e, segundo Garcia, sofreram influência do clima de contestação de 1968 (Garcia, 1985).

Por outro lado, durante o Governo Geisel, em um contexto de crise econômica e crescente insatisfação social, foi formulado o II Plano Nacional de Desenvolvimento (II PND), que propunha explicitamente a redistribuição indireta de renda mediante a oferta de bens e serviços sociais. Além disso, foi feito um investimento no desenvolvimento da pesquisa e pós-graduação por intermédio do Conselho Nacional de Desenvolvimento Científico (CNPq) e da Finep, que desenvolveu linha de financiamento para programas sociais, entre os quais estava a saúde. Um desses programas, o Programa de Apoio ao Desenvolvimento Social, estimulou a formulação de três programas importantes para a constituição da Saúde Coletiva: o Programa de Estudos Socioeconômicos em Saúde (PESES), o Programa de Estudos e Pesquisas Populacionais e Epidemiológicas (PEPPE) e o programa de apoio à pós-graduação em Medicina Social do Instituto de Medicina Social da Universidade do Estado do Rio de Janeiro (UERJ) (Ribeiro, 1991).

DESENVOLVIMENTO DA SAÚDE COLETIVA

A evolução da Saúde Coletiva brasileira, desde o ano da fundação da ABRASCO, em 1979, da qual participaram os seis Programas de Pós-graduação então existentes, até a realização da avaliação trienal pela CAPES referente ao período 2007-2009, revela uma expansão e consolidação dessa área. Em 2009, existiam 48 programas de Pós-graduação em Saúde Coletiva, contando com 944 docentes (Brasil, 2012a). Destes, 20 programas obtiveram conceitos 7, 6 e 5, o que corresponde a critérios de excelência nacional e internacional. Três anos depois, em 2012, já existiam 68 programas de Pós-graduação em Saúde Coletiva recomendados pela CAPES (Brasil, 2012b).

Quando se analisa a formação acadêmica dos docentes desses programas, verifica-se que, embora a maioria tenha graduação em medicina, é crescente, ao longo dos anos, a participação de outras profissões da área da saúde, em particular da enfermagem, nutrição, psicologia, odontologia e fisioterapia. O conjunto das áreas relacionadas com as ciências humanas e sociais (sociologia, história, política e outros) ocupa também importante posição desde o início de sua constituição[3].

A criação dos cursos de graduação em Saúde Coletiva, recentemente, ocorreu como um produto desse processo. Em 2002, realizou-se em Salvador um seminário em que foram discutidas a pertinência e as possibilidades de criação de uma graduação em Saúde Coletiva. Esse seminário, organizado pelo Instituto de Saúde Coletiva (ISC/UFBa), reuniu diversas instituições, como Ministério da Saúde (MS), ABRASCO e Fundação Oswaldo Cruz (Fiocruz), além de docentes de várias universidades (Bosi & Paim, 2010). Naquele momento de expansão e desenvolvimento do SUS, estimativas eram feitas acerca da existência de milhares de postos de trabalho que demandavam os saberes próprios e específicos da Saúde Coletiva, particularmente aqueles relacionados com a epidemiologia, a gestão de sistemas de saúde e a coordenação de processos grupais e participativos.

Desse modo, iniciou-se um debate sobre a profissionalização em Saúde Coletiva (Bosi & Paim, 2010). Em 2012 existiam seis cursos de graduação (bacharelado) credenciados junto ao MEC com a denominação de Saúde Coletiva (UNB, UFMT, UFBa, UFAC, UFPR, UFRJ) e dois com a designação de Gestão em Saúde Ambiental (UFU e FMABC) (Brasil, 2012c). Desses cursos, a primeira turma a colar grau foi a da Universidade Federal do Acre, em agosto de 2012.

A Saúde Coletiva brasileira consolidou-se como espaço *multiprofissional* (que reúne diversas profissões) e *interdisciplinar* (que exige a integração de saberes de diferentes disciplinas). Seu desenvolvimento, tanto teórico como no que diz respeito ao âmbito das práticas correspondentes, tende a ultrapassar as fronteiras disciplinares. Nessa perspectiva, sua evolução tem sido na direção de um *campo*, no sentido concebido pelo sociólogo Pierre Bourdieu[4], que corresponde a um microcosmo social relativamente autônomo, com objeto específico – a saúde no âmbito dos grupos e classes sociais e com práticas também específicas, voltadas para a análise de situações de saúde que incorpora o conhecimento produzido sobre os determinantes sociais e biológicos da saúde-doença, a formulação de políticas e a gestão de processos voltados para o controle desses problemas no nível populacional.

CONSIDERAÇÕES FINAIS: RELAÇÕES ENTRE A SAÚDE COLETIVA, A REFORMA SANITÁRIA E O SUS

Como conclusões deste capítulo, é possível destacar que a Saúde Coletiva no Brasil apresenta a peculiaridade de ser construída a partir de uma conjuntura na qual a questão democrática era debatida pela sociedade civil, especialmente por movimentos sociais, incluindo os segmentos popular, estudantil, sindical e de classe média (intelectuais, profissionais de saúde, artistas, advogados etc.), além da academia (universidades, institutos de pesquisa e escolas de saúde pública). Essas forças, ao mesmo tempo que combatiam a ditadura, defendiam a democratização do Estado e da sociedade, bem como o resgate da dívida social acumulada em períodos de crescimento econômico, quando o Produto Interno Bruto (PIB) crescia, em média, 10% ao ano (1968-1973).

Destaca-se naquela conjuntura o movimento pela democratização da saúde, conhecido como Movimento da Reforma Sanitária ou "movimento sanitário", que pro-

---

[3]Vieira-da-Silva *et al.*, 2011. O Espaço da Saúde Coletiva. Relatório de pesquisa. ISC/UFBa.

[4]Veja o Capítulo 38, no qual esse problema é discutido.

punha o reconhecimento do direito à saúde como inerente à conquista da cidadania. Tem como marco a criação do Centro Brasileiro de Estudos de Saúde (Cebes), em 1976, que promoveu debates e a divulgação de textos, socializando o conhecimento crítico produzido por departamentos de medicina preventiva e social, escolas de saúde pública e programas de pós-graduação e pesquisa. Este conhecimento crítico não só apontava para a degradação das condições de vida e da saúde da população brasileira, mas procurava explicar a determinação social do processo saúde/doença e da organização das práticas de saúde.

Muitos professores, pesquisadores e estudantes de graduação e pós-graduação envolvidos em atividades de ensino, pesquisa e extensão, junto aos segmentos populares e dos trabalhadores, também participavam do movimento sanitário. Propuseram, desde 1979 e por meio do Cebes, a criação do SUS, com caráter público, descentralizado, integral, democrático e com uma gestão participativa. Da perspectiva acadêmica realizaram uma crítica aos limites da Medicina Preventiva, da Medicina Comunitária, da Saúde Pública e da Medicina da Família (Paim, 2006). Surgiu daí a Saúde Coletiva, como a possibilidade de construir algo novo, seja no conhecimento, seja nas ações de saúde, inicialmente apenas como uma designação alternativa mas, progressivamente, como a construção de um campo interdisciplinar e âmbito de práticas.

Consequentemente, esse "algo novo" já surge articulado à ideia da Reforma Sanitária. Muitos dos formuladores da Saúde Coletiva também foram construtores e militantes da RSB. O Cebes, como um de seus sujeitos coletivos, utilizou a revista *Saúde em Debate* e a publicação de livros para divulgar muito do conhecimento produzido nas instituições acadêmicas, bem como as experiências dos serviços de saúde e das comunidades organizadas em defesa do direito à saúde. E a criação da ABRASCO veio somar esforços pela concretização da RSB. Assim, essa associação e seus docentes e pesquisadores contribuíram com a elaboração de textos e palestras para a realização da 8ª Conferência Nacional de Saúde, destacando-se o documento de referência intitulado "Pelo Direito Universal à Saúde". Do mesmo modo, tiveram um importante protagonismo no processo de elaboração da Constituição de 1988 na temática da saúde, bem como na aprovação das leis 8.080/90 e 8.142/90, que estabeleceram, respectivamente, a organização do SUS e o controle social mediante conferências e conselhos de saúde.

Diversos autores sugerem, portanto, uma forte articulação entre o campo da Saúde Coletiva e a RSB, pelo menos em sua origem e na conjuntura de transição democrática. Ainda que a ABRASCO, enquanto "porta-voz" do campo, mantenha-se nas três últimas décadas como sujeito coletivo atuando em prol da consolidação do SUS, na dependência da composição de suas diretorias e da correlação de forças presente nas conjunturas, há indagações sobre a permanência desse vínculo orgânico entre a Saúde Coletiva e a RSB.

Quando a RSB foi investigada como *ideia*, *proposta*, *projeto*, *movimento* e *processo* (Paim, 2008), foi possível identificar indícios dessa organicidade, pois o estudo, indiretamente, abordava e refletia sobre um campo em emergência – a Saúde Coletiva.

Na contemporaneidade, pode-se afirmar que a Saúde Coletiva instituiu-se, consolidando espaço específico e autônomo, e como tal, vive em contínuo processo de reafirmar-se socialmente. Mas reafirmar-se, reproduzindo os valores e as perspectivas históricas que animaram sua criação, é também estar envolto em novos questionamentos a exigirem sua renovação, reapresentando-se novamente como campo capaz de propor "algo novo" (Schraiber, 2008). O vínculo com a Reforma Sanitária conquistado em suas raízes históricas e o sistema de saúde existente são hoje parte desses questionamentos: de que modo eles ainda estariam representando "algo novo"? Para além da Reforma Sanitária e do SUS, essa indagação igualmente perpassa o conjunto das conquistas da Saúde Coletiva, expressando a tensão entre o que já se tornou uma tradição, seu corpo instituído de saberes e práticas, e novos desafios, por fazer mais e melhor em torno do conquistado, reinventando-se como campo.

Trata-se, portanto, de formular novas perguntas para que este "novo" seja sempre posto em questão, ou para confrontar com o tradicional, evitando certas restaurações, ou para realizar pesquisas e reflexões que fundamentem a práxis transformadora de sujeitos individuais e coletivos.

Referências

ABRASCO. Ensino da saúde pública, medicina preventiva e social no Brasil. Rio de Janeiro, Núcleo de Tecnologia Educacional para a Saúde, UFRJ, Centro Latino-Americano de Tecnologia Educacional para a Saúde (Organização Panamericana da Saúde). Escola Nacional de Saúde Pública, Fiocruz, 1982.

Arouca ASS. O dilema preventivista: contribuição para a compreensão e crítica da medicina preventiva. São Paulo-Rio de Janeiro: Ed. UNESP-Ed. Fiocruz, 2003.

Bosi MLM, Paim JS. Graduação em Saúde Coletiva: limites e possibilidades como estratégia de formação profissional. Ciência e Saúde Coletiva (Impresso) 2010; 15:2029-38.

Brasil. Coordenação de Aperfeiçoamento de Pessoal de Nível Superior (CAPES) – Planilhas comparativas da Avaliação Trienal 2010. Saúde Coletiva. 2012a. On line. Disponível em: http://www.capes.gov.br/component/content/article/44-avaliacao/4355-planilhas-comparativas-da-avaliacao-trienal-2010. Acessado em: 7/8/12.

Brasil. Coordenação de Aperfeiçoamento de Pessoal de Nível Superior (CAPES). Mestrados/Doutorados Reconhecidos segundo área de avaliação. 2012b. On line. Disponível em: http://conteudoweb.capes.gov.br/conteudoweb/ProjetoRelacaoCursosServlet?acao=pesquisarArea&codigoGrandeArea=40000001&descricaoGrandeArea=CI%CANCIAS+DA+SA%DADE+. Acessado em: 7/8/12.

Brasil. Ministério da Educação e Cultura (MEC). Instituições de Educação Superior e Cursos Cadastrados. On line. Disponível em: http://emec.mec.gov.br. Acessado em: 7/8/12.

Donnangelo MCF. A pesquisa em Saúde Coletiva no Brasil – a década de 70. In: ABRASCO (ed.) Ensino da Saúde Pública, Medicina Preventiva e Social no Brasil. Rio de Janeiro: Núcleo de Tecnologia Educacional para a Saúde, UFRJ. Centro Latino-Americano de Tecnologia Educacional para a Saúde (Organização Panamericana da Saúde). Escola Nacional de Saúde Pública, Fiocruz, 1983; 19-35.

Engels F. A situação da classe trabalhadora na Inglaterra. São Paulo: Boitempo, 2008 [1845].

Escorel S. Reviravolta na saúde: origem e articulação do movimento sanitário, Rio de Janeiro, Fiocruz, 1999.

Faria LR. O Instituto de Higiene: contribuição à história da ciência e da administração da saúde em São Paulo. Physis, Revista de Saúde Coletiva 1999; 9:175-208.

Fee E. Public Health and the State: the United States. In: Porter D (ed.) The History of Public Health and the Modern State. Amsterdan-Atlanta: Clio Medica 1994; 26:224-75.

Flexner A. Medical Education in the United States and Canada. A report to the Carnegie Foundation for the Advancement of Teaching. New York: Carnegie Foundation for The Advancement of Teaching; Boston: D.B. UPDIKE the Merrymount Press (Bulletin 4). 1910.

Flexner A. La formation du médecin en Europe e auxs États-Unis: étude comparative. Paris: Masson ET Cie, 1927.

Foucault M. O nascimento da medicina social. In: Foucault M (ed.) Microfísica do poder. Rio de Janeiro: Graal, 1979:79-98.

Garcia JC. La educación medica em la América Latina. Washington, D.C., OPS (Publicación científica, 255). 1972.

Garcia JC. Juan Cesar Garcia entrevista Juan Cesar Garcia. In: Nunes ED (ed.) As ciências sociais em saúde na América Latina: tendências e perspectivas. Brasília: OPAS, 1985; 21-8.

Lima NT, Fonseca CMO, Hochman G. A saúde na construção do Estado Nacional no Brasil: reforma sanitária em perspectiva histórica. In: Lima NT, Gershman S, Edler FC, Suarez JM. (eds.) Saúde e democracia. História e perspectivas do SUS. Rio de Janeiro: Fiocruz, 2005:27-58.

Luz MT. Natural, racional, social – Razão médica e racionalidade científica moderna. Rio de Janeiro: Ed. Campus, 1988.

Magaldi MC, Cordeiro H. Estado atual do ensino e da pesquisa em saúde coletiva no Brasil In: ABRASCO (ed.) Ensino da Saúde Pública, Medicina Preventiva e Social no Brasil. Rio de Janeiro: PEC/ENSP Programa de Educação Continuada da Escola Nacional de Saúde Pública, Fiocruz, 1983:37-59.

Nogueira RP. Do físico ao médico moderno: a formação social da prática médica, São Paulo: Ed. UNESP, 2007.

Nunes ED (ed.) As ciencias sociais em saúde na América Latina: Tendências e Perspectivas. Brasilia: OPS, 1985.

Nunes ED. As contribuições de Juan Cesar Garcia às ciências sociais em saúde. In: Nunes ED (ed.) Juan Cesar Garcia. Pensamento social em saúde na América Latina. São Paulo: Cortez, 1989:11-33.

OPS. Enseñanza de la medicina preventiva y social – 20 años de experiencia latinoamericana. Washington, D.C.: Organization Panamericana de la Salud (OPS) Publ. Cient. 234, 1976.

Paim JS. Políticas de saúde no Brasil. In: Rouquayrol MZ, Almeida-Filho ND (eds.) Epidemiologia e saúde. 6. ed. Rio de Janeiro: Medsi, 2003:587-603.

Paim JS. Desafios para a saúde coletiva no século XXI. Salvador: EDUFBA, 2006.

Paim JS. Reforma Sanitária Brasileira: contribuição para a compreensão e crítica. Salvador/Rio de Janeiro: EDUFBA/Fiocruz, 2008.

Ribeiro P. A instituição do campo científico da saúde coletiva no Brasil (1975:1978). Master, Fundação Oswaldo Cruz, 1991.

Rosen G. Da polícia médica à medicina social. Rio de Janeiro: Graal, 1979.

Rosen G. A evolução da Medicina Social. In: Nunes EDO (ed.) Textos, medicina social. Aspectos históricos e teóricos. São Paulo: Global, 1983:25-82.

Rosen G. Uma história da saúde pública, São Paulo: Hucitec-UNESP, 1994 [1958].

Schraiber LB. Educação médica e capitalismo, São Paulo-SP: Hucitec, 1989.

Schraiber LB. Prefácio Saúde Coletiva: um campo vivo. Salvador, Rio de Janeiro: Edufba-Editora Fiocruz 2008:9-20.

Trindade EMDC. Modèles et emprunts: l'hygiénisme au Brésil (fin XIX e début XX e siècles). In: Bourdelais P. (ed.) Les Hygiénistes: enjeux, modèles et pratiques. Paris: Belin, 2001:267-95.

Vigarello G. Le propre et le salle. L'Hygiène du corps depuis le Moyen Age. Paris: Éditions du Seuil, 1985.

Winslow CEA. The untilled fields of Public Health. Science 1920; 51:23-33.

2

Conceitos de Saúde:
Atualização do Debate Teórico-Metodológico

Naomar de Almeida-Filho • Jairnilson Silva Paim

INTRODUÇÃO

Se perguntarmos às pessoas o que é saúde, certamente teremos uma grande quantidade de definições. Algumas poderão dizer que saúde significa simplesmente sentir-se bem; outras que ter saúde é não estar doente. Muitas afirmarão que saúde é poder estar em pé, trabalhando, tocando a vida para a frente. Talvez haja ainda quem apele para uma filosofia espontânea e declare que saúde é alegria de viver ou estar de bem com a vida.

Justamente em função dessa diversidade de definições de saúde, os países vinculados à Organização das Nações Unidas (ONU) que criaram a Organização Mundial da Saúde (OMS) em 1949 convencionaram afirmar que saúde é o completo bem-estar físico, mental e social e não apenas a ausência de doenças. Ainda assim, muita controvérsia existe em torno de tal definição.

No fim do século passado, considerava-se que uma das tarefas intelectuais mais instigantes e oportunas seria fundamentar uma concepção e uma prática vinculadas à ideia de saúde. Ainda atual e relevante, trata-se de um ambicioso projeto que visa transformar a forma hegemônica de conceitualizar a saúde, desmedicalizá-la, passando a concebê-la como capacidade social para gozar a vida, ter prazer em viver e conquistar a qualidade de vida (Nájera, 1992). Enfim, saúde reconhecida como qualidade de vida, solidariedade, alegria de viver, gozo estético, prazer, *axé* (energia), projeto de felicidade (Paim, 1994; Mendes-Gonçalves, 1995; Ayres, 2002).

De fato, o termo saúde[1] designa um conceito rico e complexo, de grande interesse filosófico, científico e prático, assim como noções do discurso comum, centrais para o imaginário social contemporâneo. Para responder essa questão, podemos tomar como hipótese, apenas para início de conversa, que a saúde é uma realidade múltipla e complexa, referenciada por meio de conceitos (pela linguagem comum e pela Filosofia do Conhecimento), apreensível empiricamente (pelas ciências biológicas e, em particular, pelas ciências clínicas), analisável (no plano lógico-matemático e probabilístico, por meio da Epidemiologia) e perceptível por seus efeitos sobre o modo de vida dos sujeitos (por meio das Ciências Sociais e Humanas). Essa questão e a hipótese dela decorrente se desdobram em uma série de perguntas conceituais que anima o debate atual a propósito das bases filosóficas, científicas e práticas do conhecimento sobre fatos e fenômenos, ideias e processos relativos à saúde.

Por um lado, é preciso propriamente perguntar sobre a natureza e as propriedades do conceito de saúde em si, como objeto de conhecimento e como operador de transformações no mundo e na vida dos sujeitos que nele habitam. Eis aí uma questão fundamental: será a saúde uma coisa? Mas o que é uma "coisa"? Um algo com materialidade, tangível, mensurável? Uma existência sensível (no sentido de ser capaz de ativar nosso aparato sensorial)? Um ente provido de concretude? (Não esqueçamos que por muito tempo falava-se de "entidade mórbida" para designar quadros de doença, problemas de saúde ou fenômenos correlatos.)

Por outro lado, é preciso questionar o sentido e o lugar das práticas pessoais, profissionais, institucionais e sociais que, de modo articulado, conformam os espaços onde a saúde se constitui. Será a saúde um campo cultural? Campo científico, campo de saberes, campo de práticas sociais? E que natureza, modalidades e condições de existência distinguem tais práticas de tantas outras da vida humana em sociedade? Nesse caso, designar atos

---

[1] Cabe de pronto uma anotação etimológica. No idioma português, o termo *saúde* deriva de uma mesma raiz etimológica proveniente do latim *Salus*, em que designava o atributo principal dos seres inteiros, intactos, íntegros. Dele deriva um outro radical de interesse para o nosso tema – *salvus* – que no latim medieval conotava a situação de superação de ameaças à integridade física dos sujeitos.

de promoção, proteção, cuidado e prolongamento da vida como serviços de saúde seria redundante?

Em síntese, várias dimensões ou facetas do conceito saúde, reconhecidas por diversos autores, representativos de distintas escolas de pensamento, compõem a pauta deste capítulo:

1. A questão conceitual da saúde como problemática filosófica (ou mais precisamente, epistemológica) crucial para o reconhecimento dos saberes sistemáticos referidos a questões de vida, funcionalidade, competência, sofrimento, dor, aflição, incapacidades, restrições vitais e morte.
2. A saúde como fato, atributo, função orgânica, estado vital individual ou fenômeno natural, definido negativamente como ausência de doenças e incapacidade ou positivamente como funcionalidades, capacidades, necessidades e demandas.
3. A medida da saúde no sentido de avaliação do estado de saúde da população, indicadores demográficos e epidemiológicos, análogos de risco, competindo com estimadores econométricos de salubridade ou carga de doença.
4. O valor da saúde; nesse caso, tanto sob a forma de procedimentos, serviços e atos regulados e legitimados, indevidamente apropriados como mercadoria, quanto como direito social, serviço público ou bem comum, parte da cidadania global contemporânea.
5. A práxis da saúde, enquanto conjunto de atos sociais de cuidado e atenção a necessidades e carências de saúde e qualidade de vida, conformados em campos e subcampos de saberes e práticas institucionalmente regulados, operada em setores de governo e de mercados, em redes sociais e institucionais.

No decorrer do capítulo, cada um desses temas será sucessivamente apresentado e discutido, destacando sua diversidade de formas e realçando suas diversas facetas, modos e estruturas conceituais, respeitosa da complexidade dos fenômenos, eventos e processos da saúde-doença-cuidado.

QUESTÃO CONCEITUAL DA SAÚDE

Nesta seção, apresentamos uma discussão geral das distintas facetas da saúde como conceito filosófico. Praticamente todos os filósofos clássicos, em um ou outro momento de suas obras, referem-se a temas relacionados com a saúde e a doença em suas obras. Sem dúvida, a natureza da saúde constitui questão filosófica secular.

O grande filósofo grego Platão, considerado fundador da Filosofia Ocidental, defendia uma oposição conceitual entre virtude e vício. Virtude significa "saúde, beleza, boa disposição de ânimo"; ao contrário, vício implica "doença, feiúra, fraqueza". Com a intenção de demarcar uma diferença essencial entre os conceitos, Platão põe na boca de Sócrates a seguinte afirmação: "Engendrar a saúde é estabelecer, conforme a natureza, relações de comando e submissão entre os diferentes elementos do corpo; engendrar a doença é permitir-lhes comandar ou ser comandados um pelo outro ao arrepio da natureza" (Platão, 2004: 146).

Aristóteles apresenta a díade saúde-doença como ilustração de que opostos se encontram em contradição não necessariamente por serem um verdadeiro e outro falso. Para ele, dizer que "o homem é sadio" significa atribuir-lhe uma qualidade afirmativa; do mesmo modo, dizer "o homem é doente" também é atribuir-lhe uma qualidade afirmativa. Nesse sentido, "doente" e "não sadio" não querem dizer a mesma coisa. Assim, Aristóteles conclui que: "por exemplo, saúde e doença são contrários, mas nem um nem outro é verdadeiro nem falso. [...] o bom é ao mesmo tempo bom e não mau" (Aristóteles, 1985: 164).

Na época moderna, o filósofo francês René Descartes desenvolve duas ideias centrais sobre saúde que parecem contestar a visão contemporânea predominante que toma seu pensamento como mecanicista, reducionista e dualista. Por um lado, defende que as sensações da enfermidade (dor, sofrimento) e das necessidades (sede, fome) – e, conforme indica implicitamente, de saúde e de felicidade – resultam da união e da con-fusão mente-corpo. Por outro lado, pretende demonstrar racionalmente a existência da alma ao duvidar que um mecanismo feito de ossos, nervos, músculos, veias, sangue e pele possa funcionar pela mera disposição de órgãos e sistemas (Descartes, 2004).

No final do século XVIII, Immanuel Kant levanta duas interessantes questões relativas ao conceito de saúde. Primeiro, postula uma oposição dialética entre terapêutica (clínica, referida à doença) e dietética (preventiva, referida à saúde). Segundo, define o sentimento de saúde como uma das faculdades privadas do ser humano. Na perspectiva terapêutica, a saúde não tem qualquer relevância, pois o que se pretende é a supressão ou eliminação da doença por fatores e procedimentos práticos. Na perspectiva da dietética como prevenção, buscava-se aplicar a racionalidade científica para proteger a saúde, reduzindo a possibilidade de ocorrência de doenças. Em relação ao segundo ponto, o sentimento de saúde não pode deixar de ser ilusório, uma aparência fugaz, já que a sensação de bem-estar não implica que a doença esteja efetivamente ausente. O sentimento da doença, este sim, será indubitável e inapelável: sentir-se mal significaria sempre ausência de saúde (Kant, 1993).

Grandes filósofos contemporâneos se notabilizaram justamente por escrever sobre temas de saúde e correlatos, como Canguilhem, Heidegger, Gadamer e Foucault.

O filósofo francês Georges Canguilhem, em sua obra inaugural *O Normal e o Patológico* (2006 [1943]), argumenta que não se pode considerar a doença como fato objetivo, posto que os métodos da ciência clínica só têm a capacidade de definir variedades ou diferenças, descritivamente. Nessa perspectiva, o patológico corresponde diretamente ao conceito de doença, implicando o contrário vital do sadio. As possibilidades do estado de saúde são superiores às capacidades normais: a saúde institui e reafirma uma certa capacidade de ultrapassar as crises determinadas pelas forças da doença, permitindo dessa maneira instalar uma nova ordem fisiológica. Canguilhem (2006) toma a normalidade como categoria mais ampla, que engloba a saúde e o patológico como subcategorias distintas. Nesse sentido, tanto saúde como doença são normalidade, na medida em que ambas implicam uma norma de vida, sendo a saúde uma norma de vida superior e a doença uma norma de vida inferior. A saúde transcende a perspectiva da adaptação, superando a obediência irrestrita ao modo de vida estabelecido. Ela é mais do que isso, na medida em que se constitui justamente pela transgressão de normas e pela transformação das funções vitais. Ainda assim, a tese desse autor limitou-se aos aspectos físicos, recorrendo em sua argumentação a exemplos de patologias como diabetes. Evitou, por exemplo, problematizar a questão mais complexa da saúde mental.

O grande pensador francês Michel Foucault (2011), considerado discípulo e herdeiro de Canguilhem, inicialmente buscou estudar o surgimento dos padrões de normalidade no âmbito da medicina. No contexto de reconstrução cultural do século XVIII, buscava-se intervir sobre o indivíduo humano, seu corpo, sua mente, e não apenas sobre o ambiente físico, para com isso recuperá-lo para a produção. Listar as possibilidades normais de rendimento do homem, suas capacidades, bem como os parâmetros do funcionamento social normal extrapolaram o campo médico e passaram a ser tarefas da medicina mental, da psicologia e das ciências sociais aplicadas. Posteriormente, Foucault antecipa uma definição política de saúde como capacidade adaptativa aos poderes disciplinares ou submissão dos corpos ao que designa como biopoderes.

No último trabalho de sua vida, Canguilhem (1990) retoma a obra de Kant que, como vimos, teria fundamentado a posição de que a saúde é um objeto fora do campo do saber e que, por esse motivo, nunca poderia ser um conceito científico. Canguilhem propõe que a saúde é uma questão filosófica na medida em que está fora do alcance dos instrumentos, protocolos e aparelhos da ciência. Esta "saúde filosófica" recobriria, sem com ela se confundir, a saúde individual, privada e subjetiva. Trata-se nesse caso de uma saúde sem conceito, que emerge na relação práxica do encontro médico-paciente, validada exclusivamente pelo sujeito doente e seu médico (Coelho & Almeida-Filho, 1999).

A ideia de que a saúde é algo individual, privado, singular e subjetivo tem sido recentemente defendida pelo filósofo alemão Hans-Georg Gadamer. Segundo esse autor, o mistério da saúde encontra-se em sua interioridade radical, em seu caráter rigorosamente privado (Almeida-Filho, 2011). A saúde não se revelaria às outras pessoas nem se abriria a instrumentos de medida, com outros gradientes biológicos. Por esse motivo, não faria sentido pensar em uma distinção entre saúde e enfermidade. Trata-se de uma questão que diz respeito somente à pessoa que está se sentindo enferma e que, por não poder mais lidar com as demandas da vida ou com os temores da morte, decide ir ao médico. A conclusão de Gadamer é singela: por seu caráter privado, pessoal, radicalmente subjetivo, a saúde não constitui questão filosófica e nunca poderá ser reduzida a objeto da ciência.

É certo que a perspectiva gadameriana em defesa da saúde privada, inerente, enigmática, radicalmente subjetiva, justificaria considerar a inviabilidade de uma abordagem científica da saúde. Entretanto, uma das principais proposições de Gadamer resulta crucial para o avanço de uma formulação alternativa do objeto científico da saúde. Apoiando-se, como lhe é característico, em um argumento etimológico, defende a ideia de que a saúde é inapelavelmente totalizante porque seu conceito indica diretamente integralidade ou totalidade. Por essa via, como veremos adiante, a noção gadameriana do "enigma da saúde" termina por abrir caminho a uma abordagem holística do conceito de saúde.

Apesar disso, Canguilhem (1990) opõe-se à exclusão da saúde como objeto do campo científico, antecipando uma posição antagônica à de Gadamer. Ele considera que a saúde se realiza no genótipo, na história da vida do sujeito e na relação do indivíduo com o meio, daí porque a ideia de uma saúde filosófica não contradiz tomar a saúde como objeto científico. Enquanto saúde filosófica compreende "saúde individual", saúde científica seria a "saúde pública", ou seja, saúde dos coletivos humanos, uma salubridade que se constitui em oposição à ideia de morbidade. Com base nesse argumento, a saúde filosófica não incorpora apenas a saúde individual, mas também seu complemento, reconhecível como uma saúde pública, ou melhor, publicizada (ou melhor ainda, politizada) que, no Brasil, chamaríamos de Saúde Coletiva (Paim & Almeida-Filho, 2000).

SAÚDE COMO FENÔMENO NATURAL

Independentemente da perspectiva filosófica assumida, saúde como fenômeno pode ser entendido tanto em termos da positividade de sua existência como em relação aos níveis de sua referência como objeto de estudo. Desse ponto de vista, a saúde pode ser conceituada como fato, evento, estado, situação, condição ou processo.

O primeiro recorte se refere à positividade do conceito. Nesse aspecto, saúde tem sido definida negativamente ou positivamente. Na concepção negativa, o termo saúde implica mera ausência de doenças, riscos, agravos e incapacidades. Na vertente positiva, saúde pode denotar desempenho, funcionalidades, capacidades e percepções.

No segundo recorte, que compreende níveis de referência ou planos de existência, fenômenos de saúde ocorrem em níveis coletivos (populacional ou social) e individuais (subjetivo ou clínico).

No primeiro nível, em âmbito coletivo ou agregado, conceitos de saúde têm sido postulados como estado, situação ou condição atribuída a grupos ou populações humanas, em espaços geográfica ou politicamente definidos, ecologicamente estruturados e socialmente determinados. Nessa acepção, medidas e indicadores de saúde têm sido desenvolvidos e aplicados, particularmente nos campos disciplinares da Epidemiologia e da Economia da Saúde, a partir de referencial metodológico numérico ou estatístico.

Agora podemos analisar o segundo nível ou plano de ocorrência: a saúde em âmbito individual ou singular. Nesse nível, conceitos de saúde têm sido considerados, por outro lado, por referência a capacidade, estado ou condição individual, em uma perspectiva predominantemente fisiopatológica que se situa, mais precisamente, nos subcampos do campo científico da Biologia Humana. Nessa vertente, o termo saúde tem sido relacionado a uma, ou mais de uma, das seguintes ideias: (a) função regulada ou padrão normal de adaptação bioecológica; (b) estado resultante da manutenção ou restabelecimento de um equilíbrio dinâmico organismo-ambiente; (c) controle ou neutralização de agentes, estímulos e processos patológicos; (d) condição resultante da correção de defeito, lesão, falta ou déficit em organismos vivos.

Saúde como equilíbrio

A mais antiga teoria naturalista sobre sofrimento, doença, vida e morte, ainda vigente, atribuída a Hipócrates, considerava a saúde como estado de equilíbrio vital. Essa doutrina postulava a existência de quatro humores constituintes do corpo: bile amarela, bile negra, fleuma e sangue. No modelo hipocrático, a saúde era definida como perfeito equilíbrio entre os humores e desses com os quatro elementos constituintes do mundo: ar, fogo, terra e água.

O conceito de saúde como equilíbrio e da doença como descompensação persiste em diferentes cosmologias. Nas culturas asiáticas, as noções de saúde e doença predominantes ainda hoje conservam o essencial das antigas tradições hipocrática e galênica da medicina. Acreditam em forças vitais que animam o corpo: quando essas forças operam de maneira harmoniosa, há saúde; caso contrário, sobrevém a doença. As medidas terapêuticas desses sistemas médicos tradicionais (ventosas, sangrias, acupuntura, ioga) têm por objetivo restaurar o fluxo normal de energia no corpo doente e recuperar o equilíbrio em sua relação com o ambiente.

As noções de saúde como harmonia entre ambientes e humores sobreviveram nas teorias médicas dos séculos XVII e XVIII. No entanto, essa concepção ganha força particular no século XIX, a partir do advento da medicina experimental de Claude Bernard, quando surge a ideia de meio interior e o princípio da autorregulação. Com a fisiologia sistêmica de Bernard, o tema do equilíbrio ganhou novas formas e forças na modelagem da homeostase e na redefinição do conceito de equilíbrio hidroeletrolítico em bases biomoleculares (Coelho & Almeida-Filho 1999).

Na perspectiva darwiniana da evolução biológica, principal avanço das ciências da vida no século XIX, a doença infecciosa significa um acidente na competição entre duas espécies. Em um período de tempo suficientemente longo, a espécie humana e os microrganismos patogênicos tenderiam a adaptar-se mutuamente. O patógeno passaria gradualmente da situação de parasita à de comensal. No começo, a enfermidade seria grave e mortal, para ir se tornando gradualmente mais benigna à medida que uma adaptação mútua se processa.

Também as chamadas doenças crônicas degenerativas podem ser interpretadas em uma abordagem biológica evolutiva. A ocorrência de patologias pode significar o preço pago pela espécie humana em sua adaptação a novas condições ambientais. Modificações em dieta podem ser responsabilizadas por quadros metabólicos; novas substâncias de alto potencial alergênico, sintetizadas pela indústria e lançadas no ambiente, podem alterar significativamente o sistema imunológico humano. A transição demográfica implica aumento da expectativa de vida, o que possibilita o aparecimento de processos neoplásicos degenerativos. A mudança cultural provocada pela modernização e a adaptação à vida urbana causam sedentarismo e estresse, causando sobrecarga fisiopatológica para o sistema circulatório e aumentando o risco de transtornos mentais.

A compreensão da doença como excesso ou falta é mais evidente quando se trata de sintomas resultantes da exacerbação ou redução das funções normais, designados por prefixos referentes a excesso ou falta, como hiperglicemia e hipoglicemia, hipertensão e hipotensão. Essas abordagens articulam-se em modelos dinâmicos de patologia, nos quais a ideia de compensação não se resume a suprimento de carências, mas implica estratégias diagnósticas e terapêuticas de reequilibração dos processos metabólicos e sistêmicos. A despeito das diferentes interpretações do que seria o conceito de "equilíbrio" no âmbito da saúde, o que possibilita o tratamento e restabelecimento de pacientes com doenças crônicas não infecciosas, como transtornos mentais, diabetes e hipertensão, são as noções de saúde como equilíbrio, doença como descompensação e cura como sinônimo de estabilização.

Saúde como funcionalidade

O filósofo norte-americano Christopher Boorse define "funcionamento normal" por referência ao termo "eficiência", tomando o âmbito da população como base para sua definição de "normalidade estatística". A fim de poder usar o conceito de função para definir saúde, Boorse (1997) aplica esse construto tanto a doenças que se manifestam como enfermidade como àquelas condições latentes ou assintomáticas (Almeida-Filho & Jucá, 2002). Propõe como alternativa o conceito de funcionamento normal capaz de tornar o funcionamento orgânico em estado ou condição de normalidade (funcional). Boorse identifica fenômenos patológicos que propõe descartar como anomalias teóricas: (a) enfermidades estruturais – dextrocardia, deformidades menores etc. – não poderiam ser identificadas como doença porque não representam "problemas de saúde"; (b) enfermidades universais – cárie, aterosclerose etc. – também não deveriam ser assim classificadas porque transgridem o critério bioestatístico de saúde.

A perspectiva boorseana propõe como base para um conceito teórico de saúde o mesmo registro da antinomia biológica vida-morte. Como eixo de estruturação de uma teoria da saúde, propõe o uso do termo "normal" no lugar de "saúde" e de patológico em substituição a "doença". Isso porque o termo "patológico" seria mais preciso por sua correlação com as ideias de função biológica e normalidade estatística.

A função normal se define pela contribuição individual, "estatisticamente típica" em relação à classe de referência, para a sobrevivência e reprodução da espécie. Patologia: redução da "eficiência típica" implicada na função normal. Saúde significa simplesmente ausência de patologia. Sendo o conceito de "condição patológica" formulado nesses termos, aparentemente justifica-se no plano lógico uma definição de saúde como ausência de doença. Assim, Boorse termina indicando que, além da inexistência de patologia, o conceito de saúde poderá implicar simplesmente normalidade, sempre no sentido de ausência de condições patológicas (Almeida-Filho & Jucá, 2002).

Podemos resumir os elementos essenciais da teoria boorseana de saúde-doença, que seriam:

a. saúde como objeto teórico;
b. naturalismo ou objetividade na distinção saúde e doença;
d. conceito de doença relacionado com o cumprimento deficiente de uma função biológica comprometida porque um dos componentes dessa função encontra-se fora da normalidade estatisticamente definida;
c. saúde como ausência de doença.

Em conclusão, Boorse insiste na proposta de uma teoria negativa da saúde, na qual o fenômeno da saúde poderia ser definido como ausência de doença. Não obstante, reafirma sua conceituação da doença como redução da "eficiência típica" implicada na função normal. Em consequência, vê-se forçado a definir saúde nos termos funcionais (ou "bioestatísticos") da fisiologia, enquanto doença é vista paradoxalmente como ausência de saúde. Emerge do contraponto lógico deste argumento a formulação de que a doença pode ser definida como não cumprimento (total ou parcial) de função biológica, a qual se encontra comprometida porque um de seus componentes encontra-se fora da normalidade "bioestatisticamente" definida. Afinal, na teoria biológica de função (e seus desdobramentos), saúde pode ser entendida como eficiência funcional, enquanto doença ou patologia se define por falha, defeito, desvio ou déficit de função, sendo, portanto, rigorosamente, *ausência de normalidade* (Almeida-Filho & Jucá, 2002).

Saúde como ausência de doença

Inicialmente, devemos assinalar que a quase totalidade dos autores que escreveram sobre o tema apresentam propostas marcadas por uma referência predominantemente biológica. Daí decorrem, quase inevitavelmente, teorias não da saúde, mas dos processos patológicos e seus correlatos, em que saúde é vista necessariamente como ausência de doença. Como consequência, observa-se uma ênfase nos níveis subindividual e individual, em que efetivamente operam os processos patológicos e vivenciais. Essa cadeia lógica de omissões impossibilita uma conceituação coletiva da saúde (a não ser, é claro, como somatório das ausências individuais de doença).

A concepção de doença como ausência de saúde não se restringe a modelos biológicos ou naturalistas de patologia. A teoria do papel de doente (*sick role*) constitui a primeira referência conceitual, robusta e consistente, para definições de enfermidade-*sickness* como componente societal do objeto complexo doença, como veremos adiante (Parsons, 1975). A teoria funcionalista parsoniana serviu de matriz teórica para abordagens da saúde individual como papel social, desempenho, funcionamento, atividade e capacidade, entre outras, que foram posteriormente condensadas na concepção da saúde enquanto bem-estar social, característica da retórica contemporânea sobre "qualidade de vida". Nesse quadro, saúde implica função social, estado de capacidade ótima para desempenho efetivo de tarefas socialmente valorizadas permitido pela ausência de enfermidades.

Em uma formulação teórica estruturada que denomina "fenomenologia da saúde", a teoria de Pörn-Nordenfeld estabelece uma distinção entre doença objetiva e doença subjetiva (Nordenfeld, 1995). A doença objetiva é definida pelo potencial de capacidade funcional não atingido por causa da doença, enquanto a saúde objetiva corresponderia ao efetivo exercício dessa capacidade funcional. A moléstia (ou não saúde) subjetiva teria dois componentes: a consciência de doença ("*mere belief or awareness that someone is ill*") e o sentimento de doença ("*set of mental states associated with illness*"). Dessa maneira, postula Nordenfeld (1995), uma pessoa P é ou está subjetivamente sadia se, e somente se:

1. não se encontra subjetivamente enferma,
2. acredita ou sabe que está sadia ou
3. não experimenta um estado mental associado a alguma moléstia objetiva porventura existente.

A insistência desses autores em postular uma "medicina teórica" parece contraditória com uma autêntica postura "naturalista". Na perspectiva médica clássica, o naturalismo encontra-se intimamente vinculado à atividade clínica (Good, 1994). O olhar e o toque clínico, ao agirem sobre a realidade corpórea, decifrariam os processos patológicos, traçando uma diferenciação entre estados de doença e estados saudáveis. Sempre no referencial do naturalismo, recentemente cresce o movimento denominado "medicina baseada em evidências", que desloca a fonte de referência da eficácia da biomedicina da experiência clínica para a demonstração experimental e para os estudos de meta-análise a partir da epidemiologia.

Uma anotação complementar: de acordo com Canguilhem (1990), saúde como perfeita ausência de doença situa-se no campo da anormalidade. O limiar entre saúde e doença é singular, ainda que influenciado por planos que transcendem o estritamente individual, como o cultural e o socioeconômico. Em última instância, a influência desses contextos dá-se no nível individual. Entretanto, tal influência não determinaria diretamente resultados (saúde, vida, doença, morte) dessa interação, na medida em que seus efeitos encontram-se subordinados a processos normativos de padronização.

Saúde-doença como processo

O principal modelo processual dos fenômenos patológicos, desenvolvido no seio das ciências biomédicas, foi batizado de modelo de *História Natural da Doença* (HND), como mostra a Figura 2.1. Nas palavras dos principais sistematizadores desse modelo, denomina-se "história natural da doença o conjunto de processos interativos que criam o estímulo patológico no meio ambiente, ou em qualquer outro lugar, passando pela resposta do homem ao estímulo, até as alterações que levam a um defeito, invalidez, recuperação ou morte" (Leavell & Clark, 1976: 7).

O modelo da HND considera a evolução dos processos patológicos em dois períodos consecutivos que se articulam e se complementam. Os períodos são: pré-patogênese, quando manifestações patológicas ainda não se manifestaram, e patogênese, em que processos patológicos já se encontram ativos.

A pré-patogênese compreende a evolução das inter-relações dinâmicas entre condicionantes ecológicos e socioeconômicos-culturais e condições intrínsecas do sujeito, até o estabelecimento de uma configuração de fatores propícia à instalação da doença. Envolve interações entre elementos ou fatores que estimulam o desencadeamento da doença no organismo sadio e condições que permitem a existência desses fatores.

Na pré-patogênese, o conjunto resultante da estruturação sinérgica das condições e influências indiretas – proximais ou distais – constitui ambiente gerador da doença. Fatores que produzem efeitos diretos sobre as funções vitais do ser-vivo, perturbando-as e assim produzindo doença nos sujeitos, são denominados agentes patogênicos. Esses agentes levam estímulos do meio ambiente ao meio interno do ser humano, operando como transmissores de uma pré-patologia gerada e desenvolvida no ambiente. Por sua presença ou ausência, atuam também como iniciadores e mantenedores de uma patologia que passará a existir no ser humano. Ao se considerarem as condições ideais para que uma doença tenha início em um indivíduo suscetível, nesse modelo, nenhum agente será por si só suficiente para desencadear o processo patológico. A eclosão da doença depende da articulação de fatores contribuintes (ou determinantes parciais), de modo que se pode pensar em uma configuração de mínima probabilidade ou mínimo risco; uma configuração de máxima probabilidade ou máximo risco; e configurações intermediárias de risco variando entre os dois extremos. Quanto mais estruturados forem os fatores determinantes, com maior força atuará o estímulo patológico. Quanto mais diversificados forem tais determinantes, mais complexo será o processo de determinação da saúde e das doenças.

Nesse aspecto, determinantes da saúde podem ser biológicos ou socioculturais. Os determinantes biológicos em geral são classificados como genéticos ou ambientais. Os determinantes socioculturais podem ser econômicos, sociais propriamente ditos, culturais e psicológicos.

Determinantes biológicos fazem parte do ecossistema definidor do meio externo onde atuam como agente etiológico, como vetor biológico ou como reservatório. Fatores genéticos determinam ainda maior ou menor suscetibilidade das pessoas para a aquisição de doenças ou manutenção da saúde. Em situações ecológicas des-

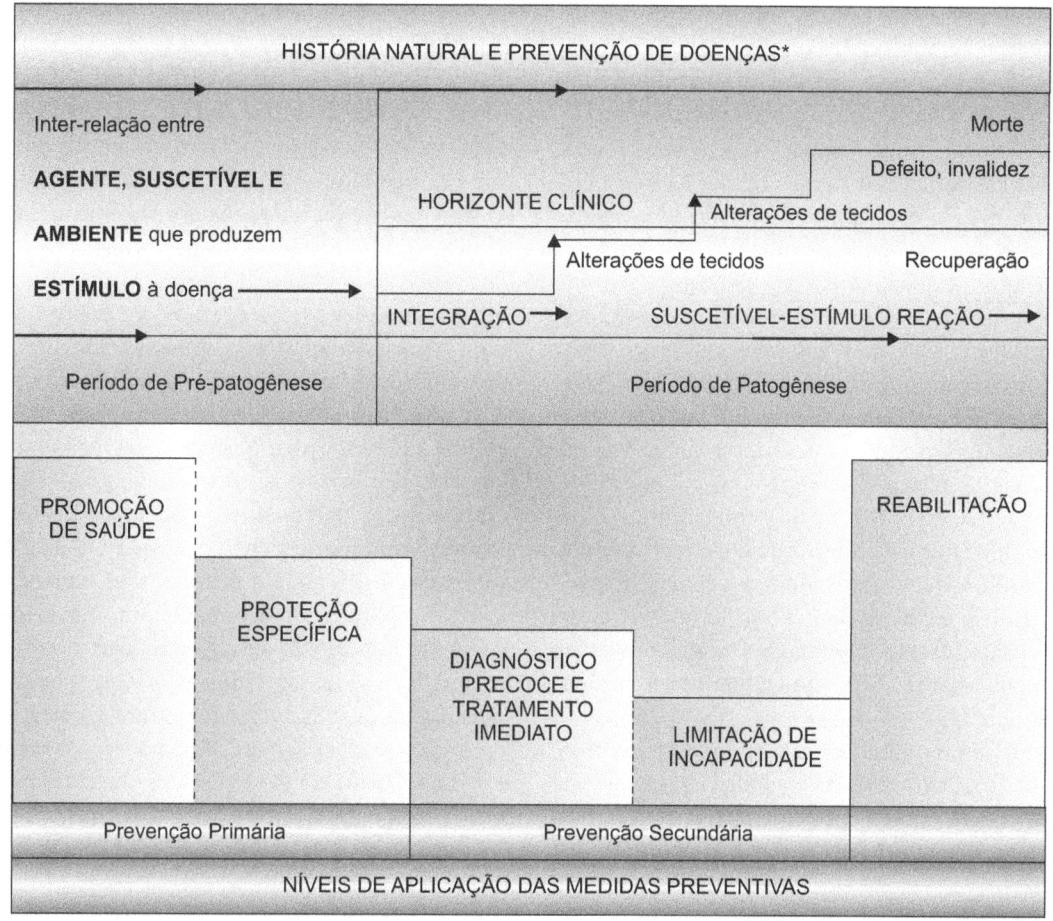

Figura 2.1 • Diagrama da história natural da doença.

*Leavel & Clark, 1976.

favoráveis, atuam fatores físicos, químicos e biológicos do meio externo que, por terem acesso ao meio interno de seres vivos, podem funcionar como agentes patogênicos.

Determinantes sociais e econômicos da saúde são poderosos. Não somente pobreza ou privação determina problemas de saúde mediante precárias condições de vida ou pouco acesso a serviços de saúde; desigualdades econômicas ou iniquidades sociais constituem importante fator de risco para a maioria das doenças conhecidas. Por outro lado, determinantes socioculturais, expressos como preconceitos, hábitos alimentares, crendices e comportamentos, também contribuem para determinação, difusão e manutenção de doenças e para a adoção de formas de proteção e promoção da saúde em grupos humanos. Determinantes que atuam sobre o psiquismo humano, por sua presença ou ausência, tanto podem aumentar a resistência dos sujeitos, constituindo-se em fatores de proteção da saúde, como podem comprometer o sistema imunológico, atuando como estressores, aumentando a suscetibilidade a doenças orgânicas.

Nesse modelo processual, a história natural da doença tem seguimento com o desenvolvimento de processos patológicos no ser humano. É o período denominado patogênese. Esse estágio se inicia com as primeiras alterações que agentes patogênicos provocam no sujeito afetado. Seguem-se perturbações bioquímicas em nível celular, as quais continuam como distúrbios na forma e função de órgãos e sistemas, evoluindo para defeito permanente (ou sequela), cronicidade, morte ou cura.

Este modelo traz uma concepção ecológica de saúde e doença, dependendo da interação entre agente, hospedeiro e ambiente, representada por uma balança que indicaria forças em equilíbrio. Tal concepção no modelo da HND é considerada duplamente otimista, pois insinua que é possível eliminar o agente ou restabelecer o equilíbrio a favor do hospedeiro. Assim, o homem com saúde estaria no período pré-patogênico, embora constantemente sob a ameaça de transformar-se em doente no período patogênico (Arouca, 2003). Amplia-se desse modo o espaço de normatividade médica, quando a medicina já não se limita a atuar a partir do horizonte clínico, mediante a identificação de sinais e sintomas. Ao contrário, expande seu espaço de intervenção para o período pré-patogênico, ou seja, para toda a vida, já que viver significaria, praticamente, prevenir doenças. Este modelo, consequentemente, reforça um dado projeto de medicalização da vida e da sociedade.

Contudo, o modelo HND representa um grande avanço em relação ao modelo biomédico clássico, na medida em que reconhece que saúde-doença implica um processo de múltiplas e complexas determinações. A vantagem principal desse modelo consiste em dar sentido aos diferentes métodos de prevenção e controle de doenças e problemas de saúde. Não obstante seu valor para a constituição de novas práticas de cuidado em saúde, podemos criticá-los em pelo menos dois aspectos fundamentais. Por um lado, a determinação dos fenômenos da saúde concretamente não se restringe à causalidade das patologias (patogênese). Por outro, meras ferramentas como de fato são, modelos não podem reproduzir a realidade concreta como tal. Assim, objetos de conhecimento e de intervenção do tipo saúde e enfermidade não constituem entes tangíveis portadores de ontologia própria; expectativas de equilíbrio e ordem não são princípios reguladores de um mundo incerto e caótico; a "história natural das doenças" pode ser histórica, mas de maneira nenhuma é natural.

Já o modelo de vigilância da saúde (Figura 2.2) dialoga com o da HND, embora em uma perspectiva de produção social da saúde-doença. Na parte superior do diagrama apresentado na Figura 2.2 consideram-se três momentos: danos, riscos e causas. No momento do *dano* (mortes, doenças e agravos) seriam diagnosticados casos. Entretanto, antes de casos identificados poderia haver indícios de danos (assintomáticos) e indícios de exposição (casos suspeitos). No momento do *risco* poderia ser verificada a *exposição* propriamente dita através da qual o agente ou a ausência deste influiria sobre o indivíduo e a população. Aqui podem ser lembrados "fontes de infecção", modos de transmissão e de intoxicação e outras relações entre agentes e ambientes. Antecedendo a exposição existiria o próprio *risco*, seja na acepção do senso comum, da norma jurídica ou da probabilidade com base em estudos epidemiológicos (riscos absoluto, relativo e atribuível) quando são classificados os expostos e os não expostos (indivíduos, grupos e populações). No momento da *causa* são considerados os determinantes socioambientais das necessidades de saúde que, em última análise, podem se expressar em riscos e danos.

Não obstante o reconhecimento dos aspectos biológicos e ambientais da saúde como estruturantes dos fenômenos da saúde, em todas as etapas e para todos os elementos da problemática da saúde-doença como questão científica e tecnológica, ressalta seu caráter histórico e político. Portanto, será certamente mais adequado falar em "história social da saúde", em processos da saúde-doença-cuidado e em objeto complexo da saúde, visando

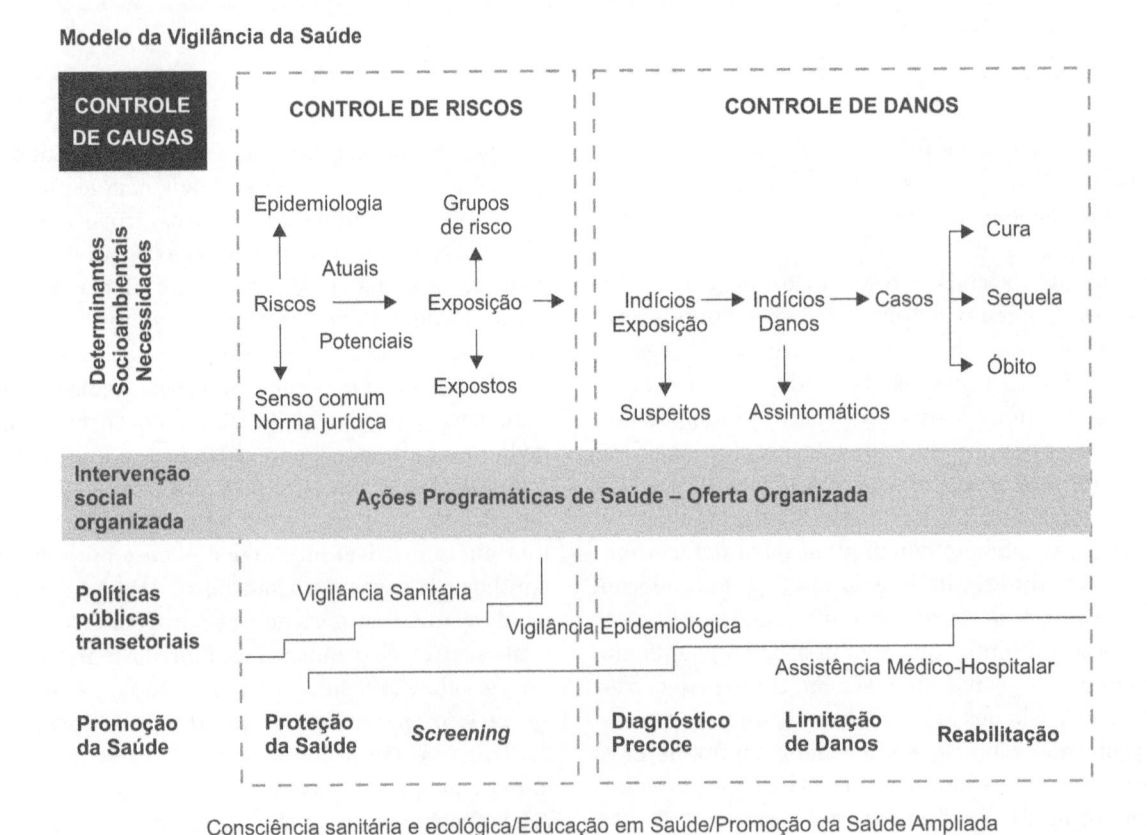

Figura 2.2 ♦ Diagrama da vigilância da saúde.

estender o escopo de estudo dos fenômenos relativos a saúde, ação e vida, assim como sofrimento, dor, aflições e morte de seres humanos, transcendendo o âmbito biológico restrito para uma abordagem dos sistemas ecossociais e culturais.

A partir desse referencial, novos modelos têm sido propostos, como o apresentado na Figura 2.3, adotado pelo texto de referência para a Conferência Mundial sobre Determinantes Sociais de Saúde, realizada no Rio de Janeiro em 2011 (OMS, 2011). Esse diagrama destaca os determinantes estruturais das desigualdades de saúde e os determinantes intermediários da saúde. Entre os primeiros encontram-se a posição socioeconômica (classe social, gênero, etnia, educação, renda e ocupação) e o contexto socioeconômico e político. No caso dos determinantes intermediários, destacam-se o capital social e o sistema de saúde. Ainda que não haja uma preocupação fundamental em conceituar saúde nessa proposta, constata-se um esforço no sentido de indicar possíveis relações entre determinantes sociais capazes de ter impacto sobre a equidade em saúde e o bem-estar.

SAÚDE COMO MEDIDA

Neste tópico, vamos discutir limites e possibilidades de tratamento quantitativo dos fenômenos da saúde no plano individual e singular que, em nossa cultura científica, praticamente tem sido monopólio de abordagens clínicas. Em segundo lugar, vamos avaliar uma das vertentes de quantificação da saúde na sociedade de maior expressão atualmente, a epidemiologia, para estimar probabilidades condicionais de ocorrência, não de doenças, mas de saúde. Em terceiro lugar, também no plano agregado ou coletivo, pretendemos introduzir o leitor a abordagens econométricas da saúde, analisando impasses e desdobramentos de propostas de análise quantitativa da situação de saúde como se fosse um recurso econômico das sociedades modernas.

Inicialmente, analisemos a questão da saúde como medida no plano individual ou singular que, no que concerne aos temas da pesquisa sobre saúde-doença, tem sido convencionalmente objeto da clínica. Partamos do princípio de que saúde pode ser tomada como atributo individual de seres humanos e, como tal, encontra-se vulnerável a processos de mensuração.

Com vistas a uma formalização preliminar da saúde nesse nível, devemos considerar as seguintes proposições:

a. Nem todos os sujeitos sadios acham-se isentos de doença.
b. Nem todos os isentos de doença são sadios.

Sabemos que indivíduos funcionais produtivos podem ser portadores de doenças, mostrando-se muitas vezes profusamente sintomáticos ou portadores de sequelas e incapacidades parciais. Outros sujeitos apre-

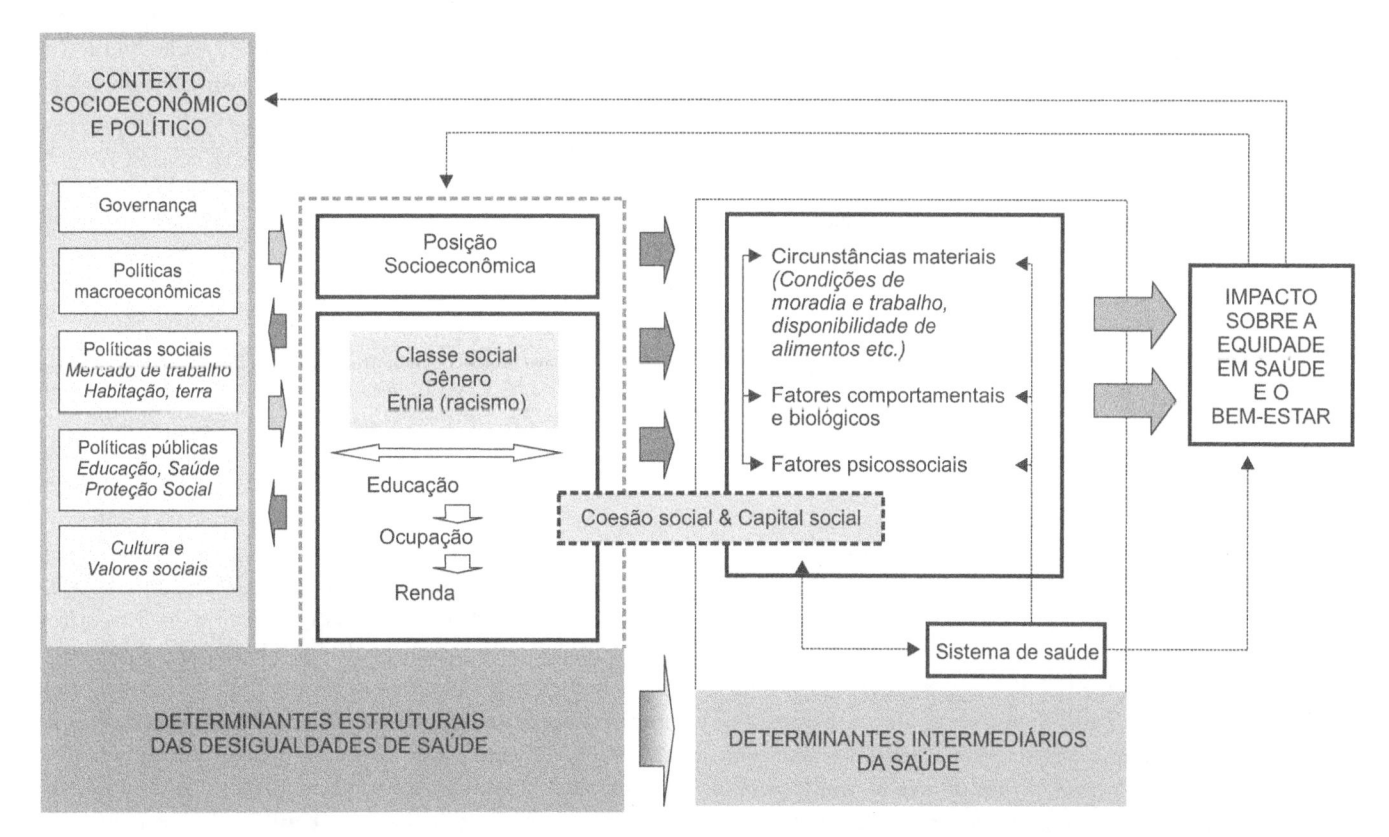

Figura 2.3 • Marco conceitual dos determinantes sociais da saúde (Solar & Irwin, 2010).

sentam limitações, comprometimentos, incapacitações e sofrimentos sem qualquer evidência clínica de doença. Além da mera presença ou ausência de patologia ou lesão, precisamos também considerar a questão do grau de severidade das doenças e complicações resultantes, com repercussões sobre a qualidade de vida dos sujeitos.

Estado de saúde individual difere de patologia, fatores de risco ou etiologia, bem como de acesso a serviços de saúde ou intervenções. Estado de saúde é um atributo multidimensional dos seres humanos que pode ser avaliado por um observador que realiza um exame ao longo de várias dimensões, incluindo presença ou ausência de doença, fatores de risco para morte prematura, gravidade da doença, risco de vida e condição física em geral. A avaliação resultante será o estado de saúde individual em uma de duas abordagens: negativamente, pela ausência de doença ou condições de déficit funcional, ou positivamente, pela presença de capacidade funcional ou níveis de desempenho (Almeida-Filho, 2000).

Estados individuais de saúde podem também ser avaliados pedindo-se à pessoa que relate sua percepção de saúde em dimensões diferentes, como desempenho, condição física, mobilidade, bem-estar emocional, humor, incapacidade, dor ou desconforto. Metodologicamente, isso implica o desenvolvimento de instrumentos que buscam informações sobre os domínios de saúde considerados. Derivadas inicialmente da definição original da OMS, as primeiras tentativas para tratar empiricamente essa questão buscaram a criação de instrumentos capazes de medir a capacidade física e o bem-estar social. No primeiro caso, buscou-se recuperar conceitos de comprometimento, limitação, incapacidade e desvantagem, já revestidos de certa positividade sob a forma de indicadores de função, habilidade, capacidade e desempenho. No segundo caso, a teoria do capital social passou a ser considerada a base conceitual para a medida da chamada "saúde social" por meio de seus componentes principais: interações interpessoais e participação social.

Em síntese, para medir diretamente o estado ou grau de saúde dos indivíduos, à semelhança dos procedimentos de triagem para diagnóstico da doença, foram desenvolvidos e testados instrumentos padronizados capazes de reconhecer o estado de "completo bem-estar físico, mental e social". Esses instrumentos, em alguns casos, são longos e detalhados, especialmente aqueles relacionados com o bem-estar e a qualidade de vida que, apesar da extensão, muitas vezes refletem apenas uma dimensão da vida do sujeito.

O aporte clínico contribui para a abordagem epidemiológica com critérios e operações de identificação de caso, determinando quem é e quem não é portador de uma dada patologia ou espécime de certa condição na amostra ou na população estudada. Por esse motivo, o conceito de risco constitui uma aproximação de segunda ordem do fenômeno da doença em populações, em última instância mediada pela clínica como definidora da heterogeneidade primária do subconjunto (doentes). Ora, se a clínica desenvolve-se como saber justificado pela noção de patologia, incapaz de reconhecer positivamente a presença ou ocorrência da saúde nos sujeitos individuais, pouco poderá fazer para colaborar na constituição de uma epidemiologia da saúde (Almeida-Filho, 2000).

Como tendência dominante, o máximo de aproximação que a ciência epidemiológica tem se permitido consiste em definir saúde como atributo do grupo de não doentes, entre os expostos e os não expostos a fatores de risco, em uma população definida. Na prática, a maioria dos manuais epidemiológicos é até bem menos sutil, chegando a definir a saúde diretamente como "ausência de doença". Não obstante as evidências em favor da complexidade das situações de saúde, os estudos epidemiológicos normalmente cobrem doenças específicas, buscando levantar o perfil sociodemográfico dos expostos e dos doentes de uma dada patologia mais do que propriamente descrever o "perfil patológico" (repertório de doenças e de condições relacionadas com a saúde) muito menos o "perfil de saúde" de um dado grupo social.

Em sua prática de produção de informação, a epidemiologia tem instrumentalizado um repertório de "indicadores de saúde" que na verdade se baseia em contagem de doentes (indicadores de morbidade) ou de falecidos (indicadores de mortalidade). Apesar das promessas de uma "epidemiologia da saúde", dentre os indicadores ditos de saúde, apenas a medida denominada "Esperança de Vida" e seus sucedâneos suportam uma definição não residual de saúde. Mesmo listados nos manuais mais respeitáveis da ciência epidemiológica, trata-se de indicadores mais demográficos que epidemiológicos, ainda assim também calculados com base em dados de mortalidade. Abordam anos de vida vividos, em geral sem considerar o estado ou nível de saúde desses anos ou, para incluir um termo em moda atualmente, sem nada referir sobre a qualidade de vida dos sujeitos.

Não obstante, técnicas de avaliação da saúde individual podem ser empregadas como fontes de dados para mensuração de níveis coletivos de saúde tomados como somatório de estados individuais de saúde. Propõe-se então, nesse caso, incluir entre as estratégias da epidemiologia a contagem de indivíduos sadios, para isso desenvolvendo ou adaptando tecnologias pertinentes, no sentido analisado na seção anterior. Disso poderá resultar a derivação de indicadores de "salubridade", equivalentes aos clássicos indicadores de morbidade. Nesse caso, contar-se-iam sadios para o cálculo de um certo risco de saúde, do mesmo modo como se computam doentes ou óbitos para a produção de indicadores de risco de doenças ou de mortalidade. Essa estratégia efetivamente não tem sido enfatizada no campo da investigação epidemiológica, limitando-se a poucas avaliações de inquéritos domiciliares locais ou nacionais (Almeida-Filho, 2000a).

Na década de 1980, no contexto de avaliação do impacto de sistemas nacionais de saúde, especialmente em países europeus, ganhou relativa proeminência o conceito de "qualidade de vida relativa à saúde". Qualidade de vida implica abordagem do curso de vida, de acordo com episódios que podem afetá-lo, incluindo deficiências, atividades, participação social, influenciados pela saúde-doença ou estado funcional. Instrumentos para medir qualidade de vida relativa à saúde podem ser genéricos (perfil de saúde e índices de saúde) ou específicos (qualidade de vida em determinadas condições, populações ou ciclos de vida). Juntos, esses indicadores contribuem para construtos específicos, com medição de dimensões ou domínios constituintes de saúde que incluem, entre outros, capacidade física, funcionalidade, satisfação e percepção de bem-estar e papel social (Almeida-Filho, 2000a).

Embora seja teoricamente atraente argumentar que a medida da saúde deve consistir na combinação de todos os componentes de um instrumento mais impressões subjetivas do indivíduo, na prática as principais dimensões/domínios dos instrumentos para medir a saúde individual referem-se a variáveis comportamentais. Normalmente, essas avaliações são feitas com base em presença-ausência de deficiências nessas dimensões (e em suas subdimensões). No final é atribuída uma pontuação (escore, grau, escala, nível) ou estado (conceito, descrição, classe) de acordo com os pressupostos de cada instrumento; portanto, os sujeitos são classificados como mais ou menos comprometidos (ou "doentes") e, por negação, mais ou menos saudáveis. Como exemplo, temos o conceito de *saúde autorreferida* (*SAR*), que compreende um construto complexo que incorpora diversos aspectos da saúde física e outras peculiaridades individuais e sociais que resultam em um indicador da percepção subjetiva de bem-estar e salubridade (Babones, 2009).

Enfim, para a estimativa de indicadores de níveis coletivos de saúde, será imperativo superar uma limitação primordial da abordagem epidemiológica, originalmente restrita à avaliação dos riscos de doença ou agravos. Isso implica duas estratégias distintas. No primeiro caso, isso significa tratamento simétrico ao problema geral da identificação de casos de doença na pesquisa epidemiológica convencional, com a ressalva de que sinais e sintomas de "saúde" não podem, nesse caso, expressar mera ausência de doença. Trata-se evidentemente de desenvolver métodos e técnicas capazes de avaliar positivamente os níveis de salubridade em uma dada população.

No segundo caso, deve-se desenvolver ou aperfeiçoar metodologias e tecnologias para abordar a saúde enquanto inverso da morbidade, entendida como "volumetria populacional de patologia" ou, para usar uma terminologia recente, porém consagrada, "carga global das doenças". Ou seja, propõe-se o desenvolvimento de medidas do "capital sanitário" ou do *burden of disease* de populações ou sociedades. Em outras palavras, trata-se de aprimorar nossa capacidade de estimar medidas do grau de "morbidade negativa" ou de mensurar saúde como um análogo econométrico.

Nesse sentido, pesquisas na economia da saúde têm contribuído para uma concepção coletiva de saúde, em uma aproximação instrumental ao tema da mensuração. Dois indicadores de carga de doença ganharam mais destaque recentemente: anos de vida ajustados por qualidade de vida (QALY) e anos de vida ajustados por incapacidades (DALY). Ambas as abordagens utilizam anos vividos com qualidade de vida ou sem incapacidade (que é um índice grosseiro de saúde) para avaliar o impacto social de patologias e das tecnologias destinadas a sua prevenção, controle ou erradicação. Essas abordagens tomam renda, produção, consumo e outros indicadores econômicos como o parâmetro principal (e talvez ideal) para medidas de desigualdade na sociedade (Almeida-Filho, 2009). Disso deriva, de modo mais evidente, o desdobramento de duas falácias:

a. **Falácia econocêntrica:** implica supor que a esfera da economia pode ser tomada como referência dominante da sociedade e que, portanto, dispositivos de explicação da dinâmica econômica das sociedades seriam adequados para compreender processos e objetos de conhecimento sobre a saúde e a vida social. Mesmo que essa posição possa ser relativamente adequada para economias de mercado industriais (aquelas do mítico pleno-emprego, antes das crises), renda não parece representar medida válida e plena de acesso ao bem-estar social e aos recursos de vida (saúde incluída) em países pobres. Mediante estruturas e dinâmicas próprias, além da concentração de riqueza, outras desigualdades além do ranqueamento social encontram-se ativas em sociedades flageladas pela pobreza, desemprego e exclusão social.

b. **Falácia econométrica:** implica considerar que processos de produção de saúde, de relações sociais e de mercadorias são relativamente isonômicos e que, portanto, metodologias econométricas seriam adequadas para apreender variações e disparidades em determinantes e efeitos sobre a saúde na sociedade. Embora abordagens dimensionais possam ser válidas para produtos e outros recursos do mercado, os fenômenos da saúde-doença-cuidado têm atributos e propriedades de realização e distribuição totalmente diferentes (e não redutíveis à) da renda.

A refutação de ambas as falácias baseia-se na constatação, quase trivial, de que saúde não pode ser linearmente produzida, armazenada ou investida, nem pode ser redistribuída do mesmo modo que a renda (Almeida-Filho, 2009).

Não obstante a existência de importantes limitações de medidas quantitativas de saúde, é inegável sua contribuição ao estudo das condições de saúde e seus determinantes sociais, políticos e econômicos. Abordagens econométricas da saúde, interessantes sem dúvida, revelam-se potencialmente úteis para os objetivos primários de incorporar rigor e sofisticação às análises de custo-efetividade. Além disso, sua concepção propiciou importante desenvolvimento na teoria da mensuração em saúde, considerando as possibilidades de seu emprego para medidas positivas e negativas, como capacidade vital e qualidade de vida, possibilitando comparação e avaliação do valor diferencial de procedimentos restauradores ou promotores de saúde.

Recorrendo a Canguilhem (1990, 2006), devemos admitir que o oposto da patologia é a normalidade, de modo algum a saúde. Em uma perspectiva lógica rigorosa, portanto, o oposto simétrico da doença não seria saúde e, por isso, estado de saúde não implicaria "ausência de doença". Estado de saúde individual difere de patologia, fatores de risco ou etiologia, bem como de acesso a serviços de saúde ou intervenções. Nessa perspectiva, concluímos ser possível identificar sinais e sintomas da "síndrome saúde", a partir de um construto empírico definido como "estado de saúde". A questão correlata seria, então, como viabilizar metodologicamente estratégias, técnicas, instrumentos e procedimentos de produção de dados, informação e conhecimento com base na medida da saúde.

Cabe, enfim, demandar das abordagens numéricas (epidemiológica e econométrica) da saúde o que elas têm de melhor a oferecer, principalmente no que se refere ao estudo da situação de saúde, acesso e utilização de serviços e sistemas de saúde, bem como nas áreas de avaliação tecnológica e microeconomia em saúde. Isso significa compreender impasses e aceitar limitações dessas metodologias e de seus instrumentos de mensuração do grau de salubridade (ou saúde coletiva positiva) e da "carga global de saúde" (e não de doença) de uma dada população, respectivamente.

VALORES DA SAÚDE

Neste tópico, propomos a avaliação das bases lógicas, teóricas e metodológicas da concepção de saúde como valor: valor de uso, valor de troca, valor de vida. Ao indicar essa abordagem, consideramos que conceitos de saúde como valor-em-si, na perspectiva de estado ou situação altamente desejável para o ser humano, têm sido criticados por vários autores por seu caráter idealista ou utópico. Ao atribuir valor à saúde e seus efeitos, defrontamo-nos de imediato com a questão da distribuição desigual e muitas vezes perversa dos entes providos de valor na sociedade capitalista. Vida longeva e plena, com qualidade e desempenho, produtividade e satisfação, representa o ideal platônico da saúde como valor social e político que, em uma sociedade estruturalmente desigual e injusta, implicaria disparidades de acesso, distribuição e controle de recursos, bens e serviços.

Portanto, a problematização da saúde da maneira aqui proposta pretende reafirmar que os gradientes socialmente perversos reproduzidos em nossas sociedades refletem interações entre diferenças biológicas, distinções sociais, inequidades no plano jurídico-político e iniquidades na esfera ético-moral, tendo sempre como expressão concreta, empiricamente constatável, desigualdades em saúde (Almeida-Filho 2009). Tratar essa questão do ponto de vista da crítica teórica significa um esforço inicial no sentido de conhecer com mais profundidade, para superar com efetividade, raízes, estrutura e efeitos das desigualdades sociais no campo da saúde.

A mais importante matriz teórica sobre o conceito de saúde como valor é sem dúvida a *Teoria da Justiça de John Rawls*, principal marco teórico que tem subsidiado a produção acadêmica sobre o tema desigualdades em saúde nos países desenvolvidos (Almeida-Filho, 2009). A Teoria da Justiça de Rawls propõe igualdade de oportunidades e também de distribuição de valores, bens e serviços referentes a necessidades básicas socialmente referendadas. Entretanto, a saúde não é listada pelo autor como uma das liberdades básicas. Pelo contrário, Rawls define a saúde como um bem natural na medida em que depende dos recursos (*endowments*) individuais da saúde, ao mesmo tempo que demarca conceitualmente a justiça (*justice*) como uma categoria institucionalizada de justeza (*fairness*) e utiliza o termo "diferença" (*difference*) para designar soluções normativas que tomam a justiça como distribuição social compensatória de bens e recursos.

De certo modo, a noção rawlsiana de equidade implica um componente estrutural do sistema de valores contratuais da sociedade burguesa, resultando em equivalência entre os conceitos de equidade e justiça e, correlativamente, entre a falta de equidade e a noção de injustiça. Esse padrão mostra-se simétrico e consistente em relação ao modo predominante de definição da saúde como ausência de doença no campo da pesquisa em saúde individual e coletiva, como vimos acima. Em síntese, equidade = ausência de injustiça; saúde = ausência de doença.

Dando sequência a essa linha de pensamento, vários autores desenvolveram variantes dessa abordagem neoutilitarista ao problema das desigualdades em saúde (Almeida-Filho, 2009). Amartya Sen, Prêmio Nobel de Economia de 1998, como uma alternativa crítica à teoria rawlsiana de justiça, elabora uma concepção metodológica integrativa das desigualdades, com duplo escopo (objetivo e normativo). Do ponto de vista da desigualdade objetiva, equivalente à variação relativa de valor (monetário ou social) de qualquer bem ou serviço por meio de um dado indicador econômico, a questão da desigualdade entre dois elementos – x e y – implica apenas comparabilidade em escalas cardinais de ordem equivalente. Por outro lado, buscando fundamentar sua proposta teórica, Sen define o "bem-estar social" como vinculado a padrões de distribuição da riqueza e não como efeito da renda bruta ou riqueza apropriada, introduzindo aí a noção da renda relativa ou renda distribuída. A noção de desigualdade normativa – referente ao conceito de bem-estar social (*social welfare*) – remete portanto à distribuição de um dado valor (renda, mas pode ser saúde) entre dois elementos – x e y – de modo equânime.

No eixo principal de sua obra, mas também em vários textos secundários específicos, Sen usa inúmeros exemplos do campo da saúde, em dois sentidos. Primeiro, para caracterizar necessidades distintas, propôs considerar linhas de base diferentes para a avaliação das desigualdades e a escolha social de estratégias redistributivas. Nesse caso, deixa espaço para a definição da saúde individual no âmbito do que chama de *capabilities*. Este conceito, de difícil tradução para o português, algo entre "capacidades potenciais" e "competências", constitui valiosa indicação no sentido da construção do conceito de saúde, em uma direção apenas esboçada na fase mais tardia da abordagem parsoniana, conforme indicamos adiante.

Em segundo lugar, Sen propôs tomar a esfera da saúde, coletivamente definida no plano socioinstitucional, como campo de sistemas passíveis de compensação visando à equidade, dentro do aparato do *welfare state*. Sugere então que um serviço nacional de saúde poderia fazer parte de um sistema de justiça distributiva indireta, comparável a outros sistemas de justiça definidos pela distribuição direta de subsídios. O problema tornar-se-ia potencialmente mais complexo, por exemplo, ao considerar outras diferenças de base individual além da *capability* chamada saúde (Almeida-Filho, 2009).

Retomando a ideia de quase ordenamento em espaços ou dimensões simultâneas de Sen, trata-se de considerar os fenômenos da disparidade social em planos ou campos distintos: o conceito diversidade remete primordialmente à espécie, diferença ao plano individual, desigualdade à esfera econômico-social, inequidade ao campo da justiça, iniquidade ao político, distinção ao simbólico. Essa abordagem veio tornar-se o principal marco teórico sobre o conceito de saúde como valor social, focalizando principalmente a questão da distribuição desigual e as relações entre desigualdades de renda e de saúde. Como premissa básica, equidade em saúde equivaleria a justiça no que se refere à situação de saúde, qualidade de vida e sobrevivência posto que, idealmente, todos e todas têm direito a uma justa possibilidade de realizar seu pleno potencial de saúde e que ninguém estará em desvantagem para realizar esse direito, o que compreende uma capacidade coletiva de gerar saúde (Almeida-Filho, 2009).

Apesar da insistente referência a noções positivas de justiça, justeza e escolha social, a problematização teórica e metodológica dos gradientes sociais em saúde prioriza a negação, operando conceitos de desigualdade e diferença em lugar de igualdade e equidade. Tal padrão mostra-se simétrico e consistente em relação ao modo predominante de definição da saúde como ausência de doença no campo da pesquisa em saúde individual e coletiva. Enfim, mediante os termos injustiça e doença, tanto a justiça como a saúde são tratadas como negatividade.

A prolífica literatura sobre determinantes sociais da saúde padece de pobreza teórica na medida em que raramente se explicitam pressupostos epistemológicos e teorias sociais cruciais para a compreensão do significado dos conceitos relacionados com as diferenças na saúde-doença-cuidado em populações (Almeida-Filho, 2009). Na sociedade contemporânea, estruturas sociais, processos políticos perversos e políticas de governo sem equidade geram desigualdades relacionadas com renda, educação e classe social, portanto inequidades, correspondendo a injustiça social. Algumas dessas desigualdades, além de injustas, são iníquas e, portanto, moralmente inaceitáveis; constituem iniquidades que geram indignação e, potencialmente, mobilização social. Em paralelo, nos planos simbólico-culturais, ao construírem identidades sociais baseadas na interação entre diferenças individuais e padrões coletivos, seres humanos afirmam, na maioria das vezes por meio de mecanismos não conscientes, sua distinção de outros enquanto membros de segmentos, grupos e classes sociais.

Considerando saúde um valor social, desigualdades (variação quantitativa em coletividades ou populações) podem ser expressas por indicadores demográficos ou epidemiológicos (no campo da saúde) como "evidência empírica de diferenças" em estado de saúde e acesso ou uso de recursos assistenciais. Nesse caso, saúde pode constituir uma *capability*, no sentido de Sen, e não necessariamente corresponder ao produto de injustiças, como no uso da noção de "saúde real", como visto previamente. Por outro lado, desigualdades de saúde determinadas por desigualdades relacionadas com renda, educação e classe social são produtos de injustiça social e, em última análise, resultantes do modo de produção econômica predominante na sociedade; na medida em que adquirem sentido no campo político como produto dos conflitos relacionados com a repartição da riqueza na sociedade, devem ser consideradas inequidades em saúde. Por sua vez, as inequidades em saúde que, mais que evitáveis e injustas, são vergonhosas, indignas, e nos despertam sentimentos de aversão conformam iniquidades em saúde.

A dimensão da desigualdade em saúde constitui uma questão bioética fundamental. Nessa perspectiva, distinguir inequidade de iniquidade não expressa um mero exercício semântico. Significa introduzir, no processo de teorização, pretensamente neutro e impessoal, elementos de indignação moral e política. Tomar como referência apenas a dimensão da justiça, na esfera da equidade (e de seu oposto, a inequidade) parece insuficiente no que diz respeito ao tema da dignidade humana. A proteção dos direitos básicos de um criminoso ou a garantia das prerrogativas jurídicas de um suspeito de corrupção é certamente uma questão de equidade, posto que evoca o fundamento democrático de justiça igual para todos. Entretanto, um óbito infantil por desnutrição, uma negação de cuidado por razões mercantilistas ou uma mutilação decorrente de violência racial ou de gênero conformam eloquentes exemplos de iniquidade em saúde.

Conforme os argumentos expostos, não é defensável considerar saúde um bem privado, *commodity*, produto, mercadoria ou serviço comercializável, atribuindo-lhe valor monetário e, por conseguinte, posição e preço em um mercado de trocas econômicas. Visando subsidiar tal posição, um primeiro passo consiste em recorrer a teorias críticas da sociedade e da política capazes de explicar as práticas dos sujeitos no espaço social. Aqui, a demanda conceitual concentra-se na construção e validação de modelos explicativos eficientes dos processos históricos e sociais definidores do objeto de conhecimento em pauta, tendo como referência teorias de equidade e justiça. De qualquer modo, a qualificação das desigualdades como sociais demanda a definição do sentido de "social". Em outras palavras, para compreensão do papel das desigualdades na produção de doença, morbidade e mortalidade, assim como de saúde, qualidade e extensão da vida humana, é imperativo a abordagem da questão de o *quê* (estados, processos, eventos), antes de tudo, determina ocorrência, forma e atuação dos gradientes sociais.

Com prioridade, cumpre estabelecer fontes e origens das desigualdades de modo distinto, mas complementar, à aproximação necessária aos temas de natureza e componentes das desigualdades sociais em saúde do ponto de vista metodológico. Nesse sentido, desigualdades sociais podem se referir concretamente a disparidades em propriedades, renda, educação, poder político e saúde, resultantes de relações de poder econômico e político entre sujeitos sociais.

Em conclusão, é necessário considerar os efeitos dos processos de determinação social da saúde-doença e da produção social da atenção-cuidado, expressos como desigualdades sociais na qualidade de vida, diversidade no estilo de vida e inequidades nas condições de saúde dos sujeitos. Nesse caso, visando superá-las, há a necessidade de uma construção conceitual e metodológica capaz de subsidiar a necessária mobilização política no sentido de tornar as diferenças mais iguais (ou menos desiguais); ou seja, promover igualdade na diferença, fazendo com que se reduza o papel das diferenças de gênero, geração, étnico-raciais, culturais e de classe social como determinantes de desigualdades, inequidades e iniquidades econômicas, sociais e de saúde.

Enfim, podemos analisar o conceito de saúde como um valor social e político das sociedades modernas. Seu reconhecimento como *valor de uso*, a partir do qual a vida faz sentido, e a crítica a seu *valor de troca*, quando consumida e desgastada nos processos de produção e consumo, pode engendrar uma nova práxis nessas sociedades. Como a moeda, a saúde não constitui um valor em si, mas se torna de fato um valor nos processos de intercâmbio. Dessa maneira, a saúde não é um poder que se encontra no corpo, nem sequer se refere ao organismo individual, mas trata-se de um mediador da interação cotidiana dos sujeitos sociais. Como desdobramento, será possível a investigação de efeitos dos processos sociais de produção da saúde-doença-cuidado. Nesse caso, importa explorar o impacto das desigualdades na qualidade de vida, no estilo de vida e nas condições de saúde dos sujeitos. Isso significa focalizar, em uma imersão etnográfica na cotidianidade, as práticas da vida diária e, nelas, o efeito da distribuição desigual dos determinantes da saúde-doença-cuidado.

PRÁXIS DA SAÚDE

O conceito de práticas de saúde, inicialmente pouco considerado na Saúde Coletiva, tornou-se imprescindível para compreensão das relações entre saúde e sociedade. No Brasil, tem-se observado o desenvolvimento de pesquisas, reflexões e experimentos sobre práticas de saúde em distintos centros acadêmicos. O reconhecimento de seus momentos constituintes (objeto, meios de trabalho e trabalho propriamente dito) e a valorização da dimensão subjetiva têm proporcionado espaços de comunicação e diálogo com outros saberes, abrindo novas perspectivas de reflexão e ação. Como ilustração dessa renovação das práticas de saúde, pode-se mencionar a proposta da vigilância da saúde, tal como resumida no diagrama já descrito na Figura 2.2.

Ao articular o processo saúde-doença no plano coletivo às intervenções centradas sobre danos, riscos e determinantes socioambientais, a vigilância da saúde, enquanto modo tecnológico de intervenção, estimula uma reatualização da reflexão sobre promoção da saúde e qualidade de vida, além de articular a assistência médica e as vigilâncias sanitária e epidemiológica. A partir dos estudos sobre modelos de atenção, apresentados no

Capítulo 21, têm sido realizadas investigações sobre o processo de trabalho em saúde. Além da experiência das ações programáticas de saúde e da "estratégia da saúde da família", uma nova práxis vem se delineando no campo da Saúde Coletiva, como se verificará na leitura dos capítulos subsequentes deste livro.

CONSIDERAÇÕES FINAIS

A oportunidade de conceber o complexo "promoção-saúde-doença-cuidado" mediante políticas públicas saudáveis e participação da sociedade nas questões de saúde, condições e estilos de vida, implica a necessidade de construção de um marco teórico-conceitual capaz de reconfigurar o campo social da saúde, atualizando-o em face das evidências de esgotamento do paradigma científico que sustenta suas práticas (Paim & Almeida-Filho, 2000). Não obstante seus limites, essa proposta de resgate conceitual pode ser útil para o necessário debate teórico-epistemológico sobre a noção de integralidade das ações de saúde como estratégia de interferência na complexa problemática da conjuntura sanitária brasileira neste início do milênio.

Nesse sentido, no âmbito da práxis, a Saúde Coletiva deve participar ativamente na transição epistemológica. Os elementos histórico-concretos aqui assinalados possibilitam a análise de novos paradigmas no campo da saúde.

Referências

Almeida-Filho N. A ciência da saúde. São Paulo: Hucitec, 2000.
Almeida-Filho N. O conceito de saúde: ponto cego da epidemiologia? Rev Bras Epidemiol 2000a; 3(1-3):4-20.
Almeida-Filho N. For a General Theory of Health: preliminary epistemological and anthropological notes. Cad Saúde Pública 2001; 17(4):753-70.
Almeida-Filho N. A problemática teórica da determinação social da saúde (nota breve sobre desigualdades em saúde como objeto de conhecimento). Saúde em Debate 2009; 33:349-70.
Almeida-Filho N. Jucá VJ. Saúde como ausência de doença: crítica à teoria funcionalista de Christopher Boorse. Ciência & Saúde Coletiva 2002; 7(4):879-89.
Aristóteles. Ética a Nicômaco. Coleção Os Pensadores. São Paulo: Abril Cultural, 1985.
Arouca AS. O Dilema Preventivista: contribuição para a compreensão e crítica da Medicina Preventiva. São Paulo: UNESP; Rio de Janeiro: Fiocruz, 2003. 268p.
Ayres RCM. Conceptos y prácticas en salud pública: algunas reflexiones. Revista Facultad Nacional de Salud Pública, 2002; 20(2): 67-82.
Babones SJ. The consistency of self-rated health in comparative perspective. Public Health 2009; 123:199-201.
Boorse C. A rebuttal on health. In: Humber J, Almeder R (eds.) What is disease? New Jersey: Humana Press, 1997:1-134.
Descartes René. Meditações sobre Filosofia Primeira. Campinas: Unicamp, 2004.
Canguilhem G. La Santé: Concept Vulgaire et Question Philosophique. Toulouse: Sables, 1990.
Canguilhem G. O normal e o patológico. São Paulo: Forense Universitária, 2006 (1. ed.: Paris, 1943).
Coelho MT, Almeida Filho N. Normal-patológico, saúde-doença: Revisitando Canguilhem. Physis – Revista de Saúde Coletiva 1999; 9(1):13-36.
Foucault M. O nascimento da clínica. São Paulo: Forense Universitária, 2011 (1. ed.: Paris, 1966).
Good B. Medicine, racionality, and experience. An anthropological perspective. New York: Cambridge University Press, 1994.
Kant Immanuel. O conflito das faculdades. Coleção: Textos Filosóficos. Lisboa: Edições 70, 1993.
Leavell H, Clark EG. Medicina preventiva. São Paulo: McGraw-Hill, 1976, 744p.
Mendes-Gonçalves RB. Seres humanos e práticas de saúde: Comentários sobre "Razão e planejamento". In: Gallo E. Razão e planejamento: reflexões sobre política, estratégia e liberdade. São Paulo. Hucitec; Rio de Janeiro: ABRASCO, 1995:13-31.
Najera E. La salud pública, uma teoria para uma práctica. Se precisa su reconstrucción? In: OPS. La crisis de la salud pública: Reflexiones para el debate. Washington, D.C.: OPS, 1992:123-32 (Publicación Cietífica 540).
Nordenfeld L. On the Nature of Health – An action-theoretic approach. New York: Kluwer Academic Publishers, 1995.
OMS. Diminuindo diferenças: a prática das políticas sobre determinantes sociais da saúde. Documento de discussão. Todos pela equidade. Conferência Mundial sobre Determinantes Sociais da Saúde. Rio de Janeiro – Brasil 19-21 outubro de 2011.
Paim JS. Recursos humanos em saúde: problemas crônicos e desafios agudos. São Paulo: Faculdade de Saúde Pública/USP, 1994. 80p.
Paim JS, Almeida-Filho N. A crise da saúde pública e a utopia da saúde coletiva. Salvador: Casa da Saúde, 2000.
Parsons T. The sick role and the role of the physician reconsidered. MMFQ/Health Sociology 1975; 53:257-78.
Platão. A República. Trad. de Enrico Corvisieri. São Paulo: Nova Cultural, 2004.
Solar O, Irwin A. A conceptual framework for action on the social determinants of health. Social determinants of health discussion paper 2 (policy and practice). Genebra, OMS, 2010. Disponível em: http:whglibdoc.who.int/publications/2010/9789241500852_eng.pdf.

Análise da Situação de Saúde:
o que São Necessidades e Problemas de Saúde?

Jairnilson Silva Paim • Naomar de Almeida-Filho

INTRODUÇÃO

Na análise da situação de saúde de um país, estado, município, distrito ou bairro, é muito comum a referência a problemas e necessidades de saúde. Isso aparece em documentos técnicos, como planos e programas de saúde, mas também na opinião de pessoas da comunidade, de profissionais de saúde e na mídia. Neste capítulo discutiremos as noções de *necessidades e problemas de saúde*, incluindo alguns termos correlatos (Boxe 3.1).

Uma situação de saúde comporta *problemas* e *necessidades* relacionados com o estado de saúde da população, além dos problemas do sistema de saúde. Todavia, a situação de saúde não é constituída apenas por uma listagem de problemas que compõem o perfil epidemiológico. Faz parte, também, da *análise da situação de saúde* a explicação desses problemas, a partir de seus determinantes, e a identificação de oportunidades e facilidades para a intervenção. Tanto mais porque em política e planejamento de saúde o que é problema para alguns pode ser oportunidade para outros. A doença de uma pessoa pode ser a oportunidade de uma farmácia vender medicamento e a indústria produzi-lo. A fila para o atendimento em uma unidade de saúde pode favorecer a venda de alimentos por ambulantes, enquanto a sala de espera pode ser um espaço de educação e comunicação em saúde, ou mesmo de entretenimento e publicidade.

Boxe 3.1	Questões preliminares para discussão em aula
Quais são os principais problemas de saúde da população brasileira? E os de seu estado, sua cidade, seu bairro ou sua comunidade? Em que você se baseou para identificar tais problemas? Professores e alunos poderão acionar em aula publicações estatísticas e bases de dados do Ministério e secretarias de saúde, via internet, inclusive calculando certos indicadores para seu município, estado ou país.	

Assim, é possível refletir um pouco sobre dados, informações e conhecimentos produzidos acerca do estado de saúde da população, mas também sobre o que memorizamos, bem como as impressões e opiniões geradas a partir do senso comum. Evidentemente que se conversarmos com pessoas, informarmo-nos por meio da mídia e pensarmos sobre uma dada situação, poderemos ter opiniões sobre os *problemas* e *necessidades de saúde*. Mas será que essas opiniões e impressões correspondem à realidade?

PROCEDIMENTOS PARA A ANÁLISE DE SITUAÇÃO DE SAÚDE

Do ponto de vista técnico-científico, é importante que se explicite, inicialmente, o que se chama *problema* e *necessidade de saúde* e quais as formas de identificá-los, aferi-los e medi-los. A primeira parte é conceitual e será abordada neste capítulo. A segunda, que se refere à produção e à análise de informações sobre as condições de saúde, será desenvolvida, especialmente, nos Capítulos 8, 14, 29, 30 e 44, nos quais serão acionados fontes de dados epidemiológicos (mortalidade, morbidade, inquéritos especiais etc.), sistemas de informação e indicadores de saúde (expectativa de vida ao nascer, coeficientes de mortalidade, de incidência, prevalência etc.).

Na análise da situação de saúde são consideradas três dimensões da realidade: problemas, necessidades e determinantes de saúde. Os *problemas* representam discrepâncias entre a realidade observada e a norma socialmente construída; podem ser *problemas do estado de saúde da população* (danos e riscos) e *problemas do sistema de serviços* de saúde ligados a infraestrutura, gestão, organização, financiamento, e modelo de atenção. As *necessidades* são representadas pelas condições que possibilitam gozar saúde, um dado modo de andar a vida.

Podem ser distinguidas em *necessidades de saúde* (doenças, carências, riscos, vulnerabilidades e projetos ou "ideais de saúde" passíveis de serem supridos por vários setores, como alimentação, saneamento, habitação, lazer, educação, comunicação, arte etc.) e *necessidades de serviços de saúde* (atendidas via consumo de serviços no sistema de saúde), que podem ser expressas em termos de demanda. Já os *determinantes* podem ser identificados por meio de estudos epidemiológicos e sociais que visem explicar a determinação social do processo saúde-doença na população. Nesse caso, a análise da situação de saúde não se limita à identificação e à descrição dos problemas e necessidades, exigindo a explicação de por que esses fenômenos acontecem. Isso possibilita a discussão e a identificação das causas ou determinantes de uma situação concreta. Nesse momento do processo de planejamento de saúde podem ser usadas algumas ferramentas para a análise dos "porquês", a exemplo da *árvore de problemas* e do *fluxograma situacional* (Teixeira, 2010).

A *árvore de problemas* situa um problema central, graficamente, no caule, suas consequências nas folhas e frutos, procurando localizar nas raízes suas causas. A Figura 3.1 ilustra a utilização dessa ferramenta para análise de um problema dos serviços de saúde, ou seja, a "incipiente reorganização do modelo de atenção".

No caso do *fluxograma situacional,* desenha-se um modelo explicativo que procura relacionar um conjunto de determinantes e condicionantes de um problema de saúde, representado por indicadores que expressam o *valor de definição do problema* (VDP). Assim, a Figura 3.2 ilustra o uso dessa ferramenta para a questão das violências (Paim, Costa & Vilasbôas, 2009) nos planos estrutural (genoestrutura) e fenomênico (fenoestrutura, incluindo acumulações e fluxo de fatos).

Ainda que muitas intervenções sejam centradas em problemas, a face mais aparente de necessidades de saúde, cabe assinalar que as pessoas e a sociedade cada vez mais expressam como *necessidades* projetos ou ideais de saúde, a exemplo da qualidade de vida e da paz. Essas aspirações, portanto, não se restringem a ter menos doenças ou não sofrer violência, mas apontam para uma dimensão positiva de saúde e bem-estar. Essa é uma forma de análise da situação de saúde que torna possível chamar a atenção para o fato de que o nível de saúde muda e que é preciso estar atento às fontes de dados para acompanhar tal mudança.

Uma forma complementar de proceder a uma análise de situação de saúde mais próxima da realidade da população e dos que trabalham em saúde consiste em estimular a realização de oficinas de territorialização com

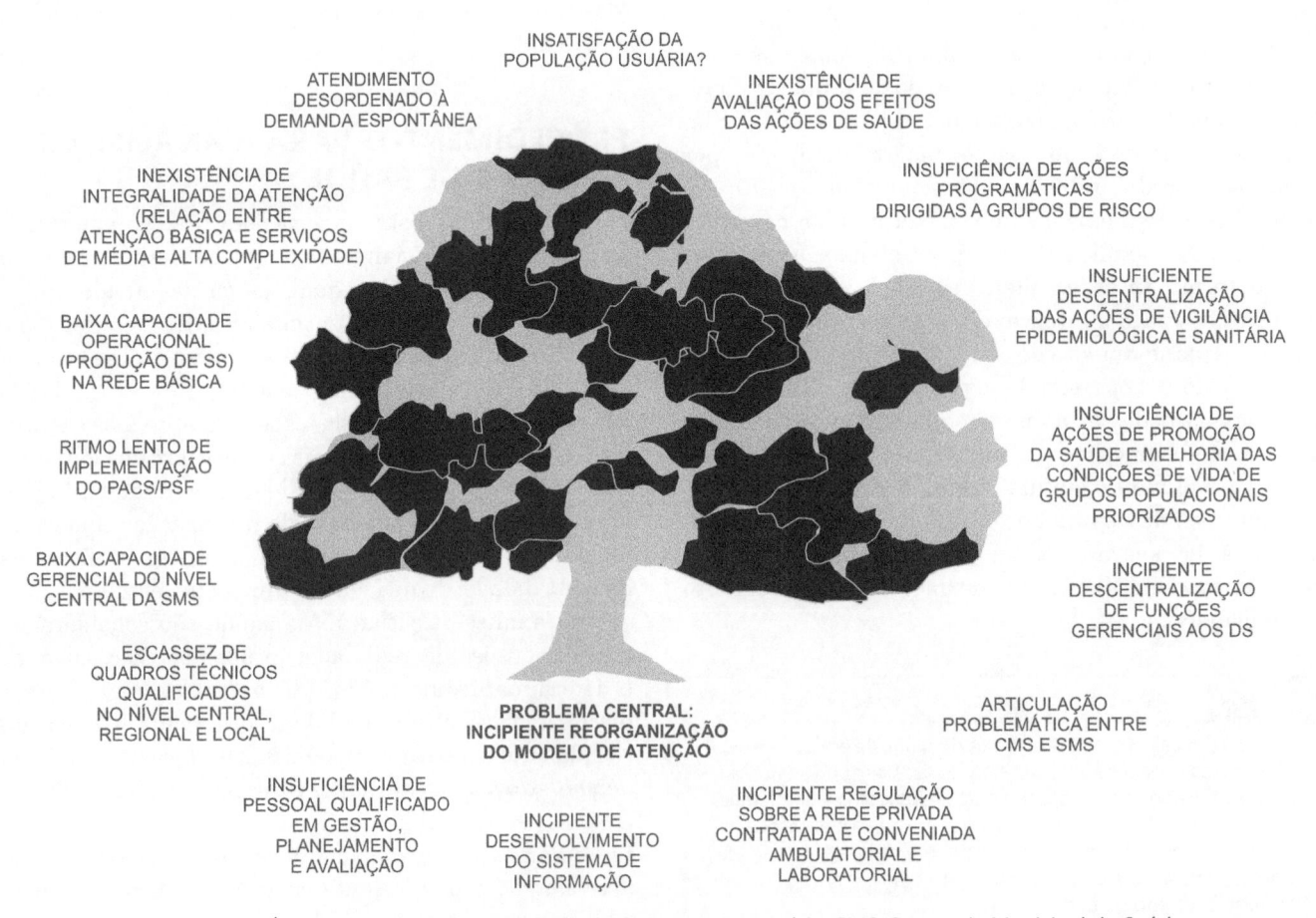

Figura 3.1 • Árvore de problemas. CMS, Conselho Municipal de Saúde; SMS, Secretaria Municipal de Saúde.

Capítulo 3 ♦ Análise da Situação de Saúde: o que São Necessidades e Problemas de Saúde? 31

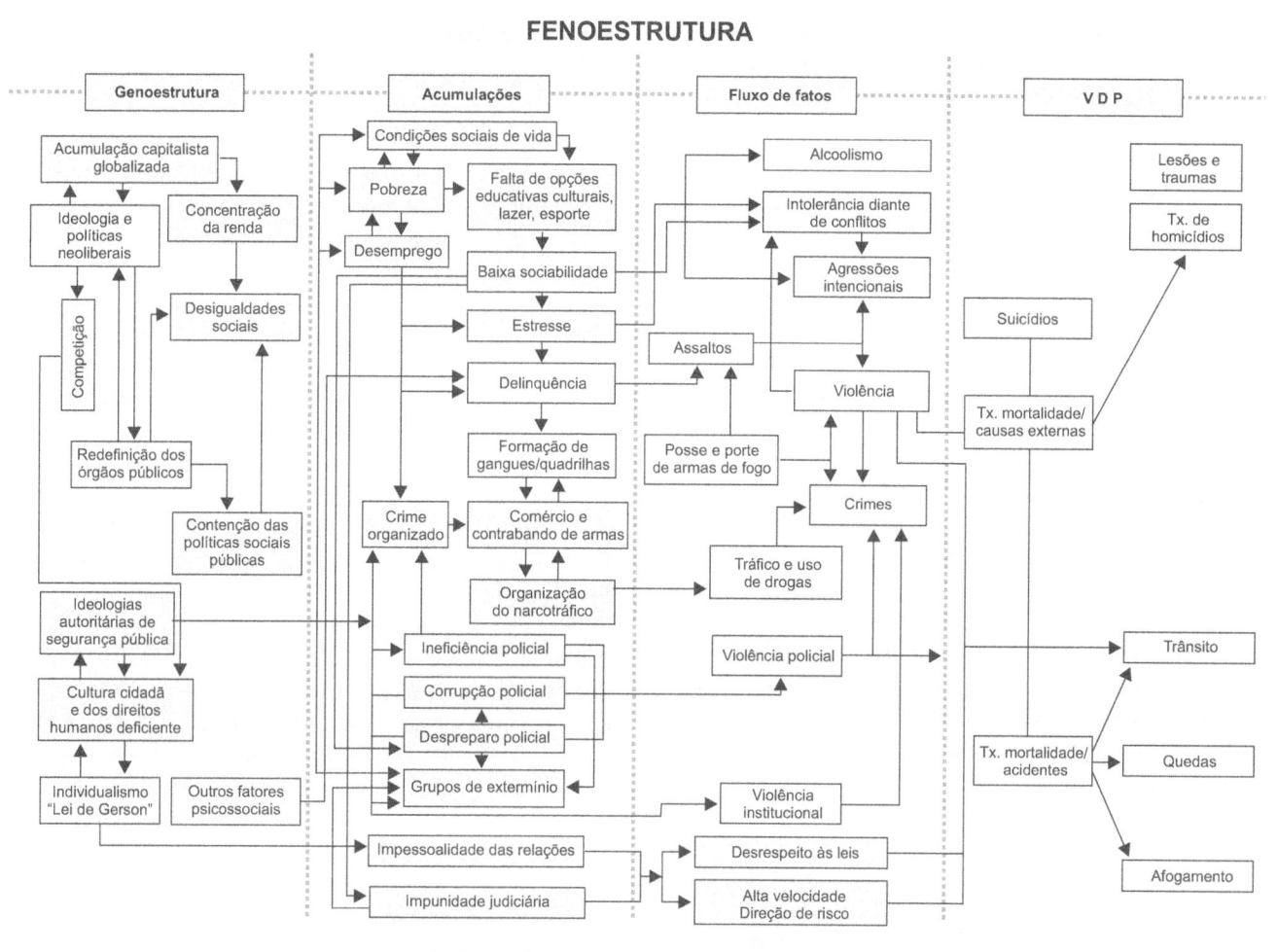

Figura 3.2 ♦ Fluxograma situacional.

um planejamento participativo. Trata-se da possibilidade de criar espaços de diálogo entre a gestão, trabalhadores e comunidade, fortalecendo o controle social. Por meio dessas oficinas indagam-se aos participantes quais, segundo sua opinião, os principais problemas de saúde da população do bairro ou distrito sanitário, sintetizando-os, posteriormente, em um quadro.

Essa percepção subjetiva dos problemas pode ser cotejada com os indicadores obtidos a partir dos sistemas de informação. Além do envolvimento da comunidade na discussão, essa técnica tem a vantagem de levantar problemas nem sempre registrados nas fontes de dados convencionais, como problemas de saúde ocular, violência sexual e consumo abusivo de substâncias psicoativas.

Como assinalado previamente, as intervenções sanitárias geralmente têm como propósito resolver *problemas de saúde*, como doenças, riscos, carências etc. Entretanto, esses problemas representam uma leitura reducionista e negativa das necessidades de saúde. Assim, a noção de problema tem uma conotação geral, que merece ser explicitada. Na Figura 3.3, propomos uma articulação esquemática desses conceitos a partir de um *modelo de processo de problematização*. Trata-se de uma aproximação preliminar às noções de necessidades, demandas, soluções e tecnologias, que serão problematizadas, conceitualizadas e aprofundadas nos tópicos seguintes.

Em uma acepção geral, o conceito de *necessidade* corresponde a fenômenos biológicos (ou naturais) referidos a faltas, carências do organismo, do ambiente ou do grupo. Fome, sede, frio, isolamento e escuridão são

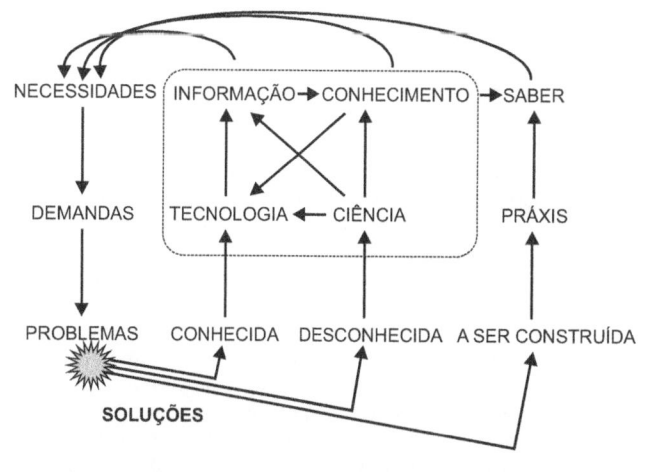

Figura 3.3 ♦ Modelo de processo de problematização.

exemplos de ausência de condições necessárias para o ser humano sobreviver na natureza ou no ambiente. Alimento, água, abrigo e iluminação são termos que designam necessidades que, uma vez atendidas, suprem as carências humanas. No caso das *necessidades de saúde*, poderiam ser definidas como *"carências relacionadas com a manutenção das condições de sobrevivência e desenvolvimento pleno das capacidades dos indivíduos e grupos de uma determinada população"* (Teixeira, 2010: 140).

Com o desenvolvimento das habilidades sociais (ou gregárias), o ser humano amplia seu domínio da linguagem e compartilha com outros membros dos grupos sociais o suprimento de necessidades. Para isso, verbaliza ou manifesta a *necessidade* como uma *demanda* (ou pedido). As demandas podem ser expressas individual ou coletivamente. Quando formuladas com referência ou explicitação do modo de atendimento ou preenchimento da necessidade, as demandas são, também, reconhecidas como problemas. Assim, todo *problema* expressa uma *necessidade* e se define por incorporar em sua formulação a possibilidade de *solução*.

As soluções conhecidas para os problemas compõem a *tecnologia*, que compreende o uso de informação socialmente produzida para o preenchimento da *necessidade* que provocou a *demanda*. Quando a *solução* é desconhecida, cabe à instituição social da ciência a produção de soluções sob a forma de conhecimento. Conhecimento então gera *tecnologia*, que servirá ao preenchimento da *necessidade* que determinou a *demanda*. Finalmente, há problemas que não se definem por dispor de soluções estáveis e seguras. Nesses casos, as soluções estarão sempre a ser construídas em sua singularidade como *práxis* (ou prática), o que secundariza o uso da *tecnologia*, direta ou indiretamente, para a superação dos problemas socialmente determinados como resposta à *demanda* (Boxe 3.2).

Boxe 3.2	Relação entre situação de saúde e políticas de saúde

A partir da discussão de alguns dos determinantes do perfil epidemiológico seria possível perguntar aos alunos que políticas de saúde poderiam ser formuladas para responder a tais problemas? Como, provavelmente, muitas das medidas propostas tendem a se relacionar com os serviços de saúde, pode-se, desse modo, provocar uma discussão sobre o que se entende por *política de saúde*: respostas sociais, historicamente determinadas, em face dos problemas e necessidades de saúde e dá produção, distribuição e regulação de bens, serviços e ambientes que afetam a saúde dos indivíduos e da coletividade. O caráter abrangente desse objeto, e especialmente a compreensão sobre os determinantes sociais e ambientais dos problemas de saúde, indica que os *serviços de saúde* podem ser insuficientes para transformar esse objeto. As tecnologias empregadas no âmbito dos serviços para diagnóstico, prevenção e tratamento das doenças, ainda que eventualmente eficazes no plano individual (clínica), podem ser inefetivas em relação às necessidades de saúde da população.

NECESSIDADES

Embora o termo *necessidades* seja de uso corrente na acepção geral apresentada no tópico anterior, há reflexões conceituais, teóricas e filosóficas em torno dessa noção. Alguns autores discutem as necessidades humanas em geral, enquanto outros contemplam, fundamentalmente, as necessidades de saúde.

As teorias econômicas mais difundidas partem da relação entre uma necessidade humana e o serviço ou objeto que a satisfaça. As necessidades são reduzidas à demanda que em uma economia capitalista expressa o valor-utilidade para os que podem comprar produtos e serviços no mercado a partir de uma dada estrutura de renda e de preços. Seu foco está na microeconomia, baseando-se no comportamento dos indivíduos consumidores (Singer, 1975). Apresentam um viés subjetivo centrado no valor da utilidade marginal, ou seja, um mesmo bem terá diferentes utilidades e, portanto, valores diferentes, de acordo com a avaliação da necessidade do indivíduo. A partir de um suposto equilíbrio espontâneo entre oferta e demanda, privilegiam o mercado e o comportamento subjetivo dos produtores e consumidores. Trazem a ilusão da autonomia dos sujeitos no mercado de consumo, a ponto de seus adeptos declararem que só o escravo tem necessidade, enquanto o homem livre tem demanda:

> Entre os economistas, o conceito de necessidade não goza, a miúdo, de tanto mérito como o de demanda. Sem dúvida, ambos têm virtudes e defeitos próprios. Critica-se o conceito de necessidade por ser demasiado mecânico, por negar a autonomia e individualidade à pessoa humana e por implicar que o ser humano é uma máquina que "necessita" combustível em forma de comida, lubrificante de medicamento e respostas providas por cirurgiões. Mesmo que o conceito tenha se estendido para incluir as necessidades psicológicas e emocionais, pareceria que o resultado final é um fio elétrico que recorre ao centro do prazer do cérebro e que poderia oferecer uma vida de êxtase ilimitada e insensata. Ao contrário, a demanda implica autonomia do indivíduo, eleição e uma adaptação de insumos de todas as classes às preferências individuais. Só o escravo tem necessidades; o homem livre tem demandas (Boulding, 1973).

Independente do caráter moralista desse discurso, sobressai-se a ideologia que crê na autodeterminação dos sujeitos supostamente livres, informados, capazes e com o poder de exercerem a livre-escolha, ou seja, a demanda. Ainda que o autor reconheça que o mercado não possa ensinar as pessoas sobre as escolhas relativas à saúde, não descarta a demanda como noção central em sua análise. No entanto, demanda é uma noção particular à economia de mercado e ligada ao poder aquisitivo individual. Assim, não deveria ser utilizada em planejamento de saúde, mas substituída pelo conceito de necessidade (Campos, 1969).

Em uma teoria crítica, a noção de necessidade está vinculada às relações sociais de produção, bem como às lutas econômicas, políticas e ideológicas de classes (Paim, 1980). Está organicamente articulada ao conceito de trabalho e, especialmente, ao processo de trabalho. Nessa perspectiva, o estado de saúde, as energias e os nutrientes constituem *meios de vida* consumidos e incorporados no processo de produção sob a forma de uma dada mercadoria, a força de trabalho.

Nas sociedades capitalistas, além de vender sua força de trabalho, o homem necessita de uma certa soma de *meios de vida* (Marx, 1975). Assim, pode-se pensar no trabalho realizado para atender necessidades em diferentes momentos da História, e para o desenvolvimento de uma teoria das necessidades (Heller, 1986) a categoria *trabalho* apresenta-se como fundamental. A autora destaca o caráter objetivo das "necessidades sociais", mas admite que o termo necessidade é vago:

> "[...] a necessidade é desejo consciente, aspiração, intenção dirigida em todo o momento para um certo objeto e que motiva a ação como tal. O objeto em questão é um produto *social*, independente do fato de que se trate de mercadorias, de um modo de vida ou de "outro homem" (Heller, 1986: 170).

Distingue as "necessidades existenciais", reconhecidamente primárias, uma vez que baseadas em instinto de autoconservação, das necessidades propriamente humanas. Nestas, que vão além do impulso natural, podem estar incluídos o descanso, uma atividade cultural, o jogo, a reflexão, a amizade, o amor, a realização pessoal, a atividade moral, entre outras.

O trabalho humano diferencia-se do trabalho de animais, como no caso das abelhas, porque antes de ser realizado *o produto* já foi pensado, teleologicamente. Ele visa produzir a satisfação de *uma carência ou necessidade*, gerada a partir da rede de relações sociais. Portanto, necessidades como alimentação, habitação e vestuário, entre outras, voltadas para autoconservação, denominadas "necessidades existenciais" (Heller, 1986), não devem ser consideradas "naturais", pois são definidas social e historicamente.

Embora Marx se referisse a "necessidades naturais", ressaltava que elas são um produto histórico:

> As necessidades naturais, o alimento, o vestuário, a calefação, a habitação etc., variam de acordo com as condições do clima e as demais condições naturais de cada país. Ademais, o volume das chamadas necessidades naturais, assim como o modo de satisfazê-las, é um produto histórico que depende, portanto e em grande parte, do nível de cultura de um país e, sobretudo, entre outras coisas, das condições dos hábitos e das exigências com que se haja formado a classe dos trabalhadores livres (Marx, 1975: 124).

Marx destacava, também, as antinomias específicas do capitalismo ligadas à produção de bens, como liberdade/necessidade, necessidade/causalidade, teleologia/causalidade, riqueza social/pobreza social. Essas antinomias do ser, presentes na sociedade capitalista, poderiam ser superadas pelo desenvolvimento das capacidades do sujeito coletivo, passíveis de romper com a alienação capitalista e de modificar as relações sociais de produção (Heller, 1986).

Sob o capitalismo, o conceito de necessidade social pode ser considerado uma categoria alienada, pois implica uma necessidade da sociedade, ou seja, um sistema de necessidades gerais que incide sobre os indivíduos e suas necessidades pessoais (Heller, 1986). Assim, ao discutir o conceito de necessidade social na perspectiva marxista, a autora destaca quatro acepções:

a. necessidades sociais como necessidades reais ou imaginárias, compreendidas como necessidades conscientes;
b. necessidade social como uma categoria de valor positiva, ou seja, necessidade do homem socializado;
c. necessidade social como "a medida de necessidades dirigidas a bens materiais em uma sociedade ou classe" (Heller, 1986: 81), condicionadas pelas relações entre as distintas classes e suas posições econômicas;
d. necessidade social no sentido de satisfação social com o entendimento de "não econômico", que serve para expressar o fato de que os homens possuem necessidades não só produzidas socialmente, como também suscetíveis de satisfação por meio da criação de instituições sociais (Heller, 1986).

As necessidades expressariam aquilo que precisa ser necessariamente satisfeito:

> [...] o conjunto dos objetos específicos que deve consumir e a forma pela qual devem ser consumidos constituem as necessidades que "necessariamente" devem ser satisfeitas para reproduzir-se, o que implica os modos de produzir esses objetos e distribuí-los (Mendes-Gonçalves, 1992: 19-20).

Mendes-Gonçalves ressalta a pertinência da superação da noção de "necessidades sociais" na qual, a partir de um suposto "interesse geral", são negligenciadas necessidades conscientes dos indivíduos.

Desse modo, cabe uma discussão que analise criticamente as várias conotações do conceito de necessidades, seu emprego na saúde e sua relação com a economia. Esse termo, assim como a demanda, expressa, na verdade, dimensões sociais e políticas que variam historicamente segundo as formas de organização econômica da produção. Portanto, as noções de necessidade e demanda devem ser analisadas a partir das condições objetivas de uma dada sociedade (Paim, 1980).

Necessidades de saúde

O homem é um ser natural com necessidades (carecimentos) e poderes, sujeitos a modificações e desenvolvimento (Mendes-Gonçalves, 1992). Assim, as necessidades de saúde podem ser "uma alteração física, orgânica, que o impede de seguir vivendo em sua rotina de vida, ou um sofrimento ainda não identificado fisicamente; ou até mesmo uma situação que reconhece como "uma falta", algo de que carece, como, por exemplo, a falta de informação" (Schraiber & Mendes-Gonçalves, 1996). Se a saúde for concebida para além das dimensões biológica e ecológica, conforme as reflexões sistematizadas no capítulo anterior, as necessidades de saúde poderão ser consideradas aquelas a serem redefinidas por sujeitos individuais e coletivos que atuam sobre os antagonismos gerados na estrutura social.

Ao analisarem a produção científica brasileira sobre esse tema, Campos & Bataieiro (2007) destacam a abordagem predominante de necessidades de saúde como se fossem sinônimo de necessidades de cuidados de agravos ou de eventos específicos. Isso revela a complexidade da definição das necessidades de saúde, pois há certa ambiguidade na utilização desta noção, já que é comum confundir *necessidades de saúde* com necessidades de serviços de saúde (Paim, 1980).

Essa ambiguidade sofre influências político-ideológicas e econômicas, especialmente resultantes da dinâmica das classes sociais, repercutindo nos critérios de sua definição. Essa confusão traz implícita a compreensão de que as necessidades de saúde são supridas, necessariamente, pelos serviços de saúde, o que tende a reforçar um fenômeno conhecido como medicalização da sociedade. O uso dessas expressões como sinônimas, além de reforçar a ideia de que para se ter saúde são necessários serviços de saúde, contribui para a reprodução social. Se por um lado reforça o ponto de vista segundo o qual os problemas de saúde do indivíduo e da coletividade poderiam ser resolvidos por esses serviços, por outro lado abre os canais para a medicalização da sociedade, quando estimula a expansão do consumo de serviços e procedimentos, muitos dos quais de eficácia discutível. Portanto, o atendimento às necessidades difusamente entendidas e precariamente conceitualizadas contribui para a reprodução da estrutura social (Paim, 1980). Resta indagar a quem serve tal ambiguidade? Certamente, às classes dirigentes das sociedades capitalistas.

Reconhecendo a complexidade do conceito, alguns autores buscam uma aproximação reflexiva que favoreça a compreensão pelos trabalhadores de saúde no sentido de alcançar uma atenção mais qualificada, a partir do reconhecimento de que as necessidades de saúde são social e historicamente determinadas, mas que se faz necessário recorrer a alguma classificação que indique dimensões descritivas e operacionais (Stotz, 1991; Cecílio, 2001). Uma das taxonomias sugeridas está organizada em quatro grandes conjuntos:

a. Boas condições de vida, ou seja, a maneira como se vive traduz-se em diferentes necessidades de saúde;
b. Necessidade de acesso para consumir toda tecnologia capaz de melhorar e prolongar a vida;
c. Criação de vínculos entre cada usuário e profissional ou equipe de saúde;
d. Necessidade de cada pessoa ter graus crescentes de autonomia em seu modo de levar a vida, incluindo "a luta pela satisfação de suas necessidades, da forma mais ampla possível" (Cecílio, 2001: 115).

Segundo esse autor, essas "cestinhas de necessidades" poderiam ser identificadas, escutadas e traduzidas pela equipe na perspectiva de atendê-las da melhor maneira possível na perspectiva da integralidade, ainda que captadas em sua dimensão individual no espaço singular de cada serviço de saúde. Apesar da intenção abrangente dessa proposta, se esta releitura das necessidades de saúde estiver subordinada exclusivamente à demanda em estabelecimentos de saúde, possivelmente ficará reduzida às *necessidades de serviços de saúde*.

No caso dos serviços de saúde, mesmo que não sejam uma mercadoria no sentido estrito, tendem a satisfazer necessidades humanas, social e historicamente definidas, sejam elas do corpo, da alma, "do estômago ou da fantasia" (Marx, 1975: 3).

Necessidades de serviços de saúde

As *necessidades de serviços de saúde* são determinadas pela deterioração dos meios de vida (sofrer) e pela incorporação de informações e conhecimentos (saber) acerca dos processos de reposição do consumo nos serviços de saúde. No entanto, os estudos, em geral, negligenciam a questão dos determinantes mais distais dessas necessidades, reduzindo-as à consulta médica e ao consumo de procedimentos de saúde. Ainda assim, a maioria das publicações científicas está voltada para a atenção hospitalar, com menor proporção para a atenção básica (Campos & Bataieiro, 2007).

Para além da atenção básica e da atenção especializada e hospitalar, as necessidades estão relacionadas com as práticas de saúde. Nesse particular, os processos de trabalho, os meios de trabalho, as tecnologias e as necessidades são conceitos que se articulam. Asssim, as práticas de saúde se constituem como *processos de trabalho* que lançam mão de *meios de trabalho e tecnologias* para dar conta de necessidades de saúde. E as intervenções em saúde realizadas nessas práticas, ao mesmo tempo que atendem necessidades, criam outras. O desenvolvimento científico e tecnológico, de um lado, e os interesses econômicos e publicitários para a venda de equipamentos, medicamentos e outros insumos médico-sanitários, de outro, podem instaurar novas necessidades de produção de serviços ou bens.

As necessidades de serviços de saúde expressam as características da estrutura social e certas variações nas conjunturas:

> [...] toda intervenção só tem existência na sociedade como uma dada produção e distribuição social de serviços [...] [e] o modo de organizar socialmente as ações em saúde para a produção e distribuição efetiva dos serviços será não apenas resposta a necessidades, mas, imediatamente, "contexto instaurador de necessidades" (Schraiber & Mendes-Gonçalves, 1996: 29-30).

Esse contexto instaurador de necessidades de serviços ou da produção de bens propicia uma conexão circular entre a organização da produção, a oferta ou distribuição de serviços e seu consumo. Tal circularidade tende a reiterar "os mesmos valores na evolução histórica desses meios tecnológicos e do modo de organizar a produção dos serviços" (Schraiber & Mendes-Gonçalves, 1996: 30). Desse modo, reforça os valores e ideologias que estão sustentando determinada tecnologia que vai além de um mero meio de trabalho, implicando um modelo de organização tecnológica que influi na estruturação de um sistema de saúde.

Desse modo, o conceito de *tecnologia* deveria expressar o conjunto de organização técnica do processo de produção enquanto "processo social e histórico" (Mendes-Gonçalves, 1988: 24). Já a noção de "instrumento de trabalho" expressa meios utilizados para a aproximação a um dado objeto e sua transformação no processo de trabalho, servindo para intermediar a ação humana sobre os objetos. Pode ser um estetoscópio, uma ressonância magnética, um medicamento ou uma vacina. O autor admite que certas tecnologias não materiais como o "saber" ou a forma de organizar certas práticas referida à saúde e à doença sustentam a articulação dessas práticas com a totalidade social histórica (Mendes-Gonçalves, 1994).

Um sistema de saúde que se pretende universal, no qual a saúde seja concebida como um direito da cidadania e um bem público com valor de uso, em vez de uma mercadoria com valor de troca, pode ter como contradição uma organização tecnológica que prioriza o consumo individual de bens e serviços, em vez de uma atuação na prevenção de riscos e nos determinantes socioambientais.

Assim, os sistemas de saúde deparam-se com o desafio dos custos crescentes e buscam certa racionalização e mudança dos modelos de atenção à saúde no sentido de produzir equilíbrio entre a demanda e os custos. Nessa perspectiva, podem promover um acesso mais universal e uma produção de serviços mais equânime. Entretanto, "a adequação entre assistência e custos, dessa forma, por si só, quase nada traz de rupturas criativas no plano da técnica de intervenção e no plano da política e ética da produção dos serviços. Ao contrário, tenderá à reprodução acrítica dos 'cardápios' das necessidades e da definição de suas 'respostas'" (Schraiber & Mendes-Gonçalves, 1996: 32-33).

Embora muitas *necessidades de saúde* possam ser satisfeitas pelo sistema de saúde, enquanto necessidades de serviços de saúde, outras tantas têm a ver com o modo de vida da sociedade e requerem a atuação de outros setores. No entanto, as necessidades de saúde não se reduzem a doenças, carências, riscos e sofrimentos nem se esgotam na demanda, nas "necessidades sentidas", nas "necessidades médicas", nas "necessidades de serviços de saúde". Também não são redutíveis a *problemas de saúde*, pois podem envolver as condições necessárias para o gozo da saúde, como alimentação, abrigo, segurança, afeto, educação, cultura, inclusive os determinantes socioambientais, exigindo ação intersetorial.

Portanto, a clínica e a epidemiologia, enquanto saberes, não são suficientes para definir e identificar *necessidades de saúde*. A contribuição das ciências humanas, da filosofia e da arte em sua definição permitiria trazer a ideia de *projeto*, ou seja, a visualização de uma finalidade (Schraiber & Mendes-Gonçalves, 1996). Essa contribuição, ao mesmo tempo que fornece elementos para uma teoria de necessidades em saúde, estimula pensar "ideais de saúde" voltados para a qualidade de vida.

Necessidades "necessárias" e necessidades "radicais"

Cabe ainda discutir as chamadas necessidades "necessárias" e as necessidades "radicais". As primeiras "constituem o conjunto de necessidades de toda ordem que devem estar presentes para a reprodução do homem em um certo período e em uma certa sociedade, e eventualmente, em cada grupo particular de homens nessa sociedade" (Mendes-Gonçalves, 1992: 20). Daí o caráter sócio-histórico das necessidades, pois sempre são produzidas em cada sociedade e em cada momento.

No entanto, o autor aponta o sentido restrito das necessidades "necessárias" nas sociedades capitalistas, pois estão circunscritas ao âmbito do que imediatamente pode ser obtido por meio do consumo individual. Reconhece que muitas necessidades "necessárias" estão presentes em função do desenvolvimento do capitalismo, mas não podem ser inteiramente satisfeitas nessa ordem social, "salvo em um movimento de transcendência da estrutura de poderes que as geram" (Mendes-Gonçalves, 1992: 22).

As necessidades "radicais" são, também, inerentes à estrutura capitalista, sem as quais o capitalismo não poderia funcionar. Este, por consequência, cria sucessivamente novas necessidades. Entretanto, "as necessidades radicais não podem ser eliminadas pelo capitalismo porque são necessárias para seu funcionamento" (Heller, 1986 : 90). Elas são postas ao limite da alienação capitalista:

> [...] não são necessidades de ampliação quantitativa do consumo, pois essas, se não podem ser inteiramente satisfeitas, são no entanto perfeitamente funcionais, mas sim necessidades de diversificação qualitativa do homem (Mendes-Gonçalves, 1992: 22).

Nas sociedades capitalistas, o fim da produção de mercadorias não é a satisfação de necessidades, mas a valorização do capital, expressando a alienação das necessidades (Heller, 1986). Estas se revelam concretamente quando os sujeitos ganham consciência do processo de alienação e exploração em que se encontram submetidos. É o caso, por exemplo, da necessidade de tempo livre que se converte "em uma necessidade radical, cuja satisfação só é possível transcendendo o capitalismo" (Heller, 1986: 109).

Assim, as necessidades "radicais" podem apresentar a condição de um dever e um devir, apontando a pertinência de uma outra ordem social para satisfazê-las. Podem ensejar lutas visando à superação do fetichismo da mercadoria e da alienação no momento em que o "homem individual-genérico" (Heller, 1986) desenvolve uma consciência crítica acerca da alienação e procura resolver as antinomias produzidas pelo capitalismo.

"Ideais de saúde" e qualidade de vida

Atualmente, projetos que expressem "ideais de saúde" podem incluir a defesa da saúde, do ambiente, da vida no planeta e de sua qualidade, bem como o gozo estético, o produzir para viver, o lazer e a arte (Paim, 1994, 1996). Passam a postular a cultura, o descanso, o relacionamento interpessoal afetivo e sexual, a educação, a saúde, a arte, o prazer etc. Muitos desses conteúdos podem se apresentar, presentemente, na Saúde Coletiva sob rótulos diversos, como promoção da saúde, cidades saudáveis, políticas públicas saudáveis, entre outros.

Nessa perspectiva, as *necessidades de saúde* já não expressam apenas carências ou problemas de saúde (doenças, agravos e riscos), mas *projetos* ou "ideais de saúde". Sua reconceitualização se impõe pela realidade atual e também pela produção teórica e reflexão filosófica. Se as necessidades de saúde forem pensadas para além de problemas, danos ou riscos, contemplando *projetos* de saúde e de modos de vida distintos, lidaremos com desafios como a *qualidade de vida*. Trata-se de um "ideal de saúde" que não se confunde com problema. Direitos humanos e sociais, "projetos de felicidade" ou "necessitados de filosofia" (Mendes-Gonçalves, 1995; Ayres, 2004) podem ser objetos de intervenção em uma dimensão positiva e não negativa, como no caso de doenças, carências e riscos.

A noção de *qualidade de vida* muitas vezes se confunde com outros conceitos e noções correlatos, como condições de vida, estilo de vida, modo de vida, padrão de vida etc. (Minayo *et al.*, 2000). Em outros momentos tem sido operacionalizada por meio de questionários e indicadores, sobretudo na prática clínica. Esses instrumentos, em alguns casos, são longos e detalhados mas, apesar da extensão, muitas vezes refletem apenas uma dimensão da vida do sujeito.

Notável é a disponibilidade atual de escalas e inventários com essa finalidade, conformando as mais diversas características metodológicas. Para dar uma ideia dessa extraordinária proliferação, pouco antes do ano 2000 já existiam mais de 70 diferentes tipos de escalas e questionários para a medição do estado de saúde individual, dos pioneiros CMI (*Cornell Medical Index*) e GHQ (*General Health Questionnaire*), desenvolvidos em 1962 e 1973, respectivamente, ao EuroQol e QWBS (*Quality of Well-Being Scale*) da era contemporânea (Almeida-Filho, 2000a).

Nas políticas públicas, o uso da noção de qualidade de vida representa uma oportunidade de discutir os *modos de viver* na sociedade e o papel do Estado nesse contexto. Torna possível perguntar sobre *condições de vida* e *estilos de vida* a que estão sujeitos os segmentos sociais, para além das questões biológicas, ecológicas e assistenciais. E se pensarmos na *qualidade de vida*, as instituições que atuam nas áreas afins não podem ficar insuladas. Nesse particular, adquirem grande relevância as *políticas públicas saudáveis* e a ação intersetorial que toma a *qualidade de vida*, a partir de uma definição mais precisa, como referente central para a formulação de políticas econômicas e sociais (Paim, 2009).

PROBLEMAS DE SAÚDE

A ideia de problema geralmente traz um sentido de algo negativo que precisa ser resolvido ou superado. E isso não é diferente quando se fala, no senso comum, em *problemas de saúde*. Mesmo no âmbito técnico, quando se discutem *problemas de saúde*, aparecem os *danos* (prejuízos), como mortes, doenças, agravos, sequelas, riscos, carências e vulnerabilidade, expressando-se por meio de taxas e desigualdades. Ainda assim, a predominância da medicina é de tal ordem que na maioria das vezes os danos são confundidos com doenças a serem diagnosticadas, tratadas ou prevenidas. Noções como risco, vulnerabilidade e carência só mais recentemente têm sido consideradas no conjunto dos *problemas de saúde* que se referem ao *estado* de saúde de uma população. Além desses, existem problemas dos *serviços* ou do sistema de saúde (acesso, cobertura, oferta, financiamento etc.) que devem integrar a análise de situação de saúde, conforme se advertiu no início deste capítulo.

Como visto, em planejamento define-se operacionalmente o conceito de problema como a discrepância entre a realidade e uma norma. Consequentemente, um problema é sempre relativo, ou seja, o que é um problema em um lugar pode não ser em outro, ou o que se considera problema no presente pode não ser admitido no passado. E se o problema se relaciona com uma norma, isso não significa algo definido burocraticamente, como certas normas administrativas, mas algo construído socialmente.

Assim, define-se *problema de saúde* como "a representação social de necessidades de saúde, derivadas de condições de vida e formuladas por um determinado ator social a partir da percepção da discrepância entre a realidade vivida e a desejada ou idealizada" (Teixeira, 2010: 147). Pode ter uma dimensão positiva, como a de um projeto a ser alcançado. Assim, quando se considera a qualidade de vida como um "ideal de saúde", trata-se de uma ideia de projeto que uma comunidade ou uma sociedade coloca para si. Nesse sentido, o problema pode ser a falta de qualidade de vida, posto que a norma pode estabelecer este "ideal de saúde". Do mesmo modo, quando a Constituição brasileira incorporou o princípio da integralidade para a organização do Sistema Único de Saúde (SUS), trata-se de uma norma/projeto capaz de reorientar as práticas e os serviços de saúde.

Riscos

Problemas de saúde não se restringem a danos como doença, acidente ou carência. Incluem também os riscos. Entende-se *risco* como a chance ou probabilidade de ocorrência de um evento. A epidemiologia, por exemplo, utiliza as noções de risco absoluto e risco relativo. No primeiro caso teríamos a taxa de mortalidade por uma doença, quando se calcula a proporção de mortes daquela doença em relação a uma população. No caso do risco relativo, comparam-se duas taxas de uma doença entre dois grupos (vacinados e não vacinados, fumantes e não fumantes etc.). Conhecendo a probabilidade de ocorrência de um fenômeno, pode-se pensar em intervenções para a proteção da saúde ou prevenção da doença ou dano em grupos populacionais. Nesse sentido, risco pode ser definido como um indicador de *problema* ou medida, em última análise, de uma dada *necessidade de saúde*.

Como correlatos operacionais da noção de risco aparecem, portanto, as noções de fator de risco e de fator de proteção. Assim, *fator de risco* pode ser definido como "atributo de um grupo da população que apresenta maior incidência de uma doença ou agravo à saúde, em comparação com outros grupos definidos pela ausência ou menor exposição a tal característica" (Almeida-Filho & Rouquayrol, 2006: 80).

Esses autores, entretanto, fazem uma crítica ao termo "fator" por sugerir uma relação causal: aquilo que faz, o que produz. Chamam a atenção para o fato de que um fator de risco não significa, necessariamente, um fator etiológico ou causal e que a epidemiologia tem um enfoque probabilístico, em vez de determinístico ou causal. Assim, o causalismo de base biológica e o determinismo dos fenômenos têm sido contornados, mas não sem questões, por associações probabilísticas, traduzidas no conceito de *risco* (Ayres, 1997).

Vulnerabilidade

Diante das limitações do conceito de risco, e especialmente tendo em conta os preconceitos contra os chamados "grupos" e "comportamentos" de risco durante o aparecimento da AIDS, o conceito de *vulnerabilidade* vem sendo construído nas últimas décadas com a seguinte perspectiva:

> [...] síntese conceitual e prática das dimensões sociais, político-institucionais e comportamentais associadas às diferentes suscetibilidades de indivíduos, grupos populacionais e até mesmo nações à infecção pelo HIV e às suas consequências indesejáveis (Ayres, 1996: 5-6).

Portanto, o trabalho teórico para elaboração e aplicação deste conceito segue um caminho distinto da epidemiologia. Em vez de pretender recortes para isolar analiticamente as variáveis, tem como pretensão a busca de síntese. Sua perspectiva é fundamentar a atuação junto a populações suscetíveis, capacitando-as e mobilizando-as, tendo como agentes privilegiados os pares, garantindo-lhes o protagonismo e engendrando modos de intervenção alternativos, como a ação intersetorial (Ayres *et al.*, 2009). Este conceito tende a ultrapassar a problemática do HIV/AIDS. Por exemplo, no caso de violências e acidentes, a vulnerabilidade está presente na juventude em geral, enquanto o risco de homicídios encontra-se mais elevado entre jovens negros e pobres das periferias urbanas das capitais brasileiras.

Considerando o esquema apresentado na Figura 3.3, pode-se admitir que o risco se situa no regime das necessidades, enquanto vulnerabilidade situa-se em um regime das demandas. Ambos os conceitos exigem um certo grau de externalidade para sua expressão como gerador de problemas, orientados para a construção social de soluções.

CONSIDERAÇÕES FINAIS

O desenvolvimento da Saúde Coletiva brasileira tem possibilitado a atualização do debate teórico-metodológico sobre os conceitos de saúde e, consequentemente, um conjunto de reflexões críticas sobre necessidades e problemas de saúde.

Neste capítulo foi possível revisitar noções e conceitos dessa temática no sentido de melhor fundamentar a análise da situação de saúde e as intervenções sociossanitárias sobre a realidade. O *modelo de processo de problematização* apresentado na Figura 3.3 configurou um esquema para a visualização de algumas das relações entre os conceitos de necessidades, demandas e problemas, assim como sua articulação com as noções de informação, conhecimento, ciência e tecnologia.

Contudo, o reconhecimento da complexidade do conceito de *necessidade* aponta para sua determinação histórica e social, de modo que sua definição e operacionalização passam por lutas sociais e disputas de sentido. A redução das *necessidades de saúde* às *necessidades de serviços de saúde*, se de um lado favorece a medicalização da sociedade e a valorização do capital, de outro possibilita o atendimento em parte do direito à saúde e o desenvolvimento de uma consciência sanitária crítica acerca da determinação social das necessidades e problemas de saúde, bem como da alienação que se processa nas sociedades capitalistas. E as tentativas de descrição e operacionalização dessas necessidades pelo sistema de saúde poderão auxiliar os sujeitos das práticas de saúde a requalificarem seu trabalho.

O uso crítico das noções de risco e vulnerabilidade pode forjar soluções criativas e idôneas para intervenções de saúde, pautadas nos princípios da integralidade, da equidade e da autonomia dos sujeitos em uma sociedade radicalmente democrática. Mesmo atuando em projetos contraditórios voltados para qualidade de vida, promoção da saúde e políticas públicas saudáveis, é possível trazer para discussão teorias críticas que orientem a construção de alternativas para a crise dos sistemas de saúde.

Assim, novas e velhas questões são postas para o SUS. Como pensar um SUS universal para satisfazer necessidades de uma população que enfrenta tantas desigualdades sociais que se expressam em carecimentos, doenças e riscos (atuais e potenciais)? Como construir esse movimento de transcendência em torno das chamadas "necessidades radicais" a partir dos direitos sociais e de "projetos de felicidade"? Seriam a Saúde Coletiva e a Reforma Sanitária Brasileira práticas teóricas e políticas capazes de incidirem na estrutura social que gera as necessidades "radicais"?

O exame dessas perguntas pode favorecer a identificação de antagonismos e de possíveis históricos para a democratização da saúde, lembrando que "a sociedade capitalista como totalidade não produz só a alienação, mas também a *consciência da alienação*, dito em outras palavras, as necessidades radicais" (Heller, 1986: 112)

Referências

Almeida Filho N & Rouquayrol MZ. Introdução à epidemiologia. 4. ed. Ver. e ampl. Rio de Janeiro: Guanabara Koogan, 2006.

Ayres JRCM. HIV/AIDS, DST e abuso de drogas entre adolescentes. Vulnerabilidade e avaliação de ações preventivas. São Paulo: Casa da Edição, 1996, 20p.

Ayres JRCM. Sobre o risco. Para compreender a epidemiologia. São Paulo: Editora Hucitec, 1997.

Ayres JRCM. O cuidado, os modos de ser (do) humano e as práticas de saúde. Saúde e Sociedade, 13(3): 16-29, 2004.

Ayres JRCM, França Júnior I, Calazans GJ, Saletti Filho HC. O conceito de vulnerabilidade e as práticas de saúde: novas perspectivas e desafios. In: Czeresnia D. (org.) Promoção da saúde: conceitos, reflexões, tendências. 2. ed. rev. e amp. Rio de Janeiro: Editora Fiocruz, 2009:121-43.

Boulding KE. El concepto de necessidad de servicios de salud. Traduciones, 9:1-45, C.L.A.M/OPS, Buenos Aires, 1973.

Campos O. O estudo da demanda e das necessidades e sua importância para o planejamento de saúde. Rev Saúde Públ 1969; 3(1):79-81.

Campos CMS, Bataiero MO. Necessidades de saúde: uma análise da produção científica brasileira de 1990 a 2004. Interface, Comunicação, Saúde e Educação, 2007; 11(23):605-18.

Cecílio LCO. As necessidades de saúde como conceito estruturante na luta pela integralidade e equidade na atenção em saúde. In: Pinheiro R, Mattos RA (org.) Os sentidos da integralidade na atenção e no cuidado à saúde. Rio de Janeiro: UERJ, IMS:ABRASCO, 2001: 113-26.

Heller A. Teoria de las necesidades en Marx. Barcelona: Ediciones Península, 1986.

Marx K. El capital. Crítica de la economia política. Vol. I. Fondo de Cultura: México, 1975: 3-125.

Mendes-Gonçalves RB. Práticas de saúde e tecnologia: contribuição para a reflexão teórica. São Paulo, 1988, 64p.

Mendes-Gonçalves RB. Práticas de saúde: processos de trabalho e necessidades. São Paulo: CEFOR, 1992. (Cadernos CEFOR – Textos, 1.)

Mendes-Gonçalves RB. Tecnologia e organização social das práticas de saúde: características tecnológicas do processo de trabalho na Rede Estadual de Centros de Saúde de São Paulo. São Paulo: HUCITEC/ABRASCO, 1994.

Mendes-Gonçalves RB. Seres humanos e práticas de saúde: comentário sobre "razão e planejamento". In: Gallo E. Razão e planejamento: reflexões sobre política, estratégia e liberdade. São Paulo: HUCITEC/ABRASCO, 1995.

Minayo MCS, Hartz ZMA, Buss PM. Qualidade de vida e saúde: um debate necessário. *Ciênc Saúde Coletiva*, Rio de Janeiro, 2000; 5(1):7-18.

Paim JS. As ambigüidades da noção de necessidades de saúde. Planejamento, Salvador, 1980; 8(1/2):19-46.

Paim JS. A situação de saúde no Brasil e os modelos assistenciais. In: SBPC. 4ª Reunião Especial da SBPC – "Semi-árido: no terceiro milênio, ainda um desafio". XI Jornada Universitária da UEFS, 24 a 28 de novembro de 1996, Feira de Santana, Bahia. Anais, 1996.

Paim JS. Vigilância da saúde: dos modelos assistenciais para a promoção da saúde. In: Czeresnia D (org.). Promoção da saúde: conceitos, reflexões, tendências. Rio de Janeiro: Fiocruz, 2009: 165-81.

Paim JS, Costa HOG, Vilasbôas ALQ. Política pública e controle da violência: um estudo de caso na cidade de Salvador, Bahia, Brasil. Cad Saúde Pública 2009; 25(3)485-94.

Schraiber LB, Mendes-Gonçalves RB. Necessidades de saúde e atenção primária. In: Schraiber, Nemes & Mendes-Gonçalves. Saúde do adulto: programa e ações na unidade básica. São Paulo: HUCITEC, 1996:29-47.

Singer P. Curso de introdução à economia política. Rio de Janeiro: Forense Universitária, 1975. 186p.

Stotz EN. Necessidades de saúde, mediações de um conceito (contribuição das Ciências Sociais para a fundamentação teórico-metodológica de conceitos operacionais da área de planejamento em saúde). Tese de Doutorado, Fiocruz, 1991. 513p.

Teixeira CF (org.) Planejamento em saúde: conceitos, métodos e experiências. Salvador: EDUFBA, 2010.

4

Saúde Coletiva como Campo de Saberes e de Práticas:
Abordagens e Perspectivas

Naomar de Almeida-Filho • *Jairnilson Silva Paim*

INTRODUÇÃO

O que hoje chamamos de Saúde Coletiva representa um campo plural de saberes e práticas. Neste capítulo, pretendemos analisar o que isso quer dizer. Por que hoje chamamos de Saúde Coletiva a esse conjunto de saberes e práticas? Por que Saúde Coletiva em lugar de "Saúde Pública" e de "Saúde Comunitária"? Por que Saúde Coletiva e não "saúde das populações"? Por que não "Saúde Social"? Por que Saúde Coletiva em vez de Medicina Social?

Algumas dessas questões foram abordadas no Capítulo 1. Aqui podemos examinar brevemente o motivo que justifica o nome Saúde Coletiva em lugar de "Medicina Social", revisar certas metáforas utilizadas na ciência, descrever as primeiras iniciativas de tratar a Saúde Coletiva como um campo e analisar algumas concepções contemporâneas sobre esse debate.

Precisamos, portanto, interpelar mais profundamente o nome, refazendo as perguntas: qual seria o problema, no contexto europeu do século XIX e da América Latina dos anos 1960 e 1970, de a Medicina Social pretender ser uma medicina do social? Realmente, essa não seria uma opção filosoficamente consistente e rigorosa, porque a metáfora de um organismo vivo que pode adoecer, curar-se ou falecer não se aplica bem à sociedade. Apesar de se usar a expressão "corpo político" ou "corpo social", de fato a sociedade não é um corpo no sentido biológico ou biossociológico do termo. De modo simétrico, se a sociedade não constitui um corpo, formado por órgãos e sistemas vivos, não faz sentido se falar de doença social ou patologia social, a não ser de modo metafórico. Portanto, o espaço de ação social em saúde não se pode orientar pelo conceito de doença.

Não obstante, a Medicina Social constituiu um importante movimento ideológico, social e político do século XIX; nesse momento, um dos socialismos utópicos pretendia ser uma "medicina do social". Baseava-se em uma correlação crítica: dos problemas sociais como uma "Patologia Social" a uma "Terapêutica Social" como ação política. Todavia, os conceitos de social da Medicina Social eram, na época de seu surgimento, claramente pré-científicos. Tomemos Villermé e Guérin, pais fundadores do movimento, adeptos da "física social" de inspiração saint-simoniana (Porter, 2011); Engels, eminente autodidata, entusiasta da teoria darwiniana (McGarr, 1994) e proponente de uma sociobiologia dialética (Levins & Lewontin, 1985); ou ainda Virchow e Neumann, assim como Claude Bernard, orgulhosos positivistas biomédicos fascinados pelas ideias comtianas de uma filosofia orgânica evolutiva (Canguilhem, 2000).

As perguntas aqui levantadas sugerem questões filosóficas mais profundas ancoradas no paradigma científico que fundamenta a Saúde Coletiva enquanto âmbito de práticas sociais e tecnológicas. Para uma exploração mais rigorosa e aprofundada dessas questões, por um lado, precisamos primeiro considerar o conceito de campo. Por outro lado, precisamos explorar as vantagens e desvantagens do uso do conceito de campo como metáfora fundante da Saúde Coletiva, capaz de orientar a operação dos saberes e práticas sociais em resposta às necessidades e demandas de saúde na sociedade, como faremos adiante.

Antes, porém, cabe lembrar que a denominação "Saúde Coletiva" que presentemente serve para identificar uma associação, programas de ensino de graduação e pós-graduação, institutos, áreas de organizações de fomento de pesquisa, tratados etc., passou a ser utilizada no Brasil na passagem da década de 1960 para 1970. Criada a Associação Brasileira de Pós-Graduação em Saúde Coletiva (ABRASCO) em 1979, sua primeira publicação traz um texto sobre o "marco conceitual em Saúde Coletiva" (Paim, 1982) e em seu segundo número apresenta a primeira sistematização teórica sobre "a pesquisa em Saúde Coletiva" (Donnangelo, 1983). Nesse mesmo ano, um seminário internacional promovido pela Organização Pan-Americana da Saúde (OPAS) para examinar a questão das ciências sociais em saúde possibilitou que esta designação fosse conhecida por intelectuais e militantes de outros países (Fleury, 1985). Posteriormente, a Saúde Coletiva foi analisada nas suas vinculações com o movimento da Reforma Sanitária no Brasil, a partir de um triedro composto de ideologia, prática teórica e prática política (Escorel, 1998).

METÁFORAS DE CAMPO NAS CIÊNCIAS

Por motivos históricos e políticos, a construção teórica da saúde tem sido efetuada mediante o abundante recurso à metáfora de campo: "a 'saúde' é um campo", "o campo da Saúde Coletiva", "o campo científico da saúde" etc.

Sabemos, por princípio, que toda metáfora constitui um objeto linguístico, um significante fora de lugar. Tecnicamente, na terminologia da ciência linguística, uma metáfora é um "tropo", o que quer dizer um substantivo deslocado de função semântica em uma dada retórica. A partir dessa matriz, podemos examinar a metáfora de "campo da Saúde Coletiva".

No plano operativo da ciência como prática social, e não apenas no plano discursivo do pensamento sobre as ciências, encontramos três modalidades de emprego das metáforas na ciência, no que se refere à fonte de referência:

1. Metáfora por referência a objeto
2. Metáfora por referência a método
3. Metáfora por referência a práxis

O uso da metáfora por *referência a objeto* científico tem sido muito comum nas ciências ditas naturais, em especial na física. Nesse caso, define-se campo como espaço dinâmico delimitado, como, por exemplo, na teoria do campo atômico. Usos correlatos com maior restrição de âmbito conceitual ocorrem nos exemplos de "campo gravitacional", "campo eletromagnético", "campo de forças". Nos discursos sobre os temas da saúde, observamos uma analogia secundária (metáfora oriunda da física cinética, mas que serve bem à área da saúde) no uso do conceito de campo (de forças políticas) da saúde no famoso Relatório Lalonde (1974).

O uso da metáfora de campo por *referência a método*, por sua vez, tem sido mais usual nas ciências ditas culturais, em especial na antropologia. Aqui, "campo" pode ser definido como espaço ativo de observação, coleta ou produção de dados em uma pesquisa científica. Muitos filósofos contemporâneos da ciência defendem que dados são produzidos ou construídos, e não recolhidos ou descobertos. Pode-se fazer a distinção ou contraste entre três dispositivos de produção do dado na ciência que se constituíram como espaços históricos da pesquisa científica: laboratório, observatório e campo (Aubin, 2002).

O primeiro e mais antigo dispositivo (ou *locus*) de produção do dado científico é o observatório. O observatório implica distanciamento, além da capacidade de monitoramento ou sensoreamento global, tendo o observatório astronômico como paradigma (Aubin, 2011). Sabemos que a física e a matemática derivam, diretamente, do investimento intelectual posto sobre o Céu e a Terra, às vezes com certa aura de transcendência religiosa, mas sempre com firmes intenções práticas (por exemplo, a astronomia e a geometria, conhecimento dos astros e medida da terra, utilíssimos para a navegação). Desse investimento resultou, em vários lugares, a criação de instituições ou dispositivos de produção de dados sobre estrelas e sobre fenômenos naturais. Isso fez com que um padrão de produção de conhecimento caracterizado pelo distanciamento, especificamente por distanciamento físico-material, entre objeto e sujeito do conhecimento, definisse um *locus* especial da ciência que se chamou de "observatório" (Aubin, 2011). É claro que se encontram observatórios astronômicos em culturas muito antigas, muito antes do advento da ciência; eram observatórios não científicos, mas com a finalidade específica de registrar posições relativas dos astros para construção de calendários e outras funções rituais.

O segundo dispositivo (ou *locus*) de produção do dado científico é o laboratório, inventado no momento de constituição da ciência (James, 1989). O nome laboratório significa lugar onde se trabalha; lembremos do latim, o radical *labor*, de laboral, de colaborar, de laborioso. O que caracteriza um laboratório é que o pesquisador, em vez de observar à distância uma dada realidade (como faz em um observatório), traz essa realidade para ser trabalhada dentro de um espaço controlado. O que é um laboratório, desses de um tipo bem padrão? É um lugar em que se padroniza tudo o que for possível para controlar a observação. O laboratório constitui o espaço do controle da pesquisa científica mediante a artificialização total ou parcial do ambiente experimental. Idealmente, em um laboratório controla-se tudo, não se varia nada, exceto o objeto a ser construído na produção do conhecimento. São amostras que vêm para exame, são sujeitos que participam de experimentos, são casos a serem examinados, são cobaias trazidas de seu hábitat. Só que, dentro do laboratório, para terem uma validade científica definida de modo bem estrito, as condições de controle são tão precisas e rigorosas que não se pode reproduzi-las na realidade do mundo, mas somente na realidade do laboratório. É por isso, usando um exemplo da área farmacológica, que a demonstração de que certa droga é eficaz em laboratório significa apenas o início de um longo e penoso processo. Essa substância deve ser testada em sua eficácia para mudança do estado de saúde de indivíduos reais fora do laboratório. Então é preciso que o laboratório seja, de diferentes maneiras, necessariamente referido à realidade de origem, que ele translada, para observação, ao interior do laboratório.

O terceiro e mais recente dispositivo ou *locus* de produção de dados é o campo. Com esse registro, o campo foi inventado (inventado aqui não no sentido literal ou metafórico, mas de fato, realmente) por Bronislaw Malinowski, essa figura extraordinária que foi um dos fundadores da antropologia. O que faz Malinowski? Em sua formação, vai para uma cultura externa, estranha, distante, os nativos das ilhas Trobriand, arquipélago do Pacífico Sul. Como relatório de sua pesquisa, publica uma grande monografia intitulada "Os Argonautas" (Malinowski, 1978), que contém um capítulo introdutório incrível. Trata-se de um dos maiores clássicos das ciências humanas e sociais porque aí ele define, concebe ou inventa o conjunto fundamental de regras, critérios e parâmetros que têm sido seguidos pela metodologia da pesquisa nessa área por mais de 50 anos. E é interessante verificar, no capítulo inicial de "Os Argonautas", que se trata de um sujeito racional e ilustrado tentando convencer pesquisadores empiricistas da área da biologia ou representantes das ciências ditas exatas de que é possível se fazer uma ciência humana com iguais rigor e sistematicidade. Só que isso se viabiliza em um ambiente, em outro lugar, que não é distante nem artificial, como os observatórios e os laboratórios, e que ele define, com um espírito assumidamente instituinte, como "o campo da pesquisa".

Então, o termo campo é usado por Malinowski para designar um dispositivo metodológico de produção de dados e informações de interesse científico onde o pesquisador se insere, e para isso é preciso que se desloque até ele. Aí, o pesquisador constrói um espaço de trabalho (portanto, um laboratório), um espaço de observação (portanto, um observatório) nesse campo. Malinowski inventa também as formas iniciais de registro e processamento desse material, assim produzido, sendo o principal o diário de campo (Malinowski, 1997).

Qual é a grande novidade do conceito de campo? É a concepção de que é necessário ao pesquisador sair de onde está, de seu gabinete, de seu mirante ou de seu casulo, para encontrar o mundo real. Em comparação, o laboratório gera um conceito oposto: o pesquisador fica onde está, recolhe e traz amostras, transporta efeitos de fatos, eventos, processos, documentos de um mundo externo a ele. Por seu turno, o observatório distancia e, ao distanciar, permite tomar a perspectiva que concederia neutralidade axiológica a essa assim chamada observação científica. O campo é distinto. Nele, o pesquisador encontra-se imerso, tem de estar dentro e, protegendo sua posição de *insider*, de dentro, não pode interferir no contexto, participando do íntimo do campo, de seus espaços privados. Isso ocorre até o momento em que se contesta alguns desses princípios e parâmetros e se reinventa a observação participante, para que os sujeitos da pesquisa se sintam encorajados a alterar, mesmo minimamente, os objetos pesquisados, tornando-os igualmente sujeitos de pesquisa. Esse é um argumento fundamental para Malinowski, na demonstração da eficácia ou validade metodológica do trabalho de campo.

É claro que, quando se diz "a Saúde Coletiva como campo" (Donnangelo, 1983), busca-se construir ou estabelecer uma referência; não importa quem o enxergue, o campo se torna uma referência concreta do processo de pesquisa. Não obstante esse conjunto de anotações críticas, nos discursos sobre os temas da saúde, observamos uma série de analogias dessa natureza, muitas vezes inadvertidas, na designação cada vez mais frequente de "campo cultural da saúde".

O uso da metáfora por *referência a práxis*, por sua vez, tem sido muito comum nas ciências ditas sociais, em especial na sociologia de inspiração estruturalista. Devemos esse uso da metáfora de campo, em sua formulação mais ampla e bem acabada, à teoria social de Pierre Bourdieu. Em 1975, Bourdieu ajusta sua teoria do campo social aplicada ao campo científico, definindo-o como o espaço social onde opera um capital simbólico específico, que é o capital científico (Bourdieu, 1975). Posteriormente, convidado a fazer uma conferência – publicada em 2004 – em um instituto de pesquisas em agronomia, focando no conceito de campo científico, Bourdieu propõe que, na sociedade, esse espaço social, relativamente autônomo, chamado campo, com essa conformação, vale na economia, vale na política, vale nas artes, vale na religião e vale nas ciências (Bourdieu, 2004). Nesse referencial, define-se campo como espaço social relativamente autônomo, constituído por uma estrutura de redes de relações objetivas, tendo o conceito de *habitus* (referentes simbólicos) como central. Em síntese, articula estruturalmente os conceitos de campo econômico, campo político, campo literário, campo religioso, campo científico. A produção científica se dá em um campo de forças sociais que pode ser compreendido como um espaço multidimensional de relações em que os agentes ou grupos de agentes ocupam determinadas posições relativas, em função de diferentes tipos de poder (Samaja, 1994).

Nesse particular, Bourdieu (1983, 1989) contribui com os conceitos de capital simbólico e campo científico, onde operam determinações políticas e científicas para sua constituição. Para esse autor, além do capital econômico, cabe considerar no mundo social o capital cultural, o capital social e o capital simbólico. Este último, fundamental para a análise do campo científico, manifesto como prestígio, reputação, fama etc., seria a fonte estruturante da legitimação das diferentes espécies de capital. Bourdieu (1989) considera o campo científico (ou campo disciplinar) como espaço social do capital científico. O campo científico constitui um campo social como outro qualquer, com relações de força e monopólios, lutas e estratégias, interesses e lucros (Bourdieu, 1983: 126).

Mas, para prosseguir com nosso assunto principal, basta assinalar que, de todo modo, caberia aqui uma derivação de Bourdieu, ao propor a ideia de que o campo da prática científica é um espaço de aplicação de saberes e técnicas (Sterne, 2003). No início de sua obra clássica, *A Distinção*, ao discutir a diferença entre objetos técnicos e objetos estéticos, Bourdieu analisa a tecnologia como uma categoria em oposição à "arte". Nessa linha, uma tecnologia se constitui como tal mediante a prática social e não por efeito de algum esforço de construção teórica; portanto, o conjunto de ações tecnológicas se organiza em "um jogo de lógicas práticas".

Segundo Sterne (2003: 385):

> [...] se poderia imaginar todo um campo que contém a totalidade das práticas tecnológicas de uma sociedade, onde a produção tecnológica e seu consumo viriam em conjunto. [...] Dado que as tecnologias não têm uma existência independente da prática social, elas não podem ser estudadas de forma isolada da sociedade ou de suas outras formas. Elas são incorporadas no *habitus* através das práticas de vida [...]. A sua natureza (ou artificialidade, como é o caso) é uma segunda natureza. No nível da prática real, as tecnologias são sempre organizadas por meio de (e como) técnicas do corpo, e assim "forma", "uso" e "função" de uma tecnologia não podem ser separadas das práticas com que se apresentam. Como parte do *habitus*, tecnologias e suas técnicas tornam-se modos de experimentação e negociação de campos.

Subsidiariamente, poderemos considerar assim o conceito de campo de ação tecnológica, definido como espaço de aplicação dos saberes e técnicas gerados pela prática social dos campos científicos. É possível designar, por outro lado, saúde ou educação como espaços eminentemente de ação tecnológica, mais do que campos científicos senso-estrito (de produção social de conhecimento como evidências sistematizadas) como seria, por exemplo, a rede de universidades, institutos de pesquisa e outras instituições de conhecimento.

Desse modo, aplicando esse marco referencial ao tema deste capítulo, a metáfora de campo da saúde retém a demarcação do espaço político do lugar de aplicação do objeto de prática, da ação realizada, dos meios e instrumentos de produção de atos de saúde, e a transfere aos sujeitos institucionais que legitimam sua atuação, também separados por perspectivas múltiplas, dado que cada um, de seu lugar, enxerga distintas etnopaisagens como cenário de sua práxis. Resulta óbvio e imediato que o uso dessa última modalidade de metáfora multicampo da saúde, juntamente com seu rico e diversificado referencial teórico, resulta útil para designar o conjunto articulado de instituições, sujeitos e redes da Saúde Coletiva. Isso veremos a seguir.

METÁFORA DE CAMPO APLICADA À SAÚDE COLETIVA

Na Saúde Coletiva brasileira, uma das primeiras referências à metáfora de campo está presente na tentativa inicial de sua delimitação, mesmo sem recorrer a definições formais (Donnangelo, 1983). Posteriormente, esse referente tem sido utilizado como conceito em investigações (Ribeiro, 1991; Belisário, 2002) e em ensaios críticos (Paim & Almeida-Filho, 2000).

Em 1991, a OPAS promoveu estudos e debates sobre a crise da Saúde Pública. Justamente nesse debate foi utilizada a noção de "campo de forças" (Testa, 1992) para analisar a distribuição do poder no setor saúde e na sociedade, bem como as lutas e disputas em torno de distintos projetos político-ideológicos. Defendeu-se, naquela oportunidade, Saúde Coletiva como uma alternativa diante da crise da Saúde Pública convencional e dos desafios da prática (Paim, 1992), reiterando no plano internacional essa denominação brasileira.

A referência explícita ao conceito bourdieusiano de campo aparece na mesma época para analisar a constituição do "campo científico" da Saúde Coletiva (Ribeiro, 1991), destacando a existência de três pilares disciplinares para sua sustentação: epidemiologia, ciências sociais em saúde e planificação e gestão.

A partir desses esforços iniciais, tornou-se possível desenvolver uma reflexão teórica e epistemológica, apresentando argumentos que sustentam a Saúde Coletiva como um campo de saberes e âmbito de práticas (Paim & Almeida-Filho, 2000). No entanto, esses eixos ou pilares, por mais centrais ou fundamentais, não esgotam o conjunto da produção teórica, científica, ideológica, prática e simbólica da Saúde Coletiva. Muito pelo contrário.

O campo da Saúde Coletiva é certamente caudatário de outros territórios de ação humana organizada, como âmbitos de prática social das Políticas Públicas e da Saúde Ambiental, de ação tecnológica da Clínica, definida enquanto Atenção à Saúde Individual, bem como dos campos disciplinares da Matemática/Estatística e das Ciências Humanas e Sociais.

A importância de um complexo multidisciplinar ou interdisciplinar chamado de Ciências Humanas e Sociais para a configuração do campo da Saúde Coletiva é inegável e por isso merece destaque, tal como será desenvolvido no Capítulo 38.

Assim, uma rica e intrigante série de questões conceituais anima o debate atual sobre a Saúde Coletiva. Duas vertentes: por um lado, é preciso perguntar sobre natureza e propriedades do conceito de saúde, propriamente enquanto objeto de conhecimento e operador de transformações no mundo e na vida dos sujeitos que nele habitam. Por outro lado, é preciso questionar sentido e lugar das práticas pessoais, institucionais e sociais que, de modo articulado, conformam os espaços onde a saúde se constitui coletiva, social ou culturalmente.

Entretanto, a Saúde Coletiva não se encontra imune à crise das instituições características das sociedades contemporâneas. Enquanto a saúde pública institucionalizada, refém da regulação, enfrenta sua crise entre mais mercado, mais Estado ou mais comunidade, a Saúde Coletiva apresenta-se como um campo aberto a novos paradigmas em uma luta contra-hegemônica a favor da emancipação (Paim & Almeida-Filho, 2000). Nesse sentido, a Saúde Coletiva pode participar na transição epistemológica, começando por se contrapor ao paradigma mecanicista e individualizador hegemônico no campo.

Assim, o campo científico e os conjuntos disciplinares não são preenchidos por entidades abstratas, como noções, conceitos, modelos e teorias. São de fato ocupados por sujeitos históricos organizados em "comunidades científicas" e em "comunidades de prática" e vinculados ao contexto sociopolítico mais amplo. São esses sujeitos que, em sua prática concreta cotidiana, dentro e fora das instituições de formação, constroem e reconstroem paradigmas e buscam introduzi-los nas respectivas práxis (Paim & Almeida-Filho, 2000).

As perspectivas da Saúde Coletiva em termos de práxis são discutidas no epílogo deste livro (Capítulo 45). Enquanto campo científico produtor de conhecimentos, a Saúde Coletiva pode reforçar os paradigmas disciplinares hegemônicos, reproduzindo uma "ciência normal" subordinada às políticas de publicação dos periódicos internacionais e ao *mainstream* da Saúde Pública mundial, ou enfrentar novos problemas, questões e desafios de investigação a partir da articulação de seus eixos estruturantes em uma perspectiva inovadora, interdisciplinar ou transdisciplinar. As revisões dos "estados da arte" apresentadas na Seção VI deste livro apontam essas possibilidades, além de novas perspectivas para o desenvolvimento da Saúde Coletiva brasileira enquanto campo científico.

Referências

Aubin D. A history of observatory sciences and techniques. In: Lasota J-P (ed.) Astronomy at the frontiers of science. New York: Springer-Verlag, 2011:108-21.

Aubin D. Orchestrating observatory, laboratory, and field. Nuncius 2002; 17:143-62.

Belisário SA. Associativismo em Saúde Coletiva: um estudo da Associação Brasileira de Pós-Graduação em Saúde Coletiva – ABRASCO, 2002. [Tese de Doutorado.] Campinas: Faculdade de Ciências Médicas/Universidade Estadual de Campinas (Unicamp).

Bourdieu P. The specificity of the scientific field and the social conditions of the progress of reason. Social Science Information 1975; 14:19-47.

Bourdieu P. O Campo científico. In: Ortiz R (org.) Pierre Bourdieu. 1. ed. Editora Ática, 1983. 191p. Coletânea Grandes Cientistas Sociais; 39, Cap, 4. p.122-155.

Bourdieu P. O poder simbólico. Lisboa/Rio de Janeiro: DIFEL/Editora Bertrand Brasil, 1989. 311p.

Bourdieu P. Razões práticas. Sobre a teoria da ação. Campinas, São Paulo: Papirus, 1996:7-194.

Bourdieu P. Science of science and reflexivity. Chicago, IL: University of Chicago Press, 2004.

Canguilhem G. O normal e o patológico. Rio de Janeiro: Forense Universitária, 2000.

Donnangelo MCF. A pesquisa na área da Saúde Coletiva no Brasil – A década de 70. Ensino da Saúde Pública, Medicina Preventiva e Social no Brasil. Rio de Janeiro: ABRASCO 1983:17-35.

Escorel S. Reviravolta na saúde: origem e articulação do movimento sanitário. Rio de Janeiro: Fiocruz, 1998. 206p.

Fleury S. As ciências sociais em saúde no Brasil. In: Nunes ED (org.) As ciências sociais em saúde na América Latina. Tendências e Perspectivas. Brasília: OPAS, 1985:87-109.

James FAJL. The development of the laboratory: essays the place of experiment in industrial civilization. New York: American Institute of Physics, 1989.

Lalonde M. A new perspective on the health of Canadians. A working document. Ottawa: Government of Canada, 1974.

Levins R, Lewontin R. The dialectical biologist. Cambridge, MA: Harvard University Press, 1985.

Malinowski BK. Argonautas do Pacífico Ocidental: um relato do empreendimento e da aventura dos nativos nos arquipélagos da Nova Guiné melanésia. 2. ed. São Paulo: Abril Cultural, 1978. (Os Pensadores)

Malinowski BK. Um diário no sentido estrito do termo. Rio de Janeiro: Record, 1997.

McGarr P. Engels and natural science. International Socialism 1994; 2(65):143-76.

Paim JS. Desenvolvimento teórico-conceitual do ensino em Saúde Coletiva. Ensino da Saúde Pública, Medicina Preventiva e Social no Brasil. Rio de Janeiro: ABRASCO, 1982:3.

Paim JS. Collective health and the Challenges of Practice In: PAHO. The Crisis of Public Health: Reflections for the debate. Scientific Publication no. 540. Washington, 1992:136-50.

Paim J, Almeida-Filho N. A crise da saúde pública e a utopia da Saúde Coletiva. Salvador: Casa da Saúde, 2000.

Porter D. Health citizenship. Essays on social medicine and biomedical politics. California, USA: University Of California Medical Humanities Press, 2011.

Ribeiro PT. A instituição do campo científico da Saúde Coletiva no Brasil. Rio de Janeiro, 1991. 190p. (Dissertação de Mestrado – Escola Nacional de Saúde Pública).

Samaja J. Epistemología y metodología. Buenos Aires: Eudeba, 1994.

Sterne J. Bourdieu, technique and technology. Cultural Studies 2003; 17(3/4):367-89.

Testa M. Salud Pública: acerca de su sentido y significado. In: OPAS. La crisis de la salud pública: reflexiones para el debate. Washington, D.C.: OPAS, 1992:205-29 (Publicación Científica, 540).

II
MODOS

5

Componentes de um Sistema de Serviços de Saúde:
População, Infraestrutura, Organização, Prestação de Serviços, Financiamento e Gestão

Luis Eugenio Portela Fernandes de Souza ◆ *Lígia Bahia*

INTRODUÇÃO

As atividades voltadas para a solução de problemas de saúde são relevantes em nossa vida em sociedade não apenas porque a saúde é, em si, um valor importante, mas também por mobilizar um amplo e variado arsenal de recursos.

O conjunto dessas atividades constitui a política de saúde, ou seja, representa a resposta organizada da sociedade, especialmente do Estado, aos problemas de saúde. Em todos os países, o traço mais marcante do desenvolvimento histórico da política de saúde é a multiplicação dos elos sociais de interdependência entre agentes públicos (governantes e funcionários) e agentes privados (capitalistas e trabalhadores dos setores dominantes da economia nacional), estabelecidos em torno da necessidade de um empenho duradouro e coletivo para definir e controlar problemas de saúde.

Assim, no Brasil, ainda no início do século XX, as instituições estatais de saúde pública – motivadas, principalmente, pelos interesses da cafeicultura exportadora – dedicaram-se às tentativas de debelar as epidemias que grassavam nas principais cidades brasileiras. Posteriormente, durante o Estado Novo, comandado por Getúlio Vargas, foram criados órgãos encarregados do atendimento aos trabalhadores vinculados ao mercado formal, atendendo às exigências da nascente indústria brasileira. Mais recentemente, com a Constituição Federal de 1988, a Saúde passa a integrar, com a Previdência e a Assistência Social, o sistema de Seguridade Social, respondendo, em parte, às reivindicações de um importante movimento popular, cujo ponto culminante foi a campanha pelas eleições diretas para presidente da República, em 1984.

Em 1988, a Constituição criou, formalmente, o Sistema Único de Saúde (SUS). Os legisladores, acatando as formulações do Movimento da Reforma Sanitária, optaram por uma organização *sistêmica* das ações e dos serviços de saúde. Vale lembrar que foi a segunda vez, na história do Brasil, que uma iniciativa legislativa aprovou a organização de um *sistema* de saúde. A primeira foi a Lei 6.229, de 1975, que "dispõe sobre a organização do Sistema Nacional de Saúde", revogada pela Lei 8.080, de 1990, que organiza o SUS.

Este capítulo busca abordar, precisamente, essa opção pela conformação de um *sistema* de saúde. Por que se propõe a organização de sistemas de saúde? O que são sistemas? Como se compõem? Estas questões são importantes para entender as estratégias que a sociedade adota para enfrentar o que considera problemas de saúde ou, dito de outro modo, para entender o processo de formulação e implantação da política de saúde.

CONCEPÇÃO DE SISTEMA

Não é difícil imaginar que os indivíduos ou os elementos singulares, na natureza e na sociedade, estão interligados e formam conjuntos que retroagem sobre seus próprios componentes. Todavia, o pensamento científico moderno, quando surge no século XVII, propõe um modelo explicativo reducionista que privilegia a análise, ou seja, a decomposição do todo em suas partes mais simples, negligenciando o estudo das inter-relações.

O próprio desenvolvimento científico, contudo, revela os limites dessa concepção. A Teoria da Relatividade, formulada por Albert Einstein (1879-1955), e a Teoria da Evolução, de Charles Darwin (1809-1882), apenas para citar as mais célebres, demonstram que o universo e a evolução da vida não são explicáveis pela análise de seus elementos constituintes.

Nesse contexto, o biólogo Karl Ludwig von Bertalanffy (1901-1972) formula, em 1937, a Teoria Geral dos Sistemas, entendendo-a como o estudo das propriedades de qualquer conjunto de elementos que interagem com vistas a alcançar objetivos comuns. Assim, o conceito de sistema – cuja origem do grego remete exatamente a "formar um conjunto" – pode ser aplicado indistintamente a todas as áreas do conhecimento (Bertalanffy, 1968).

Na definição de sistema, tão importante quanto a existência de elementos-parte é a existência de fluxos (de matéria, energia, informação etc.) entre os elementos. Se os fluxos são restritos a seus componentes, fala-se de sistema fechado. Se, além disso, há fluxos entre os ambientes interno e externo ao conjunto, fala-se de sistema aberto. Neste caso, estão envolvidos na noção de sistema os conceitos de entrada (*input*), saída (*output*), processamento (*process*) e retroalimentação (*feedback*).

Diz-se que há sinergia no sistema quando é boa a integração entre seus componentes. A sinergia de um sistema faz com que seja possível cumprir sua finalidade e atingir seu objetivo com eficiência. A falta de sinergia, ao contrário, causa o mau funcionamento do sistema e leva a sua falência e morte.

Ainda que os sistemas possam ser estudados mediante a observação de cada uma de suas partes, para a Teoria Geral dos Sistemas o mais importante é adotar uma visão holística, observando o sistema como um todo, um fenômeno único e irredutível a suas partes.

Curiosamente, o conceito de sistema da Teoria Geral dos Sistemas, surgido da crítica ao reducionismo, é criticado por também ser reducionista ou, mais precisamente, por querer tudo explicar pela referência ao todo como conjunto inter-relacionado de elementos.

Nesta linha, Edgar Morin (2005) sugere um modelo explicativo complexo, fundado sobre a circularidade entre o todo e as partes. E cita o filósofo Blaise Pascal (1623-1662) em seu apoio: "considero impossível conhecer as partes sem o todo, tanto quanto conhecer o todo sem conhecer particularmente as partes" (tradução livre).

Para Morin, não é suficiente conceber as relações todo-partes como o problema central dos modelos heurísticos, sendo também necessário perceber o caráter complexo dessas relações. Assim, deve-se entender que:

- O todo é mais do que a soma de suas partes, pois representa uma macrounidade e permite as *emergências* – qualidades ou propriedades do sistema que não estão presentes em nenhum dos seus componentes isoladamente.
- O todo é menos do que a soma de suas partes, que perdem algumas de suas propriedades sob o efeito de restrições impostas pela organização do todo.
- O todo é mais do que o todo, pois retroage sobre as partes que, por sua vez, retroagem sobre o todo; ou seja, o todo é mais do que uma realidade global, é um dinamismo organizacional.
- As partes são, simultaneamente, mais e menos do que as partes, dado que as emergências ocorrem não somente no nível do todo, mas também no nível de seus componentes. Neste sentido:
- As partes são, eventualmente, mais do que o todo, como no caso do ser humano (parte), que sabe da existência do universo (todo), que o ignora.
- O todo é menos do que o todo, pois há em seu seio zonas de sombra, ignorância, cisões e falhas.
- O todo é insuficiente.
- O todo é incerto, sendo impossível definir os limites de um sistema, já que cada elemento da totalidade pode ser visto como um todo e como uma parte.
- O todo é conflituoso, comporta forças antagônicas a sua perpetuação.

Enfim, a ideia de sistema, na Teoria da Complexidade, remete a um conceito dinâmico e não hierárquico de conjunto, que não privilegia nem as partes nem o todo. É um conceito complexo de *unitas multiplex*, ou unidade múltipla. Na Teoria Geral do Sistema, ao contrário, o conceito de sistema centra-se na referência às características e às propriedades do conjunto enquanto um todo.

SISTEMA DE SAÚDE E SISTEMA DE SERVIÇOS DE SAÚDE

A noção de sistema é bastante utilizada na área da saúde. Fala-se tanto de sistemas de saúde como de sistemas de serviços de saúde, às vezes como sinônimos, às vezes como noções distintas, em que o segundo é um subsistema do primeiro.

Para os autores que distinguem os significados de sistema de saúde e sistema de serviços de saúde, a primeira expressão designa o conjunto dos elementos interligados que expressam, determinam e condicionam o estado de saúde de indivíduos e populações. O modelo elaborado por Contandriopoulos (1999) torna possível visualizar os componentes e as relações que constituem os sistemas de saúde (Figura 5.1). A segunda expressão, por sua vez, nomeia o conjunto dos elementos inter-relacionados que operacionalizam a resposta social aos problemas de saúde, ou seja, a política de saúde. Esse conjunto pode ser identificado pela finalidade de suas ações, a saber, a atenção à saúde (Lobato & Giovanella, 2008).

Considerando a ênfase no caráter totalizante de sistema, no conjunto como um todo, pode-se afirmar que a noção adotada na área de saúde é tributária da Teoria Geral dos Sistemas, ainda que se mencionem a complexidade e a constante mudança dos sistemas de saúde.

No Brasil, a aplicação do conceito de sistema à área da saúde tem um marco inaugural no livro de Mário Chaves (1980), publicado pela primeira vez em 1972. O sistema de saúde é definido como a parte do metassistema (a sociedade) que tem a finalidade específica de "melhorar continuamente a quantidade e a qualidade de vida dos

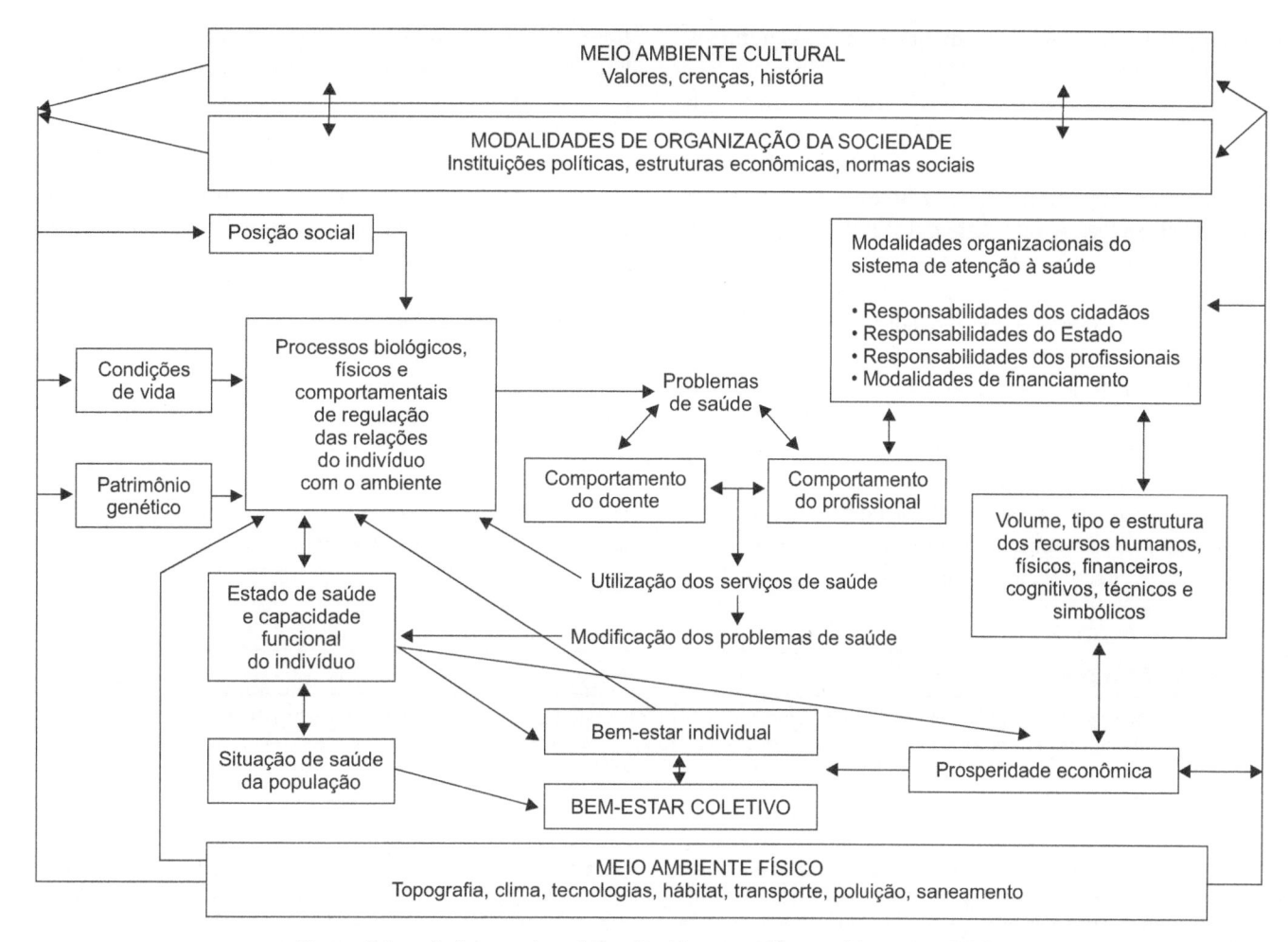

Figura 5.1 ♦ O sistema de saúde – *Health system* (Contandriopoulos, 1999).

cidadãos no que se refere ao fenômeno saúde-doença" (p. 63). Para cumprir seu propósito, tem a função essencial de realizar ações de saúde, em vários níveis: promoção, proteção (ou prevenção de doenças e agravos), recuperação e reabilitação da saúde. Essas ações dirigem-se tanto às pessoas como ao ecossistema e são executadas pelo sistema de serviços de saúde ou por outros subsistemas da sociedade. Em termos de estrutura, o sistema de saúde é composto, em seus fundamentos, por três elementos: a população, a prestação de serviços e os benefícios obtidos. Agregam-se aos componentes fundamentais os insumos (recursos materiais e humanos) e as restrições (recursos financeiros e opções políticas).

Vale destacar que essa reflexão serve de apoio a uma iniciativa legislativa de vulto, concretizada com a já mencionada Lei 6.229, de 1975. É interessante registrar ainda que, muitos anos depois, Chaves (1998) faz uma autocrítica do conceito de sistema adotado naquele livro, considerando não ter enfatizado adequadamente a irredutível complexidade de qualquer sistema. No que se refere à prática, o Sistema Nacional de Saúde, formalmente instituído pela Lei, nunca chega a ter um grau de integração suficiente para reconhecê-lo como sistema.

Com a criação do SUS, em 1988, toma novo fôlego a ideia de organizar os serviços de saúde em um sistema. Para garantir sua aplicação, é estabelecido o comando único em cada esfera de governo: todas as ações de saúde passam a ser de responsabilidade do Ministério da Saúde, na esfera federal, e das secretarias estaduais ou municipais da saúde, nos estados e municípios, respectivamente. A implantação do comando único inclui a extinção, ocorrida em 1993, do Instituto Nacional de Assistência Médica da Previdência Social (Inamps), com a transferência de seus serviços, agora de acesso universal e não mais restritos aos beneficiários da Previdência, para os órgãos da saúde.

A implantação do SUS encontra, contudo, um contexto bastante desfavorável (Noronha, Lima & Machado, 2004). Os elementos restritivos estão fortemente presentes: uma profunda crise econômica, que reduz a possibilidade de expansão do investimento em saúde, e a opção política da sociedade brasileira pelo neoliberalismo, com a escolha de Fernando Collor de Melo para presidente do Brasil, na primeira eleição direta depois da ditadura militar (1964-1985). O programa de governo neoliberal propugna a redução da presença do Estado na economia e a privatização de diversos serviços públicos, inclusive na área da saúde.

De todo modo, com a descentralização da gestão da saúde, determinada pela Constituição e, em outro sentido, coerente com o ideário neoliberal (Viana & Machado, 2009), os municípios aumentam os investimentos em saúde e o SUS começa a sair do papel (Ziulkoski, 2009). Do ponto de vista da organização sistêmica, não há dúvida que o SUS representa um avanço: não só tem comando único, como estabelece mecanismos inovadores de coordenação de ações entre as três esferas de governo, representados pelas Comissões Intergestores Tripartite (ministério, secretarias estaduais e secretarias municipais), no plano federal, e Comissões Intergestores Bipartites (secretaria estadual e secretarias municipais), no plano estadual.

No entanto, esses mecanismos administrativos de coordenação não são suficientes para dar ao SUS o grau de integração necessário ao cumprimento de sua finalidade. Com efeito, as tentativas de construção real do SUS têm revelado as dificuldades de organização de um sistema que, de fato, seja um conjunto bem articulado de elementos que promova e recupere a saúde das pessoas.

Deve-se salientar que tais dificuldades não são exclusivas do SUS brasileiro. Em todo o mundo, várias análises têm demonstrado a prevalência de sistemas fragmentados e suas consequências negativas sobre a eficiência e a efetividade das ações de saúde (Shortell et al., 1994; WHO, 2000; Mendes, 2001).

A resposta à fragmentação tem sido, em geral, a proposição de sistemas integrados de saúde. Admitindo-se o pleonasmo, os sistemas integrados definem-se como "a gestão e a oferta de serviços de saúde de forma a que as pessoas recebam um contínuo de serviços preventivos e curativos, de acordo com suas necessidades, ao longo do tempo e por meio de diferentes níveis de atenção à saúde" (OPS, 2008: 22).

Boxe 5.1 | Sistema ou rede?

Do modo mais simples, rede pode ser definida como conjunto de pontos (nós ou vértices), conectados entre si (arestas), que realizam conjuntamente alguma atividade. Os pontos podem ser pessoas, roteadores de internet, neurônios de um cérebro etc.; as conexões são qualquer tipo de relação existente entre dois ou mais pontos; e as atividades podem ser as mais variadas, como gerar energia, enviar dados, tomar decisões etc. (Watts, 2009).

Watts chama a atenção, assim como fez Bertalanffy em relação à noção de sistema, para o fato de que as redes podem ser vistas como objetos em si, cujas propriedades são fixas no tempo e independentes da natureza de seus componentes.

De modo semelhante, Barabási (2002) destaca que adotar a perspectiva de redes é valorizar a estrutura geral dos fenômenos naturais ou sociais em detrimento do conhecimento dos detalhes. Observando apenas a topologia da rede – o grau de conectividade e a centralidade de um nó ou a direcionalidade e a transitividade de uma conexão, por exemplo – podem-se revelar os princípios organizativos universais por trás de qualquer sistema complexo ou as leis fundamentais que governam a evolução do mundo-rede. Ressalta, no entanto, que, para compreender a complexidade, é necessário ir além da estrutura e da topologia e estudar a dinâmica das conexões. Neste sentido, as redes são apenas o esqueleto da complexidade.

Considerando-se particularmente as redes sociais – aquelas em que os pontos são indivíduos ou coletivos humanos – as definições adquirem especificidades. Assim, uma rede social é uma estrutura feita de indivíduos ou organizações, que constituem os nós, ligados (conectados) por um ou mais tipos de interdependência, como amizade, parentesco, antipatia, relação financeira, relação sexual, algum interesse comum etc. (Wasserman & Faust, 1994).

Para Castells (2000), os seres humanos vivem, hoje, em uma "sociedade em rede", uma nova forma de organização social baseada fortemente no uso de tecnologias de informação. São características das redes a autonomia e a interdependência dos pontos, a inexistência de hierarquia, o intercâmbio permanente de recursos e o compartilhamento de objetivos.

Um tipo especial de redes sociais são as redes políticas, definidas por Borzel (1998: 254) como "um conjunto de relações relativamente estáveis, não hierárquicas e interdependentes, que vinculam uma variedade de atores que compartilham interesses em relação a uma política e que trocam entre si recursos para perseguir esses interesses comuns, admitindo que a cooperação é a melhor maneira de alcançar objetivos comuns" (tradução livre).

Almeida-Filho (2004) considera que a rede é uma modalidade especial de sistema, equivalendo a estruturas sistêmicas abertas e em constante mudança. A principal diferença reside no fato de que o sistema tem uma finalidade, enquanto a rede, não necessariamente. Nas abordagens sistêmicas, a realidade é representada por estruturas compostas de peças e fluxos fixos, com uma organização funcional que converge para um resultado ou um fim previsto. Na teoria de redes, ao contrário, a realidade é representada por estruturas móveis, sem finalidade predefinida e com peças e fluxos que se modificam permanentemente. Dito de outro modo, o sistema é estruturado com um maior ou menor grau de hierarquia, enquanto a rede é horizontal, plástica e sensível às mudanças. Outra diferença importante se refere à ausência, nos sistemas, e à existência, nas redes, de *emergências*, ou seja, de propriedades que surgem da interação entre seus pontos.

Também Rovere (1999) destaca o fato de as redes serem formas de articulação multicêntrica, enquanto os sistemas são formas hierárquicas de organização. Ao contrário do sistema, que torna homogêneos todos os seus elementos internos, a rede preserva a heterogeneidade de seus nós e permite imaginar heterogeneidades vinculadas.

Nota-se que Almeida-Filho e Rovere adotam o termo rede para designar o que Morin chama de *unitas multiplex*, conceito complexo de sistema, reservando o termo sistema para nomear os conjuntos fechados de elementos fixos, articulados para um fim determinado.

Pode-se observar também que, nas definições de redes sociais e políticas, é apontado seu caráter finalístico, ao contrário das definições gerais de rede, que não incluem a finalidade como uma de suas características distintivas.

Assim, dessa discussão, conclui-se que os conceitos de rede e sistema podem ser tomados como sinônimos, tanto da perspectiva das definições reducionistas – em que sistema e rede remetem, essencialmente, à estrutura geral ou ao "esqueleto" dos fenômenos – como da perspectiva da teoria da complexidade – em que sistema e rede são estruturas dinâmicas, não hierárquicas, que comportam emergências.

Como sói acontecer, é mais fácil propor do que implantar sistemas (integrados). Não é sem razão, portanto, que há bastante discussão sobre as dificuldades de integração dos sistemas de serviços de saúde (Shortell *et al.*, 1994; Kodner & Spreeuwenberg, 2002; OPS, 2008; Armitage *et al.*, 2009).

Para enfrentar essas dificuldades, mais recentemente, os estudiosos e os formuladores de políticas de saúde têm lançado mão da teoria de redes (ver Boxe 5.1), popularizada após a disseminação do uso dos computadores pessoais.

REDES E SISTEMAS DE SAÚDE

Vários autores (WHO, 2008; Kuschnir & Chorny; 2010; Mendes, 2011) identificam no Informe Dawson, elaborado em 1920, por encomenda do governo britânico, o precursor das proposições de organização de redes de atenção à saúde. De fato, o Informe propõe a articulação de diversos serviços de saúde – serviços domiciliares, centros de atenção primária, centros de atenção secundária, hospitais e serviços suplementares – em um conjunto único e coordenado (Figura 5.2).

Algumas das propostas desse Informe são postas em prática, a partir de 1948, com a implantação do National Health Service britânico e de outros sistemas nacionais de serviços de saúde em países que optaram pela construção de Estados de Bem-estar Social.

Dada a desarticulação prévia entre as ações de saúde, o grau de integração concretamente obtido com a criação dos serviços nacionais de saúde é suficiente para reconhecê-los como sistemas.

Entretanto, a partir de meados dos anos 1970, a efetividade e a eficiência dos sistemas de saúde passam a ser questionadas (Almeida, 2002). Atualmente, como já mencionado, análises científicas e políticas apontam para a fragmentação dos sistemas de saúde, com o comprometimento da capacidade de resposta aos problemas de saúde. Nessas análises destaca-se, sobretudo, a incoerência entre a persistência de um sistema organizado para atender, fundamentalmente, a condições agudas de saúde e um perfil epidemiológico caracterizado pelo envelhecimento da população e pela alta prevalência das doenças crônicas (Wagner, 1998; WHO, 2008; Mendes, 2012).

Considerando que a atenção às condições crônicas exige o acompanhamento contínuo dos casos e a oferta de um amplo leque de intervenções, desde ações sobre determinantes e riscos até ações de recuperação e reabilitação, a adequação da organização dos serviços ao atual perfil epidemiológico impõe um elevado grau de integração entre os diferentes serviços ou pontos de atenção.

É para dar conta dessa necessidade de aprofundar a integração, superando a fragmentação real dos sistemas de saúde, que os formuladores e os estudiosos de políticas de saúde buscam aplicar a ideia de redes à organização da atenção à saúde.

Com base em uma extensa revisão bibliográfica, Mendes (2012: 47) formula uma interessante definição de redes de atenção à saúde:

[...] organizações poliárquicas de conjuntos de serviços de saúde, vinculados entre si por uma missão única, por objetivos comuns e por uma ação cooperativa e interdependente, que permitem ofertar uma atenção contínua e integral a determinada população, coordenada pela APS – prestada no tempo certo, no lugar certo, com o custo certo, com a qualidade certa, de forma humanizada e segura e com equidade –, com responsabilidades sanitária e econômica pela população adscrita e gerando valor para essa população.

A Organização Mundial da Saúde (OMS) (WHO, 2008: 17), por sua vez, identifica uma série de características das redes de serviços de saúde: "(a) articulação funcional de unidades prestadoras de distinta natureza, (b) organização hierárquica segundo níveis de complexidade, (c) uma região geográfica comum, (d) comando de um operador único, (e) normas operacionais, sistemas

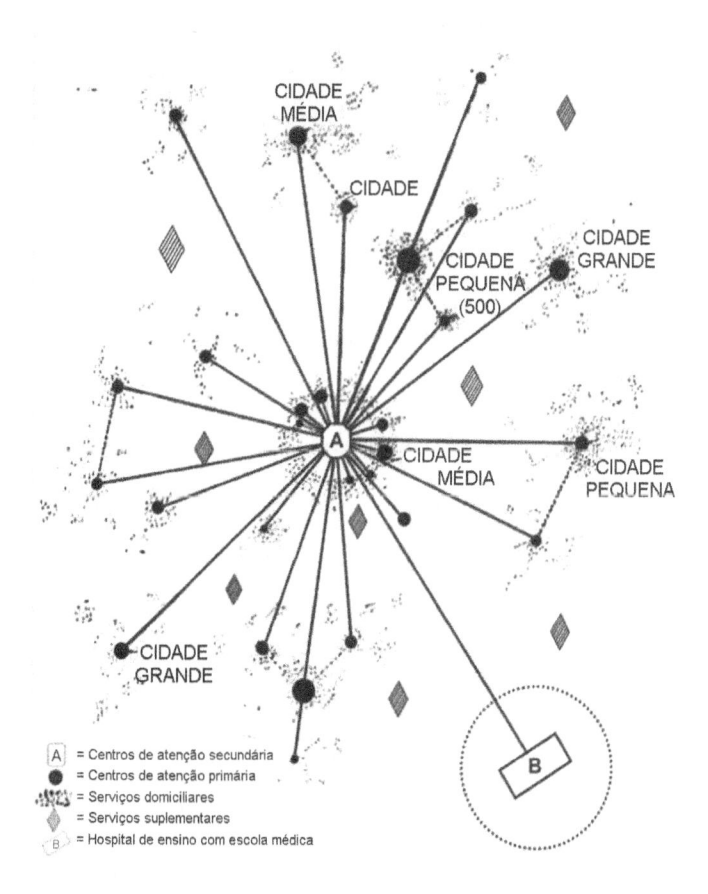

Figura 5.2 • Rede de atenção à saúde proposta no Informe Dawson.

de informação e outros recursos logísticos compartilhados e (f) um propósito comum" (tradução livre).

Enfim, na área da saúde, rede significa sistema bem integrado, composto por elementos interdependentes, que tem o propósito de oferecer atenção contínua à saúde de uma população definida, incluindo desde as ações voltadas à prática clínica individual até as ações intersetoriais dirigidas aos determinantes sociais da saúde.

Essa definição genérica não esconde, todavia, o fato de que há certa variação nas definições mais detalhadas de rede. Em especial, duas questões são focos de diferenças: a da hierarquia, incluída por uns e excluída, peremptoriamente, por outros do conceito de rede, e a definição da posição da atenção primária à saúde, necessariamente central para uns e coadjuvante para outros.

Visto que, também na área de saúde, as concepções de sistema (integrado) e de rede são equivalentes, pode-se passar agora a discutir seus componentes.

COMPONENTES DE UM SISTEMA OU DE UMA REDE DE SERVIÇOS DE SAÚDE

São várias as possibilidades de composição de um sistema ou de uma rede de serviços de saúde. De início, vale lembrar a proposição de Chaves (1980), que divide o sistema de saúde em três elementos fundamentais – a população, a prestação de serviços e os benefícios obtidos – e mais dois elementos de suporte, a saber, os insumos (recursos materiais e humanos) e as restrições (recursos financeiros e opções políticas).

Em um documento publicado pela OMS, Kleczkowski, Roemer & Van Der Werff (1984) sugerem que os sistemas de saúde contêm cinco componentes: desenvolvimento dos recursos de saúde (infraestrutura), disposição adequada dos recursos (organização), prestação de atenção de saúde, apoio econômico e gestão.

Mais recentemente, Lobato & Giovanella (2009) propõem a seguinte composição para os sistemas de saúde: cobertura populacional e catálogo de benefícios, rede de serviços, organizações, recursos econômicos e humanos, insumos, tecnologia e conhecimento. Acrescentam que tão importante quanto a identificação dos componentes é a observação da dinâmica dos sistemas, expressa em suas funções: financiamento, gestão, regulação e prestação de serviços.

Tratando de redes, Mendes (2011) identifica como seus componentes a população, a estrutura operacional e o modelo de atenção. O primeiro componente corresponde à responsabilização da rede pela saúde das pessoas e das comunidades e à estruturação dos serviços de acordo com as necessidades de saúde dessa população. A estrutura operacional das redes de atenção, por sua vez, é composta de cinco elementos: (a) a atenção primária à saúde, (b) os pontos de atenção à saúde secundários e terciários, (c) os sistemas de apoio (sistemas de apoio diagnóstico e terapêutico, sistema de assistência farmacêutica e sistemas de informação em saúde), (d) os sistemas logísticos (cartão de identificação das pessoas usuárias, prontuário clínico, sistemas de acesso regulado à atenção e sistema de transporte em saúde) e (e) o sistema de governança da rede de atenção à saúde. Por último, o modelo de atenção à saúde refere-se ao funcionamento das redes e à articulação das relações entre as subpopulações, estratificadas por riscos, e os diferentes tipos de intervenções sanitárias.

Para descrição e análise da situação atual do SUS, Paim et al. (2011) definem quatro componentes: (a) financiamento, (b) organização e oferta de serviços, (c) infraestrutura e (d) acesso e uso dos serviços.

Percebe-se que há mais semelhanças do que diferenças entre os vários elencos de componentes de um sistema ou uma rede de serviços de saúde. E mais: as diferenças não constituem antagonismos e, nesse sentido, é possível adotar uma abordagem abrangente que contemple todos os componentes identificados pelos diversos autores.

É a opção adotada neste texto que, assim, passa a considerar os seguintes componentes dos sistemas ou das redes de saúde: (a) população, (b) infraestrutura (recursos materiais e humanos, tecnologias e conhecimento), (c) organização dos serviços de saúde, (d) prestação de serviços ou modelo de atenção, (e) financiamento e (f) gestão ou governança e regulação.

População

A população é o componente mais importante de qualquer sistema ou rede de saúde, pois, em última análise, a relevância dos serviços de saúde é dada por sua capacidade de resolver problemas de saúde dos indivíduos e das coletividades.

A experiência histórica tem ensinado que os sistemas de saúde cumprem melhor suas atribuições quanto a promoção, manutenção e recuperação da saúde das pessoas quando são organizados territorialmente (Mendes, 2001). Nesse sentido, as redes de saúde devem ter delimitadas suas áreas de abrangência com as populações pelas quais são sanitariamente responsáveis.

A falta de delimitação da população sob sua responsabilidade é um dos maiores problemas dos atuais sistemas de saúde. O fortalecimento da atenção primária à saúde, para coordenar toda a rede de serviços consiste na melhor estratégia para superar a fragmentação e fazer com que o sistema de saúde assuma efetivamente a responsabilidade pela saúde da população.

No Brasil, a Estratégia de Saúde da Família representa um esforço de fortalecimento da atenção primária e de transformação do sistema de saúde no sentido de uma rede bem integrada. Suas equipes fazem o reconhecimento do território, cadastram a população, identificam os subgrupos de acordo com os graus de risco sociossanitários a que estão submetidos e buscam assegurar a continuidade e a integralidade da atenção. Não há dúvida de que tem havido progresso nesse sentido, mas obstáculos de várias ordens – relativos, principalmente, à insuficiência do financiamento e à falta de uma política de recursos humanos – têm impedido que a Saúde da Família cumpra todo seu potencial.

Infraestrutura

Todo sistema de saúde necessita de pessoal e recursos físicos, materiais e imateriais para a prestação de serviços. Na prática, é requerida uma grande variedade de cada um dos tipos de recursos. Os recursos essenciais podem ser classificados em quatro categorias: (a) trabalhadores da saúde, (b) estabelecimentos, (c) medicamentos, equipamentos e outros insumos e (d) conhecimento.

Trabalhadores da saúde

É comum referir-se ao grupo de pessoas que desenvolvem atividades na área da saúde como "recursos humanos de saúde". A utilização dessa expressão, originária do campo da Administração, enfatiza a participação das pessoas no processo de produção, como um fator de produção, dentre outros.

"Pessoal de saúde" é outra expressão comum, também oriunda do campo da Administração. Não traz a visão instrumental da expressão "recursos humanos", mas ressalta a dimensão subjetiva, inerente aos seres humanos, que não deve ser obscurecida no processo de produção.

"Profissionais de saúde" é uma expressão que designa aquelas pessoas que detêm o direito exclusivo de exercício de uma atividade laboral, com a autonomia para (auto)regulá-la. Os profissionais têm geralmente uma formação específica de nível universitário. Acrescente-se que é possível ser um profissional de saúde sem estar atuando efetivamente em algum serviço de saúde.

A expressão "trabalhadores da saúde" designa as pessoas que estão, de fato, exercendo atividades laborais direta ou indiretamente relacionadas com a saúde. Inclui os profissionais de saúde, mas também profissionais de outras áreas, como engenheiros, advogados ou sociólogos, e membros de outras categorias ocupacionais (não profissionais) da saúde, como os técnicos de enfermagem e os agentes comunitários, e de outras áreas, como os agentes administrativos.

"Força de trabalho", por fim, é uma expressão utilizada pela Economia Política, que tem a mesma conotação de "trabalhadores de saúde", embora destaque questões relativas ao processo de trabalho ou ao mercado de trabalho e emprego, mais do que questões referentes à composição, à subjetividade e ao papel dos agentes na configuração dos serviços de saúde.

Assim, a opção por uma ou outra expressão decorre da perspectiva adotada. Para descrever os componentes dos sistemas de saúde, a expressão "trabalhadores de saúde" parece ser a mais adequada, visto que designa as pessoas que atuam nos serviços de saúde, compondo e conformando os sistemas. De fato, em qualquer sistema de serviços de saúde, são os trabalhadores que, em última instância, definem que serviços serão consumidos, como, onde e em que quantidade e, consequentemente, que impacto terão sobre o estado de saúde das pessoas. O sucesso das ações de saúde depende, portanto, de definições sobre a quantidade, a combinação de competências, a distribuição, o treinamento e as condições de trabalho das pessoas que realizam suas atividades laborais em organizações de saúde.

Sendo assim, o desempenho dos trabalhadores deve ser medido por sua contribuição para o alcance dos objetivos dos sistemas de saúde (Dussault & Souza, 1999). O modo como se organiza o trabalho é determinante: (a) da cobertura dos serviços, ou melhor, da garantia de acesso dos diferentes subgrupos da população à gama completa de serviços oferecidos; (b) da produtividade, entendida como a produção do maior volume de serviços possível, dada a quantidade existente de pessoal; (c) da qualidade técnica, referente ao impacto (positivo) dos serviços no estado de saúde dos usuários; (d) da qualidade sociocultural, atinente à aceitação dos serviços e ao atendimento às expectativas dos usuários; e (e) da estabilidade organizacional, que expressa a possibilidade de manutenção, ao longo do tempo, das capacidades de produção de serviços e de adaptação às novas necessidades e circunstâncias.

No Brasil, estima-se que 5,6 milhões de pessoas estão ocupadas em atividades direta ou indiretamente relacionadas com a saúde (Deddeca et al., 2001), incluindo-se, além das que trabalham em serviços, aquelas que atuam na indústria e no comércio de produtos para a saúde ou em atividades correlatas.

Somente em serviços de saúde no Brasil, dados de agosto de 2012 do Cadastro Nacional de Estabelecimentos de Saúde (http://tabnet.datasus.gov.br/cgi/tabcgi.exe?cnes/cnv/proc02br.def) indicam que há 2.889.742 pessoas trabalhando, das quais 2.335.575 (80,8%) em estabelecimentos que atendiam o SUS. As ocupações de nível universitário somam 1.381.439 pessoas, incluindo 867.599 (62,8%) médicos, 143.516 (10,4%) enfermeiros e 130.984 (9,5%) dentistas. O pessoal de nível técnico totaliza 684.928 pessoas, sendo 554.239 (81%) técnicos ou auxiliares de enfermagem. As ocupações de nível elementar têm 352.933 pessoas, a maioria – 282.450 (80%) – agentes comunitários de saúde.

Estudo realizado por Girardi & Carvalho (2002) apresenta dados interessantes sobre os trabalhadores de saúde assalariados, no Brasil, para os anos de 1995 e de 2000. Neste último ano, as pessoas que atuavam no setor da saúde representavam 10% do total de assalariados do país, com aquelas empregadas em serviços de saúde representando 6,6%. Praticamente metade dos empregos estava no setor público (51,3%). Os autores destacam que enquanto para os demais trabalhadores a participação do setor público diminuiu ligeiramente sua importância no período analisado, para o pessoal em serviços de saúde ela aumentou, sobretudo pela expansão do emprego nos municípios.

Considerando o registro nos conselhos profissionais, em 2010, o Brasil dispunha de 1,5 milhão de profissionais, com as relações quantitativas descritas na Tabela 5.1.

Em relação aos médicos, especificamente, estudo encomendado pelo Conselho Federal de Medicina (CFM, 2011) revela que o Brasil conta com uma razão de 1,95 médico por grupo de 1.000 habitantes. As disparidades regionais são enormes. Enquanto o Sudeste tem 2,61 médicos por 1.000 habitantes, o Norte tem 0,98. O Sul (2,03) fica bem próximo do Centro-Oeste (1,99), que tem quase o dobro da concentração de médicos por habitantes do Nordeste (1,19). Os usuários do SUS contam com quatro vezes menos médicos que os usuários do setor privado: para cada 1.000 usuários de planos e seguros privados no país, há 7,60 postos de trabalho médico ocupados, ao passo que para cada 1.000 usuários exclusivos do SUS há apenas 1,95 posto de trabalho médico.

No entanto, as desigualdades regionais e entre os setores públicos e privados não são os únicos problemas relativos aos trabalhadores de saúde.

Além desses problemas de cobertura, a produtividade dos trabalhadores é baixa, em particular nas regiões com maiores necessidades. Suas causas mais comuns são a falta de trabalho em equipe, as dificuldades de manutenção de equipamentos e de suprimento de insumos, a ausência de supervisão e o planejamento inadequado.

Há também problemas de qualidade técnica. Muitas ações reconhecidamente ineficazes ou mesmo danosas continuam a ser praticadas, como os partos cesarianos, cuja alta proporção no Brasil não se explica por razões de ordem médica. As taxas elevadas de infecção hospitalar são outro indicador dos problemas de qualidade ligados ao desempenho dos trabalhadores.

Em relação à qualidade sociocultural, as pesquisas de opinião sobre a satisfação dos usuários, em que se destacam queixas sobre a "desumanização" do cuidado, indicam a existência de problemas.

Por fim, uma das dimensões do desempenho que apresenta mais problemas é a estabilidade organizacional. Com efeito, a rotatividade dos trabalhadores é intensa, e os profissionais raramente permanecem tempo suficiente para criar vínculos com as comunidades a que atendem.

Outros problemas comuns são a baixa remuneração, a precarização do emprego, o descompromisso com a população e a falta de condições adequadas de trabalho. Há ainda os problemas referentes à formação profissional, em particular a desigualdade regional de oferta de cursos e a inadequação dos currículos à realidade dos serviços (Pierantoni, Varella & França, 2004).

Infelizmente, o SUS não conseguiu, até hoje, desenvolver uma política de gestão do trabalho coerente com os princípios da universalidade, da igualdade e da integralidade e capaz de resolver os problemas já bastante conhecidos, apesar da discussão incessante no Conselho Nacional de Saúde (Brasil, 2002 – NOB-RH-SUS) e da criação da Secretaria de Gestão do Trabalho e da Educação em Saúde no âmbito do Ministério da Saúde, em 2002.

Estabelecimentos

Os estabelecimentos representam a infraestrutura física da rede de saúde. São os locais destinados à realização de ações de saúde, coletivas ou individuais. Há uma grande variedade de estabelecimentos, considerando os tipos de serviços, os portes e as densidades tecnológicas.

O Cadastro Nacional de Estabelecimentos de Saúde elenca 18 tipos de estabelecimentos assistenciais: unidade de saúde da família, posto de saúde, centro de saúde/unidade básica, policlínica, consultório isolado, unidade móvel (terrestre, fluvial e de urgência/emergência), clínica especializada/ambulatório de especialidade, unidade de vigilância em saúde, farmácia, unidade de apoio de diagnose e terapia, laboratório central de saúde pública, centro de parto normal, hospital-dia, unidade mista, pronto-socorro geral, pronto-socorro especializado, hospital geral e hospital especializado. Relaciona tam-

Tabela 5.1 • Indicadores relativos aos trabalhadores de saúde – Brasil, 2009-2010

Profissão de saúde	Profissionais credenciados	Profissional por habitantes	No serviço público (%)
Medicina	341.562	1:558	44,3
Enfermagem	271.809	1:701	52,5
Odontologia	219.575	1:868	26,9
Farmácia	133.762	1:1424	10,6
Psicologia	236.100	1:807	10,4
Outras profissões de saúde	295.499	1:645	N/D

Fonte: adaptada de Almeida-Filho (2011).

bém três tipos de estabelecimentos administrativos: secretaria de saúde, central de regulação de serviços de saúde e cooperativa.

Paim et al. (2011) sistematizaram informações que tornam possível caracterizar a infraestrutura física do SUS. Em 2010, o Brasil contava com 41.667 unidades básicas de saúde, incluindo as unidades de saúde da família. Contava também com 29.374 ambulatórios especializados. Os serviços de emergência somavam 789 e os hospitais, 6.384. Havia ainda 16.226 serviços exclusivos de apoio de diagnose e terapia.

Esses autores destacam que, em sua maioria, os postos, os centros de saúde e as unidades de saúde da família, assim como os serviços de urgência/emergência, são públicos. Ao contrário, os hospitais são majoritariamente privados. Quanto aos leitos, apenas 35,4% encontram-se no setor público, embora 38,7% dos leitos do setor privado sejam disponibilizados para o SUS por meio de contratos. Como os hospitais, os ambulatórios especializados e os serviços de apoio de diagnose e terapia são principalmente privados (Tabela 5.2).

Vale salientar que, entre 1990 e 2010, duplicou o número de unidades básicas, aumentou em 3,5 vezes o de ambulatórios especializados e quadruplicou o número de serviços de apoio de diagnose e terapia. Ao contrário, a quantidade de hospitais reduziu-se, apesar de a oferta de leitos públicos não parecer ser suficiente. Em 1993, a concentração de leitos hospitalares no Brasil era de 3,3 leitos por 1.000 habitantes, indicador que caiu para 1,9 por 1.000 habitantes em 2009, bem mais baixo do que o encontrado nos países da Organização para Cooperação e Desenvolvimento Econômico, com exceção do México (Paim et al., 2011).

A evolução da quantidade dos estabelecimentos de saúde, nas últimas duas décadas, mostra uma significativa expansão da oferta de serviços, representando a tentativa de universalização do acesso proposta pelo SUS. A distribuição entre o setor público e o privado, entretanto, evidencia um padrão segregacionista, em que serviços de menor densidade tecnológica são oferecidos aos mais pobres, enquanto as classes mais ricas têm acesso mais fácil a serviços de maior densidade tecnológica.

Medicamentos, equipamentos e outros insumos

Os insumos de saúde são essenciais para a efetividade das ações de saúde. Não se pode imaginar que os cuidados de saúde prescindam de medicamentos, vacinas, sangue e hemoderivados, equipamentos de suporte à vida e exames complementares de diversos tipos (laboratoriais, gráficos, de imagem etc.).

Os insumos, no entanto, não são apenas tecnologias de apoio às ações de saúde. Ao menos nos países em que a saúde é um direito universal e a economia é baseada no funcionamento de mercados pouco regulados, os insumos assumem duas outras funções: são instrumentos de garantia de um direito e são bens de consumo. Essa tripla função, muitas vezes, gera conflitos entre os objetivos oficiais da política de saúde, as condutas dos profissionais e os interesses de investidores, fabricantes e comerciantes de insumos para a saúde.

Dentre os insumos, os *medicamentos* são os que mais têm sido objetos de políticas públicas no Brasil. Ainda nos anos 1970 foi criada a Central de Medicamentos (Ceme), "destinada a promover e organizar o fornecimento, por preços acessíveis, de medicamentos de uso humano àqueles que, por suas condições econômicas, não puderem adquiri-los" (Brasil, 1971). Ao longo de sua trajetória, a Ceme desenvolveu ações relevantes, como a elaboração, em 1976, da Relação Nacional de Medicamentos Essenciais (Rename) e a organização, em 1987, do Programa de Farmácia Básica. No entanto, a Ceme não pôde cumprir plenamente sua missão e teve suas funções progressivamente esvaziadas, em parte por pressões das empresas farmacêuticas transnacionais, até ser extinta em 1997 (Kornis, Braga & Zaire, 2008).

Em 1998, o Ministério da Saúde edita a Política Nacional de Medicamentos, propondo assegurar o acesso universal aos medicamentos essenciais, garantir a qualidade, a eficácia e a segurança dos medicamentos e promover seu uso racional (Brasil, 2001).

Uma importante iniciativa é tomada, em 1999, com a sanção da Lei 9.787, que estabelece no país o medicamento genérico, definido como aquele que, tendo expirada sua patente, pode ser comercializado sem nome de marca. Essa lei contribui, por um lado, para facilitar o acesso aos medicamentos e, por outro, para ampliar o mercado farmacêutico. A participação dos genéricos no mercado cresce muito, passando de 5,7%, em unidades

Tabela 5.2 • Número de estabelecimentos de saúde – Brasil, 1990-2010

Serviços	1990	2010
Unidades básicas	19.839	41.667
Públicas (%)	98,3	98,7
Ambulatórios especializados	8.296	29.379
Públicos (%)	20,6	10,7
Serviços de emergência	286	789
Públicos (%)	65,7	77,9
Hospitais	6.532	6.384
Públicos (%)	21,1	31,9
Serviços de apoio de diagnose e terapia	4.050 (1992)	16.226
Públicos (%)	5,4%	6,4%

Fonte: adaptada de Paim et al. (2011).

vendidas, e de 4,7%, em valores transacionados, em 2002, para 24%, em unidades, e 21%, em valores, no ano de 2011 (Brasil, 2012).

Com a edição da Política Nacional de Assistência Farmacêutica, em 2004, a questão dos medicamentos passa a ser abordada de modo mais abrangente. Além do acesso, da qualidade (segurança e eficácia) e do uso racional, os objetivos da assistência farmacêutica incluem: intensificar a pesquisa e o desenvolvimento tecnológico na área, expandir a produção e orientar a prescrição e a dispensação (Brasil, 2004).

Diante dos custos crescentes dos medicamentos e da pressão, inclusive por via judicial, pela incorporação de novas drogas, o Ministério da Saúde inclui no Decreto 7.508, de 2011, que regulamenta a Lei 8.080/90, artigo que delimita a responsabilidade do setor público. Assim, quanto à assistência farmacêutica, o SUS deve assegurar os direitos do usuário assistido por serviços públicos, que recebe prescrição feita por profissional no exercício regular de suas funções no SUS, em conformidade com a Rename e os Protocolos Clínicos e Diretrizes Terapêuticas.

A partir de 2003, o Ministério da Saúde, com os Programas Farmácia Popular e Aqui Tem Farmácia Popular, amplia a oferta de medicamentos para diabetes e hipertensão, a preços subsidiados. Em 2011, o Programa Saúde Não Tem Preço torna gratuitos esses medicamentos e inclui 14 outros fármacos, subsidiados, para tratamento de asma e rinite, incontinência urinária, osteoporose, doença de Parkinson, glaucoma e dislipidemias, além de anticoncepcionais. No final desse ano, o número de pessoas atendidas chega a 3,7 milhões (http://www.brasil.gov.br/noticias/arquivos/2012/01/12/acesso-a-medicamentos-gratuitos-cresce-273).

Apesar da crescente estruturação das políticas, é preciso reconhecer a persistência de problemas na assistência farmacêutica no Brasil.

Há problemas de acesso, evidenciados por dados que mostram que a parcela mais rica da população (15% do total) consome metade dos medicamentos comercializados no país, enquanto a metade mais pobre consome apenas 16%, ou que entre 15% e 20% da população não tem acesso a nenhum tipo de medicamento (Cosendey et al., 2000). Era de se esperar que programas como Farmácia Popular tivessem ampliado o acesso. No entanto, observa-se que a expansão significativa ocorre nos valores financeiros, que passam de sete para 15 bilhões de dólares, entre 1997 e 2007, sem aumento proporcional do número de medicamentos vendidos, que permanecem em torno de dois bilhões de unidades ao longo desse período (Gadelha et al., 2012).

Persistem também problemas relativos à racionalidade do uso, expressos, por exemplo, pelo fato de os medicamentos serem a principal causa de intoxicação no Brasil. Em 2010, mais de um quarto (27,75%) dos 86.700 casos de intoxicação registrados foi causado por medicamentos, ingeridos em tentativas de suicídio, por acidente ou em uso terapêutico, entre outros motivos menos frequentes (www.sinitox.icict.fiocruz.br).

Há ainda problemas de gestão, relacionados com a insuficiência de pessoal e de recursos financeiros, os obstáculos à interlocução entre as esferas gestoras do SUS e a falta de planejamento (Gomes, 2009). Somam-se a esses as dificuldades de operacionalização, pela Anvisa, do monitoramento de preços, do controle da qualidade, da anuência prévia à concessão de patentes e da restrição da propaganda (Kornis et al., 2008).

Além dos medicamentos, as *vacinas* e os *soros* são insumos essenciais. O Brasil tem, desde 1973, o Programa Nacional de Imunização (PNI), nascido da campanha bem-sucedida de erradicação da varíola. Ao longo das décadas, o PNI veio ampliando tanto a cobertura vacinal da população como o leque de vacinas, já tendo controlado a poliomielite e reduzido significativamente a incidência de sarampo, difteria, coqueluche e tétano, entre outras doenças transmissíveis. Desde 2002, são cerca de 200 milhões de doses de vacinas aplicadas a cada ano e 100 mil atendimentos com soros e imunoglobulinas. Em toda a rede de serviços, são disponibilizados 14 tipos de vacinas e dois tipos de soros heterólogos. Nos Centros de Referência para Imunobiológicos Especiais, são oferecidos outros 13 tipos de vacinas e quatro tipos de imunoglobulinas e, em unidades hospitalares ou de pronto-atendimento, 14 tipos de soros heterólogos (Brasil, 2003).

Vale destacar que o Brasil tem uma importante capacidade produtiva, de modo que 95% das doses de vacinas aplicadas pelo SUS são produzidas por laboratórios públicos brasileiros. Acrescente-se que, se a maioria das vacinas produzidas no país é de tecnologia simples, há investimentos recentes na produção de vacinas de maior conteúdo tecnológico, como aquelas contra hepatite B e rotavírus (Gadelha et al., 2012).

Em relação ao *sangue* e aos *hemoderivados*, prevalecia no Brasil, até 1980, a falta de controle da qualidade. A epidemia de AIDS e a criação do SUS mudaram essa realidade. Assim, a Constituição federal de 1988 incorpora um parágrafo a seu artigo 199, vedando todo tipo de comercialização de órgãos, tecidos e substâncias humanas, incluindo o sangue e seus componentes.

Com a promulgação da Lei Sérgio Arouca, em 2001, institucionaliza-se a Política Nacional de Sangue, Componentes e Hemoderivados, que passa a orientar a estruturação da Rede Nacional de Serviços de Hemoterapia e Laboratórios de Referência para controle de qualidade, a fim de garantir a autossuficiência nacional em sangue, componentes e hemoderivados.

Em 2004 é criada a Empresa Brasileira de Hemoderivados e Biotecnologia (Hemobrás), vinculada ao Ministério da Saúde. Sua fábrica tem capacidade prevista para processar anualmente 500 mil litros de plasma, devendo iniciar a produção em 2014.

Atualmente, a hemorrede nacional realiza mais de 3,6 milhões de procedimentos, sendo 95% deles em serviços públicos ou contratados pelo SUS. Em termos populacionais, a taxa de doação de sangue é de 1,9%, ainda distante da meta de 3% a 5% (Brasil, 2011). Registre-se que essa produção está abaixo da necessidade do país, que tem recorrido à importação de hemoderivados.

No que concerne aos *equipamentos*, dados de agosto de 2012 do Cadastro Nacional dos Estabelecimentos de Saúde do Brasil informam que existe um total de 1.230.755, com apenas 18,4% disponíveis para o SUS, distribuídos em grupos, como mostra a Tabela 5.3.

Chama atenção a concentração de equipamentos no setor privado não contratado pelo SUS, que conta, em média, com 81,6% dos equipamentos, chegando a 90% no caso dos de manutenção da vida. A distribuição regional mostra que o Sudeste, com 43% da população brasileira, tem 644.245 (52%) equipamentos, enquanto o Nordeste, que tem 28% da população, conta com 233.634 (19%) equipamentos. Dos disponíveis para o SUS, no Sudeste encontram-se 90.511 equipamentos, 14% dos equipamentos existentes na região, e no Nordeste, 64.597 (27,6%). As 27 capitais dos estados abrigam 497.636 (40%) equipamentos, sendo 124.041 em São Paulo. Enfim, a desigualdade é a característica principal da oferta de equipamentos.

Do ponto de vista da produção de equipamentos e materiais médico-hospitalares e odontológicos, registra-se uma expansão da indústria nacional a partir de meados dos anos 1990. No entanto, dado o aumento da demanda, o déficit comercial é crescente, passando de US$ 800 milhões em 1996 para US$ 1,5 bilhão em 2007 (Gadelha *et al.*, 2012). Iniciativas recentes do Governo Federal têm buscado estimular o investimento privado, nacional e estrangeiro, na indústria de equipamentos.

Conhecimento

Um importante recurso de todo sistema de saúde reside no conhecimento acerca do estado de saúde das pessoas, das tecnologias de intervenção sobre a saúde e a doença e do próprio funcionamento dos serviços de saúde. A maior parte do conhecimento relevante para profissionais e gestores da saúde está presente no senso comum, mas parte significativa tem origem na prática científica.

A pesquisa científica e tecnológica em saúde pode ser dividida em quatro categorias, segundo seus objetivos e seus pressupostos teórico-metodológicos: a pesquisa biomédica, a pesquisa clínica, a pesquisa em Saúde Coletiva e a pesquisa tecnológica.

Em todo o mundo, os investimentos em pesquisa em saúde são vultosos e crescentes. Estima-se que foram investidos, em 2006, US$ 160 bilhões, contra US$ 30 bilhões em 1986 (Matlin, 2009). Acrescente-se que esses investimentos estão concentrados em poucos países e quase a metade é de responsabilidade dos Institutos Nacionais de Saúde do governo norte-americano.

O Brasil, em 2004, adotou uma Política Nacional de Ciência, Tecnologia e Inovação em Saúde e uma Agenda Nacional de Prioridades de Pesquisa em Saúde. Com isso, aproximaram-se as prioridades da pesquisa e as da política de saúde e aumentou o investimento público em pesquisa em saúde, passando de R$ 80 milhões a quase R$ 300 milhões, entre 2003 e 2010. Concomitantemente, aumentou a produção científica na área da saúde, expressa em publicações de artigos, que vão de 9.525, em 2003, para 25.132, em 2010 (Guimarães *et al.*, 2012).

O fortalecimento da base científica e tecnológica do SUS, contudo, ainda é um desafio. É preciso, sobretudo, intensificar a transformação do conhecimento produzido em tecnologias adequadas às necessidades de saúde da população, o que depende tanto das políticas de ciência, tecnologia e inovação e de saúde como das políticas de indústria e comércio.

Organização dos serviços de saúde

O terceiro componente de um sistema ou de uma rede de saúde – a organização – se refere à disposição dos recursos humanos e tecnológicos mobilizados para a realização das ações de saúde. Na maioria dos países, o Ministério da Saúde é o responsável pela organização geral dos serviços, embora seja comum a coexistência de outros organismos ordenadores de recursos, como a Previdência Social, o Ministério da Educação, o Ministério da Defesa e o setor privado filantrópico ou lucrativo.

Tabela 5.3 • Equipamentos existentes por grupo – Brasil, agosto de 2012

Grupo de equipamentos	Existentes	Disponíveis para o SUS
Diagnóstico por imagem	108.247	32.829 (30,3%)
Infraestrutura	65.450	9.361 (14,3%)
Métodos ópticos	37.694	7.824 (20,6%)
Métodos gráficos	37.970	13.319 (35%)
Manutenção da vida	489.103	49.272 (10%)
Odontologia	396.596	100.850 (25,4%)
Outros	95.695	12.798 (13,4%)
Total	1.230.755	226.253 (18,4%)

Fonte: Ministério da Saúde – Cadastro Nacional dos Estabelecimentos de Saúde do Brasil – CNES.

No Brasil, em virtude da descentralização da gestão da saúde, além do Ministério da Saúde, têm papel importante na organização dos serviços as secretarias estaduais e municipais. Há também um forte setor privado, de planos e seguros de saúde, que organiza seus recursos de acordo com a lógica do lucro.

No SUS, a organização dos serviços pode ser esquematizada em quatro grandes categorias: (a) assistência à saúde, (b) vigilância em saúde, (c) políticas e programas especiais e (d) política de humanização da atenção, detalhadas no Capítulo 9. No momento, cabe destacar que a assistência à saúde trata das ações voltadas especialmente para os indivíduos. Na maior parte das vezes, são ações de diagnóstico e tratamento (eletivas e de urgência), embora sejam também ações de prevenção de doenças e de promoção e reabilitação da saúde. Já a vigilância em saúde, e as políticas e programas apresentam um caráter coletivo, ainda que determinadas ações sejam individuais.

Prestação de serviços ou modelo de atenção à saúde

O quarto componente de um sistema de saúde consiste na prestação de serviços, entendida como o conjunto dos processos de trabalho por meio dos quais os trabalhadores de saúde atendem às demandas e às necessidades dos usuários e da população. A prestação de serviços envolve a interface imediata entre os profissionais de saúde e as pessoas que buscam ou precisam de cuidados. Nesse componente encontram-se todas as ações finalísticas do sistema de saúde: ações de promoção da saúde; de prevenção, diagnóstico e tratamento de doenças e agravos; e de reabilitação da saúde.

É importante salientar que as ações de cuidado, ao buscar resolver problemas de saúde, tentam, em última instância, restituir a autonomia dos sujeitos (Campos, 1998), comprometida de algum modo pela doença, pela vulnerabilidade, pelo risco à saúde ou pela baixa qualidade de vida.

Se, por um lado, a prestação de serviços se baseia em práticas técnico-assistenciais ou operativas, que dizem respeito às relações entre o sujeito da prática (o profissional de saúde), seu objeto de trabalho (o usuário do serviço) e seus instrumentos de trabalho (conhecimentos, habilidades, atitudes e tecnologias), não se pode esquecer, por outro lado, que a estrutura dos sistemas é essencial à realização das práticas.

Ao menos duas dimensões dessa estrutura estão diretamente relacionadas com as práticas técnico-assistenciais: uma dimensão gerencial, relativa aos mecanismos de direção dos estabelecimentos e dos serviços, e outra, organizativa, referente aos fluxos de usuários e recursos entre as unidades de prestação de serviços. É

por isso que Teixeira (2006) prefere designar como modelo de atenção não apenas a prestação de serviços ou as práticas operativas, mas o conjunto das dimensões técnico-assistencial, gerencial e organizativa dos sistemas de saúde.

As ações de saúde podem se desenvolver segundo lógicas ou racionalidades distintas. Podem estar voltadas ao atendimento da demanda que chega espontaneamente aos serviços de saúde ou podem estar dirigidas, prioritariamente, à satisfação de necessidades de saúde, de modo a contribuir não apenas para o controle de doenças, mas também para a melhoria da qualidade de vida dos indivíduos e das coletividades.

Essas duas lógicas representam dois modelos de atenção à saúde ou de prestação de serviços, definidos, genericamente, como combinações de tecnologias materiais e imateriais utilizadas nas intervenções sobre problemas e necessidades sociais de saúde.

Na prática, tem sido dominante o modelo de atenção sustentado pela lógica do atendimento à demanda espontânea. Centrado na figura do médico, esse modelo apresenta como características principais: (a) o individualismo, (b) o biologismo, (c) o curativismo, (d) o mercantilismo, (e) a anistoricidade da prática médica, (f) a medicalização de problemas sociais, (g) o consumismo de produtos e serviços diagnósticos e terapêuticos e (h) a participação passiva e subordinada dos consumidores (Menéndez, 1988).

Ao lado do modelo médico hegemônico, convive, de modo subalterno, o modelo sanitarista, caracterizado por intervenções dirigidas a problemas de saúde inalcançáveis pela atenção médica individual. Trata-se das campanhas (vacinação, enfrentamento de epidemias etc.) e dos programas tradicionais (controle de tuberculose, saúde mental etc.) de saúde pública (Paim, 2008).

É importante acrescentar que esses modelos prevalentes têm sido alvo de críticas e que, em consequência, modelos alternativos têm sido sugeridos. A racionalidade que sustenta esses novos modelos está na busca da satisfação das necessidades de saúde e, por isso, sua característica fundamental é a proposição da integralidade da atenção. São modelos que orientam o desenvolvimento de ações articuladas que incidam sobre os efeitos (doença e agravos) e sobre as causas ou os determinantes da situação de saúde.

Com base na experiência internacional, Mendes (2012) propõe como alternativa que as redes de serviços de saúde articulem dois modelos distintos, um voltado para atenção às condições agudas e outro para as condições crônicas. O primeiro se estrutura como uma rede de atenção às urgências e às emergências, com diferentes nós ou pontos de atenção, categorizados segundo a densidade tecnológica e articulados por um sistema de classificação de risco. O segundo se organiza em cinco níveis: promoção da saúde, prevenção de doenças e controle de condições simples, complexas e hipercomplexas, tendo bem definida a responsabilidade pela população e por cada um de seus subgrupos, de acordo com a necessidade de ações de saúde.

No Brasil, o SUS tem experimentado uma série de iniciativas que tentam implantar a lógica do atendimento às necessidades e da integralidade da atenção. Entre elas, Teixeira (2006) destaca: o modelo em defesa da vida e as ações programáticas de saúde, que focalizam a micropolítica dos processos de trabalho em saúde; a promoção da saúde e as cidades saudáveis, que enfatizam a formulação de macropolíticas sociais; e a vigilância da saúde e a estratégia de saúde da família, que privilegiam os aspectos técnicos e organizacionais das práticas de saúde. A esses modelos alternativos, Paim (2008) acrescenta a oferta organizada, a organização de distritos sanitários ou a distritalização e o acolhimento.

Enfim, os modelos alternativos propõem o desenvolvimento articulado de intervenções que alcancem todo o processo saúde-doença: da promoção até a reabilitação da saúde, passando pela prevenção e pelo tratamento de doenças. A implantação de qualquer um deles, como se pode imaginar, é extremamente complexa, exigindo mudanças não apenas de ordem técnica, mas, sobretudo, de ordem política.

Financiamento

A prestação de serviços de saúde depende de financiamento, assim como tudo o mais. Como as necessidades das pessoas são muitas e variadas, há sempre dilemas ou disputas em relação à distribuição dos recursos econômicos. De fato, não há parâmetros absolutamente objetivos ou exclusivamente técnicos para definição de quais proporções da riqueza de um país devem ser aplicadas na saúde ou em qualquer setor. Essas definições são necessariamente políticas e baseadas nos valores sociais prevalentes. Em regimes democráticos, existem mecanismos para permitir que o conjunto da sociedade manifeste suas preferências quanto à distribuição dos recursos públicos, ainda que, na prática, os distintos grupos sociais detenham diferentes graus de poder para influenciar as decisões.

A saúde, especificamente, tem três características que tornam as decisões sobre seu financiamento mais complicadas do que as referentes ao financiamento de outros setores. Uma dessas características específicas é a incerteza inerente ao processo saúde-doença: fora situações excepcionais, ninguém pode predizer quando precisará de um serviço de saúde. Outra é a assimetria de informação entre o consumidor e o fornecedor: mesmo quando alguém sabe que precisa de cuidados de saúde, em geral, não sabe qual tipo de cuidado necessita e, exatamente por isso, recorre a um profissional. A terceira se refere à existência de externalidades no uso de serviços de saúde, ou seja, à ocorrência de efeitos (custos ou benefícios) em terceiros, produzidos sem que tenham tido a possibilidade de impedi-los, a obrigação de pagar por eles ou o direito de ser indenizados.

Por causa dessas especificidades, ao longo do século XX, a maioria dos países optou por adotar algum tipo de seguro para financiar os sistemas de saúde. Grosso modo, há três tipos de seguro que conformam três modelos de financiamento da saúde – a seguridade social, o seguro social e o seguro privado –, embora, na realidade, não existam modelos puros (Ugá & Porto, 2008).

O modelo da seguridade social tem seu melhor exemplo no National Health Service britânico, implantado depois da 2ª Guerra Mundial. Trata-se de um sistema baseado no princípio da saúde como direito humano, que assegura o acesso universal aos serviços por meio de mecanismos de adscrição territorial de clientela e de referência e contrarreferência. É financiado, principalmente, por impostos diretos, como o Imposto de Renda.

O seguro social, regido pela ética da solidariedade, assegura o acesso aos serviços àquelas pessoas que contribuem para seu financiamento, por meio de descontos nos salários e de pagamentos feitos pelas empresas. Esse modelo existiu no Brasil antes do SUS, quando os trabalhadores formalmente empregados pagavam contribuições e usavam os serviços do Instituto Nacional de Assistência Médica da Previdência Social (Inamps). Alguns países, como a França e a Alemanha, ainda hoje recolhem contribuições individuais específicas para a saúde, mas há muito tempo incorporaram os tributos gerais às fontes de recursos para seus sistemas de saúde, de modo a assegurar o acesso universal.

O seguro privado, por fim, se baseia em duas premissas: (a) na ideia de que o cuidado à saúde é uma responsabilidade individual e que, portanto, deve ser custeado por quem usa os serviços e (b) no fato de que a incerteza inerente ao estado de saúde recomenda a formação de poupança para os momentos de necessidade. Assim, onde o liberalismo político é um valor marcante, como nos EUA, desenvolveu-se um forte mercado em que famílias e empresas adquirem seguros e planos privados de saúde para acioná-los quando tiverem problemas de saúde. De fato, os EUA são o único país do mundo em que esse modelo é predominante. Mesmo assim, seus cidadãos maiores de 65 anos ou com renda familiar anual inferior a US$ 22 mil contam com dois programas específicos, o *Medicare* e o *Medicaid*, financiados com recursos oriundos de contribuições sobre a folha de pagamentos e de impostos federais e estaduais (aging.senate.gov/crs/medicaid5.pdf).

O SUS brasileiro é financiado por meio do Orçamento da Seguridade Social, que engloba a Saúde, a Previdência e a Assistência Social. A parte da Saúde tem como principais fontes de recursos a Contribuição Sobre o Lucro Líquido (CSLL) e a Contribuição para o Financiamento da Seguridade Social (Cofins), pagas pelas empresas à União. Vale destacar que a destinação ao SUS de recursos advindos dos impostos gerais é irrisória.

Na comparação internacional, chama a atenção o fato de o Brasil, apesar de dispor de um sistema público que se pretende universal, ter uma estrutura de financiamento parecida com a norte-americana, em que a participação dos gastos privados é maior do que a dos gastos públicos. Com efeito, enquanto no Brasil e nos EUA a proporção de gastos públicos está em torno de 45% do total de gastos em saúde, nos países com sistemas universais os gastos públicos representam sempre mais de 70% do total (Ugá & Porto, 2008).

A baixa participação dos gastos públicos no financiamento da saúde explica a situação de subfinanciamento do SUS. Ao contrário de países com sistemas universais, que destinam à saúde, em recursos públicos, mais de 7% do Produto Interno Bruto (PIB), o Brasil investe apenas 3,7% do PIB no SUS. Em termos de gastos *per capita*, a diferença é maior: enquanto a cada brasileiro corresponde um montante anual de US$ 300 investidos no SUS, a cada britânico corresponde US$ 2.440, a cada canadense, US$ 3.160 e a cada francês, US$ 3.380, investidos nos respectivos sistemas públicos (OMS, 2012).

Visto o financiamento da perspectiva do *funding*, do aporte de recursos financeiros aos sistemas de saúde, é preciso também abordá-lo da perspectiva do *financing* ou da gestão desses recursos.

No caso do SUS, a gestão financeira se organiza por meio dos fundos – nacional, estaduais e municipais – de saúde. Os fundos não são entes jurídicos, mas uma modalidade de gestão, caracterizada por reunir em um só caixa todas as receitas que se destinam à realização de determinados serviços. Os fundos de saúde representam uma importante conquista democrática, pois dão mais transparência à gestão financeira. Ademais, o repasse automático de recursos do Fundo Nacional de Saúde para os fundos estaduais e municipais, com a redução do uso de convênios para a transferência de recursos entre as esferas de governo, reduz a margem de uso clientelístico das verbas públicas.

Os recursos financeiros do SUS, como os de todos os setores públicos, atravessam um ciclo orçamentário. Orçamento é o documento que prevê o montante de recursos que deve entrar e sair dos cofres públicos em um determinado período, especificando as fontes de receita e as categorias de despesa. O ciclo começa com a elaboração pelo Poder Executivo do Plano Plurianual, da Lei de Diretrizes Orçamentárias e da Lei Orçamentária Anual. Essas peças são submetidas, uma a uma, ao Poder Legislativo e, uma vez aprovadas, com modificações ou não, voltam ao Executivo para a elaboração da programação financeira e sua execução. O ciclo se fecha com o controle da gestão orçamentária e financeira, por meio do julgamento das contas pelo Poder Legislativo, após apreciação dos Tribunais de Contas (Brasil/Conass, 2011).

Tabela 5.4 ♦ Gastos do Fundo Nacional da Saúde, por programa de governo, 2011

Programa de Governo	Valores	
	R$	%
Atenção ambulatorial e hospitalar especializada	37.006.716.132,00	50,6
Atenção básica	12.955.800.161,00	17,6
Assistência farmacêutica	6.337.444.575,00	8,6
Vigilância, prevenção e controle de doenças e agravos	2.636.242.580,00	4,0
Segurança transfusional, qualidade do sangue e hemoderivados	535.921.689,00	0,7
Aperfeiçoamento do trabalho e da educação na saúde	453.228.983,00	0,6
Outros	1.661.906.810,00	2,3
Subtotal de gastos assistenciais	*61.587.269.930,00*	*84,4*
Apoio administrativo	6.475.901.677,00	8,8
Previdência de inativos e pensionistas	4.985.863.692,00	6,8
Subtotal gastos administrativos	*11.461.765.369,00*	*15,6*
TOTAL	73.049.026.299,00	100

Fonte: Brasil, 2012.

Para se ter uma noção da alocação dos recursos do SUS, entre as diversas ações de saúde, é útil observar como se distribuem os recursos orçamentários atribuídos ao Ministério da Saúde (Tabela 5.4). Registre-se que, atualmente, os recursos federais representam pouco menos de 50% do total de recursos destinado ao SUS, sendo os outros 50% assumidos por estados e municípios em proporções semelhantes.

Como se pode ver na Tabela 5.4, metade dos recursos federais do SUS é alocada nas ações de assistência especializada, três vezes mais do que o montante destinado à atenção básica. Os gastos com a assistência farmacêutica vêm em terceiro lugar. Por fim, vale destacar que os gastos administrativos, incluindo as aposentadorias e as pensões de antigos servidores da saúde ou de seus dependentes, são responsáveis por 16% do orçamento do Ministério da Saúde.

Gestão ou governança e regulação

O sexto e último componente de uma rede de serviços de saúde é a gestão. Uma definição prática e abrangente de gestão de sistemas de saúde é proposta pela OMS (1978):

> [...] um processo integrado de formulação de políticas de saúde, de definição de programas prioritários que permitam pôr em prática essas políticas, de reserva de recursos financeiros nos orçamentos para esses programas, de execução desses programas por meio do sistema de saúde, de vigilância, fiscalização e avaliação desses programas de saúde e dos serviços e das instituições que os executam, e a contribuição de uma base adequada de informação para o processo em geral e cada um de seus elementos [...] (tradução livre).

Nesse sentido, a gestão inclui desde a elaboração de políticas até a execução das ações, passando pela definição de programas. Pode-se, assim, categorizá-la em três níveis: a macrogestão, atinente à formulação de políticas gerais; a mesogestão, relacionada com a condução de instituições e serviços; e a microgestão, referida à coordenação dos processos de trabalho dos profissionais de saúde (Garcia, 2001).

Em cada um desses níveis, as ações de gestão se desenvolvem em três dimensões: política, técnica e administrativa. A dimensão política contempla as ações que os gestores devem coordenar para assegurar seu poder, conquistando o apoio da população à política em tela (subdimensão sociopolítica) e estabelecendo as relações necessárias com outros órgãos (subdimensão político-institucional). A dimensão técnica reúne as ações de identificação e priorização de problemas e de proposição e aplicação de soluções. Trata-se da dimensão que confere especificidade à gestão dos diferentes setores. Por fim, a dimensão administrativa trata da mobilização e do uso eficiente dos recursos humanos, financeiros e materiais (Souza, 2009).

No caso da saúde, a dimensão política envolve decisões sobre a alocação de recursos para a saúde, o comando das instituições gestoras da saúde e a organização dos processos de trabalho do pessoal da saúde. A dimensão técnica, conduzida pelos sanitaristas, abarca a formulação de políticas e programas de saúde tecnicamente consistentes, a incorporação das ações programadas à rotina organizacional e o fortalecimento das atividades de planejamento e avaliação. Por fim, a dimensão administrativa engloba a formulação da política de pessoal da saúde, o fortalecimento da autonomia financeira da instituição gestora da saúde e a gestão de aquisição e manutenção de equipamentos e materiais.

À gestão, como componente dos sistemas ou das redes de atenção à saúde, estão associados dois conceitos específicos, que merecem uma breve descrição: o de governança e o de regulação.

Governança designa o ato de governar, ou melhor, o exercício da autoridade política e o uso dos recursos institucionais para gerir os negócios do Estado e atender às necessidades da sociedade (World Bank, 1991). Nesse sentido, distingue-se de governo enquanto instituição ou sujeito coletivo que realiza o ato de governar. Nos anos 1990, o termo governança, antes em desuso, é adotado e difundido pelo Banco Mundial para definir uma nova maneira de governar e de gerir os negócios públicos, caracterizada por maior participação da sociedade e menor intervenção estatal (European Commission, 2012).

As dimensões políticas, econômicas e institucionais da governança podem ser apreendidas por meio de seis indicadores, propostos pelo World Bank (2006) para avaliar os países.

a. **Voz e obrigação de prestar contas** (*accountability*): indicam em que extensão os cidadãos de um país participam da escolha de seu governo e dispõem de liberdade de expressão e de associação, assim como de liberdade de imprensa.
b. **Estabilidade política e ausência de violência:** sugerem a probabilidade de que um governo seja derrubado por meios inconstitucionais ou violentos.
c. **Efetividade governamental:** possibilita medir a qualidade dos serviços públicos e o grau de sua independência em relação às pressões políticas, a qualidade do processo de formulação e implantação das políticas e a credibilidade do compromisso do governo com tais políticas.
d. **Qualidade regulatória:** reflete a habilidade do governo de formular e implantar políticas e regulações relevantes que permitam e promovam o desenvolvimento do setor privado.
e. **Força da lei:** indica em que medida os cidadãos confiam nas leis e respeitam os contratos, a polícia e os tribunais.
f. **Controle da corrupção:** define a extensão em que o poder público é exercido visando ao ganho particular ou é capturado pelas elites e pelos interesses privados.

Assim, no que concerne a uma rede ou a um sistema de serviços de saúde, a governança pode ser definida como o ato de bem governar – com responsabilidade, estabilidade, efetividade, qualidade, legalidade e honestidade – as relações entre a população, os recursos e os serviços de saúde, de modo a articulá-los em função do objetivo de cuidar da saúde. Pode-se notar que a governança se refere ao nível da macrogestão e à dimensão política da gestão.

A regulação, por sua vez, são as disposições (em geral, legais) que criam direitos e deveres, definindo responsabilidades. A regulação pode tomar várias formas: restrições legais promulgadas por uma autoridade governamental, obrigações contratuais que vinculam duas ou mais partes entre si, normas sociais amplamente aceitas ou mecanismos autorregulatórios, como no caso das profissões e seus conselhos. A regulação abarca tanto a elaboração de leis, regras, normas e instruções como as ações que visam garantir seu cumprimento, como a fiscalização e a auditoria. Recorre-se a ela quando se sabe que certos efeitos desejados não ocorreriam de outro modo. Ademais, trata-se de um instrumento de implantação de políticas (http://en.wikipedia.org/wiki/Regulation).

Na área da saúde, são muitas as disposições regulatórias, a começar pelas Leis Orgânicas da Saúde (Leis 8.080 e 8.142, ambas de 1990), passando pelos códigos de ética das profissões, até chegar às inúmeras portarias ministeriais. Tendo como objeto geral a produção e a utilização de bens e serviços de saúde, a regulação sanitária tem diversos objetos específicos: os estabelecimentos com sua estrutura física, seus equipamentos, seus trabalhadores etc.; as relações contratuais, incluindo os planos e seguros de saúde; o exercício das profissões de saúde; a oferta e a demanda por serviços; as diretrizes clínicas e os protocolos assistenciais; os fluxos de atendimento; a produção, a venda, a incorporação e o uso de medicamentos e de outros insumos; as condições de trabalho; as condições ambientais no que tange a seus efeitos sobre a saúde; o controle e a avaliação de custos e gastos em saúde (Mendonça, Reis & Morais, 2006). Vê-se que a regulação estende sua atuação aos três níveis e às três dimensões da gestão.

Por fim, é fundamental não perder de vista que as múltiplas atividades de gestão devem representar o cumprimento das funções precípuas das instituições responsáveis pela condução do sistema de serviços de saúde.

A Organização Pan-Americana da Saúde (2000) propõe um rol de "funções essenciais de saúde pública", definindo-as como movimentos da sociedade e do Estado que orientam e estruturam a organização e o comportamento dos atores sociais, constituindo-se em condições *sine qua non* para o desenvolvimento integral da saúde e o alcance do bem-estar social.

No Brasil, o Conselho Nacional de Secretários de Saúde (Brasil/Conass, 2005) adaptou esse rol de funções às características gerais do SUS e, em especial, ao princípio da integralidade, que não admite a separação entre as ações dirigidas à coletividade e aquelas destinadas aos indivíduos, nem permite que o Estado se ocupe apenas das primeiras. Assim, o Conass define como funções essenciais de saúde pública as atribuições dos órgãos gestores da saúde que visam melhorar o desempenho das práticas de saúde por meio do fortalecimento das capacidades institucionais. Ao todo, são 11 as funções essenciais:

a. Monitoramento, análise e avaliação da situação de saúde
b. Vigilância, investigação, controle de riscos e danos à saúde
c. Promoção da saúde
d. Participação social em saúde
e. Desenvolvimento de políticas e capacidade institucional de planejamento e gestão pública da saúde
f. Capacidade de regulação, fiscalização, controle e auditoria em saúde
g. Promoção e garantia do acesso universal e equitativo aos serviços de saúde
h. Administração, desenvolvimento e formação de recursos humanos em saúde
i. Promoção e garantia da qualidade dos serviços de saúde
j. Pesquisa e incorporação tecnológica em saúde
k. Condução da mudança do modelo de atenção à saúde

Em seu conjunto, as informações apresentadas, ao longo deste texto, em cada um dos componentes do sistema de saúde – população, infraestrutura, organização dos serviços de saúde, prestação de serviços, financiamento e gestão – fornecem uma ideia do desempenho do SUS nessas 11 funções.

DESAFIOS PARA A EFETIVAÇÃO DE UM SISTEMA OU DE UMA REDE DE SAÚDE NO BRASIL

A análise dos conceitos de sistema e de rede de atenção à saúde e a descrição de seus componentes permitem agora que se responda ao porquê de se propor a organização de sistemas de saúde.

Antes de responder, todavia, é útil sintetizar a discussão prévia em uma definição de sistema integrado de serviços de saúde: conjunto articulado de intervenções incidentes sobre todo o processo saúde-doença (promoção e reabilitação da saúde, prevenção e tratamento de doenças e agravos), gerido e ofertado de modo que as pessoas possam utilizar um contínuo de serviços, de acordo com suas demandas e suas necessidades, ao longo do tempo, recorrendo aos diferentes níveis de atenção à saúde.

Dessa definição, pode-se extrair o sentido principal da proposição dos sistemas integrados: a satisfação das necessidades de saúde dos indivíduos e das populações exige a articulação e a coordenação de diferentes tipos de serviços. Dito de outro modo, nenhum serviço isolado é capaz de atender ao conjunto das demandas e das necessidades. Por isso, os sistemas integrados são mais efetivos.

Em segundo lugar, a integração favorece o uso racional dos recursos disponíveis, possibilitando a utilização do serviço requerido, no momento certo e no lugar adequado, o que não só evita desperdícios, como potencializa os efeitos das ações de saúde. Desse modo, os sistemas integrados são mais eficientes.

Além disso, a integração sistêmica viabiliza a emergência das linhas de cuidado, entendidas como o caminho realizado pelo usuário desde a identificação até a satisfação de sua necessidade, por meio do acesso às intervenções capazes de reconstituir sua autonomia. As linhas de cuidado só se constituem se as competências profissionais e as tecnologias do cuidado, distribuídas pelos diversos pontos de atenção de uma rede, estiverem bem integradas. Organizadas de modo a priorizar a atenção aos grupos sociais mais vulneráveis ou às condições de saúde mais prevalentes, as linhas de cuidado permitem que os sistemas integrados sejam mais equitativos.

Por fim, deve-se lembrar que a identificação dessas razões para a proposição de sistemas ou redes de atenção à saúde não procede apenas de teorias ou debates acadêmicos, por mais relevantes que sejam, mas resulta também das experiências concretas com sistemas fragmentados em vários países.

No Brasil, a Constituição federal de 1988 incorporou, com a ideia do SUS, o propósito de conformar um sistema integrado de saúde, entendendo que a integração efetiva pressupõe a universalidade do acesso, a integralidade da atenção e a igualdade de uso dos serviços.

Nesse sentido, os desafios para efetivar o SUS são os desafios de organização de um sistema integrado. Para ser universal, o SUS deve ofertar atenção de qualidade em volume suficiente para todos, eliminando as barreiras jurídicas, econômicas, culturais e sociais que se interpõem entre a população e sua rede de serviços. Embora a legislação assegure que a saúde é um direito de cidadania, há dificuldades de toda ordem para a efetivação desse direito.

Em primeiro lugar, o entendimento e o aprendizado pelos serviços de saúde acerca das estratégias de prevenção de riscos e danos e de promoção, manutenção e recuperação da saúde exigem um diálogo permanente entre profissionais de saúde e a população, obstaculizado, sobretudo, por diferenças sociais que ainda persistem no país.

Em segundo lugar, um sistema universal de saúde apoia-se em valores igualitários e na equidade de acesso e utilização de procedimentos de saúde, dois desafios que estão longe de ser superados. É necessário priorizar a atenção para pacientes mais graves e populações mais vulneráveis que apresentam riscos diferenciados de adoecer e morrer de modo a alcançar a igualdade de oportunidades de sobrevivência, de desenvolvimento pessoal e social entre os membros de uma sociedade.

Em terceiro, o alcance da integralidade da atenção à saúde remete a um amplo repertório de ações que inclui ações inespecíficas de promoção da saúde, ações específicas de vigilância ambiental, sanitária e epidemiológica dirigidas ao controle de riscos e danos, ações de assistência e recuperação de indivíduos enfermos, seja para a detecção precoce de doenças, seja para o diagnóstico e o tratamento, seja para a reabilitação. Tudo isso visando à eliminação e à redução dos problemas e ao atendimento das necessidades de saúde. Para desenvolver esse rol de ações e assegurar a integralidade, é necessário dispor de estabelecimentos, unidades de prestação de serviços, pessoal capacitado e recursos de diversas ordens.

Por fim, sem suporte financeiro e político ao SUS, a deterioração da rede pública está permitindo a desqualificação dos preceitos constitucionais da garantia do direito à saúde. O fato de segmentos de classe média e de trabalhadores especializados procurarem a cobertura de planos privados, enquanto a população mais pobre enfrenta filas e a baixa qualidade dos serviços, está minando os esforços de construção do SUS universal, integral e igualitário. Embora não existam barreiras formais, permanecem grandes diferenciais no acesso e na continuidade da atenção devido a problemas atinentes à ausência e à desorganização dos serviços.

Apesar dessas dificuldades, desde 2001, o SUS ocupa posição de destaque no cenário internacional. O controle da AIDS não só mediante a prevenção, mas com o tratamento das pessoas contaminadas pelo HIV, a proposta de produção de medicamentos a preços reduzidos para países pobres, a luta contra o tabaco, proibindo a propaganda em rádio e TV, e a política de aleitamento exclusivo nos primeiros 6 meses de vida das crianças, além da estratégia de atenção à saúde da família, mereceram o reconhecimento de organismos como a OMS.

Mais recentemente, a ascensão de milhões de brasileiros a extratos de maior renda impõe novos desafios ao SUS. Na medida em que os planos privados de saúde restringem coberturas e pressionam a rede pública para desempenhar um papel complementar ao atendimento de seus clientes, a fragmentação do sistema pode se intensificar.

A constatação da incapacidade dos sistemas fragmentados de oferecer serviços e ações que tenham impacto positivo sobre os problemas de saúde do mundo contemporâneo, como a alta prevalência de agravos crônicos, incluindo a síndrome metabólica, os cânceres e os transtornos mentais, sem falar de novas intervenções, como a clonagem, a reprodução assistida e o armazenamento de materiais biológicos, estimula a reafirmação das políticas universais de saúde.

A Conferência Mundial sobre o Desenvolvimento Sustentável, apelidada de Rio+20 e realizada em 2012, incluiu em sua resolução final o reconhecimento da importância dos sistemas universais:

> Reconhecemos também a importância da cobertura universal de saúde para melhorar a saúde, a coesão social e o desenvolvimento econômico e humano sustentável. Comprometemo-nos com o fortalecimento dos sistemas de saúde no sentido da provisão de uma cobertura universal equitativa. Clamamos pelo envolvimento de todos os atores relevantes em ações multissetoriais coordenadas para atender urgentemente às necessidades da população mundial (tradução livre)[1].

---

[1] UN. El future que queremos. (http://daccess-dds-ny.un.org/doc/UNDOC/GEN/N11/476/13/PDF/1147613.pdf?OpenElement).

Para os brasileiros, portanto, o cenário mais favorável seria o da efetivação do SUS. Contudo, apesar de ter atingido o estatuto de política de Estado e modelo exemplar no âmbito internacional, a fragilidade de seus suportes financeiros, organizacionais e tecnológicos interroga o futuro do SUS e da própria política de saúde, como resposta organizada da sociedade e do Estado aos problemas de saúde das pessoas.

Referências

Almeida C. Eqüidade e reforma setorial na América Latina: um debate necessário. Cad. Saúde Pública Rio de Janeiro, 2002; 18 (suppl.)

Almeida-Filho N. A saúde e o paradigma da complexidade. Texto apresentado no Ciclo de Estudos sobre "O Método" de Edgar Morin. Universidade do Vale do Rio dos Sinos, 7 de outubro de 2004. Disponível em http://projeto.unisinos.br/ihu/uploads/publicacoes/edicoes/1158325839.84pdf.pdf. Acessado em: 8/9/2012.

Almeida-Filho N. Ensino superior e os serviços de saúde no Brasil. The Lancet. Publicado Online em 9 de maio de 2011.

Armitage G, Suter E, Oelke N, Adair C. Health systems integration: state of the evidence. International Journal of Integrated Care, 17 June 2009. Disponível em: http://www.ijic.org/index.php/ijic/article/viewArticle/316/630. Acessado em: 7/9/2012.

Barabási A-L. Linked – A nova ciência dos networks. São Paulo: Editora Leopardo, 2002, 256p.

Bertalanffy L von General System Theory. New York: George Braziller, 1986.

Borzel. Organizing Babylon: on the differents conceptions of policy networks. Public Administration 1998; 76:253-73. Disponível em: http://www.ceses.cuni.cz/CESES-136-version1-1C_gov_networks_babylon_borzel.pdf. Acessado em: 7/9/2012.

Brasil. CNES – Cadastro Nacional de Estabelecimentos de Saúde. Recursos humanos – Ocupações, segundo o CBO 2002 – Brasil. Disponível em: http://tabnet.datasus.gov.br/cgi/tabcgi.exe?cnes/cnv/proc02br.def. Acessado em: 15/10/2012.

Brasil. Conselho Nacional de Saúde (2004). Resolução 338, de 6 de maio de 2004. Política Nacional de Assistência Farmacêutica. Brasília: Ministério da Saúde. Disponível em: http://portal.saude.gov.br/portal/arquivos/pdf/resol_cns338.pdf

Brasil. Conselho Nacional de Secretários de Saúde. A gestão administrativa e financeira no SUS. Brasília: Conass, 2011, 132p. (Coleção para Entender a Gestão do SUS 2011, 8).

Brasil. Conselho Nacional de Secretários de Saúde. A gestão da saúde nos estados: avaliação e fortalecimento das funções essenciais. Brasília: Conass, 2007, 262p.

Brasil. Governo federal (2011). Notícias sobre acesso a medicamentos. Disponível em: http://www.brasil.gov.br/noticias/arquivos/2012/01/12/acesso-a-medicamentos-gratuitos-cresce-273).

Brasil. Governo federal (2012) Transparência pública. Disponível em: www3.transparencia.gov.br/TransparenciaPublica/jsp/execucao/execucaoPorProgGoverno.jsf. Acessado em: 25/10/2102.

Brasil. Ministério da Saúde. Conselho Nacional de Saúde. Princípios e Diretrizes para NOB/RH-SUS. 2. ed., rev. e atual. Brasília: Ministério da Saúde, 2002, 112p. (Série Cadernos Técnicos).

Brasil. Ministério da Saúde. Secretaria de Políticas de Saúde. Departamento de Atenção Básica. Política Nacional de Medicamentos. Brasília: Ministério da Saúde, 2001, 40p.

Brasil. Ministério da Saúde. Secretaria de Vigilância em Saúde. Programa Nacional de Imunizações – 30 anos. Brasília: Ministério da Saúde, 2003 (Série C. Projetos e Programas e Relatórios).

Campos GWS. O Anti-Taylor: sobre a invenção de um método para co-governar instituições de saúde produzindo liberdade e compromisso. Cad Saúde Pública 1998; 14(4):63-70.

Castells M. A sociedade em rede. 4. ed. São Paulo: Paz e Terra, 2000, 530p.

CFM – Conselho Federal de Medicina. Demografia Médica no Brasil: dados gerais e descrições de desigualdades. Coordenação: Mário Scheffer; Aureliano Biancarelli e Alex Cassenote. São Paulo: Conselho Regional de Medicina do Estado de São Paulo e Conselho Federal de Medicina, 2011, 117p.

Chaves M. Saúde e sistemas. 3. ed Rio de Janeiro: Fundação Getúlio Vargas, 1980, 205p.

Chaves M. Complejidad y transdisciplinaridad: un abordaje multidimensional. Revista Brasilera de Educación Médica, 1998; 22(1).

Commission européenne. Étymologie du terme "gouvernance". Disponível em: http://ec.europa.eu/governance/docs/doc5_fr.pdf. Acessado em: 24/10/2012.

Contandriopoulos AP. La régulation d'un système de soins sans murs. In: Claveranne JP, Lardy C, de Pouvourville G, Contandriopoulos AP, Experton B (orgs.) La santé demain: vers um système de soins sans murs. Paris: Economica, 1999:87-102.

Cosendey M, Bermudez J, Reis A, Silva H, Oliveira M, Luiza V. Assistência farmacêutica na atenção básica de saúde: a experiência de três estados brasileiros. Cad. Saúde Pública 2000; 16(1):171-82.

Deddeca C, Proni MW, Moretto A. O trabalho no Setor de Atenção à Saúde. In: Negri B, Di Giovanni G (orgs.) Brasil: Radiografia da Saúde. Campinas: IE/UNICAMP, 2001:175-218.

Dussault G, Souza LE. Gestão de Recursos Humanos em Saúde 1999. Disponível em: http://info.worldbank.org/etools/docs/library/206831/Dussault%20e%20De%20Souza.pdf. Acessado em: 1/10/2012.

European Commission, 2012 http://ec.europa.eu/governance/docs/doc5_fr.pdf

Freidson E. Profession of Medicine. Michigan: University of Chicago Press, 1970:440.

Gadelha C, Maldonado J, Vargas M, Barbosa P, Costa L. A Dinâmica do Sistema Produtivo da Saúde: inovação e complexo econômico-industrial. Editora Fiocruz, 2012 (no prelo).

Garcia GG. Las reformas de salud y los modelos de gestión. Revista Panamericana de Salud 2001; 9(6):406-12.

Girardi S, Carvalho C. Configurações do mercado de trabalho dos assalariados em saúde no Brasil. Belo Horizonte: Formação (Ministério da Saúde, Profae), 2002:15-36.

Gomes CA. A Assistência Farmacêutica no Brasil: Análise e Perspectivas. Disponível em: http://www1.cgee.org.br/arquivos/rhf_p1_af_carlos_gomes.pdf.

Guanais F, Macinko J. The health effects of decentralizing primary care in Brazil. Health Aff 2009; 28:1127-35.

Guimarães R, Souza LE, Silva LP, Serruya S. Não há saúde sem pesquisa: avanços no Brasil de 2003 a 2010. Revista Baiana de Saúde Pública 2012; 36(1):55-65.

IBGE – Instituto Brasileiro de Geografia e Estatística. Séries estatísticas & séries históricas. Disponível em: http://www.ibge.gov.br/series_estatisticas. Acessado em: 20/9/2012.

IBGE – Instituto Brasileiro de Geografia e Estatística. Um panorama da saúde no Brasil: acesso e utilização dos serviços, condições de saúde e fatores de risco e proteção à saúde, 2008. Disponível em: http://www.ibge.gov.br/home/estatistica/populacao/panorama_saude_brasil_2003_2008/default.shtm. Acessado em: 21/9/2012.

Kleczkowski B, Roemer M, Van Der Werff A. Sistemas nacionales de salud y su reorientación hacia la salud para todos. Ginebra: OMS, 1984, 134p.

Kodner D, Spreeuwenberg C. Integrated care: meaning, logic, applications, and implications – a discussion paper. International Journal of Integrated Care 2002; 2, 14 November 2002. Disponível em: http://www.ncbi.nlm.nih.gov/pmc/articles/PMC1480401/pdf/ijic2002-200212.pdf. Acessado em: 10/9/2012.

Kornis G, Braga MH, Zaire CE. Os marcos legais das políticas de medicamentos no Brasil contemporâneo (1990-2006). Rev APS 2008; jan./mar 11(1):85-99.

Kuschnir R, Chorny A. Redes de atenção à saúde: contextualizando o debate. Ciência & Saúde Coletiva 2010; 15(5):2307-16.

Lobato L, Giovanella L. Sistemas de saúde: origens, componentes e dinâmica. In: Giovanella L, Escorel S, Lobato L, Noronha J, Carvalho A (orgs.) Políticas e sistemas de saúde no Brasil. Rio de Janeiro: Editora Fiocruz 2008:107-40.

Matlin S. Tracking Financial Resources for Health Research and Development. Apresentação para o Grupo de Experts sobre Financiamento de Pesquisa da Organização Mundial da Saúde: Genebra, 12-14 de janeiro de 2009.

Mendes EV. As redes de atenção à saúde. Brasília: Organização Pan-Americana da Saúde, 2011, 549p.

Mendes EV. O cuidado das condições crônicas na atenção primária à saúde: o imperativo da consolidação da estratégia da saúde da família. Brasília: Organização Pan-Americana da Saúde, 2012, 512p.

Mendes E.V. Os grandes dilemas do SUS. Salvador, Casa da Qualidade, Tomo I, 2001.

Mendes EV. As redes de atenção à saúde. Brasília: Organização Pan-Americana da Saúde, 2011, 549p.

Mendes EV. O cuidado das condições crônicas na atenção primária à saúde: o imperativo da consolidação da estratégia da saúde da família. Brasília: Organização Pan-Americana da Saúde, 2012, 512p.

Mendonça CS, Rei AT, Morais JC. (orgs.) A política regulação do Brasil. Brasília: Organização Pan-Americana da Saúde, 2006, 116p. (Série técnica desenvolvimento de sistemas e serviços de saúde, 12).

Menéndez EL. Modelo Médico Hegemónico y Atención Primaria. Segundas Jornadas de Atención Primaria de la Salud. 30 de abril al 7 de mayo; 1988. Buenos Aires. Disponível em: jan./mar.http://www.chubut.gov.ar/salud/capacitacion/imagenes/eje1,%20enc.1,%20Modelo%20M%E9dico%20Hegem%F3nico%20y%20APS,%20E.Menendez.pdf. Acessado em: 10/9/2012.

Morin E. Ciência com consciência. Tradução de Maria D. Alexandre e Maria Alice Sampaio Dória, 8. ed. Rio de Janeiro: Bertrand Brasil, 2005, 350p.

Naciones Unidas. Resolución 66/288 El future que queremos. 2012. Disponível em: http://daccess-dds-ny.un.org/doc/UNDOC/GEN/N11/476/13/PDF/N1147613.pdf?OpenElement. Acessado em: 23/10/2012.

Noronha J, Lima L, Machado C. A Gestão do Sistema Único de Saúde: características e tendências. In: Brasil. Ministério da Saúde. Saúde no Brasil – Contribuições para a Agenda de Prioridades de Pesquisa. Brasília: Ministério da Saúde, 2004:41-86.

Noronha J, Santos I, Pereira T. Relações entre o SUS e a saúde suplementar: problemas e alternativas para o futuro do sistema universal. In: Santos NR, Amarante P (orgs.) Gestão pública e relação público-privado na saúde. Rio de Janeiro: Cebes, 2011:152-79.

OMS – Organización Mundial de La Salud. Estadísticas sanitarias mundiales 2012. Genebra: OMS, 2012. (Clasificación NLM: WA 900.1)

OMS – Organização Mundial da Saúde. Declaração de Alma-Ata. Conferência Internacional sobre os Cuidados de Saúde Primários. Cazaquistão, 1978. Disponível em: www.who.int/publications/almaata_declaration_en.pdf Acessado em: 1/10/2012.

OPS – Organización Pan-Americana de la Salue. Funciones esenciales de salud pública. Washington: OPS, CD42/15 (Esp.), 20 julio 2000.

OPS – Organización Pan-Americana de la Salud. Redes Integradas de Servicios de Salud: Conceptos, Opciones de Política y Hoja de Ruta para su Implementación en las Américas. Washington: OPS, 2008, 71p. Disponível em: http://portal.saude.gov.br/portal/arquivos/pdf/doc_opas_espanhol.pdf. Acessado em: 11/09/12.

Paim J, Travassos C, Almeida C, Bahia L, Macinko J. O sistema de saúde brasileiro: história, avanços e desafios. The Lancet. Publicado online em 9 de maio de 2011.

Paim JS. Modelos de atenção à saúde no Brasil. In: Giovanella L, Escorel S, Lobato L, Noronha J e Carvalho A (orgs.) Políticas e sistemas de saúde no Brasil. Rio de Janeiro: Editora Fiocruz, 2008.

Pierantoni C, Varella T, França T. Recursos humanos e gestão do trabalho em saúde: da teoria para a prática. In: Brasil-Ministério da Saúde/Organização Pan-Americana de Saúde. Observatório de recursos humanos em saúde no Brasil: estudos e análise. André Falcão do Rego Barros et alii (orgs.). Brasília: Ministério da Saúde, 2004:51-70.

Rovere M. Redes En Salud; Un Nuevo Paradigma para el abordaje de lãs organizaciones y la comunidad. Rosario: Ed. Secretaría de Salud Pública/AMR, Instituto Lazarte (reimpresión), 1999.

Shortell SM, Gillies RR, Anderson DA. The new world of managed care: creating organized delivery systems. Health Affairs 1994; 13(5): 46-64.

Souza LEPF. O SUS necessário e o SUS possível: estratégias de gestão. Uma reflexão a partir de uma experiência concreta. Ciênc Saúde Coletiva 2009; 14(3). Rio de Janeiro May/June 2009. Disponível em: http://dx.doi.org/10.1590/S1413-81232009000300027.

Teixeira C. A mudança do modelo de atenção à saúde no SUS: desatando nós, criando laços... In: Teixeira C, Solla J (orgs.) Modelos de atenção à saúde: promoção, vigilância e saúde da família. Salvador: EDUFBA, 2006:19-58. Disponível em: http://www.repositorio.ufba.br:8080/ri/bitstream/ri/6217/1/modelo_de_atencao_a_saude.pdf. Acessado em: 12/10/2012.

The World Bank. Managing Development: The Governance Dimension. A Discussion Paper. Washington, D. C., August 29, 1991. Disponível em: http://www-wds.worldbank.org/external/default/WDSContentServer/WDSP/IB/2006/03/07/000090341_20060307104630/Rendered/PDF/34899.pdf. Acessado em: 24/10/2012.

Trad L,; Esperidião M. Gestão participativa e corresponsabilidade em saúde: limites e possibilidades no âmbito da Estratégia de Saúde da Família. Interface – Comunic., Saúde, Educ., 2009; 13(1): 557-70.

Ugá MAD, Porto SM. Financiamento e alocação de recursos em saúde no Brasil. In: Giovanella L, Escorel S, Lobato L, Noronha J, Carvalho A (orgs.) Políticas e sistemas de saúde no Brasil. Rio de Janeiro: Editora Fiocruz, 2008:473-505.

United States of America. Congressional Research Service/The Library of Congress (2008). CRS Report for Congress Medicaid Financing. Washington, D.C. Disponível em: www.aging.senate.gov/crs/medicaid5.pdf. Acessado em 25/10/2012.

Viana AL, Machado C. Descentralização e coordenação federativa: a experiência brasileira na saúde. Ciênc Saúde Coletiva 2009; 14(3), Rio de Janeiro May/June. Disponível em: http://dx.doi.org/10.1590/S1413-81232009000300016.

Wagner EH. Chronic disease management: what will take to improve care for chronic illness? Effective Clinical Practice 1998; 1:2-4.

Wan T, Lin B, Ma A. Integration mechanisms and hospital efficiency in integrated health care delivery systems. Journal of Medical Systems april 2002; 26(2).

Wasserman S, Faust K. Social network analysis: methods and applications. Cambridge: Cambridge University Press, 1994, 857p.

Watts D. Seis graus de separação. São Paulo: Editora Leopardo, 2009.

WHO – World Health Organization. The World health report 2000: health systems: improving performance. Geneva: WHO, 2000, 215p.

WHO – World Health Organization. Integrated health services: what and why? Geneva, World Health Organization, Technical Brief nº 1, 2008.

Wikipedia. Regulation. Disponível em: http://en.wikipedia.org/wiki/Regulation. Acessado em: 25/10/2012.

World Bank, 1991 http://www-wds.worldbank.org/external/defalt/WDSContentServer/WDSP/IB/2006/03/07/000090341_20060307104630/Rendered/PDF/34899.pdf

World Bank. A Decade of Measuring the Quality of Governance. 2006. Disponível em: http://siteresources.worldbank.org/INTWBIGOVANTCOR/Resources/17404791150402582357/2661829-1158008871017/booklet_decade_of_measuring_governance.pdf. Acessado em: 24/10/2012.

Ziulkoski P. A política de financiamento do SUS na ótica municipalista. Apresentação realizada na audiência pública do Supremo Tribunal Federal sobre a Saúde, realizada em 229 de abril de 2009. Disponível em: http://www.stf.jus.br/portal/cms/verTexto.asp?servico=processoAudienciaPublicaSaude.

6

Ciclo de uma Política Pública de Saúde:
Problematização, Construção da Agenda, Institucionalização, Formulação, Implementação e Avaliação

Isabela Cardoso de Matos Pinto • *Ligia Maria Vieira-da-Silva* • *Tatiana Vargas de Faria Baptista*

CONCEITOS DE POLÍTICA, POLÍTICA PÚBLICA, POLÍTICA SOCIAL E POLÍTICA DE SAÚDE

O que é política e por que ela interessa ao estudo da Saúde Coletiva?

A análise de políticas costuma ser considerada uma tarefa dos especialistas em política. É também identificada como uma área de interesse daqueles que visam atuar na prática política, o político profissional. Por outro lado, é frequente ouvirmos falar que a participação política dos cidadãos reflete o grau de civilização ou de maturidade de uma democracia. Assim, temos pelo menos dois pontos de vista sobre política que prevalecem: um que considera a política uma prática restrita aos que atuam no âmbito das instituições políticas ou que estudam os processos em curso neste contexto e outro que considera que a política perpassa as relações sociais e diz respeito a todo e qualquer indivíduo.

Essas duas concepções têm raízes históricas. A palavra política tem origem na Grécia e Roma Antigas. "Política" deriva de *Polis*, que quer dizer cidade ou comunidade organizada e composta por cidadãos (*politikos*). Naquele tempo, política era tudo que dizia respeito à cidade e aos cidadãos livres. No entanto, cabe lembrar que mulheres e escravos não eram considerados cidadãos e, por isso, estavam excluídos daquela comunidade política. Bobbio retoma esse conceito de política, da tradição clássica, e confronta-o com aquele predominante na modernidade, em que política diz respeito ao conjunto de atividades que têm como referência o Estado (Bobbio, 2000). Também Arendt (2009) traz contribuições para esse conceito ao enfatizar que a política baseia-se na pluralidade dos homens e surge no espaço das relações, sendo, por tanto, fundamental para a verdadeira política a liberdade dos homens. Assim, segundo essa autora, para lidarmos com o significado da política temos antes de enfrentar nossos preconceitos a respeito desse tema para não corrermos o risco de jogarmos fora o bebê com a água do banho.

Já a constituição do espaço político como um campo especializado e relativamente autônomo acompanha o surgimento do Estado Moderno (Bourdieu, 1989). O sociológo Max Weber, embora reconhecesse que a política poderia designar qualquer tipo de liderança em ação – desde a política financeira de um banco até a política de uma esposa em relação a seu marido –, delimitou o conceito em relação a uma associação política e ao Estado. Definiu o Estado como uma "[...] comunidade humana que pretende, com êxito, o monopólio do uso legítimo da força física dentro de um território" e a política como "[...] a participação no poder ou a luta para influir na distribuição do poder, seja entre Estados ou entre grupos dentro do Estado. (Weber, 1982 [1946]: 98).

A política como expressão da atuação dos Estados remete às concepções de políticas públicas e políticas sociais. As *políticas públicas* têm sido definidas, por alguns autores, por sua finalidade, como ações do Estado voltadas para o interesse público – coletivo (Bobbio, 1995) – e as *políticas sociais* como as políticas que os governos desenvolvem voltadas para o bem-estar e a proteção social (Fleury & Ouverney, 2008). Por outro lado, a formulação de políticas pode responder a interesses dos diversos grupos e classes sociais que controlam o Estado em determinado momento histórico. As *políticas de saúde* são, nesse sentido, exemplos concretos de como as políticas públicas refletem a ação ou omissão dos Estados ante problemas e necessidades de saúde (Boxe 6.1).

> **Boxe 6.1** — Política pública, política social e política de saúde
>
> Os conceitos de política pública, política social e política de saúde são convergentes e, por esse motivo, muitas vezes se confundem. Para entendê-los, ajuda reconhecer o escopo e a abrangência de cada um.
>
> Quando tratamos de políticas públicas, segundo Bobbio (1995), estamos nos referindo a um conjunto de disposições, medidas e procedimentos que traduzem a orientação política do Estado e que regulam as atividades governamentais relacionadas com as tarefas de interesse público, atuando e influindo sobre as realidades econômica, social e ambiental. Nesse sentido, as políticas públicas podem variar de acordo com o grau de diversificação da economia, com a natureza do regime social, com a visão que os governantes têm do papel do Estado no conjunto da sociedade e com o nível de atuação dos diferentes grupos sociais (partidos, sindicatos, associações de classe e outras formas de organização da sociedade).
>
> Já as políticas sociais são reconhecidas como uma atribuição, definida politicamente, de *direitos e deveres* legais dos *cidadãos*. Para Viana & Levcovitz (2005), esses direitos consistem na transferência de dinheiro e serviços com o objetivo de compensar condições de necessidade e risco para o cidadão que goza de tal direito. As políticas sociais ganham contornos diferenciados conforme o contexto político, cultural e institucional, gerando padrões diferentes de proteção social. No pós-Segunda Guerra Mundial, configuraram-se pelo menos três diferentes tipos de políticas sociais de proteção: o modelo universal, com abrangência de toda a população na garantia de acesso a diferentes políticas sociais; o modelo de seguro social ou contributivo, que passou a garantir apenas aos segurados um conjunto de benefícios sociais previamente estabelecidos; o modelo residual ou de assistência social, voltado apenas a grupos vulneráveis ou focos de pobreza (Fleury & Ouverney, 2008).
>
> Por fim, a política de saúde é compreendida como a *ação* ou *omissão* do Estado, enquanto resposta social, diante dos problemas de saúde e seus determinantes sociais, ambientais e culturais, bem como em relação à produção, à distribuição e à regulação de bens, serviços e ambientes que afetam a saúde dos indivíduos e da coletividade (Paim, 2003).
>
> Ou seja, com essas definições é possível apreender que as políticas públicas abarcam o conjunto de políticas sociais que são estabelecidas no âmbito de um Estado e que a política de saúde corresponde a uma dentre outras políticas sociais estabelecidas pelos Estados.

Portanto, se há interesse em compreender os processos políticos e decisórios que envolvem as políticas de saúde, é necessário considerar pelo menos três dimensões da política pública:

- a dimensão institucional (*polity*), que se refere à organização do sistema político, delineada pelos sistemas legal e jurídico e pela estrutura institucional do sistema político-administrativo;
- a dimensão processual (*politics*), que se refere ao processo político e às negociações e conflitos que levam aos objetivos e às decisões de uma dada política pública;
- a dimensão material (*policy*), que se refere aos conteúdos concretos que envolvem a configuração dos programas políticos, aos problemas técnicos e ao conteúdo material das decisões políticas (Frey, 2000).

QUAL A IMPORTÂNCIA DO ESTUDO DAS POLÍTICAS DE SAÚDE PARA A FORMAÇÃO DOS ESTUDANTES E PARA A ATUAÇÃO DOS PROFISSIONAIS DA SAÚDE?

Retomando a ideia de política previamente desenvolvida, segundo a qual a política é algo que interessa aos cidadãos/à pluralidade de homens, cabe ao Estado, ao formular uma política pública, não fazê-lo apenas para responder aos interesses das classes dominantes. A formulação de uma política pública deveria responder, também, às diferentes demandas e pressões da sociedade.

Ao tratarem dos problemas de saúde das populações e da organização dos serviços de saúde, as políticas de saúde interferem diretamente com a vida dos cidadãos e dos profissionais. Desse modo, cidadãos e profissionais de saúde podem e devem interferir na formulação, implementação e avaliação das políticas, visando influenciar a definição do que são as necessidades de saúde a cada momento histórico e quais as melhores formas de organizar ações voltadas para sua resolução.

Com essa perspectiva, propomos uma aproximação da discussão sobre as políticas públicas de saúde a partir do reconhecimento dos diferentes momentos que atravessam a construção das políticas e como se efetuam a participação dos atores/agentes no processo decisório.

Políticas públicas e sociais e o processo decisório

Nas últimas décadas, vários modelos foram desenvolvidos para ajudar a compreender o processo decisório das políticas públicas. A incorporação de problemas na agenda dos governos, ponto de partida para a elaboração de propostas de políticas públicas e de ação governamental, envolve uma série de etapas que têm início com o "acatamento" de um assunto pelo governo, podendo-se identificar, assim, a forma como ele chega ao debate público e como captura a atenção dos elaboradores da política (definição da agenda), daí gerando opções de política pública.

Basicamente de origem norte-americana, os estudos sobre *policy analysis* e *policy making* buscam entender e analisar o funcionamento da máquina estatal, tendo como ponto de partida a identificação das características das agências públicas "fazedoras de políticas", dos atores participantes desse processo, dos mecanismos, critérios e estilos decisórios utilizados e das inter-relações de variáveis (agências e atores) com as variáveis externas que influenciam o processo (Pinto, 2008). Já outras abordagens, apoiadas na sociologia francesa, priorizam a análise sócio-histórica que busca compreender de que modo as trajetórias individuais articulam-se com as condições de possibilidade históricas na explicação da gênese e desenvolvimento das políticas de saúde.

No presente capítulo utilizaremos as contribuições de ambas as abordagens, mas para fins pedagógicos será priorizada a perspectiva denominada "ciclo das políticas públicas" (*policy cycle*), que tanto descreve os componentes racionais da formulação, implementação e avaliação das políticas como tenta explicar a interação das ações com o ambiente social, político e econômico (Stone, 1988).

A perspectiva de "ciclo das políticas" começou a se delinear após a Segunda Guerra, no contexto de estudos que tinham como foco dotar o processo decisório de efetividade e possibilitar decisões mais acertadas pelos governos. O ponto de partida foi a identificação das características das agências públicas "fazedoras da política"; dos atores participantes desse processo; das inter-relações entre agências e atores; e das variáveis externas que influenciavam o processo político e decisório (Viana, 1997).

Na década de 1990, Howlett & Ramesh resumiram as fases do processo da política em cinco etapas (o que denominaram "*improved model*"): (1) montagem da agenda; (2) formulação da política; (3) tomada de decisão; (4) implementação e (5) avaliação. Nesse modelo, sustentaram a ideia de que uma política se inicia a partir da percepção de problemas, passa por um processo de formulação de propostas e decisão, segue sendo implementada, para enfim ser avaliada e dar início a um novo processo de reconhecimento de problemas e formulação de política (Baptista & Rezende, 2011). O estudo dessas diferentes fases da política apresenta-se como um recurso didático-metodológico importante nas análises de políticas. Contudo, cabe atentar que a perspectiva de ciclo da política não deve ser confundida com uma abordagem ou uma teoria, sendo apenas uma proposta de aproximação do processo político a partir do reconhecimento dos momentos que o compõem, considerando sua dinâmica e a frequente sobreposição das fases. Dessa maneira, os modelos explicativos que surgem a partir da ideia de ciclo apresentam-se conjugados a perspectivas teóricas, que buscam dar sentido as análises empreendidas.

Para uma melhor apreensão dessa perspectiva, vale a apresentação das questões pertinentes a cada fase do ciclo.

Ciclos de uma política

Construção social de um problema de saúde e formulação de uma política

"Os problemas de saúde são socialmente construídos." Esta afirmação quer dizer que um problema de saúde é a expressão de demandas de grupos sociais que conseguem, de algum modo, apresentar suas questões de maneira organizada e sensibilizar outros grupos para atender a suas reivindicações.

A expressão desses problemas pode se dar de diferentes modos:

- pela apresentação de indicadores sociais (saneamento, escolaridade etc.) e de saúde (mortalidade, morbidade etc.), em relatórios de gestão, em estudos científicos e outros. Os indicadores são utilizados por gestores, políticos, profissionais de saúde, mídia e movimentos sociais como argumentos para sustentar posições no debate político;
- pelo surgimento de situações de calamidade e exposição de casos que emergem em contextos específicos e que exigem respostas imediatas dos governantes, como nas catástrofes ambientais, escândalos na assistência;
- pela pressão e atuação cotidiana dos diferentes grupos e movimentos sociais com apresentação de demandas que exploram a necessidade de respostas diferenciadas do poder público;
- por acumulação gradual de conhecimento entre especialistas em dada área da política pública;
- por interesse de alguém que detém o poder de decidir (como o governador) e pode pressionar pela inclusão ou pelo reconhecimento de um problema que justifique a implementação de determinada proposta.

Nessa perspectiva, os problemas se apresentam de maneira distinta e também ganham a atenção dos governos de modo diferenciado. Em outros termos, nem todos os problemas entram na agenda dos governos; alguns são reconhecidos como problemas, mas nunca ganham espaço nos processos decisórios.

Como se dá a entrada na agenda do governo de determinados problemas? Para alguns autores, o processo decisório envolve sempre duas questões: onde surge a demanda e quem participa do processo de definição da agenda (Kingdon, 1984; Baumgartner & Jones, 1993). Em outras palavras, para atingir o *status* de agenda um assunto ou tema precisa ser alvo de atenções e envolver a interação de uma série de elementos complexos que influenciam a decisão, formulação, implementação e avaliação das políticas públicas.

Outros pesquisadores (Bosso, 1994; Rochefort & Cobb, 1994) da área de política pública deram o nome de definição do problema ao processo de caracterização de questões na arena governamental, envolvendo duas perspectivas: a construção do discurso para apresentação do problema, (ou seja, compreender a retórica mais frequentemente empregada pelos definidores do problema) e a análise dos cenários pelos quais as definições são construídas ou destruídas. A definição de problemas ocorre, portanto, dentro de um determinado contexto de organização das instituições públicas, com regras que condicionam o papel das elites e dos grupos de interesse (Fuks, 1997).

A construção da Reforma Sanitária brasileira expressa muito bem como a atuação articulada da sociedade civil, de movimentos sociais, instituições acadêmicas e profissionais da saúde pode levar ao desenvolvimento de um projeto político. O Cebes (Centro Brasileiro de Estudos de Saúde), criado em 1976, aglutinou em torno do debate da saúde profissionais e estudantes, assegurando um espaço para troca e produção de conhecimentos com uma prática política concreta junto aos movimentos sociais, às instituições de governo e ao parlamento. Assim, atuou na luta pela democratização da saúde e da sociedade e contribuiu para a consolidação de proposições políticas para a saúde desde os anos 1970. Para saber mais sobre o Cebes, história, produção e atuação concreta, visite o *site* http://www.cebes.org.br.

Kingdon (1984), ao estudar duas políticas públicas (saúde e transportes) desenvolvidas nos EUA, ressaltou suas diferenças e apresentou três tipos possíveis de agenda, a depender do grau de incorporação pelo governo dos problemas identificados pelos diversos grupos sociais:

- a agenda sistêmica ou não governamental, que corresponde à lista de assuntos e problemas do país, apresentados pela sociedade, mas que por algum motivo não despertaram a atenção do governo e dos formuladores de política naquele momento e que ficaram aguardando oportunidade e disputando espaço para entrar na agenda governamental;
- a agenda institucional ou governamental, que inclui os problemas que obtêm a atenção do governo, mas que ainda não se apresentam na mesa de decisão;
- a agenda decisória ou política, que corresponde à lista de problemas que estão sendo trabalhados nos processos decisórios.

Com essa diferenciação, o autor buscou ressaltar que, ainda que existissem problemas reconhecidos socialmente, era necessária atuação política para que entrassem nas agendas decisórias dos governos, afetando esse processo duas categorias de fatores: os participantes ativos (governamentais e não governamentais) e os processos pelos quais os itens da agenda ganham proeminência.

Esses processos incluem, no entendimento do autor, três fluxos ou correntes (*streams*): o problema (*problem stream*), as alternativas de políticas (*policy stream*) e o processo político (*politics stream*), que fluem através do sistema e podem provocar uma mudança na política de acordo com a combinação entre eles. Esses fluxos/correntes se desenvolvem segundo suas próprias dinâmicas e regras e de modo relativamente independente uns dos outros. No entanto, em situações críticas, os três fluxos podem se unir através de uma convergência catalisada por uma ação empreendedora.

O fluxo de problemas remete às condições sociais e ao modo como cada condição desperta a necessidade de ação. Problemas podem ser percebidos a partir de indicadores (p. ex., taxas de mortalidade), de eventos, crises e símbolos (p. ex., desastres, acontecimentos), ou no *feedback* de ações governamentais (p. ex., no acompanhamento de atividades implementadas, retorno de metas e outros). Um problema, quando identificado por dados quantitativos, por crises, ou pelo retorno de ações governamentais, assume grande importância no debate de formulação de políticas, contribuindo para a construção de argumentos em favor de uma política que busque resolver tais questões. Ainda assim, a evidência dos problemas não é capaz de, isoladamente, influenciar a tomada de decisão, exigindo uma articulação com os demais fluxos.

O fluxo de alternativas e soluções é uma proposta rotineiramente elaborada por especialistas, funcionários públicos e grupos de interesse, entre outros. Esses diferentes grupos mobilizam comunidades de políticas que se envolvem com determinados temas e aguardam o surgimento de oportunidades para propor soluções para os problemas. As alternativas e soluções estão disponíveis e, quando surgem, os problemas passam por um processo competitivo de seleção, para a efetiva consideração no processo decisório das políticas.

O fluxo político refere-se à dimensão da política "propriamente dita", na qual as coalizões são construídas a partir de barganhas e negociações tanto para a definição dos problemas como para a formulação das alternativas. Nesse fluxo, três elementos exercem influência sobre a agenda governamental: o "clima" ou "humor" nacional (p. ex., um momento político favorável a mudanças dado o carisma de um governante ou a conjuntura política, econômica e social), as forças políticas organizadas (grupos de pressão) e mudanças no interior do próprio governo.

No Brasil, pode-se dizer que ocorreu a conjunção dos três fluxos no processo de consolidação da proposta do Sistema Único de Saúde nos anos 1970/1980, quando a situação de saúde e a lógica de organização da atenção à saúde pelo Ministério da Saúde e pelo Inamps já se apresentavam como problemas. Naqueles anos começaram a ser denunciadas a situação de desigualdade social e pobreza, a falta de acesso às políticas sociais e o direito segmentado à saúde, com o Ministério da Saúde atuando de modo precário e restrito, com poucos recursos, na atenção aos problemas da coletividade (em especial no controle das doenças) e com uma parcela importante da população sem acesso aos serviços assistenciais prestados pelo Inamps. Além disso, o sistema de prestação de serviços pelo Inamps apresentava sinais importantes de crise, exigindo uma reformulação do modelo.

As alternativas de políticas com vistas ao enfrentamento dos problemas foram se dando gradativamente desde os anos 1970, com o estabelecimento de ações que levaram à expansão dos níveis de cobertura do sistema de saúde (embrião do projeto de universalização da saúde), como a constituição de programas de extensão de cobertura (p. ex., Programa de Interiorização das Ações de Saúde e Saneamento no Nordeste, em 1977), estratégias de articulação entre as instituições de saúde para ampliação do acesso aos serviços de saúde (Ações Integradas de Saúde, em 1984) e mecanismos para descentralização das ações de saúde e fortalecimento da atuação dos estados (Sistema Unificado e Descentralizado de Saúde, em 1987).

No fluxo político, é possível reconhecer a atuação dos diferentes grupos envolvidos no debate acerca da saúde – em especial os profissionais de saúde, os estudantes e as instituições acadêmicas. O clima era de distensão política do governo militar e defesa do projeto de redemocratização. Os espaços institucionais foram ocupados por diferentes movimentos sociais. A participação do "movimento sanitário" ocorreu no Congresso Nacional, com a apresentação pelo Cebes no I Simpósio de Política de Saúde da Câmara dos Deputados, em 1979, do documento "A questão democrática na área da saúde"; na realização da VIII Conferência Nacional de Saúde, em 1986, cujo relatório clamava a instituição do Sistema Único de Saúde; na Comissão Nacional da Reforma Sanitária, em 1987, contribuindo para a definição das diretrizes a serem apresentadas na Assembleia Nacional Constituinte.

A convergência desses fluxos levou à conformação da proposta do Sistema Único de Saúde, em um contexto de oportunidade ímpar para o desenvolvimento de uma saúde democrática para o país.

Para Kingdon, cada um desses fluxos tem vida própria e segue seu caminho de maneira relativamente independente, como o fluxo ou a corrente de um rio. Porém, em alguns momentos, esses fluxos convergem, criando "janelas de oportunidade" (*policy windows*), possibilitando a formação de políticas públicas ou mudanças nas políticas existentes. Em outros termos, uma janela de oportunidade apresenta um conjunto de condições favoráveis a alterações nas agendas governamental e de decisão e à entrada de novos temas nessas agendas.

É quando se abre uma janela de oportunidade que se concretiza o momento de formulação de uma política, ou seja, o momento no qual, dentro do governo, se formulam soluções e alternativas para o problema, podendo ser entendido como o momento de diálogo entre intenções e ações. Com a formulação da política estão dadas as condições para a tomada de decisão, que abarca o processo de escolha pelo governo de uma solução específica ou uma combinação de soluções, em um dado curso de ação ou não ação. Trata-se, portanto, do momento de negociação em torno dos princípios e diretrizes de uma ação, em que serão desenhadas as metas a serem atingidas, os recursos a serem utilizados e o horizonte temporal da intervenção.

No momento de formulação, há invariavelmente embates entre grupos e posições e os consensos expressam as possibilidades de ação em contextos específicos. Os analistas de política ressaltam que dificilmente todas as decisões relevantes podem ser tomadas durante essa fase, isso porque muitas decisões envolvem conflitos, negociações e compromissos que envolvem agentes e grupos sociais por vezes com interesses antagônicos. Além disso, indicam que existem regras institucionais que limitam o raio de ação de quem toma as decisões, mobilizando instâncias hierárquicas governamentais diferenciadas dentro de um Estado que demonstra formas específicas de funcionamento. Por isso, para os analistas, muitas decisões só podem ser tomadas quando todos os fatos estão à disposição dos implementadores, visto que muitas vezes há falta de informação sobre os processos envolvidos.

Desse modo, um estudo sobre o processo de formulação de uma política necessariamente deverá levar em consideração como as alternativas políticas foram formuladas, quem as apresentou, quem participou do processo decisório e o que prevaleceu. Somente com essas informações será possível compreender as dificuldades inerentes aos processos políticos em curso.

Implementação de uma política

A fase de implementação de uma política tem sido considerada o momento crucial do ciclo de uma política, em que as propostas se materializam em ação institucionalizada mediante a atuação dos operadores da política. Assim, objetivos pouco definidos, estratégias não explicitadas, ausência de análise de viabilidade, dentre outros, interferem nos resultados alcançados e constituem-se em fragilidades no momento de implementação da política, levando, inclusive, a novas formulações na fase de implementação, formulações estas que podem ser feitas alterando ou mesmo rejeitando argumentos previstos na política inicialmente proposta.

Um aspecto importante a se observar é que em alguns casos o entrelaçamento dos fluxos que promoveram a abertura da "janela" para a tomada de decisão e formulação de uma política não foi suficiente para garantir a implementação da proposta, seja pelo acirramento de conflitos entre os diversos grupos de interesse mediados pela posição da burocracia governamental, seja pela ausência de convencimento dos que se opõem à proposta.

Soares & Paim (2011), ao analisarem a implementação da Política de Saúde Bucal (PNSB) no Município de Salvador, apontam fatores que facilitaram ou dificultaram tal processo. Nesse sentido, destacam que problemas da área de recursos humanos constituíram-se no principal obstáculo durante a implementação da PNSB, apontando como aspectos importantes: a inexistência de planos de cargos e salários, as múltiplas formas de inserção dos profissionais de saúde bucal (contratos temporários, concurso público e terceirizações) e a precarização dos vínculos dos profissionais da Estratégia da Saúde da Família (ESF). Além disso, a insuficiência de dentistas na rede e os limites de gasto com salários decorrentes da Lei de Responsabilidade Fiscal constrangeram a oferta de serviços para a população. Destacam, também, a falta de comprometimento do prefeito com a política.

O exemplo apresentado destaca alguns elementos importantes para nossa reflexão sobre a fase de implementação, chamando atenção para os efeitos da organização do processo de trabalho e a distribuição do poder na máquina pública sobre a institucionalização das políticas. Segundo Bertero (1988), "parte dos problemas de implementação pode ser atribuída a ineficiência do aparato administrativo devido a problemas estruturais, à falta de qualidade dos recursos humanos e à carência de recursos materiais e financeiros".

De fato, um conjunto de aspectos devem ser considerados no processo de implementação das políticas, quais sejam: condições técnicas, como competência da equipe, sistemas de controle, graus de autonomia, redes de comunicação; condições políticas, econômicas e sociais (recursos, apoios, grupos de resistência, grupos não institucionais), e da forma de execução de atividades (clareza das metas, objetivos, diretrizes e responsabilidades dos implementadores), pois a ausência de um projeto explicitado produz dificuldades não apenas no campo da análise política, mas também internamente para a reprodução na ponta do sistema.

Na implementação de uma política, uma série de agentes, sistemas ou atividades da administração pública estão envolvidos: o sistema gerencial, os sistemas de informação, os agentes implementadores, os sistemas logísticos e operacionais (recursos materiais, financeiros), dentre outros. A autoridade central procura induzir os agentes implementadores a colocarem em prática os objetivos e estratégias previstos na política. No entanto, a resposta (aceitação, neutralidade ou rejeição) dos agentes implementadores depende de muitos fatores, como o entrosamento entre formuladores e implementadores, a compreensão da política e o conhecimento de cada fase do processo e da quantidade de mudança envolvida com a nova política. De todos os fatores, o último apresenta-se como o mais crítico, porque determina os graus de consenso ou conflito em torno das metas e objetivos de uma política, e quanto maior a mudança, menor o consenso.

Assim, em situações político-institucionais em que o grau de consenso entre os grupos é baixo e o conflito prevalece, necessariamente haverá maior dificuldade para a implementação de novas ações. Por este motivo, a fase de implementação não deve ser confundida apenas com uma etapa administrativa da política, mas deve ser compreendida pelas questões estratégicas, pelos interesses e múltiplos atores que envolve.

Por exemplo, no Brasil, mesmo após a elaboração de uma emenda constitucional com a definição de recursos mínimos para saúde a serem aplicados pelos estados e municípios (EC 29/2000), sua regulamentação envolveu a retomada do debate por parte de diversos setores da sociedade, de modo a garantir a aplicação dos recursos da saúde em ações e serviços de saúde e não em ações de outros setores. Todo esse processo só ocorreu porque as definições políticas obtidas em cada contexto não foram suficientes para garantir o conjunto de reivindicações setoriais, deixando para novas rodadas de negociação aspectos importantes para a sustentabilidade da política.

Portanto, o momento de implementação pode ser de intensa negociação; nele se vê realmente onde se sustentam os pactos estabelecidos. Se o momento de formulação é uma ocasião de grandes consensos, em que tudo é possível, é no momento da implementação que se descobre a real potencialidade de uma política, quem são os atores que a apoiam, o que cada um dos grupos disputa e quais são seus interesses. Ou seja, estabelecem-se novos pactos, agora com novos atores, muitas vezes não participantes do pacto inicial de formulação; tem início um novo processo decisório, uma nova formulação da política, agora voltada para sua aplicabilidade mais imediata e já não mais sujeita a intervenções ampliadas dos grupos sociais que sustentaram a proposta previamente aprovada.

Para Hogwood & Gunn (1984), existem pelo menos três motivos que explicariam as dificuldades dos processos de implementação das políticas. Em primeiro lugar, o baixo compromisso dos formuladores de políticas com o momento de implementação, aceitando que lhes cabe o ônus da elaboração, do qual prestam contas. Em segundo lugar, uma divisão institucionalizada entre aqueles que formulam e os que implementam uma política, sendo os últimos capazes de identificar os pontos-chave da operacionalização (conhecimento técnico). Por último, a própria complexidade do processo, que demanda um conhecimento sólido e prévio das múltiplas variáveis que influem no processo político e que, por mais controladas que sejam, apresentam também um comportamento independente, não linear.

Os estudos de análise de política que se dedicam a tratar da implementação buscam, em certa medida, explorar as estratégias utilizadas pelos agentes para responder à ação proposta.

Merecem destaque nas análises de implementação os enfoques *top-down* e *bottom-up*, que assumem perspectivas diferentes.

O enfoque *top-down* entende a política como uma "propriedade" dos formuladores situados no topo das organizações, como atores que têm o controle do processo de formulação; enfoca, assim, os acontecimentos empreendidos por uma única instância decisória, procurando responder a questões como: o grau de alcance da política, o equacionamento dos impactos e os objetivos, os principais fatores que afetam o impacto e a própria política e as reformulações obtidas ao longo do tempo. Aborda, portanto, o porquê de certas políticas serem bem-sucedidas (bem-implementadas) e outras não, partindo de uma definição de implementação como um processo em que ações de atores públicos ou privados são dirigidas ao cumprimento de objetivos definidos em decisões políticas anteriores.

Já o enfoque *botton-up* constitui-se a partir de críticas ao enfoque *top-down*, parte da análise das redes de decisões que se dão no nível concreto em que os atores se enfrentam quando da implementação, sem conferir um papel determinante às estruturas preexistentes; parte da ideia de que existe sempre um controle imperfeito em todo o processo de elaboração de política, o que condiciona o momento da implementação. Esta é entendida como o resultado de um processo interativo por meio do qual uma política que se mantém em formulação durante um tempo considerável se relaciona com seu contexto e com as organizações responsáveis por sua implementação. Este enfoque chama a atenção para o fato de que certas decisões que idealmente pertencem ao terreno da formulação só são efetivamente tomadas durante a implementação porque se supõe que determinadas opiniões conflitivas não podem ser resolvidas durante o momento da tomada de decisão.

Nos estudos de enfoque *top-down*, parte-se de uma análise que prioriza o topo das organizações, como se fosse a partir do nível mais alto que uma política seguiria seu curso. No caso da política de saúde brasileira, significaria olhar os processos de implementação a partir das definições de uma dada política nacional, como, por exemplo, a PNSB, o Brasil Sorridente. A partir das definições do âmbito nacional, buscar-se-á verificar quais foram os processos de implementação no âmbito local.

No enfoque *botton-up*, a implementação da PNSB seria vista desde a base, do estado, do município ou da unidade de saúde, ressaltando as mudanças e cursos presentes no processo concreto de implementação da política, retirando o peso da estrutura nacional.

As críticas aos modelos *top-down* e *botton-up* levaram à constituição de uma nova geração de estudos que, a partir da realização de muitas pesquisas empíricas, pautadas nos modelos formulados anteriormente, revelam novos modelos capazes de combinar e sintetizar os anteriores, demandando enfoques multicausais.

Momento da avaliação

A *avaliação* é um dos tipos de julgamento possíveis que se faz sobre as práticas sociais (Vieira-da-Silva, LM, 2005; Contandrioupoulos, 2009). As *práticas sociais* compreendem desde as práticas cotidianas e do trabalho até aquelas que correspondem a *intervenções*, formalizadas ou não em planos e programas, voltadas para a modificação de uma determinada situação. A avaliação de uma política de saúde, desse modo, pode ser considerada *o julgamento que se faz sobre as práticas relacionadas com qualquer um dos seus componentes*.

Por exemplo, uma política voltada para o controle da hipertensão arterial requer, em sua fase de problematização, que epidemiologistas realizem estimativas de morbidade e mortalidade, visando caracterizar a hipertensão como problema de saúde importante no que diz respeito a sua magnitude. Por outro lado, sua implantação envolve a oferta de práticas de cuidado médico, como as consultas, que apresentam tanto uma dimensão técnica como envolvem uma relação interpessoal entre o médico e o paciente – são, portanto, ao mesmo tempo práticas técnicas e práticas sociais. Por outro lado, para desenvolver ações educativas, um sanitarista deve ser capaz de mobilizar grupos sociais (fazer reuniões, discutir as formas de prevenção, estilo de vida saudável) e/ou desenvolver ações de comunicação social. Essas práticas também apresentam dimensões técnicas, à medida que incorporam saberes técnicos (o que pode prevenir a hipertensão) e sociais (como influenciar um hipertenso a mudar seu estilo de vida).

Tendo em vista o conceito de política de saúde anteriormente explicitado como a ação ou omissão do Estado diante de problemas de saúde, a avaliação de uma política vai variar de acordo com os diversos momentos do ciclo das políticas anteriormente discutidos, bem como com o grau de sua formalização em planos e programas.

O *julgamento* pode corresponder desde a uma apreciação dicotômica do valor de uma intervenção, que pode ser qualitativa ou quantitativa, até a análise sobre seu significado.

Por exemplo, a adesão ao tratamento de um hipertenso, em um centro de saúde, pode ser considerada boa ou ruim na opinião do diretor da unidade, o que corresponde a um julgamento qualitativo dicotômico. Pode também ser avaliada como com cobertura adequada (> 80%) ou não adequada (≤ 80%) em relação à proporção de pacientes inscritos que aderiram ao tratamento, o que corresponderia a um julgamento dicotômico quantitativo. Já a avaliação dos motivos de uma baixa adesão pode envolver uma análise do significado do estilo de vida considerado saudável para a população usuária daquele centro de saúde.

POR QUE FAZER UMA AVALIAÇÃO?

Os objetivos da avaliação dependem de quem formula a pergunta. Para o gestor, a avaliação tanto pode ser feita para definir se determinado programa está tendo os resultados esperados, e por esse motivo será mantido, ou para orientar o aperfeiçoamento de uma intervenção em curso. Se a pergunta da avaliação é feita por um pesquisador, o objetivo pode ser a produção de conhecimento, que pode não ter um uso imediato mas a médio ou longo prazo. Por outro lado, se a pergunta é feita pelo usuário, a avaliação pode ter por objetivo a prestação de contas dos serviços ofertados (*accountability*), principalmente no caso das políticas de saúde relacionadas com o SUS. Esses são os objetivos desejáveis em uma gestão apoiada em um planejamento racional. Contudo, as práticas sociais, e entre elas as de gestão de serviços de saúde, são orientadas por outros determinantes que não a razão. Por isso, frequentemente, a avaliação pode responder também a necessidades de legitimação por parte dos gestores, de modo a retardar a tomada de decisões, a aumentar o controle sobre a intervenção e a satisfazer as exigências dos organismos financiadores.

QUAIS OS USOS DOS RESULTADOS DE UMA AVALIAÇÃO?
Avaliação formativa e somativa

Quando a avaliação é realizada ao final de uma intervenção, denomina-se avaliação *somativa*. Esse tipo de avaliação frequentemente é usado para subsidiar a decisão sobre a continuidade ou não de uma política, sendo quase sempre feito de uma perspectiva externa – os avaliadores não fazem parte da equipe de gestão do programa – e envolve técnicas de objetivação do julgamento feito por meio da produção de dados e documentos que comprovem as conclusões. Por outro lado, quando a avaliação é feita com a finalidade de aperfeiçoar um programa, no curso da intervenção, denomina-se avaliação *formativa* e pode envolver a participação dos gestores ou agentes imersos na execução do programa, o que frequentemente implica uma perspectiva interna ou mista (externa e interna).

A avaliação *somativa* de uma disciplina universitária pode ser feita ao final das atividades educativas por meio de uma prova de conhecimentos corrigida por um professor (perspectiva externa). O resultado dessa avaliação, objetivado por meio de notas, não pode interferir mais no curso ministrado, que já se encerrou, mas orientar o planejamento de um próximo curso. Já uma avaliação *formativa* dessa mesma disciplina seria aquela feita durante o processo educacional, por meio não apenas do teste dos conhecimentos adquiridos, mas também por meio da indagação aos participantes acerca da clareza das exposições, das dificuldades na compreensão dos temas e sobre o material didático utilizado após cada aula (perspectiva interna). Os resultados de uma avaliação desse tipo podem ser usados para modificação da estratégia pedagógica do restante do curso e, assim, aperfeiçoá-lo.

COMO REALIZAR UMA AVALIAÇÃO?
Análise da situação inicial: seleção de prioridades e foco da avaliação

A implantação de políticas e programas de saúde é feita por profissionais de saúde de formações diferenciadas (sanitaristas, médicos, odontólogos, enfermeiros, assistentes sociais, psicólogos, entre outros), com experiências distintas, sociais e profissionais, e com variados níveis de comprometimento com a instituição, interagindo em situações políticas também variadas. Essa diversidade de posições ocupadas pelos agentes influi nas formas de representação e incorporação dos objetivos dos programas de saúde com consequências sobre o grau e a forma de sua operacionalização. Desse modo, antes de se iniciar uma avaliação sistemática de um programa, é recomendável realizar um estudo exploratório como parte da análise da situação. A análise exploratória promove uma melhor delimitação das perguntas pertinentes, que possam ser respondidas no tempo solicitado e com os recursos disponíveis, de interesse dos gestores e profissionais envolvidos e que possam, desse modo, ser usadas para o aperfeiçoamento do programa ou para uma decisão sobre sua manutenção, ampliação ou finalização.

Com frequência, a existência de um plano não implica a ocorrência de consenso quanto às prioridades de intervenção. Além disso, a rotatividade de gestores municipais e estaduais, com a consequente reorganização das equipes técnicas, exige, por vezes, frequentes negociações e renegociações acerca das prioridades da avaliação. Por essa razão, quando a seleção de prioridades para avaliação, nos diversos níveis do sistema de saúde, envolve as pessoas-chave (*stakeholders*)[1] de cada programa específico, aumentam as chances de que as prioridades selecionadas sejam aquelas mais relevantes para os gestores.

Análise estratégica

Corresponde à identificação dos objetivos do programa nos documentos oficiais e à análise de sua pertinência em relação ao problema. Implica a resposta à seguinte pergunta: em que medida a intervenção escolhida e os objetivos delimitados são adequados para a resolução do problema? Essa pergunta possibilita a verificação da consistência do plano. Nesse sentido, a análise estratégica pode inclusive voltar-se para questões que são da alçada do planejamento e da formulação técnica da política, se a intervenção não tiver se apoiado em um processo anterior explicitado de seleção de prioridades.

---
[1]*Pessoas-chave* (*stakeholders*): são todos aqueles profissionais e usuários envolvidos com a formulação e operacionalização do programa. A depender do programa, o coordenador, a equipe técnica do nível central, os profissionais de saúde envolvidos na execução e mesmo os usuários são as pessoas-chave.

Análise lógica

Consiste na identificação da teoria do programa e, de preferência, sua formalização em um modelo lógico com atenção especial para relações entre o problema, seus determinantes, o que o programa faz (a intervenção) e o que se espera que alcance (os resultados). Nessa vertente, faz-se uma análise da plausibilidade dessas relações, ou seja, uma análise lógica da teoria do programa. O modelo lógico, pois, corresponde a uma representação gráfica da teoria do programa.

Avaliabilidade

Alguns autores denominam a análise exploratória *avaliabilidade,* anglicismo que corresponde ao exame sistemático e preliminar de um programa, em sua teoria e prática, para determinar se há justificativa para uma avaliação extensa e/ou para melhor delimitar os objetivos do programa, bem como identificar áreas críticas a serem priorizadas na avaliação. As justificativas dadas para a realização dos estudos de avaliabilidade são as mesmas que fundamentam a realização da análise estratégica e lógica da teoria do programa, ou seja: (a) objetivos frequentemente mal definidos ou não definidos; (b) existência de diferentes concepções sobre o programa entre pessoas-chave (*stakeholders*); (c) necessidade de otimização dos esforços de avaliação mediante a identificação das perguntas mais pertinentes para os gestores; (d) aumentar a utilização dos resultados da avaliação.

A avaliabilidade, por corresponder à realização de uma análise exploratória sobre o programa, é também considerada uma pré-avaliação, contendo elementos de julgamento capazes inclusive de subsidiar recomendações para o aperfeiçoamento da intervenção. Seu objetivo principal é auxiliar a formulação da pergunta de avaliação mais pertinente que irá orientar uma avaliação sistemática e extensiva do programa.

Os objetivos de um estudo de avaliabilidade incorporam alguns objetivos da análise estratégica e lógica, como: (a) identificar se os objetivos do programa estão claramente formulados e (b) discutir as relações entre problemas, objetivos e atividades, verificando a plausibilidade das atividades para resolver os problemas, tendo em vista seus determinantes e os objetivos consistentes com as atividades e os recursos (análise estratégica). No entanto, acrescenta outros objetivos especificamente voltados para saber se a avaliação pode ser feita e quais são as prioridades da avaliação; (c) identificar se há concordância entre os diversos profissionais acerca dos objetivos, metas e população-alvo do programa; (d) identificar se há dados disponíveis para a avaliação ou se estes podem ser obtidos a um custo razoável; e (e) identificar se os *formuladores de políticas* ou gestores estão aptos ou dispostos a usar as informações da avaliação para mudar o programa.

Etapas para a realização da avaliabilidade. Um estudo de avaliabilidade se encerra com a elaboração de recomendações. O objetivo final das etapas anteriores é reunir informações capazes de: (1) identificar áreas para melhoria do programa; (2) identificar componentes do programa sobre os quais não se tem informação (perguntas para avaliação); (3) identificar quais questões de avaliação são plausíveis e úteis ao programa.

Um resultado comum da avaliabilidade é que os gestores e financiadores reconhecem a necessidade de modificar seus programas. A avaliabilidade pode revelar que há falhas e deficiências no sistema, que a população-alvo do programa não é bem definida ou que a intervenção em si necessita ser reconceituada.

Por exemplo, a realização de estudo de avaliabilidade sobre campanha voltada inicialmente para a realização de cirurgias de catarata em Goiás constatou diversidade na compreensão dos objetivos e da população-alvo da campanha entre diferentes profissionais. Problemas relacionados com acessibilidade e efetividade indicaram essas dimensões como áreas prioritárias para avaliação. O estudo também funcionou como uma pré-avaliação, gerando recomendações relacionadas com a logística da intervenção (Lima & Vieira-da-Silva, 2008).

Definição do foco da avaliação

As operações prévias à realização de uma avaliação incluem, além da formulação da pergunta, a delimitação do objeto e foco da avaliação. Particularmente no Brasil, diante da complexidade da organização da rede de serviços públicos (SUS) e privados nos diversos níveis de governo, com grandes interconexões que desenvolvem tanto políticas e programas como atendem à demanda espontânea, são muitas as possibilidades de uma avaliação. O estudo de avaliabilidade realizado por Lima *et al.* sobre a campanha para realização de cirurgias de catarata em Goiás identificou a acessibilidade e a efetividade como áreas prioritárias para a avaliação. Essa é uma primeira definição a ser feita: quais dentre as principais características ou atributos de um sistema ou rede de serviços devem ser priorizados? Em seguida, deve-se delimitar o escopo da avaliação: será realizada em todo o Sistema Estadual de Saúde ou apenas em municípios identificados como problemáticos? A avaliação abordará apenas processos organizacionais relacionados com o acesso e de resultados (efetividade) ou incluirá componentes das estruturas relacionadas?

Para responder essas perguntas é necessário um conhecimento prévio sobre os tipos possíveis de avaliação e seus usos. Desse modo, cabe iniciar descrevendo brevemente as características de um sistema de saúde mais frequentemente avaliadas diante de sua relevância para a resolução de problemas de saúde em populações.

Essa definição preliminar, por si só, já contém escolhas que correspondem à inclusão de algumas características e não outras. Por exemplo, a preocupação em avaliar a cobertura assistencial é fundamentalmente de natureza pública e diz respeito a um modelo de atenção centrado em um território e uma população. Já a ênfase na avaliação da produtividade implica preocupações gerenciais priorizadas na esfera privada.

Características ou atributos para a avaliação de uma política

Na definição do foco e da pergunta da avaliação, após a análise exploratória, passa-se para a seleção das características ou atributos da política que serão priorizados. A análise exploratória frequentemente fornece indicações sobre quais aspectos devem ser priorizados. Tendo em vista as necessidades de avaliação de um sistema de saúde público e universal como o SUS, sugere-se a adoção de classificação em que foi buscada a incorporação de conceitos com certo grau de consenso na literatura revisada e que guardassem coerência entre si e com um modelo teórico (Vieira-da-Silva & Formigli, 1994; (Vieira-da-Silva, 2005). Segue-se a seleção das principais características das políticas, programas ou práticas a serem avaliadas:

a. Relacionadas com a disponibilidade e distribuição social dos recursos:
  • Cobertura
  • Acessibilidade
  • Equidade
b. Relacionadas com o efeito das ações:
  • Eficácia
  • Efetividade
  • Impacto
c. Relacionadas com os custos e a produtividade das ações: eficiência.
d. Relacionadas com a adequação das ações ao conhecimento técnico e científico vigente: qualidade técnico-científca.
e. Relacionadas com o processo de implantação das ações:
  • A avaliação do grau de implantação e/ou avaliação de processo;
  • A análise de implantação – estudos que investigam as relações entre o grau de implantação, o contexto e os efeitos das ações.
f. Características relacionais entre os agentes das ações:
  • usuário × profissional (percepção dos usuários sobre as práticas, satisfação dos usuários, aceitabilidade, acolhimento, respeito à privacidade e outros direitos dos cidadãos)
  • profissional × profissional (relações de trabalho e no trabalho)
  • gestor × profissonal (relações sindicais e de gestão).

Avaliação de cobertura

Após a implantação de uma política, a primeira pergunta do gestor frequentemente é: estou atingindo toda a população que necessita dessa intervenção? Em outras palavras, em que medida os recursos existentes são suficientes para atender às necessidades da população-alvo? Essa pergunta pode ser respondida mediante a avaliação de *cobertura*. A cobertura potencial (teoricamente disponíveis) corresponde à oferta e a cobertura real (recursos efetivamente utilizados), corresponde à utilização ou acesso.

Avaliação da acessibilidade

Embora seja um conceito relacionado com o de cobertura, não é equivalente a este. Tem sido definida como uma relação entre os recursos de poder dos usuários e os obstáculos impostos pelos serviços de saúde (Frenk, 1992). Os recursos de poder podem ser de natureza econômica, social e cultural. Já os obstáculos podem ser geográficos (distância, transporte), organizacionais (existência de filas, tempo de espera injustificável, natureza do acolhimento) ou econômicos.

Avaliação de equidade

Aqui será usado no sentido que lhe é dado por Perelman (1996), ou seja, como um instrumento da justiça para resolver as contradições entre as diversas fórmulas da justiça formal ou abstrata, o que equivale a dizer que devemos tratar desigualmente desiguais e priorizar para a intervenção sanitária grupos sociais com maiores necessidades de saúde (Vieira-da-Silva & Almeida-Filho, 2009). A equidade recorta e relaciona-se com quase todos os demais atributos. Pode-se pensar em equidade no acesso, no acolhimento, na qualidade e na efetividade. A oferta organizada de ações voltadas para enfrentar determinado problema de saúde pode ampliar a acessibilidade da população aos diversos níveis do cuidado e, desse modo, ampliar a cobertura real das referidas ações.

Avaliação dos efeitos e resultados

A segunda e importante característica das práticas de saúde diz respeito aos possíveis efeitos que elas possam ter sobre o estado de saúde dos indivíduos, grupos ou populações. A distinção entre *eficácia* como efeito de uma intervenção em situação experimental e *efetividade* como seu efeito em sistemas operacionais vem se mantendo ao longo dos anos (Donabedian, 1990; Maynard & McDaid, 2003). Já o conceito de impacto tem sido usado frequentemente com o mesmo sentido dado à efetividade ou, seja, relacionado com o efeito de intervenções em sistemas reais e não em situações experimentais da pesquisa. Contudo, o conceito de impacto tem sido também usado para designar o efeito de uma intervenção em relação a grandes grupos populacionais ou em grandes intervalos de tempo. Exemplificando, seria necessário que determinada tecnologia fosse *eficaz* em ensaios experimentais para que, ao ser utilizada em sistemas operacionais, pudesse ser *efetiva*, e se associada a uma cobertura elevada, durante determinado período, tivesse a possibilidade de causar *impacto* sobre o nível de saúde de uma população com redução de morbidade. Uma vacina que obtém elevada eficácia em ensaios experimentais pode ter baixa efetividade ao ser administrada em usuários de um centro de saúde devido a problemas da rede de frio, por exemplo. Por outro lado, para o controle de viroses para as quais exista uma vacina *eficaz*, é necessário que os serviços atinjam elevadas coberturas vacinais em todo o país, ou seja, sejam *efetivos*, para então se falar em *impacto* da medida.

Avaliação da eficiência

Esse tipo de avaliação tem sido usado tanto como medida da produtividade do sistema como de sua relação com os custos (Hartz & Pouvourville, 1998). A incorporação de avaliações econômicas na definição das prioridades relacionadas com a saúde das populações tem sido feita para fazer face aos crescentes custos da atenção médico-hospitalar e também para garantir a equidade de ações de promoção à saúde e reformas na organização dos sistemas de saúde (McDaid, 2003).

Avaliação da qualidade

A qualidade é um conceito com muitos significados. Para fins didáticos, vamos considerar neste capítulo apenas a qualidade técnico-científica do cuidado no sentido que lhe foi dado por Vuori (1982), corresponde à adequação das ações ao conhecimento técnico e científico vigente. Em outras palavras, em que medida as tecnologias que estão sendo usadas são aquelas consideradas mais indicadas e eficazes pela comunidade científica? Esse tipo de avaliação tem sido amplamente usado pela denominada Medicina Baseada em Evidências, que se constitui em um movimento voltado para buscar comprovação científica sobre as tecnologias utilizadas na prática médica. Esse movimento materializou-se na denominada Colaboração Chocrane, criada em 1993 (Starr & Chalmers 2003), que reúne diversos pesquisadores dedicados a realizar revisões sistemáticas da bibliografia especializada visando identificar a existência de evidências consistentes acerca da efetividade de determinadas tecnologias (medicamentos, vacinas, exames, entre outros).

Avaliação da implantação

A implantação corresponde à operacionalização da política. Dessa maneira, na avaliação da implantação indaga-se em que medida o programa está sendo executado conforme planejado. Os processos, a maneira pela qual os programas são implementados, podem ser tão importantes quanto os resultados.

Avaliação da percepção dos usuários sobre os serviços

Corresponde ao questionamento sobre as características ou atributos denominados "relacionais", como acolhimento, garantia dos direitos individuais à privacidade e características das relações no trabalho como componentes da qualidade da atenção e promoção da saúde.

ABORDAGENS PARA AVALIAÇÃO

No processo de delimitação do foco da avaliação, um dos recursos metodológicos adicionais é a escolha de uma abordagem para avaliação. Em relação a essa escolha, existe uma multiplicidade de possibilidades, sistematizadas por Donabedian na famosa tríade "estrutura-processo-resultados". Embora Donabedian tenha desenvolvido essa sistematização voltada para a avaliação da qualidade em sentido abrangente, ela pode ser útil para outros tipos de avaliação. A estrutura diz respeito aos elementos estáveis (recursos materiais, humanos e organizacionais). Além dos aspectos considerados essenciais, Donabedian refere-se às *amenidades* como componentes também importantes para a qualidade da atenção (Donabedian, 1980). As amenidades seriam aspectos por vezes considerados supérfluos, mas que aumentam o bem-estar de profissionais e usuários e, por essa razão, influenciam a qualidade dos serviços prestados. Podem ser considerados amenidades, por exemplo, a decoração dos ambientes de trabalho, a refrigeração e o conforto das instalações.

Os *processos* referem-se aos elementos constitutivos das práticas propriamente ditas, relacionados com tudo que medeia a relação profissional-usuário. Já os *resultados* seriam as modificações no estado de saúde dos indivíduos em se tratando da assistência médica e, no caso da vigilância, na diminuição dos riscos e na promoção da saúde. Segundo Donabedian, a maneira mais direta para avaliação da qualidade do cuidado seria a análise de seus processos constitutivos, sendo as abordagens de estrutura e resultados formas indiretas para realizá-la.

Se o conceito de qualidade for abrangente, essas abordagens poderão ser usadas para diversos atributos. Por outro lado, há combinações possíveis entre abordagens de estrutura, processo e resultados e atributos, o que mostra a insuficiência dessa estratégia de delimitação do problema quando usada de modo isolado ou como substituto de uma metodologia (Vieira-da-Silva, 2005). Por exemplo, uma avaliação de cobertura assistencial pode ser considerada como avaliação de estrutura e ter como metodologia um inquérito populacional, a definição de uma população-alvo, explicitação dos padrões utilizados entre outros procedimentos metodológicos, conforme discutido anteriormente. Já a avaliação da adequação do mobiliário de um centro de saúde também constitui uma avaliação de estrutura e pode apoiar-se apenas na opinião de um arquiteto ou mesmo dos próprios profissionais. Em outras palavras, quando se diz que será feita uma avaliação com abordagem de estrutura, nada se sabe sobre o objeto nem acerca da metodologia. Em síntese, a delimitação da abordagem prioritária auxilia porém não é suficiente para a delimitação do objeto da avaliação.

A avaliação da qualidade exige diversas outras definições metodológicas no que diz respeito ao desenho da avaliação, no nível da realidade a ser delimitado, aos atributos a serem escolhidos, às formas de seleção de prioridades, à amostragem e à obtenção de consenso na definição de critérios e indicadores e padrões (Donabedian, 1980, 1985, 1988).

NÍVEIS E ESCOPO DA AVALIAÇÃO

Uma outra delimitação necessária diz respeito ao nível da realidade que será objeto da avaliação. As ações de saúde rotineiras (consulta, internação, ações preventivas ou de promoção), os diversos setores de um centro de saúde ou de um hospital (serviço de imunização, recepção e acolhimento, atendimento clínico, laboratório, emergência, unidade de tratamento intensivo), o sistema municipal, o sistema estadual, o sistema nacional e as agências reguladoras constituem-se em níveis possíveis para uma avaliação.

CONSIDERAÇÕES FINAIS

Ao final deste capítulo esperamos ter contribuído para a compreensão dos aspectos teórico-metodológicos utilizados para explicar e compreender o processo decisório no âmbito das políticas públicas, como estas são formuladas pelo Estado e como são definidas as responsabilidades pela implementação e avaliação dessas políticas nos diferentes níveis de governo.

O estudo das políticas como um processo composto por momentos que podem ou não corresponder a um "ciclo" nos ajuda a abordar sua complexidade, bem como seu caráter processual e dinâmico. Por outro lado, isso só é possível se levarmos em conta os diversos grupos sociais em suas especificidades históricas, e não apenas as estratégias de ação governamental. É por meio da análise desses diversos componentes, bem como da busca de explicação desse percurso, que podemos perceber os efeitos de influências diversas que levam à escolha de determinada política.

Assim, a análise do curso de uma política exige a compreensão da construção social do problema que motivou sua formulação, assim como a identificação do papel dos sujeitos, grupos e instituições envolvidos, suas disputas, conflitos e acordos construídos ao longo das diferentes fases desse processo.

Por fim, a análise das políticas de saúde não é apenas tarefa dos pesquisadores dessa temática. Interessa a todos os profissionais de saúde e também aos cidadãos – usuários dos serviços de saúde – por ser um dos instrumentos que contribuem para assegurar os direitos sociais. Por esse motivo, é fundamental ressaltar a importância de se "fazer política", ou seja, desenvolver cotidianamente o processo de diálogo e convencimento dos atores nas várias arenas em que ocorre a construção da vontade coletiva de mudanças, construindo o consenso em torno das alternativas e estratégias que contemplem a busca de melhoria do desempenho do Estado e das organizações públicas de saúde.

Referências

Arendt H. O que é política. Rio de Janeiro: Bertrand Brasil, 2009.

Baptista TWF, Rezende M. A ideia de ciclo na análise de políticas públicas. In: Mattos RA, Baptista TWF. Caminhos para análise de políticas de saúde. Rio de Janeiro: IMS/ENSP/EPSJV, 2011 (Projeto Material Análise de Políticas de Saúde, Rio de Janeiro, Faperj, IMS/UERJ; ENSP/FIOCRUZ; EPSJV/FIOCRUZ, 2011).

Baumgartner FR, Jones BD. Attention, boundary effects, and large-scale policy change in air transportation policy. In: Rochefort D, Cobb R (orgs.) The politics of problem definition: shaping the policy agenda. Lawrence: University Press of Kansas, 1995.

Bertero CO. Desenho organizacional em Administração Pública Estadual. Cadernos FUNDAP abril 1988; 15:33-41.

Bobbio N. O conceito de política. In: Bovero M (Ed.) Teoria geral da política. A filosofia política e as lições dos clássicos. Rio de Janeiro: Elsevier, 2000:159-76.

Bobbio N, Matteuci N, Pasquino G. Dicionário de política. Brasília, São Paulo: UNB, Imprensa Oficial do Estado, 1995.

Bosso CJ. The contextual bases of problem definition.

Bourdieu P. A representação política. Elementos para uma teoria do campo político. In: O poder simbólico. Rio de Janeiro: Bertrand Brasil, 1989:163-208.

Donabedian A. The definition of quality: a conceptual exploration. In: Donabedian A (ed.) Explorations in quality assessment and monitoring. volume 1: the definition of quality and approaches to its assessment. Ann Arbor, Michigan: Health Administration Press, 1980:3-31.

Fleury S, Ouverney AM. Política de saúde: uma política social. In: Giovanella L, Escorel S, Lobato LVC et al. (orgs.) Políticas e sistema de saúde no Brasil. Rio de Janeiro: Ed. Fiocruz, 2008.

Hogwood B, Gunn L. Policy analysis for the real world. Oxford: Oxford University Press, 1984.

Howlett M, Ramesh M. Studying public policy. Canadá: Oxford University Press, 1995.

Kingdon J. Agendas, alternatives and public choices. Boston: Little Brown, 1984.

Lima LRF, Vieira-da-Silva LM. Ampliação do acesso à atenção oftalmológica: um estudo sobre a avaliabilidade da campanha "De Olho na Visão", Goiás, 2004. Ciência & Saúde Coletiva 2008; 13:2059-64.

Paim JS. Políticas de saúde no Brasil. In: Rouquayrol Mz, Almeida-Filho Nd (Eds.) Epidemiologia e saúde. 6. Ed. Rio de Janeiro: Medsi, 2003:587-603.

Pinto ICM. Mudanças nas políticas públicas: a perspectiva do ciclo da política. Revista de Políticas Públicas 2008; 12(1):27-36.

Rochefort D, Cobb R. Problem Definition: Perspective". In: Rochefort, David e Cobb, Roger W. (Orgs). The Politics of Problem Definition Shaping The Policy Agenda. Lawrence: University Press of Kansas.

Soares, C.L.M., Paim, J.S. Aspectos críticos para a implementação da política de saúde bucal no Município de Salvador, Bahia, Brasil. Cad. Saúde Pública .27 (5): 966 - 974, 2011.

Starr M, Chalmers I. The evolution of The Cochrane Library, 1988-2003. Update Software, 2003.

Stone DA. Policy, paradox and political reason. Glenview: Scott Foresman, 1989.

Viana ALd'A. Enfoques metodológicos em políticas públicas: novos referenciais para estudos sobre políticas. In: Canesqui AM. Ciências sociais e saúde. São Paulo: Hucitec, 1997.

Vieira-da-Silva LM. Conceitos, abordagens e estratégias para a avaliação em saúde. In: EDUFBA/Fiocruz. Avaliação em saúde: dos modelos teóricos à prática na avaliação de programas e sistemas de saúde. Salvador-Rio de Janeiro, 2005:15-39.

Vieira-da-Silva LM, Almeida-Filho ND. Equidade em saúde: uma análise crítica de conceitos. Cadernos de Saúde Pública 2009; 25:S217-S26.

Vieira-da-Silva LM, Formigli VLA. Avaliação em saúde: limites e perspectivas. Cadernos de Saúde Pública 1994; 10:80-91.

Weber M. A política como vocação. In: Ensaios de Sociologia. Rio de Janeiro: LTC – Livros Técnicos e Científicos, 1982:97-153.

Programação em Saúde e Organização das Práticas:
Possibilidades de Integração entre Ações Individuais e Coletivas no Sistema Único de Saúde

Lilia Blima Schraiber ♦ *Ana Luiza Queiroz Vilasbôas* ♦ *Maria Ines Bapttistella Nemes*

INTRODUÇÃO

Nosso propósito neste capítulo será apresentar possibilidades de integração entre ações individuais e coletivas no Sistema Único de Saúde (SUS) do Brasil. Enfocaremos o princípio da "integralidade" inscrito no SUS, problematizando-o do ponto de vista das práticas profissionais. Para tal, vamos proceder a uma releitura histórica da Programação em Saúde, apresentando-a como uma lógica de organização que privilegia essa integração, mas que foi experimentada por um curto período de tempo em nosso país.

Em primeiro lugar, destacaremos algumas noções que nos ajudam a diferenciar as abordagens sobre programas e programação em saúde. Em seguida, trataremos das origens e desenvolvimentos históricos da programação em saúde para nos ajudar a compreender o sentido da polissemia dessa expressão. Por fim, trataremos de caracterizar aspectos tecnológicos e assistenciais da programação como modelo de organização das práticas de saúde, suas vantagens e seus limites como uma das formas de operacionalizar a integralidade da atenção especialmente no espaço da atenção primária, também conhecida no Brasil como atenção básica.

PROGRAMAS E PROGRAMAÇÃO EM SAÚDE: ALGUMAS CONCEPÇÕES

Podemos definir *programa* de saúde como uma série de intervenções, realizadas em uma sequência cronológica, com efeitos interdependentes (Hartz, 1998), constituindo uma proposta prévia de organização da atenção à saúde individual e para a população de um dado território. Essa definição conecta a noção de programa a um planejamento anterior das intervenções, em que delimitamos quais serão as intervenções e quanto de cada uma será feito, por quem, com qual relação entre elas e a previsão dos recursos necessários para sua realização.

Desse modo, serviços de saúde com (ou "que operam") programas estruturam a atenção que prestam às pessoas e aos grupos populacionais, seus usuários, sob determinada configuração e encadeamento de atividades individuais e coletivas.

Os serviços podem se valer de um ou outro programa de modo isolado, ou podem ser estruturados em seu todo em uma lógica de funcionamento liderada pelos programas. Neste último caso, diremos que o serviço que assim opera apresenta uma forma, um modelo de atenção denominado *programação em saúde* (Boxe 7.1).

Programação em saúde também pode ser entendida como um momento do planejamento (OPS, 1965). Ao propor um plano para um conjunto de serviços de um dado território, a programação responde pela parte mais operacional do plano de prestação da atenção pretendida (Schraiber, 1993). Nesse caso, vemos a programação como parte importante das atribuições do planejamento ao traduzir, em termos da organização, distribuição territorial e quantificação dos procedimentos dos vários serviços na sociedade, as propostas assistenciais enunciadas no âmbito da política pública, nas leis e normas que resultam das decisões governamentais.

Nesse sentido, o planejamento opera uma ligação entre as políticas de saúde e o conjunto de serviços e estabelecimentos que produzirão a atenção em saúde (Schraiber, 1995), delimitando, por exemplo, quantos hospitais correspondem à política de saúde aprovada ou quantos ambulatórios, unidades básicas de saúde (UBS), pronto-atendimento (PA), centros de apoio diagnóstico ou terapêutico, e ainda se todos funcionarão ou não como um sistema de bases territoriais predefinidas, ou se funcionarão ou não como um sistema hierarquizado com entrada predefinida ou em algum formato de rede (OPS, 2010).

O planejamento e sua etapa de programação, portanto, conectam as políticas de saúde às práticas conduzidas pelos profissionais de saúde que atuam na atenção

> **Boxe 7.1**
>
> Programas de saúde: o exemplo do Programa de Atenção Integral à Saúde da Mulher (PAISM) de 1984 tal como incorporado em um serviço de atenção primária à saúde no modelo das Ações Programáticas em Saúde, formulado em 1989. (D'Oliveira AFPL & Senna D. Saúde da mulher. In: Schraiber LB; Nemes MIB, Mendes-Gonçalves RB. Saúde do adulto: programas e ações na unidade básica. 2. ed., São Paulo: Hucitec, 2000:107.)
>
> Apresentamos esse programa para que o leitor observe a composição de diferentes tipos de intervenções assistenciais que se articulam em um fluxo determinado de atendimentos. O desenho mostra o planejamento prévio das ações dos profissionais, uma sequência de intervenções esperadas e uma integração entre ações curativas, preventivas e de promoção, assim como consultas individuais ou em grupo e atuações de equipes de trabalho (Fluxograma a seguir).
>
> **Fluxograma de atividades do PAISM** 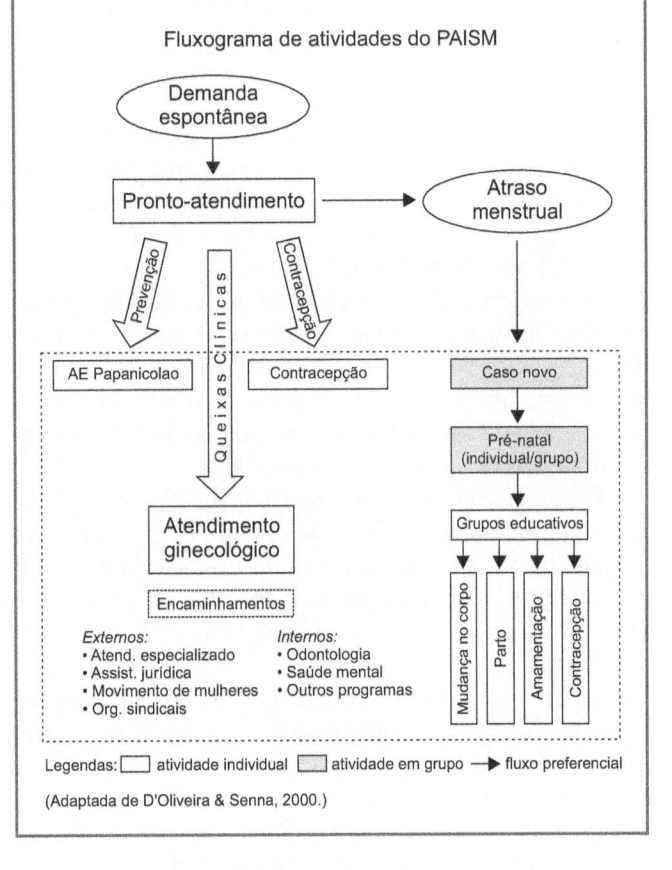
>
> [Fluxograma mostrando: Demanda espontânea → Pronto-atendimento → Atraso menstrual; ramificações para Prevenção, Queixas Clínicas, Contracepção; AE Papanicolao, Contracepção, Caso novo → Pré-natal (individual/grupo) → Grupos educativos (Mudança no corpo, Parto, Amamentação, Contracepção); Atendimento ginecológico; Encaminhamentos – Externos: Atend. especializado, Assist. jurídica, Movimento de mulheres, Org. sindicais; Internos: Odontologia, Saúde mental, Outros programas]
>
> Legendas: ☐ atividade individual ▨ atividade em grupo → fluxo preferencial
>
> (Adaptada de D'Oliveira & Senna, 2000.)

e que produz, a depender das ações propostas e de seu encadeamento, certos modelos assistenciais (Teixeira & Paim, 1990; Paim, 1993).

Esses também serão arranjos de intervenções técnicas dos profissionais: um determinado *modelo tecnológico de trabalho,* ou tecno-assistencial, muitas vezes também denominado apenas *modelo de atenção à saúde* (Teixeira; 2003). A oferta organizada, portanto, representa também certa configuração de profissionais, de seus trabalhos e de saberes técnico-científicos envolvidos (Paim, 2007) (Boxe 7.2).

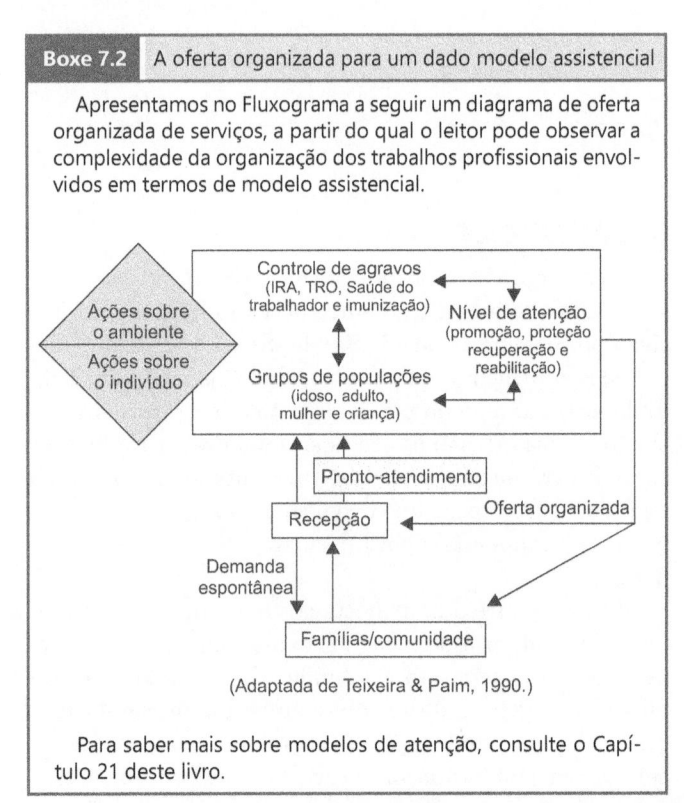

> **Boxe 7.2** A oferta organizada para um dado modelo assistencial
>
> Apresentamos no Fluxograma a seguir um diagrama de oferta organizada de serviços, a partir do qual o leitor pode observar a complexidade da organização dos trabalhos profissionais envolvidos em termos de modelo assistencial.
>
> [Diagrama mostrando: Ações sobre o ambiente / Ações sobre o indivíduo → Controle de agravos (IRA, TRO, Saúde do trabalhador e imunização), Nível de atenção (promoção, proteção, recuperação e reabilitação), Grupos de populações (idoso, adulto, mulher e criança); Pronto-atendimento, Recepção, Oferta organizada, Demanda espontânea, Famílias/comunidade]
>
> (Adaptada de Teixeira & Paim, 1990.)
>
> Para saber mais sobre modelos de atenção, consulte o Capítulo 21 deste livro.

direta às populações e às pessoas, ao organizar o funcionamento de cada serviço (a unidade básica, o hospital etc.), o fluxo de pessoas assistidas entre eles (formas sistêmica, em rede etc.), as relações entre ações dirigidas a indivíduos e grupos e ao definir a quantidade de procedimentos necessários ao alcance da cobertura populacional pretendida.

Cada forma alcançada configura arranjos diversos no encadeamento das ações que os profissionais irão realizar, até mesmo definindo se haverá um só profissional ou uma equipe, indicando, por consequência, quais áreas de atuação estarão envolvidas. É essa configuração que definimos como uma *oferta organizada de assistência*

A *programação em saúde* é um desses modelos que projeta determinada configuração de intervenções profissionais e de funcionamento dos serviços, com efeitos interdependentes na saúde de seus usuários. Com isso queremos também dizer que, embora "programa de saúde" seja uma terminologia comum na atenção individual ou em Saúde Coletiva, e esses programas possam existir de maneira isolada ou combinada, e ainda que a programação seja uma etapa e uma técnica de planejamento que responde a parte da execução de uma política de saúde, nem todos os serviços estão estruturados segundo o modelo assistencial da programação, sendo esta uma realidade que ultrapassa o âmbito de um programa para o domínio do conjunto das intervenções de um serviço de saúde e de um conjunto de serviços em determinado território.

Na América Latina, a programação em saúde foi proposta nos anos 1960 como etapa do planejamento vinculada ao método conhecido como CENDES-OPAS (OPS, 1965).

No Brasil, foi inspiradora de um modelo de atenção proposto no Estado de São Paulo apenas na segunda metade dos anos 1970, que trouxe uma importante inovação assistencial e também tecnológica, isto é, para a atenção às pessoas e para as intervenções técnicas no trabalho dos profissionais.

Localizada especialmente no interior da atenção básica, essa inovação consistiu na *integração médico-sanitária* como um modelo integrador de duas redes institucionais de serviços assistenciais, antes executados em separado: o da assistência sanitária no conjunto de estabelecimentos da Saúde Pública e o da assistência médica realizada pela rede da Medicina Previdenciária que, por meio de estabelecimentos próprios (públicos) ou contratados ao setor privado, provia assistência aos trabalhadores regularizados com carteira de trabalho e suas famílias.

Como modelo assistencial, portanto, a programação em saúde significava uma assistência médica individual bem articulada com ações de Saúde Pública, representando, por consequência, uma atenção à saúde em que o trabalho dos médicos e enfermeiros, assim como o trabalho de todo o pessoal da enfermagem, conectava-se com o trabalho de profissionais das ações sanitárias, como, por exemplo, o visitador domiciliar, o agente de saneamento e a equipe de vigilância epidemiológica (Schraiber, 1993; Mota & Schraiber, 2011).

A seguir, vamos tratar dessa programação que foi um modelo assistencial, examinando seus aspectos mais interessantes como uma possibilidade atual para os serviços no Brasil, sobretudo porque essa programação foi voltada para a atenção primária à saúde ou atenção básica, que hoje é alvo de grande valorização no SUS. Para uma melhor compreensão desse modelo assistencial, vamos recuperar um pouco de suas origens e história.

BREVE HISTÓRIA DO PLANEJAMENTO E DA PROGRAMAÇÃO NA SAÚDE: RAÍZES DA CONSTRUÇÃO DE MODELOS ASSISTENCIAIS

É importante ter em mente que a Saúde Pública, desde o século XIX, sempre esteve amparada por políticas e programas de intervenção. Formulados e implantados por ações governamentais, essas políticas e programas representavam de algum modo a expressão de alguma ação planejada, como, por exemplo, campanhas de vacinação, ações de saneamento básico ou ações de controle da poluição ambiental.

No Brasil, do ponto de vista histórico, podemos distinguir, grosso modo, duas grandes configurações dessas ações que são as práticas em Saúde Pública, antes da emergência da programação em saúde (Nemes, 1993; Merhy, 1992; Merhy & Queiroz, 1993; Mendes-Gonçalves, 1994). Primeiro, entre 1880 e 1930, temos a época das grandes campanhas e da polícia sanitária, em que autoridades públicas podiam proceder à vacinação e à internação de pessoas com moléstias infectocontagiosas à força. Posteriormente, entre os anos 1930 e 1960, surge o modelo médico-sanitário, em que, por meio de uma educação chamada de sanitária, os médicos da Saúde Pública foram mudando as práticas higienistas anteriores e convencendo a população das vantagens para a saúde representadas por intervenções como a vacinação e o saneamento básico (das águas e do lixo), produzidas na forma de ações coletivas para toda a população (Boxe 7.3).

Boxe 7.3	História das políticas de saúde no Brasil
Sobre a história das políticas de saúde no Brasil, veja o documentário "Políticas de Saúde no Brasil", disponível em: http://www.youtube.com/watch?v=cSwIL_JW8X8.	

Ao mesmo tempo, foram também progressivamente formuladas intervenções na esfera da Saúde Pública sobre as doenças infectocontagiosas de curso prolongado, como a tuberculose e a hanseníase, e as infecciosas ou parasitárias afetas ao meio ambiente, como a malária. Essas intervenções caracterizavam-se por práticas clínicas terapêuticas, mediante a assistência aos casos da doença, e também por práticas de prevenção do adoecimento de pessoas saudáveis, como exame e terapêutica preventiva profilática dos familiares e de pessoas de grande convívio com doentes, chamados "comunicantes". Diferentes das campanhas de vacinação e do saneamento do meio, essas outras intervenções, portanto, já não se destinavam a todos, mas a certos grupos populacionais, configurando na Saúde Pública os programas verticais específicos para certas doenças (Nemes, 1990, 2000). É importante observar que esses programas verticais já se estruturavam de modo a articular a assistência médica com ações de Saúde Pública, inclusive instaurando uma medicina clínica preventiva e profilática como maneira de controle sanitário das doenças na população. Devemos destacar ainda a criação, nessa época, do visitador sanitário, agente de práticas em saúde que passa a compor a equipe profissional de trabalho, realizando a visitação domiciliar (Nemes, 1989) (Boxe 7.4).

Assim, no campo sanitário os profissionais sempre conviveram com "programas", ainda que, como já mencionamos, isso não queira dizer atuar no modelo da programação, pois para essa atuação é necessário ter programas, mas só tê-los é insuficiente, se eles não se articulam e lideram o modo de atender e assistir pessoas e populações.

No entanto, se a prática sanitária há muito mostra esse aspecto de intervenção planejada, o mesmo não

> **Boxe 7.4 — História dos programas de saúde pública brasileiros**
>
> Para saber mais sobre a história de alguns programas de saúde pública brasileiros, leia:
>
> - Hijjar MA, Gerhardt G, Teixeira GM, Procópio MJ. Retrospecto do controle da tuberculose no Brasil. Rev Saúde Pública 2007; 4(Supl.1):50-8. Disponível em: http://www.scielo.br/pdf/rsp/v41s1/6489.pdf.
> - Opromolla PA, Laurenti R. Controle da hanseníase no Estado de São Paulo: análise histórica. Rev Saúde Pública 2011; 45(1):195-203. Disponível em: http://www.scielo.br/pdf/rsp/v45n1/1764.pdf.
> - Nemes MIB. A hanseníase e as práticas sanitárias em São Paulo: 10 anos de subprograma de controle da hanseníase na Secretaria de Estado da Saúde. (Dissertação de mestrado). São Paulo: Universidade de São Paulo, Faculdade de Medicina, 1989.

ocorreu com a medicina e a assistência provida pelos médicos (Schraiber, 2008). A prática médica manteve ao longo de sua história a característica de uma *profissão consultante*; profissão cujo exercício é suscitado pelo paciente que demanda o profissional; produzido (trabalhado) na forma de consultas individualizadas; e formulador de um projeto assistencial para cada caso, com intervenções clínicas ou cirúrgicas, sobre as quais o médico aconselha, pois está sendo consultado, e o paciente pode acatar ou não.

Por isso, a intervenção dos médicos tem sido produzida a partir dessa demanda dos usuários dos serviços de saúde dita "espontânea", uma vez que os doentes são livres para consultar o médico; são os indivíduos que se sentem doentes, ou receiam vir a sê-lo, que buscam os estabelecimentos e seus profissionais para consultá-los. Este tem sido um importante aspecto da prática médica com grande permanência histórica, ainda que o significado da consulta, para o médico e para o paciente, o teor da intervenção e o grau de liberdade de ambos em torno do projeto assistencial mudem a cada época.

Se expandíssemos essa forma de prover serviços de atenção à saúde como se fosse um modelo assistencial, obteríamos um conjunto de serviços e um agregado de diferentes estabelecimentos operando apenas por consultas médicas, em uma configuração de "séries consultantes", a qual podemos denominar *consultação* (Schraiber, 1993).

Ao se considerar que os indivíduos que buscam a consulta são casos clínicos singulares, a consultação caracterizaria uma forma de arranjos de intervenção em que as consultas não são ações interdependentes, mas unidades autônomas e dependentes apenas de cada médico diante de seu caso. Assim, o que se destaca nessa configuração assistencial é uma atuação profissional centrada na prática individual do médico, pois ele teria de fazer frente a um número muito grande de situações particulares, o que é muito difícil de planejar.

Essa modalidade de funcionamento assistencial muito se assemelha ao modelo da medicina liberal, que se consolida ao longo de todo o século XIX nos países industrializados desenvolvidos e, no Brasil, entre 1930 e 1960, tendo seus primórdios apenas a partir dos anos 1890. Mesmo que não tenha exatamente a mesma configuração das séries consultantes, a profissão nesse modelo liberal se apresenta no mercado de trabalho como prática de consultório particular e se realiza na dependência de cada médico individual e de seus recursos técnicos, entre eles a qualidade com que domina os conhecimentos e saberes da medicina.

De fato, na profissão liberal, o médico é um pequeno produtor isolado, realizando serviços na forma de "unidades inteiras e independentes de produção", ou seja, a consulta médica, ofertada em seu consultório a cada indivíduo, a cada vez. Nessa forma, o médico trabalha só, não se inserindo em nenhuma equipe e apenas eventualmente necessitando consultar a opinião de outros médicos sobre o caso, o que tem a qualidade de uma atuação apenas entre seus próprios pares e na forma também de uma consulta, e não de um trabalho assistencial produzido em parceria, em equipe.

Além disso, à época da medicina liberal que perdura até os anos 1960, os recursos para as intervenções são o conhecimento e poucos instrumentos que o médico consegue usar em seu consultório. Por isso, há não só uma relação bem pessoal e direta com seu paciente, pois sua conduta profissional dependerá muito da história deste (anamnese), como há sua grande valorização enquanto profissional, em razão das dificuldades envolvidas na formulação e execução do projeto assistencial para os casos, com consequente grande responsabilidade pessoal do médico em sua consecução e bom sucesso (acerto).

Esse arranjo de intervenção produz, simultaneamente, a necessária mútua vinculação dos casos aos médicos e vice-versa, situação em que o conjunto desses pacientes surge como a clientela privada do médico e não de alguma instituição hospitalar ou de algum plano de saúde, como vemos hoje em dia (Schraiber, 2008). Essa situação, por exemplo, é uma das diferenças entre a medicina liberal e o modelo da atenção à saúde por séries consultantes (consultação), que surgirá na atenção baseada em pronto-atendimento dos anos 1990.

A despeito dessa e de outras diferenças, porém, queremos chamar a atenção para o fato de surgir com a medicina liberal, também permanecendo até hoje, a valorização da consulta como forma de prestar a assistência na cultura profissional em saúde. Na prática liberal é estabelecida grande autonomia dos médicos para conceber, executar e avaliar seu trabalho, e essa autonomia tem sido, desde ali, um dos principais referentes da noção de *boa prática assistencial*.

Essa concepção é a dos diversos profissionais da saúde, e não só dos médicos, bem como é também a dos pacientes ou da população em geral, que reproduzem essa cultura profissional originada na medicina liberal. Por isso, qualquer forma de planejamento e de programar a prática da assistência clínica apresenta conflitos com essas concepções.

Entretanto, à medida que a medicina foi se especializando e se tornando mais equipada com instrumentos diagnósticos e terapêuticos, a produção da assistência para o conjunto da sociedade também passou a se processar por outro modelo de assistência médica (Schraiber, 2008). Foi assim, sob forte tensão, que uma medicina tecnológica, configurada no modo empresarial de produzir os serviços e estruturar os estabelecimentos, emerge e consolida-se historicamente no Brasil nos anos 1960-80.

Nela encontramos uma assistência baseada, sobretudo, no hospital, transformando-se os consultórios em unidades a este acopladas, tal qual nas clínicas ambulatoriais hoje existentes. Há o grande crescimento das empresas privadas e do assalariamento dos médicos. Há também, já a partir dos anos 1990, o estabelecimento da prática de consultório na forma empresa, operando raramente como consultório particular e sim mediante convênios com planos de saúde e seguros-saúde privados.

Do ponto de vista da produção de serviços para toda a sociedade, essa organização da prática representa uma forma mais extensiva: uma medicina institucionalizada, de massas e em grande escala, mas também uma medicina de custos crescentes, levando à presença de empresas intermediárias para financiar a assistência.

Essa forma empresarial de prover a atenção, hoje, atinge tanto os serviços públicos como os privados. Seja no SUS, seja no sistema supletivo dos planos e seguros de saúde, arranjos produtivos são concebidos e desenvolvidos praticamente em todos os serviços e em quase todos os estabelecimentos. Eles configuram sempre determinados modelos de atenção. Esse modelo poderá, como o da programação antes referido, funcionar segundo a lógica da integração de ações de atenção individual (consultas) com as coletivas (ações sanitárias). Mas se regido estritamente pelo consumo dos serviços em razão da compra destes (por pagamento prévio, como nos seguros e planos, ou posterior ao ato, como nos serviços particulares e no SUS), o modelo funcionará tão-somente segundo a lógica do mercado, ou a lógica dos negócios, que é o mercado visto da ótica de quem produz os serviços, tais como os seguros-saúde ou os planos ou uma clínica ou hospital privado, mesmo que conveniado ou contratado pelo SUS.

O resultado é um modelo assistencial que privatiza e elitiza o consumo e não detém a perspectiva de melhorar as oportunidades de acesso ou mesmo prover acesso universal, ou de prover uma atenção que integre mais os distintos aspectos da saúde, como é a lógica do SUS (Paim, 2007).

Foi precisamente em função de melhorar esse acesso das populações de menor renda e buscando quebrar um ciclo que então se acreditava responsável pelo subdesenvolvimento dos países pobres da América Latina, qual seja, o *círculo vicioso da pobreza*, caracterizado pelas interações entre baixa educação, saúde deficiente e pequena produtividade na economia, que o planejamento entrou no campo da saúde, nos anos 1960, no contexto político internacional da Aliança para o Progresso (Rivera, 1989; Mendes, 1993; Nemes, 1993; Teixeira & Sá, 1996; Nemes 2000).

Voltado para uma política desenvolvimentista, esse planejamento fundamentava-se em um método normativo denominado "Programação de Saúde" (OPS, 1965), de caráter ascendente, do nível local para o nível nacional, em que se propunha um diagnóstico de saúde com vistas à resposta assistencial a ser dada pela política governamental.

O diagnóstico estimava necessidades de saúde da população do território com base em danos ou agravos à saúde, caracterizados por suas taxas de mortalidade, ponto de partida para o cálculo da quantidade de procedimentos descritos como atividades (consultas, atendimentos, aplicação de vacinas, internamentos etc.) voltadas para responder a essas necessidades.

A programação do método CENDES-OPAS fundamentava-se em princípios de microeconomia aplicados aos serviços, o que implicava o estímulo ao uso eficiente dos recursos de saúde, estes traduzidos como existência de pessoal, instalações físicas, equipamentos e orçamento predefinido para enfrentar danos selecionados.

A partir da consideração de que os recursos eram limitados para o atendimento às necessidades da população, o método incluía a priorização dos danos como um dos passos para atingir a eficiência pretendida. A análise considerava o volume dos danos expressos em taxas de mortalidade, as suscetibilidades desses danos a intervenções em termos de bom êxito com o conhecimento e as tecnologias disponíveis e sua relevância social como questão de grande impacto na vida das populações dos territórios definidos, além dos custos financeiros das intervenções propostas.

Magnitude, vulnerabilidade e transcendência, respectivamente, além dos custos dos agravos, foram os critérios de priorização propostos pelo CENDES-OPAS (OPS, 1965) para a programação dos procedimentos. Por conseguinte, o método CENDES-OPAS de programação de saúde tornou possível oferecer certos critérios para que a política de saúde respondesse a realidades geopolíticas bastante localizadas. Ofereceu também uma técnica de priorização na escolha dos agravos à saúde a serem primeiro assistidos, do que resultariam tanto uma expansão da assistência como uma racionalização no gasto público em saúde (Rodrigues, 2012).

No entanto, todos esses aspectos são parte de um plano, mais do que parte da produção assistencial no cotidiano dos serviços, e por isso, para que se transformasse em um modelo assistencial, faltava-lhe exatamente a inserção no cotidiano dos serviços, traduzindo aquelas escolhas em práticas profissionais.

Assim, além de responder a questões da política, a programação em saúde como modelo assistencial deveria oferecer soluções no plano das intervenções no interior dos serviços, orientando a produção dos trabalhos e da assistência na mesma lógica em que orientava a política pública.

No Brasil, esse específico passo apenas foi dado no caso do Estado de São Paulo, que na metade da década de 1970 respondeu com a *programação em saúde* a uma grande crise social brasileira, que nesse período atingia, entre outros, a assistência médica e, principalmente, aquela da rede pública, antes mencionada, da medicina previdenciária (Nemes, 2000; Mota & Schraiber, 2011). Essa resposta, porém, teve curta duração (Nemes, 2000), posto ter arrefecido sua força já ao início dos anos 1980.

Nacionalmente, assim como no caso paulista, a resposta à crise social foi no mesmo sentido: expandir os serviços e, então, a cobertura assistencial pela soma de duas redes, a da medicina previdenciária e das unidades da Saúde Pública. A solução encontrada foi, portanto, a oferta de serviços públicos a populações mais pobres, juntando serviços dessas duas redes públicas, com isso integrando-se os estabelecimentos sanitários, como os centros de saúde e postos de saúde, ao conjunto de postos e ambulatórios da medicina previdenciária, de distribuição bastante heterogênea no país.

Essa nova rede de cunho ambulatorial deu origem às unidades básicas de saúde, tendo também ocorrido uma integração das unidades hospitalares. Essa integração de ações entre os subsistemas públicos é precursora, nos anos 1980, do Sistema Unificado Descentralizado de Saúde (SUDS), de 1987.

Entretanto, ao contrário do que ocorrera no Estado de São Paulo, em termos nacionais, não se constituiu para as unidades básicas de saúde um novo arranjo assistencial como a integração médico-sanitária paulista. Longe disso, foi a lógica ambulatorial vinda da medicina previdenciária e baseada em consultas clínicas de pronto-atendimento (PA) que reorientou o conjunto dos serviços integrados nacionalmente e que terminou por também se instalar no Estado de São Paulo, substituindo o modelo da programação em saúde e fazendo dele, historicamente, apenas uma transição (Nemes, 2000). Instalando um arranjo de "séries consultantes", essa forma de integração das redes, como também no caso paulista, unificou a prestação da assistência médica e intensificou sua entrada em todo o conjunto do sistema público, o que hoje em dia vemos no SUS.

Embora nacionalmente não se tenha desenvolvido o modelo assistencial da programação, a política de saúde dos anos 1980 formulou programas de saúde dentro da mesma perspectiva de uma atenção integradora de ações. Podemos exemplificar com o programa de atenção integral à saúde das mulheres, de 1984, com ações de assistência médica individual que se articulavam com outras voltadas para a prevenção de doenças sexualmente transmissíveis e do câncer ginecológico e com as de promoção da saúde, como atividades educativas baseadas nos direitos sexuais e reprodutivos das mulheres. Não obstante, essa proposta de atenção integral circulava restrita a esse segmento populacional das mulheres e não conformou uma atenção integral para toda a atenção primária das unidades básicas ou de qualquer outro nível de atenção, como seria na adoção dessa perspectiva de atenção integral como modelo assistencial.

Nesse sentido, do ponto de vista histórico, a programação em saúde paulista foi uma oportunidade perdida no desenrolar da história da atenção à saúde no Brasil (Mota & Schraiber, 2011), mas rendeu grande debate e diversas novas propostas de modelo assistencial. Uma delas, que buscou aprimorar alguns aspectos dessa integração entre a assistência médica e a prática sanitária, chamou-se *Ações Programáticas em Saúde*, nome propositadamente próximo ao anterior e igualmente aderido à atenção primária das unidades básicas de saúde. Como arranjo de oferta organizada de intervenções assistenciais, a programação em saúde e as ações programáticas contêm aspectos que podem significar, ainda hoje, uma interessante solução de atenção integral (Boxe 7.5).

Boxe 7.5 — Revisitando a integração médico-sanitária em tempos atuais

Alguns passos são sempre lembrados como parte dessa integração médico-sanitária, como segue:

- definir o território de intervenção dos serviços;
- utilizar a epidemiologia e as ciências humanas para estimar necessidades (diagnóstico) e para intervir sobre elas (saber operante do e no trabalho);
- recorrer a técnicas de programação e de planejamento para orientar as atividades das unidades de saúde;
- recusar a exclusividade do modelo centrado na atenção individual;
- considerar a atenção à saúde com base nas políticas públicas;
- estruturar os cuidados com base em equipes de trabalho multiprofissional.

Veja, para maiores detalhes: Schraiber LB, Nemes MIB, Mendes-Gonçalves RB. Saúde do adulto: programas e ações na unidade básica. 2. ed., São Paulo: Hucitec, 2000.

Longe de uma única delimitação e definição, a integração médico-sanitária desperta hoje grande interesse e diversas leituras. Veja: Massuda A. Práticas de saúde coletiva na atenção primária em saúde. In: Campos GWS, Guerrero AVCP (orgs.) Manual de práticas de atenção básica. Saúde ampliada e compartilhada. São Paulo: Hucitec, 2008:179-205.

Nesse caso, a solução não se atém ao protocolo das ações internas a cada programa, mas, sobretudo, à integração entre as diversas formas de atenção, a saber: a assistência individual e em grupo; a assistência curativa, de cunho diagnóstico-terapêutica e aquela de caráter educativo, como as práticas de prevenção e de promoção da saúde; a atenção de promoção da saúde realizada no interior das unidades básicas ou centros de saúde e aquela realizada extramuros, integrada a atividades que são desenvolvidas na vida do território próprio a seus usuários e a suas clientelas potenciais; e, por fim, a assistência voltada para os vários segmentos populacionais em seus ciclos de vida, como crianças, jovens, adolescentes, adultos e idosos, homens e mulheres.

As contribuições advindas desse modelo assistencial de integração e ainda atuais apontam para dois grandes eixos: a necessária articulação entre práticas individuais e de vigilância em saúde e o desenvolvimento de uma atenção produtora de cuidados integrais também quando é realizada na assistência médica de caráter mais pontual, como o PA, o que implicará o deslocamento do PA de sua lógica consultante para a lógica de atendimentos de caráter mais sistemático. Envolvendo-se com retornos periódicos de avaliação dos cuidados prestados e com ações não só terapêuticas e curativas, mas com práticas preventivas e de promoção, esse deslocamento em muito beneficiaria, especialmente, os usuários que vivem com doenças crônicas, como o diabetes e a hipertensão.

Estas últimas situações assistenciais têm sido particularmente problemáticas no arranjo da consultação, justamente em razão do aspecto segmentador dessa modalidade de assistência. Por isso, examinaremos a seguir algumas propriedades internas aos modelos da programação e da ação programática, já indicando algumas de suas vantagens e também alguns fatores limitantes de sua aplicação no espaço da atenção básica, enquanto configuração das práticas profissionais, ou seja, em termos de seus arranjos tecnológicos de trabalho, e enquanto produção assistencial de uma atenção integral.

PROGRAMAÇÃO EM SAÚDE E AÇÕES PROGRAMÁTICAS: ASPECTOS TECNOLÓGICOS E ASSISTENCIAIS

Denominamos tecnológicos aqueles aspectos das práticas profissionais que estão em arranjos de trabalho para produzir ações de saúde. São, pois, o conhecimento científico e o técnico incorporados aos saberes aplicados da clínica e da epidemiologia, já com todas as subespecialidades desses saberes em diversas áreas de intervenção e com uso de recursos tecnológicos materiais (equipamentos, medicamentos etc.), que se apresentam disponíveis e funcionando na dependência dos contextos de trabalho assistencial (qual o estabelecimento e para prestar qual serviço e em que disposição no mercado de trabalho e de oferta de ações).

Esses aspectos se traduzem em atividades dos profissionais, que representam a produção das respostas às necessidades suscitadas pelos agravos à saúde, como antes comentamos. Essas respostas irão caracterizar o produto da intervenção assistencial, mas esses aspectos também representam, no modo de produzir essa resposta, certas modalidades de relação com os pacientes, nesse momento em que estão realizando sua assistência, e também relações com os outros profissionais.

Assim, estamos afirmando que os arranjos tecnológicos são a produção de um trabalho técnico de base científica, alcançando certas resoluções dos casos como seus produtos, e são, ao mesmo tempo, determinadas formas de interação entre profissionais e usuários dos serviços (Nemes, 2000) e dos profissionais entre si, conformando as equipes de trabalho (Peduzzi & Palma, 2000).

Isso é o mesmo que dizer que as práticas dos profissionais em saúde são ao mesmo tempo ações produtoras de *trabalhos* e modos de *interação* ora mais comunicativos em relações intersubjetivas dentro de uma ética da comunicação dialógica e que é produtora de cuidado integral, ora mais unidirecionais, do profissional para o paciente, dentro de relações instrumentais e de caráter tecnológico, e que objetivam alcançar mais restritamente um êxito assistencial do ponto de vista técnico-científico. Contudo, esta última postura muitas vezes compromete seu próprio objetivo, em virtude da falta de sucesso prático da ação profissional que não conseguiu interagir comunicativamente na produção assistencial (Schraiber, 2008; Ayres, 2009).

Pensando nesses termos, podemos revisitar o modelo assistencial da programação nos anos 1970 e, primeiro, verificar quais ações assistenciais ou trabalhos profissionais eram disponíveis para seus formuladores e, em seguida, de que modo eles as compuseram para criar a inovação tecnológica mencionada e à época denominada integração médico-sanitária na atenção básica. Além disso, podemos pensar o que essa formulação representou em termos das interações que então ocorreram entre profissionais e usuários, ou da equipe de trabalho (Schraiber, Nemes & Mendes-Gonçalves, 2000).

É claro que já existiam as consultas individuais providas por médicos, bem como uma série de procedimentos de enfermagem voltados à realização dos tratamentos. Afinal essa foi a marca dos postos e ambulatórios da medicina previdenciária que, antes de somar-se à rede sanitária, funcionava com diversos estabelecimentos dentro de uma rede limitada, mas distribuída pelas cidades, o que terminou por impregnar profundamente o próprio modelo da programação, como já dito. Assim, estavam bastante claras as referências à necessidade do acesso direto à assistência dos médicos, fosse a mais generalista ou a especializada, para o que seria importante uma rede bem distribuída pelos territórios (ou geograficamente mais horizontal pelas regiões do país), promovendo este acesso. Também estavam claras as referências à consulta médica como boa assistência às pessoas, em consonância e como a outra face correlata à concepção da consulta médica como a boa prática profissional em saúde.

Essas referências se fizeram presentes também na programação em saúde, mas – e aqui o elemento central da inovação tecnológica produzida – a política de integração dessas redes valeu-se de modo mais significativo da experiência advinda da Saúde Pública. Esta, como vimos, apresentava uma abordagem de populações, como as ações das campanhas e do saneamento do meio ambiente, ou abordagem de grupos prioritários de intervenção, o que ocorria em ambulatórios chamados dispensários, como as ações dos programas verticais de determinadas doenças infectocontagiosas (tuberculose e hanseníase, à época denominada lepra).

Havia, ainda, os chamados programas especiais, com unidades mistas de ambulatórios e internações, para doenças endêmicas, infecciosas ou parasitárias, geograficamente mais localizadas, como a malária, antes mencionada. Além disso, consoante com o desenvolvimento da educação sanitária dos anos 1930, existiam os postos de saúde para a higiene materno-infantil, com ações médicas e educativas voltadas para o pré-natal das gestantes e a puericultura do desenvolvimento e crescimento das crianças na infância, clientela esta que, não por outra razão, ficou sendo a mais tradicional e a mais frequente das unidades básicas de saúde até os dias de hoje.

A programação em saúde, assim instaurou uma ampla rede horizontal de serviços, aumentando o número de unidades ambulatoriais a que chamou centros de saúde. Apropriou-se da técnica da programação local, oriunda do método CENDES-OPAS para estimar necessidades de saúde de uma população em territórios delimitados, criando a base territorial definida para cada centro de saúde.

Dos dispensários, incorporou as consultas médicas aos casos e com retornos sistemáticos de acompanhamento de sua evolução, para fins de alta, que era o modo de avaliar o sucesso do controle da doença infectocontagiosa. Também incorporou as ações de controle da doença junto aos comunicantes (familiares e próximos), não só em termos das medidas profiláticas e preventivas, mas em termos de sua realização extramuro do Centro de Saúde, por meio da visitação domiciliar a cargo de pessoal da enfermagem e que se expandiu para outras situações assistenciais.

Como parte dessa experiência dos programas verticais específicos, também aproveitou a busca ativa dos faltosos, a instalação de um prontuário familiar, a criação de um sistema de registro e um arquivo único para toda a clientela do Centro de Saúde, a fim de que funcionasse como um sistema de informações sobre os casos, sua família e o território.

Esse conjunto de dispositivos foi muito bem utilizado pelo Sistema de Vigilância Epidemiológica, aprovado nacionalmente em 1975 e incorporado às ações da programação em saúde em São Paulo a partir de 1977, integrando-se mais essa atuação tipicamente sanitária às ações do Centro de Saúde e à assistência médica existente nessas unidades básicas. E particularmente o sistema de informações então criado indicava a orientação do conjunto das práticas na direção do planejamento e sua programação, porque possibilitava também a introdução de ações de avaliação das atividades e de todo o modelo assistencial para alimentar criticamente o programado.

Pode-se dizer que nesse modelo, então, a assistência médica esteve presente, mas não participou de modo autônomo, a cargo das decisões pessoais e individualizadas de cada médico produtor das consultas, como seria um modelo de consultação, senão coordenada pela prática planejada da programação. Em um primeiro momento, de modo até mais radical, essa presença da assistência médica deu-se como consultas esparsas, denominadas "eventuais", já que a programação sinalizava no interior da atenção materno-infantil e das doenças crônicas, como a tuberculose e a hanseníase, como atividades que seriam as preferenciais as consultas de "rotina" e não as consultas de PA no atendimento médico das unidades. Esse foi, sem dúvida, um grande ponto de tensão para o modelo (Nemes, 2000), uma vez que a integração entre as redes sanitária e previdenciária foi pensada para ampliar exatamente o acesso à assistência médica, mais facilitado no PA e em seu modelo assistencial baseado em séries consultantes.

De outro lado, complementando essa tensão, podemos observar que, embora a programação em saúde pudesse ser bastante resolutiva no que se referia às doenças crônicas, por todos os procedimentos que, afinal, cercavam a consulta médica, embora oferecesse, com isso, uma visão mais integral dos problemas clínicos e sanitários e, ainda, embora seu modelo terminasse por criar uma equipe multiprofissional de trabalho – ao contar com médicos, enfermeiros, pessoal de enfermagem, agentes de saneamento, visitadores domiciliares, educadores em saúde (já como atualização dos educadores sanitários), assistentes sociais e técnicos da informação e seu sistema –, seu modelo como um todo exercitava uma comunicação pouco dialógica com os usuários e bastante tensa entre seus profissionais.

Pautada na tradição da educação sanitária de caráter unidirecional dos profissionais para a população, as ações preventivas e sanitárias mantiveram o caráter autoritário proveniente da própria cultura higienista anterior (Teixeira, 2000), além de não ter conseguido alterar o maior poder do médico dentro das equipes de trabalho.

Desse modo, pode-se dizer que para a programação em saúde a preocupação com os produtos das intervenções constituiu-se de saída como mais relevante que a preocupação com o processo interativo das relações entre profissionais e destes com os usuários, reproduzindo de modo muito significativo as preocupações desenvolvimentistas da época, em conformidade com as próprias premissas e origens históricas do planejamento no campo da saúde.

Nessa direção igualmente se situou a base epidemiológica clássica de estimar as necessidades das populações da técnica CENDES-OPAS. Sua racionalidade conflitava não só com a pressão pela expansão da assistência médica, nesse contexto da crise da medicina previdenciária, como também a expansão de consumo demandada pelas formas empresariais dos serviços médicos, que afinal em muito respondia à época, e ainda hoje, pelas dificuldades de qualquer programação e controle dos custos. Isso tudo, sem dizer das pressões exercidas pela própria população brasileira aderida a tais incentivos de consumo e a esse tipo de expansão assistencial pela opinião pública formada pelos jornais e televisão, além da imagem da boa prática profissional produtora da boa assistência presente desde a medicina liberal como sendo a das séries consultantes.

Por isso, sem contemplar essas expectativas, rapidamente a programação se viu substituída por uma crescente consultação, ainda que os programas que engendrou não tenham sido totalmente apagados. Persistiram de modo isolado, tais como o programa da mulher, da criança e da própria vigilância epidemiológica. Ao mesmo tempo, mostrando-se uma proposta ainda insuficiente para uma reforma sanitária que modificasse também as relações pouco democráticas nas políticas e nos serviços de saúde, como esperavam muitos profissionais do campo da Saúde Coletiva, a programação suscitou muito debate, fora e dentro de São Paulo (Paim, 2007; Mota & Schraiber, 2011).

Fruto de um deles, resgatando importantes elementos da programação e buscando outras formulações para os aspectos tidos como problemáticos, em particular os relacionais e comunicacionais do modelo, bem como para a ampliação da restrita base de acesso às consultas médicas, é que surge, para a atenção básica, o *modelo assistencial das ações programáticas*. Formulado em 1987, o modelo é apenas desenvolvido no espaço restrito de uma unidade experimental e não implantado em todas as unidades básicas de São Paulo (Schraiber, Nemes & Mendes-Gonçalves, 2000).

Uma primeira reorientação no modelo anterior consistia na ampliação da *porta de entrada* na própria unidade. Para além dos programas existentes, deu-se à demanda espontânea maior presença nessa porta de entrada, bem como foi criada uma atividade de *recepção* dos usuários a sua entrada e que se assemelha, em parte, à proposta do acolhimento. Nas ações programáticas, a recepção articula-se com as demais atividades programáticas da unidade básica e não se confunde com o PA. Essa atividade de pronto-atendimento foi implantada, mas ganhou continuidade assistencial em retornos programados e também foi articulada às demais ações da unidade básica.

Ampliaram-se também os programas, com programas de atenção integral à criança, ao adolescente, aos adultos – a princípio mulheres e mais recentemente homens – e aos idosos. Em seu interior, havia ações programáticas tradicionais, como as ações de pré-natal e de planejamento familiar, ações de prevenção a doenças sexualmente transmissíveis e HIV/AIDS, ações de controle e tratamento da tuberculose, por exemplo, mas também ampliou-se a atenção integral para outras doenças crônicas em adultos e idosos, como o diabetes e a hipertensão, ou doenças cardiovasculares, com atividades assistenciais configuradas nos moldes programáticos, isto é, com consultas individuais, atividades educativas em grupo, atividades no território, ações de atendimentos de enfermagem, ações de vigilância epidemiológica etc.

Foram mantidas as relações com o território e ações extraunidade, desenvolvidas no próprio território, agora não mais apenas para fins assistenciais, envolvendo tratamentos ou prevenções e promoções da saúde, mas também como forma de diagnóstico das necessidades para além dos clássicos estimadores baseados nas taxas de agravos à saúde e, sobretudo, como forma de ampliar o conhecimento sociocultural sobre a clientela potencial e de usuários da unidade básica, possibilitando uma melhor compreensão dos determinantes sociais dos adoecimentos daquela população específica, bem como sua cultura relativamente à saúde e ao uso da unidade.

Também foram especialmente pensadas novas modalidades de comunicação ao interior da equipe de trabalho, ampliando e usando as práticas de avaliação como momento desse diálogo e do aprimoramento do trabalho em equipe. Igualmente, foi repensada a comunicação com os usuários da unidade, seja desenvolvendo-se novas situações de diálogo, como o aproveitamento do tempo da espera para o atendimento como momento de conversa em grupo sobre problemas assistenciais ou do território, detectados pelos próprios usuários, seja criando novas ações dentro das práticas programáticas para a promoção da saúde, como ocorreu com a atenção à violência doméstica. Algumas publicações dão conta da primeira formulação dessa proposta (Schraiber, Nemes & Mendes-Gonçalves, 2000) e de debate posterior (D'Oliveira, 1999; Figueiredo, 2005; Ayres, 2009, 2010).

Como situação experimental, a proposta continua ativa e sendo alvo de novas reorientações (Ayres, 2011).

No entanto, o que queremos ressaltar são alguns dispositivos tanto da programação em saúde como das ações programáticas, que muito podem servir para atuais estruturações das unidades básicas de saúde, seja as que operam ainda nos modelos mais convencionais de atuação, seja as inscritas na Estratégia de Saúde da Família.

PROGRAMAÇÃO EM SAÚDE, AÇÕES PROGRAMÁTICAS E ATENÇÃO BÁSICA: VANTAGENS E LIMITES

A complexidade tecnológica da atenção primária é enfatizada na Política Nacional de Atenção Básica recentemente atualizada (Brasil, 2011) ao reafirmar a integralidade da atenção como um dos princípios tecnológicos a serem considerados na organização e oferta de ações em unidades básicas convencionais e nas unidades de Saúde da Família. A atenção básica é também considerada ordenadora das redes de saúde, porta preferencial do usuário no sistema de saúde. Dados tais pressupostos tecnológicos, consideramos que as propostas da programação em saúde e das ações programáticas de saúde podem contribuir na construção de arranjos assistenciais que possam integrar práticas individuais e coletivas no espaço da atenção básica no SUS.

Nesse sentido, vemos como vantagens ainda em aberto dessas propostas, no que tange à organização da atenção básica no SUS, o fato de que o de atendimento das urgências na modalidade pronto-atendimento pode encontrar formas mais contínuas de assistência, com vinculações às equipes de profissionais de saúde de unidades básicas, em função de seguimentos, consultas de retorno interligadas e conectadas às atividades dos programas de saúde, como os destinados a mulheres ou homens adultos, aos idosos, às crianças e aos adolescentes.

A proposta das ações programáticas, ao articular a percepção dos usuários sobre seu sofrimento e busca por atendimento à oferta de ações promocionais e preventivas, pode dar contribuição relevante para o enfrentamento dos dilemas entre a legítima pressão da demanda espontânea e a organização de ações de caráter individual e coletivo para populações adscritas a unidades básicas com atendimento contínuo ao longo dos anos.

Ademais, a aplicação do conhecimento epidemiológico, associado às contribuições das ciências sociais aplicadas à saúde, pode incidir em melhor aproveitamento da relação das unidades e seus profissionais com os territórios em que seus usuários estão inseridos, seja como forma de conhecer as pessoas, as famílias e os diversos grupos que socialmente se formam, seja para prover assistência e práticas de prevenção e promoção da saúde.

A integração entre ações de vigilância epidemiológica, especialmente as que dizem respeito ao controle de riscos, e ações de caráter individual reunidas em programas estruturados a partir dos problemas e necessidades de saúde mais frequentes de determinados grupos populacionais, selecionados mediante a construção de consenso entre equipes profissionais e usuários, é outra possível contribuição das propostas programáticas à organização tecnológica da atenção básica.

Um quarto aspecto é o modo de utilização dos sistemas de informações, que pode se constituir como base de avaliações periódicas que servem à educação permanente das equipes e às práticas de gerenciamento das unidades, com vistas à melhoria das ações de atenção prestadas aos usuários.

De outro lado, é preciso sempre ter em mente a experiência histórica e atentar para as dificuldades em se ultrapassarem as culturas profissionais vigentes e seus valores das independências profissionais mais do que do trabalho integrado em equipe. O mesmo se diga quanto à dificuldade para superarmos a desqualificação do saber e atuação dos generalistas em prol dos especialistas, o que faz com que muitas das unidades básicas se transformem em unidades apenas triadoras de casos e porta de entrada para especialistas.

Raramente se compreende que essa atuação mais voltada às pessoas em seu território, própria da atenção básica, significa uma assistência de grande complexidade, principalmente se quisermos ampliar a comunicação com os usuários e dar suporte também às situações socioeconômicas mais carentes e desprestigiadas ou que representam situações culturais bastante arraigadas, como, por exemplo, os comportamentos abusivos de álcool e outras drogas ou a violência que ocorre nos espaços públicos e a doméstica. A atenção nessas direções torna-se mais integral, mas, sem dúvida, representa desafios muito complexos para mudanças nos modelos assistenciais vigentes no SUS.

Referências

Ayres JRCM. Cuidado: trabalho e interação nas práticas de saúde. Rio de Janeiro: CEPESC, IMS/UERJ, ABRASCO, 2009.

Ayres JRCM. Integralidade do cuidado, situações de aprendizagem e o reconhecimento mútuo. In: Pinheiro R, Lopes TC (orgs.) Ética, técnica e formação: as razões do cuidado como direito à saúde. Rio de Janeiro: CEPESC, IMS-UERJ. ABRASCO, 2010:123-36.

Ayres JRCM (coord.) Caminhos da integralidade: levantamento e análise de tecnologias de cuidado integral à saúde em serviços de atenção primária em região metropolitana. (Relatório final de Projeto de pesquisa à FAPESP Processo: 2006/51688-9), 2011.

Brasil. Ministério da Saúde. Gabinete do Ministro. Portaria 2.488/2011. Política Nacional de Atenção Básica. Disponível em: http://189.28.128.100/dab/docs/legislacao/portaria2488_21_10_2011.pdf, Acessado em: 10/2/2012.

D'Oliveira AFL. Saúde e educação: a discussão das relações de poder na atenção à saúde da mulher. Interface – Comunicação, Saúde, Educação 1999; 3(4):105-22.

Figueiredo WS. Assistência à saúde dos homens: um desafio para os serviços de atenção primária. Ciência & Saúde Coletiva 2005; 10(1):105-9.

Hartz ZMA (org.) Avaliação em saúde: dos modelos conceituais à prática na análise da implantação de programas. Rio de Janeiro: Editora Fiocruz, 1998.

Mendes EV. Distrito sanitário: o processo social de mudança das práticas sanitárias do Sistema Único de Saúde. São Paulo-Rio de Janeiro: Hucitec-ABRASCO, 1993.

Mendes-Gonçalves RB. Tecnologia e organização social das práticas de saúde: características tecnológicas de processo de trabalho na Rede Estadual de Centros de Saúde de São Paulo. São Paulo-Rio de Janeiro: Hucitec-ABRASCO, 1994

Merhy EE. A saúde pública como política: um estudo dos formuladores de políticas. São Paulo: Hucitec, 1992.

Merhy EE, Queiroz MS. Saúde Pública, Rede Básica e o Sistema de Saúde brasileiro. Cadernos de Saúde Pública, Rio de Janeiro, 1993; 9(2):177-84.

Mota A, Schraiber LB. Atenção primária no sistema de saúde: debates paulistas numa perspectiva histórica. Saúde e Sociedade 2011; 20:834-52.

Nemes MIB. Ação programática em saúde: recuperação histórica de uma política de programação. In: Schraiber LB (org.) Programação em saúde hoje. 2. ed. São Paulo: Hucitec, 1993:65-116. Disponível em: http://www.fm.usp.br/preventivapesquisa/mostrahp.php?origem=preventivapesquisa&xcod=Publicações de livre acesso&dequem=Departamento&ordem=.

Nemes MIB. Prática programática em saúde. In: Schraiber LB, Nemes MIB, Mendes-Gonçalves RB. Saúde do adulto: programas e ações na unidade básica. 2. ed. São Paulo: Hucitec, 2000:48-65. Disponível em: http://www.fm.usp.br/preventivapesquisa/mostrahp.php?origem=preventivapesquisa&xcod=Publicações de livre acesso&dequem=Departamento&ordem=.

Nemes MIB. Ação programática em saúde: referências para análise da organização do trabalho em serviços de atenção primária. Espaço para a Saúde, NESCO – Curitiba, 1990; 2(2):40-5.

Nemes MIB. A hanseníase e as práticas sanitárias em São Paulo: 10 anos de subprograma de controle da hanseníase na Secretaria de Estado da Saúde. (Dissertação de mestrado). São Paulo: Universidade de São Paulo, Faculdade de Medicina, 1989.

OPS-OMS. Programación de la salud: problemas conceptuales y metodológicos. Publicaciones Científicas nº 111. 1965.

OPS. Redes Integradas de Servicios de Salud: conceptos, opciones de política y hoja de ruta para su implementación en las Américas. Washington D.C.: OPAS, 2010.

Paim JS, Almeida Filho N. A crise da Saúde Pública e a utopia da Saúde Coletiva. Salvador: Casa da Qualidade Editora, 2000.

Paim JS. A reorganização das práticas de saúde em distritos sanitários. In: Mendes EV (org.) Distrito sanitário: o processo social de mudança das práticas sanitárias do Sistema Único de Saúde. São Paulo: Ed. Hucitec/Abrasco, 1993.

Paim JS. Desafios para a saúde coletiva no século XXI. Salvador: EdUFBA, 2007.

Peduzzi M, Palma JJL. A equipe de saúde. In; Schraiber LB, Nemes MIB, Mendes-Gonçalves RB. Saúde do adulto: programas e ações na unidade básica. 2. ed. São Paulo: Hucitec, 2000:234-50.

Rivera FJU (org.) Planejamento e programação em saúde: um enfoque estratégico. São Paulo: Cortez Ed, 1989.

Rodrigues ET. Do CENDES-OPAS a uma teoria da programação da saúde: uma crítica da Programação Pactuada Integrada (PPI) da Assistência à Saúde. Salvador: Instituto de Saúde Coletiva. Dissertação (Mestrado), 2012.

Schraiber LB. O médico e suas interações. A crise dos vínculos de confiança. São Paulo: Ed. Hucitec, 2008.

Schraiber LB. Planejamento e política nas práticas de saúde. Saúde em Debate 1995; 47:28-35.

Schraiber LB. Programação hoje: a força do debate. In: Schraiber LB (org.) Programação em saúde hoje. 2. ed. São Paulo: Hucitec, 1993:11-36. Disponível em: http://www.fm.usp.br/preventivapesquisa/mostrahp.php?origem=preventivapesquisa&xcod=Publicações de livre acesso&dequem=Departamento&ordem=.

Teixeira CF. A mudança do modelo de atenção à saúde no SUS: desatando nós, criando laços. Saúde em Debate, 2003; 27(65):257-77.

Teixeira CF, Sá MC. Planejamento & Gestão em Saúde: situação atual e perspectivas para a pesquisa, o ensino e a cooperação técnica na área. Ciência & Saúde Coletiva 1996; 1(1):80-103.

Teixeira MGLC, Paim JS. Os programas especiais e o novo modelo assistencial. Cad Saúde Pública 1990; 6(3):264-77.

III
CONTEXTOS

8

Problemas de Saúde da População Brasileira e seus Determinantes

Guilherme de Souza Ribeiro

INTRODUÇÃO

Na segunda metade do século passado, o Brasil iniciou um processo de mudança em sua estrutura política, econômica, social e demográfica que levou a profundas transformações nas condições de saúde de sua população. A sociedade brasileira tornou-se predominantemente urbana e o acesso a água potável, saneamento básico e serviços públicos, como educação e saúde, cresceu. O perfil ocupacional, o padrão dietético-nutricional e a frequência de prática de atividade física também se modificaram. Em 1988, com a promulgação da nova Constituição Federal, o Sistema Único de Saúde (SUS) foi criado, estabelecendo a saúde como um direito universal dos cidadãos e um dever do Estado. Com isso, a cobertura do sistema público de saúde, que antes era restrito aos segurados da previdência social, passou de 30 para 190 milhões de pessoas. A expectativa de vida ao nascer aumentou e a taxa de fecundidade diminuiu, resultando em redução no percentual de crianças e adolescentes e em aumento no percentual de idosos na população. Como consequência dessas mudanças, as doenças infecciosas deixaram de ocupar a posição de principal grupo de problemas de saúde da população brasileira, passando o posto para as doenças crônicas não transmissíveis e para as causas externas. Este capítulo tem como objetivo apresentar o atual perfil de problemas de saúde da população brasileira adulta e discutir alguns de seus determinantes, em particular a influência das iniquidades sociais e regionais no processo de adoecimento de nossa população.

DETERMINANTES PARA OS PROBLEMAS DE SAÚDE DA POPULAÇÃO BRASILEIRA

Urbanização

De acordo com o Instituto Brasileiro de Geografia e Estatística (IBGE), a porcentagem da população brasileira que reside em áreas urbanas cresceu de 31,2%, em 1940, para 55,9%, em 1970, e para 83,5%, em 2007 (IBGE, 2012). A principal força motriz para o processo de urbanização do Brasil foi a migração da população do campo para as cidades, em busca de oportunidades de trabalho. O estabelecimento de um novo padrão de distribuição espacial da população brasileira, com concentração em centros urbanos, criou condições favoráveis tanto para o controle e redução de algumas doenças como para a emergência e expansão de agravos cujas ocorrências são influenciadas por determinantes ambientais e sociais presentes no meio urbano (Riley *et al.*, 2007).

De modo geral, as doenças transmissíveis e relacionadas com a gestação e o parto reduziram sua morbimortalidade devido à melhora de acesso nos centros urbanos a água potável, saneamento básico, educação e serviços de saúde. Estudos realizados em Salvador, Bahia, mostraram o impacto da instalação de esgotamento sanitário na redução da incidência e prevalência de parasitoses intestinais e doenças diarreicas (Barreto *et al.*, 2007; Mascarini-Serra *et al.*, 2010). Diversas doenças potencialmente letais, como meningites bacterianas (Ribeiro *et al.*, 2007), pneumonias (de Andrade *et al.*, 2004) e gastroenterites em menores de 5 anos (Lanzieri *et al.*, 2010), foram controladas ou tiveram sua carga reduzida em função da alta cobertura vacinal facilitada pelo adensamento populacional dos centros urbanos. O maior acesso aos serviços de atendimento pré-natal e puericultura e a melhor assistência da mulher durante o trabalho de parto também contribuíram de maneira significativa para a redução da mortalidade infantil e materna.

Por outro lado, a urbanização modificou o perfil de ocupação profissional. A proporção da população que trabalha em atividades que exigem esforço físico reduziu e, com isso, o sedentarismo aumentou. As mudanças nos hábitos alimentares e a facilidade de acesso a alimentos processados levaram ao aumento no consumo de alimentos densamente calóricos e à redução no consumo de frutas e legumes (Monteiro et al., 2011). Como consequência, a prevalência de sobrepeso, obesidade, *diabetes mellitus* e hipertensão arterial vem aumentando, contribuindo para ampliação do risco de doenças cardiovasculares (Brasil, 2012). A urbanização também parece contribuir para o crescimento da carga associada aos acidentes de trânsito (Laurenti, 1975), à criminalidade e à violência (Klisztajn et al., 2000; Ramão & Wadi, 2010; Patel & Burkle, 2012) ao uso de substâncias ilícitas, ao uso abusivo de álcool (Sundquist & Frank, 2004) e aos transtornos neuropsiquiátricos, particularmente as desordens de ansiedade, humor e compulsão (Peen et al., 2010; Andrade et al., 2012).

Demografia

Desde o século passado, o Brasil vem apresentando mudanças marcantes na estrutura etária de sua população em decorrência do aumento da expectativa de vida ao nascer e da redução da taxa de fecundidade. Nas primeiras três décadas do século XX, a expectativa de vida no Brasil manteve-se por volta dos 35 anos de idade (Santos, 2009). A partir de então começa a crescer, atingindo 41,5 anos entre 1940 e 1950 e 51,6 anos em meados da década de 1950 (IBGE, 2009). Em 1980, a expectativa de vida ultrapassou a faixa dos 60 anos de idade, alcançando 62,5 anos. Em 2000, excedeu os 70 anos, chegando a 70,4 anos. De acordo com os dados do último censo, a expectativa de vida do brasileiro atingiu 73,4 anos em 2010 (IBGE, 2010). Por outro lado, a taxa de fecundidade da mulher brasileira apresentou queda acentuada nas últimas quatro décadas. Em 1970, o número médio de filhos nascidos vivos que uma mulher brasileira tinha durante o período reprodutivo era de 5,8. Em 2000, essa média havia sido reduzida para 2,4 filhos por mulher em idade fértil (IBGE, 2009) e, em 2011, a estimativa era de 1,7 filho por mulher em idade fértil, abaixo do valor mínimo para manter a reposição populacional (IPEA, 2012).

Como consequência do aumento da expectativa de vida e da redução na taxa de fecundidade, a pirâmide etária do Brasil vem mudando de estrutura, com estreitamento da base e alargamento do ápice (Figura 8.1). Esse novo formato reflete o envelhecimento da população e é característico dos países mais desenvolvidos. Se em 1940 4,1% da população brasileira era considerada idosa, com idade igual ou maior do que 60 anos, em 2011 o contingente de idosos representava 12,1% da população (IPEA, 2012). Em termos absolutos, a população de idosos aumentou de 1,7 milhão para 23,5 milhões nesse período (IPEA, 2012). Isso significa que a população de idosos no Brasil é maior do que a população total do Estado de Minas Gerais, o segundo mais populoso do Brasil, com uma população total estimada em 19,7 milhões de habitantes, em 2011. Digno de nota, a população com idade maior ou igual a 80 anos também vem aumentando. De 1992 a 2011, esse grupo aumentou sua contribuição para o total da população brasileira de 0,9% para 1,7% (IPEA, 2012). Pode parecer relativamente pouco, mas esse grupo representa hoje 3,2 milhões de brasileiros. Se todos vivessem na mesma cidade, esta cidade composta por idosos com 80 anos ou mais teria um porte maior do que o de Salvador, a terceira cidade mais populosa do Brasil em 2011.

De acordo com as projeções, a tendência é que a população de idosos continue a aumentar nos próximos anos. Estima-se que, em 2050, mais de 64 milhões de brasileiros (quase um terço dos 215,3 milhões de pessoas que viverão no país) terão 60 anos ou mais (IBGE, 2008). A população de idosos será mais de duas vezes maior do que a população de crianças menores de 15 anos. Embora a transição demográfica em curso no país seja um relevante determinante para o atual estado de saúde-doença da população brasileira, a totalidade de seus efeitos sobre a saúde da população somente será contabilizada nas próximas décadas, quando o envelhecimento da população brasileira atingir seu máximo.

Desigualdade social

No fim do século passado, o Brasil iniciou mudanças políticas, econômicas e sociais que foram críticas para o estágio atual de crescimento econômico e a redução das desigualdades no país. Em 1988, depois de 24 anos de ditadura militar, o Brasil promulgou uma nova Constituição Federal e, em 1989, realizou eleições diretas para Presidente da República. No entanto, somente a partir da redução da taxa anual de inflação, com a introdução do Plano Real em 1994, o Brasil encontrou seu caminho para o desenvolvimento econômico e social. As medidas econômicas implementadas com o Plano Real, que incluíram a substituição da moeda da época, o Cruzeiro Real, pela moeda atual, o Real, foram capazes de reduzir a taxa anual de inflação de 2.500%, em 1993, para 930%, em 1994, e para 22%, em 1995. Desde então, iniciou-se uma política econômica sustentada de valorização do salário-mínimo a taxas maiores que às da inflação, aumentando o poder de consumo dos brasileiros.

Além do controle da inflação e da valorização do salário-mínimo, uma forte política de expansão de crédito, um continuado investimento em programas de transferência de renda, a ampliação do acesso à educação e o aumento na oferta de postos formais de trabalho foram fundamentais para a recente redução da desigualdade social no país. Em 2003, diferentes programas de transferência de renda existentes foram unificados, sendo

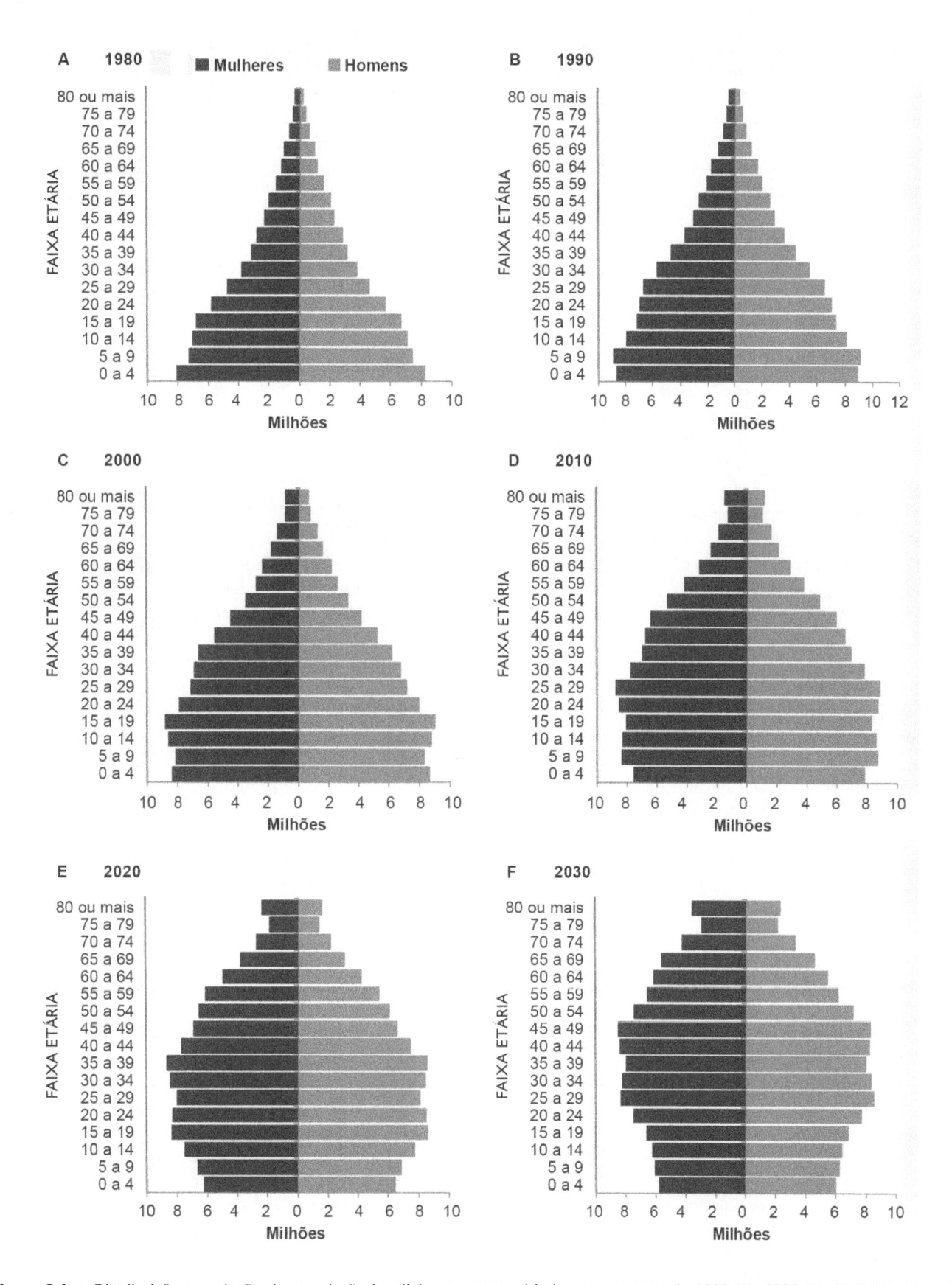

Figura 8.1 • Distribuição e projeção da população brasileira por sexo e idade, para os anos de 1980 (**A**), 1990 (**B**), 2000 (**C**), 2010 (**D**), 2020 (**E**), e 2030 (**F**). (Fonte: Instituto Brasileiro de Geografia e Estatística. Projeção da população do Brasil por sexo e idade para o período de 1980-2050 – Revisão 2008. Disponível em: ftp://ftp.ibge.gov.br/Estimativas_Projecoes_Populacao/Revisao_2008_Projecoes_1980_2050/Revisao_2008_Projecoes_1980_2050/. Acesso em: 7/11/2012.)

criado o Programa Bolsa Família. Sete anos depois de sua criação, 12,8 milhões de famílias eram beneficiárias do programa (Souza, 2012). Em maio de 2012, como parte do Plano Brasil Sem Miséria, o Programa Bolsa Família foi ampliado pelas ações do Brasil Carinhoso, que têm como objetivo retirar da extrema pobreza famílias com filhos de até 15 anos de idade. De acordo com estimativas IBGE, essas ações resultarão na saida de 16,4 milhões de brasileiros da extrema pobreza (Brasil, 2012).

O investimento setorial em educação reduziu a frequência de analfabetismo em maiores de 15 anos de 15,5%, em 1995, para 9,7%, em 2009 (Souza, 2012). Para aqueles com idade entre 15 e 24 anos, o analfabetismo caiu de 7,1% para 1,9% no mesmo período (Souza, 2012). O número médio de anos de estudo da população em geral aumentou 42% nesse período, de 5,8 para 8,3 anos (Souza, 2012). Digna de nota é a observação de que o crescimento no acesso à educação se deu em todos os níveis. Assim, de 1995 a 2009, a proporção de brasileiros que completaram a educação primária aumentou de 34,5% para 61,7%; a proporção dos que completaram a educação secundária mais do que dobrou, passando de 20,7% para 44,1%; e a proporção dos que completaram a educação terciária aumentou de 5,6% para 10,2% (Souza, 2012).

A conjuntura econômica também ajudou a promover a formalização e a criação de novos postos de trabalho. De acordo com o Cadastro Geral de Empregados e Desempregados (CAGED), do Ministério do Trabalho, após um período de retração na década de 1990, o balanço entre o número de assalariados que foram admitidos e desligados de um posto de trabalho com carteira assinada tem se mantido positivo e um saldo de 2,1 milhões de novos empregos formais foi observado entre setembro de 2003 e setembro de 2012 (Brasil, 2012).

Como consequência do crescimento econômico e dos avanços sociais, entre 1990 e 2008, 27,3 milhões de brasileiros deixaram de viver abaixo da linha de extrema pobreza (definida como poder paritário de compra menor do que US$ 1,25 por dia) (Brasil, 2013). De acordo com estimativas do Instituto de Pesquisa Econômica Aplicada (IPEA), a proporção de pessoas que vivem em extrema pobreza no país decresceu de 17,5%, em 2003, para 8,8%, em 2008 (IPEA, 2011), e em 2011 o Brasil alcançou o menor nível de desigualdade na distribuição de renda de sua história (IPEA, 2012).

Apesar dos avanços econômicos e sociais alcançados nas últimas duas décadas, o Brasil ainda é o quarto país mais desigual da América Latina e Caribe, atrás apenas de Guatemala, Honduras e Colômbia (ONU-Habitat, 2012) e permanece entre os 15 países mais desiguais do mundo (IPEA, 2012). Em 2009, 37 milhões de pessoas (22% da população do Brasil) ainda viviam em situação de pobreza (definido como poder paritário de compra menor do que US$ 2,00 por dia) (ONU-Habitat, 2012). O IPEA estima que, se mantiver o atual ritmo de crescimento, somente em 2032 o Brasil atingirá níveis de desigualdade na distribuição de renda semelhantes àqueles dos EUA (IPEA, 2012). Vale ressaltar que, dentre os países desenvolvidos, os EUA estão entre os mais desiguais do mundo.

Portanto, o Brasil encontra-se em um momento histórico de transição em que, apesar do progresso recente, ainda sustenta uma substancial carga de desigualdade social, com mais de um quinto de sua população vivendo em situação de pobreza. Esse cenário faz com que coexistam no país problemas de saúde comuns tanto aos países em desenvolvimento, a exemplo da tuberculose, como aos países desenvolvidos, como as infecções associadas aos tratamentos hospitalares de alta complexidade.

PROBLEMAS DE SAÚDE DA POPULAÇÃO BRASILEIRA

Como consequência da urbanização, da criação de um sistema universal e integral de atenção a saúde, dos avanços sociais e do envelhecimento da população, novos agravos, doenças e fatores de risco ganharam relevância como questões de saúde pública. Entretanto, a manutenção de um grande contingente populacional em situação de pobreza faz com que certos problemas de saúde que já foram superados ou controlados em países desenvolvidos ainda persistam no Brasil. A seguir, serão descritos alguns dos principais problemas de saúde da população brasileira adulta, os quais foram selecionados com base em sua magnitude e impacto na sociedade. Diferenças regionais e a influência das iniquidades sociais na determinação desses problemas serão apontadas quando de interesse.

Doenças infecciosas

Dengue

Um dos problemas de saúde que reemergiram na década de 1990, tornando-se uma questão prioritária para as políticas nacionais de saúde pública, foi a dengue. A cada ano, o governo brasileiro gasta cerca de R$ 900 milhões em ações de vigilância e controle do *Aedes aegypti* e em campanhas educativas sobre como a população pode ajudar no combate ao mosquito vetor (Barreto *et al.*, 2011). Apesar do substancial aporte de recursos, a diversidade e a grande quantidade de reservatórios de água (tanques, tonéis, caixas-d'água, pneus, vasos e pequenos vasilhames) que servem de criadouros para reprodução do *Aedes aegypti* no meio urbano tornaram o controle vetorial da transmissão dengue uma tarefa extremamente difícil.

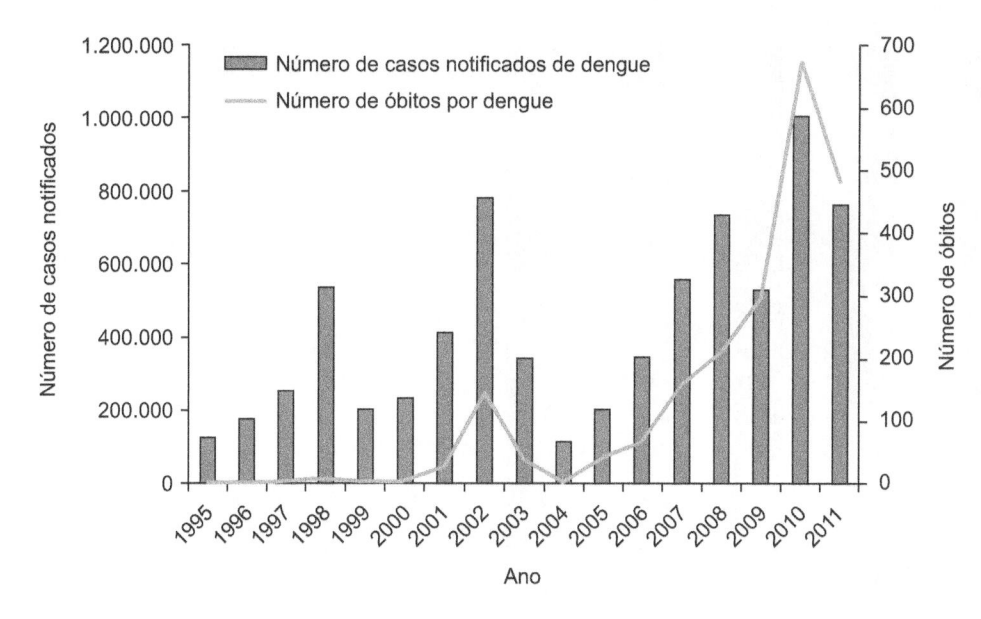

Figura 8.2 ♦ Número de casos notificados e de óbitos por dengue no Brasil no período de 1995 a 2011. (Fonte: Organização Pan-Americana de Saúde. Disponível em: http://new.paho.org/hq/index.php?option=com_content&view=article&id=264&Itemid=363&lang=es. Acesso em: 8/11/2012.)

O insucesso das medidas de prevenção e controle tem se revelado tanto pela demonstração nos inquéritos entomológicos de que a densidade vetorial permanece elevada em várias cidades brasileiras como pelos registros anuais de epidemias de dengue nos centros urbanos do país. Entre 1980 e 2007, o Brasil registrou 4,6 milhões de casos de febre da dengue, 54,5% de todos os casos ocorridos nas Américas no período (San Martín et al., 2010) com mais de 3 milhões desses casos registrados depois do ano 2000 (Teixeira et al., 2009). Preocupa a tendência crescente do número de casos e óbitos por dengue no Brasil (Figura 8.2). Em 2010, o sorotipo 4 do vírus da dengue, o único dos quatro sorotipos que não era transmitido no país, foi identificado em pacientes de Boa Vista, Roraima. Desde então, os quatro sorotipos da dengue têm sido identificados simultaneamente em diferentes estados e há o risco real de uma grande epidemia pelo sorotipo 4 do vírus da dengue, uma vez que virtualmente toda a população brasileira é suscetível a esse sorotipo recentemente introduzido.

HIV e AIDS

Os primeiros casos de síndrome da imunodeficiência adquirida (AIDS) no Brasil foram identificados na Cidade de São Paulo, no início da década de 1980. Durante toda essa década, a transmissão do vírus da imunodeficiência humana (HIV) ocorreu predominantemente entre homens que fazem sexo com homens, entre usuários de substâncias intravenosas e em indivíduos submetidos à transfusão de sangue ou hemoderivados (Figura 8.3). A partir de meados da década de 1990, a epidemia da AIDS aumentou entre os heterossexuais, este grupo representava 14% dos casos notificados com informação disponível sobre a provável forma de aquisição da infecção entre 1981 e 1985, 32% entre 1991 e 1995 e 68% entre 2001 e 2005. Desde então, cerca de 70% dos notificados de AIDS ocorrem em heterossexuais (Figura 8.3) (Brasil, 2011). Como consequência da "heterossexualização" da epidemia de AIDS no Brasil, expandiu-se o número de casos registrados entre as mulheres. A razão de casos homem/mulher decresceu de 21,1:1, entre 1981 e 1985, para 3,4:1, entre 1991 e 1995, e para 1,5:1, entre 2001 e 2005, permanecendo estável em 1,6:1 desde então (Brasil, 2011). Outras importantes mudanças no padrão epidemiológico da doença no Brasil ocorreram entre a década de 1980 e o momento atual. Se no início da epidemia os casos se concentravam nas capitais e nos grandes centros urbanos, hoje a doença encontra-se distribuída por todos os municípios do país (Brasil, 2011). Além disso, houve um grande crescimento na transmissão do HIV entre as camadas sociais mais pobres.

Como estratégia de enfrentamento da epidemia de HIV/AIDS no Brasil, foi criado o Programa Nacional de Doenças Sexualmente Transmissíveis (DST) e AIDS, internacionalmente considerado um exemplo de sucesso na integração de prevenção, cuidado médico e tratamento de portadores do HIV/AIDS. Um dos marcos desse programa foi a introdução, em 1996, do tratamento antirretroviral com múltiplas classes de medicamentos, denominado terapia antirretroviral altamente ativa (do inglês *highly active anti-retroviral therapy* – HAART). Desde sua introdução, o número de portadores de HIV que recebem gratuitamente esses medicamentos aumentou continuamente no país, alcançando cerca de 200 mil pacientes em uso do tratamento em 2010 (Brazilian Ministry of Health, 2012). Como consequência direta das ações do Programa Nacional de DST e AIDS, a partir do século XXI a incidência anual da AIDS no Brasil estabilizou-se por volta de 18 casos novos por 100 mil

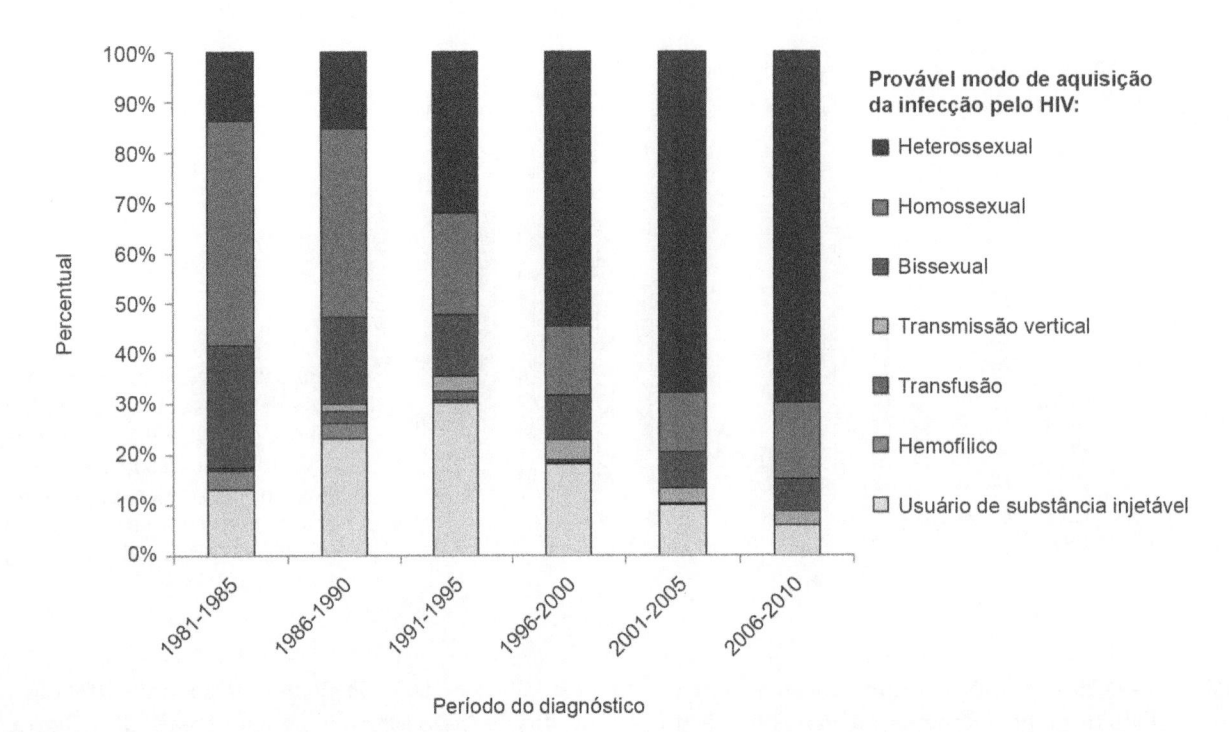

Figura 8.3 ♦ Provável modo de aquisição da infecção pelo HIV, em percentual relativo ao total de casos de AIDS notificados e com dados disponíveis – Brasil, 1981-2010. (Fonte: Secretaria de Vigilância em Saúde. Sistema de Informação de Agravos de Notificação. Disponível em: http://www2.aids.gov.br/cgi/deftohtm.exe?tabnet/br.def. Acesso em: 19/10/2012.)

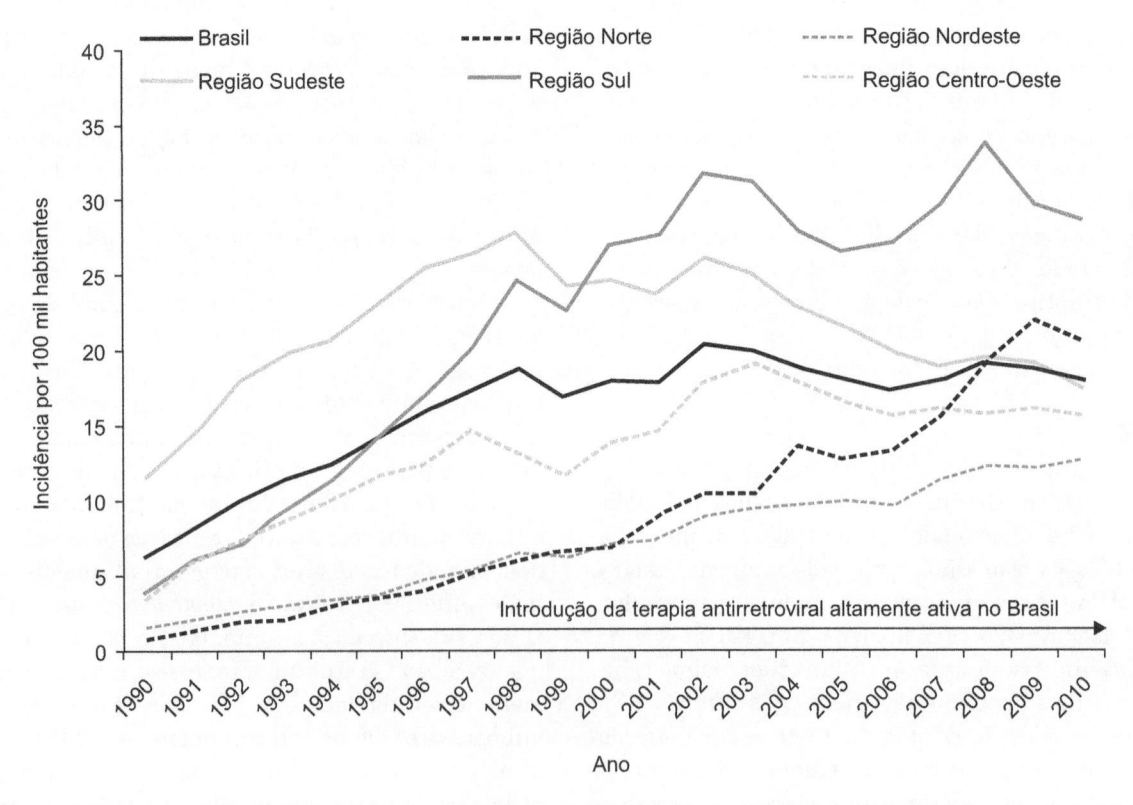

Figura 8.4 ♦ Incidência anual de AIDS no Brasil e suas regiões – 1990-2010. (Fonte: Ministério da Saúde. Secretaria de Vigilância em Saúde. Programa Nacional de DST/AIDS. Disponível em: http://tabnet.datasus.gov.br/cgi/tabcgi.exe?idb2011/d0201.def. Acesso em: 8/11/2012.)

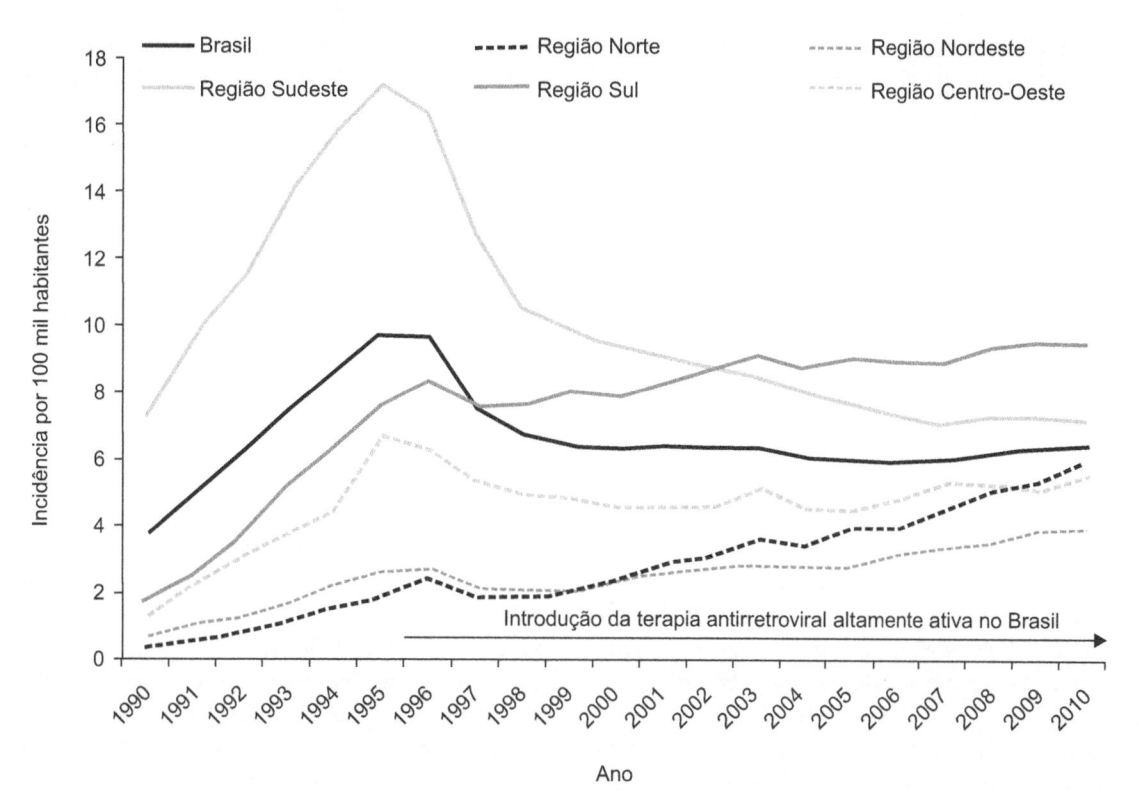

Figura 8.5 • Mortalidade anual por AIDS no Brasil e suas regiões – 1990-2010. (Fonte: Ministério da Saúde. Secretaria de Vigilância em Saúde. Sistema de Informações sobre Mortalidade. Disponível em: http://tabnet.datasus.gov.br/cgi/deftohtm.exe?idb2011/c14.def. Acesso em: 8/11/2012.)

habitantes e vem demonstrando queda nas regiões Sudeste e Centro-Oeste (Figura 8.4) (Brasil, 2012). A mortalidade anual associada à AIDS apresentou decréscimo acentuado logo após a introdução da HAART e também tem se mantido estável, em torno de 6,0 a 6,4 óbitos para cada 100 mil habitantes (Figura 8.5) (Brasil, 2012).

Apesar dos enormes avanços e do reconhecimento internacional de seu programa, o Brasil ainda tem desafios a enfrentar para o controle do HIV/AIDS. Diferenças regionais e intermunicipais nas ações de prevenção, atenção e cuidado existem e ajudam a explicar o crescimento da incidência da AIDS nas regiões Norte e Nordeste, enquanto as demais regiões do país têm demonstrado tendência de redução ou estabilidade da incidência nos últimos 10 anos. O avanço da AIDS nas populações mais pobres, além de problemas de acesso a um diagnóstico precoce da infecção e à dificuldade de adesão ao tratamento, sobretudo entre aqueles socialmente mais vulneráveis, ainda responde pela elevada frequência das hospitalizações e óbitos associados à AIDS no país.

Tuberculose

A tuberculose é uma doença transmissível causada pela bactéria *Mycobacterium tuberculosis*. Praticamente 100% dos casos da doença podem ser curados com o uso adequado de tratamento antibiótico. Especialistas também acreditam que o controle da transmissão da doença é possível com a instituição de políticas públicas de saúde efetivas: busca ativa de casos, diagnóstico precoce e tratamento clínico apropriado dos pacientes (Frieden, 2002). Ademais, é necessário que as ações de controle sejam adequadamente coordenadas entre os diversos setores de saúde, incluindo a atenção básica e especializada e a vigilância epidemiológica, bem como com setores externos ao campo da saúde, a exemplo dos órgãos de assistência social.

O Brasil vem mostrando avanços no controle da tuberculose. Em 1990, a incidência da doença no país era de 51,8 casos por 100 mil habitantes; em 2000, a incidência foi reduzida para 47,8 casos por 100 mil habitantes; e em 2010, havia decrescido ainda mais, para 37,6 casos por 100 mil habitantes (Brasil, 2012). Seguindo a mesma tendência, a mortalidade por tuberculose no Brasil decresceu de 3,6 por 100 mil habitantes, em 1990, para 3,3 por 100 mil habitantes, em 2000, e para 2,4 por 100 mil habitantes, em 2010 (Brasil, 2012).

Apesar desses avanços, o controle da tuberculose no Brasil ainda apresenta muitos desafios. A disponibilidade de recursos materiais e humanos para investigação diagnóstica e acompanhamento do tratamento dos pacientes não é igual em todo o país. Em geral, os municípios de pequeno porte, localizados, sobretudo, nas regiões Norte e Nordeste, sofrem com o menor acesso aos serviços de saúde que as capitais e os centros urbanos de maior porte. Além disso, diferenças socioeconômicas tanto no nível individual como no nível contextual da comunidade de residência dentro de uma cidade determinam as chances de aquisição da tuberculose, sugerindo que para redução da transmissão da doença no Brasil seria necessário melhorar a distribuição de renda e reduzir as desigualdades sociais entre as pessoas e entre as comunidades (De Alencar et al., 2009).

A epidemia de HIV/AIDS, que causou um aumento temporário na incidência da tuberculose no Brasil durante a década de 1980, ainda repercute negativamente sobre o controle da tuberculose em alguns municípios que enfrentam altas incidências da AIDS. Porto Alegre é um bom exemplo dessa situação, sendo a capital de estado no Brasil que apresenta as maiores incidências tanto de tuberculose como de AIDS (108,5 e 99,8 casos por 100 mil habitantes, respectivamente, em 2010) (Brasil, 2012). Assim, uma maior integração nas ações promovidas pelo Programa Nacional de Controle da Tuberculose e pelo Programa Nacional de DST/AIDS para a prevenção desses agravos é necessária para reduzir a incidência da tuberculose na população de pacientes portadores de HIV/AIDS.

Além disso, a estratégia de tratamento supervisionado precisa ser expandida para prevenir o abandono de tratamento, aumentar as taxas de cura e prevenir a ocorrência de resistência do *Mycobacterium tuberculosis* aos medicamentos usados no tratamento inicial da doença. Por fim, é necessário melhorar as ações de rastreamento, diagnóstico, profilaxia e tratamento em grupos populacionais específicos, como os indígenas, os presidiários, os moradores de rua e os dependentes de álcool e substâncias ilícitas, que apresentam elevado risco de desenvolvimento da tuberculose em comparação à população geral.

Infecções relacionadas com a assistência à saúde

Infecção relacionada com a assistência à saúde (IRAS) é a expressão usada para definir uma grande variedade de infecções adquiridas por pacientes durante a atenção e o cuidado prestados por instituições e profissionais de saúde. As IRAS podem ser causadas por diferentes patógenos, como bactérias, vírus e fungos, e podem atingir qualquer parte do corpo humano, sendo as mais comuns o trato respiratório, o trato urinário e a corrente sanguínea. Dentre as IRAS, as infecções adquiridas no ambiente hospitalar são as que causam maior preocupação, em função da frequência de ocorrência e do potencial de gravidade. As infecções hospitalares (IH) são aquelas adquiridas durante a hospitalização e, como tal, não estavam presentes ou se apresentavam em período de incubação no momento da admissão hospitalar. Por isso, em geral, considera-se que as IH são aquelas manifestadas pelo menos 48 horas após a internação.

É inegável a contribuição dos avanços na área médica e da saúde para prevenção, diagnóstico e tratamento de pacientes com diferentes condições de saúde. Entretanto, muitos desses avanços trazem consigo o risco de IRAS. O uso de tecnologias para suporte respiratório, como a ventilação mecânica, aumenta substancialmente o risco de desenvolvimento de pneumonia. O uso de cateter vesical (sonda colocada na bexiga através da uretra com o objetivo de drenar a urina) por longos períodos aumenta o risco de contaminação da urina com bactérias em cerca de 3% a 10% para cada dia de uso do cateter, de modo que após 1 mês de uso praticamente 100% dos pacientes terão bactérias presentes na urina e uma fração deles terá desenvolvido infecção do trato urinário. Da mesma maneira, o uso de cateteres venosos, sobretudo os cateteres venosos centrais colocados em grandes vasos sanguíneos, a exemplo da veia jugular interna e da veia subclávia, aumenta significativamente o risco de infecções da corrente sanguínea. Por fim, drogas imunossupressoras, utilizadas no tratamento de neoplasias, doenças hematológicas e na prevenção à rejeição de transplantes, também aumentam o risco de aquisição de IRAS.

Como o desenvolvimento e o uso de novas tecnologias invasivas e terapêuticas continuam a aumentar, as agências sanitárias têm expressado sua preocupação com as IRAS como um problema de saúde pública e, por isso, estratégias de prevenção têm sido adotadas. No Brasil, as políticas para controle das IRAS começaram a ganhar corpo em 1983, com a publicação, pelo Ministério da Saúde, da Portaria 196, que determinou a obrigatoriedade da existência de uma Comissão de Controle de Infecção Hospitalar (CCIH) em todos os hospitais do país. Essa portaria foi substituída por outras, sendo a portaria vigente a 2.616, de 1998. Nela são definidas: (1) a organização e as competências da CCIH e do Programa de Controle de Infecção Hospitalar, (2) os critérios diagnósticos das infecções hospitalares e (3) as ações da vigilância epidemiológica das IH e seus indicadores. Essa normatização promoveu um avanço no controle da IH no Brasil. Entretanto, a carência de recursos humanos qualificados, a atuação deficiente das CCIH de muitos hospitais e a escassez de dados consistentes sobre a carga das IH no Brasil ainda são desafios a serem enfrentados.

Poucos estudos sobre IRAS no Brasil foram realizados de maneira multicêntrica, em diferentes unidades hospitalares, o que dificulta a generalização dos achados. Em um estudo realizado entre 2005 e 2006 em seis unidades clinicocirúrgicas de terapia intensiva para adultos de três hospitais do complexo hospitalar da Universidade Federal de São Paulo, 555 pacientes com uso de pelo menos um cateter venoso central durante a internação foram acompanhados durante a hospitalização quanto à aquisição de infecções da corrente sanguínea (Bicudo et al., 2011). Ao fim do estudo, 118 infecções foram identificadas em 107 pacientes, significando que, para cada 10 pacientes em uso de cateter venoso central em uma das unidades de terapia intensiva do estudo, cerca de dois desenvolveram infecção da corrente sanguínea. Outro modo de medir a magnitude das IRAS é por meio da densidade de incidência, que contabiliza o número de infecções pela intensidade da exposição ao fator de risco. Nesse estudo, os 555 pacientes utilizaram, em média, 1,67 cateter venoso central durante a hospitalização, e a duração média do uso dos cateteres foi de 12,4 dias, totalizando 11.546 cateteres/dia e uma densidade de incidência de 10,2 infecções para cada 1.000 cateteres/dia. Essa incidência indica que, se 1.000 pacientes estivessem em uso de um cateter venoso central em uma das Unidades de Terapia Intensiva do estudo, cerca de 10 deles desenvolveriam uma infecção da corrente sanguínea a cada dia de seguimento. Em outro estudo, realizado no ano de 2003 em sete unidades clinicocirúrgicas de terapia intensiva para adultos, de cinco hospitais do SUS em Brasília, 630 pacientes com cateter venoso central foram acompanhados durante a hospitalização e 40 (6,4%) infecções de corrente sanguínea foram identificadas (Mesiano & Merchan-Hamann, 2007). Nos dois estudos descritos, a ocorrência de infecção de corrente sanguínea relacionada com o uso de cateter venoso central levou ao aumento no tempo de hospitalização dos pacientes.

A partir de 2010, tornou-se obrigatória no Brasil a notificação dos indicadores de infecção de corrente sanguínea em pacientes com cateter venoso central hospitalizados em unidades de terapia intensiva com 10 ou mais leitos, sejam elas neonatais, pediátricas ou de adultos, públicas ou privadas. Embora as infecções de corrente sanguínea em Unidades de Terapia Intensiva representem apenas uma pequena parcela das IRAS, a consolidação dos dados referentes a esse indicador-sentinela será crítica para que se conheçam melhor a carga, a distribuição regional e os determinantes do problema no Brasil.

Leishmaniose visceral

A leishmaniose visceral, também conhecida como calazar, é uma doença infecciosa tipicamente endêmica de áreas rurais do Brasil. A infecção se dá por via vetorial, por meio de mosquitos do gênero *Lutzomyia* (flebotomíneos) que transmitem o protozoário *Leishmania infantum* de reservatórios animais (cães, raposas e pequenos mamíferos) infectados para os humanos. A partir da década de 1980, surtos de leishmaniose visceral começaram a ser registrados nas periferias de áreas urbanas e, desde então, a leishmaniose visceral estabeleceu-se em regiões metropolitanas de diversas regiões do país. Os motivos para a emergência de um padrão epidemiológico urbano da leishmaniose visceral não são claros, mas possivelmente incluem mudanças na ecologia e biologia do vetor, a intensa migração rural-urbana, o crescimento rápido e não planejado das regiões periféricas e semirrurais dos centros urbanos, a pobreza e a desnutrição (Costa, 2008; Maia-Elkhoury *et al.*, 2008).

Entre 1991 e 2010, 61,9 mil casos de leishmaniose visceral foram registrados no Brasil (Brasil, 2012). Somente em 2010 foram registrados 3.430 casos (incidência de 1,80 caso por 100 mil habitantes) (Brasil, 2012), dos quais 6,2% faleceram (Brasil, 2011). Vale ressaltar que, entre 1991 e 1995, 91,2% dos casos de leishmaniose visceral registrados eram procedentes da região Nordeste e somente 3,6% e 3,7% dos casos pertenciam às regiões Norte e Sudeste, respectivamente. No entanto, a partir da segunda metade da década de 1990, a proporção dos casos notificados procedentes da região Nordeste decresceu, alcançando 50,2% em 2010, enquanto a proporção dos casos procedentes das regiões Norte e Sudeste aumentou 4,5 e 4,7 vezes, respectivamente, representando 19,6% e 21,1% de todos os casos registrados naquele ano (Figura 8.6) (Brasil, 2012).

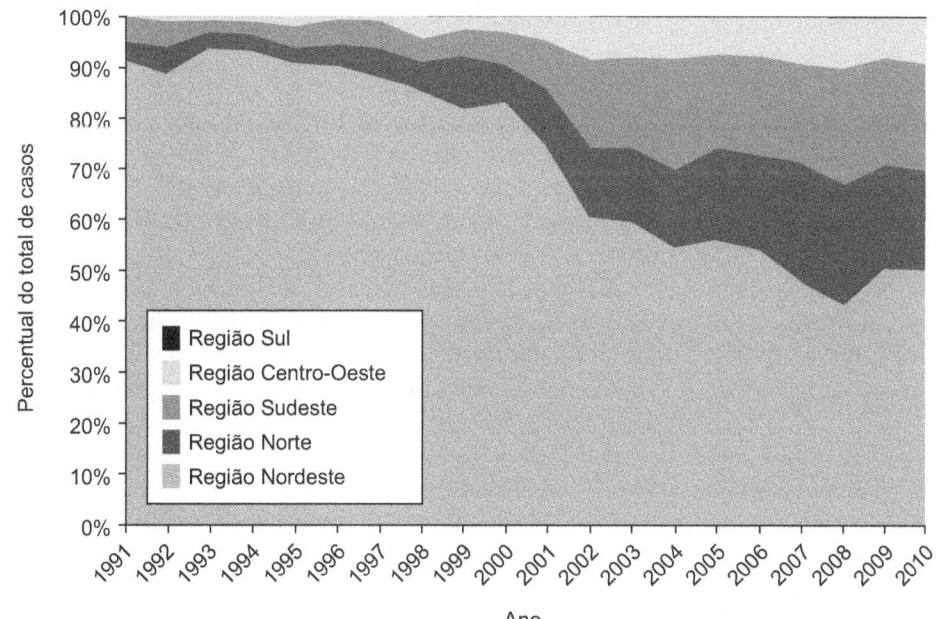

Figura 8.6 • Percentual de casos de leishmaniose visceral no Brasil, segundo a região de ocorrência, no período de 1991 a 2010. (Fonte: Ministério da Saúde. Secretaria de Vigilância em Saúde. Sistema de Informação de Agravos de Notificação. Disponível em: http://tabnet.datasus.gov.br/cgi/deftohtm.exe?idb2011/d0205.def. Acesso em: 08/11/2012.)

As ações de prevenção da leishmaniose visceral no país têm sido direcionadas ao controle dos reservatórios domésticos e ao controle do vetor. Entretanto, essas medidas têm se mostrado pouco efetivas, e a leishmaniose visceral segue se estabelecendo como um problema de saúde urbana no Brasil. Em função da dificuldade em conter a expansão da leishmaniose visceral, as agências de fomento à pesquisa no Brasil têm tratado como prioridade para o país o desenvolvimento de testes diagnósticos para humanos e cães, a identificação de novos tratamentos para a doença e a avaliação da efetividade de intervenções de vigilância e controle do vetor e dos reservatórios da doença (Maia-Elkhoury et al., 2008).

Leptospirose

A leptospirose é um exemplo de doença que emergiu nos centros urbanos do Brasil em decorrência do rápido processo de urbanização iniciado no século passado. Com o intenso afluxo de emigrantes da zona rural, grande parte das cidades brasileiras, sobretudo as capitais, cresceu de maneira desordenada em direção a áreas periféricas. Mesmo quando os investimentos governamentais estiveram presentes, na maioria das vezes não foram suficientes para criar os serviços públicos e a infraestrutura sanitária necessários para atender à nova demanda populacional dos centros urbanos. Comunidades carentes e favelas surgiram e cresceram, criando áreas densamente povoadas, sem sistemas formais de captação e destino da água de esgoto e pluvial e com coleta de lixo deficiente. Esse novo cenário urbano suscitou condições adequadas para proliferação de ratos, o principal disseminador da bactéria causadora da leptospirose no ambiente urbano, e favoreceu a exposição humana a situações de risco para infecção.

A leptospirose é transmitida para os humanos mediante o contato da pele não íntegra ou de tecido mucoso com água ou solo contaminado por espécies patogênicas de leptospira. Mais raramente, pode ocorrer infecção pela manipulação e contato direto com animais infectados. Após um período médio de 7 a 14 dias de incubação, a infecção pode manifestar-se clinicamente como uma doença febril aguda autolimitada ou progredir para uma doença grave, com comprometimento das funções renais e hepáticas e a possibilidade de sangramentos. A letalidade para os pacientes que apresentam as formas graves da doença é elevada (10% a 15%) e pode ser maior do que 50% em pacientes que desenvolvem hemorragia pulmonar.

De janeiro de 2000 a dezembro de 2010, 146,8 mil casos de leptospirose foram notificados no Brasil (média de 13,3 mil casos por ano) (Brasil, 2011). Entretanto, as limitações dos sistemas locais de vigilância e dos métodos diagnósticos disponíveis fizeram com que pouco mais do que um quarto dos casos notificados tenha sido confirmado (total de 37,8 mil casos confirmados, média de 3,4 mil casos confirmados por ano) (Brasil, 2011). Nesse período, pouco mais de quatro mil óbitos com diagnóstico confirmado de leptospirose foram registrados no Brasil, o que representa uma letalidade média de 10,7% (Brasil, 2011).

Dentre os 35.203 casos confirmados no Brasil no período de 10 anos, entre 2001 e 2010, 80,8% eram do sexo masculino e 71,7% tinham idade entre 20 e 59 anos, o que indica o potencial impacto da doença para a sociedade por atingir predominantemente indivíduos em idade produtiva (Brasil, 2012). O percentual de casos confirmados que presumidamente foram infectados em uma zona urbana ou periurbana aumentou de 66,8% para 74,2% de 2001 a 2010 (Brasil, 2012). Curiosamente, apenas sete regiões metropolitanas do Brasil responderam sozinhas por 39,6% de todos os 35.203 casos de leptospirose confirmados: as regiões metropolitanas de São Paulo (4.876 casos; 13,9% do total de casos), de Recife (2.195; 6,2%), do Rio de Janeiro (1.799; 5,1%), de Curitiba (1.669; 4,7%), de Porto Alegre (1.507; 4,3%), de Salvador (1.003; 2,8%) e de Belém (903; 2,6%) (Brasil, 2012).

A concentração de casos de leptospirose em poucas regiões metropolitanas reflete, pelo menos em parte, o perfil urbano da doença no Brasil. Entretanto, não é possível afastar a possibilidade de que a capacidade de confirmação clinicolaboratorial ou clinicoepidemiológica dos casos nessas áreas supere à de outras localidades do país, sobretudo em relação às cidades de menor porte e à zona rural, onde dificilmente está disponível um laboratório público de referência. Vale ressaltar, também, que a real carga da leptospirose no Brasil é, provavelmente, bem maior do que a mensurada pelos casos confirmados. Como já registrado anteriormente, pouco mais de um quarto dos casos notificados é confirmado e a baixa frequência de confirmação deve refletir mais um sistema de investigação epidemiológico-laboratorial com falhas do que uma inacurácia na suspeição clínica da doença. Além disso, estima-se que cerca de 85% a 95% dos pacientes com manifestações clínicas de uma infecção por *Leptospira* spp. apresentem apenas sintomas inespecíficos (como febre, cefaleia e mialgia) e autolimitados, o que dificulta o reconhecimento clínico da doença (Ko, Goarant & Picardeau, 2009).

Embora as estatísticas atuais sobre a leptospirose no Brasil não apontem para uma redução em sua magnitude, é razoável acreditar que seja possível alcançar uma redução substancial na carga da doença por meio de intervenções urbanas que melhorem os sistemas de esgotamento sanitário, de drenagem de água pluvial e de coleta de lixo das cidades brasileiras. Adicionalmente, será necessário manter os investimentos para reduzir a pobreza, distribuir renda e aumentar a escolaridade dos brasileiros, já que evidências científicas sugerem que aspectos sociais influenciam o risco de infecção pela bactéria causadora da leptospirose independentemente das questões ambientais (Reis, et al., 2008).

Doenças crônicas não transmissíveis
Excesso de peso e obesidade

O sobrepeso e a obesidade podem ser definidos como acúmulo excessivo e anormal de tecido adiposo no organismo, com potencial de fazer mal à saúde. De acordo com a Organização Mundial da Saúde, o sobrepeso e a obesidade podem ser diagnosticados na população adulta por meio do índice de massa corpórea (IMC). O IMC é facilmente calculado pela razão entre a massa corporal de uma pessoa, medida em quilogramas, e o quadrado de sua altura, medida em metros (IMC = massa/[altura^2]). A Tabela 8.1 apresenta os valores de IMC que indicam a presença de sobrepeso e obesidade em seus diferentes graus (WHO, 1995).

No Brasil, assim como em outros países do mundo, a prevalência de sobrepeso e obesidade vem crescendo nas últimas duas décadas (Monteiro & Conde, 1999). No Estudo Nacional da Despesa Familiar (2008), realizado em 1974-1975, a prevalência de excesso de peso (IMC ≥ 25kg/m^2) no Brasil era de 18,6% em homens adultos e de 28,6% em mulheres adultas. Pouco mais de 30 anos depois, os dados da Pesquisa VIGITEL Brasil 2006 apontavam uma prevalência de excesso de peso de 47,3% nos homens adultos e de 38,8% nas mulheres adultas (Brasil, 2007). A comparação dos dados obtidos pelos dois estudos citados também mostrou crescimento expressivo na prevalência de obesidade (IMC ≥ 30kg/m^2), que aumentou de 2,2% para 11,3% entre os homens adultos e de 7,8% para 11,5% entre as mulheres adultas.

Desde quando o monitoramento de fatores de risco e proteção para doenças crônicas não transmissíveis começou a ser realizado anualmente por meio dos inquéritos telefônicos do VIGITEL, em 2006, se observa um contínuo aumento, de cerca de 1% ao ano, na prevalência de excesso de peso na população adulta do Brasil (Figura 8.7). Em 2011, a prevalência de excesso de peso nos ho-

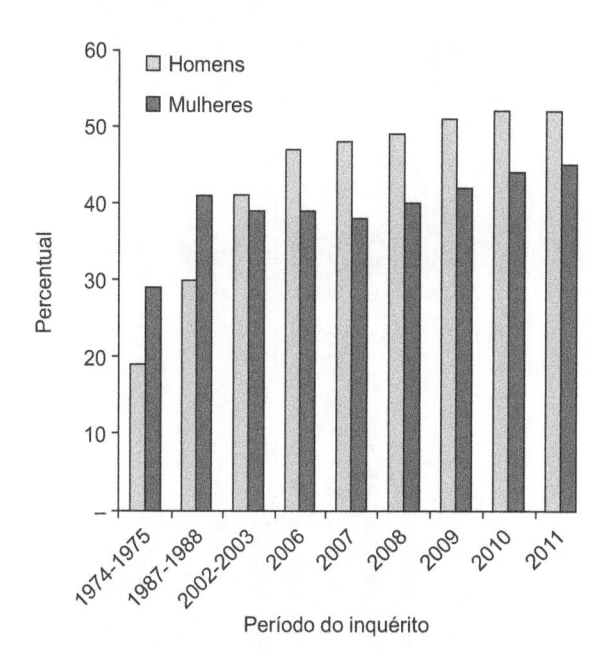

Figura 8.7 • Prevalência de excesso de peso (IMC ≥ 25kg/m^2) no Brasil – 1974-2011. (Fonte: Ministério da Saúde. Secretaria de Vigilância à Saúde. Secretaria de Atenção à Saúde. Diretrizes e recomendações para o cuidado integral de doenças crônicas não transmissíveis: promoção da saúde, vigilância, prevenção e assistência. 2008; e Ministério da Saúde. Secretaria de Vigilância em Saúde. VIGITEL Brasil 2011: Dados sobre diabetes. Disponível em: http://portalsaude.saude.gov.br/portalsaude/arquivos/pdf/2012/Mai/09/Vigitel_2011_diabetes_final.pdf. Acesso em: 8/11/2012.)

mens e mulheres adultos era de 52,6% e 44,7%, respectivamente, e a prevalência de obesidade (IMC ≥ 30kg/m^2) era de 15,6% 16,0%, respectivamente (Brasil, 2012).

A prevalência de sobrepeso e obesidade não é uniforme no Brasil (Figura 8.8). Em algumas capitais, como Porto Alegre e Fortaleza, 55,4% e 53,7% da população entrevistada pelo VIGITEL 2011 apresentava, respectivamente, excesso de peso (Brasil, 2012). Em outras, a exemplo de São Luís e Palmas, a prevalência de excesso de peso era de 39,8% e 40,3%, respectivamente. Essas diferenças entre as capitais podem refletir algum grau de viés no inquérito que é realizado por telefone, porém, mais provavelmente, representam diferenças reais, determinadas por diversidades sociais, econômicas e culturais nas populações dessas cidades.

Os determinantes para o crescimento da prevalência de excesso de peso no Brasil envolvem múltiplos fatores. Nas últimas três décadas houve uma grande mudança nos hábitos dietéticos dos brasileiros, com aumento no consumo de alimentos ultraprocessados, como biscoitos, refrigerantes e derivados de carne processada, que apresentam alta densidade calórica, altos teores de açúcar e gordura saturada e pouca quantidade de fibras (Monteiro et al., 2011). O aumento do consumo desse tipo de alimento menos saudável foi acompanhado de redução do consumo de alimentos considerados mais saudáveis,

Tabela 8.1 • Classificação da Organização Mundial da Saúde para o índice de massa corpórea (IMC) em kg/m^2

Sobrepeso, grau III (obesidade mórbida)	> 40,00
Sobrepeso, grau II (obesidade)	30,00 a 39,99
Sobrepeso, grau I (pré-obesidade)	25,00 a 29,99
Eutrofia (normal)	18,50 a 24,00
Magreza, grau I (leve)	17,00 a 18,49
Magreza, grau II (moderada)	16,00 a 16,99
Magreza, grau III (grave)	< 16,00

Fonte: Physical status: the use and interpretation of anthropometry. Report of a WHO Expert Committee. Technical Report Series No. 854. 1995.

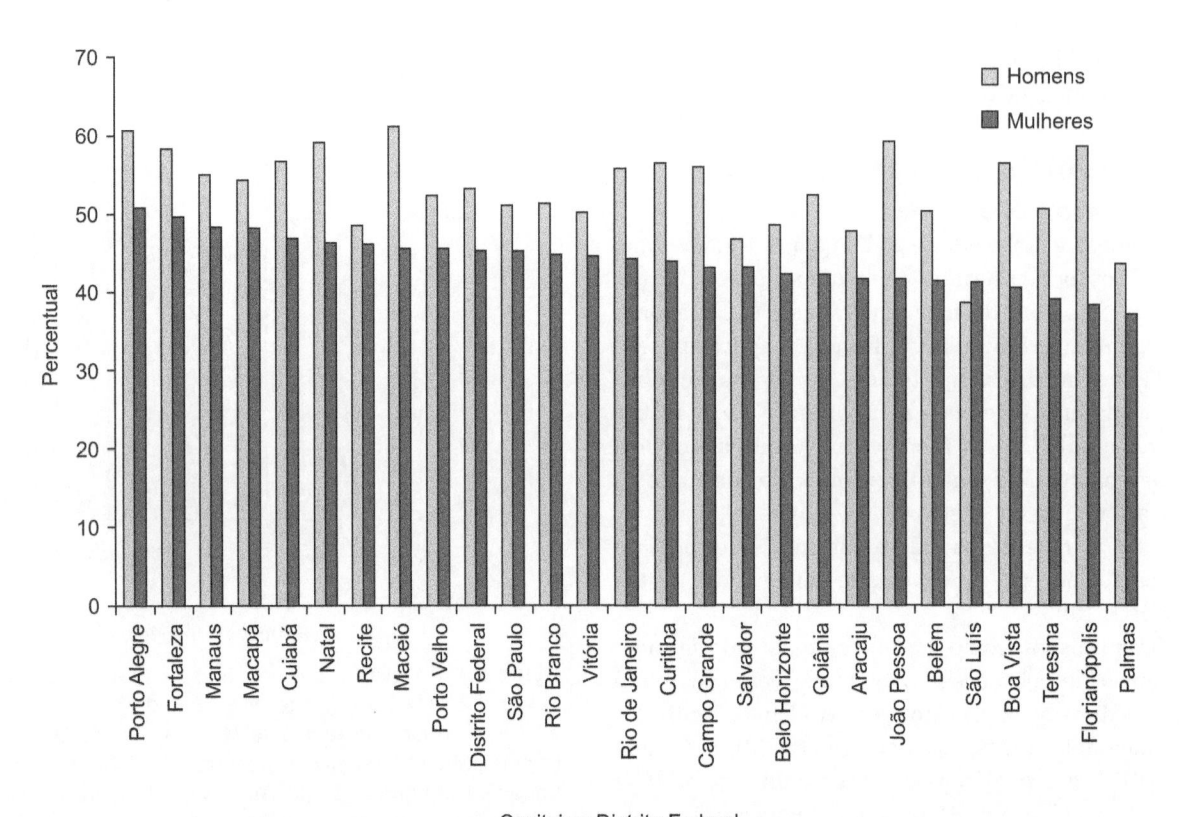

Figura 8.8 ♦ Prevalência de adultos (≥ 18 anos) com excesso de peso (IMC ≥ 25kg/m^2), por sexo, nas capitais dos estados brasileiros e Distrito Federal – 2011. (Fonte: Ministério da Saúde. Secretaria de Vigilância em Saúde. VIGITEL 2011.)

como feijão, arroz, frutas e verduras. A urbanização, com consequentes mudanças do perfil de trabalho e das formas de transporte, também contribuiu para reduzir a frequência de prática de atividade física durante a rotina diária. Se antes havia um grande contingente populacional trabalhando no campo e se locomovendo predominantemente a pé ou em um animal, atualmente a maior parte da população trabalha no setor de serviços, que costuma exigir menos esforço físico, e usa um meio de transporte motorizado para se locomover nas cidades.

O sobrepeso e a obesidade também são determinados por aspectos socioeconômicos e culturais. Entre os homens, observa-se que maior escolaridade está associada a maior prevalência de excesso de peso. Enquanto 60,1% dos homens com 12 ou mais anos de estudo apresentam IMC ≥ 25kg/m^2, 51,2% daqueles com menos de 12 anos de estudo apresentam IMC ≥ 25kg/m^2 (Monteiro *et al.*, 2011). Por outro lado, o aumento no nível de escolaridade entre as mulheres parece protegê-las do excesso de peso, pois a prevalência de IMC ≥ 25kg/m^2 diminui de 52,3% quando elas têm até 8 anos de estudo, para 38,5% quando elas têm entre 9 e 11 anos de estudo, e para 35,2% quando elas têm 12 ou mais anos de estudo (Monteiro *et al.*, 2011). Essa diferença quanto à tendência de excesso de peso com o aumento da escolaridade entre os sexos masculino e feminino pode ser influenciada por diferenças socioculturais entre homens e mulheres, a exemplo da menor aceitação do excesso de peso e do maior cuidado com o corpo e com a saúde por parte das mulheres com maior escolaridade. Por fim, o maior acesso à informação e o maior poder aquisitivo, que costumam acompanhar o aumento da escolaridade, também podem determinar diferentes mudanças nos hábitos alimentares de homens e mulheres.

O crescimento do percentual de brasileiros que têm excesso de peso é preocupante, uma vez que o sobrepeso e a obesidade são importantes fatores de risco para o desenvolvimento de *diabetes mellitus*, hipertensão arterial, doenças cardiovasculares e algumas neoplasias. No Capítulo 30 deste livro são discutidos aspectos relacionados com as políticas de prevenção, controle e atenção dos pacientes com doenças crônicas não transmissíveis, incluindo a obesidade e suas consequências.

Hipertensão arterial

A hipertensão arterial é um problema de saúde de elevado impacto médico e social em razão das diversas complicações cardiovasculares que pode desencadear. A confirmação do diagnóstico de hipertensão arterial é feita pela demonstração de valores de pressão arterial sistólica ≥ 140mmHg e/ou de valores de pressão arterial diastólica ≥ 90mmHg após duas ou mais medições da pressão arterial, realizadas com intervalo de algumas semanas entre elas. Entretanto, por ser a pressão arterial uma medida contínua, nem todos os hipertensos têm o mesmo risco de transtornos cardiovasculares. Os hipertensos com maiores níveis de pressão arterial apresentam risco maior e, do mesmo modo, os não hipertensos que apresentam valores mais baixos de pressão arterial também estão mais protegidos. Por isso, uma classificação da pressão arterial é utilizada para determinar o risco cardiovascular e auxiliar as decisões terapêuticas (Tabela 8.2) (SBC, 2004).

De acordo com os inquéritos telefônicos do VIGITEL, realizados em 2011 nas capitais dos estados brasileiros e no Distrito Federal, o percentual de homens e de mulheres adultos (≥ 18 anos) que referiram diagnóstico médico de hipertensão arterial foi de 19,5% e 25,4%, respectivamente (Brasil, 2012). Esses percentuais são semelhantes aos observados nos inquéritos anteriores do VIGITEL, que começaram a ser realizados em 2006. Entretanto, análise dos dados obtidos pela Pesquisa Nacional por Amostra de Domicílios (PNAD), realizada anualmente pelo IBGE, aponta para um crescimento de 3% no percentual de brasileiros com 20 anos ou mais com diagnóstico autorrelatado de hipertensão entre 1998 e 2008 (de 17,6% para 20,8%) (Viana, 2010). Como a prevalência de hipertensão aumenta com o envelhecimento (Figura 8.9), pode-se esperar um crescimento no número absoluto de hipertensos no Brasil, em virtude da mudança em curso na pirâmide demográfica brasileira, com gradativo aumento da população de idosos.

A prevalência de hipertensão arterial na população de adultos varia substancialmente entre as capitais brasileiras. Em 2011, os índices mais altos foram encontrados no Rio de Janeiro (26,9%) e em Recife (26,7%) e os mais baixos em Palmas (13,8%) e Belém (16,4%) (Brasil, 2012). Diferenças sociais e econômicas são importantes determinantes de risco para o desenvolvimento da hiper-

Tabela 8.2 • Classificação da pressão arterial (> 18 anos)

Classificação	Sistólica	Diastólica
Ótima	< 120	< 80
Normal	120 a 129	80 a 84
Limítrofe	130 a 139	85 a 89
Hipertensão estágio 1 (leve)	140 a 159	90 a 99
Hipertensão estágio 2 (moderada)	160 a 179	100 a 109
Hipertensão estágio 3 (grave)	> 180	> 110
Hipertensão sistólica isolada	> 140	< 90

Fonte: adaptada de IV Diretrizes Brasileiras de Hipertensão Arterial. Arq Bras Cardiol, 2004.

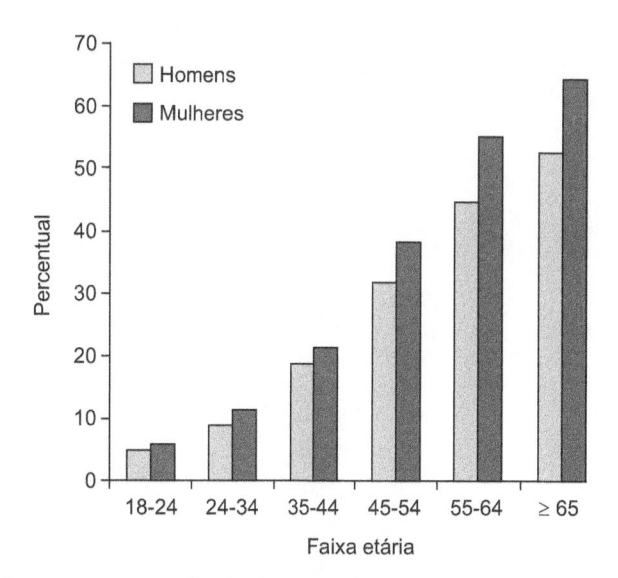

Figura 8.9 • Prevalência de hipertensão em pessoas ≥ 18 anos, por faixa etária, nas capitais de estado e Distrito Federal – 2011. (Fonte: Ministério da Saúde. Secretaria de Vigilância em Saúde. VIGITEL 2011.)

tensão no Brasil. Segundo dados do PNAD/IBGE de 2008, a prevalência de hipertensão arterial autorreferida por pessoas com 20 anos ou mais era de 16,1% e de 21,3% entre os entrevistados que faziam parte do quintil de maior e de menor renda domiciliar *per capita*, respectivamente (Viacava, 2010). No inquérito do VIGITEL de 2011, observou-se que a prevalência de hipertensão para mulheres adultas reduzia com o aumento da escolaridade. Enquanto a prevalência de hipertensão para as mulheres com menos de 9 anos de estudo era de 34,4%, a prevalência para aquelas com 9 a 11 anos de estudo e com 12 ou mais anos de estudo era de 15,7% e 14,2%, respectivamente (Figura 8.10A) (Brasil, 2012). Para os homens, essa tendência era menos clara: prevalência de 21,3% para aqueles com menos de 9 anos de estudo, de 15,4% para aqueles com 9 a 11 anos de estudo e de 21,0% para aqueles com 12 ou mais anos de estudo (Figura 8.10A) (Brasil, 2012).

A hipertensão arterial pode contribuir para o desenvolvimento de doença arterial coronariana, doença cerebrovascular, doença vascular periférica, insuficiência renal crônica, insuficiência cardíaca e retinopatia com perda de visão. Essas complicações podem ser prevenidas com controle adequado dos níveis pressóricos, que pode ser alcançado por meio de uma abordagem multidisciplinar que inclua mudanças de hábitos alimentares, redução na ingestão de bebidas alcoólicas, prática regular de atividade física, perda de peso e tratamento medicamentoso com agentes anti-hipertensivos (SBC, 2004). Medidas para controle de comorbidades que também influenciam o risco cardiovascular são igualmente importantes, a exemplo de controle dos níveis glicêmicos

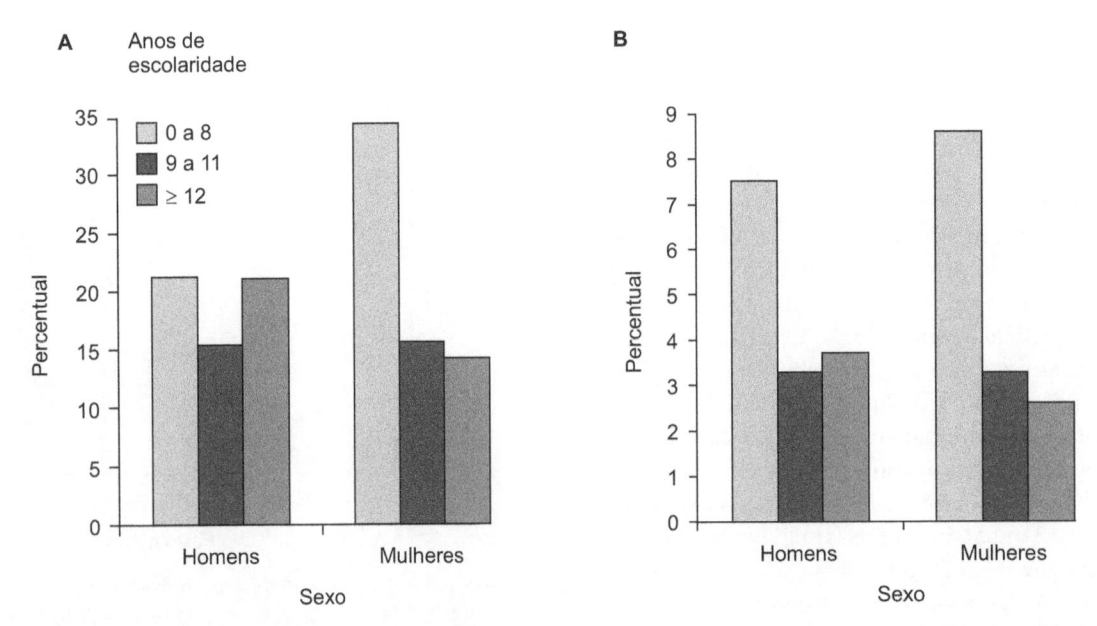

Figura 8.10 • Prevalência de hipertensão (**A**) e *diabetes mellitus* (**B**) em pessoas ≥ 18 anos, por sexo e anos de escolaridade, nas capitais de estado e Distrito Federal – 2011. (Fonte: Ministério da Saúde. Secretaria de Vigilância em Saúde. VIGITEL 2011.)

nos pacientes diabéticos, controle sérico dos níveis de colesterol e triglicérides e abandono do tabagismo. Por fim, a adoção pela população em geral das mesmas mudanças no modo de vida que contribuem para o controle da pressão elevada nos hipertensos pode ter um papel crítico na redução do risco de desenvolvimento da hipertensão (Whelton *et al.*, 2002).

Diabetes mellitus

O metabolismo da glicose pelo organismo depende largamente de dois hormônios produzidos pelo pâncreas, a insulina e o glucagon. A insulina atua como uma molécula de sinalização que, ao alcançar seus receptores em diferentes células do organismo, dá início a mecanismos intracelulares de metabolização dos carboidratos, proteínas e lipídios. Entre seus efeitos, destaca-se o aumento na captação de glicose, principalmente pelo fígado e pelos tecidos muscular e adiposo, com consequente redução dos níveis de glicose no sangue. Por sua vez, o glucagon atua de maneira antagônica à insulina, estimulando a quebra do glicogênio acumulado no fígado para produção de glicose, que é transportada para o sangue. O principal regulador da secreção de insulina e glucagon pelo pâncreas é a glicemia plasmática (concentração de glicose no sangue). Se a glicemia se eleva, como após uma refeição, a produção de insulina é ativada e a de glucagon, reprimida. Se há redução na glicemia, ocorre o oposto, com redução da produção da insulina e aumento da produção do glucagon.

O *diabetes mellitus* (DM) caracteriza-se por um estado de hiperglicemia (aumento da concentração de glicose no sangue) determinado por redução da ação da insulina sobre as células do organismo, fenômeno conhecido por resistência à insulina, ou por redução na produção da insulina pelo pâncreas. A forma mais frequente de DM, que atinge cerca de 90% dos pacientes, decorre da resistência à insulina e é denominada DM tipo 2. A etiologia do DM tipo 2 não está bem estabelecida, mas sabe-se que há um componente genético que predispõe indivíduos com história familiar da doença a maior risco de também desenvolvê-la. Além disso, o envelhecimento e fatores potencialmente modificáveis, como o sedentarismo e o excesso de peso, também estão associados ao desenvolvimento do DM tipo 2. O DM tipo 2 costuma ter evolução lenta e assintomática no início da doença. Entretanto, se não for diagnosticado e adequadamente tratado, pode causar sérios danos vasculares decorrentes de um processo de aterosclerose que se manifesta como doença coronariana, acidente vascular encefálico (AVE), insuficiência vascular periférica, retinopatia e nefropatia.

Cerca de 10% dos pacientes com DM têm a doença causada por uma deficiência na produção da insulina pelas células beta do pâncreas. Esse tipo de DM, conhecido como DM do tipo 1, costuma tornar o paciente dependente do uso de uma medicação à base de insulina para compensar a falta do hormônio no organismo. O DM tipo 1 parece resultar de uma combinação de predisposição genética e exposição a fatores ambientais pouco conhecidos que precipitariam uma reação autoimune contra as células beta do pâncreas. Além dos danos vasculares, o DM tipo 1 inadequadamente tratado pode causar complicações agudas graves e potencialmente letais, como cetoacidose diabética e coma diabético. Entretanto, seu impacto para a saúde pública é menor do que aquele associado ao DM tipo 2, porque sua prevalência na população é substancialmente menor.

A prevalência de DM no Brasil vem aumentando. De acordo com dados da PNAD/IBGE, entre 1998 e 2008 o percentual de brasileiros com 20 anos ou mais que autorrelataram o diagnóstico de DM passou de 3,3% para 5,3% (Viacava, 2010). Segundo o inquérito do VIGITEL 2011, a prevalência autorreferida de DM na população adulta (≥ 18 anos) era ainda maior: 5,6% (Brasil, 2012). Parte do aumento na prevalência do DM no Brasil pode ser explicada pela melhora no acesso aos testes diagnósticos. Entretanto, é provável que o aumento na prevalência de excesso de peso e o envelhecimento da população brasileira também estejam contribuindo para o aumento do DM no país, uma vez que esses dois fatores estão fortemente associados à ocorrência da doença (Figura 8.11).

Assim como a hipertensão arterial, o DM também é uma doença de forte determinação social. Em 2008, os quintis de entrevistados pelo PNAD/IBGE com maiores e menores renda domiciliar *per capita* apresentavam uma prevalência autorreferida de DM de 3,1% e de 6,0%, respectivamente (Viacava, 2010). A Figura 8.10*B* mostra a influência da escolaridade na prevalência de DM autorreferido na população adulta das capitais brasileiras e do Distrito Federal. De modo geral, pode-se observar que a prevalência da doença para quem tem menos de 9 anos de escolaridade é mais do que o dobro daquela observada para quem tem 9 ou mais anos de escolaridade (Brasil, 2012).

O impacto do DM para os pacientes assistidos pelas unidades de saúde ou equipes da atenção básica do SUS foi documentado recentemente, a partir dos dados disponíveis no registro nacional de diabetes e hipertensão (SISHiperdia). De todos os mais de 1,6 milhão de casos de DM registrados no sistema desde 2002, 8,0% tinham histórico de AVE, 7,8% de infarto agudo do miocárdio, 7,8% de doença renal, 4,3% apresentavam pé diabético e 2,2% tinham histórico de amputação (Schmidt *et al.*, 2011).

Doenças cardiovasculares

De 1991 a 2009, a mortalidade por doenças cardiovasculares no Brasil diminuiu de 383 para 226 por 100 mil habitantes, uma redução de 41% (2,2% ao ano) (Brasil, 2007). Essa redução deve ser explicada, em grande parte, pela expansão do acesso da população aos serviços de saúde e pela marcante redução na prevalência do tabagismo. Apesar desse avanço, a mortalidade por doenças cardiovasculares no Brasil ainda é elevada e as doenças cardiovasculares permanecem como a principal causa de óbito no país (30,9% de todos os óbitos ocorridos em 2010) (Brasil, 2012).

Desde 2006, mais de 300 mil óbitos por doenças cardiovasculares são registrados a cada ano no país. Somente em 2010 foram 326 mil óbitos por doenças cardiovasculares, sendo quase 200 mil deles causados por doenças cerebrovasculares e doenças isquêmicas do coração (99.732 e 99.955, respectivamente) (Brasil, 2012). Entretanto, a carga das doenças cardiovasculares é bem maior do que a representada pelos óbitos. De acordo com dados do Sistema de Informações Hospitalares do SUS (SIH/SUS), no ano de 2010 foram hospitalizados no sistema público de saúde do país 221.898 pacientes com doença isquêmica do coração e 167.912 pacientes com AVE (Brasil, 2012). A carga com as hospitalizações por doenças cardiovasculares no Brasil deverá aumentar ainda mais nos próximos anos, à medida que a população envelhece. A Figura 8.12 mostra que os riscos de hospitalização por doença isquêmica do coração e por AVE da população com idade ≥ 70 anos são cerca de seis e 12 vezes maior do na população com idade entre 40 e 49 anos, respectivamente.

Estudos ecológicos realizados em diferentes partes do Brasil têm mostrado que a mortalidade por doenças cardiovasculares é maior em populações que apresentam piores indicadores socioeconômicos (Ishitani *et al.*, 2006; de Godoy *et al.*, 2007; Bassanesi, Azambuja & Achutti, 2008; Cavalini & De Leon, 2008; Nogueira, Ribeiro & Cruz, 2009). Essa observação é de certo modo esperada por serem os indivíduos com nível socioeconômico mais baixo aqueles que apresentam maiores índices de exposição a tabagismo, excesso de peso, hipertensão e DM, que são, por sua vez, fatores de risco bem estabelecidos para as doenças cardiovasculares (Brasil, 2012). A população socialmente mais vulnerável também costuma ter menos acesso aos serviços de saúde, dificultando o diagnóstico e o tratamento tanto das condições de saúde

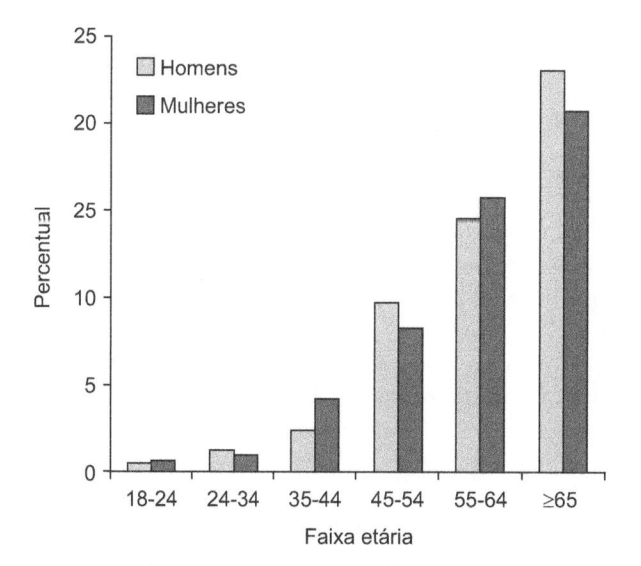

Figura 8.11 • Prevalência de *diabetes mellitus* em pessoas ≥ 18 anos, por faixa etária, nas capitais de estado e Distrito Federal – 2011. (Fonte: Ministério da Saúde. Secretaria de Vigilância em Saúde. VIGITEL 2011.)

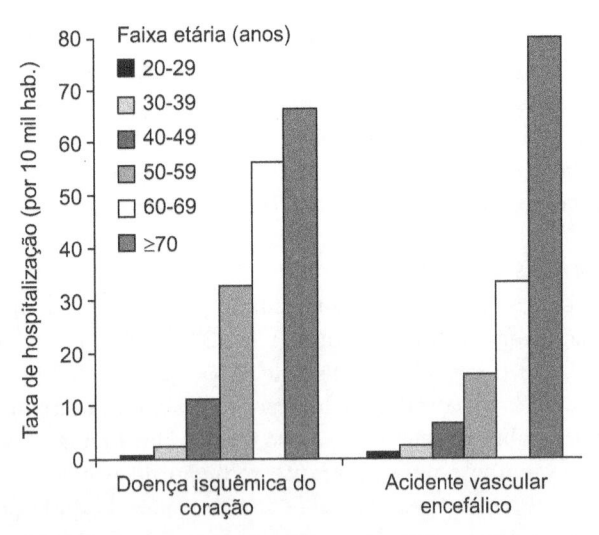

Figura 8.12 • Taxa de internação em hospitais do SUS por doença isquêmica do coração e AVE, segundo a faixa etária – Brasil, 2010. (Fonte: Ministério da Saúde. Datasus. Sistema de Informações Hospitalares do SUS. http://tabnet.datasus.gov.br/cgi/tabcgi.exe?idb2011/d29.def.)

de risco para as doenças cardiovasculares como dos eventos cardiovasculares agudos. Portanto, a prevenção das doenças cardiovasculares no Brasil passa necessariamente pela redução das desigualdades sociais. O Capítulo 30 deste livro discorre detalhadamente sobre políticas de prevenção e controle das doenças crônicas no Brasil.

Neoplasias malignas

As neoplasias compreendem um conjunto de diferentes doenças que têm em comum o crescimento desordenado de células. As células neoplásicas malignas costumam ter um comportamento agressivo, de invasão dos tecidos e órgãos contíguos ao local de seu surgimento. Além disso, podem alcançar a corrente sanguínea ou a circulação linfática e disseminar-se para outros órgãos, originando as metástases. As causas das neoplasias são diversas e incluem fatores hereditários e fatores ambientais. Embora os fatores genéticos e hereditários exerçam importante papel na oncogênese, raramente atuam exclusivamente no surgimento dos tumores. Na grande maioria das vezes, é necessário que haja uma exposição ambiental a determinados fatores de risco para que a predisposição genética se manifeste. Muitos fatores ambientais foram estabelecidos como condições de risco para o surgimento das neoplasias. Em abril de 2013, a Organização Mundial da Saúde, por intermédio da Agência Internacional para Pesquisa em Câncer (International Agency for Research on Cancer – IARC), atualizou a lista de agentes carcinogênicos para humanos, classificando 111 agentes como carcinogênicos, 65 agentes como prováveis carcinogênicos e 274 agentes como possíveis carcinogênicos (IARC, 2012). A Tabela 8.3 apresenta uma lista de alguns agentes biológicos, químicos e físicos previamente estabelecidos como carcinogênicos e o local do câncer associado. Uma lista completa pode ser encontrada na *webpage* da IARC (IARC, 2012) e no artigo publicado por Cogliano *et al.* em 2011.

As estimativas do número de casos, da distribuição proporcional e da incidência de neoplasias na população masculina e feminina do Brasil no ano de 2012 são apresentadas na Tabela 8.4 (Instituto Nacional de Câncer José Alencar Gomes da Silva, 2011). Para os homens, as neoplasias de próstata, vias aéreas inferiores e cólon e reto são as mais frequentes, totalizando 46,9% de todos os diagnósticos de câncer na população masculina. Para as mulheres, as neoplasias de mama, colo do útero e cólon e reto ocupam as três primeiras posições, respondendo por 45,6% de todos os diagnósticos de câncer na população feminina.

Entretanto, alguns tipos de câncer, a exemplo do câncer do colo do útero e do câncer gástrico, têm sua ocorrência influenciada por aspectos socioeconômicos e comportamentais, e isso faz com que a ordem de frequência das neoplasias no país seja variável de acordo com o nível de riqueza, o grau de desenvolvimento e os hábitos culturais das regiões (Tabela 8.5) (Instituto Nacional de Câncer José Alencar Gomes da Silva, 2011). Assim, enquanto na região Norte o câncer do colo do útero é o mais incidente entre as mulheres, nas regiões Sudeste e Sul ocupa, respectivamente, a terceira e quarta posições. De modo similar, o câncer gástrico é o segundo mais frequente entre os homens das regiões Norte e Nordeste, mas apenas a quarta neoplasia mais frequente entre os homens das regiões Sudeste e Sul.

As neoplasias são a segunda causa de morte no Brasil e em 2010 responderam por 16,9% de todos os 1.057.325 óbitos registrados no país (Brasil, 2012). As tendências temporais quanto à mortalidade por câncer no Brasil variam de acordo com o tipo de câncer e a região do país. De maneira geral, a mortalidade por câncer gástrico nas populações masculina e feminina, apresenta contínua redução desde a década de 1980 (Schmidt *et al.*, 2011; Silva *et al.*, 2011). A mortalidade por câncer de colo do útero apresentou redução para a população feminina residente nas capitais dos estados brasileiros (Silva *et al.*, 2011). Entretanto, permanece praticamente estável nos demais municípios do país, sugerindo que o acesso aos programas de rastreamento por meio do exame citopatológico do colo do útero e aos procedimentos de investigação diagnóstica e tratamento é desigual entre as cidades do Brasil (Silva *et al.*, 2011). Por outro lado, está em ascensão no país a mortalidade por câncer de pulmão e colorretal nos homens e mulheres, por

Tabela 8.3 ♦ Agentes selecionados que foram classificados pela Agência Internacional para Pesquisa em Câncer (IARC) como carcinogênicos para humanos e o local do câncer associado

Agente carcinogênico	Local do câncer
Agentes biológicos	
Vírus de Epstein-Barr (EBV)	Linfoma de Burkitt; linfoma de Hodgkin; linfoma não Hodgkin (relacionado com imunossupressão); nasofaringe
Vírus da hepatite B	Fígado (carcinoma hepatocelular)
Vírus da hepatite C	Fígado (carcinoma hepatocelular e linfoma não Hodgkin)
Vírus da imunodeficiência humana tipo 1 (HIV-1)	Ânus; colo do útero; linfoma de Hodgkin; linfoma não Hodgkin; sarcoma de Kaposi; olho (conjuntiva)
Vírus do papiloma humano (HPV)	Colo do útero; ânus; pênis; vagina; vulva; cavidade oral; orofaringe; amígdala
Vírus linfotrópico das células T humanas tipo 1 (HTLV-1)	Leucemia e linfoma de células T
Herpes vírus humano tipo 8	Sarcoma de Kaposi; linfoma
Helicobacter pylori	Estômago (carcinoma; linfoma da mucosa associada ao tecido linfoide [MALT])
Schistosoma haematobium	Bexiga
Agentes químicos	
Aflatoxina	Fígado (carcinoma hepatocelular)
Benzeno	Leucemia (não linfocítica aguda)
Formaldeído	Leucemia (particularmente mieloide); nasofaringe
Ocupacionais	
Mineração de hematita	Pulmão
Fundição de ferro e aço	Pulmão
Pintura	Pulmão; mesotelioma; bexiga
Produção industrial de borracha	Leucemia; linfoma; pulmão; estômago; bexiga
Metais	
Cádmio, cromo e níquel	Pulmão
Arsênico	Pulmão; bexiga; pele
Pó/poeira e fibras	
Asbestos	Pulmão; laringe; mesotelioma; ovário
Pó de couro	Cavidade nasal; seios paranasais
Pó de sílica	Pulmão
Pó de madeira (serragem)	Cavidade nasal; seios paranasais; nasofaringe
Radiação	
Radiação ionizante (relacionada com produtos de decaimento de radônio, rádio, tório e plutônio)	Pulmão; ossos; fígado
Radiação gama e X	Ossos; sistema nervoso central; mama; colo; rim: leucemia; pulmão; esôfago; glândulas salivares; pele; estômago; tireoide; bexiga
Radiação solar	Pele (carcinoma de células basais; carcinoma escamocelular; melanoma)
Radiação ultravioleta	Olho (melanoma); pele (melanoma)
Hábitos pessoais	
Bebidas alcoólicas	Mama (mulheres); colorretal; fígado (carcinoma hepatocelular); esôfago; cavidade oral; faringe; laringe
Tabagismo	Leucemia mieloide; colo do útero; colorretal; rins; laringe; fígado; pulmão; cavidade nasal e oral; seios paranasais; esôfago; ovário; pâncreas; faringe; estômago; ureter; bexiga
Tabagismo, passivo	Pulmão
Medicamentos	
Dietilbestrol (exposição *in utero*)	Vagina; colo do útero (nas filhas nascidas de gestantes que fizeram uso)
Contraceptivos combinados (estrogênio e progesterona)	Mama; colo do útero; fígado (hepatocarcinoma); (nota: reduz risco de câncer de ovário e endométrio)
Estrogênio para reposição hormonal pós-menopausa	Endométrio; ovário
Estrogênio e progesterona combinados para reposição hormonal pós-menopausa	Mama; endométrio
Tamoxifeno	Endométrio (nota: reduz risco em mama contralateral de pacientes com câncer de mama)
Imunossupressores/quimioterápicos (ciclofosfamida, melfalana, etoposídeo, tiotepa)	Leucemia
Imunossupressores/quimioterápicos (ciclosporina, azatioprina)	Linfoma não Hodgkin; pele

Fonte: adaptada de Cogliano *et al.* Preventable exposures associated with human cancers. J Natl Cancer Inst, 2011.

Tabela 8.4 • Estimativas do número de casos, da distribuição proporcional e da incidência dos 10 tipos de câncer mais frequentes no Brasil, de acordo com a localização anatômica e o sexo – Brasil, 2012

Localização primária, homens	Casos estimados*	Percentual	Incidência estimada[†]
Próstata	60.180	30,8%	62,54
Traqueia, brônquio e pulmão	17.210	8,8%	17,90
Cólon e reto	14.180	7,3%	14,75
Estômago	12.670	6,5%	13,20
Cavidade oral	9.990	5,1%	10,41
Esôfago	7.770	4,0%	8,10
Bexiga	6.210	3,2%	6,49
Laringe	6.110	3,1%	6,31
Linfoma não Hodgkin	5.190	2,7%	5,40
Sistema nervoso central	4.820	2,5%	5,02
Localização primária, mulheres	**Casos estimados***	**Percentual**	**Incidência estimada[†]**
Mama	52.680	27,9%	52,50
Colo do útero	17.540	9,3%	17,49
Cólon e reto	15.960	8,4%	15,94
Glândula tireoide	10.590	5,6%	10,59
Traqueia, brônquio e pulmão	10.110	5,3%	10,08
Estômago	7.420	3,9%	7,42
Ovário	6.190	3,3%	6,17
Corpo do útero	4.520	2,4%	4,53
Sistema nervoso central	4.450	2,4%	4,46
Linfoma não Hodgkin	4.450	2,4%	4,44

Nota: câncer de pele não melanoma não foi incluído.
* Números arredondados para 10 ou múltiplos de 10.
[†] Taxa bruta por 100 mil habitantes.
Fonte: Instituto Nacional de Câncer José Alencar Gomes da Silva. Coordenação Geral de Ações Estratégicas. Coordenação de Prevenção e Vigilância. Estimativa 2012: Incidência de câncer no Brasil.

câncer de próstata nos homens e por câncer de mama nas mulheres (Silva *et al.*, 2011).

A redução da mortalidade associada às neoplasias no Brasil somente será alcançada mediante políticas públicas intersetoriais, com os objetivos de modificar o modo de vida dos brasileiros, reduzindo assim a frequência de exposição a fatores conhecidamente cancerígenos, e de ampliar o acesso aos serviços de saúde, garantindo um diagnóstico precoce da doença e seu tratamento em tempo oportuno para alcançar a cura. A expansão do acesso aos serviços de saúde vai exigir também políticas específicas para reduzir as desigualdades sociais inter-regionais e entre bairros de uma mesma cidade, que terminam por produzir as iniquidades em saúde.

Causas externas

O grupo de agravos denominados causas externas é composto por um diverso conjunto de lesões (quedas, queimaduras, afogamentos, envenenamentos, acidentes de trânsito) e violências (agressões, homicídios, suicídios, tentativas de homicídio e de suicídio, abusos físicos, psíquicos e sexuais). As causas externas constituem um importante problema de saúde no Brasil em função das elevadas morbidade e mortalidade, dos altos custos que impõem à sociedade e aos serviços públicos, no campo da saúde e fora dele, e por atingirem desproporcionalmente a população de adultos jovens. Atualmente, as causas externas representam o terceiro grupo de causas de morte no Brasil, mas para a população com idade entre 10 e

Tabela 8.5 ◆ Estimativa para 2012 dos cinco tipos de neoplasias mais incidentes, de acordo com o sexo e a região do país

	Brasil	Norte	Nordeste	Centro-Oeste	Sudeste	Sul
Cinco neoplasias mais frequentes na população feminina						
1	Mama	Colo do útero	Mama	Mama	Mama	Mama
2	Colo do útero	Mama	Colo do útero	Colo do útero	Cólon e reto	Cólon e reto
3	Cólon e reto	Tireoide	Cólon e reto	Cólon e reto	Colo do útero	Vias aéreas inferiores
4	Tireoide	Estômago	Tireoide	Vias aéreas inferiores	Tireoide	Colo do útero
5	Vias aéreas inferiores	Vias aéreas inferiores	Vias aéreas inferiores	Estômago	Vias aéreas inferiores	Tireoide
Cinco neoplasias mais frequentes na população masculina						
1	Próstata	Próstata	Próstata	Próstata	Próstata	Próstata
2	Vias aéreas inferiores	Estômago	Estômago	Vias aéreas inferiores	Cólon e reto	Vias aéreas inferiores
3	Cólon e reto	Vias aéreas inferiores	Vias aéreas inferiores	Cólon e reto	Vias aéreas inferiores	Cólon e reto
4	Estômago	Cólon e reto	Cavidade oral	Estômago	Estômago	Estômago
5	Cavidade oral	Leucemias	Cólon e reto	Cavidade oral	Cavidade oral	Esôfago

Vias aéreas inferiores incluem traqueia, brônquio e pulmão.
Fonte: Instituto Nacional de Câncer José Alencar Gomes da Silva. Coordenação Geral de Ações Estratégicas. Coordenação de Prevenção e Vigilância. Estimativa 2012: Incidência de câncer no Brasil.

39 anos as causas externas ocupam a primeira posição no rol dos grupos de casos de óbito (Brasil, 2012).

No ano de 2010, mais de 217 mil pessoas foram internadas por causas externas em hospitais públicos situados nas capitais de estado e no Distrito Federal, e o tempo médio de internação foi de 6,3 dias (Brasil, 2007). Cada uma dessas internações custou, em média, R$ 1.138,13, sendo gasto com essas internações um total de R$ 247,5 milhões, o equivalente a 11,8% de todos os gastos com hospitalizações realizadas pelo SUS no conjunto de capitais brasileiras no ano de 2010 (Brasil, 2007). Preocupa a observação de que a tendência de internações por causas externas está em ascensão no país. Em 1998, a taxa de hospitalização por causas externas nos hospitais brasileiros do SUS era de 37,1 casos por 10 mil habitantes; em 2010, 12 anos depois, a taxa era de 48,7 por 10 mil habitantes; um crescimento de 31,3% (Brasil, 2012). Embora o crescimento da taxa de hospitalização tenha sido observado em todas as regiões do país, ele não se deu de maneira homogênea. Por exemplo, enquanto as três capitais que apresentaram um maior crescimento na taxa de hospitalização mais do que dobraram suas taxas no período (Natal, 198,3%; Rio Branco, 109,3%; e Teresina, 106,7%), três cidades apresentaram redução de mais de 20% na taxa de hospitalização (Aracaju, –36,8%; Manaus, –30,9%; e Rio de Janeiro, –22,8%) (Brasil, 2012).

De todas as 929.245 internações por causas externas realizadas nos hospitais do SUS em 2010, 39,1% foram por quedas, 17,3% por acidentes de transporte, 5,0% por agressões, 1,5% por intoxicações, 0,9% por lesões autoprovocadas e 36,1% por outras causas externas não especificadas (Brasil, 2012). Embora, dentre o grupo de causas externas, as quedas sejam o principal motivo de internação, elas têm um impacto pequeno para a mortalidade. De todos os 143.256 óbitos por causas externas ocorridos em 2010, a maior parte foi por homicídios (37,0%), seguidos por acidentes de transporte (30,7%), suicídios (6,6%), eventos de intenção indeterminada (6,8%) e outras causas externas não especificadas (19%) (Brasil, 2012).

Nas últimas duas décadas, a taxa de mortalidade por causas externas aumentou 7,4% no Brasil (de 69,9 para 75,1 por 100 mil habitantes, entre 1990 e 2010) (Brasil, 2012). Entretanto, esse aumento não ocorreu de modo homogêneo no país como um todo, e enquanto alguns municípios apresentaram grande aumento, outros apresentaram tendência de queda. Por exemplo, em São Paulo, Boa Vista e Porto Velho, as taxa de mortalidade ajustadas por idade diminuíram, respectivamente, 47,2%, 33,8% e 31,3% entre 2000 e 2009 (Brasil, 2007). Em contraste com as três capitais anteriormente citadas, que apresentaram as maiores reduções na mortalidade entre as capitais do Brasil, as cidades de Maceió, Salvador e São Luís foram as que apresentaram no período os maiores crescimentos no risco de óbito por causas externas, ajustado por idade (64,4%, 48,4% e 38,3%, respectivamente) (Brasil, 2007). Dentre as capitais que apresentaram aumento nas taxas de mortalidade por causas externas específicas, chama atenção o crescimento na mortalidade ajustada para idade por homicídio nas cidades de Salvador (441,4% de aumento entre 2000 e 2009), Natal (422,0%) e São Luís (172,2%) e na mortalidade ajustada por idade por queda nas cidades de São Paulo (200,5%,), Campo Grande (197,6%) e Curitiba (174,8%) (Brasil, 2007). A mortalidade ajustada por idade por acidentes de transporte terrestre só aumentou mais do que 20% no período em três capitais brasileiras: São Paulo (59,2%), São Luís (53,8%) e Salvador (20,9%); e em 18 das 27 capitais do país ela reduziu entre 2000 e 2009 (Brasil, 2007). Apesar da mortalidade por acidentes de transporte terrestre estar relativamente estável no Brasil como um todo, preocupa a observação de que a mortalidade bruta por acidentes com motocicletas aumentou 224,2% de 2000 a 2009 (de 1,5 para 4,9 por 100 mil habitantes) (Brasil, 2007).

Os adultos jovens, entre 20 e 39 anos, do sexo masculino compõem o grupo de maior risco de internação e óbito por causas externas (Figura 8.13A e B) (Brasil, 2012). A maior incidência desses eventos nesse subgrupo populacional é, pelo menos em parte, explicada pelo maior risco de homicídios que eles apresentam (Figura 8.13C). Outro grupo de risco elevado para hospitalização e morte por causas externas é aquele formado por

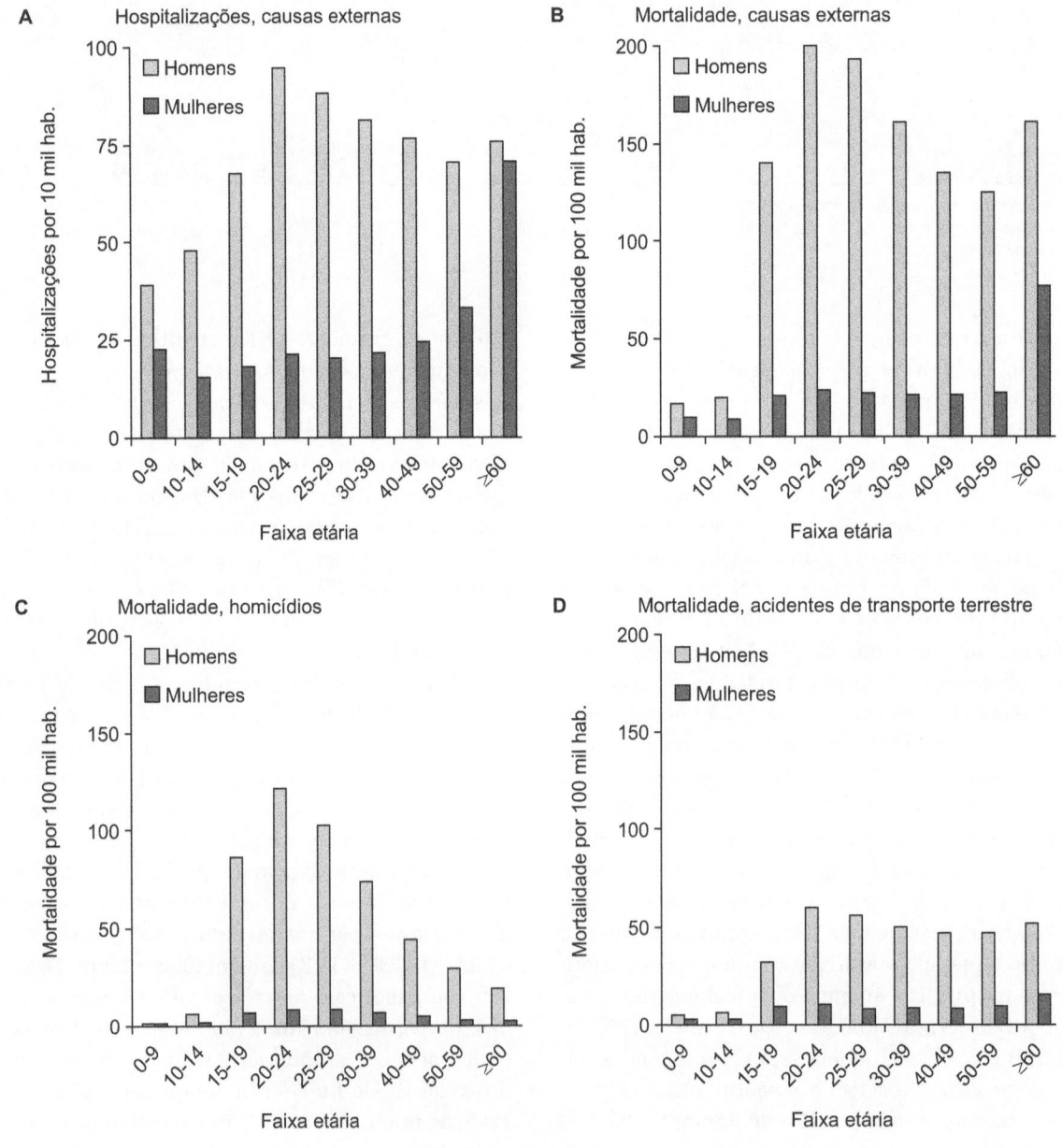

Figura 8.13 • Taxa de internação por causas externas em hospitais do SUS (**A**) e taxas de mortalidade por causas externas (**B**), mortalidade por acidente de transporte terrestre (**C**), e mortalidade por homicídios (**D**) – Brasil, 2010. (Fonte: Ministério da Saúde. Secretaria de Vigilância em Saúde. Sistema de Informações sobre Mortalidade; e Ministério da Saúde. Datasus. Sistema de Informações Hospitalares do SUS.)

homens e mulheres com idade ≥ 60 anos (Figura 8.13A e B). Esse risco aumentado, que é mais nítido para as mulheres em razão do baixo risco que elas apresentam antes dos 60 anos de idade, é em grande parte explicado pelo aumento na frequência de quedas e suas complicações com o avançar da idade. Por exemplo, em 2010, a taxa de hospitalização por quedas nas mulheres foi menor do que 10,0 por 10 mil para todas as faixas etárias < 50 anos, de 16,0 por 10 mil para as mulheres com idade entre 50 e 59 anos e de 41,7 por 10 mil para as mulheres com idade ≥ 60 anos, o que representa um aumento de mais de quatro vezes em comparação com as mulheres < 50 anos (Brasil, 2012).

CONSIDERAÇÕES FINAIS

As profundas mudanças na ordem política, econômica, social e demográfica que o Brasil iniciou na segunda metade do século passado trouxeram significativos avanços para o país. A democracia se consolidou no país, a inflação foi controlada e o Brasil tornou-se a quinta economia do mundo. O processo de urbanização ampliou o acesso da população a bens e serviços críticos, como água potável, energia elétrica e educação. Investimentos sociais conseguiram reduzir substancialmente a proporção de brasileiros vivendo em extrema pobreza. Com forte participação da sociedade organizada, o SUS foi criado e a saúde passou a ser tratada como um direito de todos e um dever do Estado. A população brasileira reduziu a velocidade de crescimento e começou a envelhecer. Essas transformações em andamento têm repercutido de modo marcante nos determinantes de saúde e no estado de saúde da população brasileira.

Apesar do muito que se avançou, o Brasil ainda tem uma série de desafios a enfrentar. Enormes diferenças socioeconômicas e regionais perduram no país e o Brasil continua figurando como o 12º país mais desigual do mundo. Antigos problemas de saúde ainda representam uma elevada carga para a sociedade e para os serviços de saúde, ao mesmo tempo que novos problemas despontam como resultado da urbanização, das transformações no modo de vida e do envelhecimento da população. Somente por meio de políticas intersetoriais coordenadas, com participação ativa da sociedade e dos diferentes níveis de governo, será possível superar as complexidades existentes no Brasil e garantir o direito à saúde a todos brasileiros.

Referências

Andrade LH, Wang YP, Andreoni S et al.. Mental disorders in megacities: findings from the São Paulo megacity mental health survey, Brazil. PLoS One 2012; 7(2):e31879. Epub 2012 Feb 14.

Barreto ML, Genser B, Strina A et al. Effect of city-wide sanitation programme on reduction in rate of childhood diarrhoea in northeast Brazil: assessment by two cohort studies. Lancet 2007 Nov 10; 370(9599):1622-8.

Barreto ML, Teixeira MG, Bastos FI, Ximenes RA, Barata RB, Rodrigues LC. Successes and failures in the control of infectious diseases in Brazil: social and environmental context, policies, interventions, and research needs. Lancet 2011 May 28; 377(9780):1877-89. Epub 2011 May 9.

Bassanesi SL, Azambuja MI, Achutti A. Mortalidade precoce por doenças cardiovasculares e desigualdades sociais em Porto Alegre: da evidência à ação. Arq Bras Cardiol 2008; 90(6):403-12.

Bicudo D, Batista R, Furtado GH, Sola A, Medeiros EA. Risk factors for catheter-related bloodstream infection: A prospective multicenter study in Brazilian intensive care units Braz J Infect Dis 2011 Jul-Aug; 15(4):328-31.

Brasil, Ministério do Desenvolvimento Social e Combate à Fome. Brasil supera meta de reduzir extrema pobreza. Disponível em: http://www.mds.gov.br/bolsafamilia/noticias/brasil-supera-meta-de-reduzir-extrema-pobreza. Acesso em: 6/05/2013.

Brasil, Ministério do Trabalho e Emprego. Cadastro geral de empregados e desempregados CAGED – Lei 4.923/65. Síntese do comportamento do mercado de trabalho formal, Brasil – Setembro de 2012. Disponível em: http://portal.mte.gov.br/data/files/8A7C816A39E4F614013A6F1F1D81673B/BRASIL%20Setembro%202012.pdf. Acesso em: 8/11/2012.

Brasil. Ministério da Saúde. Datasus. Sistema de Informações Hospitalares do SUS. Taxa de internação hospitalar (SUS) por causas selecionadas. Disponível em: http://tabnet.datasus.gov.br/cgi/tabcgi.exe?idb2011/d29.def. Acesso em: 8/11/2012.

Brasil. Ministério da Saúde. Datasus. Sistema de Informações Hospitalares do SUS. Taxa de internação hospitalar (SUS) por causas externas. Disponível em: http://tabnet.datasus.gov.br/cgi/tabcgi.exe?idb2011/d30.def. Acesso em: 8/11/2012.

Brasil. Ministério da Saúde. Secretaria de Vigilância em Saúde. Departamento de Análise de Situação em Saúde. Saúde Brasil 2010: uma análise da situação de saúde e de evidências selecionadas de impacto de ações de vigilância em saúde. Brasília: Ministério da Saúde, 2007. 372p. (Série G. Estatística e Informação em Saúde).

Brasil. Ministério da Saúde. Secretaria de Vigilância em Saúde. Programa Nacional de DST/AIDS. Taxa de incidência de AIDS. Disponível em: http://tabnet.datasus.gov.br/cgi/tabcgi.exe?idb2011/d0201.def. Acesso em: 8/11/2012.

Brasil. Ministério da Saúde. Secretaria de Vigilância em Saúde. Sistema de Informação de Agravos de Notificação. Casos de AIDS identificados no Brasil. Disponível em: http://www2.aids.gov.br/cgi/deftohtm.exe?tabnet/br.def. Acesso em: 8/08/2011.

Brasil. Ministério da Saúde. Secretaria de Vigilância em Saúde. Sistema de Informações sobre Mortalidade. Taxa de mortalidade específica por AIDS. Disponível em: http://tabnet.datasus.gov.br/cgi/deftohtm.exe?idb2011/c14.def. Acesso em: 8/11/2012.

Brasil. Ministério da Saúde. Secretaria de Vigilância em Saúde. Sistema de Informação de Agravos de Notificação. Taxa de incidência de tuberculose. Disponível em: http://tabnet.datasus.gov.br/cgi/tabcgi.exe?idb2011/d0202.def. Acesso em: 8/11/2012.

Brasil. Ministério da Saúde. Secretaria de Vigilância em Saúde. Sistema de Informações sobre Mortalidade. Taxa de mortalidade específica por doenças transmissíveis. Disponível em: http://tabnet.datasus.gov.br/cgi/tabcgi.exe?idb2011/c17.def. Acesso em: 8/11/2012

Brasil. Ministério da Saúde. Secretaria de Vigilância em Saúde. Sistema de Informação de Agravos de Notificação. Taxa de incidência da leishmaniose visceral. Disponível em: http://tabnet.datasus.gov.br/cgi/deftohtm.exe?idb2011/d0205.def. Acesso em: 8/11/2012.

Brasil. Ministério da Saúde. Secretaria de Vigilância em Saúde. Sistema de Informação de Agravos de Notificação. MS. Letalidade de leishmaniose visceral. Brasil, Grandes Regiões e Unidades Federadas. 2000 a 2010. Julho de 2011. Disponível em: http://portal.saude. gov.br/portal/arquivos/pdf/lv_letalidade_05_09_11.pdf. Acesso em: 06/05/2013.

Brasil. Ministério da Saúde. Secretaria de Vigilância em Saúde. Sistema de Informação de Agravos de Notificação. Taxa de incidência de leptospirose – D.1.17 – 2011. Disponível em: http://www.ripsa.org.br/fichasIDB/record.php?node=d.1.17&lang=pt&version=ed6. Acesso em: 8/11/2012.

Brasil. Ministério da Saúde. Secretaria de Vigilância em Saúde. Sistema de Informação de Agravos de Notificação. Incidência de leptospirose. Disponível em: http://tabnet.datasus.gov.br/cgi/tabcgi.exe?idb2011/d0117.def. Acesso em: 8/11/2012.

Brasil. Ministério da Saúde. Secretaria de Vigilância em Saúde. Secretaria de Gestão Estratégica e Participativa. VIGITEL Brasil 2006: vigilância de fatores de risco e proteção para doenças crônicas por inquérito telefônico. Brasília: Ministério da Saúde, 2007. 297p. (Série G. Estatística e Informação em Saúde).

Brasil. Ministério da Saúde. Secretaria de Vigilância em Saúde. Sistema de Informações sobre Mortalidade. Mortalidade proporcional por grupos de causas. Disponível em: http://tabnet.datasus.gov.br/cgi/deftohtm.exe?idb2011/c04.def. Acesso em: 8/11/2012.

Brasil. Ministério da Saúde. Secretaria de Vigilância em Saúde. Sistema de Informações sobre Mortalidade. Taxa de mortalidade específica por doenças do aparelho circulatório. Disponível em: http://tabnet.datasus.gov.br/cgi/tabcgi.exe?idb2011/c08.def. Acesso em: 8/11/2012.

Brasil. Ministério da Saúde. Secretaria de Vigilância em Saúde. Sistema de Informações sobre Mortalidade. Taxa de mortalidade específica por causas externas. Disponível em: http://tabnet.datasus.gov.br/cgi/tabcgi.exe?idb2011/c09.def. Acesso em: 8/11/2012.

Brasil. Ministério da Saúde. Secretaria de Vigilância em Saúde. VIGITEL Brasil 2011: Vigilância de fatores de risco e proteção para doenças crônicas por inquérito telefônico. Dados sobre diabetes. Disponível em: http://portalsaude.saude.gov.br/portalsaude/arquivos/pdf/2012/Mai/09/Vigitel_2011_diabetes_final.pdf. Acesso em: 8/11/2012.

Brasil. Ministério da Saúde. Secretaria de Vigilância em Saúde. VIGITEL Brasil 2011: Vigilância de fatores de risco e proteção para doenças crônicas por inquérito telefônico. Ministério da Saúde, Secretaria de Vigilância em Saúde – Brasília: Ministério da Saúde, 2012. 132p. (Série G. Estatística e Informação em Saúde).

Brasil. Notícias. Expansão do Brasil Carinhoso vai beneficiar 2,9 milhões de crianças e jovens. Portal Brasil Notícias – Dezembro de 2012. Disponível em: http://www.brasil.gov.br/noticias/arquivos/2012/12/10/pagamento-da-expansao-do-brasil-carinhoso-comeca-na-proxima-segunda-feira-10. Acesso em: 06/05/2013.

Brazilian Ministry of Health, Health Surveillance Secretariat. Progress Report on the Brazilian Response to HIV/AIDS (2010/2011). Junho de 2012. Disponível em: http://www.unaids.org/en/dataanalysis/knowyourresponse/countryprogressreports/2012countries/UNGASS_2012_ingles_rev_08jun.pdf. Acesso em: 08/11/2011.

Cavalini LT, de Leon AC. Morbidity and mortality in Brazilian municipalities: a multilevel study of the association between socioeconomic and healthcare indicators. Int J Epidemiol 2008 Aug; 37(4):775-83. Epub 2008 May 24.

Cogliano VJ, Baan R, Straif K et al. Preventable exposures associated with human cancers. J Natl Cancer Inst. 2011 Dec 21; 103(24):1827-39.

Costa CH. Characterization and speculations on the urbanization of visceral leishmaniasis in Brazil. Cad Saúde Pública 2008 Dec; 24(12):2959-63.

de Alencar Ximenes RA, de Fátima Pessoa Militão de Albuquerque M, Souza WV et al. Is it better to be rich in a poor area or poor in a rich area? A multilevel analysis of a case-control study of social determinants of tuberculosis. Int J Epidemiol 2009 Oct; 38(5):1285-96. Epub 2009 Aug 4.

de Andrade AL, de Andrade JG, Martelli CM et al. Effectiveness of Haemophilus influenzae b conjugate vaccine on childhood pneumonia: a case-control study in Brazil. Int J Epidemiol 2004 Feb; 33(1):173-81.

de Godoy MF, de Lucena JM, Miquelin AR et al. Mortalidade por doenças cardiovasculares e níveis socioeconômicos na população de São José do Rio Preto, estado de São Paulo, Brasil. Arq Bras Cardiol 2007 Feb; 88(2):200-6.

Estudo Nacional da Despesa Familiar, 1975. Apud Brasil, Ministério da Saúde. Secretaria de Vigilância à Saúde. Secretaria de Atenção à Saúde. Diretrizes e recomendações para o cuidado integral de doenças crônicas não-transmissíveis: promoção da saúde, vigilância, prevenção e assistência. Brasília: Ministério da Saúde, 2008. 72p. (Série B. Textos Básicos de Atenção à Saúde) (Série Pactos pela Saúde 2006; v. 8).

Frieden TR. Can tuberculosis be controlled? Int J Epidemiol 2002 Oct; 31(5):894-9.

IARC – International Agency for Research on Cancer. IARC Monographs on the evaluation of carcinogenic risks to humans. Agents Classified by the IARC Monographs, Volumes 1-106. Disponível em: http://monographs.iarc.fr/ENG/Classification/index.php. Acesso em: 8/11/2012.

IBGE – Instituto Brasileiro de Geografia e Estatística. Estudos e pesquisas – Informação demográfica e socioeconômica número 25. Indicadores sociodemográficos e de saúde no Brasil 2009. Rio de Janeiro: IBGE, 2009. 152p.

IBGE – Instituto Brasileiro de Geografia e Estatística. Estudos e pesquisas – Informação demográfica e socioeconômica número 24. Projeção da População do Brasil por sexo e idade para o período 1980-2050 – Revisão 2008. Rio de Janeiro: IBGE, 2008. 93p.

IBGE – Instituto Brasileiro de Geografia e Estatística. Sala de Imprensa: Censo Demográfico 2010 – Características gerais da população, religião e pessoas com deficiência. Censo 2010: número de católicos cai e aumenta o de evangélicos, espíritas e sem religião. Disponível em: http://www.ibge.gov.br/home/presidencia/noticias/noticia_visualiza.php?id_noticia=2170&id_pagina=1. Acesso em: 7/11/2012.

Instituto Brasileiro de Geografia e Estatística. Séries estatísticas e séries históricas. Taxa de urbanização. Disponível em: http://seriesestatisticas.ibge.gov.br/series.aspx?vcodigo=POP122. Acesso em: 1/05/2013.

Instituto Nacional de Câncer José Alencar Gomes da Silva. Coordenação Geral de Ações Estratégicas. Coordenação de Prevenção e Vigilância. Estimativa 2012: incidência de câncer no Brasil. Rio de Janeiro: Inca, 2011. 118p.

Instituto de Pesquisa Econômica Aplicada. Situação social brasileira: Monitoramento das condições de vida 1. Organizadores: Jorge Abrahão de Castro, Fábio Monteiro Vaz. Brasília: Ipea, 2011. 283p.

IPEA – Instituto de Pesquisa Econômica Aplicada. Comunicados do Ipea nº 157 – Tendências demográficas mostradas pela PNAD 2011. Brasília: 2012. 28p.

IPEA – Instituto de Pesquisa Econômica Aplicada. Comunicados do Ipea nº 155 – A década inclusiva (2001-2011): Desigualdade, pobreza e políticas de renda. Brasília: 2012. 44p.

Ishitani LH, Franco Gda C, Perpétuo IH, França E. Desigualdade social e mortalidade precoce por doenças cardiovasculares no Brasil. Rev Saúde Pública 2006 Aug; 40(4):684-91.

Klisztajn S, Carvalheiro N, Carvalho AR, Hojda A, Camara MB. Urbanização e violência no estado de São Paulo. Revista Brasileira de Estudos de Populações. 2000 jan/dez; 17(1/2). Disponível em: http://www.abep.nepo.unicamp.br/docs/rev_inf/vol17_n1e2_2000/vol17_n1e2_2000_11np_197_200.pdf. Acesso em: 5/11/2012.

Ko AI, Goarant C, Picardeau M. Leptospira: the dawn of the molecular genetics era for an emerging zoonotic pathogen. Nat Rev Microbiol 2009 Oct; 7(10):736-47.

Lanzieri TM, Linhares AC, Costa I et al. Impact of rotavirus vaccination on childhood deaths from diarrhea in Brazil. Int J Infect Dis 2011 Mar; 15(3):e206-10. Epub 2010 Dec 28.

Laurenti R. O problema das doenças crônicas e degenerativas e dos acidentes nas áreas urbanizadas da América Latina. Rev Saúde Pública 1975 Jun; 9(2):239-48.

Maia-Elkhoury AN, Alves WA, Sousa-Gomes ML, Sena JM, Luna EA. Visceral leishmaniasis in Brazil: trends and challenges. Cad Saúde Pública 2008 Dec; 24(12):2941-7.

Mascarini-Serra LM, Telles CA, Prado MS et al. Reductions in the prevalence and incidence of geohelminth infections following a city-wide sanitation program in a Brazilian Urban Centre. PLoS Negl Trop Dis 2010 Feb 2; 4(2):e588.

Mesiano ER, Merchán-Hamann E. Bloodstream infections among patients using central venous catheters in intensive care units. Rev Lat Am Enfermagem 2007 May-Jun; 15(3):453-9.

Monteiro CA, Conde WL. A tendência secular da obesidade segundo estratos sociais: Nordeste e Sudeste do Brasil, 1975-1989-1997. Arq Bras Endocrinol Metabol 1999 Jun; 43(3):186-94.

Monteiro CA, Levy RB, Claro RM, de Castro IR, Cannon G. Increasing consumption of ultra-processed foods and likely impact on human health: evidence from Brazil. Public Health Nutr 2011 Jan; 14(1):5-13.

Nogueira MC, Ribeiro LC, Cruz OG. Social inequalities in premature cardiovascular mortality in a medium-size Brazilian city. Cad Saúde Pública 2009 Nov; 25(11):2321-32.

ONU-Habitat. Estado de las ciudades de América Latina y el Caribe 2012 – Rumbo a una nueva transición urbana. Nairobi: Programa de las Naciones Unidas para los Asentamientos Humanos, ONU-Habitat, 2012. 196p.

Patel RB, Burkle FM. Rapid urbanization and the growing threat of violence and conflict: a 21st century crisis. Prehosp Disaster Med 2012 Apr; 27(2):194-7. Epub 2012 May 17.

Peen J, Schoevers RA, Beekman AT, Dekker J. The current status of urban-rural differences in psychiatric disorders. Acta Psychiatr Scand 2010 Feb; 121(2):84-93. Epub 2009 Jul 13.

Ramão FP, Wadi YM. Espaço urbano e criminalidade violenta: análise da distribuição espacial dos homicídios no município de Cascavel/PR. Rev Sociol Polít, Curitiba, fev. 2010; 18(35):207-30,

Reis RB, Ribeiro GS, Felzemburgh RD et al. Impact of environment and social gradient on Leptospira infection in urban slums. PLoS Negl Trop Dis 2008 Apr 23; 2(4):e228.

Ribeiro GS, Lima JB, Reis JN et al. Haemophilus influenzae meningitis 5 years after introduction of the Haemophilus influenzae type b conjugate vaccine in Brazil. Vaccine 2007 May 30; 25(22):4420-8. Epub 2007 Mar 30.

Riley LW, Ko AI, Unger A, Reis MG. Slum health: diseases of neglected populations. BMC Int Health Hum Rights 2007 Mar 7; 7:2.

San Martín JL, Brathwaite O, Zambrano B et al. The epidemiology of dengue in the Americas over the last three decades: A worrisome reality. Am J Trop Med Hyg 2010 Jan; 82(1):128-35.

Santos JLF. Demografia: estimativas e projeções: medidas de fecundidade e mortalidade para o Brasil no Século XX. São Paulo: Universidade de São Paulo, Faculdade de Arquitetura e Urbanismo: Fundação para Pesquisa Ambiental, 1978. *Apud* Instituto Brasileiro de Geografia e Estatística. Estudos e pesquisas – Informação demográfica e socioeconômica número 25. Indicadores sociodemográficos e de saúde no Brasil 2009. Rio de Janeiro: IBGE, 2009. 152p.

SBC – Sociedade Brasileira de Cardiologia. IV Diretrizes Brasileiras de Hipertensão Arterial. Arq Bras Cardiol 2004; 82(suplemento IV):7-14.

Schmidt MI, Duncan BB, Azevedo e Silva G *et al.* Chronic non-communicable diseases in Brazil: burden and current challenges. Lancet 2011 Jun 4; 377(9781):1949-61. Epub 2011 May 9. Disponível em português em: http://download.thelancet.com/flatcontentassets/pdfs/brazil/brazilpor4.pdf.

Silva GA, Gamarra CJ, Girianelli VR, Valente JG. Cancer mortality trends in Brazilian state capitals and other municipalities between 1980 and 2006. Rev Saúde Pública 2011 Dec; 45(6):1009-18.

Souza PHG. Poverty, inequality and social policies in Brazil, 1995-2009. International Policy Centre for Inclusive Growth. Working Paper number 87 February, 2012.

Sundquist K, Frank G. Urbanization and hospital admission rates for alcohol and drug abuse: a follow-up study of 4.5 million women and men in Sweden. Addiction 2004 Oct; 99(10):1298-305.

Teixeira MG, Costa Mda C, Barreto F, Barreto ML. Dengue: Twenty-five years since reemergence in Brazil. Cad Saúde Pública 2009; 25 Suppl 1:S7-18.

Viacava F. Acesso e uso de serviços de saúde pelos brasileiros, 2010. RADIS. 2010 Ago; 96:12-9.

Whelton PK, He J, Appel LJ *et al.* National High Blood Pressure Education Program Coordinating Committee. Primary prevention of hypertension: clinical and public health advisory from The National High Blood Pressure Education Program. JAMA 2002 Oct 16; 288(15):1882-8.

WHO Expert Committee on Physical Status. Physical status: The use and interpretation of anthropometry. WHO technical report series. Geneva: WHO, 1995. 452p.

9

Sistema Único de Saúde (SUS): a Difícil Construção de um Sistema Universal na Sociedade Brasileira

Carmen Fontes Teixeira • *Luis Eugenio Portela Fernandes de Souza* • *Jairnilson Silva Paim*

INTRODUÇÃO

Atualmente, pode-se afirmar que todo e qualquer brasileiro, em algum momento de sua vida, já teve contato com o Sistema Único de Saúde (SUS), independentemente do conhecimento que tenha sobre sua história, suas bases conceituais, jurídicas e políticas, ou sobre sua organização e funcionamento, e mesmo à revelia de eventual indiferença, desprezo e até posições abertamente contrárias a sua existência.

A imensa maioria dos brasileiros constitui a parcela da população que depende exclusivamente do SUS para ter acesso a ações e serviços necessários a proteção, manutenção e assistência à saúde. Mesmo os que pensam não "depender" do SUS, na medida em que pagam direta ou indiretamente por sua assistência médico-hospitalar por meio dos planos de saúde privados, são usuários do SUS, consumindo serviços que são produzidos para garantir condições epidemiológicas, sanitárias e ambientais saudáveis para toda a população. Exemplos dessas são as ações de controle de epidemias e endemias (Boxe 9.1), as ações de vigilância sanitária de alimentos, saneantes, cosméticos, medicamentos e estabelecimentos de saúde (Boxe 9.2) e ações de vigilância ambiental dirigidas ao controle da qualidade da água, do solo e do ar (Boxe 9.3).

Boxe 9.1	Vigilância epidemiológica

As ações de vigilância epidemiológica são disponibilizadas pela implementação de programas nas unidades de saúde, principalmente as unidades básicas, a exemplo das vacinas do Programa Nacional de Imunização (PNI), as ações de prevenção e controle de doenças transmissíveis, como dengue, tuberculose, DST-AIDS e outras, bem como as ações de controle das doenças e agravos não transmissíveis, a exemplo da hipertensão e do diabetes. Veja os Capítulos 28 e 30 e o *site* www.svs.saúde.gov.br.

Boxe 9.2	Vigilância sanitária

A vigilância sanitária constitui, atualmente, um subsistema do sistema público de saúde, sob coordenação federativa, responsabilizando-se pela regulação e redução de riscos sanitários decorrentes do consumo de produtos (alimentos, saneantes, cosméticos) e serviços, incluindo a proteção ao consumidor de serviços de saúde (exames de laboratório, imagem, consumo de medicamentos e outros procedimentos diagnósticos e terapêuticos). Veja o Capítulo 23 e o *site* www.anvisa.gov.br

Boxe 9.3	Vigilância ambiental

As ações de vigilância ambiental são as mais recentemente incorporadas ao Sistema Nacional de Vigilância em Saúde, sob coordenação da Secretaria de Vigilância em Saúde (SVS), órgão do Ministério da Saúde responsável pela implementação de programas de controle de doenças transmissíveis, doenças e agravos não transmissíveis (DANT), pela Política Nacional de Promoção da Saúde, e também pela implementação dos sistemas de informação que promovem o monitoramento da qualidade da água, do solo e do ar, em diversas regiões e áreas críticas do território brasileiro. Veja os Capítulos 23 e 28 e o *site* www.svs.saúde.gov.br

Milhões de brasileiros se beneficiam cotidianamente das ações de vigilância e controle de riscos e danos, que vêm sendo desenvolvidas no SUS, com sucessos reconhecidos nacional e internacionalmente, a exemplo da erradicação da poliomielite e do sarampo, do controle da AIDS e outras doenças transmissíveis (Barreto *et al.*, 2011), bem como do controle de doenças crônicas, como hipertensão e diabetes (Schimidt *et al.*, 2011).

Além disso, cabe recordar que toda a população brasileira vem se beneficiando de programas desenvolvidos pelo SUS que têm como objetivo a promoção da saúde e a proteção contra determinados riscos decorrentes das mudanças ocorridas nas condições gerais de vida em função dos processos de industrialização e urbanização, cujas consequências negativas, a exemplo da mudança de hábitos alimentares, aumento do uso abusivo de álcool e outras substâncias e a expansão da violência em suas diversas formas, afetam cotidianamente a saúde (Reichenheim *et al.*, 2011). Exemplos de esforços desenvolvidos no sentido de contribuir para o enfrentamento desses problemas são a Política Nacional de Promoção da Saúde, o Programa de Controle de Tabagismo, a Política Nacional de Redução dos Acidentes de Trânsito e a Política Nacional de Controle do Álcool e Outras Drogas (Buss & Carvalho, 2009), conforme apresentados nos Capítulos 22, 30 e 33.

Da vacina ao transplante, os números relativos à produção de ações e serviços de saúde pelo SUS contam-se em termos de bilhões, milhões e milhares, conforme informações dos Capítulos 20 e 24, o que explica por que alguns autores afirmam que o SUS é o maior sistema público do mundo, ou seja, o que contém a mais extensa rede de serviços e a maior cobertura populacional, embora o Brasil gaste menos, percentualmente, do que vários outros países (veja os Capítulos 11 e 20).

Apesar da magnitude dos números e da importância das informações resumidamente apresentadas, é forçoso admitir a existência de uma discrepância entre o que o SUS é e a forma como ele é percebido pela maioria da população. Isso se deve a dois processos que se entrelaçam: de um lado, a multiplicidade de experiências negativas vivenciadas por usuários que sofrem com a insuficiência de recursos, falta de coordenação e/ou má qualidade dos serviços prestados em muitos municípios do país; de outro, à forma como esses problemas são abordados pelos meios de comunicação, reforçando certo senso comum que tende a desvalorizar o que é público, entendido como intrinsecamente "inferior", destinado apenas aos "pobres", aos que não podem pagar por alguma coisa "melhor". O neoliberalismo representa uma ideologia que aprega a redução da intervenção estatal e enaltece os valores do mercado e do dinheiro. Nessa perspectiva, algo só teria valor se pudesse ser traduzido em um valor monetário. No caso dos sistemas públicos de saúde, a exemplo do SUS, cujo financiamento, apesar de ser garantido pela contribuição de cada cidadão, não aparece nitidamente na compreensão de cada usuário, a oferta de serviços é vista como um "favor", uma "dádiva", e não como um direito adquirido pela luta política e social em favor da dignidade da vida de cada cidadão.

De fato, a mídia, em geral, trata fundamentalmente de exibir os problemas, muitas vezes em tom sensacionalista, sem se preocupar em problematizar seus determinantes. Não se preocupa em ajudar os leitores, ouvintes e telespectadores a desenvolver uma visão crítica, capaz de subsidiar a responsabilização dos cidadãos, governos e gestores para com o que ocorre no âmbito da gestão, da organização e da operacionalização do sistema de saúde e da sociedade como um todo. Reproduz a ideologia dominante, ou seja, a visão de mundo que considera natural que existam desigualdades sociais e que estas não têm necessariamente de ser superadas.

Nessa perspectiva, o SUS tende a ser pensado como um "SUS para pobres" (Paim, 2009) e imaginar algo mais que isso seria situar-se no terreno da utopia. Apesar disso, inúmeros estudos têm apontado para certas conquistas do povo brasileiro a partir do SUS (Noronha *et al.*, 2008; Paim *et al.*, 2011), seja recuperando sua história, e descrevendo o processo de construção, seja discutindo seus princípios ou identificando seus problemas e avaliando seus avanços e perspectivas. No entanto, reconhecem que, apesar dos sucessos alcançados, o SUS ainda apresenta inúmeros problemas políticos, gerenciais e organizacionais que comprometem o acesso, a distribuição, a qualidade e a humanização da atenção prestada à população (Victora *et al.*, 2011b).

É importante, portanto, não abdicar da capacidade de análise e crítica, assumindo a responsabilidade de pensar e refletir em que se tem constituído esse imenso acervo de lutas, experiências e práticas que configuraram o SUS ao longo das últimas décadas. Ademais, é preciso entender o significado disso, em uma sociedade capitalista e periférica, como a brasileira, na qual vicejam distintas concepções acerca do Estado, da política e das relações entre público e privado.

Assim, o objetivo deste capítulo é apresentar as linhas gerais que configuram o SUS, estimulando o desenvolvimento de uma compreensão crítica do processo de construção desse sistema, especificando as principais políticas e estratégias que foram implementadas nos últimos 24 anos (de 1988 a 2012).

Partimos de uma definição inicial do SUS, enfatizando sua dimensão política e organizacional, ou seja, o SUS como "política de Estado" e o SUS como "sistema de saúde". Enquanto expressão de uma política de Estado, o SUS se fundamenta em princípios e diretrizes que, brevemente, revisaremos. Em seguida descreveremos, sucintamente, o desenvolvimento do processo de implementação do SUS nas conjunturas políticas que se sucederam no referido período, enfatizando as iniciativas do Governo Federal, porquanto definiram a direcionalidade desse processo, induzindo as decisões adotadas por estados e municípios. Ao longo do texto, portanto, trataremos de apontar as questões relativas à institucionalização do SUS enquanto "sistema", indicando aspectos e componentes que merecem um aprofundamento posterior.

O QUE É O SUS?

O SUS pode ser entendido, em primeiro lugar, como uma *política de Estado* construída pelas forças sociais que lutaram pela democracia e se organizaram no movimento pela Reforma Sanitária Brasileira (RSB), desencadeando diversos processos de mudança no âmbito jurídico, político, institucional, organizativo e operacional do sistema de saúde.

As propostas da RSB fundamentam-se em uma *concepção ampliada de saúde*, entendida não apenas como "ausência de doença", senão como "bem-estar físico, mental e social", decorrente de condições de vida saudáveis, isto é, acesso adequado a alimentação, habitação, educação, transporte, lazer, segurança e serviços de saúde, bem como emprego e renda compatíveis com o atendimento dessas necessidades.

Considerando que essas condições não podem ser asseguradas apenas por meio de esforços individuais, o movimento pela RSB advoga que a saúde é *direito* inalienável de todo e qualquer cidadão e deve ser garantido pelo Estado, mediante políticas econômicas e sociais que contribuam para a melhoria da qualidade de vida dos indivíduos e grupos, nas quais se inclui uma política de saúde que garanta o acesso *universal e equitativo* a ações e serviços de prevenção de doenças, promoção e recuperação da saúde.

Essas concepções e princípios foram apresentados e aprovados na 8ª Conferência Nacional de Saúde, realizada em 1986, em Brasília, que contou com a participação de mais de quatro mil delegados, representantes do Governo Federal, dos estados e municípios, bem como dos movimentos sociais, incluindo sindicatos, igrejas, associações profissionais e comunitárias, que constituíam, na época, uma ampla base social de apoio às propostas dessa reforma.

O relatório final dessa Conferência (Brasil, 1987) subsidiou o debate sobre a política de saúde no âmbito da Assembleia Nacional Constituinte responsável pela elaboração e aprovação da nova Constituição Federal (Brasil, 1988) do país, a chamada "Constituição cidadã", que reconhece a saúde como "direito de cidadania e dever do Estado" e incorpora a proposta de criação do Sistema Único de Saúde, referendada na legislação orgânica da saúde (Lei 8.080/90 e Lei 8.142/90), aprovada pelo Congresso Nacional em 1990 (Brasil, 1990a; 1990b).

Portanto, o SUS é uma conquista histórica do povo brasileiro, podendo ser considerada a maior política pública nascida da sociedade e que se incorporou ao Estado através dos poderes Legislativo, Executivo e, progressivamente, Judiciário. Esse processo revela a aproximação de nosso marco jurídico aos princípios do chamado Estado de bem-estar social (*Welfare State*), contraposto à perspectiva liberal e neoliberal, que defende a redução do papel do Estado nas políticas sociais.

Nessa perspectiva, o SUS *não é* um mero meio de financiamento e de repasse de recursos federais para estados, municípios, hospitais, profissionais e serviços de saúde. Não é simplesmente um programa de saúde pública, nem muito menos um "plano de saúde" para pobres. Também *não é* um sistema de serviços de saúde destinados apenas aos pobres e "indigentes". Não se reduz a uma política de governo – federal estadual ou municipal –, muito menos a uma proposta política exclusiva desse ou daquele partido. Enfim, não é caridade de instituição beneficente, organização não governamental (ONG), prefeito, vereador, deputado, governador, senador ou presidente (Paim, 2009).

O SUS é expressão de uma *política de Estado* que se fundamenta em uma concepção ampliada de saúde e em uma perspectiva universalista do direito à saúde, traduzida em princípios (valores), diretrizes (políticas e organizativas) e dispositivos jurídicos (leis e normas) que orientam e definem o curso das ações governamentais. Nesse sentido, o SUS assume e consagra os princípios da *universalidade, igualdade* e *integralidade* da atenção à saúde no sentido de superar o sistema de saúde herdado do período anterior à Constituição cidadã, de modo a garantir o acesso da população a bens e serviços que promovam sua saúde e seu bem-estar. Ademais, aos chamados "princípios finalísticos", que expressam a natureza do sistema que se pretende conformar, se acrescentam os chamados "princípios estratégicos", que dizem respeito às diretrizes políticas, organizativas e operacionais, que apontam "como" deve vir a ser construído o sistema que se quer institucionalizar. Esses princípios são a *descentralização, a regionalização, a hierarquização* e a *participação social*.

Para avançarmos um pouco mais na compreensão do que é o SUS, é importante revisar o significado desses princípios e diretrizes, de modo a subsidiar uma reflexão sobre os limites e possibilidades de sua concretização na sociedade brasileira.

PRINCÍPIOS E DIRETRIZES DO SUS

O princípio fundamental que articula o conjunto de leis e normas que constituem a base jurídica do processo de construção do SUS no Brasil hoje está explicitado no artigo 196 da Constituição Federal (Brasil, 1988), que afirma:

> A saúde é direito de todos e dever do Estado, garantido mediante políticas sociais e econômicas que visem à redução do risco de doença e de outros agravos e ao acesso igualitário às ações e serviços para sua promoção, proteção e recuperação.

A *universalidade* é um princípio finalístico, ou seja, um ideal a ser alcançado. Para que o SUS venha a ser universal é preciso se desencadear um processo de universalização, isto é, a ampliação da cobertura de ações e serviços, de modo a torná-los acessíveis a toda a população, o que supõe a eliminação de barreiras econômicas e socioculturais que se interpõem entre a população e os serviços (Boxe 9.4).

> **Boxe 9.4 — Universalização das ações e serviços de saúde**
>
> A barreira jurídica foi eliminada com a Constituição Federal de 1988, na medida em que universalizou o direito à saúde e com isso eliminou a necessidade de o usuário do sistema público colocar-se como trabalhador ou como "indigente", situações que condicionavam o acesso aos serviços públicos antes do SUS. De fato, os trabalhadores "de carteira assinada", autônomos, ativos ou aposentados, urbanos ou rurais, e seus dependentes, tinham o direito assegurado aos serviços do antigo Inamps, na medida em que contribuíam (como contribuem ainda hoje) para a Previdência Social. Aos excluídos do mercado formal de trabalho restava a condição de "indigentes", pobres que recorriam às instituições filantrópicas ou, mais frequentemente, aos serviços públicos mantidos pelo Ministério da Saúde ou da Educação (centros e hospitais universitários) e pelas Secretarias Estaduais e Municipais de Saúde.

Do ponto de vista econômico, ainda que a população não precise pagar diretamente pelos serviços do SUS (o financiamento é assegurado pelo Estado, mediante a utilização de fundos públicos compostos pelos tributos), uma parcela da população pobre que vive em pequenos municípios com baixo grau de desenvolvimento econômico ou habita a periferia das grandes cidades não dispõe de condições de acesso aos serviços, às vezes até porque não tem como pagar o transporte necessário para chegar a uma unidade de saúde.

Do ponto de vista sociocultural, a principal barreira é a comunicação entre os prestadores de serviços e os usuários. Grande parte da população não dispõe de condições educacionais e culturais que facilitem o diálogo com os profissionais e trabalhadores de saúde, o que se reflete, muitas vezes, na dificuldade de entendimento e de aprendizado acerca do comportamento que deve adotar para se tornar coadjuvante do processo de prevenção de riscos e de recuperação de sua saúde.

Com isso, se coloca em cena o princípio da *igualdade*, que para ser justa requer a equidade, ou seja, a necessidade de "tratar desigualmente os desiguais" de modo a se alcançar a igualdade de oportunidades de sobrevivência e de desenvolvimento pessoal e social entre os membros de uma dada sociedade. A contribuição que um sistema de serviços de saúde pode dar à superação das desigualdades sociais em saúde, que se apresentam como desigualdades diante do risco de adoecer e morrer, implica redistribuição e redefinição da oferta de ações e serviços de modo a se priorizar a atenção aos grupos sociais cujas condições de vida e saúde sejam mais precárias – os grupos "vulneráveis" – em função de determinantes sociais, especialmente suas condições de vida e trabalho (reveja o conceito de vulnerabilidade no Capítulo 3).

O ponto de partida da noção de *equidade* é o reconhecimento da desigualdade entre as pessoas e os grupos sociais e o fato de que muitas dessas desigualdades são injustas e devem ser superadas, o que diz respeito a duas dimensões do processo de reforma do sistema de saúde: de um lado, a reorientação do fluxo de investimentos para o desenvolvimento dos serviços nas várias regiões, estados e municípios com infraestrutura insuficiente e, de outro, a reorientação das ações a serem realizadas, de acordo com o perfil de necessidades e problemas da população usuária. Neste último sentido, a busca de *equidade* se articula dinamicamente com outro princípio finalístico do SUS, qual seja, a *integralidade* do cuidado à saúde.

A *integralidade* diz respeito ao leque de ações possíveis voltadas para a promoção da saúde, a prevenção de riscos e agravos e a assistência aos doentes, implicando a sistematização do conjunto de práticas que vêm sendo desenvolvidas para o enfrentamento dos problemas e o atendimento das necessidades de saúde. A *integralidade* é um atributo do modelo de atenção, entendendo-se que um "modelo de atenção integral à saúde" contempla o conjunto de ações de promoção da saúde, prevenção de riscos e agravos, assistência e recuperação. Um modelo "integral", portanto, é aquele que dispõe de estabelecimentos, isto é, unidades de prestação de serviços, pessoal capacitado e recursos necessários à produção de ações de saúde desde as ações inespecíficas de promoção da saúde, as ações específicas de vigilância ambiental, sanitária e epidemiológica dirigidas ao controle de riscos e danos, até ações de assistência e recuperação de indivíduos enfermos, seja para detecção precoce de doenças, seja ações de diagnóstico, tratamento e reabilitação (veja modelos de atenção no Capítulo 21).

O debate em torno das estratégias de mudança do sistema de serviços de saúde de modo a garantir a *universalidade*, a *igualdade* e a *integralidade* do cuidado não é novo, tendo ocorrido em vários países do mundo ocidental, desde o século passado. As políticas e reformas desenvolvidas em vários sistemas de saúde no mundo, como Inglaterra, Suécia, Dinamarca, Canadá e Itália, entre outros, contribuíram para a sistematização de vários princípios organizativos, que foram assumidos, em nossa legislação, como *diretrizes estratégicas* para a organização do SUS, que são a descentralização da gestão dos recursos, a regionalização e hierarquização das unidades de produção de serviços e a integração das ações promocionais, preventivas e curativas.

A *descentralização* da gestão do sistema implica a transferência de poder de decisão sobre a política de saúde da esfera federal (Ministério da Saúde [MS]) para os estados (Secretarias Estaduais da Saúde [SES]) e municípios (Secretarias Municipais da Saúde [SMS]). Essa transferência ocorre a partir da redefinição das funções e responsabilidades de cada esfera de governo com relação à condução político-administrativa do sistema de saúde em seu respectivo território (nacional, estadual, municipal), com a transferência concomitante de recursos financeiros, humanos e materiais para o controle das instâncias governamentais correspondentes.

A *regionalização* e a *hierarquização* dos serviços dizem respeito à forma de organização dos estabelecimentos (unidades de unidades) entre si e com a população usuária. A *regionalização* dos serviços (veja o Capítulo 19) implica a delimitação de uma base territorial para o sistema de saúde, que leva em conta a divisão político-administrativa do país, mas também contempla a delimitação de espaços territoriais específicos para a organização das ações de saúde, subdivisões ou agregações do espaço político-administrativo. A *hierarquização* dos serviços, por sua vez, diz respeito à possibilidade de organização das unidades segundo o grau de densidade tecnológica dos serviços, isto é, o estabelecimento de uma rede que articula as unidades com menor densidade tecnológica às unidades com maior densidade, por meio de um sistema de referência e contrarreferência (SRCR) de usuários e de informações. O processo de estabelecimento de redes hierarquizadas pode também implicar o estabelecimento de vínculos específicos entre unidades (de distintos graus de densidade tecnológica) que prestam serviços de determinada natureza, como, por exemplo, a rede de atendimento a urgências/emergências ou a rede de atenção à saúde mental (veja, no Capítulo 24, a noção de redes).

Finalmente, a *integração* entre as ações promocionais, preventivas e curativas diz respeito à possibilidade de se estabelecer um perfil de oferta de ações e serviços do sistema que contemple as diversas alternativas de intervenção sobre os problemas de saúde em vários planos, abarcando intervenções sobre condições de vida, riscos e danos à saúde. Cabe registrar a distinção entre "integralidade" e "integração", termos que por vezes se confundem no debate acerca da organização dos serviços de saúde. Se a integralidade, como posto anteriormente, é um atributo do modelo, algo que o modelo de atenção à saúde "deve ser", a integração é um processo, algo "a fazer" para que o modelo de atenção seja integral. Nesse sentido, a integração envolve duas dimensões: uma dimensão vertical, proporcionada pelo estabelecimento da hierarquização dos serviços e implantação do SRCR que permite a produção de ações em distintos níveis de atenção (primária, secundária, terciária) em função da natureza do problema que se esteja enfrentando; e uma integração horizontal, que permite a articulação, no enfrentamento do problema, de ações de natureza distinta (promoção, prevenção, recuperação).

A construção de um modelo de atenção integral à saúde no SUS pressupõe, portanto, o desenvolvimento de um processo de implantação de novas ações, ao mesmo tempo que se promova a integração, tanto vertical como horizontal, de ações realizadas rotineiramente. No primeiro caso situam-se as ações de vigilância ambiental, sanitária e epidemiológica, escassamente desenvolvidas na maioria de nossos sistemas municipais de saúde, bem como as ações de promoção da saúde, ainda incipientes no âmbito do SUS. No segundo caso, trata-se de articular ações de prevenção e de assistência que no passado eram desenvolvidas por instituições diferentes, com lógicas organizacionais distintas (o antigo Inamps prestava assistência, enquanto o Ministério da Saúde e as Secretarias Estaduais da Saúde desenvolviam ações de prevenção).

Além disso, considerando que a intervenção sobre os determinantes sociais da saúde exige ações que extrapolam o escopo do que é produzido no âmbito do sistema de saúde, vem se colocando, cada vez mais, a importância do desenvolvimento de ações que contemplem a *intersetorialidade* e a *participação social*, isto é, que articulem e integrem ações realizadas por vários setores governamentais, contando, também, com a mobilização social, tendo em vista a elevação da consciência sanitária e o desencadeamento de ações voltadas para a melhoria das condições de vida, trabalho, educação, saúde e lazer.

PROCESSO DE CONSTRUÇÃO DO SUS

O "sistema" de saúde brasileiro, estruturado ao longo do século XX, teve como marca a separação entre Saúde Pública e assistência médico-hospitalar. De um lado, as campanhas sanitárias e, de outro, a filantropia, a medicina liberal, a medicina previdenciária e, posteriormente, as empresas médicas.

Antes de 1930, não havia o reconhecimento dos direitos sociais no Brasil. A partir da "era Vargas" introduz-se o direito à assistência médica apenas para os trabalhadores urbanos com carteira de trabalho assinada. A extensão de cobertura para os trabalhadores rurais através do Funrural, efetuada durante o regime autoritário, apresentava-se mais como concessão do que como um direito. O mesmo podia ser dito em relação ao acesso das populações rurais e das periferias urbanas que se beneficiaram, nos anos 1970, com os Programas de Extensão de Cobertura (PEC). Somente na década de 1980, com a implantação das Ações Integradas de Saúde (AIS) e dos Sistemas Unificados e Descentralizados de Saúde (SUDS), começa a ganhar corpo a ideia da saúde como direito.

O reconhecimento do direito à saúde, a construção de um relativo consenso em torno da necessidade de se desencadear uma mudança na direcionalidade da Política de Saúde e a aprovação dos princípios e diretrizes do SUS nos documentos que consagram a decisão política adotada pelo Estado, isto é, a Constituição Federal (Brasil, 1988) e as Leis 8.080 e 8.142 (Brasil, 1990a, 1990b), foram os primeiros passos concretos e importantíssimos para o desencadeamento da reforma do sistema público de saúde, tendo em vista a concretização do SUS.

De fato, o cumprimento da responsabilidade política e social assumida pelo Estado ao incorporar em seu marco jurídico a saúde como direito de cidadania implica a adoção de políticas econômicas e sociais que tenham como finalidade a melhoria das condições de vida e saúde dos diversos grupos da população. Isso inclui a formulação e implementação de políticas de saúde sistematizadas em planos, programas e projetos, a garantia do financiamento necessário para sua execução e o desenvolvimento de uma estrutura organizacional e político-gerencial capaz de operar a gestão – unificada, descentralizada e participativa – do sistema.

Como se pode perceber, o processo de reforma do sistema público de saúde implica, em primeira instância, a reorientação do financiamento e da organização e gestão do sistema. A definição das fontes de financiamento e do montante de recursos financeiros destinados à saúde tem sido, ao longo dos últimos 24 anos, o "calcanhar de aquiles" do processo de construção do SUS (veja o Capítulo 20). Ao nos referirmos a organização e gestão do sistema, estamos indicando as mudanças na configuração institucional, ou seja, na reorganização decorrente do processo de unificação do sistema público de saúde, que implicou a integração administrativa de instituições anteriormente distintas, a exemplo do antigo Inamps, incorporado ao Ministério da Saúde durante o governo Collor, bem como a extinção da Fundação Serviço Especial de Saúde Pública (FSESP) e sua substituição pela Fundação Nacional de Saúde (Funasa), a criação da Agência Nacional de Vigilância Sanitária (Anvisa), além das mudanças que vêm ocorrendo internamente às estruturas administrativas do Ministério da Saúde, Secretarias Estaduais e Municipais de Saúde, em função do processo de descentralização.

A partir da garantia dos recursos e da mudança da maneira como são administradas as instituições, podemos pensar, em última instância, nas mudanças no modo de produção e distribuição das ações e serviços de saúde em todo o território nacional, ou seja, nos 26 estados, no Distrito Federal e nos mais de 5.500 municípios que compõem o tecido social e político brasileiro.

Esse é um processo extremamente complexo, na medida em que demanda o enfrentamento de fortes resistências, cristalizadas nas estruturas burocráticas e na cultura político-institucional construída ao longo da história brasileira, expressa nas relações existentes entre Estado e sociedade, especialmente no modo como "o governo governa" (Paim, 2002). De fato, a administração pública brasileira ainda reproduz uma concepção *patrimonialista* do Estado, que se traduz em uma forma de administração pública na qual os dirigentes consideram as instituições estatais seu patrimônio particular, reproduzindo, no âmbito do Estado, o estilo de liderança e tomada de decisões que aprenderam a realizar na administração de empresas privadas, tanto na gestão do grande latifúndio como, modernamente, nas empresas do grande capital industrial e financeiro. Assim, cercam-se de "amigos", "sócios", "parceiros" e apaniguados escolhidos em função da confluência de interesses econômicos relacionados com a lucratividade das empresas ou interesses partidários e não, necessariamente, com o bem público e com o bem-estar social.

Estrutura-se uma relação com os partidos políticos eivada de fisiologismo e clientelismo, uma relação com as empresas fornecedoras de insumos marcada pela ineficiência, favoritismo e até pelo desvio de recursos públicos, e uma relação com a população, principalmente a mais pobre, impregnada de autoritarismo e favoritismo. Tudo isso resulta, de um lado, na desconsideração pelos direitos constitucionais e, de outro, em práticas que tentam subverter as regras do sistema, herança da ideia cunhada no período populista de que os serviços públicos são um favor prestado à população pobre pelas classes dirigentes. Essa cultura política herdada do populismo da "era Vargas" (1930-1954) é caracterizada por uma relação entre o dirigente e as massas fundada na reprodução de uma postura paternalista, que contribuía para que os trabalhadores e a população em geral percebessem como concessões os benefícios conquistados por meio de mobilização e luta social o que favorecia, inclusive, o fortalecimento de laços de lealdade e subordinação do povo aos interesses dos dirigentes.

Isso afeta negativamente a gestão do sistema de saúde, ocasionando uma série de problemas político-gerenciais, que vão do desperdício de recursos à ineficiência do gerenciamento, do superfaturamento na compra de insumos ao desvio de verbas, da insuficiência dos mecanismos de planejamento, programação, avaliação e controle à insuficiência de pessoal qualificado para exercer essas funções, da manutenção do caráter centralizado das decisões à incipiência dos processos de democratização e controle democrático sobre o sistema (Paim & Teixeira, 2007).

O enfrentamento desses problemas, portanto, constitui um dos maiores desafios que vêm sendo enfrentados pelos dirigentes e técnicos das instituições gestoras do SUS (MS, SES e SMS) ao longo das diversas conjunturas governamentais que se sucederam a partir da retomada das eleições diretas para o governo federal em 1989 (veja os Boxes 9.5 a 9.8).

Boxe 9.5	Período Collor

Caracterizou-se pela crise econômica, com redução de recursos federais para a saúde, embora tenha criado o Programa de Agentes Comunitários de Saúde (PACS), promulgado as Leis Orgânicas 8.080/90 e 8.142/90 e implantado a Norma Operacional Básica 91 (NOB 91). Mesmo a contragosto, e depois de muita protelação, realizou a 9ª Conferência Nacional de Saúde (9ª CNS).

| Boxe 9.6 | Período Itamar |

Nesse período persistiu a crise financeira na seguridade social, especialmente nas relações entre a saúde e a previdência, mas pode-se destacar o avanço na municipalização, a partir da Norma Operacional Básica 93 (NOB 93), e a criação do Programa de Saúde da Família (PSF), em 1994.

| Boxe 9.7 | Período FHC |

Apesar da crise de financiamento setorial, resultando na criação da Contribuição Provisória de Movimentação Financeira (CPMF) e da Emenda Constitucional 29 (EC-29), foram implantados a Norma Operacional Básica 96 (NOB 96), o Piso da Atenção Básica (PAB) e a Norma Operacional de Assistência à Saúde (NOAS 2001), realizadas a 10ª Conferência Nacional de Saúde (10ª CNS) e a 11ª Conferência Nacional de Saúde (11ª CNS), sendo ampliadas a municipalização e a estratégia de saúde da família, além de iniciativas importantes, como o apoio internacional à *Convenção Quadro*, a regulação da chamada "saúde suplementar" e a instalação da Anvisa e da Agência Nacional de Saúde Suplementar (ANS).

| Boxe 9.8 | Período Lula |

No primeiro governo Lula, mesmo sem equacionar a questão do financiamento e da força de trabalho do SUS, manteve-se a expansão do PSF, foi criado o *Serviço de Atendimento Móvel de Urgência* (SAMU), desenvolveu-se a Reforma da Assistência Psiquiátrica, foram formuladas políticas nacionais de saúde bucal, atenção básica e promoção da saúde, entre outras, além de lançado o *Pacto da Saúde* (Teixeira & Paim, 2005; Brasil, 2006a). Durante o segundo mandato, foi lançado o programa MAIS Saúde, conhecido como "PAC da Saúde", embora prejudicado em virtude da extinção da CPMF (Brasil, 2007a). Deu-se continuidade ao processo de regionalização, intensificaram-se esforços na melhoria da qualidade da atenção básica, especialmente na área materno-infantil e no controle de doenças imunopreveníveis, enfatizou-se a implantação da política nacional de humanização (Brasil, 2006b), aprovou-se a política de saúde da população negra (Brasil, 2007b), além de se desencadear campanha para a redução dos acidentes de trânsito, articulada à política nacional de controle do uso e abuso de álcool e outras drogas (Brasil, 2006c).

Cabe ressaltar, inclusive, que em função da mudança nas equipes dirigentes a cada governo, e às vezes no mesmo período de governo, as decisões acerca dos objetivos a serem perseguidos e das estratégias a serem desenvolvidas para alcançá-los tornam-se um processo extremamente conflituoso, de enfrentamento de posições diversas, a depender da composição político-partidária das equipes responsáveis pelos diversos setores e programas e das relações estabelecidas entre a burocracia estatal e determinados grupos de pressão, que tratam de inserir suas demandas na agenda política institucional, tanto na esfera federal (MS) como na estadual e na municipal.

Assim, podemos observar, ao longo da trajetória institucional de construção do SUS, a diversificação de enfoques com que são abordadas certas questões estratégicas, a redefinição de prioridades, a incorporação de novas demandas, gerando a formulação de políticas e programas específicos, a adoção de modalidades de gestão controversas e a mudança de ênfase concedida a certas propostas de reforma do modelo de atenção.

Durante os anos 1990, a construção do SUS se deu, principalmente, a partir da implementação do processo de municipalização de ações e serviços de saúde, respaldada em Normas Operacionais Básicas do SUS (01/91; 01/93; 01/96) elaboradas no âmbito federal, as quais deram origem à Norma Operacional da Assistência em Saúde – NOAS (2001-2002), cujo conteúdo tratava de resgatar o princípio da regionalização dos serviços de saúde, contrapondo-se à excessiva fragmentação provocada pela municipalização induzida pelas NOBS 01/93 e 01/96 (Teixeira, 2002).

Já a partir de 2003, o desenvolvimento da gestão do SUS passou a ser pautado pela crítica à opção normativa adotada na década anterior, gerando um processo de reflexão e debate no âmbito da Comissão Intergestores Tripartite (CIT) que resultou na aprovação do Pacto da Saúde (Brasil, 2006a). Esse documento reforçava a diretriz da regionalização dos serviços e convocava os gestores das diversas esferas de governo (federal, estadual e municipal) a estabelecerem acordos solidários para viabilizar a reorganização dos serviços em bases territoriais, adotando a proposta de constituição de redes integradas que articulem a atenção básica aos serviços especializados.

Cabe destacar que durante todo esse período, especialmente a partir de 1994, foi desencadeado um amplo processo de reorganização da atenção básica, mediante implementação da Estratégia de Saúde da Família, objeto de vários estudos (Teixeira & Solla, 2006; Escorel *et al.*, 2007; Teixeira & Vilasbôas, 2010), que destacam a expansão do número de equipes e de unidades de saúde da família em todo o país, com efeitos positivos na melhoria da saúde da população, especialmente na área de saúde da mulher e da criança (Aquino *et al.*, 2009; Victora *et al.*, 2011a).

Além disso, a partir de 2003, várias iniciativas foram implementadas visando à reorientação da assistência pré-hospitalar (SAMU 192) e hospitalar, bem como priorizou-se a intervenção em áreas críticas da assistência a problemas e grupos populacionais específicos, como, por exemplo, a atenção à Saúde Mental, Saúde Bucal e Assistência Farmacêutica (Teixeira & Paim, 2005), além do investimento na Política Nacional de Humanização (PNH) e no desenvolvimento da regionalização com a constituição de redes integradas de serviços de saúde, processo que avançou de maneira desigual nas diversas regiões e estados do país, especialmente por conta das desigualdades existentes em termos da disponibilidade de infraestrutura física e de pessoal de saúde, inclusive nas regiões metropolitanas (Machado & Lima, 2008).

SITUAÇÃO ATUAL DO SUS

A análise da situação atual do SUS é uma tarefa que demanda, em primeiro lugar, o reconhecimento da complexidade do processo político, do desenvolvimento organizacional e da reorientação dos processos de trabalho nos vários níveis de gestão do sistema. Ainda que respaldada no conjunto de princípios e diretrizes expostos anteriormente, a análise da experiência acumulada revela uma tendência à diversificação das estratégias utilizadas pelos dirigentes do sistema em cada conjuntura, em um processo contínuo de ajuste das propostas às possibilidades de ação e dos constrangimentos decorrentes da permanente negociação com os diversos atores políticos envolvidos, seja os que atuam internamente ao sistema, a exemplo dos gestores, profissionais e trabalhadores de saúde, seja os que pressionam o sistema de fora, buscando que as decisões adotadas atendam a seus interesses, demandas e necessidades. Essas necessidades podem ser muitas vezes contraditórias e, até mesmo, antagônicas, a exemplo das pressões exercidas pelos fornecedores de insumos, pelos prestadores de serviços ao SUS, pelas empresas médicas contratadas e conveniadas, pelas corporações profissionais vinculadas ao processo de reprodução ampliada do modelo de atenção médico-assistencial hospitalocêntrico, e pelo conjunto heterogêneo de atores envolvidos direta ou indiretamente no processo de reorientação da gestão e na construção de um modelo de atenção integral à saúde.

Com isso, o SUS se apresenta com uma arena permanente de conflitos, enfrentamentos, negociações, pactos, com os quais se tenta, na maioria das vezes, administrar crises e introduzir reformas em aspectos parciais de sua estrutura organizacional e político-gerencial, algumas das quais caminham na direção da "imagem-objetivo" pretendida no marco jurídico constitucional e outras se afastam dessa imagem, quando não a desfiguram.

Distintas concepções do SUS

Alguns trabalhos apontam a distância entre o "SUS democrático" vinculado ao projeto da RSB, o "SUS formal", desenhado na Constituição Federal e nas Leis 8.080 e 8.142, o "SUS para pobres", expressando políticas focalizadas em saúde segundo influências de organismos internacionais, e o "SUS real", espaço de conflito e enfrentamento entre concepções e projetos políticos distintos com relação ao papel do Estado e sua responsabilidade pela garantia do direito à saúde (cidadania plena, regulada ou invertida), conforme sistematizado no Boxe 9.9. O SUS realmente existente e o *SUS pobre para pobres* são difundidos pela mídia e percebidos por milhões de usuários, enquanto o *SUS democrático* e o *SUS formal* parecem ficções para a maioria da população. Nas representações de *SUS para pobres* e *SUS real* não prevalece o interesse público nem se respeitam, integralmente, os direitos dos cidadãos. Desse modo, o povo em geral conhece bem as dificuldades para resolver seus problemas no *SUS real* (Paim, 2011).

Boxe 9.9 — Concepções de SUS

Existem diversas concepções e distintos projetos de SUS que disputam a direção política e cultural da saúde na sociedade e Estado no Brasil: (1) o *SUS democrático*, concebido pela RSB, vinculado a uma democracia substantiva, comprometida com os direitos da cidadania, com a participação política e com os valores da igualdade, solidariedade e emancipação; (2) o *SUS formal*, assegurado pela legislação, ainda que distante do cotidiano dos cidadãos e dos trabalhadores de saúde; (3) o *SUS para pobres*, vinculado à ideologia liberal e derivado das políticas focalizadas cuja falta de recursos é a regra; (4) o *SUS real*, subordinado à saúde da moeda e da economia, bem como aos desígnios das áreas econômicas e sistêmicas dos governos, nos quais viceja o pragmatismo dos dirigentes visando à conciliação de interesses clientelistas, partidários, corporativos e econômicos (Paim 2011).

Essas concepções, projetos e opções políticas se traduzem, evidentemente, nas decisões acerca do financiamento (volume de recursos, formas de distribuição e opções de gasto), da gestão (ênfase no fortalecimento da gestão pública ou opção pela introdução de alternativas de gestão que conjugam diversas modalidades de delegação de funções, a exemplo da terceirização de serviços e privatização da gestão de estabelecimentos e serviços), repercutindo no processo de mudança na organização dos serviços e das práticas de saúde. Nesse particular, apresentam-se distintas "propostas alternativas" que podem contemplar, por exemplo, o fortalecimento e/ou reorientação do modelo biomédico, clínico, ou a consolidação da perspectiva epidemiológica e social presente nas políticas e ações de promoção da saúde, vigilância e prevenção de riscos e agravos, bem como as que enfatizam a reorganização de redes de serviços, tendo em vista a continuidade e a integralidade da atenção (Teixeira & Solla, 2006; Paim, 2008; Mendes, 2009).

Cabe enfatizar que esses conflitos, na maior parte dos casos, encontram-se entrelaçados, de modo que as tensões vivenciadas no âmbito das instituições gestoras e mesmo no âmbito da rede de unidades de prestação de serviços podem se apresentar como um conflito em torno de estratégias de mudança da atenção primária, por exemplo, ou como um conflito em torno das opções de reorientação da assistência hospitalar ou farmacêutica, ao mesmo tempo que se reproduz no âmbito gerencial, em torno das estratégias a serem desenvolvidas para a melhoria da qualidade e da humanização da atenção, ou das opções para garantir a expansão da contratação e fixação de pessoal etc.

Desse modo, é fundamental avançar na análise objetiva dos problemas e dos desafios do SUS, buscando superar o debate meramente ideológico, fundado em preconceitos e/ou em posições estritamente corporativas ou colonizadas por disputas político-partidárias, de modo a identificar os "nós críticos" que impedem o avanço do SUS.

Atenção à saúde no SUS

Os serviços de atenção à saúde no SUS se estruturam em três níveis de densidade tecnológica, definidos pela concentração de equipamentos de apoio diagnóstico e terapêutico e de profissionais especializados: atenção primária (ou básica), secundária e terciária. A atenção primária, com menor densidade tecnológica, é quase sempre oferecida em centros de saúde ou unidades básicas. A atenção secundária e a terciária são oferecidas em ambulatórios de especialidades, serviços de urgência e hospitais, como mostra o Capítulo 24.

A atenção primária tem o objetivo de prover acesso universal a um amplo leque de ações de saúde, incluindo: consultas médicas, odontológicas e de enfermagem, vacinação, curativos e outros cuidados técnicos de enfermagem, dispensação de medicamentos, palestras educativas e mobilização comunitária. Tem ainda o papel de encaminhar o usuário para os outros níveis de atenção, quando o problema de saúde não pode ser resolvido em seu âmbito.

Desde 1998, o Programa de Saúde da Família (PSF) tem sido a principal estratégia de organização da atenção primária no país. A expansão da cobertura populacional foi significativa, tendo chegado, em julho de 2012, a abranger 103.931.688 pessoas, ou 54% da população, em 5.279 (95%) municípios brasileiros (http://dab.saude.gov.br/historico_cobertura_sf.php). De acordo com vários estudos, o impacto do PSF sobre a saúde das pessoas é positivo, com redução da mortalidade infantil pós-neonatal (Macinko et al., 2007; Aquino et al., 2009; Rasella et al., 2010) e diminuição de internações hospitalares por causas sensíveis à atenção primária (Guanais & Macinko, 2009).

A atenção secundária e a terciária têm o objetivo de ofertar serviços de saúde, ambulatoriais ou hospitalares, caracterizados por exigirem a participação de médicos especialistas e a realização de procedimentos técnicos, como os de patologia clínica e radiodiagnóstico (atenção secundária) ou os de hemodinâmica e terapia renal substitutiva (atenção terciária), entre outros. Vale destacar que a participação de outros profissionais de saúde – fisioterapeutas, fonoaudiólogos, nutricionistas, farmacêuticos, psicólogos etc. – é comum e importante nesses serviços.

A atenção especializada ambulatorial do SUS se expandiu bastante nos últimos 10 anos, inclusive com a criação de novos serviços, tanto no nível secundário, como os Centros de Especialidades Odontológicas (CEO), os Centros de Atenção Psicossocial (CAPS), os Serviços de Aconselhamento para HIV/AIDS, as Unidades de Pronto-Atendimento (UPA) e o Serviço de Atendimento Móvel de Urgência (SAMU), quanto no nível terciário, como os serviços de cirurgia cardíaca, oncologia, hemodiálise e transplante de órgãos.

Apesar disso, a oferta de ações e serviços especializados públicos continua insuficiente para atender à demanda (Noronha et al., 2011), o que deixa o SUS muito dependente do setor privado, sobretudo no caso dos serviços de apoio diagnóstico e terapêutico (Almeida et al., 2010).

No caso dos hospitais, secundários ou terciários, desde o final da década de 1990 tem havido redução da oferta de leitos pelo SUS, em decorrência da queda do número de leitos privados contratados, maior do que o aumento registrado no número de leitos em hospitais estatais. No setor privado não vinculado ao SUS, também houve diminuição da oferta de leitos. São muitos os desafios relativos à assistência hospitalar, destacando-se a má distribuição dos leitos – concentrados na região Sudeste –, o descontrole de custos, os problemas da qualidade da atenção e a pouca coordenação com a atenção primária (Paim et al., 2011).

Vigilância em saúde

A vigilância em saúde trata das ações dirigidas à coletividade e ao meio ambiente. São, fundamentalmente, ações de promoção da saúde e de prevenção de doenças e agravos. Podem ser categorizadas em quatro grandes grupos: vigilância epidemiológica, vigilância sanitária, vigilância da saúde ambiental e promoção da saúde.

No Ministério da Saúde e nas secretarias estaduais e municipais de saúde, são os serviços de vigilância epidemiológica que se ocupam do monitoramento da ocorrência de doenças e agravos e dos fatores que os determinam, gerando informações para o planejamento, a organização e a operacionalização de ações de controle. Para isso, desenvolvem as seguintes funções: (a) coleta de dados, (b) processamento e análise de dados, (c) tomada de decisão-ação, (d) avaliação, (e) divulgação de informações e (f) definição de normas técnicas para suas atividades. Vale frisar que os serviços das três esferas de governo atuam de modo bem articulado, constituindo o Sistema Nacional de Vigilância em Saúde.

A vigilância epidemiológica (VE) já tem uma longa história no Brasil, tendo sua origem nas campanhas de controle ou erradicação de doenças transmissíveis nas primeiras décadas do século XX. A partir da criação do SUS, em 1988, e da consequente descentralização das ações de saúde, a VE recebe um grande impulso, com o fortalecimento ou a organização dos serviços nos estados e municípios (veja o Capítulo 28). O controle das doenças passíveis de prevenção por vacinação – como poliomielite, sarampo, tétano, difteria e coqueluche – é um bom exemplo do êxito das ações de VE, embora persistam desafios enormes no que se refere a certas doenças infecciosas, como dengue e malária, e a doenças crônico-degenerativas, como as afecções cardiovasculares, as neoplasias e as doenças respiratórias (Teixeira et al., 2011).

A *vigilância sanitária* tem caráter educativo (preventivo), normativo (regulamentador) ou fiscalizador, sendo este último baseado no poder de polícia. As ações de vigilância e proteção da saúde são desenvolvidas, de maneira coordenada, pela Agência Nacional de Vigilância Sanitária (Anvisa), na esfera federal, e pelas secretarias estaduais e municipais de saúde, que conformam o Sistema Nacional de Vigilância Sanitária, como mostra o Capítulo 23.

Segundo Souza & Costa (2010), a vigilância sanitária tem as seguintes funções:

a. Normatização e controle de bens, abrangendo a produção, o armazenamento e a guarda, a circulação e o transporte, a comercialização e o consumo de substâncias e produtos de interesse da saúde, assim como as matérias-primas, os coadjuvantes de tecnologias, os processos e os equipamentos envolvidos.
b. Normatização e controle de tecnologias médicas, procedimentos, equipamentos e insumos da pesquisa em saúde.
c. Normatização e controle de serviços direta ou indiretamente relacionados com a saúde, prestados pelo Estado ou pelo setor privado.
d. Normatização e controle de portos, aeroportos e fronteiras, abrangendo veículos, cargas e pessoas.
e. Normatização e controle de aspectos do meio ambiente, incluindo o do trabalho e a saúde do trabalhador.

A criação da Anvisa, em 1999, representou um significativo avanço na organização das ações de vigilância sanitária (VISA), ampliado com a descentralização para estados e municípios de muitas atividades, ao longo da última década. Contudo, ainda são muitos os desafios, impostos tanto pela amplitude do escopo de ações da VISA, que exige competências de múltiplos campos do saber, como pelas contradições frequentemente presentes entre os interesses econômicos de grupos poderosos da sociedade e os interesses sanitários de todos.

Ao contrário das vigilâncias epidemiológica e sanitária, a *vigilância da saúde ambiental* pouco se desenvolveu até o momento, apesar de contemplada na Lei 8.080/90 como atribuição da vigilância sanitária (estranhamente, a lei que criou a Anvisa não incluiu a saúde ambiental entre suas atribuições). Definida como um conjunto de ações dirigidas ao conhecimento e à detecção de fatores de risco ambientais relacionados com doenças e agravos à saúde, com a finalidade de identificar medidas de prevenção e controle, apenas em 2003 a área de saúde ambiental foi incorporada ao Ministério da Saúde, com a criação do Departamento de Vigilância em Saúde Ambiental e Saúde do Trabalhador (DSAST). E somente em 2010 uma portaria ministerial definiu as áreas de atuação do Subsistema Nacional de Vigilância em Saúde Ambiental: água para consumo humano, ar, solo, contaminantes ambientais e substâncias químicas, desastres naturais, acidentes com produtos perigosos, fatores físicos e ambientes de trabalho (http://189.28.128.179:8080/pisast/saude-ambiental/apresentacao).

Mais frágil, na prática, do que a vigilância da saúde ambiental, a *promoção da saúde*, enquanto política formalmente elaborada, só vem à luz em 2006, 18 anos após a criação do SUS, embora ações pontuais sempre tenham sido realizadas pelos serviços de saúde. Com um objetivo geral bastante ambicioso, a promoção da saúde adota uma estratégia de implantação progressiva, recomendando aos gestores a realização de ações destinadas a favorecer a alimentação saudável, a atividade física, a prevenção e o controle do tabagismo e do uso abusivo de álcool e outras substâncias, a redução da morbimortalidade por acidentes de trânsito, a prevenção de violência e o estímulo à cultura de paz e a promoção do desenvolvimento sustentável (veja o Capítulo 22).

Políticas e programas especiais

As políticas e os programas especiais são caracterizados pela articulação de ações destinadas a atender, especificamente, certos subgrupos da população ou a enfrentar problemas de determinadas áreas da saúde. Ao menos 13 políticas ou programas especiais merecem ser mencionados, sendo alguns já consolidados, como saúde do trabalhador, saúde da mulher, saúde da criança, saúde bucal e saúde mental, e outros ainda incipientes, como saúde da população negra, da população indígena, do homem, do idoso, dos adolescentes e jovens, da pessoa com deficiência, da pessoa em situação de prisão e as práticas integrativas e complementares.

A *saúde do trabalhador* tem como objetivo proteger a saúde de quem trabalha, atuando sobre os processos de trabalho e suas relações com a saúde e a doença. Além do setor da saúde, a política de saúde do trabalhador envolve os setores do trabalho e emprego, da previdência e assistência social e do meio ambiente. Em 2002 foi instituída a Rede Nacional de Atenção Integral à Saúde do Trabalhador (Renast), composta pelos Centros Estaduais e Regionais de Referência em Saúde do Trabalhador e por milhares de serviços sentinelas, capazes de diagnosticar, tratar e registrar os agravos à saúde relacionados com o trabalho (veja o Capítulo 35).

A política de atenção integral à *saúde da mulher* fundamenta-se no fato de que as doenças nas mulheres têm maior relação com as discriminações que sofrem e com suas condições de vida do que com fatores relacionados com suas características biológicas. Dentre seus problemas de saúde, destacam-se a elevada mortalidade materna, o abortamento em condições de risco, a violência doméstica e sexual, a alta prevalência de câncer ginecológico e a precariedade da assistência ao pré-natal, ao parto e ao puerpério. Em 1983, o Ministério da Saúde formaliza, pela primeira vez, o Programa de Atenção Integral à Saúde da Mulher (Paism), reconhecido como um marco na concepção da atenção integral à saúde (Osis, 1998). No entanto, ainda hoje permanecem muitos dos mesmos problemas então identificados. Em 2011, para enfrentar, particularmente, a precariedade da assistência ao ciclo gravídico-puerperal, é lançada a Rede Cegonha, cujos objetivos se concentram no acolhimento à gestante e à parturiente, na realização do parto seguro, na atenção à criança de até 24 meses e no acesso ao planejamento reprodutivo.

Há mais de 70 anos, o Estado brasileiro desenvolve ações de atenção à *saúde da criança*. Ainda em 1940, no âmbito do então Ministério da Educação e Saúde, foi organizado o Departamento Nacional da Criança, que se manteve na estrutura do Ministério da Saúde desde sua criação, em 1953, até 1970, quando se reorganiza como Coordenação de Proteção Materno-Infantil. Em 1984 foi concebido o Programa de Assistência Integral à Saúde da Criança (Paisc), marco tão importante quanto o Paism. A partir de 1998 é estruturada a Área Técnica de Saúde da Criança e Aleitamento Materno, com quatro linhas de cuidado prioritárias: (a) acompanhamento do crescimento e desenvolvimento, (b) atenção à saúde do recém-nascido, (c) promoção, proteção e apoio ao aleitamento materno e (d) prevenção de violências e promoção da cultura de paz. Nesse período, o Brasil apresenta resultados positivos, destacando-se a redução da mortalidade infantil, que passa de 47,0 a 22,5 óbitos em menores de 1 ano para cada mil nascidos vivos entre 1990 e 2009 (IBGE, 2012). Hoje, predomina a mortalidade infantil neonatal, o que levou ao desencadeamento de novas estratégias, como o Programa de Humanização do Pré-Natal e Nascimento, o Pacto de Redução da Mortalidade Materna e Neonatal, além da capacitação de profissionais de saúde na estratégia da Atenção Integrada às Doenças Prevalentes na Infância (AIDPI).

A atenção à *saúde bucal* é bastante incipiente no SUS até 2000, quando começam a ser introduzidas as equipes de saúde bucal no PSF, só se tornando um programa especial, de fato, em 2003, com o Brasil Sorridente, que promove uma expressiva ampliação da oferta, não apenas na atenção primária, mas também na atenção especializada, com a implantação dos Centros de Especialidades Odontológicas. Os resultados são positivos: a proporção de pessoas que declaram nunca ter ido ao dentista cai de 19% da população, em 1998, para 11,6%, em 2008. Em 2007, 40% da população consulta um dentista. Persiste, contudo, uma grande desigualdade social, pois, em 2008, enquanto 23,4% das pessoas do grupo de renda mais baixa declara nunca ter consultado um dentista, apenas 3,6% das pessoas do grupo de renda mais alta afirma o mesmo (IBGE, 2008).

A *saúde mental* é também uma política de consolidação recente, apesar da longa e rica história de luta pela dignidade das pessoas com transtornos mentais (Amarante, 2008). Hoje, o Brasil conta com a Lei 10.216/2001, que assegura a proteção e os direitos dessas pessoas e estabelece a comunidade como o local privilegiado das ações de atenção à saúde mental. A estratégia de implantação da política baseia-se na constituição de redes sociais, compostas por famílias, centros comunitários, unidades básicas de saúde, serviços residenciais terapêuticos, hospitais e centros de atenção psicossocial (Caps), que constituem seu nó central. Na prática, a partir de 2003, acelera-se a implantação dos Caps, que chegam a somar 1.629 unidades em 2010. Note-se que, ao mesmo tempo, há redução do número de leitos psiquiátricos. Todavia, muitos desafios ainda podem ser identificados, em diferentes planos (Bezerra-Júnior, 2007): na clínica, é preciso desenvolver abordagens que contribuam para a ampliação da autonomia dos sujeitos; na assistência, há que se fortalecer a estruturação das redes; na formação de profissionais, há o desafio de conciliar a competência técnica ao compromisso social; na política, os direitos civis e sociais dos portadores de transtornos mentais não estão completamente garantidos; e na cultura, falta muito para a superação de estigmas e preconceitos. Sem vencer esses desafios, há riscos, inclusive, de retrocessos, como uma eventual aprovação do Projeto de Lei 111/2010, em tramitação no Congresso Nacional, que propõe pena de prisão e internação compulsória para usuários de substâncias ilícitas.

Dentre as políticas de implantação não consolidada, situa-se a *saúde da população negra*. Seu propósito é garantir a equidade no que tange à efetivação do direito à saúde. Aliás, os dados sobre a iniquidade racial são alarmantes: o risco de uma criança preta ou parda morrer antes dos 5 anos de idade por causas infecciosas e parasitárias é 60% maior do que o de uma criança branca; o risco de morte por desnutrição é 90% maior entre crianças pretas e pardas do que entre brancas; o risco de um homem negro morrer por causa externa é 70% maior do que o de um homem branco. Para promover a igualdade étnica, também na saúde, são propostas as seguintes estratégias: (a) ampliar o acesso da população negra aos serviços de saúde, (b) incluir o tema étnico-racial nos processos de educação dos trabalhadores da saúde e no exercício do controle social, (c) combater situações de abuso, exploração e violência, (d) garantir a utilização do quesito cor na produção de informações epidemiológicas, (e) identificar as necessidades de saúde da população negra para o planejamento de ações (Brasil, 2010).

Os dados disponíveis sobre a *saúde dos povos indígenas* indicam que as taxas de mortalidade entre os índios são de três a quatro vezes maiores do que as taxas da população brasileira em geral. Além disso, o alto número de óbitos sem registro ou por causas mal definidas evidencia a baixa cobertura dos serviços de saúde. Em relação à morbidade, há alta incidência de infecções respiratórias e gastrointestinais agudas, malária, tuberculose, doenças sexualmente transmissíveis, desnutrição e doenças passíveis de prevenção por vacinas. A Política Nacional de Atenção à Saúde dos Povos Indígenas foi aprovada em 2002. Seu propósito é garantir o acesso à atenção integral à saúde, contemplando a diversidade social, cultural, geográfica, histórica e política de modo a favorecer a superação dos fatores que tornam a população indígena mais vulnerável aos agravos à saúde, reconhecendo a eficácia de sua medicina e o direito desses povos a sua cultura. A estratégia central dessa política é a conformação dos distritos sanitários especiais indígenas, que articulem os cuidados de saúde tradicionais dos índios com aqueles oferecidos pelo SUS (Brasil, 2002).

A política de atenção integral à *saúde dos homens* parte das evidências de que os homens são mais vulneráveis às doenças graves e crônicas e morrem mais precocemente do que as mulheres (Brasil, 2008). Seu objetivo geral é promover a melhoria das condições de saúde da população masculina do Brasil, contribuindo para a redução da morbidade e mortalidade dos homens de 20 a 59 anos, mediante o enfrentamento dos fatores de risco e a ampliação do acesso aos serviços de saúde. Em termos operacionais, essa política está na fase dos testes-piloto.

O Brasil já tem 20 milhões de pessoas com 60 anos de idade ou mais, sendo essa a faixa etária que mais cresce proporcionalmente. Em relação à situação de saúde, há sempre uma proporção maior de agravos entre as pessoas de mais de 60 anos, em comparação aos demais grupos etários (Veras, 2003). Ademais, os problemas de saúde dos idosos se relacionam, geralmente, com a perda ou a redução da autonomia funcional. Nesse sentido, a política de atenção à *saúde da pessoa idosa*, instituída em 2006, tem como objetivo principal preservar a autonomia e a independência funcional dessas pessoas. Para que esse objetivo seja alcançado, é necessário o desenvolvimento de ações de diversos setores, como os da educação, da previdência e assistência social, desenvolvimento urbano, justiça e direitos humanos, além da saúde.

Ainda em 1989, o Ministério da Saúde criou o programa de *saúde do adolescente e do jovem*, abrangendo as pessoas de 10 a 24 anos de idade. Esse grupo etário, que hoje representa cerca de 30% do total da população, tem a violência como principal causa de morte. É preciso dizer, no entanto, que a taxa de mortalidade por violência varia muito, de acordo com o nível de renda do jovem. A saúde sexual e reprodutiva é outra questão importante, já que a primeira relação sexual ocorre, na maioria das vezes, aos 16 anos e, dos óbitos por causas relacionadas com a gravidez, o parto e o puerpério, 16,4% são de adolescentes. O objetivo geral da política é mobilizar gestores e profissionais do SUS para integrar, nas políticas de governo, estratégias intersetoriais de atenção à saúde de adolescentes e jovens. Estratégias essas que passam por apoiar a participação juvenil, a igualdade de gêneros e de raças, a cultura de paz, a ética e a cidadania (Brasil, 2010).

A pessoa com deficiência é aquela que apresenta, em caráter permanente, perdas ou anormalidades de sua estrutura ou função psicológica, fisiológica ou anatômica, que gerem limitação para o desempenho de atividades dentro do padrão considerado normal para o ser humano. Segundo dados do IBGE, há 45 milhões de pessoas com algum tipo de deficiência, o equivalente a 23,9% da população brasileira. Desse total, 4,1% tem deficiência física, 8,3% deficiência mental, 16,7% deficiência auditiva, 22,9% deficiência motora e 48,1% são portadoras de deficiência visual, que abrange a cegueira ou qualquer dificuldade permanente de enxergar, não corrigida pelo uso de órtese. Desde 1991, o Ministério da Saúde conta com o Programa de Atenção à *Saúde da Pessoa Portadora de Deficiência*, que tem como objetivo promover a redução da incidência de deficiência no país e garantir a atenção integral a essa população na rede de serviços do SUS (Brasil, 2008). Em 2011, o Governo Federal lança o Programa Viver sem Limite, que engloba ações de educação, saúde, inclusão social e acessibilidade com o objetivo de favorecer a participação da pessoa com deficiência na sociedade, promovendo sua autonomia e eliminando barreiras de acesso aos bens e serviços que estão disponíveis para toda a população. No SUS, é prevista a estruturação da Rede de Atenção à Saúde da Pessoa com Deficiência, que deverá contar com 45 Centros Especializados de Reabilitação. Ainda no campo da saúde da pessoa com deficiência, o Ministério da Saúde formalizou, em 2004, a Política Nacional de Atenção à Saúde Auditiva que, além de prever a realização de ações de prevenção da perda auditiva, institui a reabilitação auditiva, incluindo a protetização.

Em 2003, os Ministérios da Saúde e da Justiça elaboraram o Plano Nacional de *Saúde no Sistema Penitenciário* (Brasil, 2005). Até então, a atenção à saúde da população que se encontra em unidades prisionais limitava-se às ações voltadas para DST/AIDS, redução de danos associados ao uso abusivo de álcool e outras substâncias e imunizações, apesar dos altos índices de tuberculose, pneumonias, dermatoses, transtornos mentais, hepatites, traumas e diarreias infecciosas, além de outros agravos. O Plano prevê que os presídios com 100 presos ou mais devem ter uma equipe de saúde própria, enquanto os presídios menores podem compartilhar uma equipe. Essas equipes são responsáveis por prestar assistência contínua e de boa qualidade à população penitenciária, contribuindo para o controle ou a redução dos agravos que a acomente. Em 2010, apenas 238 equipes estavam em atuação em 26,5% das unidades penitenciárias existentes, distribuídas em 18 estados.

As *práticas integrativas e complementares* reúnem abordagens que buscam estimular os mecanismos naturais de prevenção de agravos e recuperação da saúde por meio de tecnologias eficazes e seguras, com ênfase na escuta acolhedora, no desenvolvimento do vínculo terapêutico e na integração do ser humano com o meio ambiente e a sociedade. Incluem-se nessas práticas a Medicina Tradicional Chinesa e a Acupuntura, a Homeopatia, a Fitoterapia, o Termalismo e a Crenoterapia e a Medicina Antroposófica (Brasil, 2006). Apesar da existência de várias iniciativas localizadas, em diversos pontos do país, ainda não se pode afirmar que as práticas integrativas e complementares constituam uma política implantada.

A PNH alude apenas indiretamente à disposição dos recursos humanos e tecnológicos para a prestação de serviços, referindo-se antes às relações humanas que se estabelecem no processo de realização das ações de saúde. Nesse sentido, por humanização se entende a valorização dos diferentes sujeitos implicados no processo de produção de saúde: usuários, trabalhadores e gestores. Os valores que norteiam essa política são a autonomia e o protagonismo dos sujeitos, a corresponsabilidade, o estabelecimento de vínculos solidários, a construção de redes de cooperação e a gestão participativa. Suas diretrizes são a clínica ampliada – que, mais do que a doença, vê o sujeito globalmente (como um ser biopsicossocial) –, a cogestão, o acolhimento com classificação de risco, a valorização do trabalho, a defesa dos direitos do usuário e o fomento de coletivos. Para pô-las em prática, são sugeridos diversos dispositivos, como grupos de trabalho de humanização, colegiados gestores, ouvidorias e pesquisas de satisfação, entre outros (Brasil, 2008).

Formulada em 2004, a PNH tem sua implantação rapidamente difundida pelos serviços do SUS, com êxitos em alguns aspectos e dificuldades em outros. O maior êxito, provavelmente, corresponde à adoção da classificação de risco em unidades de urgência e emergência (Nascimento et al., 2011; Mendes, 2012). Há também relatos de melhorias na atenção primária, com a redução de filas e melhoria da acessibilidade (Vieira-da-Silva *et al.*, 2010). Por outro lado, há relatos de que a incorporação do princípio da corresponsabilidade na Estratégia da Saúde da Família é bastante incipiente (Trad & Esperidião, 2009). Em síntese, sabe-se que a avaliação da PNH não é um processo simples, em função da amplitude e da complexidade das ações e dos dispositivos propostos (Santos-Filho, 2007).

SUS: alguns desafios

O maior problema do SUS é político, ou seja, refere-se às dificuldades de mobilização da sociedade em prol de um sistema universal e igualitário. Daí decorrem vários outros problemas, com destaque para o *subfinanciamento*, na medida em que se mantém um reduzido gasto público em função da prioridade dada às políticas de ajuste fiscal e de crescimento econômico e competitividade.

O subfinanciamento do SUS é evidenciado pela comparação entre os gastos *per capita* do setor público e da saúde suplementar. Em 2009, por exemplo, no sistema público, houve um gasto de R$ 449,93 por pessoa, ao passo que a assistência médica supletiva despendeu R$ 1.512,00 por beneficiário, ou seja, três vezes mais (ABRASCO, 2011). Apesar da recente regulamentação da EC 29, não há garantia de estabilidade nem dos recursos necessários para o SUS. Mesmo quando havia a CPMF, a saúde só recebeu 40% dos recursos arrecadados em 2006 e a parte restante dos fundos foi utilizada para o pagamento de juros. A despesa federal com saúde tem crescido apenas em termos nominais, reduzindo-se quando corrigida pela inflação. A queda da participação relativa do Governo Federal na despesa pública da saúde vem sendo compensada precariamente pelo aumento das contribuições dos municípios e estados, conforme informações contidas no Capítulo 20.

Embora 8,4% do Produto Interno Bruto (PIB) gasto com saúde em 2007 represente um valor razoável, quase 60% desse gasto era privado. Assim, o que chama atenção no Brasil é a baixa proporção da participação pública na estrutura de gastos de saúde (41%). Nos EUA e no México, que não dispõem de um sistema de saúde universal, a despesa pública alcançou valores de 45,5% e 46,9%, respectivamente, da fração do PIB destinada à saúde. Já na Espanha foi de 71,8%, na Itália, 77,2%, e no Reino Unido, 82% (Paim *et al.*, 2011). A manutenção da Desvinculação de Receitas da União (DRU) compromete os recursos financeiros para a saúde, pois retira 20% do orçamento do Ministério da Saúde, diferentemente do caso da educação, que conseguiu livrar-se dessa restrição no final do governo Lula (Paim, 2011). Portanto, não parece plausível uma alteração nesse cenário em curto prazo, inclusive por conta da provável repercussão da crise econômica internacional na economia brasileira na atual conjuntura.

No que tange à *gestão*, destaca-se a vulnerabilidade do sistema às mudanças de governos, gestores e partidos, o que produz descontinuidades administrativas em razão da alta rotatividade das equipes, "engessamento" burocrático e por vezes intercorrências desastrosas, em função das ideologias e estilos de dirigentes despreparados ou "mal-intencionados", em função dos compromissos político-partidários ou simplesmente interesses particulares. Uma gestão fatiada por partidos e refém do clientelismo e do fisiologismo, cuja moeda de troca tem sido o preenchimento dos cargos de confiança por afilhados, não é compatível com o mérito, a eficiência, o profissionalismo e a competência técnica (Paim, 2011).

No que diz respeito à *infraestrutura*, cabe ressaltar a insuficiência de estabelecimentos, serviços, equipamentos e de pessoal de saúde, especialmente nas regiões Norte e Nordeste, o que dificulta o acesso da população ao SUS, prejudicando sua credibilidade. Ademais, registre-se a desproporção entre os serviços da rede própria (estatal) e os serviços da rede contratada e conveniada, expressando uma grande dependência do SUS ao setor privado, principalmente no que diz respeito aos leitos hospitalares e aos serviços de apoio diagnóstico.

Apesar da expansão de unidades de saúde especialmente na atenção básica, verifica-se uma distribuição desigual de instalações, equipamentos e do pessoal de saúde, com expressivos vazios assistenciais, sobretudo nas regiões Norte e Nordeste. Enquanto as unidades de atenção básica e de emergência são predominantemente públicas, 69% dos hospitais e a maioria dos serviços de apoio diagnóstico e terapêutico (SADT) são privados. Apenas 6,4% dos SADT em 2010 e 35,4% dos leitos são públicos. Entre os leitos do setor privado, somente 38,7% estão disponíveis para os usuários do SUS, enquanto 28,4% dos mamógrafos, 24,1% dos tomógrafos e 13,4% dos aparelhos de ressonância magnética são públicos. Verifica-se, também, uma redução do número de leitos por habitantes, de 3,3 leitos por 1.000 habitantes em 2003 para 1,9 em 2009 (Paim *et al*.,, 2011).

Quanto à *organização,* o nó crítico encontra-se na incipiência na organização de redes regionalizadas e hierarquizadas de serviços de saúde e na baixa efetividade da atenção básica, com aumento da tensão entre os níveis de complexidade da atenção, implicando a persistência de mecanismos de seletividade e iniquidade social. Além disso, o crescimento desordenado dos planos privados de saúde integrantes do Sistema de Assistência Médica Supletiva (SAMS), em desarticulação com o SUS tem consolidado a segmentação e o aparecimento de múltiplas portas de entrada no sistema, comprometendo a acessibilidade dos usuários do SUS e aumentando o sofrimento de pacientes e familiares quando necessitam de assistência. Assim, a organização e a regulação do SUS sofrem influências de grupos de interesse e de constrangimentos burocráticos, de modo que os mecanismos adotados têm sido insuficientes para promover mudanças significativas na gestão do SUS. O Decreto Presidencial 7.508, de 28 de junho de 2011, como tentativa de regulamentação da Lei 8.080/90, 21 anos depois de sua promulgação, é um indicativo desses fracassos (Paim, 2011).

Tudo isso repercute na *atenção* à saúde prestada à população. Ao lado da insuficiência das ações de promoção da saúde, e mesmo da insuficiência do processo de descentralização das ações de vigilância epidemiológica, sanitária e ambiental, é importante enfatizar a dificuldade de consolidação da Estratégia de Saúde da Família principalmente nos grandes centros urbanos, onde a proposta compete com o modelo tradicional de oferta da atenção básica e com a desarticulação das redes assistenciais. Nesse sentido, um indicador do grau de insatisfação da população em decorrência das dificuldades de acesso aos serviços, inclusive, é o que tem sido denominado "judicialização da saúde", decorrente do aumento vertiginoso de processos judiciais por meio dos quais os cidadãos mais informados tentam garantir a assistência médica e farmacêutica, respaldados no reconhecimento do direito à saúde. Na prestação de serviços predominam combinações tecnológicas centradas na demanda espontânea, de modo que a organização dos processos de trabalho em saúde e o modelo médico hegemônico estimulam as forças expansionistas do mercado. Propostas racionalizadoras, como saúde da família, vigilância da saúde, acolhimento, gestão de riscos, regulação, redes assistenciais, avaliação tecnológica em saúde, protocolos assistenciais, reformas da educação do pessoal de saúde, educação permanente, qualificação de gestores e criação de carreiras para os servidores do SUS, ainda não conseguiram superar o modelo médico hegemônico. Esses esforços enfrentam obstáculos políticos, como alta rotatividade de dirigentes e técnicos, descontinuidade administrativa, baixa responsabilização dos atores e assimetria nas relações de poder, inclusive entre entes federativos (Paim, 2011).

Fatos novos da conjuntura

Cabe registrar a ocorrência de fatos novos na conjuntura mais recente, cujos desdobramentos e repercussões no âmbito da gestão e da organização do SUS podem e devem se constituir em temas para investigação e debate no espaço acadêmico, no âmbito das associações e entidades representativas dos diversos atores políticos envolvidos no processo de construção do SUS, além, evidentemente, do espaço burocrático, onde se traduzem em ações concretas que incidem sobre o cotidiano do sistema.

Nesse sentido, é importante analisar o Decreto 7.508, de 28 de junho de 2011, que dispõe sobre a regulamentação da Lei 8.080/90 (Brasil, 2011a), e discutir as propostas nele apresentadas para a organização das regiões de saúde, o planejamento das ações de saúde e a gestão compartilhada dos serviços integrados em redes, especialmente a proposta de "articulação interfederativa", além da definição da RENASES (Relação Nacional de Ações e Serviços de Saúde), medida racionalizadora da oferta de serviços, a ser publicada pelo Ministério de Saúde a cada 2 anos.

Em outubro de 2011 foi estabelecida a nova orientação política da atenção básica (Brasil, 2011b), documento que enfatiza a implantação dos NASF (Núcleos de Apoio à Saúde da Família), bem como dispõe sobre as medidas de avaliação da qualidade do trabalho das equipes, ao mesmo tempo que "flexibiliza" determinadas normas com relação à organização e gestão do trabalho, principalmente dos profissionais médicos, o que pode vir a provocar repercussões negativas, como, por exemplo, a fragilização do vínculo entre profissional e população usuária, bem como o fortalecimento da lógica de atendimento caracterizada pela "consulta-ação", com prejuízo da lógica epidemiológica e social que marcou o início do programa (veja os Capítulos 7, 21 e 25).

Cumpre lembrar que 2011 foi o ano em que foi realizada a 14ª Conferência Nacional de Saúde, evento que recolheu, como tem sido a tradição das conferências de saúde no SUS, propostas e reivindicações das conferências municipais e estaduais de saúde. Os textos produzidos para estimular o debate e marcar posições em defesa do SUS, a exemplo do documento que contém o resultado do consenso construído durante o evento (Carta, 2011), constituem, também, rico material a ser pesquisado, para que se possa aferir qual a expressão da vontade coletiva dos representantes dos diversos segmentos da população com relação ao SUS no momento atual.

Nessa perspectiva, algumas questões cobram importância, como a identificação dos atores e das propostas que se apresentam nas conferências de saúde, podendo-se aferir até que ponto está ou não se ampliando a chamada base de apoio político ao SUS, bem como se as propostas apresentadas caminham na direção do *SUS democrático* proposto pelos defensores do movimento pela Reforma Sanitária ou se reduzem ao *SUS para pobres*.

Além disso, cabe investigar se o "ajuste ideológico" produzido no período de predomínio do ideologismo neoliberal e a mudança no perfil demográfico, socioeconômico e político-ideológico dos militantes da "gestão participativa" reduziram as expectativas com relação ao SUS, com risco de sua transformação em um espaço fragmentado, colonizado por interesses de grupos específicos com maior capacidade de organização e vocalização do que a grande maioria da população, apesar da melhoria no padrão de consumo produzida pela implantação de políticas sociais voltadas para a redução da pobreza, nos últimos anos (Marques & Mendes, 2007).

Em contraposição a essa possibilidade, cabe frisar a iniciativa de várias entidades que historicamente têm se dedicado à causa do SUS, como a ABRASCO, a APSP, o CEBES, o CFM, o CONASEMS, a Rede Unida e a Sociedade Brasileira para o Progresso da Ciência (SBPC), em lançar para debate a "Agenda Estratégica para a Saúde no Brasil", contendo um conjunto de propostas organizadas em cinco linhas de ação, que contemplam: (1) saúde, meio-ambiente, crescimento econômico e desenvolvimento social; (2) garantia de acesso a serviços de saúde de qualidade; (3) investimentos – superar a insuficiência e a ineficiência; (4) institucionalização e gestão do sistema de serviços de saúde; (5) complexo econômico e industrial da saúde (ABRASCO, 2011).

CONSIDERAÇÕES FINAIS

Concordando com os autores dos artigos publicados no número especial da revista *The Lancet* dedicado ao sistema de saúde brasileiro (Victora et al., 2011b), reafirmamos que o principal problema do SUS é político, demandando a busca de sustentatibilidade.

A *sustentabilidade institucional,* para além do financiamento, impõe experimentar novas conformações institucionais que superem as limitações impostas pelo mercado, burocracia, partidarismo e clientelismo político.

A *sustentabilidade política*, por sua vez, exige a construção de certo *bloco histórico* específico, reunindo um feixe de forças que atravesse a sociedade civil e o Estado, envolvendo entidades como as que integram o Fórum da Reforma Sanitária Brasileira, o Ministério Público, o Ministério e as secretarias estaduais e municipais de saúde, CONASS, CONASEMS, o Parlamento, entre outros, em defesa do SUS e da RSB (Paim, 2008). Além disso, a sustentabilidade política do SUS demanda a ampliação da consciência social acerca dos direitos e a permanente mobilização em torno da ampliação de suas bases sociais de apoio, de legitimação. Em outras palavras, pressupõe que o SUS venha a se tornar de fato uma conquista popular, uma política e um sistema que cada brasileiro considere seu, parte da herança que lhes foi legada pela geração precedente, a ser preservado e aperfeiçoado.

Assim, a sustentabilidade do SUS, seja econômica, política e institucional, não está dada. Os desafios do SUS passam pela ampliação de suas bases sociais e políticas, de modo que sua sustentabilidade possa ser conquistada pelas forças que apostam no primado do interesse público e na construção de um sistema de saúde centrado nas necessidades dos cidadãos. Nessa perspectiva, a radicalização da Reforma Sanitária poderá ensejar a constituição de sujeitos capazes de engendrar uma nova correlação de forças a partir da conquista do apoio da população (Paim, 2008).

A constituição de novos sujeitos sociais e o desenvolvimento de uma consciência sanitária que promovam a desmedicalização da sociedade, o reforço à cidadania plena e a participação social parecem fundamentais para a sustentação do *processo* da RSB e o desenvolvimento do SUS nos próximos anos (Paim, 2009). Trata-se, portanto, de reafirmar a tradição de lutas sociais pela cidadania, contra a exclusão, a segregação, a violência política e simbólica continuamente reproduzida pelas classes dirigentes que negam os direitos arduamente conquistados e insistem em conceber o acesso a serviços de saúde como privilégio ou favor. Desse modo é possível que, além de se consolidar como um grande exemplo de política pública democrática, o SUS se torne um espaço de reafirmação do valor do trabalho de quem se dedica a promover, proteger e cuidar da saúde das pessoas e um espaço de reafirmação da dignidade da vida e da saúde de cada brasileiro.

Referências

ABRASCO – Associação Brasileira de Pós-Graduação em Saúde Coletiva. Agenda estratégica para a saúde no Brasil. 2011. Disponível em: www.saudeigualparatodos.org.br. Acessado em 25/10/2012.

Almeida P, Giovanella L, Mendonça MH, Escorel S. Desafios à coordenação dos cuidados em saúde: estratégias de integração entre níveis assistenciais em grandes centros urbanos. Cad Saúde Pública 2010; 2:286-98.

Amarante P. Saúde mental, desinstitucionalização e novas estratégias de cuidado. In: Giovanella L, Escorel S, Lobato L, Noronha J, Carvalho A. (orgs.) Políticas e sistemas de saúde no Brasil. Rio de Janeiro: Editora Fiocruz, 2008:735-60.

Aquino R, Oliveira NF; Barreto M. Impact of the Family Health Program on infant mortality in Brazilian municipalities. Am J Public Health 2009; 1:87-93.

Barreto M et al. Sucessos e fracassos no controle de doenças infecciosas no Brasil: o contexto social e ambiental, políticas, intervenções e necessidades de pesquisa. The Lancet maio 2011:47-60. Disponível em: www.thelancet.com.

Bezerra-Júnior B. Desafios da Reforma Psiquiátrica no Brasil. Physis: Rev Saúde Coletiva, Rio de Janeiro, 2007; 17(2):243-50.

Brasil. Relatório Final da 8ª Conferência Nacional de Saúde. In: CONFERÊNCIA NACIONAL DE SAÚDE 8. 1986, Brasília. Anais. Brasília: Centro de Documentação do Ministério da Saúde, 1987:381-9.

Brasil, Constituição Federal, 1988.

Brasil. Lei nº 8.080, de 19 de setembro de 1990. Diário Oficial [da] República Federativa do Brasil, Poder Executivo, Brasília, DF, 24 set. 1990a.

_____. Lei nº 8.142, de 28 de dezembro de 1990. Diário Oficial [da] República Federativa do Brasil, Poder Executivo, Brasília, DF, 31 dez. 1990b.

Brasil. Conselho Nacional de Secretários de Saúde. A Gestão Administrativa e Financeira no SUS. Brasília: Conass, 2011, 132p. (Coleção Para Entender a Gestão do SUS 2011, 8).

Brasil. Fundação Nacional de Saúde. Política Nacional de Atenção à Saúde dos Povos Indígenas. 2. ed., Brasília: Ministério da Saúde. Fundação Nacional de Saúde, 2002, 40p.

Brasil. Ministério da Saúde. Secretaria Executiva. Departamento de Apoio à Descentralização. Coordenação Geral de Apoio à Gestão Descentralizada. Diretrizes operacionais dos Pactos pela Vida, em Defesa do SUS e de Gestão. Brasília: Ministério da Saúde, v. 1., 2006a. 76p.

Brasil. Ministério da Saúde. Secretaria de Vigilância em Saúde. Secretaria de Atenção à Saúde. Política Nacional de Promoção da Saúde. 3. ed. Brasília: Ministério da Saúde, 2006, 60p. (Série B. Textos Básicos de Saúde) (Série Pactos pela Saúde 2006; v. 7).

Brasil. Ministério da Saúde. Política Nacional de Humanização, Brasília-DF, 2006b. Disponível em: http://portal.saude.gov.br.

Brasil, Lei nº 11.343, de 23 de agosto de 2006. Institui o Sistema Nacional de Políticas Públicas sobre Drogas – SISNAD. Diário Oficial [da] República Federativa do Brasil, Poder Executivo, Brasília, DF, 24 ago 2006c. Disponível em: www.senad.gov.br.

Brasil. Ministério da Saúde. Mais Saúde – Direito de Todos, 2008-2011. 90p. Acesso em: 7/12/2007a. Disponível em: http://bvsms.saude.gov.br/bvs/pacsaude/index.php; http://bvsms.saude.gov.br/bvs/pacsaude/estrutura1.php; http://bvsms.saude.gov.br/bvs/pacsaude/diretrizes.php.

Brasil. Ministério da Saúde. Política Nacional de Saúde Integral da População Negra. Brasília-DF, 2007b. Disponível em: http://portal.saude.gov.br.

Brasil. Ministério da Saúde. Secretaria de Atenção à Saúde. Departamento de Ações Programáticas Estratégicas. Política Nacional de Atenção Integral à Saúde do Homem (Princípios e Diretrizes). Brasília: Ministério da Saúde, 2008, 40p.

Brasil. Ministério da Saúde. Secretaria de Atenção à Saúde. Departamento de Ações Programáticas Estratégicas. Diretrizes nacionais para a atenção integral à saúde de adolescentes e jovens na promoção, proteção e recuperação da saúde. Brasília: Ministério da Saúde, 2010, 132p. (Série A. Normas e Manuais Técnicos)

Brasil. Ministério da Saúde. Secretaria de Atenção à Saúde. Política Nacional de Saúde da Pessoa Portadora de Deficiência/Ministério da Saúde, Secretaria de Atenção à Saúde. Brasília: Ministério da Saúde, 2008, 72p. (Série E. Legislação em Saúde)

Brasil. Ministério da Saúde. Secretaria de Atenção à Saúde. Coordenação-Geral de Sangue e Hemoderivados. Caderno de informação: Sangue e hemoderivados: produção hemoterápica: Sistema Único de Saúde – SUS (serviços públicos e privados contratados). 5. ed., Brasília: Ministério da Saúde, 2011, 144p.

Brasil. Ministério da Saúde. Secretaria de Atenção à Saúde. Departamento de Ações Programáticas Estratégicas. Plano Nacional de Saúde no Sistema Penitenciário. 2. ed., Brasília: Ministério da Saúde, 2005, 64p. (Série B. Textos Básicos de Saúde)

Brasil. Ministério da Saúde. Secretaria de Atenção à Saúde. Departamento de Atenção Básica. Política Nacional de Práticas Integrativas e Complementares no SUS. Brasília: Ministério da Saúde, 2006, 92p. (Série B. Textos Básicos de Saúde)

Brasil. Ministério da Saúde. Secretaria de Atenção à Saúde. Núcleo Técnico da Política Nacional de Humanização. HumanizaSUS: Documento base para gestores e trabalhadores do SUS. 4. ed., Brasília: Ministério da Saúde, 2008, 72p. (Série B. Textos Básicos de Saúde)

Brasil. Ministério da Saúde, Secretaria de Gestão Estratégica e Participativa. Decreto 7508, de 28 de junho de 2011, Regulamentação da Lei 8080/90. Brasília-DF, 2011a.

Brasil. Ministério da Saúde. Política Nacional de Atenção Básica. Portaria GM 2488. 2011b.

Buss PM, Carvalho AI. Desenvolvimento da promoção da saúde no Brasil nos últimos vinte anos (1988-2008). Ciência & Saúde Coletiva 2009; 14(6):2305-16.

Carta da 14ª Conferência Nacional de Saúde à sociedade brasileira. Saúde em Debate, Rio de Janeiro, out/dez 2011; 35(91):650-3.

Cebes – 35 anos de luta pela Reforma Sanitária. Saúde em Debate, Rio de Janeiro, out/dez 2011; 35(91):644-9.

Escorel S, Giovanella L, Mendonça MH, Sena MCM. The Family Health Program and the construction of a new model for primary care in Brazil. Rev Panam Salud Publica 2007; 21:164-76.

Gadelha CAG, Maldonado JMS. Complexo industrial da saúde: dinâmica de inovação no âmbito da saúde. In: Giovanella et. al. (orgs.) Políticas e sistema de saúde no Brasil. Rio de Janeiro, Fiocruz-Cebes, 2008:247-81.

Guanais F, Macinko J. Primary care and avoidable hospitalizations: Evidence from Brazil. J Ambul Care Manage 2009; 32:114-21.

IBGE – Instituto Brasileiro de Geografia e Estatística. Um panorama da saúde no Brasil: acesso e utilização dos serviços, condições de saúde e fatores de risco e proteção à saúde, 2008. Disponível em: http://www.ibge.gov.br/home/estatistica/populacao/panorama_saude_brasil_2003_2008/default.shtm. Acessado em: 21/9/2012).

Machado CV, Lima, LD. Os desafios da atenção à saúde em Regiões metropolitanas. In: Giovanella L et al. (orgs.) Políticas e sistema de saúde no Brasil. Rio de Janeiro, Fiocruz-Cebes, 2008:945-77.

Machado CV et al. O planejamento nacional da política de saúde no Brasil: estratégias e instrumentos nos anos 2000. Ciência & Saúde Coletiva 2010; 15(5):2367-82.

Macinko J, Sousa MFM, Guanais F, Simões CS. Going to scale with community-based primary care: an analysis of the family health program and infant mortality in Brazil, 1999-2004. Soc Sci Med 2007; 65:2070-80.

Marques R, Mendes A. Servindo a dois senhores: as políticas sociais no Governo Lula. Rev Katál Florianópolis jan/jun 2007; 10(1):15-23.

Mendes EV. As redes de atenção à Saúde. ESP MG, Belo Horizonte, 2009, 848p.

Mendes EV. O cuidado das condições crônicas na atenção primária à saúde: o imperativo da consolidação da estratégia da saúde da família. Brasília: Organização Pan-Americana da Saúde, 2012, 512 p.

Menicucci TMG. A política de saúde no Governo Lula. Saúde e Sociedade, São Paulo, 2011; 20(2):522-32.

Nascimento E, Hilsendeger B, Neth C, Belaver G, Bertoncello K. Classificação de risco na emergência: avaliação da equipe de enfermagem. Rev Enferm UERJ 2011; 19(1):84-8.

Noronha JC, Lima, LD, Machado CV. O Sistema Único de Saúde – SUS. In: Giovanella et al. (orgs.) Políticas e sistema de saúde no Brasil. Rio de Janeiro, Fiocruz-Cebes, 2008:435-72.

Noronha J, Santos I, Pereira T. Relações entre o SUS e a saúde suplementar: problemas e alternativas para o futuro do sistema universal. In: Santos NR, Amarante P (orgs.). Gestão pública e relação público-privado na saúde. Rio de Janeiro, Cebes, 2011:152-79.

Osis MJ. PAISM: um marco na abordagem da saúde reprodutiva no Brasil. Cad Saúde Pública, Rio de Janeiro, 1998:14(Supl.)

Paim JS. Reforma Sanitária Brasileira: contribuição para a compreensão e crítica. EDUFBA/Fiocruz, Salvador-Rio de Janeiro, 2008a, 355p.

Paim JS. Modelos de atenção à saúde no Brasil. In: Giovanella et al. (orgs.) Políticas e sistema de saúde no Brasil. Rio de Janeiro, Fiocruz-Cebes, 2008b:547-73.

Paim JS. O que é o SUS. Rio de Janeiro: Editora Fiocruz, 2009, 144p.

Paim JS, Teixeira CF. Configuração institucional e gestão do Sistema Único de Saúde: problemas e desafios. Ciência & Saúde Coletiva, 2007; 12(Sup):1819-29.

Paim JS, Travassos C, Almeida C, Bahia L, Macinko J. The Brazilian health system: history, advances, and challenges. The Lancet May 21, 2011; 377:1778-97. Disponível em: www.thelancet.com.

Paim JS. SUS: desafios e perspectivas. Consensus – Revista do Conselho Nacional de Secretários de Saúde, julho, agosto e setembro de 2011; 1:33-6.

Rasella D, Aquino R, Barreto ML. Impact of the Family Health Program on the quality of vital information and reduction of child unattended deaths in Brazil: an ecological longitudinal study. BMC Public Health 2010; 10:380.

Reichenheim ME et al. Violência e lesões no Brasil: efeitos, avanços alcançados e desafios futuros. The Lancet, maio de 2011 :75-89. Disponível em: www.thelancet.com.

Santos-Filho SB. Perspectivas da avaliação na Política Nacional de Humanização em Saúde: aspectos conceituais e metodológicos. Ciência & Saúde Coletiva 2007; 12(4):999-1010.

Schimidt MI et al. Doenças crônicas não transmissíveis no Brasil: carga e desafios atuais. The Lancet, maio de 2011:61-74. Disponível em: www.thelancet.com.

Souza G, Costa E. Considerações teóricas e conceituais acerca do trabalho em vigilância sanitária, campo específico do trabalho em saúde. Ciência & Saúde Coletiva 2010; 15(suppl. 3):3329-40.

Teixeira CF (org.) Promoção e vigilância da saúde. CEPS/ISC, Salvador, 2002, 128p.

Teixeira CF, Paim JS. A política de saúde no governo Lula e a dialética do menos pior. Saúde em Debate 2005; 29(31):268-83.

Teixeira CF, Solla JP. Modelo de atenção à saúde: promoção, vigilância e saúde da família. EDUFBA, Salvador, 2006, 236p.

Teixeira CF, Vilasbôas AL. Desafios da formação técnica ética dos profissionais das equipes de Saúde da Família. In: Trad LA. (org.) Família contemporânea e saúde: significados, práticas e políticas públicas. Rio de Janeiro: Editora Fiocruz, 2010:133-56.

Teixeira MG, Costa MC, Dias J, Silva-Júnior J. Vigilância e monitoramento de eventos epidemiológicos. In: Almeida-Filho N, Barreto M (orgs.) Epidemiologia & Saúde. Rio de Janeiro: Guanabara Koogan, 2011:643-58.

Trad L, Esperidião, M. Gestão participativa e corresponsabilidade em saúde: limites e possibilidades no âmbito da Estratégia de Saúde da Família. Interface – Comunic., Saúde, Educ., 2009; 13(supl. 1):57-70.

Veras R. Em busca de uma assistência adequada à saúde do idoso: revisão da literatura e aplicação de um instrumento de detecção precoce e de previsibilidade de agravos. Cad Saúde Pública, Rio de Janeiro, 2003; 19(3):705-15.

Vieira-da-Silva L, Esperidião M, Viana S et al. Avaliação da implantação de programa voltado para melhoria da acessibilidade e humanização do acolhimento aos usuários na rede básica. Salvador, 2005-2008. Rev Bras Saúde Matern. Infant., Recife, 2010; 10(Supl. 1):S131-S143.

Victora C et al. Saúde de mães e crianças no Brasil: progressos e desafios. The Lancet, maio de 2011, 2011a:32-46. Disponível em: www.thelancet.com.

Victora C et al. Condições de saúde e inovações nas políticas de saúde no Brasil: o caminho a percorrer. The Lancet, maio de 2011, 2011b:90-102. Disponível em: www.thelancet.com.

10

Sistema de Assistência Médica Suplementar (SAMS):
Breve Histórico e Modalidades Desenvolvidas no Brasil (Seguro-Saúde, Medicina de Grupo, Cooperativas Médicas, Autogestão e Outras)

José Sestelo ♦ Lígia Bahia

BREVE HISTÓRICO

O comércio de planos e seguros de saúde existe em um grande número de países, entretanto essa prática ocupa, em geral, um espaço limitado dentro do conjunto dos sistemas de saúde. A exceção de destaque é o maior mercado consumidor de produtos e serviços de saúde do mundo, os EUA.

Tabela 10.1 ♦ Gastos de países selecionados com saúde em 2010

Países	% PIB	Gastos *per capita* (PPP int $)	% Gastos públicos	% Gastos privados
Alemanha	11,6	4.332	77,1	22,9
Argentina	8,1	1.287	54,6	45,4
Brasil	9,0	1.028	47,0	53,0
Canadá	11,3	4.404	70,5	29,5
Chile	8,0	1.199	48,2	51,8
Colômbia	7,6	713	72,7	27,3
Cuba	10,6	431	91,5	8,5
Espanha	9,5	3.027	72,8	27,2
EUA	17,9	8.362	53,1	46,9
França	11,9	4.021	77,8	22,2
Índia	4,1	132	29,2	70,8
Itália	9,5	3.022	77,6	22,4
Japão	9,5	3.204	82,5	17,5
México	6,3	959	48,9	51,1
Portugal	11,0	2.818	68,1	31,9
Reino Unido	9,6	3.480	83,9	16,1
Suécia	9,6	3.757	81,1	18,9

Fonte: Organização Mundial da Saúde. Global Health Observatory Data Repository, 2012.

Não é possível uma transposição direta para o Brasil dos conceitos e definições utilizados na descrição do que acontece naquele país porque aqui e lá existem peculiaridades que precisam ser consideradas. A principal delas é o fato de que, diferente do que se observa nos EUA, no Brasil existe um sistema de saúde financiado com recursos públicos, que se propõe a garantir o acesso universal como um direito de cidadania. É em articulação com esse sistema, em um ambiente social marcado pela extrema desigualdade regional e de renda, com prestadores que podem cumprir uma dupla jornada (no público e no privado) em instalações que, muitas vezes, segregam por meio de uma dupla porta de entrada duas categorias de usuários, dando preferência àqueles que detêm a posse de contratos com empresas de planos de saúde ou que podem pagar com recursos próprios, que se dá a dinâmica de comércio de planos e seguros de saúde no Brasil.

Feita essa importante ressalva e admitindo, por outro lado, que dada a grande influência política e econômica dos EUA sobre o Brasil, especialmente a partir do final da II Guerra Mundial, nos interessa conhecer a realidade de lá, passamos a desenvolver este breve histórico em uma perspectiva que evidencie tais convergências e contradições.

A organização de grupos ou clubes de trabalhadores assalariados para proteção mútua contra o risco de morte ou adoecimento difundiu-se junto com o processo de industrialização em diversos países. Nos EUA, essa prática floresceu no final do século XIX, em áreas urbanas, por meio do pré-pagamento de quantias estabelecidas, como garantia de atendimento em caso de necessidade, por um médico contratado com essa finalidade. Havia clubes privados de clientes organizados por iniciativa de médicos e também de organizações fraternais de ajuda mútua, entre grupos étnicos ou de imigrantes, que pagavam um valor fixo anual em dinheiro por cada membro a um profissional responsável (*lodgedoctor*). Assim, as primeiras formas de pré-pagamento por assistência médica eram vistas como apropriadas e necessárias apenas para a classe trabalhadora, enquanto os médicos mais proeminentes mantinham como princípio a cobrança por procedimento (*fee-for-service*).

Posteriormente, no período de grande depressão da atividade econômica, na década de 1930, e já com uma considerável estrutura de assistência imobilizada em leitos hospitalares ociosos, recursos públicos foram utilizados para ajudar nas despesas com assistência médica. A falta de capacidade de pagamento dos possíveis ocupantes dessas instalações e os atrasos no pagamento de despesas realizadas por trabalhadores desempregados levaram os detentores do capital imobilizado na estrutura de assistência a estimular estratégias de fidelização de clientes baseadas em pré-pagamento e apoiar o subsídio estatal para essas despesas. Ainda que a corporação médica tenha atuado politicamente para assegurar a manutenção de níveis mais altos de remuneração para seus membros depois da crise, o modelo de pré-pagamento foi consolidado.

No Brasil, país de desenvolvimento industrial mais limitado e tardio, também ocorreram experiências de proteção mútua contra os riscos de morte e adoecimento entre trabalhadores assalariados nas primeiras décadas do século XX: as Caixas de Aposentadorias e Pensões (CAP). No início, esse esquema atendia muito mais às despesas com pensão para a viúva e auxílio-funeral para a família do trabalhador falecido do que propriamente para assistência médica.

A partir da década de 1930, as diversas CAP existentes foram fundidas por grupos de categorias profissionais (marítimos, industriários e comerciários, por exemplo), dando origem aos Institutos de Aposentadorias e Pensões (IAP) nos quais, como sugere o próprio nome, a tônica também recaía sobre a questão previdenciária, ficando a assistência à saúde, em geral, condicionada a uma eventual sobra de caixa.

Havia diferenças na oferta de assistência entre os diversos institutos e as categorias mais bem remuneradas ou de maior importância econômica gozavam de melhores condições de atendimento. Essa fragmentação se dava também no interior de alguns institutos com a segregação de esquemas privativos de atendimento para grupos de trabalhadores privilegiados. A Assistência Patronal (atual GEAP-SAÚDE) e a Caixa de Assistência dos Funcionários do Banco do Brasil (CASSI) são exemplos desse tipo de esquema assistencial por pré-pagamento, surgido na década de 1940 e ainda hoje existente sob a denominação de planos de saúde por autogestão.

O capitalismo industrial vivia um período de plena expansão na década de 1950, e o Brasil experimentou um período de crescimento de seu mercado de produtos e serviços em áreas urbanas recém-industrializadas. A indústria farmacêutica e de equipamentos médico-hospitalares encontrou nesse novo contingente de trabalhadores do setor industrial um grande potencial de consumo direto e indireto.

Surgiram então empresas voltadas para a prestação de serviços de assistência médica a trabalhadores, em um esquema alternativo ao dos institutos oficiais. Seus proprietários, em geral, eram médicos do trabalho que já atuavam no interior das fábricas ou dos institutos (ou de ambos) e passaram a se organizar em empresas de medicina de grupo (*group medicine*), expandindo assim sua esfera de atuação. Ainda descapitalizadas e incapazes de investir na ampliação de uma estrutura de prestação de serviços hospitalares, essas empresas foram beneficiadas pela política de expansão da rede de assistência por meio de incentivos a prestadores privados posta em prática pelo governo a partir de 1964.

Ao contrário, portanto, do que ocorreu nos EUA, o florescimento do esquema de pré-pagamento de assistência à saúde se deu, no Brasil, em um período de expansão da atividade econômica de base industrial, inclusive da indústria de medicamentos e equipamentos hospitalares. Se lá o aproveitamento do modelo embrionário de pré-pagamento, típico da lógica mutualista de proteção dos trabalhadores da indústria, foi uma solução para superação da recessão econômica por meio do estímulo à demanda de uma estrutura de assistência hospitalar já constituída como capital imobilizado por particulares, aqui foi um vetor de desenvolvimento de uma estrutura ainda incipiente e descapitalizada mas fundada, por princípio, na lógica de segmentação da demanda segundo sua capacidade de pagamento.

Os prestadores da assistência, especialmente os médicos, passaram a experimentar novos modelos de relações de trabalho no exercício de sua profissão, alterando a tradicional dinâmica de atividade liberal autônoma prestada por profissionais individuais para situações em que as empresas de medicina de grupo ocupavam o espaço de intermediários entre o prestador e seu cliente.

Assim, com um apelo de resistência da prática liberal na atividade de prestação de serviços médicos contra a intermediação mercantil praticada pelas empresas de medicina de grupo, surgiu em 1967 a primeira cooperativa de trabalho médico (um trabalho que não produz mercadorias) do mundo, a Unimed Santos. A base da clientela dessa nova modalidade de empresa de prestação de serviços de saúde mediante pré-pagamento constituiu-se, assim como no caso das medicinas de grupo, a partir de coletivos de trabalhadores ligados à atividade industrial em expansão.

Ao longo da década de 1970, apesar da existência de certa tensão no relacionamento entre essas duas modalidades de empresas voltadas para a mesma clientela, houve uma gradual aproximação entre suas estratégias corporativas, pautada na convergência de interesses relacionados com a expansão da demanda comum de clientes segmentados segundo a capacidade de pagamento.

O fim do longo período de expansão do capitalismo industrial iniciado com a guerra foi prenunciado pelas primeiras crises no fornecimento de energia (na forma de petróleo), ainda na década de 1970, e teve desdobramentos importantes na dinâmica do comércio de serviços de saúde.

Crise fiscal dos Estados Nacionais e gradual flexibilização na regulação do trânsito de capitais financeiros, potencializada por novas tecnologias de processamento de informação, são a marca desse período de mudanças em escala global. Na saúde, a tendência consolidada era de contínuo crescimento dos custos setoriais em um nível superior aos do conjunto da atividade econômica.

Países periféricos, como o Brasil, pagaram um preço mais alto pelos ajustes relacionados com a ampliação das possibilidades de ganho de capital financeiro, e a década de 1980 ficou conhecida como "a década perdida" após a configuração de um cenário de hiperinflação, baixo crescimento econômico, crise fiscal e desemprego.

Na impossibilidade de viabilizar reajustes salariais efetivos em tal conjuntura, vantagens indiretas como contratos coletivos de planos de saúde entraram na pauta de negociação dos sindicatos, o que representou um estímulo ao crescimento dessas empresas em níveis superiores ao do conjunto da economia.

O capital financeiro, vinculado às seguradoras, também avançou, consolidando o produto "seguro-saúde" como um elemento de importância crescente em seu portfólio. Até essa época as seguradoras, embora atuantes em outros ramos, não comercializavam seguro-saúde. Entre as razões para a não participação no mercado de planos de saúde dos agentes do segmento financeiro situam-se os impeditivos legais inscritos no Decreto-Lei 73, de 1966. Segundo essa norma, que estabeleceu as bases do sistema nacional de seguros e resseguros no país, os seguros-saúde teriam de garantir a livre escolha do médico e do hospital por meio de pagamento em dinheiro aos segurados. Relatos históricos sugerem que essas cláusulas encareciam o preço dos seguros. Uma vez que o país não dispunha de um contingente populacional com renda suficiente e predisposto a pagar individualmente, o seguro-saúde se tornaria inviável em face da concorrência com as medicinas de grupo e cooperativas.

A venda dessa nova modalidade de seguro começou a ser regulada apenas pela Superintendência de Seguros Privados (SUSEP) do Ministério da Fazenda, sem a participação das autoridades do Ministério da Saúde. Em 1989, a SUSEP autorizou as seguradoras a referenciarem serviços de saúde. Com isso, essas empresas puderam organizar planos similares aos das medicinas de grupo e cooperativas médicas. Ainda que as seguradoras não possam ter serviços próprios e sejam obrigadas a reembolsar os segurados pelos sinistros decorrentes do adoecimento, esses valores podem ser irrisórios quando comparados com os valores efetivamente pagos aos prestadores. Assim, as três modalidades empresariais do mercado de planos vinculam, por meio do pagamento de serviços realizados, médicos, hospitais e unidades de diagnóstico e terapia. Como as autogestões, que constituem o segmento não comercial desse setor, também credenciam serviços de saúde, as diferenças entre os planos e seguros de saúde não estão relacionadas com a natureza da empresa que oferta, e sim com a presença ou não na lista de prestadores de serviços considerados de maior prestígio.

Segundo dados fornecidos pela Associação Brasileira de Medicina de Grupo (ABRAMGE) e pela Federação das Cooperativas Médicas (Unimeds), no final da década de 1980 o número de clientes de planos privados de saúde, excluindo aqueles atendidos por planos próprios de empresas e de seguradoras, era estimado em 15 milhões de beneficiários.

A institucionalização do Sistema Único de Saúde (SUS), no início da década de 1990, não deteve o avanço da dinâmica do comércio de planos e seguros de saúde no Brasil; ao contrário, viu o peso político e financeiro dessas empresas crescer, em um cenário de viés ideológico neoliberal em que a visão tradicional da dicotomia "Estado × mercado" foi substituída, por influência de organizações controladas a partir das economias centrais, pela ideia de mescla (*mix*) público/privada. O Banco Mundial (BM), o Fundo Monetário Internacional (FMI) e a Organização para Cooperação e Desenvolvimento Econômico (OCDE) contribuíram, assim, para criar condições propícias ao livre trânsito do capital financeiro e a abertura dos mercados de prestação de serviços, inclusive de saúde, para empresas privadas em países periféricos e com enormes desigualdades sociais como o Brasil.

Nos EUA, em 1995, os gastos totais em saúde já representavam 14% do Produto Interno Bruto (PIB), indicando uma trajetória ascendente em direção ao nível de 18% alcançado em 2010 em um país onde cerca de 15% da população não dispunha de nenhum tipo de cobertura assistencial e que exibia indicadores de saúde/doença piores do que outros países de mesmo nível de desenvolvimento econômico e com menor gasto proporcional.

Uma primeira tentativa de manejo da crise de custo/efetividade naquele país por meio de uma reforma do setor saúde fracassou em 1993. Quinze anos depois, uma nova tentativa mobilizou a opinião pública nacional, evidenciando os limites do modelo adotado desde o período recessivo da década de 1930. A reforma proposta em 2007/2008 foi aprovada por uma margem estreita de votos no Congresso e ainda se depara com uma feroz resistência na instância judicial.

As contradições do modelo em voga foram amplificadas pela crise de redução da atividade econômica em 2008, com aumento do desemprego e do número de falências de pessoas físicas e jurídicas, ou seja, o contingente de pessoas sem nenhum tipo de cobertura aumentou, já que a cobertura, geralmente, é garantida pela relação de trabalho e o alto custo da assistência aumentou o número de falências de pessoas físicas decorrentes de gastos catastróficos em saúde.

A estratégia de manejo proposta não altera a lógica segmentada de funcionamento do modelo, mas busca ampliar sua abrangência e promover uma melhora na relação custo/efetividade. Monitora reajustes de preço das contraprestações e limita a variação de preço das mensalidades em diferentes faixas etárias; torna obrigatório o seguro-saúde, oferecendo um subsídio na mensalidade para algumas faixas de renda; obriga as empresas a oferecerem cobertura para seus empregados, penalizando o descumprimento da norma, mas subsidiando as empresas de menor porte; veda a negação de cobertura para doenças preexistentes e a interrupção unilateral dos contratos; obriga a manutenção dos contratos com trabalhadores aposentados e cria uma espécie de bolsa de ofertas ou mercado de ofertas, incluindo planos públicos para facilitar e baratear a aquisição do produto.

No Brasil, na década de 1990, à medida que se expandia, o comércio de diversas modalidades de pré-pagamento por serviços de assistência à saúde, surgiam na imprensa denúncias de casos de negação de atendimento a pacientes/clientes gestantes de risco, idosos e pessoas com diagnóstico de soropositividade para HIV por empresas de planos de saúde, levando entidades de consumidores e profissionais de saúde a reivindicarem a regulamentação do setor. Ao mesmo tempo, novos protagonistas da atividade econômica, agora denominados "operadores de mercado", discutiam a questão dos marcos regulatórios setoriais, imprescindíveis para garantir a segurança do capital investido nas áreas abertas pelo programa de privatização de empresas públicas proposto e, em grande parte, financiado pelo governo. Motivadas pela lógica da competição empresarial, as seguradoras, mais próximas dos centros de decisão econômica e relativamente mais bem adaptadas a ampliar coberturas, também propuseram mudanças nas regras vigentes.

Em 1998, 10 anos após a Constituinte, foi aprovada a Lei 9.656 (Quadro 10.1), que regulamenta as empresas de planos e seguros de saúde. Essa legislação amplia a intervenção governamental, antes restrita aos subsídios financeiros à demanda para o âmbito da normatização das garantias assistenciais e demonstração de reservas e solvência por parte de empresas que atuam no mercado. Desde então, as empresas de planos e seguros de saúde estão obrigadas a observar a abrangência dos procedimentos que constam nos contratos e as regras de elegibilidade, prazos de carências, bem como comprovar solvência e ressarcir os atendimentos de clientes de planos e seguros de saúde na rede SUS. As normas preveem punição para a negação de coberturas a portadores de doenças e lesões preexistentes e vedam limites para utilização de determinados serviços ou procedimentos assistenciais.

A tendência na discussão dentro do governo, naquele momento, apontava a transposição para o Brasil do modelo de agências regulatórias utilizado nos EUA como um ideal a ser perseguido, dentro da concepção de um Estado regulador, mas não necessariamente provedor de serviços. Essas agências, dotadas de maior autonomia administrativa e constituídas por um quadro estável de burocratas supostamente especializados, tenderiam a exercer a função regulatória com maior eficiência normativa e independência política, assumindo o formato de autarquias sob regime especial. Na área da saúde foram criadas a Agência Nacional de Vigilância Sanitária (Anvisa) e a Agência Nacional de Saúde Suplementar (ANS).

Quadro 10.1 • Síntese da Lei 9.656/1998

Tema	Disposições normativas
Idosos e *status* de saúde (idosos e deficientes físicos)	Proíbem a negação de cobertura em razão do *status* de saúde. Inicialmente impediam o aumento do preço para clientes com mais de 60 anos e com mais de 10 anos no plano. Após revisão, passaram a vincular os preços dos planos às faixas etárias e a permitir um aumento escalonado para maiores de 60 anos
Manutenção de coberturas para aposentados e desempregados	Garantem a manutenção de coberturas para aposentados e desempregados (por tempo determinado) para os participantes de planos empresariais
Lesões e doenças preexistentes	Vedam a exclusão de cobertura a lesões preexistentes após 24 meses de carência
Eventos cobertos	Cobertura para todas as doenças incluídas no Código Internacional de Doenças, devendo abranger, portanto, a realização de transplantes e o atendimento aos problemas mentais. No entanto, a própria legislação restringe as coberturas de determinados procedimentos de alto custo e possibilita a preservação das limitações vigentes em contratos antigos
Limites para a utilização de serviços de saúde	Proibição de negação de coberturas em razão da quantidade e do valor máximo de procedimentos, dias de internação etc.
Ressarcimento ao SUS	Ressarcimento dos serviços prestados a clientes de planos de saúde, previstos em seus respectivos contratos, em estabelecimentos vinculados ao SUS

Fonte: Lei 9.656/98. Sicon (Sistema de Informações do Congresso Nacional). Disponível em: http://www.senado.gov.br/sicon.

A ANS, desde o início de sua atuação, em 2000, fez valer um viés de controle focado no nível de capitalização e no regime de entrada e saída das empresas no mercado de operadoras (termo utilizado por todas as demais agências reguladoras) de planos e seguros de saúde, resultando pouco efetivo o processo de regulação da assistência à saúde dos clientes de planos. A ênfase no monitoramento do aspecto econômico-financeiro da atividade dessas empresas guarda relação com as peculiaridades encontradas no processo de estruturação desse órgão. Ao contrário de outras agências criadas para atuar sobre novos mercados (telecomunicações e energia elétrica, por exemplo) surgidos com o processo de privatização de empresas públicas, a ANS encontrou um setor já estruturado, em crescimento e com fortes ligações com o mercado financeiro. Embora a ANS esteja na esfera do Ministério da Saúde, sua atuação guarda com o SUS uma interlocução precária, que se refere, principalmente, ao ressarcimento de despesas geradas por clientes de planos e seguros de saúde em hospitais da rede pública.

A ANS, a rigor, conta com instrumentos legais e administrativos para "promover a defesa do interesse público na assistência suplementar à saúde, regulando as operadoras setoriais, inclusive quanto às suas relações com prestadores e consumidores, contribuindo para o desenvolvimento das ações de saúde no país". As competências da ANS, autarquia especial com direção colegiada, estão expostas no Quadro 10.2:

A definição do marco regulatório setorial, entretanto, se trouxe alguma segurança para os clientes de planos de saúde contratados individualmente, também conferiu uma extraordinária legitimidade institucional às empresas tradicionais do setor, que passaram a ter sua atuação reconhecida como de caráter suplementar

Quadro 10.2 • Competências da ANS

Detalhamento das coberturas obrigatórias	Elaborar e atualizar um rol de procedimentos e eventos que devem constar da oferta de serviços das empresas e suas coberturas obrigatórias Estabelecer normas relativas à adoção e utilização, pelas empresas, de dispositivos para o racionamento do acesso de uso de serviços como autorizações para realização de procedimentos, solicitação de segunda opinião, sugestão de mudança de conduta diagnóstica e terapêutica etc.
Elegibilidade e carências relacionadas com doença e lesão preexistentes	Conceituar doenças e lesões preexistentes e resguardar a cobertura para o atendimento a eventos e processos não relacionados com a preexistência, bem como a observância dos prazos estipulados de carência para as necessidades de atenção às condições preexistentes
Configuração empresarial do mercado	Autorizar o registro e o funcionamento das empresas de planos privados de assistência à saúde, bem como sua cisão, fusão, incorporação, alteração ou transferência do controle societário Instituir processos para controle pela ANS (regime de direção fiscal ou técnica) nas empresas que apresentem problemas em assumir responsabilidades contratuais com seus clientes e com seus prestadores de serviços e desenvolver a recuperação financeira dessas empresas Proceder à liquidação extrajudicial e autorizar o liquidante a requerer a falência ou insolvência civil de empresas que não obtenham recuperação financeira Determinar e acompanhar o processo de transferência de clientes de empresas que não possam mais atuar no mercado para outras empresas (alienação da carteira)
Características e dimensões das redes de serviços	Fixar critérios para os procedimentos de credenciamento e descredenciamento de prestadores de serviços Avaliar a capacidade técnico-operacional das empresas de planos privados de assistência à saúde para garantir a compatibilidade da cobertura oferecida com os recursos disponíveis na área geográfica de abrangência
Acompanhamento e reajuste de preços	Autorizar reajustes e revisões das contraprestações pecuniárias dos planos privados de assistência à saúde, ouvido o Ministério da Fazenda Monitorar a evolução dos preços de planos de assistência à saúde, seus prestadores de serviços e respectivos componentes e insumos
Contratos e punições	Estabelecer as características gerais dos instrumentos contratuais utilizados na atividade das empresas Aplicar as penalidades e multas pelo descumprimento da legislação
Ressarcimento ao SUS	Elaborar normas sobre os eventos e procedimentos e bases de compatibilidade dos valores a serem ressarcidos
Fiscalização e avaliação da qualidade	Fiscalizar as atividades das empresas de planos privados de assistência à saúde e zelar pelo cumprimento das normas atinentes a seu funcionamento Controlar e avaliar aspectos concernentes a garantia de acesso, manutenção e qualidade dos serviços prestados, direta ou indiretamente, pelas empresas Estabelecer parâmetros e indicadores de qualidade e de cobertura em assistência à saúde para os serviços próprios e de terceiros oferecidos e zelar pela qualidade dos serviços de assistência à saúde Fiscalizar aspectos concernentes às coberturas e o cumprimento da legislação referente aos aspectos sanitários e epidemiológicos relativos à prestação de serviços médicos e hospitalares

Fonte: Lei 9.961/2000 Sicon (Sistema de Informações do Congresso Nacional). Disponível em: http://www.senado.gov.br/sicon

ao SUS, agregando uma qualificação positiva ao patrimônio de empresas que operam segundo uma lógica diversa daquela de um sistema integrado.

Assim, sob a denominação genérica de operadoras de planos de saúde foram reunidos, como modalidades especiais, grupos de empresas com trajetórias bem distintas: autogestões, medicinas de grupo, cooperativas médicas e seguradoras especializadas em saúde. Mais recentemente, as filantrópicas e administradoras de benefícios foram incorporadas a esse elenco, além daquelas empresas que negociam planos de saúde exclusivamente odontológicos, modalidade que se destaca das demais pelo potencial de expansão e extraordinária lucratividade.

No Brasil, a perspectiva mediata de expansão sustentável do crescimento econômico, incorporação de novos grupos populacionais ao mercado de consumo de bens e serviços e ampliação da base de arrecadação tributária fortalece a capacidade de investimento do Estado. Entretanto, a participação do orçamento público no total de gastos em saúde permanece equivalente, em termos proporcionais, à dos EUA, país desprovido de um sistema de acesso universal e que, diante de um período de retração na atividade econômica, expande a participação do Estado em políticas compensatórias conjunturais de assistência em ambiente de renovada crise de custo/efetividade no setor saúde.

Configura-se, assim, um cenário em que a falta de iniciativa de investimento oportuno para a solução da crise atual de subfinanciamento do SUS, abre caminho para a previsível crise futura de custo/efetividade relacionada com a expansão da oferta de planos e seguros de saúde para novos grupos populacionais de cidadãos/consumidores incorporados ao processo econômico.

Com a ascensão dos brasileiros a classes superiores de renda, a demanda por planos privados aumentou consideravelmente. Contudo, as reclamações sobre dificuldades para atendimento, antes praticamente restritas ao SUS, se estenderam às empresas de planos e seguros de saúde. Os limites estruturais da segmentação do sistema de saúde, decorrentes da relação entre o preço dos planos e a abrangência das coberturas privadas, em conjunto com a preservação do subfinanciamento do SUS, geram tensões permanentes para os usuários, profissionais de saúde, gestores públicos e empresários. Os futuros investimentos na ampliação e qualificação da oferta pública ou na expansão da rede privada, bem como o direcionamento da regulação do governo sobre o mercado de planos e seguros certamente, contribuirão para delinear um caráter universal ou segmentado no sistema de saúde brasileiro.

As dimensões da face privada do sistema de saúde são extensas em razão da existência de serviços que são contratados apenas pelas instituições públicas, por empresas de planos e seguros de saúde, ou ainda que mantêm vínculos com financiadores públicos e privados. O fato de o Brasil manter um sistema de saúde segmentado, a despeito de o direito à saúde ser universal, reflete-se na assimetria da distribuição de recursos assistenciais físicos e humanos.

A Tabela 10.2 expõe diferenciais expressivos na oferta de recursos para a população coberta e não coberta por planos e seguros, especialmente no que se refere à disponibilidade de equipamentos de imagem, e ainda quanto à concentração de médicos que atuam simultaneamente no SUS e na rede de planos e seguros de saúde.

Em 2008, 25,9% da população brasileira estava vinculada a planos e seguros de saúde. Essa proporção manteve-se praticamente inalterada na última década (24,5% em 1998 e 24,6% em 2003). Desse total, 5,9% vinculam-se aos denominados planos para servidores públicos estaduais e municipais e servidores militares. O conjunto dessas demandas, empresas e instituições envolvidas com a oferta de planos e seguros de saúde recebe a designação de Assistência Médica Suplementar. O mercado de planos e seguros de saúde, que exclui os planos públicos, compreende 77,5% do total da Assistência

Tabela 10.2 • Capacidade instalada de hospitais, equipamentos selecionados e número de médicos segundo fonte de remuneração das atividades assistenciais – Brasil, 2009

Tipo de estabelecimento/ profissionais	Só público	%	Privado SUS	%	Só privado	%	Total
Hospitais	2.839	41,3	2.707	39,4	1.329	19,3	6.875
Equipamentos							
Mamógrafo com estereotaxia	110	13,0	206	24,3	531	62,7	847
Tomógrafo	474	14,4	883	26,8	1.939	58,8	3.296
Ressonância nuclear magnética	69	5,8	292	24,4	838	69,9	1.199
Médicos (número de profissionais)*			233.003	70,0			332.862

*Estimado a partir do cadastro de médicos ativos do Conselho Federal de Medicina com base nos parâmetros obtidos em inquéritos.
Fontes: Pesquisa Assistência Médico-Sanitária (2009) e Conselho Federal de Medicina (2008).

Médica Suplementar. Em 2010 foram registradas 1.098 empresas privadas com formatos jurídico-institucionais diversificados e algumas poucas instituições diretamente vinculadas a órgãos governamentais.

A maior parte dos planos e seguros privados é vendida por empresas comerciais. A demanda privada por assistência suplementar origina-se fundamentalmente de empresas empregadoras (79%) e secundariamente de contratos individuais e familiares. A maioria das empresas denominadas operadoras é de pequeno porte, com exceção das seguradoras. Os valores médios das mensalidades dos planos de empresas filantrópicas são significativamente menores do que os das outras modalidades e, no extremo oposto, as apólices das seguradoras destacam-se por cobrarem os maiores valores médios (Tabela 10.3).

As raízes históricas e os movimentos recentes de expansão conferem ao segmento de planos e seguros de saúde características de concentração e estratificação da demanda e da oferta, expressas na distribuição territorial dos contratos e serviços de saúde a eles acoplados e nos padrões assistenciais e preços. A Região Sudeste concentra 61,5% e 65,5% de empresas e contratos, respectivamente.

Não são poucas as desigualdades causadas por essa estrutura de oferta e financiamento do sistema de saúde brasileiro. A existência de um expressivo mercado de planos privados de saúde que se utiliza de recursos também disponíveis para a rede SUS é uma fonte permanente de iniquidades na atenção à saúde. A alocação de mais recursos financeiros para determinado segmento populacional proporciona acesso e taxas de utilização de procedimentos diferenciados. Um cidadão que conta com cobertura de um plano de saúde realiza, em média, quatro consultas médicas por ano e tem maior probabilidade de ser internado do que os que têm acesso apenas à rede pública e aos serviços particulares e privados conveniados pelo Ministério da Saúde.

Os planos e seguros são estratificados segundo o *status* social/ocupacional dos empregados nas empresas (empregados de nível operacional, empregados de nível intermediário e empregados de nível executivo). Mesmo as seguradoras comercializam os três tipos de apólices. Esses planos e seguros distinguem-se pela abrangência das redes assistenciais, qualidade e prestígio dos prestadores e valores de remuneração aos prestadores de serviços. Os valores de um mesmo procedimento médico/cirúrgico são calculados como múltiplos de um preço referencial: o pagamento do plano inferior corresponde ao pagamento do valor mínimo e o dos intermediários, duas vezes, enquanto os superiores remuneram de seis a oito vezes o valor inicial. Portanto, o tipo de plano ou seguro é mais importante para sua caracterização do que o fato de ser proveniente de empresas de natureza jurídico-institucional distinta.

Em 2009, a receita das empresas de planos e seguros de saúde (R$ 63,3 bilhões) correspondeu a um gasto por cliente de R$ 1.512,00. Esse montante é muito mais elevado do que aquele disponível para a população não coberta por planos de saúde. Além disso, os diferenciais tornam-se ainda mais expressivos quando se conside-

Tabela 10.3 • Número de empresas e contratos, proporção de contratação individual e estimativa do valor mensal segundo modalidade empresarial (2010)

Modalidades empresariais	Empresas Número	Contratos %	Porte (> 100.001 contratos) Número	Contratos individuais %		Valor mensal (em R$)*	
Autogestões	218	19,9	5.273.525	12,2	5,1	1,0**	119,25
Cooperativa médica	338	30,8	15.317.347	35,5	9,8	24,3	126,14
Filantropia	95	8,7	1.456.299	3,4	2,1	35	85,97
Medicina de grupo	434	39,5	15.990.839	37	6,6	27,5	100,75
Seguradora	13	1,2	5.158.158	11,9	76,9	10,3	200,39
Total (planos de assistência à saúde)	1.098	100	43.196.168	100	7,7	21,3	125,95
Odontologia de grupo	274	67,8	7.692.238	57,5	2,3		9,9
Cooperativa odontológica	130	32,2	2.371.443	17,7	4,2	20	14,07
Total de empresas	404	100			0,9	17,4	
Contratos de empresas			3.313.743	24,8		10,6	
Total			13.377.424	100		16,2	10,88

*Estimado a partir de dados sobre a receita arrecada pelas empresas em 2009.
**Dependentes computados como contratantes individuais.
Fonte: Agência Nacional de Saúde Suplementar.

ram os gastos públicos destinados a atividades de vigilância epidemiológica e sanitária para toda a população. Ademais, é frequente o uso de serviços assistenciais de alto custo e vacinas dos clientes de planos e seguros na rede SUS. Existem procedimentos, como hemodiálise e transplantes, que são quase que exclusivamente realizados na rede SUS. Considerando que o perfil etário da população coberta pelos planos e seguros coletivos é mais jovem e que essa população se declara mais saudável do que a não coberta, as diferenças do aporte de recursos para a atenção à saúde nos dois subgrupos são ainda mais expressivas.

A Figura 10.1, ilustra o uso de outros esquemas assistenciais por clientes de planos de saúde no Estado de São Paulo (maior mercado) entre 2010 e 2012.

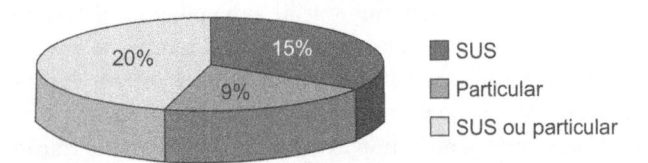

Figura 10.1 • Uso de outros esquemas assistenciais por clientes de planos de saúde no Estado de São Paulo – 2010-2012.
Fonte: APM/DataFolha, 2012.

A seguir, descrevemos com mais detalhes as principais modalidades de empresas referidas, embora mereça registro o fato de que os agentes sociais em ação na busca de soluções de conveniência para as lacunas na oferta de assistência organizada, com sua criatividade e dinamismo, continuam improvisando esquemas fora dos limites da regulação oficial por meio de clubes informais de usuários de serviços e de pequenos agenciadores de grupos de novos consumidores que mimetizam formas pretéritas de proteção mútua, típicas de sociedades ainda alheias ao conceito de seguridade social como direito de cidadania.

MEDICINA/ODONTOLOGIA DE GRUPO

Esta denominação envolve, hoje, uma grande variedade de empresas atuantes no setor de serviços de saúde sob a esfera de regulação da ANS, tendo como característica principal o controle de sua propriedade por grupos de pessoas físicas (não necessariamente profissionais de saúde) ou jurídicas (grupos empresariais com atuação no setor de serviços). Algumas dessas empresas abriram seu capital em bolsa de valores, obtendo recursos de investidores de diversos setores da economia e aumentando, assim, a complexidade da rede de interesses envolvida no comércio de bens e serviços de saúde no Brasil.

A expressão "medicina de grupo" está relacionada, originalmente, com o processo de expansão e modernização da prática liberal da medicina nos EUA, cujo protótipo é a *Mayo Clinic*, fruto da associação entre os irmãos William e Charles Mayo com seu pai, ainda no final do século XIX, para a prática da medicina em uma pequena cidade do interior de Minnesota. O sucesso do empreendimento como modelo de organização do trabalho médico e como estratégia empresarial lucrativa tornou a clínica dos irmãos Mayo uma referência internacional e seus proprietários são frequentemente considerados os "pais" da medicina de grupo.

A família Mayo soube organizar sua clínica em torno da prática da medicina cirúrgica, acompanhando a expansão da lógica industrial especializada de produção, ao abrir espaço para uma associação com jovens médicos em funções (patologia e radiologia, por exemplo) relacionadas com a triagem ou habilitação do doente para o ato cirúrgico em si. Ao mesmo tempo, seu *modus operandi* viabilizou um ganho em escala para o negócio de venda de serviços de saúde em comparação com as possibilidades limitadas do médico de família em sua atuação como prestador individual de serviços.

A transposição desse modelo para o Brasil ocorreu em um momento de expansão do capitalismo industrial na década de 1950, obedecendo à mesma lógica estruturante de sua formação social de origem, porém assumindo aqui características específicas.

As empresas de medicina de grupo que já operavam com o sistema de pré-pagamento mensal, atendendo principalmente a clientela de trabalhadores da indústria, passaram, a partir de 1964, a celebrar convênios com os institutos previdenciários oficiais, recebendo uma parte dos recursos arrecadados pelo instituto em troca da prestação de serviços de assistência. A Policlínica Central de São Paulo celebrou o primeiro *convênio-empresa* com o Instituto de Aposentadorias e Pensões dos Industriários (IAPI) para atendimento dos empregados de uma montadora de automóveis.

Desse modo, o Estado se eximia da responsabilidade de prestar a assistência para o conveniado/segurado e transferia recursos públicos para as empresas prestadoras, ampliando sua clientela fixa e seu espaço dentro do sistema de assistência do país.

Hoje as empresas de medicina de grupo e odontologia de grupo são consideradas modalidades de operadoras de planos de saúde (empresas que comercializam planos de saúde) pela ANS e apresentaram, em relatório preliminar para 2011, um quantitativo de receita de contraprestações de, respectivamente, R$ 23.885.476.164,00 e R$ 1.513.640.007,00. A taxa de sinistralidade (relação entre despesas operacionais e receita) foi de, respectivamente, 79,4% e 44%.

A baixa sinistralidade envolvida na operação de planos de saúde exclusivamente odontológicos e a baixa taxa de cobertura desses planos na população geral (8,8% em 2011) representam atualmente a maior garantia de lucratividade com perspectiva de expansão para as empresas que vendem esse tipo de produto.

AUTOGESTÃO

A ideia de autogestão em saúde remete à reunião de um grupo de pessoas ou famílias para proteção mútua contra o risco do adoecimento e seu custo, potencialmente catastrófico. No Brasil, o surgimento das CAP no início do século XX é um marco de mutualismo que, a partir da década de 1930, foi envolvido pela estrutura do Estado na rede de institutos de aposentadorias e pensões segmentados por categoria profissional.

Entretanto, persistiu no interior da própria estrutura funcional dos institutos a operação de um esquema de assistência para seus funcionários, diferenciada daquela oferecida aos segurados em geral.

A criação, em 1945, da Assistência Patronal, destinada exclusivamente aos funcionários do antigo IAPI, é uma referência nesse modelo que persistiu como órgão público (financiado pelo Estado) gerido pelo Inamps, dentro do Ministério da Previdência e Assistência Social, até sua privatização em 1990, quando foram contratados funcionários regidos pela Consolidação das Leis do Trabalho (CLT) para operação do sistema.

Já como Grupo Executivo de Assistência Patronal (GEAP), transformou-se em entidade fechada de previdência privada sem fins lucrativos e passou a operar o plano de saúde GEAP SAÚDE, classificado na modalidade de autogestão em saúde privada.

Assim, a modalidade de operadora de plano de saúde, reconhecida pela ANS como "autogestão", caracteriza-se como um sistema assistencial fechado (não oferece seu produto à população em geral) e sem fins lucrativos, que mobiliza recursos dos usuários e de empresas (públicas ou privadas) empregadoras para proteção mútua contra o custo potencialmente catastrófico relacionado com o risco de adoecimento. Sua administração pode ser própria, quando utiliza a estrutura de recursos humanos do empregador, ou terceirizada, quando contrata pessoal para essa finalidade.

Essa racionalidade possibilita, muitas vezes, a utilização dos recursos em saldo de caixa para ampliação da oferta de benefícios em um patamar acima do rol mínimo de procedimentos prescrito pela ANS ou a redução do valor das contraprestações mensais.

A ANS informa, em relatório preliminar do ano de 2011, uma receita de R$ 9.245.114.617,00 apenas para as autogestões que não têm gestão por RH (recursos humanos da empresa empregadora), já que as outras não são obrigadas a enviar informações financeiras ao órgão regulador. A taxa de sinistralidade de 91,3% das autogestões, a maior entre as diversas modalidades, explica-se pelo perfil ampliado de gastos que, não obstante, torna possível uma capitalização progressiva do caixa das empresas e a composição de uma reserva estratégica.

Entre as instituições públicas da administração direta federal é possível o uso integral dos recursos da rubrica orçamentária reservada para despesas com assistência médica dos funcionários para capitalizar o caixa de uma autogestão de gestão por RH, complementado pelo saldo de contraprestações pagas pelos empregados e acumulado em uma conta de CNPJ específico, diferente daquele da instituição empregadora.

COOPERATIVAS MÉDICAS OU ODONTOLÓGICAS

O cooperativismo tem sua matriz teórica entre reformadores sociais ainda no início do século XVIII, na Inglaterra, e produziu em diversos países, desde então, várias experiências bem-sucedidas de colaboração ou associação entre pessoas e grupos de interesses comuns para obtenção de vantagens mútuas em sua atividade econômica.

No Brasil, a regulação da atividade das cooperativas foi formulada pelo Decreto 22.239, de 19 de dezembro de 1932, que define o contrato desse tipo de sociedade como aquele celebrado entre sete ou mais pessoas naturais que mutuamente se obrigam a combinar seus esforços, sem capital fixo predeterminado, para lograr fins comuns de ordem econômica, observando algumas prescrições, entre as quais se destacam:

- Limitação do valor da soma de quotas-partes do capital social que cada associado poderá possuir.
- Quórum para funcionamento e deliberação da assembleia baseado no número de associados presentes à reunião e não no capital social representado.
- Distribuição dos lucros ou sobras proporcionalmente às operações realizadas pelo associado com a sociedade.
- Área de ação determinada.

Em 1971, a Lei 5.764/71 define a política nacional de cooperativismo, institui o regime jurídico das sociedades cooperativas e dá outras providências, mantendo o espírito da legislação original.

Em geral, a área de ação das cooperativas no Brasil era a agricultura, reunindo produtores interessados em comercializar seus produtos ou em obter crédito para viabilização de projetos. Entretanto, em 1967, surgiu a primeira cooperativa de trabalho médico do mundo, a Unimed Santos (SP).

A proposta anunciada naquele momento era de que o código de ética médica vedava a existência de qualquer intermediação entre o profissional e seu paciente, inclusive, e principalmente, a intermediação mercantil que se caracterizava na operação dos planos de saúde vendidos pelas empresas de medicina de grupo em desenvolvimento.

O formato de cooperativa permitiu à Unimed Santos acesso ao financiamento do Banco Nacional de Crédito Cooperativo para investimento em estrutura física e a expansão do empreendimento. A criação de diversas Unimed fortaleceu o movimento, possibilitando a cooperação a partir de várias regiões do país na forma de rede.

Em 2008, um estudo multicaso envolvendo Unimed no Estado de Santa Catarina investigou a existência de conflitos entre princípios cooperativistas e pressões mercadológicas ou político-institucionais, destacando a participação insuficiente dos cooperados nas decisões das organizações e sua vulnerabilidade a pressões externas à instância deliberativa formal.

A ampliação da rede de negócios relacionados com a ideia original de cooperativismo na prestação de serviços de saúde ensejou, entre essa modalidade de operadora, a criação de um complexo de empresas gerido por sociedade gestora de participações sociais (*holding*) que em nada difere em sua estratégia corporativa dos tradicionais oligopólios em atuação no mercado. A Unimed Participações, criada em 1989, controla um grupo de três empresas de perfil de atuação complementar: a Unimed Seguradora, a Unimed Administração e Serviços e a Unimed Corretora. Tem como objetivo representar os interesses das cooperativas e do sistema Unimed junto às controladas na condução do negócio. Atua de modo a sustentar a necessidade de capital das controladas dentro e fora do âmbito cooperativista, captando recursos e acompanhando seu desempenho, em busca de otimizar a rentabilidade do investimento das sócias (cooperativas). Em janeiro de 2012, o sistema era composto por 269 sócias, com as 20 maiores detendo 71,70% do capital social da *holding*.

Em 2011, as cooperativas médicas tiveram uma receita de R$ 30.084.594.177,00 em contraprestações e as cooperativas odontológicas R$ 478.918.811,00, segundo relatório preliminar da ANS. Apresentaram, nesse mesmo período, taxa de sinistralidade de, respectivamente, 81,9% e 64,4%.

FILANTRÓPICAS

Embora tenha sido utilizado, em Roma, por Temístio (filósofo, comentador de Aristóteles e defensor do helenismo no século IV, com trânsito permanente na corte imperial de Constâncio II a Teodósio) e pelo imperador pagão Juliano como estratégia de fortalecimento do helenismo ante a emergência do conceito de *caritas* (caridade) cristã, o termo filantropia se confunde, em tempos modernos, com iniciativas de prestação de serviço a pessoas, organizadas por entidades sem fins lucrativos, muitas delas ligadas a organizações religiosas cristãs, como as tradicionais Santas Casas de Misericórdia.

A legislação brasileira prevê a possibilidade de pessoas jurídicas, entidades civis com qualificações variadas atuantes na prestação de serviços sem fins lucrativos considerados de interesse público, gozarem de vantagens fiscais (sobre patrimônio, renda e serviços prestados) e previdenciárias, desde que obedeçam a determinados parâmetros estabelecidos em lei. A Constituição Federal se refere também à sua preferência como instância complementar de assistência no sistema de saúde em relação às empresas com fins lucrativos.

A atividade mercantil, ou seja, a compra e venda de produtos ou serviços para obtenção de lucro, e a distribuição ou participação de terceiros no resultado econômico da entidade são características que excluem os benefícios previstos em lei para as filantrópicas, entretanto, o investimento de recursos para obtenção de rendimentos financeiros é permitido, desde que não caracterize um desvio da consecução da finalidade da entidade.

As regras pelas quais as sociedades são declaradas de utilidade pública estão na Lei Federal 91, de 28 de agosto de 1935, e a Lei 8.212, de 24 de julho de 1991, estabelece os requisitos para gozo da isenção previdenciária incluindo, além do Certificado de Utilidade Pública, a necessidade do Certificado de Entidade de Fins Filantrópicos. Para isso, a entidade precisa demonstrar a aplicação cumulativa anual de pelo menos 20% da receita bruta proveniente da venda de serviços ou de bens não integrantes do ativo imobilizado em gratuidade. Esse montante não poderá ser inferior à isenção de contribuições previdenciárias envolvidas.

O lucro com a venda de planos de saúde de Santas Casas e hospitais filantrópicos constitui, atualmente, uma fonte alternativa importante de receita para esse grupo heterogêneo de empresas, que engloba desde pequenos hospitais em cidades do interior do país até grandes estruturas assistenciais localizadas em cidades maiores, beneficiárias das vantagens fiscais e previdenciárias previstas na legislação.

Desse modo, a vantagem relativa proporcionada pela amortização de parte de seus investimentos por financiamentos públicos voltados para o conjunto da população usuária é capitalizada também pela parcela que compra planos de saúde dessas empresas e passa a dispor de instalações privativas em condições vantajosas.

A ANS informa uma receita de contraprestações estimada em R$ 1.953.556.828,00 para a modalidade "filantropia" em 2011, com uma taxa de sinistralidade de 80,9%.

SEGURADORA ESPECIALIZADA EM SAÚDE

O desenvolvimento da matemática atuarial e o acúmulo de dados demográficos confiáveis, a partir da primeira metade do século XIX, promoveram a ampliação do portfólio de produtos oferecidos pelas seguradoras com previsibilidade de retorno financeiro para seus controladores. Em outras palavras, o valor do prêmio pago pelo beneficiário individual para que a seguradora assuma a responsabilidade sobre determinado risco relativo à saúde/adoecimento ou morte passou a ser calculado levando em conta as características do grupo populacional segundo parâmetros estatísticos previsíveis, garantindo assim a segurança de retorno para o capital investido sem quebra de contrato com o segurado.

No Brasil, as seguradoras vinculadas inicialmente ao seguro marítimo regulado pelo Código Comercial Brasileiro de 1850 expandem progressivamente suas atividades, especialmente a partir de 1939, com a criação do Instituto de Resseguros do Brasil, que monopolizou a gestão dos riscos das próprias seguradoras, conferindo maior confiabilidade ao sistema.

Em 1966 foi instituído o Sistema Nacional de Seguros Privados e criados o Conselho Nacional de Seguros Privados (CNSP) e a Superintendência de Seguros Privados (SUSEP), autarquia vinculada ao Ministério da Fazenda que tem como atribuição o controle e a fiscalização do mercado de seguros, previdência privada aberta, capitalização e resseguros no Brasil.

Em 2001, a Resolução 47 do Conselho Nacional de Seguros Privados (CNSP) revogou todas as anteriores que tratavam de "seguro-saúde", e esta modalidade passou a ser regulada pela recentemente instituída ANS na esfera do Ministério da Saúde.

Na prática, paralelamente à transposição da regulação oficial do seguro-saúde do Ministério da Fazenda para o Ministério da Saúde (ANS), uma parte da burocracia estatal também mudou de endereço, levando seu conhecimento específico sobre a lógica atuarial para lá.

Hoje, os planos de saúde vendidos por seguradoras especializadas podem referenciar seus clientes para unidades assistenciais credenciadas em vez de apenas reembolsar os segurados pelas despesas decorrentes de sinistros relacionados com o adoecimento. Essas empresas, em sua maioria ligadas ao capital financeiro (de bancos), tiveram uma receita de R$ 16.705.900.970,00 em 2011 e uma taxa de sinistralidade de 83,1%. Caracterizam-se também como a modalidade que cobra valores de contraprestações médios mais elevados dentro do universo de regulação da ANS.

ADMINISTRADORAS DE BENEFÍCIOS

Em 2010, 38 empresas foram registradas na ANS como administradoras de benefícios, enquanto anteriormente (de 1999 a 2009) houve variação de um a quatro novos registros por ano. É, portanto, um fenômeno recente o crescimento de empresas especializadas na gestão de benefícios para terceiros, geralmente outras empresas, que contratam essa modalidade de operadoras como retaguarda (*backoffice*) na gestão de um pacote de benefícios voltados para seus trabalhadores da atividade fim (*front office*).

Trata-se, assim, de uma atividade de intermediação ou agenciamento, em que a administradora de benefícios oferece a seus clientes uma variedade de opções em termos de operadoras de planos de saúde intercambiáveis e ajustáveis aos interesses de cada grupo de beneficiários.

Algumas operadoras também podem ser clientes dessas empresas ao solicitar sua intermediação para triagem e constituição de grupos de clientes considerados aptos, segundo critérios atuariais, para adesão a contratos coletivos de planos de saúde. Além disso, outros serviços típicos oferecidos são:

- *Contact centers* (centros de contato) especializados em marcação de consultas, retenção de clientes ou central de liberação para operadoras, hospitais e laboratórios.
- Gerenciamento de pacientes crônicos, reduzindo seu custo para as operadoras.
- Gerenciamento de cobrança para operadoras, hospitais e laboratórios.
- Melhora do desempenho econômico de operadoras e prestadoras com ampliação de receitas por meio de novas estratégias comerciais e negociação com rede credenciada.
- Criação de vantagens competitivas.

O Caderno de Informações da ANS não consolida os dados globais sobre receita e despesas desse tipo de empresa, mas é possível afirmar que o ano de 2010 registrou um súbito aumento no número de novos registros, fenômeno que indica um aprofundamento na presença da lógica de capitalização dominante no conjunto da economia para o universo do comércio de planos de saúde com desdobramentos ainda não avaliados para o conjunto do sistema.

CONSIDERAÇÕES FINAIS

A dinâmica do comércio de planos e seguros de saúde no Brasil passou a contar, a partir do advento da legislação específica de 1998 (Lei Federal 9.656/98), com um referencial normativo impregnado de conceitos próprios do universo das relações de consumo definidas por contratos de prestação de serviços. Da mesma maneira, a institucionalização da Agência Nacional de Saúde Suplementar em 2000 (Lei Federal 9.961/00) produziu um viés de regulação com ênfase nos aspectos econômicos e financeiros das empresas denominadas "operadoras" de planos e seguros de saúde que reforçou o peso de tais elementos conceituais típicos. As denominações atribuídas às diversas modalidades de operadoras descritas neste capítulo estão consagradas e incorporadas ao senso comum das pessoas que lidam com o tema, mas devem ser usadas com cautela, sem perder de vista suas possíveis contradições nem o fato de que a atividade fim dessas empresas é um bem de relevância pública.

Existe uma diferença muito grande entre as pequenas empresas de medicina de grupo constituídas por jovens médicos descapitalizados na década de 1950 e os atuais empreendimentos de capital aberto com atuação na venda de planos de saúde e também no negócio de vale alimentação, assessoria sobre legislação trabalhista, ensino, distribuição e comércio de equipamentos médicos e medicamentos, construção e reforma de unidades hospitalares, transporte aéreo e terrestre de pacientes e atendimento domiciliar, com algumas empresas atuando em associação para criação de seguradoras. Também as cooperativas configuram atualmente um grupo de empresas muito diferentes daquelas que originalmente demonstravam um diferencial ético em relação às medicinas de grupo. Nos últimos anos, a lógica de curto prazo do capital financeiro passou a ocupar um espaço privilegiado no conjunto da sociedade e entre as diversas modalidades de empresas atuantes no comércio de planos e seguros de saúde, não importando a denominação recebida.

A investigação empírica desse universo complexo constitui atualmente um desafio importante para a pesquisa acadêmica no campo da Saúde Coletiva. Seu entendimento pode ser determinante para a construção de uma perspectiva de futuro dentro da lógica do interesse público no SUS.

A dinâmica de compra e venda de planos e seguros dentro do sistema de saúde consiste, portanto, em um objeto que ainda exige investigação sobre os conceitos utilizados em sua construção e sobre os referenciais teóricos utilizados em sua abordagem, em especial no que se refere à extensa interface público/privada que articula a estrutura social e econômica às políticas de Estado em saúde.

Referências

Andreazzi MFS, Kornis GEM. Transformações e desafios da atenção privada em saúde no Brasil nos anos 90. Physis 2003; 13(1):157-91.

Andreazzi MFS. Teias e tramas: relações público-privadas no setor saúde brasileiro dos anos 90. [Tese de doutorado]. Rio de Janeiro: UERJ-IMS, 2002. 346p.

Arouca S. O dilema preventivista: contribuição para a compreensão e crítica da medicina preventiva. São Paulo: UNESP, Rio de Janeiro: Fiocruz; 2003. 268p.

Associação Paulista de Medicina/DATAFOLHA. Avaliação dos planos e seguros de saúde: estado de São Paulo – Agosto/2012.

Bahia L, Scheffer M. Planos e seguros privados de saúde. In: Giovanella L et al. Organizadores. Políticas e Sistema de Saúde no Brasil. Rio de Janeiro: Fiocruz, 2008:507-43.

Bahia L. Padrões e mudanças no financiamento e regulação do sistema de saúde brasileiro: impactos sobre as relações entre o público e privado. Saúde e Sociedade mai-ago 2005;14(2):9-30.

Bahia L. Planos e seguros saúde: padrões e mudanças das relações entre o público e o privado no Brasil. [Tese de doutorado]. Rio de Janeiro: ENSP – Fiocruz; 1999. 100p.

Caderno de Informação da Saúde Suplementar. Tabela 19. [Internet]. Rio de Janeiro: Brasil – Ministério da Saúde – Agência Nacional de Saúde Suplementar (ANS). 2000. Acesso em 15 de julho de 2012. Disponível em: HTTP://www.ans.gov.br.

Carvalho MM. Temístio, o Imperador Juliano e a discussão em torno do conceito de realeza no século IV d.C. História Revista, Goiânia, jan-jun 2006; 11(1):121-33.

Cordeiro HA. As empresas médicas: as transformações capitalistas da prática médica. Rio de Janeiro: Graal; 1984. 175p.

Deeke RT. Dilemas em cooperativas de Santa Catarina: estudo multicaso sobre conflito entre princípios cooperativistas, pressões mercadológicas e político-institucionais em duas singulares da Unimed. [Dissertação de mestrado acadêmico]. Biguaçu: UNIVALI, 2008. 192p.

Eibenschutz C (org.) Política de saúde: o público e o privado. Rio de Janeiro: Fiocruz, 1996. 312p.

Escorsim SM. O sistema de proteção social dos servidores públicos federais: da assistência patronal à GEAP – Fundação de Seguridade Social (1945-1990). [Dissertação de mestrado acadêmico]. São Paulo: PUC-SP, 2002. 160p.

Farias SF. Interesses estruturais na regulação da assistência médico-hospitalar do SUS. [Tese de doutorado]. Recife: Fiocruz, 2009. 221p.

Lima SML et al. Hospitais filantrópicos e a operação de planos de saúde próprios no Brasil. Rev Saúde Pública 2007; 41(1):116-23.

Marques RM, Mendes A. SUS e Seguridade Social: em busca do elo perdido. Saúde e Sociedade 2005; 14(2):39-49.

Medici ACA. Medicina de Grupo no Brasil. Rio de Janeiro: OPAS, 1991. 64p.

Menicucci TMG. Público e privado na Política de Assistência à Saúde no Brasil: atores, processos e trajetórias. Rio de Janeiro: Fiocruz, 2007. 320p.

Nascimento MR. Mudança ambiental e posicionamento estratégico: estudo comparativo de casos em empresas de assistência à saúde. [Dissertação de mestrado acadêmico]. Curitiba: UFPR – Administração, 2000. 136p.

Ocké-reis CO. SUS: o desafio de ser único. In: Santos NR, Amarante PDC (org.) Gestão pública e relação público-privada na saúde. Rio de Janeiro: CEBES, 2011:101-14.

Possas CA. Saúde e trabalho: a crise da Previdência Social. Rio de Janeiro: Graal, 1981. 324p.

Rannan-Eliya RP, Lorenzoni L. Guidelines for improving the comparability and availability of private health expenditures under the system of health accounts framework. Paris: Organisation for Economic Co-operation and Development (OECD), 2010 May. 67p. OECD Health Working Papers nº 52.

Ribeiro JM, Costa NR, Silva PLB. Política de saúde no Brasil e estratégia regulatória em ambiente de mudanças tecnológicas. Interface – comunic, saúde, educ 2000; 6 (fev):61-84.

Santos FP, Malta DC, Merhy EE. A regulação na saúde suplementar: uma análise dos principais resultados alcançados. Ciênc Saúde Coletiva 2008; 13(5):1463-75.

Santos IS. O mix público-privado no Sistema de Saúde Brasileiro: elementos para a regulação da cobertura duplicada. [Tese de doutorado]. Rio de Janeiro: ENSP-Fiocruz, 2009. 186p.

Sestelo J. Produção acadêmica sobre Saúde Suplementar no Brasil de 2000 a 2010: revisão crítica e investigação sobre a articulação entre o público e o privado. [Dissertação de mestrado acadêmico]. Salvador: ISC-UFBA, 2012. 67p.

Starr P. Remedy and reaction: the peculiar American struggle over health care reform. New Haven & London: Yale University Press, 2011. 324p.

Starr P. The social transformation of American medicine. New York: Basic Books, Inc. Publishers, 1982. 514p.

Vieira C, Costa NR. Estratégia profissional e mimetismo empresarial: os planos de saúde odontológicos no Brasil. Ciênc Saúde Coletiva 2008; 13(5):1579-88.

World Health Organization (WHO) Regional Office for Europe. European Health Care Reform: analysis of current strategies. Copenhagen: WHO, 1997. 304p.

11

Sistemas de Saúde da Alemanha, do Canadá e dos EUA: uma Visão Comparada

José Carvalho Noronha ♦ *Lígia Giovanella* ♦ *Eleonor Minho Connil*

INTRODUÇÃO

O presente capítulo consiste em um pequeno resumo dos principais aspectos dos sistemas de saúde de três países do mundo desenvolvido. Foram escolhidos para ilustrar como a moldagem do sistema obedece a trajetórias distintas e mais de uma opção existe a despeito da riqueza de cada país. Alemanha e Canadá oferecem cobertura universal a toda a sua população por meio de estratégias distintas. O Canadá tem um seguro universal de saúde financiado por fontes fiscais federais e provinciais com forte descentralização e autonomia das províncias. O sistema da Alemanha sustenta-se em um seguro social de doença alemão de afiliação compulsória, financiado solidária e paritariamente por trabalhadores e empregadores, mediante taxas de contribuições sociais proporcionais aos salários. Já os EUA é único país rico que não dispõe de um sistema universal de proteção e de cuidados à saúde e apoia-se fundamentalmente no mercado de planos e prestadores privados, mesmo que por meio de seus programas financiados pelo governo.

O capítulo apresenta uma brevíssima narrativa sobre cada país, seguida de uma visão geral sobre a organização do sistema de saúde, uma rápida passagem sobre sua força de trabalho, com notas sobre a estrutura de formação de profissionais, passa pela abordagem dos mecanismos de financiamento e das dimensões de cobertura e acesso, e conclui com uma ligeira análise das reformas recentes em curso.

A Tabela 11.1 apresenta uma síntese de indicadores demográficos, econômicos e de saúde para os três países, aos quais foram agregados dados da média dos países da Organização para a Cooperação e Desenvolvimento Econômico (OCDE ou OECD em inglês) do México e do Brasil para efeitos de comparação. A Figura 11.1 apresenta a classificação de alguns países da OCDE de acordo com indicadores de desempenho desenvolvidos pelo Commonwealth Fund (Davis, Schoen & Stremikis, 2010).

É interessante notar que os EUA, apesar de exibirem um gasto *per capita* equivalente a praticamente o dobro do Canadá e da Alemanha, apresentam indicadores-síntese de sua situação de saúde (mortalidade infantil e esperança de vida) inferiores a esses. Do mesmo modo, chama atenção a grande desproporção de volume de gasto e gasto *per capita* dos países citados e da média da OCDE e os gastos do Brasil e do México. Também merece destaque o fato de que o Brasil, que nominalmente estabelece em sua Constituição o direito à saúde e a cobertura universal de serviços de saúde a sua população, apresente uma proporção de gasto público próxima à dos EUA e do México, que não contam com essas garantias constitucionais. Também chama atenção que, ao contrário do que é habitualmente divulgado pela grande imprensa, a carga tributária bruta do Brasil é inferior à média da OCDE. Tanto a razão gasto público-gasto privado como o peso dessa carga, a despeito do comprometimento bruto equivalente da riqueza nacional para cuidados de saúde (proporção do Produto Interno Bruto [PIB]), aproximam o Brasil dos EUA e do México, sistemas tradicionais de iniquidades de cobertura e forte empresariamento do setor. Na síntese de indicadores de desempenho mostrada na Tabela 11.1, os EUA aparecem em posição francamente inferior à da Alemanha e do Canadá.

Tabela 11.1 • Indicadores selecionados para alguns países em anos próximos a 2010

Indicadores	EUA	Canadá	Alemanha	OCDE	México	Brasil
População total (em milhares)	309.051	34.109	81.902	–	109.396	194.947
População com mais de 65 anos (%)	13,1	14,1	20,5	14,0	5,9	7,0
PIB (em bilhões de $ PPC)	14.582,4	1.327,3	3.071,3	–	1.646,4	2.172,1
PIB *per capita* (em $ PPC)	47.024,0	38.914,0	37.566,9	–	15.204,0	11.239,0
Carga tributária bruta (% PIB)	24,0	31,1	37,0	34,8	17,5	33,6
Gasto total em saúde (% PIB)	17,6	11,4	11,6	9,5	6,2	8,7
Gasto privado em saúde (% gasto total em saúde)	51,8	28,9	23,2	27,8	52,7	55,1
Gasto público em saúde (% gasto total em saúde)	48,2	71,1	76,8	72,2	47,3	43,7
Gasto total em saúde *per capita* (em $PPC)	8.223,0	4.445,0	4.338,0	3.268,0	916,0	978,0
Esperança de vida ao nascer – ambos os sexos	78,7	80,8	80,5	79,8	75,5	73,5
Esperança de vida ao nascer – homens	76,2	78,5	78,0	77,0	73,1	69,7
Esperança de vida ao nascer – mulheres	81,1	83,1	83,0	82,5	77,8	77,3
Esperança de vida aos 65 anos – homens	17,7	18,3	17,8	17,4	16,8	16,4
Esperança de vida aos 65 anos – mulheres	20,3	21,5	20,9	20,7	18,3	19,2
Taxa de mortalidade infantil	6,1	4,9	3,4	4,3	14,1	15,6
Taxa de fecundidade	2,0	1,7	1,4	1,7	2,1	1,9
Médicos (por 1.000 hab.)	2,4	2,4	3,7	3,1	2,0	1,9
Enfermeiros (por 1.000 hab.)	11,0	9,3	11,3	8,7	2,5	1,5
Leitos de internação (agudos) (por 1.000 hab.)	3,1	3,2	8,3	4,9	1,6	2,4
MRI (por 1.000 hab.)	31,6	8,2	10,3	12,5	2,0	0,6

Fontes: Dados econômicos OECD: Country statistical profiles: Key tables from OECD (OECD, 2012). Indicadores de saúde, exceto Brasil: OECD Health Data 2012 – Frequently Requested Data (OCDE, 2012). Indicadores de Saúde do Brasil: DATASUS Indicadores e Dados Básicos (Ministério da Saúde RIPSA, 2012).
PIB: Produto Interno Bruto; $PPC: paridades dos poderes de compra ($ PPC) correspondem às taxas de conversão de moeda que equalizam o poder de compra de diferentes moedas, eliminando as diferenças nos níveis de preços entre países, expressos em dólares americanos. Em sua formulação mais simples, os PPC são simplesmente preços relativos, que mostram a razão entre os preços em moedas nacionais para o mesmo bem ou serviço (OECD, 2007). MRI: sigla para equipamentos de imagem de uso médico de Ressonância Nuclear Magnética. Estimam "densidade" de tecnologia avançada.

Classificação dos países		AUS	CAN	ALE	HOL	NZ	RU	EUA
	1,00–2,33							
	2,34–4,66							
	4,67–7,00							
CLASSIFICAÇÃO GERAL (2010)		3	6	4	1	5	2	7
Qualidade do cuidado		4	7	5	2	1	3	6
Cuidado efetivo		2	7	6	3	5	1	4
Cuidado seguro		6	5	3	1	4	2	7
Cuidado coordenado		4	5	7	2	1	3	6
Cuidado centrado no paciente		2	5	3	6	1	7	4
Acesso		6,5	5	3	1	4	2	6,5
Problema relativo a custos		6	3,5	3,5	2	5	1	7
Cuidado no tempo certo		6	7	2	1	3	4	5
Eficiência		2	6	5	3	4	1	7
Equidade		4	5	3	1	6	2	7
Vidas longas, saudáveis e produtivas		1	2	3	4	5	6	7
Gastos em saúde/*per capita*, 2007*		$3.357	$3.895	$3.588	$3.837*	$2.454	$2.992	$7.290

*Estimativa. Gastos apresentados em US$ PPC (paridade do poder de compra).
Fonte: Dados calculados pelo The Commonwealth. Fund based on 2007 International Health Policy Survey; 2008 International Health Policy Survey of Sicker Adults; 2009 International Health Policy Survey of Primary Care Physicians; Commonwealth Fund Commission on a High Performance Health System National Scorecard; and Organization for Economic Cooperation and Development, *OECD Health Data*, 2009 (Paris: OECD, Nov. 2009).

THE COMMONWEALTH FUND

Figura 11.1 • Classificação de países da OCDE quanto ao "desempenho" de seus sistemas de saúde.

SISTEMA DE SAÚDE NA ALEMANHA

País

A Alemanha, país de industrialização avançada e terceira economia mundial, é uma república federal, constituída por 16 estados, com sistema de governo parlamentarista e executivo encabeçado pelo primeiro-ministro (*Bundeskanzler*). Seu legislativo é bicameral, composto pelo Parlamento Federal com deputados eleitos (*Bundestag*) e pelo Conselho Federal (*Bundesrat*) integrado por representantes dos estados (governadores e secretários). Somente as leis que afetam competências estaduais, como, por exemplo, aquelas relativas à educação e à atenção hospitalar, após aprovadas no *Bundestag*, necessitam ter a concordância do Conselho Federal. A economia alemã, exportadora, destaca-se na produção automobilística, indústria mecânica de precisão e de equipamentos eletrônicos e nos setores químico e farmacêutico.

Com 82 milhões de habitantes, a Alemanha é um país de elevado desenvolvimento econômico (PIB *per capita* de US$ 37.000,00) e humano (IDH 0,905). Contando com amplo sistema de proteção social, desenvolvido ao longo de mais de um século, apresenta desigualdades sociais menos intensas (índice de Gini 0,290) do que o Brasil (índice de Gini 0,509).

Proteção social em saúde e sistema de saúde

A proteção social à saúde na Alemanha é organizada segundo o modelo de seguro social, diferenciando-se do modelo de seguridade social de financiamento fiscal – sistemas nacionais de saúde do tipo britânico/beveridgiano – e daqueles fundados primariamente no mercado por meio de seguros de saúde privados com proteção social residual apenas para grupos específicos, como no caso estadunidense (Lobato & Giovanella, 2008). Sua instituição central é o Seguro Social de Doença (*Gesetzliche Krankenversicherung* – GKV).

O Seguro Social de Doença alemão é de afiliação compulsória, financiado solidária e paritariamente por trabalhadores e empregadores mediante taxas de contribuições sociais proporcionais aos salários. O Seguro

Figura 11.2 ♦ Alemanha – mapa político.
Fonte: WIKEMEDIA COMMONS. (s.d.) Political map of Germany. Disponível em http://upload.wikimedia.org/wikipedia/commons/1/12/BRD.png. Acesso em 07.09.2012.

Social de Doença é parte de amplo sistema de proteção social, que inclui outros quatro ramos: seguro social para aposentadorias e pensões, seguro desemprego, seguro de acidentes de trabalho e seguro social para cuidados de longa duração. A proteção social inclui ainda o sistema educacional, que é público e gratuito em todos os níveis, da escola básica à universidade, e é complementada pela assistência social, que garante a cobertura de necessidades básicas para a população em situação de pobreza por meio de transferências financeiras (Giovanella, 2001).

O sistema de seguros sociais alemão, desde sua criação por Bismarck, no final do século XIX, serviu de exemplo para implementação de proteção social de trabalhadores em muitos países, tendo inclusive inspirado, no Brasil, os institutos de aposentadorias e pensões (IAP) criados no governo Getúlio Vargas. Na Alemanha, o sistema de seguros sociais foi progressivamente ampliado mediante a cobertura de novos riscos, inclusão de novos grupos populacionais e elevação dos níveis dos benefícios garantidos, mantendo, porém, suas características estruturais.

As Caixas do Seguro Social de Doença (*Krankenkassen*) são órgãos públicos, mas não estatais, com atuação regulada e controlada pelo Estado. As Caixas são instituições de direito público de administração autônoma, geridas por representações dos trabalhadores e empregadores. O sistema é plural, composto por diferentes tipos de Caixas organizados por região, setor econômico, empresa ou corporação. Em 2011, atuavam 156 Caixas de Doença na Alemanha, observando-se nas últimas décadas um importante movimento de concentração e fusão com redução importante do número de Caixas em decorrência do acirramento da competição entre elas (em 1994 existiam 1.152 Caixas).

No setor saúde, o processo de tomada de decisão é compartilhado entre o governo federal, os estados e organizações não diretamente estatais autorreguladas com funções públicas. Os arranjos corporativos característicos do sistema político alemão, por meio dos quais o Estado delega a regulação de determinado setor da sociedade aos atores imediatamente envolvidos, está presente no sistema de saúde na forma de: Caixas do Seguro Social de Doença e suas associações, Associações dos Médicos Credenciados das Caixas (*Kassenärztliche Vereinigung-Kven*) e a Comissão Federal Conjunta de Caixas, Médicos e Hospitais (*Gemeinsames Bundesausschuss – G-BA*).

Uma característica marcante do sistema de saúde alemão é sua divisão institucional em setores assistenciais bem separados e entre o financiamento e a prestação de serviços de saúde. Os serviços de saúde pública coletiva (vigilâncias sanitária e epidemiológica) estão a cargo de órgãos governamentais federais e estaduais e são financiados com recursos fiscais. A atenção individual é financiada pelas Caixas do Seguro Social de Doença e prestada por prestadores contratados: consultórios privados para atenção ambulatorial primária e especializada, hospitais públicos e privados para atenção hospitalar.

No nível federal, a saúde pública é competência do Ministério da Saúde por meio de diversos institutos. O instituto federal para doenças transmissíveis e não transmissíveis, Robert Koch-Institute (www.rki.de), é responsável pela vigilância epidemiológica, detecção, prevenção e controle de doenças. A vigilância sanitária é competência do instituto federal para medicamentos e insumo médicos (*Bundesinstituts für Arzneimittel und Medizinprodukte BfArM* – www.bfarm.de), que controla a segurança de medicamentos e insumos médicos.

Nos estados, a saúde pública é, geralmente, uma das divisões de uma secretaria com várias atribuições (por exemplo, secretaria do trabalho, política social e saúde). Os estados realizam atividades em saúde pública, concernentes à vigilância epidemiológica e ao controle de doenças, vigilância sanitária de atividades comerciais envolvendo produtos com interesse para saúde (alimentos, medicamentos e drogas), vigilância de serviços de saúde, exames de pré-escolares, provisão de serviços psiquiátricos comunitários, promoção e educação em saúde. Essas ações são executadas no país por cerca de 350 serviços de saúde pública (estaduais ou municipais com diversas conformações). As atividades de prevenção individual, incluindo imunização e diagnóstico precoce, são prestadas pelos médicos credenciados e financiadas pelas Caixas do Seguro Social de Doença (Busse & Riesberg, 2004).

Sistema de atenção à saúde

O sistema de atenção à saúde na Alemanha caracteriza-se pela completa separação entre o financiamento e a prestação, uma vez que é vedada às Caixas do Seguro Social de Doença a prestação direta de serviços de saúde. Enquanto o financiamento é predominantemente público, efetuado mediante contribuição compulsória às Caixas, a atenção é ofertada por diversos prestadores governamentais, privados e filantrópicos. As Caixas do Seguro Social de Doença, para garantir atenção a saúde a seus segurados, estabelecem contratos com os prestadores (associações de profissionais de saúde, hospitais e farmácias).

Para a atenção ambulatorial, as Caixas estabelecem contratos com as Associações de Médicos Credenciados das Caixas e esses médicos atendem os segurados em seus consultórios. A atenção ambulatorial proporcionada pelo GKV caracteriza-se pela liberdade de escolha do médico por parte dos segurados, oferta ampla, quase que exclusivamente privada, prestada por médicos credenciados que trabalham como profissionais autônomos em consultórios próprios (*Práxis*), em sua maioria individual (75%). A grande maioria dos médicos em exercício em prática ambulatorial (97%) é credenciada pelas Caixas. A remuneração dos profissionais pelas Caixas é realizada com base nos casos tratados e limitada por tetos financeiros por consultório e especialidade.

O segurado pode escolher, a cada atendimento, qualquer médico credenciado, não sendo obrigatório o encaminhamento pelo generalista (*Hausarzt*) para consulta com especialistas. Ainda que seja tradicional a atenção por médico generalista (*Hausarzt*), que corresponde a cerca da metade do total de médicos do setor ambulatorial e mais da metade dos alemães refira ter um *Hausarzt*, este profissional não exerce a função de *gatekeeper*. Em outras palavras, a atenção de primeiro contato pode ser prestada tanto pelo médico generalista como pelo médico especialista, não sendo definidos um primeiro nível de atenção e uma porta de entrada preferencial. Todavia, medidas para fortalecer a atenção pelos generalistas vêm sendo introduzidas. Desde 2007, todas as Caixas devem oferecer um programa de Atenção Centrada no Médico Generalista que, voluntariamente escolhido pelo segurado, passa a exercer a função de coordenação dos cuidados. A atenção ambulatorial é gratuita, contudo em 2004 foi estabelecida uma taxa de copagamento de ε$ 10 por trimestre por médico procurado.

A regulação da atenção ambulatorial processa-se, principalmente, por intermédio de negociações de grupo entre os atores setoriais organizados em associações: Associações de Médicos das Caixas, Associações das Caixas e a Comissão Federal Conjunta de Caixas, Médicos e Hospitais (*Gemeinsames Bundesauschuss – G-BA*).

As Associações de Médicos das Caixas (e também de dentistas) são organizações não lucrativas de direito público e de afiliação compulsória, geridas autonomamente, que agrupam os médicos credenciados em cada estado e estão organizadas em nível federal. Por suas funções públicas, as Associações de Médicos ocupam posição-chave na atenção à saúde da Alemanha. São responsáveis pela atenção ambulatorial e coordenam as atividades dos outros prestadores de serviços, cujo acesso é dependente de seu encaminhamento. Têm como funções: representar os médicos junto às Caixas, negociar a remuneração, receber os honorários e distribuí-los a cada médico, conforme sua participação no conjunto de serviços prestados.

Essas associações, até 2000, eram mandatárias exclusivas, por lei, da incumbência de garantia da atenção médica ambulatorial, o que as tornava detentoras de monopólio da prestação ambulatorial, além do monopólio de representação dos médicos credenciados, garantindo-lhes posição dominante na distribuição de poder ao interior do sistema de saúde e alta capacidade de implementar seus interesses. Atualmente, é permitido às Caixas a negociação de contratos seletivos com grupos de médicos sem a participação das Associações de Médicos das Caixas, como, por exemplo, para o programa de atenção centrada no médico generalista e para modelos de atenção integrada envolvendo os setores ambulatorial e hospitalar ou de reabilitação (Giovanella, 2011).

Outra característica do sistema de saúde alemão é a estrita separação entre os setores ambulatorial e hospitalar. Os hospitais, em geral, não prestam atenção ambulatorial especializada, tratando pacientes somente em regime de internação. A maioria dos médicos exerce atividade apenas em um dos setores: ou trabalha como assalariado em um hospital ou tem consultório próprio.

No setor hospitalar, as Caixas estabelecem contratos com cada hospital. A quase totalidade dos hospitais existentes na Alemanha é contratada pelo conjunto das Caixas. Os estados são responsáveis pelo planejamento hospitalar, cabendo-lhes a definição da necessidade de leitos e os investimentos hospitalares. A oferta de leitos hospitalares é elevada (6,1 leitos/mil habitantes em 2010), sendo 48% públicos (na maioria estaduais), 34% filantrópicos e 17% privados, com tendência à privatização de leitos nos últimos anos (em 2000 apenas 7% dos leitos eram privados) (SozialpolitikAktuel.de, 2012).

Em regra, para a admissão hospitalar faz-se necessário o encaminhamento de médico credenciado, facultando-se ao paciente a escolha do hospital, mas não do médico que o atenderá. Nos hospitais, os médicos são empregados assalariados e têm autonomia para definir a extensão e a qualidade dos serviços prestados.

Em comparação ao setor ambulatorial, o hospitalar caracteriza-se por baixo grau de organização dos níveis intermediários de negociação e fracas coordenação e agregação dos interesses envolvidos. Os prestadores hospitalares agrupam-se parcialmente em associações, as Sociedades de Hospitais organizadas nos níveis estadual e federal. Todavia, ao contrário das Associações de Médicos das Caixas, essas associações são voluntárias e de caráter privado e não têm direitos assegurados pela via legal, apresentando menor poder de diretiva sobre seus associados (Giovanella, 2001). Essa baixa organização de interesses em nível intermediário na área hospitalar não implica, entretanto, posição secundária da atenção hospitalar no sistema de atenção ou na disputa pelos recursos setoriais. A maior proporção de gastos está no setor hospitalar (35% em 2010).

A oferta de serviços para o GKV e a garantia da qualidade da atenção à saúde são reguladas pela Comissão Federal Conjunta (*Gemeinsames Bundesausschuss – G-BA*), uma nova arena de autogestão do Seguro Social de Doença criada em 2004 que reúne os atores corporativos setoriais. Tem composição paritária entre prestadores e Caixas: representações de médicos, dentistas, psicoterapeutas, hospitais, pelos prestadores; e pelas Caixas, a Associação Central das Caixas do Seguro Social de Doença com cinco assentos (http://www.g-ba.de/). Essa comissão tem importantes competências: é responsável pela definição do catálogo de serviços do GKV, decidindo quais novos procedimentos ou medicamentos são incorporados e passam a ser financiados pelas Caixas do Seguro Social; regulamenta necessidades de oferta, preços e regras de exceção de copagamentos, seguindo a legislação vigente; e estabelece diretrizes que devem ser seguidas pelos prestadores para que a atenção garantida pelo GKV seja adequada, segura e eficiente (Busse & Riesberg, 2004).

Representantes de organizações de pacientes participam da Comissão Conjunta com mais de cem representantes em suas subcomissões, contudo sem direito a voto. Cabe ressaltar que a forma legal de participação social na Alemanha é muito distinta daquela do Brasil. Como as Caixas são organizações autônomas autogeridas por representantes de trabalhadores e empregadores, as representações das Caixas na Comissão Conjunta, teoricamente, representam também interesses dos segurados (os usuários).

O Instituto para Qualidade e Eficiência na Atenção à Saúde (Institut für Qualität und Wirtschaftlichkeit im Gesundheitswesen – IQWiG https://www.iqwig.de), criado em 2004, é responsável por avaliar a incorporação de tecnologias, procedimentos e medicamentos. Por solicitação do Ministério da Saúde e da Comissão Federal Conjunta, produz avaliações independentes baseadas em evidências sobre novos procedimentos, exames diagnósticos e preventivos, medicamentos e elabora diretrizes clínicas.

Força de trabalho em saúde

O setor saúde é um importante setor da economia e emprega mais de 4,2 milhões de residentes (300 mil empregos na indústria e 3,9 milhões na atenção), o que corresponde a 11,8% do total de empregos (em 2009). Entre esses residentes, 1,8 milhão estão empregados no setor hospitalar e 1,7 milhão no setor ambulatorial, sendo 63% em tempo integral e 37% em tempo parcial (Busse & Riesberg, 2004: 124).

Há uma boa oferta de médicos, com 3,7 médicos por mil habitantes. De um total de 320 mil médicos em atividade em 2008, 43% atuavam no setor ambulatorial, 48% no setor hospitalar e 9% em outras áreas. Entre os médicos do setor ambulatorial, 96% estavam credenciados pelo GKV, 48% destes atuando como generalistas (especialistas em medicina geral e familiar, médicos práticos, internistas e pediatras) e 52% em diversas especialidades (SozialpolitikAktuel.de, 2012). Todavia, somente 36% têm formação como médicos generalistas. Observa-se uma tendência à especialização, com a redução da proporção de médicos que trabalham como generalistas (em 1979, 65% eram generalistas) e progressiva especialização com redução da oferta em áreas rurais. A oferta regional de médicos credenciados por especialidade é regulada pela Comissão Federal Conjunta de modo a evitar a sobreoferta de especialistas.

A profissão de enfermagem é de nível técnico não universitário (assim como as de fisioterapeuta e fonoaudiólogo), e o número de enfermeiros aumentou muito nas últimas décadas, desde a criação do Seguro Social de Cuidados de Longa Duração, em 1994. Parteiras com nível de formação técnica atuam de maneira independente, realizando pré-natal em casas de parto. Com mais de 700 mil enfermeiras e parteiras e relação de 9 profissionais por mil habitantes, apresenta média superior à dos países europeus (Busse & Riesberg, 2004: 125).

A formação de profissionais de saúde é uma responsabilidade partilhada entre o governo federal, os governos estaduais e as associações profissionais. Padrões nacionais para currículo e exames nacionais estão estabelecidos há mais de um século para médicos (1871), farmacêuticos (1875) e enfermeiros (1907). Hoje estão definidas diretrizes curriculares para 17 de 23 profissões não acadêmicas em saúde (isto é, sem formação universitária, como as de fisioterapeuta, fonoterapeuta, parteira, enfermeira pediátrica, enfermeira assistente) (Busse & Riesberg, 2004: 128).

A educação universitária é gratuita, financiada pelos estados, e a formação prática nos hospitais é financiada pelas Caixas como parte de seu contrato com hospitais. Há 36 faculdades de medicina, 31 de odontologia e 23 de farmácia (todas públicas). Depois de graduados, os profissionais devem se registrar nos departamentos de saúde dos estados para iniciar sua atuação. Para credenciamento pelo GKV, os médicos devem ter um título de especialistas, seja em medicina geral e familiar, seja em outras especialidades. A Câmara Federal de Medicina define o conteúdo geral da formação, as competências e o tempo mínimo de duração para cada especialidade. A formação é feita em serviço e dura de 4 a 6 anos, depois dos quais, para receber o título de especialista, é necessário submeter-se a um exame da especialidade na Câmara Estadual de Medicina. A especialização em medicina geral e familiar aumentou de 3 para 5 anos em 1998 com o intuito de fortalecer a qualidade e o *status* dos médicos de família (Busse & Riesberg, 2004: 132).

Acesso e cobertura

O desenvolvimento do Seguro Social de Doença alemão caracteriza-se pela alta estabilidade e a continuidade de sua estrutura sob diferentes regimes, acompanhadas de inclusão e expansão progressivas (Altenstetter, 1987). Restrito ao operariado industrial em sua origem (1883), o Seguro Social de Doença alemão (GKV) incluiu progressivamente todos os grupos ocupacionais, cobrindo atualmente 88% da população residente em 2011, e 11% são cobertos por seguros privados (entre estes, 4% correspondem a funcionários públicos que têm parte de suas despesas coberta pelo governo).

A proteção social à saúde na Alemanha é inclusiva e extensiva. Concomitante ao processo de extensão de cobertura populacional, a pauta de benefícios e serviços garantidos pelo Seguro Social de Doença foi ampliada e uniformizada de modo gradual. A grande maioria da população é coberta pelo Seguro Social de Doença e tem acesso à ampla rede de assistência médico-sanitária em seus diversos níveis de complexidade. Nos dias atuais, o GKV garante atenção médica ambulatorial e hospitalar em todos os níveis de atenção, quase a totalidade do conjunto de ações diagnósticas e terapêuticas atualmente disponíveis, assistência farmacêutica, odontológica e psicoterapêutica, prevenção, reabilitação, além de transferências financeiras do auxílio-doença.

As ações não são especificadas em uma cesta ou catálogo, mas definidas de modo genérico. Segundo o Livro

Quinto do Código Social, §27, os segurados têm direito a tratamento médico quando este se fizer necessário para diagnóstico e cura de doenças, bem como para evitar a piora e minorar o sofrimento. As ações devem, pela letra da lei, corresponder a necessidades médicas, ser suficientes, oportunas (estar em consonância com as finalidades) e econômicas (não despender mais recursos do que o necessário). Independente da Caixa a que são afiliados, todos os segurados têm direito a um mesmo conjunto de serviços.

O cerne dos serviços garantidos pelas Caixas está nas ações médico-sanitárias individuais, entre as quais as ações curativas, que incluem: atenção médica ambulatorial e hospitalar; atenção odontológica, ampla assistência farmacêutica (os medicamentos prescritos são dispensados em qualquer farmácia privada), psicoterapia e outros métodos terapêuticos (massagens, banhos medicinais, fisioterapia, fonoterapia e terapias ocupacionais), bem como atenção médica domiciliar e *hospice*. Inclui ainda medidas para promoção da saúde e prevenção individual (inclusive em *Kurhaus*, tipo SPA), diagnóstico precoce de doenças; ações de reabilitação e meios de ajuda (próteses e aparelhos de audição), cuidados na gestação e no parto, aborto hospitalar e esterilização legal, fecundação artificial e transferências financeiras: auxílio-doença, auxílio-parto, auxílio-maternidade e auxílio-funeral. A atenção domiciliar ou em sistema de internação para cuidados de longa duração para idosos ou deficientes com graus variados de dependência é coberta pelo Seguro Social para Cuidados de Longa Duração.

Os segurados têm direito a grande parte das ações do catálogo de maneira direta, sem pagamento e sem participação financeira. Para isso, basta apresentar o cartão magnético do segurado ao prestador. A participação financeira direta dos pacientes é legislada de modo uniforme entre Caixas e é expressiva apenas para assistência farmacêutica e próteses dentárias. Desde 2004 foi estabelecido na atenção ambulatorial um copagamento de ε$10 por trimestre. São estipulados montantes de copagamento para medicamentos e para internações em hospitais, clínicas de reabilitação e casas de repouso. Tratando-se de hospitalização, a taxa de ε$10 é paga por, no máximo, 28 dias ao ano. Uma taxa de participação de 10% é definida para outros métodos terapêuticos e para transporte para doentes. Para medicamentos, a taxa de participação é de 10%, até no máximo de ε$10 e no mínimo ε$5. Mulheres grávidas e crianças até os 18 anos de idade estão isentas do copagamento. É definido um limite máximo de 2% da renda para o conjunto dos copagamentos ao ano para qualquer segurado e de 1% para doentes crônicos.

Financiamento

O financiamento do Seguro Social de Doença é garantido a partir de contribuições compulsórias de empregados e empregadores. De acordo com o princípio da solidariedade, as contribuições mensais dependem da capacidade financeira dos segurados, correspondendo a uma proporção dos salários. Diferente dos seguros privados, o valor das contribuições não é, portanto, escalonado segundo o risco, isto é, independe do estado de saúde, da idade, do sexo ou do número de dependentes do segurado.

As contribuições para o conjunto das Caixas são tradicionalmente paritárias, pagas 50% pelo empregador e 50% pelo trabalhador. São descontadas dos salários até um limite definido legalmente, que corresponde a 75% do salário de contribuição para o sistema de aposentadorias e é reajustado a cada ano pelo governo federal. Em 2012, esse teto era de ε$4.200/mês. Os trabalhadores que recebem salários acima deste limite não são obrigados a contribuir para o seguro social de doença, podendo optar por contribuir voluntariamente para o seguro social ou comprar um seguro privado. Os aposentados contribuem para o seguro doença com uma taxa média nacional, paga 50% pelo aposentado e 50% pela previdência social. Para desempregados, o Seguro Social de Desemprego continua pagando a taxa de contribuição do GKV. Pessoas não ocupadas que recebem benefício financeiro da assistência social, previamente vinculadas a uma Caixa do Seguro Social de Doença, têm sua contribuição paga pelo serviço social (em geral municipal) ou despesas médicas cobertas pela assistência social (Giovanella, 2001).

O Seguro Social de Doença GKV é financiado quase exclusivamente pelas taxas de contribuição. A participação de financiamento fiscal no seguro social é exceção, ainda que tenha sido aumentada recentemente. A União contribui apenas para o financiamento do auxílio-maternidade e subsidia as Caixas Rurais, as contribuições de estudantes e, desde 2011, as contribuições de familiares dependentes.

Até os anos 1990, as taxas de contribuição eram muito diferenciadas entre as Caixas (de 8% a 16%) em decorrência da afiliação compulsória de grupos ocupacionais a tipos específicos de Caixas. Caixas com receitas mais baixas em razão dos menores salários, como as dos operários ou mineiros, tinham de estipular taxas de contribuição mais elevadas para poderem arcar com os gastos em saúde de seus associados, uma vez que o catálogo de serviços é uniforme. A lei da Estrutura da Saúde de 1993 mudou essa situação. Com o intuito de incentivar a competição entre Caixas, por segurados, essa lei determinou a liberdade de escolha dos segurados para qualquer tipo de Caixa e criou um mecanismo de compensação financeira da estrutura de riscos entre as Caixas com base no nível de renda, na estrutura etária, na distribuição por sexo, no número de dependentes e na proporção de aposentados entre os segurados de cada Caixa. Como resultado dessa legislação, observou-se menor variação das taxas de contribuição entre Caixas (Reiners & Müller, 2012).

As taxas de contribuição aumentaram gradualmente nas últimas décadas. Esse aumento motivou diversas reformas de contenção de gastos. Em 1980, a taxa de contribuição média era de 11,4% e em 2010 era de 14,9%. Em 2009, com um governo de coalizão conservador-liberal, foi definida uma taxa uniforme de contribuição para todas as Caixas e estabelecido um fundo único de receitas, a ser redistribuído entre as Caixas conforme a estrutura de riscos de seus segurados. Em 2011 foi definida uma taxa de contribuição de 15,5% e rompida a paridade. A contribuição do empregador foi congelada em 7,3%, e os trabalhadores passaram a contribuir com 8,2% de seus salários.

As Caixas do Seguro Social de Doença arrecadam as receitas de contribuição de seus segurados e, desde 2009, as direcionam para um fundo comum administrado pelo Departamento Federal de Seguros. A União aporta recursos fiscais a esse fundo para cobrir auxílio-maternidade e dependentes (filhos e cônjuges). As Caixas recebem desse fundo um montante fixo por segurado, ajustado conforme sexo, idade e morbidade. Devem administrar os recursos adequadamente para cobrir todas as despesas. Caso seja necessário, podem aumentar a taxa paga pelo segurado, mas os segurados têm o direito de mudar de Caixa. O argumento para a implementação desse mecanismo seria o incentivo à competição entre Caixas: os contribuintes buscariam Caixas com taxas mais baixas e estas, pressionadas, teriam de atuar mais eficientemente para não perder segurados.

As Caixas pagam os serviços do setor ambulatorial às Associações de Médicos das Caixas, que distribuem a remuneração entre os médicos conforme o número de casos tratados no trimestre. No setor hospitalar, os pagamentos das Caixas são feitos por meio de um sistema prospectivo baseado em procedimentos diagnósticos relacionados.

Os gastos totais em saúde na Alemanha são elevados: em 2009 foram de ε$278 bilhões, correspondendo a 11,6% do PIB. Dos gastos totais, 73% são gastos públicos, sendo 57,8% provenientes do Seguro Social de Doença, 4,9% de recursos fiscais e 10,3% de outros seguros sociais (cuidados de longa duração, seguro de acidentes e previdência social). Os gastos privados são principalmente gastos diretos dos domicílios, com 13,5%, seguros privados, 9,3%, e gastos diretos de empregadores, 4%.

Os gastos do Seguro Social de Doença GKV apresentam pequena variação em relação a sua participação no PIB, tendo acompanhado a evolução da economia e mantendo-se, desde os anos 1980, entre 6% e 7% do PIB. Os gastos do GKV concentram-se em ações curativas individuais, notadamente hospitalares e ambulatoriais. Em 2010, a atenção hospitalar era o setor de maior dispêndio, responsável por 35% dos gastos, seguida por assistência farmacêutica ambulatorial, com 18%, atenção ambulatorial médica, com 16%, assistência odontológica, com 6,9%, outros meios terapêuticos e próteses, com 6,4%, e auxílio-doença, com 4,7%, (BMG, 2011).

Reformas recentes

Nas últimas décadas na Alemanha, assim como em outros países com seguros sociais de saúde, a busca de redução de gastos e estabilização das taxas de contribuição levou à introdução de mecanismos de mercado visando à competição entre as Caixas de Seguro Social de Doença na crença de que poderiam ao mesmo tempo alcançar maior eficiência e qualidade. Com o objetivo de promover a competição entre as Caixas do Seguro Social de Doença, a Lei da Estrutura de Saúde, de 1993, aboliu a adscrição compulsória de categorias profissionais a determinados tipos de Caixas, permitindo a todos os segurados escolher a Caixa a qual filiar-se. Desse modo, as Caixas perderam a garantia de permanência que detinham secularmente. Para evitar competição predatória e seleção de riscos foi instituído um fundo de compensação financeira da estrutura de riscos dos segurados. Por outra parte, novas modalidades de pagamento repartiram riscos financeiros dos tratamentos com os prestadores, reduzindo os incentivos para expandir serviços, ou mesmo encorajaram a redução de tratamentos prestados a cada caso. Implantou-se desse modo, segundo Gerlinger (2009), um mercado regulado entre as Caixas, que passaram a competir, a disputar entre si, a afiliação dos segurados. Por outro lado, no final dos anos 2000 foram ampliadas as possibilidades de estabelecimento de contratos seletivos com grupos de prestadores, rompendo a tradição de contratos coletivos com o conjunto de prestadores na tentativa de ampliar o poder das Caixas em influenciar preços dos serviços prestados e aumentar a pluralidade de prestadores.

Ainda que possam ser observadas tendências para a diversificação da rede e privatização de riscos, permanece garantida cobertura de um amplo escopo de serviços de saúde atenção à saúde, com dois terços dos gastos em saúde financiados publicamente e acesso dos grupos populacionais de distintos estratos de renda à mesma rede de consultórios e hospitais. Tendo por base o modelo de análise para universalidade sugerido pelo informe da Organização Mundial da Saúde (OMS) sobre Atenção Primária de Saúde (APS) (WHO, 2008: 28), que inclui três dimensões da universalidade, o sistema de saúde alemão fundado no Seguro Social de Doença apresenta resultados elevados nas três dimensões: (a) amplitude da cobertura populacional por esquema público: com 88% da população filiada ao GKV; (b) profundidade da cobertura: cesta de serviços cobertos abrangente e integral, incluindo as mais modernas terapias; e, (c) elevado nível de cobertura do financiamento público, com 77% dos gastos em saúde cobertos publicamente e baixas taxas de copagamento.

Para o sistema de saúde alemão, com gastos em saúde elevados, sistema de saúde perpassado por interesses econômicos poderosos de produtores de equipamentos e da indústria farmacêutica, estrutura assistencial parcialmente privada, ênfase na atenção individual curativa e a tradicional separação entre saúde individual e coletiva, característica dos seguros sociais, o desafio está nas possibilidades de mudança do modelo assistencial para ampliar a promoção da saúde, reduzir intervenções desnecessárias e enfrentar o processo de medicalização excessiva.

SISTEMA DE SAÚDE NO CANADÁ

País

O Canadá é uma monarquia parlamentar com estrutura e funcionamento político semelhantes aos do Reino Unido, integrante da *Commonwealth,* conjunto de países que mantêm a rainha Elisabeth II como chefe de Estado simbólico. É uma federação composta por dez províncias e três territórios, sendo o governo dividido entre essas instâncias, que têm seus próprios parlamentos e primeiros-ministros. País de grande extensão territorial, com uma população de 34 milhões de habitantes, concentra-se ao longo da fronteira com os EUA. Nessa fronteira estão as capitais das províncias com maior concentração populacional (Ontário, Quebec, Colúmbia Britânica e Alberta) (Figura 11.3).

Tem uma renda *per capita* de US$ 38.914 (PIB/hab.) e um Índice de Desenvolvimento Humano (IDH) de 0,90, o que o coloca entre os seis primeiros países no *ranking* mundial. Após um período de recessão, reflexo da crise mundial, a economia voltou a crescer, com retomada do nível de emprego muito superior à dos EUA, em função do mercado interno e da exportação de energia e matérias-primas, principais fontes de riqueza do país.

Os indicadores de saúde mostram um perfil epidemiológico característico dos países desenvolvidos (doenças cronicodegenerativas), com esperança de vida de 80,8 anos (83,0 para mulheres e 78,5 para homens) e mortalidade infantil de 5,1 óbitos por mil nascidos vivos. Esses indicadores e a mortalidade prematura (anos potenciais de vida perdidos) estão acima da média dos países da OCDE. Nesta breve contextualização é interessante ressaltar dois aspectos que explicam parte das características do sistema de saúde canadense: importante tradição democrática e de proteção social, influenciada pelas raízes britânicas, e uma forte descentralização em virtude de diferenças históricas e linguísticas (OECD, 2012; Noel, 2012).

Sistema de saúde

O sistema de saúde do Canadá é definido como um seguro nacional de saúde financiado a partir de fontes fiscais e de modo compartilhado entre o governo federal e as províncias. Em 1945, acompanhando a tendência mundial de expansão da proteção social e dos serviços de saúde no contexto pós-guerra, o governo federal propôs subsidiar 60% de um seguro saúde médico-hospitalar, mas encontrou resistência em algumas províncias (Quebec e Ontário).

Gradativamente, as experiências realizadas nas províncias do Oeste (Saskatchewan, Colúmbia Britânica e Alberta) levaram à criação de um seguro hospitalar (1957), seguida da votação de um seguro universal em 1966 (o *Medical Care Act*), cuja implantação foi paulatina. Quebec foi a última província a seguir essa política, mas ao adotá-la, em 1971, realizou uma reforma muito inovadora: regiões sociossanitárias com uma rede hierarquizada de estabelecimentos públicos cuja porta de entrada eram os Centros Locais de Serviços Comunitários (*Centres Locaux des Services Communautaires* [*CLSC*]), com um Conselho de Administração majoritariamente constituído por usuários. No topo dessa rede, duas estruturas principais de gestão: o *Ministère des Affaires Sociales* (atualmente *Ministère de la Santé et des Services Sociaux* [*MSSS*]) e uma Agência encarregada do pagamento e do controle dos procedimentos médico-hospitalares *(Régie D'Assurance Maladie).*

Cada província e território têm autonomia para estabelecer prioridades, organizar e gerir os serviços, desde que respeitados os grandes princípios da Lei federal: universalização, gestão pública, integralidade ou caráter completo da assistência e portabilidade (os direitos são válidos em todo o território canadense). Em 1984, esses princípios foram novamente reiterados em lei (*Canadá Health Act,* BillC3), *em razão de denúncias de práticas de copagamento efetuado* em algumas províncias.

Em âmbito federal, há um Ministério da Saúde (Health Canada) que define grandes diretrizes, acompanha o desempenho e exerce uma regulação sob províncias e territórios. Nesse nível, o governo é assessorado por um conjunto de órgãos independentes na área de informação (Canadian Institute for Health Information), controle de qualidade (Health Council of Canada, Accreditation Canada, Canadian Patient Safety Institute), prevenção (Public Health Agency of Canada) e pesquisa (Canadian Institutes for Health Research).

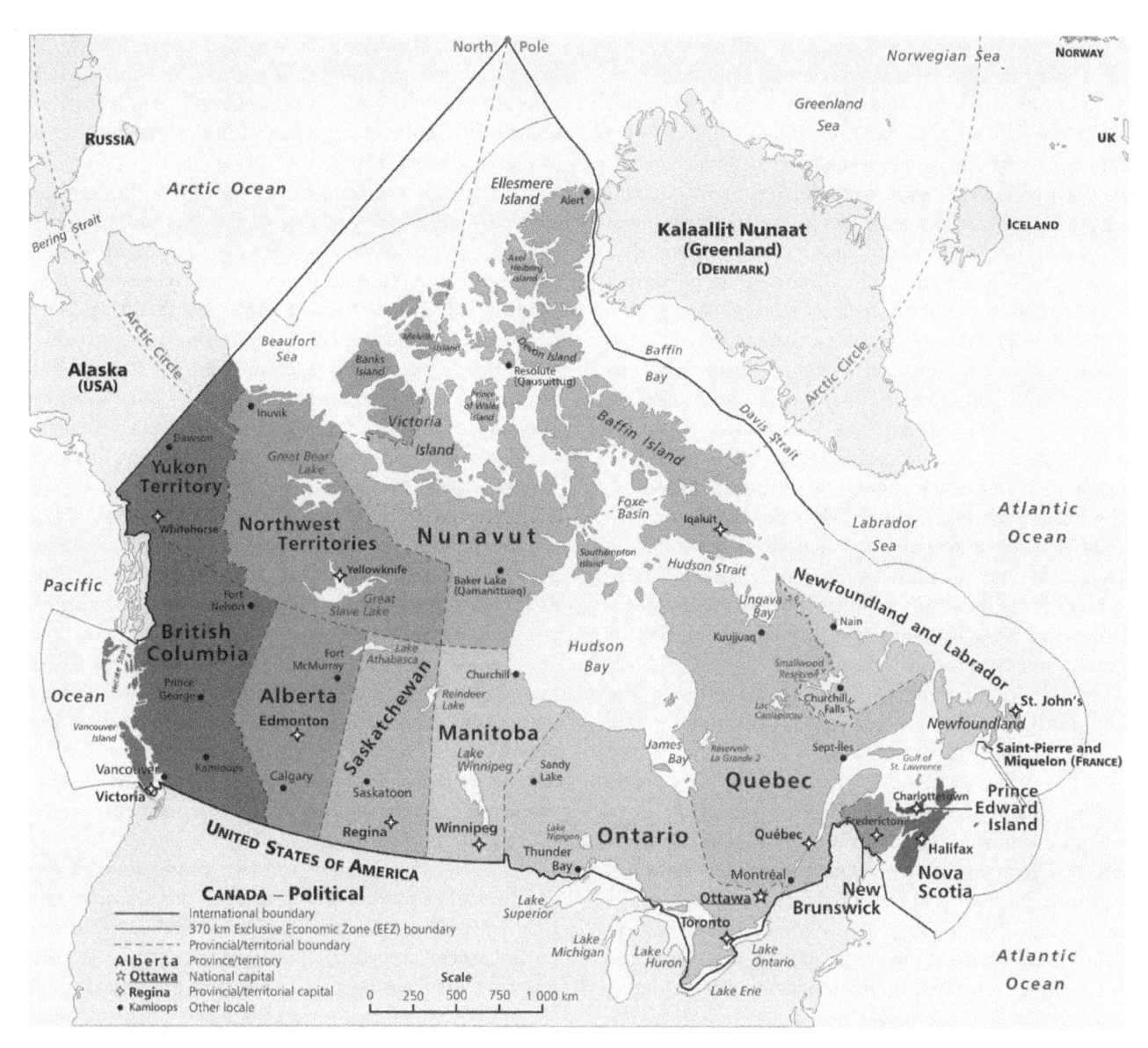

Figura 11.3 ◆ Canadá – Mapa político.
Fonte: WIKEMEDIA COMMONS. (s.d.). Canada – geoploitical map of Canada. Acesso em 14 de setembro de 2012, disponível em Wikimedia Atlas of the World: http://upload.wikimedia.org/wikipedia/commons/f/fe/Geopolitical_map_of_Canada.png

As províncias e territórios também têm sua própria legislação e estruturas administrativas com um Ministério da Saúde que define políticas, planeja, realiza a alocação de recursos e o pagamento de ações referentes à saúde coletiva e à prestação de cuidados. Autoridades regionais de saúde acompanham essas atividades de modo mais direto, em um crescente processo de descentralização que aumentou suas funções e responsabilidades. Em Quebec, as estruturas regionais (*Régies de la Santé et des Services Sociaux*) foram transformadas em Agências de Desenvolvimento de Redes Locais de Serviços de Saúde e de Serviços Sociais (Gouvernement du Québec, 2003).

A articulação entre os dois níveis de governo se dá através da Conferência de Ministérios Federais, Provinciais e Territoriais, que é assessorada por diversos Comitês ou Forças-Tarefas. Em 2004 havia comitês em quatro áreas: prestação de serviços e recursos humanos, saúde e segurança das populações, informação e tecnologia emergentes, governança e prestação de contas *(accountability)*. Além disso, as províncias e territórios indicam representantes para os órgãos independentes que assessoram o governo federal (Marchildon, 2005).

Organização do sistema

Tendo em vista a ênfase na autonomia de gestão, costuma-se dizer que o sistema de saúde canadense é composto por dez sistemas de saúde provinciais e três territoriais, que se caracterizam por uma diversidade de formatos e estruturas.

A prestação de serviços fica a cargo de prestadores privados com diversas formas de credenciamentos e contratos. A maior parte dos médicos exerce sua prática em consultórios, clínicas ou hospitais, sendo remunerados por serviços prestados pelas agências provinciais e territoriais que gerenciam o seguro saúde. Alguns são assalariados em centros de saúde ou em ambulatórios de hospitais. Houve um crescimento de novas modalidades de remuneração com pagamento por número de pacientes (capitação), desempenho ou formas mistas. No período de 2007/2008, 24% dos pagamentos correspondiam a essas modalidades, com uma variação importante entre as províncias (13% em Alberta, 24% em Ontário, 47% na Nova Escócia, 94% nos territórios do Noroeste). Algumas províncias permitem que os médicos que queiram cobrar seus próprios honorários possam se desligar do Medicare (Thomson et al., 2011; Health Canada, 2012).

O pessoal de enfermagem é, em geral, assalariado de hospitais, clínicas comunitárias, serviços de cuidados domiciliares ou saúde pública. Dentistas, fisioterapeutas, farmacêuticos, psicólogos e outros profissionais trabalham em hospitais ou em clínicas privadas. Mais recentemente, têm surgido experiências de trabalho com equipes multidisciplinares realizadas, na maior parte das vezes, em centros comunitários.

Dos hospitais, 95% são instituições sem fins lucrativos administradas por organizações comunitárias, religiosas ou autoridades provinciais. No caso do Quebec, esses estabelecimentos (incluindo centros de reabilitação e clínicas de repouso) são considerados pertencentes à rede pública, recebem orçamento anual e têm seu funcionamento regulamentado em lei. Há uma tendência de que os orçamentos estejam vinculados ao desempenho, com incentivos por cumprimento de metas para diminuição de tempos e espera (câncer, cirurgias ortopédicas, por exemplo).

A partir dos anos 1980, houve uma expansão de serviços privados sob contrato governamental na área de *nursing homes, day care centers e home care* para idosos, principalmente nas províncias de Ontário e Colúmbia Britânica. No entanto, o seguro privado tem papel limitado e não pode atuar em áreas cobertas pelo sistema público, sendo utilizado de maneira suplementar para cirurgias estéticas, hotelaria especial nos hospitais, medicamentos, próteses, tratamentos dentários, psicologia e *home care*, entre outros. O pagamento desses seguros pode ser deduzido dos impostos federais e provinciais (à exceção de Quebec) (Contandrioupoulos et al., 1992; Thomson, 2011).

Na década de 1970, particularmente durante os primeiros anos da reforma de Quebec, foram criados diversos mecanismos de participação para aumentar o poder e o controle dos usuários nas instituições (representação em conselhos de administração, assembleias anuais nos territórios, conselhos consultivos). A influência dessa iniciativa no funcionamento dos serviços foi limitada e, gradativamente, esses mecanismos foram substituídos por fóruns, ouvidorias, encaminhamento de queixas e inquéritos de satisfação.

Há no Canadá uma forte tradição de formar comissões para enfrentar situações que se tornam problemáticas nos serviços de saúde. Essas comissões encomendam pesquisas, consultam grupos de interesses e entregam um relatório que embasa as decisões da política de saúde a ser adotada. De 1988 a 2003, 12 comissões (provinciais e federais) e um Fórum Nacional fizeram recomendações em função do crescimento dos gastos e para adequar os serviços às novas necessidades (doenças crônicas). A análise de seu conteúdo mostra o predomínio das seguintes temáticas: prevenção, promoção, regionalização, integração dos serviços, Atenção Primária de Saúde (APS), novas modalidades de pagamento (hospitais, médicos), garantias para consumo de medicamentos, tecnologias de informação, recursos humanos e maior diversidade de prestadores (incluindo o setor privado).

Em 1991, 60% dos canadenses consideravam o sistema de saúde excelente ou muito bom, mas em 2000 esse percentual diminuiu para 29%. Entre os principais problemas que o *Medicare* passou a enfrentar estão as listas de espera, uma importante redução do financiamento federal e o controle de gastos nas províncias e territórios (Conill, 2000; Marchildon, 2005).

Desde então, tem sido implementado um conjunto de medidas para melhorar a qualidade dos serviços: garantias e acompanhamento de prazos máximos de espera para doenças prioritárias em quase todas as províncias e territórios (com acordo da Canadian Medical Association); fundos federais em áreas como câncer (Canadian Patnership Against Cancer); saúde mental (Mental Health Commission of Canada); segurança do paciente com diretrizes e padrões para boas práticas, principalmente o uso racional e seguro de medicamentos (Canadian Patient Safety Institute), e reformas para incentivo à atenção primária (o principal programa em volume de recursos) (Thomson, 2011).

Força de trabalho em saúde

O Royal College of Physicians and Surgeons é responsável pelo registro de diplomas e pelos programas de pós-graduação da área médica. Em Quebec, esse papel é exercido pelo College des Médècins du Québec. Em 2009 havia 2,4 médicos por habitante, relação que está abaixo da média dos países da OECD (3,1). O controle da demografia médica foi uma das políticas utilizadas para conter gastos na década de 1990, mas a análise do período 2000/2009 continua a indicar essa tendência, com crescimento anual médio de apenas 1,5%, variação muito inferior a desses países. Algumas províncias e territórios com populações rurais e autóctones em áreas distantes e isoladas têm dificuldades em fixar profissionais. O número de generalistas (médicos de família) é levemente inferior ao de especialistas (51,2 *versus* 47,4%), e o Canadá ocupa a terceira posição em oferta desse tipo de profissional (OECD, 2011).

O número de pessoal de enfermagem, da ordem de 9,3 por mil habitantes, é superior à média da OECD (8,4). Há no Canadá uma categoria, denominada *nurse practionners*, cuja formação permite um escopo maior de práticas, o que inclui alguns tipos de prescrições e solicitação de exames. Esses profissionais têm sido considerados promissores nas reformas que visam assegurar a continuidade de cuidados mais integrais.

Ao longo das últimas décadas houve um aumento no número de farmacêuticos e dentistas (estes estão imunes às flutuações dos recursos públicos), mas principalmente de profissionais das áreas de psicologia, fisioterapia e quiropraxia.

Financiamento

Em 2010, os gastos em saúde chegavam a US$ 4.445 por habitante (11,4% do PIB), dos quais 70% eram provenientes de fontes públicas, obtidos a partir de impostos federais e provinciais. A participação de fontes do seguro social ou de municípios é mínima. Os gastos diretos (*out of pocket payments*) representam 14% e os com seguro privado, 12%.

Os repasses para saúde constituem o principal programa de transferência de recursos federais para províncias e territórios. Entretato, diminuíram muito no decorrer dos anos e correspondem a apenas 22% das despesas, menos da metade de sua participação no início do Medicare. De 1990 a 2001, o crescimento do gasto privado foi quase 50% superior ao crescimento das despesas totais com saúde e ao dos fundos públicos (19%) (Conill, 1982; Marchildon, 2005; Thomson *et al.*, 2011).

O modo de transferência dos recursos federais para os ministérios das províncias e territórios foi se modificando: primeiro passou a ser realizado por devolução de "pontos de impostos" e depois foi associado a recursos para a educação. Para enfrentar os problemas decorrentes da retração desse financiamento, algumas províncias criaram pagamentos adicionais (denominados *premiums*) (Alberta, British Colúmbia e Ontário).

A repartição das despesas por função mostra a seguinte composição: cuidados ambulatoriais e serviços a domicílio (33%)[1], hospitalares (20%), cuidados de longa duração (15%), produtos médicos (21%) e saúde pública/ administração (12%). Quando analisados em separado,

os gastos com a administração representam 3,7%, percentual inferior ao de países como França e EUA (7%). Contudo, os gastos farmacêuticos são importantes e, em 2009, representavam 1,8% do PIB (US$ 692 por habitante), com uma taxa de crescimento anual média de 5%, valores muito acima do conjunto da OECD. A maior parte dessa despesa é custeada diretamente pelas pessoas (OECD, 2011).

Cobertura e acesso

O Canada Health Act, que é a base legal do Medicare, assegura cuidados médicos e hospitalares integrais (*all medically necessary*), para os quais não há qualquer tipo de copagamento. Garantias suplementares estão cobertas pelos governos das províncias ou territórios para grupos específicos (idosos, crianças, baixa renda). Isso inclui assistência farmacêutica extra-hospitalar, odontologia, optometria, fisioterapia e equipamentos (por exemplo, cadeiras de roda e próteses). Os cuidados de longa duração não estão incluídos nessa lei, mas a maior parte das províncias os assegura com diferenças na abrangência e nos tipos de serviços.

Reformas recentes

A trajetória das reformas do sistema de saúde canadense se divide em três momentos:

1. Na década de 1970, implantação do seguro-saúde universal com grande aceitação e níveis altos de satisfação.
2. De 1980 ao final da década de 1990, um período de avaliações, restrições orçamentárias e ajustes, com o início das dificuldades de acesso (listas de espera).
3. De 2000 em diante, traz os desafios de controlar custos, melhorar a qualidade e mudar o modelo assistencial.

Após um período de retração e controle de gastos por parte das províncias, a primeira década do século XXI é marcada por aumento do papel de regulação federal para melhorar a qualidade dos serviços com liberação de novos subsídios. Uma série de reuniões para enfrentar problemas nos tempos de espera que ameaçavam a legitimação do Medicare garantiu acordos e recursos para melhorias na APS, equipamentos, tecnologia de informação (prontuários eletrônicos, Telesaúde), cuidados domiciliares, promoção e prevenção (*Accord on Health Care Renewal*, 2003; *A 10-Year Plan to Strenghen Health Care*, 2004). Em 2007, todas as províncias e territórios aceitaram estabelecer garantias de tempos máximos de espera em áreas prioritárias (Health Canada, 2012).

O Conselho Canadense de Saúde divulgou um relatório com uma análise dos resultados das medidas implementadas no último decênio, mostrando que o

---

[1] Os cuidados hospitalares dos médicos são incluídos nesse item, o que introduz um viés na informação.

aumento significativo de recursos melhorou o acesso e determinou uma gestão mais eficaz das listas de espera, com avanços em áreas prioritárias (artroplastias de quadril, joelho e cirurgia de catarata). No entanto, o progresso ainda é limitado nas seguintes áreas: uso racional de medicamentos, atenção primária, cuidados domiciliares, saúde das populações autóctones, recursos humanos, tecnologias de informação e estímulo a uma cultura de prestação de contas (Conseil Canadien de la Santé, 2008).

Denis *et al.* (2011) realizaram um estudo em que identificaram as lições a serem retiradas a partir do esforço canadense para reorientar o sistema de saúde: mudanças positivas no plano financeiro (maior aporte de recursos, novas modalidades de pagamento), na governança (normas, controle da qualidade, regionalização, gestão única de área) e no modo de prestação de serviços (medicina de família, redes, equipes, novas formas de cuidado de pacientes crônicos). Sugerem um conjunto de temas a serem aprofundados, caso contrário, os recursos investidos tendem a reproduzir a mesma dinâmica que necessita ser modificada: formular estratégias em uma perspectiva sistêmica, ter uma concepção integrada das organizações, levar em conta as culturas profissionais, introduzir estímulos com governança e promover o desenvolvimento de um contrapoder (pacientes e informação com base em evidências).

Sabe-se que os efeitos negativos na maneira como o acesso e a qualidade são percebidos pelos usuários constituem um dos principais argumentos que favorecem a abertura para o mercado privado e para o crescimento do segmento suplementar. Ao serem menos segmentados, os sistemas públicos favorecem a coesão social, mas a superação desse desafio parece ser essencial para sua sustentação política e social. É isso que parece estar em jogo no atual cenário do sistema de saúde do Canadá.

SISTEMA DE SAÚDE NOS EUA

País

Os EUA são a maior potência econômica, militar e cultural do planeta. Quarto país em território, vai do Atlântico ao Pacífico. No Atlântico, cobre extensa área do Caribe com um enclave em Porto Rico. No Pacífico, ao longo de sua costa, ocupa uma posição na Oceania com o Havaí e algumas ilhas (Figura 11.4). Tangencia a Ásia, e nesta a Federação Russa, pelo Alasca. Tem mais de 650 bases militares espalhadas em todos os continentes, além daquelas instaladas em seus próprios territórios. Conta com o maior arsenal atômico e a mais desenvolvida indústria bélica. Sua moeda, o dólar, preside praticamente todas as transações comerciais entre países, e é o único país que pode se endividar em sua própria moeda. O idioma inglês domina a comunicação entre países e sua música frequenta diretamente ou é adaptada à agenda popular por toda a parte. Seu estilo de vida é copiado e estimulado pela televisão, cinema e técnicas publicitárias. Sua vanguarda tecnológica de inovação responde por mais de 80% do que acontece no início do século XXI.

Depois da chegada de Colombo à América, seu território foi ocupado pelos espanhóis, seguidos pelos franceses ao longo do Mississipi, logo depois pelos holandeses ao norte na nova Amsterdã, transformada em Nova York com a chegada dos ingleses no final do século XVII. Daí para a frente os colonos britânicos, com o auxílio do capital inglês, iniciaram seu processo de expansão territorial, até proclamarem sua independência em 1776, sem, entretanto, romper os vínculos financeiros com sua pátria de origem. Expandem suas fronteiras para o sul e para o oeste, comprando terras da França e da Espanha, derrotando mexicanos e dizimando a população indígena nativa (Almanaque Abril, 2012).

Os EUA são uma república presidencialista composta por uma federação de 50 estados e o distrito de Colúmbia, onde se localiza a capital, Washington. O poder legislativo é bicameral, como uma Câmara e um Senado. O poder judiciário é composto por uma Corte Suprema e tribunais inferiores. Os estados gozam de grande autonomia e são governados por um governador e um legislativo também bicameral. O nível local é organizado em condados.

Sistema de saúde

Os EUA são único país rico que não dispõe de um sistema universal de proteção e cuidados à saúde. Seu sistema de saúde é misto com financiamento público e privado e prestadores dominantemente privados de caráter lucrativo e filantrópico. A maior parte das prestações é intermediada por terceiras partes pagadoras privadas: os planos e seguros de saúde. As ações de saúde pública são predominantemente exercidas pelo setor público.

Setor público

O governo participa na prestação de cuidados de saúde em seus três níveis. Em nível federal, além de um grande conjunto de ações regulatórias, o governo atua por meio de dois grandes programas, o Medicare e o Medicaid, que foram estabelecidos em 1965 para dar cobertura, respectivamente, às pessoas com mais de 65 anos e aos considerados pobres. O Medicare aos poucos expandiu sua cobertura aos portadores de doença renal avançada e aos portadores de algumas incapacidades. O governo federal também presta assistência aos militares, veteranos de guerra e seus dependentes.

Saúde pública

As ações de Saúde Pública, aqui entendidas como "esforços comunitários organizados dirigidos à prevenção da doença e promoção da saúde" focados "na sociedade como um todo e na comunidade" (Institute of Medicine, 1988), são da responsabilidade dos três níveis de governo. No plano federal estão basicamente centradas no Departamento de Saúde e Serviços Humanos (U.S. Department of Health and Human Services). Ligados ao gabinete do Secretário estão o Escritório do Cirurgião Geral, cuja função é oferecer liderança e recomendações sobre a saúde do público, e o Escritório para prevenção de doenças e promoção da saúde.

Na estrutura do ministério localiza-se o Serviço de Saúde Pública, ao qual se subordinam oito agências sanitárias (Leviton, Rhodes & Chang, 2008):

- **Centros para Controle e Prevenção de Doenças (CDC – Centers for Disease Control and Prevention):** são a principal agência para o desenvolvimento e a implementação das medidas de prevenção e controle de doenças, de atividades de saúde ambiental, promoção da saúde e educação em saúde. O CDC trabalha em articulação com os governos estaduais.
- **Agência para Registro de Doenças Causadas por Substâncias Tóxicas (ATSDR – Agency for Toxic Substances Diseases Registry):** auxilia a prevenção de exposição a substâncias nocivas listadas pela Agência Nacional de Proteção Ambiental.
- **Institutos Nacionais de Saúde (NIH – National Institutes of Health):** liderança mundial na pesquisa biomédica, com 27 centros e institutos, realizando diretamente e financiando pesquisas em outros centros e instituições nacionais e estrangeiras.
- **Administração de Alimentos e Drogas (FDA – Food and Drug Administration):** responsável pela segurança e controle da qualidade de todos os alimentos, à exceção de carnes, medicamentos, sangue e hemoderivados, vacinas, tecidos para transplante, equipamentos e dispositivos médicos, cosméticos e dispositivos que emitem radiação. Todos esses produtos devem ser aprovados pela FDA antes de serem comercializados.

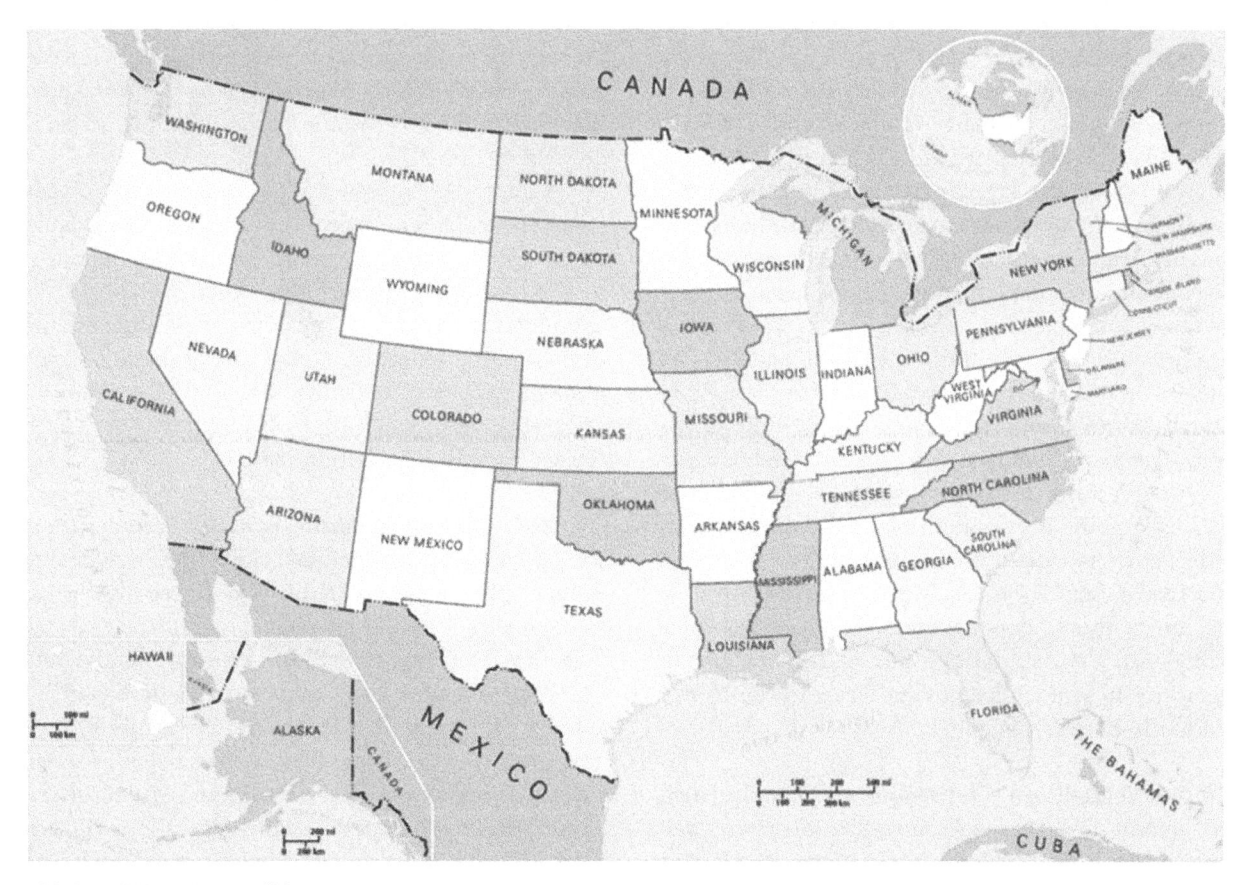

Figura 11.4 ◆ EUA – Mapa político.
Fonte: Wikimedia Commons Atlas of the World – United States (WIKEMEDIA COMMONS).

- **Agência para Pesquisa e Qualidade dos Serviços de Saúde (AHRQ – Agency for Healthcare Quality and Research):** apoia a pesquisa e a qualidade em sistemas e serviços de atenção à saúde. Abriga a Força-Tarefa de Serviços Preventivos (U.S. Preventive Services Task Force) e organiza e financia estudos de efetividade comprovada de procedimentos médicos diagnósticos e terapêuticos.
- Além das mencionadas, há o Serviço de Saúde Indígena, a Administração de Serviços de Saúde Mental e Abuso de Substâncias e a Administração de Recursos e Serviços de Saúde. Outros ministérios e agências têm um papel importante na Saúde Pública, merecendo destaque o Departamento de Agricultura, a Agência de Proteção Ambiental, a Administração Nacional da Segurança nos Transportes em Autoestradas e a Administração da Segurança e Saúde Ocupacional.

Atenção à saúde
Governo

Medicaid. O Medicaid é um programa conjunto do governo federal e dos estados destinados aos segmentos de baixa renda administrado pelos estados segundo um conjunto de normas federais. O governo federal participa do financiamento, cobrindo entre 50% e cerca de 70% dos recursos, com participação menor nos estados mais ricos, como Washington, e maior nos estados mais pobres, como Alabama ou Mississipi. Em virtude de sua estrutura descentralizada, os estados têm razoável discrição para decidir quem é coberto (quem são os "pobres"), qual o pacote de benefícios ofertados e quanto é pago aos prestadores de serviços. De maneira geral, além do critério financeiro, para ser coberto pelo Medicaid o indivíduo deve pertencer a um grupo elegível: crianças, gestantes, adultos com menores dependentes, pessoas com incapacidades graves ou idosos.

Muitos estados apresentam cobertura superior ao requerido pela lei federal. Aproximadamente metade dos estados garante cobertura para crianças até 150% da Linha Federal de Pobreza (LFP) de US$ 34.575 por ano para uma família de quatro pessoas, segundo dados de 2012. A elegibilidade de adultos é mais restrita. Em 33 estados, para pais que trabalham, o limite é inferior a 100% da LFP e, em 17 desses, é inferior a 50%. Adultos capazes sem menores dependentes não são amparados pela lei federal, e os estados que lhes oferecem cobertura devem fazê-lo sem contrapartida federal (The Henry Kaiser Family Foundation, 2012).

Medicare. O Medicare é um seguro social administrado pelo Governo Federal e operado por seguradoras privadas contratadas, destinado ao atendimento de cidadãos americanos com mais de 65 anos de idade que tenham ou cujos cônjuges tenham contribuído por mais de 10 anos. Pessoas com menos de 65 anos podem ter direito ao programa, caso tenham recebido pagamentos do Seguro Social por Incapacidades ou sejam portadoras de doença renal em fase terminal ou esclerose lateral amiotrófica. O programa é financiado por impostos gerais do Governo Federal (42%), por contribuições sobre a folha de salários (37%) e prêmios dos beneficiários (13%) e outras fontes.

O Medicare está organizado em quatro partes separadas. A parte A cobre a assistência hospitalar e é financiada por 2,9% sobre a folha de salários pagos pelo empregado e empregador (1,45% cada), que são depositados no Hospital Insurance Trust Fund. A partir de 2013, as faixas de maior renda têm a contribuição aumentada de 1,45% para 2,35%. Os benefícios da parte A estão sujeitos ao pagamento de uma franquia de US$ 1.152, em 2012, e a um cosseguro para internações que durem mais de 60 e menos de 150 dias.

A parte B cobre as consultas médicas, serviços ambulatoriais e alguns serviços preventivos e cuidados domiciliares. É financiada por impostos gerais e prêmios dos beneficiários (US$ 99,90 por mês em 2012). As prestações estão sujeitas a uma franquia de US$ 140. O Medicaid paga a franquia de seus beneficiários. Os indivíduos de maior renda pagam franquias proporcionais a seus rendimentos, entre US$139,90 e US$ 319,70 em 2012.

A parte C corresponde ao Medicare Advantage, na qual os beneficiários podem se inscrever em um plano privado de saúde aprovado pelo Medicare e são cobertos pelas partes A e B e podem optar pela parte D e por benefícios adicionais. O prêmio para a parte D adicional era de US$ 43 em 2011.

A parte D consiste em um programa voluntário de assistência farmacêutica ambulatorial com subsídios para pessoas de baixa renda e pouco patrimônio. A parte D é ofertada por planos privados exclusivos ou como complemento à parte C. Essa parte é financiada por impostos gerais federais, contribuições dos estados e prêmios pagos pelos benficiários. Em 2012, o valor dos prêmios variava de US$ 42 a US$ 92 por mês (The Henry Kaiser Family Foundation, 2011).

CHIP – Children's Health Insurance Program (Programa de Seguro Saúde das Crianças). O CHIP foi criado em 1997 como complemento ao Medicaid para cobrir crianças não atendidas por aquele programa, estendendo seu alcance a crianças sem seguro saúde de baixa e média renda. O CHIP oferece uma cesta mais restrita de benefícios e os estados têm mais liberdade para cobrar prêmios e copagamentos. No início de 2012, quase todos os estados, à exceção de quatro, ofereciam o programa para crianças cujas famílias atingiam até 200% da LFP. O Governo Federal cobre metade dos gastos com o programa até um teto definido para cada estado (The Henry Kaiser Family Foundation, 2012).

VHA – The Veterans Health Administration. A Administração da Saúde dos Veteranos presta cuidados de saúde aos veteranos de guerra e seus dependentes. Cerca de 75 milhões de americanos têm direito ao sistema. Por volta de 2005, a VHA possuía e operava uma rede própria de 163 hospitais, 134 asilos, mais de 800 ambulatórios e 206 centros de readaptação (Sparer, 2008).

Além desses programas federais, há diversos hospitais estaduais para doentes mentais e uma extensa rede de serviços locais de saúde administrados pelos condados.

Setor privado

A maior parte dos americanos tem sua atenção à saúde coberta por planos e seguros privados de saúde contratados por seus empregadores. Esses planos e seguros ofertados constituem um salário indireto e não estão sujeitos a impostos ou taxas. Podem cobrir apenas o empregado ou incluir seus dependentes. A proporção de empresas que oferecem esse tipo de cobertura varia de acordo com seu tamanho. Em 2012, a proporção era de 61% para as pequenas empresas (de três a 199 empregados) contra 98% para as firmas com mais de 200 empregados. Mesmo nas empresas que oferecem seguros, nem todos os trabalhadores são cobertos em função de carga horária de trabalho ou carências. Outros não estão cobertos porque estão cobertos pelo plano de seu cônjuge ou por conta do custo da cobertura. Apenas um quarto das grandes empresas estende a cobertura para depois da aposentadoria (The Kaiser Family Foundation and Health Research and Educational Trust, 2012).

Há diversas maneiras das operadoras de planos e seguros de saúde relacionarem-se com os prestadores de serviço (Kongstvedt, 2004):

- **Pagamento por procedimento ou ato:** constitui a forma mais tradicional de seguro, garantindo cobertura das despesas efetuadas. As restrições são dadas pela lista de procedimentos cobertos. Em geral, não há restrição quanto à escolha do prestador dos serviços. A operadora paga diretamente ao prestador ou reembolsa o beneficiário. Os valores pagos aos profissionais são fixados por tabelas do que é considerado "comum, habitual e razoável". O pagamento aos prestadores institucionais se dá pelo que é cobrado. Em geral, existe uma franquia e é cobrado um cosseguro. A maior parte das operadoras exige autorização prévia para a realização de procedimentos eletivos e requerem uma segunda opinião para procedimentos de alto custo.
- **Planos de serviços:** empregados basicamente pelos sistemas Blue Cross e Blue Shield, são constituídos por 38 companhias locais e independentes e pela associação nacional Blue Cross Blue Shield. São o mais antigo sistema de pré-pagamento que funciona nacionalmente nos EUA (Blue Cross Blue Shield Association, 2012).

Nos planos de serviços, os prestadores contratados devem aceitar algumas regras, como reembolso direto pelo plano, tarifas previamente acordadas e autorização para auditoria. Assim como o anterior, os planos podem exigir autorização prévia e segundas opiniões.
- **PPO – Preferred Provider Organizations (Organizações de Prestadores Preferenciais):** as PPO são semelhantes aos planos de serviço, mas apresentam algumas diferenças. Os planos podem reduzir consideravelmente a lista de prestadores credenciados. Em geral, o pagamento aos prestadores é menor, e podem coexistir listas diferenciadas com padrões de remuneração diferentes. Da mesma maneira, são exigidas autorização prévia e segundas opiniões. Costumam existir franquias e cosseguros. Uma característica é que os planos costumam reduzir o pagamento se o prestador procurado não estiver na lista (Kongstvedt, 2004).
- **HMO – Health Maintenance Organizations (Organizações de Manutenção da Saúde):** as HMO diferem radicalmente das modalidades anteriores. Embora possam existir HMO de "acesso aberto" que se assemelhem às PPO, a grande maioria das HMO administra o uso de serviços de maneira mais rigorosa. Os atendimentos aos beneficiários são efetuados pelos prestadores em conformidade com os procedimentos autorizativos das HMO. As HMO dividem-se em duas grandes categorias: painel aberto e painel fechado. No caso do painel aberto, os médicos e outros profissionais são contratantes independentes que atendem os pacientes em seus próprios consultórios. Eles podem manter contratos com outros planos. Cada beneficiário deve escolher um único profissional para ser seu médico de cuidados primários. Este médico funciona como um *porteiro (gatekeeper)* que deve autorizar o uso de todos os serviços, excetos os de urgência e emergência. Os médicos dos planos de painel fechado trabalham exclusivamente para a HMO, habitualmente nas próprias instalações das HMO. Eles podem ser contratados em grupos ou podem ser contratados diretamente pela HMO.
- **HDPHP/SO – High-Deductible Health Plans with Savings Option** (Planos de Saúde com Franquia Elevada e Opção de Poupança). Em anos recentes muitos empregadores oferecem planos, em qualquer das modalidades anteriores, com franquias mais elevadas, ao mesmo tempo que criam esquemas especiais de reembolso por meio de fundos mantidos por contribuições dos próprios empregadores ou por contas especiais de poupança mantidas pelos empregados ou por empregados e empregadores.

Em 2012, os valores anuais médios dos prêmios pagos pelos seguros oferecidos pelos empregadores eram de US$ 5.615 para cobertura individual e US$ 15.745 para cobertura familiar. Os trabalhadores contribuem, em média, com 18% do valor do prêmio para as coberturas individuais e 28% para as coberturas familiares. Cinquenta e seis por cento dos trabalhadores estavam cobertos na modalidade de PPO, 19% de HDHP/SO e 16% por HMO. Apenas 1% era coberto pelas modalidades tradicionais de seguro aberto. Grande parte dos trabalhadores, sobretudo na modalidade de PPO, incorre em gastos adicionais quando procura os serviços, com franquias variando de US$ 733 até US$ 2.086 (HDPH/SO). Também devem arcar com copagamento em consultas médicas e cosseguros em alguns casos (The Kaiser Family Foundation and Health Research and Educational Trust, 2012).

Cerca de 10% da população compra diretamente seu seguro de saúde (DeNavas-Walt, Proctor & Smith, 2012).

O mercado de planos de saúde é fortemente concentrado. Levantamento regularmente feito pela Associação Médica Americana em 368 áreas metropolitanas em 48 estados revelou que em 2011, em 955 das regiões pesquisadas, um ou mais de um plano de saúde HMO/PPO detinha mais de 30% de fatia de mercado. Em 47% das áreas, apenas uma operadora HMO/PPO detinha mais de 50% do mercado (American Medical Association, 2012). Os 30 maiores planos de assistência médica registravam, em 2008, 181 milhões de beneficiários, metade deles coberta por apenas quatro seguradoras e 80% por 12 operadoras (Austin & Hugerford, 2009).

Força de trabalho em saúde

Em 2010 havia 16.415 milhões de pessoas diretamente empregadas pelo sistema de cuidados de saúde, das quais cerca de 6 milhões em serviços ambulatoriais, 4,6 milhões em serviços hospitalares e 3,1 milhões em instituições asilares e residenciais. Em 2009, havia 972.400 médicos em atividade, dos quais pouco mais de 27% eram graduados internacionais. Os médicos de família e clínicos gerais correspondiam a apenas 9,8%. Agregados como médicos de primeiro cuidado os internistas e pediatras, o que não é correto, pelo menos no que diz respeito aos internistas, a proporção de não especialistas atingiria 34,6%. Para o mesmo ano havia 2,583 milhões de enfermeiros em atividade.

A densidade de médicos varia amplamente pelos estados. A média nacional é de 2,7 por mil habitantes e varia de 1,8 no Mississipi a 8,2 no Distrito de Colúmbia e 4,7 em Massachusetts (U.S. Census Bureau, 2012).

Além da má distribuição, há análises que preveem para o futuro uma escassez de pessoal de saúde, incluindo médicos e enfermeiros. Já são consideradas críticas as áreas da atenção primária, de cuidados crônicos e prolongados, de saúde mental e bucal. As mudanças decorrentes do envelhecimento populacional e de mudanças no perfil de morbidade têm colocado necessidades de diversificação profissional e maiores esforços na formação interdisciplinar (Salsberg, 2011).

Nos EUA existiam, no final da década passada, quase 74 mil médicos osteopatas, autorizados a exercer a medicina e que defendem uma teoria de que "o corpo pode produzir seus próprios remédios, dadas relações estruturais normais, condições ambientais e nutrição. Difere da medicina alopática ao dedicar maior atenção à mecânica do corpo e a métodos manipulativos para diagnóstico e tratamento" (Slee, Slee, & Schmidt, 2008).

Formação

A maior parte das escolas médicas alopáticas faz parte de centros médicos acadêmicos que incluem hospitais terciários. Em 2006 havia 125 escolas, com o ingresso de 17.370 alunos no primeiro ano. Depois de 4 anos de ciclo clínico, os dois últimos de internato, os alunos devem prestar exames para receber a licença de prática, que envolve conhecimentos científicos básicos, conhecimentos e habilidades clínicas. Apesar da ênfase em cuidados primários e na abordagem geral dos pacientes, boa parte do ensino se dá em hospitais terciários. Para poder praticar medicina, após a graduação o médico deve completar pelo menos 1 ano de ensino pós-graduado, geralmente sob a forma de programas de residência. Depois da residência, o médico pode ainda se subespecializar em períodos mais longos. Todos os médicos devem ser certificados por conselhos de especialidades médicas (*Boards*) de sua especialidade. Boa parte dos programas de residência é financiada pelo Medicare (Brewer & Rosenthal, 2008).

A formação de pessoal de enfermagem é bastante variada. Após 2 a 3 anos de formação universitária podem se registrar como enfermeiros (*Registered Nurse* – RN). Para praticar, também devem ser aprovados por exame específico desenvolvido pelo Conselho Nacional de *Boards* de Enfermagem. Há também práticos de enfermagem (*Nurse Practioner* – NP) que completam treinamento pós-graduado em várias especialidades e podem diagnosticar e tratar pacientes. Enfermeiras parteiras também necessitam de treinamento pós-graduado (Kreitzer, Kliger & Meeker, 2009).

Financiamento

Os EUA são o país com o maior volume de gasto total e *per capita* do mundo. Em 2010, os gastos totais em saúde atingiram a cifra de US$ 2,6 trilhões, correspondente a 17,9% do PIB e a um gasto *per capita* anual de US$ 8.402. A Figura 11.5 ilustra o crescimento do gasto *per capita* e da proporção do PIB nos últimos 50 anos. A proporção do gasto público foi de 44,9%. A Figura 11.6 mostra a evolução da repartição dos gastos pela procedência, revelando uma participação crescente da proporção do gasto público. A distribuição dos gastos é apresentada na Figura 11.7 (Centers for Medicare & Medicaid Services, 2012).

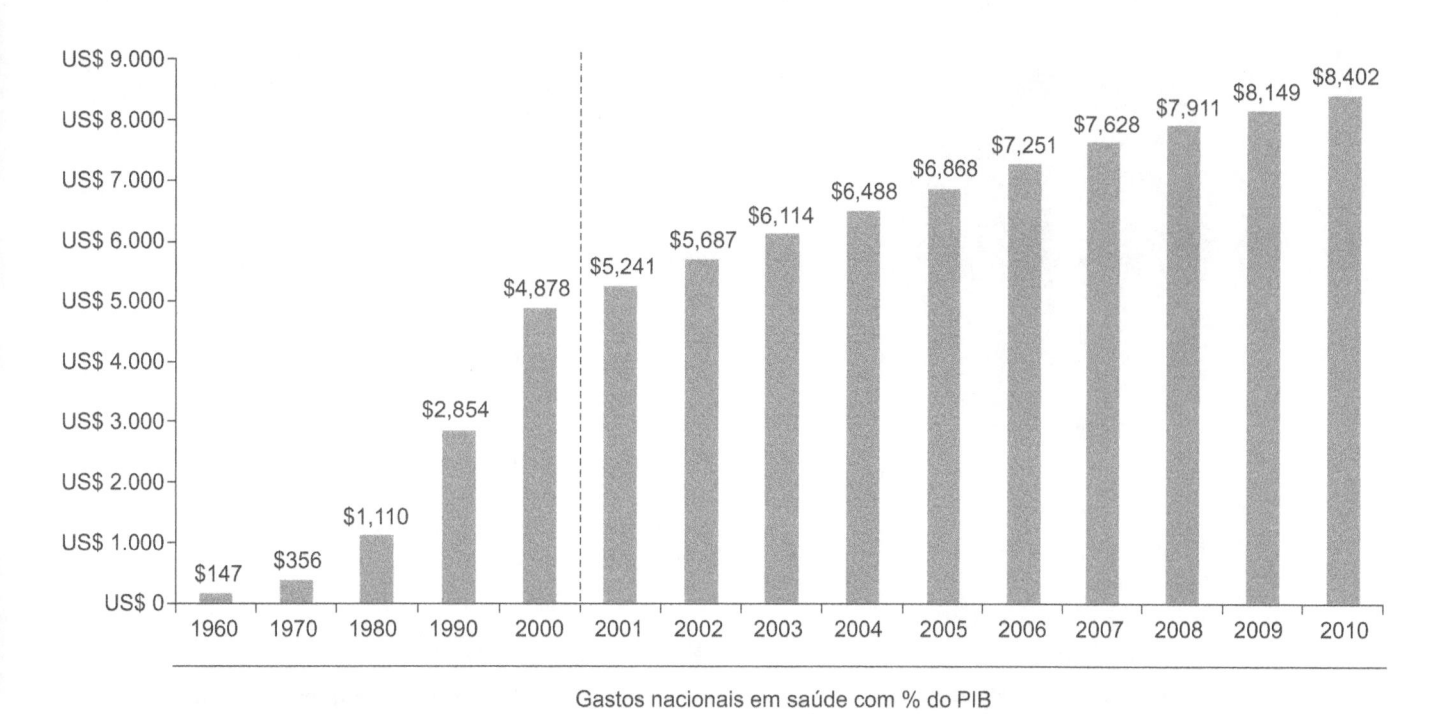

Figura 11.5 ♦ Gastos nacionais em saúde *per capita* – EUA, 1960-2010.
Fonte: (CENTERS FOR MEDICARE & MEDICAID SERVICES, 2012).

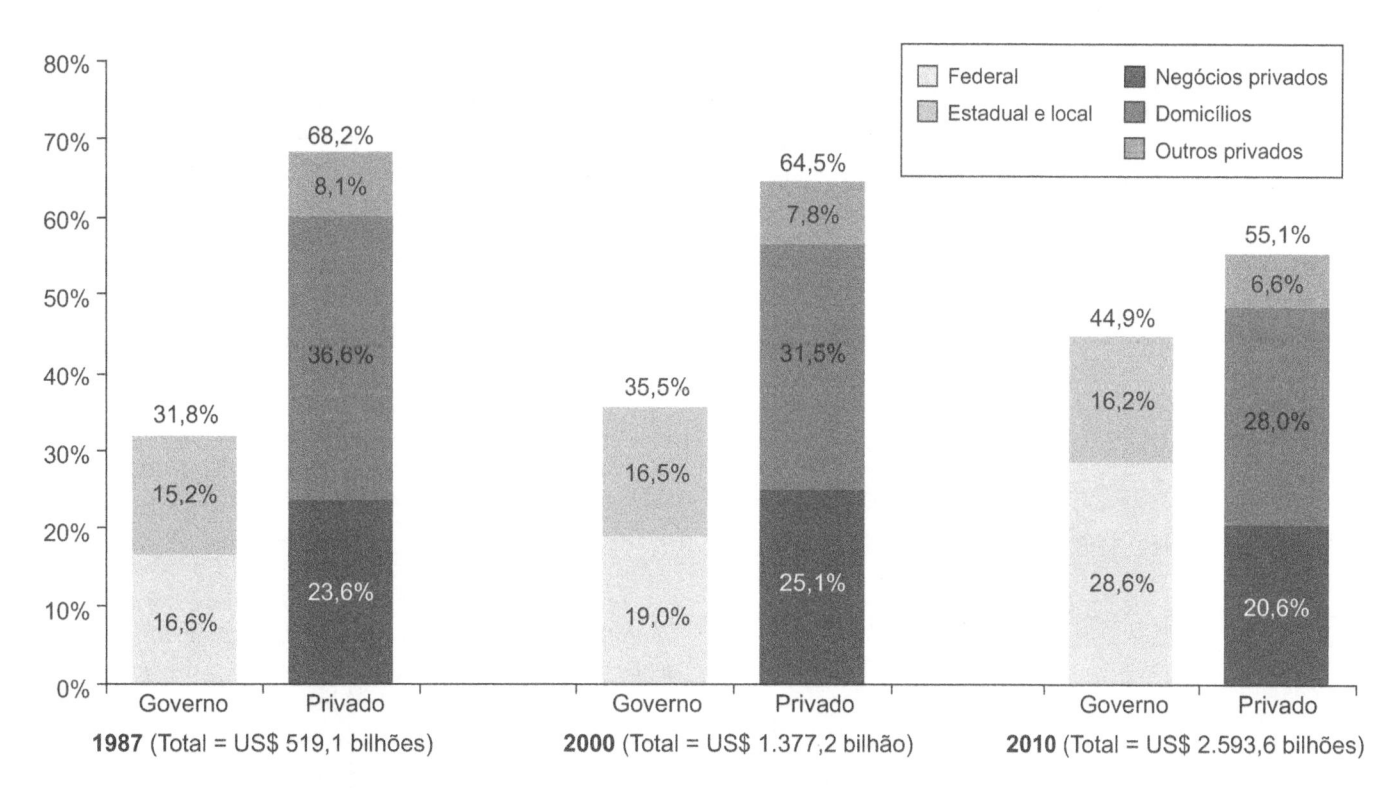

Figura 11.6 ♦ Proporção do gasto nacional em saúde por procedência – EUA, 1987, 2000 e 2010.
Fonte: (CENTERS FOR MEDICARE & MEDICAID SERVICES, 2012).

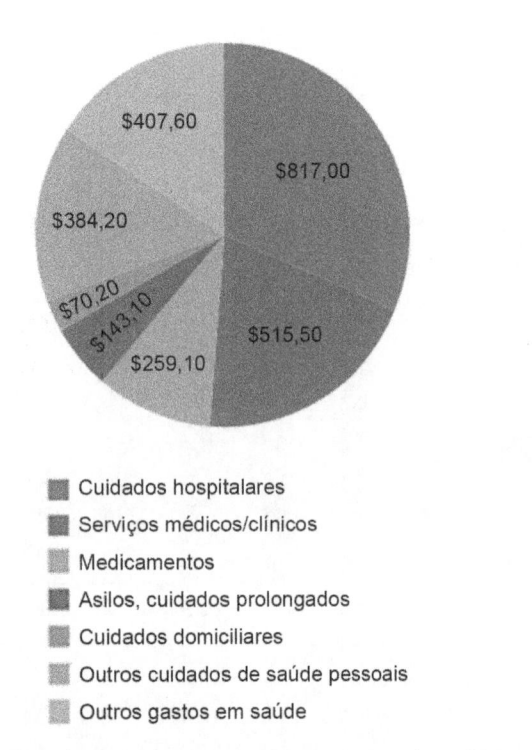

Figura 11.7 • Distribuição dos gastos nacionais de saúde por tipo de serviço (em bilhões de dólares) – EUA, 2010.
Fonte: (CENTERS FOR MEDICARE & MEDICAID SERVICES, 2012).

Cobertura e acesso

Apesar do enorme volume de gastos, o sistema de saúde dos EUA tinha, em 2010, 49,1 milhões de indivíduos desprovidos de qualquer proteção. Aproximadamente metade da população estava coberta por planos privados de saúde (Figura 11.8).

A maior parte dessa população descoberta é constituída por pessoas de rendas baixa e moderada. Mais de três quartos dessas pessoas pertenciam a famílias que trabalhavam, mas uma vez que o custo médio anual para uma cobertura familiar patrocinada pelo empregador situava-se, em 2010, na faixa de US$ 13.770, muitas não podiam arcar com os prêmios sem uma participação significativa do empregador.

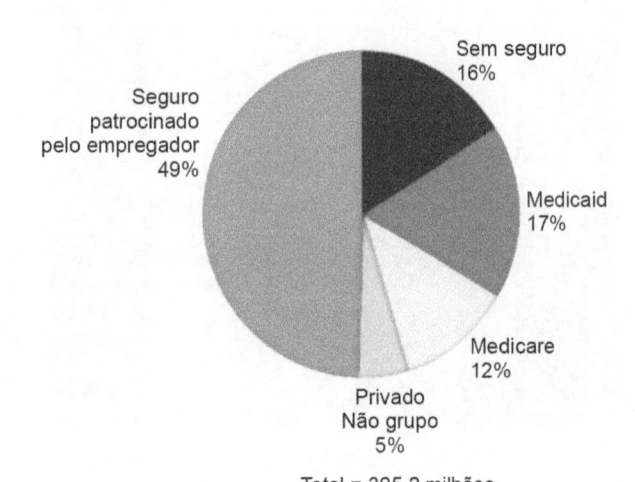

Para essas famílias, as contas médico-hospitalares constituem uma carga excessiva. Os que não dispõem de seguro quando se internam ou se tratam pagam mais caro por seus cuidados do que os seguros pagam a seus prestadores. Como têm renda baixa, quase sempre se endividam ou vão à bancarrota.

Vários estudos demonstram que cerca de um quarto dos adultos sem seguro não obtém o cuidado de que necessita, comparado a apenas 4% dos segurados. Além disso, não conseguem ter acesso a muitos serviços preventivos e ao tratamento de doenças mais graves (The Henry Kaiser Family Foundation, 2012).

Reformas recentes

Dois grandes conjuntos de questões ocupam de maneira central a agenda de reforma do sistema de saúde: a cobertura da população não segurada e a elevação constante dos gastos em saúde com comprometimento de parcelas crescentes da riqueza nacional. O tema da reforma na saúde ocupou um lugar de destaque na disputa política norte-americana desde o início da década de 1990. Esteve presente maciçamente na agenda do Partido Democrata, particularmente do Presidente Bill Clinton (1993-2001), que teve sua proposta derrotada no Congresso, e do Presidente Barack Obama (de 2009 até os dias atuais), que logrou uma vitória importante, mas parcial e instável, com a aprovação pelo Congresso do Patient Protection Affordable Care Act em março de 2010, que ficou popularmente conhecido como Obamacare.

A lei engloba um amplo conjunto de regras e provisões sobre uma ampla gama de questões relativas à organização do setor. A abordagem central para a expansão da cobertura consiste em obrigar a maioria dos cidadãos americanos e residentes legais a obter seguro de saúde. Para isso, determina a criação nos estados de mercados de troca de benefícios de saúde (American Health Benefit Exchanges and Small Business Health Options Program [SHOP] Exchanges), nos quais os indivíduos podem adquirir cobertura, com créditos para prêmios e partilha de custos e créditos disponíveis para indivíduos ou famílias com renda entre 133% e 400% do nível de pobreza federal, e cria ainda mercados separados por meio do qual as pequenas empresas podem comprar cobertura. Obrigam os empregadores a pagar multas para os funcionários que recebem créditos fiscais para o seguro de saúde por meio desses mercados, com exceções para os pequenos empregadores. Impõe novos regulamentos para os planos de saúde nesses mercados e também no mercado de planos individuais e de pequenos grupos nas

Figura 11.8 • Cobertura por seguro de saúde – EUA, 2010.
Fonte: (THE HENRY KAISER FAMILY FOUNDATION, 2011).

bolsas. Expande a cobertura do Medicaid a 133% do nível de pobreza federal.

Todos os cidadãos americanos e residentes legais têm de obter cobertura de saúde. Os que não o fizerem estão sujeitos a uma multa entre US$ 695 e US$ 2.085 ou 2,5% da renda familiar. Essa multa foi escalonada para aumentos progressivos até atingir esses valores em 2016. Há um conjunto de exceções definidas na lei.

A lei define os critérios para acesso ao crédito reembolsável para os prêmios e subsídios para copagamento dos planos obtidos através dos SHOP e estabelece critérios para a concessão de subsídios não reembolsáveis que variam de acordo com o afastamento da LFP.

A lei introduz uma série de medidas para o Medicare, fundamentalmente orientadas para o controle de gastos, e estabelece um ambicioso programa de financiamento de pesquisas de efetividade comparada de alternativas diagnósticas e tratamento, visando à identificação e à implementação de maior custo-efetividade na prestação de cuidados de saúde (The Henry Kaiser Family Foundation, 2011).

Como se pode ver, os EUA caminham de maneira muito particular, com forte ênfase no mercado de planos de saúde, para alcançar a universalidade de cobertura de seus cidadãos. Os cerca de dez milhões de imigrantes ilegais que ali residem e trabalham continuam sem cobertura no país mais rico do mundo. A lei continuará enfrentando fortes críticas e ameaças de retrocesso por parte do Partido Republicano. Os grupos políticos mais à esquerda ficaram frustrados com os fortes subsídios indiretos que continuarão a ser ofertados aos negócios da saúde. No entanto, definitivamente, para os americanos sem cobertura assistencial foi dado um grande passo em 2010.

Referências

Davis K, Schoen C, Stremikis K. Mirror, Mirror on the Wall: How the Performance of the U.S. Health Care System Compares Internationally, 2010 Update. 2010. Acesso em: 23/9/2012. Disponível em: The Commonwealth Fund: http://www.commonwealthfund.org/~·/media/Files/Publications/Fund%20Report/2010/Jun/Davismirrormirror2010exhibitsFINAL%202%20pdf.pdf.

Ministério da Saúde RIPSA. Indicadores e Dados Básicos Brasil 2011 – IDB 2011. Acesso em: 12/9/2012. Disponível em: Datasus: http://tabnet.datasus.gov.br/cgi/idb2011/matriz.htm.

OCDE (12 de julho de 2007). Purchasing Power ParITIES (PPPS) – OCDE. Acesso em: 25/9/2012. Disponível em: OCDE Glossary of Statisitical terms: http://stats.oecd.org/glossary/detail.asp?ID=2205.

OCDE. Country statistical profiles: Key tables from OCDE. 2012. Acesso em: 23/9/2012. Disponível em: OCDEiLibrary: http://www.oecd-ilibrary.org/economics/country-statistical-profiles-key-tables-from-oecd_20752288;jsessionid=1urcihlqchl5t.delta.

OCDE. OCDE Health Data 2012 – Frequently Requested Data. Junho de 2012. Acesso em: 16/9/2012. Disponível em: Health policies and data: http://www.oecd.org/els/healthpoliciesanddata/oecdhealthdata2012-frequentlyrequesteddata.htm.

Sistema de Saúde na Alemanha

Altenstetter C. Health Policy-making in Germany: stability and dynamics. In: Altenstetter C, Björkman JW (eds.) Health policy reforms, national variation and globalization. London: MacMillan Press; 1997:136-60.

BMG – Bundesministerium für Gesundheit. Daten des Gesundheitswesen 2011. Disponível em: www.bmg.de. Acesso em: 7/9/2012.

Busse R, Riesberg A. Health care systems in transition: Germany. Copenhagen: WHO Regional Office for Europe on behalf of the European Observatory on Health Systems and Policies; 2004. Disponível em: http://www.euro.who.int/__data/assets/pdf_file/0018/80703/E85472.pdf. Acesso em: 7/9/2012.

Giovanella L. Redes integradas, programas de gestão clínica e generalista coordenador: análise das reformas recentes do setor ambulatorial na Alemanha. Ciência & Saúde Coletiva 2011; 16(supl.1): 1081-96.

Giovanella L. Solidariedade ou competição: políticas e sistema de atenção à saúde na Alemanha. Rio de Janeiro: Ed. Fiocruz, 2001.

Lobato LVCL, Giovanella L. Sistemas de saúde: origens, componentes e dinâmica. In: Giovanella L, Escorel S, Lobato LVC, Noronha JC, Carvalho AI (orgs.) Políticas e sistema de saúde no Brasil. Rio de Janeiro: Editora Fiocruz, 2008:107-40.

Reiners H, Müller O. Die Reformfibel. Handbuch der Gesundheitsreform. Berlin: KomPart, 2012.

SozialpolitikAktuel.de. Sozialpolitik aktuell: Das Informationsportal zur Sozialpolitik. Gesundheit & Gesundheitswesen, Kranken- & Pflegeversicherung. Disponível em: http://www.sozialpolitik-aktuell.de/gesundheit-datensammlung.html. Acesso em: 7/9/2012.

WHO – World Health Organization. Primary Health Care. Now more than ever. World Health Report 2008. Geneva: WHO, 2008.

Sistema de Saúde no Canadá

Conill EM. A recente reforma dos serviços de saúde na província do Québec, Canadá: As fronteiras da preservação de um sistema público. *Cadernos de Saúde Pública*, 2000; 16:893-971.

Conseil Canadien de la Santé. Relancer la réforme: renouvellement des soins de santé au Canada, 2003-2008. Toronto: Conseil canadien de la santé, 2008. Disponível em: http://www.healthcouncilcanada.ca/docs/rpts/2008/HCC_FiveYearPlan_FR_FA%28WEB%29. pdf. Acesso em: 25/7/2012.

Contandriopoulos AP, Lesemann F, Lemay A. Private markets in health and welfare. The situation in Canada. Groupe de Recherche Interdisciplinaire en Santé/GRIS, Université de Montréal, Document N92-02, 1992.

Denis JL et al. Analyse des initiatives pour la transformation des systems de soins de santé: des leçons à tirer pour le système de santé du Canada. Ottawa (CA): Maio 2011. Disponível em: http://www.fcrss.ca/Libraries/Commissioned_Research_Reports/JLD_REPORT_Fr.sflb.ashx. Acesso em: 25/7/2012.

Gouvernement du Québec. Assemblée Nationale. Project de Loi 25, chapitre 21. Loi sur les Agences de Développement de Réseaux Locaux de Services de Santé et de Services Sociaux, Québec: Editeur Officiel du Québec, 2003.

Health Canada. Health Care System. Canada's Health Care System. Otawa (CA): Health Canada, 2012. Disponível em: http://www.hc-sc.gc.ca/hcs-sss/pubs/system-regime/2011-hcs-sss/index-eng.php. Acesso em: 26/8/2012.

Marchildon GP. Health Systems in Transition: Canada. Copenhageen: WHO Regional Office for Europe on behalf of the European Observatory on Health Systems and Policies, 2005. Disponível em: http://www.euro.who.int/__data/assets/pdf_file/0009/80568/E87954.pdf. Acesso em: 6/9/2012.

Noel A. Canada 2010-2011 L'Enciclopedie de l'État du Monde. Paris: Ed. La Decouverte, 2012.

OECD (Organization for Economic Cooperation and Development). Country statistical profiles: Key tables from OECD .Canada. Disponível em: http://www.oecd-ilibrary.org/economics/country-statistical-profiles-key-tables-from-oecd_20752288;jsessionid=1urcihlqchl5t.delta. Acesso em: 10/9/2012.

OECD (Organization for Economic Co-Operation and Development). Panorama de la santé 2011: Les indicateurs de l'OCDE, Paris (FR): Éd. OCDE, 2011. Disponível em: http://dx.doi.org/10.1787/health_glance-2011-fr. Acesso em: 25/5/2012.

Thomson S et al. International profiles of health care systems, 2011. New York (US): The Commonwealth Fund, November 2011. Disponível em: http://www.commonwealthfund.org/~/media/Files/Publications/Fund%20Report/2010/Jun/1417_Suires_Intl_Profiles_622.pdf>. Acesso em: 25/8/2012.

Sistema de Saúde nos EUA

Almanaque Abril. Estados Unidos. In: Vários. São Paulo: Editora Abril, 2012:459.

American Medical Association. Competition in health insurance: A comprehensive study of U.S. markets, 2011 Update. Chicago: AMA, 2012.

American Medical Association. Competition in health insurance: A comprehensive study of U.S. markets, 2011 Update. Acesso em: 17/9/2012. Disponível em: Economic Resources: http://www.ama-assn.org/resources/doc/health-policy/chi-11-web.pdf.

Austin DA, Hugerford TL. The Market Structure of the Health Insurance. Washington, DC: US Congress, 2009.

Blue Cross Blue Shield Association. About the Blue Cross Blue Shield Association. Acesso em: 17/9/2012. Disponível em: Blue Cross Blue Shield Association: http://www.bcbs.com/about-the-association/.

Brewer CS, Rosenthal TC. The Health Care Worforce. In: Kovner IAR, Knickman JR. Jonas abd Kivner's health care delivery in the United States. 9. ed. Nova York: Springer, 2008.

Centers for Medicare & Medicaid Services. National Health Expenditure Data. 2012. Acesso em: 19/9/2012. Disponível em: Centers for Medicare & Medicaid Services: http://www.cms.gov/Research-Statistics-Data-and-Systems/Statistics-Trends-and-Reports/NationalHealthExpendData/downloads/tables.pdf.

DeNavas-Walt C, Proctor BD, Smith JC. Income, Poverty, and Health Insurance Coverage in the United States. In: UC. Bureau. Current Population Reports. Washington, DC: U.S. Government Printing Office, 2012:25.

Institute of Medicine. The future of public health. Washington, DC: National Academy Press, 1988.

Kongstvedt PR. Managed care: what it is and how it works. 2. ed. Boston: Jones & Bartlett, 2004.

Kreitzer MJ, Kliger B, Meeker WC. Health professions education and integrative health care. Washington, DC: Institute of Medicine, 2009.

Leviton LC, Rhodes SD, Chang CS. Public Health: policy, practice and perceptions. In: Kovner AR, Knickman JR. Jonas and Kivner's health care delivery in the United States Nova York: Springer, 2008:103-10.

Salsberg E. Recent developments in National Health Workforce Analysis. Conferência em Reunião da OCDE. Paris, 2011.

Slee, DA, Slee VN, Schmidt HJ. Dlees1s health care terms. 5. ed. Sudbury, MA: Jones & Bartlett, 2008.

Sparer MS. The Role of Government in U.S. Health Care. In: Kovner AR. Jonas and Kovner's health care delivery in the United States. Nova York: Springer, 2008:144.

The Henry Kaiser Family Foundation. Five facts about the uninsured population. Setembro de 2012. Acesso em: 19/9/2012. Disponível em: Kaiser Commission on Medicaid and the Uninsured: http://www.kff.org/uninsured/7806.cfm.

The Henry Kaiser Family Foundation. Health coverage of children: the role of MEDICAID and CHIP. 2012. Acesso em: 16/9/2012. Disponível em: Kaiser Commission on Medicaid and the Uninsured: http://www.kff.org/uninsured/7698.cfm.

The Henry Kaiser Family Foundation. Health insurance coverage in the U.S., 2010. Novembro de 2011. Acesso em: 19/9/2012. Disponível em: Kaiser Slides: http://facts.kff.org/chart.aspx?ch=477.

The Henry Kaiser Family Foundation. Medicaid program at a glance. 2012. Acesso em: 16/9/2012. Disponível em: Kaiser Commission on Medicaid and the Uninsured: http://www.kff.org/medicaid/7235.cfm.

The Henry Kaiser Family Foundation. Medicare at a glance – Fact sheet – November 2011. 2011. Acesso em: 16/9/2012. Disponível em: Medicare: http://www.kff.org/medicare/1066.cfm.

The Henry Kaiser Family Foundation. Summary of New Health Reform Law. Abril de 2011. Acesso em: 19/9/2012. Disponível em: Kaiser Family Foundation: http://www.kff.org/healthreform/8061.cfm?source=QL.

The Kaiser Family Foundation and Health Research and Educational Trust. Employer Health Benefits – 2012. Summary of findings. 2012. Acesso em: 17/9/2012. Disponível em: Employer Health Benefits 2012 Annual Survey: http://ehbs.kff.org/.

U.S. Census Bureau. Health & Nutrition: Health Care Resources. 2012. Acesso em: 17/9/2012. Disponível em: The 2012 Statistical Abstract – National: http://www.census.gov/compendia/statab/cats/health_nutrition/health_care_resources.html.

Wikemedia Commons. United States – States of the US. s.d. Acesso em: 14/9/2012. Disponível em: Wikimedia Atlas of the World: http://upload.wikimedia.org/wikipedia/commons/thumb/5/52/US_map_-_states.png/1024px-US_map_-_states.png.

12

Complexo Produtivo da Saúde:
Inovação, Desenvolvimento e Estado

Carlos Augusto Grabois Gadelha ♦ *José Manuel Santos de Varge Maldonado*
Laís Silveira Costa

INTRODUÇÃO

Em uma perspectiva de economia política, a saúde pode ser entendida como um direito social, bem econômico e espaço de acumulação de capital (Viana & Elias, 2007; Viana, Silva & Elias, 2007). No Brasil, a saúde configura-se como um direito social e como elemento estruturante do Estado de Bem-Estar Social, aspecto consubstanciado pelos preceitos constitucionais de que a mesma seja universal, integral e equânime (estabelecidos pelo Sistema Único de Saúde – SUS).

A base produtiva da saúde, ou Complexo Econômico-Industrial da Saúde (CEIS)[1], caracteriza-se por constituir uma das áreas de maior dinamismo, crítica para a economia do aprendizado. Esse aspecto deriva do fato de o CEIS envolver atividades de alta intensidade de inovação nos novos paradigmas tecnológicos; de compor uma base produtiva de bens e serviços bastante relevante que responde por parcela significativa do Produto Interno Bruto (PIB) nas economias emergentes e desenvolvidas; e por associar, inerentemente, a dimensão econômica e a social que, com a ambiental, definem o processo de desenvolvimento (Gadelha *et al.*, 2012b).

Contudo, o CEIS no Brasil apresenta fragilidades estruturais no que tange a sua capacidade de geração, uso e difusão de inovação, referentes à própria estrutura do Estado nacional, a exemplo da falta de isonomia tributária, da sobrevalorização cambial, do baixo investimento em Pesquisa e Desenvolvimento (P&D) nacional e do modelo de gestão do Estado, pautando desafios estruturais ao fortalecimento da base produtiva nacional.

Consequentemente, observa-se um déficit de conhecimento que torna vulnerável a política de saúde, ao mesmo tempo que sinaliza fragilidade na posição do país em sua inserção internacional em uma economia crescentemente globalizada. Reconhecida essa intrínseca relação entre saúde e desenvolvimento, pontua-se a relevância de se aprofundar o conhecimento voltado para a superação da fragilidade da capacidade inovativa do CEIS.

Ao se considerar que o Estado exerce um papel determinante na definição e implementação de políticas públicas e diversas modalidades de intervenção de reforço e ampliação da competitividade das indústrias, é possível, por meio de uma coordenação de diversos instrumentos de fomento, aumentar a produção industrial e os esforços de inovação no país.

Nesse contexto, a utilização do poder de compra do Estado, por meio da indução de Parcerias para o Desenvolvimento Produtivo (PDP), tem se configurado como importante iniciativa para a internalização tanto de etapas produtivas que atualmente são realizadas no exterior como de esforços inovativos.

Essas PDP representaram uma ação estratégica do Ministério da Saúde para o desenvolvimento do Complexo Produtivo da Saúde, no âmbito da produção de medicamentos estratégicos e de alto custo, aliada à política de acesso a medicamentos de qualidade. Essa alternativa para a disponibilização de medicamentos a preços reduzidos em relação ao que é pago pelo Ministério também contribui para o desenvolvimento e a inovação do parque fabril nacional de medicamentos, insumos farmoquímicos e biológicos, com impactos positivos sobre a balança comercial da saúde no Brasil.

A partir dessas considerações, propõe-se, no âmbito deste capítulo, discutir (à luz do conceito de Complexo Econômico-Industrial) dois elementos que são fundamentais a sua lógica de funcionamento: a dinâmica de inovação e o poder de compra do Estado, levando em conta o inegável papel do Estado no campo da saúde e reco-

---
[1] Neste texto, as expressões "Complexo Produtivo da Saúde", "Complexo da Saúde", "Complexo Produtivo" e "Complexo" são utilizadas indiscriminadamente para designar "Complexo Econômico-Industrial da Saúde" ou seu acrônimo "CEIS".

nhecendo uma míriade de possibilidades de intervenção por parte do mesmo.

Para tanto, além desta introdução, este capítulo contém uma seção com a caracterização geral do Complexo e nos itens subsequentes são trabalhados os aspectos mencionados, quais sejam: a dinâmica de inovação e a ação do Estado, em especial no que se refere a compras públicas. O capítulo se encerra com algumas considerações finais.

CARACTERIZAÇÃO DO CEIS

O conceito de Complexo Econômico-Industrial da Saúde foi desenvolvido por Gadelha (2003) e representa um olhar diferenciado ante a forma tradicional de abordar o setor saúde para identificação de um conjunto interligado de produção de bens e serviços em saúde, inserido no contexto da dinâmica capitalista.

Conforme salienta o autor, o setor saúde comporta duas dimensões: a econômica e a social. A primeira dimensão leva em conta que as atividades econômico-industriais que compõem o Complexo compartilham um alto grau de inovação e apresentam elevado dinamismo em termos de taxa de crescimento e de competitividade. Nesse sentido, constitui-se no espaço onde são geradas oportunidades de investimento, renda e emprego, ou seja, é o lócus essencial de desenvolvimento econômico (Gadelha et al., 2012a).

Na segunda dimensão, a saúde constitui um valor humano e um direito de cidadania associado à construção de Estados de Bem-Estar e sistemas nacionais de proteção social, levando a uma ação política e social para o acesso a bens e serviços de saúde da população em geral e, simultaneamente, para o estabelecimento de limites à ação econômica dos agentes.

Pode-se afirmar, então, que ação do Estado neste campo se relaciona com a mediação e a modulação das tensões e interesses entre a dimensão econômica e a sociossanitária. A dimensão social pode se constituir em uma alavanca potencial de inovação e desenvolvimento dos segmentos componentes do Complexo da Saúde por representar fonte de demanda, de financiamento, de prioridade às atividades de P&D, entre outras condições sistêmicas de competitividade que incidem favoravelmente no desempenho dos agentes públicos e privados da saúde.

Assim, o CEIS pode ser conceituado como um conjunto de atividades produtivas que mantêm relações de mercado entre si (compra e venda de bens e serviços), de conhecimentos (geração e difusão de tecnologias) e que estão inseridas em um contexto político e institucional bastante particular dado pelas especificidades da área da saúde (políticas de regulação, fomento, apoio etc.) (Gadelha, Maldonado & Costa, 2012). Nesse sentido, conforma-se um complexo econômico-industrial da saúde como uma base concreta e empírica para a delimitação de um lócus analítico e normativo determinado.

A Figura 12.1 oferece uma visão geral do CEIS e do ponto de vista material, e em consonância com sua base de conhecimento e tecnológica, é possível agrupar três subsistemas, isto é, três grandes grupos de atividade.

O primeiro congrega as indústrias de base química e biotecnológica, envolvendo as indústrias farmacêutica, de vacinas, hemoderivados e reagentes para diagnóstico. Como o setor de medicamentos constitui o grande mercado desse grupo, sendo liderado por um conjunto de grandes empresas, altamente intensivas em tecnologia e que dominam o mercado mundial, há uma tendência de que essas empresas ultrapassem os limites da indústria farmacêutica, ampliando suas fronteiras para englobar os demais segmentos, como já está ocorrendo, por exemplo, na área de vacinas.

O segundo engloba um conjunto bastante díspar de atividades de base física, mecânica, eletrônica e de materiais, envolvendo as indústrias de equipamentos e instrumentos mecânicos e eletrônicos, órteses e próteses e materiais de consumo em geral. Nesse grupo, cabe destacar o papel da indústria de equipamentos, tanto por seu potencial de inovação – incorpora fortemente os avanços associados ao paradigma microeletrônico – como por seu impacto nos serviços, representando uma fonte permanente de mudanças nas práticas assistenciais, trazendo frequentemente para o debate a tensão entre a lógica da indústria e a sanitária.

O terceiro grupo de atividades compreende os segmentos envolvidos com a prestação de serviços de saúde, englobando as unidades ambulatoriais e hospitalares e os serviços de diagnóstico e tratamento. Esses segmentos organizam a cadeia de suprimento dos produtos in-

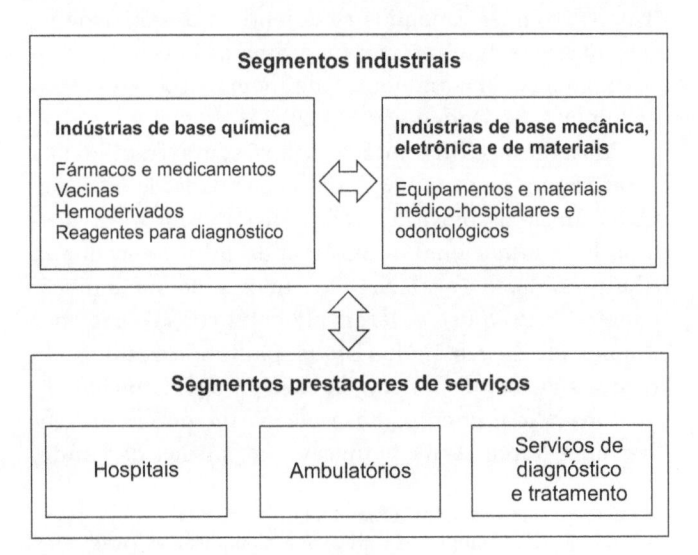

Figura 12.1 • Complexo econômico-industrial da saúde: atividades geradoras de recursos produtivos e tecnológicos.

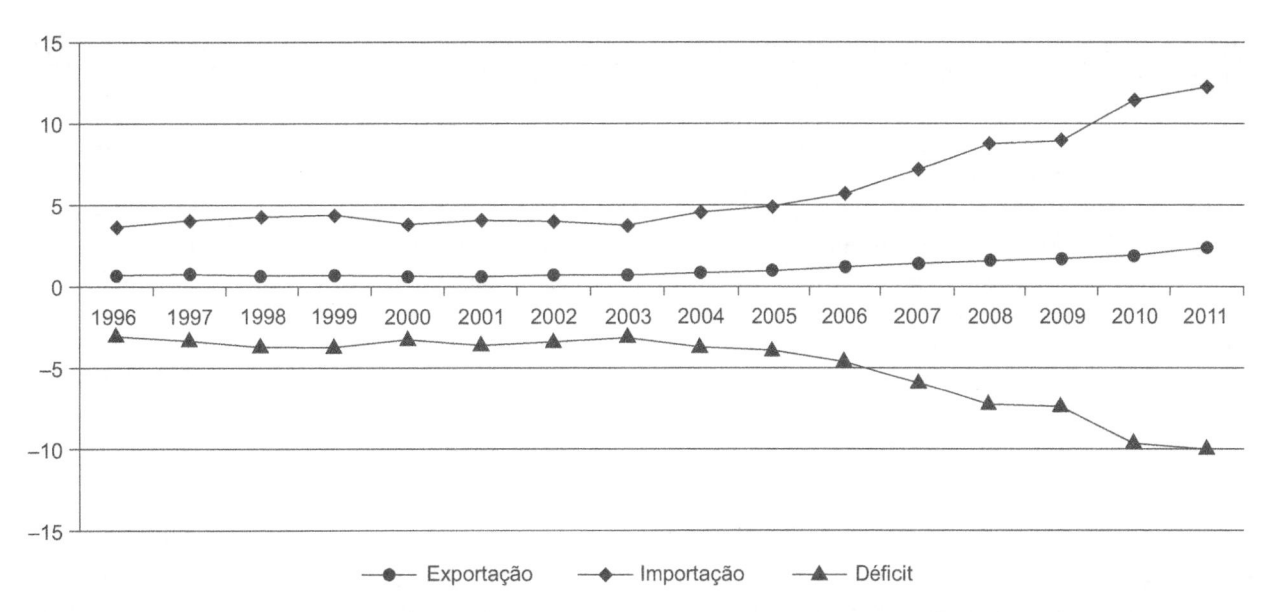

Figura 12.2 • Evolução da Balança Comercial da Saúde – 2011. (Valor em bilhões de dólares, atualizado pelo IPC/EUA.)

dustriais em saúde, articulando o consumo por parte dos cidadãos no espaço público e privado. Do ponto de vista das relações intersetoriais, é o subsistema de serviços que confere organicidade ao complexo, representando o mercado setorial para o qual conflui a produção de todos os demais grupos, sendo possível afirmar que é o setor motriz do complexo como um todo. Sua expansão, contração ou o direcionamento de suas atividades exerce impactos determinantes na dinâmica de acumulação e inovação dos demais segmentos produtivos.

A importância da abordagem adotada pelo Complexo Produtivo da Saúde reside em levar em consideração não apenas todos os agentes responsáveis pela geração de recursos produtivos, incluindo seu amplo sistema de fornecimento e de recursos tecnológicos, mas também nos aspectos sistêmicos que o caracterizam, isto é, a macroestrutura em que está inserido. De fato, todas as atividades que o compõem ocupam espaços e ambientes regulatórios, institucionais, sociais, políticos, econômicos e culturais, entre outros, que influenciam sua dinâmica de funcionamento e lógica evolutiva e, em última instância, seu desempenho competitivo (Gadelha, Maldonado & Costa, 2012).

Nesse olhar sistêmico, devem ser consideradas aquelas instituições voltadas para financiamento, formação de recursos humanos, científicos e tecnológicos, infraestrutura, entre outros, e também aquelas voltadas para a provisão de serviços de saúde. Do mesmo modo, devem ser levadas em conta as diversas formas de articulação da atividade produtiva com a população e a sociedade civil organizada, em particular, enquanto responsáveis pela demanda econômica e política por bens e serviços de saúde.

Mediando essas relações, o Estado, com o suporte de organizações públicas e privadas, atua tanto no planejamento e na regulação da relação entre os geradores de recursos, os provedores de serviços e a população como na execução e provisão direta de bens e serviços considerados estratégicos em determinado contexto econômico, político e social. O Estado constitui, assim, uma instância determinante da dinâmica industrial do complexo em razão do elevado poder de compra de bens e serviços, do poder de indução e das atividades regulatórias que desempenha, em uma forte interação com a sociedade civil organizada[2].

No Brasil, em que pese a existência de um CEIS bastante relevante, isto é, a existência de um parque industrial instalado e uma base científica de qualidade, cabe destacar que o próprio apresenta fragilidades estruturais no que tange a sua base produtiva e inovativa, o que se reflete em uma crescente vulnerabilidade de sua base de conhecimento. Tal vulnerabilidade encontra-se ilustrada na Figura 12.2, que apresenta a evolução de 1996 a 2011 da balança comercial do Complexo da Saúde brasileira.

Conforme se verifica, o déficit comercial se manteve relativamente constante de 1996 até 2004 e a partir daí vem se ampliando significativamente, atingindo o pata-

---

[2]Cabe notar que no caso brasileiro este papel de intermediador para equilibrar as tensões entre os interesses sociais e econômicos é dificultado pela existência de uma sociedade civil pouco articulada, com atuação limitada e usualmente restrita a setores específicos. Não somente fica prejudicado o olhar sistêmico sobre o desenvolvimento do Complexo da Saúde (serviços e indústria), como sua orientação pode ser capturada pelo interesse de grupos restritos da sociedade, podendo reproduzir a indesejável polaridade modernização-marginalização (Furtado, 1964; Albuquerque, 2007). Esta questão aponta para a necessidade de amadurecimento das instituições democráticas nacionais, uma das fragilidades da saúde, cujo estudo foge do escopo deste capítulo.

mar de US$ 10 bilhões em 2011. Este déficit comercial, além de pressionar a balança de pagamentos brasileira, representa um poderoso indicador da fragilidade do tecido produtivo e inovativo nacional em uma área estratégica como a saúde. Dados mais desagregados mostram que a dependência externa brasileira se situa justamente naqueles produtos de maior intensidade de conhecimento e inovação, destacando-se os fármacos e os novos medicamentos protegidos por patentes, os equipamentos eletrônicos de alta precisão e para diagnóstico por imagem, as órteses e próteses mais sofisticadas e os hemoderivados. Quando se consideram as exportações, centradas em produtos de baixa tecnologia, como materiais de consumo hospitalar de uso rotineiro, a balança comercial da saúde revela, em síntese, um padrão de especialização do CEIS frágil e pouco dinâmico em longo prazo.

Refletindo as raízes estruturais da fragilidade do CEIS no Brasil, os dados da Pesquisa Industrial de Inovação Tecnológica do IBGE revelam igualmente o pequeno esforço empresarial com atividades de P&D das indústrias da saúde, situando-se muito aquém do padrão internacional.

Esse padrão de especialização estrutural do CEIS se articula perversamente com a perspectiva de consolidação de um sistema de saúde universal. Além de mostrar a fragilidade da base produtiva e inovativa nacional decorrente da especialização da produção em produtos de menor valor agregado, revela a dificuldade de avanço na inclusão de boa parte da população aos bens e serviços da saúde.

DINÂMICA DE INOVAÇÃO

O conceito de inovação aqui adotado refere-se a uma descoberta, um desenvolvimento ou imitação que levem à adoção de novos produtos, novos processos produtivos ou novos sistemas organizacionais, conforme elaborado por Dosi (1988). Em outras palavras, refere-se, de acordo com autores diversos, a um processo em que as organizações e instituições incorporam novos conhecimentos na produção de bens e serviços, a despeito de tais conhecimentos serem novos ou não para seus competidores domésticos ou estrangeiros. De acordo com Costa, Gadelha & Maldonado (2012), a pertinência da adoção desse conceito deriva do fato de, ao apresentar uma perspectiva mais ampla daquilo que se qualifica como um processo inovativo, ser o mais adequado para fomentar o desenvolvimento de ferramentas e análises que visem à intervenção pública[3].

A saúde representa uma das áreas mais destacadas no que tange à inovação, por se configurar como o principal ativo estratégico de obtenção de vantagens competitivas, seja de sociedades, de empresa ou de organizações de saúde, no momento atual.

Nesse contexto, ressalta-se a importância do Complexo Produtivo como o lócus do processo inovativo em saúde. Mais especificamente, são os agentes socioeconômicos aqueles responsáveis pelo processo de geração e difusão de inovações no sistema de saúde.

As indústrias que compõem esse Complexo são caracterizadas por serem intensivas em ciência, tecnologia e inovação (CT&I), isto é, são responsáveis pela geração, incorporação e difusão de todo um conjunto de novas tecnologias associadas à revolução científica e tecnológica em curso, a exemplo da biotecnologia, engenharia genética, bioengenharia, genômica, nanotecnologia e robótica, entre outras. Nesse sentido, pode-se afirmar que seu desenvolvimento produtivo e inovativo é portador de futuro pelo potencial de gerarem todo um conjunto de externalidades positivas intra e intersetoriais (Gadelha, Maldonado & Costa, 2012). Além disso, vale mencionar os aspectos sociossanitários naquilo que diz respeito à melhoria da condição de saúde e de qualidade de vida humana.

As indústrias da saúde se caracterizam pelo alto dinamismo em termos de taxa de crescimento e competitividade e, expressando este aspecto, estão invariavelmente, no âmbito dos países desenvolvidos, entre as que recebem maior estímulo governamental. Essa particularidade pode ser aferida do fato de os recursos estatais destinados às atividades de P&D em saúde sempre aparecerem como os mais expressivos, em conjunto com a área militar. Ademais, também se beneficiam por outros tipos de intervenção, como a indução de parcerias entre universidades e empresas, o financiamento de empresas de base tecnológica e a montagem de infraestruturas de serviços técnicos à indústria, entre outros (Gadelha et al., 2012b).

Apesar de todo o questionamento ao Estado keynesiano e de bem-estar que surge com o advento do processo de globalização (Fiori, 2004), a saúde continua sendo uma das áreas de maior intervenção estatal, tanto no setor de serviços como nas atividades científicas e tecnológicas. Além disso, vem preservando sua participação nas despesas nacionais financiada tanto pelo Estado como pelo setor privado. Em outros termos, os requerimentos da saúde por parte da população constituem uma demanda social em permanente processo de expansão, fruto tanto das características demográficas e epidemiológicas como daquelas inerentes aos bens e serviços em saúde. Esses aspectos conferem às indústrias da saúde uma perspectiva extremamente dinâmica de evolução de seus mercados a curto, médio ou longo prazo (Gadelha et al., 2012b).

Entretanto, conforme explicitado na Figura 12.1, diversas são as indústrias constituintes do CEIS e, por conseguinte, seus processos inovativos apresentam ca-

---

[3]Para mais detalhes veja Mytelka (1993), Lastres, Cassiolato & Maciel (2003) e Lastres, Cassiolato & Arroio (2005).

racterísticas distintas. Neste capítulo, procuramos focalizar a dinâmica de inovação das principais indústrias produtoras de bens em saúde, quais sejam, a indústria farmacêutica, dentre as indústrias de base química e biotecnológica, e a indústria de equipamentos e materiais médico-hospitalares e odontológicos, para a base mecânica, eletrônica e de materiais; na sequência, são analisados os serviços de saúde.

No caso específico da indústria farmacêutica, organizada sob a forma de oligopólio diferenciado, a competição se dá pela diferenciação de produtos com base na intensidade do esforço de P&D por um lado e na força de *marketing* por outro. Nesse processo, vultosos gastos em pesquisa e desenvolvimento são demandados para descoberta e comercialização de novos princípios ativos. Esta destina para as atividades de P&D em torno de 19% das vendas, superando outros setores intensivos em ciência e tecnologia (C&T). Estima-se, atualmente, que sejam necessários cerca de US$ 890 milhões para o desenvolvimento de um novo medicamento, apesar de ser questionável o impacto terapêutico de muitas inovações, havendo grande controvérsia quanto ao que é classificado pela indústria como gasto com P&D e com *marketing* (Gadelha et al., 2012b).

Apesar do papel inegável dos sofisticados laboratórios no processo inovativo da indústria, em face da emergência da biotecnologia, da baixa produtividade da P&D, do vencimento de patentes, da competição dos medicamentos genéricos, entre outros fatores, as empresas vêm atribuindo crescente importância à conformação de redes de cooperação técnico-científicas, visando à ampliação de suas bases de conhecimento.

Mediante uma série de arranjos contratuais viabilizados pela legislação em vigor, as empresas farmacêuticas norte-americanas, por exemplo, vêm crescentemente se apropriando dos resultados das pesquisas desenvolvidas nas universidades, nos institutos públicos de pesquisa e nas empresas de biotecnologia (Angell, 2007).

Nesse processo, Albuquerque & Cassiolato (2002) chamam a atenção para o fato de as inovações nessa área serem cada vez mais dependentes de pesquisas interdisciplinares. No que se refere a medicamentos, conforme os autores ressaltam, uma nova droga requer o trabalho de químicos, biólogos moleculares, imunologistas, engenheiros químicos, clínicos etc. Em função dessa interdisciplinaridade, a geração de inovações na indústria tem por pré-requisito uma estrutura de formação universitária e de pós-graduação abrangente e razoavelmente sofisticada, dependente, portanto, das interações entre universidades (especialmente centros médicos acadêmicos) e as empresas industriais.

A indústria de equipamentos e materiais médico-hospitalares e odontológicos, por sua vez, se constitui também em um oligopólio baseado na diferenciação de produtos embora, em virtude da heterogeneidade tecnológica que a caracteriza, seja mais competitiva do que a indústria farmacêutica. Sua dinâmica de funcionamento assenta-se no fornecimento de bens, em grande parte altamente especializados, com grande quantidade de produtos sendo lançados continuamente, com novas opções de tratamento e diagnóstico, com ciclos tecnológicos curtos (com duração de menos de 2 anos), e que são comercializados em associação a serviços e outros produtos.

A diferenciação de produtos nessa indústria baseia-se na intensidade dos gastos em P&D e a natureza dos conhecimentos que incorpora assenta-se fortemente nas ciências físicas de base mecânica e eletrônica e em avanços tecnológicos oriundos de outras indústrias tradicionalmente inovadoras, a exemplo da microeletrônica, da mecânica de precisão, da química e de novos materiais (Maldonado, 2012).

Essa indústria tem apresentado um dinamismo significativo nos últimos anos em decorrência da incorporação de avanços tecnológicos, que tem significado o constante desenvolvimento de novos produtos com novas funções, da ampliação da demanda por serviços de saúde em virtude do envelhecimento da população, sobretudo nos países desenvolvidos, e do crescimento do mercado, principalmente dos países emergentes, no que tange à reformulação e à ampliação dos sistemas de saúde (Gutierrez & Alexandre, 2004).

Deve-se salientar que a ampliação da demanda e da oferta dos serviços de saúde e o próprio desenvolvimento tecnológico da indústria estão estreitamente ligados. Por um lado, as empresas, ao tornarem disponíveis novos equipamentos, direcionam a demanda dos serviços de saúde no sentido da incorporação desses novos equipamentos e tratamentos alternativos. Por outro lado, essa incorporação retroalimenta o processo de inovação das empresas ao impor melhorias sucessivas nos equipamentos. Em outras palavras, a esfera do consumo detém também um papel crucial no processo inovativo das empresas.

Nesse sentido, vale salientar que nesse subsistema o processo de inovação não ocorre somente nos laboratórios industriais, mas também na prática clínica, uma vez que é nela que se identificam a necessidade e a possibilidade de um novo equipamento, a criação do primeiro protótipo e aprimoramentos decisivos para o desenvolvimento do equipamento, para citar aquelas inovações relacionadas com o desenvolvimento tecnológico[4] (Albuquerque & Cassiolato, 2000).

Quanto aos serviços de saúde, vale destacar que representam o maior peso econômico do CEIS. Sua impor-

---

[4]Ainda que não seja objeto deste capítulo, vale mencionar que o subsistema de serviços de saúde também dinamiza as inovações organizacionais, cuja importância na saúde é crescente. Para maiores informações, veja Costa & Gadelha (2012), Costa et al. (2012) e Gadelha et al. (2012b).

tância é enfatizada por seu papel enquanto destino final dos produtos gerados pelos outros segmentos. Nesse sentido, exerce particular função na dinamização da relação entre os subsistemas diversos, atribuindo organicidade e estabelecendo o caráter sistêmico do CEIS, em especial por sua função de consumidor e demandante, muitas vezes influenciando e sendo influenciado pela produção de equipamentos médico-hospitalares, produtos farmacêuticos, imunoderivados, soros e demais insumos.

Deve-se levar em conta que os serviços estão inseridos em espaços de acumulação capitalista, isto é, no interior de processos de produção, distribuição, consumo e inovação. Em virtude de fatores econômicos, sociais, epidemiológicos, demográficos, entre outros, assiste-se à crescente imposição da conciliação de necessidades de expansão dos serviços com controle de gastos. Assim, é nos serviços que as tensões entre as dimensões econômicas e sociais, o público e o privado, se manifestam com mais intensidade (Costa & Gadelha, 2012).

Na taxonomia de organização industrial e das inovações (Tidd, Bessant & Pavitt, 2007), os setores de serviços se caracterizam como uma atividade dominada por fornecedores, considerando que o progresso técnico é incorporado, em grande medida, nos produtos adquiridos, como medicamentos, equipamentos e novos materiais. Entretanto, um olhar mais atento revela que estes produtos desempenham um papel mais proeminente no processo inovativo do CEIS.

Deve-se destacar que, no âmbito da inovação em serviços, a literatura relata quão recentes e escassos são os estudos que a abordam, bem como as dificuldades para mensurá-la. A esse respeito, Barbosa & Gadelha (2012) salientam que nos serviços de saúde as inovações não tecnológicas são mais frequentes do que as tecnológicas e se expressam recorrentemente em pequenos ajustes de procedimentos (procedimentos e protocolos clínicos, por exemplo), de caráter incremental, com tempos de desenvolvimento relativamente curtos e, em geral, não precisando de longa pesquisa científica.

Os produtos gerados pelos segmentos industriais, conforme assinalado, têm como destino final os serviços da saúde. Todavia, como demandantes e usuários desses produtos, os serviços desempenham papel significativo na dinamização do processo de geração, uso e difusão de inovação tecnológica, uma vez que sua articulação com a atividade industrial, no âmbito da relação cliente-fornecedor, constitui-se em elemento importante no processo inovativo do CEIS.

Essa interatividade ocorre também entre os serviços de saúde e a área científica. Tomando-se como exemplo o hospital especializado, enquanto estrutura de significativa complexidade tecnológica e diversidade de serviços, estudo realizado na Grã-Bretanha aponta a forte articulação em pesquisa entre hospitais britânicos e os institutos da Special Health Authoroty (SHA) e do sistema de British Post-Graduate Medical Research (BPG) (Hicks & Katz, 1996, *apud* Albuquerque & Cassiolato, 2000).

No âmbito de inovações organizacionais, assiste-se a mudanças tanto na maneira de conduzir essas organizações para atendimento de seus objetivos como em seu modo de funcionamento, com a incorporação paulatina de metodologias e abordagens consideradas mais típicas de organizações industriais. Salientem-se, por exemplo, novos modelos de gestão em que se privilegia a obtenção de metas e resultados, focalização no cliente interno e externo, sistemas da qualidade, padrões de avaliação, preocupações com questões ambientais, responsabilidade social etc.

Telemedicina e atenção domiciliar representam outros exemplos de inovações organizacionais que, por sua vez, demonstram, nos serviços de saúde, a convergência da adoção de inovações organizacionais com a incorporação de novas tecnologias (Maldonado, 2012).

A telemedicina compreende a oferta de serviços ligados aos cuidados com a saúde nos casos em que a distância é um fator crítico. Esses serviços são prestados por profissionais da área da saúde, usando tecnologias de informação e de comunicação para o intercâmbio de informações para diagnósticos, prevenção e tratamento de doenças e a contínua educação de prestadores de serviços em saúde, assim como para fins de pesquisas e avaliações (Maldonado, 2012). Essa modalidade de atenção à saúde possibilita a expansão do acesso qualificado para regiões privadas de infraestrutura de média e alta complexidade. Costa & Gadelha (2012) salientam que a aplicação das tecnologias de informação e comunicação na saúde promove alterações nos procedimentos médicos e, às vezes, exige mudanças na infraestrutura necessária. Adicionalmente, os autores ressaltam os ganhos gerenciais decorrentes, novas modalidades de atenção, redução de custos e ampliação no acesso à saúde.

A atenção domiciliar, por sua vez, representa uma reversão na estratégia da atenção centrada em hospitais, ao mesmo tempo que propicia uma nova lógica de atenção com enfoque na promoção e prevenção em saúde e na humanização. Promove redução do tempo de internação e redução de custos hospitalares, diminuição de riscos e novas formas de organização (Costa *et al.*, 2012). Na dimensão tecnológica é viabilizada, por exemplo, por equipamentos dotados de portabilidade, conectividade e segurança para que possam ser operados por não especialistas.

Nessa perspectiva, Barbosa & Gadelha (2012) exemplificam com a tendência relativamente recente de redução de leitos hospitalares em nível mundial. Segundo os autores, essa redução é o resultado do efeito combinado das novas tecnologias – novos equipamentos, medicamentos e procedimentos – e da maior importância atribuída à atenção básica a partir de unidades não hospitalares, sejam centros de saúde, ambulatórios, clínicas, consultórios e outros equipamentos sanitários.

Na teoria da inovação, esta é vista como um processo não linear, incerto, complexo e essencialmente interativo, isto é, carece do concurso de vários agentes socioeconômicos para sua consecução. Nesse sentido, assume-se seu caráter social e, como tal, associada a determinados contextos. Entretanto, na configuração, no perfil e na dinâmica de funcionamento desses contextos, favoráveis ao processo inovativo, o Estado desempenha papel fundamental.

AÇÃO DO ESTADO: UM OLHAR SOBRE AS COMPRAS PÚBLICAS

O Estado exerce um papel determinante na definição e implementação de políticas públicas e na mediação e modulação das tensões e interesses entre a dimensão econômica (vinculada ao processo de inovação, de acumulação e de eficiência econômica) e a dimensão sociossanitária (vinculada aos interesses da população e à equidade, a partir da compreensão da saúde como direito de cidadania).

No passado, a visão da saúde como um estado de ausência de doenças, aliada ao alto custo de seu acesso, além de limitar ações mais efetivas do Estado, justificava a lógica utilitarista[5] das políticas que tinham como principal estratégia de equidade no campo da saúde, basicamente, o combate em massa de doenças por meio de campanhas.

Com a promulgação da Constituição de 1988, a saúde foi elevada ao *status* de direito de cidadania, o que, em termos gerais, significa condições dignas de vida, acesso igualitário e universal às ações e serviços de promoção, proteção e recuperação da saúde em todos os seus níveis (Paim, 1997).

Nessas condições, e com a emergência do SUS, que nasce com a missão de integrar as ações curativas e preventivas de modo a proporcionar o bem-estar da população, delegou-se ao Estado brasileiro o papel de provedor e garantidor da saúde, especialmente no que tange ao acesso aos serviços e produtos em saúde. Nessa perspectiva, Mendes (1996) salienta o paradoxo da trajetória brasileira ao pontuar que o ideal da universalização da saúde e o estado de bem-estar da população ocorreram na contramão da História, dado que coincidiu com a adoção do modelo hegemônico neoliberal que, entre outras diretrizes, pregava a diminuição da participação do Estado. Em face do altíssimo custo da saúde, justificava-se a transferência de parte das atribuições do Estado com a

saúde para a iniciativa privada. Nesse contexto, ocorreu o que Faveret & Oliveira (1990) preconizaram como universalização excludente e a redução da cadeia produtiva como um todo.

Contudo, assiste-se no Brasil a mudanças significativas a partir de 2002, no primeiro governo Lula (Silva, 2002: 45-7), quando se retoma o papel do Estado enquanto formulador de políticas e estratégias de desenvolvimento nacional. A nova orientação de governo passou a considerar a vertente social como um eixo do desenvolvimento e não como um mero apêndice ou um suposto resultado natural do crescimento econômico.

Entre as principais ações governamentais com impactos na saúde, vale mencionar o lançamento, em 2003, da Política Industrial e Tecnológica e de Comércio Exterior (PITCE), do Ministério de Desenvolvimento, Indústria e Comércio Exterior, que priorizou duas questões de extrema centralidade na agenda macropolítica: a defesa da necessidade de uma política industrial e a seleção de alguns setores estratégicos para fomentar o desenvolvimento nacional, entre os quais fármacos e medicamentos (Barbosa, Mendes & Sennes, 2007).

No âmbito do SUS formula-se, em 2004, a Política Nacional de Ciência, Tecnologia e Inovação em Saúde (PNCTIS), aprovada durante a 2ª Conferência Nacional de Ciência, Tecnologia e Inovação em Saúde. A PNCTIS representa um importante marco para os avanços da saúde no Brasil na medida em que considera a pesquisa em saúde como um conjunto de conhecimentos e tecnologias que resultem em melhora das condições de saúde da população (Ministério da Saúde, 2008).

A ênfase na saúde como um direito de cidadania e na importância de sua apropriação se reproduz, com a mesma intensidade, no Programa Mais Saúde ("PAC da Saúde"), lançado pelo ministro da Saúde em 2007, que define o Complexo Industrial da Saúde como um dos eixos estratégicos para a política de saúde (Ministério da Saúde, 2007). O PAC da Saúde reconhece tanto a necessidade de transformações da estrutura produtiva e de inovação como o aumento da competitividade das empresas e dos produtores públicos e privados das indústrias da saúde para o enfrentamento da concorrência internacional. Assim, pela primeira vez, a questão do desenvolvimento da base produtiva e da inovação foi inserida na agenda da política social (Gadelha & Costa, 2012a).

Reconhecida como estratégica para o desenvolvimento nacional e apontada como uma das áreas que mais investe em P&D no país, a saúde, especificamente "Insumos para a saúde", foi inserida no PAC da Inovação do Ministério de Ciência e Tecnologia de 2007, no âmbito das áreas estratégicas eleitas pelo Programa (Ministério de Ciência, Tecnologia e Inovação, 2007).

Situando o complexo produtivo da saúde como uma das seis áreas estratégicas portadoras de futuro, inten-

---

[5] O utilitarismo procura aplicar a lógica da tomada de decisão individual em questões relativas ao bem-estar do coletivo. O utilitarismo é, por conseguinte, uma forma de consequencialismo, ou seja, avalia uma ação (ou regra) unicamente em função de suas consequências (Galvão, 2005).

sivas em ciência e tecnologia, foi lançada em 2008 a Política de Desenvolvimento Produtivo (PDP), ressaltando a necessidade de melhoria na capacitação e na competitividade dos atores envolvidos (Brasil, 2008).

Entre as mais recentes ações com impactos na saúde, destacam-se o "Brasil Maior", lançado em 2011, e a "Estratégia Nacional de Ciência, Tecnologia e Inovação 2012-2015" (ENCTI), do Ministério da Saúde, no ano de 2012.

O Programa Brasil Maior compreende uma nova política industrial, tecnológica, de serviços e de comércio exterior, visando ao estímulo à inovação e à produção nacional de modo a alavancar a competitividade da indústria e a geração de emprego e renda em benefício do povo brasileiro. Entre as medidas previstas, saliente-se a Lei de Compras Governamentais, que estipula uma margem de preferência de até 25% nos processos de licitação para produtos manufaturados e serviços nacionais que atendam às normas técnicas brasileiras (Brasil, 2011). Essas margens, definidas segundo a geração de emprego e renda e o desenvolvimento e a inovação tecnológica realizados no país, abrangem remédios e produtos biológicos fabricados no Brasil e equipamentos de saúde[6].

A ENCTI, por sua vez, reafirma a prioridade do segmento de fármacos e do complexo produtivo, apontando uma série de lacunas da base produtiva inovativa nacional que precisam ser superadas, além de enfatizar a necessidade de promoção de mecanismos de estímulo à inovação em saúde e de intensificação da transferência tecnológica para os laboratórios públicos nacionais (Ministério da Saúde, 2012). Com a ENCTI, o Estado assume mais uma vez seu papel no enfrentamento do desafio de redefinir e impulsionar o desenvolvimento do sistema produtivo da saúde mediante a articulação de várias instâncias da área da saúde, bem como das demais esferas de governo.

Destaque-se sobretudo, no âmbito do CEIS, a indução ao estabelecimento de parcerias entre laboratórios públicos, privados e os produtores de insumos farmacêuticos ativos nacionais, as designadas Parcerias para o Desenvolvimento Produtivo (PDP). Essa iniciativa do Ministério da Saúde de 2009, consolidada pelo Programa Brasil Maior de 2011 como estratégia de desenvolvimento do parque produtivo da saúde, visa à melhoria do suprimento em saúde e do acesso a medicamentos essenciais à população, ao fortalecimento de empresas e laboratórios nacionais, à redução de dependência nas importações e, concomitantemente, à diminuição do déficit comercial.

De acordo com Barbosa (2012), as parcerias entre entes públicos e privados que têm sido induzidas pelo Ministério da Saúde partem da avaliação das características do objeto e do interesse público em sua consecução, incluindo economicidade e desenvolvimento do setor produtivo nacional.

Os gastos do Ministério da Saúde com produtos farmacêuticos têm aumentado significativamente nos últimos anos em decorrência, dentre outros fatores, do aumento ao acesso aos produtos e serviços e também da transição demográfica em curso e da mudança do perfil epidemiológico (IBGE, 2008). Assim, no caso das PDP, a economicidade para as compras do Ministério da Saúde é um dos requisitos para seu estabelecimento.

As compras centralizadas de medicamentos estratégicos e de alto custo/complexidade pelo Ministério da Saúde são a base para a efetivação das parcerias em questão, dada a relevante economia para as compras públicas. Desde 2006, o Ministério da Saúde iniciou um processo de centralização de compras desses produtos com o intuito de, ao centralizar a aquisição de toda a demanda nacional, antes a cargo das Secretarias Estaduais de Saúde, promover reduções de preço por meio de negociações, considerando o alto volume de compras[7].

Desse modo, as PDP têm como requisito claro e excludente para sua aprovação que os preços propostos para iniciar uma nova parceria devam ser inferiores aos praticados antes de seu estabelecimento. Esses preços devem ser também gradualmente reduzidos ao longo da vigência da parceria.

Saliente-se o potencial do Estado brasileiro no uso de seu poder de compra. Na indústria de equipamentos e materiais, apenas para citar um exemplo, as compras diretas e indiretas, isto é, reembolsadas a entidades privadas pelo sistema público de saúde, representam uma demanda próximo de 50% dos produtos vendidos pela indústria (Pieroni, Reis & Souza, 2010). Assim, o Estado, em virtude de seu papel de grande consumidor de bens e serviços das indústrias da saúde, pode direcionar o desenvolvimento destas mediante seu poder de compra e o estabelecimento de compras preferenciais.

As compras públicas podem ser utilizadas como medida orientada pela demanda e não somente pela ofer-

---

[6]O Decreto 7.767/2012 estabelece uma lista de mais de 80 itens relacionados com a saúde que poderão ser adquiridos pelo governo até 25% mais caros do que o produto importado. Disponível em: http://www.liraa.com.br/conteudo/2411/governo-concede-margens-preferenciais-para-compra-de-produtos-nacionais. Acesso em: 15/9/2112.

[7]Até o momento, 34 PDP já foram formalizadas para a produção de 33 produtos finais, sendo 28 medicamentos, o dispositivo intrauterino (DIU), um equipamento (kit de diagnóstico utilizado no pré-natal para identificar múltiplas doenças) e três vacinas. As parcerias envolvem 37 laboratórios estrangeiros e nacionais, sendo 12 públicos. Existe a expectativa de ampliação das PDP nos próximos 4 anos, abrangendo a fabricação de produtos biológicos, medicamentos para as chamadas "doenças negligenciadas" e equipamentos, principalmente na área de órteses e próteses Disponível em: http://portalsaude.saude.gov.br/portalsaude/noticia/4911/162/ministerio-estabelece-%3Cbr%3Eregras-para-parcerias.html. Acesso em: 15/9/2012.

ta. Adicionalmente, podem estimular a atividade econômica e o emprego, proteger as empresas nacionais ante a competitividade estrangeira, aumentando sua capacidade competitiva dentro do próprio país, além de reduzir as discrepâncias regionais (Edquist, Hommen & Tsipouri, 2000).

Particularmente no esteio do Mais Saúde (2007), da Política para o Desenvolvimento Produtivo (2008) e do Brasil Maior (2011), foi estabelecida uma base inicial para um uso mais abrangente do poder de compra do Estado para o desenvolvimento tecnológico em saúde. Inicialmente foram publicadas as Portarias 978 e 1.284, em 2008 e 2010, respectivamente, estabelecendo produtos estratégicos que deveriam receber apoio para seu adensamento produtivo[8].

Por sua vez, o Plano Brasil Maior reconhece o potencial das compras públicas para o fomento à competitividade de setores cuja demanda governamental seja significativa, como é o caso da saúde. Assim, com o respaldo da Lei 12.349/2010, regulamentada pelo Decreto 7.546/2011, foram definidas regras para a utilização do uso do poder de compra do Estado, prevendo-se a margem de preferência de até 25% para a compra de produtos nacionais, devendo no cálculo ser considerados geração de emprego e renda, impacto na arrecadação de impostos e desenvolvimento nacional, entre outros fatores (Gadelha & Costa, 2012b).

Um outro instrumento que se pretende utilizar é o de compensação tecnológica (*off set*), em que um comitê, formado permanentemente pelo Ministério do Desenvolvimento, Indústria e Comércio (MDIC), o Ministério do Orçamento, Planejamento e Gestão (MPOG), o Ministério da Ciência, Tecnologia e Inovação (MCTI) e a Casa Civil, avaliará a possibilidade de efetuar compras cujo critério de análise inclui interesses de desenvolvimento tecnológico, superando o critério singular de menor preço (Gadelha & Costa, 2012b).

Atualmente, o Governo trabalha na elaboração de um instrumento legal capaz de determinar as bases para o estabelecimento de relações vantajosas do ponto de vista socioeconômico. Nesse contexto, o Ministério da Saúde estuda a possibilidade de condicionar o estabelecimento de uma parceria lucrativa a um produto para doenças negligenciadas, de modo que o produtor privado nacional fique motivado a pesquisar e produzir insumos essenciais para a saúde, ainda que o retorno financeiro seja baixo.

De acordo com Schmidt & Assis (2011), a defesa do uso do poder de compra por parte do Estado reside em seu potencial de articular a demanda para que sejam alcançados objetivos outros relacionados com o desenvolvimento nacional, a exemplo da sinalização para o setor privado das necessidades públicas, potencializando o desenvolvimento de soluções inovadoras para o perfil de demanda da sociedade. Os autores apontam para um grande "potencial de aperfeiçoamento de infraestrutura e serviços públicos em geral" (p. 12), enfatizando a possibilidade de contribuir para outros objetivos de políticas públicas, além da finalidade específica da compra em questão.

Os autores salientam, ademais, que as compras públicas devem visar ao investimento em infraestrutura física e ao fortalecimento das capacidades humanas e contribuir para o desenvolvimento do país. Nesse contexto, as aquisições e contratações públicas não teriam apenas a função de obtenção de serviços, materiais e equipamentos para o funcionamento do governo em conformidade com a legislação vigente.

Na última década, diversos estudos têm sido conduzidos para investigar a articulação das compras públicas e o fomento à inovação, porém os estudos seminais do tema foram realizados nas décadas de 1970 e 1980, associando compras públicas e inovação. Para Rothwell (1984), um forte elemento para a consolidação das empresas (principalmente as pequenas) é o estabelecimento de compras públicas orientadas para a inovação.

Reforçando essa perspectiva, Gadelha *et al.* (2012b) ressaltam que a defesa do uso do poder de compra por parte do Estado reside em seu potencial de articular a demanda para que se alcancem objetivos relacionados com o desenvolvimento nacional, a exemplo da sinalização para o setor privado das necessidades públicas, estimulando o desenvolvimento de soluções inovadoras para o perfil de demanda da sociedade. Destaque-se que o uso de poder de compra é uma política emblemática para o desenvolvimento da base de Ciência e Tecnologia (C&T) em saúde, tendo em vista a complexidade que envolve a orientação de uma trajetória tecnológica que seja, a um só tempo, economicamente competitiva e socialmente inclusiva.

CONSIDERAÇÕES FINAIS

A base produtiva de bens e serviços de saúde configura-se como fator importante de geração de emprego, renda e investimento, e tem particular relevância para geração, incorporação e difusão de inovação, dado que suas indústrias são intensivas em ciência e tecnologia.

No Brasil, a saúde alavanca 9% do PIB brasileiro (WHO, 2011), responde por 25% dos gastos totais em P&D (Guimarães, 2006) e emprega 10% dos trabalhadores qualificados, o que representa 12 milhões de empregos diretos e indiretos (Ministério da Saúde, 2007) e,

---

[8] O estímulo à internalização da produção de farmoquímicos e medicamentos de maior impacto para o SUS é objeto de listas de produtos estratégicos – Portaria MS 978, de 2008, e sua atualização, a Portaria MS 1.284, de 2010, que dispõe sobre a lista de produtos estratégicos no âmbito do SUS.

nessa perspectiva, abre amplas oportunidades ao desenvolvimento econômico e social do país.

Conforme salientado, o CEIS apresenta fragilidades estruturais quanto à capacidade de geração, uso e difusão de inovação e faz-se mister o reforço das capacitações para tornar competitiva essa base produtiva nacional.

O uso do poder de compra do Estado, mediante o estabelecimento de PDP, compras públicas e internalização da produção e as estratégias voltadas para o fomento à inovação em laboratórios públicos e empresas privadas nacionais, é condição primordial para a redução da vulnerabilidade da política de saúde. Esta não pode depender tão fortemente de importações com gasto excessivo de divisas, sujeitas às oscilações do mercado financeiro internacional e reféns de estratégias competitivas completamente alheias ao interesse nacional.

Do mesmo modo, o apoio às indústrias da saúde representa a possibilidade de articulação da Política de Saúde com a Política Industrial e Tecnológica e de C&T, buscando a convergência entre a lógica sanitária e a econômica no sentido de associar o financiamento social ao desenvolvimento tecnológico e industrial nacional.

Reforçando esse ponto de vista, Furtado (1964) ressalta que o desenvolvimento relaciona-se tanto com a homogeneização social como com o desenvolvimento de um sistema produtivo eficiente que apresente relativa autonomia tecnológica. Por sua vez, Albuquerque (2007), revisitando as teorias de Furtado, aponta justamente para a necessidade de promover o desenvolvimento tecnológico articulando os sistemas de inovação e bem-estar social.

Não obstante a retomada recente do papel do Estado, que passa a reconhecer o caráter estratégico do CEIS e a implementar políticas públicas voltadas para seu fortalecimento, o uso do poder de compra é apenas uma das modalidades de intervenção. Conforme se depreende de estudos diversos[9], para fomentar a geração de inovação em saúde faz-se necessária uma efetiva e abrangente ação do Estado naquilo que diz respeito não somente à acentuação de seu poder de compra, mas também como formulador de políticas de estímulo e de fortalecimento do CEIS, na orientação das ações de pesquisa de maneira a adequá-las às necessidades das políticas de saúde, na articulação entre produtores e organizações de saúde na difusão de inovações tecnológicas e no controle desse processo, principalmente, na avaliação para aprovação de registro e comercialização de novos produtos, na qualificação de sua atuação, especialmente no que tange à adequação de seu aparato regulatório, e na qualificação de seu modelo de gestão, entre vários outros aspectos.

---
[9]Veja, entre outros, Gadelha, Quental & Fialho (2003), Gadelha, Maldonado & Costa (2012) e Gadelha & Costa (2012b).

Referências

Albuquerque EM. Celso Furtado, a polaridade modernização-marginalização e uma agenda para a construção dos sistemas de inovação e de bem-estar social. In: Saboia J, Carvalho FJC (orgs.) Celso Furtado e o século XXI. Barueri, SP: Manole; Rio de Janeiro: Instituto de Economia da Universidade Federal do Rio de Janeiro, 2007:181-203.

Albuquerque EM, Cassiolato JE. As especificidades do sistema de inovação do setor saúde: uma resenha da literatura como introdução a uma discussão sobre o caso brasileiro. Belo Horizonte: Federação de Sociedades de Biologia Experimental (Estudos FeSBE, 1), 2000.

Albuquerque EM, Cassiolato JE. As especificidades do sistema de inovação do setor saúde. Revista de Economia Política 2002; 224(88):134-51.

Angel M. A verdade sobre os laboratórios farmacêuticos. Rio de Janeiro: Record, 2007.

Barbosa A, Mendes R, Sennes R. Avaliação da política industrial, tecnológica e de comércio exterior para o setor farmacêutico. Estudos Febrafarma 13, São Paulo, 2007.

Barbosa DB. A geração de tecnologia de fármacos e medicamentos através de mecanismos de compra estatal voltada ao desenvolvimento de alternativas. Rio de Janeiro (no prelo), 2012.

Barbosa P, Gadelha CAG. O papel dos hospitais na dinâmica de inovação em saúde. In: Revista de Saúde Pública da Universidade de São Paulo, Suplemento Saúde e Desenvolvimento, São Paulo, 2012 (no prelo).

Brasil. Política de Desenvolvimento Produtivo Inovar e investir para sustentar o crescimento. 2008. Disponível em: http:// www.abdi.com.br.

Brasil. Plano Brasil Maior. Política de Desenvolvimento Produtivo Inovar para competir. Competir para crescer. 2011. Disponível em: http://www.brasilmaior.mdic.gov.br/wp-content/uploads/2011/08/plano_brasil_maior_textodereferencia.pdf.

Brasil. Ministério do Desenvolvimento, Indústria e Comércio Exterior. Rede Alice. Disponível em: http://aliceweb2.mdic.gov.br/. Acesso em agosto de 2012.

Costa LS, Gadelha CAG. Análise do Subsistema de Serviços em Saúde na dinâmica do Complexo Econômico-Industrial da Saúde. In: Fundação Oswaldo Cruz. A saúde no Brasil em 2030: diretrizes para a prospecção estratégica do sistema de saúde brasileiro. Rio de Janeiro: Fiocruz, 2012 (no prelo).

Costa LS, Gadelha CAG, Maldonado JMSV. A perspectiva territorial da inovação em saúde: a necessidade de um novo enfoque. In: Revista de Saúde Pública da Universidade de São Paulo, Suplemento Saúde e Desenvolvimento, São Paulo, 2012 (no prelo).

Costa LS, Gadelha CAG, Borges TR, Burd P, Maldonado JMSV, Vargas MA. A dinâmica inovativa para a reestrutução dos serviços de saúde. In: Revista de Saúde Pública da Universidade de São Paulo, Suplemento Saúde e Desenvolvimento. São Paulo, 2012 (no prelo).

Dosi G. The nature of the innovative process. In: Dosi G et al. Technological change and economic theory. London: Pinter Publishers, 1988.

Edquist C, Hommen L, Tsipouri L (eds.) Public technology procurement and innovation. Boston/Dordrecht/London: Kluwer Academic Publishers, 2000.

Faveret P, Oliveira PJ. A universalização excludente: reflexões sobre as tendências do sistema de saúde. In: Planejamento e Políticas Públicas, nº 3, IPEA, 1990:139-62.

Fiori JL. Formação, expansão e limites do poder global. In: O poder americano. Petrópolis: Vozes, 2004.

Furtado C. Dialética do desenvolvimento. 2. ed. Rio de Janeiro: Ed. Fundo de Cultura, 1964.

Gadelha CAG. O complexo industrial da saúde e a necessidade de um enfoque dinâmico na economia da saúde. Ciência e Saúde Coletiva 2003; 8(2):521-35.

Gadelha CAG, Costa LS. Saúde e desenvolvimento nacional: a gestão federal entre 2003 e 2010. In: Machado CV et al (org.) Política de saúde no Brasil: continuidades e mudanças. Rio de Janeiro: Fiocruz, 2012a: p61-90.

Gadelha CAG, Costa LS. Saúde e desenvolvimento: estado da arte e desafios. In: Revista de Saúde Pública da Universidade de São Paulo, Suplemento Saúde e Desenvolvimento, São Paulo, 2012b (no prelo).

Gadelha CAG, Costa LS, Maldonado JMSV, Vargas MA, Quental C. Desenvolvimento produtivo e complexo da saúde: a inserção do CEIS na política de desenvolvimento nacional, perspectivas para 2022-2030 – Parte 6. In: Fundação Oswaldo Cruz et al. A saúde no Brasil em 2030: diretrizes para a prospecção estratégica do sistema de saúde brasileiro. Rio de Janeiro: Fiocruz, 2012a (no prelo).

Gadelha CAG, Maldonado JMSV, Costa LS. O Complexo Produtivo da Saúde e sua relação com o desenvolvimento: um olhar sobre a dinâmica da Inovação em Saúde. In: Giovanella L et al. (org.) Políticas e sistemas de saúde no Brasil. Rio de Janeiro: Fiocruz, 2012 (prelo).

Gadelha CAG, Maldonado JMSV, Vargas MA, Barbosa P, Costa LS. A dinâmica do Sistema Produtivo da Saúde: inovação e complexo econômico-industrial. Rio de Janeiro: Editora Fiocruz, 2012b (no prelo).

Gadelha CAG, Quental C, Fialho BC. Saúde e inovação: uma abordagem sistêmica das indústrias da saúde. Cadernos Saúde Pública 2003; 19(1):47-59.

Galvão P. Utilitarismo de John Stuart Mill. Porto Editora, 2005.

Guimarães R. Pesquisa em saúde no Brasil: contexto e desafios. Rev Saúde Pública 2006; 40(N Esp):3-10.

Gutierrez RMV, Alexandre PVM. Complexo industrial da saúde: uma introdução ao setor de insumos e equipamentos de uso médico. Rio de Janeiro: BNDES Setorial, 2004:119-55.

IBGE. Economia da Saúde. Uma perspectiva macroeconômica 2000-2005. Instituto Brasileiro de Geografia e Estatística/Ministério do Planejamento, Orçamento e Gestão. Rio de Janeiro, 2008.

Lastres HMM, Cassiolato JE, Arroio A. Sistemas de inovação e desenvolvimento: mitos e realidades da economia do conhecimento global. In: Lastres HMM, Cassiolato JE, Arroio A (orgs.) Conhecimento, sistemas de inovação e desenvolvimento. Rio de janeiro: Editora UFRJ, Contraponto, 2005:17-50.

Lastres HMM, Cassiolato JE, Maciel ML (orgs.) Pequena empresa: cooperação e desenvolvimento local. Rio de Janeiro: Relume Dumará Editora, 2003.

Maldonado JMSV. A inserção do CEIS na política de desenvolvimento nacional: perspectivas para 2022/2030. In: Fundação Oswaldo Cruz et al. A saúde no Brasil em 2030: diretrizes para a prospecção estratégica do sistema de saúde brasileiro. Rio de Janeiro: Fiocruz, 2012 (no prelo).

Mendes EV. Uma agenda para a saúde. São Paulo: Hucitec, 1996.

Ministério da Saúde. PAC Saúde. Programa Mais Saúde: direito de todos – 2008-2011. Disponível em: http://bvsms.saude.gov.br/bvs/pacsaude/programa.php. Acesso em: 16/8/2012.

Ministério da Saúde. Política Nacional de Ciência, Tecnologia e Inovação em Saúde. 2. ed. Disponível em: http://bvsms.saude.gov.br/bvs/publicacoes/Politica_Portugues.pdf. Acesso em: 16/8/2012.

Ministério de Ciência, Tecnologia e Inovação. Ciência, Tecnologia e Inovação para o Desenvolvimento Nacional. Plano de Ação 2007-2010 (PAC da Inovação). Brasília/DF. Disponível em: http://www.mct.gov.br. 2007.

Mytelka L. A role for innovation networking in the other two-thirds. Futures 1993; 85(1):694-712.

Paim JS. Bases conceituais da reforma Sanitária Brasileira. In: Fleury S (org.) Saúde e democracia: a luta do CEBES. São Paulo: Lemos Editorial, 1997.

Pieroni JP, Reis C, Souza JOB. A indústria de equipamentos e materiais médicos, hospitalares e odontológicos: uma proposta de atuação do BNDES. BNDES Setorial, 2010:185-226.

Rothwell R. Technology-based small firms and regional innovation potential: the role of public procurement. Journal of Public Policy 1984; 4:307-32.

Schmidt FH, Assis LRS. O Estado como cliente: características das firmas industriais fornecedoras do governo. 17. edição do boletim Radar: tecnologia, produção e comércio exterior/Instituto de Pesquisa Econômica Aplicada. Diretoria de Estudos e Políticas Setoriais, de Inovação, Regulação e Infraestrutura – Brasília: Ipea.Tidd et al. 2007. 2011.

Silva LIL. Carta ao povo brasileiro. Junho de 2002. Disponível em: http://www.pt-pr.org.br/pt_pag/PAG%202004/PROGRAMAS%20DE%20GOVERNO/Programa%20de%20Governo%202002.PDF. Acesso em: 16/8/2012.

Tidd J, Bessant J, Pavitt K. Gestão da Inovação. 3. ed. Porto Alegre: Ed. Bookman, 2008.

Viana AL, Elias PEM. Saúde e desenvolvimento. Ciência e Saúde Coletiva 2007; 12(Supl):1765-76.

Viana AL, Silva HP, Elias PEM. Economia política da saúde: introduzindo o debate. Divulgação em Saúde para Debate 2007; (37):7-20.

WHO. World Health Organization Statistics. Disponível em: http://www.who.int/whosis/whostat/EN_WHS2011_Full.pdf. Acesso em: 16/8/2012.

# 13

Trajetórias Tecnológicas na Indústria Farmacêutica:
Desafios para a Equidade no Brasil

Erika Aragão • Sebastião Loureiro • Jose Gomes Temporão

INTRODUÇÃO

A área de bens voltados à saúde compreende um amplo conjunto de segmentos produtivos que compartilham o fato de apresentarem um elevado grau de inovação e serem intensivos em conhecimento científicos e tecnológicos, elementos que imprimem forte dinamismo em termos de crescimento e competitividade. A inovação tecnológica constitui, assim, um instrumento de concorrência que gera uma vantagem competitiva de custos ou qualidade (real ou simbólica) ao inovador. Trata-se de um processo heterogêneo e complexo. Sua dinâmica difere tanto entre países como em termos setoriais e se constitui em uma variável fundamental para o desenvolvimento econômico e social.

Segundo arcabouço teórico que tem origem nos trabalhos de Schumpeter (1883-1950), as inovações tecnológicas são o elemento fundamental capaz de dinamizar o ambiente econômico e a empresa é o lócus de sua realização (Mazzucato & Dosi, 2006). Envolve desde a introdução de um produto, processo ou modelo organizacional na sociedade até sua difusão, consequentemente diferindo da invenção, que consiste na criação de um bem ou serviço, sem que este tenha necessariamente aplicação comercial ou social. Na área da saúde, a inovação é o principal instrumento de competição utilizado pelas empresas.

Considerando a tipologia do Complexo Econômico-Industrial da Saúde (CEIS), os segmentos de bens voltados à saúde estão organizados em subsistemas específicos, como a indústria de base química e biotecnológica (fármacos, medicamentos, vacinas, hemoderivados e reativos para diagnóstico), a indústria de base mecânica, eletrônica e de materiais (equipamentos mecânicos e eletrônicos, próteses e órteses e outros materiais); os serviços de saúde (hospitais, ambulatórios e serviços de diagnóstico), bem como aqueles que giram em torno da atenção (alimentação, limpeza, tecnologia da informação, dentre outros); a infraestrutura de geração de conhecimento científico e tecnológico, compreendida pelas universidades, centros de pesquisa, instituições de fomento, assim como o marco regulatório existente.

As firmas produtoras de bens materiais ofertam seus produtos às instituições prestadoras de serviços de saúde, públicas e privadas, que são as consumidoras dos produtos manufaturados pelo primeiro grupo, o que caracteriza uma clara relação de interdependência setorial. Cada segmento contém uma dinâmica de inovação particular, de modo que o marco regulatório delimita as estratégias e o escopo de atuação dos agentes do setor.

O segmento da saúde tem muitas especificidades em relação a outros setores da economia. Em geral, nesse segmento a oferta determina a demanda, na medida em que os bens introduzidos nos mercados tendem a ser incorporados. Por seu turno, as tecnologias não são substitutivas, mas cumulativas, o que significa que tendem a ser utilizadas em seu conjunto tanto para o diagnóstico como para o tratamento. Além disso, trata-se de um segmento no qual o consumidor necessita de um intermediário, geralmente o médico, para ter acesso aos serviços. Esses aspectos estão entre os fatores que explicam por que a incorporação de tecnologias nos sistemas de saúde é um dos principais responsáveis pelo aumento dos gastos com saúde como proporção do Produto Interno Bruto (PIB) dos países nas últimas décadas.

Em 1960, nos EUA, o maior produtor e incorporador mundial de tecnologias médicas, a saúde respondia por 5,3% do PIB do país, tendo essa participação aumentado para 16,2% em 2009. Em países como o Reino Unido, que conta com uma regulação mais restritiva para incorporação de tecnologias, essa participação saltou de 3,9% para 9,2% no mesmo período, patamar ligeiramente superior ao do Brasil, cuja participação foi de 9% no último ano (WHO, 2012). No entanto, a composição dos gastos brasileiros é bem mais próxima da americana, que tem um sistema majoritariamente privado, ao contrário do Brasil, que desde 1990, com a Lei Orgânica da Saúde, passou a ter um sistema universal e integral.

Um dos segmentos do CEIS que mais pressionam os serviços em termos de incorporação de seus produtos é a indústria farmacêutica. Esta pode ser caracterizada como um oligopólio diferenciado baseado em ciência. Oligopólio porque um número relativamente pequeno de empresas é responsável por parte significativa da oferta desses bens. Diferenciado porque a principal estratégia de concorrência é a diferenciação dos produtos, o que explica em parte os elevados gastos com Pesquisa e Desenvolvimento (P&D), o que tem justificado a busca sistemática das empresas dessa indústria pela proteção das descobertas por meio de patentes, o que assegura o monopólio temporário, restringindo assim o acesso às inovações àqueles que podem pagar seus preços elevados.

Em síntese, o tripé que sustenta e dá dinamismo à indústria farmacêutica é constituído pelos gastos expressivos de P&D, que visam à diferenciação mediante a inovação, uma estratégia de proteção patentária extremamente agressiva e gastos elevados em *marketing* e propaganda, seja diretamente ao paciente, seja indiretamente, por intermédio do médico e de outros provedores. No entanto, o dinamismo nessa indústria não é uniforme.

No âmbito da indústria farmacêutica convivem duas trajetórias distintas: uma baseada na química fina, com origem no final do século XIX e que engendrou os fármacos tradicionais, e aquela nascida da biologia molecular, baseada em técnicas de genômica e proteômica, dentre outras, que começa a se desenvolver a partir da segunda metade do século XX. Com a biotecnologia moderna, as empresas, em vez de produzirem pequenas moléculas por meios químicos, passaram a modificar grandes moléculas, como proteínas e hormônios, utilizando sistemas biológicos vivos.

Se de um lado a trajetória baseada na química fina tem apresentado sinais de esgotamento nas duas últimas décadas, o que implica menor grau de diferenciação dos produtos e redução do número de lançamento de Novas Entidades Moleculares (New Molecular Entities – NME), de outro a trajetória das biotecnologias tem produzido inovações radicais importantes, levando o segmento a taxas maiores de crescimento e rentabilidade. Entretanto, apesar do potencial das biotecnologias para a saúde humana e seu alcance social, a exemplo das vacinas e reagentes para diagnóstico, o segmento de biofármacos (medicamentos biológicos) tem introduzido inovações que, pelo alto custo, limitam o acesso de países e populações mais pobres.

Contudo, em ambos os casos, a maioria dos investimentos em P&D não é voltada para doenças que acometem majoritariamente populações de países pobres ou em desenvolvimento, denominadas doenças negligenciadas.

As doenças tropicais, por exemplo, incluindo a malária e a tuberculose, representam 12% da carga global de doenças, mas apenas 1,3% dos novos medicamentos lançados recentemente (21 novos medicamentos) tiveram como alvo essas patologias; já as demais doenças contaram com 1.535 novos medicamentos (98,7% do total de novas drogas) (DNDi, 2012). Desse modo, as tecnologias desenvolvidas para tratamento de doenças cronicodegenerativas, que apresentam incremento em termos globais e acometem tanto os países desenvolvidos como os emergentes, são baseadas em rotas tecnológicas que se traduzem em bens relativamente caros, o que pode implicar o aprofundamento das desigualdades já existentes.

O câncer, por exemplo, foi historicamente tratado de maneira sistemática como uma doença dos países desenvolvidos, tendo sido uma das patologias que mais sofreram o impacto da biotecnologia moderna, com aumento de recursos voltado para pesquisa e desenvolvimento nas áreas biotecnológicas e farmacêuticas. Contudo, nas últimas quatro décadas esse quadro tem se alterado, e a parte mais significativa do ônus global do câncer tem sido observada em países pobres e em desenvolvimento (Aragão, 2011).

Segundo dados do Ministério da Saúde, o câncer é a segunda maior causa de morte no Brasil, com o registro, em 2008, de 15,6% de mortes em decorrência da doença na população (INCA, 2011), figurando atrás apenas das doenças cardiovasculares. Em 1999, os tumores malignos ocupavam apenas a quarta posição, com 11,4% do total de mortalidade.

Neste capítulo buscamos mostrar como a dinâmica de inovação do mercado de biofármacos pode ampliar as desigualdades no acesso às tecnologias em saúde, tendo em vista a crescente pressão por incorporação de novas tecnologias nos serviços de saúde, sua natureza, o perfil epidemiológico brasileiro e a limitação de recursos para essa incorporação. Para tanto, utilizamos como exemplo o segmento de medicamentos biológicos contra o câncer, cujo tratamento tem sofrido forte impacto em virtude dessa nova trajetória tecnológica, em termos globais.

MERCADO DE BIOFÁRMACOS[1]

O termo biotecnologia tem sido amplamente utilizado para expressar um conjunto de aplicações de técnicas biológicas em organismos vivos ou suas partes com o objetivo de desenvolver novos bens, sejam eles produtos, processos ou serviços. Essa definição, no entanto, englo-

---

[1] Os dados de mercado citados nesta seção são do IMS Health (2010). Trata-se de uma base de acesso restrito. A utilização da base foi disponibilizada pelo Instituto Nacional de Ciência e Tecnologia (INCT) de inovação em doenças negligenciadas, da qual um dos autores é pesquisador. Quando dados de outras fontes são utilizadas, estas são referenciadas explicitamente.

Tabela 13.1 • Evolução do mercado de biofármacos – 2000-2009

Período	US$ Bilhão			%	
	Fármacos	Biofármacos	MABs	Biofármacos/Fármacos	MABs/Biofármacos
2000	356	23	*	6,5	*
2004	559	61	6,5	10,9	10,7
2009	751	95	35,0	13,0	37,0

Fonte: para o mercado de fármacos e biofármacos: 2000 e 2004 apud Fercelodone e Branchi (2006). Para 2009 os dados são do IMS Health. O mercado de anticorpos monoclonais foi estimado a partir das vendas dos principais produtos.
* Informações não acessíveis.

Tabela 13.2 • Vendas globais* do mercado farmacêutico por região do mundo

	2009	2008	2007	2006	2005
América do Norte (% total)	42,54	41,88	44,57	46,87	45,97
Europa (% total)	29,83	32,17	31,09	29,45	29,72
África/Ásia/Australásia (% total)	22,70	20,94	19,67	19,23	20,16
América Latina (% total)	4,95	5,01	4,75	4,46	4,15
Total do mercado mundial (US$ bilhão)	751,00	726,20	670,40	609,50	568,00

Fonte: IMS, 2010.
*Fármacos e biofármacos.

ba desde tecnologias utilizadas há milhares de anos para a produção de bebidas e alimentos, como a fermentação, até as modernas técnicas de manipulação genética descobertas nos anos 1970, que possibilitaram o nascimento da nova indústria de base biotecnológica.

A biotecnologia moderna causou grande impacto na área da saúde, na medida em que se traduziu no desenvolvimento de um conjunto amplo de novas tecnologias de prevenção, diagnóstico e tratamento, capazes de ser produzidas e comercializadas com sucesso em larga escala. Inúmeros medicamentos, criados a partir de rotas biotecnológicas e indicados para o tratamento de doenças infecciosas, imunológicas e neoplásicas, foram desenvolvidos e tornaram-se líderes de mercado.

A importância do segmento e dos esforços em P&D nesse campo se reflete no aumento do número de biofármacos inovadores (Novas Entidades Moleculares) aprovados nos EUA e na Europa. Na década de 1990 foram aprovados menos de 30 produtos nesses mercados. Entre 2000 e 2005 foram aprovados 104, sendo 65 somente no último ano. No período de 2006 a 2009 houve uma desaceleração na introdução de novas tecnologias (25 aprovações) (Walsh, 2005, 2010). Apesar disso, entre os anos de 2000 e 2009, a participação desses produtos nas vendas da indústria farmacêutica dobrou, chegando a 13% em 2009, quando as vendas totais atingiram cerca de US$ 751 bilhões.[2]

[2] De acordo com dados do IMS Health.

Esses novos produtos de base biotecnológica passaram a constituir um nicho lucrativo da indústria farmacêutica, como pode ser observado na Tabela 13.1.

Convém reforçar que, no âmbito global, a indústria farmacêutica apresenta uma elevadíssima concentração, tanto em termos geográficos como empresariais. A Tabela 13.2 apresenta a evolução dessa indústria entre os anos de 2005 e 2009.

A despeito de uma ligeira queda da participação da América do Norte nas vendas mundiais da indústria farmacêutica entre os anos de 2005 e 2009 e da ligeira ampliação do mercado latino-americano, observa-se que a expressiva concentração do mercado nos países desenvolvidos é mantida, inclusive nos anos mais recentes, não havendo disponibilidade de dados acerca do segmento biológico para comparação. Somente a América do Norte e a Europa respondem por pouco mais de 70% da demanda global, mas essa concentração é ainda mais marcante quando se observa a segmentação por trajetória tecnológica e classe terapêutica.

O segmento de medicamentos oncológicos (antineoplásicos e terapias hormonais citostáticas), por exemplo, foi um dos mais impactados pela biotecnologia moderna, particularmente com a descoberta dos anticorpos monoclonais (MABs), respondendo por cerca de 10% do mercado farmacêutico mundial em 2009 e suas taxas têm superado às da média da indústria.

Interessante notar que, no que tange à classe terapêutica dos oncológicos, a concentração das vendas na

Tabela 13.3 • Vendas globais – Oncológicos

Descrição	US$ (Mill)	Mkt Share (%)	AN Mkt Share (%)	EU Mkt Share (%)	A/A/A Mkt Share (%)	AL Mkt Share (%)
1 Antineoplásicos + imunomoduladores	80.305,00	10,7	45,8	35,8	17,9	0,5
1.1 Antineoplásicos MABs	15.356,00	2	52	36,3	11,3	0,3
2 Terapias hormonais citostáticas	9.095,00	1,2	33,1	38,9	26,8	1,2

Mkt Share = participação no mercado.
Fonte: IMS, 2010.

América do Norte e na Europa é ainda maior (Tabela 13.3), ultrapassando os 80%. Especificamente no caso dos MABs, categoria de biológicos utilizados no tratamento do câncer, esse patamar alcança quase 90%. A América Latina responde por apenas 0,3% da demanda mundial de MABs contra o câncer. Assim, apesar de se tratar de uma doença de alcance global e existirem tecnologias, inclusive de base biotecnológica, para seu tratamento, falhas de mercado restringem o uso desses medicamentos a países e populações com índices mais elevados de renda. Vale destacar que, entre os dez produtos biológicos líderes em vendas em 2009, cinco eram MABs e quatro destes eram antineoplásicos, como mostra a Tabela 13.4. Em outras palavras, os dados revelam que, apesar do potencial dos MABs para diagnóstico, seu maior sucesso comercial em vendas é para o tratamento de doenças, particularmente as autoimunes, como artrite reumatoide, e diferentes tipos de câncer.

O desempenho comercial do MABs contra o câncer, como o Avastin®, o Mabthera® e o Herceptin®, desenvolvidos por uma empresa americana de base biotecnológica chamada Genentech, ajuda a explicar o interesse das grandes corporações farmacêuticas pelo controle dos processos tecnológicos e mercados associados relativos a esses produtos. Essa empresa foi adquirida pela Roche em 2009 (em transação concluída em 2010), consolidando a liderança desta última no mercado de medicamentos contra o câncer, com destaque para os anticorpos monoclonais. A Roche já detinha 56% das ações da Genentech desde 1990 e mantinha acordos de licenciamento para vários de seus produtos (Genentech, 2010).

A especialização dessa indústria em segmentos terapêuticos conduz à formação de submercados, cujo grau de concentração é significativamente maior do que observado no nível da indústria. Por exemplo, enquanto a Roche deteve 4,4% do mercado global da indústria farmacêutica em 2009, sua participação no mercado de antineoplásicos foi de 53% nesse mesmo ano. A Novartis, segunda colocada nesse segmento terapêutico, detinha 13% do mercado. Essa tendência acaba sendo um fator limitante adicional para o acesso das populações de países pobres e em desenvolvimento a esses medicamentos.

Esse e outros fatores, como o aumento da expectativa de vida, o uso exagerado das tecnologias médicas, a

Tabela 13.4 • Produtos biotecnológicos líderes de venda em 2009

Produtos	Indicação	US$ Bi
Enbrel®	Artrite reumatoide	5,9
Remicade®	Antirreumático	5,4
Humira®	Artrite reumatoide	5,0
Avastin®	Câncer	5,0
Mabthera (Rixutan)®	Problemas reumáticos e câncer	4,7
Lovenox®	Sistema cardiovascular	4,6
Lantus®	Diabetes	4,0
Herceptin®	Câncer – inclusive de mama	3,9
Neulasta®	Câncer	3,7
Epogen®	Anemia	3,1

Fonte: IMS Heath, 2010.

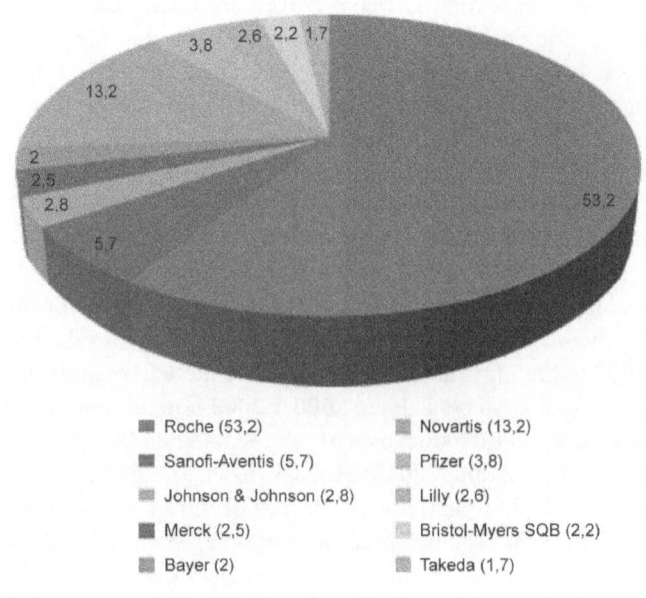

Figura 13.1 • Participação no mercado de medicamentos contra câncer – 2009 (em % – 10 principais instituições).
Fonte: IMS Health, 2010

- Roche (53,2)
- Novartis (13,2)
- Sanofi-Aventis (5,7)
- Pfizer (3,8)
- Johnson & Johnson (2,8)
- Lilly (2,6)
- Merck (2,5)
- Bristol-Myers SQB (2,2)
- Bayer (2)
- Takeda (1,7)

estrutura oligopolista do setor, em muitos casos com monopólios temporários obtidos via proteção intelectual, o aumento da renda *per capita* e a mudança do perfil epidemiológico, são responsáveis pelo aumento significativo dos gastos com saúde como proporção da renda interna dos países. Assim, a sustentabilidade dos sistemas de saúde tem constituído um dos principais desafios para a gestão pública em nível mundial, e particularmente para países com sistemas universais como o Brasil.

O aumento da esperança de vida, por exemplo, é um dos responsáveis pelo aumento da incidência de doenças degenerativas como o câncer. Por outro lado, as doenças infectocontagiosas e parasitárias ainda persistem no Brasil, o que leva à necessidade de recursos e estratégias capazes de enfrentar esses problemas de saúde em um contexto de limitações de recursos públicos para a saúde.

Segundo dados da Organização Mundial da Saúde (WHO, 2012), nos anos 1970, menos de 20% dos diagnósticos de câncer eram provenientes de países em desenvolvimento, ao passo que em 2008 quase 60% dos diagnósticos foram registrados em países de rendas baixa e média. A instituição estima que em 2030 são esperados 27 milhões de casos novos de câncer e 17 milhões de mortes por essa doença, e que o maior efeito desse aumento vai incidir majoritariamente em países de rendas baixa e média, justamente os mais despreparados para enfrentar o problema.

O Instituto Nacional do Câncer (INCA, 2011) estimou para 2012 a ocorrência de mais de 385 mil novos casos de câncer, excluídos os casos de câncer da pele, não melanoma. Com a inclusão dessa neoplasia, seriam mais de 518 mil casos novos. Os tipos mais incidentes são os cânceres de pele não melanoma, próstata, pulmão, cólon e reto e estômago para o sexo masculino e os cânceres de pele não melanoma, mama, colo do útero, cólon e reto e glândula tireoide para o sexo feminino, o que leva a crer que não se trata mais de uma doença predominante nas populações dos países desenvolvidos e que deve ser enfrentada por esses países, como têm sido a AIDS, a tuberculose e a malária. Trata-se, portanto, de uma situação em que uma doença de massa passa a ser abordada com tecnologias de escala de produção limitada em função do processo produtivo, como no caso dos biofármacos.

Essa tendência nos revela alguns desafios que já estão sendo enfrentados pelo Brasil e que devem se aprofundar, caso não sejam implementadas políticas públicas que busquem assegurar o acesso das tecnologias de modo a evitar o aprofundamento das desigualdades existentes.

ASSISTÊNCIA FARMACÊUTICA NO BRASIL

O direito à assistência farmacêutica é previsto no Sistema Único de Saúde (SUS) desde sua criação, mas uma política específica só foi definida em 1998, por meio da Política Nacional de Medicamentos, substituída posteriormente pela Política Nacional de Assistência Farmacêutica, em 2004 (Brasil, 2004). Em geral, trata-se de estratégia para ampliar o acesso da população brasileira aos medicamentos e de promover seu uso racional. Baseia-se, portanto, nos mesmos princípios que norteiam o SUS, sendo essencial para consolidá-lo, na medida em que busca viabilizar um dos componentes fundamentais da assistência à saúde.

De acordo com a Pesquisa de Orçamentos Familiares (POF), do Instituto Brasileiro de Geografia e Estatística (IBGE, 2012), os medicamentos respondiam por 48,6% da despesa média mensal com saúde das famílias brasileiras no período de 2008-2009. No entanto, o peso dos medicamentos para os 40% mais pobres era de 74,2%, sendo de apenas 33,6% para os 10% mais ricos. Em seu conjunto, as despesas com saúde representavam 7,2% do orçamento do brasileiro em 2008-2009, ligeiramente acima dos 7% registrados em 2002-2003 e em um patamar inferior aos gastos com habitação, alimentação e transporte, por exemplo. Em outros termos, o grau de comprometimento da renda familiar com medicamentos é maior para os que ganham menos. Nesse sentido, o SUS constitui um instrumento decisivo para a redução de iniquidades.

O financiamento dos programas públicos de assistência farmacêutica é de responsabilidade das três esferas de gestão do SUS: a União, os estados e os municípios. A alocação de recursos para financiar a aquisição de medicamentos e insumos é organizada segundo três componentes da assistência farmacêutica: (1) o componente básico; (2) o componente estratégico; e (3) o componente especializado. Cada componente agrega recursos para financiamento de um ou mais programas ou ações e apresenta características próprias quanto ao planejamento e à execução. Os medicamentos para AIDS, câncer e coagulopatias não estão inseridos em nenhum desses componentes, pois são financiados exclusivamente pela União. A União também incorre em gastos com oferta de medicamentos por meio dos Programas Farmácia Popular do Brasil e Aqui Tem Farmácia Popular, que oferecem alguns medicamentos a preços mais acessíveis para a população. Neste último programa, inclusive, os medicamentos para diabetes e hipertensão são distribuídos gratuitamente (Brasil, 2011).

Em 2006, a Câmara de Regulação do Mercado de Medicamentos (CMED), órgão interministerial responsável por regular o mercado e estabelecer critérios para definição e ajuste de preços, criou o Coeficiente de Adequação de Preços (CAP). O CAP consiste em um desconto mínimo obrigatório que deve ser concedido pelas empresas e pelos distribuidores farmacêuticos nas vendas de alguns medicamentos ao Poder Público. Para definição do desconto, é considerado o grau de concentração do mercado.

Entre os medicamentos incluídos nessa medida estavam os integrantes do que era denominado Componente de Medicamentos de Dispensação Excepcional, do Programa Nacional de DST/AIDS, do Programa de Sangue e Hemoderivados, os medicamentos antineoplásicos ou aqueles utilizados como adjuvantes no tratamento do câncer. Também estão incluídos os medicamentos comprados via ação judicial e que, portanto, não têm previsão orçamentária (Brasil, 2011). O CAP tem sido importante para disciplinar e uniformizar o processo de compras públicas, sendo instrumento de redução de preços e ampliação do acesso (Ibid, 2010). No que tange a montantes investidos, observa-se um aumento dos gastos da União com assistência farmacêutica entre os anos de 2004 e 2010, passando de US$ 1,37 bilhão para US$ 5,74 bilhões.

CASO DOS MEDICAMENTOS ONCOLÓGICOS: PERSPECTIVAS E DESAFIOS

O sistema público de saúde é responsável pelo tratamento de cerca de 80% dos casos de câncer no Brasil. Entre os anos de 1999 e 2010, somente os gastos federais com quimioterapia passaram de R$ 306 milhões para mais de R$ 1 bilhão. Os gastos totais, incluindo radioterapia, cirurgia e iodoterapia, superaram a marca de R$ 1,5 bilhão, ou US$ 852 milhões, em 2010 (MS, 2010).

Na Tabela 13.5, chama a atenção o fato de os gastos com medicamentos oncológicos representarem quase 10% dos gastos totais em 2010. Com exceção dos imunobiológicos (soros e vacinas) e de um grupo de medicamentos de alto custo, que são direcionados a um conjunto amplo de doenças raras, os oncológicos respondem isoladamente pelo maior percentual dos gastos do Ministério da Saúde com medicamentos, ultrapassando, inclusive, os valores destinados a esse item pelos estados e municípios.

É importante mencionar que, ao contrário dos outros medicamentos, os oncológicos são pagos pelo SUS dentro de um conjunto de ações de cuidados prestados ao paciente com câncer. De fato, o SUS paga não só os medicamentos, mas os procedimentos quimioterápicos, por meio da autorização de procedimentos de alta complexidade (APAC). Para oferecerem tratamento oncológico, os hospitais credenciados pelo SUS são ressarcidos de acordo com o código da APAC. Desse modo, as equipes profissionais dos hospitais têm autonomia para definir as condutas terapêuticas e liberdade para padronizar, adquirir, prescrever e fornecer os antineoplásicos.

Esse modelo é fortemente apoiado pelos profissionais da saúde responsáveis pela conduta terapêutica. No entanto, pode não ser a melhor alternativa do ponto de vista da gestão, pois é perdida economia de escala, já que a compra é descentralizada e fragmentada, ao contrário dos demais programas de medicamentos do SUS. Além disso, ao pagar aos hospitais um valor global pelo tratamento oncológico, sem discriminar os gastos, o gestor público tem menos mecanismos de controle de preços, o que pode constituir uma restrição importante de acesso em função da estrutura oligopolista da indústria farmacêutica.

Esse sistema de pagamento dos antineoplásicos abre espaço para práticas comerciais que não asseguram o pagamento do menor preço e que não possibilitam que mais pessoas tenham acesso ao tratamento. Ademais, restringe o alcance da política industrial brasileira no segmento de medicamentos de maior custo para o SUS, os quais representam um dos maiores investimentos científicos, tecnológicos e comerciais das grandes multinacionais farmacêuticas em todo o mundo.

Além disso, reduz a capacidade do Estado de usar o poder de compra para redução de preços. Em 2010, o poder de negociação do governo mediante a centralização das compras governamentais pôde ser observado no caso do Glivec®, antineoplásico mais vendido no Brasil, indicado para leucemia mieloide crônica (LMC). O Ministério da Saúde investiu R$ 192 milhões para aquisição centralizada de 9,3 milhões de comprimidos de Glivec®. O acordo estabelecido com o Laboratório Novartis estipulou que a empresa se responsabilizaria pela distribuição às Secretarias Estaduais de Saúde. Nessa compra centralizada, o preço de cada comprimido do medicamento nas dosagens de 100mg e 400mg foi de R$ 20,60 e R$ 82,40, respectivamente, enquanto, em média, os hospitais pagavam R$ 42,50 e R$ 170 pelas mesmas dosagens. Essa política tem sido mantida para um conjunto amplo de tecnologias pelo Governo Federal que, sempre que possível, centraliza as compras de estados e municípios, gerando economias significativas para os cofres públicos (MS, 2011).

Segundo dados do IMS (2010), que não incluem vendas hospitalares, o Glivec® respondeu, em 2009, por 19,3% das vendas nessa classe terapêutica no país, somando US$ 6 milhões. Dentre os antineoplásicos mais vendidos, consta apenas o MAB Herceptin®, indicado para câncer de mama, com vendas na ordem de US$ 1 milhão.

Tabela 13.5 • Gastos diretos do Ministério da Saúde com medicamentos em geral e com oncológicos em particular

	Total	Oncológicos	Oncol/Total %
2004	1,37	0,11	8,00
2005	1,81	0,14	7,73
2006	2,34	0,17	7,25
2007	3,29	0,21	6,25
2008	3,82	0,25	6,43
2009	3,75	0,25	6,67
2010	5,74	0,57	9,90

Fonte: elaborado a partir de DAF/MS e SVS/MS, apud Gadelha (2011). Inclui gastos com medicamentos e insumos. Dólar médio do período. Em US$ bilhões.

O Herceptin® (trastuzumabe) é um anticorpo monoclonal humanizado aprovado inicialmente em 1998 nos EUA para tratamento de um tipo de tumor sólido particularmente agressivo (HER2-positivo), que responde por cerca de 20% a 30% de todos os cânceres de mama. Atualmente, o medicamento também está aprovado para câncer do sistema gástrico e está em fase de teste para novas indicações (FDA, 2013). Nos EUA e na Europa, os MABs estão entre os líderes de venda, uma vez que a renda desses países permite o acesso a novas tecnologias de maneira mais abrangente do que no Brasil.

O trastuzumabe só obteve aprovação para incorporação pelo SUS em 2012. No entanto, mesmo não sendo disponibilizado pelo SUS em suas diretrizes terapêuticas, este e uma série de outros MABs contra o câncer têm sido pleiteados recorrentemente ao Sistema Público de Saúde mediante ação judicial. Somente em 2010, US$ 3,4 milhões foram gastos pelo Governo Federal para atender demandas judiciais relativas ao fornecimento de MABs. Isso significou gastos *per capita* de até US$ 183,3 mil. O uso do trastuzumabe, por exemplo, respondeu por gastos *per capita* da ordem de US$ 29,523.38. Trata-se, portanto, de um tratamento muito caro e que deve ter sua incorporação e indicação criteriosamente avaliadas.

As ações judiciais são geralmente subsidiadas pela indicação de um profissional médico e muitas vezes reforçadas pela demanda do paciente e suas representações, todos expostos largamente ao *marketing* da indústria. Esse tipo de ação é fruto da interpretação de que a atenção integral inclui qualquer opção terapêutica existente, disponível ou não no sistema, já que a Constituição prevê que a "saúde é um direito de todos e um dever do Estado" (art. 196). Esse entendimento tem promovido distorções quanto às estratégias de acesso a diversas tecnologias, como aos medicamentos. O atendimento dessas demandas pela via judicial não está vinculado à reserva orçamentária, dificultando as ações de planejamento e gestão dos recursos públicos. Além disso, restringe o acesso àqueles que recorrem ao poder judiciário, configurando um instrumento de aumento da iniquidade.

Vários estudos têm apontado distorções no processo de judicialização (Chieffi & Barata, 2009; Pepe *et al.*, 2010). Lopes *et al.* (2010), em avaliação das ações judiciais e dos pedidos administrativos recebidos pela Secretaria de Estado da Saúde de São Paulo, constataram que os medicamentos bevacizumabe, capecitabina, cetuximabe, terlotinibe, rituximabe, imatinibe e temozolomida representaram gastos superiores a R$ 40 milhões (US$ 19,4 milhões) para atender a 1.220 solicitações, com custo médio de R$ 33,5 mil (US$ 16,2 mil) por paciente, a maior parte formada por MABs para diferentes tipos de câncer.

Em um país em que o gasto *per capita* com saúde gira em torno de R$ 600, a obrigação do fornecimento de medicamentos de alto custo pelo Estado pela via judicial tem fortes implicações para a equidade. Se por um lado o fenômeno da judicialização pode ser apontado como resultado da não atualização das listas de medicamentos de alto custo, particularmente na área oncológica, por outro lado o sistema público de saúde não pode nem deve incorporar tecnologias sem critérios de avaliação que levem em conta tanto a proteção dos pacientes como a sustentabilidade do sistema.

Na verdade, trata-se aqui de enfrentar três dimensões distintas: a do direito, a da necessidade e a do desejo. Direito e necessidade são categorias que dialogam diretamente com os princípios pétreos do SUS e das políticas públicas que orientam suas diretrizes e prioridades. Já o desejo remete ao processo de construção de "falsas necessidades" a partir da dinâmica concorrencial e de *marketing* da indústria.

Tabela 13.6 • Anticorpos monoclonais contra o câncer demandados judicialmente ao Ministério da Saúde em 2010

		2010			
		Quant.	Pacientes	Valor (US$)	Gasto *per capita* (US$)
Rituximabe*	100mg/10mL	600	47	120.524,05	2.564,34
	500mg/50mL	473	65	519.358,10	7.990,12
Trastuzumabe*	440mg	986	75	2.214.253,71	29.523,38
Gentuzumabe ozogamicina	5mg/20mL	48	1	172.079,86	172.079,86
Cetuximabe	100mg/50mL	771	7	175.652,79	25.093,26
Bevacizumabe	100mg/4mL	185	10	55.411,08	5.541,11
	400mg/16mL	145	9	157.883,28	17.542,59
Total		**3.208**	**214**	**3.415.162,88**	**15.958,71**

Fonte: DAF. (1) Dados fornecidos pela Coordenação de Logística – Coordenação Geral de Compras de Insumos Estratégicos para Saúde. Referem-se unicamente às compras originadas de demandas judiciais ao Ministério da Saúde.
* Medicamentos incorporados ao SUS entre o final de 2010 e o início de 2012.

No caso do câncer, aqui utilizado como exemplo, o tratamento à base de medicamentos biológicos é considerado muito dispendioso, tendo em vista que se trata de uma categoria com maior complexidade no processo produtivo e, portanto, com preços mais elevados. Além disso, esses medicamentos são mais difíceis de serem copiados após a expiração das patentes. Diferentemente dos químicos, que podem ser copiados na íntegra, as proteínas não são passíveis de cópia da mesma forma, portanto essas cópias são biossimilares e demandam um processo regulatório específico. Ademais, trata-se de um segmento no qual o poder de negociação das empresas é muito elevado, tendo em vista a concentração de mercado em um conjunto muito pequeno de empresas.

As compras públicas de medicamentos representam 20% dos cerca de R$ 30 bilhões (US$ 17 bilhões) anuais de faturamento da indústria farmacêutica brasileira[3]. Em se tratando de produtos de alta complexidade, como os medicamentos destinados para oncologia, AIDS, tuberculose, hepatite, hanseníase, Alzheimer e esquizofrenia, o SUS acaba sendo, praticamente, o único comprador (Interfarma, 2010), o que pode assegurar um grande poder de compra junto às grandes companhias do setor, garantindo menores preços e a ampliação do acesso.

O uso do poder de compra e o estabelecimento de políticas de fomento à indústria farmacêutica nacional, incluindo os laboratórios públicos, são formas de proteção contra o exercício de práticas monopolistas exercidas pelas grandes corporações farmacêuticas, práticas estas possíveis em função de um regime de proteção intelectual extremamente favorável às economias dos países desenvolvidos, como retrata Dal Poz (2006). Em um segmento em que a substituição de bens é bastante limitada, a persistência dessas práticas, certamente, aprofundará as desigualdades sociais tanto em nível internacional como nacional. Nessa perspectiva, políticas que levam em conta o grau de concentração de mercados, como a realizada pelo Ministério da Saúde no que tange à atenção especializada, podem assegurar a introdução de tecnologias inovadoras e, ao mesmo tempo, reduzir as desigualdades no acesso aos medicamentos.

Cabe destacar aqui o recente esforço brasileiro no sentido de construir uma base regulatória para o complexo processo de gestão de tecnologias em saúde. Por meio da Portaria GM 152/2006 foi regulamentada a Comissão para Incorporação de Tecnologias em Saúde (Citec), no âmbito da Secretaria de Atenção à Saúde (SAS), e que posteriormente passou a ficar subordinada à Secretaria de Ciência e Tecnologia e Insumos Estratégicos (SCTIE). Em 2011, a presidente Dilma Roussef sancionou a Lei 12.401, de 28 de abril, que criou a CONITEC (Comissão Nacional de Incorporação de Tecnologias em Saúde), ampliando sua composição, passando a incluir tanto o Conselho Federal de Medicina como o Conselho Nacional de Saúde. Atualmente, a Secretaria Executiva da CONITEC está alocada no Departamento de Gestão e Incorporação de Tecnologias, também na SCTIE.

Em nível mais geral, o final da década de 1990 constituiu o marco inicial da aproximação das relações entre política de saúde, política científica e tecnológica e política comercial. O CEIS passou a ser tratado como componente estrutural da política de saúde e a saúde como um segmento importante para o desenvolvimento econômico. Nesse sentido, tornou-se um elemento estratégico no âmbito das políticas públicas setoriais. Esse tem sido um processo que envolve esforços conjuntos de vários níveis do governo, tendo o Ministério da Saúde papel de destaque nessa articulação, com a criação do Departamento de Ciência e Tecnologia (Decit), em 2000, incorporado posteriormente à Secretaria de Ciência e Tecnologia e Insumos Estratégicos (SCTIE), criada em 2003.

A SCTIE é responsável pela implementação das políticas de assistência farmacêutica, avaliação e incorporação de tecnologias no SUS, bem como pelo incentivo ao desenvolvimento industrial e científico do setor. Atualmente, é um agente central no processo de formulação e implantação da política de ciência, tecnologia e inovação no âmbito do SUS e articulação com outras instâncias. Em função de sua complexidade, o sucesso dessa política depende da interação entre diversos segmentos da sociedade, desde os órgãos da administração governamental (saúde, educação, indústria e comércio, agricultura, ciência e tecnologia etc.) até os setores produtivos, passando pelas instituições acadêmicas. Elementos como o fomento a P&D e a disponibilização de linhas de financiamento têm sido implementados mediante os esforços dos Ministérios da Ciência e Tecnologia, da Saúde e do Desenvolvimento, Indústria e Comércio Exterior.

A articulação intersetorial tem possibilitado a criação de marcos regulatórios importantes, que tendem a ter impacto positivo em setores estratégicos para o desenvolvimento do país, como reflete o Decreto 6.041, de 8 de fevereiro de 2007, que instituiu a Política de Desenvolvimento da Biotecnologia. Dentre os marcos reguladores de apoio à inovação, destacam-se a Lei 10.972, de 2004, denominada Lei da Inovação[4], e a Lei do Bem, de 2005, ambas importantes para o desenvolvimento da indústria de bens voltados à saúde no Brasil. Além disso, a Política de Desenvolvimento Produtivo (PDP), iniciada em 2007, vem sendo objeto de políticas intersetoriais e transversais voltadas para a redução da dependência externa, a inovação e a ampliação da capacidade nacional

---

[3] Esta fonte de dados inclui as vendas hospitalares.

[4] Nova redação dada pela Lei 12.349, de 2010.

de produzir tecnologias estratégicas para o SUS, incluindo os biológicos.

Por fim, cabe ressaltar que a PDP já inclui uma estratégia de desenvolvimento social, o que nos leva a refletir sobre a necessidade de avançar ainda na perspectiva de segurança sanitária, que não deve em hipótese alguma estar subordinada à lógica de competitividade da indústria.

Referências

ABDI – Agência Brasileira de Desenvolvimento Industrial. Panorama da Biotecnologia no Mundo e no Brasil, 2008.

Aragão E. Colaboração e Inovação na Área de Biotecnologias Aplicadas à Saúde Humana. 2011. Tese (Doutorado em Saúde Coletiva). Instituto de Saúde Coletiva, Universidade Federal da Bahia Salvador, 2011.

Brasil. Lei 10.973, de 02 de dezembro de 2004. Dispõe sobre incentivos à inovação e à pesquisa científica e tecnológica no ambiente produtivo e dá outras providências. Casa Civil. Disponível em: www.planalto.gov.br/ccivil_03/_ato2004-2006/2004/Lei/L10.973.htm. Acesso em: 14/8/2012.

Brasil. Lei 9.279, de 14 de maio de 1996. Regula os direitos e as obrigações relativos à propriedade industrial. Brasília. Congresso Nacional. Disponível em: www.planalto.gov.br/ccivil_03/Leis/L9279.htm. Acesso em: 14/8/2012.

Brasil. Ministério da Saúde. Avaliação de Tecnologias em Saúde: institucionalização das ações no Ministério da Saúde. Rev Saúde Pública, São Paulo, ago. 2006; 40(4).

Brasil. Ministério da Saúde. Avaliação de tecnologias em saúde: ferramentas para a gestão do SUS. Brasília: Editora do Ministério da Saúde, 2009.

Brasil. Ministério da Saúde. Da excepcionalidade às linhas de cuidado: o Componente Especializado da Assistência Farmacêutica. Secretaria de Ciência, Tecnologia e Insumos Estratégicos, Departamento de Assistência Farmacêutica e Insumos estratégicos. – Brasília: Ministério da Saúde, 2010.

Brasil. Ministério da Saúde. Nova Comissão Nacional de Incorporação de Tecnologias de Saúde e impacto ao Sistema Único de Saúde. Rev Saúde Pública, São Paulo, out. 2011; 45(5).

Brasil. Ministério da Saúde. Resolução CNS nº 338, de 06 de maio de 2004. Aprova a Política Nacional de Assistência Farmacêutica. Diário Oficial da União, Poder Executivo, Brasília, DF, 20 maio 2004.

Brasil. Ministério da Saúde. Secretaria de Atenção à Saúde. Departamento de Atenção Especializada. Coordenação-Geral de Média e Alta Complexidade, 2010.

Brasil. O Complexo Econômico-Industrial da Saúde. Informe CEIS nº 1, ano 1. Agosto 2010: GIS/ENSP/VPPIS/Fiocruz/Ministério da Saúde.

Brasil. Política nacional de Atenção Oncológica. Nota 09 de novembro de 2010.

Brasil. Política Nacional de Gestão de Tecnologias em Saúde. Ministério da Saúde, Secretaria de Ciência, Tecnologia e Insumos Estratégicos, Departamento de Ciência e Tecnologia. Brasília: Ministério da Saúde, 2010.

Brasil. Portaria 102 da SAS, de fevereiro de 2012.

Brasil. Portaria SAS/MS 741, de 19 de dezembro de 2005.

CGEE. Centro de Gestão e Estudos Estratégicos. Disponível em: http://www.cgee.org.br/. Acesso em: 18/8/2012.

Chieffi AN, Barata, R.B. Judicialização da política pública de assistência farmacêutica e eqüidade. Cad. Saúde Pública 25(8), 2009.

CONITEC. Comissão Nacional de Incorporação de Tecnologias no SUS. Relatório de Recomendação da Comissão Nacional de Incorporação de Tecnologias no SUS – CONITEC - 07. Brasília, maio de 2012.

DAL POZ MES. Redes de inovação em biotecnologia: genômica e direitos de Propriedade Intelectual. Tese (Doutorado) – Universidade Estadual de Campinas, Campinas, 2006.

DNDi – Drugs for Neglected Diseases initiative. 2012. Disponível em: http://www.dndi.org/index.php/overview-dndi.html?ids=1.

Dosi G. Technological paradigms and technological trajectories: a suggested interpretation of the determinants and directions of technical change. Research Policy 1982; 11(3):147-62.

FDA. Food and Drug Administration. FDA approved drug products. Disponível em: http://www.accessdata.fda.gov/scripts/cder/drugsatfda/index.cfm?fuseaction=Search.DrugDetails. Acesso em: 10/02/2013.

FNDCT, Fundos Setoriais – Fundo Setorial de Biotecnologia. Disponível em: www.mct.gov.br/index.php/content/view/1409.html. Acesso em: 28/10/2011.

Gadelha CAG. Desenvolvimento, complexo industrial da saúde e política industrial. Rev Saúde Pública, São Paulo, aug. 2006; 40(spe). Disponível em : <http://www.scielo.br/scielo.php?script=sci_arttext&pid=S0034-89102006000400003&lng=en&nrm=iso>. Acesso em: 1/7/2012.

Gadelha C. O complexo industrial saúde. Texto preparado para o projeto Estudo de Competitividade por Cadeias Integradas no Brasil, sob a coordenação geral de Luciano Galvão Coutinho: Unicamp/IE/NEIT-Fecamp/MDIC/MCT/FINEP, Campinas, 2002.

Gadelha C, Azevedo N. Inovação em vacinas no Brasil: experiência recente e constrangimentos estruturais. História, Ciências, Saúde–Manguinhos, 2003; 10(suppl.2):697-724.

Gadelha C, Quental C, Fialho BC. Saúde e inovação: uma abordagem sistêmica das indústrias da saúde. Caderno de Saúde Pública, Rio de Janeiro, jan/fev 2003; 19(1):47-59.

Genentech. Disponível em: www.gene.com. Acesso em: 12 de dezembro de 2010.

IBGE. Pesquisa de Orçamentos Familiares (POF). Perfil das despesas no Brasil Indicadores selecionados 2008-2009. 2012. Disponível em: http://www.ibge.gov.br/home/estatistica/pesquisas/pesquisa_resultados.php?indicador=1&id_pesquisa=40.

IMS. Pharmaceutical intelligence, providing information and consulting services to the healthcare market. Disponível em: www.imshealth.com/portal/site/imshealth. Acesso em: 10/1/2011.

INCA. Instituto Nacional do Câncer José Alencar Gomes da Silva. Estimativa 2012: incidência de câncer no Brasil. Rio de Janeiro: INCA, 2011. 118p.

INTERFARMA. Innovation and Clinical Research in Brazil. São Paulo: Interfarma, v. II, 2010.

IPEA. Programas de Assistência Farmacêutica do Governo Federal: evolução recente das compras diretas de medicamentos e primeiras evidências de sua eficiência, 2005 a 2008. Comunicado 74, dezembro de 2010.

Lopes MC. Judicialização da Saúde. Rio de Janeiro: Lúmen Júris. 2010.

Mazzucato M, Dosi G. Knowledge accumulation and industry evolution: Pharma-Biotech. Cambridge UK: Cambridge University Press, 2006:446.

Morel CM et al. Neglected Diseases: the road to recovery. Nature sep 2007; 449:180-2. Disponível em: ww.nature.com/nature/index.html. Acesso em: 16/8/2012.

Morel CM et al. Health innovation networks to help developing countries address. Science 2005; 309(5733):401-4. Disponível em: www.sciencemag.org/content/309/5733/401.abstract. Acesso em: 12/6/2012.

OECD. Innovation in Pharmaceutical Biotechnology.OECD, 2006.

Pepe V et al., Caracterização de demandas judiciais de fornecimento de medicamentos "essenciais" no Estado do Rio de Janeiro, Brasil. Cad. Saúde Pública, Rio de Janeiro, 26(3):461-471, 2010.

Walsh, G. Biopharmacetiucal Approval Trends in 2009. BioPharm International, v. 23, issue 10, 2010.

Walsh, G. Biopharmacetiucals: Approvals and Approval Trends in 2004. BioPharm International, v. 18, issue 5, 2005.

WHO. World Heath Organization. Statistics. In: http://www.who.int/research/en/. Acesso em: 1/7/2012.

14

Informação em Saúde Coletiva

Eduardo Luiz Andrade Mota • Marcio Alazraqui

A descrição das condições de saúde da população e o acompanhamento de sua evolução, a elucidação das causas e mecanismos causais dos problemas de saúde e o subsídio à tomada de decisão no apoio aos processos de gestão de ações e serviços, entre outras aplicações, situam as informações em saúde como essenciais às práticas de promoção proteção, prevenção, e cuidado individual e coletivo (Mota & Carvalho, 2003). Além disso, informações derivam do trabalho de pessoas cuja experiência, conhecimentos e habilidades intervêm nos produtos e nos resultados das organizações em sociedade. Por sua vez, esses conhecimentos se constituem em elementos de processos produtivos complexos sobre os quais o entendimento ampliado pode contribuir para aprimorar propósitos, meios e efeitos.

Produzir informações em saúde não é só e simplesmente aplicar métodos e técnicas aos dados de interesse. Essa tarefa compreende a coleta, o processamento e a consolidação de dados, a realização de cálculos e, por fim, a análise para traçar associações entre fatos e saberes e atribuir significados que resultem de uma interpretação lógica de eventos e situações da realidade que se quer representar (Mota, Almeida & Viacava, 2011). Essas atividades são exercidas por pessoas com ou sem o auxílio de equipamentos e que, ao realizá-las, expressam suas visões da vida e do trabalho. Além disso, sendo a disponibilidade de informações uma condição essencial para a análise da situação de saúde que subsidia decisões na gestão de sistemas e serviços, os processos de produção e de aplicação de informações envolvem pessoas com suas qualificações, o que, por seu turno, determina tanto a qualidade dessa análise como a qualidade das decisões (Risi Jr., 2006; Lima et al., 2009).

Desde 2004 busca-se estabelecer no Brasil uma Política Nacional de Informação e Informática em Saúde. Naquele ano, um documento-base foi apreciado na 12ª Conferência Nacional de Saúde, porém não foi formalizado em norma. Em setembro de 2012, o Ministério da Saúde lançou em consulta pública um novo documento para uma política nacional de informação (Brasil, 2012). Neste, como no primeiro, enfatiza-se o papel das informações para o desenvolvimento institucional do Sistema Único de Saúde (SUS). As diretrizes incluem a melhoria do acesso e da qualidade dos serviços e "a transparência e segurança das informações sob a guarda do poder público, o suporte da informação para a tomada de decisão por parte do gestor e profissional de saúde" (Brasil, 2012). Esses e outros elementos que vinculam as informações à gestão em saúde e à participação de profissionais e organizações sociais no SUS ganharam maior destaque no país em anos recentes.

Dessa maneira, para ampliar o entendimento sobre o tema consideram-se três aspectos centrais à produção de informações em Saúde Coletiva, entendida como um conjunto de processos de trabalho em serviços de saúde. O primeiro trata da interface e da integração entre informação, comunicação e ação; o segundo, do ambiente de informação; e o terceiro, da qualidade de dados e informações. Abordam-se a seguir esses temas em sequência. Ao final, para contribuir com esta reflexão, apresentam-se problemas e perspectivas para a área de informações em saúde.

Em primeiro lugar, focalizando as informações para o suporte à gestão local em saúde, Alazraqui et al. (2006) propõem que se observem mais do que os elementos tradicionalmente conhecidos como *dado, informação e conhecimento*, este último considerado como informação aplicada, e que são comumente descritos como se estivessem sempre relacionados com um encadeamento linear ou com um círculo fechado. Ponderam os autores que esse esquema é insuficiente para orientar a produção de informações em sistemas locais, em especial para orientar políticas e programas voltados para a redução das desigualdades sociais em saúde. E alargam essa visão para incluir os papéis da *comunicação* e da *ação*. Mais que isso, enfatizam que todos esses componentes se relacionam, "constituindo uma lógica de processos, e não como compartimentos estanques", o que representa uma concepção ampliada da produção de informações como um trabalho consequente.

Essa abordagem considera que dados, informação, conhecimento, comunicação e ação (DICCA) e seus processos de produção correspondentes formam um conjunto em que os componentes estariam associados desde seu caráter mais normativo – dados e informação – até sua natureza estratégica, que se configura por conhecimento, comunicação e ação, constituindo então processos de trabalho que se inter-relacionam e se retroalimentam continuamente.

Sobre dados e informações em saúde há literatura suficiente, inclusive a que considera esses componentes próprios dos sistemas de informação, tanto os de registro contínuo de dados como os que se constituem a partir de inquéritos de base populacional (Mota & Carvalho, 2003). Todavia, o que resta examinar em maior detalhe são as relações desses componentes com a produção de conhecimentos que resulta das aplicações da informação em gestão e no cuidado em saúde, e sobre as relações desses com a comunicação e a ação. Para tal, definem aqueles autores que nos processos de trabalho com informação em saúde sob a lógica DICCA "intervêm sujeitos com suas intencionalidades", que atuam em organizações que se constituem como uma "rede de conversações", que por sua vez estão imersas no mundo das relações político-institucionais em sociedade. A construção de um consenso e da viabilidade intra e interorganizacionais para a ação põe em relevo as informações e o conhecimento gerados como substratos de ações estratégicas e comunicativas (Alazraqui *et al.*, 2006).

Sobre os serviços de saúde e suas ações, é importante considerar que a produção de informações se inclui no conjunto dos processos voltados para a intervenção, isto é, processos para gerar mudanças positivas nas condições de saúde da população, e neste sentido são entendidas como "ações orientadas ao êxito" e, portanto, estratégicas, e como "ações comunicativas, ou seja, orientadas ao entendimento" (Alazraqui *et al.*, 2006). Sob esse olhar, a abordagem DICCA pressupõe, entre outras condições: o trabalho integrado, a avaliação e a difusão de informações, a partir da qual se subsidia e se promove a participação de profissionais e da população na gestão dos serviços de saúde.

Em segundo lugar, toma-se a expressão *ambiente de informação* ou *ambiente informacional* para apresentar uma perspectiva integradora do exame das condições objetivas onde e quando se realizam os processos de produção de informações em serviços de saúde. Desde que Davenport & Prusak (1998) descreveram as características das situações de produção e aplicação de informações nas organizações que poderiam favorecer ou não o êxito dos propósitos organizacionais, compondo o que denominaram *ecologia da informação*, a visão ampliada dessas condições tem contribuído para compreender melhor como pessoas, processos de trabalho e tecnologias conformam um ambiente organizacional bem-sucedido.

Segundo aqueles autores, essa abordagem prioriza o ambiente informacional em sua totalidade, considerando alguns elementos inovadores, que incluem: valores, crenças e atitudes das pessoas na organização (cultura); os usos que as pessoas fazem das informações (comportamento); os processos de troca de informações; a interação entre pessoas e o que pode interferir (política); e por fim, as bases tecnológicas para a informação (tecnologia). A ecologia da informação retira a tecnologia dos equipamentos do topo da escala de fatores de sucesso na aplicação da informação à decisão e à ação para ressaltar os modos de fazer das pessoas que criam, compreendem, aplicam e difundem informações, sem desconsiderar a importância dos recursos tecnológicos, tomando-os, entretanto, como instrumentos e meios.

Para os gestores, o entendimento do ambiente informacional apropriado, segundo uma abordagem ecológica, considera, entre outros aspectos, os seguintes: (1) que a informação não é somente aquela que se pode registrar e processar com a aplicação da tecnologia de informática, ou nos computadores, para falar simplesmente, e não é constituída somente a partir de dados estruturados; (2) modelos de informação complexos tendem a ter menor utilidade; (3) os significados da informação em uma organização podem ser diversos, entre pessoas e grupos de pessoas, e de acordo com os níveis de gestão; (4) a tecnologia de informática é entendida como meio, e este não se apresenta comumente como o mais adequado para promover mudanças organizacionais que favoreçam os processos de produção de informação. Este último aspecto é particularmente útil ao entendimento de que a incorporação de novas tecnologias informacionais em serviços exige mudanças organizacionais prévias correspondentes e não o contrário, isto é, ter a intenção de provocar mudanças positivas na organização pela simples introdução de uma dessas tecnologias.

A compreensão de que existem em uma organização diferentes tipos e necessidades de informação, e de que é indispensável integrá-los e valorizá-los, observando e reconhecendo continuamente os processos informacionais, nos remete às considerações anteriores sobre cultura e comportamento que compõem um ambiente de informação. As atitudes dos profissionais diante das informações em saúde, de como as valorizam para a realização de uma tarefa e que importância conferem às informações nos processos de gestão revelam os aspectos da cultura institucional que são considerados na abordagem da ecologia da informação.

A definição de diretrizes para produção e uso das informações completa o conjunto de atributos centrais da abordagem que se descreve aqui, isto é, o da política de informação. Segundo Davenport & Prusak (1998:90), "em praticamente todas as organizações, a informação é influenciada a cada minuto pelo poder, pela política e pela economia". Dessa maneira, a política informacional poderá conter definições essenciais para a integração dos diversos tipos de informação; para realizar as mudanças necessárias na organização e nos processos de gestão; para reconhecer as mudanças evolutivas, estabelecendo a cada momento quais estruturas e processos devem permanecer e quais devem ser modificados; para a compreensão mais completa possível dos processos de trabalho já existentes antes de projetar novos e, em especial, para dar ênfase à interação entre pessoas, aquelas que produzem e as que recebem informações, e entre os usuários, para conhecer o que fazem com as informações que recebem.

O terceiro dos aspectos aqui considerados centrais – a produção de informações em saúde – se refere à qualidade de dados e informações. Convém destacar desde logo que não há consenso sobre a definição de qualidade aplicável às informações. Em consequência, os atributos ou dimensões que podem ser usados na avaliação da qualidade dos dados e como se definem também variam entre os autores (Oleto, 2006). É mais frequente que se considerem os atributos de natureza quantitativa, porque possibilitam a adoção de indicadores de qualidade cujos valores podem ser obtidos a partir dos dados registrados. Em consequência, confere-se menor ênfase aos atributos qualitativos.

Produtores e usuários da informação expressam comumente uma percepção de qualidade informacional de caráter intuitivo ou do senso comum (Oleto, 2006). Nesse sentido, definem qualidade como uma aproximação de sua utilidade ou da aplicabilidade em determinado momento. Embora isso represente uma dificuldade metodológica quando se trata de aplicar *critérios objetivos* para avaliar a qualidade da informação, esta não é intransponível. Ao contrário, a valorização da percepção do usuário quanto à qualidade da informação de que necessita em seus processos de trabalho pode motivar a adoção de atributos como relevância, credibilidade, facilidade de acesso, de entendimento ou de compreensão, entre outros, que se ajustam perfeitamente às abordagens avaliativas que valorizam as pessoas que produzem e utilizam informações em saúde.

Com efeito, conhecer a percepção dos profissionais sobre a qualidade de dados e informações em serviços de saúde pode auxiliar também a condução de iniciativas que visem melhorar o registro primário ou as fontes primárias de dados, isto é, aperfeiçoar os instrumentos e processos de coleta, registro e entrada de dados nos sistemas de informação e assegurar o preenchimento completo de formulários e prontuários usados no cuidado à saúde individual e coletiva. Do registro de dados depende toda a cadeia de processos informacionais e, obviamente, a qualidade do que se anota, armazena e do que se analisa. O engajamento dos profissionais de serviços de saúde na melhoria da qualidade dos dados demanda a valorização de suas atividades, sua participação na aplicação das informações e a consciência de todos sobre os resultados alcançados em retorno.

A avaliação da qualidade de dados e informações considerados objetos ou produtos, em especial no estudo dos sistemas de informação, aplica atributos que se podem quantificar. Entre esses, os mais comumente usados incluem: *cobertura, completude, confiabilidade* e *validade*. Em uma revisão completa sobre o tema para a área da saúde, Lima *et al.* (2009) incluíram uma apreciação dos resultados de investigações que trataram da avaliação da qualidade de dados e informações em saúde e identificaram que foram essas as dimensões analisadas em 90% dos artigos científicos sobre o tema.

O que se denomina cobertura dos dados ou da informação, ou ainda a cobertura do sistema de informação, figura em primeiro lugar por sua importância central. A representação significativa da realidade que se deseja fazer com os dados em saúde exige que todos os indivíduos da base populacional de referência sejam alcançados pelos processos de registro. Assim, a proporção da população coberta pelos dados disponíveis oferece a medida da qualidade do conjunto desses dados. Há diferentes métodos para o cálculo desse indicador de cobertura, entre os quais podem ser destacados: (1) a diferença entre o número de registros realizados e o número estimado (em geral, a estimativa é feita pelo cálculo indireto, usando dados de inquéritos ou censos); (2) a comparação dos registros observados com uma frequência obtida de outro sistema de informação; e (3) a comparação de frequências de eventos que tenham alguma correspondência entre si, como, por exemplo, entre nascimentos e partos (Mota, Almeida & Viacava, 2011).

A completude ou completitude dos dados indica o grau de preenchimento dos campos dos formulários de coleta com valores não nulos. A proporção de campos com dados ausentes ou ignorados dá a medida do grau de incompletude. A baixa completude compromete a análise e a interpretação. A confiabilidade – o grau em que dados e informações medem o que se pretende medir, ou a ausência de viés – e a validade – o grau de concordância entre medidas distintas – são dois outros indicadores aplicados frequentemente à qualidade de medidas. Outros atributos importantes na avaliação da qualidade de dados e informações incluem: acessibilidade, oportunidade, consistência e rastreabilidade, que têm definições apresentadas por Lima *et al.* (2009).

Promover e aperfeiçoar a qualidade de dados e informações nos serviços de saúde exige investimento continuado e ações sistematizadas que fazem parte do conjunto dos processos de gestão. O gerenciamento da qualidade de dados e informações, fortemente baseado em avaliação e intervenção, tem modelos e métodos já testados em diversos países (Hotchkiss *et al.*, 2010; Lima *et al.*, 2010).

Pelo menos um dos modelos citados por esses autores, conhecido como *Performance of Routine Information System Management* (PRISM), do início da década passada, e recente portanto, contempla o exame da qualidade de dados e indicadores em saúde no contexto da produção de informações e da disponibilidade de recursos. De acordo com esse modelo de gerenciamento, os processos de trabalho com informações determinam a qualidade dos produtos e, por seu turno, são influenciados direta ou indiretamente pelos seguintes fatores: técnicos, que compreendem os métodos de coleta de dados, os sistemas de informação com ou sem base informatizada e os meios de disseminação da informação; organizacionais, isto é, relativos ao ambiente informacional – cultura da informação na organização e as funções de atores-chave em cada nível de gestão; e comportamentais, que incluem conhecimentos, habilidades, atitudes, valores e motivação das pessoas que lidam com dados e informações (Hotchkiss *et al.*, 2010).

Esse conjunto de pressupostos do PRISM é citado aqui não necessariamente porque esse modelo seja melhor do que os demais, uma vez que não há modelo completo ou perfeito, mas pelos aspectos especiais que indica, notadamente os que reconhecem a posição central das pessoas e seus processos de trabalho com informação em um *ambiente* na organização. Isso nos lembra o que tratamos anteriormente sobre a abordagem ecológica para o estudo, para a organização e para a avaliação de um ambiente informacional produtivo segundo Davenport & Prusak (1998). Indica-nos também que autores como Alazraqui *et al.* (2006) consideram que o esquema tradicional de *dado-informação-conhecimento* necessita ser recomposto em um conjunto de inter-relações que inclui esses componentes e mais a *comunicação* e a *ação*, configurando uma abordagem mais coerente ao estudo e ao aperfeiçoamento dos processos de produção aplicáveis às necessidades de uso das informações em saúde coletiva.

Para seguir refletindo sobre o papel da informação em saúde, são apresentados a seguir alguns desafios deste começo de século XXI. Assim é que se transita da *sociedade da informação* ou da *era da informação* (que foi caracterizada como uma verdadeira *revolução informacional*) do final do século passado, e que prenunciava o *mar de informações* em que nos encontraríamos imersos, e às vezes submersos, para a *sociedade em rede* (algumas ditas *sociais*) dos últimos anos, onde já nos encontramos literalmente presos. Além disso, passa-se dos modelos de *gestão da informação* para os de *gestão do conhecimento*, estes últimos apontados cada vez mais frequentemente como via possível para processos informacionais mais eficientes e efetivos (Santos, 2010).

A permanente escassez de recursos financeiros e de pessoal em serviços e a demanda crescente por informações apontam para a necessidade de estabelecer condições para produzir melhor e maximizar a aplicação de informações. Para isso, é necessário registrar e dar acesso a todos às experiências acumuladas e estimular a criatividade e a inovação, mantendo um ambiente favorável ao compartilhamento do conhecimento.

As mudanças ocorrem rapidamente. Os movimentos são às vezes pendulares e outras vezes são vividas ondas de modismos, ao ponto que nos parece que tudo estar por fazer e refazer, exaustivamente. Soluções ditas tecnológicas prometem mais do que efetivamente entregam. Contudo, se reconhece o enorme potencial de algumas inovações tecnológicas quando apropriadamente incorporadas aos processos de produção e aplicação de dados e informações em serviços de saúde. No entanto, o que se sobrepõe é que ainda é necessário mudar a percepção de gestores e profissionais na direção do reconhecimento da importância das informações para apoio às decisões voltadas para a melhoria das condições de saúde da população. Para tal, voltar à ancoragem dos processos de trabalho com informações e às pessoas que os realizam nas organizações e sistemas de saúde, agregando novos valores e visões mais integradoras, poderá nos apontar caminhos mais firmes para contribuir com informações para a promoção da saúde. E há quem reconheça que as condições para isso são melhores hoje do que jamais foram, apesar de alguns persistentes obstáculos. Caberia então perguntar: poderemos alcançar "informação em saúde para todos em 2015"? Com este título, Godlee *et al.* (2004) apresentaram as barreiras e alguns caminhos para incrementar a produção e o uso da informação em saúde hoje e no futuro próximo. Entre os entraves a serem vencidos, esses autores notaram: (1) falta de consciência sobre quais as informações que estão disponíveis nos serviços de saúde; (2) falta de relevância da informação disponível, isto é, a informação não atende necessidades em escopo, linguagem, formato etc.; (3) falta de tempo e motivação de profissionais para usar informações; e (4) falta de habilidades em análise e interpretação.

Godlee *et al.* (2004) salientaram também o quanto é importante promover a qualidade das informações nos serviços e sobre os serviços de saúde. Entretanto, enfatizaram especialmente a falta de demanda por informação, considerando que essa deficiência seria tanto maior quanto menor fosse o grau de desenvolvimento socioeconômico de uma região. A esse aspecto, diretamente relacionado com pessoas em serviços e com organizações da sociedade, associaram fatores como nível educacional e "cultura da leitura"; precariedade das condições de trabalho e falta de perspectivas de uma carreira; baixo grau de valorização das evidências científicas para apoio a decisão no cuidado em saúde; isolamento profissional e dificuldades de acesso à informação.

O acesso universal à informação para profissionais de saúde e, acrescente-se, para a população, apresenta-se como condição para alcançar *saúde para todos* e os chamados *Objetivos de Desenvolvimento do Milênio* (Godlee *et al.*, 2004). Entretanto, apesar da extensão da cobertura de conexão à rede de internet e de telefonia em países em desenvolvimento como o Brasil, e além do acelerado processo de incorporação de tecnologias de informática aos serviços de saúde, ainda não há evidências de que os profissionais estiveram mais bem informados para realizar seu trabalho na década que antecedeu o artigo citado, segundo seus autores e, se poderia dizer também, os profissionais de saúde não ficaram mais e melhor informados em quase uma década que se seguiu à publicação daquele artigo.

A superação desse quadro poderá ocorrer como resultado do incremento de pesquisas sobre as barreiras à produção e ao uso das informações em saúde; a realização de avaliação e replicação das iniciativas bem-sucedidas da aplicação de informações em gestão de sistemas e serviços de saúde e, ainda uma proposta atual, estabelecer firmemente uma política nacional para o desenvolvimento da área de informações em saúde, como se reitera no momento a partir de seu relançamento no país (Brasil, 2012).

Referências

Alazraqui M, Mota E, Spinelli H. Sistemas de Información en Salud: de sistemas cerrados a la ciudadanía social. Un desafío en la reducción de desigualdades en la gestión local. Cad Saúde Pública, Rio de Janeiro, out. 2006; 22(12):2693-702.

Brasil. Ministério da Saúde. Política Nacional de Informação e Informática em Saúde. Brasília: Comitê de Informação e Informática em Saúde – CIINFO, 2012.

Davenport TH, Prusak L. Ecologia da informação: por que só a informação não basta para o sucesso na era da informação. São Paulo: Ed. Futura, 1998. 316p.

Godlee F, Pakenham-Walsh N, Ncayiyana D, Cohen B, Packer A. Can we achieve health information for all by 2015? The Lancet [online] July 9, 2004. 6 p. Disponível em: http://image.thelancet.com/extras/04art6112web.pdf.

Hotchkiss DR, Aqil A, Lippeveld T, Mukooyo E. Evaluation of the Performance of Routine Information System Management (PRISM) framework: evidence from Uganda. BMC Health Services Research 2010; 10:188. Disponível em: http://www.biomedcentral.com/content/pdf/1472-6963-10-188.pdf.

Lima CRA, Schramm JMA, Coeli CM, Silva MEM. Revisão das dimensões de qualidade dos dados e métodos aplicados na avaliação dos sistemas de informação em saúde. Cad Saúde Pública, Rio de Janeiro, out. 2009; 25(10):2095-109.

Lima CRA, Schramm JMA, Coeli CM. Gerenciamento da qualidade da informação: uma abordagem para o setor saúde. Cad Saúde Colet., Rio de Janeiro, 2010; 18(1):19-31.

Mota E, Carvalho DMT. Sistemas de informação em saúde. In: Rouquayrol MZ, Almeida-Filho N. Epidemiologia e saúde. 6. ed. Rio de Janeiro: Medsi, 2003:605-28.

Mota E, Almeida MF, Viacava F. O Dado Epidemiológico: Estrutura, Fontes, Propriedades e Instrumentos. In: Almeida Filho N, Barreto ML. Epidemiologia & Saúde. Fundamentos, Métodos, Aplicações. Rio de Janeiro: Guanabara Koogan, 2011. p 85-94.

Oleto RR. Percepção da qualidade da informação. Ci Inf [online] 2006; 35(1):57-62. Disponível em: http://www.scielo.br/pdf/ci/v35n1/v35n1a07.pdf.

Risi Júnior JB. Informação em saúde no Brasil: a contribuição da Ripsa. Ciênc Saúde Coletiva 2006; 11(4):1049-053.

Santos PX, Reis MEA. Gestão do conhecimento: ainda um obscuro objeto de desejo? RECIIS – Rev Eletr de Com Inf Inov Saúde, Rio de Janeiro, dez. 2010; 4(5):14-22. Disponível em: http://www.arca.fiocruz.br/bitstream/icict/1474/1/336-2056-8-PB.pdf.

IV

HEMISFÉRIO SUS

15

Reforma Sanitária Brasileira em Perspectiva e o SUS

Jairnilson Silva Paim ◆ *Naomar de Almeida-Filho*

INTRODUÇÃO

A Reforma Sanitária Brasileira (RSB) é um movimento social de origem recente e ainda em construção no contexto nacional. A expressão "reforma sanitária" aparece no Brasil no início da década de 1970, em artigo do Prof. Guilherme Rodrigues da Silva (USP) sobre as origens da medicina preventiva no ensino médico. Ao discutir o *sanitarismo*, origem da Saúde Pública na Inglaterra em meados do século XIX, o autor interpretava tal movimento como uma *reforma sanitária* limitada em comparação com a medicina social na França e na Alemanha (Silva, 1973).

Após a criação do Centro Brasileiro de Estudos de Saúde (CEBES), a revista *Saúde em Debate* defendeu a saúde como "direito de cada um e de todos os brasileiros" em 1977, indicando a necessidade de organização da prestação de serviços de saúde em nova perspectiva, visando "uma mudança real das condições de saúde do povo" (Editorial, 1977a:3-4). No número seguinte, recomendava "definir mais concretamente o conteúdo de uma Reforma Sanitária" (Editorial, 1977b:4). Nesse particular, o CEBES desde cedo propunha a unificação dos serviços de saúde, a participação social dos cidadãos e a ampliação do acesso a serviços de qualidade como alguns marcos dessa reforma.

Na década de 1970, movimentos sociais no campo da saúde combateram a ditadura militar e participaram das lutas pela redemocratização do país e pela democratização da vida social. A partir da VIII Conferência Nacional de Saúde (VIII CNS), realizada em 1986, a expressão "reforma sanitária" foi a denominação que inicialmente deu identidade ao movimento de democratização da saúde.

Naquela oportunidade, a presidência da conferência convocou a todos para uma verdadeira reforma sanitária, relacionada com as polêmicas reformas urbana e agrária, bem como com profundas mudanças na esfera econômica (Arouca, 1987). O relatório final da VIII CNS explicitava o que se entendia, desde então, como Reforma Sanitária:

> As modificações necessárias ao setor saúde transcendem os limites de uma reforma administrativa e financeira, exigindo-se uma reformulação mais profunda, ampliando-se o próprio conceito de saúde e sua correspondente ação institucional, revendo-se a legislação no que diz respeito à proteção e recuperação da saúde, constituindo-se no que está convencionado chamar de Reforma Sanitária (Brasil, 1987a:381).

Em resumo, ao assumir um conceito amplo de saúde, a VIII CNS concebia a RSB para além de uma reforma administrativa e financeira. Todavia, desde que o governo federal instituiu a Comissão Nacional da Reforma Sanitária (CNRS), em seus documentos aparecia uma concepção da RSB reduzida a uma reforma setorial, ou seja, uma mudança apenas no sistema de serviços de saúde (Brasil, 1987b).

Contrariando essa visão restrita da RSB, outros atores do movimento discutiram a pertinência de uma "totalidade de mudanças" em quatro dimensões: específica, institucional, ideológica e das relações de produção:

1. **A dimensão específica:** como o campo da dinâmica do fenômeno saúde/doença nas populações, que se expressa pelos indicadores disponíveis, como o coeficiente da mortalidade infantil, expectativa de vida etc., pela experiência acumulada, pela comparação com o nível de saúde já alcançado por outras populações etc.
2. **A dimensão institucional:** como o campo das instituições que atuam no setor (públicas, privadas, beneficentes), da produção de mercadorias, de equipamentos, a formação de recursos humanos. Este campo é mais tradicionalmente definido como o sistema ou setor saúde.

3. **A dimensão ideológica:** em que há valores, juízos, concepções e preconceitos que representam a expressão simbólica e histórica de uma dada situação sanitária.
4. **A dimensão das relações:** em dado momento histórico, a organização social e produtiva de uma sociedade leva a produção, distribuição e apropriação das riquezas de modo a determinar situações de risco e de possibilidades ao fenômeno saúde/doença (Arouca, 1988:2).

Essas dimensões possibilitavam uma análise da RSB em sua articulação com a estrutura social, seja com a infraestrutura econômica, seja com a superestrutura político-ideológica. Assim a questão sanitária, enquanto expressão das necessidades de saúde da população e seus determinantes, era examinada em suas relações com o sistema de saúde (dimensão institucional) e com os valores e concepções prevalentes na sociedade (dimensão ideológica).

Portanto, a RSB implicava um conjunto articulado de mudanças, surgindo da sociedade civil, como uma reforma social que ia além do setor saúde. O primeiro livro publicado sobre a RSB (Teixeira, 1989) compartilhava essa perspectiva, na medida em que a vinculava a questões amplas, como democracia, hegemonia, socialismo, saber e práxis (Gallo & Nascimento, 1989).

Neste capítulo, pretendemos apresentar a RSB enquanto fenômeno histórico e social, tomando como eixo de análise um ciclo composto de *ideia-proposta-projeto-movimento-processo* (Paim, 2008). Com esse objetivo, em primeiro lugar, analisaremos a *ideia* ou o conceito geral de reforma sanitária, com foco especial no caso brasileiro. Em segundo lugar, avaliaremos três momentos do *projeto* da RSB, especialmente relacionados com a construção do Sistema Único de Saúde (SUS), buscando sistematizar uma periodização da conjuntura pós-constituinte. Em terceiro lugar, completaremos a análise com uma avaliação dos desdobramentos recentes do *movimento* da RSB. Finalmente, destacaremos as forças políticas e sociais determinantes de avanços e retrocessos do *processo* político que resultou em reformas do setor saúde em vez de uma reforma sanitária no sentido amplo e socialmente relevante.

O QUE É A RSB?

No mesmo ano em que aconteceu a histórica VIII CNS, a ABRASCO realizou o I Congresso Brasileiro de Saúde Coletiva, oportunidade na qual Giovanni Berlinguer, um dos líderes da Reforma Sanitária Italiana, decidiu ser questionador desde o título de sua conferência: *O que é uma Reforma Sanitária?* Ressaltou, naquela oportunidade, que as revoluções e as reformas não se exportam, defendendo a ideia de se investigar a história das reformas sanitárias, assim como foi feito em relação às revoluções científicas. Apontava para uma fase nova da Reforma Sanitária diante da tendência contraditória de conquistar o direito universal à saúde e construir serviços nacionais ou sistemas integrados de saúde. Nessas "reformas sanitárias" contemporâneas haveria exemplos históricos decorrentes de uma revolução política e social, como no caso de Cuba, ou como parte de um *processo* vinculado a distintas modalidades de revolução democrática no qual as classes trabalhadoras e a intelectualidade poderiam exercer um papel de vanguarda. Berlinguer classificava a Reforma Sanitária Italiana nesse segundo grupo de países, implicando uma longa marcha através das instituições no processo de transformação da sociedade e do Estado (Berlinguer, 1987).

Presentemente, ainda que certos autores utilizem a expressão "reforma sanitária", na realidade referem-se, exclusivamente, a reformas setoriais ou reformas do setor saúde (Almeida, 1995; Gerschmann, 1995; Lobato, 2000). Não tratam da questão sanitária de maneira ampla, capaz de abranger as necessidades de saúde e seus determinantes.

Por ora, cabe uma distinção inicial entre reforma sanitária e reforma setorial da saúde. Mesmo sem incorrer em certo preciosismo semântico, cumpre alertar o leitor para o fato de que uma reforma sanitária pode pretender transcender o setor, ainda que tenha como referência a saúde. Desse modo, podem ser identificadas reformas que privilegiam mudanças apenas no sistema de serviços de saúde (reforma no setor saúde ou reforma setorial) e outras que, reconhecendo o sistema de serviços como uma das respostas sociais, pretendem intervir de maneira ampla no atendimento das necessidades de saúde, com vistas à melhoria das condições de saúde e da qualidade de vida da população. Este tipo de reforma que busca enfrentar a questão sanitária com uma abordagem mais ampla pode ser denominada, mais precisamente, *reforma sanitária*.

Se for considerado o fragmento do Relatório Final da VIII CNS citado anteriormente, pode-se considerar que a RSB corresponderia ao segundo tipo de reforma sanitária apontado por Giovanni Berlinguer e, diante da concepção ampla de saúde adotada, não se limitava a uma reforma setorial.

A partir de um estudo de caso histórico sobre a RSB, enquanto fenômeno histórico e social, foi possível descrevê-la e analisá-la recorrendo a um ciclo composto de *ideia-proposta-projeto-movimento-processo* (Paim, 2008).

A *ideia* seria representada pelo pensamento inicial em defesa do direito à saúde, tal como nos primeiros editoriais da revista do CEBES, associado à produção teórica realizada em departamentos de medicina preventiva e social sobre a determinação social do processo saúde-doença e a organização social das práticas de saúde (Paim, 1997; Arouca, 2003).

A *proposta*, enquanto conjunto articulado de princípios e proposições políticas, pode ser ilustrada pelo documento *A questão democrática na área da saúde*, apresentado no I Simpósio de Política de Saúde da Câmara de Deputados, em 1979 (Brasil, 1980). Nessa oportunidade, foi proposta a criação do SUS, com as seguintes características: responsabilidade total do Estado na administração do sistema; delegação ao SUS da tarefa de planificar e executar a política nacional de saúde; estabelecimento de mecanismos eficazes de financiamento; organização descentralizada; e participação democrática nos diferentes níveis e instâncias do sistema (CEBES, 1980:12). Portanto, o SUS como eixo central da *proposta* da RSB tem mais de três décadas de existência.

O *projeto* foi sistematizado e legitimado na VIII CNS, conforme a síntese do seu Relatório Final (Brasil, 1987a). Durante a preparação e a discussão dessa conferência, o CEBES e, especialmente, a ABRASCO (1985) transformaram a *ideia* e a *proposta* no *projeto* da RSB. Naquela oportunidade, examinou-se a noção do direito à saúde com referência à doutrina dos direitos humanos, justificando os esforços para promoção, proteção, recuperação e reabilitação da saúde. Criticou-se a concepção liberal de Saúde Pública, admitindo-se um novo relacionamento entre Estado e sociedade civil no Brasil capaz de fazer avançar o processo de democratização da sociedade (Paim, 1987). Desse modo, o direito à saúde passou a compor o conjunto de proposições registrado no Relatório Final da VIII CNS (Brasil, 1987) que sistematiza o corpo doutrinário da RSB.

O *movimento*, conhecido como movimento sanitário ou movimento da Reforma Sanitária, tem como marco a criação do CEBES em 1976 e tem atuado ao longo das últimas décadas. Naquele contexto, congregou diferentes segmentos, como: (a) bases universitárias e "academia"; (b) movimento estudantil; (c) movimento médico e de outros profissionais da saúde; (d) movimento popular; (e) movimento sindical; (f) projetos institucionais, como o *Projeto Montes Claros* e outros (Escorel, 1995, 1998; Escorel *et al.*, 2005; Paim, 2008).

Finalmente, o *processo* pode ser caracterizado pelas políticas desenvolvidas em diferentes conjunturas a partir da VIII CNS, incluindo distintos períodos de governo da República: José Sarney, Fernando Collor de Melo, Itamar Franco, Fernando Henrique Cardoso, Luiz Inácio Lula da Silva e Dilma Rousseff.

No referido estudo, enquanto *projeto*, a RSB foi interpretada como uma *reforma social* de caráter geral, tendo como horizonte a mudança no modo de vida. Está centrada nos seguintes aspectos: (a) *democratização da saúde* – elevação da consciência sanitária sobre saúde e seus determinantes, reconhecimento do direito à saúde, inerente à cidadania, acesso universal e igualitário aos serviços de saúde e participação social nas políticas e na gestão; (b) *democratização do Estado* e seus aparelhos, com descentralização do processo decisório, controle social, ética e transparência nos governos; (c) *democratização da sociedade*, alcançando a produção e distribuição justas da riqueza em uma "totalidade de mudanças", passando por uma "reforma intelectual e moral" e pela democratização da cultura (Paim, 2008).

TRÊS MOMENTOS DO *PROCESSO* DA RSB

Na conjuntura pós-constituinte, é possível identificar três momentos da RSB, especialmente relacionados com a construção do SUS:

1. "Anos de instabilidade" (1989-1994).
2. "Social democracia conservadora" do período de 1995 a 2002.
3. "Conservação-mudança" (2003-2012).

No primeiro momento foi promulgada a Lei Orgânica da Saúde (Lei 8.080/90), complementada pela Lei 8.142/90, dispondo sobre a participação social e os mecanismos de repasse financeiro no SUS. Durante o governo Itamar, a saúde era ameaçada pela proposta de *revisão constitucional*, não obstante o passo adiante efetuado pela Norma Operacional Básica 01/1993 (NOB 93), admitindo distintos níveis de gestão. No entanto, esses "anos de instabilidade" da RSB não foram superados pelas eleições presidenciais de 1994.

No momento da "social-democracia conservadora" do período FHC, a situação não foi mais confortável, persistindo o drama estratégico da RSB (Misoczky, 2002). Ao completar 20 anos de CEBES, o movimento sanitário realizou um balanço de suas práticas apresentando, por intermédio de vários de seus militantes e intelectuais, muitas críticas, novas pautas e algum desalento (Fleury, 1997). Em 2000 foi aprovada a Emenda Constitucional 29 (EC 29). Apesar dessa conquista, a RSB não se apresentava na agenda do governo nem nos debates das eleições presidenciais de 2002 (ABRASCO, 2000, 2002). A ABRASCO e o CEBES insistiram na defesa do *projeto* original da Reforma Sanitária, postulando uma "radical implementação da Reforma Sanitária" (ABRASCO & CEBES, 2002).

No momento intitulado "conservação-mudança", a perspectiva de uma nova correlação de forças, após as eleições presidenciais de 2002, representava uma oportunidade de retomada do projeto da RSB, reinserido-o na agenda das políticas públicas do país. A equipe dirigente original do Ministério da Saúde no governo Lula, embora majoritariamente constituída por integrantes do movimento sanitário e comprometida com a formulação e implementação de políticas voltadas para o fortalecimento do SUS, esteve distante de proposições da RSB.

Novas expectativas estiveram voltadas para a realização da XII Conferência Nacional de Saúde, com o tema central "*Saúde: um direito de todos e dever do Estado; a Saúde que temos, o SUS que queremos*". Entre as inovações da XII CNS, registradas em seu Relatório Final, pode-se mencionar o destaque para os determinantes sociais da saúde. Como consequência dessa compreensão, a intersetorialidade foi uma das diretrizes enfatizadas, vinculando princípios constitucionais e ações intersetoriais ao *processo* da RSB.

Após a realização da XII CNS, reforça-se a constatação da complexidade e das ambiguidades do governo Lula. O atrelamento de parte do movimento sanitário ao governo (Faleiros, 2006) começa a ser superado durante o VIII Simpósio de Política Nacional de Saúde, realizado na Câmara dos Deputados em 2005, quando se reconheceu o *processo* da RSB como um *projeto civilizatório* que "pretende produzir mudanças dos valores prevalentes na sociedade brasileira, tendo a saúde como eixo de transformação e a solidariedade como valor estruturante" (Carta de Brasília, 2005:12).

Posteriormente, foi lançado um manifesto que defendia a intensificação da RSB e a redefinição da política econômica:

> O Movimento da Reforma Sanitária alinha-se pro-positivamente às mobilizações sociais e políticas, pela imediata ruptura com os rumos vigentes e pelo início já da reconstrução da política econômica, rumo à construção de políticas públicas universalistas e igualitárias, eixo básico estruturante da garantia dos direitos sociais e redistribuição da renda! (Reforma Sanitária Brasileira, 2005:4).

Não obstante as mudanças de gestores do Ministério da Saúde em meados de 2005, houve clara continuidade nas políticas de saúde. Entretanto, movimentos de resistência e de crítica política, a exemplo do VIII Simpósio de Política Nacional de Saúde e da criação do Fórum da Reforma Sanitária Brasileira, promoveram a retomada da defesa do *projeto* e do *processo* da RSB, reforçando as iniciativas anteriores da ABRASCO e do CEBES. A "refundação do CEBES" (CEBES, 2005) tem estimulado novas mobilizações e articulações para o fortalecimento do movimento sanitário.

Os primeiros balanços no governo Lula apontaram um saldo positivo para a saúde. Mesmo os críticos que viam a política de saúde aprisionada à "dialética do menos pior" não deixavam de reconhecer os esforços empreendidos pelas equipes do Ministério da Saúde para tocarem as ações na contramão das prioridades do governo, centradas na manutenção da política macroeconômica de FHC, com elevação das taxas de juros, pagamento das dívidas aos bancos, preservação da Desvinculação das Receitas da União (DRU) e no chamado superávit primário (Mendes & Marques, 2005; Mendonça *et al.*, 2005; Teixeira & Paim, 2005).

Contudo, independentemente da avaliação que se possa fazer dos governos na área da saúde, cumpre destacar que as forças políticas e sociais que se têm movimentado nessa conjuntura possibilitaram uma retomada do tema da reforma sanitária na agenda política, encontrando ressonância em pelo menos três fatos produzidos desde 2006:

- Aprovação do *Pacto pela Saúde*, incluindo o *Pacto pela Vida*, o *Pacto em Defesa do SUS* e o *Pacto de Gestão* pela Comissão Intergestores Tripartite (CIT) e pelo Conselho Nacional de Saúde (Brasil, 2006b).
- Formalização da *Política Nacional de Promoção da Saúde* (Brasil, 2006a).
- Criação da *Comissão Nacional de Determinantes Sociais da Saúde* (CNDSS, 2008).

Nessa perspectiva, cabe ainda mencionar o *Plano de Governo 2007-2010* (Lula Presidente, 2006) e o programa *Mais Saúde* (2008-2011) apresentado pelo Ministro da Saúde em 5 de dezembro de 2007 (Brasil, 2007).

O *Plano de Governo 2007-2010* apresentava diversas proposições no campo da saúde, mas nada que sugerisse um compromisso mais amplo com a RSB. Contudo, a indicação do novo Ministro da Saúde (José Gomes Temporão) apontava para perspectivas positivas (De Lavor, 2007), tratando-se de um militante histórico do movimento sanitário, professor, pesquisador, ex-presidente do CEBES. O Programa *Mais Saúde*, também chamado de "PAC da Saúde", não foi antecedido do debate necessário nem contou com a devida divulgação e, talvez por isso, recebeu pouca atenção da opinião pública diante da publicidade acerca da extinção da CPMF.

Durante a XIII CNS (Brasil, 2008), o Fórum da Reforma Sanitária Brasileira denunciou o uso clientelista e político-partidário da gestão das unidades de saúde que conduz à ineficácia e à corrupção, advertindo que só com a revisão dessas perigosas relações de poder seria possível transformar a gestão da saúde. Lembrou, ainda, que o equacionamento desses problemas implica enfrentar interesses cristalizados que transformam os cargos de direção em "moeda de negociação partidária" e os recursos do setor em "meio de enriquecimento ilícito de corruptos". Considerando o controle social como questão estratégica, o documento público explicava por que a reforma sanitária é uma reforma solidária:

- Uma reforma solidária implica a distribuição de recursos por meio de orçamento público que contemple as necessidades do setor.
- Uma reforma solidária exige o cumprimento da legislação sobre o financiamento da saúde e a rejeição de

manobras políticas que comprometem a disponibilidade de recursos, a exemplo da regulamentação da EC 29, concebida pelo governo, que torna a saúde refém, a cada ano, da ditadura da área econômica.
- Uma reforma solidária exige o estancamento da drenagem de recursos financeiros dos setores sociais para a área econômica através da desvinculação de receita da União (DRU).
- Uma reforma solidária implica retomar e aprofundar a Seguridade Social, pois não há saúde se os benefícios previdenciários e assistenciais são ameaçados e também neles se preservam iniquidades.
- Uma reforma solidária exige que encaremos a existência de um setor privado que se beneficia de recursos públicos e necessita nossa definição de mecanismos e formas de controle que assegurem a prevalência dos interesses públicos.
- Uma reforma solidária não pode mais adiar, por quaisquer justificativas, a garantia de atendimento digno aos cidadãos.
- Uma reforma solidária exige dos atores que a sustentam a defesa radical e cotidiana da garantia do direito à saúde como direito humano singular, da democracia nas relações políticas, da transparência e probidade no uso dos recursos públicos e da equidade no acesso e uso dos serviços.
- Uma reforma solidária implica a busca permanente de mecanismos que assegurem que os direitos coletivos sejam preservados e que as garantias jurídicas de proteção aos direitos individuais sejam orientadas por normas compatíveis com a defesa de patamares cada vez mais elevados de cidadania (Fórum da Reforma Sanitária Brasileira, s/d).

No entanto, as eleições presidenciais de 2010, bem como as políticas de saúde anunciadas pelo governo da Presidente Dilma, não apontavam inflexão significativa na dialética da "conservação-mudança". No momento atual, após a realização das últimas Conferências Nacionais de Saúde (a XII, em 2003, a XIII, em 2007, e a XIV em 2011), em que caminhos se encontram a RSB e o SUS? Em que medida projetos dessa natureza podem contornar ou superar as determinações estruturais e históricas do Estado e da sociedade no Brasil? De que modo a ação política dos atores pode alargar os horizontes do possível?

DESDOBRAMENTOS RECENTES: IDAS E VINDAS DA RSB

Durante o *processo* da RSB e a implementação do SUS, verifica-se um deslocamento das bases de sustentação política do movimento sanitário, de organizações de militantes e intelectuais, para um vetor dirigido aos gestores oficiais, representados pelo Conselho Nacional de Secretários de Saúde (CONASS) e o Conselho Nacional de Secretários Municipais de Saúde (CONASEMS). Esse fenômeno parece ocorrer com a expansão do neoliberalismo, do corporativismo e do pragmatismo, ao lado do refluxo dos movimentos sociais.

Se o movimento sanitário, com tal deslocamento de sua base de sustentação política, foi capaz de neutralizar algumas iniciativas contrárias ao SUS, não teve força para impedir a implosão da Seguridade Social e o uso abusivo da saúde nas barganhas político-partidárias.

Como toda análise de conjuntura, realizada em cima de fatos recentes, há grandes possibilidades de erros de interpretação, sobretudo por não se dispor de informações suficientes e oportunas. Não obstante essas devidas cautelas, pode-se afirmar que as políticas de saúde desenvolvidas entre 2007 e 2012, período ulterior à citada investigação (Paim, 2008), não possibilitaram a identificação de perspectivas mais amplas para a RSB.

A leitura crítica em relação ao desenvolvimento da RSB até 2008 não perdeu a vigência no governo Dilma. Os limites impostos para a RSB relacionam-se com a atual correlação de forças político-ideológicas de sustentação dos governos, com as estreitas bases sociais, políticas e financeiras e, especialmente, com a natureza do Estado e os determinantes estruturais da sociedade brasileira.

A literatura disponível sobre a RSB sugere um *projeto* de dupla face. De um lado, um *projeto contra-hegemônico* que provocaria mudanças na maneira de enfrentar a questão saúde na sociedade, incluindo suas dimensões ética e cultural. De outro, um *projeto setorial*, iniciando-se como uma reforma administrativa e contemplando a participação social no sistema de saúde. Essa dupla dimensão – societária e setorial – da RSB aparece em diferentes discursos e momentos, ainda que a polarização em torno de uma delas revele posições político-ideológicas distintas ou diferentes estratégias de atores em conjunturas específicas.

A Constituição da República, ao reconhecer o direito à saúde como direito social, vinculado à conquista de uma cidadania plena, rejeita a saúde como mercadoria. Entendendo que o mercado é incapaz de tratar a saúde como bem público, a Carta Magna proclamou que a saúde é assunto de relevância pública e ressaltou o dever do Estado em sua promoção, proteção e recuperação.

Não existe, porém, um Estado abstrato, descontextualizado, a-histórico e neutro. Existe, sim, um Estado brasileiro com natureza e características que se contrapõem, de modo geral e em situações específicas, aos valores, princípios e diretrizes do SUS. Além disso, não existe Estado sem Governo. Estado é estrutura pública, socialmente construída e historicamente reproduzida, para governança social reguladora. Nesse sentido amplo, União, estados e municípios são componentes do estado-nação. Presidentes e ministérios, governadores e secretarias, prefeitos e colaboradores formam governos.

Em sociedades democráticas, o Estado tem a missão histórica de superar, compensar, reparar, reprimir e, se possível, erradicar desigualdades econômicas, sociais e políticas. Governos existem para operar o Estado, viabilizando sua missão. Infelizmente, no Brasil contemporâneo, as formas de escolha, constituição e operação dos governos, em todos os níveis (federal, estadual, municipal), implicam apropriação da máquina institucional pública por interesses privados. O patrimonialismo e o clientelismo que atravessam esse Estado privatizado e seus arranjos de governo solapam, a cada momento, os avanços, conquistas e saldos positivos do SUS no Brasil.

Portanto, a constituição de novos sujeitos sociais e o desenvolvimento de uma consciência sanitária crítica que promovam a cidadania plena e a participação social parecem fundamentais para a sustentação do *processo* da RSB.

CONSIDERAÇÕES FINAIS

A Reforma Sanitária não se reduz ao SUS. Sua concepção e formulação também transcendem às políticas estatais. Enquanto *processo*, a RSB exige permanentes análises de conjuntura no sentido de examinar a correlação de forças e possíveis deslocamentos de suas bases de sustentação política e social.

Nos últimos 25 anos, o Brasil tem passado por avanços e retrocessos na dependência das forças que se movem nas conjunturas e, especialmente, do protagonismo e das iniciativas políticas do movimento sanitário diante das restrições e condicionamentos impostos pelos sucessivos governos. Inegavelmente, a sociedade brasileira experimenta rápidas transformações, com redução de desigualdades econômicas, porém com persistência e até aumento de iniquidades sociais. Em paralelo, o processo político enfrenta o desafio de reconstrução do Estado: contradição público *vs.* privado, intersetorialidade retórica, reformas prometidas e comprometidas, aliadas a claras indicações de retrocesso ideológico. Ainda que para alguns autores a RSB possa ser considerada inconclusa, não há como ignorar as conquistas do SUS, inclusive o reconhecimento constitucional do direito à saúde.

Mesmo assim, não se pode afirmar que o SUS seja irreversível. Apesar de assegurado pelas normas legais (Constituição, leis, decretos, resoluções e portarias), encontra-se ameaçado diante do desenvolvimento do setor privado, do subfinanciamento público, da tímida regulação estatal, dos limites da participação social e da "dupla militância" de dirigentes e profissionais nos setores público e privado (Paim, 2012).

O SUS realmente existente não é aquele em que prevalece o interesse público e se respeitam os direitos dos cidadãos. Portanto, não bastam apelos ideológicos para a população mudar sua visão do SUS, nem impedir que a chamada "classe C" deseje adquirir planos de saúde, por mais enganosa que seja essa opção (Paim, 2011a). Se não forem alteradas, concretamente, as formas de acesso e os modos de atenção e cuidado, mediante elevação do financiamento público, ampliação da infraestrutura e gestão ancorada no mérito, no profissionalismo e na competência técnica, torna-se difícil reorientar as posições das pessoas em relação ao SUS.

Passada uma década para regulamentação da Emenda Constitucional 29 (aquela que se propõe a superar a instabilidade e a insuficiência do financiamento do SUS), não há sinal de políticas que incrementem recursos federais nos próximos anos, contemplando investimentos para a ampliação da infraestrutura e o custeio da rede de serviços. Assim, dois dos poderes da República – Legislativo e Executivo – recentemente inviabilizaram recursos adicionais para o SUS, ao rejeitarem o item do projeto de lei que obrigava a destinação de 10% do orçamento federal para a saúde (Paim, 2012).

O futuro do SUS depende do que se faz hoje. As tendências observadas de persistência do subfinanciamento público, aumento dos subsídios e estímulos aos planos privados de saúde e renúncias fiscais para gastos com assistência médica não sugerem um cenário otimista para o SUS concebido pelo movimento da Reforma Sanitária. As políticas racionalizadoras implementadas nos últimos anos, embora relevantes, não são suficientes para sustentar um sistema de saúde de qualidade para todos os brasileiros (Paim, 2012). Portanto, os desafios da RSB e do SUS passam pela ampliação de suas bases sociais e políticas em defesa do direito à saúde, com ênfase no interesse público e nas necessidades de saúde dos cidadãos (Paim, 2011b).

No âmbito acadêmico, a realização de pesquisas sobre a RSB torna possível a identificação de novos fatos produzidos em sua direção ou no sentido contrário, bem como das forças aliadas e oponentes nas novas configurações do presente, sem esquecer os valores que, historicamente, a sustentaram:

> O projeto da Reforma é o da civilização humana, é um projeto civilizatório que, para se organizar, precisa ter dentro dele princípios e valores que nós nunca devemos perder, para que a sociedade como um todo possa um dia expressar esses valores, pois o que queremos para a saúde é o que queremos para a sociedade brasileira (Arouca, 2001:6).

As iniciativas empreendidas pelo CEBES e pela ABRASCO, juntamente com outros parceiros do movimento sanitário, indicam, apesar de tudo, a vitalidade da RSB. Assim, não parece correto concluir que a agenda da

RSB tenha se esgotado. Seu *processo* encontra-se vivo e dinâmico, entre idas e vindas, avanços e recuos, sucessos e reveses, revelando contradições, antagonismos e conflitos que conformam o Estado e a sociedade brasileira.

Referências

ABRASCO-CEBES. Em Defesa da Saúde dos Brasileiros. Carta à sociedade brasileira, aos partidos políticos, aos governos federal, estaduais, municipais e distrital, à Câmara dos Deputados e ao Senado Federal. Rio de Janeiro, 13 de setembro de 2002. Bol. ABRASCO maio-ago 2002:85.

ABRASCO. Pelo direito universal à Saúde. Contribuição da ABRASCO para os debates da VIII Conferência Nacional de Saúde. Rio de Janeiro, 1985. 95p.

ABRASCO. A agenda reiterada e renovada da Reforma Sanitária Brasileira. Saúde Debate 2002; 26(62):327-31.

ABRASCO. Atualizando a agenda da Reforma Sanitária Brasileira. Bol ABRASCO, out-dez 2000; 79. Encarte.

Almeida C.M. As reformas sanitárias dos anos 80: crise ou transição. Rio de Janeiro, 1995. 387p. 2v. Tese (doutorado) – Fundação Oswaldo Cruz.

Arouca AS. A reforma sanitária brasileira. Tema – Radis nov 1988; 11:2-4.

Arouca AS. Democracia é saúde. In: Conferência Nacional de Saúde, 8, 1986, Brasília. Anais... Brasília: Centro de Documentação do Ministério da Saúde, 1987:35-42.

Arouca AS. In: SUS: Revendo a trajetória, Os avanços e retrocessos da Reforma Sanitária Brasileira. Tema Radis, fev 2001; 20:3-8.

Arouca AS. O Dilema Preventivista: contribuição para a compreensão e crítica da Medicina Preventiva. São Paulo: Unesp; Rio de Janeiro: Fiocruz, 2003. 268p.

Berlinguer G. Palestra. Proposta – Jornal da Reforma Sanitária mar 1987; 1. Encarte Especial.

Brasil. XIII Conferência Nacional de Saúde. Encontro de paradoxos. Radis jan 2008; 65:8-13.

Brasil. Comissão Nacional de Reforma Sanitária. Documentos III. Rio de Janeiro, maio de 1987b:11.

Brasil. Congresso. Câmara dos Deputados. I Simpósio sobre Política Nacional de Saúde. Brasília, 1980.

Brasil. Ministério da Saúde. Mais Saúde – Direito de Todos, 2008-2011. 90p. Acesso em: 7/12/2007. Disponível em: http://bvsms.saude.gov.br/bvs/pacsaude/diretrizes.php.

Brasil. Ministério da Saúde. Política Nacional de Promoção da Saúde. Portaria 687, de 30 de março de 2006. Aprova a Política Nacional de Promoção da Saúde. Diário Oficial da União, n.63, 31 mar. 2006a. Disponível em: www.saude.gov.br/svs.

Brasil. Ministério da Saúde. Secretaria Executiva. Departamento de Apoio à Descentralização. Coordenação Geral de Apoio à Gestão Descentralizada. Diretrizes operacionais dos Pactos pela Vida, em Defesa do SUS e de Gestão. Brasília: Ministério da Saúde, 2006b. 76p.

Brasil. Relatório Final da VIII Conferência Nacional de Saúde. In: Conferência Nacional de Saúde, 8, 1986, Brasília. Anais... Brasília: Centro de Documentação do Ministério da Saúde, 1987:381-9.

Carta de Brasília. Documento final do 8º Simpósio sobre Política Nacional de Saúde. Medicina CFM ago-out 2005; 156:12-3.

CEBES. A questão democrática na área de Saúde. Saúde Debate jan-mar 1980; 9:11-13.

CEBES. SUS pra valer: universal, humanizado e de qualidade. (CEBES, julho de 2006). Saúde Debate 2005; 29(31):385-96,.

CNDSS. As causas sociais das iniquidades em saúde no Brasil. Relatório Final da Comissão Nacional de Determinantes Sociais da Saúde. Abril de 2008, 242p.

De Lavor A. O ministro e os holofotes. Radis dez/2007; 64:2.

Editorial. Saúde Debate,1977a.

Editorial. Saúde Debate, 1977b.

Escorel S. Projeto Montes Claros – palco e bandeira de luta, experiência acumulada do movimento sanitário. In: Fleury S (org.) Projeto Montes Claros: a utopia revisitada. Rio de Janeiro: ABRASCO, 1995:129-64.

Escorel S. Reviravolta da Saúde: origem e articulação do movimento sanitário. Rio de Janeiro: Fiocruz, 1998. 206p.

Escorel S, Nascimento DR, Edler FC. As origens da Reforma Sanitária e do SUS. In: Lima NT et al. (org.) Saúde e Democracia: História e Perspectivas do SUS. Rio de Janeiro: Fiocruz, 2005:59-81.

Faleiros V P et al. A construção do SUS: histórias da Reforma Sanitária e do Processo Participativo. Brasília: Ministério da Saúde, 2006. 297p.

Fleury S (org.) Saúde e democracia. A luta do CEBES.São Paulo: Lemos Editorial, 1997. 324p.

Fórum da Reforma Sanitária Brasileira. O Controle Social É uma Questão Estratégica. XIII Conferência Nacional de Saúde. A Participação da Sociedade na Efetivação do Direito Humano à Saúde. Eixo 3. (Este texto foi elaborado a partir do documento "O Centro Brasileiro de Estudos de Saúde [CEBES] na XIII Conferência Nacional de Saúde). s/d.

Gallo E, Nascimento PC. Hegemonia, bloco histórico e movimento sanitário. In: Teixeira S (org.) Reforma Sanitária: em busca de uma teoria. São Paulo: Cortez, 1989:91-118.

Gerschmann S. A democracia inconclusa. Um estudo da Reforma Sanitária Brasileira. Rio de Janeiro: Fiocruz, 1995. 189p.

Lobato LVC. Reforma Sanitária e Reorganização de Sistema de Serviços de Saúde: efeitos sobre a cobertura e a utilização de serviços. Rio de Janeiro, 2000. Tese (doutorado) – Fundação Oswaldo Cruz.

Lula Presidente. Plano de Governo 2007-2010, 2006:26-7.

Mendes NA, Marques RM. O impacto da política econômica do governo Lula na Seguridade Social e no SUS. Saúde Debate 2005; 29(31):257-67.

Mendonça ACO et al. Políticas de Saúde do Governo Lula: Avaliação dos primeiros meses de gestão. Saúde Debate 2005; 29(70):109-24.

Misoczky MC. O campo da atenção à saúde após a Constituição de 1988: uma narrativa de sua produção social. Porto Alegre: Dacasa, 2002. 191p.

Paim JS. Direito à Saúde, cidadania e Estado. In: Conferência Nacional de Saúde, 8, Brasília. Anais... Brasília: Centro de Documentação do Ministério da Saúde, 1987:45-59.

Paim JS. Bases conceituais da Reforma Sanitária Brasileira. In: Fleury S. (org.) Saúde e Democracia: a luta do CEBES. São Paulo: Lemos Editorial, 1997:22.

Paim JS. Reforma Sanitária Brasileira: contribuição para a compreensão e crítica. Salvador: Edufba; Rio de Janeiro: Fiocruz, 2008. 356p.

Paim JS. SUS: desafios e perspectivas. Consensus. Revista do Conselho Nacional de Secretários de Saúde, 2011a; 1:33-6.

Paim JS. A Reforma Sanitária Brasileira e o CEBES (Texto elaborado como material didático do curso Reforma Sanitária: trajetória e rumos do SUS para o Projeto de Formação em Cidadania para a Saúde do Cebes), 2011b. 13p.

Paim JS. O futuro do SUS. Cad Saúde Pública 2012; 28(4):612-3.

Reforma Sanitária Brasileira. Manifesto: Reafirmando compromissos pela saúde dos brasileiros. Brasília, 23 de novembro de 2005. 4p.

Silva GRS. Origens da medicina preventiva como disciplina do ensino médico. Rev Hosp Clin Fac Med S Paulo 1973; 28(2):31-5.

Teixeira CF, Paim JS. A política de saúde no governo Lula e a dialética do menos pior. Saúde Debate 2005; 29(31):268-83.

Teixeira CF (org.) Reforma Sanitária em busca de uma teoria. São Paulo: Cortez; Rio de Janeiro: ABRASCO, 1989. 232p.

16

Infraestrutura Tecnológica do SUS:
Rede de Estabelecimentos, Equipamentos, Desenvolvimento Científico-Tecnológico e Inovação

Luis Eugenio Portela Fernades de Souza • *Reinaldo Guimarães* • *Cláudia Travassos*
Cláudia Marques Canabrava

INTRODUÇÃO

O cuidado com a saúde baseia-se, essencialmente, na interação humana, envolvendo pessoas com duas características singulares: umas detentoras de competências profissionais específicas e outras portadoras de necessidades de saúde, sentidas ou diagnosticadas.

Essa interação, todavia, ocorre em lugares próprios e é mediada pela utilização de uma extensa série de instrumentos. As características desses lugares e instrumentos, por sua vez, influenciam a qualidade da interação. Antes disso, são condicionantes da própria possibilidade da interação, e a falta de lugares e instrumentos adequados pode representar uma barreira intransponível à utilização dos serviços de saúde. Nesse sentido, a infraestrutura tecnológica é um componente importante dos sistemas de saúde.

A importância da base material dos serviços de saúde aumentou exponencialmente em todos os países a partir da segunda metade do século XX. Hoje, a prestação de serviços é impensável sem o recurso às tecnologias, que são determinantes não apenas da utilização e da qualidade, mas também da efetividade e dos custos, cada vez mais elevados, das ações de saúde.

O grande desafio é assegurar que as tecnologias de saúde estejam em condições seguras de uso, organizadas para atender, com eficácia, às demandas e às necessidades de saúde e, além disso, distribuídas de modo a facilitar o acesso, contribuindo para promover a integralidade e a igualdade da atenção à saúde.

Além disso, é preciso estar alerta para evitar os riscos e os danos para as pessoas decorrentes do uso inapropriado das tecnologias. Infelizmente, é frequente a ocorrência de problemas. Estudo realizado na Bahia, por exemplo, identificou que 68% de uma amostra de 94 procedimentos de radiodiagnóstico realizados em 2007 apresentavam situação de risco inaceitável ou tolerável (Navarro, 2009).

Para além da função social, quando se discute infraestrutura tecnológica, há que se considerar sua importância econômica. O mercado mundial de equipamentos e materiais hospitalares, médicos e odontológicos movimentou, em 2008, US$ 210 bilhões, e o Brasil ocupava a 11ª posição no *ranking* mundial desse mercado, com quase US$ 3 bilhões em circulação no país (Gadelha *et al.*, 2012).

Vale ressaltar que, no Brasil, o Sistema Único de Saúde (SUS) é responsável pela maior parte desse mercado, seja por meio das compras governamentais, seja pelo financiamento do uso das tecnologias, seja pelo incentivo ao desenvolvimento científico-tecnológico e às inovações. As compras dependem bastante de importações, sendo preocupantes os saldos cada vez mais negativos na balança comercial brasileira, com o déficit tendo chegado a US$ 1,5 bilhão em 2009.

Na discussão sobre a infraestrutura tecnológica, estão presentes essas duas racionalidades – a sanitária e a econômica. Visto que a saúde é um direito, pode-se supor que a lógica econômica deve se subordinar à sanitária. Na prática, contudo, as tensões entre essas racionalidades são fortes.

A existência dessas tensões é reconhecida pela Política Nacional de Gestão de Tecnologias da Saúde, que entende ser necessário "desenvolver mecanismos de articulação entre os setores envolvidos na produção, incorporação e utilização de tecnologias nos sistemas de saúde" (Brasil, 2010: 9). Concretamente, desde 2007, com o Programa Mais Saúde, o Ministério da Saúde intensificou esforços no sentido de aproximar as políticas de saúde e de indústria e comércio, fortalecendo o Complexo Econômico-Industrial da Saúde.

A incorporação de tecnologias, que constitui a interface imediata entre a produção e a utilização, tem sido objeto de ações regulatórias. Nesse aspecto, a iniciativa mais importante foi a aprovação e sanção da Lei 12.401, de 2011, que alterou a Lei 8.080/90 para dispor sobre a assistência terapêutica e a incorporação de tecnologias de saúde no SUS (Brasil, 2011).

Fundamentalmente, essa nova lei estabelece que a assistência terapêutica integral consiste na oferta de medicamentos, produtos e procedimentos terapêuticos, constantes de tabelas elaboradas pelo Ministério da Saúde, cuja prescrição esteja em conformidade com protocolos clínicos e tenha sido realizada por profissional de serviço próprio do SUS, conveniado ou contratado. Diz ainda que a incorporação, a exclusão ou a alteração pelo SUS de novos medicamentos, produtos e procedimentos, bem como a elaboração ou a alteração de protocolo clínico, são atribuições do Ministério da Saúde, assessorado pela Comissão Nacional de Incorporação de Tecnologias no SUS.

É nesse panorama de múltiplos aspectos – sociais, políticos, econômicos, científicos e tecnológicos – que se situa a infraestrutura tecnológica do SUS. A abordagem de todos eles foge ao escopo deste capítulo, que se limita a três objetivos específicos.

O primeiro objetivo é caracterizar em tipos, números e distribuição geográfica os estabelecimentos e os equipamentos de saúde disponíveis para os usuários do sistema público. Ressalve-se que os medicamentos, que também compõem a infraestrutura tecnológica, são tratados em outro capítulo, dadas as suas especificidades.

A simples existência da infraestrutura, contudo, não assegura sua utilização. É preciso que as pessoas tenham acesso a ela. Se a questão do acesso é sempre difícil, em países socialmente desiguais, como o Brasil, assume complexidade maior, haja vista sua influência sobre a determinação do estado de saúde dos distintos grupos populacionais. Abordar essa questão é o segundo objetivo deste capítulo.

Outra questão relevante para a discussão acerca da infraestrutura tecnológica consiste na pesquisa e no desenvolvimento científico. Com efeito, parte significativa dos instrumentos que atualmente medeiam as práticas de cuidado à saúde é representada por tecnologias com forte conteúdo científico. Por isso, o terceiro e último objetivo deste capítulo é apresentar o significado e a importância da pesquisa e da inovação em saúde, assim como as relações do sistema de ciência, tecnologia e inovação com a política de saúde.

O capítulo está organizado segundo seus objetivos. Inicialmente, apresenta-se a situação dos estabelecimentos e dos equipamentos de saúde, caracterizando-os de acordo com certos critérios e descrevendo sua distribuição pelas regiões do país. Em segundo lugar, discute-se o acesso, incluindo as desigualdades, que são, certamente, o principal problema relativo à infraestrutura. Por fim, é traçado um quadro geral da pesquisa e da inovação em saúde no mundo e no Brasil e são descritas as ações do SUS referentes ao desenvolvimento científico-tecnológico.

INFRAESTRUTURA TECNOLÓGICA DO SUS

No Brasil, as informações mais abrangentes sobre estabelecimentos e equipamentos de saúde estão consolidadas no Cadastro Nacional de Estabelecimentos de Saúde (CNES). Implantado em agosto de 2003, o CNES forma uma base cadastral única da infraestrutura de saúde, atualizada regularmente pelas secretarias municipais de saúde (Brasil, 2012).

O CNES abrange a totalidade dos estabelecimentos de saúde existentes no país, sejam prestadores de serviços ao SUS ou não. Os dados englobam aspectos de área física, recursos humanos, equipamentos e tipos de serviços prestados. Essas informações permitem aos gestores conhecer a infraestrutura existente, o que é imprescindível para o planejamento, a regulação, o controle e a auditoria do sistema de saúde.

Estabelecimentos de saúde

Os estabelecimentos de saúde são os locais destinados à prestação de serviços de saúde aos indivíduos e às comunidades, em regime de internação ou não, qualquer que seja seu porte ou grau de densidade tecnológica. Grosso modo, podem ser categorizados em *assistenciais*, voltados ao atendimento individual de usuários, ou de *vigilância da saúde*, responsáveis pelas ações dirigidas à coletividade. Não se incluem nessa definição de estabelecimentos de saúde os locais destinados à gestão do sistema ou dos serviços de saúde, como as secretarias de saúde e as centrais de regulação médica, mas se incluem os locais que prestam serviços de apoio diagnóstico ou terapêutico, como os laboratórios e as farmácias.

As secretarias de saúde, enquanto estruturas físicas, abrigam as atividades administrativas de condução e controle do sistema e dos serviços de saúde. As centrais de regulação, por sua vez, coordenam os fluxos de usuários e de informações entre os serviços. O desempenho dessas unidades gestoras é fundamental para a integração entre os serviços e os estabelecimentos de saúde.

Essa integração, idealmente, deveria viabilizar a formação de uma rede de estabelecimentos e equipamentos, direcionada segundo os princípios do SUS e as prioridades da política de saúde. Para alcançar a integração, adotam-se mecanismos de referência e contrarreferência, ou seja, definem-se, formalmente, fluxos de usuários, recursos e informações entre os diversos pontos de atenção, de acordo com as necessidades das pessoas e o perfil da oferta de serviços de cada estabelecimento. Apesar de gestores, técnicos e profissionais de saúde se referirem, no cotidiano da gestão, à "rede de serviços", na prática, os estabelecimentos funcionam de maneira desarticulada uns dos outros, em um contexto de "relações hierárquicas, não sistemáticas, espontâneas e pouco reguladas" (OPAS, 2004: 83).

Os estabelecimentos de saúde podem ser classificados de acordo com vários critérios, quatro dos quais são destacados a seguir: tipo, prestador, nível de atenção e natureza jurídica.

Quanto ao tipo, definido com base nas atividades profissionais e nos serviços ofertados, é possível identificar, no CNES, 23 categorias, indo desde posto de saúde até hospital especializado, passando por unidade de apoio de diagnose e terapia. Essas 23 categorias, por sua vez, podem ser agrupadas em seis tipos de atendimento prestado, a saber: ambulatório, internação, serviços de apoio de diagnose e terapia, urgência, vigilância epidemiológica e/ou sanitária e farmácia especializada.

No que tange ao tipo de prestador, os estabelecimentos são classificados em público, privado lucrativo, filantrópico e sindicato.

Quanto ao nível de atenção, os estabelecimentos podem ser de nível primário, secundário ou terciário, a depender da densidade tecnológica e do perfil dos profissionais.

Em relação à natureza jurídica, há os estabelecimentos públicos e os privados. Os primeiros podem ser divididos em administração direta (da saúde ou de outros órgãos governamentais) e administração indireta, que inclui as autarquias, as fundações e as empresas públicas. Já os estabelecimentos privados podem ser divididos em empresas, fundações privadas, cooperativas, serviços sociais autônomos, entidades beneficentes sem fins lucrativos, entidades de economia mista, sindicato e organizações sociais. Dentre os privados, há os não vinculados e os vinculados ao SUS, por contrato ou convênio. Vale dizer que essa multiplicidade de naturezas cria dificuldades de coordenação dos processos de planejamento e alinhamento das políticas de saúde, monitoramento, avaliação e prestação de contas.

Na competência julho de 2012[1] estão cadastrados no CNES 235.759 estabelecimentos de saúde. Segundo o tipo de atendimento prestado, há 206.629 ambulatórios (87,64%), 6.764 unidades de internação (2,87%), 1.135 estabelecimentos de urgência e emergência (0,48%), 18.628 serviços de apoio à diagnose e terapia – SADT (7,90%), 989 farmácias – do Programa Farmácia Popular ou que dispensam medicamentos excepcionais definidos pela Política Nacional de Assistência Farmacêutica – (0,42%) e 1.614 estabelecimentos de vigilância da saúde (0,68%) (Tabela 16.1).

Dentre todos os tipos de estabelecimentos de saúde, destacam-se em maior volume os consultórios isolados (118.791), as clínicas especializadas ou os ambulatórios especializados (36.360), os centros de saúde (32.174) e as unidades de apoio de diagnose e terapia (18.364). Juntos, esses quatro tipos correspondem a 87,25% do total de estabelecimentos de saúde (Tabela 16.1). Desse subgrupo, apenas os centros de saúde são majoritariamente públicos (98,76%), sendo a grande maioria dos três demais estabelecimentos de natureza privada (96,22%).

Do total de estabelecimentos, 45,79% estão localizados na região Sudeste do Brasil, valor ligeiramente superior ao percentual da população do país residente nessa região (42,13%), segundo o Censo 2010 (Brasil/IBGE, 2011).Também na região Sudeste está localizada mais da metade de todos os estabelecimentos de urgência e emergência e farmácia cadastrados no CNES, respectivamente, 55,42% e 50,35% (Tabela 16.1).

Na situação oposta à do Sudeste, a região Norte apresenta o menor percentual de estabelecimentos de saúde do total cadastrado no país (4,54%). Registre-se, contudo, que a região Norte tem maior proporção de estabelecimentos de vigilância da saúde do que as regiões Nordeste e Centro-Oeste, ficando atrás somente das regiões Sul e Sudeste (Tabela 16.1).

Ao verificar a razão de estabelecimentos por população (por 10 mil habitantes) de cada um dos 26 estados e do Distrito Federal, observa-se que há variações importantes. Os estados do Rio Grande do Sul, Santa Catarina, Paraná e Minas Gerais são os que apresentam maior proporção de estabelecimentos por 10 mil habitantes (Figura 16.1), enquanto o Amazonas destaca-se como o estado com a menor razão de estabelecimentos por 10 mil habitante. As regiões Sul e Nordeste apresentam números absolutos de estabelecimentos de saúde muito próximos, mas exibem diferenças importantes quanto à razão de estabelecimentos de saúde por população, com a região Sul oferecendo a melhor razão do país.

Há também variações importantes entre as regiões do país em relação às proporções de estabelecimentos de saúde públicos no total de estabelecimentos. Nesse caso, as regiões Norte e Nordeste são as que têm maiores proporções de estabelecimentos públicos (Figura 16.2).

Os sindicatos e os estabelecimentos filantrópicos são pouco significativos proporcionalmente na distribuição do total de estabelecimentos de saúde por natureza jurídica. Entretanto, o subgrupo de filantrópicos destaca-se em proporção e volume dentre os hospitais gerais: dos 2.862 estabelecimentos de saúde filantrópicos, 46,02% são hospitais gerais, e dos 5.181 hospitais gerais do país, 25,42% são filantrópicos.

Considerando-se o nível de atenção, 161.853 estabelecimentos (70,15%) são de atenção primária, 65.568 (28,86%) são de atenção secundária e 2.262 (0,98%) são de atenção terciária. Os cinco estados com maiores proporções de estabelecimentos de saúde de atenção primária são Sergipe, Acre, São Paulo, Ceará e Alagoas e os cinco estados com menores proporções são Roraima, Rio de Janeiro, Tocantins, Bahia e Goiás (Figura 16.3).

No que concerne ao tipo de atendimento prestado por tipo de prestador, observa-se que são, majoritaria-

---

[1] O CNES atualiza seus dados periodicamente, especialmente para o faturamento de serviços financiados pelo SUS e, por isso, os bancos de dados estão ordenados por competência mensal.

Tabela 16.1 • Quantidade de estabelecimentos de saúde segundo atendimento prestado e tipo por região – Brasil, julho de 2012

Atendimento prestado	Tipo de Estabelecimento	REGIÃO					Total
		Norte	Nordeste	Sudeste	Sul	Centro-Oeste	
Ambulatório	Centro de Apoio a Saúde da Família – CASF	47	281	41	23	23	415
	Centro de Atenção Psicossocial – CAPS	127	729	731	354	115	2.056
	Centro de Saúde/Unidade Básica de Saúde	2.163	11.861	10.833	4.842	2.475	32.174
	Clínica Especializada/Ambulatório Especializado	1.521	7.287	16.909	7.086	3.557	36.360
	Consultório	3.084	14.854	62.631	28.336	9.886	118.791
	Policlínica	154	1.121	2.316	992	363	4.946
	Posto de Saúde	1.574	4.412	2.249	2.146	507	10.888
	Serviço de Atenção Domiciliar Isolado – *Homecare*	0	1	14	0	3	18
	Unidade de Atenção à Saúde Indígena	86	26	4	15	60	191
	Unidade Mista	113	542	64	45	26	790
	Subtotal	**8.869**	**41.114**	**95.792**	**43.839**	**17.015**	**206.629**
	% Ambulatório	4,29%	19,90%	46,36%	21,22%	8,23%	100,00%
Internação	Centro de Parto Normal	0	15	4	1	0	20
	Hospital-Dia	6	138	201	63	23	431
	Hospital Especializado	84	356	460	103	129	1.132
	Hospital Geral	442	1.399	1.743	958	639	5.181
	Subtotal	**532**	**1.908**	**2.408**	**1.125**	**791**	**6.764**
	% Internação	7,87%	28,21%	35,60%	16,63%	11,69%	100,00%
Urgência e Emergência	Pronto-Atendimento	37	72	274	74	39	496
	Pronto-Socorro Especializado	9	73	33	17	9	141
	Pronto-Socorro Geral	13	65	322	63	34	497
	Pronto-Socorro Traumato-Ortopédico (Antigo)	0	1	0	0	0	1
	Subtotal	**59**	**211**	**629**	**154**	**82**	**1.135**
	% Urgência e Emergência	5,20%	18,59%	55,42%	13,57%	7,22%	100,00%
SADT	Centro de Atenção Hemoterápica e/ou Hematológica	19	29	60	35	37	180
	Laboratório Central de Saúde Pública – LACEN	19	26	23	9	7	84
	Unidade de Serviço de Apoio de Diagnose e Terapia	875	3.324	8.076	4.360	1.729	18.364
	Subtotal	**913**	**3.379**	**8.159**	**4.404**	**1.773**	**18.628**
	% SADT	4,90%	18,14%	43,80%	23,64%	9,52%	100,00%
Farmácia	Farmácia	75	204	498	149	63	989
	% Farmácia	7,58%	20,63%	50,35%	15,07%	6,37%	100,00%
Vigilância	Unidade de Vigilância em Saúde	266	623	468	107	150	1.614
	% Vigilância da Saúde	16,48%	38,60%	29,00%	6,63%	9,29%	100,00%
	TOTAL	**10.714**	**47.439**	**107.954**	**49.778**	**19.874**	**235.759**
	% do Total de Estabelecimentos por Região	4,54%	20,12%	45,79%	21,11%	8,43%	100,00%
	População total (CENSO 2010)	15.864.454	53.081.950	80.364.410	27.386.891	14.058.094	190.755.799
	% Pop. Região/Total Pop.	8,32%	27,83%	42,13%	14,36%	7,37%	100,00%

Fonte: DATASUS/TABNET, competência julho de 2012.

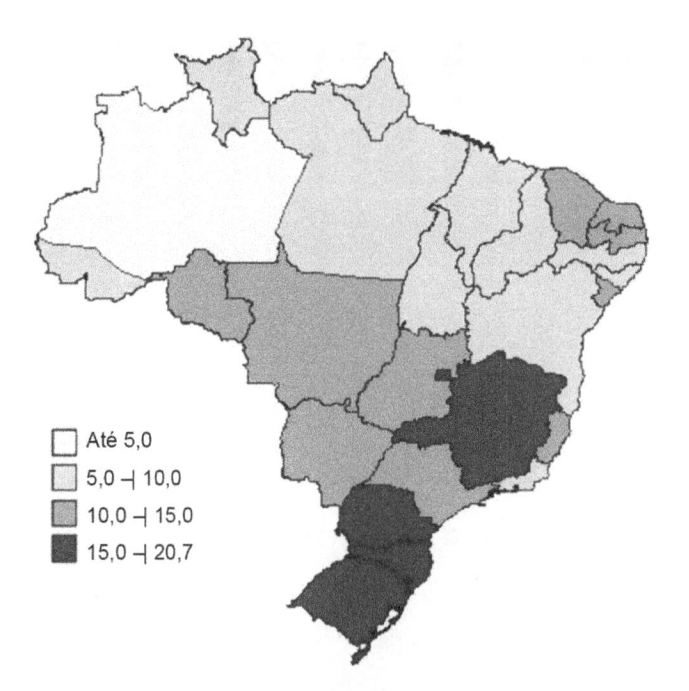

Figura 16.1 ◆ Razão entre o número de estabelecimentos de saúde cadastrados por estado (ajustados por 10 mil habitantes) – Brasil, julho de 2012. (Fonte: DATASUS/TABNET, competência julho de 2012.

mente, privados: (a) os serviços exclusivos de apoio de diagnose e terapia, (b) os estabelecimentos ambulatoriais e (c) os hospitais. O setor público, por seu turno, tem todos os estabelecimentos de vigilância da saúde e a maioria das unidades de urgência/emergência e das farmácias do Programa Farmácia Popular ou que realizam a dispensação de medicamentos de alto custo de acordo com a Política Nacional de Assistência Farmacêutica (Figura 16.4). Além disso, quando avaliados os estabelecimentos de saúde por tipo de prestador, observa-se que, do subgrupo público, 95,37% são de esfera municipal.

Avaliando-se a série histórica dos estabelecimentos de saúde, observa-se que, entre 2006 e 2012, houve aumento de 72,41% do total de estabelecimentos de saúde cadastrados no CNES. Entre as regiões do país, a Sudeste foi responsável pelo maior crescimento (90,92%) e a Nordeste foi a região onde houve o menor crescimento proporcional (44,50%). Dos 99.017 novos estabelecimentos de saúde – existentes em 2012, mas não em 2006 –, 51.409 estão localizados na região Sudeste, ou seja, nessa região se localizam 51,92% dos novos estabelecimentos do país (Figura 16.5).

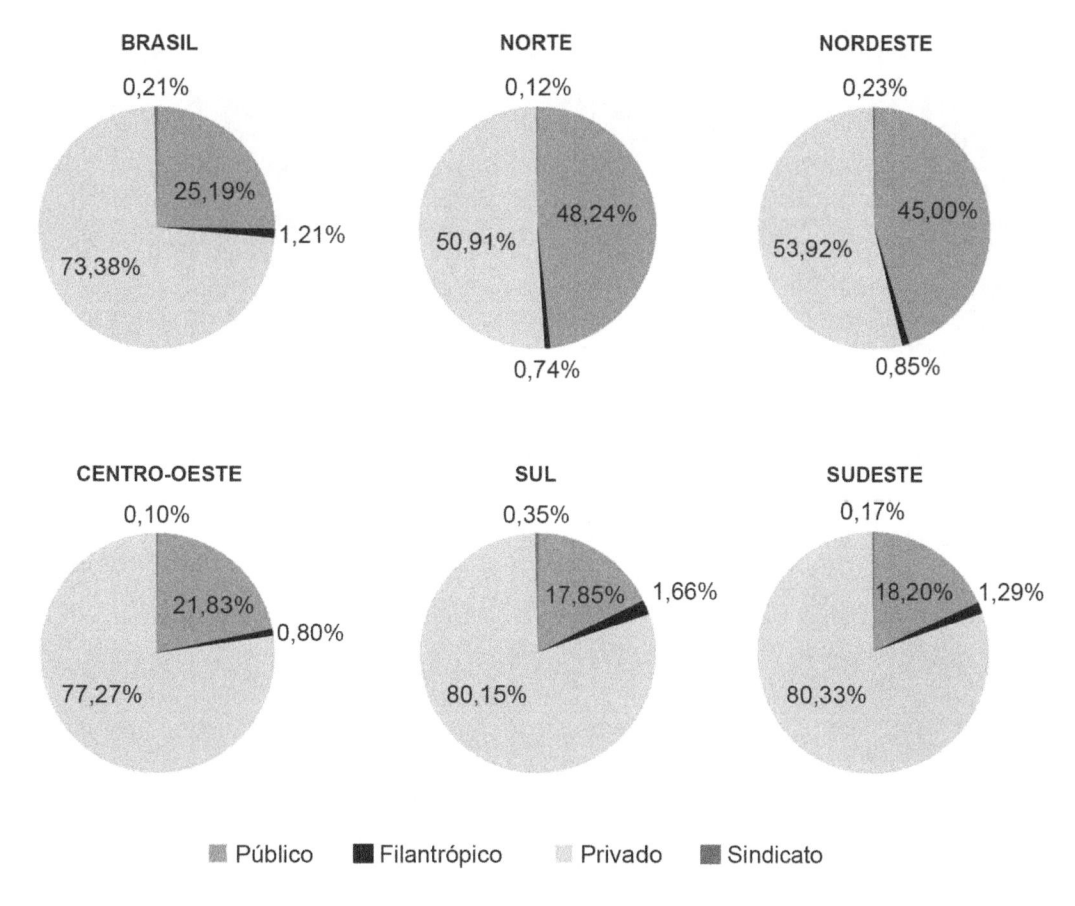

Figura 16.2 ◆ Proporção de estabelecimentos de saúde segundo tipo de prestador – Brasil, julho de 2012. (Fonte: DATASUS/TABNET, competência julho de 2012.)

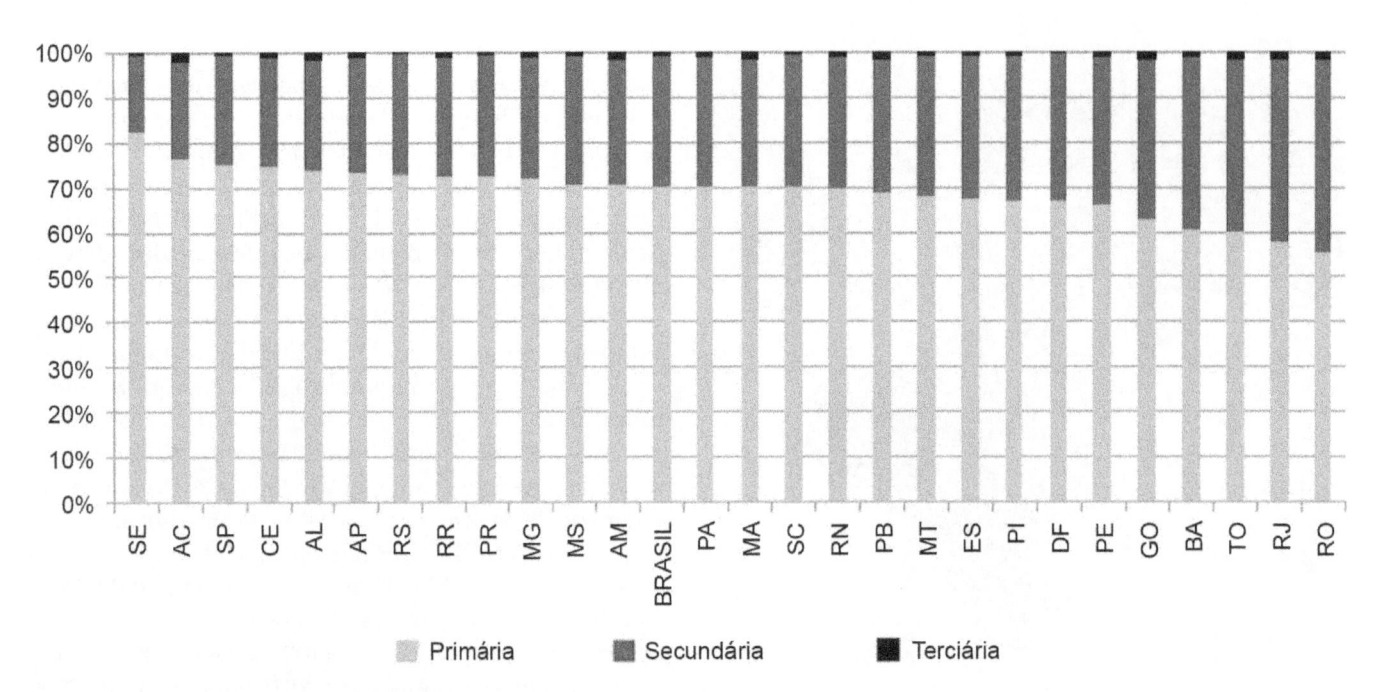

Figura 16.3 ♦ Proporção de estabelecimentos de saúde por nível de atenção e estado da Federação – Brasil, julho de 2012. (Fonte: DATASUS/TABNET, competência julho de 2012.)

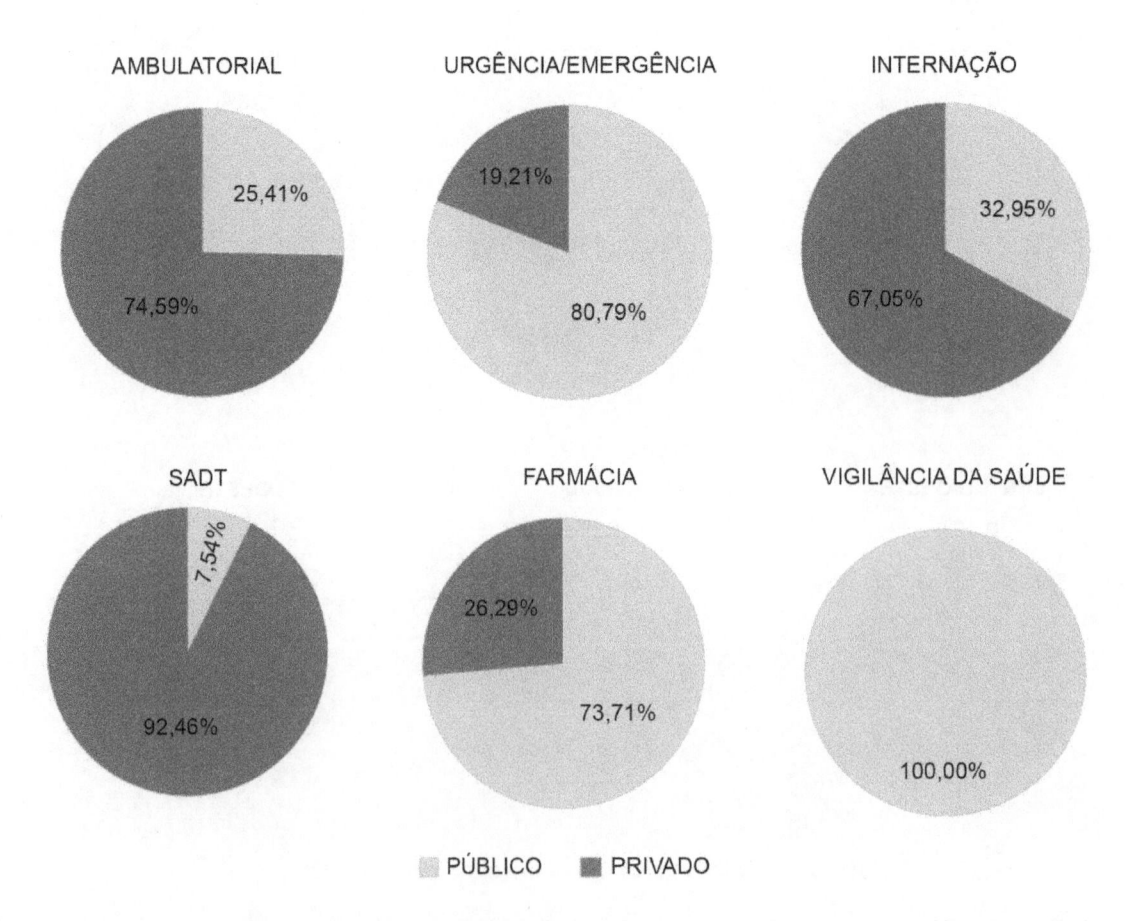

Figura 16.4 ♦ Proporção de estabelecimentos de saúde segundo atendimento prestado e natureza jurídica de prestador – Brasil, julho de 2012. (Fonte: DATASUS/TABNET, competência julho de 2012.)

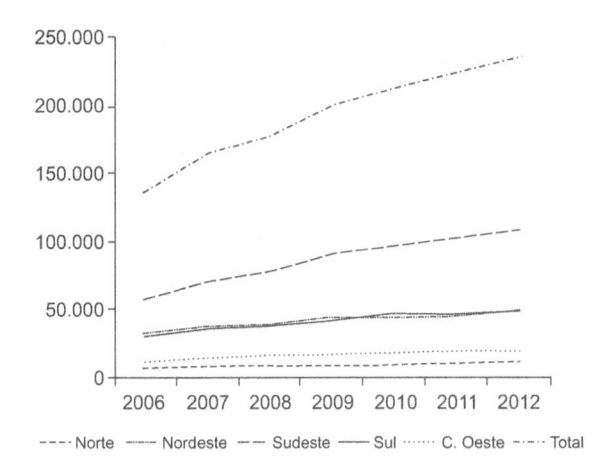

Capítulo 16 • Infraestrutura Tecnológica do SUS

Figura 16.5 • Evolução do número de estabelecimentos de saúde por região – Brasil, 2006 a 2012. (Fonte: DATASUS/TABNET, competências CNES referentes a julho de cada ano avaliado.)

Com relação aos seis subgrupos de estabelecimentos de saúde por atendimento prestado, a farmácia e a urgência e emergência apresentaram maiores curvas ascendentes, o ambulatório e o SADT também tiveram crescimento, enquanto o subgrupo de internação permaneceu praticamente estável. O subgrupo de vigilância da saúde foi o único que apresentou redução no período de 2006 a 2012 (Figura 16.6).

Desses subgrupos, sem sombra de dúvidas, o ambulatório foi o maior responsável pelo crescimento do número total de estabelecimentos de saúde entre 2006 e 2012, afinal, dos 99.017 novos estabelecimentos de saúde, 92.436 (93,35%) são ambulatoriais. Dentre os estabelecimentos do subgrupo "ambulatório", os consultórios foram responsáveis por 63,28% do incremento ocorrido de 2006 para 2012.

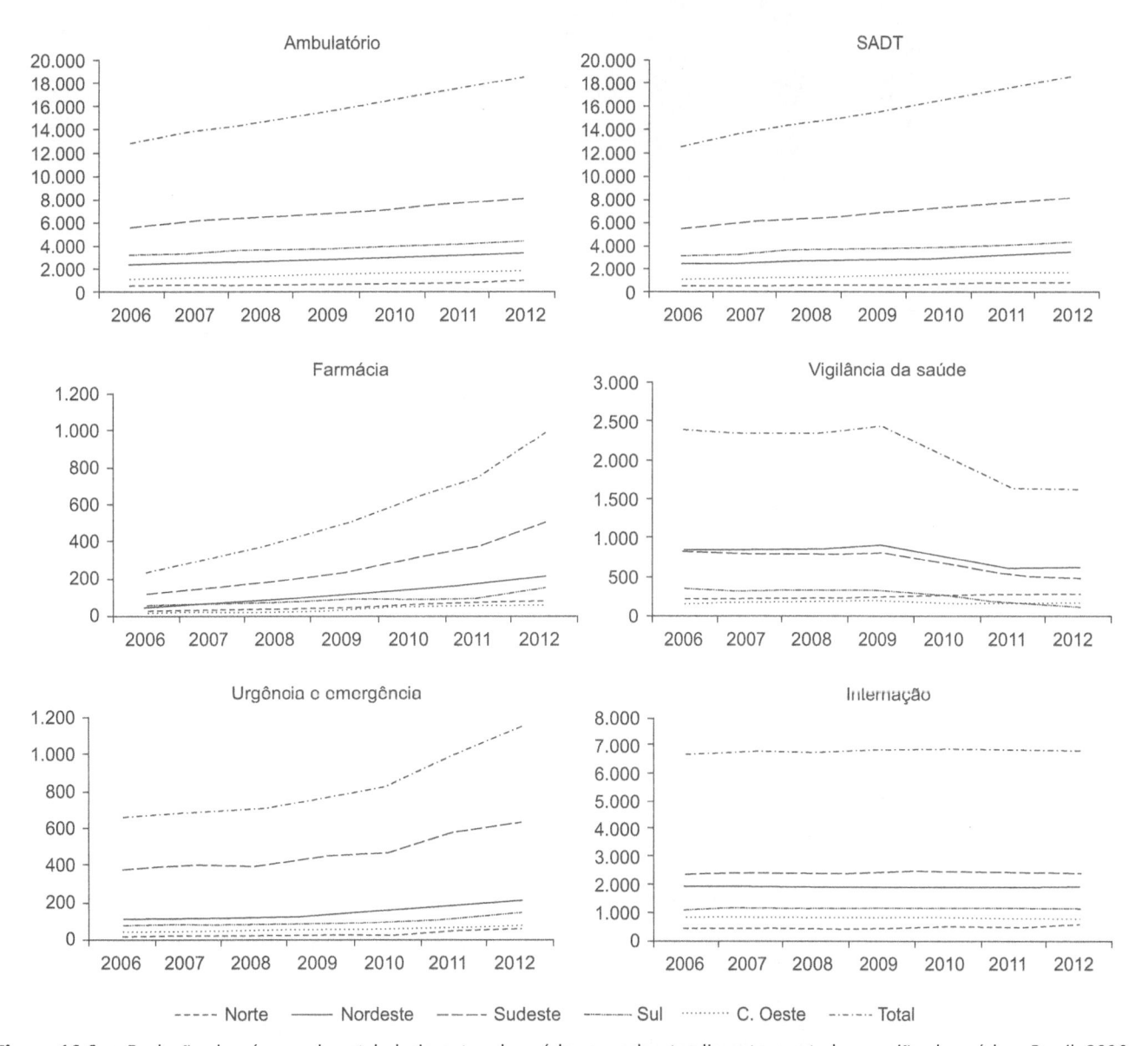

Figura 16.6 • Evolução do número de estabelecimentos de saúde segundo atendimento prestado e região de saúde – Brasil, 2006 a 2012. (Fonte: DATASUS/TABNET, competências CNES referentes a julho de cada ano avaliado.)

Ainda que as classificações do CNES não considerem os hospitais como um subgrupo, suas especificidades valem algumas observações. Para conformar o grupo de hospitais, agruparam-se os subgrupos de internação e urgência e emergência, excluindo-se os estabelecimentos do tipo pronto atendimento.

São 7.402 hospitais cadastrados no CNES, 37,33% localizados na região Sudeste e 27,64% na região Nordeste. Quanto à natureza dos hospitais, 63,66% são privados, embora, quando observado por tipos, os centros de parto normal e os prontos-socorros gerais sejam predominantemente públicos (Figura 16.7).

Os leitos hospitalares, de acordo com o CNES, são classificados em seis subgrupos: cirúrgico, clínico, obstétrico, pediátrico, complementar, outras especialidades e hospital-dia. Em cada subgrupo, os leitos são diferenciados por tipo de atendimento prestado, somando, no total, 66 tipos (Tabela 16.2).

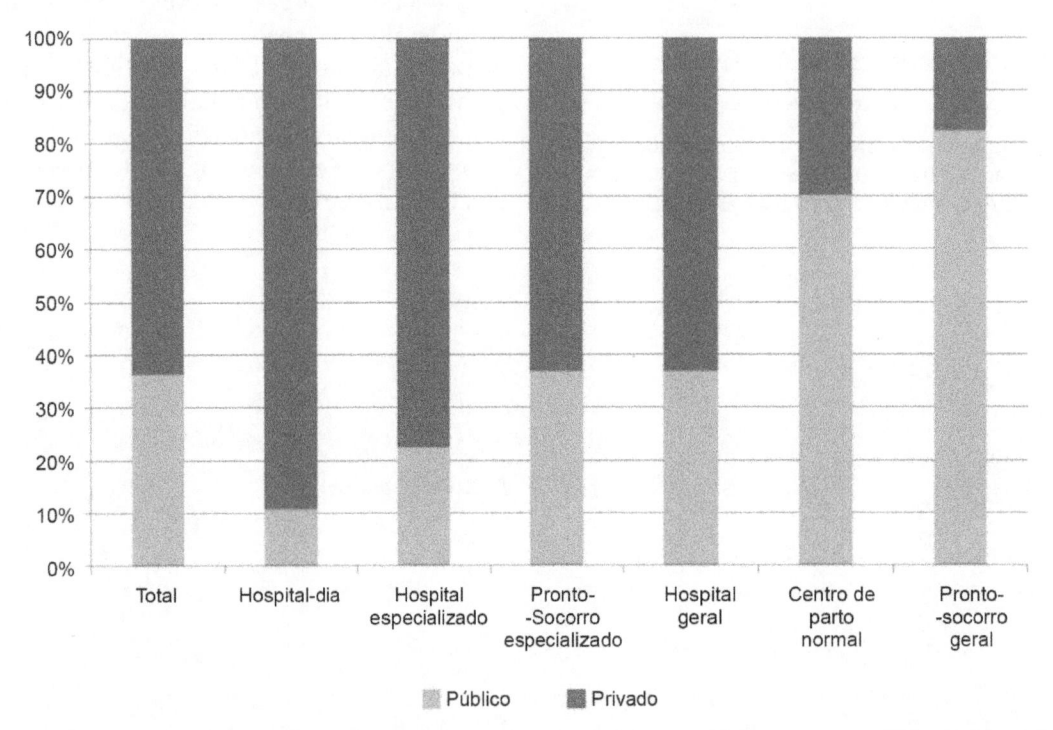

Figura 16.7 • Distribuição dos hospitais por tipo e natureza jurídica – Brasil, julho de 2012. (Fonte: DATASUS/TABNET, competências CNES referentes a julho de cada ano avaliado.)

Tabela 16.2 • Tipologia de leitos segundo subgrupo

CIRÚRGICO	COMPLEMENTAR	CLÍNICO	OBSTÉTRICO
Buco-maxilo-facial	Unidade intermediára	AIDS	Obstetrícia cirúrgica
Cardiologia	Unidade intermediária neonatal	Cardiologia	Obstetrícia clínica
Cirurgia geral	Unidade isolamento	Clínica geral	
Endocrinologia	UTI Adulto – TIPO I	Dermatologia	**PEDIÁTRICO**
Gastroenterologia	UTI Adulto – TIPO II	Geriatria	Pediatria clínica
Ginecologia	UTI Adulto – TIPO III	Hansenologia	Pediatria cirúrgica
Nefrologiaurologia	UTI Pediátrica – TIPO I	Hematologia	
Neurocirurgia	UTI Pediátrica – TIPO II	Nefrourologia	**OUTRAS ESPECIALIDADES**
Oftalmologia	UTI Pediátrica – TIPO III	Neonatologia	Crônicos
Oncologia	UTI Neonatal – TIPO I	Neurologia	Psiquiatria
Ortopediatraumatologia	UTI Neonatal – TIPO II	Oncologia	Reabilitação
Otorrinolaringologia	UTI Neonatal – TIPO III	Pneumologia	Pneumologia sanitária
Plástica	UTI de queimados	Saúde mental	Acolhimento noturno
Torácica	UTI Coronariana TIPO II – UCO TIPO II	Queimado adulto	
Transplante	UTI Coronariana TIPO III – UCO TIPO III	Queimado pediátrico	**HOSPITAL-DIA**
Queimado adulto	Unidade de cuidados intermediários neonatal convencional		Cirúrgico/diagnóstico/terapêutico
Queimado pediátrico			AIDS
	Unidade de cuidados intermediários neonatal canguru		Fibrose cística
			Intercorrência pós-transplante
	Unidade de cuidados intermediários pediátrico		Geriatria
	Unidade de cuidados intermediários adulto		Saúde mental

Fonte: DATASUS/CNES.

No Brasil, dos 503.428 leitos existentes, 353.717 são leitos acessíveis aos usuários do SUS (70,26%). As regiões Norte e Nordeste apresentam proporções de leitos SUS maiores do que a média do Brasil: 75,78% e 82,13%, respectivamente. Entre os leitos por subgrupo, as regiões Norte e Nordeste destacam-se, apresentando proporções de leitos SUS maiores ou iguais a 80% do total existente para os subgrupos obstétrico, pediátrico e outras especialidades (Tabela 16.3).

Quando se avalia a razão de leitos cadastrados para as quatro clínicas básicas (cirúrgica, clínica, obstétrica e pediátrica) por população, observa-se que a maioria dos estados do Brasil não alcança o mínimo de 2,5 leitos para cada mil habitantes, como recomendado pela Portaria 1.101/2002 do Ministério da Saúde (Figura 16.8). Apenas os estados de Goiás, Piauí, Rio Grande do Sul e Roraima alcançam o mínimo de 2,5 leitos/habitante.

Equipamentos de saúde

Equipamentos de saúde são todos os aparelhos e instrumentos de uso em saúde com finalidade médica, odontológica, laboratorial ou fisioterapêutica, usados

Tabela 16.3 Distribuição do número de leitos existentes e disponíveis para o SUS, segundo grupo e região – Brasil, 2012

Tipo de leito por subgrupo		REGIÃO					
		Nordeste	Norte	Sudeste	Sul	Centro-Oeste	Brasil
Cirúrgico	Existente	30.277	8.494	50.867	18.810	10.197	**29.007**
	SUS	22.977	6.022	29.075	11.665	6.618	**18.273**
	% SUS	75,89%	70,90%	57,16%	61,96%	64,90%	**63,00%**
Clínico	Existente	37.441	10.681	61.961	27.404	11.773	**39.177**
	SUS	31.508	8.132	38.169	19.575	8.141	**27.716**
	% SUS	84,15%	76,14%	61,60%	71,43%	69,15%	**70,75%**
Obstétrico	Existente	18.655	5.699	20.492	8.774	4.920	**13.694**
	SUS	16.400	4.554	13.549	6.325	3.534	**9.859**
	% SUS	87,91%	79,91%	66,12%	72,09%	71,83%	**72,00%**
Pediátrico	Existente	19.815	5.646	19.984	9.028	5.168	**14.196**
	SUS	17.746	4.684	14.264	7.235	4.024	**11.259**
	% SUS	89,56%	82,96%	71,38%	80,14%	77,86%	**79,31%**
Outras especialidades	Existente	10.795	912	35.754	9.198	4.126	**13.324**
	SUS	9.510	799	27.449	6.908	2.731	**9.639**
	% SUS	88,10%	87,61%	76,77%	75,10%	66,19%	**72,34%**
Complementar	Existente	9.406	2.846	24.673	6.922	3.635	**10.557**
	SUS	6.079	1.806	12.180	4.781	2.007	**6.788**
	% SUS	64,63%	63,46%	49,37%	69,07%	55,21%	**64,30%**
Hospital-dia	Existente	1.914	182	5.231	1.218	530	**1.748**
	SUS	1.157	116	2.745	951	311	**1.262**
	% SUS	60,45%	63,74%	52,48%	78,08%	58,68%	**72,20%**
Total de leitos	**Existente**	**128.303**	**34.460**	**218.962**	**81.354**	**40.349**	**503.428**
	SUS	**105.377**	**26.113**	**137.431**	**57.430**	**27.366**	**353.717**
	% SUS	**82,13%**	**75,78%**	**62,76%**	**70,59%**	**67,82%**	**70,26%**
% região sob total Brasil	**Existente**	**25,49%**	**6,85%**	**43,49%**	**16,16%**	**8,01%**	**100,00%**
	SUS	**29,79%**	**7,38%**	**38,85%**	**16,24%**	**7,74%**	**100,00%**

Fonte: DATASUS/CNES, agosto 2012.

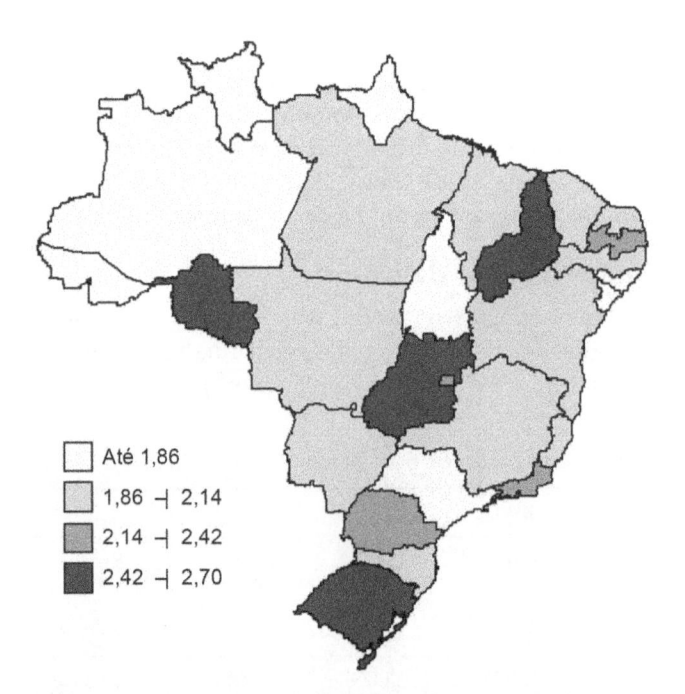

Figura 16.8 ♦ Razão entre o número de leitos cadastrados (clínico, cirúrgico, obstétrico e pediátrico) por estado (ajustados por mil habitantes) – Brasil, julho de 2012. (Fonte: DATASUS/TABNET, competência julho de 2012.)

Legenda:
- Até 1,86
- 1,86 ⊣ 2,14
- 2,14 ⊣ 2,42
- 2,42 ⊣ 2,70

direta ou indiretamente para diagnóstico, terapia, reabilitação ou monitorização das condições de saúde de seres humanos. Segundo regulamentação da Anvisa (RDC 24/2009), todos os equipamentos de uso em saúde estão obrigatoriamente sob regime de vigilância sanitária.

No CNES, há 55 tipos de equipamentos cadastrados, divididos em sete grupos: diagnóstico por imagem, infraestrutura, métodos ópticos, métodos gráficos, manutenção da vida, odontológicos e outros equipamentos (Tabela 16.4).

Os equipamentos constantes do CNES são classificados como equipamentos existentes, em uso ou disponíveis para usuários do SUS. Há um total de 1.213.900 equipamentos cadastrados, 1.158.254 dos quais estão em uso (95,42%) e 222.728 estão disponíveis para o SUS (18,35%).

Quanto ao grupo, a maioria dos equipamentos é de manutenção da vida (39,71%) e de odontologia (32,21%). Equipamentos por métodos ópticos (3,06%) e por métodos gráficos (3,11%) são, proporcionalmente, os grupos que apresentam menor oferta.

A região Sudeste concentra 52,10% do total de equipamentos existentes, cadastrados no CNES. De cada grupo, a região Sudeste concentra, no mínimo, 50% do total, exceto do grupo de infraestrutura (35,47%) (Tabela 16.5).

Quando avaliada a distribuição de equipamentos por tipo de prestador, 54,29% dos equipamentos existentes estão situados em prestadores privados e 73,21% daqueles disponíveis para o SUS estão localizados em estabelecimentos públicos (Figura 16.9).

Ao se selecionarem quatro tipos de equipamentos (ultrassom, mamógrafo, tomógrafo computadorizado e ressonância magnética) do grupo disponível para o SUS, observa-se que todos se localizam, principalmente, em prestadores privados (Figura 16.10).

Considerando-se a razão de alguns equipamentos selecionados por 100 mil habitantes, é possível observar certas desigualdades regionais (Tabela 16.6). Em primeiro lugar, destaca-se que se encontra disponível para o SUS, em geral, metade ou um terço dos equipamentos existentes no país. Em segundo, vê-se que a região Norte

Tabela 16.4 ♦ Tipologia de equipamentos segundo subgrupo.

EQUIPAMENTOS DE DIAGNÓSTICO POR IMAGEM	EQUIPAMENTOS DE INFRA-ESTRUTURA	EQUIPAMENTOS DE MANUTENÇÃO DA VIDA	OUTROS EQUIPAMENTOS
Gama câmara	Controle ambiental/Ar-condicionado	Bomba/Balão intra-aórtico	Aparelho de diatermia por ultrassom/Ondas curtas
Mamógrafo com comando simples	Grupo gerador	Bomba de infusão	Aparelho de eletroestimulação
Mamógrafo com estereotaxia	Usina de oxigênio	Berço aquecido	Bomba de infusão de hemoderivados
Raio X até 100mA		Bilirrubinômetro	Equipamentos de aférese
Raio X de 100 a 500mA	**EQUIPAMENTOS POR MÉTODOS ÓPTICOS**	Debitômetro	Equipamento para audiometria
Raio X mais de 500mA	Endoscópio das vias respiratórias	Desfibrilador	Equipamento de circulação
Raio X dentário	Endoscópio das vias urinárias	Equipamento de fototerapia	Equipamento para hemodiálise
Raio X com fluoroscopia	Endoscópio digestivo	Incubadora	Forno de Bier
Raio X para densitometria óssea	Equipamentos para optometria	Marcapasso temporário	
Raio X para hemodinâmica	Laparoscópico/Vídeo	Monitor de ECG	**EQUIPAMENTOS DE ODONTOLOGIA**
Tomógrafo computadorizado	Microscópio cirúrgico	Monitor de pressão invasivo	Equipo odontológico completo
Ressonância magnética		Monitor de pressão não-invasivo	Compressor odontológico
Ultrassom Doppler colorido	**EQUIPAMENTOS POR MÉTODOS GRÁFICOS**	Reanimador pulmonar/AMBU	Fotopolimerizador
Ultrassom ecógrafo	Eletrocardiógrafo	Respirador/Ventilador	Caneta de alta rotação
Ultrassom convencional	Eletroencefalógrafo		Caneta de baixa rotação
			Amalgamador
			Aparelho de profilaxia com jato de bicarbonato

(Fonte: DATASUS/CNES.)

Capítulo 16 • Infraestrutura Tecnológica do SUS

Tabela 16.5 • Distribuição dos equipamentos existentes, segundo grupo e região – Brasil, 2012

Região	EQUIPAMENTOS							
	Diagnóstico por imagem	Infraestrutura	Por métodos ópticos	Por métodos gráficos	Manutenção da vida	Outros equipamentos	Odontológicos	Total
Brasil	105.607	64.849	37.197	37.729	482.020	95.450	391.04	1.213.900
% por região	8,70%	5,34%	3,06%	3,11%	39,71%	7,86%	32,21%	100,00%
Região Norte	5.137	12.189	1.448	1.470	23.044	3.712	21.67	68.672
% Norte	4,86%	18,80%	3,89%	3,90%	4,78%	3,89%	5,54%	5,66%
Região Nordeste	20.126	17.718	6.936	6.830	86.475	17.867	71.61	227.564
% Nordeste	19,06%	27,32%	18,65%	18,10%	17,94%	18,72%	18,31%	18,75%
Região Sudeste	53.376	23.004	20.400	21.224	269.031	49.366	196.09	632.499
% Sudeste	50,54%	35,47%	54,84%	56,25%	55,81%	51,72%	50,15%	52,10%
Região Sul	17.813	7.966	5.598	5.581	70.218	17.739	62.86	187.779
% Sul	16,87%	12,28%	15,05%	14,79%	14,57%	18,58%	16,08%	15,47%
Região Centro Oeste	9.155	3.972	2.815	2.624	33.252	6.766	38.80	97.386
% C. Oeste	8,67%	6,12%	7,57%	6,95%	6,90%	7,09%	9,92%	8,02%

Fonte: DATASUS/CNES, competência julho de 2012.

tem, invariavelmente, uma razão por habitantes de mamógrafos, aparelhos de raios X, tomógrafos, aparelhos de ressonância magnética, ultrassonógrafos e equipos odontológicos inferior à média nacional. A região Nordeste, por sua vez, supera a média nacional apenas nos casos dos ultrassonógrafos e dos equipos odontológicos. Em geral, a região Sul é a que apresenta as maiores razões por habitantes, com exceção dos aparelhos de raios X e dos ultrassonógrafos, cujas razões são mais elevadas na região Centro-Oeste.

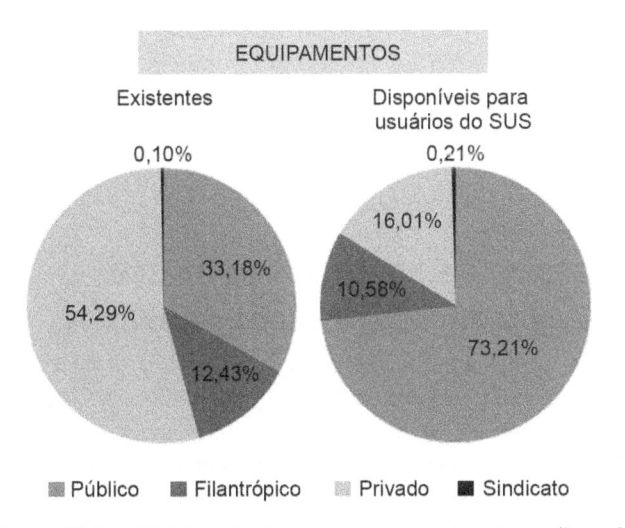

Figura 16.9 • Distribuição de equipamentos existentes e disponíveis para usuários do SUS segundo tipo de prestador – Brasil, julho de 2012. (Fonte: DATASUS/TABNET, competência julho de 2012.)

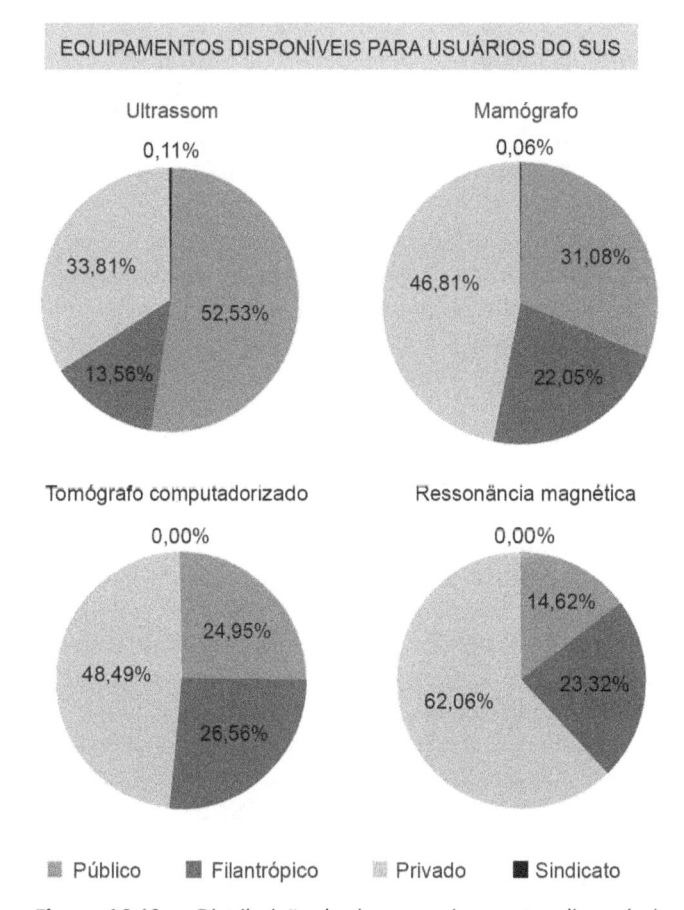

Figura 16.10 • Distribuição de alguns equipamentos disponíveis para usuários do SUS segundo tipo de prestador – Brasil, julho de 2012. (Fonte: DATASUS/TABNET, competência julho de 2012.)

Tabela 16.6 • Razão de alguns equipamentos por 100.000 habitantes segundo região – Brasil, 2012

Região		RAZÃO EQUIPAMENTOS (100.000 hab.)					
		Mamógrafo	Raio X	Tomógrafo computadorizado	Ressonância magnética	Ultrassom	Equipo odontológico completo
Brasil	existente	2,31	35,38	1,65	0,72	14,85	61,40
	disponível SUS	0,95	8,83	0,75	0,27	5,29	19,14
Região Norte	existente	1,32	18,82	1,09	0,49	10,32	36,31
	disponível SUS	0,66	7,49	0,54	0,26	5,27	15,46
Região Nordeste	existente	1,63	22,27	1,03	0,39	12,31	46,48
	disponível SUS	0,82	7,51	0,55	0,20	5,84	24,73
Região Sudeste	existente	2,84	43,77	1,99	0,92	16.34	66,32
	disponível SUS	0,95	9,27	0,76	0,25	4,45	15,03
Região Sul	existente	2,51	42,52	2,00	0,90	16,62	81,60
	disponível SUS	1,29	10,12	1,19	0,46	6,19	22,34
Região C. Oeste	existente	2,53	41,70	1,94	0,79	17,61	78,66
	disponível SUS	1,04	10,21	0,80	0,20	6,22	19,46

Fonte: DATASUS/CNES, competência julho de 2012.

Síntese das características da infraestrutura tecnológica do SUS

Em resumo, a breve caracterização da infraestrutura tecnológica do SUS, no que tange aos estabelecimentos e equipamentos, torna possível observar que:

- Quase metade (45,79%) dos estabelecimentos está localizada na região Sudeste, embora a maior proporção de estabelecimentos por habitante esteja na região Sul.
- Quanto ao tipo de estabelecimento, destacam-se os ambulatórios (87,64%) e, dentre estes, os consultórios isolados, com 48,5% do total.
- Quando se avalia a proporção de estabelecimentos de saúde segundo o tipo de prestador, observa-se que a maioria (73,38%) é privada. No entanto, há diferenças entre as regiões do país, pois nas regiões Nordeste e Norte a maior parte é de estabelecimentos públicos. Na região Sudeste, a mais rica do país, concentra-se metade (45,2%) dos estabelecimentos privados.
- A maior parte dos serviços exclusivos de apoio de diagnose e terapia, dos estabelecimentos ambulatoriais e dos hospitais é de natureza privada, enquanto as unidades de atenção primária são, principalmente, públicas municipais.
- Ao longo dos anos, o número de estabelecimentos cadastrados no CNES tem aumentado bastante, com os tipos urgência e emergência e SADT conformando subgrupos cujas curvas de crescimento são mais acentuadas (entre 2006 e 2012). Nesse período, foram construídos quase cem mil novos estabelecimentos, um aumento de 72,41%, principalmente novos ambulatórios na região Sudeste.
- A maior parte dos leitos está em hospitais de natureza jurídica privada, embora 70,26% estejam acessíveis aos usuários do SUS. Apenas quatro estados do Brasil dispõem de mais de 2,5 leitos para cada mil habitantes.
- Assim como os estabelecimentos, os equipamentos concentram-se na região Sudeste, embora a razão por número de habitantes seja, geralmente, mais elevada na região Sul.
- Quando avaliados alguns tipos de equipamentos, observa-se que o SUS dispõe de metade ou menos do total existente e, ademais, no grupo disponível para usuários do SUS, esses equipamentos se localizam, principalmente, em prestadores privados.

Assim, ficam evidentes as iniquidades regionais que resultam, por um lado, do maior adensamento tecnológico nos grandes centros e, por outro, de lacunas assistenciais nas regiões mais pobres. Além disso, percebe-se uma elevada proporção da oferta de serviços ao SUS por meio de organizações de natureza privada.

ACESSO AOS SERVIÇOS DE SAÚDE
Acesso como determinante da saúde

A Comissão de Determinantes Sociais (CSDH) da Organização Mundial da Saúde (OMS), em seu relatório final (WHO, 2008), atestou que o modo como as pessoas vivem, trabalham e envelhecem influencia sua saúde e sua sobrevida. De modo geral, os grupos sociais menos privilegiados apresentam maior risco de adoecer e morrer do que os grupos socialmente mais privilegiados. Esse padrão de desigualdade na saúde é observado globalmente. Determinantes sociais da saúde englobam os aspectos sociais, econômicos, políticos, culturais e ambientais que explicam as desigualdades sociais existentes na saúde. A CSDH considera o acesso universal a serviços de saúde de boa qualidade um determinante social da saúde.

O sistema de saúde é um determinante social do estado de saúde, pois as formas como o sistema é financiado, o cuidado de saúde organizado e sua qualidade garantida resultam no aumento ou na redução das desigualdades sociais na saúde de determinada população, isto é, exercem impacto na equidade em termos da situação de saúde dos distintos grupos populacionais.

A equidade do cuidado de saúde é reconhecida como um atributo de qualidade, definida por Donabedian (2003) como conformidade ao princípio que determina o que é justo e razoável na distribuição da atenção à saúde e de seus benefícios entre os membros de uma população.

Recentemente, a OMS propôs aos países membros a meta de cobertura universal de saúde. Essa meta tem como objetivo garantir equidade no acesso e no uso de serviços de saúde. Essa política está centrada em modelos de financiamento que possibilitem tanto o acesso aos cuidados de saúde para todos que deles necessitam como reduzam as consequências financeiras da compra de serviços de saúde, muitas vezes catastróficas para as famílias, principalmente as mais pobres.

Para alcançarem a cobertura universal, os países precisam gerar recursos suficientes para financiar seus sistemas de saúde, reduzir a dependência do gasto direto (pagamento do próprio bolso) para a população obter os cuidados de saúde que necessita e melhorar a eficiência e a equidade (WHO, 2010).

No caso do Brasil, do ponto de vista legal, a cobertura universal foi instituída pela Constituição de 1988, que estabeleceu que a saúde é direito de todos e dever do Estado, com o acesso universal e igualitário aos serviços de saúde.

Dimensões do acesso

Apesar de não haver consenso entre os autores quanto ao uso dos termos acesso e acessibilidade, sinônimos para uns e referidos a conceitos distintos para outros, adota-se neste capítulo o termo acesso para indicar o grau de facilidade ou dificuldade com que as pessoas obtêm cuidado de saúde. No que se pode chamar de "processo de uso de serviços de saúde", o acesso está colocado entre a etapa de procura de serviços por parte das pessoas e sua utilização de fato. Acesso, assim definido, corresponde a seu domínio restrito, pois não engloba os determinantes da procura nem a etapa do processo de cuidado em si (prevenção, diagnóstico e tratamento). O domínio restrito do acesso não corresponde à abordagem mais tradicional de acesso, mas tem a vantagem de não confundi-lo com outras etapas do processo de uso de serviços de saúde, as quais envolvem distintos modelos explicativos (Travassos & Martins, 2004).

No domínio restrito, o acesso refere-se, portanto, às características da oferta de serviços que permitem e aumentam ou dificultam e impedem seu uso. Trata-se de um conceito multidimensional, sendo a disponibilidade, a capacidade de pagar e a aceitabilidade três importantes dimensões (Thiede, Akweongo & McIntyre, 2007):

- **Disponibilidade:** diz respeito à presença, no local e no momento adequados, de serviços apropriados para aqueles que deles necessitam. Refere-se à localização geográfica dos serviços, à existência de cuidados domiciliares e de meios de transporte adequados, aos horários de funcionamento dos serviços e aos tipos, quantidade e qualidade de recursos humanos e tecnológicos existentes.
- **Capacidade de pagar:** diz respeito à presença ou não de gastos financeiros relacionadas com o uso dos serviços de saúde, que refletem diretamente os modelos de financiamento adotados por cada sistema de saúde. Refere-se, assim, aos custos diretos incorridos pelas famílias com consultas com profissionais de saúde, realização de exames diagnósticos e procedimentos terapêuticos, obtenção de medicamentos e cuidados domiciliares, internação, cirurgia, anestesia e demais procedimentos de saúde. Inclui também os custos diretos com transporte e alimentação e os custos indiretos, como a perda de rendimento por falta ao trabalho.
- **Aceitabilidade:** diz respeito às atitudes dos profissionais de saúde e dos funcionários dos serviços de saúde com os pacientes, em relação às suas características pessoais, sociais e religiosas, entre outras. Refere-se ao grau em que o serviço é sensível e flexível aos valores, às crenças e às preferências das pessoas. Inclui ainda o respeito aos direitos dos pacientes, amigos e familiares.

A depender de como a oferta está organizada, cada uma dessas dimensões poderá se constituir em uma barreira de acesso, impedindo o uso de serviços de saúde. Por exemplo, vários estudos mostram que há redução no uso quando a obtenção de cuidados de saúde depende da compra de serviços. Isto é, pessoas que necessitam de cuidado de saúde deixarão de obtê-lo por incapacidade de pagamento, o que constitui uma barreira financeira. Outro exemplo é a estratégia de copagamento, comumente adotada por planos privados de saúde, em que as pessoas pagam uma parcela do valor do cuidado recebido, o que tem efeito negativo sobre a equidade do acesso. Barreiras financeiras existem com maior frequência entre os mais pobres, sendo, portanto, fontes de desigualdade social.

Outro aspecto cada vez mais importante para o acesso aos serviços de saúde é a informação. Os sistemas de saúde devem estabelecer canais de comunicação com a população em geral e com os pacientes em particular para prover informação sobre a disponibilidade de serviços, as formas de utilizá-los (como marcar de consultas e exames, por exemplo), os direitos dos pacientes, os mecanismos de financiamento etc. Atualmente, a internet é um importante recurso para a comunicação dos sistemas de saúde com a população.

Desigualdades no acesso aos serviços de saúde no Brasil

A equidade é abordada em duas dimensões: horizontal e vertical. A equidade horizontal corresponde à igualdade entre iguais e a vertical, à desigualdade entre desiguais. Comumente, a equidade no acesso é tratada como equidade horizontal, que é operacionalmente definida como a igualdade de utilização de serviços de saúde entre os grupos sociais para necessidades de saúde iguais. Necessidade de saúde refere-se ao estado de saúde das pessoas. Sabe-se que não há concordância entre a necessidade avaliada pelos profissionais de saúde (diagnóstico) e aquela informada pelas pessoas (autoavaliação). Contudo, ambas as informações são importantes para o planejamento de ações voltadas para redução das desigualdades sociais de acesso. Os inquéritos de base populacional, como os Suplementos Saúde da Pesquisa Nacional por Amostra de Domicílios (PNAD), realizada pelo IBGE, são fontes fundamentais para avaliação e monitoramento da equidade no acesso (Travassos & Castro, 2008), pois contêm informação sobre toda a população e não apenas sobre as pessoas que usaram serviços de saúde, além de disponibilizarem dados sobre as condições demográficas, sociais e de saúde dos indivíduos incluídos na amostra.

Desde a criação do SUS, o acesso aos serviços de saúde aumentou substancialmente e as desigualdades sociais no acesso se reduziram, embora ainda haja muita desigualdade (Paim *et al.*, 2011), conforme se vê na Figura 16.11.

No Brasil, cerca de um quarto da população possui planos privados de saúde, o que tem importante impacto nas desigualdades de acesso. As pessoas que têm planos e seguros privados estão concentradas nas mais altas faixas de renda. Vários estudos demonstram que, apesar de mais jovem e com menor necessidade, a população coberta por planos privados de saúde utiliza mais serviços comparativamente à população não coberta (Macinko & Lima-Costa, 2008).

Do lado do setor público, há indicativos de que a reorganização da oferta desencadeada pela Estratégia de Saúde da Família tem sido capaz de modificar as desvantagens potencias dos mais pobres (e mais doentes) no acesso aos serviços de saúde. Entretanto, essa política tem caráter focalizado – nos mais pobres – além de ser limitada do ponto de vista da integralidade, já que está centrada nos cuidados básicos de saúde. Avanços na abrangência social das políticas do SUS poderão ter impacto positivo na equidade no acesso aos serviços de saúde no Brasil.

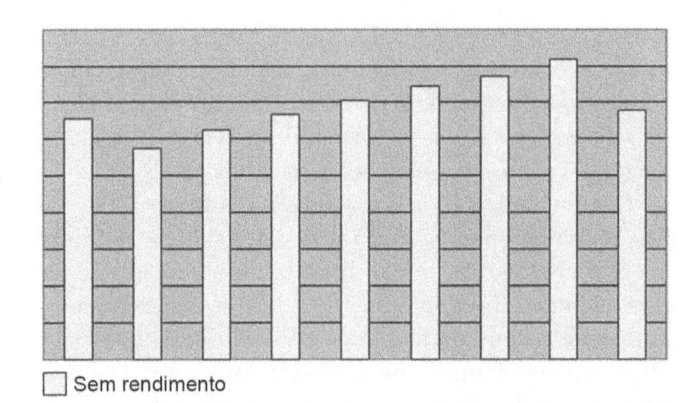

Figura 16.11 • Proporção de pessoas que realizaram consulta médica no ano anterior à entrevista por classe de rendimento familiar mensal – Brasil, 2008. (Fonte: Suplemento Saúde da PNAD 2008 – elaborado pelos autores.)

DESENVOLVIMENTO CIENTÍFICO-TECNOLÓGICO E INOVAÇÃO EM SAÚDE

Um dos mais notáveis processos vivenciados no campo da saúde humana nos últimos 100 anos foi a incorporação de conhecimentos de base científica às práticas de prevenção de doenças e de promoção e recuperação da saúde nos indivíduos e nas populações. Essa incorporação deu-se fundamentalmente mediante o desenvolvimento de soluções tecnológicas, nas quais conceitos científicos ocupam um lugar essencial (Boxe 16.1).

Muito embora o conceito de tecnologia esteja habitualmente associado à fabricação de produtos industriais, ele deve ser ampliado, em particular quando se trata de abordar as tecnologias no terreno da saúde humana. Uma definição ampla nos é fornecida pela Wikipedia, na qual tecnologia significa "construção, modificação, uso e conhecimento de ferramentas, máquinas, técnicas, habilidades, sistemas e métodos de organização, com o objetivo de resolver um problema, melhorar uma solução preexistente, alcançar um objetivo ou realizar uma função específica".

Uma tecnologia só se realiza plenamente se consegue transformar-se em um bem ou serviço que sejam utilizados pelas pessoas. Para tanto, precisa alcançar um mercado, seja local, seja nacional, seja global. Quando novas ideias, embutidas em produtos ou processos, alcançam um mercado, transformam-se em "inovações tecnológicas".

> **Boxe 16.1** — Uma breve história da penicilina
>
> Em meados de 1928, o biólogo escocês Alexander Fleming (1881-1955) semeou algumas placas de Petri com amostras da bactéria do gênero *Staphylococcus*. Por descuido, as placas ficaram expostas durante alguns dias e, ao examiná-las mais tarde, Fleming observou que, em algumas delas, as colônias da bactéria não haviam se desenvolvido. Descobriu ainda que nessas placas houve contaminação por um fungo da espécie *Penicillium notatum*. Nos meses seguintes, Fleming chegou à conclusão de que uma substância produzida pelo mofo era inócua para animais e era capaz de matar micro-organismos causadores de doenças. Entretanto, abandonou essa linha de pesquisa, que apenas 12 anos mais tarde foi retomada pela equipe liderada por Edward Florey (1898-1968) na Universidade Oxford. Essa equipe, em 1942, levou a termo o desenvolvimento da penicilina G procaína que, então, pôde chegar ao mercado como um medicamento.
>
> Foram necessários mais 15 anos para que o químico norte-americano John Sheehan (1915-1992) conseguisse sintetizar quimicamente a molécula de penicilina G procaína, até então extraída do fungo e purificada. Isto fez com que o processo de produção do antibiótico pudesse alcançar uma nova escala, ampliando grandemente o mercado do antibiótico.
>
> Essa breve história exemplifica alguns conceitos apresentamos neste capítulo. Em primeiro lugar, cumpre observar que as bases científicas utilizadas por Fleming estavam localizadas no último quarto do século XIX, nos marcos da bacteriologia e da teoria microbiana. A Fleming coube uma invenção (no caso, mais precisamente, uma descoberta) a partir dessas bases teórico-metodológicas. As tecnologias e as inovações vinculadas a essa invenção foram obra de outros, embora Florey tenha sido o agente de uma inovação radical (colocar a penicilina no mercado de medicamentos a partir da extração da molécula do fungo e aditivá-la com a procaína) e Sheehan o agente de outra inovação, incremental, ao obter a síntese química da molécula, ampliando o tamanho do mercado da penicilina.

Conforme sua capacidade de conformar mercados (e mesmo de criar novos mercados), as inovações tecnológicas denominam-se incrementais ou radicais. Estas últimas têm a capacidade de criar novos mercados ou alterar de modo importante os existentes. Habitualmente, embutem boa quantidade de conhecimento científico novo. Essas características as tornam mais raras. As inovações tecnológicas incrementais são mais comuns. Ao contrário das outras, seu poder de gerar ou modificar mercados é mais restrito e sua ocorrência é, muitas vezes, motivada por necessidades percebidas pelo mercado em sua dinâmica atual. Em outras palavras, seu desenvolvimento é governado muito menos por conhecimento científico novo e muito mais por adaptações e extensões de conhecimento já consagrado. Como será visto adiante, ao se apresentar a noção de "progresso técnico", as inovações radicais estão associadas ao modelo de progresso do tipo *science push*, enquanto as incrementais estão habitualmente associadas ao modelo *market pull*.

As relações entre as aquisições da ciência, sua incorporação em tecnologias, seus desdobramentos para a solução de problemas e, no limite, o desenvolvimento econômico e social das sociedades vêm sendo debatidas desde a obra do economista austríaco Joseph Schumpeter (1883-1950). A análise dessas relações fundamenta variadas interpretações dos processos de "progresso técnico" ou "progresso tecnológico" (Castro & Carvalho, 2007-2008).

As explosões atômicas sobre Hiroshima e Nagasaki, além de demarcarem o final da Segunda Guerra Mundial e instituírem um novo período na geopolítica mundial – a Guerra Fria –, colocaram na ordem do dia outros desafios. Pela primeira vez na história da humanidade um dissenso político-militar global havia sido declarado encerrado pela utilização de um sofisticado artefato tecnológico diretamente derivado das conquistas da física do século XX. Ou, visto de outro modo, pela primeira vez uma potência afirmara sua reivindicação de hegemonia em termos mundiais mediante a apresentação daquele artefato. Data dessa época o aparecimento dos primeiros modelos explicativos das relações entre ciência, tecnologia e inovação. A sequência de eventos que levou à bomba atômica deu a chave para o primeiro desses modelos, elaborado pelo governo norte-americano ainda em 1945. Em essência, afirmava que as inovações tecnológicas eram o final de uma sequência linear de eventos que se inicia com a pesquisa "básica" (no caso, o patrimônio teórico e experimental da física atômica e nuclear das primeiras décadas do século XX), passa por etapas intermediárias de pesquisa aplicada e desenvolvimento e chega à inovação. Como consequência, dizia

Tabela 16.7 • Modelos explicativos das relações entre ciência, tecnologia e inovação em países desenvolvidos

Período aproximado	Ideia-força	Modelo de mudança tecnológica	Tipos de pesquisa enfatizados
1945-1965	A ciência como "motor do progresso"	Modelo linear governado pela ciência (oferta) – *science push*	Pesquisa básica
1965-1985	A ciência como "solucionadora de problemas"	Modelo linear governado pelo mercado (demanda) – *market pull*	Pesquisa aplicada
1985 em diante	A ciência como "fonte de oportunidade estratégica"	Modelo complexo, associando oferta (ciência) e demanda (mercado)	Pesquisa interdisciplinar, básica e estratégica

Fonte: modificada de Ruivo (1994).

que a pesquisa "básica" comandava todo o processo de transformação de conhecimento novo em produto novo.

Esses modelos sofreram grandes mudanças conceituais desde 1945 até a atualidade. Um bom resumo é apresentado na Tabela 16.7.

Em linhas gerais, as mudanças observadas dizem respeito a: (a) as relações deixam de ser lineares (ciência→tecnologia→inovação); (b) a demanda (indústrias, serviços, indivíduos) passa a ter uma importância crescente; (c) a tecnologia e a busca da inovação passam a governar o processo.

Merece ser enfatizado que a periodização temporal do quadro refere-se aos EUA e às principais economias europeias. Em outros países, mesmo desenvolvidos, essa sequência de modelos não foi completa. Por exemplo, no Japão praticamente não vigorou o primeiro modelo (a ciência como motor do progresso) e o ressurgimento de sua economia no cenário mundial, nos anos 1960, foi elemento inspirador do aparecimento do segundo (a ciência como solucionadora de problemas). No mundo em desenvolvimento que tem atividade de pesquisa, como é o caso do Brasil, a organização da política de ciência e tecnologia, segundo cada um desses modelos, dá-se com atraso em relação aos países líderes. Além disso, nem sempre um modelo supera inteiramente o outro. Entre nós, os dois primeiros modelos são ainda hegemônicos e apenas recentemente começou a se organizar a política de ciência e tecnologia segundo um modelo de oportunidades estratégicas.

No final dos anos 1980, uma aquisição conceitual importante foi agregada ao tema do progresso técnico: o conceito de Sistema Nacional de Inovação. Seu criador, o britânico Christopher Freeman, o definiu como uma rede de instituições nos setores público e privado, cujas atividades e interações iniciam, importam, modificam e difundem novas tecnologias. Este conceito tem ajudado bastante a construção e o desenvolvimento das políticas de pesquisa e desenvolvimento tecnológico no Brasil.

Para encerrar este tópico, é importante mencionar outro conceito, também recente, desenvolvido pelo filósofo belga Gilbert Hottois, em 1978: o conceito de tecnociências. Em sua acepção original, esse conceito é produto das grandes repercussões da aproximação entre o fazer científico e o fazer tecnológico, historicamente nascidos em terrenos independentes. As duas principais evidências dessa aproximação são: (1) a velocidade com que as aquisições científicas são apropriadas pelas estruturas tecnológicas com vistas ao desenvolvimento de inovações e (2) o rebatimento dessa busca por inovações na própria definição dos caminhos de desenvolvimento da ciência. Ressalte-se que o campo da saúde é um dos exemplos mais marcantes dessa aproximação, em particular no campo da biologia molecular, com a genômica, a proteômica, a metabolômica etc. Os desdobramentos do conceito de tecnociência fizeram-no ingressar em terrenos que vêm, crescentemente, suscitando dilemas políticos, econômicos e éticos.

O que é pesquisa científica e tecnológica em saúde?

A pesquisa em saúde é aquela que tem como objetivo direto ou indireto promover e recuperar a saúde e prevenir as doenças em humanos. Neste sentido, é a finalidade da pesquisa – e não a disciplina ou o corpo teórico-metodológico – o critério que define a pertinência de uma investigação específica para o campo da saúde.

Desse modo, é possível entender que físicos, químicos, sociólogos, pedagogos, imunologistas, engenheiros, médicos e pesquisadores(as) de praticamente todas as áreas do conhecimento científico e tecnológico possam contribuir no campo da pesquisa em saúde.

A pesquisa científica e tecnológica em saúde pode ser subdividida em quatro grandes grupos: a pesquisa biomédica, a pesquisa clínica, a pesquisa em saúde coletiva e a pesquisa tecnológica.

A pesquisa biomédica opera em bases conceituais biológicas e quase sempre se utiliza de animais de laboratório (camundongos, ratos e outros). Em muitos casos, opera com células animais ou vegetais isoladas de seus organismos ou ambientes originais.

A pesquisa clínica opera com conceitos biológicos e epidemiológicos e sempre se utiliza de seres humanos como sujeitos da pesquisa. É largamente utilizada em fases do processo de desenvolvimento de novos medicamentos e vacinas.

A pesquisa em saúde coletiva opera em bases conceituais variadas, quais sejam: a biologia, a epidemiologia e todo o amplo espectro das ciências humanas e sociais. Sua principal aplicação, mas não exclusiva, é informar as práticas da saúde pública e a organização dos sistemas e políticas de saúde.

A pesquisa tecnológica opera também em bases conceituais variadas, incluindo a biologia, as engenharias e as ciências exatas e da Terra (química, física etc.). Destina-se principalmente, mas tampouco exclusivamente, a informar os processos produtivos industriais vinculados à saúde.

Em 2004, a partir de dados de um levantamento feito pelo Conselho Nacional de Desenvolvimento Científico e Tecnológico (CNPq), foi estimado que, no Brasil, 47% das linhas de pesquisa estavam relacionadas com a pesquisa clínica, 25% com a pesquisa biomédica, 15% com a pesquisa tecnológica e 13% com a pesquisa em saúde coletiva.

Pesquisa em saúde no mundo

No mundo, o cuidado com a saúde humana levou a construção de um imenso parque de pesquisa científica e tecnológica para dar suporte às inovações de que necessita. Uma das formas de mensurar o tamanho desse parque é analisar os dispêndios financeiros com pesquisa e desenvolvimento em saúde. Embora não haja dados disponíveis para os anos mais recentes, até meados da década de 2000 a pesquisa em saúde era o segundo destino de recursos financeiros globais para pesquisa, suplantada apenas pela pesquisa relacionada com o campo militar.

Na Tabela 16.8 são mostrados os dispêndios financeiros para pesquisa científica e tecnológica em anos selecionados. As principais conclusões a serem extraídas dos números da tabela são: (a) o elevado montante de recursos financeiros envolvidos; (b) o grande crescimento do volume de recursos durante o período; (c) a predominância dos recursos oriundos das indústrias privadas do complexo da saúde (medicamentos, insumos farmacêuticos, vacinas, equipamentos de saúde, dispositivos diagnósticos).

Além disso, tomando por base o ano de 2006, deve ser ressaltado que: (a) 98% do total de recursos são despendidos pelos 42 países de alta renda, segundo o Banco Mundial; (b) pouco menos de metade dos dispêndios privados provêm de empresas cuja matriz é localizada nos EUA; (c) 43% do total dos gastos públicos foram efetuados por uma única instituição – os Institutos Nacionais de Saúde dos EUA (Matlin, 2009).

Observando a cena por outro prisma – o número de publicações científicas –, têm-se as seguintes evidências: (a) entre 1992 e 2001, 90,4% das publicações científicas em saúde foram assinadas por autores dos 42 países de alta renda e (b) os cinco países de mais alta renda (EUA, Reino Unido, Japão, Alemanha e França) foram responsáveis por 65,6% dos artigos (Paraje, 2005).

Tabela 16.8 • Dispêndios globais para pesquisa científica e tecnológica em saúde humana, segundo a fonte dos recursos – 1982-2005

Ano	Dólares (em bilhões)	Setor (%)		
		Privado	Público	Privado não lucrativo
1986	30,0	–	–	–
1992	55,8	–	–	–
1998	84,9	48	45	7
2001	105,9	48	44	8
2003	125,8	48	45	7
2005	160,3	51	41	8

Fonte: Matlin (2009).

O que se conclui desse panorama bastante sintético é que, embora o volume de recursos destinado à pesquisa em saúde no mundo seja gigantesco, ele é extremamente concentrado em poucos países dentre aqueles desenvolvidos. A inferência óbvia é que a maior parte do esforço de pesquisa científica e tecnológica é dirigida para a resolução de problemas das populações desses países, restando de fora das preocupações de cientistas e administradores de pesquisa a resolução dos problemas de saúde da maior parte da população mundial.

Esta última afirmação deve, entretanto, ser colocada em tela de juízo, haja vista que ocorre nos dias de hoje uma rápida transição demográfica que tem operado uma crescente homogeneização do perfil epidemiológico no mundo. Os problemas de saúde que afetam predominantemente os países ricos estão atingindo cada vez mais os países mais pobres. A diferença está em que, nos países pobres, além das "novas" doenças, ainda persiste uma carga importante das "antigas". No campo da saúde, a diferença entre países de baixa, média e alta renda se coloca cada vez mais na extensão da cobertura e na qualidade da atenção à saúde oferecida às suas populações. Nesse terreno, as inovações dependem mais de decisões políticas e capacidade administrativa e menos de atividade de pesquisa (novos conhecimentos são às vezes necessários para a resolução dos problemas dos sistemas de serviços de saúde).

Quanto à pesquisa em saúde no mundo, resta uma observação a fazer: os números mostrados neste capítulo podem estar, hoje em dia, um pouco diferentes, por dois motivos. Um deles é a crise por que passa a indústria farmacêutica mundial, que faz com que os recursos financeiros para pesquisa possam estar diminuindo ou, pelo menos, crescendo menos. O outro diz respeito à crise econômica nos países ricos e à ascensão da China como potência global, da Índia como potência no campo da indústria farmacêutica e de vários países em desenvolvimento, entre os quais o Brasil, como novos polos de emergência econômica e social. Se, de fato, essas importantes mudanças conjunturais já alteraram significativamente o perfil de concentração da produção de conhecimento científico mostrado acima, ainda não se sabe.

Pesquisa em saúde no Brasil

No plano histórico, a importância da investigação em saúde no Brasil é largamente reconhecida, estando os institutos de pesquisa em saúde dentre os mais importantes do país no final do século XIX e início do século XX. Do mesmo modo, na fase acadêmica da ciência brasileira (a partir de 1934, com a fundação da Universidade de São Paulo), a pesquisa em saúde ocupa um lugar de destaque, no qual permanece durante o período inaugurado com a criação do Conselho Nacional de Pesquisa, em 1951.

No entanto, a partir dos anos 1950, opera-se um divórcio entre o núcleo principal da pesquisa em saúde e as políticas de saúde, que se traduz em um afastamento crescente entre a temática da pesquisa e as necessidades de saúde da população.

Esse quadro perdurou até recentemente, quando parte importante da pesquisa em saúde em todo o mundo foi convidada a se reorganizar para enfrentar o desafio das doenças emergentes ou reemergentes, cujo foco estava nos países em desenvolvimento, mas que passaram a ameaçar crescentemente as populações do Hemisfério Norte. À mobilização proposta por organismos multilaterais, tendo à frente a OMS, o Brasil reagiu com um conjunto de iniciativas que resultaram na realização da I Conferência Nacional de Ciência e Tecnologia em Saúde, em 1994. Pela primeira vez em nossa história foi elaborada uma proposta abrangente de uma Política Nacional de Ciência e Tecnologia em Saúde.

A despeito de a maior parte de suas resoluções não ter sido efetivamente implantada, tratou-se de uma iniciativa de alta relevância, e a maioria das ideias ali desenvolvidas permanece viva até os dias de hoje. Em dezembro de 2000, a XI Conferência Nacional de Saúde deliberou pela necessidade da realização da II Conferência Nacional de Ciência, Tecnologia e Inovação em Saúde, prevista para o primeiro semestre de 2004. Esse gesto político mobilizou diversos atores envolvidos com o tema da pesquisa em saúde e várias organizações, entre as quais a Associação Brasileira de Pós-Graduação em Saúde Coletiva (ABRASCO), produziram propostas de políticas nacionais orientadoras da pesquisa em saúde.

A política brasileira de ciência e tecnologia privilegia a eleição de setores de atividade econômica como base de sua concepção e orientação. Essa ênfase, embora compreensível como direção geral, tem deixado de lado outra visão das políticas de Ciência e Tecnologia em setores de enorme relevância no Brasil e nos quais a atividade de pesquisa deveria ocupar um lugar muito mais central do que ocupa hoje. Trata-se do olhar em direção aos setores de atividade social, em particular os de alimentação, saúde, habitação e educação.

A II Conferência Nacional de Ciência e Tecnologia em Saúde, diferentemente da I Conferência, formulou uma proposta de política de ciência, tecnologia e inovação em saúde que vem sendo implementada e aperfeiçoada. Essa política se sustenta em quatro fundamentos:

1. **O compromisso de combater a desigualdade no campo da saúde, aumentando os padrões de equidade do sistema de saúde:** no Brasil, todo o progresso conquistado por gerações, em todos os campos em que isso foi observado, esbarra na marca da desigualdade. Não é diferente no campo da saúde. Os indicadores demonstram a profunda discriminação regional e social quanto à saúde, seja nos padrões de morbidade, de mortalidade, no acesso aos serviços, na qualidade do atendimento, na disponibilidade de infraestrutura sanitária, enfim, em qualquer aspecto da intervenção pública ou privada atinente à saúde.

2. **O respeito estrito a padrões éticos na pesquisa:** em artigo publicado no *Bulletin of the World Health Organization*, o pediatra paquistanês Zulfiqar A. Bhutta escreveu: "Se o sistema de pesquisa em saúde de um país pode ser considerado o 'cérebro' de seu sistema de saúde, então a ética constitui sua 'consciência'. É imperativo que sistemas de saúde operem segundo as mais altas aspirações éticas e de justiça distributiva" (Bhutta, 2002). Não resta dúvida de que as crescentes restrições observadas nos países centrais quanto a experimentos com humanos dentro de suas fronteiras têm estimulado a exportação de projetos de pesquisa, em particular de protocolos de ensaios clínicos para serem executados em países em desenvolvimento, em condições que seriam legalmente proibidas porque eticamente inaceitáveis no país de origem.

3. **A política como componente setorial do Sistema Nacional de Inovação:** o terceiro fundamento da política de Ciência e Tecnologia em saúde se refere ao atendimento das necessidades de saúde da população. Assim, a política tem como um de seus objetivos desenvolver processos de absorção de conhecimento científico e tecnológico pelas indústrias, pelos serviços de saúde e pela sociedade. O acatamento dessa assertiva implica, por um lado, a análise do esforço nacional de Ciência e Tecnologia em saúde como um componente setorial do sistema de inovação brasileiro. Por outro lado, essa perspectiva não deve sugerir uma visão reducionista ou utilitarista da política. Pelo contrário, reconhecendo a complexidade dos processos de produção de conhecimento neste setor, a política deve dar conta de todas as dimensões da cadeia do conhecimento da pesquisa em saúde, indo da pesquisa básica ao desenvolvimento tecnológico.

4. **A política deve ser abrangente em termos de seus atores:** considerando que a pesquisa em saúde define-se por sua finalidade, ela deve ter um caráter abrangente, no sentido de incorporar a grande variedade de atores, atuantes em todas as áreas do conhecimento e não apenas nas ciências da saúde e nas ciências biológicas. O corolário imediato desse ponto de vista é que a política deve tratar de uma agenda que incorpore todo o leque da pesquisa científica e tecnológica que tenha como finalidade, imediata ou mediata, contribuir para a melhoria do estado de saúde da população.

Em uma perspectiva conceitual ampla, cerca de 50% do esforço de pesquisa em saúde no Brasil provêm de grupos vinculados às ciências da saúde, 25% provêm de grupos vinculados às ciências biológicas e os 25% restantes de grupos das demais áreas. Essa repartição é exclusivamente quantitativa. Os 25% das ciências biológicas referem-se quase exclusivamente a grupos pertencentes às áreas cobertas pela FeSBE[2], à genética e à microbiologia/parasitologia. Dentre as demais áreas do conhecimento, as ciências agrárias, as ciências humanas e as ciências sociais aplicadas têm uma presença maior. As engenharias e as ciências exatas e da Terra estão presentes em grau bastante pequeno. Em 2010, o esforço brasileiro na pesquisa em saúde se expressava por 8.363 grupos de pesquisa, com 26.493 pesquisadores detentores de titulação doutoral e circunscrevia 30% do esforço global de pesquisa no Brasil[3]. Trata-se do maior componente científico-tecnológico centrado em um único setor ou em uma única grande área do conhecimento.

Referências

Bhutta ZA. Ethics in International, Health Research: a Perspective from the Developing World. Bulletin of the World Health Organization. 2002; 80:114-20.

Brasil. Ministério da Saúde. Secretaria de Ciência, Tecnologia e Insumos Estratégicos. Departamento de Ciência e Tecnologia. Política Nacional de Gestão de Tecnologias em Saúde – Brasília: Ministério da Saúde, 2010. 48 p. (Série B. Textos Básicos em Saúde)

Brasil (2011) Lei 12.401, de 28 de abril de 2011. Disponível em: http://www.planalto.gov.br/ccivil_03/_Ato2011-2014/2011/Lei/L12401.htm. Acesso em: 15/10/1012.

Brasil. Ministério da Saúde, Cadastro Nacional de Estabelecimentos de Saúde. Disponível em: http://cnes.datasus.gov.br. Acesso entre 1 e 20/10/2012.

Brasil. Instituto Brasileiro de Geografia e Estatística. Censo demográfico brasileiro. 2012. Disponível em: www.censo2010.ibge.gov.br. Acesso em: 1/10/2012.

Castro AC, Carvalho FJC. Progresso técnico e economia. Revista USP, São Paulo, dez/fev 2007-2008; 76:26-33.

Donabedian A. An introduction to quality assurance in Health Care. New York: Oxford University Press, 2003.

Gadelha CAG, Maldonado JMSV, Vargas MA, Barbosa P, Costa LS. A dinâmica do Sistema Produtivo da Saúde: inovação e complexo econômico-industrial. Editora Fiocruz, 2012.

Macinko J, Lima-Costa MF. Horizontal equity in health care utilization in Brazil, 1998-2008. International Journal for Equity in Health 2012; 11:33.

Matlin S. Tracking Financial Resources for Health Research and Development. Apresentação para o Grupo de Experts sobre Financiamento de Pesquisa da Organização Mundial da Saúde: Genebra, 12-14 de janeiro de 2009.

Navarro M. Risco, radiodiagnóstico e vigilância sanitária. Salvador: EDUFBA, 2009.

Paim J, Travassos C, Bahia L, Almeida C, Macinko J. The Brazilian health system: history, advances, and challenges. The Lancet 2011; 377:1778-97.

Paraje G et al. Increasing International Gaps in Health-Related Publications. Science 13 May 2005; 308:959-60.

Ruivo B. 'Phases' or 'Paradigms'of Science Policy? Science and Public Policy, June 1994:157-64.

Thiede M, Akweongo P, McIntyre D. Exploring the dimensions of access. In: The economics of health equity. Di McIntyre, Gavin Mooney (orgs.). Cambridge University Press, 2007:103-23.

Travassos C, Martins M. Uma revisão sobre os conceitos de acesso e utilização de serviços de saúde. Cadernos de Saúde Pública 2004; 20(Sup.2):S190-S198.

Travassos C, Castro M. Determinantes e desigualdades sociais no acesso e na utilização de serviços de saúde. In: Giovanella L, Escorel S, Lobato L, Noronha J, Carvalho A (orgs.). Politícas e Sistema de Saúde no Brasil. Rio de Janeiro: Editora Fiocruz e CEBES, 2008.

WHO – World Health Organization. Commission on Social Determinants of Health (2012). Final Report. Disponível em: http://www.searo.who.int/LinkFiles/SDH_SDH_FinalReport.pdf. Acesso em: 22/9/2012.

WHO – World Health Report. Health Systems Financing: the path to universal coverage. Genebra. 2010.

---

[2]Federação das Sociedades de Biologia Experimental, que agrupa as sociedades de bioquímica, biofísica, fisiologia, farmacologia, imunologia, neurociências e investigação clínica.

[3]CNPq/PRE/AEI – Diretório dos Grupos de Pesquisa no Brasil. Censo 2010. Disponível em: www.cnpq/dgp/censos.

17

Organização do SUS e Diferentes Modalidades de Gestão e Gerenciamento dos Serviços e Recursos Públicos de Saúde

Isabela Cardoso de Matos Pinto ♦ *Carmen Fontes Teixeira*
Jorge José Santos Pereira Solla ♦ *Ademar Arthur Chioro dos Reis*

INTRODUÇÃO

O movimento pela Reforma Sanitária Brasileira, descrito em capítulo anterior, teve como uma de suas maiores conquistas o reconhecimento do direito universal à saúde e o desencadeamento do processo de construção do Sistema Único de Saúde (SUS). De fato, o Brasil é hoje um dos poucos países cuja Constituição incorpora a noção de saúde como direito de cidadania e atribui ao Estado a responsabilidade pela organização de um sistema que garanta o acesso universal, integral e equitativo às ações e aos serviços de saúde (Paim *et al.*, 2011). A seção destinada à saúde na Constituição Federal (Brasil, 1988) é regulamentada pela Lei Orgânica da Saúde, composta pelas Leis federais 8.080 e 8.142 (Brasil, 1990a, 1990b), que explicitam os princípios e as diretrizes a serem observados pelos municípios, estados, Distrito Federal e União no processo de gestão e organização da prestação de serviços, quais sejam, a regionalização e hierarquização dos serviços, a descentralização, com comando único em cada esfera de governo, e a participação social no processo decisório e na avaliação do sistema de saúde.

Um dos mais importantes e complexos desafios para o SUS tem sido a redefinição de funções e competências das três esferas de governo (federal, estadual e municipal). Para tanto, foram elaborados e implementados vários dispositivos político-normativos (normas, portarias, resoluções e outros instrumentos de política) que definem parâmetros e delimitam o escopo da tomada de decisões em cada nível. Durante a década de 1990 e no início dos anos 2000, o Ministério da Saúde implementou várias Normas Operacionais Básicas (NOB 01/91, NOB 01/93, NOB 01/96, NOAS, 2001-2002), que induziram o processo de descentralização e municipalização da saúde, definiram requisitos, responsabilidades, prerrogativas e o papel do gestor no âmbito do SUS em cada nível de governo, resultando em profundas mudanças nas funções e competências das secretarias municipais de saúde, secretarias estaduais de saúde e do Ministério da Saúde, e nortearam a reorganização da prestação da assistência ambulatorial e hospitalar, da vigilância sanitária e de epidemiologia e controle de doenças.

Nesse processo, configurou-se um "modelo de gestão" muito peculiar em termos de políticas públicas, que se funda na busca permanente de consensos entre os diferentes atores implicados na construção do SUS. Isso se materializa por meio de um conjunto de instâncias colegiadas interfederativas, que tratam dos aspectos políticos e administrativos do sistema em âmbito nacional, de cada estado, região de saúde e município. Em cumprimento à legislação que normatizou os mecanismos de participação e controle social na gestão do SUS, foram sendo constituídos os conselhos de saúde (nacional, estaduais e municipais), espaços de formulação e avaliação de políticas, programas e projetos, que contam com a participação de representantes de diversos segmentos, quais sejam, governo, prestadores de serviços, usuários e trabalhadores de saúde (Cortes, 2000; Labra, 2005).

Paralelamente, tendo em vista a natureza federativa do Estado brasileiro, que conta com relativa autonomia em cada esfera de governo, o processo de descentralização de recursos e de poder no âmbito do SUS (do nível federal para os municípios e estados), implicou a criação e o fortalecimento de comissões intergestoras (Comissão Intergestores Tripartite [CIT] e Comissões Intergestores Bipartites [CIB]) que atuam no âmbito nacional (CIT) e no âmbito estadual (CIB) com o intuito de facilitar a articulação das decisões que incidem sobre a organização e o funcionamento do SUS nos vários âmbitos.

Além disso, a partir de meados dos anos 1990, o processo de construção do SUS foi influenciado pelo debate em torno da reforma administrativa do Estado (Bresser Pereira, 1998), o que implicou a busca de alternativas de gestão das organizações governamentais, tendo em vista maior eficiência na utilização dos recursos públicos (racionalização), ao mesmo tempo que procura enfrentar situações criadas na esfera da política econômica, que limitam a possibilidade de aumento do gasto público, a exemplo da Lei de Responsabilidade Fiscal (http://www.planalto.gov.br/ccivil_03/leis/LCP/Lcp101.htm – acessado em: 18/10/2012).

Esse processo vem gerando a incorporação de um conjunto heterogêneo de propostas de mudança na gestão de sistemas e na gerência de organizações complexas na área da saúde (hospitais e redes de serviços) que tomam como ponto de partida a diferenciação entre o "estatal" e o "público", na medida em que uma organização estatal[1] não é necessariamente pública, uma vez que pode estar sendo direcionada por interesses privados que colonizam o Estado. Do mesmo modo, discute-se que uma organização "privada" que faça parte do SUS pode vir a ser regulada de modo a servir ao interesse público.

Diante dessa complexidade, tratamos neste capítulo de descrever a configuração político-institucional do SUS, no sentido de caracterizar distintas instâncias de gestão do sistema nas várias esferas de governo e as diversas modalidades de gerenciamento de recursos e serviços que vêm sendo implementadas.

CONFIGURAÇÃO INSTITUCIONAL E INSTÂNCIAS DE GESTÃO DO SUS

A Reforma Sanitária Brasileira e a implantação do SUS ocorreram na contramão das tendências hegemônicas nos anos 1990, enfrentando muitas dificuldades em um cenário em que reformas conservadoras eram implementadas em vários países sob hegemonia de propostas neoliberais, com privatização de empresas públicas, diminuição do funcionalismo público, aumento da informalidade nas relações de trabalho e reforma do aparelho de Estado (Levcovitz, 2001; Lima & Machado, 2001).

Neste cenário, o processo de institucionalização da gestão do SUS tem se pautado pela descentralização e pelo esforço em se implantar o pacto federativo incorporado à Constituição de 1988. Esse processo tem se caracterizado pela elaboração e implementação de políticas e estratégias que incidiram sobre a missão das instituições gestoras em cada esfera de governo, estabelecendo a configuração das relações intergovernamentais. Iniciada com a Norma Operacional Básica de 1993 (NOB 01/93), a descentralização da gestão ganhou corpo com a Norma Operacional Básica de 1996 (NOB 01/96), as quais induziram a redefinição de funções e competências das três esferas de governo (federal, estadual e municipal) no que se refere à gestão, à organização e à prestação de serviços de saúde mediante a transferência de recursos (financeiros, mas também físicos, humanos e materiais) dos níveis federal e estadual para os municípios. Em 1994, com o Decreto Presidencial 1.232 (Brasil, 1994), foram criados os mecanismos de repasse financeiro diretamente do Fundo Nacional de Saúde para os Fundos Estaduais e Municipais de Saúde, estabelecendo condições para viabilizar a descentralização da gestão do SUS.

Os municípios que assumiram a gestão semiplena pela NOB/SUS 01/93 incorporaram a participação social na gestão do SUS por intermédio dos conselhos de saúde, implantaram mecanismos de regulação, reordenaram e redimensionaram a rede de serviços, ampliaram a capacidade instalada pública e contratada, desenvolveram sistemas informatizados de marcação de consultas, procedimentos especializados e internações hospitalares, criaram capacidade pública para exercitar as ações de controle, avaliação e auditoria, aumentaram a produtividade dos serviços públicos e diminuíram a ocorrência de internações hospitalares desnecessárias, incidindo no aumento da participação relativa dos gastos ambulatoriais em relação aos hospitalares (Goya, 1992; Barros, 1996; Mendes, 1996; Silva, 1996; Bueno, 1997; Campos, 1998).

Essas experiências serviram como referência para a negociação política que resultou na NOB/SUS 01/96, que estabeleceu dois níveis de gestão – plena da atenção básica e plena do sistema municipal de saúde. Esta norma apontou para mudanças no modelo de atenção ao estabelecer incentivos financeiros para induzir a implantação dos Programas de Agentes Comunitários de Saúde e de Saúde da Família (Brasil, 1996; Paim, 1999; Levcovitz, Lima & Machado, 2001), mediante a criação do Piso Assistencial Básico (PAB) (Brasil, 1996). Nos municípios que assumiram a gestão plena do sistema municipal de saúde foram implantadas mudanças na atenção à saúde, passando progressivamente a ganhar relevância a discussão sobre modelos de atenção (Merhy, 1994, 1997; Malta et al., 1998; Silva Júnior, 1998; Malta, 2001; Solla et al., 2002).

Entretanto, avaliando globalmente as estratégias implementadas nos anos 1990, alguns autores apontam que priorizou-se uma "municipalização autárquica", que

---

[1] Trata-se de organizações que pertencem ao patrimônio público, podendo ser empresas públicas (a exemplo da Petrobrás), autarquias (como as universidades públicas), fundações (como a Fiocruz), todas estas vinculadas a instituições que compõem a esfera política propriamente dita no âmbito do Executivo, Legislativo ou Judiciário. No caso da Saúde, as organizações estatais incluem as instituições gestoras (MS, SES e SMS) do SUS, às quais estão vinculados os estabelecimentos prestadores de serviços (da rede estatal, própria, e da rede privada contratada e conveniada), as agências reguladoras (Anvisa, ANS), fundações e empresas públicas.

levou à perda de economia de escala e gerou intensa fragmentação da oferta de serviços de saúde (Mendes, 2001; Mendes & Pestana, 2004). No entanto, outros autores consideram que a municipalização se deu de maneira incompleta (Pimenta, 2006). Nesse contexto, em 2001 foi elaborada a Norma Operacional de Assistência à Saúde (NOAS 01/2001) (Brasil, 2001b), não implantada, substituída pela NOAS 01/2002, que reforçava o papel dos estados como coordenadores do sistema, induzindo a regionalização da assistência por meio de dispositivos gerenciais, como o Plano Diretor de Regionalização (PDR), o Plano Diretor de Investimentos (PDI) e a Programação Pactuada Integrada (PPI) (Brasil, 2002). Em razão da ênfase na regionalização e do destaque ao fortalecimento do papel das secretarias estaduais de saúde na organização de sistemas microrregionais, a implantação da NOAS 2002 é vista por alguns autores como uma recentralização, inclusive pelo fato de o governo federal manter o controle do financiamento, vinculando os repasses de recursos à implantação de políticas prioritárias (Bueno & Merhy, 1997; Goulart, 2001; Teixeira, 2002; Trevisan, 2007).

Com a mudança de governo em 2003, instalou-se um debate acerca da opção normativa adotada durante a década de 1990, o que culminou com a aprovação do Pacto pela Saúde, em 2006 (Brasil, 2006), passando-se a induzir a tomada de decisões no âmbito estadual e municipal a partir de incentivos financeiros definidos pela negociação permanente entre gestores, no sentido de garantir a implementação de políticas e ações prioritárias. Com isso, durante os 8 anos do Governo Lula, o Ministério da Saúde adotou como estratégia a construção do compromisso político entre os gestores, utilizando para isso o espaço das Comissões Intergestores Tripartite, em nível nacional, e das Comissões Intergestores Bipartites, em cada estado, mediante a assinatura de "Termos de Compromisso" pactuados politicamente (Boxe 17.1)

O Pacto pela Saúde 2006 contempla o acordo firmado entre os três níveis de governo do SUS a partir de uma unidade de princípios que, guardando a coerência com a diversidade operativa, respeita as diferenças locorregionais, agrega os pactos anteriormente existentes, reforça a organização das regiões sanitárias, instituindo mecanismos de cogestão e planejamento regional, fortalece os espaços e mecanismos de controle social, qualifica o acesso da população à atenção integral à saúde, redefine os instrumentos de regulação, programação e avaliação, valoriza a macrofunção de cooperação técnica entre os gestores e propõe um financiamento tripartite que estimula critérios de equidade nas transferências fundo a fundo. Essas diretrizes reafirmam princípios, consolidam processos como a importância da regionalização e dos instrumentos de planejamento e programação, como o PDR, PDI e a PPI (Brasil, 2006).

Boxe 17.1 Comissões intergestores

As comissões intergestores merecem destaque no processo de descentralização, tanto no nível federal como no estadual. A CIT foi institucionalizada em 1993 pela NOB/SUS 01/93. Quando da regulamentação, teve a finalidade definida de "assistir ao Ministério da Saúde na elaboração de propostas para a implantação e operacionalização do SUS, submetendo-se ao poder deliberativo e fiscalizador do Conselho Nacional de Saúde (CNS)". Esse espaço é um importante fórum de acordos e pactos sobre a gestão do sistema, inclusive quanto aos recursos federais alocados no SUS. Portanto, essa instância desempenha papel relevante, particularmente na decisão sobre temas relacionados com a implementação descentralizada de diretrizes nacionais do sistema e os diversos mecanismos de alocação de recursos financeiros federais do SUS. Nos estados, por sua vez, estão constituídas as CIB, também regulamentadas pela NOB/SUS 01/93, como "instância privilegiada de negociação e decisão quanto aos aspectos operacionais do SUS". A CIB de cada estado foi constituída por ato normativo da secretaria estadual de saúde. São formadas paritariamente por representantes do governo estadual, indicados pelo secretário de estado de saúde, dos municípios, indicados pelo COSEMS, e o secretário municipal de saúde da capital é membro nato. Assim como na CIT, o processo decisório nas CIB se dá por consenso, visto que é vedada a utilização do mecanismo do voto. Essa posição estimula o debate e a negociação entre as partes (Pierantoni & Vianna, 2003).

Recentemente, foi publicado o Decreto 7.508, de 28 de junho de 2011 (Brasil, 2011a), que regulamenta a Lei 8.080/90, apresentando possibilidades de novos avanços para fortalecer a articulação interfederativa, pois traz em seu bojo a definição de suas competências e um novo dinamismo quanto à organização e ao funcionamento da CIT e da CIB, que estarão vinculadas ao Ministério da Saúde e às secretarias estaduais de saúde, respectivamente, apenas para efeitos administrativos e operacionais. Esse decreto tem como propósito preencher lacunas importantes no SUS, com foco na regionalização do sistema, no planejamento da saúde e na pactuação entre os entes federativos por meio da criação de contratos que preveem metas e pagamento de incentivos mediante bons resultados, e tratando ainda de questões relacionadas com a consolidação do SUS como a porta de entrada nos hospitais e nas redes de atenção à saúde (RADIS, 109, setembro de 2011).

Por fim, foi sancionada a Lei 12.466, de 24 de agosto de 2011 (Brasil, 2011), que estabelece a base legal das comissões intergestores do SUS. As comissões intergestores bipartite e tripartite são reconhecidas como foros de negociação e pactuação entre gestores quanto aos aspectos operacionais do SUS e reconhecem o Conselho Nacional de Secretários de Saúde (CONASS), o Conselho Nacional de Secretarias Municipais de Saúde (CONASEMS) e os Conselhos de Secretarias Municipais de Saúde (COSEMS) como entidades representativas dos entes estaduais e municipais para tratar de matérias referentes à saúde e declaradas de utilidade pública e de relevante função social (Tabela 17.1).

Tabela 17.1 • Organização atual do SUS (arcabouço institucional)

Governo	Colegiado participativo	Gestor	Comissões intergestores	Representações de gestores
Nacional	Conselho Nacional de Saúde	Ministério da Saúde	Comissão Tripartite	CONASS CONASEMS MS
(interestadual)	Consórcios intermunicipais em áreas de fronteira entre estados			
Estadual	Conselho Estadual	Secretarias Estaduais	Comissão Bipartite	COSEMS SES
(regional)	Colegiados de gestão regional (macro e micro)			
Municipal	Conselho Municipal	Secretarias Municipais		
(distrital)	Gerência dos Distritos Sanitários			

Todo esse processo pode ser interpretado de vários ângulos. Do ponto de vista político mais geral, percebe-se a existência de concepções distintas acerca da forma de exercício do poder nos atores que compõem as diversas forças políticas em cena no processo de construção do SUS, as quais se expressam nos discursos e nas decisões adotadas pelos dirigentes das instituições gestoras nos diversos níveis. A alternância de poder, ou seja, a mudança dos dirigentes que ocuparam cargos na "era FHC", para os que assumiram o comando do Ministério da Saúde no governo Lula, explica, em parte, a crítica à opção "normativa" e a adoção de uma perspectiva política supostamente mais democrática. Além disso, alguns autores chamam a atenção para que a insuficiência de recursos financeiros gera tensões entre estados e municípios, as quais são intensificadas pelas desigualdades de poder e de representação entre os entes federados e fragilizam a sustentabilidade do SUS (Viana et al., 2002).

O cenário político-institucional no qual se apresenta a problemática da organização e gestão do sistema, dos serviços e recursos do SUS é, assim, extremamente dinâmico, instável, não só por conta da natureza do processo de descentralização descrito anteriormente, mas, sobretudo, pela mudança na correlação de forças que se configuram no âmbito das instituições e das instâncias colegiadas que agregam gestores do sistema, como é o caso das comissões intergestores e mesmo dos órgãos representativos dos gestores – CONASS, CONASEMS – no Conselho Nacional de Saúde e em seus correlatos estaduais e municipais.

Pelo exposto, percebe-se que um dos mais importantes desafios para a consolidação do SUS é a condução federativa, ou seja, a gestão das relações intergovernamentais na perspectiva apontada pelos princípios finalísticos do sistema. Nesse sentido, Abrucio (2004) destaca cinco pontos importantes, a saber: constituição de um sólido pacto nacional; combate às desigualdades regionais; criação de um ambiente contrário à competição predatória entre os entes subnacionais; montagem de boas estruturas administrativas no plano subnacional; democratização dos governos locais.

Cabe destacar que, embora o processo de descentralização no setor saúde potencialmente apresente vantagens, tanto no âmbito administrativo como no político e no econômico, não é suficiente para viabilizar os princípios e as diretrizes do SUS. Considera-se, entretanto, que um sistema de saúde descentralizado, com eficiência na transferência de recursos e de poder às instâncias subnacionais (estados e municípios), promove impactos positivos na gestão e na atenção à saúde. O alcance dos potenciais resultados positivos depende da disponibilidade de recursos financeiros, do fortalecimento institucional e da capacidade de gestão e democratização das instituições de saúde (Araújo Júnior, 1994; Hortale et al., 1999; Collins et al., 2000; Hortale et al., 2000; Levcovitz, Lima & Machado, 2001).

Os avanços obtidos no processo de descentralização do SUS têm sido, portanto, fruto de um somatório de esforços e de um processo decisório que construiu pactuações entre as três esferas de governo, não podendo ser atribuídos exclusivamente a um dos níveis de gestão do sistema. Muitas das políticas, hoje prioritárias para o Ministério da Saúde, conformadas como programas nacionais, surgiram inicialmente como iniciativas inovadoras locais[2], sendo progressivamente incorporadas

---

[2] A sustentabilidade das experiências positivas desenvolvidas e a capacidade de mantê-las após a mudança de governo são uma questão cada vez mais importante na análise do processo da descentralização da saúde no Brasil. Muitas dessas experiências exitosas de municipalização da saúde foram desenvolvidas com duração limitada, sem alcançar a consolidação necessária devido à descontinuidade das gestões comprometidas com as mudanças que haviam sido implantadas no sistema de saúde (Pimenta, 2006).

em outros municípios, gerando referência para a construção de uma política nacional, como foram a estratégia de Saúde da Família, o Samu, a Internação Domiciliar e o processo de contratualização da rede hospitalar do SUS (Solla, 2010).

Estudos de casos de municipalização do sistema de saúde apontam a importância dos aspectos relacionados com a organização social local e cultura política no funcionamento de um sistema de saúde descentralizado. Destacam-se a autonomia para efetivar o processo de planejamento e decisão política, o estilo assumido pela gestão local, a autonomia e participação popular, o comprometimento dos trabalhadores da saúde com a população local, o nível de participação na vida política local e no planejamento do sistema de saúde, a continuidade da equipe gestora e dos profissionais de saúde e a aceitação de determinadas práticas e responsabilidades. Os benefícios da descentralização estão diretamente relacionados com a ampliação dos espaços de autonomia na tomada de decisão e de controle social (Atkinson et al., 2000).

Desse modo, como grande parte dos projetos de mudanças implantados pelo SUS demanda alterações estruturais com inversão de prioridades, realocação de recursos financeiros, enfrentamento da lógica de mercado privada, reorganização das práticas assistenciais e deslocamento de poder para o interior das instituições e do sistema de saúde, a ausência de uma base ampla de sustentação política termina por inviabilizar a proposta de mudança ou impedir sua continuidade e aprofundamento (Solla, 2010).

ALTERNATIVAS DE GESTÃO DOS SERVIÇOS E DOS RECURSOS DO SUS

Nos últimos anos, muito se tem discutido sobre a necessidade de produzir alternativas de gestão para a rede de serviços públicos sob a gestão direta das secretarias de saúde. Gestores do SUS procuram alternativas ou estão empenhados em promover mudanças na natureza jurídico-administrativa dos serviços públicos de saúde. Na Tabela 17.2 são apresentadas diferentes modalidades utilizadas pelos setores público e privado na área da saúde para a gestão de estabelecimentos de saúde no Brasil.

A experiência nacional tem demonstrado certo esgotamento dos modelos baseados na administração direta e em algumas modalidades da administração indireta, como é o caso das autarquias e fundações públicas de direito público, traduzidas pela rigidez no regime administrativo, especialmente quanto a gestão orçamentária, de pessoas e de compras, em particular na administração de instituições complexas, como hospitais de médio e grande porte, presentes também em outros serviços assis-

Tabela 17.2 • Estabelecimentos de saúde por natureza jurídico-administrativa

Administração direta da saúde (Ministério da Saúde, Secretarias Estaduais de Saúde e Secretarias Municipais de Saúde)	67.130
Administração direta de outros órgãos (Ministério da Educação, Ministério do Exército, Marinha etc.)	462
Administração indireta – autarquias	290
Administração indireta – fundação pública	478
Administração indireta – empresa pública	363
Administração indireta – organização social pública	162
Empresa privada	169.262
Fundação privada	1.352
Cooperativa	647
Serviço social autônomo	2.303
Entidade beneficente sem fins lucrativos	3.962
Economia mista	163
Sindicato	492
Total	**247.066**

Fonte: Cadastro Nacional de Estabelecimentos de Saúde/Ministério da Saúde (setembro/2012).

tenciais. Em vista disso, tem se colocado a necessidade de produzir mudanças no modelo de gestão dos serviços de saúde com o objetivo de diminuir a rigidez no controle centralizado nos processos licitatórios e aumentar a agilidade e a regularidade no funcionamento dos serviços de saúde.

Para compreender esse processo é preciso resgatar alguns elementos da reforma do Estado implantada na década de 1990, marcada pelo enxugamento do tamanho do Estado e pela transferência da gestão de serviços não exclusivos, como saúde, educação e cultura, para entidades privadas. Nesse período, alguns gestores públicos passaram a experimentar alternativas de gestão, porém a maioria das entidades e órgãos públicos geridas nessas novas modalidades somente conseguiu manter certa qualidade nos serviços prestados à custa da implantação de mecanismos de restrição do acesso, seleção de demanda (relutando a se submeter à regulação do SUS) e outras práticas que ferem os princípios do SUS. Segundo Santos (2006), "foi a era das fundações de apoio, das cooperativas de trabalhadores, das terceirizações ilegais etc.; o próprio TCU, no recente Acórdão 1193/2006-Plenário, reconheceu que o imobilismo e as amarras da administração pública empurraram o gestor público para aliar-se a mecanismos externos ao Estado para viabilizar-se".

Observa-se, atualmente, a insuficiência das modalidades de gestão introduzidas com a Reforma Bresser, em particular as Organizações Sociais (OS) e as Organizações da Sociedade Civil de Interesse Público (OSCIP). Ao mesmo tempo, os gestores do SUS passaram a sofrer diversos questionamentos de ordem política, administrativa e legal, em particular aqueles destacados pelos órgãos de controle externo da administração pública, em relação a adequações na gestão de serviços sob administração direta, em particular de estabelecimentos hospitalares que implantaram diversos arranjos jurídico-administrativos ao longo dos últimos anos (fundações de apoio, cooperativas etc.).

Além desses aspectos, cabe destacar os constrangimentos impostos pela Lei de Responsabilidade Fiscal (LRF) aos processos que demandam a ampliação do contingente de servidores públicos. Segundo dados do IBGE, em 2006, com a municipalização das ações e serviços de saúde levada a cabo pelo SUS, foram implantados novos serviços de saúde e com isso observou-se uma expansão do número de postos de trabalho e empregos públicos municipais em saúde (de 265.956 empregos públicos em 1980 para 1.193.503 em 2003). Enquanto em 1980 apenas 16,2% dos empregos públicos em saúde eram municipais, em 2003 esse percentual subiu para 66,3%. Assim, grande parte dos municípios atingiu o limite financeiro de gasto com pessoal imposto pela LRF. Com isso, muitos municípios terceirizaram a contratação de recursos humanos para viabilizar o aumento do quadro de servidores na saúde, opção que acrescenta complexidade à gestão.

ANÁLISE DAS ALTERNATIVAS DE MODELOS JURÍDICO-INSTITUCIONAIS EXISTENTES

Neste tópico serão apresentados, sucintamente, os diferentes modelos de gestão disponíveis no arcabouço jurídico-institucional brasileiro, destacando-se os principais modelos existentes na administração pública direta e indireta, bem como as organizações sociais e as organizações sociais da sociedade civil de interesse público, entes privados, qualificados pelo Poder Público e que se relacionam com a administração pública mediante contrato de gestão ou termo de parceria (Figura 17.1).

Administração pública direta e indireta

A administração pública se compõe de órgãos e agentes públicos, representantes da vontade da pessoa jurídica, o Estado, que tem fins a cumprir, ou seja, executar a função pública de realizar atividades, tarefas, ações e serviços. O Estado atua de maneira centralizada e descentralizada. A administração centralizada implica a execução de tarefas por meio dos agentes e órgãos que compõem a administração direta. Na administração descentralizada, o Estado delega responsabilidades a entidades que compõem a administração pública indireta, autarquias, fundações públicas, empresas públicas e sociedades de economia mista, como pode ser observado na Figura 17.1.

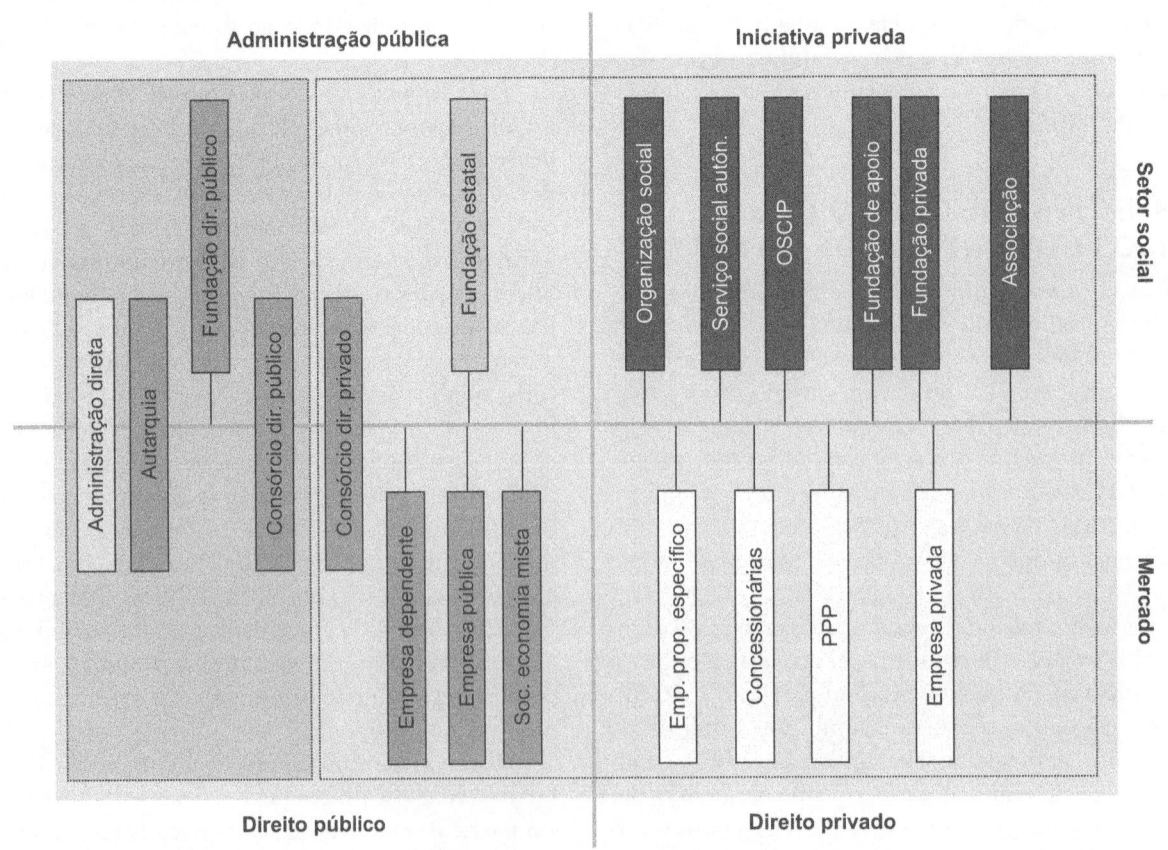

Figura 17.1 • Atuação do Estado no desenvolvimento social e econômico. *Fonte*: Salgado VAB. Secretaria de Gestão do Ministério do Planejamento, Orçamento e Gestão – fevereiro de 2007.

A administração pública direta e indireta é pautada pelos princípios impostos pela Constituição Federal (CF), em seu artigo 37, estando, portanto, sujeita às diversas imposições constitucionais, ao mesmo tempo que goza de prerrogativas não extensivas ao setor privado. Exemplificando, em nome do interesse público, os bens públicos são indisponíveis e não podem ser penhorados; os entes públicos estão impedidos de impor tributação um ao outro; juízo e prazos judiciais são especiais; e a administração pode, ainda, declarar a desapropriação de um bem imóvel. Desse modo, quando o Estado atua diretamente ou por delegação a entes jurídicos de direito público, sujeita-se aos princípios da administração pública, ao mesmo tempo que goza de prerrogativas públicas.

Na área da saúde, o Estado pode executar parte de suas competências e responsabilidades de maneira direta ou indireta. Há atividades que são indelegáveis, como formulação de políticas de saúde, planejamento em saúde, regulação, controle e avaliação de serviços e do sistema de saúde, gerência do fundo de saúde, ações de vigilância em saúde, entre outras, que devem ser desenvolvidas *diretamente* pela administração pública, não podendo ser delegadas a outras entidades da administração indireta. Contudo, as demais atividades que se referem à prestação de serviços de assistência à saúde das pessoas, sejam preventivas ou curativas, são passíveis de delegação para entes da administração pública indireta.

Administração pública direta

A forma de gestão de serviços de saúde mais frequente e tradicional é a administração direta por meio de uma secretaria de saúde, cujo modelo de gestão frequentemente é o mesmo adotado pelo restante da administração pública. As dificuldades de prover o funcionamento regular dos estabelecimentos de saúde e a inflexibilidade da política salarial praticada pela administração direta acarretam imensos prejuízos ao setor da saúde. De fato, as amarras gerenciais e as características peculiares da força de trabalho em saúde, tanto no que diz respeito à formação altamente especializada exigida para os profissionais de saúde como às características do mercado de trabalho, têm levado a situações que dificultam o funcionamento dos serviços de saúde e comprometem o processo de implantação do SUS.

Na área da saúde, as diferentes esferas de governo que integram o SUS estão obrigadas a aplicar percentual próprio de suas receitas, definidos em legislação específica, e gerir esses recursos por meio de seu respectivo fundo de saúde. O fundo de saúde constitui, no âmbito da administração pública direta, uma forma relativamente autônoma e desconcentrada de gerenciamento dos recursos para garantir a execução das atividades na área da saúde, sendo vinculado à secretaria da saúde e tendo o respectivo gestor da saúde (o secretário de saúde) como ordenador de despesas.

Administração pública indireta

São consideradas formas de administração pública indireta as autarquias, as fundações públicas, os consórcios públicos, as empresas públicas e as sociedades de economia mista. Por ser a saúde considerada uma atividade social, as figuras jurídicas que mais se afeiçoam à atividade, incumbindo-se de sua execução, são as autarquias e as fundações. As empresas públicas, geralmente mais voltadas para a exploração de atividades econômicas, e ainda que possam ser prestadoras de serviços públicos, sempre atuam na área de serviços públicos exclusivos do Estado, remunerados diretamente pelo usuário, mediante tarifas[3]. Não são, portanto, as figuras mais adequadas para a execução de serviços públicos gratuitos, não remunerados diretamente pelo usuário; contudo, nada impede sua utilização na área. Recentemente, o governo federal criou a Empresa Brasileira de Serviços Hospitalares para administrar os recursos financeiros e humanos dos hospitais de ensino vinculados às Instituições Federais de Ensino Superior, no âmbito do Ministério da Educação (veja o Boxe 17.1).

Autarquias. A instituição de uma autarquia pode fornecer instrumentos para uma gestão autônoma, porém responsável e sob controle, em função de sua natureza jurídica, do interesse público, do controle social e do poder regulador do Estado. Autarquias são pessoas jurídicas de direito público executoras de atividades públicas, com capacidade exclusivamente administrativa e titularidade para realizar atividades públicas. As autarquias integram a administração indireta e têm orçamento público próprio. Suas atividades são típicas da administração pública. Entre suas características principais, destacam-se: autonomia administrativa, financeira e patrimonial, nos limites conferidos pela lei que a criou; patrimônio próprio; receitas e recursos próprios; o gozo dos mesmos privilégios e vantagens tributárias que a administração direta (inclusive imunidade tributária); seus bens são indisponíveis; estão sujeitas aos ditames da LRF, ao teto salarial e à contabilidade da Lei 4.320/64. Entre outras tarefas, podem assumir autonomamente a organização, o gerenciamento, a admissão e a contratação, nos termos da lei, do quadro de pessoal; a gestão dos serviços e os atos administrativos necessários; a elaboração do orçamento e a gestão da receita e das despesas; a administração dos bens móveis e imóveis, inclusive os alocados por meio de convênios; a contratação e execução de obras, serviços, compras, locação etc., por meio de processo licitatório (Carvalho & Santos, 2002). Cada

---
[3]Conforme o artigo 175 da Constituição Federal.

autarquia é dirigida por um Conselho de Administração, composto conforme a lei que institui a autarquia, que é o órgão de direção superior, controle e fiscalização. Cabe à diretoria geral ou superintendência a operacionalização das deliberações do Conselho de Administração. Como integram a administração pública, as autarquias estão sujeitas aos princípios e regras do serviço público (concurso público, estabilidade, regime jurídico único, plano de cargos, carreiras e salários (PCCS), lei de licitações etc.). São controladas e fiscalizadas pelo Poder Legislativo, Tribunal de Contas, Conselho de Saúde e sistema nacional de auditoria do SUS.

Fundações. A fundação é um patrimônio no qual se atribui uma personalidade jurídica com determinada finalidade social. Prevista no Código Civil, em 1967, foi introduzida na administração pública pelo Decreto-Lei 200/67, tendo durante muito tempo sido alvo de discussões sobre sua personalidade jurídica, se de direito público ou privado, quando instituída pelo poder público. A partir da Constituição de 1988, as fundações passaram a ser denominadas "fundação pública", "fundação instituída pelo poder público", "fundação mantida" ou "fundação controlada" pelo poder público.

Como destaca Santos (2006), persistem duas correntes doutrinárias sobre o regime jurídico das fundações do Estado[4]. Diante do disposto no art. 37, XIX, da CF, com a redação que lhe deu a Emenda Constitucional (EC) 19/98, e das decisões do Supremo Tribunal Federal (STF)[5], as fundações instituídas pelo poder público podem ser de direito público (fundações autárquicas) ou de direito privado, conforme dispuser a lei. Assim, quando instituídas pelo poder público com estrutura de direito privado, denominadas *fundações públicas de direito privado ou fundações governamentais ou ainda de fundações estatais*, gozam de maior autonomia do que as entidades de direito público, porque a elas devem se aplicar, em analogia às empresas públicas e sociedades de economia mista, os mesmos regramentos, sempre mais flexíveis do que aqueles aplicados às pessoas jurídicas de direito público, como as autarquias, por serem dotadas de estrutura de direito privado.

Entendendo que os serviços de saúde necessitam de mecanismos modernos, ágeis e que os livrem das amarras impostas às pessoas jurídicas de direito público, incompatíveis com a complexidade dos serviços de saúde, o modelo de fundação estatal (Boxe 17.2) com estrutura de direito privado é apontado por alguns especialistas e gestores do SUS, no momento, como o melhor instrumento jurídico entre os que estão disponíveis nos marcos da administração pública.

Fundação estatal (pública sob o regime do direito privado). De acordo com a CF, em seu art. 37, XIX (EC 19/98), a lei pode *autorizar* a criação de fundação, não especifi-

---

Boxe 17.2 Características das fundações estatais na área da saúde

- Propriedade é pública (100% SUS), uma vez que é instituída pelo poder público por meio de lei.
- Presta serviços exclusivamente ao setor público, sendo vedada a prestação de serviços para operadoras de plano de saúde, cobrança de serviços para pacientes particulares ou outras formas de atendimento que desrespeitem o princípio da universalidade e gratuidade do SUS.
- Adota mecanismos previstos no Código Civil do direito privado, mediante o estabelecimento de contrato de gestão, o que lhe confere, em contrapartida, maior autonomia administrativa e financeira.
- O contrato de gestão estabelece metas de desempenho, com prazos, controles e critérios de avaliação, direitos, obrigações e responsabilidades dos dirigentes, que podem perder o mandato se descumprirem de modo injustificado as metas pactuadas.
- Obedece à definição de políticas emanadas do órgão supervisor, no caso da saúde a secretaria de saúde, responsável pela gestão do SUS.
- O controle da gestão é público, sendo efetuado pelos órgãos de controle da administração pública (Conselhos de Saúde, Tribunal de Contas, Poder Legislativo, Ministério Público, Sistema de Auditoria do SUS etc.).
- Pode obter vantagens e benefícios em termos de autonomia de gestão, flexibilidade e agilidade previstos para as empresas públicas.
- Orçamento privado e flexível, na medida em que será contratada pelo poder público por "precificação" dos serviços prestados, advinda da denominada administração pública consensual estabelecida a partir da celebração do contrato de metas.
- Não incidência dos limites de gastos com pessoal da administração direta previstos na LFR, bem como das restrições referentes ao teto salarial do chefe do executivo.
- Contratação de pessoal em regime CLT, sem estabilidade, mas por seleção pública, permitindo praticar remuneração adequada aos padrões de mercado.
- Implantação de plano de carreiras e salários, dissídios coletivos e adoção de instrumentos que ampliem o compromisso dos trabalhadores com os resultados de seu trabalho.
- Contratação de bens e serviços em respeito à lei de licitações, embora possa adotar regime especial que produz mais agilidade, eficiência e eficácia.
- Adoção do regime contábil adotado pelas empresas estatais (Lei Federal 6.404).
- Adoção de mecanismos de gestão democrática e presença de atores sociais no Conselho Curador.
- Instituição de acompanhamento e avaliação do contrato de gestão, com critérios, parâmetros e indicadores de desempenho e exigência de cumprimento de obrigações.

---

[4] Uma corrente sustenta que as fundações instituídas pelo Poder Público sempre têm regime jurídico de direito público (Celso Antonio Bandeira de Mello é um dos juristas que mantêm esse entendimento); a outra entende que a fundação instituída pelo Poder Público tanto pode ser de direito público como de direito privado. É a lei que irá definir seu regime jurídico. Maria Sylvia Zanella Di Pietro, José dos Santos Carvalho Filho e Odete Medauar mantêm esse entendimento.

[5] A Ministra Ellen Gracie (RE 219.900-RS – 2001) e o Ministro Eros Roberto Grau (MS 24.427-5) decidiram que as fundações instituídas pelo poder público podem tanto ser de direito público como de direito privado, dependendo da lei que as instituir.

cando a forma pública ou privada, o que pressupõe que o poder público poderá lançar mão tanto de um como de outro modelo. Desse modo, a fundação pública poderá nascer sob o regime do direito privado ou do direito público. É a lei autorizadora que define seu regime jurídico e sua área de atuação. Como até o presente momento não há lei federal complementar definindo o campo de atuação das fundações públicas, prevalece, no caso de a fundação ser instituída pelo poder público sob o regime do direito privado, a regra do próprio Decreto-Lei 200/67, alterado pela Lei 7.596/87, art. 5º, §3º, que permite a execução pela fundação estatal de todas as atividades que *não exijam* pessoa jurídica de direito público.

A fundação estatal é uma entidade sem fins lucrativos, com personalidade jurídica de direito privado, instituída pelo Poder Público, com autonomia gerencial, orçamentária e financeira, patrimônio próprio e receitas próprias, submetida à gestão dos órgãos de direção ou gerência, conforme disposto em seu estatuto.

A fundação estatal deve observar todos os regramentos impostos pelo SUS às entidades prestadoras de serviços públicos de saúde. Não pode abarcar entre suas funções as atividades típicas de Estado que exigem poder de polícia, formulação, regulação e gestão das políticas públicas, gestão do fundo de saúde, controle, avaliação e auditoria e vigilância sanitária e epidemiológica, pois são indelegáveis as atribuições no papel disciplinador do Estado (formulação, coordenação, orientação, regulação e fiscalização).

A administração de serviços de natureza tão complexa como os de saúde exige a garantia do princípio da autonomia como padrão de desenho organizacional em contrapartida à responsabilidade de alcançar resultados. Para tanto, a modalidade jurídica mais adequada nos marcos da gestão pública é a fundação estatal, considerando "um modelo de gestão almejado para toda a administração pública, em proveito do interesse público" (Brasil, 2007). Segundo Santos (2006), "a fundação estatal e o contrato de autonomia são modelos que possibilitam modernizar o Estado, acabando com a visão dos anos 1990 de que isso somente seria possível fora do Estado, como se o Estado pudesse ser substituído pelo setor privado em vez de complementado, em algumas ações e serviços, quando e se necessário".

Várias secretarias municipais e estaduais vêm adotando essa modalidade para a gestão de seus serviços de saúde. Uma experiência inédita, e que tem chamado a atenção de estudiosos do assunto, consiste na implantação da Fundação Estatal Saúde da Família por dezenas de municípios no Estado da Bahia (veja o Boxe 17.3).

Consórcios públicos. Os consórcios públicos são parcerias formadas por dois ou mais entes da Federação para realização de objetivos de interesse comum, em qualquer área. Os consórcios podem discutir formas de promover

---

Boxe 17.3 | Exemplo da Bahia

Em 2007, na Bahia, a Assembleia Legislativa do Estado aprovou a Lei Complementar 29, que estabeleceu critérios para criação e estruturação de fundações estatais, definindo a área de sua atuação, na forma do art. 17 da Constituição do Estado da Bahia. Essa legislação definiu que as fundações estatais a serem instituídas ou que tenham autorizada a instituição a partir da entrada em vigor dessa lei somente desempenharão atividades na área da saúde, integrarão a administração pública indireta e vincular-se-ão à Secretaria da Saúde (Bahia, 2007).

---

o desenvolvimento regional, gerir o tratamento de lixo, água e esgoto da região ou construir e gerir hospitais ou escolas. Têm origem nas associações dos municípios, que já eram previstas na Constituição de 1937. Atualmente, há centenas de consórcios em funcionamento no país. Somente na área da saúde, cerca de dois mil municípios implementam ações por meio dessas associações. No entanto, faltava a regulamentação da legislação dos consórcios para a garantia de regras claras e a segurança jurídica para aqueles já em funcionamento e para estimular a formação de novas parcerias.

Um dos objetivos do consórcio público é viabilizar a gestão pública nos espaços metropolitanos, onde a solução de problemas comuns só pode se dar por meio de políticas e ações conjuntas. O consórcio também possibilita que pequenos municípios atuem em parceria e, com o ganho de escala, melhorem a capacidade técnica, gerencial e financeira. Também é possível estabelecer alianças em regiões de interesse comum, como bacias hidrográficas ou polos regionais de desenvolvimento, melhorando a qualidade da prestação de serviços públicos.

A Lei Federal 11.107, de 6 de abril de 2005, dispõe sobre normas gerais de contratação de consórcios públicos. Embora determine que os consórcios podem se constituir por associação pública ou pessoa jurídica de direito privado, na área de saúde devem obedecer aos princípios, diretrizes e normas que regulam o SUS.

A essa modalidade jurídico-administrativa impõem-se as mesmas restrições observadas para a fundação de direito público, a administração indireta autárquica e a administração direta. Um diagnóstico comum e desalentador a partir da análise das inúmeras experiências nacionais de consórcios públicos é que os consórcios são extremamente vulneráveis à dinâmica política, dependendo da articulação dos agentes públicos que o promovem, sem a garantia de continuidade pelos sucessores.

Entidades privadas qualificadas pelo poder público. No setor privado encontram-se também distintas modalidades de organização de serviços de saúde que podem ou não relacionar-se com o SUS, de acordo com o artigo 199 da CF. Entre os modelos jurídico-institucionais privados estão as Organizações Sociais (OS), as Organizações da

Sociedade Civil de Interesse Público (OSCIP), as fundações privadas de direito privado (fundações de apoio), os estabelecimentos filantrópicos (como as Santas Casas) e os serviços privados. Cabe ressaltar mais uma vez que o SUS não foi concebido enquanto um sistema estatal, mas como "o conjunto de ações e serviços de saúde, prestados por órgãos e instituições públicas federais, estaduais e municipais, da administração direta e indireta e das fundações mantidas pelo Poder Público"[6].

Organização social. As OS surgiram no final dos anos 1990, promovidas pelo Governo FHC, no bojo da proposta de Reforma do Estado comandada pelo Ministro Bresser Pereira em seu Programa Nacional de Publicização (Brasil, Lei Federal 9.637/98). Trata-se de entidade privada, criada livremente pelo particular que, no entanto, deve observar os regramentos impostos pela lei para a composição dos órgãos diretivos da associação civil. Essa entidade poderá requerer ao Ministro de Estado, titular da pasta ou do órgão regulador ou supervisor, a qualificação daquela associação civil sem finalidades lucrativas como uma organização social.

De acordo com a Lei Federal, as OS podem atuar nas áreas de ensino, pesquisa científica, desenvolvimento tecnológico, meio ambiente, saúde e cultura. A entidade qualificada como OS pode executar serviços públicos no lugar de algum órgão ou ente público que deve ser extinto, podendo, ainda, receber recursos, bens e servidores públicos para o desempenho de suas atividades. Essa qualificação não depende de nenhum concurso ou certame público, nem se trata de ato vinculado, podendo, de acordo com o poder discricionário do administrador, ser ou não qualificada como OS.

A OS não integra a administração pública indireta, sendo um ente privado, sem finalidade lucrativa, criado com o fim de executar serviços públicos de cunho social, sob o controle e o apoio financeiro público. As OS também se relacionam com o poder público mediante contrato de gestão, conforme definido na lei que a instituiu. A lei federal – que só tem aplicabilidade na esfera federal – foi utilizada como modelo para leis estaduais e municipais[7]. Na área da saúde, além das entidades privadas criadas especificamente para esse fim, diversas entidades privadas sem fins lucrativos que atuavam na prestação de serviços de saúde para o SUS, algumas fundações públicas de direito privado e fundações de apoio foram qualificadas pelo Poder Executivo como OS e assumiram a gestão de serviços de saúde. Há muitas críticas e questionamentos a essa modalidade de gestão, que não integra a administração pública, ainda que execute serviços públicos com recursos, pessoal e bens públicos. A lei federal que cria as OS encontra-se *sub judice*, uma vez que existem duas ações diretas de inconstitucionalidade aguardando julgamento no STF.

Organização da Sociedade Civil de Interesse Público – OSCIP. Também criadas pela Lei Federal 9.790/99, as OSCIP são entidades privadas, sem fins lucrativos, que podem atuar nas áreas da assistência social, saúde e demais áreas sociais que, atendendo aos requisitos da lei, podem ser qualificadas como OSCIP e ficar habilitadas a firmar termo de parceria com o poder público. Trata-se de uma categoria de entidade que, a partir de sua qualificação, fica habilitada a firmar termo de parceria com o poder público e, assim, desenvolver programas e projetos, não podendo *substituir* o poder público na realização de atividades ou serviços públicos. O termo de parceria entre o poder público e a OSCIP qualificada é que a habilita a participar de projetos e programas.

A entidade tem de ser instituída sem fins lucrativos e ter os objetivos mencionados pela lei. Não podem ser habilitadas como OSCIP sociedades comerciais, organizações sociais, entidades religiosas, cooperativas, entre outras, que ficam também impedidas de ser declaradas como de utilidade pública ou beneficentes (filantrópicas). A OSCIP deve atuar em cooperação com o poder público, nunca em substituição a ele na realização de serviços públicos de cunho social. Não poderia, por conseguinte, assumir a execução de atenção básica ou de serviços de assistência hospitalar, mas apenas estabelecer parceria, por exemplo, no desenvolvimento de algum projeto ou programa. Desse modo, não é um modelo para a gestão do sistema ou de serviços públicos de saúde.

CONSIDERAÇÕES FINAIS

A identificação de problemas relativos à configuração institucional e ao processo de gestão do SUS não é simples, uma vez que é autorreferente, variando segundo o ponto de vista dos vários atores. Em outras palavras, depende do referencial teórico e dos interesses e projetos políticos envolvidos na análise feita por cada ator. Assumindo como perspectiva a defesa dos princípios constitucionais e admitindo a possibilidade e mesmo a necessidade da busca de soluções criativas para os problemas existentes, cabe destacar alguns nós críticos (Paim & Teixeira, 2007), relativos ao desenho (estrutura organizacional):

1. Insuficiência de consenso em torno da "imagem-objetivo" do SUS, principalmente no que diz respeito

---

[6] Artigo 4º da Lei Federal 8.080/90.
[7] As OS qualificadas e contratadas pelo Governo do Estado São Paulo, por exemplo, diferiam inicialmente das organizações federais e de outros estados por não poderem assumir serviços já existentes dentro da estrutura administrativa do estado, atuando de maneira restrita em novos serviços. Mudanças recentes na legislação, entretanto, estenderam o espectro de atuação também para serviços públicos já existentes.

a seu desenho macro-organizacional, permanecendo implícitas no debate político da área distintas concepções acerca do SUS (veja o Capítulo 9).

2. Em decorrência, não se chega a estabelecer um consenso em torno da missão, isto é, das funções e competências das diversas esferas de governo, reproduzindo-se, entre os diversos âmbitos – federal, estadual e municipal – e também em cada esfera, a tensão e o conflito de competências entre as diversas instituições, mediadas pela negociação e "pactuação" em torno de responsabilidades e recursos, em que pese uma parcela desses já ser transferida de maneira automática, fundo a fundo.

3. Insuficiente coordenação interna na direção nacional do SUS, seja pela fragmentação institucional que se verifica no interior do Ministério da Saúde (MS), seja pela falta de articulação entre o MS e as agências executivas (ANS e Anvisa), cujos dirigentes e *staff* por vezes não conseguem se identificar plenamente como parte do SUS.

4. Dificuldades na comunicação/informação entre os três níveis de governo do SUS, em parte decorrente da heterogeneidade existente em termos do desenvolvimento institucional das secretarias estaduais e municipais de saúde (reflexo da heterogeneidade estrutural do país e da herança do antigo sistema), mas também fruto da "colonização" das relações intergovernamentais por interesses político-partidários.

5. Fragilidade institucional e ineficiência da gestão de sistemas, serviços e recursos, em parte pela insuficiência no processo de incorporação de tecnologias de gestão adequadas ao manejo de organizações complexas, seja na área de planejamento, orçamento, avaliação, regulação, sistemas de informação, seja na área de gestão de serviços, como hospitais e outras unidades de saúde que demandam a utilização de tecnologias e instrumentos de gestão modernos e adequados às especificidades das organizações de saúde.

É muito difícil prescrever o modelo de gestão e a natureza jurídico-institucional mais adequada para serviços de saúde do SUS, considerando vantagens, desvantagens e implicações decorrentes das distintas modalidades de gestão apresentadas em cada um dos cenários possíveis. Não há modelo perfeito que responda a todas as situações apresentadas na gestão de serviços de saúde. Muitas experiências de gestão do SUS têm empregado ao mesmo tempo modalidades diferentes, com alguns serviços de saúde sob a administração direta e outros por meio de contratos com OS, assim como, mais recentemente, experimentado formas de parceria público-privada (PPP).

As experiências de gestão implementadas ao longo das últimas três décadas demonstram histórias de sucessos e insucessos. Autarquias, fundações públicas, consórcios intermunicipais, fundações privadas, OSCIP e organizações sociais, envolvendo por vezes instituições conceituadas e reconhecidas nacionalmente, passam por períodos críticos, determinados por questões conjunturais.

A realidade tem demonstrado que a mera mudança do modelo jurídico-institucional não garante resultados efetivos e perenes. É inegável, entretanto, que se essas mudanças forem efetivamente empreendidas, com determinação, clareza de objetivos, compromisso, garantia de suporte financeiro, transparência social e vontade política, podem constituir-se em uma ferramenta potente para modernização e melhoria da gestão pública na área da saúde.

Deve-se destacar que propostas como as da fundação estatal e da empresa pública na área da saúde têm sofrido forte reação de dirigentes de entidades sindicais de trabalhadores em serviços públicos e de conselheiros de saúde, que se colocam em defesa da administração direta. Parte significativa da oposição se deve à contratação em regime CLT e ao fim da estabilidade, mas críticas relativas ao caráter político da proposta também têm sido efetuadas.

Torna-se necessário fortalecer a capacidade de gestão das secretarias de saúde e qualificar os gestores públicos para que possam estabelecer políticas, estratégias e prioridades para a área da saúde que nortearão a redefinição do desenho e do modelo assistencial. Do mesmo modo, é necessário estruturar e qualificar o processo de gestão para negociação técnico-política, bem como acompanhamento, supervisão, avaliação, controle, auditoria e avaliação dos contratos de gestão a serem firmados com as instituições da administração pública indireta ou do setor privado, nos casos em que se adote esse modelo. Nessa perspectiva, talvez seja relevante, inclusive, a discussão da possibilidade de elaboração de leis específicas para o sistema público de saúde, que garantam a flexibilidade gerencial necessária para a construção da viabilidade de uma gestão eficiente, resolutiva e de qualidade, a exemplo do que tem sido elaborado para viabilizar as medidas adotadas no Programa de Aceleração do Crescimento e em eventos episódicos, como a Copa do Mundo.

Referências

Araújo Júnior JLA. C. Decentralization in the health sector. The Brazilian process, issues and problems, 1988-1994. Mestrado. Nuffield Institute for Health, University of Leeds, 1994.

Atkinson S et al. Going down to the local: incorporating social organisation and political culture into assessments of decentralised health care. Social Science & Medicine 2000; 51(4):619-36.

Azevedo EA. Organizações sociais. Disponível em: http://www.pge.sp.gov.br/centrodeestudos/revistaspge/revista5/5rev6.htm. Acesso em: 26 de abril de 2013.

Bahia. Lei Complementar 29/07. Estabelece critérios para a criação e estruturação de Fundações Estatais, define a área de sua atuação, na forma do art. 17 da Constituição do Estado da Bahia, e dá outras providências: sancionada em 21 de dezembro de 2007, publicada no Diário Oficial do Estado da Bahia.

Barros E. Política de saúde no Brasil: a universalização tardia como possibilidade de construção do novo. Ciência & Saúde Coletiva 1996; 1(1):5-17.

Brasil. Constituição (1988). Constituição da República Federativa do Brasil: promulgada em 5 de outubro de 1988. Organização do texto: Juarez de Oliveira. 4. ed. São Paulo: Saraiva, 1990. 168p. (Série Legislação Brasileira).

Brasil. Lei 8.080. Dispõe sobre as condições para a promoção, proteção e recuperação da saúde, a organização e o funcionamento dos serviços correspondentes e dá outras providências: sancionada em 19 de setembro de 1990, publicada no Diário Oficial da União em 20 de setembro de 1990.

Brasil. Ministério da Saúde. Gabinete do Ministro. Portaria 545, de 20 de maio de 1993. Aprova a Norma Operacional Básica-SUS 01/93. Diário Oficial da União, Brasília, p. 6961, 24 mai. 1993. Seção 1.

Brasil. Ministério da Saúde. Norma Operacional Básica do SUS: NOB/SUS 01/96. Diário Oficial [da] República Federativa do Brasil, Brasília-DF, 6-11-1996.

Brasil. Dispõe sobre a qualificação de entidades como organizações sociais, a criação do Programa Nacional de Publicização, a extinção do Laboratório Nacional de Luiz Sincrotón e da Fundação Roquette Pinto e a absorção de suas atividades por organizações sociais, e dá outras providências. Diário Oficial da União, 10 outubro, Brasília, 1997.

Brasil. Lei 9.790. Dispõe sobre a qualificação de pessoas jurídicas de direito privado, sem fins lucrativos, como Organizações da Sociedade Civil de Interesse Público, institui e disciplina o Termo de Parceria, e dá outras providências: sancionada em 23 de março de 1999, publicada no Diário Oficial da União em 24 de março de 1999.

Brasil. Ministério da Saúde. Secretaria de Assistência à Saúde. Regionalização da assistência à saúde: aprofundando a descentralização com equidade no acesso: Norma Operacional da Assistência à Saúde: NOAS-SUS 01/01 e Portaria MS/GM 95, de 26 de janeiro de 2001, e regulamentação complementar. Brasília: Ministério da Saúde/Secretaria de Assistência à Saúde, 2001.

Brasil. Ministério da Saúde. Secretaria de Assistência à Saúde. NOAS-SUS 01/02. Brasília: Ministério da Saúde, 2002.

Brasil. Portaria 399/GM, de 22/2/2006. Divulga o Pacto pela Saúde 2006. Diário Oficial [da] República Federativa do Brasil, Brasília, DF, 23/2/2006. Brasília: Ministério da Saúde, 2006a.

Brasil. Portaria 699/GM, de 30/3/2006. Regulamenta as diretrizes operacionais dos Pactos pela Vida e de Gestão. Diário Oficial [da] República Federativa do Brasil, Brasília, DF, 3/4/2006. Brasília: Ministério da Saúde, 2006b.

Brasil. Ministério do Planejamento, Orçamento e Gestão. Fundação Estatal: principais aspectos. Brasília, janeiro de 2007.

Brasil. Ministério da Saúde. Norma operacional básica do Sistema Único de Saúde/NOB-SUS 96. Brasília, 1997. Disponível em: http://www.portal.saude.gov.br/portal/ arquivos/pdf/nob96.pdf. Acesso em: 22/6/2008.

Brasil. Lei 12.466. Acrescenta arts. 14-A e 14-B à Lei 8.080, de 19 de setembro de 1990, que "dispõe sobre as condições para a promoção, proteção e recuperação da saúde, a organização e o funcionamento dos serviços correspondentes e dá outras providências", para dispor sobre as comissões intergestores do Sistema Único de Saúde (SUS), o Conselho Nacional de Secretários de Saúde (Conass), o Conselho Nacional de Secretarias Municipais de Saúde (Conasems) e suas respectivas composições, e dar outras providências: sancionada em 24 de agosto de 2011.

Bresser Pereira LC. Reforma do Estado para a cidadania: a reforma gerencialbrasileira na perspectiva internacional. São Paulo/Brasília: Ed.34/ENAP, 1998.

Bueno WS. Betim: construindo um gestor único pleno. In: Merhy EE, Onocko R. Agir em saúde: um desafio para o público. São Paulo: Hucitec, 1997.

Bueno WS, Merhy EE. Os equívocos da NOB 96: uma proposta em sintonia com os projetos neoliberalizantes? 1997. Disponível em: www.datasus.gov.br/cns. Acesso em agosto de 2009.

Campos CR. A produção da cidadania – construindo o SUS em Belo Horizonte. In: Campos CR et al. Sistema Único de Saúde em Belo Horizonte: reescrevendo o público. São Paulo: Xamã, 1998.

Carvalho G. Entre a desinformação e a má-fé. Radis Comunicação em Saúde, Rio de Janeiro, set. 2007; 61:32.

Carvalho GI, Santos L. Comentários à Lei Orgânica da Saúde. 3 ed. Campinas: Editora Unicamp, 2002.

Chioro dos Reis AA. A experiência de gestão da Secretaria de Saúde de São Bernardo do Campo. Seguridade Social, Desenvolvimento e Saúde. Desafios para o mundo do trabalho. São Paulo, 2010:59-71.

Collins C, Araújo J, Barbosa J. Decentralising the health sector: issues in Brazil. Health Policy 2000; 52(2):113-27.

Cortes SMV. Balanço das experiências de controle social, para além dos conselhos e conferências no Sistema Único de Saúde: construindo a possibilidade de participação dos usuários. Cadernos da 11ª Conferência Nacional de Saúde. Brasília: Ministério da Saúde, 2000.

Goulart FA. Esculpindo o SUS a golpes de portaria – considerações sobre o processo de formulação das NOBs. Ciência & Saúde Coletiva 2001; 6(2):292-8.

Goya N. O SUS que funciona em municípios do Ceará. Fortaleza: Amece, 1992.

Hortale VA, Comil EM, Pedroza M. Desafios na construção de um modelo para análise comparada da organização de serviços de saúde. Cadernos de Saúde Pública 1999; 15(1):79-88.

Hortale VA, Pedroza M, Rosa ML. G. Operacionalizando as categorias acesso e descentralização na análise de sistemas de saúde. Cadernos de Saúde Pública 2000; 16(1):231-9.

Labra ME. Conselhos de Saúde: dilemas, avanços e desafios. In: Lima NT (org.) Saúde e Democracia: história e perspectivas do SUS. Rio de Janeiro: Fiocruz, 2005.

Levcovitz E, Lima LD, Machado CV. Política de saúde nos anos 90: relações intergovernamentais e o papel das Normas Operacionais Básicas. Ciência & Saúde Coletiva 2001; 6(2):269-91.

Machado K. Um novo modelo de gestão em debate. Radis Comunicação em Saúde, Rio de Janeiro, jun. 2007; 58:8.

Malta DC. Buscando novas modelagens em saúde, as contribuições do Projeto Vida e Acolhimento para a mudança do processo de trabalho na rede pública de Belo Horizonte, 1993-1996. Doutorado. Campinas: Universidade Estadual de Campinas, 2001.

Malta DC et al. Acolhimento: uma reconfiguração do processo de trabalho em saúde usuário-centrada. In: Campos CR et al. O Sistema Único de Saúde em Belo Horizonte, reescrevendo o público. São Paulo: Xamã, 1998:121-42.

Martins PH. Qual a diferença entre Organizações Sociais e Organizações da Sociedade Civil de Interesse Público? Disponível em: <http://www.rits.org.br/legislacao_teste/ lg_testes/lg_tmes_out99.cfm>.Acesso em: 15/7/2008.

Meirelles HL. Curso de Direito Administrativo. 23. ed. São Paulo: Malheiros, 1999.

Meirelles HL. Direito de Administrativo Brasileiro. 23. ed. Atualizada por Eurico de Andrade Azevedo e outros. São Paulo: Malheiros, 1998:103-4.

Mello CAB. Curso de Direito Administrativo. 13. ed. São Paulo: Malheiros, 2000:233/5.

Mendes EV. Uma agenda para a saúde. São Paulo: Hucitec, 1996.

Mendes EV. A descentralização do sistema de serviços de saúde no Brasil: novos rumos e um outro olhar sobre o nível local. In: Mendes

EV (org.) A organização da saúde no nível local. São Paulo: Hucitec, 1998.

Mendes EV. Os grandes dilemas do SUS. III. Salvador: Casa da Qualidade, 2001.

Mendes EV, Pestana M. Pacto de gestão: da municipalização autárquica à regionalização cooperativa. Belo Horizonte: Secretaria de Estado de Saúde de Minas Gerais, 2004.

Merhy EE. Em busca da qualidade dos serviços de saúde: os serviços de porta aberta para a saúde e o modelo tecnoassistencial em defesa da vida. In: Cecílio L (org.) Inventando a mudança na saúde. São Paulo: Hucitec, 1994:117-60.

Merhy EE. Em busca do tempo perdido: a micropolítica do trabalho vivo em saúde. In: Merhy EE, Onocko R. Agir em saúde: um desafio para o público. São Paulo-Buenos Aires: Hucitec-Lugar Editorial, 1997.

Ministério do Planejamento, Orçamento e Gestão – Fundação Estatal: Principais Aspectos. Secretaria de Gestão. Brasília, 2007.

Ministério do Planejamento. Gestão Hospitalar – Projeto EuroBrasil 2000 – Secretaria de Gestão – outubro e dezembro de 2005.

Modesto P. Reforma do marco legal do terceiro setor no Brasil. 1999. Disponível em: http://www1.jus.com.br/doutrina/texto.asp?id=474. Acesso em: 15/7/2008.

Modesto P. Reforma administrativa e marco legal das organizações sociais no Brasil – As dúvidas dos juristas sobre o modelo das organizações sociais. Revista Diálogo Jurídico Ano I, nº 9. Salvador – BA, 2001.

Paim JS. Políticas de descentralização e atenção primária à saúde. In: Rouquayrol MZ, Almeida Filho N. Epidemiologia & Saúde. 5. ed. Rio de Janeiro: Medsi, 1999.

Paim JS e Teixeira CF. Configuração institucional e gestão do Sistema Único de Saúde: problemas e desafios. Revista Ciência e Saúde Coletiva, 2007; 12:1819-28.

Paim JS et al. The Brazilian Health System: history, advances and challenges. The Lancet May 21, 2011; 377:1778-97.

Pietro MSZP. Parcerias na Administração Pública. 2. ed. São Paulo: Atlas, 1997.

Pimenta AL. Saúde em Amparo: a construção de espaços coletivos de gestão. [Doutorado]. Campinas: Universidade Estadual de Campinas, 2006, 337p.

Plano Diretor da Reforma do Aparelho do Estado – Presidência da República, Câmara da Reforma do Estado, Brasília,1995.

Revista SP. GOV Versão Eletrônica. Por que organizações sociais na Saúde, São Paulo. Disponível em: http://www.revista.fundap.sp.gov.br/revista2/paginas/parceria.htm. Acesso em: 14/6/2008.

Santos L. Da reforma do estado à reforma da gestão hospitalar federal: algumas considerações. [S.l].:[s.n.]; 2006. Disponível em: http://fundacaoestatal.com.br/020.pdf. Acesso em: 18/8/2008.

Santos L. Da Reforma do Estado à Reforma da Gestão Hospitalar Federal: algumas considerações. São Paulo: IDISA, 2006.

São Paulo (Estado). Lei Complementar 846 de 4 de junho de 1998. Dispõe sobre a qualificação de entidades como organizações sociais e dá outras providências. Diário Oficial do Estado, São Paulo, 5 jun. 1998. V.108, n.106.

Silva SF. A construção do SUS a partir do município. São Paulo: Hucitec, 1996.

Silva SF. Municipalização da saúde e poder local: sujeitos, atores e políticas. São Paulo: Hucitec, 2001.

Silva Júnior AG. Modelos tecnoassistenciais em saúde: o debate no campo da Saúde Coletiva. São Paulo: Hucitec, 1998.

Silva Neto BJ. Organizações Sociais: a viabilidade jurídica de uma nova forma de gestão compartilhada. Disponível em: http://www1.jus.com.br/doutrina/texto.asp?id =3254. Acesso em: 15/7/2008.

Solla JJSP. Dilemas e desafios da gestão municipal do SUS: avaliação da implantação do Sistema Municipal de Saúde em Vitória da Conquista (Bahia), 1997-2008. São Paulo: Hucitec, 2010.

Solla JJSP et al. Avaliação da implantação das ações de controle, avaliação e auditoria na gestão plena do Sistema Municipal de Saúde de Vitória da Conquista. In: BRASIL. Ministério da Saúde (org.) Experiências inovadoras no SUS: relatos de experiências – Gestão dos serviços de saúde. Brasília: Ministério da Saúde, 2002.

Teixeira CF. Promoção e vigilância da saúde no contexto da regionalização da assistência à saúde no SUS. Cadernos de Saúde Pública, Rio de Janero, 2002; 18(supl):153-62.

Trevisan L. Das pressões às ousadias: o confronto entre a descentralização tutelada e a gestão em rede no SUS. Revista de Administração Pública mar.-abr. 2007; 41(2):237- 54.

Tribunal de Contas da União – Relatório e Acórdão 1193/2006-Plenário.

Viana AL. et al. Mudanças significativas no processo de descentralização do sistema de saúde no Brasil. Cadernos de Saúde Pública 2002; 18 (supl.):139-51.

18

Controle Social do SUS:
Conselhos e Conferências de Saúde

Monique Azevedo Esperidião

INTRODUÇÃO

O estudo da participação social e dos movimentos sociais tradicionalmente vincula-se às ciências políticas e sociais, em suas distintas abordagens teóricas e analíticas. Mais recentemente, vem se contituindo em importante objeto de investigação da Saúde Coletiva, em particular da análise de políticas e sistemas de saúde. É por meio da participação dos cidadãos nos espaços públicos que é possível aperfeiçoar os processos democráticos em um país. No caso do Brasil, vimos em capítulos anteriores como o movimento da Reforma Sanitária Brasileira, em meados da década de 1970, foi determinante para avançar na redemocratização do país e garantir a saúde como direito de todos e dever do Estado, bem como na criação do Sistema Único de Saúde (SUS). O SUS é, sem dúvida, um modelo exemplar de sistema construído e organizado por processos reivindicatórios e participativos, sendo a saúde um direito assegurado em seus princípios e diretrizes.

Os movimentos sociais em saúde constituem-se em importante força política capaz de transformar o sistema de saúde, modificar as experiências das pessoas quanto às doenças e seu valor cultural, bem como mobilizar o avanço das pesquisas sobre os determinantes sociais da saúde. A ação dos movimentos sociais torna possível pressionar as autoridades institucionais e científicas a fim de aumentar a participação pública nas políticas sociais e de regulação da saúde, bem como para democratizar a produção e difusão do conhecimento científico (Brown & Zavestoski, 2004).

O Centro de Estudos Brasileiros em Saúde (Cebes), um dos principais atores da Reforma Sanitária Brasileira, defende uma "autêntica participação popular", expressa desde o célebre documento "A Questão Democrática na Área da Saúde" (1980), embrionário do texto que viria compor o capítulo da saúde na Constituição de 1988, até os dias atuais, sendo tematizada em inúmeros volumes de sua revista Saúde em Debate. Saúde e Democracia seria o lema que move esse movimento, ora renovado e em curso, tal qual a democracia e a sociedade brasileiras. A participação e o controle social em saúde se fazem importantes na definição de políticas, na regulação, financiamento e avaliação dos sistemas e serviços de saúde públicos e privados.

A participação social é também um importante marcador do desenvolvimento de uma sociedade com reflexos diretos sobre os níveis de saúde. Países onde há maior coesão social e maior participação política demonstram menores iniquidades em saúde (Buss & Pelegrini Filho, 2007; CNDSS, 2008).

O estudo da participação social e dos movimentos sociais em saúde deve promover a análise crítica da formação desses processos e seus desdobramentos na configuração da democracia brasileira. Por que a participação de todos é importante na definição, execução e acompanhamento de uma política? Quais os interesses em jogo durante a formulação e a implantação de uma política de saúde? De que modo pode ocorrer a participação social? Como a democracia pode funcionar de maneira transparente e efetiva?

A distinção entre uma esfera pública, concernente ao coletivo e aos cidadãos, e uma esfera privada, onde se anunciam interesses individuais, deve ser considerada ao estudarmos a vida em sociedade. No campo da saúde, essas questões são bastante evidentes. Existe aqui uma pluralidade de interesses e demandas, que pode constituir-se no espaço das políticas sociais, mas também espaço do livre mercado, vista por empresários como fonte de lucros.

É certo que há interesses particulares do segmento econômico em várias esferas de governo, e assim também ocorre com a saúde. Neste setor, para além dos interesses coletivos, existem muitos interesses particulares em jogo, verificados em *lobbies*, trocas de favores e práticas de corrupção. De maneira breve, podemos desde já refletir que a participação plural de diversos segmentos nas deliberações relativas à saúde visa à garantia do exercício da cidadania, assegurar a vocalização dos múltiplos segmentos e, ainda, visa garantir a participação popular, representando a voz de segmentos oprimidos.

A participação na saúde é assim destacada como forma de ampliação da cidadania (Labra & Figueiredo, 2000), como forma de democratização do Estado e da sociedade, incluindo maior equidade na distribuição dos recursos, e como forma de boa governança (Cortes, 2002, 2005). Há ainda os estudos que enfatizam a dimensão da participação comunitária como forma de corresponsabilidade do sujeito no cuidado em saúde, especialmente influenciada pelo movimento da medicina comunitária americana (Paim, 1984).

A participação comunitária também é descrita entre os trabalhos de promoção da saúde, sendo o aumento das capacidades comunitárias uma das principais estratégias das políticas de promoção, desde a Carta de Ottawa (1986), a Conferência de Jacarta (1997) e inúmeros trabalhos que reforçam o empoderamento social no campo da saúde. Enfatiza-se, por fim, o papel dos conselhos de saúde, não só como forma de interlocução da sociedade com o Estado, mas também como possibilidade de atuar como catalizador para a cidadania e promoção da consciência sanitária (Silva *et al.*, 1999).

O presente capítulo divide-se em três partes: na primeira serão abordados os antecedentes da participação social nas políticas e sistemas de saúde brasileiros; em seguida, serão destacados os principais conceitos de participação social, bem como sua distinção de outras formas de participação coletiva. Serão discutidos ainda os conceitos de movimentos sociais e democracia, ilustrados a partir de alguns exemplos no campo da saúde. Na segunda parte, será discutida a participação social como elemento estruturante do SUS, apresentando suas principais instâncias colegiadas os conselhos e conferências de saúde suas principais características, avanços e obstáculos para consolidação. Por último, serão apontadas outras iniciativas relativas à participação social no SUS, como a Política Nacional de Participação no SUS e o MobilizaSUS, serão discutidos alguns desafios para o controle social no SUS.

ANTECEDENTES

Verifica-se historicamente a incorporação da participação social como estratégia de organização dos cuidados de saúde – sobretudo primários – em diferentes países. A estratégia da participação social em saúde foi estimulada por distintos organismos internacionais voltados incialmente para as denominadas "populações marginais" das áreas urbanas e rurais de países capitalistas periféricos, como parte da estratégia de "desenvolvimento dependente" desses países (Paim, 1984).

No caso da saúde, essa política de desenvolvimento das comunidades expressou-se por meio da medicina comunitária ou saúde comunitária. Formulada inicialmente nos EUA, no início da década de 1960, como estratégia de combate à pobreza, a medicina comunitária constituiu-se em propostas de simplificação do cuidado, extensão da cobertura, participação comunitária, utilização de pessoal auxiliar, regionalização e hierarquização de serviços em níveis diferentes de complexidade (Paim, 1984).

Na América Latina, o modelo desenvolveu-se na década de 1970 e constituiu-se em uma forma de operacionalizar princípios da medicina preventiva, incorporando princípios voltados para a integração das ações e dos serviços, a continuidade da atenção, a regionalização e a participação da comunidade (Paim, 2008). O modelo de estruturação piramidal e hierarquizada da rede levou à concentração de recursos nos níveis secundário e terciário, o que o caracterizou como hospitalocêntrico.

No Brasil, a medicina comunitária constitui experiências restritas, voltadas para a organização docente--assistencial, vinculadas ao Centro de Saúde-Escola, e posteriormente relacionadas com os programas de expansão da cobertura, como foi o caso do Programa de Saúde do Norte de Minas, em Montes Claros, como forma de experimentação do Programa de Interiorização das Ações de Saúde e Saneamento (PIASS) do Governo Federal a partir de 1977 (Paim, 1984, 2002). A participação comunitária era um dos princípios constituintes dessas experiências, embora assimiladas pelo discurso oficial de modo parcial, na dependência das conjunturas específicas das fundações americanas (Paim, 1984).

É importante enfatizar que as noções de participação comunitária até então estavam limitadas ao envolvimento da população com execução de serviços e com atividades de conscientização sobre hábitos de higiene, marcadas por práticas de mutirão (atividades de "autoajuda"), o que poderia representar processos de exploração da população local, já marcada por elementos de exclusão social. A participação social seria, portanto, limitada à noção de "colaboração" com o programa. Acrescente-se ainda como obstáculo para sua efetivação à época o contexto de autoritarismo vigente no Brasil na década de 1970 (Paim, 1984).

Em um plano mais geral, os elementos da medicina comunitária foram incorporados na estruturação da Atenção Primária à Saúde, como proposta de ampliação da cobertura dos serviços básicos de saúde baseados em sistemas de assistência à saúde simplificados (Paim & Almeida, 2000). De fato, a *organização da comunidade local* pode ser identificada como uma das principais observações relativas ao cuidado em saúde encontradas no relato das missões enviadas à China em 1973 e 1974 pela Organização Mundial da Saúde (OMS). Esses relatos retratavam um conjunto de atividades realizadas pelos comitês comunais, sob orientação dos chamados "médicos descalços", voltados para atenção à saúde das comunidades rurais. Essas observações fundamentaram marcos institucionais importantes no campo da saúde, como a Declaração de Alma-Ata, que expressa em seu quarto parágrafo: "A população tem o direito e o dever de participar individual e coletivamente na planificação e na aplicação das ações de saúde."

A proposta de Saúde para Todos no Ano 2000 e a estratégia de Atenção Primária de Saúde, frutos da Conferência de Atenção Primária de Alma-Ata (1978), alcança diversos outros movimentos e destaque na Primeira Conferência Internacional sobre Promoção da Saúde (1986), sendo a participação social uma forte recomendação para a superação da convencional atenção à saúde desde então.

É desse modo, a partir da segunda metade da década de 1970, que organismos internacionais e nacionais de saúde vêm incorporando a noção de participação comunitária em seus programas de saúde. Essa noção passa a figurar nos discursos de governos, organismos internacionais ou organizações não governamentais (ONG), bem como aparece em documentos legais, fazendo confundir legalidade com legitimidade. Ocorre que, a despeito da natureza de sua prática, a participação aparecia como um valor em si, a ser adotado nos vários programas de saúde (Spinelli, 2008).

Na América Latina, nesse mesmo período, a maioria dos ministérios de saúde pública elaboraram programas de participação comunitária e muitos deles incorporaram à sua estrutura departamentos de participação comunitária (Ugalde, 2008).

De modo geral, esses programas eram bastante similares, sendo todos apoiados e monitorados por agências internacionais, entre as quais se podem citar a OPAS/OMS, AID, IDRC, IBD, Unicef, FAO, Milkbank Foundation, Rockefeller Foundation e Kellog Foundation (Ugalde, 2008). Essas propostas assumiam como pressuposto a impossibilidade de os povos tradicionais se auto-organizarem e, ainda, que seus valores constituem fonte de limitação para as melhorias em saúde. Essas experiências em participação social em saúde vincularam-se a modelos assistencialistas baseados em concepções biomédicas e sem nenhuma preocupação com a autossustentabilidade dos projetos, de sorte que muitos projetos na América Latina não foram adiante (Ugalde, 2008). Experiências como essas denotam, de maneira clara, a marca da dependência dos países latino-americanos aos imperativos dos EUA no amoldamento do Estado e suas políticas, como em particular as políticas de saúde.

No Brasil, as iniciativas de participação social em saúde também se iniciaram nas décadas de 1970 e 1980 e tiveram expressão na organização de conselhos comunitários, instituídos em âmbitos distintos (Escorel & Moreira, 2007). Existiram assim *conselhos comunitários* voltados para discussão das demandas da comunidade às autoridades políticas locais, em uma renovação da relação clientelista entre Estado e sociedade; *conselhos populares* como instâncias não institucionais dos movimentos sociais em defesa da autonomia em relação ao Estado e aos partidos políticos; e *conselhos administrativos* dirigidos ao gerenciamento participativo das unidades prestadoras de serviços, sem poder de influência nas políticas públicas de saúde (Tatagiba, 2002, *apud* Escorel & Moreira, 2007).

Diferentes concepções de participação social constituíram os programas de saúde, a partir da década de 1970, com alcances diversos. Conforme apresentamos, a *participação comunitária* estaria referida aos programas de extensão de cobertura fomentados pelas agências internacionais de saúde para América Latina e também como influência da Conferência de Atenção Primária em Saúde de Alma-Ata (1978). Eram iniciativas que buscavam, por um lado, o aproveitamento do trabalho não qualificado das comunidades nas ações sanitárias e, por outro, maior desenvolvimento comunitário (Carvalho, 1995, *apud* Escorel & Moreira, 2007).

A *participação popular* é uma iniciativa que surge depois, reivindicando reformas sociais mais amplas no conjunto da sociedade. Por popular entendem-se "excluídos" ou parcela da população excluída de acessos a bens e serviços. Seu escopo de ação extrapola as reivindicações dos sistemas de serviços de saúde, sendo dirigida ao conjunto da sociedade e do Estado. São lutas, portanto, voltadas para a redemocratização do Estado brasileiro e pelo direito ao acesso à saúde. Essas experiências são contemporâneas dos movimentos sociais urbanos e marcadas pelo confronto com o Estado (Carvalho, 1995, *apud* Escorel & Moreira, 2007).

A ideia de *participação social* é mais recente, sendo adotada a partir da década de 1990. O adjetivo social passa a referir-se à diversidade de interesses da sociedade, não apenas aos setores excluídos ou "populares". A ênfase está na participação cidadã, de todos, na construção da esfera pública a partir da luta pela ampliação dos direitos sociais e do pressuposto da existência de distintos interesses políticos no interior do Estado (Carvalho, 1995, *apud* Escorel & Moreira, 2007).

A noção de *participação política,* por sua vez, resgata um sentido mais amplo, sendo entendida como principal forma de transformação da realidade em saúde, considerando que as revoluções populares deveriam resultar em democracia, justiça e igualdade, princípios determinantes da saúde social (Teixeira, 1997 *apud* Paim & Almeida-Filho, 2000).

Ao longo da década de 1980, surgiram distintas iniciativas de participação social para a estruturação do sistema nacional de saúde que resultou no SUS. A participação social estava presente nos colegiados de gestão das chamadas Ações Integradas em Saúde (AIS), implantadas no início da década de 1980 por meio de convênios trilaterais entre Ministério da Saúde, Instituto Nacional de Previdência Social (Inamps) e secretarias estaduais e municipais de saúde. Entre elas se destacavam a Comissão Interinstitucional de Saúde (CIS), em nível estadual, a Comissão Interinstitucional Municipal de Saúde (CIMS) e a Comissão Interinstitucional Local de Saúde (CLIS) (Escorel & Moreira, 2007).

Na formulação do Sistema Único Descentralizado de Saúde (Suds), implantado pelo Inamps, também estavam previstas a participação de entidades comunitárias, sindicais e gremiais em instâncias consultivas e deliberativas. Estas, no entanto, não foram regulamentadas e resultaram em "lacunas interpretativas sobre quem deveria ter assento nos colegiados como representantes da sociedade organizada" (Escorel & Moreira, 2007: 998).

O Brasil viveu na década de 1980 um momento de forte mobilização social. Aqueles anos começaram sob a vitória das articulações políticas que propuseram a anistia, o multipartidarismo, a criação de centrais sindicais etc., que se prolongaram na luta pelas Diretas Já, pela Nova Constituição, nas eleições diretas, na implantação de políticas de Estado em áreas sociais, como previdência e saúde.

No caso da saúde, a grande mobilização ocorreu por meio da Reforma Sanitária que, institucionalmente, resultou no SUS e em um modelo de forte participação social para tomada de decisão e aplicação de políticas para o setor, conforme será analisado. A conjuntura era favorável e o movimento da Reforma Sanitária avançou na concepção de uma estrutura de controle social para o sistema baseada na organização de conferências periódicas e de conselhos permanentes, responsáveis por definir diretrizes e fiscalizar a atuação de gestores. Os conselhos de saúde deveriam ser criados nas três esferas e compostos ou representantes da comunidade (usuários e prestadores de serviços). Propunha também a reformulação do papel, das funções e da composição do Conselho Nacional de Saúde (CNS), existente desde 1937. Além dos conselhos, as conferências, nos três níveis, deveriam assim funcionar como instâncias participativas do SUS (Escorel & Moreira, 2007). O desafio inicial era implantar esse modelo ante uma sociedade capitalista e uma cultura curativa e hospitalocêntrica, que rende dividendos a corporações farmacêuticas.

Com a criação do SUS, conforme será analisado, os conselhos e conferências ganham grande impulso, ainda que percorram uma diversidade de obstáculos. Entre as conferências após a criação do SUS, destaca-se a 9ª Conferência Nacional da Saúde (CNS), em 1992, responsável pela aprovação da Resolução 33 do Conselho Nacional de Saúde, regulamentando a constituição e estruturação dos conselhos municipais e estaduais. Essa resolução foi o principal instrumento norteador da organização dos conselhos por 10 anos, quando em 2002, após amplas discussões nas conferências, plenárias e conselhos de saúde, foi revogada e substituída pela Resolução 333 do CNS (http://conselho.saude.gov.br/ultimas_noticias/2005/resolucao333.htm), estabelecendo diretrizes para criação, reformulação, estruturação e funcionamento dos Conselhos de Saúde (Escorel & Moreira, 2009). Recentemente, passados mais 10 anos, essa última resolução foi substituída pela Resolução 453 do CNS, de 10 de maio de 2012 (http://conselho.saude.gov.br/resolucoes/reso_11), com novas atualizações sobre a estrutura e a dinâmica dos conselhos. As principais mudanças entre as resoluções podem ser visualizadas na Tabela 18.1.

CONCEITOS CENTRAIS: PARTICIPAÇÃO, MOVIMENTOS SOCIAIS E DEMOCRACIA

Não constitui objetivo deste tópico analisar teoricamente as perspectivas no campo das ciências sociais e políticas sobre a democracia, participação ou os movimentos sociais, mas apresentar de modo breve aportes que possibilitem construir provisoriamente um entendimento sobre esses temas, suas complexidade e inter-relações. Um estudo aprofundado desses conceitos e suas aplicações no campo da saúde é indicado para quem deseja estudar o tema (Cortes, 1998, 2002; Gohn, 2002, 2003, 2004, 2010, 2011; Escorel & Moreira, 2007, 2009; Labra, 2009; Lobato, 2009; Fleury & Lobato, 2009).

É importante dar-se conta que tais conceitos não são unívocos, modificando-se entre as abordagens teóricas, períodos e contextos.

Participação social

O estudo da participação social encontra-se ancorado nas ciências sociais com distintas abordagens analíticas. A incorporação desse conceito no campo da saúde para análise dos mecanismos de participação da sociedade no sistema de saúde é recente e, desde já, numerosa, apesar de muitos estudos constituírem-se em estudos de caso de âmbito local (Escorel & Moreira, 2009).

Participação social pode ser definida como "a capacidade que têm os indivíduos de intervir na tomada de decisões em todos aqueles aspectos de sua vida cotidiana e que os afetam e envolvem" (Cortes, 1998; Wernek Vianna et al., 2009). Destaca-se nessa concepção o sentido de tomada de posição, decisão, expressão de um ponto de vista que atinge o coletivo.

A participação social pode ser definida ainda como um processo de aquisição de poder, no sentido de aces-

Tabela 18.1

Tema	Mudanças expressas na Resolução 453 CNS (2012) em relação à Resolução 333 CNS (2002)
1. Atribuições	Na nova versão foram incluídas as atribuições previstas na Lei Complementar 141, de 13 de janeiro de 2012, e no Decreto 7.508, de 28 de junho de 2011, que regulamentam a Lei Orgânica da Saúde. Assim, os conselhos poderão avaliar, explicitando os critérios utilizados, a organização e o funcionamento do SUS e, além disso, irão examinar propostas e denúncias de indícios de irregularidades, responder em seu âmbito a consultas sobre assuntos pertinentes às ações e aos serviços de saúde, bem como apreciar recursos a respeito de deliberações do conselho, em suas respectivas instâncias
2. Mandato	De acordo com a nova versão, o tempo de mandato dos conselheiros será definido pelas respectivas representações. As entidades, movimentos e instituições eleitos para o conselho de saúde terão seus representantes indicados, por escrito, conforme processos estabelecidos pelas respectivas entidades, movimentos e instituições e de acordo com sua organização, com a recomendação de que ocorra renovação de seus representantes
3. Renovação de entidades	A recomendação explicitada no novo texto é de que, a cada eleição, os segmentos de representações de usuários, trabalhadores e prestadores de serviços, a seu critério, promovam a renovação de, no mínimo, 30% de suas entidades representativas
4. Responsabilidades	A atualização do texto deixou explícito que, no exercício de sua função, o conselheiro deve estar ciente de que responderá, conforme legislação vigente, por todos os seus atos
5. Participação da sociedade	As reuniões plenárias dos conselhos de saúde, além de abertas ao público, deverão acontecer em espaços e horários que possibilitem a participação da sociedade
6. Orçamento	O conselho de saúde terá poder de decisão sobre seu orçamento, não sendo mais apenas o gerenciador de suas verbas
7. Quórum	A nova redação esclarece os conceitos de maioria simples (o número inteiro imediatamente superior à metade dos membros presentes), maioria absoluta (o número inteiro imediatamente superior à metade do total de membros do conselho) e maioria qualificada (dois terços do total dos membros do conselho) de votos para tomada de decisão do CNS
8. Competências	A adequação das competências dos conselhos ao que está previsto no atual regimento do Conselho Nacional de Saúde também foi explicitada no novo texto
9. Banco de dados	Compete ao próprio conselho atualizar periodicamente as informações sobre o conselho de saúde no Sistema de Acompanhamento dos Conselhos de Saúde

Fonte: Conselho Nacional de Saúde.

so e controle sobre os recursos considerados necessários para proteger os meios de vida, colocando no centro dessas decisões o saber e poder locais (Menéndez, 2008). A população não só deve ser consultada, mas intervir em tomadas de decisões.

Segundo Menéndez, duas correntes podem caracterizar o papel dos indivíduos na participação social: uma que coloca as limitações nas atividades participativas em certas características da população e, em especial, sua falta de informação, e outra que crê no contrário, questionando a concepção da população como exclusivamente receptiva e passiva (Menéndez, 2008). Nesse caso, a participação em entidades, organismos, conselhos ou movimentos seria responsável pela constituição de sujeitos emancipados.

Conforme apresentado, podem-se distinguir distintas maneiras de caracterizar a "participação" de indivíduos e grupos nos espaços de saúde e suas políticas: "participação comunitária" seria referida ao envolvimento comunitário na organização de serviços locais de saúde; "participação popular" enquanto meio de distinguir a participação de parcela da população excluída na luta por processos democráticos e políticas sociais; e "participação social" enquanto referida à participação ampla da sociedade ou à participação cidadã na consolidação de direitos individuais e sociais. Finalmente, "participação política" é, por sua vez, uma expressão mais sedimentada, que acompanha o desenvolvimento das teorias sociais, designando genericamente a participação de todos os membros na pólis. Trata-se de ações diversas desde "o voto, a militância em um partido político, a participação em manifestações, a contribuição para certa agremiação política, a discussão de acontecimentos políticos, participação em um comício ou reunião de seção, o apoio a determinado candidato em campanha eleitoral, a pressão dirigida sobre um dirigente político, a difusão de informações políticas e por aí além" (Bobbio, Matteuci & Pasquino, 1991: 88).

Participação social nas democracias liberais ou representativas (teoria liberal)

As teorias liberais sobre democracia podem ser encontradas entre os teóricos clássicos e contemporâneos. As democracias de inspiração liberal desenvolveram-se ao longo do século XIX, cuja principal defesa encontra-se nas liberdades individuais (Jonh Locke & Stuart Mill), que por sua vez estão vinculadas ao mercado e à competição pelo lucro e por um Estado não intervencionista. Esse tipo de democracia ocorre especialmente pela ideia de participação social por meio da representação e tem no voto e nos órgãos de representação institucionais suas principais estratégias. Um dos principais teóricos contemporâneos desse modelo é Robert Dahl (2001), que acredita que o florescimento da democracia depende da consagração oficial das instituições com clara definição das instâncias participativas legitimadas pela sociedade.

A ideia básica é que os conflitos gerados pela diversidade de pontos de vista devem ser institucionalizados e resolvidos no interior de fóruns legitimados para esse fim de regular relações de interesses conflituosos, sob pena de ameaçar toda a organização democrática da sociedade. Pode-se fazer a analogia de que os fóruns de representação na democracia liberal são espaços como o mercado, onde múltiplos interesses estão em jogo e devem ser disputados pelas forças envolvidas. Nas regras do jogo democrático, as instituições devem ser aceitas e preservadas como espaços oficiais de disputa, sob pena da instalação de regimes autoritários. Esse é caso das democracias parlamentares (Escorel & Moreira, 2008).

Participação social nas democracias socialistas (teoria marxista)

A participação social e suas instâncias participativas (*soviets* ou conselhos operários) constituem uma atividade essencial nas sociedades socialistas com a possibilidade de os sujeitos participarem de maneira direta das políticas públicas (Escorel & Moreira, 2008). Faz parte da proposta marxista de dissolução do Estado rumo ao comunismo, embora não implementada pela revolução soviética no contexto da Guerra Fria.

Os conselhos de fábrica concebidos por Gramsci seriam a base para um novo tipo de Estado, constituído a partir de uma federação de conselhos unificados, representando, portanto, uma comunidade de trabalhadores.

Os conselhos de fábrica de Gramsci seriam uma organização operária análoga aos *soviets* russos que serviriam de ponto de partida para a criação, na Itália, de uma democracia operária, de um Estado socialista. As comissões internas das fábricas, que vinham se constituindo desde 1906 na Itália, especialmente em Turim, teriam a função de ser o "germe" dessas mudanças, cumprindo a finalidade de defender os interesses e os direitos dos trabalhadores (participação nos prêmios de produção, condições adequadas de trabalho etc.) no interior das fábricas (Coutinho, 1981).

Para isso, as comissões internas de fábrica deveriam ser um organismo representativo de todos os operários da fábrica, incluindo técnicos e engenheiros, e todos os seus membros deveriam poder votar e ser votados, independente de sua filiação ao sindicato da categoria. As comissões deveriam ainda ser organizadas por equipes, articulando os vários grupos que trabalham em uma empresa fabril, ampliando, desse modo, o caráter democrático da comissão e capacitando o trabalhador coletivo à dirigir a totalidade do processo fabril. A comissão interna então seria convertida em conselho de fábrica. Assim sendo, diferentemente dos sindicatos, os conselhos elevam o operário à nova condição de produtor, superando sua condição de subordinação ao capital ao assumir o comando do processo produtivo. O Estado socialista seria então, na concepção de Gramsci, o resultado da articulação de vários conselhos em um Conselho Executivo Federal (Coutinho, 1981).

Movimentos sociais

A ação humana na história pode ser verificada pelas lutas e movimentos sociais. Estes representam forças sociais organizadas que expressam as demandas de uma sociedade, sejam elas progressistas ou conservadoras. Movimentos sociais podem ser definidos como "ações sociais coletivas de caráter sociopolítico e cultural que viabilizam distintas formas de a população se organizar e expressar suas demandas" (Gohn, 2004: 13). Um conflito ou contradição social é o anteparo com o qual agrupamentos sociais produzem uma ação, ou movimento, dando direção ao desenvolvimento de uma sociedade. Esse movimento poderá caracterizar-se como transformação ou conservação social.

Movimentos progressistas são aqueles que buscam, por meio de "fazeres propositivos" (Gohn, 2003), a emancipação dos sujeitos e a transformação da sociedade. São ações coletivas voltadas para a afirmação dos direitos sociais e a defesa das liberdades individuais. Já os movimentos conservadores afastam-se das mudanças sociais de interesse coletivo, buscando impor interesses particulares, muitas vezes por meio do uso da força. Podem ser encontrados nas ações fundamentadas em xenofobias nacionalistas, religiosas ou raciais (Gohn, 2003). É o caso dos movimentos fanáticos, religiosos, terroristas ou movimentos nacionalistas. Os primeiros buscam a transformação da sociedade, geralmente estando livres à participação dos cidadãos, e lutam pela inclusão social. Os segundos buscam a conservação de forças sectárias, estando restritos à participação regulada por meio de códigos, crenças, valores e ideologias que lhes são próprios.

Os movimentos sociais podem adotar distintas estratégias de ação. Entre elas encontramos denúncias, mobilizações, marchas, concentrações, passeatas, distúrbios à ordem constituída, atos de desobediência civil, negociações etc. Recentemente, diversos movimentos têm atuado por meio de redes sociais, sejam elas locais, regionais, nacionais ou internacionais, muitas vezes por meio da internet (Gohn, 2003).

Os movimentos progressistas criam identidades para grupos antes dispersos, trazendo a seus participantes o sentimento de pertencimento social (Gohn, 2003). Entre os principais grupos atuais podemos destacar: lutas em defesa de culturas locais contra os efeitos da globalização e as políticas neoliberais excludentes (é o caso do Movimento Occupy Wall Street, Indignados na Espanha ou do Fórum Social Mundial); movimentos que reivindicam ética na política e a manutenção do interesse público na ação do Estado; movimentos voltado para os aspectos das subjetividades das pessoas, como sexo, crenças, valores (movimento feminista, movimento *gay*, movimento negro).

O estudo dos movimentos sociais pode ser feito a partir de distintos referenciais teóricos no âmbito das ciências sociais. Gohn (2004) identifica distintos paradigmas, entre clássicos (marxistas) e contemporâneos (neomarxistas e os novos movimentos sociais).

Entre os autores clássicos, Marx apresenta grande contribuição na explicação dos movimentos sociais, assim como influencia a orientação de sua prática, alinhando, por meio da *práxis*, teorização à ação política. Marx propunha um projeto de transformação radical da estrutura social a partir da superação das condições de opressão de classe.

As mudanças sociais são entendidas como fruto das contradições geradas pela oposição entre capital e trabalho ou burguesia e proletariado. É esta luta, a luta de classes, que impulsionaria as transformações sociais, possibilitando a superação do modo de produção capitalista. Dois exemplos encontrados na história servem para ilustrar: a Revolução Francesa (1789) e a Revolução Russa (1917), em que o partido operário é ator central na luta em favor de sua emancipação política.

Segundo Gohn (2004), o trabalho de Marx inspirou duas grandes correntes de pensamento. A corrente ortodoxa, a partir dos trabalhos sobre o desenvolvimento do capital, encontrados no "Marx maduro", após 1850, enfatiza os fatores econômicos e macroestruturais da sociedade e tem como principais representantes Lênin e Trotsky. A segunda, denominada corrente heterodoxa ou histórico-humanista, afina-se com o "jovem Marx" e seus estudos sobre consciência, alienação, ideologia, entre outros, tendo como principais nomes os autores Rosa de Luxemburgo, Gramsci, Lukács e a Escola de Frankfurt.

Correntes de pensamento neomarxistas (ou contemporâneas) podem ser verificadas a partir da década de 1960 como críticas às correntes anteriores, em especial ao peso da determinação estrutural sobre os agentes das práticas. Estas constituiriam o emergente paradigma dos "Novos Movimentos Sociais" (Gohn, 2004), interessadas em analisar os movimentos sociais que surgiram na Europa a partir de 1960.

No contexto da Guerra Fria, da Guerra do Vietnã e da Primavera de Praga, e com a emergência de uma guerra nuclear, na década de 1960 expandiram-se novas formas de manifestação social, dinamizadas por distintos segmentos, mas particularmente por uma juventude escolarizada e politizada, mobilizada em direção a uma ampla transformação da vida social e dos sistemas (Touraine, 1994). Diferenciados das vanguardas operárias, esses movimentos – pacifistas, feministas, ambientalistas, estudantis – renovaram a luta política, afastando-se da centralidade antes conferida às classes sociais.

A partir dos anos 2000, diversos movimentos sociais ganham características transnacionais, como o movimento antiglobalização, a exemplo do Fórum Social Mundial. São movimentos com novos atores sociais, mobilizando temas e problemas da contemporaneidade e com novas estratégias de ação, organizados por meio de redes tecnológicas da sociedade da informação, que têm permitido grandes trocas entre os militantes ou ativistas. O jornal *Le Monde Diplomatique* passou a ser editado em vários idiomas, sendo escrito por adeptos ao movimento. Muitos ativistas são acadêmicos e têm tematizado suas experiências concretas de participação nos movimentos em teses e pesquisas nos campos das ciências sociais e ciências sociais aplicadas (Gohn, 2011).

Encontra-se no Boxe 18.1 uma reflexão sobre a democracia e os movimentos sociais contemporâneos.

Movimentos sociais em saúde

Os movimentos sociais no campo da saúde (MSS) representam uma força política importante sobre o acesso à saúde e a qualidade de atendimento, assim como são fundamentais para uma mudança social mais ampla. Os MSS podem ser dirigidos ao acesso ou à prestação de serviços de saúde, à luta por uma doença ou deficiência em particular e às iniquidades de saúde e iniquidades em relação a raça, etnia, classe, gênero e/ou sexualidade. São constituídos por um conjunto de organizações formais e informais, apoiadores, redes de cooperação e mídia (Brown & Zavestoski, 2004).

Destaca-se um crescimento recente dos estudos sobre MSS, enfatizando sua presença e poder nas sociedades contemporâneas. Os trabalhos cobrem as mais distintas áres, como segurança do trabalhador, movimento de saúde da mulher, ativismo da AIDS e justiça ambiental, assim como se referem às mudanças mais amplas no sistema de cuidados de saúde (Brown & Zavestoski, 2004).

Para caracterizar os diversos movimentos sociais no campo da saúde, Brown & Zavestoski (2004) identificam três tipos, que podem ser superpostos, entre as várias experiências encontradas, quais sejam:

I. **Movimentos sociais voltados ao acesso equitativo e à melhoria dos serviços de saúde:** incluem os

> **Boxe 18.1** A democracia e os movimentos sociais contemporâneos
>
> O ex-primeiro ministro inglês Winston Churchill cunhou uma frase famosa na qual dizia que a democracia era o pior dos regimes, salvos todos os demais. De fato, o sistema democrático ampara uma série de contradições que de algum modo desconstrói sua ideia-núcleo, de que o poder é exercido pelo povo para o povo. Mesmo na Grécia Antiga, onde a ideia nasceu e foi conceituada, o poder de participação era restrito aos cidadãos livres; parte da sociedade, os escravos, não tinha direito algum. Já os cidadãos participavam da Ágora, uma assembleia aberta à participação deles, onde debatiam e votavam pela aprovação ou desaprovação de propostas.
>
> Em 2011, a série de protestos globais que tomaram conta das principais cidades do dito mundo civilizado (Primeiro Mundo ou países centrais do capitalismo) – Occupy Wall Street nos EUA ou Marcha dos Indignados na Espanha – denunciava que o sistema político-partidário fora corrompido por grandes conglomerados financeiros e pediam um retorno à ideia original da democracia grega, na qual, teoricamente, todos participam de maneira igualitária de discussões e das decisões que dizem respeito à vida de todos.
>
> Os jovens que participavam daqueles movimentos pretendiam que fosse adotada em seus países a ideia da democracia direta, em contraposição à democracia representativa, sistema que vigora no Ocidente desde o século XVIII. A ideia da democracia representativa é a de que os cidadãos escolhem seus representantes, transferindo para eles seu poder de decisão. Seria uma forma de institucionalizar disputas entre grupos sociais, a exemplo daquelas entre capital e trabalho, pequenos e grandes proprietários de terra etc. Assim, os embates entre as forças que compõem a sociedade com seus interesses diversos se dariam em um espaço exclusivamente criado com essa função e se resolveria na base da discussão e debates de ideias, saindo vencedor o argumento que mais somasse apoio de outros segmentos. Esse espaço é o Parlamento. Nos EUA, a câmara baixa é chamada de *House of Representatives*, ou seja, Casa dos Representantes.
>
> Adeptos da democracia representativa dizem não haver mais lugar para a democracia direta devido ao tamanho e às novas funções do estado, que não teria como suportar um assembleísmo retardatário à aprovação e à adoção de medidas. Na Grécia Antiga, a ideia – apesar dos escravos – seria possível porque a sociedade estava organizada em cidades-estado. Existem outras críticas. O filósofo italiano Norberto Bobbio, por exemplo, é contrário à ideia por entender que a democracia direta leva a uma supervalorização da dimensão política na vida dos cidadãos, que perderiam, de alguma maneira, uma independência em relação ao Estado (Bobbio, Matteuci & Pasquino, 1991). Com base nesse argumento, o filósofo defende que a democracia direta seria uma espécie de totalitarismo. O totalitarismo é um tipo de regime político que se caracteriza pela captura da vida privada pelo Estado.
>
> Independentemente do tamanho, cada Estado nacional se organizou de uma maneira própria. Na Suíça, por exemplo, apesar de ter Parlamento, desde o século XIX muitas das questões nacionais são decididas em consultas plebiscitárias, quando a população, por meio do voto, diz sim ou não a propostas. Outros países adotaram a democracia representativa e, em momentos especiais, recorrem à convocação de plebiscitos e referendos. No auge da crise financeira de 2008, o governo de um dos países mais afetados por ela, a Islândia, convocou um plebiscito para que o povo decidisse se o Estado islandês deveria socorrer o sistema financeiro do país então ameaçado de falência. O povo, por meio desse instrumento, manifestou que não. Os governos espanhol e norte-americano decidiram socorrer financeiramente seus bancos. Medidas nesse sentido foram discutidas e aprovadas nos parlamentos dos dois países.
>
> O Brasil acumula uma longa história de avanços e recuos na ampliação e no aperfeiçoamento de sua democracia representativa. O país foi um dos primeiros a adotar o voto feminino (1932), mas somente no período republicano passou por duas longas ditaduras, quando o Congresso foi fechado ou ocupado por parlamentares biônicos, indicados pelo presidente e não escolhidos pelo voto popular. A Constituição de 1988, que vigora até hoje, no mais longo período democrático da história do país, foi construída depois de 21 anos de ditadura militar, findada em 1985, e seu texto traduz um sentimento necessário de preservação e valorização das liberdades individuais, bem como dos direitos sociais. Além disso, procura modernizar o Estado, trazendo para o país experiências adotadas pela social-democracia europeia. Na época, o mundo estava polarizado entre o comunismo soviético e o capitalismo estadunidense. A social-democracia surgiu como uma espécie de terceira via, preservando leis de mercado, mas atribuindo ao Estado papel regulatório e de garantidor de políticas sociais universalistas de previdência social, educação, saúde e renda mínima (seguro desemprego etc.). Para não dar margem à adoção de medidas autocráticas, o Estado também se abria à participação dos cidadãos em espaços fora do Parlamento.
>
> Desse modo, a Constituição criou uma série de instrumentos para garantir essa participação, entre os quais a possibilidade de convocação de plebiscitos. Em 1992, os brasileiros foram às urnas expressar a vontade pela manutenção do regime presidencialista ou pela transição para um modelo parlamentarista ou, ainda, uma monarquia constitucional. Em 2005, a consulta foi para saber se o país deveria ou não proibir a venda e o porte de armas de fogo. A lei nacional obriga que, em caso de criação de novos municípios ou estados subnacionais, as populações das partes que vão perder território e daquela que vai se emancipar expressem suas vontades por meio de um plebiscito. Assim, em 2010, a população do Pará recusou majoritariamente o desmembramento de seu território para a criação de mais duas unidades subnacionais, os estados de Carajás e de Tapajós.
>
> Institucionalmente, instâncias decisórias do Estado brasileiro – Executivo e Legislativo – só são acessíveis à população via partido político, ou seja, só se pode ser candidato a deputado, senador, prefeito, governador e presidente por meio de uma filiação partidária. Os eleitos exercem mandatos de 4 anos, podendo ser reeleitos ou disputar novos cargos. Nos EUA, o sistema permite candidaturas independentes (sem indicação partidária). O Parlamento Federal é bicameral, com o funcionamento da Câmara dos Deputados e do Senado Federal. Faz parte ainda da gestão do Estado brasileiro o Poder Judiciário, composto por juízes concursados ou indicados (OAB, Ministério Público, Executivo), que exercem suas funções com a garantia da vitaliciedade. Nos EUA, juízes e promotores de justiça são eleitos pela população. No Brasil, o quarto integrante do governo é a sociedade. É ela quem escolhe seus representantes no Executivo e no Legislativo e quem opina e fiscaliza sobre a aplicação de políticas públicas (ação do Estado) em diversas áreas (saúde, educação, segurança pública, direitos humanos, trânsito etc.) durante o exercício de um mandato.

movimentos que visam à reforma do sistema de saúde nacional, ao acesso a especialistas, entre outros.

II. **Movimentos sociais "incorporados":** dirigem-se aos grupos de patologias e à experiência do adoecimento. Incluem doenças raras e negligenciadas ou que apresentam alguma controvérsia em sua explicação pelo conhecimento médico atual. São grupos que se organizam para alcançar reconhecimento médico, tratamento e/ou a investigação. Além disso, alguns movimentos podem incluir entre seus membros integrantes que não são acometidos pela doença, mas que se percebem vulneráveis à doença ou afetados indiretamente, como diversos homens ativistas que lutam contra o câncer de mama. São ainda exemplos desse tipo de movimento: o movimento da AIDS e de controle do tabaco.

III. **Movimentos sociais de base constitucional:** dirigem-se ao combate das iniquidades em saúde e desigualdades de raça, etnia diferenças, classe, gênero e/ou sexualidade. Incluem movimento de saúde da mulher, movimento de saúde de *gays* e lésbicas e movimento de justiça ambiental.

O movimento feminista de saúde tem contribuído para importantes conquistas, como a ampliação dos direitos reprodutivos, a expansão do financiamento e dos serviços em várias áreas, a alteração de formas de tratamento (como no caso do câncer de mama) e a mudança das práticas de pesquisa médica (Brown & Zavestoski, 2004). Os ativistas da AIDS obtiveram também expansão do financiamento, maior reconhecimento médico das alternativas de tratamento e mudanças importantes no modo como os ensaios clínicos são realizados (Brown & Zavestoski, 2004).

De maneira semelhante, ativistas em saúde mental promoveram grandes mudanças nessa área, com modificações importantes nos tratamentos e a inclusão de direitos civis a segmentos excluídos, como o dos prisioneiros (Brown, 1984). No Brasil, o Movimento da Reforma Psiquiátrica (Luta Antimanicomial) alcançou grandes conquistas com toda a reformulação dos sistemas de cuidados e avanços importantes no modo como a sociedade encara os problemas de saúde mental. Como já discutido, o Movimento da Reforma Sanitária tem como principal defesa o direito à saúde e vem, desde meados da década de 1970, atuando como importante frente política democrática, se constituindo em grande exemplo de ação social transformadora no país.

Democracia

A ideia da democracia surge na Grécia Antiga, proposta pelo filósofo Aristóteles em sua classificação das formas de governo, distinguindo quem governa e como se governa. Em seu conceito clássico, democracia representa o governo do povo pelo povo. Nesse regime político, diferente da monarquia (governo de um só) ou aristocracia (governo dos melhores), o poder reside no povo e é por ele exercido, diretamente (democracia direta) ou por meio da representação de indivíduos eleitos (democracia representativa). Pode-se dizer que a democracia é uma forma de governo em que o povo toma parte efetiva no estabelecimento das leis e na designação dos funcionários que têm de executá-la e administrar a coisa pública (Azambuja, 2007).

A democracia seria a possibilidade de liberdade política, proporcionando aos indivíduos a participação efetiva no governo. No entanto, a democracia não deve apenas ser concebida como forma de promover a liberdade política ou individual, mas assegurar direitos sociais: não somente defender a vida e a liberdade, mas condições de vida, como saúde, educação, trabalho e assistência social. Nos Estados modernos há, portanto, a implantação de democracias sociais com vasta legislação social (Azambuja, 2007).

O filósofo italiano Norberto Bobbio produziu relevante contribuição para a compreensão do estudo das democracias modernas. Segundo ele, em um de seus últimos trabalhos, a democracia é "um conjunto de regras e procedimentos para a formação de decisões coletivas, em que está prevista e facilitada a participação mais ampla possível dos interessados" (Bobbio, 2009: 22). A democracia é assim um conjunto de regras que "estabelecem quem está autorizado a tomar as decisões coletivas e com quais os procedimentos". (Bobbio, 2009: 30). Essas regras e procedimentos estariam relacionados com a convivência pacífica entre grupos diferentes: "por Estado democrático entendo aquele Estado que está baseado em um pacto de não agressão entre diferentes grupos políticos e na estipulação, entre estes mesmos grupos, de um conjunto de regras que permitam a solução pacífica dos conflitos que poderão surgir entre eles" (Bobbio, 2009: 202).

Como vimos até aqui, tanto a escolha de representantes como a expressão direta das demandas (individuais e coletivas) são vistas como processos participativos. Participação social e cidadania são conceitos diretamente relacionados com a discussão sobre democracia e suas teorizações. A democracia não existe sem a participação, e a cidadania é a condição para exercê-la.

GESTÃO PARTICIPATIVA NO SUS: CONSELHOS E CONFERÊNCIAS DE SAÚDE

Os conselhos e conferências foram adotados por várias áreas sociais e foram consolidados como mecanismos de democracia participativa (Lobato, 2009). Entre as modalidades participativas na gestão pública, os conselhos municipais representam aquelas de maior número e crescimento no país, desde a redemocratização, atingindo uma média de cinco por município (Fedozzi, 2009), envolvendo mais de 200 mil pessoas eleitas pelas comunidades no país. Eles representam o governo, o setor privado e a sociedade civil (profissionais e usuários). No caso da saúde, somam-se hoje mais de 76 mil conselheiros municipais de saúde, 50% dos quais representam os usuários (Moreira, 2010). A despeito de expressivo crescimento, é necessário indagar acerca do real sentido democrático da institucionalização dessas práticas participativas.

A Constituição de 1988 dotou os conselhos de controle social de poder fiscalizatório, consultivo e deliberativo (pode decidir se uma política é válida ou não, tendo poder de voto). Os conselhos de controle social têm formação paritária, com igual número de representantes da sociedade (usuários), trabalhadores, de empresas do setor e do Executivo. O número de cadeiras e a forma de atuação (se reunião mensal, bimensal ou semanal) são decididos por conselho, desde que respeitada a paridade da representação. Os representantes dos governos geralmente são ocupantes de cargos nas secretarias. Muitas vezes o próprio secretário é o presidente desses conselhos. A indicação dos trabalhadores e dos empresários é definida por organizações clássicas (sindicatos, associações) e a da sociedade, por entidades de movimentos sociais (ONG, universidades etc.), também relacionados com o tema ali tratado.

No caso do setor saúde, é a Lei 8.142, de 28 de dezembro de 1990, que regulamenta a participação da sociedade no SUS, determinando para cada esfera de governo duas instâncias de participação:

- **Conferências de saúde:** como fóruns de debate com a representação dos segmentos sociais, com o objetivo de analisar a situação de saúde e propor diretrizes para a formulação das políticas de saúde. As conferências devem ser realizadas a cada 4 anos.
- **Conselhos de saúde:** instância em caráter permanente e deliberativo, trata-se de um órgão colegiado composto por segmentos do governo, prestadores de serviço, profissionais de saúde e usuários. Os conselhos devem "atuar na formulação de estratégias e no controle da execução da política de saúde na instância correspondente, inclusive nos aspectos econômicos e financeiros, cujas decisões serão homologadas pelo chefe do poder legalmente constituído em cada esfera do governo" (Lei 8.142/90). A participação dos usuários nos conselhos de saúde e conferências deverá ser paritária em relação ao conjunto dos demais segmentos.

Conferências de saúde

A primeira Conferência Nacional de Saúde (CNS) data de 1937, no então chamado Ministério da Educação e Saúde. Nesse momento, as CNS eram "destinadas a facilitar ao Governo Federal o conhecimento das atividades concernentes à educação e à saúde, realizadas em todo o país, e a orientá-lo na execução nos serviços locais de educação e saúde, bem como na concessão do auxílio e da subvenção federais" (Lei 378, de 13 de janeiro de 1937).

Assim, o papel das conferências, em seu início, foi o de promover o intercâmbio de informações para propiciar ao Governo Federal o controle das ações realizadas nos estados e nos municípios, como visto nas conferências de 1941 e 1950, que se assemelharam a encontros técnicos de administradores federais e estaduais ancorados em uma visão de setores médicos (Cesaltina, 2003). A 3ª CNS ocorreu em 1963, em pleno governo João Goulart, e ficou marcada por posições radicais próprias do período, apesar da baixa participação social. Na verdade, aquela conferência foi assistida apenas por reduzido número de delegados ocupantes de cargos governamentais.

Quatro outras CNS foram realizadas nas duas décadas do regime militar com o mérito de ampliar o foco dos debates sem, porém, alterar seu caráter burocrático. A ruptura se deu com a 8ª CNS, em 1986. Essa conferência contou com representantes dos movimentos sociais e da sociedade civil, além de técnicos, gestores e profissionais de saúde. Seu principal resultado foi a inserção da Reforma Sanitária na agenda política do setor saúde. Essa nova agenda adentrou a Assembleia Nacional Constituinte e gerou o Sistema Único de Saúde (Escorel & Moreira, 2008).

A Lei 8.142/90 estabeleceu que as CNS aconteceriam a cada 4 anos, com a representação de vários segmentos sociais. Outra garantia trazida pela mesma lei é a de composição paritária – nos conselhos e nas conferências – entre usuários e demais setores que compõem o setor saúde. A legislação também previu um fluxo decisório e operacional no qual as CNS propõem diretrizes para a formulação de políticas a partir da avaliação da situação da saúde, os conselhos formulam estratégias e controlam a execução das políticas e os órgãos executivos (Ministério e secretarias) implementam as políticas e homologam as deliberações dos conselhos. As CNS são precedidas de conferências municipais e estaduais. Não têm caráter deliberativo, mas seus debates, mesmo que nem sempre levem a ações das instâncias executivas, influenciam processos na gestão do SUS, como a tendência à municipalização que marcou a 9ª CNS (Escorel & Moreira, 2008).

Desse modo, as CNS – assim como os conselhos de saúde – representam avanços na participação social no interior do sistema nacional de saúde. Por isso, assim como os conselhos, enfrentam limites e desafios que devem ser analisados para sua possível superação.

Uma linha do tempo identificando as conferências nacionais de saúde pode ser visualizada no Boxe 18.2.

Conselhos de saúde

Os conselhos de saúde foram instituídos pela da Lei 8.142/90 (Brasil, 1990). A Emenda Constitucional 29, de 13 de setembro de 2000 (Brasil, 2000), regulamentada pela lei complementar (LC) 141 (2012), e a Resolução 333 (CNS, 2002), atualizada pela Resolução 456 (CNS, 2012), constituem-se nos principais regulamentos do controle social no SUS.

Os conselhos municipais de saúde encontram-se implantados em todos os municípios brasileiros. Em 2005 foi implantado o último conselho, no município de Cedral, no Maranhão (Moreira, 2010). Apesar do avanço de sua expansão, muitos conselhos foram criados segundo critérios predominantemente políticos, sem participação da sociedade civil organizada, e funcionam com grandes fragilidades, dependendo em grande medida de recursos federais (Moreira, 2010). De 1990, quando a Lei 8.142 foi sancionada, até os dias atuais, houve um aumento considerável do número de conselhos. No entanto, é necessário levar em conta que os anos 1990 foram marcados pela confluência de duas reformas, que se antagonizam: de um lado, a Reforma Sanitária, com o ideário da 8ª Conferência e a proposta de redemocratização do país; de outro, uma reforma administrativa do Estado de matriz neoliberal, implantada desde a era Collor, e especialmente no governo FHC, o que fez frear os impulsos voltados para um Estado forte dirigido aos interesses da população (Moreira, 2010).

Os conselhos de saúde integram o conjunto de "conselhos gestores" criados pela Constituição de 1988. Esses espaços representaram a principal inovação nas políticas públicas pós-ditadura, por terem o papel de mediar a relação entre Estado e sociedade, transformando-se em nova esfera pública e espaço de participação política (Escorel & Moreira, 2008). Para Gohn (2003), os conselhos gestores moldaram um novo padrão para as relações entre Estado e sociedade.

O texto legal estabelece a obrigatoriedade da paridade de conselheiros indicados pelos usuários, profissionais de saúde e gestores de saúde, mas não dita números exatos, o que é definido por cada conselho instituído. Por recomendação das CNS, essa paridade passou a ser preenchida da seguinte maneira: 50% de representantes de usuários, 25% de representantes dos profissionais e 25% de gestores.

A lei define os conselhos municipais e estaduais de saúde como órgãos colegiados de caráter permanente e deliberativo, que atuam na formulação de estratégias e no controle da execução de políticas de saúde na instância correspondente (município ou Estado ou União), inclusive nos aspectos econômicos e financeiros, cujas decisões serão homologadas pelo chefe do poder constituído em cada esfera de governo.

Os conselhos, assim, conjugam características da democracia representativa com elementos da democracia direta, como o controle dos atos do conselheiro, diretamente ou por meio de entidades. Os conselhos de saúde representam avanços consideráveis para que os cidadãos controlem as ações governamentais, uma vez que se constituem em espaço de poder, de conflito e de negociação. No entanto, é fundamental indagarmos em que medida os conselhos de saúde têm influenciado o *processo decisório* das políticas de saúde, para que possamos ter uma visão mais crítica sobre seu alcance.

Situação atual, avanços e principais problemas

A literatura sobre as conferências e os conselhos de saúde no Brasil tem crescido ao longo da implantação do SUS. Trata-se em sua maioria, de trabalhos sobre experiências municipais que analisam a capacidade de os conselhos endereçarem demandas locais e suas contribuições para o fortalecimento do SUS (Escorel & Moreira, 2008). Ainda persiste como lacuna a análise da implantação e da efetividade dos conselhos em todo o país. A experiência do ParticipaNet Sus (www.participanetsus.saude.gov.br), desenvolvida pela Secretaria de Gestão Estratégica e Participativa, em parceria com a Escola Nacional de Saúde Pública (ENSP), para criação de um sistema de informação para monitoramento dos conselhos representa uma importante inciativa nessa direção.

Entre os principais problemas relativos às dificuldades na operacionalização dos conselhos de saúde, comumente destacados pela literatura, destacam-se:

1. **Baixa visibilidade:** os conselhos não são conhecidos pela população local. Enfatiza-se, nesses casos, a baixa divulgação que fazem de suas atividades nos meios de comunicação, bem como o fato de não convocar a população geral para discutir questões relativas à saúde. Nesse particular, cabe registrar que a Resolução 453 (CNS, 10/05/12) determina a necessidade de os conselhos divulgarem amplamente as agendas de suas reuniões, bem como reunir-se em local de fácil acesso.
2. **Baixa representação:** parcialmente decorrente do problema apontado no item anterior, muitas vezes a população desconhece o papel dos conselhos e geralmente o identifica como espaço para demandas específicas ou denúncias pontuais sobre saúde. Isso também afeta a indicação de representantes como conselheiros, especialmente no caso do segmento de usuários.
3. **Baixa representatividade:** conselheiros que não traduzem apropriadamente as demandas de sua entidade ou instituição de origem.
4. **Burocratização:** grande parte do tempo de discussão das reuniões é gasta em assuntos internos, transformando as sessões em momentos burocráticos para aprovação de Relatórios de Gestão, Planos de Saúde ou Orçamento, sem ampla discussão sobre temas fundamentais.
5. **Precariedade da estrutura:** condições operacionais (comunicação, apoio financeiro e secretarial) e de infraestrutura (sede própria, linhas de telefone) impõem mais dificuldades ao bom funcionamento do cotidiano dos conselhos, o que é destacado por muitos estudos como um limite da ação.
6. **Baixa qualificação e informação dos conselheiros.**
7. **Fisiologismo:** as ações políticas e decisões do conselho são tomadas em função da troca de favores, favorecimentos e outros benefícios de interesses pessoais ou de determinado grupo, em vez dos interesses comuns.
8. **Cooptação.**
9. **Autoritarismo, corporativismo, atuação de partidos políticos.**

> **Boxe 18.2** Linha do tempo das conferências nacionais de saúde
>
> **1ª Conferência – 1941:** defesa sanitária da população, assistência social aos indivíduos e às famílias e proteção da maternidade, da infância e da adolescência – concepção curativa e não preventiva. Estudo das bases da organização de um programa nacional de saúde e de um programa nacional de proteção da infância. Estudo e definição do sistema de organização e de administração sanitárias e assistenciais, em âmbito estadual e municipal. Coordenação e intensificação das campanhas nacionais contra a lepra e a tuberculose e avaliação da situação das cidades e vilas de todo o país quanto à montagem e ao funcionamento dos serviços de água e esgoto.
> **2ª Conferência – 1950:** estabelecimento de legislação referente à higiene e à segurança do trabalho e à prestação de assistência médica e sanitária preventiva para trabalhadores e gestantes.
> **3ª Conferência – 1963:** primeira conferência após a criação do Ministério da Saúde. Proposta inicial de descentralização da saúde, com a definição das atribuições dos governos federal, estaduais e municipais no campo das atividades médico-sanitárias e a descentralização executiva dos serviços, com a efetiva participação dos municípios na solução dos problemas de Saúde Pública.
> **4ª Conferência – 1967:** situação sanitária da população brasileira. Distribuição das atividades médico-sanitárias nos níveis federal, estadual e municipal. Municipalização dos serviços de saúde. Fixação de um plano nacional de saúde. Recursos humanos para as atividades de saúde. Recursos humanos necessários às demandas de saúde no país. O profissional de saúde que o Brasil necessita. Responsabilidade do Ministério da Saúde na formação e no aperfeiçoamento dos profissionais de saúde e do pessoal de ensino médio e auxiliar. Responsabilidade das universidades e escolas superiores no desenvolvimento de uma política de saúde.
> **5ª Conferência – 1975:** política nacional de saúde. Constituição do Sistema Nacional de Saúde, com a elaboração de uma política nacional de saúde. Programa Nacional de Saúde Materno-Infantil. Sistema Nacional de Vigilância Epidemiológica. Programa de controle das grandes endemias. Extensão das ações de saúde às populações rurais.
> **6ª Conferência – 1977:** controle das grandes endemias e interiorização dos serviços de saúde. Ainda com uma concepção assistencialista e curativa, foram discutidas a situação de controle das grandes endemias, a operacionalização dos diplomas legais básicos em matéria de saúde, a interiorização dos serviços de saúde e a Política Nacional de Saúde.
> **7ª Conferência – 1980:** extensão das ações de saúde por meio dos serviços básicos. Implantação e desenvolvimento do Programa Nacional de Serviços Básicos de Saúde (PREV-SAÚDE).
> **8ª Conferência – 1986:** reforma sanitária – criação de uma ação institucional correspondente ao conceito ampliado de saúde – promoção, proteção e recuperação. Saúde como direito inerente à cidadania e à personalidade. Reformulação do Sistema Nacional de Saúde e financiamento do setor saúde. Grande marco na história das conferências nacionais de saúde, contou com a participação da população nas discussões. Suas propostas foram contempladas tanto no texto da Constituição Federal de 1988 como nas Leis Orgânicas da Saúde, 8.080/90 e 8.142/90. Os delegados, impulsionados pelo movimento da Reforma Sanitária, propuseram a criação de uma ação institucional correspondente ao conceito ampliado de saúde, que envolve promoção, proteção e recuperação.
> **9ª Conferência – 1992:** saúde: municipalização é o caminho. Sociedade, governo e saúde. Seguridade social. Implementação do SUS. Controle social. Descentralização e democratização do conhecimento. Criação de comissões intergestores bipartite, em nível estadual, e tripartite, em nível federal.
> **10ª Conferência – 1996:** SUS: construindo um modelo de atenção à saúde para a qualidade de vida. Saúde, cidadania e políticas públicas. Gestão e organização dos serviços de saúde. Controle social na saúde. Financiamento da saúde. Recursos humanos para a saúde. Atenção integral à saúde. Criação da NOB 96 – Norma de Operação Básica do SUS.
> **11ª Conferência – 2000:** o Brasil falando como quer ser tratado. Efetivando o SUS: acesso, qualidade e humanização na atenção à saúde com controle social.
> **12ª Conferência – 2003:** saúde: um direito de todos e um dever do Estado. A saúde que temos, o SUS que queremos. Direito à saúde. A seguridade social e a saúde. A intersetorialidade das ações de saúde. As três esferas de governo e a construção do SUS. A organização da atenção à saúde. Controle social e gestão participativa. O trabalho na saúde. Ciência e tecnologia e a saúde. O financiamento da saúde. Comunicação e informação em saúde. A 12ª Conferência Nacional de Saúde – a Conferência Sérgio Arouca – contou com a importante participação da população, tanto nas etapas municipais e estaduais como na nacional.
> **13ª Conferência – 2007:** saúde e qualidade de vida: política de Estado e desenvolvimento. Desafios para a efetivação do direito humano à saúde no século XXI: Estado, sociedade e padrões de desenvolvimento. Políticas públicas para a saúde e qualidade de vida: o SUS na seguridade social e o pacto pela saúde. A participação da sociedade na efetivação do direito humano à saúde.
> **14ª Conferência – 2011:** estabelecer um sistema de saúde público e universal foi uma das mais representativas conquistas brasileiras. Hoje, milhões de pessoas dependem do SUS e todos, em algum momento, utilizam a rede pública – seja para se vacinar, em situações de emergência ou para procedimentos de alta complexidade, como os transplantes. Não chegaríamos a esse patamar sem a participação dos gestores, dos profissionais de saúde e, principalmente, da população.
>
> Fonte: Conferências Nacionais de Saúde: contribuições para construção do SUS. Disponível em: http://www.ccms.saude.gov.br/conferenciasnacionaisdesaude/home.php.

10. **Insuficiência do conselho na formação da consciência cidadã, tendo seu alcance limitado.**
11. **Imprecisão sobre o chamado "caráter deliberativo" atribuído aos Conselhos:** falta de definição jurídica do que seria caráter deliberativo.

Segundo dados da pesquisa *Monitoramento e Apoio à Gestão Participativa do SUS*, a maioria dos conselhos municipais no Brasil opera com dificuldade (70%) ou de maneira incipiente (17%), com apenas 1% conseguindo atingir o nível de pleno funcionamento estabelecido na 12ª CNS e 10% funcionando bem (PartcipaNet SUS, 2010).

Estudos apontam entraves importantes no funcionamento das instâncias participativas, como: "baixa representatividade; baixa renovação de conselheiros; amplitude de competências; concorrência de competências com poderes constituídos e eleitos, em especial as deliberativas; falta de recursos para cumprimento das atribuições; corporativismo e falta de compromisso político com interesses coletivos" (Lobato, 2009: 10). Soma-se a esses fatos a prática de cooptação ou seletividade de governos e gestores, que muitas vezes ignoram as decisões dos conselhos e conferências, bem como não apoiam o exercício dos conselhos (Lobato, 2009).

Ao longo da década de 1990, pelos motivos já assinalados, os conselhos tiveram seu poder esvaziado e as conferências passaram a ter pequena influência sobre a proposição das políticas (Souza, 2010). As discussões políticas deram lugar a um debate tecnocrático, resumido apenas a disputas sobre as melhores técnicas e ferramentas de gestão para serem aplicadas no sistema. Com isso, ganharam força as comissões tri e bipartites do SUS (formadas por técnicos e gestores), enquanto, paralelamente, conselhos e conferências (que contam com a participação da sociedade) apresentavam resultados negativos, a exemplo da 12ª CNS (2003), que terminou inconclusa, e da 13ª CNS (2007), que ficou marcada pela cisão entre representantes de gestores e da sociedade civil. Ao mesmo tempo, as pautas do CNS têm sido dominadas por discussões corporativas de defesa dos interesses do funcionalismo público (Souza, 2010).

Mais uma forte contradição do modelo é o fato de paridade não significar proporcionalidade. Há mais usuários do que empresários, por exemplo, e há governos mais ou menos influenciados pelo poder econômico de grupos privados. Trabalhadores públicos, por sua vez, tendem a adotar uma pauta sindical no lugar de uma análise consistente das políticas públicas em discussão. Já os governos pretendem ter suas ações e políticas aprovadas e elogiadas pelo conselho.

Uma importante questão vem sendo enfrentada para superação dos problemas relativos à efetividade dos conselhos: a capacitação dos conselheiros. Ainda no final da década de 1990, diversas solicitações, provenientes de todo o país, demandavam informações e diretrizes para balizar o processo de educação permanente e contribuir para a efetividade do controle social no SUS.

Em 1999, o Conselho Nacional de Saúde (CNS) discutiu e deliberou pela formulação de diretrizes gerais para a capacitação de conselheiros de saúde. O documento chamado "Diretrizes Nacionais para Capacitação de Conselheiros de Saúde" (Brasil, 2002) foi então elaborado com a participação de representantes do Programa de Educação em Saúde, da Secretaria de Políticas de Saúde do Ministério da Saúde, de universidades, de organizações não governamentais, de trabalhadores, das secretarias de saúde e dos conselhos estaduais e municipais de saúde, reunindo as mais diversas experiências.

Na década de 2000, importantes políticas ministeriais são implantadas com o objetivo de fortalecer as instâncias do controle social realizado pelos conselhos de saúde e capacitar os diversos segmentos que os compõem. Criada pela Secretaria de Gestão Participativa, a Política Nacional de Gestão Estratégica e Participativa no SUS – ParticipaSUS (Brasil, 2009) – integra a Política Nacional de Saúde e visa orientar as ações de governo na promoção e no aperfeiçoamento da gestão democrática no âmbito do SUS. Entre suas ações, destacam-se o apoio ao controle social, a educação popular, a mobilização social, a busca da equidade, o monitoramento e a avaliação, a ouvidoria, a auditoria e a gestão da ética nos serviços públicos de saúde.

Na Bahia, o MobilizaSUS "Estratégias para o Fortalecimento do Controle Social, da Gestão Democrática e Participativa do SUS/BA" é uma experiência no âmbito do ParticipaSUS voltada para para o fortalecimento da participação popular e controle social no SUS-Ba. Desde 2008, o MobilizaSUS vem desenvolvendo processos educativos e organizativos que contribuem para ampliação e qualificação da participação da população na formulação, gestão e controle social das políticas de saúde.

O MobilizaSUS desenvolve-se de modo intersetorial, por meio de um grupo de trabalho que articula Saúde, Educação e Ministério Público. Sua metodologia inclui a abordagem de Paulo Freire e grupos operativos, inovando na maneira de qualificar os grupos e acolher as demandas. O programa vem mostrando grande êxito, sendo por diversas vezes premiado. Entre os prêmios obtidos está o 1º lugar no Prêmio Sérgio Arouca (2011), iniciativa do Ministério da Saúde, por meio da Secretaria de Gestão Estratégica e Participativa, em parceria com o Conselho Nacional de Secretários de Saúde (Conass) e o Conselho Nacional de Secretarias Municipais de Saúde (Conasems), na categoria de experiências exitosas de gestão participativa no âmbito do Estado.

A PNS buscou ampliar a participação popular na gestão do SUS por meio de incentivos à participação social e promoção da consciência sanitária. Em 2012 foi lançada a Política de Educaçao Popular, o que virá a se constituir como importante ação para afirmação de estratégias de educação popular.

CONSIDERAÇÕES FINAIS

O desenvolvimento da participação social na gestão pública vincula-se diretamente à qualidade da democracia brasileira (Labra, 2009). Essa interpretação faz alusão ao fato de o mau funcionamento dos conselhos ser reflexo de deficiências do Estado e das grandes iniquidades sociais por elas geradas, entre a quais a baixa intensidade participativa verificada na sociedade brasileira.

As práticas da democracia participativa não desenvolvem sozinhas oportunidades iguais entre os grupos. Assimetrias constitutivas da estrutura social do país exercem forte movimento de reprodução social no interior desses espaços (Fedozzi, 2009). A mais importante distinção está no capital escolar dos agentes que participam desses espaços, em especial no que diz respeito às oportunidades relacionadas com sua emancipação. Novas perspectivas formativas poderão ser acolhidas pela recém-criada Política de Educação Popular para o SUS.

A cultura política dos conselhos deve ser igualmente questionada. A corrupção no interior das gestões dificulta um controle social autêntico e faz da principal competência dos conselhos uma ficção (Labra, 2009). Entre os desafios, há que se enfrentar a questão do caráter deliberativo dos conselhos, fundamental para o exercício efetivo de seu papel de controle da sociedade sobre os movimentos do Estado, afirmando-se enquanto força política.

A conciliação dos ideais de liberdade e igualdade é um desafio que as democracias modernas buscam superar. A despeito dos problemas assinalados neste capítulo, não resta dúvida que a participação de representações da sociedade em arenas deliberativas constitui importante caminho na construção de espaços públicos no país. Seguramente, há importantes avanços na estrutura participativa na saúde.

O exercício de crítica do modelo participativo vigente tornará possível avançar para a instalação de uma democracia mais madura, que seja de fato participativa e inclusiva, como questionamento real das estruturas tradicionais do poder político (Lobato, 2009). Não basta eleger representantes, mas participar de modo efetivo, aproximando-se de temas e debates de interesse social. Seja a democracia representativa ou direta, ela deve ser participativa. Quanto mais aberta à participação da sociedade, melhor será o governo e mais fortalecida estará a democracia, aproximando representantes e representados, fazendo valer o princípio balizador do poder que emana do povo para o povo.

Convém aprofundar a leitura de autores críticos (Ugalde, Spinelli, Paim) que permitam destacar dimensões ideológicas históricas da participação comunitária nos programas de saúde na América Latina, financiados por agências internacionais, com forte manipulação de culturas valores. A "autoajuda" ou o "autocuidado", assim como "o aumento de capacidades comunitárias", como no caso das estratégias de promoção da saúde, poderiam representar manobras de desresponsabilização do Estado diante de importantes determinantes sociais da saúde.

Referências

Azambuja D. Introdução à ciência política. 8. ed. São Paulo: Globo, 1994.

Bobbio N. O futuro da democracia. 11. ed. São Paulo: Paz e Terra, 2009.

Bobbio N, Matteucci N, Pasquino G. Dicionário de política. 12. ed. Brasília: Universidade de Brasília. São Paulo: Imprensa Oficial SP, 1991.

Brasil. Congresso. Lei 8.142 de 28 de dezembro de 1990. Dispõe sobre a participação da comunidade na gestão do Sistema Único de Saúde – SUS – e sobre as transferências intergovernamentais de recursos financeiros na área de saúde e dá outras providências. 1990.

Brasil. Ministério da Saúde. Conselho Nacional de Saúde. Diretrizes nacionais para capacitação de conselheiros de saúde/Ministério da Saúde, Conselho Nacional de Saúde. Reimpressão. Brasília: Ministério da Saúde, 2002.

Brasil. Ministério da Saúde. Secretaria de Gestão Estratégica e Participativa. Política Nacional de Gestão Estratégica e Participativa no SUS – ParticipaSUS/Ministério da Saúde, Secretaria de Gestão Estratégica e Participativa. 2. ed. Brasília: Editora do Ministério da Saúde, 2009.

Brasil. Secretaria de Gestão Estratégica e Participativa. Disponível em: http://participanetsus.saude.gov.br. Acesso em: 1/10/12.

Brown P, Zavestoski S. Social movements in health: an introduction. Sociology of Health & Illness 2004; 26(6):679-94.

Buss P. Pellegrini Filho A. A saúde e seus determinantes sociais. Physis: Rev Saúde Coletiva, Rio de Janeiro, 2007; 17(1):77-93.

Centro Brasileiro de Estudos de Saúde (CEBES). A questão democrática na área da Saúde. Saúde Deb 1980; 9:11-3.

Cesaltina A. Conferências: palco de conquistas democráticas. Revista Conasems 2003; 2:35-8.

CNDSS. Comissão Nacional sobre Determinantes Sociais da Saúde. As causas sociais das iniquidades em saúde no Brasil. Rio de Janeiro: Ed. Fiocruz, 2008. 220p. Disponível em: http://bvsdss.icict.fiocruz.br/php/level.php?lang=pt&component=51&item=5.

Cortes SMV. Conselhos Municipais de Saúde: a possibilidade dos usuários participarem e os determinantes da participação. Ciência & Saúde Coletiva, Rio de Janeiro, 1998a; 3(1):5-17.

Cortes SMV. Construindo a possibilidade da participação dos usuários: conselhos e conferências no Sistema Único de Saúde. Sociologias, Porto Alegre, 2002; ano 4(7):18-49.

Coutinho CN. Gramsci e os conselhos de fábrica. In: Gramsci A, Bordiga A. Conselhos de fábrica. São Paulo: Editora Brasiliense, 1981.

Dahl R. Sobre a democracia. Brasília: Editora Universidade de Brasília, 2001.

Escorel S, Moreira MR. Conselhos Municipais de Saúde do Brasil: um debate sobre a democratização da política de saúde nos vinte anos do SUS. Ciênc Saúde Coletiva mai/jun 2009; 14(3).

Escorel S, Moreira MR. Desafios da participação social em saúde na nova agenda da reforma sanitária: democracia deliberativa e efetividade. In: Fleury S, Lobato LVC (orgs.) Participação, democracia e saúde. Rio de Janeiro: Editora Cebes, 2009.

Escorel S, Moreira MR. Participação social. In: Giovanella L, Escorel S, Lobato LVC, Noronha JC, Carvalho AI (orgs.) Políticas e Sistemas de Saúde no Brasil. Rio de Janeiro: Ed. Fiocruz/Cebes, 2008.

Fedozzi LJ. Democracia participativa, lutas por igualdade e iniquidades da participação. In: Fleury S, Lobato LVC (orgs.) Participação, democracia e saúde. Rio de Janeiro: Editora Cebes, 2009.

Fleury S, Lobato LVC (orgs.) Participação, democracia e saúde. Rio de Janeiro: Editora Cebes, 2009:228-47.

Gohn MG. Conselhos gestores e participação sociopolítica. São Paulo: Cortez, 2003.

Gohn MG (org.) Movimentos sociais no início do século XXI. Antigos e novos atores sociais. 2. ed.. Petrópolis: Vozes, 2003.

Gohn MG. Teorias dos movimentos sociais. Paradigmas clássicos e contemporâneos. 4. ed. São Paulo: Loyola, 2004.

Gohn MG. Movimentos sociais e redes de mobilizações civis no Brasil contemporâneo. Petrópolis: Vozes, 2010.

Gohn MG. Movimentos sociais na contemporaneidade. Revista Brasileira de Educação mai-ago 2011; 16(47).

Labra ME. Política Nacional de Participação na Saúde: entre a utopia democrática do controle social e a práxis predatória do clientelismo empresarial. In: Fleury S, Lobato LVC (orgs.) Participação, democracia e saúde. Rio de Janeiro: Editora Cebes, 2009:228-47.

Labra ME, Figueiredo JSA. Associativismo, participação e cultura cívica. O potencial dos conselhos de saúde. Ciência & Saúde Coletiva, Rio de Janeiro, 2002; 7(3):537-47.

Lobato LVC. Prefácio. In: Fleury S, Lobato LVC (orgs.) Participação, democracia e saúde. Rio de Janeiro: Editora Cebes, 2009.

Menéndez EL, Spinelli HG (orgs.) Participación Social? para qué? Buenos Aires: Lugar Editorial, 2006.

Paim JS. Participação comunitária em saúde: realidade ou mito? Cadernos do Ceas. Nordeste. Sobradinho. Classe Média. Nº 91, 1984.

Paim JS. Saúde, política e reforma sanitária. Salvador: Ceps-ISC, 2002.

Paim JS, Almeida-Filho N. A crise da saúde pública e a utopia da saúde coletiva. Salvador: Casa da Qualidade, 2000.

PartcipaNet SUS, 2010. Disponível em: http://www.ensp.fiocruz.br/portal-ensp/pesquisa/projeto/index.php?id=103. Acesso em: 10/10/12.

Silva GGA, Egydio MVRM, Souza MC. Algumas considerações sobre o controle social no SUS: usuários ou consumidores? Saúde em Debate, Rio de Janeiro, 1999; 23(53):37-42.

Souza LEPF. Dois adendos a "o estado que temos e os rums que queremos", de Nelson Rodrigues dos Santos. Saúde em Debate, Rio de Janeiro, out/dez 2010; 34(87):631-6.

Touraine A. Crítica da modernidade. Lisboa: Instituto Piaget, 1994.

Ugalde A. Las dimensiones ideológicas de la participación comunitaria em los programas de salud en Latinoamérica. In: Menéndez EL, Spinelli HG (orgs.) Participación Social? para qué? Buenos Aires: Lugar Editorial, 2006.

Vianna MLTW, Cavalcanti ML, Cabral MP. Participação em saúde:? Do que estamos falando? Sociologias, Porto Alegre, jan/jun 2009; ano 11, 21:218-51.

19

Gestão do SUS:
Descentralização, Regionalização e Participação Social

Luis Eugenio Portela Fernandes de Souza • *Ana Luiza d'Ávila Viana*

GESTÃO E ADMINISTRAÇÃO: DEFINIÇÕES

Gestão é sinônimo de administração, ainda que haja diferenças quanto à origem dos conceitos, como refere Mota (1991), que relaciona gestão ao *management* do setor privado anglo-americano e administração à *administration publique* de linha francesa.

A definição clássica de administração é aquela proposta por Henry Fayol (1990), no início do século XX: planejar, organizar, dirigir e controlar.

Nessa definição, planejar consiste em tomar decisões sobre objetivos a alcançar, atividades a desenvolver e recursos a utilizar. Organizar refere-se a distribuir a autoridade e a responsabilidade entre as pessoas e a alocar os recursos. Dirigir significa mobilizar recursos, especialmente pessoas, para realizar as tarefas e atingir os objetivos. Finalmente, controlar consiste em acompanhar e fiscalizar a mobilização de recursos na realização das tarefas de modo a assegurar o alcance dos objetivos.

Na perspectiva do planejamento estratégico-situacional (Matus, 1993), muito adotada por autores da Saúde Coletiva (Rivera, 1989; Teixeira, 2001), a gestão é vista como um dos momentos do planejamento, mais especificamente como o momento tático-operacional. Nessa perspectiva, portanto, não se concebe o planejamento como um dos elementos componentes da gestão, mas o contrário.

Trata-se, na verdade, de duas formas diferentes de analisar e intervir sobre a realidade política e administrativa e os planejadores e administradores. A depender de seus valores e suas preferências, podem optar por uma ou por outra.

No campo da Saúde Pública internacional, a célebre Assembleia Mundial da Saúde de 1978 (OMS, 1978), que aprovou a meta de "Saúde para Todos no ano 2000", adotou a seguinte definição de gestão:

[...] processo integrado para a definição de políticas sanitárias, a formulação de programas prioritários que permitam pôr em prática essas políticas, a habilitação de créditos preferentes nos orçamentos da saúde para esses programas prioritários, a execução desses programas por meio do sistema sanitário geral, a vigilância, a fiscalização e a avaliação desses programas de saúde e dos serviços e instituições que os executam, e o aporte de uma base adequada de informação para o processo em geral e cada um de seus elementos [...] (tradução livre)

Trata-se de uma conceituação ampla de gestão, que incorpora o conceito de administração como *conjunto de técnicas* usadas para o funcionamento de uma organização, inclusive o planejamento, o financiamento, a contabilidade, a direção de pessoal, a análise de sistemas etc., mas ultrapassa sua abrangência, incluindo o processo de *tomada de decisão política* também como objeto da gestão. Nesse sentido, o conceito de gestão adotado pela Assembleia Mundial da Saúde de 1978 está mais próximo do conceito de planejamento de Matus do que do conceito de administração de Fayol.

Do nosso ponto de vista, uma boa chave para compreender a gestão é dada pela teoria do processo de trabalho (Mendes-Gonçalves, 1994; Marx, 1997 [1868]). Para essa teoria, a gestão é trabalho indireto, ou seja, é um trabalho que se realiza sobre outros trabalhos. Concretamente, o objeto de trabalho do gestor ou do administrador é o trabalho de outras pessoas que se encontram sob seu comando ou supervisão. Os instrumentos de trabalho do gestor são as atitudes, os conhecimentos e as técnicas que utiliza para definir o processo de trabalho dos outros e controlar a sua execução. O trabalho propriamente dito consiste na direção e no controle do trabalho dos subalternos (quando se adota a perspectiva da escola clássica da

Administração) ou no comando e na supervisão do desenvolvimento das operações táticas (caso se adote a perspectiva do Planejamento Estratégico-Situacional).

É fácil perceber que a gestão, enquanto trabalho indireto, trata fundamentalmente de uma atividade de *controle* sobre o trabalho dos outros. Controle que pode ser autoritário ou democrático, mas que é sempre essencial para que as tarefas dos membros de uma organização sejam coordenadas e produzam resultados, em termos de alcance de objetivos organizacionais, incluindo a preservação ou o crescimento da organização e a conquista ou a manutenção da sua legitimidade social.

Essa percepção é fortalecida ao se constatar que todo o debate, no interior das teorias administrativas, refere-se a como melhor exercer o controle sobre os trabalhadores. No fundo, as teorias administrativas não buscam nada mais, nada menos do que identificar as formas mais efetivas de controle para fazer com que os objetivos organizacionais sejam incorporados por cada um de seus membros em seus objetivos próprios e em suas atividades rotineiras.

Barley & Kunda (1992), analisando a história das ideologias administrativas nos EUA, desde o final do século XIX até o final do século XX, identificam que, fundamentalmente, as formas de controle privilegiadas pelos dirigentes de grandes empresas oscilaram entre duas concepções ideológicas.

A primeira concepção, chamada normativa, enfatiza o controle mediante a cooptação dos subordinados, tomando as relações de trabalho como objeto central da prática gerencial. A segunda, que intitulam de racional, enfatiza o controle por meio do desenho e da implantação de processos de produção padronizados, definindo como foco principal da gestão o uso eficiente de estruturas e tecnologias.

Vale destacar que são estratégias complementares de controle sobre os dois fatores fundamentais do processo produtivo: o capital e o trabalho. As estratégias baseadas em retóricas racionais enfatizam o uso de estruturas e tecnologias (o capital), enquanto as estratégias baseadas em retóricas normativas enfatizam a ação sobre as relações de trabalho.

Por conseguinte, pode-se concluir que o trabalho indireto da gestão consiste em conceber e desenvolver estratégias de controle dos trabalhadores mediante, simultaneamente, a implantação de processos padronizados eficientes e a motivação dos subordinados em relação aos objetivos organizacionais.

PARTICULARIDADES DA GESTÃO DA SAÚDE

Na área da saúde, conquistar a adesão dos trabalhadores e desenhar e implantar processos de trabalho eficientes exige abordagens específicas. Há particularidades nessa área que tornam mais complexa sua gestão.

Antes de tudo, a saúde é um valor. No senso comum, a saúde vale quase tanto quanto a vida. Tratar da saúde é frequentemente equiparado a tratar da vida. Por isso, as necessidades de saúde são percebidas como algo importante a que se deve atender. E os serviços de saúde, em geral, são tidos como de grande utilidade social. Em consequência, a pressão social sobre os gestores da saúde costuma ser elevada.

Em segundo lugar, os problemas de saúde têm um caráter multidimensional: são simultaneamente orgânicos, psicológicos, sociais, éticos, religiosos etc., e variam bastante de indivíduo para indivíduo e entre os diferentes grupos populacionais. Por conseguinte, o trabalho nas organizações sanitárias é muito variável e de difícil padronização, as atividades realizadas são especializadas e altamente interdependentes e seus resultados não são fáceis de avaliar.

Em terceiro lugar, os serviços precisam estar sempre preparados para situações de emergência, que são frequentes na área da saúde. E como serviços não são bens materiais passíveis de estocagem, estar preparado para urgências implica manter permanentemente pronta para atuar uma custosa estrutura física, de materiais e de pessoal, que passará parte do tempo ociosa.

Finalmente, outra série de particularidades da gestão em saúde decorre do caráter profissional dos serviços e das organizações sanitárias (Mintzberg, 1995).

As organizações de saúde são caracterizadas como profissionais, essencialmente, por dependerem do trabalho de profissionais para funcionar. Os profissionais são trabalhadores diferenciados pelo fato de o próprio exercício de suas competências exigir que disponham de um elevado grau de autonomia. O médico, por exemplo, deve ter autonomia para definir a conduta diagnóstica ou terapêutica a ser adotada, sem preocupações outras que não sejam o bem-estar de seu paciente.

Os trabalhadores profissionais têm consciência de suas singularidades, tendo sido treinados por longos períodos e com altos custos para a sociedade. Dispõem de informações que não estão ao alcance nem dos gestores nem dos usuários dos serviços, que se encontram, desse modo, em situação de dependência.

Em consequência disso, a estrutura das organizações profissionais é necessariamente descentralizada, ainda que burocrática. É descentralizada porque é o próprio profissional, como operador na base da organização, que define o conteúdo de seu trabalho, o seu fazer, e é burocratizada porque o trabalho profissional é padronizado, ou seja, os mesmos procedimentos costumam se repetir ao longo do tempo.

Essa padronização, todavia, não é estabelecida pelos dirigentes ou gestores da organização. Trata-se de uma padronização de competências, obtida primariamente a partir da formação profissional. Com efeito, toda a educação profissional tem como objetivo a internalização de conjuntos de procedimentos típicos da profissão.

A coordenação da organização profissional depende dessa padronização de competências. Os profissionais se coordenam automaticamente através do conjunto de suas atitudes, conhecimentos e habilidades, que tornam previsíveis os comportamentos de cada um. Ressalve-se, contudo, que, apesar da padronização, a complexidade do trabalho profissional exige a utilização de alto grau de discernimento individual na aplicação concreta, a cada caso, das competências.

O que diferencia a burocracia profissional das demais é que, enquanto estas geram seus próprios padrões, os daquela se originam fora de sua estrutura, nas instâncias de decisão das corporações profissionais.

Nesse sentido, o único controle ao qual os profissionais admitem se submeter é o exercido pelas entidades corporativas (conselhos federais e regionais das profissões), cujos representantes foram por eles mesmos escolhidos. Acrescente-se que esse controle é limitado aos aspectos éticos, baseia-se em um Código de Ética elaborado pela própria profissão e visa proteger tanto o público usuário como os próprios profissionais.

Dada essa configuração bastante descentralizada, os profissionais controlam não somente seu próprio trabalho, mas também conseguem controlar boa parte das decisões administrativas.

Além de descentralizada, a organização profissional é democrática, pois os trabalhadores profissionais são responsáveis pelas principais decisões referentes a suas condutas e são livres para estabelecer diretamente relações com os usuários.

A autonomia dos profissionais torna a intervenção dos gestores no processo de trabalho bastante difícil. Na prática, o que possibilita a intervenção dos dirigentes é que os operadores precisam da organização. Ela fornece os instrumentos de trabalho e a infraestrutura material e humana de apoio, essencial para que possam exercer suas competências.

A infraestrutura de apoio é organizada, em geral, de maneira mais convencional, o que leva à coexistência, dentro das organizações profissionais, de duas estruturas de gestão: uma democrática, para os profissionais, outra centralizada, para o pessoal de apoio. Por conseguinte, dos gestores é exigida uma capacidade também dupla: saber conduzir uma estrutura democrática e, ao mesmo tempo, saber gerir uma estrutura centralizada.

Essas características centrais da burocracia profissional – democracia e autonomia –, fundamentais para seu bom desempenho, são também a fonte principal dos problemas desse tipo de organização.

Um problema se relaciona com as dificuldades de coordenação das atividades. O principal mecanismo de coordenação, a padronização das competências, não é suficiente para responder a todas as necessidades de coordenação, seja dos profissionais entre si, seja deles com o setor de apoio.

Outro problema se refere à má conduta de certos profissionais. A organização profissional depende do discernimento dos profissionais para poder funcionar. Quando os indivíduos são sérios e encontram condições favoráveis de trabalho, não há problemas. No entanto, sempre existem pessoas que confundem as necessidades dos usuários com seus interesses particulares, ou que se tornam assim diante de condições de trabalho menos favoráveis. Corrigir a má conduta de um profissional é extremamente difícil, por dois motivos: primeiro, pela dificuldade real de avaliação do produto do trabalho profissional e, segundo, porque o corporativismo, sempre forte entre os profissionais, dificulta qualquer ação contra um dos membros da corporação.

Não apenas os usuários, mas também a organização pode ser prejudicada por problemas de má conduta. Muitos profissionais limitam sua lealdade à profissão, esquecendo que as organizações também precisam da lealdade e da colaboração de seus membros.

Finalmente, há o problema da resistência às inovações. Como burocracias, as organizações profissionais são mais voltadas para aperfeiçoar programas existentes em ambientes estáveis do que para criar novos programas para necessidades não previstas. Além disso, inovações importantes exigem ações coletivas, que não são uma característica marcante dos profissionais.

Usualmente, tenta-se resolver esses problemas por meio do aumento do controle externo sobre os profissionais. Adota-se ou a supervisão direta ou a padronização do processo ou do produto do trabalho. Ora, um trabalho complexo como o profissional não pode ser padronizado a partir de regras, regulamentos ou medidas de desempenho. Todos esses tipos de controle, transferindo a responsabilidade pelo serviço do indivíduo profissional para a administração, comprometem a eficácia do trabalho.

O que pode fazer o gestor, então?

O caráter profissional do trabalho em saúde sugere que mudanças nas organizações de saúde decorrem de modificações progressivas do comportamento dos profissionais, por meio de ações educativas e da articulação entre a melhoria das condições de trabalho e a responsabilização dos profissionais por seu desempenho individual e coletivo.

Nesse sentido, o gestor pode e deve desenvolver estratégias junto às instituições formadoras, assim como ações educativas no interior de sua organização, e desenvolver ações junto aos órgãos reguladores, visando buscar que os profissionais venham a ter as competências adequadas à realização das atividades que o alcance dos objetivos organizacionais requer. Além disso, considerando que os profissionais têm algum grau de dependência da organização, pode desenvolver estratégias de gestão, relacionadas com a implantação de processos de trabalho mais efetivos e relações de trabalho mais motivadoras.

GESTÃO DO SUS
Descentralização e regionalização

A descentralização assume uma grande centralidade nas agendas de reforma do Estado nos anos 1980 em quase todos os países ocidentais. A virada pró descentralização se apoiou em inúmeros argumentos de ordem política, econômica e social, com destaque para os desequilíbrios financeiros dos Estados das economias desenvolvidas e o questionamento das antigas formas de representação Estado/Sociedade.

No campo conservador, a descentralização foi entendida como mecanismo para reduzir o Estado de encargos financeiros, principalmente na área social, incluindo a privatização de serviços e o financiamento público para o consumo de serviços privados.

Para os progressistas, descentralização foi entendida como meio de avançar o próprio conceito de democracia, mobilizando novas arenas societais, em que se destacariam os novos movimentos locais.

A proposta de descentralização foi incorporada por diferentes tipos de ideários, até porque todos têm uma base de constituição comum: a crise de um padrão de crescimento baseado na centralidade das ações estatais, em que ocorreram desvios de natureza burocratizante, centralizante etc. Justamente por isso, a literatura sobre descentralização muitas vezes apresenta falta de consistência na definição de conceito, tem dificuldades em estabelecer parâmetros e revela uma pluralidade de valores.

De um modo mais simples, descentralização pode ser definida como processo de distribuição de poder e autoridade: no plano político, desconcentração do poder decisório, delegação do poder de formular políticas, de definir prioridades, de alocar recursos para instâncias descentralizadas (organismos estatais, estruturas regionais, governos estaduais ou locais), como também instâncias decisórias institucionalizadas (conselhos, comissões etc.) dotadas de poder deliberativo, ou ainda formas mistas que envolvam a parceria do setor público com o privado (lucrativo ou não) no processo decisório. Do ponto de vista administrativo, a descentralização refere-se basicamente à desconcentração do aparelho administrativo, sem implicar dispersão do poder decisório. Do ponto de vista econômico, a descentralização diz respeito à transferência das decisões econômicas, concentradas no Estado, para o mercado e os consumidores.

Na área da saúde, essa discussão tomou rumo próprio a partir da Conferência de Alma-Ata (1978), quando se constatou que os sistemas de saúde viviam uma crise profunda e sugeriu-se um amplo programa de reformas, com bastante ênfase na questão da descentralização. A proposta da Organização Pan-Americana da Saúde (OPAS), por sua vez, incentivava a criação de Sistemas Locais de Saúde (Silos), mediante a divisão de trabalho no interior dos sistemas nacionais de saúde com critério geográfico populacional, em áreas urbanas e rurais, de acordo com as necessidades da população definidas em termos de riscos.

Já a proposta de descentralização do Banco Mundial apresentada no Documento Agenda para Reforma (1988) enfatiza, além da descentralização, o pagamento dos serviços pelos usuários, o estímulo ao seguro saúde e o emprego eficiente dos recursos na saúde.

Como se vê, mesmo na saúde, a proposta de descentralização toma rumos divergentes, e até mesmo conflitantes, e será implementada de maneiras diversas pelos países, sendo na América Latina e no Brasil a discussão da descentralização também contemporânea da discussão sobre a formação de sistemas nacionais de saúde.

No Brasil, a virada aconteceu na década de 1980 e teve como pano de fundo a transição democrática e a crise econômica, período de grande ebulição política que culminou na conformação da Constituição Federal de 1988 e na emergência do Sistema Único de Saúde (SUS).

A descentralização foi uma política prioritária na agenda federal da saúde durante a primeira década de implantação do SUS. A trajetória dessa política, regulada pelo Ministério da Saúde por meio de diferentes normatizações e em geral associada a mecanismos financeiros (Machado, 2007), refletiu projetos econômicos e sociais de ideologias e finalidades distintas (Ribeiro, 2009).

Mecanismos de indução e coordenação desenvolvidos no âmbito da política favoreceram a transferência de poder decisório, responsabilidades gestoras e recursos financeiros da União para estados e, principalmente, municípios, em um contexto adverso à expansão do sistema público de saúde (Levcovitz, Lima & Machado, 2001). Como consequência, ao mesmo tempo que se observa uma tendência à centralização fiscal e legislativa do Estado nesse período (Melo, 2005; Almeida, 2007; Arretche, 2009), ampliam-se as funções dos governos municipais no SUS, o que possibilita sua sustentabilidade política e financeira. Contudo, os mecanismos de descentralização setorial não permitiram contornar os conflitos federativos gerados pelas restrições orçamentárias e pela herança de desigualdades socioeconômicas no Brasil (Viana, Lima & Oliveira, 2002) e sofreram forte influência dos projetos de enxugamento do Estado e de estabilização macroeconômica.

A fragilidade do papel do Estado na promoção do desenvolvimento e do enfoque regional na formulação de políticas também dificultou a adequação dos processos de descentralização às múltiplas realidades brasileiras. Com isso, não houve uma diversificação de estratégias e instrumentos capaz de relacionar as necessidades de saúde às dinâmicas territoriais específicas, visando à redução da iniquidade em diferentes planos (Viana, Fausto & Lima, 2003). Assim, ao final dos anos 1990, os avanços da municipalização – entre outros, a ampliação do acesso à saúde, a incorporação de práticas inovadoras no campo da gestão e da assistência e o aumento dos gastos com recursos próprios no SUS – revelam-se altamente dependentes das condições prévias locais: as características dos sistemas descentralizados de saúde refletem diferentes capacidades financeiras e político-institucionais para a prestação da atenção à saúde e distintas disposições políticas de governadores e prefeitos (Souza, 2001). Evidenciam-se problemas relativos à desintegração territorial de instituições, serviços e práticas e dificuldades para a conformação de arranjos cooperativos entre os governos que garantam o acesso integral à saúde (Mendes, 1999; Pestana & Mendes, 2004; Campos, 2006).

É nesse cenário, a partir da virada dos anos 2000, que a regionalização ganha relevo na política nacional de saúde. Novas diretrizes são formuladas tendo em vista a integração das ações e serviços no espaço regional e a divisão de funções e responsabilidades entre os entes na condução do sistema de saúde.

Seis períodos ou ciclos podem ser identificados no processo de descentralização, levando em conta o conteúdo da política, o ambiente intergovernamental, o perfil de financiamento e o fomento ao fortalecimento das estruturas subnacionais, com base em diferentes documentos, publicados nos últimos vinte anos, que reúnem as orientações para a descentralização/regionalização no SUS, resumidos na Tabela 19.1.

O primeiro período é nacional e extrapola a área da saúde, quando a conjuntura de democratização dos anos 1980 favorece a crítica ao modelo centralizador e autoritário de condução de políticas públicas durante o período da ditadura militar (1964/1982). A descentralização torna-se uma bandeira do movimento liderado pelos governos estaduais e municipais em prol de maior autonomia decisória e financeira.

O segundo ciclo se inicia na primeira metade da década de 1990 e caracteriza-se por tentativas de fortalecimento da gestão municipal, apoiado pelo maior aporte de recursos para esse nível de governo. As iniciativas, entretanto, são muito dependentes das histórias sanitárias locais e a transferência de recursos se apoia na expansão da oferta de serviços. Outro aspecto importante é o fortalecimento das estruturas subnacionais, principalmente dos municípios, a partir do aprendizado institucional incentivado pelas modalidades de habilitação – condições diferenciadas de gestão em saúde – previstas pelas Normas Operacionais Básicas (NOB) de 1993 e 1996.

Houve avanços no período para pactuação nacional e para conformação de um ambiente intergovernamental mais cooperativo com a institucionalização das Comissões Intergestores. A Comissão Intergestores Tripartite (CIT), em âmbito nacional, e as Comissões Intergestores Bipartite (CIB), em âmbito estadual, foram criadas na área da saúde em virtude da necessidade de conciliar as características do sistema federativo brasileiro e as diretrizes do SUS.

A NOB 1996 inaugura um novo ciclo, marcado pela redistribuição mais equitativa de recursos através do Piso de Atenção Básico (PAB) fixo e variável, calculado em base *per capita* e do incentivo ao Programa de Saúde da Família (PSF).

A Norma Operacional de Assistência à Saúde (NOAS) já enfatiza o processo de regionalização como estratégia fundamental para ampliação do acesso às ações e aos serviços de saúde, porém foi somente na emergência do Pacto pela Saúde, em 2006, que diretrizes políticas são enunciadas para a pactuação política entre os entes federados com base na regionalização dos serviços (Brasil, 2006).

Finalmente, em 2011, o ciclo mais recente de descentralização/regionalização emerge com a proposta de pactuação entre os entes federados, a partir da adesão pelos estados e municípios aos Contratos Organizativos da Ação Pública de Saúde (COAP). Novos instrumentos de planejamento e gestão são criados (mapa da saúde federal, estadual e regional, listas de equipamentos e medicamentos disponibilizados para a população [RENASES e RENAME]), com definição do rol mínimo de oferta de serviços e a criação de redes de assistência à saúde com territorialização (Brasil, 2011).

O balanço que pode ser feito desse longo ciclo de descentralização e regionalização de serviços, gestão e autoridade política evidencia avanços substantivos na ampliação do acesso e da melhoria de alguns indicadores de saúde, mas com imensas lacunas do ponto de vista da melhoria da saúde da população, tendo em vista a persistência de barreiras de acesso aos serviços, sem contar os vazios assistenciais.

A descentralização e sua face regionalizadora são de suma importância para o processo de planejamento do território nacional, pois a imensidão do Brasil e suas históricas desigualdades demandam políticas públicas de fôlego para a diminuição das iniquidades regionais em saúde. É justamente nesse ponto que os diferentes ciclos têm sido tímidos até agora.

Tabela 19.1 • Os ciclos de descentralização e regionalização da política de saúde do Brasil no período de 1983 a 2011

Período	Principais instrumentos de regulação	Conteúdo das políticas	Ambiente intergovernamental	Perfil do financiamento	Fomento às estruturas subnacionais
1983 a 1992	Ações Integradas de Saúde (AIS) e Sistema Unificado e Descentralizado de Saúde (SUDS) NOB 91 e NOB 92	Difusão dos modelos de territorialidade dos sistemas de saúde (distritos de saúde) Instrumentos conveniais: ênfase na autonomia decisória e financeira dos estados e municípios Descentralização da gestão e universalização gradativa dos serviços	Fortemente marcado pela redemocratização Articulações para elaboração da nova Constituição e organização do poder democrático Negociações intergovernamentais por meio do funcionamento das Comissões Interinstitucionais, dos Conselhos de Representação dos Secretários de Saúde (Conass e Conasems) e da Comissão Intergestores Tripartite (a partir do início dos anos 1990)	Programação e Orçamentação Integradas (POI) (década de 1980) Ampliação do repasse de recursos federais segundo produção aprovada (prestadores públicos e privados) Crise do financiamento federal no início da década de 1990, com expansão das despesas municipais	Escassos
1993 a 1995	NOB 93	Tentativas de fortalecimento da gestão municipal com indefinições quanto ao papel das secretarias de estado de saúde	Negociações intergovernamentais por meio dos Conselhos de Representação dos Secretários de Saúde (Conass, Conasems e Cosems) e Comissões intergestores (CIT e CIB) Iniciativas isoladas de consórcios Formalização dos acordos intergovernamentais por meio do processo de habilitação às condições de gestão do SUS	Transferências federais fiscais e setoriais não redistributivas: repasse direto ao prestador segundo produção aprovada Início das transferências federais em bloco (*blockgrants*) segundo montante definido no teto financeiro Oscilação das despesas federais e expansão das despesas municipais	Indução à montagem de estruturas subnacionais a partir do aprendizado institucional incentivado pelas modalidades de habilitação (condições diferenciadas de gestão em saúde)
1996 a 2000	NOB 96	Ampliação do processo de descentralização para os municípios e indução à organização de novos modelos de atenção Agravamento das desigualdades intra e inter-regionais	Negociações intergovernamentais em âmbito nacional e estadual por meio das instâncias colegiadas de representação e gestão e experiências de negociação regional isoladas (p. ex., CIB regionais) Negociações intermunicipais, com participação e mediação da instância estadual (Programação Pactuada e Integrada – PPI) Iniciativas isoladas de consórcios e ampliação dos agentes privados no âmbito locorregional Formalização dos acordos intergovernamentais por meio do processo de habilitação às condições de gestão do SUS e da PPI	Implantação de transferências federais setoriais redistributivas Forma preponderante na saúde: transferências segmentadas em várias parcelas (*projectgrants*) por nível de atenção à saúde, tipo de serviço e programas Oscilação das despesas federais e expansão das despesas municipais	Indução à montagem de estruturas subnacionais a partir do aprendizado institucional incentivado pelas modalidades de habilitação (condições diferenciadas de gestão em saúde)

(continua)

Tabela 19.1 • Os ciclos de descentralização e regionalização da política de saúde do Brasil no período de 1983 a 2011 (continuação)

Período	Principais instrumentos de regulação	Conteúdo das políticas	Ambiente intergovernamental	Perfil do financiamento	Fomento às estruturas subnacionais
2001 a 2005	NOAS 2001/2002	Revalorização da lógica regional no setor, com estabelecimento de um conjunto de normas e diretrizes para a configuração de "regiões de saúde" Ênfase no planejamento regional sob condução das instâncias estaduais	Negociações em âmbito nacional e estadual por meio das instâncias colegiadas de representação e gestão e experiências de negociação regional isoladas (p. ex., CIB regionais) Iniciativas isoladas de consórcios e ampliação dos agentes privados no âmbito locorregional Formalização dos acordos intergovernamentais por meio do processo de habilitação às condições de gestão do SUS, da PPI e de experiências de contrato de gestão isoladas Implantação de mecanismos de avaliação de resultados (Agenda da Saúde, Pacto da Atenção Básica) Plano de Investimentos)	Forma preponderante na saúde: transferências segmentadas em várias parcelas (*projectgrants*) por nível de atenção à saúde, tipo de serviço e programas, incluindo a definição de referências intermunicipais Somatório das despesas municipais e estaduais supera as despesas federais em saúde	Indução à montagem de estruturas subnacionais a partir do aprendizado institucional incentivado pelas modalidades de habilitação (condições diferenciadas de gestão em saúde)
2006 a 2010	Pactos pela Saúde	Nova concepção de regionalização: ao mesmo tempo que resgata seu conteúdo político, admite que a organização espacial do sistema de saúde deva levar em conta a diversidade do território brasileiro e buscar a complementaridade entre as regiões Protagonismo das instâncias estaduais na condução da regionalização a partir da flexibilização dos critérios a serem utilizados no planejamento regional	Negociações em âmbito nacional e estadual Fomento à expansão das experiências de negociação regional e compartilhamento da gestão dos sistemas de saúde com a conformação dos Colegiados de Gestão Regional (CGR) Formalização dos acordos entre gestores por meio da PPI, da assinatura de termos de compromissos entre os gestores no âmbito do Pacto de Gestão e do Pacto pela Vida Implantação de mecanismos de monitoramento e avaliação dos compromissos pactuados	Transferências federais em grandes blocos segundo nível de atenção à saúde, tipo de serviço, programas e funções Expansão das despesas estaduais e dos investimentos públicos federais e estaduais	A adesão aos Termos substitui os antigos processos de habilitação previstos nas normas operacionais do SUS como requisito para transferência de responsabilidades e recursos Ampliação dos mecanismos de qualificação para gestão
A partir de 2011	Decreto Presidencial 7.508 (junho de 2011)	Constituição de regiões de saúde com definição de limite geográfico, população usuária, fluxos assistenciais, redes de atenção à saúde com rol mínimo de ações e serviços e atuação da Comissão Intergestores Regional (CIR)	Integrar a organização, o planejamento e a execução de ações e serviços de saúde Referência para transferência de recursos entre os entes federados Diminuir as desigualdades socioespaciais de universalização da saúde, superar os limites do modelo de descentralização municipalista da saúde e fortalecer o papel dos estados no planejamento Governança das Redes.	Idem	Adesão aos Contratos Organizativos da Ação Pública de Saúde (COAP)

Fonte: Viana ALD, Lima LD (orgs.) Regionalização e relações federativas na política de saúde do Brasil. Rio de Janeiro: Contra-Capa, 2011.

Participação social

A participação social é uma marca forte no SUS desde seu nascimento. Com efeito, é preciso lembrar que a ideia de um sistema único de saúde cresceu na confluência, nos anos 1980, de três movimentos sociais: o de comunidades das periferias das grandes cidades, o da Renovação Médica nos sindicatos de médicos e o de professores universitários de saúde pública, críticos da perspectiva da medicina preventiva, como importada dos EUA. Vale notar a ausência, nesse processo, do movimento sindical dos trabalhadores do setor mais dinâmico da economia brasileira, que, todavia, encontrava-se bastante ativo, nessa época, a ponto de liderar a criação de um partido político.

Os anos 1980 constituem um período de grandes mobilizações: "Diretas Já", eleição (indireta) do primeiro presidente civil depois de 20 anos de governos militares, eleição do Congresso Constituinte, além da intensificação das lutas populares e sindicais que leva, entre outras coisas, à fundação da Central Única dos Trabalhadores.

Nesse ambiente, o movimento da Reforma Sanitária Brasileira (RSB) concebe uma inovadora estrutura de controle social para o sistema de saúde, baseada na organização de conferências periódicas e de conselhos permanentes, responsáveis por definir diretrizes para as políticas de saúde e por fiscalizar a atuação dos órgãos gestores. E ainda mais: propõe-se a participação paritária entre representantes de usuários e representantes de profissionais e prestadores de serviço nas conferências e nos conselhos. A força do movimento é suficientemente grande para superar os vetos do presidente Collor aos artigos da Lei 8.080/90 que faziam referência ao controle social e conseguir a aprovação da Lei 8.142/90, que restabelece os artigos vetados.

Desde então, contudo, as conferências e os conselhos têm perdido sua influência sobre a condução do SUS. A 12ª Conferência Nacional de Saúde, realizada em 2003, termina inconclusa, com a dispersão dos delegados. A 13ª, em 2007, fica marcada pela cisão radical entre representantes de gestores e representantes da sociedade civil, embora muitos membros de ambos os grupos se sintam filiados ao Movimento da RSB. A 14ª Conferência, ocorrida em 2011, aprova, em sua plenária final, um documento político – a Carta da 14ª Conferência – que modifica, tornando ambíguas algumas deliberações centrais da própria conferência. Em síntese, na prática, de pouco valem as resoluções da mais alta instância do controle social do SUS.

De modo semelhante, o Conselho Nacional de Saúde participa cada vez menos de decisões importantes sobre o SUS. A pauta de discussões no Conselho Nacional de Saúde tem sido ocupada por questões corporativas, de defesa dos interesses do funcionalismo público, em especial a centralidade, que ganhou, nos últimos anos, um tema mais gerencial do que político, como o das fundações estatais de direito privado. Por trás de um discurso que procura identificar a proposta de fundação estatal como uma estratégia de privatização do SUS, o que se verifica é a defesa intransigente de um *status quo* que, creem seus defensores, favorece os interesses dos servidores públicos, notadamente a estabilidade do vínculo empregatício.

Acrescente-se que as exigências e urgências da gestão estão a distanciar os gestores dos conselhos de saúde, que têm assim agravado seu esvaziamento político. Ao contrário, têm-se fortalecido as CIT e CIB, que não contam com a participação social, mas passaram a ser a arena principal de negociação e decisão sobre os rumos do SUS.

O enfraquecimento da participação social no SUS, em particular, e na atividade política, em geral, tem várias explicações possíveis. A mais abrangente é aquela que remete ao contexto mundial, nos anos 1990, de derrocada do "socialismo real" e de vitória político-ideológica do neoliberalismo, com seus impactos sobre a capacidade de intervenção dos partidos políticos tradicionalmente ligados aos movimentos sociais.

Menciona-se também a diversificação do movimento social, com o surgimento de formas não classistas de organização, mas articuladas a questões de gênero, ambientais e étnicas, o que representaria uma diminuição da capacidade de intervenção sobre políticas sociais gerais.

Outra explicação, mais pontual, destaca o deslocamento de lideranças sindicais e populares, incluindo militantes do movimento sanitário, para posições no aparelho de Estado, com as vitórias eleitorais de coalizões políticas progressistas, o que teria fragilizado as organizações dos trabalhadores.

Mais recentemente, já no período dos governos Lula, é mencionado um processo de cooptação de lideranças, transformadas em uma "aristocracia operária" dócil aos imperativos da *realpolitik*, como definida pelos companheiros que estão nas posições de governantes.

Se lembrarmos que o SUS é uma proposta democratizante, que visa melhorar as condições de saúde de todos e cuja base de sustentação social seriam os setores populares da sociedade – aqueles que teriam interesse direto na implantação de um sistema universal de saúde –, percebemos a dificuldade em que nos encontramos. Quem hoje defende o SUS?

É notório que os segmentos do movimento sindical com maior capacidade de vocalização política, desde a extinção do Inamps, preferiram pôr em suas pautas de reivindicação – e efetivamente a conquistaram das associações patronais ou dos governos – sua inclusão como beneficiários de planos e seguros privados de saúde.

O fenômeno recente de crescimento da chamada classe C vem atraindo as atenções de empresas de todos os ramos, inclusive das de planos e seguros de saúde. Essa "nova classe média", por sua vez, parece ávida por consumir esses planos e seguros.

Como os setores populares mais organizados e os mais abastados da sociedade não se interessam pelo SUS, contamos apenas com as pessoas mais pobres e com menor capacidade de mobilização para, potencialmente, defendê-lo. Nesse sentido, a perspectiva principal é a de consolidação de um *apartheid* na saúde: serviços privados para os ricos e os remediados, SUS para os pobres.

Essa perspectiva, que representaria a derrota do projeto da RSB, não é, todavia, inexorável. Ao contrário, é pouco provável que o seguro privado venha a satisfazer a demanda por serviços de saúde da classe média, incluindo os trabalhadores mais bem organizados. A elevação dos custos dos serviços de saúde, determinada fundamentalmente pelos interesses econômicos do conglomerado industrial-financeiro da saúde, está inviabilizando a possibilidade de planos e seguros se consolidarem como alternativa para os setores médios da sociedade. O número de reclamações contra as operadoras de planos e seguros nos órgãos de defesa do consumidor é um evidente indício dessa dificuldade.

Dada essa dificuldade, abre-se a possibilidade de construção de uma aliança política entre a população dependente do SUS, a "nova classe média" e mesmo a classe média tradicional. Essa aliança pode, então, vir a ser o ator político a defender o SUS, como proposto pelo movimento da RSB, renovando o sentido da participação social.

Transformar uma aliança possível em uma mobilização efetiva é o desafio maior dos reformistas sanitários. Os militantes da RSB têm a responsabilidade de superar o corporativismo e politizar as discussões sobre a saúde. Precisam envolver a sociedade como um todo no debate sobre os sistemas de saúde, demonstrando que se trata de decisões relacionadas com o tipo de sociedade em que se quer viver.

Referências

Almeida MHT. O Estado no Brasil contemporâneo. In: Melo CR, Sáez MA (orgs.) A Democracia Brasileira: balanço e perspectivas para o século 21. Belo Horizonte: Ed. UFMG, 2007:17-37.

Arretche MTS. Continuidades e descontinuidades da Federação Brasileira: de como 1988 facilitou 1995. Dados 2009; 52(2):377-423.

Barley S, Kunda G. Design and devotion: The ebb and flow of rational and normative ideologies of control in managerial discourse. Administrative Science Quarterly 1992; 37(1-30):363-99.

Brasil. Decreto 7.508, de 28 de junho de 2011. Regulamenta a Lei 8.080, de 19 de setembro de 1990, para dispor sobre a organização do Sistema Único de Saúde – SUS, o planejamento da saúde, a assistência à saúde e a articulação interfederativa, e dá outras providências. Diário Oficial da União 2011, 29 jun.

Brasil. Portaria GM/MS 399, de 22 de fevereiro de 2006. Divulga o Pacto pela Saúde 2006 – Consolidação do SUS e aprova as Diretrizes Operacionais do Referido Pacto. Diário Oficial da União 2006a, 23 fev.

Campos GWS. Efeitos paradoxais da descentralização do Sistema Único de Saúde do Brasil. In: Fleury S (org.) Democracia, descentralização e desenvolvimento: Brasil e Espanha. Rio de Janeiro: FGV, 2006:417-42.

Fayol H. Administração industrial e geral. 10. ed. São Paulo: Atlas, 1990.

Levcovitz E, Lima LD, Machado CV. Política de saúde nos anos 90: relações intergovernamentais e papel das normas operacionais básicas. Revista Ciência e Saúde Coletiva 2001; 6(2):269-91.

Machado CV. Prioridades de saúde no Brasil nos anos 1990: três políticas, muitas lições. Revista Panamericana de Salud Publica 2006; 20(1):44-9.

Marx K. O Capital. Vol 1. Coleção Os Economistas. São Paulo: Abril Cultural, 1997 (primeira edição em Alemão em 1868).

Matus C. Política, planejamento & governo. Brasília: IPEA, 1993. (Tomos I e II).

Melo AC. O sucesso inesperado das reformas de segunda geração: federalismo, reformas constitucionais e política social. Dados 2005; 48(4):845-889.

Mendes EV. Uma agenda para a saúde. São Paulo: Editora Hucitec, 1999.

Mendes-Gonçalves RB. Tecnologia e organização social da prática de saúde. São Paulo: Hucitec, 1994.

Mintzberg, H. Criando organizações eficazes: estrutura em cinco configurações. São Paulo: Atlas, 1995. 304p.

Motta PR. Gestão contemporânea: ciência e arte de ser dirigente. 13. Ed. São Paulo: Record, 1991. 256p.

Organização Mundial da Saúde. Declaração de Alma-Ata. Conferência Internacional sobre os Cuidados de Saúde Primários. Cazaquistão, 1978. Disponível em: www.who.int/publications/almaata_declaration_en.pdf.

Pestana MVCS, Mendes EV. Pacto de gestão: da municipalização autárquica a regionalização cooperativa. Belo Horizonte: SES, 2004.

Ribeiro PT. A descentralização da ação governamental no Brasil dos anos noventa: desafios do ambiente político-institucional. Ciência e Saúde Coletiva 2009; 13(3):819-28.

Rivera FJU. Por um modelo de formulação de políticas de saúde baseado no enfoque estratégico de planificação. In: Rivera FJU (org.) Planejamento e programação em saúde – um enfoque estratégico. São Paulo: Cortez, 1989:135-76.

Souza RR. A regionalização no contexto atual das políticas de saúde. Ciência e Saúde Coletiva 2001; 6(2):451-5.

Teixeira CF. Planejamento municipal em saúde. Salvador – BA: Instituto de Saúde Coletiva da UFBA, 2001. 80p.

Viana ALD, Fausto MC, Lima LD. Política de saúde e eqüidade. São Paulo em Perspectiva, São Paulo, 2003; 17(1):58-68.

Viana ALD, Lima LD, Oliveira RG. Descentralização e federalismo: a política de saúde em novo contexto – lições do caso brasileiro. Ciência e Saúde Coletiva 2002; 7(3):493-507.

Viana ALD, Lima LD (orgs.) Regionalização e relações federativas na política de saúde do Brasil. Rio de Janeiro: Contra-Capa, 2011.

20

Financiamento do SUS

Thereza Christina Bahia Coelho • João Henrique G. Scatena

INTRODUÇÃO

O Relatório Final da 14ª Conferência Nacional de Saúde (CNS), realizada em 2011, aprovou 27 propostas na "Diretriz 1: Em defesa do Sistema Único de Saúde (SUS) – Pelo direito à saúde e à Seguridade Social", voltadas para o cumprimento da Lei Orgânica da Saúde (LOAS) – 8.080/90, principal instrumento legal de ordenamento das formas de financiamento do SUS previstas na Constituição de 1988 (Brasil, 2012a). O destaque dado pela 14ª CNS à seguridade, colocando-a como primeira diretriz do Relatório Final, dá uma medida da importância do financiamento para a implementação das ações de saúde providas pelo SUS.

Entretanto, apesar do reconhecimento dos principais atores que participam da gestão do SUS (governo, usuários, prestadores e trabalhadores) quanto à relevância desse elemento para a viabilização de políticas, planos e programas de saúde, pouco se conhece ainda sobre o funcionamento do financiamento e das implicações que as escolhas e decisões sobre ele podem ter para sua execução.

Esse desconhecimento se deve, em parte, à pouca familiaridade dos profissionais da área da saúde com as disciplinas que auxiliam a construção de normas e regras do fluxo financeiro e com aquelas relacionadas com o planejamento e a execução dos recursos dessa natureza (economia e contabilidade), em que pesem várias iniciativas nesse sentido. Deve-se também à complexidade e à labilidade da estrutura jurídico-legal brasileira, que dificulta o acompanhamento e o entendimento dos processos envolvidos no financiamento. O desconhecimento técnico, aliado à complexidade operacional e aos conflitos de diversas ordens, tem produzido obstáculos, continuamente, de maneira a manter o financiamento como um dos grandes desafios para gestão em saúde no presente e nos anos que virão (Paim et al., 2011).

O objetivo deste capítulo, portanto, é fornecer conhecimentos introdutórios sobre o financiamento do SUS do ponto de vista da legislação que o regula, dos referenciais teóricos que o sustentam e das experiências que têm buscado colocar em prática ações de financiamento coerentes com os preceitos que regem esse sistema.

A primeira pergunta que emerge quando falamos de financiamento é: *de onde vem o dinheiro?*

Esta pergunta sobre as origens dos recursos financeiros que custeiam as atividades de saúde nos remete, imediatamente, às fontes de financiamento previstas pela legislação do SUS, a qual, como se verá adiante, tem mudado ao longo dos últimos vinte anos. Por isso, para entender o modo como o sistema é financiado é preciso conhecer um pouco como tem evoluído a composição do orçamento público da saúde. É preciso ainda compreender que o financiamento pode ocorrer no momento imediato em que se sente a necessidade de algum serviço e se faz sua aquisição, ou de maneira antecipada e mais segura, pois a incerteza sobre o futuro tem levado a sociedade a buscar formas de se precaver contra as adversidades, principalmente no que se refere à saúde. É por esse motivo que o financiamento do SUS insere-se no âmbito da Seguridade Social, que é o arcabouço conceitual que rege a constituição dos fundos da saúde e da previdência social, e foi definida no texto constitucional de 1988 como "conjunto de ações de iniciativa dos Poderes Públicos e da sociedade destinadas a assegurar os direitos relativos à saúde, à previdência e à assistência social" (Brasil, 1988, art. 194).

QUAIS AS BASES TEÓRICAS DA SEGURIDADE SOCIAL?

A Seguridade Social, como se viu, contrapõe-se ao financiamento baseado em contribuições no momento de necessidade. Pode ser de natureza pública, privada ou mista. Antes da implantação do SUS, o Sistema Previdenciário Brasileiro coletava recursos de empresas e empregados para pagar tanto benefícios como aposentadorias, pensões e outros, como para custear a oferta de serviços de saúde aos trabalhadores brasileiros e suas famílias, além de ações de assistência social (Oliveira & Teixeira, 1985). Em outras palavras, os recursos do Fundo de Previdência e Assistência Social (FPAS) financiavam cerca de 80% dos serviços voltados para a saúde, enquanto os escassos recursos do Ministério da Saúde, provenientes da atividade fiscal (taxas, impostos e contribuições), eram destinados basicamente a ações de saúde pública. Quando a sociedade brasileira fez a opção por um sistema universal de saúde, ficou clara, já naquele contexto, a necessidade de que o SUS contasse com fontes de financiamento estáveis e suficientes que lhe permitissem cumprir suas funções constitucionais.

De maneira geral, admite-se que um sistema de saúde deva ter, no mínimo, quatro funções: geração de recursos, financiamento, gestão e oferta de serviços. Essas funções, por sua vez, relacionam-se com os três eixos nos quais se articula o fluxo de ações do sistema: o financiamento, a provisão, ou fornecimento, e o consumo (OECD, Eurostat & WHO, 2011).

A definição da forma de *financiamento* e *provisão* dos serviços de saúde tem impacto direto na alocação de recursos na economia. No período que antecedeu o surgimento do SUS, havia muita instabilidade no financiamento das ações de saúde ofertadas pelo Estado brasileiro. Para tratar da história do financiamento do SUS, entretanto, é preciso esclarecer melhor como têm sido geradas as principais fontes de recursos da saúde, em geral, que são as famílias, as empresas e o Estado. Esses três grandes entes financiam a saúde por desembolso direto, quando, por exemplo, um indivíduo paga uma consulta médica ou compra um medicamento, ou indiretamente, quando contrata um seguro privado. O financiamento do SUS, por ser de natureza pública, faz-se por meio da atividade fiscal do Estado, que tributa bens e serviços sob sua competência.

FINANCIAMENTO COMO ATIVIDADE FISCAL DO ESTADO

Os interesses individuais podem ou não, em graus variáveis, identificar-se com os interesses coletivos, cabendo ao Estado regular essa disposição a contribuir para a satisfação das necessidades coletivas. Quando a satisfação dos interesses coletivos faz-se por meio de serviços de interesse geral, estes são denominados serviços públicos (Baleeiro, 1995).

A atividade financeira do Estado é orientada para obtenção e emprego de meios, bens e serviços para satisfação das necessidades coletivas por meio da geração de receitas públicas, despesa, orçamento e crédito (Pereira, 1999). As operações de entrada (receita) e saída (despesa) geram o fluxo econômico, que deve ser planejado da maneira legalmente prevista (orçamento público). A maior parte dos ingressos que formam as receitas públicas é originária dos tributos.

De acordo com o Código Tributário Nacional (Brasil, 1966) e a Lei Complementar 118 (Brasil, 2005), tributo é "toda prestação pecuniária compulsória, em moeda ou cujo valor nela se possa exprimir, que não constitua sanção de ato ilícito, instituída em lei e cobrada mediante atividade administrativa plenamente vinculada" (art. 3º). São considerados tributos os impostos, as taxas e as contribuições de melhoria (art. 5º). Os impostos constituem-se em obrigações de pagamento sem que haja necessariamente um serviço ou uma contrapartida do ente que tributa, enquanto as taxas têm "como fato gerador, o exercício regular do poder de polícia administrativa, ou a utilização, efetiva ou potencial, de serviço público específico e divisível, prestado ao contribuinte ou posto a sua disposição" (Brasil, 1966, art. 77).

As contribuições estão, teoricamente, relacionadas com uma finalidade específica, embora na prática só se diferenciem dos impostos pela agilidade de sua aplicação, pois um imposto só pode entrar em vigor no ano seguinte ao de sua criação (Medici, 2002). As contribuições podem ser denominadas Contribuições Sociais (CS), de Intervenção no Domínio Econômico (CIDE), de Interesse das Categorias Profissionais ou Econômicas (CICPE), como no caso do CRM dos médicos, ou Contribuição de Iluminação Pública (CIP), de competência dos municípios e do Distrito Federal (Brasil, 2012b).

No que tange à saúde, as contribuições sociais sobressaem-se, sendo a mais conhecida a Contribuição Provisória sobre a Movimentação Financeira (CPMF). Antecedida pelo Imposto Provisório sobre a Movimentação Financeira (IPMF), criado em 1993, a CPMF teve vigência de 1996 a 2007, quando sua renovação não foi aprovada pelo Congresso Nacional (Scatena, Viana & Tanaka, 2009).

De fato, a Contribuição Social sobre o Lucro Líquido (CSLL) das Pessoas Jurídicas, a Contribuição Social para o Financiamento da Seguridade Social (Cofins) e a CPMF foram, juntas, responsáveis por 69% dos recursos financeiros que compunham o orçamento da saúde em 1995, passando, em 2004, a responder por 86,94%. As outras fontes foram os "recursos ordinários", os "títulos de responsabilidade do Tesouro Nacional", "operações de crédito internas e externas", "recursos diretamente arrecadados", "recursos do Fundo de Estabilização Fiscal" e "Fundo de Combate e Erradicação da Pobreza" (França & Costa, 2011).

As contribuições sociais constituem as principais fontes de financiamento federal do SUS mas, nos primeiros 2 anos de aprovação do texto constitucional, os recursos do Finsocial não foram transferidos inteiramente para a Seguridade Social, passando a Previdência Social a avançar, progressivamente, sobre os recursos da saúde, enquanto a União, por meio da Desvinculação das

Receitas da União (DRU), conseguiu assegurar para si o uso livre de 20% dos recursos das contribuições sociais. O não cumprimento da Constituição de 1988, que estabelecia a destinação de 30% do Orçamento da Seguridade Social para a saúde (excluídos os recursos do seguro-desemprego), por outro lado expunha a gestão federal, em um momento de grandes embates políticos. Se pensarmos nessa situação dentro do contexto da Norma Operacional Básica (NOB) 93, em que se inicia, de maneira mais efetiva, o processo de descentralização dos recursos federais, torna-se possível entender a desconfiança que resultou em baixa adesão dos municípios a essa norma. A criação da CPMF também não resolveu o problema da insuficiência de recursos, uma vez que o Governo Federal reduziu o aporte das receitas do Cofins e do CSLL, sendo esse o perigo que as políticas de vinculação de receitas, adotadas mais adiante, enfrentariam em relação aos estados e municípios (Mendes & Marques, 2009).

Em 1995, o gasto líquido do Ministério da Saúde (MS) representou 1,83% do Produto Interno Bruto (PIB) brasileiro (Mendes & Marques, 2009). Essa proporção do PIB no gasto federal com saúde iria manter-se ainda por muito tempo. No entanto, não há a menor dúvida que é com a adoção do critério populacional para descentralização de recursos que o financiamento do SUS ganha impulso e se torna um mecanismo concreto de combate às gritantes desigualdades regionais (Souza, 2003). Adotado sob a rubrica de Piso Assistencial Básico (PAB Fixo), na implantação da NOB de 1996, feita em cima de muita pressão do setor da saúde, foi definida a transferência da União para os municípios do valor de R$ 8 por habitante/ano, feita em duodécimos mensais.

Na segunda metade da década de 1990, esse novo aporte federal aos municípios representou ganhos econômicos que extrapolaram a área da saúde, pois muitos deles passaram a receber, para custear suas ações em saúde, às vezes mais do que seu PIB.

O valor *per capita* do PAB manteve-se inalterado até 2003, mas a partir de 2004 o Ministério da Saúde promoveu reajustes sistemáticos: R$ 13 em 2004, R$ 15 em 2006, R$ 16 em 2008 e R$ 17 em 2009 (Vasquez, 2011).

Além do PAB Fixo, o PAB Variável foi a forma de estimular os municípios a aderirem aos programas nacionais, como o Programa de Saúde da Família (PSF), sendo os recursos desse piso também repassados "fundo a fundo", ou seja, diretamente do fundo federal para os fundos municipais, sem a intermediação do Estado. Os recursos passaram a ser depositados na conta dos Fundos Nacional, Estadual e Municipal de Saúde, administrada pelas secretarias e conselhos de saúde de cada nível, como se vê na Figura 20.1.

Os orçamentos de saúde, portanto, devem estabelecer, anualmente, os recursos previstos para cada fonte, relacionando-os com as atividades a serem desenvolvi-

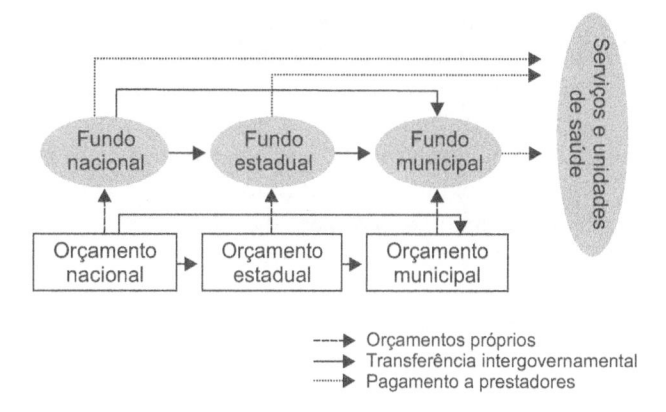

Figura 20.1 • Fluxo financeiro no SUS. (Fonte: adaptada de Souza, 2002: 450.)

das no plano de saúde daquele quadriênio. A cada ano, o orçamento é aprovado pelos conselhos de saúde, que também devem acompanhar sua execução por meio de relatórios trimestrais. Esse acompanhamento envolve uma dificuldade adicional para os conselhos, que devem conhecer bem os aspectos técnicos desse processo para poderem exercer sua função de controle social e para fugirem às tendências de manipulação econômica e política da gestão (Uzêda & Coelho, 2005).

Os repasses fundo a fundo de receitas correntes são feitos em cinco grandes blocos: Bloco da Atenção Básica (PAB Fixo e Variável, PSF, NASF, Saúde Bucal e outros Incentivos); Bloco da Média e Alta Complexidade Ambulatorial e Hospitalar, que inclui o Fundo de Ações Estratégicas e Compensação (FAEC); Bloco da Vigilância em Saúde; Bloco da Assistência Farmacêutica; e Bloco da Gestão. Os recursos de capital são repassados por meio do Bloco de Investimento na Rede de Serviços de Saúde ou por convênio.

As instituições centrais responsáveis pelo planejamento e a elaboração do orçamento federal – Ministério do Planejamento e Orçamento (MPOG) – e pela execução orçamentária – Ministério da Fazenda (MF) – devem articular-se com as secretarias de cada Ministério, operando por intermédio do Sistema Integrado de Dados Orçamentários (SIDOR) e do Sistema Integrado de Administração Financeira (SIAFI). Esses sistemas dão respaldo à estrutura legal estabelecida para a administração financeira através do Plano Plurianual (PPA), da Lei de Diretrizes Orçamentárias (LDO), da Lei Orçamentária Anual (LOA) e da Lei de Responsabilidade Fiscal (LRF) (Brasil, 2002).

A descentralização dos recursos financeiros tinha como propósito não apenas aproximar o financiamento das instâncias que decidem, mas também estimular os entes estaduais e municipais a aumentarem sua participação no bolo da saúde. Em contrapartida o MS passou a assumir uma função cada vez mais marcada de regulação dos demais entes por meio de políticas de saúde, sendo o financiamento sua ferramenta mais poderosa para induzir estados e municípios a aderirem às políticas formuladas no âmbito central. Esse processo de descentralização administrativa com centralização política teve como ferramentas privilegiadas a desvinculação (para si) e a vinculação (para os outros).

Obviamente, a dança da distribuição das responsabilidades do financiamento do SUS não se dá sem conflitos. A própria dinâmica de descentralização de recursos provocou efeitos não previstos pela gestão central federal, ocupada com o fortalecimento da governança e desoneração da função executiva. Um desses efeitos foi o "empoderamento" municipal. Os gestores municipais, ao se tornarem atores com direito a se fazerem ouvir na arena nacional por meio de entidades de representação cada vez mais atuantes, como o Conselho Nacional de Secretários Municipais de Saúde (Conasems), passam a reivindicar aumento de repasses, por um lado, e autonomia de gestão, por outro.

A realização de vários estudos e o aperfeiçoamento do Datasus, com a criação do Sistema de Informações sobre Orçamentos Públicos de Saúde (Siops), em 1999, que permitia o acompanhamento da execução dos recursos financeiros em saúde (Teixeira & Teixeira, 2003), logo mostraram a verdadeira situação do financiamento no Brasil. Os municípios mais carentes, especialmente os localizados em regiões mais pobres, como Norte e Nordeste, arcavam com contrapartida própria mais elevada, chegando, às vezes, a mais de 20% de seus orçamentos. Essa situação de desigualdade, tornada explícita, impôs ao governo federal não apenas a necessidade de garantir fontes estáveis para o setor, mas a regulamentação da participação de cada ente no financiamento das ações de saúde.

FINANCIAMENTO TRIPARTITE

No ano 2000 teve início, portanto, um dos mais extensos embates do setor da saúde, com a aprovação da Emenda Constitucional 29 – EC 29 (Brasil, 2000). Essa emenda, em seu texto original, regulava a participação de cada ente no financiamento, de modo que estados e municípios deveriam destinar, logo no primeiro ano, pelo menos 7% de seus orçamentos em ações de saúde. Ao fim de um período de 4 anos, em que os entes poderiam se ajustar, a União passaria a aplicar na saúde o mínimo de 7% do PIB nacional, cabendo aos estados 12% e aos municípios 15% de seus orçamentos oriundos de impostos. Esse ajuste se daria de modo gradual e flexível, tendo 1999 como ano de parâmetro. No caso da União, para 2000, propunha-se a destinação de recursos no valor igual ao de 1999, acrescidos de 5%, mantendo-se nos 4 anos subsequentes esse valor, corrigido pela variação nominal do PIB.

A Tabela 20.1 explicita as fontes que passaram a compor a parte do orçamento do qual se originam os recursos

Tabela 20.1 • Fontes que compõem o orçamento-base da EC 29

Estados	Municípios
I Receitas de Impostos Estaduais	**I Receitas de Impostos Municipais**
ICMS (Imposto sobre a Circulação de Mercadorias e Prestação de Serviços)	ISS (Imposto sobre Serviços de Qualquer Natureza)
IPVA (Imposto sobre a Propriedade de Veículos Automotores)	IPTU (Propriedade Predial e Territorial Urbana)
ITCMD ou ITCD (Imposto sobre a Transmissão "Causa mortis" e a Doação)	ITBI (Imposto sobre Transmissão Inter-Vivos de Bens Imóveis)
II Receitas de Transferências da União (Participação na Receita da União)	**II Receitas de Transferências da União (Participação na Receita da União)**
Quota-parte do FPE (Cota-parte do Fundo de Participação dos Estados)	Quota-parte do FPM (Fundo de Participação dos Municípios)
Quota-parte do IPI (Cota-parte do Imposto sobre Produtos Industrializados – Estados Exportadores de Produtos Industrializados)	Quota-parte do ITR (Imposto Territorial Rural)
Recursos de Desoneração - Lei Complementar (LC 87/96) ou Lei Kandir	Recursos de Desoneração – Lei Complementar (LC 87/96) ou Lei Kandir
III Imposto de Renda Retido na Fonte	**III Imposto de Renda Retido na Fonte**
IRRF (Imposto Retido nas Fontes sobre os Rendimentos do Trabalho)	IRRF (Imposto Retido nas Fontes sobre os Rendimentos do Trabalho)
menos (–) V Transferências Financeiras Constitucionais e Legais a Municípios	**IV Receitas de Transferências do Estado**
25% do ICMS	Quota-parte do ICMS (Imposto sobre a Circulação de Mercadorias e Prestação de Serviços)
50% do IPVA	Quota-parte do IPVA (Imposto sobre a Propriedade de Veículos Automotores)
25% do IPI Exportação	Quota-parte do IPI Exportação (Imposto sobre Produtos Industrializados – Estados Exportadores de Produtos Industrializados)
IV Outras Receitas Correntes	**V Outras Receitas Correntes**
Receita da dívida ativa de impostos, multas, juros de mora e correção monetária de impostos	Receita da dívida ativa de impostos, multas, juros de mora e correção monetária de impostos

Fonte: Brasil (2003). Adaptada pelos autores.

aplicados em saúde, nos estados e municípios, o "orçamento-base da EC 29".

Uma estimativa realizada pelo MS (Brasil, 2001) previa um crescimento global de recursos nos três níveis de governo, até 2004, da ordem de 42,3%, ou seja, um aumento previsto de R$ 30,9 bilhões para R$ 44 bilhões (25,3% do PIB). A perspectiva de incremento do financiamento da saúde, apontado pela EC 29, com distribuição mais justa da participação dos gestores de cada nível, resultou em aumento do aporte para a saúde, mas não na proporção e da maneira imaginadas.

Diferenças na interpretação da EC 29 entre as áreas da saúde (MS) e da fazenda (MF), sobre o ano base de aplicação dos 5%, se ano anterior (1999), ou 2000, levaram a uma diferença acumulada de R$ 1,8 bilhão pelo não cumprimento nos anos de 2001, 2002 e 2003. Na esteira do governo federal descumpriram a emenda mais de metade dos estados brasileiros, ao longo dos primeiros 4 anos de sua vigência (Tabela 20.2), o que teria representado para o SUS um déficit acumulado de cerca de R$ 5,3 bilhões, segundo Campelli & Calvo (2007).

Diante desse quadro, o gasto do MS, que em 1995 havia sido calculado em R$ 34,31 bilhões, representando 1,90% do PIB, e R$ 216,00 de Gasto Público *per capita* *(GPC)*, permanecia, em 2005, 10 anos depois, na ordem de R$ 34,87 bilhões, corrigida a inflação do período, ou seja, sem aumento real, mas com queda no valor do *GPC*, que foi para R$ 189,30, e 1,80% de participação no PIB (Ribeiro, Piola & Servo, 2007). Uma das maneiras de se esquivar ao cumprimento da EC 29, que nesse ínterim passava por dificuldades de tramitação no Senado, foi a inclusão de gastos de outra ordem, como despesa em saúde, fazendo elevar, artificialmente, as porcentagens de aplicação da emenda nos três níveis de governo.

Estudo mais recente, divulgado pela Organização Mundial da Saúde (OMS), mostrou a evolução dos gastos em saúde de 195 países, em proporção ao PIB, entre os anos de 2005 e 2010. De acordo com essas estimativas, o Brasil teria aumentado seu gasto total (dos setores público e privado) de 8,2%, em 2005, para 9,0%, em 2010. A proporção do gasto público nesse período teria subido de 40,1% para 47,0%. Aplicando esses percentuais nos anteriores, teríamos o *GPC* como fração do PIB: 3,3% (2005) e 4,2% (2010). Em 6 anos, o *GPC* subiu de US$ 156,00 *per capita* para US$ 466,00 (Figura 20.2), ajustando-se os valores à média de variação cambial. Caso se

Tabela 20.2 • Distribuição, segundo região, dos estados que não cumpriram os percentuais previstos pela EC 29, de 2000 a 2003

Região	2000 (7%)	2001 (8%)	2002 (9%)	2003 (10%)
Norte	–	AM	RO	–
Nordeste	AL, MA, PB, PI, SE	AL, BA, CE, MA, PI, RN, SE	BA, CE, MA, PE, PI, SE	AL, CE, MA, PB, PI, PE
Sudeste	MG, RJ	ES, MG, RJ	ES, MG, RJ	RJ
Sul	PR, RS	PR, RS, SC	PR, RS, SC	PR, RS
Centro-Oeste	MT, MS	GO, MT, MS, DF	GO, MS, DF	GO, MT, MS, DF
Total	**11 (40,7%)**	**18 (66,7%)**	**16 (59,3%)**	**13 (48,1%)**

Fonte: Campelli & Calvo, 2007.

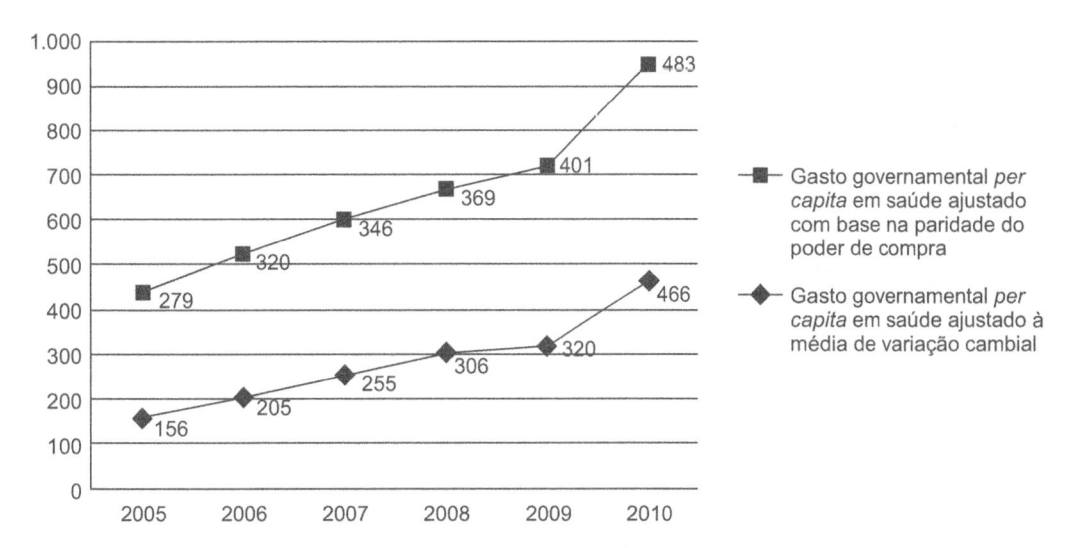

Figura 20.2 • Gasto governamental *per capita* em saúde (US$) no Brasil – 2005-2010. (Fonte: WHO, 2012.)

leve em conta a paridade do poder de compra, um outro modo de comparar os gastos, os valores se elevariam de U$ 279,00 para U$ 483,00 nesse período (WHO, 2012).

Se por um lado os estudos mostrados apontam para um aumento global, mesmo que insatisfatório, dos recursos para a saúde, outras evidências dão conta de que, embora a União ainda seja a mantenedora majoritária das despesas com saúde no Brasil, nos últimos 10 anos a elevação dessas despesas tem se feito muito mais em cima dos recursos alocados pelos municípios. Observando-se a evolução das despesas *per capita*, com saúde, efetuadas por cada ente federado, de 2002 a 2011 verifica-se um aumento de 59% na participação da União, enquanto o conjunto de estados e Distrito Federal elevaram-na em 104% e o conjunto de municípios em 106% (Figura 20.3).

O menor incremento dos dispêndios da União, em relação àqueles de estados e municípios, representa uma redução gradual da participação percentual da União no financiamento da saúde. Se em 2002 mais da metade das despesas com saúde era de responsabilidade da União, esse percentual reduziu-se para 45,5% em 2011 (Figura 20.4). Embora em termos percentuais uma queda de 6,5% possa parecer pequena, em volume de recursos ela equivale a quase R$ 11 bilhões.

Apesar da redução proporcional da participação da União e de esta ter deixado de aplicar quantias vultosas, seu papel no financiamento da saúde continua fundamental, como evidenciam vários estudos publicados nos anos 2000. Em um deles, com base em dados de 2005, Lima & Andrade (2009) analisaram 253 municípios brasileiros com mais de 100 mil habitantes e verificaram que em 25% deles as transferências federais para a saúde superavam a arrecadação tributária própria municipal. Esse percentual subia para 47% no conjunto de 17 municípios da região Norte e para 68% no conjunto dos 51 municípios nordestinos estudados, chegando a 100% em municípios da Paraíba (3) e do Piauí (2).

Outro aspecto a ser considerado diz respeito à desigualdade na distribuição estadual e regional dos gastos. As diferenças nas despesas *per capita* com saúde, efetuadas pelos estados e o Distrito Federal (DF) com seus recursos próprios, podem ser de quase 500%. Em 2011, essas despesas variaram de R$ 615,00 (DF) a R$ 110,00 (GO). Enquanto 12 estados, metade deles do Nordeste, tiveram despesas inferiores a R$ 200,00 por hab./ano, apenas seis gastaram mais do que R$ 400,00, todos, com exceção do DF, da região Norte (Figura 20.5).

Essa situação reflete a decisão dos gestores estaduais no que tange à aplicação de recursos próprios em saúde, mas também é um reflexo da desigualdade e das particularidades do orçamento-base da EC 29 de cada Unidade Federativa. Vários estados da região Norte têm as mais elevadas receitas oriundas do Fundo de Participação dos Estados (FPE), as quais, associadas a uma razoável receita tributária própria *per capita*, elevam consideravelmente aquele orçamento (Levi & Scatena, 2011). As despesas do DF mantêm-se naquele patamar principalmente em função do volume de receita tributária própria *per capita*, o mais elevado do país, em 2008. Já os estados do Nordeste, que não se destacam nas receitas tributárias próprias *per capita* e, de maneira geral, também não são beneficiados compensatoriamente pelas transferências federais via FPE, acabam tendo uma base orçamentária menor, de onde retirar aquele percentual mínimo de 12% a ser investido em saúde.

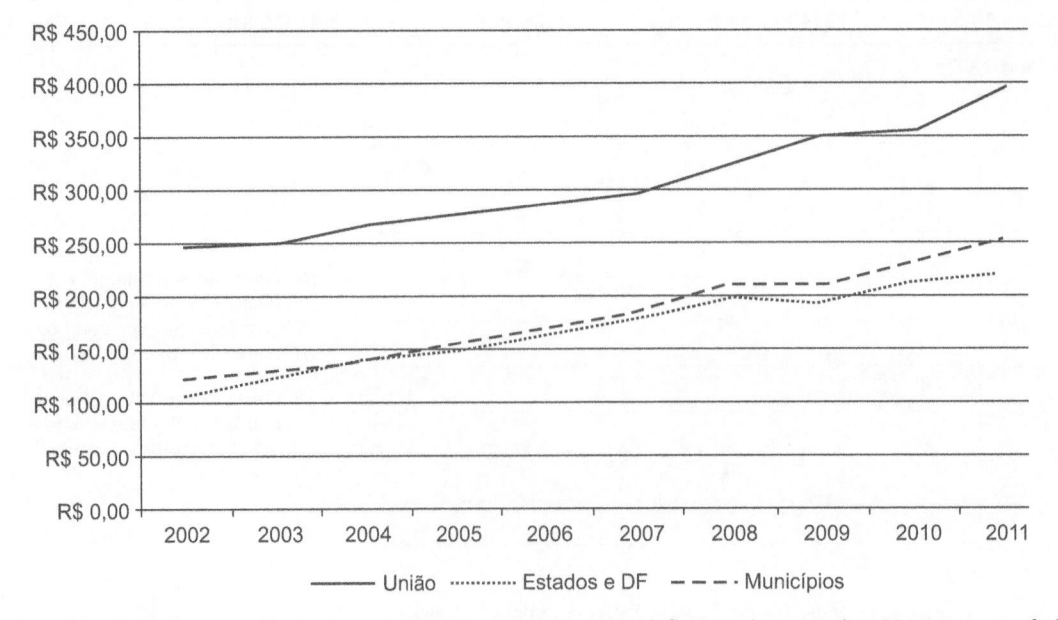

Figura 20.3 • Evolução das despesas públicas com saúde (em reais *per capita*, deflacionados para dez. 2011) por ente federado e variação percentual entre 2002 e 2011 – Brasil. (Fonte: elaboração dos autores com base em dados do SIOPS e da SIAFI/SPO.)

Capítulo 20 • Financiamento do SUS

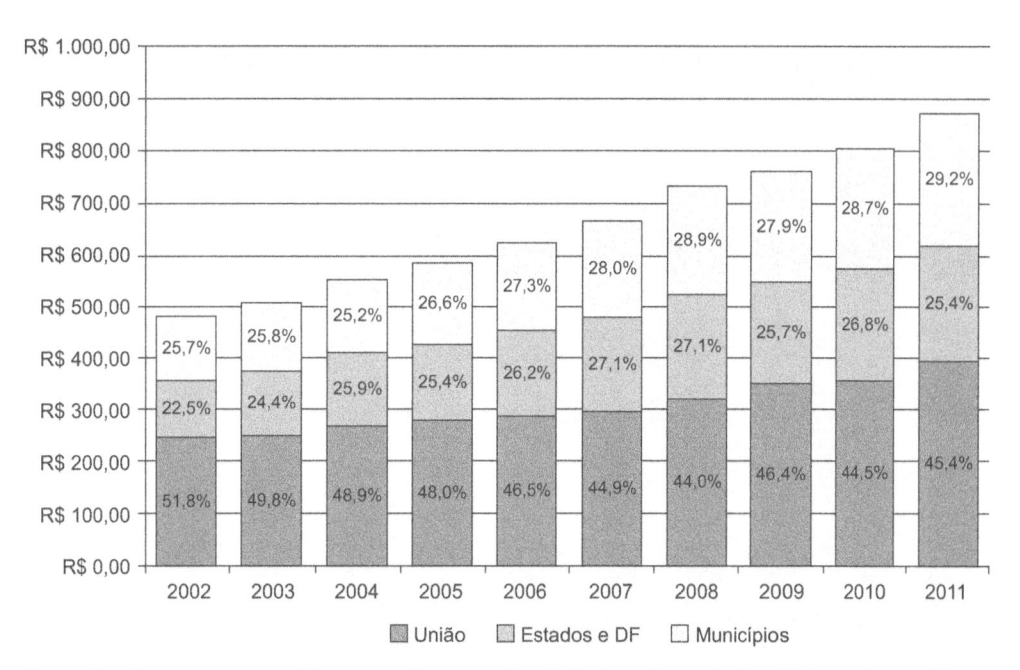

Figura 20.4 • Evolução das despesas com saúde (em reais *per capita*, deflacionados para dez. 2011) e da participação proporcional de cada ente federado – Brasil, 2002 a 2011. (Fonte: elaboração própria com base em dados do SIOPS e da SIAFI/SPO.)

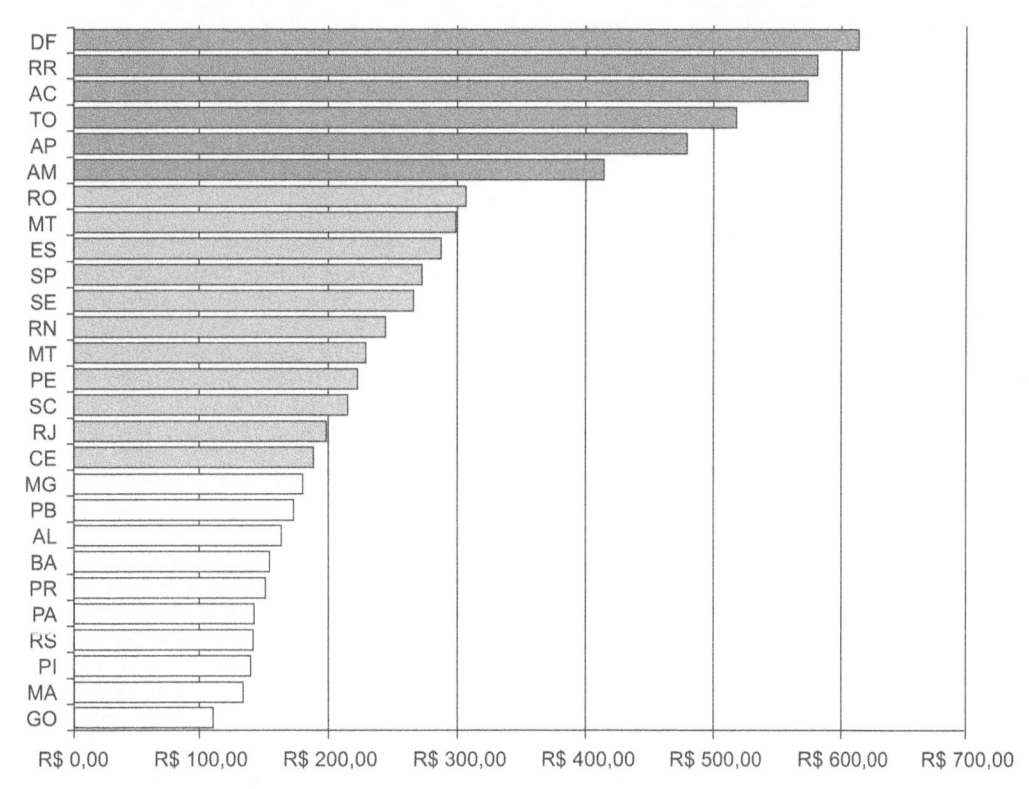

Figura 20.5 • Despesas com saúde (em reais *per capita*) efetuadas com recursos estaduais próprios – Brasil, 2011. (Fonte: elaboração dos autores com base em dados do SIOPS.)

Em outro patamar, as desigualdades também se reproduzem nas despesas com saúde efetuadas com recursos municipais próprios, apesar de os dados apresentados (2011) serem uma aproximação, pois ao agregar em 26 estados as mais de 2.565 realidades brasileiras municipais, as desigualdades são suavizadas. Consolidadas por estado, as despesas com saúde variaram cerca de 230%: de R$ 368,00 (municípios de SP) a R$ 113,00 (municípios do AP). Municípios de 13 estados despenderam menos de R$ 200,00 por hab./ano, todos das regiões Norte e Nordeste (Figura 20.6). Apenas o conjunto dos municípios de SP e MS gastou mais de R$ 400,00 por hab./ano, enquanto

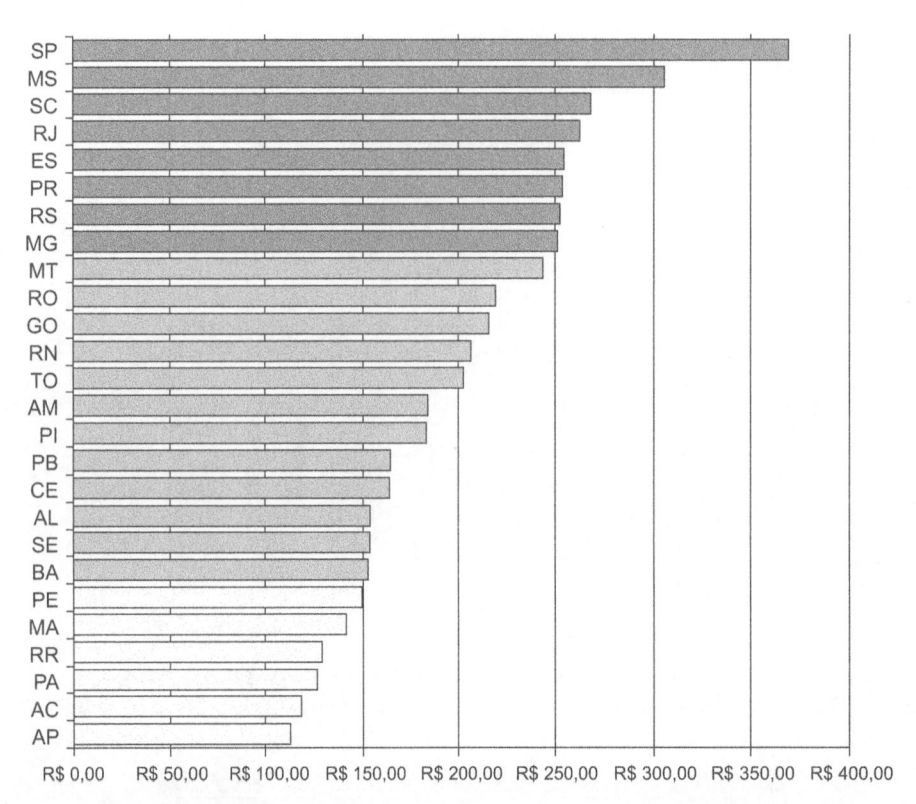

Figura 20.6 • Despesas com saúde (em reais *per capita*) efetuadas com recursos municipais próprios – Brasil, 2011. (Fonte: elaboração dos autores com base em dados do SIOPS.)

todos os demais das regiões Sul e Sudeste despenderam valores próximos a R$ 250,00 por hab./ano.

A redistribuição aos municípios do Fundo de Participação dos Municípios, pela União, e da quota-parte do ICMS e do IPVA, pelos estados, esclarece apenas alguns aspectos dessa desigualdade (Levi & Scatena, 2011), que é multifatorial. Na região Norte, a maior participação dos estados cursa com baixa participação do conjunto dos municípios. Nas regiões Sul, Sudeste e Centro-Oeste, a participação dos municípios é muito importante, superando ou igualando à do estado. No Nordeste, em que, salvo poucas exceções, tanto a participação dos municípios como a dos estados é pequena, em reais *per capita*, tem-se a perpetuação de um desequilíbrio histórico.

Na luta por fontes estáveis para o financiamento em saúde, um ator histórico do campo da saúde coletiva, o Centro Brasileiro de Estudos da Saúde, elaborou, em conjunto com outras instituições, a *Carta do Rio de Janeiro: em defesa da seguridade social*. Nesse documento, a sociedade civil, ali representada, criticou severamente a proposta de Reforma Tributária, em tramitação no Congresso, que pretendia extinguir as contribuições sociais da seguridade social, fragilizando, desse modo, as bases jurídicas e financeiras da Seguridade Social (Cebes, 2008). Condicionantes econômicos e políticos à época e a repercussão da proposta junto à sociedade e ao meio acadêmico (Porchmann, 2008; Salvador, 2008) foram alguns dos elementos que fizeram com que tal Projeto de Emenda Constitucional (PEC) não fosse aprovada no Congresso nacional.

Em 2008, um Projeto de Lei Complementar – PLP 306/2008 – buscou regulamentar o segundo e terceiro parágrafos do artigo 198 da Constituição Federal de 1988, ao mesmo tempo que propunha a criação da Contribuição Social para a Saúde (CSS). A Emenda dispunha sobre os valores mínimos a serem aplicados pela União, estados, municípios e Distrito Federal em Ações e Serviços Públicos de Saúde (ASPS), assim como os "critérios de rateio dos recursos de transferências para a saúde e as normas de fiscalização, avaliação e controle das despesas com saúde nas três esferas de governo".

Apenas em 2012, a PLP 306/2008 foi transformada, com 15 vetos presidenciais, na Lei Complementar (LC) 141/2012. A LC 141/2012 dispõe sobre: I – o valor mínimo e normas de cálculo do montante mínimo a ser aplicado, anualmente, pela União em ASPS; II – percentuais mínimos do produto da arrecadação de impostos a serem aplicados anualmente pelos Estados, pelo Distrito Federal e pelos municípios em ASPS; III – critérios de rateio dos recursos da União vinculados à saúde destinados aos estados, ao Distrito Federal e aos municípios e dos estados destinados a seus respectivos municípios, visando à progressiva redução das disparidades regionais; IV – normas de fiscalização, avaliação e controle das despesas com saúde nas esferas federal, estadual, distrital e municipal (Brasil, 2012c).

Com a nova lei, o governo federal baniu a exigência contida na EC 29 de vinculação ao PIB do gasto em saúde por parte da União, evitando que o incremento no desempenho econômico brasileiro fosse repassado, automaticamente, para a saúde. Em 2012, por exemplo, a União terá de aplicar, no mínimo, o mesmo valor empenhado no exercício de 2011, acrescido do percentual correspondente à variação nominal do PIB ocorrida entre 2010 e 2011. Aos estados foi mantida a exigência de aplicação mínima de 12% das receitas de impostos de sua competência e aos municípios, 15% (Brasil, 2012c).

A LC 141/2012 também aprovou o uso de contas separadas para o setor, na contramão das reivindicações da sociedade organizada. O lado positivo da nova legislação foi a definição do que deveria ser considerado gasto com saúde.

O QUE SÃO GASTOS COM SAÚDE?

Gastos em Saúde (GS), ou despesas com saúde, foram definidos pela OMS como: "todos os gastos efetuados com a finalidade de recuperar, promover e manter a saúde dos indivíduos de certa população durante um período de tempo definido" (WHO, 2003: 20). Chama a atenção nessa definição o elemento "tempo" que permite a mensuração do gasto.

Essa definição, embora seja mais ampla do que a utilizada pelo Sistema de Contas em Saúde (SHA) da Organization for Economic Co-operation and Development (OECD), focada nas tecnologias médicas, ainda é incompleta, pois necessitaria incorporar outras finalidades da ação em saúde, como a prevenção e a proteção, por exemplo. Além disso, é também insuficiente para determinar se o consumo final de certos serviços ou bens, como água e alimentos, pode ser considerado "da" saúde, uma vez que quase todas as atividades repercutem, de algum modo, na saúde humana. Desse modo, podem ser consideradas gasto em saúde ações como as desenvolvidas pelo programa Vigiágua do MS, voltadas para a vigilância da qualidade da água para consumo, com a finalidade de controlar e prevenir doenças de veiculação hídrica (WHO, 2003).

Para o SUS, desde janeiro de 2012, tem-se definido por lei o que pode (e não pode) ser considerado despesa com ações e serviços de saúde (Tabela 20.3).

SUFICIÊNCIA DOS RECURSOS: MUITO OU POUCO?

O financiamento ainda insuficiente do setor apresenta-se, sem dúvida, como uma das dificuldades a serem superadas para que o SUS universal e integral aconteça

Tabela 20.3 • Despesas com ações e serviços públicos de saúde para efeito de cálculo de aplicação mínima de recursos em saúde, segundo a LC 141/2012

São consideradas despesas com saúde	Não são consideradas despesas com saúde
I. Vigilância em saúde, incluindo a epidemiológica e a sanitária II. Atenção integral e universal à saúde em todos os níveis de complexidade, incluindo assistência terapêutica e recuperação de deficiências nutricionais III. Capacitação do pessoal de saúde do SUS IV. Desenvolvimento científico e tecnológico e controle de qualidade promovidos por instituições do SUS V. Produção, aquisição e distribuição de insumos específicos dos serviços de saúde do SUS, tais como: imunobiológicos, sangue e hemoderivados, medicamentos e equipamentos médico-odontológicos VI. Saneamento básico de domicílios ou de pequenas comunidades, desde que aprovado pelo Conselho de Saúde da UF financiadora da ação e esteja de acordo com as diretrizes das demais determinações previstas nesta LC VII. Saneamento básico dos distritos sanitários especiais indígenas e de comunidades remanescentes de quilombos VIII. Manejo ambiental vinculado diretamente ao controle de vetores de doenças IX. Investimento na rede física do SUS, incluindo a execução de obras de recuperação, reforma, ampliação e construção de estabelecimentos públicos de saúde X. Remuneração do pessoal ativo da área de saúde em atividade nas ações de que trata este artigo, incluindo os encargos sociais XI. Ações de apoio administrativo realizadas pelas instituições públicas do SUS e imprescindíveis à execução das ações e serviços públicos de saúde XII. Gestão do sistema público de saúde e operação de unidades prestadoras de serviços públicos de saúde	I. Pagamento de aposentadorias e pensões, inclusive dos servidores da saúde II. Pessoal ativo da área de saúde quando em atividade alheia à referida área III. Assistência à saúde que não atenda ao princípio de acesso universal IV. Merenda escolar e outros programas de alimentação, ainda que executados em unidades do SUS, ressalvando-se o disposto no inciso II do art. 3º V. Saneamento básico, inclusive quanto às ações financiadas e mantidas com recursos provenientes de taxas, tarifas ou preços públicos instituídos para essa finalidade VI. Limpeza urbana e remoção de resíduos VII. Preservação e correção do meio ambiente, realizadas pelos órgãos de meio ambiente dos entes da Federação ou por entidades não governamentais VIII. Ações de assistência social IX. Obras de infraestrutura, ainda que realizadas para beneficiar direta ou indiretamente a rede de saúde X. Ações e serviços públicos de saúde custeados com recursos distintos dos especificados na base de cálculo definida nesta LC ou vinculados a fundos específicos distintos daqueles da saúde

Fonte: elaboração dos autores com base na LC 141/2012 (Brasil, 2012c).

de fato. Em documento conjunto, as entidades CEBES, ABRES, CONASEMS, ABRASCO e ABONG afirmaram, em 2006, que o financiamento da saúde no Brasil era insuficiente:

> [...] o baixo financiamento do SUS é hoje o fator que mais impossibilita os gestores municipais e estaduais de organizarem a oferta de serviços com qualidade, em consonância com as necessidades e os direitos da população usuária. Os reflexos dessa situação provocam a sub-remuneração e precarização dos vínculos de trabalho dos profissionais e dos estabelecimentos prestadores de serviços, a ausência de investimento em melhores edificações e equipagem de unidades de saúde, colocando em risco a viabilidade da gestão. Consideramos, portanto, que os gastos em saúde devam ser encarados como investimentos na cidadania, no prolongamento da vida, e que desfrute de sua plenitude para todos e para cada um dos brasileiros" (CEBES et al., 2006: 1).

Ainda que nos 5 anos que sucederam tal declaração tenha havido uma elevação real dos recursos financeiros alocados em saúde, muito do que ali está posto se mantém. Os recursos públicos para a saúde, além de insuficientes, como parcela do PIB e em comparação com sistemas de saúde de outros países (CONASS, 2011), são mal geridos. Cerca de 20% a 40% dos gastos em saúde são desperdiçados por ineficiência, segundo Relatório Mundial da Saúde (WHO, 2010). Para a OMS, o uso mais inteligente dos recursos poderá fazer com que os sistemas de saúde alcancem 100% de cobertura, ou seja, se tornem, de fato, universais, sem aumentar, substancialmente, seus gastos.

Por outro lado, há fatores que podem levar a uma "sobreutilização" dos serviços de saúde: a tendência em usar de maneira excessiva e inadequada os serviços, movida por um cálculo racional de que seus benefícios seriam grandes enquanto o custo do serviço demandado seria dividido por todos os demais, o que se denomina "Risco Moral"; a incerteza do usuário quanto à necessidade de uso ou não do serviço, desde o diagnóstico até o tratamento; e a assimetria de informação entre o usuário, o provedor e o financiador do serviço de saúde. Maia et al. (2006), em pesquisa com dados da PNAD de 1998, identificaram, no Brasil, a sobreutilização de 24% de consultas médicas e 22% de internação.

O uso abusivo dos serviços de saúde pode também ocorrer por simples "aversão ao risco" ou medo de adoecer e morrer. O medo, quando irracional, leva muitas pessoas a demandar, sem necessidade, consultas e exames, ainda mais se forem apoiadas pela ganância de profissionais e serviços de saúde interessados em aumentar indevidamente seus ganhos. O apelo a estratégias de contenção do gasto com saúde que implicam o pagamento no momento do consumo, entretanto, pode, além de fazer baixar a resolutividade do sistema, penalizar os usuários, principalmente os mais pobres, que não terão como despender dinheiro quando mais precisam, daí a ênfase da OMS no pagamento por via de impostos "progressivos", o que significa que quem ganha mais, paga mais (WHO, 2010).

No caso do SUS, sistema universal "gratuito", ou seja, com livre acesso, e pré-pagamento via tributação da sociedade como um todo, o controle da demanda termina se fazendo por mecanismos "naturais", como a "fila de espera", ou outras barreiras de acesso que levam o usuário a buscar o sistema privado por meio da aquisição de planos de saúde administrados por operadoras, em sua maior parte, das modalidades cooperativas médicas e medicina de grupo. No Brasil, a Agência Nacional de Saúde Suplementar (ANS) é o órgão federal responsável pela regulação das atividades das operadoras de maneira a impedir práticas abusivas, como aumento excessivo de valores cobrados aos segurados, ou seleção de clientelas saudáveis e "expurgo" de grupos com maior risco de doenças com alto potencial de gastos, como os idosos e os portadores de doenças crônicas: (HIV/AIDS e neoplasias, entre outras).

Outra estratégia de otimização dos gastos que tem como efeito adicional o incremento da eficiência dos sistemas de saúde é a organização da rede de atenção de modo hierárquico por nível de complexidade. O investimento na Atenção Primária à Saúde (APS), principal porta de entrada para o SUS, tende a aumentar inicialmente o gasto em saúde, em função da histórica demanda reprimida, com posterior diminuição da pressão na média e alta complexidade e consequente redução, a médio e longo prazo, do custo operacional desses serviços.

Uma pesquisa com gestores, profissionais e usuários da grande São Paulo encontrou unanimidade na ideia de que o SUS e a APS aumentam consideravelmente o acesso aos serviços de saúde, mas não consideram que a APS disponha de orçamento específico para suas ações. Para os autores da pesquisa, o uso de modalidades alternativas, como a contratualização com as "Organizações Sociais", é um fator de dificuldade para a análise do orçamento da saúde (Heimann et al., 2011).

QUEM ADMINISTRA OS RECURSOS FINANCEIROS?

Os gestores do SUS (secretarias e conselhos) são os responsáveis pelos recursos financeiros a serem gastos com o produto final "saúde". No entanto, cabe aos fundos de saúde a gestão financeira dos recursos. Os fundos precisam se relacionar tanto com os conselhos de saúde a que estão submetidos como entre si e com as instâncias fazendárias em cada nível do governo.

A existência dos planos de saúde e de conselhos se mantém como exigência para a transferência de recursos financeiros, cabendo aos últimos deliberar sobre as diretrizes prioritárias, sob a fiscalização dos tribunais de contas das várias instâncias. É também responsabilidade da gestão divulgar amplamente, por todos os meios possíveis, inclusive o eletrônico, sua prestação de contas, demonstrando as ações realizadas por meio do relatório de gestão. Este precisa incluir ainda a comprovação do cumprimento da aplicação da LC 141 e a avaliação da gestão, realizada pelo respectivo conselho de saúde, que deve, inclusive, gerir seu próprio orçamento de modo a garantir sua autonomia. Desse modo, é grande a responsabilidade do fundo de saúde na administração dos recursos financeiros e dos conselheiros no exame das contas, o que deve ser feito de modo claro e com informações suficientes para uma boa análise. Também é preciso que o conselho esteja capacitado no sentido de compreender o significado dos registros contábeis e a aplicação da lei ao processo de execução orçamentária, cabendo à secretaria de saúde garantir tanto a dotação orçamentária própria como o suporte técnico para o exercício da sua função legalmente estabelecida (Brasil, 2010a).

É da competência dos conselhos, portanto: (1) aprovar o orçamento da saúde em consonância com a Lei de Diretrizes Orçamentárias; (2) acompanhar e avaliar a execução orçamentária por meio de parâmetros previamente estabelecidos, buscando sempre identificar de onde veio o recurso e como foi gasto; (3) acompanhar e avaliar a realização de convênios e contratação e prestação de serviços; (4) discutir e aprovar o relatório de gestão e a prestação de contas; (5) acompanhar e avaliar a execução dos serviços prestados pela rede de saúde, identificando irregularidades e fazendo os devidos encaminhamentos com vistas a corrigir problemas ou desvios de rumo (Brasil, 2010). Entretanto, também é de responsabilidade das conferências de saúde avaliar o cumprimento das decisões anteriormente tomadas.

Na aprovação do orçamento, os conselhos discutem pautas que envolvem questões técnicas, mas também políticas, pois toda redistribuição de recursos implica redistribuição de poder (Paim, 1992), o que vai exigir, por sua vez, decisões amplamente respaldadas e legitimadas. Uma das primeiras experiências nesse sentido foi com a adoção do Orçamento Participativo (OP) pelo Rio Grande do Sul, que logrou o aperfeiçoamento do "jogo democrático", mas sem contar com análises substantivas na justiça distributiva (Farias, 2002). No caso do município de São Paulo, a implantação do OP, a partir de 2002, suscitou críticas acerca do uso de critérios políticos que beneficiaram grupos populacionais mais mobilizados, e mesmo assim, em torno da distribuição de um montante de recursos muito pequeno (Bello, 2006). Um dos problemas para a inclusão de montantes maiores no âmbito do OP diz respeito à rede de serviços já instalada, cujos recursos não podem ser suspensos ou diminuídos sem uma análise aprofundada das implicações para o sistema de saúde, o que tem levado os OP a trabalharem, preferencialmente, com recursos novos.

Para que a função de controle social se cumpra na prática é necessário, portanto, que as informações sobre as receitas e despesas nos três níveis de governo sejam acessíveis não apenas para os conselhos, mas para a toda a sociedade, que poderá acompanhar o processo de financiamento desde a origem dos recursos até as atividades finais de saúde, dentro do princípio da transparência das ações públicas. Como principal sistema de informação, o SIOPS apresenta como fragilidade o fato de os dados serem alimentados diretamente pelos municípios e estados, não se excluindo a possibilidade de erro, ou mesmo má fé, na informação dos valores. De fato, Gonçalves et al. (2009) encontraram baixa concordância de informações entre o SIOPS e o Tribunal de Contas do Estado de Pernambuco para o período de 2000 a 2005. Os autores concluíram que a impunidade para os entes que não cumprem a lei gera precedentes que só ampliam o descompromisso dos gestores com a prestação de contas em saúde.

Outro problema com relação à informação sobre o financiamento em saúde refere-se à análise dos dados registrados, que geralmente é focada em grandes consolidados nos níveis nacional e regional, sendo essa análise voltada mais para o controle da aplicação dos recursos federais e pouco ou quase nada para a construção de indicadores que auxiliem a gestão dos estados e municípios. Também os entes que produzem os dados têm pouco interesse no uso e divulgação de informações que possam servir para a crítica de sua gestão. Nesse cenário, tornam-se de grande relevância as iniciativas que conseguem superar o viés cultural político-burocrático que concebe a informação como "segredo" e buscam usá-la como ferramenta de crítica e superação das próprias dificuldades.

No caso particular dos municípios, a gestão dos recursos financeiros pode ficar dificultada por barreiras na comunicação entre a secretaria de saúde e a secretaria da fazenda, ou entre o processo orçamentário e o processo de planejamento das ações de saúde, que podem levar a um mascaramento da execução orçamentária (Rosa & Coelho, 2011). Por isso, é importante que o gestor de saúde busque se familiarizar com os principais conceitos, normas e leis que regem ambos os processos, de maneira a orientar e supervisionar a equipe técnica nas ações cotidianas que envolvem as decisões de gasto e sua vinculação com as atividades programadas.

O registro adequado, sistemático e padronizado da origem e do uso dos recursos financeiros é de vital importância para os processos de alocação eficiente e justa. Ele orienta o planejamento orçamentário, que deve levar em conta tanto as necessidades como a demanda e a capacidade instalada. O orçamento também deve buscar equilíbrio entre as despesas correntes e o investimento, assim como a execução precisa se orientar para o custeio de ações nos três níveis do sistema de maneira a evitar estrangulamentos. Nesse sentido, uma nova ferramenta de apoio à elaboração de relatórios de gestão, o Sistema de Apoio ao Relatório de Gestão (SARGSUS), implantado com o objetivo de integrar as informações do sistema de SIOPS às de outros sistemas, como o Aplicativo do Pacto pela Saúde (SISPACTO), o Sistema de Cadastro Nacional de Estabelecimentos de Saúde (CNES), o Instituto Brasileiro de Geografia e Estatística (IBGE), o Sistema de Informações Hospitalares do SUS (SIH-SUS) e o Sistema de Informação sobre Mortalidade (SIM), poderá também facilitar todo esse processo (Brasil, 2010b).

Entretanto, para auxiliar tecnicamente o processo de tomada de decisão sobre a alocação de recursos em saúde pode ser necessário ainda o subsídio de estudos que objetivam conhecer melhor tanto o comportamento dos responsáveis finais pelas ações de saúde como o custo-benefício das decisões possíveis.

EQUIDADE E EFICIÊNCIA NO FINANCIAMENTO DA SAÚDE

Segundo uma pesquisa realizada pelo MS, divulgada em 2012, dos 5.563 municípios brasileiros, apenas 347 (6,2%) ofereciam um bom atendimento na área da saúde a seus 3,6 milhões de habitantes, sendo a maioria deles localizada em estados das regiões Sul (200 municípios) e Sudeste (145). As regiões Norte e Nordeste contavam com apenas uma cidade cada com as condições consideradas ideais pelo MS. Rio de Janeiro foi considerada a capital com piores serviços, e apenas seis cidades tiveram desempenho superior a 8, em uma escala de 0 a 10: quatro em São Paulo (Arco-Íris, Barueri, Rosana e Cássia dos Coqueiros) e duas no Rio Grande do Sul (Pinhal e Paulo Bento) (Brasil, 2012d).

Os dados apresentados pelo MS, independentemente de considerações metodológicas acerca do que possa ser considerado um bom ou mau desempenho, mostram uma diferença entre regiões brasileiras que tem sido observada por diversos trabalhos (Siqueira & Hamasaki, 2000; CNDSS, 2008; Victora et al., 2011). Essas diferenças podem ser consideradas injustas na medida em que os melhores serviços estão nas regiões onde os índices de saúde são melhores, ainda que, por serem melhores, ao longo do tempo, tendam a reduzir as necessidades, mas não necessariamente a demanda. Em síntese, os que necessitam de bons serviços, porque têm piores condições de saúde, não os têm na medida de sua necessidade. No entanto, a questão da necessidade e da "desigualdade" não é tão fácil como se possa supor.

O próprio conceito de "necessidade" é polissêmico, podendo estar relacionado com condição, quando dizemos que o alimento é necessário à vida; com uma força ou coação, quando se diz que algo é necessário que seja daquela maneira e não de outra; ou como não poder não ser, no sentido da impossibilidade que algo não seja o que é (Abbagnano, 2000). De qualquer maneira, o conceito de necessidade traz uma ideia de dependência ou restrição da liberdade de escolha.

Para Iunes (2002), o conceito de demanda, definido como a quantidade de serviços de saúde que uma pessoa gostaria de consumir dentro de seus limites orçamentários, seria "endógeno", tendo como vantagem a liberdade de escolha individual e como desvantagem o fato de não levar em conta as questões distributivas, principalmente no caso dos serviços públicos. Já o conceito de necessidade seria "exógeno", determinado por um *expert*, o profisional de saúde ou o gestor. A necessidade sem demanda teria como consequência a não utilização do serviço. Para esse autor, os dois conceitos tenderiam a se aproximar e funcionar de maneira complementar.

Do mesmo modo que a necessidade, o conceito de desigualdade contém certa ambiguidade que torna necessário (no sentido de força) seu exame crítico de maneira a se buscar uma precisão semântica que sustente o debate das condições de vida e saúde e as formas sociais e políticas implicadas em sua determinação. Vieira-da-Silva & Almeida Filho (2009), ao se debruçarem sobre essa questão, delinearam uma perspectiva na qual a equidade em saúde deve ser entendida com base nas diferenças de ocorrência de doença e eventos relativos à saúde que são mediadas social e simbolicamente. Essas diferenças refletem interações entre a dimensão biológica e a social por um lado e iniquidades sociais por outro, tendo como expressão empírica as desigualdades em saúde. Para esses autores, levar em conta a desigualdade em saúde significa reconhecer a priorização das necessidades como meio legítimo de redução da injustiça, o que traz implicações concretas para o financiamento das ações em saúde:

> A unanimidade do discurso em prol da equidade, não obstante o amplo espectro de forças políticas que o formulam, ao mesmo tempo que contempla a persistência das desigualdades no mundo, mostra que outras lógicas devem estar orientando a formulação (ou pelo menos a implementação) das políticas públicas (Vieira-da-Silva & Almeida-Filho, 2009: 223).

Outro conceito de equidade que nos ajuda a pensar os problemas da distribuição social da saúde é o de

Amartya Sen (2011), para quem a equidade deve ser a capacidade de usufruir uma vida plena. Para garantir gozo real e liberdade de escolha, as pessoas deveriam ter asseguradas não apenas as liberdades (*liberties*) formais, mas também aquelas chamadas substantivas (*freedoms*): ser alfabetizado, estar sem fome, ter participação política, liberdade de expressão, de mobilidade, e estar livre de morbidade evitável e morte prematura:

> A liberdade de poder evitar a morte prematura é, evidentemente, em grande parte incrementada por uma renda mais elevada (isso não se discute), mas ela também depende de muitos outros fatores, em particular da organização social, incluindo a saúde pública, a garantia de assistência médica, a natureza da escolarização e da educação, o grau de coesão e harmonia sociais, e assim por diante (Sen, 2011: 261).

Portanto, a questão da equidade coloca como desafio para o campo da saúde um imperativo: que estejam todos os brasileiros não apenas livres de morbidade evitável e da morte prematura, mas que possam gozar de uma saúde plena, e para o alcance dessa imagem-objetivo coletiva os gestores do SUS, em todos os níveis, precisam conhecer melhor as formas e implicações da distribuição desigual dos serviços de saúde e conhecer melhor as necessidades de saúde das populações brasileiras, de maneira a criar mecanismos eficientes para uma alocação equitativa.

COMO SE FAZ A ALOCAÇÃO DOS RECURSOS?

Existem várias maneiras de se dimensionarem as necessidades de recursos. Em geral, existe uma demanda já historicamente constituída que se faz em cima de uma rede instalada que oferta serviços nos três níveis de complexidade: o da atenção básica, o da atenção de média e de alta complexidade. Esses serviços demandam uma série de despesas que vão desde os custos com estrutura física e sua manutenção, até água, energia elétrica, telefonia, aquisição de equipamentos, salário das equipes de saúde e transporte. Quanto mais se avança no nível de complexidade, maior o gasto, embora existam situações que fogem a esse padrão.

Estas despesas irão variar de acordo com o porte do serviço, porte este que deveria ser compatível com o local onde ele está estabelecido e com a abrangência populacional de sua cobertura. A proporção de consultas médicas na área rural é menor do que na área urbana, ainda que sejam piores as condições de saúde daquela população (Moreira *et al.*, 2011). Isso se deve a uma dificuldade maior tanto na oferta desse serviço em uma zona de baixa densidade populacional, o que dificulta o transporte das equipes de saúde e mesmo sua contratação, como de acesso dos usuários aos serviços, aumentando o gasto e criando um dilema para o gestor que deve decidir sobre a alocação de recursos, que geralmente são escassos.

Os gastos também vão depender da natureza dos serviços prestados. Cabe destacar aqui duas frentes que têm sido priorizadas no SUS: o atendimento às urgências, que tem contado com forte apoio do financiamento federal, e o gasto com medicamentos, crescente em todo o mundo, e que conta com financiamento específico. O gasto brasileiro médio com medicamento, em 2009, foi de R$ 22,00 hab./ano, e municípios com população de até cinco mil habitantes gastaram, em média, 3,9 vezes mais, segundo dados do SIOPS (Vieira & Zucchi, 2011). Esses dados paradoxais, como o gasto inesperado do Amapá (R$ 67,07 *per capita*) em relação a São Paulo (R$ 43,02) ou Santa Catarina (R$ 26,34), estados sabidamente com bons sistemas de saúde, remetem à questão da ineficiência ou mau uso desses recursos ou distorções na informação, como se discutiu anteriormente.

Já foi mencionada a importância de se considerar o financiamento da saúde ante as condições de desigualdade vigentes no país, e um elemento que deve integrar qualquer análise que se possa realizar sobre desigualdade diz respeito à perversa distribuição de renda que se constitui em determinante fundamental das condições de saúde de nossa população. A renda das famílias, portanto, é um indicador importante a ser levado em conta quando se trata de conhecer a relação entre necessidade, demanda e oferta existente e propor mudanças na distribuição dos recursos.

Desse modo, para alcançar uma distribuição eficiente e equitativa, a alocação de recursos financeiros poderá ter de lançar mão de metodologias que ajudem a dimensionar as necessidades em cada localidade e região. A primeira experiência com esse tipo de estratégia foi levada a cabo no Reino Unido, na década de 1970, com o uso de uma fórmula denominada *Resource Allocation Working Party* (RAWP). Esta fórmula simples e de fácil aplicação utilizava um único indicador – a taxa de mortalidade geral controlada por sexo e idade – como critério alocativo. Posteriormente, críticas a essa metodologia levaram a sua revisão por Carr-Hill *et al.* (1994), que passaram a estimar as necessidades de serviços de saúde a partir de um modelo de utilização de serviços de saúde controlada pela oferta.

A partir de 2001, surgiram no Brasil diversas tentativas de construção de um modelo adequado à realidade. Porto *et al.* (2007) tentaram aplicar o modelo de Carr-Hill ao SUS, sem bons resultados, chegando a concluir pela limitação desse modelo em situações de grandes desigualdades. Nunes (2004) propôs o uso da receita própria do município, acessível pelo SIOPS, como variável modera-

Tabela 20.4 • Metodologia de alocação de recursos com uso de indicadores sintéticos

Dimensão	Indicador
Índice de condições de vida (ICVS)	
Biológica	Percentual de crianças até 5 anos de idade
	Percentual de idosos acima de 65 anos
	Percentual de mulheres em idade fértil
Habitação	Percentual de domicílios com abastecimento de água adequado
	Percentual de domicílios com esgoto sanitário adequado
	Percentual de domicílios com coleta de lixo
	Número médio de moradores por domicílio
Educação	Taxa de população alfabetizada acima de 10 anos
Serviços de saúde:	Média aritmética do índice sintético ambulatorial e hospitalar
	Índice sintético ambulatorial:
	Número de consultórios médicos/10 mil habitantes
	Número de consultas médicas/habitantes
	Número de equipos odontológicos/10 mil habitantes
	Número de ações básicas odontológicas/habitantes
	Índice sintético hospitalar:
	Número de leitos por mil habitantes
	Número de internações por cem habitantes
Índice de resposta do sistema de saúde (IRSS)	
Mortalidade proporcional em menores de 1 ano	
Proporção de óbitos mal definidos	
Índice de óbitos evitáveis por doenças crônicas, infecciosas e causas externas	
	Coeficiente de mortalidade por doenças do aparelho circulatório
	Coeficiente de mortalidade por câncer do colo uterino
	Coeficiente de mortalidade por causas externas
	Índice de óbitos evitáveis por causas infecciosas: obtido a partir da média aritmética dos coeficientes de mortalidade por malária, tuberculose e tétano

Fonte: Heimann *et al.* (2002), adaptada pelos autores.

dora para a alocação de recursos inter-regionais. Outras metodologias, como a de Heimann *et al.* (2002), utilizando indicadores compostos que medem várias dimensões, têm sido utilizadas, como mostra a Tabela 20.4.

No contexto atual, a diversidade de fórmulas tem encontrado pouca aplicabilidade na prática, pois a alocação de recursos financeiros extrapola o âmbito da racionalidade técnico-instrumental, pautando-se em interesses gerenciais e políticos que opõem, muitas vezes, rede ambulatorial *vs.* rede hospitalar ou rede hospitalar própria *vs.* rede contratada. Acrescentam-se ainda as demandas e necessidades fomentadas pela regionalização da saúde, processo que ganhou grande impulso nos últimos 10 anos, provocando grandes mudanças na organização dos serviços (Lima & Viana, 2011). Com a regionalização, as pactuações tornaram-se mais frequentes e dinâmicas e na contratualização de determinado serviço as unidades prestadoras podem mudar, de uma hora para a outra, o perfil de sua oferta, passando a atender populações de outros municípios que não demandavam anteriormente a prestação daquela atenção.

Para resolver equação de tal complexidade, muitos investimentos e audácia administrativa serão necessários, de maneira que a experiência acumulada ao longo do percurso possibilite atingir, paulatinamente, os objetivos de incremento da eficiência e da equidade dos serviços de saúde no SUS. A consciência dessa complexidade levou o MS a propor uma nova forma de pactuação das responsabilidades que irá remodelar a gestão compartilhada dos recursos de saúde em geral e garantir sua alocação racional: o Contrato Organizativo da Ação Pública (COAP). Esse instrumento tem como objeto financiamento, organização e integração das ações e serviços de saúde nos três níveis do sistema, de maneira segura, transparente e solidária (Brasil, 2011).

Uma vez contratualizados e alocados, os recursos financeiros poderão ser empregados na aquisição dos inúmeros insumos que entram na produção da saúde. Antes, porém, o gestor terá de ter mais alguns cuidados; cuidados com a logística na compra e distribuição dos bens e serviços, pois essas operações no âmbito da administração pública envolvem uma série de limitações que visam ao bom uso e tentam evitar tanto o desperdício como a corrupção. Essas limitações referem-se ao uso de licitações para compras a partir de certo valor e que têm como critério principal o menor preço, deixando a questão da qualidade dos bens como um problema a mais.

Iniciativas da gestão pública brasileira, como o ComprasNET ou o Sistema de Cadastramento Unificado de Fornecedores (SICAF), voltadas para a compra de itens materiais, têm ajudado nesse sentido, mas ainda precisam se aperfeiçoar. Outras iniciativas buscam dar conta da contratação de recursos humanos – maior item de despesas da área – com condições mínimas de trabalho, estabilidade e salários compatíveis com as funções e responsabilidades assumidas. Viabilizar a distribuição desses recursos em acordo com a necessidade da população também não tem sido fácil, pois o investimento na satisfação e qualificação dos profissionais que trabalham no SUS, tanto na assistência como na gestão, é parte importante e não negligenciável do gasto em saúde.

Essas considerações mostram que o financiamento se entrelaça organicamente com todos os momentos da gestão. Portanto, é preciso compreender que não basta ter o recurso, mas também saber alocá-lo, de modo que ele cumpra sua finalidade, que é prover a saúde. É fundamental entender como esse dinheiro, escasso, que seguiu tão intrincado fluxo, irá se transformar em uma ação de saúde. Olhando por esse prisma, o financiamento se amplia e se integraliza, alçando-se à condição de elemento estrutural e estruturante que alicerça economicamente as práticas sociais que cuidam da vida humana.

Referências

Abbagnano N. Dicionário de filosofia. São Paulo: Martins Fontes, 2000.

Baleeiro A. Uma introdução à ciência das finanças. Rio de Janeiro: Forense, 1995.

Belo CA. Orçamento, redistribuição e participação popular no Município de São Paulo. São Paulo em Perspectiva 2006; 20(3):95-105.

Brasil. Código Tributário Nacional. Lei 5.172, de 25 de outubro de 1966. Disponível em: http://www.receita.fazenda.gov.br/legislacao/codtributnaci/ctn.htm. Acesso em: 31/7/2012.

Brasil. Constituição da República Federativa do Brasil. Brasília-DF: Senado Federal, 1988.

Brasil. Emenda Constitucional 29, de 13 de setembro de 2000. Diário Oficial da União 178-E, Brasília, 14 set 2000. Seção 1, p. 1-2.

Brasil. Ministério da Saúde. Secretaria de Gestão de Investimentos em Saúde. Estimativas de impacto da vinculação constitucional de recursos para a saúde: Emenda Constitucional 29/2000. Ministério da Saúde. Secretaria de Gestão de Investimentos em Saúde; elaboração de Ana Cecília de Sá Campello et al. Brasília, Ministério da Saúde, 2001.

Brasil. Ministério do Planejamento. Relatório sobre a Avaliação do Sistema de Administração e Controle Financeiros do Brasil. Brasília, 2002.

Brasil. Conselho Nacional de Saúde. Resolução 322, de 8 de maio de 2003. Aprova as Diretrizes acerca da aplicação da Emenda Constitucional 29, de 13 de setembro de 2000. Brasília, 2003. 5p.

Brasil. Lei Complementar 118, de 9 de fevereiro de 2005. Altera e acrescenta dispositivos à Lei de criação do Código Tributário Nacional. Disponível em: http://www.receita.fazenda.gov.br/Legislacao/LeisComplementares/2005/leicp118.htm. Acesso em: 14/8/2012.

Brasil. Tribunal de Contas da União. Orientações para conselheiros de saúde. Brasília: TCU, 2010a.

Brasil. Ministério da Saúde – MS. Secretaria de Gestão Estratégica e Participativa. SARGSUS. Sistema de Apoio à Construção do Relatório de Gestão do SUS. Manual do Usuário Versão 1.0. Brasília; MS, 2010b.

Brasil. Ministério da Saúde – MS. Secretaria de Gestão Estratégica e Participativa. Contrato Organizativo da Ação Pública da Saúde. Brasília-DF: MS, 2011.

Brasil. Ministério da Saúde – MS. Conselho Nacional de Saúde – CNS. Relatório Final da 14ª Conferência Nacional de Saúde. Todos usam o SUS. SUS na Seguridade Social. Política Pública, Patrimônio do Povo Brasileiro. Série C. Projetos, Programas e Relatórios. Brasília-DF: MS, 2012a.

Brasil. Ministério da Fazenda (MF). Secretaria do Tesouro Nacional. Manual de Contabilidade Aplicada ao Setor Público. Parte I. Procedimentos Contábeis Orçamentários. Aplicados à União, Estados, Distrito Federal e Municípios. Brasília: MF, 2012b.

Brasil. Lei Complementar 141, de 13 de janeiro de 2012. Regulamenta o § 3º do art. 198 da Constituição Federal para dispor sobre os valores mínimos a serem aplicados anualmente pela União, Estados, Distrito Federal e Municípios em ações e serviços públicos de saúde. Brasília: Diário Oficial da União – Seção 1 – 16/01/2012c.

Brasil. Ministério da Saúde. IDSUS 2012d. Ministério avalia qualidade dos serviços de saúde. Disponível em: http://portalsaude.saude.gov.br/portalsaude/noticia/4390/162/ministerio-avalia-e-monitora-acesso-e-qualidade-dos-servicos-de-saude.html. Acesso em: 31/7/2012.

Campelli MGR, Calvo MCM. O cumprimento da Emenda Constitucional 29 no Brasil. Cad Saúde Publica 2007; 23(7):1613-23.

Carr-Hill RA, Sheldon TA, Smith P, Martin S, Peacock S, Hardman G. Allocating resources to health authorities: development of method for small area analysis of use of inpatient services. British Medical Journal 1994; 309(6961):1046-9.

CEBES – Centro Brasileiro de Estudos da Saúde, ABRES, ABRASCO, CONASEMS, ABONG. Esclarecimento Público. Gasto em saúde no Brasil: é muito ou pouco? 2006. Disponível em: http://www.abrasco.org.br/publicacoes/arquivos/20060712142141.pdf. Acesso em: 20/8/2012.

CEBES – Centro Brasileiro de Estudos da Saúde. Carta do Rio de Janeiro: em defesa da seguridade social. 2008. Disponível em: http://www.cebes.org.br/anexos/Carta%20FINAL%20da%20Seguridade%20Social%20-%20COM%20ASSINATURAS%20(new).pdf. Acesso em: 14/9/2012.

CNDSS – Comissão Nacional sobre Determinantes Sociais em Saúde. As causas sociais das iniquidades em saúde no Brasil. Relatório Final. 2008. Disponível em: www.cndss.fiocruz.br/pdf/home/relatorio.pdf.

Conselho Nacional de Secretários de Saúde/CONASS. O Financiamento da Saúde. Brasília, 2011. Disponível em: http://www.conass.org.br/colecao2011/livro_2.pdf.

Farias CF. Do conflito jurídico ao consenso democrático: uma versão da implantação do OP-RS. [Tese de Doutorado]. Belo Horizonte: Universidade Federal de Minas Gerais, 2002.

França JRM, Costa NR. A dinâmica da vinculação de recursos para a saúde no Brasil: 1995 a 2004. Ciênc Saúde Coletiva 2011; 16(1):241-57.

Gonçalves RF, Bezerra AFB, Espírito Santo ACG et al. Confiabilidade dos dados relativos ao cumprimento da Emenda Constitucional 29 declarados ao Sistema de Informações sobre Orçamentos Públicos em Saúde pelos municípios de Pernambuco, Brasil. Cad Saúde Pública 2009; 25(12):2612-20.

Heimann L, Ibanhes LC, Boaretto RC Atenção primária em saúde: um estudo multidimensional sobre os desafios e potencialidades na Região Metropolitana de São Paulo (SP, Brasil). Ciênc Saúde Coletiva 2011; 16(6):2877-87.

Heimann LS, Pessoto UC, Junqueira V et al. Quantos Brasis? Eqüidade para alocação de recursos no SUS [CD-ROM]. São Paulo: NOAR, 2002.

Iunes RF. Demanda e Demanda em Saúde. In: Piola SF, Vianna SM. Economia da Saúde: conceitos e contribuições para a gestão da saúde. Brasília: Ipea, 2002.

Levi ML, Scatena JHG. Evolução recente do financiamento do SUS e considerações sobre o processo de regionalização. In: Viana ALD, Lima LD. (orgs.) Regionalização e relações federativas na política de saúde do Brasil. Rio de Janeiro: Contra-Capa, 2011:81-113.

Lima LD, Andrade CLT. Condições de financiamento em saúde nos grandes municípios do Brasil Cad. Saúde Pública 2009; 25(10):2237-48.

Lima LD, Viana ALD. Descentralização, regionalização e instâncias intergovernamentais no Sistema Único de Saúde. In: Viana ALD, Lima LD (orgs.) Regionalização e relações federativas na política de saúde do Brasil. Rio de Janeiro: Contra-Capa, 2011:39-63.

Maia AC, Andrade MV, Oliveira AMHC. A sobreutilização do cuidado de saúde no sistema suplementar brasileiro. Bahia Análise & Dados 2006; 16(2):217-30.

Medici AC. Aspectos teóricos e conceituais do financiamento das políticas de saúde. In: Piola SF, Vianna SM. Economia da Saúde: conceitos e contribuições para a gestão da saúde. Brasília: Ipea, 2002.

Mendes A, Marques RM. O financiamento do SUS sob os "ventos" da financeirização. Ciênc Saúde Coletiva 2009; 14(3):841-50.

Moreira JPL, Moraes JR, Luiz RR. Utilização de consulta médica e hipertensão arterial sistêmica nas áreas urbanas e rurais do Brasil, segundo dados da PNAD 2008. Ciênc Saúde Coletiva 2011; 16(9):3781-93.

Nunes A. A alocação equitativa inter-regional de recursos públicos federais do SUS: a receita própria do município como variável moderadora. Relatório de Consultoria (Contrato 130/2003) – Projeto 1.04.21. Brasília; MS, 2004.

OECD – Organization for Economic Co-operation and Development, Eurostat, WHO. A system of health accounts. Paris: OECD Publishing, 2011.

Oliveira JAA, Teixeira SMF (Im) previdência social: 60 anos de história da previdência no Brasil. Petrópolis: Vozes, 1985.

Paim JS. Burocracia y aparato estatal: implicación para la planificación y instrumentación de politicas de salud. In: Teixeira SF (org.) Estado y politicas sociales en America Latina. Mexico: Universidad Autonoma Metroplitana, Universidad Xochimilco, 1992:293-311.

Paim JS, Travassos C, Almeida C, Bahia L, Macinko J. O sistema de saúde brasileiro: história, avanços e desafios. The Lancet 2011; 377(9779):1778-97.

Pereira JM. Finanças públicas: a política orçamentária no Brasil. São Paulo: Atlas, 1999.

Pochmann M. Tributação que aprofunda a desigualdade. Carta Social e do Trabalho 2008; 8:5-9. Disponível em: www.eco.unicamp.br/docprod/downarq.php?id=2016&tp=a.

Porto S, Martins M, Travassos C, Viacava F. Avaliação de uma metodologia de alocação de recursos fi nanceiros do setor saúde para aplicação no Brasil. Cad Saúde Pública. 2007; 23(6):1393-404.

Ribeiro JA, Piola SF, Servo LM. As novas configurações de antigos problemas: financiamento e gasto com ações e serviços públicos de saúde no Brasil. Divulg Saúde Debate 2007; 37:21-43.

Rosa MRR, Coelho TCB. O que dizem os gastos com o Programa Saúde da Família em um município da Bahia? Ciênc Saúde Coletiva. 2011; 16(3):1863-73.

Salvador E. Reforma tributária desmonta o financiamento das políticas sociais. Carta Social e do Trabalho 2008; 8:20-6. Disponível em: www.eco.unicamp.br/docprod/downarq.php?id=2016&tp=a.

Scatena JHG, Viana ALD, Tanaka OY. Sustentabilidade financeira e econômica do gasto público em saúde no nível municipal: reflexões a partir de dados de municípios matogrossenses. Cad Saúde Pública 2009; 25(11):2433-45.

Sen A. A ideia de Justiça. São Paulo: Companhia das Letras, 2011.

Siqueira RB, Hamasaki CS. Gasto, renda e desigualdade no brasil: um estudo comparativo entre as regiões Nordeste e Sudeste. Revista Econômica do Nordeste 2000; 31(nº especial):550-9.

Souza RR. O sistema público de saúde brasileiro. In: Negri B, Viana ALD (orgs.) O Sistema Único de Saúde em dez anos de desafio. São Paulo: Sobravime/Cealag, 2002:441-70.

Souza RR. Redução das desigualdades regionais na alocação dos recursos federais para a saúde. Ciênc Saúde Coletiva 2003; 8(2):449-60.

Teixeira HV, Teixeira MG. Financiamento da saúde pública no Brasil: a experiência do Siops. Ciênc Saúde Coletiva. 2003; 8(2):379-91.

Uzêda AA, Coelho TCB. Movimento água é vida e a construção da cidadania em Feira de Santana – BA. Revista Baiana de Saúde Pública 2005; 29(2):226-37.

Vasquez DA. Efeitos da regulação federal sobre o financiamento da saúde. Cad. Saúde Pública 2011; 27(06):1201-12.

Vieira FS, Zucchi P. Aplicações diretas para aquisição de medicamentos no Sistema Único de Saúde. Rev Saúde Pública 2011; 45(5):906-13.

Vieira-da-Silva LM, Almeida-Filho N. Eqüidade em saúde: uma análise crítica de conceitos. Cad Saúde Publ 2009; 25(Supl. 2):217-26.

Victora CG, Aquino EML, Leal MC, Monteiro CA, Barros FC, Szwarcwald CL. Saúde de mães e crianças no Brasil: progressos e desafios. The Lancet 2011; 377(9779):1798-812.

WHO – World Health Organization. Guide to producing national health accounts: with special applications for low income e middle-income countries, Geneva: WHO, 2003.

WHO – World Health Organization. Relatório Mundial. Financiamento dos sistemas de saúde: o caminho para a cobertura universal. Genebra: WHO, 2010.

WHO – World Health Organization. Health expenditure series. Global Health Expenditure Database. Genebra: WHO, 2012. Disponível em: http://apps.who.int/nha/database/StandardReport.aspx?ID=REPORT_2_WHS.

21

Modelos de Atenção à Saúde no SUS:
Transformação, Mudança ou Conservação?

Carmen Fontes Teixeira ♦ *Ana Luiza Queiroz Vilasbôas*

INTRODUÇÃO

A reorganização dos serviços e a reorientação das práticas e do processo de trabalho em saúde têm sido um dos temas centrais do debate conceitual e político no âmbito do SUS. A trajetória desse debate tem sido marcada pela crítica e redefinição de ideias oriundas de movimentos internacionais de reforma dos sistemas de saúde, às quais se articulam, dinamicamente, propostas surgidas da experimentação prática e elaboração de alternativas que refletem a especificidade das condições nas quais se desenvolve o processo de reforma sanitária no Brasil.

O objetivo deste capítulo é delimitar algumas questões que permeiam o debate conceitual e definem as opções políticas colocadas aos gestores do SUS no que diz respeito à mudança e transformação do modelo de atenção à saúde, ou seja, à forma de organização do processo de produção de ações e serviços de saúde.

Tratamos de apresentar, inicialmente, uma breve revisão conceitual, com vistas a subsidiar a compreensão das características dos modelos vigentes e das propostas alternativas de mudança da lógica econômica, organizacional e técnico-operacional que preside a produção e consumos das ações e serviços de saúde. Em seguida, descrevemos os modelos de atenção existentes *antes* do desencadeamento do processo de reforma do sistema, modelos ainda hoje hegemônicos, isto é, permanecem vigentes, estruturando práticas e processos de trabalho, ainda que se enfrentem, cotidianamente, com a introdução de propostas de mudança.

Em um segundo momento, apresentamos uma breve caracterização das propostas de reorganização das práticas e dos serviços de saúde emanadas dos movimentos de reforma em saúde no âmbito internacional, ou seja, das propostas que surgiram nos centros hegemônicos, com as quais "dialogaram" criticamente os pesquisadores brasileiros que se dedicam a este tema. Em seguida, apresentamos as principais "propostas alternativas", identificando seu contexto de emergência, suas bases conceituais e suas características organizacionais, ou seja, os aspectos que propõem mudar nos modelos hegemônicos, seja pela introdução de elementos novos, seja pela redefinição dos antigos.

Finalmente, sistematizamos algumas informações que oferecem uma visão panorâmica da situação atual do SUS em termos do processo de mudança do *modelo de atenção*, problematizando até que ponto as políticas e estratégias implementadas estão contribuindo para o alcance da integralidade da atenção à saúde da população, princípio estruturante do modelo que se pretende alcançar, e quais são os principais desafios que se colocam aos formuladores de políticas e gestores do sistema.

ASPECTOS CONCEITUAIS

O que vem a ser um "modelo de atenção à saúde"? A revisão da literatura latino-americana e brasileira sobre o tema revela que o interesse em definir e conceituar "modelo de atenção" surgiu no contexto do debate internacional sobre reformas do sistema de saúde, especialmente com a proposta de organização dos Sistemas Locais de Saúde, fomentada pela Organização Pan-Americana da Saúde (OPAS) nos anos 1980. No Brasil, esse debate deu lugar à elaboração de várias definições, baseadas em enfoques teórico-conceituais distintos.

A primeira delas parte da definição apresentada pela OPAS (1992), segundo a qual "modelo de atenção" é uma forma de organização das unidades de prestação de serviços de saúde, ou seja, uma maneira de organização dos estabelecimentos de saúde, a saber, centros de saúde, policlínicas e hospitais. Nessa perspectiva, a organização dos serviços pode assumir um formato de *rede*, entendida como conjunto de estabelecimentos voltados para a prestação de serviços do mesmo tipo (por exemplo, *rede ambulatorial, rede hospitalar*), ou por serviços de distintos níveis de complexidade tecnológica, interligados por mecanismos de referência e contrarreferência, constituindo assim, *redes integradas de atenção* a problemas ou grupos populacionais específicos, as quais constituem a base operacional de sistemas de saúde (Mendes, 2009).

A segunda definição emergiu do debate em torno das possibilidades de organização do processo de prestação de serviços de saúde em unidades ou estabelecimentos de saúde à época da implantação do Sistema Unificado Descentralizado de Saúde (SUDS), entre 1987 e 1989. Baseia-se na análise crítica da lógica que presidia a prestação de serviços e distingue a *atenção à demanda espontânea* da *oferta organizada* (Paim, 1993a), tomando como principal critério a distinção entre *consultação* e *programação/ações programáticas* (Schraiber, 1990), ou seja, a existência ou não de um processo de identificação, seleção e priorização de necessidades de saúde da população atendida. Dessa reflexão surgiu, inclusive, a proposta de organização da Vigilância da Saúde, entendida como uma forma de organização das práticas de saúde que contempla a articulação das ações de promoção da saúde, prevenção e controle de riscos, assistência e reabilitação, de modo a se desenvolver uma atenção integral a problemas de saúde e seus determinantes, a necessidades e demandas da população em territórios específicos (Paim, 1993b; Teixeira, Paim & Vilasbôas, 1998).

A terceira definição fundamenta-se na identificação dos elementos estruturais do processo de trabalho em saúde e considera que "modelos assistenciais" podem ser entendidos como "combinações de saberes (conhecimentos) e técnicas (métodos e instrumentos) utilizadas para resolver problemas e atender necessidades de saúde individuais e coletivas, não sendo, portanto, simplesmente uma forma de organização dos serviços de saúde nem tampouco um modo de administrar (gerir ou gerenciar) um sistema de saúde". Nessa perspectiva, os modelos assistenciais são "formas de organização das relações entre sujeitos (profissionais de saúde e usuários) mediadas por tecnologias (materiais e não materiais) utilizadas no processo de trabalho em saúde, cujo propósito é intervir sobre problemas (danos e riscos) e necessidades sociais de saúde historicamente definidas" (Paim, 2002).

Além dessas definições, pode-se conceber "modelo de atenção" de maneira sistêmica, articulando três dimensões: uma *gerencial*, relativa aos mecanismos de condução do processo de reorganização das ações e serviços; uma *organizativa*, que diz respeito ao estabelecimento das relações entre as unidades de prestação de serviços, levando em conta a hierarquização dos níveis de complexidade tecnológica do processo de produção das ações de saúde; e a dimensão propriamente *técnico-assistencial*, ou operativa, que diz respeito às relações estabelecidas entre o(s) sujeito(s) das práticas e seus objetos de trabalho, relações essas mediadas pelo saber e tecnologia que operam no processo de trabalho em saúde em vários planos, quais sejam, os da promoção da saúde, da prevenção de riscos e agravos, da recuperação e reabilitação (Teixeira, 2003).

Essa concepção contempla, portanto, desde o nível "micro", das *práticas* (Boxe 21.1) realizadas nas diversas linhas de ação do sistema, passando pelo nível "meso", de articulação dos serviços e estabelecimentos de saúde em *redes* até o nível macro, que contempla a estruturação de *sistemas* que envolvem, além das práticas e serviços de saúde, as ações político-gerenciais que conferem organicidade e sustentabilidade ao processo de prestação de serviços à população.

Boxe 21.1 | Práticas de saúde

As práticas de saúde podem ser promocionais, preventivas, assistenciais ou reabilitadoras. As práticas de promoção da saúde são medidas inespecíficas de melhoria das condições gerais de vida e trabalho, incluindo ações de educação e comunicação em saúde destinadas a subsidiar a adoção de modos de vida saudáveis. As práticas preventivas, por sua vez, incluem medidas específicas de prevenção de riscos e danos à saúde das pessoas, a exemplo das ações de vigilância epidemiológica e sanitária. As práticas assistenciais referem-se a cuidados dispensados a pessoas doentes, podendo ser realizadas em diversos espaços: na moradia, nas escolas, ambientes de trabalho e serviços de saúde. As práticas reabilitadoras incluem medidas de recuperação da saúde e reabilitação de funções vitais, a exemplo de locomoção, memória, fala etc., e geralmente são destinadas a pessoas que apresentam deficiências genético-hereditárias ou sequelas de doenças e acidentes.

Nessa perspectiva "ampliada", a transformação do modelo de atenção, para ser concretizada, exige a formulação e implementação de políticas que criem condições para as mudanças no nível "micro", ou seja, com o desencadeamento de processos político-gerenciais que criem condições favoráveis para a introdução de inovações nas dimensões gerenciais, organizativas e técnico-assistenciais propriamente ditas, isto é, no âmbito das práticas de saúde.

Essas mudanças podem incidir tanto sobre o conteúdo das *práticas* como na forma de organização do *processo de trabalho* nos estabelecimentos de saúde nos diversos níveis de complexidade, e também na forma de organização das *unidades* em *redes* territorializadas de serviços que contemplem princípios de economia de escala na distribuição territorial dos recursos e, ao mesmo tempo, busquem o ajuste possível entre o perfil de oferta de ações e serviços e as necessidades e demandas da população (Teixeira, 2003).

MODELOS DE ATENÇÃO HEGEMÔNICOS

De modo bastante sintético, é possível afirmar que ao longo do século XX se constituíram no Brasil dois modelos distintos de atenção à saúde da população: o modelo médico-assistencial hospitalocêntrico e o modelo sanitarista.

As bases conceituais e organizacionais do modelo médico-assistencial hospitalocêntrico fundamentam-se na *clínica*, forma de organização da prática médica surgida na Europa do século XVIII, a partir da redefinição do papel do hospital, que passou a ser um lugar de observação, classificação e tratamento dos doentes (Foucault, 2011). Centrado na figura do médico, esse modelo tornou-se o espaço de reprodução da chamada *medicina científica* desenvolvida a partir da segunda metade do século XIX.

Inicialmente organizado sob a forma da chamada *medicina liberal*, praticada fundamentalmente em consultórios, esse modelo passou a organizar-se, progressivamente, sob a forma empresarial, na medida em que se dava a incorporação de tecnologias produzidas a partir do intenso desenvolvimento científico observado na segunda metade do século passado, o que fortaleceu extraordinariamente o papel do hospital e da rede de serviços de apoio diagnóstico e terapêutico. Com isso, alterou-se significativamente a maneira de financiamento dos serviços, que passaram do pagamento direto existente na época da chamada "medicina liberal" para o pagamento indireto, por meio dos sistemas de seguro-saúde ou dos sistemas de seguridade social, nos quais o Estado assume o financiamento dos serviços.

O outro modelo, por seu turno, desenvolveu-se a partir das iniciativas desencadeadas com a intervenção do Estado sobre as condições de vida e saúde da população, isto é, em uma perspectiva radicalmente diferente da procura individual por cuidados médicos. Já no século XVIII, com o Estado absolutista, surgiu a Polícia Médica, na Alemanha, ação estatal voltada fundamentalmente para o controle dos nascimentos e das mortes mediante o controle das doenças, principalmente as epidemias. No século XIX, na França, surgiu a Higiene, disciplina que subsidiou uma ampla intervenção estatal sobre o espaço urbano, principalmente sobre as condições de saneamento, moradia, cemitérios etc., também visando ao controle das condições de vida e saúde da população. Na Inglaterra, nesse período, surgiu a Saúde Pública, conjunto de medidas desenvolvidas pelo Estado para o controle de ambientes, a exemplo de moradias e fábricas, bem como para ações de "educação sanitária", visando à difusão de conhecimentos que subsidiassem "comportamentos saudáveis" (Rosen, 1994).

O Brasil, pela posição que ocupava no cenário internacional durante o período colonial, no período do Império e na primeira República, sofreu a influência direta do que se passava na Europa, principalmente na França e na Alemanha, centros hegemônicos do desenvolvimento da medicina científica, ensinada nas Escolas Médicas da Bahia e do Rio de Janeiro, bem como sofreu a influência da Inglaterra, principalmente em razão do domínio exercido pelo imperialismo britânico após as guerras napoleônicas. Mais tarde, já no período republicano, o Rio de Janeiro, capital da República, será o cenário do surgimento de nossa Saúde Pública, com o trabalho desenvolvido por Oswaldo Cruz no combate à epidemia de febre amarela.

Esses fatos constituem as origens do que veio a se tornar o "modelo médico-assistencial" e o "modelo sanitarista", vigentes no Brasil à época em que se desencadeou o movimento pela reforma sanitária. Revisemos, portanto, brevemente, suas principais características.

Modelo médico-assistencial hospitalocêntrico

Tem suas raízes históricas no desenvolvimento da *medicina liberal*, inicialmente privilégio de poucos que podiam pagar diretamente pelas consultas, geralmente prestadas nos domicílios, ao qual se acrescentava a prática médica exercida nos hospitais das Santas Casas de Misericórdia. Apenas nos anos 1920, os trabalhadores começaram a se organizar e fundaram Caixas de Aposentadorias e Pensões, que tinham entre suas atribuições a provisão de recursos para compra de medicamentos.

No período Vargas, a partir da década de 1930, o Estado passou a responsabilizar-se pela assistência médica ao contingente de trabalhadores inseridos no mercado formal de trabalho e seus dependentes, com a organização dos Institutos de Aposentadorias e Pensões (IAP). Estes progressivamente passaram a contar com serviços próprios, configurando-se uma "medicina previdenciária" caracterizada pela ênfase no atendimento individual, centrado no profissional médico e realizado principalmente no ambiente hospitalar. Paralelamente, a população que não tinha condições de pagar pelos serviços nem era "trabalhador com carteira assinada", ou seja, a grande maioria da população pobre, era atendida (ou não) como "indigente" nos serviços assistenciais mantidos pelas secretarias estaduais e algumas secretarias municipais de saúde (Oliveira & Teixeira, 1979).

Essa situação se manteve no período pós-1945, quando ocorreu a expansão da cobertura assistencial dos trabalhadores vinculados aos IAP, que passaram a credenciar médicos e comprar serviços de hospitais privados, contribuindo assim para a expansão da rede particular. A partir de 1964, esse processo se intensificou com a conformação de empresas médicas, que passaram a ser financiadas pela expansão das diversas modalidades de seguro, assegurados por empresas públicas ou privadas ou financiados por usuários individuais e suas famílias.

Esse processo estruturou as bases dos dois sistemas de prestação de serviços de saúde existentes na época em que se começou a discutir a possibilidade de uma ampla reforma sanitária: de um lado o sistema público, constituído por um conjunto heterogêneo de instituições em vários níveis de governo, e do outro o sistema privado, composto por empresas médico-hospitalares, serviços ambulatoriais, clínicas e policlínicas.

Cabe enfatizar entretanto que, do ponto de vista da organização do processo de prestação de serviços, tanto nos serviços públicos como nos privados reproduzia-se o modelo médico-assistencial hospitalocêntrico, ainda que no âmbito do sistema público esse modelo convivesse com o modelo sanitarista, como veremos a seguir. No sistema público, ademais, grande parte da rede assistencial era composta por serviços privados contratados e conveniados, o que levou alguns autores a considerar *privatizante* ou *privatista* o modelo assistencial prevalente.

A criação do Sistema Único de Saúde (SUS), a partir das lutas pela Reforma Sanitária nos anos 1980, no contexto da redemocratização do país, implicou a "integração" dos serviços públicos das diversas instituições, que passaram ao comando único em cada esfera de governo, ou seja, ao comando do Ministério da Saúde (que incorporou o antigo Inamps), e ao comando das secretarias estaduais e municipais de saúde em seus respectivos territórios.

Com isso, o SUS "herdou" o modelo de atenção médico-assistencial hospitalocêntrico e privatista, tornando-se, assim, um espaço de conflitos e negociações e em torno das propostas de mudança ou conservação do modelo de atenção. Esses processos ocorrem tanto no âmbito do Ministério da Saúde como no das secretarias estaduais e municipais de saúde, cenário em que se enfrentam e articulam propostas políticas e estratégias de reorganização do modelo de atenção em várias de suas dimensões.

Modelo sanitarista

Embora seja possível identificar o desenvolvimento de algumas ações de controle sanitário no Brasil Colônia e Império, os estudiosos do tema concordam em datar o surgimento de uma ação organizada do Estado brasileiro na República Velha, com as "campanhas sanitárias" de controle de epidemias que ameaçavam o desenvolvimento econômico do país (febre amarela, varíola, peste), realizadas sob comando de Oswaldo Cruz, no Rio de Janeiro, no início do século XX.

Seguindo o processo que caracterizou o desenvolvimento científico-técnico e organizacional na área, o modelo sanitarista incorporou, ao longo do século XX, além das *campanhas*, que ainda subsistem, a elaboração e implantação dos *programas especiais* de controle de doenças e outros agravos, caminhando, a partir dos anos 1970 para a implantação de *sistemas de vigilância em saúde*, processo ainda em curso no âmbito do SUS.

As campanhas sanitárias caracterizam-se por seu caráter esporádico ou por sua realização periódica, de acordo com as características epidemiológicas da doença ou agravo que se pretende erradicar ou controlar. Os programas especiais, também chamados "programas verticais", resultaram da institucionalização de algumas campanhas, ganhando permanência nas estruturas burocráticas das instituições públicas de saúde, a exemplo dos programas de controle da malária, tuberculose e, mais recentemente, dos programas de controle da dengue, AIDS, hipertensão, diabetes etc.

A implantação de sistemas de vigilância em saúde, por sua vez, tem origem de um lado na análise crítica acerca das insuficiências das campanhas e programas, e, do outro, na constatação de que, ainda que se alcance o "controle" de determinadas doenças e agravos, é necessário manter uma vigilância permanente sobre casos, a exemplo de eventuais surtos de doenças transmissíveis e riscos como aqueles decorrentes da exposição da população a fatores ambientais, biológicos e sociais.

Nessa perspectiva, em meados dos anos 1970 foi instituída a legislação específica que tornou obrigatória a notificação de doenças transmissíveis selecionadas, agravos inusitados à saúde pública e situações de calamidade pública que ofereçam riscos à saúde, sendo criado o *Sistema Nacional de Vigilância Epidemiológica*, no qual se pretendia incluir o conjunto de serviços de saúde públicos e privados, desde então responsáveis pela produção de informações a serem analisadas pelos órgãos específicos de vigilância criados no ministério da saúde e nas secretarias estaduais de saúde.

Além disso, foram sendo desenvolvidas ações de *Vigilância Sanitária*, as quais eram inicialmente realizadas de modo burocrático e cartorial, limitando-se, na maioria das vezes, ao fornecimento de alvarás para o funcionamento de estabelecimentos comerciais cujos produtos e serviços podem oferecer riscos à saúde, como farmácias, restaurantes, hotéis, clínicas, hospitais, salões de beleza, entre outros (Costa, 1999).

A partir dos anos 1990, o processo de descentralização da gestão do SUS levou à criação de estruturas administrativas em secretarias estaduais e municipais responsáveis pela execução de ações de vigilância. No âmbito nacional, a coordenação das ações de vigilância epidemiológica e ambiental passou a ser responsabilidade da Secretaria de Vigilância em Saúde (SVS), que reuniu no Ministério da Saúde os programas especiais e as ações de vigilância epidemiológica realizadas por órgãos federais distintos. Mais recentemente, a SVS incorporou a responsabilidade por ações de *vigilância ambiental*, desenvolvendo sistemas de informação acerca da qualidade da água, do ar e do solo em parceria com outros órgãos governamentais que atuam na área de meio ambiente.

Tabela 21.1 • Características dos "modelos de atenção" prevalentes no Brasil

Modelo	Sujeito	Objeto	Meios de trabalho	Formas de organização
Médico-assistencial	Médico	Doença e doentes	Tecnologia médica (indivíduo)	Rede de serviços de saúde Hospital
Sanitarista	Sanitarista Auxiliares	Modelos de transmissão; fatores de risco das diversas doenças	Tecnologia sanitária (educação em saúde, controle de vetores, imunização etc.)	Campanhas sanitárias Programas especiais Sistemas de vigilância epidemiológica, sanitária e ambiental

Por outro lado, com a Reforma do Estado, em 1999, foi criada a Agência Nacional de Vigilância Sanitária (Anvisa), que passou a se responsabilizar pela coordenação nacional da política e das ações nessa área, desencadeando um processo de constituição do "sistema nacional de vigilância sanitária", que inclui a articulação com os órgãos existentes nas secretarias estaduais, bem como a criação e o fortalecimento de setores correlatos nas secretarias municipais de saúde.

PROPOSTAS DE MUDANÇA DO MODELO DE ATENÇÃO

Pelo exposto anteriormente, pode-se constatar que o modelo de atenção à saúde hegemônico no Brasil é o modelo médico-assistencial hospitalocêntrico, que subordina, inclusive, as ações e serviços que compõem o modelo sanitarista implementado no âmbito do SUS (Tabela 21.1). Por suas características intrínsecas, entretanto, esse modelo vem apresentando sinais de uma "crise permanente", caracterizada pela tendência inexorável de elevação de custos, redução da efetividade diante das mudanças do perfil epidemiológico da população, crescente insatisfação dos profissionais e trabalhadores de saúde e por último, mas não menos importante, pela perda de credibilidade e confiança por parte da população usuária.

Essa crise começou a ser identificada e analisada já no início dos anos 1970, apontando-se, além dos determinantes estruturais (subordinação à lógica do capital, isto é, a mercantilização dos serviços de saúde), as características específicas do sistema público de saúde brasileiro, marcado pela baixa cobertura assistencial, além da ineficiência administrativa, ineficácia técnica e ausência de coordenação interinstitucional.

Esse "diagnóstico" encontra-se na base do movimento pela Reforma Sanitária Brasileira, tendo estimulado a elaboração da proposta de criação do SUS, cujos princípios e diretrizes apontam para a necessidade de superação desses problemas, especificamente no que diz respeito à busca de universalidade, integralidade e equidade na prestação de serviços, sendo possível acrescentar a necessidade de garantia da qualidade, o atendimento às necessidades prioritárias de saúde da população e a humanização da atenção.

Nessa perspectiva, têm sido elaboradas várias propostas de mudança do modelo (Silva Júnior, 1998), o que demanda, portanto, que se analisem suas origens, bases conceituais e organizacionais e, principalmente, o modo como elas têm sido incorporadas ao cotidiano da gestão do SUS. Para isso, consideramos necessário fazer uma distinção entre as propostas oriundas de movimentos ideológicos de reforma em saúde, elaborados nos "centros hegemônicos", a exemplo dos EUA e do Canadá, e as propostas alternativas elaboradas por pesquisadores brasileiros do campo da Saúde Coletiva, construídas a partir da crítica e "refuncionalização" das ideias originais propostas pelos movimentos de reforma difundidos no cenário internacional. Disso tratamos nos itens a seguir.

Propostas dos movimentos ideológicos de reforma em saúde

Ao longo do século XX surgiram vários movimentos ideológicos[1] na área da saúde, propondo a introdução ou revisão de conceitos e estratégias, isto é, concepções acerca da saúde-doença e das formas de organização das respostas sociais aos problemas e necessidades de saúde, especialmente as formas de organização da produção de ações e serviços.

A emergência desses movimentos, seja no âmbito do ensino das profissões de saúde, seja no âmbito da organização dos serviços, tem como determinante a crise do modelo médico-assistencial prevalente nas sociedades capitalistas contemporâneas. Além disso, o surgimento de cada movimento ideológico específico, como a medicina preventiva, nos anos 1940, a medicina comunitária e a medicina familiar, nos anos 1960, a atenção primária à saúde, nos anos 1970-1980, a promoção da saúde, nos anos 1980-1990, e o debate atual em torno dos determinantes sociais da saúde respondem a determinações conjunturais.

---

[1] Um movimento ideológico resulta da mobilização de pessoas, grupos e instituições em torno de ideias relativas a determinado tema e implica, geralmente, uma mudança no conteúdo e na forma como este é tratado em determinado momento histórico.

Ao deixarem seus países de origem e se difundirem para outras sociedades, entretanto, suas noções e valores podem ser ressignificados e suas propostas podem passar por uma "refuncionalização", na medida em que sejam apropriadas por sujeitos sociais com interesses distintos. No Brasil, esses movimentos têm influenciado a formulação de políticas e estratégias de mudança na formação de pessoal e na organização dos serviços de saúde nos últimos 30 anos, valendo a pena, portanto, revisar suas bases conceituais.

Medicina preventiva, comunitária e familiar

A medicina preventiva foi um movimento surgido nos EUA em reação da Associação Médica Norte-Americana à possibilidade de intervenção estatal na organização social da assistência. Representando "uma leitura liberal e civil" (Arouca, 2003) da prática médica, a medicina preventiva colocou-se como uma proposta de reforma parcial da prática médica a partir de mudanças no ensino médico, para que o profissional viesse a adquirir uma "atitude preventiva" e incorporasse, a sua prática, condutas preventivas e não apenas condutas diagnósticas e terapêuticas. Para isso, o conteúdo do ensino deveria integrar os conhecimentos da Saúde Pública com a clínica, incorporando disciplinas como epidemiologia, demografia, estatística, administração e ciências sociais, especialmente as "ciências da conduta", permitindo ao médico o desenvolvimento de uma "visão integral" do paciente.

As bases conceituais da medicina preventiva incluíam uma concepção dinâmica da saúde e da doença, entendidas como parte de um processo contínuo, a partir do qual é possível estabelecer uma "história natural" base para a reorganização da prática médica. Conforme definem Leavell & Clark (1978: 15), "História Natural da Doença (HND) é o nome dado ao conjunto de processos interativos compreendendo as inter-relações do agente, do suscetível e do meio ambiente que afetam o processo global e seu desenvolvimento, desde as primeiras forças que criam o estímulo patogênico no meio ambiente, ou em qualquer outro lugar, até as alterações que levam a um defeito, invalidez, recuperação ou morte". A noção de HND incorpora uma visão dinâmica do processo saúde-doença e possibilita o estabelecimento de "níveis de prevenção": primária, secundária e terciária, de acordo com o momento do processo da HND no qual se dá a intervenção (Figura 21.1).

Os conceitos básicos da medicina preventiva foram mantidos no corpo doutrinário da medicina comunitária, movimento ideológico surgido nos anos 1960, também nos EUA, no contexto da luta da população negra pelos direitos civis. A principal diferença em relação à medicina preventiva, do ponto de vista teórico, é o fato de a medicina comunitária incorporar a comunidade como seu objeto de conhecimento e intervenção, superando, assim, a visão individualista da clínica, presente no movimento preventivista (Donnangello, 1976; Paim, 1986a).

Em consequência dessa opção com relação ao objeto, a medicina comunitária tratou de incorporar conhecimentos, métodos e técnicas que possibilitassem

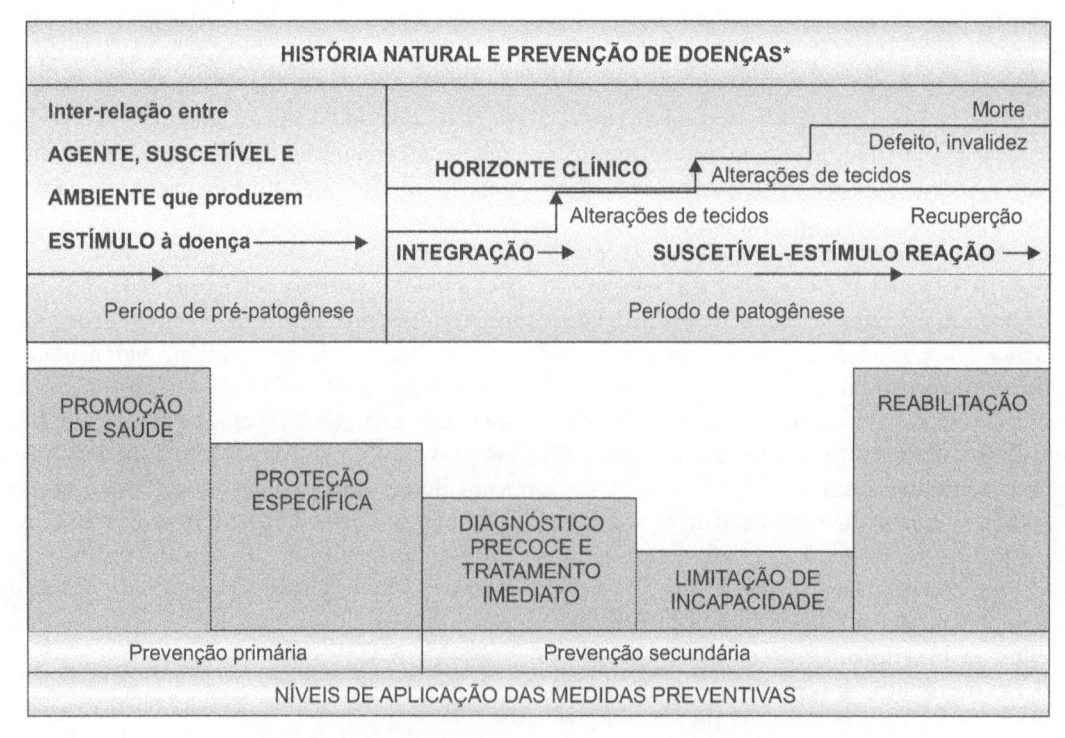

Figura 21.1 • Diagrama da HND. Fonte: Paim JS, 1994.

o reconhecimento das necessidades de saúde da população, suas características econômicas e culturais, valorizando a utilização da sociologia e da antropologia. Do ponto de vista da organização das práticas, a principal característica da medicina comunitária foi articular a noção de "níveis de prevenção" incorporada no discurso da medicina preventiva ao estabelecimento de "níveis de atenção" à saúde no âmbito de "sistemas de serviços de saúde", além de eleger a "participação comunitária" como uma de suas principais diretrizes estratégicas.

As concepções da medicina comunitária foram difundidas internacionalmente a partir dos anos 1970, a partir do movimento ideológico em torno da Atenção Primária à Saúde (APS). A APS, concebida como *estratégia* de reorganização dos serviços (Starfield, 2002), tem subsidiado a elaboração e implementação de políticas de descentralização da gestão e redefinição da oferta de serviços de saúde em sistemas de saúde. Sua redução a um "pacote de serviços básicos de saúde" para populações pobres constituiu-se como um dos eixos das propostas preconizadas pelo Banco Mundial na década de 1990 para países em desenvolvimento (Costa, 1996).

A ideia de eleger a "família" como foco do cuidado à saúde é um dos elementos centrais do movimento ideológico da medicina familiar, também surgido nos anos 1960, no contexto da busca de alternativas que garantisse a manutenção da hegemonia da prática médica clínica e hospitalocêntrica. Diante da crescente incorporação tecnológica ao cuidado individual, da tendência à especialização e à superespecialização médica e das críticas quanto à "desumanização" do atendimento, a medicina familiar busca resgatar a formação do "clínico geral" capaz de prestar cuidados integrais à família, porta de entrada para os serviços especializados (Paim, 1986b).

A medicina familiar se diferencia da medicina preventiva porque não é uma proposta de mudança de atitude do médico em geral, e sim a criação de uma nova especialidade: a do "médico generalista", daí que sua formação deveria ser feita, inclusive, nos cursos de pós-graduação (residências em Medicina Geral e Comunitária). Do ponto de vista conceitual, a medicina familiar recusa a simplificação tecnológica proposta pela medicina comunitária e, do ponto de vista organizativo, assimila o processo de capitalização da assistência ambulatorial e laboratorial, expressando-se na valorização das "clínicas" e "policlínicas" (empresas médicas).

No Brasil, esses movimentos influenciaram a introdução de mudanças na formação de pessoal em saúde no âmbito universitário, a exemplo da criação dos departamentos de Medicina Preventiva nas escolas médica e de programas de pós-graduação em Medicina Comunitária e residências em Medicina Geral e Comunitária. Também influenciaram a elaboração de propostas de mudança nas políticas e na organização dos serviços públicos de saúde, como os Programas de Extensão de Cobertura nos anos 1970, assim como a proposta de implantação dos Sistemas Locais de Saúde (SILOS), na época da implantação do SUDS e, mais recentemente, no contexto de construção do SUS, a Política de Atenção Básica (Brasil, 2011) e a Estratégia de Saúde da Família (Giovanella & Mendonça, 2008).

Promoção da saúde, "nova" saúde pública e determinantes sociais da saúde

Além dos movimentos ideológicos que propõem mudanças na organização da prática médica, adjetivada como "preventiva", "comunitária" ou "familiar", surgiram movimentos que propõem mudanças na forma de intervenção do Estado sobre os problemas e necessidades de saúde da população, sugerindo ampliação, redefinição ou redução das funções e responsabilidades historicamente assumidas.

Na contemporaneidade, o primeiro movimento com essa abrangência foi articulado em torno da promoção da saúde, entendida como uma "nova perspectiva" com relação às políticas de saúde. O documento que sistematiza as propostas desse movimento é o Relatório Lalonde (1974), ponto de partida para a reformulação da política de saúde canadense, consubstanciada na Carta de Ottawa, de 1986. Esse movimento traz uma inovação conceitual em relação ao processo saúde-doença, com a redefinição e atualização do "modelo ecológico" mediante a elaboração da proposta de "campo da saúde" (Dever, 1984). "Atualização", "redefinição", e não substituição por um modelo radicalmente distinto, porque o princípio que rege o modelo ecológico é o mesmo que rege o modelo do "campo da saúde", ou seja, a ideia de "multicausalidade" dos fenômenos relacionados com o processo saúde-doença. Apenas os "fatores causais", anteriormente organizados na tríade agente-hospedeiro-ambiente, passam a ser dispostos em um modelo composto pela biologia humana, ambiente, estilos de vida e sistemas de serviços de saúde (Figura 21.2).

Do ponto de vista da prática, a promoção da saúde também se diferencia dos movimentos anteriores, principalmente porque desloca radicalmente o eixo organizacional da atenção à saúde da figura do médico para a ação social e política em torno da criação e manutenção de condições saudáveis de vida. Coerentemente com a concepção de "campo da saúde", essas ações podem ser desenvolvidas em planos distintos, incluindo desde mudanças nos "estilos de vida" das pessoas, até intervenções ambientais e mudanças nas políticas econômicas e sociais, inclusive mudanças na organização dos sistemas e serviços de saúde.

UM MODELO EPIDEMIOLÓGICO PARA ANÁLISE DA POLÍTICA DE SAÚDE (DENVER, 1988)

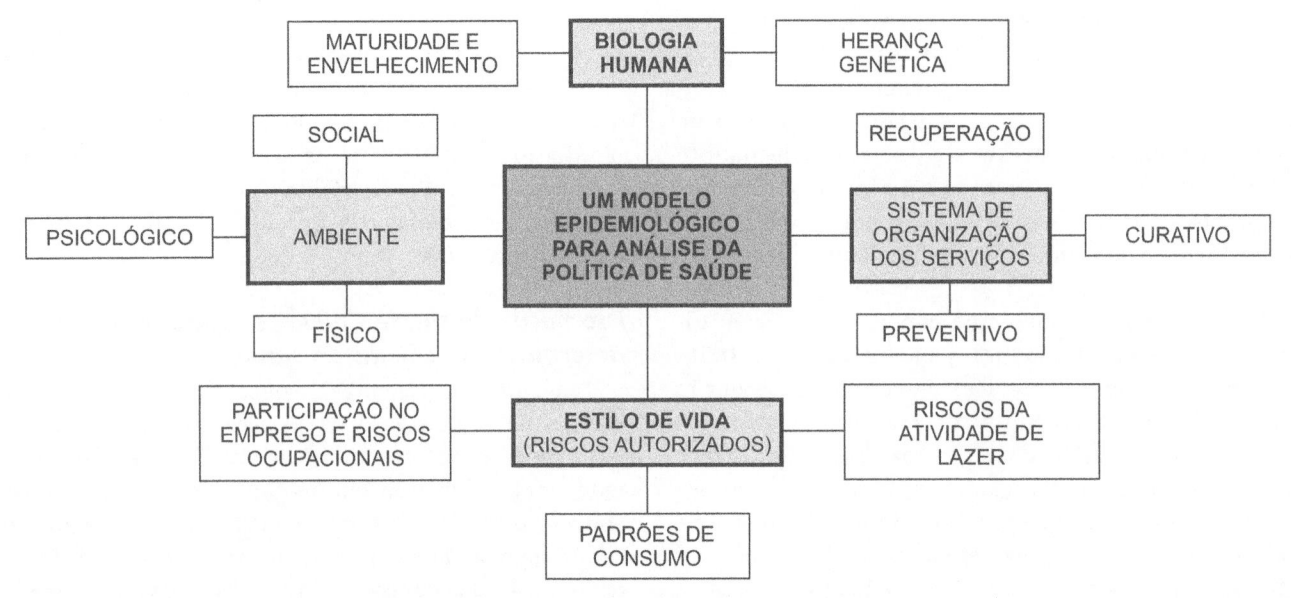

[Diagrama: BIOLOGIA HUMANA (MATURIDADE E ENVELHECIMENTO, HERANÇA GENÉTICA); AMBIENTE (SOCIAL, PSICOLÓGICO, FÍSICO); SISTEMA DE ORGANIZAÇÃO DOS SERVIÇOS (RECUPERAÇÃO, CURATIVO, PREVENTIVO); ESTILO DE VIDA (RISCOS AUTORIZADOS) — PARTICIPAÇÃO NO EMPREGO E RISCOS OCUPACIONAIS, RISCOS DA ATIVIDADE DE LAZER, PADRÕES DE CONSUMO]

Figura 21.2 • Diagrama do campo da saúde.

As ideias e propostas em torno da promoção da saúde têm sido absorvidas por organismos internacionais e nacionais. A Organização Mundial da Saúde (OMS) lançou o Programa das Cidades Saudáveis em 1994 e estimulou a revalorização da gestão local, municipal e distrital, propondo a articulação de políticas intersetoriais voltadas para a melhoria da qualidade de vida das pessoas e dos diversos grupos populacionais (Ferraz, 1999; Teixeira, 2002). Esse processo tem repercutido no Brasil, estimulando o desencadeamento de um conjunto de iniciativas em vários níveis de governo, principalmente a partir de meados dos anos 1990, processo que culminou com a aprovação da Política Nacional de Promoção da Saúde, em 2006 (Brasil, 2006).

Enquanto os canadenses discutiam a possibilidade de reorientar sua política de saúde com base na "promoção da saúde", surgiu, nos EUA, outro movimento especificamente voltado para proposição de mudanças nas práticas de Saúde Pública. Originário do relatório da "Comissão para o Estudo do Futuro da Saúde Pública" (Institute of Medicine, 1988), esse movimento inspirou o debate acerca da dicotomia Saúde Pública-Assistência Médica e gerou a elaboração de propostas em torno das "tarefas básicas" da nova Saúde Pública, quais sejam: prevenção das doenças infecciosas; promoção da saúde; melhoria da atenção médica e da reabilitação (Terris, 1992).

Na América Latina, esse movimento se traduziu na proposta de definição das *Funções Essenciais da Saúde Pública*, difundida pela OPAS durante os anos 1990, período de ascensão do neoliberalismo e do debate em torno da redefinição e redução do papel do Estado, inclusive no âmbito das políticas sociais e de saúde em particular. No Brasil, esse movimento repercutiu principalmente no debate em torno da definição das funções e competências das secretarias estaduais de saúde, por conta do processo de descentralização da gestão do SUS (OPAS/CONASS, 2007).

Mais recentemente, a OMS desencadeou um movimento internacional voltado para a análise da situação de saúde e seus determinantes sociais, promovendo inclusive a organização de comissões encarregadas desse trabalho como forma de sensibilizar os governos a adotarem políticas intersetoriais voltadas para a melhoria das condições de vida e saúde das populações. Esse movimento fundamenta-se em uma concepção abrangente de saúde, sistematizada no diagrama proposto por Dahlgren & Whitehead (1991), que incorpora, além dos determinantes econômicos e sociais, os determinantes biológicos (genético-hereditários), interpondo entre eles a ação social organizada em redes de apoio (suporte à vida e à saúde), constituídas por organizações governamentais e não governamentais, ou seja, associações comunitárias e movimentos sociais (Figura 21.3).

Ainda que esquemático, o diagrama apresentado na Figura 21.3 "atualiza" de certo modo o debate acerca dos fatores de risco e de proteção que atuam na determinação do processo saúde-doença em populações, indicando a possibilidade de desenvolvimento de intervenções que extrapolam a ação do Estado e de governos, convocando as pessoas e grupos sociais a se mobilizarem na defesa e proteção de suas condições de vida e saúde.

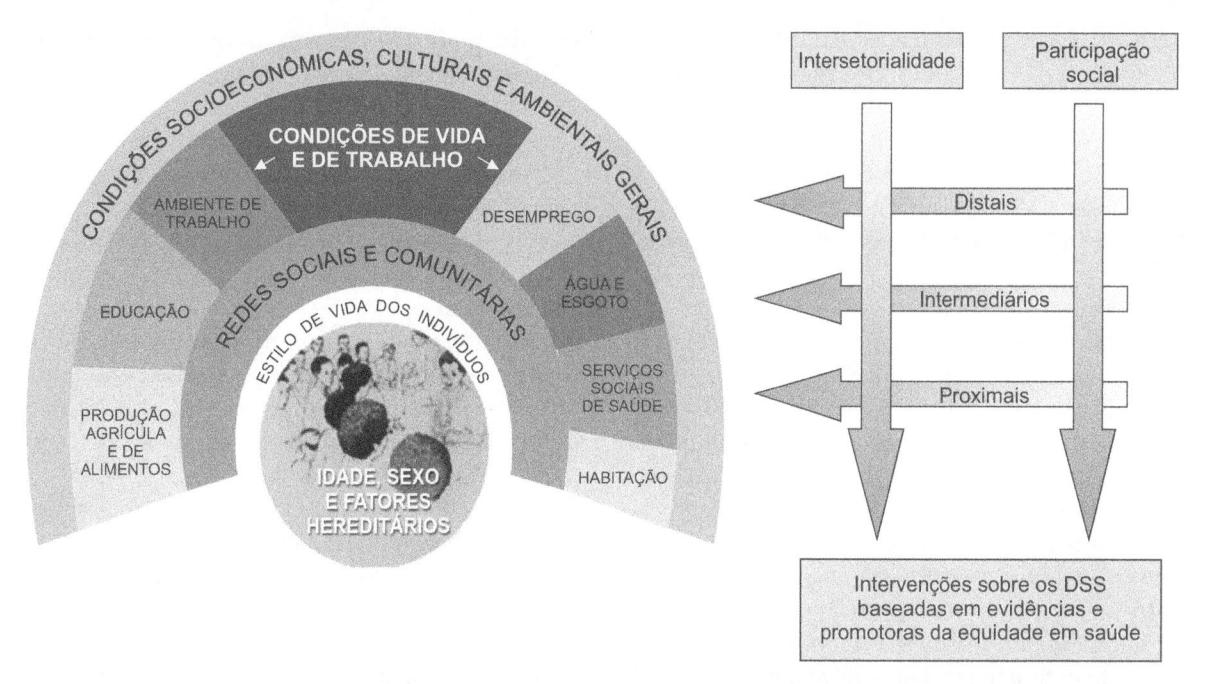

Figura 21.3 • Diagrama dos determinantes sociais da saúde. (Dahlgren & Whitehead, 1991.)

Propostas redefinidas e/ou elaboradas no âmbito do SUS

O processo de construção do SUS tem constituído um imenso e diversificado espaço de investigação, experimentação e elaboração de propostas alternativas que incidem sobre várias dimensões e aspectos do modelo de atenção vigente. Para isso concorrem diversos pesquisadores e grupos de pesquisa que, além de tomar o SUS como objeto de estudos, se envolvem direta ou indiretamente, por meio de assessorias e cursos, na formulação e implementação de propostas em diversos níveis, desde o nível local, em unidades de saúde específicas, até o nível nacional.

O registro e a análise dessas experiências, bem como a sistematização de suas bases conceituais, metodológicas, organizacionais e políticas, constituem, hoje, um amplo acervo de textos técnicos e produtos da prática científica nos quais podemos nos apoiar para caracterizar as principais propostas de mudança do modelo de atenção elaboradas nos últimos 30 anos.

Distritos sanitários

A implantação de Distritos Sanitários (DS) foi desencadeada por algumas secretarias estaduais e municipais de saúde com apoio da OPAS e da Cooperação Italiana em Saúde, ainda no período anterior ao SUS, quando da implantação do SUDS, estendendo-se aos primeiros anos da década de 1990 (Mendes, 1993; Teixeira & Melo, 1995).

Inspirados na proposta de organização dos SILOS e na experiência das Unidades Sanitárias Locais (USL) do sistema de saúde italiano, os DS constituíram uma estratégia de reorganização dos serviços que adotava a perspectiva sistêmica, enfatizando a base territorial como critério fundamental para a definição da população coberta e do perfil de oferta dos serviços, levando em conta a articulação dos diversos níveis de complexidade e, principalmente, o perfil da demanda e a identificação das necessidades de saúde da população.

Do ponto de vista conceitual e metodológico, essa proposta retomava a proposta contida no método CENDES (OPS, 1965), articulando alguns de seus conceitos-chave com os avanços da geografia crítica, da epidemiologia e do enfoque situacional de planejamento. Nesse sentido, contemplava a delimitação dos territórios correspondentes à área de abrangência da rede de serviços, nos quais se recortava a área de abrangência de cada unidade, espaço esquadrinhado a partir das possibilidades tecnológicas abertas com o geoprocessamento de informações (Kadt & Tasca, 1993).

A incorporação do enfoque situacional do planejamento em saúde, por sua vez, subsidiava a análise de situações a partir da identificação e descrição de problemas, possibilitando uma (re)articulação entre a epidemiologia, o planejamento e as ciências sociais, voltadas para a construção do(s) objeto(s) de intervenção, fossem doenças, agravos ou determinantes das condições de saúde (Teixeira, 1993, 1994; Sá & Artmann, 1994).

Oferta organizada/ações programáticas de saúde

No mesmo contexto em que se desenvolveu a implantação dos distritos sanitários, foi elaborada uma análise crítica da lógica de atendimento à "demanda espontânea", que caracterizava os estabelecimentos de saúde da rede pública, propondo-se a articulação dessas ações com a "oferta organizada" de serviços e as ações previstas nos "programas especiais", apontando, assim, o que poderia ser feito em cada unidade para a reorganização da oferta de serviços, tendo em vista a racionalização da oferta e a integralidade da atenção à saúde da população (Teixeira & Paim, 1990).

Paralelamente, a experiência desenvolvida em um Centro de Saúde-Escola do Município de São Paulo, conduzida pelo grupo do Departamento de Medicina Preventiva da USP, constituiu o solo onde germinou a reconceituação da proposta de programação em saúde, entendida como forma de reorganização do processo de trabalho em saúde. Nessa perspectiva, a definição de "ações programáticas" dirigidas ao atendimento de necessidades e problemas específicos da população usuária da unidade básica de saúde passa a ser ponto de partida para a reorientação da lógica de atenção à saúde com ênfase na incorporação de uma perspectiva epidemiológica e social (Schraiber, 1990, 1996).

Ambas as propostas têm como foco a reorganização do processo de trabalho e do processo de produção de serviços desenvolvido em uma unidade de saúde, seja tomando como ponto de partida a possibilidade de articulação das diversas "ofertas" disponíveis na unidade, seja partindo da identificação das necessidades sociais de saúde para a redefinição do perfil de oferta dos serviços segundo grupos populacionais específicos.

Vigilância da saúde

No Brasil, a Vigilância da Saúde (VISAU), como proposta alternativa de mudança dos modelos de atenção hegemônicos, surge no final dos anos 1980 e início dos anos 1990, em um momento de elaboração e experimentação localizada de distritos sanitários, com o apoio da OPAS e da Cooperação Italiana em Saúde (Mendes, 1993; Paim, 1993b; Teixeira & Melo, 1995). A partir da "refuncionalização" do modelo da HND (Leavell & Clark, 1978), da incorporação do debate do movimento pela promoção da saúde e dos pressupostos do modelo da determinação social do processo saúde-doença em coletividades humanas, a VISAU toma o ideal da integralidade da atenção como imagem-objetivo a nortear arranjos tecnológicos entre práticas articuladas voltadas para o controle de determinantes, riscos e agravos à saúde.

Essa proposta assume como objeto de trabalho os problemas de saúde que incidem em indivíduos, grupos e populações que vivem em determinados territórios. A operacionalização da VISAU implica arranjos tecnológicos que articulam a dimensão gerencial à dimensão técnica das práticas de saúde. O ponto de partida para o desenvolvimento de ações da VISAU consiste na delimitação de um território-população sobre o qual profissionais de saúde e representantes da população organizada irão discutir e deliberar sobre os problemas de saúde e propor intervenções que incidam sobre seus determinantes e condicionantes. O processo de deliberação sobre os problemas e respectivas intervenções apoia-se em abordagens participativas de planejamento, em especial aquelas baseadas no enfoque estratégico-situacional do planejamento em saúde, inspiradas nas contribuições de Carlos Matus e Mário Testa (Teixeira, 1993).

As intervenções propostas para enfrentar os problemas de saúde prioritários incluem desde ações de controle dos determinantes, especialmente aquelas que exigem a conjugação de esforços de articulação intersetorial, passando por ações de proteção específica, de prevenção de riscos atuais ou potenciais, de triagem e diagnóstico precoce, até a redução de danos já instalados e de possíveis sequelas, mediante ações de reabilitação. Nessa perspectiva, a VISAU está desenhada de modo que as intervenções sobre os problemas de saúde destinem-se, de modo articulado, aos diversos níveis de prevenção (primária, secundária e terciária) não apenas no âmbito individual, como proposto pela medicina preventiva, mas também no âmbito coletivo ou populacional.

Desse modo, a VISAU busca articular o "enfoque populacional" (promoção) com o "enfoque de risco" (prevenção) e o enfoque clínico (assistência) constituindo-se em um referencial para implantação e reorganização de um conjunto de políticas e práticas que podem assumir configurações específicas de acordo com a situação de saúde da população em cada país, estado ou município (territórios).

O conjunto de práticas, saberes e tecnologias contemplados nessa proposta pode ser visualizado no diagrama mostrado na Figura 21.4, que articula as estratégias voltadas para o controle de danos, riscos e causas, sugerindo uma integração das políticas transetoriais, as vigilâncias e assistência médica, recortadas pela articulação entre as intervenções sociais organizadas e as ações programáticas definidas no âmbito dos serviços de saúde, além de contemplar "o diálogo com as medidas preventivas pensadas para o nível individual, como se pode observar em sua parte inferior" do diagrama (Paim, 2008).

Cabe ressaltar que a operacionalização dessa proposta extrapola o conjunto de profissionais e trabalhadores de saúde ao envolver a população organizada. Nessa perspectiva, a intervenção também extrapola o uso dos conhecimentos e tecnologias médico-sanitárias e inclui tecnologias de comunicação social que podem ser utilizadas para mobilização, organização e atuação dos diversos grupos na promoção e na defesa das condições de vida e saúde. A proposta da VISAU, portanto, transcende os espaços institucionalizados do "sistema de serviços de saúde" e se expande a outros setores e órgãos de ação governamental e não governamental.

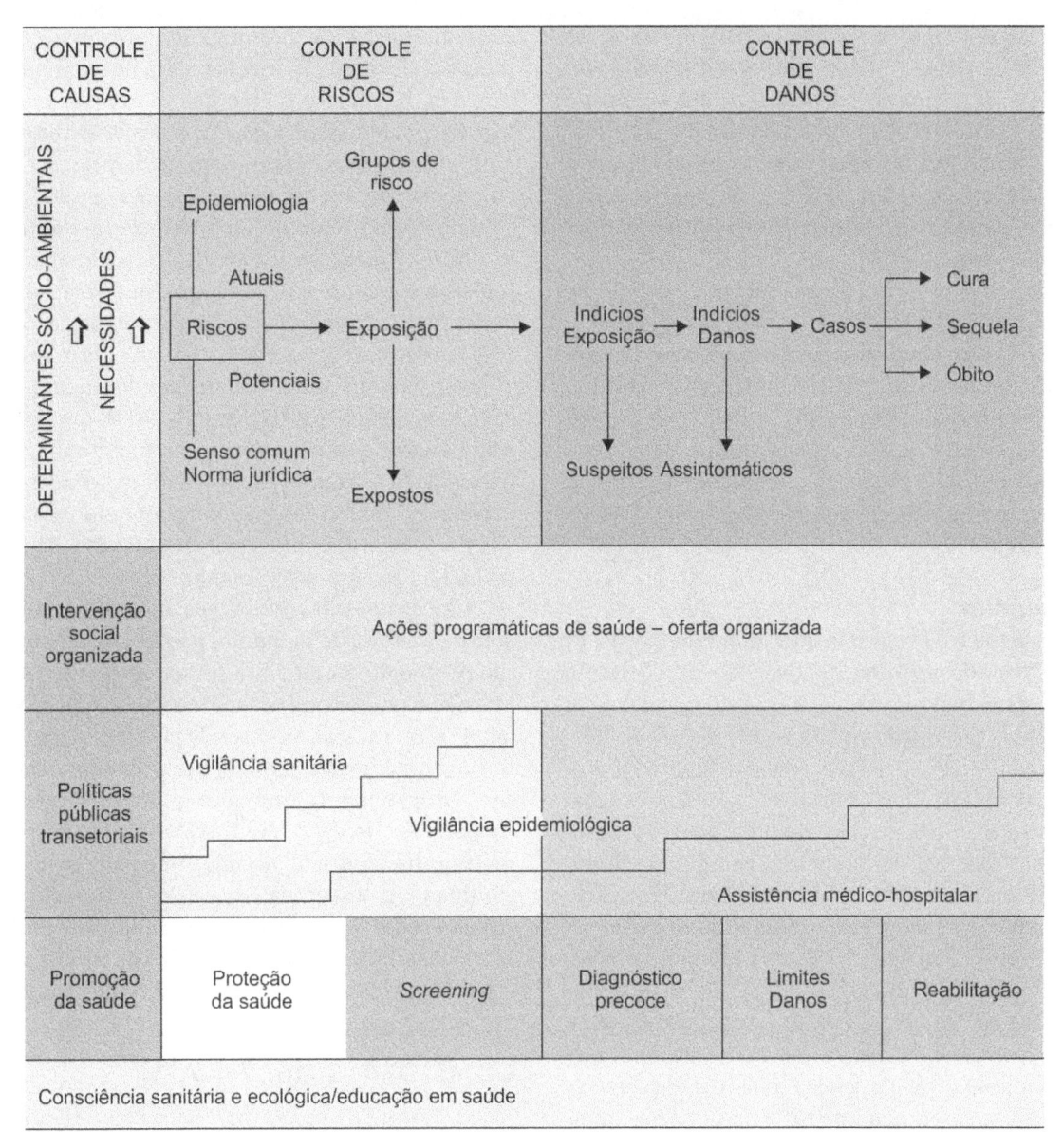

Figura 21.4 ♦ Diagrama da vigilância da saúde. (Fonte: Paim JS, 2008.)

Acolhimento/clínica ampliada

Ainda nos anos 1990, surgem os primeiros estudos do grupo de pesquisadores da Unicamp sobre gestão e organização do trabalho no âmbito das unidades de saúde, base conceitual para a posterior formulação de propostas que se tornaram conhecidas como o "modelo em defesa da vida". Um dos pilares dessa proposta é a preocupação com o acolhimento e estabelecimento de vínculos entre os profissionais e a população que demanda os serviços (Campos, 1994; Cecílio, 1994; Merhy, 1994; Franco, Bueno & Merhy, 1999).

A organização de práticas de "acolhimento" à clientela dos serviços públicos de saúde e o estabelecimento de vínculos entre profissionais e clientela implicam mudanças na "porta de entrada" da população aos serviços com introdução de mudanças na recepção ao usuário, no agendamento das consultas e na programação da prestação de serviços, de modo a incluir atividades derivadas na "releitura" das necessidades sociais de saúde da população (Merhy, 1994). Além de contribuir para a humanização e melhoria da qualidade da atenção, o acolhimento pode ser entendido como uma estratégia de reorientação da atenção à demanda espontânea que pode ter efeitos significativos na racionalização dos recursos e na melhoria das relações entre os profissionais de saúde e os usuários, tanto do ponto de vista técnico-político como ético (Solla, 2006).

Um dos autores desse grupo posteriormente elaborou uma proposta sistemática de reorganização da clínica, denominada "clínica ampliada", cujos pilares são a constituição de "equipes de referência", o "apoio matricial" e a "elaboração do projeto terapêutico singular" (Campos,

1999, 2003; Tesser, Neto & Campos, 2010). Trata-se de uma proposta que visa "ajudar usuários e trabalhadores de saúde a lidar com a complexidade dos sujeitos e a multiplicidade dos problemas de saúde na atualidade", de modo a superar a fragmentação produzida pelos "recortes diagnósticos e burocráticos", ao mesmo tempo que estimul os usuários, "buscando sua participação e autonomia do projeto terapêutico".

A difusão e incorporação dessas ideias ao debate no âmbito das instituições gestoras do SUS, em nível federal, estadual e municipal, têm contribuído para a problematização da chamada "(des)humanização" do atendimento, subsidiando a formulação da Política Nacional de Humanização, cujo objetivo é estimular o debate em torno dessas questões e propiciar o "aumento da eficácia das práticas clínicas" (Deslandes & Ayres, 2005; Pasche & Passos, 2010).

Saúde da família

Criado em 1994, o Programa Saúde da Família (PSF) passou a ser tratado, no discurso governamental (Brasil, 1998), como estratégia de reorientação dos modelos de atenção vigentes no Brasil articulada ao processo de descentralização das ações e serviços de saúde para os municípios brasileiros no final da década de 1990. Em agosto de 2011, cerca de 101 milhões de brasileiros estavam vinculados a Unidades de Saúde da Família. Recentemente, o PSF foi reafirmado como estratégia prioritária para a reorganização da atenção básica na atualização da Política Nacional de Atenção Básica à Saúde (PNAB) reeditada em 2011 (Brasil, 2011).

A proposta de "Saúde da Família" implementada no SUS pode ser entendida como uma articulação de elementos provindos de vários dos movimentos ideológicos, bem como apresenta, em sua trajetória institucional, a incorporação de algumas propostas alternativas descritas anteriormente. De fato, Saúde da Família tem atravessado conjunturas político-institucionais distintas, nas quais "dialoga" com diversas propostas, o que se traduz na incorporação de noções e elaboração de diretrizes operacionais que enfatizam diversas dimensões do processo de mudança do modelo de atenção.

Assim, Saúde da Família deixou, paulatinamente, de ser um *programa* que operacionalizava uma política de focalização da atenção básica em populações excluídas do consumo de serviços para ser considerado uma *estratégia* de mudança do modelo de atenção à saúde no SUS, na verdade, o instrumento de uma política de universalização da cobertura da atenção básica e, portanto, um espaço de reorganização do processo de trabalho em saúde nesse nível.

Mais que isso, Saúde da Família passou a ser concebido como parte de uma estratégia maior de mudança do modelo de atenção, na medida em que se conjugue com mudanças na organização da atenção de média e alta complexidade induzidas por políticas de regulação e controle, ao mesmo tempo que se articule com ações de vigilância epidemiológica e sanitária e estimule a implementação de ações intersetoriais de promoção da saúde e melhoria da qualidade de vida da população das áreas cobertas pelo programa (Teixeira, 2003; Paim, 2008).

Apesar da importância dessa estratégia para a extensão de cobertura dos serviços, que vem sendo evidenciada pela enorme expansão do número de equipes do PSF implantadas em todo o país e pela reafirmação da atenção básica como coordenadora do cuidado no Decreto presidencial 7.508/2011 (Brasil, 2011), que regulamenta a organização da assistência no âmbito do SUS, ainda não se pode afirmar que, no conjunto, as ações e serviços produzidos signifiquem de fato a mudança de conteúdo das práticas e da maneira de organização do processo de trabalho prevista nos documentos oficiais.

Um dos resultados indesejados desse processo tem sido o aumento da demanda por serviços de média e alta complexidade, decorrente da extensão de cobertura da atenção básica, o que estimulou a preocupação com a forma de implantação e consolidação do PSF, principalmente nos municípios de grande porte, desencadeando-se, na conjuntura mais recente, a implantação dos Núcleos de Apoio à Saúde da Família (NASF), dotados de equipes multiprofissionais, ao mesmo tempo que se discute a possibilidade de integração das ações de atenção individual com as ações de Vigilância em Saúde (Vilasbôas & Teixeira, 2007), bem como os desafios da formação técnica e ética dos profissionais (Teixeira & Vilasbôas, 2010).

CONSIDERAÇÕES FINAIS

O desafio de construir um modelo de atenção integral à saúde no SUS, que contemple a reorientação das várias dimensões – gerencial, organizativa e técnico-assistencial –, enfrenta uma série de obstáculos, entre os quais, sem dúvida, a recriação permanente das condições favoráveis à reprodução do modelo médico-assistencial hospitalocêntrico e do modelo sanitarista.

Nesse sentido, é importante que se mantenha uma atualização permanente dos estudos e pesquisas sobre as políticas e estratégias que vêm sendo implementadas, de modo a se discutir até que ponto contribuem para a mudança e transformação da organização dos serviços, das práticas e dos processos de trabalho ou se contribuem para a manutenção da ênfase historicamente concedida à expansão da assistência médico-hospitalar e ao desenvolvimento de campanhas, programas especiais e ações de vigilância epidemiológica e sanitária focalizadas sobre problemas prioritários de Saúde Pública.

Apesar da incorporação de algumas das propostas alternativas descritas anteriormente em documentos que contêm diretrizes políticas relativas à chamada "reversão" do modelo de atenção, de modo a privilegiar a "atenção básica" e o fortalecimento das ações de promoção e vigilância da saúde, ao mesmo tempo que se reorganiza a assistência às pessoas mediante a organização de "redes integradas" (Mendes, 2009, 2010; Kuschnir & Chorny, 2010) de saúde e a implantação de "linhas de cuidado" com ênfase no acolhimento e na humanização da atenção (Franco e Magalhães, 2004), é forçoso admitir que o modelo médico-assistencial hospitalocêntrico e privatista mantém-se em sua posição hegemônica não só no âmbito do Sistema de Assistência Médico Supletiva (SAMS) como no SUS.

Estudos recentes indicam que, no âmbito do SAMS, esse modelo vem se "atualizando" mediante a incorporação de mecanismos oriundos da chamada *medicina baseada em evidências* e nas *análises de custo-benefício e custo-efetividade* das intervenções que subsidiam a incorporação de medidas racionalizadoras, a exemplo dos protocolos assistenciais que, muitas vezes, "em vez de constituir uma tecnologia capaz de contribuir para a melhoria da qualidade da atenção e de sua avaliação, representam uma camisa de força à qual se sujeitam médicos e pacientes" (Paim, 2008: 558).

No que diz respeito ao SUS, observa-se uma tendência recente ao fortalecimento desse modelo, na medida em que o governo federal, além de manter o padrão de financiamento que destina a maior proporção de recursos para a manutenção dos serviços médico-assistenciais, a maior parte pertencente à rede privada contratada e conveniada, tem estimulado a expansão e reforma da rede hospitalar pública, delegando, entretanto, a gestão dos hospitais a organizações privadas.

Com isso, as secretarias estaduais e municipais de saúde passaram a dedicar grande parte de seus esforços e gastos na gestão do *mix* público e privado de assistência individual à saúde, ainda centrada no profissional médico, ao mesmo tempo que investem na implantação de serviços especializados de urgência e emergência (SAMU), atenção odontológica (CEO), atenção à saúde mental (CAPS), bem como na implantação das unidades de Pronto Atendimento (UPA) e Núcleos de Apoio à Saúde da Família (NASF).

Todos esses serviços, ainda que necessários, tendem a reproduzir o modelo assistencial centrado na Clínica, para o que concorre, inclusive, o debate em torno da "Clínica ampliada" e outros dispositivos voltados para a melhoria do atendimento individual, em detrimento das ações de Saúde Coletiva, a exemplo das práticas de promoção e vigilância da saúde, que continuam subalternas ao modelo hegemônico.

Além disso, a insatisfação da população com a insuficiência e a qualidade dos serviços prestados se expressa, por exemplo, na tendência recente à "judicialização", indicador paradoxal da insuficiência da oferta e da expansibilidade (quase) ilimitada da demanda em função da continuidade do processo de "medicalização" que ocorre nas sociedades ocidentais, inclusive no Brasil.

Essa insatisfação, por outro lado, tem contribuído para a expansão significativa da demanda por práticas alternativas ao sistema médico oficial, ou seja, as chamadas "racionalidades médicas alternativas" (Luz, 2001, 2005), que se apresentam hoje como um diferencial de consumo para as elites vinculadas aos serviços privados, mas também foram incorporadas ao SUS, mediante a formulação e implementação da Política Nacional de Práticas Integrativas e Complementares (Brasil, 2006), que contempla a inserção da homeopatia, fitoterapia, acupuntura, crenoterapia e medicina antroposófica nos serviços do SUS.

Cabe concluir que, apesar dos esforços realizados e dos avanços alcançados, a mudança operada na organização dos serviços e no perfil das práticas de saúde apenas "arranha" a superfície do modelo hegemônico. Desse modo, apesar do aumento extraordinário na produção de serviços básicos, cabe reconhecer que, em geral, o perfil de oferta de serviços reproduz, em escala ampliada, o modelo médico, assistencial, hospitalocêntrico. E ainda que isso evidencie o atendimento a uma demanda reprimida historicamente em função da insuficiência e ineficiência do sistema público do ponto de vista da cobertura, acessibilidade, integração sistêmica e qualidade de atenção, também evidencia o quão distante estamos de um sistema de saúde que opere segundo a lógica da intervenção sobre determinantes, riscos e danos, contribuindo não só para o cuidado à saúde, mas, sobretudo, para a melhoria da qualidade de vida da população.

Torna-se fundamental, portanto, refletir sobre os limites e possibilidades das práticas de atenção à saúde que vêm sendo realizadas no SUS e os desafios que se colocam aos profissionais do campo da Saúde Coletiva, no sentido de refinarem sua capacidade de análise das necessidades e demandas em saúde, de modo a contribuírem para a articulação das respostas sociais possíveis e necessárias no âmbito do sistema de saúde e nos espaços sociais mais amplos.

Referências

Arouca AS. O Dilema Preventivista: contribuição para a compreensão e crítica da medicina preventiva. São Paulo-Rio de Janeiro: Unesp, Fiocruz, [1975], 2003.

Brasil. Ministério da Saúde. Secretaria de Atenção à Saúde. Departamento de Atenção Básica. Política Nacional de Práticas Integrativas e Complementares no SUS PNPIC-SUS. Brasília: Ministério da Saúde, 2006. 92p.

Brasil. Ministério da Saúde. Política Nacional de Atenção Básica. Portaria GM 2.488/2011.

Brasil. Presidência da República. Decreto 7.508/2011.

Campos GWS. Considerações sobre a arte e a ciência da mudança, revolução das coisas e reforma das pessoas: o caso da saúde. In:

Cecílio LCO (Org.) Inventando a mudança na saúde. São Paulo: Hucitec, 1994.

Campos GWS. Sobre la reforma de los modelos de atención: um modo mutante de hacer salud. In: Eibenschutz C (Org.) Política de saúde: o público e o privado. Rio de Janeiro: Fiocruz, 1996:293-312.

Campos GWS. Equipes de referência e apoio especializado matricial: uma proposta de reorganização do trabalho em saúde. Ciência e Saúde Coletiva, Rio de Janeiro, 1999; 4(2) :393-404.

Campos GWS. A clínica do sujeito: por uma clínica reformada e ampliada. In: Campos GWS. Saúde Paidéia. São Paulo : Hucitec, 2003.

Cecílio LCO (Org.) Inventando a mudança na saúde. São Paulo: Hucitec, 1994.

Costa EA. Vigilância sanitária: proteção e defesa da saúde. São Paulo: Hucitec/Sobravime, 1999.

Costa NR. O Banco Mundial e a política social nos anos 90. In: Costa NR, Ribeiro JM (orgs.) Política de saúde e inovação institucional. Rio de Janeiro: MS/Fiocruz/ENSP, 1996:13-29.

Dahlgren G, Whitehead M. Policies and strategies to promote social equity in health. Stockholm: Institute of Futures Studies, 1991.

Deslandes SF, Ayres JRC. M. Editorial: humanização e cuidado em saúde. Ciência & Saúde Coletiva 2005; 10(3):510-11.

Dever GEA. A epidemiologia na administração dos serviços de saúde. São Paulo: Pioneira, 1988. 394p.

Donnangello MCF, Pereira L. Saúde e sociedade. São Paulo: Duas Cidades, 1976. 124p.

Ferraz ST. Cidades saudáveis: uma urbanidade para 2000. Brasília: Paralelo 15, 1999. 103p.

Foucault M. O nascimento da clínica. 6. ed. Rio de Janeiro: Editora Forense Universitária, 2008.

Franco TB, Bueno WS, Merhy EE. O acolhimento e os processos de trabalho em saúde. Cadernos de Saúde Pública 1999; 15(2): 345-53.

Franco TB, Magalhães Júnior HM. Integralidade na assistência à saúde: a organização de linhas de cuidado. In: Merhy EE et al. (org.) . O trabalho em saúde: olhando e experienciando o SUS no cotidiano. 2. ed. São Paulo: Hucitec, 2004.

Giovanella L, Mendonça MH Atenção primária à saúde. In: Giovanella L et al. (orgs.) Políticas e sistema de saúde no Brasil. Rio de Janeiro: Fiocruz- Cebes, 2008:575-625.

Institute of Medicine. The future of Public Health. Washington, D.C.: National Academy Press, 1988.

Kadt, Tasca R. Promovendo a equidade: um novo enfoque com base no setor da saúde. São Paulo-Salvador: Hucitec/Cooperação Italiana em Saúde. 1993. 107p.

Kuschnir R, Chorny AH. Redes de atenção à saúde: contextualizando o debate. Ciência & Saúde Coletiva 2010; 15(5):2307-16.

Lalonde M. A new perspective of health of canadians. Ottawa, Canada: Ministry of Health and Welfare, 1974. 76p.

Leavell H, Clark EG. Medicina preventiva. Rio de Janeiro: Editora McGraw-Hill do Brasil Ltda., 1978. 744p.

Luz MT. Políticas de descentralização e cidadania: novas práticas em saúde no Brasil atual. In: Pinheiro R, Mattos RA (orgs.) Os sentidos da integralidade na atenção e no cuidado à saúde. Rio de Janeiro: IMS/Uerj-Abrasco, 2001.

Luz MT. Novas práticas em Saúde Coletiva In: Minayo MC, Coimbra CEA (orgs.) Críticas e atuantes: ciências sociais e humanas em saúde na América Latina. Rio de Janeiro: Fiocruz, 2005:33-46.

Mendes EV (org.) Distrito Sanitário: o processo social de mudança das práticas sanitárias do Sistema Único de Saúde. São Paulo/Rio de Janeiro: Hucitec/Abrasco, 1993. 300p.

Mendes EV. As redes integradas de atenção à saúde. Belo Horizonte. ESP/MG, 2009. 848p.

Mendes EV. As redes de atenção à saúde. Ciência & Saúde Coletiva 2010; 15(5):2297-305.

Merhy E.E. Em busca da qualidade dos serviços de saúde: os serviços de porta aberta para a saúde e o modelo tecno-assistencial em defesa da vida. In: Cecílio L (org.) Inventando a mudança na saúde. São Paulo: Hucitec, 1994:117-60.

Ministério da Saúde. Secretaria de Assistência à Saúde. Coordenação de Saúde da Comunidade. Saúde da Família: uma estratégia para a reorientação do modelo assistencial. 2. ed. Brasília : Ministério da Saúde, 1998. 36p.

Ministério da Saúde. Secretaria de Atenção à Saúde. Núcleo Técnico da Política Nacional de Humanização. Clínica ampliada, equipe de referência e projeto terapêutico singular. 2. ed. Série Textos Básicos de Saúde, Brasília, DF, 2007.

Oliveira J, Teixeira SF. (Im)Previdência Social: 60 anos da história da previdência no Brasil. Rio de Janeiro: Vozes, 1979.

OPAS.Conselho Nacional de Secretários de Saúde. A gestão da saúde nos estados: avaliação e fortalecimento das funções essenciais. Brasília, OPAS/CONASS, julho de 2007. 262p.

OPS/OMS. Promoción de liderazgo y formación avanzada em Salud Pública: la prestación de servicios de salud. Educación Médica y Salud 1992; 26(3):293-425.

OPS/OMS. Programación de la salud: problemas conceptuales y metodológicos. Publicaciones Científicas nº 111, 1965.

Paim JS. Medicina Comunitária: introdução a uma análise crítica. In: ___. Saúde, crises e reformas. Salvador-Bahia: UFBA, 1986a:13-27.

Paim JS. Medicina Familiar no Brasil: movimento ideológico e ação política. In: ___. Saúde, crises e reformas. Salvador-Bahia: Ufba, 1986b:151-83.

Paim JS. A reorganização das práticas de saúde em Distritos Sanitários In: Mendes EV (org.) Distrito Sanitário: o processo social de mudança das práticas sanitárias do Sistema Único de Saúde. São Paulo-Rio de Janeiro: Hucitec/Abrasco, 1993:187-220.

Paim JS. A Reforma Sanitária e os Modelos Assistenciais. In: Rouquayrol MZ. Epidemiologia & Saúde. 4. ed. Rio de Janeiro: Medsi, 1993b:455-66.

Paim JS. Saúde, política e reforma sanitária. Salvador: ISC, 2002.

Paim JS. Modelos de atenção e Vigilância da Saúde. In: Rouquayrol MZ, Almeida Filho N. Epidemiologia & Saúde. 6. ed. Rio de Janeiro: Medsi, 2003:567-86.

Paim JS. Modelos de atenção à saúde no Brasil. In: Giovanella L et al. (orgs.) Políticas e sistema de saúde no Brasil. Rio de Janeiro: Fiocruz, CEBES, 2008:547-73.

Pasche DF, Passos E. Inclusão como método de apoio para a produção de mudanças na saúde – aposta da Política de Humanização da Saúde. Saúde em Debate 2010; 34(86):423-32.

Penido CMF, Alves M, Sena RR, Freitas MIF. Apoio matricial como tecnologia em saúde Saúde em Debate 2010; 34(86):467-74.

Rosen G. Uma história da Saúde Pública. São Paulo: Unesp-Hucitec-Abrasco, 1994.

Sá MC, Artmann E. O planejamento estratégico em saúde: desafios e perspectivas para o nível local. In: Mendes EV (org.) Planejamento e programação local da Vigilância da Saúde no Distrito Sanitário. Série Desenvolvimento de Serviços de Saúde, nº 13. Brasília: OPAS, 1994:19-44.

Silva Júnior A. Modelos tecno-assistenciais em saúde. O debate no campo da Saúde Coletiva. São Paulo: Hucitec, 1998.

Schraiber LB (org.) Programação em saúde hoje. São Paulo-Rio de Janeiro: Hucitec/Abrasco, 1990. 226p.

Schraiber LB, Nemes MIB, Mendes-Gonçalves RB (orgs.) Saúde do adulto: programas e ações na unidade básica. São Paulo: Hucitec, 1996.

Silva SF. Organização de redes regionalizadas e integradas de atenção à saúde: desafios do Sistema Único de Saúde (Brasil). Ciência & Saúde Coletiva 2011; 16(6):2753-62.

Solla JP. Acolhimento no sistema municipal de saúde. In: Teixeira CF, Solla JP. Modelo de atenção à saúde: promoção, vigilância e saúde da família. Salvador: Edufba, 2006:209-36.

Starfield B. Atenção primária: equilíbrio entre necessidades de saúde, serviços e tecnologia. Brasília: UNESCO/Ministério da Saúde, 2002.

Teixeira MGLC, Paim JS. Os programas especiais e o novo modelo assistencial. Cad Saúde Pública 1990; 6(3):264-77.

Teixeira CF. Planejamento e programação situacional em Distritos Sanitários: metodologia e organização. In: Mendes EV (org.) Distrito Sanitário: o processo social de mudança das práticas sanitárias do SUS. São Paulo-Rio de Janeiro: Hucitec/Abrasco, 1993: 237-65.

Teixeira CF, Melo C (orgs.) Construindo Distritos Sanitários: a experiência da Cooperação Italiana em Saúde no município de São Paulo. São Paulo-Salvador: Hucitec/Cis, 1995. 107p.

Teixeira CF, Paim JS, Vilasboas A. SUS, modelos assistenciais e vigilância da saúde. Informe Epidemiológico do SUS, Brasília-DF, abr/jun 1998; VII(2):7-28,.

Teixeira CF (org.) Promoção e Vigilância da Saúde. Salvador-Bahia: CEPS/ISC, 2002. 114p.

Teixeira CF. A mudança do modelo de atenção à saúde no SUS: desatando nós, criando laços. Saúde em Debate 2003; 27(65):257-7.

Teixeira CF, Solla JP. Modelos de atenção à saúde: promoção, vigilância e saúde da família. Salvador: Edufba, 2006. 237p.

Teixeira CF e Vilasbôas ALQ. Desafios da formação técnica e ética dos profissionais das equipes de Saúde da Família. In: Trad L (org.) Família contemporânea e saúde: significados, práticas e políticas públicas. Rio de Janeiro: Fiocruz, 2010:133-56.

Terris M. Current trends of Public Health in the Americas. In: PAHO. The crisis of Public Health: Reflections for the debate, Scientific Publication, Washington-D.C.: PAHO, 1992; 540:266-183.

Tesser CD, Neto PP, Campos GWS. Acolhimento e (des) medicalização social: um desafio para as equipes de saúde da família. Ciência & Saúde Coletiva 2010; 15(Supl.3):2615-2624.

Vilasbôas ALQ, Teixeira CF. Saúde da Família e Vigilância em Saúde: em busca da integração das práticas. Revista Brasileira de Saúde da Família (Brasília) 2007; VIII:63-7.

V
ESTRATÉGIAS

22

Promoção da Saúde e seus Fundamentos:
Determinantes Sociais de Saúde, Ação Intersetorial e Políticas Públicas Saudáveis

Alberto Pellegrini Filho ♦ *Paulo Marchiori Buss* ♦ *Monique Azevedo Esperidião*

CONCEITO DE PROMOÇÃO DA SAÚDE

Promoção, proteção e recuperação da saúde – Conferências internacionais sobre promoção da saúde

O conceito contemporâneo de promoção da saúde (e suas práticas consequentes) surgiu e se desenvolveu nos últimos 40 anos nos países desenvolvidos, particularmente no Canadá, EUA e países da Europa Ocidental. Sete importantes conferências internacionais sobre promoção da saúde, organizadas pela Organização Mundial da Saúde (OMS) e realizadas nos últimos 25 anos – em Ottawa (1986), Adelaide (1988), Sundsval (1991), Jacarta (1997), México (2000), Bangcoc (2005) e Nairóbi (2009) –, foram importantes para o desenvolvimento das bases conceituais e políticas da promoção da saúde e serviram de espaço para o intercâmbio de experiências e práticas nessa área (Buss, 2000). A próxima conferência está marcada para 2013, em Helsinque, Finlândia.

Rosen (1979), foi um dos primeiros autores a referir o termo, quando definiu as quatro tarefas essenciais da medicina – a promoção da saúde, a prevenção das doenças, a recuperação dos enfermos e a reabilitação – afirmou que "a saúde se promove proporcionando condições de vida decentes, boas condições de trabalho, educação, cultura física e formas de lazer e descanso", para o que recomendou o esforço coordenado de políticos, setores sindicais e empresariais, educadores e médicos. A esses, como especialistas em saúde, caberiam a definição de normas e a fixação de padrões.

Leavell & Clark (1976) também utilizaram o conceito de promoção da saúde ao desenvolver o modelo da história natural da doença, que comportaria três *níveis de prevenção*. Dentro desses segmentos existiriam pelo menos cinco níveis distintos nos quais poderiam ser aplicadas medidas preventivas, dependendo do grau de conhecimento da história natural de cada doença.

A prevenção primária, a ser desenvolvida no período de pré-patogênese, consta de medidas destinadas a desenvolver uma saúde geral melhor, pela proteção específica do indivíduo contra agentes patológicos ou pelo estabelecimento de barreiras contra os agentes do meio ambiente. A educação em saúde é elemento importante para esse objetivo. Afirmam Leavell & Clark que os componentes para a promoção da saúde incluem um bom padrão de nutrição, ajustado às várias fases do desenvolvimento humano; o atendimento das necessidades para o desenvolvimento ótimo da personalidade, incluindo aconselhamento e educação adequados dos pais, em atividades individuais ou de grupos; educação sexual e aconselhamento pré-nupcial; moradia adequada; recreação e condições adequadas no lar e no trabalho. A orientação sanitária nos exames de saúde periódicos e o aconselhamento para a saúde em qualquer oportunidade de contato entre o médico e o paciente, com extensão ao resto da família, também estão entre os componentes da promoção. Trata-se, portanto, de um enfoque da promoção da saúde medicalizado, centrado no indivíduo, com projeções para a família ou grupos dentro de certos limites.

Por outro lado, verificou-se que a extensão dos conceitos de Leavell & Clark é inapropriada para o caso das doenças crônicas não transmissíveis. De fato, com a segunda revolução epidemiológica (Terris, 1996) – o movimento de prevenção das doenças crônicas –, a promoção da saúde passou a ser associada a medidas preventivas sobre o ambiente físico e sobre os estilos de vida, e não mais voltadas exclusivamente para indivíduos e famílias, com um enfoque biomédico.

Na realidade, as diversas conceituações disponíveis para a promoção da saúde podem ser reunidas em dois grandes grupos. No primeiro deles, a promoção da saúde consiste centralmente em atividades dirigidas à transformação dos comportamentos dos indivíduos, focalizando em seus estilos de vida e os localizando no âmbito das famílias e, no máximo, no ambiente das culturas da comunidade em que vivem. Nesse caso, os programas ou atividades de promoção da saúde propostos se concentram quase exclusivamente em componentes educativos, dirigidos aos indivíduos, primariamente relacionados com riscos comportamentais que seriam passíveis de mudanças, os quais, em uma visão reducionista, estariam sob o restrito controle dos próprios indivíduos (por exemplo, o hábito de fumar, a dieta, as atividades físicas, a direção perigosa no trânsito). Trata-se de uma visão estreita, com baixa eficácia, por ignorar o enorme peso dos padrões culturais coletivos, das políticas e da propaganda, entre outros, sobre os comportamentos ditos exclusivamente individuais.

O que, entretanto, vem caracterizar modernamente a promoção da saúde é a constatação do papel protagonista dos determinantes gerais sobre as condições de saúde, em torno da qual se reúnem os conceitos do segundo grupo. Este se sustenta no entendimento de que a saúde é produto de um amplo espectro de fatores relacionados com a qualidade de vida, incluindo um padrão adequado de alimentação e nutrição e de habitação e saneamento; condições de trabalho adequadas; oportunidades de educação ao longo de toda a vida; ambiente físico limpo; apoio social para famílias e indivíduos; estilo de vida responsável; e um espectro adequado de cuidados de saúde. Suas atividades estariam, então, mais voltadas ao coletivo de indivíduos e ao ambiente, compreendido em sentido amplo, de ambiente físico, social, político, econômico e cultural, por meio de políticas públicas e de condições favoráveis ao desenvolvimento da saúde ("*as escolhas saudáveis serão as mais fáceis*") e do reforço (*empowerment*) da capacidade dos indivíduos e das comunidades.

Em outras palavras, promover saúde coincide com enfrentar os determinantes sociais e ambientais da saúde, isto é, as "*causas das causas*" das iniquidades sociossanitárias. Por conseguinte, promoção da saúde implica ação intersetorial e políticas públicas coerentes que tenham a explícita intenção de produzir saúde, como políticas equitativas de distribuição de renda e riqueza, saneamento básico, educação, moradia e de emprego e trabalho dignos, entre outras.

A Carta de Ottawa (1986) define promoção da saúde como *o processo de capacitação da comunidade para atuar na melhoria de sua qualidade de vida e saúde, incluindo uma maior participação no controle deste processo*[1]. Inscreve-se, desse modo, no grupo de conceitos mais amplos, reforçando a responsabilidade e os direitos dos indivíduos e da comunidade por sua própria saúde.

O moderno movimento de promoção da saúde surgiu formalmente no Canadá, em maio de 1974, com a divulgação do documento *A New Perspective on the Health of Canadians*, também conhecido como Informe Lalonde, então Ministro da Saúde daquele país. A motivação central do documento parece ter sido política, técnica e econômica, pois visava enfrentar os custos crescentes da assistência médica, ao mesmo tempo que se apoiava no questionamento da abordagem exclusivamente médica para as doenças crônicas, em razão dos resultados pouco significativos que aquela apresentava.

Ao se examinar a evolução conceitual da promoção da saúde, verificam-se a aproximação e o diálogo com conceitos que foram sendo desenvolvidos ao longo dos últimos 40 anos: atenção primária de saúde; "nova" saúde pública; determinantes sociais da saúde; saúde e ambiente no contexto do desenvolvimento sustentável; Agenda 21 local; e saúde em todas as políticas[2].

Uma questão central e restritiva ao pleno processo de promoção de saúde é que seus conceitos, políticas e práticas têm ficado restritos a segmentos do setor saúde – não alcançando sequer todos os profissionais da saúde – e tampouco têm impregnado as políticas e os políticos e técnicos de outros setores econômicos e sociais.

CONCEITO DE DETERMINANTES SOCIAIS DA SAÚDE

Iniquidades em saúde – Confluência da promoção da saúde, determinantes sociais e atenção primária na agenda global

Como vimos, os Determinantes Sociais da Saúde (DSS) constituem hoje o principal fundamento conceitual e operacional da promoção da saúde. O que entendemos por DSS? Para a Comissão Nacional sobre os Determinantes Sociais da Saúde (CNDSS), os DSS são os fatores sociais, econômicos, culturais, étnicos/raciais, psicológicos e comportamentais que influenciam a ocorrência de problemas de saúde e seus fatores de risco na população (CNDSS, 2008). A Comissão da OMS sobre DSS adota uma definição mais resumida, definindo-os como as condições sociais em que as pessoas vivem e tra-

---

[1] Ver: http://www.who.int/healthpromotion/conferences/en. Acessado em 10/9/2012.

[2] Embora existam inúmeros livros, revistas técnicas e artigos sobre promoção da saúde – que proliferaram nos últimos 20 anos no mundo – foi nas Conferências Internacionais de Promoção da Saúde e nos congressos periódicos da União Internacional sobre Promoção e Educação em Saúde (IUHPE) que os principais conceitos da área foram cunhados e que as experiências e práticas têm sido intercambiadas. Para documentos e declarações finais das Conferências ver: http://www.who.int/healthpromotion/conferences/en/. Acessado em 10/9/2012.

balham (CNDSS, 2010). Krieger destaca a possibilidade de intervenção sobre os DSS ao defini-los como os fatores e mecanismos por meio dos quais as condições sociais afetam a saúde e que potencialmente podem ser alterados mediante ações baseadas em informação (Krieger, 2001). Tarlov propõe uma definição bastante sintética, ao entendê-los como as características sociais dentro das quais a vida transcorre (Tallov, 1996).

O Documento Técnico da Conferência Mundial sobre DSS, realizada no Rio de Janeiro em outubro de 2011, designa como DSS as condições sociais nas quais os indivíduos nascem, crescem, vivem, trabalham e envelhecem[3], as quais são responsáveis pelas enormes diferenças na situação de saúde entre países e entre os grupos populacionais no interior deles, diferenças essas que, por serem injustas e evitáveis, são denominadas iniquidades em saúde (Whitehead, 2000).

Há vários modelos que buscam representar graficamente os DSS. A CNDSS adotou o modelo de Dahlgren & Whitehead (1991) (Figura 22.1), no qual os DSS estão dispostos em camadas hierárquicas. No centro da figura aparece um grupo de indivíduos com suas características de idade, sexo e fatores hereditários. Estes são determinantes biológicos que não podem ser modificados por meio de políticas públicas. Os DSS, que podem e devem ser modificados pela ação humana, uma vez que são produtos da ação humana, são representados em uma primeira camada pelo estilo de vida dos indivíduos e, apesar de resultarem de escolhas pessoais, essas escolhas sofrem forte influência de determinantes culturais, econômicos, acesso a informações etc. A camada seguinte é representada pelas redes sociais e comunitárias, que expressam o nível de interações e de coesão entre indivíduos e grupos. O apoio social derivado dessas interações se revela cada vez mais um importante elemento para promoção, proteção e recuperação da saúde. A camada seguinte se refere às condições de vida e trabalho, que incluem o acesso aos serviços de saúde e educação e, finalmente, a camada mais externa se refere aos macrodeterminantes relacionados com estruturas socioeconômicas, culturais e ambientais de uma dada sociedade.

Com maior ou menor detalhe, todas essas definições de DSS têm um denominador comum: o reconhecimento de que as condições de vida e trabalho dos indivíduos e de grupos da população estão relacionadas com sua situação de saúde. Trata-se de algo novo? Embora o conceito de DSS propriamente dito tenha surgido nos anos 1970 e no início dos 1980, a partir de trabalhos de diversos autores que destacavam as limitações das intervenções de saúde individuais, sugerindo ações direcionadas às sociedades às quais esses indivíduos pertencem (Solar & Irwin, 2007), na realidade há muito tempo se sabe que a distribuição da saúde e da doença nas populações não é aleatória, mas obedece à estratificação socioeconômica dos grupos populacionais.

Em meados do século XIX, autores como Villermé, na França, Chadwick & Engels, na Inglaterra, observaram uma clara associação entre alta mortalidade e pobreza. Apesar da semelhança nos achados, esses autores diferem quanto às causas e, principalmente, quanto às soluções. Para Villermé, a pobreza e os vícios a ela associados são causas de doenças, e propõe como solução o fortalecimento da moral dos pobres e um maior *laissez-faire* na economia. Chadwick, enfatizando a importância do ambiente, considera que a sujeira e a imoralidade causam doenças e pobreza e propõe medidas de controle do ambiente, como acesso a água limpa, saneamento e cuidados com o lixo. Engels afirma que o capitalismo e a exploração de classe produzem pobreza, doença e morte e considera a revolução socialista a única solução (Birn, 2010).

Na Alemanha, Virchow, considerado o pai da medicina social, adotava conceitos e propostas de soluções bastante semelhantes às atuais, pois já em 1848 escrevia que "a ciência médica é intrínseca e essencialmente uma ciência social", que "as condições econômicas e sociais exercem um efeito importante sobre a saúde e a doença e que tais relações devem submeter-se à pesquisa científica" e que "o próprio termo saúde pública expressa seu caráter político e sua prática deve conduzir necessariamente à intervenção na vida política e social para identificar e eliminar os obstáculos que prejudicam a saúde da população" (Rosen, 1979).

O século XX foi marcado por avanços e recuos no que se refere à importância dada às condições sociais como forma de explicar e orientar as intervenções para promover a saúde das populações e a equidade (Buss & Pellegri-

Figura 22.1 • Modelo de Dahlgren & Whitehead.

---
[3]Disponível em http://cmdss2011.org/site/wp-content/uploads/2011/10/Documento-Tecnico-da-Conferencia-vers%C3%A3o-final.pdf) e demais documentos da Conferência, assim como amplo material sobre DSS, podem ser encontrados em www.dssbr.org.

ni Filho, 2007). No início do século, a criação da primeira escola de saúde pública nos EUA, na Universidade Johns Hopkins, é um interessante exemplo do enfrentamento entre diversas correntes e concepções sobre a conformação do campo da saúde pública, particularmente o conflito entre os enfoques biológico, social e ambiental para estudo e intervenção no processo saúde-doença. A proposta de criação da escola ensejou o debate de questões como: deve a saúde pública dedicar-se ao estudo de doenças específicas, enquanto um ramo especializado da medicina, baseando-se fundamentalmente na microbiologia e nos sucessos da teoria dos germes, ou deve centrar-se no estudo da influência das condições sociais, econômicas e ambientais na saúde dos indivíduos? A saúde e a doença devem ser estudadas no laboratório, com o estudo biológico dos organismos infecciosos, ou nas casas, nas fábricas e nos campos, buscando conhecer as condições de vida e os hábitos de seus hospedeiros?

O debate em torno dessas questões durou cerca de 3 anos, de 1913 a 1916, quando Hopkins foi escolhida pela excelência de sua escola de medicina, de seu hospital e de seu corpo de pesquisadores, o que representou o predomínio do conceito da saúde pública orientada ao controle de doenças específicas e fundamentada no conhecimento científico baseado na bacteriologia, estreitando o foco da saúde pública que se distancia dos esforços por reformas sociais e sanitárias. A influência desse processo e do modelo por ele gerado não se limita à escola de saúde pública de Hopkins e, graças ao empenho da Fundação Rockefeller, vai estender-se por todo o país e internacionalmente, como na criação da Faculdade de Higiene e Saúde Pública de São Paulo (Fee, 1987).

Apesar do predomínio do enfoque médico-biológico na conformação inicial do campo da saúde pública, em detrimento dos enfoques sociopolíticos e ambientais, ao longo do século XX observa-se uma permanente tensão entre essas diversas abordagens. No contexto do pós-guerra e da construção do sistema das Nações Unidas, em 1948 foi criada a Organização Mundial da Saúde (OMS), cujo processo de criação ensejou uma retomada da dimensão social do processo saúde-doença (Cueto, Brown & Fee, 2011). A própria definição de saúde como um estado de completo bem-estar físico, mental e social e não meramente a ausência de doença ou enfermidade, inserida na Constituição da OMS, é uma clara expressão de uma concepção bastante ampla da saúde para além de um enfoque centrado na doença.

Entretanto, até os anos 1970, em parte devido ao extraordinário êxito da campanha da erradicação da varíola iniciada pela OMS em 1959 e com o último caso da doença observado em 1977, predominou a esperança de que as tecnologias médicas seriam a principal resposta para os problemas de saúde das populações.

Em 1977, os Estados-membros da OMS, reunidos na 30ª Assembleia Mundial da Saúde (AMS), estabeleceram como principal meta dos governos e da organização o alcance, por parte de todos os povos do mundo, de um nível de saúde que lhes permitisse levar uma vida social e economicamente produtiva. Essa meta ficou conhecida como Saúde para Todos. Em 1978, na Conferência Internacional sobre Cuidados Primários de Saúde, conhecida como reunião de Alma-Ata, Saúde para Todos deixou de ser um *slogan*, tendo sido proposta a estratégia de Atenção Primária da Saúde (APS) como chave para que essa meta fosse atingida.

A APS, como descrita na Declaração de Alma-Ata (1978), estava bastante alinhada ao conceito de DSS ao propor uma série de estratégias, como a coordenação intersetorial, a participação social e a reestruturação dos sistemas de saúde a partir dos serviços básicos para lograr equidade no acesso e na qualidade da atenção à saúde. Entretanto, pouco depois, em 1982, foi lançada uma versão da APS que eliminava seu conteúdo transformador para concentrar-se apenas na aplicação de algumas medidas específicas para populações carentes.

Em 1986, com a Carta de Ottawa, o pêndulo oscila novamente em benefício da importância das condições sociais para o estudo e ação sobre o processo saúde-doença. Entretanto, a década de 1990 é marcada por propostas para a reforma dos sistemas de saúde baseadas no conceito da saúde como um bem privado passível de ser adquirido e regulado pelas regras do mercado. O relatório do Banco Mundial denominado "Relatório sobre Desenvolvimento Mundial 1993: Investindo em Saúde" teve grande influência nas reformas dos sistemas de saúde inspiradas por esse conceito (banco Mundial, 1993).

A partir da criação da Comissão sobre Determinantes Sociais da Saúde (CDSS) pela OMS, em 2005, há uma retomada da importância dos DSS e desencadeia-se um movimento global em torno deles. O relatório final dessa comissão, lançado em 2008 (CDSS), além da melhoria das condições de vida dos grupos vulneráveis e de um melhor conhecimento e acompanhamento das tendências das iniquidades em saúde, propõe enfrentar a desigual distribuição de poder, dinheiro e recursos para a atenção à saúde.

Ao discutir o Relatório da CDSS na 62ª Assembleia Mundial da Saúde, em 2009, os Estados-membros da OMS aprovaram a resolução 62.14: "Reduzir as iniquidades sanitárias atuando sobre os determinantes sociais da saúde" (OMS)[4] que, entre outras disposições, reco-

---

[4] Essa mesma Assembleia, ao analisar o Relatório Mundial da Saúde de 2008, que teve como tema central a APS, em comemoração ao 30º aniversário de Alma-Ata, adotou a Resolução "Atenção Primária da Saúde, incluindo fortalecimento dos Sistemas de Saúde", que recoloca a importância de APS nos sistemas de saúde, reitera os principais conceitos da Declaração de 1978 e introduz a referência aos DSS como base essencial da APS.

menda a organização de um evento mundial para compartilhar políticas e experiências, visando estabelecer as estratégias mais efetivas de ação sobre os DSS para o combate às iniquidades em saúde. O Brasil ofereceu-se como sede desse evento, que se materializou na Conferência Mundial sobre Determinantes Sociais da Saúde (CMDSS), realizada em outubro de 2011.

Nesse evento, que contou com a participação de mais de 120 representantes oficiais dos 194 países membros da OMS, o que expressa a importância do tema na agenda global da saúde, obteve-se um forte compromisso político com o combate às iniquidades em saúde, que se materializou na Declaração do Rio (2011). Discutiram-se também estratégias, metodologias e avaliação de experiências de ação sobre os DSS.

A ideia-força da CMDSS, traduzida no *slogan* "Todos pela Equidade", busca evidentemente retomar o espírito de Alma-Ata, enfatizando que para lograr "Saúde para Todos" é fundamental que todos participem. De fato, a construção da equidade em saúde exige a contribuição de todos os setores do governo, de todos os segmentos da sociedade e da comunidade internacional em ações sobre os DSS organizadas por políticas públicas baseadas em evidências. Como se pode observar, a partir da segunda metade da primeira década deste século há uma confluência tanto nas bases conceituais como nas estratégias de ação dos movimentos de promoção da saúde, determinantes sociais e atenção primária, o que vem reforçando a articulação desses movimentos na agenda global e nas políticas públicas nacionais.

ESTRATÉGIAS DE AÇÃO
Ações sobre os DSS para combate às iniquidades em saúde

As intervenções sobre os DSS para combate às iniquidades em saúde não devem ser entendidas como constituintes de mais um "programa". Atuar sobre os DSS implica um modo diferente de formular políticas e executá-las de maneira sustentável e a longo prazo, incidindo nos vários níveis de esquema proposto por Dahlgren & Whitehead (1991). Devem, portanto, incidir sobre os determinantes *proximais*, vinculados aos comportamentos individuais, *intermediários*, relacionados com as condições de vida e trabalho, e *distais*, referentes à macroestrutura econômica, social e cultural. As intervenções em quaisquer dessas camadas devem estar obrigatoriamente baseadas na ação coordenada de diversos setores, firmemente fundamentadas em conhecimentos e informações e apoiadas por uma ampla participação social em seu desenho e implantação (CNDSS, 2008) (Figura 22.2).

A adoção da equidade em saúde como preocupação central das políticas de saúde implica abandonar a definição de metas com base em médias populacionais, as quais podem ser alcançadas mesmo quando os pobres não experimentam nenhuma melhora e as diferenças de saúde se ampliam. Segundo Dahlgren & Whitehead (2007), os seguintes princípios devem ser considerados quando se definem metas de saúde com este enfoque:

- Os problemas de saúde se distribuem obedecendo a um gradiente social e o objetivo das intervenções deve ser o de nivelar por cima, ou seja, procurar que

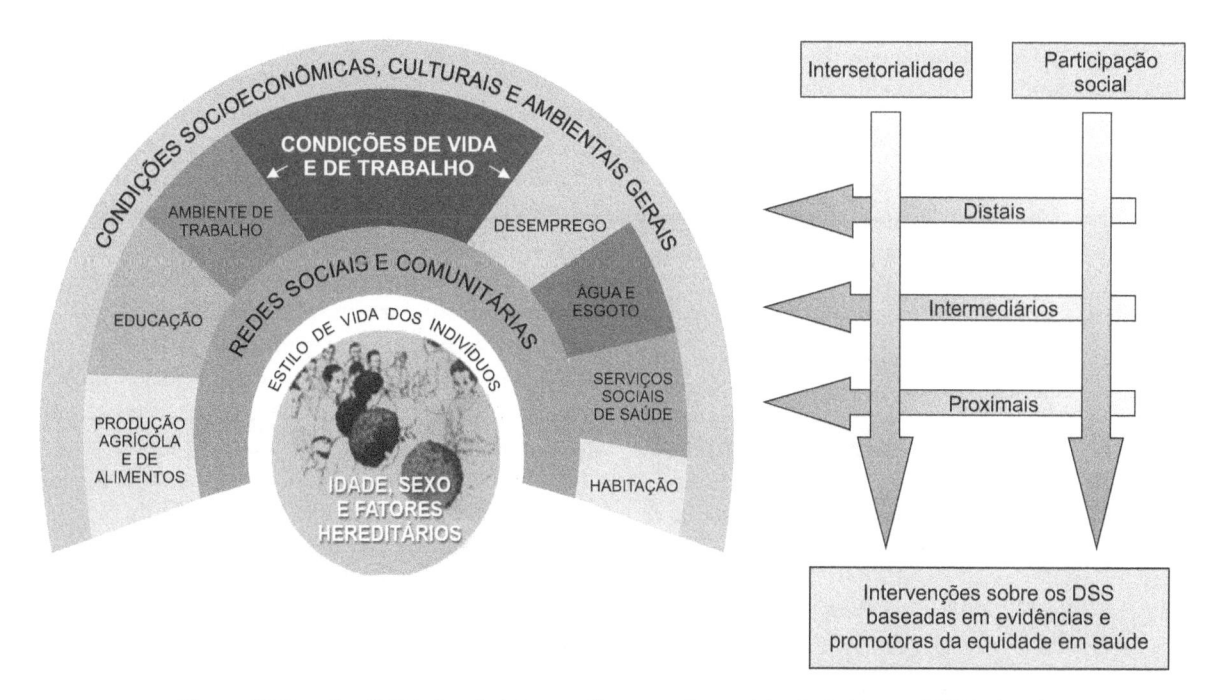

Figura 22.2 • Possibilidades de intervenção segundo modelo de Dahlgren & Whitehead.

a saúde dos diversos grupos sociais alcance o nível do grupo em melhor situação.
- Para que aconteça uma redução nas diferenças em saúde, as melhorias devem ser maiores entre grupos menos favorecidos, pois reduzir iniquidades em saúde equivale a reduzir diferenças.
- As ações devem conhecer e incidir sobre os determinantes das iniquidades em saúde, que podem ser diferentes conforme os diversos grupos socioeconômicos[5].

O Documento Técnico da CMDSS (2011) define as bases estratégicas para ações sobre os DSS organizadas em cinco dimensões que devem estar devidamente articuladas para reforço mútuo:

Governança para atuar sobre os DSS

Segundo o documento, "Governança é como os governos (e seus diferentes setores) e outras organizações sociais interagem, como essas instituições se relacionam com os cidadãos, e como decisões são tomadas em um mundo complexo e globalizado". Assim, a ação para redução das iniquidades em saúde depende da instituição de um tipo de governança que deixe claro o papel de cada um e do conjunto dos diferentes atores e setores.

A divisão por setores na organização do Estado moderno oferece uma série de vantagens por permitir a divisão do trabalho e responsabilidades, mas, ao mesmo tempo, pode provocar fragmentação das ações e dificuldade para enfrentar problemas complexos que obrigam a intervenção de diferentes instâncias do Estado.

A adoção do enfoque de DSS para uma maior articulação intersetorial não significa reconhecer a saúde como variável dependente dos demais setores. Saúde deve ser considerada simultaneamente como determinada e determinante, pois os demais setores se beneficiam das melhorias nas condições de saúde e reduções nas desigualdades de saúde. Em lugar de persuadir os demais setores a trabalharem para a saúde, o que frequentemente redunda em fracasso, o enfoque dos DSS demanda a definição de mecanismos de negociação estratégica não apenas entre setores, como também entre diferentes esferas de governo (federal, estadual e municipal) e diferentes poderes do Estado (Executivo, Legislativo e Judiciário), tendo por objetivo comum o desenvolvimento humano sustentável (Rovere e Pellegrini Filho, 2011).

Estímulo a processos participativos na definição e implantação de políticas

A participação das comunidades e da sociedade civil no desenvolvimento de políticas públicas, no monitoramento de sua implementação e na avaliação de seus resultados é essencial para ações sobre os determinantes sociais. A participação social tem um valor intrínseco, como um dever e um direito das populações de participar de decisões que lhes afetem, e, ao mesmo tempo, um valor instrumental, garantindo o apoio político para viabilizar e garantir a sustentabilidade da redistribuição de poder e recursos necessários para o combate às iniquidades em saúde.

Para facilitar a participação, os processos de definição de políticas precisam ser o mais transparente possível e os grupos tradicionalmente marginalizados das decisões devem desenvolver suas capacidades para participar, o que inclui acesso a informações, competência para interpretá-las e utilizá-las e conhecimento dos atores e processos envolvidos na formulação de políticas.

No Brasil, como em outros países da América Latina que viveram situações semelhantes, as organizações da sociedade civil cumpriram um importante papel de resistência a regimes ditatoriais, constituindo-se em símbolos da luta democrática e dos direitos de cidadania. Com a redemocratização, essas organizações vêm contribuindo para a construção de cidadania particularmente de minorias historicamente silenciadas que passam a constituir-se em novos atores políticos no sentido mais amplo do termo (Pellegrini Filho e Rovere, 2011).

Entretanto, essas formas de participação social direta não podem ser vistas como uma panaceia, pois podem também, como a experiência tem mostrado, ser cooptadas, manipuladas, burocratizadas ou expressar somente interesses corporativos. Em suas relações com o Estado, pode haver uma série de distorções. Ao mesmo tempo que o Estado pode desorganizar a sociedade civil, transformando-a em um apêndice do governo, por meio da dependência de recursos e da cooptação de suas lideranças, as relações com a sociedade civil podem deformar a capacidade do governo para representar o interesse público, fragmentando políticas públicas para responder a grupos de pressão (Sjorg, 2010).

A participação social tem um papel fundamental no fortalecimento de redes sociais e comunitárias, componente importante do capital social que, como vimos, constitui uma das camadas de DSS no modelo de Dahlgren & Whitehead. Muitos estudos mostram que quanto maior o capital social, maior o crescimento econômico de longo prazo, menores a violência e a criminalidade, mais fortes as formas de representação democrática e maiores a participação e a pressão da cidadania pelo funcionamento eficiente dos serviços (Kliksberg, 2008).

Por outro lado, diversos estudos também mostram que o desgaste do capital social é um importante mecanismo por meio do qual as iniquidades de renda têm impacto negativo na situação de saúde. Grandes iniquidades de renda diminuem a coesão social e levam a

---

[5]Por exemplo, ambientes de trabalho insalubres podem não ser determinantes importantes para a população como um todo, mas o são para determinados trabalhadores, podendo explicar as diferenças entre a situação de saúde desses trabalhadores e a dos demais grupos da população.

uma menor participação política. Países com maiores iniquidades de renda apresentam baixos níveis de coesão social e de participação política e são os que menos investem em capital humano, o que afeta a saúde da população (Kawachi *et al.*, 1997).

Fortalecimento do papel do setor saúde na redução das iniquidades

O setor saúde é essencial para melhorar as condições de saúde e reduzir as iniquidades, constituindo-se em importante determinante social da saúde. Em colaboração com outros setores, contribui para reduzir diferenças nos níveis de exposição e vulnerabilidade diante dos riscos à saúde. Frequentemente, entretanto, em vez de reduzir as iniquidades em saúde, é comum que o setor saúde contribua para agravá-las, quando, por exemplo, existem acesso e qualidade diferenciada de serviços aos diversos grupos da população em prejuízo dos mais necessitados. É possível analisar os fatores responsáveis por essas diferenças, muitos dos quais serão externos ao setor saúde. Contudo, há vários que estão dentro de seu controle, como o financiamento e a localização dos serviços, e as competências e atitudes dos profissionais da saúde.

A atenção primária é uma estratégia fundamental do setor saúde que se orienta pelo enfoque dos DSS, pois coloca a equidade como valor central do setor saúde, juntamente com a cobertura universal, a ação intersetorial e a participação social. Sua fortaleza reside em buscar responder às necessidades de indivíduos, famílias e populações, logrando um impacto na sociedade que vai além da saúde, reduzindo a iniquidade social (Cueto, Brown & Fee, 2011).

Segundo o Documento Técnico da CMDSS (2011) existem quatro funções que devem ser executadas pelo setor saúde na ação sobre os DSS: em primeiro lugar, o setor tem um papel fundamental na defesa da abordagem dos DSS e na explicação de como ela pode beneficiar a sociedade como um todo (*advocacy*). Em segundo lugar, o setor saúde tem o conhecimento e a responsabilidade de monitorar as iniquidades em saúde e o impacto sobre elas de políticas que incidam nos determinantes sociais. Em terceiro, o setor pode colaborar de maneira importante para unir os demais setores com o objetivo de planejar e implementar intervenções sobre os DSS. Em quarto e último, o setor saúde tem importante papel no desenvolvimento de sua própria capacidade para o trabalho com os DSS.

Monitoramento e análise das tendências das iniquidades em saúde e dos impactos das ações sobre elas

A definição de políticas e programas que sejam efetivos no combate às iniquidades em saúde exige informações e conhecimentos confiáveis e de fácil acesso, pois são esses que possibilitam entender como operam os determinantes sociais na geração das iniquidades em saúde e onde devem incidir as intervenções para combatê-las. Isso implica disponibilidade de informação sistemática que torne possível registrar desigualdades em todo o gradiente social com dados e indicadores desagregados de acordo com estratificadores sociais, como renda, escolaridade, ocupação, local de residência e outros.

Entretanto, geralmente os sistemas de informação em saúde não foram desenhados de maneira a evidenciar as iniquidades relacionadas com a estratificação socioeconômica nem promover a identificação de pontos prioritários para a incidência de intervenções e análise de seu impacto. Por outro lado, a ausência de informações contínuas pode ser suprida com pesquisas de base populacional realizadas a intervalos regulares, como é o caso da pesquisa nacional por amostra de domicílios (PNAD) anual e dos suplementos de saúde das PNAD a cada 5 anos no Brasil.

A existência de evidências quanto às iniquidades em saúde não leva automaticamente à implementação de políticas sobre determinantes sociais. Para traduzir as evidências em informações úteis ao desenvolvimento de ações sobre os determinantes sociais e à promoção da equidade em saúde, são necessários mecanismos que possibilitem comunicar essas evidências aos formuladores de políticas e outros atores relevantes. Um importante mecanismo é constituído por instâncias de intermediação situadas na interface entre a produção da informação e o processo de tomada de decisão, como observatórios que realizem e disseminem de maneira sistemática e contínua revisões, sumários de políticas (*policy briefs*) e diretrizes de ação (*guidelines for action*), entre outros produtos que facilitem o entendimento das evidências e suas implicações para definição e implantação de políticas e ações de saúde (Pellegrini Filho & Rovere, 2011).

Com relação à pesquisa sobre as relações entre os determinantes sociais e seu impacto na saúde, ao longo do século XX muito se avançou no estudo dessas relações, particularmente entre as condições de vida e trabalho e a situação de saúde. A epidemiologia social latino-americana muito contribuiu para o estudo da determinação social do processo saúde-doença no âmbito dos diversos países da região (Almeida Filho *et al.*, 2003). Atualmente, os esforços de pesquisa se concentram em estudar, entre outros temas, onde se originam as iniquidades em saúde entre grupos sociais, quais são os caminhos pelos quais as causas básicas produzem as iniquidades em saúde e onde e como devemos intervir para reduzir as iniquidades em saúde (Adler, 2006).

Do ponto de vista conceitual e metodológico, um importante desafio consiste na distinção entre os determinantes de saúde dos indivíduos e os da saúde de grupos e populações, pois alguns fatores que são importantes para explicar diferenças no estado de saúde de indivíduos não o são para explicar diferenças entre grupos no seio de uma sociedade ou entre uma sociedade e outra (Pellegrini Filho, 2011). Essa distinção tem importantes implicações para políticas e intervenções, pois as intervenções que derivam de estudos de indivíduos em geral se limitam a identificar os mais vulneráveis para poder atuar sobre os próprios, enquanto os determinantes no nível das sociedades indicam que as que apresentam melhores níveis de saúde não são necessariamente as mais ricas, mas as que são mais igualitárias e com alta coesão social, o que obriga o desenho de políticas que reconheçam o caráter essencialmente político e social dos problemas de saúde das coletividades (Corin, 1994).

Além dessas questões conceituais e metodológicas, a incorporação de conhecimentos científicos para fundamentar a tomada de decisões em políticas de combate às iniquidades em saúde enfrenta uma série de barreiras institucionais, de linguagem, de cultura e de valores entre atores que atuam nos processos de produção e de utilização do conhecimento (Pellegrin Filho, 2011). No que se refere à avaliação de intervenções sobre os DSS, além de seu número relativamente limitado, há dificuldades de caráter metodológico e de transferência de experiências exitosas em razão da grande dependência do contexto em que se desenvolvem.

Para superar essas limitações, são necessárias mudanças importantes no processo de produção/disseminação/utilização do conhecimento, como definição de agendas de pesquisa em função da solução de problemas, por meio de mecanismos que possibilitem a participação tanto de pesquisadores como de usuários do conhecimento; arranjos institucionais que estabeleçam redes colaborativas entre instituições de diversas naturezas para o desenvolvimento de pesquisas; mecanismos de validação do conhecimento onde tanto o mérito científico como a relevância social sejam os principais critérios; e modos de divulgação do conhecimento que não se limitem às revistas científicas e que tornem possível alcançar os diversos atores do processo de tomada de decisões (Gibbons *et al.*, 1994).

Esforço global de ação sobre os DSS

A crescente integração da economia global promove um fluxo cada vez maior de bens, serviços, recursos e pessoas, e os atuais mecanismos de governança global não são mais adequados para lidar com os complexos problemas derivados desse processo de globalização. Determinantes sociais globais, como comércio internacional, segurança, migração, regulação de fluxos financeiros, fuga de capitais, tarifas e subsídios, mecanismos de proteção da propriedade industrial e intelectual, entre outros, afetam a saúde e a equidade em todos os países, reduzindo o espaço político disponível para os governos atuarem sobre os DSS (Documento Técnico da CNDSS, 2011).

Uma nova governança global exige o reconhecimento da importância estratégica da saúde para o desenvolvimento sustentável e uma melhor articulação das instituições que atuam nesse nível para apoiar, de maneira mais efetiva, os governos nacionais, superando a atual fragmentação de esforços.

Instituições de nível global podem desempenhar importante papel no desenvolvimento da capacidade de atuação dos governos sobre os DSS, apoiando, por exemplo, o fortalecimento dos sistemas de informação para monitoramento das iniquidades em saúde e o melhor uso dessas informações. Esses atores internacionais podem também apoiar e fortalecer a cooperação horizontal entre países em desenvolvimento, o que vem ganhando importância para o intercâmbio de experiências e o fortalecimento de capacidades da ação sobre os DSS.

Há uma série de iniciativas na agenda global que, devidamente articuladas, podem fortalecer a governança global sobre os DSS e as capacidades nacionais. Entres essas, merecem destaque as Metas de Desenvolvimento do Milênio (MDG), apesar do fato de, por não ter sido considerada a equidade na definição dessas metas, em alguns países a melhoria da média ter sido acompanhada de aumento das desigualdades. Outra importante iniciativa foi a inclusão da discussão sobre doenças crônicas não transmissíveis no âmbito da Assembleia Geral da ONU, realizada no final de setembro de 2011, em Nova York, na qual se definiram metas e estratégias de controle dessas enfermidades por meio da ação sobre os DSS (ONU, 2011). A Conferência das Nações Unidas para o Desenvolvimento Sustentável, a Rio+20, realizada em julho de 2012 no Rio de Janeiro, é outro marco importante cujos desdobramentos, como a definição dos Objetivos de Desenvolvimento Sustentável, podem contribuir para a incorporação da equidade em saúde entre os mesmos.

A Declaração Política do Rio (2011), aprovada pelos países presentes na CMDSS, e a resolução da AMS de maio de 2012 (OMS, 2012), por meio da qual todos os países membros da OMS ratificaram os compromissos da declaração e definiram uma divisão de responsabilidades para alcançá-los entre governos, sociedade civil, OMS e outros organismos internacionais, servem como importantes instrumentos orientadores dos esforços da comunidade internacional em prol da equidade em saúde.

Estratégias de promoção da saúde: municípios, escolas e ambientes de trabalho saudáveis

A promoção da saúde pode ser muito efetiva quando se desenvolve com o foco nos espaços coletivos, como municípios, escolas, ambientes de trabalho ou outros. Além desses, podem ainda ser considerados "cenários" da promoção da saúde espaços como os meios de comunicação e os espaços políticos legislativos, entre outros.

Mecanismos / Cenários	Políticas públicas saudáveis	Ambientes favoráveis	Reorientação dos serviços de saúde	Reforço da ação comunitária	Desenvolvimento de habilidades pessoais
Municípios saudáveis					
Centro de saúde					
Escolas saudáveis					
Locais de trabalho					
Meios de comunicação					
Legislativos e outros					

Figura 22.3 • Promoção da saúde: cenários e mecanismos de atuação.

Essa tem sido uma estratégia amplamente utilizada para a promoção da saúde, sempre organizando as atividades segundo todos os "mecanismos de atuação" harmonizados, em cada "cenário" ou "campo de atuação", conforme se apresenta na Figura 22.3.

Municípios saudáveis

Uma das primeiras definições contemporâneas de "cidades saudáveis" (*healthy cities*) foi desenvolvida pelo canadense Trevor Hancock e pelo americano Leonard Duhl, no Workshop sobre Toronto Saudável 2000, realizada há quase 30 anos naquela cidade do Canadá, em 1984. A conferência realizada por Duhl, a convite de Hancock, intitulava-se "Cidades saudáveis: uma abordagem ampla, baseada na comunidade, para implementar a saúde pública por meio do trabalho sobre o amplo espectro de fatores que influenciam a saúde e a qualidade de vida nas cidades". Já então se reconhecia que o conceito de "cidade saudável" não era novo, pois foram lembrados no evento a Health of Towns Association, liderada por Edwin Chadwick, na Inglaterra, a partir 1844, e a conferência de Benjamin W. Richardson, então editor da *Sanitarian* e discípulo confesso de Chadwick, sobre "*Hygeia: A city of health*", em Brighton, Inglaterra, em 1875 (Hancock, 1993).

No mencionado *workshop* de Toronto, os autores ressaltam a importância histórica do processo de tomada de decisão dos governos locais no estabelecimento de condições para a saúde, de modo a interferir nos determinantes sociais, econômicos e ambientais, por meio de estratégias como planejamento urbano, empoderamento comunitário e participação da população. Segundo a concepção dos autores, uma "cidade saudável é aquela que está continuamente criando e melhorando o ambiente físico e social, fortalecendo os recursos comunitários que possibilitam às pessoas se apoiarem mutuamente no sentido de desenvolverem seu potencial e melhorarem sua qualidade de vida" (Hancock, 1993).

Ilona Kickbusch inspirou-se nas ideias expostas nessa conferência para lançar no Escritório da OMS para a Europa, em Copenhague, entre 1985 e 1986, o movimento das cidades saudáveis na região europeia (Hancock, 1993; Ashton, Grey & Barnaro, 1986).

Nas Américas, sob a liderança da OPAS, nos anos 1990 também são divulgados conceitos e elaboradas propostas de municípios-comunidades saudáveis.

Mendes foi um dos primeiros autores brasileiros a abordar o tema. Considera o projeto cidades/municípios saudáveis um "projeto estruturante do campo da saúde", em que os atores sociais (governo, organizações da sociedade civil, organizações não governamentais) procuram, por meio da "gestão social", transformar a cidade em um espaço de "produção social da saúde". Desse modo, a saúde é entendida como qualidade de vida e é considerada objeto de todas as políticas públicas, dentre estas, as políticas de saúde (Akerman, 2002).

Segundo o CEPEDOC Cidades Saudáveis[6], Centro Colaborador da OPAS/OMS no tema, sediado na Faculdade de Saúde Pública da USP, em São Paulo,

> [...] uma cidade saudável é aquela na qual há um forte compromisso de autoridades, comunidades e outros atores sociais de buscar permanentemente melhorias na qualidade de vida da população. Para realizar isso, preconiza-se a adesão aos princípios da participação social, intersetorialidade, sustentabilidade e equidade na gestão das políticas públicas, associada ao fortalecimento do espaço público, que é o espaço do encontro de saberes, experiências, desejos e juízos acerca de valores e ações necessários ao desenvolvimento humano.

Diversas podem ser as dimensões da qualidade de vida reconhecidas para compor um projeto de cidade saudável. Por isso, a aparente imprecisão em sua definição, ou a impossibilidade de "prescrever uma receita" de cidade saudável, é reveladora de sua potência, isto é, a proposta é aberta o bastante para que seus atores se sintam confortáveis dentro dela e mobilizados a persistir em sua construção.

---

[6]Disponível em: http://www.cidadessaudaveis.org.br/conteudo.aspx?TipoID=9.

No nosso entendimento, um município-cidade-comunidade saudável é um território geográfico e social, no qual transcorre um processo consciente, permanente, renovado e adequado de enfrentamento dos determinantes sociais e ambientais da saúde, por meio de uma governança adequada, o que implica um poder público e políticas públicas de qualidade e a mobilização e participação comunitária. Por essa razão, afirmamos que não há regra específica, senão orientações gerais para construir estratégias de municípios-cidades-comunidades saudáveis, nem projetos de tal natureza são idênticos entre si, pois os determinantes socioambientais e as formas de enfrentá-los são construções históricas e políticas e, por isso mesmo, variam enormemente em cada território considerado.

Mais recentemente, verifica-se uma rica convergência de conceitos e práticas entre "municípios-cidades-comunidades saudáveis", "desenvolvimento local integrado", "municípios sustentáveis" e "Agenda 21 local", nos quais são enfatizados tanto a dimensão dos determinantes sociais e ambientais da saúde como a sustentabilidade dos processos.

Eperiências de municípios-cidades-comunidades saudáveis no Brasil podem ser visualizadas no Boxe 22.1, assim como outras experiências de desenvolvimento local no Brasil podem ser identificadas no Boxe 22.2.

Escolas promotoras da saúde

Seria de supor que os municípios saudáveis tivessem "escolas promotoras da saúde" e "ambientes de saúde saudáveis", pois esses "espaços" ou "cenários" existem exatamente no interior dos espaços locais (municipais). Contudo, não raro essas estratégias têm desenvolvimento independente.

A promoção da saúde no contexto escolar tem longa e variada trajetória, tendo sido importante objetivo da OMS, Unesco, Unicef e de outras agências internacionais e de alguns países desde os anos 1950, inicialmente com a introdução de conteúdos de educação para a saúde nos currículos escolares e atividades assistenciais como os exames médicos periódicos, com especial atenção à detecção precoce de problemas visuais e auditivos que poderiam prejudicar a aprendizagem, o monitoramento dos esquemas de vacinação, a atenção bucodental e a desparasitação.

Em 1995, visando coordenar esforços das diversas agências internacionais e outros parceiros, a OMS criou o Comitê de Especialistas em Promoção e Educação em Saúde Escolar e lançou a Iniciativa Global de Escolas Promotoras da Saúde[7], um conceito ampliado, plenamente de acordo com os mecanismos para a promoção

---

[7] Um importante conjunto de documentos está disponível nas bases bibliográficas da OMS, em: http://www.who.int/school_youth_health/resources/information_series/en/index.html, e os relatórios do Comitê de Especialistas está disponível em: http://www.who.int/school_youth_health/resources/expert_reports/en/index.html.

Boxe 22.1 Experiências de municípios – cidades – comunidades saudáveis no Brasil

Apesar de amplamente discutida e mencionada em programas de promoção da saúde e como estratégia de enfrentamento dos determinantes sociais da saúde, sendo reconhecida em todo o mundo, a estratégia "municípios saudáveis" não chegou a ser efetivamente implementada no plano nacional. São iniciativas localizadas em microrregiões, que em geral reúnem como parceiros principais as prefeituras e universidades, às quais podem se agregar outros atores sociais. Contudo, o tema "cidades saudáveis" ainda não ganhou realce no Brasil e tampouco alcançou instâncias politicamente mais relevantes, como o MS e o CONASEMS, ou, o que seria mais indicado, organismos que reúnem prefeituras e/ou prefeitos do país. A seguir, descrevemos algumas dessas iniciativas.

Uma das primeiras referências consistentes sobre municípios saudáveis no Brasil, relacionando-os com uma agenda para a saúde e o SUS, encontra-se no trabalho de Mendes (2011), quando propõe a necessidade de um "novo paradigma sanitário" e, nesse contexto conceitual, uma "mudança da ordem governativa nas cidades" e a promoção da saúde como uma das estratégias de intervenção da "vigilância da saúde". O mesmo autor aprofunda suas propostas em obras subsequentes (Mendes, 1998 & Ferraz, 1999). Ferraz (1999), também na década de 1990, publica livro sobre cidades saudáveis, com elementos conceituais e breve descrição de experiências nacionais.

A Rede Brasileira de Municípios Potencialmente Saudáveis (Sperandio, 2004 & Sperandio *et al.* 2004), criada em 2003, conta hoje com 27 municípios do Estado de São Paulo, nos quais vivem cerca de dois milhões de habitantes. As prioridades dos governos municipais ligados à Rede estão agrupadas em cinco eixos temáticos (saúde, meio ambiente, participação social, geração de renda, segurança), que são pontos de partida ou de foco, a partir dos quais os municípios desenvolvem suas políticas públicas. A Rede visa apoiar os municípios a: (1) desenvolver ações intersetoriais e transetoriais; (2) fortalecer os diferentes atores sociais no sentido da participação transformadora e busca da autonomia; (3) construir práticas que firmem os valores e desejos dos atores sociais em relação a seu território, para que assim colaborem para o desenvolvimento local saudável e sustentável, respeitando os critérios de equidade social; (4) divulgar experiências de sucesso nos municípios dentro e fora da Rede.

Também no Estado de São Paulo, sob a liderança da Faculdade de Saúde Pública da USP, constituiu-se desde o ano 2000 o Movimento por Cidades e Municípios Saudáveis, uma rede de seis municípios (Bertioga, Itaoca, Lins, Motuca, Ribeira e São Paulo) reunidos em torno do conceito e das práticas das cidades saudáveis. Os projetos de cada um dos municípios têm características próprias e de teor variável, descritos em www.cidadessaudaveis.org.br. Em Pernambuco, a UFPE e parceiros lançaram, em 2005, a iniciativa Municípios Saudáveis no Nordeste do Brasil, com cinco municípios.

Uma experiência pioneira e muito consistente vem sendo desenvolvida já alguns anos em Curitiba-PR. Essa experiência e a de Fortaleza-CE foram exaustivamente analisadas por Andrade.

Existem também outras iniciativas inspiradas em princípios da promoção da saúde, em geral de âmbito local ou sub-regional, as chamadas "comunidades saudáveis". Um exemplo é a Rede de Comunidades Saudáveis do Rio de Janeiro, criada em 2005 e que reúne hoje cerca de 100 comunidades.

| Boxe 22.2 | Outras experiências de desenvolvimento local no Brasil |

Nos últimos anos, foram criadas no Brasil, experiências de desenvolvimento local que ganharam identidades variáveis; muitas delas inspiram-se e tomam como ponto de partida os princípios da promoção da saúde. Em 2003, a Abrasco criou o Grupo de Trabalho (GT) sobre Promoção da Saúde e Desenvolvimento Local, Integrado e Sustentável, que exerce o papel de articulador e impulsionador dessas experiências, agregando hoje cerca de 50 grupos. Os dois informes já publicados pelo GT concluíram que essas experiências desenvolvem-se de modo desigual no país, dependendo, para seu êxito, da articulação local de atores da gestão pública, das universidades, da mobilização comunitária e, eventualmente, de empresas. Carecem também de uma articulação mais abrangente, não havendo nenhuma iniciativa governamental nacional propiciadora dessa estratégia de promoção da saúde. O tema da saúde e desenvolvimento local foi alvo de análise no contexto latino-americano, que incluiu o Brasil (Akerman, 2005).

Entre as experiências mais significativas, encontra-se o DLIS Manguinhos (Bodstein et al., 2004), hoje TEIAS Manguinhos, desenvolvido a partir de meados dos anos 1990 em uma comunidade carente de cerca de 50 mil moradores, nos arredores da Fiocruz, no Rio de Janeiro. O projeto, liderado pela ENSP/Fiocruz e que conta com cooperação canadense (CIDA-CPHA), reúne gestores governamentais, empresas, instituições civis e organizações comunitárias em torno de projetos locais em saúde, saneamento, educação, habitação, geração de emprego e renda, esporte e lazer. O projeto logrou importante mobilização da comunidade, o que certamente influenciou a escolha de Manguinhos como uma das áreas do PAC (Programa de Aceleração do Crescimento) em 2008, no Rio de Janeiro, e a conduziu à participação formal no comitê local do PAC.

da saúde estabelecidos na Carta de Ottawa de 1986. Em 2002, a OPAS lança, na região das Américas, a Estratégia e Linhas de Ação 2003-2012 da Iniciativa Regional das Escolas Promotoras da Saúde, visando orientar a formulação e o desenvolvimento de políticas nacionais e de redes nacionais e regionais de EPS[8].

Na Figura 22.4 são apresentados os principais marcos da promoção da saúde nas escolas nos últimos 30 a 35 anos[9], desde a Conferência de Alma-Ata sobre atenção primária de saúde.

O objetivo último das escolas promotoras da saúde é criar condições favoráveis para que as futuras gerações adquiram conhecimentos e destrezas que lhes permitam cuidar e melhorar sua saúde e a de suas famílias e comunidades, por meio da aplicação dos princípios da promoção da saúde no espaço (cenário) escolar, em que as pessoas aprendem, convivem e trabalham.

A partir da análise das principais questões sociossanitárias que afetam a região na qual se situa a escola, assim como a comunidade de trabalhadores da escola, estudantes e seus familiares, são preparados programas de promoção de uma escola promotora da saúde, o que implica necessariamente a cooperação intersetorial.

---
[8]Ver: http://www.paho.org/Spanish/AD/SDE/HS/EPS_No4.pdf.
[9]Fonte: http://new.paho.org/saludyescuelas/index.php?option=com_k2&view=item&layout=item&id=98&Itemid=235&lang=pt.

1978	Saúde para Todos
1986	Carta de Ottawa para a Promoção da Saúde
1989	Convenção sobre os Direitos da Infância
1990	Educação para Todos
1994	Projeto Health & Family Life Education (HFLE)
1995	Iniciativa Global de Escolas Promotoras de Saúde (EPS)
1996	Primeira Reunião Regional de EPS e Rede Latino-americana de EPS (Costa Rica)
1998	II Reunião Regional de EPS (México)
2000	Marco FRESH para a Promoção da Saúde Escolar (Dakar)
	Objetivos para o Desenvolvimento do Milênio (ODM)
2001	Investir em Saúde
	Rede Caribenha de EPS (Barbados)
2001	Pesquisa Global de Saúde Escolar (GSHS)
2002	III Reunião Regional de EPS (Equador)
2003	Estratégia Regional OPS de EPS 2003-2013
2004	IV Reunião Regional de EPS (Porto Rico)
2006	Estratégias de Rosto, Vozes e Lugares para os ODM
2008	Relatório da Comissão sobre os Determinantes da Saúde
2009	Rede Ibero-americana das Universidades Promotoras de Saúde (Espanha)
2010	I Consulta Regional de Comissões Técnicas de EPS (Cuba)
2011	II Consulta Regional de Comissões Técnicas de EPS (Panamá)
	Reunião de Alto Nível sobre a AIDS na ONU
2012	Reunião de Alto Nível sobre ECNT na ONU

Figura 22.4 • Marcos recentes da promoção da saúde nas escolas.

Pessoal da escola, estudantes, pais dos alunos e a comunidade onde se situa a escola criam uma escola promotora da saúde quando desenvolvem suas capacidades para prover: (a) educação em saúde; (b) um ambiente escolar saudável; (c) serviços de saúde escolar, inclusive na área da promoção da saúde mental; (d) projetos de promoção da saúde comunitários baseados na escola; (e) programas de promoção da saúde para os próprios trabalhadores da escola; (f) programas de alimentação e nutrição; e (g) exercícios físicos e esportes (WHO, 1996).

> **Boxe 22.3 — Escolas promotoras de saúde no Brasil**
>
> Não obstante a relativa escassez de iniciativas de municípios saudáveis no Brasil, a Estratégia Escolas Promotoras da Saúde está em expansão no país, com a multiplicação de projetos e programas orientados para o fomento de práticas saudáveis entre professores e alunos da rede escolar. Esses programas envolvem parcerias de diversas áreas do MS com o Ministério da Educação, universidades, estados e municípios.
>
> Necessariamente, as iniciativas de escolas promotoras da saúde devem estar perfeitamente conectadas com as autoridades sanitárias locais correspondentes (secretarias de saúde e educação, entre outras) e integradas ao sistema local de saúde e às equipes de Saúde da Família.
>
> Experiências auspiciosas vêm sendo implementadas, por exemplo, pelas prefeituras do Rio de Janeiro (2008) e Santos (2008), ao lado de muitas outras implementadas por Estados e Municípios. Por outro lado, a Sociedade Brasileira de Pediatria tem sido ativa na difusão da matéria, tendo editado cadernos sobre as escolas promotoras da saúde (Sociedade Brasileira de Pediatria, 2008), assim como a OPAS, por meio de traduções de documentos da Rede Latino-americana de Escolas Promotoras da Saúde, da qual fazem parte inúmeras experiências brasileiras.

Experiências brasileiras de escolas promotoras de saúde podem ser visualizadas no Boxe 22.3.

Ambientes de trabalho saudáveis

A base material de qualquer sociedade é o que nela se produz, como se produz e como se distribui. Toda produção se caracteriza por dois elementos inseparáveis: o *processo de trabalho* – processo de transformação de dado objeto (natural ou já elaborado) em determinado produto, transformação esta efetuada por atividade humana definida – e as *relações de produção* – formas históricas concretas (posse dos meios de produção, por exemplo) nas quais se realiza o processo de trabalho.

Ao se pensar na saúde do trabalhador, há que compreendê-la no interior do processo de trabalho e das relações de produção em que aquele concretamente se realiza, assim como quando se pretende promover a saúde dos trabalhadores por meio da estratégia dos "ambientes de trabalho saudáveis". Em outras palavras, os ambientes de trabalho serão mais ou menos "saudáveis" de acordo com o êxito das lutas políticas dos trabalhadores na garantia de seus direitos quanto à proteção social e à saúde.

Portanto, uma dimensão fundamental para a saúde dos trabalhadores consiste nas relações econômicas e sociais dentro das quais o trabalho transcorre, as quais incluem, mais amplamente, os processos e as relações de poder e dominação existentes entre patrões e trabalhadores em determinada formação social considerada, assim como os ambientes físicos e psicossociais, os serviços de proteção e saúde disponíveis etc. A categoria analítica dominante no campo da saúde do trabalhador é a do desgaste individual e da força de trabalho como um todo, seja se considerarmos o modo de produção vigente, seja quando o fracionamos em "fatores de risco" que, se não obscurecerem a totalidade, podem ser úteis para a formulação de políticas e programas, sempre que se aceite a estratégia da mitigação das consequências do mesmo sobre a saúde e a qualidade de vida dos trabalhadores.

Na realidade, a saúde dos trabalhadores interessa a toda a sociedade por sua importância para a economia, assim como para a produtividade, competitividade e sustentabilidade de empresas e comunidades. Por outro lado, existe um imperativo legal – caso do Brasil e de outros países que garantem a saúde como direito constitucional – que obriga o Estado e a sociedade a preservar a saúde de seus cidadãos, inclusive os trabalhadores. Portanto, muito além da responsabilidade individual de cada trabalhador por sua saúde, o Estado e cada empresa em particular têm responsabilidades pela saúde de cada um e de todos os trabalhadores.

A OMS e a OIT estimam que dois milhões de pessoas morrem a cada ano como resultado dos acidentes de trabalho e de doenças ou lesões relacionadas com o trabalho. Outros 268 milhões de acidentes não fatais no local de trabalho resultam em uma média de 3 dias de trabalho perdidos por acidente, e 160 milhões de novos casos de doenças relacionadas com o trabalho ocorrem a cada ano. Além disso, 8% do ônus global causado por doenças oriundas da depressão são atualmente atribuídos aos riscos ocupacionais. Ressalte-se que esses dados expressam apenas lesões e doenças oficialmente registradas, não incluindo os empregos informais em fábricas e empresas onde não há registros de lesões e doenças relacionadas com o trabalho, muito menos programas de prevenção de lesões ou doenças.

Tal magnitude dos problemas justifica *per se* uma transformação profunda do modo de produção que reduz os trabalhadores a meros "fatores de produção", seja na promoção de ambientes de trabalho que busquem reduzir os riscos no trabalho, seja na promoção da saúde dos trabalhadores, constituindo-se, ambas as abordagens, em extraordinários desafios para governos de todas as esferas, legisladores, movimento sindical, formuladores de política, profissionais de saúde e empresas.

Quando, entretanto, nos referimos à possibilidade de ações locais em relação à promoção da saúde dos trabalhadores é também útil utilizarmos esquemas de atuação experimentados em circunstâncias diversas de proteção e mitigação de problemas.

A OMS (2011) define *ambiente de trabalho saudável* como aquele em que os trabalhadores e os gestores colaboram na implementação de um processo de melhoria contínua da proteção e promoção da saúde, segurança e bem-estar dos trabalhadores e para a sustentabilidade do ambiente de trabalho, tendo em conta questões de:

- Saúde e segurança no ambiente físico de trabalho.
- Saúde, segurança e bem-estar no ambiente psicossocial de trabalho, incluindo organização do trabalho e cultura da organização.

- Recursos para a saúde pessoal no ambiente de trabalho.
- Envolvimento da empresa na comunidade para melhorar a saúde dos trabalhadores, de suas famílias e outros membros da comunidade.

Essa definição demonstra como a compreensão de "saúde ocupacional" evoluiu de um foco quase exclusivo sobre o ambiente físico de trabalho para a inclusão de fatores psicossociais e de práticas de saúde individual. Assim, o ambiente de trabalho está sendo cada vez mais usado como espaço para promoção da saúde e para atividades preventivas de saúde – não só para evitar doenças e acidentes de trabalho, mas para diagnosticar e melhorar, em geral, a saúde das pessoas envolvidas no processo. A Figura 22.5 (extraída do mencionado modelo de ação da OMS) ilustra o dinamismo e as inter-relações desse processo.

Ainda que se tenha observado tal evolução conceitual, o conceito carece de uma dimensão política mais consistente, que leve em consideração as forças antagônicas que movem capital e trabalho desde a gênese do capitalismo até os dias de hoje. Ainda assim, o modelo proposto pela OMS torna-se aceitável para organizar ações na esfera local.

O *ambiente físico* de trabalho se refere a estrutura, ar, maquinário, móveis, produtos, substâncias químicas, materiais e processos de produção no local de trabalho. Os riscos existentes no ambiente físico podem ser organizados em categorias, como:

- **Riscos químicos:** solventes, pesticidas, amianto, sílica, fumaça de cigarro etc.
- **Riscos físicos:** ruídos, radiações, vibrações, calor excessivo, nanopartículas etc.
- **Riscos biológicos:** doenças infectoparasitárias (como hepatite B, malária, HIV, tuberculose e outras), mofo, falta de água potável, banheiros e instalações sanitárias, entre outros.
- **Riscos ergonômicos:** processos que exigem força excessiva, posturas inadequadas, tarefas repetitivas, levantamento de objetos pesados, entre outros.
- **Perigos mecânicos:** perigos oferecidos pelas máquinas relacionados com engrenagens, guindastes, empilhadeiras etc.
- **Riscos relacionados com energia (sistemas elétricos).**
- **Perigos relacionados com a condução de veículos:** durante situações climáticas adversas ou ao conduzir veículos com os quais não se tenha experiência ou que não tenham manutenção adequada.

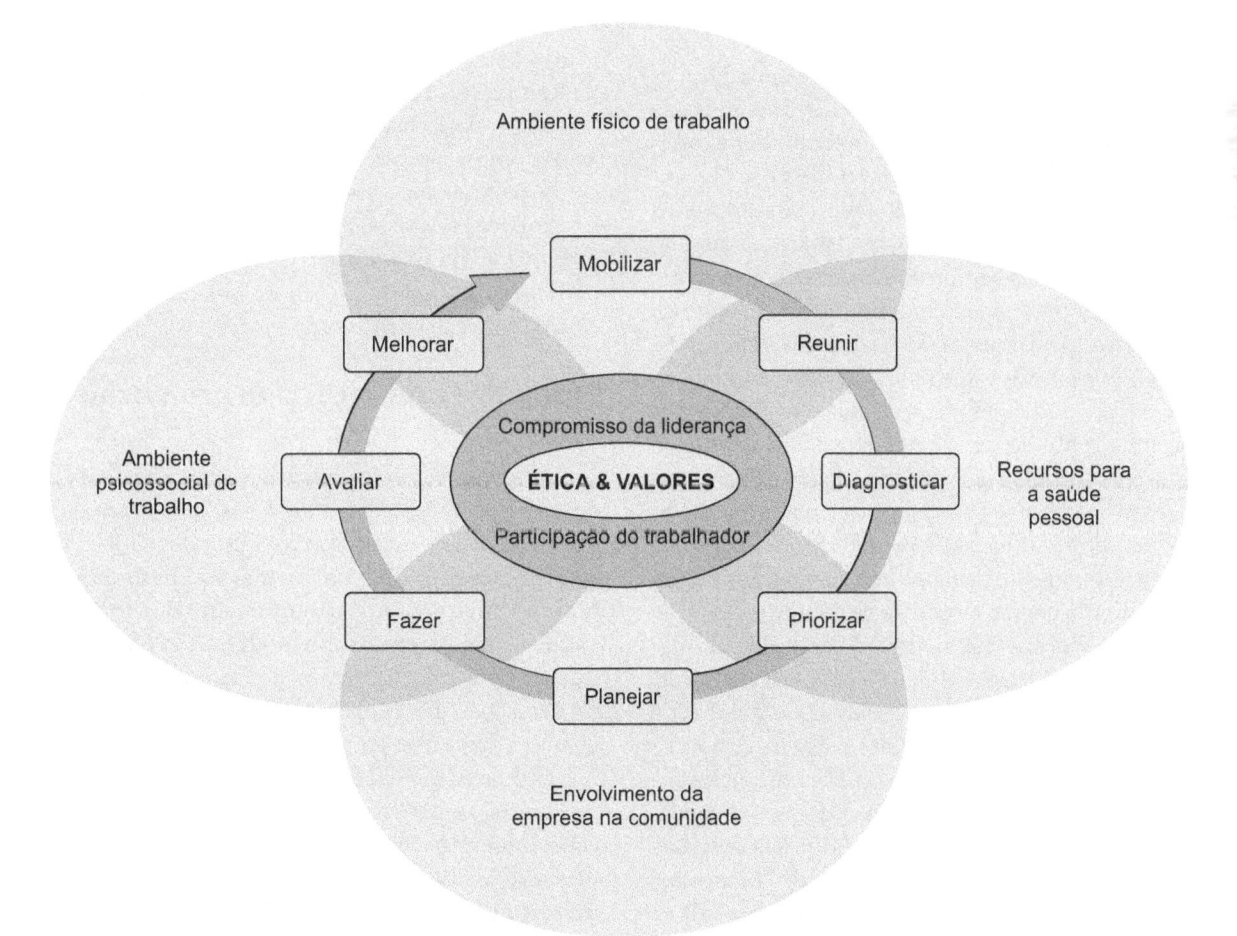

Figura 22.5 • Modelo de ambiente de trabalho saudável da OMS: vias de influência, processo e princípios essenciais. (Fonte: OMS, 2010.)

O controle dos riscos dos ambientes físicos pode ser feito mediante a eliminação ou substituição dos fatores de risco, controles de engenharia, controles administrativos e equipamentos de proteção individual.

O *ambiente psicossocial* do trabalho inclui a cultura organizacional, bem como atitudes, valores, crenças e práticas cotidianas das empresas – muitas vezes chamados "estressores" – que afetam o bem-estar mental e físico dos trabalhadores. A organização do trabalho, a cultura organizacional, o estilo de gestão de comando e controle, o equilíbrio entre vida profissional e social-familiar e fatores relacionados com a situação do emprego e o vínculo profissional estão entre os principais conjuntos de fatores de risco do ambiente psicossocial do trabalho.

Os *recursos para a saúde individual* no ambiente de trabalho referem-se aos serviços de saúde, informação, recursos, oportunidades, flexibilidade e outros ambientes de apoio oferecidos aos trabalhadores, como apoio e incentivo aos esforços coletivos e individuais de modo a melhorar a qualidade de vida, a proteção social e a saúde dos trabalhadores e suas famílias. Nesse caso, verifica-se cada vez mais o surgimento de equipes de saúde multiprofissionais – compostas por médicos, pessoal de enfermagem e de outras especialidades (nutrição, odontologia, fisioterapia, serviço social, sanitaristas e outros) – para fazer frente à complexidade crescente dos fatores de risco, da promoção da saúde e do controle e tratamento de enfermidades.

Necessariamente, as iniciativas locais de empresas promotoras da saúde (ou ambientes de trabalho saudáveis) devem estar perfeitamente conectadas com as autoridades sanitárias locais correspondentes (secretarias de saúde e trabalho, entre outras) e integradas ao sistema local de saúde e às equipes de Saúde da Família.

Fundamentais para a implementação de ambientes promotores da saúde são as medidas regulatórias relativas à saúde e à segurança dos trabalhadores, estabelecidas pelo poder legislativo, implementadas e avaliadas por diversos agentes e atores sob a égide do poder executivo e asseguradas e fiscalizadas pelo poder judiciário (Justiça do Trabalho). Esse processo se beneficia com a participação direta do movimento organizado dos trabalhadores, por meio de seus sindicatos, que participam da formulação, monitoramento e avaliação desses processos regulatórios.

Outra dimensão dos "ambientes de trabalho saudáveis" são situações de risco ambiental, cuja origem decorre de processos produtivos que interferem no quadro de morbidade e mortalidade da população. Essas situações de risco são complexas e exigem, no plano de intervenção concreta da realidade, um trabalho integrado e mecanismos de coordenação intergovernamental das diversas instituições envolvidas na questão, como os Ministérios da Saúde, Meio Ambiente, Seguridade Social e Trabalho.

Assim, entre os elementos que conformam estratégias para mitigação das situações de risco e efeitos para a saúde de poluentes ambientais originados a partir dos processos produtivos, destacam-se (Tambelini & Câmara, 1998):

a. Implantação de Sistemas de Vigilância que possam gerar informações sobre os poluentes, os grupos de risco, as características do ambiente e os fatores específicos de risco e que, a partir do processamento e análise desses dados, proponham-se a disseminar as informações e produzir ações concretas, incluindo, entre outras, tratamento de pessoas acometidas e medidas corretivas, preventivas, educativas e legislativas.
b. Desenvolvimento de redes de monitoramento de emissões ambientais, biológicas e clínicas dos poluentes que gerem informações adequadas para avaliação das ações de prevenção e controle dos programas de vigilância.
c. Criação de programas específicos de atenção à saúde na rede pública de serviços.
d. Implantação de Centros de Informação Toxicológica e fomento à criação de laboratórios toxicológicos com controle de qualidade analítica.
e. Formação e capacitação de recursos humanos.
f. Incentivo à realização de avaliações e gerenciamento de risco que possam contribuir para o estabelecimento de normas ambientais sobre níveis seguros de exposição.
g. Desenvolvimento de avaliações de impacto ambiental associadas aos projetos de desenvolvimento e instalação de empresas.
h. Realização de avaliações periódicas dos riscos por resíduos de substâncias perigosas, oferecendo capacidade de resposta para locais contaminados e indivíduos expostos a esses produtos perigosos.
i. Elaboração e execução de plano para combater emergências químicas.
j. Desenvolvimento de programas de educação ambiental voltados para a saúde

Efetividade das ações de promoção da saúde

A avaliação do efeito das políticas, estratégias e ações de promoção da saúde é essencial para estabelecer sua capacidade de resposta diante dos DSS e o impacto nas condições de vida da população. Quais as estratégias mais promissoras no enfrentamento das iniquidades em saúde? Como monitorar e avaliar as modificações introduzidas por uma intervenção? O que são boas práticas de promoção da saúde? Podemos aprender com as experiências de outros países?

O interesse pela evidência de êxito das ações de promoção da saúde tem mobilizado governos e academia, especialmente a partir dos anos 1990, em decorrência da necessidade de avaliação do resultado das políticas e dos investimentos públicos (O'Neil, 2004).

A expressão *promoção da saúde baseada em evidências* surge em 1998, quando a OMS recomenda a adoção de políticas e práticas de promoção da saúde baseada em evidências, ou seja, intervenções adaptadas de modelos ou testadas em níveis individuais ou comunitários (Nutbean, 1999). No Brasil, o compromisso com a evidência científica é um dos objetivos da CNDSS por meio da produção e disseminação de conhecimentos e informações sobre os DSS, suas hierarquias e mediações, contribuindo para favorecer maior impacto das políticas públicas sobre as iniquidades em saúde (CNDSS, 2008).

A utilização de evidência para tomada de decisão em saúde é uma prática da medicina clínica, desde a década de 1970, que se tornou conhecida pela expressão *medicina baseada em evidência* a partir da utilização de desenhos de pesquisas experimentais do tipo ensaios clínicos (*randomized controlled trials*), voltados para avaliação da afetividade de procedimentos clínicos, assim como medicamentos. A transposição desse enfoque experimental para implantação de políticas vem se constituindo em um importante desafio.

Entre as principais dificuldades, encontra-se a adequação das metodologias para geração das evidências de políticas públicas de base populacional. Estabelecer a evidência não exige apenas assegurar que a intervenção é uma resposta apropriada ao problema, mas garantir que o método da pesquisa avaliativa é também apropriado à intervenção.

No caso da *medicina baseada em evidência*, os ensaios clínicos tornam possível avaliar a afetividade de um procedimento clínico, mas não são indicados para as intervenções em nível populacional. A avaliação dos efeitos de intervenções em saúde, com base no modelo experimental, pressupõe a formação de dois grupos, um experimental (expostos ao programa) e outro de controle (não expostos) e a constituição de uma hipótese causal entre a intervenção e seus efeitos. Desse modo, descarta-se o fato de as intervenções em promoção da saúde serem permeadas por múltiplas influências externas e variáveis não controladas (Potvin, 2008).

É preciso considerar ainda que os resultados da avaliação de uma dada intervenção sobre os DSS muitas vezes são específicos de um contexto particular, o que coloca a questão de sua replicabilidade, ou seja, até que ponto os achados relacionados com uma intervenção implantada em dado contexto podem ser reproduzidos quando essa mesma intervenção é implementada em um contexto diferente (Pellegrini, 2011).

A promoção da saúde apresenta ainda um desafio adicional para os desenhos tradicionais da avaliação na medida em que toma como objeto o *empowerment*, participação da comunidade, desenvolvimento local, educação em saúde e ações intersetoriais voltadas para a redução das iniquidades. Como medir transformações sociais estruturais, como as políticas macroeconômicas? Ou como mensurar o aumento das capacidades comunitárias e da participação social, e mesmo, mudanças nos comportamentos individuais?

Uma hierarquia ou tipologia de efeitos deve ser estabelecida, como a distinção entre resultados de curto e longo prazo (Nutbean, 1999). Podem ser consideradas mudanças mais imediatas do que aquelas dirigidas ao comportamento individual e às habilidades pessoais, geralmente em decorrência de intervenções educacionais; mudanças nas normas sociais como resultado da mobilização comunitária e mudanças na política e na organização das práticas como resultado da defesa da saúde (*advocacy*). As medidas de longo prazo, por sua vez, pressupõem mudança nos determinantes sociais da saúde, implicando transformações nas condições socioeconômicas e ambientais, com ação direta e indireta na saúde (Nutbean, 1999).

Com essas dificuldades, o número de estudos avaliativos sobre intervenções voltadas para os determinantes sociais é muito menor se comparado ao de avaliações de procedimentos clínicos.

Ainda constitui um desafio para os estudos de efetividade da promoção da saúde a distância entre os locais da produção do conhecimento e os locais da aplicação, bem como o uso dos estudos. Nem sempre o pesquisador que faz a avaliação se envolve nos processos decisórios concernentes à formulação e implantação de dada política, o que diminui tanto a possibilidade de estabelecer desenhos avaliativos mais consistentes (como a realização de estudos prévios, o estabelecimento de linhas de base anteriores à intervenção, entre outros), como a possibilidade de melhor utilizar os resultados da pesquisa no aperfeiçoamento das políticas ou ações.

Uma maneira de superar as lacunas na produção de evidências e promover a aproximação entre pesquisa e tomada de decisão está na constituição de redes colaborativas, envolvendo distintos parceiros, como pesquisadores, gestores e tomadores de decisão para a definição compartilhada de agendas de políticas públicas e de pesquisa, de modo a assegurar o monitoramento dessas ações com foco nos resultados e impactos. A criação de observatórios, reunindo as instâncias que produzem as informações e aquelas que as utilizam, tem sido uma das estratégias de enfrentamento dessa dificuldade, a partir da definição compartilhada de indicadores que possibilitem monitorar as iniquidades e os resultados das políticas públicas.

No Brasil, o "Observatório sobre Iniquidades em Saúde" do Centro de Estudos, Políticas e Informação sobre Determinantes Sociais da Saúde (CEPI-DSS) da Fiocruz é um exemplo desse tipo de iniciativa voltada para o monitoramento das iniquidades em saúde e análise do impacto das políticas sobre os DSS. Finalmente, impulsionar a difusão do conhecimento para além da publicação em veículos acadêmicos, ampliando os recursos de comunicação, poderá representar ainda um importante avanço no estreitamento das relações entre conhecimento e ação e ampliação da interlocução para o público em geral. As intervenções sociais baseadas no conhecimento científico são importantes, mas se faz igualmente necessária uma ampla base de sustentação política dessas ações.

No entanto, a despeito dos desafios tratados, o que dizem os estudos de avaliação da efetividade da promoção da saúde? Em primeiro lugar, cabe analisar que a grande maioria dos trabalhos publicados na literatura sobre avaliação da promoção da saúde dirige-se às intervenções que mais se caracterizam como de prevenção de doenças e agravos, bem como de grupos considerados vulneráveis, caracterizando-se por uma limitação conceitual da promoção da saúde (ISC, 2010). Muitas pesquisas avaliam a efetividade de ações educativas ou centradas em habilidades individuais que favoreçam uma melhor qualidade de vida, como as ações dirigidas à prevenção e ao controle de doenças crônicas e seus fatores de risco. Essas ações, no entanto, têm sido descritas como de alcance limitado (Jackson et al. 2007).

As estratégias de promoção da saúde consideradas mais promissoras são aquelas que envolvem uma ação política de várias ordens, combinando ações em vários níveis e setores (Jackson et al. 2007), articulando macropolíticas (políticas públicas, regulação) com ações de micropolíticas para fortalecimento das capacidades comunitárias (Raebum et al., 2006). As parcerias com a sociedade civil são apontadas como fundamentais para o êxito das políticas de promoção (Jackson et al., Raebum et al., 2006 e Biglan et al., 2009).

São consideradas efetivas as ações em nível estrutural, como investimento em políticas sociais e governamentais, criação de legislação e regulamentação, constituição de parceiras e colaborações intersetoriais e interorganizacionais. Há destaque ainda para o desenvolvimento de ambientes sustentáveis (46,48). Os estudos sobre as políticas intersetoriais de promoção da saúde (49,50) têm demonstrado a efetividades dessas medidas, especialmente em níveis locais (51,52).

O *Projeto Reformando Bogotá*, implantado na Colômbia em 1995, é uma boa ilustração de uma estratégia bem-sucedida para redução de violência e aumento do bem-estar dos cidadãos. O projeto envolveu todos os setores governamentais e também a ação dos cidadãos. As iniciativas incluíram iluminação da cidade, redução do tráfego no centro da cidade com aumento do preço dos estacionamentos, reforço do treinamento de policiais, taxação para circulação de carros e construção de um novo sistema de transporte público, modificação do horário de funcionamento de bares e envolvimento de artistas na promoção da cultura do "respeito pelo outro", entre outras. Como resultado, houve redução nas taxas de homicídio, de 80 por 100 mil em 1993 para 22 por 100 mil em 2003, redução pela metade de acidentes e mortes no trânsito, diminuição do consumo de água da cidade e aumento do uso do transporte público e melhoria do comportamento no trânsito (Lee, 2006).

Entre as ações envolvendo controle da legislação, medidas fiscais e taxações, destacam-se como experiências exitosas os códigos e convenções internacionais fomentados pela ONU, como o código internacional de *marketing* dos substitutos do leite materno (1981), a convenção-quadro para controle do tabaco (2003) e a estratégia global em dieta, atividade física e saúde (2004). Essas são consideradas estratégias de governança internacional para o enfrentamento de problemas com efeitos para a "saúde pública" global (Lee, 2006).

São poucos os estudos voltados para o resultado de políticas dirigidas à redução da pobreza e iniquidades em saúde (Jackson et al., 2007). Indica-se a necessidade de desenvolvimento de indicadores sociais para medir os efeitos de promoção da saúde, incluindo mudanças sociais mais amplas, capazes de medir a extensão das intervenções (54,55).

No Brasil, estudos conduzidos para avaliação do Programa Bolsa Família têm demonstrado efeitos positivos na redução das iniquidades, apesar das dificuldades relativas à implantação de um programa intersetorial. O programa, criado pela Lei Federal 10.836 de 2004, a partir da fusão de programas anteriores, como Bolsa Escola, Bolsa Alimentação e outros, é tido como principal programa na área da proteção social com o objetivo de "promover o acesso à rede de serviços públicos, em especial crianças e gestantes, de saúde, educação e serviço social; combater a fome e promover a segurança alimentar e nutricional; estimular a emancipação sustentada de famílias que vivem em situação de pobreza e extrema pobreza; promover a intersetorialidade, a complementariedade e a sinergia das ações sociais do poder público" (CNDSS, 2008).

Os principais resultados encontram-se relacionados com os indicadores educacionais, como menor taxa de evasão escolar entre os beneficiários do programa, ou com o padrão alimentar, como a transferência de grande parte da população brasileira beneficiária para a condição de segurança alimentar, sendo o programa considerado ainda o principal responsável por 28% da queda do índice de Gini entre 1995 e 2004 (CNDSS, 2008). Há que se ponderar, no entanto, que outros estudos discutem dificuldades na implantação desse programa, bem como resultados de baixo alcance (CNDSS, 2008).

PROMOÇÃO DA SAÚDE NO BRASIL

Política Nacional de Promoção da Saúde (PNPS) e sua implantação – Experiências brasileiras de promoção da saúde e de ação sobre os DSS para combate às iniquidades em saúde

As reivindicações do Movimento da Reforma Sanitária Brasileira – que teve sua grande expressão na

VIII Conferência Nacional de Saúde, de 1986, quando houve a defesa de que saúde é um conceito amplo e um direito social – afinam-se estreitamente com os preceitos da promoção da saúde, expressos na Carta de Ottawa (WHO, 2012), também publicada naquele ano e que recomenda a ação contra as iniquidades em saúde a partir de políticas públicas saudáveis. Desse modo, é nítida a força da repercussão do então nascente movimento de promoção da saúde no Brasil.

Pode-se dizer que as ações de promoção da saúde no SUS iniciam-se com o movimento da estruturação da atenção básica quando, a partir de 1992, por meio do Programa de Agentes Comunitários, e posteriormente da Estratégia de Saúde na Família, começam as atividades centradas em preceitos da promoção da saúde, como estímulo à intersetorialidade, compromisso com a integralidade do cuidado, fortalecimento da participação social, corresponsabilidade e empoderamento dos usuários, entre outros (Buss & Carvalho, 2009). A seguir, encontra-se breve descrição das iniciativas relacionadas com a institucionalização de ações de promoção da saúde que resultaram na implantação da PNPS no Brasil em 2006.

Política Nacional de Promoção da Saúde

A institucionalização da promoção da saúde no interior do Ministério da Saúde inicia-se em 1998, na então Secretaria de Políticas de Saúde, por meio do Projeto Promoção da Saúde, um novo modelo de atenção (Projeto BRA 98/006), cooperação internacional estabelecida entre o Ministério da Saúde e o Programa das Nações Unidas para o Desenvolvimento (PNUD), voltado para a introdução de princípios da promoção da saúde na reformulação do modelo de atenção à saúde no país, formulados a partir da experiência internacional, em espacial no Canadá e na Europa (Brasil, 2010). Nessa fase, a promoção da saúde estava centrada na implementação do programa Comunidade Solidária, por meio de uma estratégia interministerial para o desenvolvimento local sustentável (Buss & Carvalho, 2009).

Esse primeiro movimento promoveu o debate sobre o tema da promoção da saúde na esfera federal, envolvendo também as instâncias de pactuação e negociação do SUS (CIT, CIB, CONASS, CONASEMS), profissionais e acadêmicas, com rica discussão sobre seus conceitos e estratégias (Brasil, 2010). O projeto resultou no lançamento de importantes publicações, como a revista *Promoção da Saúde* e nas Cartas da Promoção da Saúde (Buss & Carvalho, 2009).

Nesse período, destaca-se o papel do Brasil no cenário internacional da promoção da saúde, tendo protagonizado a elaboração do Tratado Internacional para o Controle do Tabaco, assumindo a presidência do Órgão de Negociação Internacional em 2000, que resultou na aprovação da Convenção Quadro (OMS, 2003), da qual o Brasil foi signatário (Buss & Carvalho, 2009).

Como fruto do amplo debate realizado ao longo da década de 1990, em 2000 é escrito um documento básico que indicava a proposição de uma PNPS. A partir de então, novas discussões foram feitas, reunindo experiências nacionais distintas e o acúmulo do Ministério da Saúde, gestores locais do SUS e universidades (58).

A formalização de uma PNPS propriamente dita ocorre um pouco mais tarde, e pode-se dizer que ela foi escrita em duas versões. A primeira delas, em 2002, apesar de não ter sido implementada de maneira integral, impulsionou a elaboração de diversos projetos nas áreas de alimentação saudável e atividade física, violência no trânsito, incluindo ainda a proposta de promoção da saúde nas escolas, entre outros (Buss & Carvalho, 2009).

A constituição do Comitê Gestor da Política Nacional de Promoção da Saúde (CGPNPS), formado por setores distintos do Ministério da Saúde, além de representantes do CONASS e do CONASEMS, ficou responsável pela construção da "Agenda Nacional de Promoção da Saúde 2005-2007", que veio a consolidar tal política.

A PNPS veio responder à situação de saúde do país, marcada pela transição demográfica e por complexo quadro epidemiológico (taxas de mortalidade por doenças crônicas elevadas, altos índices de inatividade física, padrões alimentares inadequados) com agravamento de problemas sociais (em especial, o aumento da violência) e sanitários. No plano internacional, a OMS publicava a Estratégia Global para Alimentação Saudável, Atividade Física e Saúde (WHO, 2012). O Brasil então lançou o Programa Pratique Saúde (Brasil, 2012).

Em 2006, no âmbito da Coordenação Geral de Doenças e Agravos Não Transmissíveis (CGDANT), na Secretaria de Vigilância em Saúde (SVS) do Ministério da Saúde, a PNPS (Brasil, 2006) é formalizada e publicada por meio da Portaria GM 687/2006 (Brasil, 2006).

O objetivo geral da PNPS é "promover a qualidade de vida e reduzir vulnerabilidade e riscos à saúde relacionados com seus determinantes e condicionantes – modos de viver, condições de trabalho, habitação, ambiente, educação, lazer, cultura, acesso a bens e serviços essenciais", configurando o importante papel da promoção da saúde na redução das iniquidades em saúde. São diretrizes da PNPS:

- Consolidar a proposta da PNPS e de sua agenda nacional.
- Coordenar sua implantação e articulação com os demais setores governamentais e não governamentais.
- Incentivar estados e municípios a elaborar planos de promoção da saúde locais.
- Articular e integrar ações de promoção da saúde no SUS.
- Monitorar e avaliar as estratégias de implementação da PNPS e seu impacto.

- Reconhecer a importância da promoção da saúde para a equidade.
- Estimular as ações intersetoriais.
- Fortalecer a participação social (empoderamento);
- Adotar práticas horizontais de gestão e estabelecimento de redes de cooperação intersetoriais.
- Incentivar a pesquisa e avaliação em promoção da saúde.
- Viabilizar iniciativas de promoção da saúde junto aos trabalhadores e usuários do SUS, considerando metodologias participativas e o saber popular e tradicional.

A PNPS destacou sete áreas temáticas prioritárias:

- alimentação saudável;
- práticas corporais/atividades físicas;
- prevenção e controle do tabagismo;
- redução da morbimortalidade por uso abusivo de álcool e outras drogas;
- redução da morbimortalidade por acidentes de trânsito;
- prevenção da violência e estímulo à cultura de paz;
- promoção do desenvolvimento sustentável.

A Portaria GM 687/2006 inclui a promoção da saúde entre as diretrizes do Pacto pela Vida, em Defesa do SUS e de Gestão por meio da Portaria GM 399/2006 (Brasil, 2006), estabelecendo a concordância entre os princípios e diretrizes e potencializando as ações, significando importante passo para o fortalecimento das ações de promoção da saúde em ações como reforço e qualificação da Estratégica da Saúde da Família; ênfase na promoção de atividade física e promoção de hábitos saudáveis de alimentação e vida; controle do tabagismo; controle do uso abusivo de bebida alcoólica; cuidados com o processo de envelhecimento e incentivo à produção de informação e educação em saúde (Brasil, 2006).

Dois importantes movimentos impulsionaram as ações e iniciativas de promoção da saúde no país, a saber, a já mencionada Comissão Nacional sobre Determinantes Sociais de Saúde e o relatório "As causas sociais das iniquidades em saúde no Brasil" (CNDSS, 2008), apresentado em 2008. Como importante recomendação desse relatório, destaca-se a criação da Secretaria Nacional de Promoção da Saúde e Atenção Básica, a ser implantada no Ministério da Saúde. O lançamento do programa "Mais Saúde: Direito de Todos 2008-2011" (Brasil, 2012), considerado prioritário no Ministério da Saúde, também impulsionou as ações de promoção, constituída como importante eixo de intervenção do programa.

Indicadores de promoção da saúde, como prevalência de sedentarismo e tabagismo, foram incorporados no Pacto pela Vida, o que reforçou o debate junto a estados e municípios quando de sua pactuação. Indicadores complementares dos Núcleos de Prevenção das Violências e Promoção da Saúde entraram nas agendas dos estados e municípios, reforçando a PNPS nesses espaços (Malta & Castro, 2009).

Com a PNPS, iniciou-se a descentralização de recursos financeiros para ações de promoção da saúde nos estados e municípios. Em 2006, um repasse da ordem de R$ 5 milhões é feito às capitais do país para implantação de experiências locais (Brasil, 2010).

Em 2008, importante aumento de recursos financeiros foi aportado à PNPS e descentralizado a estados e municípios que apresentassem propostas vinculadas à Agenda Prioritária da PNPS, integrando no planejamento a Vigilância em Saúde e Atenção Básica/Saúde da Família. Investiu-se também na formação de profissionais e gestores, com diversos cursos de capacitação, incluindo educação a distância (Malta & Castro, 2009).

Como forma de qualificação da informação para a gestão, o Ministério da Saúde vem participando de propostas relacionadas com a avaliação da efetividade de experiências no âmbito das práticas corporais e atividades físicas, em especial o sistema Vigitel – Vigilância de Fatores de Risco e Proteção para Doenças Crônicas por Inquérito Telefônico (Brasil, 2009), voltado para o monitoramento contínuo da frequência e distribuição de fatores de risco e proteção para doenças crônicas em todas as capitais dos 26 estados brasileiros e no Distrito Federal a partir de entrevistas por telefone. O inquérito investiga características demográficas e socioeconômicas da população, padrão de alimentação e atividade física, peso e altura referidos, consumo de cigarros e bebidas alcoólicas, autoavaliação do estado de saúde, assim como referência a diagnóstico médico de hipertensão, diabetes e colesterol elevado. Resultados do Vigitel têm sido divulgados nos diversos meios de circulação, o que torna possível o maior envolvimento dos diversos gestores com as políticas de saúde (Malta & Castro, 2009).

A PNPS existe como compromisso do SUS há 6 anos. Embora os recursos financeiros para sua implementação estejam longe do desejável, entende-se que houve avanços para sua consolidação em virtude da crescente compreensão de gestores e profissionais de saúde e da população em geral do conceito ampliado de saúde e da busca pela qualidade de vida, bem como pelo investimento estratégico de gestão integrada e intersetorial de políticas públicas sobre os DSS.

Exemplos desse avanço são encontrados nas sucessivas ações de combate à violência no trânsito, em campanhas em prol da atividade física e na formulação e aplicação da Política de Saúde na Escola (PSE). No primeiro exemplo, há ações concretas resultantes da união de esforços de três diferentes ministérios (Saúde, Meio Ambiente e Cidades), que juntos realizaram a campanha

"Minha Cidade sem Carro" (Brasil, 2008), que conscientizou sobre a violência no trânsito, a poluição emitida pelos carros e a oportunidade para a prática de exercício físico (andar, pedalar). Nesse mesmo exemplo, há ações envolvendo as três esferas de governo do Brasil com órgãos internacionais, que juntos realizaram a Semana Mundial das Nações Unidas de Segurança Viária (Brasil, 2007). Há, ainda, o envolvimento do legislativo, com a aprovação da "Lei Seca" (Brasil, 2008), que estabeleceu limite de alcoolemia para motoristas e das mídias pública e privada para a publicação de livros e reportagens sobre as mortes no trânsito e ações de educação para o trânsito.

A intersetorialidade e a articulação de diversos níveis de poder, sociedade civil e empresa também marcaram as campanhas de mobilização contra o sedentarismo, a exemplo da realização da Semana Nacional de Promoção da Saúde – Dias Mundiais da Atividade Física e da Saúde, com o lema "Entre para o time onde a saúde e o meio ambiente jogam juntos" (Brasil, 2012). Entre outros objetivos, a campanha estimulava o uso de espaços públicos para a prática regular de exercícios.

O terceiro exemplo de consolidação da PNPS consiste na construção e aplicação da PSE (Brasil, 2012), que, entre outras ações, introduziu no conteúdo escolar discussões sobre sexualidade e DST/AIDS. Outro eixo da PSE é a aplicação, a cada 2 anos, da Pesquisa Nacional de Saúde do Escolar (PeNSE) (Brasil, 2012), constituída de questionários padronizados e autoaplicáveis para alunos do 9º ano nas capitais e no Distrito Federal. Os dados dessa pesquisa tornam possível conhecer a prevalência de fatores de risco nesse grupo etário e servem de base para o Sistema Nacional de Monitoramento da Saúde dos Escolares.

Cabe refletir que, apesar da importante inclusão da promoção da saúde na agenda de diferentes governos por meio da política nacional, pode-se analisar que o fato de haver sido alocado no interior da divisão de doenças crônicas na SVS, cuja finalidade é o controle de riscos, doenças e agravos, o tema da promoção da saúde tem sido tratado no âmbito da prevenção de riscos e doenças, refletindo ainda baixa prioridade na esfera federal (Buss & Carvalho, 2007). Com ações setoriais centradas em danos e agravos, priorizando sintomas e ações biomédicas individuais e curativas, dificilmente conseguiremos avançar na consolidação de uma política de promoção da saúde.

Conforme demonstrado, a atuação sobre os DSS extrapola as competências e atribuições das instituições de saúde, exigindo ação coordenada e articulada dos diversos setores e instâncias governamentais. A intersetorialidade pressupõe uma decisão política suprassetorial, como pacto pela saúde e qualidade de vida, devendo ser operacionalizada nos planos institucional, programático e orçamentário (Buss & Carvalho, 2007).

Além da ênfase nos fatores e riscos individuais e na localização das ações de promoção da saúde no interior da SVS/MS, outras críticas podem ser dirigidas às políticas nesse âmbito no Brasil, como a fragmentação das ações dos diversos setores e a ausência de mecanismos de articulação que possibilitem a coordenação desses esforços intersetoriais (CNDSS, 2008).

Por essas razões, ainda em 2008, a CNDSS recomendou a criação, no âmbito da Casa Civil da Presidência da República, de uma instância dedicada às *Ações Intersetoriais para Promoção da Saúde e Qualidade de Vida*, responsável por captar recursos, elaborar projetos estratégicos e responsabilizar-se pelo acompanhamento e a avaliação de políticas, programas e intervenções relacionadas com os DSS, desenvolvida pelas diversas instituições que a integram (CNDSS, 2008). O Ministério da Saúde funcionaria como Secretaria Técnica/Executiva encarregada de coordenar as ações de promoção da saúde no interior do Ministério, priorizando as ações intersetoriais relacionadas com a promoção da saúde na infância e adolescência, bem como o fortalecimento das redes de municípios saudáveis, além de enfatizar as *escolas promotoras de saúde* e os *ambientes de trabalho saudáveis* (CNDSS, 2008).

Tendo em vista intervenções sobre os DSS, a comissão brasileira sugere ainda o investimento na produção de evidências científicas, a partir de programa conjunto Ministério de Ciência e Tecnologia/Ministério da Saúde (MCT/MS), para apoio, por meio de editais periódicos, a projetos de pesquisa e criação de redes de intercâmbio e colaboração entre pesquisadores e gestores, a fim de acompanhar os projetos e utilizar os resultados (CNDSS, 2008). Em 2006, os Editais Determinantes Sociais da Saúde, Saúde da Pessoa com Deficiência, Saúde da População Negra e Saúde da População Masculina foram iniciativas conjuntas da CNDSS, do DECIT/MS e do CNPq, com alocação do Ministério da Saúde de R$ 10 milhões que resultaram em diversas pesquisas nessas temáticas[10].

A ampliação do capital social por meio do empoderamento de grupos populacionais vulneráveis e fortalecimento da gestão participativa, em especial, dos conselhos municipais de saúde, é ainda uma forte recomendação da CNDSS para que as ações sobre os DSS no Brasil tenham sucesso e sustentabilidade.

Experiências locais de ação sobre os determinantes sociais da saúde para combate às iniquidades em saúde podem ser identificados no Boxe 22.4.

---

[10] Os artigos correspondentes ao Edital sobre Determinantes Sociais da Saúde foram publicados pelo CEPI-DSS/ENSP em um número temático dos *Cadernos de Saúde Pública*, volume 27, suplemento 2 de 2011.

Boxe 22.4 — Experiências locais de ação sobre os DSS para combate às iniquidades em saúde

Buscando atender a algumas das recomendações contidas no relatório da Comissão Nacional sobre Determinantes Sociais da Saúde (CNDSS) intitulado "As causas sociais das iniquidades em saúde no Brasil", a Fiocruz (2008), por intermédio da Escola Nacional de Saúde Pública Sergio Arouca (ENSP), criou o Centro de Estudos, Políticas e Informação sobre Determinantes Sociais da Saúde (CEPI-DSS).

O CEPI-DSS tem por objetivo apoiar as atividades do governo e da sociedade civil que visam à promoção da equidade em saúde, mediante a produção e disseminação de conhecimentos e informações, capacitação de pessoal e seguimento e avaliação de políticas e programas que atuam sobre os DSS. O CEPI-DSS mantém o Portal sobre DSS (www.dssbr.org) com notícias, resumos de artigos, opiniões, entrevistas, experiências e outras fontes de informação relacionadas com os DSS e a Biblioteca Virtual sobre DSS (http://bvsdss.icict.fiocruz.br), que conta atualmente com mais de 100 mil artigos sobre DSS.

Em parceria com o Conselho Nacional de Secretários Municipais da Saúde (CONASEMS) e o Ministério da Saúde, o CEPI-DSS promoveu em 2011 o primeiro concurso Pró-Equidade em Saúde, com o objetivo de identificar e estimular o desenvolvimento e o intercâmbio de experiências locais de combate às iniquidades em saúde por meio da ação sobre os DSS. O edital do concurso foi lançado em abril de 2011, para o qual foram inscritas 76 experiências de todas as regiões do país, sendo cinco delas consideradas vencedoras.

As cinco experiências foram desenvolvidas pelas secretarias municipais de saúde em colaboração com diversos outros órgãos da administração municipal, estadual e federal e com organizações da sociedade civil. A grande maioria procurou fazer um mapeamento dos municípios a partir de indicadores compostos que possibilitassem estratificar a população de acordo a condições socioeconômicas e riscos à saúde, identificando os grupos vulneráveis. A descrição detalhada dessas experiências pode ser encontrada em www.dssbr.org/site/experiencias.

Referências

Adler N. Behavioral and social sciences research contributions in NIH Conference on Understanding and Reducing Disparities in Health, October 23-24, 2006 NIH Campus, Bethesda, Maryland. Disponível em: http://obssr.od.nih.gov/news_and_events/conferences_and_workshops/HealthDisparities/slideshow/08_Adler.pdf. Acesso em: 24/4/2013.

Akerman M et al. Avaliação em promoção da saúde: foco no 'município saudável'. Rev Saúde Pública 2002; 36(5):638-46.

Akerman M. Saúde e desenvolvimento local. São Paulo, Hucitec; Brasília, OPAS, 2005.

Almeida-Filho N, Kawachi I, Pellegrini Filho A, Dachs N. Research on health inequalities in Latin America and the Caribbean: Bibliometric analysis (1971-2000) and descriptive content analysis (1971-1995). Am J Public Health 2003; 93:2.037-043.

Andrade LOM. A saúde e o dilema da intersetorialidade. São Paulo, Hucitec, 2006.

Ashton J, Grey P, Barnard K. Healthy cities: WHO's new public health initiative. Health Promot Int 1986; 1(3):319-24.

Banco Mundial. Relatório sobre o Desenvolvimento Mundial 1993: Investindo em saúde. Washington, Banco Mundial, Fundação Getulio Vargas, 1993. 347p.

Becker D, Edmundo K, Nunes NR, Bonatto, D, Souza R. Empowerment e avaliação participativa em um programa de desenvolvimento local e promoção da saúde. Ciência & Saúde Coletiva 2004; 9(3):655-67.

Becker D, Edmundo KB, Guimarães W et al. Network of healthy communities of Rio de Janeiro, Brazil. Promotion & Education 2007; 14(2):101-2.

Biglan A, Hinds E. Evolving prosocial and sustainable neighborhoods and communities. Annual Review of Clinical Psychology 2009; (5):169-96.

Birn AE. Historicising, politicising and futurising; closing the gap in one generation: health equity trough action on the Social Determinants of Health in Social Determinants of Health: Assessing Theory, Policy and Practice. In: Bhattacharya, S.; Messenger,S; Overy,C. (eds.). New Delhi, India: Orient Blackswan Private Limited, 2010.

Bodstein R, Zancan L, Ramos CL, Marcondes WB. Avaliação da implantação de desenvolvimento integrado em Manguinhos: impasses na formulação de uma agenda local. Ciência & Saúde Coletiva 2004; 9(3):593-604.

Bourdages J, Sauvageau L, Lepage C. Factors in creating sustainable intersectoral community mobilization for prevention of heart and lung disease. Health Promot Int, 2003; 18(2).

Brasil. Leis, Decretos. Medida Provisória 415, de 21 de janeiro de 2008. Diário Oficial da União, Brasília, 22, jan., 2008. p. 01. Proíbe a comercialização de bebidas alcoólicas em rodovias federais e acresce dispositivos à Lei 9.503, de 23 de setembro de 1997 – Código de Trânsito Brasileiro.

Brasil. Ministério da Saúde. Mais Saúde: Direito de Todos. Disponível em: http://bvsms.saude.gov.br/bvs/pacsaude/. Acesso em: 10/8/2012.

Brasil. Ministério da Saúde. Pesquisa Nacional de Saúde do Escolar (PeNSE). Disponível em: http://portal.saude.gov.br/portal/arquivos/pdf/pense_versao_atual.pdf. Acesso em: 10/8/2012.

Brasil. Ministério da Saúde. Portaria do Gabinete do Ministro 687, de 30 de março de 2006. Aprova a Política de Promoção da Saúde. Disponível em: http://dtr2001.saude.gov.br/sas/PORTARIAS/Port2006/GM/GM-687.htm. Acesso em: 13/9/2012.

Brasil. Ministério da Saúde. Portaria GM 399/2006. Portaria do Gabinete do Ministro 399, de 22 de fevereiro de 2006. Divulga o Pacto pela Saúde 2006 – Consolidação do SUS e aprova as Diretrizes Operacionais do Referido Pacto. Disponível em: http://dtr2001.saude.gov.br/sas/PORTARIAS/Port2006/GM/GM-399.htm. Acesso em: 13/9/2012.

Brasil. Ministério da Saúde. Pratique Saúde. Disponível em: http://portal.saude.gov.br/portal/saude/area.cfm?id_area=919. Acesso em: 10/8/2012.

Brasil. Ministério da Saúde. Secretaria de Vigilância e Saúde. Política Nacional da Promoção da Saúde. Dia Mundial da Atividade Física. Disponível em: <http://portal.saude.gov.br/portal/arquivos/pdf/. Acesso em: 10/8/2012.

Brasil. Ministério da Saúde. Secretaria de Vigilância em Saúde. Coordenação de doenças e agravos não transmissíveis. Curso de extensão para gestores do SUS em Promoção da Saúde. Brasília: Universidade de Brasília. – Centro de educação a distância, 2010.

Brasil. Ministério da Saúde. Secretaria de Vigilância em Saúde. Departamento de Análise de Situação em Saúde. Coordenação de Doenças e Agravos Não Transmissíveis. 1a Semana Mundial das Nações Unidas de Segurança no Trânsito. Brasília, 2007. Disponível em: http://www.redepazbrasil.ufms.br/uploads/assets/PrimeiraSemanaMundialdasNacoesUnidas.pdf. Acesso em: 13/9/2012.

Brasil. Ministério da Saúde. Secretaria de Vigilância em Saúde. Política Nacional de Promoção da Saúde. Portaria 687 MS/GM, de 30 de março de 2006. Brasília: Ministério da Saúde, 2006. 60p. (Série B. Textos Básicos em Saúde).

Brasil. Ministério da Saúde. Secretaria de Vigilância em Saúde. Secretaria de Gestão Estratégica e Participativa. Vigitel Brasil 2006: vigilância de fatores de risco e proteção para doenças crônicas por inquérito telefônico. Brasília: Secretaria de Gestão Estratégica e Participativa, 2009.

Brasil. Ministério das Cidades. Na cidade sem meu carro. 2008. Disponível em: http://www.nacidadesemmeucarro.org.br/. Acesso em: 10/8/2012.

Brasil. Programa Saúde na Escola (PSE): orientações sobre o Programa Saúde na Escola para a elaboração dos projetos locais. Disponível em: http://dab.saude.gov.br/programa_saude_na_escola.php. Acesso em: 10/8/2012.

Buss P, Pellegrini Filho A. A saúde e seus determinantes sociais. PHYSIS: Rev Saúde Coletiva, Rio de Janeiro, 2007; 17(1):77-93.

Buss PM, Carvalho AI. Desenvolvimento da promoção da saúde no Brasil nos últimos vinte anos (1988-2008). Ciênc Saúde Coletiva 2009; 14(6):2305-16.

Buss PM. Promoção da saúde e qualidade de vida. Ciência & Saúde Coletiva 2000; 59 (1):163-77.

Carvalho AI, Bodstein RC, Hartz Z, Matida A. Concepções e abordagens na avaliação em promoção da saúde. Debate. Mimeo. Acesso em: 20/4/2010. Disponível em: http://www.abrasco.org.br/GTs.

CDSS – Comissão para os Determinantes Sociais da Saúde. Redução das desigualdades no período de uma geração. Relatório Final da Comissão para os Determinantes Sociais da Saúde. Portugal: Organização Mundial da Saúde, 2010. Disponível em: http://cmdss2011.org/site/wp-content/uploads/2011/07/Redu%C3%A7%C3%A3o--das-Desigualdades-no-per%C3%ADodo.pdf.

Centro de Estudos, Pesquisa e Documentação em Cidades Saudáveis. [site da Internet]. Acessa em: 27/12/2008. Disponível em: http://www.cidadessaudáveis.org.br.

CNDSS – Comissão Nacional sobre Determinantes Sociais da Saúde. As causas sociais das iniquidades em saúde no Brasil. Rio de Janeiro: Fiocruz, 2008. 220p. Disponível em: http://bvsdss.icict.fiocruz.br/php/level.php?lang=pt&component=51&item=5.

Corin E. The social and cultural matrix of health and disease. In: Evans R, Barer M, Marmor T. Why are some people healthy and others not? New York: Aldine de Gruyter, 1994.

Cueto M, Brown T, Fee E. El processo de creación de la Organización Mundial de la Salud y la guerra fría. Apuntes 2011; XXXVIII(69):129-56.

Dahlgren G, Whitehead M. European strategies for tackling social inequities in health: Levelling up Part 2. Publicado pelo Escritório Regional da OMS na Europa, Dinamarca, 2007. Disponível em: http://www.euro.who.int/document/e89384.pdf.

Dahlgren G, Whitehead M. Policies and strategies to promote social equity in health. Stockholm: Institute for Future Studies, 1991.

Declaração de Alma-Ata. In: Conferência Internacional sobre Cuidados Primários de Saúde. Alma Ata, Cazaquistão, 1978 Set 6-12;. Disponível em: http://cmdss2011.org/site/wp-content/uploads/2011/07/Declaração-Alma-Ata.pdf.

Declaração Política do Rio. Conferência Mundial sobre Determinantes Sociais da Saúde. Disponível em: http://cmdss2011.org/site/wp-content/uploads/2011/12/Decl-Rio-versao-final_12-12-20112.pdf.

Escolas Promotoras da Saúde da Secretaria Municipal de Saúde da Cidade do Rio de Janeiro. [site da Internet]. Acesso em: 7/12/2008. Disponível em: http://www.saude.rio.rj.gov.br/saudeescolar.

Escolas Promotoras da Saúde de Santos. [site da Internet]. Acesso 7/12/2008. Disponível em: http://www.santos.sp.gov.br/comunicacao/escola/escola.html.

Fee E. Disease and discovery: A history of the Johns Hopkins School of Hygiene and Public Health. Baltimore, USA: The Jonhs Hopkins University Press, 1987.

Ferraz ST. Cidades saudáveis: uma urbanidade para 2000. Brasília: Paralelo 15, 1999.

Gibbons M, Limoges C et al. The new mode of production of knowledge. London: DD. Sage, 1994.

Gillies P. Effectiveness of alliances and partnerships for health promotion. Health Promot Int 1998; 13:99-120.

Grupo de Trabalho sobre Promoção da Saúde e Desenvolvimento Local, Integrado e Sustentável. [site da Internet]. Acesso em: 7/12/2008. Disponível em: http://www.abrasco.org.br/grupos/arquivos/20060719172955.pdf.

Grupo de Trabalho sobre Promoção da Saúde e Desenvolvimento Local, Integrado e Sustentável. [site da Internet]. Acesso em: 7/12/2008. Disponível em: http://www.abrasco.org.br/grupos/arquivos/20060719173717.pdf.

Grupo de Trabalho sobre Promoção da Saúde e Desenvolvimento Local, Integrado e Sustentável. [site da Internet]. Acesso em: 7/12/2008. Disponível em: http://www.abrasco.org.br/grupos/arquivos/20060719173238.pdf.

Hancock T. The evolution, impact and significance of the healthy cities/healthy communities movement. J Public Health Policy 1993; 14:5-18.

Instituto de Saúde Coletiva. Universidade Federal da Bahia (2010). Relatório técnico. Políticas, programas e ações intersetoriais de Promoção à Saúde: balanço das experiências nacionais e internacionais. Cooperação técnica. Instituto de Saúde Coletiva/Ministério da Saúde, 2010.

Jackson SF, Perkins E, Khandor E, Cordwell L, Hamann S, Busai S. Integrated health promotion strategies: a contribution to tackling current and future health challenges. Health Promotion International 21 (S1).

Kawachi I, Kennedy B, Lochner K, Prothrow-Stith D. Social capital, income inequality and mortality. Am J Public Health 1997; 87:1491-8.

Kliksberg B. Mais ética, mais desenvolvimento. Unesco; Sesi DN, 2008.

Krieger N. A glossary for social epidemiology. J Epidemiology Community Health 2001; 55:693-700.

Leavell H, Clark EG. Medicina Preventiva. São Paulo: Mc-Graw-Hill Inc., 1976. 744 pp.

Lee K. Global. Health Promotion: how can we strengthen governance and build effective strategies? Health Promot Int 2006; 21(suppl 1):42-50.

Malta DC, Castro AM. Avanços e resultados na implementação da política nacional de promoção da saúde. B. Téc. SENAC: a R. Educ. Prof. RJ, maio/ago 2009; 35(2).

Manandhar M, Maimbolwa M, Muulu E, Mulenga MM, O'Donovan D. Intersectoral debate on social research strengthens alliances, advocacy and action for maternal survival in Zambia. Health Promot Int, 2008.

Mannheimer LN, Lehto J, Östlin P. Window of opportunity for intersectoral health policy in Sweden-open, half-open or half-shut? Health Promot Int 2007; 22(4):307-15.

Mendes EV (org.) A organização da saúde no nível local. São Paulo, Hucitec, 1998.

Mendes EV. Os grandes dilemas do SUS. Salvador: Casa da Qualidade Editora, 2001.

Mendes EV. Uma agenda para a saúde. São Paulo, Hucitec, 1996.

Moysés SJ, Moysés ST, Krempel MC. Avaliando o processo de construção de políticas públicas de promoção da saúde: A experiência de Curitiba. Ciência & Saúde Coletiva 2004; 9(3):627-41.

Nutbeam D. The challenge to provide 'evidence' in health promotion. Health Promotion International 1999; 14(2):99-101.

OMS. Assembleia Mundial da Saúde. Resolução WHA 62.14 Reduzir as iniquidades sanitárias atuando sobre os determinantes sociais da saúde. Genebra: Organização Mundial da Saúde, 2009. Disponível em: http://apps.who.int/gb/ebwha/pdf_files/A62/A62_R14-sp.pdf.

OMS. Assembleia Mundial da Saúde. Resolução WHA 65.8 Resultados de la Conferencia Mundial sobre Determinantes Sociales de la Salud. Genebra: Organização Mundial da Saúde, 2012. Disponível em: http://apps.who.int/gb/ebwha/pdf_files/WHA65/A65_R8-sp.pdf.

O'Neill M. Le débat international sur l'efficacité de la promotion de la santé: d'où vient-il et pouquoi est-il si important ? In: Promotion &

Education, Efficacité de la promotion de la santé. IUHPE/UIPES (1), 2004, Edition especial, p. 6-9.

Pellegrini Filho A, Rovere M. Novos modos de produção e divulgação da informação e conhecimento para apoiar políticas públicas [Internet]. Rio de Janeiro: DSS Brasil. Acesso em: 24/3/2011. Disponível em: http://cmdss2011.org/site/2011/08/novos-modos-de-producao-e-divulgacao-da-informacao-e-conhecimento-para-apoiar-politicas-publicas.

Pellegrini Filho A, Rovere M. Participação social na definição e implantação de políticas públicas [Internet]. Rio de Janeiro: DSS Brasil, Acesso em: 2/8/2011. Disponível em: http://cmdss2011.org/site/2011/08/participacao-social-na-definicao-e-implantacao-de-politicas-publicas.

Pellegrini Filho A. Ciencia en pro de la Salud". Publicación científica y técnica No. 578. OPAS/OMS, Washington DC, 2000.

Pellegrini Filho A. Public policy and the social determinants of health: the challenge of the production and use of scientific evidence. Cad Saúde Pública, Rio de Janeiro, 2011; 27(Sup 2):S135-S140.

Potvin L, McQueen D. Health promotion evaluation practices in the Americas. [s. : l.]: Values and Research Springer, 2008.

Projeto Municípios Saudáveis no Nordeste Brasileiro. [site da Internet]. Acesso em: 7/12/2008. Disponível em: http://www.nusp.ufpe.br/projeto4.htm.

Raeburn J, Marco Akerman M, Chuengsatiansup K, Mejia Aladepo O. Community capacity building and health promotion in a globalized world. Health Promotion International, 2006; 21(Supplement 1):84-90; doi:10.1093/heapro/dal055.

Resolución 64/265 de la Asamblea General de la ONU sobre la Prevención y el Control de las Enfermedades No Transmisibles. Disponível em: http://www.un.org/es/comun/docs/?symbol=A/RES/64/265.

Rosen G. Da Polícia Médica à Medicina Social. Rio de Janeiro: Graal, 1979.

Rovere M, Pellegrini Filho A. Intersetorialidade: tema em debate no Painel 1 do Seminário Preparatório para a Conferência Mundial sobre DSS [Internet]. Rio de Janeiro: DSS Brasil. Acesso em:. 30/7/2011. Disponível em: http://cmdss2011.org/site/2011/07/intersetorialidade-tema-em-debate-no-painel-1-do-seminario-preparatorio-para-a-conferencia-mundial-sobre-dss.

Sjorg B. Introdução: (Des)construindo a sociedade civil na América Latina. In: B Sjorg (org.) Usos, abusos e desafios da sociedade civil na América Latina. São Paulo: Paz e Terra, 2010.

Sociedade Brasileira de Pediatria. [site da Internet]. Acesso 7/12/2008. Disponível em: http://www.sbp.com.br/img/cadernosbpfinal.pdf.

Solar O, Inwin A. A conceptual framework for action on the social determinants of health. Discussion paper for the Commission on Social Determinants of Health. Genebra: World Health Organization, 2007.

Sperandio AMG (org.) O processo de construção da Rede de Municípios Potencialmente Saudáveis. Campinas: IPES Editorial, 2004.

Sperandio AMG, Correa CRS, Serrano MM, Rangel HA. Há caminho para a construção coletiva de ambientes saudáveis – São Paulo, Brasil. Ciência & Saúde Coletiva 2004; 9(3):643-54.

Tambelini AMT, Câmara VM. A temática saúde e ambiente no processo de desenvolvimento do campo da saúde coletiva: aspectos históricos, conceituais e metodológicos. Ciênc Saúde Coletiva 1998; 3(2):47-59.

Tarlov A. Social determinants of health: the sociobiological translation. In: Blane D, Brunner E, Wilkinson R (eds.) Health and social organization. London: Routledge, 1996:71-93.

Terris M. Conceptos de la promoción de la salud: Dualidades de la teoría de la salud pública. In: OPAS 1996. Promoción de la Salud: Una Antología. Washington: OPAS, 1992:37-44.

Thurston W, Potvin L. Evaluability assessment: a toll for incorporating evaluation in social. Evaluation 2003; 9(4):453-70.

Westphal MF. O movimento cidades/comunidades saudáveis: um compromisso com a qualidade de vida. Ciência e Saúde Coletiva 2000(1):39-51.

Whitehead M. The concepts and principles of equity and health. EUR/ICP/RPD 414, 7734r, Geneva: WHO, 2000.

WHO. Healthy workplaces: a model for action for employers, workers, policymakers and practitioners. Disponível em: http://www.who.int/occupational_health/healthy_workplaces/en.

WHO. The status of school health. Geneva: WHO/HPR/HEP, 1996. 1, p.3.

World Health Organization. Global Strategy on Diet, Physical Activity and Health. Disponível em: http://www.who.int/dietphysicalactivity/strategy/eb11344/strategy_english_web.pdf. Acesso em: 10/8/2012.

World Health Organization. The Ottawa Charter for Health Promotion. Disponível em: http://www.who.int/healthpromotion/conferences/previous/ottawa/en/. Acesso em: 10/8/2012.

23
Área Temática de Vigilância Sanitária

Ediná Alves Costa ◆ Ana Cristina Souto

INTRODUÇÃO

Vigilância sanitária integra a Saúde Coletiva e pode ser considerada um componente específico do sistema de serviços de saúde. Representa, em suas origens, a configuração mais antiga da Saúde Pública institucionalizada e atualmente é sua face mais complexa (Costa & Rozenfeld, 2000). Conquanto a antiguidade de parte de suas práticas, desenvolvidas antes mesmo do capitalismo industrial e da conformação do Estado de Direito, somente em anos recentes se constituiu em tema emergente na pesquisa e no ensino.

No começo dos anos 1990, constatava-se (Costa, 2004; Souto, 2004) a existência de raros estudos sobre o tema. Atualmente, verifica-se relevante crescimento da produção científica (Pepe *et al.*, 2010; Nunes, 2012), mas ainda permanecem muitas lacunas que exigem trabalho teórico e epistemológico para elucidação da grande diversidade de aspectos envolvidos. A insuficiente construção teórico--conceitual está relacionada com o fato de essa área se apresentar como fundamentalmente aplicada e pelo insulamento em que foi mantida, no Brasil, no âmbito restrito da fiscalização – mesmo que insuficientemente exercida – aliado à hegemonia do modelo médico-assistencial centrado na doença (Costa, 2004).

Sérgio Arouca, um dos mais importantes sanitaristas brasileiros, ao proferir uma palestra no Fórum Preparatório da I Conferência Nacional de Vigilância Sanitária, realizada em 2001, sinalizou a lacuna desse tema quando da formulação da Reforma Sanitária e alertou para sua importância na estruturação do Sistema de Saúde mais além da assistência[1].

A expressão vigilância sanitária é própria do Brasil, mas as atividades regulatórias e de vigilância sanitária são práticas universais em todo o mundo civilizado, existindo variadas denominações e modelos organizacionais para os espaços institucionais correspondentes. O termo adotado nos anos 1970, a despeito de contribuir para a conformação de uma noção equivocada[2] da existência de "duas vigilâncias" – a epidemiológica e a sanitária – rompe com o sentido restritivo do termo fiscalização, anteriormente vigente. Isso ocorreu em um momento de reforma institucional, quando emergia uma nova concepção organizacional do controle sanitário no setor saúde, unificando-se, no mesmo espaço institucional, vários serviços relacionados com o controle de riscos e vigilância. O contexto internacional era de busca de novos conceitos e estratégias regulatórias para fazer frente aos problemas relacionados com as tecnologias em saúde, de modo que os sistemas de saúde pudessem promover eficácia e segurança (relação risco/benefício aceitável) desses bens e captar efeitos adversos na saúde humana, após sua utilização (Costa, 2004) (Boxe 23.1).

Vigilância sanitária diz respeito a um conjunto de saberes de diversas áreas do conhecimento e práticas de natureza multiprofissional e interinstitucional, essencialmente desenvolvidas no âmbito do aparato estatal, com atribuições indelegáveis de regulação e controle sanitário da produção e consumo de bens e serviços, e de processos e ambientes, visando ao interesse público. Seu escopo de ação se situa no âmbito da proteção da saúde contra riscos de diversas naturezas e da promoção da saúde. Congrega um conjunto de intervenções do sistema de saúde para promover qualidade, segurança,

---

[1] Sérgio Arouca. Palestra proferida no Fórum Preparatório da I Conferência Nacional de Vigilância Sanitária. Rio de Janeiro, Fiocruz, 2 de outubro de 2001. Disponível em: http://www4.ensp.fiocruz.br/visa/nossa-producao/?tipo=443#. Acesso em: 12/10/2012.

[2] A experiência histórica vem demonstrando que vigilância epidemiológica é uma das práticas fundamentais na atuação em vigilância sanitária. O exemplo clássico é o da farmacovigilância ou vigilância de eventos adversos relacionados com medicamentos.

> **Boxe 23.1**
>
> A epidemia de uma malformação congênita que afetou filhos de mães que haviam utilizado talidomida durante a gravidez alertou o mundo para a possibilidade de efeitos graves devido ao uso de medicamentos e para a necessidade de dotar os sistemas regulatórios de efetivos instrumentos de proteção da saúde, mediante a introdução de conceitos que signifiquem a garantia de segurança de um produto antes de sua colocação no mercado (McKray, 1980). Considera-se que aquele evento impulsionou o desenvolvimento da farmacovigilância ou vigilância epidemiológica dos eventos adversos associados ao uso de medicamentos (Tognoni & Laporte, 1989).

eficácia e efetividade de produtos, processos e serviços e qualidade de ambientes; é, portanto, um dos condicionantes fundamentais para a concretização do direito à saúde e qualidade de vida.

A noção de vigilância acompanha o desenvolvimento histórico da Saúde Pública em seus esforços na luta contra as doenças e na busca de intervenção sobre seus determinantes (Garcia, 1989; Waldman, 1991). O desenvolvimento dos conceitos e das práticas de vigilância em Saúde Pública acompanhou as transformações econômico-sociais, sobretudo a partir da Revolução Industrial, com o processo de diversificação e ampliação da produção, que vai configurando um novo espectro de riscos à saúde. Consentâneo a esse processo deu-se o incremento da função regulatória do Estado moderno e, gradativamente, de sua capacidade de formulação e implementação de políticas, tendo em vista a saúde da coletividade (Costa, 2004).

RISCOS, REGULAÇÃO E VIGILÂNCIA SANITÁRIA

As sociedades complexas que foram se desenvolvendo na modernidade são marcadas, cada vez mais, por redes de interdependência que colocam novos e crescentes riscos para todos – seja no espaço da produção, seja no espaço do viver a vida, o que significa que a ameaça a uns poucos pode, potencialmente, ameaçar toda a coletividade. Nesse sentido, o conceito de externalidades – enquanto efeitos negativos ou colaterais ou adversidades que vão além dos envolvidos diretamente no evento e afetam outras pessoas ou a coletividade inteira (Bodstein, 2000) – mostra-se relevante na reflexão a respeito do tema da regulação e vigilância sanitária.

A possibilidade de externalidades negativas para pessoas, a coletividade e o ambiente, no tocante a um amplo conjunto de bens essenciais à saúde, *meios de vida* ou insumos de saúde, representa uma dada necessidade em saúde que demanda a formulação de políticas e leis, a organização de instituições e serviços e a realização de ações articuladas em todas as etapas do ciclo de vida desses bens. A esses bens – que apresentam benefícios, mas também portam riscos, intrínsecos e potenciais – somam-se aqueles inventados pelo segmento produtivo para satisfação de necessidades artificialmente criadas. O próprio processo de produção desses bens – sejam produtos ou serviços – gera externalidades que podem resultar em agravos para a saúde da população e do trabalhador e para o ambiente. Além disso, riscos para a saúde podem ser gerados por desvios de padrões éticos e morais de produtores, comerciantes e prestadores de serviços; não raro ocorrem ilicitudes que configuram crimes contra a saúde pública, ameaçam a saúde da população e desafiam os órgãos públicos e a sociedade civil (Costa, 2012).

Com a reconfiguração da ordem econômica nas últimas décadas, as práticas de vigilância – sanitária e epidemiológica – cresceram em importância, à medida que se ampliam possibilidades de disseminação mundial de numerosos riscos difusos, com a intensificação do tráfego internacional de modernos meios de transporte e da circulação de pessoas e mercadorias em quantidades e velocidade cada vez maiores. Riscos de diversas naturezas, envolvendo agentes biológicos, químicos e radiológicos, ameaçam a segurança sanitária de países ricos e pobres, com repercussões sociais e econômicas, como foi visto no caso da encefalopatia espongiforme bovina (ESB), o "mal da vaca louca", da síndrome respiratória aguda (SARS), a pneumonia asiática, dos acidentes radioativos ampliados, como Chernobyl (Costa & Souto, 2001) e mais recentemente Fukuchima, e da epidemia de gripe H1N1, entre outros eventos de importância ampliada.

A preocupação com os efeitos negativos das tecnologias tem colocado em alerta a questão da segurança sanitária, que é um conceito em formação e valorização no contexto internacional e diz respeito a uma estimativa de uma relação risco/benefício aceitável. A segurança sanitária vem sendo objeto de debate, especialmente em países avançados, produtores de tecnologias e que também têm experimentado eventos negativos de repercussões sociais e econômicas, configurados como crises sanitárias; crises essas que levam esses países a reformular seus sistemas de saúde pública, na busca de dotá-los de maior capacidade na gestão dos riscos à saúde, como ocorreu em anos recentes com a França (Durand, 2001).

A expressão segurança sanitária é de uso frequente na legislação sanitária no Brasil, como argumento para validar intervenções. Foi incorporada na missão da Agência Nacional de Vigilância Sanitária (Barbosa & Costa, 2010), criada como uma das respostas à crise sanitária experimentada pelo Brasil nos anos 1990 e que se caracterizava pela epidemia de falsificações de medicamentos, mortes evitáveis em serviços de saúde e incapacidade institucional em dar respostas às demandas e às necessidades em saúde em seu âmbito de atuação.

A segurança sanitária exige atualização permanente do Direito Sanitário, seja pelo contínuo aparecimento de novos riscos, ou agravamento dos riscos já conhecidos, seja pela ameaça de um futuro incerto (a exemplo da engenharia genética), ou em função de uma grande crise (Aith, Minhoto & Costa, 2009).

Vigilância sanitária guarda especificidades em relação ao conjunto das práticas em saúde e expressa articulações complexas entre o domínio econômico, o jurídico-político e o médico-sanitário. Suas ações, fundamentalmente intersetoriais, perpassam as relações entre ciência, mercado, saúde e sociedade; têm natureza regulatória, marcada pela intervenção nas relações sociais produção-consumo; são de competência exclusiva do Estado e, em sua maior parte, são reguladas pelo Direito. São exercidas sobre coisas, produtos, processos, serviços que portam benefícios, mas também portam riscos para a saúde individual e coletiva; também são exercidas sobre os meios de transporte, especialmente os de circulação internacional, e ambientes, com uma fração bem menor sobre pessoas, principalmente os viajantes. Grande parte das ações se desprende de uma localidade, ultrapassa o território e até mesmo as fronteiras do país, à medida da circulação dos objetos de atuação pelos distintos territórios.

O trabalho em vigilância sanitária também apresenta especificidades que o distinguem do trabalho em saúde em geral, no tocante ao objeto do trabalho, aos meios e elementos que compõem seus processos de trabalho (Souza & Costa, 2010). Em grande medida, é modelado por condicionalidades inscritas na norma jurídica, devido à natureza regulatória e de atividade do Estado em seu exercício do poder de polícia (Costa, 2008).

Como um subsistema do Sistema Único de Saúde (SUS), Sistema de Vigilância Sanitária apresenta diferenciações em seu processo de constituição mais lento do que o SUS em seu todo e no tocante à organização e gestão nas três esferas de governo, aspectos discutidos ao longo do texto.

A reflexão a respeito desse segmento da Saúde Coletiva revela aspectos ainda pouco estudados da questão saúde e desse tema específico. Os pressupostos a seguir apresentados podem se constituir em possível via teórico-conceitual e para exploração dos conceitos-chave envolvidos: (I) as práticas de vigilância sanitária se articulam com outros setores, em torno de funções voltadas às condições e aos pressupostos institucionais e sociais para as atividades de reprodução material da sociedade; (II) vigilância sanitária tem por finalidade a proteção de "meios de vida", ou seja, a proteção de meios de satisfação de necessidades fundamentais; (III) as ações são de competência exclusiva do Estado, mas as questões de vigilância sanitária são de responsabilidade pública (Costa, 2009). Vejamos:

Pressuposto I

As práticas de vigilância sanitária se articulam com outros setores, em torno de funções voltadas para as condições e pressupostos institucionais e sociais para as atividades de reprodução material da sociedade.

Com o crescimento da produção industrial estabeleceram-se novos padrões de produção e circulação de mercadorias, com os quais os riscos à saúde passam a ocorrer em escala ampliada: com isso, a colocação de produtos defeituosos no mercado poderá causar danos a milhões de pessoas, indo além das fronteiras de um país. Repercussões sociais e econômicas podem afetar a credibilidade dos produtos e das instituições públicas que têm a responsabilidade pela regulação e controle sanitário.

Em estudo sobre o controle sanitário da importação de substâncias psicotrópicas no Brasil, entrevistados do setor produtivo reconheceram que o controle sanitário é importante, que deve ser realizado pela agência reguladora e que esta deve se tornar cada vez mais forte, pois, em seu entendimento, uma agência forte favorece seus negócios por gerar credibilidade e respeitabilidade. Este é o pensamento da AMCHAM[3] (Sebastião & Lucchese, 2010), que desde 2005 avalia a Anvisa e outras agências reguladoras, suas práticas e desempenho, sob a ótica do segmento regulado privado que busca a eficiência institucional no atendimento a seus pleitos.

Nessas bases, pode-se compreender vigilância sanitária como uma prática social que integra as atividades regulatórias do Estado e que visa, ao mesmo tempo, à proteção e defesa da saúde e à reprodução e ampliação do capital. Suas políticas, saberes e práticas tentam acompanhar o desenvolvimento científico e tecnológico das forças produtivas, acionando um conjunto de instrumentos e estratégias para minimizar as externalidades negativas para a saúde, com atuação voltada para o controle de variados riscos sanitários (Souza & Costa, 2010).

Nem todos os fatores associados a riscos de agravos à saúde individual e coletiva são objeto de regulação pelo Estado, mas as sociedades atuais dispõem de ampla rede de sistemas de controle de riscos que buscam tornar a vida mais segura. Os sistemas de vigilância sanitária compõem a rede de instituições públicas que regulam a vida social quanto aos riscos para a saúde, com intervenções variadas para eliminar ou reduzir a exposição a certas substâncias, situações, comportamentos, procedimentos etc. (Lucchese, 2008).

---

[3]Câmara Americana de Comércio para o Brasil. Veja Força-Tarefa de Agências Reguladoras em: http://www.amcham.com.br. Acesso em: 3/9/2012.

> **Boxe 23.2 — Regulação**
>
> Regulação é um termo polissêmico e tem conotações distintas no próprio sistema de saúde. Parece não haver consenso a respeito de seu significado, mesmo no âmbito da vigilância sanitária. Neste texto, o sentido de regulação abrange a competência para regulamentar, fiscalizar o cumprimento das normativas e para intervenções outras, visando preservar os interesses da saúde.

Atualmente, ocorre ampliação cada vez maior das competências do setor saúde no âmbito de vigilância sanitária: por um lado, em decorrência do fenômeno da medicalização e do crescimento do chamado complexo produtivo da saúde; por outro lado, devido à importância que adquire o conjunto de ações de controle de riscos, no curso do fenômeno da globalização, em seus entrelaçamentos na produção de bens e serviços que se distribuem por todo o mundo; e ainda, em decorrência de acordos regulatórios envolvendo interesses da saúde, no âmbito do comércio internacional.

Nesse contexto, a participação de um país no comércio internacional de bens relacionados com a saúde está cada vez mais atrelada à competência técnica das instituições, dado que para atuar nesse mercado o país exportador deve comprovar que seus regulamentos e sistemas de controle sanitário são adequados às exigências do país importador, no tocante às normas que este estabelece para a proteção da saúde de sua população (Lucchese, 2008). Assim, as ações de vigilância sanitária integram as condições gerais de produção, agregam valor aos bens produzidos e se revelam, ao mesmo tempo, ação de saúde e de prestação de serviços, pelo Estado, à organização econômica da sociedade, cujos agentes necessitam regularizar seus produtos e serviços a serem disponibilizados para uso ou consumo. Esses processos representam desafios à instituição vigilância sanitária, de modo a atender as incessantes demandas do segmento produtivo e, ao mesmo tempo, preservar os interesses da saúde (Costa, 2004). Nessa dinâmica, as práticas de vigilância sanitária, como parte especializada do setor de serviços, articulam-se com aquelas de outros setores institucionais, integrando um conjunto de funções que, segundo Claus Offe (1991), estão voltadas para a criação das condições e dos pressupostos institucionais e sociais específicos para as atividades de produção e reprodução material da sociedade.

No Brasil, a rede de sistemas de controle de riscos relacionados com a saúde envolve instituições de distintos setores e, além do setor saúde, abrange:

- Agricultura, que controla os alimentos de origem animal, agrotóxicos, bebidas e produtos de uso veterinário.
- Meio ambiente, que se incumbe de diversos aspectos relacionados com o equilíbrio ambiental, solo, ar, águas, agrotóxicos.
- Comissão Nacional de Energia Nuclear (CNEN), que é responsável pelas Normas Básicas de Radioproteção e pelo controle no campo das aplicações médicas da medicina nuclear, radiodiagnóstico, radioterapia e monitoração individual.
- Trabalho, que é incumbido da segurança nos ambientes de trabalho.
- Ministério da Indústria e Comércio, que, por intermédio do Instituto Nacional de Metrologia, Normalização e Qualidade Industrial (Inmetro), operacionaliza o sistema de metrologia e avaliação da conformidade de produtos e tecnologias.
- Justiça, cujo ministério coordena a política do Sistema Nacional de Defesa do Consumidor.

As ações de vigilância sanitária conformam uma dada racionalidade da vida contemporânea, desempenham uma função mediadora entre os interesses da saúde e os interesses econômicos dos segmentos produtivos relacionados com a saúde: compete-lhe avaliar e gerenciar riscos e incertezas relacionados com objetos que a sociedade define, no processo social, como de interesse da saúde. A atuação se dá por meio de órgãos específicos, integrantes do SUS, de regras estabelecidas em leis e regulamentos, de mecanismos regulatórios e de restrições das liberdades dos que pretendem atuar com esses objetos.

Tudo isso nos marcos do ordenamento jurídico do país, que estabelece os direitos de todos, e em consonância crescente com a internacionalização da regulamentação sanitária, fruto dos acordos na área do comércio internacional relacionado com a saúde; e ainda, conforme tratados e acordos firmados na comunidade internacional, a exemplo do Regulamento Sanitário Internacional, que rege a circulação de meios de transporte, mercadorias de interesse da saúde e viajantes.

Para desempenhar essas funções, faz-se necessário o uso concomitante de um conjunto de tecnologias de intervenção, ou meios de controle, que se intercomplementam em um conjunto organizado de práticas desenvolvidas nas três esferas de gestão do Sistema Nacional de Vigilância Sanitária (SNVS). Cada tecnologia de intervenção tem seu potencial e limites no gerenciamento de riscos, limitações que se somam às deficiências do próprio SNVS e das demais instituições da rede de sistemas de controle de riscos relacionados com a saúde. O conjunto de tecnologias integra o sistema de controle e é imprescindível para abarcar o ciclo produção-consumo dos bens em seus distintos momentos e seus efeitos na saúde, assim como os diversos atores que desenvolvem atividades com os objetos sob regulação e vigilância sanitária. O Estado não se exime do cumprimento das regras, embora, muitas vezes, os serviços de vigilância sanitária tenham baixa capacidade política para obrigá-lo, especialmente em relação aos serviços de saúde públicos, o que também ocorre em outros setores estatais (Costa, 2012).

Além da fiscalização – que é inerente à existência de lei sobre um dado assunto e tem por objetivo verificar o cumprimento de normas –, as principais tecnologias de intervenção que integram o sistema de controle em vigilância sanitária são: autorização de funcionamento de empresa, licença de estabelecimento, registro de produtos, análises laboratoriais, certificação do cumprimento de boas práticas de fabricação, inspeção sanitária, monitoramento da qualidade de produtos, serviços e ambientes; vigilância de eventos adversos relacionados com os objetos sob vigilância sanitária; anuência prévia de patentes de produtos farmacêuticos; controle da propaganda de interesse da saúde; informação e comunicação[4]. Algumas dessas práticas são tradicionais e outras foram incorporadas mais recentemente, no bojo da criação das agências reguladoras, tendo relação com os processos de fortalecimento da capacidade regulatória do Estado que se apresenta, cada vez mais, como Estado regulador em vez de provedor de serviços.

As intervenções em vigilância sanitária devem estar lastreadas em conhecimento técnico-científico atualizado e nos princípios estabelecidos na Constituição para a proteção da saúde. Embora nem sempre as decisões regulatórias se baseiem no conhecimento científico, dificilmente as instituições reguladoras conseguem sustentar decisões sem evidências científicas ante os segmentos regulados que costumam se opor a limitações a seus interesses.

Para cumprir o dever que o Estado tem de proteger a saúde da população, vigilância sanitária é um daqueles setores da Administração Pública que detêm o chamado *poder de polícia*, que permite ao aparato estatal limitar o exercício dos direitos individuais em benefício do interesse público. Concretamente, possibilita que a vigilância sanitária exerça o poder normativo e estabeleça os regulamentos que derivam da legislação sanitária; exerça a fiscalização e o controle sanitário; imponha penalidades no âmbito administrativo e obrigue o cumprimento dos requisitos e regras jurídico-administrativas por todos aqueles que pretendem atuar no setor saúde.

Boxe 23.3	Poder de polícia

A razão de ser do poder de polícia é o interesse social e seu fundamento se assenta na supremacia que o Estado exerce, em seu território, sobre as pessoas, os bens e as atividades (Di Pietro, 2011). O poder de polícia, portanto, é um atributo para o cumprimento do dever que tem o Estado de proteger a saúde, que é um direito social.

Em anos mais recentes, vem ocorrendo uma maior aproximação entre a vigilância sanitária e algumas das demais políticas de saúde, com maior articulação com certas políticas transetoriais que favorecem as possibilidades de contribuir com o desenvolvimento econômico e social e ampliar o acesso a bens essenciais, como é o caso da Política de Medicamentos. Essas intervenções, e outras destinadas a elevar a qualidade de produtos, serviços e ambientes, não carecem necessariamente do exercício do poder de polícia. Passa-se ao segundo pressuposto:

Pressuposto II

Vigilância sanitária tem por finalidade a proteção de "meios de vida", ou seja, a proteção de meios de satisfação de necessidades fundamentais.

As ações de vigilância sanitária compõem a atenção em saúde e são essenciais para que seja alcançada a integralidade, um dos princípios finalísticos do SUS. Têm implicações para a saúde e a qualidade de vida de toda a população, ao desenvolver um conjunto de intervenções, na função de regular, sob o ângulo sanitário, as atividades relacionadas com a produção, comercialização, uso e consumo de bens e serviços, seus processos e ambientes, sejam da esfera privada ou pública. A importância no setor saúde ganha relevo à medida que a atenção à saúde constitui um segmento estratégico para vários ramos do setor produtivo, em destaque as empresas do complexo médico-industrial – de medicamentos, vacinas, equipamentos, artigos médico-hospitalares e odontológicos, dispositivos diagnósticos etc. – e de serviços, cujas estratégias mercadológicas são poderosas no estímulo à incorporação de suas tecnologias no sistema de saúde, o que é feito, na maioria das vezes, de maneira acrítica e com uso não racional.

Boxe 23.4	Integralidade

O princípio da integralidade é previsto no artigo 198, inciso II, da Constituição da República, que estabelece "o atendimento integral, com prioridade para as atividades preventivas, sem prejuízo dos serviços assistenciais".

Além disso, a importância é sublinhada pelo conceito ampliado de saúde, incorporado na Constituição, e o caráter prioritário atribuído às ações preventivas; é o caso das ações de vigilância sanitária que são essencialmente preventivas não só de agravos e doenças, como, principalmente, dos próprios riscos. Esse componente do SUS, como sinaliza Lucchese (2006), constitui um espaço privilegiado de intervenção do Estado, posto que, por suas funções e seus instrumentos, pode atuar para elevar a qualidade de produtos e serviços e no sentido de adequar o sistema produtivo de bens e serviços de interesse da saúde e os ambientes às demandas sociais em saúde e às necessidades do sistema de saúde.

---

[4] Para saber mais sobre as tecnologias de intervenção em vigilância sanitária leia Costa (2012).

> **Boxe 23.5**
>
> A Constituição conceitua saúde, no artigo 196, como "[...] direito de todos e dever do Estado, garantido mediante políticas sociais e econômicas que visem à redução do risco de doença e de outros agravos e ao acesso universal e igualitário às ações e serviços para sua promoção, proteção e recuperação".

No elenco das atribuições do SUS, definidas no artigo 200 da Constituição, constam ações de regulação e vigilância sanitária. A Lei Orgânica da Saúde (LOS), ao dispor sobre o SUS, seus objetivos, suas atribuições e diretrizes, demarcou o espaço de atuação em vigilância sanitária com centralidade na questão dos riscos e no âmbito das relações sociais produção-consumo, como expressa a definição do artigo 6, parágrafo 1º da Lei 8.080/90:

> Entende-se por vigilância sanitária um conjunto de ações capaz de eliminar, diminuir ou prevenir riscos à saúde e de intervir nos problemas sanitários decorrentes do meio ambiente, da produção e circulação de bens e da prestação de serviços de interesse da saúde, abrangendo o controle de bens de consumo que, direta ou indiretamente, se relacionem com a saúde, compreendidas todas as etapas e processos, da produção ao consumo e o controle da prestação de serviços que se relacionam direta ou indiretamente com a saúde (Brasil, 1990).

Os elementos fundamentais dessa definição conferem grande complexidade e abrangência às ações de regulação e vigilância sanitária, tanto pela multiplicidade e diversidade de riscos – muitas vezes de difícil avaliação e frequentes incertezas – como também porque o âmbito das relações produção-consumo é campo de exercício de múltiplos interesses econômicos. Esses interesses não são homogêneos, têm diferenciações entre segmentos industriais e entre os de serviços, entre empresas transnacionais e nacionais que, muitas vezes, conformam segmentos poderosos que podem dificultar as atividades regulatórias. A definição também remete à atribuição de intervir em problemas sanitários relacionados com os objetos de atuação, ampliando o escopo de atuação para mais além das ações de controle de riscos (Costa, 2003).

Como referido, os objetos da ação em vigilância sanitária portam benefícios e também riscos para a saúde, o que justifica a regulação sanitária. Em geral, portam riscos intrínsecos e riscos potenciais e, além disso, existe a possibilidade de serem adicionados outros riscos ao longo do ciclo de vida desses bens. Outra dimensão da natureza híbrida desses objetos é que são bens sociais e, ao mesmo tempo, estão no mercado como mercadorias; e assim, para induzir seu uso ou consumo são alvo de estratégias mercadológicas que podem representar mais riscos para a saúde, ao serem apresentados, principalmente, pelos aspectos benéficos, desconsiderando-se o potencial de danos. É o caso emblemático do medicamento, um bem social que porta riscos e que é submetido a poderosas estratégias promocionais que representam, segundo Lexchin (1997), 20% a 30% do preço de venda dos produtos.

Os medicamentos apresentam riscos intrínsecos a sua própria natureza; mesmo que adequadamente formulados, produzidos, acondicionados, conservados, transportados, armazenados, prescritos e utilizados, sempre portarão um grau de risco. Além desses, outros riscos podem ser gerados em qualquer fase do ciclo produtivo e ocorrer agregação concomitante de variados riscos no mesmo produto, por qualquer procedimento inadequado: na produção de um medicamento ou de suas matérias-primas, coadjuvantes de tecnologias e embalagens; nas pesquisas clínicas; na circulação, distribuição e transporte; no armazenamento, comercialização, manuseio, prescrição e uso; na propaganda e publicidade; na deposição dos resíduos no ambiente. Podem ser acrescentados riscos pelas mais diversas razões, inclusive por práticas ilícitas de fabricantes, comerciantes ou prestadores de serviços que utilizam medicamento, e ainda por inadequação do ambiente, instalações e equipamentos onde se processa a atividade de prestação do serviço.

Risco é uma categoria teórica central na reflexão e atuação em vigilância sanitária, como visto na definição inscrita na LOS, pelo qual se tecem algumas considerações. O termo risco é polissêmico e revela significados variados na linguagem técnico-científica e na linguagem comum. Atualmente, o vocábulo aparece em qualquer contexto discursivo, com o sentido de alerta para as consequências futuras negativas de uma ampla variedade de fenômenos e processos (Brüseke, 2007).

Risco é um fenômeno social complexo, cada vez mais ampliado e de importância crescente para a saúde humana e ambiental. Dispõe-se de ampla bibliografia sobre o tema, em vários ramos do saber. Ganhou tamanha amplitude na sociedade moderna industrial que esta foi denominada *sociedade de risco* (Beck, 1998), evoluindo, nesse entendimento, para a sociedade do risco mundial (Beck, 2008); isso porque, no contexto atual, os riscos já não se limitam espacialmente nos contornos das fronteiras dos Estados-nação e tampouco se limitam temporalmente, podendo afetar as futuras gerações; além disso, relacionam-se com as alterações climáticas globais, entre outros fatores.

A sociedade de risco é também a sociedade de consumo, onde tudo é transformado em mercadoria, sob a força da ideologia do consumo e poderosas estratégias mercadológicas que buscam estimular o consumo de quaisquer bens, sejam os essenciais ou os inventados para satisfação de necessidades artificialmente criadas

(Baudrillard, 1970). Muitos desses bens são ofertados com apelos de melhoria da saúde ou de gestão da aparência (estética), sem que se disponha, muitas vezes, de avaliação de riscos, de seu potencial de dano, e com limitadas possibilidades de controle ético e moral dos fabricantes; são exemplos a criação das câmaras de bronzeamento, de técnicas e produtos não aprovados pelas agências regulatórias para perda de gordura corporal e o escândalo recente das próteses mamárias fabricadas com silicone industrial.

A problemática do risco é complexa e abrange o modo como é percebido, os sentidos e os modos de seu entendimento e as estratégias científicas e políticas para seu enfrentamento nos diversos setores em que se manifesta e se relaciona com a saúde humana e ambiental. Em virtude da natureza das ações de proteção da saúde, dos objetos da ação e da abrangência dos conhecimentos envolvidos, em vigilância sanitária as noções de risco são amplas: abrangem o conceito de risco epidemiológico e de risco potencial, que pode ainda ser conjugado com as noções de nocividade.

O conceito de risco epidemiológico, que de maneira resumida corresponde a uma *probabilidade* de ocorrência de um evento em determinado período de observação em população exposta a determinado fator de risco (Almeida-Filho, 1997), é fundamental, mas insuficiente para o desenvolvimento das intervenções em vigilância sanitária. É necessária, portanto, a compreensão do risco como *possibilidade* de ocorrência de eventos que poderão provocar danos à saúde. Nesse sentido, risco remete a possibilidades e contingências próprias da área que tem natureza preventiva não só de doenças e agravos, mas dos próprios riscos. Assim emerge o conceito de risco potencial, que se refere à possibilidade de que produtos, substâncias, processos, serviços, eventos, situações e a ação humana propiciem a ocorrência de dano à saúde, direta ou indiretamente (Costa, 2004), embora muitas vezes não se possa precisar qual o dano, tampouco sua gravidade e nem mesmo se algum ocorrerá (Navarro, 2010).

Um dos exemplos mais ilustrativos é o do tensiômetro, uma tecnologia sob vigilância sanitária: se estiver descalibrado, sua utilização poderá provocar danos à saúde de uma pessoa ao mensurar erroneamente a pressão arterial e gerar uma prescrição equivocada ou nenhuma prescrição, caso fosse necessária. Em situações como essa, não é possível estimar a probabilidade de ocorrência de um dano para a saúde da pessoa, mas é perfeitamente admissível essa possibilidade.

O conceito de risco potencial vem se revelando um constructo operativo fundamental para as estratégias de gerenciamento de risco, na elaboração de instrumentos para subsidiar o trabalho de inspeção sanitária, na avaliação de serviços, como no exemplo de uma metodologia desenvolvida pela Anvisa para serviços hemoterápicos (Rangel, 2012). O conceito vem sendo objeto de reflexão e experimentação em estudos sobre serviços de saúde na perspectiva de vigilância sanitária (Leite, 2007; Navarro, 2009; Costa, 2011), com metodologias inovadoras que buscam captar os muitos fatores de risco e perigos presentes nos serviços de saúde.

A noção de nocividade é utilizada pelo setor jurídico na aferição dos ilícitos, como crimes contra a saúde pública. O sentido positivo de nocividade se reporta à ação criminosa que imprime a uma substância ou produto medicinal ou alimentício destinado ao uso ou consumo a capacidade de causar dano direto à saúde. Já o sentido negativo de nocividade diz respeito à ação que suprime ou diminui a eficácia ou o benefício esperado de uma substância ou produto, embora não cause diretamente um dano à saúde (Magalhães & Malta, 1990). É o caso de um medicamento contaminado com alguma substância tóxica e de outro sem a dosagem prevista do princípio ativo, respectivamente.

Cada vez mais englobada na noção geral de risco sanitário, a noção de nocividade se amplia para comportar mais um outro sentido que não aquele decorrente de delinquência sanitária: pode ser exemplificada com situações em que eventos naturais afetam produtos e quando a evolução do conhecimento científico evidencia uma dada nocividade até então não conhecida. Nesses casos, os agentes envolvidos, seja o produtor, seja o comerciante, seja o prestador de serviço, não estão isentos de responsabilidade civil por eventuais danos à saúde do usuário do produto ou serviço sob vigilância sanitária.

Mediante serviços organizados e ações desenvolvidas ao longo do ciclo de vida dos objetos de intervenção, o Estado, que tem o dever de proteger a saúde da população, busca que sejam assegurados os atributos desses objetos, que não são mercadorias quaisquer, embora estejam colocados no mercado de consumo. Os atributos são propriedades inerentes aos objetos e dizem respeito a identidade, finalidade, eficácia/efetividade, segurança e qualidade. São definidos nas normas jurídicas e regulamentos que estabelecem todos os requisitos relativos aos atributos de cada categoria de objeto, seja serviço ou produto, e a seus componentes, passíveis de regulação, como bulas, rótulos, embalagem, denominação, propaganda e condições para o exercício da atividade, entre outros (Costa, 2004).

Objetos da ação de vigilância sanitária

No Brasil, o conjunto de bens, produtos, tecnologias e serviços submetidos à regulação e à vigilância sanitária no âmbito do SUS é bem amplo e envolve variadas categorias de objetos. Algumas delas são de competências compartilhadas com outros setores institucionais, a exemplo de alimentos, águas de consumo humano ou agrotóxicos. Em anos recentes foi incluído o tabaco, contrariando o conceito de que os bens sob vigilância sanitária portam benefícios. Os resultados positivos alcançados com as intervenções para reduzir o tabagismo no Brasil indicam uma contribuição importante das ações no âmbito da vigilância sanitária. As categorias de objetos são apresentadas a seguir:

- Medicamentos de uso humano, suas substâncias ativas e demais insumos e coadjuvantes de tecnologias e processos; embalagens e bulas.
- Propaganda de interesse da saúde, especialmente a de medicamentos e alimentos infantis.
- Alimentos, incluindo bebidas, águas minerais, seus insumos e suas embalagens, aditivos alimentares, limites de contaminantes orgânicos, resíduos de medicamentos veterinários e de agrotóxicos.
- Imunobiológicos e suas substâncias ativas, sangue e hemoderivados.
- Órgãos, tecidos humanos e veterinários para uso em transplantes e reconstituições.
- Pesquisa clínica com medicamentos, bens e tecnologias submetidos à vigilância sanitária.
- Equipamentos e materiais médico-hospitalares, hemoterápicos, odontológicos e de diagnóstico laboratorial e por imagem, órteses e próteses.
- Conjuntos, reagentes e insumos destinados a diagnóstico.
- Radioisótopos para diagnóstico *in vivo*, radiofármacos e produtos radioativos para diagnóstico e terapia.
- Saneantes destinados a higienização, desinfecção e desinfestação em ambientes hospitalares, domiciliares e coletivos.
- Produtos de higiene pessoal, perfumes, cosméticos e afins.
- Produtos obtidos por engenharia genética e outros submetidos a fontes de radiação, que envolvam riscos à saúde.
- Produtos fumígenos, derivados ou não do tabaco, cigarros, cigarrilhas, charutos e a respectiva propaganda.
- Serviços de saúde, de atenção ambulatorial e hospitalar, de apoio diagnóstico ou terapêutico, incluindo a destinação de seus resíduos; bancos de leite humano e de órgãos; serviços hemoterápicos, de fisioterapia, odontológicos etc.
- Serviços relacionados com a saúde, como clínicas de estética, casas de repouso, laboratórios óticos e de próteses, salões de beleza, academias de ginástica, creches, desinsetizadoras etc.
- Farmácias e outros estabelecimentos que desenvolvam atividades com produtos e bens submetidos à vigilância sanitária, sejam farmacêuticos, alimentícios, saneantes, cosméticos etc.
- Portos, aeroportos e fronteiras, suas instalações, meios de transporte, cargas e viajantes.
- Compartilhamento no controle sanitário de aspectos do meio ambiente, do ambiente de trabalho e vigilância em saúde do trabalhador.

Ao examinar conjunto tão amplo e diversificado, depreende-se a complexidade das intervenções, a abrangência de conhecimentos técnico-científicos necessários, a multiprofissionalidade do corpo técnico e a multiplicidade de atores envolvidos, questão que remete ao princípio da responsabilidade pública, tratada no pressuposto seguinte, proposto para a reflexão neste texto sobre a área temática de vigilância sanitária.

Pressuposto III

As ações são de competência do Estado, mas as questões de vigilância sanitária são de responsabilidade pública.

O exercício de quaisquer atividades de interesse da saúde sob regulação sanitária implica responsabilidades de natureza civil, administrativa, penal e ético-profissional dos distintos atores. As questões relacionadas com esses objetos e as que decorrem do exercício de atividades com eles transbordam o aparelho de Estado e remetem, portanto, à noção de responsabilidade pública, ou seja: a responsabilidade abrange os diversos atores envolvidos com as atividades relacionadas com a saúde, pois são de interesse social. Além do Estado e seus agentes, bem como os produtores, distribuidores, comerciantes e prestadores de serviços, a responsabilidade abrange os profissionais de saúde, os agentes dos meios de comunicação, os cidadãos e os consumidores.

Os últimos atores citados são, exatamente, os mais vulneráveis, o elo mais frágil das relações sociais produção-consumo. Essa vulnerabilidade é o cerne na construção da doutrina da proteção dos direitos do consumidor, um dos ramos do Direito que reforça a área de vigilância sanitária, mas esta abarca o consumidor e vai além, porque deve proteger a saúde de toda a população e o ambiente.

A legislação sanitária de proteção da saúde contém normas de proteção coletiva e de proteção individual. O Código de Defesa do Consumidor, os Códigos Civil e Penal e a legislação de defesa agropecuária, de proteção ambiental e trabalhista têm normas de proteção da saúde. O Código Penal define os crimes contra a Saúde Pública, entre os quais o exercício ilegal das profissões de saúde, adulterações ou falsificações de substâncias ou produtos alimentícios ou medicinais e a utilização de substâncias proibidas em sua fabricação. No caso de medicamentos, a falsificação foi incluída entre os crimes hediondos no final dos anos 1990, quando uma epidemia de falsificação de medicamentos demonstrava a falta de ética e responsabilidade de agentes econômicos e evidenciava a fragilidade do aparato estatal para proteger a saúde da população.

A qualidade de produtos e serviços sob vigilância sanitária é, respectivamente, de responsabilidade do produtor e do prestador de serviços, que também são responsáveis pelas informações fundamentais, que incluem informação sobre os riscos apresentados por produtos e serviços. A legislação sanitária e o Código de Defesa do Consumidor definem, precisamente, as responsabilidades do produtor e do prestador de serviços pela qualidade do que ofertam ao uso e consumo.

A legislação sanitária estabelece as regras para todos os que pretendem atuar com os objetos de regulação sanitária, os requisitos, deveres e responsabilidades, minuciosamente explicitadas em leis e decretos e em regulamentos, resoluções e portarias que são periodicamente atualizados de acordo com necessidades técnico-científicas e operacionais relativas aos distintos objetos.

Também são estabelecidas regras para a atuação institucional, sem as quais se corre o risco de o Estado ser arbitrário. A atuação dos trabalhadores de vigilância sanitária também está sujeita a condicionalidades e restrições modeladas pelo Direito Administrativo e seus princípios e pelos Códigos Profissionais de Ética e códigos de ética dos servidores de vigilância sanitária. Nessas condições, não podem desempenhar, ao mesmo tempo, função em entidade pública e privada nas mesmas áreas de atuação. Sua palavra tem fé pública e eles também têm responsabilidade nas dimensões civil, penal, administrativa e ético-profisional em seu exercício. Além da capacitação técnico-científica atualizada, são necessárias sólida formação ética e habilidades para lidar com conflitos e pressões inerentes aos espaços institucionais regulatórios (Costa, 2008).

Na medida em que as questões dessa área são de interesse social e responsabilidade pública, os cidadãos também têm responsabilidades. Verifica-se, atualmente, como enfatizam Dallari & Ventura (2002), o reconhecimento de que os estados nacionais não conseguiriam sozinhos lidar com as questões sanitárias e ambientais, que cresce a constituição de organismos multilaterais para tratar desses assuntos e que também cresce, por parte de grupos organizados independentes do Estado, a reivindicação para participar das decisões nessas questões.

A participação da comunidade, estabelecida como um dos princípios organizativos do SUS, nos marcos do Estado Democrático de Direito, é a garantia de que os cidadãos, por intermédio de suas entidades representativas, participem do processo de formulação de diretrizes e estabelecimento de prioridades para as políticas de saúde; exerçam a fiscalização do cumprimento das disposições legais e normativas; e participem do controle e avaliação de ações e serviços executados nas distintas esferas de gestão. Isso abrange, obviamente, as questões do âmbito da área de vigilância sanitária. Almeja-se que se amplie a percepção da importância dessas questões no cotidiano das pessoas, com mudanças positivas no modelo de atenção, e que ações mais dialógicas com a população, com os profissionais e instituições de saúde se transformem em prioridade das políticas de vigilância sanitária nas três esferas de gestão.

Muitas dessas questões reclamam estratégias de comunicação de riscos e de divulgação de outras informações. A informação é um direito do cidadão e a comunicação é um bem social, e ambas poderão contribuir para reduzir assimetrias de informação, modificar atitudes e comportamentos, na construção de uma consciência sanitária mais alinhada com a saúde, e também subsidiar uma ação mais proativa e participativa da cidadania na defesa da saúde como um direito (Costa & Rangel-S, 2007), que inclui a qualidade de produtos, serviços e ambientes.

SISTEMA NACIONAL DE VIGILÂNCIA SANITÁRIA

A compreensão da necessidade de ações articuladas nas três esferas de gestão fez crescer no Brasil, gradativamente, a postulação de um sistema nacional de vigilância sanitária, em um movimento político que contou com a participação de atores da esfera federal e de órgãos estaduais de vigilância sanitária e de profissionais engajados no movimento da Reforma Sanitária. Com a abertura democrática, ocorreu, em abril de 1985, em Goiânia, um encontro de dirigentes de vigilância sanitária de alguns estados, que elaboraram a Carta de Goiânia. O documento alertava as autoridades sobre o descaso com a área e destacava a necessidade de reorientação dos serviços e de definição da Política Nacional de Vigilância Sanitária Integrada na Política Nacional de Saúde[5].

Em novembro do mesmo ano ocorreu o Seminário Nacional de Vigilância Sanitária, promovido pela Secretaria Nacional de Vigilância Sanitária, que contou com a participação de técnicos dessa secretaria e representantes de todos os órgãos estaduais, de algumas secretarias municipais e de instituições afins. O relatório final do evento apresentou um amplo conjunto de proposições e reafirmou as postulações da Carta de Goiânia quanto à necessidade de definição da política nacional, a descentralização das ações como caminho, com o fortalecimento das estruturas estaduais e municipais, e a inclusão da temática de vigilância sanitária na VIII Conferência Nacional de Saúde (CNS).

Como desdobramento desse seminário foi elaborado o Documento Básico sobre uma Política Democráti-

---

[5]In: Carta de Goiânia exige vigilância reforçada. Saúde em Debate 1987; 19:25-6.

ca e Nacional de Vigilância Sanitária, divulgado em fevereiro de 1986. Apresentando, pela primeira vez, um marco referencial e conceitual e diretrizes para a área de vigilância sanitária, o documento teve por objetivo divulgar ideias, aprofundar questões tratadas no evento e subsidiar a elaboração participativa da referida política[6].

Após a VIII CNS, foi realizada uma conferência temática específica – a Conferência Nacional de Saúde do Consumidor – que teve por objetivo definir o papel do Sistema Nacional de Vigilância Sanitária (SNVS) como "organismo-atividade responsável pela observância de condições, produtos e serviços que podem afetar a saúde do consumidor". A conferência contou com ampla participação de órgãos públicos e entidades da população organizada e trouxe ao debate inúmeras questões relacionadas com a vigilância sanitária que afetavam a saúde da população e o ambiente, tanto em razão dos desmandos e da falta de ética de agentes do segmento produtivo como em virtude das limitações e precariedades da instituição que deveria proteger a saúde[7].

Boxe 23.6

No ano seguinte à conferência, ocorreu um dos mais dramáticos eventos – a tragédia radioativa de Goiânia –, o que deveria despertar as autoridades sanitárias para a necessidade de atenção para com os serviços de saúde, a começar pela normatização da matéria e estruturação dos serviços de vigilância sanitária. Em setembro de 1987, dois catadores de sucata e de papel encontraram uma cápsula de Césio 137 abandonada em um terreno baldio no centro de Goiânia e a levaram para casa, onde foi quebrada a marteladas. Os envolvidos distribuíram porções do pó brilhante radioativo e a contaminação atingiu uma área superior a dois mil metros quadrados. O governo reconheceu, oficialmente, 12 mortes, mas as consequências da tragédia perduram até hoje (Ciência Hoje, 1988; 1998).

Desde o final dos anos 1970, o contexto era marcado pelas lutas em prol da redemocratização do país, pela reforma do setor saúde e também pelo movimento de defesa do consumidor que se expressou no tema da conferência. O consumidor foi objeto de uma Comissão Parlamentar de Inquérito (CPI do Consumidor), que divulgou seu relatório em 1977. Esse movimento ganhava corpo em organizações dos próprios consumidores e em estruturação de organismos para sua defesa e proteção no âmbito do Estado, em algumas Unidades da Federação, em Câmaras Municipais e Assembleias Legislativas e, inclusive, no Ministério da Agricultura.

Em 1985 foi criado o Conselho Nacional de Defesa do Consumidor para assessorar a Presidência da República. Esses processos confluíram para a formulação da Política Nacional de Defesa do Consumidor, determinada pela Constituição de 1988, que estabeleceu no artigo 5º, inciso XXXII, a defesa do consumidor como obrigação do Estado, o que se expressa na Lei 8.078/90 (Brasil, 1990), o Código de Defesa do Consumidor, promulgado no mesmo ano da LOS.

As limitações e precariedades dos serviços de vigilância sanitária se expressavam na falta de estrutura na esfera federal, mesmo que contasse com uma secretaria ministerial (criada em 1976), e nos órgãos das secretarias estaduais de saúde, que não dispunham das condições necessárias para cumprir as determinações estabelecidas na legislação de vigilância sanitária e atender às demandas do segmento produtivo, advindas de seu crescimento, tanto no tocante ao parque produtivo nacional como no referente aos bens de interesse da saúde importados. Mesmo que houvesse ações interdependentes a serem realizadas, as relações entre as duas esferas de gestão não eram sistemáticas e o apoio de recursos financeiros era eventual (Costa, 2004; Souto, 2004; Lucchese, 2006). Entre a esfera estadual e os municípios, pouco ou nada acontecia, pois até os primeiros anos da década de 1990, exceto as capitais, ao que parece, raros municípios contavam com serviços de vigilância sanitária, principalmente os de pequeno e médio porte.

Nos primeiros anos da década de 1990 começou-se a explicitar concepções sobre a organização das ações de vigilância sanitária em um sistema nacional, chegando-se a expressar essa intenção e seus delineamentos na Portaria Ministerial GM/MS 1565, de 1994, cujas disposições nunca foram cumpridas.

O SNVS foi formalmente instituído em 1999, com a Lei 9.782 (Brasil, 1999), que criou a Agência Nacional de Vigilância Sanitária. O momento era de profunda crise na área, que vinha acumulando epidemias de mortes evitáveis relacionadas com serviços de saúde e, desde 1996, diversos eventos de falsificação de medicamentos.

Um dos eventos foi o "Caso Schering", de mulheres vítimas de gravidez indesejada, em decorrência do uso de "anticoncepcionais de farinha". Segundo a empresa, teriam sido roubadas 644 mil cartelas fabricadas com farinha para testagem de uma nova máquina de embalagem, mas o fato não foi comunicado às autoridades e a comunicação foi retardada, mesmo após as primeiras denúncias.

Em meados de 1998 explodiu a crise de medicamentos falsificados, vendidos em vários pontos do país por distribuidoras irregulares, os quais foram adquiridos inclusive por hospitais públicos. Na época, o Ministério da Saúde divulgou na imprensa que foram detectados

---

[6] In: Documento Básico sobre uma política democrática e nacional de vigilância sanitária elaborado pela SNVS/MS junto aos órgãos de vigilância sanitária em fevereiro de 1086. Saúde em Debate 1987; 19:26-8.
[7] In: Relatório Final da Conferência Nacional de Saúde do Consumidor. Saúde em Debate 1987; 19:20-4.

61 medicamentos de diversas classes terapêuticas com falsificação comprovada.

O contexto era de Reforma do Aparelho de Estado e de reconfiguração do modelo de Estado provedor e prestador de serviços para o modelo de Estado regulador e de seus rearranjos, em face de necessidades decorrentes de uma posição mais destacada do Brasil na economia mundial, quando foram criadas várias agências reguladoras, duas na área de saúde, a Anvisa e a Agência Nacional de Saúde (ANS).

Boxe 23.7

Tiveram grande destaque na imprensa as mortes de 99 dos 329 idosos internados em uma clínica no Rio de Janeiro, no ano de 2006, em apenas 2 meses, e as mortes de 71 pacientes de uma clínica de hemodiálise em Caruaru-PE, devido à contaminação da água de hemodiálise por uma alga, entre fevereiro de 1996 e setembro de 1997. Nesse mesmo ano, 18 pacientes morreram em hospitais da rede privada em Recife, vítimas de acidentes tromboembólicos, em decorrência do uso de um soro contaminado do laboratório Endomed. Em janeiro de 1998, houve a morte de 72 bebês, em apenas 1 mês, em maternidades do Rio de Janeiro.

O projeto governamental de criação da Anvisa tramitou muito rapidamente no Poder Legislativo e a lei que estabeleceu formalmente o SNVS é minuciosa em relação à nova estrutura no modelo de agência, mas não detalha a concepção do sistema que lhe foi atribuído coordenar. Esse sistema, nos termos do artigo 1º da Lei 9.782/99, compreende o conjunto de ações definidas na LOS, parágrafo 1º do artigo 6º e artigos 15-18, executado por instituições da Administração Pública direta e indireta da União, dos estados, do Distrito Federal e dos municípios, que exerçam atividades de regulação, normatização, controle e fiscalização na área de vigilância sanitária.

A Constituição da República atribuiu ao Estado a obrigação de regular, fiscalizar e controlar as ações e serviços de saúde, considerados de relevância pública, e conferiu ao SUS, além de outras atribuições, a responsabilidade de executar as ações de vigilância sanitária, epidemiológica e da saúde do trabalhador, bem como de controlar e fiscalizar procedimentos, produtos e substâncias de interesse da saúde; fiscalizar e inspecionar alimentos, incluindo o controle de seu teor nutricional, bebidas e águas de consumo humano; participar do controle e fiscalização de substâncias e produtos psicoativos, tóxicos e radioativos e colaborar na proteção do ambiente, incluído o do trabalho; e participar na formulação e execução das ações de saneamento básico.

Outras matérias que dizem respeito ao componente vigilância sanitária e têm profunda relação com intervenções no âmbito da promoção da saúde referem-se à obrigatoriedade de o Estado regular a propaganda de produtos, práticas e serviços que possam ser nocivos à saúde e ao meio ambiente, ficando sujeita a restrições a publicidade de tabaco, bebidas alcoólicas, agrotóxicos, medicamentos e terapias, conforme os parágrafos 3º, inciso II, e 4º, respectivamente, do artigo 220 da Constituição. Além disso, para que seja garantido o direito de todos ao meio ambiente ecologicamente equilibrado, reconhecido como bem de uso comum essencial à qualidade de vida, foi definida a responsabilidade do Estado em controlar a produção, a comercialização e o emprego de técnicas, métodos e substâncias que comportem risco para a vida, a qualidade de vida e o meio ambiente (artigo 225, parágrafo 1º, inciso V).

Ao dispor sobre o SUS, a Lei 8.0809/90 estabelece as atribuições das três esferas de gestão com base no princípio constitucional de que a saúde é competência comum dos três entes federados. As disposições dessa lei, a legislação de vigilância sanitária que já existia e a lei que criou a Anvisa conformam o arcabouço jurídico básico de vigilância sanitária no país.

Compõem o SNVS, na esfera federal, a Agência Nacional de Vigilância Sanitária e o Instituto Nacional de Controle de Qualidade em Saúde (INCQS), que é o laboratório de referência nacional, vinculado tecnicamente à Anvisa e administrativamente à Fundação Oswaldo Cruz. Na esfera estadual, os órgãos de vigilância sanitária das 27 Unidades da Federação, ligados às respectivas secretarias de saúde, e os Laboratórios Centrais de Saúde Pública (LACEN), que existem em cada uma dessas Unidades. Algumas contam com laboratórios regionais. Na esfera municipal, compõem o SNVS os serviços de vigilância sanitária dos 5.565 municípios, alguns dos quais têm laboratórios municipais.

A Anvisa é uma autarquia da administração pública federal, sob regime especial, vinculada ao Ministério da Saúde. O modelo de agência é caracterizado por estabilidade dos dirigentes, autonomia financeira e independência administrativa, que, na verdade, é relativa. A estrutura organizacional é composta por cinco diretorias, gerências, assessorias, núcleos, procuradoria, auditoria interna e corregedoria. A Anvisa conta ainda com uma ouvidoria e um conselho consultivo e coordenadorias de portos, aeroportos e fronteiras existentes em todas as Unidades da Federação. A gestão da Anvisa é conduzida pela diretoria colegiada, composta de cinco membros, sendo um deles seu diretor-presidente.

A Anvisa firma com o Ministério da Saúde um contrato de gestão, que é o instrumento utilizado para avaliar sua atuação administrativa e seu desempenho com base em indicadores e metas pactuadas em um plano de trabalho anual. A Anvisa estabelece pactuações com estados e municípios, parte das quais lhes permite cumprir suas metas, e partilha com eles um montante do total de recursos arrecadados com as taxas de fiscalização e multas, previstas na legislação de vigilância sanitária.

A finalidade institucional da Anvisa, definida na Lei 9.782, é promover a proteção da saúde da população, mediante o controle sanitário da produção e da comercialização de produtos e serviços submetidos à vigilância sanitária, inclusive dos ambientes, dos processos, dos insumos e das tecnologias a eles relacionados, bem como o controle de portos, aeroportos e fronteiras. Compete ao Ministério da Saúde formular, acompanhar e avaliar a Política Nacional de Vigilância Sanitária e as diretrizes do SNVS, e à Anvisa, as seguintes competências:

- Normatização, controle e fiscalização de produtos, substâncias e serviços de interesse para a saúde.
- Execução da vigilância sanitária de portos, aeroportos e fronteiras, atribuição que poderá ser suplementada pelos estados, Distrito Federal e municípios.
- Coordenação e acompanhamento das ações de vigilância sanitária realizadas pelos demais entes federados, prestação de cooperação técnica e financeira e atuação em circunstâncias especiais de risco à saúde.
- Coordenação das ações de vigilância sanitária realizadas pelos laboratórios que compõem a rede oficial de laboratórios de controle de qualidade em saúde e coordenação dos sistemas de vigilância de eventos adversos relacionados com medicamentos, tecnologias, produtos tóxicos e hemoterapia.
- Controle da atividade hemoterápica e atividades relacionadas com órgãos, tecidos humanos e veterinários para uso em transplantes ou reconstituições.
- Controle de produtos e substâncias que envolvem risco à saúde, como resíduos de medicamentos veterinários e produtos fumígenos, derivados ou não do tabaco.
- Anuência de patentes de medicamentos.

Nas esferas subnacionais do SNVS, há grande diversidade em termos de estrutura organizacional. São escassos os trabalhos que tratam de aspectos relacionados com a infraestrutura, organização e gestão dos serviços estaduais e municipais de vigilância sanitária, mas pode-se perceber um intenso movimento no processo de descentralização e organização de serviços, que contou com estímulo financeiro e apoio técnico da Anvisa e inclusão da área nos espaços de pactuação do SUS.

Nas Unidades da Federação, os serviços de vigilância sanitária têm estruturas diversas. Três estados – Paraíba, Pernambuco e Rondônia – contam com agências criadas sob inspiração da Anvisa, embora não correspondam ao modelo desta agência. O Estado do Amazonas se estrutura sob a forma de Fundação e nas demais unidades predominam diretorias, coordenações ou departamentos, em sua maioria subordinadas a uma estrutura denominada vigilância da/em saúde, exceto nos estados de Sergipe, Piauí, Rio Grande do Norte, Tocantins, São Paulo e Bahia. Na maioria das Unidades da Federação existe vigilância sanitária em estruturas regionais de saúde.

Compete à vigilância sanitária de cada estado e do Distrito Federal coordenar o sistema em seu âmbito de atuação; prestar apoio técnico e financeiro aos municípios e realizar ações em caráter complementar; normatizar, em caráter suplementar à União, e colaborar com esta na execução das ações de vigilância sanitária de portos, aeroportos e fronteiras (Brasil,1990). Muitas ações ainda são exercidas nessa esfera de gestão, especialmente aquelas mais complexas, parte das quais deverá vir a ser competência dos municípios, com avanços no processo de descentralização e capacitação operativa dos serviços municipais.

É possível que a estrutura organizacional de vigilância sanitária nos municípios seja ainda mais diversificada do que nos estados. Não foram identificados estudos sobre o conjunto dos serviços dessa esfera de gestão e aqueles que se voltaram para municípios específicos (Cohen *et al.*, 2004; Garibott *et al.*, 2006; Leal, 2007; Marangon *et al.*, 2009; Bastos & Costa, 2011) mostraram situações de muitas fragilidades, de ordem técnico-operacional e política, distanciamento das demais ações de saúde e dificuldades nesses serviços e um grande esforço dos trabalhadores para realizar suas atividades.

O Censo Nacional dos Trabalhadores de Vigilância Sanitária (Anvisa, 2004), realizado em 2004, revelou que dos 4.814 municípios recenseados, 93% dispunham de trabalhador de vigilância sanitária, ou seja, realizavam alguma atividade. Entretanto, 27% desses municípios dispunham apenas de um trabalhador. Embora se perceba crescimento da participação desses trabalhadores em cursos (42% participaram de curso nos 2 anos anteriores), o Censo revelou que 23% deles nunca haviam participado de nenhum curso. Além disso, o vínculo de trabalho temporário alcançou 32% dos trabalhadores nessa esfera de gestão, chegando a 40% nos municípios de pequeno porte. Em comparação com a esfera estadual, em que a participação em cursos nos últimos 2 anos antes do Censo alcançou 87% dos trabalhadores e o vínculo permanente cerca de 91%, constata-se a grande fragilidade dos serviços na esfera municipal.

Os municípios vêm assumindo competências gradativamente, à medida que os serviços se organizam e fortalecem sua capacidade operativa, ocorre o processo de descentralização e maior importância é atribuída pela gestão municipal. Compete ao município coordenar o sistema municipal de vigilância sanitária e executar os serviços e ações nos termos da legislação de vigilância sanitária, podendo suplementar essa legislação nos limites do "interesse local" (Carvalho & Santos, 1992).

Os municípios têm competência para executar todas as ações e atividades de vigilância sanitária que não sejam de competência da esfera federal; a questão reside em sua capacidade ainda muito limitada.

CONSIDERAÇÕES FINAIS

Ao se refletir sobre esse componente do sistema de serviços de saúde, cujo escopo de atuação se revela tão amplo e complexo, pode-se perceber sua ação no cotidiano das pessoas e da coletividade, pois a maior parte de tudo que se usa ou consome recebeu, ou pelo menos deveria receber em algum momento, ação de vigilância sanitária. Pela abrangência e a natureza de seus objetos de atuação, compreende-se a transversalidade das ações que abrangem a promoção da saúde e perpassam a esfera preventiva, a recuperação e a reabilitação da saúde, cujas práticas, serviços e tecnologias utilizadas recebem, de algum modo, ação de vigilância sanitária.

É possível compreender que as questões da área de vigilância e regulação sanitária remetem a uma discussão mais ampla que precisa ser enfrentada no sistema de saúde e que diz respeito às relações entre o conhecimento científico e os processos de decisão por parte do Estado, que, conforme sinaliza Barreto (2004), necessita cada vez mais de conhecimento científico para fundamentar as normas e suas decisões.

O conhecimento é necessário ao desenvolvimento da área, à formulação de métodos e estratégias de atuação e avaliação das ações no enfrentamento de novos e velhos desafios relacionados com a questão da saúde e seus determinantes em suas relações com os riscos, as tecnologias e as inovações.

Mais dois aspectos, que dizem respeito a características próprias dessas práticas em saúde, devem ser enfatizados: a atuação estatal e o forte componente legal/normativo. As ações são exercidas no âmbito do Estado, mas não se pode olvidar que o Estado não é neutro, e sim campo de exercício de poderes e disputas de interesses; essas condições impõem a necessidade de permanente vigilância e participação, por parte dos cidadãos, para que sejam preservados sempre os superiores interesses da saúde.

A criação da Anvisa favoreceu o desenvolvimento da área no país, mas ao mesmo tempo que se percebe que o modelo de agência foi favorável, também ficam mais nítidas as diferenças em relação aos demais componentes do SNVS em distintos aspectos, como infraestrutura, capacidade operativa, independência administrativa, autonomia financeira, bem como recursos, principalmente humanos, com suas questões de carreira, salários, formação e qualificação.

Embora tenha havido avanços, permanece a falta de integração entre as políticas de saúde em geral e as de vigilância sanitária, e certas práticas ainda estão isoladas, a exemplo do planejamento das ações, que ainda é incipiente e descolado do planejamento no SUS e nem sequer se dispõe de um sistema de informação de base nacional.

Permanece, em geral, certa incapacidade de atuação ante o próprio Estado, que costuma descumprir as normas sanitárias, principalmente em relação aos serviços públicos de saúde, o que pode contribuir com mais iniquidade no que se refere à qualidade dos serviços. Em virtude da natureza das instituições reguladoras, como espaços de tensões e pressões, é necessário o desenvolvimento de mecanismos de transparência, parcerias e controle social da gestão, assunto pouco ou mesmo nada tematizado nesse âmbito do SUS.

Mais nítido nas esferas subnacionais, é incipiente o relacionamento com as instâncias do controle social e com o cidadão e o consumidor que necessitam de informação e práticas de educação em saúde, que lhes possam subsidiar o processo de formação de uma consciência sanitária que favoreça a promoção da saúde e dos direitos de cidadania.

O outro aspecto diz respeito às normas, que são fundamentais, mas não suficientes para operar a proteção e a defesa da saúde no âmbito de vigilância sanitária, o que exige intervenções para além do aparato institucional. É preciso compreender que as normas jurídicas e técnicas e as tecnologias de intervenção ou meios de controle são construções sociais que resultam de processos técnicos e políticos que envolvem disputas de interesses e negociações tecidas em dados momentos da sociedade brasileira, mas que não se extinguem nem se encerram com eles (Costa, 2004).

Um dos maiores desafios é romper com o normativismo excessivo, tarefa para a formação dos sujeitos-trabalhadores, dado que a atuação em vigilância sanitária é vinculada ao direito à saúde e não apenas à lei. Disso decorre, também, a necessidade imperativa da produção de conhecimento e informação atualizada e de articulação com a sociedade e seus segmentos não especializados e do desenvolvimento de um modelo de atenção integral também em vigilância sanitária; significa ir além das atividades restritas de inspeção e fiscalização, de modo a elevar a qualidade de produtos, serviços e ambientes e das práticas para conferir efetividade às ações de regulação e vigilância sanitária.

Referências

Aith F, Minhoto LD, Costa EA. Poder de polícia e vigilância sanitária no Estado Democrático de Direito. In: Costa EA (org.) Vigilância Sanitária: temas para debate. Salvador: Edufba, 2009:37-60.

Almeida-Filho N. A clínica e a epidemiologia. 2. ed. Salvador: APCE--Abrasco, 1997.

Autos de Goiânia. Ciência Hoje 1988; 40(7-Supl), 48p.

Barbosa AO, Costa EA. Os sentidos de segurança sanitária no discurso da Agência Nacional de Vigilância Sanitária. Ciência & Saúde Coletiva 2010; 15(Supl.3):3362-70.

Barreto ML. O conhecimento científico e tecnológico como evidência para políticas e atividades regulatórias em saúde. Ciência & Saúde Coletiva 2004; 9(2):329-38.

Bastos AA, Costa EA. Trabalho em Saúde: vigilância sanitária de farmácias no município de Salvador. Ciência & Saúde Coletiva 2011; 16(5):2391-400.

Baudrilhard J. A sociedade de consumo. Lisboa: Edições 70, 1977.

Beck U. La sociedad del riesgo. Buenos Aires: Paidós, 1998.

Beck U. La sociedad del riesgo mundial. Barcelona: Paidós, 2008.

Bodstein RCA. A complexidade da ordem social contemporânea e redefinição da responsabilidade pública. In: Rozenfeld S (org.) Fundamentos da Vigilância Sanitária. Rio de Janeiro: Editora Fiocruz, 2000:63-97.

Brasil. Ministério da Saúde. Agência Nacional de Vigilância Sanitária. Boletim Anual de Avaliação Sanitária em Serviços de Hemoterapia. Ano 2010. Disponível em: http://portal.anvisa.gov.br/wps/wcm/connect/73516000491b6c68bd10bd466b74119d/boletim_anual3.pdf?MOD=AJPERES. Acesso em: 23/5/2012.

Brasil. Lei 8.080, de 19 de setembro de 1990. Dispõe sobre as condições para a promoção, proteção e recuperação da saúde, a organização e funcionamento dos serviços correspondentes e dá outras providências. Brasília: Diário Oficial da União, 20 de setembro de 1990.

Brasil. Lei 8.078, de 11 de setembro de 1990. Dispõe sobre a proteção do consumidor e organiza o Sistema Nacional de Defesa e Proteção do Consumidor. Brasília: Diário Oficial da União, 20 de setembro de 1990.

Brasil. Ministério da Saúde. Portaria 1.565, de 26 de agosto de 1994. Define o Sistema Nacional de Vigilância Sanitária e sua abrangência. Diário Oficial da União, de 28 de agosto de 1994.

Brasil. Agência Nacional de Vigilância Sanitária. Censo Nacional dos Trabalhadores de Vigilância Sanitária. Brasília : Anvisa, 2004. Disponível em: www.anvisa.gov.br. Acesso em: 22/9/2012.

Brasil. Lei 9.782, de 26 de janeiro de 1999. Define o Sistema Nacional de Vigilância Sanitária e cria a Agência Nacional de Vigilância Sanitária, e dá outras providências. Diário Oficial da União, de 27 de janeiro de 1999.

Brüseke FJ. Risco e contingência. RBCS 2007; 22(63):69-80.

Carta de Goiânia exige vigilância reforçada. Saúde em Debate set/out 1987; (19):25-6.

Carvalho GIC, Santos L. Sistema Único de Saúde: comentários à Lei Orgânica da Saúde (Lei 8.080 e Lei 8.143/90). São Paulo: Hucitec, 1992.

Cohen MM, Moura MLO, Tomazelli JC. Descentralização das ações de vigilância sanitária nos municípios de gestão plena no estado do Rio de Janeiro. Revista Brasileira de Epidemiologia 2004; 7(3):290-301.

Costa EA. Regulação e Vigilância: proteção e defesa da saúde. In: Rouquayrol MZ, Gurgel M (orgs.) Epidemiologia & Saúde. 7. ed. Rio de Janeiro: MedBook, 2012:493-520.

Costa EA. Fundamentos de Vigilância Sanitária. In: Costa EA (org.) Vigilância Sanitária: temas para debate. Salvador: Edufba 2009:11-36.

Costa EA. O trabalhador de vigilância sanitária e a construção de uma nova vigilância. Fiscal ou profissional de saúde. In: Costa EA (org.) Vigilância Sanitária: desvendando o enigma. Salvador: Edufba, 2008:77-90.

Costa EA. Vigilância Sanitária: proteção e defesa da saúde. 2. ed. São Paulo: Sobravime, 2004.

Costa EA. Vigilância Sanitária: proteção e defesa da saúde. In: Rouquayrol MZ, Almeida-Filho N. Epidemiologia & Saúde. 5. ed. Rio de Janeiro: Medsi, 2003:357-87.

Costa EA, Souto AC. Formação de Recursos Humanos para a Vigilância Sanitária. Divulgação em Saúde para Debate 2001; 25:91-7.

Costa EA, Rozenfeld S. Constituição da vigilância sanitária no Brasil. In: Rozenfeld S (org.) Fundamentos da Vigilância Sanitária. Rio de Janeiro: Editora Fiocruz, 2000:15-40.

Costa EM. Risco e proteção da saúde: reprocessamento de produtos médicos em hospitais de Salvador. [Tese de Doutoramento]. Salvador, Instituto de Saúde Coletiva da Universidade Federal da Bahia, 2011.

Dallari SG, Ventura DFL. O princípio da precaução: dever do Estado ou protecionismo disfarçado? São Paulo em Perspectiva 2002; 16(2):53-63.

Di Pietro MSZ. Direito administrativo. 24. ed. São Paulo: Atlas, 2011.

Documento Básico sobre uma política democrática e nacional de vigilância sanitária elaborado pela SNVS/MS junto aos órgãos de vigilância sanitária em fevereiro de 1086. Saúde em Debate 1987; 19:26-8.

Durand C. A segurança sanitária num mundo global: os aspectos legais. O Sistema de Segurança Sanitária na França. Revista de Direito Sanitário 2001; 2(1):59-78.

Garcia JC. A articulação da Medicina e da Educação na estrutura social. In: Nunes ED (org.) Pensamento social em saúde na América Latina. São Paulo: Cortez, 1989:189-238.

Garibotti V, Hennington EA, Selli L. A contribuição dos trabalhadores na consolidação dos serviços municipais de vigilância sanitária. Cadernos de Saúde Pública 2006; 22 (5):1043-51.

Goiânia, 10 anos depois. Ciência Hoje 1998; 131:52-7.

Leal COBS. Análise situacional da Vigilância Sanitária em Salvador. [Dissertação de Mestrado]. Salvador, Instituto de Saúde Coletiva da Universidade Federal da Bahia, 2007.

Leite HJD. Vigilância Sanitária em Serviços de Saúde: risco e proteção da saúde em serviços de hemodiálise. [Tese de Doutoramento]. Salvador, Instituto de Saúde Coletiva da Universidade Federal da Bahia, 2007.

Lexchin J. Uma fraude planejada: a publicidade farmacêutica no terceiro mundo. In: Bonfim JRA, Mercucci VL (orgs.) A construção da Política de Medicamentos. São Paulo: Hucitec/Sobravime, 1997:269-89.

Lucchese G. A vigilância sanitária no sistema Único de Saúde. In: De Seta MH, Pepe VLE, Oliveira GOD. Gestão e vigilância sanitária: modos atuais de pensar e fazer. Rio de Janeiro: Editora Fiocruz, 2006:33-47.

_____ Globalização e regulação sanitária: os rumos da vigilância sanitária no Brasil. Brasília: Editora Anvisa, 2008.

Magalhães HP, Malta CPT. Dicionário Jurídico. 7. ed. Rio de Janeiro: Trabalhista, 1990.

Marangon MS et al. A descentralização da vigilância sanitária no município de Várzea Grande, MT (1998-2005). Revista de Administração Pública 2009; 43(2):457-79.

McKray G. Consumer protection: the Federal Food, Drug and Cosmetic Act. In: Roemer R, McKray G. Legal aspects of health policy. Issues and trends. Connecticut: Greenwood Press; 1980:173-211.

Navarro MVT. Risco, radiodiagnóstico e vigilância sanitária. Salvador: Edufba, 2009.

Nunes EMF Análise da produção bibliográfica sobre vigilância sanitária no Brasil. Um estudo bibliométrico do período 1999 a 2010. [Dissertação de Mestrado]. Salvador, Instituto de Saúde Coletiva da Universidade Federal da Bahia, 2012.

Offe C. Trabalho e sociedade: problemas estruturais e perspectivas para o futuro da sociedade do trabalho. Rio de Janeiro: Tempo Brasileiro, 1991.

Pepe VLE, Noronha ABM, Figueiredo TA, Souza AAL, Oliveira CVS, Pontes JR DM. A produção científica e grupos de pesquisa sobre vigilância sanitária no CNPq. Ciência & Saúde Coletiva 2010; 15(Supl 3):3341-50.

Rangel CP. Análise da situação sanitária da Rede Hemoterápica do Estado da Bahia. [Dissertação de Mestrado]. Salvador, Instituto de Saúde Coletiva da Universidade Federal da Bahia, 2012.

Rangel-S ML, Marques T, Costa EA. Risco, vigilância sanitária e comunicação: subsídios para uma política de proteção e promoção da saúde. In: Costa EA, Rangel-S ML (orgs.) Comunicação em vigilância sanitária: princípios e diretrizes para uma política. Salvador: Edufba, 2007:13-39.

Relatório Final da Conferência Nacional de Saúde do Consumidor. Saúde em Debate 1987; 19:20-24.

Sebastião PCA, Lucchese G. A visão de distintos atores sobre o controle sanitário da importação de substâncias psicotrópicas no Brasil. Ciência & Saúde Coletiva 2010; 15(Supl 3):3393-402.

Souto AC. Saúde Política: A vigilância sanitária no Brasil 1976-1994. São Paulo: Sociedade Brasileira de Vigilância de Medicamentos, 2004.

Souza GS, Costa EA. Reflexões teóricas e conceituais acerca do trabalho em vigilância sanitária, campo específico do trabalho em saúde. Ciência & Saúde Coletiva 2010; 15(Supl.3):3329-40.

Tognoni G, Laporte JR. Estudos de utilização de medicamentos e de farmacovigilância. In: Laporte JR, Tognoni G, Rozenfeld S. Epidemiologia do medicamento: princípios gerais. São Paulo: Hucitec-Abrasco, 1989:43-56.

Waldman EA. Vigilância Epidemiológica como prática de Saúde Pública. [Tese de Doutoramento]. São Paulo: Departamento de Epidemiologia, Faculdade de Saúde Pública da Universidade de São Paulo, 1991.

24

Relações entre a Atenção Básica, de Média e Alta Complexidade:
Desafios para a Organização do Cuidado no Sistema Único de Saúde

Jorge José Santos Pereira Solla ♦ *Jairnilson Silva Paim*

INTRODUÇÃO

A implantação de redes regionalizadas e hierarquizadas de saúde, a montagem de sistemas de referência e contrarreferência, a concepção de redes alternativas, além do desenvolvimento de linhas de cuidado, representam iniciativas para fortalecer as relações entre a atenção básica e a atenção especializada e hospitalar.

Neste capítulo serão discutidas algumas características dos serviços reconhecidos como de média e alta complexidade (MAC) no âmbito da atenção especializada e hospitalar e as relações estabelecidas com a atenção básica.

Nos primeiros anos de implantação do SUS, poucas foram as iniciativas para reorientação do *modelo de atenção* na perspectiva do cuidado e para organização da *rede de serviços*. A ênfase maior nas políticas implementadas dirigiu-se para a descentralização e o financiamento do sistema público de saúde. Na segunda metade da década de 1990, a expansão do PSF apontava para possibilidades de mudança dos modelos de atenção, embora somente com a aprovação da Norma Operacional de Assistência à Saúde (NOAS), em 2000, os temas de regionalização e organização da rede de serviços de média e alta complexidade foram efetivamente introduzidos na agenda das políticas públicas de saúde no Brasil. Nesse particular, o desafio atual parece apostar nessas iniciativas, sem negligenciar as questões políticas da gestão e do financiamento do SUS.

A atenção básica engloba um conjunto de ações de caráter individual ou coletivo nos níveis de promoção da saúde, prevenção de doenças, diagnóstico, tratamento e reabilitação. É considerada o primeiro nível de atenção do sistema de saúde e, no caso da assistência médica, representaria a porta de entrada preferencial do sistema de saúde, contemplando as chamadas especialidades básicas: clínica médica, pediatria, obstetrícia e ginecologia.

Presentemente, o Governo Federal estabelece que o *acesso universal e igualitário às ações e aos serviços de saúde,* assegurado pela Lei 8.080/90, será ordenado pela atenção primária (Decreto Presidencial 7.508/2011, artigos 9 e 11) (Brasil, 2011b). Essa decisão, ainda que inspirada na experiência internacional de países que optaram por sistemas universais de saúde, impõe grandes desafios diante dos diferenciais de poder entre os serviços de atenção básica e os de média e alta complexidade. Do mesmo modo, a fragilidade na capacidade de gestão da rede de atenção básica, inclusive do poder municipal, pode comprometer sua governabilidade no ordenamento do acesso.

Esse decreto presidencial cria uma Rede Nacional de Serviços de Saúde (RENASS), definindo como portas de entrada nas redes de atenção à saúde os serviços de atenção primária, urgência e emergência, atenção psicossocial e os serviços "especiais de acesso aberto". Mais recentemente, a *Política Nacional de Atenção Básica* (Portaria 2.488, de 21 de outubro de 2011) (Brasil, 2011a) propõe a revisão de diretrizes e normas, a centralidade no usuário e a coordenação do cuidado, mediante o acompanhamento e a organização do fluxo dos usuários, além da educação permanente em saúde para qualificar o pessoal envolvido com essas inovações.

ATENÇÃO SECUNDÁRIA OU AMBULATORIAL ESPECIALIZADA

Esse nível de atenção contempla um conjunto de ações, conhecimentos e técnicas assistenciais com certa densidade tecnológica, envolvendo processos de trabalho e tecnologias especializadas. Os serviços mencionados desse nível de atenção são considerados de média e alta complexidade, identificados pela sigla MAC em documentos oficiais do SUS e por gestores e técnicos.

Os limites entre a atenção básica e a MAC não são precisos, pois a abrangência depende de definições políticas com diferentes critérios de valoração e de alocação de recursos pelo SUS entre as áreas básicas e as especialidades. De modo geral, a rede básica oferta ações e serviços de saúde de maneira descentralizada e inclui unidades de menor porte, mais próximas aos usuários, cabendo aos serviços alcançá-los e oferecer-lhes uma assistência quase todo o tempo. Na rede especializada, por sua vez, os serviços seriam ofertados de modo hierarquizado e regionalizado, os usuários seriam dirigidos às unidades, e a assistência não seria contínua, mas "pontual".

Enquanto na atenção básica a absoluta maioria dos usuários é continuamente alvo das ações e serviços prestados de maneira extensiva, na atenção especializada a atenção é dirigida apenas para uma parte da população que, em determinado momento, precisa de cuidados especializados. Desse modo, os serviços básicos devem ser ofertados de maneira descentralizada em unidades de saúde o mais próximo possível de onde os indivíduos vivem e para atender menores contingentes populacionais. Já a atenção especializada deve ser ofertada de maneira hierarquizada e regionalizada, com serviços concentrados em polos regionais (municípios de maior porte e referência para a oferta desses serviços) para dar cobertura a um conjunto mais amplo de população. Assim, os serviços de atenção especializada, em geral, são viabilizados em unidades de abrangência regional (para atender a população de diversos bairros, distritos ou municípios), devendo receber pacientes referenciados a partir da atenção básica.

Na atenção ambulatorial especializada, a chamada média complexidade envolve ações e serviços que visam atender problemas de saúde da população, cuja prática clínica demanda disponibilidade de profissionais especializados e o uso de recursos tecnológicos de apoio diagnóstico e terapêutico. Envolve 52 especialidades médicas reconhecidas no Brasil. Contempla também o atendimento ambulatorial às situações de urgência e emergência. Conforme a lista de procedimentos do Sistema de Informações Ambulatoriais do SUS (SIA-SUS), seguem alguns exemplos de serviços de média complexidade: procedimentos especializados realizados por profissionais médicos e outros de nível superior e nível médio; cirurgias ambulatoriais especializadas; procedimentos traumato-ortopédicos; ações especializadas em odontologia; patologia clínica; anatomopatologia e citologia; radiodiagnóstico; exames ultrassonográficos; diagnose; fisioterapia; terapias especializadas; próteses e órteses; anestesia.

No âmbito da atenção especializada, a chamada média complexidade representa um grande espaço de produção de serviços de apoio diagnóstico e terapêutico (SADT) com menor valor financeiro na tabela do SUS.

Em geral, suas ações são definidas por exclusão, correspondendo às que não são se enquadram na atenção básica nem na alta complexidade. Verificam-se dificuldade de acesso e baixa resolutividade dos serviços, superposição de oferta nas redes ambulatorial e hospitalar, concentradas em locais de alta densidade populacional, além do baixo grau de integração entre as ações dos diferentes níveis de atenção ou graus de complexidade.

No que concerne à alta complexidade, inclui procedimentos ambulatoriais de alto custo com crescente inclusão de novas tecnologias. Constata-se o predomínio do setor privado contratado (lucrativo e filantrópico) e de serviços de hospitais universitários. Nesse âmbito, os valores de tabela praticados nos pagamentos realizados pelo SUS correspondem a preços mais próximos ou até mesmo, em alguns casos, equivalentes aos praticados no mercado privado. Assim como na média complexidade, a organização dos serviços está baseada na oferta e não na necessidade, de modo que o credenciamento de serviços pelo SUS tem sido realizado sem parâmetros de base populacional. No território nacional há extensas regiões sem cobertura, configurando vazios assistenciais. Em geral, essa oferta ainda encontra-se desvinculada de linhas de cuidado que garantam a continuidade da oferta de procedimentos necessários a cada paciente, não efetivando a responsabilização do sistema pelos pacientes e suas demandas. Observa-se, na última década, um esforço por parte do Ministério da Saúde com vistas a definir parâmetros populacionais para oferta desses procedimentos e implementação de medidas para a indução de oferta nas regiões onde representam lacunas importantes (Brasil, 2004a, 2004b).

Entre as áreas de MAC que têm sido alvos de políticas nacionais no SUS, destacam-se:

- Atenção cardiovascular
- Saúde auditiva
- Atenção ao portador de doença renal
- Procedimentos eletivos de média complexidade
- Atenção oncológica
- Saúde da pessoa portadora de deficiência
- Saúde bucal
- Alta complexidade em traumato-ortopedia
- Atenção às urgências e emergências
- Atenção ao portador de doença neurológica
- Hospitais de pequeno porte
- Saúde da pessoa idosa
- Saúde da mulher

Entre outras áreas de atenção na MAC, podem ser mencionadas: assistência em UTI; redes estaduais de assistência a queimados; assistência ao portador de obesidade grave e em terapia nutricional; Programa Nacional de Triagem Neonatal; Sistema Nacional de Transplante; Programa Nacional de Assistência à Dor e Cuidados Paliativos; Programa de Reestruturação e Contratualização de Hospitais de Ensino; Programa de Reestruturação e Contratualização de Hospitais Filantrópicos; Saúde da Criança; Saúde do Trabalhador; Programa de Assistência Ventilatória Não Invasiva; Rede de Assistência em Oftalmologia; e assistência ao portador de lesão labiopalatal ou craniofacial.

Apesar do uso corrente do jargão MAC no SUS, há diversas críticas à essa concepção. É um equívoco insinuar a atenção básica como se fora de baixa complexidade. Em primeiro lugar, não cabe confundir complexidade tecnológica com *densidade tecnológica*, que expressa o uso de equipamentos sofisticados e caros que concentram, na realidade, alta densidade de capital. Em segundo lugar, a sigla MAC não é apenas uma listagem de atos técnicos, mas um modo de remuneração de prestadores por procedimentos que substituiu o pagamento por unidades de serviços (US) nos tempos do INPS/Inamps, considerados pelo famoso sanitarista Carlos Gentile de Melo como "fator incontrolável de corrupção". Em terceiro lugar, a expressão MAC induz o equívoco de insinuar a atenção básica como um conjunto tecnológico de baixa complexidade, quando na verdade um cuidado a um problema emocional de uma pessoa, ou uma visita domiciliar a uma família com vítima de violência doméstica, pode ser tecnologicamente bem mais complexo do que uma sessão de fisioterapia ou um procedimento de traumato-ortopedia.

Entre os problemas de atenção verificado na MAC, destacam-se: (a) excesso de pedidos de consultas com especialistas; (b) solicitação de exames complementares desnecessários; (c) utilização desses serviços para realização de procedimentos não cobertos pelos planos de saúde ou não autorizados pelas operadoras; (d) rede privada organizada em uma lógica completamente diferenciada do SUS, com excesso de serviços especializados submetidos a intensa concorrência.

No que diz respeito aos problemas de gestão na MAC, podem ser lembrados: (a) inadequação da oferta ao perfil epidemiológico; (b) financiamento atrelado às tabelas SIA e SIH, com teto financeiro rígido; (c) processo de credenciamento, contratos e convênios sujeito a interferências extratécnicas, seja por pressão dos entes privados, seja por práticas clientelistas da política e da gestão; (d) indefinição do papel das esferas de governo na organização e operação da rede, a despeito das tentativas de normalização por meio da NOAS 01/2002, com seus instrumentos Plano de Desenvolvimento da Regionalização (PDR), Plano de Desenvolvimento de Investimentos (PDI) e Programação Pactuada Integrada (PPI), do Pacto de Gestão, em 2006, com a definição de competências e responsabilidades sanitárias dos gestores e, mais recentemente, do Decreto Presidencial 7.508/2011, já referido; (e) indefinição das relações entre rede básica e MAC, não obstante a profusão de leis, decretos, pactos e normas.

Portanto, entre os desafios para o desenvolvimento da atenção especializada, merecem destaque: (a) ausência de planejamento; (b) não observação das necessidades da população; (c) acesso baseado na oferta de serviços; (d) incorporação tecnológica acrítica, com escasso espaço para a avaliação tecnológica em saúde (ATS); (e) baixa resolutividade; (f) pouco investimento na qualificação profissional; (g) insuficiência de parâmetros técnicos e epidemiológicos; (h) baixa regulação da oferta existente; (i) incipientes protocolos assistenciais e ações de regulação para reduzir solicitação desnecessária e abusiva de determinados procedimentos; (j) baixa indução para realização de ajustes e correções das desigualdades na distribuição de equipamentos que empregassem parâmetros de necessidade.

Importante destacar também a tensão existente entre regionalização e descentralização na evolução do SUS, em razão da ausência de planejamento regional e em função do início tardio das medidas de indução da regionalização (posterior à indução à municipalização) (Viana & Lima, 2011).

ATENÇÃO TERCIÁRIA

No SUS, a atenção terciária inclui a assistência hospitalar. Os hospitais dispõem de leitos para internações, ambulatórios e SADT. A infraestrutura do sistema de saúde brasileiro na atenção especializada hospitalar é composta por 6.300 hospitais, dos quais 69% são privados e 31% dos leitos são de hospitais privados lucrativos. Apenas 35,4% dos leitos hospitalares e 6,4% dos SADT são públicos, enquanto somente 38,7% dos leitos privados estão disponíveis para o SUS (Paim *et al.*, 2011).

No SUS podem ser identificados diferentes tipos de hospitais: hospitais federais, hospitais psiquiátricos, hospitais de ensino, hospitais de pequeno porte, hospitais filantrópicos e hospitais estratégicos. Desde a última década, o Ministério da Saúde estabeleceu diretrizes para a atenção hospitalar, como:

- Modelo de atenção centrado no usuário
- Planejamento e gestão da rede
- Alocação global ou mista de recursos
- Contratualização com metas
- Fortalecimento da capacidade gerencial
- Relação com gestores (inserção no SUS)

Assim, a proposta de reforma da assistência hospitalar no SUS está assentada nos seguintes eixos: melhoria do acesso, humanização, inserção na rede, democratização da gestão, descentralização e regionalização, adequação da oferta às necessidades, fortalecimento da regulação, implantação do orçamento global (Brasil, 2004c).

Observa-se, nas duas últimas décadas, diminuição do número de hospitais (apesar de considerável aumento na área pública, houve grande redução de serviços privados), de modo que em 1993 havia 3,3 leitos por mil habitantes e em 2009, apenas 1,9 leito por mil habitantes. Mesmo considerando a desospitalização verificada no Brasil a partir da Reforma Psiquiátrica, com a extinção de mais de 20 mil leitos e a implantação de serviços substitutivos, como os centros de Atenção Psicossocial (CAPS) e Serviços de Residência Terapêutica (SRT), não deixa de ser preocupante essa redução dos leitos, diante da mudança do perfil epidemiológico com predominância de condições crônicas, acidentes e violências, além do envelhecimento da população. De qualquer modo, cabe registrar o crescimento de unidades ambulatoriais especializadas e de SADT nos últimos 10 anos, o que de certo modo pode dispensar o recurso às internações (Paim et al., 2011).

No que se refere à assistência hospitalar, verificam-se taxas de internação mais altas para portadores de planos de saúde (8 internações por cem pessoas) do que na população geral (7%). Observa-se, ainda, diminuição de internações pagas pelo setor público, sendo 13,1 milhões em 1982, quando existia o Inamps, e 11,1 milhões em 2009, em plena vigência do SUS (Paim et al., 2011). As tentativas de regulação efetuadas pelo SUS têm sido insuficientes para alterar os padrões históricos da assistência hospitalar.

EVOLUÇÃO DA PRODUÇÃO AMBULATORIAL ESPECIALIZADA PELO SUS

A produção de procedimentos ambulatoriais especializados pelo SUS teve aumento de 437% nos últimos 10 anos, passando de 666.457.527 procedimentos em 2001 para 3.578.193.153 em 2011. Analisando o período entre 2008 e 2011, observa-se uma evolução positiva da ordem de 22,78% (Tabela 24.1). Cabe destacar que em 2007, foram registrados 1.351.229.011 procedimentos na atenção ambulatorial especializada pelo SUS. Excluindo o componente especializado da assistência farmacêutica (medicamentos de alto custo), 2.918.606.498 procedimentos foram realizados em 2011, com aumento de 22,66% em relação aos realizados em 2008.

Como a partir de 2008 ocorreram mudanças substanciais nas tabelas do SUS, são necessárias ressalvas na análise da evolução da produção entre os períodos anterior e posterior a essas alterações. Em 2005, a produção ambulatorial especializada pelo SUS superou, pela primeira vez, a marca de um bilhão de procedimentos. Com a mudança na tabela do SUS, a maioria dos procedimentos de hemoterapia e parte de outros subgrupos que antes estavam classificados em alta complexidade passaram a ser classificados como de média complexidade.

Da produção realizada em 2011, 88,51% foram efetivados em unidades públicas e 11,49% em instituições privadas. Retirando o componente especializado da assistência farmacêutica, ficamos com 85,91% de produção pública e 14,09% privada. A menor oferta pública é na nefrologia, com 5,73% para o tratamento em nefrologia e 9,75% para procedimentos cirúrgicos ambulatoriais nessa especialidade. Chama atenção também a área de oncologia, com apenas 19,10% dos tratamentos realizados em serviços públicos (Tabela 24.2).

Mesmo com o expressivo aumento observado, a média complexidade é hoje um dos principais pontos de estrangulamento na oferta pelo SUS. Por um lado, a imensa ampliação da cobertura da atenção básica determinou grande aumento da demanda por SADT e procedimentos especializados; por outro, por ainda ser em muitos casos a porta de entrada no sistema de saúde, e ainda por sofrer uma pressão permanente para incorporação de inovações tecnológicas, termina por ter uma demanda que supera em muito a capacidade instalada do SUS. Chama atenção a demanda reprimida por consultas médicas especializadas, além de procedimentos de laboratório clínico e diagnóstico por imagem. Todavia, é possível admitir que em muitos locais não haveria essa demanda não atendida, se fossem incorporados protocolos assistenciais e efetivados processos regulatórios.

REDES DE ATENÇÃO À SAÚDE COMO FORMA DE ORGANIZAÇÃO DAS RELAÇÕES ENTRE A ATENÇÃO BÁSICA E DE MÉDIA E ALTA COMPLEXIDADE

A noção de redes traz a ideia da possibilidade de integração entre os serviços, evitando que fiquem dispostos de maneira isolada, autarquizada, sem comunicação. Em tempos de internet, as conexões são superestimadas e insinuam ausência de poder ou mesmo um poder invisível. No entanto, abusando um pouco de metáforas, nem tudo que cai na rede é peixe, e muitos peixes têm dificuldade em se movimentar e se articular na rede. Portanto, as redes podem ser um recurso, mas não uma solução. Não deve ser por acaso que ainda hoje se discute o papel do hospital na rede de serviços. As redes regionalizadas e hierarquizadas propostas pela Constituição, Lei Orgânica da Saúde, NOAS e Pacto de Gestão ainda se encontram muito incipientes.

Para ilustrar as redes de atenção no SUS, podem ser usadas como exemplo as redes de supermercados, nas quais várias lojas pertencem a uma mesma empresa, e as redes de televisão, em que há várias emissoras integradas, mesmo que não pertençam a um único dono. Os supermercados podem dispor de uma sede da empresa onde são tomadas as principais decisões, além de escritórios em cada loja, responsáveis pela solicitação de

Capítulo 24 • Relações entre a Atenção Básica, de Média e Alta Complexidade

Tabela 24.1 • Procedimentos especializados ambulatoriais produzidos pelo SUS de acordo com o subgrupo – Brasil, 2008 a 2011

Subgrupo de procedimentos	2008	2009	2010	2011	2011-2008
0101 Ações coletivas/individuais em saúde	476.470.417	527.691.963	545.102.610	574.329.376	20,54
0102 Vigilância em saúde	13.508.953	16.023.606	19.004.453	20.309.504	50,34
0201 Coleta de material	56.628.097	56.547.025	62.086.799	67.543.955	19,28
0202 Diagnóstico em laboratório clínico	383.415.365	426.121.230	472.524.703	506.021.667	31,98
0203 Diagnóstico por anatomia patológica e citopatologia	13.816.169	14.088.369	13.855.876	13.666.494	–1,08
0204 Diagnóstico por radiologia	50.664.819	55.316.479	59.007.602	59.720.981	17,87
0205 Diagnóstico por ultrassonografia	12.268.554	13.269.512	14.800.338	13.256.187	8,05
0206 Diagnóstico por tomografia	1.575.879	1.847.744	2.211.975	2.556.644	62,24
0207 Diagnóstico por ressonância magnética	315.328	383.916	490.274	601.646	90,80
0208 Diagnóstico por medicina nuclear *in vivo*	310.209	314.398	340.282	371.799	19,85
0209 Diagnóstico por endoscopia	1.560.977	1.582.488	1.722.938	1.554.630	–0,41
0210 Diagnóstico por radiologia intervencionista	44.461	51.376	54.974	57.345	28,98
0211 Métodos diagnósticos em especialidades	25.229.861	25.596.014	28.311.570	29.019.071	15,02
0212 Diagnóstico e procedimentos especiais em hemoterapia	12.998.728	12.665.980	12.671.726	12.286.409	–5,48
0213 Diagnóstico em vigilância epidemiológica e ambiental	197.587	919.276	626.614	592.057	199,64
0214 Diagnóstico por teste rápido	18.215.721	26.645.235	30.599.128	38.245.255	109,96
0301 Consultas/Atendimentos/Acompanhamentos	1.073.164.860	1.171.748.117	1.210.600.244	1.291.821.736	20,37
0302 Fisioterapia	36.946.902	39.717.100	43.091.492	45.022.936	21,86
0303 Tratamentos clínicos (outras especialidades)	4.977.012	5.339.724	6.336.542	7.495.993	50,61
0304 Tratamento em oncologia	9.175.714	9.677.976	10.509.878	11.589.977	26,31
0305 Tratamento em nefrologia	10.085.330	10.651.117	11.139.738	11.660.334	15,62
0306 Hemoterapia	7.719.151	7.846.127	7.982.761	7.865.918	1,90
0307 Tratamentos odontológicos	73.591.317	78.840.084	80.608.557	84.890.032	15,35
0309 Terapias especializadas	800.933	783.634	917.340	986.171	23,13
0310 Parto e nascimento	1.639	1.611	1.868	1.721	5,00
0401 Pequenas cirurgias e cirurgias de pele, tecido subcutâneo e mucosa	58.993.121	63.032.931	62.861.312	62.879.205	6,59
0403 Cirurgia do sistema nervoso central e periférico	2.090	5.844	8.464	11.877	468,28
0404 Cirurgia das vias aéreas superiores, da face, da cabeça e do pescoço	1.513.506	1.441.425	1.460.337	1.145.717	–24,30
0405 Cirurgia do aparelho da visão	875.830	957.446	1.052.503	1.043.191	19,11
0406 Cirurgia do aparelho circulatório	167.854	193.094	180.808	159.579	–4,93
0407 Cirurgia do aparelho digestivo, órgãos anexos e parede abdominal	85.887	95.251	103.539	65.802	–23,39
0408 Cirurgia do sistema osteomuscular	1.347.921	1.266.929	1.228.907	568.447	–57,83
0409 Cirurgia do aparelho geniturinário	266.494	207.113	186.399	119.906	–55,01
0410 Cirurgia de mama	26.193	29.950	31.390	8.592	–67,20
0411 Cirurgia obstétrica	16.216	17.937	20.958	13.483	–16,85
0412 Cirurgia torácica	17.199	21.272	21.532	6.564	–61,83
0413 Cirurgia reparadora	180.725	182.994	207.509	198.669	9,93
0414 Bucomaxilofacial	19.408.366	23.412.396	20.780.097	26.960.295	38,91
0415 Outras cirurgias	106.158	120.443	124.597	129.330	21,83
0417 Anestesiologia	41.525	71.992	109.184	161.825	289,70
0418 Cirurgia em nefrologia	78.288	89.382	93.507	101.014	29,03
0501 Coleta e exames para fins de doação de órgãos, tecidos e células e de transplante	1.046.840	1.311.831	1.489.357	1.538.851	47,00
0503 Ações relacionadas com a doação de orgãos e tecidos para transplante	5.245	16.489	15.718	21.677	313,29
0504 Processamento de tecidos para transplante	46.619	43.819	38.117	47.195	1,24
0505 Transplante de órgãos, tecidos e células	804	2.819	3.328	4.217	424,50
0506 Acompanhamento e intercorrências no pré e pós-transplante	179.323	204.311	229.768	252.097	40,58
0601 Medicamentos de dispensação excepcional	534.784.426	634.564.778	155.520.198	0	–100,00
0602 Medicamentos estratégicos	29	12	0	0	–100,00
0604 Componente Especializado da Assistência Farmacêutica	0	0	464.066.274	659.586.655	
0701 Órteses, próteses e materiais especiais não relacionados com o ato cirúrgico	2.442.703	3.263.742	3.933.152	3.969.515	62,51
0702 Órteses, próteses e materiais especiais relacionados com o ato cirúrgico	226.047	258.172	261.570	279.737	23,75
0801 Ações relacionadas com o estabelecimento	996.813	1.023.725	1.080.967	1.151.641	15,53
0803 Autorização/Regulação	7.763.386	10.933.402	14.051.364	16.300.234	109,96
Total	**2.914.303.591**	**3.246.439.600**	**3.363.761.138**	**3.578.193.153**	**22,78**
Total sem Componente Especializado da Assistência Farmacêutica	**2.379.519.136**	**2.611.874.810**	**2.744.174.666**	**2.918.606.498**	**22,66**

Fonte: Ministério da Saúde – Sistema de Informações Ambulatoriais do SUS (SIA/SUS). Situação da base de dados nacional em 20 de setembro de 2012.

Tabela 24.2 • Procedimentos especializados ambulatoriais produzidos pelo SUS de acordo com o subgrupo e o tipo de prestador – Brasil, 2011

Subgrupo de procedimentos	Público					Privado					Total
	Federal	Estadual	Municipal	Total	%	Lucrativo	Não lucrativo	Sindical	Total	%	
0101 Ações coletivas/individuais em saúde	517.962	5.928.254	567.234.774	573.680.990	99,89	93.949	449.771	100.217	643.937	0,11	574.324.927
0102 Vigilância em saúde	–	348.759	19.957.892	20.306.651	100,00	0	0	0	0	0,00	20.306.651
0201 Coleta de material	608.224	3.594.325	62.092.509	66.295.058	98,15	417.595	830.750	502	1.248.847	1,85	67.543.905
0202 Diagnóstico em laboratório clínico	17.238.921	87.676.827	207.742.310	312.658.058	61,79	121.472.103	71.856.389	35.117	193.363.609	38,21	506.021.667
0203 Diagnóstico por anatomia patológica e citopatologia	519.064	1.938.435	1.428.035	3.885.534	28,43	6.708.752	3.072.208	0	9.780.960	71,57	13.666.494
0204 Diagnóstico por radiologia	1.196.811	11.458.845	26.625.313	39.280.969	65,77	6.961.318	13.466.498	12.196	20.440.012	34,23	59.720.981
0205 Diagnóstico por ultrassonografia	326.459	2.400.922	5.043.844	7.771.225	58,62	2.989.829	2.494.707	426	5.484.962	41,38	13.256.187
0206 Diagnóstico por tomografia	125.624	773.663	323.205	1.222.492	47,82	481.885	852.267	0	1.334.152	52,18	2.556.644
0207 Diagnóstico por ressonância magnética	18.680	120.419	28.431	167.530	27,85	226.149	207.967	0	434.116	72,15	601.646
0208 Diagnóstico por medicina nuclear *in vivo*	19.099	63.445	980	83.524	22,46	126.037	162.238	0	288.275	77,54	371.799
0209 Diagnóstico por endoscopia	91.695	393.747	284.791	770.233	49,54	325.886	458.511	0	784.397	50,46	1.554.630
0210 Diagnóstico por radiologia intervencionista	8.632	11.491	233	20.356	35,50	8.975	28.014	0	36.989	64,50	57.345
0211 Métodos diagnósticos em especialidades	1.338.468	4.782.035	9.682.073	15.802.576	54,46	5.080.167	8.135.444	884	13.216.495	45,54	29.019.071
0212 Diagnóstico e procedimentos especiais em hemoterapia	362.953	7.178.812	429.204	7.970.969	64,88	1.291.976	3.023.464	0	4.315.440	35,12	12.286.409
0213 Diagnóstico em vigilância epidemiológica e ambiental	1.995	454.639	134.551	591.185	99,85	841	31	0	872	0,15	592.057
0214 Diagnóstico por teste rápido	94.120	1.550.213	36.330.354	37.974.687	99,29	8.111	260.596	1.525	270.232	0,71	38.244.919
0301 Consultas/Atendimentos/Acompanhamentos	10.796.236	96.309.056	1.087.785.952	1.194.891.244	92,50	13.507.650	82.906.507	511.610	96.925.767	7,50	1.291.817.011
0302 Fisioterapia	232.620	2.350.201	16.082.583	18.665.404	41,46	18.133.266	8.217.414	6.852	26.357.532	58,54	45.022.936
0303 Tratamentos clínicos (outras especialidades)	141.808	690.951	1.781.523	2.614.282	34,88	3.393.554	1.488.157	0	4.881.711	65,12	7.495.993
0304 Tratamento em oncologia	668.304	1.224.671	320.140	2.213.115	19,10	1.536.496	7.840.366	0	9.376.862	80,90	11.589.977
0305 Tratamento em nefrologia	152.017	358.675	157.995	668.687	5,73	8.379.633	2.612.014	0	10.991.647	94,27	11.660.334
0306 Hemoterapia	223.876	4.384.280	356.995	4.965.151	63,12	899.884	2.000.883	0	2.900.767	36,88	7.865.918
0307 Tratamentos odontológicos	292.068	1.580.182	81.854.704	83.726.954	98,63	333.879	425.044	403.346	1.162.269	1,37	84.889.223
0309 Terapias especializadas	25.900	161.844	401.081	588.825	59,71	209.666	187.680	0	397.346	40,29	986.171
0310 Parto e nascimento	1	2	1.717	1.720	99,94	0	1	0	1	0,06	1.721
0401 Pequenas cirurgias e cirurgias de pele, tecido subcutâneo e mucosa	393.013	2.398.175	57.584.939	60.376.127	96,02	470.210	2.008.691	23.988	2.502.889	3,98	62.879.016
0403 Cirurgia do sistema nervoso central e periférico	2.197	5.511	1	7.709	64,91	1	4.167	0	4.168	35,09	11.877
0404 Cirurgia das vias aéreas superiores, da face, da cabeça e do pescoço	33.588	94.002	827.169	954.759	83,33	58.422	132.519	17	190.958	16,67	1.145.717
0405 Cirurgia do aparelho da visão	40.380	131.270	91.676	263.326	25,24	425.630	354.235	0	779.865	74,76	1.043.191

0406 Cirurgia do aparelho circulatório	7.378	29.946	68.120	105.444	66,08	14.304	39.831	0	54.135	33,92	159.579
0407 Cirurgia do aparelho digestivo, órgãos anexos e parede abdominal	4.485	24.600	13.881	42.966	65,30	7.430	15.406	0	22.836	34,70	65.802
0408 Cirurgia do sistema osteomuscular	3.292	80.670	121.181	205.143	36,09	238.819	124.485	0	363.304	63,91	568.447
0409 Cirurgia do aparelho geniturinário	3.833	27.581	52.207	83.621	69,74	6.842	29.443	0	36.285	30,26	119.906
0410 Cirurgia de mama	513	1.759	3.634	5.906	68,74	886	1.800	0	2.686	31,26	8.592
0411 Cirurgia obstétrica	215	1.704	8.653	10.572	78,41	856	2.055	0	2.911	21,59	13.483
0412 Cirurgia torácica	163	2.656	950	3.769	57,42	133	2.662	0	2.795	42,58	6.564
0413 Cirurgia reparadora	3.912	71.063	54.809	129.784	65,33	43.845	25.040	0	68.885	34,67	198.669
0414 Bucomaxilofacial	134.833	362.730	26.121.002	26.618.565	98,73	132.074	117.470	92.004	341.548	1,27	26.960.113
0415 Outras cirurgias	1.651	26.463	67.152	95.266	73,66	8.697	25.367	0	34.064	26,34	129.330
0417 Anestesiologia	14.570	39.037	24.532	78.139	48,29	11.208	72.478	0	83.686	51,71	161.825
0418 Cirurgia em nefrologia	2.583	6.310	953	9.846	9,75	65.832	25.336	0	91.168	90,25	101.014
0501 Coleta e exames para fins de doação de órgãos, tecidos e células e de transplante	146.053	423.286	19.998	589.337	38,30	385.142	564.372	0	949.514	61,70	1.538.851
0503 Ações relacionadas com a doação de orgãos e tecidos para transplante	1.152	1.753	143	3.048	14,06	634	17.995	0	18.629	85,94	21.677
0504 Processamento de tecidos para transplante	2.886	9.131	1.172	13.189	27,95	849	33.157	0	34.006	72,05	47.195
0505 Transplante de órgãos, tecidos e células	362	413	45	820	19,45	759	2.638	0	3.397	80,55	4.217
0506 Acompanhamento e intercorrências no pré e pós-transplante	39.066	42.409	5	81.480	32,32	30.664	139.953	0	170.617	67,68	252.097
0604 Componente Especializado da Assistência Farmacêutica	5.117.034	647.312.816	7.156.713	659.586.563	100,00	92	0	0	92	0,00	659.586.655
0701 Órteses, próteses e materiais especiais não relacionados com o ato cirúrgico	115.312	2.040.952	1.276.706	3.432.970	86,48	114.266	421.681	598	536.545	13,52	3.969.515
0702 Órteses, próteses e materiais especiais relacionados com o ato cirúrgico	8.740	21.870	2.266	32.876	11,75	167.334	79.527	0	246.861	88,25	279.737
0801 Ações relacionadas com o estabelecimento	883	6.338	1.141.545	1.148.766	99,75	83	2.792	0	2.875	0,25	1.151.641
0803 Autorização/Regulação	-	2.997.881	13.290.464	16.288.345	99,94	0	10.506	0	10.506	0,06	16.298.851
Total	**41.079.631**	**891.895.019**	**2.234.011.105**	**3.166.985.755**	**88,51**	**194.772.613**	**215.230.527**	**1.189.282**	**411.192.422**	**11,49**	**3.578.178.177**
Total sem Componente Especializado da Assistência Farmacêutica	**35.962.597**	**244.582.203**	**2.226.854.392**	**2.507.399.192**	**85,91**	**194.772.521**	**215.230.527**	**1.189.282**	**411.192.330**	**14,09**	**2.918.591.522**

Fonte: Ministério da Saúde – Sistema de Informações Ambulatoriais do SUS (SIA/SUS). Situação da base de dados nacional em 20 de setembro de 2012.

reposição de estoques, controle do pessoal, produção de dados, contabilidade, supervisão etc. Já nas redes de TV, os estabelecimentos podem não ser da propriedade do grupo majoritário que controla a programação nacional, possibilitando a apresentação de programas locais, porém sem comprometer os horários preferenciais da programação nacional. Assim, o SUS está mais para redes de TV do que de supermercados.

Assim, as redes de atenção regionalizadas do SUS representam a articulação entre os gestores estaduais e municipais na implementação de políticas, ações e serviços de saúde qualificados e regionalizados para garantir acesso, integralidade e resolutividade na atenção à saúde da população, com uma escala adequada que viabilize uma boa relação custo/benefício e a devida qualidade dos serviços oferecidos. A economia de escala possibilita ampliar a quantidade de serviços prestados, sem aumentar na mesma proporção os gastos necessários para viabilizar essa oferta. Assim, é possível alcançar um menor custo/médio para cada procedimento efetivado com o aumento da escala na oferta dos serviços especializados. Para tanto são acionados instrumentos como o PDR e o PDI, já mencionados, respaldando-se, também, no Decreto Presidencial 7.508/2011, que criou a Rede Nacional de Serviços de Saúde (RENASS).

A questão é que a maior parte dos municípios não tem condições de ofertar integralmente os serviços de saúde, nem é este o objetivo em um sistema de saúde. Por isso se recorre à noção de redes, estabelecendo-se uma estratégia regional de atendimento, com parcerias entre estados e municípios para corrigir as distorções de acesso. Os serviços mais complexos seriam organizados na seguinte sequência: unidades de saúde, município, município-polo e região. Seriam implantados centros de referência para graus de complexidade diferentes de serviços. O caráter hierarquizado da rede não deve ser entendido como se um serviço fosse mais importante ou mais poderoso do que outro, mandando nos demais. A hierarquização não se dá entre os governos federal, estadual e municipal; portanto, não há hierarquia entre União, estados e municípios. A hierarquização prevista para a rede tem como intenção o uso dos recursos disponíveis de maneira mais racional para atender mais e melhor as pessoas (racionalização em vez de racionamento). Portanto, os entes federados negociam e entram em acordo sobre ações, serviços, organização do atendimento e outras relações dentro do SUS.

Para Mendes (2011), um ponto de atenção secundária na Rede de Atenção à Saúde deve ser pautado pelo planejamento das necessidades; precisa ter comunicação em rede com os outros níveis de atenção; deve ser governado a partir da APS, com acesso regulado diretamente a partir desse nível de atenção à saúde; deve ser pautado pelo cuidado multiprofissional; suas decisões clínicas devem ser articuladas a partir de protocolos clínicos, construídos com base em evidências, acumula funções assistenciais, educacionais e de pesquisa; e deve ter seu pagamento efetivado por orçamento global ou por capitação ajustada.

Em que pese a racionalidade técnico-administrativa embutida na proposta das redes, a experiência, estudos e investigações ressaltam obstáculos políticos para sua implantação, entre os quais os diferenciais de poder entre os integrantes, a falta de responsabilização de atores, a descontinuidade administrativa e a alta rotatividade de gestores devido a questões político-partidárias (Paim *et al.*, 2011).

LINHAS DE CUIDADO

Embora esta proposta se vincule mais ao tema dos modelos de atenção, abordado no Capítulo 21, não deixa de ser relevante para o fortalecimento das relações entre a atenção básica e de média e alta complexidade, buscando atender aos desafios para a organização do cuidado no SUS. Visa à atenção especializada com o objetivo de assegurar cuidados integrais, com garantia de retaguarda técnica e responsabilidade pelos usuários. Desse modo, assegura-se o processo de diagnóstico e tratamento, mantendo um vínculo principal com a rede básica (Franco & Magalhães Júnior, 2003).

Alguns autores consideram as linhas de cuidado como o meio de superar o modelo hegemônico para a construção de um sistema "redebasicocêntrico". Pretende-se com tal proposta inverter a lógica dos serviços especializados, modificando a escassa responsabilidade em relação ao processo saúde-doença, a falta de vínculo com o paciente e as relações burocráticas com os demais serviços (Mesquita & Silveira, 1996).

Se desde os Programas de Extensão de Cobertura (PEC) da década de 1970, passando pelas Ações Integradas de Saúde e os Sistemas Unificados de Saúde (SUDS) nos anos 1980, até o SUS, implantado nos anos 1990, não houve êxito na montagem de sistemas de referência e contrarreferência (SRCR), formalizados e operacionais, persistem dúvidas quanto à viabilidade das linhas de cuidado no aprimoramento das relações entre a atenção básica e de média e alta complexidade.

Na realidade, as respostas político-institucionais de caráter racionalizador para a atenção especializada e hospitalar estão voltadas para a política de regulação, com a implantação de Centrais de Regulação, a montagem de SRCR e linhas de cuidado, a valorização da medicina baseada em evidências e da Avaliação Tecnológica em Saúde (ATS), o uso de protocolos assistenciais e a reforma da educação médica e dos demais profissionais de saúde, com educação permanente e qualificação de gestores.

Essas medidas, no entanto, enfrentam uma engrenagem de variáveis expansionistas presentes na atenção especializada e hospitalar. Nesse particular, os interesses do mercado capitalista no que tange à industrialização e à comercialização de equipamentos, medicamentos e produtos descartáveis, entre outros, representam por excelência as forças expansionistas. Do mesmo modo, o desenvolvimento científico-tecnológico da medicina, a reprodução do modelo médico hegemônico, especialmente seu componente médico-assistencial privatista, as distorções da educação médica "flexneriana", a medicalização da sociedade e a inflação de expectativas sociais de consumo médico parecem superar as forças racionalizadoras presentes no SUS.

As profundas alterações na atenção pública de saúde efetivadas nos últimos 10 anos têm como principais características os seguintes aspectos: diminuição intensa do número de internações hospitalares, aumento expressivo da atenção ambulatorial e da oferta de procedimentos de alta complexidade e a falta de racionalidade na distribuição dos leitos nas especialidades em comparação com as necessidades da população (Mendes, 2012).

CONSIDERAÇÕES FINAIS

A ainda incipiente integração dos serviços de saúde leva à fragmentação e superposição de ofertas, ao aumento dos custos com a atenção prestada, ao aumento nos diferenciais de acesso e perpetuação de vazios assistenciais e à queda na qualidade e resolutividade da rede, determinando a ineficiência do sistema.

Além disso, distorções na oferta por parte de serviços privados ainda são observadas, quando não estão submetidos a mecanismos eficazes de controle e regulação por parte da gestão do SUS. Para receberem por serviços prestados ao SUS, as instituições privadas contratadas emitem uma fatura com base na Tabela de Procedimentos do SUS. Esse pagamento por procedimentos estimula a produção de serviços e intervenções mais bem remunerados (cujo valor na tabela do SUS esteja mais próximo da remuneração de mercado), secundarizando a integralidade e a atenção básica, o que contribui para produzir distorções nas práticas de saúde, além de contrariar princípios e diretrizes do SUS.

Apesar das dificuldades ainda persistentes, com o processo de municipalização do SUS tem ganhado força a agenda da regulação e controle dos serviços de saúde, com muitos municípios viabilizando a implantação de processos importantes para a gestão do sistema de saúde, viabilizando capacidade regulatória, reordenando a rede de serviços, ampliando a oferta pública, implantando centrais informatizadas de marcação de consultas, procedimentos especializados e de regulação de leitos hospitalares, ampliando o acesso às ações e aos serviços de saúde e a produtividade dos serviços, e reduzindo procedimentos desnecessários, especialmente as internações (Solla, 2005).

Para contrabalançar a lógica do mercado, a burocratização e o corporativismo diante do interesse público, vêm sendo experimentados modelos de gestão como terceirizações, fundações de apoio, organizações sociais, parcerias público-privadas (PPP), empresas públicas e fundações estatais de direito privado, como mostra o Capítulo 17.

Entretanto, esforços racionalizadores, incluindo a "contratualização", enfrentam obstáculos políticos não superados. A organização, a gestão e a regulação do SUS sofrem influências de grupos de interesse e de constrangimentos burocráticos, enquanto os mecanismos adotados não têm sido suficientes para promover mudanças significativas na organização e na gestão do SUS para integração da atenção básica, especializada e hospitalar. O Decreto Presidencial 7.508, de 28 de junho de 2011, é uma tentativa de resposta a esses fracassos (Brasil, 2011b).

As demandas em saúde são continuamente geradas mediante a transformação da necessidade em determinada ação ou serviço de saúde para atendê-la (Pereira, 1995). São muitas as mediações existentes entre necessidade e demanda, entre as quais as relativas ao acesso à informação, a possibilidade de a necessidade ser sentida e objetivada, a capacidade de ter atendida a demanda e o alcance de outras necessidades que foram prioritárias anteriormente. A geração de demandas não ocorre apenas a partir da percepção da necessidade, mas necessita que exista oferta e que seja possível o acesso a esta. A existência do serviço por si só gera demanda. As demandas são construídas socialmente em determinado cenário historicamente determinado pelas necessidades existentes e por sua possibilidade de atendimento em função dos recursos existentes. Assim, temos um processo contínuo de geração e ampliação de demandas, tornando cada vez mais complexas as respostas a serem efetivadas, mesmo com as informações disponíveis indicando crescente ampliação da oferta de ações e serviços de saúde pelo SUS e aumento contínuo dos gastos (Solla, 2010).

Desse modo, não existem limites preestabelecidos para a demanda por serviços públicos, tornando imprescindível a tarefa de priorizar continuamente as necessidades, ajustar e regular a relação entre oferta e demanda e aplicar recursos o mais racionalmente possível (Lipsky, 1980).

Cabe ainda identificar que, quanto melhores os serviços e o sistema de saúde, maior sua demanda, tanto pela melhoria do acesso como pela confiabilidade adquirida. Sem o enfrentamento adequado dessa situação, a demanda vai crescentemente se tornando reprimida, em virtude do aumento de usuários e por não conseguir dar conta de novas demandas, diminuindo a legitimidade obtida pelo sistema de saúde e sua capacidade de manter sua sustentabilidade (Solla, 2010).

Referências

Brasil. Ministério da Saúde. Secretaria de Atenção à Saúde. Política Nacional de Atenção Cardiovascular de Alta Complexidade. Brasília-DF, 2004a.

Brasil. Ministério da Saúde. Secretaria de Atenção à Saúde. Política Nacional de Atenção ao Portador de Doença Renal. Brasília-DF, 2004b.

Brasil. Ministério da Saúde. Secretaria de Atenção à Saúde. Reforma do Sistema de Atenção Hospitalar Brasileira. Brasília-DF, 2004c.

Brasil. Ministério da Saúde. Portaria 2.488, de 21 de outubro de 2011. Brasília-DF, 2011a

Brasil. Presidência da República. Decreto 7.508, de 28 de junho de 2011. Brasília-DF, 2011b.

Franco TB, Magalhães Júnior HM. Integralidade na assistência à saúde: a organização das linhas do cuidado. In: Merhy EE et al. (orgs.) O Trabalho em Saúde: olhando e experienciando o SUS no cotidiano. São Paulo: Hucitec, 2003.

Lipsky M. Street-level bureaucracy: dilemmas of the individual in public services. Nova York: Russel Sage Foundation, 1980.

Mendes ACG et al. Assistência pública de saúde no contexto da transição demográfica brasileira: exigências atuais e futuras. Cadernos de Saúde Pública 2012; 28(5):955-64.

Mendes EV. As redes de atenção á saúde. Organização Pan-Americana de Saúde, 2011.

Mesquita AS, Silveira LT. A clínica a favor dos sujeitos: especialidades, hard core do SUS. Santos: Página Aberta, 1996.

Paim J, Travassos C, Almeida C, Bahia L, Macinko J. O sistema de saúde brasileiro: história, avanços e desafios. The Lancet, Saúde no Brasil maio de 2011:11-31.

Solla JJSP. Acolhimento no Sistema Municipal de Saúde. Revista Brasileira de Saúde Materno-Infantil 2005; 5(4):493-503.

Solla JJSP. Dilemas e desafios da gestão municipal do SUS: avaliação da implantação do Sistema Municipal de Saúde em Vitória da Conquista (Bahia), 1997-2008. São Paulo: Hucitec, 2010.

Viana AL, Lima LD (orgs.) Regionalização e relações federativas na política de saúde do Brasil. Rio de Janeiro: Contra-Capa, 2011.

25

Estratégia Saúde da Família e Reordenamento do Sistema de Serviços de Saúde

Rosana Aquino ♦ *Maria Guadalupe Medina* ♦ *Cristiane Abdon Nunes* ♦ *Maria Fátima Sousa*

INTRODUÇÃO

A Atenção Primária à Saúde (APS) tem sido objeto crescente de interesse e prioridade das políticas públicas nas últimas décadas no Brasil e no mundo. Em movimentos nacionais e internacionais de reforma dos sistemas de saúde, as propostas, em geral, atribuem à APS um papel crucial de porta de entrada e ordenadora de todo o sistema. Isso porque a APS corresponde a um nível de atenção que está mais próximo das pessoas, famílias e comunidades, sendo capaz de resolver a maioria dos problemas de saúde presentes em determinada população e coordenar o conjunto de ações e serviços dos demais níveis do sistema de saúde.

Como assinala Starfield (2002: 28), APS,

> [...] é aquele nível de um sistema de serviços de saúde que oferece a entrada no sistema para todas as novas necessidades e problemas, fornece atenção sobre a pessoa (não direcionada para a enfermidade) no decorrer do tempo, [...] para todas as condições, exceto as muito incomuns ou raras, e coordena ou integra a atenção fornecida em algum outro lugar ou por terceiros.

Pode-se afirmar que a proposição de que a APS seja coordenadora dos cuidados ofertados pelo sistema de saúde existe há pelo menos 90 anos, com o famoso Relatório Dawson, que analisou os problemas do sistema de saúde inglês e foi um dos primeiros documentos de que se tem notícia a destacar a importância de centros primários de saúde para atender a populações em função de suas necessidades (Lord Dawson, 1920).

Desde então, muito se tem discutido sobre a importância e as características essenciais da APS. E se parece simples e evidente, como têm mostrado revisões sistemáticas de diversos estudos, que sistemas de saúde orientados pela APS apresentam maior eficiência e impacto na saúde das populações (Macinko *et al.*, 2003; Starfield, 2005), também é verdade que ainda existem muitas controvérsias sobre quais são os reais atributos da APS, quais as melhores formas de organização e sobre como avaliar seus modelos de implantação e seus efeitos. Ademais, tem sido discutido que em muitos países a APS ganhou mais destaque no discurso do que efetivamente alterou as práticas e formas de organização do sistema.

No Brasil, embora desde o início do século XX tenha havido experiências de criação e expansão de serviços de atenção voltados para os cuidados primários em saúde, apenas nos anos 1990, com o Programa de Saúde da Família (PSF), posteriormente denominado Estratégia Saúde da Família (ESF), foi formulada uma política de abrangência nacional de envergadura, que atribuiu à APS um papel central na organização do sistema de saúde. Essa política é apresentada hoje pelos governos nacional, estaduais e municipais como prioritária para a organização da atenção primária à saúde e para a reorientação do modelo de atenção à saúde, tendo a ESF alcançado ampla extensão territorial, cobertura populacional, capilaridade e legitimidade institucional (Aquino *et al.*, 2009; Viana & Dal Poz, 1998).

Neste capítulo pretendemos discutir a emergência e consolidação da ESF, situando-a no contexto nacional e internacional, as concepções que a orientam, suas características, bem como discutir dificuldades e desafios atuais em sua implementação. Nos tópicos a seguir abordaremos:

- origens, concepções e atributos da atenção primária à saúde no Brasil e sua relação com os movimentos de reforma dos sistemas de saúde no mundo;
- história, princípios e diretrizes da ESF no Brasil como estratégia prioritária da Política Nacional de Atenção Básica (PNAB);

- evolução da implantação da ESF nos municípios brasileiros;
- iniciativas governamentais para a consolidação da ESF como política do SUS;
- considerações finais: principais limites e desafios para alcançar um modelo de APS integral e resolutivo no Brasil.

ORIGENS DOS SERVIÇOS DE APS NO BRASIL E SUA RELAÇÃO COM OS MOVIMENTOS DE REFORMA DOS SISTEMAS DE SAÚDE NO MUNDO

Podemos identificar alguns marcos históricos nas políticas de APS no mundo, como o anteriormente mencionado Relatório Dawson, que na década de 1920 foi referência no processo de reforma do sistema de saúde inglês, reconhecidamente um dos mais bem-sucedidos do mundo. Esse documento, propunha, àquela época, um desenho regionalizado do sistema de serviços de saúde e apontava a necessidade de criação de centros de saúde primários, que seriam instituições equipadas para serviços médicos preventivos e curativos, conduzidas por um generalista de um distrito, e que variariam em tamanho e complexidade segundo necessidades locais, na cidade ou no campo, onde os pacientes estariam vinculados a seus próprios médicos. Nessa proposta, os centros primários de saúde integrariam uma rede da qual fariam parte, também, centros de saúde secundários, hospitais-escola e serviços domiciliares, como apresentado na Figura 25.1 (Lord Dawson, 1920).

No Brasil, o ano de 1920 também marca um importante processo de mudança no setor saúde, a Reforma Carlos Chagas, que criou o Departamento Nacional de Saúde Pública, o qual ampliou o leque de ações de Saúde Pública e fomentou o estabelecimento de Postos de Profilaxia e Saneamento Rural, destinados a prestar assistência de modo permanente a áreas e populações definidas no combate a endemias e epidemias consideradas nacionalmente prioritárias (Campos, 2007). Essas unidades de saúde faziam parte de uma proposta de organização da atenção em que havia nítida separação entre

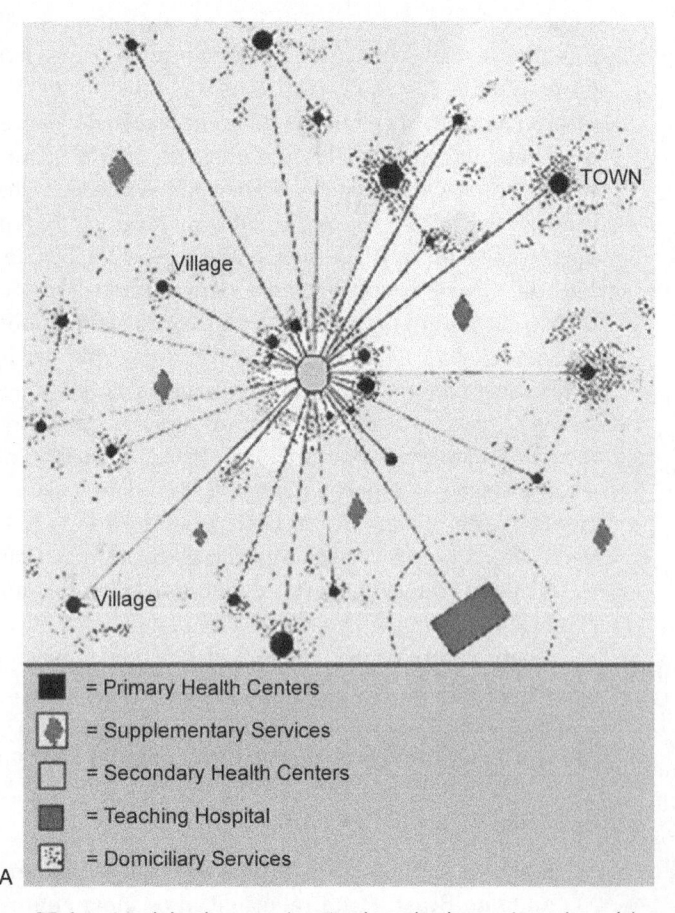

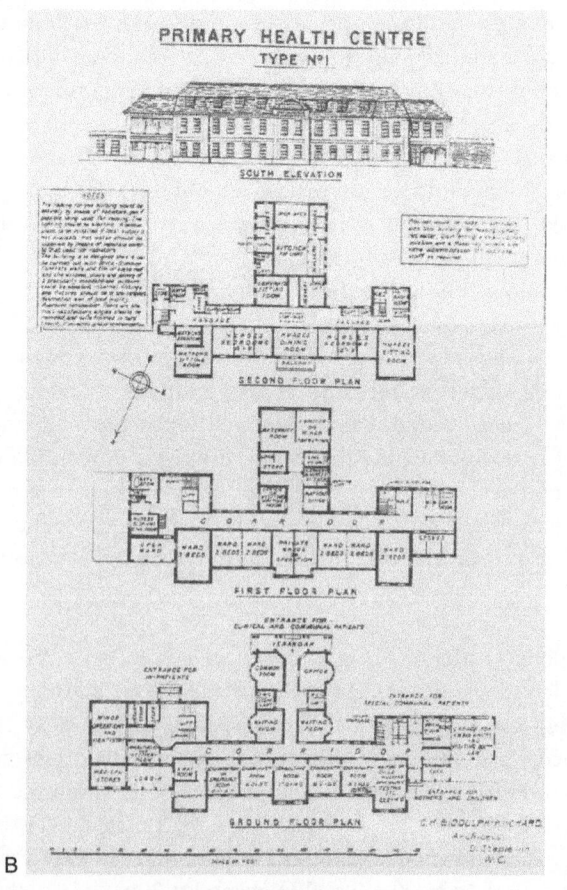

Figura 25.1 • Modelo de organização de rede de serviços de saúde: centros de atenção primária (*Primary Health Centers*), serviços suplementares (*Supplementary Services*), centros de atenção secundária (*Secondary Health Centers*), hospital de ensino da escola médica (*Teaching Hospital*) e serviços domiciliares (*Domiciliary Services*) distribuídos no território do município nos distritos (*Village*) e na sede municipal (*Town*) (**A**) e modelo de centro de saúde tipo 1 (*Primary Health Center Type n° 1*) com desenho da fachada e planta dos andares térreo (*ground floor plan*), primeiro andar (*first floor plan*) e segundo andar (*second floor plan*) (**B**). (Lord Dawson, 1920.)

ações preventivas, prestadas por elas, e ações clínicas, ofertadas por ambulatórios de hospitais (Giovanella & Mendonça, 2008b). Ao que parece, uma proposta mais arrojada foi formulada em São Paulo, com a criação de Centros de Saúde Escola por Paula Souza, considerada uma experiência pioneira e inovadora ao prever a oferta de um conjunto de ações integradas e permanentes para a população, com enfoque na prevenção, em uma época em que as ações de saúde pública eram provisórias e baseadas em ações pontuais contra doenças epidêmicas (Teixeira, 2006; Lavras, 2011). Essa proposta, entretanto, não chegou a ser difundida, e o modelo de centro de saúde que prevaleceu no país foi o da Fundação Rockefeller, com ações mais restritas. Essa Fundação estimulou a criação no país de unidades do Serviço de Saúde Pública (SESP), estruturas que se difundiram progressivamente pelo interior dos estados brasileiros até os anos 1960 (Campos, 2007; Giovanella & Mendonça, 2008).

Na década de 1960, os centros de saúde se conformaram como estabelecimentos de maior complexidade, responsáveis por prestar serviços mais abrangentes e que incluíam a prestação do cuidado médico, clínico, ao indivíduo, além das ações tradicionais de Saúde Pública (Campos, 2007; Giovanella & Mendonça, 2008). Até bem pouco tempo atrás, estes se constituíam nas principais unidades de prestação de serviços básicos no país.

O modelo de organização dos serviços de APS em todo esse período (dos anos 1920 aos anos 1960) foi fortemente induzido pelo governo americano, por intermédio da Fundação Rockefeller, que financiou várias ações, especialmente a formação maciça de recursos humanos (enfermeiras de Saúde Pública e médicos sanitaristas), a construção de prédios escolares, a vinda de sanitaristas para o Brasil, bolsas de estudos para brasileiros, dentre outros (Campos, 2007). No início dos anos 1960, momento em que parcelas da sociedade brasileira se mobilizaram em prol de reformas sociais, surgiram críticas ao modelo de saúde pública nacional, fortemente centralizado, colocando-se na ordem do dia propostas como descentralização, municipalização, ampliação de serviços e integração. Embora o golpe militar de 1964 tenha feito abortar tais propostas, as ideias levantadas (apresentadas na III Conferência Nacional de Saúde) alimentaram as discussões que se fariam a partir dos anos 1970 (Teixeira, 2006).

Ao mesmo tempo, diferentes modos de organização da APS foram se estabelecendo no mundo. Em alguns países socialistas, a atenção ambulatorial articulava serviços clínicos e preventivos de acesso universal e gratuito. Nos países europeus, os serviços ambulatoriais constituíam o primeiro nível do sistema de saúde, centrados, sobretudo, no cuidado individual preventivo e curativo (Giovanella & Mendonça, 2008). Já nos países do Terceiro Mundo, a APS se resumia à oferta de um leque reduzido de ações e serviços, voltados para populações e problemas específicos de saúde e subsidiados por recursos de agências internacionais que ofertavam "pacotes" padronizados, muito criticados por não considerarem as particularidades locais (Paim, 1996; Giovanella & Mendonça, 2008).

Nos anos 1970, o cenário mundial foi marcado por crises dos sistemas de saúde, em que aos custos crescentes da atenção médica especializada se aliavam a baixa resolubilidade da assistência e a exclusão de parcelas expressivas da população ao acesso dos serviços de saúde. Nos países latino-americanos, foi um período de intensos processos de mobilização e de lutas pela democracia, de crítica às formas de abordagem das agências internacionais no campo da saúde e de crise do modelo biomédico de atenção à saúde (Giovanella & Mendonça, 2008; Paim, 2008). Esse cenário favoreceu a emergência e a adoção de um grande pacto internacional pela melhoria da saúde mundial, que se estabeleceu em dois grandes eventos internacionais: a Assembleia Mundial de Saúde, realizada em 1977, que reafirmou a saúde como direito humano fundamental e definiu como meta "Saúde para Todos no ano 2000", e a Conferência Internacional sobre Cuidados Primários de Saúde, realizada em Alma-Ata, no Cazaquistão, então pertencente à União das Repúblicas Socialistas Soviéticas (URSS), realizada de 6 a 12 de setembro de 1978, com a participação de 134 governos de Estado[1] (WHO, 1978, 1981).

Nessa conferência foi produzido um importante documento – a Declaração de Alma-Ata – que elencou os princípios fundamentais da APS, apresentando um conceito abrangente de saúde, que enfatizava o papel dos determinantes sociais e afirmava a saúde como um direito humano fundamental, cuja consecução era a mais importante meta social mundial e cuja realização exige a ação de muitos outros setores sociais e econômicos, além do setor saúde. A Declaração de Alma-Ata reiterou a meta "Saúde para Todos no ano 2000" e afirmou que a APS constitui a chave para seu alcance, como parte do desenvolvimento dos países, no espírito da justiça social (WHO, 1978).

No final da década de 1970, o tema da APS e o desafio da construção de sistemas nacionais de saúde orientados pela APS estavam na ordem do dia. A preocupação em definir com clareza o que é APS, no que ela se diferencia dos demais níveis do sistema de saúde, e como mensurá-la foi responsável por um amplo debate e uma rica produção acadêmica, deslanchada a partir de então. Dois textos basilares (IOM, 1978; Starfield, 1979) apresentaram os fundamentos conceituais para definição dos atributos da APS, até hoje reconhecidos enquanto tais (Starfield, 2002; WHO, 2008). São eles:

- **Acessibilidade:** envolve proximidade de localização do serviço da população, horários de funcionamento,

---
[1] Embora o Brasil não tenha estado presente na conferência, acatou posteriormente suas recomendações.

o grau de tolerância para aceitação de consultas sem agendamento prévio e até que ponto esses aspectos são percebidos como convenientes pela população.
- **Primeiro contato:** implica acessibilidade e uso dos serviços em cada novo episódio de um problema que leva o indivíduo a buscar o cuidado de saúde. Esse atributo pressupõe que seus usuários potenciais o percebam enquanto porta de entrada do sistema.
- **Responsabilidade:** considera em que medida o serviço é capaz de identificar a população pela qual assume responsabilidade e até que ponto esses indivíduos reconhecem que são parte da população beneficiária.
- **Continuidade:** consiste no conjunto de arranjos por meio dos quais o cuidado é ofertado como uma sucessão de eventos sem interrupção. Continuidade é alcançada pela provisão de um local para o cuidado, um profissional que cuida do paciente e o registro de informações que refletem o cuidado dado ao paciente.
- **Coordenação (integração):** a função de coordenação da entrada e da circulação no sistema de saúde envolve o estabelecimento de relações entre a equipe de APS e as outras instituições e serviços com base na cooperação e na comunicação, de modo que a equipe de cuidados primários transforma-se na entidade de mediação entre a comunidade e os outros elementos do sistema de saúde, ajudando as pessoas a navegarem no complexo labirinto dos serviços de saúde, referenciando doentes ou mobilizando o apoio de serviços especializados. Essa função de coordenação implica, também, a colaboração com outro tipo de organizações, frequentemente não governamentais. A coordenação exige continuidade e reconhecimento do problema pelo profissional ou com o auxílio de seus registros.
- **Integralidade:** os profissionais da APS devem tomar as providências para que o paciente receba todos os tipos de cuidados (serviços) necessários, não apenas nos níveis secundário e terciário, mas no cuidado domiciliar e outros tipos de serviços comunitários.

No Brasil, na década de 1970, vivia-se, também, um intenso movimento social pela redemocratização do país e, na saúde, criavam-se as bases do movimento da Reforma Sanitária Brasileira, alicerçadas em estudos inaugurais sobre a prática médica no Brasil – "Medicina e Sociedade", de Cecília Donnangelo, e "O Dilema Preventivista", de Sérgio Arouca (Paim, 1981). Influenciados pelo movimento da medicina comunitária, foram também desenvolvidas algumas experiências articulando universidades, por intermédio de departamentos de medicina preventiva, e centros de saúde, em diversos municípios brasileiros, especialmente no Sul e Sudeste do país (Minas Gerais, São Paulo, Paraná e Rio Grande do Sul). Algumas delas produziram inovações na abordagem dos problemas de saúde no âmbito da APS, buscando trabalhar com concepções de saúde mais ampliadas, que incorporassem determinantes sociais, em projetos que implementavam a participação comunitária e ensaiando processos de regionalização dos serviços de saúde. Essas experiências possibilitaram a experimentação de modalidades diferenciadas de atenção à saúde e alimentaram a construção, que se gestava, de uma nova "teoria social da saúde" (Escorel, 2008; Paim et al., 2011).

No plano das políticas governamentais observou-se, ainda nos anos 1970, a emergência de uma proposta de extensão de cobertura de estruturas básicas de saúde, inicialmente para municípios do Nordeste: o Programa de Interiorização de Ações de Saúde e Saneamento (PIASS). O objetivo do PIASS era implantar uma estrutura básica de Saúde Pública em comunidades de até 20 mil habitantes, consistindo em unidades de saúde, sistemas simplificados de abastecimento de água e privadas higiênicas. Nesse programa, as prefeituras municipais foram envolvidas na execução das ações de saúde e saneamento por meio de convênios. No final da década de 1970, o Ministério da Saúde propôs a expansão do PIASS para todo o país, o que durou até 1981, quando o programa foi integrado ao Programa Nacional de Serviços Básicos de Saúde, conhecido como PREV-SAÚDE (Paim, 2002; Escorel, 2008).

O PREV-SAÚDE buscava integrar (programática e funcionalmente) os dois ministérios (Saúde e Previdência Social) e secretarias municipais e estaduais de saúde. Suas diretrizes reforçavam a APS, afinando-se com a proposta da Conferência de Alma-Ata, a participação da comunidade, a regionalização e hierarquização de serviços, o sistema de referência e contrarreferência e a integração de ações preventivas e curativas, entre outras (Paim, 2002; Escorel, 2008). Os serviços primários seriam o núcleo das relações integradoras dos estados, articulando ações dos antigos "programas especiais" e outros; e as instituições de Saúde Pública – como a Superintendência de Campanha de Saúde Pública (Sucam), o Instituto Nacional de Nutrição (INAN), a Fundação Especial de Saúde Pública (FESP), a Fundação Oswaldo Cruz (Fiocruz) e a Fundação Nacional de Saúde (FNS) – deveriam orientar suas atividades segundo as diretrizes estabelecidas pelo PREV-SAÚDE (Mota & Schraiber, 2011).

Por suas características – proposta racionalizadora, favorecendo o setor público, democratizante, envolvendo participação comunitária – o PREV-SAÚDE sofreu grande oposição por diversos atores sociais (representantes de hospitais e da medicina de grupo, de entidades médicas e de grupos do Inamps) e não foi implementado (Paim, 2002; Escorel, 2008). Apesar disso, várias iniciativas e experiências no setor saúde, no curso do processo de crise da previdência social e de redemocratização da sociedade brasileira, contribuíram para a formulação de projetos e ações no âmbito da APS. Programas de atenção integral à saúde (PAISC, PAISM, entre outros), propostas de organização das unidades básicas, como a Ação Programática em Saúde ("formulação teórica e experiência prática de um modelo tecnológico para a APS"), implementados em serviços de saúde paulistanos, a concepção do modelo assistencial da "vigilância da saúde", entre outros (Mota & Schraiber, 2011), deram substância teórica e prática a propostas de reorganização da APS que só seriam implementadas na década de 1990.

Ainda na década de 1980 foi criado o Programa de Ações Integradas de Saúde (AIS), transformado, posteriormente, em Estratégia de AIS, visando à descentralização e ao reforço dos municípios, com articulação programático-funcional das ações de saúde desenvolvidas pelas diversas instituições de saúde (Ministério da Saúde, Inamps, secretarias estaduais e municipais) no nível local. As unidades básicas de saúde eram responsáveis pela prestação de atenção integral à saúde do indivíduo, independente de sua vinculação previdenciária. Na vigência das AIS, houve grande expansão da rede básica de serviços municipais (Paim, 2002; Escorel, 2008).

O aprofundamento do processo de Reforma Sanitária Brasileira culminou em 1988 com a realização da VIII Conferência Nacional de Saúde, talvez o evento de maior importância dos últimos 50 anos para a saúde, com a participação de mais de cinco mil delegados entre representantes do governo, profissionais e sociedade civil, que reafirmou a saúde como direito e dever do Estado e definiu os princípios e as diretrizes para o arcabouço institucional do que viria a ser o Sistema Único de Saúde brasileiro.

No início do século XXI, quase 25 anos após a Assembleia Mundial de Saúde e a Conferência de Alma-Ata, ficou evidente que os objetivos promulgados naquela ocasião estavam longe de ser alcançados. A maioria dos países do Terceiro Mundo, induzidos por agências financiadoras internacionais, implementou propostas restritas de organização da APS. Essa modalidade de oferta e organização da APS, conhecida como "atenção primária seletiva", caracterizava-se por: oferta de um pequeno leque de ações e serviços, voltados para populações específicas (grupos de risco e grupos sociais excluídos) e para o controle de doenças mais prevalentes, ou seja, focalizados, muitas vezes simplificados e de baixa qualidade, e sem integração com o sistema de saúde como um todo (Vasconcelos, 1999; Macinko et al., 2007b; OPAS, 2007).

Além disso, um novo contexto global de compromissos internacionais para mudanças na situação e nos sistemas de saúde, expressos em alguns documentos, como a Carta de Ottawa (WHO, 1986), a Declaração do Milênio (PNUD, 2000), o Relatório da Comissão sobre Determinantes Sociais de Saúde (CSDH, 2008), entre outros,
colocava como pauta privilegiada das agendas nacionais de governo a necessidade de adoção de medidas para o enfrentamento das desigualdades sociais em saúde, em busca de equidade e maior justiça social. Nesse espírito foi editado em 2007, pela OPAS e a OMS, um documento de posicionamento que propôs lançar as bases de um movimento de Renovação da Atenção Primária à Saúde nas Américas, em resposta a um conjunto de desafios, como os novos cenários demográficos, sociais e epidemiológicos, o fracasso na implementação de políticas de APS condizentes com os princípios e valores defendidos em Alma-Ata e a necessidade de implementar reformas para organização dos sistemas nacionais de saúde orientadas pela APS (Macinko et al., 2007b; OPAS, 2007).

No Brasil, importantes movimentos políticos de construção do sistema nacional de saúde, em curso desde a década de 1970, lançaram, no final do período de ditadura militar, as bases que alicerçaram a construção do Sistema Único de Saúde (SUS), em 1988. Afastando-se do receituário neoliberal do Banco Mundial, a nova Constituição Federal estabeleceu a saúde como direito social fundamental e dever do estado e o Congresso Nacional aprovou as bases legais da Reforma de Saúde Brasileira, centrada nos princípios de descentralização, integralidade, participação popular e equidade.

Apenas 4 anos após a criação do SUS, em 1994, inicia-se a implementação da ESF, a princípio denominada Programa de Saúde da Família. Como descreveremos a seguir, a ESF evoluiu com acelerada cobertura em todas as regiões e estados e sustentada por um conjunto de iniciativas governamentais, desde mudanças nos modelos de financiamento, formas de gestão e formação e qualificação de recursos humanos, constituindo-se, nas últimas duas décadas, na maior reforma nacional de reorganização da atenção primária do Brasil.

HISTÓRIA, PRINCÍPIOS E DIRETRIZES DA ESF NO BRASIL COMO ESTRATÉGIA PRIORITÁRIA DA POLÍTICA NACIONAL DE ATENÇÃO BÁSICA

Vários autores identificam na origem da ESF a criação do Programa de Agentes Comunitários de Saúde (PACS) pelo Ministério da Saúde, em 1991, para o enfrentamento das altas taxas de mortalidade infantil e materna no Nordeste, logo ampliado para os estados da região Norte, na situação de emergência sanitária devido à epidemia de cólera. O PACS foi inspirado por diversas experiências existentes no país, como o Projeto Casa Amarela em Recife e o do Vale do Ribeira em São Paulo, iniciativas focalizadas nos estados do Paraná e do Mato Grosso do Sul e, principalmente, os agentes comunitários do Ceará, única experiência de abrangência estadual (Viana & Dal Poz, 1998; Sousa, 2001, 2002; Brasil, 2003a).

O PACS foi considerado o "antecessor do PSF" porque conformou os elementos centrais da concepção de sua intervenção: a definição de responsabilidade sobre um território e a adscrição de clientela; o enfoque das práticas de saúde na família, e não nos indivíduos; a priorização das ações preventivas diante dos problemas; a integração dos serviços de saúde com a comunidade; e uma abordagem mais ampla e não centrada apenas na intervenção médica. Além disso, teve destacado papel como instrumento na consolidação do SUS e na organização dos sistemas locais de saúde, dado que sua implantação no município exigia, como requisitos, o funcionamento do Conselho Municipal de Saúde e a existência de Fundo Municipal de Saúde e de unidade básica de referência, o que foi mantido na proposta do PSF, assim como de profissional de nível superior para supervisão dos ACS e a execução de ações e serviços de saúde, o que contribuiu para a fixação de enfermeiros nos municípios do interior do país (Viana & Dal Poz, 1998; Souza, 2002).

Em um contexto de crise do modelo de atenção hegemônico, hospitalocêntrico, centrado na doença, em tecnologias de alto custo e excludente para a maioria da população, colocava-se a necessidade de formulação de propostas que consolidassem a reforma iniciada com a criação do SUS e os avanços decorridos da descentralização dos serviços de saúde para os municípios com a Norma Operacional Básica de 1993. Por outro lado, eram incipientes as propostas concretas de organização da atenção à saúde no SUS, caracterizando esse período como um momento de "vazio programático" quanto a projetos de mudança dos modelos de atenção, quando as agendas e políticas se centravam, prioritariamente, nas questões de financiamento e descentralização das ações e serviços de saúde (Viana & Dal Poz, 1998; Souza, 2002).

Em 1994, em resposta a demandas de secretários municipais de saúde por financiamento para organização da rede básica de saúde que possibilitasse, especialmente, a incorporação de outros profissionais de saúde ao PACS, foi concebido o Programa de Saúde da Família pelo Ministério da Saúde. Para seu desenho, além da inspiração do PACS, contribuíram experiências exitosas de vários municípios e estados brasileiros, a exemplo do Programa de Médicos de Família de Niterói e do Grupo Hospitalar Conceição em Porto Alegre, assim como, no nível internacional, modelos de APS, especialmente no Canadá, em Cuba, na Suécia e na Inglaterra, que serviram de guias para a concepção do modelo brasileiro (Viana & Dal Poz, 1998).

Os primeiros documentos normativos que definiram os princípios e as diretrizes da proposta preconizada já revelavam em seu arcabouço os principais elementos potencializadores de mudanças no modelo de organização da APS: caráter substitutivo; porta de entrada do sistema local; garantia de integralidade da atenção, mediante o acesso dos pacientes aos serviços de saúde segundo suas necessidades; territorialização; ampliação do objeto e espaços de intervenção – do indivíduo e da unidade para famílias, comunidade e meio ambiente; trabalho multiprofissional; incentivo a ações intersetoriais, a participação popular e o controle social; educação permanente das equipes e instrumentos de acompanhamento e avaliação (Brasil, 1997a; 1997b) (Boxe 25.1).

Ademais, é possível identificar no discurso oficial do Ministério da Saúde afirmativas que o caracterizam como propostas não alinhadas a modelos de atenção primária seletiva, quando destacam que o PSF, "embora rotulado como programa [...] foge à concepção usual dos demais programas concebidos pelo Ministério da Saúde, já que não é uma intervenção vertical e paralela às ati-

---

Boxe 25.1 — Definições da Portaria 1.886/GM, de 18 de dezembro de 1997, que define as normas e diretrizes do PSF

Aspectos que caracterizam a reorganização das práticas de trabalho:
a) caráter substitutivo das práticas tradicionais das unidades básicas de saúde, complementariedade e hierarquização;
b) adscrição de população e territorialização;
c) programação e planejamento descentralizados;
d) integralidade da assistência;
e) abordagem multiprofissional;
f) estímulo à ação intersetorial;
g) estímulo à participação e ao controle social;
h) educação permanente dos profissionais das equipes de saúde da família;
i) adoção de instrumentos permanentes de acompanhamento e avaliação.

Características da unidade de saúde da família:
Unidade ambulatorial pública de saúde destinada a realizar assistência contínua nas especialidades básicas, por intermédio de equipe multiprofissional; desenvolver ações de promoção, prevenção, diagnóstico precoce, tratamento e reabilitação; ter como campos de intervenção o indivíduo, a família, o ambulatório, a comunidade e o meio ambiente; configurar-se como o primeiro contato da população com o serviço local de saúde, onde se garanta resolutividade em sua complexidade tecnológica, assegurando-se referência e contrarreferência com os diferentes níveis do sistema quando é requerida maior complexidade para resolução dos problemas identificados.

Caracterização das equipes de saúde da família:
Equipe de profissionais de saúde da família pode ser responsável, no âmbito de abrangência de uma unidade de saúde da família, por uma área onde resida, no máximo, mil famílias ou 4.500 pessoas. As equipes multiprofissionais devem realizar o cadastramento das famílias segundo a definição territorial preestabelecida. Recomenda-se que uma equipe de saúde da família deva ser composta minimamente pelos seguintes profissionais: médico, enfermeiro, auxiliar de enfermagem e agentes comunitários de saúde (na proporção de um agente para, no máximo, 150 famílias ou 750 pessoas). Para efeito de incorporação dos incentivos financeiros do Ministério da Saúde, as equipes deverão atender aos seguintes parâmetros mínimos de composição: médico, enfermeiro, auxiliares de enfermagem e ACS (na proporção de um ACS para, no máximo, 150 famílias ou 750 pessoas) ou médico, enfermeiro e auxiliares de enfermagem.

vidades dos serviços de saúde" e que o apresentam como uma proposta de reorganização da atenção primária, enquanto "uma estratégia que possibilita a integração e promove a organização das atividades em um território definido, com o propósito de propiciar o enfrentamento e a resolução dos problemas identificados" (Brasil, 1997b).

As diretrizes operacionais da ESF, como estratégia de reorganização da atenção primária, definem a unidade de saúde da família como unidade ambulatorial pública de saúde destinada a realizar assistência contínua nas especialidades básicas, por intermédio de equipe multiprofissional. Nos documentos normativos, a unidade de saúde da família tem papel de porta de entrada preferencial do sistema local, assegurando a referência e contrarreferência para os demais níveis do sistema. A equipe multiprofissional deve ter a definição de seu território de abrangência, e a população que reside em sua área, no máximo mil famílias ou 4.500 pessoas, deve ser adstrita à unidade, por meio do cadastramento das famílias. A equipe multiprofissional de saúde da família tem como parâmetros mínimos de composição: médico, enfermeiro, auxiliares de enfermagem e agentes comunitários de saúde (ACD) (na proporção de um ACS para, no máximo, 150 famílias ou 750 pessoas) (Brasil, 1997a, 1997b). No Boxe 25.2 são apresentados os conceitos que fundamentam as bases do desenho organizacional da ESF.

A partir de 2001, o governo federal passou a financiar a incorporação de profissionais de saúde bucal às equipes de saúde da família em duas modalidades: modalidade 1, composta de cirurgião dentista e auxiliar de consultório dentário; modalidade 2, composta desses dois profissionais mais um técnico de higiene bucal. Até 2003, o financiamento restringia a vinculação de uma equipe de saúde bucal a duas equipes de saúde da família. A partir daquele ano, as regras do financiamento permitiram também a vinculação dos profissionais de saúde bucal a apenas uma equipe de saúde da família, além de aumentar o valor dos incentivos financeiros, o que resultou em aumentos expressivos na cobertura populacional dessas ações. Em 2004, o Ministério da Saúde apresentou as "Diretrizes da Política Nacional de Saúde Bucal" (Brasil Sorridente), que eram: reorganização da atenção básica em saúde bucal, especialmente por meio da ESF, e ampliação e qualificação da atenção especializada, principalmente por meio da implantação de Centros de Especialidades Odontológicas e Laboratórios Regionais de Próteses Dentárias (Brasil, 2004).

Para apoiar a inserção da ESF na rede de serviços e ampliar a resolubilidade da APS, o Ministério da Saúde criou, em 2008, os Núcleos de Apoio à Saúde da Família (NASF). Esses núcleos são constituídos de equipes com profissionais de diferentes áreas do conhecimento, a exemplo de psicólogos, assistentes sociais, farmacêuticos, fisioterapeutas, nutricionistas e profissionais da educação

---

Boxe 25.2 | Conceitos fundamentais da ESF

- **Família:** conjunto de pessoas ligadas por laços de parentesco, dependência doméstica ou normas de convivência que residem na mesma unidade domiciliar (www.ibge.gov.br). A família é o objeto de atuação da ESF, compreendida a partir do espaço do domicílio e do território onde vive. A abordagem à família implica a consideração do contexto e da dinâmica familiar e o conhecimento de seus membros e de seus problemas para responder às suas necessidades de saúde.
- **Território:** mais do que um espaço geográfico, um lugar onde as pessoas vivem, trabalham, sonham e conduzem a vida. Segundo Milton Santos, é uma mediação entre o mundo e a sociedade, um espaço de novo funcionamento. O território não é homogêneo nem simétrico. Os problemas de saúde não se distribuem de maneira homogênea nos espaços sociais. O estudo do território deve ser feito para revelar as assimetrias espaciais, ou seja, o modo como se distribuem no espaço os distintos grupos sociais que ali vivem e que têm necessidades e demandas diferenciadas. Dentro do território de atuação das equipes, os domicílios devem ser entendidos como espaços-âncora, ou seja, onde se constroem as relações intra e extrafamiliares, onde se dá a luta pela sobrevivência, pela reprodução e pela melhoria das condições de vida. A ação sobre esse espaço é um desafio a um olhar técnico, político, social e cultural mais ousado, que abandona a área delimitada pelos muros dos serviços de saúde, enraizando-se na vida social a partir do espaço/domicílio de cada família.
- **Promoção da equidade:** a ESF prioriza a promoção da equidade no acesso aos serviços de saúde, mediante uma operação de discriminação positiva, com eleição de grupos e intervenções voltadas para populações-alvo. Esse princípio não deve restringir o princípio da integralidade do cuidado.
- **Equipe multiprofissional de saúde:** a ESF baseia-se na organização de equipes: equipe mínima (médico, enfermeiro, auxiliares de enfermagem e ACS), equipes com profissionais de saúde bucal, equipes dos NASF em duas modalidades. O trabalho em equipe pressupõe o compartilhamento de saberes e fazeres no cotidiano organizativo dos processos de trabalho em saúde.
- **Agentes comunitários de saúde:** são funções dos ACS: mobilizar e oferecer suporte às comunidades para identificação dos fatores determinantes do processo saúde/doença e para promoção de mudanças nas condições de vida; fortalecer a ligação entre os serviços de saúde e a comunidade, assegurando que seu trabalho seja integrado à unidade básica de saúde e vinculado às equipes de ESF; contribuir na organização da rede local de serviços e na implementação do sistema de informação sobre saúde, alimentação e nutrição; e disseminar a ideia de cuidado permanente à saúde, em parceria com o conjunto de sujeitos sociais que representem o governo e os grupos organizados da sociedade civil.

---

física, para atuar em parceria com as equipes de saúde da família no desenvolvimento de ações no território sob sua responsabilidade. A implantação dos NASF se constituiu em um passo importante para a consolidação da Saúde da Família, ampliando o escopo de ações da APS e contribuindo para o estabelecimento de uma rede de cuidados em nove áreas estratégicas: saúde da criança, do adolescente e do jovem; saúde da mulher; atividade física e práticas corporais; práticas integrativas e complementares; reabilitação e saúde integral da pessoa idosa; alimentação e nutrição; saúde mental; serviço social; e assistência farmacêutica (Brasil, 2008a; 2010).

Desde 2006, reafirmada na segunda edição em 2011, a PNAB claramente explicitou a eleição da Saúde da Família como estratégia prioritária para expansão e consolidação da atenção básica no Brasil pelos gestores da esfera federal do SUS, assim como dos gestores estaduais e municipais, representados respectivamente pelo CONASS e o CONASEMS. Essa opção estava apoiada no entendimento de que a ESF favorece uma reorientação do processo de trabalho das equipes de atenção primária, amplia a resolutividade e o impacto na situação de saúde da população e propicia uma relação custo-efetividade favorável. Na PNAB foram definidos os fundamentos e diretrizes da atenção primária à saúde a serem seguidos pela ESF e por outras estratégias de organização da atenção básica (Brasil, 2012):

I. ter território adstrito, de forma a permitir o planejamento, a programação descentralizada e o desenvolvimento de ações setoriais e intersetoriais com impacto na situação, nos condicionantes e determinantes da saúde das coletividades que constituem aquele território, sempre em consonância com o princípio da equidade;

II. possibilitar o acesso universal e contínuo a serviços de saúde de qualidade e resolutivos, caracterizados como a porta de entrada aberta e preferencial da rede de atenção, acolhendo os usuários e promovendo a vinculação e corresponsabilização pela atenção às suas necessidades de saúde; o estabelecimento de mecanismos que assegurem acessibilidade e acolhimento pressupõe uma lógica de organização e funcionamento do serviço de saúde, que parte do princípio de que a unidade de saúde deva receber e ouvir todas as pessoas que procuram os seus serviços, de modo universal e sem diferenciações excludentes [...] A proximidade e a capacidade de acolhimento, vinculação, responsabilização e resolutividade são fundamentais para a efetivação da atenção básica como contato e porta de entrada preferencial da rede de atenção;

III. adscrever os usuários e desenvolver relações de vínculo e responsabilização entre as equipes e a população adscrita, garantindo a continuidade das ações de saúde e a longitudinalidade do cuidado. [...]

IV. coordenar a integralidade em seus vários aspectos, a saber: integração de ações programáticas e demanda espontânea; articulação das ações de promoção à saúde, prevenção de agravos, vigilância à saúde, tratamento e reabilitação e manejo das diversas tecnologias de cuidado e de gestão necessárias a estes fins e à ampliação da autonomia dos usuários e coletividades; trabalhando de forma multiprofissional, interdisciplinar e em equipe; realizando a gestão do cuidado integral do usuário e coordenando-o no conjunto da rede de atenção. [...] Essa organização pressupõe o deslocamento do processo de trabalho centrado em procedimentos profissionais para um processo centrado no usuário, onde o cuidado do usuário é o imperativo ético-político que organiza a intervenção técnico-científica; e

V. estimular a participação dos usuários como forma de ampliar sua autonomia e capacidade na construção do cuidado à sua saúde e das pessoas e coletividades do território, no enfrentamento dos determinantes e condicionantes de saúde, na organização e orientação dos serviços de saúde a partir de lógicas mais centradas no usuário e no exercício do controle social.

Segundo a PNAB, as especificidades da ESF estariam centradas na existência e nas características da equipe multiprofissional, quais sejam (Brasil, 2012):

a. composta por, no mínimo, médico generalista ou especialista em saúde da família ou médico de família e comunidade, enfermeiro generalista ou especialista em saúde da família, auxiliar ou técnico de enfermagem e agentes comunitários de saúde, podendo acrescentar a esta composição os profissionais de saúde bucal – cirurgião-dentista generalista ou especialista em saúde da família, auxiliar e/ou técnico em Saúde Bucal;

b. responsável por, no máximo, 4.000 pessoas, considerando para esta definição o grau de vulnerabilidade das famílias daquele território;

c. com número de ACS suficiente para cobrir 100% da população cadastrada, com um máximo de 750 pessoas por ACS e de 12 ACS por equipe;

d. cadastramento de cada profissional de saúde em apenas uma equipe, exceção feita ao profissional médico, que poderá atuar em até duas equipes;

e. carga horária de 40 horas semanais para todos os profissionais de saúde membros da equipe de saúde da família, à exceção dos profissionais médicos. A jornada de 40 horas deve observar a necessidade de dedicação mínima de 32 horas da carga horária para atividades na equipe de saúde da família podendo, conforme decisão e prévia autorização do gestor, dedicar até oito horas do total da carga horária para prestação de serviços na rede de urgência do município ou para atividades de especialização em saúde da família, residência multiprofissional e/ou de medicina de família e de comunidade, bem como atividades de educação permanente e apoio matricial.

Avançando nas diretrizes que promovem o reordenamento não apenas do nível primário de atenção, mas de todo o sistema de saúde, a PNAB estabeleceu as funções da APS para o funcionamento das redes de atenção à saúde, definindo que a APS deve ser a base da rede, por ser a modalidade de atenção com maior grau de descentralização e capilaridade; ser resolutiva, mediante a utilização e articulação de diferentes tecnologias de cuidado individual e coletivo; coordenar o cuidado, mediante a elaboração, acompanhamento e gestão de projetos terapêuticos singulares e o acompanhamento e organização do fluxo dos usuários entre os pontos de atenção das redes; e ordenar as redes, ao reconhecer as necessidades de saúde da população sob sua responsabilidade e organizar as necessidades da população em relação aos outros pontos de atenção à saúde, contribuindo para que a programação dos serviços de saúde parta das necessidades de saúde dos usuários (Brasil, 2012).

Do ponto de vista do desenho, a ESF no Brasil, em quase duas décadas, avançou no sentido de propostas de atenção primária à saúde integral, e dois pontos podem ser destacados na evolução de sua conformação: em primeiro lugar, a concepção de redes de atenção ordenadas pela APS, proposta na PNAB, papel a ser assumido pela ESF ou qualquer outra estratégia de organização da APS; em segundo lugar, as transformações na concepção e maneiras de utilização do trabalho multiprofissional, ampliando as potencialidades da integração de vários saberes e fazeres na resolução dos problemas de saúde.

Ao estabelecer a APS como ordenadora das Redes de Atenção à Saúde (RAS), a PNAB ampliou o escopo da atuação da APS e, em consequência, da ESF, entendida como estratégia preferencial de organização desse nível de atenção. Entretanto, ainda são incipientes os instrumentos normativos e operacionais que possibilitem alcançar essa proposição.

Quanto às equipes multiprofissionais, duas iniciativas foram fundamentais. Em primeiro lugar, a incorporação dos profissionais de saúde bucal, introduzindo na APS ações que eram praticamente inexistentes nos serviços públicos de saúde; em segundo lugar, mais avançada e com potencialidade de alavancar a ESF, a criação dos NASF, uma proposta que busca superar a problemática das inúmeras necessidades de ampliação dos membros das equipes de saúde da família, em função do alargamento do escopo das ações, em uma relação de custo-efetividade que possibilite a incorporação desses profissionais nos sistemas locais de saúde. A implantação dos NASF, assim, revitaliza e torna possível apoiar o atendimento das múltiplas demandas por ações em diversos âmbitos – de promoção da saúde, preventivas, curativas e de reabilitação – nos diversos ciclos da vida e em problemas específicos e no estabelecimento de ações setoriais e intersetoriais.

Se no âmbito da proposição do modelo podemos afirmar que a ESF está em consonância com o discurso internacional de reafirmação da APS, ainda estamos distantes de consolidar essas diretrizes nos diversos contextos estaduais e municipais onde a ESF se implantou, havendo diversidade de modelos de implementação, com consequente variabilidade de seus efeitos.

Estudos de caso têm demonstrado que a ESF constitui uma intervenção que apresenta várias inovações organizacionais, como abordagem territorial, trabalho em equipes multiprofissionais e articulação de ações de promoção, prevenção e cuidado, porém alguns problemas de implantação também podem ser apontados: pior desempenho de implantação em áreas rurais; a lógica da territorialização ainda não se faz na perspectiva da definição de espaços sociossanitários de maior risco para priorização de ações; e fragilidade da participação social no âmbito local (Medina & Hartz, 2009; Nunes, 2011).

Alguns estudos apontaram melhores desempenhos da ESF em relação às unidades básicas tradicionais quanto ao desenvolvimento de ações programáticas para o cuidado integral, atividades domiciliares e articulação com a comunidade, sobretudo em contextos de maior iniquidade social e de saúde, ou seja, em regiões mais pobres e com populações mais vulneráveis (Facchini *et al.*, 2006; Piccini *et al.*, 2006).

Quanto à organização dos serviços de saúde, estudos têm demonstrado melhoria no registro de informações (Rasella *et al.*, 2010a), enquanto outros têm evidenciado que ações de vigilância à saúde, como a investigação de óbitos infantis (Santana *et al.*, 2012), e ações de planejamento em saúde adaptadas ao contexto local não têm sido suficientemente implementadas (Vilasbôas & Paim, 2008; Sarti *et al.*, 2012).

Vários estudos têm evidenciado o impacto da ESF no estado de saúde da população. Estudos de abrangência nacional, utilizando dados secundários provenientes dos sistemas de informação em saúde, têm demonstrado o impacto da ESF na mortalidade infantil e de menores de 5 anos (Macinko *et al.*, 2006; Macinko *et al.*, 2007a; Aquino *et al.*, 2008), especialmente na mortalidade por diarreia e pneumonia, principais causas de morte na infância (Rasella *et al.*, 2010b), e na redução das hospitalizações por causas sensíveis à atenção primária (Dourado *et al.*, 2011), especialmente entre os adultos, e para as condições crônicas (Guanais & Macinko, 2009; Macinko *et al.*, 2010). Na área da saúde bucal, entretanto, estudo com 12 grandes centros urbanos nordestinos concluiu que, embora alguns resultados positivos tivessem sido encontrados, estes estão aquém dos investimentos na proposta de inversão do modelo de saúde bucal (Pereira et al., 2012).

As evidências apresentadas demonstram que a ESF tem sido efetiva para vários problemas de saúde pública relevantes, com destaque para problemas que têm sido manejados tradicionalmente no âmbito dos serviços de saúde, mas a ampliação do escopo da APS para incorporar novas ações ainda revela-se limitada, fortemente dependente do contexto local, ou seja, do modo como os arranjos institucionais e organizacionais dos municípios condicionam a implementação da ESF nos sistemas locais de saúde.

EVOLUÇÃO DA IMPLANTAÇÃO DA ESF NOS MUNICÍPIOS BRASILEIROS

Até 1997, a expansão numérica da APS deveu-se, principalmente, à expansão do PACS, implantado em mais de 2.200 municípios, enquanto o PSF estava implantado em apenas 567 municípios e com cobertura populacional estimada em 3,5% (5,6 milhões de habitantes), quase seis vezes inferior à cobertura estimada do PACS (18,9%) no mesmo ano. Em 1998, o PSF passou a assumir abrangência nacional, sendo implantado em mais de mil municípios do país e passando a ser denominado, em documentos do Ministério da Saúde, estratégia estruturante do sistema de saúde. A partir daquele ano, observou-se rápida expansão de sua cobertura, pela ampliação quantitativa (número de agentes de saúde e de equipes de saúde da família) e geográfica, com aumento expressivo do número de municípios e ampliação para estados e regiões onde não existia anteriormente, alcançando quase a totalidade dos municípios brasileiros (Figuras 25.2 a 25.6).

No período de 1998 a 2005, o número de municípios com equipes de saúde da família cresceu de 1.134 (20,6%) para 4.986 (89,6%) e a estimativa de população coberta aumentou de 6,6% para 44,4%. Em 2001, iniciou-se a incorporação dos profissionais de saúde bucal à ESF, com a implantação de mais de 2.200 equipes em 1.288 municípios. Em 2005, 12.603 equipes de saúde bucal estavam implantadas em 70% (3.897) dos municípios brasileiros, o que correspondia a um percentual de 51,3% das equipes de saúde da família com profissionais de saúde bucal. Em 2008, os primeiros três NASF foram implantados, e no início do ano seguinte esse número passava de 400. Em 2011, quase 1.500 NASF estavam implantados em quase mil municípios brasileiros (Figuras 25.3 a 25.7).

Embora a implantação da ESF tenha sido expressiva no Brasil, seu processo foi heterogêneo nas macrorregiões, estados e municípios, apresentando início e velocidade de expansão diferenciados. No âmbito municipal observaram-se cenários de implantação distintos, dependendo do porte populacional, das condições socioeconômicas e de consolidação do SUS no nível local, especialmente em relação à complexidade da rede de serviços dos municípios. Em municípios pequenos, a implantação da ESF, geralmente, representou uma estratégia de expansão de serviços básicos e altas coberturas foram obtidas mesmo com a implantação de uma única equipe. Por outro lado, em municípios maiores, a implantação da ESF, na maioria das vezes, exigiu a reorganização da rede básica já instalada, incluindo a reestruturação dos processos de trabalho e gestão do conjunto de profissionais que já atuavam segundo uma determinada lógica de assistência e de organização dos serviços (Aquino et al., 2009).

Após 18 anos de seu início no Brasil, em 2012, a ESF encontra-se implantada na maioria dos municípios brasileiros, cobrindo mais da metade da população (53,1% por equipes de saúde da família e 63,7% por ACS). Mais de 95% dos municípios têm equipes de saúde da família e ACS e 87,3%, equipes de saúde bucal, totalizando mais de 32 mil equipes de saúde da família, mais de 21 mil equipes de saúde bucal e quase 250 mil ACS. No mesmo ano, em todas as macrorregiões, as estimativas de cobertura populacional foram superiores a 40,0%, sendo de 72,1% no Nordeste, 53,4% no Centro-Oeste, 53,3% no Sul, 50,7% no Norte e 43,9% no Sudeste. Nos estados da Paraíba (92,2%), Piauí (89,5%), Sergipe (83,1%) e Tocantins (76,0%), as coberturas populacionais foram superiores a 80,0%, e coberturas populacionais abaixo de 40,0% foram registradas apenas no Distrito Federal (17,3%), em São Paulo (31,0%) e no Rio Grande do Sul (39,2%) (Figuras 25.8 e 25.9).

INICIATIVAS GOVERNAMENTAIS PARA A CONSOLIDAÇÃO DA ESF COMO POLÍTICA DO SUS

A implantação e expansão progressiva da ESF foram acompanhadas, ao longo da década de 1990 e dos anos 2000, por um conjunto de ações desencadeadas pelo Ministério da Saúde, relacionadas com o modo de financiamento, a formação de profissionais e o fortalecimento dos mecanismos de monitoramento e avaliação das ações, entre outras. Essas iniciativas contribuíram para o desenvolvimento da APS no Brasil e fortaleceram a consolidação da ESF enquanto uma política pública estruturante da organização do sistema de saúde brasileiro (Figura 25.10).

Em 1994, o repasse de recursos do governo federal para o financiamento da ESF era efetuado por meio de convênios entre o Ministério da Saúde, estados e municípios, o que se constituía em mecanismo burocrático, pouco flexível e contraditório ao processo de descentralização do SUS e dificultava a adesão dos municípios.

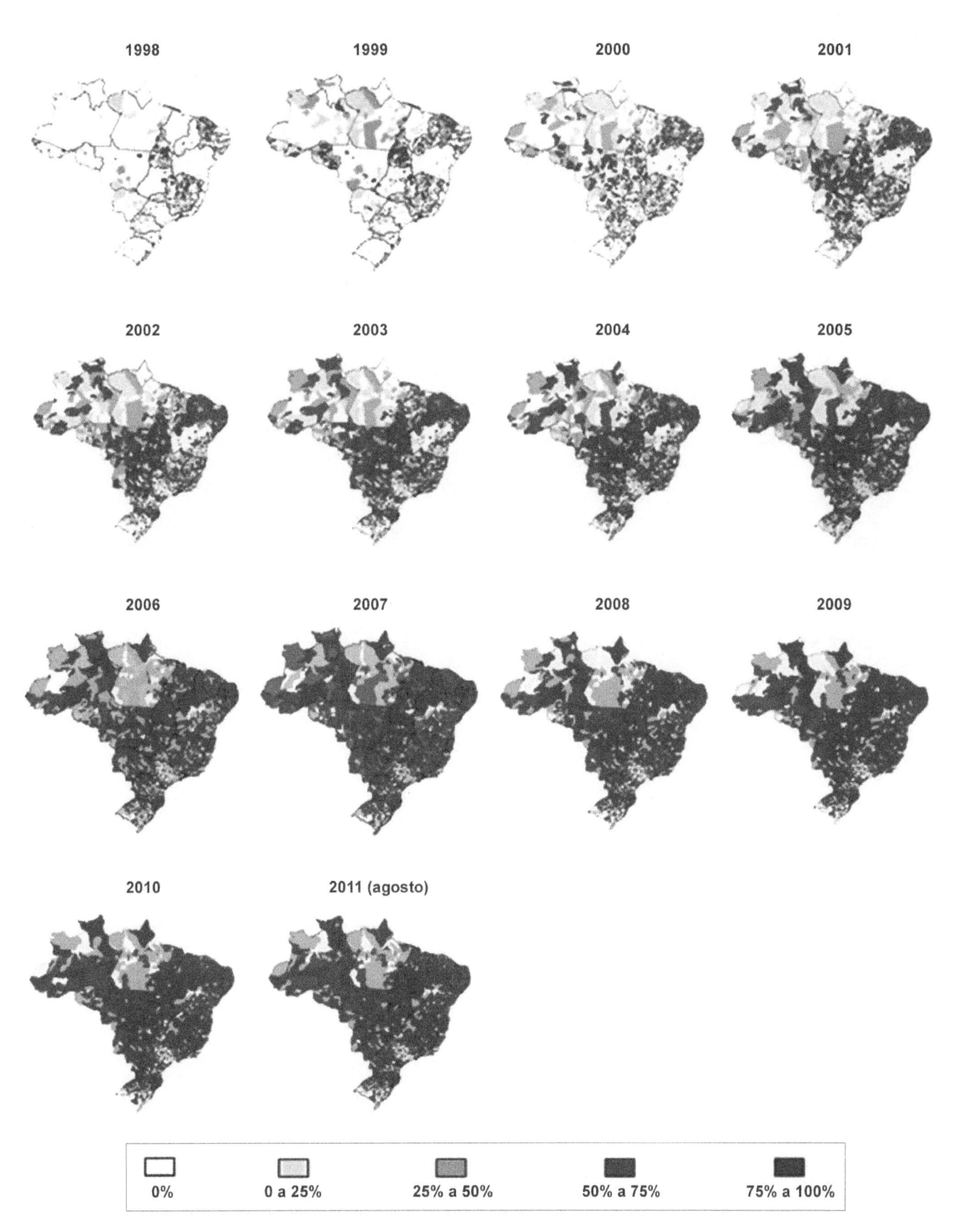

Figura 25.2 ◆ Evolução da cobertura da ESF – Brasil, 1998-2011 (dados de agosto de 2011).
Fonte: MS/SAS/OAB.

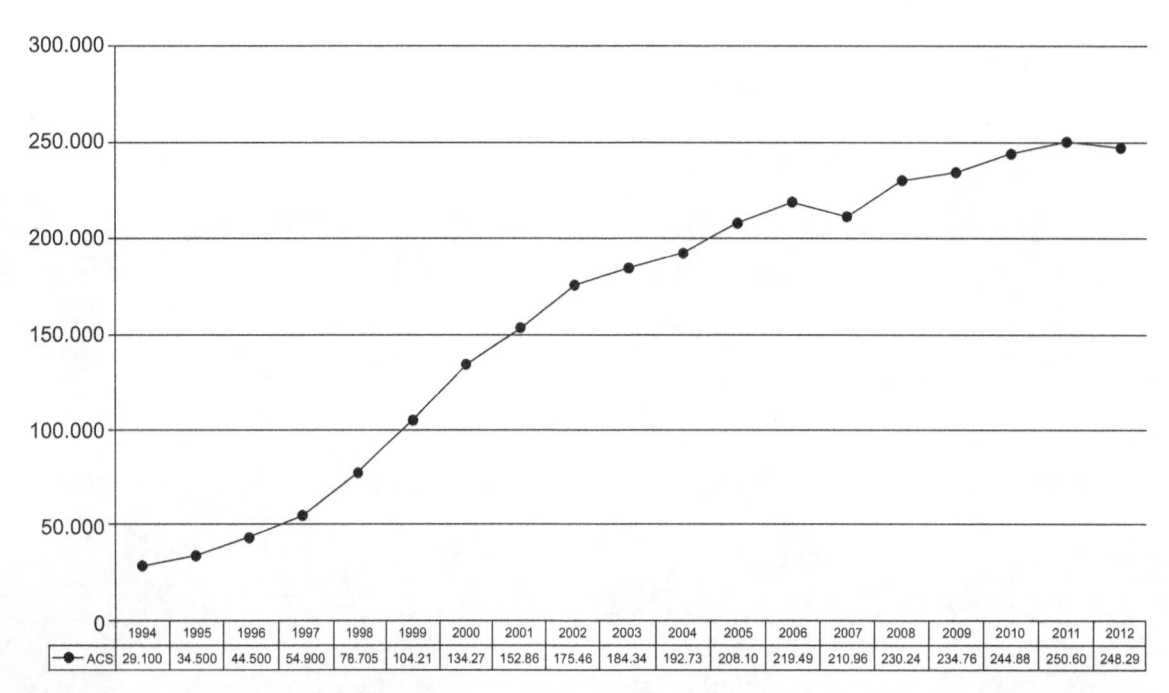

Figura 25.3 ♦ Número de ACS – Brasil, 1994 a 2012. Fonte: MS/SAS/DAB – CAPSI e Sistema de Informação da Atenção Básica – SIAB.

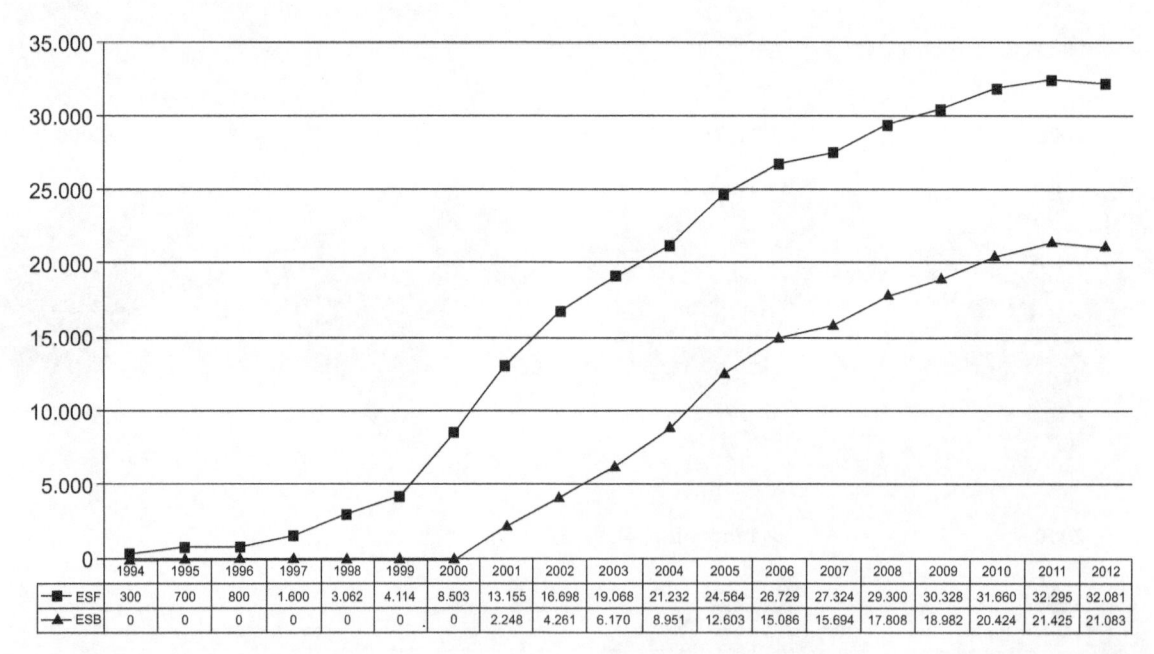

Figura 25.4 ♦ Número de equipes de saúde da família (ESF) e de equipes de saúde bucal (ESB) – Brasil, 1994 a 2012. Fonte: MS/SAS/DAB – CAPSI e Sistema de Informação da Atenção Básica – SIAB.

A partir de 1996, o modelo de convênio foi substituído pela remuneração por procedimentos por meio da tabela SIA-SUS[2], o que, embora se tenha constituído em avanço em relação ao modelo convenial, ainda se mostrava limitado, pois se restringia a um elenco determinado de ações ambulatoriais, condicionado à produção das unidades, de acordo com um teto estipulado, não proporcionando autonomia aos municípios para a gestão dos recursos (Viana & Dal Poz, 1998; Sousa, 2001, 2002; Aquino et al., 2009).

A criação do Piso de Atenção Básica (PAB), por meio da NOB de 1996, representou um grande avanço na modalidade de financiamento, com a atribuição de valores

---

[2] O Sistema de Informação Ambulatorial (SIA-SUS) foi implantado nacionalmente na década de 1990, visando ao registro dos atendimentos realizados no atendimento ambulatorial para gerar informações que pudessem subsidiar os gestores estaduais e municipais no monitoramento dos processos de planejamento, programação, regulação, avaliação e controle dos serviços de saúde no âmbito ambulatorial.

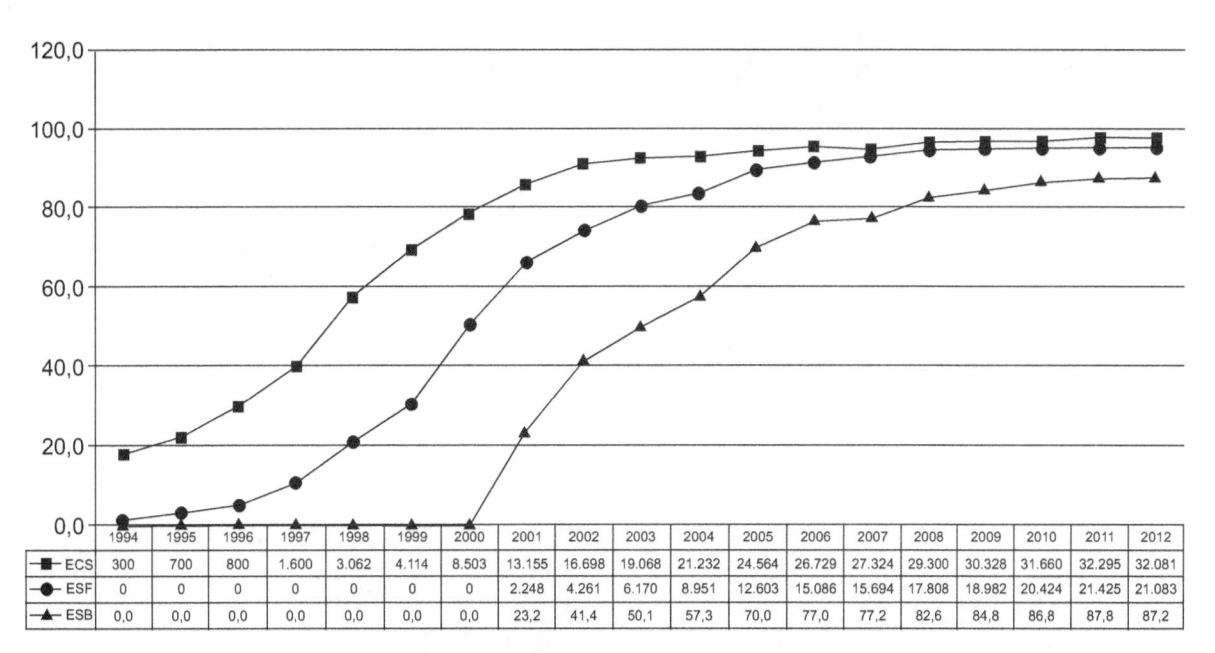

Figura 25.5 ♦ Percentual de municípios com equipes de saúde da família (ESF) equipes de saúde bucal (ESB) e agentes comunitários de saúde (ACS) implantados – Brasil, 1994 a 2012. Fonte: MS/SAS/DAB – CAPSI e Sistema de Informação da Atenção Básica – SIAB.

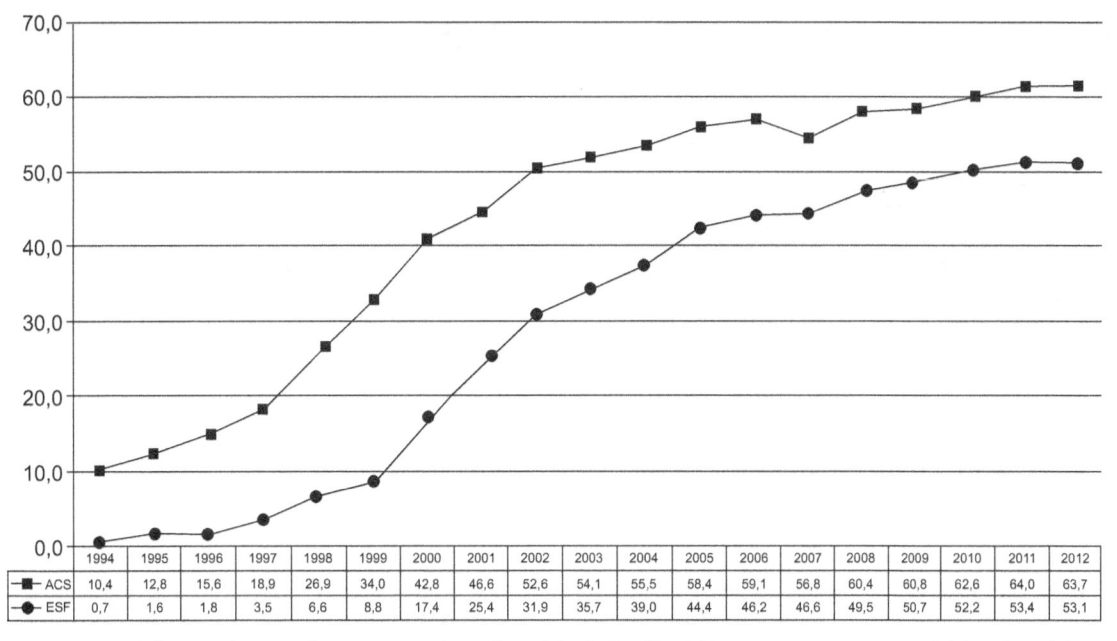

	1994	1995	1996	1997	1998	1999	2000	2001	2002	2003	2004	2005	2006	2007	2008	2009	2010	2011	2012
ECS	300	700	800	1.600	3.062	4.114	8.503	13.155	16.698	19.068	21.232	24.564	26.729	27.324	29.300	30.328	31.660	32.295	32.081
ESF	0	0	0	0	0	0	0	2.248	4.261	6.170	8.951	12.603	15.086	15.694	17.808	18.982	20.424	21.425	21.083
ESB	0,0	0,0	0,0	0,0	0,0	0,0	0,0	23,2	41,4	50,1	57,3	70,0	77,0	77,2	82,6	84,8	86,8	87,8	87,2

	1994	1995	1996	1997	1998	1999	2000	2001	2002	2003	2004	2005	2006	2007	2008	2009	2010	2011	2012
ACS	10,4	12,8	15,6	18,9	26,9	34,0	42,8	46,6	52,6	54,1	55,5	58,4	59,1	56,8	60,4	60,8	62,6	64,0	63,7
ESF	0,7	1,6	1,8	3,5	6,6	8,8	17,4	25,4	31,9	35,7	39,0	44,4	46,2	46,6	49,5	50,7	52,2	53,4	53,1

Figura 25.6 ♦ Percentual da população coberta por equipes de saúde da família (ESF) e por agentes comunitários de saúde (ACS) – Brasil, 1994 a 2012. Fonte: MS/SAS/DAB – CAPSI e Sistema de Informação da Atenção Básica – SIAB.

per capita para APS e a criação de componente variável, como incentivo a determinados programas, entre os quais o PACS e o PSF, e repasse de recursos "fundo a fundo" (do Fundo Nacional de Saúde para o Fundo Municipal de Saúde). Essa modalidade conferiu maior autonomia municipal na gestão dos recursos, intensificando a adesão dos municípios à ESF, como pode ser observado pela expansão da cobertura a partir de 1998. Além de instituir novas formas de financiamento, a NOB 96 definiu as responsabilidades dos gestores municipais no âmbito da APS. Outros instrumentos normativos seguiram-se à NOB 96, contribuindo não só para estruturação e funcionamento da APS, mas também dos demais níveis de atenção (Viana & Dal Poz, 1998; Souza, 2002; Aquino, 2009).

Merece destaque, ainda no final da década de 1990, a criação do Sistema de Informação da Atenção Básica (SIAB). O SIAB apresentou uma nova lógica de produção e utilização da informação em saúde no âmbito da atenção primária à saúde, ao promover a microespacialização dos

Nº NASF 1 – 1.363
Nº MUNICÍPIOS – 830

Nº NASF 2 – 145
Nº MUNICÍPIOS – 145

■ NASF 1
■ NASF 2

Fontes: SIAB – Sistema de Informação da Atenção Básica
SCNES – Sistema de Cadastro Nacional de Estabelecimentos em Saúde

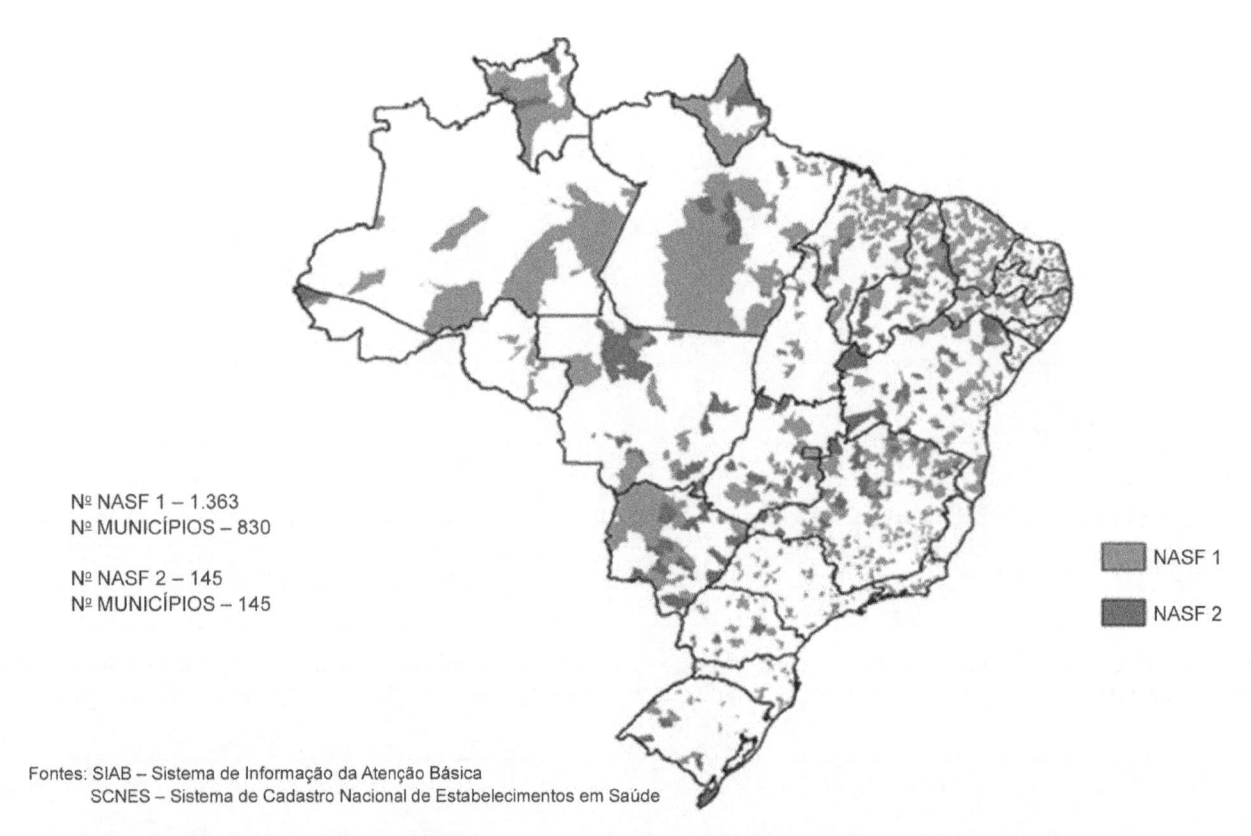

Figura 25.7 • Situação de implantação de Núcleos de Apoio à Saúde da Família – Brasil, agosto de 2011.

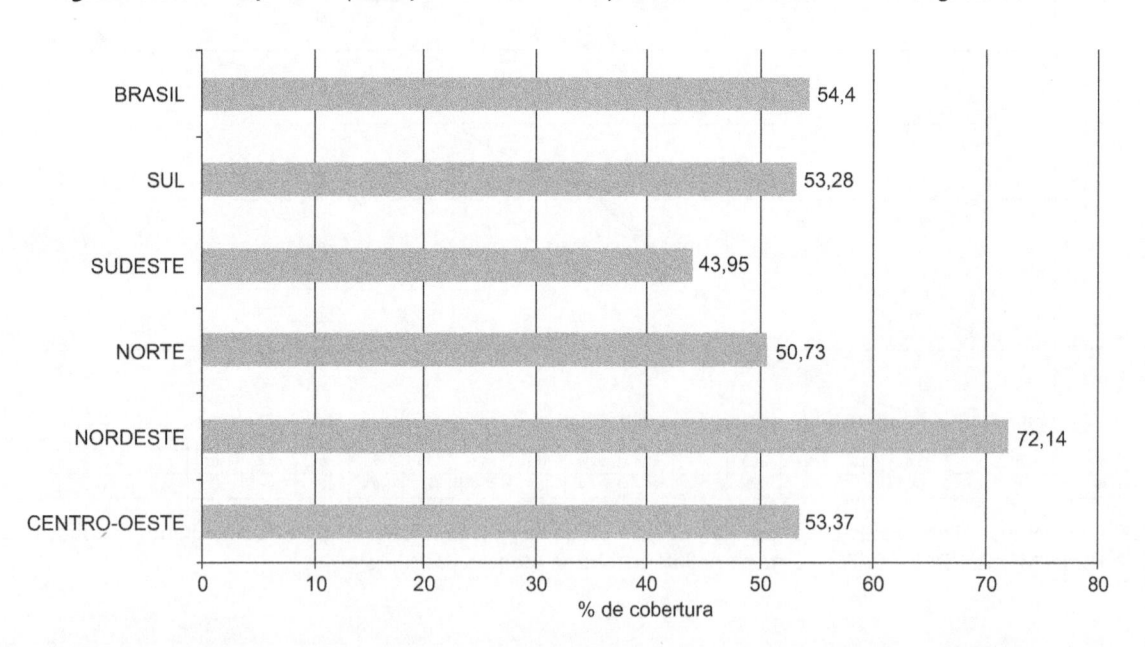

Região	% de cobertura
BRASIL	54,4
SUL	53,28
SUDESTE	43,95
NORTE	50,73
NORDESTE	72,14
CENTRO-OESTE	53,37

Figura 25.8 • Percentual de cobertura da ESF segundo macrorregiões – Brasil, agosto de 2012. Fonte: MS/SAS/DAB – Sistema de Informação da Atenção Básica – SIAB.

problemas, tendo como referências o conceito de território, o cálculo de indicadores com base em populações concretas e a utilização mais ágil e oportuna da informação (Medina & Aquino, 2002). Em que pese a necessidade de revisão e adequação dos indicadores de saúde em função das mudanças ocorridas na organização da atenção básica ao longo do processo de expansão da ESF, esse sistema contribuiu, dentre outros aspectos, para orientar a definição das políticas de saúde no nível local, caracterizando, de modo mais preciso, a situação de saúde das populações cobertas, as ações necessárias nesse nível de atenção e o monitoramento e avaliação dessas intervenções.

No que se refere ao incentivo a processos de educação permanente e de formação profissional, ressalte-se,

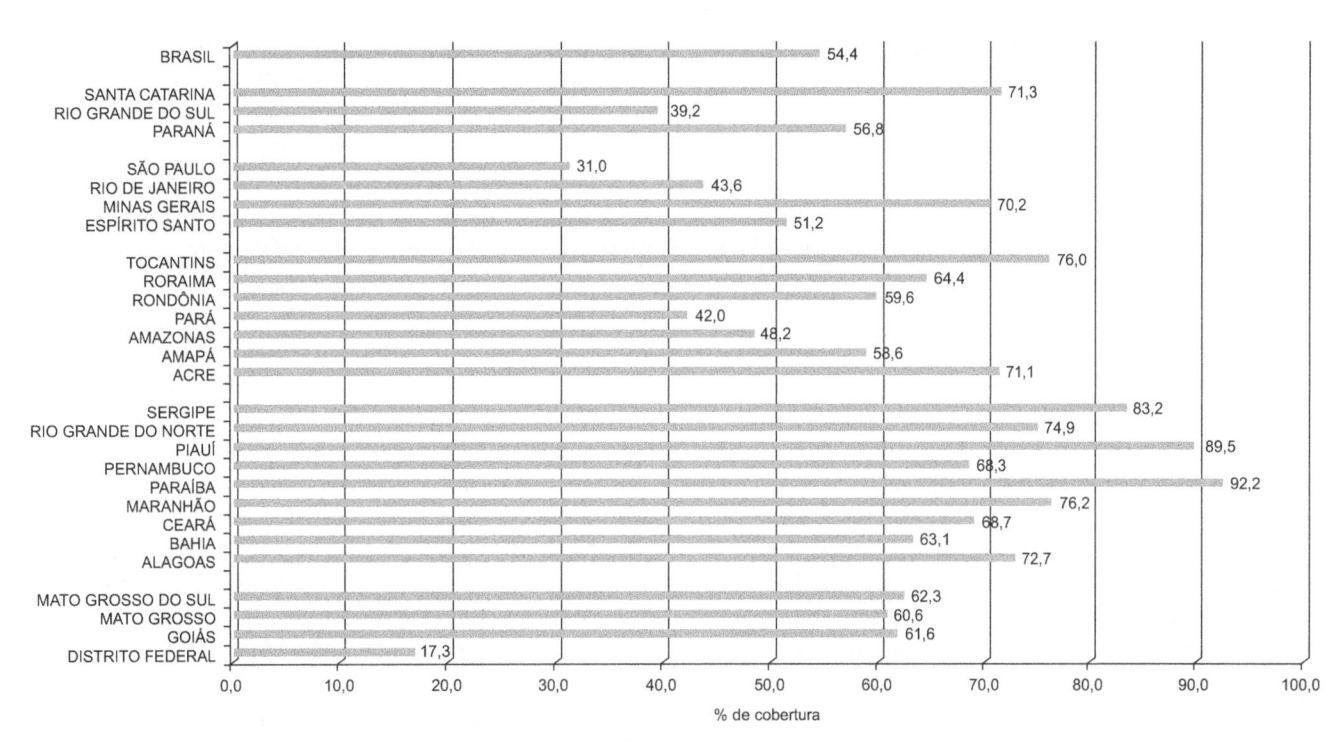

Capítulo 25 • Estratégia Saúde da Família e Reordenamento do Sistema de Serviços de Saúde

Estado	% de cobertura
BRASIL	54,4
SANTA CATARINA	71,3
RIO GRANDE DO SUL	39,2
PARANÁ	56,8
SÃO PAULO	31,0
RIO DE JANEIRO	43,6
MINAS GERAIS	70,2
ESPÍRITO SANTO	51,2
TOCANTINS	76,0
RORAIMA	64,4
RONDÔNIA	59,6
PARÁ	42,0
AMAZONAS	48,2
AMAPÁ	58,6
ACRE	71,1
SERGIPE	83,2
RIO GRANDE DO NORTE	74,9
PIAUÍ	89,5
PERNAMBUCO	68,3
PARAÍBA	92,2
MARANHÃO	76,2
CEARÁ	68,7
BAHIA	63,1
ALAGOAS	72,7
MATO GROSSO DO SUL	62,3
MATO GROSSO	60,6
GOIÁS	61,6
DISTRITO FEDERAL	17,3

Figura 25.9 • Percentual de cobertura da ESF por estado – Brasil, agosto de 2012. Fonte: MS/SAS/DAB – Sistema de Informação da Atenção Básica – SIAB.

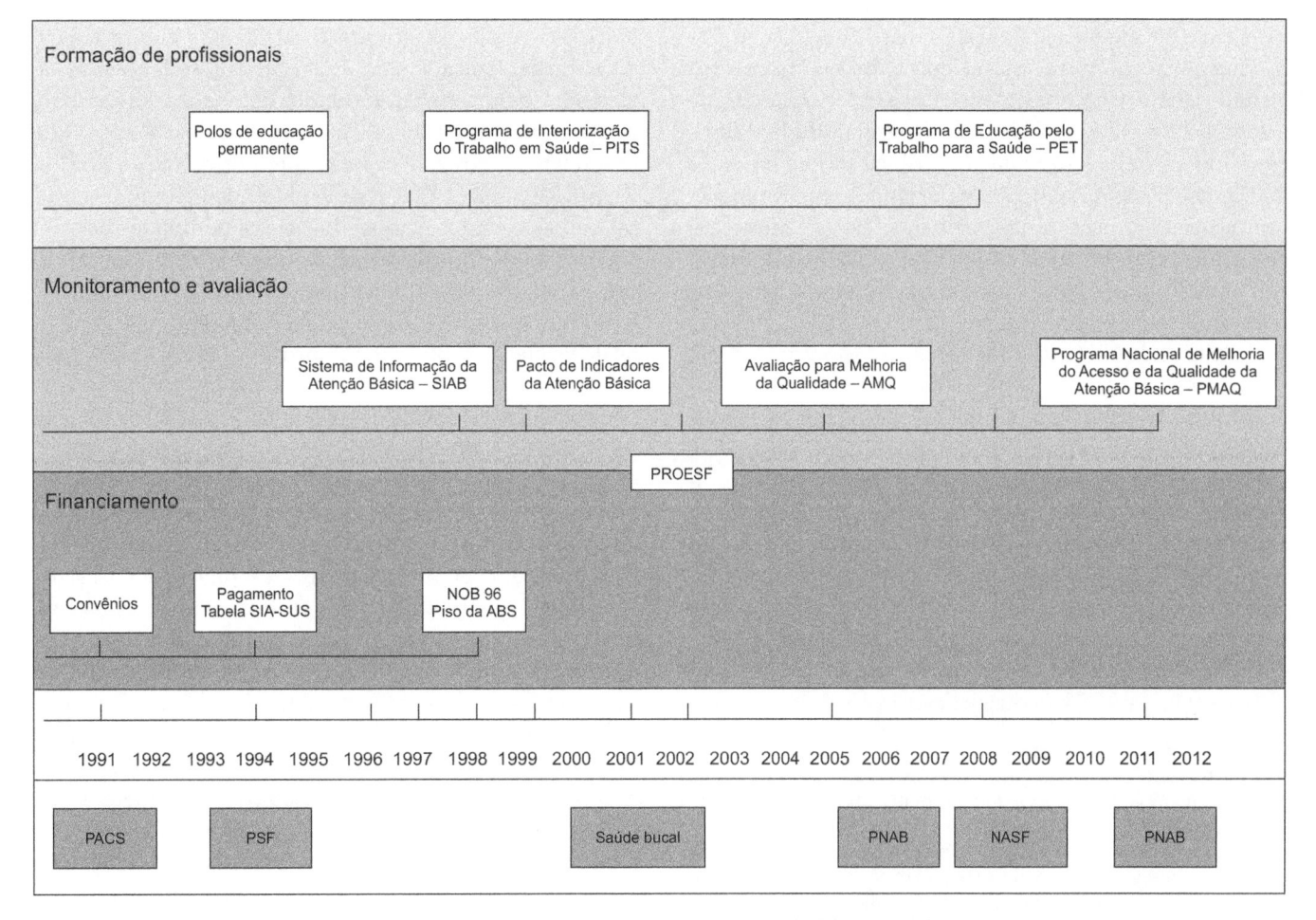

Figura 25.10 • Linha do tempo: evolução da ESF no Brasil.

no período de 1997 a 2003, o funcionamento dos Polos de Capacitação, Formação e Educação Permanente de Pessoal para a saúde da família. Viabilizados por meio de recursos do REFORSUS[3], esses polos foram concebidos como espaços de articulação entre instituições de ensino e da gestão do SUS, comprometidas com a integração ensino-serviço, com o objetivo de implementar programas de formação e educação permanente voltados para a saúde da família.

Os programas desenvolvidos pelos polos articulavam diversas modalidades e estratégias pedagógicas, desde o treinamento introdutório para equipes de saúde da família e cursos de capacitação e aperfeiçoamento em temas e áreas prioritárias à formação pós-graduada *lato sensu*, sob a forma de especialização e residência, incentivo a mudanças nos cursos de graduação na área da saúde, assessoria aos municípios para implantação da ESF e apoio aos processos de acompanhamento e avaliação do trabalho das equipes nas unidades de saúde. Segundo dados do Ministério da Saúde, em 2001, 4 anos após sua criação, havia 30 polos de capacitação implantados no país e 104 instituições de ensino superior a eles vinculadas (Brasil, 2001b).

Ao longo dos anos, outros esforços foram sendo empreendidos no sentido de ampliar as possibilidades de formação e educação permanente e de fixação dos profissionais em municípios desprovidos ou com precariedade dos serviços de atenção à saúde, carentes de assistência médico-sanitária. O Programa de Interiorização do Trabalho em Saúde (PITS), criado no início de 2001, incentivava médicos e enfermeiros a permanecerem nesses municípios, por meio da oferta de cursos de especialização em saúde da família e incentivos financeiros na forma de bolsas para os profissionais da saúde (Brasil, 2001a).

A partir de 2002, visando apoiar a expansão da ESF em grandes centros urbanos, a partir de ações de modernização institucional, adequação da rede de serviços, desenvolvimento de recursos humanos, dentre outras, e incentivar a institucionalização de práticas de monitoramento e avaliação nas três esferas do SUS, foi criado o Programa de Expansão e Consolidação da Saúde da Família (PROESF), mediante acordo de empréstimo celebrado entre o governo federal e o Banco Internacional para Reconstrução e Desenvolvimento (BIRD) (Brasil, 2003b). O PROESF incentivou o desenvolvimento de estudos avaliativos sobre a APS, conduzidos por instituições de ensino e pesquisa, caracterizando experiências de implantação, desempenho e impacto em indicadores de saúde e na organização da assistência e estudos de meta-avaliação (Hartz *et al.*, 2008; Mendonça *et al.*, 2008).

Como parte do processo de institucionalização da avaliação na APS, em 2005 foi desenvolvida, pelo Ministério da Saúde, uma proposta de autoavaliação a ser utilizada pelos municípios, contemplando diferentes âmbitos de organização da ESF (gestão, coordenação e equipes de saúde da família), conhecida como Avaliação para a Melhoria da Qualidade (AMQ). A AMQ pretendia estimular o desenvolvimento da capacidade avaliativa nas secretarias municipais e estaduais de saúde, apoiando os gestores locais na elaboração de planos de ação baseados nos resultados dos processos avaliativos (Brasil, 2006a, 2007a). Embora tenham sido realizados alguns estudos de implantação no país, não se sabe até que ponto essa iniciativa produziu, de fato, o impacto esperado (Isoyama *et al.*, 2008; Fonseca, 2009; Silva & Caldeira, 2010).

Outra iniciativa governamental voltada para a qualificação de pessoal na APS foi o Programa de Educação pelo Trabalho para a Saúde (PET Saúde), instituído em 2008 e em vigência até os dias atuais. Essa proposta se constitui na oferta de programas de iniciação ao trabalho e estágios dirigidos aos estudantes de graduação da área da saúde, por meio da formação de grupos de aprendizagem tutorial, formados por tutores (docentes), preceptores (profissionais dos serviços) e estudantes que desenvolvem atividades em equipes de saúde da família (Brasil, 2008b). O PET Saúde pretende estimular o contato de estudantes com as diferentes realidades de vida e saúde da população e com a organização e o funcionamento dos serviços públicos de saúde no âmbito da APS. Nessa perspectiva, reforça a APS como espaço privilegiado de formação profissional, contribuindo para a reflexão sobre a organização dos serviços e das práticas de saúde nesse nível de atenção, contrapondo-se a uma tendência de formação centrada nas práticas hospitalares.

Finalmente, encontra-se em estágio inicial de implantação o Programa Nacional de Melhoria do Acesso e da Qualidade da Atenção Básica (PMAQ), formulado em 2011, com o objetivo de induzir a ampliação do acesso e a melhoria da qualidade dos serviços de atenção básica, mediante a criação de um incentivo financeiro destinado às gestões municipais de saúde, a partir da pactuação de compromissos e avaliação de indicadores firmados entre as equipes de atenção básica, os gestores municipais e o Ministério da Saúde (Brasil, 2011). O PMAQ instituiu uma modalidade de remuneração por desempenho que se por um lado pode estimular a melhoria das práticas para obtenção de bons resultados, por outro pode induzir o mascaramento de situações tidas como indesejadas pelos profissionais ou gestores, caso representem prejuízos

---

[3]O Projeto "Reforço à Reorganização do SUS" (REFORSUS) foi uma iniciativa do Ministério da Saúde com financiamento do Banco Interamericano de Desenvolvimento e do Banco Mundial, que tinha como objetivo geral "Implementar ações estratégicas destinadas a fortalecer o desenvolvimento do Sistema Único de Saúde – SUS, de modo a contribuir para a garantia da universalidade, integralidade e equidade no acesso aos bens e serviços de saúde" (Brasil, 1996).

de financiamento. Buscando inibir esse risco, o projeto contemplou apoio institucional e processos de educação permanente voltados para superação de problemas identificados, mas estes dependem, em grande medida, do protagonismo das gestões municipal e estadual.

CONSIDERAÇÕES FINAIS

Este capítulo buscou apresentar e discutir evidências da consolidação da ESF como uma das mais importantes políticas de reorganização dos modelos de atenção do SUS no Brasil.

A partir de uma breve história da APS no Brasil e no mundo, buscamos identificar a direcionalidade da proposta brasileira e defendemos a tese de que seu ideário e suas diretrizes conceituais e operacionais aproximam a ESF das propostas de reforma baseadas em modelos de APS integral. Entretanto, embora seja uma política fortemente induzida pelo nível federal desde sua concepção, com a descentralização do SUS, a implementação da APS é de responsabilidade da gestão municipal. Assim, a ESF assume configurações particulares de acordo com os contextos municipais e locais, sendo possível evidenciar avanços e inovações em diversas experiências, assim como persistem níveis incipientes de implementação em outras. Esse cenário diversificado e plural, como sabemos, não é peculiaridade da implementação da APS, por meio da ESF, mas do próprio SUS, um patrimônio nacional, por seus avanços e natureza democrática, ao mesmo tempo que apresenta inúmeros desafios para a materialização de seus princípios de universalidade e equidade.

Analisando a história das reformas de saúde em países desenvolvidos, como Canadá e Inglaterra, alguns autores destacam a existência de avanços e retrocessos, fruto da dinâmica dos atores sociais, na construção de novos modelos de atenção, e que esses processos demandaram várias décadas. A dinâmica dos atores sociais, especialmente os profissionais da saúde envolvidos no cotidiano dos serviços de saúde, reconfigura teorias e prescrições tecnoburocráticas, como no exemplo da reforma canadense, em que propostas iniciais foram redesenhadas devido à oposição de alguns atores, como os médicos, e às vezes variantes mais restritas, porém consensuais, foram implementadas após décadas de experimentação (Conill, 2008).

Buscamos delinear uma linha do tempo da ESF, apresentando o crescimento de sua cobertura nos estados e regiões, o aperfeiçoamento de seu desenho organizacional, especialmente com a incorporação dos NASF, e o conjunto de iniciativas governamentais que apoiaram sua implementação desde sua criação. Assim, buscamos caracterizar não apenas sua difusão e expansão numérica, que *per si* foram impressionantes por sua velocidade e sustentabilidade em um país cujas políticas e programas duram, por vezes, o curto tempo de uma gestão de governo, como capturar a dinâmica das transformações de sua arquitetura e todo o conjunto de dispositivos que marcaram sua implementação. Embora ainda não tenhamos estudos avaliativos de envergadura que possibilitem realizar uma análise sócio-histórica da atenção primária no Brasil, são impressionantes as iniciativas de reconfiguração e ampliação do modelo inicial, proposto em 1994, até a configuração atual delineada na PNAB, em 2011, incorporando a concepção de redes de atenção ordenadas pela APS e reafirmando a ESF como proposta preferencial de organização da APS.

É preciso destacar, ainda, os desafios presentes na trajetória da ESF que representam entraves ou obstáculos a sua implementação para a população brasileira. Embora o financiamento das ações e serviços de APS venha sendo ampliado, incluindo gastos em infraestrutura e em qualificação de profissionais, ainda é insuficiente, especialmente para ampliar o escopo de ações de APS, o que não pode ser analisado ignorando a ainda vigente e grave situação de subfinanciamento da saúde no Brasil, onde o gasto público representa pouco mais de 40% do gasto total em saúde, incompatível com a universalidade da cobertura e muito distante da realidade dos países com sistemas universais, como Austrália (67,8%) ou Noruega (84,1%) (CONASS, 2012).

Em relação à gestão do trabalho no âmbito da APS, podemos destacar três questões principais. Em primeiro lugar, a necessidade de qualificar os profissionais de nível superior, técnicos e ACS para atuar sobre territórios desenvolvendo ações sobre múltiplos objetos – desde doenças prevalentes, como diarreia e pneumonia nas crianças e hipertensão e diabetes nos adultos, até problemas de saúde como obesidade, doença mental, uso de drogas e álcool e violências, em diversos âmbitos – ações curativas, preventivas e de promoção da saúde, envolvendo outros setores e organizações não governamentais e incentivando a participação popular. Todo esse amplo e diversificado leque de atuação exige novos saberes, tecnologias e novas práticas e valores que devem ser organizados em programas de educação permanente. Em segundo lugar, erradicar as situações de desprecarização dos vínculos trabalhistas e melhorar as condições de trabalho. Por último, reduzir a rotatividade dos profissionais de saúde, que compromete o estabelecimento de vínculos com a comunidade e a continuidade da atenção, por meio de ações que reduzam os dois problemas citados anteriormente e de políticas de fixação para áreas remotas e na periferia dos grandes centros urbanos, incluindo salários diferenciados.

A ampliação da cobertura da ESF expressiva na quase totalidade dos municípios brasileiros tem sido mensurada a partir de estimativas de cobertura potencial, não devendo ser confundida com acesso aos serviços. Destacando-se que, embora no Brasil, o acesso aos serviços de

APS venha sendo ampliado, ainda constitui grave problema para a população. Acrescentem-se as dificuldades em estabelecer a ESF como porta de entrada do sistema e garantir a referência e contrarreferência aos níveis do sistema de saúde.

Finalmente, as investigações que traçaram o panorama nacional do processo de consolidação da ESF revelaram intrincadas relações entre os processos de indução e estímulo do governo federal e fatores locais que favorecem ou dificultam sua institucionalização enquanto um modelo substitutivo de organização da atenção primária à saúde, dado que os arranjos organizacionais e institucionais nos municípios possibilitam, em certas condições, a coexistência de racionalidades distintas na lógica de organização da APS. Acrescentem-se a isso os limites das intervenções dos serviços de saúde sobre os processos de adoecimentos, especialmente, em contextos de profundas desigualdades sociais como o Brasil.

Referências

Aquino R, Oliveira NF de, Barreto ML. Impact of the Family Health Program on Infant Mortality in Brazilian Municipalities. American Journal of Public Health 2008; 99:87-93.

Aquino R, Medina MG, Vilasbôas ALQ e Barreto ML. Programa de Saúde da Família: análise de sua implantação no Brasil. In: Silva LR (org.). Diagnóstico em pediatria. Rio de Janeiro: Guanabara Koogan, 2009:1031-40.

Brasil. Ministério da Saúde. Secretaria de Assistências à Saúde. Reforsus: reforço a reorganização do SUS: manual de operação. Brasília: Ministério da Saúde, 1996.

Brasil. Portaria 1.886 GM, de 18 de dezembro de 1997. Brasília, 1997a.

Brasil. Ministério da Saúde. Saúde da Família – uma estratégia para a reorientação do modelo assistencial. Secretaria de Assistência à Saúde/Coordenação de saúde da Comunidade. Brasília, 1997b.

Brasil. Decreto 3.745, de 5 de fevereiro de 2001 – DOU de 6/2/2001. Institui o Programa de Interiorização do Trabalho em Saúde. Portaria 227/GM, em 16 de fevereiro de 2001a.

Brasil. Ministério da Saúde. Secretaria de Políticas de Saúde. Departamento de Atenção Básica. Coordenação de Investigação. Os pólos de capacitação, formação e educação permanente de pessoal para a saúde da família. Informe da Atenção Básica, 10. Brasília: Ministério da Saúde, 2001b.

Brasil. Ministério da Saúde. Secretaria de Atenção à Saúde. Departamento de Atenção Básica. Programa de Saúde da Família: ampliando a cobertura para consolidar a mudança do modelo de Atenção Básica. Revista Brasileira de Materno-Infantil, 2003a; 3(1):113-25.

Brasil. Ministério da Saúde. Secretaria de Assistência à Saúde. Departamento de Atenção Básica. Coordenação de Acompanhamento e Avaliação da Atenção Básica. Informe da Atenção Básica nº 17: O projeto de expansão e consolidação do saúde da família – PROESF Brasília: Ministério da Saúde, 2003b.

Brasil. Ministério da Saúde. Secretaria de Assistência à Saúde. Departamento de Atenção Básica. Coordenação Nacional de Saúde Bucal. Diretrizes da Política Nacional de Saúde Bucal. Brasília. DF: Ministério da Saúde, 2004. Disponível em: http://bvsms.saude.gov.br/bvs/publicacoes/politica_nacional_brasil_sorridente.pdf. Acesso em: 20/10/2012.

Brasil. Ministério da Saúde. Secretaria de Atenção à Saúde. Departamento de Atenção Básica. Avaliação para melhoria da qualidade da estratégia saúde da família. Brasília: Ministério da Saúde, 2006a.

Brasil. Ministério da Saúde. Secretaria de Atenção à Saúde. Departamento de Atenção Básica. Seminário de apresentação dos resultados iniciais da implantação do projeto de Avaliação para a Melhoria da Qualidade (AMQ) da estratégia saúde da família. Revista Brasileira Saúde da Família 8(13). Brasília: Ministério da Saúde, 2007b.

Brasil. Ministério da Saúde. Portaria 154, de 24 de janeiro de 2008. Cria os Núcleos de Apoio à Saúde da Família – NASF. Brasília-DF, 2008a.

Brasil. Ministério da Saúde. Portaria Interministerial 1.802, de 26 de agosto de 2008. Programa de Educação pelo Trabalho para a Saúde (PET Saúde). Brasília: Ministério da Saúde, 2008b.

Brasil. Ministério da Saúde. Secretaria de Atenção à Saúde. Departamento de Atenção Básica. Diretrizes do NASF: Núcleo de Apoio a Saúde da Família. Caderno de Atenção Básica, n. 27. Série A. Normas e Manuais Técnicos. Brasília: Ministério da Saúde, 2010.

Brasil. Ministério da Saúde. Secretaria de Atenção à Saúde. Departamento de Atenção Básica. Política Nacional de Atenção Básica. Brasília: Ministério da Saúde, 2012. Disponível em: http://189.28.128.100/dab/docs/publicacoes/geral/pnab.pdf. Acesso em: 20/10/2012.

Brasil. Ministério da Saúde. Secretaria de Atenção à Saúde. Departamento de Atenção Básica. Programa Nacional de Melhoria do Acesso e da Qualidade da Atenção Básica (PMAQ): Manual Instrutivo. Brasília: Ministério da Saúde, 2011.

Campos CEA. As origens da rede de serviços de atenção básica no Brasil: o Sistema Distrital de Administração Sanitária. História, Ciências, Saúde 2007; 14(3):877-906.

CONASS. Para entender o (sub)financiamento do SUS. Disponível em: http://www.conass.org.br/index.php?option=com_content&view=article&id=733:para-entender-o-subfinanciamento-do-sus&catid=3:noticias&Itemid=12. Acesso em: 14/10/2012.

Conill E. Ensaio histórico-conceitual sobre a Atenção Primária à Saúde: desafios para a organização de serviços básicos e da Estratégia Saúde da Família em centros urbanos no Brasil. Cad Saúde Pública 2008; 24(Sup 1):S7-S27.

CSDH. Closing the gap in a generation: health equity through action on the social determinants of health. Final Report of the Commission on Social Determinants of Health. Geneva, World Health Organization, 2008.

Dourado I, Veneza B, Oliveira MD et al. Trends in Primary Health Care-sensitive Conditions in Brazil. The Role of the Family Health Program (Project ICSAP-Brazil). Medical Care 2011; 49:577-84.

Escorel S. História das políticas de saúde no Brasil de 1964 a 1990: do golpe militar à reforma sanitária. In: Giovanella L (org.) Políticas e Sistema de Saúde no Brasil. Rio de Janeiro: Fiocruz, 2008:385-434.

Facchini LA, Piccini R, Thumé E et al. Desempenho do PSF no Sul e no Nordeste do Brasil: avaliação institucional e epidemiológica da Atenção Básica à Saúde. Ciências e Saúde Coletiva 2006; 11(3):669-81.

Fonseca ACF. Avaliação para melhoria da qualidade da Estratégia Saúde da Família: um estudo de caso com foco na utilização de resultados. Salvador, 2009 [Dissertação de Mestrado em Saúde Comunitária].

Giovanella L, Mendonça MHM et al. Atenção Primária à Saúde. In: Giovanella L (org.) Políticas e Sistema de Saúde no Brasil. Rio de Janeiro: Fiocruz, 2008:575-625.

Guanais F, Macinko J. Primary care and avoidable hospitalizations: evidence from Brazil. J Ambul Care Manage 2009; 32(2):115-22.

Hartz Z, Felisberto E, Silva LV (orgs.) Meta-avaliação da atenção básica à saúde: teoria e prática. Rio de Janeiro: Fiocruz, 2008.

IOM. Institute of Medicine. A manpower policy for primary health care. IOM Publication 78-02. Washington DC. National Academy of Sciences, 1978.

Isoyama VS, Silva AL, Martins MCFN et al. Avaliação para a melhoria da qualidade da estratégia saúde da família – AMQ: estudo de implantação no Estado de São Paulo. São Paulo; Instituto de Saúde; 2008. (Temas em Saúde Coletiva, 7).

Lavras C. Atenção Primária à Saúde e a Organização de Redes Regionais de Atenção à Saúde no Brasil. Saúde Soc 2011; 20(4):867-74.

Lord Dawson of Penn. Interim Report on the Future Provision of Medical and Allied Services. (United Kingdom Ministry of Health, Consultative Council on Medical Allied Services) London: Her Majesty's Stationery Offices, 1920. Disponível em: http://www.sochealth.co.uk/healthcare-generally/history-of-healthcare/interim-report-on-the-future-provision-of-medical-and-allied-services-1920-lord-dawson-of-penn/. Acesso em: 6/10/2012.

Macinko J, Shi L, Starfield B, Wulu J. Income inequality, primary care, and health outcomes – a critical review of the literature. Medical Care Research and Review 2003; 60(4):407-52.

Macinko J, Guanais FC, Marinho de Souza MF. Evaluation of the impact of the Family Health Program on infant mortality in Brazil, 1990-2002. J Epidemiol Community Health 2006; 60:13-9.

Macinko J, Marinho de Souza M de F, Guanais FC, da Silva Simões CC. Going to scale with community based primary care: an analysis of the Family Health Program and infant mortality in Brazil, 1999-2004. Soc Sci Med 2007a; 65(10):2070-80.

Macinko J, Montenegro H, Adell CN, Etienne C. Grupo de Trabajo de Atención Primaria de Salud de La Organización Panamericana de la Salud. La renovación de la atención primaria de salud en las Americas. Rev Panam Salud Publica/Pan Am/Public Health 2007; 21(/3):73-83b.

Macinko J, Dourado I, Aquino R et al. Major expansion of primary care in brazil linked to decline in unnecessary hospitalization. Health Affairs 2010; 29(12):2149-60.

Medina MG, Aquino R. Avaliando o Programa de Saúde da Família. In: Sousa MF (org.) Os sinais vermelhos do PSF. São Paulo: Hucitec, 2002:135-51.

Medina MG, Hartz ZMA. The role of the Family Health Program in the organization of primary care in municipal health systems. Cad Saúde Pública, Rio de Janeiro, 2009; 25(5):1153-67.

Mendonça MHM, Vasconcellos MM, Viana AL. Atenção primária à saúde no Brasil. Cadernos de Saúde Pública 2008; 24(suppl 1):S4-S5.

Mota A, Schraiber LB. Atenção Primária no Sistema de Saúde: debates paulistas numa perspectiva histórica. Saúde Soc 2011; 20(4):837-52.

Nunes CA. A integralidade da atenção e o Programa de Saúde da Família: estudo de caso em um município do interior da Bahia. Salvador, 2011. [Tese Doutorado] – Instituto de Saúde Coletiva, Universidade Federal da Bahia.

OPAS/OMS. Organização Pan-Americana da Saúde. Organização Mundial da Saúde. Renovação da atenção primária nas Américas. Documento de posicionamento da OPAS/OMS, Washington, 2007.

Paim JS. Políticas de saúde no Brasil ou recusando o apartheid sanitário. Ciência & Saúde Coletiva 1996; 1:18-20.

Paim JS. Medicina Preventiva e Social no Brasil: modelos, crises e perspectivas. Saúde em Debate 1981; 11:57-9.

Paim JS. Descentralização das ações de saúde no Brasil e a renovação da proposta "Saúde para Todos". In: Paim JS. Saúde, Política e Reforma Sanitária. Salvador: Instituto de Saúde Coletiva, 2002.

Paim JS. Reforma Sanitária Brasileira: contribuição para a compreensão e crítica. Salvador: Edufba/Rio de Janeiro: Fiocruz, 2008. 356p.

Paim JS, Travassos C, Almeida C, Bahia L, Macinko J. The Brazilian health system: history, advances, and challenges. The Lancet 2011; 377(9779):1778-97.

Pereira CR, Roncalli AG, Cangussu MC, Noro LR, Patrício AA, Lima KC. Impacto da Estratégia Saúde da Família sobre indicadores de saúde bucal: análise em municípios do Nordeste brasileiro com mais de 100 mil habitantes. Cad Saúde Pública 2012; 28(3):449-62.

Piccini RX, Facchini LA, Tomasi E et al. Necessidades de saúde comuns aos idosos: efetividade na oferta e utilização em atenção básica à saúde. Ciência e Saúde Coletiva 2006; 11(3):657-67.

PNUD. Programa das Nações Unidas para o Desenvolvimento. Declaração do Milênio. Nova York, setembro de 2000. Disponível em: http://www.unric.org/html/portuguese/uninfo/DecdoMil.pdf. Acesso em: 18/10/2012.

Rasella D, Aquino R, Barreto ML. Impact of the Family Health Program on the quality of vital information and reduction of child unattended deaths in Brazil: an ecological longitudinal study. BMC Public Health (Online) 2010a; 10:380.

Rasella D, Aquino R, Barreto ML. Reducing childhood mortality from diarrhea and lower respiratory tract infections in Brazil. Pediatrics (Evanston) 2010b; 126:e1- e7.

Santana M, Aquino R, Medina MG. Efeito da Estratégia Saúde da Família na vigilância de óbitos infantis. Revista de Saúde Pública (USP. Impresso) 2012; 46:59-67.

Sarti TD, Campos CE, Zandonade E, Ruschi GE, Maciel EL. Avaliação das ações de planejamento em saúde empreendidas por equipes de saúde da família. Cad Saúde Pública 2012; 28(3):537-48.

Silva JM, Caldeira AP. Modelo assistencial e indicadores de qualidade da assistência: percepção dos profissionais da atenção primária à saúde. Cad Saúde Pública, Rio de Janeiro, jun. 2010; 26(6): 1187-93.

Sousa MF. A coragem do PSF. São Paulo: Hucitec, 2001.

Souza HM. Saúde da Família: desafios e conquistas. In: Negri B, Viana AL. O Sistema Único de Saúde em dez anos de desafio. São Paulo: Sobravime/Cealag, 2002.

Starfield B. Measuring the attainment of primary care. J Med Educ 1979; 54(5):361-9.

Starfield B. Atenção primária de saúde: equilíbrio entre necessidades de saúde, serviços e tecnologia. Brasília: Unesco, Ministério da Saúde, 2002.

Starfield B, Shi L, Macinko J. Contribution of primary care to health systems and health. The Milbank Quarterly 2005; 83(3):457-502.

Teixeira LA. Comentário: Rodolfo Mascarenhas e a história da saúde pública em São Paulo. Revista de Saúde Pública 2006; 40(1):3-19.

Vasconcelos EM. Educação popular e a atenção à saúde da família. São Paulo: Hucitec/Ministério da Saúde, 1999. 332p.

Viana AL e Dal Poz MR. A Reforma do Sistema de Saúde no Brasil e o Programa de Saúde da Família. Physis, 1998; 8(2):11-48.

Vilasbôas ALQ, Paim JS. Práticas de planejamento e implementação de políticas no âmbito municipal. Cad Saúde Pública, Rio de Janeiro, 2008; 24(6):1239-50.

WHO. World Health Organization. United Nations Children's Fund. Primay health-care. Report of the International Conference on Primary Health Care, 1978 Sep 6-12; Alma-Ata, USSR. Geneva: World Health Organization, 1978.

WHO. World Health Organization. Global Strategy for Health for All by the year 2000. World Health Organizations. Geneva, 1981. Disponível em: http://whqlibdoc.who.int/publications/9241800038.pdf. Acesso em: 18/10/2012.

WHO. World Health Organization. Ottawa: Canadian Public Health Association, Health and Welfare Canada and WHO; 1986. The Ottawa Charter for Health Promotion.(World Health Organization publication) [internet]. (published 1986) Disponível em: http://www.who.int/hpr/NPH/docs/ottawa_charter_hp.pdf.

WHO. World Health Organization. The World Health Report 2008. Primary Health Care, now more than ever. Geneve: WHO, 2008.

26
Qualidade e Segurança no Cuidado de Saúde

Claudia Travassos • Mônica Martins • Bárbara Caldas

INTRODUÇÃO

O presente capítulo inicia-se com um breve histórico acerca dos precursores, principais eventos e conceitos sobre a qualidade dos cuidados de saúde. Segue-se a apresentação dos principais atributos e características da qualidade. Dentre os atributos, é enfatizada a segurança do paciente. É descrita a importância dos processos de melhoria da qualidade. Como exemplo, apresenta-se a abordagem da Gestão da Clínica, que trata do planejamento e da gestão dos processos de cuidado ao paciente, aprofundando três de suas principais ferramentas: diretrizes clínicas, itinerário clínico e indicadores de desempenho. Por fim, aborda-se o prontuário do paciente, considerando, entre outras funções, sua centralidade para o cuidado ao paciente e a produção de informação para o monitoramento da qualidade.

HISTÓRICO

A qualidade no cuidado de saúde teve como uma de suas precursoras a enfermeira britânica Florence Nightingale (1820-1910). Um exemplo da importância dessa profissional para os serviços de saúde foi o conjunto de melhorias que implantou no Hospital Scutari, próximo a Istambul, na Turquia, durante a Guerra da Crimeia (1854-1856)[1]. Os soldados feridos no campo de batalha em condições de suportar uma viagem de navio, que cruzava o Mar Negro, eram levados para lá; encontravam, porém, leitos sujos, privadas entupidas, sujeira e morte. Florence, que trabalhava nesse hospital, coletava dados sobre os pacientes e sobre o ambiente e produzia detalhados relatórios estatísticos. Com base nesses relatórios, verificou que a alta mortalidade no hospital era decorrente da absurda superlotação de pacientes, associada à ausência de ventilação, tratamento de esgoto, limpeza e conforto. Em março de 1855, Florence e suas 40 enfermeiras começaram a desenvolver ações para melhorar esse ambiente. As soluções implantadas incluíram abertura das janelas (pela primeira vez), limpeza geral e dos canos, lavagem das roupas, enterro de carcaças de animais que pereciam ao redor do hospital e reposição de utensílios para as refeições. Em fevereiro de 1855, 42,7% dos soldados admitidos haviam falecido. Em junho de 1855, 3 meses após a implantação das ações de melhoria, a taxa de mortalidade hospitalar caiu para 2,2%. Antes dessas medidas, a mortalidade no Hospital Scutari superava a dos pacientes que ficaram no campo de batalha por não terem condições de transporte. Assim, Florence demonstrou que a alta mortalidade não era decorrente dos ferimentos de guerra, mas do que hoje classificamos como infecções associadas ao cuidado de saúde. Os feitos de Florence no Hospital Scutari ultrapassaram os limites do exército britânico e a transformaram em uma heroína nacional (Neuhauser, 2003).

Outro personagem importante no que se refere à qualidade do cuidado em saúde foi Ignaz Phillip Semmelweis (1818-1865). Em fevereiro de 1846, esse médico húngaro iniciou suas atividades no serviço de obstetrícia do Hospício Geral de Viena. Àquela época, o temor das mulheres era a febre puerperal, que ocasionava muitas mortes. O hospital em que Semmelweis trabalhava contava com dois serviços distintos de obstetrícia que, curiosamente, apresentavam taxas de mortalidade muito díspares: morria-se mais de febre puerperal no serviço A do que no B. Este fato instigou-o na busca de uma explicação. Observou que no serviço de mortalidade mais alta trabalhavam estudantes de medicina e no outro, parteiras. Suas observações levaram-no a concluir que era a mão dos estudantes de medicina, após as dissecções,

---
[1] Guerra passada na Península da Crimeia, onde os ingleses, aliados aos franceses e turcos, impediram a expansão do exército russo na região dos Bálcãs.

que estava relacionada com o elevado número de mortes por febre puerperal. Conseguiu, por um tempo, obrigar os médicos a higienizarem as mãos com uma solução de cloreto de cal e observou redução na taxa de mortalidade. Entretanto, sua contribuição foi reconhecida somente após as descobertas de Pasteur que culminaram no desenvolvimento da teoria microbiológica da doença, em 1857 (Céline, 1998).

Algumas décadas mais tarde, em 1910, nos EUA, a Associação Médica Americana publicou o Relatório Flexner, tornando aparente a precariedade das escolas médicas e dos principais hospitais do país. Nessa mesma época, destaca-se nos EUA um outro pioneiro da qualidade no cuidado de saúde, Ernest Codman (1869-1940), cirurgião do Hospital Geral de Massachusetts. Codman afirmava que para melhorar a qualidade do cuidado de saúde era necessário acompanhar os resultados do cuidado prestado aos pacientes, a fim de se obter informação que orientasse sua melhoria. Ao longo de sua vida, Codman esforçou-se para acompanhar seus pacientes, mesmo anos após o tratamento, visando registrar os resultados finais do cuidado prestado. Ele anotava sistematicamente as falhas diagnósticas e terapêuticas que identificava e as correlacionava com os resultados observados nos pacientes (Neuhauser, 2002). Desse modo, conseguiu influenciar positivamente o Colégio Americano de Cirurgiões, que criou, em 1917, o primeiro elenco de padrões hospitalares de qualidade, conhecidos como "padrões mínimos" (Boxe 26.1). Os padrões mínimos constituíram o alicerce da estratégia de avaliação dos serviços de saúde conhecida como acreditação (Luce, Bindman & Lee, 1994). Como será descrito mais adiante neste capítulo, esta representa uma modalidade de avaliação e melhoria contínua da qualidade dos serviços de saúde que se tornou internacionalmente reconhecida e que, na atualidade, é praticada por um grande número de países.

Na segunda metade do século XX, a partir da década de 1960, surgem os primeiros trabalhos de Avedis Donabedian (1919-2000), que viria a se tornar um autor clássico da qualidade nos serviços de saúde (Donabedian, 1966). Filho de pais armênios, nasceu e estudou medicina em Beirute, no Líbano. Depois da Segunda Guerra Mundial, teve de se exilar nos EUA, desenvolvendo seus trabalhos na Universidade de Michigan.

Para Donabedian, um cuidado de qualidade é aquele que maximiza o bem-estar do paciente, após ser levado em conta o equilíbrio entre os ganhos e as perdas esperadas em todas as etapas do processo de cuidado (Donabedian, 1980). A qualidade constitui-se em um atributo fundamental da prática de saúde, compreendendo duas dimensões essenciais: (a) aplicação de conhecimentos científicos e de recursos tecnológicos para resolver o problema de saúde do paciente (exige do profissional, além de seu conhecimento, habilidades, capacidade de julga-

---

Boxe 26.1 Padrões mínimos hospitalares indicados pelo Colégio Americano de Cirurgiões em 1917

1. Médicos e cirurgiões com o privilégio de exercer a prática profissional no hospital devem estar organizados como um grupo ou um corpo clínico.
2. A admissão dentro do corpo clínico é restrita a médicos e cirurgiões que sejam graduados em medicina com licença legal para a prática em seus respectivos estados ou províncias, competentes e valorosos em caráter e em relação à ética.
3. O corpo clínico inicia suas atividades com a aprovação do conselho diretor do hospital, adota regras, regulamentos e procedimentos no trabalho no hospital: (a) reuniões do corpo médico ao menos mensalmente (em grandes hospitais os médicos podem optar por reunir-se separadamente); (b) revisão e análise da experiência clínica devem ser feitas a intervalos regulares nos vários departamentos, e o prontuário dos pacientes deverá ser a base dessas revisão e análise.
4. Os prontuários dos pacientes devem ser precisos e completos e estar escritos de maneira acessível a todo hospital – inclui dados de identificação, queixa, história pessoal e familiar, história da doença atual, exame físico, exames especiais, como consultas ou laboratório clínico ou raios X, entre outros, hipótese diagnóstica, tratamento clínico ou cirúrgico, achados patológicos, evolução clínica, diagnóstico final, condição de alta, seguimento e, no caso de morte, achados de necropsia.
5. Recursos diagnósticos e terapêuticos devem estar disponíveis para o estudo diagnóstico e o tratamento dos pacientes, incluindo ao menos um laboratório clínico com serviços de análises químicas, bacteriologia, sorologia e patologia, e departamento de raios X com serviços de radiografia e fluoroscopia.

Fonte: tradução para o português baseada em Feldman, Gatto & Cunha, 2005.

---

mento e oportunidade em termos do momento da execução do procedimento); e (b) relação interpessoal, que diz respeito à relação entre o profissional de saúde e o paciente (refere-se, entre outros fatores, ao respeito ao paciente, à capacidade de comunicação e à capacidade de obter a confiança do paciente) (Donabedian, 1980). Donabedian (1990) ressaltou que a qualidade se caracteriza por diversos atributos, como efetividade, eficiência, otimização e equidade. Chamou atenção para o fato de que usuários, profissionais, gestores, financiadores e autoridades governamentais priorizam diferentes atributos da qualidade em função de suas preocupações básicas e de seus interesses.

A contribuição teórica de Donabedian aos estudos sobre a qualidade dos cuidados em saúde está baseada no conhecido modelo, criado para a classificação desses estudos: *estrutura, processo e resultado* (Figura 26.1) (Donabedian, 1980). A estrutura compreende fatores referentes às condições sob as quais o cuidado de saúde é prestado; o processo envolve as etapas que constituem o cuidado de saúde em si; o resultado refere-se às mudanças (desejáveis ou indesejáveis) no estado de saúde dos indivíduos ou populações que são atribuídas ao cuidado recebido. Esse modelo pressupõe a existência de uma inter-relação entre estrutura, processo e resultado, isto é,

```
┌─────────────────────────┐      ┌─────────────────────────┐      ┌──────────────────────────────────────┐
│ ESTRUTURA               │      │ PROCESSO                │      │ RESULTADOS                           │
│ Corpo clínico           │─────▶│ Procedimentos diagnós-  │─────▶│ Favoráveis                           │
│ Nº de leitos            │      │ ticos e terapêuticos    │      │   Cura                               │
│ Nº e tipo de equipamentos│     │                         │      │   Sobrevida                          │
│ Natureza jurídica       │      │                         │      │   Estado fisiológico, físico e emocional│
└─────────────────────────┘      └─────────────────────────┘      │   Satisfação                         │
                                           ▲                      │ Adversos                             │
                                           │                      │   Morte                              │
                  ╭──────────────────────────────╮                │   Incapacidade                       │
                 ╱  CARACTERÍSTICAS DOS PACIENTES ╲───────────────▶│   Doença                            │
                │        Fatores de risco          │               │   Insatisfação                       │
                │        Idade, sexo               │               └──────────────────────────────────────┘
                │        Doença principal          │
                 ╲       Estado fisiológico       ╱
                  ╲       Comorbidades           ╱
                   ╰──────────────────────────╯
```

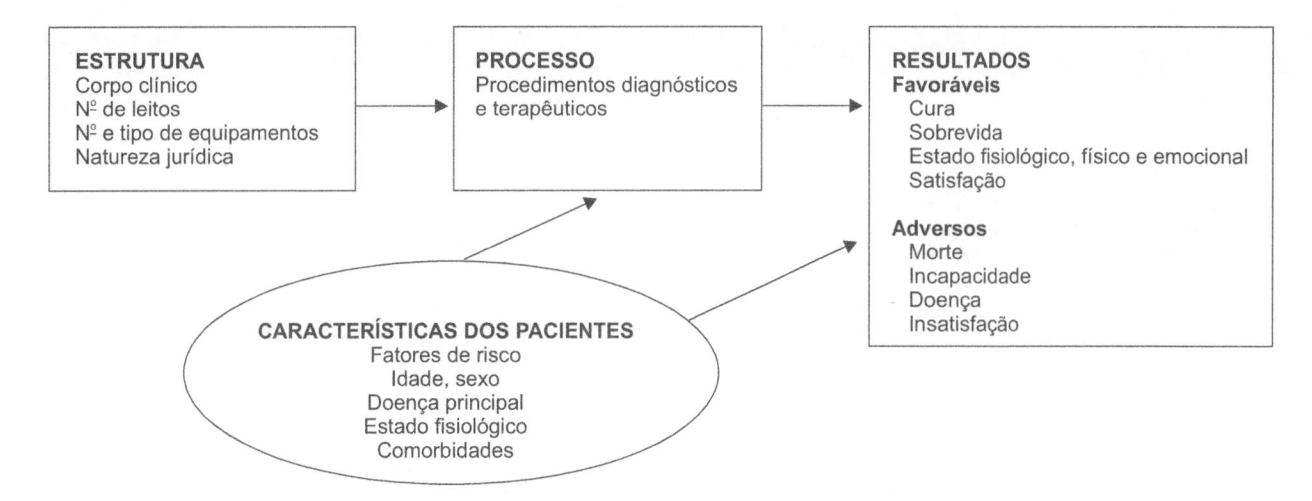

Figura 26.1 ◆ Relação estrutura-processo-resultado. (Fontes: Donabedian, 1980; Iezzoni, 2003.)

apoia-se no pressuposto de que um recurso ou tecnologia (estrutura) contribui para o diagnóstico e tratamento adequado (processo), do qual resulta um estado de saúde favorável (resultado).

Donabedian também destacou a interdependência entre qualidade e custo, a qual está expressa nos atributos referentes à otimização e à eficiência (Donabedian, 1990, 2003). Na definição de otimização, depreende-se a ideia de um ponto ideal ou de um equilíbrio entre os custos e os benefícios dos cuidados com a saúde. Donabedian mostra que esse equilíbrio deixa de existir quando os custos são maiores do que os benefícios. Essa asserção fica óbvia, por exemplo, quando um profissional presta um cuidado com potencial de ser mais nocivo do que vantajoso para o paciente ou que, apesar de não ser nocivo, seja desnecessário. As consequências desse cuidado extrapolam o próprio indivíduo que o recebeu, pois podem impedir que outras pessoas recebam o cuidado de que necessitam, em decorrência do mau emprego dos recursos disponíveis, o que torna esse tipo de cuidado socialmente irresponsável.

QUALIDADE DO CUIDADO: DEFINIÇÃO E CARACTERÍSTICAS

Em uma abordagem mais contemporânea, mas consistente com Donabedian, o Instituto de Medicina (IOM) dos EUA define qualidade do cuidado como o grau em que os serviços de saúde, voltados para cuidar de pacientes individuais ou de populações, aumentam a chance de produzir os resultados desejados e são consistentes com o conhecimento profissional atual (Chassin & Galvin, 1998). Com base nesse referencial, os processos de melhoria da qualidade devem enfocar os seis principais atributos de qualidade do cuidado de saúde: segurança, efetividade, foco no paciente, oportunidade, eficiência e equidade (Tabela 26.1) (IOM, 2001).

Tabela 26.1 ◆ Atributos de qualidade do cuidado de saúde

Atributos	Definição
Segurança	Evitar lesões e danos nos pacientes decorrentes do cuidado que tem como objetivo ajudá-los
Efetividade	Cuidado baseado no conhecimento científico para todos que dele possam se beneficiar, evitando seu uso por aqueles que provavelmente não se beneficiarão (evita subutilização e sobreutilização, respectivamente)
Foco no paciente	Cuidado respeitoso e responsivo às preferências, necessidades e valores individuais dos pacientes, e que assegura que os valores do paciente orientem todas as decisões clínicas
Oportunidade	Redução do tempo de espera e de atrasos potencialmente danosos tanto para quem recebe como para quem presta o cuidado
Eficiência	Cuidado sem desperdício, incluindo o desperdício associado ao uso de equipamentos, suprimentos, insumos e energia
Equidade	Qualidade do cuidado que não varia em decorrência de características pessoais, como gênero, etnia, localização geográfica e condição socioeconômica.

Fonte: IOM, 2001.

Os problemas de qualidade nos serviços de saúde, de modo geral, estão compreendidos nas seguintes situações: (a) sobreutilização, (b) utilização inadequada (*misuse*) e (c) subutilização. A sobreutilização refere-se àquelas circunstâncias nas quais o cuidado de saúde prestado apresenta maior chance de provocar dano do que benefícios ao paciente. A subutilização refere-se à ausência de prestação de cuidado de saúde, quando este poderia produzir benefício para o paciente (Boxe 26.2). Por fim, a utilização

> **Boxe 26.2** | Exemplos de sobreutilização e subutilização
>
> **Sobreutilização**
>
> O principal exemplo brasileiro de sobreutilização é a altíssima frequência de partos cirúrgicos em nosso país. Noventa por cento dos partos realizados por planos privados de saúde no Brasil são cirúrgicos. Isso ocorre mesmo havendo aumento do risco de infecções, quando se comparam as cesarianas com o parto vaginal, e não havendo evidências científicas de que as primeiras reduzam o risco para o feto.
>
> A coronariografia é um exame diagnóstico empregado para confirmar a existência e avaliar o grau de obstrução das artérias do coração. Segundo dados de um estudo da Universidade Federal do Rio de Janeiro (UFRJ), houve aumento de 500% dos exames de coronariografia em 10 anos, 60% dos quais não evidenciaram qualquer alteração. Esses resultados sugerem que parte desses exames foram realizados desnecessariamente (Milhorance, O Globo, 2/9/12). Vale lembrar que procedimentos relacionados com punção de vasos, uso de anticoagulantes e contrastes radiológicos expõem o paciente a risco de danos. Portanto, gastos desnecessários muitas vezes estão associados à ocorrência de danos evitáveis nos pacientes.
>
> **Subutilização**
>
> No Brasil, a subutilização representa um grave problema do sistema de saúde, principalmente por ocorrer com maior frequência entre as pessoas mais pobres. Dados dos Suplementos de Saúde da Pesquisa Nacional por Amostra Domiciliar (PNAD) mostram que as pessoas que mais necessitam de cuidados de saúde são as que menos acesso têm a esses cuidados. O fato de a subutilização, de modo geral, ocorrer mais entre os pobres do que entre os ricos denota um problema na equidade do sistema de saúde brasileiro (Paim *et al.*, 2011).
>
> Há evidência científica sobre o benefício da prescrição de determinados medicamentos na alta de pacientes com síndrome coronariana aguda. Dados de um estudo brasileiro em 36 hospitais públicos de grandes centros urbanos do Brasil mostram que a prescrição de ácido acetilsalicílico aos pacientes sem contraindicações ocorreu em 93% das altas. Este valor caiu para 81% no caso dos betabloqueadores. Quando considerado o conjunto de medicamentos com prescrição recomendada, tanto no atendimento inicial como na alta, esse percentual diminuiu para 32% (Berwanger *et al.*, 2012).

inadequada refere-se àqueles problemas preveníveis associados ao cuidado de saúde e relaciona-se com as questões do domínio da segurança do paciente (Chassin & Galvin, 1988), o que será detalhado no Boxe 26.3.

Para uma melhor compreensão das questões de qualidade, destacam-se ainda os estudos de John E. Wennberg (2010) sobre variações no cuidado à saúde. Esses estudos são de base populacional e analisam variações no cuidado de saúde entre diferentes prestadores. Wennberg declara que o comportamento dos médicos influencia a demanda aos serviços de saúde, aos procedimentos diagnósticos e terapêuticos e, consequentemente, a sua utilização. O que é importante salientar é que variações indesejáveis no cuidado de saúde são comumente observadas.

Wennberg classifica o cuidado de saúde em três categorias: (a) o cuidado efetivo/necessário; (b) o cuidado sensível às preferências dos pacientes; (c) o cuidado sensível à oferta.

O cuidado efetivo/necessário é aquele para o qual existem evidências científicas razoavelmente robustas que indicam que aquele determinado procedimento responde melhor do que qualquer outra alternativa e que os benefícios para os pacientes excedem os riscos de possíveis danos. Portanto, procedimentos efetivos/necessários devem ser prestados a todos os pacientes com indicação para recebê-los. Como exemplos de cuidado efetivo/necessário, podem ser citadas a dosagem regular de hemoglobina glicada no acompanhamento de pacientes diabéticos e a vacinação. Quando esses cuidados não são prestados, verifica-se um problema de qualidade caracterizado pela subutilização.

O cuidado sensível às preferências dos pacientes refere-se àquelas situações em que existe mais de uma opção de cuidado e os resultados variam segundo a opção adotada. Um indicador desse tipo de variação é o percentual de pacientes oncológicos que recebem quimioterapia durante as 2 últimas semanas de vida. Na prática, no entanto, grande parte das decisões diagnósticas e terapêuticas ainda é tomada unicamente pelos médicos, apesar de nem sempre escolherem o procedimento que seria da preferência do paciente. Variações no cuidado sensível às preferências dos pacientes apontam tanto para a importância de mudança da cultura médica vigente como para a ampliação dos estudos sobre a efetividade dos diferentes procedimentos terapêuticos. Esses são requisitos para uma maior participação do paciente na decisão sobre seu cuidado, decisão esta que deve ser baseada em informação consistente sobre as alternativas existentes e seus potenciais riscos e benefícios.

Por fim, o cuidado sensível à oferta, o mais importante na explicação das variações no cuidado à saúde, geralmente resulta em sobreutilização, isto é, em uso desnecessário. Oferta aqui refere-se tanto ao número de equipamentos, número de leitos, número de profissionais de saúde, como à cultura médica local. A redução das variações indesejadas e desnecessárias depende também de avanços nos modelos de cuidado, principalmente para os portadores de doenças crônicas, mais vulneráveis a essas variações. As altas taxas de coronariografia, citadas anteriormente, configuram-se em exemplo do cuidado sensível à oferta.

No Brasil, apesar dos avanços observados nas últimas décadas, tanto na disponibilidade de serviços de saúde como na organização das redes assistenciais, a subutilização de cuidados efetivos/necessários e a sobreutilização de cuidados sensíveis à oferta convivem como problemas que denunciam o deficiente desempenho do sistema de saúde. Acrescenta-se a essas deficiências as iniquidades existentes, expressas pelas desigualdades sociais no acesso e na adequação do cuidado prestado, com as pessoas socialmente menos favorecidas tendo menores oportunidades de receber o cuidado de saúde que necessitam e dele se beneficiar (Paim *et al.*, 2011).

Para maiores informações e dados sobre variações no cuidado de saúde, consulte http://www.dartmouthatlas.org/.

Boxe 26.3 — Principais desafios para o cuidado à saúde de boa qualidade

Desafios para a qualidade
a. Sempre prestar cuidados de saúde efetivos para todos aqueles que deles possam se beneficiar
b. Sempre impedir a prestação de cuidados de saúde inadequados
c. Eliminar todas as complicações evitáveis

Fonte: adaptado de Chassin & Galvin, 1988.

SEGURANÇA DO PACIENTE

O preceito de ética médica "Primeiro, não cause danos" foi apresentado por Hipócrates há cerca de 2.000 anos. Recentemente (IOM, 1999) foi publicado o relatório "Errar é Humano", que chamou a atenção de todos sobre a alta frequência de erros no cuidado à saúde, além de mostrar que o cuidado à saúde envolve processos complexos, portanto mais suscetíveis ao erro – erro que, por definição, não decorre de negligência ou imperícia dos profissionais de saúde, mas da ausência de medidas de segurança nas organizações de saúde. Com esse referencial sobre o erro, o relatório propôs uma mudança de foco dos indivíduos para as organizações (sistemas). O pressuposto é de que, embora não se possam mudar a mente humana e sua falibilidade, podem ser mudadas as condições sob as quais seres humanos trabalham para aumentar a segurança do paciente. Os esforços para aumentar a segurança do cuidado à saúde passam também pelo estímulo a uma crescente participação do paciente e de seus familiares nesse cuidado. Mais ainda, envolve um grau maior de transparência, por parte dos serviços, quando um erro ocorre. Nesses casos, reconhece-se a importância de informar pacientes e familiares e apoiar os profissionais diretamente envolvidos com a ocorrência do erro (Leape, 2009).

Desde a publicação desse relatório, estudos sobre a ocorrência de eventos adversos, principalmente em hospitais, foram realizados em vários países e demonstraram a alta frequência de erros no cuidado à saúde. A ocorrência de eventos adversos em hospitais variou entre 2,9% e 16,6%, sendo 3% a 70% deles considerados eventos adversos evitáveis (http://proqualis.net/eventosadversos/2012/05/23/tabela-de-estudos-de-eventos-adversos/; acesso em 15/9/12).

A crescente preocupação com a segurança do paciente levou à criação pela Organização Mundial da Saúde (OMS) da Classificação Internacional de Segurança do Paciente (*International Classification for Patient Safety* – ICPS) (Runcinman et al., 2009). *Segurança do paciente* foi definida como a redução ao mínimo aceitável de dano desnecessário ao paciente, associado ao cuidado à saúde. Nessa classificação, *erro* é uma falha em executar um plano de ação como pretendido (por exemplo, falha na administração de um medicamento) ou a aplicação de um plano incorreto (por exemplo, erro diagnóstico). Os erros podem ocorrer por se fazer a coisa errada (erro de ação) ou por falhar em fazer a coisa certa (erro de omissão) na fase de planejamento ou na fase de execução do plano. *Erros* são, por definição, não intencionais, enquanto *violações* são atos intencionais, embora no caso do cuidado de saúde sejam raramente maliciosas, que podem se tornar rotineiros e automáticos em certos contextos. Um exemplo de violação "rotineira" é a não adesão à higienização das mãos por profissionais de saúde.

Incidente relacionado com o cuidado de saúde é um evento ou circunstância que poderia ter resultado, ou resultou, em dano desnecessário ao paciente. Os incidentes são classificados como (Figura 26.2):

- **Incidente que não atingiu o paciente (*near miss*):** por exemplo, uma unidade de sangue é conectada ao paciente de maneira errada, mas o erro é detectado antes do início da transfusão.
- **Incidente sem dano ao paciente:** evento que atingiu o paciente, mas não causou dano discernível, como, por exemplo, a unidade de sangue acabou sendo transfundida para o paciente, mas não houve qualquer reação.
- **Incidente com dano ao paciente (evento adverso):** por exemplo, é feita infusão da unidade errada de sangue no paciente e este morre por reação hemolítica.

O entendimento dos fatores associados à ocorrência de incidentes é necessário para orientar a identificação de ações de redução do risco e aumento da segurança. Excesso de confiança na memória, turnos de trabalho muito prolongados, processos não padronizados, informação inconsistente e pouco clara, comunicação deficiente entre profissionais e equipamentos inadequados são exemplos de fatores que acarretam a ocorrência de incidentes. A moderna segurança do paciente orienta-se pela abordagem do "fator humano" (Dekker, 2011). Nesse caso, o erro por trás de um incidente não é a causa de uma falha, mas sim o sintoma de algum problema existente no sistema. Como citado anteriormente, a maioria dos eventos adver-

Figura 26.2 • Incidentes relacionados com o cuidado à saúde com base na ICPS. (Fonte: Proqualis, 2012.)

sos não decorre da negligência dos profissionais, mas de problemas existentes no sistema (Boxe 26.4). Portanto, a resposta da organização a um incidente deve incluir medidas específicas que levem a mudanças no sistema em um movimento de melhoria contínua da qualidade (Watcher, 2010).

Boxe 26.4	Caso da vaselina

Em um fim de semana de dezembro de 2010, uma auxiliar de enfermagem trabalhava em um pronto-socorro municipal de São Paulo, administrado pela Santa Casa de Misericórdia. Naquele dia, estava escalada na sala de re-hidratação. Dentre os pacientes atendidos estava uma menina de 12 anos de idade, que apresentava um quadro de diarreia e vômitos, para o qual o médico havia prescrito hidratação venosa com 2.000mL de soro fisiológico. Após a administração de 1.000mL de soro, a menina já se sentia melhor. A auxiliar então retornou ao posto de enfermagem para pegar os dois frascos de soro fisiológico para completar a medicação prescrita. Recorreu ao armário onde a solução ficava armazenada e voltou para a cabeceira do leito da pequena paciente. Fez uma rápida conferência dos rótulos e procedeu à troca do frasco para infusão. Meia hora após a troca, a mãe da menina chamou a auxiliar, pois sua filha queixava-se de dormência na boca e na garganta. Ao avaliar a paciente e constatar que algo estava errado, a auxiliar chamou a enfermeira e o médico. O médico questionou qual era a solução que estava sendo infundida e ela disse que era soro fisiológico. No entanto, ao olhar o rótulo, a enfermeira constatou que na verdade tratava-se de vaselina líquida. A paciente foi transferida para o CTI, mas os efeitos da vaselina administrada ocasionaram sua morte. A auxiliar não acreditava no que havia ocorrido: as duas garrafas eram idênticas e naquele armário, ao que soubesse, nunca havia sido guardada nenhuma outra solução além de soro fisiológico. Mais tarde soube-se que naquele plantão uma criança com queimaduras estava sendo atendida e a vaselina líquida havia sido colocada no armário, pois seria utilizada em seu próximo curativo.

O evento descrito – que não se trata de um caso isolado – motivou a Secretaria Municipal de Saúde de São Paulo a criar um projeto de treinamento em segurança do paciente. O projeto da Autarquia Hospitalar Municipal de São Paulo, desenvolvido em parceria com o Hospital Samaritano, tem como meta treinar 12 mil funcionários no período de 2 anos. O treinamento foi planejado após visita diagnóstica a cada uma das 29 unidades subordinadas à Autarquia, com a colaboração dos respectivos Núcleos da Qualidade. Direcionado não só para os profissionais de saúde, mas também para os gestores e funcionários administrativos, o treinamento aborda as seis metas internacionais de segurança do paciente estabelecidas pela OMS:

- Identificação correta dos pacientes
- Melhoria da comunicação entre os profissionais de saúde
- Melhoria da segurança no uso de medicamentos de alta vigilância
- Assegurar que as cirurgias ocorram no sítio correto, com o procedimento correto e no paciente correto
- Redução do risco de infecções associadas aos cuidados de saúde e
- Redução do risco de dano ao paciente em decorrência de queda

Fontes: http://g1.globo.com/bom-dia-brasil/noticia/2010/12/sp-auxiliar-de-enfermagem-diz-que-confundiu-vaselina-com-soro.html e http://www.youtube.com/watch?v=wTCynYpyC4M&feature=plcp.

MELHORIA DA QUALIDADE

A melhoria da qualidade é um dos componentes da agenda da qualidade. No contexto do cuidado de saúde, melhoria da qualidade pode ser definida como "melhor experiência do paciente e resultados alcançados mediante mudança no comportamento dos profissionais de saúde, por meio do emprego de estratégias e métodos sistemáticos de mudança" (Øvretveit, 2009: 8). Os elementos-chave da definição de melhoria de qualidade são a combinação da mudança (melhoria) associada a um método (uma abordagem ou ferramentas específicas) para obtenção de um resultado melhor (Øvretveit, 2009).

A maioria dos métodos adotados para melhoria da qualidade foi desenvolvida pela indústria. As raízes da melhoria da qualidade remontam aos trabalhos dos pensadores do controle da qualidade produzidos nas décadas de 1940 e 1950, que postularam o que chamamos de Gestão da Qualidade Total (GQT) (Wood Jr & Urdan, 1994). No âmbito da GQT, a empresa (ou uma organização de saúde) é vista como uma coleção de processos. Para produzir as melhorias desejadas, são necessários o controle, o acompanhamento e a reorientação dos processos.

Uma das ferramentas mais populares adotadas com esse intuito é o ciclo Shewhart-Deming, ou PDSA (Figura 26.3), como é mais conhecido. O ciclo, composto de quatro fases – planejamento (*Plan*), execução (*Do*), estudo (*Study*) e ação (*Act*) –, possibilita o teste de uma mudança em pequena escala, antes de sua implantação na organização como um todo (The Health Foundation, 2010).

O pediatra norte-americano Donald Berwick, autor clássico da melhoria da qualidade na área da saúde, afirma que para existir um processo contínuo (sistemático) de melhoria é necessária a definição de uma metodologia. O Institute for Healthcare Improvement (IHI), dos EUA (http://www.ihi.org/Pages/default.aspx), fundado por Berwick, adota um método de melhoria baseado em três perguntas simples:

- O que estamos tentando realizar? (Objetivo)
- Como saberemos se a mudança representa uma melhoria? (Quais medidas usar?)
- Quais mudanças podemos implementar para obter a melhoria desejada? (Quais soluções adotar?)

O quarto elemento do método é o ciclo PDSA (Figura 26.3), que possibilita testar as mudanças propostas, observar o que acontece, realizar as correções necessárias e testá-las novamente, antes de sua implementação em toda a organização.

Estratégias dirigidas para melhoria da qualidade do cuidado estão presentes no cotidiano dos serviços em diversos países (Smith *et al.*, 2009), sendo frequentemente associadas aos programas de acreditação.

Figura 26.3 ♦ Ciclo PDSA. (Fonte: Langley et al., 1992 – Tradução dos autores.)

Acreditação é definida como um sistema de avaliação externa para verificação do cumprimento de um conjunto de padrões (Scrivens, 1995). Pressupõe a atuação de avaliadores externos à organização na observação de padrões referentes à estrutura, ao processo e ao resultado. Os padrões de qualidade são definidos por especialistas. Além de atestar a qualidade existente nos serviços de saúde, a acreditação tem uma dimensão educacional, voltada para a construção de uma cultura da qualidade. Entretanto, essa construção depende do grau de envolvimento da alta direção da organização de saúde com a melhoria da qualidade (Rodrigues et al., 2011).

GESTÃO DA CLÍNICA

A gestão da clínica refere-se ao planejamento e à gestão dos processos necessários à prestação de cuidado adequado aos pacientes (Mendes, 2011). Emprega diversas abordagens e ferramentas, visando diminuir a incerteza que caracteriza os processos de decisão médica. Tem como objetivo obter um certo grau de padronização no processo de cuidado aos pacientes (Bohmer, 2009). Nessa perspectiva, a decisão médica tem evoluído para deixar de ser baseada na opinião para ser fundamentada na evidência científica, passando a ser designada como *prática baseada em evidência* (Rotter et al., 2008). Dentre as ferramentas de gestão da clínica, destacamos três: a diretriz clínica (*clinical guideline*), apoiada na medicina baseada em evidência, o itinerário clínico (*clinical pathway*) e os indicadores de desempenho.

Diretriz clínica

Uma diretriz clínica[2] é um documento cujo objetivo é orientar as decisões clínicas. Contém asserções, desenvolvidas de modo sistemático, sobre o diagnóstico, o tratamento e o manejo do paciente nas diversas etapas do cuidado, a fim de ajudar profissionais e pacientes na decisão sobre o cuidado apropriado a condições de saúde específicas (Portela et al., 2008). Atualmente, recomenda-se que as diretrizes clínicas sejam baseadas no exame da evidência científica disponível, tendo como referência a medicina baseada em evidência (Burgers et al., 2003). Anteriormente, eram frequentemente formuladas com base na tradição e na liderança médica.

A *medicina baseada em evidência ou prática baseada em evidência* (inclui a prática dos profissionais de saúde, além do médico) busca aplicar no cuidado ao paciente a melhor evidência disponível, tendo como referência o método científico. A evidência pode ser avaliada com base em revisão sistemática ou meta-análise de estudos clínicos controlados e randomizados (considerado o desenho de pesquisa mais robusto). Revisão sistemática consiste na aplicação de estratégias científicas para limitar a ocorrência de vieses no processo de reunião, avaliação crítica e síntese de todos os estudos relevantes sobre um tópico específico, tenham esses estudos sido publicados ou não (Costa & Krauss Silva, 2004). Avalia a força da evidência sobre os riscos e os benefícios de procedimentos diagnósticos e terapêuticos (incluindo comparação com a ausência de tratamento).

Uma diretriz clínica[3] identifica, resume e avalia a melhor evidência científica existente e as principais informações disponíveis sobre prevenção, diagnóstico, prognóstico, terapêutica (incluindo os medicamentos), seus riscos e benefícios e o custo-efetividade. Essas informações, em geral, incluem um consenso do que seja considerado a melhor prática no cuidado para aquela condição de saúde. Algumas diretrizes apresentam árvores de decisão ou um algoritmo informatizado com cada etapa sequencial do processo de cuidado.

As diretrizes são geralmente produzidas em âmbito nacional ou internacional por associações profissionais ou agências governamentais e são adaptadas aos serviços. Nos EUA, diretrizes clínicas consideradas de alta qualidade, produzidas por várias organizações, estão disponíveis na *National Guideline Clearinghouse*[4]. No Reino Unido, diretrizes são desenvolvidas e publicadas pelo *National Institute for Health and Clinical Excellence*[5] (NICE). Essas e outras organizações de mesma natureza são membros da *Guidelines International Network* (G-I-N), que é proprietária da maior biblioteca de diretrizes clínicas na internet. A G-I-N desenvolve atividades para promover a melhor prática, reduzir duplicações e estabelecer padrões.

---
[2]Também denominada protocolo e, em inglês, *medical guideline, clinical guideline, clinical protocol or clinical practice guideline*.

[3]Diretrizes ou protocolos clínicos disponíveis no *site* da Associação Médica Brasileira, na biblioteca do Governo dos EUA – *National Guideline Clearinghouse* – e no portal informações clínicas do Centro Colaborador para a Qualidade do Cuidado e a Segurança do Paciente – Proqualis (http://proqualis.net/informacao/).
[4]Disponível em: http://guideline.gov/.
[5]Disponível em: http://www.nice.org.uk/.

Um importante objetivo da diretriz clínica é a melhoria da qualidade, otimizando a relação entre custos e efetividade. Contudo, a adesão dos profissionais às diretrizes clínicas na prática diária parece exigir estratégias de motivação e supervisão constantes, além de necessária atualização (Portela, 2008).

Itinerário clínico (*Clinical pathway*)

Itinerário clínico[6] é uma ferramenta para a gestão da qualidade, voltada para reduzir a variabilidade da prática clínica e melhorar os resultados dos pacientes (Rotter *et al.*, 2008), sendo um instrumento de gestão multidisciplinar, apoiado na prática baseada em evidência. Os itinerários clínicos são compostos por diversos componentes, definidos com base na evidência científica e nas diretrizes clínicas (Campbell *et al.*, 1998). Voltam-se para um grupo específico de pacientes, com um itinerário clínico previsível, no qual as tarefas (intervenções) a serem desempenhadas pelos profissionais envolvidos no cuidado são definidas, otimizadas e sequenciadas em termos do momento, dia, hora e visita. Indicam também a condição clínica esperada do paciente em vários momentos do processo de cuidado. O itinerário clínico define a melhor sequência e os melhores momentos para cada intervenção e expressa o esforço colaborativo da equipe de saúde, correspondendo a um plano de cuidado multiprofissional.

Indicadores de desempenho

Avaliação do desempenho dos serviços de saúde é uma atividade importante quando o alvo é a melhoria do cuidado. Tem como foco a linha de produção central da organização de saúde: o cuidado prestado ao paciente (Bohmer, 2009). O monitoramento[7] e a comparação da qualidade dos serviços de saúde[8] ganharam espaço na agenda de financiadores, gestores e profissionais e foram acompanhados pelo desenvolvimento e uso de indicadores para avaliação do desempenho de médicos e demais profissionais de saúde, hospitais e redes de serviços (Oliveira & Malik, 2011).

Indicadores de desempenho são medidas que apontam o "grau de realização" de cada atributo de qualidade avaliado (Donabedian, 2003). São utilizados para sinalizar possíveis problemas na qualidade e podem medir tanto os recursos disponíveis (estrutura) e o processo de cuidado ao paciente como seu resultado. Os indicadores são, geralmente, medidas quantitativas sobre um aspecto do cuidado ao paciente, construídos na forma de uma taxa, proporção, razão, variável contínua ou categórica (sim/não) ou contagem direta de sua ocorrência (evento sentinela).

Indicadores devem ter validade, confiabilidade, reprodutibilidade, aceitabilidade e viabilidade. A validade indica até que ponto o indicador representa adequadamente a qualidade. Um elemento importante de um bom indicador é sua capacidade de medir diretamente a qualidade do cuidado. Em termos práticos, os valores produzidos pelo indicador devem ser capazes de distinguir a boa e a má qualidade nas diferentes dimensões (Chassin *et al.*, 2010). Sobre esse ponto, Donabedian (1980) deu destaque à validade causal e atribuível da medida, que se apoia na força da relação direta entre o processo de cuidado adequado com base em evidência científica e o resultado subsequente no paciente, atribuível ao cuidado recebido. O segundo ponto diz respeito à importância dos distintos fatores explicativos das variações observadas nos indicadores de desempenho.

A gravidade dos casos exerce forte influência sobre o processo e o resultado do cuidado prestado, e sua mensuração representa um importante desafio metodológico (Iezzoni, 2009). O perfil de casos atendidos (*case mix*) está relacionado tanto com o prognóstico do paciente como com consumo de recursos. É um importante fator de confundimento na análise dos indicadores, pois variações no perfil de casos de um determinado serviço podem explicar variações nos indicadores de desempenho. Para o controle desse tipo de confundimento, são empregadas estratégias para padronização do indicador pelos fatores de risco[9]. Inúmeros métodos para o ajuste de risco foram desenvolvidos (Iezzoni, 2003). O ajuste de risco é importante para assegurar a validade atribuível do indicador, isto é, aumentar o grau de certeza de que diferenças nos resultados observados sejam causal e diretamente relacionadas com a qualidade do cuidado e não com outros fatores contributivos (Iezzoni, 2009).

As iniciativas desenvolvidas nessa área nos EUA foram pioneiras. Inicialmente, indicadores de resultados foram priorizados, passando gradativamente a incorporar indicadores do processo de cuidado[10] e, atualmente,

---

[6]Também denominado *integrated care pathways, critical pathways, care plans, care paths, care maps* e *care protocols* (Roter *et al.*, 2008).
[7]O monitoramento é uma atividade que examina periodicamente, ou de maneira contínua, o desempenho dos sistemas e serviços de saúde. Nessa atividade, avalia-se a qualidade do desempenho, buscam-se as possíveis causas dos problemas de qualidade identificados, propõem-se modificações e acompanham-se os efeitos dessas ações no desempenho.
[8]Também denominada *profiling* ou *report cards* ou *league tables*.
[9]Técnica estatística (padronização indireta de taxas ou modelos multivariados) que possibilita modificar o dado para controlar variações na população de pacientes. O ajuste de risco controla o efeito das diferenças no perfil de casos atendidos quando se comparam indicadores de desempenho (Iezzoni, 2003).
[10]O portal "*Hospital compare – a quality tool provide by Medicare*" (www.hospitalcompare.hhs.gov) disponibiliza indicadores de resultado (mortalidade) e de processo de cuidado, como, por exemplo, a prescrição de ácido acetilsalicílico no momento da alta para paciente pós-infarto agudo do miocárdio. Na totalidade, foram incluídos indicadores de processo para cerca de 20 procedimentos cirúrgicos e seis problemas de saúde específicos. O rol de indicadores é regularmente atualizado e ampliado; portanto, a obtenção de uma descrição precisa dos insumos disponíveis nesse portal exige consulta permanente.

indicadores sobre a segurança do paciente[11]. Hoje, indicadores de desempenho têm assumido maior importância nos mecanismos de pagamento – pagamento por desempenho – e como ferramenta de melhoria de qualidade (Chassin et al., 2010).

O projeto "Metodologia de avaliação do desempenho do sistema de saúde brasileiro" (Proadess) propôs um quadro conceitual para avaliação do desempenho do sistema de saúde brasileiro. Apresenta uma matriz de indicadores brutos e padronizados para os atributos adequação, efetividade, eficiência e acesso (http://www.proadess.icict.fiocruz.br).

PRONTUÁRIO DO PACIENTE

Dentre as principais fontes de informação utilizadas para o monitoramento da qualidade do cuidado está o prontuário do paciente. Esse documento é a principal fonte de informação sobre as características do paciente, sobre sua história e antecedentes clínicos, sobre o processo e o resultado do cuidado, além de conter as orientações e condutas para a continuidade do cuidado (Vecina Neto, 2011). Deve incluir todas as informações fundamentais à boa prática clínica. Além de seu valor legal, é um instrumento fundamental para a comunicação entre os vários profissionais envolvidos no cuidado do paciente e entre esses e os pacientes. Tem grande importância na integração das ações e dos procedimentos no processo de cuidado ao paciente e representa a principal fonte de dados para as bases de dados administrativas, que fornecem dados para a construção dos indicadores de desempenho. Os prontuários do paciente são também importantes para gerar informação para o pagamento do cuidado prestado. Por fim, representam fonte de informação para a formação profissional e a pesquisa científica.

O registro no prontuário, sobretudo em papel, exige uma carga de trabalho considerável dos profissionais de saúde, demandando atenção especial para o emprego adequado de abreviaturas e para uma escrita correta e legível. Quando mal escritos ou ilegíveis, podem induzir erros em seu uso, ocasionando incidentes com ou sem lesão nos pacientes, e introduzir vieses nas pesquisas que deles se utilizam. Prontuários eletrônicos podem, dependendo de sua construção, minimizar essas insuficiências, mas não devem ser tomados como a solução para todos os problemas. Como toda nova tecnologia, traz consigo novos desafios que devem ser conhecidos e enfrentados para que seu uso seja em prol da melhoria da qualidade (McGlynn, 2009).

A completa anotação das informações sobre o paciente e sobre o cuidado prestado é elemento essencial para a melhoria da qualidade do cuidado. A confiabilidade e a completude da informação extraída dos prontuários dos pacientes são, por si só, uma demonstração da qualidade do desempenho dos profissionais de saúde e da organização como um todo.

Referências

Berwanger O, Guimarães H, Laranjeira L et al. Effect of a multifaceted intervention on use of evidence-based therapies in patients with acute coronary syndromes in Brazil. The BRIDGE-ACS Randomized Trial. JAMA 2012; 307(19):2041-9.

Berwick DM. A primer on leading the improvement of systems. BMJ 1996; 312:618-22.

Bohmer RM. Designing care: aligning the nature and management of health care. Boston: Harvard Business Press, 2009.

Burgers J, Grol R, Klazinga N, Mäkelä M, Zaat J. Towards evidence-based clinical practice: an international survey of 18 clinical guideline programs. Int J Qual Health Care 2003; 15:31-45.

Campbell H, Hotchkiss R, Bradshaw N, Porteous M. Integrated care pathways. BMJ 1998; 316:133-7.

Céline LF. A vida e a obra de Semmelweis. Trad. Rosa Freire d'Aguiar. São Paulo: Companhia das Letras, 1998.

Chassin M, Galvin RA. The urgent need to improve health care quality: Institute of Medicine. National Roundtable of Health Care Quality. JAMA 1998; (11):1000-5.

Chassin M, Loeb J, Schmaltz S. Accountability measures – using measurement to promote quality improvement. New Engl J Med 2010; 363(7):683-8.

Costa RJ, Krauss-Silva L. Revisão sistemática e meta-análise da antibioticoprofilaxia na histerectomia abdominal. Cad Saúde Pública 2004; 20(supl. 2):175-89.

Dekker S. Patient safety: a human factors approach. Florida: CRC Press, 2011.

Donabedian A. An introduction to quality assurance in health care. New York: Oxford University Press, 2003.

Donabedian A. Evaluating the quality of medical care. The Milbank Memorial Fund Quarterly 1966; 44:1666-703.

Donabedian A. The definition of quality and approaches to its assessment. In: Donabedian A. Explorations in quality assessment and monitoring. Volume I. Ann Arbor, Michigan: Health Administration Press, 1980.

Donabedian A. The seven pillars of quality. Arch Pathol Lab Med 1990; 114: 1115-8.

Feldman L, Gatto M, Cunha I. História da evolução da qualidade hospitalar: dos padrões à acreditação. Acta Paul Enferm 2005; 18(2):213-9.

Iezzoni L. Risk adjustment – measuring health care outcomes. Chicago: Health Administration Press, 2003.

Iezzoni L. Risk adjustment for performance measurement. In: Smith P, Mossialos E, Papanicolas I, Leatherman S. Performance measurement for health system improvement experiences, challenges and prospects. Part III: Analytical methodology for performance measurement WHO Regional Office for Europe, 2009:281-6.

Institute of Medicine. To err is human: building a safer system. Washington DC: National Academy Press, 1999.

---

[11]Nesse contexto, a Agency for Healthcare Research and Quality (AHRQ – http://www.ahrq.gov/) construiu, em 2000, uma biblioteca de indicadores de qualidade (National Quality Measures Clearinghouse, disponível em http://www.qualitymeasures.ahrq.gov). Ao longo do tempo, essa biblioteca passou a incorporar outras modalidades de atendimento e a mensurar outras dimensões da qualidade do cuidado. Em 2006, passou a disponibilizar indicadores de qualidade relacionados com a segurança do paciente (disponível em: http://www.qualityindicators.ahrq.gov/psi_overview.htm).

Institute of Medicine. Crossing the Quality Chasm. A New Health System for the 21st century. Washington DC: National Academy Press, 2001.

Langley GJ, Nolan KM, Nolan TW. The foundation of improvement. Silver Spring, MD: API Publishing, 1992.

Leape LL. Errors in medicine. Clinica Chimica Acta 2009; 404:2-5.

Luce JM, Bindman AB, Lee PR. A brief history of health care quality assessment and improvement in the United States. West J Med, 1994:263-8.

McGlynn E. Measuring clinical quality and appropriateness. In: Smith P, Mossialos E, Papanicolas I, Leatherman S. Performance measurement for health system improvement: experiences, challenges and prospects. Cambridge: Cambridge University Press, 2009.

Mendes E. As redes de atenção à saúde: uma mudança na organização e na gestão dos sistemas de atenção à saúde. In: Vecina Neto G, Malik A. Gestão em Saúde Rio de Janeiro: Guanabara Koogan, 2011:32-49.

Milhorance F. O risco de pecar pelo excesso. O Globo, Rio de Janeiro, 2 set. 2012, Caderno Saúde, p. 39.

Neuhauser D. Ernest Amory Codman MD. Qual Saf Health Care 2002; 11:104-5.

Neuhauser D. Florence Nightingale gets no respect: as a statistician that is. Qual Saf Health Care 2003; 12:317.

Oliveira A., Malik A. Avaliação de resultados. In: Vecina Neto G, Malik A. Gestão em Saúde. Rio de Janeiro: Guanabara Koogan, 2011:138-43.

Øvretveit J. (2009). Does improving quality save money? A review of the evidence of which improvements to quality reduce costs to health service providers. London: The Health Foundation, 2009.

Pagliosa FL, Da Ros MA. O Relatório Flexner: para o bem e para o mal. Revista Brasileira de Educação Médica 2008; 32(4):492-9.

Paim J, Travassos C, Almeida C, Bahia L, Macinko J. O sistema de saúde brasileiro. In: Victora C, Leal M, Barreto M, Schmidt M, Monteiro C. Saúde no Brasil: a série The Lancet. Rio de Janeiro: Editora Fiocruz, 2011:38-69.

Portela M, Lima S, Ferreira V, Escosteguy C, Brito C, Vanconcellos M. Diretrizes clínicas e outras práticas voltadas para a melhoria da qualidade assistencial em operadoras de planos de saúde sob a perspectiva dos seus dirigentes, no Brasil. Cad Saúde Pública 2008; 24(2):253-66.

PROADESS/MS (s.d.) Programa de Avaliação do Desempenho do Sistema de Saúde. Disponível em: http://www.proadess.icict.fiocruz.br/index.php?pag=princ. Acesso em: maio de 2012.

PROQUALIS/MS (s.d.) Centro Colaborador para a Qualidade do Cuidado e a Segurança do Paciente. Disponível em: http://proqualis.net/. Acesso em: maio de 2012.

Roberts J, Coale J, Redman R. A history of the Joint Commission for accreditation of hospitals. JAMA 1987; 258(7):936-40.

Rodrigues MV, Carâp LJ, El-Warrak LO, Rezende TB. Qualidade e acreditação em saúde. Rio de Janeiro: Editora FGV, 2011.

Rooney AL, Van Ostenberg PR. Licenciamento, acreditação e certificação: abordagens à qualidade de serviços de saúde. (Série de aperfeiçoamento sobre a metodologia de garantia de qualidade). Bethesda: Center for Human Services, 1999.

Rosen H, Green B. The HCFA excess mortality list: a methodological critique. Hospital & Health Services Administration 1987; 32(1):119-27.

Rotter T, Kugler J, Koch R et al. A systematic review and meta-analysis of the effects of clinical pathways on length of stay, hospital costs and patient outcomes. BMC Health Serv Res 2008; 19(8):265-306.

Runciman W, Hibbert P, Thomson R, Schaaf TV, Sherman H, Lewalle P. Towards an International Classification for Patient Safety: key concepts and terms. Int J Qual Health Care 2009; 21(1):18-26.

Scrivens E. Accreditation: protecting the professional or the consumer? Buckingham: Open University Press, 1995.

Sheldon T. Promoting health care quality: what role performance indicators? Quality in Health Care 1998; 7(suppl):45-50.

Shortell S, Casalino L. Implementing qualifications criteria and technical assistance for accountable care organizations. JAMA 2012; 303(17):1747-8.

Smith P, Mossialos E, Papanicolas I, Leatherman S. Principles of performance measurement: Introduction. In: Smith P, Mossialos E, Papanicolas I, Leatherman S. Performance measurement for health system improvement: experiences, challenges and prospects WHO Regional Office for Europe, 2009:3-23.

The Health Foundation – Disponível em: The Health Foundation: http://www.health.org.uk/publications/quality-improvement-made-simple-2010-09-06. Acesso em: 12/9/2012.

Vecina Neto G. Serviço de arquivo médico e estatística. In: Vecina Neto G, Malik A. Gestão em Saúde. Rio de Janeiro: Guanabara Koogan, 2011:244-6.

Wachter RM. Compreendendo a segurança do paciente. Porto Alegre: Artmed, 2010.

Wennberg JE. Tracking Medicine: a researcher's quest to understand health care. New York: Oxford University Press, 2010.

Wood Jr T, Urdan F. Gerenciamento da Qualidade Total: uma revisão crítica. Rev Adm Emp 1994; 34(6).

27

Regulação da Saúde:
as Agências Reguladoras Setoriais (Anvisa e ANS)

Lígia Bahia • Luis Eugenio Portela Fernandes de Souza

INTRODUÇÃO

O debate sobre a intervenção do Estado na economia originou distintas alternativas de regulação, especialmente dos denominados monopólios naturais, caracterizados por investimentos muitos elevados e retornos de longo prazo. Televisão a cabo, distribuição de energia elétrica ou sistema de telefonia são exemplos de monopólios naturais. Recentemente, as experiências relacionadas com a atuação do Estado com a finalidade de limitar os graus de liberdade de agentes econômicos passaram a ser consideradas inadequadas. O debate sobre a natureza e o grau do controle econômico à disposição do Estado, tanto no âmbito de suas economias nacionais como no comércio internacional, deslocou-se da regulação para a desregulação.

No Brasil, ao fenômeno denominado "reforma regulatória", nos anos 1990, associou-se o processo de desestatização. A criação de agências reguladoras espelhou a tentativa de estabelecimento de novos marcos normativos para a transferência da prestação de alguns serviços públicos à iniciativa privada. No início do século XXI, a alteração do cenário nacional em virtude da derrota eleitoral da coalizão partidária que implementou as agências reguladoras e a crise econômica iniciada em 2008 expuseram as inconsistências das teorias e do arsenal de instrumentos regulatórios erigidos sob a égide do ideário neoliberal. No entanto, essas contradições não foram respondidas com a retração das agências da saúde. A Agência Nacional de Vigilância Sanitária (Anvisa) e a Agência Nacional da Saúde Suplementar (ANS) expandiram suas esferas de atuação e se consolidaram.

De modo a propiciar uma visão panorâmica sobre a estruturação e dinâmica das agências do setor saúde, o presente capítulo sintetiza conceitos sobre regulação e imperfeições de mercado, buscando identificar desencaixes entre determinadas teorias econômicas e a realidade das ações concretas de saúde. Em seguida, apresenta resumidamente o processo de constituição das agências reguladoras federais no Brasil, tomando-o como referência para analisar avanços, conflitos e tensões das relações entre mercado, sociedade e Estado no âmbito da saúde.

O QUE É REGULAÇÃO: PRESSUPOSTOS E SIGNIFICADOS

Existem definições de regulação bastante abrangentes. Segundo a mais concisa, regulação diz respeito a uma relação social, a maneira segundo a qual essa relação se reproduz apesar de seu caráter conflitual e contraditório. Refere-se, portanto, à compatibilidade do comportamento de distintos agentes implicados com atividades sociais que envolvem acumulação de riquezas, de recursos financeiros. Para teóricos, que encaram a regulação a partir de uma abordagem macroeconômica, as relações sociais básicas objetos da definição de regras regulatórias são as mercantis e a salarial, que se desdobram em normas para produção e consumo. Os procedimentos e as instituições que asseguraram a rotinização ou a mudança das normas de produção e de consumo constituem determinadas formas de regulação. Na época moderna, é o Estado que, ao constituir formas institucionais e ainda formas codificadas por convenções e hábitos, regula e arbitra as relações de mercado e as salariais. Por sua vez, o reconhecimento social do valor do trabalho e a legitimidade da propriedade projetam-se na formação dos preços e rendimentos monetários.

Os denominados contratos sociais condensam uma troca entre o valor de um item de consumo (que embute apropriação de trabalho e conhecimento) e os riscos de validação mercantil dos produtores desses bens ou serviços ante a sociedade. Nesse sentido, a regulação diz respeito aos conflitos de distribuição, que poderiam ser sintetizados na fórmula "muito salário e pouca acumulação ou muito lucro e pouca demanda". Assim, a regulação diz respeito aos preços e ao volume da produção (quantidade de produtos).

Os modos de atuação e os objetivos da regulação variam de acordo com acepções e práticas sobre o processo econômico. Aqueles que pressupõem a hegemonia de relações concorrenciais consideram que a permanência do Estado é "exterior" à organização da produção e do trabalho. Consequentemente, seus adeptos advogam uma regulação que se concentre na preservação da ordem, na defesa da propriedade privada, no mercado como lócus para ajustar salários e transferir capitais entre ramos por meio do mercado. Já para aqueles que consideram a vigência de relações monopolistas, nas quais predominam salários diretos de médio prazo acrescidos de salários indiretos (serviços sociais orientados por uma lógica não capitalista) e centralização do capital em grupos industriais e financeiros com comando sobre preços e reforço do crédito para atender às necessidades de circulação monetária, as perspectivas de regulação implicam o reforço considerável do papel do Estado, não apenas pelo peso das despesas governamentais, mas, principalmente, pela intervenção nas relações salariais e monetárias.

Portanto, os distintos conceitos de regulação carregam consigo acepções opostas sobre a estrutura e a dinâmica dos processos econômicos. Para uns, as chaves que abrem a compreensão dos processos econômicos são os conflitos concretos e, para outros, os modelos de equilíbrio entre oferta e demanda. Embora proveniente de matrizes teóricas muito diferenciadas, o entrelaçamento desses conceitos ocorreu em função da necessidade de examinar situações reais nas quais monopólios e oligopólios impediam a concorrência "pura" ou "perfeita". Assim, a noção de imperfeição de mercado deriva da constatação de situações de ausência ou incipiência das condições consideradas essenciais à concorrência que são: (1) existência de um grande número de empresas vendedoras, todas relativamente pequenas e agindo independentemente, de modo que nenhuma possa isoladamente afetar o preço de mercado; (2) produto homogêneo, não sendo diferenciado pelos compradores, a não ser pelo preço; (3) todos os agentes perfeitamente informados sobre tudo que se passa no mercado; (4) completa liberdade de acesso ao mercado (não pode haver barreiras à entrada).

IMPERFEIÇÕES DE MERCADO

Como no mundo real os monopólios e oligopólios, bem como a existência de tensões e conflitos distributivos, questionam os pressupostos do equilíbrio em concorrência perfeita, outros referenciais foram elaborados e disseminados. São relevantes para o pensamento e a ação sobre regulação a construção de uma taxonomia mais desagregada sobre a competição no mercado e o detalhamento das imperfeições ou das denominadas falhas de mercado. A diferenciação do produto, e não apenas o preço, passa a ser tomada como variável-chave do padrão de competição e outras situações de imperfeições (ou falhas) de mercado que não o monopólio ou oligopólio tornam-se reconhecidas.

São as situações de imperfeição do mercado que fundamentam a intervenção do Estado nas atividades econômicas ou regulação do mercado. O Quadro 27.1 sistematiza quatro circunstâncias que caracterizam imperfeições de mercado com repercussões relevantes para a regulação do mercado de bens e serviços de saúde.

A ação pública na regulação dos mercados para reduzir suas imperfeições compreende um conjunto bastante amplo de dispositivos que abrangem desde os instrumentos típicos de política econômica (fiscal, monetária, cambial) até a produção direta de bens e serviços pelo Estado. As políticas tradicionais atuam mediante a indução positiva ou negativa de certas atividades (incentivos, subsídios, renúncia fiscal, política de crédito, proteção tarifária, criação de impostos), dos gastos de transferência e do próprio poder de compra do setor público. Esses instrumentos respondem à atuação do Estado em face de externalidades, monopólios e inexistência ou insuficiência de oferta. A produção ou, em outros termos, a oferta de bens e serviços diretamente pelo Estado ocorre quando o mercado não consegue prover, no todo ou em parte, bens e serviços considerados essenciais. Refere-se não apenas aos bens públicos, que são exclusivos do governo, mas também os chamados bens "sociais" (saúde, educação etc.) e até bens econômicos, particularmente na área de infraestrutura e de serviços básicos. Existem ainda outros instrumentos de ação, relacionados com diversas formas de regulação pelo Estado, que são os dispositivos e agências de coordenação dos mercados e a regulamentação por meio de leis e instituições de defesa da concorrência e de direitos do consumidor.

SAÚDE, ECONOMIA DA SAÚDE E REGULAÇÃO DE ATIVIDADES DE SAÚDE

A vasta e crescente extensão do campo da saúde, ou seja, das teorias, saberes e práticas envolvidos com a complexidade dos processos promoção-saúde-doença-cuidado, associa-se a distintos padrões de intervenção estatal. De modo simplificado, podem ser identificados dois modelos a partir da amplitude e intensidade das ações governamentais. No primeiro, a saúde, o mal-estar e a doença, e especialmente a assistência médico-hospitalar, poderiam se expressar em unidades monetárias de troca. Em contraste, no segundo modelo a saúde é um valor social, manifesto como direito social,

Quadro 27.1 • Imperfeições de mercado

Indivisibilidade do produto	Diz respeito à existência de bens indivisíveis, aqueles para os quais não se podem estabelecer preços. Esses bens/produtos apresentam características de não exclusividade (a eles não se aplica o direito de propriedade) e não rivalidade (o acesso de mais pessoas a seu consumo não implica aumento de custos). Os bens indivisíveis são os bens públicos puros, e o exemplo sempre citado é a defesa nacional. Devem ser oferecidos pelo governo e constituem-se como atividades por excelência objetos da ação do Estado
Externalidades	Externalidades ocorrem quando o bem-estar de um consumidor ou as possibilidades de produção de uma firma são diretamente afetados pelas ações de outro agente da economia. De outro modo, as externalidades podem ser definidas como os efeitos, sobre uma terceira parte, derivados de uma transação econômica sobre a qual a terceira parte não tem controle. Externalidades positivas são efeitos que aumentam o bem-estar dessa terceira parte, enquanto externalidades negativas são efeitos que reduzem o bem-estar (por exemplo, aumentando os custos de produção). Um exemplo de externalidade positiva é a construção de uma rodovia que possibilita a redução de custos de transporte e acesso mais rápido aos consumidores. O contrário acontece quando determinadas atividades econômicas causam contaminações ambientais com uma empresa, por exemplo, afetando lavouras com a emissão de agentes poluentes
Assimetria de informação	A decisão racional *homo œconomicus* baseia-se no conhecimento perfeito de todos os aspectos que influem no mercado. Trata-se de uma condição abstrata, que não se verifica em nenhum mercado real. O conceito de assimetria de informação tem sido difundido sob uma versão restrita, a qual considera apenas os aspectos relacionados com a boa ou má qualidade do produto. Assim, as imperfeições decorrem da impossibilidade de os consumidores saberem de antemão se o produto oferecido tem boa ou má qualidade. Quando alguém tenta vender um produto de má qualidade, isso afeta a percepção dos compradores sobre a qualidade desses bens, reduzindo o preço que estão dispostos a pagar e prejudicando os vendedores de produtos de qualidade. Essa situação tem dois desdobramentos: a seleção adversa e o risco moral (*moral hazard*)
Seleção adversa	A seleção adversa se manifesta quando, em um mercado competitivo, defrontam-se vendedores de bens com qualidades diferenciadas e custos igualmente diferenciados. Sendo competitivo o mercado, nenhum produtor poderá influir no preço de venda, levando todos os produtores a optarem pelo menor custo e menor qualidade, ou seja, os produtos de baixa qualidade expulsam do mercado os de alta qualidade, em razão da impossibilidade de se dispor de antemão da informação sobre o produto. Situações como essa podem, no limite, levar à extinção desse mercado. A expressão seleção adversa surgiu no mercado de seguros para indicar situações em que as seguradoras cobram prêmios médios para populações com riscos diferenciados; isso afastará a população com menores riscos (que considerará alto o preço) e concentrará a demanda na população de alto risco (para quem o prêmio será considerado baixo)
Risco moral	Risco moral é também uma expressão originada no mercado de seguros e designa situações em que os incentivos aos indivíduos que contratam seguros para evitar os sinistros são baixos (é essa a razão pela qual determinadas modalidades de seguro cobram franquias ou copagamentos). A existência de "risco moral" implica uma "falha" no funcionamento do mercado, pois induz que a quantidade demandada do bem (seguro) seja maior do que a ofertada

Fontes: Teixeira A (2001), Sandroni P (2005) e Ministério da Fazenda, Secretaria de Acompanhamento Econômico (2012).

integrante da cidadania. Consequentemente, o modelo de enquadramento da saúde no âmbito estatal modula o conceito de bem público. A saúde e seus correlatos (vida, risco, doença, cuidado, cura) e a organização de sistemas de atenção (incluindo prevenção de doenças ou eventos mórbidos, saúde ambiental e ocupacional) podem ser considerados total ou parcialmente bens públicos. Portanto, a natureza e os conteúdos da regulação estatal decorrem de valores mercantis e sociais atribuídos à saúde em diferentes momentos históricos e distintos modos de produção social.

No mundo contemporâneo, a magnitude e o crescimento das despesas do subsistema de assistência médico-hospitalar, bem como a relevância e volume de produção do "complexo industrial do setor saúde", exigiram respostas a um duplo desafio: (1) dar uma resposta econômica ao crescimento do gasto; (2) caracterizar o "mercado" (ou dos "mercados") e detalhar características desde a informação assimétrica, até problemas relacionados com custos, eficiência alocativa e financiamento – todos essenciais para a gestão pública do setor.

Embora todos os autores afirmem que a saúde (especialmente o subsistema assistencial) apresenta características distintas dos demais setores e ramos industriais, a intervenção governamental nos mercados, abrigada sob a denominação regulação da saúde, apoia-se na transferência de princípios e axiomas da teoria econômica, particularmente da microeconomia. Assim, o Quadro 27.2 sistematiza as principais imperfeições do mercado aplicadas à saúde.

REDEFINIÇÃO DO PAPEL DO ESTADO NO DESENVOLVIMENTO ECONÔMICO E AS AGÊNCIAS REGULADORAS DO SETOR SAÚDE

A gênese e a constituição do arcabouço político institucional da Anvisa e da ANS estão inextricavelmente vinculadas a dois processos políticos efetivados durante o governo FHC (1995-2003): a política de privatização de setores da infraestrutura (energia, elétrica, telecomunicações, transportes e gás natural) e a reforma

Quadro 27.2 • Imperfeições de mercado aplicadas à saúde

Externalidades	Externalidades negativas: aumento das doenças (por exemplo, febre amarela, malária, esquistossomose) veiculadas pela água ou transmitidas por vetores, em virtude da construção de grandes reservatórios. Externalidades positivas: vacinas (uma cobertura populacional elevada protege inclusive quem não foi vacinado)
Assimetria de informação	Ausência de informações sobre qualidade, natureza e preço dos serviços de atenção à saúde e assimetria de informação entre médico e paciente
Seleção adversa	Tendência de maior demanda para os seguros de saúde de indivíduos doentes, impedindo que as seguradoras não baseiem seus preços na incidência média de problemas de saúde da população. A elevação dos preços em razão dos gastos com os doentes afastaria as pessoas saudáveis e concentraria a demanda por seguros nos indivíduos mais propensos a ficar doentes
Risco moral	Tendência de aumento da demanda por serviços de saúde em função da cobertura por seguros, ou seja, a demanda é maior do que quando os próprios indivíduos pagam por eles. Haveria uma utilização de serviços de saúde estimulada não pela estrita necessidade de saúde, mas pelo fato de existir um terceiro pagador
Monopólios, oligopólios e corporativismo profissional	Barreiras institucionais à entrada nos mercados de prestação de serviços de assistência (profissões são reguladas e regulamentadas pelas entidades profissionais e instituições governamentais) e discriminação de preços (cobrança de preços diferentes pelo mesmo serviço em decorrência do prestígio e da experiência do profissional) Existência de processos com custos muito elevados e rendimentos crescentes em escala, impedindo a determinação dos preços por meio de mecanismos competitivos e gerando um tendência a processos de monopolização ou oligopolização

Fontes: elaboração própria. Varian HR, op. cit., 2006:698-9, Greenberg W, 2002:5.

administrativa. Ambas as políticas se articularam em torno da perspectiva de redefinição do papel do Estado, que deixaria de ser o responsável direto pelo desenvolvimento econômico para se tornar promotor das atividades econômicas e regulador do mercado. Essas diretrizes foram traduzidas em princípios que nortearam a criação de novos entes reguladores, sendo atribuídas funções para as entidades de regulação no âmbito da administração federal. O Quadro 27.3 sintetiza as características estruturantes das agências reguladoras e evidencia que as estas foram desenhadas e criadas com o intuito original de organização de um aparato burocrático voltado para a privatização e flexibilização dos monopólios existentes em determinadas áreas da infraestrutura.

Durante o governo FHC, o uso do modelo agência reguladora para a intervenção estatal em atividades que extrapolassem o âmbito da privatização de monopólios estatais foi questionado. Para alguns estudiosos, o escopo das agências reguladoras da saúde – controle sanitário da produção e da comercialização de produtos e serviços e de planos e seguros de saúde, ou seja, atividades de bens e serviços públicos e privados e mercados existentes e consolidados – exigiria ações regulatórias distintas da intervenção governamental prevista para as agências reguladoras do setor infraestrutura. Contudo, o argumento da inadequação do objeto regulado ao ente regulador foi replicado tanto em função das analogias entre a Anvisa e a Food and Drug Administration (FDA – veja o Boxe 27.1) como no ajuste do modelo às imperfeições do mercado de seguros de saúde.

Boxe 27.1 | Food and Drug Administration (FDA)

A agência FDA foi criada em 1927 sob a denominação Food, Drug and Insecticide Administration (Administração de Alimentos, Drogas e Inseticidas). Em 1930, adotou o nome atual: Food and Drug Administration (Administração de Alimentos e Drogas). A FDA é responsável por assegurar a eficácia e a segurança de medicamentos de uso humano e veterinário, produtos biológicos, insumos médicos-hospitalares, alimentos, cosméticos e produtos que emitam radiação, bem como por estimular a inovação e o acesso a produtos essenciais para a melhoria das condições de saúde. A FDA regula aproximadamente 25% de todas as despesas com consumo dos EUA e monitora um terço das importações. Em 2011, contava com cerca de 10 mil funcionários e um orçamento de US$ 2,7 bilhões.

No início do governo Lula, as análises sobre a atuação das agências concentraram-se em torno das críticas à sua autonomia para concessão de serviços e celebração de contratos (incluindo a definição de diretrizes para licitações). Essas ponderações motivaram a elaboração do Projeto de Lei 3.337/2004, que enfatiza a transferência do poder concedente de agências reguladoras para os ministérios. Contudo, essas polêmicas, especialmente concernentes à concessão e licitação do setor de energia e comunicação, não afetaram diretamente a estrutura e a dinâmica de funcionamento das agências de regulação do setor saúde. A Tabela 27.1 apresenta uma relação de agências reguladoras federais criadas a partir de meados dos 1990 e 2000 e evidencia a importância, em termos do volume de recursos orçamentários, das agências do setor saúde, especialmente da Anvisa.

Capítulo 27 • Regulação da Saúde: as Agências Reguladoras Setoriais (Anvisa e ANS) 387

Quadro 27.3 • Síntese das diretrizes operacionais e organizacionais das agências reguladoras

Princípios	Funções	Características básicas do formato jurídico-legal das agências reguladoras
1. autonomia e independência decisória 2. ampla publicidade de normas, procedimentos e ações 3. celeridade processual e simplificação das relações entre consumidores e investidores 4. participação de todas as partes interessadas no processo de elaboração de normas em audiências públicas 5. limitação da intervenção estatal na prestação de serviços públicos no limite indispensável a sua execução	1. promover e garantir a competitividade do respectivo mercado 2. garantir os direitos dos consumidores e usuários dos serviços públicos 3. estimular o investimento privado, nacional e estrangeiro, nas empresas prestadoras de serviços públicos e atividades correlatas 4. buscar a qualidade e segurança dos serviços públicos aos menores custos possíveis para os consumidores e usuários 5. garantir a adequada remuneração dos investimentos realizados nas empresas prestadoras de serviço e usuários 6. dirimir conflitos entre consumidores e usuários, de um lado, e empresas prestadoras de serviços públicos, de outro lado 7. prevenir o abuso do poder econômico por agentes prestadores de serviços públicos	a. organização sob a forma de autarquia b. a independência decisória do ente regulador, assegurada mediante: b.1. nomeação de seus dirigentes pelo Presidente da República, após aprovação pelo Senado Federal, com mandato fixo não superior a 4 anos, facultada uma única recondução b.2. processo decisório colegiado b.3. dedicação exclusiva dos ocupantes dos cargos de presidente e membros do colegiado, não sendo admitida qualquer acumulação, salvo as constitucionalmente permitidas b.4. recrutamento dos dirigentes da autarquia mediante critérios que atendam exclusivamente ao mérito e à competência profissional, vedada a representação corporativa b.5. perda de mandato do presidente ou de membros do colegiado somente em virtude da decisão do Senado Federal, por provocação do Presidente da República b.6. perda automática de mandato de membro do colegiado que faltar a determinado número de reuniões ordinárias consecutivas, ou a percentual de reuniões intercaladas, ressalvados os afastamentos temporários autorizados pelo colegiado c. o número de membros do colegiado do ente regulador, fixando-o sempre que possível em número não superior a cinco d. a participação de usuários, consumidores e investidores na elaboração de normas específicas ou na solução amigável de controvérsia relativa à prestação do serviço, mediante audiências públicas

Fonte: Ministério da Administração Federal e Reforma do Estado, 1977.

Tabela 27.1 • Vinculação institucional, ano de criação e orçamento de agências reguladoras selecionadas

Órgão superior	Nome da agência	Ano de criação	Orçamento em 2011 (em R$)
Ministério da Defesa/Presidência da República	Agência Nacional de Aviação Civil – ANAC	2005	354.062.042
Ministério de Minas e Energia	Agência Nacional de Energia Elétrica – ANEEL	1996	1/1.497.761
Ministério da Saúde	Agência Nacional do Petróleo, Gás Natural e Biocombustíveis – ANP	1998	350.142.774
Ministério da Saúde	Agência Nacional de Vigilância Sanitária	1999	583.231.545
Ministério da Saúde	Agência Nacional de Saúde Suplementar	2000	175.269.286
Ministério dos Transportes	Agência Nacional de Transportes Terrestres – ANTT	2001	247.927.231
Ministério dos Transportes	Agência Nacional de Transportes Aquaviários – ANTAQ	2001	86.727.509
Ministério das Comunicações	Agência Nacional de Telecomunicações – ANATEL	1997	361.098.214
Ministério da Cultura	Agência Nacional do Cinema – ANCINE	2001	59.296.533
Ministério do Meio Ambiente	Agência Nacional de Águas – ANA	2000	254.301.747

Fontes: Ministério do Planejamento e Senado Federal. Portal do Orçamento.

ANVISA E ANS: AVANÇOS E LIMITES NA REGULAÇÃO

A Anvisa e a ANS ampliaram e reorganizaram os espaços de atuação governamental na saúde. O Quadro 27.4 expõe resumidamente o escopo de atuação e a tradução da legislação sobre a regulação nas instituições de saúde. A missão, a visão e os valores da ANS e da Anvisa distinguem-se quanto à integração ou não desses órgãos no SUS e, consequentemente, à explicitação ou não do caráter público da agência.

Na Tabela 27.2, os recursos humanos e orçamentários da Anvisa e da ANS promovem uma aproximação da magnitude institucional dos dois órgãos.

Após mais de 10 anos de funcionamento, a Anvisa e a ANS consolidaram *expertise* técnica e política na regulação das distintas interfaces entre Estado-Mercado e Sociedade. Esse importante acervo de conhecimentos e técnicas, no entanto, não é isoladamente capaz de dirimir conflitos de natureza distributiva, como aqueles que dizem respeito ao acesso a bens e serviços de saúde. O novo ordenamento institucional e normativo não eliminou as contradições atinentes à regulação de produtos, bens e serviços de saúde. As tensões relacionadas com a necessidade de intervenção estatal sobre preços, quantidades ofertadas e uso não foram sanadas. Com o passar do tempo, muitos dos conflitos e tensões que inspiraram a criação das agências setoriais da saúde permanecem pautando a agenda pública.

Os desdobramentos teóricos da ciência econômica no estudo de situações em que predominam as chamadas

Quadro 27.4 • Missão, visão e valores das agências reguladoras da saúde

	ANS	Anvisa
Missão	Promover a defesa do interesse público na assistência suplementar à saúde, regular as operadoras setoriais – inclusive quanto às suas relações com prestadores e consumidores – e contribuir para o desenvolvimento das ações de saúde no país	Promover e proteger a saúde da população e intervir nos riscos decorrentes da produção e do uso de produtos e serviços sujeitos à vigilância sanitária, em ação coordenada com os estados, os municípios e o Distrito Federal, de acordo com os princípios do SUS, para a melhoria da qualidade de vida da população brasileira
Visão	Contribuir para a construção de um setor de saúde suplementar, cujo principal interesse seja a produção da saúde e que: seja centrado no cidadão; realize ações de promoção da saúde e prevenção de doenças; observe os princípios de qualidade, integralidade e resolutividade; inclua todos os profissionais de saúde; respeite a participação da sociedade e esteja adequadamente articulado com o Ministério da Saúde	Ser legitimada pela sociedade como uma instituição integrante do SUS, ágil, moderna e transparente, de referência nacional e internacional na regulação e no controle sanitário
Valores	A ANS tem por valores institucionais a transparência dos atos, que são imparciais e éticos, o conhecimento como fonte da ação, o espírito de cooperação e o compromisso com os resultados	Ética e responsabilidade como agente público; capacidade de articulação e integração; excelência na gestão; conhecimento como fonte para a ação; transparência; responsabilização

Fontes: ANS e Anvisa, 2012.

Tabela 27.2 • Número de servidores e previsão orçamentária da Anvisa e da ANS em 2010

Número de servidores	Anvisa	%	ANS	%
Servidores de carreira	2.330	84,88	568	70,30
Servidores temporários	0	0	84	10,40
Cargo em comissão	415	15,12	156	19,31
Número total de servidores	2.745	100	808	100
Orçamento (previsão de despesas em reais)				
Pessoal	292.260.227,00	45,42	101.144.153,00	50,12
Capital	18.176.983,00	2,82	14.500.000	7,19
Outras	333.010.144,00	51,75	86.160.254	42,69
Total do orçamento	643.447.354,00	100	201.804.407,00	100

Fontes: Relatório de Gestão 2010 Anvisa e Relatório de Gestão 2010 ANS.

"falhas de mercado", sem a devida contextualização dessas estruturas nos casos reais em que se inserem, não resultam em uma regulação que alinhe automaticamente interesses em torno das melhores condições de saúde. Os esforços para regular interfaces público-privadas extensas como as existentes em "mercados" de saúde precisam ir muito além das fronteiras formais dos cânones da ciência econômica.

Assim, apesar do reconhecimento da importância da Anvisa e da ANS na construção e elevação do patamar de conhecimentos e práticas regulatórias, existem lacunas e divergências teóricas e embates políticos que geram avaliações dissonantes sobre a natureza e a direcionalidade da regulação. A ênfase na defesa da concorrência e no estímulo a fusões e aquisições de empresas não resulta necessariamente na ampliação do acesso e utilização de bens e serviços de saúde. Uma regulação decididamente voltada para a resolução de problemas de saúde exige a construção sistemática de uma agenda interinstitucional que leve em conta o "complexo industrial", incluindo-se aí seus suportes financeiros e políticos. O complexo industrial da saúde compreende não só prestadores de serviços, usuários e intermediários, mas todos os segmentos ligados à produção e comercialização de produtos e prestação de serviços, inclusive a mídia e todas as instituições vinculadas a inovação, ensino e pesquisa. Entende-se por regulação não apenas o conjunto de mecanismos e instrumentos legais que têm por finalidade o equilíbrio do mercado, mas sim a adequação entre as condições de oferta e de demanda, de modo a promover maior acesso e resolutividade; a atuação das agências deve ter um alcance amplo e não limitado à defesa da concorrência ou à garantia das boas condições financeiras das empresas.

O debate sobre os encaixes e desencaixes das agências da saúde e demais agências reguladoras com a agenda de desenvolvimento social recrudesceu diante do esgotamento da agenda neoliberal. O retorno das teses sobre a relevância do Estado, em um contexto de crise mundial provocada por agentes do mercado financeiro, ensejou interrogações sobre a precariedade das instituições e instrumentos regulatórios. Nesse contexto, a noção "falhas de governo" adquiriu grande visibilidade. Os conceitos fundamentais para a análise das falhas de governo são os de *rent seeking* ou "busca de rendas" e captura, que significam, respectivamente, a obtenção de rendas ou vantagens econômicas não derivadas do livre jogo do mercado, que geralmente resultam da manipulação de agentes governamentais do ambiente regulatório e na sujeição de legisladores e burocratas à cooptação de grupos de interesse (das atividades reguladas) comprometidos com a garantia de renda ou prestígio extraordinários.

Boxe 27.2 | Críticas às agências regulatórias na área da saúde

Entre as críticas às agências, destacam-se: (1) uso de forma incompleta e até improvisada do "modelo"; (2) uso deficiente dos instrumentos de transparência e consulta pública; (3) risco de captura – baixo nível de autonomia e profissionalização; (4) nível de qualidade da regulação insuficiente; (5) uso do poder concedente pelas agências conferido por lei contradiz a Constituição de 1988; (6) insuficiência de instrumentos de controle social e de gestão; (7) falta de cooperação entre órgãos do Sistema Brasileiro de Defesa da Concorrência (SBDC)[1].

Até o momento, dadas as especificidades dos objetos e a natureza da ação, a Anvisa e a ANS foram poupadas de muitas das censuras dirigidas as agências da infraestrutura. No âmbito da saúde, as avaliações negativas sobre o desempenho das agências têm sido calibradas pelas especificidades históricas e culturas institucionais próprias de ambos os órgãos e seus graus distintos de aproximação com as estruturas do Ministério da Saúde e secretarias de saúde.

As críticas às políticas regulatórias incluem desde a responsabilidade pelas patentes, registro e controle do acesso a medicamentos, barreiras de entrada no mercado de planos de saúde com coberturas pouco abrangentes, até a normatização sobre fusões e aquisições de empresas e entrada de capital e empresas estrangeiras. Enquanto as críticas das empresas reguladas têm se pautado por combater as regras voltadas para a intervenção estatal sobre preços e coberturas, e simultaneamente reivindicar aportes públicos, as censuras das entidades de defesa do consumidor e da Saúde Coletiva se concentram na natureza privatizante das agências. Foram registradas denúncias mais ou menos intensas sobre a ocupação de cargos por executivos do mercado na ANS e o favorecimento dos interesses do mercado em ambas as instituições (veja o Boxe 27.2).

O FUTURO DO MODELO AGÊNCIA REGULADORA

Agências que atuam sobre um setor vital deverão buscar formas práticas de reforçar seus controles, ge-

---

[1]SBDC: sistema formado pelos três órgãos encarregados da defesa da concorrência no país: a Secretaria de Acompanhamento Econômico (SEAE), do Ministério da Fazenda, a Secretaria de Direito Econômico (SDE), do Ministério da Justiça, e o Conselho Administrativo de Defesa Econômica (CADE), autarquia vinculada ao Ministério da Justiça. A SEAE e a SDE exercem função analítica e investigativa, sendo responsáveis pela instrução dos processos, ao passo que o CADE, como tribunal administrativo, é a instância judicante do sistema. As decisões do CADE não comportam revisão no âmbito do Poder Executivo, podendo ser revistas apenas pelo Poder Judiciário. A atuação dos órgãos de defesa da concorrência subdivide-se em três vertentes: (i) o controle de estruturas de mercado, via apreciação de fusões e aquisições entre empresas (atos de concentração), (ii) a repressão a condutas anticompetitivas, e (iii) a promoção ou "advocacia" da concorrência.

rar e manter a legitimidade de sua atuação, determinar e garantir suas fronteiras jurisdicionais. A regulação, quando não gera ou preserva privilégios, produz regras e normas que imputam custos às unidades reguladas. Portanto, a atração entre regulados e reguladores deve ser evitada porque nem toda regulação é a favor do público. As agências podem assumir distintos estatutos jurídicos, desde sua participação na administração direta, até um formato autárquico e independente.

A aprovação de uma "Lei Geral das Agências" com base no Projeto de Lei 3.337/2004, que procura estabelecer uma divisão de atribuições entre agências e ministérios, abre perspectivas para o aprimoramento da regulação das atividades direta e indiretamente relacionadas com a saúde.

A incidência das normas regulamentadoras da Anvisa e da ANS sobre o complexo industrial da saúde evidencia a necessidade de sintonizar o papel das agências com o preceito constitucional de universalização do direito à saúde.

Os embates para a garantia à saúde no Poder Judiciário, relacionados tanto com coberturas de planos e seguros privados de saúde como com medicamentos, bem como demandas das empresas reguladas que questionam as regras das agências, sinalizam fragilidades importantes no modelo regulatório. Anvisa e ANS terão de levar em conta a ampliação dos mecanismos de controle social e prestação de contas de suas instituições, bem como zelar pela qualidade e quantidade de seus quadros de servidores e dirigentes e, sobretudo, a complexidade da regulação das fronteiras entre inovação, elevação de custos, acesso e qualidade das ações e cuidados de saúde.

Referências

Brasil. Ministério da Fazenda, Secretaria de Acompanhamento Econômico, 2012. Central de Documentos. Disponível em: http://www.seae.fazenda.gov.br/central_documentos/glossarios/.

Brasil. Ministério da Administração Federal e Reforma do Estado. O Conselho de Reforma do Estado/Ministério da Administração Federal e Reforma do Estado. Brasília: MARE, 1977. (Cadernos MARE da reforma do estado; c.8)

Brasil. Ministério do Planejamento, Orçamento e Gestão. Agências Reguladoras.

Greenberg W. Competition in the health care sector: past, present, and future. Washington, DC: Beard Books, 2002.

Sandroni P. Dicionário de economia. São Paulo: Best Seller, 1999.

Teixeira A. Mercado e imperfeições de mercado: o caso da assistência suplementar. Caderno de Saúde Suplementar volume 1(2): Rio de Janeiro: ANS, 2001.

Varian HR. Microeconomia: princípios básicos. Rio de Janeiro: Campus, 2000.

28

Estratégias de Prevenção e Controle de Doenças, Agravos e Riscos:
Campanhas, Programas, Vigilância Epidemiológica, Vigilância em Saúde e Vigilância da Saúde

Gerluce Alves Pontes da Silva ♦ *Maria Glória Teixeira* ♦ *Maria da Conceição Nascimento Costa*

INTRODUÇÃO

No campo da saúde, o conceito de prevenção (providência precoce, precaução), como utilizado atualmente, significa desenvolver ações para evitar a ocorrência de doenças, sua progressão, limitações e sequelas, incluindo a reabilitação destas últimas.

Inicialmente, as estratégias adotadas para operacionalizar as ações de prevenção baseavam-se, principalmente, no conhecimento do ciclo de transmissão das doenças infecciosas. Leavell & Clark (1976) ampliaram essa compreensão ao considerar a tríade ecológica no delineamento da história natural da doença, visto que, de acordo com esse modelo explicativo de ocorrência de doenças na população, o adoecimento é determinado pelo desequilíbrio dos processos interativos que envolvem o agente, o hospedeiro suscetível e o meio ambiente. Nessa concepção, antes do aparecimento da expressão clínica da doença – período pré-patogênico – além do agente etiológico específico, existem fatores preliminares que interagem, como constituição genética do hospedeiro, ambiente físico e características sociais e econômicas, que podem atuar como estímulos patogênicos. No curso desse processo, os sinais e sintomas da doença poderão não surgir ou se expressar como resultado das alterações bioquímicas, fisiológicas e histológicas próprias de cada doença (período patogênico) e, a seguir, poderão evoluir para convalescença e cura ou cronificação, invalidez e morte.

A partir desse modelo explicativo, Leavell & Clark (1976) propuseram três níveis de aplicação de medidas preventivas. A prevenção primária, que corresponde ao primeiro nível, deve ser aplicada no período pré-patogênico e se destina a proteger e/ou manter a saúde das populações por meio da instituição de barreiras ambientais ou proteção aos indivíduos, de modo a impedir que estes sofram a ação de agentes patogênicos. Isso significa que as ações são destinadas à "promoção da saúde" mediante saneamento ambiental, educação em saúde, alimentação saudável, lazer e regras de convivência, especialmente para evitar violências, dentre outras medidas. Ademais, o desenvolvimento científico e tecnológico vem propiciando a ampliação do arsenal de vacinas e fármacos específicos, que possibilitam a prevenção de muitas doenças, tanto no nível individual como coletivo. Todavia, como mesmo em sociedades com condições socioeconômicas e políticas favoráveis, inexoravelmente, ocorrem doenças, torna-se necessária a adoção de outro tipo de enfrentamento. Este é realizado por meio do diagnóstico precoce, pronto atendimento e redução de sequelas, danos e óbitos (prevenção secundária). Por sua vez, na prevenção terciária buscam-se a reabilitação de sequelas e a recuperação de capacidades física e mental no intuito de melhorar a qualidade de vida dos indivíduos.

Assim, ao tomarem a história natural da doença como modelo explicativo do processo saúde-doença, assumindo a teoria da multicausalidade, os níveis de prevenção apresentados por Leavell & Clark ampliaram o escopo de atuação da Saúde Pública para além das doenças transmissíveis, que anteriormente enfocava apenas a biologia humana e se restringia, quase que exclusivamente, às campanhas sanitárias oriundas da estratégia da polícia médica. A principal crítica feita ao modelo da História Natural da Doença refere-se à não consideração de determinantes sociais, econômicos e políticos no processo saúde-doença, ou seja, dos efeitos das condições de vida e trabalho e da inserção dos indivíduos na sociedade para a determinação da situação de saúde das populações (Buss, 2003).

Quanto ao controle, o termo pode ser entendido, segundo Waldman (2000), em uma perspectiva que compreende desde um conjunto de atividades destinadas a reduzir a incidência e a prevalência de uma doença ou agravo até o ponto em que estes deixem de se constituir em um problema de Saúde Pública, a esforços e intervenções integrados para prevenir, diagnosticar ou tratar um agravo à saúde precocemente e limitar seus danos. Entre os instrumentos empregados com essa finalidade, podem ser citados tecnologias médicas (vacinas e antibióticos, entre outras), atividades de vigilância e normas e regulamentos que fundamentam a ação da fiscalização sanitária.

As concepções, o planejamento e a estruturação da rede de serviços de saúde do Brasil responsável pelo desenvolvimento de ações e atividades voltadas para prevenção e controle de problemas de saúde, que se expressam na rotina desses serviços em doenças, agravos e riscos, têm sido modificados ao longo do tempo. Essas alterações ocorrem não só em função do estágio do conhecimento técnico-científico vigente, como também devido a concepções e escolhas que, em última instância, são influenciadas pelos processos políticos sociais. Evidentemente, nos períodos de governos autoritários, o modelo de Saúde Pública mimetizava práticas autoritárias, verticais, dominadas pela centralização das decisões. Atualmente, embora ainda haja reflexo desses períodos, o sistema de saúde encontra-se sob maior influência dos princípios republicanos. Visando oferecer ao leitor um panorama sintético das concepções e modelos de organização que permeiam esse campo de atuação do sistema de saúde, apresentamos a seguir linhas gerais das principais estratégias adotadas.

CAMPANHAS SANITÁRIAS

No Brasil, no início do século XX, sob a influência do processo ocorrido nos países capitalistas avançados, o saber médico sanitário passou a questionar os saberes tradicionais, baseados na teoria dos miasmas, e adotou os saberes experimentais fundamentados pela bacteriologia e microbiologia. As ações de controle de doenças tomaram como base um modelo tecno-assistencial do tipo campanhista-policial, que valorizava a contaminação como causa geral e usava como instrumentos de ação a engenharia, a polícia médica e a campanha sanitária verticalmente administrada (Merhy, 1992). Assim sendo, foram deixadas de lado medidas ligadas às condições sociais determinantes das doenças coletivas do modelo sanitarista campanhista do final do século XIX, produzido historicamente pelos médicos sanitaristas (Luz, 1982). Por exemplo, para combater as epidemias de febre amarela, peste bubônica e varíola foram utilizadas vacinação obrigatória, desinfecção de áreas públicas e domicílios e outras ações de normatização do espaço urbano (Costa, 1985).

Ao assumir a Diretoria de Saúde Pública, em 1903, a prioridade de Oswaldo Cruz foi o combate à febre amarela, e para tanto teve de vencer a resistência das camadas populares urbanas e de setores da classe dominante, além de neutralizar a oposição do saber médico acadêmico, que não acreditava no método adotado, baseado no controle de vetores, e não concordavam com a privação da liberdade de ir e vir dos doentes (Costa, 1985) (Boxe 28.1). Posteriormente, foi iniciado o combate à epidemia de peste, voltando Oswaldo Cruz a ser alvo de oposição e dos mais variados antagonismos em virtude de essa campanha, do mesmo modo que a anterior, também atuar com o enquadramento do espaço urbano. Outra campanha sob direção desse sanitarista foi a do combate à varíola, a qual deu lugar à chamada "Revolta da Vacina", movimento popular contra a vacinação obrigatória ocorrida no Rio de Janeiro em 1904.

Boxe 28.1 As campanhas sanitárias contra a febre amarela no início do século XX

"Oswaldo Cruz [em 1903] [...] estruturou a campanha contra a febre amarela em moldes militares, dividindo a cidade em dez distritos sanitários, cada qual chefiado por um delegado de saúde. [...] A polícia sanitária adotava medidas rigorosas para o combate ao mal amarílico, inclusive multando e intimando proprietários de imóveis insalubres a demoli-los ou reformá-los. As brigadas mata-mosquitos percorriam a cidade, limpando calhas e telhados, exigindo providências para proteção de caixas d'água, colocando petróleo em ralos e bueiros e acabando com depósitos de larvas e mosquitos. Nas áreas de foco, expurgavam as casas, pela queima de enxofre e piretro, e providenciavam o isolamento domiciliar dos doentes ou sua remoção para o Hospital São Sebastião. [...] Numa época em que ainda se acreditava que a maior parte das doenças era provocada pelos ares pestilenciais, a ideia de se pagar a rapagões para caçar mosquitos, como dizia uma revista de então, só poderia provocar o riso. O jovem pesquisador bem que tentou alterar a opinião pública, fazendo publicar seus Conselhos ao Povo, uma série de folhetos educativos. Mas enfrentava a oposição de grande parte da classe médica, que não acreditava na teoria de Finlay. Oswaldo Cruz não foi poupado: charges diárias na imprensa, canções com letras maliciosas, quadrinhas... Mas o riso logo se transformou em indignação, devido ao rigor com que eram aplicadas as medidas sanitárias, especialmente a remoção dos doentes e a entrada nas casas para o expurgo, mesmo sem autorização dos proprietários" (Brasil, 2004:16-7).

Em 1930 foi criado o Ministério dos Negócios da Educação e Saúde Pública, que priorizou, inicialmente, os problemas educacionais, e com isso as práticas das campanhas sanitárias foram desmobilizadas, com exceção das atividades de combate à febre amarela, organizadas em todo território nacional, a partir de 1931, pela Fundação Rockefeller (Costa, 1985). As campanhas sanitárias foram retomadas a partir de 1935 e se constituíram no elemento central da institucionalização das ações de Saúde Pública no Brasil, como ações coordenadas centralmente, à maneira militar (Braga & Paula, 1981). Esse modelo predominou até o final dos anos 1960, ocorrendo no entanto, progressivamente, uma maior incorporação do componente de educação e comunicação.

A condução das campanhas foi feita em nível nacional por vários órgãos subordinados ao governo federal, como o DNERu (Departamento Nacional de Endemias Rurais), criado em 1956 com o objetivo de eliminar as endemias rurais e que ao final de 1960 era responsável por 13 campanhas sanitárias; as Campanhas de Erradicação da Malária (CEM) e da Varíola (CEV), criadas na década de 1960, que tinham um grau acentuado de autonomia e suporte de recursos externos; além de organismos com legislação especial e administração própria como as Campanhas Nacionais de Tuberculose e de Lepra. Em 1970, a partir da agregação do DNERu, da CEM e da CEV, foi criada a Superintendência de Campanhas de Saúde Pública (Sucam), responsável pelo controle ou erradicação das chamadas grandes endemias no Brasil: doenças de Chagas, malária, esquistossomose, febre amarela, filariose, tracoma, peste, bócio endêmico e leishmanioses. Esse órgão herdou a estrutura centralizada e verticalizada dos serviços que lhe deram origem, sendo seus programas executados paralelamente às outras atividades de Saúde Pública, assistenciais e preventivas, das instituições federais, estaduais e municipais.

Na atualidade, o termo "campanha" vem sendo empregado para denominar estratégias de reforço de algumas ações, com período bem definido e utilizando as estruturas dos sistemas de saúde. São alguns dos exemplos as campanhas anuais para atualização da caderneta de vacinação de crianças menores de 5 anos e aquelas realizadas no carnaval para prevenção da AIDS.

PROGRAMAS

Programas podem ser entendidos como processos complexos de organização de práticas voltados para objetivos específicos, contemplando tanto propostas direcionadas para grandes objetivos – envolvendo instituições, serviços e profissionais diversos – como atividades desenvolvidas em serviços de saúde para prestar um dado tipo de atendimento a uma clientela específica (Novaes, 2000). Em documentos sobre avaliação de programas em saúde, considera-se "programa" qualquer ação organizada para enfrentamento de uma dada situação, como as intervenções em serviços, esforços de mobilização comunitária, sistemas de vigilância, atividades para implementação de políticas, investigação de surtos, diagnósticos laboratoriais, campanhas de comunicação, projetos de construção de infraestrutura, treinamentos e sistemas administrativos, entre outros (CDC, 1999).

Torna-se necessário, portanto, explicitar que no presente texto entende-se por programa a noção apresentada pelo autor Mario Testa: *um ordenamento de recursos que têm um destino específico, com um objetivo prefixado e sob uma condução normativa – ocasionalmente também administrativa – única* (Testa, 1995:74), ou seja, programa como um conjunto de recursos destinados a alcançar um objetivo claramente definido.

No Brasil, a organização dos serviços de Saúde Pública ocorreu, historicamente, por meio da institucionalização de programas verticais, também denominados "programas especiais", devido à prioridade atribuída a grupos populacionais (por exemplo, criança, mulher) ou agravos específicos (tuberculose, hanseníase, doença de Chagas, esquistossomose, entre outros) (Teixeira & Paim, 1990). Esses programas tinham seus próprios instrumentos de coleta de dados, programação elaborada separadamente e metas que variavam da erradicação à prestação de assistência, e não levavam em consideração o perfil epidemiológico dos estados, municípios e regiões. Além disso, eram estruturados nas secretarias de saúde por meio de coordenações isoladas das demais equipes e, nas unidades de saúde, com responsáveis e especialistas próprios. O financiamento das ações se dava por meio de outros órgãos, principalmente o Ministério da Saúde, com base em uma gestão "administrativa convenial". Os programas que tinham como objeto as chamadas "endemias" (doença de Chagas, malária, peste, esquistossomose, tracoma, leishmanioses) eram da responsabilidade de instituições federais (Sucam e posteriormente a Fundação Nacional de Saúde) com pouca integração de ações com a rede de serviços de saúde das secretarias estaduais e municipais (Silva, 1997).

A partir da VIII Conferência Nacional de Saúde, em 1986, tornou-se necessária a reflexão sobre as experiências vividas e a discussão quanto ao modo de inserção desses programas na rede de serviços de saúde, considerando-se as mudanças decorrentes do processo de Reforma Sanitária e implantação do Sistema Único de Saúde. Buscava-se a compatibilização dos Programas Especiais com a construção de um modelo assistencial baseado no princípio da integralidade da atenção (Teixeira & Paim, 1990).

A publicação da Portaria 1.399/99/MS, de 15 de dezembro de 1999 (Brasil, 1999), que regulamentou o processo de descentralização das ações de vigilância e controle de doenças e modificou a sistemática de financiamento – estabelecendo o repasse de recursos do Fundo Nacional de Saúde diretamente para os fundos estaduais e municipais –, promoveu maior integração das ações dos programas aos sistemas de saúde estaduais e municipais.

A Portaria 3.252/MS, de 22 de dezembro de 2009, atualiza, a partir desse mesmo ano, as normas da vigilância em saúde, estabelecendo como um dos componentes do Sistema Nacional de Vigilância em Saúde os programas de prevenção e controle de doenças de relevância em Saúde Pública, incluindo o Programa Nacional de Imunizações. Apesar de o Ministério da Saúde ficar responsável pela normatização técnica e a coordenação nacional dos programas, aponta-se a importância da definição de estratégias de integração com a assistência à saúde e, em especial, com a Atenção Primária em Saúde. No entanto, estudos sobre o tema referem obstáculos para a execução na atenção primária das ações historicamente desenvolvidas no país por meio de programas especiais, apontando-se a falta de estrutura dos municípios para assumir as novas funções (Muniz, Zales, Netto & Villa, 2005; Silva, 2006).

São diversas as possibilidades de organização dos programas na atualidade; por isso, para análise de cada um deles, devem ser explicitados seus componentes, suas ações programáticas e resultados esperados. Como exemplo, apresenta-se o modelo lógico do programa de controle de dengue (Figura 28.1).

VIGILÂNCIA EPIDEMIOLÓGICA

No Estado Moderno, a Saúde Pública tem como propósitos promover e proteger a saúde da população, prevenir doenças específicas e controlar problemas de saúde que ocorrem nas coletividades. Esses problemas são identificados mediante observação, coleta e análise sistemática de dados sobre eventos relacionados com a saúde, ou seja, "vigiando" o que acontece na população no que diz respeito a sua saúde. Nesse sentido, o termo "vigilância", quando aplicado para uma doença, significa:

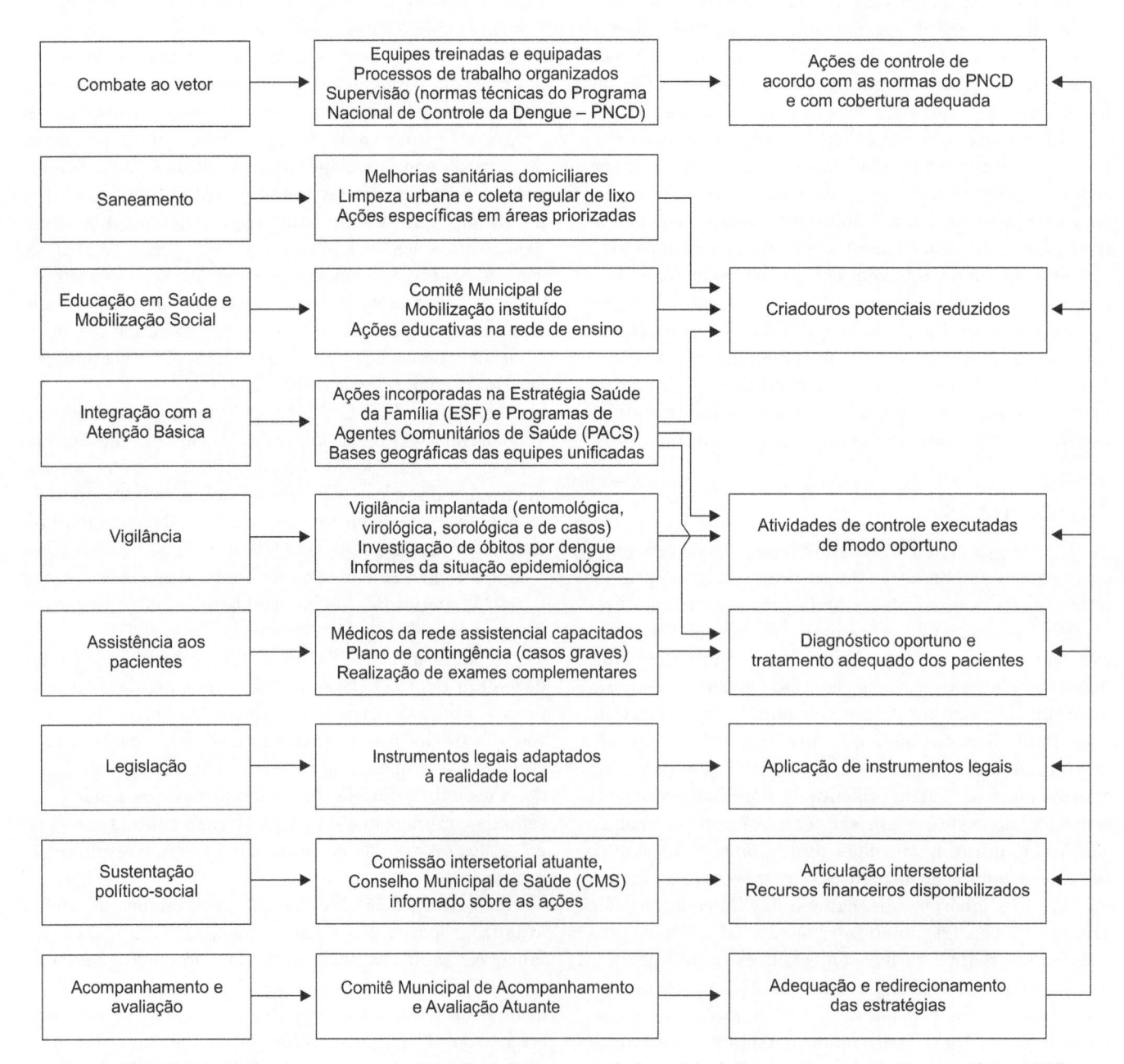

Figura 28.1 Modelo lógico do programa de Controle da Dengue no nível municipal. (Fonte: adaptada de Pimenta Júnior, 2005.)

[...] observação contínua da distribuição e tendência da incidência da doença, mediante a coleta sistemática, consolidação e avaliação dos informes de morbidade e mortalidade, assim como de outros dados relevantes. Fazendo parte do conceito também está "a regular disseminação dos dados e interpretações para todos que contribuíram na sua coleta e necessitem conhecê-los" (Langmuir, 1963:182-3).

É fato que as antigas civilizações já conferiam importância às doenças e agravos que se apresentavam com grande magnitude e gravidade nas populações. Têm-se referência que desde o século XIV dados de morbidade e mortalidade já eram utilizados para orientar as ações de Saúde Pública na Europa e que, possivelmente, a primeira lista de doenças sujeitas a quarentena tenha sido instituída em Veneza, em 1377 (Rosen, 1994). Um dos primeiros relatos de vigilância apoiada em registros sistemáticos de dados ocorreu durante a epidemia de peste do século XVII, quando os padres de Londres passaram a anotar o número diário de óbitos por essa causa, e esses registros se constituíam em relatórios de mortalidade que orientavam a adoção de ações para contenção daquela epidemia (Declich & Carter, 1994). No final do século seguinte, a denominada Polícia Médica na Alemanha passou a realizar análise sistemática de problemas de saúde, visando a seu enfrentamento (Declich & Carter, 1994), e nos EUA foi instituída a notificação de doenças contagiosas (varíola, febre amarela e cólera) (Thacker & Berkelman, 1988).

Já a vigilância tal como concebida nos dias atuais foi desenvolvida no século XIX por William Farr (1807-1883), reconhecido como seu fundador por ter sido pioneiro em realizar coleta sistemática, análise e disseminação de informações sobre a ocorrência de doenças e óbitos na população da Inglaterra, as quais subsidiavam as políticas públicas de saúde e saneamento (Langmuir, 1976). Até 1950, o termo vigilância vinha sendo utilizado para definir a função de observar indivíduos com doenças infecciosas (peste, varíola, tifo e sífilis) e seus contatos, visando à adoção de medidas de isolamento (Boxe 28.2), caso viessem a desenvolver sinais e sintomas da doença (Langmuir, 1971). Naquela década, o Chefe do Setor de Epidemiologia do Centro de Doenças Transmissíveis (atualmente denominado Centro de Controle e Prevenção de Doenças – CDC) ampliou o conceito de vigilância, considerando-a como o monitoramento da ocorrência de doenças em populações (Declich & Carter, 1994; Thacker & Gregg, 1996). Nessa concepção (Langmuir, 1976), vigilância e intervenção atuavam separadamente, pois à primeira não era atribuída a função de desenvolver atividades de controle, devendo apenas analisar os dados coletados e indicar as intervenções pertinentes. Na antiga Tchecoslováquia, em 1960, Karel Raska incorporou o termo "epidemiológica" à vigilância (Raska, 1964) e, em 1965, a Organização Mundial da Saúde (OMS) criou sua Divisão de Doenças Transmissíveis, sendo uma das unidades dessa estrutura denominada Vigilância Epidemiológica, que teve Raska como seu primeiro dirigente. Na 21ª Assembleia da OMS, em 1968, foi proposta a criação do sistema global de vigilância de doenças transmissíveis e discutida a necessidade de criação de sistemas nacionais de vigilância epidemiológica (VE). A partir de então, essa expressão passou a ser internacionalmente divulgada (Declich & Carter, 1994), adotando-se a definição de Raska (1966):

> Vigilância Epidemiológica é o estudo epidemiológico de uma enfermidade considerada um processo dinâmico que abrange a ecologia dos agentes infecciosos, o hospedeiro, os reservatórios e vetores, assim como os complexos mecanismos que intervêm na propagação da infecção e a extensão com que essa disseminação ocorre.

Boxe 28.2 | Quarentena

Restrição das atividades de pessoas sãs que tenham estado expostas a uma doença transmissível durante seu período de incubação para prevenir a disseminação da doença durante o período de incubação:

a. **Quarentena completa ou absoluta:** o cerceamento da liberdade de movimento de pessoas ou animais domésticos sãos que se tenham exposto ao contágio de uma doença transmissível, por prazo que não deve ultrapassar o período máximo de incubação habitual da doença, de maneira a evitar seu contato com indivíduos que não se expuseram a tal contágio.

b. **Quarentena modificada:** a restrição seletiva e parcial da liberdade de movimento de pessoas ou animais domésticos, geralmente na base de diferenças, conhecidas ou presumidas, de suscetibilidade e relacionada com o perigo de transmissão da doença. Pode ser aplicada para enfrentar situações especiais. Como exemplos, citem-se o afastamento de crianças da escola ou a isenção, para pessoas imunes, das restrições que se impõem a indivíduos suscetíveis, ou o confinamento de militares em seus acampamentos ou quartéis. Inclui a vigilância pessoal, que é a observação rigorosa, médica ou de outra natureza, dos contatos, a fim de facilitar o pronto diagnóstico da infecção ou doença, porém sem restringir a liberdade de movimento, e a segregação, que é a separação, para consideração, vigilância ou observação especial, de parte de um grupo de pessoas ou animais domésticos dos demais membros do grupo. A remoção de crianças suscetíveis para residência de pessoas imunes ou o estabelecimento de cordões sanitários para proteger indivíduos sãos do contato com grupos infectados constituem exemplos de segregação (OPAS, 1983).

Nos países de desenvolvimento dependente, esses sistemas centrados nas doenças infecciosas associaram-se às propostas para melhoria do desempenho do Programa Ampliado de Imunização, vinculando-se a vigilância a ações de controle (Raska, 1966). Ademais, estimularam-se os organismos de vigilância, a depender das condições de estruturação e desenvolvimento dos serviços de saúde, a assumir ou participar das atividades de controle (Barata, 1993).

Os sistemas nacionais de VE foram gradativamente sendo implantados, passando a se constituir em uma das principais estratégias da Saúde Pública, por meio da coleta, acompanhamento e análise sistemática de dados de um elenco de doenças transmissíveis predefinidas. Trata-se de um "monitoramento", termo utilizado em vários campos do conhecimento com significados diversos, como acompanhar e avaliar, controlar mediante acompanhamento, olhar atentamente, observar ou controlar com um propósito especial. No caso da VE, o principal propósito é orientar as intervenções necessárias a prevenção, controle, eliminação ou erradicação de doenças (Waldman, 1998, Teixeira et al., 2002).

A definição de VE assumida pela Lei Orgânica de Saúde incorpora os fatores determinantes e condicionantes da saúde e ultrapassa a doença enquanto evento tomado como objeto (Brasil, 1990). Ressalte-se, contudo, que só mais recentemente os órgãos responsáveis por essas ações passaram a concentrar esforços na vigilância das doenças e agravos não transmissíveis.

Vigilância em saúde e vigilância da saúde

Na literatura de língua inglesa, a partir da década de 1990, observa-se a substituição da expressão vigilância epidemiológica por vigilância em saúde (*health surveillance*), vigilância em Saúde Pública (*public health surveillance*) ou vigilância (*surveillance*) sem adjetivos (Silva & Vieira-da-Silva, 2008). A concepção subjacente ao termo vigilância é a apresentada por Langmuir (1963), ou seja, coleta sistemática, análise e interpretação de dados de saúde essenciais para a prática de Saúde Pública, integradas com a oportuna disseminação da informação para a intervenção/ação, não incorporando as medidas de controle, apesar da vinculação clara a uma intervenção, a um programa de saúde pública (Boxe 28.3). Ressalte-se que, em países da Europa, Ásia e América Latina, inclusive no Brasil, continua sendo comum o uso da expressão vigilância epidemiológica.

Boxe 28.3 | Definições utilizadas por organismos internacionais

(Health Surveillance) Tracking and forecasting any health event or health determinant through the ongoing collection of data, the integration, analysis and interpretation of that data into surveillance products and the dissemination of that resultant surveillance product to those who need to know. Surveillance products are produced for a predetermined public health purpose or policy objective. In order to be considered health surveillance, all of the above activities must be carried out (Health Canada, 1999).

Public health surveillance is the continuous, systematic collection, analysis and interpretation of health-related data needed for the planning, implementation, and evaluation of public health practice. Such surveillance can: serve as an early warning system for impending public health emergencies; document the impact of an intervention, or track progress towards specified goals; and monitor and clarify the epidemiology of health problems, to allow priorities to be set and to inform public health policy and strategies (WHO, 2012).

No Brasil, nos anos 1990, surgem propostas denominadas "vigilância em saúde", que partem de abordagens teóricas distintas. No mesmo período, as expressões vigilância à saúde e vigilância da saúde foram utilizadas por secretarias estaduais e municipais para denominar unidades responsáveis por atividades de vigilância epidemiológica, vigilância sanitária e de saúde do trabalhador, unificadas no mesmo setor após reformas administrativas.

Há uma variação importante sobre a que conteúdo e a que âmbito de atuação o termo vigilância se refere, e são encontradas grafias distintas, a depender do autor e/ou do texto: vigilância da saúde, vigilância à saúde, vigilância em saúde e vigilância em Saúde Pública. Diante de tal profusão terminológica e da polissemia, presente tanto em textos acadêmicos como em documentos oficiais, são necessários esclarecimentos a respeito.

Em revisão de literatura, Silva & Vieira-da-Silva (2008) identificaram que o emprego das expressões vigilância/vigilância da saúde/vigilância à saúde/vigilância em saúde estava relacionado com a noção subjacente de um modo tecnológico de organização das práticas de saúde em diversos artigos. Em outros, o entendimento era de vigilância como uma prática de Saúde Pública, mais presente entre aqueles textos que adotaram vigilância sem adjetivação. Com base na revisão realizada, as autoras apresentam os seguintes "tipos ideais" de arranjos tecnológicos das práticas de vigilância em sistemas locais de saúde (Tabela 28.1).

Vigilância em Saúde Pública

Corresponde ao componente municipal do Sistema Nacional de Vigilância em Saúde. São incorporadas ao conteúdo da vigilância as ações de prevenção e controle, além da coleta, consolidação, análise, interpretação e disseminação de dados e informações, tomando como referência Silva Júnior (2004), pois foi assim que essas práticas foram, historicamente, constituídas no Brasil, apesar de não ser o modelo adotado em outros países. As práticas de vigilância sanitária, seguindo outros autores (Waldman, 1998; Silva Júnior, 2004), não foram consideradas integrantes da vigilância em saúde pública por terem como núcleo central atividades voltadas para regulação, controle e fiscalização sanitárias, ações sobre a produção, distribuição e consumo de produtos e serviços passíveis de se tornarem nocivos à saúde, e não, propriamente, a vigilância de eventos relacionados com a saúde.

Vigilância da saúde

Compreendida como uma dada organização tecnológica do trabalho em saúde, um modo tecnológico caracterizado por práticas sanitárias que tomam por objeto problemas de saúde selecionados para enfrentamento

Tabela 28.1 • Dimensões, critérios e padrões de tipos ideais de arranjos tecnológicos de práticas de vigilância em sistemas locais de saúde

Dimensões	Critérios	Vigilância da saúde	Vigilância em Saúde Pública
Agente das práticas	Agentes envolvidos e posição no sistema de saúde	Equipe de saúde municipal Presença de colegiado para coordenar a ação intersetorial	Equipe específica no nível central coordenando as ações e executando as de maior complexidade Equipes da rede básica executando ações de vigilância normatizadas
Objeto de trabalho	Questões que o conjunto das atividades toma como relevantes	Problemas de saúde de grupos populacionais que exigem atenção e acompanhamento contínuos em um território determinado	Problemas de saúde selecionados como prioritários pelo nível federal do Sistema Nacional de Vigilância em Saúde Doenças e agravos priorizados no nível municipal
Meios de trabalho	Tecnologias utilizadas no trabalho	Saberes da epidemiologia, clínica, ciências sociais e geografia Gerência que utiliza como ferramenta o Planejamento e Programação Local em Saúde (PPLS) Tomada de decisão no nível local e estruturação de operações para o enfrentamento dos problemas	Saber epidemiológico embasando a análise da situação dos eventos relacionados com a saúde sob vigilância Tecnologias sanitárias a partir da adequação à realidade local das bases técnicas dos programas elaboradas pelo nível federal
Ações implantadas	Ações de promoção da saúde	Políticas públicas voltadas para a promoção da saúde Uso de tecnologias de comunicação social para incrementar o poder técnico e político das comunidades	Recomendação do desenho de políticas públicas voltadas para a promoção da saúde Uso de tecnologias de comunicação para promover mudança de hábitos não saudáveis
	Vigilância de riscos à saúde e de danos	Monitoramento da situação de saúde local para identificar os problemas de enfrentamento contínuo	Gerenciamento dos sistemas oficiais de informação epidemiológica no âmbito municipal Elaboração de análises epidemiológicas Uso de ferramentas para integração das vigilâncias de riscos e danos
	Controle de riscos e de danos	Integração entre as ações de prevenção, controle e recuperação para os problemas de enfrentamento contínuo Ações programáticas de acordo com os problemas selecionados Ações intersetoriais com orçamento e plano comum	Ações programáticas para prevenção e/ou controle de riscos e danos priorizados Ações de educação e mobilização social no território de abrangência das unidades básicas com a atuação das equipes da ESF Equipe das unidades da rede básica realizando ações de acordo com seu nível de complexidade Realiza diagnóstico laboratorial para os casos priorizados Ações intersetoriais com foco na prevenção e no controle dos agravos sob vigilância
Produtos	Produtos esperados das práticas de vigilância	Redução da magnitude dos problemas selecionados para enfrentamento contínuo Incremento do poder técnico e político das comunidades e dos indivíduos	Elaboração e divulgação de relatórios com a situação epidemiológica de eventos sob vigilância Recomendações e/ou adoção de medidas para redução da magnitude dos eventos sob vigilância Recomendações de ações de promoção da saúde
Relações sociais	Relações técnicas e no trabalho	Equipe municipal com elevada capacidade técnica e com espaço de negociação para definição das formas de intervenção (setorial e intersetorial) Diretrizes gerais definidas de maneira democrática e presença de autonomia nos diversos níveis do sistema de saúde para adaptação das normas	Poder normativo e de coordenação do nível federal, com adaptação das normas à realidade local Técnicos da vigilância estabelecendo acordos e articulando ações junto às diversas áreas da secretaria municipal de saúde, equipes da rede básica e com os demais setores da administração municipal

Fonte: adaptada de Silva & Vieira-da-Silva (2008).

contínuo, articulando um conjunto de ações (Paim, 2003). Fundamentada nas teorias dos determinantes sociais da saúde, essa estratégia toma como horizonte a promoção da saúde, apontando para melhoria das condições de vida e saúde de grupos populacionais de dado território. Propõe ainda a articulação das tecnologias do saber epidemiológico e do planejamento para seleção de problemas a serem trabalhados de maneira contínua no território e considera diversos níveis de atuação (causas, riscos e danos) para enfrentamento desses problemas. Tem por perspectiva o deslocamento da ênfase nos danos para os riscos e causas e busca a superação da dicotomia entre as chamadas práticas coletivas e as práticas individuais de saúde, além de propor a articulação de ações intersetoriais. Nessa concepção, a vigilância em Saúde Pública e a vigilância sanitária, como outras práticas médico-sanitárias, seriam tecnologias a serem utilizadas a depender do problema a ser enfrentado.

Segundo Silva & Vieira-da-Silva (2008), a vigilância em Saúde Pública corresponde a uma vertente modernizadora da vigilância epidemiológica tradicional, com ampliação de seu objeto. Trata-se de uma tecnologia empregada em Saúde Pública/Saúde Coletiva para subsidiar a tomada de decisão sobre a adoção de medidas de prevenção e controle de eventos relacionados com a saúde (riscos e danos) ou recomendar ações de promoção da saúde. A vigilância da saúde, por outro lado, estaria relacionada com os estudos sobre os determinantes sociais da doença e representa um modo tecnológico de organização das práticas de saúde, com a incorporação de um conjunto de ações para o enfrentamento de problemas selecionados em dado território.

O espaço de conformação das práticas de vigilância é dado pelas condições concretas de cada país, que estabelecem os limites e possibilidades entre a regulação exercida pelo nível central do sistema e o grau de autonomia e responsabilidade do nível local. No Brasil, o modelo adotado (Brasil, 1999, 2004, 2009) manteve no nível nacional as atribuições de coordenar as ações que exigiriam simultaneidade nacional ou regional, a normatização técnica, a coordenação dos sistemas de informação e o fornecimento de insumos estratégicos. De certo modo, a organização assumida parece se configurar, como proposto por Waldman (1998), em dois subsistemas, *o subsistema de informações para a agilização das ações de controle*, situado nos sistemas locais de saúde, e *o subsistema de inteligência epidemiológica*, situado no nível nacional, que teria como objetivos a elaboração das bases técnicas dos programas de controle e a identificação de lacunas no conhecimento científico e tecnológico. No entanto, nos municípios, parece não haver articulação entre a vigilância e as áreas de planejamento e avaliação de programas para elaboração das normas técnicas de uso local e, em geral, adotou-se um formato em que,

a partir de uma mesma estrutura (pessoal, equipamentos), se faz a vigilância e se responde com ações em relação a diversos agravos (Silva & Vieira-da-Silva, 2008).

Em 2009, o Ministério da Saúde publicou a Portaria 3.252/2009 (Brasil, 2009), que revê as diretrizes para execução e financiamento das ações de vigilância no país. Há uma proposta de ampliação do escopo da vigilância em saúde (Boxe 28.4) e propõe-se sua inserção na construção das redes de atenção à saúde, coordenadas pela Atenção Primária à Saúde, visando à integralidade do cuidado. Com isso, pode-se considerar que elementos do modo tecnológico da vigilância da saúde (Teixeira, Paim & Vilasboas, 1998) foram incorporados às normas vigentes.

Boxe 28.4 Modo tecnológico de intervenção em saúde e modelo assistencial de saúde (Paim, 2009:168)

Modelos de atenção à saúde ou "modelos assistenciais" podem ser definidos genericamente como combinações de tecnologias (materiais e não materiais) utilizadas nas intervenções sobre problemas e necessidades sociais de saúde. Modelo, nessa concepção, não é padrão, não é exemplo, não é burocracia, nem é organização de serviços de saúde. [...] Modelo é uma "razão de ser" – uma racionalidade; uma espécie de "lógica" que orienta a ação.

Modelo de atenção é, portanto, um dado modo de combinar técnicas e tecnologias para intervir sobre problemas de saúde (danos e/ou riscos) e atender às necessidades de saúde individuais e coletivas; é uma maneira de organizar os "meios de trabalho" (saberes e instrumentos) utilizados nas práticas ou processos de trabalho em saúde. Aponta como melhor integrar os meios técnico-científicos existentes para resolver problemas de saúde individuais e/ou coletivos. Corresponde à "dimensão técnica" das práticas de saúde; incorpora uma "lógica" que orienta as intervenções técnicas sobre problemas e necessidades de saúde. Para contornar a polissemia que envolve o termo "modelo", talvez seja mais apropriado recorrer à expressão "modos tecnológicos de intervenção em saúde".

Torna-se necessário, no entanto, investigar se essa proposta vem sendo implementada em situações concretas, ou, caso contrário, identificar os obstáculos para a conformação de novos arranjos tecnológicos da vigilância nos sistemas locais de saúde que, além da prevenção e controle de doenças, contribuam para a promoção da saúde.

Referências

Barata RB. Reorientação das práticas de vigilância epidemiológica. In: Anais do Seminário Nacional de Vigilância Epidemiológica 1993. Brasília: FNS, Cenepi, 1993.

Braga JC, Paula SG. Saúde e previdência: estudos de política social. São Paulo: CEBES-Hucitec, 1981. 226p.

Brasil. Portaria 1399, de 15 de dezembro de 1999. Regulamenta a NOB SUS 01/96 no que se refere às competências da União, estados, municípios e Distrito Federal, na área de Epidemiologia e Controle de Doenças, define a sistemática de financiamento e dá outras providências. Diário Oficial da União, Brasília, 16 dez. 1999:21. Seção 1.

Brasil. Portaria 1.172, de 15 de junho de 2004. Regulamenta a NOB SUS 01/96 no que se refere às competências da União, Estados,

Municípios e Distrito Federal, na área de Vigilância em Saúde, define a sistemática de financiamento e dá outras providências. Diário Oficial da União, Brasília, 17 jun. 2004:58. Seção 1.

Brasil. Fundação Nacional de Saúde. 100 anos de Saúde Pública: a visão da Funasa/Fundação Nacional de Saúde. Brasília: Fundação Nacional de Saúde, 2004:232.

Brasil. Portaria 3.252, de 22 de dezembro de 2009. Aprova as diretrizes para execução e financiamento das ações de Vigilância em Saúde pela União, Estados, Distrito Federal e Municípios e dá outras providências. Diário Oficial da União, Brasília, 23 dez. 2009:23. Seção 1.

Buss PM. Uma introdução ao conceito de promoção da saúde. In: Czeresnia D, Freitas CM (orgs.) Promoção da saúde: conceitos, reflexões, tendências. Rio de Janeiro: Editora Fiocruz, 2003.

CDC-Centers for Diseases Control. Framework for Program Evaluation in Public Health. MMVR 1999; 48 (RR-11):1-45 Disponível em: http://www.cdc.gov/mmwr/preview/mmwrhtml/rr4811a1.htm. Acesso em: 15/9/2012.

Costa NR. Lutas Urbanas e Controle Sanitário: origem das políticas de saúde no Brasil. Petrópolis, Vozes; Rio de Janeiro: Associação Brasileira de Pós-Graduação em Saúde Coletiva, 1985.

Declich S, Carter AO. Public Health Surveillance: historical origins, methods and evaluation. Bulletin of the World Health Organization 1994; 72(2):285-304.

Health Canada. F/P/T Working Group. Proposal do Develop a Network for Health Surveillance in Canadá. Canadá, 1999.

Langmuir AD. The surveillance of communicable disease of national importance. New Engl J Med 1963; 24:182-92.

Langmuir AD. Evolution of the concept of surveillance in the United States. Proc Roy Soc Med 1971; 64:681-4.

Langmuir AD. William Farr: founder of modern concepts of surveillance. International Journal of Epidemiology 1976; 5(1):13-8.

Leavell H, Clark EG. Medicina preventiva. São Paulo: McGraw-Hill Inc, 1976.

Luz MT. Medicina e ordem política brasileira: política e instituições de saúde (1850-1930). Rio de Janeiro: Edições Graal, 1982.

Merhy EE. (1992). A saúde pública como política: um estudo de formuladores de políticas. São Paulo: Hucitec, 1992:221.

Muniz JN, Palha PF, Monroe AA, Gonzales RC, Netto AR, Villa TCS. A incorporação da busca ativa de sintomáticos respiratórios para o controle da tuberculose na prática do agente comunitário de saúde. Ciên Saúde Coletiva 2005; 10(2):315-21.

Novaes HMD. Avaliação de programas, serviços e tecnologias em saúde. Revista Saúde Pública 2000; 34(5):547-59.

OPAS – Organização Pan-Americana da Saúde. Controle das doenças transmissíveis no homem. Publicação Científica 442. 13. Washington, 1983.

Paim JS. Vigilância da Saúde: dos modelos assistenciais para a promoção da saúde. In: Czeresnia D (org.) Promoção da saúde: conceitos, reflexões, tendências. Rio de Janeiro: Editora Fiocruz, 2003:161-74.

Paim JS. Vigilância da Saúde: dos modelos assistenciais para a promoção da saúde. In: Czeresnia D & Freitas CM. Promoção da saúde: conceitos, reflexões, tendências. 2. ed. rev. e amp. Rio de Janeiro: Editora Fiocruz, 2009.

Pimenta Júnior FG. Desenvolvimento e validação de um instrumento para avaliar o Programa Nacional de Controle da Dengue no âmbito municipal. [Dissertação] Rio de Janeiro (RJ): Escola Nacional de Saúde Pública, Fundação Oswaldo Cruz, 2005.

Raska K. The epidemiological surveillance programme. J Hyg Epidemiol Microbiol Immuno 1964; 8-2:137-68.

Raska K. National e International surveillance of communicable diseases. WHO Chronicle 1966; 20:315-21.

Rosen G. Uma história da Saúde Pública. São Paulo: Editora Hucitec, 1994.

Silva GAP. O SUS real: os sujeitos na implementação da política de descentralização do controle de endemias. Dissertação de Mestrado. Instituto de Saúde Coletiva, Universidade Federal da Bahia, 1997.

Silva GAP. A vigilância e a reorganização das práticas de saúde, 2006. 137f. Tese (Doutorado em Saúde Coletiva) – Programa de Pós-Graduação em Saúde Coletiva, Instituto de Saúde Coletiva, Universidade Federal da Bahia, Salvador-BA, 2006.

Silva GAP, Vieira-da-Silva LM. Health surveillance: proposal for a tool to evaluate technological arrangements in local health systems. Cadernos de Saúde Pública 2008; 24(11):2463-75.

Silva Júnior JB. Epidemiologia em serviço: uma avaliação de desempenho do Sistema Nacional de Vigilância em Saúde. [Tese Doutorado] Campinas: Universidade Estadual de Campinas. Faculdade de Ciências Médicas, 2004.

Teixeira CF, Paim JS, Vilasboas AL. SUS, modelos assistenciais e vigilância da saúde. Informe Epidemiológico do SUS 1998; 7(2):7-28.

Teixeira MG, Paim JS. Os programas especiais e o novo modelo assistêncial. Cadernos de Saúde Pública, Rio de Janeiro, 1990; 6(3).

Teixeira MG, Barreto ML, Costa MCN, Strina A, Martins Jr. D, Prado M Sentinel areas: a monitoring strategy in public health. Cadernos de Saúde Pública 2002; 18(5):1189-95. [cited 2012-09-20].

Testa M. Pensamento Estratégico e Lógica da Programação. São Paulo-Rio de Janeiro: Hucitec Abrasco, 1995.

Thacker SB, Berkelman RL. Public Health Surveillance in the United States. Epidemiol Rev 1988; 10:164-90.

Thacker SB, Gregg MB. Implementing the concepts of William Farr: the contributions of Alexander D. Langmuir to public health surveillance and communications. Am J Epidemiol 1996; 111(Suppl 8):S23-8.

Waldman EA. Vigilância em Saúde Pública. Volume 7/Eliseu Alves Waldman: colaboração de Tereza Etsuko da Costa Rosa. (Série Saúde & Cidadania) – São Paulo: Faculdade de Saúde Pública da Universidade de São Paulo, 1998.

Waldman EA. O controle das doenças infecciosas mergentes e a segurança sanitária. Revista de Direito Sanitário 2000; 1(1).

World Health Organization. Health topics. Public health surveillance. Disponível em:

http://www.who.int/topics/public_health_surveillance/en/. Acesso em: 17/9/2012.

29
Prevenção, Atenção e Controle de Doenças Transmissíveis

Maria Glória Teixeira • Maria da Conceição Nascimento Costa • Gerson Oliveira Penna

INTRODUÇÃO

As medidas de prevenção e controle de doenças transmissíveis são fundamentadas nos conhecimentos técnicos e científicos disponíveis em cada período. Destarte, essa atividade da Saúde Pública tem se beneficiado muito do avanço científico experimentado, especialmente, a partir de meados do século XX. A importância desse progresso fica evidente com o expressivo impacto epidemiológico obtido com a aplicação dessas medidas na orientação de políticas públicas de saúde voltadas para controle, eliminação e erradicação de várias doenças infecciosas. Não por acaso, muitas delas passaram atualmente a ser consideradas doenças evitáveis (Teixeira & Costa, 2008; Teixeira et al., 2011).

A magnitude da morbimortalidade por doenças infecciosas e parasitárias (DIP) atingiu tal monta até o século XIX, especialmente entre crianças, que desempenhou importante papel na dinâmica demográfica das populações humanas (McNeill, 1977). No entanto, até aquele século, a Saúde Pública adotava quase que exclusivamente a estratégia de isolamento de doentes e seus contatos para tentar reduzir sua ocorrência. Embora as propostas de intervenções ambientais preconizadas pelos defensores da Teoria Miasmática estivessem apoiadas sobre frágil base científica (Chadwick, 1842; Buck et al., 1988), eram essas estratégias as que realmente produziam algum impacto epidemiológico, por reduzirem a circulação de patógenos nos ambientes urbanos. Ainda nos dias atuais, essas iniciativas mostram-se efetivas para redução da incidência de determinadas doenças transmissíveis.

A melhoria das condições de vida das populações, especialmente nos países mais ricos, influenciou sobremaneira a importante redução de muitas DIP, a exemplo da tuberculose e da hanseníase, mesmo antes da era dos antibióticos. Contudo, não se pode desconsiderar que o avanço científico tecnológico no campo da microbiologia, imunologia, dos fármacos e imunobiológicos também propiciou a redução desse grupo de doenças, principalmente em sociedades nas quais as condições de vida não eram muito favoráveis. Com efeito, a erradicação da varíola, no século XX, é um dos resultados exemplares da aplicação sistemática de um único produto dessa natureza.

A segunda metade desse século foi pródiga na obtenção de resultados positivos com a disseminação e o uso racional e amplo dos modernos instrumentos de prevenção, controle e tratamento das DIP, bem como com as experiências exitosas que produziam conhecimentos sobre a utilização estratégica dessas ferramentas com efeitos extraordinários, sobretudo em países desenvolvidos, como os EUA e países da Europa. Entretanto, esses efeitos não vêm ocorrendo de maneira uniforme, visto que grandes diferenças são observadas entre continentes e países (Araújo, 1992).

No Brasil, até 1930, as DIP constituíam-se no primeiro grupo de causas de morte, sendo responsáveis por quase metade de todos os óbitos, enquanto nos dias atuais representam cerca de 5% do total. Esse declínio ocorreu muito rapidamente em virtude de vários fatores, inclusive das intervenções nos campos da saúde e saneamento implementadas ao longo das últimas décadas.

O sistema de saúde brasileiro tem como uma de suas prioridades de atenção a redução e/ou eliminação de um elenco de doenças por meio da adoção de ações sistemáticas e específicas. Em particular, recursos orçamentários do Sistema Único de Saúde (SUS) são disponibilizados especificamente para vigilância e controle de doenças transmissíveis, os quais são repassados para estados e municípios. Estes implementam essas atividades considerando as normas técnicas estabelecidas e em acordo com o conhecimento científico vigente (Teixeira & Costa, 2008).

Neste capítulo serão apresentados os procedimentos de prevenção e controle preconizados pelo Ministério da Saúde para algumas doenças infecciosas e parasitárias consideradas prioritárias para o Brasil.

ESTRATÉGIAS DE PREVENÇÃO E CONTROLE DE DOENÇAS TRANSMISSÍVEIS

O objetivo da vigilância das doenças transmissíveis é, primariamente, impedir sua ocorrência mediante atuação nos níveis coletivo e individual. Em outras palavras, busca evitar, ou pelo menos reduzir, a morbimortalidade por essas causas. Para isso os serviços de saúde lançam mão de um conjunto de recursos técnicos preventivos, curativos ou de reabilitação, bem como operacionais (estratégia), que orientam o desenvolvimento de ações articuladas voltadas para cada problema. Esse processo exige a contribuição de saberes de vários campos de conhecimento que subsidiam o estabelecimento de normas e procedimentos coerentes e que na maioria das vezes são sinérgicos, de modo que se potencializem para a obtenção dos resultados. Ademais, vale reiterar que as deliberações resultantes desse processo são definidas em consonância com a situação epidemiológica de cada momento e em cada espaço, e que são adotadas em acordo com objetivos a curto, médio ou longo prazo.

Reconhece-se que os conhecimentos provenientes da era bacteriológica determinaram as bases técnicas para a prevenção primária das doenças transmissíveis (Teixeira *et al.*, 2011). Nesse nível de atenção, procura-se atuar no período pré-patogênico. A prevenção de cada doença específica pode ser alcançada por meio de ações de promoção da saúde (água potável, higiene, educação sanitária, dentre outras) e/ou da utilização de instrumentos oriundos da biotecnologia que possibilitam a interrupção da cadeia epidemiológica do agente.

Nessa perspectiva, a estruturação das ações voltadas para a redução ou eliminação de uma doença tem de considerar os mecanismos de transmissão (Tabela 29.1), o(s) *veículo(s) de disseminação* do agente, que tanto pode(m) ser vivo(s) (insetos) ou inanimado(s) (água, ar, alimentos, solo); o ecótopo natural ou artificial onde, habitualmente, se encontra o *reservatório da infecção* ou *fonte primária de infecção* (local no qual o agente infeccioso sobrevive); se a cadeia epidemiológica envolve *vetor*; e se o agente etiológico possui *hospedeiro intermediário* (organismo onde o agente se encontra em forma larvária ou assexuada) *e/ou hospedeiro definitivo* (organismo

Tabela 29.1 • Mecanismos de transmissão de agentes de doenças infecciosas e parasitárias

Modo de transmissão direto	Transferência direta e imediata do agente a uma porta de entrada receptiva pela qual se pode consumar a infecção do ser humano ou do animal			
	Via de transmissão	Veículo*	Meio de transmissão	Exemplos
Horizontal	Respiratória	Ar	Gotículas de *flügge*	Sarampo, coqueluche, rubéola, gripe
	Digestiva	Fezes Fômites**	Oral-fecal	Febre tifoide, poliomielite, hepatite A, enterobioses
	Sexual	Secreções sexuais	Solução de continuidade de pele e mucosas	Sífilis, linfogranuloma venéreo, HPV, AIDS
Vertical	Pele	Fômites, pele	Pele íntegra	Escabiose, *Phitirus pubis*
	Intrauterina	Sangue materno	Placenta	Rubéola, toxoplasmose, AIDS, sífilis, hepatite B
Modo de transmissão indireto	Transferência de um agente infeccioso para o homem ou outro animal mediante um **veículo**, **vetor** ou **através do ar**			
	Sanguíneo	Fômites	Sangue e secreções	Hepatite B, AIDS, doença de Chagas
	Digestiva	Água e alimentos	Alimentar	Cólera, febre tifoide, toxinfecções alimentares, hepatite A
	Pele	Solo, água	Penetração ativa	Ancilostomíase, estrongiloidíase, esquistossomose mansônica
	Vetor	Saliva, fezes do vetor	Picada de artrópode	Dengue, peste, febre amarela, malária

*Veículo: ser animado (vetor biológico, no qual o agente passa uma fase de desenvolvimento, ou mecânico, quando apenas transporta o agente), ou inanimado (material ou objeto) que se introduz no organismo do ser humano.
** Fômite: objeto de uso pessoal capaz de absorver, reter e transportar um agente infeccioso de um indivíduo a outro.

onde o agente desenvolve a fase adulta de seu ciclo vital ou passa sua fase sexuada) (Chin, 2001), dentre outros mecanismos e processos.

A resistência (natural ou adquirida), a imunidade (ativa ou passiva) e a suscetibilidade do homem a cada micro-organismo são fatores que sabidamente também interferem na dinâmica de transmissão de muitos agentes infecciosos e, portanto, não podem ser ignorados na escolha das estratégias de prevenção (Teixeira *et al.*, 2011). A consideração do *período de transmissibilidade* (ou de contágio) é de fundamental importância para a efetividade das medidas de controle implementadas. Esse período varia de doença para doença e depende do *período de incubação* (intervalo entre a exposição a um agente infeccioso e o aparecimento dos sinais e sintomas da doença) e da possibilidade de o indivíduo continuar transmitindo o agente no período de convalescença, ou mesmo após a cura clínica ou no estado de portador sadio (crônico ou temporário), entre outras condições.

O sistema de vigilância de saúde define uma lista mínima das doenças infecciosas que deverão se constituir em objeto de intervenções específicas, e essa escolha é determinada por alguns princípios e critérios técnicos, os quais se encontram sintetizados no tópico a seguir. Os estados e municípios podem incluir outras doenças, de acordo com seu perfil epidemiológico.

CRITÉRIOS DE SELEÇÃO DE DOENÇAS TRANSMISSÍVEIS DE INTERESSE PARA O SISTEMA NACIONAL DE VIGILÂNCIA EM SAÚDE

A seleção de doenças transmissíveis de interesse para a vigilância das doenças transmissíveis obedece a alguns critérios relacionados com sua frequência e gravidade, interesses sociais e econômicos, disponibilidade de instrumento de prevenção, dentre outros. Esses elementos se modificam ao longo do tempo, pois a situação epidemiológica de uma doença é dinâmica. Novas doenças emergem, outras têm sua importância reduzida, os avanços científicos tecnológicos aportam novas ferramentas para o enfrentamento de problemas de saúde, a situação socioeconômica se modifica e as exigências da sociedade evoluem. Consequentemente, as listas de doenças de notificação compulsória dos países, estados e municípios são atualizadas periodicamente (Teixeira *et al.*, 1998).

Alguns critérios são quase que universalmente adotados, como o de *magnitude*, aferida pela incidência e prevalência, bem como pela extensão geográfica de ocorrência da doença e *potencial de disseminação*, representado pelo elevado poder de transmissão do agente etiológico, característica considerada mandatória nessa seleção por colocar sob risco a saúde de outros indivíduos ou populações. Outro critério fundamental é o de *vulnerabilidade*, que se refere à disponibilidade concreta de instrumentos específicos de prevenção e controle da doença, a exemplo das vacinas. Além disso, outros critérios são considerados subsidiários, mas conferem relevância especial à doença, como o de *transcendência*, evidenciada pela severidade (mortes, hospitalizações e sequelas), *relevância social*, valor imputado pela sociedade à ocorrência da doença e que se manifesta pela sensação de medo, repulsa ou indignação, e *relevância econômica* (prejuízos decorrentes de restrições comerciais, redução da força de trabalho, absenteísmo escolar e laboral, custos assistenciais e previdenciários etc.).

Muitas doenças transmissíveis podem se expressar sob a forma de epidemias e surtos, e nem sempre compõem nominalmente a lista de notificação compulsória. Entretanto, em geral, encontram-se ao final da relação nominal das doenças prioritárias as seguintes referências: surtos e epidemias. As intervenções para controle dessas situações são imperativas e previstas na Lei Orgânica da Saúde (Brasil, 1990). Ademais, o Regulamento Sanitário Internacional (WHO, 2005), cujo propósito é prevenir, proteger, controlar e dar uma resposta à propagação internacional de doenças, de maneira proporcional e restrita aos riscos para a saúde pública, preconiza que cada país adote providências para conter eventos de saúde "extraordinários". Essa regulação procede, visto que esses eventos constituem-se em risco de saúde pública para outro estado membro da Organização Mundial da Saúde (OMS), por meio da propagação internacional de doenças, e, desse modo, exigem potencialmente uma resposta internacional coordenada. *Evento* é definido, em Saúde Pública, como a manifestação de uma doença ou outra ocorrência que cria um risco potencial de disseminação. Por sua vez, *risco* é entendido como "a probabilidade de que se produza um evento que pode afetar adversamente a saúde de populações humanas considerando, em particular, a possibilidade de que este se propague internacionalmente ou possa representar um perigo grave e imediato" (WHO, 2005; Fidler & Gostin, 2006).

Visando aprimorar o sistema de vigilância e resposta às emergências, o Sistema Nacional de Vigilância em Saúde/Sistema Único de Saúde (SNVS/SUS) definiu como eventos de interesse nacional de Saúde Pública aqueles que, após avaliação, representem risco de propagação ou disseminação de doenças para mais de uma Unidade Federada (estado ou Distrito Federal), com priorização das doenças de notificação imediata e outros eventos de Saúde Pública (independente da natureza ou origem) e que possam necessitar de resposta nacional imediata. Para fins dessa definição considera-se "evento" um agregado de casos de doenças novas (epizootias e/ou mortes de animais que podem estar associadas à ocorrência de doenças em humanos) e outros eventos inusitados ou imprevistos, incluídos fatores de risco com potencial de propagação de doenças, como desastres ambientais, acidentes químicos ou radionucleares (Carmo, Penna & Oliveira, 2008; Brasil, 2009a).

Saliente-se que a adoção de medidas sistemáticas de prevenção voltadas para o controle de uma doença específica torna necessária a obtenção de informações sobre a ocorrência de casos e também sobre situações de risco que possam resultar na enfermidade (tríade informação-decisão-ação). As doenças sob essas intervenções passam a ser registradas em um sistema de informações especial, alimentado pela rede de serviços de saúde por meio da ficha de notificação, a qual é preenchida em caso de suspeita de ocorrência de uma das doenças previamente selecionadas.

PRINCIPAIS INSTRUMENTOS DE PREVENÇÃO E CONTROLE

As medidas de promoção da saúde voltadas para melhoria da qualidade de vida das populações produzem grande impacto sobre a incidência das doenças transmissíveis, a exemplo das ações de saneamento ambiental, educação formal e informal das populações, elevação do nível de renda, dentre outras. Entretanto, não serão abordadas neste capítulo. São apresentados tão-somente alguns recursos particulares adotados pelos programas de vigilância e controle do referido grupo de doenças.

Para imprimir maior efetividade às intervenções, o conjunto desses recursos técnicos e operacionais voltados para prevenção e controle envolve produtos específicos disponíveis no mercado, o conhecimento e experiência acumulados que se mostraram efetivos ao longo do tempo e o desenvolvimento de novos experimentos que reúnem diferentes instrumentos e estratégias. Ações específicas de Educação em Saúde estão sempre aliadas a essas estratégias e são desenvolvidas em acordo com os mecanismos de transmissão e instrumentos de controle disponíveis para cada agente etiológico. Essas ações visam favorecer a adoção de hábitos, modos e atitudes de vida saudáveis e transmitir conhecimentos sobre o modo de evitar a infecção pelos agentes (bactéria, vírus, protozoários ou vermes) que provocam a doença. Ademais, buscam estimular as populações, famílias e indivíduos a buscarem, de maneira proativa, a atenção dos serviços de saúde onde estão disponíveis os instrumentos de prevenção (vacinas, fármacos etc.) específicos. A ideia é estimular as pessoas para que promovam, mantenham ou restaurem a saúde.

Entendendo-se estratégia como um caminho escolhido para atingir determinada meta, constata-se seu emprego pela Saúde Pública no controle, na eliminação ou na erradicação das doenças transmissíveis (Boxe 29.1), mediante adoção de alguns procedimentos que, de modo isolado ou combinado, possibilitam que sejam alcançados seus objetivos. São destacados, a seguir, alguns dos procedimentos e estratégias considerados mais importantes nos dias atuais.

Boxe 29.1 | Objetivos das medidas de prevenção das DIP

- **Controle:** quando aplicado a doenças transmissíveis e algumas não transmissíveis, significa operações ou programas desenvolvidos com o objetivo de reduzir a incidência e/ou prevalência a níveis muito baixos. Exemplos de doenças sob controle no Brasil são a difteria e o tétano neonatal, ambas imunopreveníveis.
- **Erradicação:** significa arrancar pela raiz. Em Saúde Pública, consiste na interrupção de transmissão da infecção por meio da extinção artificial da espécie do agente em questão. A erradicação pressupõe a ausência completa de risco de reintrodução da doença, de modo a permitir a suspensão de toda e qualquer medida de prevenção ou controle. A única doença considerada erradicada do mundo é a varíola.
- **Eliminação:** ou erradicação regional, consiste na interrupção da transmissão de determinada infecção em ampla região geográfica ou país. Estão eliminados do Brasil a poliomielite, o sarampo e a rubéola, que também são doenças evitáveis por vacinação.

Imunização

A imunização representa uma medida que confere proteção imunológica mediante aumento da resistência do indivíduo contra uma doença infecciosa. Pode ser *passiva*, quando induzida por anticorpos específicos (naturais ou artificiais), ou *ativa*, se obtida por meio das vacinas. A *vacina* é um imunógeno, produzido industrialmente, que contém micro-organismos (antígeno) vivos, mortos, modificados geneticamente ou suas frações, os quais provocam uma resposta imunológica no organismo (anticorpos) capaz de conferir proteção contra o agente específico (Bahia, 2011).

No século XX, com o advento de produtos dessa natureza contra uma série de doenças infecciosas que representavam graves problemas de saúde em todo o mundo, o uso de vacinas passou a ser uma das mais poderosas armas da Saúde Pública. Isso ocorreu devido ao impacto epidemiológico que as vacinas (aplicadas na rotina e sob a forma de campanhas) vêm promovendo na redução da morbimortalidade por doenças infecciosas frequentes na infância, particularmente no Brasil, onde vitórias foram alcançadas, a exemplo da eliminação da poliomielite, do sarampo e da rubéola; o tétano neonatal está em vias de eliminação (Barreto et al., 2011).

O Programa Nacional de Imunização (PNI), considerado um dos mais exitosos programas de Saúde Pública do país, inclusive com reconhecimento internacional, tem como objetivos a aplicação de vacinas seguras e eficazes, visando conferir proteção coletiva (Boxe 29.2), bem como a cada indivíduo. Coberturas vacinais adequadas, quando alcançadas, promovem o bloqueio da propagação da doença, criando a barreira de imunidade capaz de prevenir epidemias e casos isolados da doença, produzindo impacto na redução da incidência. Para atender a esses propósitos, as estratégias de vacinação devem garantir as coberturas necessárias para conferir proteção efetiva da população sob risco de adoecer e morrer pela causa contra a qual o imunógeno protege.

> **Boxe 29.2** Imunidade coletiva, de grupo ou de rebanho
>
> Estado de imunidade na população que previne o surgimento de epidemia. A proteção coletiva contra um agente infeccioso acarreta risco menor de todo o grupo contrair a infecção, e não só dos vacinados. Constitui o fundamento dos programas de vacinação, cujo efeito protetor também inclui as pessoas não vacinadas.

Fonte: Chin J. El control de las enfermedades transmissibles. 17 ed. Washington DC: OPS, Publicación Científica y Técnica, n. 581:700.

A seguir, encontram-se descritas as principais estratégias preconizadas pelo PNI (Secretaria de Saúde da Bahia, as quais são adotadas conforme a situação epidemiológica de cada momento e as metas a serem alcançadas:

- **Campanha de imunização em massa:** foi a primeira estratégia de vacinação adotada pela Saúde Pública, no começo do século XX. Visava à aplicação da vacina antivariólica em massa para a população de grandes centros urbanos de vários países onde a varíola ocorria, inclusive o Brasil. Apesar das reações iniciais da população do Rio de Janeiro contra uma das primeiras dessas intervenções no país (Costa, 1986), seu impacto foi tão positivo que estimulou, nos anos 1950, o desenvolvimento da Campanha Mundial de Erradicação da Varíola, meta alcançada em 1979. As campanhas de vacinação correspondem a uma ação pontual, em massa, com abrangência limitada no tempo.

   Com o leque de imunógenos disponíveis na atualidade, várias modalidades de campanhas passaram a ser implementadas, as quais podem incluir uma ou mais vacinas (*campanhas de multivacinação*) e ser direcionadas para população geral, determinadas faixas etárias ou grupos ocupacionais, entre outros. As denominadas *campanhas de intensificação* são realizadas diante de surtos ou epidemias, quando se detectam bolsões com baixas coberturas vacinais.
- **Vacinação de rotina:** a grande intensidade com que vários agentes infecciosos incidiam na infância, de maneira endêmica ou como epidemias cíclicas, aliada à disponibilização de novas vacinas contra os principais agentes causadores de doença (sarampo, poliomielite, tétano, coqueluche e difteria), estimulou a implantação de Programas Nacionais de Vacinação, que têm os menores de 1 ano de idade como principal população-alvo. A estratégia, que passou a ser utilizada de modo mais amplo na década de 1970, foi centrada na vacinação de rotina, que consistia em implantar um calendário de aplicação dos imunógenos, o qual deveria ser cumprido logo no primeiro ano de vida, em acordo com o desenvolvimento do sistema imunológico da criança e, especificamente, da possibilidade de resposta a cada um deles. Essa estratégia exigiu da Saúde Pública a implantação de salas de vacinação nas unidades de saúde onde, cotidianamente, era realizado atendimento à população, resultando na institucionalização sistemática dessa ação na rede de serviços de saúde. Muitas vezes é necessária a complementação das coberturas obtidas na rotina com o deslocamento de equipes móveis de vacinação, especialmente nas zonas rurais, onde é mais difícil o acesso às unidades de saúde.
- **Vacinação de bloqueio:** estratégia complementar à vacinação de rotina, prevista pela vigilância epidemiológica, que se impõe de modo imediato quando ocorre um ou mais casos de doenças preveníveis por vacina. Tem a finalidade de interromper o ciclo de transmissão do agente infeccioso em questão, no menor espaço de tempo possível, por meio da rápida imunização dos indivíduos suscetíveis a esse agente. O raio de cobertura de uma estratégia de bloqueio é definido de acordo com os resultados da investigação epidemiológica do(s) caso(s) que define(m) a população sob risco de adquirir a doença. A vacinação de bloqueio também é empregada em comunidades com baixa cobertura vacinal, mesmo na ausência de casos humanos, quando se comprova a circulação de um agente (em vetores, reservatórios etc.) para o qual se dispõe de imunógeno.

Controle de vetores e reservatórios de agentes infecciosos

Várias espécies de animais transmitem doenças ao ser humano, funcionando como hospedeiros intermediários, hospedeiros definitivos (ou primários), reservatórios, ou apenas como vetores mecânicos dos agentes etiológicos (Barreto, 2006; Teixeira et al., 2011). Esse fato foi evidenciado com a descoberta dos ciclos evolutivos de agentes que provocavam diversas doenças transmissíveis. A partir daí, muitas ações de Saúde Pública foram voltadas para o combate a esse elo da cadeia de transmissão do agente. Observe-se que algumas das estratégias desenvolvidas àquela época, com pequenas modificações, ainda são utilizadas nos dias atuais.

Combate vetorial

Essa estratégia demanda a articulação de várias tecnologias e atividades complementares que envolvem intervenções ambientais de combate químico, físico e biológico aos vetores, bem como ações contínuas de educação em saúde específicas de saneamento, especialmente água potável e coleta sistemática de lixo, esgotamento sanitário e limpeza do meio ambiente intra e peridomiciliar. Essas medidas visam reduzir as possibilidades de manutenção desses vetores nos espaços habitados pelo ser humano.

As ações dos programas de prevenção e controle são normatizadas segundo os conhecimentos sobre a biologia de cada vetor e as adaptações que favorecem sua proliferação nos ambientes antrópicos. Assim, o combate ao *Culex quinquefasciatus*, vetor da *Wuchereria bancrofti*, agente da filariose, está centrado na eliminação dos focos presentes nos esgotos e nas fossas a céu aberto (Oliveira, 1981). A educação sanitária e ações que promovam esgotamento sanitário adequado, aliadas ao tratamento quimioterápico em massa, são as medidas indicadas para eliminar essa parasitose. Por outro lado, para o combate ao *Aedes aegypti*, vetor urbano da febre amarela e do dengue, as ações de saneamento mais importantes são: (a) suprimento contínuo de água potável para evitar seu armazenamento, condição em que se torna criadouro preferencial desse mosquito nas residências; (b) coleta adequada de lixo, visando evitar a disposição de recipientes que acumulam água no meio ambiente; (c) ações contínuas de educação em saúde para que a população cuide do ambiente intra e peridomiciliar, evitando a presença de criadouros potenciais para oviposição desse vetor. Além disso, é imprescindível o tratamento químico, físico e/ou biológico dos recipientes que não são passíveis de eliminação (caixas d'água, tonéis com água potável etc.) devido à inexistência contínua de água corrente para uso humano.

Quimioprofilaxia

Trata-se da administração de substância química (quimioterápicos, antibióticos etc.) para prevenção do desenvolvimento de uma infecção, sua evolução para a forma ativa da doença e a ocorrência de novos casos. Por exemplo, a administração de eritromicina aos contatos de um paciente com diagnóstico de difteria tem como objetivo evitar novos casos decorrentes da transmissão do agente pelo paciente e por um possível portador sadio (Chin, 2001).

Tratamento em massa

A adoção de tratamento em massa é considerada um método auxiliar de prevenção para determinadas doenças para as quais se dispõe de fármaco com evidências de alta taxa de cura, baixa toxicidade e de fácil administração em campo (em geral, por via oral em dose única) (Boxe 29.3).

Boxe 29.3	Tratamento em massa
Administração de medicamento, no mais curto período de tempo, a toda a população de uma comunidade, incluindo doentes e não doentes, infectados e não infectados, de ambos os sexos e de todas as idades.	

Fonte: Brasil, Conselho Nacional de Desenvolvimento Científico e Tecnológico. Epidemiologia e controle da esquistossomose e o nordeste semiárido, 1979:56.

Muitas vezes, essa estratégia por si só não é capaz de interromper a transmissão dos patógenos; entretanto, como no caso da esquistossomose mansoni, pode reduzir o nível de endemicidade e, principalmente, evitar a evolução dos indivíduos infectados para as formas mais graves dessa doença, por diminuir a carga parasitária (Brasil, 1979).

A OMS (WHO, 2013) tem indicado o tratamento anual, em massa, com agentes antifilariais para as populações dos focos remanescentes da *Wuchereria bancrofti*. Essa iniciativa vem obtendo bons resultados na interrupção da cadeia de transmissão desse agente.

Esterilização da fonte de infecção

As ações de controle e prevenção da tuberculose e hanseníase são centradas no tratamento dos indivíduos bacilíferos, que eliminam os agentes etiológicos dessas doenças por meio das gotículas de *flugge* (Brasil, 2010).

Embora também esteja indicado o uso da vacina BCG na prevenção de formas graves de tuberculose e para estimular a imunidade dos contatos íntimos de pacientes com diagnóstico de hanseníase, na prática, o sucesso dos programas de prevenção dessas micobacterioses está ancorado na esterilização das respectivas fontes de infecção, ou seja, os pacientes (fonte de contágio). Assim, para diminuição da ocorrência dessas doenças são necessários diagnóstico precoce, tratamento oportuno, correto e completo, bem como busca ativa de comunicantes para adoção das medidas adequadas (quimioprofilaxia, vacinação, radiografia de tórax dos sintomáticos respiratórios etc.) (Brasil, 2010).

Preservativos

A principal maneira de prevenir as doenças sexualmente transmissíveis é por meio do uso de preservativo nas relações sexuais, ou seja, estabelecendo uma barreira física para impedir a penetração do micro-organismo no indivíduo através das mucosas (Brasil, 2010). Evidentemente, essa ação, ao depender de uma decisão individual, torna imprescindível o desenvolvimento de campanhas educativas no propósito de transmitir informações e estimular a manutenção dessa prática na população.

EXEMPLOS DO USO DAS PRINCIPAIS FERRAMENTAS DE PREVENÇÃO E CONTROLE DE DOENÇAS INFECCIOSAS

Doença prevenível por vacinação – Febre amarela

Características gerais

A febre amarela (FA) consiste em uma doença febril aguda que, em geral, tem início abrupto e curta duração (máximo de 12 dias), além de gravidade variável. Apresenta-se como infecções subclínicas e/ou leves que evoluem para cura, até formas graves e fatais, sendo acompanhada de calafrios, cefaleia intensa, mialgias, prostração, náuseas e vômitos. A forma grave da doença cursa com aumento da temperatura, icterícia e manifestações hemorrágicas (melena, epistaxe, hematêmese etc.).

Dependendo da localização geográfica de ocorrência e da espécie do mosquito transmissor, a doença ocorre sob duas formas: febre amarela urbana (FAU) e febre amarela silvestre (FAS). O vírus amarílico (arbovírus do gênero *Flavivirus* e da família *Flaviviridae)* circula de modo endêmico entre macacos (primatas não humanos [PNH]) nas regiões tropicais da África e das Américas, onde é transmitido por mosquitos com hábitos estritamente silvestres dos gêneros *Haemagogus* e *Sabethes*, sendo o *Haemagogus janthinomys* o vetor mais importante no Brasil. Quando o ser humano invade os ecótopos naturais desse vírus, pode ser infectado por essas espécies de mosquito e desenvolver a doença (Vasconcelos, 2003).

Em geral, os casos humanos são precedidos da ocorrência de epizootias em PNH. A maior incidência desses eventos e de casos humanos se dá nos meses de janeiro a abril, quando o elevado índice pluviométrico das áreas tropicais favorece a proliferação dos vetores. Esse é o período de maior atividade agrícola, o que atrai os indivíduos para espaços próximos a matas, propiciando que o ciclo epidemiológico macaco infectado-mosquito silvestre-macaco sadio se concretize. O tempo desde a picada do mosquito infectado até o aparecimento dos sinais e sintomas da doença *(período de incubação)* varia de 3 a 6 dias; o período durante o qual o sangue do paciente torna-se infectante para o vetor *(período de transmissibilidade)* é de 24 a 48 horas antes do início dos sintomas até 3 a 5 dias após o aparecimento da doença. Já o mosquito transmissor da FAU, o *Aedes aegypti*, vive e se prolifera em ambiente estritamente urbano (Brasil, 2009a).

Ações específicas de vigilância, prevenção e controle

Para a Saúde Pública, a FA é uma doença de notificação compulsória e investigação obrigatória (Brasil, 2011), devendo, portanto, ser comunicada imediatamente aos serviços e autoridades de saúde (por telefone, fax e/ou e-mail) na vigência de suspeita de um único caso humano. A vigilância epidemiológica tem como objetivo impedir a transmissão urbana e reduzir a incidência da forma silvestre dessa doença. Para tal, faz-se necessário não só o diagnóstico de casos humanos, como também a detecção de epizootias mediante busca ativa de morte de macacos com o objetivo de identificar, precocemente, o local onde está ocorrendo aumento de circulação do vírus amarílico entre os PNH e verificar nesses ecótopos a existência de vetores silvestres. Amostras biológicas dos primatas (fragmentos de fígado, rins, baço, gânglios linfáticos, cérebro, pulmões ou adrenais) e dos vetores capturados devem ser enviadas para laboratório de referência para confirmação diagnóstica.

Observe-se que esses procedimentos devem ser executados por equipes treinadas, com observância dos cuidados de biossegurança (Brasil, 2009a). Como essas iniciativas visam à identificação e à delimitação da área onde se deu a transmissão, além da continuidade da investigação, são de fundamental importância para nortear a extensão das medidas de controle imediatas. Assim, logo após a suspeita de caso humano e/ou epizootia, também deverá ser avaliada a possibilidade de transmissão silvestre e/ou urbana, no sentido de identificar as populações humanas sob risco (Romano et al., 2011). Todas as medidas de controle necessárias para impedir a ocorrência de novos casos humanos são imediatamente acionadas (Boxe 29.4).

Boxe 29.4 — Medidas adotadas em situações de surtos de FA silvestre e/ou na suspeita de que há risco de transmissão em ambiente urbano

a. **Campanhas/bloqueio vacinal:** além da vacinação de rotina, deve ser imediatamente iniciada a vacinação em massa. Vacinação casa a casa e monitoramento rápido de cobertura podem também ser necessários. Observe-se que, na vigência de surto ou epidemia, a vacina pode ser administrada a partir dos 6 meses de idade. Não é necessário aguardar resultados de exames laboratoriais para o início da vacinação, que deve ser instituída em área de abrangência de pelo menos 30km ao redor de um caso humano suspeito, epizootias confirmadas pelo vírus amarílico ou confirmação da circulação viral em vetores silvestres.

b. **Isolamento dos indivíduos infectados:** por meio de telas e/ou cortinados durante o período de viremia até a convalescença, haja vista a possibilidade de estes poderem se constituir em fonte de infecção.

c. **Ações emergenciais de combate ao *A. aegypti*:** muito embora a FAU não ocorra no Brasil desde 1942 – quando houve a infestação de mais de quatro mil municípios pelo principal transmissor do vírus amarílico nas áreas urbanas – existe o risco potencial de reurbanização dessa doença, razão pela qual se mantém forte esquema rotineiro de prevenção, vigilância e controle nas cidades localizadas nas áreas com recomendação de vacinas (ACRV). Ademais, nas situações de circulação do vírus em espaços próximos das cidades infestadas recomenda-se que atividades de intensificação de combate ao *A. aegypti* devam ser imediatamente adotadas.

Fonte: Brasil, Ministério de Saúde, Secretaria de Vigilância em Saúde. Febre amarela. In: Guia de Vigilância Epidemiológica, 2009:23-41.

A *imunização* ativa de indivíduos e populações se constitui na principal medida de *prevenção e controle* da FA. A vacina é composta por vírus vivos atenuados (cepa 17DD), que confere imunidade por pelo menos 10 anos, de 7 a 10 dias após a administração (dose única) desse imunógeno. Portanto, deverá ser aplicada pelo menos

10 dias antes de o indivíduo se deslocar para uma área de risco de FA (Bahia, 2011).

As estratégias de controle da FA são norteadas pela dinâmica epidemiológica dessa doença, que vem apresentando expansão geográfica, no sentido leste e sul do Brasil desde 1999. De 1990 a 2010 (Brasil, 2011), foram registrados 587 casos de FAS (259 óbitos, com letalidade de 44,1%) com variação de dois (1990, 2006 e 2010) a 85 casos confirmados anualmente (1999). Todos os estados das regiões Norte e Centro-Oeste notificam casos, ainda que esporádicos, sendo a primeira responsável por 30% das notificações e a segunda por 25,6%. Minas Gerais e São Paulo (Sudeste) contribuíram com 23,7% dos casos, enquanto o Nordeste (Maranhão e Bahia) foi responsável por 17% dos casos. O Paraná e o Rio Grande do Sul encontravam-se silenciosos havia muitas décadas, mas o vírus amarílico voltou a circular entre PNH, de modo que 23 casos humanos foram registrados nesses estados do Sul do Brasil em 2008 (sete casos) e em 2009 (16 casos).

Essa expansão revelou a necessidade de uma nova avaliação das áreas de risco de ocorrência de FAS no intuito de aprimorar as estratégias de prevenção e controle da doença. Considerando-se evidências de circulação viral, ecossistemas (bacias hidrográficas, vegetação), corredores ecológicos, trânsito de pessoas e tráfico de animais silvestres, foram delimitadas duas áreas: (a) *área com recomendação de vacina (ACRV)* que se apresenta endêmica ou indene, mas com risco potencial de FAS; e (b) *área sem recomendação de vacina (ASRV)* no calendário vacinal de rotina (Romano et al., 2011).

A vacinação infantil nas ACRV (contra febre amarela) está incluída no calendário desde os 9 meses de idade, preconizando cobertura de 100%, com dose de reforço a cada 10 anos. Além disso, também é recomendada para as populações residentes nestas áreas de risco de transmissão, bem como para os indivíduos que, eventualmente, se exponham ao risco de se infectar com o vírus amarílico (motoristas, agricultores, turistas, caminhoneiros, pescadores, caçadores, garimpeiros) (Romano et al., 2011). Esta vacina é contraindicada para gestantes, doença autoimune, doença neurológica e outros problemas de saúde crônicos. Deve-se evitar vacinar idosos. Eventos adversos benignos pós-vacinação antiamarílica podem ocorrer, entre o 5º e o 10º dia, em 2% a 5% dos indivíduos vacinados (dor local, mal-estar, cefaleia, dores musculares e febre baixa). Eventos adversos graves são menos frequentes, a exemplo de encefalite pós-vacinal, reações de hipersensibilidade imediata (erupção, urticária, angiodema e choque anafilático) e doença viscerotrópica (Bahia, 2011).

O Regulamento Sanitário Internacional 2005 (WHO, 2005) recomenda que a Vigilância Sanitária de portos, aeroportos e fronteiras exija o Certificado Internacional de Vacinação e Profilaxia da Febre Amarela de viajantes internacionais procedentes de áreas de ocorrência dessa doença.

Situação atual e perspectivas

A erradicação da FAS não é factível, uma vez que o vírus circula entre macacos e mosquitos silvestres, não sendo concebível a extinção dos ambientes de matas e florestas onde habitam esses seres, pois delas depende a sobrevivência dos seres humanos e do planeta terra.

Inicialmente, no Brasil, a estratégia de vacinação casa a casa limitava-se às populações residentes no interior ou nos arredores de matas sabidamente endêmicas ou epizoóticas. No início dos anos 1990, a rede de serviços de saúde do SUS passou a vacinar as populações residentes nas cidades próximas às áreas de risco. Os indivíduos que se dirigiam para esses espaços também eram orientados a se vacinar. Com a epidemia iniciada em 1999, foi instituída a vacinação em massa das populações das cidades e povoados próximos às áreas de risco dessa doença.

Na medida em que essas ações vêm protegendo cada indivíduo exposto à infecção pelo vírus da FA, também vêm produzindo imunidade de grupo, impedindo que o vírus amarílico se dissemine para as cidades infestadas pelo *Aedes aegypti*. Em outras palavras, a vacina contra FA tem se constituído em uma arma valiosíssima para proteger indivíduos e populações contra essa virose, possibilitando a consecução dos principais objetivos da Saúde Pública: controle da FAS e evitar a reurbanização dessa doença.

Doença cuja prevenção tem indicação de quimioprofilaxia – Doença meningocócica

Características gerais

Infecção aguda de grande interesse para a Saúde Pública, em virtude da elevada magnitude de sua ocorrência e letalidade, além do potencial para produzir surtos e epidemias, é doença de notificação compulsória. Seu agente etiológico é a *Neisseria meningitidis*, bactéria gram-negativa com vários subgrupos, sendo os tipos A, B, C, W135 e Y os mais frequentes (Brasil, 2009a).

No Brasil, epidemias de doença meningocócica (DM) de grande magnitude ocorreram nos anos 1970, determinadas pelos sorogrupos A e C. O sorogrupo B passou a ser o mais frequente na década seguinte, tendo sido responsável pela epidemia em 1988, e também o agente etiológico predominante na maioria dos casos registrados nos últimos 20 anos. Nos anos 2000, o sorogrupo C voltou a atingir grandes centros urbanos (Brasil, 2009b).

Embora os menores de 5 anos de idade apresentem risco maior para DM, particularmente as crianças de 6 a 12 meses de vida, indivíduos de todas as faixas etárias podem ser acometidos. Ademais, durante epidemias podem ocorrer mudanças nas faixas etárias afetadas (Meira, 2002). As infecções produzidas pelo meningococo cursam de modo assintomático, limitando-se à nasofaringe, ou como meningite meningocócica, meningococcemia (septicemia) ou mista (meningite meningocócica associada à meningococcemia). Febre alta associada a exantema eritematoso e macular no início da doença, que evolui rapidamente para petéquias, especialmente nas extremidades do corpo, acompanhada de cefaleia intensa, vômitos e de sinais de irritação meníngea (sinal de Kernig, sinal de Brudzinski e variante de Lasègue), sugere infecção de etiologia meningocócica. Convulsões, paralisias, tremores, transtornos pupilares, hipoacusia, ptose palpebral, nistagmo, delírio, além de coma e choque, são outros sinais que, a depender do grau de comprometimento encefálico, fazem parte do quadro clínico da doença.

Casos fulminantes também podem ocorrer. Deve-se estar atento às crianças menores de 1 ano de idade, que muitas vezes não apresentam os sinais clássicos de irritação meníngea, sendo abaulamento de fontanela, choro persistente e irritabilidade os principais sinais e sintomas da DM nessa faixa etária (Meira, 2002). A letalidade dessa doença no Brasil encontra-se em torno de 18% a 20% (Brasil, 2009a). Em cerca de 10% a 15% daqueles que sobrevivem são observadas sequelas, como perda de membros e sequelas neurológicas (perda da audição, distúrbios da fala, retardo mental e paralisia) (WHO, 2012a).

O ser humano é o reservatório da *Neisseria meningitidis*. Sua transmissão se dá através da via respiratória, mediante contato íntimo pessoa a pessoa ou contato direto com as secreções do paciente. Em geral, o período de incubação é de 2 a 10 dias, com a média de 3 a 4 dias. O período de transmissibilidade da DM é variável e persiste até que o meningococo desapareça da nasofaringe, o que geralmente acontece 24 horas após a antibioticoterapia. Aproximadamente 10% da população pode se apresentar como portadora assintomática (Brasil, 2009a).

Ações específicas de vigilância, prevenção e controle (Brasil, 2009a)

A DM consta da Lista Nacional de Doenças de Notificação Compulsória (Brasil, 2011). Desse modo, qualquer caso suspeito deverá ser imediatamente notificado (telefone, fax ou e-mail) à Vigilância Epidemiológica da Secretaria Municipal de Saúde e incluído no Sinan (Sistema de Informação de Agravos de Notificação). A investigação epidemiológica de todos os casos também é obrigatória.

Os objetivos da vigilância epidemiológica da DM são: reduzir a letalidade mediante atenção médica adequada e oportuna; reduzir sua incidência, mediante manutenção de elevada cobertura vacinal (vacina conjugada A/C) entre menores de 2 anos de idade; e detectar, precocemente, surtos dessa doença e identificar o sorogrupo responsável, visando à adoção de medidas de controle pertinentes.

O caso suspeito de DM é uma emergência infecciosa. Logo, para evitar o óbito deve-se hospitalizar prontamente o paciente, coletar material para diagnóstico laboratorial e, imediatamente, iniciar a antibioticoterapia. Não se devem aguardar os resultados dos exames para o início do tratamento. O isolamento do paciente é feito apenas nas primeiras 24 horas após o início do tratamento com antibiótico adequado. Concomitantemente, deve-se realizar a busca e identificação dos contatos para a *quimioprofilaxia* (Boxe 29.5). Essas medidas destinam-se à proteção individual e da população.

Boxe 29.5 | Quimioprofilaxia da doença meningocócica

Indicada para contatos íntimos do doente visando evitar casos secundários.

Medicamento de escolha: rifampicina
- Adultos: 600mg, VO, de 12/12 horas, durante 2 dias (dose máxima total de 2.400mg).
- Crianças de 1 mês até 10 anos: 10mg/kg/dose de 12/12 horas (dose máxima de 600mg).
- Recém-nascidos: 5mg/kg/dose, de 12/12 horas, durante 2 dias (dose máxima de 600g).

Contato íntimo: moradores do mesmo domicílio, comunicantes de creches e pessoas diretamente expostas às secreções do paciente.

Fonte: Brasil, Ministério de Saúde, Secretaria de Vigilância em Saúde. Doença meningocócica. In: Guia de Vigilância Epidemiológica, 2009:23-41.

A prevenção e o controle da DM são realizados mediante vacinação e quimioprofilaxia. A *vacinação* constitui-se na medida mais eficaz para prevenção da doença. Encontram-se disponíveis vacinas antimeningocócicas (com polissacarídeos e conjugadas) para vários sorogrupos, porém nenhuma confere proteção a todos os sorogrupos. Até o momento, não se dispõe de vacina eficaz contra o sorogrupo B. As vacinas que contêm polissacarídeos da cápsula da bactéria conferem proteção por 3 a 5 anos exclusivamente para os sorogrupos contidos na vacina, com reduzida eficácia em crianças de baixa idade (particularmente em menores de 2 anos). Já a vacina conjugada para *meningite meningocócica C* apresenta elevada eficácia, boa resposta em menores de 1 ano e, possivelmente, proteção por toda a vida.

No Brasil, a quimioprofilaxia (Boxe 29.5) está indicada para prevenção de casos secundários entre contatos íntimos e aqueles próximos de casos de DM, apesar de não produzir efeito protetor absoluto e prolongado. O Ministério da Saúde recomenda o uso da rifampicina o mais precocemente possível, de preferência até 48 horas após a exposição à fonte de infecção – doente ou portador sadio. A vigilância dos contatos deve ser mantida por um período mínimo de 10 dias, visando à orientação da população sobre os sinais e sintomas da doença e ao esclarecimento sobre os serviços de saúde que devem ser procurados, em caso de suspeita diagnóstica de qualquer caso de meningite (Brasil, 2009a).

Medidas em caso de surtos

Diante de um surto de DM, a primeira medida de prevenção e controle consiste na instituição da quimioprofilaxia com o propósito de evitar a ocorrência de casos secundários. Essa medida está indicada para todos os contatos íntimos do caso primário, conforme orientações descritas no tópico anterior.

É fundamental a localização da ocorrência de todos os casos de DM para determinação da extensão do surto, verificação da existência de vínculos epidemiológicos entre os casos e identificação de seus contatos. Deve-se também estabelecer, a partir dos dados coletados na investigação epidemiológica, a população sob risco de adquirir a doença, para que seja colocada sob vigilância de síndrome febril durante, pelo menos, 10 dias após a ocorrência do último caso, por meio da divulgação de informações adequadas sobre os sinais e sintomas para que busquem assistência médica precocemente.

Nos surtos em que são identificadas diferentes fontes de transmissão, e se o sorotipo responsável for A ou C, está indicada a vacinação de bloqueio da população exposta. Contudo, a população vacinada só estará protegida da doença cerca de 20 dias após a administração do imunógeno. Portanto, diante da ocorrência de novos casos de DM, deverá ser mantida a vigilância da população e rapidamente instituída a quimioprofilaxia entre os contatos (Brasil, 2009a).

Situação atual e perspectivas

Embora no Brasil não venham ocorrendo epidemias com a magnitude e a extensão registradas na primeira metade da década de 1970, quando várias capitais e cidades de médio porte do país foram severamente atingidas pela DM, esta enfermidade apresenta-se de modo endêmico com surtos localizados de magnitude diversa em centros urbanos dos mais variados portes.

Observa-se a tendência de redução da incidência dessa doença para o país como um todo (Brasil, 2012). De fato, a vigilância epidemiológica da rede de serviços de saúde do SUS tem atuado prontamente na vigência de surtos, o que possivelmente vem contribuindo para a não expansão da doença. Entretanto, sua letalidade permanece elevada, com média de 22% entre 2000 e 2008 (Brasil, 2009b), revelando que a patogenicidade dos sorogrupos circulantes é muito alta e a necessidade de melhoria da qualidade e acesso à assistência médica.

A expectativa é de que a inclusão da vacina meningocócica conjugada C no calendário vacinal possa contribuir para melhorar a situação epidemiológica da DM no Brasil, tendo em vista ser este o sorogrupo predominante nos últimos anos.

Doença prevenível pelo combate ao vetor – Doença de Chagas

Características gerais

A doença de Chagas (DC) é uma protozoose produzida pelo *Trypanosoma cruzi* e que se manifesta clinicamente em duas fases: aguda (inaparente ou com sinais e sintomas graves), que pode ou não evoluir para a fase crônica (Prata, 2001). Trata-se de uma doença de transmissão vetorial (excretas de triatomíneos, também conhecidos como "barbeiros" ou "chupões"), transfusional, transplacentária (congênita), via oral (ingesta de alimentos contaminados pelo *T. cruzi*) ou acidental (laboratório, manejo de animais contaminados). Algumas espécies de triatomíneos tornaram-se domiciliadas. O ser humano infectado mantém o parasita nos tecidos e no sangue durante toda a vida, mas só o transmite através do sangue, órgãos ou placenta. Portanto, o indivíduo chagásico deve ser excluído das doações de sangue e de órgãos.

No Brasil, os transmissores mais importantes da DC são: *Triatoma infestans*, *T. brasiliensis*, *Panstrongylus megistus*, *T. pseudomaculata* e *T. sordida*. Observe-se que o período de incubação varia de acordo com o tipo de transmissão: vetorial – de 4 a 15 dias; transfusional – de 30 a 40 dias, ou mais; vertical – a transmissão pode ocorrer em qualquer período da gestação ou durante o parto; via oral – de 3 a 22 dias; acidental – até, aproximadamente, 20 dias (Brasil, 2009c).

Sinais de porta de entrada do parasita (sinal de Romaña e chagoma de inoculação) são observados somente quando a transmissão é vetorial. Ao infectar o ser humano, o *T. cruzi* multiplica-se na corrente sanguínea (fase aguda [DCA]), provocando febre prolongada (até 12 semanas) a qual pode desaparecer ou progredir para uma forma grave com manifestações clínicas gerais (prostração, diarreia, vômitos, inapetência, cefaleia, mialgias, poliadenopatia etc.) e manifestações específicas (miocardite, pericardite, derrame pericárdico, tamponamento cardíaco, cardiomegalia, insuficiência cardíaca, derrame pleural, meningoencefalite etc.). Após essa fase, a infecção torna-se assintomática (forma indeterminada) e vários anos após uma parcela dos indivíduos infectados apresenta sinais e sintomas de comprometimento cardíaco (distúrbios eletrocardiográficos com ou sem insuficiência cardíaca congestiva) e/ou digestivo (megacólon ou megaesôfago) (Prata, 2001).

Ações específicas de vigilância, prevenção e controle

Todos os casos de DCA devem ser notificados e investigados (Brasil, 2011), pois no Brasil, atualmente, o principal objetivo da vigilância epidemiológica dessa doença é detectar precocemente os casos agudos para verificação da fonte de infecção (transfusional, órgão transplantado, oral, vetor), visando à adoção de medidas capazes de impedir a ocorrência de novos casos (Brasil, 2009a).

Já a doença de Chagas crônica (DCC) não é de notificação compulsória por se tratar de condição cuja transmissão ocorreu em passado remoto, e não existem medidas de prevenção para essa fase da doença. Entretanto, o setor saúde adota medidas contínuas de caráter preventivo nos centros de coleta de sangue de modo a garantir o controle de qualidade desse produto e derivados (triagem de doadores e realização de exames sorológicos específicos para todas as doenças de transmissão sanguínea), visando evitar que indivíduos com infecções crônicas transmitam o *T. cruzi* e provoquem casos agudos da doença. Os centros de transplante de órgãos também realizam rotineiramente a triagem sorológica. A transmissão oral, que em geral provoca surtos localizados de DCA, necessita de pronta intervenção da vigilância sanitária no sentido de sustar a distribuição e comercialização do alimento contaminado (por exemplo, caldo de cana, açaí etc.).

O Programa de Controle da Doença de Chagas, criado em 1975, desenvolveu durante mais de 30 anos ações sistemáticas de borrifação com inseticidas no intradomicílio, buscando eliminar o *T. infestans*, principal vetor do *T. cruzi* no Brasil, e reduzir a infestação por outros triatomíneos de importância epidemiológica, a exemplo do *P. brasiliensis* e do *P. megistus*. Esses vetores mantinham-se domiciliados em amplas faixas do território brasileiro, principalmente nas casas de pau-a-pique das áreas rurais (Figura 29.1). Em virtude do sucesso dessas medidas, em 2005 foi divulgada a eliminação da transmissão vetorial pelo *T. infestans* (Dias, 2009). Contudo, permanece o desafio de controlar a transmissão do *T. cruzi* por outras espécies de triatomíneos, hoje importantes transmissores da doença em humanos, particularmente na Região Amazônica. Embora não sejam domiciliadas, essas espécies vêm produzindo casos e surtos de DCA por diferentes formas de transmissão: oral, vetorial domiciliar (sem colonização de triatomíneo nas residências) e vetorial extradomiciliar (Moncayo & Silveira, 2009).

Como não é possível a eliminação da DC, tendo em vista a existência do ciclo silvestre, que pode invadir os ambientes antrópicos e infectar o ser humano, o objetivo é manter sob controle a atual situação epidemiológica. Assim, na vigência de diagnóstico de caso de DCA em qualquer área do país, faz-se necessária a adoção de procedimentos específicos, sistematizados na Figura 29.1, que visam impedir a continuidade de transmissão do *T. cruzi*.

Considerando o perfil epidemiológico atual do Brasil, com a transmissão vetorial quase que totalmente interrompida em grande parte de seu território (exceto a área amazônica – Acre, Amazonas, Amapá, Rondônia, Roraima, Pará, Tocantins – e parte do Maranhão e do Mato Grosso), as ações de vigilância e controle da DC para impedir esse modo de transmissão são orientadas de acordo com a situação entomológica de cada espaço sob investigação, que configuram riscos diferenciados de exposição: (a) áreas com transmissão domiciliar ainda mantida ou com evidências de que possa estar ocorrendo, mesmo que focalmente; (b) áreas com transmissão domiciliar interrompida, mas onde ainda se verifica a presença residual do vetor ou com transmissão domiciliar interrompida e sem detecção do vetor no intradomicílio. Na primeira situação, as medidas de prevenção indicadas incluem: manutenção da borrifação sistemática das casas infestadas ou, principalmente, a adoção de melhorias nos domicílios (rebocar ou substituir as residências de pau-a-pique) de modo a impedir a colonização dos barbeiros. No segundo caso, a vigilância entomológica é imperativa (manter alerta a população para que capture e, sempre que possível, encaminhe exemplares de insetos semelhantes aos barbeiros para os serviços de saúde), visando à identificação de espécies de vetores, além da investigação no domicílio e no peridomicílio de todas as casas com suspeita de domiciliação de triatomíneos, indicada pelo encontro de formas imaturas desse inseto. Além disso, a população deve ser orientada a reduzir as fontes de alimentos desses insetos no peridomicílio de modo a dificultar a colonização nos domicílios.

Devido às peculiaridades de transmissão da DC na Amazônia, onde essa protozoose não era reconhecida

Figura 29.1 • Típica casa de taipa (pau-a-pique) das áreas rurais brasileiras onde os barbeiros se domiciliavam. A borrifação sistemática com inseticida e as melhorias habitacionais nas casas com focos residuais desse inseto tornaram possível a eliminação da transmissão vetorial intradomiciliar da doença de Chagas.

como problema de Saúde Pública, o modelo de vigilância adotado difere do restante do país. De fato, nessa área não são encontrados triatomíneos colonizando os domicílios e os mecanismos de transmissão envolvidos são oral, vetorial extradomiciliar, transmissão vetorial domiciliar ou peridomiciliar sem colonização do vetor. A vigilância busca detectar casos febris apoiada, fundamentalmente, na Vigilância de Malária, que já se encontra estruturada nessa região. Além disso, procura identificar e mapear ecótopos de importância epidemiológica reconhecida, que incluem uma grande variedade de palmeiras, algumas com relevância econômica (por exemplo, piaçava, ecótopo natural de *Rhodnius brethesi* e outros triatomíneos). Realiza ainda a investigação de situações em que haja suspeita de domiciliação de algum vetor. Quando é identificada a presença de triatomíneos positivos para *T. cruzi* no intradomicílio, impõe-se a realização de sorologia nos residentes.

O componente educativo do Programa Nacional de Controle da Doença de Chagas (PNCDC) nas áreas do município onde há risco de infestação pelos triatomíneos é fundamental para que haja a participação popular. A rede de atenção básica, particularmente as equipes de Saúde da Família, deve apresentar mostruários com o ciclo de vida dos triatomíneos e exemplares desses insetos, orientar o morador quanto aos cuidados a serem adotados para evitar o contato dos excretas com mucosas e pele que apresente solução de continuidade e estabelecer fluxo para encaminhamento de insetos suspeitos.

Situação atual e perspectivas

Até a década de 1970, a DC, tripanossomíase restrita às Américas, era endêmica no Brasil, onde a transmissão ativa do *T. cruzi* ocorria na área rural de mais de 700 municípios. Inquérito realizado no final daquela década revelou que a soroprevalência média de infecção por esse protozoário na população rural brasileira era de 4,2%, correspondendo a cerca de cinco milhões de chagásicos (Massad, 2007; Dias, 2009). A mortalidade por essa causa era superior a 5 por 100 mil habitantes, ou seja, mais de seis mil óbitos a cada ano, a grande maioria em adultos entre 30 e 40 anos de idade (Drumond & Marcopito, 2006). Essa situação foi revertida com as ações desenvolvidas pelo PNCDC e, em 2006, uma comissão externa de avaliação da Organização Pan-Americana da Saúde (OPAS) concluiu que a transmissão intradomiciliar desse protozoário havia sido interrompida (Dias, 2009). O segundo inquérito sorológico nacional, conduzido em 2005, que avaliou o impacto epidemiológico daquele programa, constatou que a soroprevalência na população menor de 5 anos era de apenas 0,00005%. Esse resultado evidenciou que a DC havia sido controlada no país e que os raros casos positivos naquela faixa etária deviam-se a outros meios de transmissão (vertical, oral etc.) que não a vetorial nas habitações das áreas endêmicas (Massad, 2007).

Entre 2000 e 2011, foram registrados 1.252 casos de DCA. Destes, 70% (877/1.252) ocorreram por transmissão oral, 7% por transmissão vetorial não domiciliar (92/1.252) e em 22% (276/1.252) não foi identificada a forma de transmissão (Brasil, 2012). Enquanto perdurou a intensa transmissão vetorial domiciliar do *T. cruzi* no país, os surtos de DCA resultantes da ingesta de formas tripomastigotas desse parasita em alimentos *in natura* contaminados por fezes de triatomíneos silvestres passavam quase que totalmente despercebidos pelos serviços de saúde. Atualmente, esses eventos têm sido reconhecidos e passam a ser objeto de intensa vigilância com vistas ao desencadeamento de medidas imediatas de controle na perspectiva de evitar a continuidade da transmissão. Além disso, a Vigilância Sanitária vem fiscalizando a comercialização dos produtos *in natura* mais frequentemente relacionados com a produção desses surtos.

Doença com indicação de tratamento em massa – Esquistossomose mansônica

Características gerais

Doença causada por um parasita do gênero platelmintos trematódeos, o *Schistosoma mansoni*, que na forma adulta instala-se nos vasos mesentéricos de diversos animais, inclusive do ser humano, seu principal hospedeiro definitivo. Quando infectado, o ser humano poderá ou não apresentar sinais e sintomas de forma aguda (astenia, cefaleia, anorexia, mal-estar e náusea) e, posteriormente, permanecerá assintomático por alguns anos. Dependendo do grau de parasitismo e de algumas características individuais, passa a apresentar formas clínicas graves que podem, até mesmo, levar ao óbito (Rodrigues et al., 2005).

O ciclo epidemiológico da esquistossomose mansônica (Figura 29.2) envolve a eliminação, no ambiente, dos ovos do *S. mansoni* pelas fezes do hospedeiro definitivo que contamina a água (rios, córregos, lagoas etc.), onde ocorrem a eclosão e a liberação do miracídio, forma ativa que infecta o hospedeiro intermediário (caramujo aquático do gênero *Biomphalaria*). Os miracídios sofrem alterações morfológicas no interior do corpo do caramujo, transformando-se em cercárias, forma larvar do trematódeo. Estas, em contato com a água, movimentam-se ativamente e penetram pela pele ou mucosa do ser humano durante o banho, lavagem de roupa e ingestão da água contaminada, dentre outros tipos de contato. Na corrente sanguínea, as cercárias transformam-se em esquistossômulos que migram até atingir o coração e pulmões e alcançam o fígado e os vasos portais mesentéricos, onde ocorre a sobreposição da fêmea no canal ginecóforo do macho e, consequentemente, a cópula, seguida de ovipo-

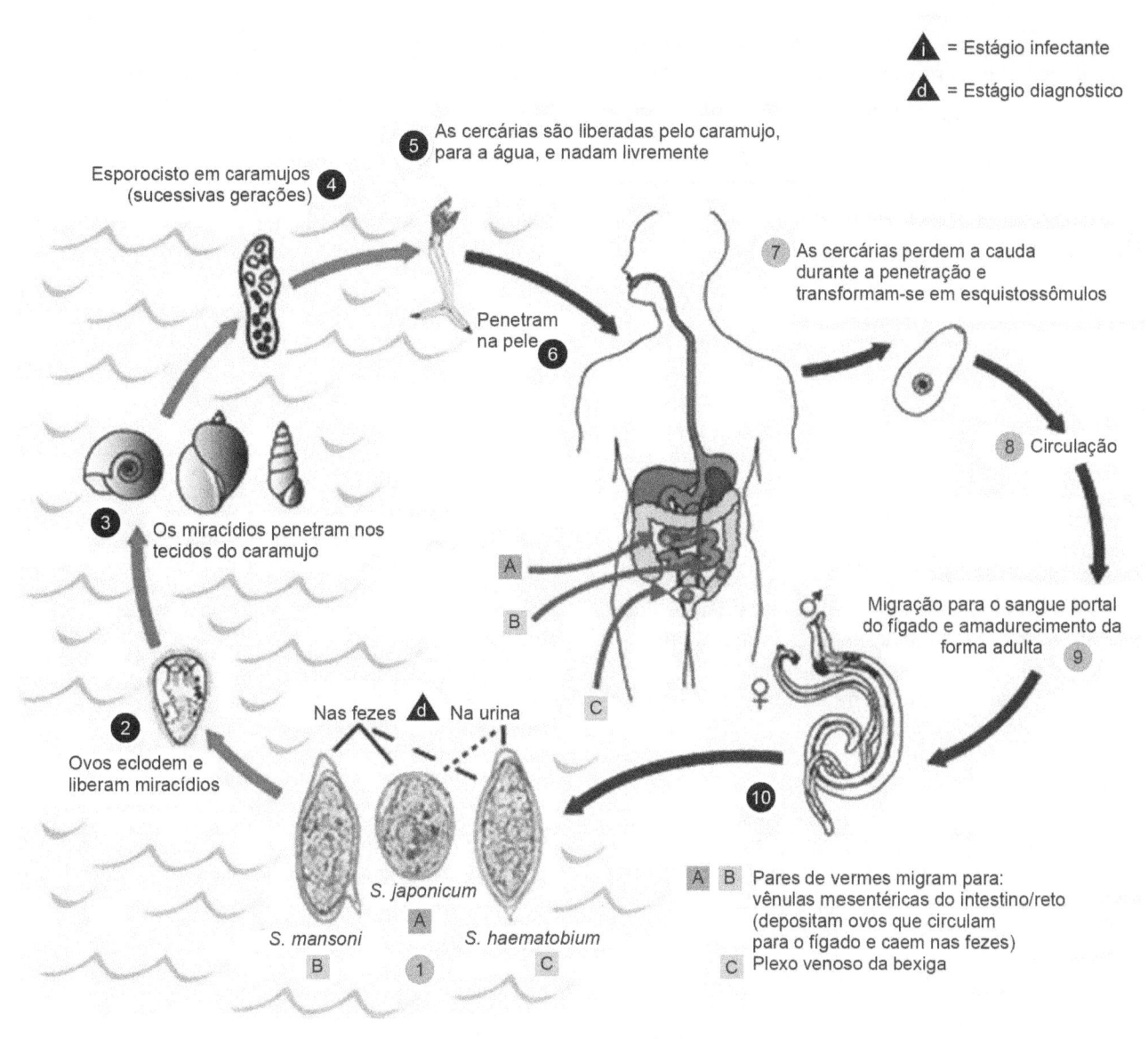

Figura 29.2 • Ciclo epidemiológico do *Shistosoma mansoni*.

sição. O período de incubação, que vai desde a penetração das cercárias até a fase adulta do verme instalado nos vasos mesentéricos, dura, em média, 1 a 2 meses. O ser humano infectado pode eliminar ovos viáveis de *S. mansoni* a partir de 5 semanas após a infecção, por um período de 6 a 10 anos, podendo ultrapassar os 20 anos (período de transmissibilidade) (Brasil, 2009d).

A esquistossomose mansônica apresenta evolução crônica cuja gravidade depende da resposta imunológica do hospedeiro à invasão do verme e da intensidade do parasitismo. A maioria das pessoas infectadas permanece assintomática. Seis meses após a infecção, podem aparecer os sinais de progressão da doença. A forma hepatointestinal inicia com diarreia e epigastralgia. Em seguida, há aumento do volume do fígado, que poderá ou não evoluir para as formas hepatoesplênicas. Nas fases mais avançadas dessa forma clínica (fibrose decorrente de granulomatose periporta ou fibrose de Symmers), instalam-se a hipertensão pulmonar e porta, ascite, ruptura de varizes do esôfago, o que leva à hemorragia digestiva (hematêmese e/ou melena) e, em consequência, à diminuição acentuada do estado funcional do fígado. Em situações extremas, o paciente pode vir a óbito (Rodrigues *et al.*, 2005).

Ações específicas de vigilância, prevenção e controle

Embora a esquistossomose mansônica esteja incluída na lista de doenças de notificação compulsória (Brasil, 2011), não necessita notificação imediata. A Vigilância Epidemiológica tem como objetivos reduzir a prevalência da infecção, a ocorrência de formas graves e óbitos e o risco de expansão geográfica das áreas de transmissão.

As bases do controle do parasita intestinal causador dessa doença são definidas por seu ciclo de transmissão e pelas características epidemiológicas de cada área, considerando o nível de endemicidade e se a transmissão é recente ou antiga. Desse modo, estão indicadas medidas de controle voltadas para o hospedeiro definitivo, quais sejam: educação em saúde, visando impedir o contato com água contaminada por cercárias, associada ao tratamento medicamentoso individual e em massa e a intervenções no meio ambiente para evitar que o ciclo se complete (Brasil, 2009d).

As ações de saneamento ambiental podem ser amplas ou, quando indicadas, mais direcionadas ao controle da esquistossomose, de acordo com as características de cada local, como aterro, drenagem ou retificação de coleções hídricas; revestimento e canalização de cursos d'água; limpeza e remoção da vegetação marginal e flutuante; abastecimento de água para consumo humano; esgotamento sanitário; controle do represamento de águas; correção de sistemas de irrigação; melhoria da infraestrutura sanitária; instalações hídricas e sanitárias domiciliares (Amaral et al., 2006).

Outra intervenção ambiental complementar consiste no controle de hospedeiros intermediários (Amaral et al., 2006). Entretanto, só está indicada quando se trata de novos focos ou em áreas com registro de permanência de prevalência elevada de infecção humana. Em caso de novos focos, deve-se determinar o potencial de transmissão das coleções hídricas da área e adotar medidas de saneamento ambiental, de modo a dificultar a proliferação e o desenvolvimento dos hospedeiros intermediários. Além disso, é necessário buscar impedir a contaminação das coleções de águas por fezes humanas (educação em saúde). O tratamento químico (moluscicidas) ou biológico (espécies competidoras) de criadouros não tem sido realizado com frequência por não se mostrar muito eficaz. Nas áreas com transmissão estabelecida, especialmente quando a prevalência da infecção é elevada (> 5%), impõe-se a realização de inquéritos coproscópicos a cada 2 anos, para tratar os indivíduos infectados, medida que reduz a carga parasitária e impede o aparecimento de formas graves da doença.

Nas atividades de controle da esquistossomose não se pode prescindir de estratégias voltadas para educação em saúde, que devem anteceder e acompanhar as ações de saneamento e tratamento em massa das populações (Coura & Amaral, 2004). De acordo com a cultura e o comportamento local, devem ser desenvolvidas estratégias pedagógicas com o objetivo de orientar quanto à prevenção da doença.

Assim, quando voltadas para a população geral, as medidas de controle dessa doença devem ser instituídas em conjunto e de modo mais permanente com vistas à obtenção de efeito sinérgico, visando reduzir a exposição ao risco de infecção, independente da situação epidemiológica do local.

Para sustar ou, pelo menos, retardar a expansão da doença para áreas urbanas indenes, busca-se identificar ou evitar a instalação de novos focos (Boxe 29.6) nas coleções hídricas desses espaços. Portanto, é muito importante manter a vigilância ativa de casos de esquistossomose nos residentes, verificando-se o possível local (casos autóctones ou alóctones) onde ocorreu o contato com a coleção hídrica para averiguar se foi em área sabidamente endêmica ou supostamente indene, com vistas à adoção das medidas pertinentes, uma vez que a migração campo-cidade é um dos fatores que propiciam essa expansão (Rodrigues et al., 2005). Além disso, é imperativo que todos os casos diagnosticados sejam tratados tanto para evitar a evolução da doença como para impedir que os indivíduos infectados contaminem o meio ambiente com ovos do parasita (Bina, 1992).

Boxe 29.6 — Alguns procedimentos relativos à vigilância e ao controle da esquistossomose mansônica

A investigação deve ser realizada em todos os casos notificados nas áreas indenes, vulneráveis, e nas áreas focais em vias de eliminação. Nas áreas endêmicas, recomenda-se que seja feita somente nos casos de formas graves notificados. Uma vez concluída a investigação, o caso deverá ser classificado como autóctone, se a transmissão ocorreu no mesmo município onde foi investigado; importado, se a transmissão ocorreu em outro município diferente daquele em que foi investigado; indeterminado, se o local da transmissão é inconclusivo ou desconhecido; e descartado, se o caso notificado não tiver confirmação laboratorial.

- **Para identificação da área de transmissão:** verificar o local de procedência da pessoa, realizar exame coproscópico dos conviventes e pesquisa malacológica, com identificação dos caramujos nas coleções hídricas existentes.
- **Para determinação da extensão da área de transmissão:** observar as condições locais que favoreçam a instalação de focos de transmissão da doença, quais sejam: a distribuição geográfica dos caramujos hospedeiros intermediários (*B. glabrata*, *B. straminea* e *B. tenagophila*) e os movimentos migratórios de caráter transitório ou permanente de pessoas oriundas das áreas endêmicas. Tanto em áreas rurais como urbanas, a investigação deve ser conduzida para identificação dos locais de transmissão com vistas à eliminação dos fatores de risco.
- **Conduta ante um surto:** a ocorrência de surtos de esquistossomose é rara e, geralmente, só acontece quando grupos de pessoas (escolares, militares, turistas e praticantes de esportes radicais), residentes em área indene, viajam para área endêmica e entram em contato com coleções hídricas contaminadas com cercárias e desenvolvem a forma aguda da doença. Nesses casos, todo o grupo deve ser examinado por meio de exames de fezes e investigado. Os casos positivos deverão ser tratados e acompanhados para verificação de cura.

Fonte: Brasil, Ministério da Saúde, Secretaria de Vigilância em Saúde. Esquistossomose mansônica. In: Guia de Vigilância Epidemiológica, 2009.

Situação atual e perspectivas

Estima-se que, no Brasil, 25 milhões de pessoas residem em áreas de risco de infecção esquistossomótica e que cerca de seis milhões de pessoas estavam infectadas em 1997 (Katz, 1998).

Embora essa situação não seja confortável e represente um desafio para a Saúde Pública do país, vale destacar que alguns indicadores de morbimortalidade dessa doença vêm apresentando importante redução, resultado das amplas estratégias de controle desenvolvidas. Em 1976, o Brasil implantou o Programa Especial de Controle da Esquistossomose (Pece) com o objetivo de reduzir a prevalência da infecção esquistossomótica para 4%, em estados da região Nordeste. A prevalência média encontrada nas populações das áreas examinadas no ano seguinte aproximou-se dos 23%. As ações do Pece incluíam tratamento medicamentoso maciço das populações (Boxe 29.7), aplicação regular de moluscicidas em focos de transmissão intensa do parasita, educação em saúde e algumas medidas de saneamento básico (Coura & Amaral, 2006). O Pece, ao longo do tempo, sofreu variações tanto em extensão geográfica como na estratégia de tratamento em massa, e se por um lado não atingiu o objetivo de reduzir a prevalência de infecção a valores abaixo de 5%, alcançou importante impacto na redução das formas hepatoesplênicas e, consequentemente, no número de internações hospitalares e na mortalidade da doença de 1995 a 2006. Assim, a taxa de hospitalizações caiu de 21 para 4 por 100 mil habitantes (declínio de 80%) e a de óbitos caiu de 0,38 para 0,27 por 100 mil habitantes (declínio de 29%). Também houve decréscimo nas estimativas de prevalência nos inquéritos coprológicos que vêm sendo repetidos em grandes áreas endêmicas. Embora não representem o país como um todo, não se pode desconsiderar que, enquanto em 1977 a prevalência encontrada foi de 23%, em 1995 e em 2006 foi de 8,4% e 5,5%, respectivamente (Barreto et al., 2011).

Entretanto, as ações desenvolvidas não conseguiram impedir a expansão da doença, de modo que casos autóctones já foram encontrados em 19 Unidades Federadas, muito embora em 11 delas a transmissão seja, predominantemente, focal (Barreto et al., 2011) À luz dessa situação, considera-se que o conjunto de ações desenvolvidas vem obtendo sucesso parcial, sendo da maior relevância a manutenção das atividades de controle pela rede de serviços do SUS no intuito de diagnosticar precocemente as infecções, visando continuar evitando formas graves e aprimorando a vigilância da doença para não permitir a formação de novos focos.

Doença com indicação de uso de preservativo – Doenças sexualmente transmissíveis (DST)

Para demonstração da importância do uso de preservativos como medida de prevenção das DST, serão discutidas a AIDS e a gonorreia como exemplos neste tópico.

AIDS

Características gerais

Causada pelos vírus da imunodeficiência humana (HIV-1 e HIV-2), a AIDS constitui-se em um dos principais problemas de saúde da atualidade. Os indivíduos infectados pelo HIV evoluem para grave disfunção do sistema imunológico à medida que os linfócitos T CD4+, uma das principais células-alvo do vírus, vão sendo destruídos. A contagem dos linfócitos é um importante marcador dessa imunodeficiência, sendo utilizada tanto para estimativa do prognóstico e avaliação da indicação de início de terapia antirretroviral como para definição de casos de AIDS para fins epidemiológicos (Brasil, 2010b).

A transmissão se dá por via sexual (esperma e secreção vaginal), pelo sangue (via parenteral e vertical) ou pelo leite materno. Portanto, são fatores de risco para contrair a doença: transfusão de sangue ou derivados não testados; recepção de órgãos ou sêmen de doadores não testados; reutilização de seringas e agulhas, bem como seu compartilhamento; acidente ocupacional durante a manipulação de instrumentos perfurocortantes contaminados com sangue e secreções de pacientes; gestação em mulheres HIV-positivas; e relação sexual desprotegida. Este último fator, do ponto de vista epidemiológico, é o mais importante por ser o principal responsável pela disseminação do HIV (USA, 2012).

Neste tópico, a prevenção dessa forma de transmissão, por meio do uso de preservativos (métodos de barreira) nas relações sexuais, será tratada com maior destaque.

Ações específicas de vigilância, prevenção e controle

Um indivíduo infectado pelo HIV pode transmiti-lo em todas as fases da infecção, com risco proporcional à magni-

---

Boxe 29.7 | Tratamento da esquistossomose

O tratamento da esquistossomose consiste na utilização de medicamentos específicos para a cura da infecção. Dois medicamentos encontram-se disponíveis para tratamento de crianças e adultos portadores de S. mansoni: o praziquantel e a oxaminiquina.

O praziquantel, na apresentação de comprimidos de 600mg, é administrado por via oral, em dose única de 50mg/kg de peso para adultos e 60mg/kg de peso para crianças. Os efeitos colaterais são leves, não existindo evidências de que provoque lesões tóxicas graves no fígado ou em outros órgãos. Dentre as reações adversas observadas, predominam diarreia e dor abdominal. Recomenda-se que a pessoa permaneça em repouso por, pelo menos, 3 horas após a ingestão do medicamento, prevenindo assim o aparecimento de náuseas e tonturas, que podem incomodar o paciente, embora sejam sintomas passageiros. Trata-se do medicamento preferencial para o tratamento da esquistossomose em todas as suas formas clínicas, respeitados os casos de contraindicação.

A oxaminiquina é apresentada em cápsulas com 250mg e solução de 50mg/mL, para uso pediátrico. A dose recomendada é de 20mg/kg para crianças e 15mg/kg para adultos, tomada de uma só vez, cerca de 1 hora após uma refeição. Dentre as reações adversas, podem ser observadas náuseas, tonturas e reações urticariformes.

A distribuição dos medicamentos esquistossomicidas é gratuita e repassada às Secretarias Estaduais de Saúde (SES) pela Secretaria de Vigilância em Saúde/Ministério da Saúde. Estão disponíveis na rede de Atenção Básica de Saúde dos municípios ou nas Unidades de Referência para tratamento da esquistossomose.

Fonte: Brasil, Ministério da Saúde, Secretaria de Vigilância em Saúde. Esquistossomose mansônica. In: Guia de Vigilância Epidemiológica, 2009.

tude da viremia. O período de incubação entre a infecção pelo HIV e o aparecimento de sinais e sintomas da fase aguda da doença pode variar de 5 a 30 dias e o período de latência (da fase de infecção aguda até o desenvolvimento da imunodeficiência) varia de 5 a 10 anos (Brasil, 2013a).

A única maneira de prevenir a AIDS, em uma população sexualmente ativa, é por meio de informação e educação que incentivem a prática do sexo seguro, ou seja, uso de preservativos, masculino ou feminino, nas relações sexuais.

A AIDS é doença de notificação compulsória (Brasil, 2011; Penna et al., 2011) em todo o território nacional. Em algumas situações, a exemplo da simples suspeita de exposição de gestantes e conceptos ao HIV, a notificação e investigação têm de ser imediatas em razão dos benefícios do tratamento antirretroviral oportuno para o prognóstico da infecção no recém-nascido.

Situação atual e perspectivas

No Brasil, entre o início da epidemia, em 1980, até junho de 2012, foram registrados 657.701 casos de AIDS como doença manifesta. Em 2011 foram notificados 38.776 novos casos da doença, com taxa de incidência de 17,9 casos por 100 mil habitantes (Brasil, 2013b).

Ainda há mais casos da doença entre os homens do que entre as mulheres, com a proporção de 1,7 homem para cada 1 mulher. Essa razão já foi cerca de seis casos de AIDS no sexo masculino para cada um caso no feminino. É entre os 25 e os 49 anos de idade que a incidência de AIDS é maior em ambos os sexos. No entanto, entre os jovens de 13 a 19 anos de idade, o número de casos de AIDS é maior entre as mulheres (Brasil, 2013b).

Atento a essa realidade, o PNDST, Aids & Hepatites Virais, aumentou a distribuição de preservativos, passando de 202 milhões de unidades em 2005 para 493 milhões de unidades em 2011, sendo os jovens os usuários que mais retiram preservativos no SUS (37%) (Brasil, 2013b).

A AIDS constitui-se em uma pandemia que afeta homens, mulheres e crianças. Portanto, a abordagem dos pacientes, da população em geral, e sobretudo dos adultos jovens sexualmente ativos, objetiva, principalmente, o desenvolvimento de ações de educação em saúde contínuas e intensas, voltadas para a prática do sexo seguro com uso de preservativos. O propósito dessas ações é interromper a transmissão das infecções por essa via, visando produzir impacto na redução da incidência da doença.

O aconselhamento sexual para que os indivíduos observem as possíveis situações de risco presentes em suas práticas sexuais e a necessidade de avaliação da(o) parceira(o) são medidas indissociáveis das iniciativas das campanhas educativas na mídia voltadas para a população geral e específicas para profissionais do sexo, bem como nas escolas e unidades de saúde, dentre outras.

O Programa Nacional de Controle de DST e AIDS do Brasil (PNC/DST/AIDS) desenvolve atividades contínuas de prevenção, implementadas nacionalmente desde os anos de 1990, voltadas para adoção de práticas sexuais seguras, inclusive com distribuição gratuita de preservativos, programas de troca de seringas para redução de risco entre usuários de substâncias injetáveis, triagem dos doadores e controle de qualidade do sangue transfundido, triagem diagnóstica com realização de testes sorológicos e profilaxia durante o pré-natal (prevenção da transmissão mãe-bebê), e mantém centros de aconselhamento e tratamento. O PNC/DST/AIDS é o maior programa mundial de terapia antirretroviral (TARV), reconhecido internacionalmente como de excelência (Galvão, 2008; Nunn, 2004; Barreto et al., 2011). A história natural, tanto da infecção pelo HIV como da doença clinicamente manifesta, vem sendo drástica e favoravelmente modificada após o advento da TARV, iniciada no Brasil em 1996, resultando em aumento da sobrevida e melhora na qualidade de vida dos pacientes.

A incidência da AIDS tem sido relativamente estável desde 2000 (cerca de 33 mil casos novos), e a média nacional de soroprevalência é menor do que 0,6%. Entretanto, apesar de a incidência dessa doença ter diminuído nos grandes centros urbanos, a transmissão vem ocorrendo em municípios de pequeno e médio porte, indicando sua interiorização. A Figura 29.3 mostra a evolução da dispersão da AIDS no território nacional em três décadas, entre os municípios que têm pelo menos um caso de AIDS notificado no período. Assim, a expansão geográfica da AIDS demonstra a necessidade de intensificação de esforços no sentido de aprimorar as ações do programa para essas áreas (Barreto et al., 2011).

Gonorreia

Características gerais

Doença infecciosa do trato genital, de transmissão sexual, causada pela bactéria *Neisseria gonorrhoeae*, diplococo gram-negativo que determina desde infecção assintomática até doença clinicamente manifesta. O quadro clínico tem início entre 2 e 5 dias após a contaminação, tendo apresentação distinta entre homens e mulheres. Nestas, em altíssima proporção, é doença assintomática (Brasil, 2009e).

A uretrite é a manifestação mais frequente da gonorreia nos homens e tem como sintoma inicial uma sensação de prurido na fossa navicular que vai se estendendo para toda a uretra. Seguindo a evolução, há ardência miccional (disúria) e corrimento, inicialmente mucoide e depois purulento. Pode ser acompanhada de febre e manifestações de infecção aguda sistêmica. Na ausência de tratamento oportuno, evolui com polaciúria, sensação de peso no períneo, até hematúria ao final da micção.

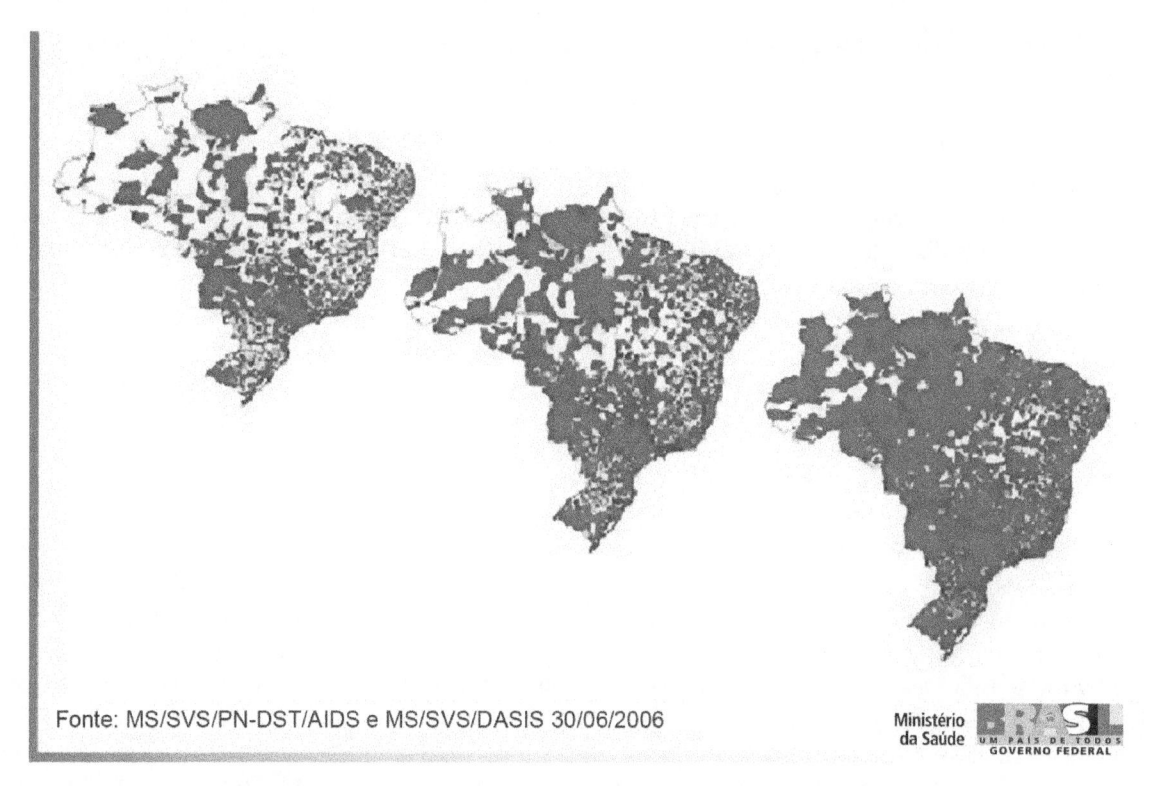

Figura 29.3 ♦ Evolução da dispersão da AIDS – Brasil, 1980/1990/2000.

Fonte: MS/SVS/PN-DST/AIDS e MS/SVS/DASIS 30/06/2006

Eventualmente pode haver complicações, como balanopostite, prostatite e orquiepididimite com diminuição da fertilidade, podendo ir até a esterilidade. Sistemicamente, pode haver artrite, meningite, faringite, pielonefrite, miocardite, pericardite, até septicemia. Conjuntivite gonocócica por autoinoculação e síndrome de Fitz-Hugh-Curtis (peri-hepatite gonocócica) são complicações dessa doença (Brasil, 2009e).

Nas mulheres, a manifestação clínica inicia-se com cervicite que, quando não tratada oportunamente, evolui em complicações ascendentes e graves com comprometimento do endométrio e das trompas, podendo levar a doença inflamatória pélvica (DIP) e peritonite. Às vezes, deixa sequelas, como esterilidade e infertilidade por oclusão das trompas de Falópio, o que favorece a produção de gravidez ectópica e dor pélvica crônica.

Ações específicas de vigilância, prevenção e controle

Mesmo não sendo doenças de notificação compulsória, as DST devem ser investigadas com o objetivo de identificação e tratamento da fonte de infecção.

Por se tratar de uma DST, o uso de preservativo em todo ato sexual é imperativo, por ser o único meio de prevenir a doença. Nesse sentido, impõe-se a necessidade de promoção de campanhas para estimular a prática do sexo seguro. Por essa razão, as ações de vigilância e controle desse grupo de doenças são desenvolvidas em conjunto, principalmente as campanhas educativas. Note que a vigilância e controle se estendem ao tratamento dos casos (Boxe 29.8).

Boxe 29.8	Tratamento específico das uretrites

- **Abordagem sindrômica (uretrites mais frequentes – gonorreia e clamídia):** associação de ciprofloxacino, 500mg, em dose única, VO, mais azitromicina, 1g, em dose única, VO ou, alternativamente, doxiciclina, 100mg, de 12/12 horas, por 7 dias.
- **Abordagem etiológica (quando se identifica *Neisseria gonorrhoeae*):** ciprofloxacina, 500mg, VO, em dose única, ou ofloxacino, 400mg, VO, em dose única, ou ceftriaxona, 250mg, IM, dose única.

Fonte: Brasil, Ministério da Saúde/Secretaria de Vigilância em Saúde, Departamento de Vigilância Epidemiológica. Gonorreia. In: Guia de bolso: doenças infecciosas e parasitárias. 203-5, 2010.

Por ser uma doença de distribuição universal que afeta ambos os sexos, principalmente adultos jovens sexualmente ativos, a abordagem do paciente com gonorreia obriga ao aconselhamento para que sejam observadas as possíveis situações de risco presentes nas práticas sexuais e da necessidade de avaliação da(o) parceira(o) sexual, na busca de interromper o ciclo de transmissão e prevenir novas ocorrências por meio de ações de educação em saúde.

Existe uma forte associação entre DST e o risco de ter infecção pelo HIV. Assim, todos os profissionais de saúde que prestam assistência aos pacientes com DST devem estar também capacitados a realizar aconselhamento, visando à adoção dos procedimentos para detecção de anticorpos anti-HIV.

Situação atual e perspectivas

Por não se constituir em doença de notificação compulsória, não se dispõe de informações epidemiológicas sobre essa doença na totalidade do país. Essa limitação impede a avaliação da situação atual e do impacto das medidas de prevenção e controle sendo adotadas pelo PNC/DST/AIDS.

O diagnóstico precoce e o tratamento correto e oportuno da gonorreia, bem como de outras doenças DST, que exige tanto o tratamento do paciente como de seu parceiro sexual, promovem a interrupção da cadeia epidemiológica e exercem importante impacto na epidemiologia dessa doença infecciosa que, além de ser evitável, dispõe de terapêutica eficaz.

Embora seja difícil o controle populacional da gonorreia, por ser centrado em comportamentos, atitudes e práticas individuais relativos ao uso de preservativos nas relações sexuais (Penna, Hajjar & Braz, 2000), possivelmente a incidência deve estar diminuindo ou encontra-se estável, à semelhança do que vem ocorrendo com a AIDS.

Doença cuja prevenção e controle estão centrados na esterilização da fonte de infecção

Hanseníase

Características gerais

As referências mais remotas da hanseníase, uma das doenças mais conhecidas da Antiguidade, datam de 600 a.C. Até metade do século XX, não existia tratamento para essa enfermidade, que hoje tem cura (Penna et al., 2011).

Trata-se de uma doença infecciosa granulomatosa crônica causada pelo *Mycobacterium leprae,* bacilo com predileção pela pele e nervos periféricos. O bacilo é transmitido por via aérea, de um doente com a forma contagiosa da doença, não tratado, para um indivíduo suscetível, por meio das gotículas de *flügge*. Apresenta alta infectividade, baixa patogenicidade e longo período de incubação, que pode variar de 2 a 7 anos.

O único reservatório natural do bacilo com importância epidemiológica é o ser humano (WHO, 2012), no qual o *M. leprae* tem predileção pelo sistema nervoso periférico, particularmente pelas células de Schwann e a pele. Todavia, vários órgãos, como linfonodos, testículos, olhos e fígado, entre outros, podem abrigar grande quantidade de bacilos.

Fatores imunológicos, socioeconômicos e genéticos estão associados à transmissão da hanseníase, interferindo na relação parasita-hospedeiro, e determinam o desfecho: resistência ou suscetibilidade.

Ações específicas de vigilância, prevenção e controle

A hanseníase é doença de notificação compulsória em todo o território nacional e de investigação obrigatória (Penna et al., 2011). A integralidade da atenção, o cuidado durante todo o tratamento e a orientação ao paciente e a seus familiares, adequando vínculo e adscrição da clientela, favorecem a detecção precoce de novos casos e o tratamento da hanseníase. Esses procedimentos estão normatizados de maneira simples, buscando que o tratamento seja feito na Atenção Primária à Saúde. Por acometer população de faixa etária economicamente ativa, essa doença é objeto de intervenção do aparelho de estado em razão de seu potencial incapacitante.

As incapacidades decorrentes dessa doença podem ser evitadas por meio da quimioterapia adequada e instituição de técnicas de prevenção dessas sequelas. No Brasil, apesar da redução na prevalência entre 1990 e 2010, não se observou o impacto esperado sobre o número de casos novos, ou seja, a transmissão da doença não foi reduzida como se esperava (Figura 29.4), visto que o coeficiente de incidência em menores de 15 anos entre 1994 e 2010 continuou elevado (Figura 29.5). Entre 2005 e 2007, havia 10 *clusters* de hanseníase que envolviam 1.173 municípios e que geravam 53,5% dos casos novos e onde vivia 17,5% da população do país (Penna et al., 2009) (Figura 29.6).

Entre os objetivos da Vigilância Epidemiológica, estão: diagnosticar precocemente e tratar adequada e poliquimioterapicamente todos os casos de hanseníase; examinar contatos intradomiciliares que vivem ou viveram com o paciente nos últimos 5 anos; vacinar com duas doses de BCG e merecer educação em saúde aos contatos indenes de pacientes. Não menos importante é a instituição de técnicas de prevenção de incapacidades e de orientação do autocuidado (WHO, 2012).

O diagnóstico da hanseníase é clínico e epidemiológico, realizado mediante anamnese orientada e exame dermatoneurológico, para identificação de lesões ou áreas de pele com alteração de sensibilidade e/ou comprometimento de nervos periféricos (WHO, 2012). Uma vez diagnosticado, para fins de instituição do esquema terapêutico adequado, o paciente é classificado como paucibacilar (PB), que é aquele com até cinco lesões de pele, ou multibacilar (MB), com mais de cinco lesões de pele.

No tratamento poliquimioterápico, os adultos PB tomam dois medicamentos (rifampicina [600mg/mês] + dapsona [100mg/dia]), durante 6 meses, e os adultos MB usam três medicamentos (rifampicina [600mg/mês] + dapsona [100mg/dia] + clofazimina [300mg/mês] e [100mg/dia]), durante 12 meses. Essas doses são ajustadas para crianças (WHO, 2012).

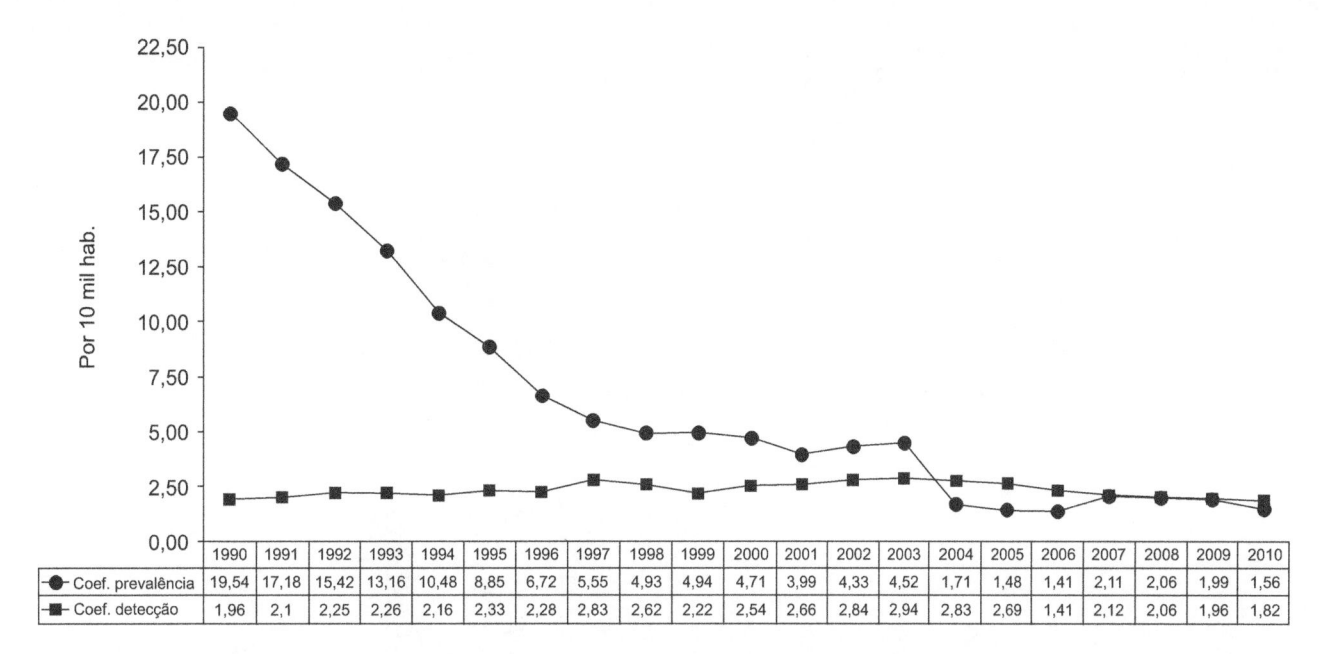

Capítulo 29 • Prevenção, Atenção e Controle de Doenças Transmissíveis

	1990	1991	1992	1993	1994	1995	1996	1997	1998	1999	2000	2001	2002	2003	2004	2005	2006	2007	2008	2009	2010
Coef. prevalência	19,54	17,18	15,42	13,16	10,48	8,85	6,72	5,55	4,93	4,94	4,71	3,99	4,33	4,52	1,71	1,48	1,41	2,11	2,06	1,99	1,56
Coef. detecção	1,96	2,1	2,25	2,26	2,16	2,33	2,28	2,83	2,62	2,22	2,54	2,66	2,84	2,94	2,83	2,69	1,41	2,12	2,06	1,96	1,82

Figura 29.4 • Coeficiente de detecção geral e coeficiente de prevalência – Brasil, 1990-2010.

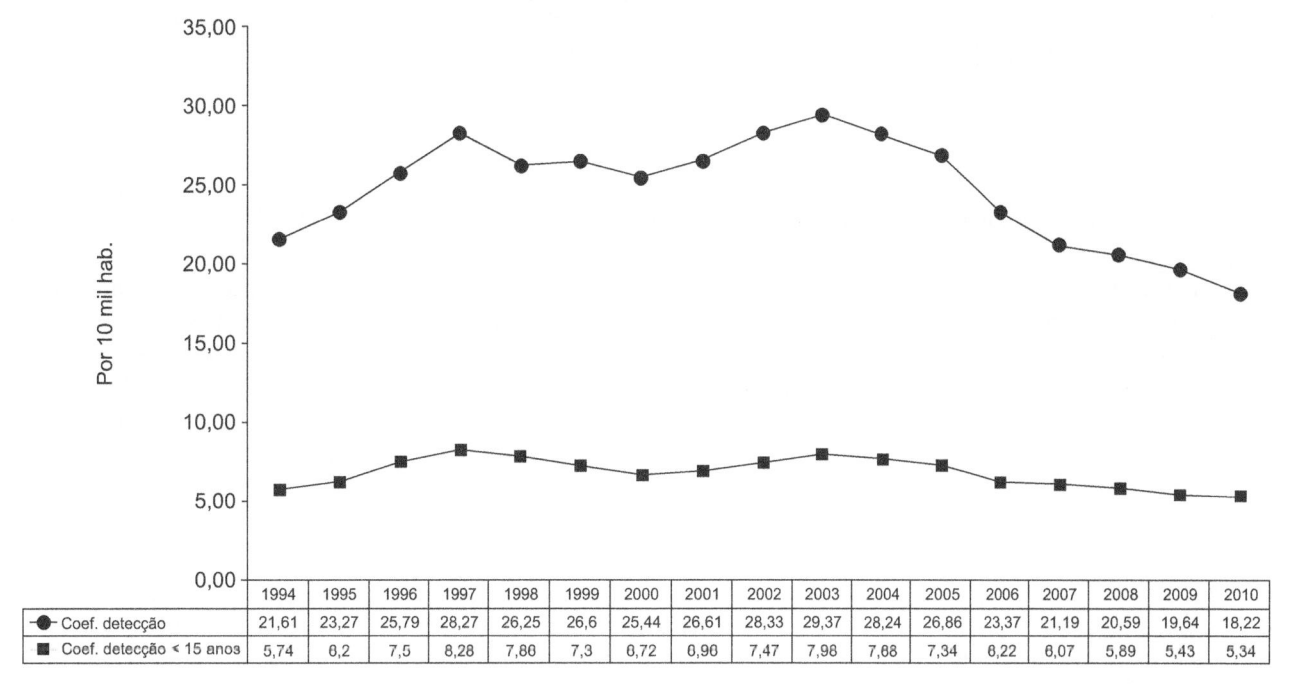

	1994	1995	1996	1997	1998	1999	2000	2001	2002	2003	2004	2005	2006	2007	2008	2009	2010
Coef. detecção	21,61	23,27	25,79	28,27	26,25	26,6	25,44	26,61	28,33	29,37	28,24	26,86	23,37	21,19	20,59	19,64	18,22
Coef. detecção < 15 anos	5,74	6,2	7,5	8,28	7,86	7,3	6,72	6,96	7,47	7,98	7,68	7,34	6,22	6,07	5,89	5,43	5,34

Figura 29.5 • Coeficiente de detecção geral e coeficiente de detecção em menores de 15 anos – Brasil, 1994-2010.

O diagnóstico clínico pode ser complementado com exame laboratorial, como a baciloscopia de pele (esfregaço intradérmico) para classificação dos casos em PB ou MB. A baciloscopia positiva classifica o caso como MB, independentemente do número de lesões, mas a baciloscopia negativa não exclui o diagnóstico de hanseníase (WHO, 2012).

No curso e, principalmente após o tratamento, podem ocorrer episódios reacionais agudos, denominados reações hansênicas, decorrentes da resposta imunológica do indivíduo aos fragmentos do *M. leprae*. Essas reações se expressam clinicamente como manifestações inflamatórias agudas e subagudas e constituem a principal causa de lesões dos nervos, sendo, portanto, geradoras das incapacidades físicas da hanseníase, razão pela qual exigem intervenção imediata. Esses episódios são agrupados como reação tipo 1 ou reação reversa (RR), que se caracteriza pelo aparecimento de novas lesões de pele com infiltração, alterações de cor e edema nas lesões antigas, com ou sem espessamento e dor de nervos peri-

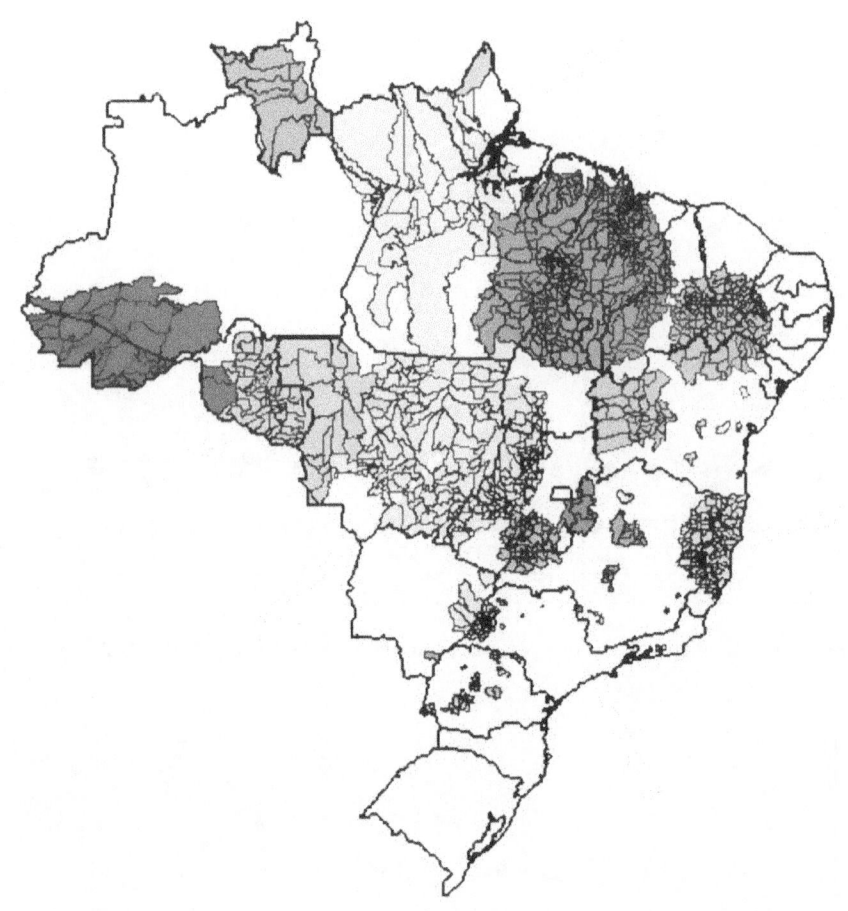

Figura 29.6 • Concentração de casos de hanseníase – Brasil, 2005-2007.

féricos, e/ou reação tipo 2, cuja manifestação clínica mais frequente é o eritema nodoso hansênico (ENH), que cursa com surgimento de nódulos subcutâneos dolorosos, acompanhados ou não de febre, dores articulares e mal-estar generalizado, com dor e espessamento de nervos periféricos.

A abordagem quimioterápica da reação tipo 1 ou RR é feita com corticosteroide (iniciando com prednisona, 1 a 2mg/kg/dia, conforme avaliação clínica, reduzindo a dose lenta e regularmente). Atenção deve ser dada aos efeitos colaterais dos corticosteroides. Na reação tipo 2 ou ENH, a talidomida é o agente de escolha, na dose de 100 a 400mg/dia, conforme a intensidade do quadro. Não pode ser utilizada por mulheres em idade fértil (Lei 10.651, que dispõe sobre o uso da talidomida) (Brasil, 2003).

Para esterilização das fontes de infecção, tanto da tuberculose como da hanseníase, além da instituição da poliquimioterapia, é agregada uma estratégia de prevenção, ou seja, o uso da vacina BCG-ID (bacilo de Calmette-Guérin). Na hanseníase, a vacinação não evita a doença, mas evita as formas MB. Deve ser aplicada aos contatos intradomiciliares indenes (que não têm sinais e sintomas de hanseníase), independentemente de serem contatos de casos PB ou MB. A aplicação da vacina BCG depende da história vacinal: se o contato não tiver cicatriz vacinal de BCG, deverá ser prescrita uma dose dessa vacina. Caso apresente uma cicatriz de BCG, deverá ser prescrita uma dose adicional. Se tiver duas cicatrizes, não deverá receber nenhuma dose da vacina (WHO, 2012). Informações adicionais podem ser encontradas nas normas do PNI (Bahia, 2011).

Situação atual e perspectivas

A prevalência da hanseníase estimada pela OMS no primeiro trimestre de 2011 foi de 0,34 por 10 mil habitantes, correspondendo a 192.246 casos. Em 2010, a taxa de detecção de casos novos foi de 3,93 por 100 mil habitantes (228.474 registros), diagnosticados em 130 países, dos quais 95% foram notificados em 17 países, incluindo o Brasil (WHO, 2012).

No país, em 2011, foram notificados 33.955 casos novos, representando taxa de detecção de 1,76 por 10 mil habitantes. A maior concentração ocorreu em estados das regiões Norte, Centro-Oeste e Nordeste. Desse total, 2.420 (7,1%) casos foram diagnosticados em crianças menores de 15 anos. O coeficiente de detecção de grau II de incapacidade alcançou 1,2 caso por 100 mil habitantes em 2010 (Brasil).

Em que pesem todos os esforços de eliminar doenças transmissíveis (WHO, 2012b) em um horizonte de curto e médio prazo, não há nada de novo no arsenal de enfrentamento de hanseníase que permita estabelecer (Penna et al., 2011) a meta de eliminação dessa doença, cuja principal forma de enfrentamento baseia-se no diagnóstico e tratamento dos doentes (Penna et al., 2011). Existem alguns estudos sobre a quimioprofilaxia como estratégia de prevenção, mas não está recomendado seu uso em massa em programas de controle de larga escala. Quanto ao tratamento, alguns estudos vêm sendo conduzidos, um deles no Brasil, no sentido de se obter um esquema único (uniforme) com três medicamentos que possa tratar de modo eficaz todos os doentes sem necessidade de classificação.

A decodificação do genoma do *M. leprae* na década passada abriu um campo enorme de pesquisas que buscam preencher as lacunas do conhecimento da hanseníase.

Referências

Amaral RS, Tauil PL, Lima DD, Engels D. Na analysis of the impacto of the Schistosomiasis Control Programme in Brazil. Memórias do Instituto Oswaldo Cruz. 2006; 101:79-85.

Araújo JD. Polarização epidemiológica no Brasil. Informe epidemiológico do SUS. 1991; 1(2):5-16.

Bahia. Secretaria da Saúde, Superintendência de Vigilância da Saúde – Divisão de Vigilância Epidemiológica. Manual de Procedimentos para Vacinação. 2011. [Internet] Disponível em: http://www.suvisa.ba.gov./br/sites/default/files/galeria/texto/2012/03/07/manual%20 de...pdf. Acesso em: 26/10/12.

Barreto ML, Teixeira MG, Bastos FI et al. Successes and failures in the controlo f infectious diseases in Brazil: social and environmental context, policies, interventions, and research needs. The Lancet. 2011 maio; 377(9780):1877-89.

Barreto ML. Infectous diseases epidemiology. Journal of Epidemiology & Community Health. 2006 mar 1; 60(3):192-5.

Bina JC. O tratamento específico como arma no controle da esquistossomose. Memórias do Instituto Oswaldo Cruz. 1992; 87:195-202.

Brasil. Conselho Nacional de Desenvolvimento Científico e Tecnológico. Epidemiologia e Controle da Esquistossomose e o Nordeste Semiárido. CNPq Programa do Trópico Semiárido, Brasília; 1979. 77p.

Brasil. Ministério da Saúde. Lei Orgânica de Saúde 8.080, de 19/9/90: Dispõe sobre as condições para a promoção, proteção e recuperação de saúde, a organização e o funcionamento dos serviços correspondentes e dá outras providências.

Brasil. Ministério da Saúde, Secretaria de Vigilância em Saúde. Febre Amarela. In: Guia de Vigilância Epidemiológica. 2009a:23-41.

Brasil. Ministério da Saúde, Secretaria de Vigilância em Saúde, Departamento de Vigilância Epidemiológica. Meningites In: Guia de Vigilância Epidemiológica. 2009b:21-47.

Brasil. Ministério da Saúde. Secretaria de Vigilância em Saúde: Doença de Chagas. In: Guia de Vigilância Epidemiológica. 2009c:10-18.

Brasil. Ministério da Saúde. Secretaria de Vigilância em Saúde. Esquistossomose mansônica. In: Guia de bolso: Doenças infecciosas e parasitárias. 2009d:171-5.

Brasil. Ministério da Saúde, Secretaria de Vigilância em Saúde, Programa Nacional de Controle da Tuberculose. Manual de recomendações para o controle da tuberculose no Brasil. Ministério da Saúde Brasília; 2010.

Brasil. Ministério da Saúde, Secretaria de Vigilância em Saúde. Casos de febre amarela, Brasil. Grandes Regiões e Unidades Federadas, 1990-2010. Disponível em: [Internet]. http://portal.saude.gov.br/portal/arquivos/pdf/tabela_1_fa_2010.pdf. Acesso em: 29/10/12.

Brasil. Ministério da Saúde, Secretaria de Vigilância em Saúde. Meningite por meningococo, casos confirmados por UF e região, 2000-2010. Disponível em: [Internet]. http://portal.saude.gov.br/portal/arquivos/pdf/tabela_dm_para_site_08_11.pdf. Acesso em: 26/10/12.

Brasil. Ministério da Saúde, Secretaria de Vigilância em Saúde. Meningite por meningococo, óbitos por UF e regiões, 2000-2008. Disponível em: [Internet]. http://portal.saude.gov.br/portal/arquivos/pdf/tabela_dm_obitos_site_11. Acesso em: 30/10/12.

Brasil. Ministério da Saúde, Secretaria de Vigilância em Saúde. Departamento de DST, AIDS e hepatites virais. Manual de Controle das Doenças Sexualmente Transmissíveis. [Internet]. Disponível em: http://www.aids.gov.br/publicacão/manual-de-controle-das-doenças-sexualmente-transmissíveis. Acesso em: 26/12/12.

Brasil. Ministério da Saúde, Secretaria de Vigilância em Saúde. Departamento de DST, AIDS e hepatites virais. Sintomas e fases da AIDS. [Internet]. Disponível em: http://www.aids.gov.br/pagina/sintomas-e-fases-da-aids. Acesso em: 14/5/2013a.

Brasil. Ministério da Saúde, Secretaria de Vigilância em Saúde. Programa Nacional de Controle de DST/AIDS. [Internet]. Disponível em: http://www.aids.gov/br/pagina/aids-no-brasil. Acesso em: 14/5/2013b.

Brasil. Ministério da Saúde, Secretaria de Vigilância em Saúde. Departamento de DST, AIDS e hepatites virais. Mudanças no início da terapia antiaids, 2010. [Internet]. Disponível em: http://www.aids.gov.br/noticia/mudancas-no-inicio-da-terapia-antiaids. Acesso em: 14/5/2013c.

Brasil. Ministério da Saúde. Portaria 104, de 25/1/2011. [Internet]. Disponível em: http://bvsms.saude.gov.br/bvs/saudelegis/gm/2011/prt0104_25_01_2011.html. Acesso em: 14/5/2013.

Brasil. Ministério da Saúde, Secretaria de Vigilância em Saúde. Aspectos Epidemiológicos, Doença de Chagas. [Internet]. Disponível em: http://portal.saude.saude.gov.br/portal/saude/profissional/visualizar_texto.cfm?dtxt=31454. Acesso em: 14/5/2013.

Brasil. Ministério da Saúde, Secretaria de Vigilância em Saúde. Cancro mole. In: Guia de bolso: Doenças infecciosas e parasitárias. 2010:108-110.

Brasil. Ministério da Saúde, Secretaria de Vigilância em Saúde. Indicadores epidemiológicos e operacionais da hanseníase, 2000-2011. [Internet]. Disponível em: http://portal.saude.gov.br/portal/arquivos/pdf/indi_epidemiologicos_operacionais_hans_br2000_2011.pdf. Acesso em: 14/5/2013.

Brasil. Presidência da República. Casa Civil, Subchefia para Assuntos Jurídicos. Lei 10.651, de 16/4/2013. Dispõe sobre o controle do uso da talidomida. [Internet]. Disponível em: http://www.saude.mt.gov.br/upload/legislacão/1065-%5B2554-120110-SES-MT%5D.pdf. Acesso em: 14/5/2013.

Carmo EH, Penna G, Oliveira WK. Emergências de saúde pública: conceito, caracterização, preparação e resposta. Estudos avançados. 2008; 22(64):19-32.

Chadwick E. Reporto n the sanitary condition of the labouring population of Great: Britain: supplementary reporto n the results of special inquiry into the practice of interment in towns. 1842. Chicago: Aldine Pub. Co.

Chin J. Organización Panamericana de La Salud. El Control de las enfermedades transmisibles. Washington: Organización Panamericana de La Salud, 2001.

Consenso brasileiro em doença de Chagas. Rev Soc Bras Med Trop. 2005; 38(SIII).

Costa NR. Lutas urbanas e controle sanitário: origens das políticas de saúde no Brasil; Petrópolis, Vozes; Rio de Janeiro: Associação Brasileira de Pós-Graduação em Saúde Coletiva, 1985.

Coura J, Amaral R. Epidemiological and control aspects of schistosomiasis in Brazilian endemic areas. Memórias do Instituto Oswaldo Cruz. 2004, vol. 99 (S1), 13-19.

Dias JCP. Elimination of Chagas disease transmission: perspectives. Memórias do Instituto Oswaldo Cruz, 2009; 104:41-5.

Drumond JAG, Marcopito LF. Migração interna e a distribuição da mortalidade por doença de Chagas. Brasil, 1981/1998. Cadernos de Saúde Pública. 2006 out; 22(10):2131-40.

Fidler DP, Gostin LO. The new International Health Regulations: an historic development for international Law and public health. The Journal of Law, Medicine & Ethics. 2006; 34(1):85-94.

Galvão J. Brazil and Access to HIV/AIDS drugs: A questiono f human rights and public health. American Journal of Public Health. 2005 jul; 95(7):1110-6.

Katz N. Schistosomiasis control in Brazil. Memórias do Instituto Oswaldo Cruz. 1998; 93:33-5.

Massad E. The elimination of Chagas'disease from Brazil. Epidemiology and infection 136(9):1153-64.

McNeill WH. Plagues and people. Health Care management Review. 1977; 2(2):99-100.

Meira DA. Doença meningocócica. In: Tratado de infectologia. 2. ed. Atheneu, 2002:645-54.

Moncayo A, Silveira AC. Current epidemiological trends for Chagas disease in Latin America and future challenges in epidemiology, surveillance and health policy. Memórias do Instituto Oswaldo Cruz 2009; (109):S1:17-30.

Nunn A. The politics and history of AIDS treatment in Brazil [Internet]. New York: Springer, 2009.

Oliveira ACR. Situação atual das filarioses. Situação e perspectivas do controle das doenças infecciosas e parasitárias. Brasília (DF):Cadernos da UnB. Brasília: UnB, 1981:165-84.

Penna GO, Domingues C, Siqueira Jr JB et al. Dermatological diseases of compulsory notification in Brazil. Anais brasileiros de dermatologia. 2011; 86(5):865-77.

Penna GO et al. Leprosy: the need to employ evidence-based medicine in control policies around the world. Leprosy review. 2010; 82(3):210.

Penna GO, Hajjar LA, Braz TM. Gonorrhea. Revista da Sociedade Brasileira de Medicina Tropical. 2000; 33(5):451-64.

Penna MLF et al. The epidemiological behaviour of leprosy in Brazil. Leprosy review. 2009; 80(3):332.

Penna MLF, Temporão JG, de Faria Grossi MA, Penna GO. Leprosy control: knowledge shall not be neglected. Journal of epidemiology and community health. 2011; 65(6):473-4.

Prata A. Clinical and epidemiological aspects of Chagas disease. The Lancet Infectious Diseases. 2001; set. 1(2):92-100.

Rodrigues IC, Bichara LNC, Santos MAV, Soares IS. Esquistossomose mansônica. In: Tratado de Infectologia. Ed. Atheneu. 2005:1524-8.

Romano APM, Ramos DG, Araújo FAA et al. Febre amarela no Brasil: recomendações para a vigilância, prevenção e controle. Epidemiologia e Serviços de Saúde. 2011; 30(1):101-6.

Teixeira MG, Costa MCN, Pereira SM, Barreto FR, Barreto ML. Epidemiologia das doenças infecciosas. In: Almeida-Filho N & Barreto ML. Epidemiologia & Saúde. Rio de Janeiro: Guanabara Koogan. 2011:458-74.

Teixeira MG, Costa MCN. Vigilância epidemiológica: políticas, sistemas e serviços. In: Políticas e sistema de saúde no Brasil. Fiocruz, RJ, 2008:795-818.

Teixeira MG, Penna GO, Risi JB et al. Seleção das doenças de notificação compulsória: critérios e recomendações para as três esferas de governo. Inf. Epidemiol. SUS. 1998; 7(1):7-28.

USA. Department of Health and Human Services. Center for Diseases Control e Preention. HIV Transmission [Internet]. Disponível em: http://www.cdc.gov/hiv/resources/qa/transmission.htm. Acesso em: 14/5/2013.

Vasconcelos PF. Febre amarela. Revista da Sociedade Brasileira de Medicina Tropical. 2003; 36(2):275-93.

WHO. Expert Committee on Leprosy, World Health Organization, Who Expert Committee on Leprosy: eighth rfeport. World Health Organization, 2012.

WHO. Meningococcal disease. [Internet]. Disponível em: http://www.who.int/csr/disease/meningococcal/en/index.html. Acesso em: 26/11/2012a.

WHO. International Health Regulations, 2005. [Internet]. Disponível em: http://www.who.int/ihr/en/. WHO. Acesso em: 26/11/2012.

WHO. World Health Organization. The Weekly Epidemiological Record (WER) [Internet]. Disponível em: http://www.who.int/wer/en/. Acesso em: 03/11/2012a.

WHO. World Health Organization. Accelerating Work to Overcome the Global Impacto f Neglected Tropical Diseases – a Roadmap for Implementation. Executive Summary. 2012b.

WHO. Lymphatic filariasis. [Internet]. Disponível em: http://www.who.int/mediacentre/factsheets/fs102/en/WHO. Acesso em: 14/5/2013.

30

Prevenção, Atenção e Controle de Doenças Crônicas não Transmissíveis

Alcione Brasileiro Oliveira Cunha • Sheila Maria Alvim de Matos
Ines Lessa • Gulnar Azevedo e Silva

INTRODUÇÃO

Após profundas transformações socioeconômicas decorrentes das revoluções tecnológica e industrial, que culminaram com o aumento da expectativa de vida ao nascer, mudanças no estilo de vida e expressivos impactos na saúde coletiva, as doenças crônicas não transmissíveis (DCNT) sustentaram-se como a primeira causa de morte nos países ricos, ditos industrializados. Nos países em desenvolvimento ocorreram mudanças similares, iniciadas apenas a partir da segunda metade do século XX. Os diferentes graus de iniquidade social desses países refletem as mudanças ocorridas nessas sociedades e o cenário epidemiológico em que se encontram (Omran, 1971; Barreto & Carmo, 1998; McKeown, 2009). Nos países industrializados, esse cenário foi modificado de maneira complexa, resultando em três transições sequenciais determinadas por profundas mudanças sociais, a saber: (1) transição demográfica, conduzindo ao envelhecimento populacional, (2) transição epidemiológica (Omran, 1971; Araújo, 1992; McKeown, 2009) e (3) transição nutricional (WHO, 2005). A transição epidemiológica foi marcada pela ascensão da morbimortalidade por DCNT, com predomínio das doenças cardiovasculares (DCV) na mortalidade, e pelo declínio da mortalidade por doenças infecciosas e parasitárias, tendo ocorrido de modo completo nos países ricos e industrializados (Omran, 1971; Sanders *et al.*, 2008; McKeown, 2009).

Assim como outros países em desenvolvimento, o Brasil tem passado por importantes alterações em seus padrões de morbimortalidade, os quais refletem, sobretudo, o envelhecimento populacional e mudanças no estilo de vida, com a construção de novos padrões de morbimortalidade e, consequentemente, novas demandas para os serviços de saúde. Evidenciam-se um acelerado envelhecimento populacional, como parte da transição demográfica (Batista Filho & Rissin, 2003; Lebrão, 2007), e prolongada transição epidemiológica, ainda inconclusa (Prata, 1992; Barreto & Carmo, 1998). Bayer & Paula (1984) detectaram o momento de início da transição epidemiológica no Brasil, quando observaram que o declínio da mortalidade por doenças infecciosas e parasitárias e a ascensão das DCV ocorreu em torno de 1964-1965, ponto temporal do cruzamento das curvas de tendências dos dois grupos de causas (Figura 30.1).

A transição nutricional se inicia juntamente com o crescimento das DCNT, em um contexto marcado por mudanças no estilo de vida dos indivíduos fortemente relacionadas com a dieta, influenciando padrões dietéticos e caracterizando os diferentes grupos sociais. As mudanças nos padrões dietéticos, por sua vez, estão associadas ao contexto econômico e à desigualdade social, o que não mais impede que aqueles pertencentes a extratos economicamente desfavoráveis apresentem risco de adoecimento e morte por doenças do aparelho circulatório semelhante aos mais ricos. Alimentos com altos teores de gordura, particularmente as saturadas, e baixos teores de carboidratos, em sua maior parte ultraprocessados e de baixo custo, estão sendo amplamente produzidos e consumidos por essa população (Monteiro, 2011, 2012).

No atual perfil epidemiológico, as DCV lideram com a maior carga de doenças, mortes ou incapacidades, seguidas das neoplasias malignas e diabetes, com elevada carga econômica para os serviços de saúde e a sociedade como um todo, em razão de mortalidade e invalidez precoces (WHO, 2005). Por este motivo, as doenças crônicas e degenerativas constituem um problema de saúde de grande magnitude, e o conhecimento de sua distribuição e tendência é de grande importância para formulação e implementação das políticas de saúde, contribuindo para a tomada de decisões no âmbito do planejamento e da gestão. As mudanças observadas nos padrões de

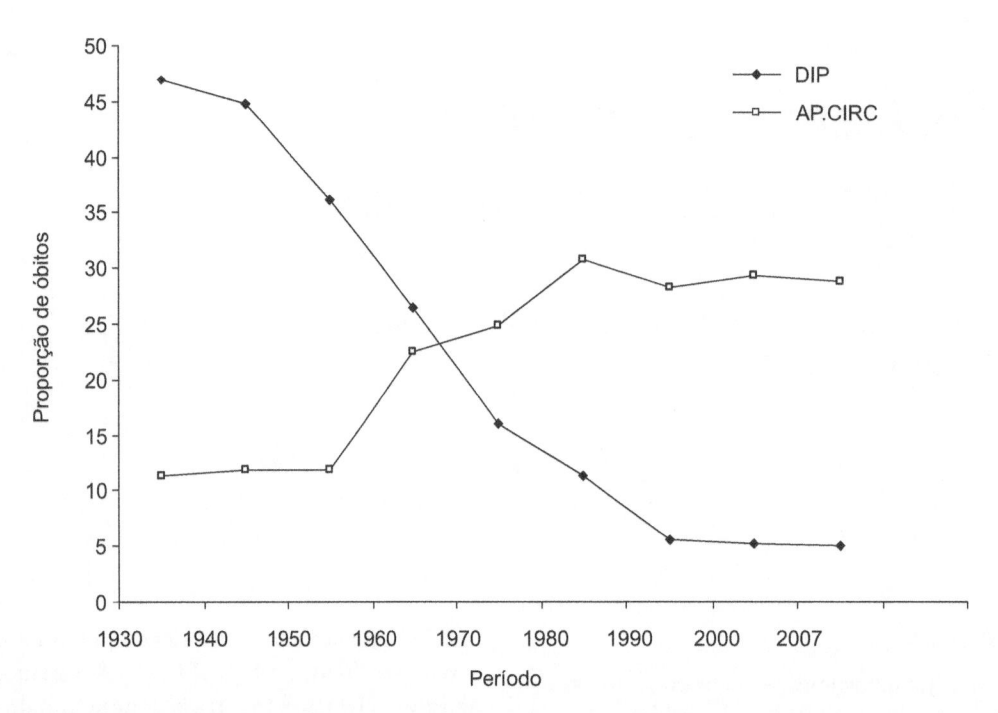

Figura 30.1 ♦ Tendência de mortalidade proporcional por doenças infecciosas e parasitárias (DIP) e doenças do aparelho circulatório – Capitais brasileiras, 1930-2007. Fonte: Bayer & Paula, 1984; Lessa, 2011).

morbimortalidade por essas doenças ao longo das últimas décadas impõem constantes desafios tanto para os gestores do setor saúde como para os demais setores de governo, devido ao custo crescente da assistência médica em razão da permanente incorporação tecnológica e ao impacto para o sistema de seguridade social, além dos anos potenciais de vida perdidos (Achutti, 2004; Schmidt et al., 2011).

Assim, este capítulo tem como objetivo descrever o perfil da morbimortalidade por doenças crônicas, abordando os quatro principais grupos de doenças para a saúde coletiva: DCV, diabetes, asma e câncer. Discute também a importância da atuação no âmbito dos fatores de risco, mediante a adoção de ações de promoção da saúde e prevenção de doenças e, por fim, identifica e discute algumas ações institucionais implementadas e direcionadas às demandas colocadas pelos portadores de doenças crônicas.

MORTALIDADE E MORBIDADE PELAS PRINCIPAIS DOENÇAS CRÔNICAS E DEGENERATIVAS

A análise do perfil epidemiológico é de extrema importância para planejamento e desenvolvimento de ações eficazes, sendo fundamental para a tomada de decisão que possibilitará a melhoria da qualidade da atenção à saúde e das condições de vida. As limitações impostas nas estatísticas de saúde obtidas junto aos sistemas de informações disponíveis nacionalmente, tanto na cobertura como na qualidade dos dados, se refletem nas discrepâncias observadas na morbimortalidade por DCNT entre as regiões do Brasil. Historicamente, as regiões Norte e Nordeste apresentam pior qualidade da informação em saúde, quando comparadas às regiões Sul e Sudeste, embora tenha havido avanços significativos nos estados do Nordeste nos últimos 10 anos (Bahia, 2008). Os indicadores de mortalidade dos Estados e capitais brasileiros diferem bastante, possivelmente em razão das desigualdades sociais, especificamente no que se refere ao acesso a serviços de saúde, às hospitalizações, às urgências/emergências e também à assistência médica de qualidade. No entanto, em que pesem todas as deficiências nos registros e na qualidade dos dados, as análises de séries históricas são capazes de apontar tendências e modificações no nível de saúde das populações ao longo do tempo.

No Brasil, o conjunto de causas de óbito representado por DCV, neoplasias e doenças do aparelho respiratório correspondeu a cerca de 70% do total de óbitos relativos a todas as faixas etárias para o ano de 2007, destacando-se as DCV e o câncer (Schmidt, 2011b), havendo diferenças no percentual desse grupamento de causas de óbito de acordo com as regiões do país (Brasil, 2011a).

Morbidade e mortalidade por doenças cardiovasculares

As DCV são as principais causas de morte da população brasileira, respondendo por 31,3% dos óbitos, e dentre elas se destacam as doenças cerebrovasculares (DCbV). Na maioria dos demais países desenvolvidos e em desenvolvimento, o infarto agudo do miocárdio (IAM) é a primeira causa de morte (Brasil, 2011a). Embora representem o grupo de causas com as maiores taxas de incidência na população, chegando a 226 óbitos por 100 mil habitantes em 2009, as DCV vêm registrando decréscimo em seus valores nos últimos anos (Brasil, 2011a). Esta tendência de redução já foi observada desde as últimas décadas do século XX nos países desenvolvidos e em alguns estados das regiões Sul e Sudeste do Brasil em anos mais recentes (Cesse *et al.*, 2009). Esse comportamento reflete o decréscimo da mortalidade por DCbV, principal componente das doenças do aparelho circulatório (DAC), especialmente em virtude de mudanças no estilo de vida, prevenção dos principais fatores de risco e melhoria da assistência médica e do acesso aos serviços de saúde, dentre outros.

A mortalidade por DCV está em declínio no Brasil, sendo observada redução de 41% entre 1991 e 2009 (de 383 por 100 mil para 226 por 100 mil), com diferenças marcantes entre gênero e regiões (Brasil, 2011a). Os coeficientes de mortalidade são mais elevados nas regiões Sudeste e Sul, mas vem ocorrendo importante declínio. As regiões menos desenvolvidas apresentam coeficientes mais baixos, mas as tendências não são claras (Figura 30.2).

O declínio das doenças cerebrovasculares e das DCV tem relação direta com o tempo entre os sintomas, o atendimento e com o local e qualidade do atendimento. Quanto mais precoce o tempo para atendimento, tanto melhor e mais adequada a forma de tratamento e melhor o prognóstico.

Com relação à letalidade hospitalar por DCV no Brasil, nas últimas décadas, tem sido demonstrado que a letalidade hospitalar por IAM vem diminuindo ante a evolução da tecnologia diagnóstica e terapêutica. Por um lado, as mortes realmente diminuíram, porém as complicações das tecnologias invasivas levam a outros eventos importantes, fatais ou não, mas com grande possibilidade de sequelas permanentes, como é o caso das complicações por DCbV.

A mortalidade hospitalar é maior entre as mulheres, embora a morte fora do hospital seja mais frequente nos homens. Existe a possibilidade de que o infarto seja mais grave no homem, sem tempo para o atendimento médico e com predomínio de morte não hospitalar, enquanto as mulheres teriam mais chances de chegar com vida ao hospital, com subsequente agravamento do quadro e a morte ocorrendo mais no ambiente intra-hospitalar (Lessa, 2003).

Câncer

A incidência do câncer vem se mantendo bastante elevada em todo o mundo, exibindo, no entanto, importante variação geográfica, tanto em sua incidência global como no que se refere a regiões específicas de localização do tumor. Para o ano de 2002, em todo o mundo, foi estimada a ocorrência de cerca de 11 milhões de casos novos e, em função da tendência atual de prevalência do tabagismo e da adoção crescente de estilos de vida cada vez menos saudáveis, espera-se para os próximos 20 anos um crescimento ainda mais expressivo na incidência mundial da doença (Parkin *et al.*, 2005; Kamangar, Dous & Anderson, 2006).

A despeito da elevação da incidência, a mortalidade por câncer vem diminuindo em países desenvolvidos, enquanto no Brasil as mais recentes estatísticas

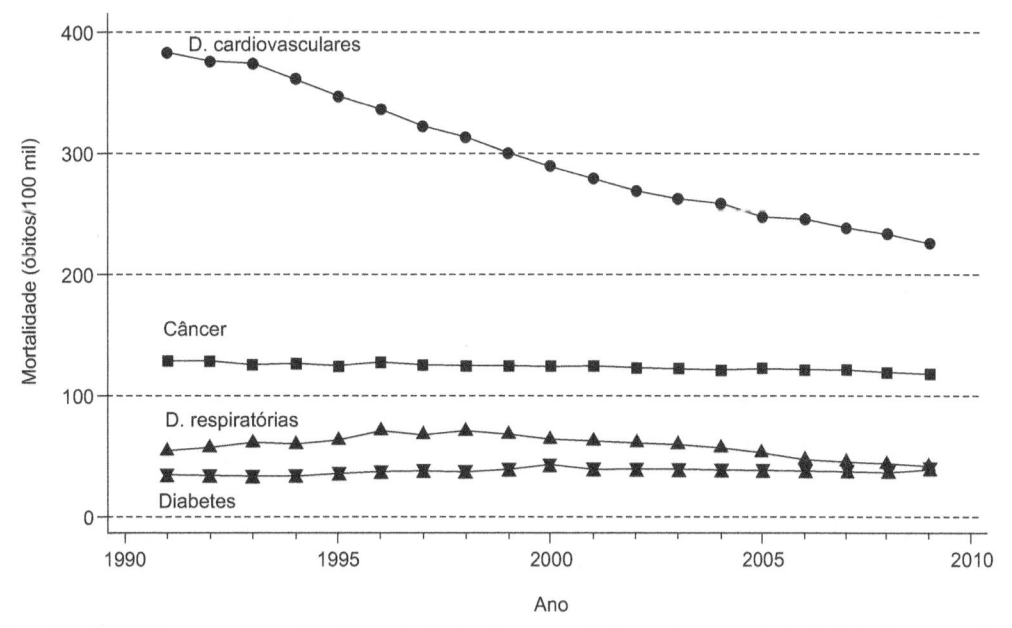

Figura 30.2 • Mortalidade* (óbitos por 100 mil) pelas principais doenças crônicas não transmissíveis (DCNT) no Brasil – 1991-2009. *Padronizada pela População Padrão da OMS, corrigida para sub-registro e com redistribuição proporcional das causas classificadas como maldefinidas. (Fonte: Secretaria de Vigilância em Saúde/MS. Saúde Brasil, 2011.)

oficiais mostram tendência de elevação, tornando-se a segunda principal causa de óbito – 16,2% em 2009 (Brasil, 2003a, 2011a). No Brasil, a distribuição dos casos de câncer revela aumento dos tipos associados a melhores condições socioeconômicas (mama, próstata e câncer colorretal); por outro lado, os tumores que costumam ter relação com a pobreza, como é o caso dos cânceres do colo de útero, pênis, estômago e cavidade oral, continuam apresentando elevadas taxas de incidência (Koifman & Koifman, 2003). Quanto à localização do câncer, segundo o gênero, os tumores mais frequentes entre os homens têm sido os de próstata, pulmão, estômago, cólon, reto e esôfago; entre as mulheres, predomina o câncer de mama, seguido pelos cânceres do colo uterino, cólon, reto, pulmão e estômago. Grande variabilidade na frequência de distribuição das diversas localizações de câncer também tem sido encontrada de acordo com as regiões do país: no Norte e Nordeste os tipos mais incidentes são os cânceres de colo uterino e de próstata, respectivamente, enquanto na região Sul predomina o câncer de pulmão e no Sudeste, o câncer de próstata (INCA, 2011).

A análise recente das taxas de mortalidade geral por câncer no Brasil, corrigidas pela redistribuição proporcional de 50% dos óbitos mal definidos no Sistema de Informações de Mortalidade, mostrou tendência crescente em ambos os sexos (Azevedo e Silva et al., 2011). O risco de morte por todos os tipos de câncer foi maior entre os homens, sendo de aproximadamente 120/100 mil e 80/100 mil em mulheres. As Figuras 30.3 e 30.4 mostram os tipos mais frequentes entre homens e mulheres no país (Azevedo e Silva et al., 2011).

Doenças respiratórias

Em todo o mundo, as doenças respiratórias crônicas são a quarta causa mais frequente de óbitos evitáveis e a terceira causa entre os brasileiros, sendo o cenário nacional semelhante ao internacional no que se refere aos tipos mais prevalentes: infecções respiratórias do trato inferior e doença pulmonar obstrutiva crônica (DPOC) (WHO, 2005).

No Brasil, considerando todas as faixas etárias, as doenças respiratórias crônicas de maior morbimortalidade são DPOC, asma, rinite alérgica e câncer de pulmão (Menezes et al., 2011). Essas doenças têm importante impacto social e podem provocar incapacidades, limitações emocionais e intelectuais e promover desfechos fatais.

Entre adultos, cerca de 400 mil mortes anuais são atribuídas à DPOC nos países industrializados, e a maioria dessas mortes ocorre na China. Os dados mais recentes apontam a DPOC como a principal doença respiratória em adultos, com prevalência de 10,1%, sendo responsável por 40% dos óbitos por todas as doenças respiratórias crônicas (Lopez et al. 2006; Buist et al., 2007).

Em virtude da crescente elevação na incidência da asma e de outras doenças alérgicas, as manifestações alérgicas constituem uma preocupação para a saúde. Segundo relatório do Global Initiative for Asthma, a pre-

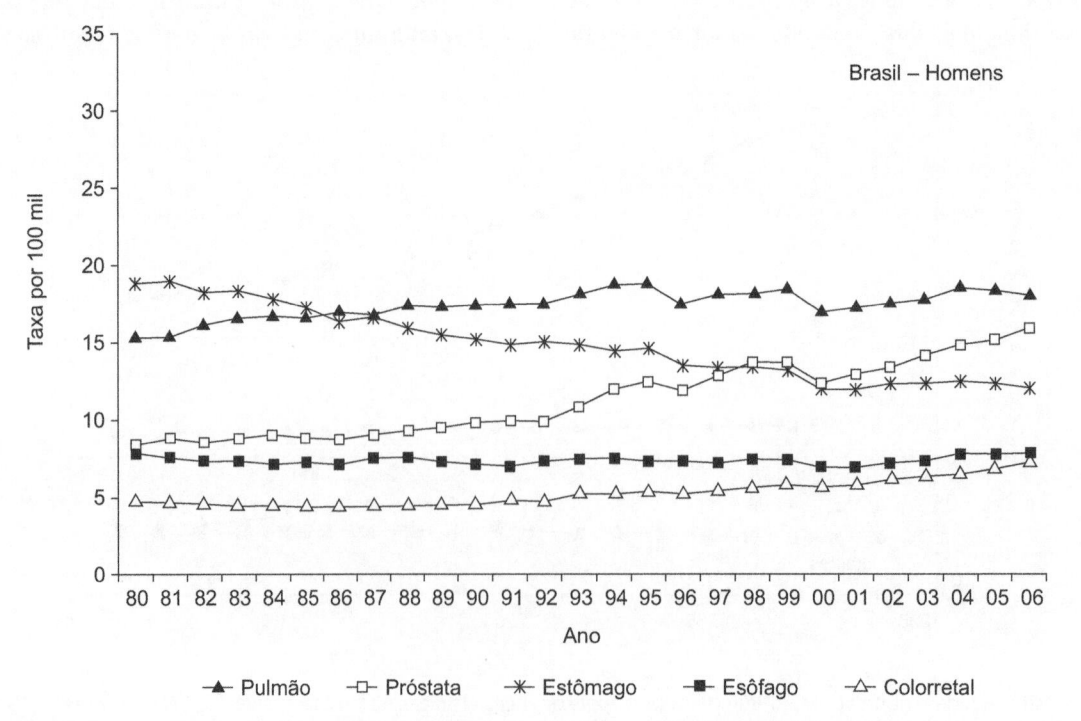

Figura 30.3 • Taxas de mortalidade por câncer, tipos mais frequentes entre homens – Brasil, 1980 a 2006. Ajustada por idade segundo população padrão mundial, modificada por Doll et al., 1995. Fonte Azevedo e Silva et al., 2011.

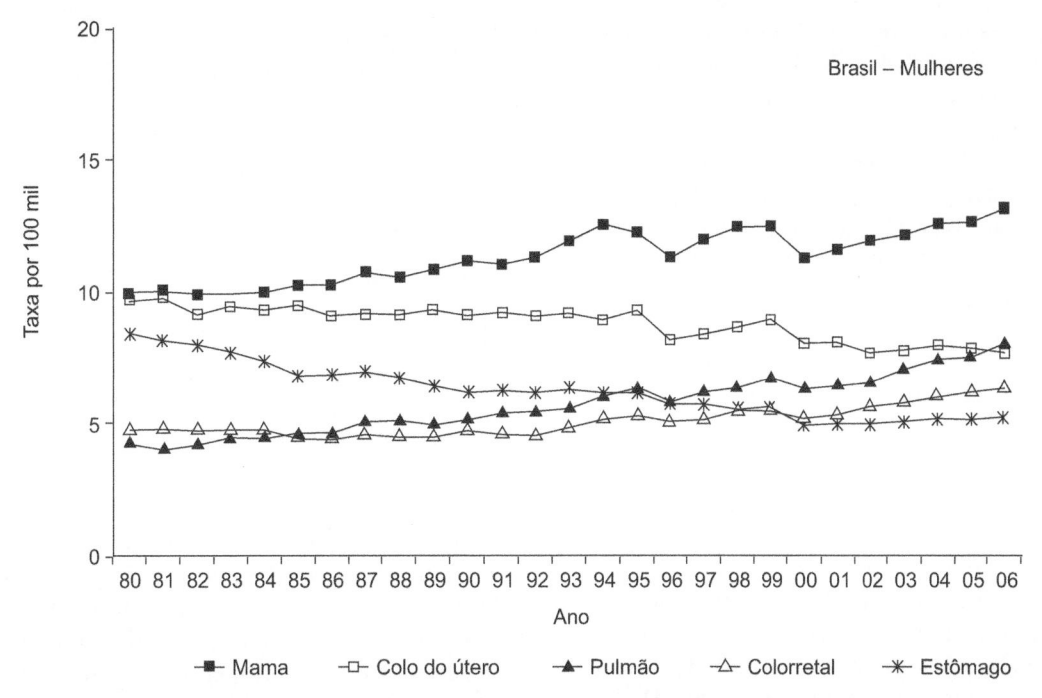

Figura 30.4 ♦ Taxas de mortalidade por câncer, tipos mais frequentes entre mulheres – Brasil, 1980 a 2006. Ajustada por idade segundo população padrão mundial, modificada por Doll et al., 1996. Fonte: Azevedo e Silva et al., 2011.

valência média de asma em crianças brasileiras entre 13 e 14 anos de idade está em torno de 20%, o que coloca o Brasil entre os países com as maiores prevalências da doença em crianças, sendo uma das mais elevadas da América do Sul e próxima à observada em países desenvolvidos (Masoli, 2004). O aumento da incidência da asma tem sido associado à maior sensibilização atópica e a diversos fatores relacionados com o estilo de vida ocidental (*western lifestyle*), como a urbanização, novos padrões habitacionais, baixo nível socioeconômico, exposição a poluentes ambientais, infecções, estresse, tabagismo, uso de antibióticos, vacinação, dieta, sedentarismo, alto peso ao nascimento, excesso de peso, entre outros (Devereux & Seaton, 2001; Flaherman & Rutherford, 2006; Cunha et al., 2007; Remes et al., 2008; Matos et al., 2011).

Diabetes

O diabetes por si só é uma grave doença que tem trazido desafios à Saúde Pública, mas também se comporta como fator de risco para hipertensão, DAC e DCbV. Atualmente, sabe-se que a prevalência do diabetes vem aumentando consideravelmente, acompanhando o aumento da prevalência do excesso de peso e da obesidade (Brasil, 2012). A prevalência do diabetes é similar entre os sexos, eventualmente maior em mulheres, predomina em classes sociais mais baixas, e é comum os diabéticos apresentarem síndrome metabólica.

Existem informações sobre prevalências de diabetes entre 10% e 13%, observadas em estudos isolados realizados em capitais ou outras cidades (Lyra et al., 2010).

Contudo, os inquéritos populacionais mais abrangentes sobre o diabetes e outros fatores de risco ou proteção para doenças crônicas sinalizam prevalências mais baixas. Esses inquéritos começaram a ser realizados pelo Ministério da Saúde nas 26 capitais dos Estados e no Distrito Federal a partir de 2006. Seis inquéritos realizados até 2011 foram por morbidade referida e via telefone (o Vigitel – *Vigilância de fatores de risco e proteção para doenças crônicas por inquérito telefônico*) (Brasil, 2012). Embora apresentem vieses, esses estudos vêm contribuindo para trazer informações dos estados que não dispunham de registros anteriores. O último inquérito realizado mostrou prevalência de 5,6% de diabetes autorrelatado, sendo maior entre as mulheres (6%) do que entre os homens (5,2%) (Brasil, 2012). Os homens mostraram a tendência de elevação da doença, apresentando variação positiva de 0,2 pontos percentuais ao ano no período entre 2006 e 2011 (Brasil, 2012). A maior disponibilidade de recursos diagnósticos e terapêuticos e o acesso aos serviços de saúde parecem estar relacionados com a elevação observada.

A mortalidade por diabetes sofreu uma redução de 8% na última década, após um período de aumento entre 1991 e 2000. Em 2009, o diabetes foi a causa de óbito de 5,2% dos brasileiros (Brasil, 2011a).

ATENÇÃO AOS FATORES DE RISCO PARA DCNT

Apesar de se constituírem importante causa de morbimortalidade, a atenção às DCNT ainda enfrenta grandes desafios: (a) as ações preventivas são pouco enfatizadas; (b) não se privilegia o diagnóstico precoce; (c) o tratamento e o controle da doença são insatisfatórios; (d) não há a disponibilidade de leitos hospitalares para urgências cardiovasculares, visto que grande parte das mortes por essas doenças ocorre por eventos agudos (IAM, DCbV, crises hipertensivas acompanhadas ou não de insuficiência cardíaca aguda (edema agudo do pulmão); (e) ausência de serviços de reabilitação, o que leva ao acúmulo de incapacitados na sociedade.

Esses desafios exigem maior articulação intersetorial na proposição de intervenções capazes de agir sobre fatores de risco para as DCNT: o tabagismo, a obesidade e o controle do consumo excessivo de álcool.

Tabagismo

O tabagismo é um dos mais importantes fatores de risco para o grupo de doenças cardiovasculares, câncer e doenças respiratórias. No Brasil, a prevalência de fumantes vem reduzindo desde os anos 1980. Dados de inquéritos nacionais mostram importante queda do tabagismo nas últimas décadas: em 1989, a prevalência era de 34,8%, passando para 17,2% em 2008 (Monteiro et al., 2007; IBGE/PETab, 2009a). Dados mais recentes apontam que a frequência de fumantes entre pessoas com 18 anos ou mais, nas capitais, passou de 18,2% para 14,8%, entre 2006 e 2011, sendo a redução maior entre os homens (10,8%), em comparação às mulheres (6,2%) (Brasil, 2007a, 2012). Quanto à escolaridade, entre os indivíduos com mais de 12 anos de estudo, o percentual de fumantes foi de 10,3% em 2011, pouco mais da metade observada para o grupo com até 8 anos de estudo, que foi de 18,8% (Brasil, 2012).

O controle do tabagismo no Brasil é coordenado pelo Programa Nacional de Controle do Tabagismo, conduzido pelo Instituto Nacional do Câncer (INCA), do Ministério da Saúde (INCA/MS), que, de maneira articulada com os estados, tem implementado diversas estratégias voltadas para a redução da prevalência de fumantes. Entre estas, destacam-se: a proibição da propaganda de produtos derivados do tabaco em veículos de comunicação, desde o ano 2000, e a restrição do uso em locais coletivos fechados, públicos ou privados, em anos recentes (Brasil, 2000, 2011b). O combate ao tabaco também envolveu a publicação de imagens de advertência em embalagens de cigarros, visando alertar e esclarecer a população sobre os riscos da exposição ao fumo, e uma maior taxação na forma de impostos, visando dificultar o acesso.

Essas ações têm impacto na redução da iniciação e do aumento da cessação de tabagismo e podem explicar, em parte, a diminuição na mortalidade por causas relacionadas com DCV e doenças respiratórias no Brasil.

Obesidade

A obesidade é considerada um marcador das recentes mudanças no estilo de vida, as quais também estão associadas à ocorrência das DCNT. Além de ser uma doença de custo elevado para a sociedade, a obesidade está entre os mais importantes fatores de risco cardiovascular e para o diabetes. Além disso, encontra-se em fase epidêmica, com evolução crescente das prevalências de sobrepeso e obesidade. Nenhum grupo social ou faixa etária está protegido dessa doença, embora sua prevalência aumente com a idade.

Segundo dados do Vigitel, em 2011 a taxa de adultos com excesso de peso no conjunto da população brasileira foi de 48,5%, sendo maior entre homens (52,6%) do que entre mulheres (44,7%). Entre as capitais que mais se destacaram estão Porto Alegre, com 58,5%, Fortaleza, com 58,0%, e Maceió, com 57,6%, todas apontando frequência maior entre os homens (Brasil, 2012). A frequência de obesidade entre adultos foi de 15,8%, destacando-se entre as mulheres com até 8 anos de estudo, que apresentam quase o dobro em comparação às mulheres com maior grau de escolaridade – 11,4% e 19,7%, respectivamente (Brasil, 2012).

Há consenso em que a nutrição adequada e a manutenção do estado antropométrico ideal desde o início da vida têm impacto positivo na prevenção das DCNT. A dieta é reconhecidamente um dos mais importantes fatores na gênese e prevenção do ganho excessivo de peso. A última Pesquisa de Orçamentos Familiares realizada no Brasil revelou tendência crescente de substituição de alimentos básicos na dieta brasileira, como arroz, feijão e hortaliças, por alimentos ultraprocessados, como refrigerantes, biscoitos, carnes processadas, geralmente de baixo custo (IBGE, 2009b, 2010a). Essa mudança nos padrões alimentares da população brasileira aumenta o risco de obesidade por favorecer a elevada densidade energética da dieta.

Recentemente, têm sido implementadas estratégias voltadas para a adoção de alimentação saudável e realização de atividade física regular, as quais devem repercutir de modo positivo nesse importante fator de risco. As primeiras ações de estímulo à alimentação saudável e à adoção de um estilo de vida mais ativo datam de 1999, com o lançamento da Política Nacional de Alimentação e Nutrição (PNAN), que define um conjunto de ações no âmbito da saúde e de outros setores para assegurar ambientes coletivos propícios a padrões saudáveis de alimentação e nutrição, reconhecendo a complexidade das DCNT relacionadas com a nutrição (Brasil, 1999, 2003b).

Destaca-se no Programa Nacional de Alimentação Escolar a integração com a produção local de alimentos a partir da criação de legislação específica que destina no mínimo 30% do orçamento do programa para a aquisição de gêneros alimentícios obtidos, preferencialmente, de empreendedor familiar rural local, favorecendo a oferta de frutas e hortaliças na escola (IBGE, 2009b). Outras ações que visam ao combate à obesidade têm sido promulgadas pelo governo brasileiro, como a inclusão de metas nacionais para redução da obesidade no Plano Nacional de Saúde (Brasil, 2005a); o Programa Saúde na Escola (Brasil, 2007b); aprovação de diretrizes nacionais para alimentação saudável (CNS, 2008); divulgação do Plano Intersetorial de Prevenção e Controle da Obesidade (Brasil, 2011c); repasse de recursos federais para financiamento de ações específicas de promoção de alimentação saudável e de atividade física nos municípios (Brasil, 2011c, 2011d); e a resolução da Agência Nacional de Vigilância Sanitária (Brasil, 2010b) que regulamenta a publicidade de alimentos processados, cujas informações nutricionais devem ser apresentadas de maneira clara e explícita.

Consumo excessivo de álcool

A estimativa do consumo abusivo de álcool, segundo o Vigitel 2011, tem como critério a ingestão de quatro ou mais doses de bebidas alcoólicas para mulheres ou cinco ou mais doses para homens em uma mesma ocasião dentro dos últimos 30 dias (Brasil, 2012).

No Brasil, estima-se que o consumo esteja em torno de 17%, sendo quase três vezes maior em homens (26,2%) do que em mulheres (9,1%). Ao contrário dos demais fatores de risco já analisados, o consumo é maior na população de maior escolaridade (mais de 12 anos de estudo), com uma taxa de 21,5%, enquanto aquela de até 8 anos de estudo apresenta uma taxa de 18,3%. Entre as capitais, Salvador, Cuiabá e Recife destacam-se com taxas de 26,8%, 24,3% e 24,2%, respectivamente.

Ainda que o consumo excessivo de álcool seja um importante fator de risco para várias doenças e agravos, como DCV, neoplasias e acidentes de trabalho e de trânsito (Primo & Stein, 2004), apenas em 2007 foi publicada a Política Nacional do Álcool com estratégias para enfrentar os problemas relacionados com o consumo abusivo de bebidas alcoólicas no Brasil (Brasil, 2007c).

Entre as ações previstas estão a capacitação de garçons para proibição da venda de álcool a menores de idade e pessoas com sintomas de embriaguez e o incentivo à proibição da venda em postos de combustíveis, além da regulamentação e fiscalização da publicidade de bebidas alcoólicas (Brasil, 2007c). Entretanto, a implementação dessas ações, particularmente daquelas que exigem maior controle sobre a propaganda e a comercialização dos produtos, teve poucos avanços, por um lado devido à força comercial e econômica das indústrias de cervejarias e, por outro, por tratar-se de um hábito antigo e aceito socialmente, o que exige mudanças no comportamento e no estilo de vida individual.

Ainda que esse conjunto de ações voltadas para o controle dos fatores de risco tenha sido implementado ou estimulado junto a governos e municípios, a implantação e condução de ações coordenadas e orientadas para a melhoria da atenção ao portador de DNCT constitui um desafio não só para o Brasil, mas para todo o mundo.

POLÍTICAS DE PREVENÇÃO E CONTROLE DE DOENÇAS CRÔNICAS

Nas últimas décadas, o Ministério da Saúde (MS) vem incentivando um conjunto de ações com vistas a atuar na vigilância e no controle dos fatores de risco para DCNT, buscando a integração das ações e a organização do sistema de serviços de saúde.

Desde 2000, o desenho e a estruturação de um sistema de Vigilância e Prevenção das DCNT tem sido implementado e estimulado nos diversos níveis de gestão (Malta *et al.*, 2006). Em 2005, o incentivo ao estabelecimento de um sistema de vigilância específico para essas doenças resultou na publicação pelo MS de um documento intitulado *Agenda de prioridades para implementação da vigilância, prevenção e controle de doenças não transmissíveis*, cujo escopo foi a orientação para estruturação da vigilância, controle e prevenção de DCNT no Brasil. A vigilância das DCNT trata de um conjunto de ações em que se busca conhecer a distribuição, a magnitude e a tendência dessas doenças de modo a contribuir para o monitoramento, subsidiando o planejamento, a execução e avaliação das ações em curso. No Brasil, a vigilância dos fatores de risco é feita por meio de inquéritos[1] de saúde nacionais e locais, realizados periodicamente, e que se constituem em bases de dados para o monitoramento. Esses inquéritos coletam dados sobre características socioeconômicas e demográficas, fatores de risco e comportamento, além de dados sobre o atendimento à saúde.

Ainda no processo de aperfeiçoamento desse sistema, em 2008 foi lançado pelo MS o documento *Diretrizes para a Vigilância de DCNT, Promoção, Prevenção e Cuidado*, estabelecendo estratégias de intervenção voltadas para a redução da carga das DCNT. Esse documento ampliou e buscou consolidar as proposições publicadas anteriormente, incorporando, além do fortalecimento dos sistemas de vigilância em saúde, a proposição de ações de promoção da saúde e a reorientação dos sistemas de saúde com ênfase no cuidado integral (Brasil, 2008).

O problema das DCNT foi debatido mundialmente na Organização das Nações Unidas (ONU), em 2011, com a participação de chefes de Estado, evidenciando a relevância do tema como fundamental para o alcance das metas

---

[1]Principais inquéritos voltados para DCNT: Pesquisa de Orçamento Familiar – POF; Pesquisa Nacional por Amostra de Domicílios – PNAD; Vigilância de Fatores de Risco e Proteção para Doenças Crônicas por Inquérito Telefônico – Vigitel; Pesquisa Nacional da Saúde do Escolar – Pense – e Pesquisa Nacional de Saúde – PNS.

dos Objetivos de Desenvolvimento do Milênio da ONU. Desse encontro resultou um documento elaborado pelo MS, cujo teor reafirma a importância de fortalecer e consolidar ações setoriais e intersetoriais voltadas para prevenção e controle das doenças crônicas, intitulado *Plano de Ações Estratégicas para o Enfrentamento das DCNT no Brasil, para o período de 2011-2022* (Brasil, 2011). As estratégias propostas direcionam-se para o monitoramento de doenças e de fatores de risco, ações de promoção da saúde e para a definição de um modelo de atenção voltado para portadores de DCNT (Brasil, 2011e).

Enfrentamento das DCNT no Brasil

O referido plano (Brasil, 2011e) busca promover o desenvolvimento e a implantação de políticas públicas efetivas com base em evidências para prevenção e controle das doenças crônicas e seus fatores de risco, ao mesmo tempo que deve fortalecer a organização dos serviços de saúde. Para tanto, reforça a importância das ações de promoção da saúde, articuladas à prevenção e detecção precoce de doenças, e a garantia de acesso ao tratamento oportuno, valorizando de igual modo a reorganização dos serviços de saúde do Sistema Único de Saúde, a partir da atenção primária e da participação comunitária. Sistematizando o conjunto de iniciativas em curso no país, o Plano de Enfrentamento para o período 2011-2022 propõe ações que deverão ser alcançadas a partir de três eixos estratégicos, quais sejam:

I – Vigilância, Informação, Avaliação e Monitoramento;
II – Promoção da Saúde;
III – Cuidado Integral.

Essas dimensões nortearão a discussão a seguir, buscando articular as proposições do plano (Brasil, 2011e) ao conjunto de ações em curso no Brasil e aos avanços e desafios da organização do sistema de serviços de saúde com vistas às DCNT.

Vigilância, informação, avaliação e monitoramento

As estratégias descritas no plano (Brasil, 2011e) direcionam-se para a realização de pesquisas e inquéritos populacionais, buscando identificar incidência, prevalência, morbimortalidade, fatores de risco e proteção para DCNT e fortalecimento dos sistemas de informação em saúde e de vigilância em estados e municípios.

Cabe ressaltar que o plano prevê a consolidação das ações de vigilância, controle e prevenção do câncer centradas em sistemas de registros[2] para estimativas de morbidade da doença e sobrevida de pacientes.

[2]Registro de Câncer de Base Populacional (RCBP) e Registro Hospitalar de Câncer (RHC).

A Figura 30.5 descreve as fontes de informação para a vigilância das DCNT no Brasil, conforme previstas no Plano (Brasil, 2011e).

O maior desafio na execução dessas ações se encontra na consolidação de um sistema nacional padronizado de informações sobre essas doenças e de sobrevida por câncer, devido à desvalorização e à pouca apropriação por profissionais de saúde e gestores de serviços dos Sistemas de Informação em Saúde (DECIT, 2007).

Promoção da saúde

A necessidade de estabelecimento de parcerias entre os diversos órgãos de governo, e entre setores governamentais ou não, coloca-se de modo imprescindível no desenvolvimento e acompanhamento das intervenções voltadas para DCNT. O plano enfatiza o fomento a iniciativas intersetoriais no âmbito dos setores público e privado, além de parcerias com a sociedade civil, de modo a desencadear um conjunto de intervenções que promovam e estimulem a adoção de comportamentos e estilos de vida saudáveis, ao mesmo tempo que contribuam para viabilizar condições sociais e econômicas favoráveis ao enfrentamento dos fatores determinantes das DCNT.

As ações descritas no plano contemplam alimentação saudável com vistas ao controle da obesidade, práticas corporais e atividade física, prevenção de uso de tabaco e álcool, construção de espaços urbanos sustentáveis e saudáveis e estímulo a um envelhecimento ativo (Brasil, 2011e). Como estratégia central, busca garantir o compromisso dos diversos setores governamentais envolvidos, reconhecendo que diversas ações de promoção da saúde dependem de decisões externas a cada setor, o que implica um trabalho intersetorial articulado (Brasil, 2011e).

Cabe ressaltar que essas ações estão em consonância com a Política Nacional de Promoção da Saúde aprovada em 2006, que visa promover a qualidade de vida e reduzir a vulnerabilidade e o risco à saúde (Brasil, 2006b). Em outras palavras, as ações a serem disseminadas devem estar em articulação com outras iniciativas institucionais em curso, a exemplo do Programa Academia Saúde, Programa Saúde na Escola e Programa Nacional de Alimentação Escolar.

Cuidado integral para as DCNT

O plano (Brasil, 2011e) propõe o fortalecimento da capacidade de resposta do SUS, com a ampliação e diversificação de um conjunto de intervenções capazes de realizar uma abordagem integral, articulando a prevenção da doença, seu controle e assistência. As principais estratégias desse eixo, conforme o plano (Brasil, 2011e), estão no fortalecimento do vínculo entre os portadores de DCNT e as equipes de saúde, de modo a garantir com isso a referência e contrarreferência para a rede de es-

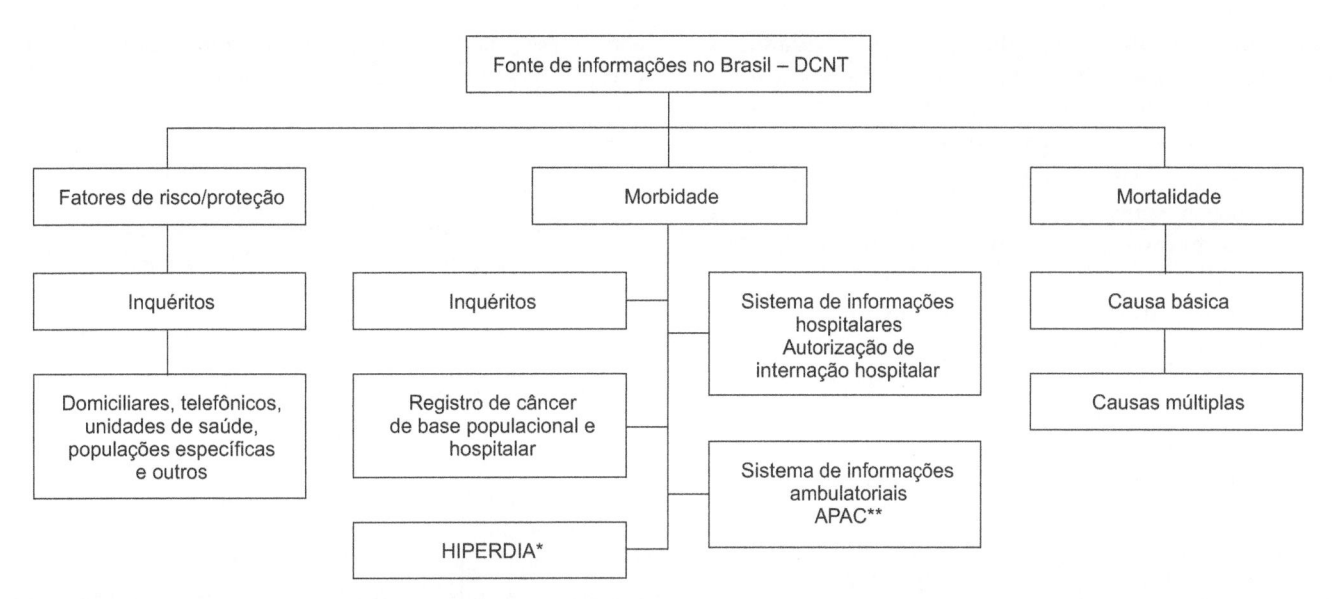

```
                    Fonte de informações no Brasil – DCNT
                                    |
        ┌───────────────────────────┼───────────────────────────┐
Fatores de risco/proteção        Morbidade                   Mortalidade
        |                           |                           |
    Inquéritos                  Inquéritos ──── Sistema de informações    Causa básica
        |                           |           hospitalares
 Domiciliares, telefônicos,   Registro de câncer Autorização de           Causas múltiplas
 unidades de saúde,           de base populacional internação hospitalar
 populações específicas       e hospitalar   ──── Sistema de informações
 e outros                                          ambulatoriais
                              HIPERDIA*            APAC**
```

Figura 30.5 • Fontes de informação para a vigilância de DCNT. (Fonte: Plano de Ações Estratégicas para o Enfrentamento das DCNT no Brasil para o período de 2011-2022.)
*HIPERDIA: Sistema de cadastramento e acompanhamento de hipertensão e diabetes.
**APAC: Autorização de procedimentos de alta complexidade.

pecialidades, hospitalar e unidades de urgência. Mantém a lógica de iniciativas anteriores, com a garantia e ampliação do acesso gratuito a medicamentos e insumos estratégicos previstos nos protocolos clínicos e diretrizes terapêuticas das DCNT e tabagismo.

Quanto ao câncer, o plano (Brasil, 2011e) busca estratégias para fortalecer as ações de prevenção e qualificação do diagnóstico precoce e tratamento dos cânceres do colo de útero e de mama com a garantia de acesso ao exame preventivo e à mamografia de rastreamento e de tratamento adequado às mulheres com diagnóstico de lesões precursoras. Reafirma compromissos dos programas de controle que têm buscado a identificação precoce de cânceres de mama e colo do útero com o objetivo de reduzir a incidência e a mortalidade pela doença e melhorar a qualidade de vida da mulher.

Ações direcionadas à detecção e incorporação ao sistema de saúde de pessoas com hipertensão e *diabetes mellitus* foram objetos de plano específico com o Plano Nacional de Reorganização da Atenção à Hipertensão e ao *Diabetes Mellitus*, em 2001, em que, a partir de um programa de rastreamento, conseguiu incorporar mais de 300 mil pessoas com diabetes aos serviços. Resultou também no aperfeiçoamento da atenção básica no que tange às ações voltadas para as doenças crônicas, e posteriormente na oferta de medicamentos para hipertensão arterial, *diabetes mellitus* e asma, ação recentemente reestruturada e expandida por meio do Programa Farmácia Popular (Brasil, 2001).

Quanto ao Programa de Controle do Câncer do Colo do Útero, desenvolvido sob a coordenação do INCA e em parceria com os estados da União, além do Distrito Federal, tem tido boas coberturas populacionais devido, em grande parte, à realização do exame de Papanicolaou em unidades básicas de saúde. Já a atenção ao câncer de mama, ainda que tenha sido um dos itens na Política Nacional de Atenção Oncológica (Brasil, 2005b) e reafirmado como prioridade no recente *Plano de Fortalecimento da Rede de Prevenção, Diagnóstico e Tratamento do Câncer*, lançado pela presidente da República em 2011, ainda se constitui em grande desafio por demandar a realização de exames de mamografia, meio diagnóstico mais eficaz. A imensa desigualdade na distribuição espacial de mamógrafos, aliada às deficiências nas estratégias de rastreamento pelos serviços de saúde, dificulta o acesso de mulheres ao exame (Santos & Chubaci, 2011). De modo geral, existe uma considerável iniquidade no acesso aos serviços de prevenção, diagnóstico e tratamento do câncer no país.

Estudos evidenciam que maior acesso a serviços e cuidados em saúde contribui particularmente para a redução nas taxas de internações hospitalares resultantes de ações específicas da Atenção Primária (Schmidt et al., 2011). A Atenção Primária, funcionando como porta de entrada ao sistema de serviços de saúde, e a Estratégia de Saúde da Família, com o acompanhamento longitudinal dos usuários, são aspectos fundamentais para melhoria da resposta ao tratamento dos usuários com DCNT (Brasil, 2006b).

Nesse contexto, a configuração de uma rede regionalizada e hierarquizada torna-se necessária para a prestação do cuidado especializado e hospitalar no caso das doenças crônicas. Essa logística pressupõe a adequada articulação entre diferentes serviços dentro de um mesmo sistema de saúde, viabilizando a integralidade do cuidado a ser prestado e a continuidade da atenção aos usuários. Reconhece a necessidade de definição de fluxos entre a Atenção Básica (porta de entrada) e os serviços de referência e contrarreferência, caracterizados como ambulatórios especializados, serviços de apoio diagnósticos e terapêuticos e de atenção hospitalar (Solla & Chioro, 2008).

Entre as várias questões presentes na organização dos serviços especializados, há que se ressaltar que grande parte dos Serviços de Apoio Diagnóstico e Terapêuticos (SADT) está vinculada ao setor privado e se configura em serviços contratados e conveniados ao SUS (Paim et al., 2011). Esse aspecto expõe uma das grandes dificuldades na articulação da rede de serviços: a garantia do encaminhamento à rede especializada e serviços de urgência. Com a perspectiva de responder a esse desafio, o MS, desde 2003, vem discutindo e implementando uma série de medidas voltadas para a organização dos serviços de Atenção às Urgências, com diretrizes para a organização da Rede de Atenção às Urgências no Brasil (Brasil, 2003, 2011f).

Esse documento reafirma o papel dos Serviços de Atendimento Móvel de Urgência (SAMU 192) e das Centrais de Regulação Médica das Urgências e introduz na rede de atenção as Unidades de Pronto-Atendimento (UPA 24h). Essas UPA são serviços de complexidade intermediária entre as Unidades Básicas de Saúde/Saúde da Família e a Rede Hospitalar, que devem prestar atendimento resolutivo e qualificado aos pacientes, definindo a necessidade ou não de encaminhamento a serviços hospitalares de maior complexidade (Brasil, 2011f).

O grande risco com a organização desse serviço é o estabelecimento de uma nova porta de entrada para o sistema, por meio de um serviço considerado inadequado ao portador de doença crônica, que vai precisar de acompanhamento por equipe de saúde a longo prazo. Para superar essa situação, deve-se evidenciar a importância da integração entre os cuidados crônicos fornecidos pela Estratégia de Saúde da Família e os serviços de referência, tendo em vista a continuidade do cuidado e a coordenação das ações entre os diferentes serviços.

Por outro lado, há também que se considerar a existência dos Núcleos de Apoio à Saúde da Família, que promovem o apoio de outros profissionais às equipes, respondendo a possíveis necessidades dos usuários, como nutricionistas, psicólogos e professores de educação física.

Por fim, torna-se relevante refletir sobre ações propostas do plano e, no processo de implementação destas, busca responder às necessidades do usuário, mediante estratégias voltadas para facilitar seu contato com o serviço de saúde, preferencialmente a partir da Atenção Básica, reduzindo as barreiras, como os longos tempos de espera pelo atendimento, e garantindo, assim, a plena utilização de serviços com integralidade do cuidado.

CONSIDERAÇÕES FINAIS

Em síntese, o desafio de prevenir e organizar a atenção para os pacientes portadores de doenças crônicas no Brasil impõe aos gestores da saúde a responsabilidade de articulação com os demais setores de governo e da sociedade com o objetivo de dar viabilidade às ações propostas.

Entre as questões centrais está o desafio no controle do consumo excessivo de álcool que, devido à aceitação social e às dificuldades comerciais e econômicas enfrentadas para a restrição de sua propaganda e venda, revela a necessidade de um complexo processo de negociação. Haja vista a exigência da FIFA de que o Brasil remova a restrição à venda de bebidas alcoólicas durante a Copa do Mundo de 2014, recém-aprovada na Lei Geral da Copa (Brasil, 2012b). Como exemplo, têm-se os avanços obtidos no caso do controle do tabagismo, em que, após grande período de negociação, foi possível um acordo, a Convenção Quadro para o Controle do Tabaco[3], restringindo, entre outros, a propaganda e o patrocínio de indústrias produtoras de tabaco.

Apesar de avanços importantes nas políticas contra o tabagismo, pouca atenção é dada às doenças respiratórias, o que pode ser evidenciado nos estudos sobre hospitalizações e mortes evitáveis, ao detectar o grande volume de internações e óbitos por asma, o que reflete um desempenho desfavorável do sistema de saúde (Franco et al., 2007; Brandão et al., 2010; FitzGerald et al., 2011). Vale ressaltar que apenas em 2012 o governo passou a disponibilizar medicamentos gratuitos para tratamento da asma nas farmácias populares (Programa Brasil Carinhoso). Em nível global, estratégias para prevenção e controle das doenças respiratórias crônicas vêm sendo desenvolvidas pela OMS, com a criação da Aliança Global contra as Doenças Respiratórias Crônicas (GARD).

Cabe ressaltar o desafio do controle da epidemia de obesidade, que coloca o Brasil em um cenário em que cerca de 50% dos adultos estão com excesso de peso, exigindo medidas específicas de estímulo à dieta saudável e à atividade física. Contudo, no âmbito da alimentação, a indústria alimentícia, assim como a indústria de bebidas alcoólicas, resiste a uma regulamentação mais restritiva à publicidade de alimentos industrializados dirigidas a crianças ao impor pressões ao governo com a alegação principal de possíveis prejuízos financeiros, utilizando o argumento de redução de empregos, entre outros. Existe ainda a crença de que a obesidade poderia ser combatida

---

[3]Tratado internacional, negociado por 192 países e aprovado em 2003, estabelecendo compromissos para adoção de medidas restritivas ao consumo de produtos derivados do tabaco.

apenas com a conscientização do consumidor por meio de educação nutricional. Entretanto, a exposição diária à mídia, especialmente a televisiva, contribui para a formação e manutenção de ambientes obesogênicos, influenciando fortemente o comportamento alimentar de crianças e adultos ao dificultar escolhas por alimentos mais saudáveis (Borzekowski, 2001; Almeida, 2002; Monteiro & Castro, 2009).

No âmbito do sistema de saúde, a implantação de serviços de Atenção às Urgências, referidas como Unidades de Pronto-Atendimento, precisam estar bem articuladas à rede de serviços de saúde, sob o risco de estabelecimento de dupla porta de entrada, gerando uma alternativa à Atenção Básica, o que pode tornar confusa a organização da oferta de serviços. É necessário que os serviços promovam maior comunicação entre a Atenção Básica e a Rede de Serviços Especializados, no que tange à atenção a condições crônicas com vistas ao aperfeiçoamento de ações de promoção da saúde, prevenção da doença e detecção precoce, viabilizando tratamento e acompanhamento em tempo oportuno e ainda facilitando o acesso a medicamentos custo-efetivos (Mendes, 2012).

Entretanto, é necessário programar e refinar as estratégias propostas no Plano de Enfrentamento para 2011-2022, considerando sua pertinência à atual situação de saúde da população brasileira no que se refere às doenças crônicas.

Referências

Achutti A, Azambuja MIR. Doenças crônicas não transmissíveis – repercussões do modelo de atenção à saúde sobre a seguridade social. Ciência & Saúde Coletiva 2004; 9(4):833-40.

Almeida SS et al. Quantidade e qualidade de produtos alimentícios anunciados na televisão brasileira. Rev Saúde Pública 2002; 36(3):353-5.

Araújo JD. Polarização epidemiológica no Brasil. Informe Epidemiológico do SUS 1992; I(2):5-16.

Azevedo e Silva G et al. Mortalidade por câncer no Brasil, 1980-2006. Rev Saúde Pública 2011; 45(6):1009-18.

Bahia. Secretaria da Saúde do Estado da Bahia. Diagnóstico da Situação de Saúde. Estado da Bahia. Documento elaborado para o Plano Estadual de Saúde do Estado da Bahia, 2008-2011. Revista Baiana de Saúde Pública set./dez. 2008; 32(3). Salvador: Secretaria da Saúde do Estado da Bahia, 2008.

Barreto ML, Carmo EH. Tendências crescentes das doenças crônicas no Brasil. In: Lessa I. O adulto brasileiro e as doenças da modernidade: epidemiologia das doenças crônicas não transmissíveis. 1. ed. São Paulo: Editora Hucitec-Abrasco, 1998.

Batista Filho M, Rissina. A transição nutricional no Brasil: tendências regionais e temporais. Cadernos de Saúde Pública 2003; 19 (Suppl. 1).

Bayer GF, Paula SG. Mortalidade nas capitais brasileiras 1930-1980. Radiz-Fiocruz, Dados 1984; 7:1-8.

Borzekowski DL, Robinson TN. The 30-second effect: an experiment revealing the impact of television commercials on food preferences of preschoolers. J Am Diet Assoc 2001; 101:42-6.

Brandão HV, Cruz S, Guimarães A, Camargos PAM, Cruz AA. Predictors of hospital admission due to asthma in children and adolescents enrolled in an asthma control program. Jornal Brasileiro de Pneumologia (Impresso) 2010; 36:700-6.

Brasil. Agência Nacional de Vigilância Sanitária. Resolução – RDC 24, de 15 de junho de 2010. Brasília (DF): Diário Oficial da União, 2010.

Brasil. Decreto Presidencial 6.286, de 5 de dezembro de 2007. Institui o Programa Saúde na Escola – PSE, e dá outras providências. Brasília (DF): Diário Oficial da União, 2007. Brasil, 2007b.

Brasil. Ministério da Saúde. Lei 12.546, de 14 de dezembro de 2011. Proíbe o uso de cigarros, cigarrilhas, charutos ou qualquer outro produto fumígeno, em recinto coletivo fechado, privado ou público. 2001b.

Brasil. Ministério da Saúde. Plano de Ações Estratégicas para o Enfrentamento das DCNT no Brasil, para o período de 2011-2022. Brasília-DF, 2011e.

Brasil. Ministério da Saúde. Portaria 1.601/GM, de 7 de julho de 2011. Estabelece diretrizes para a implantação do componente Unidades de Pronto Atendimento (UPA 24h) e o conjunto de serviços de urgência 24 horas da Rede de Atenção às Urgências, em conformidade com a Política Nacional de Atenção às Urgências. 2011f.

Brasil. Ministério da Saúde. Portaria 2.439/GM, de 8 de dezembro de 2005, institui a Política Nacional de Atenção Oncológica. Brasil, 2005b.

Brasil. Ministério da Saúde. Portaria 2.607, de 10 de dezembro de 2004, aprova o Plano Nacional de Saúde/PNS – Um Pacto pela Saúde no Brasil. 2005a.

Brasil. Ministério da Saúde. Portaria 648/GM, de 28 de março de 2006, institui a Política Nacional de Atenção Básica. 2006a.

Brasil. Ministério da Saúde. Portaria 710, de 10 de junho de 1999. Aprova a Política Nacional de Alimentação e Nutrição. Brasília (DF): Diário Oficial da União, 1999.

Brasil. Ministério da Saúde. Portaria GM/MS 719, de 7 de abril de 2011, aprova o Programa Academia da Saúde. 2011d.

Brasil. Ministério da Saúde. Secretaria de Políticas de Saúde. Departamento de Ações Programáticas Estratégicas. Plano de reorganização da atenção à hipertensão arterial e ao *diabetes mellitus*: hipertensão arterial e *diabetes mellitus*/Departamento de Ações Programáticas Estratégicas. Brasília: Ministério da Saúde, 2001.

Brasil. Ministério da Saúde. Secretaria de Vigilância à Saúde. Secretaria de Atenção à Saúde. Diretrizes e recomendações para o cuidado integral de doenças crônicas não transmissíveis: promoção da saúde, vigilância, prevenção e assistência/Ministério da Saúde, Secretaria de Vigilância à Saúde, Secretaria de Atenção à Saúde. Brasília: Ministério da Saúde, 2008.

Brasil. Ministério da Saúde. Secretaria de Vigilância em Saúde. Departamento de Análise de Situação em Saúde. Saúde Brasil 2010: uma análise da situação de saúde e de evidências selecionadas de impacto de ações de vigilância em saúde/Ministério da Saúde, Secretaria de Vigilância em Saúde, Departamento de Análise de Situação em Saúde. Brasília: Ministério da Saúde, 2011a. 372 p. – (Série G. Estatística e Informação em Saúde).

Brasil. Ministério da Saúde. Secretaria de Vigilância em Saúde. Política Nacional de Promoção da Saúde/Ministério da Saúde, Secretaria de Atenção à Saúde. Brasília: Ministério da Saúde, 2006b.

Brasil. Ministério da Saúde. Secretaria de Vigilância em Saúde. Secretaria de Gestão Estratégica e Participativa. Vigitel Brasil 2006: Vigilância de Fatores de Risco e Proteção para Doenças Crônicas por Inquérito Telefônico. Ministério da Saúde, Secretaria de Vigilância em Saúde, Secretaria de Gestão Estratégica e Participativa. Brasília: Ministério da Saúde, 2007a. 297 p. – (Série G. Estatística e Informação em Saúde).

Brasil. Ministério da Saúde. Secretaria de Vigilância em Saúde. Vigitel Brasil 2011: Vigilância de Fatores de Risco e Proteção para Doenças Crônicas por Inquérito Telefônico. Ministério da Saúde, Secretaria de Vigilância em Saúde. Brasília: Ministério da Saúde, 2012. 132 p. – (Série G. Estatística e Informação em Saúde).

Brasil. Ministério da Saúde/SAS/DAB. Política Nacional de Alimentação e Nutrição. 2. ed. rev. Série B. Textos Básicos de Saúde. Brasília: Ministério da Saúde, 2003b.

Brasil. Ministério do Desenvolvimento Social e Combate à Fome/Câmara Interministerial de Segurança Alimentar e Nutricional. Resolução 7, de 9 de junho de 2011, institui o Plano Intersetorial de Prevenção e Controle da Obesidade. 2011c.

Brasil. MS. Portaria 1863, de 29 de setembro de 2003. Institui a Política Nacional de Atenção às Urgências, a ser implantada em todas as unidades federadas, respeitadas as competências das três esferas de gestão. 2003.

Brasil. Presidência da República, Casa Civil, Decreto 6.117, de 22 de maio de 2007. Política Nacional sobre o Álcool, 2007c.

Brasil. Presidência da República, Casa Civil, Lei 12.663, de 5 de junho de 2012. Dispõe sobre as medidas relativas à Copa das Confederações FIFA 2013, à Copa do Mundo FIFA 2014 e à Jornada Mundial da Juventude 2013. 2012b.

Brasil. Presidência da República, Casa Civil, Subchefia para Assuntos Jurídicos. Lei 10.167, de 27 de dezembro de 2000. Altera dispositivos da Lei 9.294, de 15 de julho de 1996, que dispõe sobre as restrições ao uso e à propaganda de produtos fumígenos, bebidas alcoólicas, medicamentos, terapias e defensivos agrícolas. Brasil, 2000.

Buist AS, McBurnie MA et al. International variation in the prevalence of COPD (the BOLD Study): a population-based prevalence study. Lancet 2007; 370(9589):741-50.

Cesse EAP, Carvalho EF, Souza WV, Luna CF. Tendência da mortalidade por doenças do aparelho circulatório no Brasil: 1950 a 2000. Arq Bras Cardiol 2009; 93(5):490-7.

Conselho Nacional de Saúde. Resolução CNS 408, de 11 de dezembro de 2008, aprova diretrizes nacionais para alimentação saudável. 2008.

Cunha SS, Pujades MR, Barreto ML, Genser B, Rodrigues LC. Ecological study of socio-economic indicators and prevalence of asthma in school children in urban Brazil. BMC Public Health 2007; 7:205.

DECIT, Departamento de Ciência e Tecnologia, Secretaria de Ciência e Tecnologia e Insumos. Integração de informações dos registros de câncer brasileiros Rev Saúde Pública 2007; 41(5):865-8.

Devereux G, Seaton A. Why don't we give chest patients dietary advice? Thorax 2001; 56 (Suppl II):ii15-ii22.

FitzGerald JM, Bateman E, Hurd S et al. The GINA Asthma Challenge: reducing asthma hospitalisations. The European Respiratory Journal 2011; 38:997-8.

Flaherman V, Rutherford GW. A meta-analysis of the effect of high weight on asthma. Arch Dis Child 2006; 91:334-9.

Franco R, Santos AC, Nascimento HF et al. Cost-effectiveness analysis of a state funded programme for control of severe asthma. BMC Public Health 2007; 7:82.

IBGE – Instituto Brasileiro de Geografia e Estatística. Pesquisa de Orçamentos Familiares 2008-2009: antropometria e estado nutricional de crianças, adolescentes e adultos no Brasil [Internet]. Rio de Janeiro: IBGE; 2010a. Disponível em: http://www.ibge.gov.br/home/estatistica/populacao/condicaodevida/pof/2008_2009_encaa/comentario.pdf.

IBGE – Instituto Brasileiro de Geografia e Estatística. Pesquisa Especial sobre Tabagismo (PETab), 2009a. Disponível em: http://tabnet.datasus.gov.br/cgi/dh.exe?petab/petab.def. Acesso em: 19/11/2010.

IBGE – Instituto Brasileiro de Geografia e Estatística. Pesquisa Nacional de Saude do Escolar. PeNSE 2009b. Brasil. Rio de Janeiro: IBGE, 2009. Disponível em: http://www.ibge.gov.br/home/estatistica/populacao/pense/defaultshtm. Acesso em: 2/11/2010.

INCA – Instituto Nacional de Câncer José Alencar Gomes da Silva. Coordenação Geral de Ações Estratégicas. Coordenação de Prevenção e Vigilância. Estimativa 2012: incidência de câncer no Brasil/ Instituto Nacional de Câncer José Alencar Gomes da Silva, Coordenação Geral de Ações Estratégicas, Coordenação de Prevenção e Vigilância – Rio de Janeiro: INCA, 2011. 118p.

INCA – Instituto Nacional de Câncer. Câncer no Brasil: dados dos registros de base populacional. Volume 3. Rio de Janeiro: INCA, 2003a.

Kamangar F, Dores GM, Anderson WF. Patterns of cancer incidence, mortality, and prevalence across five continents: defining priorities to reduce cancer disparities in different geographic regions of the world. J Clin Oncol may 2006; 24:2137-50.

Koifman S, Koifman RJ. Environment and cancer in Brazil: an overview from a public health perspective. Mutat Res 2003; 544:305-11.

Lebrão ML. O envelhecimento no Brasil: aspectos da transição demográfica e epidemiológica. Saúde Coletiva 2007; 4:135-40.

Lessa I. Assistência médica e óbitos por doença arterial coronariana no Brasil, 1980-1999. Arq Bras Cardiol 2003; 81(4):329-35.

Lessa I. Epidemiologia das doenças cardiovasculares. In: Almeida-Filho N, Barreto M (orgs.) Epidemiologia & Saúde – Fundamentos, métodos e aplicações. 1. ed. Rio de Janeiro: Guanabara Koogan, 2011.

Lopez AD, Shibuya K et al. Chronic obstructive pulmonary disease: current burden and future projections. Eur Respir J 2006; 27(2):397-412.

Lyra R, Silva RS, Montenegro Jr RM, Matos MV, Cézar NJ, Maurício-da-Silva L. Prevalence of diabetes and associated factors in an urban adult population of low educational level and income from the Brazilian Northeast wilderness. Arq Bras Endocrinol Metabol 2010; 54:560-6.

Malta DC, Cezário AC, Moura L, Morais Neto OL, Silva Júnior JB. A construção da vigilância e prevenção das doenças crônicas não transmissíveis no contexto do Sistema Único de Saúde. Epidemiologia e Serviços de Saúde 2006; 15(1):47-65.

Masoli M, Fabian D, Holt S, Beasley R. Global Initiative for Asthma (GINA) Program. The global burden of asthma: executive summary of the GINA Dissemination Committee report. Allergy 2004; 59:469-78.

Matos SMA et al. Overweight, asthma symptoms, atopy and pulmonary function in children of 4-12 years of age: findings from the SCAALA cohort in Salvador, Bahia, Brazil. Public Health Nutrition 2011; 14(7):1270-8.

McKeown RE. The epidemiologic transition: Changing patterns of Mortality and Population Dynamics. Am J Lifestyle Med 2009; 3(Suppl):19S-26S.

Mendes EV. O cuidado das condições crônicas na atenção primária à saúde: o imperativo da consolidação da estratégia da saúde da família. Brasília: Organização Pan-Americana da Saúde, 512 p.: il. 2012.

Menezes AM, Cruz AA, Noal RB, Barreto ML. Epidemiologia das doenças respiratórias. In: Almeida-Filho N, Barreto ML (orgs.) Epidemiologia e saúde: fundamentos, métodos, aplicações. Rio de Janeiro: Guanabara Koogan, 2011:475-87.

Monteiro CA, Cannon G. The Impact of Transnational "Big Food" Companies on the South: A view from Brazil. PLoS Med 2012; 9(7):e1001252.

Monteiro CA, Castro IRR. Por que é necessário regulamentar a publicidade de alimentos? Ciência e Cultura 2009; 61:56-9.

Monteiro CA, Cavalcante TM, Moura EC, Claro RM, Szwarcwald CL. Population-based evidence of a strong decline in the prevalence of smokers in Brazil (1989-2003). Bull W Health Org 2007; 85:527-34.

Monteiro CA, Levy RB, Claro RM, Castro IRR, Cannon G. Increasing consumption of ultra-processed foods and likely impact on human health: evidence from Brazil. Public Health Nutr 2011; 14:5-13.

Omran AR. The epidemiologic transition: a theory of the epidemiology of population change. Milbank Mem Fund Q 1971; 49:509-83.

Paim et al. O sistema de saúde brasileiro: história, avanços e desafios. The Lancet. 2011; 11-31. Disponível em: 2011. http://press.thelancet.com/brazilpor1.pdf.

Parkin DM, Bray F, Ferlay J, Pisani P. Global cancer statistics. CA Cancer J Clin 2005; 55:74-108.

Prata PR. A transição epidemiológica no Brasil. Cad Saúde Públ 1992; 8:168-75.

Primo NLNP, Stein AT. Prevalência do abuso e da dependência de álcool em Rio Grande (RS): um estudo transversal de base populacional. Revista de Psiquiatria do Rio Grande do Sul, Rio Grande do Sul, 2004; 26:280-6.

Remes ST, Patel SP, Hartikainen A-L, Jarvelin M-R, Pekkanen J. High birth weight, asthma and atopy at the age of 16 yr. Pediatr Allergy Immunol 2008; 19:541-3.

Sanders JW, Fuhrer GS, Johnson MD, Riddle MS. The epidemiological transition: the current status of infectious diseases in the developed world versus developing world. Sci Prog. 2008; 91(Pt 1):1-37.

Santos GD, Chubaci RYS. O conhecimento sobre o câncer de mama e a mamografia das mulheres idosas frequentadoras de centros de convivência em São Paulo (SP, Brasil). Ciênc Saúde Coletiva, Rio de Janeiro, 2011; 16(5).

Schmidt MI. O enfrentamento das doenças crônicas não transmissíveis: um desafio para a sociedade brasileira. Editorial. Epidemiol Serv Saúde, Brasília, out-dez 2011; 20(4):421-23.

Schmidt MI et al. Doenças crônicas não transmissíveis no Brasil: carga e desafios atuais. The Lancet, Série Saúde Brasil, 2011b; 61-74.

Solla J, Chioro A. Atenção ambulatorial especializada. In: Giovanella L et al. Políticas e sistemas de saúde no Brasil. Rio de Janeiro: Editora Fiocruz, 2008:627-64.

WHO – World Health Organization. Preventing chronic diseases: a vital investment. Geneva: WHO/Public Health Agency of Canadá, 2005.

31

Prevenção, Atenção e Controle de Violências Interpessoais Comunitárias

Maria Fernanda Tourinho Peres

INTRODUÇÃO

Em 2002, a Organização Mundial da Saúde (OMS) publicou o *Relatório Mundial sobre Violência e Saúde* (Krug et al., 2002). Seis anos antes, em 1996, a OMS, na 49ª Assembleia Mundial da Saúde, havia declarado a violência com um dos principais problemas mundiais de Saúde Pública, estabelecendo como prioridade para os países membros a definição de ações visando a um maior conhecimento sobre a magnitude do problema e suas causas, assim como o delineamento de ações visando à prevenção da violência em suas diversas formas. Em 1994, no Brasil, a violência foi declarada a grande vilã da Saúde Pública da década de 1980 (Souza, 1994), dados o grande crescimento e o forte impacto, em especial dos homicídios, no quadro geral de mortalidade do país.

Embora já se tenham passado muitos anos desde que oficialmente declarada como um problema de Saúde Pública, ainda causa certa estranheza, em especial para aqueles que recentemente ingressaram na área, a afirmação de que a violência é um objeto de interesse para o campo da saúde em geral e da Saúde Coletiva em especial. Esse estranhamento se justifica, uma vez que a violência é tradicionalmente tratada no âmbito das políticas de segurança pública, como um objeto próprio ao campo de atuação policial e do sistema de justiça. De fato, não é possível dizer que a violência, enquanto fenômeno social, seja um objeto próprio ao campo da saúde, embora as implicações diretas para nosso campo – tanto no âmbito individual como no coletivo – sejam evidentes e indiscutíveis (Minayo, 1994; Minayo & Souza, 1999; Krug et al., 2002; Peres, 2007; Schraiber & D'Oliveira, 2009; Moraes et al., 2011).

O tema da violência engloba uma gama bastante diversificada de situações. Há, também, diversas maneiras de classificá-las, destacando-se ora a natureza dos atos, ora os agressores ou as vítimas, ora os impactos da violência em danos a saúde, à sociedade ou à economia de uma região e país, e, ainda, os contextos e motivos de ocorrência. Em linhas gerais, dois grandes grupos podem ser identificados: as situações que ocorrem em locais públicos, como o espaço da vida social e comunitária; e as que ocorrem no espaço privado, de natureza doméstica, implicando quase sempre contextos familiares ou de relações entre pessoas conhecidas e próximas. Se o primeiro grupo diz respeito, sobretudo, às situações de violência que ocorrem entre homens, em geral adultos jovens, o segundo diz respeito às mulheres, crianças ou adolescentes e idosos, na condição dos que sofrem as violências. Sendo de natureza, características e consequências distintas entre si, neste capítulo serão tratadas as violências interpessoais ditas comunitárias.

Este capítulo será estruturado em torno de quatro tópicos. Na primeira buscaremos definir brevemente violência e apresentar seus tipos. Este tópico tem um caráter geral e introdutório. No segundo serão apresentados alguns dados que tornam possível caracterizar a violência como um dos principais desafios atuais para o campo da Saúde Coletiva. Nosso foco, como já dito, será a violência interpessoal comunitária, com especial interesse no cenário nacional. Lançaremos mão, em alguns momentos, de dados que possibilitem situar o Brasil no contexto internacional, apenas a título ilustrativo. No terceiro tópico apresentaremos a abordagem da Saúde Pública à violência, como proposto pela OMS, a qual se estrutura em torno das contribuições da epidemiologia e de conceito de risco. Ressaltaremos, entretanto, a contribuição de outros campos disciplinares que compõem o grande campo da Saúde Coletiva. No quarto tópico serão apresentados os tipos de prevenção, os marcos normativos nacionais que estabelecem os parâmetros para o desenvolvimento de ações, no campo da saúde, com vistas à prevenção, à atenção e ao controle das violências interpessoais com exemplos de ações concretas implementadas no país.

VIOLÊNCIA: CONCEITUAÇÃO E TIPOLOGIA

Não são poucas as tentativas de definir violência sem que haja, até o momento, um conceito único que expresse toda a complexidade do fenômeno (Peres et al., 2010). A identificação de um ato como *violência* varia no tempo, assim como varia entre diferentes culturas (Wieviorka, 1997). Há ainda uma variabilidade individual, que passa pelas diferentes maneiras de perceber e significar as coisas do mundo. O que para um é percebido como *violência*, pode não ser para outro.

São muitos os fatores que interferem nessa percepção individual e nas tentativas de definição formal do conceito (o qual exprime também o momento em que vivemos e a cultura a partir da qual falamos). Apenas para exemplificar esta questão, tomemos o uso de práticas disciplinares punitivas contra crianças, prática corrente e "natural" em dado momento histórico (presente inclusive nas instituições formais de ensino mediante o uso das palmatórias), hoje consideradas uma forma de violência com graves efeitos para a saúde e o desenvolvimento infantil. Outro exemplo pode ser extraído de um livro já clássico de Michel Foucault, chamado *Vigiar e Punir* (1991): a cena inicial do corpo supliciado, prática corrente e institucionalizada como mecanismo formal de punição, é hoje impensável pelo alto grau de violência e violação de direitos. As concepções sobre violência mudam, portanto, no tempo, assim como diferem também entre culturas.

Esta polifonia do conceito de violência foi destacada por Zaluar (1994). Para a autora, a definição de violência passa necessariamente pelo reconhecimento das normas e regras que regulam as relações em determinado momento histórico ou contexto sociocultural. O ato violento é aquele no qual o emprego da força ultrapassa limites aceitáveis e perturba acordos e regras de convivência explícitos (na forma da lei) ou tácitos. Ao romper o contrato, a força adquire conotação negativa e objetiva-se como violência. Uma perspectiva semelhante é adotada por Chauí (1999).

Apesar das dificuldades existentes para uma definição objetiva de violência, esta se faz necessária para fundamentar ações e políticas públicas que tenham como objetivo enfrentar o problema (Minayo, 1994; Minayo & Souza, 1999; Peres, Ruotti & Vicentin, 2010). A OMS, no Relatório Mundial sobre Violência e Saúde, define violência como "o uso intencional da força física ou poder, real ou em ameaça, contra si próprio, contra outra pessoa ou contra um grupo ou comunidade, que resulte ou tenha grande possibilidade de resultar em lesão, morte, dano psicológico, deficiência de desenvolvimento e privação" (Krug et al., 2000). Esta definição, que vem sendo amplamente utilizada em estudos no campo da saúde, é bastante ampla, englobando não apenas atos concretos de uso da força, mas também as situações de ameaça e uso de diferenciais de poder que resultem em dano. Este, do mesmo modo, extrapola os limites da lesão física ou da morte, envolvendo situações mais abrangentes, como o dano psicológico e a privação de desenvolvimento.

É central para a definição proposta pela OMS a noção de intencionalidade, aqui compreendida como intencionalidade não de causar o dano final mas, sobretudo, a intencionalidade que fundamenta o ato violento, a ameaça ou o uso do poder. Ao adotar essa posição, a OMS exclui da definição de violência as lesões acidentais, ao mesmo tempo que inclui uma série de situações nas quais a força foi usada intencionalmente sem que o dano resultante fosse, em si, o resultado esperado pelo autor. Como exemplo, citem-se os casos de síndrome do bebê sacudido, em que os pais ou cuidadores usam a força para calar uma criança, sem intenção de causar dano, mas a força usada acaba por resultar em graves lesões cerebrais. Estão incluídas ainda as situações de uso da força "culturalmente aceitáveis" que resultam em dano, lesão, morte ou privação, mesmo considerando que no contexto cultural específico esse dano não seja reconhecido como violência. É o caso, em muitas culturas, da violência de gênero.

Assim como existem diferentes modos de definir a violência, existem diferentes maneiras de classificar os diferentes tipos de violência (Minayo, 1994; Wieviorka, 1997). No campo da saúde, Minayo propôs, em 1994, a classificação da violência em três grandes categorias: violência estrutural, violência de resistência e violência na delinquência. A *violência estrutural* compreende a situação concreta de vida dos sujeitos em sociedade, determinada pela forma de organização econômica, social e política, assim como pelos sistemas culturais que sustentam relações de poder desiguais, sejam relacionadas com gênero, geração, posição social ou outras. Parte a autora da compreensão de que essas estruturas de certa maneira modulam os modos de socialização, assim como o comportamento dos indivíduos. Ao gerarem desigualdade, opressão e exclusão, constituem-se em forma de violência, produzindo dano na forma de sofrimento, adoecimentos e morte. A *violência de resistência* seria, por seu turno, a resposta dos oprimidos pela violência estrutural e a *violência da delinquência* constitui os atos, reconhecidos por lei, como crime. Esta conceituação, proposta por Minayo (1994), não considera as diferentes naturezas do ato violento e é de difícil operacionalização.

Com vistas a viabilizar a comparação internacional e a operacionalização do conceito de violência em categorias, a OMS propôs, também no *Relatório Mundial* (Krug et al., 2002), uma tipologia que classifica as violências segundo a natureza do ato violento e as características do agressor. Em relação à natureza do ato, pode ser classificada como violência física, sexual, psicológica ou que envolve privação e negligência. No que se refere às características do agressor, as violências são classificadas em autoinfligida, interpessoal e coletiva. Cada um desses tipos prevê subtipos, como pode ser visto na Figura 31.1.

Schraiber & D'Oliveira (2005, 2009) ressaltam a importância de um maior detalhamento da classificação, considerando especificamente os agressores e a natureza dos atos violentos, especialmente quando considerada a violência do tipo doméstica. Entretanto, o maior detalhamento das circunstâncias em que a violência ocorre beneficiaria também a melhor compreensão da violência do tipo comunitária, ora trabalhada neste capítulo. No que se refere aos agressores, as autoras propõem uma classificação em cinco categorias: parceiros íntimos ou ex-parceiros (não se limitando, nesse caso, a relações formais que constituem as nucleações propriamente familiares), familiares (excluindo dessa categoria as relações familiares conjugais, as quais estão incluídas na categoria violência por parceiro íntimo), conhecidos, estranhos e agentes institucionais. Esta última categoria abarca as situações de violência perpetradas por indivíduos em situação institucional, pública ou privada. Aqui estariam incluídas situações como violência perpetrada por agentes policiais, atos de tortura, maus-tratos em serviços de saúde, dentre outros. No que se refere à natureza dos atos violentos, Schraiber & D'Oliveira (2009) incluem, além das quatro categorias propostas pela OMS, o assédio sexual e o assédio moral, ambos refletindo situações calcadas em diferencial de poder.

Quando consideramos a complexidade inicialmente apontada para a conceituação da violência, assim como a necessidade de classificação dos atos violentos, destacamos o fato de que a violência deve ser sempre pensada no plural (Minayo & Souza, 1999). Existem diferentes tipos de violência, os quais surgem a partir de configurações de risco também diferenciadas, pedindo, portanto, estratégias de ação e enfrentamento que levem em conta essas especificidades. É o caso das violências interpessoais comunitárias.

FREQUÊNCIA, DISTRIBUIÇÃO E DETERMINANTES: POR QUE A VIOLÊNCIA INTERPESSOAL COMUNITÁRIA É UM PROBLEMA DE SAÚDE PÚBLICA?

A caracterização de um problema de Saúde Pública passa pelo reconhecimento de sua dimensão coletiva, populacional. Tradicionalmente fazemos essa caracteriza-

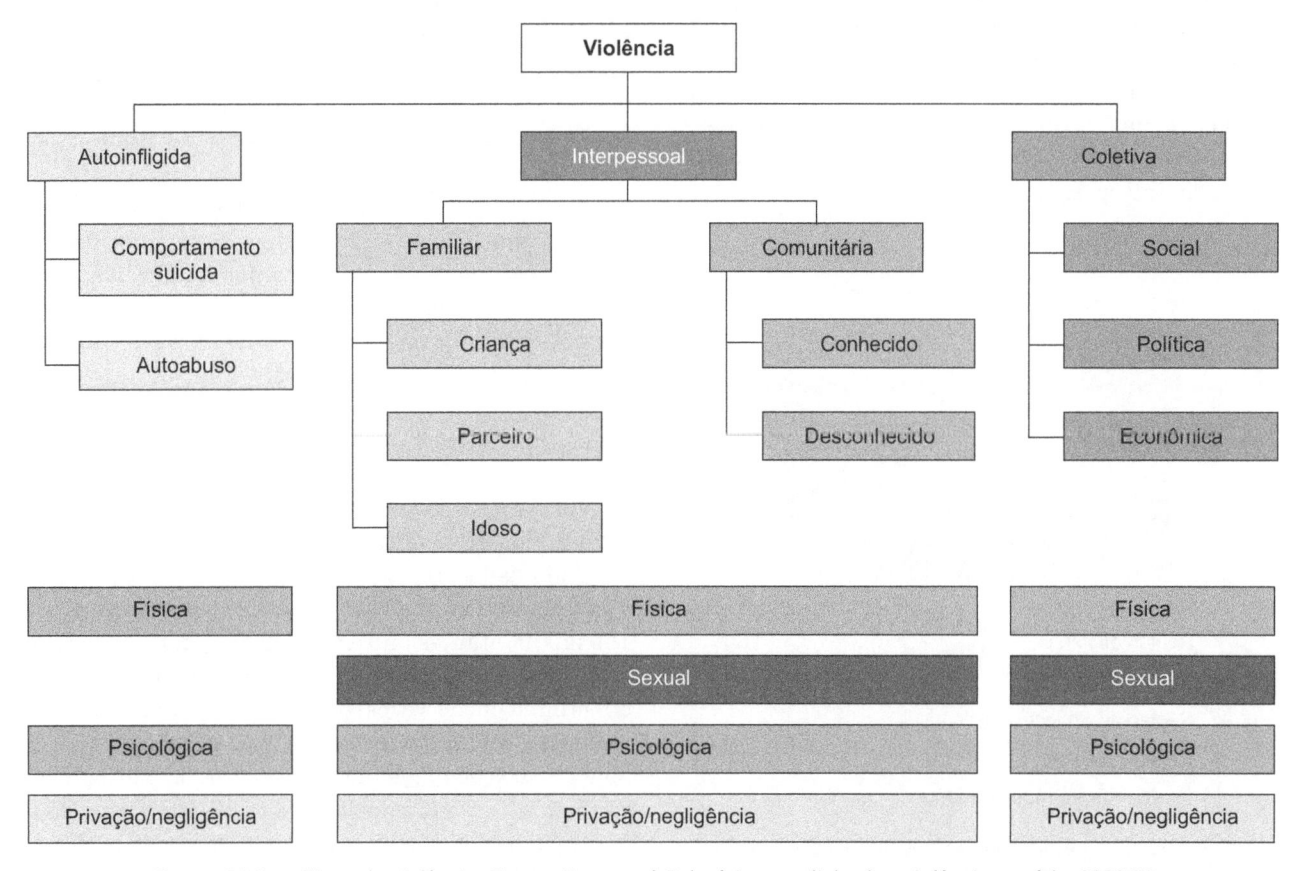

Figura 31.1 • Tipos de violência. (Fonte: Krug *et al.* Relatório mundial sobre violência e saúde. 2002:7.)

ção em torno de três grandes eixos: mortalidade, morbidade e demandas ao setor saúde, as quais geram custos diretos e indiretos. No Brasil, é vasto o conhecimento sobre o impacto das violências interpessoais comunitárias na mortalidade. O mesmo não pode ser dito acerca da violência não fatal, assim como sobre a demanda e os custos gerados para o setor saúde, os quais ainda são escassos.

Mortalidade

Segundo a OMS, mais de 1,5 milhão de pessoas morrem, por ano, vítimas de violência no mundo. Em 2000, a estimativa é de que o número de vítimas atingiu 1.659.000, dos quais cerca de um terço foi vítima de homicídios, o que representava, então, 520 mil pessoas assassinadas (Krug et al., 2000). Nos gráficos apresentados nas Figuras 31.2 e 31.3 vemos como se dá, no mundo, a distribuição das mortes por homicídio. A maior proporção está nos países da região das Américas (Figura 31.2), com clara concentração nos países de baixa e média renda (95% dos casos) (Figura 31.3).

O Brasil apresentava o terceiro maior Coeficiente de Mortalidade por Homicídio (CMH) da região das Américas (23 por 100 mil habitantes), atrás apenas da Colômbia e de El Salvador (Figura 31.4). A gravidade da situação do Brasil no cenário internacional já havia sido apontada por Yunes & Zubarew (1999): o país apresentou o maior crescimento no CMH, entre os países das Américas, de 1980 a meados da década de 1990. Desde então, foram muitos os estudos realizados no país que demonstraram não apenas o crescimento global do CMH, mas também sua distribuição desigual, evidenciando-se áreas e grupos populacionais sob maior risco de morte por violência interpessoal comunitária.

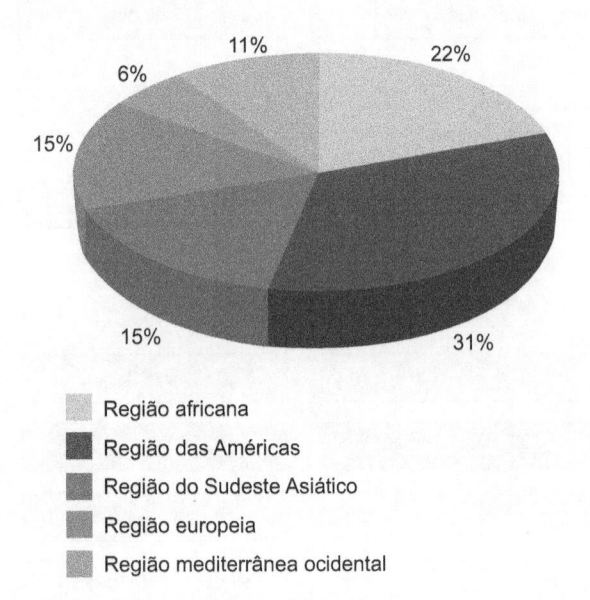

Figura 31.2 ♦ Gráfico da distribuição das mortes por homicídio segundo região da OMS, 2000. (Fonte: Krug et al., 2002.)

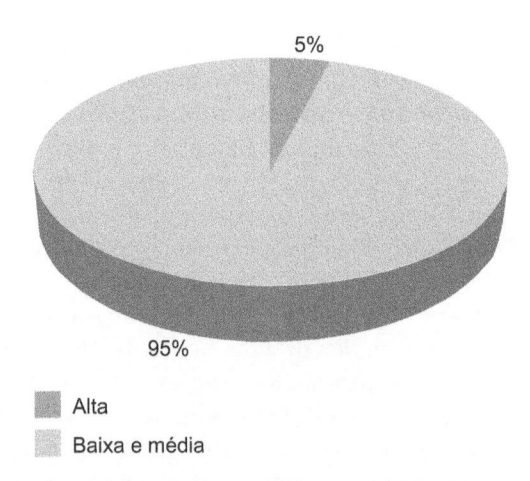

Figura 31.3 ♦ Gráfico da distribuição das mortes por homicídio segundo nível de renda do país – OMS, 2000. (Fonte: Krug et al., 2002.)

Os estudos nacionais inaugurais datam da primeira metade dos anos 1990. Neles destaca-se, inicialmente, o crescimento acelerado das mortes por homicídios, que chegaram a ultrapassar aquelas por acidentes de trânsito em 1989 (Souza, 1994; Mello Jorge et al., 1997; Peres & Santos, 2005b), ocupando a primeira posição entre as mortes por causas externas no país. Esse quadro se mantém inalterado. Segundo dados do MS/Datasus, os homicídios permanecem em primeiro lugar entre as mortes por causas externas e representavam, em 2010, mais de 35% das mortes nessa categoria, como pode ser visto na Figura 31.5. O CMH atingiu o pico em 2009, 29 por 100 mil habitantes, com uma discreta queda e novo crescimento desde 2007. A evolução dos CMH no país a partir de 1996 pode ser vista na Figura 31.6.

Os primeiros estudos realizados no Brasil já apontavam, também, para a existência de uma distribuição desigual no risco de morte por homicídios. No que se refere às características demográficas da população, maiores CMH foram descritos entre homens e nas faixas etárias jovens, em especial entre 15 e 29 anos (Silveira & Gotlieb, 1976; Mello-Jorge, 1980; Swarcwald & Castilho, 1986; Minayo & Souza, 1993; Souza, 1994; Barata et al., 1999; Yunes & Zubarew, 1999; Gawryzewiski & Mello-Jorge, 2000; Barros, Ximenes & Lima, 2001; Sant'Anna, Aerts & Lopes, 2005; Souza & Lima, 2006). Segundo dados do MS/Datasus, o CMH em 2010 foi de 51,11 por 100 mil habitantes entre os homens e 4,58 por 100 mil habitantes entre as mulheres, com o risco de um homem morrer vítima de homicídio no país superando o feminino em 11 vezes. Já em relação à faixa etária, os maiores CMH são encontrados nos grupos de 15 a 19 e 20 a 29 anos de idade, nos quais os valores atingidos em 2010, também segundo dados do SIM/MS, foram 45,65 e 58,87 por 100 mil habitantes, respectivamente. Naquele ano, os homicídios representaram 56% das mortes por

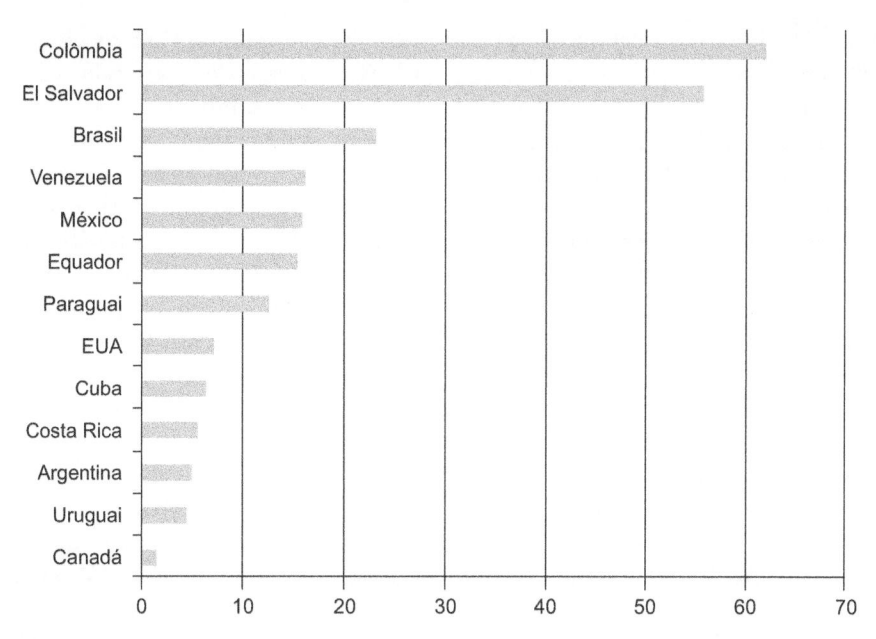

Figura 31.4 ♦ Coeficiente de mortalidade por homicídios em países da região das Américas – OMS, 1995-1999. (Fonte: Krug *et al.*, 2002.)

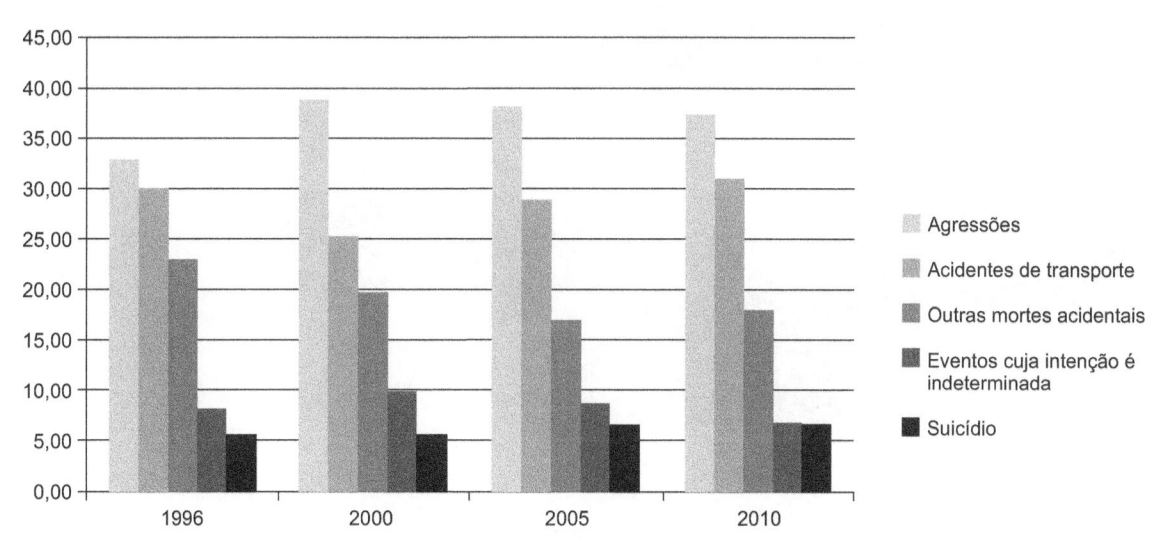

Figura 31.5 ♦ Mortalidade proporcional por causa externa específica no total de mortes por causas externas – Brasil, 1996-2010. (Fonte: MS/SIM/Datasus.)

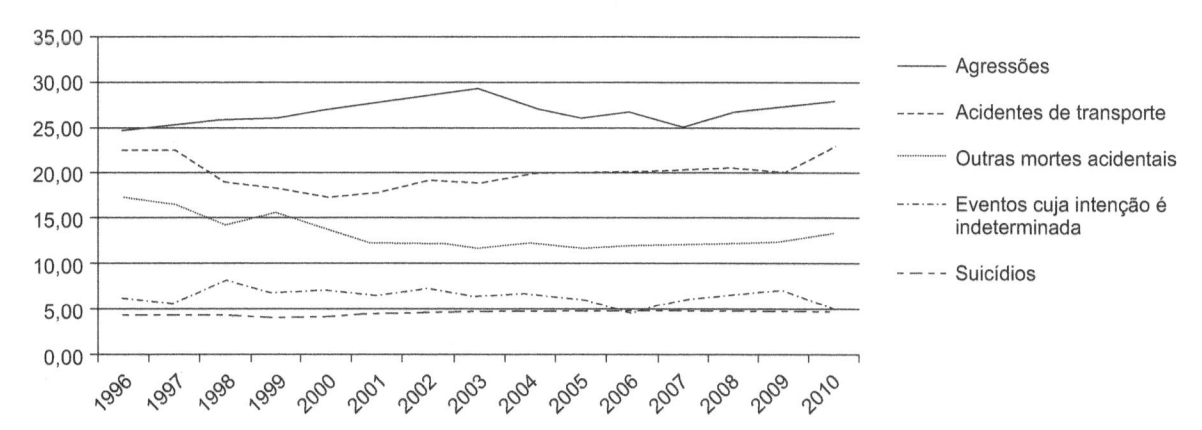

Figura 31.6 ♦ Evolução do coeficiente de mortalidade por causas externas (por 100 mil habitantes) – Brasil, 1996-2010. (Fonte: MS/SIM/Datasus.)

causas externas na faixa etária de 15 a 19 anos e 51% no grupo entre 20 e 29 anos de idade. Deve-se ressaltar o alto impacto dos homicídios na mortalidade de jovens no Brasil, que constituem, desde 2000, a primeira causa de anos potenciais de vida perdidos (Reinchemheim & Werneck, 1994; Drummond & Lira, 2000).

Data também de meados da década de 1990 o reconhecimento da existência de diferenças na distribuição socioespacial no risco, assim como da dimensão urbana desse problema (Souza, 1994; Mello Jorge et al., 1997). Há uma grande diferença entre os CMH nas regiões e estados do Brasil, como demonstrado na Figura 31.7.

Os CMH, em 2010, variaram entre 13,17, em Santa Catarina, e 66,88 por 100 mil habitantes, em Alagoas. Entre os seis estados com maiores CMH, cinco são das regiões Norte e Nordeste e apenas um é da região Sudeste. Já entre os estados com menores CMH, dois são da região Sul e dois da região Sudeste. As capitais apresentam CMH mais elevados, variando entre 15,14, em São Paulo, e 98,42 por 100 mil habitantes, em Maceió. Entre as seis capitais com maiores CMH, quatro são da região Nordeste (Fortaleza, João Pessoa, Salvador e Maceió). Uma das grandes mudanças no cenário nacional da violência comunitária no Brasil, com a entrada no século XXI, foi a definição de padrões distintos de evolução entre os estados e capitais (Figura 31.8). Na primeira década dos anos 2000 houve um crescimento bastante expressivo nos CMH em estados e capitais do Norte e Nordeste, assim como uma queda bastante importante em estados e capitais da região Sudeste, com destaque para São Paulo. O Município de São Paulo (MSP) apresentava em 1994, segundo Mello Jorge et al. (1997), o terceiro maior CMH entre as capitais, mas em 2010 apresentou o CMH mais baixo. A queda, que teve início em 2001, supera os 70%.

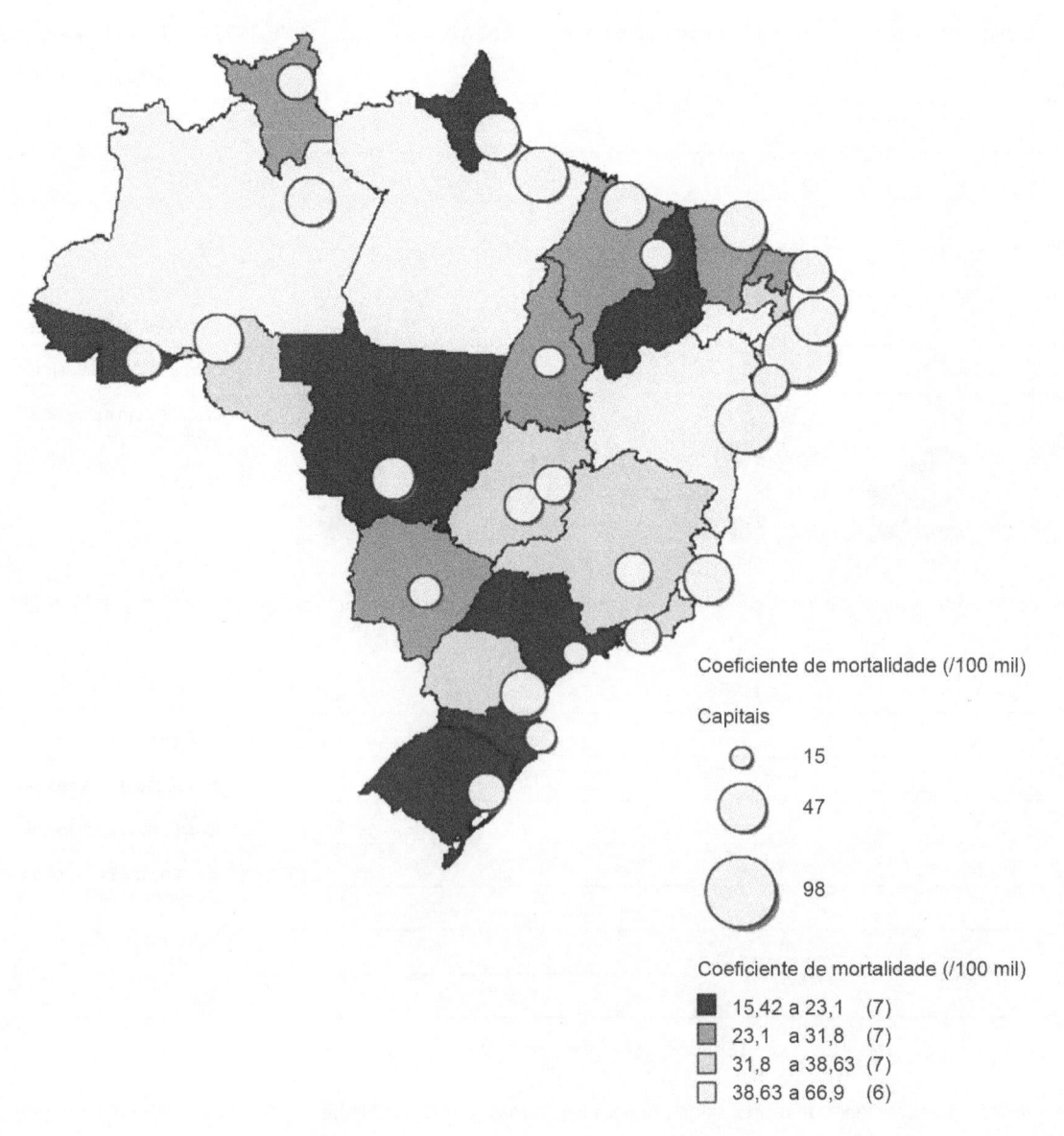

Figura 31.7 • Coeficiente de mortalidade por homicídio nos estados e capitais brasileiras – 2010. (Fonte: MS/SIM/Datasus.)

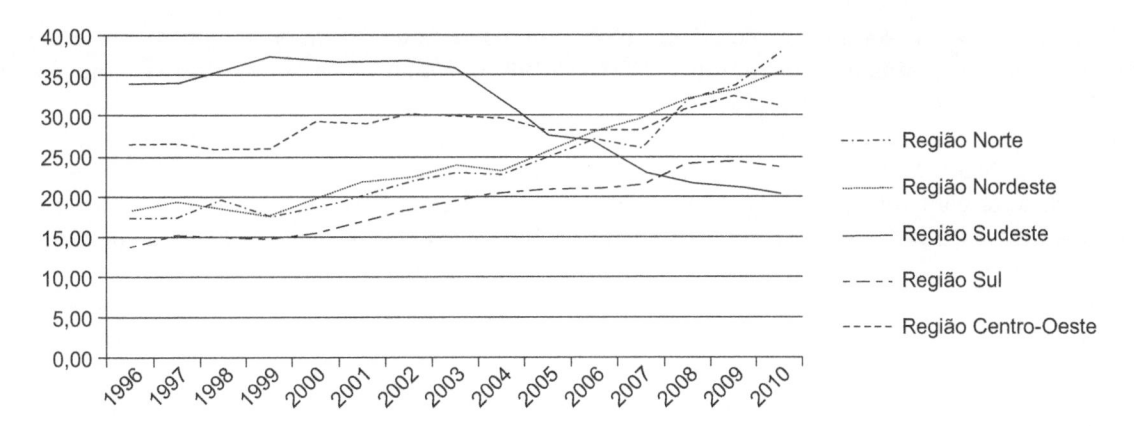

Figura 31.8 • Evolução dos CMH (por 100 mil habitantes) por regiões administrativas – Brasil, 1996-2010. (Fonte: MS/SIM/Datasus.)

São muitos os estudos que tentam explicar a diferença na distribuição socioespacial do risco de morte por homicídio a partir de diferenças no grau de desenvolvimento socioeconômico (Moraes et al., 2011). As análises buscam estabelecer associação entre diversos indicadores socioeconômicos e o CMH em países, estados, municípios e áreas intraurbanas, com resultados nem sempre concordantes, dadas as diferenças metodológicas adotadas. Há, entretanto, evidências de que os CMH são mais elevados em áreas caracterizadas pela concentração de desvantagens sociais, com associações fortes entre CMH e indicadores de desigualdade de renda. Assim sendo, há um certo consenso de que os níveis de violência expressos por meio dos CMH guardam uma relação forte com a pobreza relativa, em detrimento da pobreza absoluta (Blau & Blau, 1982; Hansmann & Quigley, 1982; Messner, 1982; Williams, 1984; Parker, 1988; Kaplan et al., 1996; Kennedy et al., 1996; Kawachi et al., 1997; Sampson et al., 1997; Wilkinson, 1997; Wilson & Daly, 1997; Daly et al., 1998; Kennedy et al., 1998; Butchart & Engstrom, 2002; Fajnzylber, Lederman & Loayza, 2002).

No Brasil, estudos ecológicos de corte transversal efetuados em diversas capitais encontraram grande desigualdade na distribuição do risco de morte por homicídio no espaço urbano (Moraes et al., 2011). Associação entre CMH e baixo desenvolvimento socioeconômico, medido por meio de distintos indicadores, foi encontrada em São Paulo (Barata et al. 1998; Barata, Ribeiro & Moraes, 1999; Barata & Ribeiro, 2000; Cardia, Adorno & Poleto, 2003; Cardia & Schiffer, 2002; Drummond Júnior, 1999), Salvador (Macedo et al., 2001; Paim et al., 1999; Viana et al., 2011), Porto Alegre (Santos et al., 2001) e Rio de Janeiro (Szwarcwald & Castilho, 1986; Szwarcwald et al., 1999a, 1999b, 2000).

Ainda no plano macrossocial, estudos apontam para a importância de investimentos em políticas de segurança pública, com aumento taxa de encarceramento, atividade policial e controle do acesso a armas de fogo, além da presença de mercados ilegais de armas e drogas, padrão de consumo de drogas e diferenças na composição demográfica das populações para a compreensão dos diferenciais de morte por homicídio (Kelling & Bratton, 1998; LaFree, 1999; Zimring & Fagan, 2000; Blumstein et al., 2001; Miller & Hamenway, 2002; Levitt, 2004; Messner et al., 2007; McCall et al., 2008; Cerda et al., 2009). No Brasil, ênfase vem sendo dada às medidas adotadas para o desarmamento como um fator importante para a compreensão da redução dos homicídios em São Paulo. O papel do desarmamento para redução dos níveis de violência no Brasil foi inicialmente apontado por Souza et al. (2007). Cerqueira (2010) encontrou uma associação significativa entre o desarmamento e a redução dos homicídios nos municípios do Estado de São Paulo, após controle do efetivo de policiais, aprisionamento e tamanho populacional. Os resultados foram discordantes com a análise realizada por Peres et al. (2012) no MSP, onde o acesso a armas de fogo não se mostrou associado à queda no CMH observada a partir de 2001. A literatura internacional, entretanto, aponta a importância do acesso a armas de fogo para o risco de morte por homicídio (Cook, 1978; Kellerman et al., 1993; Miller et al., 2002; Wiebe, 2003). Ressalte-se ainda, no Brasil, a grande contribuição das armas de fogo para a mortalidade por homicídio, assim como para a tendência de crescimento dos CMH observada ao longo da década de 1990 (Souza, 1994; Mello Jorge et al., 1997; Peres, 2004; Peres & Santos, 2005a).

Violência não fatal e morbidade associada

Outro modo de abordar o fenômeno da violência interpessoal é por meio dos eventos não fatais. No *Relatório Mundial sobre Violência e Saúde*, Krug et al. (2002) ressaltam a dificuldade em estudar a violência interpessoal não fatal em virtude da escassez e dos problemas existentes com as fontes e dados oficiais, a exemplo das ocorrências policiais. É bastante conhecida, por exemplo, a existência de subnotificação de crimes às autoridades policiais. Desse modo, dados provenientes de fontes policiais estão, geralmente, subestimados (Beato-Filho, 2000; Cano, 2000; Kahn, 2002; Peres, 2004). Mesmo considerando esse problema, estudo realizado com dados da Secretaria Nacional de Segurança Pública (Senasp/MJ) apontam para uma taxa de lesão corporal da ordem de 390 por 100 mil habitantes em 2003, 12 vezes superior à taxa de homicídio no mesmo ano (28,9 por 100 mil habitantes) (Souza & Lima, 2006).

Poucos pesquisadores estudaram a violência interpessoal comunitária não fatal no Brasil, o que pode ser explicado pelo fato de o processo da coleta de informações sobre morbidade por causas externas não estar bem estabelecido em todo o país, quando comparado ao Sistema de Informações sobre Mortalidade (SIM) (Moraes et al., 2011). Em 1997, Lebrão et al. analisaram a morbidade hospitalar por lesões e envenenamentos no Brasil, utilizando como fonte de informação as Autorizações de Internação Hospitalar (AIH). Os dados apresentados devem ser analisados com cautela e contêm limitações importantes para a compreensão da morbidade relacionada com a violência, dadas as características e finalidades da fonte de informação. As AIH são instrumentos utilizados com finalidade explicitamente administrativa, e não epidemiológica. Além disso, a AIH é um instrumento obrigatório para internação dos pacientes e posterior pagamento pelo Sistema Único de Saúde (SUS). Referem-se, portanto, apenas às internações em hospitais públicos e conveniados ao SUS, não abrangendo as internações ocorridas na rede privada não conveniada. Por referir-se às internações, cabe ressaltar que apenas os casos mais graves, que necessitam internação hospitalar, são acessíveis mediante o estudo das AIH. Não são incluídos, também, os casos atendidos em emergência e pronto-socorro. Outra limitação diz respeito à forma de codificação das internações, as quais seguiam, até 1998, a classificação da classificação internacional de doenças (CID) no que se refere à natureza da lesão. Em outros termos, não havia, naquela ocasião, informação relativa ao tipo do acidente ou violência que motivou a internação (homicídio/agressão, suicídio, acidente etc.), mas sim à natureza da lesão (fratura, queimadura, lesões intracranianas etc.). Não era possível, desse modo, saber até que ponto os homicídios e a violência interpessoal contribuíam diretamente para as internações hospitalares. Apesar dessas limitações, é possível a obtenção de algumas informações importantes sobre a morbidade relacionadas com as causas externas.

Segundo Lebrão et al. (1997), as lesões e envenenamentos foram responsáveis por 5% a 6% das internações do país no período entre 1984 e 1994. Ao todo, 7.093.977 pessoas foram internadas em decorrência de lesões e envenenamentos nos 10 anos de estudo. Os autores evidenciaram ainda tendência de crescimento das internações motivadas por causas externas, da ordem de 60,6%. Considerando apenas os dados para o ano de 1994, evidencia-se que as lesões e envenenamentos ocupavam a sétima posição entre as causas de internação hospitalar. Na população masculina de 15 a 19 anos e de 20 a 29 anos de idade, as causas externas estão em primeiro lugar entre os motivos de internação hospitalar, no mesmo ano de 1994, e as quais ocupam a segunda posição na população masculina de 30 a 39 anos. Quanto ao tipo de lesão, predominam as fraturas, seguidas das lesões intracranianas e ferimentos de vasos sanguíneos. Segundo Lebrão et al. (1998), estudos indicam que entre as lesões intracranianas e internas predominam, como causa, os acidentes de trânsito e os homicídios.

Gawryszewski et al. (2004) analisaram os 118.367 óbitos e as 652.249 internações realizadas pelo SUS por causas externas no ano 2000, com o objetivo de comparar os perfis de mortalidade e morbidade. Naquele ano ocorreram 35.494 internações hospitalares por lesões decorrentes de agressões (5,4% do total de internações do país). Assim como observado para os óbitos por homicídio, os homens predominam entre as vítimas de agressão internadas em hospitais vinculados ao SUS: do total, 29.880 eram homens (84,1%) e 5.614 eram mulheres (15,9%). Tanto na população total como na população masculina, as agressões ocupam a quarta posição entre as causas externas de internação hospitalar, com 5,4% e 4,6%, respectivamente. Considerando apenas os casos de internação decorrentes de agressões, predominam as fraturas (22,2%), especialmente aquelas localizadas na cabeça e pescoço. Em segundo e terceiro lugares estão os traumatismos de órgãos internos (13,9%) e os traumatismos intracranianos (11,5%). Para Gawryszewski et al. (2004), esses dados sugerem que as internações decorrentes de agressões devem-se, sobretudo, a lesões por objetos contundentes, em detrimento das armas de fogo e objetos perfurantes. Um dado a ser levado em consideração refere-se à gravidade das lesões, ao considerarmos que 56,4% das lesões incluem fraturas, traumatismo intracraniano, traumatismos internos e lesões em múltiplas regiões (Gawryszewski et al., 2004).

Couto & Schraiber (2005) estudaram a violência não fatal entre homens usuários de dois serviços de saúde de atenção primária pertencentes à rede pública da Cidade de São Paulo. Os resultados desse estudo fornecem uma estimativa da frequência com que, entre usuários de serviços de saúde da rede básica, encontraremos homens que foram vítimas e homens que perpetraram violências. Assim como nos estudos do contexto hospitalar, as autoras destacam a alta prevalência de vitimização, uma vez que mais de 50% dos homens entrevistados (na faixa etária de 18 a 60 anos) referiram ter sofrido algum episódio de violência física em locais públicos e cerca de um terço deles referiu já ter praticado alguma violência física nesses mesmos locais.

Custos e demandas para o setor saúde

Os efeitos da violência para o desenvolvimento econômico e social foram tema de debate do Banco Interamericano de Desenvolvimento (BID). Em nota técnica, o BID (1999) identifica quatro componentes que contribuem para os custos totais da violência nas sociedades, como pode ser visto na Figura 31.9. Existem outras maneiras de classificar os custos relacionados com a violência, o que dificulta a comparação entre diferentes estudos (Cerqueira et al., 2007).

Em escala nacional, existem alguns poucos estudos que buscam estimar os custos diretos do setor saúde para o tratamento de vítimas de violência. Em algumas capitais – Rio de Janeiro, Salvador e Belo Horizonte – foram realizados estudos mais abrangentes, buscando dar conta de outras dimensões do problema. Além dos estudos que abordam mais diretamente a questão dos gastos sociais com a violência, foram feitos alguns estudos acerca da vitimização no Brasil e em algumas capitais selecionadas que abordam o impacto da violência na vida cotidiana da população e no capital social (Cardia, 1999, 2012).

Iunes (1997) analisou o impacto econômico das lesões e envenenamentos no Brasil por meio dos gastos hospitalares com internação. Assim como no estudo da morbidade hospitalar, a fonte de informação utilizada para análise de gastos foi a AIH. Por esse motivo, não foi possível conhecer o quanto a violência interpessoal contribuía para os gastos hospitalares. Além disso, foram computados apenas os gastos relacionados com o repasse do governo federal para as unidades vinculadas e credenciadas ao SUS, estando excluídos, desse modo,

Custos diretos
- Valores gastos (bens e serviços) para prevenir a violência, tratar as vítimas, prender e processar os perpetradores. Estão nesta categorias gastos dos sistemas de saúde, segurança pública e justiça.

Custos não monetários
- Referem-se ao impacto de violência na saúde, considerado em termos de morbidade, mortalidade e anos de vida perdidos por morte ou incapacidades. Relacionam-se com os custos diretos na medida em que geram demanda aos serviços de saúde e seguridade social.

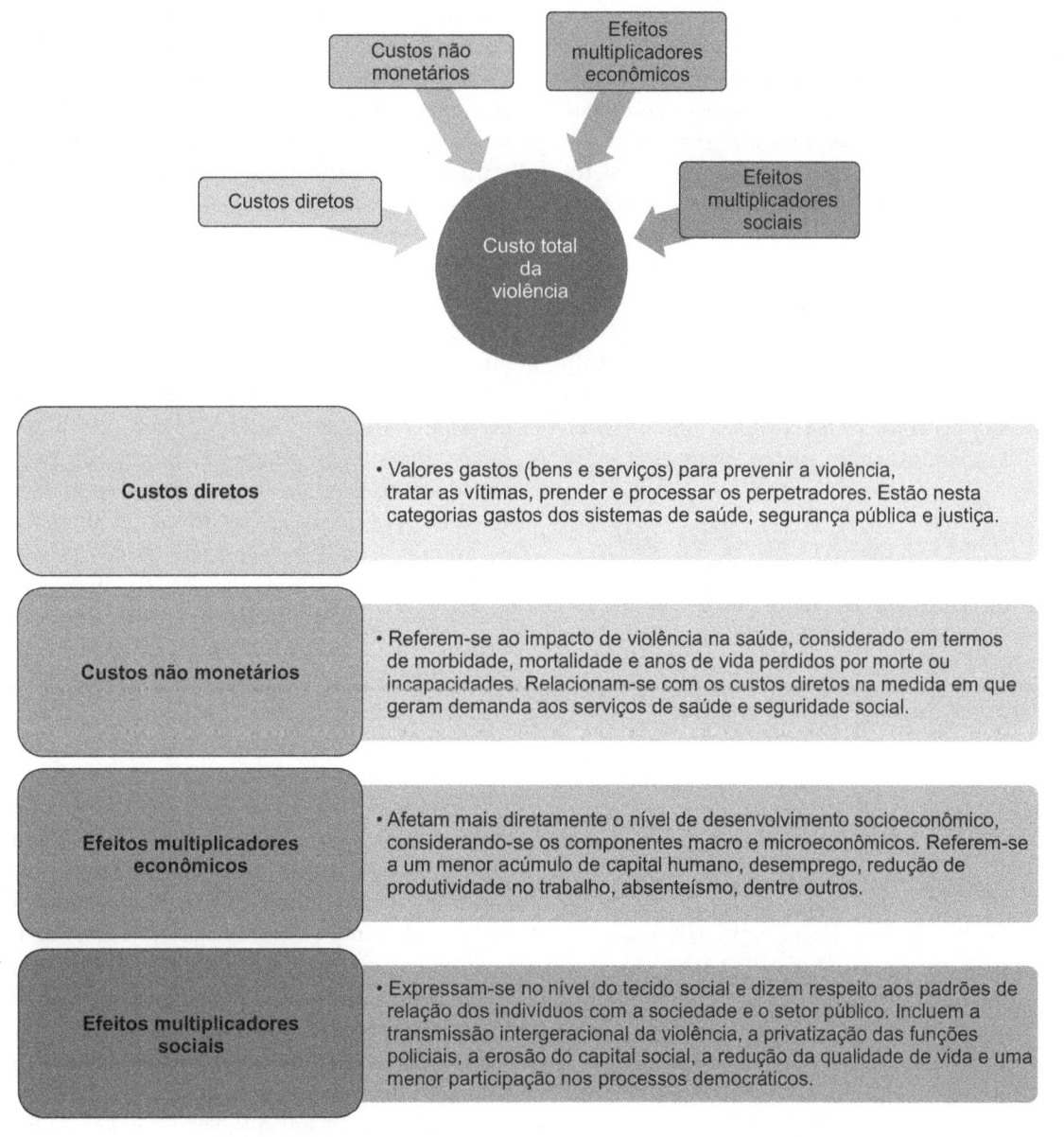

Efeitos multiplicadores econômicos
- Afetam mais diretamente o nível de desenvolvimento socioeconômico, considerando-se os componentes macro e microeconômicos. Referem-se a um menor acúmulo de capital humano, desemprego, redução de produtividade no trabalho, absenteísmo, dentre outros.

Efeitos multiplicadores sociais
- Expressam-se no nível do tecido social e dizem respeito aos padrões de relação dos indivíduos com a sociedade e o setor público. Incluem a transmissão intergeracional da violência, a privatização das funções policiais, a erosão do capital social, a redução da qualidade de vida e uma menor participação nos processos democráticos.

Figura 31.9 • Custos da violência. (Fonte: BID, nota técnica 4, 1999.)

os gastos do setor privado não conveniado. Da mesma maneira não foram incluídos na análise os gastos com atendimento de emergência e com atendimento ambulatorial. É possível supor, portanto, que os valores estão subestimados e expressam apenas uma parcela dos gastos diretos do setor saúde para o atendimento de vítimas de acidentes e violências.

O autor analisou os dados para o mês de novembro de 1994. Foram internados, no período estudado, 72.766 casos, o que resultou em um total de 378.963 dias de internação hospitalar e um total estimado de 12.459 anos de vida perdidos por morbidade relacionada com acidentes e violências. Para o total de internações foram gastos R$ 23.923.861,94 para o tratamento das vítimas. Partindo dessa análise inicial, o autor estimou um gasto anual de R$ 287 milhões, o que corresponde a aproximadamente 0,07% do produto interno bruto (PIB) nacional. Os principais achados estão sistematizados no Quadro 31.1

Apesar de parcial e incompleto, o estudo de Iunes (1997) nos oferece uma ideia dos elevados custos monetários diretos relacionados com a violência no Brasil. Resultados muito semelhantes foram encontrados por Mendonça et al. (2002), quando analisaram os gastos hospitalares com crianças e adolescentes de 0 a 19 anos no Estado de Pernambuco, onde o custo médio das internações hospitalares por causas externas também superou o custo médio das internações por todas as demais causas.

Em 2007, o Instituto de Pesquisas Econômicas Aplicadas (Ipea) publicou o resultado do estudo *Análise dos Custos e Consequências da Violência no Brasil*. Cerqueira et al. (2007) classificaram os gastos em duas grandes categorias: custos arcados pelo Estado e pelo setor privado, e chegaram a um montante estimado para 2004 de R$ 92 bilhões, representando 5,1% do PIB, e um custo *per capita* de R$ 519,00. No que se refere aos custos diretos para o setor saúde, componente de gastos do setor público, os autores estimaram, para 2004, um custo total de R$ 988 milhões, cerca de 0,06% do PIB, resultado semelhante ao encontrado por Iunes em 1997. O setor privado, segundo estimativa apresentada pelos autores, gasta o dobro do setor público, cujo montante em 2004 foi de R$ 31.889.000,00, 1,65% do PIB nacional.

Estudo semelhante foi realizado pelo BID/ISER no Rio de Janeiro em 1995. Considerando entre os componentes do custo monetário os gastos dos sistemas de saúde, segurança e justiça, além das transferências sociais (seguros e perdas materiais diretas) e os anos potenciais de vida perdidos por morte ou incapacidade, os autores estimam que os gastos gerados pela violência no Município do Rio de Janeiro representam 5% do PIB municipal. Cabe ressaltar que os gastos são provavelmente maiores, uma vez que não foram estimados gastos com segurança privada e os efeitos da violência sobre crescimento e investimentos (efeitos multiplicadores econômicos). A maior parcela dos gastos refere-se ao setor saúde, incluídos os atendimentos e anos de vida perdidos por morte e incapacidades, os quais representaram 96,1% do total de gastos do setor.

Rondon et al. (2003) estudaram os custos relacionados com a criminalidade em Belo Horizonte. Os autores classificaram os custos em exógenos – gastos efetuados diretamente pelos agentes públicos e privados no combate ao crime – e endógenos – resultados diretos da ação do crime (gasto com atendimento médico às vítimas, anos de vida perdidos, montante roubado/furtado). Segundo os autores, em Belo Horizonte os custos da criminalidade representam quase 4% do PIB municipal, sendo a maior parte dos gastos decorrente de investimentos em Segurança Pública (40,8%). Os gastos exógenos totalizaram R$ 487.496.442,00. Em segundo lugar estão os gastos relacionados com a renda potencial de vítimas fatais (20,9%), com os gastos endógenos da criminalidade totalizando R$ 348.250.613,00.

Alguns outros estudos, de abrangência local, buscaram estimar gastos específicos do setor saúde, trazendo para o debate dimensões não abordadas nos estudos realizados em escala nacional. Uma análise dos custos dos atendimentos hospitalares em emergência foi realizada por Deslandes et al. (1998) em dois hospitais municipais do Rio de Janeiro para um período de 1 mês. A violência interpessoal (violência doméstica, bala perdida e agressões) representa parcela significativa dos gastos com atendimento de emergência em ambos os hospitais, atingindo percentual que variou entre 24,9% e 49,8%. Em termos monetários, o custo do atendimento de víti-

Quadro 31.1 • Custos das lesões e envenenamentos no Brasil

Custos diretos	Custos não monetários
• O custo/dia das internações por causas externas é 60% maior do que o custo/dia média das internações pagas pelo SUS • As internações por causas externas tendem a ser mais caras do que a média de hospitalizações pagas pelo SUS: representam 2% das internações e consomem 8% dos recursos	• A mortalidade por causas externas representou cerca de 2,5 milhões de anos potenciais de vidas perdidas (APVP) no país em 1981. Em 1991 foram 3,4 milhões de anos potenciais de vidas perdidas em função da mortalidade por causas externas • Considerando-se o total de causas de morte no país, houve uma queda – entre 1981 e 1991 – de 12% nos APVP. Já para as causas extremas, houve aumento de 30% dos APVP • Os acidentes e violências representavam 12% dos óbitos em 1991 e 17,4% dos APVP no mesmo ano

Fonte: Iunes, 1997.

mas de violência interpessoal variou entre R$ 11.255,58 e R$ 21.814,62, o que resulta em um gasto total de R$ 33.070,20 em apenas dois hospitais, em 1 mês de atendimento. Com base nesses dados, os autores estimam um custo mensal para o universo de atendimentos de vítimas de violência interpessoal nos dois hospitais da ordem de R$ 43.890,20/mês, sendo o custo anual estimado da ordem de R$ 526.682,40. Predominam em ambos os gastos com o tratamento de casos de agressão. Apesar de os resultados desse estudo não poderem ser generalizados nem mesmo para a totalidade de hospitais municipais do Rio de Janeiro, esse estudo é muito relevante por possibilitar uma primeira aproximação aos gastos com um dos setores do sistema de saúde nunca estudado, dada a inexistência de dados.

Em Salvador, Noronha (2003) realizou um estudo com amostra de casos atendidos na emergência de dois hospitais de referência e estimou, a partir de dados coletados em prontuários e de informações obtidas diretamente das vítimas e/ou de seus familiares, os *custos monetários diretos* com o tratamento pelo setor público de saúde e pelas vítimas e seus familiares/acompanhantes (compra de medicamentos, dietas especiais, transporte etc.), e os *custos indiretos econômicos* como prejuízos sofridos pelas vítimas e acompanhantes em razão de perda de rendimento potencial (oportunidades perdidas na ida ao atendimento médico). A partir dos dados coletados, foi realizada uma estimativa de gastos anuais com atendimento de emergência de vítimas de violência interpessoal intencional nos dois hospitais de Salvador. Os principais resultados da estimativa estão apresentados na Tabela 31.1.

Assim como os resultados do trabalho de Deslandes *et al.* (1998), os resultados mostrados na Tabela 31.1 não podem ser generalizados para todos os hospitais do Município de Salvador. Apesar disso, mostram-se bastantes úteis para que se tenha uma dimensão dos custos com atendimento de vítimas de violência, especialmente no que se refere aos custos pessoais. Segundo Noronha (2003), a violência intencional responde por quase 3% dos gastos totais em atendimentos de emergência nas duas unidades hospitalares estudadas. São bastante expressivos os gastos pessoais, da ordem de R$ 1.633.070,00. Algumas informações adicionais devem ser ressaltadas para uma melhor caracterização desses gastos: do total de entrevistados na amostra (n = 198), apenas 3% informaram ter adquirido as medicações prescritas por meio do SUS e 24% informaram ter comprado os medicamentos em farmácia; 41% dos entrevistados não retornaram a suas atividades de rotina após a incidente; entre os que não retornaram às atividades, 89% referiram sentir dores e apresentar sequelas relacionadas com a violência e 11% necessitaram de próteses.

Apesar das distintas metodologias e períodos de estudo, considerando ainda que nem todos os estudos apresentados englobam as mesmas dimensões dos custos relacionados com a violência, é possível afirmar o forte impacto que o fenômeno tem no Brasil, seja do ponto de vista monetário, seja das vidas e anos de produtividade perdidos. Os gastos do setor saúde com internações hospitalares e atendimentos de emergência são bastante expressivos e consomem grande parte dos recursos destinados ao SUS pelo governo federal. É importante ressaltar que esses recursos, gastos com o atendimento às vítimas de violência, poderiam estar sendo usados em outras atividades, como em medidas para redução da mortalidade infantil, na Estratégia de Saúde da Família, no tratamento de portadores de HIV/AIDS e em tantos outros problemas de saúde existentes no país. Outro dado extremamente importante consiste no gasto privado das famílias vítimas com o tratamento das lesões secundárias à violência interpessoal, o que, provavelmente, tem forte impacto no orçamento de milhares de famílias, comprometendo o bem-estar geral e a qualidade de vida.

Tabela 31.1 • Custo anual de vítimas de violência intencional em dois hospitais de Salvador, Bahia, 2002

	Ambulatorial			Internação			Custo total geral
	R$/vítima	nº de vítimas*	Custo total	R$/vítima	nº de vítimas*	Custo total	
Custos diretos institucionais (SUS)	59,36	5.967	354.196	1.282,79	1,536	1.970.467	2.324.663
Custos indiretos institucionais	28,8	5.967	171.847	622,46	1.536	956.148	1.127.995
Custos institucionais totais	88,16			1.905,25			3.452.658
Custos diretos pessoais	109,97	5.949	654.250	255,61	1,554	397.129	1.051.379
Custos econômicos (vítimas e acompanhantes)	159,82	2.008	320.979	312,73	834	260.713	581.692
Custos pessoais totais	269,79			568,34			1.633.071
CUSTO TOTAL	357,65		1.501.273			3.584.456	5.085.729

*Número estimado.
Fonte: Noronha *et al.*, 2003.

Abordagem à violência a partir do campo da saúde: risco e vulnerabilidade

No *Relatório Mundial sobre Violência e Saúde*, Krug et al. (2002) estabelecem os parâmetros que delimitam, segundo a OMS, a abordagem da saúde pública à violência. O objetivo último das ações no campo é a prevenção, expressa na ideia de que a "violência pode ser evitada e seu impacto minimizado" (Krug et al., 2002). Para isso torna-se necessário compreender as causas da violência, passo fundamental para a formulação das ações preventivas. Os autores ressaltam ainda a dimensão coletiva/populacional das ações no campo, cujo alvo são as populações, e estruturam a abordagem da Saúde Pública à violência em torno de quatro etapas (Figura 31.10).

A etapa inicial consiste no *diagnóstico descritivo* do problema, cujo objetivo é conhecer a magnitude e a distribuição em grupos populacionais. Busca-se, nesse momento, conhecer a distribuição e a frequência dos casos segundo características das pessoas (quem é mais acometido?), dos lugares onde ocorrem (como os casos se distribuem no espaço?) e do tempo (quando os casos são mais frequentes? Como ocorre a distribuição no tempo?). Essas são perguntas simples, mas cujas respostas tornam possível identificar grupos ou áreas sob maior risco, alocando de maneira mais racional recursos para prevenção, controle ou atenção. A segunda etapa – *diagnóstico etiológico* – objetiva a identificação de fatores de risco e/ou proteção – aqueles que, quando presentes, aumentam (fatores de risco) ou diminuem (fatores de proteção) a probabilidade de ocorrência de violência. Compõe ainda essa etapa a identificação dos fatores que podem ser modificados com vistas à prevenção. As duas etapas finais compreendem implementação, avaliação e replicação de ações preventivas que se mostram promissoras.

Krug et al. (2002) reconhecem a complexidade da violência e seu caráter multifacetado, cujos fatores de risco englobam características individuais, relacionais,

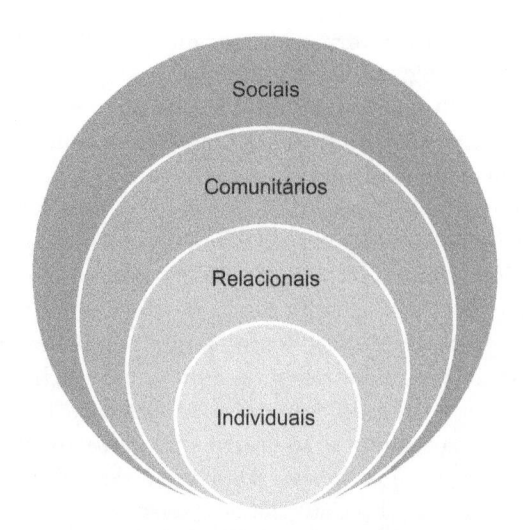

Figura 31.11 • Modelo ecológico para compreensão da violência. (Fonte: Krug *et al.*, 2002.)

sociais, culturais e ambientais. A existência desses múltiplos fatores de risco, assim como a relação entre eles, é sistematizada no *modelo ecológico* (Figura 31.11). Segundo a OMS (Krug et al., 2002), o modelo ecológico serve tanto para identificação dos fatores de risco específicos para cada nível de complexidade, auxiliando portanto o entendimento dos mecanismos causais que levam à violência, como para formulação e implementação de ações preventivas, as quais são estruturadas em torno dos fatores de risco identificados nos diferentes níveis de complexidade do modelo.

Segundo o modelo ecológico, a violência resulta da interação entre os diferentes níveis de risco, os quais englobam aspectos relacionados com as características individuas, relacionais, comunitárias e sociais. O *nível individual* compreende os aspectos que refletem características das pessoas que, quando presentes, aumentam o risco de que a violência ocorra. Inclui fatores biológicos, demográficos, traços de personalidade, padrões de comportamento e aspectos biográficos, como história de maus-tratos na infância. O *nível relacional* se refe-

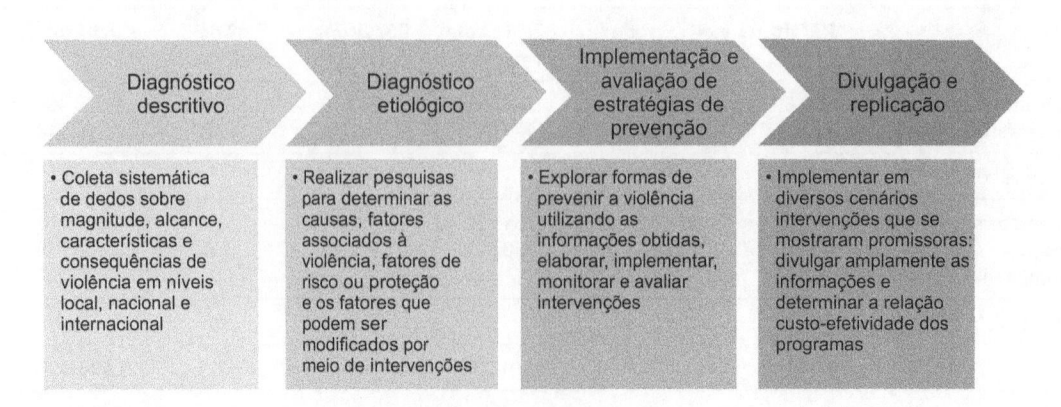

Figura 31.10 • Etapas da abordagem da Saúde Pública à violência. (Fonte: adaptada de Krug *et al.*, 2002.)

re a características das relações sociais próximas que aumentam o risco de violência, a exemplo das relações afetivas, familiares e entre amigos. O *nível comunitário* busca compreender a ocorrência de violência a partir de características contextuais mais amplas, nas quais as relações interpessoais ocorrem. Exemplos de contextos comunitários são as escolas, os ambientes de trabalho e os locais de moradia. O *nível social*, por sua vez, engloba os fatores macrossociais e características dos sistemas culturais que interferem diretamente nos recursos comunitários e estabelecem os limites para a relação entre os sujeitos e para a ação individual. Compreende, nesse sentido, as formas de organização social, política e econômica, assim como sistemas simbólicos que fundamentam relações calcadas em diferenciais de poder.

Embora Krug *et al.* (2002) reconheçam o caráter interdisciplinar da Saúde Pública, a abordagem proposta estrutura-se claramente em torno da epidemiologia e da identificação de fatores de risco e/ou proteção. Em que pese o fato de as análises de risco serem importantes para identificação das diferenças nas distribuições populacionais dos agravos e o reconhecimento dos agentes causais e mecanismos etiológicos, elas não conseguem apreender os significados concretos das vivências dos indivíduos ante as distintas situações de exposição (Ayres, 2003; Ruotti *et al.*, 2011). De modo complementar à epidemiologia, abordagens centradas no conceito de vulnerabilidade (Delor & Hubert, 2000; Buchalla & Paiva, 2002; Sanches & Bertolozzi, 2007; Ayres, 2010) vêm sendo utilizadas no campo da Saúde Coletiva com vistas a uma maior compreensão dos processos de adoecimento. Inicialmente utilizado no campo de estudos e implementação de ações em torno do HIV/AIDS, o conceito de vulnerabilidade vem sendo incorporado gradativamente ao campo de estudo sobre violência no Brasil (Sant'Anna & Lopes, 2005; Peres, 2010; Ruotti *et al.*, 2011, 2012).

Uma das características centrais da abordagem da vulnerabilidade é seu caráter interdisciplinar. Utilizando um referencial que mescla métodos quantitativos e qualitativos, e agregando ao raciocínio epidemiológico contribuições das ciências sociais e humanas, o estudo das vulnerabilidades visa compreender, para além dos determinantes epidemiológicos, a dimensão dos sentidos e dos significados da exposição dos sujeitos a determinadas situações de risco, bem como as implicações e os efeitos diferenciados dessas exposições nas trajetórias individuais e interativas (Buchalla & Paiva, 2002; Ayres, 2003; Sanches & Bertolozzi, 2007; Ruotti *et al.*, 2011).

O uso do conceito de vulnerabilidade no estudo da violência interpessoal comunitária possibilita avançar na compreensão dos diferenciais no risco de morte por homicídio, desvelados pelos estudos epidemiológicos.

Torna possível, por exemplo, compreender as múltiplas exposições (nem sempre voluntárias), ao longo das trajetórias sociais, que aproximam os jovens residentes em áreas periféricas dos centros urbanos de situações de maior risco de morte violenta. Para tanto é necessário levar em consideração os processos sociais em curso que vêm modificando as formas de socialização da juventude e, consequentemente, os contornos das trajetórias sociais (Ruotti *et al.*, 2011). Um exemplo é a centralidade adquirida pelo risco nas configurações sociais modernas, como apontam diversos autores do campo das ciências sociais (Beck, 1997; Lupton, 1999; Le Breton, 2000; Giddens, 2002; La Mendola, 2005).

Tomemos como exemplo a sobremortalidade por homicídio de jovens do sexo masculino, residentes em áreas periféricas de grandes centros urbanos. A compreensão das configurações de vulnerabilidade passa, necessariamente, pela consideração de características contextuais que favorecem ou precipitam a proximidade cotidiana ao risco. Não se trata de uma proximidade buscada conscientemente, mas sim de uma proximidade que se dá pelas condições de uma vida que se estrutura próximo ao que Feltran (2010) chama de "mundo do crime", o qual influencia os processos de sociabilidade independente da participação ativa em atividades criminosas. O embaralhamento das fronteiras entre o lícito e o ilícito é um dos resultados da reestruturação dos processos de trabalho e do consequente crescimento das economias informais e ilegais (Telles, 2006; Telles & Hirata, 2010). Trabalho precário e desemprego marcam a trajetória social de muitos desses jovens, e o processo de transição para a vida adulta torna-se menos linear (Pais, 2005).

Baixa escolaridade, ocupação em trabalhos informais, momentos de proximidade e envolvimento com atividades ilícitas e ilegais, encontros violentos com a polícia e processos de rotulação e institucionalização que ancoram uma gama de ações calcadas em mecanismos sociais de estigmatização compõem muitas das trajetórias que se fazem em contextos marcados pela presença do tráfico de drogas, violência policial, conflitos armados e mortes violentas (Zaluar, 1994; Caldeira, 2000; Peralva, 2000). A construção de uma imagem social conectada ao "mundo do crime" constitui-se, desse modo, em fator adicional de fragilização para lidar com uma ampla gama de riscos.

As relações arbitrárias e violentas da polícia, inclusive pela conexão de seus agentes a grupos de extermínio (Pinheiro & Mesquita, 1998), vinculadas a essa imagem social são um componente central para a conformação de situações de vulnerabilidade no percurso social de muitos jovens da periferia dos grandes centros urbanos. Nesse sentido, as instituições públicas responsáveis pela segurança operam, a partir de processos sociais calcados na estimigatização violenta, mecanismos que compõem a vulnerabilização. O mesmo ocorre quando consideramos a inoperância das agências de investigação das mortes que, pela impunidade, mantém em funcionamento o círculo vicioso que vitima jovens.

A vitimização juvenil por morte violenta transcende situações individuais de vulnerabilidade, evidenciando toda uma dimensão processual e contextual que nos impede de considerar a vulnerabilidade enquanto uma característica essencial dos indivíduos (Delor & Hubert, 2000). Estão imbricadas nesses processos as incertezas inerentes à condição juvenil, a precarização do trabalho, a presença do crime organizado, a limiaridade com o "mundo do crime", a atuação arbitrária e violenta das instituições de segurança pública e uma visão de punição sob a forma de vingança pessoal (Caldeira, 2000; Misse, 2008, 2010).

PREVENÇÃO, ATENÇÃO E CONTROLE DAS VIOLÊNCIAS INTERPESSOAIS COMUNITÁRIAS

No Quadro 31.2 são apresentadas diferentes maneiras de classificar estratégias de prevenção da violência: segundo o nível de prevenção (baseado no Modelo da História Natural [MHN] das doenças, considerando a evolução dos processos de adoecimento no tempo), segundo características da população-alvo e segundo o nível de risco do modelo ecológico. Os diferentes modos de classificação não são excludentes: um programa, ação ou política de prevenção pode ser classificado, por exemplo, como de prevenção primária no que se refere ao nível de prevenção, universal em relação ao escopo da população-alvo e voltado para o enfrentamento de fator de risco comunitário. Da mesma maneira, uma política, a exemplo

Quadro 31.2 • Formas de classificação dos tipos de prevenção da violência

Nível de prevenção	
Primária	Medidas que se aplicam antes de a violência ocorrer e que têm por objetivo evitar que ocorra
Secundária	Medidas aplicadas a vítimas de violência ou a perpetradores envolvidos em poucos episódios ou situações de pequena gravidade. O objetivo é dar assistência rápida às vítimas. Envolvem assistência pré-hospitalar, emergencial e todo tipo de suporte (psicológico, judicial) que favoreça a identificação precoce dos casos e a não cronificação da situação de violência (como vítima ou perpetrador) ou as consequências à saúde física e psíquica dos envolvidos
Terciária	Medidas de longo prazo que se aplicam a vítimas e perpetradores envolvidos cronicamente em situações de violência ou em casos que resultaram em graves lesões ou trauma psicológico. O objetivo último é a reintegração e reabilitação dos envolvidos (vítimas ou perpetradores) com interrupção de ciclos crônicos de violência e redução da invalidez e dos traumas
Características do grupo-alvo	
Universais	Medidas que se aplicam a toda a população, independente do risco, a exemplo das medidas para controle do porte e uso de armas de fogo, campanhas na mídia sobre violência familiar, alterações no currículo escolar com introdução de temas relacionados com prevenção à violência
Selecionadas	Medidas que se aplicam a grupos de pessoas identificados como estando sob maior risco de envolvimento com a violência – como vítima ou perpetrador – a partir da presença de fatores de risco, a exemplo de programas para inclusão de jovens residentes em áreas com concentração de desvantagens no mercado e trabalho formal, programas de tratamento do uso abusivo de drogas
Indicadas	Medidas que se aplicam a pessoas em situação de violência, como vítimas ou agressores, a exemplo dos programas de atendimento especializado para mulheres em situação de violência doméstica e perpetradores de violência doméstica
Nível de risco do modelo ecológico	
Individual	Medidas voltadas para a redução de exposição a fatores de riscos individuais ou para a mudança de comportamentos individuais que resultam em maior exposição a riscos, a exemplo do uso abusivo de drogas, abuso e violência contra crianças
Relacional	Medidas que têm como objetivo interferir e modificar padrões de relacionamento pessoais próximos, a exemplo de programas voltados para o desenvolvimento de habilidades parentais e reforço de vínculos familiares
Comunitária	Medidas voltadas para a modificação de características dos contextos comunitários que se mostram associados a maior risco de vitimização violenta, a exemplo de medidas de urbanização dos espaços públicos, iluminação pública, intervenções nos ambientes escolares e ocupacionais
Social	Adoção de ações, programas e políticas que objetivem a redução das desigualdades (sociais, de gênero etc.), assim como a alteração de atitudes e práticas culturais violentas, a exemplo de campanhas e a promulgação de leis e estatutos que garantam direitos civis e políticos a grupos desfavorecidos ou minoritários, dentre outras

Fonte: adaptada de Krug et al., 2002.

da política para controle do consumo, porte e posse de armas de fogo, pode ser classificada como uma estratégia de prevenção universal e social que, ao mesmo tempo, pode ser primária (por evitar o acesso a armas de fogo de pessoas ainda não envolvidas com a violência/criminalidade) e secundária (uma vez que as normas mais rígidas de controle e punição podem dissuadir pessoas que já estão envolvidas em situações de violência/criminalidade a continuarem portando e usando armas e fogo).

Embora há muito se reconheça a gravidade do problema, ainda são escassas as avaliações sistemáticas sobre resultados de iniciativas que objetivam prevenir as violências interpessoais comunitárias, em especial nos países de baixa e média renda (*low and middle income countries*) (WHO, 2010). Parte da dificuldade em avaliar as ações e programas explica-se pela complexidade do objeto, cujas causas são múltiplas, interagem entre si e apresentam distintos graus de complexidade, como sugere o modelo ecológico (Minayo & Souza, 1997; Krug *et al.*, 2002). Os modelos e estratégias de prevenção também são múltiplos: alguns são amplos em seu escopo, como aqueles que se classificam como universais e sociais, enquanto outros são mais focados em populações especiais e fatores de risco individuais. Em outras palavras, não existe uma única maneira de prevenir a violência, assim como medidas que se mostraram eficazes em determinado contexto podem não ser eficientes em contextos distintos (Muggha, 2012). Fatores de ordem cultural, social e política são aqui fundamentais, dada sua importância na determinação do fenômeno.

Há, entretanto, um certo consenso no campo sobre a necessidade, como afirma a OMS (Krug *et al.*, 2002), de confrontar a violência nos seus diversos níveis, assim como sobre a importância de ações intersetoriais e integradas que envolvam diversos setores da administração pública e a sociedade civil organizada (Minayo, 1994; Minayo & Souza, 1997; Peres, 2005, 2006; Silva *et al.*, 2007; Schraiber & D'Oliveira, 2009; Moraes *et al.*, 2011). Essa afirmação representa uma mudança substancial nas políticas e práticas de enfrentamento da violência, tradicionalmente situadas nos campos da segurança pública e da justiça, abrindo espaço para a atuação de setores como saúde, educação, urbanismo, assistência social, cultura e esportes, dentre outros.

Em documento intitulado *Violence Prevention: The Evidence* (WHO, 2010), a OMS identifica sete linhas gerais de ação para prevenção da violência interpessoal com resultados promissores, evidenciados por meio de estudos de avaliação sistemáticos. São elas: (a) desenvolvimento de relações seguras e estáveis entre crianças e seus pais ou cuidadores; (b) desenvolvimento de habilidades em crianças e adolescentes; (c) redução e controle do consumo de álcool; (d) controle do acesso a armas de fogo, facas e pesticidas; (e) promoção da igualdade de gênero para prevenir violência contra mulheres; (f) mudanças de normas culturais que sustentam práticas violentas; e (g) identificação, atenção e suporte a vítimas de violência.

Os programas voltados para o *desenvolvimento de relações seguras e estáveis entre crianças e seus pais ou cuidadores* podem ser classificados entre aqueles que se utilizam da promoção do desenvolvimento como via para prevenção da violência, como propõe Cardia (2006). Trata-se de programas com objetivos amplos que não se restringem à prevenção da violência, mas que vêm se mostrando bastante promissores, com resultados imediatos, no que se refere à prevenção da violência contra a criança no ambiente doméstico, e a médio prazo, com redução do envolvimento de adolescentes em situações de violência com possível efeito na violência interpessoal comunitária. Embora as estratégias possam ser variadas, em geral esses programas se utilizam de visitas domésticas e desenvolvem atividades com os pais ou cuidadores com vistas a reforçar o vínculo com os filhos e instituir práticas disciplinares não violentas, visando garantir melhores condições de vida e cuidados para a criança (Cardia, 2006).

Os programas voltados para o *desenvolvimento de habilidades em crianças e adolescentes* têm se mostrado promissores para a prevenção da violência juvenil, segundo a OMS (2010). A importância dessas ações para a prevenção da violência interpessoal comunitária deve-se à constatação de que jovens são as principais vítimas de mortes violentas e sua participação em situações de violência como perpetradores é também muito importante, destacando-se o envolvimento crescente com a criminalidade e a participação em gangues. Compreendem programas para o desenvolvimento de habilidades sociais, emocionais e comportamentais e programas de reforço escolar, cujo foco são as habilidades acadêmicas. Assim como os anteriores, os objetivos são amplos e não se restringem à prevenção da violência: pretende-se, em última instância, que as crianças adquiram habilidades que as ajudem a lidar com os múltiplos desafios da vida cotidiana de modo saudável e não violento. Pretende-se ainda que as crianças melhorem o desempenho escolar e ampliem as perspectivas de inserção ocupacional. No Brasil são muitas as ações desenvolvidas com essa perspectiva, seja por meio de programas e políticas governamentais, seja de programas desenvolvidos no âmbito das organizações não governamentais, a exemplo do Programa Luta pela Paz, no Rio de Janeiro e do Programa Redescobrindo o Adolescente na Comunidade, em São Paulo (Souza *et al.*, 2012).

As *medidas para redução e controle do consumo de álcool* partem da constatação de que o consumo excessivo de álcool é um importante fator de risco para a violência interpessoal. Parte-se do pressuposto, portanto, de que as medidas para reduzir o consumo têm, potencialmente, um efeito positivo na redução da violência. Entre essas, incluem-se medidas que visem à restrição do consumo por meio da regulação de horários e locais de funcionamento de bares, limites etários para compra e consumo, aumento do preço e da taxação e impostos para bebidas alcoólicas. No Brasil, experiência realizada em Diadema, na Região Metropolitana de São Paulo, aponta para o efeito positivo da regulação dos horários de funcionamento de bares no CMH (Duailib, 2007). Somam-se a essas medidas de controle programas voltados para o tratamento de *problem drinkers,* (usuários que fazem uso descontrolado de bebidas alcoólicas e que apresentam maior probabilidade de envolvimento em situações violentas). Nessa perspectiva, a ampliação da rede de Centros de Atenção Psicossocial Álcool e Drogas (Brasil, 2004a), embora não seja um objetivo explícito, pode beneficiar as ações para redução e controle da violência.

Ainda no âmbito das ações comunitárias e universais estão as *medidas para controle do acesso a armas de fogo, facas e pesticidas.* De maior importância, dado o forte impacto na mortalidade, são as armas de fogo. São muitos os estudos que demonstram que a disponibilidade de armas de fogo constitui-se em importante fator de risco para as mortes por homicídios (Kellerman *et al.*, 1993; Cook, 1978; Miller, Azrael & Hemenway, 2002; Wiebe, 2003). Nesse sentido, espera-se que o controle mais rigoroso da comercialização, porte e posse de armas de fogo reduza o número de armas em circulação e contribua para a redução dos níveis de violência interpessoal. No Brasil existem evidências de que a aprovação do Estatuto do Desarmamento (Lei 10.826/2003) tenha resultado em um impacto positivo nos indicadores de violência, a exemplo das internações hospitalares (Souza *et al.*, 2007). Estudos adicionais, entretanto, ainda precisam ser realizados.

As medidas que visam à *promoção da igualdade de gênero para prevenir violência contra mulheres e mudanças de normas culturais que sustentam práticas violentas* podem ser classificadas como medidas de caráter comunitário ou social que têm como objetivo modificar padrões de relacionamento calcados em práticas violentas. Podem incluir uma série de ações, desde campanhas até programas desenvolvidos em escolas ou ambientes de trabalho, os quais questionam os estereótipos construídos em torno das situações de gênero.

As intervenções para *identificação, atenção e suporte a vítimas de violência* incluem uma série de ações que visam identificar as vítimas precocemente e intervir com vistas a reduzir as consequências negativas para a saúde física e psíquica, além de romper o ciclo da violência. Entre as ações encontram-se os programas para detecção precoce de vítimas de violência por parceiros íntimos – *screening* –, intervenções psicossociais para redução do trauma e outros transtornos mentais associados à vitimização violenta, além de medidas restritivas que visam impedir o contato entre os agressores e suas vítimas, bastante utilizadas também no âmbito das violências familiares.

Percebe-se, a partir das linhas gerais destacadas pela OMS (WHO, 2010), que as políticas, programas e ações de prevenção da violência são amplos e ultrapassam os limites de ação próprios ao setor saúde. Isso se deve à complexidade do fenômeno. No que se refere às ações que podem ser mais claramente situadas no grande campo da saúde, no Brasil, os marcos foram estabelecidos em 2001, por meio da *Política Nacional de Redução das Morbimortalidades por Acidentes e Violências* (PNRMAV) (Brasil, MS, Portaria GM/MS 737, de 16 de maio de 2001), na qual a necessidade de articulação intersetorial é identificada como requisito indispensável para operacionalização (Minayo, 2006). Entre os setores da administração pública definidos como parceiros indispensáveis para a instituição de estratégias de prevenção eficazes estão a Secretaria de Estado do Desenvolvimento Urbano e os Ministérios da Justiça, da Educação, do Trabalho e Emprego, da Previdência Social, dos Transportes e da Ciência e Tecnologia. A PNRMAV enfatiza uma abordagem centrada na promoção da saúde e na prevenção primária, partindo do pressuposto de que "cada um dos acidentes e violências, em maior ou menor grau, é passível de prevenção", sem desconsiderar em seu escopo as ações voltadas para o tratamento das vítimas e redução de sequelas e mortes. As diretrizes delineadas no âmbito da PNRMAV compreendem:

- Promoção da adoção de comportamentos e ambientes seguros e saudáveis.
- Monitorização da ocorrência de acidentes e de violências.
- Sistematização, ampliação e consolidação do atendimento pré-hospitalar.
- Assistência interdisciplinar e intersetorial às vítimas de acidentes e de violências.
- Estruturação e consolidação do atendimento voltado para a recuperação e a reabilitação.
- Capacitação de recursos humanos.
- Apoio ao desenvolvimento de estudos e pesquisas.

Por meio da Portaria 936, de 18 de maio de 2004 (Brasil, 2004b), o MS estabeleceu os marcos para a estruturação na Rede Nacional de Prevenção da Violência e Promoção da Saúde. O objetivo último da rede é articular as diferentes iniciativas em curso nos estados e municípios, assim como as desenvolvidas por instituições acadêmicas e organizações não governamentais (ONG) conveniadas com o MS, com as ações da Área Técnica de Prevenção da Violência e Causas Externas do MS. Foram definidas as diretrizes para formação e consolidação de núcleos municipais e estaduais de prevenção da violência, assim como núcleos acadêmicos e núcleos-ONG de prevenção da violência e promoção da saúde. A articulação da rede nacional foi a estratégia adotada para implementação das ações no âmbito do Plano Nacional de Prevenção de Acidentes e Violências, segundo as diretrizes estabelecidas na PNRMAV. Cabe ressaltar que a estruturação dos núcleos municipais e estaduais, com participação das universidades e ONG, promove o estabelecimento de parcerias e articulações intersetoriais e com a sociedade civil organizada para a concretização de ações e programas locais, municipais e estaduais. O papel da universidade, na forma dos núcleos acadêmicos, inclui desde o desenvolvimento de projetos e pesquisas, a realização de avaliações sistemáticas, o desenvolvimento de indicadores, a oferta de cursos de capacitação e o desenvolvimento de programas inovadores para prevenção e assistência, até apoio técnico para o desenvolvimento de planos de prevenção da violência nos níveis federal, estadual e municipal. Em 2007 (Malta *et al.*, 2007), a rede contava com 62 núcleos no país, incluindo acadêmicos, ONG, estaduais e municipais, como pode ser visto no Quadro 31.3. Essa portaria, segundo Minayo (2006), é um dos marcos da consolidação da entrada da violência na agenda política da saúde no Brasil.

Ainda no âmbito das políticas de saúde, a *Política Nacional de Promoção à Saúde* (Brasil, MS, Portaria 687

Quadro 31.3 • Núcleos de Prevenção da Violência e Promoção da Saúde

Macrorregião	Núcleos acadêmicos	Núcleos municipais	Núcleos estaduais	Núcleos – ONG [a]
Sudeste	Universidade Federal do Rio de Janeiro (UFRJ) Centro Latino-Americano de Estudos sobre Violência e Saúde Jorge Careli, da Escola Nacional de Saúde Pública Sérgio Arouca, Fundação Instituto Oswaldo Cruz (Claves/ENSP/Fiocruz/MS) Universidade de São Paulo (USP) – Ribeirão Preto-SP Núcleo de Estudos da Violência (NEV)/USP Universidade Federal de Minas Gerais (UFMG)	Vitória-ES Cariacica-ES Serra-ES Vila Velha-ES Rio de Janeiro-RJ Belford Roxo-RJ Duque de Caxias-RJ Niterói-RJ Nova Iguaçu-RJ Petrópolis-RJ São Paulo-SP Campinas-SP Diadema-SP Embu-SP Guarulhos-SP Itaquaquecetuba-SP Osasco-SP Praia Grande-SP São José dos Campos-SP Belo Horizonte-MG	São Paulo Rio de Janeiro	Viva Rio, Rio de Janeiro-RJ Instituto Promundo, Rio de Janeiro-RJ Ipas Brasil, Rio de Janeiro-RJ
Sul	Universidade Federal do Rio Grande do Sul (UFRGS)	Curitiba-PR Foz do Iguaçu-PR Porto Alegre-RS Caxias-RS		
Centro-Oeste	Universidade Federal de Mato Grosso do Sul (UFMS) Universidade de Brasília (UnB)	Goiânia-GO Campo Grande-MS Corumbá-MS Cuiabá-MT	Mato Grosso do Sul Distrito Federal	
Nordeste	Universidade Federal de Pernambuco (UFPE) Fundação Universidade de Pernambuco (UPE) Escola de Saúde Pública do Ceará (ESP/CE) Escola de Saúde da Família de Sobral-CE Universidade Federal da Bahia (UFBA)	Campina Grande-PB Recife-PE Olinda-PE Feira de Santana-BA Sobral-CE Natal-RN	Paraíba	
Norte	Universidade Federal do Amazonas (UFAM)	Rio Branco-AC Manaus-AM Porto Velho-RO Boa Vista-RR Pacaraima-RR	Amapá	

Fonte: Malta DC *et al*. Iniciativas de vigilância e prevenção de acidentes e violências no contexto do Sistema Único de Saúde (SUS). Epidemiologia e Serviços de Saúde 2007; 16(1):45-55.

MS/GM, de 30 de março de 2006) estabelece entre seus objetivos específicos a promoção de ambientes seguros e saudáveis, o estímulo à adoção de modos de vida não violentos e o desenvolvimento de uma cultura da paz. No que se refere às ações para prevenção da violência, destacam-se a implementação da ficha de notificação da violência interpessoal, de serviços-sentinela para notificação dos casos, o incentivo ao desenvolvimento e o monitoramento e a avaliação de planos estaduais e municipais de prevenção.

Nessa perspectiva, em 2006 foi implantado o *Sistema de Vigilância de Violências e Acidentes* (Rede Viva), cujo objetivo é coletar dados sobre violências e acidentes e produzir informações para subsidiar a formulação, implementação e avaliação de políticas públicas (Silva *et al.*, 2007; Malta *et al.*, 2007, Mascarenhas *et al.*, 2009, Brasil, 2010a). A Rede Viva é estruturada em torno de dois componentes com fluxos (Figura 31.12) e fichas de notificação (Figuras 31.13 e 31.14) distintos, que alimentam sistemas de informação também distintos. Em ambos – Viva Contínuo e Viva Inquérito – a notificação dos casos de violência familiar contra crianças, adolescentes, mulheres e idosos é compulsória com base nas Leis 8.069/1990 (Estatuto da Criança e do Adolescente), 10.741/2003 (Estatuto do Idoso) e 10.778/2003 (Notificação de Violência contra a Mulher) (Brasil, 2010).

O Viva Contínuo começou a ser implementado em 2006, em serviços de referência para violência em seis estados, 32 municípios e no DF. A ficha de notificação (Figura 31.13) deve ser preenchida pelas unidades assistenciais sempre que há suspeita da ocorrência de agravo secundário à violência. Os casos identificados de violência contra crianças e adolescentes devem ser notificados, também, aos conselhos tutelares, como indicado na Figura 31.12. Desde 2009 as fichas de notificação do sistema Viva Contínuo passaram a integrar o Sistema de Informação de Agravos e Notificação (Sinan).

O Viva Inquérito consiste em um estudo de corte transversal, realizado em unidades de urgência e emergência selecionadas, com período de coleta de 30 dias em plantões alternados. De frequência inicialmente anual (2006 e 2007), desde 2007 está prevista uma regularidade na reaplicação a cada 2 anos. Em 2009 englobou 23 capitais, DF, 24 municípios e um total de 138 serviços de urgência e emergência (Brasil, 2010), utilizando-se de uma ficha padronizada de notificação (Figura 31.14).

Ainda no que se refere às ações desenvolvidas no âmbito do setor saúde, destacam-se, tradicionalmente,

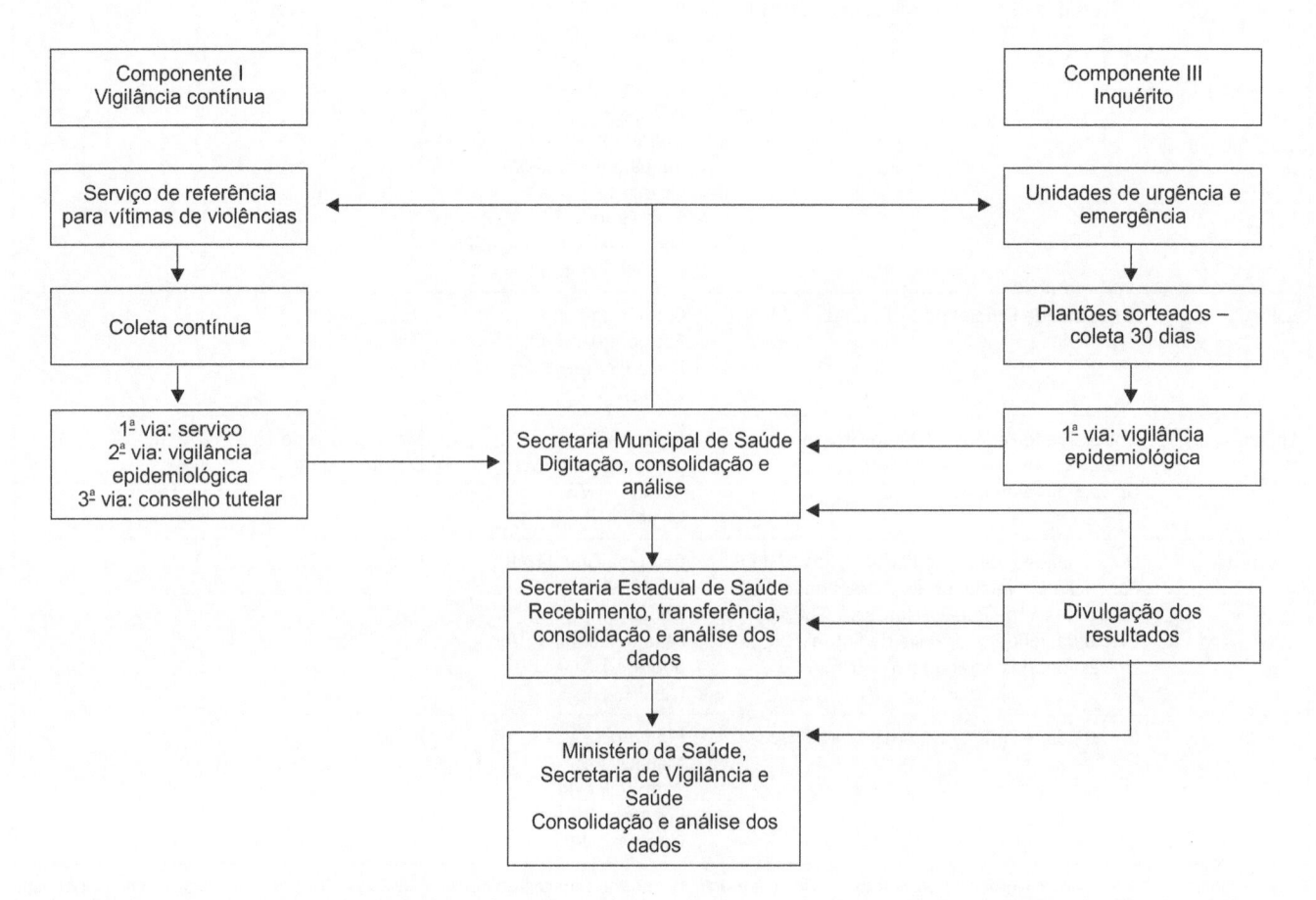

Figura 31.12 • Componentes do sistema de vigilância de violências a acidentes. (Fonte: Brasil, MS/SVS/DASS. Viva. Brasília: MS, 2010.)

Capítulo 31 • Prevenção, Atenção e Controle de Violências Interpessoais Comunitárias

República Federativa do Brasil
Ministério da Saúde

SINAN
SISTEMA DE INFORMAÇÃO DE AGRAVOS DE NOTIFICAÇÃO

Nº

FICHA DE NOTIFICAÇÃO / INVESTIGAÇÃO INDIVIDUAL — **VIOLÊNCIA DOMÉSTICA, SEXUAL E/OU OUTRAS VIOLÊNCIAS**

Definição de caso: Suspeita ou confirmação de violência. Considera-se violência como o uso intencional de força física ou do poder, real ou em ameaça, contra si próprio, contra outra pessoa, ou contra um grupo ou uma comunidade que resulte ou tenha possibilidade de resultar em lesão, morte, dano psicológico, deficiência de desenvolvimento ou privação (OMS, 2002).

Atenção: Em casos de suspeita ou confirmação de violência contra crianças e adolescentes, a notificação deve ser obrigatória e dirigida aos Conselhos Tutelares e/ou autoridades competentes (Juizado da Infância e Juventude e/ou Ministério Público da localidade), de acordo com o **art. 13 da Lei no 8.069/1990 - Estatuto da Criança e do Adolescente**. Também são considerados de notificação compulsória todos os casos de violência contra a mulher (**Decreto-Lei no 5.099 de 03/06/2004, Lei no 10.778/2003**) e maus tratos contra a pessoa idosa (**artigo 19 da Lei no 10.741/2003**).

Dados Gerais

1 Tipo de Notificação — 2 - Individual

2 Agravo/doença — VIOLÊNCIA DOMÉSTICA, SEXUAL E/OU OUTRAS VIOLÊNCIAS — Código (CID10) Y09 — **3** Data da notificação

4 UF — **5** Município de notificação — Código (IBGE)

6 Unidade de Saúde (ou outra fonte notificadora) — Código (CNES) — **7** Data da ocorrência da violência

Notificação Individual

8 Nome do paciente — **9** Data de nascimento

10 (ou) Idade — 1 - Hora / 2 - Dia / 3 - Mês / 4 - Ano

11 Sexo — M - Masculino / F - Feminino / I - Ignorado

12 Gestante — 1-1ºTrimestre 2-2ºTrimestre 3-3ºTrimestre 4- Idade gestacional Ignorada 5-Não 6- Não se aplica 9-Ignorado

13 Raça/Cor — 1-Branca 2-Preta 3-Amarela 4-Parda 5-Indígena 9- Ignorado

14 Escolaridade
0-Analfabeto 1-1ª a 4ª série incompleta do EF (antigo primário ou 1º grau) 2-4ª série completa do EF (antigo primário ou 1º grau)
3-5ª à 8ª série incompleta do EF (antigo ginásio ou 1º grau) 4-Ensino fundamental completo (antigo ginásio ou 1º grau) 5-Ensino médio incompleto (antigo colegial ou 2º grau)
6-Ensino médio completo (antigo colegial ou 2º grau) 7-Educação superior incompleta 8-Educação superior completa 9-Ignorado 10- Não se aplica

15 Número do Cartão SUS — **16** Nome da mãe

Dados de Residência

17 UF — **18** Município de Residência — Código (IBGE) — **19** Distrito

20 Bairro — **21** Logradouro (rua, avenida,...) — Código

22 Número — **23** Complemento (apto., casa, ...) — **24** Geo campo 1

25 Geo campo 2 — **26** Ponto de Referência — **27** CEP

28 (DDD) Telefone — **29** Zona 1 - Urbana 2 - Rural 3 - Periurbana 9 - Ignorado — **30** País (se residente fora do Brasil)

Dados Complementares

Dados da Pessoa Atendida

31 Ocupação

32 Situação conjugal / Estado civil
1 - Solteiro   3 - Viúvo   8 - Não se aplica
2 - Casado/união consensual   4 - Separado   9 - Ignorado

33 Relações sexuais
1 - Só com homens   3 - Com homens e mulheres
2 - Só com mulheres   8 - Não se aplica   9 - Ignorado

34 Possui algum tipo de deficiência/ transtorno?
1- Sim 2- Não 9- Ignorado

35 Se sim, qual tipo de deficiência /transtorno? 1- Sim 2- Não 8-Não se aplica 9- Ignorado
□ Física □ Visual □ Transtorno mental
□ Mental □ Auditiva □ Transtorno de comportamento
□ Outras deficiências/ Síndromes____

Dados da Ocorrência

36 UF — **37** Município de ocorrência — Código (IBGE) — **38** Distrito

39 Bairro — **40** Logradouro (rua, avenida,...) — Código

41 Número — **42** Complemento (apto., casa, ...) — **43** Geo campo 3 — **44** Geo campo 4

45 Ponto de Referência — **46** Zona 1 - Urbana 2 - Rural 3 - Periurbana 9 - Ignorado — **47** Hora da ocorrência (00:00 - 23:59 horas)

48 Local de ocorrência
01 - Residência   04 - Local de prática esportiva   07 - Comércio/serviços
02 - Habitação coletiva 05 - Bar ou similar   08 - Indústrias/construção
03 - Escola   06 - Via pública   09 - Outro____
                                                             99 - Ignorado

49 Ocorreu outras vezes? 1 - Sim 2 - Não 9 - Ignorado

50 A lesão foi autoprovocada? 1 - Sim 2 - Não 9 - Ignorado

Violência doméstica, sexual e/ou outras violências — Sinan NET — SVS 10/07/2008

Figura 31.13 • Ficha de notificação Viva Contínuo. (Fonte: Brasil, MS/SVS. Viva. 2010.) (*Continua*)

Tipologia da violência

51 Tipo de violência   1- Sim   2- Não   9- Ignorado
- [ ] Física
- [ ] Psicológica/Moral
- [ ] Tortura
- [ ] Sexual
- [ ] Tráfico de seres humanos
- [ ] Financeira/Econômica
- [ ] Negligência/Abandono
- [ ] Trabalho infantil
- [ ] Intervenção legal
- [ ] Outros _____

52 Meio de agressão   1- Sim   2- Não   9- Ignorado
- [ ] Força corporal/espancamento
- [ ] Enforcamento
- [ ] Obj. contundente
- [ ] Obj. pérfuro-cortante
- [ ] Substância/Obj. quente
- [ ] Envenenamento
- [ ] Arma de fogo
- [ ] Ameaça
- [ ] Outro

Violência Sexual

53 Se ocorreu violência sexual, qual o tipo?   1- Sim   2- Não   8- Não se aplica   9- Ignorado
- [ ] Assédio sexual
- [ ] Estupro
- [ ] Atentado violento ao pudor
- [ ] Pornografia infantil
- [ ] Exploração sexual
- [ ] Outros _____

54 Se ocorreu penetração, qual o tipo?   1- Sim   2- Não   8- Não se aplica   9- Ignorado
- [ ] Oral
- [ ] Anal
- [ ] Vaginal

55 Procedimento realizado   1- Sim   2- Não   8- Não se aplica   9- Ignorado
- [ ] Profilaxia DST
- [ ] Profilaxia HIV
- [ ] Profilaxia Hepatite B
- [ ] Coleta de sangue
- [ ] Coleta de sêmen
- [ ] Coleta de secreção vaginal
- [ ] Contracepção de emergência
- [ ] Aborto previsto em lei

Consequências da violência

56 Consequências da ocorrência detectadas no momento da notificação   1- Sim   2- Não   8- Não se aplica   9- Ignorado
- [ ] Aborto
- [ ] Gravidez
- [ ] DST
- [ ] Tentativa de suicídio
- [ ] Transtorno mental
- [ ] Transtorno comportamental
- [ ] Estresse pós-traumático
- [ ] Outros _____

Lesão

57 Natureza da lesão (considerar somente o diagnóstico principal)
- 01 - Contusão
- 02 - Corte/perfuração/laceração
- 03 - Entorse/luxação
- 04 - Fratura
- 05 - Amputação
- 06 - Traumatismo dentário
- 07 - Traumatismo crânio-encefálico
- 08 - Politraumatismo
- 09 - Intoxicação
- 10 - Queimadura
- 11 - Outros _____
- 88 - Não se aplica
- 99 - Ignorado

58 Parte do corpo atingida (considerar somente o diagnóstico principal)
- 01 - Cabeça/face
- 02 - Pescoço
- 03 - Boca/dentes
- 04 - Coluna/medula
- 05 - Tórax/dorso
- 06 - Abdome
- 07 - Quadril/pelve
- 08 - Membros superiores
- 09 - Membros inferiores
- 10 - Órgãos genitais/ânus
- 11 - Múltiplos órgãos/regiões
- 88 - Não se aplica
- 99 - Ignorado

Dados do provável autor da agressão

59 Número de envolvidos
- 1 - Um
- 2 - Dois ou mais
- 9 - Ignorado

60 Vínculo / grau de parentesco com a pessoa atendida   1- Sim   2- Não   9- Ignorado
- [ ] Pai
- [ ] Mãe
- [ ] Padrasto
- [ ] Madrasta
- [ ] Cônjuge
- [ ] Ex-Cônjuge
- [ ] Namorado(a)
- [ ] Ex-Namorado(a)
- [ ] Filho(a)
- [ ] Irmão(ã)
- [ ] Amigos/conhecidos
- [ ] Desconhecido(a)
- [ ] Cuidador(a)
- [ ] Patrão/chefe
- [ ] Pessoa com relação institucional
- [ ] Policial/agente da lei
- [ ] Própria pessoa
- [ ] Outros _____

61 Sexo do provável autor da agressão
- 1 - Masculino
- 2 - Feminino
- 3 - Ambos os sexos
- 9 - Ignorado

62 Suspeita de uso de álcool
- 1- Sim
- 2- Não
- 9- Ignorado

Evolução e encaminhamento

63 Encaminhamento no setor saúde
- 1 - Encaminhamento ambulatorial
- 2 - Internação hospitalar
- 8 - Não se aplica
- 9 - Ignorado

64 Encaminhamento da pessoa atendida para outros setores   1- Sim   2- Não   9- Ignorado
- [ ] Conselho Tutelar (Criança/Adolescente)
- [ ] Vara da Infância / Juventude
- [ ] Casa Abrigo
- [ ] Programa Sentinela
- [ ] Delegacia de Atendimento à Mulher/DEAM
- [ ] Delegacia de Prot. da Criança e do Adolescente
- [ ] Outras delegacias
- [ ] Ministério Público
- [ ] Centro de Referência da Mulher
- [ ] Centro de Referência da Assistência Social/CREAS-CRAS
- [ ] Instituto Médico Legal (IML)
- [ ] Outros _____

65 Violência Relacionada ao Trabalho   1- Sim   2- Não   9- Ignorado

66 Se sim, foi emitida a Comunicação de Acidente do Trabalho (CAT)   1- Sim   2- Não   8- Não se aplica   9- Ignorado

67 Circunstância da lesão   CID 10 - Cap XX

68 Classificação final
- 1 - Confirmado
- 2 - Descartado
- 3 - Provável
- 8 - Inconclusivo

69 Evolução do caso
- 1 - Alta
- 2 - Evasão / Fuga
- 3 - Óbito por Violência
- 4 - Óbito por outras causas
- 9 - Ignorado

70 Se óbito por violência, data

71 Data de encerramento

Informações complementares e observações

Nome do acompanhante   Vínculo/grau de parentesco   (DDD) Telefone

Observações Adicionais:

TELEFONES ÚTEIS

Disque-Saúde   0800 61 1997

Central de Atendimento à Mulher   180

Disque-Denúncia - Combate ao Abuso e Exploração Sexual de Crianças e Adolescentes   100

Notificador

Município/Unidade de Saúde   Cód. da Unid. de Saúde/CNES

Nome   Função   Assinatura

Violência doméstica, sexual e/ou outras violências   Sinan NET   SVS   10/07/2008

Figura 31.13 • *(Continuação)*

Figura 31.14 • Ficha de notificação Viva Inquérito. (Fonte: Brasil, MS/SVS. Viva. 2010.)

aquelas voltadas para o atendimento às vítimas de violência, compreendendo assistência ambulatorial, hospitalar e pré-hospitalar de emergência. Considerando os níveis de prevenção, as ações assistenciais podem ser caracterizadas como de prevenção secundária ou terciária, em função da gravidade das lesões e outras consequências à saúde. Trata-se de garantir o atendimento precoce com vistas a minimizar os danos causados à saúde ou a recuperação e reabilitação dos casos. No âmbito assistencial, os serviços e programas voltados para o atendimento de vítimas de violência integram a Rede de Atenção e Proteção Social às Vítimas de Violência, que engloba os centros de referência para violências, centros de referência para doenças sexualmente transmissíveis/síndrome da imunodeficiência adquirida (DST/AIDS), ambulatórios especializados e maternidades, dentre outros serviços de saúde e externos ao setor (Brasil, 2010a). Conselhos tutelares, delegacias especiais, programas de proteção às testemunhas e programas de proteção judicial, dentre outros, compõem a Rede de Atenção e Proteção, na forma de uma rede intersetorial de proteção e garantia de direitos.

No Brasil, as ações assistenciais de urgência às vítimas de violência estão sistematizadas na Política Nacional de Atenção às Urgências (Brasil, 2004a), que se estrutura em torno de cinco eixos: organização do atendimento de urgência em unidades de pronto-atendimento, estruturação do atendimento pré-hospitalar móvel, reorganização das urgências e prontos-socorros hospitalares, criação de retaguarda hospitalar e atendimento pós-hospitalar (Malta *et al.*, 2007). Os serviços estão organizados em rede que compreende componentes pré-hospitalar fixo, pré-hospitalar móvel, hospitalar e pós-hospitalar, como pode ser visto no Quadro 31.4.

Cabe mencionar ainda as *Diretrizes Nacionais para Atenção Integral à Saúde de Adolescentes e Jovens na Promoção, Proteção e Recuperação da Saúde* (Brasil, 2010b), que se estabelece tendo como marco legal o Estatuto da Criança e do Adolescente (Lei 8.069, de 13 de julho de 1990), as Leis Orgânicas de Saúde (Lei 8.080, de 19 de setembro de 1990 e Lei 8.142, de 28 de dezembro de 1990) e a Lei Orgânica da Assistência Social (Lei 8.742, de 7 de dezembro de 1993). Entre os temas estruturantes para a atenção integral à saúde de adolescentes e jovens destaca-se a cultura da paz. As diretrizes afirmam a importância do desenvolvimento de ações voltadas para o desenvolvimento de habilidades por parte dos adolescentes e jovens, com vistas à adoção de um papel de protagonista na promoção de uma cultura da paz, modificando, portanto, a posição do jovem diante da violência. Para enfrentar a alta vitimização fatal de adolescentes e jovens por violência interpessoal, expressa por meio das altas taxas de mortalidade por homicídio, as diretrizes destacam o lugar estratégico do setor

Quadro 31.4 • Componentes fundamentais da Política Nacional de Atenção às Urgências, Brasil

Componentes	Unidades e serviços de saúde
Pré-hospitalar fixo	Unidades básicas de saúde e unidades de saúde da família, equipes de agentes comunitários de saúde, ambulatórios especializados, serviços de diagnóstico e terapias e unidades não hospitalares de atendimento às urgências
Pré-hospitalar móvel (Samu)	Serviço de Atendimento Móvel de Urgências e serviços associados de salvamento e resgate, sob regulação médica de urgências e com número único nacional para urgências médicas – 192
Hospitalar	Portas hospitalares de atenção às urgências das unidades hospitalares gerais de tipo I e II e das unidades hospitalares de referência tipos I, II e III, bem como toda a gama de leitos de internação, leitos gerais e especializados de retaguarda, de longa permanência e os de terapia semi-intensiva e intensiva, mesmo que esses leitos estejam situados em unidades hospitalares que atuem sem porta aberta às urgências
Pós-hospitalar	Modalidades de atenção domiciliar, hospitais-dia e projetos de reabilitação integral com componente de reabilitação de base comunitária

Fonte: Brasil, Ministério da Saúde. Política Nacional de Atenção às Urgências. 2. ed. ampl. Brasília: MS, 2004.

saúde para a construção de ações e políticas intersetoriais. Trata-se, desse modo, de articular os diferentes níveis de atenção, políticas e programas internos ao próprio setor saúde, e, ao mesmo tempo, criar mecanismos para viabilizar a articulação com os movimentos sociais e entre diferentes setores da administração pública, com ênfase especial nas políticas governamentais de segurança pública e de justiça.

Embora o foco desta seção sejam as ações no âmbito da saúde, cabe mencionar, para concluir, que a PNRMAV define a intersetorialidade como eixo de estruturação das iniciativas para prevenção da violência. Essa perspectiva está em acordo com a visão da intersetorialidade como uma "[...] ferramenta básica" da atenção integral à saúde e do papel protagonista do SUS para a construção de uma política de saúde com forte componente de articulação intersetorial (Brasil, 2010b). Nesse sentido, cabe mencionar iniciativas (leis, políticas, planos, programas e projetos) que, embora não tenham sido formulados a partir do setor saúde, o envolvem diretamente e somam-se às políticas e iniciativas setoriais já mencionadas. Sem pretender ser exaustiva, no Quadro 31.5 estão listadas algumas das leis, políticas e outras medidas que, no âmbito do governo federal, concorrem para a prevenção contra a violência.

Quadro 31.5 • Leis, políticas, planos, programas e projetos que concorrem para a prevenção da violência no Brasil

Violência – geral	
Política Nacional de Redução das Morbimortalidades por Acidentes e Violências	Brasil/MS. Portaria GM/MS 737, de 16 de maio de 2001
Estruturação da Rede Nacional de Prevenção da Violência e Promoção da Saúde e a Implantação e Implementação de Núcleos de Prevenção à Violência em Estados e Municípios	Brasil/MS. Portaria 936, de 18 de maio de 2004
Política Nacional de Promoção da Saúde	Brasil/MS. Portaria 687 MS/GM, de 30 de março de 2006
Política Nacional de Atenção às Urgências	Brasil/MS. Portaria GM 1.863, de 29 de setembro de 2003
Incentivo Financeiro para a Implantação da Vigilância Epidemiológica de Violências e Acidentes	Portarias 1.356, de 23 de junho de 2006, e 1.384, de 12 de junho de 2007
Estatuto do Desarmamento	Lei 10.826, de 22 de dezembro de 2003
Proteção a Vítimas e a Testemunhas Ameaçadas	Lei 9.807, de 13 de julho de 1999
Programa Nacional de Direitos Humanos (PnDH-3)	Secretaria de Direitos Humanos da Presidência da República, 2010
Juventude	
Plano Juventude Viva – Plano de Prevenção à Violência contra a Juventude Negra	Secretaria de Políticas de Promoção da Igualdade Racial/Presidência da República e Secretaria Nacional de Juventude/Secretaria-Geral da Presidência da República, 2012
Diretrizes Nacionais para Atenção Integral à Saúde de Adolescentes e Jovens na Promoção, Proteção e Recuperação da Saúde	Brasil/MS, 2010
Crianças e adolescentes	
Estatuto da Criança e do Adolescente	Lei 8.069, de 13 de julho de 1990
Notificação de casos de suspeita ou de confirmação de maus-tratos contra crianças e adolescentes atendidos nas entidades do SUS	Portaria 1.968, de 25 de outubro de 2001
Plano Nacional de Prevenção e Erradicação do Trabalho Infantil e Proteção ao Trabalhador Adolescente	Brasília, Ministério do Trabalho e Emprego, Secretaria de Inspeção do Trabalho, 2004
Plano Nacional de Promoção, Proteção e Defesa do Direito de Crianças e Adolescentes à Convivência Familiar e Comunitária	Presidência da República/Secretaria Especial dos Direitos Humanos/Ministério do Desenvolvimento Social e Combate à Fome, 2006
Diretrizes Nacionais para a Educação em Direitos Humanos	Resolução 1, de 30 de maio de 2012; Ministério da Educação/Conselho Nacional de Educação
Projeto Escola que Protege	Ministério da Educação
Mulher	
Institui os serviços de referência sentinela para notificação compulsória dos casos de violência contra a mulher	Decreto Presidencial 5.099, de 3 de junho de 2004
Institui o serviço de notificação compulsória de violência contra a mulher e aprova instrumento e fluxo para notificação	Portaria 2.406, de 5 de novembro de 2004
Notificação compulsória de violência contra a mulher que for atendida em serviços de saúde públicos ou privados	Lei 10.778, de 24 de novembro de 2003
Lei Maria da Penha	Lei 11.340, de 7 de agosto de 2006
II Plano Nacional de Políticas para as Mulheres	Presidência da República. Secretaria Especial de Políticas para as Mulheres, 2008
Idosos	
Estatuto do Idoso	Lei 10.741, de 1 de outubro de 2003
Notificação compulsória dos atos de violência praticados contra o idoso atendido em serviço de saúde	Lei 12.461, de 26 de julho de 2011
Plano de Ação para o Enfrentamento da Violência Contra a Pessoa Idosa	Brasil. Presidência da República. Subsecretaria de Direitos Humanos, 2005
Igualdade racial	
Estatuto da Igualdade Racial	Lei 12.288, de 20 de julho de 2010

CONSIDERAÇÕES FINAIS

As violências interpessoais comunitárias compõem a gama de problemas a serem enfrentados no âmbito das políticas de saúde. Este é hoje um fato inquestionável. A magnitude do problema, o impacto na mortalidade e na morbidade e as demandas e custos imputados ao setor saúde justificam essa inclusão. Embora avanços tenham sido observados desde a promulgação da PNRMAV, com a inclusão do tema no escopo da Política Nacional de Promoção da Saúde e nas Diretrizes Nacionais para Atenção Integral à Saúde de Adolescentes e Jovens, ainda são escassas as ações concretas, no âmbito da rede de Atenção Primária à Saúde, para acolhimento, atenção e prevenção contra a violência em sua forma comunitária. Predominam, na rede de atenção básica, serviços, programas e ações voltados para a violência familiar, com ênfase na violência contra a mulher e crianças, e mais recentemente voltados para a população idosa.

As violências interpessoais comunitárias têm características distintas e estão imersas em dinâmicas e determinantes próprios. Como já dito, ocorrem predominantemente no espaço público, não raro envolvem desconhecidos, e a vítima preferencial é o homem jovem, cujo agressor é, também em geral, homem e jovem. Na maioria dos casos há uma grande proximidade com o "mundo do crime", o que acaba por dificultar uma ação mais ativa do setor saúde.

Há muito se reconhece a importância do desenvolvimento de ações intersetorias integradas para a prevenção da violência, em suas múltiplas formas. Essa diretriz está presente na PNRMAV, na Política Nacional de Promoção da Saúde e nas Diretrizes Nacionais para a Atenção Integral à Saúde de Adolescentes e Jovens, como foi visto. No caso específico da violência interpessoal comunitária, que vitima predominantemente a população juvenil, a intersetorialidade é imperativa. A complexidade das questões envolvidas na conformação das situações de vulnerabilidade dos jovens à violência comunitária justifica o ainda incipiente envolvimento do setor. Problemas como violência policial, crime organizado e impunidade, dentre outros, aumentam a vulnerabilidade juvenil e precisam ser enfrentados. É fundamental considerar esses elementos como fatores essenciais à formulação de qualquer medida que tenha por objetivo prevenir a violência interpessoal comunitária, o que põe em destaque a importância desses temas para o campo da saúde. Essas questões merecem ser incluídas na agenda de discussão com as Secretarias de Justiça e Segurança Pública. O reconhecimento do papel do crime organizado na vida cotidiana de jovens que residem em áreas periféricas (as quais concentram a maior parte das vítimas de violência comunitária interpessoal fatal) parece essencial para o enfrentamento da questão, assim como uma participação ativa em comissões que discutem a violência policial e nos conselhos de segurança. Nesse sentido, embora os avanços sejam muitos, ainda se mostra necessário um incremento substancial nas ações de prevenção que tenham como alvo específico a violência interpessoal comunitária

Agradecimento

Agradeço à professora Lilia Blima Schraiber pela leitura cuidadosa, comentários e contribuições.

Referências

Ayres JRCM. O conceito de vulnerabilidade e as práticas de saúde: novas perspectivas e desafios. In: Czereshia D, Freitas CM (orgs.) Promoção da Saúde: conceitos, reflexões, tendências. Rio de Janeiro: Ed. Fiocruz, 2003:116-39.

Ayres JRCM. Vulnerabilidade e violência: a resposta social como origem e solução do problema. In: Westphal MF, Bedlowsky CR (orgs.) Violência e juventude. São Paulo: Hucitec, 2010:59-71.

Barata RB, Ribeiro MC. Correlation between homicide rates and economic indicators in São Paulo, Brazil, 1996. Rev Panam Salud Publica 2000; 7(2):118-24.

Barata RB, Ribeiro MCSA, Moraes JC. Desigualdades sociais e homicídios em adolescentes e adultos jovens na cidade de São Paulo em 1995. Revista Brasileira de Epidemiologia 1999; 2(1-2):50-9.

Barata RB, Ribeiro MC, Guedes MB, de Moraes JC. Intra-urban differentials in death rates from homicide in the city of São Paulo, Brazil, 1988-1994. Soc Sci Med 1998; 47(1):19-23.

Barros MD, Ximenes R, de Lima ML. Child and adolescent mortality due to external causes: trends from 1979 to 1995. Rev Saúde Pública 2001; 35(2):142-9.

Beato-Filho CC. Fontes de dados policiais em estudos criminológicos: Limites e potenciais. Rio de Janeiro: Ipea, 2000.

Beck U. A reinvenção da política: rumo a uma teoria da modernização reflexiva. In: Beck U, Giddens A, Lash, S. Modernização reflexiva. São Paulo: Ed. Universidade Estadual Paulista, 1997.

BID. La violência como obstáculo para el desarrollo. Nota técnica nº 4, 1999.

BID/ISER. Magnitude, custos econômicos e políticas de controle da violência no Rio de Janeiro. Banco Interamericano de Desenvolvimento, 1998.

Blau JR, Blau PM. Cost of inequality: metropolitan structure and violent crime. American Sociological Review 1982; 47(1):114-29.

Blumstein A, Rivara FP, Rosenfeld R. The rise and decline of homicide – and why. Am Rev Public Health 2001; 21:505-41.

Brasil, Secretaria de Políticas de Promoção da Igualdade Racial/Presidência da República e Secretaria Nacional de Juventude/Secretaria-Geral da Presidência da República. Plano Juventude Viva – plano de prevenção à violência contra a juventude negra. Brasília, 2012.

Brasil. Ministério da Educação/Conselho Nacional de Educação. Diretrizes Nacionais para a Educação em Direitos Humanos. Resolução 1, de 30 de maio de 2012. 2012.

Brasil. Presidência da República. Notificação compulsória dos atos de violência praticados contra o idoso atendido em serviço de saúde. Lei 12.461, de 26 de julho de 2011. 2011.

Brasil. Ministério da Saúde/Secretaria de Vigilância em Saúde. VIVA – vigilância e violências e acidentes – 2008 e 2009. MS/SVS/DASS, Brasília: Ministério da Saúde, 2010a.

Brasil. Ministério da Saúde. Secretaria de Atenção em Saúde. Departamento de Ações Programáticas Estratégicas. Diretrizes nacionais para a atenção integral à saúde de adolescentes e jovens na promoção, proteção e recuperação da saúde. Brasília: Ministério da Saúde, 2010b.

Brasil. Presidência da República. Estatuto da igualdade racial. Lei 12.288, de 20 de julho de 2010. 2010c.

Brasil. Secretaria de Direitos Humanos da Presidência da República. Programa nacional de Direitos Humanos (PnDH-3)/Secretaria de Direitos Humanos da Presidência da República. Rev. e atual. Brasília: SDH/Pr, 2010d.

Brasil. Presidência da República. Secretaria Especial de Políticas para as Mulheres. II Plano Nacional de Políticas para as Mulheres. Brasília, 2008.

Brasil. Presidência da República. Lei Maria da Penha. Lei 11.340, de 7 de agosto de 2006. 2006.

Brasil. Ministério da Saúde. Política Nacional de Promoção à Saúde. Portaria 687 MS/GM, de 30 de março de 2006. 2006.

Brasil. Presidência da República/Secretaria Especial dos Direitos Humanos/Ministério do Desenvolvimento Social e Combate à Fome. Plano Nacional de Promoção, Proteção e Defesa do Direito de Crianças e Adolescentes à Convivência Familiar e Comunitária. 2006.

Brasil. Presidência da República. Subsecretaria de Direitos Humanos. Plano de Ação para o Enfrentamento da Violência Contra a Pessoa Idosa. Brasília, 2005.

Brasil. Presidência da República. Institui os serviços de referência sentinela para notificação compulsória dos casos de violência contra a mulher. Decreto Presidencial 5.099, de 3 de junho de 2004. 2004.

Brasil. Ministério da Saúde. Institui o serviço de notificação compulsória de violência contra a mulher e aprova instrumento e fluxo para notificação. Portaria 2.406, de 5 de novembro de 2004. 2004a.

Brasil. Ministério da Saúde. Política Nacional de Atenção às Urgências (Portaria GM/MS 1.863, de 29 de setembro de 2003), 2. ed. ampl. Brasil, Ministério da Saúde. Brasília: MS, 2004b.

Brasil. Ministério da Saúde. Portaria 936, de 18 de maio de 2004a. 2004.

Brasil. Ministério da Saúde. Secretaria de Atenção à Saúde. Departamento de Ações Programáticas Estratégicas. Saúde mental no SUS: os centros de atenção psicossocial. Brasília: Ministério da Saúde, 2004.

Brasil. Ministério do Trabalho e Emprego, Secretaria de Inspeção do Trabalho. Plano Nacional de Prevenção e Erradicação do Trabalho Infantil e Proteção ao Trabalhador Adolescente. Prevenção e erradicação do trabalho infantil e proteção ao trabalhador adolescente. Brasília: Ministério do Trabalho e Emprego, Secretaria de Inspeção do Trabalho, 2004.

Brasil. Presidência da República. Estatuto do desarmamento. Lei 10.826, de 22 de dezembro de 2003. 2003a.

Brasil. Presidência da República. Estatuto do Idoso. Lei 10.741, de 1º de outubro de 2003. 2003b.

Brasil. Presidência da República. Notificação de Violência contra Mulher. Lei 10.778, de 24 de novembro de 2003. 2003c.

Brasil, Presidência da República. Notificação compulsória de violência contra a mulher que for atendida em serviços de saúde públicos ou privados. Lei 10.778, de 24 de novembro de 2003. 2003.

Brasil. Ministério da Saúde. Política Nacional de redução das morbimortalidades por Acidentes e Violências. Portaria GM/MS 737 de 16 de maio de 2001. 2001.

Brasil. Ministério da Saúde. Notificação de casos de suspeita ou de confirmação de maus tratos contra crianças e adolescentes atendidos nas entidades do SUS. Portaria 1.968, de 25 de outubro de 2001. 2001.

Brasil, Presidência da República. Proteção a vítimas e a testemunhas ameaçadas. Lei 9.807, de 13 de julho de 1999.

Brasil. Presidência da República. Estatuto da Criança e do Adolescente. Lei 8.069, de 13 de julho de 1990. 1990.

Brasil. Ministério da Educação. Projeto Escola que Protege. Disponível em: http://portal.mec.gov.br/index.php?option=com_content&view=article&id=12361&Itemid=560.

Buchalla CM, Paiva V. Da compreensão da vulnerabilidade social ao enfoque multidisciplinar. Rev Saúde Pública 2002; 36(4 – supl. 0):117-9.

Butchart A, Engstrom K. Sex- and age- specific relations between economic development, economic inequality and homicide rates in people aged 0-24 years: a cross-sectional analysis. Bull World Health Organ 2002; 80(10):797-805.

Caldeira TPR. Cidade de muros: crime, segregação e cidadania em São Paulo. São Paulo: Ed. 34/Edusp, 2000.

Cano I. Registros criminais da polícia no Rio de Janeiro: problemas de confiabilidade e validade. Rio de Janeiro: Ipea, 2000.

Cardia N. Estado del arte de los programas de prevención de la violencia en jóvenes basados en la promoción del desarrollo.Washington, D.C.: OPS, 2006.

Cardia N. Pesquisa nacional, por amostragem domiciliar, sobre atitudes, normas culturais e valores em relação à violação de direitos humanos e violência: um estudo em 11 capitais de estado. São Paulo: Núcleo de Estudos da Violência da Universidade de São Paulo, 2012.

Cardia N. Pesquisa sobre atitudes, normas culturais e valores em relação à violência em 10 capitais brasileiras. Brasília: Ministério da Justiça, Secretaria de Estado dos Direitos Humanos, 1999.

Cardia N, Schiffer S. Violência e desigualdade social. Ciência e Cultura 2002; 54(1):25-31.

Cardia N, Adorno S, Poleto F. Homicídio e violação de direitos humanos em São Paulo. Estudos Avançados 2003; 17(47):43-73.

Cerda M, Tracy M, Messner SF, Vlahov D, Tardiff K, Galea S. Misdemeanor policing, physical disorder, and gun-related homicide: a spatial analytic test of "broken-indows" theory. Epidemiology 2009; 20(4):533-41.

Cerqueira DRC. Causas do crime no Brasil [tese]. Rio de Janeiro: Pontifícia Universidade Católica 2010.

Cerqueira DRC, Carvalho, AXY, Lobão W, Rodrigues R. Análise dos custos e consequências da violência no Brasil. Texto para discussão 1.284. Brasília: Ipea, 2007.

Chauí MS. Uma ideologia perversa: explicações para a violência impedem que a violência real se torne compreensível. Folha de São Paulo, caderno mais! São Paulo, 1999; 3-3:14/4.

Cook PJ. The effect of gun availability on robbery and robbery murder: a cross-section study of fifty cities. In: R. H. H. a. B. B. Zellner (ed.). Annual Review of Policy Studies Beverly Hills: Sage, 1978:743-81.

Couto MT, Schraiber LB. Homens, saúde e violência: novas questões de gênero no campo da saúde coletiva In: Minayo MCS (org.) Críticas e atuantes: ciências sociais e humanas em saúde na América Latina. Volume 1. Rio de Janeiro: Editora Fiocruz, 2005:687-706.

Daly MC, Duncan GJ, Kaplan GA, Lynch JW. Macro-to-micro links in the relation between income inequality and mortality. Milbank Q 1998; 76(3):303-14.

Delor F, Hubert M. Revisiting the concept of 'vulnerability'. Soc Sci Med 2000; 50(11):1557-70.

Deslandes SF, Silva CMFP; Ugá MAC. O custo do atendimento emergencial às vítimas de violências em dois hospitais do Rio de Janeiro. Cadernos de Saúde Pública 1998; 14(2):287-99.

Drummond Jr M. Homicídios e desigualdades sociais na Cidade de São Paulo: uma visão epidemiológica. Saúde e Sociedade 1999; 8(1):63-81.

Drummond Jr M, Lira MMTA. Anos potenciais de vida perdidos no Brasil em 1980 e 1997. In: Funasa. Estudos Epidemiológicos. Brasília: MS, Funasa 2000:7-46.

Duailibi SM. Políticas Municipais Relacionadas ao Álcool: análise da lei de fechamento de bares e outras estratégias comunitárias em Diadema. Tese (Doutorado em Psiquiatria e Psicologia Médica) – Universidade Federal de São Paulo, 2007.

Fajnzylber P, Lederman D, Loayza N. Inequality and violent crime. Journal of Law & Economics 2002; 45(1):1-40.

Feltran GS. Crime e castigo na cidade: os repertórios da justiça e a questão do homicídio nas periferias de São Paulo. Caderno CRH (UFBA. Impresso) 2010; 23:59-74.

Foucault M. Vigiar e Punir – história da violência nas prisões. (Trad) Ligia M. Pondé Vassalo. Petrópolis: Vozes, 1991.

Gawryszewiski VP, Koizumi MS, Mello-Jorge MHP. As causas externas no Brasil no ano 2000: comparando a mortalidade e a morbidade. Cadernos de Saúde Pública 2004; 20(4):995-1003.

Gawryszewski V, Mello-Jorge M. Mortalidade violenta no Município de São Paulo nos últimos 40 anos. Revista Brasileira de Epidemiologia 2000; 3(1):50-69.

Giddens A. Modernidade e identidade. Rio de Janeiro: Jorge Zahar Ed., 2002.

Hansmann HB, Quigley JM. Population heterogeneity and the sociogenesis of homicide. Social Forces 1982; 61(1):206-24.

Iunes RF. III – Impacto econômico das causas externas no Brasil: um esforço de mensuração. Revista de Saúde Pública 1997; 31(4s):38-46.

Kahn T. Armas de fogo: argumentos para o debate. Boletim Conjuntura Criminal Retrieved. Março, 2004. Disponível em: http://www.conjunturacriminal.com.br.

Kaplan GA, Pamuk ER, Lynch JW, Cohen RD, Balfour JL. Inequality in income and mortality in the United States: analysis of mortality and potential pathways. BMJ 1996; 312(7037):999-1003.

Kawachi I, Kennedy BP, Lochner K, Prothrow-Stith D. Social capital, income inequality, and mortality. Am J Public Health 1997; 87(9):1491-8.

Kellerman A, Rivara FP, Rushforth NB et al. Gun ownership as a risk factor for homicide in the home. New Engl J Med 1993; 329(15):1084-109.

Kelling GL, Bratton WJ. Declining crime rates: insiders' views of the New York Story. J Crim Law Criminol 1998; 88(4):1217-31.

Kennedy BP, Kawachi I, Prothrow-Stith D. Income distribution and mortality: cross sectional ecological study of the Robin Hood index in the United States. BMJ 1996; 312(7037):1004-7.

Kennedy BP, Kawachi I, Prothrow-Stith D, Lochner K, Gupta V. Social capital, income inequality, and firearm violent crime. Soc Sci Med 1998; 47(1):7-17.

Krug EG, Dahlberg LL, Mercy JA, Zwi AB, Lozano R. Relatório Mundial sobre Violência e saúde. Geneva: World Health Organization, 2007.

La Mendola S. O sentido do risco. Tempo Soc. 2005; 17(2):59-91.

Lafree G. Declining violent crime rates in the 1990s: predicting crime booms and busts. Annu Rev of Sociol 1999; 25:145-68.

Laranjeira R, Duailibi SM, Pinsky I. Álcool e violência: a psiquiatria e a saúde pública. Rev Bras Psiquiatr [online]. 2005; 27(3):176-77.

Le Breton D. Passions du risque. Paris: Éditions Métailié, 2000.

Lebrão ML et al. II – Morbidade hospitalar por lesões e envenenamentos. RSP 1997; 31(4):26-37.

Levitt SD. Understanding why crime fell in the 1990s: four factors that explain the decline and six that do not. J Econ Persp 2004; 18(1):163-90.

Lupton D. Risk. London: Routledge, 1999.

Macedo AC, Paim JS, Silva LM, Costa MCN. Violence and social inequalities: mortality rates due to homicides and life conditions in Salvador, Brazil. Rev Saúde Pública 2001; 35(6):515-22.

Malta DC, Lemos MAS, Silva MMA, Rodrigues SEM, Gazal-Carvalho C, Morais Neto OL. Iniciativas de vigilância e prevenção de acidentes e violências no contexto do Sistema Único de Saúde (SUS). Epidemiologia e Serviços de Saúde 2007; 16(1):45-55.

Mascarenhas MDM, Silva MMA, Malta DC et al. Perfil epidemiológico dos atendimentos de emergência por violência no Sistema de Serviços Sentinelas de Vigilância de Violências e Acidentes (Viva) – Brasil, 2006. Epidemiol Serv Saúde, Brasília, jan-mar 2009; 18(1):17-28.

McCall P, Parker KF, MacDonald J. The dynamic relationship between homicide ratesand social, economic and political factors from 1970 to 2000. Soc Sci Res 2008; 37(3):721-35.

Mello Jorge MH. Mortality due to violent causes in the municipality of Sao Paulo. II. Accidental deaths. Rev Saúde Pública 1980; 14(4):475-508.

Mello Jorge MHP, Gawryszewski VPL, Latorre MRD. Análise dos dados de mortalidade. Revista de Saúde Pública 1997; 31(4 suppl):5-25.

Mendonça RNS, Alves JGA, Cabral-FO JE. Gastos hospitalares com crianças e adolescentes vítimas de violência no Estado de Pernambuco, Brasil, em 1999. Cadernos de Saúde Pública 2002; 18(6):1577-81.

Messner SF, Galea S, Tardiff KJ et al. Policing, drugs and the homicide decline in New York City in the 1990s. Criminology 2007; 45(2):385-414.

Messner SF. Societal development, social equality and homicide: a cross-national test of a durkheimian model. Social Forces 1982; 61(1):225-40.

Miller M, Azrael D, Hemenway D. Rates of household firearm ownership and homicide across US regions and states, 1988-1997. Am J Public Health 1993; 92(12):1988-93.

Miller MAD, Hamenway D. Rates of firearm ownership and homicide across United States regions and states, 1988-1997. Am J Public Health 2002; 92(12):1988-93.

Minayo MCC, Souza ER. Violence for all. Cad Saúde Pública 1993; 9(1):65-78.

Minayo MCS. A violência social sob a perspectiva da Saúde Pública. Cad Saúde Públ., Rio de Janeiro, 1994; 10 (suppl. 1):7-18.

Minayo MCS, Souza ER. Violência e saúde como um campo interdisciplinar e de ação coletiva. Hist Ciênc Saúde-Manguinhos, 1997; 4(3):513-53.

Minayo MCC, Souza ER. É possível prevenir a violência? Reflexões a partir do campo da saúde pública. Ciênc Saúde Coletiva [online] 1999; 4(1):7-23.

Minayo MCS. The inclusion of violence in the health agenda: historical trajectory. Ciência & Saúde Coletiva 2006; 11(2):375-38.

Misse M. Sobre a acumulação social da violência no Rio de Janeiro. Civitas, Porto Alegre, set/dez 2008; 8(3):371-85.

Misse M. Crime, sujeito e sujeição criminal: aspectos de uma contribuição analítica sobre a categoria "bandido". Lua Nova, São Paulo, 2010; 79:15-38.

Moraes CL, Peres MFT, Reichenheim ME. . Epidemiologia das violências interpessoais. In: Almeida-Filho N, Barreto M (orgs.) Epidemiologia e Saúde: fundamentos, métodos, aplicações. Rio de Janeiro: Guanabara Koogan, 2011:515-26.

Muggha R. Researching the urban dilemma: urbanization, poverty and violence. IDRC, May 2012.

Noronha CV. Violência e Saúde: magnitude e custos dos atendimentos de emergência na cidade de Salvador, Bahia. Relatório de Pesquisa, Ufba/ISC/DFID/Sesab, 2003.

Paim JS, Costa MCN, Mascarenhas JC, Vieira da Silva LM. Regional distribution of violence: mortality from external causes in Salvador (Bahia), Brazil. Rev Panam Salud Publica 1999; 6(5):321-32.

Pais JM. Ganchos, tachos e biscates: jovens, trabalho e futuro. Porto: Ambar, 2005.

Parker RN. Poverty, subculture of violence, and type of homicide. Social Forces 1988; 67(4):983-1007.

Peralva A. Violência e democracia: o paradoxo brasileiro. São Paulo: Paz e Terra, 2000.

Peres MFT et al. Evolução dos homicídios e indicadores de segurança pública no Município de São Paulo entre 1996 a 2008: um estudo ecológico de séries temporais.Ciência & Saúde Coletiva 2012; 17(11), no prelo.

Peres MFT. Violência por armas de fogo no Brasil – Relatório Nacional. São Paulo: Núcleo de Estudos da Violência, Universidade de São Paulo Piquet-Carneiro, 2004.

Peres MFT. Homicídios, risco e vulnerabilidade: para uma discussão da dinâmica da vitimização por homicídios. In: Gonçalves da Cruz MV,

Batitucci EC (orgs.). Homicídios no Brasil. Rio de Janeiro: Ed. Fundação Getúlio Vargas, 2007:125-40.

Peres MFT. Violência e Saúde no Brasil. In: Mello MF, Bressan RA, Andreoli SB, Mari JJ (orgs.) Transtorno de estresse pós-traumático – TEPT. 1 ed. São Paulo: Manole, 2005:168-86.

Peres MFT. Violência: um problema de Saúde Pública. In: Lima RS, Paula L (orgs.). Segurança pública e violência: o Estado está cumprindo o seu papel? São Paulo: Editora Contexto, 2006: 101-12.

Peres MFT, Ruotti C, Vicentin D. Violência: definição, tipos e representações. In: Westphal MF, Bedlowsky CR (orgs.). Violência e juventude. São Paulo: Hucitec, 2010:40-58.

Peres MF, dos Santos PC. Mortalidade por homicídios no Brasil na década de 90: o papel das armas de fogo. Revista de Saúde Pública 2005; 39(1):58-66.

Peres MFT. Homicídios, risco e vulnerabilidade: para uma discussão da dinâmica da vitimização por homicídios. In: Cruz MVG, Batitucci EC (orgs.) Homicídios no Brasil. Rio de Janeiro: Ed. FGV 2007:125-39.

Pinheiro OS, Mesquita Neto P. Direitos Humanos no Brasil. Perspectivas no final do século. Textos do Brasil 1998; 2(6):43-52.

Reinchenheim M, Werneck G. Anos potenciais de vida perdidos no Rio de Janeiro, 1990. As mortes violentas em questão. Cadernos de Saúde Pública 1994; 10(Supl 1):S188-S198.

Rondon VV, Andrade MV. Custos da criminalidade em Belo Horizonte. Economia 2003; 4(2):223-59.

Ruotti C, Massa VC, Peres MFT. Vulnerabilidade e violência: uma nova concepção de risco para o estudo dos homicídios de jovens. Interface 2011; 15(37):377-90.

Sampson RJ, Raudenbush SW, Earls F. Neighborhoods and violent crime: a multilevel study of collective efficacy. Science 1997; 277(5328):918-24.

Sanchez AIM, Bertolozzi MR. Pode o conceito de vulnerabilidade apoiar a construção do conhecimento em Saúde Coletiva? Ciênc Saúde Coletiva 2007; 12(2):319-24.

Sant'Anna AR, Aerts D, Lopes MJ. Homicídios entre adolescentes no Sul do Brasil: situações de vulnerabilidade segundo seus familiares. Cadernos de Saúde Pública 2005; 21(1):120-9.

Santos SM, Barcellos C, Carvalho MS, Flores R. Spatial clusters detection of violent deaths in Porto Alegre, Rio Grande do Sul, Brazil, 1996. Cad Saúde Pública 2001; 17(5):1141-51.

Schraiber LB, D'Oliveira AFPL. A violência intrafamiliar e as mulheres: considerações da perspectiva de gênero. Conciência Latinoamericana, Caxambú-MG, 2005; 14(12):30-5.

Schraiber LB, D'Oliveira AF. Violência e saúde. In: Clínica Médica, volume 1. Barueri, SP: Manole, 2009:390-402.

Silva MMA, Malta, DC, Morais Neto OL et al. Agenda de Prioridades da Vigilância e Prevenção de Acidentes e Violências aprovada no I Seminário Nacional de Doenças e Agravos Não Transmissíveis e Promoção da Saúde. Epidemiologia e Serviços de Saúde 2007; 16(1):57-64.

Silveira MH, Gotlieb SL. Accidents, poisonings an violence as the cause of death in residents of São Paulo City (Brazil). Rev Saúde Pública 1976; 10(1):45-55.

Souza ER. Homicídios no Brasil: o grande vilão da Saúde Pública na década de 80. Cadernos de Saúde Pública 1994; 10:45-60.

Souza ER, Lima MLC. Panorama da violência urbana no Brasil e suas capitais. Ciência & Saúde Coletiva 2006; 11(2):363-73.

Souza ER, Peres MFT, Constantino P et al. Jovens em risco social. Avaliação de Programas de Prevenção à Violência Armada. Ministério da Saúde/ Fiocruz/Ensp/Claves. Hucitec Editora. Brasília-São Paulo, 2012.

Souza MFM, Macinko J, Alencar AP, Malta DC, Neto OLM. Reductions in firearm-related mortality and hospitalizations in Brazil after gun control. Health Aff 2007; 26(1):575-84.

Szwarcwald CL, Bastos FI, Barcellos C, Pina MF, Esteves MA. Health conditions and residential concentration of poverty: a study in Rio de Janeiro, Brazil. J Epidemiol Community Health 2000; 54(7):530-6.

Szwarcwald CL, Bastos FI, Esteves MA et al. Desigualdade de renda e situação de saúde: o caso do Rio de Janeiro. Cadernos de Saúde Pública 1999; 15(1):15-28.

Szwarcwald CL, Bastos FI, Viacava F, Andrade CL. Income inequality and homicide rates in Rio de Janeiro, Brazil. Am J Public Health 1999; 89(6):845-50.

Szwarcwald C, Castilho E. Mortalidade por causas externas no estado do Rio de Janeiro no período de 1976 a 1980.

Telles VS. Mutações do trabalho e experiência urbana. Tempo Soc., São Paulo, jun 2006; 18(1):173-95.

Telles VS, Hirata DV. Ilegalismos e jogos de poder em São Paulo. Tempo Soc., São Paulo, 2010; 22:39-59.

Viana LAC, Costa MCN, Paim JS, Vieira-da-Silva L. Desigualdades sociais e crescimento das mortes violentas em Salvador, Bahia, Brasil: 2000-2006. Cadernos de Saúde Pública 2011; 27(S2):S298-S308.

WHO. Violence prevention: the evidence. WHO Press, 2010.

Wiebe DJ. Homicide and suicide risks associated with firearms in the home: a national case-control study. Ann Emerg Med 2003; 41(6):771-82.

Wieviorka M. O novo paradigma da violência. Tempo social – Revista de Sociologia da USP, 1997; 9(1):5-41.

Wilkinson RG. Comment: income, inequality, and social cohesion. Am J Public Health 1997; 87(9):1504-6.

Williams KR. Economic sources of homicide: reestimating the effects of poverty and inequality. Am Sociol Rev 1984; 49(2):283-9.

Wilson M, Daly M. Life expectancy, economic inequality, homicide, and reproductive timing in Chicago neighbourhoods. BMJ 1997; 314(7089):1271-4.

Yunes J, Zubarew T. Mortalidad por causas violentas en adolescentes y jóvenes: un desafio para la Región de las Américas, Revista Brasileira de Epidemiologia 1999; 2(3):102-71.

Zaluar A. O Condomínio do Diabo. Rio de Janeiro: Ed. UFRJ, 1994.

Zimring FE, Fagan J. The search for causes in an era of crime declines: some lessons from the study of New York City homicide. Crime Delinq 2000; 46(4):446-56.

32

Prevenção, Atenção e Vigilância da Saúde Bucal

Sônia Cristina Lima Chaves • Carlos Botazzo

INTRODUÇÃO

Este capítulo discute as necessidades e problemas de saúde bucal da população brasileira e as respostas sociais organizadas no Brasil e no mundo para prevenção, atenção e vigilância da saúde bucal a partir de quatro eixos: (a) apresentação sintética do quadro epidemiológico da população brasileira quanto aos agravos bucais de maior magnitude; (b) descrição e análise das principais evidências científicas para prevenção e atenção a esses agravos; (c) discussão da atenção por meio dos modelos de atenção à saúde para enfrentamento desses problemas como respostas sociais técnico-científicas e políticas; (d) por fim, aponta os possíveis desafios do espaço de luta pela saúde bucal para a implementação das atuais propostas na política nacional. Considera-se que os aspectos da superestrutura econômica e política da sociedade são mais importantes para ter impacto sobre os indicadores de saúde bucal e nas desigualdades existentes do que o próprio modo de organização da prática odontológica. Contudo, os modelos de atenção em saúde bucal não devem ser negligenciados.

SAÚDE BUCAL: NOTAS INTRODUTÓRIAS SOBRE UM CONCEITO COMPLEXO

O flagelo social representado pela mutilação dentária entre adultos brasileiros é tema também explorado por outros, como os artistas plásticos, além dos naturalmente implicados, os cirurgiões-dentistas. Recentemente, em Salvador-Ba, o artista plástico Bel Borba realizou exposição de obra de arte fotográfica do "antes e depois" da colocação de próteses de muitos adultos desdentados (Borba, 2012). Essa exposição foi financiada pelo Estado brasileiro (nesse caso, o governo estadual baiano), cuja responsabilidade está implicitamente estampada nas bocas sem dentes, reveladoras da imensa exclusão social presente no país. A frase emblemática em seu catálogo é: "a vida lhes levou os dentes e o sorriso lhes devolveu a alma". Esta afirmação pode suscitar numerosas reflexões e algumas conclusões aparentemente contraditórias. Em primeiro lugar, a ideia de que foi a "vida" – ou a forma de "levar a vida" – que produziu o flagelo, assumindo essa questão como de responsabilidade individual. Em segundo lugar, a negação da "culpabilização da vítima", com uma necessária interrogação sobre os aspectos estruturais e políticos da organização social onde esses indivíduos se situam, e que produziram essa espantosa realidade. Em uma perspectiva crítica, considera-se que a segunda reflexão é a que explica melhor essa questão, uma vez que incorpora um conjunto de pressupostos sobre a não aleatoriedade e unicausalidade na ocorrência da doença (representada pela mutilação) e sua forte determinação social, manifestada na dimensão dos corpos e, imediatamente, em seu deslocamento do campo biológico.

A Organização Mundial da Saúde (OMS) considera a saúde bucal inseparável da saúde geral, mantendo o pressuposto, para muitos considerado utópico, de "perfeito bem-estar físico, psíquico e social" (Petersen, 2009). Para outros, em uma perspectiva poética, a saúde pode ser considerada "uma alegria celular" (Rossetti, 1999).

Saúde bucal pode expressar uma grande complexidade de situações, haja vista não se limitar a dentes ou periodonto ou tecidos moles bucais, e também não se limitar a uma patologia inscrita cientificamente como "cárie dental" ou "periodontite". Saúde bucal remete à bucalidade, e pode ser definida como a capacidade da boca em realizar suas funções sem limitação ou deficiência. Essas funções ou trabalhos bucais – a manducação[1], a erótica e a linguagem – significam capacidade de reali-

---

[1] Ato de mastigar, de comer.

zação a um só tempo no âmbito biológico, psíquico e social; são, portanto, parte geral da saúde do ser humano e resultante de um conjunto de determinantes sociais e biológicos, articulados entre si, o ser humano por inteiro (Botazzo, 2008).

As repercussões da saúde bucal são reveladas no sofrimento da dor, nos danos psicológicos da mutilação dental e nas consequências acarretadas pela impossibilidade de pleno desenvolvimento do ser humano. Embora comuns, as doenças bucais são evitáveis; todavia, nem todos os indivíduos são capazes de se beneficiar das medidas adequadas de promoção da saúde ou das tecnologias de proteção coletiva. Trata-se, portanto, de espaço de intervenção estatal, de modo a oferecer respostas sociais organizadas (Narvai, 2011).

MEDIDAS DE SAÚDE BUCAL: CONTRIBUIÇÕES DOS ESTUDOS EPIDEMIOLÓGICOS

Há um conjunto de estudos importantes que, do ponto de vista epidemiológico, tem efetuado uma vigilância em saúde bucal das populações. O *World Oral Health Report 2003,* por exemplo, aponta que a cárie dentária é ainda o agravo mais prevalente em países asiáticos e latino-americanos, e menos grave em países africanos, associado à alta prevalência de perda dental em adultos jovens e idosos. O segundo maior problema encontra expressão nas doenças periodontais, com grande proporção de crianças e adolescentes apresentando sangramento gengival; entre adultos, a presença de cálculo dental e bolsa periodontal leve são predominantes.

No Brasil, o índice CPO-D (dentes cariados, perdidos ou obturados) aos 12 anos de idade apresentou uma média de 2,1 no último inquérito nacional em 2010, valor 25% menor do que o encontrado em 2003, que foi de 2,8. É importante destacar que, no caso brasileiro, o CPO-D aos 12 anos, no primeiro inquérito nacional em 1986, foi de 6,7. No componente relativo aos dentes cariados, este passou de 1,7 em 2003 para 1,2 em 2010 (Brasil 2011).

Chamou a atenção que, para crianças aos 5 anos de idade, a proporção de livres de cárie aumentou timidamente, de 40,6% para 44,0%. Em outras palavras, revelou uma tendência de estabilidade na prevalência da cárie dentária, não atingindo a meta da OMS para o ano 2000, de 50% de crianças nessa faixa etária livres de cárie. Além disso, a proporção do componente cariado na composição do ceo-d (média de dentes decíduos cariados, extraídos por cárie e restaurados) é bastante elevada, apontando um acesso limitado ou não acesso ao tratamento odontológico na atenção primária (Brasil, 2011).

No que se refere à cárie dentária, para a população adulta, as metas propostas estão distantes de serem alcançadas. O CPO-D encontrado na idade-índice de 65 a 74 anos praticamente não se moveu: foi de 27,5 em 2010 contra 27,9 em 2003. Ainda que tímida, a maior queda ocorreu entre os adultos na faixa de 35 a 44 anos, que apresentavam CPO-D de 20,1 em 2003 e de 17,2 em 2010 (Quadro 32.1). Não há informação sobre duas das metas da OMS para adultos no relatório final do SB Brasil 2010 (Brasil 2011).

Uma das prováveis explicações para esse quadro pouco alterado entre os adultos é que as estratégias populacionais implementadas nos anos 1990 no Brasil, como a adição de fluoretos às pastas dentais e a expansão da fluoretação das águas e das ações comunitárias de prevenção das doenças bucais no sistema público de saúde, ainda não produziram reflexos nessa população. Dito de outro

Quadro 32.1 • Comparação entre as metas propostas pela Organização Mundial da Saúde e a Federação Dentária Internacional para os anos de 2000 e 2010 com relação à cárie dentária e os resultados do Projeto SB Brasil – Brasil, 2003 e 2010

Indicador por faixa etária	Metas OMS 2000	Metas OMS 2010	SB Brasil 2003	SB Brasil 2010
Percentual de crianças livres de cárie (ceo-d = 0) aos 5 anos	50%	90%	40,6%	44%
Índice CPO-D aos 12 anos	CPO-D ≤ 3	CPO-D ≤ 1	CPO-D = 2,78	CPO-D = 2,1
Percentual de indivíduos com todos os dentes presentes aos 18 anos (P = 0)	80%	100%	55,1% CPO – D 15 a 19 anos = 6,2	CPO-D 15 a 19 anos = 4,7
Percentual de indivíduos com 20 ou mais dentes dos 35 aos 44 anos (P ≤ 12)	75%	96%	54% CPO-D = 20,1	CPO-D = 17,2 (I)
Percentual de indivíduos com 20 ou mais dentes dos 65 aos 74 anos (P ≤12)	50%	5% de desdentados	10,2% CPO-D = 27,8 24% necessitam prótese em ambas as arcadas	CPO-D = 27,5 (I) 23% necessitam prótese em ambas as arcadas; 64% de desdentados

Fonte: Petersen, 2003; Pucca Júnior *et al.*, 2009; Brasil, 2011.
(I) Indicador não disponível no relatório do último inquérito nacional (2010).

modo, mesmo quando estabelecidas, medidas de proteção coletiva apresentam efeitos diferenciados segundo condições de existência; assim, os indicadores para esse grupo etário apresentaram pouco avanço nas últimas décadas.

Para a população adulta, estudos revelam que a realidade é diferente em outras partes do mundo, especialmente em países europeus, que apresentam CPO-D entre 13,4 e 20,8 entre os 35 e os 44 anos desde o final do século XX, com tendência de queda da perda dental (Leake & Birch, 2008). No caso da doença periodontal, há aumento de indivíduos com periodonto sadio, mas controvérsias quanto à tendência apontada de menor prevalência de periodontite nos próximos anos. Contudo, há informação limitada sobre as atuais estimativas nacionais de cárie dentária ou perda dental para os adultos na maioria dos países por problemas na periodicidade dos estudos, indicadores utilizados e metodologias adotadas nos critérios de diagnóstico, tamanho amostral e apresentação dos dados (Konig et al., 2010). Ainda assim, sabe-se que o edentulismo está em declínio, evento que tem sido discutido inclusive pela odontologia privada, em razão das prováveis implicações para as especialidades em expansão, como a implantodontia (Carlsson & Omar, 2010). Vale lembrar que a tendência demográfica aponta para o envelhecimento populacional, devido ao manejo adequado de doenças crônicas não transmissíveis (DCNT), à melhoria nas condições de vida e à redução das taxas de natalidade estimulada pela crescente urbanização. A Organização das Nações Unidas (ONU) estima que a proporção da população mundial com mais de 60 anos de idade aumentará de 10% em 2000 para 30% até 2150.

O câncer de boca é outro importante problema para a Saúde Pública. O diagnóstico tardio, as altas taxas de mortalidade e graves sequelas na sobrevida são ainda realidades bastante evidentes. O carcinoma epidermoide é responsável por aproximadamente 95% dos casos novos de câncer e o mais comum entre homens com mais de 40 anos com baixo *status* social (educação, renda e ocupação). O consumo abusivo de tabaco e álcool tem sido relacionado com maior ocorrência de casos. As desigualdades regionais na incidência e nas taxas de mortalidade são descritas entre os países e dentro deles. Há numerosos estudos de revisão sistemática que apontam que políticas de saúde nessa temática devem enfatizar a restrição ou eliminação do uso do tabaco e do consumo de álcool, fatores de risco comuns a outros agravos. Outra evidência relevante é que a posição socioeconômica do indivíduo foi significativamente associada a maior risco de câncer de boca, independentemente de se tratar de um país de alta ou baixa renda (Torres-Pereira, 2010).

As maloclusões, ainda que menos graves e não fatais, também são consideradas problemas de Saúde Pública. A epidemiologia das maloclusões está em desenvolvimento, e estudos têm recomendado o uso de indicadores que articulem o diagnóstico da maloclusão com a necessidade de tratamento ortodôntico para priorização de casos de maior gravidade. O Índice de Necessidade de Tratamento Ortodôntico (IOTN, sigla em inglês para *Index of Orthodontic Treatment Need*) tem sido muito utilizado. Em estudos conduzidos com escolares, a prevalência de casos graves variou de 26,1% a 37,0% (Dias & Gleiser, 2008). O último inquérito nacional, em 2010, utilizou o Índice de Estética Dentária (DAI), sigla derivada da expressão inglesa *Dental Aesthetic Index*. Aos 12 anos de idade, a prevalência da oclusão considerada normal foi semelhante em todas as regiões, com valores em torno de 60%. Apontou também para uma prevalência de maloclusão severa e muito severa aos 12 e dos 15 aos 19 anos de 12,4% e 18,8%, respectivamente, não sendo encontradas diferenças significativas entre as regiões. A chance de ocorrência de oclusopatia moderada/severa é maior na segunda dentição, e há associação com a severidade da cárie dentária.

PLATAFORMAS GLOBAIS, EVIDÊNCIAS CIENTÍFICAS E IMPLEMENTAÇÃO DE POLÍTICAS: A MEDIAÇÃO NECESSÁRIA

A comunidade científica ligada ao tema das políticas de saúde e prevenção das doenças bucais mais relevantes voltou-se para crianças e adolescentes, obtendo relativo êxito (Pucca Júnior et al., 2010). No caso do Brasil, os esforços do Estado e dos grupos de pesquisadores no monitoramento constante de dados e da informação epidemiológica apontam para um otimismo cauteloso, uma vez que os estudos revelam que as estratégias até então implementadas para os grupos populacionais mais jovens não se aplicam automaticamente aos grupos adultos.

É opinião dos especialistas, e estudos têm evidenciado isso, que a fluoretação das águas de abastecimento e o uso da pasta dental com fluoretos, em diferentes realidades, agregados ao acesso maciço à escova dental com grande capilaridade junto às famílias, têm possibilitado a redução da cárie dentária, com algum sucesso sobre os sinais iniciais da doença periodontal.

Essas evidências são sempre cotejadas com metas estabelecidas por agências internacionais, eventualmente cercadas por polêmicas. As metas da OMS, assumidas para o ano 2000, encontram-se superadas. No *site* da OMS há referência às metas para 2010, mas sem quantificá-las, o que, portanto, as invalida do ponto de vista do planejamento, da gestão e da avaliação em saúde, posto que *meta é, conceitualmente, objetivo quantificado* (WHO, 2011). Como mais de uma década se passou de 2000 até o momento, assume-se neste texto as metas para 2010, oficiosas ou não, elencadas em artigo publicado (Benzian et al., 2011). Elas seriam:

- 90% de pessoas sem cárie na idade de 5 a 6 anos;
- CPO-D < 1 aos 12 anos de idade;

- Perda dental = 0 aos 18 anos devido a cárie ou doença periodontal;
- não mais do que 2% de desdentados na idade de 35 a 44 anos;
- 96% de pessoas com no mínimo 20 dentes funcionais dos 35 aos 44 anos;
- não mais do que 5% de desdentados dos 65 aos 74 anos.

O foco menos polêmico, tradicionalmente, tem sido em torno da cárie e da perda dental, já que indicadores para doenças periodontais são ainda pouco consensuais. Além disso, outros agravos igualmente importantes, como maloclusão e câncer de boca, devem merecer maior atenção dos formuladores e implementadores de políticas, bem como maior foco por parte dos pesquisadores.

Em 1989, a OMS aprovou a promoção da saúde bucal como parte integrante da "Saúde para Todos até o ano 2000". Além disso, o Dia Mundial da Saúde, em 1994, foi dedicado à saúde bucal, o que também reflete a importância atribuída a essa questão. A plataforma global nesse quesito incluía quatro estratégias:

1. Reduzir os problemas bucais, especialmente em populações pobres e marginalizadas.
2. Promover estilos de vida saudáveis e reduzir os fatores de risco à saúde bucal que surgem a partir de causas ambientais, econômicas, sociais e comportamentais.
3. Desenvolver sistemas de saúde bucal equitativos e melhorar os resultados de saúde bucal, respondendo às demandas legítimas das pessoas, com financiamento justo.
4. Formulação das políticas em saúde bucal, com base na integração da saúde oral nos programas nacionais e comunitários de saúde.

Observa-se portanto que, historicamente, o foco tem sido direcionado para a redução das iniquidades e a formulação de propostas mais articuladas com outras áreas, na perspectiva dos fatores de risco comuns e do modelo de atenção da promoção da saúde. Nesse sentido, as plataformas globais são importantes para a disseminação de compromissos governamentais com vistas à indução de políticas sociais nos distintos Estados nacionais. Cabe destacar, contudo, que a realidade local merece mediação, uma vez que a implementação de intervenções em saúde bucal exige, sem dúvida, o aporte epidemiológico, mas também o sociocultural e o histórico, revelador da complexidade de uma formação histórica específica marcada pela exclusão social, como é o caso brasileiro.

No Brasil, as características dos governos locais a partir das distintas teorias da ciência política (Chaves & Silva, 2007) têm sido decisivas para a implementação de políticas de saúde bucal que universalizem a atenção primária, ampliem acesso a procedimentos especializados e mantenham a fluoretação da águas, por exemplo (Chaves & Vieira-da-Silva, 2007).

DESIGUALDADES EM SAÚDE BUCAL E AS EVIDÊNCIAS CIENTÍFICAS SOBRE O EFEITO DAS INTERVENÇÕES NA PREVENÇÃO E CONTROLE

Chama a atenção a grande produção científica de estudos de base epidemiológica a respeito da relação entre os determinantes sociais da saúde e a saúde bucal. Contudo, esse tema tem sido pouco explorado do ponto de vista das razões ou teorias que possam explicar o porquê dessas desigualdades na saúde bucal (Sisson, 2007).

De fato, há evidências de maior risco de doença bucal onde prevalecem más condições de vida, com baixo nível de escolaridade e renda, ou mesmo falta de tradições, crenças e cultura em apoio às políticas de saúde bucal. Além disso, é errado pensar que essas desigualdades são comuns apenas nos extremos dos estratos sociais (muito ricos e muito pobres). Estudos apontam que mesmo nos países desenvolvidos, onde a pobreza é menor, há um padrão de gradiente social[2], em que aqueles nos estratos sociais mais altos são mais saudáveis do que aqueles imediatamente abaixo, de maneira gradual e consistente (Watt & Sheiham, 2012).

Críticas têm sido feitas aos modelos comportamentalistas da teoria e prática dos fatores de risco comuns. Atualmente, a integração com a abordagem dos determinantes sociais da saúde reconhece que os comportamentos dos sujeitos, do ponto de vista da teoria e da epidemiologia social, são consequência das condições de vida e do ambiente em que as pessoas nascem, crescem, vivem, trabalham e envelhecem. Mais do que isso, a perspectiva da distribuição do poder no interior das sociedades ou dos Estados nacionais é vista como questão crucial a ser enfrentada para reduzir as desigualdades ou gradientes sociais, já que as políticas para reduzi-las precisam enfrentar a distribuição desigual de poder e meios de produção na sociedade moderna. Essa agenda política desafia os profissionais de Saúde Pública, incluindo os dentistas, quanto à responsabilidade ética e moral de resistir à doutrina dominante de foco na mudança do comportamento em favor de uma abordagem mais radical,

---
[2]Gradiente social, uma expressão usada por pesquisadores ingleses, refere-se à existência de uma hierarquia social de doenças ou resultados de saúde. O estado de saúde está diretamente relacionado com a posição socioeconômica através do gradiente socioeconômico das populações. Aqueles nas fileiras sociais mais altas são mais saudáveis do que aqueles imediatamente abaixo, de modo gradual e consistente, mesmo em países de alta renda. Um gradiente social em saúde tem sido encontrado em uma grande variedade e diversidade de desfechos de saúde, que vão desde medidas psicológicas, de saúde bucal, até dados de mortalidade. Esse gradiente nos resultados da saúde também existe ao longo da vida, da infância à velhice.

que denuncie poderosos grupos de interesse capitalista e procure criar uma sociedade mais solidária e justa (Watt & Sheiham, 2012).

Ainda assim, as intervenções no campo da saúde que incorporem o princípio da equidade, ou seja, a noção de que é necessário intervir desigualmente entre os desiguais, têm sido uma lacuna importante. A grande proposição está na ideia de articulação com determinantes sociais da saúde de modo a romper com a abordagem comportamental predominante na saúde bucal dos fatores de risco individuais.

PREVENÇÃO, ATENÇÃO E VIGILÂNCIA DA SAÚDE BUCAL

O protagonismo dos determinantes sociais da saúde, mediais e distais, apontado por numerosos estudos é essencial para o questionamento das evidências científicas nesse campo. Assim, utilizando-se o modelo de determinação do processo saúde-doença (Brasil, 2008), as principais intervenções propostas, na esfera dos determinantes distais, são as seguintes:

- Melhoria das condições gerais de vida que influenciam a saúde bucal (entorno saudável, com saneamento e acesso à água potável, o que facilitaria o acesso à água fluoretada).
- Universalização do acesso à educação básica, com aumento do nível de escolaridade das populações, o que está diretamente relacionado com melhores indicadores de saúde bucal.
- Disponibilidade e acesso aos serviços de saúde bucal, visando à redução da perda dentária precoce e evitável. Contudo, a redução de riscos para doenças bucais só será possível se os serviços forem orientados para cuidados primários de saúde.

Além dos fatores distais socioculturais e ambientais, o modelo enfatiza o papel dos determinantes intermediários, como os comportamentos de risco modificáveis, mas reconhece a limitação do foco excessivo nesse nível de determinação (Watt & Sheiham, 2012), ou seja, exatamente tudo que inclui as práticas individuais de higiene bucal, o consumo de açúcares (quantidade, frequência e tipo), bem como o uso de tabaco e consumo excessivo de álcool. Cabe destacar que a reflexão vai além do conceito de *estilo de vida*, fortemente vinculado a "escolhas" possíveis de um indivíduo. Atualmente, os estudos reconhecem o papel das estruturas de socialização que influenciam e determinam as escolhas, às vezes impositivamente e com pouca margem de arbítrio por parte dos indivíduos.

Quanto aos aspectos específicos da saúde bucal, sugerem-se a criação e manutenção de sistemas de fluoretação das águas com controle sobre os níveis de fluoretos, a ênfase nos programas de atenção primária com disseminação de tecnologias de proteção coletiva e o acesso a produtos de limpeza bucal, como uso de pasta dental fluoretada e outros insumos.

A fluoretação da água de abastecimento público é efetiva na prevenção da cárie dentária em crianças e adolescentes. O principal benefício da fluoretação da água está em favorecer todos os moradores independentemente de sua condição social ou econômica. Estudos têm demonstrado que a fluoretação do sal e do leite tem efeitos semelhantes, quando utilizados em programas específicos (Petersen, 2009).

A maior parte das evidências é fortemente marcada pela prevenção da cárie dentária e o controle das doenças periodontais. A gengivite pode ser evitada por meio de boas práticas de higiene bucal, incluindo escovação e uso do fio dental pela população adulta, atuando também como coadjuvantes para o controle de lesões periodontais avançadas (Petersen, 2009). Medidas profissionais e individuais, incluindo o uso de bochechos de flúor, géis, cremes dentais e a aplicação de selantes dentários, são meios adicionais de prevenção da cárie dentária.

A prevenção de doenças bucais e a promoção da saúde podem ser expandidas mediante a disseminação de conhecimentos e práticas entre o público por meio de programas comunitários e nos serviços de saúde. Os profissionais de saúde bucal (níveis superior e médio) também podem atuar na promoção de modos de vida saudáveis, a partir de sua inclusão em programas de redução do tabagismo e aconselhamento nutricional, em atividades partilhadas entre os membros da equipe de saúde.

São profundas as disparidades em saúde bucal tanto inter como intrarregiões e países. No caso do Brasil, o último levantamento nacional revela essas disparidades, as quais podem estar relacionadas com determinantes sociais da saúde – riqueza regional ou da nação –, e a posição socioeconômica de grupos ou indivíduos, incluindo os aspectos étnicos e as relações de gênero (Brasil, 2011).

No caso da população adulta, os estudos sugerem que o curso de vida anterior é importante, mas que também é possível a ampliação dos níveis de saúde bucal por meio da adoção de práticas no ambiente de trabalho. Em relação às atividades educativas, as ações de grupo, associadas a ações individuais, são as mais utilizadas, e os estudos mostram que deve haver um envolvimento ativo do indivíduo para que as ações educativas possam contribuir para mudança de práticas. No ambiente de trabalho, entretanto, a articulação com os programas de saúde do trabalhador é fundamental para o sucesso do programa (Lima *et al.*, 2012).

No que se refere à organização da saúde bucal, a ênfase deve estar na atenção primária, articulando-a às atenções secundária e terciária. A atenção secundária pública em saúde bucal tem se expandido nos últimos anos com a oferta de serviços especializados de diagnóstico bucal, com ênfase no diagnóstico e na detecção do câncer de boca, periodontia especializada, cirurgia oral menor dos tecidos moles e duros, endodontia e atendimento a pacientes com necessidades especiais, inclusive com aumento no financiamento (Pucca Júnior et al., 2010). Estudos que analisaram a implementação da atenção especializada na atual Política Nacional de Saúde Bucal têm revelado importantes problemas, como a difícil acessibilidade (Chaves et al., 2010), a baixa utilização ainda que com oferta disponível com possíveis barreiras organizacionais (Goes et al., 2012), a execução de procedimentos típicos de atenção primária (Chaves et al., 2010; Soares & Paim, 2011; Goes et al., 2012), desviando-se do objetivo central, que é a garantia da integralidade na saúde bucal mediante o acesso a procedimentos de maior densidade tecnológica, além da baixa interface com a atenção primária (Morris & Burke, 2001) Uma atenção primária forte deve ser capaz de conduzir e coordenar a atenção com uso de protocolos que estimulem a continuidade e a longitudinalidade do cuidado nesse nível (Morris & Burke, 2001; Starfield, 2002).

Vigilância da saúde bucal ou em saúde bucal?

Quanto à vigilância em saúde bucal, cabe uma reflexão sobre o conceito vigilância *em* saúde bucal ou *da* saúde bucal. Na literatura especializada, esse conceito é permeado pela influência da Saúde Coletiva brasileira e pode estar relacionado com três concepções: (a) como análise da situação de saúde bucal, especialmente no componente epidemiológico, comum na literatura atual sobre o tema (*oral health surveillance*)(Goes et al., 2012; Peres & Moysés, 2012); (b) como integração entre as vigilâncias (epidemiológica, sanitária, ambiental etc.); ou (c) como redefinição das práticas de saúde, sendo, neste caso, a um só tempo um modelo de atenção alternativo, um modelo assistencial e um modo tecnológico de intervenção.

Nesse particular, aqui se considera a concepção de vigilância *da* saúde bucal como parte do modelo assistencial, integrado ao modelo da vigilância da saúde (Paim, 2008), e com os mesmos princípios dos modelos alternativos, incluindo: (a) reconhecimento e mapeamento do território; (b) trabalho sobre os determinantes e fatores comuns de risco (vulnerabilidade); (c) ênfase nas ferramentas do planejamento e da comunicação em saúde para enfrentamento dos problemas; (d) ação intersetorial e multiprofissional. Cabe destacar que muitos desses eixos são comuns ao modelo da promoção da saúde, considerando seus cinco eixos de atuação defendidos na Carta de Ottawa (incentivo aos ambientes saudáveis, construção de políticas públicas saudáveis, fortalecimento da ação comunitária, desenvolvimento de habilidades pessoais e reorientação dos serviços de saúde de um enfoque curativo para um enfoque preventivo e de promoção da saúde) (WHO, 1986). Assim, vigilância da saúde bucal inclui a atenção nessa área, devendo ser ressaltado que a atenção à saúde bucal engloba a assistência odontológica individual e intervenções sobre os determinantes (ações coletivas de saúde) (Botazzo et al., 1988).

As expressões vigilância em saúde bucal e vigilância à saúde bucal são, portanto, sinônimos e se referem ao monitoramento dos indicadores de saúde bucal, especialmente os epidemiológicos (Peres & Moysés, 2012).

Há vários anos a OMS desenvolve um sistema de vigilância em saúde bucal, particularmente em relação à cárie dentária em crianças. O primeiro mapa global, com dados sobre CPO-D de 12 anos de idade, foi apresentado em 1969 e mostrou alta prevalência de cárie em países industrializados e números geralmente baixos nos países em desenvolvimento (Figura 32.1).

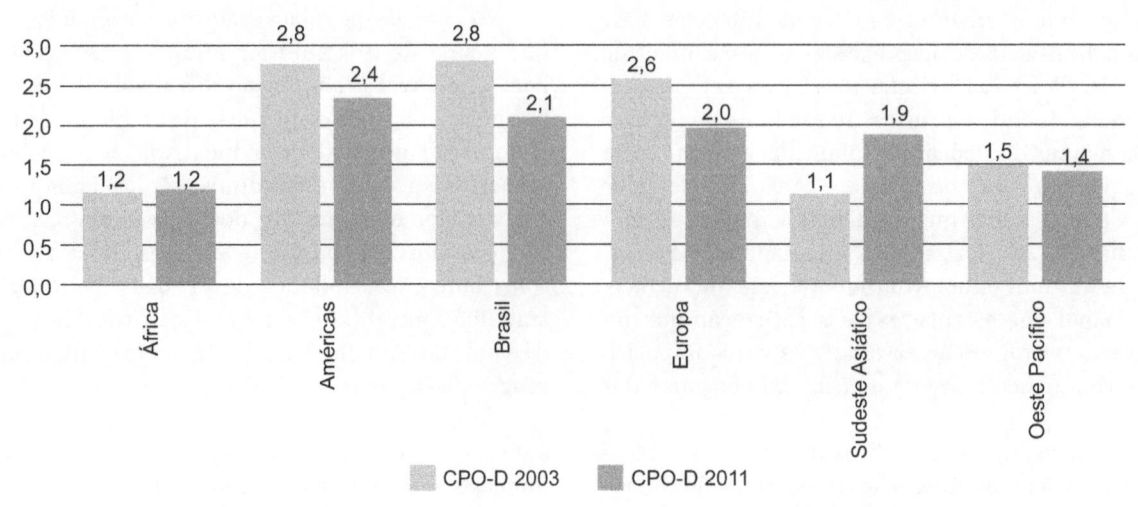

Figura 32.1 • CPO-D aos 12 anos por região e no Brasil nos anos 2003 e 2011 – OMS, 2012.

Um banco de dados tem sido alimentado ao longo dos últimos anos e um número crescente de estudos epidemiológicos tem sido documentado. O modelo brasileiro de monitoramento por meio da vigilância em saúde bucal é exemplo para outros países em razão dos excelentes estudos epidemiológicos representativos, de base populacional (Peres & Moysés, 2012). Contudo, ainda não tem sido suficiente para a adequação dos serviços às necessidades de saúde bucal dos indivíduos. Nesse particular, é necessário compreender os modelos de atenção e sua relação com necessidades.

ATENÇÃO À SAÚDE BUCAL: MODELOS ASSISTENCIAIS E NECESSIDADES

Estudos nacionais que pretenderam discutir ou mapear as intervenções ou modelos de atenção à saúde bucal têm carecido da construção de um marco teórico-conceitual sobre o campo social da prática odontológica, ou uma sócio-odontologia (Nickel *et al.*, 2008; Martelli *et al.*, 2009).

Torna-se necessária a análise dos distintos modelos de atenção no sentido atribuído por Paim (2008) como intervenções para o enfrentamento das necessidades e problemas de saúde bucal a partir da análise do processo de trabalho em saúde (Gonçalves, 1994) e as implicações dessa perspectiva para a organização dos serviços odontológicos.

Os modelos assistenciais são aqui compreendidos como combinações de tecnologias (estruturadas e não estruturadas, como os saberes) de modo a resolver problemas e atender às demandas nos níveis individual e coletivo. Indicam também o modo de dispor de meios técnico-científicos para intervenção nos determinantes, riscos e danos ou agravos à saúde. Consistem no "conteúdo" dos sistemas de saúde e das práticas, ou seja, dos processos de trabalho que produzem diferentes cuidados.

Em outras palavras, o processo de trabalho em saúde refere-se ao modo como são produzidas as ações de saúde, ou seja, o cuidado propriamente dito. Na presente análise, os quatro componentes principais são o objeto do trabalho, os instrumentos, os meios e produtos ou resultados desse trabalho, e os agentes produtores. Destaca-se, ainda, que esses elementos precisam ser examinados de maneira articulada, pois somente sua relação recíproca configura um específico processo de trabalho.

O objeto é o alvo da transformação, na saúde representado pelo que Mendes-Gonçalves chama de "carecimentos", entendidos como necessidades de saúde (Gonçalves, 1994). As necessidades de saúde têm sido designadas como as condições biológicas e sociais que asseguram o mínimo de sobrevivência fisiológica (os meios de vida) no sentido de atender à existência e à reprodução da força de trabalho. "Necessidades de serviços de saúde", por sua vez, tendem a expressar a demanda da população por saúde, ou melhor, por serviços de saúde. Mas haveria também as "necessidades dos profissionais de saúde", que se referem, em nosso caso, à produção, pelos cirurgiões-dentistas, de percepções sobre demandas de saúde bucal da população. Ou seja, a depender de sua formação, do modo de organização e remuneração do serviço odontológico onde o profissional se insere, esse agente induziria ou não determinadas necessidades, como "extração" e "prótese", em vez de "endodontia", e "restaurações" em vez de "preservação", problemática importante a ser investigada e já revelada em estudo sobre o sistema de saúde inglês (Tickle *et al.*, 2011).

Por outro lado, Heller (1986), a partir do arcabouço teórico de Marx, aprofunda a análise e define três grupos de necessidades: *necessidades naturais ou físicas*, *necessidades sociais* e *necessidades radicais*. As necessidades de saúde relacionam-se com os dois primeiros grupos, pois essas necessidades são fundamentais para manutenção da vida e, por serem socialmente produzidas, exigem a conformação de instituições (de educação e saúde) para seu cumprimento. Contudo, as *necessidades sociais* têm se revelado como necessidades dos estratos dominantes na sociedade (Heller, 1986). Nesse sentido, as políticas e modelos de atenção à saúde bucal podem estar refletindo a perspectiva de um pequeno grupo e não a dos usuários dos serviços de saúde, como já alertaram Barros & Botazzo (2011). Nesse sentido, cabe questionar quais *necessidades* estão sendo priorizadas quando é organizado um serviço de saúde em nível local ou quando é formulada uma política nacional voltada para esse problema.

Em geral, o componente epidemiológico informa sobre um olhar dominante sobre o tema, mas não engloba as dimensões subjetivas relacionadas com o acesso aos serviços de saúde.

Os agentes são os indivíduos que operam saberes para apreender esse objeto. Esses saberes são as ferramentas de trabalho, mas também são os instrumentos que servem para intermediar a ação humana sobre os objetos, conforme o processo social e histórico que inclui a reprodução social. Desse modo, meios de trabalho expressam o complexo de coisas que o trabalhador insere entre si e o objeto de trabalho e lhe serve para dirigir sua atividade sobre esse objeto. Há diferenças entre os instrumentos materiais e os não materiais. Os primeiros são os equipamentos, os instrumentais e os materiais. Os segundos são os saberes que articulam, em determinados arranjos, os instrumentos materiais. Estes se constituem nas ferramentas principais do trabalho de natureza intelectual. O agente do trabalho pode ser problematizado a partir dos projetos e das finalidades de caráter coletivo e no âmbito pessoal, a partir da posição que ocupa no espaço social, em sociedade. Nesse sentido, a conduta dos profissionais da saúde bucal (agentes) não pode ser considerada uma reação mecânica como "modelos" ou "protocolos", ou ainda meramente influenciados pela motivação econômica. Em verdade, a prática dos agentes é produto de uma relação dialética entre a situação e um *habitus*, aqui compreendido como um conjunto de disposições e esquemas de percepção que retraduzem as características intrínsecas e relacionais da posição do agente no espaço social em práticas e é inculcado pelo meio social como um conjunto de disposições inconscientes, socialmente adquiridas (Bourdieu, 1979).

O Quadro 32.2 sintetiza os diferentes objetos, instrumentos e agentes do trabalho na saúde bucal, levando em conta os diferentes modelos de atenção à saúde em uma perspectiva da prática odontológica. Os modelos são brevemente descritos, embora seja necessário maior aprofundamento sobre o tema.

PRINCIPAIS MODELOS ASSISTENCIAIS

Os modelos assistenciais são produto da história na relação dos seres humanos em sociedade e de grupos sociais em disputa. A origem da discussão sobre os modelos de atenção para enfrentamento dos principais problemas de saúde bucal tem estreita relação com o campo médico, ou seja, pode-se afirmar que há um claro espelhamento, onde as disputas ocorridas no campo médico se refletiram de maneira muito similar no espaço da odontologia.

No caso particular da medicina, uma série de movimentos ideológicos, desde os anos 1950 e 1960, buscou enfrentar a crise relacionada com o aumento dos custos da assistência médica. A Saúde Pública tradicional não é considerada um movimento contestador da medicina, na medida em que surge como um espaço de atuação estatal sobre as cidades a partir da Revolução Industrial, fora do mercado de trocas, sendo considerada também hegemônica e espaço dominado pela medicina flexneriana.

O Quadro 32.3 sintetiza um conjunto de movimentos político-ideológicos ocorridos no campo médico, sua relação com o campo odontológico e as prováveis repercussões desse "mundo das ideias" na prática profissional, através de modelos.

Cabe destacar que o conceito de campo aqui utilizado tem o sentido dado por Bourdieu (1994): um espaço social autônomo, onde diferentes agentes interessados ocupam posições relativas em um espaço de relações de poder pela definição legítima dos objetos (de intervenção, de investigação, de priorização, por exemplo) e interesses específicos, cuja disputa para a definição do que é legítimo e universal será exercida na relação de força entre os agentes ou entre as instituições engajadas na luta. Trata-se, portanto, de espaço de relações objetivas que são o lugar de uma lógica e de necessidades específicas no jogo social, denominado *illusio*, ou seja, o sentido de pertencimento ao jogo pelos agentes, no que se luta por ele (Bourdieu, 1994).

O modelo hegemônico na odontologia é o modelo privatista, algumas vezes denominado "odontologia de mercado" (Narvai, 2006), reflexo do modelo "médico-assistencial privatista" no campo médico. Em que pese sua denomina-

Quadro 32.2 • Modelos de atenção à saúde, à saúde bucal, agentes e processo de trabalho

Modelo assistencial	Agente	Objeto	Meios de trabalho	Formas de organização
Modelo médico-assistencial privatista	Médico com especialização Dentista especialista	Doenças (patologias) Doentes (clínica e cirurgia)	Tecnologia médica (indivíduo) Tecnologia odontológica (implantodontia, prótese, novos materiais)	Rede de serviços de saúde centrada no hospital Rede de serviços centrada na clínica isolada do especialista
Modelo sanitarista	Sanitarista e auxiliares Dentista "sanitarista" e auxiliares	Modos de transmissão Fatores de risco Foco na odontologia preventiva ou abordagem individual dos fatores de risco	Tecnologia sanitária Tecnologia sanitária no escolar	Campanhas sanitárias Programas especiais Feiras de saúde, palestras e escovação dentária supervisionada em espaços (escolas e outros)
Alternativos (vigilância da saúde, promoção da saúde)	Equipe de saúde Professores, outros setores públicos População (cidadãos)	Danos ou agravos, riscos, necessidades, incluindo os determinantes dos modos de vida e saúde (condições de vida e trabalho)	Tecnologias de comunicação social, de planejamento e programação local, análise política e situacional, tecnologias médico-sanitárias	Políticas públicas saudáveis Ações intersetoriais Intervenções específicas (promoção, prevenção e recuperação) Operações sobre problemas e grupos populacionais

Fonte: adaptada de Paim, 2008; Mendes-Gonçalves, 1994.

Quadro 32.3 • Síntese entre movimentos ideológicos, propostas de modelos assistenciais no *campo** médico e odontológico no século XX e início do século XXI

Campo médico		Campo odontológico	
Movimentos	**Propostas de modelos**	**Movimentos**	**Propostas de modelos**
Medicina flexneriana	Modelo médico-assistencial privatista	Odontologia flexneriana	Odontologia de mercado ou odontologia privatista
Saúde Pública tradicional	Modelo Sanitarista	Odontologia sanitária	Fluoretação das águas Sistema incremental
Medicina preventiva		Odontologia preventiva e social	Programas de bochecho com flúor e uso de moldeiras com flúor gel Proesa (Aboprev) Atenção precoce em odontologia
		Odontologia simplificada	Clínicas modulares simplificadas
Medicina social	Modelos alternativos *Vigilância da saúde Promoção da saúde Cidades saudáveis Acolhimento*	Odontologia integral	Mudança no ensino da odontologia Programa de inversão da atenção
		Saúde bucal coletiva	Estratégia Saúde da Família Práticas sanitárias em construção Vigilância da saúde bucal

*Campo no sentido de Bourdieu (1994).

ção de cunho ideológico, é o mais conhecido e praticado, e, na forma da ideologia, não é exclusivo do setor privado. Essa prática também é reproduzida no setor público odontológico. Baseia-se na produção de procedimentos e fragmenta-se em especialidades, com consumo acrítico de tecnologias, tendo seu foco de atuação em hospitais, no caso da prática médica, e em consultórios isolados, no caso da odontologia. Com enfoque protético-cirúrgico, e voltado para a doença em seus aspectos individuais e biológicos, tem sua organização baseada na "livre demanda". Essa forma de organização dos serviços odontológicos reforça a ideia de que só procurarão os serviços aqueles que já apresentam problemas "dentariamente" identificados, não abrangendo outras necessidades, sejam os portadores de outras patologias bucais ou mesmo aqueles que não se sintam doentes, mas cuja experiência bucal se constitua em fonte legítima de necessidades ou "carenciamentos".

Nesse caso, a prática clínica odontológica tradicional é fortemente dirigida para a recuperação dentária por meio de restaurações "definitivas" ou, em sua falta, por dispositivos protéticos. Nesse caso, o objeto de trabalho é idealmente delimitado pelo conceito de cárie, tendo como meios ou instrumentos o conhecimento da clínica odontológica e seus materiais e como finalidade o "tratamento" da doença. O principal agente continua sendo o cirurgião-dentista. Uma das principais críticas se refere à incapacidade de regulação das necessidades de saúde dos indivíduos no mercado privado, porque o capitalismo reforça as desigualdades, na medida em que os indivíduos mais desprovidos socialmente se mantêm sem acesso ao cuidado odontológico, crítica apontada também sobre o sistema de saúde bucal canadense (Leake & Birch,

2008) e com evidências dessas mesmas disparidades em outros países (Tickle et al., 2011).

Por outro lado, o segundo grande modelo, denominado modelo sanitarista, que na odontologia conta com várias correntes, é voltado para o combate a agravos mediante o uso de campanhas e programas especiais verticais, e geralmente de caráter temporário, com administração centralizada e pouca ou nenhuma articulação com as outras ações de saúde. As ações são planejadas com o objetivo de controlar determinados agravos ou esclarecer a população sobre determinada doença. Muitas práticas da odontologia sanitária, passando pela "preventiva e social", têm características muito próximas desse modelo, tendo em vista que se caracterizam por ações pontuais e temporárias, sem integração com outras áreas, ainda quando ditas "ação coletiva de escovação dentária supervisionada".

Nesse caso, o objeto se amplia para a saúde dos indivíduos. Os instrumentos incluem uma clínica preventiva ou abordagem individual dos fatores de risco ou fatores de risco comuns, com instrumentos de trabalho que reconhecem os novos conhecimentos sobre a prevenção das doenças bucais e novos materiais (uso de flúor conforme classificação de "risco", técnicas de controle de placa bacteriana, uso de ionômero de vidro para adequação do meio bucal e selantes oclusais, terapia periodontal de risco etc.). Essa prática apresenta, sem dúvida, importantes avanços, mas as críticas a esse modelo apontam que ele tem levado a uma atenção exclusiva a grupos denominados prioritários (escolares e gestantes, por exemplo) e à inabilidade no enfrentamento de questões estruturais, como as desigualdades sociais, mantendo o foco nos componentes biológicos, ainda que mais ampliados (grupos de risco, fatores de risco comuns etc.).

Na odontologia sanitária, a similar odontológica da Saúde Pública tradicional, um dentista sanitarista formularia e executaria intervenções de saúde bucal de caráter "comunitário". Além disso, esse movimento foi o grande incentivador dos sistemas de fluoretação das águas em todo o mundo, originando-se nos EUA. No Brasil, foi introduzida pela Fundação SESP (Serviços Especiais de Saúde Pública) (Nickel et al., 2008). Essa tem sido considerada a precursora de práticas de programação na odontologia no Brasil (Nickel et al., 2008; Martelli et al., 2009). Contudo esse movimento, na verdade, reproduzia a prática do paradigma cirúrgico-restaurador. As práticas de programação se desenvolveram a partir do modelo "incremental", palavra que traduzia a ideia de incremento gradual, com a manutenção daquele grupo já tratado e o tratamento do grupo recém-chegado à escola. Ressalte-se que o foco era o agravo "cárie dentária". Cabe refletir sobre a real contribuição da programação nesse movimento, no qual o que permaneceu foi a centralidade do Tratamento Completado (TC), que se mantém de maneira acrítica, até os dias atuais, nos serviços públicos de saúde bucal. Cabe destacar que essa forma de atendimento pode limitar o acesso e o pronto atendimento nos serviços públicos de saúde, uma vez que rechaça os indivíduos que não sejam aqueles que terão consultas subsequentes programadas, desconhecendo suas necessidades e subjetividades (Botazzo, 2008; Barros & Botazzo, 2011). A hipótese é de que esse modelo clínico seria a reprodução da odontologia privatista ou de mercado e, portanto, danoso para o aumento do acesso ao tratamento odontológico nos serviços públicos, devendo ser repensado e relativizado.

Pode-se afirmar que os programas preventivos de atenção ao escolar e as práticas preventivas desenvolvidas em grande parte das equipes de saúde bucal na Estratégia Saúde da Família, no Brasil, atualmente estão muito próximas dessa proposta, com forte influência da odontologia preventiva e social, como um remanescente da medicina preventiva no campo odontológico, que será discutida a seguir.

O movimento da medicina preventiva foi particularmente investigado por Sérgio Arouca, em sua tese de doutorado, apenas recentemente publicada, cujo aprofundamento pode ser considerado um dos momentos fundadores da Saúde Coletiva no Brasil (Arouca, 2003). O "dilema preventivista" se refere à intenção equivocada desse movimento de mudar a atitude médica diante da prática para que esta fosse mais "preventiva", a partir da mudança no ensino médico. No entanto, o grande dilema é que a mudança da *atitude*, sem a respectiva mudança estrutural, como a forma de pagamento por procedimentos e a valorização de procedimentos realizados em hospital, por exemplo, não possibilitou essa transformação (Arouca, 2003).

A odontologia também recebeu forte influência desse movimento, como se pode perceber a partir das novas disciplinas criadas nas faculdades e a criação de Departamentos de Medicina Preventiva nas Faculdades de Medicina e Departamentos de Odontologia Preventiva e Social nos anos 1970/1980. Curioso observar a junção dos termos "social" e "preventiva" a odontologia, haja vista que essas seriam perspectivas opostas no campo médico: a medicina preventiva e a medicina social.

Portanto, a odontologia preventiva e social visou, no mesmo objeto, à mudança da atitude do dentista com um olhar sobre a prevenção. Como exemplo, pode-se constatar que, na década de 1980, a influência do modelo escandinavo revelou-se importante para a disseminação dos novos conhecimentos da cariologia, que legitimavam cientificamente práticas como a escovação dentária supervisionada e o uso intensivo do flúor. O Programa Odontológico Escolar de Saúde (Proesa), formulado inicialmente pela Associação Brasileira de Promoção da Saúde Bucal (Aboprev), foi um exemplo dessa prática. Pode ser considerado, por isso, um modelo dentro do mesmo movimento da odontologia preventiva, como o da Atenção Precoce em Odontologia (as "bebês-clínica"), obviamente com especificidades. Contudo, este não se diferenciava estruturalmente dos pressupostos da medicina preventiva porque não buscou mudanças na forma de remuneração, organização do serviços, nem era seu foco a incorporação de outros saberes fora da clínica (Quadro 32.3) (Narvai, 2006).

O que estava em jogo, no caso do movimento da medicina preventiva, originário nos EUA, era a redução da influência da medicina social, de cunho contestador do capitalismo, com forte influência marxista. No caso desse movimento da medicina preventiva, o principal resultado na América Latina foi a manutenção de uma Saúde Pública tradicional, hegemônica como modelo médico privatista, mas dominada por este. Em alguns países, como Brasil e Argentina, a existência de espaços como os Departamentos de Medicina Preventiva possibilitou a formação de uma massa crítica capaz de dar origem ao que hoje se domina "espaço da Saúde Coletiva", âmbito de saberes e de práticas não vinculados apenas à esfera estatal (Quadro 32.3).

No espelho com o campo médico, pode-se afirmar que as propostas e iniciativas vinculadas à Saúde Coletiva brasileira são referências atualizadas dos movimentos da medicina social europeia, ao considerar a produção da saúde um espaço de luta diante da economia capitalista, então revisitado pelos movimentos críticos da saúde na América Latina.

O "movimento" da odontologia integral apresenta-se muito mais no espaço das propostas do que de modelos estruturados e é centrado na tentativa de mudança do ensino da odontologia. Eugênio Villaça Mendes aponta, em artigo de 1986 (ou seja, no ano da histórica VIII Conferência Nacional de Saúde), que a odontologia integral aproxima-se dos princípios doutrinários da Reforma Sanitária. Faz críticas à odontologia científica ou flexneriana e à odontologia simplificada, já que esta discursava sobre a importância da prevenção, mas priorizava o curativo (Mendes, 1986). O Programa de Inversão da Atenção é produto dessa proposta, mas não se expandiu além dos limites da região Sudeste.

Os modelos alternativos em construção avançam, em relação aos modelos anteriores, na tentativa de superar a dicotomia das práticas individuais (modelo médico-assistencial privatista) e práticas coletivas (modelo sanitarista). Estes novos buscam incorporar o conceito ampliado de saúde, mediante o uso de ferramentas da epidemiologia, sociologia, antropologia, ciência política, planejamento estratégico na saúde, comunicação social e da geografia. Propõe, dentre outras, a incorporação de novos agentes, visto que, além dos profissionais e trabalhadores da saúde, incorpora a população organizada. Respalda suas práticas para além das determinações clínicas e epidemiológicas, incluindo as determinações sociais em função dos diferentes grupos sociais e suas condições de vida.

Entre estes modelos alternativos, o modelo da vigilância da saúde baseia-se em intervenções segundo referência a um território, trabalhando sobre problemas de saúde (danos, riscos e/ou determinantes) com oferta programática de ações e serviços, incluindo ação intersetorial. Dentre as características presentes nesse modelo está a articulação entre ações curativas, de promoção e de prevenção de maneira organizada nos diversos níveis de atenção, trabalhando de modo intersetorial, o que representa um grande desafio. Uma prática de saúde bucal que inclua uma perspectiva dos modelos alternativos deve considerar que sua ação não pode estar isolada das demais ações de saúde, apesar de suas especificidades. Além disso, a incorporação do planejamento e da programação em saúde à prática cotidiana, a análise política e estratégica na implementação das intervenções e a habilidade da ação comunicativa devem ser ferramentas imprescindíveis para a equipe de saúde bucal.

É importante esclarecer que é possível, em modelos alternativos, a execução de práticas coletivo-preventivas. O atendimento em coletivos, como os grupos, é tão importante quanto o atendimento individual. No caso da saúde bucal, o atendimento individual de qualidade pode ser parte de uma estratégia de Saúde Coletiva, tão importante quanto os grupos de escovação ou educativos, porém uma consulta individual pode ser mais eficaz em alguns casos do que uma consulta em grupo, pois o grupo potencializa a aprendizagem em algumas circunstâncias, porém não em todas, haja vista a resistência e a vergonha dos adultos na realização da escovação quando são ensinados como se fossem crianças.

O que vai caracterizar essas novas abordagens é a ampliação dos objetos e dos meios de trabalho e finalidades, quando não se atua apenas sobre um grupo com meios únicos. Se essa prática se caracteriza como "desodontologização" ou "menos odontologia" (Botazzo et al., 1988; Narvai, 2006), é motivo de investigações futuras, tendo como ideia a *illusio* presente nas relações entre os agentes no campo médico-odontológico. As práticas em construção pelo espaço de luta da saúde bucal estão descritas no Capítulo 43.

POLÍTICAS DE SAÚDE BUCAL NO BRASIL E SEUS DESAFIOS

Os modelos assistenciais de saúde bucal adotados em diversos países, mesmo naqueles com sistemas públicos universais de saúde, privilegiam o modelo médico-assistencial privatista ou cirúrgico-restaurador para atenção aos adultos por dois motivos (Tickle, McDonald et al., 2011; Wallace & MacEntee, 2012): primeiramente, porque predomina o financiamento privado da saúde bucal ou por meio de desembolso direto ou por planos privados de saúde, ou mesmo por seguro social estatal; portanto, os modelos de livre mercado não se preocupam, *a priori*, em atuar sobre riscos, ainda que essa perspectiva possa reduzir agravos e aumentar as margens de lucro. Por outro, estudos revelam que as mudanças no perfil de saúde bucal da população resultam muito mais de mudanças estruturais, como aumento da escolaridade, que se reflete na posição socioeconômica e na riqueza nacional, do que do próprio modelo de prática odontológica (Watt & Sheiham, 1999). Em outras palavras, a superestrutura econômica e política, que são a base econômica e político-ideológica que assegura as condições materiais e não materiais para a reprodução da estrutura social, têm sido consideradas mais importantes para a redução ou melhoria dos indicadores de saúde bucal e das desigualdades existentes do que a contribuição dos serviços odontológicos. Contudo, os modelos assistenciais em saúde bucal não devem ser negligenciados.

No caso brasileiro, o grande desafio é que os serviços públicos de saúde bucal não reproduzam o modelo flexneriano e ampliem a perspectiva para além da clínica e de seus agravos, porque a maneira como se estrutura a prática odontológica, como clínica restrita, limita um avanço nos objetos de intervenção e, consequentemente, seus meios e suas finalidades (Mendes-Gonçalves, 1994). E, como suas finalidades são limitadas, os instrumentos de trabalhos também são limitados e, portanto, os objetos são considerados apenas na dimensão biológica, em detrimento dos modos de vida de indivíduos, famílias e grupos sociais. Na verdade, a análise das disposições dos agentes (cirurgiões-dentistas, especialmente) no espaço da prática odontológica revela limitações importantes, na medida em que há grandes aspirações em torno do exercício da prática liberal que impedem um ajuste de suas expectativas e a prática exitosa na Saúde Pública (Chaves & Vieira-da-Silva, 2007a). Esse é um dos principais desafios a serem enfrentados pelos sistemas locais de saúde na implementação de modelos assistenciais em saúde bucal mais atentos às necessidades de sua população e tema de investigação futura.

A Política Nacional de Saúde Bucal, formulada em 2003, tem como eixos principais: (a) a reorganização da Atenção Básica (especialmente por meio das Equipes de Saúde Bucal da Estratégia Saúde da Família); (b) a (re)organização da Atenção Especializada (mediante a implantação de Centros de Especialidades Odontológicas e Laboratórios Regionais de Próteses Dentárias); (c) adição de flúor na água de abastecimento público; e (d) vigilância *em* saúde bucal (Pucca Júnior et al., 2010). Torna-se necessária a produção de conhecimento que contribua para avaliação e análise de modo que sejam alcançados os objetivos pretendidos do ponto de vista técnico e político.

A ampliação da cobertura dos serviços públicos de saúde bucal no Brasil é inegável e resulta de um conjunto de esforços dos movimentos sociais e odontológicos progressistas (Narvai, 2011). Estima-se que 30% dos dentistas do país trabalham atualmente no Programa de Saúde da Família. Entretanto, os distintos grupos de perspectivas político-ideológicas, denominados "saúde bucal coletiva" e "odontologia de mercado", procuram influenciar os rumos da Política Nacional de Saúde Bucal na defesa de seus respectivos interesses (Narvai, 2011). Poder-se-ia afirmar que as lutas estão além desses dois polos apontados por Narvai (2011), já que mesmo no interior da saúde bucal coletiva há correntes ainda fortemente vinculadas às práticas tradicionais da medicina preventiva, sem avanço real sobre a problemática da Saúde Coletiva. Em outros termos, foram mudados os nomes das disciplinas e dos programas, mas não as velhas práticas.

CONSIDERAÇÕES FINAIS

Nunca é demais lembrar que o objetivo do "espaço de luta pela saúde bucal", da qual fazemos parte, consiste na manutenção de um conjunto de características saudáveis que incluem, sem dúvida, todas as estruturas bucais – maior número possível de dentes naturais na boca, periodonto sadio, menor número de casos de câncer oral e maloclusão, dentre outros. Esses resultados de saúde bucal expressam a estrutura social e a qualidade dos serviços de um país, tanto do ponto de vista preventivo como terapêutico, e desoneram de modo bastante significativo os serviços de atenção secundária e reabilitadora. No entanto, também expressam a luta por melhores condições de vida – renda, escolaridade, direitos – e uma sociabilidade fecunda.

O principal desafio para o futuro será a tradução das evidências científicas de prevenção e atenção à saúde bucal em respostas sociais organizadas por meio de modelos assistenciais ainda "alternativos" que atendam às necessidades dos diferentes grupos e não apenas das elites dominantes, conforme salienta Heller (1986).

Os fatores sociais, econômicos e culturais e as mudanças demográficas constituem dimensões importantes para a formulação das políticas traduzidas na organização dos serviços de saúde bucal. A redução das disparidades exige novas e amplas abordagens conforme a noção de gradiente social presente no movimento pelos Determinantes Sociais da Saúde (Watt & Sheiham, 2012). Alguns resquícios dos movimentos e modelos anteriores podem explicar os impasses atuais da prática da saúde bucal coletiva, como a primazia na clínica, do tratamento completado (TC) e, no âmbito comunitário, da atenção preventiva aos escolares. Portanto, é importante aprofundar a reflexão teórico-conceitual, com ampliação dos objetos, suas finalidades e meios de trabalho.

Assim, ainda que os modelos assistenciais de saúde bucal tenham importância relativa no efeito sobre os indicadores de saúde bucal, não devem ser negligenciados. São, portanto, espaço de luta importante, e os futuros cenários serão resultados das distintas estratégias dos agentes sociais interessados de diferentes correntes político-ideológicas.

Referências

Arouca ASS. O dilema preventivista: contribuição para a compreensão e crítica da medicina preventiva. São Paulo-Rio de Janeiro: Ed. Unesp-Fiocruz, 2003.

Barros RS, Botazzo C. Subjetividade e clínica na atenção básica: narrativas, histórias de vida e realidade social. Ciência & Saúde Coletiva 2011; 16:4337-48.

Benzian H, Hobdell M et al. Political priority of global oral health: an analysis of reasons for international neglect. International Dental Journal 2011; 61(3):124-30.

Borba B. Bel Borba em sete elementos. CB Sun. Bahia. Palacete das Artes Auguste Rodin, 2012.

Botazzo C. Integralidade da atenção e produção do cuidado: perspectivas teóricas e práticas para a clínica odontológica à luz do conceito de bucalidade. Saúde bucal coletiva. Implementando idéias, concebendo integralidade. Mônica Macau. Rio de Janeiro: Editora Rubio, 2008:3-16.

Botazzo C. A saúde bucal nas práticas coletivas de saúde. Saúde bucal coletiva. Textos selecionados. São Paulo: Hucitec, 2012.

Botazzo C, Manfredini MA et al. Saúde bucal coletiva. Cursos de formação de pessoal auxiliar – Projeto Larga Escala. São Paulo: Secretaria de Estado da Saúde de São Paulo/Instituto de Saúde, 1988.

Bourdieu P. La distinction. Critique social du jugement. Paris: Minuit, 1979.

Bourdieu P. Raisons pratiques. Sur la théorie de l'áction. Paris: Seuil, 1994.

Brasil. Comissão Nacional dos Determinantes Sociais da Saúde. . As causas sociais das iniqüidades em saúde no Brasil. Rio de Janeiro: Fiocruz, 2008:220. Disponível em: http://www.cndss.fiocruz.br/pdf/home/relatorio.pdf.

Brasil. Ministério da Saúde. Projeto SB Brasil 2010: resultados principais. Brasília-DF: Secretaria de Atenção à Saúde, 2011:92.

Carlsson GE, Omar R. The future of complete dentures in oral rehabilitation. A critical review. Journal of Oral Rehabilitation 2010; 37(2):143-56.

Chaves SCL, Barros SG et al. Política Nacional de Saúde Bucal: fatores associados à integralidade do cuidado. Revista de Saúde Pública 2010; 44:1005-13.

Chaves SCL, Silva LMV. As práticas profissionais no campo público de atenção à saúde bucal: o caso de dois municípios da Bahia. Ciência & Saúde Coletiva 2007; 12:1697-710.

Chaves SCL, Vieira-da-Silva LM. Atenção à saúde bucal e a descentralização da saúde no Brasil: estudo de dois casos exemplares no Estado da Bahia. Cadernos de Saúde Pública 2007; 23:1119-31b.

Dias PF, Gleiser R. O índice de necessidade de tratamento ortodôntico como um método de avaliação em saúde pública. R Dental Press Ortodon Ortop Facial 2008; 13(1):74-81.

Goes PSA, Figueiredo N et al. Avaliação da atenção secundária em saúde bucal: uma investigação nos centros de especialidades do Brasil. Cadernos de Saúde Pública 2012; 28:s81-s89.

Goes PSA, Figueiredo N et al. Vigilância à saúde bucal: a construção de um modelo integrado. Cadernos de Saúde Pública 2012; 28:s6-s7.

Gonçalves RBM. Tecnologia e organização social das práticas de saúde: características tecnológicas do processo de trabalho na rede estadual de Centros de Saúde de São Paulo. São Paulo: Hucitec/Abrasco, 1994.

Heller A. Teoría de las necesidades en Marx. Pensamiento Contemporaneo, 1986.

Konig J, Holtfreter B et al. Periodontal health in Europe: future trends based on treatment needs and the provision of periodontal services – position paper 1. European Journal of Dental Education 2010; 14:4-24.

Leake JL, Birch S. Public policy and the market for dental services. Community Dentistry and Oral Epidemiology 2008; 36(4):287-95.

Lima LS, Chaves SCL et al. Educational interventions aimed at improving the oral health conditions of workers: A critical review. Health 2012; 4(6):341-7.

Martelli PJL, Araújo-Júnior JLA et al. Modelos municipais em saúde bucal: tendências atuais. Int J Dent 2009; 8(3):146-59.

Mendes EV. A reforma sanitária e a educação odontológica. Cadernos de Saúde Pública 1986; 2:533-52.

Morris AJ, Burke FJT. Primary and secondary dental care: The nature of the interface. British Dental Journal 2001; 191(12):660-4.

Narvai PC. Saúde bucal coletiva: caminhos da odontologia sanitária à bucalidade. Revista de Saúde Pública 2006; 40:141-7.

Narvai PC. Avanços e desafios da Política Nacional de Saúde Bucal no Brasil. Tempus – Actas de Saúde Coletiva 2011; 6(2):21-34.

Nickel DA, Lima FG et al. Modelos assistenciais em saúde bucal no Brasil. Cadernos de Saúde Pública 2008; 24:241-6.

Paim JS. Modelos de Atenção à Saúde no Brasil. In: Giovanella L. Escorel S. (org.) Políticas e Sistema de Saúde no Brasil. Rio de Janeiro: Fiocruz, 2008:547-74.

Peres MA, Moysés SJ. Vigilância à saúde bucal no Brasil. Cadernos de Saúde Pública 2012; 28:s4-s5.

Petersen PE. The World Oral Health Report 2003: continuous improvement of oral health in the 21st century – the approach of the WHO Global Oral Health Programme. Community Dentistry and Oral Epidemiology 2003; 31:3-24.

Petersen PE. Global policy for improvement of oral health in the 21st century – implications to oral health research of World Health Assembly 2007, World Health Organization. Community Dentistry and Oral Epidemiology 2009; 37(1):1-8.

Pucca Júnior GA, Costa JFR et al. Oral health policies in Brazil. Brazilian Oral Research 2009; 23:9-16.

Pucca Júnior GA, Lucena EHG et al. Financing national policy on oral health in Brazil in the context of the Unified Health System. Brazilian Oral Research 2010; 24:26-32.

Rossetti H. Saúde para a Odontologia. São Paulo: Livraria e Editora Santos, 1999.

Sisson KL. Theoretical explanations for social inequalities in oral health. Community Dentistry and Oral Epidemiology 2007; 35(2):81-8.

Soares CLM, Paim JS. Aspectos críticos para a implementação da política de saúde bucal no Município de Salvador, Bahia, Brasil. Cadernos de Saúde Pública 2011; 27:966-74.

Starfield B. Atenção primária: equilíbrio entre necessidades de saúde, serviços e tecnologia. Brasília-DF. Organização das Nações Unidas para a Educação (Unesco)/Ministério da Saúde, 2002.

Tickle M, McDonald R et al. Paying for the wrong kind of performance? Financial incentives and behaviour changes in National Health Service dentistry 1992-2009. Community Dentistry and Oral Epidemiology 2011; 39(5):465-73.

Torres-Pereira C. Oral cancer public policies: is there any evidence of impact? Brazilian Oral Research 2010; 24:37-42.

Wallace BB, MacEntee MI. Access to dental care for low-income adults: perceptions of affordability, availability and acceptability. Journal of Community Health 2012; 37(1):32-9.

Watt R, Sheiham A. Inequalities in oral health: a review of the evidence and recommendations for action. British Dental Journal 1999; 187(1):6-12.

Watt RG, Sheiham A. Integrating the common risk factor approach into a social determinants framework. Community Dentistry and Oral Epidemiology 2012; 40(4):289-96.

WHO. The Ottawa charter for health promotion. Ottawa: C. P. H. Association, 1986.

WHO. WHO Oral Health Country/Area Profile, 2012.

33

Políticas de Prevenção e Cuidado ao Usuário de Substâncias Psicoativas

Maria Guadalupe Medina ♦ *Antonio Nery Filho* ♦ *Patrícia Maia von Flach*

INTRODUÇÃO

O consumo de substâncias psicoativas (SPA) é uma prática usual em diversas sociedades desde, pelo menos, três mil anos a.C. (Escohotado, 1995; Araújo & Moreira, 2006). SPA são todos os produtos cuja ação principal se faz sobre o sistema nervoso central (SNC), promovendo alterações psíquicas e comportamentais. Segundo essa definição, no rol de SPA podem ser listados desde o café, ou o chá, que produzem apenas uma leve estimulação, a medicamentos (sedativos, ansiolíticos) e outras substâncias, como o álcool, a maconha, a cocaína e cogumelos, que produzem distúrbios comportamentais e profundas perturbações no indivíduo, em sua percepção do tempo, espaço e de si próprio (Delay & Deniker, 1957; Seibel & Toscano, 2001).

Os termos "psicotrópicos", "narcóticos", "tóxicos" e "drogas" também são utilizados para designar as SPA. Como se verá adiante, as diferentes denominações atribuídas guardam relação com suas respectivas origens etimológicas, mas, sobretudo, traduzem significados distintos que têm por referência representações sociais pautadas em "juízos de valor", por determinados grupos sociais ou pela sociedade em geral, na maior parte das vezes relacionados com estratégias que buscam desqualificar e marginalizar os usuários (Zafiropoulos & Pinnel, 1982; Simões, 2008). Assim, cunharam-se expressões como "drogados", "viciados", "toxicômanos" que, para além de designações de problemas de saúde, têm forte significação simbólica, marcas do preconceito e da exclusão social que acompanham os sujeitos que apresentam problemas associados ao consumo de SPA.

Inúmeras SPA são utilizadas por recomendação médica para tratar problemas de saúde dos mais diversos, como psicoses e transtornos severos de humor. Outras situações menos graves, como a ansiedade leve, também podem exigir o suporte terapêutico de SPA como alternativa ou suporte a terapias não biomédicas, como psicoterapia, terapia cognitiva, ou outras. Entretanto, podemos afirmar, sem receio, que esses usos representam apenas uma parcela de seu consumo global. Razões de natureza sociocultural, como hábitos recreativos, rituais religiosos, políticas e ritos de mudança geracional, são motivações para o consumo das SPA sem que isso, necessariamente, se traduza em uma questão de natureza médica, seja porque nela não reside a razão do uso, seja porque a consequência desse uso também não justifica qualquer intervenção de natureza médica ou de saúde ou de Saúde Pública.

De fato, somente no século XIX o consumo de SPA foi reconhecido como agravo passível de intervenção médica e social (Araújo & Moreira, 2006; Zafiropoulos & Pinnel, 1982), e apenas em meados do século XX[1] emergiu como um problema de Saúde Pública, inicialmente nos EUA, se expandindo para o resto do mundo em um contexto de globalização dos fenômenos mundiais, demandando a adoção de medidas, principalmente, repressivas, por parte dos governos de Estado, mais relacionadas com as implicações econômicas do enorme mercado de substâncias ilícitas do que às consequências do uso ou abuso de SPA como fenômeno de Saúde Pública (Zafiropoulos & Pinnel, 1982; Medina et al., 2010).

Como problema de Estado, a abordagem das SPA ganhou características peculiares nos diversos países, mas sob forte influência das orientações de organismos internacionais, voltados para a repressão ao tráfico de drogas, a exemplo da United Nations Office on Drugs and Crime (UNODC). As nuanças que essas políticas, internacionalizadas, assumiram em território nacional

---

[1] Como se verá mais adiante, os primeiros acordos internacionais e leis brasileiras criminalizando o uso e o tráfico podem ser encontrados no início do século XX. Mas apenas nos anos 1960 a "questão das drogas" passa a assumir relevância no debate nacional e internacional.

na repressão e na atenção ao usuário serão abordadas neste capítulo.

Apesar do reconhecimento dos organismos internacionais e nacionais de que as substâncias lícitas, como o álcool e o tabaco, constituem-se em problemas de maior magnitude e maiores implicações sociais do que as substâncias ilícitas, apenas em anos recentes foram desenhadas políticas governamentais para o enfrentamento desses problemas. O primeiro tratado internacional que abordou o controle de tabagismo, do qual o Brasil foi signatário, data de 2005, embora desde o final dos anos 1990 algumas medidas tenham sido adotadas para seu controle[2]. Em relação ao álcool, apesar de o problema ser tratado nos documentos juntamente com a questão das "outras drogas", na prática os problemas relacionados com seu consumo não ganharam, historicamente, centralidade nas políticas de governo, e apenas em 2003 foi lançada a política nacional para atenção integral a usuários de álcool e outras drogas.

Buscaremos responder, com este capítulo, à seguinte questão principal: Como se conformaram, no Brasil, as políticas voltadas para prevenção e atenção ao usuário de SPA? Para tanto abordaremos, inicialmente, os diversos termos e respectivas definições presentes na literatura em torno do significante "drogas" e apresentaremos as classificações relacionadas com o consumo; em seguida, faremos uma análise histórica das políticas de drogas no Brasil; no terceiro tópico, discutiremos os modelos de atenção que fundamentaram as políticas brasileiras voltadas para repressão, prevenção e consumo de SPA; finalmente, traremos, nas considerações finais, algumas questões que se apresentam como desafios para a implementação de uma política de atenção integral voltada para promoção, prevenção e cuidado ao usuário de drogas no Brasil.

DEFINIÇÕES BÁSICAS NA ABORDAGEM DAS SPA

Drogas, tóxicos, narcóticos, psicotrópicos ou substâncias psicoativas?

Amplamente usados na literatura especializada, leiga e coloquial, e apesar de guardarem estreita relação entre si, esses termos assumem significações distintas em diferentes contextos históricos e sociais, merecendo, ainda que brevemente, uma consideração isolada.

O termo *droga*, cuja origem persa (*droa*) significava *odor aromático*, e em holandês antigo (*droog*), *substância ou folha seca* (Escohotado, 1995; Seibel & Toscano, 2001), é entendido como qualquer substância ou produto químico que, introduzido no organismo, altere seu funcionamento sem, contudo, ter função de renovação, como os alimentos (Simões, 2008).

É difícil precisar em que momento o termo droga deixou de ter quase que completamente esse significado para tornar-se sinônimo de produtos específicos, com ação principal sobre o cérebro, causando modificações psíquicas e comportamentais e, sobretudo, proibidas ou ilícitas. Nesse caso, as drogas seriam distintas daqueles produtos cuja ação farmacológica é semelhante, como café, chá, álcool e alguns medicamentos, em razão de suposto prejuízo social e à saúde, sem qualquer relação com o modo de consumo ou a capacidade de produzir dano inerente à substância.

Podemos afirmar, então, que o reconhecimento de uma substância sob o termo droga implica, necessariamente, um juízo moral, em geral pejorativo, próprio a cada sociedade ou cultura, sem vinculação com as características farmacológicas do produto, e cujo consumo está submetido a controle e sanções (Escohotado, 1995).

Com relação ao termo *tóxico*, podemos identificar duas origens: a latina (*toxicum*), em que quer dizer veneno, utilizado para embeber a ponta das flechas com intuito de matar o inimigo; e grega (*toxikón* ou *phármakon*), em que queria dizer, ao mesmo tempo, *veneno e remédio*. Na afirmação de Escohotado (1995: 20) "não duas coisas, mas uma só, inseparáveis", sendo seu efeito resultado do modo de utilização.

Em nossa sociedade, a utilização do termo tóxico tanto designa produtos nocivos para os seres vivos – produtos tóxicos ou danosos para a vida, como, por exemplo, os defensivos agrícolas, pesticidas e outros – como produtos capazes de modificar a consciência e o comportamento dos indivíduos. Nesse caso, apresenta-se como sinônimo do termo droga, como indicado previamente. Para os *fármacos* ficou reservada a significação de remédios, medicamentos, cuja prescrição cabe aos profissionais de saúde. Não se pode esquecer, contudo, que mesmo tendo como intenção o tratamento e a cura de males físicos e psíquicos, os medicamentos portam em si, indissociavelmente, a capacidade de produzir danos, seja em razão da quantidade utilizada, seja em razão das circunstâncias e características biológicas do consumidor (paciente ou usuário).

O termo *narcótico*, também designado como *entorpecente*, teve seu sentido desviado pela evolução semântica no início do século XX, e queria dizer, originalmente, sem qualquer conotação moral, *adormecer, sedar* – em grego, *narkoum*. Para Escohotado, "ao incorporar o sentido moral, os narcóticos perderam nitidez farmacológica e passaram a incluir drogas nada indutoras da sedação ou sonho, excluindo uma ampla gama de substâncias narcóticas em sentido estrito. Desde o início, a enumeração [de substâncias narcóticas] estabelecida pelas leis

---
[2] Vale destacar que a política de controle do tabagismo tem sido apontada como uma das mais bem sucedidas no país, com redução da prevalência de fumantes na população acima de 18 anos de 34,8%, em 1989, para 22,4%, em 2003 (Brasil, 2009).

deparou-se com uma contraditória realidade: não eram [narcóticos] todos os incluídos, nem estavam [incluídos] todos os que eram" (Escohotado, 1995: 21).

No Brasil, os termos narcótico e entorpecente ainda são amplamente usados pela mídia e em textos jurídicos como sinônimo de drogas ilícitas, particularmente quando se referem ao tráfico – narcotráfico – e ao dinheiro proveniente desse comércio (narcodólares).

O termo *psicotrópico* foi proposto em 1957 pelos professores franceses Jean Delay e Pierre Deniker (Delay & Deniker, 1957) para designar as substâncias químicas de origem natural ou artificial que possuíssem tropismo (*trophós*) psicológico (*psyché*), isto é, aquelas substâncias cuja ação principal se desse sobre o SNC, modificando a atividade mental e o comportamento do usuário. Esse termo apresentava a vantagem de não implicar, necessariamente, a ideia de ilegalidade ou transgressão. Desde então, os termos *psicotrópico* e *psicofármaco* têm sido preferidos para indicar os produtos farmacológicos destinados ao uso médico para o tratamento dos distúrbios relacionados com a esfera neuropsiquiátrica.

Diante da diversidade de termos para designar as substâncias modificadoras do comportamento, e sobretudo em virtude das críticas oriundas do fato de as substâncias mais consumidas e relacionadas com agravos à saúde da população serem legalmente autorizadas, portanto lícitas, mais recentemente percebe-se na literatura o uso da expressão *substâncias psicoativas* para designar todos os produtos, naturais ou sintéticos, lícitos ou ilícitos, de uso terapêutico ou não, cujo efeito principal se dá sobre o SNC, independentemente das consequências desses efeitos.

Para saber mais sobre os principais efeitos das SPA no organismo humano, veja o Anexo 1.

Uso ou abuso de SPA?

O uso ou consumo das SPA pode ser compreendido segundo duas grandes perspectivas: uso funcional ou socialmente adaptado, e uso disfuncional, não adaptado, abusivo, nocivo ou problemático. O primeiro, funcional, quer dizer que as possíveis modificações físicas, psíquicas ou sociais estão dentro de padrões que não comprometem a vida biológica, o comportamento ou as atividades sociais do usuário nem provocam qualquer dano psíquico. Contrariamente, o uso disfuncional, abusivo, nocivo ou prejudicial provoca algum dano físico, afetivo, psíquico ou social para o consumidor e seu entorno próximo ou distante (OMS, 1997; Mildt, 2000).

Além disso, cada uma dessas categorias pode ser vista segundo o modo, a frequência, a intensidade do consumo e o risco para a vida.

Assim, de acordo com o *modo de consumo*, podem ser reconhecidas as seguintes possibilidades (Nowlis, 1982):

- **Experimental:** caracteriza-se pela extemporaneidade, geralmente movido pela curiosidade, sem continuidade. Pode ocorrer a qualquer época da vida e em diversas circunstâncias. Contudo, esse uso é mais próprio da adolescência, período de transgressões e enfrentamentos da autoridade, na passagem para a vida adulta. Da perspectiva clínica, nesses casos cabe orientação psicológica "pedagógica", devendo-se evitar intervenções intempestivas, como internações em clínicas e hospitais psiquiátricos, afastamento da comunidade ou da escola, que provocam, não raro, mais danos aos adolescentes do que a própria experimentação.
- **Eventual, recreativo ou social:** caracteriza-se pelo uso circunstancial, integrado social e culturalmente, sem repercussões danosas para o trabalho, os estudos e a vida afetiva e familiar. Esse modo de consumo é o mais comum ao longo da vida adulta. Não há indicação, nesses casos, para tratamento; contudo, o consumo deve estar regulado e fiscalizado pelo poder público, a exemplo das limitações impostas ao tabaco e ao álcool, além de permanente disponibilização de informações sobre os riscos e danos associados ao consumo de SPA.
- **Uso ou consumo dependente:** quando é incontrolável, compulsivo, intenso, verdadeiro "casamento com uma ou mais substâncias", provocando consequências graves para a saúde física, psíquica, profissional, familiar e social. Na classificação constante no *Manual Diagnóstico e Estatístico de Transtornos Mentais* (DSM-IV), a dependência é definida como "um conjunto de sintomas cognitivos, comportamentais e psicológicos que indicam que uma pessoa tem o controle do uso da substância psicoativa prejudicado e persiste nesse uso a despeito de consequências adversas". No Anexo 2 podem ser observados, comparativamente, os critérios de abuso, uso nocivo e dependência da DSM-IV e da Classificação Internacional de Doenças (CID-10).

A frequência e a intensidade de consumo são aspectos considerados, principalmente, em investigações epidemiológicas sobre padrões de consumo de SPA. O Quadro 33.1 apresenta uma das classificações propostas pela Organização Mundial da Saúde (OMS), ressaltando-se que existe na atualidade uma enorme diversidade de instrumentos utilizados em inquéritos populacionais e em grupos específicos, como escolares, moradores de rua e trabalhadores, entre outros.

As categorias *poliuso* e *poliusuário* têm sido cada vez mais frequentes em anos recentes, posto que o consumo simultâneo de várias substâncias psicoativas tem sido observado, rompendo a "fidelidade" observada no passado: a cada usuário, sua droga. Na atualidade, o álcool e o tabaco têm sido quase que indissociáveis do consumo de outras drogas. Vale lembrar que o consumo de qualquer substância química, psicoativa ou não, implica

Quadro 33.1 • Classificação dos usos e usuários de acordo com a frequência e a intensidade do consumo (OMS, 1997)

Intensidade do consumo
- *Não usuário* – nunca utilizou qualquer substância psicoativa
- *Leve* – utilizou uma ou mais SPA; contudo, no último mês o consumo não foi diário ou semanal
- *Moderado* – utilizou uma ou mais SPA semanalmente, mas não diariamente, no último mês
- *Substancial ou pesado* – utilizou uma ou mais SPA diariamente, no último mês

Frequência de consumo
- *Uso na vida* – quando houve pelo menos uma ocorrência de consumo ao longo da vida
- *Uso no ano* – quando ocorreu pelo menos um consumo ao longo dos últimos 12 meses
- *Uso no mês* – pelo menos um consumo nos últimos 30 dias
- *Uso frequente* – consumo igual ou superior a seis vezes nos últimos 30 dias
- *Uso pesado* – consumo igual ou superior a 20 vezes nos últimos 30 dias

algum risco de dano para a saúde, quer relacionado com a composição química do produto, quer relacionado com a resposta do organismo, como no caso das reações alérgicas ou das reações iatrogênicas, não esperadas ou não desejadas.

POLÍTICAS VOLTADAS PARA PREVENÇÃO E TRATAMENTO DE USUÁRIOS E CONTROLE DE SPA NO BRASIL

Ainda que de maneira arbitrária e com limites não completamente precisos, podemos identificar quatro períodos na caracterização das políticas brasileiras voltadas para o tratamento de usuários e o controle de SPA no Brasil. O primeiro período, do início do século XX ao final da década de 1960, corresponde a um momento da história marcado por algumas iniciativas governamentais, especialmente na elaboração de um marco legal e institucional dessa política, de modo incipiente, em resposta, principalmente, a acordos internacionais firmados pelo Brasil. No segundo período, que vai do final dos anos 1960 ao final da década de 1970, consolidam-se os dispositivos jurídico-legais e médico-institucionais de repressão às drogas no país, criando-se todo um aparato voltado para a repressão ao uso e contenção dos usuários, marcadamente policialesco, calcado, ainda, no discurso proibicionista. Do início dos anos 1980 ao final dos anos 1990, terceiro período, vive-se no país uma crise do modelo hegemônico na abordagem das SPA, com a emergência de experiências alternativas, de acordo com o movimento de redemocratização da própria sociedade brasileira e da saúde. Finalmente, o quarto período, que se inicia no final da década de 1990 e segue até os dias atuais, é marcado por contradições, retrocessos e avanços, resultantes dos conflitos entre propostas antagônicas que permanecem em vigor.

Primeiro período – do início do século XX ao final da década de 1960: antecedentes da construção de um discurso antidrogas

Historicamente, as intervenções envolvendo as SPA no Brasil estiveram quase que exclusivamente voltadas para as substâncias ilícitas, a partir de normas oriundas da Justiça e operadas pelo aparato de segurança (Machado & Miranda, 2007). Nesse sentido, a orientação da política brasileira acompanhou, desde o início do século XX, as convenções internacionais das quais o Brasil era signatário (Quadro 33.2).

As primeiras medidas de proibição do consumo de drogas nasceram nos EUA e, a partir de pressões estadunidenses, foi realizado um encontro internacional em Xangai (1909) que formulou recomendações para supressão gradual do comércio de ópio. Como essas recomendações não surtiram efeito, novos acordos internacionais foram realizados (1911 e 1912), colocando em pauta o controle do comércio internacional de ópio, morfina e cocaína, cujas orientações só passaram a vigorar após a I Guerra Mundial (Silva, 2011; Imesc, 2012).

Em resposta a esses acordos internacionais, várias propostas de governo e leis, na primeira metade do século XX, abordaram essa temática, de modo ainda incipiente. Essas propostas legislativas tinham caráter repressor em relação ao usuário, preconizando o tratamento obrigatório, a internação compulsória e a interdição de seus direitos. Destacaram-se: o Decreto 14.969, de 1921, que instalou o "Sanatório para Toxicômanos" para tratamento compulsório; o Decreto 20.930, de 1932, que criminalizou a posse ilícita de drogas; e o Decreto-lei 891, de 1938, que criminalizou o consumo, sendo posteriormente incorporado ao artigo 281 do Código Penal de 1940 (Alves, 2009).

Com a fundação da Organização das Nações Unidas (ONU) em 1945, em Nova York (EUA), o proibicionismo ganhou força e a repressão ao tráfico foi potencializada e difundida como estratégia principal para lidar com a problemática das drogas, tendo os EUA, agora uma potência mundial, como organizador e líder. Para tanto, em 1946, a ONU criou a Comissão de Narcóticos (CND), composta por 53 Estados-membros, responsável pela formulação e acompanhamento da política de drogas. Essa comissão organizou, posteriormente, três "convenções-irmãs" (1961, 1971 e 1988) para o estabelecimento de uma política comum para todos os países-membros.

Na Convenção Única de Entorpecentes (Viena, 1961) os países-membros da ONU se comprometiam a lutar contra as drogas por meio de programas de prevenção do consumo e da repressão da produção e oferta (tráfico). Essa convenção relacionou as substâncias, classificando-as segundo suas propriedades, estabeleceu as medidas de controle e fiscalização e fixou a competência das Nações Unidas em matéria de fiscalização internacional de en-

Quadro 33.2 • Eventos internacionais relacionados com as políticas de controle das drogas

Ano	Evento
1909	Conferência de Xangai. Reuniu 13 países para tratar do problema do ópio indiano infiltrado na China, não produzindo resultados práticos
1911 e 1912	Primeira Conferência Internacional do Ópio, em Haia (1911); teve como consequência a formulação da Primeira Convenção Internacional do Ópio (1912), que regulamentou a produção e a comercialização da morfina, heroína e cocaína
1920	Promulgação da Lei Seca, que conferiu ao álcool a condição de droga ilícita nos EUA (1920-1932)
1921	Criação da Comissão Consultiva do Ópio e Outras Drogas Nocivas, sucedida pela Comissão das Nações Unidas sobre Drogas Narcóticas (CND – Commission on Narcotic Drugs) por consequência da criação da Sociedade das Nações, cuja convenção constitutiva (art. 23c) reconheceu a atribuição de elaborar acordos sobre o tráfico de ópio e outras drogas nocivas
1924	Conferência de Genebra. Ampliação do conceito de substância entorpecente e instituição do sistema de controle do tráfico internacional por meio de certificados de importação e autorização de exportação
1925	Acordo de Genebra. Surgido da conferência vinculada à Sociedade das Nações de 1924, torna realidade os dispositivos da Conferência de Haia de 1912
1931	Conferência de Bangkok. Revisão do acordo de Genebra de 1925
1931 e 1936	Duas novas conferências realizadas em Genebra. Estabelecimento da obrigação de os estados participantes tomarem as providências para proibir, em âmbito nacional, a disseminação do vício
1945	Fundação da Organização das Nações Unidas (ONU)
1946	Criação pela ONU da Comissão de Narcóticos, com a atribuição de formular políticas para o fortalecimento do sistema de controle e repressão internacional às drogas. Assinado protocolo atualizando acordos anteriores sob convocação da ONU
1948 e 1953	Firmam-se outros protocolos: de Paris (1948) e de Nova York (1953). O de Paris colocou sob fiscalização internacional certas drogas não visadas. O de Nova York restringiu a produção de opiáceos na fonte, permitindo sua destinação apenas para uso médico
1961	Convenção Única de Nova York sobre Entorpecentes. Relaciona os entorpecentes, classificando-os segundo suas propriedades. Estabelece medidas de controle e fiscalização, prevendo restrições especiais aos particularmente perigosos; disciplina o procedimento para a inclusão de novas substâncias que devam ser controladas; fixa a competência das Nações Unidas em matéria de fiscalização internacional de entorpecentes; dispõe sobre as medidas que devem ser adotadas no plano nacional para a efetiva ação contra o tráfico ilícito, prestando aos Estados assistência recíproca em luta coordenada e providenciando que a cooperação internacional entre os serviços se faça de maneira rápida; traz disposições penais, recomendando que todas as formas dolosas de tráfico, produção, posse etc., de entorpecentes em desacordo com a mesma sejam punidas adequadamente; recomenda aos toxicômanos seu tratamento médico e que sejam criadas facilidades para sua reabilitação
1971	Convenção sobre as Substâncias Psicotrópicas (Viena), que destaca o controle, a preparação, o uso e o comércio de psicotrópicos
1972	Firma-se, em Genebra, o Protocolo de Emendas à Convenção Única sobre Entorpecentes de 1961, modificando-a e aperfeiçoando-a. Altera a composição e as funções do Órgão Internacional de Controle de Entorpecentes, amplia as informações que devem ser fornecidas para controle da produção de entorpecentes naturais e sintéticos e salienta a necessidade de tratamento que deve ser fornecido ao toxicômano
1977	Convocação pela Secretaria Geral das Nações Unidas da Conferência Internacional sobre o Abuso de Drogas e Tráfico Ilícito para rever o documento *Comprehensive Multidisciplinary Outline*. Esse documento consiste em quatro capítulos, dois deles referindo-se ao controle do fornecimento e à supressão do tráfico ilícito. Faz sugestões práticas sobre o planejamento de programas efetivos para a supressão do tráfico ilícito em todos os níveis (nacional, regional e internacional)
1988	Convenção contra o Tráfico Ilícito de Entorpecentes e de Substâncias Psicotrópicas (Viena). Definiu medidas de combate ao tráfico de drogas e à lavagem de dinheiro
1990	Entra em vigor internacional a Convenção contra o Tráfico Ilícito de Entorpecentes e de Substâncias Psicotrópicas, que complementa as convenções de 1961 e 1972, acrescentando, entre outros, o éter etílico e a acetona no rol das substâncias controladas
1998	A ONU convoca uma Sessão Especial da Assembleia Geral (UNGASS) para a discussão da política mundial de drogas, cujo slogan é *Um Mundo Livre de Drogas: Nós Podemos Fazê-lo*. Estabelece o ano de 2008 como prazo para o alcance da meta de erradicação do cultivo de plantas e vegetais para a produção de substâncias ilícitas, uma estratégia considerada chave para a supressão do consumo destas substâncias ilícitas no mundo
2003	Reafirmação pela ONU da meta de supressão das drogas no mundo e do ano de 2008 como prazo para seu alcance

Fontes: Alves, 2009; Imesc/INFOdrogas, 2012.

torpecentes. Além disso, dispôs ainda sobre as medidas a serem adotadas no plano nacional, pelos diversos países, para a efetiva ação contra o tráfico, prestando-se aos Estados assistência recíproca, recomendando-se que todas as formas dolosas de tráfico, produção e posse de entorpecentes, em desacordo com a convenção, fossem punidas adequadamente, além de oferecer tratamento médico aos toxicômanos e a criação de facilidades para sua reabilitação.

No Brasil, a prevenção consistiu, primordialmente, na fiscalização e repressão policial aos consumidores e aos traficantes.

Segundo período – anos 1970: consolidação do aparato jurídico-legal e médico-institucional de repressão às drogas

No final dos anos 1960 emergiu, tanto na França como nos EUA, um movimento de iniciativa governamental e com expressão social de "luta contra a toxicomania", com a criação de novas leis repressivas para proteger a sociedade contra a denominada "ameaça das drogas" (Zafiropoulos & Pinnel, 1982). Em 1971, a Convenção sobre Substâncias Psicotrópicas, em Viena, reafirmou as decisões acordadas na conferência anterior e enfatizou o controle das drogas sintéticas, como o LSD, diante da difusão do uso dessa substância a partir do movimento americano de contracultura. Nessa convenção foi criado um órgão fiscalizador – o INCB (International Narcotics Control Board) – dos acordos realizados nas convenções entre os países-membros (Ribeiro & Araújo, 2006).

Esse movimento, que se expandiu para diversos países do mundo, teve reflexos diretos na legislação brasileira relacionada com a prevenção e repressão das substâncias ilícitas, no sentido do aprofundamento e aprimoramento dos mecanismos de controle do uso, dos usuários e de sua comercialização, conclamando a população para seu combate, em uma verdadeira ação de "guerra às drogas".

Nessa direção, destacam-se as Leis 5.726, de 1971, e 6.368, de 1976. A Lei 5.726 convocava *toda a sociedade* a combater o tráfico e o uso de drogas; mantinha a pena de prisão para *viciado infrator* ou seu internamento em estabelecimento hospitalar, caso o juiz considerasse que, em função do *vício*, este não tivesse a capacidade de "entender o caráter ilícito do fato ou de determinar-se de acordo com esse entendimento", aproximando o usuário do doente mental, como previsto no Código Penal (Capítulo da Responsabilidade). Já a Lei 6.368, de 1976, conhecida como "Lei de Tóxicos", estabeleceu a criação de instituições especializadas para assistência ao usuário e ao dependente na rede pública de saúde, com tratamento em regime hospitalar e extra-hospitalar, e instituiu o tratamento como medida obrigatória. Na prática, o usuário foi reconhecido como doente e o hospital psiquiátrico como lócus primeiro de tratamento.

Foi também no texto da Lei de Tóxicos, de 1976, que apareceu, pela primeira vez, a ideia de "prevenção ampla, alcançando todos os segmentos da população e estabelecendo punições para as instâncias que deixassem de cumpri-la ou não facilitassem sua implantação". Uma prática considerada preventiva muito difundida não só no Brasil, mas em outros países, consistia na divulgação de informações sobre os "malefícios das drogas", dando lugar ao que veio a ser conhecido como a "pedagogia do terror" (Bucher, 2007), largamente implementada, especialmente junto à população escolar.

Vale ressaltar que até os anos 1980 não se dispunha de bases de dados epidemiológicos capazes de refletir a situação do consumo das SPA no país. As parcas informações disponíveis tinham como fonte as apreensões e prisões relativas ao tráfico, muito incipientes, uma vez que os sistemas de informação em saúde no Brasil só começaram a se estabelecer no final da década de 1970. Assim, pode-se afirmar que todo aparato jurídico e médico-institucional desenvolvido até então refletia o que ocorria no plano internacional, tendo como pano de fundo a emergência de um discurso sobre "as drogas", em um contexto de globalização da implementação de políticas especialmente fundadas na repressão ao uso e ao tráfico e na medicalização.

O estudo do caso francês mostra que o propósito último dessa política era desqualificar e criminalizar grupos sociais que se opunham a políticas de Estado, o que teria ocorrido tanto nos EUA como na França (Zafiropoulos & Pinnel, 1982). Embora não conheçamos estudos sociológicos sobre esse fenômeno no Brasil, é plausível que o mesmo tenha ocorrido. Há indícios, por exemplo, do uso de maconha e cocaína por classes médias (artistas, intelectuais e universitários) nas grandes cidades, no final dos anos 1960, antes restrito a setores marginalizados (prostitutas, assaltantes, detentos e malandros) das grandes cidades. Os mesmos estudos referem o aumento da oferta e a redução do preço da cocaína, a partir dos anos 1970, como fatores que favoreceram o crescimento de seu consumo (Cruz & Ferreira, 2001; Misse, 2003).

O fato é que, durante 30 anos, as políticas de governo centraram sua ação quase que exclusivamente na repressão e no controle das substâncias ilícitas, ampliando-se o aparato jurídico-legal e médico-institucional que conformou, até bem pouco tempo atrás, as intervenções de segurança pública e de saúde relacionadas com o consumo de SPA no país.

Terceiro período – de 1980 ao final dos anos 1990: crise do modelo hegemônico na abordagem das SPA e emergência de experiências alternativas

O final da década de 1970 marcou, na história do Brasil, um processo de luta social pela redemocratização da sociedade com repercussões na saúde, com a emergência do Movimento pela Reforma Sanitária e da Saúde Mental em particular, com o Movimento pela Reforma Psiquiátrica. Esses movimentos questionaram radicalmente as políticas repressoras e a abordagem medicalizante dos portadores de sofrimento mental e, em especial, dos usuários de droga.

No que diz respeito à atenção aos usuários de SPA, práticas alternativas de atenção começaram a ser ensaiadas, na década de 1980, em centros de tratamento, pesquisa e prevenção para usuários de SPA, vinculados a universidades públicas, inspirados em novas modalidades terapêuticas na abordagem do usuário, baseadas no modelo francês. Conhecido por seu discurso alternativo à psiquiatria dominante, o psiquiatra Claude Olievenstein, então diretor do Centre Médical Marmottan, em Paris, propunha que "a toxicomania era resultante do encontro de uma pessoa com uma droga em um dado momento sociocultural" e seu tratamento orientado por três princípios – a adesão voluntária, a gratuidade e a garantia do anonimato do paciente –, em uma instituição aberta, cujas regras principais eram a completa interdição de qualquer manifestação de violência e do consumo de drogas em suas dependências[3].

No campo das Políticas sobre Drogas no Brasil, muitas iniciativas podem ser atribuídas ao Conselho Federal de Entorpecentes (Confen), criado em 1980. De pouca expressão até 1985, ganhou espaço político quando as-

sumiu a Presidência do Confen (1985-1987) o advogado criminalista do Rio de Janeiro Técio Lins e Silva, que em seu discurso de posse afirmava (Lins e Silva, 2005):

> Acreditamos que a prevenção deve merecer uma atenção prioritária. A experiência de alguns países, que já dedicaram prioridade exagerada à repressão, é exercida no sentido de demonstrar que, se não há mercado, não há comércio; se não há consumidor, não há o que reprimir. A repressão deve corrigir as falhas da prevenção, ser linha auxiliar para somar-se ao exercício de uma política inteligente. Repressão sem uma política de prevenção pela educação, que se realize nas escolas, nos sindicatos, nas associações de bairro, nos clubes de serviço, nas comunidades em geral, é como um círculo vicioso, sem possibilidade de êxito e sem finalidade social.

Em seu discurso, há uma indicação da necessidade de mudança de rumos desse organismo que deveria deixar de apoiar prioritariamente as práticas repressoras, voltando-se para as práticas preventivas, o que exigia aproximação com outras instâncias governamentais, em particular os Ministérios da Saúde e Educação. Houve uma nova configuração técnica e política do Confen que passou a incluir, em sua composição, representantes dos centros de tratamento mencionados, militantes dos movimentos de Reforma Psiquiátrica, de publicitários, professores e juristas, dentre outras categorias, ao lado de representantes das instâncias repressoras. Além disso, o Confen assumiu a liderança brasileira nas negociações internacionais, em estreita parceria com o Itamaraty, tencionando um afastamento da hegemônica e dominante política de repressão conduzida pelos EUA. Nesse período, o Confen elaborou o documento denominado "Política Nacional na Questão das Drogas" (1987-1988), no qual foram propostos critérios para criação de novos centros especializados e o reconhecimento dos Centros Brasileiros de Referência em prevenção e tratamento ao uso abusivo de drogas lícitas e ilícitas, já existentes. Nesse período, o Confen promoveu a realização do primeiro estudo epidemiológico sobre o consumo de drogas (Carlini-Cotrim, 1989) e organizou a Conferência Regional sobre Drogas, no Rio de Janeiro, reunindo representantes de todos os países das três Américas e do Caribe (Lins e Silva, 2005), relevante para os desdobramentos que ocorreram no Brasil nos anos seguintes.

Quarto período – do final da década de 1990 aos dias atuais: contradições, retrocessos e avanços

Pode-se estabelecer como início desse período a publicação, em 1996, do documento "Programa de Ação Na-

---
[3] A primeira visita do Dr. Olievenstein ao Brasil ocorreu no início da década de 1980, a convite da Sra. Maria José Ulhôa e do Prof. José Elias Murad, da Universidade Federal de Minas Gerais. Em 1983, por inteira coincidência, encontraram-se em Paris, durante estágio no Hospital Marmottan, os profs. Antonio Nery Filho (Ufba) e Richard Bucher (UnB). Movidos pela aproximação com novas práticas e ideias, criaram em 1985, em suas universidades, o Centro de Terapia e Prevenção do Abuso de Drogas (CTPD), cujo nome foi posteriormente mudado para Centro de Estudos e Terapia do Abuso de Drogas (CETAD), e o Centro de Orientação sobre Drogas e Atendimento a Toxicômanos (Cordato). Sérgio Dario Seibel, da Universidade do Estado do Rio de Janeiro, Dartiu Xavier da Silveira, da Universidade Federal de São Paulo, e Francisco Albuquerque, de Pernambuco, fundaram, no início da segunda metade dos anos 1980, todos inspirados pelo Dr. Olievenstein, o Núcleo de Estudos e Pesquisas em Atenção ao Uso de Drogas (Nepad/Uerj), o Programa de Orientação e Atendimento a Dependentes (Proad/Unifesp) e o Centro Eulâmpio Cordeiro de Recuperação Humana (CECRH/Sesape). O Centro Mineiro de Toxicomania (CMT), criado no âmbito da Fundação Hospitalar do Estado de Minas Gerais (FHEMIG), antecedeu esses centros e teve como um dos inspiradores o Dr. José Mário Simil, também próximo do Hospital Marmottan. Voltado para pesquisa e informação, foi criado nesse período, pelo Prof. Elisaldo Carlini, do Departamento de Psicobiologia da Escola de Medicina da Universidade Federal de São Paulo (Unifep), o Centro Brasileiro de Informações sobre Drogas Psicotrópicas (Cebrid). A Unidade de Dependência Química do Hospital Mãe de Deus, em Porto Alegre, foi o único serviço privado a compartilhar o forte movimento criador de novas práticas clínicas, desvinculadas do modelo hospitalar psiquiátrico dominante, desencadeado pelos centros supramencionados.

cional Antidrogas", que propôs a intensificação das ações públicas na área de drogas, por meio de intervenções harmônicas nas áreas de prevenção, repressão, recuperação e reinserção social.

Então, sob a condução do Juiz de Direito aposentado e advogado Luiz Matias Flach, herdeiro das transformações inauguradas em 1985, o Confen, na gestão 1994-1998, assumiu propostas arrojadas, como o apoio público à iniciativa do Centro de Estudos e Terapia do Abuso de Drogas (Cetad/Ufba) da Bahia da estratégia de troca de seringas, que se consolidou no Programa de Redução de Danos. A estratégia consistia em estabelecer com o usuário de drogas injetáveis (UDI) a troca de seringas usadas por novas, como parte de um conjunto de ações que incluíam distribuição de preservativos, aconselhamento, encaminhamento para consulta médica e terapia relacionada com a adição (caso o usuário aceitasse). Essa estratégia foi iniciada pela Prefeitura de Santos em 1989, motivada pelo crescimento da epidemia de AIDS entre UDI, inspirando-se em experiências desenvolvidas com sucesso na Europa e no Canadá desde meados dos anos 1980, seguida, em 1993, pela primeira intervenção no Brasil envolvendo agentes de saúde na "cena de uso de drogas" (*outreach workers*). A criação pelo Cetad/Ufba do primeiro Programa de Redução de Danos/Troca de Seringas vinculado a uma universidade pública abriu caminho para a implantação de programas similares em diversas regiões do país, culminando com a promulgação, em 1998, da Lei Paulo Teixeira, em São Paulo, e o reconhecimento, nesse mesmo ano, pela Secretaria Nacional Antidrogas, das Estratégias de Redução de Danos como uma das políticas públicas no campo da atenção aos problemas decorrentes do consumo de drogas (Bastos & Mesquita, 2001). Essa estratégia foi bastante combatida pela imprensa, por organismos judiciais e pela população em geral, que viam essa iniciativa como estímulo e propaganda do uso de drogas.

Em que pesem o apoio político e a intenção declarada de reverter a direcionalidade da política brasileira de drogas, até então centrada em abordagens repressivas e no discurso proibicionista, com ações restritas e não integradas ao setor saúde, nenhuma proposta de articulação entre os Ministérios da Saúde e da Justiça foi desencadeada pelo Programa de Ação Nacional Antidrogas, mantendo-se a situação de segmentação intersetorial, com indefinição e sobreposição de responsabilidades na implementação de ações de saúde nesse campo (Machado, 2006). É importante lembrar que, nesse período, já estava em curso a implementação da rede de atenção à saúde mental proposta pela Reforma Psiquiátrica Brasileira. Entretanto, no que diz respeito à abordagem de SPA, o Ministério da Saúde estava voltado apenas para os problemas relacionados com o alcoolismo, por meio da Coordenação de Saúde Mental. A Coordenação Nacional de DST/AIDS foi extremamente reticente diante das experiências de redução de danos até 1998, quando apoiou a IX Conferência Internacional de Redução de Danos, coordenada pelo Núcleo de Pesquisas Epidemiológicas em AIDS da Universidade de São Paulo (NUPAids-USP).

No plano internacional, a ONU continuava buscando implementar sua política proibicionista. Em 1988, foi realizada a Convenção das Nações Unidas contra o Tráfico Ilícito de Entorpecentes e Substâncias Psicotrópicas, voltada, principalmente, para o estabelecimento de medidas de controle ao crime organizado, com medidas de combate ao narcotráfico e à lavagem de dinheiro. Em 1998, a ONU convocou uma Sessão Especial da Assembleia Geral (UNGASS) para a discussão da política mundial de drogas, cujo *slogan* foi *Um Mundo Livre de Drogas: Nós Podemos Fazê-lo*. Estabelecia o ano de 2008 como prazo para o alcance da meta de erradicação do cultivo de plantas e vegetais para a produção de substâncias ilícitas, uma estratégia considerada chave para a supressão do consumo dessas substâncias no mundo.

Diante do compromisso assumido junto às Nações Unidas de alinhar sua política às diretrizes internacionais para redução da oferta e da demanda de drogas, em 19 de junho de 1998 o Presidente Fernando Henrique Cardoso, por meio da Medida Provisória 1.669, extinguiu o Conselho Federal de Entorpecentes (Confen) e em dezembro do mesmo ano, por meio do Decreto 3.696, instituiu o Sistema Nacional Antidrogas (Sisnad), composto pela Secretaria Nacional Antidrogas (Senad) e pelo Conselho Nacional Antidrogas (Conad)[4], subordinados não mais ao Ministério da Justiça, mas ao Gabinete Militar da Presidência da República.

A subordinação das instâncias responsáveis pela condução das políticas de drogas ao Gabinete Militar expressava, claramente, a concepção de que a questão da droga era uma questão de segurança nacional. Esse retrocesso governamental provocou enormes insatisfações por parte dos atores institucionais (centros universitários de tratamento e prevenção) e dos militantes dos movimentos de renovação nesse campo.

Nesse sistema, a Senad ocupou o lugar de órgão executivo, responsável pela coordenação e integração das ações do governo relacionadas com a redução da de-

---

[4] O Decreto 2.632 instituiu o Sistema Nacional Antidrogas, composto pela Secretaria Nacional Antidrogas (Senad) e pelo Conselho Nacional Antidrogas (Conad). Esses dois órgãos foram alocados no Gabinete Militar da Presidência da República, que se transformou depois no Gabinete de Segurança Institucional.

De acordo com o Decreto 5.912, de 27 de setembro de 2006, são competências da Senad: exercer a secretaria-executiva do Conad; articular e coordenar as atividades de prevenção ao uso indevido de drogas, de atenção e reinserção social a usuários e dependentes de drogas; propor a atualização da política nacional sobre drogas na esfera de sua competência e gerir o Fundo Nacional Antidrogas (Funad) e o Observatório Brasileiro de Informações sobre Drogas (Obid). Brasil, 2006.

manda, tendo sido seu presidente o Juiz Walter Maierovitch, que promoveu a realização do I Fórum Nacional Antidrogas em 1999, em cuja abertura o Presidente da República declarou que "nessa matéria, ou há mobilização na sociedade, ou não se avança muito" (Brasil, 1999: 8), indicando a perspectiva da participação social como reafirmadora das ações do Estado e indicando a nova orientação nacional (Garcia, 2008). O resultado desse fórum foi apresentado no documento "Política Nacional Antidrogas"[5] (Brasil, 1999), cuja expressão "anti" foi substituída, mais tarde, por "Política Pública sobre Drogas" (Brasil, 2004), sendo reapresentada, em 2005, com a denominação "Política Nacional sobre Drogas". Em 2005, a Senad também teve seu nome modificado para Secretaria Nacional de Políticas sobre Drogas, desenvolvendo esforços na construção de uma nova identidade.

As contradições geradas no embate ideológico de perspectivas totalmente antagônicas vão se expressar nos documentos que apresentam essa política, pois ao mesmo tempo que se mantinha a essência proibicionista em relação ao uso de drogas, buscando-se "incessantemente, atingir o ideal de construção de uma sociedade livre do uso de drogas ilícitas e do uso indevido de drogas lícitas", reconhecem-se as práticas de redução de danos como importante estratégia de saúde. Como assinala Garcia (2008: 274), "o foco permanece oscilando entre a ênfase na segurança pública, que reafirma a 'guerra às drogas', e a ênfase na saúde pública, centrada nos danos individuais e coletivos". Por outro lado, como reflexo da participação das federações das comunidades terapêuticas e de profissionais e militantes de programas de redução de danos no seu processo de formulação, a Política ratificou a coexistência de distintas propostas de atenção à saúde de usuários de drogas, refletindo o conflito de interesses entre atores sociais que defendiam diferentes modelos de assistência aos usuários de drogas no país. Destaca-se que, apesar de o Ministério da Saúde ter formulado uma proposta de Política para Atenção Integral ao Usuário de Álcool e Outras Drogas em 2003, a Política Nacional sobre Drogas foi elaborada sem nenhuma articulação com essa proposta (Machado, 2006; Alves, 2009).

Em 2006, a Lei 6.368 foi substituída pela Lei 11.343[6], que aboliu a pena de prisão no caso da posse de substâncias ilícitas para uso próprio, mantendo, porém, a proibição do uso com consequentes sanções: (a) admoestação verbal; (b) prestação de serviços à comunidade; (c) medida educativa de comparecimento a programa ou curso educativo (Brasil, 2006, Art. 28). Em relação ao tratamento, a lei estabeleceu o tratamento especializado gratuito, preferencialmente ambulatorial, em unidade de saúde. O tratamento como imposição só foi previsto na ocorrência de prática de crime pelo dependente[7] (Machado, 2006; Alves, 2009). Nesse ponto, a nova legislação representou um avanço com um posicionamento mais brando em relação ao usuário, distinguindo-o do dependente e enfatizando ações de prevenção, tratamento e reinserção social.

Em pesquisa realizada em 2009 pela Universidade Federal do Rio de Janeiro e a Universidade de Brasília, constatou-se que um grande problema decorrente da aplicação dessa lei foi a não determinação de parâmetros precisos de diferenciação entre usuário, traficante-varejista, pequeno, médio e grande traficante. Na ausência de uma definição clara, tem-se verificado que a maioria dos condenados são pessoas flagradas sem porte de armas, presas com quantidades pequenas de drogas e desnecessárias à estrutura organizacional do tráfico. Ainda assim, são condenadas a altas penas de reclusão (Boiteux, 2009).

A aplicação dessa lei tem gerado controvérsias entre os operadores do direito e da saúde. Os juristas se dividem entre os que entendem que o uso de drogas é um crime, os que consideram que é uma infração penal *sui generis* e os que consideram que o uso não é crime e não diz respeito ao direito penal, mas que se trata de um problema de saúde pública (Santoucy et al., 2010). Os profissionais da saúde, por sua vez, têm recebido os usuários de drogas para cumprimento da "medida educativa de comparecimento a programa ou curso educativo", previsto no art. 28 da referida lei, acolhendo usuários sem qualquer demanda de tratamento, mas que são obrigados a cumprir a pena estabelecida pelo jurista, que não é de tratamento, senso estrito, mas que tem se configurado como tal, já que os usuários têm sido encaminhados aos serviços especializados, transformando um direito constitucional em um dever.

Nessas circunstâncias, pode-se dizer que o usuário foi considerado pela legislação, mais uma vez, a partir de uma concepção médico-sanitária: entendido como "doente", portador de uma dependência química, a ele

---

[5] A Política Nacional Antidrogas foi instituída pelo Decreto 4.345, de 2002. Brasil. Presidência da República. Secretaria Nacional Antidrogas. Política Nacional Antidrogas. D.O.U. 165-27.08.2002.

[6] Antes da Lei 11.343, foi promulgada a Lei 10.409, em 2002, que trouxe a primeira alteração significativa na Lei brasileira sobre drogas ao fazer referência, pela primeira vez, às ações de redução de danos sociais e à saúde. Entretanto, essa lei foi muito criticada e teve vários de seus artigos vetados pelo Presidente da República, que considerou seu texto ofensivo à Constituição e aos interesses da população brasileira. O capítulo sobre os tipos penais foi inteiramente vetado, impedindo sua aplicabilidade de tal modo que passaram a valer, conjuntamente, as Leis 6.368/1976 e 10.409/2002 (Mendonça & Carvalho, 2007).

[7] A lei refere-se ainda ao usuário em seu art. 33, quando considera que o fato de oferecer drogas, gratuitamente a alguém implica pena restritiva de liberdade com "detenção de 6(seis) meses a 1(um) ano, e pagamento de 700 (setecentos) a 1.500,00 (mil e quinhentos) dias multa", sem prejuízo de penas previstas no art. 28. No caso de produção não autorizada e de tráfico de drogas, há aumento das penalidades previstas (Brasil, 2006).

não cabe como pena legal a prisão, mas, sim, a submissão ao tratamento médico. Já o traficante, aquele cuja posse de drogas tem por objetivo a comercialização, independente ou não do próprio consumo, é definido, por essa lei, como criminoso, cabendo, portanto, a aplicação das medidas penais previstas. Na prática, a estratégia foi: para o usuário, a indicação de tratamento; para o traficante, a prisão.

Em 2009, considerando os crescentes índices de criminalidade no Brasil e as complexas relações entre substâncias ilícitas e violência, envolvendo particularmente a população jovem, mais vulnerável, a Senad e o Ministério da Justiça, por meio do Programa Nacional de Segurança Pública com Cidadania (Pronasci), em consonância com as diretrizes do Sistema Único de Segurança Pública, elaboraram novo programa, denominado "Ações Integradas na Prevenção ao Uso de Drogas e Violência", com três componentes: *mobilização* (sensibilização de atores, mobilização institucional e formalização de acordos); *prevenção* (capacitação de profissionais e lideranças comunitárias, disseminação de boas práticas e implementação simultânea de projetos); e *intervenção* (capacitação para intervenções, criação e otimização de recursos e georreferenciamento). Esse programa deveria ser implantado, inicialmente, em cinco áreas: Brasília e entorno; Salvador e Região Metropolitana (BA); Vitória (ES); Rio de Janeiro (RJ); e Porto Alegre (RS), onde existiam os denominados "Territórios da Paz". Em que pese a integração mencionada das ações, deu-se ênfase a três aspectos:

1. Capacitação de diferentes segmentos da sociedade, considerados essenciais para o processo (conselheiros municipais, policiais, operadores do Direito, profissionais da segurança pública, educadores de escolas públicas, lideranças comunitárias e religiosas etc.).
2. Reprodução de "boas práticas" (Projeto Lua Nova, em São Paulo; Terapia Comunitária, desenvolvida no Ceará; e o Consultório de Rua, inaugurado na Bahia).
3. Disseminação de informações por meio de cartilhas e demais materiais.

POLÍTICAS RELACIONADAS COM A ABORDAGEM DAS SPA NO ÂMBITO DO SUS

Como pudemos observar, as iniciativas do setor saúde foram marginais na conformação histórica das políticas relacionadas com abordagem das SPA no Brasil até o início dos anos 2000, restringindo-se a ações de assistência oferecidas pelos serviços de assistência médica do Ministério da Previdência e Assistência Social na primeira metade do século e a outras ações pontuais do Ministério da Saúde, como oferta de internações ao alcoolista em hospitais públicos, apoio a programas de redução de danos, no final dos anos 1990, e "serviços residenciais terapêuticos" para egressos de longas internações, no ano 2000. Destaca-se que desde a criação do SUS, em 1990, começaram a ser implementadas diversas ações do Ministério da Saúde voltadas para os portadores de sofrimento mental. Essas ações, entretanto, não tinham como foco a atenção ao usuário de SPA.

Merecem menção, por sua importância, a III Conferência Nacional de Saúde Mental, realizada em 2001, com cerca de 1.700 participantes, e que aprovou a construção de uma rede de atenção para os usuários de álcool e outras drogas, e a Lei 10.216, também de 2001, que garantiu a atenção aos usuários de álcool e outras drogas na rede de serviços de saúde mental.

Buscando operacionalizar as recomendações da conferência, foram publicados em 2002 e 2003, respectivamente, o "Programa Nacional de Atenção Comunitária Integrada a Usuários de Álcool e Outras Drogas"[8] e a "Política do Ministério da Saúde para Atenção Integral a Usuários de Álcool e Outras Drogas"[9], tendo o governo reconhecido a importância da superação do "atraso histórico", assumindo o compromisso de prevenir, tratar e reabilitar os usuários de álcool e outras drogas no âmbito do Sistema Único de Saúde (SUS).

Ressalte-se que as propostas de atenção expressas nesses documentos não são centradas na abstinência e anunciam a necessidade do desenvolvimento de ações nas áreas de capacitação de recursos humanos, prevenção de agravos e promoção da saúde, assim como a articulação de uma rede assistencial para tratamento dos usuários. Essas propostas, coerentes com uma concepção ampliada de saúde e com as propostas de reforma dos modelos de atenção que vinham sendo desenhados no âmbito do SUS, vão apresentar certas contradições com as políticas até então gestadas no interior dos outros organismos (Senad, Conad).

Segundo Machado (2006), alguns fatores podem ser apontados como favoráveis à formulação da política para usuários de álcool e outras drogas no Brasil, entre eles:

- a criação do SUS, com a proposta de descentralização do sistema e serviços de saúde;
- a constatação dos altos custos da manutenção do modelo manicomial;
- a compreensão dos problemas relacionados com o consumo de álcool e outras drogas como problemas de saúde da população brasileira;
- o êxito na implementação de programas de redução de danos na morbimortalidade de doenças infecciosas, como AIDS e hepatites, no Brasil;
- a Reforma Psiquiátrica e o consequente processo de reestruturação da atenção em saúde mental;

---

[8]Brasil. Portaria 816 GM/MS, de 30 de abril de 2002. Brasília, 2002.
[9]Brasil. Ministério da Saúde. A Política do Ministério da Saúde para Atenção Integral a Usuários de Álcool e Outras Drogas/Ministério da Saúde, Secretaria Executiva, Coordenação Nacional de DST e AIDS. Brasília, 2003.

- os compromissos assumidos pelo governo brasileiro na Assembleia Geral da Organização das Nações Unidas (ONU), em 1998;
- o agravamento dos problemas sociais associados ao consumo e ao tráfico de drogas.

Todos esses fatores pressionaram o Estado a dar uma resposta de modo a conservar sua legitimidade e a ordem social, e a conjunção desses fatores – e de seus desdobramentos – forneceu a base do que se tornaria a política pública de saúde para usuários de álcool e outras drogas, estabelecida no Brasil no ano de 2003 (Brasil, 2003). Nesse documento, foram definidos o marco conceitual e político e as diretrizes para a área, em consonância com os princípios e as orientações do SUS e da Reforma Psiquiátrica. O documento propôs a criação de uma rede de atenção integral a usuários de álcool e outras drogas no SUS, composta por unidades básicas de saúde vinculadas ao Programa de Saúde da Família, centros assistenciais especializados – Centros de Atenção Psicossocial álcool/drogas (CAPS ad) –, centros não especializados em álcool e drogas e hospitais gerais. Nos serviços, devem ser implementadas ações de promoção, prevenção e proteção à saúde e reforçado o desenvolvimento de ações intersetoriais.

Entre 2003 e 2012, foram publicadas várias leis e portarias ministeriais, dando corpo à implementação e à operacionalização dessa política (Quadro 33.3). Apesar dos visíveis avanços normativos, observa-se um desencontro entre o que se encontra prescrito nas portarias e sua efetiva implementação. A rede de atenção psicossocial, principalmente no campo de álcool e outras drogas, é insuficiente, desarticulada e não atende às necessidades da população. Embora estime uma cobertura global em relação às necessidades de serviços de saúde mental (CAPS) de 72%[10], o próprio Ministério da Saúde reconhece que permanecem os desafios com relação à expansão de serviços destinados a populações específicas, como as de crianças e adolescentes, populações em situação de violência e vulnerabilidade social e usuários de álcool e outras drogas, e à oferta de serviços de atenção 24 horas.

A Portaria 3.088, de 2011[11], busca atender a algumas das necessidades assinaladas, estabelecendo a Rede de Atenção Psicossocial como uma das redes prioritárias do SUS, ampliando os dispositivos dessa rede e propondo a diversificação dos serviços ofertados, incluindo outros profissionais na atenção ao usuário (Quadro 33.4), com investimento financeiro estimado de R$ 200 milhões a mais para o custeio da rede em 2012. Só futuramente poderemos observar, de fato, os possíveis impactos dessa política na promoção, prevenção, cuidado e reabilitação social relacionados com a abordagem das SPA.

MODELOS DE ATENÇÃO À SAÚDE E CUIDADO AO USUÁRIO DE SPA

Modelos de atenção à saúde ou modelos assistenciais podem ser compreendidos como "combinações de saberes (conhecimentos) e técnicas (métodos e instrumentos) utilizados para resolver problemas e atender às necessidades de saúde individuais e coletivas" de uma população. Correspondem, portanto, às práticas e ações implementadas para produção da saúde, à forma de organização dos serviços de saúde e ao modo de administrar (gerir ou gerenciar) um sistema de saúde e, também, às "formas de organização das relações entre sujeitos (profissionais de saúde e usuários) mediadas por tecnologias (materiais e não materiais) utilizadas no processo de trabalho em saúde, cujo propósito é intervir sobre problemas (danos e riscos) e necessidades sociais de saúde historicamente definidas" (Paim, 2002).

No Brasil, podem ser identificados dois modelos paradigmáticos na atenção ao usuário de álcool e outras drogas: o *modelo manicomial* e o *modelo psicossocial*.

O modelo manicomial surgiu no século XVII, com o advento do Hospital Geral, criado em 1656 pelo rei Luís XIV da França. Foucault referiu-se ao Hospital Geral como "A Grande Internação" ou " O Grande Enclausuramento" em virtude da prática dessa instituição de isolar e segregar diversos segmentos sociais, inclusive o louco.

> Trata-se de recolher, alojar, alimentar aqueles que se apresentam de espontânea vontade, ou aqueles que para lá são encaminhados pela autoridade real ou judiciária [...] Essa tarefa é confiada a diretores nomeados por toda vida, e que exercem seus poderes não apenas nos prédios do Hospital, como também por toda a cidade de Paris, sobre todos aqueles que dependem de sua jurisdição (Foucault, 2010: 49)

Os hospitais gerais são herdeiros dos antigos leprosários e, àquela época, nada tinham de instituições médicas. Eram casas de reclusão, instituições morais, encarregadas de "castigar, corrigir uma certa falha moral que não merece o tribunal dos homens, mas que não poderia ser corrigida apenas pela severidade da penitência..."(Foucault, 2010: 74). Foucault chama isso de "silenciamento da loucura".

O conceito de alienação mental nasceu associado à noção de periculosidade, na medida em que alguém que perde a razão pode representar um perigo à sociedade, gerando uma atitude social de medo que, por sua vez, justifica a primeira e mais importante medida de tratamento proposta: o isolamento (Amarante, 2007).

---

[10] Brasil. Ministério da Saúde. Saúde Mental em Dados – 10, ano VII, nº 10. Informativo eletrônico. Brasília, março de 2012. portal.saude.gov.br/portal/arquivos/pdf/mentaldados10.pdf. Acesso em: 17/10/2012.
[11] Brasil, Ministério da Saúde. Portaria GM/MS 3.088 de 2011.

Quadro 33.3 • Marcos legais e institucionais da política brasileira de álcool e outras drogas no âmbito do Ministério da Saúde

Documento/Evento	Data	Objetivo
Lei 10.216 (Brasil, 2001)	2001	Marco Legal da Reforma Psiquiátrica. Dispõe sobre a proteção e os direitos das pessoas portadoras de transtornos mentais e redireciona o modelo assistencial em saúde mental
III Conferência Nacional de Saúde Mental (Brasil, 2002a)	2001	Fórum de debate em torno de questões relacionadas com o Campo da Saúde Mental
Política para atenção integral a usuários de álcool e outras drogas (Brasil, 2003a)	2003	Aponta diretrizes para a atenção a usuários de álcool e outras drogas
Lei 10.708 (Brasil, 2003b)	2003	Institui o auxílio-reabilitação psicossocial para pacientes acometidos de transtornos mentais egressos de internações
Portaria GM/MS 336 (Brasil, 2002b)	2002	Criou a possibilidade de existência no SUS dos Centros de Atenção Psicossocial – álcool/ drogas (CAPS ad)
Portaria SAS 189 (Brasil, 2002c)	2002	Incluiu na tabela de serviços do SIA/SUS os procedimentos referentes à atenção a pessoas dependentes ou em uso prejudicial de álcool e outras drogas nos CAPS ad
Portaria GM/MS 816 (Brasil, 2002d)	2002	Programa Nacional de Atenção Comunitária Integrada aos usuários de álcool/outras drogas
Portaria SAS 305 (Brasil, 2002e)	2002	Definiu as normas de funcionamento e de cadastramento dos CAPS ad e designou centros de referência em vários estados para implementação do Programa Permanente de Capacitação para a rede CAPS ad.
Portaria GM/MS 2.197 (Brasil, 2004)	2004	Redefine e amplia a atenção integral para usuários de álcool e outras drogas, no âmbito do Sistema Único de Saúde – SUS, e dá outras providências
Portaria 1.028 (Brasil, 2005a)	2005	Determina que as ações que visam à redução de danos sociais e à saúde, decorrentes do uso de produtos, substâncias ou drogas que causem dependência, sejam reguladas por esta Portaria
Portaria 1.059 (Brasil, 2005b)	2005	Institui incentivo financeiro para ações de redução de danos
Portaria 384 (Brasil, 2005c)	2005	Autoriza os CAPS I a atenderem álcool e drogas
Portaria 1.612 (Brasil, 2005d)	2005	Aprova o credenciamento de leitos para tratamento de usuários de álcool e outras drogas
Política Nacional sobre Drogas (Resolução 03 Conad) (Brasil, 2005e)	2005	Aprova a Política Nacional sobre Drogas, a qual adota como estratégia a cooperação mútua e a articulação de esforços entre governo, iniciativa privada, terceiro setor e cidadãos
Lei 11.343	2006	Institui o Sistema Nacional de Políticas Públicas sobre Drogas (Sisnad) e prescreve medidas para prevenção do uso indevido, atenção e reinserção social de usuários e dependentes de drogas; estabelece normas para repressão à produção não autorizada e ao tráfico ilícito de drogas; define crimes e dá outras providências

Documento	Ano	Descrição
Decreto 6.117	2007	Aprova a Política Nacional sobre Álcool, dispõe sobre as medidas para redução do uso indevido de álcool e sua associação com a violência e a criminalidade
Portaria GM/MS 1.190	2009	Institui o Plano Emergencial de Ampliação do Acesso ao Tratamento e Prevenção em Álcool e Outras Drogas no Sistema Único de Saúde – SUS (Pead 2009-2010) e define suas diretrizes gerais, ações e metas
Decreto 7.179 (Brasil, 2010a)	2010	Institui o Plano Integrado de Enfrentamento ao *Crack* e outras Drogas. Propõe ações voltadas para prevenção, tratamento e reinserção social, bem como o fortalecimento de ações de enfrentamento do tráfico
IV Conferência de Saúde Mental Intersetorial (Brasil, 2010b)	2010	Teve como tema "Saúde Mental, direito e compromisso de todos: consolidar avanços e enfrentar desafios". Como resultado, apontou a necessidade de continuidade, avanço e fortalecimento da política de saúde mental
Portaria 3.088 (Brasil, 2011b)	2011	Institui a Rede de Atenção Psicossocial para pessoas com sofrimento ou transtorno mental e com necessidades decorrentes do uso de *crack*, álcool e outras drogas, no âmbito do Sistema Único de Saúde
Plano *Crack*: é preciso vencer (Brasil, 2011c)	2011	Apresenta três diretrizes principais: prevenção, com ações de educação, informação e capacitação; cuidado, com aumento da oferta de tratamento de saúde e atenção aos usuários; autoridade, com enfrentamento do tráfico de drogas e das organizações criminosas
Portaria 121 (Brasil, 2012a)	2012	Institui a Unidade de Acolhimento para pessoas com necessidades decorrentes do uso de *crack*, álcool e outras drogas (Unidade de Acolhimento), no componente de atenção residencial de caráter transitório da Rede de Atenção Psicossocial
Portaria 130 (Brasil, 2012b)	2012	Redefine o Centro de Atenção Psicossocial de Álcool e Outras Drogas 24 h (CAPS AD III) e os respectivos incentivos financeiros
Portaria 131 (Brasil, 2012c)	2012	Institui incentivo financeiro de custeio destinado aos estados, municípios e ao Distrito Federal para apoio ao custeio de Serviços de Atenção em Regime Residencial, incluídas as Comunidades Terapêuticas, voltados para pessoas com necessidades decorrentes do uso de álcool, *crack* e outras drogas, no âmbito da Rede de Atenção Psicossocial
Portaria 132 (Brasil, 2012d)	2012	Institui incentivo financeiro de custeio para desenvolvimento do componente Reabilitação Psicossocial da Rede de Atenção Psicossocial do Sistema Único de Saúde (SUS)

Quadro 33.4 ♦ Objetivos, características e dispositivos da Rede de Atenção Psicossocial (RAPS) – Brasil, 2011

Objetivos:
(1) ampliação e acesso à atenção psicossocial da comunidade em geral
(2) investimento na vinculação dos usuários de SPA e suas famílias aos pontos de atenção
(3) articulação e integração comunitária e interinstitucional das redes intersetoriais no território, potencializando o cuidado por meio do acolhimento, da responsabilização, do acompanhamento contínuo e da atenção às urgências.

Características:
O conteúdo das práticas de atenção deve pautar-se na estratégia de redução de danos e no compromisso com os direitos de cidadania dos usuários
Trabalho em parceria com as equipes das unidades básicas de saúde (equipes de saúde da família)
Apoio na atenção ao usuário de SPA do Núcleo de Apoio à Saúde da Família (NASF)
Ações de redução de danos para a população em situação de rua, de modo itinerante, na unidade móvel e também nas instalações de Unidades Básicas de Saúde do território
Equipes que oferecem suporte clínico e apoio aos serviços do componente Atenção Residencial de Caráter Transitório.

Dispositivos:
Centros de Atenção Psicossocial para Atenção Psicossocial Especializada como articuladores e ordenadores da rede com implementação de Projeto Terapêutico Individual, envolvendo em sua construção a equipe, o usuário e sua família, sendo:
a) CAPS I: indicado para municípios ou regiões com população > 20 mil habitantes
b) CAPS II: indicado para municípios ou regiões com população > 70 mil habitantes
c) CAPS III: proporciona serviços de atenção contínua, com funcionamento 24 horas, ofertando retaguarda clínica e acolhimento noturno a outros serviços de saúde mental, inclusive CAPS ad; indicado para municípios ou regiões com população > 200 mil habitantes
d) CAPS ad: atende adultos ou crianças e adolescentes com necessidades decorrentes do uso de álcool e outras drogas em municípios ou regiões com população > 70 mil habitantes
e) CAPS ad III: atende adultos ou crianças e adolescentes com necessidades de cuidados clínicos contínuos; indicado para municípios ou regiões com população > 200 mil habitantes
f) CAPS i: atende crianças e adolescentes com transtornos mentais graves e persistentes e os que fazem uso de *crack*, álcool e outras drogas; indicado para municípios ou regiões com população > 150 mil habitantes
Centros de Convivência como dispositivos estratégicos para a inclusão social
Unidades de Acolhimento Transitório – pontos de atenção que oferecem cuidados contínuos de saúde, com funcionamento 24 horas, em ambiente residencial. O tempo de permanência na Unidade de Acolhimento é de até 6 meses
Comunidades Terapêuticas, consideradas atualmente serviço de saúde destinado a oferecer cuidados contínuos de saúde, de caráter residencial transitório, por até 9 meses, para adultos com necessidades clínicas estáveis decorrentes do uso de *crack*, álcool e outras drogas
Serviço Hospitalar de Referência ou nas Enfermarias Especializadas em Hospital Geral para internamento de usuários que apresentem complicações clínicas decorrentes do uso de álcool e outras drogas, em especial abstinências e intoxicações severas.

No Brasil, a assistência aos loucos começou com a fundação do primeiro hospital psiquiátrico brasileiro – Hospício de Pedro II (1852) – à qual se seguiu a criação de muitas instituições similares (Amarante, 2008). O modelo de Colônia de Alienados – instituições psiquiátricas pautadas no trabalho como forma de tratamento disciplinar e moral da alienação – passou a ser reproduzido em todo o país e a "recolher", além dos alienados, toda uma gama de excluídos sociais – órfãos, mendigos, prostitutas – e, entre eles, os "drogados", dentre outros segmentos marginalizados. Milhares de pessoas eram internadas nessas instituições de tal modo que a Colônia de Juquery (SP) chegou a ter 15 mil e a Colônia de Jacarepaguá (RJ), oito mil internos (Amarante, 2008). Assim, pode-se afirmar que a política de saúde mental brasileira, que incluía entre sua população-alvo os "drogados", por quase 150 anos esteve centrada na implantação de instituições psiquiátricas, principais dispositivos do modelo de atenção manicomial.

O modelo manicomial está pautado no discurso da periculosidade. O louco é um indivíduo potencialmente perigoso, que traz riscos para a sociedade e que, por isso, precisa ser isolado do convívio social. Nesse modelo, a ação dos serviços de saúde toma como objeto a doença e o objetivo fundamental é a remissão dos sintomas psicopatológicos. Em função disso, o médico psiquiatra é o principal agente de intervenção, uma vez que só ele tem autoridade para realizar o ato terapêutico, centrado no tratamento medicamentoso do indivíduo doente. Os saberes que informam os atos terapêuticos, nessas circunstâncias, são aqueles que sustentam a prática clínica enquanto prática médica, especialmente a psicopatologia e a psicofarmacologia, mas também, em alguns períodos, aqueles relacionados com as técnicas cirúrgicas (lobotomias reparadoras).

No modelo manicomial, o hospital é o dispositivo mais adequado para tratar o doente, uma vez que assegura, a um só tempo, seu isolamento e a garantia do cuidado terapêutico exercido pelo profissional médico, insumo de alto custo na prestação da assistência. Assim, concentrando um recurso caro, a atenção hospitalar garantia, também, economia de escala, atendendo a propósitos racionalizadores. Desse modo, construíram-se, no Brasil, enormes hospitais, com capacidade para internar centenas ou milhares de doentes que, desprovidos de qualquer poder sobre seu próprio corpo, constituíram-se em presas fáceis para todo tipo de tirania e atrocidades praticadas nas instituições hospitalares pelos profissionais de saúde (médicos, auxiliares, pessoal administrativo) e exercidas sob a proteção conferida pela "medicina científica"[12]. Os hospitais tornaram-se, assim, dispositivos de

---
[12]Foucault (2008) utiliza a expressão "medicina científica" ao analisar uma nova forma de organização da sociedade na prestação do cuidado aos doentes, desenvolvida a partir da segunda metade do século XIX e centrada na figura do médico e da outorga a este profissional do poder e legitimidade na prestação do cuidado em saúde.

punição e encarceramento que maltratavam e isolavam os pacientes e que tiveram como efeito principal a sua exclusão social.

Os usuários de álcool e outras drogas foram submetidos às mesmas condições de tratamento que os pacientes portadores de transtornos mentais. As primeiras medidas relacionadas com o tratamento dos usuários de drogas no Brasil determinavam sua retirada do meio social, propondo sua reclusão em prisões, sanatórios e hospitais psiquiátricos (Machado, 2006). A partir da década de 1970, com todo o poder delegado pela "medicina científica", a psiquiatria contribuiu com argumentos técnico-científicos para as referidas medidas de controle social e os usuários passaram a ser designados como doentes e/ou criminosos (Fiore, 2005). Os hospitais psiquiátricos foram consolidados como o lugar por excelência para isolar os drogados-doentes. O tratamento e o encarceramento dos usuários tinham por objetivos impedir seu acesso às substâncias ilícitas e interromper o uso, considerado ato não apenas gerador de doença, moralmente condenável, mas também prática delituosa, enquadrada na legislação e passível de punição.

No processo de redemocratização da sociedade brasileira, no final da década de 1970, o conhecimento público da situação deplorável a que foram submetidos os internos das instituições manicomiais causou um profundo sentimento de indignação social, instalando-se um processo de questionamento das práticas asilares, cronificadoras e violentas. A reflexão crítica e a formulação de propostas para transformação desse modelo foram impulsionadas pelo então nascente Movimento dos Trabalhadores em Saúde Mental e, posteriormente, pelo mais importante ator social da Reforma Psiquiátrica Brasileira: o Movimento Nacional da Luta Antimanicomial (Amarante, 2008).

Como comentado no tópico anterior, paralelamente a esse processo surgiram, na década de 1980, os centros de tratamento, pesquisa e prevenção para usuários de drogas, criados principalmente nas universidades públicas, e que muito contribuíram para a produção de saberes relacionados com o tema, inaugurando no país práticas de atenção à saúde do usuário não moralistas e não repressivas. Como consequência, e considerando a importância da implementação de práticas de prevenção à AIDS entre usuários de drogas, em 1990, multiplicaram-se os programas de redução de danos em todo o país. Mesmo com a reação de grupos conservadores da sociedade, esses programas se consolidaram e revelaram a precariedade e até a inexistência de dispositivos para atenção à saúde dos usuários de drogas (Machado, 2006).

Especificamente em relação aos usuários de drogas, o discurso proibicionista, pautado na perspectiva moral e criminal, que patologizava e criminalizava o uso das drogas, começou a ser substituído por um discurso cuja centralidade é o respeito às diferenças, a defesa da vida, o direito à liberdade e a dignidade da pessoa humana. No curso do movimento da Reforma Psiquiátrica Brasileira, foram gestados novos princípios e surgiu a proposição de um novo modelo, contra-hegemônico, na atenção a essa população: o modelo de atenção psicossocial (Flach, 2010).

O modelo da atenção psicossocial tem como foco a desinstitucionalização da loucura que, mais do que derrubar objetivamente os muros manicomiais, busca desconstruir a lógica que apoia e sustenta práticas de exclusão e retiram do convívio social todos aqueles que não se ajustam a determinada ordem moral.

O objetivo da atenção psicossocial é a inclusão social. Esta deve ser entendida dialeticamente, o que significa que o processo de inclusão/exclusão tem movimento, é contraditório e "gesta subjetividades específicas que vão desde o sentir-se incluído até sentir-se discriminado ou revoltado. Essas subjetividades não podem ser explicadas unicamente pela determinação econômica, elas determinam e são determinadas por formas diferenciadas de legitimação social e individual, e manifestam-se no cotidiano como identidade, sociabilidade, afetividade, consciência e inconsciência" (Sawaia, 2009: 9). Nessa perspectiva, o objeto de trabalho da atenção psicossocial são os sujeitos em suas diversas dimensões – pessoal, social, cultural e política, envolvendo instâncias materiais e intersubjetivas. Os agentes são profissionais de diversas disciplinas que compõem uma equipe multiprofissional que deve trabalhar em rede, na perspectiva da interdisciplinaridade e da intersetorialidade. A atenção psicossocial tem como principal dispositivo institucional a rede de atenção psicossocial constituída por dispositivos diversificados, abertos, de natureza territorial ou comunitária, com cogestão dos usuários e da comunidade, sendo os CAPS ordenadores dessa rede. Importa afirmar o território não apenas como objeto de intervenção dessas políticas, mas como sujeito coletivo e espaço de "potência em busca de uma cidadania a ser inventada" (Ferreira Neto, 2011: 66).

Em relação especificamente aos usuários de drogas, a terapêutica proposta é centrada nos "sujeitos coletivos" e suas práticas incluem múltiplas intervenções realizadas, principalmente, na perspectiva da redução de danos. As práticas de saúde pautadas nesse modelo têm como objetivo minimizar os danos à saúde, sociais e econômicos consequentes ao uso de drogas, partindo do pressuposto de que muitas pessoas não podem, não conseguem ou não querem parar de usar drogas. Nesse sentido, devem priorizar a prevenção, incorporando os usuários e a própria comunidade no planejamento e na implementação das ações, prestando orientações sobre os possíveis danos consequentes ao abuso de SPA, sem necessariamente colocar a abstinência como único objetivo (Bravo, 2002). O fato de não exigir a abstinência como condição e meta de tratamento não significa que as propostas de atenção à saúde pautadas nessa lógica se contraponham à abstinência, mas sim que consideram que este pode ser um objetivo ou não da intervenção a ser discutido e decidido com e pelo usuário.

O objetivo principal das estratégias pautadas na redução de danos é a defesa da vida, ou seja, manter os indivíduos que usam drogas vivos e protegidos de danos que poderiam ser irreparáveis (Brasil, 2003). Como consequência, as práticas de saúde pautadas na lógica da redução de danos têm sido apontadas como aquelas que conferem maior racionalidade ao tratamento da questão, possibilitando a compreensão da problemática que envolve o consumo de drogas como um problema de Saúde Pública (Alves, 2009).

Algumas experiências inovadoras na perspectiva da promoção da saúde vêm sendo gestadas nos últimos anos, entre as quais: terapia comunitária, consultório de rua, consultório na rua e ponto de encontro. Essas estratégias de intervenção têm como ponto de partida o saber do usuário de SPA, valorizando a discussão coletiva e não restrita ao campo das disciplinas e *experts*, ainda que apoiados no reconhecimento da singularidade dos sujeitos e no respeito a seu modo de vida, buscando a integralidade do cuidado. A atuação no território do usuário abrange um espaço simbólico que inclui suas relações interpessoais, políticas e culturais.

A *terapia comunitária* não realiza tratamento direto com o usuário, mas pode atuar como recurso mobilizador de sua rede familiar e social. Consta da realização de sessões, por meio das quais os participantes ampliam a percepção dos problemas e possibilidades de resolução, suscitando a dimensão terapêutica do próprio grupo, valorizando, ainda, a herança cultural da comunidade. É um instrumento de construção de redes sociais solidárias para promoção da vida. Para tanto, busca mobilizar os recursos e as competências dos indivíduos, das famílias e das comunidades, valorizando suas histórias e fortalecendo sua autoestima e a confiança em si. Significa a mudança de uma política que prioriza as soluções rápidas e assistencialistas para uma política que convoca a participação social e solidária da comunidade.

Já as equipes de *consultório de rua* e *consultório na rua* realizam acolhimento de usuários e da população moradora de rua (respectivamente), desenvolvendo ações de cuidados com a saúde e redução de danos para a população em situação de rua, em unidade móvel, de modo itinerante, nos diversos espaços da rua, sempre articuladas com as equipes das Unidades Básicas de Saúde e de outros pontos de atenção da rede intersetorial. Trazem como princípio a valorização e inclusão das experiências locais, buscando formas criativas de intervenção e coerentes com o perfil da população envolvida (o desafio do inusitado). Os instrumentos de intervenção são construídos para e durante as ações realizadas pela equipe, reconhecendo e, até certo ponto, incorporando o(s) saber(es) constituído(s) pelos diferentes sujeitos e grupos envolvidos. Contemplar os aspectos intersubjetivos (percepção de "si" e relação com os "outros") e os aspectos objetivos expressos pela coletividade (condições de moradia, escolaridade, acesso aos serviços, organização política e social, inserção no mercado de trabalho, redes de apoio intersetorial), com soluções construídas pelo grupo, é o desafio dessas equipes.

O *ponto de encontro*, por sua vez, se configura como um centro de convivência para usuários de álcool e outras drogas. Trata-se de um dispositivo estratégico para inclusão social de usuários, mediante a construção de espaços de convívio e sustentação das diferenças na comunidade e em variados espaços da cidade. Oferece aos usuários a possibilidade de diálogo por meio de atividades de baixa exigência, intervenções breves, apoiadas em práticas redutoras de danos e educativas. As estratégias de acolhimento/escuta têm se constituído como um circuito alternativo de sociabilidade, por meio

Quadro 33.5 • Características principais dos modelos de atenção à saúde na abordagem dos problemas relacionados com o consumo de SPA

Características	Modelo manicomial	Modelo da atenção psicossocial
Discursos	Periculosidade; doença; abstinência	Respeito à diferença; defesa da vida e da dignidade da pessoa humana; redução de danos
Princípios	Institucionaização; isolamento; tutela	Desinstitucionalização; liberdade; autonomia; cidadania; interdisciplinaridade; intersetorialidade
Objeto	Doença	Sujeito; família; comunidade; território
Objetivo	Remissão dos sintomas	Reabilitação psicossocial
Agentes	Médicos/psiquiatras	Equipe multiprofissional
Práticas	Clínica médica	Clínica "ampliada"; técnico de referência; atenção domiciliar; acompanhamento terapêutico no território; oficinas terapêuticas Outras práticas alternativas vêm sendo ensaiadas
Dispositivos	Hospital psiquiátrico	Rede de atenção psicossocial

de espaços e possibilidades de convivência, mediados por atividades artísticas e culturais, se configurando em novas formas de vínculo entre usuários e profissionais e ampliando a possibilidade de acesso e inclusão na rede social.

Todas essas propostas têm em comum a construção de práticas sustentadas por dispositivos diversificados, abertos, de natureza comunitária ou territorial, com cogestão dos usuários e da comunidade. Nesse sentido, as experiências e propostas são cada vez mais diversas e intersetoriais, ao mesmo tempo que trazem a marca da singularidade do usuário inserido em determinado contexto histórico, cultural, social, econômico e político.

CONSIDERAÇÕES FINAIS

O consumo de drogas é visto na atualidade como um fenômeno global, de interesse internacional, sendo objeto de políticas públicas cujos propósitos principais, historicamente, têm sido a repressão ao tráfico de drogas consideradas ilegais e a contenção dos usuários por meio de medidas de internamento ou tratamento, na maior parte das vezes compulsórias, na perspectiva da construção de um "mundo ideal sem drogas". Essas políticas de dimensão intercontinental influenciaram sobremaneira a construção e a consolidação das políticas públicas brasileiras relacionadas com a temática em questão.

Como tantas outras, o consumo de drogas pode ser compreendido como uma prática social, que deixou de ser regulada exclusivamente segundo preceitos culturais, ritualísticos e litúrgicos após a Revolução Industrial, quando passou a ser um bem de consumo, convertendo-se em mercadoria. Ainda no século XIX, a luta pelo domínio desse mercado entre ingleses e chineses resultou nas conhecidas Guerras do Ópio, em 1839 e 1865. Durante todo o século XX, assistiu-se ao fenômeno da internacionalização da prática comercial de SPA em larga escala e da transnacionalização das medidas de controle, calcadas em um discurso proibicionista e higienista na perspectiva de um "mundo sem drogas", ao mesmo tempo que, cada vez mais, o tráfico ilícito tornava-se um dos mercados mais lucrativos do mundo (Silva, 2011).

No campo da saúde, os resultados da inversão produzida pela transformação da droga em bem de mercado foram desastrosos. O nascimento da toxicomania como construção social e o enclausuramento e exclusão de usuários, consumidores necessários à manutenção desse mercado, produziram violência, criminalidade e doença, ao mesmo tempo que elegeram o grande bode expiatório: o consumidor.

A conformação das políticas sobre drogas no Brasil foi reflexo desse fenômeno global, que se apoiou em uma estreita articulação entre campos disciplinares especializados no campo da medicina – que estabeleceu a nosografia classificatória dos problemas médicos associados ao consumo – e do direito – que definiu as infrações e penalidades correspondentes – sustentados, ambos, por discursos de cunho moral que colocaram os sujeitos consumidores na condição não apenas de doentes e/ou infratores, mas de sujeitos destituídos de valor social ou, no dizer de Espinheira (2004: 14), de "sujeito tornado sujeira humana".

As contradições e a subordinação do saber médico ao discurso jurídico são reveladas pelo fato de a proibição ou interdição do consumo deste ou daquele produto obedecer menos a critérios farmacológicos – intoxicação e danos – do que a interesses políticos e econômicos próprios a épocas e lugares distintos. O comércio internacional do álcool floresceu enormemente nos tempos da Lei Seca nos EUA. A indústria farmacêutica e de drogas ilegais é das mais lucrativas do planeta.

O processo de redemocratização da sociedade brasileira e os movimentos contemporâneos a este na saúde – a Reforma Sanitária e a Reforma Psiquiátrica – trouxeram à tona as mazelas e consequências perversas do modelo excludente da atenção ao usuário de SPA no país, ao mesmo tempo que propostas afinadas com um novo ideário vêm sendo construídas, em um cenário ainda muito marcado por disputas ideológicas e de modelos de intervenção, e pleno de incertezas.

O discurso higienista é reeditado a todo momento. No ano de 2012, assistimos à retirada das ruas dos usuários de *crack*, por se constituírem em "ameaças à sociedade". Essas iniciativas ganham adesão de parcelas da população e, também, de alguns representantes de categorias de profissionais de saúde, trazendo mais uma evidência de que a parceria médico-jurídica e a articulação dos saberes desses campos não têm se dado em benefício da população e têm reforçado modelos de (des)atenção.

É bem verdade, também, que assistimos à emergência de propostas na contramão dessa história, propostas que podemos qualificar como contra-hegemônicas e que trazem inovações organizacionais que têm em comum a constituição de redes sociais solidárias, promovendo encontros interpessoais e intercomunitários para mobilização dos recursos e das competências dos indivíduos, das famílias e das comunidades no cuidado ao usuário de SPA. Esses novos dispositivos de atenção tentam levar em consideração as necessidades dos indivíduos, fugindo da lógica da abstinência e da internação. Nestas, a pessoa que faz uso de SPA é vista como ser ativo, capaz e útil para seus pares e para a sociedade, como um protagonista, como um cidadão de direitos.

Finalmente, devemos reconhecer que a construção da viabilidade de propostas alternativas extrapola, em muito, o espaço social da saúde e que para estabelecer uma nova agenda para o Estado brasileiro nesse campo não basta o enunciado dos princípios que defendemos. Entre tantas outras coisas, como desnaturalizar o que se tornou pensamento comum, pensar e agir estrategicamente, criar novos fatos e acumular poder, ainda é preciso investir muito na produção de um conhecimento novo. A literatura sobre o tema tem se revelado insuficiente, especialmente na perspectiva da análise sócio-histórica das políticas brasileiras e da avaliação da implantação e da efetividade das práticas de saúde. Também aí, é necessário estabelecer rupturas com o preconceito de que a militância dispensa uma teorização mais robusta, para que nossos discursos não se reduzam apenas a boas intenções.

Referências

Alves VS. Modelos de atenção à saúde de usuários de álcool e outras drogas: discursos políticos, saberes e práticas. Cad Saúde Pública, Rio de Janeiro, 2009; 25(11):2309-19.

Amarante P. Saúde mental e atenção psicossocial. Rio de Janeiro: Fiocruz, 2007. 120p.

Amarante P. Saúde mental, desinstitucionalização e novas estratégias de cuidado. In: Giovanella L et al. (org.) Políticas e sistemas de saúde no Brasil. Rio de Janeiro: Fiocruz, 2008:735-59.

American Psychiatric Association (APA). Diagnostic and statistical manual of mental disorders. DSM-IV. 4. ed. Washington DC, 1994.

Araújo MR, Moreira FG. História das drogas. In: Silveira DX, Moreira FG (orgs.) Panorama atual de drogas e dependências. São Paulo: Atheneu, 2006:9-14.

Bastos FI, Mesquita F. Estratégias de redução de danos. In: Seibel S, Toscano Jr A (orgs.) Dependência de drogas. São Paulo: Atheneu, 2001:181-90.

Boiteux L. Sumário Executivo Relatório de Pesquisa "Tráfico de Drogas e Constituição". Série Pensando o Direito. Rio de Janeiro/Brasília: Ministério da Justiça, 2009. 121p.

Brasil. Ministério da Saúde. Secretaria Nacional de Assistência à Saúde. Departamento de Programas de Saúde. Coordenação de Saúde Mental. Normas e procedimentos na abordagem do abuso de drogas. Brasília: Ministério da Saúde, 1991.

Brasil. Lei 10.216, de 6 de abril de 2001. Dispõe sobre a proteção e os direitos das pessoas portadoras de transtornos mentais e redireciona o modelo assistencial em saúde mental. Diário Oficial [da] República do Brasil, Poder Executivo, Brasília, DF, 9 abr. 2001.

Brasil. Ministério da Saúde. Sistema Único de Saúde. Conselho Nacional de Saúde. Comissão Organizadora da III CNSM. Relatório Final da III Conferência Nacional de Saúde Mental. Brasília: Conselho Nacional de Saúde/ Ministério de Saúde. 2002a.

Brasil. Portaria 336 GM/MS, de 19 de fevereiro 2002. Brasília, 2002b.
Brasil. Portaria 189 SAS/MS, de 20 de março de 2002. Brasília, 2002c.
Brasil. Portaria 816 GM/MS, de 30 de abril de 2002. Brasília, 2002d.
Brasil. Portaria 305 SAS/MS, de 3 de maio de 2002. Brasília, 2002e.

Brasil. Ministério da Saúde. A Política do Ministério da Saúde para atenção integral a usuários de álcool e outras drogas. Ministério da Saúde, Secretaria Executiva, Coordenação Nacional de DST e AIDS. Brasília, 2003a.

Brasil. Lei 10.708, de 31 de julho de 2003. Institui o auxílio-reabilitação psicossocial para pacientes acometidos de transtornos mentais egressos de internações. Diário Oficial [da] República do Brasil, Poder Executivo, Brasília, DF, 1 agosto. 2003b.

Brasil. Portaria 2.197 GM/MS, de 14 de outubro de 2004. Brasília, 2004.
Brasil. Portaria 1.028 GM/MS, de 1 de julho de 2005. Brasília, 2005a.
Brasil. Portaria 1.059 GM/MS, de 4 de julho de 2005. Brasília, 2005b.
Brasil. Portaria 384 GM/MS, de 5 de julho de 2005. Brasília, 2005c.
Brasil. Portaria 1.612 GM/MS, de 9 de setembro de 2005. Brasília, 2005d.
Brasil. Conselho Nacional Antidrogas. Política nacional sobre drogas. Brasília: Conselho Nacional Antidrogas, 2005e.

Brasil. Lei 11.343, de 23 de agosto de 2006. Institui o Sistema Nacional de Políticas Públicas sobre Drogas – Sisnad; prescreve medidas para prevenção do uso indevido, atenção e reinserção social de usuários e dependentes de drogas; estabelece normas para repressão à produção não autorizada e ao tráfico ilícito de drogas; define crimes e dá outras providências. Diário Oficial [da] República do Brasil, Poder Executivo, Brasília, DF, 24 ago. 2006.

Brasil. Decreto 6.117, de 22 de maio de 2007 – DOU de 23/5/2007. Aprova a Política Nacional sobre o Álcool, dispõe sobre as medidas para redução do uso indevido de álcool e sua associação com a violência e criminalidade, e dá outras providências. Diário Oficial [da] República do Brasil, Poder Executivo, Brasília, DF, maio de 2007.

Brasil. Decreto 7.179, de 20 de maio de 2010 – DOU de 21/5/2010. Institui o Plano Integrado de Enfrentamento ao Crack e outras Drogas, cria o seu Comitê Gestor, e dá outras providências. Diário Oficial [da] República do Brasil, Poder Executivo, Brasília, DF, maio de 2010a.

Brasil. Ministério da Saúde. Sistema Único de Saúde. Conselho Nacional de Saúde. Comissão Organizadora da IV CNSM. Relatório Final da IV Conferência Nacional de Saúde Mental. Brasília: Conselho Nacional de Saúde/ Ministério de Saúde, 2010b.

Brasil. Secretaria Nacional de Políticas sobre Drogas. Centro Brasileiro de Informações sobre Drogas. Livreto Informativo sobre drogas psicotrópicas. SENAD. Brasília, 2011a. 64 p.

Brasil. Portaria 3.088 GM/MS, de 23 de dezembro de 2011. Brasília, 2011b.
Brasil. Portaria 121 GM/MS, de 25 de janeiro de 2012. Brasília, 2012a.
Brasil. Portaria 130 GM/MS, de 26 de janeiro de 2012. Brasília, 2012b.
Brasil. Portaria 131 GM/MS, de 26 de janeiro de 2012. Brasília, 2012c.
Brasil. Portaria 1.028 GM/MS, de 26 de janeiro de 2012. Brasília, 2012d.

Bravo OA. Discurso sobre drogas nas instituições públicas do DF. Temas em Psicologia da SBP. Universidade de Brasília, 2002; 10(1): 39-52.

Bucher R. A ética da prevenção. PsicTeor Pesq 2007; 23(supl.):117-23.

Cruz MS, Ferreira SMB. Determinantes sócio-culturais do uso abusivo de álcool e outras drogas. In: Cruz MS, Ferreira SMB (orgs.) Álcool e drogas: usos, dependências e tratamentos. Rio de Janeiro: Ipub-Cuca, 2001:95-113.

Delay J, Deniker P. Méthodes chimiothérapique sen psychiatrie. Paris: Masson, 1961.

Escohotado A. Historia de las drogas. Madrid: Alianza Editorial, 1995.

Espinheira G. Os tempos e os espaços das drogas. In: Almeida AR, Ferreira OS, MacRae E, Nery Filho A, Tavares LA (orgs.) Drogas, tempos, lugares e olhares sobre o seu consumo. Salvador, Edufba, Cetad/Ufba, 2004:1-26.

Ferreira Neto JL. Psicologia, políticas públicas e o SUS. São Paulo, Escuta; Belo Horizonte, Fapemig, 2011. 222p.

Fiore M. A medicalização da questão do uso de drogas no Brasil: reflexões acerca de debates institucionais e jurídicos. In: Venâncio RP, Carneiro H (orgs.) Álcool e drogas na História do Brasil. São Paulo, Alameda; Belo Horizonte, Editora PUC Minas, 2005:257-90.

Flach PM. A implementação do modelo de Atenção Integral a Usuários de álcool e outras drogas no Estado da Bahia. 165 f. [Dissertação de Mestrado em Saúde Coletiva] Instituto de Saúde Coletiva, Universidade Federal da Bahia, Salvador, 2010.

Foucault M. O nascimento da clínica. 6. ed. Rio de Janeiro: Editora Forense Universitária, 2008.

Foucault M. História da loucura. São Paulo: Editora Perspectiva, 2010. 551 p.

Instituto de Medicina Social e Criminalística (IMESC)/INFOdrogas. São Paulo. Disponível em: http://www.imesc.sp.gov.br/infodrogas/convenc.htm. Acesso em: 17/10/2012.

Lewin L. Phantastica. Paris: Payot, 1970.

Lins e Silva T. O que é ser advogado: memórias profissionais de Técio Lins e Silva/em depoimento a Fernanda Pedrosa. 2. ed. Rio de Janeiro: Record, 2005. 254p.

Machado AR. Uso prejudicial e dependência de álcool e outras drogas na agenda da Saúde Pública: um estudo sobre o processo de constituição da política pública de saúde do Brasil para usuários de álcool e outras drogas. 151 f. [Dissertação de Mestrado em Saúde Pública] Faculdade de Medicina, Universidade Federal de Minas Gerais, Belo Horizonte, 2006.

Machado AR, Miranda PSC. Fragmentos da história da atenção à saúde para usuários de álcool e outras drogas no Brasil: da Justiça à Saúde Pública. Hist Ciênc Saúde-Manguinhos 2007; 14(3):801-21.

Medina MG, Aquino R, Almeida-Filho N. Nery-Filho A. Epidemiologia do uso/uso abusivo de substâncias psicoativas In: Almeida-Filho N, Barreto ML. (orgs.) Epidemiologia e saúde: fundamentos, métodos, aplicações. Rio de Janeiro: GEN e Guanabara Koogan, 2011:527-44.

Mendonça AB, Carvalho PG. Lei de Drogas: lei 11.343, de 23 de agosto de 2006 – Comentada artigo por artigo. São Paulo: Método, 2007.

Mission Interministerielle de Lutte Contre la Drogue e la Toxicomanie (MILDT). Comité Français d'Education pour la Santé. Drogues: Savoir plus risquer moins. Paris, 2000. 146p.

Misse M. O movimento: a constituição e reprodução das redes do mercado informal ilegal de drogas a varejo no Rio de Janeiro e seus efeitos de violência. In: Baptista M, Cruz MS, Matias R (orgs.) Drogas e pós-modernidade: faces de um tema proscrito. Rio de Janeiro: Ed. Uerj, 2003:147-56.

Nowlis H. La drogue démythifiée. Paris: Presses de l'Unesco, 1982. 108p.

Organização Mundial da Saúde. CID 10 – Critérios diagnósticos para pesquisa. Porto Alegre: Artes Médicas Sul, 1997.

Paim JS. Saúde, Política e Reforma Sanitária. Salvador: CESP/ISC, 2002. 447 p.

Ribeiro M, Araújo MR. Política mundial de drogas ilícitas: uma reflexão histórica. In: Silveira DX, Moreira FG (orgs.) Panorama atual de drogas e dependências. São Paulo: Atheneu, 2006:457-68.

Sawaia B. Introdução: exclusão ou inclusão perversa? In: Sawaia B et al. (orgs.) As artimanhas da exclusão: análise psicossocial e ética da desigualdade social. Petrópolis, RJ: Vozes, 2009:7-13.

Santoucy LB, Conceição MIG, Sudbrack MFO. A compreensão dos operadores de direito do Distrito Federal sobre o usuário de drogas na vigência da nova lei. Psicologia: Reflexão e Crítica. Porto Alegre 2010; 23(1):176-85.

Seibel SD, Toscano JRA. Conceitos básicos e classificação geral das substâncias psicoativas. In: Seibel SD, Toscano JRA (orgs.) Dependência de drogas. São Paulo: Atheneu, 2001.

Silva AFLM. Histórico das drogas na legislação brasileira e nas convenções internacionais. Jus Navigandi, Teresina, ano 16, n. 2934, 14 jul. 2011. Disponível em: http://jus.com.br/revista/texto/19551. Acesso em: 25/10/2012.

Simões JA. Prefácio. In: Labate BC, Goulart S, Fiore M, MacRae E, Carneiro (orgs.) Drogas e cultura: novas perspectivas. Salvador: Edufba, 2008.

World Health Organization (WHO). International Statistical Classification of Diseases and Related Health Problems 10th Revision. 2007. Disponível em: http://apps.who.int/classifications/icd10/browse/2010/en Acesso em: 30/10/2012.

Zafiropoulos M, Pinell P. Drogues, déclassement et stratégies de disqualification. Actes de la recherche en sciences sociales 1982; 42:61-75.

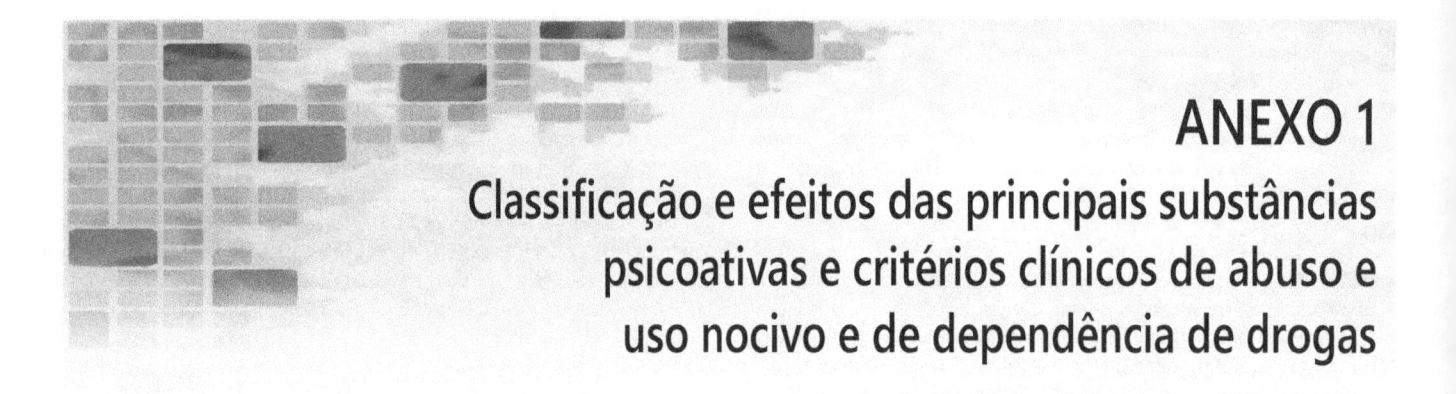

ANEXO 1
Classificação e efeitos das principais substâncias psicoativas e critérios clínicos de abuso e uso nocivo e de dependência de drogas

Uma das primeiras classificações das substâncias modificadoras do psiquismo foi proposta em 1924 pelo farmacologista alemão L. Lewin, que as agrupou em cinco categorias: *Euphorica* (calmantes da vida psíquica), *Phantastica* (alucinógenos), *Inebriantia* (embriagantes), *Hypnotica* (indutoras do sono) e *Excitantia* (estimulantes) (Lewin, 1970).

Em 1957, os psiquiatras franceses Jean Delay e Pierre Deniker propuseram uma nova classificação a partir do que chamaram "tônus mental" ou "tensão mental", envolvendo, em particular, a consciência na perspectiva neurológica (vigilância). Nesse sentido, propuseram reunir as substâncias modificadoras do psiquismo em três categorias: depressoras ou sedativas (psicolépticas), excitantes ou estimulantes (psicoanalépticas) e perturbadoras, desorganizadoras ou alucinógenas (psicodislépticas) (Delay & Deniker, 1961).

Atualmente, podemos adotar a classificação abaixo (Senad/Cebrid, 2011):

SPA DEPRESSORAS DO SNC

- **Bebidas alcoólicas:** nesse grupo se encontram as substâncias mais largamente utilizadas no mundo ocidental. Conhecidas há mais de 6 mil anos, inicialmente apresentavam baixo teor em álcool (bebidas fermentadas: cerveja e vinho), até a introdução, pelos árabes, da destilação na Europa da Idade Média (bebidas destiladas), consideradas àquela época como medicamento em razão da capacidade sedativa da dor e das "preocupações da alma". O consumo de bebidas alcoólicas tem sido amplamente estimulado, em que pesem os problemas decorrentes de seu uso, como acidentes de trânsito, acidentes de trabalho, doenças associadas e dependência química (alcoolismo).
- **Tranquilizantes ou ansiolíticos:** são medicamentos de comércio controlado, exigindo prescrição médica para seu uso. Esses depressores do SNC reduzem ou inibem a percepção da ansiedade e do estresse e correspondem, quase que exclusivamente, aos benzodiazepínicos (diazepam, bromazepam, clobazam, clorazepam, lorazepam, dentre outros), existindo, no Brasil, mais de cem apresentações comerciais para estes princípios ativos (Valium®, Dienpax®, Frontal®, Lexotan®, Lorax®, Urbanil® etc.). A generalização de sua prescrição médica e utilização inadequadas tem dado origem ao consumo de risco e à dependência. Por seu efeito relaxante muscular e indutor do sono, os tranquilizantes diazepínicos facilitam a ocorrência de acidentes de trânsito e acidentes de trabalho. Considerados medicamentos seguros quanto à baixa capacidade de produzir danos por intoxicação aguda, quando associados a bebidas alcoólicas, os benzodiazepínicos podem levar facilmente ao coma e morte.
- **Opiáceos e opioides:** os opiáceos são medicamentos naturais, obtidos da planta *Papaver somniferum*, também conhecida como *papoula-do-oriente*, da qual se extrai um suco leitoso, o ópio; os opioides são substâncias semissintéticas ou sintéticas, produzidas em laboratório. O *pó de ópio* dá origem a várias substâncias, dentre as quais merecem destaque a morfina e a codeína. A primeira, fortemente sedativa da dor e indutora do sono, é largamente utilizada em cancerologia e em grandes traumatizados, enquanto a segunda foi amplamente utilizada em remédios antitussígenos. Atualmente, por sua forte capacidade de produzir dependência, com graves e intensas síndromes de abstinência, a prescrição desses produtos exige formulário especial fornecido pela autoridade sanitária, tendo sido a codeína retirada da fórmula dos xaropes. A heroína, produto obtido a partir da morfina, é considerada semissintética e é o mais importante produto de uso abusivo na Europa, raramente encontrado no Brasil.

  Quanto aos opiáceos sintéticos, merece menção a metadona, de uso oral, utilizada para tratamento da dependência à heroína nos chamados "tratamentos de substituição".
- **Solventes ou inalantes:** são substâncias de comércio lícito, largamente utilizadas na composição de colas, esmaltes, tintas, removedores, vernizes, propelentes, dentre outros produtos. Quase todos os solventes são

voláteis e inflamáveis; portanto, facilmente causam acidentes. Sua capacidade depressora do SNC caracteriza-se pela desinibição psíquica inicial, seguida de depressão, que pode se aprofundar e chegar ao coma e à morte, além de apatia, dificuldade de concentração e déficit de memória. A cola de sapateiro e o "cheirinho da lóló" estão entre os produtos mais utilizados pelos meninos e meninas em situação de rua, provavelmente em razão do baixo custo, da possibilidade de armazenamento para o uso repetido e da inibição da fome e do medo. A inalação crônica dos solventes pode causar lesões da medula óssea, rins, fígado e nervos periféricos.

SPA ESTIMULANTES DO SNC

Sob essa denominação encontram-se os mais diversos produtos: café ou chá, cuja ação se deve à *cafeína*; o tabaco, largamente associado às doenças cardiovasculares e neoplasias malignas do aparelho respiratório, em razão da intoxicação pela *nicotina*, monóxido de carbono e alcatrões; as *anfetaminas*, em geral destinadas ao emagrecimento e à supressão do sono e do cansaço, têm seu consumo associado aos acidentes em estradas por motoristas profissionais e, mais recentemente, pelos adeptos das festas eletrônicas, *raves* ou cenas *trance* (êxtase ou MDMA).

- **Cloridrato de cocaína, *crack* e merla:** natural da América do Sul, a coca foi levada para a Europa pelos espanhóis no século XVI. Durante muito tempo usada como medicamento para tratamento da astenia (falta de ânimo), depressão e cansaço, alcançou seu maior sucesso através do *Vinho Mariani*. Proibido no Brasil em 1914, o consumo de cocaína ganhou novas proporções a partir dos anos 1960. O *crack* e a merla são pastas (*free bases*), obtidas em estágios iniciais da extração do cloridrato, sendo pouco solúveis em água e utilizadas via pulmonar (fumo). Comercializado sob a forma de pedras, o *crack* tem bicarbonato de sódio acrescido à sua composição. As graves consequências relacionadas com o consumo do *crack* e da merla podem ser explicadas por sua via de introdução pulmonar, a qual resulta em intensa absorção, produzindo estados de grande excitação e euforia, de curta duração (em torno de 5 minutos). A absorção pelas vias venosa e nasal produz efeitos cuja duração é de 20 a 40 minutos. O *crack* e a merla promovem alteração rápida e intensa da bioquímica do SNC, produzindo uma necessidade equivalente de repetição do uso, denominada "fissura". Os delitos cometidos pelos usuários de *crack* parecem estar associados a essa forte compulsão ao uso.

SPA PERTURBADORAS OU DESORGANIZADORAS DO SNC

Sob essa denominação encontram-se produtos naturais e sintéticos, legais e ilegais. Em geral, são considerados nesse grupo: a *Cannabis sativa*, conhecida no Brasil desde meados do século XVI, teve seu uso proibido em quase todo o mundo ocidental no início do século XX, tornando-se o produto ilícito mais consumido. Conhecida por *maconha*, e na maioria dos países como *marijuana*, apresenta em sua composição mais de 60 moléculas diferentes, denominadas canabinóis, uma das quais, o tetra-hidrocanabinol, ou simplesmente THC, é responsável pelos efeitos sobre o SNC, encontrado em maiores concentrações na resina chamada haxixe, nas flores e folhas da planta; seu uso medicinal tem sido sugerido no Brasil, encontrando-se, no entanto, forte resistência por parte do sistema jurídico.

A *ayahuasca*, ou "*vinho da vida*" em quechua, é uma bebida obtida da cocção da folha mariri *(Banisteriopis caapi)* e do cipó chacrona *(Psichotria viridis)* – também denominados *enteógenos*, por facilitar ou possibilitar a "comunicação com o divino" – utilizada em rituais religiosos nascidos na Amazônia Ocidental no início do século XX e hoje difundidos pelo Brasil (Santo Daime e União do Vegetal).

Podem-se mencionar, ainda, como produtos naturais, alguns cogumelos encontrados no México e no Brasil, a *jurema* e a *mescalina*, obtida do cacto *peyot*.

A *dietilamida do ácido lisérgico* ou (*LSD – 25*), sintetizada em laboratório, é a mais potente substância desse grupo. Capaz de produzir pseudoalucinações, isto é, distorções da sensopercepção, a partir de estímulos reais, facilita a ocorrência de acidentes. Do ponto de vista psíquico, pode desencadear surtos psicóticos. Teve largo uso nos anos 1960, inclusive como "facilitador" do tratamento psicoterápico.

Os *anticolinérgicos* são também produtos capazes de perturbar o funcionamento do SNC e podem ser encontrados na flor do lírio, saia-branca ou trombeteira, ou sintetizados em laboratório. Na planta, os efeitos psíquicos se devem à presença de atropina e/ou escopolamina, enquanto nos medicamentos Artane® e Bentyl® os efeitos são devidos às moléculas triexafenidil e diciclomina, respectivamente. Em razão das facilidades e do desenvolvimento científico, sobretudo nos EUA, são produzidas inúmeras moléculas químicas originais capazes de alterar o funcionamento psíquico, a exemplo do PCP (Fenilciclidina ou Fenilcicloexilpiperidina).

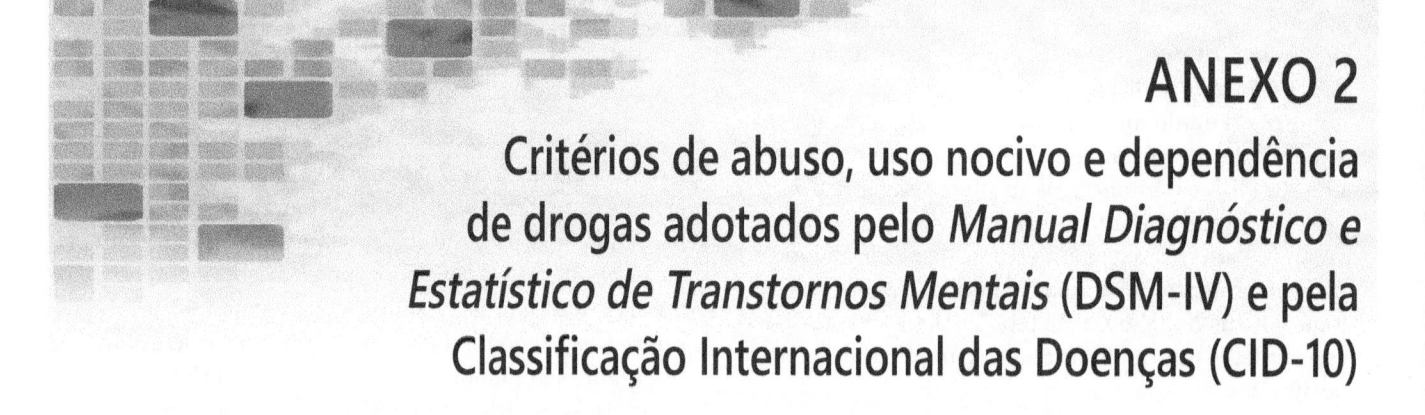

ANEXO 2
Critérios de abuso, uso nocivo e dependência de drogas adotados pelo *Manual Diagnóstico e Estatístico de Transtornos Mentais* (DSM-IV) e pela Classificação Internacional das Doenças (CID-10)

DSM - IV	CID -10
Abuso	**Uso nocivo**
Um ou mais dos seguintes sintomas ocorrendo no período de 12 meses, sem nunca preencher critérios para dependência: • Uso recorrente, resultando em fracasso em cumprir obrigações importantes relativas a seu papel no trabalho, na escola ou em casa • Uso recorrente em situações nas quais isto representa perigo físico • Problemas legais recorrentes relacionados com a substância • Uso continuado, apesar de problemas sociais ou interpessoais persistentes ou recorrentes causados ou exacerbados pelos efeitos da substância	• Evidência clara de que o uso foi responsável (ou contribuiu consideravelmente) por dano físico ou psicológico, incluindo capacidade de julgamento comprometida ou disfunção de comportamento • A natureza do dano é claramente identificável • O padrão de uso tem persistido por pelo menos 1 mês ou tem ocorrido repetidamente dentro de um período de 12 meses • Não satisfaz critérios para qualquer outro transtorno relacionado com a mesma substância no mesmo período (exceto intoxicação aguda)
Dependência	

Padrão mal-adaptativo de uso, levando a prejuízo ou sofrimento clinicamente significativo, manifestado por três ou mais dos seguintes critérios, ocorrendo a qualquer momento no mesmo período de 12 meses:
 	
• **Tolerância**, definida por qualquer um dos seguintes aspectos:
  a) Uma necessidade de quantidades progressivamente maiores para adquirir a intoxicação ou efeito desejado
  b) Acentuada redução do efeito com o uso continuado da mesma quantidade
• **Abstinência**, manifestada por qualquer dos seguintes aspectos:
  a) Síndrome de abstinência característica para a substância
  b) A mesma substância (ou uma substância estreitamente relacionada) é consumida para aliviar ou evitar sintomas de abstinência
• **A substância é frequentemente consumida em maiores quantidades** ou por um período mais longo do que o pretendido
• Existe um **desejo persistente** ou esforços malsucedidos no sentido de reduzir ou controlar o uso
• **Muito tempo é gasto** em atividades necessárias para obtenção e utilização da substância ou na recuperação de seus efeitos
• **Importantes atividades** sociais, ocupacionais ou recreativas são abandonadas ou reduzidas em virtude do uso
• **O uso continua, apesar da consciência de ter um problema** físico ou psicológico persistente ou recorrente que tende a ser causado ou exacerbado pela substância
	Três ou mais das seguintes manifestações ocorrendo conjuntamente por pelo menos 1 mês ou, se persistirem por períodos menores que 1 mês, devem ter ocorrido juntas de maneira repetida em um período de 12 meses:
	
	• **Forte desejo ou compulsão** para consumir a substância
	• **Comprometimento da capacidade de controlar** início, término ou níveis de uso, evidenciado pelo consumo frequente em quantidades ou períodos maiores do que o planejado ou por desejo persistente ou esforços infrutíferos para reduzir ou controlar o uso
	• **Estado fisiológico de abstinência** quando o uso é interrompido ou reduzido, como evidenciado pela síndrome de abstinência característica da substância ou pelo uso desta ou similar para aliviar ou evitar esses sintomas
	• **Evidência de tolerância aos efeitos**, necessitando de quantidades maiores para obter o efeito desejado ou estado de intoxicação ou redução acentuada desses efeitos com o uso continuado da mesma quantidade
	• **Preocupação com o uso**, manifestado pela redução ou abandono das atividades prazerosas ou de interesse significativo por causa do uso ou do tempo gasto na obtenção, consumo e recuperação dos efeitos
	• **Uso persistente**, a despeito de evidências claras de consequências nocivas, evidenciadas pelo uso continuado quando o sujeito está efetivamente consciente (ou espera-se que esteja) da natureza e da extensão dos efeitos nocivos

34

Prevenção, Atenção e Controle em Saúde Mental

Mônica de Oliveira Nunes • Rosana Onocko-Campos

SITUAÇÃO ATUAL DOS PROBLEMAS DE SAÚDE MENTAL

Atualmente, a saúde mental contribui com taxas de morbidade muito elevadas no Brasil e no mundo. Dados da Organização Mundial da Saúde (OMS, 2002) registram que as perturbações mentais e comportamentais atingem de 20% a 25% de todas as pessoas em dado momento de suas vidas. Segundo Raviola *et al.* (2011), os transtornos neuropsiquiátricos compreendem uma carga relacionada com a doença e a incapacidade da ordem de 14%, tendo a depressão como líder de incapacidade no mundo; apesar disso, recebem uma alocação desproporcional de recurso: 4% de todo o orçamento da saúde. Estudos nacionais (Schmidt, 2011) apontam que cerca de 30% dos adultos brasileiros apresentam sintomas de transtornos mentais comuns, com prevalência em pessoas com níveis mais baixos de educação e renda. Na Bahia, Almeida-Filho *et al.* (2004) encontraram uma prevalência de 12,2% de transtornos depressivos, além de corroborarem com a ideia de que a prevalência aumenta entre pessoas de classes sociais mais desfavorecidas e menos educadas.

Esses poucos dados deixam antever a magnitude dos transtornos mentais no mundo e no Brasil contemporâneos e, em muitos dos casos, uma tendência de que esses fenômenos tenham relação com dados socioeconômicos. Embora essa correlação não seja da mesma ordem em todos os tipos de transtornos, ela tende a existir, seja evidenciando uma relação em que condições de pobreza aumentam o risco de adoecimento mental, o que é observado, principalmente, nos casos de transtornos mentais comuns, seja detectando uma tendência ao empobrecimento em decorrência do adoecimento, como nos transtornos mais graves, a exemplo dos esquizofrênicos (Lund *et al.*, 2011). Outros estudos mostram que as pessoas com transtornos mentais tendem a ser mais excluídas na sociedade, havendo na França, por exemplo, uma estimativa de que elas constituem, atualmente, um terço das populações sem domicílio fixo (SDF) e carcerária do país (Borrel, 2010).

Por este breve quadro esboçado, depreende-se a grande necessidade de precisar melhor o que produz os transtornos mentais e, consequentemente, o que poderia preveni-los, e os grandes desafios envolvidos em seu tratamento e busca de reinserção social de pessoas que, ao terem adoecido, viram, de algum modo, seu lugar social comprometido. Neste capítulo, apresentaremos um panorama crítico de aspectos ligados a prevenção, atenção e controle no campo da saúde mental, contextualizando-os a partir de mudanças político-históricas nesse campo.

COMPLEXIDADE DO CONCEITO DE PREVENÇÃO DO ADOECIMENTO MENTAL

O conceito de prevenção apresenta grande complexidade no mundo contemporâneo. Após os trabalhos de Foucault (1980), a discussão sobre a tendência ao controle e uso do biopoder tornou-se quase consenso nas ciências sociais. No contexto da saúde coletiva brasileira, esse conceito foi problematizado desde os anos 1970 com o *Dilema Preventivista* de Arouca (2003) e tem sido abordado por numerosos autores da saúde coletiva (Camargo Jr, 2003; Filice, 2008).

Contudo, devemos admitir que, quando o referimos à saúde mental, essa complexidade aumenta de modo exponencial. Se há controvérsias acaloradas para decidir pela incorporação de uma ou outra vacina à programação de vacinações regulares do sistema público, imaginemos a árdua construção de consenso que seria necessária para a implementação de medidas preventivas de saúde mental. A primeira questão a ser colocada seria: prevenção do quê? A grande controvérsia de base versa sobre a própria definição do que seja adoecimento mental. Muitos concordariam, talvez, com a definição dos extremos: em um polo, a saúde mental e, no polo oposto, a doença mental grave como os transtornos do espectro psicótico. Mas, e no meio? Os debates sobre a utilização do SRQ-20 (Maragno, 2006) são ilustrativos dessa questão: quando sintomas inespecíficos se tornariam diagnosticáveis como doenças e seriam, portanto, passíveis de intervenções terapêuticas e preventivas? Ali, um amplo território abre-se para a medicalização, porém também para seu outro extremo: a desassistência.

Poderíamos nos perguntar o que se constitui em necessidades sociais de saúde mental. E nossa primeira constatação seria a de que estas não podem ser definidas como tais. Não haveria necessidades (entendidas aqui como questões que poderiam ser definidas objetivamente e para todos, como pode se construir, por exemplo, em relação à quantidade mínima de nutrientes necessários por dia). Contudo, devemos reconhecer que numerosos estudos (OMS, 2001) apontam que os transtornos mentais são cada dia mais prevalentes e isso só tende a crescer com as condições da vida contemporânea. Muitos dos sistemas de saúde de cobertura universal do planeta têm-se preocupado com esse tema (Larigoiztia & Starfiel, 1997) e tentam se reorganizar para enfrentar essa questão, como, por exemplo, o sistema inglês (Rogers & Pilgrim, 2001). No Brasil, alguns estudos realizados pelo Ministério da Saúde mostraram que 55% das equipes de saúde da família – ou seja, o atendimento de primeira linha, na porta de entrada do sistema – recebiam importantes demandas de saúde mental (SM). Encontramos resultados semelhantes – do ponto de vista qualitativo – estudando Unidades Básicas de Saúde (UBS) da Cidade de Campinas (Onocko-Campos et al., 2012) e de Salvador (Nunes et al., 2007).

Estudos em vários locais diferentes do mundo apontam para relações entre desigualdade e saúde mental (Lund et al., 2011; Ludemir & Melo Filho, 2002). Foram constatadas taxas maiores de transtornos graves em regiões desfavorecidas (Ribeiro et al., 2009), e foi apontada uma relação entre maiores graus de medicalização do sofrimento e os mais pobres e com menor grau de instrução (Requier et al., 1984). Foi indicado ainda que dispositivos de acolhimento poderiam contribuir para minimizar esses riscos (Tesser et al., 2010). Essa conjunção de fatores parece apontar que, ainda que não possamos definir *ipsis literis* o que é saúde mental, ou sua prevenção, é evidente que condições de vida minimamente dignas e acesso à educação e à cultura interferem na prevenção do adoecimento psíquico.

O ser humano nasce frágil e tem um período de amadurecimento prolongado, se comparado a qualquer outro mamífero. A dupla mãe-filho tem a função de garantir o desenvolvimento saudável do bebê humano (Winnicott, 1975), e para isso precisa de um ambiente de maturação apropriado. Para Winnicott, o pai teria esse papel no começo da vida do bebê, oferecendo à mãe um ambiente suficientemente seguro e protegido para que esta possa, assim, dedicar-se aos cuidados com o recém-nascido. Como se daria isso no Brasil, um país no qual dados recentes mostram um número cada vez maior de famílias chefiadas por mulheres sozinhas? Outros países galgaram a mudança oferecendo, por meio do Estado, esse ambiente de segurança e proteção: apoio em casa para as mães nas tarefas do lar e licença-maternidade prolongada, inclusive licença para os pais poderem ajudar, além de creches em horário amplo e ambiente seguro para os pequenos, escola em período integral etc. No Brasil, ao contrário, é mister reconhecer que as políticas públicas como um todo, incluindo aí a assistência à infância e à maternidade e o acesso à educação de qualidade e a bens culturais, têm se desenvolvido em um ritmo menor do que o necessário e que o Estado brasileiro e seus agentes continuam se relacionando com seus cidadãos de maneira autoritária e clientelística, o que não contribui para o gozo da cidadania plena.

Ademais, o desejo humano nunca será "meramente" racional, por isso demandas e percepções de necessidades variam de caso a caso, influenciadas por fatores os mais variados. Podemos pensar em fatores culturais, de origem social e nível de renda, ou de idade. Mas, se alguém sente atração por alguém do mesmo sexo, ou ante a vista de um fetiche qualquer, essas são questões insondáveis do desejo que sempre escaparão à política pública. A questão que se coloca para a política é como ela respeitará as singularidades e com qual concepção da organização subjetiva os programas e projetos derivados dessas políticas operarão em suas intervenções clínicas e preventivas.

Pode-se postular que atentar para a prevenção e o cuidado do sofrimento psíquico em suas expressões singulares envolve ações voltadas para momentos da vida que antecedem seu aparecimento, como salientado previamente, e continua no período em que o adoecimento já está instalado, quando sujeitos serão cuidados por meio de terapêuticas específicas, objetivando reduzir o sofrimento e evitar suas consequências danosas. Por exemplo, durante muitos anos o tratamento proposto para pessoas com graves problemas de saúde mental consistia no internamento em grandes hospitais psiquiátricos por longos períodos de tempo. Colocavam-se dezenas e até centenas de pessoas em um mesmo espaço, sem que lhes fossem oferecidos tratamentos singularizados. Será que assim era possível levar em conta a subjetividade de quem estava doente? Como se compreendia a etiologia do adoecimento mental para se pensar que o isolamento da sociedade e o convívio com inúmeras outras pessoas com problemas mentais poderiam ser terapêuticos? E o que fez mudar essa forma de compreensão do processo saúde-doença mental e, consequentemente, os modos de cuidar do sofrimento psíquico? Para entender essas mudanças, apresentaremos o contexto sociopolítico em que emergiram os movimentos internacionais de reforma no campo da saúde mental, de modo a evidenciar as bases teórico-práticas produzidas por eles mesmos e que vieram a constituir o modelo de atenção psicossocial contemporâneo.

DA DOENÇA MENTAL À EXISTÊNCIA-SOFRIMENTO, DO ASILO AO TERRITÓRIO: AMPLIANDO A SAÚDE MENTAL

O que é ter saúde mental? Muitos foram os esforços realizados no sentido de desenvolver esse conceito. Como afirma Robert Castel (1986), a saúde mental tem sido pensada, na maior parte do tempo, a partir da tradição biomédica, que se detém prioritariamente sobre a noção de cura da doença. Nesse caso, essa tradição tende a abordá-la em uma perspectiva terapêutica e, como assinala Castel, historicamente tem sido muito restritiva, uma vez que centrada fundamentalmente sobre o tratamento hospitalar. Ora, já em um primeiro momento, podem-se identificar dois aspectos durante muito tempo hegemônicos na compreensão da saúde mental. De um lado, ela tem sido vista como ausência de doença e, portanto, deveria ser restituída por meio de um tratamento. Por outro lado, o tratamento dominante, desde meados do século XVIII até a segunda metade do século XX, tem sido realizado predominantemente no ambiente intramuros de um hospital psiquiátrico. Isso, que durante tantos séculos pôde parecer algo "natural", reduziu enormemente a compreensão de quais seriam as necessidades de saúde das pessoas que, por algum motivo, desenvolviam algum processo, mais ou menos grave, de adoecimento psíquico e, portanto, limitou também as buscas de solução que deveriam ser realizadas.

A origem desse pensamento e prática acerca da saúde mental remonta a um período muito estudado e descrito por autores como Michel Foucault (1978). Para esse autor, a loucura pensada como doença é fruto de uma construção histórica e não se apresenta como a continuidade de um fenômeno que sempre existiu como tal na humanidade. Como bem assinala Sander (2010: 383), Foucault nos apresenta "uma história diferente: o advento e domínio da razão sobre a desrazão. A loucura é vista a partir da perspectiva que situa a razão como normativa. É a partir daí que a loucura ganha seus contornos e seu exílio". Lantéri-Laura (2001) retoma a análise desse aspecto a partir da constituição do campo da psiquiatria. Destaca o pensamento de Philippe Pinel, fundador da psiquiatria moderna, que propõe a noção de alienação mental, compreendendo-a como uma única doença, abordável pelo tratamento moral e pelo isolamento em instituições que se ocupam exclusivamente desses problemas. Lantéri-Laura destaca o caráter naturalista da abordagem pineliana e retraça, no campo da medicina, alguns momentos precursores do naturalismo nos quais se observa uma tentativa de compreender o fenômeno do adoecimento mental em uma perspectiva cultural que afasta essa compreensão de uma perspectiva religiosa. Como exemplos, o autor aponta o conceito de patologia mental, na medicina antiga, e a explicação de certos transtornos, no Renascimento, que não são vistos como uma ação demoníaca ou provocados por interferência de divindades. Vale ressaltar que as explicações religiosas para os fenômenos de adoecimento mental eram, até o século XVIII, mais frequentes do que as abordagens naturalistas. Essa reconstrução histórica é, portanto, muito interessante, porque se observa que o que é dominante em determinados momento e contexto pode não o ser em outros, modificando-se a posição de centralidade, ou de margem, de uma ou outra explicação em períodos históricos diferentes.

Desse modo, em um primeiro momento, a perspectiva de Pinel foi tomada como revolucionária, uma vez que se propunha a libertar os loucos dos grilhões que os prendiam em instituições religiosas do século XVIII, misturados com mendigos, bandidos e degredados de toda ordem. Esse gesto de Pinel que, ao constituir o alienado mental, institui o alienista, inaugura essa especialidade na medicina e tem como consequência a criação de espaços de tratamento muito particulares. Estes, conhecidos como asilos ou manicômios e caracterizados por "sólidas construções em pedra talhada e arrodeadas de parques e de florestas" (Lantéri-Laura, 2001: 252), favoreceram a progressiva segregação dos pacientes que, no suposto propósito de serem protegidos dos efeitos deletérios da sociedade, tinham, em sua grande maioria, o destino selado de aí permanecer por longos períodos, quando não pelo resto de suas vidas.

O que se observou, ao longo do tempo, foi a presença de um número sempre maior de pessoas internadas nesses asilos, submetidas a tratamentos repetitivos, maciços e despersonalizadores (Goffman, 1974), cada vez menos submetidas a um escrutínio externo, já que o nível de participação de pessoas de fora da comunidade asilar era muito restrito. Os internos eram cobaias de sucessivos tratamentos que não apresentavam resultados satisfatórios em um número grande de casos (Scull, 1989, 2005; Whitaker, 2010), ou passavam a ser alvo fácil de terapêuticas que assumiam perspectivas punitivas, no lugar de curativas, como comprovava o uso indiscriminado do eletrochoque, a reclusão em quartos solitários em momentos de crise ou as contenções repetitivas em camisas de força.

Além disso, em muitas dessas instituições, as condições de vida dos internados se deterioraram, especialmente nos momentos de guerra na Europa, ou nos países de Terceiro Mundo, contextos em que espaços asilares ou prisionais são os primeiros a sofrer contenção orçamentária e abusos de toda ordem em relação aos direitos humanos. Muitas foram as denúncias das péssimas condições de higiene, ou até de morte por inanição, sofridas pelos pacientes. Vale dizer que em inúmeros países essas condições persistiram por séculos e ainda hoje são observadas em alguns lugares, inclusive em alguns municípios brasileiros. Por outro lado, um grande número dos que sobreviviam tinha sua condição de adoecimento cronificada. Muitas evidências indicavam que essas práticas não condiziam com o que se esperava de uma "terapêutica" cujo objetivo, em princípio, seria o de restabelecer a saúde das pessoas que adoeciam (Basaglia, 1985).

Não tardaram a aparecer movimentos que contestavam o modelo asilar de tratamento. Esses movimentos começaram com força na Europa, no final da II Guerra Mundial, traumatizada com as atrocidades dos campos de concentração e movida por buscas libertárias de rompimento com situações que ameaçavam a vida das pessoas, que as oprimiam, ou as mantinham em uma condição de aprisionamento (Borrel, 2010).

Dentre os movimentos que questionaram a perspectiva alienista da psiquiatria, destacam-se aqueles desenvolvidos em quatro países: na França, a psiquiatria institucional ou de setor; na Inglaterra, as comunidades terapêuticas ou antipsiquiatria; nos EUA, a psiquiatria comunitária; e, na Itália, a psiquiatria democrática. Estes tiveram repercussão diferenciada em outros países, inclusive no Brasil. Não é objetivo deste capítulo detalhar desses movimentos; apenas tentaremos abordar de que modo o conceito de saúde mental ganha novos contornos a partir deles. Para tanto, continuaremos articulando os dois aspectos evocados quando se fala em saúde mental: de um lado, como ela é pensada, representada e vivida e, complementarmente, o que se tem feito para mantê-la, restituí-la ou, eventualmente, produzi-la ou inventá-la, o que diz respeito às práticas e aos comportamentos.

Os movimentos aos quais nos referimos apresentavam características muito particulares, mas também alguns objetivos e críticas comuns. Em primeiro lugar, em todos eles se encontram presentes a crítica ao paradigma psiquiátrico alienista de cuidado e a proposta de um modelo de atenção psicossocial, orientado no sentido da comunidade. O modelo inglês é constituído pelas comunidades terapêuticas, extremamente inovadoras no sentido da horizontalização das relações sociais entre pacientes e profissionais, marcando uma forma de cuidado bastante vanguardista, embora com baixo poder de capilaridade social. O modelo francês põe em análise a instituição psiquiátrica e os atores que a constituem, problematizando as relações aí desenvolvidas, atribuindo-lhes um caráter adoecedor e propondo, como solução, a psicoterapia das relações institucionais. O objetivo, com isso, era o de restabelecer o poder terapêutico do ambiente institucional e, ao mesmo tempo, humanizá-lo. No caso norte-americano, a instituição psiquiátrica é instada a estender seu trabalho ao espaço comunitário aberto, ampliando seu escopo de atuação. O hospital psiquiátrico permanece como lugar de tratamento privilegiado para casos de transtornos mais graves, embora haja propostas alternativas no formato comunitário com a perspectiva de desinstitucionalização de pacientes cujos quadros não tenham obtido melhora com o tratamento convencional.

É necessário frisar que a negação dos manicômios, expressa na necessidade de fechá-los, é posta de maneira radical apenas no movimento italiano da psiquiatria democrática. No entendimento dos reformistas italianos, as funções reais de uma instituição manicomial são produzir a exclusão social e manter a ordem social (Basaglia, 2005). Nesse sentido, sua perpetuação mantém essa engrenagem e não possibilita a construção de um novo lugar social para os loucos. Um dos esteios da perpetuação dos manicômios seria o fato de a sociedade enxergar os loucos pelo prisma da periculosidade e da desrazão, o que os torna criaturas ameaçadoras ou pessoas com valor zero no campo das trocas sociais. Essas se configuram como características de segregação em contextos onde a razão é fundamental para garantir que os indivíduos sejam vistos como produtivos, tenham a oportunidade de se inserir no mercado de trabalho, possam ser vistos como cidadãos de direitos etc.

O segundo elemento fundamental para entender esses movimentos diz respeito à compreensão que eles apresentam acerca dos determinantes sociais do sofrimento psíquico. Vale dizer que a concepção das formas de produção, bem como do tipo e significado dessas expressões de sofrimento, ganha particularidades nos diversos movimentos. Os movimentos italiano e inglês ficaram conhecidos por terem se focalizado mais sobre a loucura propriamente dita; os movimentos francês e norte-americano ampliaram progressivamente a preocupação para formas de adoecimento mais leves, mas não menos importantes. Um outro fator de distinção tem sido o entendimento da produção das formas de adoecimento mental: essa produção tem sido entendida como dando ênfase maior aos aspectos socioeconômicos das relações ou aos aspectos relacionais psicodinâmicos e culturais.

No grupo que prioriza os aspectos socioeconômicos das relações, encontramos as abordagens que associam mais diretamente o adoecimento psíquico a influências sociais, como o estresse, o desemprego, a violência urbana, as condições de trabalho etc. O segundo tipo de compreensão tem na psicanálise uma importante precursora e estende o sofrimento psíquico para as neuroses ou para transtornos mentais comuns, incluindo, como aspectos geradores de sofrimento, o mal-estar da vida em sociedade e os processos de inadaptação da infância, entre outros. Nesse caso, a separação entre normal e patológico é muito mais tênue, sendo maior o número de pessoas inscritas nas modalidades neuróticas. Como consequência verifica-se uma ampliação dos problemas incluídos no rol dos transtornos psíquicos, ultrapassando casos exclusivos de "loucura clássica", que abarcam prioritariamente as psicoses, ou os casos mais graves. A terapêutica proposta, por sua vez, também é alargada, incluindo o que Castel (1986) chama de "terapias para normais", que podem abordar muito mais aspectos da promoção da saúde do que da restauração desta.

Nessa compreensão está inscrito, também, o aparecimento de uma visão que propõe uma intervenção mais alargada sobre a sociedade com vistas a ter um efeito mais favorável sobre a saúde mental. A intervenção deixaria de ser uma perspectiva terapêutica estrita para abranger uma concepção de promoção da saúde mental, incluindo nesta uma perspectiva política mais ou menos avançada.

Nessa nova amplitude no reconhecimento de fenômenos desencadeados ou produzidos por dinâmicas sociais, Castel (1986) vai cotejar dois movimentos representativos: o ponto de vista higiênico e profilático que propõe Morel em 1860 na França, cujo objetivo seria o de intervir sobre as condições sociais que suscitam a doença, e o Movimento de Higiene Mental que se desenvolve nos EUA a partir de 1910 e que propõe "trabalhar na proteção da saúde mental da população". Para tal esse movimento se serviria de programas de educação em saúde que difundissem na comunidade os conhecimentos acerca das doenças mentais, suas causas, tratamentos e prevenção. O que, em termos gerais, os diferencia são a estratégia e o horizonte da abrangência projetado por cada um deles. Enquanto o movimento francês tem um escopo mais abrangente de intervir sobre as condições que produzem os riscos de adoecer ou sobre os fatores sociais que perpetuam o adoecimento, no caso do movimento norte-americano o interesse se situa em difundir na sociedade conceitos em saúde mental para que uma sociedade mais esclarecida possa, toda ela, contribuir na redução da produção ou na intervenção precoce sobre os problemas de saúde mental.

Em ambas as sociedades, francesa e americana, verificou-se um desdobramento muito forte desses movimentos e mesmo sua diversificação pela influência de diferentes correntes do pensamento. Nos EUA, observa-se que a psicanálise deu uma contribuição muito forte, mas sua influência ficou mais restrita ao tratamento nos consultórios privados e, de certo modo, nos ambulatórios públicos. O movimento que realmente se difundiu no ambiente extramuros foi a psiquiatria comunitária com um viés de Saúde Pública, algumas vezes bastante politizada, como aquela que se realizava nos guetos, outras vezes, e talvez de maneira mais predominante, bastante prescritiva e ordenadora de uma norma social. No entanto, de um lado, a ausência de uma política de saúde universalizante no contexto norte-americano reduziu enormemente o alcance desse movimento. De outro, a predominância de premissas biomédicas na orientação das ações desse movimento acaba por imprimir nestas uma tendência à medicalização (psiquiatrização) da vida, mais do que a um questionamento sobre os determinantes sociais à base da produção do adoecimento psíquico na sociedade (Castel, 1986).

Na França, também fortemente influenciada pela psicanálise, mas com a participação de correntes da psiquiatria, como o organodinamismo de Henri-Ey, o ponto comum se situa em torno da compreensão do adoecimento mental como uma patologia relacional. Apesar disso, como enfatiza Castel, a consequência maior dessa concepção se centra na defesa da psiquiatria como disciplina distinta das outras da medicina, e não da revolução das maneiras de atuar sobre a sociedade com vistas a enfrentar os determinantes sociais do adoecimento. Apesar disso, podemos destacar que, no âmbito do manejo das relações com vistas a produzir efeitos mais saudáveis, a tradição francesa tem apresentado um importante legado.

Por sua vez, o movimento da antipsiquiatria inglesa é bastante particular em sua compreensão da relação entre loucura e sociedade. Seus principais teóricos (Szasz, 1977; Laing, 1985) acreditam que a loucura é um modo de adaptação a um mundo adoecedor por suas regras, valores e modo de funcionamento "anormais". Nega, portanto, o caráter patológico da expressão do sofrimento psíquico e inverte a equação, acreditando que doente é a sociedade capitalista. Produz experiências muito interessantes do ponto de vista microssociológico, mas pouco abrangentes.

Finalmente, outros movimentos, como a psiquiatria democrática italiana, não concordam necessariamente com a ideia da loucura como um fenômeno adaptativo, embora reconheçam seu caráter de disrupção, produção ou perpetuação pelos efeitos da vida social. O movimento italiano, sob a liderança de Basaglia, não nega a doença mental, mas entende que boa parte de sua produção está associada às péssimas condições de tratamento, à falta de oportunidades sociais, a atitudes discriminatórias diante de quem adoece e à falta de compreensão do que as pessoas realmente necessitam. Enxerga ainda o manicômio e a cronificação dos pacientes asilados como um reflexo do modo como a sociedade estigmatiza os loucos.

Na Itália, são os casos mais graves, incluindo os que foram institucionalizados por longos períodos de tempo, que constituíram o principal alvo do discurso e das intervenções propostas pela psiquiatria democrática. No entanto, os princípios aí propostos contêm forte sustentação social e política e, inegavelmente, serviram como referência para a formulação de modelos de atenção psicossocial bastante includentes, que podem englobar pessoas em diversas situações de sofrimento psíquico. Como premissas centrais nesse movimento, destacam-se: é preciso colocar a doença mental entre parênteses para fazer emergir a pessoa doente; dá-se ênfase sobre a necessidade de desinstitucionalizar as pessoas por um processo que envolve também a reconstrução de suas histórias e seu empoderamento político; propõe-se a multiplicação das redes de relações sociais das pessoas doentes (inclusive por meio da inserção no mercado de trabalho) como forma de aumentar seu poder contratual e suas relações de interdependência; desenvolve-se a construção de uma rede de serviços e equipamentos que se revelem totalmente substitutivos ao manicômio (Rotelli *et al.*, 1990). Vale dizer que a Reforma Psiquiátrica e o modelo de atenção psicossocial brasileiros são fortemente influenciados pelo movimento italiano e é sobre eles que falaremos mais em detalhes a seguir.

ATENÇÃO PSICOSSOCIAL EM SAÚDE MENTAL NO BRASIL – UMA PERSPECTIVA REFLEXIVA

A Reforma Psiquiátrica no Brasil caracteriza-se pela reformulação crítica e prática do paradigma tradicional asilar de Atenção à Saúde Mental, incluindo a revisão de saberes já constituídos, tentando provocar mudanças no âmbito sociocultural e oferecer à loucura outra resposta social.

A aposta brasileira em uma Reforma Psiquiátrica foi, sem dúvida, uma das apostas ético-políticas mais valorosas deixadas pelos anos 1980 (Delgado *et al.*, 2001). Nesse campo, conjuntamente com a expansão do Sistema Único de Saúde (SUS), houve a ampliação da rede de serviços comunitários (Centros de Atenção Psicossocial [CAPS], notadamente) e a diminuição do número de leitos em hospitais psiquiátricos, com inversão do padrão de financiamento nos últimos anos (Brasil, 2012). Isso significou um aumento crescente desses serviços, melhor cobertura e acolhimento para as pessoas em sofrimento psíquico. Em algumas cidades, as redes assim constituídas mostraram-se continentes para familiares e usuários, confirmando a conquista de um desejo de tratar de modo humanizado, na comunidade e sem produzir isolamento social nem exclusão (Onocko-Campos *et al.*, 2009). Para nós, isso prova que a proposta da reforma não é mera utopia, e que é possível sim que seja alcançada quando nas cidades se investe em saúde.

Os equipamentos de saúde mental no país demandam hoje uma plasticidade na montagem da rede de atendimento que necessita de pessoas com uma formação diferenciada, profissionais estes que visem ao desenvolvimento de uma clínica baseada na teia de relações sociais dos usuários, promovendo uma atenção pautada na processualidade da vida. No campo internacional, são cada vez mais frequentes os estudos sobre a temática do *recovery* (conceito baseado nas ideias de autodeterminação e de controle de si das pessoas com sofrimento psíquico) desenvolvidos por, ou em parceria com, associações de usuários e familiares, e apontam para a premente necessidade de serviços pautados nesse princípio (Davidson *et al.*, 1997; Duarte, 2007). Nesse campo, as articulações de redes sociais, trabalho e lazer mostram-se fundamentais para a retomada de uma vida que se perceba com sentido e significativa, sem que isso equivalha a uma volta ao estado anterior à doença, ou à remissão total de sintomas.

Centrais como dispositivo estratégico da Reforma Psiquiátrica Brasileira, os CAPS têm sido apontados pelo Ministério da Saúde como o equipamento organizador da rede de saúde mental associados a outros serviços, como centros de convivência, serviços residenciais terapêuticos, núcleos e oficinas de trabalho protegido, entre outros. Estudos têm apontado que é possível articular redes de cuidados valendo-se de arranjos e estratégias inovadores da organização (Onocko-Campos *et al.*, 2012).

Temos chamado a atenção para a necessidade de repensar especificamente a clínica desenvolvida nos CAPS, enfrentando uma tendência da Saúde Coletiva de negligenciar essa temática. A qualidade da clínica desenvolvida nesses serviços estratégicos não é um aspecto a mais; ela está no cerne da superação do tratamento moral, da existência de um serviço voltado verdadeiramente para o *recovery* e para a reabilitação psicossocial. Não existe reabilitação psicossocial sem clínica, e não há clínica de CAPS que se preze se esta não visa à reabilitação, à reinserção social e ao *recovery*.

Denominamos essa clínica que almejamos que seja desenvolvida nos CAPS como *Clínica Ampliada, do sujeito, no território, da complexidade*. Visamos à aquisição de uma postura terapêutica (que é sempre e necessariamente ético-política) no sentido de se trabalhar até o limite a necessidade da defesa da vida, do compromisso com a produção de saúde e com o fortalecimento do sistema público de saúde como ferramenta fundamental para a promoção da cidadania e o logro da equidade.

A Clínica Ampliada (Campos, 2003) não nega as técnicas da clínica *strictu sensu*, mas as incorpora em um conjunto mais amplo de ações, entrelaçando clínica e política, tratamento, organização institucional, gestão e subjetividade. Os cuidados buscam a produção de novos valores de saúde e cidadania. Muitos são os resquícios manicomiais a serem desconstruídos na Clínica Ampliada, o que deve ser feito de modo paralelo à invenção de uma nova clínica, a clínica do cotidiano que nos convida a alargar nosso foco de visão como estratégia para dar conta da multiplicidade que é a vida, que é a produção de saúde como valor de uso (Campos, 2000).

Dois conceitos servem-nos de baliza nesse exercício cotidiano de tratar: o primeiro é o *acolhimento*, como teorizado por Jean Oury, "sendo coletivo na sua textura, não se torna eficaz senão pela valorização da pura singularidade daquele que é acolhido" (Oury, 1991). Este conceito aponta para a necessidade de estarmos verdadeiramente presentes e em atitude de espera ativa, atentos para a emergência de algum momento em que algo da ordem do inédito se coloque para um sujeito em particular. Esse tipo de sensibilidade pode ser associado ao processo de identificação próprio do construto teórico que Winnicott (1994) chamou de *mãe suficientemente boa* e que Dias (2003) propõe ser um paradigma para o trabalho do terapeuta de pacientes psicóticos.

Por isso, então, a importância do segundo conceito-baliza: o de *desvio*, reconhecimento de que a dimensão terapêutica deve buscar sempre produzir mudanças, e não meras "estabilizações", como já destacaram Passos & Benevides (2001). Oury (1991) aponta que o reconhecimento desses momentos privilegiados, a emergência de signos, essa espera ativa são importantes, pois poderão nos ajudar a produzir mudanças na modo de andar a vida desses pacientes. O movimento buscado deveria ser, então, o de deslocar-se da alienação e da dependência para a responsabilização por si próprio e pelos outros (Marazina, 1991), processo fundamental para essas *"pessoas que descarrilaram no simbólico"*, como as define Oury (1991).

Mas dissemos também que nossa clínica (Onocko--Campos, 2001), além de ampliada, é do sujeito. Qual sujeito? Não do sujeito do cogito cartesiano. Não do sujeito moral. Não somente do sujeito de direitos, cidadão. No entanto, sempre em prol de graus maiores de exercício de cidadania plena. Para nós, o ser humano é sempre sujeito do inconsciente, com suas pulsões, barrado: "a pessoa, mesmo dissociada, permanece uma pessoa, com um nome" (Oury, 1991).

Propomos assim a qualificação da clínica superando a dicotomia entre a clínica do olhar (Campos & Onocko-Campos, 2005), muito marcada pela nosografia e pelos diagnósticos fechados *a priori*, que usa remédios como intervenção central e eficaz, que tende a tomar o paciente como "objeto" e acaba descambando para o tratamento moral e/ou "educativo", e a clínica da escuta, do encontro singular, que se vale da espera ativa, mas que evita ser omissa. Sendo sim deslocada do olhar, a clínica da escuta não pode se furtar de um compromisso ético ("a fé no outro enquanto humano", ensinava François e Dolto). Enfatizar o advento do sujeito do inconsciente não deve servir de desculpa para nos desresponsabilizar. Navegar é preciso...

Em pesquisas avaliativas recentes, os usuários de CAPS disseram confiar nos profissionais, sobretudo quando interrogados acerca da função do que chamamos de técnicos de referência, que são os profissionais mais próximos de cada usuário, responsáveis pela montagem conjunta, com eles e suas famílias, de um projeto terapêutico singular. Eles afirmam que confiam nos técnicos de referência, pois os profissionais dão valor a sua palavra, ou conhecem sua história, ou deram provas de suportar estar juntos em momentos difíceis, como nas crises (Miranda & Onocko-Campos, 2008; Togni & Onocko-Campos, 2011).

A instituição/o equipamento/a equipe de trabalho

Os serviços de saúde – como outras organizações – tornam-se palco de uma *mise-en-scène* de cenas inconscientes. Isso pode ser explicado pelas funções psíquicas da instituição em geral: ela organiza nossas identificações, dela se espera amparo e suporte, e também reconhecimento. Por isso, torna-se persecutória como a figura materna, com muita facilidade. Diz-nos Kaës (1991: 20):

> A instituição nos precede, nos determina e nos inscreve nas suas malhas e nos seus discursos; mas com este pensamento que destrói a ilusão centrista de nosso narcisismo secundário, descobrimos também que a instituição nos estrutura e que contraímos com ela relações que sustentam nossa identidade.

Assim, é imprescindível relacionar essa clínica da qual viemos falando a uma postura ética, postura que se baseia em um profundo respeito pelos trabalhadores da saúde, que são atores fundamentais e – em princípio e maioria – bem-intencionados na busca da produção de saúde. São eles os que estão ali no gesto possível e também naquele que outro dia não foi possível, para acompanhar cada percurso dos usuários. Percurso que nos leva a pensar a equipe de saúde e seu espaço intersubjetivo.

A equipe multiprofissional possui – do ponto de vista técnico – diferentes formações, uma variedade de núcleos de saberes e de compromissos (Campos, 1998). Essas técnicas servem para produzir uma *atenção trabalhada* que se torna *sensível ao insólito*, e que não impeça a emergência de questões, mais do que de um trabalho para favorecer tal ou qual coisa. A formação nos permite estar "advertidos", diz Oury, mas ele também nos alerta para a necessária (sempre operante e presente) complementariedade inconsciente: o outro em sua qualidade de presença (Oury, 1991).

Uma equipe que trabalhe com pacientes graves de saúde mental deve ser composta de pessoas nem muito normóticas, nem tão loucas. Deve ser capaz de se sustentar na crise, enfrentar o risco da cristalização, ou sua outra face: a fragmentação. A formação de pessoas para a área de saúde mental, nesse contexto de reforma, exige mudanças nas formas de ensinar e aprender. Em muitas faculdades, para formar profissionais da área de saúde, ensina-se muito pouco sobre a reforma, seus princípios éticos e políticos, sua história, seus problemas e desafios atuais. Quando se ensina, se faz com certo tom ufanista, épico. Fica retórico e serve para estimular a militância, mas não dá aos alunos ferramentas de trabalho potentes. Ensina-se muito pouco a se trabalhar fora do *setting* clássico do consultório particular, como se os recém-formados fossem todos trabalhar no antigo modelo liberal. Como se trata na comunidade, na rua, na escola? Pouquíssimas exceções conseguem ensinar isso a seus alunos. Os modelos clínicos e de gestão são muito pouco debatidos. O diálogo com a psiquiatria foi abandonado como projeto, e não deveria ser. Em outros países do mundo, os psiquiatras continuam a se interessar pelas estratégias terapêuticas que não somente medicamentosas. A formação dos residentes de psiquiatria continua a se dar isolada, na maioria dos casos, e não no contexto de equipes multiprofissionais, e o mesmo ocorre com quase todos os outros profissionais.

As práticas dos trabalhadores da saúde podem, muitas vezes, estar cristalizadas, edificadas em discursos médicos clássicos, ou ainda, alienadas da produção de saúde, não se organizando de modo a estabelecer agenciamentos com outros equipamentos de saúde, sociais e culturais. Nesse contexto, pensamos e construímos cotidianamente um lugar em que se possam produzir desvios, onde a cogestão (Campos, 2000) possa se efetuar como produtora de saúde. Mas, como contribuir para "rachar" as práticas em serviços de saúde mental?

Dada, então, a importância de a equipe construir certa grupalidade entre si (propiciando um espaço de confiança, de trocas, de circulação de afetos), dada a necessidade de se distanciar um pouco da prática cotidiana para estimular a reflexão sobre a própria (uma pausa, um breque, uma vírgula [Onocko-Campos, 2003], um momento no qual não se faz nada, se pensa), e a necessidade de suporte propiciado pela incorporação de novos conceitos e teorizações, que vem alimentar a reflexão com novas categorias de análise, o dispositivo da supervisão clinicoinstitucional mostra-se fundamental para lidar com essa enorme quantidade de questões importantes.

Trabalhamos o tempo todo assumindo que esse dispositivo é um dispositivo de formação, porém implicado e compromissado com a construção de uma rede de serviços eficaz. Operar com ele exige coragem, pois se entra em um processo de mudança de si e do mundo, que constantemente nos faz deparar com as limitações do real, de nós próprios, e com as tramas institucionais.

Não separamos (porém, sim, distinguimos) as questões clínicas daquelas da gestão. Pensamos a gestão como inseparável da produção de certas formas de subjetivação, a gestão também como intermediária, espaço que pode propiciar experiências novas, pausas para a reflexão, alimentos teóricos, desvios, ordenamentos, segundo o caso.

> Assim, uma gestão que de fato assuma suas dimensões do gerir e do gerar, analiticamente, ou seja, fazendo escolhas deliberadas sobre o que estimular em cada situação, momento histórico e lugar institucional (Onocko, 2003: 14).

Podemos, assim, caracterizar o equipamento de saúde mental como um estabelecimento com sua organização, normas, funções sociais e subjetivas, pessoas e personagens, lugar ao qual comparecem inúmeras instituições que ora se apresentam, ora se mascaram. O que o caracteriza não é o prédio, porém as funções sociais às quais se destina (ou seja, sua tarefa primária). Tratando-se de serviços de saúde mental, a tarefa primária estará sempre relacionada com certa clínica, e esta estará fortemente vinculada à maneira de organizar o trabalho. Questão de inter-esse. A expressão *inter-esse* é de Julia Kristeva (2002), que a utiliza para se referir à política, brincando com o fato de uma política sempre refletir determinada composição de interesses e com o fato de a política ser sempre um "entre", um intermediário. Desse modo compreendemos a dimensão da gestão. Pois, por sua vez, a maneira como os sujeitos se relacionam com ambas (a clínica e a organização do trabalho) será um dos principais determinantes da eficácia do serviço. O planejamento não poderá operar competentemente se não for incorporando essas categorias. As formas de organização do trabalho são produtoras e produto de formas de subjetivação. E os sujeitos são produtores ativos e com relativa autonomia nesses processos. Destacamos que não há clínica sem organização do trabalho, nem organização do trabalho em serviço de saúde que não esteja referida a uma clínica.

Por fim, acreditamos que todos esses processos que visam à produção da saúde mental devem ser fundamentalmente centrados nos usuários da rede de atenção psicossocial, os quais, por essa mesma razão, devem estar implicados diretamente, opinando, participando, monitorando e reivindicando seu bom desenvolvimento.

PARTICIPAÇÃO SOCIAL, MONITORAMENTO E REINSERÇÃO SOCIAL COMO HORIZONTES

Discutimos anteriormente a complexidade de ações que buscam produzir uma sociedade mais saudável do ponto de vista da saúde mental. Sabemos que parte importante do sofrimento psíquico é reflexo de relações sociais opressivas, condições de vida desiguais, dificuldade de acesso a serviços que ofereçam uma atenção à saúde de qualidade, experiências de preconceito ou estigmatização, falta de oportunidades de trabalho, baixo valor social das pessoas, pouca aceitação da diferença, relações humanas pouco afetuosas, entre outros. Na construção de sociedades mais justas e favoráveis ao bem-estar humano, e também caracterizadas por sistemas de saúde mais equânimes, humanos e eficientes, a participação das pessoas que sofrem mais diretamente da ausência dessas condições se faz de fundamental importância. A participação popular não deve ser um projeto retórico ou populista. É necessário reconhecer que soluções para os problemas vividos por grande parte da população só podem ser atingidas se todos os grupos-alvo forem consultados e coconstruírem a análise dos problemas e as propostas de intervenção para enfrentá-los.

Algumas iniciativas mais contundentes têm sido tomadas para efetivar essa participação popular. No âmbito do Estado, marcos legais, como a Lei 8.142/90, garantem essa participação, que ganha materialidade em espaços formulativos, de fiscalização e deliberativos, como os Conselhos ou as Conferências de Saúde. Até o momento, houve quatro Conferências Nacionais de Saúde Mental. Ainda na direção da participação e controle social, no Brasil, os dois principais movimentos da saúde mental são o Movimento Nacional da Luta Antimanicomial (MNLA) e a Rede Nacional Internúcleos da Luta Antimanicomial (Renila). Esses movimentos, que reúnem profissionais, usuários e familiares, apresentam uma atuação histórica muito importante na defesa e implementação da Reforma Psiquiátrica e atuaram, desde muito precocemente, na luta pelos direitos humanos daqueles que se encontravam internados nos manicômios. Para tanto, defenderam formas de cuidado de portas abertas, em serviços territorializados, humanizados e não segregadores. Simultaneamente, lutaram pelo combate ao estigma e preconceito contra as pessoas que viviam intensos sofrimentos psíquicos e pela inclusão social dessas pessoas.

No âmbito da sociedade civil, observa-se uma crescente organização dos usuários da saúde mental em associações que se constituem para defender os direitos e promover o empoderamento desses grupos populacionais. Vasconcelos (2003) vem estudando esses movimentos e atribui particularidades àqueles que se desenvolvem no Brasil. Características históricas e contextuais fazem com que o movimento dos usuários no Brasil, segundo esse autor, tenha associações com configuração mista, envolvendo a família e profissionais de saúde mental; sejam menos autonomistas e mais dependentes dos serviços de saúde mental e de seus profissionais; priorizem a luta pela aquisição de direitos sociais básicos, em detrimento da luta contra o estigma; e sofram maior dificuldade em sua organização em detrimento da baixa escolaridade dos usuários e familiares. Apesar do inegável aumento do nível de organização desses atores sociais, eles ainda vivem um caminho árduo na direção da conquista de seus direitos na sociedade, dentre os quais o direito à cidadania no sentido amplo da palavra. Relatos de usuários e familiares acerca do estigma vivido no cotidiano destacam reações da sociedade que foram sistematizadas por Nunes & de Torrenté (2009) como formas de violência interpessoal, institucional, simbólica e estrutural.

A despeito desses obstáculos, o convívio dessas pessoas em espaços de militância frequentemente lhes tem aportado benefícios importantes, ainda que no âmbito das relações interpessoais e da construção de novas identidades. Goffman (1988), em seu livro clássico sobre o estigma, cita a militância como uma das "contra-ações" ao estigma, salientando o impacto que ações dessa natureza podem ter sobre a vida dessas pessoas, tornando-as representantes do grupo. O recurso a metodologias etnográficas possibilita analisar, de modo mais detalhado e aprofundado, o cotidiano dessas associações e o efeito do pertencimento a grupos organizados sobre a vida dos usuários e na mudança de seu itinerário subjetivo. Em seu estudo sobre uma associação de usuários e familiares do campo da saúde mental, Santos (2012) descreve a simultaneidade de processos que os organizam para fora, quando lutam por mudanças sociais, e para dentro, quando constroem um espaço de organização pessoal. Esse autor destaca, a partir de referência a Sartre, que ali existe uma "identidade de ação" que combate mentalidades manicomiais e exerce controle social.

Santos aponta ainda para a singularidade dessas associações em função de idiossincrasias próprias a seus atores sociais. Essa singularidade manifesta-se, inicialmente, a partir do reordenamento de uma "zona de interdição", conceito emprestado por Santos a Oliveira (2003) para se referir a uma política que, durante muito tempo, foi considerada "impossível": a política atuada por "loucos" (p. 95). Desdobra-se na tensão constituída pela coexistência, de um lado, de influências da biomedicina sobre esses movimentos, imprimindo-lhes uma modelagem simbólica inscrita nos limites do campo do saber psiquiátrico, tal como referido por Vasconcelos e observado por Santos no vasto uso de léxicos do campo da saúde mental pelos participantes da associação estudada. De outro lado, como explicita Santos (2012: 95): "diferentemente de Vasconcelos, no entanto, penso que essas noções não chegam propriamente a moldar práticas, sempre abertas a reinterpretações e agregação de significados construídos cotidianamente e/ou apropriados de horizontes outros relacionados com diversos aspectos da existência." Por fim, delineia-se a partir da "síntese das especificidades existenciais que comportam a vivência com o sofrimento mental" composta de um agregado de experiências ligadas, como "o estigma, a situação de vulnerabilidade social e econômica, o mal-estar atribuído à medicação, às crises e às reinternações [...]" (Santos, 2012: 95).

Como ressaltado anteriormente, a "loucura", habitualmente concebida a partir das experiências mais extremas de sofrimento psíquico, caracterizadas principalmente em quadros psicóticos graves, sempre esteve à frente dos movimentos do campo da saúde mental. Essa precedência pode associar-se à visibilidade maior desses quadros e aos efeitos sociais mais nefastos vividos por essas pessoas em termos de segregação e de violação a seus direitos humanos. No entanto, apesar da total pertinência de ações e políticas voltadas para esses segmentos da sociedade, a atenção tem sido progressivamente dirigida a grupos cujas manifestações clínicas e sociológicas parecem menos evidentes no campo da saúde mental, mas que exprimem, cada vez mais, formas de sofrimento psíquico fortemente associadas ao que determinados autores têm chamado de "sofrimento social" (Kleinman, 1997). No Brasil, parte desses casos tem sido conhecida como "sofrimento difuso", embora possa também se manifestar, a partir de quadros clínicos mais bem definidos, como "transtornos mentais comuns". Embora se possam evidenciar etiologias complexas em seu desencadeamento, certos estudos têm identificado fortes determinantes sociais em sua origem (Lund et al., 2011). Essa constatação tem conduzido pesquisadores a propor ações combinadas de produção de diagnóstico, a partir da consulta popular, com a busca de soluções, por meio de políticas sociais mais alargadas e promoção de melhores condições de vida para populações mais vulneráveis a esse tipo de mal-estar.

Nessa perspectiva, o trabalho de Guimarães et al. (2011) propõe a constituição de uma "ouvidoria em saúde", onde se apresentem e discutam "as condições de vida e saúde das classes populares da região da Leopoldina (RJ) e os recursos utilizados na tentativa de superar os problemas encontrados, identificados a partir da percepção de profissionais de saúde, líderes comunitários e religiosos [...]" (p. 292). O artigo destaca as situações de adoecimento psíquico provocadas por condições de extrema pobreza. Complexifica o conceito de pobreza, destacando que tanto podem remeter-se à "pobreza relativa", em que as necessidades a serem satisfeitas situam-se em função do modo de vida de cada sociedade, como à "pobreza absoluta", em que as necessidades estão vinculadas ao mínimo vital. Essa relativização das necessidades sociais, inclusive de saúde, faz com que os autores destaquem, de um lado, a pobreza socioeconômica, fruto de inúmeros fenômenos sociais da vida contemporânea, inclusive da insuficiência de alguns programas governamentais em enfrentá-los, como a fome, a violência urbana, a insalubridade das moradias, a falta de acesso à escola, a falta de tempo para cuidar de si, o esgarçamento das relações familiares etc.

De outro lado, os autores trazem novos elementos para a configuração da pobreza, destacando que sua definição sofre influências de aspectos da subjetividade. Desse modo, salientam que "promover a saúde é entender que as pessoas não têm apenas necessidades, mas desejos e medos e que o sofrimento também precisa ser atendido". Ressaltam que os desejos se materializam em objetos e penetram no cotidiano das pessoas que estão permanentemente atravessadas pela difusão de bens de consumo, ainda que não estejam na faixa dos consumidores aptos a adquiri-los. Desse modo complexificada, a pobreza e consequentemente as necessidades sociais (de saúde), ganha uma textura que conclama meios não menos sofisticados para enfrentá-la (Lund et al., 2011). O que parece ser unânime, em diversas análises acerca dessas necessidades, é que o setor saúde é apenas parte da solução e, muitas vezes, ao se deparar com a multiplicação e retropotencialização dos problemas de diversas naturezas, os profissionais de saúde se sentem absolutamente impotentes para resolvê-los. Geram-se então respostas maquiadoras dos problemas, como o uso maciço e indiscriminado de benzodiazepínicos e antidepressivos, ou atitudes de desresponsabilização, mas também de sofrimento por parte dos próprios cuidadores.

O que se verifica, então, é que a promoção da saúde mental e a prevenção e o cuidado dos males que a acometem necessitam de respostas em diversos níveis e setores de atuação e na interação entre estes. No nível macrossocial, demandam medidas estruturais de redução da desigualdade social, de políticas universalistas de atenção à saúde, de políticas de saúde mental com estratégias claras de desinstitucionalização e de promoção da saúde mental em conformidade com as necessidades sociais de saúde diferenciadas por regiões geográficas, por grupos populacionais brasileiros, contemplando distinções de classe, étnicas, de gênero e de idade. No nível microssociológico, é necessário escutar as pessoas em seu fazer cotidiano, identificando as estratégias de enfrentamento que já possam ser postas em prática e produzindo esforços para complementá-las, potencializá-las ou redefini-las a partir de ações estatais, da sociedade civil organizada, ou mesmo comunitárias. Para que sejam alcançados efeitos mais potentes sobre a realidade de saúde mental, é fundamental também que os profissionais e gestores responsáveis por esse campo sejam mobilizados e bem-formados. Os processos transversais de formação, educação e conscientização podem desempenhar um papel preponderante na construção de coletivos e de sujeitos mais afeitos e comprometidos com a transformação social.

Por fim, a saída da saúde mental não pode ser apenas dos muros dos manicômios, mas dos muros do próprio setor saúde. É preciso criar novas alternativas para as pessoas que vivenciam experiências de sofrimento psíquico no sentido de permitir-lhes transitar pela cidade, frequentar teatros, cinemas, escolas, lanchonetes, ou mesmo as próprias ruas de seus bairros. É preciso ainda permitir-lhes inserir-se nos mercados de trabalho, formal e informal. Claro que essas são dificuldades vividas por muitas outras parcelas da população. No entanto, para esse segmento, a situação muitas vezes se coloca como um beco sem saída, negativamente potencializado pelas dificuldades que lhes são próprias (seus próprios medos e fragilidades), mas, principalmente, pelas dificuldades dos outros de aceitarem sua diferença. Nesse sentido, a construção de alternativas às condições vividas por essas pessoas necessita de muitos aliados, de estratégias que mobilizem recursos solidários, criativos, libertários e, é claro, de respaldo político que assegure as garantias necessárias a essas novas propostas.

Referências

Almeida-Filho N et al. "Social inequality and depressive disorders in Bahia, Brazil: interactions of gender, ethnicity, and social class", Social Science and Medicine. 2004; 59(7):1339-53.

Arouca S. O dilema preventivista: contribuição para a compreensão e crítica da medicina preventiva. São Paulo: Unesp; Rio de Janeiro: Fiocruz, 2003.

Basaglia F. A instituição negada: relato de um hospital psiquiátrico. Rio de Janeiro: Graal, 1985.

Basaglia F. Escritos selecionados em saúde mental e Reforma Psiquiátrica (Paulo Amarante org.). Rio de Janeiro: Garamond, 2005.

Borrel P. Quand la folie déborde dans les rues et en prison. In: Borrel P. Un monde sans fous. Nimes: Champ Social Éditions, 2010: 15-44.

Brasil. Ministério da Saúde. SAS/DAPES. Coordenação Geral de Saúde Mental, Álcool e Outras Drogas. Saúde Mental em Dados – 10, Ano VII, nº 10, Brasília, março de 2012.

Camargo Jr. KR. Biomedicina saber e ciência: uma abordagem crítica. São Paulo: Hucitec, 2003.

Campos GWS. Um método para análise e co-gestão de coletivos. São Paulo: Hucitec, 2000.

Campos GWS. Clínica do sujeito: por uma clínica reformulada e ampliada. In: Saúde Paidéia. São Paulo: Hucitec, 2003.

Campos GWS, Onocko-Campos R. Co-construção de autonomia: o sujeito em questão. In: Campos GWS, Minayo MCS, Akerman M, Cunha GT (orgs.) Tratado de saúde coletiva. São Paulo-Rio de Janeiro: Hucitec-Fiocruz, 2005:86-107.

Castel R. Nouveaux concepts em santé mentale. Social Science and Medicine 1986; 22:162-5.

Davidson L et al. Phenomenological and participatory research on schizophrenia: recovering the person in theory and practice. Journal of Social Issues 1997; 53(4):767-84.

Delgado PG, Gomes MPC, Coutinho ESF. Novos rumos nas políticas de saúde mental no Brasil. Cad Saúde Pública 2001; 17(3):452-3.

Dias EO. A teoria do amadurecimento de D.W. Winnicott. Rio de Janeiro: Imago, 2003.

Duarte T. Recovery da doença mental: uma visão para os sistemas e serviços de saúde mental. Análise Psicológica 2007; 1(XXV):127-33.

Filice de Barros N. A construção da medicina integrativa: um desafio para o campo da saúde. São Paulo: Hucitec, 2008.

Foucault M. História da loucura na Idade Clássica. São Paulo: Perspectiva, 1978.

Foucault M. História da sexualidade I: a vontade de saber. Rio de Janeiro: Graal, 1980/1976.

Goffman E. Manicômios, prisões e conventos. São Paulo: Perspectiva, 1974.

Kaës R. Realidade psíquica e sofrimento nas instituições. In: Kaës R, Bleger J, Enriquez E et al. (orgs.) A instituição e as instituições. Tradução de Joaquim Pereira Neto. São Paulo: Casa do Psicólogo 1991:1-39.

Kleinman A, Lock M, Das V. Social suffering. Berkeley: University of California Press, 1997.

Kristeva J. O gênio feminino: a vida, a loucura, as palavras. Tomo I – Hannah Arendt. Rio de Janeiro: Rocco Editora, 2002.

Laing RD. Wisdom, madness & folly. The making of psychiatrist. New-York-St. Louis-San Francisco-Toronto-Hamburg-Mexico: McGraw-Hill Book Company, 1985.

Lantéri-Laura G. L'histoire contemporaine de la psychiatrie dans ses rapports avec la société française. In: Ehrenberg A, Lovell A. La maladie mentale em mutation. Psychiatrie et Société. Paris: Éditions Odile Jacob, 2001:247-63.

Larizgoitia I, Starfield B. Reform of primary health care: the case of Spain. Health Policy 1997; 41(2):121-37.

Ludemir AB, Melho Filho D. Condições de vida e estrutura ocupacional associadas a transtornos mentais comuns. Rev Saúde Pública 2002; 36(2):213-21.

Lund C, Silva M, Plagerson S et al. Poverty and mental disorders: breaking the cycle in low-income and middle-income countries. The Lancet 2011; 378 (9801):1502-14.

Maragno L et al. Prevalence of common mental disorders in a population covered by the Family Health Program (QUALIS) in Sao Paulo, Brazil. Cad Saúde Pública 2006; 22(8):1639-48.

Marazina I. Trabalhador de saúde mental: encruzilhadas da loucura. In: Lancetti A. (org.) Saúde e loucura I. São Paulo: Hucitec, 1991.

Miranda L, Onocko-Campos R. Análise do trabalho de referência em Centros de Atenção Psicossocial. Ver Saúde Pública 2008; 42(5): 907-13.

Nunes MO, Jucá VJ, Valentim CPB. Ações de saúde mental no Programa de Saúde da Família: confluências e dissonâncias das práticas com os princípios das reformas psiquiátrica e sanitária. Cad Saúde Pública, Rio de Janeiro, 2007; 23(10):2375-84.

Nunes MO, Torrenté M. Estigma e violência no trato com a loucura: narrativa de centros de atenção psicossocial, Bahia e Sergipe. Revista de Saúde Pública 2009; 43(supl. 1):101-8.

OMS. Relatório sobre a saúde no mundo 2001 – Saúde Mental: nova concepção, nova esperança. Geneva: Biblioteca da OMS, 2001.

Onocko-Campos R et al. Avaliação da rede de centros de atenção psicossocial: entre a saúde coletiva e a saúde mental. Rev Saúde Pública 2009; 43(Supl. 1):16-22.

Onocko-Campos R et al. Avaliação de estratégias inovadoras na organização da Atenção Primária à Saúde. Rev Saúde Pública 2012; 46(1):43-50.

Onocko-Campos R et al. Pesquisa avaliativa de saúde mental: indicadores para avaliação e monitoramento dos CAPS III do Estado de SP. FAPESP: pesquisa para o SUS: gestão compartilhada em saúde PPSUS-SP-MS/CNPq/ Fapesp/SES-SP, Processo: 2009/53130-3.

Onocko-Campos R et al. Saúde mental na atenção primária à saúde: estudo avaliativo em uma grande cidade brasileira. In: Ciência & Saúde Coletiva 2011; 16(12):4643-52.

Onocko-Campos R. A gestão do espaço de intervenção, análise e especificidades técnicas. In: Campos GV. Saúde Paidéia. São Paulo: Hucitec, 2003:122-49.

Onocko-Campos R. Clínica: a palavra negada. Saúde em Debate 2001; 25(58):98-111.

Otanari TM et al. Os efeitos na formação de residentes de psiquiatria ao experimentarem grupos GAM. Revista Brasileira de Educação Médica 2011; 35(4):460-7.

Oury J. Itinerários de formação. Revue Pratique. 1991; 1:42-50. Tradução: Jairo I. Goldberg. (mimeo s/d e sem paginação).

Passos E, Benevides R.. Clínica e biopolítica na experiência do contemporâneo. Revista de Psicologia Clínica PUC/RJ 2001; 13(1):89-100.

Raviola G, Becker AE, Farmer P. A global scope for global health – including mental health. The Lancet 2011; 378(9803):1613-5.

Regier DA et al. The NIMH Epidemiologic Catchment Area Program. Historical context, major objectives, and study population characteristics. Arch Gen Psychiatry 1984; 41(10):934-41.

Ribeiro WS, Andreoli SB, Ferri CP, Prince M, Mari JJ. Exposure to violence and mental health problems in low and middle-income countries: a literature review. Rev Bras Psiquiatr 2009; 31(Supl. 2):S49-S57.

Rogers A, Pilgrim D. Mental Health Policy in Britain. Hampshire: Palgrave Macmillan, 2001.

Rotelli F, Leonardis O, Mauri D. Desinstitucionalização. (Fernanda Nicácio Org.). São Paulo: Hucitec, 1990.

Sander J. A caixa de ferramentas de Michel Foucault, a reforma psiquiátrica e os desafios contemporâneos. Psicologia & Sociedade 2010; 22(2):382-7.

Santos MRP. Juntos na luta: a trajetória de uma associação de usuários e familiares dos serviços de saúde mental na cidade de Salvador, Bahia. Dissertação (Mestrado) – Faculdade de Filosofia e Ciências Humanas, Universidade Federal da Bahia, Bahia, 2012.

Scull A. Madhouse: a tragic tale of megalomania and modern medicine. Yale: Yale University Press, 2005.

Scull A. Social order/mental disorder. Califórnia: University of California Press, 1989.

Szasz TS. The manufacture of madness. A comparative study of the inquisition and the mental health movement. New York-Philadelphia-St. Louis-London-Singapore-Sydnaey-Tokyo-Toronto: Harper Torchbooks, 1977.

Tesser CD, Poli Neto P, Campos GW. User embracement and social (de)medicalization: a challenge for the family health teams. Ciência & Saúde Coletiva 2010; 15(Suppl 3):3615-24. Epub 2010/12/09.

Togni LS, Onocko-Campos RT. A avaliação dos usuários sobre os Centros de Atenção Psicossocial (CAPS) de Campinas, SP. Rev Latinoam Psicopat Fund, São Paulo, março 2011; 14(1):122-33.

Vasconcelos EM. O poder que brota da dor e da opressão: empowermet, sua história, teorias e estratégias. São Paulo: Paulus, 2003.

Whitaker R. Mad in America. Bad science, bad medicine, enduring mistreatment of the mentally ill. New York: Basic Books, 2010.

Winnicott DW. A importância do setting no encontro com a regressão na psicanálise. In: Winnicott DW. Explorações psicanalíticas. Porto Alegre: Artes Médicas, 1994:77-81.

Winnicott DW. O papel do espelho da mãe e da família no desenvolvimento infantil. In: Winnicott DW. O brincar e a realidade. Rio de Janeiro: Imago Editora, 1975:153-63.

35

Prevenção, Atenção e Controle em Saúde do Trabalhador

Vilma Sousa Santana ◆ *Elizabeth Costa Dias* ◆ *Jacinta de Fátima Senna da Silva*

INTRODUÇÃO

No Brasil, a proposta de atenção integral à saúde dos trabalhadores, que considera as relações entre o trabalho e o processo saúde-doença, os processos produtivos, e a organização da rede pública de serviços de saúde, tomou corpo nos anos 1980, com a luta pela redemocratização e pela Reforma Sanitária, que consolidou a Saúde Coletiva no país. O movimento pela Saúde do Trabalhador (ST) se organizou em torno da proposta da Saúde Coletiva no campo das relações saúde-trabalho (Minayo--Gomes, 2011), apoiando a institucionalização do conjunto de práticas políticas e sociais e técnicas destinadas a promover e garantir a saúde, enquanto direito do cidadão, com base na efetiva participação dos trabalhadores. Assim, a ST conforma a criação de novas bases conceituais e de práticas, essencialmente interdisciplinares, sobre as relações trabalho-saúde, fundamentando-se na Epidemiologia, no Planejamento e Gestão e nas Ciências Sociais aplicadas à saúde, dentre outras disciplinas. Seu propósito fundamental é contribuir para que o trabalho seja expressão humana de saúde e bem-estar, promovendo a saúde e não sofrimento, adoecimento e morte. Portanto, se contrapõe e supera a lógica da Medicina do Trabalho, em sua conformação tradicional, e a da Saúde Ocupacional (Mendes & Dias, 1991; Minayo-Gomez & Lacaz, 2005).

Este capítulo está organizado em quatro tópicos e apresenta, resumidamente, as bases conceituais da organização das práticas de saúde voltadas para o trabalhador, o modelo preconizado atualmente pela Organização Mundial da Saúde (OMS), as políticas públicas de proteção social do trabalhador, com destaque para a Política Nacional de Segurança e Saúde no Trabalho, de cunho interministerial, envolvendo o Ministério da Previdência Social, do Trabalho e Emprego e da Saúde, e também para a Política Nacional de Saúde do Trabalhador e da Trabalhadora do Sistema Único de Saúde (SUS), as tendências recentes da ST no Brasil, destacando o perfil epidemiológico dos fatores de risco e agravos à saúde relacionados com o trabalho, e da atenção à saúde do trabalhador, e, por fim, os marcos institucionais dos mecanismos de controle social.

ORIGENS DA SAÚDE DO TRABALHADOR

As relações entre o trabalho e o processo saúde-doença dos trabalhadores são conhecidas, praticamente, desde os primórdios da história humana, estando registradas em múltiplas formas de expressão: na literatura, na pintura, na música, além dos textos técnicos e científicos. A Bíblia registra recomendações para a instalação de parapeitos nas construções para a prevenção de quedas de trabalhadores. Na Grécia Antiga, Hipócrates descreveu doenças relacionadas com a ocupação em trabalhadores de minas, a exemplo da "asma dos mineiros". Porém, apenas em 1700, o médico italiano Bernardino Ramazzini (1633-1714), professor da Faculdade de Medicina em Módena, na Itália, publicou seu livro intitulado *De Morbis Artificum Diatriba* (Tratado sobre as Doenças dos Trabalhadores), no qual reuniu observações sobre o papel do trabalho no viver, no adoecer e morrer das pessoas, estabelecendo as bases da Medicina Social e da Medicina do Trabalho. Entre seus ensinamentos destaca-se a recomendação de que todo médico pergunte pela "ocupação" ou "profissão" de seu paciente e complete a "anamnese" com a "história profissional ou ocupacional", considerando-a essencial para "chegar às causas ocasionais do mal", e "obter uma cura mais feliz" (Ramazzini, 2000). É interessante refletir por que, depois de tanto tempo, essa pergunta raramente é formulada durante as entrevistas clínicas ou em situações de investigação epidemiológica, por exemplo.

Figura 35.1 • **A.** Bernadini Ramazzini, pai da Medicina do Trabalho. **B.** Seu livro *De Morbis Artificum Diatriba*.

Na Inglaterra, a Revolução Industrial, iniciada no século XVIII, introduziu mudanças radicais nas formas de produzir e nas relações de trabalho no mundo ocidental, as quais se refletiram, de modo dramático, sobre a vida e a saúde dos trabalhadores da época. Como consequência, as condições insalubres nas fábricas foram percebidas como determinantes da saúde, e reconhecidas como associadas à morte e ao adoecimento dos trabalhadores. Tornou-se, então, objeto de discussão e estudo pelos intelectuais da época, como Engels, que descreveu de modo brilhante a vida da classe operária e de suas lutas por melhores condições de trabalho, que culminaram com a intervenção do Estado sobre essa questão. Entre as medidas implementadas destacam-se as "Inspetorias das Fábricas", serviços de fiscalização dos ambientes de trabalho que visavam à garantia de condições mínimas de proteção à saúde dos trabalhadores. Foram também criados os primeiros serviços e ambulatórios médicos nas empresas, responsáveis pela assistência aos trabalhadores, muitas vezes nos próprios locais de trabalho (Vasconcellos & Oliveira, 2011). No entanto, os Serviços de Medicina do Trabalho nas empresas nasceram comprometidos com o propósito de selecionar e manter a força de trabalho hígida, de modo a garantir a produção. O foco era centrado na atuação médica, no indivíduo, com intervenções geralmente restritas ao posto de trabalho e o trabalhador (Mendes & Dias, 1991).

No século XX, o desenvolvimento da pesquisa científica promoveu a incorporação de novas tecnologias e modos de gestão aos processos de trabalho. Essas mudanças foram impulsionadas pelas duas guerras mundiais e pelos esforços de reconstrução econômica e social que se seguiram. A necessidade de proteger os trabalhadores dos efeitos adversos do trabalho propiciou avanços significativos nas práticas de saúde, mediadas pela incorporação de saberes e metodologias de intervenção tomadas de outras disciplinas, além da Medicina e da Enfermagem, a Toxicologia, a Ergonomia, a Psicologia, a Higiene e a Segurança do Trabalho, entre outras, conformando a Saúde Ocupacional (Mendes & Dias, 1991). Essas ações são destinadas, primariamente, aos trabalhadores sadios, com o objetivo de identificar os mais aptos para as tarefas que irão executar, ou desenvolver habilidades, visando a melhor adaptação aos processos de trabalho. As faltas ao trabalho por problemas de saúde são monitoradas, e buscam-se a garantia da aptidão física e psíquica dos indivíduos em relação ao trabalho e a redução do tempo de recuperação, nos casos de adoecimento. Os exames pré-admissionais e periódicos são emblemáticos desse modelo, sendo utilizados para impedir que não aptos para o trabalho sejam admitidos, garantindo maior produtividade de empregados saudáveis e lucros mais altos para a empresa. No Brasil, ainda são fortes as influências do modelo da Saúde Ocupacional na conformação da legislação trabalhista e previdenciária e nas práticas de saúde desenvolvidas no âmbito das empresas, que enfatizam a seleção e a adaptação do indivíduo ao ambiente de trabalho. Entretanto, esse quadro vem sendo modificado por exigência dos trabalhadores e das próprias empresas, que se defrontam com a necessidade de uma gestão mais apropriada às suas novas necessidades e às demandas da sociedade contemporânea.

Seguindo o paradigma da Saúde Coletiva, o modelo de atenção à saúde dos trabalhadores se organiza como uma prática de saúde integral. Isso significa que são indissociáveis as ações de promoção, proteção, vigilância e assistência à saúde, incluindo a reabilitação e a participação dos trabalhadores como sujeitos sociais, em todas essas dimensões. As ações de saúde são conduzidas por equipes multiprofissionais que atuam interdisciplinarmente, e o foco está nas ações de natureza coletivas, delineadas a partir do esforço organizado da sociedade e protagonismo de trabalhadores. Buscam-se a melhoria das condições de vida e de trabalho, a redução dos problemas de saúde relacionados ou não com o trabalho, por meio da prevenção dos agravos à saúde e a promoção da saúde, considerando o trabalho como oportunidade de saúde e bem-estar para os trabalhadores. Entre os princípios que embasam a ST, destaca-se o direito dos trabalhadores à proteção social, independentemente do tipo de vínculo de trabalho – se formal, informal, servidor, militar, empregado doméstico, dentre outros – de dispor de um ambiente de trabalho saudável e seguro. Inclui, também, o direito à recusa do trabalho perigoso e/ou insalubre, que pressupõe a informação e a sustentação política por suas organizações representativas (Santana & Silva, 2009).

Para a Saúde Coletiva, o modelo explicativo do processo saúde-doença baseado no enfoque dos determinantes sociais da saúde (DSS) reafirma a precedência das causas sociais sobre as outras causas, as causas das causas das desigualdades sociais em saúde, responsáveis pelas condições de vida e de trabalho. Fatores sociais, econômicos, culturais, étnicos e raciais, psicológicos e comportamentais explicam a ocorrência do processo saúde-doença e a exposição da população a fatores de risco que levam ao adoecimento (CSDH, 2008).

Além disso, a ST tem por referência central a categoria processo de trabalho para entender, avaliar e intervir sobre as relações trabalho-saúde-doença, o que encontra ressonância na Epidemiologia Social Latino-Americana (Breilh, 2008). O processo de produção envolve uma extensa rede de atividades econômicas, conformando cadeias produtivas complexas, potencialmente geradora de situações e fatores que afetam a saúde e o bem-estar dos trabalhadores. Esses fatores de risco não se limitam aos grupos tradicionalmente considerados – físicos, químicos, biológicos e mecânicos – mas incluem os psicossociais que emergem da organização do trabalho, das relações sociais e de poder no trabalho, reconhecidas como potencialmente geradoras de psicoestressores – fatores associados ao estresse e/ou transtornos mentais – como, por exemplo, o ritmo acelerado de trabalho, a forte hierarquia com reduzida autonomia do trabalhador sobre seu trabalho, e a violência em locais de trabalho, para citar apenas alguns. Aspectos como o gênero, a idade, o nível de escolaridade, a etnicidade, a migração, os hábitos de vida, dentre outros, operam transversalmente nos processos causais, exercendo o papel ora de moduladores, ora de intervenientes, intensificando ou moderando o efeito de determinantes posicionados mais distalmente na cadeia causal (CSDH, 2008). Os sistemas de saúde e o grau de cobertura, qualidade e eficiência das ações em ST no cuidado à saúde também exercem papel importante no delineamento do nível de segurança e saúde do trabalhador. As políticas públicas de proteção social têm caráter transversal e são desenvolvidas por várias instituições, que se baseiam em instrumentos regulatórios que sustentam as ações do Estado. Esses instrumentos visam à garantia de direitos do trabalhador a ambientes de trabalho seguros e saudáveis, ao cuidado integral de saúde e à previdência social.

A Figura 35.2 apresenta, de modo sumarizado, as principais características dos modelos de organização do cuidado à saúde dos trabalhadores, segundo os parâmetros da Medicina do Trabalho, da Saúde Ocupacional e da ST, lembrando que, no Brasil, as distintas modalidades coexistem, às vezes de modo complementar, mas também com contradições e tensões, especialmente no plano das práticas políticas e técnicas. O diagrama apresentado na Figura 35.2 pretende clarificar essas diferenças de modo didático, sem a pretensão de ser exaustivo ou definitivo.

Medicina do Trabalho	Saúde Ocupacional	Saúde do Trabalhador
1. Foco em ações clínicas, biologicistas, individuais, curativas, assistencialistas, e ações de seleção/manutenção da higidez da força de trabalho. 2. Ações preventivas quando existem são distantes das curativas e reativas, i.e., desencadeadas após a ocorrência de problemas. 3. O médico tem papel central e o foco é a assistência médica. 4. A empresa oferece serviços médicos visando ao controle, dentre outros, do estabelecimento de vínculo ocupacional para os agravos à saúde. 5. Visa ao controle da doença e à pronta reabilitação. 6. O trabalhador é objeto das ações de saúde, e não o sujeito das decisões. Sua experiência e opinião são pouco consideradas.	1. Foco na intervenção sobre o ambiente visando garantir a produção e a produtividade. 2. Enfoque centrado no controle do indivíduo, do ambiente e do adoecimento seguindo uma "racionalidade científica". 3. Abordagem multidisciplinar, incorporando saberes e práticas de outras disciplinas (Toxicologia, Higiene, Ergonomia e a Engenharia da Segurança no Trabalho). 4. Ênfase na seleção de aptos para o trabalho e no monitoramento da saúde. 5. Controle e gestão de faltas (absenteísmo), visando à pronta reabilitação. 6. O trabalhador é objeto das ações de saúde, e não o sujeito das decisões.	1. Foco no processo produtivo, processo de trabalho é a categoria explicativa central. 2. Amplia o escopo dos determinantes da saúde, incluindo aspectos macrossociais e políticos, econômicos, ambientais, e biológicos, com abordagens transdisciplinares e intersetoriais. 3. Ênfase em ações coletivas e na participação dos trabalhadores. 4. Ênfase na prevenção primária (causas) não se limitando ao ambiente de trabalho, mas considera a totalidade da vida do trabalhador. 5. Direito do trabalhador ao conhecimento e a recusa ao trabalho insalubre e inseguro. 6. O trabalhador é partícipe e sujeito das ações de saúde.

Figura 35.2 • Modelos de organização do cuidado à saúde do trabalhador.

CONCEITO DE AGRAVOS RELACIONADOS COM O TRABALHO

O diagnóstico de agravos relacionados com o trabalho supõe uma relação entre o trabalho e o processo saúde-doença dos trabalhadores, que é uma construção social, e pode ser conhecida no nível individual e no coletivo. Na taxonomia internacional das doenças, agravos e condições relacionados com a saúde ou o uso de serviços de saúde, da Classificação Internacional de Doenças 10ª Revisão (CID-10), poucas entidades são consideradas exclusivamente ocupacionais. Grande parte dos agravos à saúde tem etiologia multifatorial, isto é, há a contribuição simultânea de vários fatores de risco que atuam isoladamente ou em interação com outros, por meio de sinergismos ou antagonismos, que compõem cadeias complexas de eventos (Checkoway et al., 2004). Isso limita a classificação diagnóstica com base em um único vínculo etiológico, a exemplo do chamado "nexo" ocupacional.

A partir dessa consideração, Schilling (1984) propôs uma classificação das relações entre o trabalho e o adoecimento em três grandes grupos, apresentada no Quadro 35.1.

No Grupo I incluem-se os agravos à saúde, nos quais fatores presentes no trabalho são condição necessária para a ocorrência. Portanto, são agravos raramente causados por exposições não ocupacionais, como na bissinose, uma pneumopatia causada pela poeira do algodão. O Grupo II abrange doenças ou acidentes que têm sua ocorrência, gravidade ou evolução modificadas por fatores presentes no trabalho, a exemplo da hipertensão arterial em motoristas. No Grupo III estão os agravos nos quais o trabalho é provocador de um distúrbio latente ou atua como agravador de uma doença ou condição preexistente, como nas crises de asma em padeiros previamente sensibilizados, desencadeadas pela exposição à farinha de trigo. É importante lembrar que a asma ocupacional também pode ocorrer em trabalhadores que nunca haviam apresentado a doença, sendo nesse caso considerada como do Grupo I na classificação de Schilling.

Tradicionalmente, a tarefa de estabelecer uma relação entre a doença que o trabalhador apresenta e seu trabalho tem sido atribuída aos médicos do trabalho e, no âmbito previdenciário, aos peritos médicos. A conclusão clínica baseia-se em aspectos objetivos e subjetivos, confrontos de observações e dados, identificação de associações e padrões de regularidade, no que se convencionou denominar juízo ou raciocínio clínico. Evidências laboratoriais dos sinais e sintomas, e em especial dos antecedentes familiares, clínicos e, particularmente, ocupacionais, não apenas do emprego atual, mas da história ocupacional, são também utilizadas. Todavia, a mais importante ferramenta para o estabelecimento da relação causal entre o trabalho e o adoecimento apresentado pelo trabalhador é a história ocupacional. Em geral, entende-se que os agravos relacionados com o trabalho se iniciam com uma ou mais exposições, seguidas pelo aparecimento dos sinais e sintomas, até o afloramento pleno da enfermidade. Esse processo pode durar anos ou, até mesmo, atravessar uma ou mais gerações, com agravos surgindo em filhos ou netos dos trabalhadores expostos, ou produzir alterações no desenvolvimento ao longo do curso da vida (Checkoway et al., 2004), dificultando a identificação das exposições relevantes para o diagnóstico da relação com o trabalho. Ademais, exames laboratoriais específicos são raramente disponíveis ou de alto custo, o que limita seu uso na prática cotidiana. Além disso, pode ser necessária a vistoria no ambiente de trabalho, atividade laboriosa e raramente factível, mesmo em países desenvolvidos (Cone & Ladou, 2007), dificultando o diagnóstico diferencial.

Essa não é uma tarefa fácil, o que explica o fato de ser pouco frequente e valorizada na prática cotidiana. Basicamente, ela se organiza em duas linhas de questionamento: (a) que exposições ocupacionais poderiam ser suspeitadas como causadoras dos sinais e sintomas?; (b) dada uma exposição ou ocupação do trabalhador, que sintomas ou formas de adoecimento poderiam ser considerados? Além disso, os médicos costumam recear implicações legais de diagnósticos relacionados com o trabalho ou ficam intimidados com a burocracia envolvida com a notificação e os registros formais (LaDou, 2007). Na perspectiva da medicina baseada em evidências é necessário, além da constante atualização, o acesso fácil a bases de dados que permitam o conhecimento e o uso das informações por seus usuários.

Diagnóstico de agravos à saúde relacionados com o trabalho no Brasil

No Brasil, médicos que cuidam de trabalhadores nos serviços públicos e privados de saúde, indepen-

Quadro 35.1 • Classificação das doenças de acordo com sua relação com o trabalho

Grupo	Exemplos
I – Trabalho como causa necessária	Intoxicação por chumbo Silicose Acidentes de trabalho típicos
II – Trabalho como fator contributivo, mas não necessário	Doenças osteomusculares Varizes de membros inferiores Câncer
III – Trabalho como provocador de um distúrbio latente ou agravador de uma doença já estabelecida	Asma Dermatite de contato Doenças mentais

Fonte: adaptada de Schilling (1984).

dente da especialidade que exercem, ao desenvolver ações de promoção, proteção, vigilância, assistência e reabilitação, devem seguir as orientações do Conselho Federal de Medicina (CFM), estabelecidas na Resolução 1.488, de 11 de fevereiro de 1998, modificada pela Resolução CFM 1.810/2006 e atualizada pela Resolução CFM 1.940/2010. Nela são prescritas boas práticas para a assistência médica do paciente-trabalhador. A referida Resolução também define as obrigações do médico do trabalho contratado pelo empregador ou a serviço deste e daqueles que atuam nas instituições responsáveis pela fiscalização dos ambientes e condições de trabalho, e da perícia médica, entre outras (veja o Boxe 35.1).

Boxe 35.1 | Trecho da Resolução CFM 1990/2010

O artigo 1º da Resolução CFM 1.940/2010 define entre as atribuições dos médicos que prestam assistência médica ao trabalhador, independentemente de sua especialidade ou local em que atuem, as seguintes:

I – assistir o trabalhador, elaborar seu prontuário médico e fazer todos os encaminhamentos devidos;
II – fornecer atestados e pareceres para o afastamento do trabalho sempre que necessário, CONSIDERANDO que o repouso, o acesso a terapias ou o afastamento de determinados agentes agressivos faz parte do tratamento;
III – fornecer laudos, pareceres e relatórios de exame médico e dar encaminhamento, sempre que necessário, para benefício do paciente e dentro dos preceitos éticos, quanto aos dados de diagnóstico, prognóstico e tempo previsto de tratamento. Quando requerido pelo paciente, deve o médico por à sua disposição tudo o que se refira ao seu atendimento, em especial cópia dos exames e prontuário médico.

O artigo 2º da mesma Resolução prescreve que, para o estabelecimento do *nexo causal entre os transtornos de saúde e as atividades do trabalhador*, além do exame clínico (físico e mental) e dos exames complementares, quando necessários, deve-se considerar:

I – a história clínica e ocupacional, decisiva em qualquer diagnóstico e/ou investigação de nexo causal;
II – o estudo do local de trabalho;
III – o estudo da organização do trabalho;
IV – os dados epidemiológicos;
V – a literatura atualizada;
VI – a ocorrência de quadro clínico ou subclínico em trabalhador exposto a condições agressivas;
VII – a identificação de riscos físicos, químicos, biológicos, mecânicos, estressantes e outros;
VIII – o depoimento e a experiência dos trabalhadores;
IX – os conhecimentos e as práticas de outras disciplinas e de seus profissionais, sejam ou não da área da saúde.

No Brasil, a classificação de Schilling serviu de base para a elaboração da Lista Brasileira de Doenças Relacionadas com o Trabalho, publicada na Portaria GM 1.339/99, que assim cumpriu a prescrição legal expressa no artigo 6º da Lei 8.080/90 (Brasil, 1999). Até 1999, as "doenças profissionais", "doenças do trabalho" ou "doenças relacionadas com o trabalho" eram conceituadas exclusivamente pelo olhar da Previdência Social, no bojo da Lei 8.213/91, e seus decretos regulamentadores dos benefícios da Previdência Social, como o Decreto 2.172/97, vigente até maio de 1999, e o Decreto 3.048/99, que o sucedeu. Em função desse viés histórico, as doenças relacionadas com o trabalho existiam, legalmente, apenas como uma extensão do conceito de "acidente do trabalho" presente no artigo 20 da Lei 8.213/91. A relação de doenças que podem ser causadas ou estar etiologicamente relacionadas com o trabalho tem "dupla entrada": por "agente causal" e pela "doença", facilitando a identificação e o manejo das doenças ou acidentes relacionados com o trabalho.

Encontra-se disponível também a Lista A, organizada segundo o agente ou grupo de agentes patogênicos, e, complementarmente, a Lista B que relaciona as doenças, considerando a taxonomia e a codificação da *Classificação Estatística Internacional de Doenças e Problemas Relacionados com a Saúde* (CID), 10ª Revisão (CID-10). Para cada doença foram identificados os agentes causais ou fatores de risco de natureza ocupacional, começando pelos que são reconhecidos na legislação previdenciária brasileira, seguidos pelos integrantes da legislação de outros países, ou que constam nos tratados relativos a essa temática. Em maio de 1999, o Ministério da Previdência e Assistência Social adotou a Lista Brasileira das Doenças Relacionadas com o Trabalho, elaborada pelo Ministério da Saúde, publicada como Anexo II do Decreto 3.048, de 6 de maio de 1999. É importante registrar que essa lista adotou o conceito de "doença relacionada com o trabalho", superando a confusão existente entre "doenças profissionais" e "doenças do trabalho", presente na conceituação legal, na Lei 8.213/91. No âmbito da Previdência Social, emprega-se também a chamada Lista C, baseada no Nexo Técnico Epidemiológico de Prevenção (NTEP). Essa lista apresenta também uma relação de ramos de atividade econômica e os agravos à saúde associados, identificados com base em resultados de análise epidemiológica conduzida com a distribuição de benefícios relacionados com a saúde e os grupos de atividades econômicas.

ORGANIZAÇÃO DA ATENÇÃO À SAÚDE DO TRABALHADOR

De acordo com a última versão da Enciclopédia em Saúde e Segurança no Trabalho da Organização Internacional do Trabalho (OIT), as práticas de atenção à saúde do trabalhador devem se voltar para a proteção da saúde dos trabalhadores contra os agentes de risco (princípio da prevenção), a adaptação do ambiente e processo de trabalho às capacidades do trabalhador (princípio da adaptação), a ampliação do bem-estar físico, mental e social (princípio da promoção da saúde), e a minimização das consequências dos fatores de risco e agravos relacionados com o trabalho (princípio da cura e reabilitação), e a provisão de serviços de saúde em geral para trabalhadores e suas famílias (princípio da atenção básica, integral, à saúde) (ILO, 2012).

Esses princípios já estavam incorporados ao Plano de Ação Global em Saúde dos Trabalhadores proposto pela OMS, de 2007, que apresentava os seguintes objetivos: (a) estabelecer instrumentos de políticas e normas para a saúde dos trabalhadores; (b) promover e proteger a saúde dos trabalhadores; (c) promover melhoria do desempenho e acesso dos trabalhadores aos serviços de saúde; (d) produzir e divulgar evidências para a ação e a prática; (e) incorporar a saúde dos trabalhadores a outras políticas destinadas a alcançar a saúde dos trabalhadores para todos. O plano foi elaborado por meio de metodologia participativa e é acompanhado de um manual com recomendações para o desenvolvimento dessas ações, sintetizadas no modelo descrito na Figura 35.3.

De acordo com esse modelo, as quatro dimensões fundamentais são: (a) o ambiente físico do trabalho – que é o chamado chão de fábrica, o espaço físico ou territorial no qual se localizam agentes e situações de risco para a saúde do trabalhador; (b) o ambiente psicossocial – que constitui a organização e estrutura do processo de trabalho, na maneira como se definem as relações sociais entre trabalhadores, e entre trabalhadores e seus empregadores e gestores, de recursos como o apoio social, a solidariedade, e também aspectos negativos, como autoritarismo, violência, assédio moral e discriminação institucional, dentre outros; (c) recursos para a saúde pessoal – serviços de cuidado à saúde em nível individual, como o acesso a assistência à saúde, financiado pela empresa, subsidiado parcial ou integralmente (note-se que, em grandes empresas, a assistência à saúde individual pode contar com serviços na própria empresa; (d) empresa e a comunidade – aspectos da responsabilidade social do empresário, cujo compromisso moral deve ultrapassar os limites do lucro, da geração de emprego e riquezas, incluindo ações que ampliem ou aprimorem o bem-estar da população como um todo. Mais do que ações sociais, elas envolvem o compromisso com a sustentabilidade ambiental e com o desenvolvimento social, cultural e econômico das comunidades locais do entorno da empresa (OMS, 2010).

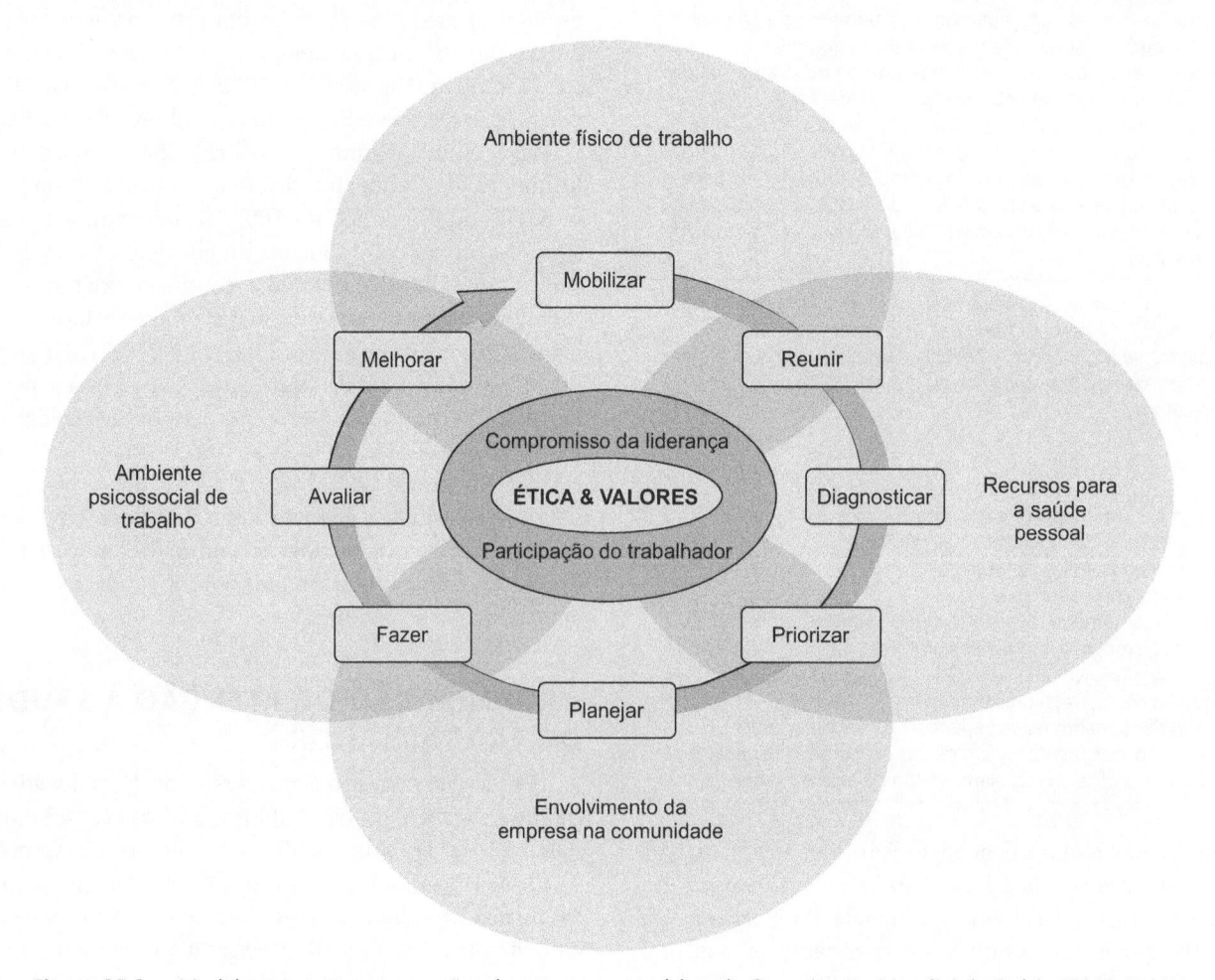

Figura 35.3 • Modelo proposto para as ações de segurança e saúde pela Organização Mundial da Saúde (OMS, 2010).

A partir dessas macrodimensões, são propostas etapas para o planejamento estratégico, que deve se iniciar com:

1. **Mobilização:** desenvolvimento de valores, atitudes, comprometimento, ou a atração de pessoas, grupos ou organizações e instituições em torno da segurança e da saúde do trabalhador.
2. **Reunião:** criação de oportunidades para que grupos ou atores mobilizados possam compartilhar ideias, valores, atitudes e projetos que identifiquem oportunidades para ações conjuntas e parcerias e, em especial, na perspectiva intersetorial e interdisciplinar requerida para ações eficientes.
3. **Diagnóstico:** criação de condições de governabilidade com a produção de conhecimento sobre o território, a população-alvo, particularmente sobre os agentes de risco, agravos à saúde, rede de recursos de cuidado e de vigilância à segurança e à saúde do trabalhador, disseminando, disponibilizando e envolvendo formuladores de políticas e gestores para um adequado processo de translação das evidências científicas em práticas.
4. **Priorização:** identificação de grupos, agentes de risco, agravos à saúde, serviços e tipos de cuidados que devem ser alvo preferencial de ações ou alocação de recursos.
5. **Planejamento:** o estabelecimento de políticas que atendam às prioridades e sejam consistentes com o diagnóstico e as manifestações de grupos mobilizados e reunidos nas etapas anteriores. Importante lembrar que o planejamento envolve o estabelecimento de metas factíveis, estratégias de viabilização, inclusive a capacidade de gerência, e de disponibilidade de recursos materiais e pessoas qualificadas.
6. **Execução:** compreende a execução, implementação ou concretização das ações planejadas e programadas. Nessa etapa, é crucial o engajamento de todos os atores envolvidos, incluindo o pessoal de atuação na ponta do sistema, o que exige sua participação desde os momentos iniciais do processo.
7. **Avaliação:** cada vez mais se impõe a importância da demonstração da efetividade das ações realizadas em relação ao planejado, ou ao que se deseja alcançar. A avaliação consiste na demonstração de que se logrou o planejado, apontando-se as razões para avanços ou insucessos.
8. **Melhorias:** compreende o conjunto de ações que se destinam a empregar as informações obtidas no processo de avaliação para o ajustamento dos planos, políticas e programas.

Todas essas etapas e estratégias se realizam com o compromisso das lideranças e a participação dos trabalhadores, sob os princípios éticos e valores humanos. Com isso se ressalta que, para além do plano legal, de compulsoriedade do cumprimento das boas práticas, normas ou leis, o envolvimento do empresariado na adoção da perspectiva da indústria saudável (OMS, 2010) se insere em um modelo fundamentado na ética e em valores compartilhados pelas corporações e a sociedade.

A OMS também propõe enfatizar a integração da saúde e segurança no trabalho (SST) com a atenção básica em saúde (ABS), considerando que: (a) a saúde do trabalhador é parte integral da saúde geral e da vida cotidiana; (b) sistemas de saúde devem facilitar estratégias locais para melhor se aproximar das necessidades de saúde dos trabalhadores; (c) a busca da cobertura universal dos que se encontram em maior risco ou tendo maiores necessidades deve ser prioridade; (d) todas as lideranças (*stakeholders*) ou atores sociais de interesse devem estar envolvidos; (e) treinamento relativo à saúde e ao trabalho deve ser parte da formação do profissional de saúde em todos os níveis; (f) os trabalhadores precisam ter sua capacidade de decisão reconhecida e valorizada e ser encorajados para que sejam promotores da SST (OMS, 2012).

Entre as ações técnicas importantes no campo da ST destaca-se a Vigilância em Saúde do Trabalhador (Visat), que enfoca tanto a produção de conhecimento como as intervenções nos processos de trabalho e a avaliação do impacto dessas ações. Inclui o monitoramento epidemiológico dos agravos relacionados com o trabalho das condições de trabalho, abrangendo os fatores de risco e desfechos em saúde, a análise da situação de saúde, com ênfase no perfil produtivo e no território, e as intervenções nos processos de trabalho, visando à superação dos problemas que afetam a saúde. Essas atividades são desenvolvidas, em geral, por equipes multiprofissionais, que planejam e realizam ações intersetoriais envolvendo, a depender das circunstâncias, o Judiciário e os movimentos sociais organizados, dentre outros (Machado, 2005). Como exemplo de ações intersetoriais, estão aquelas voltadas para eliminação ou minimização do uso de agrotóxicos por meio de mudanças nos modelos de desenvolvimento, que envolvem setores do Meio Ambiente, Economia, Toxicologia, Medicina, Agronomia e Saúde Coletiva, dentre outros.

Vale notar que a Visat não pode ou deve ser reduzida a uma receita única, pois envolve situações muito diversas, desde pequenos empreendimentos até cadeias produtivas complexas. Por exemplo, o trabalho infantil é alvo de ações no âmbito da Estratégia da Saúde da Família e, ao mesmo tempo, do Ministério do Trabalho e Emprego, do Ministério Público, dos Conselhos Tutelares etc.) Ações na cadeia produtiva são desenvolvidas na Visat na produção de calçados (Souza *et al.*, 2010), viabilizadas pelo SUS e tem foco em trabalhadores informais e formais (Corrêa-Filho *et al.*, 2010). A estratégia adotada para o benzeno, um carcinógeno químico, conta com a Comissão Nacional do Benzeno, de caráter tripartite, criada para o controle da exposição e seus efeitos sobre a saúde. Essa Comissão deve acompanhar a implementação da vigilância, monitorando o cumprimento do Acordo do Benzeno, celebrado para controle e redução do impacto sobre à saúde dos trabalhadores. O Ministério da Saúde organiza e coordena o Simpeaq, sistema eletrônico de vigilância desta e de outras exposições químicas, enquanto no Sistema Nacional de Agravos de Notificação (Sinan) são também mantidos registros de intoxicações exógenas que incluem as relacionadas com o benzeno (Moura-Correa & Santana, 2012).

Modelos de prevenção dos agravos relacionados com a saúde do trabalhador, por sua vez, também adotam a mesma lógica dos agravos à saúde em geral, com os componentes prevenção primária, secundária e terciária, que envolvem ações, a depender da etapa da história natural dos agravos relacionados com o trabalho. Na prevenção primária são focadas as causas, os fatores de risco que, quando controlados, reduzem a morbidade, mortalidade, gravidade ou incapacidade. Nessas ações recomenda-se, como regra geral, prioridade na ação contra fatores de risco conhecidos nos processos produtivos. Em outras palavras, antecipa-se com a prevenção, facultando que fatores de risco ou exposições aos trabalhadores ou a população em geral não venham a ocorrer. Essa é a mais eficiente forma de prevenção tanto de exposições aos trabalhadores como na produção de resíduos e contaminação ambiental. É recomendada a eliminação de exposições e fatores de risco em processos de produção já existentes. Um bom exemplo é a proposta do banimento do amianto, conhecido fator de risco para vários tipos de câncer e a asbestose. Quando não é possível a eliminação, é proposto o controle mediante modificações de engenharia ou desenho do processo produtivo, priorizando, portanto, ações coletivas. Assim, evita-se o contato dos trabalhadores com os fatores de risco. Classificam-se esses processos como de intervenção na trajetória entre os fatores e o trabalhador. Os impactos são coletivos e prescindem de decisões individuais dos trabalhadores. Ações de controle também envolvem redução da intensidade, duração e concentração, como no caso da diluição ou redução do tempo de exposição. Por exemplo, nas pausas introduzidas no trabalho de frigoríficos que exigem a atividade em ambientes com temperaturas reduzidas. Os valores de referência para substâncias químicas, como os Limites de Tolerância, vêm sendo alvo de questionamentos por sua limitada eficiência no controle de fatores de risco, sendo substituídos pelo Valor de Referência Tecnológico, que se baseia na concentração, duração média da exposição, efeitos e disponibilidade de tecnologias mais seguras, como as empregadas nas normas de controle do benzeno no Brasil (Boliej et al., 2004). Esses procedimentos são questionados por nem sempre serem definitivos os conhecimentos sobre doses de exposições e efeitos sobre a saúde (relação dose-resposta).

Os Equipamentos de Proteção Individual (EPI), que objetivam a redução do contato do trabalhador mediante o bloqueio das vias ou superfícies de contato, como máscaras, capacetes e luvas, dentre outros, são considerados medidas de prevenção menos eficientes, pois nem sempre garantem o controle da exposição e dependem da decisão individual do trabalhador em utilizá-los (Boliej et al., 2004; Ladou, 2007). Além de desconfortáveis, são muitas vezes rejeitados pelos trabalhadores. No entanto, podem contribuir para a proteção do trabalhador, como, por exemplo, o uso de luvas de látex por profissionais de saúde que lidam diretamente ou podem entrar em contato com fluidos, especialmente o sangue, ou o uso de botas por trabalhadores da agricultura, que assim se previnem de acidentes com animais peçonhentos.

A matriz desenvolvida por Haddon (1980) e modificada por Runyan (1998) especificamente para os acidentes, organiza as ações de prevenção em quatro eixos verticais: (a) indivíduo; (b) agente imediato; (c) ambiente físico; (d) ambiente social (macrocontextual), e em três eixos horizontais, que compreendem as dimensões relativas à cadeia de acontecimentos, organizadas nas etapas: (a) antes; (b) durante; e (c) após o acidente. Nas células são detalhadas as ações relacionadas com cada combinação desses eixos. Essa matriz tem sido muito útil para a formulação de programas de prevenção de acidentes de trabalho.

POLÍTICAS PÚBLICAS DE PROTEÇÃO À SAÚDE DOS TRABALHADORES NO BRASIL

As políticas públicas no campo da SST constituem o conjunto de decisões do Estado com o objetivo de garantir que o trabalho, base da organização social e direito humano fundamental, contribua para a qualidade de vida, a realização pessoal e social, sem prejuízo para a saúde e integridade física, mental e espiritual. Consistem em ações que visam a garantia do acesso ao trabalho e ao emprego, estabilidade no emprego, justiça nas relações de trabalho, salários e jornadas de trabalho compatíveis com o bem-estar, e trabalho saudável e seguro, bem como medidas de promoção, prevenção, recuperação da saúde e reabilitação (OIT, 2012).

Essas políticas são essencialmente intersetoriais ao conformar interfaces com a produção econômica, especificamente as políticas de desenvolvimento econômico, ciência e tecnologia, educação e, em especial, da formação para o trabalho. Cada vez mais a SST se articula com as políticas e programas ambientais e de proteção social, como os de assistência social e seguro social (Previdência Social). Em especial, essas políticas são implementadas pelo sistema de proteção do trabalho e emprego, que desenvolve ações destinadas à geração de renda e à garantia do emprego e renda (por exemplo, de combate ao trabalho infantil e escravo). Comumente, o sistema de saúde cumpre as funções fundamentais das políticas da SST, que, como toda política pública, tem ações explícitas ou implícitas, e se sustentam em um complexo arcabouço jurídico e institucional que reflete a correlação de forças entre os interesses do capital e do trabalho, o nível de organização social e o amadurecimento democrático e político, especialmente em relação ao grau de respeito aos direitos sociais e humanos.

Ainda no Brasil Colônia, é possível identificar a existência de normas e prescrições que disciplinavam o tratamento a ser dado aos escravos, a proteção à maternidade, a garantia de ração alimentar mínima e à assistência médica. Entretanto, é no início do século XX que se forma e se organiza a classe operária brasileira, quando ganham força os movimentos reivindicatórios por melhores condições de trabalho, e ocorrem as primeiras greves. Exemplo disso foi a greve de 1917, na qual se exigiam melhores condições de trabalho e garantias de apoio a vítimas de acidentes de trabalho e seus familiares. Como era de se esperar, houve reações do patronato, enquanto iniciativas do poder público destinadas ao controle e à preservação da mão de obra foram implementadas de modo a garantir a produção. Desse confronto de forças resultaram a Lei de Acidentes do Trabalho de 1919, a criação das Caixas de Aposentadorias e Pensão (CAP) e, posteriormente, do Ministério do Trabalho em 1930, seguidas da promulgação da Consolidação das Leis do Trabalho (Vasconcellos & Gase, 2011).

Nos anos 1980, o movimento pela ST reuniu profissionais da rede pública de saúde, do Ministério do Trabalho e Emprego, da Previdência Social e das universidades que, em parceria com lideranças sindicais e organizações de trabalhadores, buscavam desvelar as consequências negativas do trabalho sobre a saúde, somando esforços para a construção da Reforma Sanitária. No processo de elaboração da nova Constituição de 1988, esse esforço resultou na atribuição da atenção integral à saúde dos trabalhadores do então recém-criado SUS. A incorporação da ST às atribuições do SUS foi regulamentada pela Lei 8.080, de 1990 (Brasil, 1988, 1990).

A Política Nacional de Segurança e Saúde no Trabalho (PNSST), Decreto Presidencial 7.602, de 7 de novembro de 2011, representou um marco histórico ao explicitar responsabilidades e diretrizes a serem cumpridas pelos ministérios da Previdência Social, do Trabalho e da Saúde. A pretensão com isso é superar a fragmentação e superposição de ações institucionais estatais e da participação voluntária de organizações de trabalhadores e empregadores e também expressar o reconhecimento da importância do ambiente e da sustentabilidade com o envolvimento do Ministério do Meio Ambiente (Brasil, 2011).

A PNSST tem como princípios norteadores a universalidade, a integralidade, o diálogo social e a precedência das ações de promoção, proteção e prevenção sobre as de assistência e reabilitação. Seus objetivos são a "promoção da saúde e a melhoria da qualidade de vida do trabalhador, e a prevenção de acidentes e de danos à saúde, relacionados ao trabalho ou que ocorram no curso dele, por meio da eliminação ou redução dos riscos nos ambientes de trabalho", (Brasil, 2011). Sua gestão é participativa e coordenada pela Comissão Tripartite de Saúde e Segurança no Trabalho (CTSST), constituída paritariamente por representantes do governo, trabalhadores e empregadores. Seu objetivo é avaliar e propor medidas para a implementação da Convenção 187 da OIT, que trata da Estrutura de Promoção da Segurança e Saúde no Trabalho. Coube à CTSST elaborar o Plano Nacional de Segurança e Saúde no Trabalho (Plansat), cujas diretrizes são: (a) inclusão dos trabalhadores brasileiros no sistema nacional de promoção e proteção da saúde; (b) harmonização da legislação e a articulação das ações de promoção, proteção, prevenção, assistência, reabilitação e reparação da saúde do trabalhador; (c) adoção de medidas especiais para atividades laborais de alto risco; (d) estruturação de rede integrada de informações em saúde do trabalhador; (e) promoção da implantação de sistemas e programas de gestão da segurança e saúde nos locais de trabalho; (f) reestruturação da formação em saúde do trabalhador e em segurança no trabalho e estímulo à capacitação e à educação continuada de trabalhadores; e (g) promoção de agenda integrada de estudos e pesquisas em segurança e saúde no trabalho. Note-se que foram incluídos todos os trabalhadores brasileiros, tanto os formalmente registrados, autônomos, empregados domésticos, como os informais, militares e servidores.

A primazia da prevenção baseia-se no entendimento de que os acidentes e as doenças relacionados com o trabalho são evitáveis – não são inerentes ao trabalho, fatalidades, casuais ou fortuitos – e que as intervenções nos processos de trabalho devem estar direcionadas para eliminação ou controle dos fatores de risco presentes nos ambientes de trabalho, ou decorrentes da organização e das relações de trabalho. Devem ser priorizadas as medidas de alcance coletivo, aceitando-se a utilização de EPI apenas em situações excepcionais ou como medida complementar de proteção coletiva. Tomado emprestado da área ambiental, o princípio da precaução tem grande importância para a garantia da saúde e segurança dos trabalhadores, no contexto das mudanças nos processos produtivos que acontecem em ritmo acelerado com a adoção de tecnologias e normas de organização e gestão do trabalho, cujos impactos sobre a saúde são ainda pouco ou nada conhecidos, mas há evidências de riscos potenciais.

Apesar do caráter voluntário da adesão, prescrito no documento da PNSST, os trabalhadores organizados são sujeitos políticos e devem participar efetivamente de todas as etapas dos processos de identificação e análise das condições de trabalho, da decisão quanto aos mecanismos e alternativas de intervenção técnica, da avaliação e controle das medidas implementadas, da elaboração das normas técnicas, das atividades de fiscalização e nas discussões das mudanças a serem introduzidas nos processos de trabalho, particularmente no que se refere às inovações tecnológicas e de novas estratégias gerenciais. Um pressuposto básico da participação é o direito e acesso à informação.

No âmbito do Ministério da Saúde, as ações de ST no SUS têm sido desenvolvidas por meio de estratégias distintas, organizadas nos três níveis de gestão do SUS. A criação da Renast, em 2002, representou um marco importante nesse processo, tendo os Centros de Referência em Saúde do Trabalhador (Cerest) como lócus privilegiado de execução, articulação e pactuação de ações de saúde, intra e intersetorialmente, ampliando a visibilidade da área de ST junto aos gestores e o controle social (Dias & Hoefel, 2005).

Em 2006, o Pacto pela Saúde redefiniu a organização da atenção à saúde no SUS e atribuiu à APS o papel de estruturador das ações no SUS (Brasil, 2006). Posteriormente, a Portaria 4.279/2010 estabeleceu diretrizes para a organização da Rede de Atenção à Saúde (RAS), no SUS, atribuindo à APS a função de centro de comunicação da rede (Brasil, 2010). A estratégia de organizar o SUS no modelo da RAS visa superar a fragmentação da atenção e gestão nas regiões de saúde, e assegurar aos usuários do SUS ações e serviços necessários à resolução de seus problemas e necessidades de saúde, sendo definida como arranjos organizativos de ações e serviços de saúde de diferentes densidades tecnológicas que, integrados por meio de sistemas de apoio técnico, logístico e de gestão, buscam garantir a integralidade do cuidado (Mendes, 2009; Brasil, 2010).

Nesse cenário, para que o SUS seja capaz de prover atenção integral à saúde dos trabalhadores, é essencial que cada aspecto da atenção do SUS e em especial os setores responsáveis pela Vigilância em Saúde incorporem de modo sistemático a contribuição do trabalho enquanto determinante do processo saúde-doença das pessoas e da qualidade ambiental. A operacionalização da atenção integral depende da articulação entre diversos saberes, práticas e responsabilidades, da atuação inter e transdisciplinar e de sólida articulação intra e intersetorial.

Sobre a contribuição da APS para a atenção integral à saúde dos trabalhadores, é importante lembrar que entre suas características que justificam a centralidade no modelo da RAS destacam-se: a presença em todos os 5.564 municípios brasileiros e a potencialidade de organizar as ações e serviços de saúde com base nas necessidades e problemas de saúde da população; oferecer atenção contínua e integral por equipe multidisciplinar e considerar o usuário-sujeito em sua singularidade e inserção sociocultural (Brasil, 2010, 2011). A APS deve ter capacidade resolutiva sobre os problemas mais comuns de saúde e é considerada o primeiro nível de atenção, a partir do qual se realiza e coordena o cuidado em todos os outros pontos de atenção (Mendes, 2009).

Nesse cenário, a atuação dos Cerest deverá se voltar, cada vez mais, para o apoio técnico-pedagógico, também denominado apoio matricial ao desenvolvimento das ações de ST na rede SUS, de modo especial às equipes da Atenção Primária em Saúde, da Estratégia de Saúde da Família e aos Agentes Comunitários em Saúde (ESF/ACS) (Dias et al., 2012).

O documento da Política Nacional de Saúde do Trabalhador e da Trabalhadora (PNST-SUS) orienta as ações a serem desenvolvidas no âmbito do SUS, considerando os princípios e diretrizes da universalidade; integralidade; participação da comunidade, dos trabalhadores e do controle social; descentralização; hierarquização; equidade e precaução. As estratégias definidas para a implantação da atenção integral à saúde do trabalhador compreendem: (a) a integração da Vigilância em Saúde do Trabalhador com os demais componentes da Vigilância em Saúde e com a APS; (b) a análise do perfil produtivo e da situação de saúde dos trabalhadores; (c) a estruturação da Rede de Atenção Integral à Saúde do Trabalhador; (d) o desenvolvimento e a capacitação de recursos humanos; (e) o apoio ao desenvolvimento de estudos e pesquisas; (f) o estímulo à participação da comunidade, dos trabalhadores e do Controle Social; (g) o fortalecimento e a ampliação da articulação intersetorial; e (h) a garantia do financiamento das ações de ST (Brasil, 2012).

No âmbito da Previdência Social, observa-se sua atuação cada vez mais proativa no campo da ST, apesar de sua missão institucional voltada, primariamente, para compensação e proteção social dos trabalhadores acometidos por agravos à saúde e a gestão do Seguro Acidente de Trabalho (SAT). O Instituto Nacional do Seguro Social (INSS) é responsável pela gestão do acesso a benefícios de compensação quando o trabalhador se torna incapacitado para o trabalho, por agravos à saúde em geral (benefícios previdenciários) e, para os agravos relacionados com o trabalho (benefícios acidentários) que compensam os trabalhadores diferencialmente e são financiados pelo SAT. Agravos relacionados com o trabalho são identificados por meio de peritos do INSS. O número desses benefícios vem se elevando ao longo do tempo (Ansiliero & Dantas, 2008), com impactos significativos no déficit orçamentário da Previdência. Isso tem levado o Ministério da Previdência Social (MPS) a desenvolver ações destinadas à prevenção de agravos, especialmente por meio de programas de desincentivos. Destacam-se, entre essas ações, as alterações nos critérios e procedimentos de cálculo de alíquotas de contribuição das empresas para o SAT, que deixaram de ser calcadas meramente em quatro grandes grupos de "risco", anteriormente definidos pelo Ministério do Trabalho e Emprego (MTE), sem a explicitação de critérios objetivos.

Nesse sentido, em 2007, o MPS instituiu o Nexo Técnico Epidemiológico de Prevenção (NTEP) e o Fator Acidentário de Prevenção (FAP), instrumentos para uso coordenado que visam ao cálculo das alíquotas de contribuição das empresas para o SAT. Considerando o grande sub-registro dos agravos relacionados com o trabalho, que costumam ter sua vinculação causal com as condições de trabalho não registrada, o NTEP proporciona ao perito o conhecimento sobre o excesso relativo de casos em dada empresa em relação às demais de seu sub-ramo, um indicativo de que esses casos teriam um possível vínculo causal ocupacional. Enquanto o FAP é um dispositivo estatístico que, com base nesses excessos relativos de casos, possibilita o cálculo da alíquota proporcional do SAT a ser pago pela empresa, em particular. Empresas que vêm reduzindo os riscos de agravos relacionados com o trabalho têm menor FAP, enquanto as que se apresentam com piores condições no que diz respeito à saúde dos trabalhadores sofrem impacto mais expressivo em suas despesas e pagam maiores alíquotas (Oliveira & Barbosa-Branco, 2009).

Em outras palavras, esses instrumentos se sustentam no uso de estimativas de risco (proporção de casos novos entre os trabalhadores) específicos de cada empresa, e em seu excesso relativo (diferenças proporcionais) em relação às demais empresas do mesmo sub-ramo de atividades econômicas. Afastamentos dos valores médios esperados dos riscos indicam maiores fragilidades na implementação, ou cumprimento das normas relativas a boas práticas de SST, naquela empresa. Assim, elas passam a ser penalizadas com o pagamento de maiores alíquotas ou prêmios ao SAT. Isso vem causando grande repercussão no meio empresarial, uma vez que pode implicar aumentos significativos nos gastos compulsórios com esse seguro. Apesar dos protestos, o uso do critério de "paga mais quem mais contribui para as despesas" é tão óbvio em qualquer sistema de seguro, chamado de *experience rating* em inglês, que pouco a pouco reações negativas vêm dando lugar a maiores investimentos das empresas na melhoria das condições de trabalho. Vale lembrar que isso se coaduna com o princípio da responsabilidade social, cada vez mais relevante no espaço competitivo de mercados diversificados e globalizados, muito embora não se descartem manobras no sentido de manipulação da informação por parte de algumas empresas, o que resulta em aumento da subnotificação dos agravos, uma das consequências negativas do NTEP/FAP (Oliveira & Barbosa-Branco, 2009).

O MTE é autoridade legal nos aspectos relacionados com a saúde dos trabalhadores, porém tem concentrado esforços e priorizado ações de inclusão e geração de emprego e renda, como no prestigiado Economia Solidária, ou de erradicação de formas inaceitáveis do trabalho, como o trabalho infantil e escravo. No campo da saúde e segurança do trabalhador atua, essencialmente, como órgão normativo, elaborando normas regulamentadoras (NR) e inspeções dos ambientes de trabalho, durante as quais se verifica o cumprimento dessas normas. Suas instâncias regionais são denominadas Superintendências Regionais de Trabalho e Emprego (SRTE), as antigas Delegacias Regionais de Saúde, responsáveis pela orientação de trabalhadores em relação a seus direitos, inspeções de ambientes de trabalho, e investigações de acidentes de trabalho ou outros eventos, situações denunciadas ou evidenciadas como problemas de saúde dos trabalhadores.

No entanto, a cobertura do MTE é pequena em decorrência do número insuficiente de auditores do trabalho em relação ao crescente aumento de empresas, que totalizavam mais de sete milhões em 2011. A inspeção de ambientes de trabalho é tradicional e adotada em todo o mundo, tendo impactos positivos não apenas na empresa inspecionada, mas no conjunto de empresas próximas ou da mesma categoria econômica. Todavia, sua perspectiva ainda é calcada na Higiene do Trabalho, orientada pela prescrição de boas práticas, a avaliação de conformidades e aplicação de penalidades às empresas, o que pode ser demonstrado pela pouca utilização das evidências epidemiológicas, seja de agravos (Programas de Controle Médico de Saúde Ocupacional [PCMSO]), seja dos agentes de riscos nos locais de trabalho (Programas de Prevenção de Riscos Ambientais [PPRA]) no planejamento, gestão e avaliação de suas atividades no campo da ST, prevista em NR, especialmente para prevenção. Vale ressaltar que nem sempre empresas são inspecionadas apenas após a ocorrência de acidentes ou denúncias, com o MTE atuando no monitoramento e controle antecipado de agentes de risco. Contudo, é pouca a articulação com a academia e outros órgão públicos, em que pesem os esforços da Fundacentro, instituição de pesquisa e formação em segurança e saúde do trabalhador, vinculada ao MTE.

Ainda em uma atuação proativa para redução dos agentes de risco nos locais de trabalho, o MTE também vem adotando uma política de desincentivos, com o apoio da Advocacia Geral da União (AGU), colaborando com o Ministério da Previdência nas chamadas Ações Regressivas, o que corresponde à cobrança de valores a empresas para ressarcimento de gastos da Previdência, com o pagamento de benefícios a trabalhadores decorrentes da omissão ou negligência em relação ao cumprimento de normas reguladoras de proteção da saúde e segurança do trabalhador. Essas ações regressivas também fazem parte da política de redução do déficit orçamentário da Previdência, e do seu compromisso com melhoria das condições de trabalho e saúde dos trabalhadores. O objetivo final é alcançar um impacto positivo na mobilização do empresariado para a adoção de uma verdadeira cultura de segurança na indústria, prevenindo acidentes e doenças relacionadas com o trabalho.

Vale destacar que, em 2010, o MTE iniciou o processo de elaboração de uma nova NR dedicada à gestão da SST, que avança em relação à NR 7 (PPRA) e à NR 9 (PCMSO), pois reforça a implantação de sistemas de gestão integrada. Estes são orientados no sentido da promoção de mudanças culturais a longo prazo nas organizações, na melhoria do diálogo e da confiança entre as organizações e o governo, e entre elas e a comunidade, além de possibilitar atualizações mais ágeis.

No Brasil, a Justiça do Trabalho integra o Poder Judiciário com atribuições para atuar nos conflitos trabalhistas e de emprego, que envolvem as relações de trabalho, os trabalhadores informais e autônomos, dentre outros, o exercício do direito de greve, representação sindical, ações de indenização por dano moral ou patrimonial decorrentes da relação de trabalho, e penalidades administrativas impostas aos empregadores pelos órgãos de fiscalização, a exemplo da Receita Federal, do Ministério do Trabalho, do Instituto Nacional de Seguro Social etc. Em 2011, a Justiça do Trabalho foi responsável pelo repasse de R$ 14,7 bilhões referentes ao pagamento de trabalhadores que tiveram direitos reconhecidos em processos judiciais. Isso representou um aumento de 22%, ou R$ 2,7 bilhões, em relação aos valores estimados para 2010. Foram R$ 10,7 bilhões em execuções e R$ 4 bilhões em acordos.

O Ministério Público do Trabalho (MPT) integra o Ministério Público da União, atuando independentemente do Legislativo, Executivo e Judiciário, e sua missão institucional inclui a defesa da ordem jurídica, a democracia e a garantia dos direitos fundamentais e sociais dos trabalhadores. Suas unidades descentralizadas são as Procuradorias Regionais do Trabalho, que atualmente são 24 em todo o país, e mais 100 Procuradorias Municipais. Em seu atual planejamento estratégico, prioriza a erradicação do trabalho escravo e infantil, a discriminação no trabalho, a inclusão de pessoas com deficiência, o tráfico de pessoas e a proteção do trabalho in-

Quadro 35.2 • Sumário das instituições, ações e perspectivas da atenção à saúde do trabalhador no Brasil

Dimensão	Situação em 2012	Perspectivas
Políticas e estratégias	PNSST e Plansat instituídos Marco regulatório para a Vigilância em Saúde do Trabalhador Assinatura de várias convenções da OIT Gestão participativa com incorporação de trabalhadores formais e informais	Ampliação e consolidação da Saúde do Trabalhador, mediante fortalecimento da SST no SUS
Instituições e infraestruturas e conteúdo das ações	SUS (Ministério da Saúde, secretarias de estado e municípios) – Renast incorporando Cerest, Unidades Sentinelas, ações de vigilância em Saúde do Trabalhador e Atenção Básica de Saúde Ministério do Trabalho e Emprego, superintendências regionais do trabalho e gerências executivas e a Fundacentro. Realizam ações de regulamentação, proteção ao trabalho, inspeções e fiscalizações de ambientes de trabalho, educação para SST, pesquisa e formação profissional em SST, ações contra o trabalho escravo e infantil Ministério da Previdência Social, Instituto Nacional de Previdência Social, agências regionais e locais – responsáveis pelo serviço de compensação (benefícios), como o auxílio-doença, durante a incapacidade para o trabalho em geral, e os auxílios acidentários, quando os agravos à saúde são relacionados com o trabalho e cobertos pelo Seguro Acidente de Trabalho (SAT)	Fortalecimento da Renast, com o matriciamento com a Atenção Básica em Saúde e a Vigilância em Saúde (sanitária, epidemiológica, e ambiental) Há a necessidade de maior engajamento em ações de prevenção e vigilância Fortalecimento da atuação intersetorial com a gestão compartilhada do Plansat Maior envolvimento do MPS em ações destinadas a prevenção de agravos e desincentivos econômicos para a negligência em SST
Modelo de organização	Cobertura universal por cuidado integral à saúde (SUS), com ações de SST incorporadas em todos os níveis de atenção, com o apoio especializado dos Cerest. Conta com diversas instâncias de participação dos trabalhadores e movimentos sociais organizados Atenção suplementar à saúde com empresas privadas ofertando planos de saúde para trabalhadores ou planos de Medicina do Trabalho Serviços Especializados de Medicina do Trabalho (SESMT) em empresas	Há ainda pouca articulação dos ministérios mais diretamente envolvidos nas práticas, especialmente na vigilância em saúde do trabalhador, que precisa ser enfatizada Tanto a cobertura como a qualidade dos serviços ainda precisam ser melhorados e ampliados

dígena, dentre outras funções, nenhuma delas dirigidas especificamente para a indústria. Um sumário dessas ações institucionais pode ser visto no Quadro 35.2.

SITUAÇÃO DA SAÚDE DO TRABALHADOR NO BRASIL

A caracterização da situação da saúde dos trabalhadores compreende, tradicionalmente, informações sobre a dimensão, a distribuição espacial temporal e os padrões de comportamento sociodemográficos da população de trabalhadores e do perfil da produção econômica, em especial informações sobre os determinantes ou fatores de risco para os agravos relacionados com o trabalho e seus desfechos, as mortes, agravos à saúde e as incapacidades para o trabalho. Outras informações relevantes são os custos desses agravos e seu impacto na produção e produtividade, nos serviços de saúde e sistemas previdenciários ou de proteção social dos trabalhadores. Além disso, incorporam a descrição da distribuição dos serviços de saúde e outros relacionados com a proteção da saúde dos trabalhadores, como as instâncias relacionadas com políticas e programas de trabalho e emprego, geração de renda e emprego e inspeções de locais disponíveis. A situação de saúde dos trabalhadores também envolve o mapeamento dos serviços disponíveis para o cuidado – tanto daqueles especializados para diagnóstico, tratamento e reabilitação como para vigilância em saúde do trabalhador.

Obviamente, não existe um quadro fechado de indicadores que se ajuste a qualquer análise de situação de saúde dos trabalhadores, a qual deve ser programada e planejada a partir de informações já existentes e das demandas locais. Por exemplo, em uma área em que predomina a atividade de mineração, conhecida como de alto risco para a saúde e a segurança de trabalhadores, esse ramo de atividade econômica deverá merecer atenção especial com dados específicos que poderão melhorar o direcionamento das ações de saúde locais, ou incluir uma síntese do conhecimento existente sobre os agravos relacionados com a saúde, seus determinantes macrocontextuais, dos ambientes de trabalho, sociais e também individuais, quando não existam informações locais ou mesmo nacionais sobre a temática.

Informações sobre a dimensão e o perfil dos trabalhadores, como sua distribuição espacial, tendências e características sociodemográficas, tornam possível compreender demandas e necessidades de serviços, presentes e futuras. Dados populacionais sobre a ocorrência de determinantes e fatores de risco ocupacionais para a saúde são raros, embora mensurações nos ambientes de trabalho sejam mandatórias para empresas, de acordo com as NR, e em especial a NR 9, que determina a realização desses diagnósticos, e os Programas de Prevenção de Riscos Ambientais (PPRA), que são de responsabilidade das empresas e gerenciados pelo MTE. Esses dados, todavia, são de difícil acesso para pesquisa ou mesmo a vigilância em saúde. Distintamente, enfermidades e acidentes relacionados com o trabalho, ao serem reconhecidos e identificados, devem ser compulsoriamente notificados ao Sistema Nacional de Agravos de Notificação (Sinan) ou registrados no Sistema Comunicação de Acidentes de Trabalho (Siscat), do MPS – Instituto Nacional de Previdência Social. Note-se que eventos relacionados com a saúde compreendem as estatísticas vitais e são objeto de monitoramento nacional e internacional.

Produção econômica, trabalho e emprego

No Brasil, a produção econômica evoluiu de um sistema colonial baseado na atividade primária – extrativa e de produção agrícola – com larga base no trabalho escravo e predomínio de atividades rurais no interior do país, para um cenário fortemente urbanizado, com forte presença da produção agropecuária, da indústria manufatureira e, especialmente, dos serviços, que atualmente representam a maioria do número de empresas e trabalhadores. Nos anos 1940, a organização e a proteção do trabalhador e do emprego sofreram profunda transformação com a instituição da Consolidação das Leis Trabalhistas (CLT), que inaugurou novos modos de relação entre capital e trabalho, empregadores e empregados. Com a CLT ficaram definidos tipos de vínculos de trabalho, atribuições e direitos dos trabalhadores que afetavam as condições de trabalho e saúde e o bem-estar. Dela resultou a criação das NR, que definem padrões de conformidade de boas práticas em saúde e segurança do trabalho, dentre outras normas voltadas para a saúde do trabalhador, que sofreram, ao longo do tempo, ajustes ou redefinições diante dos desafios das mudanças do processo de produção e trabalho (Maeno & Carmo, 2005). Infelizmente, os benefícios conquistados pelos trabalhadores com a CLT não atingem a totalidade dos trabalhadores brasileiros, entre os quais se encontra uma extensa parcela de trabalhadores não registrados, empregados assalariados ou como autônomos, ou que trabalham por conta própria em atividade informal, sem contribuir para a Previdência Social. Militares e servidores públicos também estão cobertos apenas por parte do conjunto de medidas de proteção à saúde do trabalhador, ficando de fora, por exemplo, das inspeções nos locais de trabalho e do SAT, gerenciado pelo INSS.

Na década de 1990, mudanças na conformação da economia, desencadeadas a partir do Consenso de Washington, levaram ao que se convencionou chamar de neoliberalismo, representando menor participação do Estado na regulação econômica, na crença de que o mercado poderia se autorregular, além de uma centralidade do capital financeiro sobre a produção de bens e outros serviços. Isso ocasionou mudanças no mercado de trabalho e a reorganização do processo de produção, o que se denominou reestruturação produtiva, instalada praticamente em escala global, e significou uma importante inflexão no paradigma da Saúde do Trabalhador (Nehmy & Dias, 2010; Benach et al., 2010).

Nesse cenário, o trabalho, e especialmente o emprego, assumiu novos formatos, tornando-se multifacetado e com novas exigências que delineiam perfis muito distintos de trabalhadores. Uma de suas faces é o *downsizing*, que representa a redução do número de postos de trabalho sem diminuição da produção, as múltiplas funções desempenhadas por um mesmo trabalhador, a divisão internacional do processo de trabalho com a incorporação de trabalhadores de menor qualificação, em países onde o custo do trabalho é menor, dentre outros aspectos. Além disso, a incorporação da tecnologia reduziu o número de trabalhadores. Todos esses aspectos levaram ao aumento do desemprego, que passou a ter uma natureza distinta – o desemprego estrutural – decorrente do modo como a economia e o mercado de trabalho passaram a operar. Com o desemprego e a falta de oportunidades de trabalho, "formas *substandard*" de vinculação no mercado de trabalho proliferaram, surgindo o neologismo "precarização do trabalho", que se acentua nos momentos de crise econômica. Na União Europeia, a precarização do emprego tem se manifestado com crescimento de trabalho de tempo parcial ou temporário e o desemprego estrutural. Na década de 2010 observa-se o desemprego pleno, decorrente da grave e duradoura crise econômica que vem assolando a União Europeia e os EUA (Benach et al., 2010).

No Brasil, e em outros países emergentes e/ou em desenvolvimento, a precarização se expressa na informalidade, parte expressiva do mercado de trabalho presente muito antes do Consenso de Washington, chegando a representar mais da metade dos trabalhadores economicamente ativos do país, embora esse quadro venha se reduzindo linearmente desde 1999 (Dias et al., 2011). Trabalhadores sem vínculo formal de trabalho, sem registro de trabalho, sob contrato terceirizado, com contratos temporários, de tempo parcial, sazonal ou domiciliar, carecem de proteção social, especialmente a previdenciária, e, no Brasil, do sistema de fiscalização dos ambientes de trabalho do MTE, que fica restrita ou ausente para esses trabalhadores. Esses formatos estão presentes em praticamente todos os setores produtivos, mas é maioria na agricultura, nos grandes empreendimentos do agronegócio, na mineração, na indústria e na construção civil, sendo predominante no setor de serviços (Antunes, 2010).

Além da exclusão dos trabalhadores de garantias dos direitos que representam conquistas históricas, por meio da precarização dos vínculos de trabalho e emprego, a reestruturação produtiva trouxe também à tona um movimento pela redução dos direitos dos trabalhadores formais. Ou seja, as leis trabalhistas deveriam ser modificadas e ajustadas à nova situação do mercado de trabalho, tornando-se mais flexíveis – a denominada flexibilização ou, quando relativa à seguridade, *flexisecurity*, que representaria um novo pacto entre capital e trabalho visando à garantia de empregos, desde que estas sejam mais flexíveis. Em 2012, a adoção e implementação da flexibilização foram alvo de protestos e resistências em inúmeros países, como na Espanha e em Portugal.

Do ponto de vista das condições de trabalho, os avanços das tecnologias, em especial da informação e comunicação, contribuíram para o surgimento de empresas abertas, virtuais, não mais limitadas a um ambiente de trabalho comum, com forte componente de trabalho domiciliar, feito nas residências, com o comprometimento da privacidade e do cotidiano dos trabalhadores, que se tornam permanentemente conectados, afetando as relações sociais e a saúde. Há maior rotatividade e os empregos se tornaram voláteis em razão do dinamismo da inovação tecnológica. E o conhecimento, ou melhor, a capacidade de aprender e se ajustar a esse dinamismo, é vital, levando a se falar não mais da importância do emprego, mas da empregabilidade. Esses aspectos podem gerar a falsa sensação de autonomia, de liberdade, e de participação do trabalhador qualificado nas decisões sobre o modo de produzir (Nehmy, 2001). Observa-se, portanto, uma crescente substituição do modelo produtivo de inspiração taylorista-fordista, no qual o trabalho estava restrito à empresa e era organizado em tarefas fragmentadas, com rígida hierarquia de decisões e planejamento centralizado e controlado por supervisores. Esse modelo tem sua melhor expressão nas linhas de montagem, nas quais o trabalhador fica posicionado em lugar fixo, com tempos e modos de produzir fortemente programados, de modo a garantir a produtividade por alternativas mais flexíveis.

Vale notar que esses modelos de organização do trabalho ocorrem no trabalho organizado, em geral em empresas registradas, independentemente do porte. Todavia, grande parte da população de trabalhadores no Brasil se vincula a pequenas e microempresas informais, ou consiste em autônomos com relações de emprego baseadas na confiança, submetidos a condições de trabalho bastante precárias, desde a higiene básica à exposição a agentes de risco químicos conhecidos por provocar doenças graves, como o câncer, ou em ambientes inseguros, que causam acidentes de trabalho. A maior parte das mulheres ocupadas tem como atividade o emprego doméstico, limitado acesso aos direitos já conquistados por outros trabalhadores, e elevado risco de problemas de saúde relacionados com o trabalho (Aburto-Rojas & Santana, 2011).

População de trabalhadores, perfil produtivo, e graus de "risco"

O Instituto Brasileiro de Geografia e Estatística (IBGE) considera que a População Economicamente Ativa (PEA) compreende trabalhadores empregados, ou seja, os que desenvolvem atividade produtiva, ou desempregados, procurando emprego, e aqueles com trabalho remunerado com idade acima de 10 anos. Em 2010, a PEA representava 93.491.285 trabalhadores, 7.161.053 (7,6%) dos quais estavam desocupados. Assim, a População Economicamente Ativa Ocupada (PEAO) era composta de 86.330.200 pessoas que se vincularam ao mercado de trabalho como empregados assalariados, servidores públicos federais, estaduais e municipais, militares, profissionais liberais, trabalhadores autônomos, empregados domésticos, biscateiros, dentre outras especificações. Essas características são fundamentais para se conhecer a situação de saúde dos trabalhadores, uma vez que os sistemas de informação de saúde existentes cobrem diferencialmente esses grupos.

Para os empregados assalariados, ou trabalhadores formais, registrados ou celetistas, os dados sobre a situação de saúde mais comumente utilizados são provenientes dos sistemas de Comunicação dos Acidentes de Trabalho (CAT) e do Sistema Único de Benefícios (SUB), divulgados nos Anuários Estatísticos da Previdência Social (AEPS) e nos Anuários Estatísticos dos Acidentes de Trabalho (AEAT).

Na Previdência Social, os trabalhadores cobertos pelo SAT são os empregados com carteira assinada, excluindo-se os empregados domésticos e servidores. Estes, quando adoecem e necessitam se afastar do trabalho, requisitam licença por incapacidade para o trabalho e recebem os denominados benefícios, enquanto durar a incapacidade. O reconhecimento do agravo como relacionado com o trabalho exige, além do diagnóstico tradicional, a especificação de sua relação com o trabalho, o que limita a disponibilidade de dados ou informações precisas, em geral distorcidas para menos, com extenso sub-registro de casos.

A Perícia Médica do INSS analisa e registra a relação do agravo com o trabalho de modo a definir o tipo de benefício a que o segurado tem direito. Assim, o registro dos agravos relacionados com o trabalho, no âmbito da Previdência Social, são mais confiáveis e precisos. Todavia, representam apenas parte dos trabalhadores – os assalariados segurados pelo SAT. De acordo com o AEPS-2011, em 2010 havia 35.841.961 trabalhadores segurados, correspondendo a 41,5% da PEA estimada pelo IBGE (Brasil, 2011).

Outra fonte de informação sobre os determinantes e os possíveis fatores de risco para a saúde a que estão expostos os trabalhadores é o perfil produtivo, definido pela distribuição do número de trabalhadores por grupos de atividades econômicas. Esses dados são coletados e processados pelo MTE e são empregados como importantes indicadores de diferenciais de mortalidade e morbidade ocupacional. O MTE estabelece graus de risco, de 1 (menor) a 4 (maior), que representam níveis de acidentabilidade ocupacional da atividade econômica. Esse grau é apenas estimado e percebido, não guardando relação empírica com dados de mortalidade ou morbidade.

Outro importante dado relativo à determinação do adoecimento refere-se ao tipo de inserção ocupacional, ou vínculo por atividade econômica. A Tabela 35.1 apresenta a distribuição dos trabalhadores no Brasil, por grupo de atividade econômica, tipo de vínculo, e grau de risco, para o ano de 2008, segundo o MTE. São considerados no maior grau de risco a indústria extrativa, que conta com 294.555 trabalhadores, a maioria formal (65,7%), e a construção civil, com 6,9 milhões de trabalhadores, com maioria informal, especialmente autônomos (n = 3.170.395). A indústria extrativa compreende a mineração e a extração do petróleo, enquanto na construção civil as edificações variam de grandes empreendimentos, como as hidrelétricas e obras de infraestrutura, a construção de casas e pequenas reformas.

O alto grau de risco na indústria extrativa provém de situações como o trabalho confinado, em subsolo, a precariedade dos equipamentos de extração ou da segurança das áreas de trabalho na mineração, que por sua vez se associam a mortes por acidentes causados por explosões, incêndios, soterramento, intoxicações e quedas de alturas, dentre outros. O trabalho na indústria extrativa se associa, também, a doenças pulmonares graves, como a silicose – pneumoconiose causada pela exposição à sílica – e a asbestose – a exposição ao amianto – dentre outras. Na construção civil, além dos acidentes, podem ocorrer pneumoconioses, dermatites derivadas do contato com o cimento ou substâncias químicas de tintas e produtos de acabamentos, e doenças musculoesqueléticas decorrentes de problemas biomecânicos, ou consequentes ao trabalho em posições viciosas, ou que exigem movimentos repetidos, provocando dores lombares ou tendinites.

O planejamento das ações de cuidado e proteção à saúde dos trabalhadores, no âmbito regional ou municipal de saúde, exige o conhecimento e a análise da situação de saúde, incluindo o perfil produtivo específico, desagregando os grupos de atividade econômica para subgrupos, de modo a se obterem dados detalhados que possibilitem identificar as necessidades. Regiões nas quais se concentram certos tipos de atividade produtiva, espera-se que predomine a ocorrência de certos

Tabela 35.1 • Distribuição do número de trabalhadores estimado para o Brasil, de acordo com o grupo de atividade econômica, tipo de inserção no mercado de trabalho e "grau de risco", em 2008

Grupos de atividade econômica	Total de trabalhadores	Grau de risco[1]	Tipo de inserção no mercado de trabalho		
			Formal	Informal – sem carteira	Informal – autônomos
Agropecuária	17.118.949	3	2.416.048	3.085.015	11.617.886
Indústria	20.131.280	3	9.809.839	3.796.895	6.524.546
Indústria extrativa	294.555	4	193.448	44.178	56.929
Indústria de transformação	12.520.285	3	7.487.248	1.862.642	3.170.395
Eletricidade, água, esgoto e outros	409.761	3	337.489	72.272	–
Construção civil	6.906.679	4	1.791.654	1.817.803	3.297.222
Serviços	58.982.380	2	31324.724	14.131.023	13.526.633
Comércio	15.525.395	2	7.891.149	2.453.408	5.180.838
Transporte, armazenagem e correio	4.288.157	3	2.077.154	687.830	1.523.173
Serviços de informação	1.835.689	1	630.273	572.710	632.706
Intermediação financeira e outros	947.663	1	757.874	145.233	44.556
Atividades imobiliárias e aluguéis	656.726	1	312.769	144.318	199.639
Outros serviços	25.344.982	1	10.470.756	8.988.270	5.885.956
Administração, saúde e educação públicas	10.383.768	1	9.184.749	1.139.254	59.765
Total	96.232.609	–	43.550.611	21.012.933	31.669.065

Fonte: IBGE, Diretoria de Pesquisas, Coordenação de Contas Nacionais.
[1] Grau de risco – nível de 1 a 4, do menor para o maior, de acidentabilidade percebida relacionada com o trabalho segundo definição do Ministério do Trabalho e Emprego.
Ocupação com vínculo formal: ocupações com carteira de trabalho assinada, funcionários públicos estatutários, militares e empregadores de empresas formalmente constituídas. Ocupação sem carteira: ocupações sem carteira de trabalho assinada. Ocupação autônoma: ocupações por conta própria, empregadores de unidades informais e trabalho não remunerado.

problemas de saúde relacionados com o trabalho e, portanto, justificam-se medidas voltadas especificamente para essas atividades.

Perfil de mortalidade e morbidade ocupacional

No Brasil, estimativas epidemiológicas de agravos à saúde relacionados com o trabalho são conhecidas por seu subdimensionamento. Os dados de mais extensa utilização são provenientes do INSS/MPS, mas cobrem apenas os trabalhadores segurados, cobertos pelo SAT, que representam cerca de um terço do total. Esses dados são melhores porque benefícios acidentários concedidos para os agravos relacionados com o trabalho passam por uma avaliação específica pela perícia, que assim provê diagnósticos mais precisos. Todavia, menos para os trabalhadores cobertos, há barreiras de acesso aos serviços e ao diagnóstico e registro, especialmente em regiões remotas ou em grupos mais pobres ou de menor escolaridade (Santana et al., 2010). Digno de nota é o despreparo dos profissionais dos serviços de saúde para estabelecer a relação entre o agravo e o trabalho, e para o registro, seja para o Siscat, seja para o Sinam, SIM ou SIH-SUS. Há também desinformação e desmobilização dos trabalhadores para a reivindicação do registro e de seus direitos, bem como desarticulação entre os organismos de governo responsáveis pelo recolhimento, sistematização e análise dos dados, de modo a gerar informações e seu uso nas políticas e programas, além de outros problemas.

De acordo com os dados de 2011 do AEPS, foram concedidos 2.022.613 auxílios-doença por incapacidade para o trabalho em todo o país, por qualquer tipo de agravo. Desses, 323.378 (15,9%) representaram agravos relacionados com o trabalho, sejam acidentes ou doenças, o que revela a grande contribuição do trabalho como causa de doenças e acidentes graves, porquanto esses registros são efetuados apenas quando a incapacidade para o trabalho ultrapassa 15 dias. Outro indicador da expressão dos agravos ocupacionais se refere aos gastos. Em 2011, a Previdência gastou R$ 4 bilhões com benefícios relacionados com a saúde, dos quais 9,9% (R$ 400 milhões) foram destinados ao pagamento de benefícios para agravos à saúde relacionados com o trabalho.

Dentre os agravos fatais relacionados com o trabalho, os dados existentes no país revelam que são os acidentes os mais conhecidos e estudados, em relação à mortalidade. Para os trabalhadores segurados, os números variam de 2.560 em 2009 a 2.884 em 2011. Esses números são reconhecidamente subestimados pelo próprio INSS, porque se pautam em registros da CAT e concessão de pensões. Também para esses trabalhadores apresentam-se os coeficientes de mortalidade estimados para os acidentes de trabalho no Brasil, de acordo com os grupos de atividade econômica, entre 2006 e 2008 (Figura 35.4). Verifica-se que a estimativa para o país variou de 10,3 por 100 mil a 8,5 por 100 mil no período, uma tendência de queda de 17,5% em apenas 3 anos.

Na Figura 35.4 verifica-se, também, que a queda da mortalidade por acidentes de trabalho (AT), não se repete em todos os grupos de atividade econômica, entre os trabalhadores formais segurados. Observe que o coeficiente de mortalidade por AT elevou-se na indústria da construção e na indústria em geral, o que sinaliza para melhor atenção a programas de prevenção nesses grupos em especial. Mortes por acidentes de trabalho na indústria da construção são causadas, especialmente, por quedas de grandes alturas, choques elétricos, soterramento, impacto com equipamentos e máquinas e homicídios. Vale ressaltar que os acidentes com veículos também são comuns, não apenas por choques ou atropelamentos, mas também pela operação de veículos de trabalho.

Outra medida epidemiológica importante se refere à gravidade, sendo conhecida como letalidade, ou seja, a proporção de óbitos entre os casos de um determinado agravo. Na Tabela 35.2 verifica-se que também entre os trabalhadores segurados, do sexo masculino, a letalidade dos AT caiu de 3,38%, em 2000, para 2,08%, em 2008, enquanto na indústria da construção a queda foi ainda mais acentuada, de 4,94% para 2,87%. A queda nos índices de letalidade tanto pode ser resultado de medidas de prevenção como da melhoria da qualidade, presteza e cobertura do atendimento. Pode também expressar alterações nos procedimentos de registros e sub-registros diferenciais, com menor acesso, por exemplo, dos casos mais graves.

A morbidade entre os trabalhadores pode também ser compreendida pela distribuição das pensões por aposentadorias precoces por motivo de saúde, independentemente de sua relação com o trabalho, como pode ser visto na Figura 35.5. Verifica-se que as doenças cardiovasculares se equiparam às musculoesqueléticas, com cada um desses grupos respondendo por 28% dos casos, enquanto os transtornos mentais representam 17%, seguidos pelas neoplasias (14%) e doenças infecciosas (10%); as causas externas contribuem com apenas 3% dos casos. Isso se modifica acentuadamente quando se trata de benefícios para agravos relacionados com o trabalho, como pode ser visto na Figura 35.6. Observa-se que 66% dos agravos são acidentes de trabalho, seguidos pelas doenças musculoesqueléticas (27%), enquanto os transtornos mentais representam apenas 5% e os transtornos do sistema nervoso, 2%.

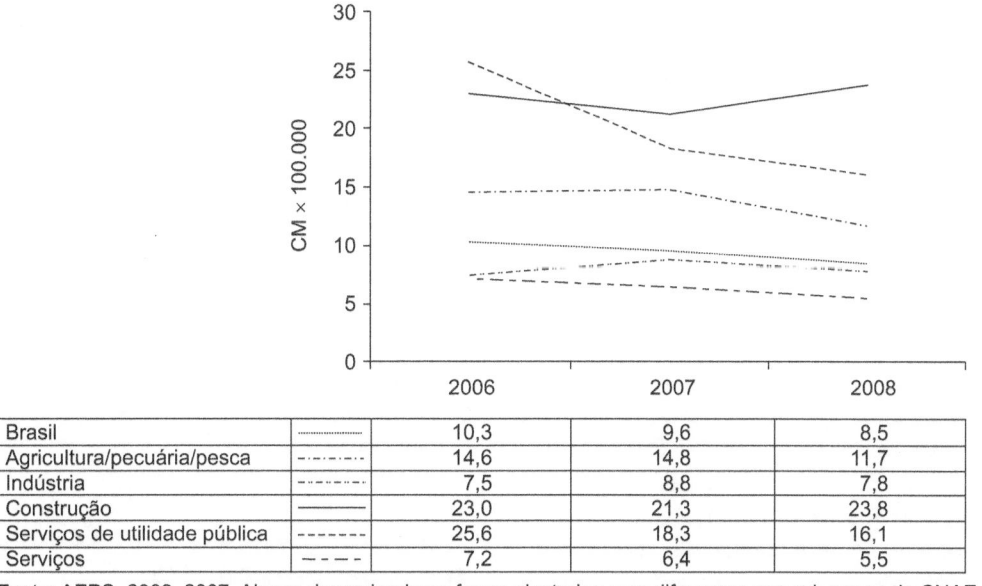

		2006	2007	2008
Brasil	....	10,3	9,6	8,5
Agricultura/pecuária/pesca	–·–·–·	14,6	14,8	11,7
Indústria	–··–··–	7,5	8,8	7,8
Construção	————	23,0	21,3	23,8
Serviços de utilidade pública	--------	25,6	18,3	16,1
Serviços	– – – –	7,2	6,4	5,5

Fonte: AEPS, 2008, 2007. Alguns denominadores foram ajustados para diferenças nos sub-ramos da CNAE agrupados em 2006 em relação a 2007 e 2008.

Figura 35.4 Coeficiente de mortalidade por acidentes de trabalho (CM × 100 mil) entre trabalhadores segurados, de acordo com ramos de atividade econômica – Brasil 2006-2008. (Boletim Epidemiológico dos Acidentes de Trabalho nº 1, 2011.)

Tabela 35.2 ♦ Letalidade (%) dos AT em todos os ramos de atividade econômica e na indústria da construção em trabalhadores do sexo masculino segurados – Brasil, 2000 a 2008

Ano	Todos os demais ramos de atividade econômica		Indústria da construção		
	Letalidade %	Razão de letalidade	Letalidade %	Razão de letalidade	Razão de letalidade IC/Geral
2000	3,38	Referente	4,94	Referente	1,46
2001	3,00	0,88	5,35	1,08	1,78
2002	2,43	0,72	3,93	0,80	1,62
2003	2,65	0,78	2,90	0,59	1,10
2004	2,59	0,77	4,00	0,81	1,55
2005	2,55	0,75	3,76	0,76	1,48
2006	2,99	0,88	3,69	0,75	1,23
2007	2,08	0,62	2,87	0,58	1,38

Fonte: número de óbitos registrados no Anuário Estatísico de Previdência (AEPS) e número de acidentes de trabalho da base SUB (Sistema Único de Benefícios), Ministério da Previdência Social.

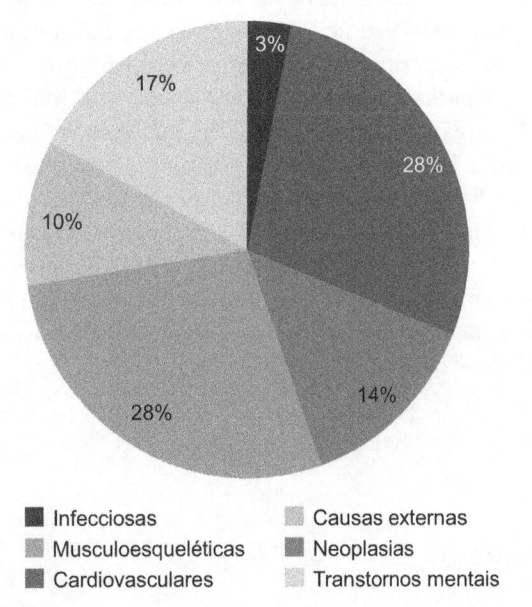

Figura 35.5 ♦ Distribuição de pensões por aposentadorias por motivo de saúde concedidas pelo MPS em 2011 no Brasil. (AEPS 2011, INSS/MPS.)

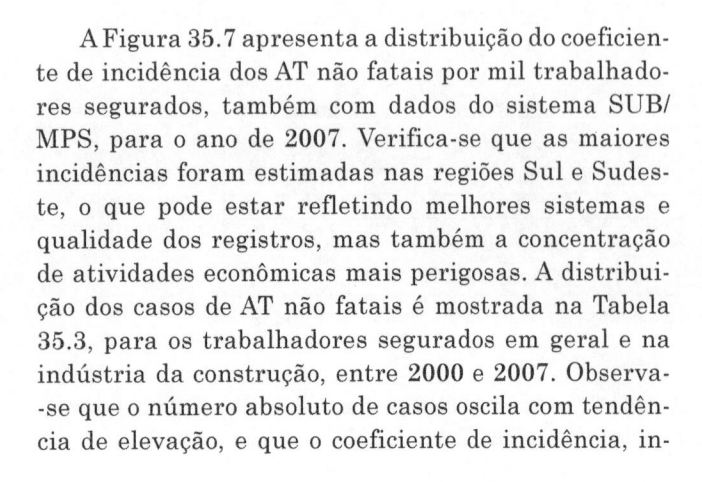

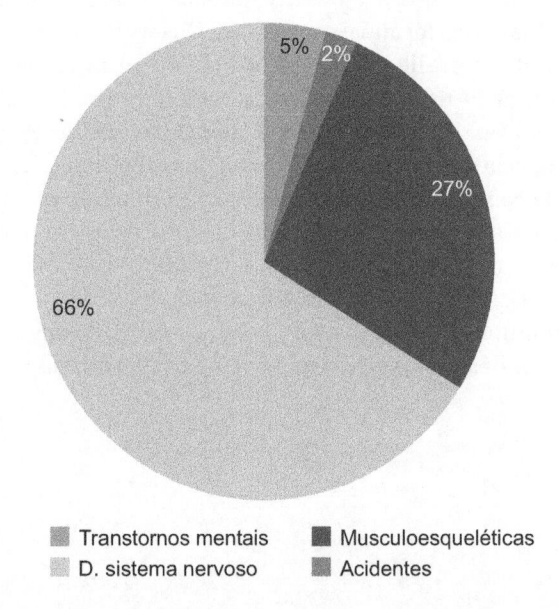

Figura 35.6 ♦ Distribuição dos benefícios por agravos à saúde relacionados com o trabalho, por grupo CID, em trabalhadores segurados – 2011. (AEPS, INSS/MPS, 2011.)

A Figura 35.7 apresenta a distribuição do coeficiente de incidência dos AT não fatais por mil trabalhadores segurados, também com dados do sistema SUB/MPS, para o ano de 2007. Verifica-se que as maiores incidências foram estimadas nas regiões Sul e Sudeste, o que pode estar refletindo melhores sistemas e qualidade dos registros, mas também a concentração de atividades econômicas mais perigosas. A distribuição dos casos de AT não fatais é mostrada na Tabela 35.3, para os trabalhadores segurados em geral e na indústria da construção, entre 2000 e 2007. Observa-se que o número absoluto de casos oscila com tendência de elevação, e que o coeficiente de incidência, incidência cumulativa ou risco, ao contrário, reduziu-se no período. Na indústria da construção, entretanto, o coeficiente de incidência elevou-se e representa, isoladamente, pouco mais de 8% de todos os registros de AT em cada ano.

Ações relacionadas com a saúde dos trabalhadores no SUS

No SUS, a oferta de serviços de ST, antes da Renast, compreendia serviços de referência estaduais em cada unidade da Federação, exceto no Pará, havendo Núcleos de Saúde do Trabalhador (Nusat), e Centros de Refe-

Capítulo 35 • Prevenção, Atenção e Controle em Saúde do Trabalhador

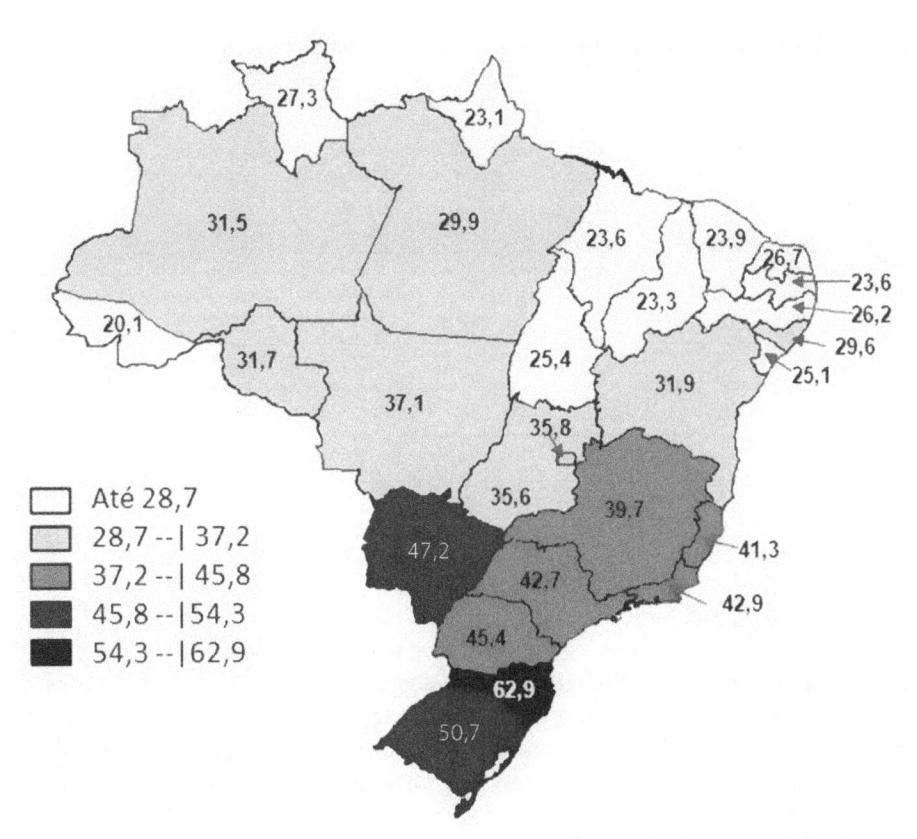

Figura 35.7 • Coeficiente de incidência anual (CI × 1.000) de acidente de trabalho não fatal, entre trabalhadores segurados, por unidade federada, 2007.

Tabela 35.3 • Número de AT não fatais e coeficiente de incidência de AT (por mil trabalhadores segurados) na indústria da construção e nos demais ramos de atividade no Brasil, entre 2000 e 2007

Ano	Todos os demais ramos de atividade econômica		Indústria da construção (IC)			
	Nº de acidentes de trabalho não fatais	Incidência anual/1.000	Nº de acidentes de trabalho não fatais	Incidência anual/1.000	Risco relativo (IC/outros ramos)	Proporção IC/total %
2000	82.502	4,8	6.579	6,6	1,37	8,0
2001	87.353	4,1	7.139	6,0	1,46	8,2
2002	117.224	5,3	9.531	8,2	1,54	8,2
2003	96.416	4,2	7.788	7,2	1,71	8,1
2004	103.997	4,3	7.948	7,0	1,63	7,6
2005	102.782	4,0	8.155	6,8	1,70	8,5
2006	88.220	3,3	7.698	6,2	1,88	8,7
2007	127.019	4,3	11.108	7,4	1,72	8,7

[1] Dados são da base do Sistema Único de Benefícios (SUB), do Ministério da Previdência Social.

rência em Saúde do Trabalhador (CRST) especialmente no Estado de São Paulo, onde havia programas de ST e serviços públicos de Medicina do Trabalho (Lacaz et al., 2002; Maeno & Carmo, 2005). Em 2002, a implantação da Renast se iniciou seguindo um plano plurianual, cujo modelo passou a ser sustentado por uma rede de Centros de Referência em Saúde do Trabalhador (Cerest) e articulação com toda a rede de unidades do SUS, com ênfase na Atenção Básica em Saúde, e a Visat em todos os níveis.

Os Cerest prestam apoio técnico especializado ao SUS, que consiste em ações de promoção, proteção, vigilância e assistência, incluindo a reabilitação, no desenvolvimento de sistemas de informação, e na elaboração e execução de programas de prevenção de agra-

Tabela 35.4 • Percentual de respostas satisfatórias (excelentes/boas, ou sim) a perguntas relativas à gestão e à estrutura de acordo respondidas pelos Cerest/SUS por região

Regiões	N	Instalações físicas	Possui equipe mínima	Avaliação da equipe/demanda	Vinculação institucional com a vigilância	Recebe recursos de outras fontes	Possui conselho gestor	Possui CIST municipal	Possui CIST estadual	Participação de tralhadores na programação anual
Brasil	114	64,9	64,0	53,5	57,0	72,8	46,5	52,6	49,1	78,1
Norte	7	71,4	42,8	57,1	42,8	85,7	–	85,7	42,9	57,1
Nordeste	30	66,7	60,0	50,0	70,0	70,0	66,7	50,0	53,3	90,0
Sudeste	54	68,5	66,7	55,5	51,8	77,8	48,1	44,4	42,6	79,6
Sul	14	50,0	71,4	50,0	71,4	57,1	42,8	78,6	85,7	78,6
Centro-Oeste	9	33,3	66,7	55,5	33,3	44,4	11,1	55,5	22,2	44,4

Fonte: Ministério da Saúde, 2011; Galdino et al., 2012.

vos, investigações de acidentes ou denúncias, e mesmo assistência à saúde de trabalhadores. A Figura 35.8 mostra a distribuição dos Cerest no país, na qual pode ser observada a concentração em São Paulo e nos demais estados das regiões Sudeste e Sul, onde existem mais trabalhadores. Em 2010 havia 198 Cerest habilitados no país, com uma cobertura nacional estimada em 82,2% dos trabalhadores (Machado et al., 2011). A menor cobertura foi estimada na região Centro-Oeste (73%). Digno de nota é a verificação da presença de Cerest em todas as unidades federadas, em que pese o conhecimento de que existem profundas desigualdades na cobertura e na qualidade dos serviços que prestam.

Evidências dessas desigualdades podem ser vistas na Tabela 35.4, que mostra as regiões Norte e Centro-Oeste com a implantação de ações em SST ainda por se desenvolver mais adequadamente. Como principais problemas ainda existentes na Renast, citam-se o número insuficiente de profissionais, a inadequada capacitação das equipes, a falta de um plano de carreira e estabilidade desses profissionais e a pouca articulação com os demais serviços do SUS, inclusive a ABS e a vigilância. Verificam-se também, dificuldade de gestão dos recursos no nível municipal, e a falta de uniformidade das regiões administrativas dos estados, em relação as de cobertura dos Cerest, dentre outros aspectos administrativos (Galdino et al., 2012). O Sinan incorporou onze agravos relacionados com o trabalho, cuja notificação vem se elevando desde sua instituição, contando em 2010 com 88.619 casos notificados em todo o país. Gestores de serviços se queixam da falta de um marco regulatório para as inspeções em locais de trabalho e de clareza na compreensão do escopo de atividades que compõem a vigilância em ST (Dias et al., 2011).

Apesar dessas dificuldades, o SUS vem fazendo uma diferença significativa, com uma presença cada vez mais marcante no cenário da SST no país com ações diversificadas, apropriadas às realidades locais, divulgando informações sobre problemas de saúde relacionados com o trabalho, mobilizando a sociedade em torno de questões relevantes e, também, implementando ações exemplares de vigilância e prevenção, como mostrado no Boxe 35.2.

O MTE efetua inspeções de acidentes de trabalho e fiscalização do cumprimento de normas de segurança, das quais resultam autos de infração, com aplicação de penalidades de acordo com a gravidade e o tipo de problema identificado. Em cada unidade da Federação existem uma Superintendência Regional de Trabalho e Emprego (SRTE) e Gerências Regionais do Trabalho e Emprego (GRTE), em número variado, tanto nas capitais como no interior. Em 2011 havia 3.042 fiscais de trabalho[1] para 51.850.468 contribuintes empregados registrados (Brasil, 2012), o que corresponde a uma razão de 5,86 fiscais para cada 100 mil trabalhadores. Para esse mesmo ano, estimou-se em 72,16% o percentual de empresas fiscalizadas que regularizaram a situação em relação à legislação trabalhista. Essas ações, entretanto, não se restringem aos aspectos de SST, cobrindo toda a legislação trabalhista.

Dentre as ações de interesse para a ST, 10.632 crianças e adolescentes encontrados em situação de trabalho foram afastados e/ou legalizados como aprendizes, e foram realizadas 164 operações em 331 fazendas, que resultaram em 2.428 trabalhadores resgatados do trabalho escravo. Até setembro de 2012 foram resgatados 4.366 crianças e adolescentes em situação ilegal de trabalho e 1.142 trabalhadores em situação de escravidão.

---

[1] Estatísticas do MTE, que podem ser encontradas em: http://portal.mte.gov.br/data/files/8A7C812D39E4F4B10139F997AD257B69/Resultados%20da%20Fiscaliza%C3%A7%C3%A3o%20-%202003%20-%202012%20atualizado%20at%C3%A9%20agosto.pdf.

> **Boxe 35.2** — O caso das olarias em Piracicaba – Experiência relatada por Marcos Hister, Cerest de Piracicaba, São Paulo (Gomes, 2010)
>
> Em 2008, uma trabalhadora com queixas de dores em membros superiores, as quais acreditava serem causadas pelo trabalho, recebeu do médico que a atendia um laudo considerando-a apta a reassumir suas atividades. Inconformada porque as dores eram persistentes e a incomodavam, chegando a impedir movimentos necessários para sua vida cotidiana, e também seu trabalho em uma fábrica de tijolos vermelhos, decidiu procurar o Cerest de Piracicaba. A equipe do Cerest identificou que a trabalhadora não dispunha de contrato formal de trabalho e, portanto, não se aplicava a emissão de CAT, e decidiu visitar a empresa para inspeção. Constatou então que as condições de trabalho e a vida dos trabalhadores eram muito precárias, e que relatos indicavam que esses problemas eram comuns em várias olarias existentes na região. Dentre muitos problemas, encontraram dificuldades na organização do processo de trabalho, como o inadequado empilhamento de tijolos, má iluminação, instalações sanitárias sujas e deterioradas, máquinas e equipamentos desprotegidos, e como as empresas eram afastadas, alguns trabalhadores residiam em habitações próximas. Essas moradias comumente abrigavam várias famílias, crianças participavam do trabalho, e as condições sanitárias eram muito precárias. Vários trabalhadores relatavam problemas de saúde em geral e também relacionados com o trabalho. Com essas informações, a equipe do Cerest decidiu realizar uma ação em todo o ramo de atividade econômica. Iniciou seu trabalho identificando todas as olarias da região, registradas ou não, e passou a realizar atividades de mobilização, envolvendo trabalhadores, empregadores, o Conselho Tutelar, o Ministério Público e o Ministério do Trabalho e Emprego. Nas 40 empresas encontradas, foram realizados vários fóruns e discussões e também identificados problemas dos empresários, como irregularidades na exploração da matéria-prima e acidentes de trabalho, uma vez que eles também trabalhavam na produção. Foram celebrados acordos de negociação, mediante um Termo de Ajustamento de Conduta (TAC), com redução de multas e compromissos de investimento em melhorias nos ambientes de trabalho no sentido de melhorar a segurança e a saúde. Oito dessas empresas decidiram encerrar suas atividades, mas a maioria melhorou suas instalações, cumpriu os compromissos assumidos e, assim, obteve ganhos em razão do aumento do valor de suas empresas, além de melhoria da satisfação de seus empregados e cumprimento da legislação trabalhista. Foi fundada a Associação de Empresas de Olarias de Cerâmicas Vermelhas, com assessoria do Sebrae, elaborado um manual específico, e publicado um relato bastante detalhado, publicado em livro. Segundo relatos, os trabalhadores melhoraram sua autoestima e se fortaleceram na defesa de seus direitos, além de contar com melhores condições de trabalho e saúde. Esta estratégia é também denominada ganha-ganha, porquanto ganharam os trabalhadores e empregadores. Estudos de avaliação dessa experiência, com dados quantitativos, encontram-se em desenvolvimento. Mais informações podem ser encontradas em www.cerest.piracicaba.sp.gov.br. Esta experiência é um bom exemplo de aplicação do modelo proposto pela OMS, com a vigilância, prevenção e envolvimento de todos os atores sociais de interesse.

O MTE participa de várias atividades de gestão interministerial com o MPS e o MS e desenvolve ações de modo integrado em nível local ou regional. Relatórios da gestão ministerial reconhecem a insuficiência de pessoal e infraestrutura para dar conta das necessidades e demandas (Brasil, 2012b) e a importância da articulação com outras instâncias do governo. Não foram encontrados dados recentes sobre o grau de conformidade de empresas com a legislação em relação à SST ou sobre os fatores de risco mais comuns nos ambientes de trabalho. O MTE mantém unidades de pesquisa e tecnologia que também desenvolvem atividades de educação e formação, a Fundacentro, considerada a maior instituição de pesquisa em SST, da América Latina (Brasilb), 2012.

Estatísticas do MPS (Brasila), 2012, sobre a cobertura por auxílio-doença, aposentadorias e pensões por incapacidade, dentre outros benefícios, revelam que em 2010 havia 23.218.174 pessoas desprotegidas no país, para um total coberto de 56.231.461, o que redunda em cobertura de 70,8% da população elegível, incluindo não contribuintes, como os presidiários. O atendimento aos usuários é realizado pelo INSS, em suas agências regionais que realiza, entre outras atividades, a concessão e a manutenção de benefícios como o auxílio-doença, exames médicos periciais e atendimentos de reabilitação profissional. Em 2011 havia 100 gerências executivas, 1.343 agências fixas e cinco móveis hidroviárias, que realizaram mais de 45 milhões de atendimentos, como 7.396.562 perícias médicas, 4.659.227 das quais tiveram parecer favorável para afastamento de duração determinada. Além disso, 52.107 trabalhadores foram registrados para reabilitação profissional e retorno ao trabalho, com 17.434 casos reabilitados (33,5% de sucesso). O MPS mantém em seu portal informações epidemiológicas relevantes sobre a ocorrência de doenças e acidentes entre os trabalhadores segurados, sendo inclusive esses os dados oficiais divulgados pela Rede Interagencial de Informações sobre a Saúde (RIPSA). Encontra-se em desenvolvimento o sistema de informações denominado Altruísta, que irá prover uma interface dinâmica, *online*, para disponibilização de dados sobre concessão de benefícios (SUB) e das CAT (o Siscat).

Não foram encontrados dados sobre ações de empresas privadas em Medicina do Trabalho ou Engenharia de Segurança, que são conhecidas como prestadoras de serviços particulares no país.

Outro aspecto importante da organização da atenção à SST refere-se à responsabilidade do empregador sobre a saúde de seus empregados, baseada no pressuposto de que patrões têm o dever de proteger seus funcionários, tanto pela garantia de propiciar ambientes de trabalho seguros e saudáveis como de prover acesso ao SAT que os indeniza quando ocorrem acidentes ou doenças relacionados com o trabalho.

Essa responsabilidade pode ser delegada a entidades seguradoras ou assumidas de maneira coletiva por grupos de empregadores, porém não deve acarretar qualquer ônus ao trabalhador e às atividades realizadas durante a jornada de trabalho. No Brasil, o SAT é compulsório e está sob a responsabilidade da Previdência Social, sendo, portanto, de gestão pública. Além de proverem esse seguro, mediante contribuições específicas,

Figura 35.8 Distribuição de Cerest, que compõem a Renast no Brasil. (Galdino et al., 2012.)

os empregadores estão obrigados a manter registros de fatores de risco ambientais no trabalho, com o PPRA, regulado pela NR 9, enquanto o Programa de Controle Médico de Saúde Ocupacional (PCMSO – NR 7) é responsável por garantir o monitoramento das condições de saúde dos trabalhadores e sua proteção a partir de ações no âmbito das empresas.

Ainda no que se refere às atividades compulsórias, empresas são obrigadas a realizar exames de saúde admissionais, pré-emprego, periódicos (cuja frequência depende do tipo de atividade desempenhada) e demissionais. A criação dos Serviços Especializados de Medicina do Trabalho (SESMT), foi estabelecida na CLT, artigo 162, e regulamentada pela NR 4. Esses serviços são responsáveis pelo cuidado à saúde do trabalhador, de modo multidisciplinar, com a participação de médicos do trabalho, enfermeiros, odontólogos, técnicos de segurança e engenheiros de segurança, dentre outros. Seu controle está sob a responsabilidade do MTE, que fiscaliza sua conformidade com as NR e o conjunto da legislação trabalhista. As Comissões Internas de Prevenção de Acidentes (CIPA) são reguladas pela NR 5 e conformam instâncias que, no nível das empresas, permitem aos trabalhadores se organizarem em torno de melhorias das condições de trabalho e saúde. Todavia, seu papel tem sido questionado por dificuldades no desempenho, comumente limitado pelo controle e a cooptação de parte das empresas (Maeno & Carmo, 2005).

No mercado de serviços médicos privados, encontram-se disponíveis empresas que prestam esses serviços, como o PPRA, o PCMSO, exames requeridos e os Atestados de Saúde Ocupacional (ASO). Além disso, planos privados de saúde, de natureza corporativa, podem, eventualmente, ser contratados por empresas para atender seus empregados sob diferentes esquemas de cobertura e portfólios de serviços. O Serviço Social da Indústria (SESI), criado logo após a instituição da CLT, realiza atividades de apoio a empresas no desenvolvimento de ações de SST.

ORGANIZAÇÃO DO CONTROLE SOCIAL NA SAÚDE DO TRABALHADOR

No Brasil, as associações de trabalhadores foram precursoras dos sindicatos que representam e defendem os interesses dos trabalhadores, inclusive garantindo os direitos à saúde e ao trabalho em um ambiente saudável e seguro. Sua origem se baseia no processo de industrialização iniciado cerca de 100 anos antes, na Europa. No início do século XX, as condições de trabalho ainda eram muito precárias no Brasil, sendo criada em 1908 a Confederação Operária Brasileira, que em sua pauta de reivindicações destacava a luta pela redução da jornada de trabalho, tema dominante naquela época, e a melhoria das condições de saúde nos ambientes de trabalho (Vasconcellos & Gase, 2011). Com o golpe militar de 1964, foram banidos sindicatos e movimentos sociais. Nos anos 1970, movimentos de resistência começaram a se articular, reivindicando, além de melhores condições de vida, condições para o pleno exercício de direitos, como o de liberdade política e de expressão. Essa luta foi estruturada em torno da inclusão dessa proposta na Constituição de 1988, período em que também se rearticulava e fortalecia o movimento sindical na luta pelo "direito a ter direitos" e pela maior participação na redefinição dos direitos sociais.

O marco legal para essa participação popular no SUS foi a Lei 8.142/90, que dispõe sobre a participação da população no SUS, e institucionalizou duas instâncias colegiadas para sua efetivação: as conferências nacionais e os conselhos de saúde. As Conferências Nacionais de Saúde (CNS) vinham sendo realizadas desde 1941 e se constituíam em espaços de discussão sobre temas de relevância para o desenvolvimento da saúde, como a "Legislação referente à Higiene e Segurança no Trabalho" tema oficial da CNS de 1950.

A I Conferência Nacional de Saúde do Trabalhador (CNST) ocorreu em 1986 e teve como principal bandeira o apoio dos trabalhadores para a criação do SUS, contando com a participação de representantes dos trabalhadores, Estado e o empresariado. Os temas principais foram: (a) o diagnóstico da situação de saúde e segurança dos trabalhadores; (b) novas alternativas de atenção à saúde dos trabalhadores; e (c) a política nacional de saúde e segurança dos trabalhadores, enquanto a temática do direito à saúde foi ampliada para a consideração do direito ao trabalho, à informação e à participação e o direito ao lazer.

Seis anos mais tarde, em 1994, a II CNST contou com expressiva participação de trabalhadores, cerca de 67% dos registrados. Entre as proposições da II CNST destacam-se: a unificação das ações de saúde do trabalhador no SUS, a elaboração de uma Política Nacional de Saúde do Trabalhador e, entre outras propostas, a de que no processo de municipalização se incorporassem planos municipais de ST, voltados para a vigilância em saúde, com ações de monitoramento, prevenção, com a participação do controle social.

Em 2005, a III CNST, convocada pelos Ministérios da Saúde, da Previdência Social e do Trabalho e Emprego, adotou como tema "Trabalhar Sim, Adoecer Não" e envolveu aproximadamente 100 mil participantes em dezenas de conferências municipais, regionais e estaduais em todo o país, além de contar com a presença de trabalhadores informais (11,3%) (Santana & Silva, 2009). As discussões e deliberações foram organizadas em três grandes eixos: (a) garantia da integralidade e transversalidade da ação do Estado; (b) incorporação da saúde dos trabalhadores nas políticas de desenvolvimento sustentável; e (c) efetivação e ampliação do controle social.

No âmbito do SUS, a Comissão Intersetorial de Saúde do Trabalhador (CIST), prevista na Lei 8.080/90, tem como atribuições: elaborar normas técnicas e o estabelecimento de padrões de qualidade para promoção da saúde do trabalhador (art. 15, VI); participar da formulação e na implementação das políticas relativas às condições e aos ambientes de trabalho (art. 16, II, d); e participar da definição de normas, critérios e padrões para o controle das condições e dos ambientes de trabalho (art. 16, V). Em 1991, a CIST foi instituída pela Resolução CNS 407 com a atribuição de assessorar o Conselho Nacional de Saúde (CNS) no acompanhamento dos temas relativos à saúde do trabalhador, sendo composta de representantes das centrais sindicais, das confederações nacionais de empregadores, governo, dos ministérios afins, do Conselho Nacional de Secretários de Saúde (Conass) e do Conselho Nacional de Secretários Municipais de Saúde (Conasems), além de entidades médicas e outras. Existem também comitês técnicos e grupos de trabalho, como, por exemplo, o das vítimas de LER/DORT, de pneumoconioses, dentre outras, que colaboram com a definição de protocolos e instrumentos para temas específicos.

No âmbito do MTE, o controle social tem como principal instância a Comissão Tripartite de Saúde e Segurança no Trabalho (CT/CSS), instituída pela Portaria Interministerial 152/2008 com o objetivo de avaliar e propor medidas para implementação no país da Convenção 187 da OIT, que trata da Estrutura de Promoção da Segurança e Saúde no Trabalho. Essa comissão é composta por representantes do governo federal, empregadores e trabalhadores. Compete aos ministérios a sua coordenação, em sistema de rodízio anual. Além dela, existem a Comissão Tripartite Paritária Permanente (CTPP) e a Comissão Nacional de Erradicação do Trabalho Infantil (Conaeti).

A CTPP foi criada pela Portaria MTE 2/1996 para revisar e elaborar a regulamentação na área de SST, integrada por representantes do Ministério do Trabalho, da Previdência e Assistência Social e da Saúde, e também por representantes dos empregadores e dos trabalhadores. A Conaeti foi instituída pela Portaria 365, de 12 de setembro de 2002, com a atribuição de elaborar propostas para a regulamentação das Convenções 138 e 182 da OIT, verificar a conformidade das referidas convenções com outros diplomas legais vigentes, visando a adequação da legislação, elaboração de proposta de um Plano Nacional de Combate ao Trabalho Infantil, proposição de mecanismos para o monitoramento da aplicação da Convenção 182 e acompanhamento da implementação das medidas adotadas para a aplicação dos dispositivos das Convenções 138 e 182 no Brasil. Existem ainda o Conselho Nacional dos Direitos da Criança e do Adolescente (Conanda) e o Fórum Nacional de Prevenção e Erradicação do Trabalho Infantil. Além desses, grupos de trabalho tratam de temas específicos, como o Grupo de Estudos Tripartite da NR 12 e o Grupo de Estudos Tripartite da Convenção OIT 174 – Grandes Acidentes Industriais, entre outros.

Órgãos e instâncias de representação dos trabalhadores

Os trabalhadores formais, com contratos registrados regidos pela CLT, se organizam em sindicatos, federações, confederações e centrais sindicais. Os sindicatos organizam-se por categorias de trabalhadores assalariados, podendo incluir trabalhadores autônomos, como os motoristas de táxi, trabalhadores avulsos e profissionais liberais, e também patronais, compostos por empregadores (art. 511 da CLT), e concentram-se em áreas urbanas. A criação e o funcionamento de sindicatos são disciplinados por instrução normativa do MTE. Está previsto na CLT o pagamento da contribuição sindical, de natureza tributária, recolhida compulsoriamente pelos empregadores no mês de janeiro e pelos trabalhadores no mês de abril de cada ano. O art. 8º, IV, da Constituição da República prescreve esse recolhimento anual para todos que participem de determinada categoria econômica ou profissional ou de uma profissão liberal, independentemente de serem ou não associados a um sindicato. Essa contribuição deve ser distribuída, na forma da lei, aos sindicatos, federações, confederações e à "Conta Especial Emprego e Salário", administrada pelo MTE.

Os sindicatos se organizam em federações (pelo menos cinco) estaduais, podendo também ter base interestadual e até nacional. Já as federações, em número mínimo de três, podem se organizar em confederações de âmbito nacional. O sistema confederativo tem estrutura vertical e triangular, sendo constituído pelos sindicatos na base, federações no meio e confederações no topo, seguindo sempre a correspondência dos grupos profissionais à atividade econômica empresarial. As centrais sindicais, denominadas uniões ou confederações de trabalhadores, são consideradas entidades de cúpula, pois se situam no topo da estrutura sindical. São regulamentadas pela Lei 11.648/2008, que estabelece o reconhecimento formal das centrais sindicais, e define suas atribuições e critérios organizativos para sua constituição. As centrais passaram a ocupar um espaço importante de diálogo social, como a indicação de integrantes de alguns órgãos públicos ou fóruns tripartites, que estejam discutindo questões de interesse geral dos trabalhadores. As principais centrais são a Central Única dos Trabalhadores (CUT), a Força Sindical, a Coordenação Geral de Lutas (Conlutas), a Central de Trabalhadores e Trabalhadoras do Brasil (CTB), a Central Geral dos Trabalhadores do Brasil (CGTB), a União Sindical Brasileira (USB), a União Geral dos Trabalhadores (UGT) e a Nova Central Sindical.

Os trabalhadores do campo e da floresta também se organizam na estrutura sindical formal, na Confederação Nacional dos Trabalhadores e Trabalhadoras Rurais na Agricultura (Contag), fundada em 1963. Uma das principais formas de atuação política desse grande grupo de trabalhadores é o Grito da Terra Brasil, que teve como resultado imediato a criação de uma linha de crédito para a agricultura familiar. Desde então as federações também promovem Gritos da Terra estaduais, e negociam pautas de reivindicações com os governos estaduais. A pauta desse movimento é ampla e reúne demandas relativas a políticas agrícolas, como assistência técnica, crédito, reforma agrária – que envolve a desapropriação de terras, criação e manutenção de assentamentos – salariais – a exemplo do cumprimento e ampliação das leis trabalhistas, e políticas sociais. Assim, são contemplados interesses das mulheres trabalhadoras rurais e também da juventude rural.

Entretanto, existem outras formas de organização de trabalhadores distintas da estrutura sindical, como, por exemplo, o Movimento dos Trabalhadores Rurais Sem Terra (MST), dentre outros. Essas organizações apresentam uma agenda comum de luta pelo direito à terra, desenvolvimento sustentável e condições dignas de vida e trabalho. O MST está organizado em 24 estados, nas cinco regiões do país, contando com cerca de 350 mil famílias que conquistaram a terra por meio da luta e da organização de trabalhadores rurais. Seu objetivo principal é a luta pela terra, pela reforma agrária e por uma sociedade mais justa e fraterna. O Conselho Nacional das Populações Extrativistas, antigo Conselho Nacional dos Seringueiros (CNS), é uma organização de âmbito nacional, cujo principal eixo de atuação é a luta pela melhoria da qualidade de vida, uso sustentável dos recursos naturais da Floresta Amazônica e pelo direito à terra. Os trabalhadores informais, por não serem registrados, não podem constituir formalmente sindicatos, mas associações. Portanto, não contam com a contribuição sindical obrigatória e outros direitos garantidos aos sindicatos. Apesar disso, algumas categorias criaram representações organizadas e expressivas, a exemplo das empregadas domésticas, que criaram um sindicato, o Sindoméstico, e uma federação, a Fenatrad. Outras formas de organização são as cooperativas, como as dos catadores de materiais recicláveis, que assumem mais o papel de intermediação de mão de obra do que de representação. Entretanto, essas cooperativas vêm exercendo, na prática, o papel de instâncias que têm dado voz e conferido visibilidade a esses trabalhadores. Os vendedores ambulantes compõem uma categoria numerosa de trabalhadores no país e não contam com associação ou sindicato de expressão política nacional. Pequenas empresas formais podem se registrar em órgãos dos governos estaduais e do Serviço de Apoio às Micro e Pequenas Empresas (Sebrae), visando à criação de modos de organização dos grupos de autônomos e fóruns de discussões, com o objetivo de buscar mecanismos de apoio à organização do trabalho informal.

Apesar dessas instâncias e das oportunidades de participação, a incorporação de temas de saúde e segurança na pauta de negociação de sindicatos e outros modos de organização dos trabalhadores ainda é pequena. Observam-se grande atuação e conquistas expressivas na saúde dos trabalhadores pelos sindicatos dos bancários, metalúrgicos, químicos, petroquímicos, que contam com departamentos de saúde em suas estruturas organizacionais. Esses setores sindicais têm a finalidade de subsidiar políticas próprias para a segurança e a saúde e desenvolver estratégias de informação e formação. As entidades do campo, da floresta e das águas, bem como o movimento negro e de pessoas com deficiências, apresentam demandas relativas às condições de trabalho e saúde em suas pautas de luta, inclusive projetos de educação em saúde com foco nos agravos relacionados com os processos de trabalho.

Desafios para o controle social na saúde do trabalhador

Apesar de a participação dos trabalhadores ser reconhecida como fundamental para a garantia de ambientes de trabalho seguros e saudáveis, pois são os principais beneficiários, ainda há um longo caminho a ser percorrido para que as políticas de proteção à saúde do trabalhador se efetive. Um dos maiores desafios refere-se à participação dos trabalhadores do setor informal de trabalho, estimado em cerca de 42% em áreas metropolitanas, mas chegando a 80% em cidades do interior ou rurais de regiões mais pobres, o que exige a criação de novas modalidades de representação, para além das organizações sindicais tradicionais (Silveira, Ribeiro & Lino, 2005).

Outro aspecto importante refere-se à pouca revindicação quanto a questões relativas à melhoria dos ambientes de trabalho e à saúde, exceto por alguns sindicatos mais organizados, de ramos de atividade que apresentam maior risco de acidentes graves, como na produção de petróleo. Infelizmente, a monetarização do "risco", que fundamenta as reivindicações por pagamento de auxílio insalubridade, periculosidade e penosidade, tornou-se a pauta predominante de muitos sindicatos (Gase et al., 2011). Há de se notar que associações de vítimas de alguns agravos relacionados com o trabalho vêm se formando mais recentemente, com importante participação nas instâncias de controle social no SUS e junto a sindicatos.

É importante ressaltar a emergência da participação de novas organizações que influenciam as agendas e lutas por condições dignas de trabalho e de saúde. Exemplo disso são ONG que defendem a autonomia social e o respeito aos direitos humanos, lutando contra o trabalho escravo e infantil e pela preservação do meio ambiente, como o Repórter Brasil (http://www.reporterbrasil.org.br/), cuja missão é produzir, compartilhar e difundir informações, realizar ações de formação e atuar politicamente, combatendo o atual modelo de produção. Assim, vislumbra-se que a efetiva e consequente participação dos trabalhadores molde a transformação dos processos e ambientes de trabalho e a produção de saúde dos trabalhadores brasileiros.

CONSIDERAÇÕES FINAIS

Longe de pretender esgotar esta complexa temática, este capítulo procurou trazer, para os que se iniciam no estudo da Saúde Coletiva, os fundamentos das relações trabalho-saúde-doença, os cenários mais gerais da situação do trabalho e do perfil dos trabalhadores em nosso país e das políticas públicas de proteção social na área da saúde e segurança do trabalhador, com destaque para o papel desempenhado pelo SUS. Esperamos que desperte o interesse e sirva de estímulo para o prosseguimento das reflexões e ações nos espaços sociais envolvidos com a questão, em direção à garantia de mais vida e saúde para esse numeroso e importante grupo social.

Referências

Albuquerque-Oliveira PR, Barbosa-Branco A. Nexo Técnico Epidemiológico-Previdenciário (NTEP) e o Fator Acidentário de Prevenção (FAP): um novo olhar sobre a saúde do trabalhador. São Paulo: Ed. LTR, 2009. 160p.

Ansiliero G, Dantas E. Comportamento recente da concessão e emissão de auxílios-doença: mudanças estruturais? Informe da Previdência Social 2008; 20(11):1-28.

Antunes R. Os sentidos do trabalho. São Paulo: Editora Boitempo, 2010.

Benach J, Muntaner C, Sollar O, Santana VS, Quinlam M. Empleo, trabajo y desigualdades en salud: una visión global. Vol. I, Barcelona: Icaria Editorial, 2010:518.

Boliej JSM, Buring E, Heederik D, Kromhout H Occupational hygiene of chemical and biological agents. Amsterdam: Elsevier Science, 2004.

Borja-Aburto V, Santana VS. Trabajo y salud en la región de las Americas. In: Determinantes ambientales y sociales de la salud. México: Ed. México, McGraw-Hill Interamericana Eds., 2010:439-56.

Braga R. A vingança de Braverman: o infotaylorismo como contratempo. In: Antunes R, Braga R (orgs.) Infoproletários: degradação real do trabalho virtual. São Paulo: Boitempo, 2009:59-88.

Brasil. Ministério da Saúde. Lei 8.080. Legislação em Saúde: caderno de legislação em saúde do trabalhador. MS/SAS/DAPE. 2. ed. ver. e ampl. Brasília: Ministério da Saúde, 2004.

Brasil. Decreto 7.602, de 7 de novembro de 2011. Dispõe sobre a Política Nacional de Segurança e Saúde no Trabalho – PNSST. Brasília: Casa Civil, 2011.

Brasil. Ministério da Saúde. Decreto 7.508, de 28 de junho de 2011. Regulamenta a Lei 8.080, de 19 de setembro de 1990, para dispor sobre a organização do Sistema Único de Saúde (SUS), o planejamento da saúde, a assistência à saúde e a articulação interfederativa, e dá outras providências. Diário Oficial da União, Brasília, 28 jun. 2011.

Brasil. Ministério da Saúde. Portaria 1.679, de 19 de setembro de 2002. Dispõe sobre a estruturação da rede nacional de atenção integral à saúde do trabalhador no SUS e dá outras providências.

Brasil. Ministério da Saúde. Portaria 1.339, de 18 de novembro de 1999. Lista de doenças relacionadas ao trabalho. Disponível em: http://bvsms.saude.gov.br/bvs/saudelegis/gm/1999/prt1339_18_11_1999.html. Acesso em: 21/8/2012.

Brasil. Ministério da Saúde. Portaria 2.728, de 11 de novembro de 2009. Dispõe sobre a Rede Nacional de Atenção Integral à Saúde do Trabalhador (Renast) e dá outras providências. Diário Oficial da União, Brasília, 12 nov. 2009.

Brasil. Ministério da Saúde. Portaria 3.252, de 22 de dezembro de 2009. Aprova as diretrizes para execução e financiamento das ações de Vigilância em Saúde pela União, estados, Distrito Federal e municípios e dá outras providências. Diário Oficial da União, Brasília, 23 dez. 2009. Disponível em: http://www.in.gov.br/imprensa/visualiza/index.jsp?jornal=1&pagina=65&data=23/12/2009. Acesso em: 21/8/2012.

Brasil. Ministério da Saúde. Portaria 4.279, de 30 de dezembro de 2010. Estabelece diretrizes para a organização da Rede de Atenção à Saúde no âmbito do Sistema Único de Saúde (SUS). Diário Oficial da União, Brasília, 30 dez. 2010.

Brasil. Ministério do Desenvolvimento Social e Combate à Fome. Secretaria de Avaliação e Gestão da Informação. Sumário Executivo. Pesquisa Nacional da População em Situação de Rua. Brasília, DF. 2008. Disponível em: www.mds.gov.br/arquivos/sumario_executivo_pop_rua.pdf.

Brasil. Ministério da Previdência Social. Anuário Estatístico da Previdência Social – 2011. Brasília: MPS, 2012a.

Brasil. Ministério do Trabalho e Emprego. Relatório de Gestão 2011. Brasília: MTE, 2012b.

Brasil. Portaria 1.823, de 23 de agosto de 2012. Que institui a Política Nacional de Saúde do Trabalhador. Brasília: Ministério da Saúde, DOU no 165 24/08/12 seção 1 p. 46. 2012c.

Brasil. Secretaria de Gestão Estratégica e Participativa. Política Nacional de Saúde Integral das Populações do Campo e da Floresta. Brasília: Ministério da Saúde: 2012. 50p. (No prelo.)

Breilh J. Latin American critical ("Social") epidemiology: new settings for an old dream. International Journal of Epidemiology 2008; 37(4): 745-50.

Buss P, Pellegrini A. Physis: Revista de Saúde Coletiva, 2007; 17(1):77-93.

Carvalho AI. Conselhos de Saúde no Brasil: participação cidadã e controle social. Rio de Janeiro: Ibam/Fase, 1995.

Checkoway H, Pearce N, Kriebel D. Research methods in occupational epidemiology. 2. ed. New York: Oxford University Press, 2004.

Cone JE, LaDou J. The occupational medical history. In: Ladou J (org.) Current occupational & environmental medicine. 4. ed. New York: McGraw Hill Medical, 2007.

Corrêa-Filho HR, Cugliari L, Gaspar AA, Loureiro JF, Siqueira CE. Epidemiological surveillance of informal workers' health in two cities in southeastern Brazil: the experience of the TRAPP-TRAPPURA projects. Int J Occup Environ Health 2010 Jan-Mar; 16(1):36-43.

CSDH. Closing the gap in a generation: health equity through action on the social determinants of health. Final Report of the Commission on Social Determinants of Health. Geneva: World Health Organization, 2008.

Dias EC, Hoefel MG. O desafio de implementar as ações de saúde do trabalhador no SUS: a estratégia da Renast. Ciência e Saúde Coletiva 2005; 10(4):817-27.

Dias EC, Lacerda e Silva T, Almeida MHC. Desafios para construção cotidiana da Vigilância em Saúde do Trabalhador e Ambiental na Atenção Primária à Saúde. Cadernos de Saúde Coletiva 2012; 20(1):15-24.

Dias EC, Oliveira R, Machado JH, Hoefel MGH, Perez MAG, Santana VS. Employment conditions and health inequities: a case study of Brazil. Cad Saúde Pública 2011; 27(12):2452-60.

Escorel S, Moreira MR. Desafios da participação social em saúde na nova agenda da reforma sanitária: democracia deliberativa e efetividade. In: Fleury S, Lobato LVC (Orgs.) Participação, Democracia e Saúde. Rio de Janeiro: Cebes, 2009:229-47.

Gaze R, Leão LHC, Vasconcellos LCF. Os movimentos de luta dos trabalhadores pela saúde. In: Vasconcellos LCF, Oliveira MHB (orgs.) Saúde, trabalho e direito. Rio de Janeiro: Ed Educam, 2011. 600p.

Galdino A, Santana VS, Ferrite S. Os Centros de Referência em Saúde do Trabalhador e a notificação de acidentes de trabalho no Brasil. Cadernos de Saúde Pública 2012; 28:145-59.

Haddon W. Advances in the epidemiology of injuries – as a basis for Public Health. Landmarks of American Epidemiology Sept-Oct 1980; 85(5):411-21.

Gomes MHP. Manual de prevenção de acidentes e doenças no trabalho nas olarias e cerâmicas vermelhas de Piracicaba e região. Piracicaba: Cerest, 2010.

ILO – International Labor Organization. Encyclopaedia of Occupational Health and Safety . Disponível em: /www.ilo.org/safework_bookshelf/english?d&nd=170000102&nh=0.

Lacaz FAC, Machado JMH, Firpo M. Estudo da situação e tendências da Vigilância em Saúde do Trabalhador no Brasil. Relatório de Pesquisa. ABRASCO/OPAS, agosto de 2002, 115p.

Ladou J. Current Occupational & environmental medicine. 4. ed. New York: McGraw Hill Medical, 2007.

Machado JMH. A propósito da Vigilância em Saúde do Trabalhador. Ciênc. Saúde Coletiva [online] 2005; 10(4):987-92. Disponível em: http://dx.doi.org/10.1590/S1413-81232005000400021.

Machado JMH, Santana VS, Campos A et al. I Inventário de Saúde do Trabalhador, 2009 – Avaliação da Rede Nacional de Atenção Integral em Saúde do Trabalhador, 2008-2009. Brasília-DF: Ministério da Saúde, CGSAT, 2011.

Maeno M, Carmo JC. Saúde do Trabalhador no SUS – aprender com o passado, trabalhar o presente, construir o futuro. São Paulo: Hucitec, 2005.

Mendes R, Dias EC. Da Medicina do Trabalho à Saúde do Trabalhador. Revista de Saúde Pública, São Paulo, 1991; 25(5):341-9.

Mendes EV. As redes de atenção à saúde. Belo Horizonte: Escola de Saúde Pública de Minas Gerais, 2009.

Minayo-Gomez C, Lacaz FAC. Saúde do trabalhador: novas-velhas questões. Ciênc Saúde Coletiva 2005; 10:797-807.

Minayo-Gomez C. Campo da Saúde do Trabalhador: trajetória, configuração e transformações. In: Minayo-Gomez C, Machado JMH, Pena PGL (orgs.) Saúde do Trabalhador na Sociedade Brasileira Contemporânea. Rio de Janeiro: Fiocruz, 2011:23-34.

Moura-Correa MJ, Santana VS. Matriz de Exposição Ocupacional Potencial: usos e aplicações para estimativas populacionais de expostos ao benzeno. In: Merlo A, Moura-Correa MJ, Pinheiro T (orgs.) Vigilância em Saúde do Trabalhador. São Paulo: Coopmed, 2012.

Nehmy RQ. O ideal do conhecimento codificado na sociedade da informação. Belo Horizonte: Universidade Federal de Minas Gerais. [Tese de Doutorado], 2001.

Nehmy RMQ, Dias EC. Os caminhos da Saúde do Trabalhador: para onde apontam os sinais? Rev Med Minas Gerais 2010; 20(2 Supl 2):S13-S23.

OMS. Organização Mundial da Saúde Global. Workers' Health Plan 2008-2014. Geneve, 2007.

OMS. Organização Mundial da Saúde. Ambientes de trabalho saudáveis – um modelo para a ação: para trabalhadores, formuladores de políticas e profissionais. OMS (tradução do SESI). Brasília: SESI/DDN, 2010.

OMS. Organização Mundial da Saúde. Connecting health and work – bringing together occupational health and primary health care to improve the health of working people. Executive Summary. Geneva, 2012. Disponível em: http://www.who.int/occupational_health/publications/the-hague-summary-040512-A4web.pdf.

Pellegrini-Filho A, Gomes CM, Dias EC et al. As causas sociais das iniquidades em saúde no Brasil. Vol. I. Rio de Janeiro: Fiocruz, 2008:215.

Ramazzini B. De Morbis Artificum Diatriba (Tratado sobre as Doenças dos Trabalhadores). Módena, 1700. (Tradução Raimundo Estrela). São Paulo, Fundacentro, 1971. (Reimpressão em 2000).

Runyan C. Using the Haddon Matrix – introducing the third factor. Injury Prevention 1998; 4:302-7.

Santana VS, Silva JM. Os 20 anos da saúde do trabalhador no Sistema Único de Saúde do Brasil: limites, avanços e desafios. In: Departamento de Análise de Situação de Saúde, Secretaria de Vigilância em Saúde, Ministério da Saúde (orgs.) Saúde Brasil 2008: 20 anos de Sistema Único de Saúde no Brasil. Brasília: Ministério da Saúde; 2009:175-204. (Série G. Estatística e Informação em Saúde).

Schilling RSF. More effective prevention in occupational health practice? Occupational Medicine 1984; 34(3):71-9.

Silveira AM, Ribeiro FSN, Lino AFPF. O controle social no SUS e a Renast. Textos Básicos da III Conferência Nacional de Saúde do Trabalhador. Brasília: III Conferência Nacional de Saúde do Trabalhador, 2005.

Souza AM, Silva FC, Mano M. O trabalho domiciliar nas bancas de pesponto no setor calcadista de Uberaba: novas e velhas demandas do serviço social. Disponível em: www.estudosdotrabalho.org/anais6seminariodotrabalho/alessandramartinssouzaflaviacristinasilvamarcelmano.pdf. Accesso em: 12/3/2010.

Vasconcellos LCF, Oliveira MHB. Saúde, trabalho e direito. Rio de Janeiro: Educam, 2011. 600p.

36

Prevenção, Atenção e Controle em Saúde da Criança e do Adolescente

Antônio José Ledo Alves da Cunha • *Luiza Maria Calvano* • *Álvaro Jorge Madeiro Leite*

INTRODUÇÃO

A saúde da criança e do adolescente, em especial a da criança, tem registrado avanços significativos e relevantes no Brasil nas últimas décadas. Em 2012, um dos Objetivos do Milênio, relacionado com a mortalidade infantil, foi alcançado antes da época prevista (Brasil, 2012). A meta era de que as 58 mortes registradas para cada mil crianças em 1990 fossem reduzidas para 19 por grupo de mil em 2015. Ao final de 2011, a taxa já era de 16 para cada mil crianças.

Existe um corpo de evidências acumuladas que defende a visão de que a saúde das pessoas seja o reflexo de um acúmulo de inter-relações das influências biológicas, psicológicas, comportamentais, sociais e ambientais durante o curso de vida (Marmot, 2010). Assim, embora a compreensão de saúde transcenda a simples ausência de doença, indicadores de mortalidade e morbidade oferecem uma medida indireta da saúde das populações. Esses indicadores para crianças e adolescentes brasileiros têm mostrado importante melhora nos últimos anos. Entretanto, quando comparamos aos de aqueles de países de maior renda, observamos que o Brasil tem ainda um longo caminho a percorrer para melhorá-los. Além disso, devemos considerar que, apesar da melhora observada nos últimos anos, ainda persistem importantes e inaceitáveis diferenças regionais, caracterizadas como uma situação de evidente iniquidade: as regiões mais ricas do país apresentam os melhores indicadores e as menos ricas, os piores.

Em se tratando de promoção de saúde e prevenção de doenças, abordadas neste capítulo, estas devem sempre estar presentes nas ações de saúde, objetivando diminuir a carga de doenças e minorar o sofrimento humano. No entanto, essas ações nem sempre são eficazes, o que torna necessário buscar também ações voltadas para o diagnóstico precoce e o tratamento em tempo hábil, caracterizando a atenção às doenças. Caso o agravo se instale, deve-se buscar a recuperação sem sequelas o mais rápido possível. Em relação à prevenção de doenças, consideram-se três níveis: primário, secundário e terciário. A prevenção primária busca evitar o adoecimento como, por exemplo, mediante a aplicação de vacinas. Para algumas doenças essa estratégia é bastante eficaz, em especial para infecções virais como, por exemplo, a poliomielite e o sarampo, ambos erradicados no Brasil. A prevenção secundária atua na doença instalada e visa impedir sua progressão para estágios mais avançados ou que levem o paciente a falecer. Muitas pneumonias bacterianas na infância estão nessa categoria. Embora exista vacina contra as principais bactérias responsáveis por essas afecções, nem sempre o sorotipo encontrado está coberto pela vacina e a cobertura vacinal não é total. A prevenção terciária visa impedir que o paciente fique com sequelas, ou seja, busca-se que ele tenha plena recuperação.

Importa destacar que para muitas doenças e agravos, em crianças e adolescentes, ainda não dispomos de estratégias para prevenção primária, o que seria o ideal. Nesse sentido, devem ser implantadas ações e estratégias para controle de doenças e agravos. Por exemplo, conforme já comentado, não dispomos de vacinas para muitas das pneumonias e infecções respiratórias do trato inferior. Portanto, o diagnóstico precoce, associado ao tratamento adequado, consiste na medida de controle dessas doenças.

Em relação às faixas etárias, a Organização das Nações Unidas (ONU) define juventude (*youth*, em inglês) como a fase entre os 15 e 24 anos de idade, porém deixa a possibilidade de que diferentes nações definam o termo de outra maneira (Eisenstein, 2005). A Organização Mundial da Saúde (OMS) define adolescente como o indivíduo que se encontra entre os 10 e 20 anos de idade

(WHO, 2012). No Brasil, o Estatuto da Criança e do Adolescente estabelece ainda outra faixa etária – dos 12 aos 18 anos incompletos (Brasil, 1990). Essas difinições não são utilizadas de modo homogêneo nos etudos e nas estatísticas. Para evitar confusão, neste capítulo, quando os dados forem apresentados e nas tabelas, as faixas etárias estarão especificadas.

No presente capítulo procuramos apresentar uma visão panorâmica e atual da saúde da criança e do adolescente brasileiro, analisando as principais causas de mortalidade e morbidade e discutindo formas de prevenção e controle. Para facilitar a compreensão dos leitores, o que em geral ocorre na literatura, os dois segmentos serão apresentados em tópicos separados, iniciando pela Saúde da Criança.

SAÚDE DA CRIANÇA
Principais causas de mortalidade

No Brasil, a taxa de mortalidade em crianças é elevada, quando comparada à de países desenvolvidos. Em 2010, correspondeu a 4,48% do total de mortes, com predomínio em menores de 1 ano de idade – 3,5% do total (Ministério da Saúde do Brasil [MS], 2010) (Tabela 36.1).

Atualmente, o principal componente da mortalidade infantil (mortalidade em menores de 1 ano de idade) no Brasil é o neonatal, perfil semelhante ao de países desenvolvidos (Lawn et al., 2004). No entanto, a taxa atual (15,6 óbitos por mil nascidos vivos em 2010) ainda é semelhante à dos países desenvolvidos no final da década de 1960 e cerca de três a seis vezes maior do que a de países como Japão, Canadá, Cuba, Chile e Costa Rica, que apresentam taxas entre 3 e 10 óbitos por mil nascidos vivos. Esses países conseguiram uma redução simultânea da mortalidade pós-neonatal e neonatal, enquanto no Brasil não houve mudança significativa do componente neonatal na última década (França & Lansky, 2008).

A queda da mortalidade infantil no país, principalmente do componente pós-neonatal, é atribuída a vários fatores, como queda da fecundidade, melhoria do nível de educação materna, maior acesso da população a água tratada, saneamento e serviços de saúde, aumento da prevalência do aleitamento materno, imunização, antibioticoterapia e terapia de reidratação oral, entre outras (Leal & Szwarcwald, 1996).

Quanto à mortalidade neonatal, em nosso meio há dois fenômenos marcantes: tendência à estabilização ou mesmo aumento da taxa de mortalidade neonatal e elevada proporção de óbitos evitáveis. O contexto desfavorável de dificuldades de acesso, iniquidade e precariedade da assistência perinatal explica esses fenômenos, com concentração dos óbitos nos grupos sociais de baixa renda (Leal & Szwarcwald, 1996; Ribeiro & Silva, 2000; Lansky et al., 2002, 2007).

As tecnologias da assistência terciária que influenciam decisivamente os resultados das taxas de mortalidade, com avanços importantes, também acentuam as desigualdades nas sociedades em que o acesso a esse tipo de assistência não está garantido para toda a população (Victora et al., 2003; França & Lansky, 2008). A baixa oferta e o acesso limitado aos serviços do Sistema Único de Saúde (SUS) são restrições relevantes para as populações residentes nas regiões geográficas menos desenvolvidas do país, que permanecem com os níveis mais elevados de mortalidade (Schramm & Szwarcwald, 2000; MS, 2010) (Tabela 36.2).

No Brasil, a maior parte dos óbitos neonatais ocorre no período neonatal precoce, evidenciando a estreita relação entre os óbitos e a assistência ao parto e nascimento, que é predominantemente hospitalar, com poucas exceções em algumas localidades (França & Lansky, 2008). Ainda temos um cenário bastante distante de patamares razoáveis de saúde perinatal, consideravelmente atrasado em relação a outros países no que diz respeito ao processo de organização da rede de assistência perinatal. Apesar de iniciativas implantadas desde o início dos anos 1990, ainda não temos configurado para o país como um todo um sistema regionalizado e hierarquizado de atenção perinatal, traduzido pela ausência de integração dos diferentes elos que compõem a assistência perinatal (Carvalho & Gomes, 2005).

Em 2010, as cinco principais causas de morte em menores de 1 ano foram: afecções originadas no período

Tabela 36.1 • Mortalidade proporcional por faixa etária (anos) – Brasil, 2010

Faixa etária	N	%
< 1	39.870	3,50
1 a 4	7.007	0,62
5 a 9	4.160	0,36
10 a 14	5.721	0,50
15 a 19	18.950	1,67
20 a 29	56.603	4,98
30 a 39	62.005	5,45
40 a 49	93.398	8,21
50 a 59	141.676	12,46
60 a 69	180.481	15,87
70 a 79	230.893	20,31
80 e mais	292.216	25,70
Ignorada	3.967	0,35
Total	1.136.947	100

Fonte: MS/SVS/DASIS – Sistema de Informações sobre Mortalidade – SIM.

Tabela 36.2 • Mortalidade por faixa etária (anos), segundo as Grandes Regiões – Brasil, 2010

Região	<1	1 a 4	5 a 9	10 a 14	15 a 19	20 a 29	30 a 39	40 a 49	50 a 59	60 a 69	70 a 79	80 e mais	Ignorada	Total
Norte	5.289	1.137	598	633	2.068	5.750	5.223	5.849	7.427	8.867	10.627	11.705	252	65.425
Nordeste	13.197	2.266	1.351	1.933	6.291	18.579	17.992	23.222	30.919	40.755	52.227	75.286	617	284.635
Sudeste	14.120	2.315	1.399	2.025	6.431	20.353	25.495	43.288	70.842	88.214	113.981	143.608	2.424	534.495
Sul	4.220	696	458	694	2.607	7.380	8.326	14.203	23.035	30.961	39.832	46.674	342	179.428
Centro-Oeste	3.044	593	354	436	1.553	4.541	4.969	6.836	9.453	11.684	14.226	14.943	332	72.964
Total	39.870	7.007	4.160	5.721	18.950	56.603	62.005	93.398	141.676	180.481	230.893	292.216	3.967	1.136.947

Fonte: MS/SVS/DASIS – Sistema de Informações sobre Mortalidade – SIM.

perinatal (23.664 mortes), malformações congênitas e anomalias cromossômicas (7.709 mortes), doenças infecciosas e parasitárias (1.950 mortes), doenças do aparelho respiratório (1.936 mortes) e sintomas, sinais e achados anormais em exame clínico e laboratorial (1.440 mortes). Quando consideramos as faixas etárias (de 0 a 6 dias, 7 a 27 dias e 28 a 364 dias), essa distribuição se mantém, com exceção apenas para a faixa etária de 28 a 364 dias, na qual a mais frequente causa de óbito foram as malformações congênitas e anomalias cromossômicas (MS, 2010) (Tabela 36.3).

Na faixa etária de 1 a 4 anos, as cinco principais causas de morte foram: causas externas (1.493 mortes), doenças do aparelho respiratório (1.108 mortes), doenças infecciosas e parasitárias (904 mortes), malformações congênitas e anomalias cromossômicas (703 mortes) e doenças do sistema nervoso (648 mortes) (MS, 2010) (Tabela 36.4).

Tabela 36.3 • Número de mortes em menores de 1 ano por faixa etária (dias), segundo capítulo CID 10.0 – Brasil, 2010

Capítulo CID-10	0 a 6	0 a 27	28 a 364	Ignorada	Total
I. Algumas doenças infecciosas e parasitárias	67	66	1.817	–	1.950
II. Neoplasias (tumores)	11	11	111	–	133
III. Doenças sangue órgãos hematológicos e transt imunitár	5	5	168	–	178
IV. Doenças endócrinas, nutricionais e metabólicas	12	21	460	–	493
V. Transtornos mentais e comportamentais	1	–	1	–	2
VI. Doenças do sistema nervoso	16	29	489	–	534
VII. Doenças do olho e anexos	4	–	2	–	6
VIII. Doenças do ouvido e da apófise mastoide	–	–	6	–	6
IX. Doenças do aparelho circulatório	42	20	337	–	399
X. Doenças do aparelho respiratório	26	85	1.825	–	1.936
XI. Doenças do aparelho digestivo	5	9	305	–	319
XII. Doenças da pele e do tecido subcutâneo	1	2	26	–	29
XIII. Doenças do sistema osteomuscular e do tecido conjuntivo	1	2	9	–	12
XIV. Doenças do aparelho geniturinário	5	6	84	–	95
XVI. Algumas afecções originadas no período perinatal	17.288	4.581	1.783	12	23.664
XVII. Malformações congênitas e anomalias cromossômicas	3.540	1.347	2.821	1	7.709
XVIII. Sintomas, sinais e achados anormais em exame clínico e laboratorial	233	123	1.083	1	1.440
XX. Causas externas de morbidade e mortalidade	58	65	839	3	965
Total	21.315	6.372	12.166	17	39.870

Fonte: MS/SVS/DASIS – Sistema de Informações sobre Mortalidade – SIM.

Tabela 36.4 • Número de mortes por faixa etária (anos), segundo capítulo CID 10.0 – Brasil, 2010

Capítulo CID-10	<1	1 a 4	5 a 9	10 a 14	15 a 19	20 a 29	30 a 39	40 a 49	50 a 59	60 a 69	70 a 79	80 e mais	Ignorada	Total
I. Algumas doenças infecciosas e parasitárias	1.950	904	359	350	440	2.682	5.824	7.212	7.181	6.620	7.022	8.155	124	48.823
II. Neoplasias (tumores)	133	575	603	705	910	2.727	5.968	16.107	33.155	41.559	43.297	33.204	47	178.990
III. Doenças sangue e transtornos imunitários	178	168	99	100	163	455	446	523	675	788	1.152	1.527	10	6.284
IV. Doenças endócrinas nutricionais e metabólicas	493	288	118	109	182	679	1.405	3.588	8.478	14.232	18.891	21.746	67	70.276
V. Transtornos mentais e comportamentais	2	9	9	19	68	458	1.435	2.584	2.429	1.576	1.310	2.815	45	12.759
VI. Doenças do sistema nervoso	534	648	457	529	594	1.060	1.095	1.475	1.614	2.086	4.737	10.456	18	25.303
VII. Doenças do olho e anexos	6	–	–	1	–	–	1	3	2	5	2	11	–	31
VIII. Doenças do ouvido e da mastoide	6	5	4	5	2	6	9	18	16	16	16	22	–	125
IX. Doenças do aparelho circulatório	399	263	153	278	613	2.604	7.008	20.185	41.024	61.470	84.716	107.258	400	326.371
X. Doenças do aparelho respiratório	1.936	1.108	348	348	550	1.711	2.704	5.193	9.793	16.692	29.395	49.092	244	119.114
XI. Doenças do aparelho digestivo	319	160	90	132	242	1.192	3.738	8.273	11.045	10.596	11.060	11.074	140	580.61
XII. Doenças da pele e do subcutâneo	29	15	10	19	18	82	92	189	309	436	684	1.335	7	3.225
XIII. Doenças do sistema osteomuscular e tecido conjuntivo	12	12	17	67	76	257	318	401	502	694	873	1.312	–	4.541
XIV. Doenças do aparelho geniturinário	95	81	45	59	116	448	689	1.403	2.494	3.616	5.723	9.728	22	24.519
XV. Gravidez, parto e puerpério	–	–	–	25	246	738	585	132	1	–	–	–	1	1.728
XVI. Algumas afecções originadas no período perinatal	23.664	34	12	6	7	–	–	–	–	–	–	–	–	23.723
XVII. Malformações congênitas e anomalias cromossômicas	7.709	703	224	167	155	253	188	184	187	145	153	123	5	10.196
XVIII. Sintomas sinais e achados anormais em exames clínico e laboratoriais	1.440	541	254	344	794	2.361	4.002	6.926	9.703	11.531	14.832	26.189	705	79.622
XX. Causas externas de morbidade e mortalidade	965	1.493	1.358	2.458	13.774	38.890	26.498	19.002	13.068	8.419	7.030	8.169	2.132	143.256
Total	**39.870**	**7.007**	**4.160**	**5.721**	**18.950**	**56.603**	**62.005**	**93.398**	**141.676**	**180.481**	**230.893**	**292.216**	**3.967**	**1.136.947**

Fonte: MS/SVS/DASIS – Sistema de Informações sobre Mortalidade – SIM.

Na faixa etária de 5 a 9 anos, as cinco principais causas de morte foram: causas externas (1.358 mortes), neoplasias (603 mortes), doenças do sistema nervoso (457 mortes), doenças infecciosas e parasitárias (359 mortes) e doenças do aparelho respiratório (348 mortes) (MS, 2010) (Tabela 36.4).

A partir do início deste século, as causas externas assumiram grande magnitude para a faixa etária de 1 a 9 anos, passando a ser a principal causa de óbito de brasileiros de 1 a 39 anos (Mello Jorge et al., 1997). Em 2010, as causas externas foram a principal causa de morte em crianças de 1 a 9 anos (25,5%), seguidas pelas doenças do aparelho respiratório (13,0%) (MS, 2010) (Tabela 36.4).

Este perfil epidemiológico é o reflexo, pelo menos parcial, dos progressos da saúde da criança em direção aos objetivos do Desenvolvimento do Milênio, especialmente em virtude da redução da desnutrição e da mortalidade infantil (Barros et al., 2010). O Brasil evoluiu, em algumas décadas, de um país de baixa renda, com larga parcela de população rural e um sistema de saúde múltiplo, para um país de renda média, urbanizado, com um sistema unificado de saúde. Desse modo, houve substancial redução da proporção de mortes provocadas por doenças infecciosas, decorrentes, inicialmente, do espetacular avanço no controle das doenças imunopreveníveis a partir da ampliação da cobertura de vacinação e, em seguida, de programas de controles de doenças diarreicas e respiratórias, nos anos 1980. Esse fenômeno tornou possível, no cenário nacional, o surgimento de outras causas de morte entre as crianças (Victora et al., 2011).

Principais causas de morbidade

Ainda é elevada a morbidade na criança, quando comparada a outras faixas etárias (por exemplo, a adolescência). Analisando a morbidade a partir das internações hospitalares no SUS pela AIH (Autorização de Internação Hospitalar), no ano de 2010, ocorreram 1.710.205 internações em crianças do nascimento até os 9 anos, sendo 568.889 (33,3%) na faixa etária de menores de 1 ano, 709.317 (41,5%) na faixa etária de 1 a 4 anos e 431.999 (25,2%) na faixa etária de 5 a 9 anos. Doenças do aparelho respiratório foram responsáveis por 608.681 internações (35,6%) e as doenças infecciosas e parasitárias, por 372.272 internações (21,8%), constituindo as duas principais causas de internação nessa faixa etária (MS, 2010) (Tabela 36.5).

Considerando a faixa etária de menores de 1 ano, as cinco principais causas de internação foram: afecções originadas no período perinatal (194.572 internações), doenças do aparelho respiratório (187.189 internações), doenças do aparelho digestivo (180.683 internações), doenças infecciosas e parasitárias (90.147 internações), malformações congênitas e anomalias cromossômicas (15.768 internações) (MS, 2010) (Tabela 36.5).

Na faixa etária de 1 a 4 anos, as cinco principais causas de internação foram: doenças do aparelho respiratório (298.335 internações), doenças infecciosas e parasitárias (191.862 internações), doenças do aparelho digestivo (44.461 internações), causas externas (31.690 internações) e doenças do aparelho geniturinário (31.137 internações) (MS, 2010) (Tabela 36.5).

Na faixa etária de 5 a 9 anos, as cinco principais causas de internação foram: doenças do aparelho respiratório (123.157 internações), doenças infecciosas e parasitárias (90.263 internações), causas externas (51.616 internações), doenças do aparelho digestivo (44.915 internações) e doenças do aparelho geniturinário (30.315 internações) (MS, 2010) (Tabela 36.5).

Prevenção, atenção e controle

A mortalidade perinatal e infantil resulta de uma estreita e complexa relação entre fatores de várias dimensões. Alguns fatores relacionados com a mortalidade infantil são bem conhecidos: condições biológicas maternas e infantis (idade da mãe, paridade, intervalo entre os partos, prematuridade, baixo peso ao nascer, retardo no crescimento intrauterino); condições ambientais (existência dos serviços de saúde e da acessibilidade da população, abastecimento de água potável e saneamento básico adequados, poluição) e, principalmente, as condições socioeconômicas (moradia, trabalho, renda, escolaridade, proteção social). São propostos modelos hierarquizados complexos para o estudo de seus determinantes e inter-relações (Almeida & Barros, 2004; Lima et al., 2008).

Para análise de fatores de risco, os determinantes da mortalidade foram classificados em: proximais, intermediários e distais (Mosley & Chen, 1984; Almeida & Barros, 2004; Martins & Velasquez-Melendez, 2004). Os determinantes proximais constituem as causas diretas dos óbitos; estão relacionados com as variáveis biológicas referentes à mãe e ao recém-nascido. Os determinantes intermediários, capazes de interferir nos fatores de risco biológicos, são representados pelo cuidado médico: assistência ao pré-natal e ao parto e assistência hospitalar. Entre os determinantes distais, os fatores sociais e econômicos são os mais importantes, por sua capacidade de influenciar os fatores biológicos e dificultar o acesso a uma assistência adequada à gestante durante o pré-natal e ao nascimento da criança (Aquino et al., 2007).

A redução da mortalidade infantil faz parte das Metas do Desenvolvimento do Milênio, compromisso assumido pelos países integrantes da ONU, do qual o Brasil é signatário, para o combate à pobreza, à fome, às doenças, ao analfabetismo, à degradação do meio ambiente e à discriminação contra a mulher, visando alcançar patamares mais dignos de vida para a população, uma vez

Tabela 36.5 • Número de internações por faixa etária (anos) em crianças e adolescentes, segundo capítulo CID 10.0 – Brasil, 2010

Capítulo CID-10	< 1	1 a 4	5 a 9	10 a 14	15 a 19
I. Algumas doenças infecciosas e parasitárias	90.147	191.862	90.263	53.969	44.585
II. Neoplasias (tumores)	2.413	11.764	11.778	13.075	14.054
III. Doenças do sangue e transtornos imunitários	2.475	5.447	4.938	4.326	4.163
IV. Doenças endócrinas nutricionais e metabólicas	9.718	19.350	10.790	7.524	5.792
V. Transtornos mentais e comportamentais	200	305	403	2.365	13.480
VI. Doenças do sistema nervoso	7.663	12.268	8.836	7.619	5.965
VII. Doenças do olho e anexos	748	1.800	2.383	1.881	1.743
VIII. Doenças do ouvido e da mastoide	1.001	3.189	2.990	2.648	1.358
IX. Doenças do aparelho circulatório	3.664	3.254	3.359	5.428	9.407
X. Doenças do aparelho respiratório	187.189	298.335	123.157	56.168	41.122
XI. Doenças do aparelho digestivo	180.683	44.461	44.915	38.164	40.636
XII. Doenças da pele e do subcutâneo	6.231	18.352	13.222	11.129	11.610
XIII. Doenças do sistema osteomuscular e do tecido conjuntivo	820	3.394	6.526	9.328	9.364
XIV. Doenças do aparelho geniturinário	12.896	31.137	30.315	26.078	45.752
XV. Gravidez, parto e puerpério	51	12	13	32.601	525.382
XVI. Algumas afecções originadas no período perinatal	194.572	1.766	401	211	760
XVII. Malformações congênitas e anomalias cromossômicas	15.768	17.351	12.144	8.701	4.882
XVIII. Sintomas de sinais e achados anormais de exames clínico e laboratoriais	4.611	6.883	6.077	5.803	7.588
XIX. Lesões por envenenamento e algumas outras consequências causas externas	6.053	31.690	51.616	54.848	73.169
XX. Causas externas de morbidade e mortalidade	86	118	120	125	224
XXI. Contatos com serviços de saúde	4.515	6.579	7.753	7.691	7.791
Total	568.889	709.317	431.999	349.682	868.827

Fonte: MS/SVS/DASIS – Sistema de Informações Hospitalares do SUS – SIH/SUS.

que a mortalidade infantil reflete as condições de vida da sociedade (ONU, 2000).

A mortalidade infantil apresenta dois componentes, o neonatal e o pós-neonatal. O mais associado à qualidade de vida é o pós-neonatal. Quando a taxa de mortalidade infantil é alta, a mortalidade pós-neonatal é, frequentemente, o componente mais elevado (MS, 2009). A mortalidade neonatal está relacionada com a qualidade de vida e também com fatores biológicos e a assistência pré-natal, parto e recém-nascido. Portanto, a redução da mortalidade neonatal é mais difícil do que a pós-neonatal (França & Lansky, 2008).

Embora seja bem conhecida a complexidade das intervenções capazes de produzir impactos favoráveis no componente neonatal, uma vez que sua rede de determinantes é mais complexa, muitas mortes poderiam ser evitadas com a implementação de intervenções efetivas e de baixo custo, sem a necessidade de tecnologia altamente desenvolvida. No entanto, essas intervenções não alcançam os segmentos populacionais mais necessitados. É necessária a definição de estratégias de gestão integrada e abordagens inovadoras para promover a parceria entre os setores público e privado na oferta de cuidados maternos e neonatais (Darmstadt et al., 2005).

As intervenções com maior impacto nas mortes neonatais são mais dependentes de pessoas com habilidades do que de tecnologia e bens, sendo a escassez de profissionais treinados o maior problema para ampliação da atenção clínica adequada em países com altas taxas de mortalidade neonatal, constituindo o investimento na formação dos profissionais uma importante estratégia para redução desses óbitos (Knippenberg et al., 2005).

Estima-se que, no mundo, três de cada quatro milhões de mortes neonatais poderiam ser evitadas com a adoção de 16 estratégias de intervenção eficazes e de baixo custo: (1) suplementação de ácido fólico na pré-concepção; (2) imunização com toxoide tetânico; (3) diagnóstico e tratamento da sífilis; (4) suplementação de cálcio para prevenção da eclâmpsia e pré-eclâmpsia; (5) tratamento da malária; (6) diagnóstico e tratamento da bacteriúria assintomática; (7) uso de antibióticos em caso de ruptura prematura das membranas amnióticas; (8) uso de corticoides em caso de trabalho de parto prematuro; (9) detecção e manejo da apresentação pélvica; (10) uso do partograma para diagnóstico precoce de complicações; (11) práticas higiênicas durante o trabalho de parto; (12) ressuscitação do recém-nascido deprimido; (13) amamentação; (14) prevenção e manejo adequado da hipotermia; (15) método mãe-canguru; (16) tratamento adequado da pneumonia na população (Darmstadt et al., 2005).

A diminuição da mortalidade por causas perinatais e a prevenção das sequelas originadas nesse período dependem do pronto reconhecimento dos riscos durante a gravidez, da assistência ao parto, dos cuidados mediatos e imediatos ao recém-nascido, além do acesso oportuno a serviços de saúde regionalizados e de qualidade (Tanaka, 1995; Lansky et al., 2002; Leal et al., 2004; Menezes et al., 2006). Estudos nacionais concluem que a qualidade dessa assistência é deficiente e que, juntamente com a estrutura dos serviços, relaciona-se com a morte por causas evitáveis (Halpern et al., 1998; Aquino et al., 2007). No Brasil, esse problema persiste para grandes parcelas da população (Tanaka, 1995; Lansky et al., 2002; Leal et al., 2004; Menezes et al., 2006).

As mesmas condições responsáveis pelas mortes durante o período neonatal são as causas mais importantes do processo de adoecimento do neonato (morbidade neonatal). A morbidade neonatal, particularmente associada a asfixia grave, infecção grave, anomalia congênita e desconforto respiratório grave, resulta em mortalidade retardada ou em sequelas importantes. Sendo assim, a compreensão sobre a epidemiologia das principais causas de morbidade neonatal auxilia a intervenção apropriada nos cuidados perinatais (Leal & Szwarcwald, 1996).

Um dos principais desafios no campo perinatal é enfrentar a realidade das altas taxas de mortalidade e organizar a rede integral de assistência à mulher, à gestante e ao recém-nascido, desde o acompanhamento ginecológico, o planejamento familiar, até a assistência pré-natal, a assistência ao recém-nascido e à criança. É importante uma assistência integral e resolutiva que efetive a promoção da saúde e a redução dos agravos e mortes precoces e evitáveis de crianças (Lansky et al., 2002).

A incorporação de novas tecnologias na assistência ao recém-nascido internado nas Unidades Neonatais de Alto Risco (UTIN), durante a década de 1990 até os dias atuais, resultou na melhoria da qualidade no cuidado perinatal, possibilitando que recém-nascidos com peso e idade gestacional cada vez menores sobrevivessem. Entre elas estão: uso de corticosteroide antenatal, terapia com surfactante exógeno, técnicas de manutenção de temperatura, nutrição, suporte ventilatório, uso de óxido nítrico e outras. Mas essa incorporação ocorreu de maneira desigual entre as unidades neonatais, produzindo padrões variáveis de assistência e, consequentemente, diferentes resultados clínicos e custos assistenciais (probabilidades de sobrevivência e de sequelas à alta hospitalar).

Um dos aspectos que merecem consideração refere-se ao descompasso ocorrido entre a capacitação das equipes de gestão dos sistemas de atenção perinatal nos estados e municípios e os desafios emergentes da nova situação da mortalidade infantil no país. A constatação da fragilidade das instâncias de gestão nos âmbitos estadual e municipal tem limitado o potencial impacto positivo da ampliação na capacidade instalada que vem ocorrendo nos últimos anos, bem como das iniciativas oriundas do nível central.

Um estudo de base populacional, entre 2000 e 2003, demonstrou a existência de três perfis distintos para o óbito neonatal: primeiro, nos hospitais da rede privada, óbitos dificilmente passíveis de prevenção (recém-nascidos malformados ou com peso ao nascimento <1.000 gramas); segundo, nos hospitais contratados/conveniados ao SUS, óbitos em sua maioria preveníveis (recém-nascidos com peso ao nascimento >2.500 gramas, que falecem por hipoxia ou infecção); terceiro, nos hospitais próprios do SUS, óbitos com um perfil misto dos anteriores citados. Os autores concluíram que o perfil de óbitos neonatais brasileiros pode ser modificado de acordo com a natureza jurídica do hospital (Drumond et al., 2007).

Localidades brasileiras que investiram na qualificação do cuidado neonatal de maior complexidade observaram redução da mortalidade neonatal. O Rio de Janeiro é um exemplo. A partir de 1994 foi implantada, no âmbito da gestão municipal, uma série de estratégias visando à ampliação, à qualificação e à humanização da assistência obstétrica e neonatal, com o objetivo de reduzir a mortalidade materna e neonatal (Gomes, 1995). Houve melhoria de recursos materiais com o uso de novas tecnologias para o tratamento tanto de gestantes como de recém-nascidos de risco e aumento e treinamento de recursos humanos (Gomes, 2002). Desse modo, no Município do Rio de Janeiro, a taxa de mortalidade neonatal diminuiu de 15,2 óbitos por mil nascidos vivos, em 1994, para 9 óbitos por mil nascidos vivos, em 2006 (inferior à média nacional). Entretanto, estas intervenções não foram suficientes para reduzir as taxas de prematuridade e de peso ao nascimento <2.500 gramas (Gomes et al., 2005; Secretaria Municipal de Saúde do Rio de Janeiro [SMS], 2006).

Iniciativas no âmbito nacional vêm sendo desencadeadas para apoiar a organização da rede de assistência à gravidez e ao nascimento, como o Programa de Gestação de Alto Risco, o Programa de Humanização do Pré-natal e Nascimento, o Pacto Nacional pela Redução da Mortalidade Materna e Neonatal, os Comitês de Prevenção do Óbito Infantil e Fetal e, mais recentemente, a Rede Cegonha (MS, 2008, 2011).

Atualmente, existe um movimento no país pela constituição de Redes de Saúde Perinatal e Neonatal. Nesse movimento, uma preocupação é utilizar métodos de educação que associem aumento da base de conhecimentos e mudanças de desempenho dos profissionais de saúde. Em muitas unidades neonatais não se verifica uma compreensão da relação entre qualidade e educação permanente. As sociedades de especialidades de pediatria e obstetrícia vêm se organizando em redes de saúde perinatal nas diversas regiões do país com o intuito de investigar, de maneira mais aprofundada, a preocupante desigualdade na mortalidade perinatal e seus determinantes. A informação deve ser interpretada e as oportunidades de melhora devem ser identificadas. A partir de então, as mudanças de conceito devem ser desenvolvidas, implementadas e monitoradas. Em outras palavras, a informação deve ser transformada em ação. Como exemplos de "práticas potencialmente melhores", podem ser citados o uso de surfactante no tratamento da síndrome do desconforto respiratório, o uso de corticoide antenatal para mães com ameaça de parto prematuro, no intuito de maturação pulmonar fetal, e diversas outras, relacionadas com o manejo da infecção nosocomial, hemorragia intraventricular, isquemia cerebral, doença pulmonar crônica e enterocolite necrosante (Horbar, 1999; Horbar et al., 2003).

Dessa maneira, para redução da mortalidade e morbidade infantil, torna-se prioritária a implantação de um conjunto de estratégias, merecendo destaque: a implantação de uma rede de serviços regionalizada e hierarquizada que garanta a continuidade da assistência desde a gestação até o momento do parto; a reestruturação das unidades neonatais, possibilitando o uso de tecnologias efetivas e de baixo custo como, por exemplo, o surfactante; o investimento na educação permanente dos profissionais das unidades neonatais, utilizando modelos educacionais inovadores que promovam a reflexão sobre a prática, implicando mudanças de comportamento e melhoria da assistência ofertada.

A primeira infância (primeiros 6 anos de vida) é um período fundamental no desenvolvimento mental, emocional e de socialização do indivíduo. É até os 6 anos de idade que as estruturas físicas e intelectuais de crescimento e aprendizagem emergem e começam a estabelecer suas fundações para o resto da vida da pessoa. As estruturas seguem alguns estágios de desenvolvimento que não acontecem de maneira linear e rígida (Walker et al., 2011). O referencial da primeira infância vem impulsionando diversos setores da sociedade em direção a uma abordagem que amplie o apoio ao crescimento e ao desenvolvimento integral das crianças, particularmente, em cenários onde suas necessidades essenciais podem não estar sendo adequadamente satisfeitas.

Em 2005, o Ministério da Saúde apresentou a Agenda de Compromissos com a Saúde Integral da Criança e a Redução da Mortalidade Infantil, propondo a criação de uma rede integrada de assistência à criança, organizada em linhas de cuidado, e identificando as principais diretrizes de responsabilidade dos governos estaduais e municipais. O que fica evidente aqui é o desafio do poder público de reduzir as iniquidades, ampliando o acesso a bens e serviços de qualidade, inclusive os de saúde, com a implementação de políticas orientadas pelos princípios da universalidade e da equidade, de modo que alcancem toda a população, beneficiem aqueles que apresentam maior risco de morte e aumentem a chance de sobrevivência na infância.

O desenvolvimento das crianças pode ser seriamente prejudicado se ocorre ativação excessiva ou prolongada do sistema de resposta ao estresse do organismo, especialmente o cérebro, com potenciais danos para a aprendizagem, o comportamento e a saúde ao longo da vida. Aprender a lidar com as adversidades é um componente essencial do desenvolvimento infantil sadio. Ambientes familiares de apoio podem ajudar as crianças a superar os efeitos indesejáveis da situação estressante por intermédio de respostas saudáveis (Walker et al., 2011). Programas de intervenção devem incidir sobre a maioria dos fatores de risco a que as crianças estão submetidas em um contexto específico. Para que alcancem efetividade e eficiência, esses programas precisam alcançar as crianças no início da vida, particularmente nos primeiros 3 anos de idade, e ser direcionados também para suas famílias. Maus-tratos nesse período da vida têm sido associados ao aumento de risco de alcoolismo, uso de drogas, depressão, tentativas de suicídio, tabagismo e de doenças sexualmente transmissíveis na adolescência e na vida adulta.

Dessa maneira, apesar de o Brasil ter experimentando significativo desenvolvimento econômico e tecnológico nas últimas décadas, o que tem impactado positivamente nos determinantes sociais das doenças e na organização dos serviços de saúde, novos desafios se apresentam ao país em relação à saúde da criança (Barros et al., 2010; Victora et al., 2011). Nesse sentido, faz-se necessário aumentar o compromisso social do Estado e da sociedade para com suas crianças, por meio de políticas públicas que ampliem o acesso a bens e serviços e, simultaneamente, do incremento nos investimentos em educação e na geração de emprego para as famílias, para que a eficácia dessas políticas voltadas para a saúde das crianças seja duradoura.

SAÚDE DO ADOLESCENTE
Principais causas de mortalidade

No Brasil, a taxa de mortalidade na adolescência (dos 10 aos 19 anos de idade) é baixa, quando comparada a outras faixas etárias. Em 2010, a taxa de mortalidade na adolescência foi de 72,2 por 100 mil habitantes e correspondeu a 2,17% do total de mortes (MS, 2010). No entanto, essa taxa é elevada quando comparada à taxa de mortalidade na adolescência em países de alta renda.

A mortalidade geral nessa faixa etária é crescente com a idade (menor nas faixas etárias mais jovens), sendo maior no sexo masculino e nas regiões geográficas menos desenvolvidas do país (Norte: 4,1%; Nordeste: 2,9%; Centro-Oeste: 2,7%; Sul: 1,8%; Sudeste: 1,6%) (MS, 2010) (veja a Tabela 36.2).

A maior relevância da taxa de mortalidade na adolescência no Brasil está nas causas que a determinam. Em 2010, ocorreram 24.671 mortes de adolescentes, sendo 5.721 (23,2%) na faixa etária de 10 a 14 anos e 18.950 (76,8%) na faixa etária de 15 a 19 anos (veja a Tabela 36.1). As causas externas coresponderam a 65,8% das causas de morte em adolescentes e também foram a principal causa de morte na ampla faixa etária de 1 a 39 anos (MS, 2010) (veja a Tabela 36.4).

Ainda em 2010, as cinco principais causas de morte em adolescentes, em ordem decrescente de frequência, foram: causas externas (16.232 mortes), neoplasias (1.615 mortes), doenças do sistema nervoso (1.123 mortes), doenças do aparelho respiratório (898 mortes) e doenças do aparelho circulatório (891 mortes). Quando consideramos as faixas etárias, essa distribuição se modifica. Na faixa etária de 10 a 14 anos, as cinco principais causas foram: causas externas (2.458 mortes), neoplasias (705 mortes), doenças do sistema nervoso (529 mortes), doenças infecciosas e parasitárias (350 mortes) e doenças do aparelho circulatório (348 mortes). Na faixa etária de 15 a 19 anos, as cinco principais causas foram: causas externas (13.774 mortes), neoplasias (910 mortes), doenças do aparelho circulatório (613 mortes), doenças do sistema nervoso (594 mortes) e doenças do aparelho respiratório (550 mortes) (MS, 2010) (veja a Tabela 36.4).

A mortalidade por causas externas no adolescente brasileiro cresce acentuadamente com a idade e o risco de morte é de três a cinco vezes maior no grupo de 15 a 19 anos. Dentre todas as causas externas (homicídios, acidentes de transporte, suicídios, eventos com intenção indeterminada e demais causas externas), os acidentes de transporte, seguidos dos homicídios, sobressaíram até a década de 1980. Nos anos 1990, ocorreu uma inversão na composição dos óbitos por causas externas: a predominância, que antes era de mortes por acidentes de trânsito, passou a ser de óbitos por homicídios (Gawryszewski et al., 2004).

Principais causas de morbidade

A morbidade na adolescência, avaliada pela incidência e prevalência de doenças e agravos à saúde, costuma ser menor, quando comparada à de outras faixas etárias, como, por exemplo, a primeira infância. No entanto, parece haver uma tendência de aumento da morbidade nessa faixa etária, em função da ocorrência de algumas causas específicas, como acidentes e outras causas externas. No Brasil, estudos nessa área são escassos, porém é esperada a existência de diferenças regionais na morbidade em função da extensão territorial do país e devido às diferenças climáticas e sociais.

Analisando a morbidade a partir das internações hospitalares no SUS pela AIH, no ano de 2010, ocorreram 1.218.509 internações em adolescentes, sendo 349.682 (28,7%) na faixa etária de 10 a 14 anos e 868.827 (71,3%) na faixa etária de 15 a 19 anos. Gravidez, parto e puerpério foram responsáveis por 557.983 internações (45,8%) e as causas externas, por 128.017 internações (10,5%), constituindo as duas principais causas em adolescentes (veja a Tabela 36.5). Cerca de dois terços das internações ocorrem no sexo feminino. Enquanto no sexo feminino o percentual mais elevado foi devido a internações por gravidez, parto e puerpério (que corresponderam a quase 70% das causas), no sexo masculino o percentual mais elevado foi devido a causas externas (MS, 2010).

Considerando as faixas etárias, no mesmo ano de 2010, entre 10 e 14 anos, as cinco principais causas de internação foram: doenças do aparelho respiratório (56.168 internações), causas externas (54.848 internações), doenças infecciosas e parasitárias (53.969 internações), doenças do aparelho digestivo (38.164 internações) e gravidez, parto e puerpério (32.601 internações). Na faixa etária de 15 a 19 anos, as cinco principais causas de internação foram: gravidez, parto e puerpério (525.382 internações), causas externas (73.169 internações), doença do aparelho geniturinário (45.752 internações), doenças infecciosas e parasitárias (44.585 internações) e doenças do aparelho respiratório (41.122 internações) (MS, 2010) (veja a Tabela 36.5).

Prevenção, atenção e controle

O conhecimento das causas de mortalidade e morbidade entre adolescentes brasileiros é prejudicado pelas deficiências nas estatísticas nacionais, principalmente relacionadas com a morbidade. Embora as estatísticas de mortalidade sejam as fontes de informação mais extensas e acessíveis, representam somente parte do problema e, desse modo, não conhecemos com o necessário detalhamento as causas e as inter-relações entre a mortalidade e a morbidade na adolescência em nosso país. A estimativa da magnitude e do impacto do problema a ser enfrentado é uma informação essencial para a formulação de políticas públicas de saúde.

No Brasil, a violência e a grande desigualdade social existente comprometem o projeto de vida de muitos de nossos jovens. A maioria dos jovens é incorporada à força de trabalho muito cedo (Lolio et al., 1990). Em alguns aspectos, o panorama hoje se configura menos grave do que em décadas anteriores, mas é necessário e urgente que as instituições, os recursos humanos e as prioridades se adaptem para atender, de maneira eficiente, às necessidades e às mudanças no quadro geral da mortalidade e morbidade do adolescente brasileiro.

Esse grupo vem se caracterizando pelo alto risco a que está exposto, em função dos comportamentos ou hábitos individuais, mas também dos contextos de violência e miséria, permitindo vislumbrar um panorama preocupante dos pontos de vista social, demográfico e da própria saúde. O enfoque predominante na Saúde Pública atual é que apenas a epidemiologia de fatores de risco em nível individual não é suficiente para abordar a complexidade do fenômeno da violência, uma vez que esta deve ser vista em rede, como o resultado das complexas e múltiplas interações (Minayo, 1994; Krug et al., 2002). Desse modo, medidas de prevenção, atenção e controle que venham a proporcionar impacto na mortalidade e morbidades do adolescente envolvem múltiplos e complexos fatores de promoção de saúde, prevenção de doenças e também fatores sociais, demográficos e econômicos.

Em nosso meio, é alarmante o número crescente de óbitos diretamente relacionados com a violência, em que o homicídio representa a porção mais visível. Definir e quantificar violência não é tarefa fácil. Muitos atos violentos não levam à morte, mas causam lesões, transtornos mentais e reprodutivos e muitos outros problemas que podem durar anos ou tornar-se permanentes. Além do sofrimento humano direto, a violência impõe custo considerável à economia nacional (Krug et al., 2002). O impacto econômico representado pelos acidentes e pela violência pode ser medido diretamente por meio dos gastos hospitalares com internação e o custo total da internação de adolescentes na rede hospitalar do SUS (própria e conveniada) em decorrência de acidentes e violências. As vítimas são preferencialmente brasileiros jovens do sexo masculino, não brancos, pobres e moradores de áreas urbanas. Trata-se de problema grave e prevalente, a ser enfrentado no país. Embora muito já tenha sido estudado a respeito da violência na adolescência, ainda existem diversas lacunas no conhecimento e ainda são necessários estudos mais amplos com instrumentos diversificados e complementares para sua compreensão.

A experimentação e/ou uso de alguma droga, principalmente álcool e tabaco, é frequente e precoce em adolescentes brasileiros. Essa precocidade é preocupante, uma vez que aumenta o risco de abandono escolar e rupturas de laços familiares, de uso abusivo ou mesmo futura dependência (Pechansky et al., 2004). Ao longo das últimas décadas, observa-se tendência decrescente da frequência de uso de álcool, mas essa tendência não é observada em relação ao uso de solventes e cocaína. A situação de crianças e adolescentes nas ruas é mais grave, com uso de substâncias psicoativas em geral mais precoce, frequente e intenso.

Embora a venda de bebidas alcoólicas para adolescentes seja proibida, o consumo de álcool é prática comum no ambiente familiar, em festividades ou mesmo em ambientes públicos. O uso de drogas antes dos 15 anos de idade se associa ao desenvolvimento do uso abusivo das drogas e do álcool na idade adulta (OMS, 2001). Diversos estudos apontam para uma associação entre o uso de bebidas alcoólicas e de drogas e o baixo desempenho escolar e a violência (como vítima ou perpetrador, em nível comunitário e interpessoal). Homicídios, suicídios, violência doméstica, crimes sexuais, acidentes de trânsito e afogamentos de jovens são eventos mais frequentes quando há o uso de álcool. No entanto, essa associação não se mostra simples ou unidirecional, mas complexa e multidimensional (Minayo & Deslandes, 1998; Galduróz et al., 2004; Moreira et al., 2008).

No Brasil, a sociedade como um todo adota atitudes paradoxais em relação ao consumo de álcool na adolescência. Se por um lado condena, por outro é permissiva por meio da propaganda, apesar de esforços recentes do Ministério da Saúde em campanhas de prevenção dos riscos do consumo de bebidas alcoólicas, por meio do Decreto 6.117 (2007) da Presidência da República, e da preocupação de alguns setores com a autorregulação da publicidade.

O início da atividade sexual tipicamente se dá durante a adolescência, período de crescimento, experimentação e busca de identidade, durante o qual os jovens estão particularmente vulneráveis. Em nosso meio, são poucos os estudos que abordam a sexualidade adolescente masculina; a maior parte das pesquisas enfoca a sexualidade e a reprodução feminina. Há indícios de que o início da atividade sexual é hoje mais precoce. A prática contraceptiva se dá também cada vez mais cedo e com maior frequência. De acordo com a Pesquisa Nacional de Demografia e Saúde da Criança e da Mulher/Ministério da Saúde (PNDS), em 2006, 32,6% das jovens entre 15 e 19 anos tiveram a primeira relação sexual em idade igual ou inferior a 15 anos e 83,7% destas referiram uso de camisinha masculina na primeira relação sexual (Instituto Brasileiro de Geografia e Estatística [IBGE], 2008). Embora ainda em níveis não satisfatórios, a prática contraceptiva entre adolescentes brasileiras é mais frequente e intensa do que entre mulheres adultas, o que pode ser uma consequência positiva das ações voltadas para a educação para a saúde nas escolas e na mídia nas duas últimas décadas.

Ainda em 2006, mais de 23% das jovens com idade entre 15 e 19 anos estavam ou já tinham estado grávidas (IBGE, 2008). A gravidez e a maternidade na adolescência configuram situações de vulnerabilidade a riscos biológicos e psicossociais. Hoje a principal causa de internações de adolescentes do sexo feminino no SUS é a gravidez, parto e puerpério, e mais de 20% de todos os nascidos vivos no país são filhos de adolescentes. A adolescente grávida brasileira é, em geral, oriunda de um contexto de desvantagem social e econômica, e as adolescentes pobres e as negras são as que apresentam maior risco de morte em decorrência da gravidez e do parto. Os riscos biológicos e psicossociais envolvidos na gravidez e na maternidade adolescente, principalmente no grupo de 10 a 14 anos de idade, merecem o planejamento e a execução de ações intersetoriais mais adequadas e eficientes.

O início precoce da vida sexual também coloca os adolescentes em situação de especial vulnerabilidade às doenças de transmissão sexual, o que pode comprometer sua saúde atual e futura. No Brasil, não há informações suficientes sobre a prevalência de doenças sexualmente transmissíveis (DST) entre adolescentes, e a carência de informações é maior no sexo masculino. Somente a AIDS e a sífilis são doenças de notificação compulsória, e o número de casos notificados está bem abaixo das estimativas.

Na transição epidemiológica pela qual o país vem passando, as doenças crônicas, com destaque para neoplasias, asma, sobrepeso e obesidade, emergem como sérios problemas de saúde pública. As taxas de incidência para todos os tipos de câncer em crianças e adolescentes têm aumentado nas últimas décadas. Chama atenção a velocidade de incremento da obesidade em todos os estados e regiões do país nos últimos 20 anos, alertando para as consequências imediatas para o próprio adolescente e para os problemas de Saúde Pública presentes e futuros. Provavelmente, serão a principal causa de morte no mundo por volta do ano 2020.

Desse modo, por ser uma fase muito especial do desenvolvimento humano, em que a autonomia e a maturação física, mental, emocional, social e moral são estabelecidas, com grandes transformações biológicas e psicossociais, a adolescência é um período de grande vulnerabilidade, cabendo à sociedade garantir o desenvolvimento pleno do potencial produtivo de seus jovens.

AÇÕES ESTRATÉGICAS DE PREVENÇÃO

Com o intuito de propor ações estratégicas, devemos analisar a prevenção dos agravos e das doenças que acometem crianças e adolescentes sob dois prismas, um considerando o macrossistema e o outro o microssistema. No macrossistema, as ações estratégicas estão relacionadas com políticas para o sistema de saúde, implantadas pelos governos locais (municipais), estaduais e federal. Em geral, essas ações competem, em termos de recursos do orçamento, com diversas outras ações de outros sistemas, como, por exemplo, o sistema educacional. Observa-se não somente em relação à saúde da criança e do adolescente, mas com forte impacto nesses dois segmentos, que políticas integradas para prevenir doenças e agravos à saúde têm maior chance de serem efetivas e, portanto, de êxito. Ações de promoção da saúde e prevenção de doenças que estiverem sendo implantadas concomitantemente e de maneira integrada pelo sistema educacional, além do sistema de saúde (por exemplo, com intervenções em escolas), terão mais chances de êxito. Assim, ações e estratégias com perspectivas e características mais holísticas e integradas nos diversos níveis de governo e nos sistemas de responsabilidade dos governos terão mais possibilidade de melhorar a saúde de populações em geral e, em especial, de crianças e adolescentes.

Na maioria das vezes, entretanto, os recursos são insuficientes para as necessidades existentes. Portanto, faz-se necessário priorizar. Evidências científicas atuais mostram que investimentos em ações que priorizem a saúde e o desenvolvimento saudável da criança, em especial nos 2 anos iniciais da vida, resultam em imensos benefícios a longo prazo, ou seja, nas idades mais avançadas. Os 6 meses que antecedem o nascimento e os 2 primeiros anos de vida são cruciais na determinação da saúde das crianças maiores, do futuro adolescente e do adulto. Assim, ações estratégicas de prevenção de doenças e agravos devem priorizar gestantes e crianças nos 2 primeiros anos de vida. Além de resultarem em melhor saúde para crianças maiores, adolescentes e adultos, menos recursos terão de ser despendidos no futuro para o controle de várias doenças.

Um exemplo bastante ilustrativo está relacionado com a obesidade. Evidências científicas indicam que o ganho excessivo de peso na infância está associado ao sobrepeso e à obesidade no adulto. O peso das crianças nos primeiros 6 meses de vida parece ser preditivo do risco de obesidade mais tarde devido a um processo conhecido como programação metabólica (Robison et al., 2012). Além disso, sabe-se que a obesidade no adulto é um dos mais fortes determinantes das doenças cardiovasculares (aterosclerose, infarto do miocárdio) e do diabetes, caracterizando a denominada síndrome metabólica (Gomes et al., 2010). Nesse contexto, justifica-se a implantação de ações preventivas de modo a evitar uma remediação posterior.

No microssistema, as ações estratégicas estão relacionadas com as políticas propostas para o macrossistema. A diferença é que, por serem específicas, deverão ser implantadas no nível familiar, nos lares e no indivíduo. Em outras palavras, é importante não somente definir políticas de alocação de recursos para ações estratégicas de saúde, mas também, a partir desses recursos, implantar ações específicas, com comprovada evidência científica de efetividade, no âmbito das famílias e dos lares. Nesse sentido, faz-se necessário não só que as autoridades governamentais sanitárias estejam sensibilizadas para essas propostas, mas também as comunidades, de maneira específica, e toda a sociedade, de maneira geral. A garantia de que as mães tenham uma gestação saudável e as crianças um desenvolvimento físico e emocional adequados, em especial nos primeiros 2 anos de vida, deve ser vista como investimento no futuro dos indivíduos, das famílias e das coletividades.

CONSIDERAÇÕES FINAIS

No presente capítulo apresentamos uma visão geral e atualizada da saúde da criança e do adolescente no Brasil, a partir da análise e da discussão de indicadores de mortalidade e morbidade. Vários avanços ocorreram nas últimas décadas nesses indicadores, mas persistem diferenças regionais e espaço para melhorá-los. As evidências científicas atuais sugerem que a priorização de estratégias e ações de saúde voltadas para crianças, que garantam seu pleno crescimento e desenvolvimento, desde a gestação até os primeiros anos de vida, seja estratégico e essencial para alcançar essas melhorias.

Referências

Almeida SDM, Barros MBA. Atenção à saúde e mortalidade neonatal: estudo caso-controle realizado em Campinas, SP. Revista Brasileira de Epidemiologia 2004; 7(1):22-35.

Aquino TA, Guimarães MJB, Sarinho SW, Ferreira LOC. Fatores de risco para a mortalidade perinatal no Recife, Pernambuco, Brasil, 2003. Cadernos de Saúde Pública 2007; 23(12):2853-61.

Barros FC, Matijasevich A, Requejo JH et al. Recent trends in maternal, newborn, and child health in Brazil: progress toward millennium development goals 4 and 5. American Journal of Public Health 2010; 100:1877-89.

Brasil. Estatuto da Criança. Lei 8.069, de 13 de julho de 1990. Disponível em: http://www.planalto.gov.br/ccivil_03/leis/L8069.htm. Acesso em: 9/10/2012.

Brasil. ODM. Disponível em: http://www.odmbrasil.gov.br/. Acesso em: 7/10/2012.

Carvalho M, Gomes MASM. A mortalidade do prematuro extremo em nosso meio: realidade e desafios. Jornal de Pediatria 2005; 81(Sl):S111-118.

Darmstadt GL, Bhutta ZA, Cousens S, Taghreed A, Walker N, Bernis L. Neonatal Survival 2. Evidence-based, cost-effective interventions: how many newborn babies can we save? Lancet 2005; 365:977-88.

Drumond EF, Machado CJ, França E. Óbitos neonatais precoces: análise de causas múltiplas de morte pelo método Grade of Membership. Cadernos de Saúde Pública 2007; 23(1):157-66.

Eisenstein E. Adolescência: definições, conceitos e critérios. Adolescência & Saúde 2005; 2(2):6-7.

França E, Lansky S. Mortalidade infantil neonatal no Brasil: situação, tendências e perspectivas. Textos de apoio, Texto 3. Rede Interagencial de Informações para a Saúde – RIPSA. Informe de Situação e Tendências: Demografia e Saúde, 2008.

Galduróz JCF, Noto AR, Nappo AS, Carlini EA. Trends in drug use among students in Brazil: analysis of four surveys in 1987, 1989, 1993 and 1997. Brazilian Journal Med Biol Res 2004; 37(4): 523-31.

Gawryszewski VP, Koizumi MS, Mello-Jorge MHP. As causas externas no Brasil no ano 2000: comparando a mortalidade e a morbidade. Cadernos de Saúde Pública 2004; 20(4):995-1003.

Gomes F, Telo DF, Souza HP, Nicolau JC, Halpern A, Serrano Jr CV. Obesity and coronary artery disease: role of vascular inflammation. Arquivos Brasileiros de Cardiologia 2010; 94(2):255-61.

Gomes MASM. Aspectos da qualidade do atendimento à gestação e ao parto através da percepção das usuárias. 1995. Dissertação (Mestrado) – Instituto Fernandes Figueira, Fundação Oswaldo Cruz, Rio de Janeiro, 1995.

Gomes MASM. Assistência Neonatal na Secretaria Municipal de Saúde do Rio de Janeiro: uma análise do período 1995-2000. Dissertação (Doutorado) – Instituto Fernandes Figueira, Fundação Oswaldo Cruz, Rio de Janeiro, 2002.

Gomes MASM, Lopes JMA, Moreira MEL, Gianini NOM. Assistência e mortalidade neonatal no setor público do Município do Rio de Janeiro, Brasil: uma análise do período 1994/2000. Cadernos de Saúde Pública 2005; 21(4):1269-77.

Halpern R, Barros FC, Victora CG, Tomasi E. Atenção pré-natal em Pelotas, Rio Grande do Sul, Brasil, 1993. Cadernos de Saúde Pública 1998; 14(3):487-92.

Horbar JD. The Vermont Oxford Network Evidence: based quality improvement for neonatology. Pediatrics 1999; 103(1):350-9.

Horbar JD, Plsek PE, Leahy K. NIC/Q 2000: Establishing habits for improvement in neonatal intensive care units. Pediatrics 2003; 111(4):397-410.

Instituto Brasileiro de Geografia e Estatística – IBGE. Pesquisa nacional por amostra de domicílios – PNAD 2006. Microdados. Rio de Janeiro: IBGE, 2008. Acesso em: 15/12/2008. Disponível em: http://www.ibge.gov.br/home/estatistica/populacao/trabalhoerendimento/pnad2006/default.shtm.

Knippenberg R, Lawn JE, Darmstadt GL et al. Neonatal Survival 3. Systematic scaling up of neonatal care in countries. Lancet 2005; 365:1087-98.

Krug EG, Dahlberg LL, Mercy JA, Zwi AB, Lozano R, eds. World report on violence and health. Geneva, World Health Organization, 2002. Disponível em: http://www.who.int/violence_injury_prevention/violence/world_report/en/. Acesso em: 1/12/2008.

Lansky S, França E, Kawachi I. Social inequalities in perinatal mortality in Belo Horizonte, Brazil: the role of hospital care. American Journal of Public Health 2007; 197(5):861-73.

Lansky S, França E, Leal MC. Mortalidade perinatal e evitabilidade: revisão da literatura. Revista de Saúde Pública 2002; 36(6):759-72.

Lawn JE, Cousens S, Bhutta ZA et al. Why are 4 million newborns babies dying each year? Lancet 2004; 364:399-401.

Leal MC, Gama SGN, Campos MR et al. Fatores associados à morbimortalidade perinatal em uma amostra de maternidades públicas e privadas do município do Rio de Janeiro, 1999-2001. Cadernos de Saúde Pública 2004; 20(S1):S20-S33.

Leal MC, Szwarcwald CL. Evolução da mortalidade neonatal no Estado do Rio de Janeiro, Brasil, de 1979 a 1993: análise por causa segundo grupo de idade e região de residência. Cadernos de Saúde Pública 1996; 12(2)243-52.

Lima S, Carvalho ML, Vasconcelos AGG. Proposta de modelo hierarquizado aplicado à investigação de fatores de risco de óbito infantil neonatal. Cadernos de Saúde Pública 2008; 24(8):1910-6.

Lolio CA, Santo AH, Bucchlla CM. Mortalidade de adolescentes no Brasil, 1977, 1980 e 1985. Magnitude e tendências. Revista de Saúde Pública 1990; 24(6):481-9.

Marmot M. Fair society, healthy lives: strategic review of health inequalities in England post 2010. Disponível em: http://www.marmotreview.org. Acesso em: 1/6/2011.

Martins FE, Velasquez-Melendez G. Determinantes da mortalidade neonatal a partir de uma coorte de nascidos vivos, Montes Claros, Minas Gerais, 1997-1999. Revista Brasileira de Saúde Materno-Infantil 2004; 4:405-12.

Mello Jorge MHP, Gawryszewsky VP, Latorre RO. Análise dos dados de mortalidade. Revista de Saúde Pública 1997; 31(S4):5-25.

Menezes DCS, Leite IC, Schramm JMA, Leal MC. Avaliação da peregrinação anteparto numa amostra de puérperas no município do Rio de Janeiro, Brasil, 1999/2001. Cadernos de Saúde Pública 2006; 22(3):553-9.

Minayo MC. Inequality, violence and ecology in Brasil. Cadernos de Saúde Pública 1994; 10:241-50.

Minayo MC, Deslandes SRFR. A complexidade das relações entre drogas, álcool e violência. Cadernos de Saúde Pública 1998; 14:35-42.

Ministério da Saúde – MS, Brasil. Manual de Vigilância do Óbito Infantil e Fetal e do Comitê de Prevenção do Óbito Infantil e Fetal, 2009.

Ministério da Saúde – MS. Saúde Brasil 2008: 20 anos de Sistema Único de Saúde (SUS) no Brasil/Ministério da Saúde, Secretaria de Vigilância em Saúde. Brasília: Ministério da Saúde, 2009.

Ministério da Saúde do Brasil – MS/DATASUS – Sistema de Informações Hospitalares do SUS – SIH/SUS 2010. Disponível em: http://.datasus.gov.br/datasus/datasus.php. Acesso em: 1/7/2012.

Ministério da Saúde. Portaria 1.459, de 24 de junho de 2011. Institui, no âmbito do Sistema Único de Saúde (SUS), a Rede Cegonha. Diário Oficial [da] República Federativa do Brasil, Poder Executivo, Brasília, DF, 27 jun. 2011. Seção 1:109-111.

Moreira TC, Belmonte EL, Vieira FFR, Noto AR, Ferigolo M, Barros HMT. A violência comunitária e o abuso de álcool entre adolescentes: comparação entre sexos. Jornal de Pediatria 2008; 84(3):244-50.

Mosley WH, Chen LC. An analytical framework for the study os child survival in developing countries. Population and Development Review 1984; 10(S):S25-S45.

Organização das Nações Unidas – ONU. United Nations General Assembly. United Nations Millennium Declaration: resolution adopted by the General Assembly 55/2. 8th Plenary Meeting, Sept 8, 2000.

Organização Mundial da Saúde. Relatório sobre a Saúde no Mundo 2001 – Saúde Mental: Nova Concepção, Nova Esperança. OMS, Genebra, 2001. Acesso em: 13/12/2008. Disponível em: http://www.who.int/whr/2001/en/whr01_djmessage_po.pdf.

Pechansky F, Szobot CM, Scivoletto S. Uso de álcool entre adolescente: conceitos, características epidemiológicas e fatores etiopatogênicos. Revista Brasileira de Psiquiatria 2004; 26(S1):14-7.

Ribeiro VS, Silva AAM. Tendências da mortalidade neonatal em São Luís, Maranhão, Brasil, de 1979 a 1996. Cadernos de Saúde Pública 2000; 16(2):429-38.

Robison S, Yardy K, Carter V. A narrative literature review of the development of obesity in infancy and childhood. J Child Health Care 2012. Published on line, Sept 14.

Schramm JMA, Szwarcwald CL. Diferenciais nas taxas de mortalidade neonatal e natimortalidade hospitalares no Brasil: um estudo com base no Sistema de Informações Hospitalares do Sistema Único de Saúde (SIH/SUS). Cadernos de Saúde Pública 2000; 16(4):1031-40.

Secretaria Municipal de Saúde do Rio de Janeiro – SMS, 2006. Gerência de Informações Epidemiológicas/Superintendência de Vigilância em Saúde/Sub-Secretaria de Assistência à Saúde. Taxa de mortalidade infantil e seus componentes – Município do Rio de Janeiro, 1979 a 2006. Disponível em: http://www.saude.rio.rj.gov.br/media/tx_mort_infantil1. Acesso em: 4/12/2009.

Tanaka ACA. Maternidade: dilema entre nascimento e morte. São Paulo–Rio de Janeiro: Hucitec-Abrasco, 1995:35-47.

Victora CG, Aquino EML, Leal MC, Monteiro CA, Barros FC, Szwarcwald CL. Saúde de mães e crianças no Brasil: progressos e desafios. The Lancet [online]. Saúde no Brasil – maio de 2011.

Victora CG, Wagstaff A, Schellenberg JA, Gwatkin D, Claeson M, Habicht J. Applying an equity lens to child health and mortality: more of the same is not enough. Lancet 2003; 362(9379):233-41.

Walker SP, Wach TDs, Grantham-McGregor S et al. Inequality in early childhood: risk and protective factors for early child development. Lancet 2011; 378:1325-38.

WHO. World Health Organization. Adolescent Health. Disponível em: http://www.who.int/topics/adolescent_health/en/. Acesso em: 9/10/2012.

VI
ESTADOS DA ARTE

37

Estado da Arte em Epidemiologia no Brasil

Naomar de Almeida-Filho • *Roberto Medronho* • *Maurício Barreto*

INTRODUÇÃO

Conforme apresentado nesta coletânea, a Saúde Coletiva compreende um campo de aplicação de saberes e práticas e um espaço de produção de conhecimentos científicos e tecnológicos. Nessa perspectiva, pode ser considerada como um campo acadêmico interdisciplinar, cujas disciplinas básicas são planejamento e gestão em saúde, ciências sociais em saúde e, como eixo estruturante, a epidemiologia. Certamente, a análise das raízes históricas e eixos conceituais da epidemiologia no mundo e no Brasil pode contribuir para a compreensão das linhas de desenvolvimento dessa ciência em nosso contexto, profundamente marcado pelo movimento de construção do campo da Saúde Coletiva.

Neste capítulo, pretendemos oferecer ao leitor uma breve apresentação desse campo disciplinar e seu panorama geral no contexto brasileiro atual. De fato, o Brasil talvez seja o único país do mundo que se refere a estratégias de uso da epidemiologia em sua Constituição (art. 200). Isso resulta das peculiaridades da construção institucional do Sistema Único de Saúde (SUS) em nosso país, baseado na aplicação de conhecimento e tecnologia desenvolvidos, com competência e originalidade, a partir de dados de nossa realidade de saúde. Como hipótese, propomos que o estado da arte da epidemiologia praticada no Brasil indica uma virtuosa combinação de rigor epistemológico, ecletismo teórico, pluralismo metodológico e pragmatismo de aplicação.

Primeiramente, descreveremos os principais elementos precursores de consolidação da epidemiologia como disciplina científica, como espaço institucional e como eixo acadêmico fundamental das ciências da saúde no cenário europeu pós-Renascimento. Em segundo lugar, apresentaremos de modo resumido os eventos, etapas e protagonistas do desenvolvimento do campo epidemiológico no Brasil, durante todo o século XX. Nos dois âmbitos, as raízes históricas da epidemiologia podem ser analisadas em termos de objeto de conhecimento, de balizamento metodológico e de campo de prática social. O capítulo se completa com a abordagem da fase atual de desenvolvimento desse campo disciplinar, pondo em destaque o contexto contemporâneo de práticas acadêmicas e profissionais no campo da saúde, sempre com foco em nosso país, onde a epidemiologia se impõe, cada vez mais, como marco metodológico fundamental do campo de práticas da Saúde Coletiva.

ANTECEDENTES DA EPIDEMIOLOGIA

Neste tópico, apresentaremos uma síntese dos principais eixos de constituição da ciência epidemiológica: a Clínica, a Estatística e a Medicina Social.

Clínica

Em uma primeira fase da história do cuidado à saúde, leigos e religiosos encarregados da assistência aos doentes desenvolveram uma prática clínica adequada à racionalidade científica que então surgia, contraposta à medicina dos "físicos" medievais. Nessa fase, ainda não havia uma distinção clara entre as dimensões da saúde individual e da saúde populacional. Na etapa histórica seguinte, a medicina se consolida como corporação, com um saber técnico próprio e uma rede de instituições de prática profissional. Nessa fase, a arte-ciência da clínica reforça o estudo do caso, a partir da investigação sistemática dos enfermos nos hospitais. A terceira etapa vincula-se à emergência da medicina moderna quando, já em meados do século XIX, a Revolução Industrial propiciava espaço e poder para a ascensão do saber científico e tecnológico como ideologia dominante nos países ocidentais (Scliar, Almeida-Filho & Medronho, 2012).

Michel Foucault (1979) nos ensina que o hospital nem sempre foi um lugar de cura para os enfermos. O termo hospital (de onde vem "hospitalidade") etimologicamente denotava simplesmente um local para abrigo ou acolhimento, como os hotéis, hospedarias ou albergues. Os hospitais eram locais protegidos, sob mandato de ordens religiosas (a primeira delas foi a dos Cavaleiros Hospitalários, que remontava às Cruzadas e da qual se originou o termo hospital), destinados a receber viajantes, pobres, aqueles que não tinham casa e, só eventualmente, doentes sem família. O hospital não era primariamente um lugar para tratar ou estudar doenças, mesmo porque a medicina pouco podia fazer pelos pacientes, sobretudo graves; tratava-se, portanto, de dar apoio espiritual a essas pessoas. Só aos poucos o caráter dos nosocômios foi mudando com a introdução, neles, de uma prática médica de base científica.

Em sua fase de constituição como prática profissional, a medicina precisou afirmar-se mediante a unificação do saber técnico próprio da cirurgia com a base conceitual (científico-filosófica) da clínica (Scliar, Almeida-Filho & Medronho, 2012). Para os anglo-saxões, o fundador da clínica médica foi Thomas Sydenham (1624-1689), médico e líder político londrino. Sydenham foi também um precursor da ciência epidemiológica com sua teoria da constituição epidêmica, de inspiração hipocrática. Formado em medicina na Universidade de Oxford, Sydenham estabeleceu as diferenças entre escarlatina e sarampo e entre gota e reumatismo articular; propôs tratamentos para doenças como a malária e a varíola, e também para a dependência do ópio.

De acordo com a escola historiográfica francesa, os primeiros passos para uma medicina moderna conectam-se a uma questão veterinária. Foucault (1979) conta que a Sociedade de Medicina de Paris, fundadora da clínica moderna no século XVIII, organizou-se a partir da Ordem Real para que os médicos investigassem uma epizootia que periodicamente dizimava o rebanho ovino, com graves perdas para a nascente indústria têxtil francesa. A investigação incluía, o que era novidade, a contagem de casos, o que representou uma importante contribuição para a introdução da metodologia epidemiológica, ainda que não em humanos. A terceira etapa de constituição da medicina como prática científica ocorreu em paralelo (e às vezes em antagonismo) aos primeiros movimentos de constituição da epidemiologia. Nessa fase, a clínica renovava-se com a emergência da fisiologia moderna e da microbiologia, a partir, principalmente, das contribuições de Claude Bernard (1813-1878) e Louis Pasteur (1828-1895).

Estatística

Para muitos autores, o projeto de quantificação das enfermidades representa um elemento metodológico distintivo da nova ciência da saúde que, ao mesmo tempo, poderia servir como garantia de sua neutralidade científica (Scliar, Almeida-Filho & Medronho, 2012). Métodos numéricos no estudo da sociedade e de sua situação de saúde já haviam sido introduzidos no século XVII por pioneiros frequentemente mencionados como precursores da demografia, da estatística e da epidemiologia (Hacking, 1980). William Petty (1623-1687) abandonou uma cátedra de anatomia em Oxford para estudar o que denominava "anatomia política", coletando dados sobre população, educação, produção e também doenças. John Graunt (1620-1674), comerciante de profissão, mas membro da Royal Society, havia conduzido, com base nos dados de obituário, os primeiros estudos analíticos de estatística vital, identificando diferenças na mortalidade de diferentes grupos populacionais e correlacionando sexo e lugar de residência (Hacking, 1980).

A valorização da matemática no nascente campo científico da saúde muito deve a várias personagens importantes da história das matemáticas (Scliar, Almeida-Filho & Medronho, 2012). Daniel Bernouilli (1700-1782), físico, matemático e médico suíço, membro de uma das famílias mais geniais da história da ciência, um dos criadores da teoria das probabilidades (Hacking, 1980), aficionado da nascente corrente experimentalista da ciência, pioneiramente derivou fórmulas para estimar anos de vida ganhos pela vacinação contra varíola e para realizar análises de custo-benefício de intervenções clínicas. Na França, Pierre-Simon Laplace (1749-1827), matemático e astrônomo, além de consolidar a teoria das probabilidades, aperfeiçoou métodos de análise de grandes números, aplicando-os a questões de mortalidade e outros fenômenos em saúde. Aluno de Laplace, Lambert-Adolphe Jacques Quetelet (1796-1874), astrônomo e matemático belga, além de criador do popular índice de superfície corporal que leva seu nome, foi o principal defensor da estatística aplicada, sobretudo, a fenômenos biológicos e sociais, o que incluía dados de morbidade e mortalidade. Em 1835, Quetelet apresentou sua proposta de uma "física social", baseada na concepção do homem "médio" a partir do valor central das medidas de atributos humanos agrupados de acordo com a curva normal (Hacking, 1980).

Médico e matemático, Pierre-Charles Alexandre Louis (1787-1872) é considerado um dos fundadores da epidemiologia (Lilienfeld, 1970). Louis também foi o precursor da avaliação da eficácia dos tratamentos clínicos, utilizando os métodos da nascente estatística. Louis foi desprezado e depois perseguido por ter demonstrado o caráter nocivo de tratamentos muito usados à época; comprovou, por exemplo, que a sangria (praticada desde os tempos hipocráticos para reduzir a febre, supostamente causada pelo excesso do elemento fogo no sangue) não tinha efeitos terapêuticos e pior, resultava em aumento da mortalidade por febre tifoide. Posto no ostracismo pela poderosa corporação médica francesa, criou uma escola médica em sua própria casa, atraindo mais alunos estrangeiros do que compatriotas. Essa formação em muito influenciou o desenvolvimento dos primeiros estudos de morbidade, por intermédio de discípulos de Louis, principalmente William Farr (1807-1883). Médico, Farr tornou-se em 1839 diretor-geral do recém-estabelecido General Register Office da Inglaterra, e seus relatórios chamaram a atenção para as desigualdades entre distritos "sadios" e "não sadios" do país.

Com o "método numérico" de Louis e a estatística médica de Farr, alcançava-se razoável integração entre a clínica e a estatística. Contudo, para que dessa combinação resultasse uma ciência da saúde de caráter essencialmente coletivo, era necessário partir do princípio segundo o qual a saúde é uma questão social e política, aliado a uma preocupação com os processos de transformação da situação de saúde na sociedade (Scliar, Almeida-Filho & Medronho, 2012).

Medicina Social

Na Inglaterra, o movimento do assistencialismo promoveu uma medicina dos pobres parcialmente sustentada pelo Estado (Rosen, 1975). Na França, com a Revolução de 1789, implantou-se uma medicina urbana, com a finalidade de sanear os espaços das cidades, ventilando ruas e construções públicas e isolando áreas consideradas miasmáticas (Foucault, 1979). Na Alemanha, Johann Peter Frank (1745-1821) sistematizava as propostas de uma política médica baseada em medidas compulsórias de controle e vigilância das enfermidades, sob a responsabilidade do Estado, juntamente com a imposição de regras de higiene individual para o povo (Rosen, 1975).

A formação de um proletariado urbano, submetido a intensos níveis de exploração, expressava-se como luta política orientada por diferentes doutrinas sociais, chamadas socialismos utópicos (Scliar, Almeida-Filho & Medronho, 2012). Entre 1830 e 1850, um desses socialismos se destacou por interpretar a política como medicina da sociedade e a medicina como prática política, iniciando um movimento organizado para a politização da medicina na França e na Alemanha. Desde então, a expressão "Medicina Social", proposta por Guérin em 1838, tem servido para designar, de maneira genérica, modos de tomar coletivamente a questão da saúde.

Na Alemanha, um jovem médico sanitarista chamado Rudolf Virchow (1821-1902), após investigar uma epidemia de tifo na Silésia e identificar que suas causas eram fundamentalmente sociais e políticas, liderou o movimento médico-social naquele país. O movimento da medicina social foi reprimido violentamente nas comunas de Paris e Berlim. Virchow foi condenado a um exílio interno e, posteriormente, tornou-se o mais importante nome da patologia moderna, além de iniciar a antropologia física e influenciar a geografia médica (Trostle, 1986).

Os sanitaristas britânicos buscaram integrar preocupações filantrópicas e sociais ao conhecimento científico e tecnológico, propondo transformações políticas pela via legislativa (Scliar, Almeida-Filho & Medronho, 2012). Tentavam, em uma perspectiva reformista e de certo modo conservadora, institucionalizar uma nova ciência – síntese da clínica médica, da estatística e da medicina social – que viria a se tornar a epidemiologia.

Assim, em 1850, sob a presidência de Lord Ashley-Cooper, organizou-se na Inglaterra a London Epidemiological Society, fundada por jovens simpatizantes das ideias médico-sociais, juntamente com profissionais de Saúde Pública e membros da Real Sociedade Médica. Entre os membros daquela sociedade científica pioneira encontrava-se Florence Nightingale (1820-1910), que mais tarde seria considerada a fundadora da moderna enfermagem (Williamson, 1999). A ela se atribuem a introdução do gráfico setorial e o aperfeiçoamento dos estudos comparativos controlados, originalmente concebidos por Louis.

Entre os membros da London Epidemiological Society, encontrava-se John Snow (1813-1858), por muitos considerado o fundador da epidemiologia (Vandenbroucke *et al.*, 1991). Snow estudou medicina em Londres, tinha interesse pela anestesiologia e foi pioneiro no uso de éter e clorofórmio. Em agosto de 1849, durante o segundo ano de uma grave epidemia de cólera, publicou um panfleto intitulado *Sobre a Maneira de Transmissão do Cólera*, onde propunha que a doença era transmitida pela água porque a distribuição geográfica e social da doença era desigual. Em 1854, Snow decidiu reunir evidências estatísticas sobre a doença e preparou um mapa mostrando onde as vítimas viviam e de quem recebiam a água. Para completar sua modelar investigação, desenvolveu e aplicou métodos de análise numérica, antecipando os fundamentos da teoria microbiana antes mesmo de Pasteur (Cameron & Jones, 1983). As evidências de Snow foram tão convincentes que levaram William Farr, adepto da teoria miasmática da doença e que divergia de Snow sobre o modo de transmissão do cólera, a determinar que se registrasse qual empresa de abastecimento fornecia água para cada casa onde ocorria óbito por cólera (Gordis, 2009).

A medicina social germânica sobreviveu por meio de dois movimentos complementares. Por um lado, estreitamente influenciada e apoiada por Virchow, surgiu em Berlim uma escola de "patologia geográfica e histórica", liderada por August Hirsch (1817-1894). Considerado o fundador da moderna "geografia médica", Hirsch foi também um precursor da epidemiologia ecológica, antecipando as análises de tempo-lugar que atualmente reemergem no campo epidemiológico. Por outro lado, fundado em 1872 por Max von Pettenkoffer (1818-1901), o Instituto de Higiene de Munique buscava uma síntese entre as disciplinas biológicas da saúde pública (patologia e bacteriologia) e uma ação política inspirada na medicina social (Ayres, 1997).

Nos EUA, vários ex-alunos de Louis alcançaram posições acadêmicas importantes e continuaram engajados no ensino da "estatística médica" como fomentadora de uma potencial reforma sanitária (Scliar, Almeida-Filho & Medronho, 2012). Oliver Wendell Holmes (1809-1894), professor de Harvard, foi considerado o primeiro epidemiologista norte-americano. As investigações de Joseph Goldberger (1874-1929) sobre a pelagra, desde 1915, haviam estabelecido a natureza carencial dessa doença. Encarregado pelo governo americano de estudar essa doença endêmica do sul dos EUA, Goldberger mostrou que não se tratava de uma infecção, como então se pensava, mas sim de um déficit de nutrientes, especialmente de vitamina B.

Inspirada nos princípios do famoso Relatório Flexner, uma escola de Saúde Pública pioneira foi inaugurada em 1918 na Universidade Johns Hopkins (em Baltimore, EUA), tendo como primeiro diretor William Welch (1850-1934), ex-aluno de von Pettenkoffer. A convite de Welch, Wade Hampton Frost (1880-1938), sanitarista do National Public Health Service especializado em doenças respiratórias, assumiu a nova cátedra de Epidemiologia, tornando-se o primeiro professor dessa disciplina em todo o mundo. Como investigador, seus trabalhos utilizavam novas técnicas estatísticas para o estudo das variações na incidência e prevalência de enfermidades transmissíveis, como a tuberculose pulmonar, com a intenção de avaliar seus determinantes genéticos e sociais.

A crise econômica mundial de 1929 precipitou uma crise da medicina científica na década seguinte. O avanço tecnológico e a tendência à especialização da prática médica provocavam uma redução de seu alcance social. A fragmentação do cuidado médico produziu elevação de custos e elitização da assistência à saúde. Nessa fase, a epidemiologia impunha-se aos programas de ensino médico e de Saúde Pública como um dos setores da investigação médico-social mais dinâmicos e frutíferos (Scliar, Almeida-Filho & Medronho, 2012).

Nos anos 1940, durante o recrutamento para a II Grande Guerra, enfermidades não infecciosas se revelaram como importantes problemas de Saúde Pública. No pós-guerra, associado à intensa expansão do sistema econômico capitalista, foram realizados grandes inquéritos epidemiológicos (Scliar, Almeida-Filho & Medronho, 2012). Na década de 1950, programas de investigação e departamentos de epidemiologia começaram a desenvolver novos desenhos de investigação, como os estudos de coorte inaugurados a partir do famoso experimento de Framingham (Susser, 1987). É também a época dos primeiros ensaios clínicos controlados, cuja formalização metodológica é atribuída a *Sir* Austin Bradford Hill (1897-1991), sucessor da cátedra de Major Greenwood. No plano teórico, novos modelos explicativos foram propostos para dar conta dos impasses gerados pela teoria monocausalista da enfermidade, reforçando o paradigma da "história natural das doenças". Emergiu nessa época uma forte tendência ecológica na epidemiologia, com uma versão ocidental da "epidemiologia do meio ambiente" contraposta a uma versão soviética, a "epidemiologia da paisagem" (Scliar, Almeida-Filho & Medronho, 2012).

A partir daí, estabeleceram-se as regras básicas da análise epidemiológica, sobretudo pela fixação dos indicadores típicos da área (incidência e prevalência) e pela delimitação do conceito de risco (Almeida-Filho, Castiel & Ayres, 2012), fundamental para a adoção da bioestatística como instrumental analítico de escolha. Nessa fase, devemos destacar a contribuição de Jerome Cornfield (1912-1979) que, além de introduzir técnicas de regressão logística na análise epidemiológica, demonstrou que o risco relativo poderia ser derivado de parâmetros das equações logísticas uni ou multivariadas.

A tendência quantitativista da epidemiologia recebeu considerável reforço nas décadas seguintes, que inclui o uso de técnicas estatísticas complexas (frequentistas e bayesianas) e propostas de modelos matemáticos para estudo da dinâmica de diversos agentes infecciosos e inúmeras patologias. Também ocorrem nesse período intenso desenvolvimento de técnicas de identificação de casos (em praticamente todos os setores da medicina), adequadas à aplicação em grandes amostras, e a descrição dos principais tipos de bias na investigação epidemiológica. O campo epidemiológico encontrava assim uma identidade analítica, justificando a consolidação de sua autonomia enquanto disciplina científica (Scliar, Almeida-Filho & Medronho, 2012).

A epidemiologia da década de 1980 caracteriza-se por duas tendências. Em primeiro lugar, consolida-se a proposta de uma epidemiologia clínica como projeto de uso pragmático da metodologia epidemiológica fora dos contextos coletivos mais ampliados. A consequência principal dessa variante da epidemiologia parece ser uma maior ênfase metodológica nos procedimentos de identificação de caso e na avaliação da eficácia das terapêuticas e da acurácia dos métodos diagnósticos, conformando o que se tem chamado de medicina baseada em evidências (Schmidt, Duncan & Lopes, 2012). Em segundo lugar, abordagens mais críticas da epidemiologia emergem na Europa e na América Latina, como reação à tendência à "biologização" da Saúde Pública, reafirmando a historicidade dos processos saúde--enfermidade-atenção e a raiz econômica e política de seus determinantes (Goldberg, 1982; Breilh & Granda, 1986; Laurell & Noriega, 1989). Ao mesmo tempo, novos desafios se colocavam, sob a forma de doenças antigas que ressurgiam e de novas patologias que ganharam o nome de doenças emergentes. Há que considerar nessa época, principalmente, o efeito devastador da pandemia de síndrome de imunodeficiência adquirida (SIDA ou AIDS), a mais conhecida das doenças emergentes.

A epidemiologia dos anos 1990 buscava com empenho abordagens de síntese ou integração, fomentando novas tendências, desde uma epidemiologia molecular (Schulte & Perera, 1993 – para uma crítica, ver Castiel, 1996) até uma etnoepidemiologia (Almeida-Filho et al., 2012). No plano metodológico, observou-se renovado interesse pelo desenho e aperfeiçoamento dos estudos agregados (ditos "ecológicos"), reavaliando-se suas bases epistemológicas e metodológicas como etapa inicial de um processo de exploração de novas técnicas analíticas (Aquino et al., 2012). Ademais, o processo de alargamento de horizontes da disciplina se deu mediante a ampliação de seu objeto de conhecimento, com a abertura de novos territórios de pesquisa e de prática, como, por exemplo, a farmacoepidemiologia (Laporte, Tognoni & Rozenfeld, 1989), a epidemiologia genética (Khoury, 1998) e a epidemiologia de serviços de saúde (Barreto et al., 1998).

Na primeira década do século XXI, constatamos que a pesquisa e prática epidemiológicas mantêm o foco sobre doenças não transmissíveis. Gripe, pneumonia, tuberculose e gastrenterite foram outrora as principais causas de óbito no mundo inteiro. Em período mais recente, o lugar de destaque vem sendo ocupado por doenças do coração, câncer, doenças cerebrovasculares, acidentes e violência. Nas sociedades pós-industriais, principal matriz da ciência epidemiológica, doenças crônicas não infecciosas constituem foco de interesse devido ao prejuízo social causado pela invalidez parcial ou total dos acometidos e pelo número potencial de anos de vida produtiva perdidos. Não obstante, mesmo nesses países, pandemias como AIDS, gripe aviária e influenza A (H1N1), epidemias de doenças emergentes, como hantavírus e febre do Nilo, doenças reemergentes, como dengue, ameaças de bioterrorismo, como antraz e varíola, e o crescimento da resistência bacteriana, com o caso da tuberculose MDR (resistente a múltiplas drogas) e XDR (extensivamente resistente a drogas), têm recentemente provocado maior interesse pela epidemiologia de doenças transmissíveis (Scliar, Almeida-Filho & Medronho, 2012).

DESENVOLVIMENTO DA EPIDEMIOLOGIA BRASILEIRA

No final do século XIX, várias tentativas de análise quantitativa da ocorrência de doenças foram registradas no Brasil, mas sem empregar técnicas estatísticas já de uso corrente nos cenários europeu e norte-americano. Nesse contexto destaca-se o estudo de Nina Rodrigues, que investigou surtos de beribéri ocorridos em um asilo da Bahia no período de 1897 a 1904. Ao analisar as taxas de mortalidade anuais por beribéri, Nina Rodrigues afastou a hipótese infecciosa, concluindo que a explicação da doença deveria ser procurada nas más condições higiênicas do asilo, incluindo sua alimentação (Jacobina & Carvalho, 2001).

No início do século XX, o médico Oswaldo Cruz, recém-egresso do Instituto Pasteur, recebeu a incumbência de sanear o Rio de Janeiro, então capital do país, e combater as principais epidemias que assolavam a cidade: a febre amarela, a peste bubônica e a varíola. As campanhas contra essas doenças foram estruturadas em moldes militares, sendo impostas medidas rigorosas: aplicação de multas, intimação aos proprietários de imóveis insalubres para reformá-los ou demoli-los, notificação compulsória dos casos e combate aos ratos da cidade; na epidemia de varíola, obrigatoriedade da vacinação contra a doença, prevendo sanções para quem descumprisse a lei. A maneira autoritária como foi implementada a vacinação gerou grande insatisfação popular, o que deu origem à Revolta das Vacinas, que durou 1 semana e deixou um saldo de 30 mortos (Scliar, 1996). Em 1905, Carlos Chagas conseguiu controlar um surto de malária em Itatinga, interior de São Paulo, e sua experiência acabou tornando-se referência para o combate à doença no mundo inteiro. Em 1909, Chagas descobriu o protozoário causador da tripanossomíase americana, por ele denominado *Trypanosoma cruzi*, em homenagem a Oswaldo Cruz. A doença ficou conhecida mundialmente como doença de Chagas.

Após o fim da I Guerra Mundial, os EUA assumiram uma posição de destaque como potência militar, econômica e científica. Nessa época, a Fundação Rockefeller passou a exercer importante influência na formação do pensamento sanitário brasileiro, o que se estendeu até as décadas de 1950 a 1970. Com o término da II Guerra Mundial, incentivadas pelo governo norte-americano, a Organização Pan-Americana da Saúde (OPAS) e a Organização Mundial da Saúde (OMS) empreenderam diversas ações no nível global ou regional, visando ao controle e à erradicação de várias doenças. Exemplos dessas ações no Brasil foram as duas campanhas de erradicação da malária, de sucesso parcial, e do *Aedes aegypti*, que foi plenamente exitosa, embora não tenha sido permanente. As campanhas de erradicação da varíola, na década de 1960, e da poliomielite, na década de 1970, aliadas à grave epidemia de doença meningocócica ocorrida na década de 1970, contribuíram para consolidar, em meados daquela década, o Sistema Nacional de Vigilância Epidemiológica no Brasil.

Nos anos 1960, vários professores participantes das cátedras de Higiene e de Saúde Pública, além de quadros dos departamentos de Medicina Preventiva, receberam bolsas de estudo para formação em Bioestatística e Epidemiologia nas universidades norte-americanas fomentadoras da ciência epidemiológica, em programas induzidos ou patrocinados por fundações estrangeiras (Rockefeller, Ford, Kellogg, Millbank e outras) e por organismos internacionais, como OMS e OPAS. Dentre esses, os quais podem ser considerados a primeira geração de epidemiologistas brasileiros, destacam-se os nomes de Guilherme Rodrigues da Silva e José da Rocha Carvalheiro, que estudaram na Harvard University; Maria Zélia Rouquayrol, formada na Tulane University; Euclides Castilho, que estudou na University of North Carolina; Moysés Szklo, que foi para a Johns Hopkins University; e Sebastião Loureiro, formado na London School of Hygiene and Tropical Medicine e na University of Texas.

A partir dos anos 1970, intensificou-se um esforço de construção de novas teorias, enfoques e métodos da epidemiologia, além de investigações concretas, buscando a aplicação de métodos das ciências sociais e da planificação no campo da saúde, que na América Latina, e no Brasil em particular, ganhou o nome de Saúde Coletiva. Desse conjunto de iniciativas, no campo da saúde emergiram novos objetos de conhecimento e de intervenção, como os casos da comunicação social em saúde e da vigilância em saúde (Medronho, Almeida-Filho & Scliar, 2012). No processo de constituição desse movimento, ainda na década de 1970, diversos núcleos de pesquisa e pós-graduação em saúde foram criados e consolidados nas principais instituições de ensino e pesquisa do país, com a participação dessa primeira geração de epidemiologistas brasileiros e de seus discípulos. Nesse contexto, em 1979, foi criada a Associação Brasileira de Pós-Graduação em Saúde Coletiva (Abrasco), que, embora focada na pós-graduação, sempre pautou sua atuação nas questões de ordem acadêmica e dos serviços de saúde, incluindo com destaque os temas de pesquisa, formação e intervenção da epidemiologia (Medronho, Almeida-Filho & Scliar, 2012).

Na década de 1980, a Comissão de Epidemiologia da Abrasco liderou o engajamento dos epidemiologistas no movimento de Reforma Sanitária em curso no país, que teve seu ápice na VIII Conferência Nacional de Saúde, marco da criação do Sistema Único de Saúde (SUS). Logo após a promulgação da Constituição Brasileira, realizou-se em Itaparica, em 1989, o Seminário denominado "Estratégias para o Desenvolvimento da Epidemiologia no Brasil". Nesse seminário foi elaborado o I Plano Diretor para o Desenvolvimento da Epidemiologia no Brasil, documento base para o desenvolvimento da epidemiologia no Brasil tanto nas áreas de ensino de graduação, pós-graduação e pesquisa como nas ações dos serviços de saúde.

O ano de 1990 constitui um marco para a epidemiologia brasileira em função de dois acontecimentos muito importantes (Medronho, Almeida-Filho & Scliar, 2012): o I Congresso Brasileiro de Epidemiologia, em Campinas, sob o tema "Epidemiologia e Desigualdade Social: os Desafios do Final do Século", e a criação do Centro Nacional de Epidemiologia (Cenepi), órgão vinculado ao Ministério da Saúde e responsável pelo desenvolvimento de ações voltadas para promoção e disseminação do uso da epidemiologia em todos os níveis do SUS. Em 1995, o III Congresso Brasileiro de Epidemiologia, em Salvador, teve como tema "Epidemiologia na Busca da Equidade em Saúde". Este encontro constituiu-se no primeiro evento de caráter internacional realizado no Brasil e contou com a presença de quase três mil participantes. Em 1998, o Rio de Janeiro sediou o IV Congresso Brasileiro de Epidemiologia com o tema "Epidemiologia em Perspectiva: Novos Tempos, Pessoas e Lugares", consolidando definitivamente esse tipo de evento e demonstrando a pujança e a diversidade dos temas e dos métodos da epidemiologia. Nesse mesmo ano foi lançada a Revista Brasileira de Epidemiologia, um marco na divulgação científica na área e que hoje se encontra indexada nas bases do LILACS – *Index Medicus Latinoamericano* e do SciELO – *Scientific Electronic Library Online*.

No ano de 2002, em Curitiba, realizou-se o V Congresso Brasileiro de Epidemiologia, sob o tema "A Epidemiologia na Promoção da Saúde". Em 2004, realizou-se o VI Congresso Brasileiro de Epidemiologia, em Recife, sob o tema: "Um Olhar sobre a Cidade". Dando sequência ao processo de planejamento estratégico do campo que evolui desde 1989, a Comissão de Epidemiologia da Abrasco lançou em 2005 o IV Plano Diretor para o Desenvolvimento da Epidemiologia no Brasil. Em 2008 ocorreram, em Porto Alegre, o VII Congresso Brasileiro de Epidemiologia e o XVIII World Congress of Epidemiology, organizados pela Abrasco e pela IEA – International Epidemiological Association. Em 2011, em São Paulo, foi realizado o VIII Congresso Brasileiro de Epidemiologia, com o tema "Epidemiologia e as Políticas Públicas de Saúde".

A pesquisa em epidemiologia vem crescendo cada vez mais no Brasil e adquirindo reconhecimento científico em nível mundial. Pellegrini *et al.* (1997) analisaram as publicações científicas em saúde em periódicos indexados no Institute of Scientific Information (ISI) no período entre 1973 e 1992 nos seis países de maior produção em pesquisa da América Latina (Argentina, Brasil, Chile, Cuba, México e Venezuela). Os autores verificaram que na Saúde Pública o Brasil detinha 61% da produção científica. Ressalte-se que grande parte dos trabalhos classificados como de Saúde Pública no ISI concentra-se, principalmente, na epidemiologia. Segundo Guimarães *et al.* (2001), em 2000, existiam no país

363 pesquisadores com título de doutor realizando pesquisa epidemiológica.

Barreto (2006) analisou a produção científica em epidemiologia no Brasil em comparação com o total de publicações indexadas na base bibliográfica Medline/PubMed no período de 1985 a 2004. Do total de 211.727 artigos identificados na base Medline/PubMed, 1.952 (0,9%) eram referentes ao Brasil. Destes, 91 artigos foram publicados no período de 1985 a 1989 contra 1.096 artigos no período de 2000 a 2004, um crescimento de 12 vezes no número de artigos publicados. Considerando-se a proporção de trabalhos referentes ao Brasil em relação ao total de trabalhos indexados, os 91 artigos representavam 0,5% do total publicado no período de 1985 a 1989 e os 1.096 artigos publicados no período de 2000 a 2004 representavam 1,1% do total desse período, evidenciando um aumento maior que duas vezes no período estudado. A despeito de diferenças na magnitude, o crescimento da produção científica no Brasil foi mais acelerado do que o crescimento mundial nas duas décadas analisadas. Segundo o autor, esses resultados mostram o intenso crescimento e a diversificação temática e metodológica da pesquisa epidemiológica no Brasil nas últimas duas décadas.

Em síntese, a pesquisa epidemiológica brasileira vem se consolidando de maneira muito consistente no cenário mundial. Não obstante, como disciplina científica aplicada às práticas de saúde, a epidemiologia mantém-se fiel a seus compromissos sociais, ampliando cada vez mais o conhecimento sobre as condições de saúde da população brasileira e seus determinantes (Barreto, 2002).

PANORAMA DA EPIDEMIOLOGIA BRASILEIRA

A epidemiologia brasileira moderna, enquanto campo de investigação, investe em um amplo espectro de níveis ou planos de determinação. Apesar de se destacar nos planos ambiental, social e cultural, também articula os planos subindividuais, compreendendo as subdisciplinas da Epidemiologia Molecular e da Epidemiologia Genética, no nível individual de ocorrência dos fenômenos da saúde-doença-cuidado, explorado pela pesquisa em Epidemiologia Clínica. A ciência epidemiológica nacional, em sua constituição como campo de conhecimento, de fato avançou mais na dimensão populacional menos típica da epidemiologia, focalizando os aspectos coletivos da saúde-doença-cuidado particularizados nas relações interpessoais simbólicas e políticas determinantes de desigualdades sociais em saúde. Trata-se de importante conexão com as escolas latino-americanas de pesquisa em Saúde Coletiva, destacando as vertentes etnoepidemiológica e socioepidemiológica.

Nesse contexto, dentre as abordagens socioepidemiológicas atualmente mais influentes no mundo, desponta a perspectiva denominada Epidemiologia do Curso de Vida ou dos Ciclos Vitais, cobrindo especificidades dos processos epidemiológicos em distintas fases do desenvolvimento humano (perinatal, infância, adolescência e envelhecimento). De fato, essa vertente da pesquisa epidemiológica tem recebido grande atenção e se desenvolvido bastante no cenário nacional, destacando-se as contribuições do Grupo de Pelotas, um dos importantes centros de formação avançada em epidemiologia no Brasil.

Considerando que, tipicamente, a idade adulta constitui foco central na maioria dos estudos epidemiológicos, a epidemiologia brasileira tem se mostrado suficientemente eclética e diversificada para dar conta dos problemas de saúde (ou doenças, enfermidades, agravos e fenômenos correlatos) que afetam em maior medida nossa população. O conjunto de doenças infecciosas, que praticamente monopolizou a pesquisa epidemiológica na maior parte de sua história como campo disciplinar, foi praticamente redefinido pela epidemia de HIV/AIDS, tomada como modelo de doença emergente, paradigmática da nova abordagem epidemiológica das enfermidades transmissíveis. Por outro lado, o conjunto de enfermidades crônicas não transmissíveis, de alto impacto na morbidade e mortalidade no Brasil atual, incluindo atopias e doenças respiratórias crônicas, neoplasias e doenças cardiovasculares, tem recebido competente atenção da epidemiologia nacional, em centros de pesquisa localizados no Rio de Janeiro (com destaque para Fiocruz, UFRJ e UERJ), São Paulo (USP e Unifesp) e na Bahia (UFBA).

Não obstante a importância desses conjuntos de condições de saúde facilmente reconhecíveis como doenças ou enfermidades, os problemas que promovem mais impacto na situação de saúde da população brasileira nessa fase do desenvolvimento nacional compreendem questões mais claramente socioculturais, como violências interpessoais, uso/abuso de drogas e problemas de saúde mental. O desenvolvimento econômico, com recuperação de níveis de emprego, aumento de renda, melhoria das condições de vida e segurança alimentar, juntamente com queda de natalidade, tem produzido novas demandas de informação e conhecimento, determinando segmentações, diversificação e ampliação de objeto. Exemplos desse processo de diferenciação da epidemiologia brasileira são as áreas de Saúde Bucal, Saúde do Trabalhador, Saúde Nutricional, além da "epidemiologia especial" das questões vinculantes dos temas Sexualidade e Reprodução às condições de saúde na sociedade. As contribuições de vários grupos de pesquisa evidenciam que o Brasil dispõe de robusta base de produção de conhecimento epidemiológico metodologicamente rigoroso e consistente sobre esses temas.

Um elemento definidor da epidemiologia nacional consiste em articular ciência e prática epidemiológicas aos processos de planejamento, gestão e avaliação de serviços de saúde, com desenvolvimento e aperfeiçoamento de estratégias de monitoramento de eventos epidemiológicos orientados para a vigilância em saúde. Da construção dessa plataforma conceitual e metodológica emergem novas dimensões interdisciplinares, como a articulação entre epidemiologia e economia da saúde, novos subcampos de investigação e ação, como a farmacoepidemiologia, e novas fronteiras e objetos de aplicação da epidemiologia, como, por exemplo, na avaliação tecnológica e regulação em saúde. Essa vertente da pesquisa epidemiológica tem se desenvolvido bastante no cenário nacional, destacando-se as contribuições dos grupos de pesquisa do Instituto de Saúde Coletiva da UFBA, outro importante centro de formação avançada em epidemiologia no Brasil.

CONSIDERAÇÕES FINAIS

Certamente, a análise das raízes históricas e eixos conceituais da epidemiologia no mundo e no Brasil pode contribuir para a compreensão das linhas de desenvolvimento dessa ciência em nosso contexto, profundamente marcado pelo movimento de construção do campo da Saúde Coletiva. Pelo exposto neste capítulo, para além de análises preliminares e aproximações parciais, gostaríamos de levantar a hipótese de que, em um percurso histórico que produziu o panorama acima apresentado, construímos o que se poderia com justiça denominar uma "Epidemiologia Brasileira". Se concordamos com essa possibilidade, que elementos definidores permitiriam identificá-la como tal? Em que essa "escola brasileira" se distinguiria de outras epidemiologias regionais ou nacionais?

Em princípio, podemos indicar quatro elementos constitutivos da identidade de uma possível epidemiologia própria de nosso país: (a) estreita articulação institucional com políticas e práticas de cuidado e promoção da saúde; (b) desenvolvimento metodológico pragmático, voltado prioritariamente para a aplicação em situações concretas; (c) abertura a modelos teóricos diversificados; (d) consciência epistemológica rigorosa e diferenciada. Vejamos essa questão em mais detalhe.

Em primeiro lugar, a epidemiologia brasileira, em sua constituição histórica, vincula-se fortemente aos movimentos de resgate da Medicina Social conduzidos na América Latina nas últimas décadas. Por essa vertente e dada essa condição, caracteriza-se por forte viés político, resultando em substantiva presença institucional tanto em organismos de governo como em centros de pesquisa e de formação profissional. Isto ocorre sem se abdicar do rigor metodológico e da visão pragmática necessários à validação e aplicação de achados e conclusões em projetos e ações de melhoria da situação de saúde. Isto implica que, além de uma abordagem epistemologicamente robusta e cientificamente rigorosa de doenças e enfermidades, o elemento mais característico e quiçá definidor de uma "escola brasileira" de epidemiologia encontra-se em sua referência e estreita articulação com o sistema público de saúde, acentuando e reafirmando o caráter humanístico, ético e político das práticas de cuidado em saúde.

Em segundo lugar, nesse momento de maturidade, a epidemiologia brasileira mostra-se capacitada a operar (e mesmo recriar) o que há de mais avançado no contexto científico internacional em termos de delineamentos de estudos e nos processos de produção de dados e de informação. Ainda em termos metodológicos, integra-se às tendências dominantes no mundo, especialmente no que se refere à variedade e ao rigor no uso de estratégias, técnicas e instrumentos de análise de dados em saúde. Ao reforçar o valor do método e a utilidade social de suas aplicações tecnológicas pertinentes, a epidemiologia brasileira em igual medida aproxima-se da matriz anglo-saxã da ciência epidemiológica e suas variantes no Hemisfério Norte.

Não obstante, pelo menos em um aspecto bastante específico dessa importante questão, a ciência epidemiológica brasileira tem a pretensão de superar sua matriz com base não só em justificativas operacionais, mas também em argumentos teóricos. Trata-se da valorização e aplicação crítica de estudos de bases agregadas e desenhos de corte transversal, mais bem equipados para dar conta da complexidade dos fenômenos da saúde em sociedades concretas em comparação com os desenhos de referência experimental ou quase-experimental mais típicos da epidemiologia convencional, como estudos de coorte e de caso-controle e, mais recentemente, estudos comunitários de intervenção.

Em terceiro lugar, a ciência epidemiológica nacional também se notabiliza por sua grande riqueza conceitual e ampla abertura teórica, incorporando modelos de determinação biológica e social da saúde-enfermidade de distintas extrações. Consideremos um exemplo: especificamente em termos de elaboração teórica, há consenso entre os epidemiólogos brasileiros quanto à centralidade do risco como conceito básico da epidemiologia, porém essa clara consciência crítica não impede a difusão e o debate em torno de perspectivas alternativas, de modelos biomoleculares aplicados à dinâmica populacional a teorias da vulnerabilidade de orientação etnometodológica. Ainda em termos de construção teórica, note-se o esforço sustentado, em nosso meio, para viabilizar uma "verdadeira" epidemiologia da saúde definida, em grande medida, como campo de saberes e de práticas aplicadas à promoção, à prevenção, à proteção e ao cuidado em saúde, e não como mera ciência da informação sobre o dano, a doença e a morte.

Por último, podemos destacar a preocupação com o estatuto da epidemiologia enquanto ciência empírica e crítico-reflexiva, tanto em termos históricos como em seus aspectos lógico-epistemológicos, sempre presente na comunidade acadêmica e na rede ativa de pesquisadores desse campo. A reflexão sobre a causalidade praticamente tem monopolizado os debates sobre temas de filosofia da ciência epidemiológica, desde a década de 1970, a partir da crítica ao indutivismo de Karl Popper. No Brasil, essa discussão amplia-se cada vez mais, considerando uma pluralidade de determinantes de processos saúde-enfermidade muito além do reducionismo biologicista ainda hegemônico na epidemiologia internacional. Dessa maneira, pode-se bem compreender por que, em nosso país, se concede tamanha importância às questões teóricas e metodológicas comuns entre a ciência epidemiológica e outros campos científicos. De fato, o desenvolvimento histórico recente da epidemiologia brasileira tem aprofundado sua participação no campo interdisciplinar da saúde, criando e cultivando novas interfaces com outros campos disciplinares, incluindo, cada vez mais, perspectivas sociais, culturais e ambientais.

Referências

Almeida-Filho N, Castiel LD, Ayres JR. Risco: conceito básico da epidemiologia. In: Almeida-Filho N; Barreto ML (orgs.) Epidemiologia & Saúde: princípios, métodos, aplicações. Rio de Janeiro: Guanabara Koogan, 2012.

Almeida-Filho N, Fernandes RC, Larrea CS, Luis AV. Etno-Epidemiologia. In: Almeida-Filho N Barreto ML. (orgs.) Epidemiologia & Saúde: princípios, métodos, aplicações. Rio de Janeiro: Guanabara Koogan, 2012.

Aquino R, Gouveia N, Teixeira MG, Costa MC, Barreto ML. Estudos ecológicos. In: Almeida-Filho N, Barreto ML (orgs.) Epidemiologia & Saúde: princípios, métodos, aplicações. Rio de Janeiro: Guanabara Koogan, 2012.

Ayres JRCM. Sobre o risco: para compreender a epidemiologia. 2. ed. São Paulo: Hucitec, 2002.

Barreto ML. Papel da epidemiologia no desenvolvimento do Sistema Único de Saúde no Brasil: histórico, fundamentos e perspectivas. Revista Brasileira de Epidemiologia 2002; 5(supl 1):4-17.

Barreto ML. Crescimento e tendência da produção científica em epidemiologia no Brasil. Rev Saúde Pública, 2006; 40:79-85.

Barreto M, Almeida-Filho N, Veras R, Barata R (orgs.) Epidemiologia, serviços e tecnologias em saúde. Rio: Fiocruz/Abrasco, 1998.

Breilh J, Granda E. Os novos rumos da epidemiologia. In: Nunes E (org.) As ciências sociais em saúde na América Latina. Tendências e perspectivas. Brasília: OPAS, 1985:241-53.

Cameron D, Jones C. John Snow, the Broad Pump and modern epidemiology. International Journal of Epidemiology 1983; 12:393-6.

Castiel LD. O buraco e o avestruz – A singularidade do adoecer humano. Campinas: Papirus, 1994.

Feinstein AR. Clinical epidemiology: an additional basic science for clinical medicine, I-IV. Annals of Internal Medicine 1988; 99:393-7, 554-60, 705-12, 843-8.

Foucault M. O nascimento da clínica. 2. ed. Rio de Janeiro: Forense-Universitária, 1980.

Gordis L. Epidemiology. 4. ed. Philadelphia: Elsevier Saunders, 2009.

Hacking I. The taming of chance. Cambridge: Cambridge Universidade Press, 1990.

Jacobina R, Carvalho F, Nina Rodrigues, epidemiologista: estudo histórico de surtos de beribéri em um asilo para doentes mentais na Bahia, 1897-1904. Hist Ciênc Saúde-Manguinhos [online] 2001; 8(1):113-32.

Khoury M. Genetic epidemiology. In: Rothman K, Greenland S. Modern epidemiology. Philadelphia: Lippincott-Raven, 1998:609-22.

Laporte JR, Tognoni G, Rosenfeld S. Epidemiologia do medicamento: princípios gerais. São Paulo: Hucitec-Abrasco, 1989.

Laurell AC, Noriega M. Processo de produção e saúde: trabalho e desgaste operário. São Paulo: Hucitec, 1989.

Lilienfeld D. The greening of epidemiology: sanitary physicians and the London Epidemiological Society (1830-1870). Bulletin of the History of Medicine 1979; 52:503-28.

Medronho R, Almeida-Filho N, Scliar M. Nota sobre a história da epidemiologia no Brasil. In: Almeida-Filho N, Barreto ML (orgs.) Epidemiologia & Saúde: princípios, métodos, aplicações. Rio de Janeiro: Guanabara Koogan, 2012.

Scliar M. Do mágico ao social: a trajetória da Saúde Pública. São Paulo: Senac, 2002.

Scliar M, Almeida-Filho N, Medronho Roberto. Raízes históricas da epidemiologia. In: Almeida-Filho N, Barreto ML (orgs.) Epidemiologia & Saúde: princípios, métodos, aplicações. Rio de Janeiro: Guanabara Koogan, 2012.

Rosen G. Uma historia da Saúde Pública. São Paulo: Hucitec/Unesp/Abrasco, 1994.

Schmidt MI, Duncan B, Lopes AA. Epidemiologia clínica. In: Almeida-Filho N, Barreto ML (orgs.) Epidemiologia & Saúde: princípios, métodos, aplicações. Rio de Janeiro: Guanabara Koogan, 2012.

Schulte P, Perera F. Molecular epidemiology – Principles and practices. New York: Academic Press, 1993.

Susser M. Epidemiology, health & society – Selected papers. New York: Oxford University Press, 1987.

Trostle J. Early work in anthropology and epidemiology: from social medicine to the germ theory. In: Janes C, Stall R, Gifford S (eds.) Anthropology and epidemiology: interdisciplinary approaches to the study of health and disease. Dordrecht: Reidel, 1986.

Vandenbroucke JP, Rodda HM, Beukers H. Who made John Snow a hero? American Journal of Epidemiology 1991; 133:967-73.

Williamson L (ed.). Florence Nightingale and the birth of Professional Nursing. London: Thoemmes Press, 1999.

38

Ciências Sociais em Saúde Coletiva

Marcelo Eduardo Pfeiffer Castellanos • Maria Andréa Loyola • Jorge Alberto Bernstein Iriart

INTRODUÇÃO

As Ciências Sociais em Saúde (CSS) consistem, ao mesmo tempo, em uma área do conhecimento e em um eixo da Saúde Coletiva. As CSS são compostas por práticas científicas e de ensino, com grandes desdobramentos para a estruturação de respostas sociais organizadas para os problemas e necessidades em saúde. Vale lembrar que não há um ponto de vista homogêneo e consensual sobre os objetos e questões enfrentados pelas CSS, tampouco sobre seu próprio processo de constituição e desenvolvimento. Um conjunto de estudos, publicados no Brasil nos últimos 20 anos, procura descrever e analisar as práticas científicas e pedagógicas das CSS sob diversos aspectos e interesses[1]. Alguns desses estudos perfazem amplos panoramas, enquanto outros se dedicam ao aprofundamento de questões específicas. Recorreremos a alguns desses trabalhos ao longo deste texto, mas sem a pretensão de apresentar sistematicamente seus resultados e análises, nem sequer refazer o caminho por eles percorrido. Acreditamos que o leitor encontrará nas referências bibliográficas valiosas indicações para ampliar e aprofundar sua visão sobre a área.

Este capítulo, organizado em três partes principais, se dirige, principalmente, àqueles que iniciam suas leituras e aproximações com as CSS. Cada parte foi elaborada por um dos autores, o que não afastou eventuais contribuições dos outros. A primeira parte, de responsabilidade de Marcelo Castellanos, procura situar o contexto de surgimento das CSS; introduzir algumas de suas formulações e autores, destacar sua contribuição para formulações fundamentais do campo da Saúde Coletiva e apontar algumas questões relativas à sua inscrição nesse campo, e, finalmente, problematizar a definição de necessidades em saúde. A segunda parte, de responsabilidade de Maria Andréa Loyola, apresenta e discute alguns conceitos centrais para a análise da relação indivíduo-sociedade a partir de três grandes enfoques das CSS. A terceira parte, de responsabilidade de Jorge Iriart, apresenta alguns temas clássicos, assim como novos objetos e questões emergentes que desafiam a reflexão e as práticas das CSS na contemporaneidade. Com isso acreditamos introduzir o leitor em ideias e contextos fundamentais das CSS, assim como em questões e contribuições dessa área no campo da Saúde Coletiva.

CIÊNCIAS SOCIAIS EM SAÚDE: SITUANDO ALGUNS CONTEXTOS, IDEIAS E CONTRIBUIÇÕES

Origens do pensamento social em saúde

O surgimento do pensamento social em saúde, na modernidade, pode ser identificado em análises e questões enfrentadas por autores clássicos da sociologia e da antropologia, de meados do século XIX a meados do século XX, ainda que não tenha recebido por parte desses uma atenção sistematizada. Também podemos localizar a origem desse pensamento em um momento anterior, no contexto de estruturação da medicina social, da higiene social e da saúde pública, especialmente na Europa e nos EUA (Nunes, 1992, 1999).

Portanto, a incorporação das questões sociais no campo da saúde não é nenhuma novidade, ainda que seja constante foco de debates e controvérsias. Pode-se apontar o texto "Medicina Social", escrito por Jules Guérin, em 1848, como um precursor da ideia de que as práticas e serviços médicos deveriam ser vistos como bens públicos e, portanto, objeto privilegiado de reflexões e intervenções da esfera pública (Nunes, 1999). A saúde do

---
[1] Podemos lembrar de Alves & Minayo (1994), Alves (2006), Barros & Nunes (2009), Canesqui (1995, 1997, 2005, 2007), Gomes & Goldenberg (2003), Marsiglia *et al.* (2003), Minayo (2006), Nunes (1992, 1999, 2003, 2006), dentre outros.

povo como um assunto de Estado é uma noção básica da medicina social, desenvolvida no processo de consolidação dos Estados nacionais, na Europa (Foucault, 1979; Nunes, 2000). No transcorrer dos séculos XVII, XVIII e XIX, firmou-se uma importante aliança entre a medicina e o Estado, quando se toma o "social" como espaço primeiro focalizado pelos saberes e práticas em saúde, saberes e práticas operacionalizados por médicos e outros profissionais inscritos como agentes institucionais nos aparelhos estatais em formação.

Traçada inicialmente na Europa e reproduzida em outras partes do mundo (inclusive no Brasil), essa aliança garantiu aos profissionais de saúde um largo poder de intervenção sobre a vida individual e social, ao mesmo tempo que viabilizou a implementação de estratégias de controle do Estado sobre a sociedade. Essa intervenção se dá mediante a normatização da vida social e da internalização de dispositivos disciplinares que se inscrevem no agir, no sentir e no pensar dos indivíduos e grupos sociais (Foucault, 1979). Esses dispositivos alcançaram, inclusive, aquilo que nos parece mais emblemático do domínio privado – nosso corpo e dinâmicas familiares. Assim, por exemplo, as tramas familiares tornaram-se um objeto privilegiado de investimento do Estado – no campo do direito (tribunal de menores), do ensino (escolas/pedagogia) e da saúde (pediatria), no sentido de regular o cuidado dirigido às crianças. Nesse processo, as dinâmicas, papéis sociais e relações de cuidado constituídas nas tramas familiares passaram a ser interpelados por profissionais e instituições de saúde. Nesse sentido, o corpo infantil e a família convertem-se em um híbrido público-privado, regulado por normas e dispositivos disciplinares (Donzelot, 1986).

Assim, a saúde deixa de ser um assunto circunscrito ao âmbito privado e de domínio individual para ser considerada um objeto de interesse público (em particular, do Estado). As consequências dessa mudança são vastas e profundas: entre o nascer e o morrer temos nossas vidas e formas de viver enredadas em linhas de preocupações e atenções instauradas por práticas e agentes institucionais, dentre os quais se destacam os profissionais de saúde. Assim, via de regra, nascemos e morremos nos serviços de saúde. No entanto, mais importante do que isso, tudo o que fazemos fora dos serviços de saúde interessa aos profissionais que lá trabalham. Não por mera curiosidade, mas por obrigação profissional. Assim, as práticas sociais relativas à alimentação, à sexualidade, aos relacionamentos familiares, ao trabalho, ao lazer, dentre outros aspectos da vida, são tomadas como objeto legítimo de investigação e intervenção dos profissionais de saúde, em um contexto de intensa medicalização social.

Esse processo de medicalização social avança com a expansão e o fortalecimento dos sistemas formais de saúde, apoiados na racionalidade científica e na profissionalização e tecnificação do trabalho em saúde. Avança com a estruturação de sistemas formais de saúde pouco permeáveis ao pluralismo terapêutico (Tesser & Barros, 2008) e às diferentes racionalidades que fundamentam as práticas em saúde (Good, 1994; Luz, 1996, 2005), muitas vezes em arranjos híbridos e complexos (Barros, 2000). Avança enfim com o processo de racionalização da vida social.

Na antropologia, podemos identificar reflexões importantes sobre o tema da saúde em autores clássicos, como W. Rivers, E. Evans-Pritchard, V. Turner e R. Benedict e C. Levy-Strauss, entre outros. A antropologia enfoca centralmente a dimensão cultural da vida social. Assim, a partir de diferentes correntes teóricas, ela considera as práticas sociais enquanto práticas simbólicas que delimitam possibilidades interpretativas e significados atribuídos aos fenômenos sociais. As práticas culturais articulam representações sobre diversas esferas sociais (econômicas, política etc.), entre as quais se incluem representações sobre corpo, saúde e doença, formando uma matriz cultural ou um sistema simbólico. Não é de se estranhar que esses autores tenham se interessado pelas concepções de saúde e doença e práticas de cura e cuidado (medicina popular, xamanismo etc.), dada sua dedicação à compreensão de interpretações "nativas" sobre a vida social e individual. Essas concepções e práticas foram analisadas em relação aos sistemas sociais e simbólicos que as integram. São estudos que enfocam as interpretações dadas por membros de determinadas sociedades aos fenômenos de saúde e doença, delimitando sua natureza e suas causas. A definição da natureza desses fenômenos é dada pelo acionamento de diferentes categorias sociais que delimitam as distinções e/ou relações entre o domínio físico, mental, espiritual, ou ainda entre o natural e o sobrenatural, o presente e o passado. As explicações causais fundamentam-se em relações de sentido estabelecidas entre esses domínios ou em um mesmo domínio, podendo se dirigir a conflitos, inveja, magia, falha moral, alimentação, micróbios, agentes tóxicos, modo de vida e trabalho. Essas interpretações são acionadas por categorias como quente-frio, seco-úmido, infortúnio, mau-olhado, sangue ruim, nervoso, infecção, dano etc.

Os estudos mostram que o "mal/sofrimento" nem sempre é identificado no indivíduo, mas atinge e pertence a um grupo social específico. Além disso, o que é considerado doença/patológico em um dado contexto social nem sempre o é em outro contexto. Assim, advoga-se a defesa de um relativismo cultural na abordagem das questões e práticas de saúde – como de resto da vida social. Defende-se, também, que as práticas de saúde implicam princípios, conceitos, regras e significados que, ao serem acionados pelos indivíduos e grupos sociais, modelam e se expressam nas formas como eles vivem. Nesse sentido, as concepções de saúde e doença (e o conjunto de práticas sociais em que estas são formuladas) estariam sempre relacionadas com concepções e sistemas sociais mais amplos, implicados nas situações específicas enfrentadas pelos indivíduos e grupos sociais.

Essas análises indicam a existência de uma relação estreita entre natureza e causa do "mal/sofrimento", de um lado, e o tipo de intervenção ou resposta socialmente acionada e legitimada para aquela situação, de outro. Parte das análises empreendidas por esses e outros autores mostram que a eficácia terapêutica das intervenções está intimamente relacionada com os processos de legitimação social dos agentes e práticas de cura e cuidado. Levy-Strauss (1975) retoma essa questão com o conceito de eficácia simbólica, a partir do qual ele propõe que a efetividade terapêutica assenta-se na regulação estrutural que o sistema social exerce sobre as posições, ações a interpretações assumidas pelo doente/sofredor e pelo curador/cuidador em contextos específicos de interação social. Ao se perguntar como pode o xamã realizar uma intervenção terapêutica efetiva sem manter contato físico com o doente/sofredor, ele propõe que essa efetividade assenta-se em um sistema de crenças – do doente no xamã, do xamã na sua intervenção e da sociedade naquelas práticas de cura/cuidado. Os processos rituais (gestos, palavras, cantos etc.) empreendidos pelo xamã restituem posições e lugares simbólicos que intervêm sobre as condições de saúde do doente.

Estudos sobre a eficácia simbólica das intervenções em saúde (Levy-Strauss, 1975; Bibeau, 1983) e tantos outros estudos antropológicos mostram a importância de superarmos uma posição etnocêntrica sobre contextos culturais estranhos ao nosso, evitando assim lermos o mundo à nossa medida. Nesse sentido, ao investigarmos a dimensão cultural da vida social, devemos "suspender" ou colocar entre parênteses alguns dos pressupostos e categorias que orientam nosso olhar, para nos abrirmos à compreensão do Outro (alteridade), à compreensão de lógicas que diferem das nossas, mas que nem por isso são menos válidas e efetivas socialmente. Além disso, esse tipo de análise mostra que as práticas científicas também se constituem culturalmente, enquanto normas legitimadas e negociadas em processos sociais específicos. É importante lembrar que a relação entre a eficácia simbólica e o caráter ritual das práticas de cura e cuidado se estabelece não apenas no contexto da magia, mas também da ciência (Bonet, 2004).

A antropologia define cultura como um sistema simbólico; formas de pensar que conformam uma visão de mundo; valores e motivações conscientes e inconscientes. Para a antropologia interpretativa, a cultura é uma espécie de lente através da qual as pessoas interpretam e dão sentido a seu mundo (Geertz, 1989). A ciência não escapa a essa dinâmica, podendo ser vista como um sistema simbólico, na medida em que opera linguagens, saberes, perspectivas, interpretações. Porém, ela procura incessantemente se distinguir de outros saberes ou formas de produção de conhecimentos, afirmando-se e sendo legitimada como superior a estes, ao se autorrepresentar como sistemática, rigorosa, objetiva, em contraposição a outros conhecimentos representados como fragmentados, infundados, subjetivos. Devemos lembrar que nem a cultura nem a ciência devem ser apreendidas como um conjunto homogêneo e completamente coerente de significações, mas como linguagens dinâmicas, complexas e multifacetadas que comportam contradições e a coexistência, no mesmo contexto social, de diferentes visões de mundo e quadros de referência.

Como mostra Bourdieu (1989), a produção cultural se dá em meio a uma disputa pelo poder simbólico, ou seja, o poder de produção e legitimação de significados culturais dominantes. Muitas vezes, esses significados representam a legitimação da hierarquia social e de privilégios de determinados grupos dominantes na sociedade. O Estado e a ciência operam nessas disputas procurando regular e legitimar discursos que sustentam determinados "regimes de verdade" (Foucault, 1996, 1999, 2000).

Essas ideias nos mostram que, seja inseridas em um sistema de saúde formal, seja em um sistema social mais amplo, as práticas em saúde podem ser referidas a sistemas sociais e simbólicos em que se travam relações entre interpretações, saberes e práticas sociais distintas, sempre inscritas em relações de poder.

Da mesma maneira que na antropologia, podemos identificar contribuições importantes dos autores clássicos da sociologia à reflexão e análise do tema da saúde, ainda que este não tenha recebido uma atenção específica e sistematizada. Assim, Durkheim analisa o suicídio como uma patologia social que deve ser explicada por causas sociais, relacionadas com fragilidades nas relações de solidariedade e coesão social. Ele mostra como fenômenos aparentemente individuais, como o suicídio, podem ser analisados como "fatos sociais". Marx analisa as condições de trabalho e a inserção social da classe trabalhadora no modo de produção capitalista, apontando suas implicações para as condições de vida do proletariado e possibilidades de superação. Para ele, o que define a condição humana é sua capacidade de projetar e transformar o real, através do processo de trabalho. Quando o trabalhador não pode definir os sentidos dos processos de trabalho em que está inserido, ele é desumanizado em um processo que o "coisifica". Weber dedicou-se a analisar a ação social em uma perspectiva compreensiva interessada pelos sentidos atribuídos a tal ação, compreendidos em termos de tipos ideais – isto é, espécies de caricaturas em que os principais traços são exagerados para serem mais bem compreendidos em suas relações com outros elementos do quadro. Weber analisou as relações entre diferentes esferas da vida (econômica, política, religiosa etc.) e formas de dominação, sem assumir uma hierarquização predefinida de uma esfera sobre a outra. Assim, o imperativo econômico, afirmado de modo contundente na abordagem marxista, é relativizado por Weber. Desse modo, outras formas de dominação ganham relevo em suas análises. No que se refere às questões de saúde, podemos destacar processos de dominação operados na organização burocrática, cada vez mais importante em sociedades que vivenciam forte processo de racionalização da vida social.

Algumas ideias weberianas exerceram larga influência sobre as bases da sociologia da saúde, por intermédio de um de seus precursores. Talcott Parsons, principal representante do funcionalismo norte-americano, dedica um capítulo inteiro de seu principal livro, *O Sistema Social*, à análise do papel social da medicina na sociedade urbana dos EUA nos anos 1950. Trata-se, provavelmente, do primeiro texto da sociologia da medicina/saúde propriamente dita. Sua análise, fortemente influenciada por Weber (Gerhardt, 2002, 2011), incide sobre o contexto marcado pelo racionalismo individualista. Nesse trabalho, ele propõe que a medicina cumpre uma função de regulação social, na medida em que atua na normalização de situações desviantes. A patologia é vista como um desvio social, pois, muitas vezes, limita a realização das atividades cotidianas. Nesse sentido, a medicina deve ser analisada em relação ao sistema social. Para ele, o médico é um agente social que cumpre um papel social específico. O médico deve julgar a realidade (legitimidade) da situação desviante e restabelecer a normalidade, com base na autoridade de um saber esotérico (monopólio do conhecimento especializado) e por meio de uma atuação neutra e ética. O paciente, por sua vez, também exerce um papel social específico. Ele deve desejar a cura e/ou restabelecimento, aderindo ao diagnóstico e tratamento indicado pelo médico, perfazendo a carreira do paciente. Isto é, submetendo-se ao conjunto de encontros, procedimentos e intervenções proporcionados pelos profissionais e instituições de saúde.

Desenvolvimentos das ciências sociais em saúde – breves notas

Se as reflexões das ciências sociais sobre as questões de saúde podem ser identificadas antes do século XX, é a partir do fim da II Guerra Mundial que elas tomam a saúde como objeto específico e sistemático de estudo (Nunes, 1992, 1999). É nesse momento que as CSS começam a consolidar-se no mundo enquanto área específica, estruturada em departamentos, associações e textos acadêmicos.

A necessidade de reconstrução das nações europeias, cujas estruturas produtivas e sociais estavam bastante fragilizadas, formou a base para um novo pacto social em favor do Estado de Bem-Estar Social. Os sistemas públicos de saúde representaram um componente estrutural desse pacto, elevando o interesse científico sobre as questões de saúde. Nos EUA, os traumas de guerra impulsionaram o interesse e o investimento público em estudos da chamada Ciências da Conduta. Dando continuidade à análise sobre o "papel do doente" (Parsons, 1951), novos estudos irão revisitar a visão parsoniana, buscando ampliá-la e aprofundar algumas questões, com forte interesse no contexto hospitalar e no desenvolvimento de conhecimento aplicado sobre práticas preventivas, dentre outras. Esses estudos não focalizaram as relações de poder e contradições sociais presentes nas práticas de saúde. De modo coerente com o contexto da "Guerra Fria", as análises empreendidas procuravam identificar fatores de mediação social que conduzissem a uma rápida intervenção sobre os "desvios" e conflitos, sem mexer nas contradições que os sustentavam.

Essa ênfase começará a mudar, ainda na mesma década, com estudos que exploraram a relação entre problemas mentais e classe social (Holligshead & Redlich, 1958), por exemplo. Mas será no decorrer dos anos 1960 e 1970, dentro de um contexto social mais amplo de contestação das instituições, dos saberes e dos poderes, que ganharão fôlego algumas críticas à análise das ciências da conduta e do funcionalismo sociológico na saúde. Essas críticas foram especialmente feitas por autores do interacionismo simbólico norte-americano, com destaque para Elliot Freidson. Critica-se a análise (e se questiona a existência!) de relações sociais entre *agentes universais*, tal qual concebida por Parsons, quando este pressupõe uma relação completamente assimétrica e consensual entre médico e paciente. Para Freidson ([1970] 2009), a análise parsoniana não considera os conflitos entre médico e paciente, pois não considera a heterogeneidade social e as relações de poder presentes nos contextos de interação em que esse encontro se estabelece. Em outros termos, poderíamos dizer que não considera a dimensão (micro)política das diferenças de gênero, de classe social, de geração, de raça/etnia presentes na relação médico-paciente. Segundo o interacionismo simbólico, o encontro entre "o médico e o doente se caracteriza por um conflito resultante da divergência de perspectivas e de interesses [...] O médico enxerga o paciente e suas necessidades a partir das categorias de sua especialidade [...] O doente, em compensação, entende sua doença em função das exigências da vida quotidiana e de acordo com seu contexto cultura. Ele gostaria que o médico aceitasse a sua própria definição do problema" (Adam & Herzlich, 2001: 96-7). Esse "modelo conflitivo" é sensível às relações entre estrutura social, cultura e poder. Por isso mesmo, tem grande pertinência em contextos epidemiológicos com forte presença de doenças crônicas. Isso porque aquele que é acometido por uma condição crônica realiza intenso contato com a "cultura profissional/institucional" dos serviços e profissionais de saúde, em seu extenso itinerário terapêutico. Desse modo, muitas vezes, ele incorpora conhecimentos e posturas bastante ativos na relação mantida com esses profissionais. Seguindo o caminho aberto por Ivan Illich (1974) e Erwing Goffman (1963), uma série de trabalhos – também produzidos no mesmo contexto social de contestação – irá denunciar o caráter iatrogênico das ações dos profissionais de saúde, especialmente daquelas realizadas nas instituições asilares. Essas instituições são consideradas por Goffman "instituições totais", ou seja, lugares de residência e trabalho em que indivíduos classificados em uma situação semelhante (doentes mentais, criminosos etc.) são separados de outros espaços de sociabilidade e têm sua vida formalmente administrada pela instituição. O caráter iatrogênico das instituições totais não residiria unicamente na reclusão a que os "internos" estão submetidos, mas também em suas implicações para a identidade social e pessoal desses sujeitos, submetidos que estão a ritos institucionais que imprimem mudanças em seus corpos e em suas interações sociais. Goffman (1961, 1963) e Scheff (1966) mostram como as pessoas rotuladas como "doentes mentais", por exemplo, passam a ser objeto de intervenções institucionais, a partir das quais sofrem intensos processos de rotulação e estigmatização.

Outra ordem de críticas também se impôs à ênfase comportamentalista e funcionalista da primeira geração de estudos em CSS. Dessa vez fundamentadas no materialismo histórico, essas críticas denunciavam a suposta "neutralidade" da interpretação científica, uma ênfase no estudo do espaço hospitalar e pouca ou nenhuma focalização de processos de transformação social das práticas e contextos analisados (Nunes, 1987). Os estudos orientados pelo referencial marxista investiram, especialmente no contexto latino-americano dos anos 1970 e 1980, na análise das relações entre saúde e estrutura social. Destacam-se tanto a investigação de representações e concepções da saúde e da doença predominantes em camadas populares como do processo de determinação social da saúde, analisado a partir de suas relações com o modo de produção (Nunes, 2000).

Nesses estudos, geralmente, parte-se da ideia de que essas representações, heterogêneas entre distintos grupos sociais, estão intimamente ligadas ao contexto social, político, econômico e aos valores vigentes na sociedade. Há um grande interesse na análise das implicações das relações de produção e de trabalho para as condições de vida e saúde (Laurell, 1983). A necessidade da restauração da capacidade produtiva dos corpos dos trabalhadores tornou-se um fator importante na reprodução do sistema capitalista, orientando a organização dos serviços de saúde e sua justificativa ideológica (Minayo, 1997). Nas sociedades capitalistas, aponta-se a intensificação da representação, muito presente entre as classes trabalhadoras, que iguala saúde à capacidade para o trabalho (Boltanski, 1979). Vários estudos mostram como a organização das práticas e dos sistemas de saúde pode ser analisada como uma resposta à necessidade de reprodução social de corpos e mentes de trabalhadores de setores estratégicos da economia (ainda que não consista na resposta mais adequada às necessidades sociais dos trabalhadores desses e de outros setores) (Donnangelo, 1976; Cohn, 1996). A mercantilização dos serviços de saúde, a estruturação da prática médica em grandes organizações (hospitais etc.) e a proletarização do trabalho em saúde também foram analisados, com destaque para suas implicações para a autonomia profissional e para a relação terapêutica, a qual se assemelha cada vez mais ao encontro entre um profissional que vende bens médicos e um paciente que os consome (Machado, 1997; Freidson, 1998). Aliás, ao buscar analisar as práticas dos profissionais de saúde em termos dos processos de trabalho em que se estruturam, essa autonomia mostra-se muito mais um ideal do que uma realidade técnica. Schraiber (1993) mostra que essa autonomia é ela própria uma representação que é reafirmada em novos contextos de produção e reprodução da prática médica, renovando sua centralidade na identidade profissional, ainda que não se traduza em um nexo técnico de trabalho autônomo.

A reflexão sobre os instrumentos, saberes, modelos de atenção em saúde, definidos em termos de tecnologias socialmente definidas (em suas articulações internas e externas), possibilitará a análise das relações entre a estruturação do processo de trabalho em saúde e os contextos sociais mais amplos em que se inserem. Vale lembrar a definição assumida em importante trabalho da área sobre a questão: "Tecnologia refere-se aos nexos técnicos estabelecidos no interior do processo de trabalho entre a atividade operante e os objetos de trabalho, através daqueles instrumentos [de trabalho] [...] [sendo assim] um conjunto de saberes e instrumentos que expressa, nos processos de produção dos serviços, a rede de relações sociais em que seus agentes articulam sua prática em uma totalidade social" (Mendes Gonçalves, 1994: 19 e 32).

A partir da década de 1980, as análises passam a incidir sobre relações de poder mais matizadas, explorando em profundidade processos de negociação entre o doente e os profissionais de saúde, em diferentes contextos institucionais e sociais. Mais uma vez, os estudos sociológicos sobre o adoecimento crônico rendem formulações teóricas relevantes para o debate sociológico no campo da saúde. Nesse sentido, destaca-se o modelo da "ordem negociada", desenvolvido por Anselm Strauss (1978), para compreender os acordos e relações estabelecidas entre diferentes categorias profissionais, no contexto hospitalar, a propósito da definição das práticas terapêuticas e intervenções institucionais dirigidas ao paciente com problemas crônicos de saúde. Nessa análise, fica evidente que as hierarquias presentes não são totalmente rígidas e que os acordos firmados são sempre provisórios, em relação a seus objetivos e termos (Adam & Herzlich, 2001). Há um claro interesse na análise do adoecimento e do cuidado enquanto experiências sociais (Kleinman, 1980; Alves, 1993). Os estudos narrativos, também, despontarão a partir da crise das explicações totalizantes (positivismo, funcionalismo, marxismo etc.), explorando as relações entre a experiência pessoal e social mais ampla, ao analisar as formas de interpretação e processos de significação das experiências de adoecimento e cuidado em contextos sociais específicos (Canesqui, 2007). Esses estudos, muitas vezes, se interessam especialmente pelo enfoque narrativo biográfico (Bury, 1982; Roberts, 2002; Castellanos, 2011). A investigação dos itinerários terapêuticos ganha relevância nessa linha de estudos, promovendo a análise das lógicas que orientam o acesso e o uso de determinados setores assistenciais (popular, informal ou profissional) ou tipos de busca de ajuda acionados pelos sujeitos adoecidos (Kleinman, 1978, 1980; Helman, 2003; Trad, 2010; Cabral, 2011).

Ciências sociais em saúde e Saúde Coletiva: premissas e questões fundamentais

Muito embora, as CSS se estruturem como uma área específica do conhecimento, a partir de seu recorte disciplinar, vimos que ela toma como objeto questões e processos próprios ao campo da saúde (e, mais particularmente, da Saúde Coletiva), sofrendo a partir daí diferentes inflexões em suas práticas pedagógicas e científicas. Assim, se nos EUA as CSS se estruturaram nos departamentos de ciências sociais, no Brasil se estruturam prioritariamente nos departamentos de medicina preventiva e social (e congêneres) da escola médica. Essa situação implicou alguns tensionamentos e questões. De um lado, as CSS são demandadas a produzir conhecimentos "aplicados" e/ou "adequados" aos problemas e questões enfrentados pelos profissionais de saúde, de outro lado, elas adotam um posicionamento crítico ao paradigma biomédico e às práticas dos profissionais e instituições de saúde (Nunes, 1987, 1992).

Porém, mais um elemento imprime relevo específico às CSS no Brasil. Sua inscrição no campo da Saúde Coletiva implica a produção de uma reflexão teórica e crítica comprometida com a análise de situações e práticas de saúde, visando à superação de problemas e limitações aí identificados, assim como implica a relação incessante com saberes fundamentados em paradigmas distintos e conflitantes. Assim, as CSS enriquecem, com seus referenciais teóricos, as análises empreendidas no campo da Saúde Coletiva, ao mesmo tempo que produzem conhecimentos específicos a esse campo. Nesse sentido, as CSS no Brasil ora aparecem delimitadas em um recorte disciplinar específico, ora se confundem com o próprio campo mais amplo da Saúde Coletiva.

Essa inscrição torna possível uma abertura da área da saúde aos profissionais das ciências humanas e sociais, ainda que delimitada e tensionada por questões e interesses mais específicos dessa grande área. No que se refere especificamente à Saúde Coletiva, esses processos de incorporação e de delimitação, de aproximação e distanciamento, de valorização e disputa se veem presentes nas relações entre as ciências humanas e sociais em saúde, epidemiologia e política, planejamento e gestão. Esses três componentes da Saúde Coletiva são apontados, muitas vezes, como seus principais eixos ou "pilares de sustentação", configurando-a como um campo científico interdisciplinar (Paim & Almeida-Filho, 2000). Assim, se cada qual contribui de maneira específica ao campo da Saúde Coletiva, será nas complexas relações estabelecidas entre eles que encontraremos uma "tensão harmônica" desse campo ou o "tom" da Saúde Coletiva, para utilizar uma metáfora musical.

As contribuições das CSS foram, ampla e profundamente, incorporadas nesse campo, integrando algumas de suas formulações centrais (Nunes, 1994; Fleury, 1997, 1985; Paim e Almeida-Filho, 2000). Sem analisar a questão profundamente, destacaremos de modo taquigráfico dessas incorporações.

Considerar as ações de saúde como práticas sociais é um pressuposto fundamental da Saúde Coletiva que nos obriga a incorporar – de diferentes maneiras e lugares desse campo – a análise do contexto social e da perspectiva histórica. Assim, na Saúde Coletiva somos instados a considerar, com consistência teórica e consequência política, a dimensão social e a perspectiva histórica dos processos e práticas de saúde. Em outras palavras, tomar a saúde como um processo social e histórico é um pressuposto teórico da Saúde Coletiva. Isso se verifica nas análises que relacionam esse processos e práticas com as conjunturas e estruturas produtivas e de poder em que se inserem; nas análises que buscam compreender os sentidos e significados das ações e experiências sociais presentes no processo saúde-doença-cuidado; ou ainda, na análise da organização social das práticas de saúde e das respostas sociais organizadas às necessidades de saúde; ou mesmo, na análise da distribuição social do processo saúde-doença e de seus determinantes sociais, dentre outras.

Nesse sentido, os objetos de investigação e de intervenção da Saúde Coletiva não se confundem com o corpo individual e biológico, trata-se de um corpo de objetos (indivíduos, populações; políticas e instituições;

doenças e agravos; necessidades de saúde etc.) instados nessa relação com o social e o histórico. Ao investigar, sob diferentes pontos de vista, as situações de saúde que afetam indivíduos e populações, a Saúde Coletiva deverá analisá-las como uma produção material e simbólica existente na tensão "biossocial". Aqui, estamos diante de outra contribuição fundamental das CSS, pois essa dupla determinação ("biossocial") se reflete tanto em práticas corporais culturalmente definidas quanto em perfis epidemiológicos socialmente determinados. Assim, por exemplo, estruturas de poder micro e macrossociais têm especial relevância para a análise dos processos materiais e simbólicos de estratificação social das crianças, dos adultos, dos idosos, do trabalhador, do morador de rua, dentre outros. Devemos lembrar que os processos de estratificação social se expressam tanto na determinação das condições de vida dos grupos ou segmentos sociais como nos processos de negociação das identidades e valores desses grupos e segmentos no âmbito das interações sociais. Assim, por exemplo, as populações em situação de rua têm sua vulnerabilidade social extremamente aumentada não apenas em decorrência das más condições de vida, mas também em vista dos estigmas que afetam sua identidade, muitas vezes reforçados por marcas materiais e simbólicas relacionadas com as estratégias de sobrevivência na rua (roupas, cheiro, gestualidade, vocabulário etc.).

Entender a saúde como política é outra incorporação fundamental das CSS no campo da Saúde Coletiva, destacada recentemente em importante publicação internacional sobre o Sistema Único de Saúde no Brasil, a qual traz em sua capa a seguinte afirmativa: "Em última análise, o desafio é político, exigindo um engajamento contínuo pela sociedade brasileira como um todo, para assegurar o direito à saúde para todos os brasileiros" (Paim et al., 2011). Levar em consideração as relações de poder que orientam o acesso a bens e serviços, assim como os sentidos das práticas de saúde, é um fundamento da Saúde Coletiva que renova seu investimento na análise dos processos de determinação social em saúde e seu compromisso com a identificação e superação dos mecanismos de reprodução social e de aprofundamento das iniquidades em saúde. Nos leva assim a analisar criticamente as ideologias, lógicas e relações de poder reproduzidas nas práticas de saúde. Nos leva a identificar e criticar diferentes estratégias de opressão e de dominação inscritas nos corpos e nos modos de agir em saúde, sejam elas relacionadas com questões de gênero, à medicalização social, à hegemonia de determinado tipo de racionalidade médica ou de saberes em saúde, enfim, relacionadas com os processos de "colonização" da vida social efetuada pelos discursos e práticas em saúde.

Analisar a saúde enquanto setor produtivo relacionado com as estruturas sociais mais amplas e o campo do saber é outra contribuição a ser destacada. Trata-se, de um lado, da análise das políticas de saúde e do processo de estruturação da rede assistencial, com clara influência marxista, a qual está interessada na relação "capital-trabalho". Trata-se, de outro lado, da análise dos processos de trabalho em saúde e das tecnologias em saúde, interessada na relação "saber-trabalho". Procura-se, nesse caso, analisar processo de trabalho em saúde mostrando a íntima relação existente entre os diferentes arranjos tecnológicos (tecnologias materiais e imateriais), seus objetos e a constituição de sujeitos (com maior ou menor grau de autonomia para definir as finalidades do trabalho). Em ambos os casos, busca-se estudar essas questões em suas relações com o contexto político, econômico, institucional e científico.

Ainda que outros pontos possam ser levantados, cabe destacar a tendência a criticar um ponto de vista tecnocrático e autoritário para se definir o que vêm a ser necessidades em saúde que legitimamente requisitem uma resposta social organizada expressa pelas instituições de saúde reguladas pelo Estado.

Necessidades, problemas de saúde e respostas sociais problematizadas à luz das Ciências Sociais em Saúde Coletiva

A variedade e o caráter frequentemente restrito e restritivo das conceptualizações do coletivo/social não invalidam o fato de que as práticas sanitárias se viram constantemente invadidas pela necessidade de construção do social como objeto de análise e como campo de intervenção. Nem devem induzir a suposição de que a vida social concreta acabe por tornar-se mero produto dessas opções conceituais. Ela irromperá, certamente, sob outras formas, também no campo do saber, quando as malhas conceituais e sociais se revelarem estreitas em face da concretude dos processos sociais. (Donnangelo, 1983)

[...] Tanto o mundo natural como o mundo social se encontram determinados e em constante devir, porém sua diferença radica em que no segundo o conhecimento se transforma em consciência e sentido de necessidade e necessidade de ação. (Granda, 1994)

As CSS mantêm uma posição crítica em relação ao processo de medicalização social, à biomedicina e a tecnocracia que, muitas vezes, caracteriza a ação de instituições e profissionais de saúde, inclusive, ao longo da história da Saúde Pública. Essa crítica, evidentemente, não deve substituir um processo de "colonização médica" da vida social por um "imperialismo sociológico" sobre as práticas de saúde (Gerhardt, 1990). Feita essa ressalva, cabe afirmar que se trata de uma posição crítica valiosa para a construção de contextos e práticas em saúde que fragilizem ou minimizem o "agir prescritivo" da área da saúde (Castiel & Dardet-Diaz, 2007), privilegiando trocas e relações pautadas pelo diálogo, autonomia, pactuação e comprometimento dos atores sociais envolvidos.

Trata-se de uma crítica ao autoritarismo social que ainda rivaliza fortemente com a redemocratização política conquistada recentemente no Brasil. Assim, essa crítica ganha força no movimento de Reforma Sanitária Brasileira e na defesa do controle social e da participação popular no SUS. Ganha força também nos investimentos teóricos e políticos realizados a partir da bandeira da "humanização" (Deslandes, 2004, 2006) e da "integralidade" (Pinheiro & Matos, 2005), quando se colocam em relevo a experiência, a perspectiva e os interesses de usuários e trabalhadores em saúde, em uma perspectiva mais horizontal e longitudinal.

Nesse sentido, a identificação de problemas e necessidades de saúde e a consequente estruturação de respostas sociais organizadas devem levar em consideração diferentes interesses e perspectivas dos indivíduos e grupos sociais envolvidos, fortalecendo os processos de negociação e pactuação social (Silva et al., 2007). Assim, a definição do que é problema, do que é necessidade e de quais são as respostas mais adequadas e efetivas para enfrentá-los não pode ser realizada unilateralmente. Aqui se questiona tanto uma suposta neutralidade e superioridade do saber científico (quando este se apresenta como um ponto de vista puramente "técnico e objetivo" sobre o real) quanto os interesses e perspectivas que procuram legitimar-se unicamente na defesa da "experiência subjetiva" de quem vive o problema na "pele" (vocalizado em termos de demandas individuais). Assim, nem os problemas de saúde "objetivados" pela epidemiologia ou pela clínica nem a demanda espontânea "vocalizada" pelos usuários de saúde devem isoladamente definir as necessidades em saúde. Essas necessidades devem ser definidas mediante a interlocução entre saberes e sujeitos e a pactuação de modos de superação dos conflitos aí surgidos.

Ao procurarem identificar esses problemas, necessidades e respostas sociais por meio de análises que levam em consideração as dimensões macro e micropolíticas das condições e práticas de saúde, as CSS defendem que devemos identificar diferentes perspectivas, saberes e interesses em disputa na formulação e acionamento legítimo de recursos sociais (por exemplo, ações, serviços, programas e políticas de saúde). Nessas situações, os indivíduos, grupos e instituições se constituem em "sujeitos coletivos" ou atores sociais em disputa e estabelecem diferentes sentidos para as necessidades singulares, particulares e gerais em saúde. As análises das questões de classe social, gênero, de raça/etnia, de geração/idade, dentre outras, mostram que não é possível definir necessidades em saúde sem entrar nesse campo de disputas. Mostram também que essa definição resulta não apenas das posições sociais e relações de poder em que os sujeitos estão sobredeterminadamente inscritos, mas também das identidades sociais e posicionamentos políticos ativamente produzidos por esses sujeitos. Nesse sentido, as necessidades em saúde se definem no entrecruzamento entre as estruturas e os sujeitos. Para identificá-las devemos olhar para a determinação social do processo saúde-doença-cuidado, sem perder de vista as ações e interações sociais que atribuem sentidos e direções a esse processo.

Ao investigarem a experiência de adoecimento e cuidado de determinados sujeitos ou grupos sociais, ao longo de seus itinerários terapêuticos, as CSS apontam para diferentes perspectivas e interesses que se inter-relacionam, não sem conflitos, na definição do que vem a ser o "problema" vivenciado por aqueles sujeitos e grupos e das melhores estratégias de intervenção sobre esse problema. Assim, conceitos como experiência de enfermidade, itinerário terapêutico, modelos explicativos, setores da assistência, dentre outros, são relevantes para assumirmos um ponto de vista não tecnocrático sobre as realidades que pretendemos conhecer e intervir. São valiosas as análises que incidem sobre os contextos de interação social (família, escola, serviços de saúde, bairro etc.), perguntando-se sobre os sentidos das práticas de saúde e sua relação com a definição de necessidades em saúde (Trad, 2006). Vale lembrar que esses sentidos são definidos em relações intersubjetivas, na medida em que os sujeitos se definem sempre de maneira relacional, tendo por referência o Outro (por sua vez, dinâmico e que se reapresenta de diferentes maneiras e circunstâncias). Por vezes, essas análises perguntam pelos limites entre os sentidos do "êxito técnico" e do "sucesso prático" das ações de saúde (Ayres, 2001) e nos mostram que nem sempre as necessidades em saúde se dirigem centralmente a problemas de saúde ou doenças, mas também ao acesso a bens e serviços e relações interpessoais de cuidado (Cecílio, 2001; Cecílio & Matsumoto, 2006).

Essas análises levantam questões sobre a ética e a politicidade do cuidado, dos modelos de atenção, dos programas e políticas de saúde. Perguntam quem são os sujeitos e a partir de quais lugares, critérios e processos definem as necessidades, situações e problemas de saúde: os profissionais, os pesquisadores, os gestores da saúde? Individualmente ou a partir de suas deferentes formas organizativas?

Assim, recusando a neutralidade das práticas e saberes em saúde, as CSS fornecem elementos teóricos para analisar os processos de construção e legitimação social dos problemas, situações e necessidades a serem enfrentadas e das estratégias de enfrentamento dessas realidades. Ao fazê-lo, refletem criticamente sobre os próprios conceitos de sujeito, demandas e necessidades adotados nas análises empreendidas no campo da Saúde Coletiva. Sem recuperar uma ampla e profunda discussão, vale lembrar que críticas consistentes foram feitas à equivalência de sujeito à noção de indivíduo, de demandas a carências e de necessidades a problemas sociais/de saúde tecnicamente objetivados; segundo Stotz (1991), equivalências ainda bastante frequentes em trabalhos produzidos no interior do próprio campo da Saúde Coletiva. A identificação desse limite e a possibilidade de sua superação implicam o enfrentamento de grandes questões teórico-políticas dirigidas à análise das relações entre sujeitos e estruturas sociais (Bodstein, 1992; Minayo, 2001; Gomes & Goldenberg, 2003; Pires, 2005; Zionni e Whestfal, 2007) e às inter-relações entre as CSS e os outros saberes que compõem a Saúde Coletiva (Nunes, 2003).

ESTRUTURA SOCIAL: INDIVÍDUO, SOCIEDADE E SAÚDE

Desde seus primórdios, as ciências humanas e sociais se preocupam com a difícil relação entre o subjetivo e o objetivo ou, nos termos dessas ciências, com a relação entre o indivíduo e a sociedade, entre os fenômenos psicológicos e os fenômenos sociais. Ainda que o resultado de históricas divisões de trabalho nesse campo do conhecimento tenha conferido uma forte autonomia àqueles fenômenos – levando a psicologia a se especializar no trato das questões referentes ao indivíduo e à sua subjetividade e a sociologia e a antropologia às questões referentes à coletividade social e cultural –, tanto em suas origens como em seus desenvolvimentos posteriores, essas disciplinas não têm conseguido evitar essa questão.

O que vem caracterizando muitas dessas abordagens é a contraposição entre "vida objetiva" (externa, prática, coletiva) e a "vida subjetiva" (interna, emocional, individual), sendo o aspecto mais congruente da maioria delas o de que a relação entre indivíduo e sociedade implica a consideração da subjetividade a da objetividade na perspectiva de sua constituição recíproca: o indivíduo não é apenas afetado externamente pela sociedade, mas se constitui por ela, isto é, por sua introjeção. Quanto a isso, tanto o behaviorismo radical (Skinner, 1998) como a psicanálise moderna (Freud, 1969) estão de acordo: é a cultura que modela a subjetividade, disponibilizando para os indivíduos seus hábitos e costumes, valores, padrões de comportamento, normas sociais etc.[2].

Nas ciências sociais, essa contraposição se traduz em interpretações teóricas sobre a sociedade, dentre as mais conhecidas, a *estruturalista*, o *interacionismo* simbólico e o *construtivismo* – frequentemente colocadas em oposição, mas que na realidade se complementam e mutuamente se constituem. A visão *estruturalista* acentua o aspecto determinante e coercitivo do mundo social e as classificações historicamente construídas que hierarquizam os indivíduos em diferentes posições sociais[3]. Na visão *construtivista* ou *individualista*, o indivíduo ocupa lugar de destaque, sendo a sociedade considerada produto das decisões, das ações e dos atos de conhecimento de indivíduos conscientes, aos quais o mundo é dado como imediatamente familiar e significante[4].

Essa visão mais geral de subjetividade, como a *sociedade interiorizada*, como diriam os sociólogos, ou como a *cultura incorporada*, como diriam os antropólogos, não necessariamente nos esclarece sobre os tipos de sociedade ou de cultura que são incorporados[5].

Alguns estudiosos dessas áreas, localizados especialmente na Saúde Coletiva – cientistas sociais, filósofos, psicólogos e psicanalistas influenciados por Foucault (1968, 1976) –, vêm tentando enfrentar esse problema, enfatizando os conteúdos de determinada forma de dominação presente na cultura da sociedade ocidental contemporânea. Se esse esforço tem o mérito de reintroduzir os processos subjetivos em uma dimensão de poder e de realinhá-los aos processos históricos de transformação das sociedades e das culturas contemporâneas, ainda assim, eles permanecem em um nível bastante geral e abstrato, a ponto de muitos deles deixarem a impressão de que a cultura (ou, mais especificamente, a cultura ocidental) é dotada de existência própria e de capacidade de coerção pelo simples fato de existir e, talvez o mais importante, deixando a impressão de que só é possível apreender o caráter da norma através da própria norma e não de suas manifestações individuais e institucionais, o que pressupõe que as normas culturais são distribuídas uniforme e homogeneamente em toda sociedade ou que todos os indivíduos a incorporam da mesma maneira. Entretanto, mesmo no caso das normas dominantes e mais universais, elas não são homogêneas nem homogeneamente absorvidas pelos indivíduos.

---

[2]Pesquisadores, tanto nas ciências sociais como na psicologia e na psicanálise, têm se preocupado com os *mecanismos* por meio dos quais as normas culturais (valores, regras etc.) são incorporadas (estímulos, repressão, relações familiares); outros com os *veículos* desta incorporação (experiências de sociabilidade na família, escola, grupos de amigos, comunidade local, profissional etc.); outros ainda, com seus *conteúdos*, ou seja, com as normas.

[3]Entre os autores tidos como mais representativos desta corrente nas ciências sociais, embora suas abordagens possam diferir e mesmo contraditar-se sob diversos aspectos, encontram-se Émile Durkheim (2003, 2010) e Claude Lévi-Strauss (2008), e entre os autores marxistas, além do próprio Marx (1976), principalmente Louis Althusser (1985).

[4]Para essa perspectiva consultar, principalmente, Peter Berger & Thomas Luckmann (1997); Louis Dumont (1985), Georg Simmel (2011) e Clifford Geertz (1989).

[5]Sem esquecer, dentre outras, as clássicas descrições da sociedade ocidental dos séculos VIII e XIX feitas por Émile Durkheim (2010), Max Weber (1987) e Karl Marx (1976).

Como o de subjetividade, o conceito de classe social é complexo e varia de acordo com as teorias que o constroem. Mas, ao contrário dos conceitos de indivíduo e de subjetividade, plenamente atuais e amplamente utilizados, o conceito clássico de classe social constitui, hoje, um conceito em desuso nas ciências humanas e sociais. Sabemos que as classes sociais se estruturam em função de vários fatores, inclusive culturais, e que denotam classificação, estratificação, hierarquização. Em ciências sociais, a expressão classe social, para muitos, é indissociável de um sistema de dominação (mais precisamente do sistema de dominação capitalista), aspecto facilmente esquecido quando se utiliza apenas o conceito de hierarquia[6]. Por isso, grande parte dos pesquisadores da atualidade prefere usar categorias como *camadas, estratos, grupos,* politicamente menos marcadas, ou seja, não necessariamente vinculadas a um sistema de dominação como o de *classe social.*

Para autores como Pierre Bourdieu[7], uma sociedade diferenciada não forma uma totalidade única, integrada por funções sistemáticas, uma cultura comum, conflitos entrecruzados ou uma autoridade global, mas consiste em um conjunto de espaços de jogos relativamente autônomos, que não podem ser remetidos a uma lógica social única, seja aquela do capitalismo, da modernidade ou da pós-modernidade. Para ele, a oposição entre a sociedade e o indivíduo e sua tradução na antinomia do *estruturalismo* e o *construtivismo* entre o determinismo social e o individualismo metodológico, entre o mecanicismo que percebe a ação como o efeito mecânico das pressões exercidas pelas causas externas e o finalismo que, notadamente com a teoria da ação racional, acredita que o ator age de maneira livre, consciente, são prejudiciais ao conhecimento. A ciência social não tem de escolher entre esses dois polos, porque a realidade histórica, tanto a do indivíduo como a da sociedade, reside nas *relações* entre ambos, e estas sim constituem o verdadeiro foco da análise sociológica. Para lidar com essas relações sem recair na falácia das antinomias sociais mencionadas, Bourdieu construiu alguns conceitos-chave, tais como os conceitos de *campo, habitus, capital econômico, cultural e social.*

Um *campo* – econômico, político, cultural, científico, jornalístico, médico etc. –, é um sistema estruturado de forças objetivas, uma configuração relacional que, à maneira de um campo magnético, é dotado de uma gravidade específica, capaz de impor sua lógica a todos os agentes que nele penetram.

Um *campo* é também um espaço de conflitos e de concorrência no qual os concorrentes lutam para estabelecer o monopólio sobre a espécie específica do capital pertinente ao campo (a autoridade cultural no campo artístico, a científica no campo científico, a definição dominante de saúde/doença, no campo da saúde etc.). Nos diferentes campos, existe uma correspondência entre as divisões objetivas do mundo social – notadamente entre dominantes e dominados – e os princípios de visão e de divisão que os agentes lhes aplicam. A posição e o sucesso dos indivíduos e grupos que atuam em determinado campo dependem do tipo e do montante de capital acumulado: *capital econômico* (riquezas ou bens econômicos acumulados), *capital cultural* (relação privilegiada com a cultura erudita e escolar), *capital social* (rede de ralações sociais que franqueiam o acesso ao poder) e *capital simbólico* (formado pelo conjunto de signos e símbolos que situam o indivíduo no espaço social) (Loyola, 2002: 66). Depende também do tipo de capital mais valorizado em um campo; o que é valorizado em um, poderá ser depreciado em outro: os valores do campo dos negócios, por exemplo, onde predomina o capital econômico, são inversos àqueles do campo cultural, onde o que importa é a estima dos pares, o desinteresse e a distância aparentes em relação aos valores mercantis[8]. Um campo é, assim, um espaço de relações em movimento, cujo estado o pesquisador deve permanentemente construir e/ou reconstruir.

Nos diferentes campos, existe uma correspondência entre as divisões objetivas do mundo social – notadamente entre dominantes e dominados – e os princípios de visão e de divisão que os agentes lhes aplicam. As divisões sociais e os esquemas mentais são estruturalmente homólogos, pois são geneticamente ligados. A exposição repetida às condições sociais defi-

---

[6] Isto se deve, em grande parte, ao fato de a definição dominante de classe social, durante quase todo o século passado, ter sido aquela dada por Marx e utilizada pelos movimentos socialistas e comunistas que entram em declínio com a queda do muro de Berlim. Na definição marxista de classes, estas se constroem nas relações de produção, ou seja, no âmbito econômico. Para ele, as relações de produção constituem as relações de classe, marcadas fortemente pelo antagonismo entre os detentores dos meios de produção e os portadores da força de trabalho, representados, na sociedade capitalista, pela burguesia e o proletariado, respectivamente (cf. Marx, 1976). Entre os marxistas, Louis Althusser (1985) e Antônio Gramsci (2001) se destacam por pensar as relações entre cultura e economia ou, mais especificamente, a determinação daquela pelas relações econômicas de produção sem conseguir, entretanto, superar o mecanicismo e/ou a fluidez desta determinação. A expressão classe social é hoje amplamente utilizada como instrumento para vendas, *marketing* e pesquisa de mercado. Com base em dados sobre o poder aquisitivo, a população investigada, por meio de pesquisas quantitativas, é classificada segundo seu potencial e nível de consumo, em A, B, C, D, E etc. Esta classificação é usada também nas pesquisas de opinião, como as de tipo eleitoral.

[7] Em sua extensa obra, Bourdieu aborda, de maneira exaustiva e exemplar, as relações entre essas diferentes e complexas dimensões da realidade social – individual, econômica, cultural ou simbólica. Para uma relação de seus principais livros e artigos, incluindo traduções em português, consultar Bourdieu (2002).

[8] Atualmente, no subcampo universitário do espaço cultural, o que vem sendo principalmente valorizado é o número de publicações em periódicos internacionais (Loyola, 2008, 2010).

nidas imprime nos indivíduos um conjunto de disposições duráveis e transferíveis, que são a interiorização da realidade externa, das pressões de seu meio social inscritas no organismo (Loyola, 2002). Nisso constitui o *habitus*, que conjuntamente com o conceito de campo são relacionais, no sentido de que só podem funcionar um em relação ao outro. O *habitus* constitui um sistema de esquemas de percepção, de apreciação e de ação; um conjunto de conhecimentos práticos adquiridos ao longo do tempo que nos permitem perceber, agir e evoluir com naturalidade em um universo social dado. Enquanto coletivo individualizado pela incorporação do social, ou indivíduo biológico coletivizado pela socialização, o *habitus* não é uma invariante antropológica, mas uma matriz geradora, historicamente constituída, institucionalmente enraizada e socialmente variável. O *habitus* é um operador de racionalidade, mas de uma racionalidade prática, inerente a um sistema histórico de relações sociais; o *habitus* é criador, inventivo, mas nos limites de suas estruturas (Loyola, 2002: 68-9).

Em síntese, tanto as construções como as traduções e retraduções dos valores e normas sociais passam por um sistema de estratificação social e simbólico que se organiza em diferentes *campos,* mediante as relações entre os diferentes atores sociais que os integram – agentes e clientela –, sendo em ambos os casos determinadas pelo *habitus de classe* (e este pelo montante de capital econômico, cultural ou social acumulado) que os aproxima ou distancia.

A ideia de *habitus* é especialmente importante no campo da saúde, porque ele é em grande parte responsável pelas escolhas em matéria de saúde, pelos *itinerários terapêuticos* que determinada população efetua, em função dos serviços de saúde disponíveis em determinado campo. No campo médico estudado por Loyola (1984, 1987, 1991) e utilizado para exemplificar o tipo de análise descrito, tanto a oferta como a demanda de serviços de cura, relativas às medicinas consideradas – *medicina popular* e *homeopatia* –, transcorriam segundo as crenças e a visão de mundo preconizadas pelos especialistas dessas medicinas e compartilhadas por sua clientela. Em função dessas crenças e de suas teorias sobre a saúde e a doença, essas medicinas se hierarquizavam a partir de sua proximidade maior ou menor com as ciências ou com religiões, presentes no campo – catolicismo popular, igrejas pentecostais, umbanda e candomblé, no caso da medicina popular; espiritismo kardecista, igreja metodista, budista e messiânica, no caso da homeopatia. Elas se hierarquizavam também em função da classe ou posição social de sua clientela. Quanto mais perto da *medicina científica* oficial, mais elevada a classe social dos agentes e de seus clientes; quanto mais perto da religião, mais baixa.

As representações do corpo, da saúde e da doença dos clientes dessas medicinas intervinham constantemente em sua relação com o sistema de ofertas terapêuticas – seja na maneira como se cuidavam, seja na escolha que faziam de uma ou outra categoria de especialistas. Os clientes da medicina popular tinham em comum com aqueles da homeopatia o fato de negarem os dualismos *corpo/espírito* ou *corpo/alma, objetivismo/subjetivismo* e o *mecanicismo orgânico* da medicina científica ou oficial. Os primeiros, mais dependentes dos serviços de cura oferecidos pelas religiões, enfatizavam, sobretudo, as categorias *espírito/matéria* – negando a existência da doença mental (identificada em seu universo simbólico como doença espiritual); os clientes da homeopatia enfatizavam, principalmente, as categorias corpo/cabeça e a participação do próprio indivíduo naquele processo, em um tipo de voluntarismo característico das camadas que se orientam fortemente por uma conduta de mobilidade.

As representações sobre saúde e doença dos clientes dessas medicinas se apoiavam, também, em um sistema de oposições organizado a partir da visão e da utilização do corpo, que refletia em grande parte sua posição de classe. Exercendo atividades que demandavam um uso intensivo do corpo, os clientes da medicina popular definiam saúde e doença pela oposição das categorias *força/fraqueza,* contrapondo situações que possibilitavam ou impossibilitavam o uso do corpo para o trabalho. Para os clientes da homeopatia, saúde e doença eram representadas como situações de *equilíbrio/desequilíbrio* físico e mental, categorias que reproduziam, no plano simbólico, sua posição equilibrada e equilibrante entre as camadas socialmente mais privilegiadas e/ou mais desprovidas.

Entretanto, as relações entre medicina popular e medicina científica oficial e entre esta medicina e homeopatia não eram estáticas: ao contrário, nos dois casos, o recurso alternativo, e mesmo concomitante aos dois sistemas de tratamento, produzia efeitos sobre ambos, reforçando-os mutuamente. A oposição entre elas se traduzia, ao mesmo tempo, como oposições de classe – as representações da doença sendo determinadas por um conjunto de características sociológicas que podiam ser resumidas na noção de *habitus* mais ou menos "letrado" ou "corporal". Tanto na medicina popular como na homeopatia, o sistema de relações com a medicina científica era caracterizado, simultaneamente, pela complementaridade (reconhecimento da medicina oficial e de seu sistema terapêutico) e pela oposição (de visões do corpo, da saúde e da doença).

Assim, ao mesmo tempo que rejeitavam e reivindicavam o acesso às terapias oferecidas pela medicina científica, os clientes da medicina popular e da homeopatia, mais próximas de suas representações do corpo e de sua relação com o mundo podiam, através delas, subtrair parcialmente à imposição da visão do mundo das classes dominantes veiculada pela medicina científica oficial e pela biomedicina e contrabalançar, assim, a relação de dominação que resulta da prática médica científica oficial. Eles podem, inclusive, afirmar sua própria identidade e reivindicar um saber próprio sobre o corpo e a doença e, por esta via, se contrapor às interpretações médicas dominantes.

TEMAS E QUESTÕES CLÁSSICAS E CONTEMPORÂNEAS

Olhar das ciências sociais sobre a biomedicina

O termo biomedicina tem sido frequentemente utilizado nos trabalhos antropológicos para designar a medicina moderna, remetendo à estrutura institucional da medicina no Ocidente e enfatizando a primazia de sua base epistemológica e ontológica centrada na fisiopatologia (Kleinman, 1995). Para o modelo biomédico dominante em nossa sociedade, saúde e doença constituem, sobretudo, fenômenos de ordem biológica que devem ser tratados por meio de uma ação de natureza técnica. O olhar das ciências sociais tem contribuído para a "desnaturalização" do saber biomédico, evidenciando a interação complexa entre biologia, práticas sociais e cultura na produção da doença como objeto social e experiência vivida. Assim, o foco da doença como entidade biológica desloca-se para a experiência da enfermidade em um dado contexto social e cultural.

As premissas básicas da perspectiva biomédica incluem a racionalidade científica, a ênfase na mensuração objetiva e numérica de dados bioquímicos, o mecanicismo (que tem como metáfora dominante o corpo como máquina bioquímica), o dualismo corpo-mente, a visão da enfermidade como entidade ontológica (atribuindo-lhe uma identidade mórbida que é independente do sujeito e do contexto sociocultural em que este está inserido) e a ênfase do diagnóstico e tratamento sobre o indivíduo doente em detrimento da família ou da comunidade (Helman, 2003).

Essas premissas se refletem de várias maneiras na prática médica, como, por exemplo, no momento em que a desordem orgânica é percebida como o verdadeiro objeto da medicina; quando a racionalidade científica despreza as dimensões emocionais e morais da aflição; quando o médico se coloca na posição de conhecedor ativo, deixando o paciente na posição de conhecedor passivo; e na despersonalização dos pacientes. Em especial, a dificuldade dos médicos na escuta das queixas dos pacientes repercute de modo negativo na qualidade da relação terapêutica. Como afirmam Kirmayer *et al.* (1995), epistemologicamente, a biomedicina separa evidências objetivas de doença, a partir de sinais físicos e testes laboratoriais, do discurso subjetivo do paciente sobre sua doença, atribuindo credibilidade distinta às duas fontes de informação e, muitas vezes, deslegitimando a queixa do paciente.

Os conceitos de *disease, illness* e *sickness,* desenvolvidos pela antropologia médica anglo-saxã (Kleinman, 1980; Young 1982), ajudam a compreender didaticamente essas dimensões objetiva e subjetiva da doença. *Disease,* que nós poderíamos associar a patologia, refere-se à doença tal como concebida pela biomedicina, designando anormalidades na estrutura ou função dos órgãos ou sistemas orgânicos, e a estados patológicos independentemente de serem ou não culturalmente reconhecidos.

Já *illness,* ou *enfermidade,* refere-se à percepção e à experiência do paciente da patologia ou de outros estados "socialmente desvalorizados", independentemente de serem ou não reconhecidos pela biomedicina como doença. O conceito de *illness* remete aos significados que a pessoa atribui aos sinais e sintomas corporais, que podem ou não ser interpretados por ela e por seu meio cultural como doença. Uma pessoa que refira sentir peso nos ombros, desânimo, dores difusas e acredite estar com "encosto de morto", estado "socialmente desvalorizado", cujos sintomas são explicados pelo candomblé, umbanda e espiritismo kardecista como causados pela ação nefasta de um espírito, estaria com *illness* (enfermidade) sem *disease* (patologia). A *disease* também pode ocorrer na ausência da *illness,* como no caso de uma hipertensão não diagnosticada e assintomática. O conceito de *illness* remete assim ao modo como a doença é trazida à experiência individual e se torna significativa para o paciente, pois, para que a pessoa se reconheça doente, é necessário que ela interprete os sintomas experienciados como sinais de uma doença. Essa interpretação é fortemente influenciada pelo contexto cultural em que o indivíduo está inserido. É a cultura que fornece as lentes através das quais será realizada a leitura dos sinais corporais. Influenciando a apreensão cognitiva dos sintomas, a cultura contribui para determinar se eles serão avaliados como irrelevantes, naturais e não indicadores de doença ou se, ao contrário, serão percebidos como algo que demande ajuda terapêutica imediata.

Por fim, o conceito de *sickness* (doença), como proposto por Young (1982), enfatiza a dimensão social da enfermidade incorporando ao esquema de Kleinman a compreensão dos fatores sociais, políticos e econômicos que se encontram na base da determinação social das doenças.

Parte da dificuldade encontrada pelos médicos na relação terapêutica deve-se ao fato de que o objetivo terapêutico do modelo biomédico é intervir no processo da doença, visando à cura da patologia (*disease*), sem considerar sua dimensão subjetiva (*illness*). Nesse sentido, a biomedicina está voltada para a remissão dos sintomas, o que Kleinman (1980) denomina *curing* (cura da patologia) em oposição a *healing* (cura da enfermidade), conceito que remete à percepção do paciente sobre seu problema e se ele se considera curado. *Healing* designa então o objetivo terapêutico dos modelos terapêuticos culturais que, diferentemente da biomedicina, não estão necessariamente voltados para os sinais e sintomas e visam, sobretudo, trazer ao entendimento do paciente aspectos escondidos da realidade da enfermidade, transformando-a e reformulando a maneira como são compreendidos (Kleinman, 1980). As práticas terapêuticas populares e religiosas geralmente centram seus esforços na busca do sentido da doença para o paciente, atuando sobre a *illness* (enfermidade).

Como mostra Montero (1985) em seu estudo sobre as práticas terapêuticas na umbanda, a concepção religiosa da doença transcende a finalidade puramente técnica da cura. A mãe de santo, mediante a interpretação religiosa do infortúnio, busca articular a multiplicidade de sensações e acontecimentos percebidos de maneira caótica e atomizada pelo indivíduo doente, permitindo-lhe construir um discurso que dê sentido à doença. A ordenação da experiência de sofrimento transforma a relação do Eu com o mundo, favorecendo um certo rearranjo das relações pessoais e o enfrentamento das situações-problema que se encontram associadas à enfermidade (Montero, 1985).

A dimensão cultural e intersubjetiva da enfermidade é extremamente importante para a relação terapêutica, pois todas as doenças estão envoltas em representações culturais que são apropriadas e reelaboradas pelos indivíduos quando vivenciam situações de doença. Sobretudo nas doenças graves, existe a necessidade do paciente de buscar uma explicação existencial para a enfermidade. Para fazer referência a essa rede de significados associada à doença, o antropólogo Byron Good (1977) cunhou o conceito de *rede semântica da enfermidade* (*illness semantic network*). Essa rede constitui-se de palavras, metáforas, situações, sintomas, experiências e sentimentos que estão associados à doença e que a tornam significativa para o doente (Good, 1994).

Como mostram os estudos de Loyola (1984) e Montero (1985), entre outros, a população combina diferentes alternativas terapêuticas em busca de dar conta das distintas dimensões da doença. Essas autoras mostram também como o recurso às terapias populares representa um modo de relativização do saber médico e de resistência das camadas populares à expropriação de seu saber sobre a saúde e a doença. Em seu estudo sobre as práticas terapêuticas na umbanda, Montero discute como o saber religioso sobre a cura não se opõe diretamente à biomedicina, mas constrói sua legitimidade nos espaços onde a biomedicina encontra seus limites.

Seria importante que os profissionais de saúde conhecessem mais profundamente o contexto sociocultural em que estão inseridos seus pacientes e estivessem mais atentos a como diferenças na linguagem, representações e códigos de leitura do corpo se refletem no encontro terapêutico. Estudos antropológicos têm discutido como, no diálogo com os profissionais de saúde, a população incorpora termos e conceitos médicos, realizando, no entanto, uma releitura destes mesmos segundo sua matriz cultural. Em estudo realizado com mulheres das classes populares no Sul do Brasil, Leal (1995) mostra como o discurso médico sobre a reprodução e a anticoncepção, apesar de bastante disseminado, é ressignificado pela população que não o identifica como a única possibilidade de explicação de processos orgânicos, como a reprodução humana. A autora parte da evidência etnográfica, recorrente entre as mulheres das classes populares, segundo a qual o período fértil se sobrepõe ou está imediatamente vinculado ao período menstrual. O trabalho constante de orientação, realizado nos programas e ações de planejamento familiar ou grupos de pré-natal – oferecidos nos postos de saúde locais a uma população que, apesar de viver em precária situação socioeconômica, tem acesso gratuito a serviços médicos efetivos e a diferentes métodos contraceptivos –, não necessariamente transforma as representações e práticas relacionadas com a contracepção. Leal mostra, então, a necessidade de compreensão da lógica que ordena as representações de mulheres das classes populares sobre seus corpos, fluidos e concepção, matriz cultural por meio da qual as mulheres realizam uma releitura do discurso médico. O modelo cultural de corpo inclui noções de uma dinâmica de abertura e fechamento, estados de umidade e calor e circulação de substâncias condutoras, entre as quais o sangue assume grande importância simbólica. Para as mulheres, a fecundação é uma forma de contágio na qual ocorre o encontro de fluidos corporais: o sangue (substância percebida como feminina) e o sêmen (substância fértil masculina). O sangue seria então um fluido vital construtor do próprio feto e associado à fertilidade.

O estudo das diversas formas de racionalidades médicas, concepções e representações sobre saúde e doença torna possível relativizar nosso ponto de vista e nossa prática, enriquecendo-os a partir de outras perspectivas. O conhecimento do modo como as pessoas vivenciam, atribuem significados e lidam com o mal-estar, o sofrimento e a dor em distintos contextos socioculturais possibilita expandir e aprofundar nossa compreensão sobre o ser humano. Hoje, mais do que nunca, é necessário humanizar a prática biomédica que, como observa Kleinman (1995), apesar de ter alcançado um desenvolvimento tecnológico sem paralelo, quando comparada a outras formas de medicina, teria o que ganhar ao aprender com as medicinas tradicionais, populares ou alternativas, em termos de humanização de sua prática. O crescimento nas sociedades ocidentais do recurso às medicinas alternativas reflete a busca pela população de outras racionalidades terapêuticas, fenômeno que Madel Luz (1997) situa no interior de uma crise sanitária e médica na sociedade atual.

Para a humanização da prática médica e, particularmente, para a melhoria da qualidade do atendimento à população pelo SUS, seria também importante que os profissionais de saúde adquirissem maior conhecimento do contexto cultural no qual estão inseridos seus pacientes, o que lhes permitiria desenvolver maior sensibilidade em sua atuação junto à população e assim melhorar a qualidade do encontro terapêutico e das ações de educação em saúde. É importante observar, no entanto, que a postura dos profissionais da saúde com relação ao conhecimento do contexto sociocultural de seus pacientes deve ser guiada pela recusa ao etnocentrismo que caracteriza a perspectiva antropológica. Assim, não se trata de conhecer para melhor dominar, mas de se deixar transformar no diálogo com o saber do Outro. É necessário procurar compreender a alteridade em sua própria lógica, evitando projetar sobre ela nossos conceitos e preconceitos. Como afirma Minayo (1997), seria importante para o profissional da saúde perceber o grau de bom senso contido nas queixas do paciente, procurando compreender esse discurso diferenciado à luz das condições de vida e trabalho dessas pessoas e dos significados culturais que formatam a percepção e expressão da doença.

No atual contexto de construção do SUS, no qual a participação dos usuários, como sujeitos da saúde, é um princípio fundamental, torna-se importante conhecer com mais profundidade as experiências e concepções da população com relação ao processo saúde-doença e suas expectativas sobre os serviços de saúde. Como afirma Vaitsman (1992), uma concepção ampliada de saúde deveria recuperar o significado do indivíduo em sua singularidade e subjetividade na relação com os outros e com o mundo, o que não se expressa apenas por meio do trabalho (o corpo produtivo), mas também do lazer, do afeto, da sexualidade e das relações com o meio ambiente.

Olhar socioantropológico sobre o corpo

Nas duas últimas décadas, houve um renovado interesse das ciências sociais pelo estudo do corpo. Desde o seminal artigo de Marcel Mauss (2003)[9], cuja principal contribuição foi, sem dúvida, a de mostrar como o corpo, longe de ser um dado natural, era produto de um aprendizado social e cultural, muitos cientistas sociais passaram a problematizar e discutir as relações entre a sociedade e o corpo. Mauss (2003) definiu o conceito de técnicas do corpo como o modo como as pessoas em diferentes contextos culturais se servem de seus corpos. Para ele, o corpo é o primeiro e mais natural instrumento do ser humano

---

[9] Publicado originalmente em 1936, no *Journal de Psychologie*.

e a arte de sua utilização está associada à educação e à imitação. A noção de *habitus*, presente no artigo de Mauss e depois retrabalhada por Bourdieu, remete a ideia do adquirido e sua variação é concebida como resultado da socialização a que estão submetidos os indivíduos. Nesse processo, a sociedade inscreve-se no corpo, construindo a sensibilidade, os gostos, as formas de vestir, os modos de caminhar, comer etc. Consequentemente, culturas diferentes engendrarão diferentes técnicas do corpo. Mauss inaugura assim um novo olhar sobre a corporeidade humana, apreendida enquanto fenômeno social e cultural, objeto de representações e de simbolismo.

Em outro estudo clássico, a antropóloga britânica Mary Douglas (1976) mostra como o corpo, enquanto símbolo da sociedade, funciona como um espelho que reflete as tensões sociais. Enquanto símbolo natural, e lócus no qual são reproduzidos os poderes e perigos atribuídos à estrutura social, o corpo cumpre o duplo papel de fonte de metáforas para a representação de estruturas sociais, ao mesmo tempo que serve como imagem da sociedade.

Vários estudos etnográficos têm mostrado, desde então, como as concepções de corpo, de seus limites e da noção de pessoa variam em diferentes culturas. O dualismo mente/corpo ou corpo/espírito, tão naturalizado no pensamento ocidental, não é encontrado em numerosas sociedades (Le Breton, 2011). Em outras, a noção de corpo não se restringe ao corpo físico ou biológico, associando-se a uma concepção de pessoa mais holista e relacional. Já a concepção de corpo dominante nas sociedades ocidentais implica o "isolamento do sujeito em relação aos outros (uma estrutura social de tipo individualista), em relação ao cosmo (as matérias-primas que compõem o corpo não têm qualquer correspondência em outra parte) e em relação a ele mesmo (ter um corpo mais do que ser um corpo)" (Le Breton, 2011: 9).

Estudos socioantropológicos, sobretudo, na perspectiva fenomenológica, têm desenvolvido uma nova forma de abordar o corpo, deslocando o enfoque de seu simbolismo e enfatizando o corpo como base existencial da cultura (Csordas, 1990). Csordas (1990), inspirado em Merleau-Ponty, propõe o paradigma do *embodiment* (corporificação) partindo do pressuposto de que nossa existência no mundo é corporal e que o corpo não é um simplesmente objeto da cultura, mas um agente produtor de sentido. Nessa perspectiva, corpo e subjetividade estão intimamente imbricados. No lugar do dualismo corpo-consciência, temos o "corpo vivido" que passa a ser pensado como sujeito da cultura, com capacidade ativa de reconstruir esquemas corporais e subjetividades.

Culto ao corpo na contemporaneidade

Na contemporaneidade, a preocupação com a aparência corporal e a disseminação de cuidados com o corpo é um fenômeno crescente. Cada vez mais mulheres e homens dedicam tempo e recursos financeiros com o objetivo de alterar as configurações anatômicas e estéticas da forma física.

A emergência do culto ao corpo contemporâneo está intimamente ligada ao desenvolvimento da sociedade de consumo, na qual o corpo tornou-se também um objeto que pode ser gerido como um capital (Courtine, 1995; Goldemberg, 2006; Iriart et al., 2009), conferindo poder simbólico a seus detentores. Essa supervalorização do invólucro corporal se reflete na proliferação do que Courtine (1995) denominou técnicas de cuidado e gerenciamento dos corpos, como dietas, *jogging*, musculação, ginásticas e cirurgias estéticas. Voltada para os cuidados com o corpo, a chamada indústria da beleza movimenta bilhões de dólares ao redor do mundo.

O aumento do poder de influência dos meios de comunicação contribuiu na disseminação de valores e de modelos de corpos ideais com ênfase na beleza e na juventude como atributos de um corpo desejável. A principal mensagem disseminada por essa indústria é que, à medida que se adquirem e utilizam os produtos e serviços adequados, o corpo se torna um bem atraente e valorizado no mercado de trabalho e da atração sexual (Featherstone, 1995).

A busca de padrões ideais de corpo socialmente valorizados tornou-se, no entanto, fonte de crescente insatisfação e ansiedade. Na contemporaneidade, as pessoas são convidadas a exercer um constante monitoramento de seus corpos em busca de imperfeições e a investir tempo, energia e recursos financeiros na remodelagem de seus corpos. Dissemina-se a concepção de um corpo plástico, sendo os indivíduos responsáveis por sua reconstrução, segundo os padrões estéticos dominantes. O corpo torna-se assim um acessório da pessoa, implicado em uma encenação de si (Le Breton, 2003). Busca-se cada vez mais a construção identitária na aparência corporal, que deve passar a refletir a essência do sujeito em um esforço constante de exteriorização da subjetividade (Le Breton, 2003). O discurso sobre o corpo perfeito está permeado também por um discurso moral que classifica os corpos segundo os padrões valorizados socialmente e exclui aqueles que não se ajustam às normas ideais, a exemplo dos obesos, que são vistos como "desleixados" e culpados por sua condição.

Novos objetos e desafios para as ciências sociais em saúde

As transformações sociais associadas ao processo de globalização e o crescente desenvolvimento tecnológico levam à emergência de novos objetos de estudos para as CSS (Iriart & Caprara, 2011). Em um mundo globalizado, no qual processos políticos, econômicos e demográficos transcendem as fronteiras geográficas com impactos transnacionais, os problemas de saúde assumem também uma dimensão global. Doenças infecciosas, a exemplo do que aconteceu com a AIDS, a gripe aviária ou a SARS, podem se disseminar rapidamente por vários países do mundo, demandando ações que ultrapassam o nível local. O mesmo vale para problemas emergentes, como as mudanças climáticas globais, as ameaças de bioterrorismo, o comércio internacional de órgãos ou a poluição, que atravessam as fronteiras nacionais.

Novas formas de sociabilidade e de subjetivação surgem com a rápida disseminação e popularização da internet. A intensificação do fluxo de pessoas, de informações e intercâmbios culturais produz tensões entre processos globais e identidades socioculturais locais (Whiteford & Manderson, 2000). Nesse contexto, as ciências sociais têm um papel importante na reflexão e análise dessas transformações sociais e seu impacto sobre a saúde, levando em conta as interações complexas existentes entre as culturas, sistemas econômicos, organizações políticas e a ecologia do planeta (Iriart & Caprara, 2011).

No campo da inovação tecnológica, os avanços da biologia molecular, da genômica e das biotecnologias prometem transformar radicalmente o modo como pensamos o corpo, a saúde e a doença, suscitando também importantes questões éticas que devem ser objeto de reflexão dos cientistas sociais em saúde.

O desenvolvimento da engenharia genética, ao mesmo tempo que aporta fantásticas promessas utópicas, traz também o temor do surgimento de novas desigualdades sociais, o risco do retorno do fantasma da eugenia em projetos de aprimoramento da espécie humana, a constituição de novos dispositivos de biopoder e o perigo do esfacelamento das fronteiras entre as diferentes formas de vida nos processos de transmutações gênicas (Sibilia, 2003; Iriart & Caprara, 2011). A nova genética abre a possibilidade de uma evolução artificial ou evolução pós-biológica em que novas espécies, organismos geneticamente modificados, tanto vegetais como animais, são criados artificialmente em um mercado florescente que registra intensa concentração de capitais (Sibilia, 2003).

As terapias genéticas trazem no horizonte a perspectiva de uma medicina preditiva e personalizada que promete diagnosticar a enfermidade antes de sua aparição, suscitando importantes transformações em nossa concepção de saúde e de doença. Em um processo de reificação do risco genético, que passa a ser visto como a própria doença, surge uma nova categoria social, a dos pacientes potenciais ou doentes pré-sintomáticos (Sfez, 1996).

O olhar das ciências sociais mostra que as tecnologias não são neutras, mas estão permeadas por interesses sociais, políticos e econômicos subjacentes à sua produção. Nesse contexto, as ciências sociais têm um papel importante tanto no desvelamento dos fatores macroestruturais, e nas relações de poder e de dominação associadas à produção e à implementação das novas biotecnologias, como na compreensão de suas repercussões na vida dos sujeitos, fazendo emergir o saber local, os dilemas éticos e a experiência dos indivíduos e das comunidades que estão diretamente afetados pelas inovações tecnológicas (Lock & Nguyen, 2010; Iriart & Caprara, 2011).

CONSIDERAÇÕES FINAIS

Relação médico-paciente, profissão, processo de especialização e tecnificação do trabalho em saúde, institucionalização dos cuidados em saúde, modelos explicativos do processo saúde-doença, determinação social da saúde, políticas de saúde e organização social das práticas em saúde são alguns dos temas abordados pelas CSS. Diversos quadros teórico-metodológicos fornecem parâmetros para as investigações em CSS, ainda que possamos falar em grandes abordagens, algumas das quais procuramos aqui apresentar. Não privilegiamos os aspectos metodológicos, nem procuramos apresentar o processo de institucionalização das CSS, em termos de suas práticas científicas e de ensino. Optamos por situar contextos e questões fundamentais das CSS, identificando contribuições para o campo da Saúde Coletiva. Feito esse percurso, sobressai a valiosa contribuição desse eixo fundante da Saúde Coletiva brasileira para a abordagem da saúde como produto e constructo histórico.

Referências

Adam P, Herzlich C. Sociologia da doença e da medicina. São Paulo: Edusc, 2001.
Althusser L. Aparelhos ideológicos de Estado. Rio de Janeiro: Ed. Graal, 1985.
Alves P. A experiência da enfermidade: considerações teóricas. Cadernos de Saúde Pública, Rio de Janeiro, jul/set 1993; 9:263-71.
Alves PC. A fenomenologia e as abordagens sistêmicas nos estudos sócio-antropológicos da doença: breve revisão crítica. Cad Saúde Pública [online] 2006; 22(8):1547-54.
Alves PC, Minayo MCS. Saúde e doença: um olhar antropológico. Rio de Janeiro: Fiocruz, 1994.
Barros NF. Medicina complementar: uma reflexão sobre o outro lado da prática médica. São Paulo: Annablume/Fapesp, 2000.
Barros NF, Nunes ED. Sociologia, medicina e a construção da sociologia da saúde. Rev Saúde Pública [online] 2009; 43(1):169-75.
Berger P, Luckmann T. A construção social da realidade. Rio de Janeiro: Editora Vozes, 1997.
Bodstein RCA. Ciências sociais e saúde coletiva: novas questões, novas abordagens. Cad Saúde Pública [online] 1992; 8(2):140-49.
Boltanski L. As classes sociais e o corpo. Rio de Janeiro: Ed. Graal, 1979.
Bonet O. A ciência como objeto. In: Bonet O. Saber e sentir: uma etnografia da aprendizagem da biomedicina. Rio de Janeiro: Fiocruz, 2004:23-44.
Bourdieu P. Pierre Bourdieu – entrevistado por Maria Andréa Loyola. Coleção Pensamento Contemporâneo. 1. ed. Vol. 1. Rio de Janeiro: Eduerj, 2002:63-86.
Bury M. Chronic illness as biographical disruption. Sociol Health Illn 1982; 4 (2):167-82.

Cabral ALLV, Martinez-Hemaez A, Andrade EIG, Cherchiglia ML. Itinerários terapêuticos: o estado da arte da produção científica no Brasil. Ciênc Saúde Coletiva [online] 2011; 16(11):4433-442.
Canesqui AM (org.) Olhares socioantropológicos sobre os adoecidos crônicos. São Paulo: Hucitec/Fapesp, 2007.
Canesqui AM (org.) Ciências sociais e saúde. São Paulo/Rio de Janeiro: Hucitec/Abrasco, 1997.
Canesqui AM (org.) Dilemas e desafios das ciências sociais na Saúde Coletiva. São Paulo/Rio de Janeiro: Hucitec/Abrasco, 1995.
Canesqui AM. Ciências sociais e saúde no Brasil. São Paulo: Hucitec, 2007.
Canesqui AM (org.) Antropologia e nutrição: um diálogo possível. Rio de Janeiro: Fiocruz, 2005.
Canesqui AM. Os estudos de antropologia da saúde/doença no Brasil na década de 1990. Ciênc Saúde Coletiva [online] 2003; 8(1):109-24.
Castellanos MEP. Adoecimento crônico infantil – um estudo das narrativas familiares. São Paulo: Hucitec, 2011.
Castiel LD, Dardet-Diaz CA. A saúde persecutória, os limites da responsabilidade. Rio de Janeiro: Fiocruz, 2007.
Cecílio LCO, Matsumoto NF. Uma taxonomia operacional de necessidades de saúde. In: Pinheiro R, Ferla AA, Mattos RA (orgs.) Gestão em redes: tecendo os fios da integralidade em saúde. Rio de Janeiro, Caxias do Sul: CEPSC, IMS, Uerj, Educs, 2006.
Cecílio LCO. As necessidades de saúde como conceito estruturante na luta pela integralidade e eqüidade na atenção em saúde. In: Pinheiro R, Mattos RA (orgs.) Os sentidos da integralidade na atenção e no cuidado à saúde. Rio de Janeiro: IMS, Uerj, 2001.
Cohn A. A saúde na Previdência Social e na seguridade social: antigos estigmas e novos desafios. In: Cohn A, Elias PEM (orgs.) Saúde no Brasil: políticas e organização dos serviços. São Paulo: Cortez/Cedec, 1996. 117p.
Courtine JJ. Os stakhanovistas o narcisismo: body-building e puritanismo ostentatório na cultura americana. In: Sant'Anna DB (org.) Políticas do corpo. São Paulo: Estação Liberdade, 1995:39-48.
Csordas T. Embodiment as paradigm for anthropology. Ethos 1990; 18:5-47.
Deslandes SF (org.) Humanização dos cuidados em saúde: conceitos, dilemas e práticas. Rio de Janeiro: Fiocruz, 2006.
Deslandes SF. Análise do discurso oficial sobre a humanização da assistência hospitalar. Ciênc Saúde Coletiva [online] 2004; 9(1):7-14.
Donnangelo MCF, Pereira L. Saúde e sociedade. São Paulo: Duas Cidades, 1976.
Donnangelo MCF. A pesquisa na área da saúde coletiva no Brasil: a década de 70. In: Abrasco. Ensino da saúde pública, medicina preventiva e social no Brasil. Rio de Janeiro: Abrasco/Nutes/Clates, 1982:17-35.
Donzelot J. A polícia das famílias. 2. ed., Rio de Janeiro: Graal, 1986.
Douglas M. Pureza e perigo. São Paulo: Editora Perspectiva, 1976.
Dumont L. O individualismo: uma perspectiva antropológica da ideologia moderna. Rio de Janeiro: Editora Rocco, 1985.
Durkheim E. A divisão do trabalho social. São Paulo: Editora Martins Fontes, 2010.
Durkheim E. As formas elementares da vida religiosa. São Paulo: Editora Martins Fontes, 2003.
Fetherstone M. The body in Consumer Culture. In: The body. Social process and cultural theory. London: Sage Publications, 1995.
Fleury S. A questão democrática na Saúde. In: Fleury S (org.) Saúde e Democracia: a luta do Cebes. São Paulo: Lemos, 1997:25-43.
Fleury S. As ciências sociais em saúde no Brasil. In: Nunes ED (org.) As ciências sociais em saúde na América Latina: tendências e perspectivas. Brasília: Organização Pan-Americana da Saúde, 1985:87-109.
Foucault M. Doença mental e psicologia. Rio de Janeiro: Tempo Brasileiro, 1968.
Foucault M. História da sexualidade I. A vontade de saber. Rio de Janeiro: Graal, 1976.

Foucault M. O nascimento da medicina social. In: A microfísica do poder. Rio de Janeiro: Graal, 1979.

Foucault M. A verdade e as formas jurídicas. Rio de Janeiro: Nau, 1999.

Foucault M. A ordem do discurso. São Paulo: Loyola, 1996.

Foucault M. Em defesa da sociedade: Curso no Collège de France (1975-1976). São Paulo: Martins Fontes, 2000.

Freidson E. Profissão médica: um estudo de sociologia do conhecimento aplicado. São Paulo: Unesp, 2009 [1970].

Freidson E. O renascimento do profissionalismo. Tradução: Celso Mauro Paciornik. São Paulo: Edusp, 1998.

Freud S. Mal-estar na civilização. Vol. XXI da Coleção Standard Obras Completas de Sigmund Freud. Rio de Janeiro: Imago, 1969.

Geertz C. A interpretação das culturas. Rio de Janeiro: Guanabara Koogan, 1989.

Gerhardt U. Introdutory essay – qualitative research on chronic illness: the issue and the story. Soc Sci Med 1990; 30(11):1149-59.

Gerhardt U. Talcott Parsons. An intellectual biography. UK: Cambridge, 2002.

Gerhardt U. The social thought of Talcott Parsons. UK: Ashgate, 2011.

Goffman E, Asylums: Essays on the social situation of mental patients and other inmates. New York: Doubleday, 1961. (Tradução brasileira: Manicômios, prisões e conventos. São Paulo: Perspectiva, 1974.)

Goffman E. Stigma: notes on the management of spoiled identity, Englewood Cliffs NJ: Prentice-Hall, 1963. (Tradução brasileira: Estigma: notas sobre a manipulação da identidade deteriorada. Rio de Janeiro: Zahar, 1975.)

Goldenberg M. O corpo como capital: para compreender a cultura brasileira. Arq Mov 2006; 2(2):115-23.

Gomes MHA, Goldenberg P. Interfaces e interlocuções: os congressos de ciências sociais em saúde. Ciênc Saúde Coletiva 2003; 8(1):251-64.

Good B. Medicine, rationality and experience. an anthropological perspective. Cambridge: Cambridge University Press, 1994.

Good B. The heart of whats the matter: the semantics of illness in Iran. Culture, Medicine and Psychiatry 1977; 1:25-8.

Gramsci A. Cadernos do cárcere. Rio de Janeiro: Civilização Brasileira, 2001.

Granda E. Salud pública: sujeito y acción. In: Conferencia Panamericana de Educación en Salud Pública. Conferencia de la Associacion Latinoamericana y del Caribe de Educación en Salud Pública, 16, Rio de Janeiro, 1994.

Helman C. Cultura, saúde e doença. Porto Alegre: Artmed, 2003.

Holligshead AB, Redlich FC. Social class and mental illness. New York: Wiley, 1958.

Illich I. Medical Nemesis. London: Calder & Boyars. 1974.

Illich I. A expropriação da saúde: nêmesis da medicina. 4. ed. São Paulo: Nova Fronteira, 1975.

Iriart JAB, Caprara A. Novos objetos e novos desafios para a antropologia da saúde na contemporaneidade. Physis 2011; 21(4):1253-68.

Iriart JAB, Chaves JC, Orleans RG. Culto ao corpo e uso de anabolizantes entre praticantes de musculação. Cad Saúde Pública abr 2009; 25(4):773-82.

Kirmayer L, Trang DAOT, Smith, A. Somatization and psychologization: understanding cultural idioms of distress. In: Okpaku S (org.) Clinical methods in transcultural psychiatry. American Psychiatric Press, 1995:2-39.

Kleinman A. Writing at the margin: discourses between anthropology and medicine. Berkerley: University of California Press, 1995.

Kleinman A. Patients and healers in the context of culture: an exploration of the borderland between anthropology, medicine and psychiatry. Berkeley: U.C. Press, 1980.

Kleinman A. Concepts and a model for the comparison of medical systems as cultural systems. Soc Sci Med 1978; 12:85-93.

Laurell AC. Saúde-doença como processo social. In: Nunes ED. Medicina social – aspectos históricos e teóricos. São Paulo: Global, 1983:133-58.

Le Breton D. Adeus ao corpo. São Paulo: Editora Papirus, 2003.

Le Breton. Antropologia do corpo e modernidade. Petrópolis: Editora Vozes, 2011:17-41.

Leal OF. Sangue, fertilidade e práticas contraceptivas. In: Leal OF (org.) Corpo e significado. Ensaios de Antropologia Social. Porto Alegre: Editora da Universidade Federal do Rio Grande do Sul, 1995:7-35.

Levy-Strauss C. Antropologia estrutural. Rio de Janeiro:. Tempo Brasileiro, 1975.

Lock M, Nguyen V. An anthropology of biomedicine. Malden: Wiley-Blackwell, 2010. 506p.

Loyola MA. Bourdieu e a Sociologia. In: Loyola MA (org.) Pierre Bourdieu (entrevista) – Coleção Pensamento Contemporâneo. 1. ed. Rio de Janeiro: Eduerj, 2002; 1:63- 86.

Loyola MA. Social and cultural hierarchies and different ways of healing in Brazil. In: Leibins A (org.) The medical anthropologies in Brazil. Vol. 5. Berlim: VWB – Verlag fur Wissenschaft und Bildung, 1997:59-66.

Loyola MA. Médicos e curandeiros, conflito social e saúde. São Paulo: Difel, 1984. (Tradução de L'esprit et le corps. Dês thérapeutiques populaires dans la banlieue de Rio. Paris: Editions da la Maison des Sciences de l'Homme, 1983).

Loyola MA. Uma medicina de classe média: ideias preliminares sobre a clientela da homeopatia. Cadernos do IMS, UERJ, 1987; 1(1):45-72.

Loyola MA. A saga das ciências sociais na saúde coletiva. Physis – Revista de Saúde Coletiva, Rio de Janeiro, 2008; 2(18).

Luz MT. Cultura contemporânea e medicinas alternativas: novos paradigmas em saúde no fim do século XX. Physis 2005; 15(Supl): 145-76.

Luz MT. Racionalidades médicas e terapêuticas alternativas. Rio de Janeiro: Instituto de Medicina Social, Universidade Estadual do Rio de Janeiro, 1996. (Série Estudos em Saúde Coletiva, 62).

Luz MT. Cultura contemporânea e medicinas alternativas: novos paradigmas em saúde no fim do século XX. Physis – Revista de Saúde Coletiva, Rio de Janeiro, 1997; 7(1):13-43.

Machado MH. Os médicos no Brasil: retrato da realidade. Rio de Janeiro: Fiocruz, 1997.

Marsiglia RMG, Spinelli SP, Lopes MF, Silva TCP. Das ciências sociais para as ciências sociais em saúde: a produção científica de pós-graduação em ciências sociais. Ciênc Saúde Coletiva [online] 2003; 8(1):275-85.

Marx K. Le Capital. Livre troisième. Paris: Éditions Sociales, 1976.

Mauss M. Sociologia e antropologia. São Paulo: Cosac Naify, 2003.

Mendes Gonçalves RB. Tecnologia e organização social das práticas de saúde, características tecnológicas de processo de trabalho na rede estadual de centros de saúde de São Paulo. São Paulo: Hucitec/Abrasco, 1994.

Minayo MCS. Contribuição da antropologia para pensar e fazer em saúde. Tratado de Saúde Coletiva. Rio de Janeiro: Fiocruz, 2006: 185-218.

Minayo MCS. Saúde e doença como expressão cultural. In: Amâncio Filho A, Moreira MCGB (orgs.) Saúde, trabalho e formação profissional. Rio de Janeiro: Fiocruz, 1997:31-9.

Minayo, MCS. Estrutura e sujeito, determinismo e protagonismo histórico: uma reflexão sobre a práxis da saúde coletiva. Ciênc Saúde Coletiva [online] 2001; 6(1):7-19.

Montero P. Da doença à desordem: a magia na Umbanda. Rio de Janeiro: Graal, 1985.

Nunes, E. Carências urbanas, reivindicações sociais e valores democráticos. Lua Nova – Revista de Cultura e Política 1989; 17:67-91.

Nunes ED. Ciências sociais em saúde no Brasil: notas para a sua historia. Educ Med Salud 1987; 21(2):106-16.

Nunes ED. As ciências sociais em saúde: reflexões sobre as origens e a construção de um campo de conhecimento. Saúde Soc [online] 1992; 1(1):59-84.

Nunes ED. Saúde coletiva: história de uma idéia e de um conceito. Saúde Soc [online] 1994; 3(2):5-21.

Nunes ED. Sobre a sociologia da saúde. São Paulo: Hucitec, 1999.

Nunes ED. A doença como processo social. In: Canesqui AM. Ciências sociais e saúde para o ensino médico. São Paulo: Hucitec, 2000.

Nunes ED. As ciências humanas e sociais e a saúde: algumas considerações. Revista Brasileira de Educação Médica jan/abr 2003; 27(1): 65-71.

Nunes ED. A trajetória das ciências sociais em saúde na América Latina: revisão da produção científica. Rev Saúde Pública 2006; 40(N Esp):64-72.

Paim J, Travassos C, Almeida C, Bahia L, Macinko J. O sistema de saúde brasileiro: história, avanços e desafios. TheLancet.com. 2011:11-31.

Paim JS, Almeida-Filho N. A crise da saúde pública e a utopia da saúde coletiva. Salvador: Casa da Saúde, 2000.

Parsons T. Social system. Chicago: Free Press, 1951.

Pinheiro R, Mattos R. Os sentidos da integralidade na atenção e no cuidado em saúde. 4. ed. Rio de Janeiro: Cepesc/IMS/Uerj/Abrasco, 2005.

Pires MRGM. Politicidade do cuidado e processo de trabalho em saúde: conhecer para cuidar melhor, cuidar para confrontar, cuidar para emancipar. Ciência e Saúde Coletiva 2005; 10(4): 1025-35.

Roberts B. Biograhical research. Great Britain: Opens University Press, 2002.

Scheff TJ. Being mentally ill: A sociology theory. Chicago: Aldine, 1966.

Schraiber LB. O médico e seu trabalho. São Paulo: Hucitec, 1993.

Sfez L. A saúde perfeita. Crítica de uma nova utopia. São Paulo: Editora Loyola, 1996. 407p.

Sibilia P. O homem pós-orgânico: corpo, subjetividade e tecnologias digitais. Rio de Janeiro: Relume Dumará, 2003:111-56.

Silva JPV, Batistella C, Gomes ML. Problemas, necessidades e situação de saúde: uma revisão de abordagens para a reflexão e ação da equipe de saúde da família. In: Fonseca AF (org.) O território e o processo saúde-doença. Rio de Janeiro: EPSJV-Fiocruz, 2007:159-76.

Simmel G. Ensaios sobre a teoria da história. Rio de Janeiro: Editora Contraponto, 2011.

Skinner BF. Ciência e comportamento humano. São Paulo: Ed. Martins Fontes, 1998.

Stotz EM. Necessidades de saúde: mediações de um conceito (Contribuição das Ciências Sociais para a fundamentação teórico-metodológica de conceitos operacionais da área de planejamento em saúde). Tese de doutorado. Rio de Janeiro: Escola Nacional de Saúde Pública, 1991.

Strauss A. Negotiations: varieties, processes, contexts, and social order. San Francisco: Jossey-Bass, 1978.

Tesser CD, Barros NF. Social medicalization and alternative and complementary medicine: the pluralization of health services in the Brazilian Unified Health System. Rev Saúde Pública 2008; 42(5):914-20.

Trad LAB. Humanização do encontro com o usuário no contexto da atenção básica. In: Deslandes SF (org.) Humanização dos cuidados em saúde – conceitos, dilemas e práticas. Rio de Janeiro: Fiocruz, 2006:185-204.

Trad LAB, Tavares JSC, Soares CS, Ripardo RC. Itinerários terapêuticos face à hipertensão arterial em famílias de classe popular. Cad Saúde Pública 2010; 26(4):797-806.

Vaitsman J. Saúde, cultura e necessidades. In: Saúde Coletiva: questionando a oripotência do social. Fleury S (org.), Rio de Janeiro: Relume-Dumará, 1992:157-73.

Weber K. Economia y sociedade. México: Fondo de Cultura Económia, 1987.

Whiteford LM, Manderson L. Global health policy, local realities: the fallacy of the level playing field. Boulder: Lynne Rienner Publishers, 2000.

Young A. The anthropologies of illness and sickness. Annual Review of Anthropology 1982; 11:257-85.

Zioni F, Westphal MF. O enfoque dos determinantes sociais de saúde sob o ponto de vista da teoria social. Saúde Soc, São Paulo, 2007; 16(3):26-34.

39

Produção Científica sobre Política, Planejamento e Gestão em Saúde no Campo da Saúde Coletiva:
Visão Panorâmica

*Carmen Fontes Teixeira • Washington Luiz Abreu de Jesus
Mariluce Karla Bomfim de Souza • Marcelo Nunes Dourado Rocha*

INTRODUÇÃO

O desenvolvimento da Saúde Coletiva e o aumento da produção científica na área de Política, Planejamento e Gestão (PP&G) exigem um balanço periódico do "estado da arte", de modo a se identificarem tendências, lacunas, questões, avanços e desafios que se colocam para os pesquisadores, estudantes e gestores das políticas de saúde e de ciência e tecnologia.

Vários trabalhos têm sido realizados com essa finalidade, sendo possível destacar o estudo publicado no lançamento do primeiro número da *Revista Ciência e Saúde Coletiva*, da Associação Brasileira de Pós-Graduação em Saúde Coletiva (Abrasco) (Teixeira & Sá, 1996). Posteriormente, outros estudos foram efetuados, embora distintos do ponto de vista metodológico, de modo que 10 anos depois foi possível sistematizar os resultados desses trabalhos (Paim & Teixeira, 2006) como ponto de partida para o levantamento da produção científica brasileira registrada nas principais bases de dados bibliográficos (Scielo, Lilacs e Medline), nas áreas de PP&G.

A descrição e a análise dessa produção tornaram possível a identificação dos principais temas e linhas de pesquisa que foram constituídas no período estudado, evidenciando, inclusive, a conexão entre os problemas e desafios enfrentados no âmbito político mais geral e no âmbito político-institucional, à medida que se desenvolveram o movimento em torno da Reforma Sanitária Brasileira (RSB) e o processo de construção do Sistema Único de Saúde (SUS). Nesse sentido, o estudo chama a atenção para os estudos que realizaram a crítica ao sistema de saúde vigente no período anterior à aprovação da Constituição Federal de 1988 e das Leis 8.080 e 8.142 e para a ênfase que foi sendo concedida a temas e problemas relacionados com o processo de construção do SUS. Além disso, aponta a tendência para a diversificação das abordagens teórico-metodológicas, expressa na referência a um conjunto heterogêneo de "matrizes teóricas" provindas do campo das ciências humanas e sociais, com as quais a produção científica na área de PP&G dialoga, constituindo-se, assim, em uma área onde se dá o entrelaçamento de questões abordadas nas várias disciplinas da Saúde Coletiva.

Considerando as limitações do material analisado (resumos de artigos), o estudo apontou a necessidade de trabalhos de maior fôlego, que promovessem não só o mapeamento mais detalhado dos temas e das questões que têm sido investigados, mas também a identificação dos referenciais teóricos e das estratégias metodológicas que vêm sendo utilizados pelos diversos pesquisadores.

Nessa perspectiva, foram realizados recentemente dois estudos que trataram de atualizar o levantamento das informações bibliográficas nas bases citadas (Abreu de Jesus, 2012; Souza & Teixeira, 2012). Com base nesses trabalhos, foram identificados e selecionados textos completos de artigos, capítulos e livros de autores considerados referências importantes na área de PP&G, visando ao mapeamento de temas e questões abordados.

Desse modo, os objetivos do presente capítulo são:

1. Delimitar e caracterizar a área de PP&G de sistemas e serviços de saúde no campo da Saúde Coletiva.
2. Mapear os principais temas e questões abordados nos estudos realizados nessa área entre 1975 e 2011.

CONFORMAÇÃO DA PP&G NO CAMPO DA SAÚDE COLETIVA

Com o desenvolvimento da Saúde Coletiva, a área de PP&G vem contribuindo com a produção de conhecimentos científicos sobre múltiplos processos políticos, técnicos e administrativos, especialmente no âmbito do SUS.

A incorporação de conhecimentos e tecnologias das áreas de administração, economia e ciência política ao campo da saúde ocorreu, principalmente, a partir da segunda metade do século passado, como resposta aos problemas administrativos, organizacionais e políticos decorrentes da complexificação dos processos de trabalho e de gestão dos estabelecimentos de saúde. Esse processo implicou o surgimento de várias disciplinas acadêmicas, que passaram a ser ministradas nos cursos de graduação e pós-graduação, contemplando conteúdos de "administração hospitalar", "administração sanitária", "programação de saúde", "planejamento de saúde", "gestão de sistemas de saúde" e outros (Quadro 39.1).

No contexto latino-americano e brasileiro, em particular, as mudanças ocorridas na produção de ações e serviços de saúde, em função do intenso desenvolvimento científico e tecnológico dos últimos 50 anos, conduziram a uma transformação significativa nas formas de organização social das práticas de saúde, que se fez acompanhar da difusão e incorporação de métodos, técnicas e instrumentos originalmente elaborados no âmbito das ciências naturais, a exemplo das técnicas e instrumentos laboratoriais, e das ciências sociais, a exemplo dos métodos e técnicas de planejamento e gestão.

A área de PP&G em saúde tem sido, também, objeto de *incorporação, produção* e *aplicação tecnológica* de planejamento, programação, gestão e avaliação de sistemas, programas e serviços, bem como de gestão de estabelecimentos de saúde, redes de serviços, gestão de pessoas/gestão do trabalho em saúde, gerenciamento de recursos financeiros e materiais e gerenciamento de sistemas de informações, educação e comunicação em saúde.

No Brasil, o desenvolvimento de estudos em políticas de saúde possibilitou a elaboração de maneiras alternativas de pensar as instituições e, consequentemente, o planejamento e a gestão (Paim & Teixeira, 2006). Os estudos pioneiros desdobraram-se em várias linhas de pesquisa, das quais cabe destacar as análises dos determinantes histórico-estruturais da Política de Saúde no Brasil, que tomavam como eixo central o estudo do Estado brasileiro (Fleury, 1988, 1992) e de suas relações com a sociedade (Oliveira & Teixeira, 1979).

Nessa perspectiva, situam-se os estudos que abordam a emergência do movimento pela RSB e seus desdobramentos, no âmbito político-institucional nos últimos 30 anos (Fleury, 1989, 1997; Gerschmann, 1995; Escorel, 1999; Paim, 2008), bem como os estudos que enfocam a análise do processo de construção do SUS, quer descrevendo e analisando os processos institucionais que configuram as opções políticas em torno do Financiamento, Gestão e Organização dos serviços, utilizando assim uma matriz de análise sistêmica (Mendes, 1996, 2001), quer buscando caracterizar os determinantes do processo político-social em distintas conjunturas governamentais (Teixeira, Jacobina & Souza, 1980; Paim, 2002; Teixeira & Paim, 2005).

Autores latino-americanos, como Mario Testa e Carlos Matus, que dialogaram com os brasileiros nas últimas décadas, passaram a desenvolver uma *produção teórica*, na qual tomam como objetos de investigação a distribuição do poder e as características do governo no setor saúde, contribuindo com as práticas de formulação e implementação de políticas, planejamento, programação, gestão, organização e avaliação de serviços e sistemas de saúde.

A difusão do pensamento estratégico e do enfoque situacional de planejamento no meio acadêmico da Saú-

Quadro 39.1 • Emergência e desenvolvimento das disciplinas da área de PP&G

Período	Áreas temáticas em saúde	Áreas de conhecimento
1950	Administração hospitalar	Administração
1960	Programação em saúde (Método Cendes-OPAS) Administração sanitária (Sonis A *et al.*)	Economia Administração
1970 a 1980	Formulação de políticas de saúde (CPPS, OPAS) Organização de sistemas de saúde (Chaves M) (Planejamento estratégico e situacional (Matus C)	Ciências políticas Administração Epidemiologia
1980 a 1990	Gestão de sistemas e serviços de saúde Avaliação de políticas, programas e projetos Avaliação de sistemas de saúde (reorientação das práticas de saúde)	Administração Economia política Sociologia Antropologia
2000 a 2010	Gestão do trabalho em saúde Gestão de sistemas de informação Gestão de redes integradas de serviços de saúde Gestão de atividades de educação e comunicação em saúde (educação permanente; ensino a distância etc.)	Psicologia social Economia Ciências políticas Filosofia Direito Antropologia Sociologia Comunicação etc.

de Coletiva estimulou a reflexão, debate e produção científica de vários pesquisadores brasileiros (Rivera, 1989, 1992, 2003; Schraiber, 1990, 1996; Mendes, 1993; Teixeira, 1993, 2010; Sá & Artmann, 1994; Merhy & Onocko, 1997; Cecílio, 1997; Campos, 2000).

Os anos 1990 viram surgir e desenvolver-se uma produção científica centrada na análise de políticas, marcada pela incorporação de perspectivas teóricas provindas da tradição norte-americana das ciências políticas (Viana, 1996; Souza, 2007), desdobrada na análise de vários aspectos do processo político governamental na área de saúde (Chaves dos Santos, 1999; Pinto, 2004; Cortes, 2007; Arretche & Marques, 2007; Menicuci, 2007; Giovanella et al., 2008; Machado, Baptista & Lima, 2010).

Pelo exposto, podemos perceber que o desenvolvimento do campo da Saúde Coletiva contemplou a identificação e organização de disciplinas e áreas de conhecimento que se materializam, inclusive, em "áreas de concentração" nos programas de pós-graduação.

MAPEAMENTO DE TEMAS E QUESTÕES ABORDADAS NA PRODUÇÃO CIENTÍFICA EM PP&G EM SAÚDE 1975-2010

O ponto de partida para o mapeamento da produção científica da área de PP&G implicou, em primeiro lugar, a definição de áreas temáticas[1] para classificação dos estudos identificados nas fontes bibliográficas pesquisadas[2], destacando-se três subáreas, quais sejam: política de saúde, planejamento e programação em saúde e gestão de sistemas e serviços de saúde. Em seguida, o processamento e a análise do conteúdo dos resumos, artigos e livros selecionados foram feitos levando em conta o desenho de uma "linha do tempo" (Quadro 39.2), subdividida em cinco períodos, cujos pontos de corte representam momentos de inflexão no processo político em saúde, adotando-se, portanto, como pressuposto que esse processo influencia direta ou indiretamente[3] a produção científica na área de PP&G.

O período de 1974 a 1979 caracterizou a emergência do movimento da Reforma Sanitária (Escorel, 1999); o segundo período, de 1980 a 1986, foi marcado pela aglutinação sociopolítica em torno da RSB (Paim, 2008); o terceiro período, de 1987 a 1990, caracterizou-se pela operacionalização do SUDS até a promulgação das leis orgânicas 8.080 e 8.142 (Brasil, 1990a, 1990b); o quarto período, de 1991 a 2002, que se estendeu por toda a década de 1990, foi marcado pela formulação e implementação das normas de operacionalização do SUS (NOB 01/91, 01/93, 01/96) até o ano de 2002, com a publicação da Norma Operacional de Assistência à Saúde (Levcovitz et al., 2001; Brasil, 2002); o quinto período se inicia no ano de 2003, com o debate em torno da reorientação da gestão do SUS, que culmina com a publicação do Pacto pela Saúde 2006, em suas três dimensões – Pacto pela Vida, em Defesa do SUS e Pacto de Gestão (Brasil, 2006) – e se estende até o momento atual (Souza & Teixeira, 2012).

Política de Saúde

Uma visão geral sobre a produção científica na área de política de saúde revela a ocorrência de um processo interessante de diversificação de temas e questões abordados pelos pesquisadores, acompanhado de uma diferenciação de abordagens teórico-metodológicas.

Em sua emergência, essa área temática centrava-se nos estudos acerca da "crise do setor saúde", notadamente a crítica (externa) ao processo de medicalização da sociedade (Donnangelo, 1976) concomitante a uma crítica (interna) ao processo de "mercantilização da medicina" (Arouca, 1975). Esses estudos, juntamente com as pesquisas sobre a prática/trabalho médico e a educação médica, fundaram, de um lado, as bases da investigação sobre "modelos de atenção à saúde" (Paim, 1993; 2008b; Teixeira & Solla, 2006) e, de outro, inauguraram os estudos sobre política de saúde, centrados na análise crítica do Estado capitalista e suas crises (Fleury, 1992; Paim, 1992).

A produção científica nessa área contemplou estudos vinculados à teoria da Democracia que tomam como objeto a Reforma Sanitária, inclusive em uma perspectiva de análise comparativa (Berlinguer, Teixeira & Campos, 1988; Almeida, 1995) e os que incorporaram a problematização da questão do Direito à saúde, problematizando a perspectiva social-democrata de construção do Estado do bem-estar social (Fleury, 1986, 1989).

---

[1] Foram identificadas preliminarmente 12 áreas temáticas: política de saúde, planejamento e programação em saúde, gestão de sistemas e serviços de saúde, organização de sistemas de saúde, recursos humanos em saúde, controle social em saúde, economia da saúde, informação em saúde, educação e comunicação em saúde, legislação sanitária, pesquisa avaliativa em saúde e outros (que incluem estudos "híbridos" difíceis de classificar em uma subárea específica). A leitura dos resumos incluídos em cada subárea revela, entretanto, a dificuldade de delimitar com precisão as fronteiras de cada uma, na medida em que grande parte dos estudos poderia ser classificada em duas ou mais subáreas.

[2] O estudo de base para a construção da linha do tempo foi o de Paim & Teixeira (2006), que abarca a sistematização da produção científica na área no período 1974-1995. A atualização da revisão sobre planejamento baseou-se nos estudos disponíveis na Scielo, no período 1990-2010 (Abreu de Jesus, 2012). A revisão dos estudos sobre gestão de sistemas de saúde foi realizada no Lilacs, abarcando o período de 1987-2009 (Souza & Teixeira, 2012). A revisão dos estudos sobre políticas de saúde foi realizada no Banco de Teses e Dissertações da Capes, compreendendo o período entre 2009 e 2011.

[3] Por meio das políticas de desenvolvimento científico e tecnológico, que destinam recursos específicos à realização de determinados estudos e pesquisas, e/ou pelo simples fato de que os pesquisadores da área se debruçam sobre temas derivados dos desafios enfrentados na prática política e institucional no âmbito dos sistemas público e privado.

Quadro 39.2 Pesquisa em PP&G em Saúde – Linha do tempo

Período	1974 a 1979	1980 a 1986	1987 a 1990	(1991 a 1992) 1993 a 2002	2003 a 2010
Contexto político	Emergência do movimento sanitário	Aglutinação sociopolítica em torno da RSB	SUDS Leis 8.080 e 8.142	Implantação do SUS no governo FHC (NOBS-NOAS)	Implantação do SUS no governo Lula (Pacto pela Saúde; Mais Saúde)
Pesquisas					
	Temas/questões				
Política de saúde	Crise do setor saúde Determinantes econômicos, políticos e sociais da conformação dos sistemas de saúde no Brasil Crítica aos movimentos ideológicos em saúde	Prática médica/processo de trabalho médico Modelo assistencial/atenção primária à saúde Movimentos sociais em saúde	Princípios e diretrizes da RSB Cidadania e direito à saúde Financiamento do sistema de saúde, acesso e demanda aos serviços, descentralização Experiências de distritalização dos serviços em vários estados e municípios do país	Definição do papel de cada esfera de governo Municipalização da saúde – Reforma do Estado Relação público-privado (SUS-SAMS-SDD) Regulamentação do financiamento do SUS Organização da rede regionalizada de serviços	Estudos sobre sistema de saúde suplementar Estudos sobre financiamento e alocação de recursos em saúde Equidade em saúde: formulação de políticas voltadas a grupos populacionais específicos Estudos sobre políticas específicas (Saúde da Família, Saúde Bucal, Saúde Mental, Promoção da Saúde, Saúde da População Negra, Saúde do Índio, Política Nacional de Humanização, Saúde do Homem [?], Saúde da Pessoa com Deficiência [?], Saúde Internacional [Regulamento sanitário])
Planejamento e programação em saúde	Organização de serviços de medicina comunitária Cobertura e acessibilidade da população aos serviços de APS Necessidades de saúde/necessidades de serviços de saúde	Programas de extensão de cobertura Formação e capacitação de pessoal em planejamento (Capsis) Difusão do enfoque estratégico	Interesse crescente por questões teórico-metodológicas (crítica ao caráter instrumental do planejamento) Desenvolvimento de correntes de pensamento na área	Desenvolvimento conceitual e metodológico do planejamento em saúde Modelos assistenciais – Programa de Saúde da Família Sistemas de informação em saúde (análise de situações de saúde)	Estudos sobre regionalização do sistema de saúde e organização de redes integradas de serviços Estudos sobre práticas de planejamento e programação no âmbito estadual e municipal Estudos sobre implementação de programas de saúde, com destaque para o Programa de Saúde da Família
Gestão em saúde			Democratização na gestão em saúde Participação social no processo decisório	Experiências sobre municipalização Regionalização dos serviços de saúde Fortalecimento e continuidade do processo de descentralização e organização do acesso no SUS Conselhos como instâncias colegiadas de participação e gestão do SUS Monitoramento, supervisão e avaliação de sistemas e serviços de saúde Financiamento e gestão em saúde	Multiplicação de estudos sobre a municipalização da gestão Estudos sobre mecanismos de institucionalização do controle social (conselhos e conferências de saúde) Pacto pela Saúde em suas três dimensões Gestão de redes em saúde Novas modalidades de gestão em saúde (contratualização, regulação e controle, experiências de Organizações Sociais e formação de consórcios intermunicipais) Gestão do trabalho em saúde, com destaque para a problemática da precarização do trabalho e novas modalidades de contratação de pessoal Educação na saúde e capacitação de pessoal para a gestão de sistemas de saúde

A década de 1990 viu surgir a discussão em torno do neoliberalismo e da Reforma do Estado, o que abriu espaços para a incorporação da contribuição de autores norte-americanos ao estudo das políticas de saúde (Viana, 1996; Viana & Baptista, 2008), tendência que se consolidou na década seguinte, quando se deslocou a reflexão acerca da problemática do Estado capitalista, em crise e reformas, para a análise do governo, dos atores governamentais e não governamentais, das relações público-privado e, consequentemente, das relações entre o sistema público de saúde e o sistema privado.

Não por acaso, nesse período ganham importância os estudos sobre o Sistema de Assistência Médica Supletiva (o SAMS) (Bahia, 2005), ao mesmo tempo que, por outro lado, intensificam-se outros sobre os processos de formulação e implementação de políticas no âmbito do SUS, notadamente as políticas de descentralização (municipalização), regionalização, expansão da atenção básica Programa de Saúde da Família (PSF) e regulação, aparecendo, no final da década, os estudos que abordam políticas específicas, respostas a pressões de grupos de interesses, a exemplo da política de saúde do índio, da população negra, da população GLBTT[4] etc.

Pode-se constatar a ocorrência de certos "deslocamentos" de perspectiva, que incidem sobre a escolha dos temas estudados e, principalmente, sobre a abordagem teórica utilizada nos estudos realizados. Um exemplo interessante desse processo ocorreu na abordagem do tema "Participação em saúde", o qual, no período de emergência do movimento pela Reforma Sanitária, era abordado fundamentalmente na perspectiva da "educação e participação popular em saúde", buscando-se subsidiar os movimentos populares, de oposição e luta contra o Estado (autoritário) vigente (Fleury, 1989). Com o avanço do processo de construção do SUS e a institucionalização dos "mecanismos de participação e controle social", os estudos realizados passaram a abordar, em sua grande maioria, os limites e possibilidades da atuação dos conselheiros, evidenciando, também, as mudanças que ocorreram nas formas de organização e mobilização da sociedade civil, a exemplo do fortalecimento do corporativismo, inclusive na área da saúde (Carvalho, 1997; Labra, 2005).

No período atual, a análise da produção científica revela a persistência de certas questões, a exemplo do estudo teórico acerca da relação entre democracia e descentralização no âmbito das políticas de saúde no Brasil (Neto, 2010), assim como verifica-se a manutenção de certas temáticas, como seguridade social, burocracia e reforma administrativa do Estado, além da preocupação acerca dos processos de formulação e implementação de políticas públicas, com ênfase nas políticas de regionalização, expansão/qualificação da atenção básica (PSF) e regulação de sistemas e serviços de saúde. Ao mesmo tempo, são incorporados novos estudos que tratam da avaliação de políticas, sistemas e programas de saúde, como, por exemplo, estudos acerca do Programa Bolsa-Família (Monnerat, 2009) e sobre a análise de implantação de sistemas municipais de saúde (Solla, 2009). As questões relacionadas com o direito à saúde (judicialização), a intersetorialidade, a humanização do cuidado e a integralidade da atenção são também abordadas.

Mais recentemente, os estudos que abordam políticas específicas têm se diversificado, contemplando temas tão variados como saúde da mulher, saúde do adolescente, saúde ambiental, saúde bucal, saúde mental, saúde do idoso, práticas integrativas e complementares etc. Dentre outros exemplos, pode-se destacar o aumento da produção científica em torno da assistência farmacêutica, com investigações que tratam da política nacional de medicamentos, do direito ao acesso aos medicamentos, da questão das patentes e dos direitos de propriedade intelectual e sua relação com a produção pública de medicamentos e os processos de incorporação tecnológica, bem como o desenvolvimento de estratégias para o enfrentamento das doenças negligenciadas.

Planejamento em saúde

O *planejamento em saúde* trata dos processos de produção de políticas (formulação), dos modos de organização das práticas (programação) e das formas de gestão (operacionalização) de planos, programas e projetos de ação. Se lembrarmos que "tecnologia" diz respeito a "modos de fazer", torna-se necessário atentar para que os conceitos, métodos e técnicas de que dispõe o planejamento em saúde, enquanto área de conhecimento, estão voltados fundamentalmente para a compreensão e intervenção sobre as práticas, sobre as ações sociais, especialmente as ações de saúde.

Durante a década de 1980, no contexto de aglutinação do movimento em torno da Reforma Sanitária, a difusão do debate latino-americano na área de planejamento (Paim, 2002), especialmente a crítica ao enfoque normativo e a incorporação do enfoque estratégico, contribuiu para a "ampliação do vocabulário" político dos militantes do movimento pela RSB, subsidiando assim a elaboração de propostas políticas, o aprendizado do pensamento estratégico, a realização de análises de viabilidade, mapeamento de atores, desenho de estratégias de ação no espaço acadêmico e no âmbito das instituições públicas de saúde etc.

Assim, o aprendizado da teoria e da prática do planejamento estratégico e situacional, por meio dos textos de Mario Testa (1979, 1981, 1985, 1989a, 1989b, 1991, 1995) e de Carlos Matus (1969, 1981, 1982, 1987, 1996,

---

[4] *Gays*, Lésbicas, Bissexuais, Travestis e Transexuais.

1997, 2000, 2007), certamente contribuiu para a compreensão, crítica e intervenção nos processos políticos que atravessam o espaço da saúde. Pesquisas realizadas no Brasil analisaram a contribuição teórico-metodológica desses autores (Giovanella, 1989; Rivera, 1989; Sá, 1993; Artmann, 1993).

Na passagem dos anos 1980 para a década seguinte, ocorreu uma ampliação do debate sobre a possibilidade de desenvolvimento e institucionalização da prática de planejamento em saúde, não mais limitada à elaboração de "programas verticais", e sim posta como uma "ferramenta de governo", uma "tecnologia de gestão", a serviço da implementação de mudanças na organização e funcionamento dos serviços públicos de saúde, bem como na organização do processo de trabalho em saúde (Schraiber, 1990, 1996; Teixeira, 1993, 1994).

Cabe ressaltar que a maior parte da produção acadêmica derivada dessas experiências foi divulgada por meio de livros ou documentos técnicos, não aparecendo, portanto, no levantamento bibliográfico feito nas bases Scielo e Lilacs, compostas de publicações de artigos em periódicos[5]. Dessa produção, é importante registrar a coletânea organizada por Merhy & Onocko (1997), recolhendo parte significativa da produção do grupo da Unicamp durante a década de 1980 e início dos anos 1990, bem como as publicações organizadas por Rivera (1989, 1995), Gallo, Rivera & Machado (1992), Gallo (1995) e Teixeira & Melo (1995), que registram parte da reflexão derivada da prática desenvolvida no período anterior.

As características do processo político na década de 1990, com a ascensão do "ideologismo neoliberal", repercutiram na área da saúde e, apesar dos esforços desenvolvidos em vários âmbitos para a garantia da implementação do SUS, o planejamento viveu uma fase de relativa desvalorização, mantendo-se praticamente como um ritual burocrático na maioria das instâncias de governo do sistema. Esse fato possivelmente incidiu sobre o interesse dos pesquisadores da área, observando-se certo "esvaziamento" da produção teórica e metodológica sobre o tema.

Mesmo nesse contexto restritivo, foram produzidas investigações sobre o planejamento em saúde (Sampaio, 2003; Vilasbôas, 2006; Rocha, 2008; Cerqueira, 2009) a partir do referencial teórico elaborado nos estudos supramencionados.

Na "onda" atual de difusão do planejamento em saúde, por intermédio do "PlanejaSUS", iniciativa da Secretaria Geral do Ministério da Saúde, é possível que a produção acadêmica em planejamento venha a apresentar um "reaquecimento", como indicam algumas produções recentes (Vieira, 2009; Abreu de Jesus et al., 2011; Silva e Nascimento, 2011; Rodrigues, 2012). De fato, no ano de 2010 foi publicado um número especial da revista *Ciência e Saúde Coletiva* dedicado ao Planejamento e Gestão em Saúde, destacando-se três artigos voltados, especificamente, para o planejamento (Machado, Baptista & Lima, 2010; Mattos, 2010; Abreu de Jesus & Teixeira, 2010), além do texto que provocou intervenções críticas de debatedores (Rivera & Artmann, 2010).

Gestão de Sistemas e Serviços de Saúde (GSS)

A gestão em saúde, abordada de modo recorrente nos debates políticos e objeto de publicações técnicas, tem ganhado crescentemente os espaços da produção científica. Há que se registrar a influência positiva da expansão dos cursos de pós-graduação, em que a área de concentração de PP&G passa a ser estudada nos diversos programas distribuídos no país. Tal assertiva revelou-se no mapeamento sobre gestão de sistemas de saúde (Souza & Teixeira, 2012), cuja produção foi destaque nos trabalhos de conclusão de cursos, especialmente dissertações de mestrado, embora ainda tenha sido numericamente significativa a abordagem dos temas sob o formato de manuais, guias, informes e relatórios técnico-científicos.

A produção científica sobre GSS publicada em periódicos nacionais contempla vários temas, permitindo que os estudos analisados fossem classificados por subáreas temáticas, a saber: "descentralização" (estudos sobre municipalização, pactos federativos e atuação das comissões intergestoras no processo de descentralização); "democratização da gestão" (estudos sobre a participação e o controle social no processo de gestão); "regionalização dos serviços" (estudos sobre regionalização dos serviços, organização da assistência e do acesso, gestão de redes e mecanismos de gestão, como os consórcios intermunicipais); "regulação, avaliação, controle e auditoria"; "gestão do trabalho e da educação na saúde" (gestão de recursos humanos e educação permanente em saúde); "financiamento" (estudos sobre "gestão de recursos financeiros" e custos do sistema de saúde); e outros (estudos sobre modelos de gestão, dispositivos de gestão, gestão sanitária, gestão estratégica, percepção sobre a gestão de sistemas, estilos de gestão e informações para a qualificação da gestão).

Considerando os períodos analisados e as subáreas temáticas, observou-se certo destaque para as questões relativas ao processo de descentralização da gestão do SUS. Com a publicação da NOAS 2001 e 2002, que instaura o processo político de regionalização, mantém-se o interesse pelo desenvolvimento de estudos voltados para o fortalecimento do processo de descentralização da gestão, a reorganização do sistema e a ampliação do acesso da população aos serviços de saúde.

---
[5]Recentemente foi criada a base Scielo livros, que, sem dúvida, se tornará mais uma fonte de informação preciosa para os estudos da produção científica na área da Saúde.

Os estudos sobre "regulação, avaliação, controle e auditoria" foram raros até o ano de 1998, identificando-se, entretanto, alguns na área de avaliação em saúde. Após a criação da Agência Nacional de Saúde (ANS), entretanto, constata-se o aumento da produção sobre a regulação e controle em saúde e sobre a organização de redes de atenção à saúde (Mendes, 2010), com menor quantidade dos estudos sobre auditoria.

Na subárea temática "gestão do trabalho e da educação na saúde" observa-se uma produção anual de maneira regular e constante, porém ainda discreta, com tendência ao aumento após a criação da Secretaria de Gestão do Trabalho e Educação na Saúde (SGTES) e da Comissão Interministerial de Gestão do Trabalho e da Educação na Saúde. O menor número de trabalhos encontrados foi na subárea temática "financiamento e custos nos sistemas de saúde", apesar da importância do tema, que pode estar sendo objeto da área de Economia da Saúde, não coberta pelo estudo que serviu de base para esta análise (Souza & Teixeira, 2012).

Um aspecto importante a destacar na análise do conjunto dessa produção é a ênfase na dimensão operativa, visto o predomínio de trabalhos descritivos, como os relatos de experiência e estudos de caso, que descrevem e analisam criticamente as experiências e práticas de gestão concretizadas nos espaços institucionais, revelando as práticas e os modos de condução da gestão em saúde. Essas iniciativas fazem pouca referência à fundamentação teórica utilizada, com a exceção das dissertações de mestrado e teses de doutorado (Coelho, 2001; Lotufo, 2003; Weigelt, 2007).

CONSIDERAÇÕES FINAIS

O mapeamento da produção científica em PP&G evidencia um aumento no volume de estudos, difundidos por meio dos mais diversos veículos de divulgação científica, quais sejam: congressos, revistas, livros, documentos técnicos e *position papers* apresentados em espaços de decisão política no âmbito do sistema de saúde, que constituem um acervo composto por várias centenas de textos.

A análise que realizamos neste capítulo privilegiou a identificação de artigos, capítulos de livros e livros que marcaram, de certo modo, a trajetória dos debates políticos das disputas teóricas ocorridas no campo científico da Saúde Coletiva, bem como tratou de estabelecer uma relação entre os temas abordados pela comunidade de pesquisadores da área com o processo político nas distintas conjunturas nos últimos 35 anos (de 1975 a 2010).

A distribuição dos temas apresentados na linha do tempo sugere que o movimento pela Reforma Sanitária e o processo de institucionalização do SUS influenciaram a atividade científica na área de PP&G, na medida em que esses processos constituíram um campo de experimentação e consolidação de saberes e práticas políticas e administrativas em várias esferas do governo nacional, estadual e municipal.

A diversificação temática e a incorporação de novas abordagens teórico-metodológicas parecem indicar, por um lado, a ampliação da base da "comunidade científica" nessa área, com a criação de grupos e diversificação das linhas de investigação, e, por outro, instigam a reflexão acerca dos possíveis determinantes da "abertura" do campo à influência de perspectivas teóricas e políticas distintas das bases conceituais que constituíram o fundamento dos estudos nessa área.

Evidentemente, uma pesquisa dessa natureza extrapola os limites de um estudo bibliográfico como o que apresentamos aqui e exige o levantamento de informações que deem conta das condições objetivas e subjetivas envolvidas nas escolhas realizadas pelos pesquisadores, isto é, desde a influência das políticas de saúde e das políticas de fomento à ciência e tecnologia em saúde, passando pela análise da "filiação" dos pesquisadores a determinadas tradições do pensamento social e político, bem como das oportunidades de comunicação dos resultados de seu trabalho em função da política editorial vigente nas revistas da área.

Nessa perspectiva, cabe também problematizar os achados na área de planejamento, os quais indicam forte influência do contexto político e institucional, ou seja, da valorização/desvalorização da prática do planejamento no âmbito do processo político e do governo do sistema de saúde. Nesse sentido, a questão central que se encontra na base desta reflexão diz respeito à ênfase concedida ao mercado, como mecanismo regulador das relações entre oferta e demanda por serviços de saúde, e ao papel que o planejamento governamental pode desempenhar no sentido de estabelecer políticas, prioridades, objetivos e metas a alcançar referentes às condições de saúde da população e à reorganização do sistema de serviços de saúde.

De fato, os estudos nessa área parecem indicar que subsiste no país um processo contraditório, que contempla a coexistência de esforços em direção à institucionalização das práticas de planejamento e programação em saúde em uma perspectiva racionalizadora, ao mesmo tempo que continuam atuando intensamente as forças expansionistas, com pressões decorrentes do processo de reprodução ampliada da "mercantilização da saúde", não restrita à capitalização da produção de serviços, senão estendida aos mecanismos de gestão do sistema e dos serviços de saúde, fundamentados cada vez mais na lógica da eficiência econômica e da acumulação de capital financeiro por parte das empresas do chamado "complexo industrial da saúde".

Cabe, portanto, reafirmar a necessidade de fortalecimento dos estudos na área de gestão, os quais podem vir a contribuir para a compreensão mais ampla das determinações econômicas e políticas que estão influindo nos rumos do processo de mudança do sistema de saúde brasileiro. Como vimos com a apresentação sucinta das tendências de pesquisa nessa área, alguns eventos, como a publicação de portarias e normas operacionais, vêm influenciando a produção científica, em grande parte voltada para descrever os efeitos do processo de implementação dessas diretrizes na organização e gestão do sistema.

Consideramos necessário, porém, ir além da investigação acerca da prática desenvolvida no chamado "SUS real", buscando ampliar os horizontes da investigação científica e do debate político em torno de uma "agenda" renovada da Saúde Coletiva.

Referências

Abreu de Jesus WL. Produção científica brasileira sobre Planejamento em Saúde no contexto de construção do SUS (1990-2010). In: Planejamento em saúde no SUS. Tese de Doutorado, PPGSC, ISC. Salvador, março de 2012: 41-75.

Abreu de Jesus WL, Teixeira CF. Planejamento estadual no SUS: o caso da Secretaria da Saúde do Estado da Bahia. Ciência e Saúde Coletiva 2010; 15(5):2383-93.

Abreu de Jesus WL, Assis MMA (orgs.) Desafios do planejamento na construção do SUS. Salvador: Edufba, 2011. 174p.

Almeida CM. As Reformas Sanitárias dos anos 80: crise ou transição? Tese de Doutoramento. ENSP, Fiocruz, Rio de Janeiro, julho de 1995.

Arouca ASS. O dilema preventivista: contribuição para a compreensão e crítica da medicina preventiva. São Paulo: Unesp; Rio de Janeiro: Fiocruz, [1975] 2003. 268p.

Arretche M, Marques E. Condicionantes locais da descentralização das políticas de saúde. In: Hochman G, Arretche M, Marques E. (orgs.) Políticas Públicas no Brasil. Rio de Janeiro: Fiocruz, 2007:173-204.

Artmann E. O planejamento estratégico situacional: a trilogia matusiana e uma proposta para o nível local de saúde (uma abordagem comunicativa). Dissertação apresentada à Escola Nacional de Saúde Pública. Rio de Janeiro: Fiocruz, 1993:117-134.

Bahia L. O SUS e os desafios da universalização do direito à saúde: tensões e padrões de convivência entre o público e o privado no sistema de saúde brasileiro. In: Lima NT et al. (orgs.) Saúde e democracia: história e perspectivas do SUS. Rio de Janeiro: Fiocruz, 2005:407-49.

Berlinguer G, Teixeira SF, Campos GW. Reforma sanitária: Itália e Brasil. São Paulo: Cebes/Hucitec, 1988. 207p.

Brasil. Lei 8.080, de 19 de setembro de 1990. Diário Oficial da República Federativa do Brasil, Poder Executivo, Brasília, DF, 24 set. 1990a.

_____. Lei 8.142, de 28 de dezembro de 1990. Diário Oficial da República Federativa do Brasil, Poder Executivo, Brasília, DF, 31 dez. 1990b.

_____. Norma Operacional de Assistência à Saúde/NOAS-SUS 01/2002. Portaria MS/GM 373, de 27 de fevereiro de 2002. Brasília: Ministério da Saúde, 2002.

_____. Ministério da Saúde. Diretrizes operacionais dos Pactos pela Vida, em Defesa do SUS e de Gestão. Secretaria Executiva, Departamento de Apoio à Descentralização. Coordenação-Geral de Apoio à Gestão Descentralizada. Brasília: MS, v. 1, 2006.

Campos GWS. Um método para análise e Co-gestão de coletivos. São Paulo: Hucitec, 2000. 229p.

Carvalho AI. Conselhos de saúde, responsabilidade pública e cidadania: a reforma sanitária como reforma do Estado. In: Fleury S (org.) Saúde e democracia: a luta do Cebes. São Paulo: Lemos, 1997:93-11.

Cecílio LC. Uma sistematização e discussão da tecnologia leve de planejamento estratégico aplicada ao setor governamental. In: Merhy E, Onocko R (orgs.) Praxis en salud: un desafio para lo público. São Paulo. Buenos Aires Hucitec. Lugar Editorial, 1997:151-67.

Cerqueira SC. O processo de incorporação do plano municipal de saúde como tecnologia de gestão: o caso da Secretaria Municipal de Saúde de Salvador. Dissertação de mestrado. PPGSC. ISC-Ufba, 2009.

Chaves dos Santos SM. Políticas públicas e políticas sociais: uma síntese das principais abordagens teóricas. Salvador-BA: Escola de Nutrição da Ufba.1999.

Cortes SV. Viabilizando a participação em conselhos de política pública municipais: arcabouço institucional, organização do movimento popular e policy communities. In: Hochman G, Arretche M, Marques E (orgs.) Políticas Públicas no Brasil. Rio de Janeiro: Fiocruz, 2007:125-43.

Coelho TCB. O processo de gestão em uma organização hipercomplexa do Sistema Único de Saúde. [Tese de doutorado]. Salvador-BA: ISC/Ufba, 2001.

Donnangelo MC, Pereira L. Saúde e sociedade. São Paulo: Duas Cidades, 1976. 124 p.

Escorel S. Reviravolta na saúde: origem e articulação do movimento sanitário. Rio de Janeiro: Fiocruz, 1999. 206p.

Fleury SM. Cidadania, direitos sociais e Estado. In: VIII CNS. Anais, Brasília-DF, 1986:91-112.

Fleury SM. Estado e crisis: uma perspectiva latinoamericana. In: Fleury S (org.) Estado e políticas sociais em America Latina. México: UNAM/Fiocruz, 1988:19-49.

Fleury S (org.) Reforma Sanitária: em busca de uma teoria. São Paulo: Cortez, 1989. 232p.

Fleury SM. Estado, poder e democratização da saúde. In: Fleury S (org.) Saúde Coletiva? Questionando a onipotência do social. Rio de Janeiro: Relume-Dumará, 1992:13-66.

Fleury SM (org.) Saúde e Democracia: a luta do Cebes. São Paulo: Lemos Editorial, 1997. 324p.

Gallo E, Rivera FJU, Machado MH (orgs.). Planejamento criativo. Rio de Janeiro: Relume-Dumará, 1992.

Gallo E. Razão e planejamento: reflexões sobre política, estratégia e liberdade. São Paulo: Hucitec; Rio de Janeiro: Abrasco, 1995. 154p.

Gerschmann S. A democracia inconclusa: um estudo da reforma sanitária brasileira. Rio de Janeiro: Fiocruz, 1995. 189p.

Giovanella L. Ideologia e poder no planejamento estratégico em Saúde: uma discussão da abordagem de Mário Testa. Dissertação [Mestrado em Saúde Pública]. Rio de Janeiro: ENSP-Fiocruz, 1989. 363p.

Giovanella L, Escore LS, Lobato LVC, Noronha JC, Carvalho AI (org.) Políticas e sistema de saúde no Brasil. Rio de Janeiro: Fiocruz, 2008.

Labra E. Conselhos de saúde: dilemas, avanços e desafios. In: Lima NT et al. (orgs.) Saúde e democracia: história e perspectivas do SUS, Rio de Janeiro: Fiocruz, 2005:353-83.

Levcovitz E, Lima LD, Machado CV. Políticas de saúde nos anos 90: relações intergovernamentais e o papel das normas operacionais básicas. Ciência e Saúde Coletiva 2001; 6(2):269-91.

Lotufo M. Gestão pública em saúde: análise da capacidade de governo da alta direção da SES-MT em 2001-2003. Tese [Doutorado em Saúde Pública]. Salvador-BA: ISC-Ufba, 2003.

Machado CV, Baptista TW, Lima LD. O planejamento nacional da política de saúde no Brasil: estratégias e instrumentos nos anos 2000. Ciência e Saúde Coletiva 2010; 15(5):2367-82.

Mattos RA (Re)visitando alguns elementos do enfoque situacional: um exame crítico de algumas das contribuições de Carlos Matus. Ciência e Saúde Coletiva 2010; 15(5):2327-36.

Matus C. Estrategia y Plan. México, Siglo Veintiano, 1969.

Matus C. Planificación, libertad y conflicto, Cuadernos IVEPLAN 1, Caracas, Venezuela, 1981. 80p.

Matus C. Política y Plan. IVEPLAN, Caracas, Venezuela, 1982. 186p.

Matus C. Planificación, Política y Gobierno. Washington DC: OPAS, 1987. 768p.

Matus C. Chimpanzé, Maquiavel e Ghandi: estratégias políticas. São Paulo: Edições Fundap, 1996. 294p.

Matus C. Los 3 cinturones del gobierno. Gestión, organización y reforma. Caracas: Fondo Editorial Altadir, 1997. 262p.

Matus C. O líder sem estado-maior. São Paulo: Edições FUNDAP, 2000. 206p.

Matus C. Teoría del juego social. Buenos Aires, Argentina: Ediciones de la Universidad Nacional de Lanús, 2007. 488p.

Mendes EV (org.) Distrito Sanitário: o processo social de mudança das práticas sanitárias do Sistema Único de Saúde. São Paulo/Rio de Janeiro: Hucitec/Abrasco, 1993. 300p.

Mendes EV. Uma agenda para a saúde. São Paulo: Hucitec, 1996. 300p.

Mendes EV. Os grandes dilemas do SUS. Vol. 1. Salvador-BA: Casa da Qualidade Editora, 2001. 136p.

Mendes EV. Os grandes dilemas do SUS. Vol. 2. Salvador-BA: Casa da Qualidade Editora, 2001. 167p.

Mendes EV. As redes de atenção à saúde. Ciência e Saúde Coletiva 2010; 15(5):2297-305.

Menicucci T. A implementação da Reforma Sanitária: a formação de uma política. In: Hochman G, Arretche M, Marques E (orgs.) Políticas Públicas no Brasil. Rio de Janeiro: Fiocruz, 2007:303-25.

Merhy E, Onocko R (orgs.) Praxis en salud: un desafio para lo público. São Paulo: Hucitec, 1997.

Monnerat GL. Transferência Condicionada de Renda, Saúde e Intersetorialidade: lições do programa bolsa família. [Tese de Doutorado]. Vol. 1. Rio de Janeiro: Fundação Oswaldo Cruz, 2009. 283p.

Neto JSM. A relação entre democracia, descentralização e políticas de saúde no Brasil. [Tese de Doutorado]. Vol. 1. Rio de Janeiro: Fundação Oswaldo Cruz, 2010. 321p.

Oliveira J, Teixeira SF (Im)Previdência Social: 60 anos de história da previdência no Brasil, Rio de Janeiro: Vozes, 1979.

Paim JS. Modelos de atenção e vigilância da saúde. In: Rouquayrol MZ, Almeida-Filho N (orgs.) Epidemiologia & Saúde. Rio de Janeiro: Medsi, 2003:567-86.

Paim JS. Saúde, Política e Reforma Sanitária. Salvador: CEPS-ISC, 2002.

Paim JS. Burocracia y aparato estatal: implicaciones para la planificación e instrumentación de políticas de salud. In: Fleury S (org.) Estado y politicas sociales en America Latina. México: UAM/Fiocruz/Ensp, 1992:293-311.

Paim JS. Reforma Sanitária Brasileira: contribuição para a compreensão e crítica. Salvador/Rio de Janeiro: Edufba/Fiocruz, 2008a. 355p.

Paim JS. Modelos de Atenção à Saúde no Brasil. In: Giovanella L, Escorel LS, Lobato LVC, Noronha JC, Carvalho AI (orgs.). Políticas e sistema de saúde no Brasil. Rio de Janeiro: Fiocruz, 2008b:547-63.

Paim JS, Teixeira CF. Política, Planejamento & Gestão em Saúde: balanço do estado da arte. Revista de Saúde Pública, número especial, São Paulo, 2006:73-8.

Pinto ICM. Ascensão e queda de uma questão na agenda governamental: o caso das organizações sociais da saúde na Bahia. [Tese de Doutorado, Escola de Administração da UFBA], Salvador-BA, 2004. 237p.

Rivera FJU. Planejamento de Saúde na América Latina: revisão crítica. In: Rivera JU (org.) Planejamento e programação em Saúde: um enfoque estratégico. São Paulo: Cortez Editora/Abrasco, 1989:13-55.

Rivera FJU. O planejamento situacional: uma análise reconstrutiva. In: Gallo E, Rivera FJU, Machado MH (orgs.). Planejamento criativo. Rio de Janeiro: Relume-Dumará, 1992:41-92.

Rivera FJ. Agir Comunicativo e Planejamento Social (Uma Crítica ao Enfoque Estratégico). Rio de Janeiro: Fiocruz, 1995. 253p.

Rivera FJU, Artmann E. Planejamento e gestão em saúde: histórico e tendências com base numa visão comunicativa. Ciência e Saúde Coletiva 2010; 15(5):2265-74.

Rivera JU. Análise estratégica em saúde e gestão pela escuta. Rio de Janeiro: Fiocruz. 2003. 309p.

Rocha AARM. O planejamento no cotidiano de uma instituição hipercomplexa: o caso da SES/Sergipe. [Tese de Doutorado.] PPGSC. ISC-UFBA. 2008, 156 p.

Sá MC. Planejamento Estratégico em Saúde: problemas conceituais e metodológicos. [Tese de Mestrado]. Rio de Janeiro: Escola Nacional de Saúde Pública, 1993.

Sá, MC, Artmann E. Planejamento Estratégico em Saúde: desafios e perspectivas para o nível local. In: Mendes EV (org.) Planejamento e Programação Local da Vigilância da Saúde no Distrito Sanitário. OPAS/Escritório Regional da Organização Mundial da Saúde: Representação do Brasil. Brasília, 1994:19-44.

Sampaio LFR. Integralidade da atenção à saúde: análise critica da programação da atenção básica. Dissertação de Mestrado em Saúde Coletiva, ISC-Ufba, 2003.

Schraiber L (org.) Programação em Saúde hoje. São Paulo/Rio de Janeiro: Hucitec/Abrasco, 1990. 226p.

Schraiber LB, Nemes MIB, Gonçalves RB. Saúde do Adulto: programas e ações na unidade básica. São Paulo: Hucitec, 1996. 286p.

Silva JM, Nascimento AA. Planejamento em saúde: a dialética entre teoria e prática. Vitória da Conquista-BA: Edições UESB, 2011. 238p.

Solla JJSP. Avaliação da Implantação do Sistema Municipal de Saúde em Vitória da Conquista (Bahia), 1997-2008. [Tese de Doutorado]. 1 vol. Rio de Janeiro: Universidade Federal do Rio de Janeiro, 2009. 401p.

Sonis A, Lanza A (orgs.) Medicina Sanitária y administración de la salud. (Tomo II). Buenos Aires-Argentina: Editorial El Ateneo, 1978.

Souza C. Estado da arte da pesquisa em políticas públicas. In: Hochman G (Org.) Políticas públicas no Brasil. Rio de Janeiro: Fiocruz., 2007:65-86.

Souza MKB, Teixeira CF. Produção científica sobre gestão de sistemas de saúde: um estudo realizado em espaço Web (1987-2009). Ciência & Saúde Coletiva 2012; 17(4):935-44.

Teixeira CF. Planejamento e programação situacional em Distritos Sanitários: metodologia e organização. In: Mendes EV (org.) Distrito Sanitário: o processo social de mudança das práticas sanitárias do SUS. São Paulo/Rio de Janeiro: Hucitec/Abrasco, 1993:237-65.

Teixeira CF. A construção social do planejamento e programação local da vigilância a saúde no Distrito Sanitário. In: Mendes EV (org.) Planejamento e programação local da Vigilância da Saúde no Distrito Sanitário. OPAS. Série Desenvolvimento de Serviços de Saúde, nº 13, Brasília, 1994:43-59.

Teixeira CF (org.) Planejamento em saúde; conceitos, métodos e experiências. Salvador-BA: Edufba, 2010. 161p.

Teixeira CF, Jacobina RR, Leal de Souza A. Para uma análise da conjuntura política em saúde. Saúde em Debate nº 9, Rio de Janeiro, 1980.

Teixeira CF, Melo C (orgs.) Construindo Distritos Sanitários: a experiência da Cooperação Italiana no município de São Paulo. São Paulo/Salvador: Hucitec/Cooperação Italiana em Saúde, 1995. 107p.

Teixeira CF, Sá M. Planejamento e Gestão em Saúde no Brasil: situação atual e perspectivas para a pesquisa, ensino e cooperação técnica na área. Ciência e Saúde Coletiva, Abrasco, Rio de Janeiro, 1996; 1:80-103.

Teixeira CF, Paim JS. A política de saúde no governo Lula e a dialética do menos pior. Saúde em Debate 2005; 29(31):268-83.

Teixeira CF, Solla J. Modelo de atenção à saúde: promoção, vigilância e Saúde da Família. Salvador: Edufba, 2006. 237p.

Testa M. Planificación estratégica en el sector salud. Caracas-Venezuela: Cendes, 1979 (mimeo).

Testa M et al. Estructura de poder en el sector salud. Caracas-Venezuela: Cendes/UCV, 1981 (mimeo).

Testa M. Planejamento de saúde: as determinações sociais In: Nunes ED. As Ciências Sociais em Saúde na América Latina: tendências e perspectivas. Brasília: OPAS, 1985:335-67.

Testa M. O diagnóstico de saúde In: Rivera FJU (org.) Planejamento e programação em saúde: em enfoque estratégico. Rio de Janeiro: Cortez/Abrasco, 1989a:59-76.

Testa M. Tendências em planificação. In: Rivera FJU (org.) Planejamento e programação em saúde: em enfoque estratégico. Rio de Janeiro: Cortez/Abrasco, 1989b:77-104.

Testa M. Pensar em Saúde. Porto Alegre: Intermédica, 1991.

Testa M. Pensamento estratégico e lógica de programação: o caso da saúde. São Paulo/Rio de Janeiro: Hucitec/Abrasco, 1995. 306p.

Viana AL. Abordagens metodológicas em políticas públicas. Cadernos de Pesquisa. Núcleo de estudos de política pública, UERJ, vol. 5 (s.n.t) nov. 1996.

Viana AL, Baptista TW. Análise de políticas de saúde. In: Giovanella L (org.) Políticas e Sistema de Saúde no Brasil. Rio de Janeiro: Fiocruz, 2008.

Vieira FS. Avanços e desafios do planejamento no Sistema Único de Saúde. Ciência & Saúde Coletiva, 2009; 14(Supl 1):1565-77.

Vilasbôas AL. Práticas de planejamento e implementação de Políticas de saúde no âmbito municipal. [Tese de Doutorado.] PPGSC-ISC-Ufba, 2006. 129p.

Weigelt LD. Política pública de saúde: um estudo sobre o processo de implementação da descentralização/regionalização da saúde na região do Vale do Rio Pardo-RS. EDUNISC. Série Conhecimento 43, Santa Cruz do Sul-RS, 2007. 156p.

40

Diferentes Formas de Apreensão das Relações entre Trabalho e Saúde/Doença. O Campo Saúde do Trabalhador:
Aspectos Históricos e Epistemológicos

Francisco Antonio de Castro Lacaz

HISTORICIDADE DA MORBIDADE RELACIONADA COM O TRABALHO

Historicamente, as doenças do trabalho são objeto de interesse da medicina moderna desde 1700, quando Bernardino Ramazzini, médico italiano, publicou seu livro *De Morbis Artificum Diatriba*, traduzido para o português como "As Doenças dos Trabalhadores". Esses "trabalhadores", no latim original, seriam os artífices ou artesãos. Com esse livro, Ramazzini recebeu o título de "pai da Medicina do Trabalho", como é mundialmente conhecido, e a edição mais recente em língua portuguesa é datada do ano de 2000.

No livro, o autor já descrevia os sintomas e sinais do agravo que ficou conhecido como lesões por esforços repetitivos (LER), apontando que essa doença predominava entre os notários e escribas, cuja atividade principal consistia na escrita e cópia de documentos de maneira constante e intensiva. Também descreveu as pneumoconioses, ou seja, as doenças pulmonares relacionadas com o trabalho, como a silicose, frequente entre trabalhadores em minas de ouro e de carvão, as quais compõem a lista das principais doenças que acometiam mineiros, douradores, massagistas, químicos, oleiros, estanhadores, pintores, ferreiros, farmacêuticos, coveiros, carpinteiros e escribas (Ramazzini, 2000).

Frise-se que, quando Ramazzini escreveu seu importante livro, o capitalismo apenas engatinhava e os agravos que mais frequentemente acometiam homens, mulheres e também crianças eram os acidentes de trabalho, dado que não havia uma restrição ao trabalho de menores e mulheres (Mendes, 1980).

Com a chegada do século XIX, era cada vez maior o número de mortes dos trabalhadores em função da exploração do trabalho, que ocorria sem qualquer regulamentação legal (Mendes, 1980). Em função dessa realidade, no ano de 1828, um empresário inglês contratou um médico para atuar na fábrica de sua propriedade – o embrião do serviço médico de empresa – o que permite levantar as primeiras informações sobre alterações na saúde dos trabalhadores relacionadas com o trabalho. Seu exemplo fez com que outros empresários adotassem o mesmo procedimento (Nogueira, 1991). Pode-se dizer que essa é a origem da Medicina do Trabalho (MT), na Inglaterra, país que foi o centro da Revolução Industrial (Mendes, 1980).

Essas iniciativas coincidem com as lutas coletivas dos trabalhadores pela regulamentação da duração da jornada de trabalho e pela proibição do trabalho de mulheres e menores. Assim, em 1833, sob pressão da opinião pública, o Parlamento Britânico aprovou lei pioneira na proteção dos trabalhadores, a Lei das Fábricas, que criou o *Inspetorado de Fábrica*, cuja função era fiscalizar o cumprimento da referida lei (Nogueira, 1991). Sobre o mesmo período histórico, e assinalando os conflitos de interesses existentes na sociedade inglesa, afirma Rosen (1994: 209): "[...] atos importantes se fizeram preceder de agitação social [...] enfrentando oposição determinada. [...] o desenvolvimento da legislação nas fábricas [...] entre 1830 e o fim do século, deve muito pouco aos proprietários das [...] manufaturas [...]".

A mudança do perfil de morbidade relacionada com o trabalho ao longo do capitalismo, desde a Revolução Industrial até a chamada reestruturação produtiva[1], está esquematizada no Quadro 40.1, no qual momentos marcantes do desenvolvimento do modo de produção capitalista estão relacionados com mudanças na morbida-

---

[1] "A reestruturação produtiva [...] consiste em um processo que compatibiliza mudanças institucionais e organizacionais nas relações de produção e de trabalho, [...] redefinição de papéis dos estados nacionais [...] visando atender às necessidades de garantia de lucratividade. Nesse processo, a introdução de novas tecnologias informatizadas tem desempenhado papel fundamental." (Corrêa, 1977: 202).

Quadro 40.1 • Historicidade dos ciclos produtivos no modo de produção capitalista, tipo de automação predominante e morbidade populacional

Período histórico	Ciclos produtivos	Automação	Morbidade mais frequente
Até 1850	Acumulação primitiva do capital Exploração intensiva do trabalho	Mecânica	1. Doenças infectocontagiosas e carenciais 2. Acidentes e doenças do trabalho típicas 3. Doenças do trabalho atípicas
1850 a 1950	Pré-monopolista do capital Exploração intensiva do trabalho	Eletromecânica	1. Acidentes e doenças do trabalho típicas 2. Doenças infectocontagiosas e carenciais 3. Doenças do trabalho atípicas
Pós 1950	Monopolista do capital Exploração intensiva e controlada do trabalho	Microeletrônica	1. Doenças do trabalho atípicas 2. Acidentes e doenças do trabalho típicas 3. Doenças infectocontagiosas e carenciais

Fonte: extraído e adaptado de Ribeiro, 2012.

de populacional desde meados do século XIX até os dias atuais, caracterizadas pela grande penetração das tecnologias de informática nos processos de trabalho[2] e pelo aumento do trabalho em condições precárias, como o trabalho em tempo parcial, sem vínculos de emprego, subemprego ou sob desemprego franco (Antunes, 1995, 2007).

Observe-se que o Quadro 40.1 busca mostrar a trajetória histórica do capitalismo, partindo da chamada acumulação primitiva, quando ocorre a concentração de riquezas nas mãos dos burgueses, entre os séculos XVI e XVIII, em consequência da exploração e venda de terras, do comércio de escravos, da usura, o que possibilitou o investimento na criação de fábricas. Posteriormente ocorre a fase de forte concorrência na venda de mercadorias produzidas nas fábricas e indústrias, até chegar à fase monopolista, em que poucas empresas dominam o mercado de venda de mercadorias (Marx, 1980a). A essa realidade correspondem determinadas mudanças dos processos de trabalho e formas predominantes de automação das máquinas e equipamentos, as quais foram influenciando o perfil da morbidade prevalente na população geral e de trabalhadores.

HISTORICIDADE DAS EXPLICAÇÕES SOBRE AS RELAÇÕES ENTRE TRABALHO E SAÚDE/DOENÇA: REFLEXOS NOS SERVIÇOS DE SAÚDE, NA ACADEMIA E NO MOVIMENTO SINDICAL

De início, cabe salientar que a historicidade acima referida tem reflexos sobre os estudos relativos às relações entre trabalho e saúde/doença, pois neles aparecem denominações diversas para identificar disciplinas e campos de práticas e saberes que as abordam e sobre tais relações formulam, como é o caso da MT, da Saúde Ocupacional (SO)[3] e do campo da Saúde do Trabalhador (ST) (CESTEH/ENSP/Fiocruz, 1986).

Essa realidade indica a necessidade de explicitação daquilo que conforma suas identidades, bem como exige definições mais claras sobre seus conceitos, enunciados e metodologias, para não parecer que se trata de uma questão meramente semântica. Ademais, é importante não inibir o aparecimento de suas diferenças para que não se confundam pressupostos, objetos e possibilidades de superação de limites para a produção do conhecimento (Foucault, 1987).

Como foi mostrado no Quadro 40.1, até os anos 1950 e 1960, predominavam os acidentes e doenças do trabalho *típicas*, mais conhecidas como doenças profissionais ou ocupacionais, ou seja, aquelas em que o nexo de causalidade, melhor dizendo, a relação entre causa e efeito era direta e relacionada com determinados agentes e fatores patogênicos, como o ruído, a sílica, o benzeno, o chumbo, o mercúrio etc.

Nesse momento, a MT e a SO explicavam e apreendiam a realidade mediante a noção de risco probabilístico e da ação dos agentes de risco (Breilh, 1994; Lacaz, 1996).

Já no período seguinte, que chega até nossos dias, há a predominância das doenças do trabalho *atípicas*. São as hoje denominadas doenças relacionadas com o trabalho (veja a Tabela 40.4), as quais também são prevalentes na população geral, como as doenças cardio-

---

[2]Por processo de trabalho, conforme Marx (1980b), entende-se um complexo de relações sociais de produção que envolvem os objetos de trabalho, ou seja, a matéria-prima ou o subproduto a ser transformado; os meios e instrumentos de trabalho, ou seja, as máquinas, ferramentas e equipamentos; a organização do trabalho com seus ritmos, hierarquia, relações de poderes e o próprio trabalho, pensado em sua finalidade, isto é, atender às necessidades do ser humano na vida em sociedade, em um processo em que ele se transforma e também transforma a natureza.

[3]Para Mendes (1980), é da Medicina Preventiva que emergem as bases para a enunciação da Saúde Ocupacional pela Organização Internacional do Trabalho e pela Organização Mundial da Saúde, ao adotarem termos como prevenção, proteção, riscos, adaptação, na perspectiva de intervir na saúde dos trabalhadores. E o paradigma da causalidade dos agravos à saúde dá-se pela precedência das condições de trabalho, em uma visão a-histórica e descontextualizada das relações econômicas, políticas, ideológicas e sociais que influem nos nexos entre trabalho e saúde/doença (Lacaz, 1996).

vasculares, as doenças psicossomáticas, os distúrbios mentais, mas que ocorrem em faixa etária mais precoce na população trabalhadora. Elas apresentam um nexo de causalidade bem mais complexo de ser determinado e cujas mediações não são tão diretas ou claras (Lacaz, 2003). Esse outro perfil de morbidade característico do trabalho contemporâneo é mais difícil de ser explicado nos marcos da MT e da SO, já que a noção de agentes de risco, semelhante à noção bacteriológica, é pobre para dar conta da complexidade causal dessas doenças.

Quanto à abordagem da MT, apresenta limites epistemológicos para explicar a dinâmica dessa morbidade mais complexa relacionada com o trabalho contemporâneo, caracterizada pela predominância das doenças do trabalho *atípicas*, como a depressão, o estresse e a fadiga patológica, as neuroses (Lacaz, 2003). Os limites derivam do fato de a MT ser uma atividade prática cujo objeto é a abordagem individual da saúde/doença dos trabalhadores, os quais estariam sob a ação de agentes patogênicos de risco encontrados nos ambientes de trabalho que são considerados externos à ação dos próprios trabalhadores (Lacaz, 1996).

Seus instrumentos e meios de operar sobre a realidade têm caráter eminentemente empírico, em que a técnica está a serviço dos interesses empresariais, baseando-se na clínica, na terapêutica e na tríade epidemiológica do modelo da História Natural da Doença (Leavell & Clark, 1976). O resultado de sua ação dá-se somente nos níveis secundário e terciário de prevenção, o que dificulta o controle das doenças e traz uma informação deformada sobre as relações entre trabalho e saúde/doença. Do ponto de vista de um entendimento mais amplo das relações entre trabalho e saúde/doença, os resultados dessa prática são: condições sanitárias precárias; alienação e desinformação dos trabalhadores, como parte do controle e do poder do capital sobre eles; e atuação autoritária dos administradores do trabalho e dos profissionais, como os médicos e enfermeiros do trabalho, cuja ação está restrita ao ambiente do trabalho (CESTEH/ENSP/Fiocruz, 1986).

Por seu turno, a SO, que se origina nos EUA no período posterior à II Guerra Mundial, também apresenta limites para explicar a morbidez do trabalho contemporâneo (Lacaz, 1996). Constitui-se do encontro das ciências do comportamento e nas dobras do discurso relativo à adaptação, à prevenção e à educação dos trabalhadores. Sua atividade é uma prática com algum grau de teorização explicitado na noção de risco, tendo como agente dessa prática o sanitarista. Seu objeto de ação são *grupos* de trabalhadores expostos aos agentes de risco que se encontram nos ambientes de trabalho e os instrumentos para empreender tal ação originam-se na Saúde Pública articulada à clínica e à epidemiologia. O resultado dessa abordagem é a intervenção nos níveis primário e secundário de prevenção, o que mantém as condições e ambientes de trabalho sob situações propícias para ampliar a produtividade, construindo um conhecimento parcial e ideologizado da realidade (CESTEH/ENSP/Fiocruz, 1986). Seu limite para o conhecimento da realidade é dado por uma abordagem calcada nas ciências positivas – como a física, a química e a biologia –, buscando tudo mensurar, daí a importância que assumem os limites de tolerância e de exposição (Lacaz, 1996).

Em síntese, pode-se afirmar que o horizonte epistemológico da MT e da SO limita sua capacidade de interpretar a realidade e a morbidade derivada do trabalho. Ao partir de uma abordagem das relações entre trabalho e saúde/doença que privilegia a ideia cartesiana[4] de corpo como máquina, que se expõe aos *agentes de risco* do trabalho, entende as consequências para a saúde como resultado da interação do corpo-*hospedeiro* com esses agentes de natureza física, química, biológica e mecânica presentes no *ambiente* de trabalho, o qual manteria relação de externalidade à ação dos trabalhadores sobre ele (Mendes, 1980).

É o chamado "industrialismo" desenvolvimentista que, nos anos 1950/1960, dará sustentação à estratégia de atuação nas fábricas calcada na Medicina do Trabalho, atuação esta baseada na organização dos serviços médicos de empresas, os quais, além de fazerem atendimento clínico individual, incorporam um receituário em conformidade com a conceituação formulada por um comitê misto formado por técnicos da Organização Mundial da Saúde (OMS) e da Organização Internacional do Trabalho (OIT) em 1950. Nesse sentido, esses serviços vão atuar na análise das causas do absenteísmo, bem como dos acidentes, doenças ocupacionais e na seleção de pessoal.

Em texto pioneiro que aponta as atribuições desses serviços, estratégicos para os interesses das grandes empresas brasileiras, ainda na década de 1950 e em período anterior à sua obrigatoriedade legal, afirmam Teixeira & Oliveira (1978: 181-2): "[...] existe um papel importante, do ponto de vista dos empresários, a ser desenvolvido por uma seção médica no interior das empresas [...]."

Quanto à ação governamental, o discurso da técnica aliado às relações de poder e ao disciplinamento do trabalhador (Foucault, 1994), embasado em teorias científicas universais, faz com que o modelo preconizado pela OMS e a OIT seja institucionalizado nacionalmente nos anos 1970. Isso ocorre mediante política adotada pelo Governo Militar na qual, por meio de Portarias do Ministério do Trabalho, institui-se a criação dos Serviços Especializados em Engenharia de Segurança e Medicina

---

[4] O adjetivo cartesiano deriva de René Descartes, pensador francês do século XVII, cuja doutrina é considerada o marco original da filosofia moderna, e que pensava o funcionamento do corpo como se ele fosse uma máquina (Lalande, 1999).

do Trabalho, conforme normativa da OIT que propunha, já no ano de 1959, a criação dos Serviços de Medicina do Trabalho pelas empresas (Mendes, 1980), delegando a elas a tutela da saúde dos trabalhadores. Essa política busca aumentar a produtividade do trabalho, e a saúde dos trabalhadores assume caráter de instrumento para a produção (Lacaz, 1996).

A propósito dessa questão, segundo Arouca (1975), a universalidade dos conceitos (e práticas) se estabelece quando, ao serem elaborados por *experts* institucionais – no caso acima vinculados à OIT e à OMS –, produzem um discurso impermeável à variedade de pensamentos sobre, no exemplo, as relações entre trabalho e saúde/doença.

No que se refere ao campo da ST, para o entendimento das origens do surgimento de seu discurso é necessário observar que também durante a década de 1970 se completavam as transformações socioeconômicas, políticas e culturais que, na América Latina, vão servir de base e estímulo à industrialização e à urbanização (Laurell, 1985).

Nessa época são publicados importantes estudos sobre a temática trabalho e saúde/doença, os quais se tornam referência para a instituição das bases daquele campo de práticas e saberes. Trata-se dos trabalhos de Laurell (1975) e Tambellini (1978) relativos aos contextos sócio-históricos e econômicos do México e do Brasil, respectivamente.

Mais ainda, na América Latina, nos anos 1970/1980, a emergência da formulação teórico-conceitual do campo acompanha-se de uma nova visão sanitária: buscava-se retornar ao social para apreender a determinação dos agravos à saúde dos trabalhadores, incorporando categorias do marxismo, de conformidade com a elaboração teórico-metodológica de autores "filiados" à Medicina Social Latino-Americana e à Saúde Coletiva (Tambellini, 1978; Laurell, 1991; Minayo-Gomez & Thedim-Costa, 1993; Breilh, 1994; Lacaz, 1996).

Nesse momento, o quadro de deterioração das condições de vida e degradação do trabalho decorrentes da industrialização tardia e seus reflexos sobre a saúde dos trabalhadores expressam-se na ocorrência de um número cada vez maior de acidentes do trabalho (Singer, 1976; Tambellini, 1978).

Assim, pode-se afirmar que o campo da ST, enquanto espaço de formulação e ação, estudos e pesquisas, está vinculado ao processo de industrialização e à forma particular que este assumiu na América Latina (Laurell, 1985; Lacaz, 1996). Caracterizam-no sua rapidez, a grande heterogeneidade de processos de trabalho que fazem parte de uma nova divisão internacional do trabalho, o caráter efêmero dos milagres econômicos que o sustentam, os quais são vividos por países como Argentina, Brasil, Chile e México, ao que se associam as profundas mudanças em sua estrutura de classes, com o surgimento de uma jovem classe operária industrial e urbana (Singer, 1976; Laurell, 1985). Esta se constitui em um "[...] novo sujeito social e político, que tem como experiência vivencial [...] a concretização das contradições que caracterizam o desenvolvimento industrial tardio" (Laurell, 1985: 256) e, por isso, luta por reivindicações já conquistadas pelas classes operárias dos países capitalistas centrais.

O traço marcante dessa industrialização, quando visto pelo lado dos trabalhadores, envolve uma ruptura com formas passadas de produzir e viver, sendo hegemonizada, no Brasil, pela grande indústria multinacional de bens de consumo duráveis, como a indústria automobilística, ao que se associa a extrema espoliação da força de trabalho, possível em função da existência da mão de obra excedente e de ações repressivas ao movimento sindical que acontecem no Brasil durante a Ditadura Militar (Singer, 1976). Enfim, esses trabalhadores lutam, ainda, pela regulamentação da jornada de trabalho, por melhores salários e, sincronicamente, defendem sua saúde e integridade física, buscando mudanças das condições de trabalho (Laurell, 1985; Ribeiro & Lacaz, 1984; Lacaz, 1996).

Outros elementos da realidade brasileira ajudaram a criar as condições de possibilidade para o surgimento do discurso (Foucault, 1987) do campo da ST, contribuindo para sua efetivação como política de saúde, sendo identificados por alguns autores como espaços que permitiram a consolidação do campo não somente do ponto de vista da formulação teórico-metodológica, como da prática transformada em políticas de Saúde Pública (Lacaz, 1996; Minayo-Gomez & Lacaz, 2005).

Esses elementos situam-se na Academia, mais particularmente no Departamento de Saúde Ambiental da Faculdade de Saúde Pública da Universidade de São Paulo (Mendes, 1986) e nos Departamentos de Medicina Preventiva e Social de algumas Faculdades de Medicina, sendo estes últimos os espaços também apontados por Tambellini (1984).

Mendes (1986) afirma que, no Brasil, a mudança é um reflexo da discussão internacional que revela a falência dos serviços médicos de empresa como modelo hegemônico para executar a assistência aos trabalhadores e que, como já assinalado, está baseado nos pressupostos da MT e na SO.

Lembre-se que nos anos 1980 ocorre uma significativa modificação nos rumos da política de saúde no Brasil quando, na VIII Conferência Nacional de Saúde, realizada em março de 1986, consolida-se a proposta de criação do Sistema Único de Saúde (SUS) com o atributo de coordenar as ações de saúde (Brasil, 1986), agora alçada à condição de Direito Social, incorporando uma tendência mundial, ou seja, a meta da saúde daqueles que trabalham (Parmegiani, 1985).

Ainda no início da década de 1980, em São Paulo, setores do movimento sindical, como metalúrgicos, químicos, petroquímicos e bancários, exigem que os serviços de Saúde Pública envolvam-se com as questões sanitárias relacionadas com o trabalho, fato contemporâneo à criação, por parte de dezenas de sindicatos de trabalhadores, do Departamento Intersindical de Estudos e Pesquisas de Saúde e dos Ambientes de Trabalho (Diesat), que atuará na discussão sobre o rompimento com o assistencialismo médico existente nos sindicatos, nefasta herança dos tempos do Estado Novo, na perspectiva de que tal tarefa passe a ser atribuição da rede pública de serviços de saúde (Lacaz, 1996). Posteriormente, o Diesat espraia-se para outros estados do país, como Rio de Janeiro, Minas Gerais, Bahia e Rio Grande do Sul (Lacaz, 1996). Frise-se que a assessoria técnica do Diesat junto ao Sindicato dos Trabalhadores Químicos e Petroquímicos do ABCD teve relevante papel, contribuindo para que o sindicato propusesse à Secretaria de Estado da Saúde (SES), no ano de 1984, a implantação do Programa de Saúde do Trabalhador (PST) Químico do ABCD, experiência pioneira com efetiva participação sindical em sua gestão (Botelho et al., 1987; Lacaz, 1996).

Datam dessa época greves para reivindicação da defesa da saúde e melhoria das condições de trabalho, para além das demandas meramente salariais, ao lado de ações dos sindicatos de trabalhadores que denunciam as precárias condições de trabalho mesmo em empresas automobilísticas, como mostra publicação editada pelo próprio Diesat (Rebouças et al., 1989).

Para Mendes (1986) também é marcante, nesse momento, a influência exercida sobre os sindicatos de trabalhadores brasileiros pela experiência do Modelo Operário Italiano, o que estimulará a luta pela melhoria das condições de trabalho e defesa da saúde, visando superar o estágio de reivindicações pautado no recebimento dos adicionais de insalubridade, a chamada "monetização do risco" (Lacaz, 1983). À época, ocorre importante intercâmbio entre técnicos e sindicalistas brasileiros e italianos, a partir da vinda ao Brasil, em 1978, de Giovanni Berlinguer, professor italiano de Medicina Social para lançamento de seu livro (Berlinguer, 1978), o que ajuda a disseminar a proposta do Modelo Operário Italiano, método de intervenção contra a nocividade do trabalho desenvolvido pelos operários italianos, apoiados por técnicos militantes, no final dos anos 1960 (Oddone et al., 1986). Frise-se que a luta pela saúde no trabalho na Itália foi um dos pilares da implantação do Sistema Nacional de Saúde como parte da Reforma Sanitária daquele país e que terá também marcante influência no processo da RSB (Berlinguer, Teixeira & Campos, 1988).

Em síntese, quanto ao campo da ST, vale dizer que se trata de uma abordagem interdisciplinar, com contribuição multiprofissional, e que tem como pressuposto a participação dos trabalhadores, inclusive do ponto de vista metodológico, conforme propõe o Modelo Operário Italiano (Oddone et al., 1986) e suas adaptações (Laurell & Noriega, 1989), o que sustenta e orienta as condições de possibilidade de sua existência, ao mesmo tempo que torna possível verificar como suas formações e práticas discursivas vão se consolidando ao longo do tempo (Foucault, 1987)[5].

DESAFIO DA EXPLICAÇÃO DAS REPERCUSSÕES DAS RELAÇÕES ENTRE TRABALHO E SAÚDE/DOENÇA HOJE E CAMPO DA SAÚDE DO TRABALHADOR: OBJETO, MÉTODO, ATORES SOCIAIS E MODELO DE ATENÇÃO

Objeto

Diante do referido sobre os limites epistemológicos da MT e da SO, impõe-se o desafio de explicar o perfil de morbidade prevalente em função das relações entre trabalho e saúde/doença na contemporaneidade. Esse desafio será enfrentado pelas formulações do campo da ST mediante a incorporação do conceito de *processo de trabalho* (Marx, 1980b), central para a abordagem daquelas relações desenvolvidas pelo campo em sua busca de uma integração disciplinar[6] de práticas e saberes (Lacaz, 1996).

Contribui para isso o fato de nos anos 1970/1980, a partir da *Saúde Coletiva*, assumir relevância a preocupação com o estudo da determinação social do processo saúde/doença, o que suscita a necessidade de considerar o trabalho, enquanto relação social, determinante do perfil da morbidade coletiva, o que aparece de modo mais estruturado e orgânico quando, a partir do enfoque da Ciências Sociais em Saúde, produzem-se estudos e pesquisas que ressaltam os aspectos teóricos e conceituais das relações entre trabalho e saúde/doença (Nunes, 1985, 1999; Laurell, 1991).

Nesse sentido, é pedagógico citar Dejours (1987), quando este propõe uma divisão didática – no que se refere ao processo de trabalho – entre condições de trabalho e organização do trabalho, as quais articuladamente compõem esse processo, até porque, para apreensão das formas de adoecimento pelo trabalho na contemporaneidade, em que predominam os distúrbios mentais (Lacaz, 2003), é mandatório considerar a organização do traba-

---

[5]Para Foucault (1987), formações discursivas são as bases ideológicas, políticas e jurídico-legais que sustentam a emergência de um determinado discurso, enquanto as práticas discursivas são as estruturas institucionais que lhes dão concretude.
[6]Para uma discussão sobre integração disciplinar em ST, veja Porto & Almeida, 2002.

lho e sua relação com a construção da subjetividade dos coletivos de trabalhadores (Araújo et al., 2004).

As Tabelas 40.1 e 40.2 mostram o que se entende por condições de trabalho e organização do trabalho, respectivamente, em conformidade com a taxonomia proposta por Dejours (1987).

Observa-se, então, retomando o que foi colocado no início, que as doenças do trabalho *típicas* (ou doenças profissionais) têm sua explicação causal mais relacionada com o que Dejours (1987) classifica como condições de trabalho, o que estaria situado no horizonte de visibilidade da MT e da SO. São as doenças do trabalho que na época de Ramazzini, dada a limitada variedade das ocupações e atividades dos artesãos, eram predominantes, como silicose, intoxicação pelo mercúrio, pelo chumbo etc.

Por outro lado, a ocorrência das doenças do trabalho *atípicas* – cuja causalidade mais complexa explica-se a partir de várias mediações – envolve os aspectos constitutivos da organização do trabalho, o que escapa à formulação da MT e da SO. Assim, a organização do trabalho vai constituir-se no elemento central da explicação formulada pelo campo da ST quando introduz na análise e compreensão da realidade do mundo do trabalho contemporâneo o conceito de processo de trabalho (Marx, 1980b; Laurell, 1993).

Pelo exposto, percebe-se que nos dias que correm impõe-se uma classificação mais complexa para buscar explicar a morbidade relacionada com o trabalho. Foi isso que buscou Schilling (1984), utilizando-se da expressão *doenças relacionadas com o trabalho* com o objetivo de dar conta da variada gama dos nexos de causalidade dessas doenças. O Quadro 40.1 explicita a classificação por ele proposta.

Acompanhando essa tendência de ampliação do perfil das doenças em sua relação com o trabalho, o National Institute for Occupational and Safety Health (Niosh), órgão que regulamenta e fiscaliza o trabalho nos EUA, adota, em 1982, uma listagem exemplificadora dos principais grupos de doenças e acidentes relacionados com o trabalho a qual está expressa na Tabela 40.4.

Frise-se que alguns grupos de agravos são aqueles que mais comumente afetam trabalhadores em todo o mundo, o que serviu de referência, no Brasil, quando foi instituída a lista de doenças e acidentes de notificação compulsória, conforme a Portaria 777 do Ministério da Saúde, datada de 2004 (Brasil, 2004), com que se bus-

Tabela 40.3 ◆ Categorias de doenças relacionadas com o trabalho e exemplos

Categoria	Exemplo
I. Trabalho como causa necessária	Intoxicação por mercúrio, silicose
II. Trabalho como fator causal contributivo, mas não necessário	Doença coronariana, varizes
III. Trabalho como provocador de distúrbio latente ou agravante de uma doença já existente	Bronquite crônica, úlcera péptica, eczemas, doenças mentais

Fonte: extraída de Schilling, 1984.

Tabela 40.1 ◆ Condições de trabalho

Ambiente físico: temperatura, pressão, ruído, vibração, irradiação, altitude etc.
Ambiente químico: produtos manipulados, vapores, gases tóxicos, poeiras, fumos, fumaças etc.
Ambiente biológico: vírus, bactérias, parasitas, fungos etc.
Condições de higiene, de segurança de máquinas e equipamentos.
Características antropométricas do posto de trabalho (relação homem-máquina).

Fonte: adaptada de Dejours, 1987.

Tabela 40.2 ◆ Organização do trabalho

Divisão do trabalho (técnica e social)
Conteúdo das tarefas
Sistema de hierarquia e competitividade
Ritmo, duração da jornada, turnos alternantes
Modalidades de comando
Relações de poder
Nível de responsabilidade: sobrecarga ou subcarga de exigências
Apoio social

Fonte: adaptada de Dejours, 1987.

Tabela 40.4 ◆ Grupos de distúrbios, doenças e acidentes relacionados com o trabalho

1. Doenças pulmonares: asbestose, bissinose, silicose, pneumoconioses dos trabalhadores do carvão, câncer de pulmão, asma ocupacional
2. Lesões musculoesqueléticas e do aparelho locomotor: distúrbios da coluna lombar, do tronco, extremidades superiores, pescoço, extremidades inferiores, fenômeno de Raynaud traumaticamente induzido, tenossinovites, tendinites, osteoartrose
3. Cânceres ocupacionais (outros que não de pulmão): leucemia, mesotelioma, câncer de bexiga, de nariz e fígado
4. Amputações, fraturas, traumas oculares e politraumatismos
5. Doenças cardiovasculares: hipertensão, coronariopatias e infarto agudo do miocárdio
6. Distúrbios da reprodução: infertilidade, abortamento espontâneo, teratogênese
7. Distúrbios neurotóxicos: neuropatias periféricas, encefalites tóxicas, psicoses, alterações de personalidade (relacionadas com exposições ocupacionais)
8. Perdas auditivas relacionadas com exposição a barulho
9. Afecções dermatológicas: dermatoses, queimaduras térmicas e químicas, contusões (abrasões), alergias
10. Distúrbios da esfera psíquica: neuroses, depressão, estresse patológico, distúrbios de personalidade, alcoolismo e dependência de drogas

Fonte: National Institute for Occupational and Safety Health, 1983 *apud* Mendes, 1986.

ca, por instrumentos da Saúde Pública e Coletiva, apropriar-se da gravidade dessa realidade.

Ainda em conformidade com a Tabela 40.4, as doenças do trabalho *atípicas* são, especialmente, as que aparecem nos itens 5 (doenças cardiovasculares) e 10 (distúrbios psíquicos), os principais problemas que afetam a saúde dos trabalhadores, configurando um novo perfil de morbidade relacionada com o trabalho (Lacaz, 2003).

Quando se trata dos distúrbios mentais e do estresse patológico, seu aparecimento está relacionado com os aspectos ligados à organização do trabalho, conforme apontado na Tabela 40.2, isto é, à sobrecarga de trabalho quantitativa, ou seja, quando há muito para fazer em pouco tempo, ou à exigência qualitativa inferior às possibilidades do trabalhador (*underload*), o que se relaciona com atividades pouco estimulantes ou desafiadoras ou que não exigem criatividade, sendo por isso monótonas ou repetitivas (Lacaz, 2003).

Além disso, para explicar essa morbidade, também são importantes aspectos relacionados com a hierarquia, o que inclui conflitos de papéis e responsabilidades, falta de controle sobre a própria atividade, em uma situação em que outros decidem o que fazer, onde e como, inclusive impondo ritmos e velocidades, bem como a ausência do chamado apoio social de chefias e dos próprios colegas de trabalho, expressão da falta de solidariedade e da competitividade que caracteriza as relações de trabalho no momento atual (Gorender, 1997).

Ademais, para explicar os distúrbios mentais e as doenças cardiocirculatórias podem também ser apontados aspectos das condições de trabalho, como mostra a Tabela 40.1, em que o ruído, o calor e o frio excessivos, a iluminação deficiente ou excessiva e odores incômodos têm importância, bem como os chamados estressores específicos do trabalho industrial, como a tecnologia de produção em linha de montagem, os trabalhos altamente automatizados e o trabalho realizado em turnos alternantes, aspectos estes também fortemente relacionados com a organização do trabalho (veja a Tabela 40.2).

Método de apreensão da realidade adotado pelo campo da Saúde do Trabalhador

Como salientado previamente, a experiência dos trabalhadores italianos em sua luta contra a nocividade do trabalho para a saúde vai influenciar o campo da ST na definição do método de análise dos determinantes das relações entre trabalho e saúde/doença, o qual está baseado no Modelo Operário Italiano, que foi posteriormente modificado e adaptado à realidade latino-americana pelos professores do programa de mestrado em Medicina Social da Universidade Autônoma do México (UAM) do *campus* Xochimilco (Laurell & Noriega, 1989).

O Modelo Operário Italiano tem como pressuposto a grande valorização do conhecimento empírico dos trabalhadores sobre seu próprio trabalho e propõe que a análise do trabalho deve começar pela observação espontânea, a partir das prioridades definidas pelos próprios trabalhadores, que atuam como sujeitos da análise da nocividade do trabalho para a saúde, considerando o comportamento de quatro grupos de fatores de risco à saúde. São eles: (a) agentes físicos (ruído, temperatura, ventilação, luminosidade, umidade); (b) agentes químicos (fumos, gases, poeiras, vapores); (c) agentes ergonômicos e mecânicos (esforço físico, relação homem-máquina, segurança das máquinas); e (d) organização do trabalho (ritmos excessivos, monotonia, repetitividade, ansiedade e responsabilidade, outros efeitos estressantes). Em um segundo momento, os fatores de risco devem ser analisados quanto a seus efeitos nos coletivos de trabalhadores, mediante questionários, sendo cotejados, em um terceiro momento, com os registros de dados ambientais coletados na investigação (Oddone *et al.*, 1986).

Essa metodologia, nos anos 1969/1970, embasou grande pesquisa no setor metalúrgico do norte da Itália, envolvendo cerca de 300 mil trabalhadores, os quais também atuaram como pesquisadores (Berlinguer, 1983), e que foi objeto de interesse de estudos em todo o mundo (Laurell, 1984; Lacaz, 1996).

Como na realidade mexicana, a fragilidade política da ação sindical causa dificuldades para se adentrar nos locais de trabalho com o objetivo de empreender estudos e pesquisas, fato também observado no Brasil, e uma adaptação adotada consistiu na reconstituição dos processos de trabalho a partir da enquete coletiva realizada com os trabalhadores submetidos ao trabalho nocivo à saúde que se buscava estudar.

Do ponto de vista metodológico, as modificações propostas pelos professores e pesquisadores da UAM-Xochimilco introduzem a noção de cargas de trabalho que produzem desgaste[7]. Pode-se dizer que as cargas de trabalho assemelham-se aos fatores de risco do Modelo Operário Italiano, podendo ser diferenciadas em cargas físicas (calor, ruído), cargas químicas (poeiras, fumaças, vapores, solventes líquidos), biológicas (micro-organismos) e cargas mecânicas que produzem contusões, fraturas, ferimentos. Essas cargas têm como característica o fato de serem externas ao corpo do trabalhador e, quando interagem com ele, produzem complexos processos intracorporais (Laurell & Noriega, 1989).

Por outro lado, as cargas fisiológicas "somente adquirem materialidade no corpo [...] ao se expressarem em

---
[7]Entendem-se por cargas de trabalho elementos dos processos de trabalho que interagem entre si e com os corpos dos trabalhadores, gerando formas de adaptação que produzem desgaste, o qual é apreendido como a "perda de capacidade potencial e/ou efetiva corporal e psíquica." (Laurell & Noriega, 1989: 110).

transformações em seus processos internos [...]" (Laurell & Noriega, 1989: 111). Assim, as cargas fisiológicas são consideradas "um esforço físico pesado [...] e não podem existir senão através do corpo, [...] como a alternância de turnos é impensável à margem dos homens [...] submetidos a este regime de trabalho" (Laurell & Noriega, 1989: 111).

No que se refere às cargas psíquicas, suas manifestações no corpo podem ser divididas em dois grupos: um que se relaciona com a sobrecarga mental e outro que diz respeito à subcarga mental. No primeiro grupo enquadram-se: "atenção permanente, supervisão com pressão, [...], altos ritmos de trabalho etc." (Laurell & Noriega, 1989: 112). No segundo grupo: "perda de controle sobre o trabalho [...], desqualificação do trabalho [...], parcelização que redunda em monotonia e repetitividade etc." (Laurell & Noriega, 1989: 112). As cargas psíquicas somente existem como resultado das relações sociais de trabalho e resultam, no caso do trabalho desqualificado, em "hipotrofia do pensamento e da criatividade" (Laurell & Noriega, 1989: 112).

Por outro lado, quanto aos efeitos para a saúde do controle excessivo ou despótico sobre as atividades laborais dos trabalhadores, é pertinente afirmar que este gera grande "tensão nervosa prolongada sintetizada na reação do estresse crônico e fadiga nervosa" (Laurell & Noriega, 1989: 112).

Observa-se, por conseguinte, que não se pode compreender cargas psíquicas meramente como "riscos", descontextualizando-as das condições socialmente produzidas e que lhes dão origem, o que se aplica também aos outros tipos de cargas (Laurell & Noriega, 1989).

No Quadro 40.2 são comparados aspectos do Modelo Operário Italiano e do Modelo UAM-Xochimilco.

Com o objetivo de demonstrar a riqueza da discussão teórico-conceitual interna ao campo da ST, sustentáculo de suas formulações, Breilh (1994) aponta que as categorias empíricas "risco" e "carga" constituem-se em uma "camisa de força [pois são] concepções fisicalistas do processo de trabalho e da saúde" (Breilh, 1994: 98). Para ele, o trabalho contém riscos enquanto "contingência [...] ou probabilidade de dano, [mas isto] não cobre a totalidade dos processos determinantes" (Breilh, 1994: 98). O autor cita como exemplo dessa impropriedade uma fábrica automobilística onde funciona uma linha de montagem cuja divisão e organização do trabalho conforma uma reali-

Quadro 40.2 • Metodologias de pesquisa-ação para o conhecimento da relação entre trabalho e saúde como formulações do campo da ST

Modelo Operário Italiano	Modelo UAM-Xochimilco
Princípios e propósitos	
Demanda operária sustentada por apoio técnico militante	Visão contra-hegemônica no apoio técnico aos trabalhadores
Empirismo operário radical	Materialismo dialético
Enfrentamento da nocividade do trabalho	Transformação da produção capitalista
Conhecer para transformar	Humanização do trabalho
Objetos de estudo	
Ambiente de trabalho a partir dos grupos homogêneos de risco; da experiência operária coletiva; da validação consensual e não delegação*	Análise histórico-epidemiológica de agravos e do perfil produtivo
	Estratégias de geração de valor
Fatores de risco segundo quatro grupos de fatores nocivos	Processo de produção, seus processos de trabalho (base técnica, organização e divisão de trabalho)
Propostas de contratação coletiva com empresas	Cargas de trabalho e padrões de desgaste
	Transformação do trabalho
Objetivos	
Instrumentalizar o papel de sujeito dos operários mediante seu conhecimento e suas soluções	Construir perfis epidemiológicos de conformidade com processos produtivos
Instrumentalizar a subjetividade operária para estudar a realidade: elaborar mapas de risco	Integrar saber operário com a produção científica
Integrar e experiência operária com a ciência	
Principais influências	
Sociologia	Economia política
Psicologia social	Sociologia
	Epidemiologia crítica

Fonte: adaptado de Breilh, 1994.

*No Modelo Operário Italiano, entendem-se por grupos homogêneos de risco os grupos de trabalhadores que atuam sob as mesmas condições de trabalho; por validação consensual, a definição do que investigar a partir da prioridade coletiva e consensualmente definida pelos grupos homogêneos, e por não delegação, o papel dos trabalhadores como agentes do processo de investigação da nocividade do trabalho (Oddone et al., 1986). Dessa articulação resulta a construção dos mapas de risco de cada ambiente de trabalho, a partir dos quais se deve agir.

dade determinante, necessária, permanente, e não um perigo provável ou fortuito para a saúde dos trabalhadores. Ademais, aponta que o conceito de risco não apreende um aspecto fundamental da natureza do trabalho mesmo no capitalismo, ou seja, não dá "conta do caráter contraditório do trabalho, que não é absolutamente destrutivo nem absolutamente benéfico [...] seus aspectos favoráveis e prejudiciais coexistem e operam de modo distinto de acordo com o momento histórico e a categoria de trabalhadores a que refere [...]" (Breilh, 1994: 98).

Para o autor é mais pertinente falar em *processo*, o que melhor traduz a dinâmica da realidade de trabalho, ou seja, em "processos destrutivos ou [...] protetores para referir-se aos determinantes que condicionam epidemiologicamente ao trabalhador, seja no espaço da produção, seja no espaço do consumo [...]" (Breilh, 1994: 98).

Para ele, reparos semelhantes devem ser feitos quando se depara com o conceito de carga, o qual se confunde com a noção de "ação ou efeito de carregar" (Breilh, 1994: 99) ou, quando se associa à potência absorvida pela máquina, como um limite até o qual ela pode ser usada sem danificar-se. A única situação de trabalho a que o termo carga se aplica é ao "trabalho muscular: cargas estáticas e dinâmicas dos músculos ou a qualquer circunstância que implique uma tensão funcional" (Breilh, 1994: 99). E complementa: aplicar a ideia de carga à atividade mental no trabalho acaba empobrecendo a noção de processo de deterioração da saúde pelo trabalho. O termo poderia ser usado para tratar dos "problemas de tensão neurofisiológica por sobrestimulação ou subestimulação, mas não esgota o conjunto de processos de sofrimento-proteção mental que implica o trabalho em distintos contextos" (Breilh, 1994: 99).

Partindo das formulações do grupo mexicano observa-se, portanto, que as contribuições de Breilh (1994) trazem elementos para se pensar o aspecto dialético do trabalho em sua relação com a saúde/doença, fazendo refletir, do ponto de vista epidemiológico, tanto sobre seus aspectos protetores como nocivos à saúde.

Outro questionamento a ser assinalado quanto à crítica interna que se dá no campo da ST refere-se à forte valorização do "empirismo radical" relativo à experiência operária e que é advogado e praticado pelo Modelo Operário Italiano.

Para Laurell (1984), essa defesa radical não possibilita um distanciamento crítico (e teórico) sobre a própria prática, o que dificulta a possibilidade de tirar conclusões sobre o geral diante de experiências particulares. Daí a necessidade de uma *práxis* (Sánchez-Vázquez, 2011) que torne possível refletir criticamente sobre a experiência empírica a partir de um distanciamento reflexivo, pois não é verdadeiro o dístico popular de que quem sabe faz e ensina. Disso resulta a pouca capacidade do Modelo Operário Italiano de apreender as relações entre trabalho e saúde/doença que se impõem com o advento da chamada reestruturação produtiva dos processos de trabalho, sob o toyotismo ou modelo japonês[8] (Gorender, 1997).

Atores sociais do campo da saúde do trabalhador

Para se entender a emergência do campo da ST como prática teórica (geração de conhecimentos) e prática político-ideológica (superação de relações de poder e conscientização dos trabalhadores) e seus desafios, é necessário frisar, como já salientado, que ele eclode concomitantemente à maturação do processo de industrialização e à forma particular que assume na América Latina, nos anos 1970, com o surgimento de uma classe operária industrial urbana (Laurell, 1985). Esta se constitui enquanto força social e política e busca como aliados, na luta pela saúde no trabalho, setores médios, particularmente intelectuais de fora e de dentro da Universidade (Tambellini, 1984).

A experiência trazida pela realização das Semanas de Saúde do Trabalhador, a partir de 1979, espelhou essa aliança e resultou da ação conjunta de sindicatos de trabalhadores e técnicos militantes (Lacaz, 1983; Ribeiro & Lacaz, 1984). A partir delas, cria-se o Departamento Intersindical de Estudos de Saúde do Trabalhador (DIESAT) e ocorre a implantação de vários grupos de assessoria técnica em sindicatos para questões relativas à saúde no trabalho, cujo fruto é a celebração de cláusulas nas negociações coletivas entre o patronato e os sindicatos de trabalhadores que visavam à melhoria das condições de trabalho e ao fortalecimento da representação sindical nos locais de trabalho (Ribeiro & Lacaz, 1984).

Ao lado disso, a incorporação de ações em ST no SUS acontece sincronicamente ao momento histórico do fim do milagre econômico e da passagem que transforma o papel do Estado, a chamada Reforma do Estado (Paula, 2005), cujo recorte neoliberal (Anderson, 1995) traz consigo a diminuição do investimento público nas políticas sociais e o aumento do desemprego e do subemprego, como decorrência da reestruturação produtiva industrial e da globalização da economia (Laurell, 1995). Essa realidade terá importante influência sobre as lutas sindicais no mundo que se fragilizam (Navarro, 1995).

Ao se avaliar a realidade atual dos atores e protagonistas anteriormente apontados, observa-se que, se nos

---

[8]Por modelo japonês entende-se uma "designação genérica [...] – de um conjunto de técnicas de organização da produção e do trabalho industrial, de práticas administrativas, relações de trabalho e princípios de gestão da empresa que estariam associados aos importantes ganhos de produtividade atingidos pelo sistema produtivo do Japão após a II Guerra Mundial" (Xavier-Sobrinho, 1997: 156).

anos 1980 os PST contavam com importante participação e controle social, hoje, a fragilidade dos sindicatos de trabalhadores, ao lado da nova configuração do mundo do trabalho, dificulta a participação, na medida em que os órgãos sindicais não mais representam a polissemia do mundo do trabalho reestruturado (Antunes, 2005; Minayo-Gomez & Lacaz, 2005; Steingart, 2006; Lacaz & Santos, 2010).

Quanto à Academia, a pujança detectada na produção científica do campo da ST na virada dos anos 1980/1990, com marcante caráter inter(trans)disciplinar, bem como a incorporação de pressupostos trazidos pela contribuição de autores filiados à Medicina Social Latino-Americana e à Saúde Coletiva, conforme apontou Lacaz (1996), não é mais observada (Minayo-Gomez & Lacaz, 2005). Confirma essa assertiva a análise empreendida a partir do levantamento realizado por Mendes (2003) relativo à produção de dissertações e teses sobre trabalho e saúde de 1950 até 2002 o qual, quando analisado sob a ótica da produção do conhecimento e da interdisciplinaridade, revelou:

> [...] predomínio da construção de conhecimento fragmentado, [...] unidisciplinar, quando não repetitivo e tecnicista, resultante de pesquisas e análises pontuais desenvolvidas com abordagens próprias de cada disciplina: só da epidemiologia, ou [...] das ciências sociais, humanas, ou só da toxicologia ou [...] engenharia [...] (Minayo-Gomez & Lacaz, 2005: 802).

No que se refere às demandas sociais advindas de um dos espaços privilegiados de expressão dos atores do campo previsto pelo SUS, ou seja, a III Conferência Nacional de Saúde do Trabalhador (CNST) (Brasil, 2006), as resoluções daí emanadas espelham o estágio atual de formulação dos vários atores sociais envolvidos. O que se observa é que, ao ratificarem enfaticamente essas resoluções, apenas reiteram o tema central da II CNST (Brasil, 2002) realizada 11 anos antes, em 1994, cujo lema era "Construindo uma Política [Nacional] de Saúde do Trabalhador". Há um verdadeiro retrocesso na medida em que algumas resoluções expressam o retorno de propostas que "recuperam" as formulações da Saúde Ocupacional, desconsiderando, por exemplo, o acúmulo desenvolvido em ações de Vigilância em Saúde do Trabalhador no SUS (Porto, Lacaz & Machado, 2003), as quais superam a prática dos serviços de Medicina do Trabalho e a própria normatização do Ministério do Trabalho e Emprego (Brasil, 2006)[9].

Pode-se afirmar que a fragilidade político-reivindicatória experimentada pelo movimento sindical e a postura pouco engajada da Academia, ao que se soma o desenvolvimento de políticas públicas de saúde focalizadas (Laurell, 1995; Minayo-Gomez & Lacaz, 2005), constituem o pano de fundo da relativa perda de espaço das formulações teórico-metodológicas do campo da ST.

Urge discutir essa situação visando ao resgate dos pressupostos do campo e à crítica aos reducionismos teórico-metodológicos perpetrados pela SO, apesar de observar-se que ainda nos dias que correm existe a hegemonia de seu discurso e prática.

Na busca pelo envolvimento da rede de saúde pública na atenção à saúde dos trabalhadores, a articulação entre ações de assistência e de vigilância para apreender as relações entre trabalho e saúde/doença constitui-se no cerne da prática sanitária do campo da ST como parte da Saúde Coletiva, em sua vertente do planejamento em saúde, para o que os trabalhadores organizados tiveram papel protagônico (Lacaz, 1996).

Além disso, é necessário frisar que, nos dias que correm, trata-se de envolver "corações e mentes" no resgate do social para sustentar essas práticas em saúde, objetivando dar suporte ao modelo de atenção que foi sendo construído ao longo da trajetória de constituição do campo enquanto espaço para uma proposta que já incorporava os princípios de diretrizes do SUS antes mesmo dele existir (Minayo-Gomez & Lacaz, 2005).

Campo da saúde do trabalhador e modelo de atenção

Colado às formulações teórico-conceituais do campo da ST, também ocorre o envolvimento da rede de Saúde Pública nas propostas de atenção, o que se concretiza inicialmente nos PST criados inicialmente na rede da Secretaria de Estado da Saúde de São Paulo, implantados em várias regiões do Estado de São Paulo a partir de 1984 e posteriormente em outros estados, em resposta à demanda do movimento sindical (Lacaz, 1996).

Seu nome indica que a proposta está calcada nos pressupostos que sustentam a programação em saúde (Schraiber, 1990), alguns deles tornados princípios do SUS. Esses pressupostos eram: a universalidade de acesso, independentemente do vínculo de trabalho e previdenciário; o controle social mediante a participação dos trabalhadores, em alguns casos na própria gestão, controle e avaliação; a integralidade do cuidado mediante acesso

---

[9] As observações podem ser constatadas a partir de algumas resoluções da III CNST, tais como: "Garantir o cumprimento das *normas regulamentadoras* de segurança e saúde para os trabalhadores do serviço público, [...] priorizando o *programa de prevenção de riscos* *ambientais e o programa de controle médico de saúde ocupacional*"; "Transformar os Serviços Especializados em Engenharia de Segurança e Medicina do Trabalho – SESMT (Norma Regulamentadora NR 4 do Ministério do Trabalho e Emprego) em serviços especializados de segurança e saúde no trabalho [...]" (Brasil, 2006) (Resolução 44, grifos nossos).

às informações obtidas a partir da assistência, o que possibilitava o desencadeamento de ações de vigilância nos locais de trabalho geradores de danos à saúde, com participação sindical (Freitas, Lacaz & Rocha, 1985).

A isso se somava a percepção de que o trabalhador possui um saber como sujeito coletivo inserido no processo produtivo, mas agora deve ser visto pelo serviço de saúde não apenas como um mero consumidor desses serviços, bem como de condutas médicas e prescrições, mas com a compreensão de que o processo de trabalho é danoso à saúde, o que coloca outras determinações para o sofrimento, o mal-estar e a doença, agora motivados pelas relações sociais que se estabelecem nos processos de trabalho (Navarro, 1982).

Os PST surgiram como parte de uma tendência mundial influenciada pelos organismos internacionais que preconizavam a incorporação de ações de saúde na rede de serviços de Saúde Pública a partir da criação dos SST como política pública, com ampla participação dos trabalhadores (OIT, 1985).

Ao lado da OIT, a atuação da OMS de maneira mais concreta nessa questão ocorre a partir de 1983, pela iniciativa de seu órgão regional para as Américas, a Organização Pan-Americana da Saúde (OPAS), quando esta publica o documento "Programa de Salud de los Trabajadores" (OPS, 1983).

Na sequência, em 1984, no seminário Actividades de Salud Ocupacional en la Red de Servicios de Salud, patrocinado pela OPAS e realizado em Campinas, São Paulo, documento de apoio às discussões elaborado por consultores da OPAS colocava a necessidade de se

> [...] passar do conceito de Saúde Ocupacional para o de saúde dos trabalhadores para enfrentar a problemática saúde-trabalho como um todo, onde se conjuguem fatores econômicos, culturais e individuais para que se possa produzir um resultado que é a saúde de uma sociedade, de um país, de um continente [...] (Sandoval, 1983: 47).

Pelo que foi exposto, vê-se que existe, internacionalmente, a preocupação de superar o modelo baseado no olhar da SO como parte de uma tendência internacional que coloca a saúde como direito (Parmeggiani, 1988).

No Brasil, sabe-se que o movimento pela Reforma Sanitária (Paim, 1999) contribuiu para formular o projeto do SUS, conforme prescreveu a VIII Conferência Nacional de Saúde, cujo relatório final apontava que o trabalho em condições dignas e o conhecimento e controle dos trabalhadores sobre processos e ambientes de trabalho eram pré-requisitos centrais para o pleno exercício do acesso à saúde (Lacaz, 1994).

Nesse sentido, a I CNST, realizada no mesmo ano, incorporou a proposta de que o sistema de saúde a ser criado deveria englobar ações e órgãos voltados para a saúde dos trabalhadores, na perspectiva da saúde como direito (Brasil, 1986).

Frise-se que essa trajetória é parte da experiência histórica brasileira na luta pela redemocratização do país, cujo ápice foi a Assembleia Constituinte, que concretiza direitos sociais, momento em que os trabalhadores elegem o Estado como interlocutor, não na perspectiva da acumulação capitalista, em uma visão meramente estrutural-funcionalista de seu papel em que somente prevalecem os interesses capitalistas, como pensavam estudiosos nos anos 1960/1970, conforme aponta Fleury (1994). Agora, o Estado é um espaço de luta política pela incorporação de direitos pelas classes populares, na perspectiva do planejamento e execução de políticas públicas que atendam às demandas sociais dos trabalhadores organizados, visando à implementação de propostas de ações de Saúde Pública que permitam a gestão e seu controle social compartilhado, o que depois foi incorporado pelo SUS (Lacaz, 1996).

Assim, os PST são também resultado do processo de lutas sociais na busca de retirar das empresas a tutela da saúde dos trabalhadores, dando-lhes o direito de exercer controle sobre a própria saúde, a partir de sua inserção e atendimento nos serviços de Saúde Pública enquanto produtores (Navarro, 1982; Freitas, Lacaz & Rocha, 1985). Até o início dos anos 1980 isso não acontecia, visto que era atribuição das empresas, como ressaltado previamente por meio de seus Serviços Especializados em Engenharia de Segurança e Medicina do Trabalho (Lacaz, 1996), e da Previdência Social, por meio do Instituto Nacional de Assistência Médica da Previdência Social (Inamps) (Dias, 1994).

Em momento posterior, já nos anos 1990, quando a municipalização da saúde torna-se uma realidade no Brasil, surgem os Centros de Referência em Saúde do Trabalhador, cuja atividade situa-se na perspectiva de ser uma instância especializada para dar suporte técnico-operacional à rede básica (Lacaz, 1996).

Do ponto de vista do Planejamento e Gestão em Saúde, o modelo dos Centros de Referência em Saúde do Trabalhador merece críticas, na medida em que não conseguiu inserir de maneira efetiva as ações em ST na rede básica de saúde. Além disso, as ações de assistência ainda assumem, em sua prática, um peso importante em detrimento das ações de vigilância, ao que se associa a falta de formação adequada dos quadros que neles atuam (Santos & Lacaz, 2012). Apesar disso, o modelo torna-se hegemônico no SUS, a partir de 2002, com a criação da Rede Nacional de Atenção Integral à Saúde dos Trabalhadores (Renast), mediante portaria emanada do Ministério da Saúde (Brasil, 2002b). Posteriormente, buscou-se um aperfeiçoamento da Renast mediante a emissão de mais duas portarias por parte do Ministério da Saúde, em 2005 e 2009, visando priorizar as ações de vigilância em ST e à melhor formação de quadros técnicos (Brasil, 2005, 2009; Santos & Lacaz, 2012).

No entanto, a par do retrocesso conceitual das formulações do campo já assinalado, na prática dos Centros de Referência em Saúde do Trabalhador, mesmo após a criação da Renast, privilegia-se a contratação de médicos e enfermeiros do trabalho, cuja formação está calcada nos pressupostos da MT e da SO, em vez da incorporação em suas equipes de saúde, e de modo mais programático, de profissionais como psicólogos, sociólogos, assistentes sociais, fisioterapeutas, fonoaudiólogos, médicos, enfermeiros, engenheiros que estão sendo formados nos cursos de Especialização em Saúde do Trabalhador, desenvolvidos na rede do SUS (Ramos, 2008); persistindo importante carga assistencial em detrimento das ações de Vigilância em Saúde do Trabalhador (Silva, 2012).

Ademais, apesar do grande acúmulo de experiência adquirida na área assistencial, as políticas de atenção em ST no SUS ainda são pouco integradas intra e intersetorialmente, existindo parcas avaliações sobre a efetividade e a adequação dessas ações, ao que se soma a ausência de demanda qualificada pelos gestores da saúde e de uma Política Nacional de Saúde do Trabalhador que integre efetivamente os Ministérios da Saúde, da Previdência Social e do Trabalho em parceria com o Ministério de Ciência e Tecnologia por meio do fomento de pesquisas sobre temas de grande importância e que precisam ser mais e melhor estudados (Lacaz, 2010; Minayo-Gomez, 2011).

Essa constatação, além de apontar as lacunas do campo, tanto no que se refere à produção de conhecimento como às ações de uma Política de Estado integradora e consistente, ratifica o diagnóstico de que se trata de um campo de práticas e saberes cuja vida é recente, ainda em construção, influenciado de maneira marcante pela realidade sócio-histórica de uma sociedade tão complexa como a brasileira, como espaço da Saúde Coletiva (Minayo-Gomez, 2011).

CAMPO DA SAÚDE DO TRABALHADOR: DESAFIOS, LACUNAS, AVANÇOS E INTERFACES

Em consonância com o que foi anteriormente referido, é possível concluir que o campo da ST está em permanente construção e ainda tem desafios teórico-metodológicos que se relacionam com seu objeto de interesse, cuja polissemia, pulsão e dinâmica de transformação permanente exigem adaptações e frequente ampliação/revisão teórico-conceitual, mesmo considerando seus avanços e interfaces (Lacaz, 2007).

Quanto aos desafios, um deles é relativo à seguinte questão: de fato, suas formulações conformam um campo (científico) de práticas e conhecimentos? Nesse sentido, cabe assinalar o que sustenta, a partir de Bourdier (1996), Minayo-Gomez (2011) em recente publicação.

Para ele, essa abordagem da relação entre trabalho e saúde/doença deve ser considerada um campo científico, mas não se podem deixar de apontar as lacunas que ainda devem ser preenchidas no que se refere à produção do conhecimento, pois persiste uma falta de precisão conceitual no que se refere à relação entre trabalho e saúde na produção científica do campo; na medida em que predominam hoje abordagens disciplinares e pontuais, com objetos de estudo cujas premissas são pouco aderidas à concepção do campo; pela predominância de estudos meramente descritivos, considerando os trabalhadores como objeto de estudo (Minayo-Gomez, 2011) e, acrescente-se, em um verdadeiro retrocesso em relação ao que se deu nos anos 1980/1990 (Lacaz, 1996, 2007; Minayo-Gomez & Lacaz, 2005).

Ainda como desafio digno de nota, deve ser salientada a lacuna representada por uma ainda muito claudicante Política Nacional de Atenção à Saúde do Trabalhador, cuja discussão iniciou-se na I CNST, em 1986, e que até hoje está distante de propor uma real definição de papéis quanto à interlocução e às atribuições de pelo menos três ministérios afetos ao tema, ou seja, o Ministério da Saúde, por intermédio do SUS, o Ministério do Trabalho e Emprego e o Ministério da Previdência Social (Lacaz, 2010), aos quais devem ser incorporados o Ministério da Agricultura e o do Meio Ambiente, dada a questão do trabalho rural, por exemplo (Pignati, 2007; Nasrala-Neto, 2011).

Essa lacuna também interfere no modelo de atenção proposto pelo campo e tem dificultado ações que, além da assistência, tenham efetiva capacidade de intervir nos determinantes geradores de acidentes e doenças do trabalho, na perspectiva da Vigilância em Saúde do Trabalhador (Porto, Lacaz & Machado, 2003; Machado, 2005).

Cabe ainda assinalar que, de certo modo, esses desafios e lacunas interferem no próprio ensino da temática relacionada com o trabalho e a saúde/doença a partir das formulações do campo da ST, na medida em que é ainda pouco desenvolvido nos cursos de graduação da área da saúde, mesmo após a edição das Diretrizes Curriculares Nacionais para o Curso de Graduação em Medicina, em 2001 (Brasil, 2001).

Uma hipótese para explicar essa situação seria a existência de uma disputa (Bourdier, 1983) em função da busca pela hegemonia na abordagem da temática, a qual é tensionada pelas formulações da MT, da SO e do campo da ST, cujo tempo de existência e de maturação ainda é bastante recente (Lacaz, 1996), fato este que ratifica os desafios para proposição de soluções para a prevenção da morbimortalidade prevalente hoje no mundo do trabalho.

Quanto aos desafios que produziram avanços teórico-conceituais e metodológicos, coloca-se a abordagem de processos de trabalho em sua relação com a saúde/doença no setor *terciário* da economia ou de *serviços*, onde hoje se concentra a maior parcela dos trabalhadores em todo o mundo (Antunes, 2007; Lacaz, 2011).

Esse avanço ocorre a partir de contribuição da Sociologia do Trabalho em sua articulação com a Saúde Coletiva a partir das Ciências Sociais em Saúde, que traz a noção de *simultaneidade* para assinalar a concomitância do momento da produção e do consumo das ações no setor de serviços, o que exige uma troca intersubjetiva muito intensa entre o trabalhador e a clientela por ele atendida, mobilizando afetos, responsabilidades e vínculos (Cecílio & Lacaz, 2012).

A isso se soma a ideia de *copresença*, em que o consumidor do produto está presente no momento mesmo de sua produção, o que pode pressionar o aumento da produtividade, ou seja, a quantidade de trabalho em período de tempo, cujo exemplo mais claro é a tensão exercida pelas filas nos serviços de saúde ou nos bancos.

Por último, propõe a noção de *coprodução*, a qual também ajuda a explicar as particularidades do trabalho em serviços, ao chamar a atenção para o fato de que a clientela consumidora de serviços de saúde e de serviços bancários acaba por executar ações e tarefas que antes eram exercidas pelos trabalhadores. É o caso dos serviços bancários que passaram a ser executados pela própria clientela, como o saque de dinheiro, a impressão de cheques, pagamentos etc., em função da intensa automação e informatização do setor. O mesmo ocorre no setor saúde, no que se refere à automedicação, por exemplo (Cecílio & Lacaz, 2012).

Como foi visto, se internamente ao campo ainda persistem desafios e lacunas, deve ser ressaltada como promissora a potencialidade de estudos e pesquisas no que se refere à interface trabalho-ambiente, na vertente hoje identificada pela tríade produção-ambiente-saúde (Tambellini & Câmara, 1998; Vasconcelos, 2007; Rigotto & Augusto, 2007; Dias *et al.*, 2009), particularmente quando o mundo se depara com a discussão de sua sustentabilidade socioambiental (Porto, 2005; Vasconcelos, 2007; Cartier *et al.*, 2009). Trata-se de entender que a poluição ambiental origina-se nos processos produtivos e que a fábrica "contamina" o ambiente (Berlinguer, 1978).

Outra interface promissora dá-se pela temática trabalho-gênero-saúde, cuja importância cada vez maior é consequência da entrada maciça da mulher no mercado de trabalho, o que a torna cada vez mais estudada pelo viés dos preconceitos, das diferenças salariais e dos agravos específicos do gênero feminino relacionados com o trabalho (Oliveira & Scavone, 1997; Hirata, 2003; Neves *et al.*, 2011).

De grande relevância como preocupação do campo e também como real desafio, hoje, mesmo que apresentando "encaminhamentos ainda frágeis" (Athayde, 2011: 348), coloca-se a questão da Saúde Mental e Trabalho (Athayde, 2011; Merlo, 2011), na medida em que a reestruturação produtiva impõe relações e processos de trabalho que envolvem a esfera psicoafetiva e o adoecimento pelos distúrbios mentais, doenças psicossomáticas, estresse e fadiga crônicos, como apontado na Tabela 40.4.

Finalmente, é importante ressaltar que, por estar situado em um espaço de interseção marcado pelo conflito de interesses estabelecido entre o processo de valorização do capital e a luta dos trabalhadores contra a exploração daí advinda, o campo da ST tem forte conotação político-ideológica, o que não deve descaracterizar sua capacidade de produzir conhecimento científico e de interferir na realidade para transformá-la, na perspectiva da re-humanização do trabalho, escopo principal das formulações do campo aqui discutido, conforme aponta Lacaz (1996, 2007).

Referências

Anderson P. Balanço do neoliberalismo. In: Sader E, Gentilli P (orgs.) Pós-neoliberalismo: as políticas sociais e o Estado democrático. Petrópolis: Vozes, 1995:9-23.

Antunes R. Adeus ao trabalho? Ensaio sobre as metamorfoses e a centralidade do mundo do trabalho. São Paulo: Cortez Editora/Campinas: Editora da Universidade Estadual de Campinas, 1995.

Antunes R. A nova morfologia do trabalho e o desenho multifacetado das ações coletivas. Cadernos ANDES 2005; 21:8-16.

Antunes R. Dimensões da precarização estrutural do trabalho. In: Druck G, Franco T (orgs.) A perda da razão social do trabalho: terceirização e precarização. São Paulo: Boitempo, 2007:13-22.

Arouca ASS. O Dilema Preventivista. Contribuição para a compreensão e crítica da Medicina Preventiva. [Tese de Doutorado]. Campinas: Faculdade de Ciências Médicas, Universidade Estadual de Campinas, 1975.

Araújo A, Alberto MF, Neves MY, Athayde M (orgs.) Cenários do trabalho: subjetividade, movimento e enigma. Rio de Janeiro: DP & A Editora, 2004.

Atahyde M. Saúde "Mental" e Trabalho: questões para discussão no campo da Saúde do Trabalhador. In: Minayo-Gomez C, Machado JMH, Pena PGL (orgs.) Saúde do Trabalhador na Sociedade Brasileira Contemporânea. Rio de Janeiro: Fiocruz, 2011:345-67.

Berlinguer G. Medicina e política. São Paulo: Cebes-Hucitec, 1978.

Berlinguer G. A saúde nas fábricas. São Paulo: Cebes-Hucitec, 1983.

Berlinguer G, Teixeira SF, Campos GWS. Reforma sanitária: Itália e Brasil. Rio de Janeiro: Centro Brasileiro Estudos de Saúde/São Paulo: Editora Hucitec, 1988.

Botelho ZGA, Lacaz FAC, Sato L, Travieso P. Avaliação Qualitativa de alguns aspectos organizacionais do "Programa de Atenção à Saúde do Adulto: Projeto de Atenção à Saúde do Trabalhador Químico do ABC" em duas Unidades Básicas. Relatório de Pesquisa. São Paulo: CNPq/SES/TS/Área Saúde e Trabalho, 1987.

Bourdier P. O campo científico. In: Ortiz R (org.) Pierre Bourdier: Sociologia. São Paulo: Ática, 1983:122-53 (Coleção Grandes Cientistas Sociais, 39).

Bourdier P. Razões práticas: sobre a teoria da ação. Campinas: Papirus, 1996.

Brasil. Ministério da Saúde. VIII Conferência Nacional de Saúde. Relatório final. Brasília: Ministério da Saúde, 1986.

Brasil. Ministério da Educação, Conselho Nacional de Educação, Câmara de Educação Superior. Resolução CNE/CES, de 7/11/2001. Diretrizes Curriculares Nacionais para Curso de Graduação em Medicina. Brasília, legislação oficial, 2001.

Brasil. Ministério da Saúde. II Conferência Nacional de Saúde do Trabalhador 1994. Anais. Brasília: Ministério da Saúde, 2002.

Brasil. Ministério da Saúde. Portaria 1.679, de 19 de setembro de 2002. Dispõe sobre a Rede Nacional de Atenção Integral à Saúde do Trabalhador (Renast). 2. ed. Caderno de Legislação em Saúde do Trabalhador. Brasília: Ministério da Saúde, 2005.

Brasil. Ministério da Saúde. Portaria 777, de 28/04/2004. Dispõe sobre a notificação compulsória de agravos relacionados ao trabalho. 2. ed. Caderno de Legislação em Saúde do Trabalhador. Brasília: Ministério da Saúde, 2005.

Brasil. Ministério da Saúde. Portaria GM 2.437, de 7 de dezembro de 2005. Dispõe sobre a ampliação e o fortalecimento da Rede Nacional de Atenção Integral à Saúde do Trabalhador – Renast – no Sistema Único de Saúde – SUS e dá outras providências. Diário Oficial da União, 236, 09/12/2005, pp. 78-79.

Brasil. Ministério da Saúde. Resoluções. III Conferência Nacional de Saúde do Trabalhador, 2006.

Brasil. Ministério da Saúde. Portaria 2.728, de 11 de novembro de 2009. Dispõe sobre a Rede Nacional de Atenção Integral à Saúde do Trabalhador (Renast) e dá outras providências. Diário Oficial da União, nº 216, 12/11/2009, pp. 76-77.

Breilh J. Nuevos conceptos y técnicas de investigación. Guía pedagógica para un taller de metodología. 3. ed. Quito: Ediciones Centro de Estudios y Asesoría en Salud (Ceas), 1994.

Cartier R, Barcellos C, Hubner C, Porto MFS. Vulnerabilidade social e risco ambiental: uma abordagem metodológica para avaliação da injustiça ambiental. Cadernos de Saúde Pública 2009; 25(12):2695-704.

Cecilio LCO, Lacaz FAC. Trabalho em Saúde. Coleção "Projeto Formação em Cidadania para a Saúde: temas fundamentais da Reforma Sanitária". E-book. Portal da Universidade Aberta do SUS – UnaSUS e Portal do Centro Brasileiro de Estudos de Saúde – Cebes. Brasília: Ministério da Saúde/Secretaria de Gestão do Trabalho e Educação na Saúde e Organização Panamericana da Saúde, 2012.

Centro de Estudos em Saúde do Trabalhador e Ecologia Humana/Escola Nacional de Saúde Pública/Fundação Oswaldo Cruz. Política Nacional de Saúde do Trabalhador – análises e perspectiva. [Contribuição para a I Conferência Nacional de Saúde dos Trabalhadores], 1986.

Corrêa MB. Reestruturação produtiva e industrial. In: Cattani AD (org.) Trabalho e tecnologia: dicionário crítico. Petrópolis: Vozes/Porto Alegre: Ed. Universidade, 1997:202-5.

Dias EC. A atenção à saúde dos trabalhadores no setor saúde (SUS), no Brasil: realidade, fantasia ou utopia? [Tese de Doutorado]. Campinas: Faculdade de Ciências Médicas, Universidade Estadual de Campinas, 1994.

Dias EC, Rigotto RM, Augusto LGS, Cancio J, Hoefel MGL. Saúde Ambiental e Saúde do Trabalhador na Atenção Primária à Saúde, no SUS: oportunidades e desafios. Ciência & Saúde Coletiva 2009; 14(6):2061-70.

Fleury S. Estado sem cidadãos: seguridade social na América Latina. Rio de Janeiro: Fiocruz, 1994.

Foucault M. A arqueologia do saber. 3. ed. Rio de Janeiro: Forense-Universitária, 1987.

Foucault M. Vigiar e Punir: nascimento da prisão. Petrópolis: Editora, 1994.

Freitas CU, Lacaz FAC, Rocha LE. Saúde Pública e ações de Saúde do Trabalhador: uma análise conceitual e perspectivas de operacionalização programática na rede básica da Secretaria de Estado da Saúde. Temas IMESC. Sociedade. Direito. Saúde 1985; 2(10): 3-10.

Gorender J. Globalização, tecnologia e relações de trabalho. Estudos Avançados 1997; 29(11):311-61.

Hirata H. Comment la mondialization libérale s'est réapproprié la division sexuelle du travail. In: Hirata, H. Quand les femmes se heurtent à la mondialisation. Paris: Librairie Arthème Fayard, 2003:15-30.

Lacaz FAC. Saúde no Trabalho. [Dissertação de Mestrado]. São Paulo: Faculdade de Medicina da Universidade de São Paulo, 1983.

Lacaz FAC. Reforma Sanitária e Saúde do Trabalhador. Saúde & Sociedade 1994; 3(1):41-59.

Lacaz FAC. Saúde do Trabalhador: um estudo sobre as formações discursivas da academia, dos serviços e do movimento sindical. [Tese de Doutorado]. Campinas: Faculdade de Ciências Médicas, Universidade Estadual de Campinas, 1996.

Lacaz FAC. Qualidade de vida no trabalho e Saúde do Trabalhador: uma visão crítica. In: Goldenberg P, Marsiglia RMG, Gomes MHA (orgs.) O clássico e o novo: tendências, objetos e abordagens em ciências sociais e saúde. Rio de Janeiro: Fiocruz, 2003:413-32.

Lacaz FAC. O campo Saúde do Trabalhador: resgatando conhecimentos e práticas sobre as relações trabalho-saúde. Cadernos de Saúde Pública, 2007; 23(4):757-66.

Lacaz FAC. Política Nacional de Saúde do Trabalhador: desafios e dificuldades. In: Lourenço E, Navarro VL, Bertani I, Silva JFS, Sant'Ana R (orgs.) O avesso do trabalho II: trabalho, precarização e saúde do trabalhador. São Paulo: Expressão Popular, 2010:199-230.

Lacaz FAC, Santos APL. Saúde do Trabalhador, hoje: re-visitando atores sociais. Revista Médica de Minas Gerais 2010; 20(2, supl. 2):5-11.

Lacaz FAC. As relações entre trabalho e saúde nos serviços de saúde: discutindo o marco teórico. In: Cêa GSS, Murofuse NT (orgs.) Trabalho, educação e saúde: formação permanente de profissionais e usuários da saúde pública. Vol. 1. Cascavel: Edunioeste, 2011. [no prelo]

Lalande A. Vocabulário técnico e crítico da filosofia. 3. ed. São Paulo: Martins Fontes, 1999.

Laurell AC. Medicina y capitalismo en Mexico. Cuadernos Políticos 1975; 5:6-16.

Laurell AC. Ciencia e Experiencia Obrera: La lucha por salud en Italia. Cuadernos Políticos 1984; (41):63-83.

Laurell AC. Saúde e trabalho: os enfoques teóricos. In: Nunes ED (org.) As ciências sociais em saúde na América Latina: tendências e perspectivas. Brasília: Organização Pan-Americana de Saúde (OPAS), 1985:255-76.

Laurell AC. Trabajo y Salud: estado del conocimiento. In: Franco S, Nunes ED, Breilh J, Laurell AC (orgs.) Debates en Medicina Social. Quito: Organización Panamericana de la Salud (OPS) – Associación Latino-Americana de Medicina Social (Alames), 1991. (Serie Desarollo de Recursos Humanos, nº 92).

Laurell AC, Noriega M. Processo de produção e saúde. Trabalho e desgaste operário. São Paulo: Hucitec, 1989.

Laurell AC. La construcción teórico-metodológica de la investigación sobre la Salud de los Trabajadores. In: Laurell AC (coord.) Para la investigación sobre la Salud de los Trabajadores. Washington: Organización Panamericana de la Salud, 1993:13-36.

Laurell AC. Avançando em direção ao passado: a política social do neoliberalismo. In: Laurell AC (org.) Estado e políticas sociais no neoliberalismo. São Paulo: Cortez, 1995:151-78.

Leavel HR, Clark EG. Medicina Preventiva. São Paulo: McGraw-Hill, 1976.

Machado JHM. A propósito da Vigilância em Saúde do Trabalhador. Ciência & Saúde Coletiva 2005; 10(4):797-807.

Marx K. As metamorfoses do capital e o ciclo delas. In: Marx K. O Capital. Crítica da Economia Política. Livro segundo. O processo de circulação do Capital. 3. ed. Vol. 3. Rio de Janeiro: Editora Civilização Brasileira, 1980a:64-87.

Marx K. Processo de trabalho e processo de produzir mais valia. In: Marx K. O Capital. Crítica da Economia Política. Livro primeiro. O processo de produção do Capital. 3. ed. Vol. 1. Rio de Janeiro: Editora Civilização Brasileira, 1980b:201-23.

Mendes R. (org.) Medicina do Trabalho. Doenças profissionais. São Paulo: Sarvier, 1980.

Mendes R. Doutrina e prática da integração da saúde ocupacional no setor saúde: contribuição para a definição de uma política. [Tese de Livre-Docência]. São Paulo: Faculdade de Saúde Pública, Universidade de São Paulo, 1986.

Mendes R. Produção científica brasileira sobre saúde e trabalho publicada na forma de dissertações de Mestrado e teses de Doutorado, 1950-2002. Revista Brasileira de Medicina do Trabalho 2003; 2:87-118.

Merlo ARC. O Trabalho e a Saúde Mental no Brasil: caminhos para novos conhecimentos e novos instrumentos de intervenção. In: Minayo-Gomez C, Machado JMH, Pena PGL (orgs.) Saúde do Trabalhador na Sociedade Brasileira Contemporânea. Rio de Janeiro: Fiocruz, 2011:369-83.

Minayo-Gomez C. O campo da Saúde do Trabalhador: trajetória, configuração e transformações. In: Minayo-Gomez C, Machado JMH, Pena PGL (orgs.) Saúde do Trabalhador na Sociedade Brasileira Contemporânea. Rio de Janeiro: Fiocruz, 2011:23-34.

Minayo-Gomez C, Lacaz FAC. Saúde do trabalhador: novas-velhas questões. Ciência & Saúde Coletiva 2005; 10 (4):797-807.

Nasrala-Neto E. Estudo da Atuação da Vigilância em Saúde sobre as repercussões do uso agrotóxicos na saúde e no ambiente nos municípios de Lucas do Rio Verde; Sorriso; Primavera do Leste e Campo Verde do estado de Mato Grosso. [Tese de Doutorado]. São Paulo: Escola Paulista de Medicina, Universidade Federal de São Paulo, 2011.

Navarro, V. The labour process and health: a historical materialist interpretation. International Journal of Health Services 1982; 12(1):5-29.

Navarro V. Produção e estado de bem-estar: o contexto das reformas. In: Laurell AC (org.) Estado e políticas sociais no neoliberalismo. São Paulo: Cortez, 1995:91-124.

Neves YM, Brito J, Araújo AJS, Silva EF. Relações sociais de gênero e Divisão Sexual do Trabalho: uma convocação teórico-analítica paea estdos sobre a saúde das trabalhadoras em educação. In: Minayo-Gomez C, Machado JMH, Pena PGL (orgs.) Saúde do Trabalhador na Sociedade Brasileira Contemporânea. Rio de Janeiro: Fiocruz, 2011:495-516.

Nogueira DP. Notas de aula. São Paulo: Faculdade de Saúde Pública da Universidade de São Paulo, 1991. [mimeo]

Nunes ED (org.) As Ciências Sociais em Saúde na América Latina: tendências e perspectivas. Brasília: Organização Pan-Americana da Saúde, 1985.

Nunes ED. Sobre a Sociologia da Saúde: origens e movimento. São Paulo: Hucitec, 1999.

Oddone I, Marri G, Gloria S, Briante G, Chiattella M, Re A. A luta dos trabalhadores pela saúde. Rio de Janeiro: Centro Brasileiro de Estudos de Saúde/São Paulo: Hucitec, 1986.

Oliveira EM, Scavone L. (orgs) Trabalho, Saúde e Gênero na era da Globalização. Goiânia: Editora Cultura e Qualidade, 1997.

Organización Panamericana de la Salud. Programa de Salud de los Trabajadores: ante-proyeto. Washington DC: Organización Panamericana de la Salud, 1983.

Organización Internacional del Trabajo. Convención 161: servicios de salud en el trabajo. Ginebra: Organización Internacional del Trabajo, 1985.

Paim JS. A Reforma Sanitária e os modelos assistenciais. In: Rouquayrol MZ, Almeida-Filho N (orgs.) Epidemiologia & Saúde. 5. ed. Rio de Janeiro: Medsi, 1999:473-87.

Parmeggiani L. Occuppational health services in 1984: a prospective model. American Journal of Industrial Medicine 1985; 7:91-2.

Parmeggiani L. Evolução dos conceitos e práticas de medicina do trabalho. Saúde & Trabalho 1988; 2:3-13.

Paula APP. Administração Pública brasileira: entre o gerencialismo e a gestão social. Revista de Administração de Empresas 2005; 45(1):36-49.

Pignati WA. Os riscos, agravos e vigilância em saúde no espaço de desenvolvimento do agronegócio no Mato Grosso. [Tese de Doutorado] Rio de Janeiro: Fundação Oswaldo Cruz/Escola Nacional de Saúde Pública, 2007.

Porto MFS. Saúde do Trabalhador e o desafio ambiental: contribuições do enfoque ecossocial, da ecologia política e do movimento pela justiça ambiental. Ciência & Saúde Coletiva 2005; 10(4) 829-39.

Porto MFS, Almeida GES. Significados e limites das estratégias de integração disciplinar: uma reflexão sobre as contribuições da Saúde do Trabalhador. Ciência & Saúde Coletiva 2002; 7(2):335-47.

Porto MFS, LACAZ FAC, Machado JMH. Promoção da saúde e intersetorialidade: contribuições e limites da Vigilância em Saúde do Trabalhador no Sistema Único de Saúde. Saúde em Debate 2003; 27:192-203.

Ramazzini B. As doenças dos trabalhadores. 3. ed. São Paulo: Fundacentro, 2000. [Tradução de Raimundo Estrela].

Ramos JCL. Especialização em Saúde do Trabalhador: estudo dos cursos realizados no período de 1986 a 2006. [Dissertação de Mestrado] Salvador: Instituto de Saúde Coletiva, Universidade Federal da Bahia, 2008.

Rebouças AJA, Antonaz D, Lacaz FAC et al. Insalubridade: morte lenta no trabalho. São Paulo: Oboré Editorial/ Departamento Intersindical de Estudos e Pesquisas de Saúde e dos Ambientes de Trabalho (Diesat), 1989. [2ª Parte: Morte lenta no trabalho. pp. 85-215].

Ribeiro HP. O grito do silêncio: a degradação do trabalho e os estados da voz. Relatório de pesquisa. São Paulo: Universidade Federal de São Paulo, 2012.

Ribeiro HP, Lacaz FAC (orgs.) De que adoecem e morrem os trabalhadores. São Paulo: Imprensa Oficial do Estado de São Paulo/Departamento Intersindical de Estudos e Pesquisas de Saúde e dos Ambientes de Trabalho (Diesat), 1984.

Rigotto RM, Augusto LGS. Saúde e Ambiente no Brasil: desenvolvimento, território e iniqüidade social. Cadernos de Saúde Pública, 2007; 23(supl. 4):475-501.

Rosen G. Uma História da Saúde Pública. São Paulo: Hucitec, Editora da Universidade Estadual Paulista; Rio de Janeiro: Abrasco, 1994.

Sánchez-Vázquez A. O que é a práxis. In: Sánchez-Vázquez A. Filosofia da Práxis. 2. ed. Buenos Aires: Consejo Latinoamericano de Ciencias Sociales – Clacso; São Paulo: Expressão Popular, 2011:221-39.

Sandoval HO. Actividades de salud ocupacional en la red de servicios de salud – marco conceptual. Seminario Actividades de Salud Ocupacional en la Red de Servicios de Salud. Washington DC: Organización Panamericana de la Salud/Organización Mundial de la Salud, 1984:1-29.

Santos APL, Lacaz FAC. Apoio matricial em Saúde do Trabalhador: tecendo redes na Atenção Básica do SUS, o caso de Amparo/SP. Ciência & Saúde Coletiva 2012; 17 (5):1143-50.

Schilling RSF. More effective prevention in occupational health practice? Journal of Society of Occupational Medicine 1984; 13(50):55-62.

Schraiber LB. (org.) Programação em Saúde Hoje. São Paulo: Hucitec, 1990.

Singer PI. A crise do "milagre": interpretação crítica da economia brasileira. Rio de Janeiro: Editora Paz & Terra, 1976.

Silva VP. Formação e capacitação da equipe do Centro de Referência em Saúde do Trabalhador e sua relação com o modelo de atenção adotado: estudo de caso no estado de Minas Gerais. [Tese de Mestrado] São Paulo: Escola Paulista de Medicina, Universidade Federal de São Paulo, 2012.

Steingart G. Uma baixa causada pela globalização: a morte dos sindicatos. Der Spiegel. Edição de 28 de outubro de 2006. [Tradução de Danilo Fonseca].

Tambellini AT. O trabalho e a doença. In: Guimarães R (org.) Saúde e medicina no Brasil: contribuição para um debate. Rio de Janeiro: Edições Graal, 1978:93-119.

Tambellini AT. A política oficial de desenvolvimento científico e tecnológico no Brasil na área de saúde e trabalho: discurso e prática. In: Associação Brasileira de Pós-Graduação em Saúde Coletiva (org.). Ensino da saúde pública, medicina preventiva e social no Brasil. Rio de Janeiro: Associação Brasileira de Pós-Graduação em Saúde Coletiva – Abrasco, 1984.

Tambellini AT, Câmara VM. A temática da saúde e ambiente no processo de desenvolvimento do campo da Saúde Coletiva: aspectos históricos, conceituais e metodológicos. Ciência & Saúde Coletiva 1998; 3(2);47-59.

Teixeira SMF, Oliveira JA. Medicina de grupo: a medicina e a fábrica. In: Guimarães R (org.) Saúde e medicina no Brasil: contribuição para um debate. Rio de Janeiro: Edições Graal, 1978:181-206.

Vasconcelos LCF. Saúde, Trabalho e Desenvolvimento Sustentável: apontamentos para uma Política de Estado. [Tese de Doutorado] Rio de Janeiro: Escola Nacional de Saúde Pública, Fundação Oswaldo Cruz, 2007.

Xavier-Sobrinho GGF. Modelo Japonês. In: Cattani AD (org.) Trabalho e tecnologia: dicionário crítico. Petrópolis: Vozes; Porto Alegre: Ed. Universidade, 1997:156-61.

41

De Recursos Humanos a Trabalho e Educação na Saúde:
O Estado da Arte no Campo da Saúde Coletiva

Isabela Cardoso de Matos Pinto ♦ *Tânia Celeste Matos Nunes*
Soraya Almeida Belisário ♦ *Francisco Eduardo de Campos*

INTRODUÇÃO

Refletir sobre o estado da arte do trabalho e da educação na saúde implica discutir o desenvolvimento teórico conceitual da área, analisando, na perspectiva histórica, os avanços e possíveis desafios relacionados com sua consolidação.

Formularam-se três diretrizes orientadoras para situar a perspectiva escolhida para o tratamento do tema, ainda que se reconheça que essa opção inclui possibilidades de recuperação e análise e deixa em aberto outras, na dinâmica da constituição dos objetos que lhe dão concretude na saúde e, em particular, na Saúde Coletiva (SC):

1. Reconhecer o trabalho e a educação na saúde como áreas estruturadas de saberes e práticas, atravessadas por fenômenos que permeiam as relações sociais que se estabelecem entre os diferentes atores que organizam o trabalho e a educação na saúde, incluindo a Saúde Coletiva.
2. Tomar a história como referência fundamental para recuperar elementos da trajetória que possibilitou a construção articulada da área de recursos humanos na saúde à consolidação do campo da SC no Brasil.
3. Considerar o momento atual fecundo de novas experiências, com múltiplas perspectivas de produção de inovações, mas também de questionamentos e interrogações.

Tomou-se a década de 1970 como o marco de referência de um processo instituinte para o campo da SC, reconhecendo que sua dinâmica se orientou por um movimento da sociedade civil organizada, estruturado com profissionais e projetos progressistas que se articularam dentro e fora do aparelho de Estado brasileiro. A luta pela democracia em todo o território nacional orientou-se por ações organizadas de vários setores e com a participação de entidades como o Centro Brasileiro de Estudos de Saúde (Cebes) e a Associação Brasileira de Pós-Graduação em Saúde Coletiva (Abrasco), entre outras (Belisário, 2002; Nunes, 2007; Paim, 2008).

Para o desenvolvimento deste capítulo, dois períodos foram eleitos: de 1970 a 2002 e de 2003 a 2012. O primeiro se caracteriza por um movimento de reforma mediado por práticas político-pedagógicas que se realizaram na esteira de constituição da Reforma Sanitária Brasileira (Nunes, 2007). Nesse contexto, o protagonismo da educação e do trabalho está expresso em projetos de intervenção, nas produções científicas e Conferências Nacionais de Saúde, como "pedras fundamentais" que sedimentaram a organização da área, mesmo na contramão de conjunturas adversas como a ditadura (cerceamento democrático) e com as reformas de Estado (mudanças na lógica de financiamento e gestão do Estado com políticas neoliberais), também na década de 1990.

No segundo período, de 2003 a 2012, contornam-se novas linhas de projetos e de políticas, com a criação da Secretaria de Gestão do Trabalho e da Educação na Saúde no âmbito do Ministério da Saúde (SGTES/MS), o que conferiu um novo *status* à área, no interior das políticas de saúde e da gestão do Sistema Único de Saúde (SUS). Esse período coincide com a mudança de tratamento teórico-conceitual e analítico pelos atores da área, que passaram a adotar a referência de trabalho e educação como norteadora de suas ações nos meios acadêmicos e nas políticas do setor, alternativamente à noção de recursos humanos. Nesse contexto, ocorrem formulações importantes nas relações de trabalho, com o surgimento das mesas de negociação, renovam-se os temas da educação na saúde e as práticas dessa área assumem um maior grau de institucionalidade em relação ao bloco anterior.

A revisão de literatura propiciou um deslizamento sobre a história da constituição da área de trabalho e educação na SC, revelando seu caráter multirreferencial e multifacetado, promovendo a identificação de três elementos fundamentais que serão abordados ao longo deste texto: a produção de conhecimento, o exercício da prática política e a formulação e implementação de políticas públicas relacionadas com a estruturação do campo da SC no período.

DELIMITAÇÃO CONCEITUAL

Inicialmente tratada como Recursos Humanos em Saúde (RHS), essa área adquire visibilidade no âmbito das políticas de governo e também na produção científica, incorporando características teórico-conceituais e de práticas, mais identificadas como área de trabalho e educação na saúde. Assim, o primeiro ponto a ressaltar é que a área caracteriza-se pelas múltiplas dimensões de análise e pela polissemia de termos utilizados nas diferentes perspectivas de estudos, como as expressões "pessoal de saúde", "recursos humanos em saúde", "força de trabalho em saúde", "trabalhadores de saúde" e "profissionais de saúde", entre outros.

O conceito ampliado de saúde incorporado à Constituição Brasileira expande a noção de RHS para toda população que pode ser mobilizada para atividades de saúde, seja de promoção, proteção, recuperação ou reabilitação. Assim, considera-se, além da parcela da população que tem qualificação específica para o desempenho de atividades no sistema de saúde, tanto de nível médio como superior, outros segmentos, a exemplo dos políticos, sindicatos, comunidades e empresários (Paim, 1994).

O conceito de *força de trabalho* ajuda a refletir sobre as tendências do mercado de trabalho e empregabilidade, uma vez que trata da população economicamente ativa, empregada, com formação específica ou não. Abarca aqueles que têm qualificação específica em saúde (médico, enfermeiro, sanitarista, entre outros) e aqueles que não têm qualificação específica, mas estão inseridos na saúde (motorista, estatístico, engenheiro etc.) e que são objeto da política de gestão do trabalho.

Em resumo, *força de trabalho* é um conceito que está vinculado à vertente marxista e analisa os fenômenos demográficos e macroeconômicos, como produção, emprego/desemprego, renda, divisão do trabalho, assalariamento etc. *Recursos humanos*, por sua vez, é um conceito que tem origem na administração e está relacionado com as funções de produzir, aprimorar ou administrar a capacidade de trabalho dos indivíduos. Envolve planejamento, capacitação, seleção, plano de cargos e salários, entre outros (Nogueira, 1987).

Cabe mencionar que a expressão "recursos humanos" foi criticada na área da saúde pela interpretação de que se diferencia da representação material e estática dos outros recursos (financeiros e materiais). Destaca-se que as pessoas são sujeitos, portanto revestidas de sentido e ação, que se expressam no cotidiano do trabalho e da educação, notadamente no campo da saúde, com seus objetos de políticas, gestão, vigilâncias etc.

Nesse debate, Rovere (1993) chama atenção para duas perspectivas de análise: uma perspectiva de objetos (otimizar ou fazer mais eficiente a utilização do RHS como fator produtivo) contraposta a uma perspectiva de sujeitos (categoria central em que se incluem profissionais de saúde, trabalhadores da saúde, agentes do trabalho em saúde). Em outras palavras, não se poderia tomar as pessoas como objetos de políticas e programas, mas entender que são sujeitos dotados de autonomia, com capacidade de decisão, que podem assumir posição de apoio ou resistência aos diferentes projetos. Agrega-se aqui a dimensão política e ética relativa aos compromissos e responsabilidades que os trabalhadores devem ter com o desempenho de suas funções.

Nesse sentido, é importante valorizar o componente trabalho e destacar toda a problemática ligada ao mundo do trabalho: composição e distribuição da força de trabalho, formação, qualificação profissional, mercado de trabalho, organização do trabalho, dimensionamento, desempenho, absorção, fixação, regulação do exercício profissional e gestão/administração de pessoal.

Os intelectuais da área e os dirigentes da saúde problematizaram a noção de recursos humanos, elegendo o trabalho e a educação na saúde como a denominação da área e como base teórico-conceitual e epistemológica que passou a orientar as práticas do setor a partir da primeira metade da década de 2000. Seus desdobramentos convergem na esfera governamental para a organização da Secretaria de Gestão do Trabalho e da Educação na Saúde e, na Abrasco, com a reconfiguração do grupo de trabalho (GT) de Recursos Humanos e Profissões para GT de Trabalho e Educação na Saúde.

Desenvolvimento da "área" de RHS e da educação no campo da Saúde Coletiva

A preocupação com a problemática dos RHS "fez parte do início de constituição do campo da Saúde Coletiva no Brasil, tendo como marco o trabalho pioneiro de Cecília Donnangelo sobre 'O médico e seu mercado de Trabalho'" (Donnangelo, 1975). Naquele momento, o tema central em debate eram as propostas de mudança no ensino médico (Garcia, 1972), no contexto de implantação da Reforma Universitária de 1968. Na primeira metade da década de 1970 aparecem os trabalhos pioneiros de Guilherme Rodrigues da Silva (Silva, 1973), a tese de doutorado de Antônio Sérgio Arouca (Arouca, 1975) sobre a Medicina Preventiva e o estudo de Cecília Donnangelo (1975) sobre a Medicina Comunitária (Pinto et al., 2012).

A década de 1970 é apontada por Paim como "momento de inflexão no campo do estudo de RHS" (Paim, 1994), no sentido da abertura de uma linha de investigação sobre a "organização social da prática médica" (Donnangelo, 1975; Gonçalves, 1979) desdobrada em pesquisas sobre as práticas de saúde, o mercado de trabalho no setor e as propostas de mudança na formação de pessoal.

Nessa perspectiva, registram-se novas contribuições na década de 1980 (Nogueira, 1986, 1987; Médici, 1986; Girardi, 1986), configurando, assim, uma área de produção de conhecimentos que, apesar de extrapolar o campo da SC, foi assumida como objeto de estudo por vários pesquisadores do campo.

O conhecimento produzido sobre a Força de Trabalho em Saúde no Brasil passou a se constituir como referência essencial à compreensão dos aspectos que envolviam, principalmente, as necessidades e a distribuição dos trabalhadores do setor. Representou, também, um esforço de síntese e teorização que possibilitou a construção de um pensamento crítico do que viria a se constituir como área do trabalho, no SUS brasileiro. Nogueira (1983), Girardi (1986), Machado (1987), Paim & Médici (1987), foram precursores dos estudos sobre o tema, relacionando, analisando e discutindo questões como emprego, salário, dinâmica e composição da força de trabalho, segmentação do mercado de trabalho e a situação da mulher no mercado de trabalho em saúde.

No contexto inaugurado com a ascensão do ideário neoliberal na década de 1990, ganharam importância no debate internacional e nacional os princípios e as propostas oriundas do Novo Gerencialismo Público, assumido como base doutrinária da proposta do Ministério da Administração e Reforma do Estado (Mare). Essa reforma trouxe novas orientações para a administração pública, entre as quais a possibilidade de introdução de "inovações" gerenciais nas organizações de saúde (Pinto, 2009).

Essas mudanças ocorridas no mundo do trabalho (Boxe 41.1) tiveram reflexos expressivos nos Sistemas de Saúde de toda a América Latina, provocando, como resposta, políticas de ajuste e o realinhamento de práticas e modos de gestão do Estado, com repercussões substantivas na estruturação da força de trabalho do setor saúde e mudanças profundas nas formas de vínculo e na organização e gestão do processo de trabalho em saúde.

As novas alternativas de gestão[1] têm introduzido na administração pública conceitos como "terceirização", "flexibilização" e "precarização". De fato, as novas configurações dos vínculos nas organizações de saúde têm lançado um conjunto de desafios para os gestores. A problemática da "precarização do trabalho" (Boxe 41.1) afeta um número significativo de trabalhadores do SUS, inclusive em áreas estratégicas, como é o caso da atenção básica e dos serviços hospitalares de urgência/emergência. Em outros termos, os diversos tipos de vínculos que nem sempre garantem os direitos trabalhistas e caracterizam-se pelo caráter temporário do contrato, aliados às múltiplas jornadas de trabalho, que variam de 12, 20, 24, 32, 40 a até 44 horas, fazem do setor saúde, segundo Machado (2005), uma "anarquia institucional organizada".

Boxe 41.1 Precarização, flexibilização e terceirização

- **Precarização:** segundo Nogueira et al. (2004), a precarização denota "um déficit de observância de direitos trabalhistas e sociais em situações de emprego mantidas pela administração pública". Os autores destacam dimensões de análise da precarização: (a) déficit ou ausência de direitos de proteção social; (b) instabilidade do vínculo do ponto de vista dos interesses dos trabalhadores; (c) condições de trabalho que criam vulnerabilidade social para os trabalhadores.
- **Flexibilização:** capacidade de adaptação às novas formas e condições de trabalho. Na saúde, multiplicam-se os tipos de vínculo nas unidades públicas prestadoras de serviço, submetendo o trabalhador a condições contratuais precárias. Sennet (1999) destaca que "a palavra flexibilidade entrou na língua inglesa no século XV. Seu sentido derivou originalmente da simples observação de que, embora a árvore dobrasse ao vento, seus galhos sempre voltavam à posição normal. Flexibilidade designa essa capacidade de ceder e recuperar-se da árvore [...]. Em termos ideais, o comportamento humano flexível deve ter a mesma força têxtil: ser adaptável a circunstâncias variáveis, mas não quebrado por elas".
- **Terceirização:** pode ser entendida como a transferência de responsabilidades sobre as "atividades-fins" (serviços de saúde, por exemplo) ou sobre as "atividades-meio", quer de apoio ao processo de prestação de serviços (limpeza, transporte, segurança etc.), quer gerenciais (Pinto, 2004).

Educação e formação profissional são também conceitos polissêmicos, aplicados à área da SC, muitas vezes em substituição, como se fossem sinônimos de ensino, qualificação, treinamento, capacitação, habilitação, entre outros. Para fins deste capítulo, elegeu-se focar na educação em saúde, formação profissional, educação continuada e educação permanente em saúde.

Por educação formal entende-se o tipo de educação organizada com uma determinada sequência e proporcionada pelas escolas, enquanto a designação educação informal abrange todas as possibilidades educativas no decurso da vida do indivíduo, constituindo um processo permanente e não organizado. Por último, a educação não formal, embora obedeça também a uma estrutura e a uma organização (distintas, porém, das escolas) e possa levar a uma certificação (mesmo que não seja essa a finalidade), diverge ainda da educação formal no que diz respeito à não fixação de tempos e locais e à flexibilidade na adaptação dos conteúdos de aprendizagem a cada grupo concreto (Von Simson, 2001: 9).

---

[1] Para saber mais sobre os novos modelos de gestão veja o Capítulo 17.

Pereira & Lima (2008: 187) consideram que

> [...] do ponto de vista legal, a atual Legislação Educacional, conforme prevista no art. 39 da Lei 9.394 e no Decreto 5.154, de 23 de julho de 2004, a educação profissional em saúde compreende a formação inicial ou continuada, a formação técnica média e a formação tecnológica superior. Ela pode ser realizada em serviços de saúde (formação inicial ou continuada) e em instituições de ensino (formação inicial ou continuada, formação técnica e tecnológica). A formação técnica compreende as formas de ensino integrado, concomitante ou subsequente ao ensino médio.

Dois outros conceitos aplicados na área são educação continuada e educação permanente em saúde:

> Educação continuada é um processo educativo formal ou informal, dinâmico, dialógico e contínuo, de revitalização pessoal e profissional, de modo individual e coletivo, buscando qualificação, postura ética, exercício da cidadania, conscientização, reafirmação ou reformulação de valores, construindo relações integradoras entre os sujeitos envolvidos, para uma práxis crítica e criadora (Nietsche et al., 2009).

A educação permanente, segundo o Ministério da Saúde,

> [...] é aprendizagem no trabalho, onde o aprender e o ensinar se incorporam ao cotidiano das organizações. A educação permanente se baseia na aprendizagem significativa e na possibilidade de transformar as práticas profissionais. A educação permanente pode ser entendida como aprendizagem-trabalho, ou seja, ela acontece no cotidiano das pessoas e das organizações. Ela é feita a partir dos problemas enfrentados na realidade e leva em consideração os conhecimentos e as experiências que as pessoas já têm. Propõe que os processos de educação dos trabalhadores da saúde se façam a partir da problematização do processo de trabalho e considera que as necessidades de formação e desenvolvimento dos trabalhadores sejam pautadas pelas necessidades de saúde das pessoas e populações. Os processos de educação permanente em saúde têm como objetivo a transformação das práticas profissionais e da própria organização do trabalho (Brasil, 2009: 20).

DESENVOLVIMENTO DA ÁREA: A PRODUÇÃO CIENTÍFICA

O mapeamento da produção científica da área no período de 1990 a 2010[2] tornou possível identificar os interesses de pesquisa e principais temas estudados na área da SC que dizem respeito à problemática do trabalho e da educação na saúde. Nesse sentido, a década de 1990 contribuiu com 18% da produção, enquanto na primeira década do século XXI verificou-se a concentração de 82% dos artigos publicados (Figura 41.1) (Pinto et al., 2012).

Vale destacar o aumento significativo das publicações e a conexão entre os problemas e desafios enfrentados no âmbito do trabalho e da educação na saúde, demonstrada pela análise das evidências produzidas pelo estudo. Nas décadas estudadas, dois terços da produção dividiam-se entre os estudos classificados na categoria "profissionais de saúde" e os estudos classificados na categoria "formação/capacitação de recursos humanos em saúde"[3].

O predomínio de estudos que discutem a formação é identificado na produção científica das décadas de 1990 e 2000. Essa evidência pode ser o resultado dos debates em torno da inadequação da formação de recursos humanos para o SUS, presentes nas pautas em âmbito nacional desde a realização da I Conferência Nacional de Recursos Humanos em Saúde, que gerou, desde então, uma série de programas e projetos voltados para a formação de RHS.

A partir da segunda metade da década de 1990, o acúmulo de experiências em vários estados, oriundas da implementação dos projetos UNI (Uma Nova Iniciativa na Formação dos Profissionais de Saúde) e Integração Docente Assistencial (IDA), contribuiu com a produção analisada neste estudo (Belaciano, 1996; Feuerwerker & Marsiglia, 1996; Lima, Komatsu & Padilha, 1996; Caldas Jr. et al., 1996; Kisil, 1996; Ito et al., 1997; Machado et al., 1997).

Os "profissionais de saúde" aparecem como a segunda categoria onde se concentram as publicações. Nesse particular, artigos nessa temática apresentam-se como objetos de estudos já nos primeiros anos do período estudado, colaborando com 14% da produção científica global, em que se se discutem a organização do trabalho nas instituições e os fatores que facilitam e dificultam o processo de trabalho e abordam também o perfil profissional em saúde no âmbito das profissões (Frazão, 1994; Feix & Crossetti, 1994; Silva et al., 2001).

As questões relacionadas com a organização e gestão do trabalho constituem um dos maiores desafios enfrentados no âmbito dos sistemas de saúde no mundo

---

[2] Mapeamento dos artigos publicados em revistas indexadas Lilacs & Scielo (Pinto et al., 2012).

[3] Foram utilizadas as categorias sugeridas por Schraiber & Peduzzi (1993), quais sejam: (a) profissionais de saúde: estudos com ênfase na prática profissional analisada e discutida sob as diferentes maneiras; (b) formação/capacitação de RHS: estudos sobre o processo educacional ou práticas educativas; (c) administração de recursos humanos: estudos sobre aspectos relacionados com a gestão dos trabalhadores; (d) mercado de trabalho em saúde: estudos sobre a oferta de trabalhadores de saúde e sua utilização; (e) política de recursos humanos: diretrizes e propostas políticas.

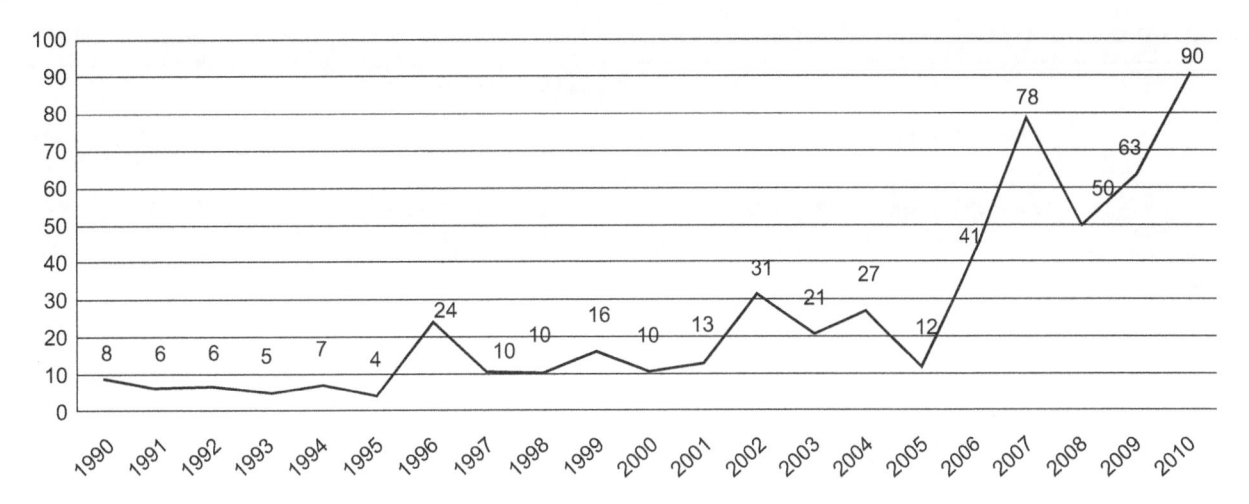

Figura 41.1 • Gráfico da evolução temporal das publicações nacionais sobre trabalho e educação na saúde, no período de 1990 a 2010 – Brasil, 2012. (Fonte: Pinto et al., 2012.)

contemporâneo, que incluem a estabilidade do emprego, trabalho decente, carreiras, previdência pública, previdência privada, entre outros.

Somam-se a esses desafios os processos de educação permanente em saúde e os mecanismos de contratação, distribuição e gestão do trabalho nos diversos espaços de produção de ações e serviços de saúde e nas instâncias de gestão, regulação e controle social do SUS.

Na análise da produção científica, é possível identificar como agenda, pelo lado da educação, a discussão do papel das instituições gestoras na formulação e implementação de políticas que direcionem a formação de pessoal, a constituição de redes descentralizadas de formação das equipes multiprofissionais e dos trabalhadores da saúde, a reorientação dos processos de educação permanente dos trabalhadores da saúde, a implantação de novos cursos de graduação e pós-graduação (Bosi & Paim, 2008) e a reorientação dos currículos e a incorporação de novas tecnologias no processo educacional. No que tange ao trabalho, as discussões versam sobre a desprecarização do trabalho no SUS, o estabelecimento de mesas de negociação coletiva, a discussão do Plano de Cargos, Carreiras e Salários (PCCS) para o SUS e a regulação profissional no âmbito das políticas estabelecidas para o Mercosul.

O desenvolvimento dessa agenda tem estimulado o surgimento de variadas propostas e alternativas para o enfrentamento das históricas contradições enfrentadas no âmbito da organização do processo de trabalho em saúde em função da capitalização do setor. Koster & Machado (2012), ao analisarem como as políticas de gestão do trabalho no SUS têm enfrentado a precarização do trabalho, ressaltam avanços conquistados para resolução dessa problemática, apontando a posição dos gestores de apoio à prática de concursos ou processos seletivos públicos. Por outro lado, referem a necessidade de "flexibilizar" para a adoção de outras alternativas no sentido de garantir a assistência a saúde.

Embora se mantenha a tendência de estudos (70% da produção) voltados para a formação/capacitação/educação permanente dos trabalhadores da saúde, vêm crescendo as contribuições acerca de outras temáticas, a exemplo dos estudos voltados para o dimensionamento da força de trabalho em uma demonstração da necessidade de apontar as lacunas existentes no que se refere à deficiência de pessoal na saúde, considerando os desequilíbrios regionais que se verificam na relação profissional de saúde/população. Partindo das necessidades detectadas, discutem-se as estratégias para a fixação de profissionais nos programas e nas áreas prioritárias, assim como a precarização dos vínculos empregatícios (Guimarães, 2009) e são incorporados novos estudos que tratam da formulação e implementação de políticas (Pinto & Teixeira, 2011).

A análise da produção científica gerada a partir das teses e dissertações (Tabela 41.1) revela o crescimento de grupos de pesquisa nas universidades e a ampliação do número de trabalhos na área entre os anos de 1990 e 2010.

Essa tabela corrobora os dados achados por Barata (2008) sobre o crescimento dos Programas de Pós-Graduação em Saúde Coletiva credenciados pela Capes. Em 2008, havia 47 programas de Pós-Graduação em Saúde Coletiva credenciados pela Capes, sendo 12 de mestrado profissional, 14 de mestrado acadêmico e 21 de mestrado e doutorado acadêmicos, o que significava que nos "últimos 10 anos, o crescimento do número de programas credenciados foi maior em Saúde Coletiva do que no conjunto de todas as áreas do conhecimento" (Barata, 2008: 2). Três anos depois, o total era de 59 programas de pós-graduação credenciados, sendo 20 de mestrados profissionais.

Tabela 41.1 • Distribuição de teses e dissertações da Capes sobre trabalho e educação na saúde, segundo categoria e período – Brasil, 1990-2010

Categoria	Modalidade do Curso							
	Mestrado profissional		Mestrado acadêmico		Doutorado		Total de publicações selecionadas	
Período	1990-1999	2000-2010	1990-1999	2000-2010	1990-1999	2000-2010	1990-1999	2000-2010
Profissionais/agentes de trabalho em saúde	–	21	8	50	03	16	11	87
Formação/capacitação de RHS	–	51	24	145	7	74	31	270
Administração de RHS	–	1	–	4	–	–	–	5
Mercado de trabalho em saúde	–	–	1	1	–	1	1	2
Política de RHS	–	5	–	8	–	3	–	16
Outros	–	2	–	2	–	1	–	5
Total de trabalhos selecionados	–	80	33	210	10	95	43	385

AGENDA DAS POLÍTICAS PÚBLICAS DE TRABALHO E EDUCAÇÃO NA SAÚDE

Muito precocemente, o setor saúde compreendeu a importância da articulação da educação e do trabalho em saúde, concedendo atenção especial ao tema dos "recursos humanos" e adotando modelos que se identificavam com os marcos conceituais de cada período. A partir dos anos 1970, a ação governamental nessa área se dá por meio dos Centros Educacionais Universitários ou das Escolas Técnicas de Saúde e Escolas de Saúde Pública do SUS, expressando-se em projetos e políticas que integram um conjunto de iniciativas relacionadas com a SC e que, na esfera das políticas públicas, compõem o estado da arte do campo. Vale destacar que cada uma das atividades dessa agenda sofre as influências de múltiplos atores nacionais e internacionais e, principalmente, se relacionam com um processo de reforma sanitária e de constituição do campo da SC, influenciando ou sendo influenciadas por essas interações.

Primeiro período: de 1970 a 2002

Os anos 1970 foram ricos em conexões nacionais e internacionais, e tiveram a Organização Pan-Americana da Saúde (OPAS), o Ministério da Saúde, os Departamentos de Medicina Preventiva das Universidades, as Secretarias Estaduais de Saúde e a Escola Nacional de Saúde Pública (ENSP) da Fiocruz como seus protagonistas na área da educação e do trabalho em saúde.

Um de seus marcos, a III Reunião Especial de Ministros da Saúde das Américas, realizada em 1972, assinala tanto a escassez de profissionais de saúde na América Latina como a inadequação dos processos formativos. No que se refere à formação pós-graduada, na década de 1970 podem ser assinaladas a criação do primeiro curso de Mestrado em Medicina Social no Instituto de Medicina Social da Universidade Estadual do Rio de Janeiro (IMS/Uerj), a política de descentralização dos cursos de especialização em Saúde Pública empreendida pela ENSP-Fiocruz, os cursos de formação de sanitaristas da Faculdade de Saúde Pública da USP, em parceria com a Secretaria de Saúde daquele estado, os cursos de mestrado da Faculdade de Medicina Preventiva da USP e de Saúde Comunitária da Ufba e a implantação das Residências em Medicina Preventiva e Social em diferentes pontos do país (Nunes, 2007). O Programa de Residências em Medicina Preventiva e Social expandiu-se e se desdobrou a partir de 1980 com o Programa de Apoio às Residências de Medicina Social, Medicina Preventiva e Saúde Comunitária, o PAR-MS/MP/SC.

O Programa Nacional de Cursos Descentralizados da ENSP formou uma "massa crítica" de novos sanitaristas em todo o território nacional, produziu alianças entre os grupos de docentes e das instituições envolvidas com essa formação e possibilitou a entrada progressiva e maciça de diferentes profissionais no campo da SC. (Paim E & Uchoa 1982; Belisário, 1993; Nunes, 2007).

No âmbito do Acordo de Cooperação Técnica assinado entre a OPAS e o governo brasileiro em 1973, em 1974 é criado o Grupo de Trabalho Interministerial, constituído pelo Ministério da Saúde, o Ministério da Educação e Cultura e a OPAS; na pauta, os estudos sobre a situação e perspectivas dos RH na área da saúde e as contribuições ao II Plano Nacional de Desenvolvimento instituído pelo governo brasileiro. O resultado desse trabalho apontou a Integração Docente Assistencial (IDA) como um projeto estratégico, criou o Programa de Preparação Estratégica de Pessoal de Saúde (PPREPS) em 1976 e, posteriormente, estimulou a implantação do Projeto Larga Escala, de formação de pessoal auxiliar de saúde (Pires & Paiva, 2006).

O PPREPS promoveu a progressiva integração das atividades de capacitação à realidade do sistema de saúde (Macedo, Santos & Vieira, 1980), traçando três diretrizes: treinamento e desenvolvimento de recursos humanos, integração docente-assistencial e coordenação e administração. Sua implantação se deu conjuntamente ao Programa de Interiorização das Ações de Saúde e Saneamento (PIASS), em um momento em que os cuidados primários em saúde e os programas de extensão de cobertura ganhavam espaço no Ministério da Saúde.

Sua implementação viabilizou a formação de novos quadros que se incorporaram à Atenção Primária à Saúde, como o atendente rural, o visitador sanitário e o auxiliar de saneamento, incentivando também as secretarias estaduais a revisarem seus tradicionais modelos de capacitação de auxiliares de saúde, estruturando, por meio do PIASS, novos formatos de equipes que formariam a nova porta de entrada do Sistema de Saúde da época.

Esses desdobramentos possibilitaram um debate do tema da formação de pessoal de serviços relacionada também com as metas do PPREPS, estimulando as secretarias estaduais de saúde a profissionalizarem a área de formação de pessoal auxiliar. Na I Conferência de Recursos Humanos em 1986, discutiu-se a estruturação de áreas específicas de recursos humanos nas Secretarias Estaduais de Saúde (Brasil, 1986).

A evolução desse processo abre caminho para a constituição do "Projeto Larga Escala", de formação de pessoal de nível médio nos anos 1980, sob a coordenação da OPAS-Brasil, com forte influência do pensamento da enfermeira Isabel dos Santos, membro do Grupo de Trabalho de Recursos Humanos dessa instituição (Sório, 2004: 11).

O Projeto Larga Escala estruturou-se em torno de três pilares, que passaram a orientar a educação profissional em saúde no Brasil:

> uma nova concepção de escola orientada para o sujeito, utilizando metodologias participativas no processo ensino-aprendizagem, a partir da problematização; o trabalho como eixo do processo educativo, rompendo a dicotomia das disciplinas e do aprendizado para algo ou sobre algo; e um processo formativo de formadores, que ousava desfazer e "re-fazer" os conteúdos cristalizados e preconcebidos das chamadas licenciaturas, tornando possível um "reconhecimento" do agente da aprendizagem frente ao aluno, por princípio, trabalhadores com déficits em sua formação por falta de oportunidades e pelas condições de vida (Sório, 2004: 11).

Em 20 anos de atuação, o Projeto Larga Escala formou 35.945 profissionais de diversas profissões por meio das escolas de ensino técnico do SUS, contribuindo para a qualificação dos serviços básicos de saúde (Castro, 2008). Seus resultados e sua matriz teórica influenciaram o Programa de Profissionalização dos Auxiliares de Enfermagem (PROFAE), adotado como política e implementado pelo Ministério da Saúde entre 2000 e 2009, e mais recentemente o PROFAPS, que amplia a oferta formativa das escolas técnicas do SUS para outros segmentos profissionais de técnicos em saúde.

Duas outras iniciativas caudatárias do movimento de reforma após a VIII Conferência Nacional de Saúde são o Curso de Aperfeiçoamento e Desenvolvimento de RH (CADRHU) e os Núcleos de Estudos em Saúde Coletiva (NESC), ambos apoiados pelo Ministério da Saúde e a OPAS. O primeiro ocupa um espaço de profissionalização de quadros das estruturas de recursos humanos das secretarias estaduais e municipais de saúde, e os NESC tinham o apoio do MS e se vinculavam às universidades para viabilizar uma oferta educativa consoante as novas diretrizes governamentais após a VIII Conferência Nacional de Saúde (Castro & Santana, 1999; Pinheiro, 2009).

Durante toda a década de 1980, a Abrasco passa a atuar na estruturação de novos formatos de cursos, absorvendo o pensamento crítico produzido por Donnangelo, Arouca, Ricardo Bruno Gonçalves e outros pesquisadores brasileiros e, em sucessivos seminários e cursos temáticos, a entidade contribui para a renovação dos programas e a formação de professores, que atuavam nos cursos descentralizados, nos mestrados recém-criados e nas pesquisas vinculadas a seus departamentos de origem.

Em 1986 foram realizadas a VIII Conferência Nacional de Saúde e a I Conferência Nacional de Recursos Humanos em Saúde, ambas de inegável contribuição aos novos rumos das políticas de saúde.

A I Conferência Nacional de Recursos Humanos para a Saúde contemplou os dois eixos – trabalho e educação – com temáticas que versaram sobre: valorização do profissional, mercado de trabalho, salário, jornada de trabalho, plano de cargos e salários e avaliação de desempenho. Na vertente da preparação de recursos humanos, a I Conferência de Recursos Humanos para a Saúde abordou temas como a formação e o aprimoramento de pessoal de nível médio e elementar, o ensino de graduação, a capacitação de recursos humanos para a saúde após a graduação e a educação continuada para pessoal de nível superior, na perspectiva dos serviços.

As estruturas de desenvolvimento de recursos humanos para a saúde e as estratégias de integração interinstitucional foram temas estratégicos para o sistema de saúde, assim como a organização dos trabalhadores da saúde, tratando de temas como: entidades profissionais, isonomia salarial e condições de trabalho e a relação do trabalhador da saúde com o usuário do sistema (disponível em: http://bvsms.saude.gov.br/bvs/publicacoes/0116conf_rh.pdf>. Acesso em 8/9/2012).

Ao final da década de 1980 foi promulgada a nova Constituição Brasileira, em 1988, e entre outros avanços destaca-se a inserção do tema da ordenação da formação de recursos humanos sob a responsabilidade do Ministério da Saúde, abrindo espaços para formatos de integração entre os Ministérios da Saúde e da Educação nos anos que se seguiram (CF, 1988 art. 200, parágrafo III).

As Leis 8.080 e 8.142, de 1990, vão tratar, entre outras questões, da necessidade de articulação entre as diferentes esferas de governo para formalização e execução da política de recursos humanos e das atribuições das comissões do Conselho Nacional de Saúde (CNS), entre elas a Comissão Intersetorial de Recursos Humanos (CIRH)[4], que passa a ocupar um espaço fundamental na formulação das políticas de recursos humanos para a saúde, com protagonismo até os dias atuais.

Os elementos do contexto aqui representados retratam o resultado de um período que combinou a implementação de projetos que visavam produzir mudanças no sistema de saúde com a estratégia de ocupação de espaços, em um contexto adverso de ditadura militar. As estratégias formuladas e implementadas foram mediadas por um movimento que agregava profissionais progressistas vinculados ao meio acadêmico e às políticas e serviços de saúde, engajados em um movimento organizado pela Abrasco e pelo Cebes.

Também na primeira metade da década de 1990 iniciou-se uma discussão no âmbito do CNS, coordenada pela CIRH, em torno da construção da Norma Operacional Básica de Recursos Humanos, a NOB-RH, que incorporou questões sobre ingresso e mobilidade dos trabalhadores, PCCS, saúde do trabalhador, formas inovadoras de gestão, dentre outros. Sua versão final foi publicada em 2003 no governo do Presidente Lula, e suas contribuições orientaram a pauta da III Conferência de Gestão do Trabalho e Educação na Saúde, realizada em 2006 (Brasil, 2003).

No âmbito das ideias de Reforma do Estado dos anos de 1990, ganha espaço a terceirização como alternativa de contratação de pessoal, deslocando a relação entre Estado e trabalhador, típica do Regime Jurídico Único, e introduzindo nesse ambiente as empresas de contratação de mão de obra para suprir as necessidades de pessoal. Essas medidas têm repercussão no âmbito federal, estadual e municipal e sua lógica altera as relações de trabalho no setor saúde. Desde então, é um tema recorrente nos estudos da área de trabalho e educação.

A não oferta de concursos públicos se reflete na baixa expansão do ensino público nesse contexto e são introduzidas como propostas formas alternativas de contratação, como a Consolidação das Leis Trabalhista (CLT), Organização da Sociedade Civil de Interesse Público (OSCIP), organizações sociais, entre outras, introduzindo a flexibilização como discurso que permanece até os dias atuais na agenda dos gestores e em objetos que integram a produção científica da área (Andrade, 2009; Silva, 2012).

O contexto era considerado de muita dificuldade, com medidas restritivas em relação a salários e à estabilidade dos trabalhadores, provocando debates e a produção de documentos em defesa da Reforma Sanitária pelo Cebes e a Abrasco, respaldados em uma cultura de engajamento construída no movimento das décadas anteriores e com grande legitimidade nos meios acadêmicos e políticos, incluindo, entre esses atores o Conselho Nacional de Secretários de Saúde (CONASS) e o Conasems (Paim, 2008). Como nas décadas anteriores, os atores inseridos nas entidades e instituições produziram arranjos e projetos que vieram acompanhados de iniciativas governamentais com influência na área de trabalho e educação na SC. Não serão detalhadas aqui as experiências exitosas implantadas nesse período, notadamente na área da educação na saúde, como o ensino à distância, o Programa de Incentivo a mudanças Curriculares nos Cursos de Medicina (Promed), as diretrizes curriculares nacionais, a Rede de Escolas Técnicas em Saúde, a Rede de Observatórios de Recursos Humanos e os Polos de Capacitação em Saúde da Família, entre outros elementos da agenda nesse período. Para efeito de exemplificação, foram destacadas duas iniciativas que assumiram caráter estruturante para a área de SC, como o mestrado profissional e o Projeto de Profissinalização dos Trabalhadores da Área de Enfermagem (PROFAE), representando dois segmentos importantes da profissionalização da força de trabalho em saúde com suas correspondentes contribuições à organização da assistência à saúde no Brasil e ao campo da SC.

---

[4] A Comissão Intersetorial de Recursos Humanos, CIRH, é integrada por representações dos Ministérios da Saúde e da Educação e por entidades representativas da sociedade civil, com o objetivo de definir, nos aspectos conceituais e de articulações intersetoriais, as obrigações legais de ordenação da formação de recursos humanos da saúde e outros temas relacionados com a temática do Trabalho e da Educação na Saúde. A CIRH está vinculada ao Conselho Nacional de Saúde e suas atribuições estão previstas na Lei 8.080/90.

Decorridos 30 anos do Parecer 97.716 do Conselho Federal de Educação, que definiu regras para os mestrados e doutorados no Brasil, a Capes e parte da comunidade científica passaram a emitir sinais da necessidade de uma nova modalidade de formação de recursos humanos que congregasse o processo formativo à busca da inovação e à perspectiva de transferência de tecnologia às instituições envolvidas na produção da oferta educativa, incluindo as demandantes dos cursos. Assim, nasceram os mestrados profissionais (MP).

A adesão da SC à proposta deu-se a partir de debates, críticas e muitos esforços de construção. Era necessário definir critérios de avaliação específicos, distintos daqueles utilizados para os programas acadêmicos, mantendo a excelência e a relevância social e absorvendo a peculiaridade dessa modalidade. Atualmente, os mestrados profissionais na área de SC representam 40% (27 MP) do total de 67 cursos de mestrado recomendados no país (mestrado acadêmico e profissional) (CAPES, 2012) (disponível em: http://conteudoweb.capes.gov.br/conteudoweb/ProjetoRelacaoCursosServlet/acao; acesso em 30/8/2012).

Segundo período: de 2003 a 2012
Agenda da educação nas políticas públicas da educação na saúde

A criação da Secretaria de Gestão do Trabalho e da Educação na Saúde (SGTES), no âmbito do Ministério da Saúde, é um marco para as políticas de trabalho e educação. Com *status* de Secretaria, a SGTES se organiza em dois departamentos: de Gestão da Educação e de Gestão e Regulação do Trabalho em Saúde. Os movimentos e investimentos advindos desse novo arranjo no setor permitiram a orientação de políticas nacionais com maior nível de institucionalidade e, principalmente, estimularam a adoção de mecanismos indutores, antes pulverizados nas diferentes secretarias do Ministério.

Após a criação da SGTES em 2003, alguns programas foram definidos como prioritários e muitas de suas estratégias se valeram da parceria com o Programa de Educação a Distância (ENSP), o que possibilitou sua abrangência em todo o território nacional.

O Programa de Formação de Ativadores de Mudanças na Graduação, por exemplo, integrado ao AprenderSUS, partiu do reconhecimento da necessidade de promover mudanças na formação profissional no âmbito da graduação e desencadeou processos no sentido de provocar a implementação das diretrizes curriculares nos cursos de saúde (disponível em: portal.saude.gov.br/portal/arquivos/pdf/aprendersus.pdf; acesso em 16/9/2012).

A formação de Facilitadores de Educação Permanente deveria apoiar a Política Nacional de Educação Permanente em Saúde, tendo nos polos de Educação Permanente a base de difusão e estruturação local dessa política. Os facilitadores passariam a atuar em sua concretização com vistas a mudanças no processo de trabalho com mediação do processo educativo (Brasil, 2004).

A Política de Educação Permanente foi revista em 2007, passando a estimular a formação de Comissões de Integração Ensino Serviço e orientando a lógica de financiamento para os estados em lugar dos polos de Educação Permanente.

Outros programas se destacaram no período pós-2003, como o Prosaúde, o Telesaúde, as formações em larga escala para o Programa de Saúde da Família, a criação da Residência Multiprofissional em Saúde, o PET Saúde, o Programa de Fixação de Profissionais em áreas remotas, entre outros, todos com uma base pedagógica de operação, recorrendo a mecanismos tecnológicos e a parcerias em todo o país para sua execução.

Vale ressaltar a criação recente, pelo Ministério da Saúde, da Universidade Aberta do SUS (UnaSUS), com um investimento expressivo em tecnologia da informação, visando estimular a oferta formativa em larga escala para o SUS, também na linha da integração ensino × serviço. Atualmente a UnaSUS tem 15 instituições educacionais que oferecem cursos de especialização na modalidade a distância, em especial, para trabalhadores inseridos no Programa de Saúde da Família (disponível em: www.ead.fiocruz.br/ead-em-numeros; acesso em 21/8/2012).

A partir de 2007 institui-se a Rede de Escolas e Centros Formadores em Saúde Pública, que conta atualmente com 44 unidades ligadas aos serviços, universidades e institutos de pesquisa de todo o país, com foco na formação em SC. A rede tem como objetivo estimular o desenvolvimento pedagógico e gerencial das escolas e fortalecê-las como interlocutores dos sistemas locais de saúde nas ofertas formativas estratégicas para o SUS.

Duas iniciativas integram a pauta recente do Ministério da Saúde na área da formação: o Programa de Valorização de Profissionais da Atenção Básica (Provab) e o Quali Conselhos de Saúde, instituídos em 2011 e 2012, respectivamente. O Provab surge "da necessidade de provimento e fixação de profissionais em áreas de maior vulnerabilidade" (Brasil, 2012) e se apoia na concessão de incentivos para fixação de médicos em áreas remotas.

Finalmente, vale mencionar uma nova e desafiadora modalidade de formação no campo da SC, surgida em finais dos anos 2000. Trata-se da criação dos cursos de graduação em SC (CGSC), que contou com uma ampla participação e estímulo dos docentes e dirigentes de Institutos e Núcleos de Saúde Coletiva das Universidades. Sua viabilização deve-se, em grande parte, ao apoio do Reuni. Inicialmente inseridos como algo polêmico no seio da comunidade da SC e da própria Abrasco, esses cursos são hoje uma realidade em diversas instituições de ensino espalhados pelo país. Seu acompanhamento pela Abrasco se faz de maneira sistemática por meio do Fórum de Graduação em Saúde Coletiva e do GT de Trabalho e Educação.

A graduação em SC pode ser considerada uma inovação entre as modalidades de formação para o campo e responde a uma necessidade de renovação da formação de quadros para um sistema de saúde consolidado e expansivo em todo o país.

Agenda das políticas públicas do trabalho na saúde

A negociação e a desprecarização dos vínculos de trabalho assumiram papel preponderante nas políticas empreendidas pelo governo brasileiro por meio do MS/SGTES após 2003. A pauta decorrente dessas prioridades se desdobraram com práticas específicas. A Mesa de Negociação Permanente do SUS, criada em 2003, constituiu como um fórum de trabalhadores e gestores para o tratamento de conflitos nas relações de trabalho no SUS. Entre seus objetivos, destacam-se o debate e a pactuação de questões pertinentes às relações de trabalho em saúde, visando à melhoria e à qualidade dos serviços em saúde.

O DesprecarizaSUS e o Comitê Nacional Interinstitucional de Desprecarização do Trabalho foram criados com o objetivo de buscar soluções para essa problemática nas três esferas de governo (Brasil 2012).

Na revisão de literatura (Souza et al., 2009; Girardi et al., 2010; Teixeira, 2010) não foi possível identificar dados de avaliação dos desdobramentos nacionais dessa política no âmbito do SUS. Os autores reconhecem o caráter inovador das propostas governamentais, mas ponderam sobre a complexidade dos temas que são influenciados por fatores da governança das instituições. A desprecarização relaciona-se ainda com as esferas econômicas, e a qualidade do emprego é considerada um indicador relacionado com múltiplas determinações (Teixeira, 2009; Girardi et al., 2009).

Uma outra agenda importante no período pós-2003 foi a discussão de uma carreira no SUS, articulada ao Conass, ao Conasems e à Mesa Nacional de Negociação do Trabalho, que tomou como referência os Princípios e Diretrizes da NOB-RH-SUS (Brasil, 2012). Para isso, contou-se com uma Comissão Especial para a Elaboração de Diretrizes do PCCS-SUS, composta por trabalhadores e gestores privados e públicos. Seus resultados deveriam auxiliar os gestores nas três esferas de governo, para a criação ou modificação de seus planos de carreira.

Finalmente, vale citar a existência do Progesus, cuja gestão envolveu o Conass, o Conasems e o Ministério da Saúde nesse período, organizado em torno de quatro componentes: estruturação e qualificação da gestão do trabalho; capacitação das equipes de gestão do trabalho e de educação no SUS; Sistema Nacional de Informações em Gestão do Trabalho no SUS; e Sistema de Informação Gerencial (Machado et al., 2012).

A agenda da gestão do trabalho aqui apresentada configura o caráter indutor assumido pelo governo brasileiro no período, compondo uma pauta gerida por colegiados e organizada por matérias que se inseriram nas políticas estatais, de modo a positivar uma pauta dos trabalhadores, e que vinha sendo debatida no âmbito da CIRH do Conselho Nacional de Saúde, acompanhando os avanços da NOB-RH desde a década de 1990.

CONSIDERAÇÕES FINAIS

Para finalizar este capítulo, optamos por refazer o caminho da trajetória aqui recuperada, reconhecendo que a existência de uma base sólida de referência pavimentou uma estrada, que foi se alargando ao longo das décadas estudadas, com criatividade, luta política, poder de articulação, produção de conhecimento e grande engajamento.

Entende-se que essa foi a linha político-pedagógica adotada na origem do movimento da RSB, em que a área de recursos humanos se entrelaçou com a política e a produção de conhecimento, abrindo espaços e se relacionando com eles por intermédio de atores que também se constituíram nesse processo, movimentando-se por dentro dos projetos e das instituições, dialogando entre si e com a sociedade civil organizada.

As iniciativas desse processo instituinte tiveram forte influência da OPAS e encontraram correspondência em um contexto nacional e internacional aberto à articulação política e à busca pela produção de conhecimento, com relevância para as contribuições de Donnangelo e Sérgio Arouca, no Brasil.

Com estruturas próprias, conhecimentos, saberes e práticas pertinentes, essa área firmou-se ao longo dos últimos 45 anos dentro das instituições governamentais de serviços, nas universidades, nas escolas técnicas, escolas de Saúde Pública e nas entidades de representações de trabalhadores. Foi construída uma identidade própria para a área de recursos humanos (terminologia mais referida às teorias das organizações), reconcebida recentemente como área de trabalho e educação.

A mudança do tratamento da área assumida por seus profissionais e pelas estruturas governamentais do Ministério da Saúde depois de 2003 ainda necessite de um debate aprofundado. A explicitação das categorias do trabalho e da educação, na nomeação da própria área, pode favorecer uma ampliação das possibilidades de estudos e de construção de arranjos de políticas, tendendo a agregar consistência às propostas e concorrendo para uma aproximação aos debates dos campos do trabalho e da educação no mundo contemporâneo. A articulação dos dois campos pode contribuir de modo mais pertinente para os desafios atuais de renovação da formação em SC, integrando a problematização dos processos de trabalho a uma formação calcada nos preceitos da educação, abrindo espaço para a atuação do sujeito na elaboração e implementação das propostas.

O resgate das agendas favoreceu a visualização de iniciativas que se organizaram na integração de equipes e instituições, acadêmicas e governamentais, indicando a integração ensino × serviço como uma proposta dos primeiros anos dessa revisão, que se firmou em sucessivos formatos ao longo das décadas abordadas.

O olhar ampliado sobre os contextos tornou possível a visualização de uma agenda de movimento até os primeiros anos da década de 1990, com embates, associações, ocupação de espaços, alianças entre atores comprometidos com a reforma sanitária em construção e com formulações concretas dando corpo a esse movimento, onde se destacam as Conferências Nacionais de Saúde e específicas de Recursos Humanos e de Gestão do Trabalho e da Educação.

Vale mencionar que em 2003 cria-se o GT de Recursos Humanos da Abrasco, ocupando um espaço de organização e luta em um contexto em que as questões do trabalho se orientavam pelas diretrizes da Reforma do Estado no Brasil, com forte repercussão na organização do SUS, com a Lei 8.080/90 recém-aprovada no Congresso Nacional. A constituição de uma maior visibilidade para essa área, naquele contexto, ampliava sua capacidade de se associar a outras lutas políticas que se estabeleciam no período, em reação às reformas estruturais propostas pelo governo da época relativas ao funcionamento do Estado, em que a Abrasco, o Cebes, o Conass e o Conasems tiveram papel preponderante (Paim, 2008).

A busca de alternativas para a profissionalização da força de trabalho engajada nas práticas de SC esteve presente em todos os ciclos revisitados por este capítulo, com resultados evidenciados tanto na produção científica como na construção de alternativas pedagógicas aqui mencionadas.

Vale ressaltar que os formatos assumidos pela pós-graduação na segunda metade da década de 1990 produziram resultados que se tornaram importantes na estruturação dos mestrados profissionais da área, nos anos subsequentes. Inicialmente com uma intensa luta política e inúmeros questionamentos, sua repercussão positiva se expressa nos anos recentes, firmando-se como uma modalidade que construiu um diálogo com as necessidades de formação do Sistema de Saúde e mobilizou as instâncias regulatórias da pós-graduação no país a produzirem regras próprias adequadas às suas finalidades.

As últimas quatro décadas registraram muitas mudanças na lógica de organização do trabalho no mundo, com significativa incorporação tecnológica e a agregação de grande capacidade de produção e circulação de fatos e ideias, em um contexto de emergência do sujeito com maior protagonismo nas instituições e na produção do trabalho. É intensa a capacidade de comunicação entre os sujeitos e entre as instituições, e as novas gerações de alunos, trabalhadores e usuários dos sistemas de saúde já circulam no cotidiano do trabalho e da vida com novos hábitos e novos poderes para interferir na realidade. Há um encurtamento do tempo para a produção de conhecimento e para a realização do trabalho, em razão da celeridade com que os fatos circulam em múltiplas mídias e múltiplas linguagens. E essa é uma matéria que pode ser explorada pelos profissionais da área de trabalho e educação para a renovação de suas práticas.

A graduação em SC é um fato novo no âmbito da formação, da organização da Abrasco e das instituições de saúde, exigindo a construção de caminhos a serem pavimentados para a absorção dos jovens sanitaristas. As instituições de prestação de saúde estão mudando, com a multiplicação de modalidades de vínculos de trabalho, que são matérias do cotidiano da área de trabalho e educação para a produção de conhecimento e para a formulação de políticas do setor.

As novas pautas deixam aflorar novas perguntas, as quais serão sempre renovadas nos ciclos políticos que virão, mas vale a pena considerar que há uma estrada aberta ao movimento, com atores mobilizados para a educação, a produção de conhecimento e para o exercício da política, que os objetos da área de trabalho e educação parecem demandar. Os dados aqui apresentados revelam uma tendência à associação de atores em torno de objetos e de projetos de intervenção, um capital que pode ser utilizado pela área para seguir em movimento, construindo novos caminhos para a RSB.

Referências

Arouca ASS. O dilema preventivista: contribuição para a compreensão e crítica da medicina preventiva [tese de Doutorado]. Unicamp. 1975.

Barata RIB. Avanços, desafios do mestrado profissionalizante. Rio de Janeiro. Ed. Fiocruz. 2008.

Belaciano MI. O SUS deve aceitar este desafio: elaborar proposições para a formação e capacitação de recursos humanos em saúde. Divulg Saúde Debate jul. 1996; (12):29-33.

Belisário SA. Associativismo em Saúde Coletiva: um estudo da Associação Brasileira de Pós-Graduação em Saúde Coletiva/Abrasco. [Tese de Doutorado]. Unicamp, 2002.

Bosi MLM, Paim JS. Graduação em saúde coletiva: limites e possibilidades como estratégia de formação profissional. Ciênc Saúde Coletiva jul. 2010; 15(4):2029-38.

Brasil. Ministério da Saúde. Conselho Nacional de Saúde. Princípios e diretrizes para NOB/RH-SUS. 2ª ed. Brasília: Ministério da Saúde, 2003.

Brasil. Ministério da Saúde. Portaria GM/MS 1.996, de 20 de agosto de 2007. Disponível em: http://portal.saude.gov.br/portal/arquivos/pdf/Portaria_1996-de_20_de_agosto-de-2007.pdf.

Brasil. Ministério da Saúde. Relatório da I Conferência de RH, 1986.

Brasil. Ministério da Saúde. Secretaria de Gestão do Trabalho e da Educação na Saúde. Departamento de Gestão da Educação em Saúde. Política Nacional de Educação Permanente em Saúde. Série B. Textos Básicos de Saúde, Série Pactos pela Saúde 2006, v. 9. Brasília-DF, 2009:20.

Brasil. Ministério da Saúde. Secretaria Executiva. Departamento de Apoio à Descentralização. Diretrizes operacionais dos Pactos pela Vida, em Defesa do SUS e de Gestão, Brasília, 2006. Disponível em: http://www.saude.gov.br/bvs.

Buss P. Refletindo sobre a prática pedagógica. Ver Estudos de Saúde Coletiva nov. 1988; 5:16.

Caldas Jr. AL et al. O Ideário UNI e a formação e capacitação de recursos humanos: processos e resultados. Divulg. saúde debate jul. 1996; (12):77-89.

Candeias NMF, Abujamra AMD, Pereira IMTB. Delineamento do papel profissional dos especialistas em Educação em Saúde – uma proposta técnica. Rev Saúde Pública ago. 1991; 25(4):289-98.

Castro J, Santana JP. Capacitação em Desenvolvimento de Recursos Humanos de Saúde. Editora da UFRN, 1999:13-22.

Castro JL. Protagonismo silencioso. A presença da OPAS na formação de recursos humanos em saúde no Brasil. Natal, RN: observatório RH, NESC, UFRN, 2008.

Ceccim RB, Feuerwerker LCM. Mudança na graduação das profissões de saúde sob o eixo da integralidade. Cad Saúde Pública set.-out. 2004; 20(5):1400-10.

Feix MA, Crossetti MGO. O enfermeiro e o sistema único de saúde. Rev HCPA & UFRGS abr. 1994; 14(1):32-5.

Ferraz C. O Mestrado Profissional como política pública para formar recursos humanos para a saúde. In: Amâncio A, Pacheco S (orgs.) Mestrado Profissional em Gestão do Trabalho e da Educação na Saúde: ação e reflexões. Rio de Janeiro: MS-ENSP, 2009.

Feuerwerker LCM, Marsiglia R. Estratégias para mudanças na formação de RH com base nas experiências IDA/UNI. Divulg Saúde Debate jul. 1996; (12):24-8.

Frazão P. Desenvolvimento de pessoal universitário odontológico na perspectiva do Sistema Unico de Saúde. Saúde Debate mar. 1994; (42):30-5.

Frigotto G, Ciavatta M. Educar o trabalhador cidadão produtivo ou o ser humano emancipado? Revista Trabalho, Educação e Saúde, Rio de Janeiro: Fiocruz 2003; 1(1).

Garcia JC. La educacion médica en la America Latina. OPAS, 1972, 413p. (Publicacion Científica, 225).

Girardi SN. Força de trabalho no setor saúde. Divulg Saúde Debate jun. 1991; (4):103-7.

Girardi SN. Força de trabalho no setor saúde. Divulg Saúde Debate jun. 1991; (4):103-7.

Girardi SN. O perfil do "emprego" em saúde no Brasil. Cadernos de Saúde Pública 1986; 2 (4):423-39.

Gomes KO et al. A práxis do agente comunitário de saúde no contexto do programa saúde da família: reflexões estratégicas. Saúde Soc dez. 2009; 18(4):744-55.

Gonçalves RBM. Medicina e história: raízes do trabalho médico. [tese Doutorado] Universidade de São Paulo, 1979. 209p.

Guimarães MC. Transformações do trabalho e violência psicológica no serviço público brasileiro. Rev Bras Saúde Ocup (jul-dez) 2009.

Ito AMY, Ivama AM, Takahashi OC, Vannuchi MTO, Gordan PA. Desenvolvimento de um novo modelo acadêmico na educação dos profissionais de saúde no contexto do Prouni-Londrina (1991-1997): sistematização e reflexões teórico-metodológicas. Semina; nov. 1997; 18(Ed. esp):7-32.

Kisil M. Uma estratégia para a reforma sanitária: a iniciativa UNI. Divulg Saúde Debate jul. 1996; (12):5-14.

Koster J, Machado MH. A gestão do trabalho e o contexto da flexibilização no Sistema Único de Saúde. In: Divulg. em saúde para debate. Rio de Janeiro (47). Abril 2012.

Leonardelli N, Rosa RS. Histórico e planos de ensino da residência em medicina preventiva e social. Rev. HCPA & Fac. Med. Univ. Fed. Rio Gd. do Sul 1990; 10(1):38-47.

Lima VV, Komatsu RS, Padilha RQ. UNI Marília: Capacitação de recursos humanos e desenvolvimento de lideranças. Divulg Saúde Debate jul. 1996; (12):90-6.

Macedo CG, Santos I, Vieira CAB. Uma experiência de formação de pessoal de saúde no Brasil. In: Educ. Med. Salud vol. 14, nº 1, 1980.

Machado JLM et al. Uma nova iniciativa na formação dos profissionais de saúde. In: Interface comunicação. Saúde Educ. 1997. p. 147-156.

Machado MH. A participação da mulher na força de trabalho em Saúde no Brasil – 1970-1980. In: Recursos Humanos em Saúde. Textos de Apoio. Rio de Janeiro: PEC/ENSP/Abrasco, 1987.

Machado MH. As profissões e o SUS: arenas conflitivas. Divulg Saúde Debate ago. 1996; (14):44-7.

Machado MH et al. ProgeSUS: uma proposta para mudar a realidade da gestão de trabalho. In: Rev. divulgação em saúde para debate. Rio de Janeiro (47), 2012.

Machado MH. Trabalhadores da Saúde e sua trajetória na reforma sanitária. In: Lima et al. Saúde e democracia: história e perspectivas do SUS. Fiocruz, Rio de Janeiro. 2005.

Malik A. Pesquisa coordenada por Ana Malick apresentada no Seminário Nacional de Gestão do Trabalho e da Educação na Saúde – 19 a 21/7/2010 sobre avaliação de resultados. dia 21.10.2012) p.20.

Marcondes E, Lima Goncalves E. Programa de avaliação curricular da Faculdade de Medicina da Universidade de São Paulo. Rev Hosp Clin Fac Med Univ São Paulo set.-out. 1991; 46(5):243-9.

Médici AC. A força de trabalho em Saúde no Brasil dos anos 70: percalços e tendências. In: A Força de Trabalho em Saúde. In Recursos Humanos em Saúde. Textos de Apoio. Rio de Janeiro: PEC/ENSP/Abrasco, 1987.

Nietsche EA et al. Política de educação continuada institucional: um desafio em construção. Rev. Eletr. Enf. 2009.

Nogueira RP. A força de trabalho em saúde no contexto da Reforma Sanitária. Cadernos de Saúde Pública, 1987; 3(3):332-42.

Nogueira RP. A força de trabalho em Saúde. In Recursos Humanos em Saúde. Textos de Apoio. Rio de Janeiro: PEC/ENSP/Abrasco, 1987.

Nogueira RP. A força de trabalho em Saúde. In: Revista de Adminitração Pública jul/set. 1983; 17(3):61-70.

Nogueira RP. A reforma do Estado e os recursos humanos de saúde: flexibilidade de ação com continuidade de direção (Breve ensaio). RASPP (Rev. Assoc. Saúde Pública do Piauí) jun. 1999; 2(1):32-5.

Nogueira RP. Tendências generales del mercado de trabajo médico en las Américas. Cadernos de Saúde Pública, 1986; 2(4):440-56.

Nunes TCM. Democracia no Ensino e nas Instituições. A face pedagógica do SUS. Rio de Janeiro: Fiocruz, 2007.

Paim E, Médici AC. Estrutura e dinâmica da força de trabalho em enfermagem. In Recursos Humanos em Saúde. Textos de Apoio. Rio de Janeiro: PEC/ENSP/Abrasco, 1987.

Paim JS, Nunes TCM. Contribuições para um programa de educação continuada em saúde coletiva. Cad Saúde Pública jul.-set. 1992; 8(3):262-9.

Paim JS. Recursos Humanos em Saúde no Brasil: problemas crônicos e desafios agudos. São Paulo: Faculdade de Saúde Pública/USP, 1994.

Paim JS. Reforma Sanitária Brasileira. Contribuição para a compreensão e crítica. Salvador:Edufba; Rio de Janeiro: Fiocruz, 2008.

Pereira IB, Lima JCF. Dicionário da educação profissional em saúde. 2ª ed. Rio de Janeiro: EPSJV, 2008.

Pierantoni CR, Vianna CM. Gestão de Sistemas de Saúde. Rio de Janeiro: UERJ/Instituto de Medicina Social, 2003:20.

Pinheiro TX. Uma Visão do Núcleo de Estudos em Saúde Coletiva. Revista História, Ciências, Saúde de Manguinhos. Rio de Janeiro, out-dez 2009; 16(4):1045-56.

Pinto ICM et al. Trabalho e Educação em Saúde no Brasil: tendências da produção científica entre 1990-2010. In: Revista Ciência e Saúde Coletiva, 2012.

Pinto ICM. Reforma gerencialista e mudança na gestão do Sistema Nacional de Vigilância Sanitária. In: Costa EA. Vigilância Sanitária: temas para debate. Salvador: Edufba, 2009.

Pinto ICM, Teixeira CF. Formulação da Política de Gestão do Trabalho e Educação na Saúde: o caso da Secretaria Estadual de Saúde da Bahia, Brasil, 2007-2008. In: Cadernos de Saúde Pública. Rio de Janeiro, 27(9) 1777-1788, set, 2011.

Ramos AS, Pinto ICM, Caputo MC, Camarão MJ. Política de gestão do trabalho e educação permanente na Bahia: O SUS é uma escola. Rev Baiana Saúde Pública jan.-mar. 2009; 33(1):40-50.

Ramos M. A pesquisa sobre educação profissional em saúde no MERCOSUL: uma contribuição para políticas de integração regional referentes à formação de trabalhadores técnicos em saúde. Cad Saúde Pública 2007; 23(supl.2):S282-S291.

Ramos M. Educação pelo trabalho: possibilidades, limites e perspectivas da formação profissional. Saúde Soc., jun 2009; 18(suppl.2: 55-9.

Ramos M. Concepções e práticas pedagógicas nas escolas técnicas do Sistema Único de Saúde: fundamentos e contradições. Trab educ. Saúde, 2009; (supl.1).

Rovere MR. Planificacion estratégica de Recursos Humanos en Salud. Washington, D.C.: OPS, 1993. (Série de Desarrollo de Recursos Humanos em Salud. 96.)

Ruiz T, Morita I. Curso de graduação na Faculdade de Medicina de Botucatu – UNESP: inquérito entre ex-alunos. AMB Rev Assoc Med Bras oct.-dec. 1991; 37(4):200-4.

Schraiber LB, Peduzzi M. Tendências e possibilidades da investigação de recursos humanos em saúde no Brasil. Educación Médica y Salud (OPAS) jul-set. 1993; 27(3):295-313.

Sennet R. A corrosão do caráter: consequências pessoais do trabalho no novo capitalismo. Rio de Janeiro: Record, 1999.

Silva EM, Nozawa MR, Silva JC, Carmona SAMLD. Práticas das enfermeiras e políticas de saúde pública em Campinas, São Paulo, Brasil. 2001.

Silva GR. Uma retrospectiva da educação médica no Brasil. R Bras Educ Med 1987; 11(3):81-5.

Silva GR. Origens da Medicina preventiva como disciplina do ensino médico. In: Rev. Hosp. Clínicas. Fac. Med. São Paulo, 28: 91-96, 1973.

Sobra DT. Três casos de inovação curricular no panorama recente (1964-1988) da educação médica brasileira: subsídios de um retrospecto baseado na revisão de documentos. Rev Bras Educ Méd jan.-dez. 1991; 15(1/3):11-7.

Sório R, Lamarca I. Novos desafios das escolas técnicas de saúde do SUS. Physis (RJ) 1998; 8(2):147-64.

Sório R. Revista Trabalho, Educação e Saúde, 2004; 2:11. Pags. 9-14.

Sório R. Izabel dos Santos: educação para a vida. In: Rev Trabalho, Educação e Saúde (2)11, 2004. p. 9-14.

Sousa ALL. Ensino e a prática na formação do enfermeiro. Saúde Debate mar. 1994; (42):23-9.

Teixeira CF, Noronha CV, Paim JS. O ensino da medicina social na graduação. Rev Bras Educ Médica jan.-abr. 1994; 18(1):11-9.

Teixeira CF, Paim JS. Políticas de formação de recursos humanos em saúde: conjuntura atual e perspectivas. Divulg Saúde Debate jul. 1996; (12):19-23.

Von Simpson ORM et al (orgs). Educação não-formal. Cenários de criação. Campinas, SP. Editora da Unicamp, 2001.

42

Comunicação e Saúde:
Aproximação ao Estado da Arte da Produção Científica no Campo da Saúde

Maria Ligia Rangel-S ◆ *Jane Mary Medeiros Guimarães* ◆ *Adroaldo de Jesus Belens*

INTRODUÇÃO

Este capítulo tem por objetivo mapear e analisar o estado da arte da produção de conhecimentos sobre comunicação e saúde no Brasil, considerando-a uma área emergente da produção científica no campo da Saúde Coletiva (SC)[1]. Embora a interface entre as áreas de Comunicação e Saúde (CS) acompanhe a história da Saúde Pública Brasileira (Pitta, 1995; Teixeira, 1997; Teixeira & Cyrino, 2003; Cardoso, 2007; Araújo & Cardoso, 2007), esta se desenvolve como objeto de pesquisa e ensino somente a partir da década de 1990, no contexto da Reforma Sanitária Brasileira (RSB), que introduz mudanças significativas na organização e estruturação do sistema público de saúde e nos modos de pensar e fazer saúde. Nesse sentido, a comunicação passa a ser objeto de reflexão e crítica no âmbito nos espaços acadêmicos e dos serviços de saúde, vindo a se constituir, a partir de então, como uma nova área de produção de conhecimentos e práticas em interface com a saúde.

Define-se então CS como um campo ou área de interface em que de um lado a comunicação, enquanto campo de saberes e práticas, toma a saúde como seu objeto para fins de produção de fatos noticiosos, jornalísticos e de publicidade e, de outro, o campo da saúde lança mão de saberes e práticas do campo da comunicação como instrumentos ou ferramentas com a finalidade de prevenção de doenças ou proteção e promoção da saúde (Fausto Neto, 1995). A primeira abordagem surge e se expande em consonância com o desenvolvimento do complexo médico-industrial da área da saúde, de tal modo que divulga a saúde enquanto mercadoria e constrói, como sugere Lefèvre, a saúde como fato coletivo, ou seja, a SC enquanto "a-saúde-que-aparece-na-mídia" (Lefèvre, 1999), ao mesmo tempo que exerce sobre o cidadão, que necessita desse espaço de produção do fato coletivo, o poder de venda e difusão de representações sobre a saúde e a doença, consumidas enquanto bem individual, no plano da recepção. Trata-se aqui de uma aderência ao modelo biomédico de atenção à saúde, privatista e individualista. É fato que esse modelo biomédico é parte de um modelo de sociedade que baseia suas relações em uma economia de mercado.

Por sua vez, a segunda abordagem data do início do século passado, vinculada ao sanitarismo. As atividades de comunicação em saúde caracterizam-se por um padrão de centralização, verticalização, especialização (agravos) e unidirecionalidade – próprias do campanhismo que estrutura as ações sanitárias reforçadas ao longo do tempo pela propaganda sanitária e concepção instrumental da comunicação de informações, ideias ou conhecimentos com o objetivo de modelar comportamentos e atitudes de saúde. Nesse sentido, a função da comunicação é a do preparo de mensagens claras e adequadas a cada público, propiciando uma compreensão que leve à mudança de comportamento desejada pelo emissor. Trata-se de aumentar mensagens com esses atributos e utilizar meios e canais mais adequados – sem inter-

---

[1] Utilizaram-se método e técnicas da pesquisa quantitativa e qualitativa, na base de dados da Biblioteca Virtual em Saúde – BVS, considerando as "Ciências da Saúde em Geral" (Lilacs & Medline), sendo selecionados 131 artigos acerca de saberes e práticas sociais na interface comunicação-saúde. Em seguida, realizou-se a análise qualitativa exploratória e quantitativa de um *corpus* composto por 41 artigos sobre a CS publicados em periódicos classificados como Qualis A e B (1 e 2) da área de Saúde Coletiva, destacando-se os objetos e objetivos identificados nos artigos. Em outra perspectiva, a partir dos 131 artigos previamente selecionados, foi constituída uma nova amostra composta de 17 artigos com o objetivo de evidenciar a demarcação de um novo campo de interface na Saúde Coletiva. Esses artigos foram considerados de caráter inovador por tentarem romper com a visão instrumental, informacional e transmissional da comunicação na área da saúde, aproximando-se de teorias e métodos das ciências sociais que tratam da comunicação e da saúde relacionadas com contextos macrossociais.

ferências (ruídos) – para obter uma comunicação bem-sucedida e seus objetivos alcançados: a mensagem decodificada tal como foi enviada.

Essa visão fundamentou, e ainda fundamenta, tentativas infrutíferas de inculcar hábitos, apoiada em modelos de comunicação criticados por diversos autores tanto no campo da comunicação (Martín-Barbero, 2003; Marcondes Filho, 2008) como no da saúde (Pitta, 1995; Teixeira & Cyrino, 2003; Araújo & Cardoso, 2007; Rangel-S, 2005; Rangel-S, 2007) por pressupor uma relação de mecânica entre emissão e recepção que não se sustenta no mundo da vida prática, por desconsiderar a mediação complexa entre mensagem e recepção, que inclui a ordem da experiência e do inconsciente. Desses modelos originam-se posições etnocêntricas dos "emissores" em relação aos saberes do senso comum, com a finalidade de impor modelos e padrões de vida nos âmbitos locais (Budge, 1994). O autor assinala que são equívocos dessa comunicação: ser reduzida a mero veículo de informação, operar de modo ambíguo e contraditório em relação à publicidade comercial, *marketing*, a educação e à participação, produzindo tendências escolarizantes, utilizando os meios maciços com mensagens custosas, de efeito, sofisticadas e descontextualizadas.

Trata-se, nesse caso, do modelo sanitarista de atenção à saúde, que convive com o modelo biomédico privatista, este voltado para as populações pobres e excluídas do acesso a bens de consumo de saúde. Tem, portanto, até a implantação do Sistema Único de Saúde (SUS), a partir da Constituição Federal de 1988, o caráter complementar à assistência médica individual, sendo voltado para conter epidemias, controlar endemias e prevenir doenças de elevada prevalência nas coletividades, além de proteger a saúde de grupos sociais específicos.

O período em que transcorre o processo de implantação do SUS, orientado pelos princípios da universalidade, integralidade e equidade, a partir da década de 1990, coincide com o acelerado processo de inovações, trazendo ao setor saúde crescentes transformações científicas e tecnológicas nas duas décadas finais do século XX, as quais terão impacto significativo na área da saúde. No que se refere à saúde, as novas tecnologias de informação e comunicação expandem o acesso à informação em todas as áreas; redefinem relações comunicacionais por meio de redes telemáticas; redefinem noções de tempo e espaço; facilitam interações presenciais e a distância. Criam-se, expandem-se e potencializam-se redes sociais em torno de temas e problemas específicos, trazendo à tona as conexões da saúde com diversos campos do conhecimento. Torna-se evidente o caráter interdisciplinar da saúde e transversal da comunicação, com seu potencial de produzir e disseminar múltiplos sentidos; aproximar e integrar pessoas e grupos sociais; criar novos espaços de interação e comunicação que potencialmente colocam em questão relações de poder do "mundo real", tornando possível a expansão de ideais de saúde em várias direções, modificando relações e gerando novas necessidades e demandas.

Nesse sentido, no campo da saúde se destacam iniciativas que buscam relacionar a comunicação ao direito à saúde e à participação pública para o exercício do controle social sobre o SUS como forma de exercício desse direito social. São iniciativas acadêmicas de reflexão crítica sobre os modelos transferenciais de comunicação inseridos no projeto ético-político da Reforma Sanitária e do SUS; são esforços no sentido da formulação de políticas de comunicação em diversos espaços institucionais, no sentido de modificar as práticas; são iniciativas de reflexão sobre os limites e tensões que coexistem nas práticas cotidianas dos serviços de saúde; são exercícios de construção e implantação de práticas inovadoras. Enfrenta-se o desafio para o desenho de práticas e políticas de comunicação que sejam dialógicas, participativas e capazes de dialogar com os distintos universos culturais no campo da saúde e de compreender os modos de produção, circulação e apropriação de produtos e mensagens.

Contudo, pouco se conhece do que resulta desses movimentos críticos em termos de produção de conhecimentos sobre esse conjunto de fenômenos e de processos, capazes de legitimar a área e seus pesquisadores como sujeitos e atores implicados nos processos de transformação social com respeito à saúde, nem sequer se conhece o entendimento dos diversos agentes da área da saúde sobre o que seja CS, quais seus objetos e métodos e como têm se desenvolvido ao longo dessas duas décadas.

Este capítulo é parte de um estudo mais amplo que tem por objetivo analisar o lugar da CS na produção científica no campo da saúde no Brasil, observando sua participação no conjunto da produção a partir da década de 1980 até 2012 e interrogando acerca de seus objetos, métodos, autores, regiões do país, bem como os meios de disseminação desses conhecimentos (livros, revistas etc.). Questiona-se se a concentração de centros de estudos e pesquisas no Sul do país favorece uma maior concentração de trabalho de estudos e pesquisa nessa região e em quais centros, em quais estados, com quais sujeitos.

Neste capítulo, o objetivo se limita a analisar a produção do período de 1987 a 2012, publicada na forma de artigos, explorando a indexação realizada para a área na Biblioteca Virtual de Saúde (BVS) e destacando os principais objetos e objetivos, distribuição temporal e temática.

ABORDAGENS TEÓRICAS E CRÍTICAS SOBRE COMUNICAÇÃO E SAÚDE

Neste tópico são analisados, em artigos selecionados, a articulação do discurso, os métodos de estudos e a diferenciação das diferentes abordagens temáticas sobre CS.

Como objeto de problematização teórico-metodológica da comunicação na área da saúde, não se pode ignorar o protagonismo da Rede IDA-Brasil que, durante a gestão no Instituto de Saúde Coletiva em Salvador, Bahia, organizou um Seminário de Comunicação e Saúde, em 1995, que deu visibilidade à temática e deu origem a uma publicação da Organização Panamericana da Saúde (OPAS/OMS) intitulada "Informação e Comunicação Social em Saúde", organizada pela secretaria executiva da referida rede.

Destacou-se na ocasião, na área da saúde, o pioneirismo do trabalho de Áurea Maria da Rocha Pitta que, também em 1995, organizou o livro *Saúde & Comunicação – visibilidades e silêncios*, publicado pela Editora Hucitec-Abrasco, agregando diversos autores em torno dessa interface. Destaca-se, nesse livro, o capítulo de Fausto Neto (1995) que reflete acerca dessa interface a partir de uma análise histórica de sua construção. Até então, Fernando Lefèvre (1991), em seu livro *Medicamento como mercadoria simbólica*, ao analisar a questão do consumo de medicamento, chamava a atenção para a dimensão simbólica da mercantilização da saúde, influenciando a pesquisa em torno desta.

Ressalte-se também a criação da *Revista Interface – Comunicação, Saúde, Educação*, em 1997, que abre um espaço editorial para a problematização desses novos objetos, nos primeiros anos de sua criação, quando publicava de dois a quatro artigos com temática de CS, por número, entre 1997 e 2001. Posteriormente, as publicações acerca desse tema passaram a ser espaçadas no periódico, enquanto aumentava o número de publicações em livros e em outros periódicos. A referida revista passou a enfatizar, nos anos seguintes, os temas de educação em saúde e formação profissional, em especial a educação médica, que predominam como objetos dos artigos publicados ao longo dos anos, ao lado de práticas e políticas de saúde, além de reflexões teóricas, metodológicas e filosóficas sobre temas relacionados com a saúde.

Cabe destacar ainda as contribuições de pesquisadores do Rio de Janeiro, em especial Araújo e Cardoso. Em 2004, Araújo publica na *Revista Interface* o artigo "Mercado Simbólico: um modelo de comunicação para políticas de saúde", resultante de sua tese de doutorado, que tem como fundamento a sociologia de Pierre Bourdieu, e propõe uma abordagem teórico-metodológica da CS. Parte da comunicação como processo de produção, circulação e consumo/apropriação de mensagens e propõe método para o mapeamento da comunicação em territórios e instituições.

Também em 2004 Araújo publica, na mesma revista, o artigo "Os muitos sentidos da comunicação e saúde", e com Cardoso, em 2007, lança o livro *Comunicação e Saúde* (Araújo & Cardoso, 2007), que explora conceitos e noções, além de inúmeras possibilidades de aproximação dos dois campos, com destaque para as políticas de saúde.

Considera-se a seguir a transversalização da comunicação com a saúde, para identificar como os pesquisadores utilizaram os instrumentos disponíveis para analisar a temática e identificar se a produção científica no campo da saúde acumulou e problematizou questões sob as condições sócio-históricas e culturais no período dos artigos publicados. Nos primeiros trabalhos analisados no período de 2002, observa-se que a tendência de produção sobre CS concentrou-se no esforço de construir a fundamentação teórica, mas também já se percebia nos autores, em sua produção, a articulação interdisciplinar. Há o interesse em estudar a comunicação, focando a análise na construção dos discursos, na produção de sentidos e símbolos, mas também indagando como as novas tecnologias de informação e comunicação facilitaram e influenciaram temas e problemas.

Alguns trabalhos, publicados entre 2003 e 2009, concentraram-se na análise do discurso nos jornais sobre o tema saúde. Nesse período foram identificados dois marcos fundamentais. Nos primeiros trabalhos, em 2003, as pesquisas tiveram como fonte de dados jornais impressos e campanhas televisivas em São Paulo. No mesmo período, uma produção no Nordeste, marca o surgimento de uma outra perspectiva de pesquisa. A análise focaliza a construção de sentidos em narrativas jornalísticas sobre problemas de saúde relevantes, como as epidemias, a partir da cobertura realizada por quatro jornais de Salvador de uma epidemia de leucopenia por exposição ocupacional ao benzeno, ocorrida no Polo Petroquímico de Camaçari-BA, nos anos de 1990 e 1991.

Na mesma perspectiva de aproximar comunicação e risco, em 2007, a autora organiza com Costa o livro *Comunicação e Vigilância Sanitária: princípios e diretrizes para uma política* (Costa & Rangel, 2007), que agrega um conjunto de artigos produzidos a partir das intervenções da Oficina Nacional de Comunicação em Vigilância Sanitária, realizada em Salvador, em 2006.

A internet inaugura uma nova fase na produção de trabalhos sobre CS. Entre 2007 e 2009, as bases de dados Medline e Lilacs se constituíram em espaços de divulgação da produção de conhecimento em CS. Por outro lado, as bases de dados do Ministério da Saúde foram fundamentais para a avaliação da eficácia na implantação dos programas de governo.

Outro aspecto destacado refere-se à análise da saúde, da comunicação e da participação social como os sujeitos da comunicação, por exemplo, os agentes comunitários e usuários, que também são objetos de análise.

DISTRIBUIÇÃO QUANTITATIVA E TEMÁTICA DA PRODUÇÃO CIENTÍFICA EM COMUNICAÇÃO E SAÚDE NO BRASIL

Pode-se constatar um marco cronológico na produção científica sobre CS entre 1987 e 2012, publicadas em todas as revistas da área da saúde indexadas à BVS, com tendência crescente (Figura 42.1). O período analisado foi marcado pela ocorrência de conferências de saúde, nos níveis nacional e internacional, pela estruturação do SUS e pela intensificação da inserção das novas tecnologias de informação e comunicação como meio de divulgação dos estudos e pesquisas que podem ter funcionado como catalisadores da produção na área, mesmo considerando que esta ainda seja escassa. Como mostra a Figura 42.1, em 2012 houve um decréscimo na produção de artigos, o que pode ser explicado em função do período em que a busca foi realizada (abril de 2012), uma vez que a periodicidade de publicação de periódicos nem sempre é mensal.

Quando se observa a distribuição temática dos artigos, destaca-se o tema da "Comunicação na Prática de Enfermagem", com liderança absoluta, seguida da "Comunicação na Prática Clínica da Medicina" e da "Comunicação na Formação Profissional em Saúde" (Figura 42.2).

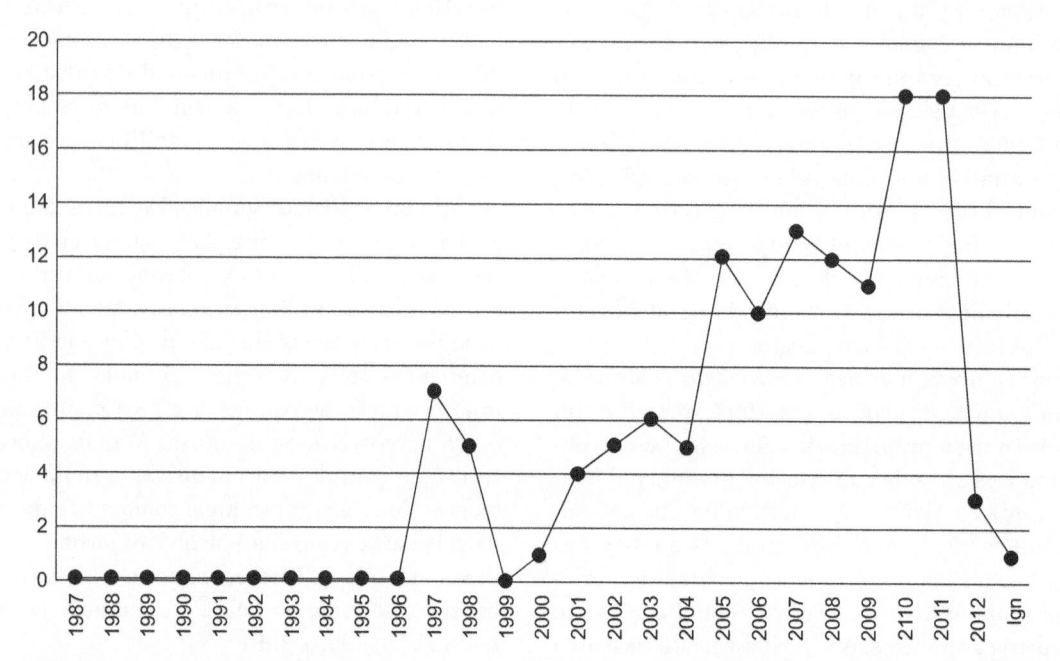

Figura 42.1 ♦ Gráfico de distribuição temporal dos artigos publicados no período de 1987 a 2012. (Dados primários dos pesquisadores.)

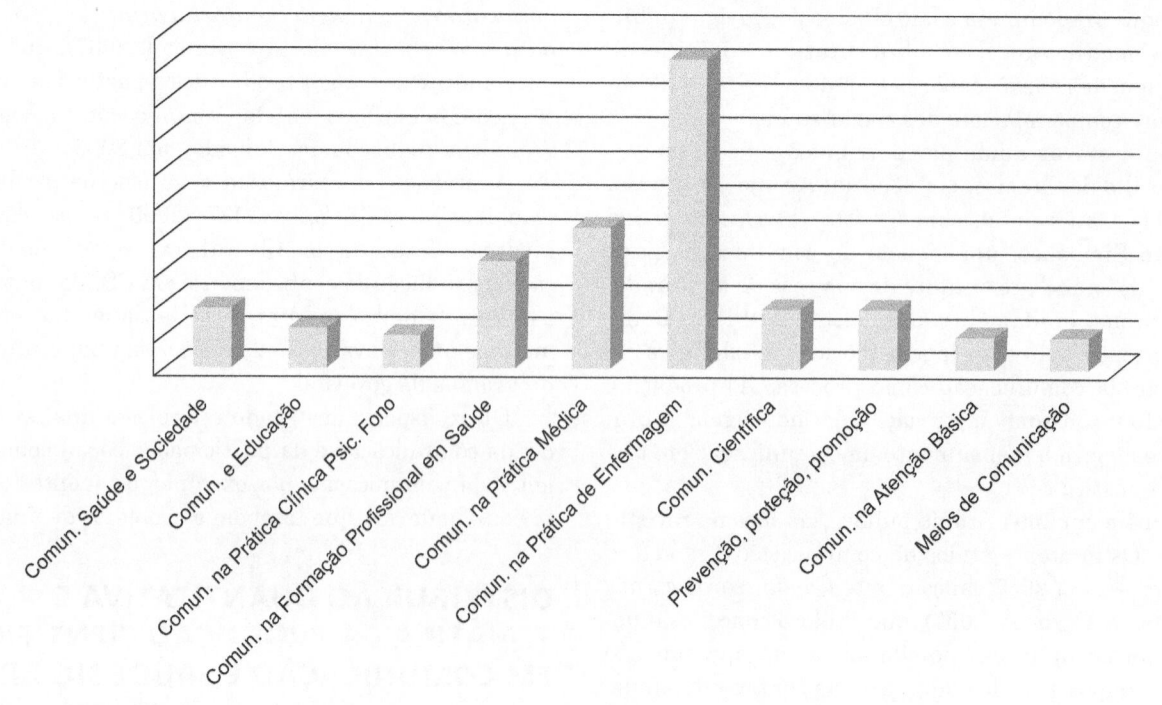

Figura 42.2 ♦ Gráfico de distribuição da frequência dos artigos de "comunicação" em publicações científicas, segundo tema, no período de 1987 a 2012. (Dados primários dos pesquisadores.)

As áreas de enfermagem e medicina, juntas, destacam-se em quantidade de publicações, com 67% de todas as publicações (Figura 42.1). Quando se acrescentam a psicologia e a fonoaudiologia, verifica-se que 72% da produção científica de CS concentra-se na prática da clínica.

Essa produção é coerente com a hegemonia médico-hospitalar do modelo de atenção à saúde. Em geral, os artigos tomam como objetos a comunicação interpessoal nesse tipo de prática, fundamentados em uma concepção instrumental da comunicação com o objetivo, principalmente, de analisar criticamente a relação médico-paciente e de outros profissionais de saúde com os pacientes, em consultas e atividades cotidianas dos serviços de saúde, em todos os níveis de atenção à saúde. Trazem argumentos que enfatizam a importância da comunicação para a obtenção de melhores resultados nas condutas terapêuticas e no conforto dos pacientes, contudo deixam de considerar os obstáculos decorrentes das concepções que orientam os estudos. No caso da medicina, um dos artigos se refere à visita médica domiciliar como espaço de interação e comunicação com as famílias; dois focalizam problemas de comunicação como causa de erro de medicação e outro, a iatrogenia no cuidado de enfermagem. Destaca-se ainda que, dentre os artigos sobre práticas de enfermagem, três focalizam questões da gestão/gerência do trabalho em enfermagem.

A quantidade de estudos aumentou notadamente nos anos de 2010 e 2011, no caso da medicina, e desde 2007, no caso da enfermagem, possivelmente como ressonância de medidas de fortalecimento da Política Nacional de Humanização (PNH) do SUS do Ministério da Saúde, implantado desde 2003, como política pública transversal que busca "traduzir os princípios do SUS em modos de operar dos diferentes equipamentos e sujeitos da rede de saúde" e pensar o humano no plano da experiência, construindo "trocas solidárias e comprometidas com a dupla tarefa de produção de saúde e produção de sujeitos" e contagiando a rede do SUS (gestores, trabalhadores da saúde e usuários) por atitudes e ações humanizadoras (Brasil, 2008).

Essa política teve como precursor o Programa Nacional de Assistência Hospitalar. Note-se que vários artigos se referem a práticas de enfermagem e de medicina em ambiente hospitalar, com foco nas relações interpessoais, explorando a percepção de profissionais e pacientes quanto à dimensão comunicativa do trabalho hospitalar.

São apenas cinco artigos (4%) que tomam como objeto a proteção da saúde, tematizando o controle dos riscos, no que se refere à governança, à bioética, à interdisciplinaridade e à legislação, e um deles traz um relato de experiências. Embora se trate de aspecto fundamental da saúde na sociedade contemporânea, considerada por alguns sociólogos, como Giddens (1991) de Beck (1992), a Sociedade do Risco e do desenvolvimento de tecnologias e legislação para regulação e controle do risco dentre as práticas de vigilância da saúde (Costa, 2004), isso pouco se reflete na produção acadêmica na interface da saúde e comunicação. São artigos dispersos ao longo de 2001 a 2012.

A formação profissional em saúde é objeto de nove estudos, publicados entre 2001 e 2011. Chama a atenção ainda a reduzida produção de estudos na Atenção Básica, nível de atenção considerado fundamental para a mudança do modelo de atenção, mediante fortalecimento pela implantação da Estratégia de Saúde da Família, cujas ações devem priorizar a prevenção de doenças, a proteção e promoção da saúde (Paim, 2003; Teixeira & Solla, 2005). Nessas ações, a comunicação e a educação devem ter prioridade, especialmente quando se trata da Política de Promoção da Saúde (Brasil, 2006).

Cabe ainda destacar que, a despeito da necessidade da disseminação do conhecimento científico, apenas nove artigos tratam desse tema, que vão de 1998 a 2007, sendo quatro publicados em *Cadernos de Saúde Pública*, dois na *Revista de Saúde Pública* e um em *Ciência & Saúde Coletiva*, os três meios mais importantes da área. O caráter educativo da comunicação é também inexpressivo, com apenas seis estudos. Com relação aos meios, observa-se a tendência à publicação em revistas específicas das profissões.

Destacam-se como fatos que podem ter contribuído para o crescimento dessa produção científica: conferências de saúde, criação da revista *Interface*, congressos de saúde (Abrasco) e outros, criação do GT Com Saúde Abrasco, a emergência de novas políticas de saúde, a exemplo da PNH e Promoção da Saúde, que invocam diretamente o tema da comunicação.

Importa destacar ainda que, dos 131 artigos, apenas 41 (31,30%) foram publicados em periódicos classificados com o Qualis A e B (1 e 2) da área de SC.

A insuficiência quantitativa de meios de publicação científica no campo da SC remete, dentre outras, às seguintes questões: será que essa escassa produção de artigos no campo de comunicação em saúde não alcança o padrão de legitimidade acadêmica? Será que a opção por temáticas da epidemiologia (de abordagem quantitativa) não restringe a possibilidade de atender às demandas por publicação deste e de outros subcampos? Será que a baixa produção de artigos no campo da comunicação em saúde decorre da relevância dada ao modelo biomédico e individualista de atenção à saúde?

ANÁLISE DOS ARTIGOS PUBLICADOS EM PERIÓDICOS DA ÁREA DE SAÚDE COLETIVA COM QUALIS A E B

Os 41 artigos publicados em revistas Qualis A e B foram analisados sob a ótica dos objetos e objetivos de

Tabela 42.1 ♦ Distribuição dos artigos publicados no período de 1997 a 2012 quanto ao objeto do estudo

Objeto	Quant.	%
Formação do profissional de saúde	11	26,8
Comunicação na relação entre profissional de saúde e paciente	7	17,1
Promoção da saúde	4	9,8
Análise conceitual do campo da comunicação em saúde	3	7,3
Comunicação de risco	3	7,3
Disseminação científica em saúde	3	7,3
Gestão e planejamento	3	7,3
Informação e comunicação no processo de trabalho	2	4,9
Análise do campo disciplinar da interface comunicação e saúde	2	4,9
Divulgação de medicamentos	1	2,4
Mudança de prática e comunicação	1	2,4
Política de comunicação em saúde	1	2,4

Fonte: dados primários da pesquisa.

pesquisa, independente da classificação por temas conforme anteriormente apresentado na Figura 42.2.

Conforme se vê na Tabela 42.1, os artigos que tiveram como objeto a "formação do profissional de saúde" apresentaram uma frequência de 26,8%, quando comparado aos outros objetos. Ressalte-se que os 11 artigos publicados apresentaram objetivos diversificados de pesquisa. Observa-se que a análise do uso das tecnologias como recursos pedagógicos e para arquivamento de imagens nas salas foi objetivo utilizado principalmente na formação médica.

Ainda sobre o mesmo objeto, destaca-se a análise do processo ensino/aprendizagem da comunicação na relação médico-paciente durante a graduação médica, além de relato de experiência de um grupo de docentes do curso de medicina no ensino de comunicação de ensino de psiquiatria, habilidades de comunicação e atitudes no currículo integrado do curso de medicina.

Descrevem-se e ilustram-se as possibilidades instrucionais em Competência Comunicacional, abordando a comunicação de notícias "ruins", com foco também na apresentação de propostas e metodologias de atividades (laboratório de comunicação), construída com base na experiência acumulada e inspirada pelos trabalhos e contribuições dos vários autores.

Em contrapartida, são também analisados os aspectos sociais da incorporação de novas tecnologias de informação e comunicação em instituições de ensino e pesquisa da Saúde Pública. Verifica-se como um grupo de Agentes Comunitários de Saúde (ACS) analisa as práticas de Alfabetização em Informação e Comunicação (Alfin) e evidenciam-se alguns problemas relativos às práticas de educação, comunicação e mobilização comunitárias no controle da dengue.

Os artigos que tiveram como objeto a "comunicação na relação profissional de saúde e paciente" alcançaram 17,1% das publicações. Os conteúdos dos artigos tiveram como objeto de análise as repercussões na comunicação social de conteúdos genéticos e a compreensão de como a visita domiciliar tem impacto na prática médica.

Além disso, objetivou-se conhecer a percepção dos pacientes sobre aspectos da comunicação não verbal e investigar imagens e significados sobre experiências vivenciadas por pacientes no processo de atendimento/tratamento em enfermaria, assim como compreender as percepções de trabalhadores e usuários de uma unidade de Saúde da Família sobre o papel da comunicação no contexto do acolhimento.

Por outro lado, foram avaliadas falhas de comunicação entre os médicos assistentes e os médicos rotineiros do centro de tratamento intensivo, apreendendo as estratégias utilizadas pelos profissionais de saúde para a realização da comunicação.

Os artigos que tiveram como objeto a "análise conceitual da comunicação em saúde" representaram 9,8% dos artigos publicados. No que se refere aos objetivos propostos, apresenta-se um modelo de análise como possibilidade para criação e avaliação da comunicação visual na área da saúde, especialmente em campanhas educativas. Observa-se a preocupação de refletir sobre as narrativas e experiências dos profissionais de comunicação acerca da loucura, além de identificar categorias fundamentadas na teoria dos atos de fala e também oferecer subsídios teórico-metodológicos para que a Saúde do Trabalhador possa aprimorar as práticas comunicativas.

O objeto "promoção da saúde" também representou 9,8% das publicações. Destaca-se como principal objetivo a análise da comunicação sazonal nos grupos socioeducativos das equipes de Saúde da Família para prevenção e controle da dengue.

Outro elemento relevante é o levantamento de questões referentes à não adesão de muitas mulheres às campanhas, além da análise dos aspectos de comunicação relacionados com o procedimento de uso de agrotóxicos em uma região agrícola e da apresentação de metodologias que articulam os textos acadêmicos e outros tipos de linguagem, como pintura, música, radionovela e poesia, entre outros.

Os artigos que tiveram como objeto a "comunicação de risco" representaram 7,3% das publicações. Entre essas, destacam-se a análise de estratégias de comunicação de risco adotadas junto às comunidades locais, a discussão da comunicação enquanto tecnologia para o controle do risco, proteção e promoção da saúde e segurança, e a complexidade imbricada no campo da biossegurança.

Os artigos referentes à "disseminação científica em saúde" representaram 7,3% do total das publicações. Os principais objetivos foram apresentar um estudo exploratório sobre a distribuição da produção científica internacional, regional e nacional na área de informação e CS e o modelo de comunicação tradicional e sua evolução para a comunicação científica eletrônica, além de refletir sobre a integração de aspectos envolvidos na difusão de ciência em saúde.

Quanto ao "planejamento e gestão", 7,3% dos artigos publicados enfocaram esse objeto. No que se refere a seus objetivos, os artigos tecem relações entre noções que permeiam o Planejamento Estratégico Social (PES) e uma economia política do significante, avaliam o processo e o conteúdo da comunicação das organizações certificadas conforme a NBR ISO 14001 sob o ponto de vista de uma das partes interessada – a Universidade – e estudam a gestão do trabalho, da educação, da informação e da comunicação na Atenção Básica à Saúde.

DEMARCAÇÃO DE UM NOVO CAMPO DE INTERFACE NA SAÚDE COLETIVA

Alguns estudos podem ser considerados demarcadores de fronteiras, a partir dos quais se inaugura um pensamento crítico no campo da saúde e da comunicação, em que se pretende romper com a visão instrumental da relação CS. Para compreender melhor esse "olhar" para o campo da CS, foram analisados 17 artigos a partir de abordagem qualitativa exploratória.

A análise considerou o período, a abordagem de pesquisa, o local de produção, o periódico, os temas transversais entre comunicação e sua aproximação com questões caras ao campo da SC como a democracia, a participação social e a construção de novos modelos de atenção à saúde.

Os artigos que declaram realizar abordagem teórica em CS, no período e 2002 a 2012, no total de 17, foram classificados no tema "comunicação, saúde e sociedade", os quais são assim distribuídos, segundo o tipo de estudo: abordagem qualitativa (2) e abordagem quali-quantitativa (5); no que se refere ao tipo de análise, sete artigos apresentaram metodologia exploratória documental; dois, teórico/discursivo; quatro, documental/análise de conteúdo, e quatro, descritivo (dados primários da pesquisa, 2012).

Na análise dos artigos publicados em 2002, observou-se que, apesar do volume de produção com abordagem qualitativa nesse ano, destacam-se como marco alguns estudos que abordam a temática de modo ensaísta. Destacam-se duas mesas redondas realizadas na Universidade de São Paulo, uma por Bernardo Kucinsky e outra por Aurea Rocha Pitta, ambas publicadas em 2002 na *Revista Saúde e Sociedade*.

Kucinsky (2002) dá destaque ao valor notícia da saúde, ao analisar o jornalismo e a saúde na era neoliberal. Para ele, as coberturas jornalísticas da saúde e da SC se ressentem do caráter de mercadoria da notícia, problemática mais geral de todo o jornalismo. A notícia, como produto de mercado, ganha contornos mais graves quando se trata da saúde, porque também nesse campo há uma crescente mercantilização com a predominância de reportagens sobre o corpo, a beleza e os problemas de saúde que afetam as pessoas. Segundo o autor, essas notícias têm maior valor de mercado do que outras notícias de saúde e, por isso, são consideradas estratégicas no campo da comunicação. O autor também destaca, nesse contexto, a intensificação dos conflitos entre os profissionais da saúde e os da comunicação, especialmente os jornalistas, e destes com o processo mais geral de produção de notícias, configurando-se como uma tensão permanente entre o valor de mercado da notícia e o caráter democrático que deve ter a comunicação. Desse modo, o autor põe em evidência a importância das análises das coberturas jornalísticas para os temas da saúde, que estão longe de apenas informar.

Jornalista e pesquisadora da Fiocruz, Pitta (2002) destaca a comunicação como um tema estratégico na elaboração das políticas públicas, em especial as de saúde. Segundo a autora, os meios de comunicação de massa, em particular a televisão, veiculam notícias de saúde com grande ênfase no discurso clínico e biomédico, e geralmente esse viés se sintoniza com os interesses das grandes empresas de equipamentos, medicamentos e serviços médicos, chegando, inclusive, a determinar as pautas das programações de instituições públicas de comunicação, como as televisões educativas.

A autora ainda chama a atenção para a necessidade da realização de pesquisas e trabalhos que recoloquem o conceito ampliado de saúde na esfera pública, na ótica da promoção e como direito de todos os cidadãos, como uma forma de democratização da informação. Além disso, destaca a importância da disseminação na mídia das falas dos setores populares e segmentos de profissionais de saúde comprometidos com a promoção da saúde.

Tanto Kucinsky como Pitta discutem a CS na perspectiva da democratização da informação e produzem uma crítica ensaística ao discurso clínico e biomédico disseminado pela mídia.

Em 2003 surgem novos estudos, mas ainda de caráter teórico-discursivo, evidenciando a predominância da abordagem qualitativa na produção sobre a temática CS.

No estudo de Castiel (2003), cujo título é "Insegurança, ética e comunicação em saúde pública", publicado na *Revista de Saúde Pública*, são descritos e abordados analiticamente questões pertinentes à Saúde Pública, referentes a aspectos da insegurança que atinge as sociedades contemporâneas. O autor destaca os diversos autores que, no campo da sociologia, têm trazido a noção de insegurança (Bauman, Beck, Giddens, dentre outros) e apresenta tópicos que abordam a relação entre profissionais da saúde e instâncias de informação e comunicação pública de conteúdos ligados a riscos à saúde, com exemplos provenientes de questões vinculadas à biotecnologia, tendo como principais descritores a comunicação, a Saúde Pública; a ética; o pessoal da saúde, a informação pública, a biotecnologia e o jornalismo médico.

Em trabalho publicado na *Revista Saúde e Sociedade*, de caráter qualitativo teórico-descritivo, Oliveira (2004) discute a participação popular nos Conselhos de Saúde e o papel da comunicação e da informação nesse processo, procurando entender de que maneira diferentes atores sociais ali presentes agiam e interagiam com o objetivo de deliberar, fiscalizar e interferir no funcionamento do SUS. Segundo sua hipótese, as relações sociais assimétricas determinam os alcances, os limites comunicacionais e informacionais e dificultam a participação popular e, simultaneamente, o exercício do controle público.

Discurso sobre a saúde na mídia

O estudo dos discursos da saúde na mídia é outro recorte importante no pensamento crítico da comunicação, e a análise do discurso referente aos produtos da mídia sobre a saúde tem sido um dos métodos preferidos de estudo, ao lado da análise de conteúdo.

O trabalho de abordagem quali-quantitativa, teórico--descritivo, publicado na *Revista Saúde e Sociedade* por Penteado, Giannini & Costa, a partir de uma análise documental, nesse mesmo período, discute o papel dos meios de comunicação na sociedade atual e na formação da opinião pública. Na área da saúde, esses meios foram destacados para a educação e a promoção da saúde da população.

Os autores analisaram as notícias sobre a Campanha da Voz nos jornais de grande circulação na cidade paulista, como *O Estado de S. Paulo* e a *Folha de S. Paulo*, no período entre 13 e 20 de abril de 2002. A análise considerou aspectos quantitativos e qualitativos das reportagens e levou em conta sua contribuição para processos educativos condizentes com a promoção da saúde. Os pesquisadores constataram que somente a *Folha* publicou duas reportagens sobre a campanha na seguinte perspectiva:

- Evidenciam recursos apelativos dramáticos e a ênfase na doença.
- Abordam aspectos de caráter comportamental, normatizador, tecnicista e tecnológico, referindo-se a prevenção e ao tratamento.
- Reforçam os estereótipos e a banalização da complexidade das ações das especialidades envolvidas, discutindo aspectos dessas especialidades e das concepções que as fundamentam, bem como do processo de produção da notícia implicado nas problemáticas evidenciadas.

Em síntese, os pesquisadores concluem que, em se tratando da Campanha da Voz, as notícias publicadas pouco contribuíram para a construção de processos educativos em saúde condizentes com a promoção da saúde.

Dentre os trabalhos publicados no periódico, este foi um dos primeiros de caráter analítico-descritivo a fazer uma análise do discurso disseminado pela mídia, com a prevalência do discurso biomédico.

Em 2003, observou-se no *corpus* analisado uma "mudança de rota" da produção científica, até então centrada em São Paulo, surgindo uma pesquisa no Nordeste, especialmente na Bahia. Este pode ser considerado outro marco importante sobre a discussão da comunicação em saúde, mesmo tendo sido publicado em periódico paulista. Esse trabalho se destaca por seu enfoque, acerca dos sentidos das narrativas produzidas nos jornais baianos, abordando aspectos epidemiológicos em uma área de produção industrial nos anos de 1991 a 1994, no município de Camaçari-BA.

Trata-se de uma pesquisa de caráter quali-quantitativo, em direção semelhante à análise realizada pelos pesquisadores paulistas Penteado, Giannini & Costa. Rangel-S (2003), pesquisadora da Ufba, publicou o resultado de sua tese com o título "Epidemia e mídia: sentidos construídos em narrativas jornalísticas". O objetivo desse estudo foi analisar a construção de sentidos em narrativas jornalísticas sobre problemas de saúde relevantes, focalizando a cobertura realizada por quatro jornais de Salvador sobre a epidemia de leucopenia por exposição ocupacional ao benzeno, ocorrida no Polo Petroquímico de Camaçari-BA, nos anos de 1990 e 1991. Os resultados foram discutidos, considerando-se os discursos sociais correntes que fundamentaram e informaram os sentidos.

Para a pesquisadora, a ampla cobertura e a diversidade das abordagens jornalísticas permitem refletir acerca do papel da mídia maciça no crescimento da consciência crítica da sociedade na proteção da saúde de coletividades, especialmente quando vários meios se manifestam, levando a um debate público com várias visões sobre o tema.

A autora analisou as narrativas construídas pela circulação de 217 notícias publicadas sobre o tema ao longo de 18 meses, com base na Teoria da Interpretação de Paul Ricoeur, tendo como referência para a análise a interpretação técnico-científica do evento, reconstituída por meio de análise documental e de entrevistas realizadas com pesquisadores, profissionais de saúde e de segurança do trabalho envolvidos com as ações de diagnóstico e controle da situação e proteção da saúde dos trabalhadores na ocasião da epidemia.

Mediante diferentes níveis de análise, Rangel-S identificou quatro distintos sentidos da epidemia produzidos pelos diferentes jornais, e ainda refletiu acerca dos limites e possibilidades das agências de notícias na comunicação de informações que contribuíram para a promoção e proteção da saúde em situações de conflito, como são as epidemias, quando as populações afetadas anseiam por informação.

O estudo de Cavaca (2012), publicado na *Revista Ciência & Saúde Coletiva*, em 2012, constituiu-se em uma abordagem no campo da análise dos discursos que, necessariamente, problematiza diferentes áreas no campo da saúde. A autora delineou as principais características das matérias sobre saúde bucal veiculadas na mídia impressa do Espírito Santo de 2004 a 2009, a fim de analisar e comparar os assuntos, as abordagens e a relevância jornalística relacionada com a temática priorizados pelos jornais *A Tribuna* e *A Gazeta*.

Mediante pesquisa exploratória documental, a partir da análise de conteúdo categorial quantitativa das matérias, a autora constatou que a mídia abordava desde informações sobre políticas de saúde bucal, serviços prestados à comunidade e prevenção às doenças bucais, até as "tendências estéticas" do sorriso, divulgação de novas tecnologias e de especialidades odontológicas. Segundo ela, houve um predomínio de páginas pares, poucas chamadas na primeira página e a veiculação em página inteira, o que significa uma valorização moderada desses assuntos. Os projetos editoriais distintos, aliados à diferença de público-alvo determinaram o padrão jornalístico e houve o predomínio de fonte especialista.

Outro trabalho publicado em 2012, por Gomes & Ferraz, na *Revista Saúde e Sociedade*, reafirmou a importância da comunicação no campo da saúde. O objetivo foi avaliar a produção das notícias sobre a gripe A (H1N1) nas três principais revistas de circulação nacional do Brasil. Tomando como base noções ligadas à Análise do Discurso e às Teorias do Jornalismo, as análises indicam que o noticiário se divide em duas fases, enfatizando, inicialmente, o alarme provocado pelo medo diante do novo vírus e das mortes registradas e, em seguida, o controle pela constatação de que a moléstia representava menos risco do que se imaginava, além das ações para combatê-la.

É certo que os meios tradicionais de produção de sentido foram perdendo força com a disseminação e o uso cada vez mais intenso da internet. Compreende-se que as novas abordagens de pesquisa e produção demarcaram o período que vai de 2005 a 2009. Nesse período, ao que parece, emergem novos temas e novos problemas.

Internet e os novos desafios na divulgação de conhecimento em comunicação em saúde

Como um elemento de disseminação da produção científica em CS no Brasil, entende-se que os pesquisadores buscaram analisar a influência da internet na Saúde Pública. Entre 2007 e 2009, constatou-se que abordagem nas pesquisas em saúde sobre a divulgação científica foi tema de muitos trabalhos. Aqui se destacaram dois, um deles já utilizando os recursos existentes nos bancos de dados oficiais e acadêmicos e o outro, um jornal paulista.

A informação científica tem sido um dos insumos básicos para o desenvolvimento científico e tecnológico de uma nação. No atual momento vivenciado pela sociedade contemporânea há um reconhecimento de que ciência, tecnologia e inovação constituem-se em fatores diferenciadores do desenvolvimento social e econômico de países e regiões (Rocha & Ferreira, 2004).

Em 2005, dentre os trabalhos analisados, apenas um enfocou a "influência da internet na comunidade acadêmico-científica da área de saúde pública", publicado por Cuenca & Tanaka na *Revista de Saúde Pública*. Observam-se duas temáticas se intercruzam: a internet e a divulgação científica em saúde. Significativamente, esses temas entram na agenda da produção científica em saúde no Brasil.

Trata-se de um estudo descritivo, de abordagem quali-quantitativa, centrado na opinião de 237 docentes vinculados aos programas de pós-graduação em Saúde Pública, nos níveis de mestrado e doutorado, no Brasil, no ano de 2001, que responderam a um questionário autoaplicado via internet e correio postal. As pesquisadoras Cuenca & Tanaka (2005) concluíram que a internet influenciou o trabalho dos docentes e afetou o ciclo da comunicação científica, principalmente na rapidez de recuperação de informações. Observou-se uma tendência em eleger a comunicação entre os docentes como a etapa que mais mudou, desde o advento da internet no mundo acadêmico-científico brasileiro.

Em 2007, depois de identificados em 2005 artigos já abordando a internet no contexto da produção de trabalhos no campo da saúde, constatou-se, na análise dos dados, que essa abordagem passava a ser uma tendência de tema presente nas pesquisas e divulgação de artigos, entre os quais os indexados na base de dados Medline e Lilacs.

O artigo publicado na *Revista Ciência & Saúde Coletiva* e intitulado "A distribuição do conhecimento científico público em informação, comunicação e informática em saúde indexado nas bases de dados Medline e Lilacs", de autoria de Packer, Tardelli & Castro, trouxe à tona, a partir de um estudo exploratório, uma análise sobre a distribuição da produção científica internacional, regional e nacional na área de informação e comunicação em saúde, referenciada nas bases de dados Medline e Lilacs, de 1996 a 2005. Foram determinados quatro domínios específicos: informação em saúde, informática médica, comunicação científica em saúde e comunicação em saúde.

As variáveis analisadas foram: os assuntos e periódicos mais representativos, a produção por país de afiliação dos autores e por país de publicação e os idiomas em ambas as bases de dados. Em vista disso, observou-se que cerca de 5% dos artigos corresponderam à categoria Ciência da Informação. No período estudado, os quatro domínios tiveram aumento relativo anual em Medline, destacando-se a Informática Médica, que apresentou maior número de registros, com pouco mais da metade de todos os artigos indexados.

- A importância da Ciência da Informação é mais visível nas publicações dos países desenvolvidos, e os resultados confirmaram a predominância dos EUA e o crescimento significativo da produção científica da China e da Coreia do Sul e, em menor escala, do Brasil.

Observa-se também, em artigo publicado por Teixeira, Silva, & Gallian, em 2009, na *Revista Saúde e Sociedade*, intitulado "O *Jornal da Paulista:* a configuração de um meio de divulgação universitária numa perspectiva histórica", uma intensificação na abordagem histórica e multidisciplinar nas pesquisas em CS.

Em decorrência da pesquisa de mestrado realizada no programa do Centro de Desenvolvimento do Ensino Superior em Saúde da Universidade Federal de São Paulo (2007), o artigo apresentou a descrição e análise da trajetória histórica do *Jornal da Paulista*, um jornal universitário que surgiu na Escola Paulista de Medicina em 1987 e que circulou até 2003, quando esta já havia se transformado em universidade. Os pesquisadores apontaram que o *Jornal da Paulista* constituiu-se preponderantemente como um veículo de divulgação científica das ciências da saúde.

Em vista do exposto, concebe-se que a temática da informação e comunicação jornalística é incorporada na produção científica no campo da saúde.

Em 2008, um estudo teórico-descritivo utilizou como fonte principal de informações dados do Ministério da Saúde e do Instituto Nacional do Câncer (Inca) e como fonte de apoio livros, artigos científicos, periódicos e dissertações sobre a temática. O artigo foi publicado por Cruz & Loureiro na *Revista Saúde e Sociedade* com o título "A comunicação na abordagem preventiva do câncer do colo do útero: importância das influências histórico-culturais e da sexualidade feminina na adesão às campanhas". Essa perspectiva de análise abriu uma discussão sobre a promoção da saúde, a questão de gênero, a comunicação e o sistema de informação.

A comunicação analisada a partir das campanhas para prevenção do câncer cervicouterino, considerado no período ainda um problema de Saúde Pública no Brasil, se diferenciaria dos produzidos nos anos de 2003 e 2004, quando os pesquisadores, embora se utilizando de categorias histórico-culturais, focaram na análise do discurso e no sentido da comunicação em saúde promovido pelos meios de comunicação de massa.

As fontes de pesquisa foram os bancos de dados do Ministério da Saúde e do Inca e as campanhas preventivas que se compuseram como fonte dessa análise. O mais relevante nesse novo modo de análise para o qual confluiu a comunicação interpessoal do sistema de informação, de certo modo, refletiu o modelo da sociedade da informação. Esse meio comunicacional permitiu inclusive avaliar os resultados de adesão de mulheres aos programas, em um contexto histórico-cultural, e ainda analisou a questão do câncer do colo do útero sob a perspectiva da corporeidade feminina.

No trabalho, observaram-se que os meios eficazes para uma maior adesão feminina às campanhas preventivas, dependem da abordagem dos profissionais de saúde e da linguagem utilizada nas campanhas de prevenção do câncer do colo do útero, atentando-se para o fato de que conceitos transmitidos podem endossar valores culturais de abordagem do feminino que dificultam a identificação e a adesão de muitas mulheres.

O estudo descritivo demonstrou a relevância da divulgação científica no campo da saúde e como um caminho para a disseminação de conhecimento e aprimoramento do processo de trabalho. Ademais, o ambiente de pesquisa também tem sido alvo de preocupação de pesquisadores, a exemplo de Noronha, Silva, Szklo e Barata, que no estudo intitulado de "Análise do sistema de pesquisa em saúde do Brasil: o ambiente de pesquisa", publicado em 2009 na *Revista Saúde e Sociedade*, enfocou a percepção dos formuladores de política científica, pesquisadores e usuários.

Os autores consideraram o acesso às informações científicas e as oportunidades para publicação aspectos bem avaliados pelos entrevistados.

A comunicação em saúde também priorizou as práticas e relações sociais na estratégia de formulação de políticas públicas.

Comunicação, saúde e participação social

A temática da comunicação e participação social é, sem dúvida, um dos focos das estratégias de formulação das políticas públicas em saúde. Estudo realizado por Silva et al. (2011), publicado na *Revista de Saúde Pública*, analisou como se estabeleceu a comunicação sazonal nos grupos socioeducativos das equipes de Saúde da Família para prevenção e controle da dengue.

A pesquisa de abordagem qualitativa, descritiva e exploratória coletou os dados em 2009, concluindo que a prática comunicativa predominante estava centrada no repasse de informações e no discurso comportamentalista e prescritivo.

O estudo descritivo, de abordagem qualitativa, com base em categorias teórico-metodológicas da educação popular e do modelo de comunicação do mercado simbólico, de Cardoso & Nascimento, cujo título é "Comunicação no Programa Saúde da Família: o agente de saúde como elo integrador entre a equipe e a comunidade", publicado na revista *Ciência & Saúde Coletiva*, em 2010, buscou identificar e analisar a percepção dos ACS quanto a seus principais interlocutores, o grau de impacto desses interlocutores e as formas de comunicação predominantes em seu processo de trabalho em duas unidades do Programa Saúde da Família. Os resultados revelaram a importância de ampliação do diálogo e da negociação na comunicação estabelecida no interior da equipe e com a comunidade.

Com o propósito de problematizar as práticas de educação, comunicação e mobilização comunitárias no controle da dengue, para subsidiar o debate desse tema no contexto do I Fórum de Ciência e Tecnologia sobre Dengue, Rangel-S (2008) partiu de estudos avaliativos e interrogou sobre inovações necessárias e possíveis no controle da dengue. Foram considerados criticamente pela autora os modelos de comunicação que fundamentam as práticas de comunicação e educação, o modelo explicativo de saúde e doença, o modelo de prevenção e o modelo de participação social/relação Estado/sociedade.

Segundo a autora, para propor algumas mudanças necessárias e possíveis para o controle da dengue é preciso considerar que a introdução de inovações nas práticas de comunicação e educação em saúde em geral exige a revisão crítica desses modelos e a valorização de aspectos culturais que impedem a adesão às práticas de prevenção propostas pelos programas de controle da dengue. Observa que as práticas de comunicação e educação realizadas não se diferenciam daquelas hegemônicas no tradicional campo da Saúde Pública no Brasil, caracterizando-se como modelo centralizado, vertical e unidirecional, orientadas pela visão de que informações e conhecimentos estão concentrados e devem ser difundidos, e de que a comunicação é uma questão de aperfeiçoamento de técnica de transmissão de mensagens e de adequação de linguagem.

CONSIDERAÇÕES FINAIS

A presente análise da produção científica na interface CS no Brasil sugere alguns pontos que devem ser considerados para o debate na área de SC.

Ressalta-se que a produção em seus aspectos críticos, macro ou microssociais, é escassa, predominando estudos na área clínica e da formação biomédica de diversas profissões da saúde, em que a comunicação tende a ser tomada em seu caráter instrumental.

Dentre os 41 artigos analisados, destaca-se o uso das tecnologias como recursos pedagógicos utilizados, principalmente, na formação médica. Destaca-se ainda na análise do processo ensino/aprendizagem da comunicação na relação médico-paciente, durante a graduação médica, e as possibilidades instrucionais em competência comunicacional, abordando a comunicação de notícias "ruins".

A comunicação de risco surge em dois artigos a partir da análise de estratégias de comunicação de risco adotadas junto às comunidades locais, tendo a comunicação como tecnologia para controle do risco, proteção e promoção da saúde.

Analisam-se os aspectos sociais da incorporação de novas tecnologias de informação e comunicação em instituições de ensino e pesquisa da Saúde Pública. Evidenciam-se alguns problemas relativos às práticas de educação, comunicação e mobilização comunitárias no controle da dengue.

Alguns estudos sugerem que a comunicação contribui na implantação de políticas de saúde com qualidade, a exemplo da humanização do cuidado à saúde. Assim, foram ressaltadas as repercussões na comunicação social e a percepção dos pacientes sobre aspectos da comunicação não verbal como elementos para investigação de imagens e significados sobre experiências vivenciadas, mas também as percepções dos trabalhadores e usuários sobre o papel da comunicação no contexto do acolhimento. E questiona-se a não adesão de mulheres às campanhas de proteção e prevenção ema saúde.

Contudo, não se observa a preocupação com a avaliação de práticas e programas de comunicação, a exemplo de campanhas, mas apresenta-se um modelo de análise como possibilidade para criação e avaliação da comunicação visual na área da saúde, especialmente em campanhas educativas.

A disseminação científica em saúde ganha relevância a partir da distribuição da produção científica internacional, regional e nacional na área de informação e comunicação em saúde, e do fato de que o modelo de comunicação tradicional evolui para a comunicação científica eletrônica, observando-se inclusive uma maior integração nos meios de difusão de ciência em saúde.

Dos 17 artigos analisados, constatou-se a baixa produção, no período compreendido entre 2002 e 2012, de estudos preocupados com questões macrossociais da comunicação em saúde, neste estudo denominadas "comunicação, saúde e sociedade". Contudo, é notório o crescimento dessa temática via publicação em livros, uma vez que parece não haver ainda o reconhecimento dos periódicos e dos pesquisadores do campo da SC da pertinência e importância dessa temática. Na análise dos resumos e artigos, observou-se que o decréscimo dos trabalhos de caráter teórico deu lugar ao crescimento gradativo de estudos de caráter empírico, vinculados às práticas assistenciais de saúde. As publicações ocorreram em periódicos de São Paulo e foram produzidas por pesquisadores de universidades paulistas e muito pouco do Nordeste. Nesse sentido, evidencia-se a necessidade de maior articulação acadêmica nessa região e do incentivo à realização de pesquisas e publicação dos produtos, reforçando o movimento crítico da década de 1990, quando começaram as publicações sobre esse tema, com foco na crítica ao modelo biomédico, na mercantilização da saúde e na reivindicação da comunicação em saúde como parte na formulação de estratégias das políticas públicas de saúde.

Referências

Araújo IS. Mercado Simbólico: um modelo de comunicação para políticas públicas. Interface (Botucatu) [online] 2004; 8(14):165-78.

Araújo IS. Os muitos sentidos da comunicação e saúde. Interface: Comunic, Saúde, Educ mar/ago 2004; 8(15):363-6.

Araújo IS, Cardoso JM. Comunicação e Saúde. Rio de Janeiro: Fiocruz, 2007:61-85.

Beck U. Risk society: toward a new modernity. New Delhi: Sage Publication 1992. (Theory, Culture and Society.)

Brasil. Portaria 687, de 30 de março de 2006. Aprova a Política de Promoção da Saúde. D.O.U. nº 63, de 31/3/2006.

Brasil. Ministério da Saúde. Política Nacional de Humanização. Disponível em: http://portal.saude.gov.br/portal/saude/cidadao/area.cfm?id_area=1342). Acesso em: 15/11/2012.

Brasil. Ministério da Saúde. Secretaria de Atenção à Saúde. Núcleo Técnico da Política Nacional de Humanização. HumanizaSUS: Documento base para gestores e trabalhadores do SUS/Ministério da Saúde, Secretaria de Atenção à Saúde, Núcleo Técnico da Política Nacional de Humanização. 4. ed. Brasília: Editora do Ministério da Saúde, 2008.

Budge EC. Comunicación y salud: lecciones y experiencias. Notas para una discusión. In: UNESCO/OPS (eds.) Por una Política de Comunicación para a Promoción de la Salud en America Latina. Washington-DC, 1994:91-111.

Cardoso AS, Nascimento MC. Comunicação no Programa Saúde da Família: o agente de saúde como elo integrador entre a equipe e a comunidade. Ciênc Saúde Coletiva [online] 2010; 15(suppl.1):1509-20.

Cardoso JM. Práticas e modelos de comunicação na saúde: alguns elementos para pesar uma política de comunicação para a Vigilância Sanitária. In Costa EA, Rangel-S ML. Comunicação e Vigilância Sanitária: princípio e diretrizes para uma política. Salvador: Edufba, 2007.

Castiel LD. Insegurança, ética e comunicação em saúde pública. Rev Saúde Pública [online] 2003; 37(2):161-7.

Cavaca AG et al. A saúde bucal na mídia impressa: análise das matérias jornalísticas nos anos de 2004-2009. Ciênc Saúde Coletiva [online] 2012; 17(5):1333-45.

Costa EA. Vigilância sanitária: proteção e defesa da saúde. São Paulo: SOBRAVIME 2004.

Costa E, Rangel-S ML (orgs.) Comunicação em Vigilância Sanitária. Salvador: Edufba, 2007. 180p.

Cruz LMB, Loureiro RP. A comunicação na abordagem preventiva do câncer do colo do útero: importância das influências histórico-culturais e da sexualidade feminina na adesão às campanhas. Saúde Soc [online] 2008; 17(2):120-31.

Cuenca AMB, Tanaka ACD'. Influência da internet na comunidade acadêmico-científica da área de saúde pública. Rev Saúde Pública [online] 2005; 39(5):840-6.

Fausto Neto A. Percepções acerca dos campos da Saúde e da Comunicação. In: Pitta AMR (org.). Saúde & Comunicação. Visibilidades e silêncios. São Paulo: Hucitec/Abrasco, 1995:267-93.

Giddens A. As conseqüências da modernidade. São Paulo: Unesp, 1991.

Gomes IMAM, Ferraz LMR. Ameaça e controle da gripe A(H1N1): uma análise discursiva de Veja, IstoÉ e Época. Saude Soc [online] 2012; 21(2):302-13.

Joule RV, Bernard F. Por uma nova abordagem de mudança social: a comunicação do compromisso. Psic Teor e Pesq [online] 2005; 21(1):27-32.

Kuscinsky B. Jornalismo e saúde na era neoliberal. Revista Saúde e Sociedade, São Paulo jan./jul. 2002; 11(1). Disponível em: http://dx.doi.org/10.1590/S0104-12902002000100010. Acesso em: 15/10/2012.

Lefèvre F. O medicamento como mercadoria simbólica. São Paulo : Editora Cortez 1991. 159p.

Lefèvre F. A Saúde como Fato Coletivo. Saúde e Sociedade 8(2): 83-91, 1999.

Lefèvre F, Lefèvre AMC. Saúde, empoderamento e triangulação. Saúde e Sociedade maio/ago 2004; 13(2):32-8,

Marcondes Filho C, Martín-Barbero, Canclini, Orozco. Os impasses de uma teoria da comunicação latino-americana. Revista Famecos, Porto Alegre, abr 2008; 35.

Martín-Barbero J. Dos meios às mediações: comunicação, cultura e hegemonia. 2. ed. Rio de Janeiro: Editora UFRJ, 2003:75-92.

Noronha J, Silva TR, Szklo F, Barata RB. Análise do sistema de pesquisa em saúde do Brasil: o ambiente de pesquisa. Saúde Soc. [online] 2009; 18(3):424-36.

Oliveira VC. Comunicação, informação e participação popular nos Conselhos de Saúde. Saúde Soc [online] 2004; 13(2):56-69.

Paim JS. Modelos de atenção e vigilância da saúde. In: Rouquayrol MZ, Almeida-Filho N. Epidemiologia & Saúde. Rio de Janeiro: Medsi, 2003:567-86.

Packer AL, Tardelli AO, Castro RCF. A distribuição do conhecimento científico público em informação, comunicação e informática em saúde indexado nas bases de dados Medline e Lilacs. Ciênc Saúde Coletiva [online] 2007; 12(3):587-99.

Penteado RZ, Giannini SPP, Costa BCG. A campanha da voz em dois jornais brasileiros de grande circulação. Saúde Soc [online] 2002; 11(2):49-64.

Pitta AMR. Interrogando os campos da saúde e da comunicação. In: Pitta AMR (org.) Saúde & Comunicação: visibilidades e silêncios. São Paulo: Hucitec/Abrasco, 1995:239-66.

Pitta AMR. Saúde & Comunicação: visibilidades e silêncios. São Paulo: Hucitec/Abrasco, 1995.

Rangel-S ML, Araújo EC, Vilasbôas AL, Kalil ME (org.) Informação e comunicação social em saúde. Organizado pela Rede IDA-Brasil. 15. ed. Brasília: OPAS/OMS. Série Desenvolvimento de Serviços de Saúde, 1995.

Rangel-S ML. Epidemia e mídia: sentidos construídos em narrativas jornalísticas. Saúde Soc [online] 2003; 12(2):5-17.

Rangel-S ML. Risco, cultura e comunicação na proteção e promoção da saúde. In Costa EA, Rangel-S ML. Comunicação e Vigilância Sanitária: princípio e diretrizes para uma política. Salvador: Edufba, 2007.

Rangel-S ML. Dengue: educação, comunicação e mobilização na perspectiva do controle – propostas inovadoras. Interface (Botucatu) [online] 2008; 12(25):433-41.

Redeira/Brasil (org). Informação e comunicação social em saúde. Brasília, Fundação Kellog/Projeto UNI/Fapex/OPAS, 1995.

Rocha EMP, Ferreira MAT. Indicadores de ciência, tecnologia e inovação: mensuração dos sistemas de CTeI nos estados brasileiros. Ciência da Informação, Brasília, 2004; 3(3):61-8.

Silva LB, Soares SM, Fernandes MTO, Aquino AL. Comunicação sazonal sobre a dengue em grupos socioeducativos na atenção primária à saúde. Rev Saúde Pública [online] 2011; 45(6):1160-7.

Teixeira CA, Silva MRB, Gallian DMC. O Jornal da Paulista: a configuração de um meio de divulgação universitária numa perspectiva histórica. Saúde Soc [online] 2009; 18(4):627-38.

Teixeira CF, Solla JP. Modelo de Atenção à Saúde no SUS: trajetória do debate conceitual, situação atual, desafios e perspectivas. In: Lima NT, Gerschman S, Edler FC, Suárez JM. Saúde e Democracia: história e perspectivas do SUS. Rio de Janeiro: Fiocruz, 2005:451-79.

Teixeira RR. Modelos comunicacionais e práticas de saúde. Interface – comunicação, saúde, educação/Núcleo de Comunicação da Fundação UNI. Vol. 1, nº 1, Botucatu, SP: Fundação UNI, 1997.

Teixeira RR, Cyrino AP. "As ciências sociais, a comunicação e a saúde". Ciência & Saúde Coletiva, 8(1), 102-124, 2003.

43

Saúde Bucal Coletiva: Antecedentes e Estado da Arte

Carlos Botazzo ♦ *Sônia Cristina Lima Chaves*

INTRODUÇÃO

Este capítulo discute os antecedentes e o estado da arte da Saúde Bucal Coletiva (SBC) no Brasil a partir de três eixos: (a) o primeiro busca situar o movimento da saúde bucal coletiva, seus distintos conceitos e antecedentes; (b) em um segundo momento, constrói o pensamento crítico desse espaço através de um marco teórico-conceitual sobre a prática odontológica, ou uma *sócio-odontologia*; (c) por fim, aponta as práticas de SBC em construção reveladas nos estudos publicados na primeira década do século XXI.

SAÚDE BUCAL COLETIVA: NOTAS SOBRE UM CONCEITO COMPLEXO

A primeira vez que se fez referência à SBC foi em 1988, tendo por base um texto produzido na antiga Seção de Odontologia Sanitária do Instituto de Saúde de São Paulo (Botazzo et al., 1988). Esse texto tinha por escopo servir como material de apoio pedagógico aos cursos de formação de pessoal auxiliar em odontologia (auxiliares e técnicos) no âmbito do Projeto Larga Escala, da Secretaria de Estado da Saúde de São Paulo[1]. Esse primeiro texto cumpriu o papel a que foi destinado inicialmente. Mais do que isso, produziu uma reflexão teórico-política sobre os conceitos e as práticas da odontologia sanitária dos tempos anteriores à Reforma Sanitária Brasileira (RSB) em uma conjuntura de abertura democrática e efervescência dos movimentos sociais e da ideia de "saúde é democracia; democracia é saúde". Tornou-se também denominação oficial para uma extensa gama de práticas, noções e significados em saúde bucal, mais ou menos afinados com sua referência-matriz, o movimento da Saúde Coletiva (SC). Mesmo não tendo sido publicado, o texto de 1988 foi bastante citado e tornou-se referência obrigatória em muitos trabalhos científicos, provocando a transmutação de nomes de disciplinas antigas e a inclusão de disciplinas novas nas Faculdades de Odontologia de todo o país. A despeito da importância de que tenha se revestido para o futuro da saúde bucal no Brasil, a SBC jamais mereceu uma análise crítica de sua estrutura e seu conteúdo em seus aspectos teóricos e conceituais. Nesse cenário, e embora sem apresentar uma análise crítica, uma exceção foi a dissertação de mestrado de Paulo Capel Narvai, que posteriormente a publicou como livro e que vem merecendo novas edições (Narvai, 1994).

Acerca dos usos do conceito, Botazzo observa que:

> [...] a apropriação generalizada da denominação nem sempre correspondeu à inclusão dos seus pilares teórico-políticos, dispensando, por exemplo, a referência à determinação social do processo saúde-doença e à Reforma Sanitária. Por este motivo, frequentemente saúde bucal coletiva é apreendida apenas como dispositivo instrumental e técnico, ou o suporte [desossado] para as tecnologias de cuidado da antiga odontologia preventiva e social [que desafortunadamente mantém-se em robusta vigência no interior mesmo do Sistema Único de Saúde brasileiro] (Botazzo, 2012).

Não por acaso, sempre é necessário dizer que SBC não é sinônimo de odontologia. É oportuno explanar essa diferença. Usualmente, as pessoas entendem que, ao se posicionar dessa maneira, o posicionamento é *contra* a odontologia, quando se está, simplesmente, colocando as

---

[1] O Projeto Larga Escala, de formação de auxiliares de enfermagem, teve relevante papel na formação de recursos humanos em serviços, uma modalidade bastante praticada naqueles anos, e antes do surgimento dos centros de formação de trabalhadores da saúde em todo o SUS, como se tornou comum mais recentemente.

coisas – teorias e posicionamentos políticos – no plano argumentativo. Todavia, não raro há tomadas de posição mesmo entre dentistas que admitem o referencial teórico-prático da SC, mas que têm dificuldades em se deslocar do solo onde se desenvolvem e se efetivam as teorias odontológicas sobre o adoecimento bucal. Para muitos também pareceu que radicalizar a perspectiva da SC seria uma espécie de traição à *causa odontológica*. Na verdade, o que se defende é que a SBC se estende para além daquilo que a odontologia pode pensar ou falar sobre a cavidade bucal dos homens, pois SBC significa "ver" o objeto odontológico de uma vertente não odontológica, o quer dizer ver o homem em sociedade. Finalmente, é fundamental afirmar que SBC é parte inseparável, teoria e prática, da SC brasileira. Ela se dá a um só tempo como generalidade e como particularidade regional, bebendo no manancial do conhecimento dos três eixos temáticos que compõem esse campo, constituídos pelas Ciências Sociais e Humanas, a Epidemiologia e a Política, Planejamento e Gestão em Saúde, bem como das disciplinas acessórias que lhe são herdadas, como a clínica e as ciências básicas, pois compõem o campo científico.

As diferenças entre odontologia e odontologia sanitária de SBC devem estar claras e são produto dos movimentos históricos que representaram[2]. A principal diferença reside nos problemas teóricos e práticos de cada uma delas, ou seja, em seus objetos e métodos. O objeto da SBC não é o mesmo da Odontologia, o que equivale dizer que as teorias sobre as quais se assentam, uma e outra, para resolver os problemas postos são elas também diferenciadas. Podemos nos valer de outro texto onde essa diferença vem claramente assinalada:

> Enquanto projeto histórico, o objeto de trabalho da saúde "bucal" coletiva não é o mesmo que o objeto da prática odontológica [...] nem são ambas as práticas sustentadas pela mesma ciência. Dito de outra maneira, pode-se afirmar que o objeto explícito do trabalho odontológico é a boca (corpo biológico) para o qual organiza tecnologias que visam restabelecer o equilíbrio funcional do indivíduo, enquanto a saúde "bucal" coletiva deve direcionar-se para o social como o lugar de produção das doenças bucais e aí organizar tecnologias que visem não à "cura" do paciente [...] mas sim a diminuição e o controle sobre processos mórbidos tomados em sua dimensão coletiva. [...] Esta é a direção que as tecnologias em saúde bucal devem tomar e, neste sentido, quanto menos odontológicos forem seus conteúdos, mais consequentes elas serão (Botazzo, 2012).

No entanto, é preciso ainda atentar para o fato de que a separação histórica da odontologia das demais práticas de saúde (incluindo uso de linguagem comum) acabou por contaminar a própria formulação da saúde bucal (coletiva), que vai para um lado, enquanto todas as outras saúdes coletivas vão para o outro. Isso poderia ser atribuído ao fato de a odontologia, ao se separar das demais práticas e especialidades médicas, ter recriado sistemas próprios, seja na biologia (microbiologia *oral*, bioquímica *oral*, fisiologia *oral*), na terapêutica (terapêutica *oral*), na patologia (patologia *oral*), na medicina (medicina *oral*), e certas iniciativas mesmo nas ciências sociais e humanas (*socio-dental sciences*). Contrariando o sistema científico, todavia, dificilmente a *parte dentária* desses arranjos se relaciona com o todo. Mergulhada nessas contradições, e de afirmar que *dentes* não se encontram em relação de dependência com a *fisiologia do indivíduo* e vice-versa, mesmo no campo biotecnológico a ciência odontológica demorou um século para associar condição periodontal com gestação ou doença cardíaca, apesar das evidências em contrário, para ficar nos exemplos mais emblemáticos das últimas décadas.

Um importante passo para superação desse hiato é o posicionamento nessa mesma arena, discutindo com as demais práticas de saúde o que "as unifica", quando, como prática epistêmica, se torna aceitável e possível definir o que "é generalidade e o que é particularidade". Este, portanto, é um dos aspectos mais relevantes deste texto de 1988, quando ele em seu final anunciava:

> Pretende-se, assim, que a odontologia seja integral não por não separar a prevenção da cura, mas por considerar que a cavidade bucal e suas estruturas têm importantes relações com outros componentes do organismo, os quais não deveriam ser desconsiderados para a compreensão das ações clínicas (Botazzo et al., 1988).

A respeito desta abordagem, encontramos clara posição que demarca não apenas essas diferenças, mas que avança no sentido de propor que parte dos conteúdos práticos da saúde bucal poderia ser desenvolvida por qualquer membro das equipes de saúde, não obrigatoriamente como prática odontológica:

> Ainda deve ser considerado que conteúdos odontológicos devem não apenas ser incorporados por outras práticas de saúde, mas também dissolvidos na cotidianidade das práticas que se dão nos espaços socialmente reconhecidos. Isto não significa a descaracterização da odontologia enquanto prática de saúde específica. Significa, apenas, aproximar-se das outras práticas, significa "perder-se" no turbilhão do movimento sanitário para encontrar-se revi-

---
[2] Veja o Capítulo 32.

talizada, fertilizada por outros saberes e reaparecer não mais como odontologia, mas como parte da Saúde Coletiva [...] (Botazzo et al., 1988).

ANTECEDENTES

Os antecedentes do que seria a SBC se iniciaram pelo questionamento das várias odontologias anteriores (social, preventiva, integral, comunitária, entre outras). No contexto das discussões que animavam a RSB e no nascimento da SC como campo de práticas (de investigação e igualmente políticas) no início da década de 1980, é importante situar a emergência, no período anterior, de novas abordagens teóricas para a Saúde Pública brasileira e latino-americana, das quais as mais relevantes foram medicina integral, medicina comunitária e também medicina simplificada. O pano de fundo era constituído pelo conceito de medicina social, originalmente formulado por Jules Guèrin em 1848 (Nunes, 1999). Todas essas abordagens foram criticadas e superadas, no processo histórico, pelo conceito de SC, cujos contornos foram apresentados por Cecília Donnangelo (Donnangelo, 1983). Claro que os que criticavam a escassez de perspectivas teóricas na odontologia, no Brasil e na América Latina, igualmente propuseram abordagens similares, com a ocorrência dos qualificativos odontologia social, odontologia simplificada e odontologia comunitária. Contudo, nenhuma dessas proposições integrava em um único referencial teórico conceitos que ultrapassassem as fronteiras disciplinares, como eram a medicina ou a odontologia, de modo a dispensar a duplicação de abordagens teórico-práticas, já que mantinha a separação histórica entre uma e outra. Em outras palavras, mesmo com a intenção de renovar, *essas odontologias alternativas permaneciam separadas como sistemas teóricos e operacionais, no campo da Saúde Pública, tanto na organização dos serviços como no trabalho de investigação*.

De modo inovador, o texto fundador do movimento "saúde bucal coletiva", de 1988, afirma que saúde bucal é uma coisa e odontologia é outra, ao afirmar que nem todas as práticas técnicas e sociais, com impacto no *status* bucal das pessoas, são práticas odontológicas. Em outros termos, se algumas atividades são realizadas exclusivamente pelo cirurgião-dentista, outras delas, entretanto, não dependem nem são realizadas seja pelo cirurgião-dentista, técnico de saúde bucal (TSB ou auxiliar de saúde bucal (ASB). Aplicação tópica de fluoretos, por exemplo, é uma atividade de prevenção que pode ser realizada por qualquer membro da equipe de saúde bucal, mas não depende dessa equipe a fluoretação das águas de abastecimento público. A primeira atividade (aplicação tópica) é uma atividade odontológica, mas a segunda (fluoretação das águas) não é, embora ambas as atividades se relacionem com saúde bucal.

A explicitação da diferença entre a assistência odontológica e da atenção à saúde bucal também aparece como formulação original neste manuscrito:

> Dizendo de outro modo, a prática odontológica realiza a assistência à saúde bucal das pessoas. A ação clínica ocorre nos indivíduos, pois a doença, embora produzida socialmente, está obrigatoriamente localizada num corpo biológico e não "na sociedade". Por isso, é importante que sejam organizados os sistemas de assistência às pessoas doentes.[...] Aqui, justamente, está a essência da questão: a assistência odontológica às pessoas compreende ações clínicas e cirúrgicas restritas, limitadas ao atendimento individual. Esta é a prática odontológica. A atenção à saúde bucal compreende, por outro lado, as atividades de assistência individual mas implica, além disso, também ação sobre as causas das doenças, sejam estas de que natureza for (biológicas, sociais, econômicas ou políticas) (Botazzo et al., 1988).

Então emerge o que seria a nova denominação:

> Estas ações, situando-se num campo extraclínica, são englobadas por práticas de saúde não mais no campo da assistência odontológica, mas num campo que poderíamos chamar saúde bucal coletiva.

Finalmente, justifica-se a denominação porque ela vem articulada e afirmada, de modo político e no nascedouro, como sendo experiência prática:

> Seria preferível, portanto, se concordamos que o processo saúde/doença é socialmente determinado, falar em práticas de saúde bucal ao invés de prática odontológica (integral ou não), pois as ações necessárias à manutenção da saúde têm como sujeito não apenas os profissionais da área (cirurgião-dentista, TSB ou ASB) com suas práticas clínicas restritas, mas também outros sujeitos sociais desenvolvendo práticas as quais, repercutindo na saúde, não são práticas clínicas.

E o texto finaliza com a perspectiva histórica da transformação contida no enfoque dos determinantes sociais de saúde:

> [...] pode-se afirmar que o modo mais consequente de ampliar os limites e as funções sociais da odontologia seria a crítica à explicação ecológica da doença e, por extensão, do seu caráter a-histórico, biologizante e individual. A compreensão do processo saúde/doença a partir da sua determinação social tem um potencial transformador muito grande. [...]

é em torno dessa tarefa de transformação que os profissionais da saúde bucal devem hoje se posicionar, se pretendem desenvolver sua ação profissional no campo da saúde [...] (Botazzo et al., 1988).

MARCOS REFERENCIAIS DE UM PENSAMENTO CRÍTICO: A SAÚDE BUCAL COLETIVA

Nas entrelinhas do manuscrito fundador está explicitado que as principais influências teóricas são muito próximas daquelas da SC brasileira, como o marxismo, e outras derivadas do pensamento de Michel Foucault, ambas presentes, por outro lado, na tese de doutoramento de Sérgio Arouca denominada "O dilema preventivista" (Arouca, 2003).

O marxismo é termo que expressa influência do pensador alemão Karl Marx não apenas do ponto de vista da produção de conhecimento sobre o mundo social, mas também de sua faceta mais conhecida, a da formação dos países de economia planejada, socialistas ou comunistas, no início do século XX. Ao longo do tempo, o marxismo tem influenciado os mais diversos setores da atividade humana, desde a política até a prática sindical e de saúde, além das ciências, na análise e interpretação de fatos sociais. É com base na concepção materialista da História que pode ser interpretada a vida social conforme a dinâmica existente entre a base econômica das sociedades e sua superestrutura ideológica (as formas do direito, por exemplo), e das lutas de classes, como expressão dos conflitos entre aqueles que detêm os meios de produção e aqueles outros que, despossuídos de tais meios, dispõem apenas de sua força de trabalho, a qual, convertida em mercadoria, será objeto de trocas no mercado. A perspectiva marxista também está presente de algum modo na discussão atual sobre os determinantes estruturais das desigualdades em saúde (Brasil, 2008).

Na saúde, Mendes Gonçalves também formulou o conceito de processo de trabalho em saúde a partir do pensamento marxista. Para essa corrente teórico-filosófica, o trabalho foi reorganizado e desenvolvido nas sociedades capitalistas a partir de dois eixos: a igualdade e o consumo. As sociedades capitalistas se baseiam na aceitação da ideia (dominante) de que a igualdade é tanto desejável como possível; assim, em sua dinâmica política e ideológica, ampliam-se os direitos garantidos às classes subalternas, especificamente o direito de consumo. A crítica mais contundente tem sido aquela que aponta que a liberdade (de consumir, de pensamento, por exemplo) é limitada, já que a ascensão dos "melhores" não é regulada por iguais posições de partida, portanto sem igualdade (Bourdieu et al., 1998).

No caso da saúde, a intervenção estatal, nas sociedades em que predomina o modo de produção capitalista, é um modo de controlar a doença e recuperar a força de trabalho em escala social relativamente ampla e como maneira de ampliar os direitos e o consumo das classes subalternas, garantindo certa igualdade de condições de saúde. O acesso a intervenções estatais na saúde bucal também visaria à redução da dor ou do agravo para recuperar a força de trabalho, e não necessariamente a resolução das necessidades pessoais. Aqui, há similaridade com o enunciado de Foucault quanto à Saúde Pública nas sociedades capitalistas industriais se constituir como "medicina da força de trabalho" (Foucault, 1979). Faz-se pertinente, portanto, o conceito de necessidade de saúde. Para o pensamento sociológico, e não apenas em Marx, *necessidade* é o que precisa ser satisfeito para que a vida continue. Dizendo de outra maneira, necessidade não pode ser coisa supérflua ou um luxo; ao contrário, é coisa dotada de essencialidade cuja não satisfação é causa de disfunção social, uma vez que "o supérfluo é inútil ou menos útil que o necessário. Aquilo que é superior ao essencial pode faltar sem prejudicar gravemente o jogo das funções vitais" (Durkheim, 1999).

A satisfação de necessidades está potencialmente colocada no produto de um processo de trabalho – conjunto de operações que transforma um objeto de trabalho em um produto – que será a resposta à necessidade que gerou o processo de trabalho. Em nosso caso, os serviços públicos de urgência em odontologia, no específico processo de trabalho em saúde, e tendo como objeto a dor dental, por exemplo, produzem sua eliminação para recuperação da força produtiva. Portanto, o processo de trabalho contém, em um de seus momentos, a necessidade que dá origem ao processo que, por sua vez, terminará em um produto, que potencialmente responderá à necessidade. Esta será reiterada ou se ampliará, dando origem a outro processo de trabalho.

A crítica às várias "odontologias" (sanitária, social, comunitária ou simplificada) está relacionada com o caráter apenas disciplinador de suas práticas a partir dos conflitos de classe (controle das funções corporais), com as desigualdades, definidas historicamente entre as condições de produção e consumo. Há avanços nessa perspectiva, mas na saúde bucal, por exemplo, o acesso aos serviços públicos de saúde ainda se acham marcados por essa perspectiva disciplinadora, que faz da odontologia uma biopolítica, e que a SBC quer superar (Botazzo, 2006).

Sobre a teoria das necessidades em Marx, Heller (1986) analisa o conceito de necessidades sociais como a necessidade dos dominantes apresentadas como válidas e universais. São os grupos sociais política e economicamente dominantes que decidem quais são as necessidades justas, determinando assim as necessidades da maioria (Heller, 1986). O Estado é o lugar privilegiado onde são definidas as necessidades de saúde; como as demais categorias, também essas necessidades são inicialmente definidas como universais, portanto comuns a todos, mas é preciso lembrar que a definição delas foi processada como exercício político garantido pelo monopólio ou hegemonia dos grupos dominantes que detêm o controle do aparelho de Estado.

A crítica fundamental é que as necessidades de saúde estão quase sempre referidas à assistência, representada pela oferta de serviços de saúde, mas seu papel deve ir além de tomar como objeto as diferentes necessidades dos indivíduos das diferentes classes sociais, que habitam um determinado território, em direção ao direito universal à saúde. O pensamento marxista permanece atual, com importantes contribuições em distintas perspectivas a serem permanentemente renovadas no campo teórico, de modo a alimentar a um só tempo a produção de conhecimento e a ação política.

Como ressaltado previamente, a influência de Michel Foucault está relacionada com sua produção acadêmica com respeito à biopolítica como intervenção do Estado por meio da medicina. A questão da historicidade dos conceitos e das práticas, isto é, de vincular teoria e prática e demarcar, de modo inequívoco, a dependência da organização tecnológica na produção dos cuidados de saúde com a época ou a formação social e histórica, também é considerada. Uma terceira contribuição de Foucault para esse espaço é seu *centramento* na "vida" e nos diferentes processos de subjetivação (Foucault, 1979).

Cabe destacar que outras influências teóricas serão necessárias para sua consolidação como pensamento crítico e estão relacionadas com o avanço nas práticas propriamente ditas, que serão descritas a seguir. É recente a influência de pensadores da ciência política, do planejamento e gestão e também dos determinantes sociais da saúde.

PRÁTICAS DA SAÚDE BUCAL COLETIVA

Prática é expressão que revela o fazer humano, articulado com a reflexão crítica, uma práxis que articula pensamento e ação. Logo, é espaço de produção de novos saberes e novos fazeres. Desnecessário afirmar que toda prática é social e, portanto, marcada pelas contradições próprias de sociedades capitalistas como a brasileira. Nesse sentido, a expansão da rede de serviços públicos de saúde, incluindo a saúde bucal, tem possibilitado, nos últimos 20 anos, uma produção de práticas reveladas na produção científica de grande magnitude, que tem crescido ano a ano. A análise dessa produção aponta que há ênfase na publicação de estudos epidemiológicos, mas as subáreas de política, planejamento e gestão e das ciências sociais têm ganhado maior espaço e são o foco dessa reflexão. O Quadro 43.1 sistematiza estudos relevantes publicados nos últimos 5 anos na base de dados Scielo nas áreas de política e planejamento e gestão em saúde bucal.

Cinco estudos se debruçaram sobre a formulação de uma imagem-objetivo da atenção à saúde bucal no setor público no Brasil, portanto reveladora das práticas da SBC, ainda que essa proposição não tenha sido explicitada (Chaves & Vieira-da-Silva, 2007; Martelli & Cabral *et al.*, 2008; Lessa & Vettore, 2010; Arantes & Portilho, 2011; Pimentel *et al.*, 2012). A maioria desses estudos enfoca a atenção básica, mas com elementos do sistema de saúde, englobando gestão e atenção especializada. Cabe lembrar que a formulação de uma imagem-objetivo ou uma situação-objetivo é ferramenta essencial no enfoque do planejamento estratégico situacional de influência de Carlos Matus, que defendia a ideia de que, para que os programas possam ser avaliados, é necessário que sejam explicitados aonde se deseja chegar, ainda que sempre um lugar provisório.

Como mencionado anteriormente, mas nunca é demais ressaltar, a definição e explicitação da imagem-objetivo é central no planejamento, em todos os seus momentos, e também tem sido expressa na avaliação como um modelo lógico, expresso em critérios, indicadores e padrões. É a imagem-objetivo – a situação ideal a ser alcançada – que guia o processo de planejamento. Ainda que com algumas diferenças, a atenção à saúde bucal no SUS revelou-se, a partir desses estudos, uma proposta que engloba a gestão da atenção à saúde bucal (organização do serviço) e as práticas desenvolvidas. Na gestão, chamou a atenção o consenso nos seguintes aspectos:

1. Fluoretação das águas de abastecimento público (Arantes & Portilho, 2011; Pimentel *et al.*, 2012).
2. Práticas de planejamento, programação e avaliação das ações de saúde bucal com eleição de prioridades (Chaves & Vieira-da-Silva, 2007; Lessa & Vettore, 2010; Arantes & Portilho, 2011; Pimentel *et al.*, 2012).
3. Suporte da gestão aos profissionais na execução das ações (reuniões periódicas com a coordenação de saúde com integração) (Chaves & Vieira-da-Silva, 2007; Martelli *et al.*, 2008; Lessa & Vettore, 2010; Arantes & Portilho, 2011; Pimentel *et al.*, 2012).
4. Oferta adequada com utilização plena dos serviços de saúde bucal (Chaves & Vieira-da-Silva, 2007; Lessa & Vettore, 2010; Pimentel *et al.*, 2012).

Nas práticas de atenção à saúde, destacam-se:

1. Participação de ações integradas com demais membros da equipe (análise da situação de saúde, planejamento, acompanhamento integrado de casos, mapa da área) (Pimentel *et al.*, 2012).
2. Articulação da Equipe de Saúde Bucal (ESB) com instituições e outras organizações (reuniões periódicas com

Quadro 43.1 • Estudos selecionados no *Scielo* com recorte na subárea de política, planejamento e gestão em saúde bucal no período entre 2007 e 2012 no que se refere aos avanços e limites encontrados nas práticas de "SBC"

Autor, ano	Principais temas	Tipo de estudo	Principais avanços	Principais lacunas
Chaves & Vieira-da-Silva, 2007	Atenção à saúde bucal e a descentralização da saúde no Brasil: estudo de dois casos na Bahia	Pesquisa avaliativa	Maior suporte da gestão aos profissionais e às práticas na atenção básica, aumento da oferta da assistência odontológica, aumento das práticas educativas desenvolvidas pelos profissionais e aumento das atividades com a participação dos ACS	Não implantação dos componentes relacionados com planejamento e programação, baixa prioridade do setor odontológico dentro das políticas do setor saúde, poucas práticas desenvolvidas na família, inquéritos epidemiológicos restritos a escolares
Martelli et al., 2008	Análise da atenção à saúde bucal em municípios de Pernambuco	Pesquisa avaliativa	Há avanços em alguns municípios com a atenção à saúde bucal estruturada	Qualificação dos cirurgiões-dentistas e coordenadores. Novas práticas assistenciais
Almeida & Ferreira, 2008	Práticas preventivas individuais e coletivas da Saúde Bucal na Estratégia Saúde da Família (ESF) em Natal-RN	Quantitativo (questionário estruturado)	As atividades preventivas corresponderam a 41% do total de procedimentos, 91,2% realizaram aplicação tópica de flúor nas atividades coletivas escolares	Práticas preventivas voltadas para a cárie dental junto a escolares, sem ampliação para outros grupos e espaços sociais
Pereira et al., 2009	Impacto da ESF na utilização de serviços odontológicos	Quantitativo (inquérito domiciliar)	Impacto positivo na utilização de serviços odontológicos da Equipe de Saúde Bucal (ESB) apenas quando comparada a áreas não cobertas pela ESF	As áreas cobertas com ESB não referiram maior utilização do que aquelas com ESF e sem ESB. Foi maior a utilização apenas na faixa etária até 12 anos
Lessa, & Vettore, 2010	Gestão da atenção básica em saúde bucal no Município de Fortaleza, Ceará, entre 1999 e 2006	Pesquisa avaliativa	Adequação da gestão da Atenção Básica (AB) em saúde bucal ao modelo de vigilância em saúde nas dimensões planejamento e programação, suporte da gestão aos profissionais, oferta da assistência odontológica e integralidade da atenção	A utilização de serviços está comprometida porque enquanto a "cobertura de primeira consulta odontológica" reduziu, a "proporção de procedimentos odontológicos especializados em relação às ações individuais da AB" apresentou discreto aumento. Incipiência das atividades de planejamento e avaliação das ações de saúde bucal na AB
Nascimento et al., 2010	Saúde bucal na ESF: avaliação de dois modelos de atenção (método Paideia e saúde da família)	Qualitativo	Houve progresso no acesso dos usuários aos serviços, na humanização do cuidado em saúde, no acolhimento das pessoas e no vínculo entre os profissionais e os pacientes	Os resultados relativos às práticas de promoção de saúde, territorialização, abordagem interdisciplinar e qualificação das equipes indicaram a necessidade de avanços técnicos e operacionais nas duas cidades
Faccin et al., 2010	Processo de trabalho na ESF em um município da região Sul	Qualitativo	Apropriação da Saúde Bucal (SB) como campo de atuação pela equipe com integração em direção ao trabalho multiprofissional e algumas iniciativas de mudanças, notadamente o trabalho com grupos	Práticas tradicionais, como o atendimento individual curativo e o trabalho preventivo em escolas. Pouca articulação objetivando a construção coletiva de intervenções. Os cirurgiões-dentistas (CD) identificam problemas estruturais do serviço, enquanto as mudanças no processo de trabalho aparecem em segundo plano. Pode haver necessidade de melhorias estruturais, mas também o entendimento restrito sobre as potencialidades da SB na ESF como ações intersetoriais e maior uso do planejamento de intervenções
Moretti et al., 2010	Intersetorialidade na promoção da saúde nas ESB em Curitiba-PR	Quali-quanti	As atividades de saúde bucal são interdisciplinares	Não existe intersetorialidade, exceto para disponibilização de espaço físico

(continua)

Quadro 43.1 • Estudos selecionados no *Scielo* com recorte na subárea de política, planejamento e gestão em saúde bucal no período entre 2007 e 2012 no que se refere aos avanços e limites encontrados nas práticas de "SBC" *(continuação)*

Autor, ano	Principais temas	Tipo de estudo	Principais avanços	Principais lacunas
Pimentel *et al.*, 2010	Atenção à saúde bucal no Distrito VI em Recife-PE	Descritivo qualitativo	Melhoria na prática preventiva e de educação em saúde	Práticas incipientes de planejamento, levantamento epidemiológico, referência e contrarreferência e avaliação das ações
Soares *et al.*, 2011	Atuação da ESB na ESF: análise dos estudos publicados no período de 2001 a 2008	Revisão da literatura nacional	Maior ênfase às ações de promoção, prevenção e educação, delimitação da clientela, aumento no número de procedimentos odontológicos, cobertura populacional de acordo com o mínimo estipulado pelo Ministério da Saúde, a boa integração do CD com a equipe e sua capacitação na área de Saúde Pública e o maior vínculo com os usuários	Falta de atividades de planejamento, programação e avaliação; não ampliação do acesso aos serviços de saúde bucal em comparação com áreas não cobertas pela ESF; ações com foco no atendimento clínico e valorização excessiva da técnica e da especialidade; predomínio de práticas preventivas e educativas tradicionais; dificuldades na intersetorialidade e no diagnóstico epidemiológico, contratos precários com baixos salários e condições inadequadas de trabalho (estrutura)
Soares & Paim, 2011	Implementação da política de saúde bucal em Salvador-BA	Estudo de caso	Aumento da oferta de atenção especializada	A inespecificidade do projeto, a deficiência nos recursos humanos e a falta de autonomia financeira da Secretaria Municipal de Saúde. Projeto de governo, capacidade de governo e governabilidade foi obstáculo ao êxito no município
Cunha *et al.*, 2011	Análise histórica da SB em Diadema	Estudo de caso	Continuidade das ações programáticas ao longo de três décadas. A SB manteve-se como política pública nas três décadas, possibilitando sua consolidação. Melhoria nos indicadores epidemiológicos observados em crianças e adolescentes no município	Dificuldades em superar o tradicional modelo da odontologia escolar e criar novas possibilidades, como a abordagem familiar, com a finalidade de assegurar a universalidade e a integralidade da atenção

a comunidade, conselho de saúde com envolvimento e participação de representantes de movimentos sociais e usuários no processo de planejamento do trabalho das ESB) (Pimentel *et al.*, 2012).
3. Participação da equipe nos grupos educativos (Chaves & Vieira-da-Silva, 2007; Pimentel *et al.*, 2012) e junto aos ACS (Chaves & Vieira-da-Silva, 2007).
4. Avaliação periódica das ações desenvolvidas (Martelli *et al.*, 2008; Arantes & Portilho, 2011).
5. Realização de diagnóstico da área adscrita (conhecimento da área e dos grupos de risco, levantamento das condições socioeconômicas e sanitárias da população ou inquéritos epidemiológicos das doenças bucais na comunidade) (Chaves & Vieira-da-Silva, 2007; Martelli *et al.*, 2008; Pimentel *et al.*, 2012).
6. Integralidade da atenção em saúde bucal (referência e contrarreferência, aumento da oferta e utilização de procedimentos especializados) (Chaves & Vieira-da-Silva, 2007; Martelli *et al.*, 2008; Lessa & Vettore, 2010; Arantes & Portilho, 2011).

Há divergências importantes quanto à organização da prática clínica, já que o tratamento completado ainda é enfatizado, mas sem uma análise da transposição acrítica deste modelo clínico da prática privada e também do sistema incremental da antiga Fundação SESP, para dentro da SBC. Além disso, é parte de uma perspectiva inovadora a escuta sobre as subjetividades dos usuários que influenciam fortemente a prática clínica e têm sido negligenciadas (Barros & Botazzo, 2011). A organização das práticas de saúde bucal que podem ser desenvolvidas na família ainda não obteve consenso e também revela os dissensos na consolidação desse modelo de atenção no Brasil (Moysés *et al.*, 2008).

A explicitação da imagem-objetivo apontada nesses estudos revela também a influência das diferentes propostas de modelos de atenção alternativos na arena da saúde coletiva que podem atuar sobre a demanda ou sobre as necessidades de saúde (Paim, 2008). No caso da saúde bucal, como as necessidades acumuladas ainda são grandes, o foco na melhor organização para atendimento da demanda tem sido pouco investigado, com pouca problematização sobre as repercussões equivocadas do modelo do tratamento completado, da odontologia privatista, para a SC no âmbito público.

Observa-se que ganhou força, no início do século XXI, a Saúde da Família como estratégia de organização da atenção básica e do sistema municipal de saúde. A saúde bucal é parte desse espaço e será fortemente influenciada por esses desafios. As singularidades das experiências municipais reveladas no Quadro 43.1 apontam ainda para algumas semelhanças, como:

1. Dificuldades para superar o modelo de atenção em saúde bucal focado nos grupos populacionais tradicionalmente priorizados, como escolares, pré-escolares e bebês (Faccin *et al.*, 2010; Soares *et al.*, 2011; Almeida *et al.*, 2012).
2. O pouco avanço nas práticas de planejamento, relevando inabilidades da capacidade de governo das equipes de saúde bucal (Soares & Paim, 2011), que não incluem a realização da análise da situação de saúde (inquéritos epidemiológicos), pouca prática programática e, consequentemente, avaliações assistemáticas, quando existentes (Chaves & Vieira-da-Silva, 2007; Nascimento *et al.*, 2009).
3. O aumento da oferta de assistência odontológica não tem sido acompanhado pelo aumento da utilização (Cunha *et al.*, 2011), revelando barreiras de acesso que podem estar no modo de organização da prática clínica (ênfase equivocada no tratamento completado e não incorporação de tecnologias de gestão, como a marcação permanente de consultas com substituição permanente de faltosos).
4. A inexistência de ações intersetoriais, que não é uma questão apenas da SBC. É desafio a ser superado pelo sistema de saúde brasileiro, mas revelado nos estudos publicados (Moretti *et al.*, 2010).

Uma abordagem integradora, proposta na Figura 43.1, busca articular componentes da epidemiologia e da gestão, da clínica e das subjetividades na organização das práticas da SBC. Defende-se a ideia de que o foco são as necessidades de saúde bucal, produto de um conjunto de determinantes sociais da saúde a serem enfrentados. As distintas dimensões devem estar articuladas na formulação de intervenções no nível local.

CONCLUSÕES PROVISÓRIAS

Boa parte dos limites apontados nas práticas da SBC é produto de um processo histórico em superação. O predomínio das práticas tradicionais, por exemplo, é resultado

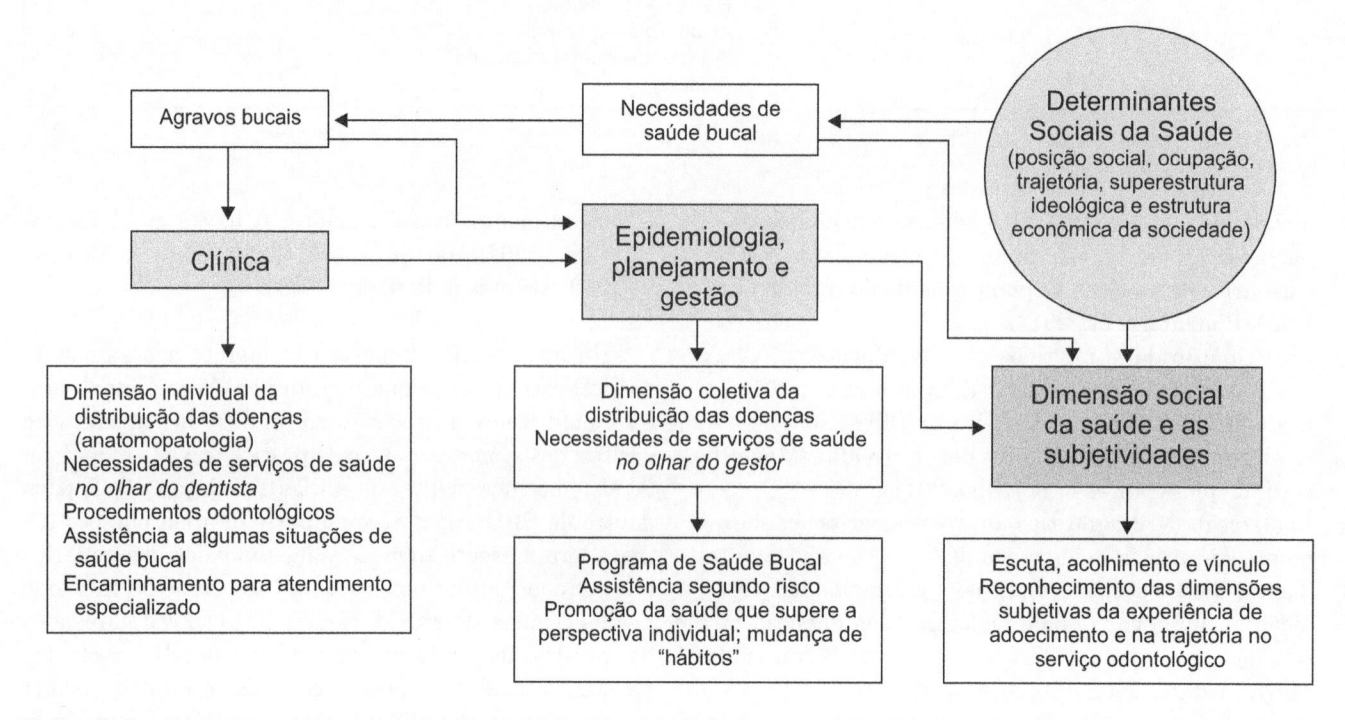

Figura 43.1 • Abordagem integradora das dimensões epidemiológica, da gestão, da clínica e das subjetividades na organização da atenção à saúde bucal.

das disposições dos agentes desse subespaço[3], oriundo da odontologia, que se situam no limite entre a perspectiva estritamente odontológica na qual foram formados e aquela ampliada, que exige novas disposições (Bourdieu, 1994). Assim, no espaço de luta da saúde bucal, o movimento da SBC, de agentes militantes na RSB – e concomitantemente do campo odontológico, já apresentado neste capítulo – tem desenvolvido uma série de reflexões na tentativa de romper com a odontologia preventiva e social e as demais odontologias, buscando ampliar os objetos da prática dita de atenção à saúde bucal, cujo modelo, espera-se, é parte do desenvolvimento do próprio espaço de luta da SC brasileira.

Parafraseando Paim (2008) na análise da RSB como *ideia, movimento, proposta, projeto e processo*, a SC no Brasil tem se constituído em movimento de ideias (movimento ideológico), transformando-se em movimento social que tem tido potencial de produzir propostas, projetos e processos em curso (Paim, 2008). Cabe perguntar como tem ocorrido esse processo entre os agentes envolvidos com o objeto saúde bucal, por um lado, com as lutas próprias do campo ou espaço odontológico na investigação e implementação de políticas e, por outro, comprometidos com o movimento da SC no Brasil.

Referências

Almeida FCS, Cazal C et al. Reorganization of secondary and tertiary health care levels: impact on the outcomes of oral cancer screening in the São Paulo State, Brazil. Brazilian Dental Journal 2012; 23:241-5.

Arantes LJ, Portilho JAC. Reorientação da Atenção Básica em Saúde Bucal em Unaí-MG. Tempus – Actas de Saúde Coletiva 2011; 5(3):77-87.

Arouca ASS. O dilema preventivista: contribuição para a compreensão e crítica da medicina preventiva. São Paulo-Rio de Janeiro: Unesp-Fiocruz.

Barros RS, Botazzo C. Subjetividade e clínica na atenção básica: narrativas, histórias de vida e realidade social. Ciência & Saúde Coletiva 2011; 16:4337-48.

Botazzo C. Sobre a bucalidade: notas para a pesquisa e contribuição ao debate. Ciência & Saúde Coletiva 2006; 11:7-17.

Botazzo C. A saúde bucal nas práticas coletivas de saúde. Saúde bucal coletiva. Textos selecionados. São Paulo: Hucitec, 2012.

Botazzo C, Manfredini MA et al. Saúde Bucal Coletiva. Cursos de formação de pessoal auxiliar – Projeto Larga Escala. São Paulo, Secretaria de Estado da Saúde de São Paulo. Instituto de Saúde, 1988.

Bourdieu P. Raisons Pratiques. Sur la théorie de l'áction. Paris: Seuil, 1994.

Bourdieu P, Accardo A et al. A miséria do mundo. Tradução de Mateus S. Soares Azevedo e colaboradores. Petrópolis: Vozes, 1998.

Chaves SCL, Vieira-da-Silva. Atenção à saúde bucal e a descentralização da saúde no Brasil: estudo de dois casos exemplares no Estado da Bahia. Cadernos de Saúde Pública 2007; 23:1119-31.

Cunha BAT, Marques RAA et al. Saúde bucal em Diadema: da odontologia escolar à estratégia saúde da família. Saúde e Sociedade 2011; 20:1033-45.

Donnangelo MCF. A pesquisa na área da Saúde Coletiva – A década de 70. In: Buss PM (org.) Ensino da saúde pública, medicina preventiva e social no Brasil. Vol. 2. Rio de Janeiro: Abrasco, 1983:17-35.

Durkheim E. Coleção Sociologia 1. Coleção Grandes Cientistas Sociais. São Paulo: Ática, 1999.

Faccin D, Sebold R et al. Processo de trabalho em saúde bucal: em busca de diferentes olhares para compreender e transformar a realidade. Ciência & Saúde Coletiva 2010; 15:1643-52.

Foucault M. O nascimento da medicina social. In: Foucault M. Microfísica do poder. Rio de Janeiro: Graal, 1979:79-98.

Heller A. Teoría de las necesidades en Marx. Pensamiento Contemporaneo, 3ª ed. Ed. Península, 1998; 182.

Lessa CFM, Vettore MV. Gestão da atenção básica em saúde bucal no Município de Fortaleza, Ceará, entre 1999 e 2006. Saúde e Sociedade 2010; 19:547-56.

Martelli PJ, Cabral APS et al. Análise do modelo de atenção à saúde bucal em municípios do estado de Pernambuco. Ciência & Saúde Coletiva 2008; 13:1669-74.

Moretti AC, Teixeira FF et al. Intersetorialidade nas ações de promoção de saúde realizadas pelas equipes de saúde bucal de Curitiba (PR). Ciência & Saúde Coletiva 2010; 15:1827-34.

Moysés S, Kriger L et al. Saúde Bucal das Famílias: trabalhando com evidências. São Paulo: Editora Artes Médicas, 2008.

Narvai PC. Odontologia e Saúde Bucal Coletiva. Rio de Janeiro: Hucitec, 1994.

Nascimento AC, Moysés ST et al. Oral health in the family health strategy: a change of practices or semantics diversionism. Revista de Saúde Pública 2009; 43:455-62.

Nunes ED. Sobre a sociologia da saúde. Origens e desenvolvimento. São Paulo: Hucitec, 1999.

Paim JS. Modelos de Atenção à Saúde no Brasil. In: Giovanella L, Escorel S. Políticas e Sistema de Saúde no Brasil. Rio de Janeiro: Fiocruz, 2008:547-74.

Paim JS. A reforma sanitária brasileira e o Sistema Único de Saúde: dialogando com hipóteses concorrentes. Physis, 2008; 18:625-44.

Pimentel FC, Albuquerque PC et al. Caracterização do processo de trabalho das equipes de saúde bucal em municípios de Pernambuco, Brasil, segundo porte populacional: da articulação comunitária à organização do atendimento clínico. Cadernos de Saúde Pública 2012; 28:s146 s157.

Brasil. Saúde, Conselho Nacional sobre Determinantes Sociais da Saúde. As causas sociais das iniqüidades em saúde no Brasil. Rio de Janeiro: Fiocruz, 2008:220. Disponível em: http://www.cndss.fiocruz.br/pdf/home/relatorio.pdf.

Soares CLM, Paim JS. Aspectos críticos para a implementação da política de saúde bucal no Município de Salvador, Bahia, Brasil. Cadernos de Saúde Pública 2011; 27:966-74.

Soares FF, Figueiredo CRV et al. Atuação da equipe de saúde bucal na estratégia saúde da família: análise dos estudos publicados no período 2001-2008. Ciência & Saúde Coletiva 2011; 16:3169-80.

---

[3]Conceito oriundo de Bourdieu (1994), como um espaço de relações entre agentes que disputam a definição legítima dos objetos (de intervenção, de investigação, de priorização, por exemplo), de interesse universal. É espaço dinâmico de relações objetivas, caracterizado por uma distribuição desigual de recursos entre os agentes em disputa sobre a dominação do que é legítimo nesse campo.

44

Sistemas de Informações em Saúde: Patrimônio da Sociedade Brasileira

Ilara Hämmerli Sozzi de Moraes

INTRODUÇÃO

O objetivo deste capítulo será alcançado se conseguir não só informar, mas também fomentar uma reflexão crítica e propositiva cultivada pelo prazer da interrogação. Essa atitude é vital no debate de temas que envolvem dimensões essenciais do Homem, como a Saúde e a Informação.

A mente, inquieta pelo desejo do conhecimento, deleita-se com a análise cuidadosa que desvende o que está na sombra, encobrindo o que pode ser a resposta. Quando a busca por respostas está acompanhada pela dúvida se o caminho trilhado pode significar benefícios para as pessoas, entra-se em terreno onde não há tranquilidade. Apesar disso, convida-se o leitor a seguir por esse caminho a cada página deste capítulo, que tem por objeto a informação em saúde. Porém, não se trata de toda e qualquer informação. O escopo deste trabalho refere-se à informação, produzida pelos sistemas de informações em saúde, gerida e disseminada pelo aparato estatal e considerada de interesse para a Saúde Coletiva (SC).

Diante da amplitude do tema e do atual contexto brasileiro, optou-se por três abordagens básicas para suscitar perguntas e dúvidas, mais do que respostas, na busca por compreender o significado, as potencialidades e as limitações existentes nos Sistemas de Informações em Saúde (SIS). Essas informações subsidiam políticas públicas, pesquisas, debates e lutas que ocorrem na relação Estado--sociedade, em torno das condições de saúde-doença-cuidado de indivíduos, populações e seus determinantes.

As abordagens de análise selecionadas são aconceitual, a descritiva e a crítica, por meio das quais se procura responder as seguintes questões:

- O que é sistema de informação em saúde (SIS)? Do que se está falando quando se utiliza a expressão SIS? Esta é a dimensão de análise conceitual.
- Quais são os principais sistemas de informações em saúde na perspectiva da SC? Trata-se, aqui, da dimensão descritiva.
- Como os sistemas de informações em saúde estão funcionando? Refere-se à dimensão crítica sobre a atual situação dos SIS.

As três abordagens de análise são tentativas de desvendar o campo de saberes e práticas da informação em saúde em sua condição de espaço estratégico da atenção à saúde, pleno de relações de poder e produção de saber. Tenta-se, assim, escapar de uma abordagem ancorada em tecnicalidades, em que a informação em saúde é apresentada "despolitizada", desvinculando-a do contexto histórico, político, social e econômico em que é gerada. Espera-se, assim, contribuir para a formação de profissionais comprometidos com o exercício do dever do Estado brasileiro em garantir saúde universal, equânime e com qualidade, em um país democrático.

ANÁLISE CONCEITUAL – O QUE É SISTEMA DE INFORMAÇÃO EM SAÚDE?

[...] a questão central dos Sistemas de Informação em Saúde: as variáveis "escolhidas" tendem a refletir a própria concepção de Saúde que norteia o Sistema. Ou seja, escolher este ou aquele indicador, quantificar esta ou aquela variável pressupõe, antes de se constituir em uma questão estatística ou epidemiológica, significa a explicitação da concepção, dos objetivos e metas a serem atingidos [...]. (Relatório do Grupo de Trabalho sobre Informação em Saúde – Comissão Nacional da Reforma Sanitária, 1986).

A cada dia acontecem situações de desentendimentos causados por interpretações diferentes de um mesmo

Figura 44.1 • Torre de Babel – Pieter Brueghel, o Velho.

fato, ou porque um dos interlocutores do diálogo compreende de maneira diferente aquilo que foi falado ou escrito. Há situações em que basta uma entonação de voz mais forte ou mesmo a colocação de uma vírgula em lugar diferente na frase e todo o *significado* do que se quer dizer muda ou é entendido pelo *outro* de modo diferente[1].

Em qualquer debate pode ocorrer uma situação que remete, de maneira simplificada, ao simbolismo da Torre de Babel: todos falando, mas sem se entender! (Figura 44.1)

Essa narrativa bíblica, em geral, é usada para explicar a existência de muitas línguas e etnias diferentes, mas também para fazer referência à confusão, a debates acalorados, conflitos de linguagem, de opiniões, de percepção das coisas e das palavras. Em relação à "informação em saúde", será que todos têm a mesma compreensão sobre o que quer dizer?

A palavra informação é muito utilizada no cotidiano. Quando compõe a expressão "informação em saúde", será que tem sempre o mesmo sentido? Certamente, não. Existe uma infinidade de significados que variam em função da opinião, da intenção, do interesse, do conhecimento, enfim, da visão de mundo de quem está utilizando a expressão, ou seja: *os diversos entendimentos sobre o que seja "informação em saúde" apresentam diferenças decorrentes do tempo e do espaço em que ocorre sua construção: há história pulsando em cada interpretação expressa em seus conceitos. A sociedade, de acordo com sua formação histórica concreta, constrói e elabora o conceito de informação em saúde que melhor expresse seu contexto institucional e científico.*

"Informação" expressa uma percepção, uma representação de algo. A palavra do grego antigo para "forma" era μορφή (morphe; cf. morfo) e também εἶδος (eidos), com o significado de tipo, ideia, "aquilo que se vê", descrição. De certo modo, esse sentido se mantém. Assim, uma primeira enunciação para o conceito de "informação em saúde" pode ser: *informação em saúde consiste na descrição ou representação limitada de um evento, agravo, atributo ou dimensão da situação de saúde-doença-cuidado de indivíduos ou população, no tempo e espaço definidos, a partir de uma determinada visão de mundo.*

Por que "limitada"? Pode uma descrição, por melhor que seja, representar em sua totalidade um fato ou situação do mundo real? Dificilmente, pois a situação descrita pode despertar questões novas diante de visões, abordagens e pontos de vista diferentes. Por mais amplos e potentes que sejam as ações e os saberes humanos, as tecnologias, os equipamentos, a vida sempre apresenta novos desafios, mesmo diante de velhas situações. Pode-se afirmar que o conhecimento nunca está pronto e acabado; há sempre uma tensão relacionada com sua provisoriedade, sua temporalidade.

Por que "a partir de uma determinada visão de mundo"? Ao se olhar para algo, aquilo que se vê depende da história de vida de quem olha. Quem vê não está solto no tempo e no espaço, possui uma trajetória que orienta suas escolhas, que faz selecionar aquilo que considera mais importante para ser relatado, descrito sobre aquela situação. A descrição da mesma situação varia em função de quem a realiza, do modo como vê o mundo e de sua inserção na sociedade.

Há mudanças na percepção que as sociedades têm sobre o significado de saúde ao longo do tempo, que incluem as transformações ocorridas na ciência. O conhecimento humano e as lutas políticas almejam desvendar as origens, as causas, os determinantes com o objetivo de promover a saúde e prevenir, controlar, curar ou erradicar a doença e evitar a morte. Essa dinâmica varia em função da história, da cultura de um povo e da inserção de cada indivíduo na sociedade: se camponês, operário, profissional de saúde, proprietário de hospital, empresário de indústria de tomógrafos computadorizados ou de produção de medicamentos, e tantos outros. As informações em saúde expressam essa dinâmica. Cabe, então, completar o enunciado anterior:

Informação em saúde consiste na descrição ou representação limitada de um evento, agravo, atributo ou dimensão da situação de saúde-doença-cuidado de indivíduos ou população, no tempo e espaço definidos, que foi(foram) selecionado(s), tratado(s), e organizado(s) a partir de determinados interesses e objetivos, por:

---

[1] Vale a pena assistir, na internet – http://www.youtube.com/watch?v=JxJrS6augu0 –, ao vídeo "A Vírgula – 100 anos lutando para que ninguém mude uma vírgula da sua informação", produzido pela Associação Brasileira de Imprensa (ABI).

- *alguém (profissional, gestor), de acordo com sua visão de mundo e domínio tecnológico;*
- *instituição, de acordo com as práticas, os saberes e as relações de poder que estão em disputa pela direcionalidade da política institucional, da política do governo e/ou da política pública.*

E a descrição ou representação encontra-se disponível, ou não, para divulgação e análise, podendo, enfim, ser utilizada para apoiar a decisão e o exercício do controle social, reduzindo a incerteza da ação, conforme a correlação de forças e interesses presentes no processo decisório.

Considerando o conceito de informação vinculado à ideia de descrição ou representação, Gómez (2010) destaca a importância do *testemunho* ao chamar atenção para o fato de grande quantidade de informação acerca do mundo vir "dos outros" antes que de nossa observação direta. Esse saber produzido pelos outros, para Wilson (1983), é expressão de um "saber de segunda mão" que alimenta os fluxos correntes dos sistemas de informação (SI) e os grandes e até seculares repositórios de registros, dos mais diversos e remotos saberes culturais aos mais avançados conhecimentos científicos e tecnológicos atuais. Assim, pode-se afirmar que: *os Sistemas de Informações em Saúde (SIS) alimentam os fluxos correntes de informação e repositórios de registros. Descrevem facetas ou dimensões do fato, evento ou situação de saúde-doença-cuidado de acordo com o ponto de vista, o grau de conhecimento e tecnologia de que dispõe os responsáveis por desenvolvê-los e o alcance dos compromissos de quem (profissional/instância) define, em determinados tempo e lugar, o que e como destacar, ocultar, ignorar desde a coleta até sua disponibilização e uso.*

Na estruturação dos SIS adotam-se linhas de pensamento. Estas fornecem a explicação, a fundamentação, os argumentos de base para a construção da *razão* que justifica a seleção das variáveis componentes do SIS, seu fluxo, o tratamento do dado coletado, a plataforma computacional utilizada, os mecanismos de divulgação, ou seja, a gestão do SIS. As dimensões, as características, as variáveis não selecionadas permanecem "na sombra". Essas escolhas são orientadas pelos interesses e objetivos da instância responsável pelo SIS, em articulação com o pensamento adotado sobre a concepção de saúde e os dispositivos de intervenção da instância decisória.

O que se quer evidenciar é como a concepção adotada sobre os processos de saúde-doença-cuidado influencia a racionalidade de organização e modelagem dos SIS. Em cada percepção da "realidade sanitária" descrita há flutuações, tensões, movimentos que dependem de quem é o responsável por sua gestão, seja na instância governamental, instituição de pesquisa, entidade sindical ou organização do movimento social, por exemplo.

Para facilitar o entendimento, apresentam-se dois cenários distintos sobre visões de saúde. Entretanto, cabe destacar desde logo que, na práxis em saúde, essas concepções não se dão do modo tão polarizado como pode parecer aqui. Há superposições, superações, oposições, embates. Afinal, não há linearidade na construção do pensamento humano. Há inovações, mudanças, rupturas, manutenção. Olhares múltiplos que podem ser contraditórios, complementares, fragmentários...

Supondo, em um primeiro cenário, que a equipe e a instituição, responsáveis pelo desenvolvimento dos SIS, adotem conceito de Saúde ancorado no pensamento dos determinantes sociais da saúde[2], nessa maneira de ver e descrever situações em saúde torna-se fundamental a inclusão, no sistema de informação, de variáveis que descrevam também características socioeconômicas (como condição da habitação, de alimentação, do trabalho, do lazer e do transporte, por exemplo), culturais, ambientais e psicológicos, e não apenas biofísicas (como idade e sexo).

Em um segundo cenário, a equipe e a instituição, responsáveis pelo desenvolvimento dos SIS, adotam um conceito de saúde associado a um modelo biomédico, mais vinculado à definição de saúde como ausência de doença. Nesse caso, as causas e as ações de intervenção priorizam dimensões biológicas, os sintomas e os sinais selecionados de acordo com essa matriz de pensamento. Nesse modo de pensar saúde, a seleção das variáveis que compõem o SIS se restringe a atributos biofísicos para identificação do indivíduo, como sexo e idade, e dados clínicos de diagnose e terapia.

Permanece atual a constatação de Moraes que, já em 1994, demonstrou ser a lógica do segundo cenário a que predomina na organização dos principais SIS no Brasil. A visão de saúde vinculada ao pensamento clínico e biofísico, ainda adotada pela maioria das instituições e profissionais de saúde, repercute também no modo como o Estado brasileiro organiza os sistemas de informações em saúde. Pode-se, então, afirmar que: *os Sistemas de Informações em Saúde não descrevem ou representam a realidade em si. Elas são a expressão de certo olhar da sociedade sobre si própria. Em cada SIS, identifica-se a*

---

[2]Determinantes Sociais da Saúde: tendo por referência o conceito trabalhado pela Comissão Nacional de Determinantes Sociais da Saúde (CNDSS) – http://www.determinantes.fiocruz.br – adota-se aqui o seguinte entendimento: determinantes sociais de saúde são situações socioeconômicas, culturais e ambientais de uma sociedade, vivenciadas pelos cidadãos em seu cotidiano, que influenciam suas condições de vida e trabalho. Habitação, saneamento, ambiente de trabalho, transporte, lazer, serviços de saúde e de educação, dentre outros, como a trama de redes sociais e participativas estabelecida são exemplos de determinantes de saúde. Renda, modo de inserção no processo produtivo, mensagens publicitárias e políticas públicas existentes também condicionam, dentre outras dimensões, o estilo de vida adotado pelos indivíduos, tais como hábito de fumar, prática de exercícios e adoção de dieta saudável.

racionalidade organizativa adotada, racionalidade que se constitui a partir do contexto social, político, econômico, científico, tecnológico e cultural daquele determinado momento em que o sistema é desenvolvido e implantado.

Mudanças nessa racionalidade extrapolam o debate em torno dos SIS, tanto em sua dimensão política, econômica, social e tecnológica como epistêmica. Nesse sentido, vale citar Almeida-Filho (2000):

> "Várias ciências contemporâneas se apresentam como "ciências da saúde". Discordo frontalmente dessa postulação: elas não são ciências da saúde e sim ciências da doença. [...] em todas as disciplinas que se pretendem constituintes do campo da saúde, não se verifica qualquer interesse em construir conceitualmente modelos de saúde. Não passam de tentativas eventuais e de pouca consistência, incapazes de fazer justiça à complexidade dos processos concretos relativos à vida, saúde, aflição, sofrimento, dor, doença, cuidado, cura e morte que ocorrem em agregados humanos históricos. [...] para enfrentar a chamada crise da saúde, precisamos de novos referenciais, capazes de abordar a Saúde como questão inevitavelmente referida ao âmbito coletivo.

DIMENSÃO DE ANÁLISE DESCRITIVA – PRINCIPAIS SISTEMAS DE INFORMAÇÕES PARA A SAÚDE COLETIVA

"Você não pode ensinar nada a um Homem. Você pode apenas ajudá-lo a encontrar a resposta a partir dele mesmo."
Galileu Galilei (1564-1642)

As ações de saúde produzem, de maneira contínua, um grande volume de registros sobre nascimentos, óbitos, agravos, assistência hospitalar e ambulatorial, atenção básica, capacidade instalada, equipes de saúde, finanças e orçamentos públicos, planos e seguros privados de saúde. Atualmente, um conjunto significativo das informações produzidas pelos SIS pode ser acessado pela internet. No entanto, em respeito ao direito de privacidade dos cidadãos atendidos pelo SUS, em nenhum SIS é possível a identificação nominal, o que impede vincular o evento ou procedimento à pessoa.

Nesse verdadeiro oceano de dados, os SIS de interesse para a SC são, tradicionalmente, os que se referem a óbitos, determinados agravos e nascimentos, ou seja, os SIS que oferecem dados sobre três eventos básicos para análise das condições de saúde no Brasil. Diante da impossibilidade de esgotar a descrição dos SIS existentes no âmbito do SUS, o Quadro 44.1 apresenta o endereço eletrônico onde o leitor pode encontrar o detalhamento de alguns sistemas de informações em saúde. Estes foram selecionados por serem de abrangência nacional, estáveis, apresentarem regularidade, com ampla utilização. Sistemas classificados como registros administrativos ou como aplicativos estão incluídos no conjunto selecionado.

Entretanto, os saberes e práticas da SC ampliam-se e as informações relevantes extrapolam as produzidas no âmbito do SUS, englobando as que estão sob a gestão do Sistema Estatístico Nacional (SEN) e do Sistema de Informações Geográficas (SIG), ambos coordenados pelo Instituto Brasileiro de Geografia e Estatística (IBGE). Por meio de seus estudos, pesquisas e inquéritos, o IBGE produz dados sobre diversas expressões da vida no Brasil, tais como: Trabalho e Rendimento, Agropecuária, Indústria, Comércio, Sistema de Contas Nacionais, Finanças Públicas do País, Educação, Esporte, Cultura, Saneamento, Características Gerais da População, para além do Censo Demográfico e das Estatísticas do Registro Civil, como a Pesquisa de Orçamentos Familiares. O IBGE disponibiliza também informações relacionadas com a Geociências, como: Cartografia, Topografia, Geodésia, Geografia e Meio Ambiente. Com o compromisso de ampla divulgação das informações, oferece em seu *site* diferentes opções de acesso, inclusive um espaço dedicado à imprensa. Afinal, é preciso extremo rigor ao divulgar suas informações para garantir que essa divulgação ocorra equânime e concomitante para todos os veículos de comunicação, evitando privilégios. Vale a pena uma consulta ao *site* http://www.ibge.gov.br/home.

Há, também, estudos especiais, promovidos pelo Ministério da Saúde (MS) junto a instituições de pesquisa, que surgem de iniciativas pontuais, sem articulação, diminuindo sua potência de informar. Destacam-se também as informações produzidas pelas Agências Nacionais de Saúde Suplementar (ANS) e de Vigilância Sanitária (Anvisa).

Existem informações relevantes geradas por sistemas que estão sob a gestão de outros setores de governo:

- Ministério da Previdência Social (MPS), por intermédio da Empresa de Tecnologia e Informações da Previdência Social (Dataprev): Sistema Único de Benefícios (SUB) e Cadastro Nacional de Informações Sociais (CNIS).
- Ministério da Educação, por intermédio do Instituto Nacional de Estudos e Pesquisas Educacionais Anísio Teixeira (Inep): Sistema Integrado de Informações da Educação Superior – SIEdSup.
- Ministério da Fazenda: Sistema Integrado de Administração Financeira do Governo Federal (Siafi).
- Ministério do Planejamento: Sistema Integrado de Dados Orçamentários (Sidor).
- Secretaria de Assuntos Estratégicos da Presidência da República: Instituto de Pesquisa Econômica Aplicada (Ipea).

Quadro 44.1 • Principais fontes de dados nacionais sob a gestão do SUS nas três esferas de governo (*sites* válidos em 27/09/2012)

Sobre o nascer
SINASC – Sistema de Informações sobre Nascidos Vivos http://www2.datasus.gov.br/DATASUS/index.php?area=040702
SISPRENATAL – Sistema de Informação do Programa de Humanização no Pré-Natal e Nascimento (*) http://www2.datasus.gov.br/DATASUS/index.php?area=040305 http://sisprenatal.datasus.gov.br/SISPRENATAL/index.php

Sobre a prevenção
SI/PNI/API – Sistema de Informações do Programa Nacional de Imunizações – Avaliação do Programa de Imunizações http://www2.datasus.gov.br/DATASUS/index.php?area=040302 http://pni.datasus.gov.br/
SIAB – Sistema de Informações da Atenção Básica (*) http://www2.datasus.gov.br/DATASUS/index.php?area=040301 http://www2.datasus.gov.br/SIAB/index.
SISVAN – Sistema de Vigilância Alimentar e Nutricional http://nutricao.saude.gov.br/sisvan.php?conteudo=sistemas_informatizados

Sobre o adoecer e a assistência (prevenindo o agravamento, sequelas e a morte)	
SINAN – Sistema de Informação de Agravos de Notificação http://portal.saude.gov.br/portal/saude/visualizar_texto.cfm?idtxt=21383 http://dtr2004.saude.gov.br/sinanweb/	HEMOVIDA – Sistema de Gerenciamento em Serviços de Hemoterapia http://www2.datasus.gov.br/DATASUS/index.php?area=040503
SIH/SUS – Sistema de Informações Hospitalares do SUS (*) http://www2.datasus.gov.br/DATASUS/index.php?area=040502 http://www2.datasus.gov.br/SIHD/	HÓRUS – Sistema Nacional de Gestão da Assistência Farmacêutica. http://portal.saude.gov.br/portal/saude/profissional/area.cfm?id_area=1675
SIA/SUS – Sistema de Informações Ambulatoriais do SUS http://www2.datasus.gov.br/DATASUS/index.php?area=040102 http://w3.datasus.gov.br/siasih/siasih.php	GIL – Gerenciador de Informações Locais http://www2.datasus.gov.br/DATASUS/index.php?area=040101 http://gil.datasus.gov.br/w3c/gil.php
SISCOLO – Sistema de Informações de Combate ao Câncer do Colo do Útero (*) http://www2.datasus.gov.br/DATASUS/index.php?area=040303 http://w3.datasus.gov.br/siscam/index.php	SAMU – Serviço de Atendimento Móvel de Urgência http://www2.datasus.gov.br/DATASUS/index.php?area=041008 http://samu.datasus.gov.br/SAMU/default.php
SISMAMA – Sistema de Informações de Combate ao Câncer de Mama (*) http://www2.datasus.gov.br/DATASUS/index.php?area=040303 http://w3.datasus.gov.br/siscam/index.php Sistema de Informação de Vigilância Epidemiológica (SIVEP-Malária) http://portal.saude.gov.br/portal/saude/visualizar_texto.cfm?idtxt=27455	SISREG – Sistema de Centrais de Regulação http://www2.datasus.gov.br/DATASUS/index.php?area=041006 HOSPUB – Sistema Integrado de Informatização de Ambiente Hospitalar http://www2.datasus.gov.br/DATASUS/index.php?area=040501 http://dev-hospub.datasus.gov.br/w3c/hp.php CNES – Cadastro Nacional de Estabelecimentos de Saúde http://www2.datasus.gov.br/DATASUS/index.php?area=0402 http://www2.datasus.gov.br/DATASUS/index.php?area=040204 http://cnes.datasus.gov.br/
HIPERDIA – Sistde Cadast e Acompanhamento de Hipertensos e Diabéticos http://www2.datasus.gov.br/DATASUS/index.php?area=040304 http://hiperdia.datasus.gov.br/	Cartão Nacional de Saúde (CADSUS) http://www2.datasus.gov.br/DATASUS/index.php?area=040202 http://cartaonet.datasus.gov.br/
BLHWeb – Sistema de Gerenciamento e Produção de Bancos de Leite Humano (*) http://www2.datasus.gov.br/DATASUS/index.php?area=040506	SIOPS – Sistema de Informações sobre Orçamento Público em Saúde http://www2.datasus.gov.br/DATASUS/index.php?area=040402 http://portal.saude.gov.br/PORTAL/SAUDE/PROFISSIONAL/AREA.CFM?ID_AREA=1671
REDOMENet – Relação de Doadores Não Aparentados de Medula Óssea http://www2.datasus.gov.br/DATASUS/index.php?area=041001	

Sobre a morte
SIM – Sistema de Informações sobre Mortalidade http://www2.datasus.gov.br/DATASUS/index.php?area=040701

(*) Os SIS com asteriscos fornecem informações sobre mais de um dos eixos temáticos, expressos nas colunas.

No âmbito do MS, há dois *sites* que disponibilizam informações relevantes para os interessados em saúde: o Portal do Ministério da Saúde – www.saude.gov.br – e o *site* do Datasus (Departamento de Informática do SUS do Ministério da Saúde) – http://www2.datasus.gov.br/DATASUS/index.php. Para SI e aplicativos, consulte http://www2.datasus.gov.br/DATASUS/index.php?area=04.

Convida-se o leitor a "visitar", no *site* do Datasus, em Informações em Saúde, a opção Indicadores de Saúde: http://www2.datasus.gov.br/DATASUS/index.php?area=0201. Neste endereço encontram-se valores de diversos indicadores de saúde, o Monitoramento de Eventos Prioritários de Mortalidade (MS/SVS/Dasis), o Painel de Monitoramento da Mortalidade Infantil e Fetal, o Atlas de Monitoramento da Mortalidade Infantil e Fetal, o Painel de Monitoramento da Mortalidade Materna e o Atlas de Monitoramento da Mortalidade Materna.

Diante do quadro de fragmentação dos SIS, ainda na década de 1990, dois brasileiros que então trabalhavam na Representação da Organização Pan-Americana de Saúde (OPAS) no Brasil – Mozart de Abreu e Lima e João Baptista Risi Jr. – profundos conhecedores do Sistema de Saúde e de sua gestão, iniciam articulações com o IBGE, Abrasco e diversas instâncias do MS, instituições de pesquisa e produtores de informações para que fosse estruturado um novo modo de lidar com a informação. Esse processo resultou na formulação da Rede Interagencial de Informações para a Saúde (Ripsa), instituída, em 1996, por Portaria do Ministro da Saúde e por Termo de Cooperação com a OPAS (Brasil, 1997). A Ripsa promove a articulação de órgãos de governo, instituições de ensino e pesquisa, associações científicas e de classes envolvidas na produção, análise e disseminação de informações de interesse para a saúde no país. O leitor está convidado a visitar o *site* http://www.ripsa.org.br/php/index.php.

Mas, qual a importância da Ripsa para os objetivos deste capítulo? É que um de seus produtos – Indicadores e Dados Básicos de Saúde (IDB-Brasil) – oferece um consistente panorama da situação de saúde do país, com explicações sobre alguns cuidados que precisam ser tomados ante os limites dos SIS, descritos na Ficha de Qualificação de cada indicador. A descrição detalhada encontra-se no endereço http://www.ripsa.org.br/php/level.php?lang=pt&component=68.

A novidade do IDB/Ripsa reside, entre outras, na disponibilização *online* de indicadores já calculados, com sua respectiva Ficha de Qualificação. Por sua regularidade há 15 anos, o IDB torna possível a construção de consistente série histórica. A credibilidade na qualidade de seus cálculos é decorrente do modo de decisão adotado: é pré-requisito na elaboração de cada indicador o alcance de *consenso* entre os participantes da Ripsa, representantes das instituições, promovendo a "multiplicidade de olhares". Para ter acesso aos valores dos indicadores, visite http://tabnet.datasus.gov.br/cgi/idb2009/matriz.htm.

Adota-se, neste capítulo, o entendimento de que a Ficha de Qualificação do Indicador/Ripsa representa um esforço de democratização de "saberes técnicos", ao sistematizar e disponibilizar na internet conhecimentos sobre os indicadores de saúde: conceituação, interpretação, usos, cuidados diante de suas limitações, suas fontes e método de cálculo. Considera-se que essa ação ancora-se na ideia de alargamento da tecnodemocracia. Para conhecê-la acesse http://www.ripsa.org.br/fichasIDB.

Pode-se dizer, então, que os SI existentes sob a gestão do SUS, do SEM e do SIG são os principais sistemas de interesse da SC, bem como de outras fontes, na medida em que a abordagem desse campo de saberes e práticas possa ser aplicada, contribuindo para a produção de conhecimento e apoio à decisão. A tríade saúde-doença-cuidado possui tal complexidade que impõe à SC a necessidade de buscar fontes de informação provenientes de diferentes iniciativas.

É necessário compreender que nos SIS existem pelo menos três componentes estruturantes, que são:

- **Cadastros:** referem-se aos universos dos objetos de registros. Dedicam-se a armazenar seus descritores essenciais, principalmente quem ou o que é o foco do sistema e onde se encontra. Para a saúde, os cadastros fundamentais são, pelo menos, o da população (CadSUS) e o dos profissionais e estabelecimentos de saúde (CNES), que inclui informações sobre os serviços oferecidos, capacidade tecnológica instalada e equipe de profissionais atuantes.
- **Tabelas:** são organizações de referência que asseguram coerência funcional ou espacial entre edições da mesma base de dados ou entre bases diferentes da mesma edição. Como exemplo de tabelas funcionais utilizadas pela área da saúde, destacam-se:
  – Classificação Internacional de Doenças, em sua 10ª Versão – CID 10.
  – Tabela de Procedimentos, Medicamentos, Órteses e Próteses e Materiais Especiais do SUS.
  – Classificação Brasileira Hierarquizada de Procedimentos Médicos (CBHPM).
  – Sistema TISS (Troca de Informação em Saúde Suplementar).
  – Rol da ANS e da TUSS (Terminologia Unificada em Saúde Suplementar).
  – Tabela Única Nacional de Equivalência de Procedimentos (TUNEP), que trata do ressarcimento ao SUS.
  – Tabela da Classificação Brasileira de Ocupações.

Na área da saúde também são utilizadas tabelas espaciais, voltadas para referência de limites

geográficos, como estados, municípios e os Mapas dos Setores Censitários, em que o objeto de registro apresenta coordenadas geográficas e diferentes tipos de imagens.
- **Padrões:** são regras de estruturação de dados. São esmiuçados em dicionários de dados voltados para a conceituação das variáveis dos SIS, a estrutura, a interpretação de caracteres e dígitos nessa estrutura, a comunicação e segurança, entre outros descritores técnicos. O estabelecimento de padrões é fundamental para comparação do mesmo campo encontrado em bases de dados distintas ou em edições distintas da mesma base e fundamentalmente, para possibilitar a interoperabilidade entre sistemas distintos, que adotam os mesmos padrões. Destacam-se como os padrões mais utilizados no SUS a CID 10 e a Tabela de Procedimentos, Medicamentos, Órteses e Próteses e Materiais Especiais/SUS.

A riqueza de informações produzida pelo Brasil constitui um Bem Público de alta relevância para toda a sociedade, que precisa ser preservada. Ameaças a continuidades e a atualizações dos SIS, por exemplo, constituem verdadeiros crimes contra um patrimônio do país, pois afetam o registro da memória de trajetória de um povo.

Da multiplicidade de SIS existentes, pode-se extrair um Esquema Geral que ajuda a compreender o processo de produção da informação. A Figura 44.2, adaptada de Moraes (1994), procura sintetizar suas principais etapas. Como todo esquema, este também simplifica a operação de sistemas que se encontram em variados níveis de incorporação das tecnologias de informação e comunicação (TIC) e inseridos em diferentes estruturas organizacionais, com etapas deixando de existir ou que acontecem de maneira automatizada.

Destaca-se que cada etapa exige equipe capacitada, equipamentos, infraestrutura de telecomunicação, insumos, enfim, gestão do processo. Há um custo financeiro em cada informação produzida. Por isso, é importante que, no planejamento de um SI, haja clareza e objetividade nas respostas a pelo menos essas cinco questões (Moraes, 1994):

1. Por que se registra esta informação?
2. Para que será utilizada?
3. Quem a utilizará?
4. Como será empregada?
5. Por quanto tempo será útil esta informação?

A área temática de informação em saúde, no escopo aqui tratado, conforma um quadro complexo e diversificado de funções de produção, disseminação e utilização de dados, que pressupõe o envolvimento simultâneo e intensivo de profissionais e tecnologias, em múltiplas e paralelas iniciativas institucionais, abrangendo as três esferas do SUS e outros setores de governo.

DIMENSÃO DE ANÁLISE CRÍTICA – COMO OS SISTEMAS DE INFORMAÇÕES EM SAÚDE ESTÃO FUNCIONANDO

Para dar sequência ao propósito deste capítulo, o leitor é convidado a refletir sobre a afirmação de Vasconcellos (2000):

A contribuição das informações para a produção do conhecimento é, para o mundo social, o que a astronomia newtoniana é para o universo: uma representação simplificada, historicamente determinada, distante do real, mas operatória nos limites (cada vez mais amplos) da ação humana.

Para ampliar o potencial operatório dos SIS é necessário avançar na compreensão crítica sobre seu funcionamento, em que persistem problemas de gestão, técnicos, tecnológicos, epistemológicos e de formação profissional. Longe de esgotar o tema, pretende-se tão-somente realizar uma aproximação crítica que esboce um quadro da situação dos SIS. Completa-se, desse modo, a tríade das dimensões de análise propostas como contribuição ao entendimento dos SIS.

A análise crítica dos SIS constitui um continente de possibilidades e abordagens. Exige, portanto, escolhas sobre quais questões abordar. A seguir, apresentam-se três desafios selecionados por seu impacto sobre a qualidade da atenção à saúde e sobre os que buscam informações produzidas pelos SIS, quais sejam:

1. Gestão fragmentada da informação em saúde.
2. Ausência de uma cultura de uso da informação em saúde.
3. Informação e Tecnologia de Informação em Saúde: espaço de relações de poder e produção de saber.

Gestão fragmentada da informação em saúde

O modelo de gestão da informação em saúde existente no Brasil caracteriza-se pela multiplicidade de instâncias coordenadoras, nas três esferas de governo, conformando uma gestão fragmentada, pulverizada, que consolida a fragmentação dos SIS existentes. Este fato gera sérios obstáculos à ampliação de seu uso como base para decisões. Todavia, não é um traço específico da gestão dos SIS.

Essa característica constitui uma das graves consequências do modelo decisório governamental, que é fragmentado e fragmentador. Essa racionalidade vincula-se

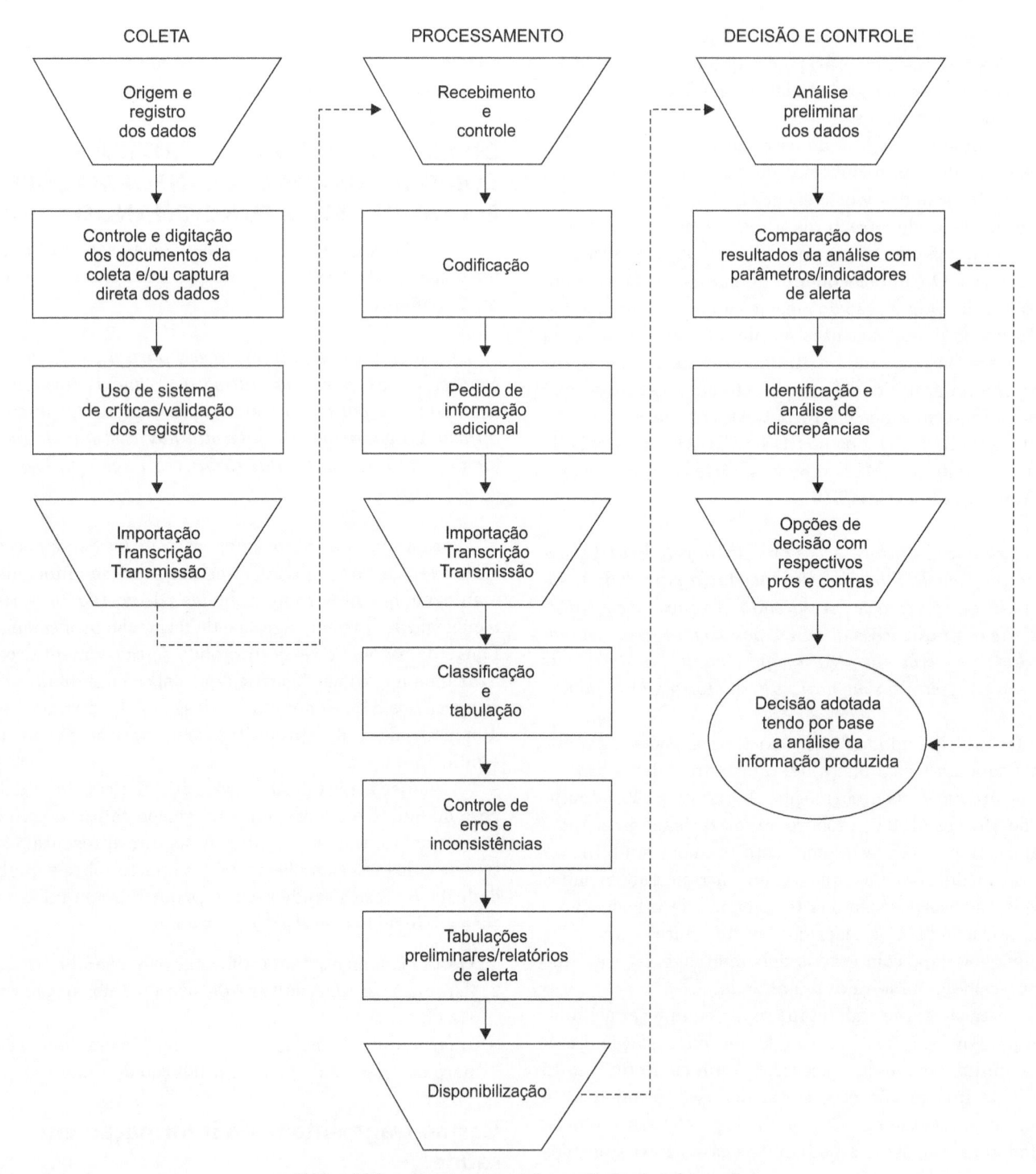

Figura 44.2 ♦ Esquema geral de produção de informação.

à formação do Estado brasileiro que responde às crises e aos problemas colocados pela sociedade de maneira atomizadora, tópica e reativa. Compartimentalizam-se os problemas sociais, fracionando-os por inúmeras e estanques instituições, com atribuições e responsabilidades parciais, pontuais. Essa forma de atuação dos dispositivos de Estado dissipa/dilui sua potência de enfrentamento dos desafios, cada vez mais complexos, da atualidade. E, ao mesmo tempo, serve para delimitar os espaços reivindicatórios, acarretando obstáculos à atuação dos movimentos sociais. Encontra-se presente também nas universidades, onde a produção do conhecimento está "departamentalizada". Em outras palavras, a racionalidade fragmentadora permanece hegemônica (Moraes, 1994).

Diversas iniciativas, políticas e técnicas, surgem como tentativas de superação do emaranhado dos SIS, mas reduzem essa questão a um rearranjo administrativo-organizacional. A própria Lei Orgânica da Saúde (Lei 8.080/1990), em seu artigo 47, dispõe sobre a organização, no prazo de 2 anos (!!!), do Sistema Nacional de Informações em Saúde (SNIS). Restringir o problema da fragmentação dos SIS à constituição do SNIS pode explicar o motivo pelo qual, mesmo após 22 anos (1990-2012), o artigo 47 não tenha "saído do papel". Persiste o paralelismo de iniciativas com suas graves consequências para o funcionamento dos sistemas e redes de saúde, como sobrecarga do trabalho dos profissionais de saúde, redundância da informação, diminuição na capacidade de informar dos SIS, desperdício de recursos públicos, entre outras. Os SIS foram se sobrepondo ao longo das últimas décadas, sem um esforço concomitante nem para racionalizar as formas de coleta de dados, de modo a pelo menos compatibilizar o registro das variáveis comuns (Risi Jr., 2009).

Observa-se, no Quadro 44.1, dentre os SIS da coluna "Sobre o adoecer e a assistência", certa predominância da função contábil-financeira, da qual o Sistema de Informações Hospitalares (SIH/SUS) e o Sistema de Informações Ambulatoriais (SIA/SUS) são emblemáticos. Essa funcionalidade dos dois sistemas, produtores do maior volume de dados e abrangente capilaridade, pode ser classificada como uma das "heranças" do antigo Inamps/MPAS[3], na fase que antecede o SUS. Constituem sistemas, associados à Tabela de Procedimentos, Medicamentos, Órteses e Próteses e Materiais Especiais, que estabelecem condições operacionais para o pagamento dos prestadores de serviços de saúde vinculados ao SUS e que reproduzem, em sua estrutura e lógica organizativa, a fragmentação do momento do cuidado, ao remunerar, item por item, uma sequência de "atos médicos" e práticas em saúde.

Além da lógica fragmentadora, as tabelas de procedimentos representam uma das expressões da hegemonia do pensamento *clínico-biologizante* nos sistemas de informações em saúde, conforme observa Campos (2007): "Muito da lógica dos bancos de dados do SUS ainda guarda influência dessa racionalidade. O mercado remunera por ato, por procedimento, assim todo ato ou procedimento deverá ser registrado e arquivado para eventual auditoria: Inamps."

A visão sobre a tríade saúde-doença-cuidado, cristalizada no Inamps e expressa em seus SIS herdados pelo SUS, caracteriza-se por ser fragmentadora, ter como evento básico de interesse o procedimento médico em obediência à lógica assistencial biomédica, privilegiar as funcionalidades contábeis e a organização de suas bases de dados por tipo de prestador, dados financeiros, sob a ótica da produtividade (Moraes, 2002).

---

[3]Inamps – Instituto Nacional de Assistência Médica e Previdência Social do Ministério da Previdência e Assistência Social.

O mesmo Quadro 44.1 fornece indícios do que Moraes (1994) considera como um segundo bloco de SIS, vinculado à história do Ministério da Saúde (pré-SUS), que também transmite sua visão sobre a tríade saúde-doença-cuidado como herança para o SUS. Trata-se dos SIS dotados de uma racionalidade predominantemente *verticalizadora*, geradora de "programas verticais", cujo evento básico de interesse é determinado agravo (AIDS, diabetes, câncer de mama e colo de útero, tuberculose, hanseníase, por exemplo) ou grupo de risco (como mulheres grávidas, crianças de 0 a 7 anos, adultos acima de 60 anos). A integralidade do indivíduo deixa de existir, pulverizada pelos diferentes SIS.

Relata-se o caso fictício, mas possível de acontecer, de D. Maria: paciente adscrita a uma Unidade Básica de Saúde, encaminhada por equipe de Saúde da Família (SIAB), tão logo confirmada gravidez, para realização do pré-natal (SIS-Prenatal). Durante o pré-natal, diagnosticou-se ser portadora do bacilo de Koch, passando a compor a base de informações do Programa Nacional de Controle da Tuberculose (PNCT), por meio do Sinan. A gravidez não foi adiante, mas nesse processo identificou-se que D. Maria estava com câncer de mama (Sismama) e era hipertensa e diabética (Hiperdia). Como apresentava crônica deficiência nutricional, foi inscrita no Sisvan. Ao longo das visitas domiciliares da equipe de saúde da família, identificou-se estar com a doença de Chagas (Sinan) e, posteriormente, ter tido dois episódios de dengue (Sinan e o próprio Sinan novamente, na medida em que o objeto do SIS é a doença).

Seguramente, a gestão de saúde que decidiu pela implantação de cada um desses SIS possui fundamentos fortes, assentados na razão técnica, para suas coletas de dados. Destaca-se tão-somente que as ações de saúde, subsidiadas pelos SIS, não se organizam a partir e em torno da D. Maria, usuária do SUS em sua integralidade biossocial-cultural-ambiental, mas a partir e em torno de determinado agravo ou evento. D. Maria, enquanto indivíduo, portador de uma totalidade singular, perde-se no emaranhado das ações institucionais, é "fragmentada" pelos diferentes SIS.

O cerne da questão aqui descrita não está no fato de SIS que não se "falam" ou, como diz Carvalheiro (2007), de "SIS amuados", mas sim de instâncias de gestão da saúde que "não se falam". A gravidade dessa constatação é que a multiplicidade de instâncias gestoras dos SIS e a pulverização dos SIS contribuem para uma compreensão fragmentada dos processos de saúde/doença/cuidado. A multiplicidade dos SI confere certa "fugacidade" à própria apreensão sistemática do que ocorre nas situações concretas da vida, como se as informações coletadas fossem breves *flashes* que, a partir do pensamento *clínico-biologizante*, selecionam partes de um quebra-cabeça que não se encaixam. Portanto, pode-se afirmar que:

- A pulverização dos SIS é uma das consequências da multiplicidade de instâncias gestoras das informações em saúde que, por sua vez, decorre da gestão fragmentada da saúde, expressão da lógica das instituições, dos sistemas e redes de saúde, produto do modo atomizador como o Estado brasileiro se organiza e responde às demandas colocadas pela sociedade.
- A racionalidade hegemônica presente nos SIS é uma das expressões da lógica clínica-biologizante sobre saúde-doença-cuidado, ainda prevalente em sistemas e redes de saúde, que enfatiza ações curativas, hospitalocêntricas e/ou repartidas por programas e especialidades.

Em diálogo com Campos (2007), vale destacar suas reflexões:

Pois bem, parte da tradição de nosso modo de acumular e de registrar informações decorre dessa tradição: doenças de notificação compulsória, dados cartoriais sobre produção e consumo de produtos e sobre organização do espaço urbano. Saúde Pública e sua ligação umbilical à busca de legitimação social e política do Estado brasileiro. [...] Além disso, a Saúde Pública no Brasil tem se constituído muito em função de apoiar a construção de uma base sustentável para o crescimento econômico e organização capitalista da produção. A gênese da área de informação e informática, suspeito, foi se constituindo segundo houve necessidade de sistematizar esse tipo de dados – procedimentos a serem pagos e informação para a vigilância.

A análise do Quadro 44.1 corrobora com o destaque que o aparato institucional dedica à produção de informações "Sobre o adoecer e a assistência", essenciais em qualquer sociedade por subsidiarem ações que previnem o agravamento, a sequela e a morte, ou seja, sofrimentos. Constituem-se em ações e informações necessárias, mas serão suficientes diante da complexidade da tríade saúde-doença-cuidado? Responder a essa questão constitui um trabalho coletivo, cujo escopo foge ao objetivo deste capítulo. Entretanto, pode-se afirmar, pelo menos, que:

O atual modelo de gestão dos SIS, espaço político pleno de relações de poder e produção de saberes, compõe o conjunto de problemas existentes para a gestão do SUS ampliar a capacidade do Estado brasileiro em prover atenção integral à saúde. Por quê? Porque a manutenção do modelo de gestão dos SIS reforça o *status quo* fragmentado e fragmentador da gestão da saúde, onde ainda prevalecem ações assistenciais sobre a doença *in per si*. Como, também, não contribui para subsidiar processos políticos e de produção de saberes e práticas que podem introduzir novas abordagens de intervenção sobre a tríade saúde-doença-cuidado, como estudos desenvolvidos por algumas correntes de pensamento da SC.

Continuar os questionamentos à gestão da informação em saúde restritos a tecnicalidades e aos especialistas dessa área temática diminui a potência de os SIS (co)operarem na construção coletiva de alternativas de gestão da saúde que transcendam a organização e administração de sistemas e redes de saúde.

Ausência de uma cultura de uso da informação em saúde

Apesar de muitos trabalhos terem sido escritos com títulos sugestivos como "As mentiras sobre nossas estatísticas" ou "Estatísticas Vitais: mito ou realidade", é preciso lembrar que as estatísticas de que dispomos estão ainda longe de ser as ideais. Entretanto, compete aos profissionais de saúde trabalhar com elas, conhecer suas limitações e saber interpretá-las. Somente assim, sabendo onde estão seus erros e qual a sua medida, será possível corrigi-los e um dia, quem sabe, melhorá-las (Mello Jorge, 1990).

O valor atribuído a uma informação, principalmente na gestão, está diretamente relacionado com seu *valor de uso*, ou seja, sua relevância é função de sua capacidade de fornecer subsídios para a ação: *informa-ação*. De fato, o que importa é o potencial que a informação tem para cumprir esse papel, como uma espécie de energia contida nos números, palavras, imagens, som. A informação torna-se útil e relevante quando permite *apoiar uma ação*. A informação, quando não utilizada, torna-se estéril: não contribui para a produção de conhecimento, não subsidia a ação. É como se essa informação cumprisse uma função meramente decorativa.

Diversos estudiosos do tema (Vasconcelos, Moraes & Leal, 2002; Risi Jr., 2006; Moraes & Gómez, 2007; Vidor, Fischer & Bordin, 2011) convergem na constatação de que há problemas para a utilização efetiva da informação como subsídio às decisões tomadas em saúde, nas três esferas de governo. Cabe destacar que raízes desse problema estão cravadas na tensão entre os diversos interesses presentes na saúde, em suas articulações com o complexo econômico industrial da saúde (CEIS), em sua função política e social, nos interesses partidários, em uma gestão clientelística, casuística, pontual e atomizadora, às vezes distantes do dever do Estado em garantir saúde universal com qualidade para a população. A lista de explicações é extensa, mas não será tratada aqui.

O objetivo é tão-somente evidenciar que ainda não se estabeleceu uma cultura de uso intensivo e contínuo da informação como subsídio para a decisão no SUS. Moraes (2012) observa que os gestores "pulam direto" para as decisões, sem um conhecimento detalhado e informado da situação sobre a qual precisam decidir. Adotam-se decisões em função de seu impacto na mídia ou motivadas pelo noticiário diário. Nota-se certa dinâmica em que decisões, nos mais diferentes níveis da hierarquia dos serviços de saúde, são tomadas pela "fuga do problema": demora-se tanto a agir que o problema se resolve sozinho – para o bem ou para o mal.

Esses resultados representam um duro golpe no mito de que as decisões em saúde seguem um modelo racional e criterioso. A análise limitada de informações sobre o problema a ser enfrentado empobrece a identificação de alternativas e dimensões a serem consideradas na decisão, bem como a avaliação das presumíveis consequências positivas e/ou negativas para as pessoas afetadas. Acrescente-se o fato destacado por Risi Jr. (2009):

> [...] as áreas técnicas do setor ainda não buscaram desenvolver metodologias de análise conjuntural e de tendências que objetivem as questões de saúde de modo a instrumentalizar o processo decisório, nos planos intra e intersetorial. A resultante inercial é que as iniciativas na área de informação continuam sendo pontuais e insuficientes para influenciar o processo geral da saúde, enquanto as decisões políticas do setor tendem a seguir outra lógica que não a do uso de informação sistematizada. Constata-se que os principais usuários de dados provenientes dos sistemas nacionais de informação em saúde são as instituições acadêmicas. Em que pese a relevância dessa participação – até pelas contribuições valiosas para aprimorar os próprios sistemas –, cabe considerar que a finalidade principal de tais instrumentos é subsidiar a gestão do SUS, o que, todavia, não se efetiva a contento.

A gravidade do problema aumenta na medida em que avança o processo democrático no país. A população amplia suas reivindicações na defesa de seus direitos, pressiona o SUS por melhorias, desde o profissional de saúde que a atende em uma Unidade Básica de Saúde (UBS) até os altos escalões de gestores. A democracia e o exercício do controle social tencionam o cotidiano da atenção à saúde, premido a implementar ações resolutivas que podem exigir instrumentos de gestão cada vez mais complexos, entre os quais os SIS.

A ação de decidir em saúde é um processo complexo, em que vale lembrar afirmação de Edgar Morin (1997): "A complexidade atrai a estratégia. Só a estratégia permite avançar no incerto e no aleatório. [E a estratégia] é a arte de utilizar as informações que aparecem na ação, de integrá-las, de formular esquemas de ação e de estar apto para reunir o máximo de certezas para enfrentar incertezas."

As decisões na área da Saúde, em tese, devem ser tomadas de maneira racional, com clareza, foco e o máximo de certezas que o conhecimento humano fundamenta.

Achar o "ponto ótimo" que combine informação, conhecimento e ação torna-se um dos desafios de quem precisa decidir, sem se perder em exaustivos diagnósticos que, algumas vezes, servem apenas para revestir com tecnicidades decisões adotadas distantes do próprio diagnóstico das demandas em saúde.

No entanto, é preciso "certa iniciação" nos meandros dos portais de saúde para que se encontrem os dados, apesar de importantes avanços, como o IDB-RIPSA, o TABNET (http://www2.datasus.gov.br/DATASUS/index.php?area=040804) e o TABWIN (http://www2.datasus.gov.br/DATASUS/index.php?area=040805). Estes dois últimos são programas de tabulação, desenvolvidos pelo Datasus e de domínio público. Não é qualquer um que consegue penetrar os labirintos das informações em saúde e seus acervos infindáveis, notadamente se for um cidadão ou conselheiro de saúde não familiarizado com o jargão técnico, muitas vezes hermético. É preciso ter uma "chave" que ordene saídas inteligíveis, sob pena de, mesmo tendo acesso às bases informacionais, não se alcançar o objetivo que se quer: ter a informação necessária, no tempo e modo adequados, para tomar decisões menos casuísticas e nebulosas.

A Declaração Universal dos Direitos Humanos (1948), ao incluir o direito "de procurar, receber e transmitir informações por quaisquer meios independentemente de fronteiras", representa um marco na história da construção da democracia nas sociedades contemporâneas. Essa declaração ilumina diferentes movimentos sociais e políticos que adotam em suas lutas reivindicatórias o seguinte princípio: a informação é um direito de todos, sendo dever do Estado garanti-lo. Esse direito não se traduz apenas em acesso, mas também na compreensão do significado das informações, em linguagem adequada, que desnudem/desvendem os condicionantes e os determinantes sociais, políticos e econômicos da situação de saúde-doença-cuidado. Convida-se o leitor a navegar no ciberespaço em alguns dos principais *sites* de interesse para a SC na listagem apresentada ao fim do capítulo.

Informação e tecnologia de informação em saúde: espaço de relações de poder e produção de saber

Como parte da análise crítica sobre SIS, cabe desvendar o contexto atual em que eles se tornam inseparáveis do aparato tecnológico que lhes dá suporte. Tem como se imaginar algum SIS que não utilize *software*, *hardware* ou internet? Não é à toa que dentre as empresas mais valiosas no mundo hoje se destacam a Apple, a IBM e a Microsoft e que o homem mais rico do mundo (em 2012) seja Carlos Slim (empresário mexicano), com a origem de sua fortuna no setor de telecomunicações (entre as quais, no Brasil, a Claro e a Embratel).

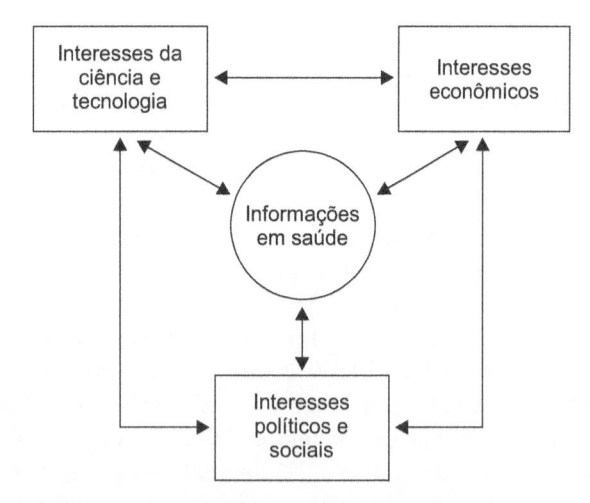

Figura 44.3 ◆ A informação em saúde no mundo atual.

Cooper (2003) afirma: "A tecnologia de informação é onipresente. Há muito entusiasmo e novidades. É nesse ramo que tudo acontece, o que tende não só a aumentar a demanda e melhorar o desempenho financeiro, como a ampliar o papel da marca. Assim como os automóveis e a aviação tiveram seus dias de ouro, agora é a vez da tecnologia!"

Sem comungar com tanto entusiasmo, os dois parágrafos anteriores têm por finalidade enfatizar que há interesses econômicos poderosos em disputa por mercados, e a saúde, em especial o SUS, é classificada como um dos setores mais promissores pelas empresas de TI. Nos dias atuais, a informação penetra o cotidiano de quase todas as expressões da vida humana e está presente, de maneira explícita ou implícita, em relações sociais, políticas, econômicas, científicas e culturais, tanto influenciando como recebendo influências dessa complexa dinâmica. Essa constatação também pode ser aplicada à IS. É o que a Figura 44.3 procura expressar, ao colocar setas em dupla direção.

O que esse contexto tem a ver com os SIS? Muita coisa. A seguir são discutidas algumas consequências do imbricamento da TI com os SIS, principalmente sob o olhar de saberes e práticas da planificação e gestão e das ciências sociais em saúde.

Estruturas de gestão dos SIS

As instâncias públicas de gestão de informação e de tecnologia de informação em saúde (ITIS) sofrem um lento e gradual sucateamento. O esvaziamento da gestão da ITIS, aliado a um debate "tecnicista", guarda relação, não exclusiva, com a dinâmica de intensa disputa do "mercado do SUS" por empresas multinacionais e nacionais. Como muito bem destaca Marteleto (2007), é um espaço "regulado mais pelos interesses econômicos e empresariais do que propriamente estatais e públicos".

A estratégia (não explícita) de "desmanche" dos espaços públicos *vis à vis* a expansão de segmentos do capital privado é algo conhecido na saúde. Essa tendência identificada nos espaços públicos de gestão dos SIS não é exclusiva, insere-se em um movimento mais amplo de disputas entre interesses públicos e privados, onde ocorre uma articulação entre Estado e mercado, em múltiplos níveis (Fleury, 2011).

Há um consenso: o SUS precisa incorporar em suas práticas funcionalidades propiciadas pelo uso intensivo da TI. A questão é como, em qual direção? Qual modelo atende aos interesses da população? O modelo da terceirização do desenvolvimento de SIS? Qual política de ITIS garante a primazia dos interesses públicos sobre os interesses de expansão do mercado de TI? Aprofundar estas questões foge ao escopo deste capítulo. Portanto, trata-se tão-somente de destacar que esse contexto tem impacto na qualidade dos SIS, no custo da informação em saúde para o SUS e em sua autonomia em negociações nacionais e internacionais de preços e qualidade de produtos e serviços de informação, no contexto globalizado e cartelizado das grandes corporações de TI em associação com o Ceis. Pode-se afirmar que *a fragilidade das estruturas de gestão dos SIS, inseparável das decisões sobre tecnologia de informação em saúde, as torna vulneráveis às pressões do mercado, favorecendo processos de terceirização de ações estratégicas para a própria gestão da saúde, deixando fluido o papel do Estado na condução da política de informação e TI em saúde.*

Diante dos conglomerados empresariais que se formam em torno da TI em saúde, é preciso atenção nas articulações que se formam entre público e privado para que não representem uma canalização dos interesses privados para o interior da *res pública*, reduzindo a função do SUS a um "rico mercado de contratos". Essa é uma questão crucial por seus desdobramentos para o futuro dos sistemas e redes de saúde. A justificativa de que "não há agilidade" na esfera pública vem retardando o desenvolvimento brasileiro na busca da excelência no setor público de informação e TI em saúde pelo menos desde 1999 (Abrasco, 2011).

Portanto, não se trata de criação e fortalecimento de mais um feudo técnico no interior das instituições de saúde das três esferas de governo, mas sim de retirar véus que encobrem o sistema de saúde brasileiro no que se refere às informações em saúde sob sua responsabilidade. O esvaziamento das instâncias gestoras dos SIS tem impacto negativo sobre o desempenho dos sistemas e, por conseguinte, na qualidade das informações produzidas.

Na Figura 44.4, são apresentados fatores críticos considerados relevantes para a qualidade das informações em saúde que integram as bases que fundamentam a produção de conhecimento e as ações de melhoria da saúde. Procura-se evidenciar que, a partir da decisão política das autoridades sanitárias do SUS, existe uma sinergia virtuosa entre qualificação em alto grau de excelência da gestão da informação e TIS, capacitação permanente das equipes de ITIS, nas três esferas de

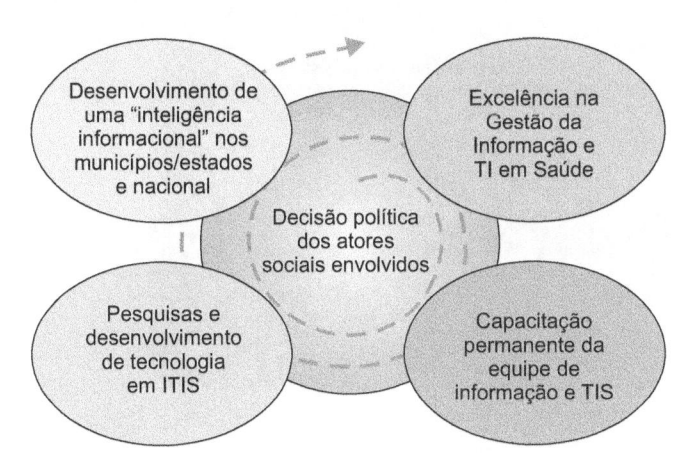

Figura 44.4 • Fatores críticos relevantes para a qualidade da informação em saúde.

governo, pesquisas contínuas e desenvolvimento de tecnologia, de práticas e de novos saberes sobre a área temática de ITIS. Nessa dinâmica, constrói-se no país uma "inteligência informacional" nos municípios, nos estados e nacional que aumenta a qualidade das informações.

Esses são requisitos essenciais para que o SUS transite no contexto da atual união/interseção da informação em saúde com a TI seguindo na direção da primazia dos interesses públicos e da qualidade crescente dos SIS, no decorrer de seu ciclo de vida útil. Afirma-se, portanto, que o fortalecimento do desempenho dos SIS e, consequentemente, das informações por eles produzidas, pressupõe reverter a tendência ao sucateamento das instâncias públicas de gestão da ITIS.

A seguir, citam-se algumas situações presentes, a depender do grau de excelência das instâncias gestoras dos SIS:

- Subnotificaçãopor problemas na cobertura[4] do SIS.
- Falta de regularidade[5] no ciclo de funcionamento do SIS.
- Problemas no preenchimento e na codificação da causa básica e as associadas ao óbito no SIM e do diagnóstico principal e secundário no SIH/SUS, de acordo com a CID-10.

[4]**Cobertura de um SIS:** expressa o grau em que estão registrados, naquele determinado SIS, os eventos (observações) para os quais o sistema foi desenvolvido. Indica a qualidade do SIS em sua capacidade de abranger a totalidade dos eventos, em determinados tempo e lugar. Quando o SIS tem baixa cobertura, ocorre a subnotificação das ocorrências daquele determinado evento, apresentando deficiências que impõem cautela no uso dos valores encontrados, na medida em que o sistema está captando apenas parte dos casos existentes. A Ripsa recomenda que nas unidades da federação em que o Sinasc tem cobertura inferior a 90%, e o SIM cobertura e regularidade menor do que 80%, esses sistemas não sejam utilizados para cálculo de indicadores, mas sim por meio de métodos indiretos. (Ripsa).

[5]**Regularidade de um SIS :** refere-se à precisão regular das etapas de um SIS: registro, coleta, transmissão dos dados etc., o que assegura a confiança dos usuários na informação produzida, contribuindo para a produção de evidências sobre a situação sanitária e suas tendências (Ripsa).

- Invasão da privacidade e confidencialidade das informações dos pacientes. Esse risco aumenta na medida em que avançam os mecanismos de ligação entre bases de dados nominais e a interoperabilidade de SIS.
- *Lock in* a empresas proprietárias de *software*, de padrões de conteúdo e de comunicação e de mecanismos de segurança da informação; bem como desenvolvedoras de aplicativos.

A análise crítica dos SIS, no contexto de desenvolvimento rápido da TI, levanta novos desafios éticos, políticos, econômicos e científicos para a sociedade brasileira, em especial gestores, profissionais e prestadores de serviços de saúde diante do dever de garantirem saúde universal com qualidade.

Cartão Nacional de Saúde, Registro Eletrônico de Saúde e Telessaúde (e-health)

As três iniciativas – Cartão Nacional de Saúde (CNS), Registro Eletrônico de Saúde (RES) e Telessaúde (*e-health*) – constituem, talvez, as faces mais visíveis e debatidas do contexto de articulação dos SIS com a TI. Fazem parte do movimento de incorporação tecnológica, mas apresentam dinâmicas e histórias diferentes, por isso tratadas aqui em separado, de modo sintético.

Cartão Nacional de Saúde (CNS)

A proposta é antiga: dotar o SUS com número único de identificação do cidadão, vinculando-o ao profissional de saúde que o atendeu e ao estabelecimento onde se deu o atendimento. De maneira explícita, essa proposta aparece pela primeira vez no Relatório Final da X Conferência Nacional de Saúde (1996). Entretanto, as diferentes iniciativas implementadas pelo Ministério da Saúde (MS), desde 1999, trouxeram poucos benefícios à população e à gestão do SUS, apesar dos vultosos investimentos públicos realizados, da ordem de R$ 380 milhões até ago/2010, segundo Acórdão do Tribunal de Contas da União (TC 032.238/2011-8, abril/2012).

Em 1999, o MS instaurou o modelo de terceirização de todo o ciclo de desenvolvimento e transferência tecnológica do sistema computacional do Cartão, a ser implantado em todo o território nacional. Até hoje o Brasil aguarda. As diversas tentativas que se seguiram, mantendo o modelo da terceirização, acarretam o desgaste do CNS diante de 94.955.830 de cidadãos brasileiros já definitivamente cadastrados, até 20 de julho de 2012, segundo o Datasus, com poucos benefícios decorrentes deste fato.

Em http://bvsms.saude.gov.br/bvs/saudelegis/gm/2011/prt0940_28_04_2011.html, pode-se acessar a Portaria 940/2011, do Gabinete do MS, que regulamenta o Sistema Cartão Nacional de Saúde (Sistema Cartão) e

Figura 44.5 • Modelo de cartão do usuário do SUS.

define as especificações do *layout* de sua mídia impressa (Figura 44.5).

A proposta de cadastramento da população brasileira para a identificação unívoca de cada cidadão emerge como âncora de *matching* entre diferentes SIS/bases de dados, como se fosse uma chave mestra de acesso aos dados dispersos nos SIS de um mesmo indivíduo, articulando-os em prol de um melhor atendimento ao resgatar sua história clínica, vacinas recebidas, resultados de exames, referência e contrarreferência etc. O CNS abre, assim, um leque de benefícios para o cidadão e para a organização e gestão dos sistemas e redes de serviços de saúde.

Em paralelo, coube ao Datasus a responsabilidade por desenvolver e gerenciar as bases de dados estruturantes a serem utilizadas pelo sistema computacional do cartão: Cadastro do Indivíduo (CadSUS/Cadweb) e Cadastro dos Profissionais e dos Estabelecimentos de Saúde (CNES). Das diversas iniciativas terceirizadas para "dar vida" ao sistema computacional do cartão, os principais benefícios para o Brasil permanecem sendo os sistemas computacionais que dão suporte aos cadastros estruturantes, desenvolvidos e gerenciados pelo gestor público.

Registro Eletrônico de Saúde (RES)

O conceito de RES também não repousa em águas calmas. A depender de quem e de onde vem o olhar, encontra-se um aspecto diferente do que vem a ser RES. Por exemplo, a Norma ISO/TR 20514 define como

> Um repositório das informações a respeito do estado de saúde de um ou mais indivíduos numa forma processável pelo computador, armazenada e transmitida com segurança e acessível por múltiplos usuários autorizados, tendo um modelo lógico de informação padronizado ou acordado que seja independente dos sistemas de RES e cuja principal finalidade é apoiar

a continuidade, a eficiência e a qualidade da assistência integral à saúde[6].

Já o Comitê Temático Interdisciplinar do Registro Eletrônico de Saúde da Ripsa (CTI/RES-2011) afirma que:

> O RES deve propiciar uma visão unificada e integrada dos processos de trabalho inerentes ao ciclo de atenção à saúde, com as seguintes premissas:
>
> • Ir além do registro eletrônico da doença;
> • Superar visão fragmentadora e reducionista de eventos na atenção à saúde, procurando incorporar o referencial do paradigma da complexidade;
> • Transcender a visão de atendimento médico assistencialista;
> • Dar suporte tanto à abordagem clínica quanto às demais áreas de conhecimento essenciais para a qualidade do ciclo de atenção;
> • Oferecer visão unificada de todos os registros de saúde do cidadão na rede de atenção;
> • Fortalecer o trabalho em saúde colaborativo e integrado entre os diferentes sujeitos: cidadão, profissional, gestor e prestador de serviços de saúde;
> • Contemplar modelo de governança das informações e TIS articulado e aderente à realidade brasileira do SUS.

O RES constitui uma iniciativa complexa que exige ações complexas para sua efetiva implementação, como adoção por consenso de padrões de conteúdo, de terminologia, de segurança e de conectividade; desenvolvimento e incorporação intensa de TI; investimentos financeiros significativos; capacitação permanente das equipes de saúde; pactuação de um arcabouço jurídico-ético-institucional de defesa da privacidade dos cidadãos; desen-

---

[6]As normas ABNT/ISO não estão disponíveis para acesso de domínio público e precisam ser compradas na ABNT.

volvimento de novos saberes e práticas etc. Mas, acima de tudo, exige a responsabilidade dos gestores públicos para garantia da primazia dos interesses públicos e da população.

Quem ocupar posição privilegiada nos espaços definidores sobre o RES, decidindo, por exemplo, quais variáveis compõem a identificação do cidadão, participa de ação política de alta relevância estratégica para o país: a natureza e qualidade das biografias da saúde individual da população, que comporão complexas bases de dados de ocorrências de atendimentos em saúde.

Telessaúde (e-saúde/e-health)

Os SIS e as TI são, cada vez mais, faces de uma mesma moeda. Nas experiências denominadas telessaúde (TS), ocorre quase uma fusão entre SIS e TI para que a ação se efetive. Estabelecem-se novos espaços de atenção à saúde: o espaço virtual. O potencial da TS caminha *pari passu* aos avanços científicos e tecnológicos.

O termo "telessaúde" refere-se a uma variedade de conceitos, mas em todos está presente a ideia de "espaço" enquanto tentativa de superação de sua principal consequência: a distância. À dimensão de espaço, associa-se a ideia de "tempo", pois as ações de telessaúde propõem garantir, com qualidade, a atenção à saúde independente da distância, no tempo efetivo necessário.

No Brasil, estão em andamento algumas iniciativas em que a telessaúde volta-se também para a organização de ações de promoção da saúde; prevenção de doenças; vigilância em saúde, atenção básica, apoio à decisão gestora; regulação assistencial; controle e avaliação das ações em saúde. Entretanto, em sua maioria, observa-se a reprodução de uma prática assistencial fragmentada, hospitalocêntrica, não constitutiva de uma rede assistencial integral, hierarquizada e regionalizada, com qualidade equanimemente ofertada às populações. Em seu conjunto, destacam-se as ações de educação permanente das equipes de saúde, principalmente as que se situam distantes dos centros urbanos.

Organismos internacionais (OMS, OPAS, BID, Cepal) e governos vêm fomentando ações de telessaúde. A análise da literatura internacional e nacional evidencia o crescimento das experiências e a relevância crescente de seu papel adjuvante para o enfrentamento de problemas, como a dificuldade de acesso a serviços de saúde de excelência de segmentos populacionais. Vale lembrar que nessa equação não entram somente os benefícios que a TS pode proporcionar, mas também pressões de expansão do complexo econômico das empresas de tecnologia da informação e comunicação (TIC) em articulação com o CEIS.

Vale salientar duas ações governamentais que se configuram como marcos fundamentais para o avanço da telessaúde no Brasil:

- Rede Universitária de Telemedicina (Rute), criada em 2005 pelo Ministério de Ciência e Tecnologia (MCT), no âmbito da Rede Nacional de Ensino e Pesquisa (RNP). Para saber mais, consulte o *site* da Rute em http://rute.rnp.br/.
- Telessaúde Brasil Redes, criada pelo Ministério da Saúde, em 2007, como Programa Nacional de Telessaúde na Atenção Primária. É coordenado pelo Departamento de Educação em Saúde da Secretaria Nacional de Educação e Trabalho em Saúde. Para saber mais, consulte o *site* do Programa Telessaúde Brasil Redes em http://www.telessaudebrasil.org.br/.

CONSIDERAÇÕES FINAIS

Os SIS de interesse para a SC estão em transformação diante do contexto digital, cibernético, virtual. O desafio é saber aproveitar a oportunidade dessa realidade, de maneira reflexiva e crítica, em proveito da melhoria das condições de saúde da população e da produção de novos conhecimentos e práticas sob a ótica da SC.

Nessa perspectiva, é preciso (re)afirmar que em qualquer mudança implementada há um princípio a ser respeitado: as informações geradas pelos SIS constituem um bem público, patrimônio do povo brasileiro. Com suas qualidades e fragilidades, desenvolvidas ao longo da formação histórica do país, o acervo das informações em saúde deve ser preservado. Nesse sentido, cabe sua defesa radical: iniciativas, em qualquer esfera de governo, que danifiquem este patrimônio devem ser qualificadas como crimes de lesa-nação (Moraes, 2002).

A força simbólica, cultural, educacional, política, social e econômica das TI provoca as mais diferentes reações, tensões e disputas. Não há neutralidade nesse processo. Torna-se pauta de movimentos sociais que lutam contra a exclusão digital e exigem transparência das ações dos governos e a democratização das informações. Ao mesmo tempo, constitui um dinâmico complexo econômico: as empresas "pontocom", com seus capitais girando na Nasdaq (Bolsa de Valores eletrônica voltada para empresas de alta tecnologia em eletrônica, informática, telecomunicações, biotecnologia, entre outras).

Na maior parte do território brasileiro, persiste o uso de "plataformas quase analógicas" dos SIS. Trabalha-se com essa imagem para ilustrar situações em que a TI cumpre a função de mero *upgrade* substituto da máquina de escrever e de calcular e a internet, a de um correio mais ágil, através de *upload* e *download*, para o fluxo das informações. Em paralelo, há localidades em que os SIS em "plataformas digitais" ampliam sua potência informacional de apoio à atenção à saúde ao serem incorporados ao processo de trabalho em saúde, beneficiando o cidadão. Observa-se mais uma faceta das desigualdades em saúde no Brasil, em suas diferentes formas de *apartheid*: os excluídos digitais (Moraes *et al.*, 2009).

Paim (2007) enfatiza que "[...] as práticas de saúde são histórica e socialmente determinadas, cada sociedade engendra suas respostas dentro dos seus limites estruturais e diante da ação política dos sujeitos". Os SIS estão imersos nessas práticas e saberes de saúde, onde a migração das "plataformas quase analógicas" dos SIS para "plataformas digitais" constitui um processo histórico cujo direcionamento merece a reflexão crítica e a intervenção, nas tensões e disputas, do campo científico e das práticas da SC.

Compreender que os SIS são *histórica e socialmente determinados* fundamenta a esperança: pode ser diferente! Há a possibilidade de transformações direcionadas para o bem comum! Afinal, a capacidade de uma ação prática se inicia com a fundamentação das ideias, como a de uma distribuição equânime dos benefícios que a ação e o conhecimento humano podem proporcionar aos sujeitos históricos que constroem o SUS. Esse desafio, no âmbito da área temática de ITIS, terá o alcance das respostas engendradas pela sociedade brasileira, pelo menos, à seguinte indagação: como a informação e suas tecnologias podem contribuir para (i) um processo democrático emancipador e, ao mesmo tempo, ser (ii) macrofunção estratégica da gestão do SUS comprometido com a melhoria da saúde da população?

"Não somos responsáveis apenas pelo que fazemos, mas também pelo que deixamos de fazer".
Jean-Baptiste Poquelin – (Molière – 1622-1673)

ALGUNS *SITES* DE INTERESSE PARA A SAÚDE COLETIVA (*SITES* VÁLIDOS EM 27/9/2012)

Governo
- Ministério da Saúde – http://portal.saude.gov.br/portal/saude/default.cfm
- Departamento de Informática do SUS (DATASUS) – http://www2.datasus.gov.br/DATASUS/index.php
- TabNet e TabWin – http://www.datasus.gov.br/tabnet/tabinst.htm
- Rede Interagencial de Informações em Saúde (RIPSA) – http://www.ripsa.org.br/php/index.php
- Fundo Nacional de Saúde (FNS) – http://www.fns.saude.gov.br/
- Agências: http://www.ans.gov.br ;http://www.anvisa.gov.br/; http://www.anatel.gov.br
- Secretaria Estadual de Saúde: http://www.saude.XX.gov.br
- IBGE – http://www.ibge.gov.br
- Ipea – http://www.ipea.gov.br/portal/

Bases bibliográficas
- Medicina de Evidências – http://www.cochrane.org; http://www.cochrane.org/cochrane/cdsr.htm
- National Library of Medicine – http://www.nlm.nih.gov
- Medline (informações para o público em geral) – http://www.nlm.nih.gov/medlineplus
- Medline (informações para especialistas) http://www.ncbi.nlm.nih.gov/PubMed/

Brasil
- Biblioteca Virtual em Saúde (BVS) – www.bvs.br
- The Scientific Electronic Library Online – www.scielo.br/
- Centro Latino-Americano e do Caribe de Informação em Ciências da Saúde – http://www.bireme.br/

Governo Eletrônico (e-gov) e Controle Social
- E-Gov – http://www.governoeletronico.gov.brehttp://www.scielo.br/pdf/rap/v43n1/a03v43n1.pdf
- **Participar de consultas públicas:**
  - http://200.214.130.94/consultapublica/index.php (ferramenta de consulta pública do Ministério da Saúde)
  - http://sistemas.anatel.gov.br/SACP/ (sistema de acompanhamento de consulta pública da ANATEL)
  - http://www.anvisa.gov.br/divulga/consulta/index.htm (consultas públicas da Anvisa)
- **Fluxo dos recursos públicos:** Portal da Transparência – http://www.portaltransparencia.gov.br/
- **Denunciar improbidades:**
  - http://sna.saude.gov.br/ (Departamento Nacional de Auditoria do SUS – DenaSUS)
  - http://www.cgu.gov.br/olhovivo/ (Programa Olho Vivo no Dinheiro Público)
  - http://www.cgu.gov.br (Controladoria Geral da União – CGU)
- **Outros *sites* relevantes:**
  - Conselho Nacional de Saúde – http://conselho.saude.gov.br/
  - Dieese – http://www.dieese.org.br/
  - Instituto de Estudos Socioeconômicos (Inesc) – http://www.inesc.org.br
  - Coletivo Brasil de Comunicação Social (Intervozes) – http://www.intervozes.org.br/
  - Fórum de Entidades Nacionais de Direitos Humanos – http://www.direitos.org.br

Agradecimentos

Agradeço ao Prof. Dr. Carlos Otávio Fiuza Moreira e à Profª Drª Silvia Rangel dos Santos pelas leituras críticas e generosas que contribuíram em muito para a melhoria deste capítulo.

Referências

Abrasco. Carta Aberta ao Sr. Ministro de Estado. Entregue em 13 de novembro de 2011. Disponível em: http://www.abrasco.org.br/UserFiles/File/ABRASCODIVULGA/2011/CartaAberta_TI_131111.pdf.

Almeida-Filho N. A ciência da saúde. São Paulo: Hucitec, 2000.

Campos GWS. Efeito torre de babel: entre o núcleo e o campo de conhecimentos e de gestão das práticas: entre a identidade cristalizada e a megafusão pós-moderna. Revista Ciência & Saúde Coletiva 2007; 12(3):570-3.

Carvalheiro JR. Caleidoscópio sanitário. Revista Ciência & Saúde Coletiva, 2007; 12(3):568-70.

Cooper M. Media ownership and democracy in the digital information age. ED: Universidade de Stanford, 2003.

Fleury S. Defesa intransigente do interesse público na saúde. Teses – Cebes. II Simpósio de Política e Saúde, Brasília, julho de 2011.

Gómez MNG. Questões Éticas da Informação. Aportes de Habermas. In: Gómez MNG, Lima CRM (orgs.). Informação e democracia: a reflexão contemporânea da ética e da política. Brasília: IBCT, 2010.

Marteleto RM. Informação, saúde, transdisciplinaridade e a construção de uma epistemologia social. Revista Ciência & Saúde Coletiva 2007; 12(3):576-9.

Melo Jorge MH. Registro dos eventos vitais: sua importância em saúde pública. São Paulo: Centro Brasileiro de Classificação de Doenças, 1990 (Série Divulgação nº 5).

Moraes IHS et al. Inclusão digital e conselheiros de saúde: uma política para a redução da desigualdade social no Brasil. Revista Ciência & Saúde Coletiva, 2009; 14(3):879-88. Disponível em: http://www.scielo.br/pdf/csc/v14n3/23.pdf.

Moraes IHS, Gómez MNG. Informação e informática em saúde: caleidoscópio contemporâneo da saúde. Revista Ciência & Saúde Coletiva, 2007; 12(3):553-65. Disponível em: http://www.scielo.br/pdf/csc/v12n3/02.pdf

Moraes IHS. Decisão em saúde: como ocorre o uso da informação? Relatório Preliminar de Pesquisa. Rio de Janeiro: ENSP, 2012.

Moraes IHS. Informação em saúde: da prática fragmentada ao exercício da cidadania. São Paulo: Hucitec, 1994.

Moraes IHS. Política, tecnologia e informação em saúde – a utopia da emancipação. Salvador: ISC/Ufba e Casa da Qualidade, 2002.

Morin E. Complexidade e ética da solidariedade. In: Castro G, Carvalho EA, Almeida MC (orgs.) Ensaios de complexidade. Natal: UFRN; Porto Alegre: Sulina, 1997.

Paim J. Informação e política de saúde. Revista Ciência & Saúde Coletiva, 2007; 12(3):566-7.

Risi Jr. JB. Informação em saúde no Brasil: a contribuição da Ripsa. Revista Ciência & Saúde Coletiva, 2006; 11(4):1049-53.

Risi Jr. JB. A experiência brasileira em sistemas de informação em saúde. In: Brasil. Ministério da Saúde, Organização Pan-Americana da Saúde, Fundação Oswaldo Cruz. 2 v. Brasília: Editora do Ministério da Saúde, 2009. (Série B. Textos Básicos de Saúde).

Vasconcellos MM, Moraes IHS, Leal MT. Política de saúde e potencialidades de uso das tecnologias de informação. Revista Saúde em Debate 2002; 61:219-35.

Vasconcellos MM. Ambiente informacional para apoio à decisão. In: Anais VI Congresso Brasileiro de Saúde Coletiva. Abrasco, 2000.

Vidor AC, Fischer PD, Bordin R. Utilização dos SIS em municípios gaúchos de pequeno porte. Revista de Saúde Pública 2011; 45(1):24-30.

Wilson P. Second-hand knowledge: an inquiry into cognitive authority. Westport, Conn.: Greenwood Press. Contributions in Library and Information Policy 1983; 44.

VII
EPÍLOGO

45

Saúde Coletiva: Futuros Possíveis

Naomar de Almeida-Filho ♦ *Jairnilson Silva Paim* ♦ *Lígia Maria Vieira-da-Silva*

INTRODUÇÃO

A correlação de forças políticas e sociais que redemocratizou o Brasil ampliou indiscutivelmente a transparência e a participação coletiva na gestão pública do setor saúde. Nesse processo, a sociedade brasileira, principalmente por meio do movimento da Reforma Sanitária, foi capaz de conceber, estabelecer e consolidar talvez o maior patrimônio de política pública da nação: o Sistema Único de Saúde (SUS). Esse processo histórico relacionou-se estreitamente com a emergência de um espaço social particular de saberes e práticas em saúde, objeto deste volume, denominado Saúde Coletiva (SC).

Concluímos o Capítulo 15 afirmando que o destino do SUS depende das políticas públicas que estão sendo promovidas atualmente. Observamos que subfinanciamento público e aumento dos subsídios e estímulos aos planos privados de saúde, bem como a persistência de renúncias fiscais para gastos com assistência médica, não sugerem um cenário otimista para o SUS, pelo menos na perspectiva conceitual mais progressista da SC e do projeto da Reforma Sanitária Brasileira (RSB). Comentamos que as políticas racionalizadoras implementadas nos últimos anos, por governos de diferentes matizes ideológicos, não são suficientes para sustentar um sistema de saúde de qualidade para todos os brasileiros. Podemos dizer que o futuro da SC depende do processo da RSB e do desenvolvimento do SUS.

Entretanto, além da importância dos fatores e vetores atuantes nas últimas décadas, para uma prospecção de futuros sobre a SC brasileira, precisamos analisar as contradições e tendências da conjuntura atual e os cenários possíveis e plausíveis para o desenvolvimento econômico e social do Brasil. Para isso, contamos com o rico material de análise e reflexão produzido pelos autores que contribuíram para o presente volume, além do estudo *A Saúde no Brasil em 2030*, conduzido pela Fundação Oswaldo Cruz (Fiocruz, 2012), mediante acordo com a Secretaria de Assuntos Estratégicos da Presidência da República, em colaboração com o Instituto de Pesquisa Econômica Aplicada (Ipea).

CONJUNTURA ATUAL: CONTRADIÇÕES E TENDÊNCIAS

O Brasil passa por uma conjuntura rica e complexa, com elementos de avanço no sentido de construção de uma sociedade democrática e socialmente desenvolvida. No entanto, desafios e problemas têm sido gerados pelas escolhas e contextos, além de seus determinantes históricos e estruturais ligados ao desenvolvimento capitalista nessa formação social, às características culturais e ao papel do Estado, sobretudo no período republicano. Inegavelmente, temos experimentado nas últimas décadas uma política externa relativamente soberana, sem alinhamentos políticos automáticos nem atrelamentos do ponto de vista de blocos econômicos. O crescimento econômico tem sido sustentado, mesmo em um contexto de persistente crise mundial, porém ressalta a extrema dependência tecnológica do parque industrial nacional. A expansão industrial e agrícola, baseada na formação de um mercado consumidor voraz e incentivado ou na exportação de *commodities*, produz enormes desafios ambientais e não tem resolvido os dilemas e problemas do mundo do trabalho associados às demandas pela produtividade e competitividade da força de trabalho.

O país tem passado por grandes transformações políticas, econômicas, demográficas e sociais nos últimos anos, conservando amplas desigualdades internas. A proporção de pessoas com mais de 60 anos alcançou 10% da população em 2009, a urbanização chegou a 80%, a taxa de fertilidade reduziu para 1,9 e a expectativa de vida ao nascer atingiu 72,8 anos em 2008. Embora as taxas de desemprego estejam baixas, inferiores a 8%, mais de 40% dos trabalhadores encontram-se no setor informal, com sérias consequências na cobertura da previdência social. A frequência escolar tem aumentado e a taxa de analfabetismo caiu para menos de 10%. O índice de pobreza diminuiu para 31% em 2008, melhoria atribuída a políticas sociais, incluindo o sistema de seguridade social, o Benefício de Prestação Continuada (BPC), o aumento real do salário-mínimo e o programa de transferência condicionada de renda (Bolsa Família), que atinge 13 milhões de famílias e consome 0,4% do PIB. Em 2007, 93% dos domicílios dispunham de abastecimento de água, 60% com acesso a esgoto, além de eletricidade. O Produto Interno Bruto (PIB) duplicou entre 1991 e 2008, enquanto o coeficiente de Gini foi reduzido em 15%, passando de 0,637 para 0,547, embora se apresente como um dos maiores do mundo (Paim et al., 2011).

O coeficiente de Gini é um indicador que pode ajudar a compreender as questões relativas à desigualdade de renda no país. Isso porque se parte do pressuposto de que a evolução da qualidade de vida no Brasil pode ser afetada profundamente pela redução da concentração de renda. O coeficiente de Gini mede o grau de desigualdade na distribuição da renda domiciliar *per capita* entre os indivíduos. Seu valor varia de 0 a 1. O valor mínimo (zero) seria uma situação de ausência de desigualdade (as rendas de todos os indivíduos são rigorosamente iguais). O valor máximo (1) refletiria total desigualdade (apenas um indivíduo detém toda a renda da sociedade e a renda de todos os outros indivíduos é nula). A Figura 45.1 mostra uma significativa e sustentada melhoria do coeficiente de Gini no Brasil, sobretudo entre 2001 e 2009. Todavia, cabe alertar que esse coeficiente expressa a distribuição de renda entre assalariados, baseando-se, portanto, no trabalho. Os dados utilizados não contemplam os ganhos de capital. Consequentemente, a queda do Gini indica a redução das desigualdades de renda entre os assalariados, deixando de revelar a concentração de renda entre os grupos que acumulam o capital. Outra questão importante é que o coeficiente mede distribuição e não volume de riqueza. Desse modo, uma população paupérrima, onde todos têm baixa renda equivalente, teria um Gini reduzido.

Dessa conjuntura, definida por um modelo de crescimento econômico alimentado por inclusão social (nesse aspecto elogiado por teóricos da economia internacional), resulta uma contradição: por um lado, redução de desigualdades econômicas e ampliação da participação de segmentos populacionais antes fora do alcance de políticas públicas; por outro lado, aumento discreto e camuflado de iniquidades sociais promovidas pelo Estado. A contradição encontra-se na constatação de mais equidade, no sentido econômico, com inegável melhoria nos padrões de distribuição de renda entre os assalariados, e consequentemente na capacidade de consumo, e, paradoxalmente, mais desigualdade social, com ampliação das brechas ou *gaps* na saúde e na educação, de um lado, e sem intervenção significativa na distribuição da riqueza e do poder, de outro.

Nesse ponto, apresentamos uma primeira consideração, sobre a responsabilidade do Estado brasileiro nas políticas públicas, conforme o que estabelece a Constituição de 1988. O Estado brasileiro não tem cumprido

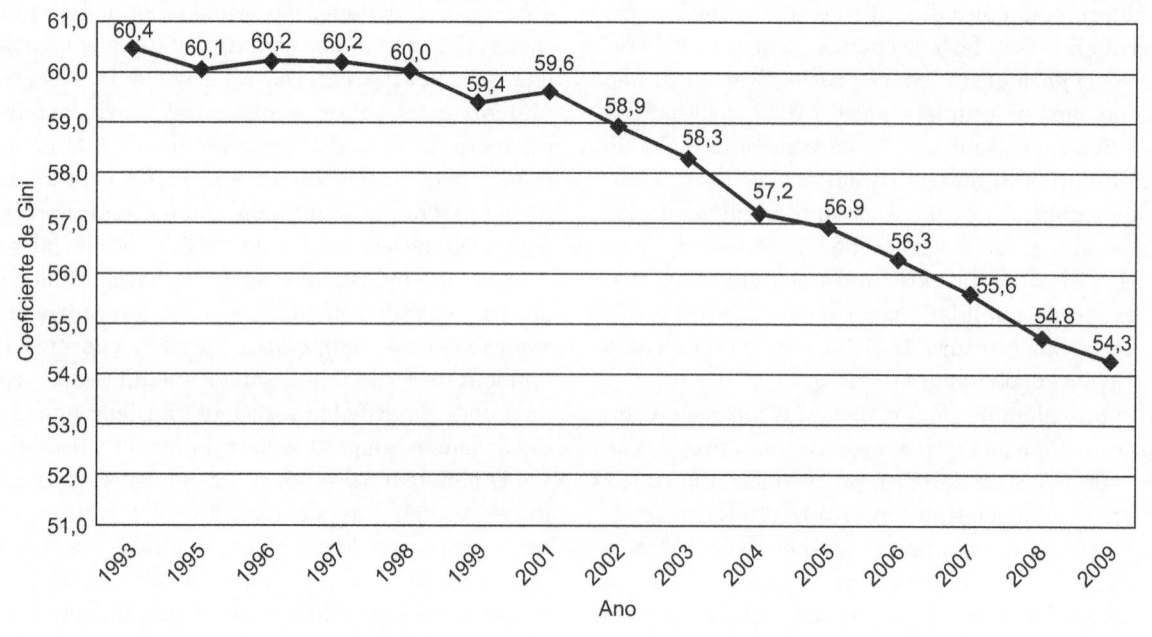

Figura 45.1 • Gráfico da evolução histórica do coeficiente de Gini – Brasil 1983–2009. Fonte: Instituto de Pesquisa Econômica APlicada (IPEA) – http://www.ipeadata.gov.br/acessado em 20.413.

sua responsabilidade de garantir à população serviços públicos de qualidade, com acesso pleno e equidade. Apesar dos avanços, reconhecidos em geral, persistem profundas desigualdades sociais que merecem atenção especial não só de todos os níveis de governo, mas de toda a sociedade. Ampliação do financiamento, gestão eficiente, governança participativa, políticas afirmativas e maior luta contra corrupção, desvios e desperdício de recursos poderão permitir ao Estado corrigir iniquidades. Portanto, não basta não corromper, nem impedir a corrupção. Há que usar bem os recursos públicos, sem desperdício e com eficiência e efetividade.

No entanto, antes de uma análise mais precisa do dever do Estado em relação às políticas públicas, cabem algumas considerações.

Não se está falando de governo, mas de Estado. Se o processo de produção das políticas públicas encontra-se no âmbito do Estado, como parte de seu papel na relação com a sociedade, destaca-se, também, a responsabilidade dos governos. Assim, ao falarmos em governos, podemos cobrar responsabilidade, mas quando analisamos o papel do Estado, teríamos de incluir uma dimensão analítica com potencial explicativo a partir de um determinado referencial teórico. Em outras palavras, segundo a explicação marxista, o Estado intervém historicamente na saúde e na educação para contribuir com a reprodução da força de trabalho e atenuar tensões sociais (Donnangelo, 1976). Na interpretação gramsciana, isso dependeria dos blocos históricos hegemônicos e das classes sociais que os compõem, incluindo as disputas no interior do aparelho de estado (Gramsci, 1980). Na concepção bourdieusiana, isso resultaria da dinâmica dos campos sociais e suas disputas na relação com o campo do poder e o campo burocrático que constituem o Estado (Bourdieu, 2012).

Feitas essas ressalvas, podemos focalizar dois setores de políticas públicas que são exemplares – saúde e educação – pois com ambas a SC apresenta forte interface e foco de trabalho acadêmico.

Além de não garantir serviços públicos com qualidade, o Estado brasileiro é promotor de desigualdades na medida em que várias das políticas públicas que estão em curso terminam alcançando efeito perverso. Essa proposição é muito simples e, talvez por isso mesmo, paradoxal. Em um processo digamos dialético, podemos identificar uma tripla articulação de ciclos perversos, que se interalimentam através de um modelo político reprodutor de dominação: sistema tributário regressivo, desigualdades na educação, iniquidades na saúde.

No campo da educação, dois ciclos perversos se entrelaçam, como mostra a Figura 45.2. Em primeiro lugar, uma minoria social e politicamente dominante, economicamente privilegiada, recebe benefícios fiscais de um Estado financiado pela maioria pobre. Essa minoria

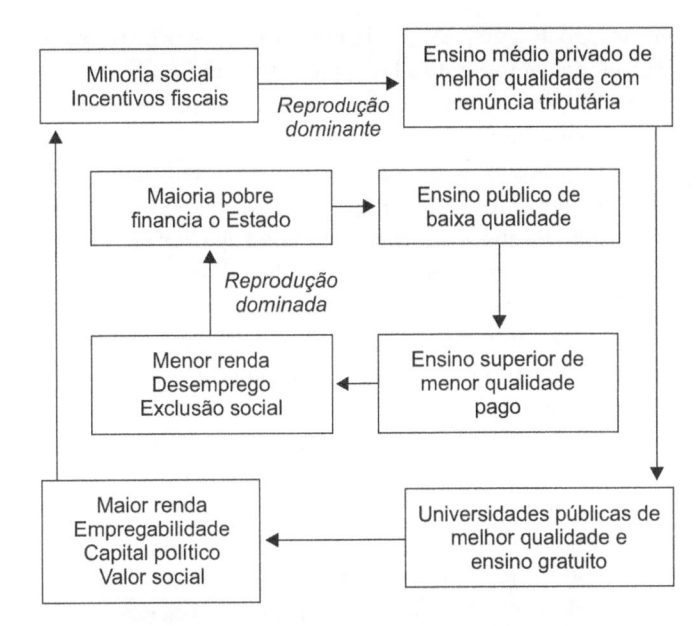

Figura 45.2 • Efeitos perversos da educação.

dominante tem recursos para pagar um ensino básico privado, em geral de melhor qualidade, subsidiado por forte renúncia tributária do imposto de renda à pessoa física. Em compensação, a maioria pobre que financia o Estado vai para um ensino público de qualidade reduzida, incapaz de garantir seu acesso ao ensino superior público. Quem é mais pobre paga mais impostos para financiar um Estado que, na concepção de Estado de bem-estar, deveria ser beneficiador, deveria ser um instrumento gerador de equidade, e não é. Apesar disso, os pobres recebem do Estado um ensino básico público de pior qualidade.

Famílias de classes média e alta pagam escolas privadas para que seus herdeiros tenham educação básica de qualidade e estejam mais bem treinados para passar nos filtros seletivos, supostamente meritocráticos, de entrada nas universidades públicas. Além disso, os herdeiros beneficiam-se do aprendizado familiar e da acumulação de capital cultural feita insensivelmente por meio da aquisição de hábitos e *habitus* intelectuais – participação em discussões, leituras, frequência a museus, cinemas, teatros, consumo de obras culturais (livros, discos) etc. Esses recursos os colocam em posição vantajosa na disputa pelas vagas nas melhores universidades públicas. Essas instituições são justamente aquelas que oferecem ensino de melhor qualidade, gratuito. Trata-se, nesse caso, de absoluta injustiça. Na transição para a educação superior, crucial para definir empregabilidade, inserção social e econômica, garantia de futuro, projetos individuais e coletivos, ocorre uma inversão. Aos jovens pobres e negros que receberam ensino público de pior qualidade e que, não obstante, lograram concluir essa fase de sua educação, resta somente o ensino superior de qualidade reduzida, e pago. Submetidos à educação superior privada de pior qualidade, esses jovens graduados têm menos empregabilidade, menor renda, mais desemprego e exclusão social, o que fecha esse primeiro ciclo de reprodução social.

Em segundo lugar, esse ciclo é dominado pelo ciclo maior de reprodução de desigualdades sociais por meio da educação, porque a educação pública superior de melhor qualidade é gratuita para os ricos, pois o Estado nada lhes cobra. Pelo contrário, dá incentivos fiscais para que jovens não pobres tenham sua formação profissional custeada pelo Estado, e com isso acumulem mais capital cultural, além daquele herdado. Além disso, esse percurso reforça os vínculos sociais com outros agentes também oriundos das elites, o que consolida o capital social herdado e amplia as possibilidades de inserção no mercado de trabalho e de acumulação de capital econômico.

Desse modo, o ciclo se fecha, porque a reprodução da desigualdade social completa-se quando esses jovens vão compor a nova geração da minoria dominante que, ao controlar empresas e governos, reproduzem as relações de dominação. Isso ocorre em um processo histórico em que o campo do poder – as classes dominantes e o Estado – no Brasil se reproduzem auxiliados pelas políticas de expansão do ensino superior e das características do ensino fundamental e secundário, que não conseguem se constituir em fator de inclusão social – o que seria um dever do Estado democrático, pois se trata de um direito de todos – mas de reprodução das desigualdades sociais. Assim, evidencia-se em nosso meio a reprodução de desigualdades por meio de uma política pública supostamente voltada para reduzi-las, assim como ocorreu na França onde a prolongação da obrigação escolar até os 16 anos teve um efeito paradoxal de contribuir para com a reprodução das desigualdades sociais (Bourdieu, 2008 [1970], 1997 [1993]).

Em síntese, para compreender a dinâmica que, de algum modo, organiza o conjunto de vetores sociais da educação, podemos considerar "as quatro perversões da educação brasileira":

1. Quem é mais pobre financia em maior medida o Estado brasileiro, por meio de uma estrutura tributária distorcida e regressiva.
2. Quem é mais pobre pouco se beneficia do dever constitucional do Estado na Educação Básica. O Estado brasileiro, ao contrário, subsidia por renúncia fiscal aqueles mais ricos e potencialmente capazes de mobilizar recursos para dar conta dessa etapa da educação.
3. A terceira perversão é a mais grave, do ponto de vista da política pública de educação: os pobres têm de pagar por educação superior no setor privado, enquanto os ricos, ao contrário, vão para instituições melhores, em geral públicas, onde cursam sem nenhuma retribuição financeira específica. Aliás, se a família do jovem não pobre tiver de pagar por uma faculdade privada, pela questão da faixa etária, igualmente será beneficiada na restituição do imposto de renda enquanto o filho de até 24 anos ainda estiver na universidade. E como o Brasil tem uma estrutura de formação profissional muito breve e precoce, diferentemente de outros países do mundo, aqui o jovem de classe média conclui sua formação profissional antes dos 24 anos de idade, confirmando os descontos na tributação. Por outro lado, os jovens das classes populares que alcançam a universidade, em geral, nela ingressam mais tarde e demoram mais em seus cursos, até porque, em geral, eles têm de trabalhar para sobreviver enquanto estudam.
4. Então, aparece a quarta perversão, que também é forte e incide no modo como o Estado interfere sobre os efeitos da educação. No que diz respeito ao que acontece após a educação profissional ou formação acadêmica, não somente no que concerne a acesso a posições de comando e gestão, mas também por meio de programas de formação em pós-graduação, subsidiados por amplo programa de bolsas de estudo.

É claro que o resgate político do papel do Estado tem sido tentado, desde a "Constituição Cidadã" de 1988. Em governos democráticos recentes foram implementadas três modalidades ou dimensões de políticas públicas destinadas a reduzir as desigualdades. Em primeiro lugar, políticas sociais amplas, como expansão do emprego, aumento real do salário-mínimo, previdência social, BPC, além de programas de transferência condicionada de renda e similares, visam superar a mais central dessas desigualdades, a concentração de riqueza. A segunda dimensão compreende políticas educacionais mais universalistas, incluindo investimentos para que a educação pública melhore e tenha mais qualidade e cobertura. Em uma terceira dimensão, políticas focais, específicas e compensatórias, envolvendo programas de redistribuição ou compensação, foram concebidas para complementar as políticas universais.

Saúde é citada na Constituição brasileira como um direito do cidadão e um dever do Estado. Porém, há enorme distância entre o direito enunciado e sua realização concreta. O sistema público de saúde no Brasil, com carências reconhecidas, contribui para aumentar a exclusão social dos pobres. Novamente, dois ciclos de reprodução das desigualdades se entrelaçam, como se pode verificar na Figura 45.3.

Em princípio universalista, o sistema público de saúde, o SUS, no Brasil, padece de subfinanciamento histórico, tem carências reconhecidas e encontra-se em uma encruzilhada em relação a seu futuro e sua natureza e missão. Em segundo lugar, o setor privado de saúde oferece assistência aos que pagam de modo próprio, só que beneficiados por forte renúncia fiscal.

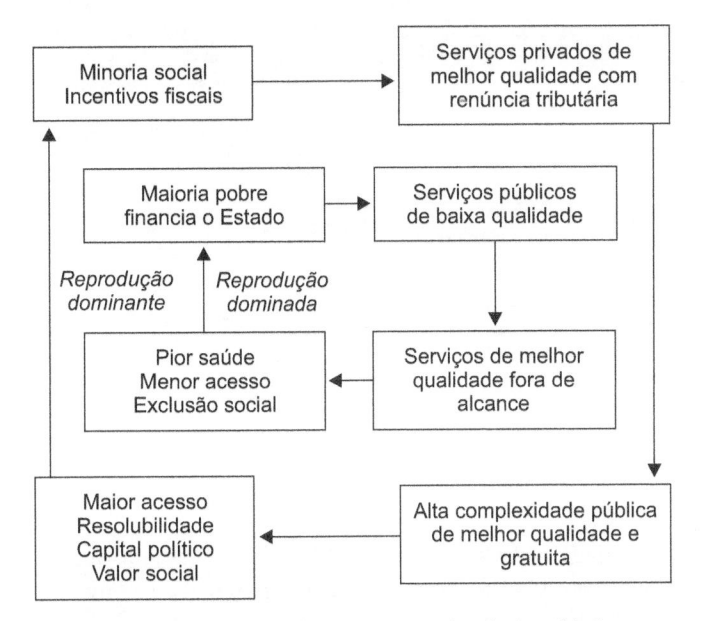

Figura 45.3 • Ciclos de reprodução das desigualdades.

Como vimos, a minoria social e politicamente dominante, economicamente privilegiada, recebe benefícios fiscais de um Estado financiado pela maioria pobre. Essa minoria dominante tem renda suficiente para adquirir planos privados de saúde, tendo acesso a serviços de saúde no setor privado lucrativo, muitas vezes de melhor qualidade, subsidiado por quase total renúncia tributária do imposto de renda à pessoa física. Isso quer dizer que há um retorno de taxas ou ressarcimento relativo às despesas de saúde realizadas pelos contribuintes. Além disso, os planos privados de saúde são subsidiados pelo SUS em procedimentos de alta complexidade e de maior custo. Quer dizer, para tudo que tem lucratividade questionada, retorna-se a responsabilidade ao Estado porque todos os cidadãos brasileiros, em tese, seriam iguais perante os benefícios do sistema de saúde.

Assim, quem é mais pobre paga relativamente mais impostos para financiar um Estado que deveria ser beneficiador, que deveria ser um instrumento gerador de equidade, e não é. Os mais pobres recebem do Estado serviços públicos de saúde de pior qualidade, com problemas de acesso, menor resolubilidade, mais exclusão social, piores níveis de saúde, o que fecha esse primeiro ciclo de reprodução social das desigualdades pela saúde.

Também no caso da saúde, políticas sociais amplas, mencionadas anteriormente, que visam superar a desigualdade socioeconômica inegavelmente têm repercussões positivas sobre a situação de saúde. Estudos recentes indicam o impacto do Programa Bolsa Família no aumento da expectativa de vida dos brasileiros e na redução da mortalidade dos menores de 5 anos (Rasella, 2013). Nesse caso, para compreender a dinâmica que de algum modo organiza o processo de determinação social da saúde, podemos considerar "os três paradoxos da saúde brasileira" que têm como resultado um efeito perverso de manutenção das desigualdades:

1. Novamente, quem é mais pobre financia em maior medida o Estado brasileiro, por meio de uma estrutura tributária distorcida e regressiva.
2. Quem é mais pobre pouco se beneficia do dever constitucional do Estado na saúde. O Estado brasileiro, ao contrário, subsidia por renúncia fiscal os mais ricos e potencialmente capazes de mobilizar recursos para dar conta desses custos.
3. O terceiro paradoxo é o mais grave, do ponto de vista da justiça social: os ricos são os que mais se beneficiam, direta e indiretamente, do SUS. Políticas de saúde universalistas, incluindo investimentos para que a rede pública de atenção melhore, tenha mais qualidade e cobertura, têm sido secundarizadas por políticas focais, específicas e reforçadoras de modelos assistenciais baseados em alta e média complexidade, níveis de atenção que beneficiam direta e indiretamente justamente a minoria politicamente dominante da sociedade brasileira.

A crise do sistema de saúde brasileiro é multifacetada: de subfinanciamento, de gestão burocratizada e partidarizada, de incapacidade de assumir a integralidade, de valorização social, de equidade. Em resumo, o sistema de saúde brasileiro padece de iniquidades no financiamento, exibe desigualdades na qualidade e sofre com as distorções nos modelos de gestão e de formação em saúde.

Em certo sentido, a iniquidade em saúde que praticamente define a conjuntura atual é de natureza muito mais qualitativa do que quantitativa. Em tese, todos os cidadãos brasileiros têm acesso ao SUS. A questão é: qual SUS? Ou melhor, ao mesmo SUS que discrimina os sujeitos por vários signos de poder social. O diferencial de qualidade se revela, subjetiva ou insidiosamente, no acolhimento, na relação, no atendimento, no seguimento em decorrência de estereótipos socialmente construídos, para não falar do estigma associado à origem social, étnica, de gênero e geração. Muitos desses fatores de iniquidade em saúde são ligados à educação e à origem social (capital cultural adquirido e herdado) por intermédio da qualidade diferencial do cuidado: o *information gap* que exclui muitos sujeitos de acesso aos meios de cuidado por desconhecimento ou ignorância; o filtro social dos que têm acesso aos anéis burocráticos por suas conexões políticas ou laços de parentesco, amizade e/ou pertencimento a um grupo social específico (capital social), a ideologia de certas classes e grupos sociais que sobrevaloriza o cuidado individualizado, o baixo valor social que a população em geral atribui ao sistema público de saúde.

Alguns desses elementos são considerados de modo articulado na Figura 45.4, com destaque para o papel

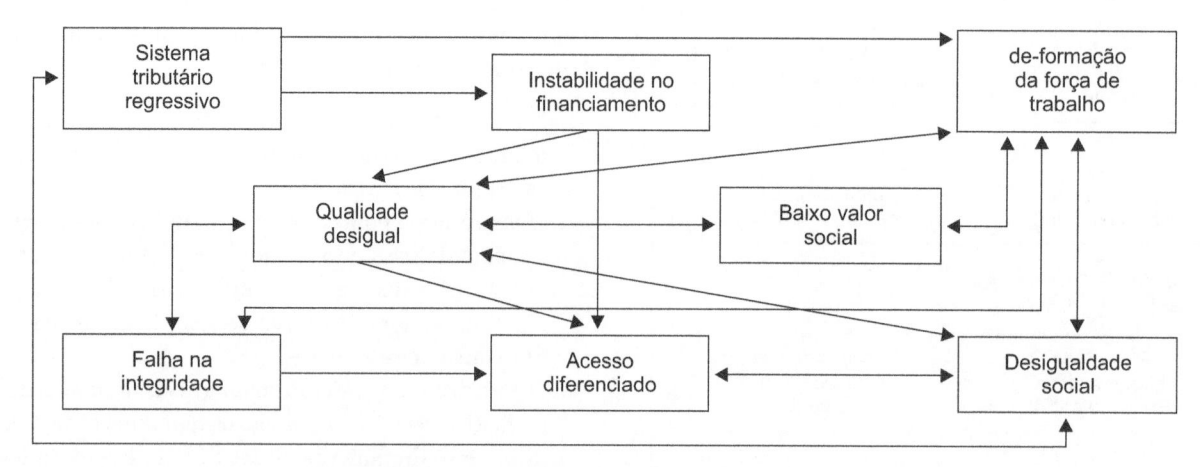

Figura 45.4 ♦ Dinâmica das iniquidades sociais em saúde.

do sistema de educação superior como "de-formador" da força de trabalho para o SUS. Além disso, cabe ressaltar que posições distintas no espaço social ou a inserção em diferentes classes sociais representam importante determinante do acesso diferenciado a serviços de qualidade.

No plano político, tudo isso ocorre ainda em um contexto de reforma neoliberal do Estado. Nesse processo, não superamos a dicotomia público-privado herdada da Constituição de 1988. Nesse ponto, toda uma retórica oficial sobre a intersetorialidade, dissonante da realidade política, com metas e programas de fácil discurso, mas de difícil realização, tem se revelado instrumental para a conservação de modelos superados de gestão pública. É certo que políticas sociais racionalizadoras, reparadoras e compensatórias encontram-se em expansão, mas essa expansão é tardia e ainda limitada. No geral, as reformas estruturantes do Estado brasileiro (reformas democráticas do Estado) têm sido adiadas ou comprometidas pelos processos políticos retrógrados, com a possibilidade de um retrocesso ideológico. É possível afirmar que hoje há no Brasil um retrocesso político-ideológico, ao lado da inclusão de setores sociais antes excluídos dos cenários econômicos e políticos do país. Podemos dizer, assim, que houve um fechamento do universo de possíveis criado com o movimento pela RSB, articulado às lutas democráticas pela transformação estrutural da sociedade brasileira.

CENÁRIOS DE DESENVOLVIMENTO ECONÔMICO

Mesmo sem pretensões de futurologia, nem de desenhar *imagens-objetivo* ou acionar técnicas de futuros ou de cenários, caberia um exercício preliminar de prospecção para pensar a SC do século XXI. Nesse exercício procuramos dialogar com os resultados do trabalho realizado pela Fundação Oswaldo Cruz (Fiocruz) e o Instituto de Pesquisa Econômica Aplicada (Ipea) sobre projeções para 2022 (ano do bicentenário da Independência do Brasil) e 2030 (Fiocruz, 2012). Neste estudo foram identificados sete eixos estruturantes para o desenvolvimento brasileiro:

1. Inserção internacional soberana
2. Macroeconomia para o pleno emprego
3. Infraestrutura econômica, social e urbana
4. Estrutura tecnoprodutiva avançada e regionalmente articulada
5. Sustentabilidade ambiental
6. Proteção social, garantia de direitos e geração de oportunidades
7. Fortalecimento do Estado, das instituições e da democracia (Fiocruz, 2012: 26).

Para a estimativa das possibilidades econômicas, projetamos três distintos cenários a partir do Ipeadata (base de dados do Ipea):

• No cenário pessimista, a média dos crescimentos de 2011 e previsto pelo mercado para 2012, ou seja: 2,75% a.a., foi adotada de modo linear ao longo dos próximos 15 anos.
• No cenário otimista, a média dos crescimentos seria igual à de 2010, portanto, de 7,25% a.a.
• No cenário considerado mais provável, o crescimento seria idêntico à média computada entre 1960 e 2011, ou seja, 4,5% a.a.

Adotados esses critérios e a população prevista pelo Instituto Brasileiro de Geografia e Estatística (IBGE) para 2025, de aproximadamente 212 milhões de habitantes (o que, considerando uma extrapolação linear a partir de uma população de 170 milhões em 2000, resultaria em uma população de 215,4 milhões em 2027), chegaríamos a 2027 com os seguintes resultados:

• No cenário pessimista, o PIB brasileiro se aproximaria de 3 trilhões de dólares, aproximadamente o da Alemanha de hoje, enquanto o PIB *per capita* alcan-

çaria US$ 15,982 (aproximadamente o da Argentina nos dias de hoje), contra os atuais US$ 12,000,00.
- No cenário otimista, o PIB *per capita* chegaria a US$ 31,501 (aproximadamente o da Espanha de hoje), enquanto o PIB alcançaria os 6 trilhões de dólares, aproximadamente o da China de hoje.
- Por fim, no cenário mais provável, o PIB seria de aproximadamente US$ 4 trilhões, a meio caminho entre o da Alemanha e o do Japão hoje, enquanto o PIB *per capita* seria de US$ 20,672, aproximadamente o de Portugal nos dias de hoje.

Para que se possa considerar a distribuição da riqueza entre os brasileiros nos cenários descritos, adotamos a classificação da Fundação Getúlio Vargas (FGV): classe A/B – renda familiar acima de R$ 7.500; classe C – renda entre R$ 1.750 e 7.500; classe D/E – abaixo de R$ 1.750 (todos reajustados pela Pesquisa de Orçamento Familiar [POF] do IBGE).

No cenário considerado mais provável, o PIB brasileiro cresceria ao longo dos próximos anos na mesma taxa média de crescimento dos últimos 50 anos, ou seja, 4,5% ao ano. Para se ter uma ideia da distribuição desse PIB entre as classes A/B, C e D/E, vejamos uma projeção baseada em regressão linear, tomando como parâmetro as tendências dos últimos 20 anos. A Tabela 45.1 fornece uma visão resumida da distribuição da população brasileira entre esses segmentos sociais de 1992 a 2012 e sua estimativa para 2019 e 2027. Nesse cenário, 66% dos brasileiros viverão em 2027 com rendas familiares entre R$ 1.750 e R$ 7.500.

Tabela 45.1 • Distribuição da população brasileira entre segmentos sociais de 1992 a 2012 e sua estimativa para 2019 e 2027

Ano / Segmento	1992	2002	2012	2019	2027
A/B (%)	5,4	10	11	13	14
C (%)	32,5	42	52	58	66
D/E (%)	62,1	48	37	29	20

Fonte: FGV-CPS (Centro de Políticas Sociais).

Esse exercício de prospecção a partir de projeções econométricas, contudo, não deve ignorar o processo social e político em que sujeitos coletivos e individuais podem intervir na realidade, produzindo fatos que tenderiam a modificar as projeções.

Cenário A: otimista possível – Crescimento sustentado, controle de efeitos adversos

Com a redução de desigualdades, erradicada a pobreza, reduzem-se radicalmente a violência e os homicídios, acaba-se com o analfabetismo e eleva-se a escolaridade média da população. De acordo com o estudo da Fiocruz, já referido, o PIB alcançaria em 2030 o valor de R$ 8.260 bilhões a preços constantes de 2010, com um PIB crescendo a uma taxa de 4% ao ano. A renda *per capita* chegaria a R$ 38.240,00, com coeficiente de Gini de 0,40 (Fiocruz, 2012). No que diz respeito às condições de saúde, ocorreria um aumento da esperança de vida ao nascer, especialmente considerando a intensificação da distribuição da renda e a melhoria das condições de vida:

A mortalidade infantil acelerará sua tendência de declínio, atingindo níveis residuais no componente pós-neonatal e redução significativa do componente neonatal. A taxa de mortalidade materna se reduzirá à metade. Os diferenciais regionais e sociais observados tanto na esperança de vida como na mortalidade infantil apresentarão redução expressiva. A mortalidade por doenças cardiovasculares também apresentará uma aceleração na sua tendência declinante, particularmente graças à redução da letalidade das doenças isquêmicas do coração. Essa redução acarretará um aumento de sua prevalência, que, no entanto, se concentrará em grupos populacionais de idade mais avançada. A incidência e a mortalidade por câncer seguem estáveis, com mudança nos tipos de tumor e aumento da sobrevida de pacientes em acompanhamento continuado. Acentuar-se-á a redução dos acidentes de trânsito e das agressões e de suas consequências de danos e mortes. Os transtornos mentais poderão ver sua incidência e prevalência aumentadas, particularmente os transtornos depressivos e os quadros demenciais associados ao envelhecimento (Fiocruz, 2012: 279).

Cenário B: pessimista plausível – Redução de crescimento, agudização de problemas

Nesse cenário, haveria uma piora das condições sociais e humanas, com persistência da desigualdade social, excessiva concentração territorial de suas atividades produtivas e precariedade do mercado interno. Os indicadores sociais seriam preocupantes nos campos da saúde, segurança, educação, transporte, habitação e saneamento. Limites da infraestrutura física colocariam a economia brasileira em um patamar de vulnerabilidade.

Em um cenário ainda mais pessimista, o PIB cresceria a uma taxa de 0,63% ao ano, correspondendo meramente à taxa de crescimento populacional, alcançando R$ 4.277 bilhões em 2030 e uma renda *per capita* de R$ 19.763,50, enquanto o índice Gini se estabilizaria em 0,60 (Fiocruz, 2012). Nesse caso, antecipa-se a possibilidade de agravamento de problemas sociais e ambientais.

A persistência da desigualdade social e a ausência de um planejamento – sistêmico, estratégico e pactuado –, ao lado das características sumarizadas anteriormente, puxariam o desenvolvimento para trás. Por fim, é de se esperar também que em uma conjuntura como essa haja uma tendência de aumento da mortalidade e da morbidade ocupacional já em 2017, e até de falência do SUS em 2022, como se pode verificar no fragmento a seguir:

> No que tange à mortalidade, a diminuição no ritmo de crescimento econômico e na distribuição de renda poderá reduzir a velocidade de queda da mortalidade infantil e do aumento da esperança de vida ao nascer. A taxa de mortalidade materna poderá sofrer uma redução pouco significativa. A mortalidade por doenças cardiovasculares verá sua curva de tendência estabilizada e sua prevalência continuará aumentando. A incidência e a mortalidade por câncer seguem estáveis. Os acidentes de trânsito e as agressões e suas consequências de danos e mortes poderão aumentar. Os transtornos mentais verão sua incidência e prevalência aumentar, particularmente os transtornos depressivos e os quadros demenciais associados ao envelhecimento. O maior número de idosos levará ao incremento na quantidade de pessoas portadoras de incapacidades múltiplas e necessitadas de cuidados prolongados. Também se prevê um aumento da prevalência de pessoas portadoras de deficiência, por conta do aumento de sua sobrevida. Todas as doenças preveníveis por vacinação, que já vêm em declínio, continuarão na tendência em curso. Talvez se alcance a eliminação da poliomielite e do sarampo no país. Haverá dificuldades no controle da hepatite B, e a incidência de rubéola, caxumba e infecções pelo *Haemophilus influenzae* tipo B permanecerá nos níveis atuais. A incidência de infecções por rotavírus, pela *Neisseria meningitidis* sorogrupo C e pelo *Streptococcus pneumoniae* estará mantida. Não haverá redução da incidência de malária na Região Amazônica, podendo até ocorrer um aumento. A tendência declinante da tuberculose será interrompida. O país conviverá com mais de 50 mil casos novos de tuberculose ao ano. A taxa de detecção de hanseníase não se alterará. E a dengue continuará a ser um grande problema. Teme-se que o programa de acesso universal ao controle e tratamento da AIDS não leve à diminuição da incidência de novas infecções pelo HIV. As infecções secundárias poderão fugir ao controle (Fiocruz, 2012: 291).

Tudo isso terminaria por onerar a economia, comprometendo a saúde do trabalhador e desestruturando cadeias produtivas sedimentadas durante as últimas décadas. Diante das restrições econômicas e das pressões dos agentes do capital para contenção dos gastos públicos e adoção de políticas econômicas "austeras", seria reforçada a tendência de construção de um SUS residual ("SUS para pobres"), baseado em políticas focais e voltado exclusivamente para os que não conseguem adentrar no mercado de planos e seguros privados de saúde.

Cabe ressaltar, mais uma vez, que o Brasil e o SUS não estão condenados a esse cenário. Tudo vai depender da dinâmica das lutas no interior dos diversos campos sociais e da correlação de forças políticas e sociais, além de modificações no bloco histórico hegemônico.

Cenário C: realista provável – Crescimento moderado, sem controle de efeitos adversos

Nesse cenário, a economia brasileira continua concentrada e restrita. No plano social, não ocorrendo grandes mudanças na estrutura social brasileira, pode-se prever uma piora dos indicadores de desenvolvimento social e humano, apesar de indicadores sociais positivos, como a redução do analfabetismo e da mortalidade infantil e aumento da expectativa de vida. Nesse cenário, agrava-se a crise urbana, com aumento da violência e desigualdades sociais inaceitáveis.

Mantida a atual estrutura do campo do poder e consequente política econômica, o cenário mais provável, e por isso mesmo realista, implica crescimento reduzido, com efeitos adversos igualmente moderados. Em um cenário "conservador e provável", o PIB cresceria a 2% ao ano, registrando em 2030 o valor de R$ 5.602 bilhões. A renda *per capita* chegaria a R$ 25.935,00, e o índice Gini estaria em 0,60, assim como no cenário pessimista (Fiocruz, 2012).

A continuar como está, ou como vem sendo trilhada sua história recente, muito provavelmente o Brasil deve permanecer crescendo pouco acima da média mundial (dependendo também da evolução da situação internacional). Como costuma acontecer quando o desenvolvimento se acelera em regiões onde o capitalismo ainda tem muito espaço a ocupar: demanda reprimida, para não dizer muita carência. São mercados com alta elasticidade de demanda. Isso é o que explicaria as altas taxas de crescimento econômico dos BRICs (Brasil, Rússia, Índia e China) de países como Angola e da região Nordeste em relação ao restante do país, e também o ritmo mais lento em processos de desaceleração da economia.

O que faz a diferença no desenvolvimento de cada um desses contextos é a capacidade estrutural de produzir respostas aos desafios que o capital demanda; não só em termos físicos, mas, sobretudo, humanos. É o nível de formação dos sujeitos como agentes produtivos, consumidores e cidadãos, ao lado da situação das alianças e blocos internacionais, que define a inserção de uma economia nacional no mercado global, tanto no que produz como no que consome. O quadro sanitário apresentaria as seguintes características:

> A mortalidade infantil manterá sua tendência de declínio, atingindo níveis baixos no componente pós-neonatal e redução no componente neonatal. A taxa de mortalidade materna se reduzirá no ritmo atual. Os diferenciais regionais e sociais observados tanto na esperança de vida quanto na mortalidade infantil continuarão no atual ritmo de redução. A mortalidade por doenças cardiovasculares também manterá sua tendência declinante, com redução da letalidade das doenças isquêmicas do coração [...]. A incidência e a mortalidade por câncer seguirão estáveis, com mudança nos tipos de tumor e aumento da sobrevida de pacientes em acompanhamento continuado. Haverá redistribuição territorial dos acidentes de trânsito e das agressões, assim como de suas consequências de danos e mortes. O aumento desses eventos nas regiões Nordeste e Centro-Oeste não compensará o declínio nas regiões Sul e Sudeste. Os transtornos mentais poderão ver sua incidência e prevalência aumentadas, particularmente os transtornos depressivos e os quadros demenciais associados ao envelhecimento [...] Também se prevê um aumento da prevalência de pessoas portadoras de deficiência, por conta do aumento de sua sobrevida. Todas as doenças preveníveis por vacinação, que já vêm em declínio, continuarão a tendência em curso (Fiocruz, 2012: 299).

Nesse cenário, o "SUS real" seria preservado, mantida a articulação público-privado em detrimento do interesse público, com contenção dos investimentos da infraestrutura pública e adoção de políticas racionalizadoras, porém assegurando subsídios diretos e indiretos ao setor privado, especialmente mediante renúncia fiscal e estímulos diversos para a ampliação do mercado dos planos e seguros privados de saúde.

CENÁRIOS DE DESENVOLVIMENTO SOCIAL

A construção de cenários de desenvolvimento social é tarefa ainda mais complexa, quando se consideram as múltiplas abordagens que envolvem o conceito. Empregada como designação abrangente do desenvolvimento ambiental, social e humano, a expressão "qualidade de vida" tem pelo menos quatro acepções de uso técnico e prático (simultaneamente, funcionalidade, ambiente saudável, estilo de vida saudável, *livability*). Todas essas significações podem estar contidas na noção de desenvolvimento humano, que dispõe de um indicador internacionalmente aceito, o IDH, com propriedades métricas que podem auxiliar a avaliação de impacto de processos de mudança.

A despeito dos problemas decorrentes de sua composição, o IDH é uma medida disponível que pode servir como indicador de alguma aproximação *(proxy)* de "qualidade de vida", compreendida como acesso à educação e renda média *per capita*. De fato, o IDH apresenta limitações. Esse indicador inclui em uma mesma medida variáveis de efeito e de causa, pois entram no cálculo do IDH renda, educação e esperança de vida ao nascer que, na realidade, são expressões da estrutura de mortalidade. Também mistura renda e educação, variáveis que podem ter significados distintos, além de utilizar a renda *per capita*, que encobre as desigualdades.

A Tabela 45.2 apresenta a posição relativa do Brasil em um *ranking* de IDH entre os países desenvolvidos.

Considerando as limitações suprarreferidas acerca do IDH, alguns dados da Tabela 45.2 são ilustrativos. Cabe refletir, por exemplo, que é surpreendente o fato de os EUA, com todas as suas áreas de miséria e violência, apresentarem um IDH superior ao da Suécia e do Canadá. Isso pode implicar uma renda média *per capita* mais elevada e não uma melhor qualidade de vida. Portanto, nem todos os determinantes sociais da saúde têm a mesma relevância:

> Os mais destacados são aqueles que geram estratificação social – os determinantes estruturais que refletem as condições de distribuição de riqueza, poder e prestígio nas sociedades, como a estrutura de classes sociais, a distribuição de renda, o preconceito com base em fatores como o gênero, a etnia ou deficiências, e estruturas políticas e de governança que alimentam, ao invés de reduzir, iniquidades relativas ao poder econômico. Entre os mecanismos que geram e mantêm essa estratificação estão as estruturas de propriedade dos meios de produção e

Tabela 45.2 • *Ranking* de IDH 2011 – países selecionados em um total de 187

Países	
1º – Noruega	0,943
2º – Austrália	0,929
3º – Holanda	0,910
4º – EUA	0,910
5º – Nova Zelândia	0,908
6º – Canadá	0,908
7º – Irlanda	0,908
8º – Liechtenstein	0,905
9º – Alemanha	0,905
10º – Suécia	0,904
84º – Brasil (1980 = 0,549)	0,718
Média mundial	0,682

Fonte: Relatório PNUD 2011.

a distribuição de poder entre as classes sociais, e as correspondentes instituições de governança formais e informais; sistemas de educação, estruturas de mercado ligadas ao trabalho e aos produtos; sistemas financeiros, o nível de atenção dado a considerações distributivas no processo de formulação de políticas; e a extensão e a natureza de políticas redistributivas, de seguridade social e de proteção social. Esses mecanismos estruturais, que alteram o posicionamento social dos indivíduos, são a causa mais profunda das iniquidades em saúde. São essas diferenças que – com seu impacto sobre determinantes intermediários como as condições de vida, circunstâncias psicossociais, fatores comportamentais e/ou biológicos e o próprio sistema de saúde – dão forma às condições de saúde dos indivíduos (Fiocruz, 2012: 44).

Essa compreensão sobre os determinantes estruturais se faz necessária para que possamos examinar com cautela indicadores sintéticos como o IDH. Isso significa não rejeitá-los, sobretudo diante das possibilidades de uso comparativo, mas, ao mesmo tempo, reconhecer suas limitações por não contemplarem a complexidade da determinação social dos problemas e necessidades de saúde. Portanto, "qualquer esforço sério para a redução das desigualdades na saúde envolve a alteração da distribuição do poder na sociedade" (Fiocruz, 2012: 51).

Com a premissa de que crescimento econômico associado a melhorias no campo social refletem ganhos de bem-estar pela população, podemos utilizar o IDH para projetar os cenários pessimista, otimista e provável para os próximos 15 anos. Para incorporação da dimensão da desigualdade, o coeficiente de Gini será também empregado apenas para inferências mais gerais, já que no Brasil não existe uma série histórica que suporte projeções confiáveis para o IDH ajustado.

Em um cenário realista, e provável, o IDH brasileiro continuaria crescendo a uma taxa média anual obtida entre 1980 e 2011, que foi de 0,86. Nesse caso, o Brasil alcançaria um IDH de 0,823 em 2027. Isso lhe garantiria entrar no time de países com IDH muito elevado, se o ponto de corte estiver na faixa de 0,800. Apesar dos avanços, o índice brasileiro seria inferior aos apresentados por países como Catar, Malta e Eslováquia, respectivamente 0,831, 0,832 e 0,834 em 2011. Para essa projeção se assume que apenas sejam mantidas as políticas de distribuição de renda implementadas na última década e o padrão de desenvolvimento econômico moderado observado nos últimos anos.

Considerando um cenário otimista, o IDH brasileiro apresentaria um crescimento médio anual de 1,5%, o mesmo obtido pela Índia entre os anos de 1980 e 2011. Para tanto, o país precisaria atingir taxas de crescimento do PIB na ordem de 7,5%, além de avanços maiores no campo social. Caso essas condições fossem atingidas, o país chegaria em 2027 com IDH de 0,911, ligeiramente superior ao dos Países Baixos e dos EUA em 2011, terceiro e quarto colocados na lista daquele ano, ambos com IDH de 0,910. O país estaria em posição muito mais confortável em termos de desenvolvimento social.

Entretanto, como destaca o relatório da PNUD de 2011, caso esse crescimento seja impulsionado pelo consumo de combustíveis fósseis e não forem acompanhados de distribuição de renda, esse patamar de IDH não implicaria necessariamente uma vida melhor em termos de desenvolvimento humano mais gerais. Nesse caso, os investimentos capazes de ampliar a equidade, como no acesso a energias renováveis, a água potável, saneamento e a cuidados de saúde e educação de qualidade, podem assegurar de fato a sustentabilidade e o desenvolvimento humano.

No cenário pessimista, assume-se que o IDH brasileiro cresceria a uma taxa média anual de 0,54% no período de 1980 a 2011, igual à da Argentina, cujas crises econômicas recorrentes se traduziram em um avanço bem modesto no IDH do país no período considerado. Nesse cenário, considerado improvável, o país teria em 2027 um IDH de 0,783, o mesmo do Uruguai em 2011. Nesse contexto, o país ainda careceria fortemente de instituições com atuação complementar às ações do Estado nas áreas de educação, saúde e segurança, dentre outras.

Destaca-se que a questão da desigualdade é um fator que afeta profundamente o Brasil. O IDH ajustado pela desigualdade do país em 2011 foi de 0,519, o que significa perda de 13 posições, considerando o índice sem ajuste. O índice de rendimento ajustado pela desigualdade chega a cair 40,7%, contra 25,7% da educação e 14,4% da longevidade, o que mostra a necessidade de políticas mais arrojadas de distribuição de renda.

Renda, escolaridade e longevidade são necessárias para uma vida gratificante, isto é, uma vida com qualidade. Desse modo, o crescimento do IDH não se traduziria necessariamente em redução significativa da iniquidade, na medida em que grupos sociais ou regiões do país continuam a enfrentar sistematicamente situações de desfavorecimento. Para uma reversão desse quadro seriam necessárias, além de políticas universais de seguridade social e de educação, políticas de redistribuição de renda e garantia de acesso da população menos favorecida aos serviços de educação e saúde na perspectiva da equidade. Estes últimos são particularmente importantes, pois tanto saúde como educação são fundamentais para que os sujeitos possam ter acesso a maior renda e, sobretudo, longevidade. E isso passa por intervenções no ambiente, acesso a lazer e, particularmente, segurança pública, na medida em que situações de violência e acidentes estão entre as maiores causas de morte no Brasil.

Desse modo, tanto no cenário otimista como no realista, o ganho de qualidade de vida dependeria da queda continuada da concentração de renda, observada a partir dos anos 2000, como observado na Figura 45.1. A continuar a tendência de queda do coeficiente de Gini no Brasil, espera-se atingir um índice abaixo de 0,50 para o marco temporal de 2017, alcançando a melhor posição na América Latina (com exceção dos pequenos países, como Jamaica e Costa Rica, e de Cuba, com uma estrutura sociopolítica estruturalmente mais igualitária). O Brasil alcançaria em 2022 uma população de 209,4 milhões e, em 2030, 216,4 milhões de habitantes (Fiocruz, 2012). No ano de 2027, o país teria melhorado seus índices de desigualdade econômica a ponto de ultrapassar os EUA que, aliás, nas últimas décadas, têm experimentado um discreto mas sustentado aumento do coeficiente de Gini.

TENDÊNCIAS DO PERFIL EPIDEMIOLÓGICO E DO SISTEMA DE SAÚDE NO BRASIL

Não obstante a melhoria dos indicadores de saúde no Brasil nas três últimas décadas (Barreto *et al.*, 2011; Victora *et al.*, 2011), a manutenção dessa evolução dependerá da capacidade das políticas econômicas e sociais de incidir favoravelmente sobre os determinantes estruturais da saúde, bem como do desenvolvimento do SUS nas perspectivas da universalidade, integralidade, qualidade e equidade.

No que se refere às doenças transmissíveis, é possível cogitar um quadro positivo para 2022 a 2030, ainda que um conjunto de medidas se faça necessário para tanto, como ampliação da cobertura do saneamento básico, melhorias no ambiente urbano e na qualidade da atenção primária, desenvolvimento de vacinas (dengue, leishmaniose visceral, AIDS etc.) e controle das infecções nosocomiais relacionadas com hospitalizações e uso de técnicas invasivas e medicamentos imunossupressores (Fiocruz, 2012). Quanto às doenças crônicas não transmissíveis, merece preocupação o aumento da obesidade em adultos e crianças, com o crescimento da prevalência de diabetes e suas consequências nas doenças cardiovasculares, apesar da redução da mortalidade desse grupo nos últimos anos no Brasil (Schmidt *et al.*, 2011). Em relação às violências e lesões (acidentais ou intencionais), não obstante um discreto decréscimo nas taxas de mortalidade em algumas regiões do país, verifica-se aumento em outras, como é o caso dos homicídios no Nordeste. Já a mortalidade por acidentes de trânsito, que apresentava um lento declínio, exibe um aumento exorbitante dos óbitos envolvendo o uso de motocicletas (Reichenheim *et al.*, 2011).

Ao se visualizar um quadro de alterações na morbimortalidade vinculadas às mudanças demográficas, especialmente relacionadas com o envelhecimento crescente da população brasileira nas próximas décadas, permanece como um desafio estabelecer tendências mais nítidas e quantificadas do perfil epidemiológico para esse período.

Nos últimos anos, vêm sendo realizados alguns estudos sobre tendências do sistema de saúde brasileiro. Assim, na Conferência Regional sobre Tendências Futuras e Renovação da Meta Saúde para Todos, promovida pela OPAS em Montevidéu e realizada em 1996, foram analisadas as perspectivas do Brasil para o século XXI, centradas em uma visão de saúde para os 20 anos seguintes. Assim, foram pensados três cenários distintos com principais componentes e características (Paim, 1998).

No cenário 1, a assistência à saúde seria assegurada pelo mercado mediante negociação entre provedores e prestadores de serviços com base no pagamento de usuários e de empresas. Haveria uma expansão da "saúde suplementar", minimamente regulada, através do seguro saúde e dos planos de saúde sob a forma de pré-pagamento (*Health Maintenance Organizations*), cabendo ao Estado uma ação complementar através de uma cesta básica de serviços para os pobres, com ênfase em ações de baixo custo e de alta efetividade ("SUS para pobres").

O cenário 2 seria representado pela consolidação do SUS e pelo respeito à Constituição e à Lei Orgânica da Saúde ("SUS formal"). A garantia de fontes estáveis de financiamento com descentralização de ações e serviços de saúde e adoção de modelos de atenção voltados para a efetividade, equidade e qualidade, identificaria parcialmente esse cenário com o projeto da RSB ("SUS democrático"). Os serviços privados contratados pelo SUS seriam submetidos ao controle público, atuando em função das necessidades de saúde da população como se públicos fossem. Os provedores e prestadores "não SUS", voltados para os usuários que optassem por seus serviços, seriam regulados pelo Estado por meio do SUS.

Uma alternativa intermediária (cenário 3) corresponderia ao prolongamento da crise do sistema de serviços de saúde com um arcabouço legal fictício diante da instabilidade de financiamento e de uma gestão do SUS dependente da orientação político-ideológica e dos interesses partidários de seus dirigentes ("SUS real"). A chamada "saúde suplementar" e a medicina privada liberal e empresarial seriam pouco reguladas e manteriam as vantagens dos subsídios indiretos decorrentes da renúncia fiscal do Estado. Preservar-se-ia a dicotomia entre a assistência médico-hospitalar e a Saúde Pública, esta confinada às campanhas sanitárias, aos serviços de vigilância epidemiológica e sanitária e aos programas especiais, persistindo o conflito entre o modelo médico-assistencial hegemônico e as propostas da Reforma Sanitária e do SUS.

Em um estudo realizado no Ipea (Piola *et al.*, 2002) sobre tendências do sistema de saúde brasileiro, mediante consulta a pesquisadores, gestores, profissionais de saúde e lideranças da sociedade civil, utilizando a técnica Delphi, foram apontadas certas expectativas para a primeira década do século XXI. No que diz respeito aos *valores sociais sobre saúde*, esperava-se que a qualidade técnica e a equidade fossem atributos mais valorizados do sistema de saúde. Haveria uma ênfase na promoção da saúde e na prevenção de doenças nas políticas de saúde, com redução das desigualdades em saúde. Os conselhos de saúde estariam consolidados, sendo aprovados dispositivos legais e mecanismos para a garantia dos direitos dos usuários e a autonomia dos pacientes. Quanto à *organização* e à *estrutura*, imaginava-se uma redução dos estados e municípios como provedores diretos de serviços, cogitando-se a transformação de hospitais e outras unidades em entes públicos com maior autonomia, embora com alguma forma de controle social. O setor privado empresarial e entidades públicas não estatais cresceriam na oferta de serviços médico-assistenciais, havendo dúvidas quanto à possibilidade de o Programa Saúde da Família (PSF) ser estendido para toda a população.

Admitia-se um crescimento do dispêndio nacional com saúde, prevendo que os gastos privados cresceriam em ritmo superior aos públicos. As transferências do governo federal para os estados e municípios seriam diretas, regulares, automáticas, com critérios mais transparentes e equitativos, mantendo-se a gratuidade do SUS. Considerava-se a possibilidade de um setor público com separação entre as funções de financiamento e compra de serviços e aquelas referentes à gerência e à provisão. A cobertura de planos e seguros de saúde continuaria aumentando, com algum impacto das medidas reguladoras na satisfação dos usuários, embora com menos otimismo no que se refere ao fato de a Agência Nacional de Saúde Suplementar (ANS) controlar preços, fiscalizar eficazmente e garantir direitos dos usuários.

Quanto aos *recursos humanos*, haveria uma redução gradual do regime estatutário, com assalariamento médico no setor privado. O mercado de trabalho para médicos generalistas cresceria nos setores público e privado, com exigência de titulação para direção de estabelecimentos públicos de saúde. No âmbito da *Ciência & Tecnologia*, expandiria a Avaliação Tecnológica em Saúde (ATS), havendo, no entanto, ceticismo quanto à eficácia dos controles sobre a incorporação de tecnologias na diminuição dos custos da assistência.

O exame do sistema de saúde brasileiro na segunda década do século XXI revela a concretização de muitas dessas previsões, configurando as características resumidas no cenário 3 previamente resumido. No entanto, os estudos citados não contemplam a visão de futuro dos diversos segmentos da população. Daí a importância da ausculta aos diversos grupos sociais por meio, também, de estratégias variadas que possibilitem a manifestação de diferentes pontos de vista.

Pesquisas de opinião, a despeito das limitações desse tipo de consulta, podem refletir, de alguma maneira, alguns pontos de vista de setores da população sem canais de expressão.

Uma investigação dessa natureza, realizada em 2004 sob a coordenação de uma empresa com experiência nesse tipo de inquérito, utilizou uma amostra representativa da população do Brasil, mediante questionário contendo um conjunto de perguntas voltadas para identificar visões da população sobre a saúde (Paim, 2009). A partir das perguntas formuladas, os entrevistados tanto poderiam expressar uma aspiração, vontade ou desejo (sobretudo se referida afetivamente a filhos ou netos) como uma expectativa de tendência, mesmo que esse cenário não fosse o preferido. Assim, uma parcela dos entrevistados parece ter clareza quanto a alguns atributos relacionados com um melhor serviço de saúde: tempo de espera inferior a 30 minutos (40%), serviço próximo da residência e tratamento respeitoso (34%), atenção integral (18%); conforto nas instalações e clareza nas explicações dos profissionais de saúde (13%). Cinquenta e um por cento dos entrevistados acreditam que no futuro teriam um atendimento à saúde mais humanizado contra 30% que não creem nessa possibilidade. Admitem que os profissionais de saúde serão mais atenciosos, solidários, comprometidos e tolerantes, de modo que 60% pensam que o atendimento, provavelmente, estará melhor e 27% admitem que essa alternativa é muito provável.

A definição do que seria um atendimento melhor, contudo, varia entre os grupos sociais. Elevada satisfação tem sido reportada por usuários em estudos desse tipo em diversos países. Tem sido interpretada pelo viés de gratidão, pelas baixas expectativas em relação aos serviços de saúde, pela posição no espaço social e pelo ajuste operado de modo inconsciente entre necessidades e possibilidades (Esperidião, 2009).

Entre os direitos dos pacientes mais valorizados pela população destacam-se aqueles mais elementares, como o acompanhamento das internações de crianças e idosos (55%); a autonomia, ou seja, escolha e decisões informadas sobre estilo de vida, e mesmo o acesso aos resultados de exames e a prontuários são mencionados por apenas 21% e 12% dos entrevistados, respectivamente. Em relação aos idosos, a maior proporção de entrevistados (56%) admite que o sistema de saúde estará preparado no futuro próximo para atender bem os problemas desse grupo etário, visão mais otimista que a revelada no estudo de tendências com base na opinião de especialistas, apresentado anteriormente.

Assim como no estudo sobre tendências (Piola *et al.*, 2002), a população acredita na manutenção do SUS, embora reconheça a preservação do sistema privado, traduzindo uma expectativa do senso comum, ou seja, ficar como está. A maioria dos entrevistados admite a persistência de um sistema misto, ou seja, público-privado, embora 49% acreditem que as pessoas utilizarão mais os serviços públicos. Os resultados dessa pesquisa sugerem certo otimismo quanto à melhoria da assistência à saúde no país nos próximos anos, em particular em relação à humanização do atendimento e aos cuidados do idoso.

Contudo, as pesquisas de opinião por amostra representativa correm o risco da imposição de problemática, uma vez que solicitam do entrevistado uma resposta sobre um tema ou questão que não era objeto de sua reflexão. A ausculta aos grupos sociais por meio de diferentes canais (associações, sindicatos, jornais, televisão, consulta livre em urna) tornaria possível uma expressão mais livre dos diferentes pontos de vista.

Cabe esclarecer que a análise dessas tendências não implica fazer profecias. Pode, apenas, ajudar a visualizar parte do universo dos possíveis, ou seja, alternativas inscritas na composição dos campos sociais envolvidos historicamente na produção da atenção à saúde, bem como na situação da correlação de forças entre os diversos agentes sociais implicados. Por outro lado, possibilita a identificação de aspirações que podem corresponder ao estabelecimento de estratégias voltadas para a concretização do cenário mais congruente com a construção de uma sociedade democrática. Tendência não é destino, uma vez que sujeitos individuais e coletivos têm a potencialidade de atuar sobre estruturas, instituições e políticas para a consecução de distintos projetos ético-políticos.

CONSTRUINDO O FUTURO DA SAÚDE COLETIVA

A Saúde Coletiva encontra-se, enquanto campo de conhecimento científico e âmbito de práticas, em processo de constituição (Paim & Almeida-Filho, 2000; Paim, 2011). Ainda que haja questionamentos sobre sua autonomia ou dependência em relação ao campo médico, o que faz com que os estudos baseados em uma abordagem bourdieusiana prefiram denominá-lo "espaço da Saúde Coletiva" (Vieira-da-Silva, 2011), observa-se uma grande convergência entre autores no que diz respeito a seu crescimento e consolidação na área de pesquisa no Brasil.

Dada sua vinculação histórica ao *projeto* e ao *processo* da RSB e ao SUS, em última análise, não será estranho admitir possíveis inflexões em seu caráter e desenvolvimento nos cenários mais restritivos.

No caso do *projeto* da RSB, a discussão de cenários não se pode restringir a um desenho tecnocrático de "futuros", mas sim examinar escrupulosamente seu *processo* procedendo a análises de conjunturas e de situações concretas para que as forças sociais e políticas que apostam nessa construção social sejam capazes de viabilizá-la. No caso brasileiro, esse caminho existiu historicamente quando da constituição do movimento da Reforma Sanitária. Muitos dos futuros possíveis foram realizados, outros não (Schraiber, 2008). Quando retomamos a análise do *processo* da RSB e procuramos identificar as forças sociais e políticas de cada conjuntura que interfere no binômio da conservação-mudança, o exame desses cenários tem sua utilidade, desde que reconheçamos que para serem concretizados precisam ser construídos coletivamente.

Toda prospecção de cenários parte de estudos históricos de tendências mais ou menos contextualizados. Alguns esforços nesse sentido têm sido realizados tanto para a Saúde Coletiva (Belisário, 2002) como para a RSB (Paim, 2008). Temporão (2012) aponta distintas transições que a sociedade brasileira atravessaria até a próxima década: (a) demográfica; (b) epidemiológica; (c) tecnológica; (d) profissional; (e) cultural; (f) organizacional. Entretanto, também destaca a questão do financiamento como aspecto central para o futuro do sistema de saúde.

Nessa perspectiva, o cenário desejável supõe crescimento econômico, redução das desigualdades, interrupção do ciclo de reprodução das desigualdades, pleno emprego, políticas de melhoria do ensino público fundamental e médio e políticas culturais, de lazer e esporte. No âmbito setorial, torna-se fundamental a ampliação dos gastos públicos em saúde, especialmente da União, com o estabelecimento do piso de 10% da receita corrente líquida, e a criação da carreira de Estado para os profissionais de saúde do SUS.

Cenários

Considerando a tipologia de cenários adotadas para a prospecção estratégica do sistema de saúde brasileiro para 2030 (Fiocruz, 2012), poderíamos considerar distintos lugares para a Saúde Coletiva, apresentados a seguir:

Cenário A – Otimista possível

Nesse cenário de crescimento sustentado e controle de efeitos adversos, é possível visualizar redução expressiva da mortalidade dos menores de 5 anos e aumento da expectativa de vida, sobretudo diante da possibilidade de redução da violência urbana e da mortalidade por doenças do coração e por cânceres. No entanto, é de se esperar elevada prevalência de doenças crônicas e de agravos não transmissíveis, bem como de transtornos mentais, exigindo a organização de um sistema de saúde que garanta a continuidade e a integralidade do cuidado.

Se, nesse caso, as condições econômicas podem ser favoráveis a uma maior participação do setor público no percentual do PIB destinado à saúde, favorecendo modelos de atenção que assegurem a universalidade e sua compatibilização com a equidade, seria possível cogitar a conversão do "SUS formal" para o "SUS democrático", de acordo com o ideário da RSB e com a legislação em vigor. Nesse cenário, o gasto público total com saúde seria estimado em 5,10% do PIB em 2030. Assim, em valores *per capita* no SUS, haveria um crescimento real de 66%, passando de R$ 861,60 em 2012 para R$ 1.429,32 em 2030 (Fiocruz, 2012).

Todavia, não bastam as condições econômicas favoráveis. Como a questão saúde ilustra um "drama estratégico" com diferentes projetos em disputa, a concretização do "SUS democrático" supõe a existência e a organização de forças que apostem no desenvolvimento do *processo* da RSB, sob pena de ser reproduzido o "SUS real" tal qual o conhecemos na atualidade. O lugar promissor da Saúde Coletiva nesse cenário se expressaria na multiplicação de centros de produção, reprodução e utilização de conhecimentos, tecnologias e inovações vinculados às universidades, aos institutos de pesquisa e às instituições do SUS. A ampliação e a formação graduada e pós-graduada em Saúde Coletiva, bem como a consolidação da educação permanente e a utilização adequada das alternativas de educação a distância (EAD), trariam novos sujeitos qualificados para atender aos desafios impostos pelas políticas públicas e pelo SUS, em especial.

Cenário B – Pessimista plausível

A redução do crescimento e a agudização de problemas sociais e de saúde possivelmente reduziriam o ritmo da melhoria do quadro epidemiológico verificado nas décadas recentes (Victora *et al.*, 2011), mantendo as elevadas taxas de mortalidade por doenças cardiovasculares e cânceres, além do crescimento de homicídios e de acidentes. Mesmo se obtendo certos ganhos na redução da mortalidade dos menores de 5 anos, a alta mortalidade por doenças crônicas e a elevada mortalidade por causas externas, sobretudo em jovens, impediriam aumentos expressivos na expectativa de vida.

Nesse cenário, mesmo considerando a regulamentação da Emenda Constitucional 29, os gastos federais obedeceriam à variação nominal do PIB como teto e não como piso. Assim, esses gastos cresceriam de 1,82% do PIB em 2012 para 1,98% em 2030. Haveria, nesse caso, um crescimento real de 30% dos gastos públicos de saúde *per capita*, alcançando R$ 973,21 em 2030 (Fiocruz, 2012). Com esse perfil epidemiológico, junto ao subfinanciamento do SUS e a sub-regulação do setor privado, continuaríamos a viver no pior dos mundos, restringindo o SUS aos mais pobres dos pobres e ampliando o mercado dos planos privados de saúde para as chamadas classes C e D. Nesse caso, o modelo de SUS que predominaria seria o SUS pobre para pobres e complementar ao setor privado ("SUS para pobres").

A Saúde Coletiva, nesse cenário, sofreria um processo de contenção, com grande dificuldade de manter seus centros de excelência de pesquisa, ensino e cooperação técnica, desativando ou obstruindo os centros emergentes. Projetos inovadores como a graduação em Saúde Coletiva seriam restringidos até mesmo devido à redução da demanda para esses cursos por falta de perspectiva no mercado de trabalho no SUS para esses profissionais. O desenvolvimento da Saúde Coletiva, enquanto campo, estaria comprometido, restando sua subordinação ao campo médico como um mero subespaço social e, possivelmente, a restauração à Saúde Pública convencional.

Cenário C – Inercial provável

O crescimento moderado e o controle de certos efeitos adversos representariam a reprodução da situação atual no futuro. A situação de saúde continuaria evoluindo positivamente, assim como se verificou nos últimos anos (Victora *et al.*, 2011), embora em ritmos mais modestos, mantidas as desigualdades sociais atuais. Trata-se de um cenário relativamente conhecido, no qual o modelo de SUS predominante seria a combinação do "SUS para pobre" com o "SUS real", refém das restrições impostas pela áreas econômica e sistêmica dos governos, de um lado, e do clientelismo político, de outro. Nesse cenário, a regulamentação da EC 29 sem recursos novos na área federal possibilitaria um aumento de aplicação dos estados e os gastos públicos em saúde alcançariam 3,96% do PIB em 2030 (Fiocruz, 2012).

O lugar que teria a Saúde Coletiva nesse cenário ilustra o paradoxo experimentado nos últimos 30 anos, quando se verificou intenso crescimento acadêmico e desenvolvimento científico, ao lado da manutenção das desigualdades sociais e de condições de saúde inaceitáveis. Do mesmo modo, o paradoxo de uma Saúde Coletiva pujante ao lado de um SUS debilitado indicaria as contradições da sua vinculação histórica ao projeto da RSB, levando seus agentes ao transformismo ou à negação de seu *processo* (Paim, 2008).

A preservação das ambiguidades em relação ao campo médico levaria a certos ganhos, enquanto "ciência da ordem" vinculada aos interesses dominantes de uma sociedade capitalista, ao mesmo tempo que se apresenta com o uniforme de uma "nova Saúde Pública". Assim, a Saúde Coletiva continuaria progredindo, mas resultando em uma restauração à Saúde Pública convencional do modelo rockefelleriano, atualizado pelos Centers for Disease Control and Prevention (CDC) americano e pela "saúde global" (Paim, 2011).

Três vetores cruciais podem determinar essas trajetórias:

1. Tendências de financiamento do SUS
2. Reprodução das desigualdades sociais na saúde
3. Distorções nos modelos de formação de pessoal em saúde

Nos Capítulos 1, 3, 4, 8, 9, 15, 18, 20, 22 e 41 deste livro, que trataram da Saúde Coletiva, da situação de saúde e dos determinantes sociais, do SUS, do financiamento, da participação social, do trabalho e da educação na saúde, bem como da RSB, há informações e argumentos apontando para a relevância desses vetores para a configuração dessas trajetórias. Contudo, subjacentes a esses vetores encontram-se distintos projetos em disputa pela hegemonia na sociedade e no Estado brasileiro, como o neoliberal, o liberalismo social, o social-democrático e o socialista, conforme indicações do estudo da RSB (Paim, 2008). Ainda que os projetos socialista e social-democrata encontrem-se em disputa nos diversos espaços sociopolíticos no Brasil e no mundo, não deixam de ser referências críticas para o chamado pensamento único e para o *slogan* dominante TINA ("*There is no alternative*"), que têm influenciado o realismo político das classes dirigentes (e até seus oponentes) nas últimas décadas.

Saúde Coletiva e desigualdades sociais na saúde

Nas origens da Saúde Coletiva foram elaborados estudos e reflexões teórico-epistemológicas sobre o conceito de determinação em uma perspectiva marxista, embora com escassez relativa de pesquisas empíricas (Paim, 1992). Ainda assim, alguns esforços foram feitos para analisar a heterogeneidade estrutural no estabelecimento de perfis epidemiológicos, recorrendo a algumas mediações, como o modo de vida (Possas, 1989) ou a constituição do espaço urbano, para a análise das desigualdades da mortalidade em relação às condições de vida nos estudos sobre a distribuição espacial dos problemas de saúde (Paim et al., 1987, 1993, 1999; Paim, 1997; Cruz et al., 2011; Viana et al., 2011).

Nas duas últimas décadas tem sido verificada uma ampla produção de estudos sobre desigualdades sociais na saúde (Almeida-Filho, 1999; Almeida-Filho et al., 2003), assim como pesquisas sobre os Determinantes Sociais de Saúde (DSS), resultando em estudos e recomendações nacionais (Comissão Nacional dos Determinantes Sociais da Saúde, 2008) e internacionais (WHO, 2008; OMS, 2011). A maioria dessa produção insere-se na Saúde Pública convencional, sendo menor o número de estudos críticos da Saúde Coletiva que não reduzem a noção de determinantes sociais a meros fatores de risco, como têm alertado o Cebes e a Associação Latino-Americana de Medicina Social (Almeida-Filho, 2010; Breilh, 2010; Nogueira, 2010; Vieira-da-Silva, 2010).

Ainda que a retórica de organismos internacionais chame a atenção para a distribuição desigual do poder e da riqueza (OMS, 2011), as propostas de intervenção derivadas dos estudos sobre desigualdades sociais nem chegam ao estatuto de políticas de corte social-democrata, a exemplo do Welfare State, muito menos de um projeto socialista. Limitam-se, na maioria das vezes, a propostas de alívio da pobreza, mediante políticas focalizadas ou programas de transferência condicionada de renda, coerentes com os projetos do neoliberalismo ou do liberalismo social.

Formação ideológica dos sujeitos na saúde

No plano da educação, os avanços políticos no setor saúde não foram suficientes para garantir a transformação dos modelos de formação profissional vigentes na realidade brasileira atual.

No Brasil, a força de trabalho engajada no setor saúde compreende 1,5 milhão de profissionais registrados em conselhos profissionais. Para a formação dessa força de trabalho são oferecidos quase 3.500 cursos de nível universitário para as profissões da saúde, com 185 faculdades de medicina abrigando quase 100 mil alunos. A força de trabalho necessária para atendimento no SUS – ou seja, profissionais qualificados, orientados para boas práticas baseadas em evidência científica, bem-treinados e comprometidos com a igualdade na saúde – não corresponde ao perfil dos profissionais que de fato operam o sistema. Essa dissonância entre a missão política do SUS e processos e objetivos concretos do sistema de ensino superior tem sido tomada como indicativa de uma crise na reprodução do campo da saúde. Assim, um dos problemas importantes para a crise da saúde no Brasil parece ser a deformação do ensino – humanístico, profissional e acadêmico – do pessoal da saúde. Diversos estudos, no entanto, apontam problemas no âmbito do mundo do trabalho (mercado de trabalho), bem como na organização social dos serviços de saúde, e não na escola apenas. Daí a falência de tantas reformas curriculares quando as políticas públicas não são suficientemente potentes para transformar o mercado de trabalho e o sistema de serviços de saúde.

No regime hegemônico na universidade brasileira, ao ingressarem diretamente nos cursos profissionais, estudantes são precocemente forçados a tomar decisões cruciais de escolha da carreira em suas vidas. Vários corolários caracterizam esse sistema. Primeiramente, a dura competição para o ingresso nos cursos de elevado prestígio social (por exemplo, medicina), geralmente após cursos preparatórios caros, transforma aquelas carreiras em verdadeiros monopólios das elites, cujos membros tendem a reproduzir como modelo de atuação abordagens individualistas e privadas relativamente aos cuidados de saúde. Em segundo lugar, currículos fechados, projetados para a exclusividade na formação, tendem a ser menos interdisciplinares e mais especializados, alienando assim segmentos profissionais entre si e dificultando um eficiente trabalho em equipe. Em terceiro lugar, quase não há lugar para estudos mais gerais, necessários para promover uma ampla visão humanista das doenças e dos cuidados de saúde pelos profissionais de saúde, no referencial crítico da Determinação Social da Saúde.

Por outro lado, essa formação responde e também é influenciada pela dinâmica do campo médico, progressivamente especializado, tecnificado, com importante vinculação com o campo econômico e com o campo do poder. O exemplo que inspira os jovens estudantes não é o do profissional comprometido socialmente, com boa relação interpessoal e de ampla formação geral, e sim aquele do superespecialista, que por vezes executa apenas um tipo de procedimento mediado pela tecnologia de última geração e mais bem remunerada.

Os conceitos de "promoção da saúde" e "atenção primária à saúde", correlatos práticos de um marco teórico alternativo, demandam modelos de formação profissional com densidade científica, objetividade prática, respeito à subjetividade e responsabilidade social. Esses modelos enfatizam as relações interpessoais respeitosas e acolhedoras e reforçam a capacidade crítica dos formandos, definem saúde como mais do que mera ausência de doença e tratam o ser humano que sofre como mais do que um biomecanismo a ser reparado em seus desvios e defeitos.

Nessa perspectiva, observa-se um contraste entre a intenção ou retórica (documentos programáticos) e resultados concretos (perfil real do egresso), a exemplo das Diretrizes Curriculares em Saúde (MEC/2001), que enfatizam os seguintes aspectos:

- articulação educação superior/sistema de saúde;
- formação geral e específica, com competências comuns às formações profissionais;
- ênfase: conceitos de saúde, promoção da saúde, princípios e diretrizes do SUS;
- ensino-aprendizagem com ampla liberdade de integralização curricular;
- aprender a aprender: aprender a ser, aprender a fazer, aprender a viver juntos e aprender a conhecer;
- perfil acadêmico e profissional, competências, habilidades e conteúdos contemporâneos;
- atuar com qualidade e resolutividade no SUS.

Paradoxalmente, o perfil predominante do egresso do ensino superior em saúde no Brasil, uma década após o estabelecimento das diretrizes curriculares, acompanha as seguintes características:

- Pouco envolvimento com aspectos da gestão da saúde, com reduzida capacidade de trabalho em equipe multiprofissional.
- Sem maturidade para exercício da profissão e despreparado para cuidar de patologias prevalentes no país.
- Fraca formação humanística: psicológica, sociológica, filosófica.
- Pouco conhecimento da realidade situacional, ambiental e das condições de vida das comunidades e, assim, não comprometido com aspectos político-sociais da saúde.
- Desconhecimento e, por isso, nenhum compromisso com o SUS, resistente a mudanças, defensor do *status quo* vigente na saúde.

Em particular, o modelo de educação médica ainda predominante entre nós, na melhor das hipóteses, treina técnicos competentes, porém pouco comprometidos com as políticas públicas de saúde. Os egressos das escolas médicas brasileiras, em sua maioria, mostram-se carentes de uma visão crítica da sociedade e da saúde, com atitude pouco humanística e distanciada dos valores de promoção da saúde das pessoas. Profissionais com essa formação em geral mostram-se resistentes às mudanças e tendem a defender o *status quo* vigente, distanciados do conhecimento crítico em relação a aspectos políticos, sociais e culturais estruturantes do marco teórico da Determinação Social da Saúde (Almeida-Filho, 2010). Na prática, os sujeitos formados nesse modelo revelam-se desconhecedores (quando não antagonistas) do SUS, principal política estratégica de Estado para a superação da imensa dívida social da saúde para com relação à imensa maioria da população brasileira.

CONSIDERAÇÕES FINAIS

A Saúde Coletiva, desde sua emergência, tem se envolvido com lutas teóricas, paradigmáticas, políticas e ideológicas, implicando repercussões em sua delimitação e renovação (Paim, 2011). O projeto da Saúde Coletiva estava assentado, em suas origens, em um triedro composto pelos componentes ideologia, saber e prática (Escorel, 1998). Portanto, a Saúde Coletiva não é só movimento ideológico, nem apenas prática política. É prática técnica, científica e tecnológica (Paim, 1992). Seu saber não se restringe ao conhecimento científico, mas encontra-se permeável a outros tantos saberes (Paim & Almeida-Filho, 2000).

Suas diferenças com a Medicina Preventiva têm sido delimitadas desde o clássico Dilema Preventivista (Arouca, 2003) embora, em relação à Nova Saúde Pública, precisem ser, cada vez mais, explicitadas, demonstrando a radicalidade da Saúde Coletiva, quanto à emancipação, à democracia e à autonomia dos sujeitos. Esses valores podem fazer a diferença com a Saúde Pública, "velha" ou "nova".

Para explicar o risco e exorcizar a doença e a morte nos grupos humanos, a Saúde Pública convencional compromete-se com uma tecnologia positivista manipulada pelo Estado: "Igual à Medicina, que transforma o médico no mágico que explica a doença e que ao mesmo tempo a cura, assim também a Saúde Pública transforma o Estado no mágico que explica o risco e o previne" (Granda, 2003: 5 [tradução livre]).

Entretanto, mesmo diante da globalização e da ideologia neoliberal triunfante, seria possível apostar em "novas forças sociais e políticas que aparecem no horizonte" e em importantes inovações teóricas e práticas que "ocorrem na ciência em geral e na investigação em saúde em particular" (Granda, 2003: 7). Justamente no esforço de compreender o que é Saúde Coletiva neste século, um dos mais comprometidos construtores na América Latina deixou-nos este legado, iluminando futuros possíveis:

> Um decidido esforço para ver mais além do horizonte que nos tem deixado a Saúde Pública convencional; é uma profunda vocação para transformar a nossa ação num certo fazer humano profundamente comprometido com a vida e com o cuidado da doença de nossas populações (uma militância sociopolítica, nas palavras de Mario Testa); é uma tentativa de constituirmos sujeitos sanitaristas no sentido de respeitar individualidades e apoiar a construção de cidadãos; é uma tentativa de criar espaços de aprendizagem para multiplicar as forças do compromisso; é buscar o desenvolvimento das ciências da saúde para potencializar com elas o desenvolvimento da saúde e a felicidade, assim como a diminuição do sofrimento dos doentes e o controle das doenças; é o empenho para que nossas instituições tenham gosto para nós, apesar de que a cada dia nos queiram convencer de que não vale a pena o humano. Essa coisa chamada Saúde Coletiva é algo que vale a pena dar-lhe carinho e impulsionar seu crescimento para, em última instância, criar aquilo que é uma grande realidade: a solidariedade para gerar o mundo que sonhamos (Granda, 2003: 18 [tradução livre]).

Referências

Almeida-Filho N. Inequalities in health based on living conditions: analysis of scientific output. Latin America and the Caribbean. Research in Public Health. Washington, DC: OPAS, 1999; 19:1-145.

Almeida-Filho N. A problemática teórica da determinação social da saúde (nota breve sobre desigualdades em saúde como objeto de conhecimento). Saúde em Debate 2009; 33:349-70.

Almeida-Filho N. Higher education and health care in Brazil. Lancet 2011; 377:1898-9.

Almeida-Filho N. Breaking a vicious cycle of social exclusion: university education in contemporary Brazil. Revista – Harvard Review of Latin America (Fall) 2012:60-3.

Almeida-Filho N, Kawachi I., Pellegrini-Filho A, Dachs N. Research on health inequalities. Latin America and the Caribbean: Bibliometric Analysis (1971-2000) and Descriptive Content Analysis (1971-1995). American Journal of Public Health 2003; 93(12):2037-43.

Almeida-Filho N. A problemática teórica da determinação social da saúde. In: Nogueira RP (org.). Determinação social da saúde e reforma sanitária. Rio de Janeiro: Cebes, 2010:13-36.

Arouca AS. O dilema preventivista: contribuição para a compreensão e crítica da Medicina Preventiva. São Paulo/Rio de Janeiro: Unesp/Fiocruz, 2003.

Barreto ML, Teixeira MG, Bastos FI, Ximenes RAA, Barata RB, Rodrigues LC. Successes and failures in the controlo f infectious diseases in Brazil: social and environmenrt context, policies, interventions, and research needs. The Lancet, May, Health in Brazil 2011; 3:43-55.

Belisário SA. Associativismo em Saúde Coletiva: um estudo da Associação Brasileira de Pós-Graduação em Saúde Coletiva – Abrasco. [Tese de Doutorado], Campinas, 2002. 443p.

Bourdieu P. Sur L'État: Cours au Collège de France (1989-1992). Paris: Seuil, 2012.

Bourdieu P, Champagne P. Os excluídos do interior. In: Bourdieu P et al. A miséria do mundo. Petropolis-RJ: Vozes, 1997 (1993):481-586.

Bourdieu P, Passeron J-C. A reprodução: elementos para uma teoria do ensino, Petrópolis-RJ: Vozes, 2008 (1970).

Brasil. Observatório da Equidade. Indicadores de equidade do Sistema Tributário Nacional. Relatório de observação, n. 1. Brasília: Presidência da República, CDES/Observatório da Equidade, 2009.

Breilh J. Las tres "S" de la determinación de la vida. 10 tesis hacia uma visión crítica de la determinación social de La vida y la salud. In: Nogueira RP (org.) Determinação social da saúde e reforma sanitária. Rio de Janeiro: Cebes, 2010:87-125.

Comissão Nacional de Determinantes Sociais de Saúde. As causas sociais das iniquidades em saúde no Brasil. Rio de Janeiro: Fiocruz, 2008. 220p.

Corbucci P, Barreto A, Castro J, Chaves J, Codes AL. Vinte anos da Constituição federal de 1988: avanços e desafios na educação brasileira. In: Ipea. Políticas sociais: acompanhamento e análise. Brasília: Ipea/SAE, 2008; 2:17-76.

Cruz AS, Vieira-da-Silva LM, Costa MCN, Paim JS . Evolution of inequalities in mortality in Salvador, Bahia State, Brazil, 1991/2006. Cadernos de Saúde Pública (ENSP – Impresso) 2011; 27:s176-s184.

Donnangelo MCF. Saúde e sociedade. São Paulo: Duas Cidades, 1976.

Escorel S. Reviravolta da saúde: origem e articulação do movimento sanitário. Rio de Janeiro: Fiocruz, 1998.

Esperidião MA. O usuário e o julgmento dos serviços de saúde. Tese [Doutorado em Saúde Coletiva] – Instituto de Saúde Coletiva/Ufba, 2009.

Fiocruz. A saúde no Brasil em 2030: diretrizes para a prospecção estratégica do sistema de saúde brasileiro. Rio de Janeiro: Fiocruz/Ipea/Ministério da Saúde/Secretaria de Assuntos Estratégicos da Presidência da República, 2012. 323p.

Granda E. A que cosa llamamos Salud Colectiva, hoy? In: VII Congresso Brasileiro de Saúde Coletiva. Brasília, 29 de julho a 2 de agosto de 2003.

Gramsci A. Maquiavel, a Política e o Estado Moderno. Rio de Janeiro: Civilização Brasileira, 1980.

IBGE (Instituto Brasileiro de Geografia e Estatística). População e Desenvolvimento: sistematização das medidas e indicadores sociodemográficos oriundos da projeção da população por sexo e idade, por método demográfico, das Grandes Regiões e Unidades da Federação para o período 1991/2030. São Paulo: Projeto UNFPA/Brasil (BRA/02/P02), 2006.

IBGE. Disponível em: www.ibge.gov.br/home/estatistica/populacao/panorama_saude_brasil_2003_2008/PNAD_2008_saude.pdf. Acesso em: maio de 2012.

Ipeadata. Pesquisa Nacional por Amostra de Domicílios (Pnad/IBGE). Disponível em: http://www.ipeadata.gov.br/.

Minayo MCS, Hartz ZMA, Buss PM. Qualidade de vida e saúde: um debate necessário. Ciênc. Saúde Coletiva, Rio de Janeiro, 2000; 5(1):7-18.

Ministério da Educação/Conselho Nacional de Educação/Câmara de Educação Superior. Diretrizes Curriculares Nacionais dos Cursos de Graduação em Enfermagem, Medicina e Nutrição. Brasília, 2001. Disponível em: http://portal.mec.gov.br/cne/arquivos/pdf/2001/pces1133_01.pdf. Acesso em: 20/11/2012.

Nogueira RP. A determinação objetal da doença. In: Nogueira RP (org.) Determinação social da saúde e reforma sanitária. Rio de Janeiro: Cebes, 2010:135-50.

OMS. Diminuindo diferenças: a prática das políticas sobre determinantes sociais da saúde (Documento de Discussão). Todos pela equidade. Conferência Mundial sobre Determinantes Sociais da Saúde. Rio de Janeiro, Brasil, 19-21 de outubro de 2011. 47p.

Paim JS. Abordagens teórico-conceituais em estudos de condições de vida e saúde: notas para reflexão e ação. In: Barata RB (org.). Condições de vida e situação de saúde. Rio de Janeiro: Abrasco, 1997:7-30.

Paim JS. Desafíos para La Salud Colectiva em el siglo XXI. 1. ed. Buenos Aires: Lugar Editorial, 2011. 151p.

Paim JS. Descentralização das ações e serviços de saúde no Brasil e a renovação da proposta Saúde para Todos. Estudos em Saúde Coletiva 1998; 175:2-27.

Paim JS. La Salud Colectiva y los desafíos de la práctica. In: OPAS/OMS. La crisis de la salud pública: reflexiones para el debate. Washington, D.C.: OPS, 1992. (Publicación Científica; 540).

Paim JS. O que é o SUS. 1. ed. Vol. 1. Rio de Janeiro: Fiocruz, 2009. 148p.

Paim JS. Reforma Sanitária Brasileira: contribuição para a compreensão e crítica. Salvador: Edufba; Rio de Janeiro: Fiocruz, 2008a. 356p.

Paim JS, Almeida-Filho N. A crise da Saúde Pública e a utopia da Saúde Coletiva. Salvador: Casa da Qualidade, 2000.

Paim JS, Costa MCN, Carvalho VAC, Motta IA, Neves RBB. Spatial distribution of proportional infant mortality and certain socioeconomic variables in Salvador, Bahia, Brazil.. Pan American Health Organization Bulletin 1987; 21(3):225-39.

Paim JS, Costa MCN. Decline and unevenness of infant mortality in Salvador, Brazil, 1980-1988. Pan American Health Organization Bulletin 1993; 1(27):1-14.

Paim JS, Costa MCN, Mascarenhas JCS, Vieira-da-Silva LM. Distribuição espacial da violência: mortalidade por causas externas em Salvador (Bahia), Brasil. Revista Panamericana de Salud Pública/Pan-American Journal of Public Health 1999; 6(5):321-32.

Paim JS, Travassos CMR, Almeida C, Bahia L, Macinko J. The Brazilian health system: history, advances, and challenges. The Lancet (North American edition) 2011; 377:9-28.

Piola SF, Vianna SM, Vivas-Consuelo D. Estudo Delphi: atores sociais e tendências do sistema de saúde brasileiro. Cad Saúde Pública, Rio de Janeiro, 2002; 18(Supl):181-90.

Piola S, Barros ED, Nogueira RP, Servo LM, Sá E, Paiva AB. Vinte anos da Constituição de 1988: O que significaram para a saúde da população brasileira? In: Ipea. Políticas sociais: acompanhamento e análise. Vol. 1. Brasília: Ipea/SAE, 2008:97-172.

PNUD. Relatório de Desenvolvimento Humano 2011. Disponível em: http://hdr.undp.org/en/reports/global/hdr2011/download/pt/.

Possas C. Epidemiologia e sociedade: heterogeneidade estrutural e saúde no Brasil. São Paulo: Hucitec, 1989. 271p. (Saúde em debate, 24).

Rasella D. Impacto do Programa Saúde da Família e do Programa Bolsa Família sobre a mortalidade em municípios brasileiros. [Tese de doutorado.] Instituto de Saúde Coletiva. Universidade Federal da Bahia, 2013.

Reichenheim ME, Souza ER, Moraes CL, Mello Jorge MHP, Silva CMFP, Minayo MCS. Violence na injuries in Brazil: the effect, progress made, and challenges ahead. The Lancet, May, Health in Brazil 2011; 5:69-82.

Schmidt MI, Dunac BB, Silva GA et al. Chronic non-communicable diseases in Brazil: burden and current challenges. The Lancet, May, Health in Brazil 2011; 4:56-68.

Schraiber LB. Saúde Coletiva: um campo vivo. In: Paim JS. Reforma Sanitária Brasileira: contribuição para a compreensão e crítica. Salvador: Edufba; Rio de Janeiro: Fiocruz, 2008. 356p.

Temporão JG. A saúde do Brasil em 2021. In: Associação Paulista para o Desenvolvimento da Medicina (SPDM), Associação da Indústria Farmacêutica de Pesquisa (Interfarma) (orgs.) A Saúde no Brasil em 2021. Reflexões sobre os desafios da próxima década. 1. ed. São Paulo: Cultura Médica 2012:30-2.

Viana LAC, Costa MCN, Paim JS, Vieira-da-Silva LM. Social inequalities and the rise in violent deaths in Salvador, Bahia State, Brazil: 2000-2006. Cadernos de Saúde Pública (ENSP. Impresso) 2011; 27:s298-s308.

Victora CG, Barreto M, Leal MC et al. Lancet Brazil Series Working Group. Health conditions and health policy innovations in Brazil: the way forward. The Lancet (North American edition) 2011:83-94.

Victora CG, Aquino EML, Leal MC, Monteiro CA, Barros FC, Szwarcwald CL. Maternal and child health in Brazil: progress and challenges. Lancet 2011; publicado online em 9 de maio. DOI:10.1016/S0140-6736(11)60138-4.

Vieira-da-Silva LM, Almeida-Filho N. Equidade em saúde: uma análise crítica de conceitos. Cadernos de Saúde Pública (ENSP. Impresso). 2009; 25:217-26.

Vieira-da-Silva LM, Paim JS, Costa MCN. Desigualdades na mortalidade, espaço e estratos sociais. Revista de Saúde Pública/Journal of Public Health, Brasil, 1999; 33(2):187-97.

Vieira-da-Silva LM et al. O espaço da Saúde Coletiva. Relatório de Pesquisa. Edital MCT/CNPq 14/2009 – Universal. Processo CNPq no 473126/2009-5. CAPES (BEX 2041/09-0), 2011.

Vieira-da-Silva LM. Saúde e espaço social. In: Nogueira RP (org.) Determinação social da saúde e reforma sanitária. Vol. 1. Rio de Janeiro: Cebes, 2010:180-200.

WHO. Commission on Social Determinants of Health. Closing the gap in a generation: health equity through action on the social determinants of health: Commission on Social Determinants of Health final report. Geneva: World Health Organization, 2008.

World Health Organization. National health accounts (NHA). Acesso em: 14/12/2008. 2008. Disponível em: http://www.who.int/nha/en/

Índice Remissivo

A

ABRASCO (Associação Brasileira de Pós-graduação em Saúde Coletiva), 7, 41
Acesso aos serviços de saúde, 222
- aceitabilidade, 223
- capacidade de pagar, 223
- desigualdade, 224
- determinante da saúde, 222
- dimensões, 223
- disponibilidade, 223
Ações programáticas em saúde, 88, 89
- modelo assistencial, 91
Acolhimento/clínica ampliada, 297
Administração pública, 236
- definição, 261
- direta, 237
- indireta, 237
- - autarquias, 237
- - consórcios públicos, 239
- - entidades privadas qualificadas pelo poder público, 239
- - fundações, 238
- - organização social, 240
- - OSCIP (organização da sociedade civil de interesse público), 240
Administradoras de benefícios, 149
Aedes aegypti, 100, 406
Aflatoxina, câncer, 113
Agências
- americanas (Kellog, Rockefeller e Milbank), 9
- reguladoras setoriais (Anvisa e ANS), 383, 385
- - críticas, 389
Agenda das políticas públicas de trabalho e educação na saúde, 616, 619, 620

AHRQ (Agência para pesquisa e qualidade dos serviços de saúde), 166
AIDS, 101, 415
- ações específicas de vigilância, 415
- controle, 415
- prevenção, 415
- situação atual e perspectivas, 416
AIS (Ações Integradas em Saúde), 248, 357
Álcool, consumo excessivo, 429
Alemanha (sistema de saúde), 151
- acesso e cobertura, 157
- atenção à saúde, 155
- financiamento, 158
- força de trabalho, 157
- país, 153
- proteção social em saúde, 153
- reformas recentes, 159
Ambientes de trabalho, 316
- psicossocial, 318
- riscos, 317
- saudáveis, 316
Ambulatório especializado, 214
Análise da situação de saúde, 29-38
- considerações, 38
- necessidades, 32
- - necessárias, 35
- - radicais, 35
- - saúde, 34
- - serviços de saúde, 34
- problemas de saúde, 36
- procedimentos, 29
Anfetaminas, 499
ANS (Agência Nacional de Saúde Suplementar), 142, 385
- avanços e limites, 388
- competências, 143

- missão, 388
- número de servidores e previsão orçamentária, 388
- valores, 388
- visão, 388
Ansiolíticos, 498
Anticolinérgicos, 499
Anvisa, 385
- avanços e limites na regulação, 388
- missão, 388
- número de servidores e previsão orçamentária, 388
- valores, 388
- visão, 388
APS (atenção primária à saúde), 293
Área temática de vigilância sanitária, 327-339
- regulação, 328
- riscos, 328
- sistema nacional de vigilância sanitária, 335
- vigilância, 328
Aritmética política, 3
Arsênio, câncer, 113
Artigos publicados em revistas Qualis A e B, 629
Asbestos, câncer, 113
Assistência farmacêutica no Brasil, 189
Atenção à saúde
- Alemanha, 155
- primária (APS), 353
- - acessibilidade, 355
- - continuidade, 356
- - coordenação, 356
- - integralidade, 356
- - origens dos serviços, 354
- - primeiro contato, 356

687

- - relação com os movimentos de reforma dos sistemas de saúde no mundo, 354
- - responsabilidade, 356
- SUS, 129
- - modelos, 287-299
- - - aspectos conceituais, 287
- - - hegemônicos, 288
- - - proposta de mudança, 291
- trabalhador, 604
ATSDR (Agência para registro de doenças causadas por substâncias tóxicas), 165
Autarquias, 237
Autogestão em saúde, 147
Avaliabilidade, 77
Avaliação de uma política pública, 75
- abordagens, 79
- acessibilidade, 78
- análise da situação inicial, 76
- - avaliabilidade, 77
- - estratégica, 76
- - lógica, 77
- características ou atributos, 78
- cobertura, 78
- como realizar, 76
- considerações, 80
- efeitos e resultados, 78
- eficiência, 79
- equidade, 78
- foco, 76, 77
- formativa, 76
- implantação, 79
- momento, 75
- níveis e escopo, 80
- objetivos, 75
- percepção dos usuários sobre os serviços, 79
- qualidade, 79
- somativa, 76
Avastin, 18

B

Bebidas alcoólicas, uso, 498
- câncer, 113
Benzeno, câncer, 113
Bevacizumabe, 191
Bexiga, câncer, 114
Biofármacos, 186
Biotecnologia, 186
Boa prática assistencial, 86
Botton-up, 74
Bromazepam, 498
Brônquio, câncer, 114

C

Cádmio, câncer, 113
Cafeína, 499
Campanhas
- imunização em massa, 405
- sanitárias, 392
Campo nas ciências, metáforas, 42
Canadá (sistema de saúde), 151, 160
- cobertura e acesso, 163
- financiamento, 163
- força de trabalho em saúde, 162
- organização, 161
- país, 160
- reformas recentes, 163
Câncer, 112, 186, 189, 425
- aflatoxina, 113
- arsênico, 113
- asbestos, 113
- bebidas alcoólicas, 113
- benzeno, 113
- bexiga, 114
- cádmio, cromo e níquel, 113
- cavidade oral, 114
- colo do útero, 114
- cólon e reto, 114
- contraceptivos combinados, 113
- corpo do útero, 114
- dietilbestrol, 113
- esôfago, 114
- estômago, 114
- estrogênio, 113
- formaldeído, 113
- fundição de ferro e aço, 113
- glândula tireoide, 114
- imunossupressores, 113
- incidência, 425
- laringe, 114
- linfoma não Hodgkin, 114
- mama, 114
- mineração de hematita, 113
- ovário, 114
- pintura, 113
- pó
- - couro, 113
- - madeira, 113
- - sílica, 113
- produção industrial de borracha, 113
- próstata, 114
- radiação, 113
- sistema nervoso central, 114
- tabagismo, 113
- tamoxifeno, 113
- traqueia, brônquio e pulmão, 114
- vírus
- - epstein-Barr, 113
- - *Helicobacter pylori*, 113
- - hepatite, 113
- - herpes vírus humano tipo 8, 113
- - imunodeficiência humana tipo 1, 113
- - papiloma humano, 113
- - *Schistosoma haematobium*, 113
Cargas de trabalho, 601
Carta de Ottawa, 306
Cavidade oral, câncer, 114
CDC (*Centers for Disease Control and Prevention*), 165
Cebes (centro de estudos brasileiros de saúde), 245
CEIS (Complexo Econômico-Industrial da Saúde), 173-182
- ação do estado, 179
- caracterização, 174
- considerações, 181
- dinâmica de inovação, 176
CENDES-OPAS, 87
Centro
- apoio a saúde da família (CASF), 214
- atenção hemoterápica e/ou hematológica, 214
- atenção psicossocial (CAPS), 214
- parto normal, 214
- saúde/unidade básica de saúde, 214
Cetuximabe, 191
CHIP (programa de seguro saúde das crianças), 166
CIB (comissão intergestores bipartites), 231
Ciclos de uma política, 71
CICPE (contribuições de interesse das categorias profissionais ou econômicas), 272
CIDE (contribuições de intervenção no domínio econômico), 272
Ciências sociais em saúde coletiva, 567-582
- biomedicina, 578
- considerações, 582
- desenvolvimento, 570
- estrutura social: indivíduo, sociedade e saúde, 575
- necessidades, problemas de saúde e respostas sociais, 573
- objetivos e desafios, 581
- olhar socioantropológico sobre o corpo, 580
- origens do pensamento social em saúde, 567
- premissas e questões fundamentais, 572

CIP (contribuição de iluminação pública), 272
Círculo vicioso da pobreza, 87
CIT (comissão intergestores tripartite), 231
Clínica especializada, 214
Clobazam, 498
Clorazepam, 498
Cloridrato de cocaína, 499
CNDSS (comissão nacional sobre os determinantes sociais da saúde), 306
CNSP (Conselho Nacional de Seguros Privados), 149
Cólon, câncer, 114
Combate vetorial, 405
Comissões intergestores, 233
Comunicação e saúde (CS), 625-636
- abordagens teóricas e críticas, 626
- artigos publicados em periódicos da área de saúde coletiva com Qualis A e B, 629
- considerações, 635
- demarcação de um novo campo de interface na saúde coletiva, 631
- discurso sobre a saúde na mídia, 632
- distribuição quantitativa e temática da produção científica, 627
- internet e os novos desafios na divulgação de conhecimento, 633
- participação social, 634
CONASS (Conselho Nacional de Secretários de Saúde), 618
Conferências
- internacionais sobre promoção da saúde, 305
- saúde, 245, 253
- - linha do tempo, 256
Conselhos de saúde, 245, 253
- administrativos, 247
- comunitários, 247
- populares, 247
- problemas, 255
Consórcios públicos, 239
Consultação, 86
Consultório, 14
Controle de doenças, 404
Cooperativas
- médicas, 147
- odontológicas, 147
CPMF (contribuição provisória sobre a movimentação financeira), 272
Crack, 499
Cromo, câncer, 113
CS (contribuições sociais), 272

CSDH (comissão de determinantes sociais), 222
Culex quinquefasciatus, 406

D

Deficiência, pessoas, 132
Democracia, 253
- movimentos sociais, 250-252
Demografia, 98
Dengue, 100
Departamentos de medicina preventiva, 6
Descentralização da gestão do sistema, 124
Desempenho dos serviços de saúde, 380
Desenvolvimento
- científico-tecnológico e inovação em saúde, 224
- econômico, 674
- social, 677
Desigualdade social na saúde, 98, 683
Determinantes sociais da saúde (DSS), 306
- ações para combate às iniquidades em saúde, 309
- esforço global de ação sobre, 312
- governança para atuar sobre, 310
Diabetes, 110, 427
Diazepam, 498
Diretriz clínica, 379
Discurso sobre a saúde na mídia, 632
Distritos sanitários, 295
Doenças
- cardiovasculares, 111
- crônicas não transmissíveis, 423-433
- - avaliação, 430
- - câncer, 425
- - cardiovasculares, 424
- - considerações, 432
- - controle, 429
- - cuidado integral, 430
- - diabetes, 427
- - enfrentamento, 430
- - fatores de risco, 427
- - - consumo excessivo de álcool, 429
- - - obesidade, 428
- - - tabagismo, 428
- - informação, 430
- - monitoramento, 430
- - morbidade 424
- - mortalidade, 424
- - prevenção, 429
- - promoção da saúde, 430

- - respiratórias, 426
- - vigilância, 430
- relacionadas com o trabalho, 600
- transmissíveis, prevenção e controle, 401
- - AIDS, 415
- - Chagas, 410
- - combate vetorial, 405
- - controle de vetores e reservatórios de agentes infecciosos, 405
- - esquistossomose mansônica, 412
- - esterilização da fonte de infecção, 406
- - estratégias, 402
- - febre amarela, 406
- - gonorreia, 416
- - hanseníase, 418
- - imunização, 404
- - instrumentos principais, 404
- - meningocócica, 408
- - preservativos, 406
- - quimioprofilaxia, 406
- - seleção de interesse para o sistema nacional de vigilância em saúde, 403
- - tratamento em massa, 406
Drogas, 480

E

Ecologia da informação, 196
Educação no campo da saúde coletiva, 612
Eliminação, 404
Emergência da saúde coletiva, 7
Enbrel, 188
Entidades privadas qualificadas pelo poder público, 239
Epidemiologia no Brasil, 557
- antecedentes, 557
- clínica, 557
- considerações, 564
- desenvolvimento, 561
- estatística, 558
- medicina social, 559
- panorama, 563
- tendências, 679
Epogen, 188
Equipamentos de saúde, 57, 59, 219
- distribuição segundo grupo e região, 221
- razão, 222
- tipologia, 220
Erradicação, 404
Escolas promotoras da saúde, 314, 316
Esôfago, câncer, 114

Esquistossomose mansônica, 412
- ações específicas de vigilância, 413
- características gerais, 412
- controle, 413
- perspectivas, 414
- prevenção, 413
- situação atual, 414
Estabelecimentos de saúde, 56, 57, 212
- centros
- - apoio a saúde da família (CASF), 214
- - atenção hemoterápica e/ou hematológica, 214
- - atenção psicossocial (CAPS), 214
- - parto normal, 214
- - saúde/unidade básica de saúde, 214
- clínica especializada/ambulatório especializado, 214
- consultório, 214
- evolução do número por região, 217
- farmácia, 214
- hospital
- - dia, 214
- - especializado, 214
- - geral, 214
- policlínica, 214
- posto de saúde, 214
- pronto-atendimento, 214
- pronto-socorro, 214
- proporção
- - atendimento prestado e natureza jurídica de prestador, 216, 235
- - nível de atenção e estado da federação, 216
- - tipo de prestador, 215
- serviço de atenção domiciliar isolado (homecare), 214
- unidade
- - atenção à saúde indígena, 214
- - vigilância em saúde, 214
- unidade de serviço de apoio de diagnose e terapia, 214
Esterilização da fonte de infecção, 406
Estimulantes do SNC, 499
Estômago, câncer, 114
Estratégia saúde da família (ESF), 353
- conceitos fundamentais, 359
- diretrizes, 357
- evolução da implantação nos municípios brasileiros, 362
- história, 357
- iniciativas governamentais para a consolidação no SUS, 362
- princípios, 357

Estudos em saúde coletiva, 8
EUA (sistema de saúde), 151, 164
- atenção à saúde, 166
- cobertura e acesso, 170
- financiamento, 168
- força de trabalho em saúde, 168
- formação, 168
- país, 164
- reformas recentes, 170
- setor
- - privado, 167
- - público, 164

F
Falácia
- econocêntrica, 23
- econométrica, 23
Farmácia, 214
FDA (Administração de Alimentos e Drogas), 165, 386
Febre amarela, 406
- ações específicas de vigilância, 407
- características gerais, 406
- controle, 407
- prevenção, 407
- silvestre (FAS), 407
- situação atual e perspectivas, 408
- urbana (FAU), 407
Filantrópicas, 148
Financiamento da saúde, 61
- eficiência, 282
- equidade, 282
- SUS, 271
- tripartite, 274
Flexibilização, 613
Força de trabalho, 55
Formaldeído, câncer, 113
FPAS (fundo de previdência e assistência social), 272
Fundações, 238
- estatais, 238
- governamentais, 238
- públicas de direito privado, 238

G
Gastos com saúde, 279
Gentuzumabe ozogamicina, 191
Gestão
- clínica, 379
- - diretriz clínica, 379
- - indicadores de desempenho, 380
- - itinerário clínico, 380
- sistemas de saúde, 62
- - definição, 261

- - jurídico-institucional, modelos, 236
- - particularidades, 262
- - serviços (GSS), 590
- - SUS, 231
- - - alternativas, 235
- - - conselhos e conferências de saúde, 253
- - - descentralização, 264
- - - participação social, 268
- - - regionalização, 264
GKV (seguro social de doença alemão), 153
Gonorreia, 416
- ações específicas de vigilância, 417
- controle, 417
- prevenção, 417
- situação atual e perspectivas, 418
Governança, 310

H
HAART, 101
Hanseníase, 418
- ações específicas de vigilância, 418
- controle, 418
- prevenção, 418
- situação atual e perspectivas, 420
Hemobrás, 58
Hemoderivados, 58
Herceptin, 188, 191
Hierarquização dos serviços, 125
Higiene, 4
Hipertensão arterial, 108
HIV/AIDS, 101
HND (história natural da doença), 292
Homecare, 214
Hospital
- dia, 214
- distribuição por tipo e natureza jurídica, 218
- especializado, 214
- geral, 214
Humira, 188

I
Ideais de saúde, 36
Igualdade, 124
IMC (índice de massa corporal), 107
Imperfeições de mercado, 384, 385
Implementação de uma política, 73
Imunização, 404, 408
Inalantes, 498
Incidentes, 377
Índice de necessidade de tratamento ortodôntico (IOTN), 467

Índice Remissivo

Indústria farmacêutica, 185-193
- assistência farmacêutica no Brasil, 189
- medicamentos oncológicos, 190
- mercado de biofármacos, 186

Infecções relacionadas com a assistência à saúde (IRAS), 104
Informação em saúde coletiva, 195
Iniquidades em saúde, 306, 309
- monitoramento e análise das tendências, 311
- redução, fortalecimento do papel do setor saúde, 311

Inovações tecnológicas, 224
- modelos explicativos das relações entre ciência e tecnologia, 225

Inspetora de fábrica, 595
Insumos de saúde, 57
Integração médico-sanitária, 85, 88
Integralidade, 124
Internet e desafios na divulgação de conhecimento em comunicação em saúde, 633
IPMF (imposto provisório sobre a movimentação financeira), 272
Itinerário clínico, 380

J
Julgamento, 75

L
Laboratório central de saúde pública (LACEN), 214
Lantus, 188
Laringe, câncer, 114
Leishmaniose visceral, 105
Leitos, tipologia, 218
Leptospirose, 106
Linfoma não Hodgkin, 114
Linhas de cuidado, 350
Lorazepam, 498
Lovenox, 188
LSD (dietilamida do ácido lisérgico), 499

M
Mabthera, 188
MAC (atenção básica, de média e alta complexidade), 343
Maconha, 499
Mama, câncer, 114
Medicaid, 166
Medicamentos, 57
- câncer, 113, 190
Medicare, 166

Medicina
- baseada em evidências, 379
- científica, 289
- comunitária, 292
- familiar, 292
- grupo, 146
- liberal, 289
- preventiva, 5, 292
- - departamentos, 6
- social, 4, 6, 41

Melhoria da qualidade, 378
Mercado de biofármacos, 186
Merla, 499
Metáfora de campo
- ciências, 42
- - referências
- - - métodos, 42
- - - objeto, 42
- - - práxis, 42, 43
- saúde coletiva, 44

Modelos de atenção à saúde no SUS, 287-299
- aspectos conceituais, 287
- considerações, 298
- hegemônicos, 288
- médico-assistencial hospitalocêntrico, 289
- movimentos ideológicos de reforma em saúde, 291
- propostas de mudanças, 291
- redefinidas e/ou elaboradas, 295
- sanitarista, 290

Modernização do ensino da medicina, 9
Morbidade relacionada com o trabalho, 595
Movimentos
- ideológicos de reforma em saúde, 291
- reforma do ensino médico, 5
- sociais, 250
- - saúde, 251
- - - acesso equitativo e à melhora dos serviços, 251
- - - base constitucional, 253
- - - incorporados, 252

Municípios saudáveis, 313
Mycobacterium tuberculosis, 103

N
Narcóticos, 479, 480
Necessidades, 32
- necessárias, 35
- radicais, 35
- saúde, 30, 34
- serviços de saúde, 30, 34

Neoplasias malignas, 112
Neulasta, 188
Nicotina, 499
NIH (Institutos Nacionais de saúde), 165
Níquel, câncer, 113
NOAS (norma operacional de assistência à saúde), 265
NOB (normas operacionais básicas), 265

O
Obesidade, 107, 428
OCDE (organização para a Cooperação e Desenvolvimento Econômico), 151
Odontologia, grupo, 146
Oferta organizada de assistência, 84
OPAS (Organização Pan-Americana da Saúde), 6, 9
- Juan Cesar Garcia, 9
Opiáceos, 498
Opioides, 498
Organização social, 240
OSCIP (organização da sociedade civil de interesse público), 240

P
PA (pronto-atendimento), 83
PAB (piso de atenção básico), 265
PACS (programa de agentes comunitários de saúde), 357
Participação
- comunitária, 247, 310
- política, 247
- popular, 247
- social, 247, 248
- - democracias liberais ou representativas (teoria liberal), 249
- - democracias socialistas (teoria maxista), 250
- - SUS, 268

Patogênese, 19
Patologia social, 41
PDSA (ciclo Shewhart-Deming), 378
Penicilina, história, 225
Períodos
- Collor, 126
- FHC, 127
- Itamar, 127
- Lula, 127

PESES (Programa de Estudos Socioeconômicos em Saúde), 7

Pesquisa científica e tecnológica em saúde, 226
- Brasil, 227
- mundo, 227
PIASS (Programa de Interiorização das ações de Saúde e Saneamento), 356, 617
Planejamento em saúde, 589
Pó de ópio, 498
Policlínica, 214
Política, 69
- avaliação, 75
- - abordagens, 79
- - acessibilidade, 78
- - características ou atributos, 78
- - cobertura, 78
- - como realizar, 76
- - definição do foco, 77
- - efeitos e resultados, 78
- - eficiência, 79
- - equidade, 78
- - formativa, 76
- - implantação, 79
- - níveis e escopo, 80
- - percepção dos usuários osbre os serviços, 79
- - qualidade, 79
- - somativa, 76
- ciclos, 71
- enfoques da implementação
- - *botton-up*, 74
- - *top-down*, 74
- especial, 130
- implementação, 73
- interesse ao estudo da saúde coletiva, 69
- médica, 3
- Nacional de Promoção da Saúde (PNPS), 320
- pública, 69, 70
- - processo decisório, 70
- saúde, 49, 69
- - formação dos estudantes e atuação dos profissionais da saúde, 70
- - história, 85
- - produção científica, 587
- social, 69, 70
População, 54
Posto de saúde, 214
PP&G (política, planejamento e gestão) e saúde coletiva, 585
- considerações, 591
- gestão de sistemas e serviços de saúde, 590

- planejamento em saúde, 589
- política de saúde, 587
- temas e questões de 1975-2010, 587
PPREPS (Programa de Preparação Estratégica de Pessoal de Saúde), 617
Práticas de saúde, 288
- assistenciais, 288
- preventivas, 288
- promocionais, 288
- reabilitadoras, 288
Práxis da saúde, 26
Precarização, 613
Preservativos, 406
Prestação de serviços, 60
PREV-SAÚDE, 356
Prevenção e controle de doenças, 391
- campanhas sanitárias, 392
- programas, 393
- vigilância epidemiológica, 394
PRISM (*performance of routine information system management*), 198
Problemas de saúde, 36, 97-117
- causas externas, 114
- considerações, 117
- construção social, 71
- demografia, 98
- dengue, 100
- desigualdade social, 98
- *diabetes mellitus*, 110
- doenças cardiovasculares, 111
- excesso de peso (sobrepeso), 107
- hipertensão arterial, 108
- HIV/AIDS, 101
- infecções relacionadas com a assistência à saúde, 104
- leishmaniose visceral, 105
- leptospirose, 106
- neoplasias malignas, 112
- obesidade, 107
- riscos, 37
- tuberculose, 103
- urbanização, 97
- vulnerabilidade, 37
Processo de trabalho, 316
Produção
- ambulatorial especializada pelo US, 346
- científica sobre política, planejamento e gestão em saúde, 585
PROFAE (Programa de Profissionalização dos Auxiliares de Enfermagem), 617

Profissionais de saúde, 55
Programa de saúde, 83
- definição, 393
- especiais, 130
Programação em saúde e organização das práticas, 83-92
- ações programáticas, 89, 92
- atenção básica, 92
- concepções, 83
- história do planejamento, 85
Promoção da saúde, 305
- conferências internacionais, 305
- efetividade das ações, 318
- escolas, 314, 316
- estratégias: municípios, escolas e ambientes de trabalhos saudáveis, 312
- política nacional, 320
Pronto-atendimento, 214
Pronto-socorro
- especializado, 214
- geral, 214
- traumato-ortopédico, 214
Prontuário do paciente, 381
Próstata, câncer, 114
Proteção da saúde, 305
PSF (programa de saúde da família), 265
Psicofármaco, 481
Psicotrópicos, 479, 480
Pulmão, câncer, 114

Q

Qualidade
- cuidado de saúde, 373
- - características, 375
- - definição, 375
- - histórico, 373
- vida, 36
Quarentena, 395
- completa ou absoluta, 395
- modificada, 395
Quimioprofilaxia, 406

R

Radiação, câncer, 113
Recuperação da saúde, 305
Recursos
- financeiros do SUS, 280
- humanos na saúde (RHS), 611-621
- - delimitação conceitual, 612
- - desenvolvimento da área: produção científica, 614
- - saúde coletiva, 612

Índice Remissivo

Rede de sistema de saúde, 52, 53
- atenção à saúde, 346
- componentes, 54
- - estabelecimentos, 56
- - população, 54
- - trabalhadores da saúde, 55
- desafios para a efetivação, 64
- financiamento, 61
- gestão ou governança e regulação, 62
- organização, 59
- prestação de serviços ou modelo de atenção à saúde, 60
Reforma sanitária, 10
- brasileira (RSB), 203, 231
- - conquistas, 231
- - considerações, 208
- - definição, 204
- - desdobramentos recentes, 207
- - dimensões
- - - específica, 203
- - - ideológica, 204
- - - institucional, 203
- - - relações, 204
- - processos, 205
Regionalização dos serviços, 125
Regulação da saúde, 383-390
- agências reguladoras (Avisa e ANS), 385
- futuro modelo da agência reguladora, 389
- imperfeições de mercado, 384
- saúde e economia da saúde, 384
- significados, 383
Relatório Flexner, 5
Remicade, 18
Reservatórios de agentes infecciosos, controle, 405
Reto, câncer, 114
Riscos no ambiente físico, 317
- biológicos, 317
- ergonômicos, 317
- físicos, 317
- mecânicos, 317
- químicos, 317
Rituximabe, 191
RSB (Reforma Sanitária Brasileira), 8

S

SAMS (sistema de assistência médica suplementar), 139-150
- administradoras de benefícios, 149
- autogestão, 147
- breve histórico, 139
- considerações, 149
- cooperativas médicas ou odontológicas, 17
- filantrópicas, 148
- medicina/odontologia de grupo, 146
- seguradora especializada em saúde, 148
Sangue, 58
Sanitarismo, 203
Saúde, 13-27
- adolescente e jovem, 132, 541, 549
- - atenção, 549
- - controle, 549
- - morbidade, causas, 549
- - mortalidade, causas, 549
- - prevenção, 549, 552
- ausência de doença, 17
- bucal, 131, 465-476
- - atenção, 469, 471
- - coletiva, 639-647
- - - antecedentes, 641
- - - conceito, 639
- - - conclusões provisórias, 646
- - - marcos referenciais de pensamento crítico, 642
- - - práticas, 643
- - conceito, 465
- - considerações, 476
- - desigualdades e evidências científicas na prevenção, 468
- - evidências científicas, 467
- - implementação de políticas, 467
- - medidas: estudos epidemiológicos, 466
- - modelos assistenciais, 472
- - plataformas globais, 467
- - políticas e desafios, 475
- - prevenção, 469
- - vigilância, 469
- coletiva, 3-12
- - antecedentes, 3
- - campo de saberes e de práticas, 41
- - condições de possibilidades históricas do surgimento, 9
- - conjuntura atual: contradições e tendências, 669
- - desenvolvimento, 10
- - educação, desenvolvimento, 612
- - emergência, 7
- - futuros possíveis, 669
- - informação, 195
- - quadro teórico de referência, 8
- - recursos humanos na saúde, desenvolvimento, 612
- - relações entre a reforma sanitária e o SUS, 10
- conceito, 13, 14
- criança, 131, 541, 542
- - atenção, 545
- - controle, 545
- - morbidade, causas, 545
- - mortalidade, causas, 542
- - prevenção, 545
- doença como processo, 18
- equilíbrio, 16
- família, 298
- fenômeno natural, 15
- funcionalidade, 17
- gastos de alguns países, 139
- homens, 132
- idoso, 132
- medida, 21
- mental, 131, 501-511
- - atenção psicossocial, 506
- - conceito, 501, 503
- - participação social, monitoramento e reinserção, 508
- - prevenção, 501
- mulher, 131
- mundo, pesquisa, 227
- pesquisa científica e tecnológica, 226
- população negra, 131
- portadores de deficiência, 132
- povos indígenas, 132
- práxis, 26
- problemas, 97-117
- pública, 4
- - definição, 5
- sistema penitenciário, 132
- trabalhador, 130, 513-538
- - ações relacionadas, 530
- - apreensão da realidade adotada, 601
- - avanços, 606
- - conceito de agravos relacionados, 516
- - considerações, 537
- - controle social, desafios, 537
- - desafios, 603, 606
- - interfaces, 606
- - lacunas, 606
- - modelo de atenção, 604
- - morbidade, 528
- - mortalidade, 528
- - organização
- - - da atenção, 517
- - - do controle social, 535
- - órgãos e instâncias de representação dos trabalhadores, 536
- - origens, 513
- - políticas públicas de proteção, 520

- - população de trabalhadoras, 527
- - produção econômica, trabalho e emprego, 525
- - relação trabalho e saúde/doença, 595
- - situação no Brasil, 525
- valor, 24
Seguradora especializada em saúde, 148
Segurança do paciente, 377
Seguridade social, 271
Serviço de atenção domiciliar isolado (*homecare*), 214
SGTES (Secretaria de Gestão do Trabalho e da Educação na Saúde), 619
Sistema, 49
- informações em saúde, 649-664
- - análise conceitual, 649
- - ausência de uma cultura de uso, 658
- - cartão nacional de saúde (CNS), 661
- - considerações, 663
- - funcionamento, 655
- - gestão fragmentada, 655
- - principais, 652
- - registro eletrônico de saúde, 662
- - tecnologia, 659
- - telessaúde, 663
- nacional de vigilância sanitária, 335
- saúde, 50, 53
- - Alemanha, 151, 153
- - - acesso e cobertura, 157
- - - atenção à saúde, 155
- - - financiamento, 158
- - - força de trabalho em saúde, 157
- - - proteção social em saúde e sistema de saúde, 153
- - - reformas recentes, 159
- - Canadá, 151, 160
- - - cobertura e acesso, 163
- - - financiamento, 163
- - - força de trabalho, 162
- - - organização, 161
- - - reformas recentes, 163
- - EUA, 151, 164
- - - atenção à saúde, 166
- - - cobertura e acesso, 170
- - - financiamento, 168
- - - força de trabalho em saúde, 168
- - - formação, 168
- - - reformas recentes, 170
- - - setor público, 164
- - tendências, 679

- serviço de saúde, 49-66
- - componentes, 54
- - - estabelecimentos, 56
- - - população, 54
- - - trabalhadores da saúde, 55
- - desafios para a efetivação, 64
- - financiamento, 61
- - gestão ou governança e regulação, 62
- - organização, 59
- - prestação de serviços ou modelo de atenção à saúde, 60
Sobrepeso, 107
Sobreutilização, 376
Solventes, 498
Soros, 58
Stakeholders, 76
Substâncias psicoativas, consumo, 479
- ansiolíticos, 498
- bebidas alcoólicas, 498
- classificação e efeitos, 498
- classificação internacional das doenças (CID-10), 500
- cloridrato de cocaína, crack e merla, 499
- considerações, 495
- depressoras do SNC, 498
- estimulantes do SNC, 499
- inalantes, 498
- manual diagnóstico e estatístico de transtornos mentais (DSM), 500
- modelos de atenção à saúde e cuidado ao usuário, 489
- opiáceos, 498
- opioides, 498
- perturbadoras ou desorganizadoras, 499
- políticas voltadas para prevenção e tratamento de usuários, 482
- solventes, 498
- tranquilizantes, 498
Subutilização, 376
SUS (Sistema Único de Saúde), 61, 121-136
- alocação dos recursos, 283
- atenção à saúde, 129
- concepção, 128
- considerações, 135
- controle social: conselhos e conferências de saúde, 245
- definição, 122
- desafios, 133
- diretrizes, 123
- equidade, 124
- fatos novos da conjuntura, 134

- financiamento, 271-285
- - atividade fiscal do estado, 272
- - eficiência, 282
- - equidade, 282
- - insuficiente, 279
- - tripartite, 274
- gestão, 231-241
- - alternativas, 235
- - configuração institucional, 232
- - descentralização, 261
- - participação social, 261
- - regionalização, 261
- igualdade, 124
- infraestrutura tecnológica, 211-229
- - acesso aos serviços de saúde, 222
- - equipamentos de saúde, 219
- - estabelecimentos de saúde, 212
- - inovação em saúde, 224
- - síntese das características, 222
- integração entre ações individuais e coletivas, 83
- integralidade, 124
- leitos disponíveis, 219
- modelos de atenção à saúde, 287-299
- - aspectos conceituais, 287
- - considerações, 298
- - hegemônicos, 288
- - médico-assistencial hospitalocêntrico, 289
- - propostas de mudança, 291
- - - movimentos ideológicos, 291
- - - redefinidas e/ou elaboradas, 295
- - sanitarista, 290
- organização, 233, 234
- políticas e programas especiais, 130
- princípios, 123
- processo de construção, 125
- produção ambulatorial especializada, 346
- recursos, 235
- - financeiros, 280
- serviços, 235
- situação atual, 128
- universalidade, 123
- vigilância em saúde, 129
SUSEP (Superintendência de Seguros Privados), 149

T
Tabagismo, 428
- câncer, 113
Terapêutica social, 41
Terceirização, 613
Tireoide, câncer, 114

Top-down, 74
Tóxicos, 479, 480
Trabalhadores da saúde, 55
Trabalho e saúde/doença, 595-607
- desafios da explicação das repercussões das relações, 599
- historicidade da morbidade relacionada com o trabalho, 595
- método de apreensão da realidade adotado pelo campo da saúde do trabalhador, 601
- reflexos nos serviços de saúde, academia e movimento social, 596
Tranquilizantes, 498
Traqueia, câncer, 114
Trastuzumabe, 191
Tratamento em massa, 406
Tuberculose, 103

U

UBS (Unidades básicas de saúde), 83
Unidade
- atenção à saúde indígena, 214
- serviço de apoio de diagnose e terapia, 214
- vigilância em saúde, 214
Universalidade, 123
Urbanização, 97

V

Vacinação
- bloqueio, 405
- rotina, 405
Vacinas, 58, 404
Valor de definição do problema (VDP), 30
Vetores, controle, 405
VHA (*The vetrans Health Administration*), 167
Vigilância da saúde, 20, 129, 296
- abordagem, 396
- ambiental, 121
- epidemiológica, 121, 394
- pública, 396
- sanitária, 121, 327
- - objetos da ação, 333
- - regulação, 328
- - riscos, 328
Vinho Mariani, 499
Violências interpessoais comunitárias, 437-460
- atenção, 450
- conceituação, 438
- considerações, 460
- controle, 450
- custos e demandas para o setor saúde, 445
- delinquência, 438
- determinantes, 439
- distribuição, 439
- estrutural, 438
- ficha de notificação viva contínuo, 455
- frequência, 439
- mortalidade, 440
- não fatal e morbidade associada, 443
- prevenção, 450
- resistência, 438
- risco e vulnerabilidade, 448
- tipologia, 438
Vírus
- Epstein-Barr, câncer, 113
- *Helicobacter pylori*, câncer, 113
- hepatite, câncer, 113
- herpes vírus humano tipo 8, câncer, 113
- imunodeficiência humana tipo 1, câncer, 113
- papiloma humano, câncer, 113
- *Schistosoma haematobium*, câncer, 113
Viva inquérito, 454

W

Wuchereria bancrofti, 406